Wissen für die Praxis

Weiterführend empfehlen wir:

Das gesamte Sozialgesetzbuch SGB I bis SGB XIV
ISBN 978-3-8029-5268-5

Vermögensverwaltung durch Vormund und Betreuer
ISBN 978-3-8029-7548-6

Das aktuelle Erbrecht
ISBN 978-3-8029-4102-3

Betreuerentscheidungen im medizinischen Grenzbereich
ISBN 978-3-8029-7538-7

Patientenverfügung und andere Vorsorgemöglichkeiten
ISBN 978-3-8029-4119-1

Das gesamte Betreuungsrecht
ISBN 978-3-8029-5272-2

Handbuch für Betreuer
Organisations- und Arbeitshilfe für das Betreuungsrecht und Sozialrecht
inkl. Zugriff auf Fachportal Fokus Betreuungsrecht

Herausgegeben von
Horst Böhm, Horst Marburger und Reinhold Spanl

Begründet von
Horst Böhm, Herbert Lerch, Annemarie Röslmeier, Karl Weiß

Ergänzbare Sammlung, ca. 1.400 Seiten, in 2 DIN A4-Ringordnern
ISBN 978-3-8029-8402-0

Böhm · Marburger · Spanl

Betreuungsrecht
Betreuungspraxis

Kommentar und Arbeitshilfen

8., neu bearbeitete Auflage

WALHALLA

Bibliografische Information der Deutschen Nationalbibliothek
Die Deutsche Nationalbibliothek verzeichnet diese Publikation in der Deutschen Nationalbibliografie; detaillierte bibliografische Daten sind im Internet über http://dnb.dnb.de abrufbar.

Zitiervorschlag:
Horst Böhm, Horst Marburger, Reinhold Spanl, Betreuungsrecht – Betreuungspraxis Ausgabe 2020
Walhalla Fachverlag, Regensburg 2020

Hinweis: Unsere Werke sind stets bemüht, Sie nach bestem Wissen zu informieren. Alle Angaben in diesem Buch sind sorgfältig zusammengetragen und geprüft. Durch Neuerungen in der Gesetzgebung, Rechtsprechung sowie durch den Zeitablauf ergeben sich zwangsläufig Änderungen. Bitte haben Sie deshalb Verständnis dafür, dass wir für die Vollständigkeit und Richtigkeit des Inhalts keine Haftung übernehmen. Auskunft im Einzelfall holen Sie gegebenenfalls beim zuständigen Betreuungsgericht ein.

Bearbeitungsstand: Februar 2020

8., neu bearbeitete Auflage

Produktion: Walhalla Fachverlag, 93042 Regensburg
Umschlaggestaltung: grubergrafik, Augsburg
Printed in Germany
ISBN 978-3-8029-8434-1

SBL-CPI-0320-25306-O

Nutzen Sie das Inhaltsmenü:
Die Schnellübersicht führt Sie zu Ihrem Thema.
Die Kapitelübersichten führen Sie zur Lösung.

BETREUUNGEN

Schnellübersicht

Alle Musterschreiben, Formulare und Checklisten sowie zahlreiche weitere Vorlagen stehen Ihnen im Fachportal *FOKUS Betreuungsrecht* kostenlos zum Download zur Verfügung. Beachten Sie dazu die Informationen auf Seite 959.

Schnellübersicht

Das „Handbuch für Betreuer“ umfasst die drei Themenbereiche

- Betreuungsrecht — A
- Sozialrecht — B
- Praxishilfen/Formblätter — C

Die Schnellübersicht ganz vorne umfasst alle im vorliegenden Werk enthaltenen Beiträge. Detailliertere Inhaltsübersichten befinden sich jeweils unmittelbar vor den oben genannten Themenbereichen.

Beiträge, Kapitel, Querverweise

Die einzelnen Themenbereiche, Kapitel sind oben in der Kopfzeile mit großen Buchstaben bzw. arabischen Ziffern versehen und in dieser Reihenfolge in den Inhaltsübersichten aufgeführt, so dass Sie sich die gewünschten Beiträge, Praxishilfen/Formblätter, Rechtsvorschriften auch beim flüchtigen Durchblättern schnell herauspicken können.

Auch die Querverweise innerhalb dieses Handbuchs beruhen auf dieser Einteilung. Innerhalb der Kapitel, Beiträge wurde selbstverständlich die vertraute Seitenzählung gewählt.

Beispiel:

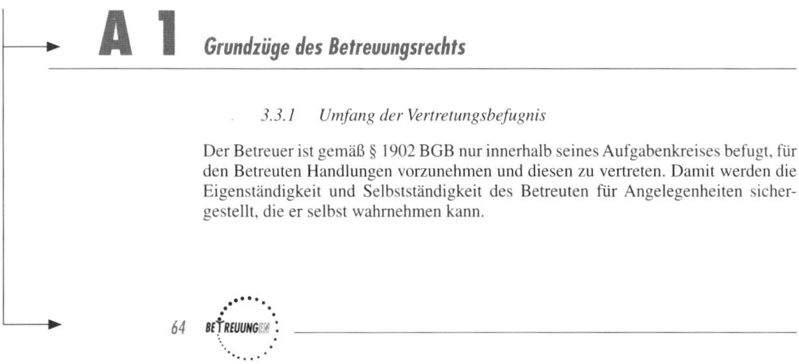
A 1 Grundzüge des Betreuungsrechts

3.3.1 Umfang der Vertretungsbefugnis

Der Betreuer ist gemäß § 1902 BGB nur innerhalb seines Aufgabenkreises befugt, für den Betreuten Handlungen vorzunehmen und diesen zu vertreten. Damit werden die Eigenständigkeit und Selbstständigkeit des Betreuten für Angelegenheiten sichergestellt, die er selbst wahrnehmen kann.

64 BETREUUNGEN

Findex

Schnelles und direktes Nachschlagen per Stichwort gewährleistet der sogenannte „Findex“.

Anregungen, Fragen

Sollten Sie Fragen zum Handbuch haben, Anregungen weitergeben wollen oder ergänzende Informationen wünschen, können Sie uns gerne anrufen unter 0941 5684-0.

So nutzen Sie dieses Handbuch

Personen, die im sozialen Bereich ihre Arbeit erfüllen oder eine Betreuung übernommen haben, sind mit zum Teil schwierigen juristischen Zusammenhängen konfrontiert.

Die Anwendung des Rechts ist nicht allein dem Juristen vorbehalten. Vielmehr beeinflusst und verändert auch der soziale Rechtsanwender Lebenssituationen, indem er Sachverhalte einer konkreten Lösung zuführt. Hierzu benötigt er praxisnahe rechtsübergreifende Fachliteratur.

Das „Handbuch für Betreuer" erfüllt diese Anforderungen: Insbesondere für ehrenamtliche Betreuer, Angehörige beratender Berufe und interessierte Laien ist es die zuverlässige Arbeitshilfe in allen Betreuungsfragen. Es dient als

- umfassende Einführung in die Betreuungsarbeit,
- tägliches Arbeitsmittel,
- Nachschlagewerk für Einzelprobleme.

Das setzt voraus, dass sowohl das Betreuungsrecht als auch das Sozialrecht kompakt und praxisnah dargestellt werden. Denn der Betreuer ist auf beide ineinandergreifenden Rechtsgebiete angewiesen, um seine Aufgabe sorgfältig und vertrauensvoll gegenüber dem Betreuten zu erfüllen.

Über das Basiswissen hinaus befasst sich das Handbuch auch mit aktuellen Fragestellungen wie „Vorliegen einer Patientenverfügung", „Probleme der Sterbebegleitung", „Was hat der Betreuer nach dem Tod des Betreuten zu beachten?".

Ergänzend abgedruckte Praxishinweise, Formalien, Beschlüsse aus der gerichtlichen Praxis verschaffen einen Eindruck davon, wie das Verfahren in der Praxis tatsächlich abläuft.

Arbeitshilfen wie Checklisten, Tabellen, Grafiken, Übersichten, Musterschreiben und Formblätter erleichtern die Arbeit zusätzlich.

Der praktische Nutzen steht im Mittelpunkt dieses Handbuchs.

Wir wünschen Ihnen viel Erfolg bei Ihrer Betreuungsarbeit.

Autoren und Verlag

Abkürzungen

a. A.	anderer Auffassung
a. a. O.	am angegebenen Ort
Abs.	Absatz
a. F.	alte Fassung
AGBtG	Gesetz zur Ausführung des Betreuungsgesetzes
AGG	Allgemeines Gleichbehandlungsgesetz
Alg II-V	Arbeitslosengeld II/Sozialgeldverordnung
Amtshilfe-RLUmsG	Amtshilferichtlinie-Umsetzungsgesetz
AO	Abgabenordnung
ArbGG	Arbeitsgerichtsgesetz
ARGE	Arbeitsgemeinschaft
Art.	Artikel
AufenthG	Aufenthaltsgesetz
Az.	Aktenzeichen
BAföG	Bundesausbildungsförderungsgesetz
BAG	Bundesarbeitsgericht
BayGVBl.	Gesetz- und Verordnungsblatt für den Freistaat Bayern
BayMRVG	Bayerisches Maßregelvollzugsgesetz
BayPsychKHG	Bayerisches Psychisch-Kranken-Hilfe-Gesetz
BayStMAS	Bayerisches Staatsministerium für Arbeit und Sozialordnung, Familie und Frauen
BayVBl.	Bayerische Verwaltungsblätter
BayVGH	Bayerischer Verwaltungsgerichtshof
BEG	Bundesentschädigungsgesetz
BEEG	Bundeselterngeld- und Elternzeitgesetz
BerHG	Beratungshilfegesetz
BestG	Bestattungsgesetz
BetrAVG	Betriebsrentengesetz
BeurkG	Beurkundungsgesetz
BfArM	Bundesinstitut für Arzneimittel und Medizinprodukte
BFH	Bundesfinanzhof
BGB	Bürgerliches Gesetzbuch
BGBl.	Bundesgesetzblatt
BGG	Behindertengleichstellungsgesetz
BGH	Bundesgerichtshof
BGHZ	Entscheidungen des Bundesgerichtshof in Zivilsachen
BKGG	Bundeskindergeldgesetz
BMG	Bundesmeldegesetz
BMG	Bundesministerium für Gesundheit
BNotO	Bundesnotarordnung
BR-Drucks.	Bundesrat-Drucksache
BSG	Bundessozialgericht

BSHG	Bundessozialhilfegesetz
BtÄndG	Betreuungsrechtsänderungsgesetz
BtBG	Betreuungsbehördengesetz
BT-Drucks.	Bundestag-Drucksache
BtG	Betreuungsgesetz
BtMan	Betreuungsmanagement
BtPrax	Zeitschrift für Betreuungsrechtliche Praxis
BVA	Bundesversicherungsamt
BVerfG	Bundesverfassungsgericht
BVerwG	Bundesverwaltungsgericht
BVerwGE	Entscheidungssammlung des Bundesverwaltungsgerichts
BVG	Bundesversorgungsgesetz
bzw.	beziehungsweise
DGVZ	Deutsche Gerichtsvollzieher Zeitung
EGBGB	Einführungsgesetz zum Bürgerlichen Gesetzbuche
EGGVG	Einführungsgesetz zum Gerichtsverfassungsgesetz
EGZPO	Einführungsgesetz zur Zivilprozessordnung
ErbStG	Erbschaftsteuer- und Schenkungsteuergesetz
EStG	Einkommensteuergesetz
e.V.	eingetragener Verein
EuGH	Europäischer Gerichtshof
EuGHMR	Europäischer Gerichtshof für Menschenrechte
EWR	Europäischer Wirtschaftsraum
FamRZ	Zeitschrift für das gesamte Familienrecht
FEVS	Fürsorgerechtliche Entscheidungen der Verwaltungs- und Sozialgerichte
FamFG	Gesetz über das Verfahren in Familiensachen und in den Angelegenheiten der freiwilligen Gerichtsbarkeit
FGG	Gesetz über die Angelegenheiten der freiwilligen Gerichtsbarkeit
FGG-RG	Gesetz zur Reform des Verfahrens in Familiensachen und in den Angelegenheiten der freiwilligen Gerichtsbarkeit
FlurbG	Flurbereinigungsgesetz
FrühV	Frühförderungsverordnung
FPflZG	Familienpflegezeitgesetz
GBO	Grundbuchordnung
GdB	Grad der Behinderung
GenG	Genossenschaftsgesetz
GG	Grundgesetz
GKG	Gerichtskostengesetz
GmbHG	Gesetz betreffend die Gesellschaften mit beschränkter Haftung
GNotKG	Gerichts- und Notarkostengesetz
GVG	Gerichtsverfassungsgesetz
HeimG	Heimgesetz
HGB	Handelsgesetzbuch
h. M.	herrschende Meinung

ICD-10	Internationale Klassifikation der Krankheiten
IfSG	Infektionsschutzgesetz
i. H. v.	in Höhe von
InsO	Insolvenzordnung
i. V. m.	in Verbindung mit
JVEG	Justizvergütungs- und -entschädigungsgesetz
KastrG	Kastrationsgesetz
KostO	Kostenordnung
KostVfg	Kostenverfügung
KSchG	Kündigungsschutzgesetz
KVfG	Kostenverzeichnis zu § 3 Abs. 2 GNotKG
LAG	Lastenausgleichsgesetz/Landesarbeitsgericht
LPartG	Lebenspartnerschaftsgesetz
LSG	Landessozialgericht
MdE	Minderung der Erwerbsfähigkeit
MDK	Medizinischer Dienst der Krankenversicherung
MRRG	Melderechtsrahmengesetz
MuSchG	Mutterschutzgesetz
m. w. N.	mit weiteren Nachweisen
NDV	Nachrichtendienst des Deutschen Vereins für öffentliche und private Fürsorge
NDV-RD	Rechtsprechungsdienst des NDV
NJW	Neue Juristische Wochenschrift
Nr.	Nummer
NZI	Neue Zeitschrift für das Recht der Insolvenz und Sanierung
OEG	Opferentschädigungsgesetz
OLG	Oberlandesgericht
OVG	Oberverwaltungsgericht
OWiG	Gesetz über Ordnungswidrigkeiten
PAuswG	Personalausweisgesetz
PflegeZG	Pflegezeitgesetz
PfleWoqG	Gesetz zur Regelung der Pflege-, Betreuungs- und Wohnqualität im Alter und bei Behinderung (Pflege- und Wohnqualitätsgesetz, bayerisches Landesgesetz, früheres Heimgesetz)
PNG	Pflege-Neuausrichtungs-Gesetz
PSG	Pflegestärkungsgesetz
PsychKG	Psychisch-Kranken-Gesetz
Rn.	Randnummer
RPflG	Rechtspflegergesetz
RVG	Rechtsanwaltsvergütungsgesetz
RVO	Reichsversicherungsordnung
ScheckG	Scheckgesetz
SchwbG	Schwerbehindertengesetz
SGB I	Sozialgesetzbuch – Erstes Buch (Allgemeiner Teil)

SGB II	Sozialgesetzbuch – Zweites Buch (Grundsicherung für Arbeitsuchende)
SGB III	Sozialgesetzbuch – Drittes Buch (Arbeitsförderung)
SGB VII	Sozialgesetzbuch – Siebtes Buch (Unfallversicherung)
SGB V	Sozialgesetzbuch – Fünftes Buch (Gesetzliche Krankenversicherung)
SGB VIII	Sozialgesetzbuch – Achtes Buch (Kinder- und Jugendhilfe)
SGB IX	Sozialgesetzbuch – Neuntes Buch (Rehabilitation und Teilhabe von Menschen mit Behinderung)
SGB X	Sozialgesetzbuch – Zehntes Buch (Sozialverwaltungsverfahren und Sozialdatenschutz)
SGB XI	Sozialgesetzbuch – Elftes Buch (Soziale Pflegeversicherung)
SGB XII	Sozialgesetzbuch – Zwölftes Buch (Sozialhilfe)
SGG	Sozialgerichtsgesetz
StGB	Strafgesetzbuch
StPO	Strafprozessordnung
StrRehaG	Gesetz über die Rehabilitierung und Entschädigung von Opfern rechtsstaatswidriger Strafverfolgungsmaßnahmen im Beitrittsgebiet
StVollzG	Strafvollzugsgesetz
SvEV	Sozialversicherungsentgeltverordnung
ThUG	Therapieunterbringungsgesetz
TPG	Transplantationsgesetz
UN-BRK	UN-Behindertenrechtskonvention
UnterbrG	Gesetz über die Unterbringung psychisch Kranker und deren Betreuung (Bayern)
UStG	Umsatzsteuergesetz
UVschG	Unterhaltsvorschussgesetz
VBVG	Vormünder- und Betreuervergütungsgesetz
VN-BRK	Übereinkommen über die Rechte von Menschen mit Behinderungen (Vereinte Nationen)
VGH	Verwaltungsgerichtshof
vgl.	vergleiche
v. H.	vom Hundert
VO	Verordnung
VRegV	Vorsorgeregister-Verordnung
VwGO	Verwaltungsgerichtsordnung
VwVfG	Verwaltungsverfahrensgesetz
WBVG	Wohn- und BetreuungsvertragsgesetzWoGG Wohngeldgesetz
WM	Wertpapier-Mitteilungen
WoGV	Wohngeldverordnung
z. B.	zum Beispiel
ZfF	Zeitschrift für Fürsorgewesen
ZKG	Zahlungskontengesetz
ZPO	Zivilprozessordnung
ZInsO	Zeitschrift für das gesamte Insolvenzrecht

Findex

Findex

Betreuungsrecht

A 12 Unterbringung und freiheitsentziehende Maßnahmen

A 13 Besonderheiten bei Beteiligung von Ausländern

Bearbeitet von: Horst Böhm

Inhalt

1. Grundsätze des Betreuungsrechts

Alte Rechtslage

Bis 1991 konnte ein volljähriger Mensch entmündigt werden, wobei die Gründe hierfür unterschiedlich waren; Geisteskrankheit, Geistesschwäche, Trunk- oder Rauschgiftsucht sowie Verschwendungssucht wurden zugrunde gelegt. Folge der Entmündigung war die im Gesetz geregelte Geschäftsunfähigkeit oder beschränkte Geschäftsfähigkeit; dem Entmündigten wurde ein Vormund bestellt. Ohne Entmündigungsverfahren konnte einem geistig wie körperlich Gebrechlichen ein Pfleger für bestimmte Aufgabenkreise bestellt werden (sog. Gebrechlichkeitspflegschaft); diese Pflegschaft hatte keinen Einfluss auf die Geschäftsfähigkeit.

Grundsätze des BtG

Das Betreuungsgesetz (BtG) ist am 1. 1. 1992 in Kraft getreten. Als wesentliche Grundzüge wurden verankert:

- Die Entmündigung wird abgeschafft.
- Vormundschaft und Pflegschaft über Volljährige werden durch ein neues Rechtsinstitut der „Betreuung" ersetzt.
- Die Bestellung eines Betreuers schränkt die Teilnahme eines Betreuten am Rechtsverkehr nicht automatisch ein. Nur dort, wo dies im Einzelfall erforderlich ist, kann das Gericht einen „Einwilligungsvorbehalt" anordnen.
- An die Stelle anonymer Verwaltung von „Fällen" soll eine persönliche Betreuung treten.
- Der Betreuer soll Wünschen des Betreuten grundsätzlich entsprechen.
- Die Personensorge wird durch Regelungen über Heilbehandlung, Unterbringung, unterbringungsähnliche Maßnahmen und Wohnungsauflösung gestärkt.
- Die Bestellung eines Betreuers setzt die persönliche Anhörung des Betroffenen und eine genaue Sachaufklärung voraus.
- Über Betreuerbestellungen muss spätestens nach fünf (heute: sieben) Jahren neu entschieden werden.
- In Verfahren, die die Betreuung betreffen, ist der Betroffene ohne Rücksicht auf seine Geschäftsfähigkeit verfahrensfähig.
- Förderung eigenverantwortlicher und vorausschauender Regelungen durch Vorsorgevollmachten und Betreuungsverfügungen.

Information und Fortbildung

Die bisherige Bilanz des Betreuungsrechts kann sich durchaus sehen lassen, wobei selbstverständlich nicht jedes gesetzgeberische Ziel erreicht werden konnte. Seminare, Informations- und Fortbildungsveranstaltungen, die Herausgabe einer speziellen Fach-

Mitarbeit aller

zeitschrift (BtPrax) und die Gründung überörtlicher Arbeitsgemeinschaften stehen für eine Umsetzung der gesetzlichen Vorgaben und eine stetige Weiterentwicklung. Zur Mitarbeit sind alle Privatpersonen, Vereine, Behörden aufgerufen, die am Betreuungsverfahren beteiligt oder (un-)mittelbar betroffen sind. Die Vielzahl kann man der folgenden Übersicht entnehmen.

Betreuungsnetzwerk

Soziales Engagement ist wichtig

Erfolge im Interesse der Betreuten lassen sich nur durch vertrauensvolle Zusammenarbeit aller Beteiligten erreichen. Wer sich für die Übernahme einer ehrenamtlichen Betreuung interessiert, sollte sich nicht durch eine zum Teil pessimistische Berichterstattung in den Medien abschrecken lassen. Mit einer ehrenamtlichen Tätigkeit können dauerhafte Erfolge erzielt und kann bewiesen werden, dass soziales Engagement wichtiger ist als viele Worte.

2. Veränderungen des Betreuungsrechts

2.1 Betreuungsrechtsänderungsgesetze

Mit dem Ersten Gesetz zur Änderung des Betreuungsrechts (1. BtÄndG) vom 25. 6. 1998, in Kraft getreten zum 1. 1. 1999, wurden insbesondere die Vergütungsvorschriften und der Umfang von Vorsorgevollmachten geändert.

Weitere Reformen ergaben sich aus dem Zweiten Gesetz zur Änderung des Betreuungsrechts (2. BtÄndG) vom 21. 4. 2005, in Kraft getreten zum 1. 7. 2005. Neben Verfahrensvereinfachungen wurden erneut die Vergütungs- und Auslagenerstattungsregelungen für Berufsbetreuer geändert; es wurde das sog. Pauschalsystem eingeführt. Außerdem wurden Beratungs- und Beurkundungsregelungen zur Vorsorgevollmacht neu geschaffen.

Am 1. 9. 2009 ist das Dritte Gesetz zur Änderung des Betreuungsrechts in Kraft getreten. In den §§ 1901a, 1901b und 1904 BGB wird die sog. Patientenverfügung geregelt, das Gespräch zur Feststellung des Patientenwillens und die Genehmigungspflicht bei der Einwilligung, Nichteinwilligung oder dem Widerruf der Einwilligung in bestimmte schwerwiegende ärztliche Maßnahmen. Ergänzend dazu werden die dazugehörigen Verfahrensvorschriften in den §§ 287, 298 FamFG geändert.

Durch das Vormundschafts- und Betreuungsrechtsänderungsgesetz (BGBl. I S. 1306), in Kraft seit 5. 7. 2011, wurde in § 1840 Abs. 1 BGB die Regelung eingefügt, dass der Betreuer im jährlichen Bericht Angaben zu den persönlichen Kontakten zum Betreuten zu machen hat.

Mit Wirkung ab 5. 7. 2012 hat das Betreuungsgericht die Einhaltung der erforderlichen Kontakte zu beaufsichtigen (§ 1837 Abs. 2 Satz 2 BGB). Die Vorschriften der §§ 1837 und 1840 BGB finden gemäß § 1908i Abs. 1 Satz 1 BGB auch auf die Betreuung sinngemäße Anwendung. Zudem kann der Betreuer aus dem Amt entlassen werden, wenn er den erforderlichen persönlichen Kontakt zum Betreuten nicht gehalten hat (§ 1908b Abs. 1 Satz 3 BGB). Eine bestimmte Anzahl persönlicher Kontakte wurde im Gesetz nicht festgelegt.

Mit dem „Gesetz zur Regelung der betreuungsgerichtlichen Einwilligung in eine ärztliche Zwangsmaßnahme" vom 18. 2. 2013, in Kraft getreten am 26. 2. 2013 (BGBl. I S. 266; *BT-Drucks. 17/12086 und 17/11513*), wurde eine Lücke geschlossen, die durch eine Entscheidung des BGH vom 20. 6. 2012 entstanden war. Der Gesetzgeber versuchte damit, eine verfassungskonforme gesetzliche Grundlage für eine ärztliche Zwangsbehandlung zu schaffen.

Betreuungsbehördengesetz

Im Zuge der Evaluation des 2. BtÄndG wurde das „Gesetz zur Stärkung der Funktionen der Betreuungsbehörden" vom 28. 8. 2013 (BGBl. I S. 3393; *BT-Drucks. 17/13419*) verabschiedet. Es ist am 1. 7. 2014 in Kraft getreten. Offizielles Ziel des sog. Betreuungsbehördenstärkungsgesetzes war es, den Erforderlichkeitsgrundsatz in der Praxis stärker zur Geltung zu bringen. Wieder einmal sollen Betreuungen vermieden werden, und zwar diesmal durch eine intensivere Nutzung „anderer Hilfen". Besser in Stellung gebracht wird die Betreuungsbehörde, die sich verstärkt durch umfassende Information und Beratung im Allgemeinen sowie im konkreten Fall durch Beratungsangebote, qualifizierte Berichte und den obligatorischen Einsatz von Fachkräften in das Betreuungsverfahren einbringen soll. Das Aufzeigen und Vermitteln anderer Hilfen durch die Betreuungsbehörde soll vermeidbare Betreuungen verhindern (vgl. dazu Kapitel 5).

Das überschaubare Potenzial geeigneter anderer Hilfen, die bisher nicht genutzt werden, kann sich allerdings ohne konkrete weitere Maßnahmen nicht vermehren. Zusätzlich geht der Gesetzgeber offensichtlich davon aus, dass seine Wohltaten zum Nulltarif erreicht werden können. Da stellt sich die Frage, wie ohne Mehraufwand mehr Qualität (Fachkräfte, qualifizierte Berichte, Vorfeldarbeit) generiert und mehr Pflichtaufgaben erledigt werden können. Sollte den Trägern der Betreuungsbehörden diese Quadratur des Kreises nicht gelingen, wird sich der Hinweis auf eine Entlastung der Justiz als Milchmädchenrechnung erweisen und das hehre Ziel der Vermeidung von Betreuungen nicht erreichen lassen.

Der Bundestag hat am 22. 6. 2017 das „Gesetz zur Änderung der materiellen Zulässigkeitsvoraussetzungen von ärztlichen Zwangsmaßnahmen und zur Stärkung des Selbstbestimmungsrechts von Betreuten" *(BT-Drucks. 18/11240; 18/11617)* in der vom Ausschuss für Recht und Verbraucherschutz geänderten Fassung *(BT-Drucks. 18/12842)* beschlossen. Der Gesetzgeber folgte damit einer Vorgabe des *BVerfG* und regelt unter anderem Zwangsbehandlungen ohne geschlossene Unterbringung im

Rahmen eines stationären Aufenthalts in einem Krankenhaus, die zwangsweise Verbringung dorthin, die Notwendigkeit der positiven Feststellung und Berücksichtigung des Willens des Betroffenen gemäß § 1901a BGB (Patientenverfügung, Behandlungswunsch, mutmaßlicher Wille), die Pflicht des Betreuers, den Betreuten auf eine Patientenverfügung hinzuweisen und ihn bei der Errichtung einer solchen zu unterstützen. Zwangsbehandlung und Unterbringung werden entkoppelt und eigenständig geregelt.

2.2 Das FGG-Reformgesetz

Das FGG-Reformgesetz hat das FGG a. F. abgeschafft und in Art. 1 durch das Gesetz über das Verfahren in Familiensachen und in den Angelegenheiten der freiwilligen Gerichtsbarkeit (FamFG) ersetzt. Es trat am 1. 9. 2009 in Kraft und stellt unter anderem den Versuch dar, dem modernen materiellen Betreuungsrecht ein gleichwertiges Verfahrensrecht zur Seite zu stellen.

Abgeschafft wurde endlich der negativ besetzte Begriff „Vormundschaftsgericht", der von vielen Betreuten und Betreuern auch heute noch gleichgesetzt wird mit Entmündigung und umfassendem Verlust der persönlichen Rechte. Die zuständigen Abteilungen beim Amtsgericht werden nun als Betreuungsgerichte bezeichnet und die dort tätigen Richter als Betreuungsrichter. Damit wird das unerfreuliche Kapitel der Vormundschaften und Pflegschaften endgültig abgeschlossen.

Auch bei den Rechtsmitteln kam es zu gravierenden Einschnitten. Anfechtbar sind nur noch Endentscheidungen und solche Entscheidungen, die ausdrücklich der sofortigen Beschwerde kraft Gesetzes unterworfen werden. Gegen die Beschwerdeentscheidung der Landgerichte gibt es nunmehr nur noch die Rechtsbeschwerde zum BGH.

Das gesamte Verfahrensrecht wurde zudem übersichtlicher gestaltet, so dass der Zugang zu der schwierigen Materie des Verfahrensrechts erleichtert wurde.

2.3 VN-Behindertenrechtskonvention (VN-BRK)

Ein völlig neues Regelwerk stellt das Übereinkommen über die Rechte von Menschen mit Behinderungen (BGBl. 2008, Teil II Nr. 35, S. 1419) dar. Dieser völkerrechtliche Vertrag ist am 26. 3. 2009 in Kraft getreten und entfaltet zunehmend Wirkung im deutschen Rechtsleben. Aus diesem völkerrechtlichen Vertrag ergibt sich für Deutschland die konkrete Verpflichtung zur Umsetzung der Konvention (vgl. *Lipp* BtPrax 2010, 263).

Einrichtungen zur Umsetzung

Dem Deutschen Institut für Menschenrechte wurde entsprechend Art. 33 Abs. 2 VN-BRK die Aufgabe einer sog. Monitoring-Stelle für „die Förderung, den Schutz und die Überwachung der Durchführung dieses Übereinkommens" übertragen. Daneben gibt es die staatliche Anlaufstelle (focal point), die staatliche Koordinierungsstelle, den Inklusionsbeirat und die Fachausschüsse (vgl. dazu die Broschüre „Die Staatliche Koordinierungsstelle" zu beziehen unter www.behindertenbeauftragter.de). Es muss ferner gemäß Art. 35 VN-BRK über die Umsetzung einem internationalen Ausschuss berichtet werden.

Staatenbericht

Der Erste Staatenbericht vom 3. 8. 2011 zeigt die vielfältigen Umsetzungsversuche auf (vgl. www.institut-fuer-menschenrechte.de).

Individualbeschwerde

Einzelpersonen oder Gruppen können sich nach Ausschöpfung aller innerstaatlichen Rechtsbehelfe mit einer Individualbeschwerde an den „VN-Ausschuss für die Rechte behinderter Menschen" wenden (Art. 1 Fakultativprotokoll). Sie müssen vortragen können, „Opfer einer Verletzung des Übereinkommens durch den betreffenden Vertragsstaat" zu sein.

Kernaussagen des VN-BRK

Der Kernsatz der VN-BRK findet sich in Art. 12 Abs. 2, wonach die „Vertragsstaaten anerkennen, dass Menschen mit Behinderungen in allen Lebensbereichen gleichberechtigt mit anderen Rechts- und Handlungsfähigkeit genießen". Dazu gehört auch der ungehinderte Zugang zur Justiz gemäß Art. 13 VN-BRK, der sich nicht auf Rampen für Rollstuhlfahrer beschränken darf, sondern zu Regelungen führen muss, die z. B. eine effektive Vertretung vor Gericht gewährleisten (Verfahrenspfleger, Pflichtverteidiger etc.) oder eine behindertengerechte Kommunikation (Art. 13 Abs. 2 VN-BRK). Wichtig ist auch der Schutz vor rechtswidriger oder willkürlicher Freiheitsentziehung und vor unmenschlicher oder erniedrigender Behandlung nach Art. 14 und 15 VN-BRK. Freiheitsentziehende Maßnahmen wie z. B. Fixieren, Bettgitter oder Bauchgurt sind auch an diesen Maßstäben zu messen. Behinderteneinrichtungen müssen gemäß Art. 16 Abs. 3 „wirksam von unabhängigen Behörden überwacht werden".

Diesen neuen Anforderungen müssen Betreuungsbehörden, Betreuungsrichter und alle im Betreuungsnetzwerk eingebundenen Institutionen und Funktionsträger gerecht werden.

Deswegen betont auch das BVerfG, dass die VN-BRK Gesetzeskraft hat und als „Auslegungshilfe für die Bestimmung von Inhalt und Reichweite der Grundrechte herangezogen werden kann" (*BVerfG* BtPrax 2011, 112).

Vorrang für „bessere" Rechte

Der Maßstab der VN-BRK kann hinter bereits bestehenden Rechten von Menschen mit Behinderung zurückbleiben. In Deutschland gelten ja bereits sehr fortschrittliche Gesetze für Menschen mit Behinderungen (*Rosenow* BtPrax 2013, 39), so dass Art. 4 Abs. 4 Satz 2 VN-BRK mit dem Hinweis relevant werden kann, dass die „in einem Vertragsstaat durch Gesetze, Übereinkommen, Verordnungen oder durch Gewohnheitsrecht anerkannten oder bestehenden Menschenrechte und Grundfreiheiten" nicht unter dem Vorwand beschränkt oder außer Kraft gesetzt werden dürfen, „dass dieses Übereinkommen derartige Rechte oder Freiheiten nicht oder nur in einem geringeren Ausmaß anerkenne".

2.4 Geplante Reformvorhaben

Anstehende gesetzliche Reformvorhaben

Weitere umfassende Reformen zeichnen sich bereits konkret ab. Im Zuge der Reform des Vormundschaftsrechts wird auch das Betreuungsrecht bedeutende Änderungen erfahren. Es sollen vor allem die zahlreichen Verweisungen auf das Recht der Vormundschaft in § 1908i BGB und die dadurch entstandene Unübersichtlichkeit beseitigt werden. Demnach finden sich die Regelungen zur Verwaltung von Geld und die damit verbundenen Genehmigungserfordernisse, aber auch die Vorschriften zur Fürsorge und Aufsicht des Gerichts, Aufwendungsersatz und Vergütung direkt im Betreuungsrecht. Dadurch werden wohl sämtliche Paragrafen im BGB (Buch 4, Titel 2. Rechtliche Betreuung) neu durchnummeriert. Interessante Informationen dazu enthält der 2. Diskussionsteilentwurf zur Reform des Vormundschaftsrechts (www.bmjv.de/SharedDocs/Gesetzgebungsverfahren/DE/Reform_Vormundschaftsrecht.html).

Eine weitere Reformoffensive ist als Folge des interdisziplinären Diskussionsprozesses „Selbstbestimmung und Qualität im Betreuungsrecht" zu erwarten. Erste Ergebnisse der Reformdiskussion finden sich auf der Homepage des BMJV (vgl. www.bmjv.de/SharedDocs/Downloads/DE/Themen/VorsorgeUndPatientenrechte/20190812_Diskussionsprouess_Betreuungsrecht_erste-Ergebniss.html). Hier zeichnen sich tiefgreifende Änderungen ab, die unsere Betreuungslandschaft stark verändern werden.

3. Voraussetzungen, Erforderlichkeit und Nachrang einer Betreuung

3.1 Voraussetzungen

Voraussetzungen (§ 1896 Abs. 1 BGB)

Für einen Volljährigen kann aufgrund einer psychischen Krankheit, einer körperlichen, geistigen oder seelischen Behinderung eine Betreuung angeordnet werden, wenn er vorübergehend oder auf Dauer nicht mehr in der Lage ist, seine Angelegenheiten ganz oder teilweise selbst zu besorgen.

Eine Betreuung kann von Amts wegen oder auf Antrag des Betroffenen angeordnet werden.

Bei der Prüfung der Voraussetzungen für die Anordnung einer Betreuung ist nebeneinander Folgendes zu beachten:

3.1.1 Hat die betroffene Person das 18. Lebensjahr vollendet?

Alter

§ 1908a BGB bildet hier nur scheinbar eine Ausnahme vom Erfordernis der Volljährigkeit. Die Betreuung für einen Minderjährigen, der das 17. Lebensjahr vollendet hat, kann zwar angeordnet werden, sie wird jedoch erst mit Vollendung des 18. Lebensjahres wirksam.

3.1.2 Liegt eine der bezeichneten Behinderungen oder Krankheiten vor?

Psychische Krankheit

Die Frage, ob und welche der bezeichneten Krankheiten oder Behinderungen vorliegen und welche Auswirkungen sie haben, kann nur unter Beiziehung ärztlichen Sachverstands beurteilt werden. Schon der Begriff „Krankheit" ist schwer zu definieren. Man versteht darunter im Allgemeinen körperliche, geistige und seelische Veränderungen oder Störungen, unter denen der Betroffene selbst oder andere leiden. Für die Einordnung und Abgrenzung sollte man auf die anerkannte Klassifikation ICD-10 abstellen, herausgegeben von der Weltgesundheitsorganisation (WHO). Dort findet sich z. B. unter Kapitel V folgende Übersicht:

Psychische und Verhaltensstörungen (F00-F99)

F00-F09	organische, einschließlich symptomatischer psychischer Störungen
F10-F19	psychische und Verhaltensstörungen durch psychotrope Substanzen
F20-F29	Schizophrenie, schizotype und wahnhafte Störungen
F30-F39	affektive Störungen
F40-F48	neurotische, Belastungs- und somatoforme Störungen
F50-F59	Verhaltensauffälligkeiten mit körperlichen Störungen und Faktoren
F60-F69	Persönlichkeits- und Verhaltensstörungen
F70-F79	Intelligenzstörung
F80-F89	Entwicklungsstörungen
F90-F98	Verhaltens- und emotionale Störungen mit Beginn in der Kindheit und Jugend
F99-F99	nicht näher bezeichnete psychische Störungen

Aktuelle Version 20, 10. Revision, Stand: 20. 9. 2019 (derzeit ICD-10-GM, German Modification Version 20) kann beim Deutschen Institut für Medizinische Dokumentation und Information heruntergeladen werden (www.dimdi.de).

Die betreuungsrechtliche Einordnung ergibt folgende Systematik:

Als psychische Krankheiten sind anzusehen:

- körperlich nicht begründbare (endogene) Psychosen, z. B. affektive Psychosen (manisch-depressive Krankheiten, endogene Depressionen), Psychosen aus dem schizophrenen Formenkreis,
- körperlich begründbare seelische Störungen, als Folge von Krankheiten oder Verletzungen des Gehirns, von Anfallsleiden oder von anderen Krankheiten oder körperlichen Beeinträchtigungen unter anderem neurologische Erkrankungen, die zu Bewusstseinsstörungen, Demenz oder Wesensveränderungen führen (z. B. Alterskrankheiten wie Alzheimer Krankheit, Hirninfarkte, Chorea Huntington, Creutzfeld-Jakobsche Krankheit, Wachkoma),

- Abhängigkeitskrankheiten (Alkohol-, Medikamenten-, Drogenabhängigkeit),
- Neurosen und Persönlichkeitsstörungen (Psychopathien), z. B. Borderline-Störung.

Geistige Behinderung

Unter „geistig Behinderte" versteht man Erwachsene, deren geistige Entwicklung durch angeborene oder erworbene Störungen hinter der altersgemäßen Norm zurückgeblieben ist, so dass sie für ihre Lebensführung besonderer Hilfen bedürfen.

Seelische Behinderung

Als seelische Behinderungen sind bleibende psychische Beeinträchtigungen anzusehen, die Folgen von psychischen Krankheiten sind.

3.1.3 Ist der Betroffene nach Art und Schwere seiner Behinderung oder Krankheit außerstande, seine Angelegenheiten ganz oder teilweise selbst zu besorgen?

Unfähigkeit, seine Angelegenheiten ganz oder teilweise zu besorgen

Der medizinische Befund einer psychischen Krankheit, körperlichen, geistigen oder seelischen Behinderung bei einem Volljährigen rechtfertigt für sich allein keine Betreuung. Vielmehr muss er aus diesem Grund auch außerstande sein, regelungsbedürftige Angelegenheiten ganz oder teilweise selbst zu besorgen.

Rechtlicher Bezug bei den Aufgabenkreisen

Da es nach § 1901 Abs. 1 BGB darum geht, dass die Angelegenheiten des Betroffenen „rechtlich zu besorgen" sind, müssen diese auch einen rechtlichen Bezug aufweisen. Die Unfähigkeit, seine Einkäufe, beruflichen Angelegenheiten oder die Personensorge für seine Kinder zu erledigen, genügt deshalb nicht. Hier wäre es denkbar, dass dem Betreuer nur der Aufgabenbereich übertragen wird, die rechtlichen Konsequenzen zu ziehen und er dann die notwendige Versorgung, die Wahrung der Rechte aus dem Arbeitsvertrag oder aber die Sorge für eine angemessene Vertretung im Verfahren nach § 1666 BGB zu organisieren hat.

Erhebliche Unfähigkeit eine Angelegenheit zu erledigen

Kaum ein Mensch ist in der Lage, alle seine Angelegenheiten optimal zu erledigen. Zu respektieren ist es selbstverständlich auch, wenn Defizite bewusst in Kauf genommen werden. Nicht jede unaufgeräumte Wohnung, nicht jeder unhygienische Zustand und schon gar nicht die Realisierung „normaler" Verhältnisse rechtfertigen den Ruf nach einem Betreuer. Die Rechtsprechung verlangt vielmehr, dass der Betroffene in der Wahrnehmung seines Selbstbestimmungsrechts erheblich beeinträchtigt und deshalb zu eigenverantwortlichen Entscheidungen nicht mehr in der Lage ist.

Mangelnde Schuldentilgung bei bescheidenen Mitteln

So muss etwa die Unfähigkeit, seine finanziellen Angelegenheiten zur Gänze zu überblicken, im Einzelfall toleriert werden, wie z. B. dann, wenn die bescheidenen Mittel nicht so eingeteilt werden, dass Schulden systematisch abgebaut und das Auflaufen neuer geringfügiger Schulden vermieden wird. Dieses Verhalten ist für sich allein noch kein Nachweis für eine so gravierende Normabweichung, dass ein Betreuer bestellt werden muss (*OLG Köln* FamRZ 2006, 288).

Daran ändert sich auch nichts, wenn der psychisch Kranke ausdrücklich die Betreuung wünscht und beantragt (vgl. unter 3.1.4), die Feststellungen aber ergeben, dass er trotz psychischer Krankheit seine Angelegenheiten selbst oder mit Hilfe eines Bevollmächtigten erledigen kann (*OLG Zweibrücken* BtPrax 2004, 155).

3.1.4 Liegt ein Antrag des Betroffenen vor bzw. kann von Amts wegen eine Betreuung angeordnet werden?

Antragsrecht

Eine Betreuung kann sowohl auf Antrag des Betroffenen als auch von Amts wegen angeordnet werden. Ein Antragsrecht „Dritter", also weiterer Personen oder von Behörden, sieht das Gesetz nicht vor. Mitteilungen von Angehörigen, Nachbarn, Ärzten, Heimleitern usw. sind als Anregungen auszulegen. Die Anregung an das Betreuungsgericht, tätig zu werden, kann demnach von jedem gegeben werden (§ 24 FamFG). Das Betreuungsgericht wird dann im Rahmen seiner Amtsermittlungspflicht selbstständig tätig.

Ausnahme: Für (ausschließlich) körperlich behinderte Menschen, die noch ihren Willen kundtun können, kann nur auf Antrag des Betroffenen ein Betreuer bestellt werden (§ 1896 Abs. 1 Satz 3 BGB).

3.1.5 Ist die Freiheit der Willensbildung eingeschränkt?

Keine Betreuerbestellung gegen den freien Willen des Volljährigen

Nach § 1896 Abs. 1a BGB darf gegen den freien Willen des Volljährigen kein Betreuer bestellt werden. Das gilt auch dann, wenn die Betreuung für den Betroffenen objektiv vorteilhaft wäre (*BGH* BtPrax 2014, 131).

Das verfassungsrechtlich garantierte Selbstbestimmungsrecht verbietet dem Staat zu weitgehende Eingriffe in die Rechte der Bürger. Die Einschränkung nach § 1896 Abs. 1a BGB stellt daher unmissverständlich fest, dass gegen den Willen des Betroffenen eine Betreuung nur dann angeordnet werden kann, wenn in Folge der psychischen Krankheit, geistigen oder seelischen Behinderung die Freiheit der Willensbildung eingeschränkt ist. Da andererseits nach § 104 Nr. 2 BGB jeder geschäftsunfähig ist, der sich in einem, die freie Willensbildung ausschließenden Zustand krankhafter Störung der Geistestätigkeit befindet, kann eine Betreuung ohne Einverständnis des Betroffenen wohl nur bei geschäftsunfähigen Personen angeordnet werden, zumindest nur in den Bereichen einer partiellen Geschäftsunfähigkeit.

Der *BGH* (Beschluss vom 16. 3. 2016, Az. XII ZB 455/15, FamRZ 2016, 456; BtPrax 2011, 127) bezieht die Frage nach dem freien Willen darauf, ob die Ablehnung der Betreuung auf einem freien Willen beruht. Dies lässt sich aus dem Wortlaut des § 1896 Abs. 1a BGB erschließen, wonach die *Bestellung eines Betreuers* nicht gegen den freien Willen erfolgen darf.

Die Willensfreiheit ist zweiaktig zu prüfen und zwar sowohl im Hinblick auf die Erkenntnisfähigkeit als auch auf die Fähigkeit, nach dieser Einsicht zu handeln.

Krankheitsuneinsichtigkeit

Im ersten Schritt (Erkenntnisfähigkeit) ist zu prüfen, ob der Betroffene „Grund, Bedeutung und Tragweite einer Betreuung" erfassen kann. Fehlende Krankheitseinsicht führt nur dann zur Einsichtsunfähigkeit, wenn der Betroffene krankheitsbedingt gesundheitliche Einschränkungen nicht zur Kenntnis nimmt und deshalb von Vorhinein keinen Hilfebedarf erkennen kann. Verschließt er dagegen bewusst die Augen vor seiner Krankheit, weil er sich in seinem Lebensstil nicht einschränken will oder die ärztliche Behandlung z. B. aus religiösen Gründen ablehnt, kann nicht von einer fehlenden Erkenntnisfähigkeit gesprochen werden.

Im zweiten Schritt ist zu prüfen, ob der Betroffene die für oder gegen eine Betreuung sprechenden Gesichtspunkte frei abwägen und sich von fremden Einflüssen lösen kann (vgl. dazu auch Kapitel A 2, Abschnitt 1; *BGH,* Beschluss vom 18. 10. 2017, Az. XII ZB 336/17).

Erkenntnisfähigkeit

Grob gesagt, muss der Betroffene in der Lage sein, die „für und wider eine Betreuerbestellung sprechenden Gesichtspunkte zu erkennen und gegeneinander abzuwägen" (*BGH* a. a. O.). Überspannte Anforderungen an die Auffassungsgabe des Betroffenen sind nicht angebracht. Zu prüfen ist somit die Fähigkeit, „Grund, Bedeutung und Tragweite einer Betreuung" zu erfassen. Dazu gehören in erster Linie seine eigenen Beeinträchtigungen und Defizite und die daraus resultierende Befähigung, seine Angelegenheiten zu erledigen.

Fähigkeit, nach dieser Einsicht zu handeln

Darüber hinaus muss es dem Betroffenen möglich sein, „nach diesem Urteil zu handeln und sich dabei von den Einflüssen interessierter Dritter abzugrenzen" (vgl. dazu *BGH* a. a. O.; FamRZ 2014, 647 und Kapitel A 2 unter 1.).

Feststellung erfordert Gutachten!

Gutachten erforderlich

Die Feststellung, dass der Betroffene krankheitsbedingt zu einer freien Willensbestimmung nicht in der Lage ist, muss durch ein Sachverständigengutachten belegt sein. Bloße Feststellungen zu den allgemeinen Folgen einer Krankheit, ohne konkreten Bezug zum Betroffenen, genügen nicht (vgl. *BGH* a. a. O.). Der Sachverständige sollte dieses Problem bei der nach § 280 Abs. 3 Nr. 3 FamFG gebotenen Darstellung des „psychiatrischen Zustands des Betroffenen" abhandeln.

Sonderfall Suchtkrankheit

Freier Wille bei Suchtkrankheit

Der vom Gesetzgeber gewollten und von der Verfassung gebotenen Rücksicht auf das Selbstbestimmungsrecht des Betroffenen kommt auch bei Suchtkrankheiten große Bedeutung zu. Sie liefe aber ins Leere, wenn ein mangelnder freier Wille des zu Betreuenden allein mit dem von ihm nicht steuerbaren Genuss von Alkohol begründet werden könnte. Denn eine Alkoholabhängigkeit ist regelmäßig gerade dadurch gekennzeichnet, dass der daran Leidende seinen Alkoholkonsum nicht steuern kann. Es bedarf zunächst genauer Prüfung, ob die Sucht nach Alkohol oder andere Suchtmittel, die gemeinhin als „Alkoholismus", „Trunksucht" oder „Drogenabhängigkeit" bezeichnet wird, überhaupt als psychische Krankheit oder körperliche, geistige oder seelische Behinderung nach § 1896 Abs. 1 BGB angesehen werden kann (vgl. dazu Kapitel A 12, 2.1.6). Selbst die Bejahung einer psychischen Krankheit darf nicht ohne weiteres dazu führen, dass ein der Betreuung entgegenstehender Wille unbeachtlich wird (*BVerfG* BtPrax 2015, 61).

Sonderfall Unterbringung

Krankheitseinsicht

Auch bei der Genehmigung einer Unterbringung hat das Betreuungsgericht zu prüfen, ob „der Betreute aufgrund seiner psychischen Krankheit oder seiner geistigen oder seelischen Behinderung seinen Willen nicht frei bestimmen kann" (*BGH*, Beschluss vom 13. 4. 2016, Az. XII ZB 236/15; § 1906 Abs. 1 Nr. 2 BGB). Soweit der *BGH* formuliert, dass eine freie Willensbestimmung ohne eine Krankheitseinsicht nicht möglich sei, ist dies grundsätzlich richtig. Man darf allerdings Krankheitseinsicht nicht mit der Frage verwechseln, ob der Betreute sich dafür entscheidet, die ärztlich vorgeschlagenen Therapien und Medikamente zu akzeptieren. Diesem Irrtum unterliegen häufig Ärzte und ärztliche Sachverständige, wenn Patienten Therapien verweigern. Auch die Krankheitseinsicht setzt nur voraus, dass der Betroffene das Vorliegen der Symptome, die Art der Beschwerden und ihre Folgen erkennen kann und seinen Willen bezüglich der Frage der Behandlung frei bilden kann, in Kenntnis der Tatsachen (vgl. dazu Kapitel A 12, 12.18.8).

Praxis TIPP

Personenkreis der Betreuten

Die Betreuten lassen sich nicht hinsichtlich Alter, Geschlecht, Religionszugehörigkeit, Abstammung, sozialer Stellung usw. differenzieren.

In Reihenfolge – abgestellt auf die Häufigkeit der Betreuungsanordnungen – wird folgender Personenkreis erfasst:

- **Geronto-psychiatrisch erkrankte Menschen**

Unter den psychischen Alterserkrankungen ist bei den Betreuten die senile Demenz am häufigsten vorzufinden. Senile Demenz ist eine im Alter erworbene Intelligenzminderung, die ihre Ursache in der Alzheimer-Krankheit, in Gehirngefäßerkrankungen oder anderen degenerativen Hirnprozessen haben kann. Dabei ist der Abbau der geistigen Fähigkeiten fortschreitend. Dieser Personenkreis wird in Zukunft, bedingt durch die gestiegene Lebenserwartung, weiter anwachsen.

- **Psychisch erkrankte/behinderte Menschen**

Unter den Betreuten der psychisch Kranken befindet sich ein großer Anteil von Menschen, die an einer endogenen Psychose, meist aus dem schizophrenen Formenkreis, erkrankt sind.

Die Symptome der Schizophrenie reichen von akustischen Halluzinationen (Stimmenhören), Leibhalluzinationen (leibliche Beeinflussungserlebnisse), Ich-Störungen (inhaltliche Denkstörungen, Begriffsverschiebungen) bis hin zum Wahn (wobei der Wahn für den Kranken Wirklichkeit ist und sich nicht wegdiskutieren lässt).

Innerhalb des Klientels der Betreuten gehören psychisch Kranke, insbesondere an Schizophrenie erkrankte Menschen, zu den schwierigeren Klienten. Im Umgang mit diesen Menschen muss der Betreuer wissen, dass sie zwei Wirklichkeiten kennen – die reale Wirklichkeit, in der jeder von uns lebt, und eine zweite Wirklichkeit, in der ein Kranker Sinneseindrücke wahrnimmt, die ein Gesunder schwer nachvollziehen kann. Dies führt sehr oft zu einem Rückzug, einem „Nicht-Wollen-Können", was dann zu einem Versagen im Erfüllen von sozialen Aufgaben führt. Dieses Versagen bedingt dann häufig das Herausfallen aus dem sozialen Gefüge und dem sozialen Netz.

- **Abhängigkeitserkrankte durch Alkohol, Medikamente und andere Suchtstoffe**

Bei allen Suchtkranken nimmt das Suchtmittel die zentrale Bedeutung in ihrem Leben ein. Unzuverlässigkeit, fehlende Krankheitseinsicht, hohe Rückfallgefahr und schneller sozialer Abstieg prägen den Alltag des Betreuten. Die Führung einer Betreuung bei Abhängigkeitserkrankungen stellt sich daher als besonders schwierig dar, sodass häufig ein erfahrener Berufsbetreuer zu bestellen ist. Besonders sorgfältig müssen hier das Vorliegen einer psychischen Krankheit und die Aufhebung der freien Willensbildung geprüft werden. Vgl. dazu die Ausführungen unter Kapitel A 12, Abschnitt 2.1.6.

- **Geistig behinderte Menschen**

Ursache für die geistige Behinderung sind häufig Schädigungen des Gehirns vor, während und nach der Geburt. Als geistig Behinderte gelten Personen, deren intellektuelle Leistungsfähigkeit hinter der am Lebensalter orientierten Erfahrung liegt.

3.2 Erforderlichkeit und Nachrang

§ 1896 Abs. 2 BGB

Steht fest, dass eine psychische Krankheit oder körperliche, geistige oder seelische Behinderung vorliegt und deswegen eigene Angelegenheiten ganz oder teilweise nicht besorgt werden können, ist im zweiten Schritt der Grundsatz der Erforderlichkeit und der Nachrangigkeit zu prüfen. Es bedarf der Feststellung jeweils anhand konkreter Tatsachen und zwar für jeden einzelnen Aufgabenkreis, dass der Betroffene insoweit seine Angelegenheiten auch künftig nicht regeln kann und welcher Handlungsbedarf für eine gesetzliche Vertretung in einzelnen Bereichen absehbar ist.

Nicht jede subjektive Betreuungsbedürftigkeit führt zum objektiven Betreuungsbedarf

Maßgeblich ist die gegenwärtige Lebenssituation, so dass die Indizwirkung einzelner Sachverhalte umso schwächer wird, je länger sie zurückliegen (*BGH* BtPrax 2011, 210). Die Aussage eines Sachverständigen, dass die Aufrechterhaltung der Betreuung mit umfassenden Aufgabenkreisen wegen ihrer „wichtigen Schutzfunktion" für den Betroffenen dringend empfohlen wird, genügt diesen Anforderungen nicht. Bei der Prüfung der Frage, ob eine Betreuung erforderlich ist, muss zwischen (subjektiver) Betreuungsbedürftigkeit und (objektivem) Betreuungsbedarf unterschieden werden: Erstere bezieht sich auf die Unfähigkeit des Volljährigen zur Besorgung seiner

Angelegenheiten, Letzterer auf den Kreis der konkret zu besorgenden Angelegenheiten (*BGH* BtPrax 2011, 210; *OLG Zweibrücken* FamRZ 2005, 748). Es müssen demgemäß kumulativ folgende Voraussetzungen vorliegen:

- psychische Krankheit oder körperliche, geistige oder seelische Behinderung (subjektive Betreuungsvoraussetzungen)
- hieraus resultierendes (Kausalität) Unvermögen, seine Angelegenheiten ganz oder teilweise zu besorgen (objektive Betreuungsvoraussetzungen)
- Erforderlichkeit der Betreuerbestellung wegen Nichtvorhandenseins anderer Hilfen (Angehörige, Freunde, Nachbarn, etc.; siehe unter 3.2.1) bzw. einer Vollmacht, § 1896 Abs. 2 BGB (Subsidiarität der Betreuungsanordnung)

Unbetreubarkeit? Neben der subjektiven „Betreuungsbedürftigkeit“ und dem objektiven „Betreuungsbedarf“ kann im Einzelfall die „Betreuungsfähigkeit“ fraglich sein. Es gibt Betroffene, die psychisch krank sind und für die Angelegenheiten zu erledigen wären, die sich aber jeder Zusammenarbeit mit dem Betreuer verweigern. Wird der Betreuer dadurch handlungsunfähig und kann mit einer Betreuung nichts mehr erreicht werden, dann wäre sie nicht – mehr – erforderlich. Bei der Annahme einer solchen „Unbetreubarkeit“ ist jedoch Zurückhaltung geboten, zumal die ablehnende Haltung des Betroffenen in der Regel Ausdruck seiner Krankheit ist. Die staatliche Schutzpflicht gebietet eine sorgfältige Auslotung aller Möglichkeiten, damit der Betroffene nicht wegen seiner ablehnenden Haltung wichtige Unterstützungsmöglichkeiten verliert. Betreuungsstelle, Betreuungsgericht und Betreuer sollten sich daher bemühen, trotz der Ablehnung „geeignete Rahmenbedingungen für eine erfolgreiche rechtliche Betreuung zu schaffen“ (*BGH* MDR 2015, 335). Häufig kann der Betreuer für den Betroffenen auch ohne dessen Mitwirkung zu seinem Wohl tätig werden (vgl. zum Ganzen *BGH* FamRZ 2016, 1350).

3.2.1 „Andere Hilfen“

Mit „anderen Hilfen“ sind die private Unterstützung und die öffentlichen Hilfen bezeichnet, die Vorrang vor einem Betreuungsverhältnis für Volljährige haben.

Gerade der Vorrang der Bevollmächtigung gegenüber der Betreuung ist Ausfluss des Selbstbestimmungsrechts der Bürger. Hoheitliche Akte sind überflüssig, soweit die Bürger ihre Probleme selbst regeln (können) und davon in sinnvoller Art und Weise Gebrauch machen. Der Staat kann sich dann darauf beschränken, Missbrauch und ungerechte Benachteiligung im Einzelfall zu verhindern. Deshalb sollte die gesellschaftspolitische Bedeutung der rechtzeitigen Erteilung einer Vorsorgevollmacht oder der Errichtung einer Betreuungsverfügung nicht unterschätzt werden. Durch entsprechende Gestaltung vorsorgender Regelungen könnten in nicht unerheblichem Umfang rechtliche Betreuungen ganz oder teilweise verhindert werden, ohne dass der Betroffene Einbußen erleidet und mit einer Benachteiligung rechnen muss (vgl. hierzu die Ausführungen unter 3.2.2).

Jeder an Vorsorge interessierte Bürger sollte sich deshalb bei den örtlichen Betreuungsvereinen und der Betreuungsstelle informieren und nach seinen Wünschen und Möglichkeiten Vorsorge treffen. Dies sollte an sich so selbstverständlich sein wie die Regelung der Erbfolge durch Errichtung eines Testaments.

3.2.1.1 Private Unterstützung

Pflege, Begleitung und Unterstützung zur Beseitigung einer Hilfsbedürftigkeit oder einer Notlage sind nach allgemeinem Verständnis Angelegenheiten der Familie, im weiteren Sinne der Freunde, Bekannten und Nachbarn. Hilfen sind in mannigfacher Form vorstellbar, z. B.

- Versorgung des Haushalts
- Wart und Pflege

- Mithilfe bei Maßnahmen zur Sicherung des Lebensunterhalts, wie z. B. Antrag auf Leistungen der Grundsicherung im Alter und bei Erwerbsminderung (SGB XII), Antrag auf Leistungen zur Sicherung des Lebensunterhalts nach SGB II, Arbeitslosengeld II, Sozialgeld, Wohngeldantrag, Rentenantrag etc.
- Begleitung zum Arzt oder zu Behördengängen
- Erledigung von oder Begleitung zu Einkäufen
- Organisation von Dritthilfe
- Wohnungssuche, Heimplatzsuche
- Fahrdienste
- Besuch von Freizeitveranstaltungen

Freiwillige Unterstützungsangebote

Ein wesentliches Merkmal der Hilfen durch Angehörige, Freunde, Bekannte und Nachbarn ist die Freiwilligkeit der Unterstützungsangebote – diese lassen sich nicht erzwingen – sowohl auf der Seite des Hilfsbedürftigen als auch des Helfers. Es gilt, die Eigenheiten und Besonderheiten, die Wünsche und Bedürfnisse zu akzeptieren und vorhandene Fähigkeiten zu fördern, nicht zu unterdrücken (Schlagworte: „Hilfe zur Selbsthilfe“, aber auch „Gefahr des überbeschützenden Helfers“). Der Hilfsbedürftige und der Helfer müssen lernen, aufeinander zuzugehen und eine partnerschaftliche, vertrauensvolle Beziehung zu pflegen.

Grenzen privater Hilfe

Die Grenzen dieser privaten Hilfe können persönlicher (z. B. Ablehnung, Überforderung, physische und psychische Belastung) oder rechtlicher Natur (z. B. Vertretung bei Abgabe oder Entgegennahme rechtsverbindlicher Willenserklärungen) sein.

Private Unterstützung durch Institutionen

Hinzu kommen im Bereich der privaten Unterstützung die vielfältigen Angebote von Verbänden, Vereinen und Initiativgruppen. Eine umfassende Zusammenstellung der angebotenen Hilfen in diesem Bereich zu liefern ist wegen institutioneller und regionaler Unterschiede nicht möglich.

Auszugsweise ist auf Hilfeangebote für die Betroffenen zu verweisen:

Angebote der Behindertenhilfe

- Beratungsstellen (Allgemeiner Sozialdienst bei Städten und Landkreisen, Sozialpsychiatrische Dienste)
- Tagesstätten einschließlich Werkstätten
- Kontaktgruppen (Freizeitgestaltung, Hobbykurse)
- Heime (Wohngemeinschaften, Wohnheime, Übergangseinrichtungen, Pflegeheime) für Behinderte und sonstige Gruppen mit sozialen Auffälligkeiten bzw. Schwierigkeiten
- Fahrdienste
- Angehörigentreffs

Altenhilfe

- Beratungsstellen für ältere Mitbürgerinnen und Mitbürger
- Ambulante sozialpflegerische Dienste und Sozialstationen
- Essen auf Rädern
- Hausnotruf
- Freizeit- und Bildungsmaßnahmen
- Tagespflegeeinrichtungen
- Kurzzeitpflegeeinrichtungen

- Heime (Altenwohnheime, Altenpflegeheime und Seniorenwohnungen)
- Angehörigentreffs (Gesprächskreise für pflegende Angehörige)
- Beratungsstellen für Suchtkranke/Drogenabhängige
- Beratungsstellen für Nichtsesshafte
- Krankenhäuser und Einrichtungen

Gefährdetenhilfe

Die Hilfen von Verbänden, Vereinen und Initiativgruppen werden in der Regel von professionellen Diensten angeboten. Dem einzelnen Hilfesuchenden so umfassend wie nötig und so gut wie möglich zu helfen, kann vor allem im Zusammenwirken des Netzwerks der Hilfsdienste erreicht werden. Aber auch bei professioneller privater Unterstützung gilt der Grundsatz der Freiwilligkeit.

3.2.1.2 Öffentliche Hilfen

Die Kommune ist Träger sozialer Einrichtungen und Dienste aufgrund ihrer Verantwortung für das Wohlergehen ihrer Bürgerinnen und Bürger

- im Rahmen der Daseinsvorsorge
- aufgrund gesetzlicher Bestimmungen

Allgemeiner Sozialdienst

In der Begründung des Gesetzentwurfes wird als wichtiges Hilfeangebot auf den „Allgemeinen Sozialdienst“ verwiesen. Ein Grundsatz im Allgemeinen Sozialdienst ist seine Allzuständigkeit. Er bietet neben zahlreichen Hilfeangeboten auch Information, Beratung und Sozialbehandlung sowie Vermittlung und Kooperation von Hilfen an. Der Allgemeine Sozialdienst ist bei den Landkreisen und kreisfreien Städten in der Regel den Jugendämtern zugeordnet.

Sozialdienst der Gesundheitsämter

In Bayern sind bei den Gesundheitsämtern (innerhalb der Landratsämter) nach dem Gesetz über den öffentlichen Gesundheitsdienst und nach anderen Rechtsvorschriften Sozialdienste unter anderem auch für Hilfen bei psychischer Krankheit oder körperlicher, geistiger oder seelischer Behinderung zuständig.

Der Auftrag zur gesundheitlichen Aufklärung und Beratung ist umfassend und bezieht sich auf alle Lebensumstände und Lebensgewohnheiten der Menschen. Allerdings orientiert sich die Arbeit der Gesundheitsämter immer am jeweiligen Bedarf einer Region. Das Gesundheitsamt ergänzt die bestehenden Angebote der Freien Träger, deren durch das Subsidiaritätsprinzip begründeter Vorrang nicht angetastet wird.

Es empfiehlt sich, über das Leistungsspektrum des Gesundheitsamtes, wegen der unterschiedlichen örtlichen und regionalen Standards, vor Ort Informationen (z. B. bei den Betreuungsbehörden und Betreuungsvereinen) einzuholen.

Krankenhaussozialdienste

Sozialdienste in Krankenhäusern öffentlicher Träger (z. B. Bezirkskliniken, Universitätskliniken) werden ebenfalls der „öffentlichen Hilfe“ zugerechnet. Das dortige Hilfeangebot der Sozialdienste orientiert sich an individuellen Konzepten, die sich allerdings an den Anforderungen des Betreuungsrechts, insbesondere am Grundsatz der Erforderlichkeit und Nachrangigkeit messen sollten.

Im Gegensatz zur privaten Hilfe – Grundposition Hilfeangebot – sind die öffentlichen Träger, bei denen auch Hilfen auf freiwilliger Basis angeboten werden, nach gesetzlichen Bestimmungen im sozialen Bereich zur Beratung und Begleitung verpflichtet.

Echte Vertretung nur über Betreuung erreichbar

Die vielfältigen Sozialdienste dürfen nicht darüber hinwegtäuschen, dass derartige sinnvolle Unterstützungsmaßnahmen dann ins Leere laufen, wenn eine Vertretung erforderlich wird, die nur über § 1902 BGB oder eine ausreichende Vollmacht erreichbar ist. Jede Verfügung über das eigene Einkommen oder Vermögen, jeder Antrag auf finanzielle Unterstützung, jede Einwilligung in ärztliche Maßnahmen bedarf gesetzlicher Vertretung, wenn der Betroffene geschäftsunfähig oder einwilligungsunfähig ist (vgl. *BGH*, Beschluss vom 20. 5. 2015, Az. XII ZB 96/15).

3.2.1.3 Grenzen professioneller, privater und öffentlicher Hilfe

Öffentliche Hilfen und private Unterstützung stehen nicht konkurrierend zueinander. Bei klientenorientierter Koordination der Hilfen bzw. Hilfeangebote und zweckgerichteter Kooperation der Helfer kann im Einzelfall bei Mitwirkung der Klienten eine umfassende Hilfestellung, Wegbegleitung und Unterstützung bedarfsorientiert gewährt werden. Wenngleich stets versucht wird, den Klienten in die Lage zu versetzen, dass er lernt, mit seinen Konflikten und Krisen umzugehen, kann dieses Ziel doch nicht immer erreicht werden. Diese Aussagen treffen für psychisch Kranke und geistig oder seelisch Behinderte gleichermaßen zu.

Die Grenzen professioneller privater und öffentlicher Hilfe können sein:

- Ablehnung durch den Klienten
- das Krankheitsbild oder die Schwere der Behinderung
- örtliche und regionale Standards
- institutionelle Rahmenbedingungen
- rechtliche Gründe
- Individualität des Helfers
- Kompetenz des Helfers
- gesellschaftliche Bedingungen

Soweit Angebote im Rahmen der privaten und öffentlichen Hilfen nicht ausreichen, wird der Helfer zu prüfen haben, ob eine Betreuung angeregt werden soll.

Ein Hinweis an die professionellen Helfer im Bereich der „anderen Hilfen“:

Da eine Betreuung regelmäßig eine Einschränkung in der gesamten Lebensgestaltung des Betroffenen darstellt, müssen private und professionelle Helfer im Bereich der „anderen Hilfen“ ihre Maßnahmen/Vorgehensweisen streng am Grundsatz der Nachrangigkeit und der Erforderlichkeit orientieren. Eine Betreuung sollte in der Regel nur angeregt werden, wenn aufgrund der Schwere der Erkrankung und/oder aus rechtlichen Gründen die Kompetenzen der Begleiter ausgeschöpft sind. Dabei kann es sinnvoll sein, eine Betreuung mit sehr beschränktem Aufgabenkreis anzuregen, wenn die anderen Hilfen wenigstens in Teilbereichen greifen.

3.2.1.4 Vertreter von Amts wegen für Verwaltungsverfahren

Betreuer für bestimmte Verwaltungsverfahren

Außerhalb von § 1896 ff. BGB finden sich weitere Anwendungsfälle, die dazu führen, dass ein gesetzlicher Vertreter auf Ersuchen von Verwaltungsbehörden bestellt wird. Das Betreuungsgericht hat dann zu prüfen, ob der Betroffene bestimmte Angelegenheiten in dem Verwaltungsverfahren krankheitsbedingt nicht mehr wahrnehmen kann. Diese sog. Vertreter von Amts wegen sind somit Betreuer, die speziell für bestimmte Verfahren bestellt werden können. Geregelt wird dies etwa in § 81 Abs. 1 Nr. 4 AO, § 15 Abs. 1 Nr. 4 SGB X, § 16 VwVfG, § 3 Bundesdiziplinargesetz. Örtlich zuständig ist das Betreuungsgericht, in dessen Bezirk der Betroffene seinen gewöhnlichen Aufenthalt hat. Fehlt ein gewöhnlicher Aufenthalt, ist das Gericht zuständig, in dessen Bezirk die ersuchende Behörde ihren Sitz hat.

3.2.2 Mitgestaltung durch Vorsorgemaßnahmen

Die Sorge für das Wohl des Betreuten unter Berücksichtigung seines Willens und seiner Wünsche ist der wichtigste Maßstab für die Führung einer Betreuung. Häufig ist aber die Beachtung dieses Grundsatzes nicht möglich, weil der Betreute krankheitsbedingt zu einer sachgerechten Willensbildung und -äußerung nicht mehr in der Lage ist. Deshalb ist es besonders wichtig, seine eigenen Wünsche für den Fall, dass infolge altersbedingten Nachlassens der geistigen Fähigkeiten, aufgrund von psychischen Krankheiten oder als Folge altersunabhängiger Hilfsbedürftigkeit, z. B. nach einem schweren Unfall, klar zu formulieren, damit der Betreuer bzw. das Betreuungsgericht darauf Rücksicht nehmen können. Bei ausreichender Vorsorge kann unter Umständen auf eine Betreuung ganz verzichtet werden.

Es ist deshalb zunächst zu prüfen, ob vorsorgende Verfügungen vorliegen. Ist dies nicht der Fall, muss der Betreuer mit dem Betreuten abklären, welche Vorstellungen und Wünsche er hat.

Vollmacht vorrangig

Der Gesetzgeber hat die Bestellung eines Betreuers ermöglicht (§ 1896 Abs. 1 BGB), gleichzeitig aber darauf hingewiesen, dass die Erteilung einer Vollmacht durch den Betroffenen immer Vorrang vor einer Betreuung haben soll, wenn durch sie seine Aufgaben genauso gut besorgt werden können wie durch einen Betreuer (§ 1896 Abs. 2 Satz 2 BGB). Aber selbst dann, wenn es zu einer Betreuung kommt, kann die betroffene Person durch rechtzeitig geäußerte Wünsche und Vorschläge auf die Person des Betreuers und die Gestaltung der Betreuung gezielt Einfluss nehmen (§ 1897 Abs. 4 BGB, § 1901 Abs. 3 BGB).

Wille und Wünsche des Betroffenen

Daneben kann zur Bestimmung der medizinischen Behandlung bzw. Nichtbehandlung durch eine Patientenverfügung (§ 1901a Abs. 1 BGB) oder durch Äußerung von Behandlungswünschen (§ 1901a Abs. 2 BGB) Vorsorge getroffen werden (vgl. dazu Abschnitt 3.2.2.4).

3.2.2.1 Vorsorgevollmacht

Vollmacht für „schlechte" Zeiten

Der Sinn einer Vorsorgevollmacht besteht darin, in Zeiten der geistigen Frische für den Fall einer alters- oder unfallbedingten Gebrechlichkeit durch die Beauftragung einer bestimmten Person den Eintritt einer gerichtlichen Betreuung zu verhindern. Man spricht deshalb von einer Vorsorgevollmacht, weil der Bevollmächtigte erst dann handeln soll, wenn beim Vollmachtgeber selbst Geschäfts- oder Handlungsunfähigkeit eintritt, die Vollmacht somit „vorsorglich" erteilt wird.

Reichweite der Vollmacht

Der Umfang einer Vorsorgevollmacht wird im Regelfall sehr weit gespannt sein; es handelt sich im Allgemeinen zunächst um eine Generalvollmacht. Diese Vollmacht kann sich unzweifelhaft auf alle Vermögensangelegenheiten erstrecken, wie z. B. Bankgeschäfte, Abschluss eines Heimvertrags, Haus- und Vermögensverwaltung, Ausübung von Gesellschafterrechten usw.

Selbst die Errichtung einer „Generalvollmacht zur Regelung aller denkbaren Angelegenheiten" reicht aber in einigen Fällen nicht aus.

Formvorschriften im Einzelfall

Folgende Bereiche hat der Gesetzgeber zwar grundsätzlich zur Bevollmächtigung zugelassen:

- Einwilligung, Nichteinwilligung oder Widerruf der Einwilligung in ärztliche Eingriffe, soweit die begründete Gefahr besteht, dass der Betreute auf Grund der Maßnahme stirbt oder einen schweren und länger dauernden gesundheitlichen Schaden erleidet,
- freiheitsentziehende oder freiheitsbeschränkende Maßnahmen und
- ärztliche Zwangsmaßnahmen.

Allerdings müssen diese Maßnahmen ausdrücklich (das heißt so genau wie möglich) in einer schriftlich erteilten Vollmacht bezeichnet sein (§ 1904 Abs. 5 Satz 2, § 1906 Abs. 5 Satz 1, § 1906a Abs. 5 BGB).

Besonderes Formerfordernis: „ausdrücklich umfasst"

Die Formulierung muss, um „ausdrücklich" zu sein, die Maßnahme klar und deutlich erkennen lassen. Dem wird z. B. der auslegungsbedürftige Begriff „Unterbringungsregelung" für den Bereich der unterbringungsähnlichen Maßnahmen nicht gerecht

(a. A. ohne Begründung *BGH* FamRZ 2012, 969 m. Anm. Böhm). Mit der besonderen Formvorschrift soll verhindert werden, dass der Vollmachtgeber voreilig oder unüberlegt handelt.

Die Vorsorgevollmacht sollte aber auch außerhalb der gesetzlich vorgeschriebenen Bereiche zur Vermeidung von Missverständnissen und zum besseren Nachweis immer zumindest schriftlich abgefasst sein, um sie bei Bedarf vorlegen und überprüfen zu können.

Öffentlich beglaubigte Unterschrift

Soll der Bevollmächtigte auch im Grundbuchverkehr tätig werden, muss die Unterschrift des Vollmachtgebers notariell beglaubigt oder die gesamte Vollmacht notariell beurkundet sein; dies gilt auch, wenn später eine Erbschaft für den Vollmachtgeber ausgeschlagen werden soll. Darüber hinaus ist im Verkehr mit Banken besondere Vorsicht geboten. Diese erkennen unter Hinweis auf bestehende Bankbedingungen häufig Vollmachten nur an, wenn sie vor einem Bankmitarbeiter erteilt wurden. Eine Rückfrage bei der kontoführenden Bank ist empfehlenswert.

Betreuungsbehörde darf Unterschriften beglaubigen

Die Urkundsperson bei der Betreuungsbehörde ist neben den Notaren befugt, Unterschriften oder Handzeichen auf Vorsorgevollmachten öffentlich zu beglaubigen, § 6 Abs. 2 BtBG. Vollmachten, die mit derartig beglaubigten Unterschriften versehen sind, können auch bei Grundbucheintragungen und Erbausschlagungen zum Nachweis der Vertretungsmacht verwendet werden. Die kostengünstige Beglaubigung durch die Betreuungsbehörde steht derjenigen durch den Notar grundsätzlich gleich und erfüllt die Formvoraussetzungen des § 29 GBO und § 1945 Abs. 3 Satz 1 BGB. Dies gilt ebenso für Vorsorgevollmachten, die auch nach dem Tod des Vollmachtgebers fortgelten sollen (*OLG Karlsruhe* BtPrax 2015, 245). Für jede Beglaubigung kann eine Gebühr von 10 EUR erhoben werden, § 6 Abs. 5 BtBG.

Beratung von Betreuungsvereinen

Die anerkannten Betreuungsvereine können im Einzelfall Personen bei der Errichtung einer Vorsorgevollmacht beraten, § 1908f Abs. 4 BGB. Dafür darf eine angemessene Gebühr verlangt werden, über deren Höhe noch keine Bestimmungen getroffen sind.

Geschäftsfähigkeit als Voraussetzung

Zu beachten ist, dass nur ein Geschäftsfähiger wirksam eine Vollmacht erteilen kann. Dies bedeutet einmal, dass eine Vollmacht „rechtzeitig" erteilt werden sollte, nicht erst dann, wenn der Vollmachtgeber schon „am Rande der Geschäftsfähigkeit" steht. Außerdem kann es erforderlich sein, dass in Zweifelsfällen die vorhandene Geschäftsfähigkeit bei Errichtung der Vollmacht nachzuweisen ist. Zu diesem Zweck ist es sinnvoll, wenn bei der Vollmachtserteilung der Haus- oder Heimarzt (besser ein in Psychiatrie erfahrener Arzt oder Neurologe) zugezogen wird, der eine vorhandene Geschäftsfähigkeit bestätigen kann. Bei der notariellen Beurkundung der Vollmacht muss sich der Notar nach § 11 BeurkG von der Geschäftsfähigkeit überzeugen. Bei Geschäftsunfähigkeit soll er die Beurkundung ablehnen und bei Zweifen diese in der Niederschrift vermerken.

Keine Bedingung in Vollmachtsurkunde

Häufig wird in die Vollmachtsurkunde folgender Hinweis aufgenommen: „Für den Fall, dass ich nicht mehr in der Lage bin, meine Angelegenheiten ganz oder teilweise selbst zu besorgen und zu regeln, insbesondere im Fall meiner Geschäftsunfähigkeit, bevollmächtige ich …" Diese Klausel ist juristisch zulässig, birgt jedoch ein gravierendes Problem in sich. Zwar kann damit verhindert werden, dass der Bevollmächtigte bereits zu einer Zeit handeln kann, zu der dies noch nicht erfolgen soll, allerdings kann die Feststellung und der Nachweis des Eintritts dieser Bedingung Schwierigkeiten bereiten. Wie soll man z. B. einem Bankangestellten nachweisen, dass die Bedingung eingetreten ist? Will man der Problematik des Nachweises über den Bedingungseintritt entgehen, sollte man die oben dargestellte Klausel nicht in die Vollmacht aufnehmen, diese also „unbedingt" erteilen. Die Eintrittsbedingung ist in das sog. Innenverhältnis aufzunehmen. Es handelt sich hierbei um eine Vereinbarung zwischen dem Vollmachtgeber und dem Bevollmächtigten, die zwar mündlich geschlossen werden kann, zum Zwecke des späteren Nachweises aber schriftlich erfolgen sollte.

An diese Vereinbarung ist der Bevollmächtigte gebunden; sollte er vor Eintritt der abbedungenen Voraussetzungen tätig werden, ist er schadensersatzpflichtig und könnte sich zudem strafrechtlich schuldig machen.

Der Text der Vorsorgevollmacht muss aber deutlich und sicher zwischen den Regelungen zum Innen- und Außenverhältnis unterscheiden. Schließlich schränken alle Bestimmungen für das Außenverhältnis die Wirksamkeit ein (*OLG Frankfurt* FamRZ 2012, 61).

Vertrauen ist wichtig

Der Bevollmächtigte sollte eine Vertrauensperson sein. Eine Absprache mit ihm dürfte die Regel sein. Auch empfiehlt es sich, die Reaktionen weiterer Familienangehöriger zu bedenken oder die Sachlage mit ihnen zu besprechen.

Als Bevollmächtigte ungeeignet

Befindet sich der Vollmachtgeber in einer Anstalt, einem Heim oder einer sonstigen Einrichtung, und steht der Bevollmächtigte zu diesen Einrichtungen in einem Abhängigkeitsverhältnis oder in einer anderen engen Beziehung, kann die erteilte Vollmacht eine Betreuerbestellung nicht verhindern. Zwar ist die Vollmacht, die einem Mitarbeiter der Einrichtung, dem Heimleiter oder Heimbetreiber oder dessen (nahen) Angehörigen erteilt wurde, wirksam, dennoch muss ein Betreuer bestellt werden, § 1896 Abs. 2 Satz 2 BGB i. V. m. § 1897 Abs. 3 BGB.

Die erteilte Vollmacht ist nach *OLG München* (FamRZ 2006, 441) nicht als nichtig im Sinne von § 134 BGB anzusehen (a. A. Palandt/Götz, BGB, 76. Aufl., § 1897 Rn. 11); sie kann nur eine Betreuung nicht verhindern. Erfährt das Betreuungsgericht erst nachträglich, dass der Bevollmächtigte zu den nach §§ 1896 Abs. 2 Satz 2, 1897 Abs. 3 BGB ausgeschlossenen Personen gehört, oder tritt das besondere Abhängigkeitsverhältnis zu der Einrichtung erst später ein, dann tritt ab diesem Zeitpunkt die Erforderlichkeit der Betreuung ein und das Betreuungsgericht wird eine andere Person als den Bevollmächtigten zum Betreuer bestellen. Bis zu diesem Zeitpunkt sollte aber die Außenwirkung der Vollmacht nicht entfallen.

Der Ausschluss dieser Personen gilt aber nicht uneingeschränkt. Bei der Regelung des § 1897 Abs. 3 BGB hat der Gesetzgeber Art. 6 GG zu wenig Beachtung geschenkt, der den Staat verpflichtet, „die aus Eltern und Kindern bestehende Familiengemeinschaft als eigenständig und selbstverantwortlich zu respektieren und zu fördern". Art. 6 GG schützt aber auch genauso die Ehe und damit das besondere Verhältnis der Ehegatten zueinander. Diese Verfassungsgrundsätze gebieten eine bevorzugte Berücksichtigung der Familienangehörigen bei der Auswahl von Betreuern, die das BGB an anderer Stelle (vgl. § 1897 Abs. 5 BGB) selbst nachhaltig fordert.

Sofern keine konkrete Interessenkollision besteht oder der Zweck der Fürsorgemaßnahme aus anderen Gründen die Bestellung eines Dritten verlangt, können daher Ehegatten, Kinder oder die Eltern auch dann als Betreuer bestellt werden, wenn der Wortlaut des § 1897 Abs. 3 BGB dies an sich ausschließt (vgl. *BVerfG* BtPrax 2006, 228; Palandt/Götz, BGB, 76. Aufl., § 1897 Rn. 11). Einem Konflikt kann dadurch begegnet werden, dass bei einer sich konkret abzeichnenden Gefahr der Interessenkollision ein Ergänzungsbetreuer für diesen Bereich bestellt wird.

Praxis TIPP

Den beschriebenen Interessenkonflikt zwischen Heim- und Betreuteninteressen sollte man bei der Bevollmächtigung von Kindern oder Eltern durchaus bedenken. Im Einzelfall kann es für den bei einer Einrichtung tätigen Vorsorgebevollmächtigten unzumutbar sein, Entscheidungen zum Nachteil des eigenen Arbeitgebers treffen zu müssen. So werden Missstände vielleicht zu lange geduldet und eine Kündigung nicht rechtzeitig in Erwägung gezogen, weil man um seinen eigenen Arbeitsplatz fürchtet. Deshalb sollte man gerade für die kritischen Bereiche einen weiteren, unabhängigen Bevollmächtigten auswählen.

Mehrere Bevollmächtigte

Natürlich kann man auch mehrere Personen bevollmächtigen, und zwar entweder zu einer gemeinschaftlichen Vertretung oder man erteilt jedem ein Alleinvertretungsrecht. Auch kann man ein gemeinschaftliches Handeln nur für bestimmte Geschäfte vorschreiben. Bei einer gemeinschaftlichen Bevollmächtigung muss aber ein Mindestmaß an Kooperationsbereitschaft und -fähigkeit vorliegen, damit die Angelegenheiten des Betreuten ausreichend erledigt werden können (*BGH*, Beschluss vom 31. 1. 2018, Az. XII ZB 527/17). Ferner ist daran zu denken, einen Ersatzbevollmächtigten für den Fall zu bestellen, dass der zunächst Bevollmächtigte ausfällt.

Auftragsverhältnis

Neben der Vollmacht ist im Innenverhältnis zwischen Vollmachtgeber und Bevollmächtigten zu klären, wann von der Vollmacht Gebrauch gemacht werden darf, welche Weisungen und Wünsche des Vollmachtgebers der Bevollmächtigte zu beachten hat, wie seine Auslagen zu erstatten sind. Rechtlich handelt es sich regelmäßig um einen Auftrag zur Geschäftsbesorgung (§ 662 BGB). Dieses Vertragsverhältnis sollte zweckmäßigerweise schriftlich mit dem Bevollmächtigten vereinbart werden, vor allem wenn es um Vermögensangelegenheiten geht. Eine ausdrückliche Regelung des Innenverhältnisses vermeidet auch Streit über die Rechte des Bevollmächtigten und dient damit sowohl dem Schutz des Vollmachtgebers (oder dessen Erben) als auch dem des Bevollmächtigten. So lässt sich z. B. die häufig streitige Frage eindeutig regeln, ob die Vollmacht nur zur Verwaltung oder auch zur Veräußerung von Grundbesitz erteilt worden ist. Soweit ein Auftragsverhältnis nicht ausdrücklich vereinbart wird, sind die gesetzlichen Vorschriften des Auftrags (§ 662 ff. BGB) anzuwenden.

Praxis TIPP

Neben der Vollmacht sollte immer ein Auftragsverhältnis zwischen dem Vollmachtgeber und dem Bevollmächtigten vereinbart werden, damit keine Zweifel über den Zeitpunkt entstehen, ab dem von der Vollmacht Gebrauch gemacht werden kann, und welche Weisungen bzw. Wünsche des Vollmachtgebers bestehen.

Überwachung des Bevollmächtigten

Der Bevollmächtigte wird grundsätzlich nur durch den Vollmachtgeber überwacht. Dies ist bei der Vorsorgevollmacht insoweit schwierig, als dieser dazu unter Umständen nicht mehr in der Lage sein wird. Als gerichtliches Mittel gibt es außerdem die sog. „Überwachungs- oder Vollmachtsbetreuung" (§ 1896 Abs. 3 BGB). Diese kann das Betreuungsgericht anordnen, wenn es zur Überzeugung gelangt, dass der Bevollmächtigte missbräuchlich nicht im Sinne und zum Wohle des Hilfsbedürftigen handelt oder Umfang und Schwierigkeit der vom Bevollmächtigten zu besorgenden Geschäfte eine Überwachung erfordern.

Praxis TIPP

Angehörige sind oft der Meinung, mit einer Bankvollmacht eine umfassende Vertretungsbefugnis nachweisen zu können. Eine Bankvollmacht ermöglicht dem Vertreter lediglich die Verfügung über die Konten bzw. Anlageverwaltung. Weitere Rechtsgeschäfte, wie der Abschluss eines Heimvertrages, sind von der Bankvollmacht nicht abgedeckt. Bevollmächtigte benötigen zur umfassenden Vertretung eine entsprechend umfassende Vollmacht.

Registrierung im Vorsorgeregister

Man kann seine Vorsorgevollmacht im Zentralen Vorsorgeregister der Bundesnotarkammer registrieren lassen; die Meldung erfolgt über das Internet (www.zvr-online.de) oder per Post. Detaillierte Verfahrenshinweise findet man unter dem Menüpunkt „Privatpersonen/Informationen" auf der Internetseite (www.zvr-online.de) oder bei der Bundesnotarkammer – Zentrales Vorsorgeregister, Postfach 080151, 10001 Berlin, Tel. 0 18 05/35 50 50. Für die Registrierung werden aufwandsbezogene einmalige Gebühren erhoben, und zwar zwischen 15,50 EUR und 18,50 EUR, je nach Antragsart.

Grundsätzlich ist die Registrierung der Vorsorgevollmacht im Zentralen Vorsorgeregister zu empfehlen, damit das Vorhandensein der Vollmacht insbesondere dem Betreuungsgericht bekannt wird.

3.2.2.2 Grenzen der Vollmacht

Geschäftsunfähigkeit bei Vollmachterteilung

Gelegentlich wird die Wirksamkeit einer Vorsorgevollmacht angezweifelt. Beliebt ist die Behauptung, der Vollmachtgeber sei bereits bei Erteilung der Vorsorgevollmacht geschäftsunfähig gewesen. Kann dies durch Gutachten bzw. andere Beweismittel sicher nachgewiesen werden, muss ein Betreuer bestellt werden. In der Regel kann aber die Geschäftsunfähigkeit rückwirkend nicht mehr sicher festgestellt werden und es bleiben nur Vermutungen oder ein nicht bewiesener Verdacht, die aber die Wirksamkeit der Vollmacht nicht erschüttern können (*BGH*, Beschluss vom 3. 2. 2016, Az. XII ZB 425/14).

Rechtsverkehr akzeptiert die Vollmacht nicht

Wird aber die Wirksamkeit der Vollmacht im Rechtsverkehr in Zweifel gezogen und nicht akzeptiert, kann der Bevollmächtigte trotz der rechtlichen Wirksamkeit der Vollmacht die Angelegenheiten des Vollmachtgebers nicht erledigen, so dass ein Betreuer bestellt werden muss.

Prüfungsreihenfolge bei Gericht

Wird eine Betreuung trotz bestehender Vorsorgevollmacht beim Betreuungsgericht angeregt, muss demnach Folgendes geprüft werden:

1. Geschäftsfähigkeit bei Erteilung der Vorsorgevollmacht.

   Diese Frage muss vom Gericht von Amts wegen „ausermittelt“ werden, wobei Vermutungen oder ein Verdacht nicht genügen, um substanzielle Zweifel an der Geschäftsfähigkeit zu begründen. Zum Kreis der Ermittlungen gehören z. B. die Einvernahme von Zeugen (Hausarzt, Freunde, Verwandte etc.), bei einer notariellen Beurkundung die Einvernahme des Notars und generell die Einholung eines Sachverständigengutachtens.

2. Die Vollmacht muss im Rechtsverkehr akzeptiert werden.

   Bleiben Restzweifel und können diese nicht ausgeräumt werden, kann dies die Akzeptanz einschränken, weil die Vollmacht zurückgewiesen wird oder dies „zu besorgen ist“. Ist das der Fall, muss trotz der Vorsorgevollmacht ein Betreuer bestellt werden. Bei völlig haltlosen Zurückweisungen der Vollmacht müssen sich die Bevollmächtigten dagegen zur Not gerichtlich wehren.

3. Erst nach diesen Prüfungen hat sich das Gericht mit der Frage der Eignung des Bevollmächtigten zu beschäftigen (zum Ganzen *BGH*, Beschluss vom 19. 10. 2016, Az. XII ZB 289/16).

Einwilligungsvorbehalt, Sterilisation

Die Vorsorgevollmacht kann aber die Betreuung auch dann nicht ersetzen, wenn z. B. ein „Einwilligungsvorbehalt“ notwendig ist oder die Vornahme einer Sterilisation im Raum steht. Die Erteilung einer Vollmacht scheitert oft auch daran, dass niemand bereit ist, als Bevollmächtigter für den Betroffenen tätig zu werden. Häufig findet man niemanden, der so vertrauenswürdig ist, dass man ihm diese Aufgabe übertragen will.

Keine Pflicht zur Bevollmächtigung

Kontrovers diskutiert wird die Frage, ob eine Betreuung abgelehnt werden muss, solange der Betroffene eine Vollmacht erteilen könnte. Dieses Problem kann sich z. B. bei geschäftsfähigen, körperlich behinderten Menschen stellen, die eine Betreuung wollen. Schon der Wortlaut des § 1896 Abs. 2 Satz 2 BGB spricht gegen eine „Pflicht“ zur Bevollmächtigung, da nach dem Gesetz die Erforderlichkeit einer Betreuung nur entfallen soll, wenn die „Angelegenheiten (…) durch einen Bevollmächtigten (…) besorgt werden können“. Bei einer erst zu erteilenden Vollmacht müsste es heißen „durch einen zu Bevollmächtigenden“ und am Schluss „könnten“ und nicht „können“. Die Vollmacht ist zudem Ausdruck des „Selbstbestimmungsrechts“ des Betroffenen und darf niemanden aufoktroyiert werden. Man würde dann die Betroffenen möglicherweise zu unüberlegten Vollmachten drängen, die aufgrund fehlender staatlicher Kontrolle gefährlich werden könnten. Auch die Begründung zum Betreuungsgesetz geht vom Ende des Nachrangs der Betreuung aus, wenn „andere Hilfen (...) nicht wirksam sind, weil der Betroffene zu einer erforderlichen Mitwirkung (...) nicht bereit oder in der Lage ist" (*BT-Drucks. 11/4528 S. 122*; a. A. *BGH* NJW-RR 2014, 385 ohne Begründung).

Der *BGH* (Beschluss vom 27. 9.2017, Az. XII ZB 330/17, BtPrax 2016, 37) hat seine pauschale Ablehnung der Betreuung bei möglicher Vorsorgevollmacht Schritt für Schritt relativiert. Er verlangt nunmehr, dass mindestens eine Person existieren muss, „welcher der Betroffene das für eine Vollmachterteilung erforderliche Vertrauen entgegenbringt und die zur Übernahme der anfallenden Aufgaben als Bevollmächtigter des Betroffenen bereit und in der Lage ist." Darüber hinaus verlangt der BGH, dass es sich um eine konkrete Alternative handeln müsse. Geschäftsfähigkeit und die rechtlich bestehende Möglichkeit einer Vorsorgevollmacht lässt der BGH nicht mehr als betreuungsvermeidenden Umstand gelten. Man muss davon ausgehen, dass zumindest die erforderliche Vertrauensbasis fehlt, wenn eine Vollmacht bewusst nicht erteilt wird. Diese Entscheidung ist dann auch zu akzeptieren.

Verzicht auf gerichtliche Genehmigungen ist unwirksam

Vorsorgevollmachten erfahren aber auch inhaltliche Beschränkungen. Der Bevollmächtigte bedarf z. B. der betreuungsgerichtlichen Genehmigung, wenn das Gesetz dies für ihn und den Betreuer vorschreibt. § 1906 Abs. 5 Satz 2, § 1906a Abs. 5 Satz 2, § 1904 Abs. 5 Satz 1 BGB sehen dies vor für Unterbringungen, unterbringungsähnliche Maßnahmen, ärztliche Zwangsmaßnahmen, lebensgefährliche ärztliche Maßnahmen bzw. solche mit längerdauernden und schwerwiegenden Folgen sowie das Unterlassen, Begrenzen und Beenden lebenserhaltender Maßnahmen. In einigen Vollmachten wurde versucht, diese Genehmigungspflicht dadurch zu umgehen, dass der Vollmachtgeber ausdrücklich auf die betreuungsgerichtliche Genehmigung verzichtet. Das hätte aber dazu geführt, dass bei den genehmigungspflichtigen Maßnahmen der entscheidungsunfähige Betroffene ohne staatlichen Schutz dem Bevollmächtigten schutzlos ausgeliefert gewesen wäre. Deshalb sind Klauseln, die eine Genehmigungspflicht durch Verzicht vermeiden wollen, unwirksam. Der Staat hat die Pflicht, die Betroffenen vor möglicherweise unzulässigen oder unverhältnismäßigen Eingriffen vonseiten Dritter zu bewahren, wenn sie selbst nicht mehr dazu in der Lage sind (vgl. *BVerfG*, Beschluss vom 10. 6. 2015, Az. 2 BvR 1967/12).

3.2.2.3 Betreuungsverfügung

Will man für den Fall des Eintritts der eigenen Hilfsbedürftigkeit eine Betreuung nicht verhindern, so kann man durch eine Betreuungsverfügung Einfluss auf die Person des Betreuers und die Führung der Betreuung nehmen.

Wünsche werden beachtet

Möglich sind Wünsche zur Person des Betreuers, § 1897 Abs. 4 Satz 3 BGB. Man kann sich z. B. für und gegen eine Person aussprechen. Aber auch Wünsche zur Führung der Betreuung, § 1901 Abs. 3 Satz 2 BGB, wie etwa die Bestimmung eines Alten-/Pflegeheims, Arztwahl, Anweisungen zur Vermögensverwaltung, zu ärztlichen Maßnahmen, sind beachtlich, allerdings kann man gesetzliche Regelungen nicht außer Kraft setzen.

Das Betreuungsgericht bzw. der Betreuer sind aber nicht uneingeschränkt an derartige Äußerungen gebunden. Ein vorgeschlagener Betreuer, der völlig ungeeignet ist, wird daher nicht bestellt werden, weil dies dem Wohl des Betroffenen zuwiderlaufen würde; auch die vorgeschlagene Person kann ablehnen. Wünsche, deren Erfüllung für den Betreuer unzumutbar wären oder dem Wohl des Betreuten schaden würden, können unbeachtet bleiben. Das gilt auch für Wünsche, deren Erfüllung unmöglich ist. Der Betreuer hat dann die Aufgabe, Alternativen zu finden, die dem eigentlichen Wunsch möglichst nahe kommen.

Natürlich kann man auch Vorstellungen zu ärztlichen Behandlungen und Eingriffen äußern sowie Einwilligungen in Maßnahmen erteilen und verweigern (siehe hierzu später die Patientenverfügung).

Schriftform und Einsichtsfähigkeit

Eine bestimmte Form ist im Gesetz nicht vorgeschrieben; es empfiehlt sich die Schriftform. Da es in der Betreuungsverfügung um Vorschläge und Wünsche des Betreuten, nicht aber um ein rechtsgeschäftliches Handeln geht, ist das Vorliegen einer Geschäftsfähigkeit nicht erforderlich. Es reicht aus, wenn der Betroffene die Einsichtsfähigkeit in die von ihm geforderten Maßnahmen hat, und zumindest die Folgen seiner Vorstellungen noch klar einschätzen kann.

Beglaubigung von Betreuungsverfügungen

Genauso wie bei der Vorsorgevollmacht ist auch bei der Betreuungsverfügung die Urkundsperson bei der Betreuungsbehörde neben Notaren befugt, Unterschriften oder Handzeichen auf Betreuungsverfügungen öffentlich zu beglaubigen (§ 6 Abs. 2 BtBG). Für diese Beglaubigung kann gemäß § 6 Abs. 5 BtBG eine Gebühr von 10 EUR erhoben werden.

Ablieferungspflicht

Jeder, der ein Schriftstück in Händen hat, in dem schriftliche Betreuungswünsche eines anderen enthalten sind, ist verpflichtet, dieses beim Betreuungsgericht abzuliefern, wenn er von der Einleitung eines Betreuungsverfahrens Kenntnis erlangt hat, § 1901c BGB.

Beim Zentralen Vorsorgeregister der Bundesnotarkammer kann man gemäß § 78 Abs. 2 Nr. 1 BNotO Betreuungsverfügungen registrieren lassen, damit diese im Bedarfsfall zuverlässig auffindbar sind.

Die Meldung erfolgt über das Internet oder per Post; vgl. Abschnitt 3.2.2.1. Die Gebühr beträgt für Internet-Meldungen in der Regel 15,50 EUR. Bei postalischen Anmeldungen erhöhen sich die Gebühren um 3,00 EUR.

3.2.2.4 Patientenverfügung (§§ 1901a, 1901b BGB)

Legaldefinition

Mit der Patientenverfügung kann ein „einwilligungsfähiger Volljähriger für den Fall seiner Einwilligungsunfähigkeit“ in schriftlicher Form festlegen, „ob er in bestimmte, zum Zeitpunkt der Festlegung noch nicht unmittelbar bevorstehende Untersuchungen seines Gesundheitszustandes, Heilbehandlungen oder ärztliche Eingriffe einwilligt oder sie untersagt“ (§ 1901a Abs. 1 Satz 1 BGB).

Einfluss auf ärztliche Behandlung

Man kann in einer solchen Verfügung Anweisung geben, bei unumkehrbaren Sterbeprozessen keine künstlichen lebensverlängernden Maßnahmen anzuwenden, auch besteht die Möglichkeit für bestimmte schwere Erkrankungen Behandlungsmethoden zu fordern oder abzulehnen.

Einwilligung in Körperverletzung

Nach deutschem Recht stellt jede Heilbehandlung einen Eingriff in das Grundrecht der körperlichen Unversehrtheit dar und ist nur zulässig, wenn der Patient oder sein Vertreter eine wirksame Einwilligung erteilt hat. Dies gilt auch für eine apparative Behandlung (z. B. Beatmung). Nimmt der Arzt einen Eingriff vor, begeht er eine Körperverletzung; die Einwilligung schafft allerdings einen Rechtfertigungsgrund.

Der Patientenwille begründet ein Abwehrrecht gegen, aber keinen Anspruch auf ein bestimmtes ärztliches Handeln. Die Handlungspflicht des Arztes wird grundsätzlich allein durch die medizinische Indikation bestimmt; zu medizinisch nicht indizierten Maßnahmen ist ein Arzt nicht verpflichtet. Andererseits hat der Arzt kein eigenes Behandlungsrecht. Jede ärztlich empfohlene Maßnahme bedarf, als Eingriff in die körperliche Integrität, der Einwilligung des Patienten. Auch lebenserhaltende Maßnahmen sind vom Einwilligungserfordernis nicht freigestellt; die Selbstbestimmung des Patienten umfasst auch das Recht zu sterben.

Gesetzliche Regelung der Patientenverfügung

Die materiell-rechtlichen Regelungen finden sich in den §§ 1901a, 1901b, 1904 und 1906a Abs. 1 BGB, die verfahrensrechtlichen Vorschriften in den §§ 287 Abs. 3, 298 FamFG.

Bindende Patientenverfügung (§ 1901a Abs. 1 BGB)

Es ergeben sich folgende Grundstrukturen für den Umgang mit Patientenverfügungen:

- Der Verfasser der Patientenverfügung muss volljährig und einwilligungsfähig sein.

  Nach der Rechtsprechung kann aber der einwilligungsfähige Minderjährige über die Einwilligung in ärztliche Maßnahmen selbst entscheiden. Für den Fall der Einwilligungsunfähigkeit kann er nunmehr keine vorsorgende Regelung treffen. Einwilligungsfähig ist ein Mensch, wenn er Art, Bedeutung, Tragweite und auch die Risiken der Maßnahme erfassen und seinen Willen hiernach zu bestimmen vermag.
- Die Erklärung muss schriftlich vorliegen. Sie kann aber formlos widerrufen werden.
- Die Regelung muss sich beziehen auf „bestimmte, zum Zeitpunkt der Festlegung noch nicht unmittelbar bevorstehende Untersuchungen seines Gesundheitszustandes, Heilbehandlungen oder ärztliche Eingriffe".
- Es muss eine Entscheidung darüber vorliegen, ob der Betroffene diese Maßnahmen untersagt oder in sie einwilligt.

In diesem Rahmen sind Patientenverfügungen bindend. Der Betreuer hat dann nur noch zu prüfen, ob die Patientenverfügung auf die aktuelle Lebens- und Behandlungssituation zutrifft. Daran kann man zweifeln, wenn sich neue Behandlungsmethoden ergeben, die der Betreute bei Abfassung der Patientenverfügung nicht gekannt hat oder die Heilungschancen und die Aussicht auf ein menschenwürdiges Leben sich in entscheidungserheblicher Art und Weise verbessert haben. Entspricht aber die Patientenverfügung auch jetzt noch der aktuellen Situation, dann hat der Betreuer dem Patientenwillen „Ausdruck und Geltung" zu verschaffen. Es bleibt dann kein Raum mehr für eine Einwilligung des Betreuers. Problematisch ist dabei nur, wie der behandelnde Arzt die vor der Einwilligung durchzuführende Aufklärung gemäß den §§ 630e Abs. 4, 630d Abs. 2 BGB durchführen soll, da der Betreuer im Fall einer wirksamen Patientenverfügung nicht mehr zur Einwilligung berechtigt ist. Eine Aufklärung des Betreuers bei bereits erfolgter Einwilligung wäre auch sinnlos. Ein ausdrücklicher Verzicht gemäß § 630e Abs. 3 BGB ist in den Patientenverfügungen in der Regel nicht enthalten und dürfte wohl auch nur gegenüber dem behandelnden Arzt möglich sein.

Patientenverfügung liegt nicht vor (§ 1901a Abs. 2 BGB)

Kommt der Betreuer zum Ergebnis, dass die Patientenverfügung nicht mehr auf die aktuelle Lebens- und Behandlungssituation zutrifft oder liegt keine Patientenverfügung vor, dann muss der Betreuer wie folgt verfahren:

- Er muss die Behandlungswünsche oder den mutmaßlichen Willen des Betreuten feststellen.
- Er muss für den mutmaßlichen Willen konkrete Anhaltspunkte heranziehen wie z. B. schriftliche oder mündliche Äußerungen. Ferner sind dabei ethische oder religiöse Überzeugungen und sonstige persönliche Wertvorstellungen zugrunde zu legen.
- Der behandelnde Arzt prüft, ob eine ärztliche Maßnahme indiziert ist und erörtert sie mit dem Betreuer (sog. dialogischer Prozess, § 1901b BGB)

  Dialogischer Prozess (§ 1901b BGB)

  Der Gesetzgeber definiert den Begriff des behandelnden Arztes nicht (Hausarzt, Notarzt, Chirurg, Anästhesist, Stationsarzt, Chefarzt können sich sehr unterschiedlich äußern). Ferner wird etwas blauäugig das bekanntermaßen enge Zeitmanagement der Ärzte verkannt.
- Nahen Angehörigen und Vertrauenspersonen soll der Betreuer „Gelegenheit zur Äußerung" geben.

Auf dieser Grundlage basiert dann die Entscheidung des Betreuers, ob er einwilligt. Das Gleiche gilt auch für die Entscheidung des Bevollmächtigten, §§ 1901a Abs. 6, 1901b Abs. 3 BGB.

Zum Problem des Abbruchs lebenserhaltender Maßnahmen und der sog. Sterbehilfe siehe Kapitel A 3, Abschnitt 2.3.

3.2.2.5 Genehmigungspflicht für ärztliche Maßnahmen (§ 1904 BGB)

Genehmigungsfreie Entscheidungen

Im Rahmen einer verbindlichen Patientenverfügung bzw. unter Berücksichtigung der „Behandlungswünsche" oder des „mutmaßlichen Willens" (§ 1901a Abs. 1 und 2 BGB) entscheidet der Betreuer grundsätzlich ohne Genehmigung des Betreuungsgerichts.

Genehmigungspflicht gemäß § 1904 BGB

Bei einer Patientenverfügung ist generell keine Einwilligung nach § 1904 BGB erforderlich. Eine Genehmigungspflicht ist im Übrigen nur dann zu prüfen, wenn „die begründete Gefahr besteht, dass der Betreute aufgrund der Maßnahme stirbt oder einen schweren und länger dauernden gesundheitlichen Schaden erleidet" (Abs. 1) oder es um die Nichteinwilligung oder den Widerruf der Einwilligung in eine Untersuchung des Gesundheitszustands, eine Heilbehandlung oder einen ärztlichen Eingriff geht und „die begründete Gefahr besteht, dass der Betreute auf Grund des Unterbleibens oder des Abbruchs der Maßnahme stirbt oder einen schweren und länger dauernden gesundheitlichen Schaden erleidet" (Abs. 2). In diesem Fall muss der Betreuer die Einwilligung, Nichteinwilligung oder den Widerruf der Einwilligung genehmigen lassen.

Die Genehmigungspflicht entfällt aber, wenn

- zwischen Betreuer und behandelndem Arzt Einvernehmen darüber besteht, dass die Erteilung, die Nichterteilung oder der Widerruf der Einwilligung dem nach § 1901a Abs. 2 BGB festgestellten Willen entspricht (§ 1904 Abs. 4 BGB)

  oder

- die ärztliche Maßnahme nicht – mehr – medizinisch angezeigt ist. Dies wird dann der Fall sein, wenn sich aufgrund des eingetretenen Sterbevorgangs das Behandlungsziel ändert und es in erster Linie darum geht, ein menschenwürdiges Sterben zu ermöglichen (§ 1904 Abs. 2 BGB).

Näheres dazu unter Kapitel A 3, Abschnitt 2.3.

Genehmigungspflicht gemäß § 1906 Abs. 1 Nr. 2 und 3, Abs. 4, § 1906a Abs. 2 BGB

Können ärztliche Maßnahmen nur im Rahmen einer Unterbringung bzw. unter Anwendung von freiheitsentziehenden Maßnahmen durchgeführt werden (z. B. sichere Überwachung der Medikamenteneinnahme), besteht die Gefahr, dass der Betreute sich krankheitsbedingt selbst tötet oder erheblichen gesundheitlichen Schaden zufügt, oder handelt es sich um eine ärztliche Zwangsmaßnahme im Rahmen eines stationären Aufenthalts in einem Krankenhaus, müssen die gemäß §§ 1906, 1906a BGB erforderlichen Genehmigungen vorliegen (vgl. dazu Kapitel A 12). Auch für diesen Bereich kann ein Vorsorgebevollmächtigter bestellt werden. Seine Vollmacht muss aber schriftlich sein und die freiheitsentziehenden bzw. mit Zwang vorzunehmenden Maßnahmen ausdrücklich umfassen, § 1906 Abs. 5, § 1906a Abs. 5 BGB.

3.2.3 Versagen der Vorsorgemaßnahmen?

Vor- und Nachteile

Vorsorgemaßnahmen sind sinnvoll und ein Ausfluss des Selbstbestimmungsrechts der Menschen. Die Ausgestaltung der Vorsorgemaßnahmen enthält aber eine Prognose in die unsichere Zukunft, wird nicht selten den Anforderungen in der Praxis nicht gerecht oder es bestehen Zweifel an der Wirksamkeit. Häufig wird auch unterschätzt, dass die zahlreichen Schutzmechanismen bei der Betreuung wie Genehmigungspflichten, Überwachung des Betreuers und Berichtspflichten mit wenigen Ausnahmen bei den Vorsorgemaßnahmen nicht greifen. Solange der Betroffene selbst entscheiden kann, ist es seine Aufgabe, die Vorsorgemaßnahmen anzupassen. Aber auch dann, wenn er geschäfts- und einwilligungsunfähig geworden ist, gibt es Möglichkeiten einzugreifen:

Was tun bei Missbrauch oder Unfähigkeit?

- Bestellung eines Kontrollbetreuers gemäß § 1896 Abs. 3 BGB (vgl. Abschnitt 11)
- Bestellung eines Betreuers, wenn der Bevollmächtigte die Vollmacht nicht ausüben will oder ungeeignet ist oder wenn erhebliche Bedenken gegen die Redlichkeit des Bevollmächtigten bestehen und die Bestellung eines Kontrollbetreuers nicht ausreicht

  Zum Widerruf der Vollmacht durch (Kontroll-)Betreuer vgl. Abschnitt 11.4.
- Bestellung eines Betreuers, wenn Bedenken gegen die Rechtswirksamkeit bestehen, die in der Rechtspraxis zu Unsicherheiten führen können (vgl. *BGH* BtPrax 2011, 173)

3.3 Die Aufgabenkreise

Aufgabenkreise

Nachdem ein Betreuer nur für die Aufgabenkreise bestellt werden darf, in denen die Betreuung erforderlich ist, muss die Praxis klare und verständliche Umschreibungen der Aufgabenkreise verwenden, die einerseits das Prinzip der Erforderlichkeit beachten, andererseits zur Sicherheit des Rechtsverkehrs beitragen.

Beispiele

Im Idealfall sollten die Aufgabenkreise differenziert auf die jeweilige Lebenssituation des Betroffenen zugeschnitten sein. So können die Standardaufgabenkreise, wie Aufenthaltsbestimmung, Vermögensverwaltung und Gesundheitsfürsorge, z. B. in folgende Einzelaufgabenkreise unterteilt werden:

Aufenthaltsangelegenheiten:

- Aufenthaltsbestimmung
- Aufenthaltsbestimmung für nervenärztliche Behandlung

Wohnungsangelegenheiten:

- Durchführung von Maßnahmen zur Sicherung und Erhaltung einer Wohnung
- Betreten der Wohnung einschließlich Sicherung des Zutritts sowie Erteilung der Schlüsselgewalt an Dritte
- Wohnungs- und Haushaltsauflösung
- Entrümpeln und Renovieren der Wohnung
- Beschaffung einer Wohnung mit Mietvertragsabschluss
- Abschluss, Änderung und Kontrolle der Einhaltung des Heim- und Pflegevertrags

Vermögensangelegenheiten:

- Vermögenssorge
- Vermögensverwaltung zur Sicherung der Lebenshaltung
- Verwaltung der Liegenschaften
- Verwaltung des Kapitalvermögens und der Liegenschaften ohne Renteneinkommen (oder Arbeitseinkommen)
- Verwaltung des Kapitalvermögens
- Beitreibung von Forderungen
- Geltendmachung von Unterhaltsansprüchen (gegenüber …)
- Geltendmachung, Sicherung und Überwachung des vertraglichen Anspruchs aus …
- Beantragen von Versicherungs- und Sozialleistungen sowie Vertretung gegenüber dem Träger
- Vertretung gegenüber Behörden, Versicherungen, Renten- und Sozialleistungsträgern
- Vertretung gegenüber Gläubigern, Vereinbarung und Überwachung der Schuldentilgung
- Vertretung bei der Erbauseinandersetzung (zwischen …)
- Kontrolle der Taschengeldverwaltung
- Beantragung und Verwaltung des „Persönlichen Budgets" (§ 17 Abs. 2 SGB IX)

Aufenthalts- und Vermögensangelegenheiten:

- Vertretung der Interessen des Betreuten gegenüber der Einrichtung
- Organisation und Überwachung von Maßnahmen im Bereich der „anderen Hilfen", einschließlich der Abwicklung der daraus resultierenden Forderungen

Gesundheitsangelegenheiten:

- Gesundheitsfürsorge
- Einwilligung, Nichteinwilligung oder Widerruf von Einwilligungen in Untersuchungen des Gesundheitszustands, Heilbehandlungen oder ärztliche Eingriffe
- Einwilligung in ärztliche Zwangsmaßnahmen
- Gesundheitsfürsorge für nervenärztliche Behandlung

Aufenthalts- und Gesundheitsangelegenheiten:

- Anregung einer Genehmigung und Einwilligung in freiheitsentziehende Maßnahmen und deren Kontrolle
- Anregung und Einwilligung in die Genehmigung einer geschlossenen Unterbringung

Sonstige Aufgabenkreise:

- Vertretung in allen Angelegenheiten
- Vertretung im Rechtsstreit (gegen ...)
- Entgegennahme, Öffnen und Anhalten der Geschäftspost/Privatpost
- Entscheidung über den Fernmeldeverkehr
- Überwachung des Bevollmächtigten und Geltendmachung der Rechte des Betreuten gegenüber dem Bevollmächtigten
- Widerruf folgender Vollmachten:
  erteilt am .... an ....

Standardaufgabenkreise

In der Praxis lässt es sich häufig nicht vermeiden, die Aufgabenkreise allgemeiner zu formulieren. Bereits während des Betreuungsverfahrens wird bei einer ganzheitlichen Betrachtung der Lebens- und Bedürfnissituation unter Berücksichtigung des Krankheitsverlaufs ein absehbarer Handlungsbedarf erkennbar, der im Interesse der Betroffenen mit den Standardaufgabenkreisen „Aufenthaltsbestimmung", „Vermögensverwaltung" und „Gesundheitsfürsorge" besser bewältigt werden kann. Diese Vorgehensweise gewährleistet den Betreuern im Bedarfsfall eine schnelle Handlungs- und Eingriffsmöglichkeit. Die vorhersehbare Erweiterung der Aufgabenkreise kann so weitgehend vermieden werden. Die notwendige Einhaltung der umfangreichen Verfahrensgarantien, insbesondere die erforderliche Begutachtung und erneute persönliche Anhörung, kann für den Betroffenen sehr belastend sein. Gesichtspunkte, wie die zusätzliche Belastung der Betreuungsgerichte und der Betreuer, aber auch die kostenrechtlichen Folgen, rechtfertigen in besonderen Fällen die Standardaufgabenkreise. Es darf nur keine „Vorratsbetreuung" entstehen.

Vertretung gegenüber Behörden

Für den Aufgabenkreis „Vertretung gegenüber Behörden und Gerichten" besteht nach Ansicht des *BGH* kein Betreuungsbedarf. Etwas anderes gilt, wenn der Betreute krankheitsbedingt dazu neigt, sich durch das Betreiben einer Vielzahl von sinnlosen Verfahren zu schädigen (*BGH* BtPrax 2016, 30). Diese enge Auslegung des *BGH* wird dem Gesetz und den Bedürfnissen der Praxis nicht gerecht. Es sind oft kleine bürokratische Formalien zu erledigen, die keinen konkreten Bezug zu einem Aufgabenkreis haben (z. B. Verzicht auf Fahrerlaubnis, Befreiung von der Ausweispflicht oder Verlängerung der Gültigkeit).

Aufgabenkreis „alle Angelegenheiten"

Die Bestellung eines Betreuers „zur Besorgung aller Angelegenheiten" ist vom Gesetz anerkannt und mit besonderen Folgen verbunden. § 276 Abs. 1 Nr. 2 FamFG sieht vor, dass in der Regel ein Verfahrenspfleger bestellt werden muss. Die Regelung, wonach das Betreuungsgericht gemäß § 309 Abs. 1 Satz 1 FamFG (a. F.) der für die Führung des Wählerverzeichnisses zuständigen Behörde davon Mitteilung machen musste, da der Betreute in diesem Fall vom Wahlrecht ausgeschlossen ist, wurde zum 1. 7. 2019 abgeschafft.

Zu prüfen ist auch hier der Erforderlichkeitsgrundsatz. Die umfassende Betreuung kommt insofern nur in Betracht, wenn der Betroffene aufgrund Krankheit oder Behinderung keine seiner Angelegenheiten mehr selbst besorgen kann und ein Bedürfnis zur Besorgung aller Angelegenheiten besteht. Abzustellen ist dabei auf seine konkrete Lebenssituation, das heißt auf seine soziale Stellung und seine bisherige Lebensgestaltung. Voraussetzung ist, dass der Betroffene den seiner Lebenssituation entsprechenden Alltag auch nicht teilweise beherrschen und gestalten kann. In diesem Fall liegt es auf der Hand, dass bezüglich sämtlicher Bereiche, welche die konkrete Lebenssituation des Betroffenen ausmachen, auch Handlungsbedarf besteht. Die Aussage, eine deklaratorische Feststellung, dass eine „Betreuung für alle Angelegenheiten" angeordnet sei, sei unzulässig, stellt daher einen unnötigen Versuch dar, den vom Gesetz anerkannten umfassenden Aufgabenkreis einzuengen (vgl. *BayObLG* BtPrax 2002, 216; 1997, 72). Bei einem Wachkomapatienten, der keinen Bevollmächtigten hat, nach einem Bereich ohne Handlungsbedarf zu suchen, ist daher abwegig.

Der BGH sieht dagegen im Rahmen des § 276 Abs. 1 Satz 2 Nr. 2 FamFG die Voraussetzung „alle Angelegenheiten“ schon dann als erfüllt an, wenn der „Verfahrensgegenstand die Anordnung einer Betreuung in allen Angelegenheiten als möglich erscheinen lässt.“ Es muss auch nicht der Wortlaut „alle Angelegenheiten“ gewählt werden, vielmehr genügt es, wenn sich die Betreuung „auf Aufgabenkreise erstreckt, die in ihrer Gesamtheit alle wesentlichen Bereiche der Lebensgestaltung des Betroffenen umfassen“ (*BGH* BtPrax 2011, 257).

Überwachung eines Bevollmächtigten und Vollmachtswiderruf

Kontrollbetreuer

Wird gemäß § 1896 Abs. 3 BGB der Aufgabenkreis „Wahrnehmung der Rechte des Betreuten gegenüber dem Bevollmächtigten“ zur Überwachung der Tätigkeiten eines Bevollmächtigten angeordnet (zu weiteren Voraussetzungen und dem Verfahren vgl. Abschnitt 11), und werden Mängel bei der Vollmachtausübung festgestellt, hat der Betreuer darauf hinzuwirken, dass diese abgestellt werden. Sind die Mängel bei der Vollmachtausübung behebbar, muss zunächst versucht werden, auf den Bevollmächtigten positiv einzuwirken. Dafür stehen z. B. das Verlangen nach Auskunft und Rechenschaftslegung (§ 666 BGB) sowie die Ausübung bestehender Weisungsrechte zur Verfügung.

Aufgabenkreis „Vollmachtswiderruf“ nur als „ultima ratio“

Das Ausschöpfen der Kontroll- und Steuerungsmöglichkeiten ist als geringerer Grundrechtseingriff grundsätzlich vorrangig vor einer Ermächtigung zum Vollmachtswiderruf. Nur wenn diese Maßnahmen fehlschlagen oder bestimmte Tatsachen sie als ungeeignet ausweisen, drohende Schäden abzuwenden, kann der Aufgabenkreis „Vollmachtswiderruf“, der die „ultima ratio“ darstellt, angeordnet werden (*BGH* FamRZ 2016, 117; FamRZ 2015, 1072).

Aufgabenkreis muss ausdrücklich den Widerruf benennen

Muss nach Ansicht des Betreuers eine Vollmacht widerrufen werden, weil die Missstände nicht beseitigt werden können, ist es unbedingt erforderlich, dass dem Betreuer die Befugnis zum Widerruf als eigenständiger Aufgabenkreis ausdrücklich zugewiesen wird. Die Ermächtigung ist daher weder in allgemein zugewiesenen Aufgabenkreisen eines Regelbetreuers, noch in dem allgemeinen Aufgabenkreis eines Kontrollbetreuers nach § 1896 Abs. 3 BGB enthalten. Der Aufgabenkreis „alle Angelegenheiten“ umfasst aber wohl auch den Vollmachtswiderruf, da das Gesetz die Ausnahmen von diesem umfassenden Aufgabenkreis enumerativ erfasst (z. B. §§ 1896 Abs. 4, 1899 Abs. 2 BGB).

Der *BGH* hat sich in seinen Entscheidungen nicht ausdrücklich damit befasst, ob ein Betreuer mit dem Aufgabenkreis „Vermögensverwaltung“ auch eine Kontovollmacht widerrufen kann. Die Entscheidungsgründe sprechen aber wohl dafür, dass bei allen Vollmachten der Widerruf im Aufgabenkreis benannt sein muss.

Voraussetzungen für den Aufgabenkreis „Widerruf einer Vollmacht“

Der Aufgabenkreis Vollmachtswiderruf beinhaltet einen schwerwiegenden Grundrechtseingriff und darf deshalb nur zu dem Zweck angeordnet werden, eine Gefährdung für den Betroffenen abzuwenden. Er setzt daher tragfähige Feststellungen voraus, dass bei einem Festhalten an der Vorsorgevollmacht eine Verletzung des Wohls des Betroffenen mit hinreichender Wahrscheinlichkeit und in erheblicher Schwere zu befürchten wäre.

Der Verhältnismäßigkeitsgrundsatz erfordert ferner eine hinreichende Wahrscheinlichkeit, dass mildere Mittel zur Abwehr eines Schadens (z. B. Versuch des Kontrollbetreuers, auf den Bevollmächtigten einzuwirken) nicht zur Verfügung stehen oder ungeeignet sind. Der mit dem möglichen Vollmachtswiderruf verbundene Eingriff in das Selbstbestimmungsrecht des Betroffenen ist somit nur dann verhältnismäßig, wenn er geeignet, angemessen und erforderlich ist, Schaden vom Betroffenen abzuwenden und er dadurch seinem Wohl dient. Hierbei ist zu berücksichtigen, dass die Vollmacht als „andere Hilfe“ betreuungsverhindernd wirkt und nach dem Widerruf eine Betreuung angeordnet werden muss (*BGH*, Beschluss vom 9. 5. 2018, Az. XII ZB 413/17 Rn. 32).

Folgen des Widerrufs der Vollmacht

Hat der Betreuer die Vollmacht einmal widerrufen, ist eine Neuerteilung in der Regel nicht möglich, da der Betreuer hierzu nicht befugt ist und dem Betroffenen meist die Geschäftsfähigkeit fehlt. Selbst wenn die Betreuerbestellung im Beschwerdeverfahren aufgehoben wird, bleibt der Widerruf wirksam, § 47 FamFG. Der durch den Widerruf herbeigeführte Eingriff wiegt umso schwerer, weil der Betreuer die Vollmacht widerrufen könnte, noch bevor der Betreute (Vollmachtgeber) oder der Bevollmächtigte dies durch eine Entscheidung des Beschwerdegerichts verhindern könnte.

Gefahr bei intensiven und zeitraubenden Prüfungen

Damit hat der *BGH* eine erstaunliche Kehrtwende vollzogen. Vor diesen Entscheidungen konnten Kontrollbetreuer, mit Billigung des *BGH* (BtPrax 2013, 203), Vollmachten sehr schnell widerrufen. Entsprechende Aufgabenkreise wurden ohne Rücksicht auf das „Selbstbestimmungsrecht" des Vollmachtgebers angeordnet. Dies geschah häufig im Wege einer vorläufigen Betreuerbestellung ohne Anhörung des Betroffenen. Der Widerruf erfolgte nicht selten sofort nach Wirksamwerden der Betreuerbestellung.

Nunmehr muss sich der Kontrollbetreuer vor der Anregung des erweiterten Aufgabenkreises einen „umfassenden Überblick" verschaffen und ist dabei auf den häufig nicht kooperativen und auf Zeit spielenden Bevollmächtigten angewiesen, der fortlaufend die Vollmacht missbrauchen kann. Gefragt ist deshalb eine gute Abstimmung und Kommunikation des Betreuers mit dem Betreuungsgericht, damit Schaden vom Betreuten abgewendet werden kann.

Effektiver Rechtsschutz gegen Widerruf?

Wird entgegen der Rechtsprechung des *BGH* vorschnell der Aufgabenkreis „Vollmachtswiderruf" angeordnet und die Vollmacht widerrufen, können sich weder der Bevollmächtigte noch der Vollmachtgeber effektiv wehren, da der Widerruf gemäß § 47 FamFG wirksam bleibt (vgl. oben und *BVerfG* FamRZ 2008, 2260).

Praxis Tipp

Zur Wahrnehmung der Rechte eines Vollmachtgebers gegenüber dem Bevollmächtigten kann ein Betreuer bestellt werden (§ 1896 Abs. 3 BGB); auch kann ein bereits bestellter Betreuer diese Aufgabe wahrnehmen, wenn er einen entsprechenden Aufgabenkreis hat oder durch Erweiterung erlangt.

Der Betreuer kann eine Vorsorgevollmacht aber nur widerrufen, wenn ihm diese Befugnis als eigenständiger Aufgabenkreis ausdrücklich zugewiesen ist. Der Aufgabenkreis des § 1896 Abs. 3 BGB genügt hierzu nicht. Die Anregung des Aufgabenkreises „Vollmachtswiderruf" ist sorgfältig zu begründen. Sowohl die Missstände wie auch die Versuche des Betreuers, Abhilfe zu schaffen, sind detailliert darzustellen. Im Zweifel sollte man sich bei dem Betreuungsgericht oder der Betreuungsbehörde beraten lassen.

Übersicht zu den Voraussetzungen der Betreuung

Volljährigkeit

↓

Psychische Krankheit, körperliche, geistige oder seelische Behinderung

↓

Unfähigkeit, Angelegenheiten ganz oder teilweise selbst zu besorgen

↓

Zustimmung (Antrag) des Betroffenen (entfällt, wenn dieser zu einer freien Willensbestimmung nicht in der Lage ist)

↓

Betreuerbestellung nur für Aufgabenkreise, für die eine Betreuung erforderlich ist.
Vorrang einer wirksamen Vollmacht oder anderer Hilfen

3.3.1 Umfang der Vertretungsbefugnis

Der Betreuer ist gemäß § 1902 BGB nur innerhalb seines Aufgabenkreises befugt, für den Betreuten Handlungen vorzunehmen und diesen zu vertreten. Damit werden die Eigenständigkeit und Selbstständigkeit des Betreuten für Angelegenheiten sichergestellt, die er selbst wahrnehmen kann.

Fernmeldeverkehr, Postverkehr

Post, Fernmeldeverkehr

Der Fernmeldeverkehr des Betreuten sowie die Entgegennahme, das Öffnen und das Anhalten seiner Post ist in keinem Aufgabenkreis von vornherein eingeschlossen (§ 1896 Abs. 4 BGB). Es bedarf hier immer einer ausdrücklichen Anordnung durch das Gericht. Selbst die Anordnung einer Betreuung für „alle Angelegenheiten" oder „Personensorge" umfasst den sensiblen Bereich des Fernmelde- und Postverkehrs nicht.

Es gibt allerdings Schriftverkehr, der unmittelbar mit dem Betreuer zu führen ist. Das Betreuungsgericht muss z. B. sämtliche Post, wie etwa die Übersendung von verfahrensrelevanten Unterlagen, Gutachten und Stellungnahmen Dritter, aber auch fristbegründende Zustellungen direkt an den Betroffenen adressieren, da er gemäß §§ 275, 316 FamFG ohne Rücksicht auf seine geistigen Fähigkeiten verfahrensfähig ist. Diese uneingeschränkte Verfahrensfähigkeit geht daher dem Aufgabenkreis „Entgegennahme und Anhalten der Post" vor (*BGH*, Beschluss vom 26. 6. 2019, Az. XII ZB 35/19 und *Kapitel 6, Abschnitt 2.7*).

Umgekehrt muss auch ohne diesen Aufgabenkreis Post an den Betreuer gesandt werden, wenn dies gesetzlich vorgeschrieben ist.

Sind dem Betreuer die Vermögenssorge und Behördenangelegenheiten übertragen, so hat z. B. der Träger der Grundsicherung für Arbeitsuchende die Bescheide dem Betreuer zu übersenden (*SG Chemnitz* BtPrax 2015, 33). Dass dabei die Entgegennahme der Post nach § 1896 Abs. 4 BGB nicht angeordnet ist, spielt keine Rolle, da es sich nicht um die Post des Betreuten, sondern um eine an den Betreuer zu richtende handelt.

Einschlägig ist § 53 ZPO, der gemäß § 11 Abs. 2 SGB X im sozialrechtlichen Verwaltungsverfahren entsprechend gilt.

Praxis TIPP

Postverkehr

In Einrichtungen (z. B. Altenheimen) wird die Post von Betreuten häufig an die Angehörigen oder den Betreuer weitergeleitet. Diese Sachbehandlung verletzt das Briefgeheimnis und somit ein Grundrecht und ist eindeutig rechtswidrig. Die Weiterleitung der Post des Betreuten an seinen Betreuer ist nur zulässig, soweit die Entgegennahme, das Öffnen und Anhalten der Post zu seinem Aufgabenkreis zählt.

Nach dem Grundsatz der Erforderlichkeit mag dieser Aufgabenkreis nur für sogenannte „Geschäftspost" (Rechnungen, Behördenpost) in Betracht kommen, für die „Privatpost" kann der Aufgabenkreis wohl nur in wenigen Ausnahmefällen begründet werden. Ordnet das Gericht die Briefkontrolle nur für Geschäfts- oder Behördenpost an, lässt sich dies häufig nicht immer genau unterscheiden. Hier muss der Betreuer selbst versuchen, die Trennung vorzunehmen oder er sichtet gemeinsam mit dem Betreuten den Postverkehr.

Gesundheitsfürsorge

Behandlungsvertrag

Nicht immer ist die Zuordnung einzelner Tätigkeiten zu dem Aufgabenkreis unproblematisch. So kann ein Betreuer z. B. im Rahmen des Aufgabenkreises „Gesundheitsfürsorge" gemäß § 1902 BGB einen Behandlungsvertrag abschließen, der die Auswahl des Arztes oder Krankenhauses beinhaltet und in notwendige Behandlungen und Eingriffe einwilligen. Abhängig von der Art des Krankenversicherungsschutzes und evtl. Zusatzversicherungen kann jedoch für den Abschluss eines Behandlungsvertrags der Aufgabenkreis „Vermögensverwaltung" bzw. „Abschluss eines Behandlungsvertrags" erforderlich werden. Den Behandlungsvertrag regeln § 630a ff. BGB.

Erwerb von Heil- und Hilfsmitteln

Problematisch ist z. B. die Frage, ob allein der Aufgabenkreis „Gesundheitsfürsorge" den Erwerb von Heil- und Hilfsmitteln umfasst. Der Kauf eines kostspieligen Treppenlifts soll jedenfalls möglich sein (*OLG Naumburg* MedR 2014, 95). Aus Gründen der Rechtsklarheit und -sicherheit sollte zusätzlich der Aufgabenkreis Vermögensverwaltung angeordnet werden, damit die Einkäufe auf sicherer Grundlage erfolgen können.

Dieser Auslegung ist zuzustimmen, wobei auf § 1901 Abs. 4 BGB hinzuweisen ist, wonach der Betreuer innerhalb seines Aufgabenkreises dazu beitragen muss, dass Möglichkeiten genutzt werden, die Krankheit zu beseitigen, zu bessern, ihre Verschlimmerung zu verhüten oder ihre Folgen zu mildern (vgl. *BayObLG* FamRZ 2004, 977).

Vermögensverwaltung, Erbausschlagung

Aufgabenkreis für die Erbausschlagung

War lange Zeit umstritten, welcher Aufgabenkreis für eine Erbausschlagung erforderlich ist, hat der *BGH* (FamRZ 2016, 1660) entschieden, dass die Ausschlagung als Willenserklärung keine personenrechtlichen, sondern vermögensrechtliche Folgen hat, und deshalb der Vermögenssorge zuzuordnen ist.

Die in der Literatur bisher vertretene Ansicht, dass der Aufgabenkreis „Entscheidung über die Ausschlagung der Erbschaft" oder „Erbangelegenheiten" erforderlich sei, dürfte damit überholt sein.

Praxis Tipp

Sollte ein Betreuungs- oder Nachlassgericht die Ansicht vertreten, dass zur Erbausschlagung der Aufgabenkreis „Entscheidung über die Ausschlagung der Erbschaft" oder „Erbangelegenheiten" neben der „Vermögenssorge" erforderlich sei, sollte der Betreuer auf die Entscheidung des *BGH* verweisen.

Betreten der Wohnung

Gegen den Willen des Betreuten darf der Betreuer dessen Wohnung bzw. Wohnhaus nicht betreten oder zwangsweise öffnen lassen. § 1896 BGB gibt hierfür grundsätzlich keine gesetzliche Grundlage. Auch eine betreuungsgerichtliche Genehmigung schafft keine Erlaubnis. Dies gebietet der Grundrechtsschutz des Art. 13 GG. Sollten vom Haus ausgehende Gefahren zu beseitigen sein, kann Art. 13 Abs. 7 GG herangezogen werden (vgl. *OLG Schleswig* BtPrax 2008, 36; *OLG Frankfurt* BtPrax 1996, 71; *BayObLG* BtPrax 2001, 251; ausführlich *LG Darmstadt* BtPrax 2012, 129/130).

Überprüfung der Wohnverhältnisse

Die Aufgabenkreise Vermögenssorge, Zuführung zur ärztlichen Behandlung und Aufenthaltsbestimmung sollen nach der Rechtsprechung dem Betreuer die Überprüfung der Wohnverhältnisse des Betroffenen zur Vermeidung von Vermüllung und Gesundheitsgefahren erlauben, wenn der Betroffene zur Verwahrlosung neigt. Dies ist aber schwierig, wenn der Betreute seinem Betreuer ein Betreten seiner Wohnung verweigert (s. o.).

Praxis Tipp

Der Betreuer ist nicht berechtigt, die Wohnung des Betreuten gegen dessen Willen zu betreten oder zwangsweise öffnen zu lassen. Auch eine vormundschaftsgerichtliche Genehmigung begründet keine Erlaubnis. Ausnahmen gelten nur zur Abwehr einer gemeinen Gefahr oder einer Lebensgefahr für einzelne Personen, aufgrund eines Gesetzes auch zur Verhütung dringender Gefahren für die öffentliche Sicherheit und Ordnung.

Praxis Tipp

Zuordnung der Aufgabenkreise

Grundsätzlich soll der Betreuer Beratung in Anspruch nehmen, wenn Meinungsverschiedenheiten oder Unsicherheiten bei der genauen Zuordnung konkreter Aufgaben und Handlungen zum Aufgabenkreis bestehen. Dies erscheint geboten, um mögliche Haftungsfälle auszuschließen.

Schlägt der Betreuer die Erweiterung um einen Aufgabenkreis vor, sollte er auch erklären, ob er für diesen Aufgabenkreis die Betreuung führen will, hilfsweise sollte er begründet (z. B. bei einer Interessenkollision) die Bestellung eines weiteren Betreuers für den neuen Aufgabenkreis anregen.

Informationspflicht, gemäß § 1901 Abs. 5 BGB

Das Gesetz sieht ohnehin eine Informationspflicht für die Betreuer gegenüber dem Betreuungsgericht vor, soweit Aufgabenkreise eingeschränkt bzw. erweitert werden müssen. Richtschnur bleibt der Grundsatz der Erforderlichkeit.

3.3.2 Vollmacht des Betreuten

Ob sich ein Betreuer von einem zweifelsfrei geschäftsfähigen Betreuten mit einer Vollmacht zur Wahrnehmung bestimmter Angelegenheiten beauftragen lässt, um eine notwendige Erweiterung des Aufgabenkreises zu vermeiden, sollte er im Einzelfall unter Berücksichtigung seiner Kompetenz und seiner Stellung zum Betreuten prüfen. Jedenfalls sollte er immer die Bevollmächtigung im Rahmen seiner Berichtspflicht dem Betreuungsgericht anzeigen. Bedenklich ist dagegen, wenn die Vollmacht für Rechtsgeschäfte erteilt wird, für die eine betreuungsgerichtliche Genehmigung erforderlich ist.

3.3.3 Organisation der notwendigen Hilfen innerhalb des Aufgabenkreises

Rechtliche Betreuung und tatsächliche Fürsorge

Der Betreuer hat in erster Linie die Angelegenheiten des Betreuten „rechtlich zu besorgen" (vgl. § 1901 BGB). Eine rigorose Trennung dieser rechtlichen Fürsorge von der tatsächlichen ist aber nicht möglich und wäre mit einer persönlichen, dem Wohl der Betroffenen verpflichteten Betreuung nicht zu vereinbaren. Deshalb geht auch der Gesetzgeber davon aus, dass „vertrauensbildende Maßnahmen", Gespräche und persönliche Zuwendung von der rechtlichen Betreuung umfasst werden.

Der Betreuer soll deshalb die notwendigen Hilfen innerhalb seines Aufgabenkreises nur organisieren und koordinieren, das heißt alle Tätigkeiten erledigen, die erforderlich sind, um die Angelegenheiten des Betreuten rechtlich zu besorgen. Dazu gehören grundsätzlich nicht rein karitative Tätigkeiten. Dabei ist jedoch nochmals zu unterscheiden, ob diese die rechtliche Betreuung fördern und damit dem Wohl des Betreuten zugute kommen. Erfordert die Betreuung insbesondere auch vertrauensbildende und -erhaltende Maßnahmen, wie z. B. Gespräche, um die Zuwendung und das Vertrauen zu festigen und den Betreuten an eine neue Lebenssituation heranzuführen, so sind diese Tätigkeiten vom Betreuer zu verrichten. Dies kann auch so weit gehen, dass dem Betreuer, um dem Wohl des Betreuten gerecht zu werden, ausnahmsweise Tätigkeiten abverlangt werden, die normalerweise delegiert werden.

Das 1. BtÄndG hat besonders betont, dass Betreuung Rechtsfürsorge bedeutet. Dies wurde auch durch die neue Titelüberschrift „Rechtliche Betreuung“ plakativ herausgestellt. Deshalb muss besonders darauf geachtet werden, dass im Vordergrund die Organisation der notwendigen Hilfen steht und dabei die vielfältigen Hilfeangebote in Anspruch genommen werden müssen.

Inwieweit ein Betreuer sich darüber hinaus selbst engagiert, um dem Betreuten aus verwandtschaftlicher Verbundenheit oder aus Freundschaft zu helfen, bleibt ihm überlassen. Die beiden Bereiche müssen aber möglichst genau voneinander abgegrenzt werden.

Zur Erledigung ihm unbekannter Tätigkeiten und Aufgaben kann er auf die Beratungsangebote zurückgreifen und ggf. bei schwierigen rechtlichen Angelegenheiten einen Rechtsanwalt beiziehen.

3.4 Das betreuungsgerichtliche Verfahren

Das Verfahren in Betreuungs- und Unterbringungssachen ist im FamFG geregelt. Neben den allgemeinen Vorschriften im „Buch 1“ enthält das FamFG im „Buch 3“ (§§ 271 bis 341) besondere Vorschriften für das „Verfahren in Betreuungs- und Unterbringungssachen“.

3.4.1 Zuständigkeit

Sachliche Zuständigkeit

In der ersten Instanz sind die Amtsgerichte zur Entscheidung berufen. Bei ihnen werden Abteilungen für Betreuungssachen und Unterbringungsverfahren gebildet, die als Betreuungsgerichte bezeichnet werden, § 23c GVG.

Örtliche Zuständigkeit

Ist bei einem Gericht bereits eine Betreuung anhängig und ein Betreuer bestellt, dann ist dieses auch für spätere Entscheidungen örtlich zuständig, § 272 Abs. 1 Nr. 1 FamFG. Ansonsten ist in der Regel das Betreuungsgericht bei dem Amtsgericht zuständig, in dessen Bezirk der Betroffene seinen gewöhnlichen Aufenthalt hat, § 272 Abs. 1 Nr. 2 FamFG.

Abgabe aus wichtigem Grund

Ein anhängiges Verfahren kann aus wichtigem Grund an ein anderes Gericht abgegeben werden gemäß § 4 Satz 1 FamFG. Ein solcher Grund liegt nach § 273 Satz 1 FamFG in der Regel vor, wenn sich der gewöhnliche Aufenthalt geändert hat und die wesentlichen Aufgaben am neuen Aufenthaltsort zu erledigen sind. Der gewöhnliche Aufenthalt ist der Daseinsmittelpunkt, an dem sich der Schwerpunkt der Bindungen einer Person in familiärer, sozialer oder beruflicher Hinsicht befindet (*OLG Köln* FamRZ 2015, 75). Allerdings muss das abgebende Gericht noch alle Entscheidungen treffen, die zum Zeitpunkt der Abgabe ergehen müssen (sog. „Abgabereife“, vgl. *OLG Hamburg* Rpfleger 2013, 333). Die verständliche Abneigung, auswärtige

Verfahren zu übernehmen, darf aber nicht zur krampfhaften Suche nach unerledigten Aufgaben führen. Maßgeblich ist immer das Interesse des Betroffenen, der natürlich in der Regel ein ortsnahes Gericht bevorzugen wird und dem es egal ist, ob das abgebende Gericht noch anstehende Aufgaben mit weniger Aufwand erledigen könnte. Einigen sich die Gerichte über die Abgabe aus wichtigem Grund nicht, bestimmt das nächsthöhere Gericht gemäß § 5 Abs. 1 Nr. 5 FamFG das örtlich zuständige Gericht.

Richter- und Rechtspflegerzuständigkeit

Die Anordnung der Betreuung, die Festlegung der Aufgabenkreise und die Ablehnung einer Betreuung sind dem Betreuungsrichter (§ 23c Abs. 2 Satz 1 GVG) – mit Ausnahme der Kontrollbetreuung – zur Entscheidung vorbehalten. Für Folgeentscheidungen, wie etwa die Bestellung eines neuen Betreuers oder eines Ergänzungsbetreuers, kann je nach landesrechtlicher Bestimmung der Rechtspfleger zuständig sein. In Bayern wurde die Bestellung eines Ergänzungsbetreuers (§ 1899 Abs. 4 BGB) und eines neuen Betreuers nach dem Versterben des bisherigen Betreuers (§ 1908c BGB) dem Rechtspfleger als zusätzliche Aufgabe übertragen.

3.4.2 Erforderliche Anhörungen

3.4.2.1 Persönliche Anhörung des Betroffenen

Der Betreuungsrichter muss den Betroffenen persönlich anhören und über den möglichen Verlauf des Verfahrens unterrichten, § 34 Abs. 1 Nr. 2, § 278 Abs. 1 FamFG. Darüber hinaus hat sich das Gericht gemäß § 278 Abs. 1 Satz 2 FamFG einen persönlichen Eindruck von dem Betroffenen zu verschaffen. Beides wird in der Regel gleichzeitig stattfinden. Den persönlichen Eindruck muss sich der Richter aber auch dann verschaffen, wenn eine Anhörung nicht möglich ist (z. B. Wachkomapatient) oder auf sie verzichtet werden kann. Nur im Ausnahmefall kann auf die persönliche Anhörung und die Verschaffung eines persönlichen Eindrucks verzichtet werden (s. u.).

Gesetzliche Vorgaben zum Inhalt der Anhörung

Was muss besprochen werden?

In geeigneten Fällen weist der Richter auf die Möglichkeit einer Vorsorgevollmacht, deren Inhalt und die Möglichkeit der Registrierung im zentralen Vorsorgeregister hin, § 278 Abs. 2 Satz 2 FamFG. Eine rechtliche Beratung darf und wird der Richter allerdings nicht erbringen. Das Gesetz schreibt für die Anhörung weitere Details ausdrücklich vor:

- Unterrichtung über den möglichen Verlauf des Verfahrens
- Mögliche Aufgabenkreise
- Personen oder Stellen, die als Betreuer in Betracht kommen

Inhaltlich wird sich das Gespräch im Rahmen einer sinnvollen Kommunikation auf weitere Essentialia der Betreuung erstrecken: Diagnose (psychische Krankheit, geistige oder seelische Behinderung), Dauer der Betreuung, Erforderlichkeit, andere Hilfen.

Wo verschafft sich das Gericht einen persönlichen Eindruck?

Regelungen zum Ort finden sich im Gesetz nur für die Gewinnung des persönlichen Eindrucks.

„In dessen üblicher Umgebung"

In der Regel dient es der Sachaufklärung, wenn der Richter sich den persönlichen Eindruck in der üblichen Umgebung des Betroffenen, z. B. in seiner Wohnung, verschafft. Deshalb „soll" der Richter ihn dort aufsuchen, vor allem, wenn der Betroffene dies wünscht, § 278 Abs. 1 Satz 3 FamFG. Widerspricht er der Anhörung bzw. Verschaffung des persönlichen Eindrucks in seiner Wohnung, muss dieser Wunsch respektiert werden. Der Betroffene darf gegen seinen Willen in seiner Wohnung weder angehört noch begutachtet werden. Verweigert der Betroffene seine Anhörung in der Wohnung, so kann das Gericht zur persönlichen Anhörung in das Gericht laden und, wenn auch das verweigert wird, seine Vorführung anordnen und gegebenenfalls die Befugnis aussprechen, die Wohnung des Betroffenen zu betreten. Letztere Maßnahme dient freilich allein dem Ziel, die Person des Betroffenen aufzufinden, um ihn der Anhörung zuzuführen und die Verschaffung eines persönlichen Eindrucks zu ermöglichen. Eine trotz Widerspruch in der Wohnung durchgeführte Anhörung ist rechtswidrig (*BGH* BtPrax 2013, 31). Verlangt der Betroffene die Anhörung in seiner üblichen Umgebung, dann wird das Gericht diesem Wunsch nachkommen. Es handelt sich zwar nur um eine Soll-Vorschrift, es dürften aber keine sachlichen Gründe gegen eine Anhörung beim Betroffenen sprechen.

Ort der Anhörung

Grundsätzlich existieren keine gesetzlichen Regeln, wo die persönliche Anhörung stattzufinden hat. § 278 Abs. 1 Satz 2 FamFG regelt nur, dass die Verschaffung eines unmittelbaren Eindrucks in der gewöhnlichen Umgebung des Betroffenen stattfinden soll (s. o.). Regelmäßig werden aber die persönliche Anhörung nach § 278 Abs. 1 Satz 1 FamFG und die Verschaffung des unmittelbaren Eindrucks in einem Termin vorgenommen. Soweit es nicht um ein Verfahren nach § 278 FamFG (Betreuerbestellung, Anordnung eines Einwilligungsvorbehalts) oder gemäß § 297 Abs. 1 Satz 1 FamFG um die Genehmigung der Sterilisation geht, ist nur die einfache bzw. persönliche Anhörung (vgl. die nachfolgende Übersicht) des Betreuten vorgeschrieben, nicht aber die Verschaffung eines unmittelbaren Eindrucks (vgl. §§ 296, 298, 299 FamFG).

Bei der Auswahl des Anhörungsorts hat das Gericht die geistigen und körperlichen Fähigkeiten des Beteiligten zu berücksichtigen *(BT-Drucks. 16/6308, S. 192)*. Ist der Anzuhörende weder mobil noch transportfähig, muss er wohl an seinem Aufenthaltsort gehört werden. Bei mittellosen Betreuten, die sich die Fahrt zum Gericht nicht leisten können, kann der Betroffene einen Antrag auf Verfahrenskostenhilfe stellen und einen Vorschuss für die Fahrtkosten zum Termin beantragen.

Wer darf an der Anhörung teilnehmen?

Anhörungen sind grundsätzlich nicht öffentlich, § 170 GVG

Anhörungen in der freiwilligen Gerichtsbarkeit sind grundsätzlich nicht öffentlich gemäß § 170 GVG. Allerdings kann das Gericht die Öffentlichkeit zulassen, sofern kein Beteiligter widerspricht. Einer Person des Vertrauens muss aber auf Verlangen des Betroffenen immer die Anwesenheit gestattet werden (§ 170 Abs. 1 Satz 3 GVG).

Wird die Anhörung im Rahmen eines Erörterungstermins gemäß § 32 Abs. 1 Satz 1 FamFG abgehalten, werden die übrigen Beteiligten anwesend sein. Ein Anwesenheitsrecht der Beteiligten bei einer isolierten Anhörung wird jedoch verneint (vgl. *BT-Drucks. 16/6308, S. 192*), wäre aber zu erwägen, wenn die persönliche Anhörung überwiegend der Sachverhaltsermittlung dient und nicht überwiegend der Gewährung des rechtlichen Gehörs.

Der Verfahrensbevollmächtigte und der Verfahrenspfleger müssen aber immer Gelegenheit haben, an einer persönlichen Anhörung des Betroffenen teilzunehmen.

Vorbereitung der Anhörung

Umfassende Information vor der Anhörung

Die persönliche Anhörung macht nur Sinn, wenn der Betroffene sich zu allen Sachverhalten äußern kann, die einer gerichtlichen Entscheidung zugrunde gelegt werden sollen. Deshalb muss ihm das Sachverständigengutachten (vgl. dazu § 30 Abs. 4 bzw.

§ 37 Abs. 2 FamFG) mit vollem Wortlaut rechtzeitig vor der Anhörung überlassen werden oder etwa der „qualifizierte" Bericht der Betreuungsbehörde (§ 279 Abs. 2 FamFG). Wichtige Gesichtspunkte und Rechtsansichten müssen vom Gericht in einem verständlichen Hinweis dargelegt werden, damit sich der Betroffene sachgerecht äußern kann (*BGH*, Beschluss vom 5. 6. 2019, Rn. 12, Az. XII ZB 58/19 und vom 8. 5. 2019, Az. XII ZB 2/19). Die Übersendung relevanter Unterlagen an andere Beteiligte (Verfahrenspfleger, Betreuer u. a.) genügt nicht. Ausreichend ist jedoch die Übersendung an den Verfahrensbevollmächtigten, weil er den Betroffenen im Verfahren wirksam vertritt (§§ 10, 11 FamFG).

Besonderheit der persönlichen Anhörung

Direkter Kontakt ist erforderlich!

Die persönliche Anhörung erfordert einen direkten Kontakt des Richters mit dem Betroffenen. Eine telefonische oder schriftliche Anhörung genügt nicht (Praxiskommentar Betreuungs- und Unterbringungsverfahren/Jox, 3. Aufl., § 34 Rn. 3). Anhörungen per Videoübertragung oder Videotelefonie können ebenfalls nicht als persönliche Anhörung akzeptiert werden (*LG Augsburg*, Beschluss vom 28. 11. 2011, Az. 052 T 3723/11).

Absehen von der persönlichen Anhörung im Ausnahmefall

Ausnahmen von der Pflicht zur persönlichen Anhörung

Die persönliche Anhörung kann in folgenden Fällen unterbleiben:

a. Verzicht auf die Anhörung nach § 34 Abs. 2 FamFG, erste Alternative

Eine Anhörung kann unterbleiben, wenn „hiervon erhebliche Nachteile für seine Gesundheit zu besorgen sind". Gemäß § 278 Abs. 4 FamFG muss aber ein ärztliches Gutachten vorliegen, aus dem sich die aus der geplanten persönlichen Anhörung resultierenden erheblichen Nachteile für die Gesundheit erschließen lassen. Es müssen schwerwiegende, irreversible oder lebensgefährliche Schäden drohen. Vorübergehende Erregungszustände zählen nicht dazu. Diese „erheblichen Nachteile" dürfen nicht pauschal vermutet werden, sondern es muss die Besorgnis bestehen, dass sie eintreten. In der Regel befindet sich der Betroffene in einer Belastungssituation und empfindet klare Hinweise und die Möglichkeit sich einzubringen, eher als positiv. Unbelegte Spekulationen und Behauptungen der behandelnden Ärzte, Gutachter, Pfleger oder Beteiligter genügen nicht. Bestehen Zweifel an dem Vorliegen der Gefahr erheblicher gesundheitlicher Nachteile, sollte eine Anhörung zumindest versucht werden, die dann bei einer erkennbaren gesundheitlichen Gefährdung abgebrochen werden kann.

b. Verzicht auf die Anhörung nach § 34 Abs. 2 FamFG, zweite Alternative

„Per se" unmöglich ist eine persönliche Anhörung, wenn „der Beteiligte offensichtlich nicht in der Lage ist, seinen Willen kundzutun". Auch diese Voraussetzung bedarf aber näherer Prüfung. „Offensichtlich" bedeutet, dass sich der Richter selbst ein Bild machen und einen persönlichen Eindruck gewinnen muss. Das heißt, er muss den Betroffenen aufsuchen und sich einen „persönlichen Eindruck" verschaffen. Die Momentaufnahme eines Gutachtens oder sogar der Anruf auf der Station und die flüchtige Auskunft eines Pflegers sind in diesem Zusammenhang völlig ungeeignet, da es um elementare Rechte des Betroffenen geht, die der Richter selbst sicher feststellen muss.

Auch das Tatbestandsmerkmal „nicht in der Lage ist, seinen Willen kundzutun", muss eng ausgelegt werden. Es kann nur bejaht werden, wenn der Betroffene „überhaupt nichts oder jedenfalls nichts irgendwie auf die Sache Bezogenes zu äußern imstande ist" (*BGH*, Beschluss vom 28. 9. 2016, Az. XII ZB 269/16). Es genügt für die Fähigkeit, etwas kundzutun, wenn er z. B. nonverbal kommunizieren kann.

Soweit die Anhörung nach § 34 Abs. 2 FamFG unterbleibt, wird in der Regel ein Verfahrenspfleger (s. u.) bestellt, der selbst anhört und zu Terminen geladen werden muss (§ 276 Abs. 1 Satz 2 Nr. 1 FamFG).

c. Verzicht auf die Anhörung gemäß § 34 Abs. 3 FamFG, wenn der Beteiligte in einem anberaumten Anhörungstermin unentschuldigt ausbleibt und der Betroffene auf die Folgen seines Ausbleibens hingewiesen wurde (BGH BtPrax 2014, 226).

Im Hinblick auf die zentrale Bedeutung der persönlichen Anhörung ergeben sich aber zusätzliche Voraussetzungen. Die Notwendigkeit einer restriktiven Anwendung des § 34 Abs. 3 FamFG erschließt sich zwanglos aus Sinn und Zweck der persönlichen Anhörung. Es wird nicht nur das rechtliche Gehör ermöglicht, vielmehr geht es auch darum, den Sachverhalt zu ermitteln und die Möglichkeit einer kritischen Überprüfung der vorhandenen Beweismittel zu eröffnen. Man muss sich immer vor Augen halten, dass ohne Anhörung wesentliche Erkenntnisquellen verloren gehen können. Der *BGH* verpflichtet daher den Richter, zunächst alle Möglichkeiten des § 278 FamFG auszuschöpfen. Dazu gehört die Vorführung, die der Gesetzgeber speziell für das Betreuungsverfahren in § 278 Abs. 5 FamFG vorgesehen hat. Da die „persönliche Anhörung" von eminenter Wichtigkeit ist, muss dieser Weg vorrangig sein gegenüber dem kurzen Prozess, den § 34 Abs. 3 FamFG ermöglicht. Nur wenn die Vorführung ausnahmsweise „unverhältnismäßig" wäre, kann man auf sie verzichten. Die Unverhältnismäßigkeit der Vorführung kann nur in eng begrenzten Ausnahmefällen angenommen werden. Eine aus dem Akteninhalt abgeleitete Prognose, dass der zu erwartende Erkenntnisgewinn gering sein werde, ist regelmäßig spekulativ und wird der richterlichen Pflicht, von Amts wegen zu ermitteln, nicht gerecht (*BGH*, Beschluss vom 12. 10. 2016, Az. XII ZB 246/16). Darüber hinaus müssen alle zwanglosen Möglichkeiten ausgeschöpft werden, den Betroffenen anzuhören bzw. sich von ihm einen persönlichen Eindruck zu verschaffen. Deshalb wird der Richter die Anhörung beim Betroffenen anstreben und auch die Betreuungsstelle, Bekannte, Verwandte und Freunde einschalten, um über diese einen Zugang zum Betroffenen zu erreichen.

Erst wenn diese Aktivitäten scheitern, kann sowohl auf die persönliche Anhörung wie auch auf die Verschaffung des persönlichen Eindrucks verzichtet werden. Darauf muss der Richter im Beschluss in nachprüfbarer Weise eingehen.

d. Gesetzlich nicht geregelte Ausnahmen von der Pflicht zur persönlichen Anhörung

Ansteckungsgefahr

Von einer persönlichen Anhörung kann auch dann abgesehen werden, wenn sich der Anhörende einer gesundheitlichen Gefahr aussetzen würde. Dies ist z. B. der Fall, wenn der Anzuhörende an einer ansteckenden Krankheit leidet. § 420 Abs. 2 FamFG, der dies für sog. Freiheitsentziehungssachen vorsieht, kann dabei entsprechend angewendet werden. Die Ansteckungsgefahr ist durch ein ärztliches Gutachten zu belegen und darf nicht durch ausreichende Schutzvorkehrungen (Trennscheibe) abwendbar sein (*BGH*, Beschluss vom 22. 6. 2017, Az. V ZB 146/16).

3.4.2.2 Anhörung anderer

Die Anhörung weiterer Personen sieht unter bestimmten Voraussetzungen § 279 FamFG vor. **In allen Verfahren** anzuhören ist:

- „eine ihm nahestehende Person", § 279 Abs. 3 FamFG

Eine dem Betroffenen nahestehende Person ist immer anzuhören, wenn der Betroffene dies verlangt und seine Anhörung ohne erhebliche Verzögerung möglich ist.

Vor der **Betreuerbestellung und der Anordnung eines Einwilligungsvorbehalts** hat das Gericht anzuhören:

- „die sonstigen Beteiligten", § 279 Abs. 1 FamFG

  Somit müssen alle angehört werden, die im Verfahren den Status eines Beteiligten eingenommen haben. Dazu können zählen:

  – Verfahrenspfleger

  – Betreuer, Bevollmächtigte (jeweils in ihrem Aufgabenkreis)

  – zuständige Behörde, die auf Antrag beteiligt werden muss

  – Ehegatte bzw. Lebenspartner, soweit nicht dauernd getrennt lebend, Eltern, Pflegeeltern, Großeltern, Abkömmlinge, Geschwister oder eine Person seines Vertrauens

- „gesetzliche Vertreter" eines Minderjährigen im Fall des § 1908a BGB, § 279 Abs. 4 FamFG

- Betreuungsstelle, § 279 Abs. 2 FamFG, auch ohne „Beteiligung"

Anhörung der Betreuungsbehörde

Die Betreuungsbehörde muss bei den Kernentscheidungen (Betreuerbestellung, Einwilligungsvorbehalt) immer angehört werden, und zwar auch dann, wenn sie nicht „beteiligt" wurde. Der Gesetzgeber schreibt mit § 279 Abs. 2 Satz 2 FamFG vor, dass sich die Anhörung der Betreuungsbehörde zur Bestellung eines Betreuers – nicht bei Anordnung eines Einwilligungsvorbehalts – insbesondere auf folgende Kriterien beziehen soll:

1. persönliche, gesundheitliche und soziale Situation des Betroffenen
2. Erforderlichkeit der Betreuung einschließlich geeigneter anderer Hilfen (§ 1896 Abs. 2 BGB)
3. Betreuerauswahl unter Berücksichtigung des Vorrangs der Ehrenamtlichkeit (§ 1897 BGB)
4. diesbezügliche Sichtweise des Betroffenen

Zu den weiteren Aufgaben der Betreuungsbehörde siehe unten Abschnitt 3.4.4.

3.4.2.3 Einfache und persönliche Anhörung

Die Anhörung der sonstigen Beteiligten, der Betreuungsbehörde und des gesetzlichen Vertreters muss nicht persönlich erfolgen. Eine Ausnahme gilt für die Entlassung des Betreuers gegen den Willen des Betroffenen. In diesem Fall muss auch der Betreuer persönlich angehört werden. Im Übrigen wird dem Gesetz daher Genüge getan, wenn ihnen die Gelegenheit zur schriftlichen Stellungnahme eingeräumt wird. Das Gericht kann aber immer eine persönliche Anhörung durchführen, wenn es dies bei seinen Ermittlungen von Amts wegen (§ 34 FamFG) für sachdienlich erachtet.

Gesetzlich vorgeschrieben ist die persönliche Anhörung des Betroffenen fast durchgehend, wie der folgenden Übersicht entnommen werden kann:

Übersicht zu Anhörungen des Betroffenen/Betreuten

FamFG	Gegenstand	Normale Anhörung soll/muss erfolgen	Persönliche Anhörung soll/muss erfolgen
§ 34	Persönliche Anhörung, wenn zur Gewährleistung des rechtlichen Gehörs erforderlich oder gesetzlich (FamFG und andere) vorgeschrieben		muss („hat“)
§ 278 Abs. 1	Verfahren zur Bestellung eines Betreuers, Anordnung eines Einwilligungsvorbehalts		muss
§ 283 Abs. 1 Satz 2	Vorführung zur Untersuchung		soll
§ 283 Abs. 3 Satz 2	Anordnung einer Wohnungsdurchsuchung zum Zweck der Vorführung		muss („ist“)
§ 284 Abs. 1 Satz 2	Unterbringung zur Begutachtung		muss
§ 292 Abs. 1 i. V. m. § 168 Abs. 4	Zahlungen an den Betreuer	muss	
§ 293 Abs. 1 und 2	Erweiterung Betreuung oder Einwilligungsvorbehalt		muss Ausnahmen gemäß Abs. 2 Nr. 1 und 2
§ 294 Abs. 1	Aufhebung, Einschränkung bei Betreuung oder Einwilligungsvorbehalt	Vorgeschrieben ist nur die Anhörung Dritter!	
§ 295 Abs. 1	Verlängerung Betreuung oder Einwilligungsvorbehalt		muss
§ 296 Abs. 1 Satz 1	Entlassung des Betreuers nach § 1908b BGB, wenn der Betroffene widerspricht		muss
§ 296 Abs. 2 Satz 1	Bestellung eines neuen Betreuers nach § 1908c BGB, wenn Einverständnis des Betreuten fehlt		muss
§ 297 Abs. 1	Sterilisation		muss
§ 298 Abs. 1	Genehmigung ärztlicher Maßnahmen, § 1904 Abs. 1 und 2 BGB		muss
§ 299 Satz 1	Entscheidungen nach § 1908i BGB i. V. m. §§ 1821, 1822 Nr. 1 bis 4, 6 bis 13, 1823, 1825		soll
§ 299 Satz 2	Entscheidungen nach § 1908i Satz 2 BGB i. V. m. § 1907 BGB		muss
§ 300 Abs. 1 Nr. 4	Einstweilige Anordnung		muss
§ 301 Abs. 1	Einstweilige Anordnung, gesteigerte Dringlichkeit		muss, aber unverzüglich nachholbar
§ 319	Unterbringungsmaßnahme		muss
§ 326 Abs. 3 Satz 2	Zuführung zur Unterbringungs, Öffnen der Wohnung		muss, Ausnahme: Gefahr in Verzug
§ 331 Satz 1 Nr. 4	Einstweilige Anordnung		muss
§ 332	Einstweilige Anordnung, gesteigerte Dringlichkeit		muss, aber unverzüglich nachholbar

3.4.2.4 Gesetzlich nicht vorgeschriebene Anhörungen

Anhörungspflicht ohne gesetzliche Vorgabe

§ 278 FamFG ist zwar nicht anwendbar, wenn z. B. eine Betreuerbestellung oder die Anordnung eines Einwilligungsvorbehalts vom Betreuungsgericht abgelehnt wird (*BGH*, Beschluss vom 8. 5. 2019, Az. XII ZB 506/18). Der *BGH* betont jedoch zu Recht, dass eine fehlende gesetzliche Vorgabe eine Anhörung des Betroffenen nicht generell überflüssig macht. Es kommt der Anhörung „auch in den Fällen, in denen sie nicht durch Gesetz vorgeschrieben ist (§ 34 Abs. 1 Nr. 2 FamFG), eine zentrale Stellung im Rahmen der gemäß § 26 FamFG in einem Betreuungsverfahren von Amts wegen durchzuführenden Ermittlungen zu. Allerdings kann „von einer Anhörung des Betroffenen" abgesehen werden, „wenn keine hinreichenden Anhaltspunkte dafür vorliegen, dass die gesetzlichen Betreuungsvoraussetzungen vorliegen" (*BGH* a. a. O).

3.4.3 Verfahrenspfleger

Verfahrenspfleger sorgt für Waffengleichheit im Verfahren

Da es um Menschen geht, die ihre eigenen Angelegenheiten nicht mehr erledigen können, ist es sinnvoll, dass ein Verfahrenspfleger vom Gericht bestellt werden kann und häufig auch muss, damit zumindest im betreuungsgerichtlichen Verfahren die Rechte des Betroffenen wahrgenommen werden. Der Betroffene darf nicht zum bloßen Objekt im Verfahren degradiert werden. Dies ist aber der Fall, wenn er keine fachkundige Unterstützung hat, niemand seine Interessen wahrnimmt und ihn gegen andere Beteiligte und deren nicht immer altruistischen Belange verteidigt. Deshalb bestimmt § 276 Abs. 1 Satz 1 FamFG, dass ein Verfahrenspfleger bestellt werden muss, „wenn dies zur Wahrnehmung der Interessen des Betroffenen erforderlich ist".

Regelbeispiele für Verfahrenspflegerbestellung

Dieser allgemeine Grundsatz wird durch sogenannte Regelbeispiele erläutert. Daher ist für den Betroffenen ein Verfahrenspfleger zu bestellen, wenn z. B. von der persönlichen Anhörung abgesehen werden soll (§ 276 Abs. 1 Satz 2 Nr. 1 FamFG).

Regelbeispiel „Besorgung aller Angelegenheiten"

Besorgung aller Angelegenheiten

Die Bestellung eines Verfahrenspflegers für den Betroffenen ist ferner nach § 276 Abs. 1 Satz 2 Nr. 2 FamFG regelmäßig geboten, wenn der Verfahrensgegenstand die Anordnung einer Betreuung für alle Angelegenheiten umfasst. Dabei ist nach der Rechtsprechung des BGH aufgrund der Bedeutung des Verfahrensgegenstands die Bestellung eines Verfahrenspflegers in der Regel schon dann erforderlich, wenn der Verfahrensgegenstand die Anordnung einer Betreuung in allen Angelegenheiten als möglich erscheinen lässt. Das Regelbeispiel gilt demnach auch, wenn das Betreuungsgericht dabei nicht den Begriff „alle Angelegenheiten" verwendet. Vielmehr genügt es, wenn die aufgezählten Aufgabenbereiche faktisch alle Angelegenheiten erfassen (vgl. *BGH* BtPrax 2014, 232).

Deckt der Aufgabenkreis alle „wesentlichen Bereiche der Lebensgestaltung" ab und eröffnen die „verbliebenen Befugnisse" dem Betroffenen keinen nennenswerten eigenen Handlungsspielraum, muss ein Verfahrenspfleger bestellt werden (*BGH*, Beschluss vom 11. 9. 2019, Az. XII ZB 537/18).

Aufgrund des eindeutigen Wortlauts des § 276 Abs. 1 Satz 2 Nr. 2 FamFG stört es nicht, wenn der Gegenstand des Verfahrens die in § 1896 Abs. 4 (Postverkehr etc.) und § 1905 BGB (Sterilisation) bezeichneten Angelegenheiten nicht erfasst.

Verfahrenspfleger für „Sterilisation" oder „ärztliche Zwangsmaßnahme"

Sterilisation, ärztliche Zwangsmaßnahme

Bei der Sterilisation ist die Verfahrenspflegerbestellung nicht nur als Regelbeispiel ausgestaltet. Vielmehr muss das Betreuungsgericht dem Betroffenen einen neutralen Wahrer seiner Interessen an die Seite stellen (§ 297 Abs. 5 FamFG). Zwingend vorgeschrieben ist die Bestellung eines Verfahrenspflegers ferner, wenn es um die Genehmigung der Einwilligung in eine ärztliche Zwangsmaßnahme geht (§ 317 Abs. 1 Satz 3 FamFG).

Fernmeldeverkehr, Post – kein Regelbeispiel

Für den isolierten Aufgabenkreis über den Fernmeldeverkehr des Betreuten und über die Entgegennahme, das Öffnen und das Anhalten seiner Post enthält § 276 FamFG dagegen keine zwingende Verfahrenspflegerbestellung. Der *BGH* (vgl. BtPrax 2014, 232 und Beschluss vom 28. 5. 2014, Az. XII ZB 705/13) entnimmt dies zwar dem § 276 Abs. 1 Satz 2 Nr. 2 FamFG, wobei er in dem zitierten Satz „dies gilt auch, wenn der Gegenstand des Verfahrens die in § 1896 Abs. 4 und § 1905 des Bürgerlichen Gesetzbuchs bezeichneten Angelegenheiten nicht erfasst" das Wort „nicht" übersehen hat. Legt man den gesamten Halbsatz zugrunde, begründet der Gesetzgeber eben kein isoliertes neues Regelbeispiel, sondern nur eine Erweiterung des Regelbeispiels „alle Angelegenheiten".

Dies alles gilt grundsätzlich auch, wenn die beabsichtigte Entscheidung dem natürlichen Willen des Betroffenen entspricht.

Absehen von der Bestellung

Offensichtlich fehlendes Interesse an der Bestellung eines Verfahrenspflegers

Von der Bestellung kann in den Fällen des § 276 Abs. 1 Satz 2 FamFG abgesehen werden, wenn ein Interesse des Betroffenen an der Bestellung des Verfahrenspflegers offensichtlich nicht besteht, § 276 Abs. 2 FamFG. Aus der Formulierung „offensichtlich" ergibt sich, dass das Fehlen eines Interesses evident sein muss. Die Feststellung, „dass aufgrund der durchgeführten Ermittlungen die Betreuungsbedürftigkeit für die angeordneten Wirkungskreise und die Geeignetheit des Betreuers offenkundig" seien, genügt nicht, da sich die Offensichtlichkeit auf das mangelnde Interesse an der Bestellung eines Verfahrenspflegers bezieht und nicht darauf, ob der Betreuungsbedarf für das Gericht offensichtlich ist. Das Vorliegen derartiger Ausnahmefälle muss gemäß § 276 Abs. 2 Satz 2 FamFG vom Gericht im Beschluss begründet werden. Fehlt eine Begründung, wird der Beschluss in der Rechtsbeschwerde regelmäßig aufgehoben, weil der *BGH* nicht prüfen kann, ob das Gericht von seinem Ermessen Gebrauch gemacht hat und die Entscheidung ermessensfehlerfrei zustande gekommen ist (*BGH*, Beschluss vom 11. 9. 2019, Az. XII ZB 537/18).

Bestellung des Verfahrenspflegers außerhalb der benannten Regelbeispiele

Liegt keiner der Regelfälle vor, hängt die Frage der Notwendigkeit der Bestellung vom Grad der Krankheit oder Behinderung sowie von der Bedeutung des jeweiligen Verfahrensgegenstands ab. Für die Einzelfallentscheidung fordert der *BGH* die Einhaltung folgender Maßstäbe: „Je weniger der Betroffene in der Lage ist, seine Interessen selbst wahrzunehmen, je eindeutiger erkennbar ist, dass die geplanten Betreuungsmaßnahmen gegen seinen natürlichen Willen erfolgen und je schwerer und nachhaltiger der beabsichtigte Eingriff in die Rechte des Betroffenen ist, umso dringender erforderlich ist die Bestellung des Verfahrenspflegers." (*BGH*, Beschluss vom 9. 5. 2018, Az. XII ZB 577/17 Rn. 11; BtPrax 2014, 32). Die Anordnung eines Einwilligungsvorbehalts für vermögensrelevante Entscheidungen erfüllt mit Sicherheit diese Kriterien.

Wann muss der Verfahrenspfleger bestellt werden?

Nachträgliche Bestellung des Verfahrenspflegers

Aufgrund der besonderen Bedeutung des Verfahrenspflegers muss dieser sofort bestellt werden, damit er die krankheitsbedingten Defizite des Betroffenen im Verfahren rechtzeitig ausgleichen kann. Wird die Notwendigkeit der Bestellung erst im Verlauf des Verfahrens erkennbar, muss er ab diesem Zeitpunkt bestellt werden. Das kann der Fall sein, wenn erst bei der Anhörung erkennbar wird, dass der Betroffene seine Interessen nicht selbst wahrnehmen kann oder wenn ein Verfahrensbevollmächtigter während des Verfahrens die Vertretung beendet. Warum die Bestellung des Verfahrenspflegers zu spät erfolgt ist, muss dann im Beschluss nachvollziehbar dargestellt und begründet werden. Hat die Anhörung des Betroffenen bereits vor der Bestellung stattgefunden, dann muss die Anhörung nachgeholt werden. Der *BGH* macht dies davon abhängig, dass der Verfahrenspfleger die erneute Anhörung verlangt (*BGH*, Beschluss vom 14. 2. 2018, Az. XII ZB 465/17).

Rechte und Aufgaben des Verfahrenspflegers

Teilnahme an der persönlichen Anhörung des Betroffenen

Der Verfahrenspfleger muss die Verfahrensrechte des Betroffenen wahren (z. B. Anspruch auf rechtliches Gehör). Deshalb ist das Betreuungsgericht, aber auch das Beschwerdegericht verpflichtet, ihm die Möglichkeit einzuräumen, an der persönlichen Anhörung des Betroffenen teilzunehmen.

Ein Verstoß gegen diese elementare Verpflichtung führt dazu, dass die Anhörung des Betroffenen verfahrensfehlerhaft wäre und eine Betreuerbestellung durch das Rechtsbeschwerdegericht aufgehoben werden müsste (vgl. dazu die Ausführungen unter 3.4.2).

Folgen bei Verstoß

Dies gilt in folgenden Fällen:

- Das Betreuungsgericht bemerkt erst nach der persönlichen Anhörung des Betroffenen, aber noch vor der Endentscheidung die Notwendigkeit der Bestellung eines Verfahrenspflegers.
- Die Ladung des bestellten Verfahrenspflegers erfolgte nicht oder zu spät.
- In allen sonstigen Fällen der unfreiwilligen Abwesenheit des Verfahrenspflegers.

In der Folge muss in diesen Fällen auf Verlangen des Verfahrenspflegers und wohl auch des Betroffenen die Anhörung wiederholt werden. Das Betreuungsgericht wird, um das Verfahren fair zu gestalten, den Verfahrenspfleger und den Betroffenen über diese Möglichkeit informieren (vgl. zum Ganzen *BGH*, Beschluss vom 15. 5. 2019, Az. XII ZB 57/19, Rn. 9 ff.).

Verfahrenspfleger muss selbst angehört werden

Darüber hinaus muss der Verfahrenspfleger selbst „angehört" werden, wobei keine persönliche Anhörung geboten ist und die Einräumung einer Frist zur schriftlichen Stellungnahme genügt.

Zur Erfüllung seiner Aufgaben hat er „den tatsächlichen und mutmaßlichen Willen des Betroffenen zu erkunden und im Interesse des Betroffenen in das Verfahren einzubringen" (*BVerfG* BtPrax 2013, 150–151). Er handelt dabei im eigenen Namen und nicht als Vertreter des Betroffenen.

Der Verfahrenspfleger ist auch unabhängig vom Gericht. Es kann deshalb von ihm nicht verlangt werden, dass er ein Gutachten mit dem Betroffenen bespricht, wenn die Gefahr besteht, dass der Betroffene durch die Bekanntgabe einen gesundheitlichen Schaden erleiden könnte und deshalb das Gericht von der Bekanntgabe abgesehen hatte. Der Verfahrenspfleger darf sich nicht zum Gehilfen des Gerichts degradieren lassen und das Gericht darf ihm keine derartigen Anweisungen erteilen (a. A. *BGH*, Beschluss vom 22. 2. 2017, Az. XII ZB 341/16). Es steht dem Verfahrenspfleger allerdings frei, das Gutachten mit dem Betroffenen zu besprechen, wenn er dies für richtig hält.

Rechtsmittel der Verfahrenspfleger

Beschwerde des Verfahrenspflegers nach Erledigung, § 62 Abs. 3 FamFG

Rechtsmittel kann der Verfahrenspfleger nur im eigenen Namen einlegen. Hat der Verfahrenspfleger eine Beschwerde eingelegt, kann er gemäß § 62 Abs. 3 FamFG (n. F.) nach Erledigung der Hauptsache die Feststellung der Rechtswidrigkeit der angefochtenen Entscheidung beantragen, wenn ein berechtigtes Interesse an der Feststellung besteht. Das *BVerfG* gesteht ihm auch das Recht zur Erhebung der Verfassungsbeschwerde zu, selbst wenn die anzugreifende Entscheidung bereits in Rechtskraft erwachsen ist und die Bestellung des Verfahrenspflegers gemäß § 276 Abs. 5 FamFG beendet wäre (*BVerfG* a. a. O.).

3.4.4 *Sachverhaltsaufklärung durch Betreuungsstelle, § 8 BtBG*

Im Rahmen der gesetzlich vorgesehenen Anhörung der Betreuungsstelle muss diese einen Bericht für das Betreuungsgericht erstellen, der den Anforderungen des § 8 BtBG und des § 279 Abs. 2 FamFG entsprechen muss. Die Behörde unterstützt das Betreuungsgericht ferner durch „Aufklärung und Mitteilung des Sachverhalts, den das Gericht" über den obligatorischen Bericht „hinaus für aufklärungsbedürftig hält", die „Gewinnung geeigneter Betreuer" und auf entsprechende Aufforderung durch Benennung geeigneter Betreuer oder Verfahrenspfleger (vgl. dazu § 8 BtBG und Kapitel A 5.2).

3.4.5 *Einholung eines Sachverständigengutachtens*

Die §§ 280 bis 284 FamFG befassen sich mit der Einholung eines Sachverständigengutachtens. Gemäß § 280 Abs. 1 Satz 1 FamFG hat aber nur „vor der Bestellung eines Betreuers oder der Anordnung eines Einwilligungsvorbehalts (...) eine förmliche Beweisaufnahme durch Einholung eines Gutachtens über die Notwendigkeit der Maßnahme stattzufinden." Die Ablehnung einer Betreuung oder eines Einwilligungsvorbehalts kann somit auch ohne Gutachten erfolgen. Das Betreuungsgericht muss daher vor der Beauftragung des Gutachters prüfen, ob hinreichende Anhaltspunkte für die Notwendigkeit dieser Maßnahmen festgestellt werden können. Das gebietet auch der Verhältnismäßigkeitsgrundsatz, weil schon die Begutachtung für den Betroffenen sehr belastend sein kann (*BGH* BtPrax 2015, 105).

Abgesehen von den gesetzlich bestimmten Ausnahmen, ist die Einholung eines Gutachtens in den Fällen des § 280 Abs. 1 Satz 1 FamFG immer obligatorisch (*BGH*, Beschluss vom 24. 7. 2019, Az. XII ZB 160/19). Der Einwand, dass „aus ärztlicher Sicht bereits auf der Grundlage anderer Erkenntnisse der sichere Schluss auf eine erkrankungsbedingte Betreuungsbedürftigkeit gezogen werden könnte", macht ein neues Gutachten nicht obsolet. Dies auch zu Recht, da es ansonsten zu einem ungeprüften Fort- bzw. Abschreiben alter Diagnosen kommen könnte.

Das Betreuungsgericht kann aber in bestimmten Fällen von der Einholung eines Gutachtens absehen und seiner Entscheidung ein ärztliches Zeugnis zugrunde legen (s. u.).

Verfahrensvorschriften

Beweisbeschluss

Nach §§ 280 Abs. 1 Satz 2, 30 Abs. 1 und 2 FamFG ist eine förmliche Beweisaufnahme entsprechend der Zivilprozessordnung durchzuführen. Ein förmlicher Beweisbeschluss (§ 358 ZPO) wird allerdings nicht für erforderlich gehalten.

Form

Das Gutachten muss nicht zwingend schriftlich erstellt werden. Da allerdings Art und Ausmaß der Erkrankung, die Vorgeschichte und die durchgeführten Untersuchungen darzustellen und wissenschaftlich zu begründen sind, erscheint eine mündliche Erstellung eines Gutachtens kaum möglich bzw. sinnvoll. Das mündliche Gutachten müsste zudem in einem Aktenvermerk festgehalten werden, der den Anforderungen an ein schriftliches Gutachten zu entsprechen hätte. Ansonsten wäre es weder den Beteiligten noch den Rechtsmittelgerichten möglich das Gutachten zu bewerten (*BGH* FamRZ 2013, 1726).

Qualifikation des Gutachters

Der Sachverständige soll (Fach-)Arzt für Psychiatrie oder ein in der Psychiatrie erfahrener Arzt sein (§ 280 Abs. 1 Satz 2 FamFG). Lässt sich die Qualifikation nicht aus der Fachbezeichnung des Arztes ableiten (z. B. bei einem Facharzt für Innere Medizin, Geriatrie oder Allgemeinmedizin), ist sie vom Gericht gesondert zu prüfen und in der Entscheidungsbegründung abzuhandeln. Eine Abweichung von der „Sollvorschrift“ ist zwar grundsätzlich möglich (etwa bei körperlichen Behinderungen), muss aber wegen des „Ausnahmecharakters“ in der gerichtlichen Entscheidung besonders begründet werden (*BGH*, Beschluss vom 23. 11. 2016, Az. XII ZB 385/16; MDR 2013, 1282). Bei einer entsprechenden Fachbezeichnung oder bei den Mitarbeitern der gerichtsärztlichen Dienste (Landgerichtsärzte) kann das Gericht davon ausgehen, dass sie insbesondere aufgrund ihrer praktischen Erfahrungen im gerichtsärztlichen Dienst (vgl. dazu Art. 5b Bayerisches Gesundheitsdienst- und Verbraucherschutzgesetz – GDVD) den Anforderungen des § 280 Abs. 1 FamFG genügen (*BGH* FamRZ 2014, 113). Auch der behandelnde Arzt kann grundsätzlich als Gutachter bestellt werden (*BGH* FamRZ 2010, 1726). Dies ist aber im Hinblick auf das Arzt-Patienten-Verhältnis, die Schweigepflicht und die Strafbarkeit gemäß § 203 StGB untunlich, auch wenn die Angaben des Arztes verwertbar wären.

Untersuchung oder Befragung des Betroffenen, § 280 Abs. 2 FamFG

Der Gutachter ist verpflichtet, den Betroffenen persönlich zu untersuchen oder zu befragen. Eine Untersuchung vor der Bestellung zum Sachverständigen kann nicht verwertet werden. Er muss dem Betroffenen vor der Untersuchung eröffnen, dass sie der Gutachtenerstellung dient und nicht etwa der Behandlung (*BGH* FamRZ 2013, 1726).

Gutachter muss Bericht der Betreuungsbehörde berücksichtigen

Das Ergebnis einer Anhörung der Betreuungsbehörde, die gemäß § 279 Abs. 2 FamFG, § 8 Abs. 1 Satz 2 Nr. 1 BtBG hohe gesetzliche Standards zu erfüllen hat, muss der Sachverständige berücksichtigen, wenn der Bericht ihm bei Erstellung des Gutachtens vorliegt. Dies sollte nicht dem Zufall überlassen bleiben. Alle Beteiligten sollten daher darauf drängen, dass dieser Bericht möglichst schnell erstellt und dem Gutachter vorgelegt wird. Ein aussagekräftiger Bericht kann die Qualität des Gutachtens wesentlich erhöhen. Erreicht dieser qualifizierte Sozialbericht den Gutachter vor der Erstellung nicht mehr, muss geprüft werden, ob eine Ergänzung des Gutachtens vom Gericht angefordert werden muss.

Betroffener verweigert Mitarbeit

Häufig verweigern die Betroffenen jede Zusammenarbeit mit dem Gutachter. Eine Befragung (Exploration) oder persönliche Untersuchung ist dann zunächst unmöglich. In diesem Fall kann das Betreuungsgericht gemäß § 283 Abs. 1 und 3 FamFG seine Vorführung oder die Unterbringung zur Begutachtung gemäß § 284 FamFG anordnen. Der Vorführung „soll“ aber eine persönliche Anhörung vorausgehen. Davon kann nicht abgesehen werden mit dem Hinweis darauf, dass der Betroffene bereits früher eine Untersuchung und die Mitwirkung im Verfahren verweigert hat. Ärztliche Zeugnisse oder relevante Stellungnahmen müssen dem Betroffenen vorher zur Kenntnis übersandt werden (vgl. dazu *BVerfG*, Beschluss vom 24. 6. 2019, Az. 1 BvQ 51/19). Vor einer Unterbringung zur Untersuchung muss der Betroffene persönlich angehört werden.

Verweigert der Betroffene auch nach der Vorführung und Unterbringung zur Begutachtung eine „verbale Kommunikation“, genügt es für eine Untersuchung, wenn sich der Gutachter wenigstens einen persönlichen Eindruck verschaffen konnte. Außerdem sollte der Gutachter dann verstärkt seine Erkenntnisse auf weitere Ermittlungen stützen (frühere Anhörungen, Angaben aus dem sozialen Umfeld bzw. von pflegenden oder behandelnden Personen etc.; *BGH*, Beschluss vom 17. 4. 2019, Az. XII ZB 570/18, Rn. 15 f.).

Anwesenheitsrechte

Fraglich ist, ob und auf welche Weise Verfahrensbeteiligte wie etwa Verfahrenspfleger, Verfahrensbevollmächtigte oder Vertrauenspersonen bei der Exploration des Betroffenen durch den Sachverständigen anwesend sein können. Die Sachverständigen empfinden die Anwesenheit Dritter häufig als wenig zielführend und wollen ungestört mit dem Betroffenen reden. Der *BGH* hat zum einen erklärt, dass sich aus dem Gesetz keine Pflicht des Sachverständigen herleiten lässt, den Verfahrensbevollmächtigten den Termin mitzuteilen (*BGH*, Beschluss vom 8. 3. 2017, Az. XII ZB 507/16). Der *BGH* lässt dabei offen, ob Beteiligte aus eigener Initiative die Anwesenheit bei der Exploration verlangen können. Im Hinblick auf die besondere Bedeutung des Gutachtens für die richterliche Entscheidung muss wohl allen, die für den Betroffenen auftreten und dessen Interessen vertreten (Verfahrenspfleger, Verfahrensbevollmächtigter und Vertrauensperson), eine Teilnahme ermöglicht werden. Gemäß §§ 280 Abs. 1 Satz 1, 30 FamFG i. V. m. § 404a Abs. 4 ZPO sollte der Betreuungsrichter dem Sachverständigen mitteilen, wann er den Beteiligten die Teilnahme an der Exploration gestatten soll. Ein Beteiligter, der Wert auf eine Teilnahme legt, sollte bei Gericht eine derartige Weisung an den Sachverständigen anregen.

Notwendiger Inhalt des Gutachtens, § 280 Abs. 3 FamFG

Die Gutachten müssen sich mit dem Krankheitsbild, der Krankheitsentwicklung, den durchgeführten Untersuchungen und den diesen zugrunde gelegten Forschungserkenntnissen, dem körperlichen und psychiatrischen Zustand des Betroffenen und dem Umfang des Aufgabenkreises und der voraussichtlichen Dauer der Maßnahme befassen, § 280 Abs. 3 FamFG.

Neben diesen gesetzlichen Vorgaben muss sich das Gutachten auf die Frage der freien Willensbildung und die Erforderlichkeit der Betreuung erstrecken (vgl. *Brosey*, BtPrax 2011, 141; *BGH* FamRZ 2013, 289).

Funktion und Bedeutung des Gutachtens

Die Betreuung kann sich erheblich auf die Persönlichkeitsrechte des Betroffenen auswirken. Deshalb fordert die Rechtsprechung zu Recht eine „sorgfältige Sachverhaltsaufklärung zu den medizinischen Voraussetzungen einer Betreuerbestellung“. Diese Aufklärung ist ohne Sachverständigengutachten nicht denkbar.

Zu beachten ist daher, dass das Gericht aufgrund der Ausführungen des Sachverständigen in der Lage sein muss, die Richtigkeit seiner Schlussfolgerungen auf seine „wissenschaftliche Begründung, seine innere Logik und seine Schlüssigkeit hin zu überprüfen“ (*BGH* BtPrax 2012, 25). Dies ist nur der Fall, wenn die Diagnose vom Gutachter nachvollziehbar begründet wird und deutlich erkennen lässt, welche Feststellungen bzw. Untersuchungsergebnisse die Diagnose rechtfertigen. Die dem Gutachten zugrunde gelegten Sachverhalte müssen auf zutreffenden Tatsachengrundlagen beruhen. Das Betreuungsgericht muss dies auch überprüfen (*BGH* FamRZ 2013, 288).

Häufig fehlen auch Tests oder Untersuchungen, die eine Diagnose begründen könnten (*BGH*, Beschluss vom 15. 2. 2017, Az. XII ZB 510/16).

Verdachtsdiagnose ist ungenügend!

Sachverständige neigen gelegentlich dazu, die Diagnose zu relativieren mit dem Hinweis, dass der Verdacht für eine bestimmte psychische Krankheit bestehe. Das Gutachten muss jedoch mit „hinreichender Sicherheit“ ergeben, dass die Voraussetzungen für die Betreuung vorliegen. Eine bloße Verdachtsdiagnose des Sachverständigen genügt daher nicht (*BGH*, Beschluss vom 26. 10. 2016, Az. XII ZB 622/15).

Verwendung anderer Gutachten

Gutachten des MDK

Das Gericht kann unter den engen Voraussetzungen des § 282 FamFG von der Einholung eines Gutachtens absehen, soweit ein aussagekräftiges ärztliches Gutachten des Medizinischen Dienstes der Krankenversicherung nach § 18 SGB XI vorliegt. In der Praxis wird aufgrund des komplexen Verfahrens davon kaum Gebrauch gemacht. Die sog. MDK-Gutachten werden auch der erforderlichen Qualifikation der Aussteller (Arzt!) nicht mehr gerecht.

Gutachten aus anderen Verfahren

Das Betreuungsgericht kann auf ein neues schriftliches Gutachten verzichten und das von einem Gericht in einem anderen Verfahren oder einer Staatsanwaltschaft eingeholte Sachverständigengutachten gemäß §§ 280 Abs. 1 Satz 1, 30 Abs. 1 und 2 FamFG, § 411a ZPO verwenden. Dies gilt auch für ein Gutachten, das in einem früheren Betreuungsverfahren eingeholt wurde. Allerdings müssen diese Gutachten zeitnah erstellt sein und die speziellen Voraussetzungen des § 280 Abs. 3 FamFG erfüllen. Die Einführung erfolgt durch eine förmliche Entscheidung. Zuvor muss den Beteiligten rechtliches Gehör gewährt werden (*BGH*, Beschluss vom 5. 10. 2016, Az. XII ZB 152/16; FamRZ 2012, 293).

Verwendung ärztlicher Zeugnisse als Ersatz für Gutachten

Ärztliches Zeugnis

Ein ärztliches Zeugnis kann ein Sachverständigengutachten ersetzen bei:

- Einverständnis und Verzicht des Betroffenen auf die Begutachtung und Unverhältnismäßigkeit eines Gutachtens im Hinblick auf den Umfang des Aufgabenkreises des Betreuers (§ 281 Abs. 1 Nr. 1 FamFG)
- der Bestellung eines Kontrollbetreuers (§ 281 Abs. 1 Nr. 2 FamFG)
- der Verlängerungsentscheidung gemäß § 295 Abs. 1 Satz 2 FamFG
- der Erweiterungsentscheidung gemäß § 293 FamFG
- einstweiligen Anordnungen gemäß §§ 300 Abs. 1 Nr. 2, 301 FamFG

Mindeststandards für ärztliches Zeugnis

Auch ein ärztliches Zeugnis muss bestimmte Mindeststandards erfüllen. So besteht die Pflicht zur persönlichen Untersuchung oder Befragung des Betroffenen durch den ausstellenden Arzt gemäß § 281 Abs. 2 FamFG nicht nur für die Erstellung eines Gutachtens, sondern auch für die Erstellung eines ärztlichen Zeugnisses. Das Ergebnis einer Anhörung nach § 279 Abs. 2 Satz 2 FamFG hat der Aussteller des ärztlichen Zeugnisses ebenfalls zu berücksichtigen, wenn es ihm bei Erstellung seines ärztlichen Zeugnisses vorliegt (§§ 281 Abs. 2, 280 Abs. 2 FamFG).

Geringere Begründungstiefe

Grundsätzlich muss sich das ärztliche Zeugnis mit den gleichen Inhalten befassen wie das Gutachten nach § 280 Abs. 3 FamFG (s. o.). Der Unterschied besteht darin, dass der Aussteller zwar ein Arzt sein muss, aber keine spezielle Qualifikation aufzuweisen hat und die einzelnen Inhalte (Diagnose, Krankheitsbild, körperlicher und psychiatrischer Zustand des Betroffenen, Umfang der Aufgabenkreise und voraussichtliche Dauer) mit einer geringeren Begründungstiefe dargestellt werden können (*BGH*, Beschluss vom 23. 8. 2017, Az. XII ZB 18/17; *OLG Köln* FamRZ 2006, 1875).

Kosten für das ärztliche Zeugnis

Wendet sich das Gericht im Rahmen einer Überprüfung der Voraussetzungen einer Betreuung aus verfahrensökonomischen Gründen an den Betreuer mit der Bitte um Vorlage einer ärztlichen Bescheinigung, so ist für die Erstellung des ärztlichen Zeugnisses eine Vergütung nach dem Justizvergütungs- und -entschädigungsgesetz (JVEG) festzusetzen, da der Umstand, dass der Betreuer Kontakt mit dem Arzt aufnimmt, nichts daran ändert, dass die Einholung der Bescheinigung auf Veranlassung des Gerichts und im Rahmen seiner eigenen Überprüfungspflicht gemäß § 26 FamFG erfolgt (*OLG Brandenburg* FamRZ 2011, 400). Eine Verpflichtung des Betreuers, ein ärztliches Zeugnis vorzulegen, besteht allerdings nicht.

Höhe der Entschädigung

Die Höhe der Entschädigung ist umstritten. Anwendbar für die Kosten eines ärztlichen Zeugnisses wäre § 10 Abs. 1 JVEG mit der Anlage 2 Nr. 200 bzw. 202. Somit kann je nach Ausprägung ein Betrag von 21 EUR bis 75 EUR anfallen, vgl. dazu *AG Bad Segeberg* (Beschluss vom 24. 6. 2019, Az. 3 XIV 7748).

Das Gericht muss aber nicht die Möglichkeit nutzen, ein weniger aussagekräftiges ärztliches Zeugnis zu verwenden. Es kann zur Sachverhaltsermittlung ein Gutachten einholen und es anstelle eines ärztlichen Zeugnisses heranziehen. Für dieses Gutachten müssen aber alle (s. o.) für das Sachverständigengutachten bestehenden Verfahrensvorschriften beachtet werden (*BGH* FamRZ 2016, 456; FamRZ 2013, 1800).

Folgen bei einem unzureichenden ärztlichen Zeugnis

Fehlerhaftes ärztliches Zeugnis

Ein ärztliches Zeugnis, das den obigen Ausführungen in wesentlichen Punkten nicht genügt (z. B. fehlende Untersuchung durch den ausstellenden Arzt, unzureichende Diagnose der Krankheit, nicht vorhandene Qualifikation des Arztes, keine konkrete Feststellung einer Gefährdung), kann einer gerichtlichen Entscheidung, die in Grundrechte des Betroffenen eingreift, nicht zugrunde gelegt werden (*BGH*, Beschluss vom 11. 7. 2018, Az. XII ZB 399/17. Zu den Besonderheiten eines ärztlichen Zeugnisses im Unterbringungsverfahren vgl. A 12 unter 2.2.8.2 und 2.3.3.

Bekanntgabe des Gutachtens

Möglichkeit zur Stellungnahme

Dem Betroffenen muss das Gutachten rechtzeitig und vollständig vor der Entscheidung bekanntgegeben werden. Nur so wird ihm ausreichend rechtliches Gehör gewährt. Dies ergibt sich zwingend aus §§ 30 Abs. 4, 37 Abs. 2 FamFG, die regeln, dass dem Beteiligten Gelegenheit zu geben ist, zum Ergebnis einer förmlichen Beweisaufnahme Stellung zu nehmen. Ferner wird bestimmt, dass sich eine Entscheidung, die die Rechte eines Beteiligten beeinträchtigt, nur auf Tatsachen stützen darf, zu denen sich der Beteiligte äußern konnte (vgl. dazu *BGH* MDR 2013, 1281).

Absehen von der Bekanntgabe

Das Absehen von der Bekanntgabe wäre eine partielle Einschränkung der persönlichen Anhörung (vgl. oben) und somit nur unter den Voraussetzungen der §§ 34 Abs. 2, 278 Abs. 4 FamFG möglich (a. A. *BGH* BtPrax 2011, 217 ohne Begründung; *BGH* MDR 2013, 1281, der den nicht einschlägigen § 288 Abs. 1 FamFG anwendet). Zum Ausgleich dieser Einschränkung der Rechte des Betroffenen ist ihm gemäß § 276 Abs. 1 Nr. 1 FamFG in der Regel ein Verfahrenspfleger zu bestellen.

Anhörung zur/vor Einholung des Gutachtens

Rechtliches Gehör vor Einholung eines Gutachtens

Das *BVerfG* (FamRZ 2011, 272) hat sich mit der Verpflichtung des Betreuungsgerichts zur Anhörung des Betroffenen im Betreuungsverfahren vor der Erstellung eines Gutachtens auseinandergesetzt. Es kommt zu dem Ergebnis, dass das erkennende Gericht dem Anspruch auf rechtliches Gehör (Art. 103 Abs. 1 GG) nur gerecht werde, wenn es die Ausführungen der Verfahrensbeteiligten zur Kenntnis nimmt und in Erwägung zieht. Der Verfahrensbeteiligte muss demnach Gelegenheit haben, die Willensbildung des Gerichts zu beeinflussen.

Die ohne Anhörung des Betroffenen getroffene Entscheidung, ein Sachverständigengutachten einzuholen, verletzt somit diesen in seinem Anspruch auf rechtliches Gehör, auch wenn noch keine zwangsweise Untersuchung und Vorführung des Beschwerdeführers angeordnet worden ist.

Das *BVerfG* betont, dass die Beauftragung eines Gutachters zur Prüfung einer möglichen Betreuungsbedürftigkeit eine stigmatisierende Wirkung haben könne, wenn Dritte von ihr Kenntnis erlangen. Die vor der Beauftragung zu erfolgende Anhörung des Betroffenen ist auch deshalb von besonderer Bedeutung für den Schutz seiner Rechte, weil nach geltendem Recht ein Rechtsmittel gegen die Beauftragung des Gutachters nicht vorgesehen ist.

Mit dieser Entscheidung hat das *BVerfG* klargestellt, dass vor Erlass eines Beweisbeschlusses zur Einholung eines Sachverständigengutachtens gemäß §§ 30, 280 Abs. 1 FamFG dem Betroffenen (unmittelbar aus Art. 103 Abs. 1 GG folgend) rechtliches Gehör zu gewähren ist.

Der *BGH* sieht die Betreuungsgerichte dagegen nur in der Pflicht die Ernennung eines Sachverständigen dem Betroffenen zumindest formlos mitzuteilen, damit sich dieser äußern oder z. B. die Befangenheit des Gutachters geltend machen kann (*BGH* FamRZ 2013, 1726).

Wie lange kann ein Gutachten verwendet werden?

Sachverständigengutachten haben kein „Haltbarkeitsdatum" und dürfen daher unter Umständen auch mehrere Monate nach Fertigstellung zur Begründung einer Betreuerbestellung herangezogen werden. Je älter das Gutachten ist, umso näher liegt die Vermutung, dass es für die erforderliche Sachverhaltsermittlung nicht mehr geeignet ist. Geht das Gutachten von einer Krankheit aus, die eine Besserung generell nicht mehr zulässt oder zumindest über einen längeren Zeitraum ausschließt, kann es selbst nach einem Jahr noch verwendet werden (*BGH*, Beschluss vom 29. 9. 2016, Az. XII ZB 227/16). Bei einer fortgeschrittenen schweren Demenz (Alzheimer) kann dies bejaht werden, aber nicht bei Suchtkrankheiten oder paranoiden Psychosen mit Verfolgungswahn, die sich sehr dynamisch und unberechenbar positiv oder negativ entwickeln können. Maßgeblich ist daher die Frage, ob ein Gutachten noch für eine belastbare Sachverhaltsfeststellung geeignet ist. Ein in diesem Sinne noch aktuelles Gutachten kann aber immer durch neue Sachverhalte ernsthaft in Frage gestellt werden. Aktuellere ärztliche Zeugnisse oder Entlassungsberichte mit abweichenden Feststellungen zwingen daher zu einer neuen Begutachtung (*BGH* BtPrax 2017, 38).

3.4.6 Beteiligung im Verfahren

Beteiligung im Betreuungsverfahren

Grundsätzlich kann sich jeder an das Gericht wenden, um z. B. die Betreuungsbedürftigkeit einer Person mitzuteilen. Eine Teilnahme am gerichtlichen Verfahren mit eigenen Rechten und Pflichten ist aber nur denen möglich, die als Beteiligte unmittelbar vom Gesetz benannt werden oder vom Gericht hinzugezogen wurden. Als besondere Vorschriften für das Betreuungsverfahren sind § 274 FamFG und für das Unterbringungsverfahren § 315 FamFG zu nennen. Die allgemeinen Regelungen für die Beteiligung in den §§ 7, 8 FamFG können daneben ergänzend herangezogen werden (*BGH*, Beschluss vom 20. 12. 2017, Az. XII ZB 426/17).

3.4.6.1 Entstehen der Beteiligteneigenschaft

Das Gesetz kennt drei Gruppen von Beteiligten: Personen, die „per se" ohne Hinzuziehung Beteiligte sind, solche, die beteiligt werden müssen (evtl. nur nach Antrag), und solche, die beteiligt werden können.

Beteiligte kraft Gesetzes ohne Hinzuziehung

Zur ersten Gruppe gehören nach §§ 7 Abs. 1, 23 FamFG die Antragsteller im Antragsverfahren. Dies ist im Betreuungsverfahren der Antragsteller, wenn er ausschließlich aufgrund einer körperlichen Behinderung seine Angelegenheiten nicht mehr besorgen kann (§ 1896 Abs. 1 Satz 3 BGB). Aufgrund ausdrücklicher gesetzlicher Bestimmung in den §§ 274 Abs. 2, 315 Abs. 2 FamFG werden auch die Verfahrenspfleger mit Bestellung ohne weitere Hinzuziehung Verfahrensbeteiligte.

Muss-Beteiligte

Dazu gehören gemäß § 7 Abs. 2 Nr. 1 FamFG alle, deren Rechte durch das Verfahren unmittelbar betroffen werden. Diese Rechtsbetroffenheit erfordert, dass die zu treffende Entscheidung unmittelbar in ein dem Beschwerdeführer zustehendes Recht eingreifen würde. Allgemeine wirtschaftliche Interessen genügen daher nicht (z. B. Vermieter, der um seine Wohnung und den Mietzins fürchtet). Ferner sind im Betreuungsverfahren gemäß §§ 7 Abs. 2 Nr. 2, 274 Abs. 1 und 3 FamFG Muss-Beteiligte: der Betroffene immer, der Betreuer, sofern sein Aufgabenkreis betroffen ist, und der Vorsorgebevollmächtigte, sofern seine Aufgaben aus der Vollmacht tangiert sind.

Die Betreuungsbehörde wird nur auf Antrag beteiligt und zwar in Verfahren über die Bestellung eines Betreuers oder die Anordnung eines Einwilligungsvorbehalts sowie in Verfahren über Umfang, Inhalt oder Bestand der genannten Entscheidungen.

Im Unterbringungsverfahren gehören zu den Muss-Beteiligten nach §§ 7 Abs. 2 Nr. 2, 315 Abs. 1 und 3 FamFG der Betroffene, der Betreuer bzw. Vorsorgebevollmächtigte ohne Rücksicht auf den Aufgabenkreis und die zuständige Behörde, die aber nur auf Antrag hinzugezogen werden muss.

In der Praxis werden die Betreuungsbehörden nur sehr selten einen Antrag auf Hinzuziehung stellen, weil sie aufgrund zahlreicher Verfahrensvorschriften (z. B. §§ 303 Abs. 1, 335 Abs. 4, 288 Abs. 2, 325 Abs. 2 Satz 2, 279 Abs. 2, 320 Satz 2 FamFG) ihre Aufgaben weitgehend auch ohne Beteiligtenstellung erfüllen können. Die Betreuungsbehörde kann insbesondere Beschwerde einlegen, ohne beteiligt zu sein.

Kann-Beteiligte

Nahe Verwandte

Beteiligt werden können im Betreuungsverfahren gemäß §§ 7 Abs. 3, 274 Abs. 4 FamFG der Ehegatte oder Lebenspartner, wenn die Ehegatten oder Lebenspartner nicht dauernd getrennt leben, sowie die Eltern, Pflegeeltern, Großeltern, Abkömmlinge, Geschwister und eine Person seines Vertrauens. Diese Aufzählung ist abschließend und erfasst nur natürliche Personen. Der *BGH* hat deshalb mit Beschluss vom 20. 12. 2017 (Az. XII ZB 426/17) die Beteiligung einer Ordensgemeinschaft, der sich die Betroffene angeschlossen hatte, abgelehnt und sie nicht einer Vertrauensperson gleichgestellt.

Person des Vertrauens

Im Gegensatz zum Unterbringungsverfahren muss die Vertrauensperson im Betreuungsverfahren vom Betroffenen nicht benannt werden. Allerdings muss der Betroffene mit der Vertrauensperson eng verbunden sein und ihr in besonderem Maße Vertrauen entgegenbringen (*BGH*, Beschluss vom 25. 1. 2017, Az. XII ZB 438/16).

Bei diesen Kann-Beteiligten gilt allerdings eine Beschränkung auf Verfahren über die Bestellung eines Betreuers oder die Anordnung eines Einwilligungsvorbehalts sowie auf Verfahren über Umfang, Inhalt oder Bestand der genannten Entscheidungen. Die Beteiligung muss zusätzlich im Interesse des Betroffenen erfolgen. Bezüglich dieser Voraussetzung besteht ein Gleichlauf mit dem wortgleichen Begriff bei der Beschwerdeberechtigung nach § 303 Abs. 2 FamFG (vgl. dazu *BGH*, Beschluss vom 18. 10. 2017, Az. XII ZB 336/17 und Abschnitt A 1.6, bei 2.4.2.2).

Ferner kann der Vertreter der Staatskasse beteiligt werden, soweit das Interesse der Staatskasse durch den Ausgang des Verfahrens betroffen sein kann.

Im Unterbringungsverfahren können gemäß §§ 7 Abs. 3, 315 Abs. 4 FamFG der Ehegatte oder Lebenspartner beteiligt werden, wenn die Ehegatten oder Lebenspartner nicht dauernd getrennt leben, sowie die Eltern und Kinder, wenn der Betroffene bei diesen lebt oder bei Einleitung des Verfahrens gelebt hat, sowie die Pflegeeltern, eine von ihm benannte Person seines Vertrauens und schließlich der Leiter der Einrichtung, in der der Betroffene lebt. Auch hier muss die Beteiligung zusätzlich im Interesse des Betroffenen erfolgen.

Die Beteiligungsmöglichkeit für Ehegatten gemäß § 274 Abs. 4 Nr. 1 FamFG und im Unterbringungsverfahren gemäß § 315 Abs. 4 Nr. 1 FamFG ist eingeschränkt. Ein Ehegatte kann nur beteiligt werden, „wenn die Ehegatten (…) nicht dauernd getrennt leben". Der Begriff „getrennt lebend" ist definiert in § 1567 Abs. 1 BGB. Ein „dauerndes Getrenntleben" liegt somit erst vor, wenn zur *räumlichen Trennung* ein nach außen erkennbarer *Trennungswille* eines Ehegatten zur Lösung des einvernehmlich gewählten Ehemodells hinzukommt (*BSG*, Urteil vom 18. 2. 2010, Az. B 4 AS 49/09).

3.4.6.2 Rechte und Pflichten der Beteiligten

Die Rechte sind vielfältig. Nur beispielhaft seien erwähnt das Anhörungsrecht, Übermittlung von Schriftstücken, Vertretung durch Rechtsanwälte, Akteneinsicht, Mitteilungspflichten, Anwesenheits- und Antragsrechte. Daneben gibt es aber auch Mitwirkungs- und Erklärungspflichten, eine Pflicht zum Erscheinen und unter Umständen eine Pflicht zur Tragung der Kosten. Die jeweiligen Voraussetzungen werden bei den einzelnen Verfahren abgehandelt. Hervorzuheben ist, dass sowohl bei den Betreuungsverfahren wie auch bei den Unterbringungsverfahren das Beschwerderecht der privilegierten Personen (Ehegatten etc.) davon abhängig gemacht wird, dass in der ersten Instanz eine Beteiligung erfolgt ist (§ 303 Abs. 2 FamFG, § 335 Abs. 1 FamFG). Die Beteiligten müssen gemäß § 38 Abs. 2 Nr. 1 FamFG auch im Beschlussrubrum aufgeführt werden.

3.4.6.3 Hinzuziehung zum Verfahren

Benachrichtigungspflicht

Das Betreuungsgericht muss gemäß § 7 Abs. 4 FamFG diejenigen, die „auf ihren Antrag als Beteiligte zu dem Verfahren hinzuzuziehen sind oder hinzugezogen werden können", von der Einleitung des Verfahrens benachrichtigen und sie über ihr Antragsrecht belehren. Dies gilt aber nur soweit sie bekannt sind. Das Gericht wird aber gerade bei nahen Verwandten nicht die Augen davor verschließen, dass z. B. Abkömmlinge existieren und deshalb zusammen mit der zuständigen Behörde versuchen, diese ausfindig zu machen. Dies ergibt sich schon daraus, dass das Gericht gemäß § 26 FamFG von Amts wegen die entscheidungserheblichen Tatsachen zu ermitteln hat und nahe Angehörige hierzu in der Regel beitragen können.

Entscheidung durch Beschluss, formlos, konkludent

Entscheidung über die Beteiligung

Die Entscheidung ist zu treffen, wenn ein Hinzuziehungsantrag gestellt wird oder zumindest erkennbar zum Ausdruck gebracht wird, dass eine Mitwirkung im Verfahren gewünscht wird.

Eine positive Entscheidung des Gerichts muss nicht im Wege eines Beschlusses ergehen, es genügt vielmehr, wenn die Beteiligung formlos mitgeteilt oder konkludent zum Ausdruck gebracht wird.

Konkludente Entscheidung mit Hinzuziehungswillen

Nicht ausdrücklich, sondern konkludent kann das Gericht die Hinzuziehung dadurch zum Ausdruck bringen, dass Schriftstücke übersandt werden, Gelegenheit zur Stellungnahme eingeräumt wird oder eine Ladung zum Termin bzw. eine Terminmitteilung erfolgt. Die Mitteilung einer abschließenden Endentscheidung genügt für sich genommen nicht, da es zum Wesen der „Beteiligung" gehört, dass der Beteiligte auf das Verfahren Einfluss nehmen kann. Das Verhalten des Gerichts muss daher so verstanden werden können, dass es dem zu Beteiligenden die Einflussnahme ermöglichen will. Der *BGH* spricht dabei von einem „gewollten Hinzuziehungsakt" (*BGH*, Beschluss vom 27. 3. 2019, Az. XII ZB 417/18, Rn. 7). Ein derartiger „Hinzuziehungswille" fehlt, wenn einer Person formlos die Anwesenheit bei einer Anhörung gestattet wird. Dies kann gemäß § 170 Abs. 1 Satz 3 GVG ohne Hinzuziehungswillen erfolgen, um lediglich auf Verlangen des Betroffenen einer Person seines Vertrauens die Anwesenheit zu gestatten.

Beschluss bei Ablehnung der Beteiligung

Die Ablehnung muss dagegen immer durch Beschluss erfolgen, der mit der sofortigen Beschwerde angefochten werden kann (§ 7 Abs. 5 FamFG). Hat das Gericht ausdrücklich oder durch konkludentes Handeln bereits positiv über die Hinzuziehung entschieden, kann es nicht mehr ohne Weiteres durch Beschluss die Hinzuziehung ablehnen. Es müsste zuerst die Hinzuziehung, auch wenn sie nur konkludent erfolgt ist, durch anfechtbaren Beschluss aufheben, da der Beteiligte bereits eine Rechtsposition erhalten hat (so *Keidel/Zimmermann* FamFG, 19. Aufl. § 7 Rn. 31). Ignoriert das Betreuungsgericht die bereits erfolgte faktische Beteiligung und lehnt im Laufe des Verfahrens die Beteiligung durch Beschluss nach § 7 Abs. 5 FamFG ab, muss im Beschwerdeverfahren das Gericht trotzdem von einer Beteiligung im ersten Rechtszug und damit von einer Beschwerdebefugnis ausgehen (*BGH* BtPrax 2014, 174).

Doppelte Hinzuziehung

Die vielfältigen Beteiligungsgründe können dazu führen, dass eine Person unterschiedlichen Beteiligungstypen (Betreuer, Betroffene, Bevollmächtigte, Vertrauenspersonen, nahe Verwandte, Verfahrenspfleger) angehören kann. Der *BGH* (Beschluss vom 25. 1. 2017, Az. XII ZB 438/16) geht davon aus, dass es keine doppelte Hinzuziehung gebe und die Beteiligung nicht aufgespalten in verschiedene Funktionen erfolge. Eine doppelte Hinzuziehung scheint aber geboten, um den Rechtsfolgen der unterschiedlichen Beteiligungsformen gerecht zu werden. Je nach Beteiligungstyp gibt es eine eigene oder abgeleitete Beschwerdebefugnis. Der Bevollmächtigte z. B. hat nach Ansicht des *BGH* nur ein Beschwerderecht im Namen des Betroffenen, während eine Vertrauensperson nur im eigenen Namen Beschwerde einlegen kann. Die Zulassung der Verwandten und Vertrauenspersonen erfolgt zudem aufgrund einer Ermessensentscheidung und nur im Interesse des Betroffenen, während der Bevollmächtigte als Muss-Beteiligter ohne diese Prüfung hinzugezogen werden muss. Erfüllt man mehrere Beteiligungstatbestände, sollte man in erster Instanz die Zulassung unter allen Gesichtspunkten anregen (*BGH* FamRZ 2017, 552, Anm. *Böhm*).

Dauer der Hinzuziehung

Die Beteiligung gilt für das gesamte Verfahren. Sie wirkt sich auch auf das Beschwerdeverfahren aus. Zum einen ist sie Voraussetzung für die Beschwerdebefugnis bestimmter privilegierter Personen (vgl. oben unter 3.4.6.2). Zum anderen muss auch in der Beschwerdeinstanz nicht mehr erneut über die Hinzuziehung entschieden werden, da die Beteiligung sich auf das gesamte Verfahren erstreckt (*BGH* FamRZ 2012, 1049).

Beteiligung endet mit Rechtskraft des Verfahrens

Spätestens mit Rechtskraft endet die „Beteiligung". Für den Verfahrenspfleger ergibt sich dies schon aus § 276 Abs. 5 FamFG, da spätestens mit der Rechtskraft die Verfahrenspflegschaft endet. Auch für die übrigen Beteiligten beendet die Rechtskraft den Status als „Beteiligter", weil diese Position im Verfahren untrennbar mit dem konkreten Verfahren verbunden ist. Wird nach der Betreuerbestellung z. B. eine Erweiterung des Aufgabenkreises erforderlich, muss in diesem eigenständigen Verfahren, das sich nach § 295 FamFG regelt, neu über die „Beteiligung" befunden werden (*BGH*, Beschluss vom 4. 3. 2015, Az. XII ZB 396/14).

3.4.6.4 Zeitpunkt der Hinzuziehung zum Verfahren

Grundsätzlich kann während des laufenden Verfahrens jederzeit die Hinzuziehung verlangt werden. Da ohne Beteiligung in erster Instanz gemäß §§ 303 Abs. 2, 335 Abs. 1 FamFG nahen Angehörigen bzw. einer Person des Vertrauens die Beschwerdebefugnis verwehrt ist, gehen Rechtsprechung und Literatur z. T. davon aus, dass man auch noch mit der Beschwerde die Hinzuziehung beantragen kann, bzw. dass die Beschwerde konkludent einen Hinzuziehungsantrag beinhaltet.

Über diesen Antrag hat dann das Ausgangsgericht im Abhilfeverfahren gemäß § 7 Abs. 5 FamFG zu entscheiden oder abzuhelfen (vgl. *Schulte-Bunert, Weinreich, Rausch* FamFG, 4. Aufl., Rn. 8; zum Abhilfeverfahren vgl. Kapitel A 6, Abschnitt 2.11.1). Diese Vorgehensweise wird auf jeden Fall dann gelten müssen, wenn der Beschwerdeführer mangels Benachrichtigung keine Kenntnis von dem laufenden Betreuungsverfahren hatte. Erst mit Eintritt der Rechtskraft endet endgültig die Möglichkeit der Hinzuziehung.

Der *BGH* (zuletzt Beschluss vom 25. 8. 2018, Az. XII ZB 282/17 Rn. 16) vertritt dagegen die Ansicht, dass nach Abschluss des ersten Rechtszugs eine nachträgliche Erlangung der Beschwerdebefugnis durch Hinzuziehung von Angehörigen, in einem Zwischen- oder Abhilfeverfahren, ausscheide, weil es nach dem Wortlaut des § 303 Abs. 2 FamFG auf die tatsächliche Beteiligung der Angehörigen im ersten Rechtszug ankomme. Dieser ende mit dem Erlass des angefochtenen Beschlusses durch das Amtsgericht. Das im Rahmen einer Beschwerde sich anschließende Abhilfeverfahren nach § 68 Abs. 1 Satz 1 FamFG gehöre nicht mehr zum ersten Rechtszug. Hier verkennt der *BGH* jedoch Sinn und Zweck des Abhilfeverfahrens. Nach der Beschwerde muss das Gericht erster Instanz über die Abhilfe entscheiden. Es hat dabei die Möglichkeit im Rahmen der Abhilfe Fehler zu korrigieren und wird dann abweichend von der ursprünglichen Entscheidung einen Beschluss fassen. Aufgrund dieser Möglichkeit in der ersten Instanz die Entscheidung abzuändern, gehört das Abhilfeverfahren selbstverständlich zumindest auch zur ersten Instanz. Es besteht deshalb überhaupt kein Grund, dem Angehörigen ein „faires Verfahren" und vor allem rechtliches Gehör zu verwehren.

3.4.7 Grundsatz der Einheitsentscheidung

Kommt der Betreuungsrichter zu dem Ergebnis, dass die Voraussetzungen für die Anordnung einer Betreuung vorliegen, ordnet er die Betreuung an, legt einen bestimmten Aufgabenkreis sowie die Dauer der Betreuung fest und bestellt einen Betreuer (sog. Einheitsentscheidung). Nach dem Grundsatz der Einheitsentscheidung kann also keine Betreuung angeordnet werden, ohne dass gleichzeitig ein Betreuer bestellt wird. Dabei wird bereits festgestellt, ob die Betreuung ausnahmsweise „berufsmäßig" geführt wird (§§ 1908i Abs. 1, 1836 Abs. 1 Satz 2 BGB).

Der Grundsatz der Einheitsentscheidung gilt auch im Verlängerungsverfahren. Deshalb muss das Betreuungsgericht, wenn es die Betreuung verlängern will, zwingend auch die Betreuerauswahl bzw. neue Betreuerwünsche überprüfen. Schließlich muss auch das Beschwerdegericht den Grundsatz der Einheitsentscheidung beachten (*BGH*, Beschluss vom 18. 10. 2017, Az. XII ZB 222/17).

3.4.8 Entscheidung über die Dauer

Eine Betreuung darf für maximal sieben Jahre angeordnet werden. Nach Fristablauf ist die weitere Erforderlichkeit erneut zu überprüfen (Verlängerung). Damit wird im Gegensatz zum alten Recht, das keine Frist für die Verlängerung enthielt, dem Grundsatz der Erforderlichkeit Rechnung getragen. Will der Richter über die vom Gutachter vorgeschlagene Überprüfungsfrist hinausgehen, muss er die „hierfür tragenden Gründe in dem Beschluss darlegen" (*BGH* BtPrax 2013, 28).

Auch vor Ablauf der Frist muss die Betreuung – ganz oder teilweise – aufgehoben werden, sobald die Voraussetzungen für die Betreuung oder für einzelne Aufgabenkreise nachträglich weggefallen sind.

3.4.9 Verfahrensfähigkeit

Der Betroffene ist ohne Rücksicht auf seine Geschäftsfähigkeit verfahrensfähig (§ 275 FamFG; Kapitel A 2, Abschnitt 7).

3.4.10 Verfahrenskostenhilfe, Beratungshilfe

Verfahrenskostenhilfe, Beratungshilfe

Sozial schwache Beteiligte können Beratungshilfe nach dem Beratungshilfegesetz oder Verfahrenskostenhilfe gemäß §§ 76 bis 78 FamFG in Anspruch nehmen. Die Voraussetzungen für die Bewilligung von Verfahrenskostenhilfe bestimmen sich überwiegend nach den für die Prozesskostenhilfe geltenden Normen der ZPO. Zu den Einzelheiten vgl. Kapitel A 10, Abschnitt 4 und A 6, Abschnitt 1.6 sowie Kapitel A 10, Abschnitt 3 zur Beratungshilfe.

3.5 Vorläufige Betreuung (§§ 300 bis 302 FamFG)

Das Betreuungsgericht kann in einem selbstständigen Verfahren (§ 51 Abs. 3 Satz 1 FamFG) einen vorläufigen Betreuer bestellen, wenn

- dringende Gründe für die Annahme bestehen, dass die Voraussetzungen für die Bestellung eines Betreuers gegeben sind,
- ein dringendes Bedürfnis für ein sofortiges Tätigwerden besteht,
- ein ärztliches Zeugnis über den Zustand des Betroffenen vorliegt,
- ein Verfahrenspfleger bestellt und angehört wurde, wenn dieser nach den Voraussetzungen des § 276 FamFG zur Wahrnehmung der Interessen des Betroffenen zu bestellen ist,
- der Betroffene persönlich angehört wurde.

Einstweilige Anordnung bei gesteigerter Dringlichkeit

Weitere Einschränkungen der Voraussetzungen ergeben sich gemäß § 301 Abs. 1 FamFG bei der sog. „einstweiligen Anordnung bei gesteigerter Dringlichkeit“. Demnach kann bei Vorliegen von „Gefahr im Verzug“ ein vorläufiger Betreuer ohne Anhörung des Betroffenen und vor der Bestellung bzw. Anhörung eines Verfahrenspflegers bestellt werden. Allerdings müssen diese Verfahrenshandlungen unverzüglich nachgeholt werden.

Dauer der einstweiligen Anordnung

Die einstweilige Anordnung ist befristet. Sie tritt gemäß § 302 FamFG nach sechs Monaten außer Kraft, sofern nicht das Gericht einen früheren Zeitpunkt bestimmt hat. Eine Verlängerung bis zu einer Gesamtdauer von einem Jahr kann nach Anhörung eines Sachverständigen durch weitere einstweilige Anordnungen bestimmt werden.

Praxis TIPP

Vorläufige Betreuerbestellung

Bei Gefahr in Verzug wird häufig die Betreuungsbehörde zum vorläufigen Betreuer bestellt. Die Angst der Angehörigen bzw. einer vom Betreuten vorgeschlagenen Person, bei der endgültigen Betreuerbestellung übergangen zu werden, ist unbegründet. In der Regel schlägt die Betreuungsstelle einen von diesen im Rahmen der Sachverhaltsaufklärung zum Betreuer vor.

Beispiel für den Beschluss einer vorläufigen Betreuerbestellung

Amtsgericht
Aburg
– Betreuungsgericht –
Amtsweg 20, 00000 Aburg
Telefon: 000000; Fax: 00000

Geschäftsnummer: XVII 1111/17 Aburg, 30. 12. 2019

Betreuungsverfahren

Helga Muster, geboren am 23. 5. 1921,
Musterweg 1, 00000 Aburg – Betroffene –
RA Herbert Mustermann, Kranichweg 1, 00000 Aburg – Verfahrenspfleger –

Beschluss

Es wird **durch einstweilige Anordnung bestimmt:**

1. Vorläufige Betreuung mit den Aufgabenkreisen:
   Aufenthaltsbestimmung,
   Gesundheitsfürsorge,
   Vermögenssorge,
   Entgegennahme, Öffnen und Anhalten der Post.
2. Als **Betreuer** wird **bestellt:**
   Landratsamt Aburg – Betreuungsstelle –,
   Schnellweg 1, 00000 Aburg
3. Diese einstweilige Anordnung ist **befristet** bis **30. 6. 2020**

Gründe

Es sind dringende Gründe für die Annahme vorhanden, dass die Voraussetzung für die Bestellung eines Betreuers gegeben sind (§ 300 Abs. 1 Nr. 1 FamFG). Die Betroffene leidet an einer der in § 1896 Abs. 1 Satz 1 BGB aufgeführten Krankheit, nämlich einer senilen Demenz vom Alzheimer Typ.

Mit einem Aufschub wäre Gefahr verbunden, weil die Vertretung der Interessen der Betroffenen bereits jetzt dringend erforderlich ist.

Dies folgt aus dem Ergebnis der gerichtlichen Ermittlungen, insbesondere aus dem aktuellen ärztlichen Zeugnis und dem Bericht der Betreuungsbehörde.

Die Anhörung der Betroffenen war wegen der Eilbedürftigkeit vor Erlass der Entscheidung nicht möglich. Sie wird unverzüglich nachgeholt werden (§ 301 Abs. 1 FamFG). Bei der Auswahl des Betreuers hat das Gericht es für erforderlich angesehen, die Betreuungsbehörde zu bestellen, die in der Lage ist, die anstehenden rechtlichen und wirtschaftlichen Entscheidungen mit der notwendigen Sachkunde zu treffen.

Eine abschließende Auswahl nach § 1897 Abs. 4, 5 BGB wurde wegen Gefahr in Verzug zunächst nicht getroffen. Wer endgültiger Betreuer wird und welchen Umfang die gesetzliche Vertretung später umfasst, wird im weiteren Verfahren geprüft.

Rechtsmittelbelehrung

Gegen diese Entscheidung ist das Rechtsmittel der Beschwerde zulässig.

Einlegung der Beschwerde:

Sie ist beim Amtsgericht Aburg in Aburg einzulegen. Die Einlegung erfolgt durch Einreichung einer Beschwerdeschrift oder zur Niederschrift in der Geschäftsstelle. Eine untergebrachte Person kann die Beschwerde auch bei dem Amtsgericht einlegen, in dessen Bezirk sie untergebracht ist.

Notwendiger Inhalt und Form der Beschwerde:

Die Beschwerde muss die Bezeichnung des angefochtenen Beschlusses sowie die Erklärung enthalten, dass Beschwerde gegen diesen Beschluss eingelegt wird. Sie ist von dem Beschwerdeführer oder seinem Bevollmächtigten zu unterzeichnen.

Frist für die Einlegung der Beschwerde:

Die Beschwerde ist binnen einer Frist von zwei Wochen einzulegen. Die Frist beginnt jeweils mit der schriftlichen Bekanntgabe des Beschlusses an die Beteiligten. Kann die schriftliche Bekanntgabe an einen Beteiligten nicht bewirkt werden, beginnt die Frist spätestens mit Ablauf von fünf Monaten nach Erlass des Beschlusses.

Weitere Hinweise:

Die Beschwerde soll begründet werden. Wird die Beschwerde zu Protokoll der Geschäftsstelle eines anderen Amtsgerichts erklärt, wird die Niederschrift unverzüglich an das zuständige Amtsgericht weitergeleitet. Die Beschwerde muss aber innerhalb der Frist von zwei Wochen bei dem Amtsgericht eingehen, dessen Entscheidung angefochten wird.

Dr. Kerscher

Richterin am Amtsgericht

4. Auswahl und Eignung der Betreuer

4.1 Auswahl des Betreuers

§ 1897 Abs. 1 BGB

Das Betreuungsgericht soll grundsätzlich eine natürliche Person zum Betreuer bestellen. Sie muss geeignet sein, in dem gerichtlich bestimmten Aufgabenkreis die Angelegenheiten des Betreuten rechtlich zu besorgen und ihn in dem hierfür erforderlichen Umfang persönlich zu betreuen. Die Feststellung, ob jemand diese Eignung besitzt und als Betreuer bestellt werden kann, muss daher von der Prognose ausgehen, dass die Anforderungen des § 1901 BGB (Besorgung der Angelegenheiten des Betroffenen, Nutzung aller Möglichkeiten die Krankheit oder Behinderung zu beseitigen, Beachtung von Wohl, Wille und Wunsch des Betreuten) erfüllt werden können. Das Betreuungsgericht muss diese Eignung positiv feststellen und darf nicht pauschal von ihr ausgehen (*BGH*, Beschluss vom 8. 11. 2017, Az. XVII ZB 90/17).

4.1.1 Vorschlagsrecht des Betroffenen (§ 1897 Abs. 4 und 5 BGB)

Wunsch ist – zumindest teilweise – verpflichtend

Der Betroffene kann eine oder mehrere Personen unter Umständen auch nur für bestimmte Aufgabenkreise zum Betreuer vorschlagen. Sein Vorschlag für die Betreuerauswahl ist dann bindend, es sei denn, er läuft seinem Wohl zuwider. Den Betreuerwunsch kann auch ein Geschäftsunfähiger verbindlich äußern. Selbst „natürliche Einsichtsfähigkeit" muss bei Kundgabe des Wunsches nicht vorliegen. Ausreichend ist, dass der Betroffene „seinen Willen oder Wunsch kundtut, eine bestimmte Person solle sein Betreuer werden". Irrationale oder unsinnige Motive des Betroffenen, Verwirrtheit, fehlende örtliche, zeitliche oder situative Orientierung sind für die Frage, ob dem Vorschlag zu folgen ist, ebenfalls bedeutungslos (*BGH*, Beschluss vom 9. 5. 2018, Az. XII ZB 553/17 Rn. 12). Das Gesetz räumt in § 1897 Abs. 4 Satz 3 BGB dem gegenwärtigen Wunsch sogar einen Vorrang gegenüber Vorschlägen ein, die er selbst vor dem Betreuungsverfahren im Zustand der Geschäftsfähigkeit gemacht hat. Dies ist ein positives Beispiel dafür, dass Menschen mit Behinderung das „Recht haben, überall als Rechtssubjekt anerkannt zu werden" (Art. 12 Abs. 1 UN-BRK). Eine Korrektur kann also nur erfolgen, wenn das „Wohl" des Betroffenen tangiert wird.

Wunsch vs. Wohl des Betroffenen

Da dem Betreuungsgericht bei einem ausdrücklichen Betreuerwunsch kein Ermessen zusteht, muss eine Abweichung im Hinblick auf das Wohl des Betreuten ausreichend begründet werden. Erforderlich ist eine umfassende „Abwägung aller relevanten Umstände", aus denen sich „Gründe von erheblichem Gewicht ergeben" müssen, „die gegen die Bestellung der vorgeschlagenen Person sprechen". Schließlich muss „anhand aussagekräftiger Erkenntnisse eine konkrete Gefahr festgestellt werden", dass der Vorgeschlagene „die Betreuung des Betroffenen nicht zu dessen Wohl führen kann oder will" (*BGH* BtPrax 2016, 234).

Läuft der Vorschlag des Betroffenen zur Auswahl des Betreuers seinem Wohl in einem bestimmten Aufgabenkreis zuwider, hat das Betreuungsgericht im Hinblick auf die weiteren Angelegenheiten die Anordnung einer Mitbetreuung zu prüfen, um dem Vorschlag des Betroffenen möglichst weitgehend Rechnung zu tragen (*BGH* BtPrax 2015, 149). Im Ergebnis kann dann ein Aufgabenkreis, in dem der vorgeschlagene Betreuer nicht zum Wohl des Betroffenen handeln würde, durch einen anderen Betreuer erledigt werden. Für alle übrigen Aufgabenkreise, die der vorgeschlagene Betreuer erledigen kann, ohne dass das Wohl gefährdet wird, muss dagegen der vorgeschlagene Betreuer bestellt werden.

Vorrang des ehrenamtlichen Betreuers gegenüber vorgeschlagenem Berufsbetreuer

Fraglich ist, ob der Vorschlag, einen bestimmten Berufsbetreuer zu bestellen, selbst dann verbindlich ist, wenn ein geeigneter ehrenamtlicher Betreuer zur Verfügung steht. Der Wortlaut des § 1897 Abs. 4 Satz 1 BGB spricht für einen ausnahmslosen Vorrang, so dass der Vorschlag nur dann nicht verbindlich wäre, wenn er dem „Wohl" des Betroffenen widerspricht. Allerdings muss man auch die Bestellung überqualifizierter Betreuer vermeiden. Der Gesetzgeber hat zudem mit der Bevorzugung ehrenamtlicher Betreuer legitime fiskalische Interessen verfolgt. Der *BGH* (Beschluss vom 11. 7. 2018, Az. XII ZB 642/17) präzisiert diese Argumentation zu Recht mit dem Hinweis, es sei ein legitimes „Ziel, Betreuer mit besonderer Qualifikation dem Einsatz für diejenigen Betroffenen vorzubehalten, welche die entsprechenden Kenntnisse und Fähigkeiten des Betreuers wirklich benötigten, um damit eine angemessene Versorgung aller Betroffenen gewährleisten zu können". Ausnahmen im Einzelfall, wie eine sehr enge Beziehung des gewünschten Berufsbetreuers mit dem Betroffenen, müssen aber immer möglich sein, um dem Einzelfall gerecht zu werden.

Negativauswahl Trifft der Betroffene nur eine Negativauswahl, dann ist diese zwar nicht bindend, soll aber berücksichtigt werden. Derartige Äußerungen müssen ohne Rücksicht auf eine evtl. vorliegende Geschäfts- oder Einsichtsunfähigkeit beachtet werden (*BGH* BtPrax 2011, 208).

Weitere Auswahlkriterien Äußert sich der Betroffene nicht oder ist er dazu nicht mehr in der Lage, so ist bei der Betreuerauswahl auf seine verwandtschaftlichen und sonstigen persönlichen Bindungen Rücksicht zu nehmen, insbesondere auf die Bindung zu den Eltern, Kindern und zum Ehegatten. Auch die Gefahr von Interessenkonflikten ist zu beachten. Dem verwandtschaftlichen und sozialen Umfeld wird aber damit kein absoluter Vorrang eingeräumt. Sie sollen im Auswahlverfahren lediglich nicht übergangen werden.

Vorschlagsrecht im Verlängerungsverfahren Das Vorschlagsrecht steht dem Betreuten bei einer Verlängerungsentscheidung erneut zu, weil mit der Verlängerung erneut die Betreuung angeordnet und eine Person als Betreuer bestellt wird. Die vorangegangene Betreuerbestellung wird durch eine neue Einheitsentscheidung über die Bestellung und die Auswahl eines Betreuers ersetzt. Folglich ist auch § 1897 Abs. 4 BGB zu beachten (so *OLG Schleswig* FamRZ 2006, 288).

4.1.2 Interessenkollision von Mitarbeitern einer Einrichtung

§ 1897 Abs. 3 BGB Eine weitere Einschränkung gilt bei der Betreuerauswahl für Betroffene, die in einer Anstalt, einem Heim oder in einer sonstigen Einrichtung untergebracht sind oder dort wohnen. Als Betreuer scheiden hier regelmäßig die Personen aus, die in einem Abhängigkeitsverhältnis oder in einer anderen engen Beziehung zu dem Träger stehen.

Der Ausschluss als Betreuer wegen einer möglichen Interessenkollision gilt z. B. nicht nur für Mitarbeiter in Heimen der Alten- oder Behindertenhilfe, sondern auch für die Werkstätten und Schulen der Einrichtungen.

Dieser Ausschluss kann auch nicht durch eine Vollmacht umgangen werden.

Die Vorschrift des § 1897 Abs. 3 BGB muss aber zugunsten enger Familienangehöriger, zu denen der Ehegatte, die Eltern und die Kinder zählen, verfassungskonform ausgelegt werden, so dass eine Bestellung trotz einer Bindung des vorgesehenen Betreuers an die Einrichtung erfolgen kann (vgl. die Ausführungen bei 3.2.2.1).

4.1.3 Mehrere Betreuer

§ 1899 Abs. 1 BGB Soweit die Angelegenheiten eines Betreuten durch mehrere Betreuer besser besorgt werden können, kann das Betreuungsgericht auch mehrere Betreuer bestellen und festlegen, welcher Betreuer mit welchem Aufgabenkreis betraut wird.

Das Modell, „mehrere Betreuer“ für einen Betreuten zu bestellen, kann in der Praxis unter anderem

- als Kompromiss zur Vermeidung von familiären Spannungen zwischen Verwandten diskutiert werden,
- Bezugspersonen mit unterschiedlichen Kompetenzen berücksichtigen und die Individualität in der Betreuung stärken,
- im Sinne einer langfristigen Perspektive (z. B. bei vorhersehbarem Betreuerwechsel) zur Wahrung der Betreuer-Kontinuität eine weitere helfende Beziehung aufbauen, zwischenmenschliche Kontakte intensivieren und positive Erfahrungen beiderseits einbringen,
- der Überforderung eines Betreuers bei einem komplizierten Aufgabenkreis bzw. bei einem persönlich außerordentlich schwierigen Klienten vorbeugen,
- zur Vermeidung von Interessenkollisionen, z. B. bei der Wahrnehmung von Angelegenheiten, die der Betreuer nicht erledigen kann (Rechtsgeschäft zwischen Betreuer und Betreutem), erforderlich sein.

Vergütung

Mehrere Betreuer, die eine Vergütung erhalten (Berufs- oder Vereinsbetreuer), dürfen gemäß § 1899 Abs. 1 Satz 3 BGB nur bestellt werden, wenn es um die Einwilligung in eine Sterilisation geht (§ 1899 Abs. 2 BGB), ein Betreuer tatsächlich oder rechtlich verhindert ist (§ 1899 Abs. 4 BGB) oder wenn neben einem Betreuer ein Gegenbetreuer bestellt werden soll (§ 1908i Abs. 1 Satz 1 BGB i. V. m. § 1792 BGB). Zur Vergütung in diesen Sonderfällen vgl. Kapitel A 8, Abschnitt 6.5.

4.1.4 Vertretungsregelung

§ 1899 Abs. 3 und 4 BGB

Werden mehrere Betreuer mit dem gleichen Aufgabenkreis betraut, so können diese die Angelegenheiten des Betreuten im Aufgabenkreis nur gemeinsam erledigen, es sei denn, das Betreuungsgericht hat etwas anderes bestimmt oder mit einem Aufschub der Entscheidung Gefahr in Verzug verbunden ist.

Das Betreuungsgericht kann mehrere Betreuer auch in der Weise bestellen, dass eine Vertretungsregelung getroffen ist, soweit der erstbestellte Betreuer an der Ausübung seines Amtes verhindert ist.

Vertretungsregelungen finden in der Praxis bereits bei Vereins-, Behörden- und Berufsbetreuern Anwendung, die eine Betreuergemeinschaft gebildet haben.

Zur Sicherung der Betreuungsqualität, zur Vermeidung unnötiger Fluktuation, aber auch aus verwaltungsökonomischen Gründen sollte die Möglichkeit, einen Vertretungsbetreuer einzusetzen, in jedem Einzelfall geprüft werden.

4.1.5 Der ehrenamtliche Betreuer

Das Betreuungsrecht favorisiert eindeutig den ehrenamtlichen Betreuer als Regelbetreuer. Die berufsmäßige Ausübung muss vom Gericht bereits bei der Betreuerbestellung ausdrücklich festgestellt werden gemäß § 1908i Abs. 1 BGB i. V. m. § 1836 Abs. 1 BGB und in der Beschlussformel die Bezeichnung als Berufsbetreuer enthalten sein gemäß § 286 Abs. 1 Nr. 4 FamFG.

Einen Berufsbetreuer lässt § 1897 Abs. 6 Satz 1 BGB nur zu, wenn kein geeigneter ehrenamtlicher Betreuer zur Verfügung steht. Wird nachträglich ein geeigneter „Ehrenamtlicher“ gefunden, soll das Gericht nach § 1908b Abs. 2 BGB den Berufsbetreuer entlassen. Ein bereits bestellter Berufsbetreuer wird durch § 1897 Abs. 6 Satz 2 BGB verpflichtet, nachträglich eingetretene Umstände dem Gericht mitzuteilen, die es ermöglichen, die Betreuung einem geeigneten Laienbetreuer zu übertragen.

Ehrenamtliche Betreuer sind Menschen, die bereit sind, sich unentgeltlich für den Betreuten zu engagieren und Verantwortung innerhalb des zugewiesenen Aufgabenkreises zu übernehmen. Bei der Auswahl des Betreuers muss sehr genau auf einen Interessenausgleich zwischen den Anforderungen für den Betreuten und den Vorstellungen des ehrenamtlichen Betreuers geachtet werden. Der Ehrenamtliche hat in der Regel klare Vorstellungen, wie viel Zeit er bei überschaubarer Verpflichtung einbringen möchte, so dass auf den Umfang des zu erwartenden Engagements, seine Lebenserfahrung, seine individuellen Kenntnisse und auf seine Interessen Rücksicht genommen werden muss. Nur ein zufriedener ehrenamtlicher Betreuer ist Garant für eine positive Öffentlichkeitsarbeit zur weiteren Gewinnung dringend benötigter Laienbetreuer. Auch wenn von Angehörigen, schon wegen ihrer moralischen Verpflichtung gegenüber dem Betreuten, die Übernahme des Ehrenamtes als Selbstverständlichkeit erwartet wird, muss bei diesem Personenkreis auf eine mögliche Überforderung geachtet werden.

Bei umfangreichen und komplizierten Betreuungen ist dem Vereins-, Behörden- oder Berufsbetreuer der Vorzug gegenüber dem Laienbetreuer einzuräumen, soweit der Laienbetreuer überfordert wäre. Besondere Schwierigkeiten und Fachkenntnisse sind meist nur am Anfang der Betreuung – bei umfangreichem Regelungsbedarf – gegeben. Die professionelle Betreuung sollte aber behutsam in eine ehrenamtliche Betreuung übergeführt werden, sobald sie einem Laien zumutbar ist und zwischen dem Laien und dem Betreuten eine positive Beziehung besteht.

Wer kann Betreuer werden?

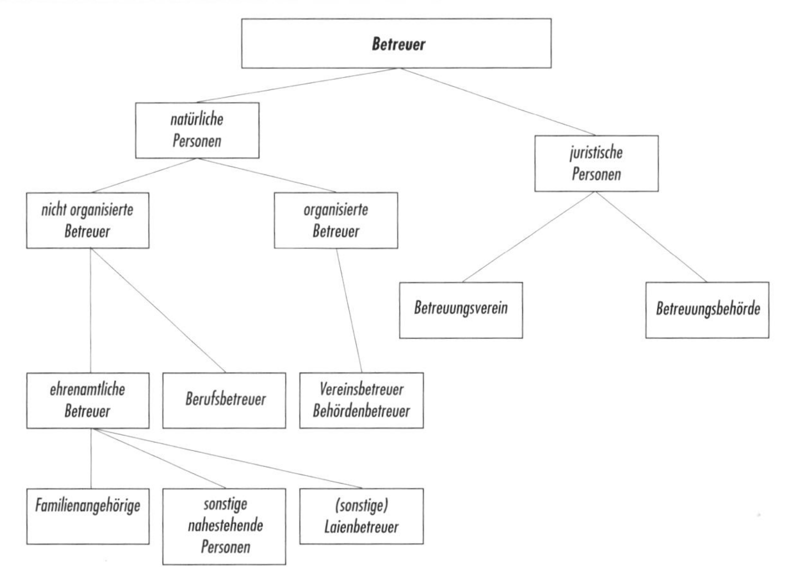

4.2 Eignung des Betreuers

Die Eignung des Betreuers ist abhängig von seiner Kompetenz und Bereitschaft, die Angelegenheiten des Betreuten im gerichtlich bestellten Aufgabenkreis zu besorgen und ihn hierbei im erforderlichen Umfang persönlich zu betreuen.

Sachliche und persönliche Eignung

§ 1897 Abs. 1 BGB deutet mit den Formulierungen „rechtlich zu besorgen" und „persönlich zu betreuen" zwei unterschiedliche Eignungskomponenten an, und zwar eine „sachliche/fachliche" und eine „persönliche Komponente". Der *BGH* will „die sachliche Eignung in Bezug auf die konkreten Aufgaben" prüfen und dabei eine differenzierte Eignung je nach Aufgabe zulassen. Die persönliche Eignung soll dagegen sich immer auf alle Aufgabenbereiche erstrecken. Dies mag in sehr vielen Fällen richtig sein. Gerade im Bereich der Gesundheitsfürsorge und der Vermögensverwaltung kann aber auch die persönliche Eignung auseinanderfallen, weil der – ehrenamtliche – Betreuer vielleicht im Umgang mit Geld charakterliche Defizite aufweist und zu Leichtsinn neigt, aber bei der Gesundheitsfürsorge und Aufenthaltsbestimmung sehr empathisch und verständnisvoll z. B. gegenüber seinen Eltern agiert. Eine ehrenamtliche Betreuung in diesem Teilbereich wäre daher wohl sogar geboten. Ausschlaggebend für die positiv festzustellende Eignung ist es demnach, „ob der Betreuer zur Besorgung der Angelegenheiten des Betroffenen und zu der dafür erforderlichen persönlichen Betreuung in der Lage ist" (*BGH*, Beschluss vom 20. 3. 2019, Az. XII ZB 334/18).

Der Betreuer soll zu einer individuellen und angemessenen Lösung der Probleme unter Berücksichtigung der Wünsche und Bedürfnisse des Betreuten beitragen können. Zeichnet sich im Betreuungsverfahren eine vielschichtige, einem Laien nicht zumutbare Problematik beim Betroffenen ab, wird man in aller Regel, wie bereits erwähnt, auf Vereins-, Berufs- bzw. Behördenbetreuer zurückgreifen.

Individuelle Kompetenzen und unterschiedliches Erfahrungswissen der einzelnen Menschen werden im Alltag ohne nachzudenken akzeptiert. Bemüht man sich, den Einsatz der Betreuer so zu planen, dass eine Überforderung vermieden wird, die zu Misserfolgen und Frustration führt, ist ein Großteil der Menschen als Betreuer geeignet, die bereit sind, eine ehrenamtliche Aufgabe zu übernehmen.

Praxis TIPP

Freundschaftliche Begleitung

Der Betreuer ist nur zur Organisation notwendiger Hilfen und evtl. zur rechtlichen Abwicklung der erbrachten Hilfen verpflichtet. Ihm obliegt weder die persönliche Pflege des Betreuten noch die hauswirtschaftliche Versorgung. Die Betreuung sollte jedoch nicht dahingehend missverstanden werden, dass die Zuwendung zum Betreuten, die für vertrauensbildende und -erhaltende Maßnahmen erforderlich ist, verlorengeht. Das Betreuungsverhältnis befasst sich mit Menschen und ist sicher mehr als die Übernahme und Erledigung einer Summe von Verwaltungsaufgaben. Fehlt jedoch dieser Bezug zur Organisation notwendiger Hilfen, so befindet sich der Betreuer außerhalb der ihm durch Gesetz zugewiesenen Kompetenz. Leistungen dieser Art sind keine Aufgaben der Betreuung, sondern ggf. Ausdruck einer verwandtschaftlichen oder freundschaftlichen Beziehung.

Zur Einschätzung der Eignung des Betreuers

Abhängig von den Aufgabenkreisen und den individuellen Bedürfnissen eines Betreuten ist der Handlungs- und Regelungsbedarf für den Betreuer sehr unterschiedlich. Die Bandbreite reicht vom Schwerpunkt der persönlichen Betreuung (z. B. bei einem Altenheimbewohner) bis hin zu umfangreichen Verwaltungsaufgaben mit vermögens- und steuerrechtlichen Problemstellungen.

Grundsätzlich sind Aufgaben und Inhalte der Tätigkeit des Betreuers abhängig von der Persönlichkeit des Betreuten, der Art seiner Probleme, vom Krankheitsbild bzw. der Art und der Schwere seiner Behinderung, seinem gegenwärtigen sozialen Umfeld, den institutionellen Rahmenbedingungen sowie den rechtlichen Erfordernissen. Die Feststellung der Eignung eines Betreuers obliegt einerseits der im Rahmen der Sachverhaltsaufklärung tätigen Betreuungsstelle, andererseits der eigenen Einschätzung des ausgewählten Betreuers und letztlich dem Betreuungsrichter.

Praxis TIPP

Welche Aufgaben kann der Betreuer sich selbst zumuten?

Der Betreuer sollte seine Eignung nur bejahen, wenn er damit Aufgaben übernimmt, die er selbst in seinem Privatbereich mit ausreichender Kompetenz erledigen könnte. Wer diesen Maßstab gewissenhaft beachtet, wird weder sich noch andere Beteiligte enttäuschen.

4.3 Pflicht zur Übernahme der Betreuung?

Pflicht zur Übernahme (§ 1898 BGB)

Der von der Betreuungsstelle dem Betreuungsgericht vorgeschlagene Betreuer ist grundsätzlich verpflichtet, die Betreuung zu übernehmen, wenn er vom Betreuungsgericht ausgewählt wird. Die Verpflichtung zur Übernahme der Betreuung richtet sich an geeignete deutsche und ausländische Mitbürger. Der Ausgewählte muss geeignet und bereit sein, die Betreuung mit den entsprechenden Aufgabenkreisen zu übernehmen, wobei die Übernahme unter Berücksichtigung seiner familiären, beruflichen oder sonstigen Verhältnisse zumutbar sein muss.

Im Interesse eines Betreuten kann also nur derjenige zum Betreuer bestellt werden, der seine Bereitschaft zur Übernahme des Ehrenamtes erklärt hat. Die Übernahme einer Betreuung kann daher im Gegensatz zum alten Recht nicht mehr erzwungen werden. Dies macht auch Sinn, da von einem „erzwungenen Betreuer“ nicht unbedingt das notwendige Engagement für die persönliche Betreuung erwartet werden kann.

Ein ehrenamtlicher Betreuer kann auch wieder entlassen werden. Möglichkeiten sind z. B. Wohnungswechsel, Krankheit, Alter, Berufsausübung usw. Ein ehrenamtlicher Betreuer muss deshalb keine Angst haben, dieses Amt auf Lebenszeit ausüben zu müssen.

5. Verpflichtung des Betreuers

Der Betreuer wird vom Rechtspfleger des Betreuungsgerichts gemäß § 289 FamFG mündlich verpflichtet und über seine Aufgaben unterrichtet. Dies gilt aber nur für ehrenamtliche Betreuer, die nur eine Betreuung führen oder in den letzten zwei Jahren geführt haben. Bei den Vereinsbetreuern, Behördenbetreuern, Vereinen, der zuständigen Behörde, den Berufsbetreuern und ehrenamtlichen Betreuern mit Erfahrungen aus mindestens zwei Betreuungen in den letzten zwei Jahren geht das Gesetz davon aus, dass sie ihre Rechte und Pflichten kennen. Das soll die Betreuer aber nicht davon abhalten, gerade bei Beginn einer neuen Betreuung bei anstehenden Problemen mit dem zuständigen Rechtspfleger Kontakt aufzunehmen.

Verpflichtungsgespräch (§ 289 Abs. 1 FamFG)

Der Rechtspfleger erörtert beim Verpflichtungsgespräch, im Regelfall nach Aktenlage, die wesentlichen Aufgaben, Rechte und Pflichten des Betreuers im konkreten Einzelfall unter Beachtung der Aufgabenkreise.

Ferner wird er auf die Beratungs- und Unterstützungsangebote nach den örtlichen Gegebenheiten hinweisen, insbesondere auf die des Betreuungsgerichts, der Betreuungsvereine, der Betreuungsstelle und der Institutionen im Bereich der „anderen Hilfen“.

Neben dem Verpflichtungsgespräch soll der Rechtspfleger in geeigneten Fällen ein Einführungsgespräch führen, an dem auch der Betroffene teilnimmt.

Einführungsgespräch (§ 289 Abs. 2 FamFG)

Von einem geeigneten Fall ist auszugehen, wenn mit dem Betreuten eine sinnvolle Verständigung möglich ist und dieser das Einführungsgespräch wünscht. Durch dieses Gespräch soll die Basis für eine vertrauensvolle Zusammenarbeit der Beteiligten untereinander und mit dem Gericht hergestellt werden. Die durch die Anordnung einer Betreuung veränderte rechtliche Situation soll vom Rechtspfleger mit den Beteiligten besprochen werden. Anlässlich dieser Besprechung können zu erwartende Schwierigkeiten erörtert werden.

Praxis TIPP

Wichtige Gesichtspunkte für das Verpflichtungs- und Einführungsgespräch

Der Betreuer sollte beim Verpflichtungs- oder Einführungsgespräch das grundsätzliche Ergebnis der persönlichen Unterredung mit der Betreuungsstelle (wenn diese ihn zum Betreuer vorgeschlagen hat) einfließen lassen und unabhängig vom Aufgabenkreis mit dem Rechtspfleger folgende Fragen klären:

- Ist der Betreute nach dem vorliegenden fachärztlichen Gutachten zeitweise oder auf Dauer geschäftsunfähig?
- In welchem Umfang ist die persönliche Betreuung des Betreuten notwendig und erforderlich?
- Welcher voraussichtliche Handlungsbedarf ist im Rahmen der Aufgabenkreise erkennbar? Wie sind die Aufgabenkreise im Einzelfall abzugrenzen?
- Wie ist ggf. der Abrechnungsnachweis für die Aufwandsentschädigung/den Aufwendungsersatz zu führen?
- Welche Grundsätze sind für die Erstellung des Vermögensverzeichnisses zu beachten?
- Wie wird die Rechnungslegung erwartet?
- Welche Genehmigungsvorbehalte des Betreuungsgerichts sind absehbar?
- Welche Unterlagen liegen dem Gericht bereits vor, die für die Führung der Betreuung relevant sind (wichtig, soweit Betreuung zur Weiterführung übernommen wird)?

Zum Nachweis für den Rechtsverkehr erhält der Betreuer einen Betreuerausweis (Bestellungsurkunde). Diese Urkunde enthält:

Betreuerausweis (§ 290 FamFG)

1. die Bezeichnung des Betroffenen und des Betreuers,
2. bei Bestellung eines Vereinsbetreuers oder Behördenbetreuers diese Bezeichnung und die Bezeichnung des Vereins oder der Behörde,
3. den Aufgabenkreis des Betreuers,
4. bei Anordnung eines Einwilligungsvorbehalts die Bezeichnung des Kreises der einwilligungsbedürftigen Willenserklärungen,
5. bei der Bestellung eines vorläufigen Betreuers durch einstweilige Anordnung das Ende der einstweiligen Maßnahme.

Muster eines Betreuerausweises

Amtsgericht
Aburg
– Betreuungsgericht –
Amtsweg 20, 00000 Aburg
Telefon: 000000; Fax: 00000

Geschäftsnummer: XVII 1111/17 Aburg, 27. 9. 2019

Betreuungsverfahren

Helga Muster, geboren am 23. 5. 1921,
Musterweg 1, 00000 Aburg – Betroffene –
RA Herbert Mustermann, Kranichweg 1, 00000 Aburg – Verfahrenspfleger –

Betreuerausweis

Herr Peter Muster, geboren am 23. 5. 1950,
Auweg 3, 00000 Aburg

ist für

Frau Helga Muster, geboren am 23. 5. 1921,
Musterweg 1, 00000 Aburg

zum Betreuer bestellt.

Sein Aufgabenkreis umfasst:

Aufenthaltsbestimmung,
Gesundheitsfürsorge,
Vermögensverwaltung,
Entgegennahme, Öffnen und Anhalten der Post

Der Betreuer vertritt die Betroffene im Rahmen seines Aufgabenkreises gerichtlich und außergerichtlich.

Dieser Ausweis ist nach Beendigung der Betreuung an das Gericht zurückzugeben.

Wolfegger
Rechtspflegerin

Vorlage des sog. Betreuerausweises im Original

Im Verkehr zwischen dem Betreuer und Banken tritt immer wieder die Frage auf, ob die Bestellungsurkunde (der sog. Betreuerausweis) jedes Mal im Original vorzulegen ist, wenn der Betreuer Bankgeschäfte tätigt.

Das *LG Oldenburg* (Az. 13 S 62/09) hat hierzu festgestellt, dass die Bank nicht berechtigt sei, die Entgegennahme und vertragsgerechte Umsetzung rechtsgeschäftlicher Erklärungen des Betreuers von der Vorlage eines Betreuerausweises abhängig zu machen, wenn der Bank dieser Ausweis einmal vorgelegt worden ist.

Gegen diese Entscheidung des *LG Oldenburg* wurde Nichtzulassungsbeschwerde zum *BGH* eingelegt; sie wurde als unzulässig abgewiesen (*BGH*, Urteil vom 30. 3. 2010, Az. XI ZR 184/09).

Der *BGH* hat in der Begründung seiner Entscheidung unter anderem Folgendes ausgeführt:

Die Bank kann durch die Praxis, vor jeder einzelnen Verfügung den Betreuerausweis im Original einzusehen, nicht erreichen, vor Anweisungen eines nicht mehr bevollmächtigten Betreuers im Giroverhältnis geschützt zu sein, da die Bestellungsurkunde eines Betreuers nach § 290 FamFG keine Vollmachtsurkunde gemäß § 172 ff. BGB ist.

Beruht die Vertretungsmacht nicht auf der Erteilung einer Vollmacht durch den Vertretenen, sondern auf gesetzlicher Grundlage, so scheidet eine Zurückweisung der Vollmacht gemäß § 174 BGB aus; die mit der Inanspruchnahme gesetzlicher Vertretung verbundene Unsicherheit, ob die Vertretungsmacht wirksam besteht, wird dem Empfänger der Erklärung zugemutet.

Zudem könnte sich die Bank selbst im Falle einer Vorlage des Betreuerausweises nicht nach § 172 BGB auf eine mit der Bestellungsurkunde verknüpfte Rechtsscheinwirkung berufen, da diese einer rechtsgeschäftlichen Vollmachtsurkunde nicht gleichsteht.

6. Pflichten des Betreuers

6.1 Wohl des Betreuten

Wohl des Betreuten (§ 1901 Abs. 2 BGB)

Für den Betreuer ist das Wohl des Betreuten Richtschnur bei der Besorgung der Angelegenheiten.

Zum Wohl des Betreuten gehört auch die Möglichkeit, im Rahmen seiner Fähigkeiten, sein Leben nach seinen eigenen Wünschen und Vorstellungen zu gestalten.

„Das Wohl" ist zwar ein unbestimmter Begriff; es erschließt dem Betreuer dennoch keine beliebigen Deutungsmöglichkeiten. Die Bereitschaft, den Betreuten in seinem „Anderssein" anzunehmen, ist Grundvoraussetzung, um eigene Moral- und Wertvorstellungen nicht überzubetonen.

Persönliche Kontakte dienen dem Wohl des Betreuten

Zum Wohl des Betreuten gehört auch der persönliche Kontakt des Betreuers zu ihm. Dies ergibt sich letztlich aus § 1897 Abs. 1 BGB, der dem Betreuer nur dann die Eignung zuspricht, wenn er diesen Kontakt halten kann. Auch hat er nach § 1901 Abs. 3 BGB eine Besprechungspflicht.

Durch das Gesetz zur Änderung des Vormundschafts- und Betreuungsrechts hat der jährliche Bericht des Betreuers auch Angaben zu den persönlichen Kontakten des Betreuers zum Betreuten zu enthalten, §§ 1908i Abs. 1 Satz 1, 1840 Abs. 1 Satz 2 BGB. Aus dem Bericht hat sich die Anzahl der Kontakte, deren Dauer, Art und Weise sowie Ort und Zeitpunkt zu ergeben (Hoffmann, FamRZ 2011, 1187).

Häufigkeit der Kontakte bestimmt der Betreuer

Der Gesetzgeber hat eine bestimmte Anzahl der Kontakte nicht vorgegeben, sondern dem Erforderlichkeitsgrundsatz unterstellt; auch das Betreuungsgericht kann keine verbindlichen Vorgaben machen. Der Betreuer hat von sich aus zu prüfen, wie häufig Kontakte zu erfolgen haben. Die Häufigkeit kann sich aus der Person des Betreuten, seinem Alter, seiner körperlichen Verfassung, aber auch daraus ergeben, ob er noch selbstständig in seiner Wohnung oder in einem Heim lebt. Der Betreuer wird in seinem jährlichen Bericht begründen, warum er seine Kontakte für ausreichend angesehen hat. Zur Besuchshäufigkeit siehe *LG Nürnberg* (Beschluss vom 19. 11. 2012, Az. 13 T 7478/12). Das Gericht macht deutlich, dass die Forderung nach einem monatlichen Kontakt im Gesetz keine Stütze findet. Andererseits hat das *LG Hamburg* (BtPrax 2012, 81) entschieden, dass sich die Weisung des Rechtspflegers, zukünftig die Daten der Besuche bei dem Betroffenen zu erfassen und diese in den Bericht mit aufzunehmen, ohne Weiteres als rechtmäßig erweisen.

Umfang des Berichts

Zwar ist es richtig, dass das Gesetz keine näheren Vorgaben zum Berichtsinhalt macht, jedoch kann dem Sinn der Norm, nämlich der Führung der Aufsicht über die Tätigkeit des Betreuers durch das Gericht, nur durch einen Bericht Rechnung getragen werden, der Anzahl, Ort, Zeitpunkt sowie Dauer der persönlichen Kontakte des Betreuers mit dem Betreuten Auskunft erteilt. Das erfordert auch die Angabe der genauen Kalenderdaten. Dies gilt unabhängig davon, ob konkrete Hinweise auf mögliche Pflichtverletzungen durch den Betreuer vorliegen, oder ob das Gericht an der pflichtgemäßen Betreuertätigkeit zweifelt (*LG Hamburg*, Beschluss vom 27. 11. 2015,

Az. 309 T 270/15). Nur so kann der zuständige Rechtspfleger seiner Pflicht gerecht werden, die „erforderlichen persönlichen Kontakte“ des Betreuers zum Betreuten zu beaufsichtigen (§§ 1908i Abs. 1 Satz 1, 1837 Abs. 2 Satz 2 BGB).

Praxis TIPP

Fragen und Überlegungen zum Wohl des Betreuten

- Welche Vorstellungen hat der Betreute bezüglich seiner Lebensführung, -gestaltung?
- Welche Fähigkeiten sind bei ihm vorhanden und sind diese ausreichend, evtl. Defizite in anderen Bereichen auszugleichen?
- Welche Möglichkeiten bieten sich an, um positive Lebensbedingungen zu schaffen bzw. zu erhalten (Einsatz von „anderen Hilfen“, insbesondere ambulante, sozialpflegerische und hauswirtschaftliche Dienste, aber auch Nachbarschaftshilfen)?
- Wie können Benachteiligungen vermieden bzw. abgebaut werden?
- Wie kann zur sozialen und individuellen Entwicklung beigetragen werden? Welche Perspektiven hat der Betreute bzw. welche Möglichkeiten bestehen, diese zu verwirklichen (z. B. berufliche Rehabilitation)?
- Liegt die Kontinuität der Lebensführung oder eine Veränderung der derzeitigen Situation im Interesse des Betreuten (z. B. Verbleib oder räumliche Trennung von Angehörigen und sonstigen Bezugspersonen; Erhalt der Wohnung oder Heimunterbringung)?
- Kann der Betreute seine eigene Situation realistisch einschätzen?
- Wie wirken sich Handeln und Eingriffe des Betreuers auf das Leben des Betreuten aus (Eingriffschwelle nicht zu niedrig ansetzen)?

6.2 Wünsche des Betreuten

Wünsche des Betreuten

In § 1901 Abs. 3 Satz 1 BGB finden wir die strikt gehaltene Anweisung des Gesetzes an den Betreuer, den Wünschen des Betreuten zu entsprechen. Wünsche geben das wieder, was man gerne haben möchte, und sind Ausdruck eines Verlangens des Betreuten. Sie werden durch dessen Äußerungen, bzw. im Einzelfall durch Gesten, erkennbar. Unerheblich ist, ob und inwieweit der Betreute geschäftsfähig ist. Die Vorschrift ist gerade bei Geschäftsunfähigen bedeutsam; denn der Geschäftsfähige kann selbst handeln, bedarf also seines Betreuers zur Verwirklichung eigener Wünsche meist nicht. Die Pflicht des Betreuers, den Wünschen zu entsprechen, besteht grundsätzlich in allen Lebensbereichen, wie Wohnsitz, Art und Auswahl des Pflegeheimes, Lebensstil, Erwerbstätigkeit, Urlaub, Freizeit, Entscheidung zwischen Konsum und Kapitalbildung, Maßnahmen der Vermögensverwaltung. Das *OLG Düsseldorf* (BtPrax 1999, 74) hat festgestellt, dass der Wille des Betroffenen bei Geldausgaben Vorrang hat, auch wenn es um die Alternative Sparen oder Ausgeben geht. Das Gesetz bietet dem Betreuer keine Handhabe, für die Sicherung seines zukünftigen Vergütungsanspruchs, der erst später vom Betreuungsgericht festzusetzen ist, Rücklagen zu bilden.

Fallbeispiele:

Eine Betreute wünscht sich einen Nerzmantel zum Preis von 5.000 EUR. Die Betreuerin ist Anhängerin einer Umweltorganisation und lehnt den Kauf eines Pelzmantels kategorisch ab. Die Betreute verfügt über Vermögen. Mit dem Kauf des Pelzmantels sind weitere geplante Vermögensdispositionen, die der Lebenshaltung und Existenzsicherung dienen, nicht beeinträchtigt.

Bei dieser Fallgestaltung ist der Wunsch der Betreuten zu respektieren. Die Betreuerin muss den Pelzmantel für die Betreute kaufen. Der Kauf ist ihr auch zumutbar, da die individuellen Wünsche und Bedürfnisse der Betreuten und nicht die Lebenseinstellungen der Betreuerin maßgebend sind.

Ein Betreuter wünscht sich den Kauf eines Autos der gehobenen Mittelklasse. Er ist abgebauter Alkoholiker, verfügt über die entsprechenden finanziellen Mittel und einen Führerschein. Der Betreuer lehnt den Erwerb des Autos mit der Begründung ab, dass das Führen eines Kraftfahrzeugs für den Betreuten und die Allgemeinheit eine erhebliche Gefahr darstelle, zumal er nach kurzen Abstinenzphasen immer wieder rückfällig werde.

Bei dieser Fallgestaltung ist der Wunsch des Betreuten nicht maßgebend, da er seinem Wohl zuwiderläuft. Die Erfüllung des Wunsches ist dem Betreuer auch nicht zuzumuten, da strafbare Handlungen durch den Betreuten nicht auszuschließen sind. Außerdem sollte der Betreuer das Betreuungsgericht informieren.

Wohl des Betreuten

Der Betreuer darf solchen Wünschen nicht nachkommen, deren Verwirklichung dem Wohl des Betreuten zuwiderläuft (§ 1901 Abs. 1 Satz 1 BGB). Dies ist vor allem der Fall, wenn Rechtsgüter des Betreuten gefährdet werden, die im Rang über den vom Wunsch verfolgten Interessen stehen (z. B. Leben, Gesundheit). Die Gefährdung der Gesundheit entkräftet auch den Wunsch, in der eigenen von Vermüllung bedrohten Wohnung „in Ruhe gelassen" zu werden. Die Abwägung zwischen den zu berücksichtigenden Wünschen und den entgegenstehenden objektiven Kriterien des Wohlergehens ist oft schwierig, weil riskantes Tun keineswegs auf psychisch kranke, geistig oder seelisch behinderte Menschen beschränkt ist. Eine Problemlösung orientiert sich im Einzelfall am Grundsatz der Verhältnismäßigkeit. Generell ist es nicht Aufgabe der rechtlichen Betreuung, kranke Menschen im besonderen Maße zu disziplinieren.

Ausgaben oder Substanzerhaltung

Dem Wohl des Betreuten laufen auch solche Wünsche zuwider, deren Erfüllung die gesamte Lebens- und Versorgungssituation des Betreuten erheblich verschlechtern würde (z. B. wirtschaftlich unvertretbarer Umgang mit dem Vermögen, wenn daraus die Gefahr erwächst, dass künftig der angemessene Unterhalt nicht mehr bestritten werden kann). Bei der Frage, ob der Wunsch, für bestimmte Ausgaben die Substanz des Vermögens anzugreifen, dem Wohl des Betreuten widerspricht, ist zu bedenken, dass – je nach Alter und Situation – die Erhaltung und Vermehrung des Vermögens nicht unbedingt im Interesse des Betreuten liegt. Gerade ein älterer Mensch kann den mit seinem Wohl zu vereinbarenden Wunsch nach einem gewissen, aus seinem Vermögen bestreitbaren Luxus haben. Bei Zugriff auf die Vermögenssubstanz ist also konkret zu prüfen, welche Bedeutung das Vermögen nach seiner Größe und nach der Lebenssituation des Betreuten für die künftige Versorgung und soziale Sicherung des Betreuten haben wird.

Wunsch des Betreuten ist im Grundsatz beachtlich

Ein Wunsch des Betreuten läuft aber nicht bereits dann im Sinne des § 1901 Abs. 3 Satz 1 BGB dessen Wohl zuwider, wenn er dem objektiven Interesse des Betreuten widerspricht. Vielmehr ist ein Wunsch des Betreuten im Grundsatz beachtlich, sofern dessen Erfüllung nicht höherrangige Rechtsgüter des Betreuten gefährden oder seine gesamte Lebenssituation erheblich verschlechtern würde.

Gegensatz zwischen Wohl und Wille

Entsprechend erfordert es das verfassungsrechtlich geschützte Selbstbestimmungsrecht des Betreuten, dass der Betreuer einen Wunsch des Betreuten nicht wegen Vermögensgefährdung ablehnen darf, solange dieser sich von seinen Einkünften und aus seinem Vermögen voraussichtlich bis zu seinem Tod wird unterhalten können. Selbst wenn durch die Erfüllung der Wünsche des Betreuten dessen Vermögen – den Interessen seiner Erben zuwider – erheblich geschmälert wird, ist der Wunsch in diesem Fall zu respektieren.

Vorrang der Wünsche vor objektiven Vermögensbelangen

Für diesen grundsätzlichen Vorrang der Wünsche des Betreuten vor dessen objektiven Interessen, insbesondere auch vor seinen objektiven Vermögensbelangen, spricht zunächst, dass der Betreuer nach allgemeiner Auffassung nicht die Aufgabe hat, das Vermögen des Betreuten zugunsten seiner Erben zu erhalten.

Zudem könnte das Ziel des Gesetzes, das Selbstbestimmungsrecht des Betreuten zu stärken und seinem Willen grundsätzlich den Vorrang einzuräumen, nicht erreicht werden, wenn der Betreuer befürchten müsste, nach dem Tod des Betreuten von dessen Erben erfolgreich auf Schadensersatz in Anspruch genommen zu werden, weil er die dem objektiven Wohl des Betreuten zuwiderlaufenden Wünsche erfüllt hat. Diese Sichtweise widerspricht auch nicht dem Anliegen des Gesetzgebers, der Betreuer dürfe dem Betreuten nicht die Hand zur Selbstschädigung reichen (*BT-Drucks. 11/4528*), denn eine Selbstschädigung des Betreuten wird regelmäßig nur dann nicht mehr hingenommen werden können, wenn dessen Unterhalt bis zu seinem Tod infolge einer Maßnahme des Betreuers nicht mehr gesichert ist.

Betreuter kann keine eigenen Wünsche bilden

Ist danach ein Wunsch des Betreuten im Grundsatz beachtlich, sofern dessen Erfüllung nicht die gesamte Lebens- und Versorgungssituation des Betreuten erheblich verschlechtern würde, kann dies freilich nur unter der Voraussetzung gelten, dass der Wunsch nicht Ausdruck der Erkrankung des Betreuten ist. Dies bedeutet allerdings nicht, dass jeder Wunsch unbeachtlich wäre, den der Betreute ohne Erkrankung nicht hätte oder der als irrational zu bewerten ist (*BT-Drucks. 11/4528, S. 67*). Vielmehr ist ein Wunsch lediglich dann unbeachtlich, wenn der Betreute infolge seiner Erkrankung entweder nicht mehr in der Lage ist, eigene Wünsche und Vorstellungen zu bilden und zur Grundlage und Orientierung seiner Lebensgestaltung zu machen, oder wenn er die der Willensbildung zugrunde liegenden Tatsachen infolge seiner Erkrankung verkennt.

Ausfluss des Selbstbestimmungsrechts

Der Vorrang des Willens des Betreuten gilt im Übrigen nur für solche Wünsche, die Ausfluss des Selbstbestimmungsrechts des Betreuten sind; sie dürfen sich nicht nur als bloße Zweckmäßigkeitserwägungen erklären lassen, die der Betreute angestellt hat, um über diese Vorstufe hinaus ein eigentlich weitergehendes Ziel zu erreichen (vgl. zum Ganzen *BGH*, Beschluss vom 22. 7. 2009, Az. XII ZR 77/06).

Beispiel:

Das Anliegen, sein Grundstück in Österreich nicht zu verwerten, ist als ein beachtlicher Wunsch des Betreuten aufzufassen, wenn das Grundstück in Österreich sein Lieblingsobjekt ist (auch wenn er es nicht selbst bewohnt), dessen Verkauf er auch mit Rücksicht auf seinen Gesundheitszustand nicht will. Dagegen kann der Wunsch des Betreuten beachtlich sein, sich am ehesten von einem Grundstück in München zu trennen, dessen Mieter ständig Ärger bereiten würden.

Der Betreuer dürfte aber verpflichtet sein, bei einem Geschäft großer Bedeutung fachlichen Rat einzuholen, um den Betreuten umfassend informieren zu können, z. B. in welcher Höhe mögliche Steuerforderungen das Betreutenvermögen beeinträchtigen können. Angesichts der Wichtigkeit des beabsichtigten Rechtsgeschäfts ist eine Aufklärung über die ungefähre Höhe der im ungünstigsten Fall zu erwartenden steuerlichen Belastung erforderlich. Klärt der Betreuer den Betreuten nicht ausreichend auf, bleibt ihm gleichwohl die Möglichkeit darzulegen und zu beweisen, dass der Betreute den (vom Betreuer später umgesetzten) Wunsch auch dann geäußert hätte, wenn der Betreuer ihn zuvor im erforderlichen Umfang aufgeklärt hätte.

Wünsche des Betreuten sind auch beachtlich, wenn diese bereits vor Bestellung des Betreuers geäußert wurden, es sei denn, der Betreute möchte an diesen Wünschen erkennbar nicht mehr festhalten.

Zur Bindung des Betreuers an einen Wunsch des Betreuten sowie der möglichen Übergehung des Wunsches siehe auch Kapitel A 2, Abschnitt 8.

Fallbeispiel:

Nach einer Operation hat Frau A. einen Schlaganfall und wird zusehends verwirrt. Gegenüber ihren Freunden und Nachbarn hat sie immer erklärt, im Pflegefall ins Alten- und Pflegeheim X umziehen zu wollen.

Dieser Wunsch ist für den Betreuer verpflichtend. Er muss die notwendigen Maßnahmen zur Unterbringung von Frau A. im Alten- und Pflegeheim X einleiten.

Gleicher Sachverhalt: Das Alten- und Pflegeheim X verfügt über keinen vom Träger der Sozialhilfe genehmigten Pflegesatz. Frau A. ist hilfebedürftig im Sinne des SGB XII.

Der Betreuer kann aus materiell-rechtlichen Gründen diesem Wunsch nicht entsprechen. Die Umsetzung eines Wunsches, der nach gesetzlichen Bestimmungen nicht realisiert werden kann, ist ihm wohl auch nicht zumutbar.

Berechtigte Wünsche des Betreuten muss der Betreuer nicht unbedingt selbst erfüllen. Er bedient sich, wie in seinem eigenen Alltag, der Hilfe (professioneller) Dritter.

Eine Ausnahme gilt lediglich für den Bereich der Wünsche, die nur im Rahmen der persönlichen Betreuung erbracht werden können.

Übergehung der Wünsche

Die Nichtbeachtung gerechtfertigter Wünsche stellt für den Betreuer eine Pflichtwidrigkeit dar, die Maßnahmen des Betreuungsgerichts (§ 1908i Abs. 1 Satz 1 i. V. m. § 1837 Abs. 2, 3 BGB) auslösen kann. Wiederholte Vernachlässigung der Wünsche des Betreuten kann Zweifel an der Eignung des Betreuers begründen; gemäß § 1908b Abs. 1 BGB kommt unter Umständen seine Entlassung in Betracht. Entsteht aus der nicht begründeten Übergehung der Wünsche dem Betreuten ein Schaden, so haftet der Betreuer gemäß § 1833 i. V. m. § 1908i Abs. 1 Satz 1 BGB.

6.3 Besprechungspflicht des Betreuers bei wichtigen Angelegenheiten

Besprechungspflicht (§ 1901 Abs. 3 Satz 3 BGB)

Der Betreuer hat alle wichtigen Angelegenheiten vor Erledigung mit dem Betreuten zu besprechen, sofern dies dessen Wohl nicht zuwiderläuft.

Durch die Verpflichtung, alle wichtigen Angelegenheiten zu besprechen, soll auch der Willensvorrang des Betreuten verdeutlicht werden. Die Wünsche und Vorstellungen des Betreuten werden bei wichtigen Sachverhalten nicht nur in die Entscheidungsebene einbezogen, sondern es muss auch der Vorrang des Betreutenwunsches, soweit zumutbar, berücksichtigt werden. Ob es sich um eine wichtige Angelegenheit handelt, ist nach objektiven Maßstäben, aufgrund der Besonderheiten der jeweiligen Aufgabenstellung in der Betreuung, zu beurteilen. Eine Besprechung fördert auch das Vertrauensverhältnis und ermöglicht eine Abklärung, ob der Betreute evtl. mit entsprechender Anleitung und Hilfestellung die Angelegenheit auch alleine besorgen kann.

Praxis TIPP

Wichtige Gespräche mit dem Betreuten

Betreuer sollten von den Gesprächen mit dem Betreuten in wichtigen Angelegenheiten grundsätzlich Protokollnotizen fertigen. Der Betreute soll die Protokollnotiz unterschreiben, um so die Verbindlichkeit der Vereinbarung zu dokumentieren.

Einschränkung Wenn die Erörterung der Angelegenheit dem Wohl des Betreuten zuwiderläuft, kann der Betreuer auf die Besprechung der Angelegenheit ganz verzichten. Dies ist z. B. regelmäßig dann der Fall, wenn dem Betreuten ein gesundheitlicher Schaden droht.

In der Praxis sind nur wenige Gründe denkbar, auf die Besprechungspflicht zu verzichten. In erster Linie trifft dies nur auf Betreute zu, die wegen mangelnder Konzentrations- und Merkfähigkeit nicht mehr in der Lage sind, sinn- und zweckgerichtete Beurteilungen und Aussagen zum Sachverhalt abzugeben. Ebenso sind schwerst geistig behinderte Menschen zu dem Personenkreis zu rechnen, mit dem keine sinnvolle Besprechung möglich ist.

Das Unterlassen gebotener Besprechung stellt eine Pflichtwidrigkeit dar.

Probleme erkennen und lösen

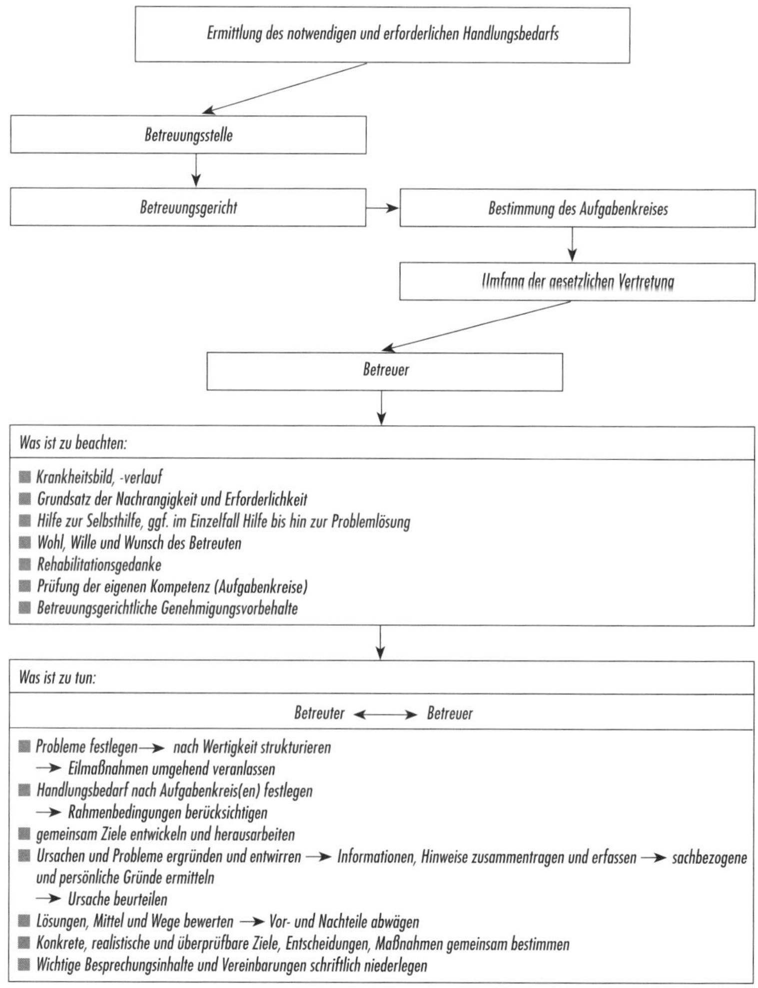

6.4 Der Betreuungsplan

§ 1901 Abs. 4 BGB

Der Grundsatz für den Betreuer, sich am Wohl, Willen und Wunsch des Betreuten zu orientieren, umfasst auch die Verpflichtung, innerhalb seines Aufgabenkreises dazu beizutragen, dass Möglichkeiten genutzt werden, die Krankheit oder Behinderung des Betreuten zu beseitigen, zu bessern, ihre Verschlimmerung zu verhüten oder ihre Folgen zu mildern.

Diese Verpflichtung des Betreuers umfasst medizinische, berufliche und soziale Aspekte einer Rehabilitation. Der Rehabilitationsgedanke bezieht sich also nicht nur auf den Bereich der Gesundheitsfürsorge, sondern auf alle denkbaren Aufgabenkreise.

Betreuungsplan

Wird die Betreuung berufsmäßig geführt, hat der Betreuer in geeigneten Fällen auf Anordnung des Gerichts zu Beginn der Betreuung einen Betreuungsplan zu erstellen. In dem Betreuungsplan sind die Ziele der Betreuung und die zu ihrer Erreichung zu ergreifenden Maßnahmen darzustellen, § 1901 Abs. 4 Satz 2 BGB.

Gesetzesbegründung

Die Intention für den Betreuungsplan (§ 1901 Abs. 4 Satz 2 und 3) wird im BR-Entwurf zum 2. BtÄndG (*BT-Drucks. 15/2494, S. 29*) wie folgt begründet:

Zielorientiertes Arbeiten möglich

„Die Pflicht zur Betreuungsplanung hat den Vorteil, dass der Betreuer sich zu Beginn der Betreuung mit den zu erreichenden Zielen der Betreuung gedanklich auseinandersetzen muss, und er gezielt – mit Unterstützung des Betreuungsgerichts und der Betreuungsbehörde – an der Zielerreichung arbeiten kann. Die Betreuer werden für nicht effektive Maßnahmen sensibilisiert, so dass der Betroffene sinnlosen, weil zur Zielerreichung ungeeigneten betreuungsrechtlichen Maßnahmen in geringerem Maße ausgesetzt wäre.

Der Betreuungsplan gewährleistet ferner, dass das Betreuungsgericht eine objektivierbare Grundlage zur Beurteilung der Effektivität des Betreuerhandelns erhält. Nach regelmäßigen Zeitabständen könnte das Betreuungsgericht entsprechend den §§ 1839 und 1840 Abs. 1 BGB anhand des Betreuungsplans Fort- oder Rückschritte leichter feststellbar machen und in letzter Konsequenz auch mit einem Betreuerwechsel gegensteuern.

Nur Berufsbetreuer sind betroffen

Der Betreuungsplan ist nicht von ehrenamtlichen Betreuern, sondern nur von den Berufsbetreuern in geeigneten Fällen zu erstellen. Die Pflicht zur Aufstellung eines Betreuungsplans würde auf potenziell ehrenamtliche Betreuer selbst dann abschreckend wirken, wenn an dessen inhaltliche Ausgestaltung keine überspannten Forderungen gestellt würden.

Eine genaue Festlegung und damit eine genaue Zeitvorgabe, wann der Betreuungsplan erstellt werden muss, ist angesichts der Vielgestaltigkeit der Lebenssachverhalte nicht zweckmäßig. Regelmäßig wird der Betroffene dem Berufsbetreuer im Zeitpunkt seiner Bestellung unbekannt sein, so dass der Berufsbetreuer zunächst die persönlichen Umstände und die Wünsche des Betroffenen erforschen muss. Die Erstellung des Betreuungsplanes hat daher ‚zu Beginn' der Betreuung zu erfolgen, wobei das Betreuungsgericht im Einzelfall feststellen muss, in welchen Fällen und wann der Betreuungsplan vorzulegen ist. (…)

Auch hinsichtlich der inhaltlichen Ausgestaltung eines Betreuungsplanes ist die Vielgestaltigkeit der Lebenssachverhalte zu berücksichtigen. Die jeweiligen inhaltlichen Anforderungen müssten daher flexibel gehandhabt werden, abhängig insbesondere von

- den zugewiesenen Aufgabenkreisen,
- der Komplexität der Betreuung,
- den Wünschen und Widerständen des Betroffenen,
- den tatsächlichen Besserungsmöglichkeiten und
- dem Krankheitstyp.

Anknüpfend an § 1901 Abs. 4 BGB ist ein Betreuungsplan vor allem in solchen Aufgabenbereichen wichtig, die in stärkstem Maße mit der Person des Betroffenen verknüpft sind, etwa der Gesundheitssorge oder Aufenthaltsbestimmung. Gerade in derart wichtigen Bereichen ist eine Zielreflexion besonders bedeutsam, soll doch der Betroffene wieder in die Lage versetzt werden, seine Angelegenheiten in stärkerem Maße selbst zu regeln. Hinsichtlich dieser Aufgabenbereiche wird sich eine intensivere Betreuungsplanung aufdrängen. Daher knüpft die Betreuungsplanung konsequent an die Pflicht des Berufsbetreuers zur Förderung der Rehabilitation und Verhinderung der Verschlimmerung des Gesundheitszustands des Betroffenen gemäß § 1901 Abs. 4 BGB an.

Betreuungsgericht hat Prüfungspflicht

Das Betreuungsgericht ist zur Prüfung und Bewertung des Betreuungsplanes verpflichtet. Dabei hat es enge Grenzen zu beachten:

Der Berufsbetreuer wird mit seiner Bestellung gemäß § 1902 BGB gesetzlicher Vertreter des Betroffenen. Der Betroffene soll durch seinen Berufsbetreuer seine gebrechensbedingt eingeschränkte oder aufgehobene Handlungsfähigkeit in vollem Umfange wieder erlangen. Zu beachten ist jedoch, dass jeder das Recht hat, sein Leben nach seinen Vorstellungen zu gestalten, soweit nicht Rechte Dritter oder andere mit Verfassungsrang ausgestattete Rechtsgüter betroffen sind, Artikel 2 Abs. 1 GG. Ist Letzteres nicht der Fall, hat der Staat nicht das Recht, den Betroffenen zu erziehen, zu bessern oder zu hindern, sich selbst zu schädigen (...).

Das Betreuungsgericht darf daher nicht eigene Zweckmäßigkeitserwägungen an Stelle des Berufsbetreuers anstellen. Sind mehrere Lebensgestaltungen des Betroffenen denkbar, so muss es grundsätzlich dem Berufsbetreuer überlassen bleiben, unter diesen eine Wahl zu treffen. Objektive Grenze für diese Wahlfreiheit des Berufsbetreuers ist gemäß § 1901 Abs. 2 Satz 1 BGB das Wohl des Betroffenen. Kommt das Betreuungsgericht zu dem Schluss, dass unter mehreren möglichen Lebensgestaltungen oder Betreuungszielen bestimmte vom Berufsbetreuer bevorzugte Gestaltungen oder Ziele dem Wohl des Betroffenen zuwiderlaufen, soll es den Berufsbetreuer darauf hinweisen. Sofern er an diesen festhält, sich also auch durch eine argumentative Auseinandersetzung nicht hiervon abbringen lässt, kann das Betreuungsgericht gegebenenfalls ein Pflichtversäumnis des Berufsbetreuers annehmen und die erforderlichen Maßnahmen veranlassen.

Die Erstellung eines Betreuungsplans soll die Effektivität und damit die Qualität der Betreuung steigern. Infolge Zeitablaufs können sich Umstände ändern, Ziele des Planes erreicht werden oder sich neue Probleme stellen und damit neue Problemlösungen als Betreuungsziele ergeben. In diesen Fällen muss der Berufsbetreuer das Gericht informieren.

Eine Berichterstattung zu den persönlichen Verhältnissen ist bereits gemäß § 1908i Abs. 1 Satz 1, §§ 1839, 1840 Abs. 1 BGB vorgesehen. Diese Vorschriften sind klarstellend auch auf die Erreichung der Ziele des Betreuungsplans anzuwenden."

Unzureichende Qualitätsdiskussion

Die in der betreuungsrechtlichen Arbeit zu erbringenden Leistungen sind permanentem Veränderungs- und Anpassungsdruck unterworfen. Die Form und das Maß, in der sie erbracht wird, müssen ständig wegen des öffentlichen Kostendrucks im aktuellen gesellschaftlichen Kontext ausgehandelt werden.

Die Akteure der betreuungsrechtlichen Arbeit sind deshalb seit Jahren einem gestiegenen Legitimationsdruck ausgesetzt. Die in diesem Zusammenhang aufgekommene Diskussion zur Qualität betreuungsrechtlicher Arbeit wurde mit dem Betreuungsplan nur unzureichend aufgenommen, so dass in der Praxis schon die Definition von Qualität durch vielfältige subjektive Gesichtspunkte beeinflusst wird.

Prinzipien der Betreuungsplanung

Wenn die Betreuungsplanung als Instrument der Qualifizierung des betreuungsrechtlichen Hilfeprozesses durch den Berufsbetreuer angewendet werden soll, sind aus fachlichen Gründen mindestens folgende Prinzipien zu beachten:

Beteiligung

Die freiwillige Beteiligung der Betroffenen, aber auch weiterer Institutionen oder relevanter Dritter (z. B. Angehörige) sichert das gemeinsame Finden von geeigneten Maßnahmen, um das Ziel der individuellen Betreuungsarbeit abzusichern.

Transparenz

Ziele, Inhalt und Vorgehen des Betreuungsplanes müssen für alle Beteiligten durchschaubar sein. Nur gemeinsam erarbeitete, auf Verständigung beruhende Zielstellungen und Maßnahmen haben Aussicht auf Erfolg.

Nachvollziehbarkeit

Nachvollziehbarkeit muss nicht nur für alle am Betreuungsplan Beteiligten bestehen, sondern auch für Nichtbeteiligte, die sich einen Überblick über die vereinbarten Maßnahmen verschaffen wollen.

Überprüfbarkeit

Der schriftlich niedergelegte Betreuungsplan sollte neben dem Betreuungsgericht und dem Betreuten der Betreuungsstelle zugänglich gemacht werden, damit nach einem festgelegten Zeitraum eine Evaluation mit der Folge der Fortschreibung oder Modifikation erfolgen kann.

Subjektivierung

Der Betreuungsplan wird für den Hilfeprozess für eine betreute Person in einer spezifischen Situation erstellt. Eine Problemanalyse, die Bedarfsermittlung an materiellen und immateriellen Hilfen sowie ein Maßnahmenkontinuum werden auf den Willen, die Wünsche und das Wohl der zu betreuenden Person zugeschnitten erarbeitet.

Ressourcenorientierung

Bei der Betreuungsplanung soll nicht an den Defiziten der Person angesetzt werden, sondern vielmehr an den vorhandenen Fähigkeiten bzw. Möglichkeiten. Es geht hier um das Aufspüren, Wecken und Fördern von Potenzialen der zu betreuenden Person, mit dem Ziel, dieser im Sinne des Rehabilitationsgedankens ein weitgehend freies, selbstbestimmtes Leben zu ermöglichen.

Praxis TIPP

Die hier erläuterten Prinzipien der Betreuungsplanung legen lediglich einen Zielkorridor fest. Kritisch bleibt anzumerken, dass sich die Effektivität des Betreuungsplanverfahrens erst durch konkrete, gemeinsam erarbeitete und festgelegte Qualitätsstandards messen lässt. Die örtlichen Arbeitsgemeinschaften sollten sich deshalb gemeinsam des Themas Qualitätssicherung und Qualitätsentwicklung annehmen. Auch wenn der Rechtspfleger für den Betreuungsplan funktionell zuständig und damit federführend verantwortlich ist, muss der Schwerpunkt für den Berufsbetreuer bei der Erfüllung von Wohl, Wille und Wunsch der zu betreuenden Person und damit bei der „Kundenorientierung" liegen.

Betreuungsbehörde unterstützt

Berufs- und Vereinsbetreuer können sich bei der Erstellung des Betreuungsplans durch die Betreuungsbehörde unterstützen und beraten lassen, § 4 Abs. 3 BtBG. Dies macht insofern Sinn, als die Betreuungsbehörde im Regelfall bereits den Sachverhalt ermittelt und einen Sozialbericht an das Gericht erstellt hat. Sie kann somit zu Beginn der Betreuung Aussagen über erforderliche Schritte machen.

Der Betreuer sollte in das Sachverständigengutachten und den Sozialbericht der Betreuungsbehörde Einsicht nehmen und diese Erkenntnisse mit seinen persönlichen Erhebungen zusammenführen.

Zielvorstellungen und Lösungswege

Im Betreuungsplan ist regelmäßig nicht die Akutplanung aufzunehmen, sondern eine längerfristige Planung unter Berücksichtigung der Wünsche des Betroffenen; es sollen Zielvorstellungen erarbeitet und Lösungswege aufgezeigt werden. Ob Zeitvorgaben durch den Betreuer erforderlich und sinnvoll sind, muss sich im Einzelfall ergeben.

Muster eines Betreuungsplans

Die ARGE-Betreuungsrecht im Landkreis Aichach-Friedberg (Bayern) hat einen Fragebogen zur Betreuungsplanung erarbeitet, der allen Betreuern als Vorlage und Hilfe dienen kann. Die aktuelle Version eines Fragebogens zur Betreuungsplanung kann man unter der Internetadresse www.lra-aic-fdb.de/service/formulare/betreuungsstelle, Rubrik „Betreuungsplan" herunterladen.

6.5 Mitteilungspflicht des Betreuers bei Veränderung der Umstände

§ 1901 Abs. 5 BGB

Die engen Voraussetzungen für die Anordnung einer Betreuung, insbesondere der Grundsatz der Erforderlichkeit, sind sehr stark mit dem Wohl des Betreuten verknüpft. Die Beachtung des Wohls des Betreuten gebietet auch die Mitteilung von Umständen, die eine Aufhebung der Betreuung ermöglichen, durch den Betreuer an das Betreuungsgericht. Andererseits muss der Betreuer nicht nur seinen Aufgabenkreis überblicken, sondern auch durch eine ganzheitliche Sichtweise erkennen, ob Aufgabenkreise eingeschränkt werden können bzw. erweitert werden müssen oder ob ein Einwilligungsvorbehalt angeordnet werden muss bzw. aufgehoben werden kann.

Umstände, die eine Aufhebung der Betreuung bzw. Einschränkung oder Erweiterung der Aufgabenkreise rechtfertigen, muss der Betreuer unverzüglich dem Betreuungsgericht mitteilen bzw. spätestens beim Jahresbericht anzeigen. Grundsätzlich ist auch bei einer Unsicherheit in der Entscheidungsfindung auf die Beratungsangebote hinzuweisen.

7. Gesetzliche Vertretung des Betreuten

Vertretungsrecht des Betreuers in seinen Aufgabenkreisen (§ 1902 BGB)

Der Betreuer vertritt den Betreuten in seinen Aufgabenkreisen gerichtlich und außergerichtlich.

Der Betreuer ist in seinem Aufgabenkreis gesetzlicher Vertreter des Betreuten. Hierbei ist er als gesetzlicher Vertreter aber nicht uneingeschränkt handlungsfähig. Er muss sich zunächst am Wohl, am Willen und an den Wünschen seines Betreuten orientieren (Willensvorrang des Betreuten) und ggf. betreuungsgerichtliche Genehmigungsvorbehalte beachten. Von entscheidender Bedeutung ist ferner die Geschäftsfähigkeit und bei den höchstpersönlichen Rechten des Betreuten die natürliche Einsichts- und Steuerungsfähigkeit (siehe entsprechende Ausführungen in Kapitel A 2).

Grundsätzlich sollte der Betreuer als gesetzlicher Vertreter nur in Angelegenheiten des Betreuten tätig werden, die dieser nicht selbst zu erledigen vermag. Vorrang hat immer die Selbsthilfe des Betreuten.

Der geschäftsfähige Betreute kann eigene verbindliche Willenserklärungen abgeben, so dass es zu Doppelverpflichtungen kommen kann, wenn in diesem Bereich auch der Betreuer handelt. Dies dürfte aber dann nicht vorkommen, wenn der Betreuer seinen Besprechungspflichten mit dem Betreuten nachkommt.

Praxis TIPP

Bei geschäftsfähigen Betreuten ist die Besprechung aller Angelegenheiten sehr wichtig, damit es nicht zu schadensauslösenden Doppelgeschäften kommen kann (vgl. Kapitel A 2, Abschnitt 2.8 „Auswirkungen bei Geschäftsfähigkeit").

Der geschäftsfähige Betreute kann Dritte bevollmächtigen, selbst für Aufgaben, die zum Aufgabenkreis des Betreuers gehören. Soweit eine solche Bevollmächtigung erfolgt, ist der Betreuer gehalten, eine Aufhebung der Betreuung, zumindest für diesen Aufgabenkreis, beim Betreuungsgericht anzuregen (§§ 1901 Abs. 5, 1908d Abs. 1 BGB).

7.1 Ausschlüsse und Beschränkungen in der Vertretung

Der Betreuer ist in bestimmten Fällen in seiner Vertretungsmacht beschränkt oder sogar ausgeschlossen.

Ausschlüsse			Beschränkungen
§ 1908i Abs. 1 Satz 1, §§ 1795, 181 BGB	§ 1908i Abs. 1 Satz 1, § 1796 BGB	§ 1908i Abs. 2 Satz 1, § 1804 BGB	Erforderlichkeit einer betreuungsgerichtlichen Genehmigung
Heilung, § 1899 Abs. 4 BGB • Ergänzungsbetreuer handelt im Namen des Betroffenen • Ergänzungsbetreuer schließt das zunächst nicht wirksame Rechtsgeschäft neu ab oder genehmigt einen bereits durch den Betreuer geschlossenen Vertrag		keine Heilung möglich	Heilung durch Erteilung der betreuungsgerichtlichen Genehmigung an Betreuer § 1908i Abs. 1 Satz 1, §§ 1828, 1829 BGB

7.1.1 Vertretungsausschlüsse nach § 1795 und § 181 BGB

Ausschluss nach §§ 1908i Abs. 1 Satz 1, 1795 Abs. 1 Nr. 1 BGB

Geschäfte mit Angehörigen des Betreuers

Der Betreuer ist kraft Gesetzes von der Vertretung ausgeschlossen bei Rechtsgeschäften, welche er in Vertretung des Betreuten mit seinem Ehegatten bzw. Lebenspartner (LPartG) oder seinen gradlinig Verwandten vornimmt.

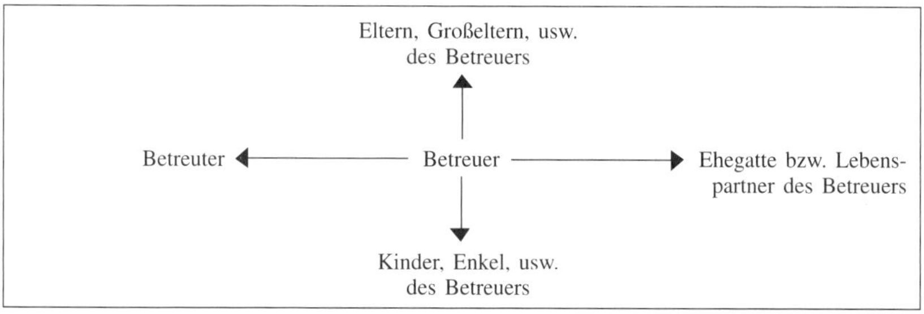

Beispiel:

Der Betreuer möchte seinem Sohn den PKW des Betreuten veräußern, da dieser nicht mehr Auto fahren kann und der Sohn einen guten Preis bezahlen würde.

Der Betreuer kann nicht handeln; ein weiterer Betreuer (sog. Ergänzungsbetreuer) muss bestellt werden.

Ausschluss nach §§ 1908i Abs. 1 Satz 1, 1795 Abs. 1 Nr. 2 BGB

Veränderungen bei gesicherten Betreutenforderungen

Der Betreuer ist kraft Gesetzes von der Vertretung ausgeschlossen, wenn eine gesicherte Forderung des Betreuten gegen den Betreuer besteht, und der Betreuer durch Rechtsgeschäft die Forderung übertragen oder belasten bzw. die Sicherheit aufheben oder mindern will.

Beispiel:

Für den Betreuten besteht am Grundstück des Betreuers (seines Sohnes) eine Reallast auf Lebenszeit, welche eine monatliche Geldzahlung von 300 EUR sichert, die der Sohn (Betreuer) zu erbringen hat. Da der Betreuer ein Darlehen benötigt und dafür als Sicherheit der Bank eine Grundschuld bestellen soll, möchte er im Namen des Betreuten mit dessen Wohnungsrecht im Rang hinter das neu zu bestellende Grundpfandrecht der Bank zurücktreten.

Die Rücktrittserklärung gibt er im Namen des Betreuten der Bank gegenüber ab; dadurch wird die Sicherheit des Betreuten gemindert. Der Betreuer kann nicht handeln; ein weiterer Betreuer (sog. Ergänzungsbetreuer) muss bestellt werden.

Ausschluss nach §§ 1908i Abs. 1 Satz 1, 1795 Abs. 1 Nr. 3 BGB

Ausschluss im Rechtsstreit

Der Betreuer ist kraft Gesetzes von der Vertretung bei einem Rechtsstreit (Prozess) ausgeschlossen, soweit bei einem Rechtsgeschäft die Nummern 1 oder 2 greifen würden.

Ausschluss nach §§ 1908i Abs. 1 Satz 1, 1795 Abs. 2 i. V. m. § 181 BGB

Verbotene Insichgeschäfte

Der Betreuer ist kraft Gesetzes von der Vertretung ausgeschlossen bei einem Rechtsgeschäft, welches er vornimmt in Vertretung des Betreuten mit sich selbst oder mit einem anderen von ihm Vertretenen (sog. Insichgeschäft oder Selbstkontrahieren).

Beispiele:

Der Betreuer möchte dem Betreuten in seinem Haus eine Wohnung vermieten, um ihn besser versorgen zu können. Dazu ist der Abschluss eines Mietvertrags erforderlich. Dieser Mietvertrag muss durch einen weiteren Betreuer (sog. Ergänzungsbetreuer) geschlossen werden.

B ist Betreuer von X und Y. Er möchte dem Y einen Kühlschrank des X verkaufen. Da B beide, Verkäufer und Käufer vertritt, kann er nicht handeln; ein weiterer Betreuer (sog. Ergänzungsbetreuer) muss bestellt werden.

Hinweis:

Die Ausschlusstatbestände der §§ 1908i Abs. 1, 1795 Abs. 1 Nr. 1 und § 1795 Abs. 2 i. V. m. § 181 BGB greifen nicht, wenn das Rechtsgeschäft in Erfüllung einer bestehenden Verbindlichkeit erfolgt oder dem Betreuten lediglich einen rechtlichen Vorteil bringt (teleologische Reduktion).

Beispiel:

Der Betreuer schenkt dem Betreuten ein Fernsehgerät und übereignet es. Der Erwerb bringt dem Betreuten lediglich einen rechtlichen Vorteil, da er keine Verpflichtung eingeht und nichts aufwenden muss.

7.1.2 Ausschluss nach §§ 1908i Abs. 1 Satz 1, 1796 BGB

Entzug des Vertretungsrechts

Falls das Interesse des Betreuten erheblich im Gegensatz steht zum Interesse

- des Betreuers,
- einer der in § 1795 Abs. 1 Nr. 1 BGB genannten Person,
- eines Dritten, den der Betreuer ebenfalls vertritt,

und nicht bereits ein Ausschluss kraft Gesetzes vorhanden ist, kann das Betreuungsgericht dem Betreuer für einen bestimmten Bereich das Vertretungsrecht entziehen. Hierüber ergeht eine gerichtliche Entscheidung.

Beispiel:

Betreuer und Betreuter sind Miterben zu je 1/2 nach dem verstorbenen Vater geworden. Der Betreuer möchte die Erbschaft des kinderlosen Betreuten ausschlagen; dadurch wird er Alleinerbe. Ein gesetzlicher Ausschluss besteht nicht, da die Erklärung gegenüber dem Nachlassgericht erfolgt, allerdings besteht für den Betreuer ein nicht unerhebliches Eigeninteresse.

7.2 Weiterer Betreuer (sog. Ergänzungsbetreuer)

Ergänzungsbetreuer

Wenn der Betreuer aus tatsächlichen oder rechtlichen Gründen verhindert ist, die Angelegenheiten des Betreuten zu besorgen, so ist dem Betreuten ein weiterer Betreuer (§ 1899 Abs. 4 BGB – sog. Ergänzungsbetreuer) zu bestellen. Als rechtliche Gründe sind insbesondere die unter Abschnitt 7.1 behandelten Vertretungsausschlüsse zu beachten.

Der weitere Betreuer (Ergänzungsbetreuer) kann ein geplantes Rechtsgeschäft vornehmen oder ein bereits getätigtes genehmigen. Der Aufgabenkreis dieses zusätzlichen Betreuers reicht nur so weit, wie die Verhinderung des ersten (Haupt-)Betreuers gegeben ist. Siehe hierzu auch Abschnitt 4.1.3 und 4.1.4.

7.3 Schenkungen durch den Betreuer

- siehe die Ausführungen in Kapitel A 4, Abschnitt 3.1

7.4 Betreuungsgerichtliche Genehmigung

- siehe die Ausführungen in Kapitel A 3

8. Erweiterung, Verlängerung und Aufhebung der Betreuung

8.1 Erweiterung der Betreuung

8.1.1 Erforderlichkeit der Erweiterung der Betreuung

Der Umfang der Betreuung ist von der krankheits- oder behinderungsbedingten Betreuungsbedürftigkeit geprägt sowie vom Betreuungsbedarf, den Tätigkeiten, welche der Betroffene nicht mehr erledigen kann, die aber durchzuführen sind.

Veränderungen

Betreuungsbedürftigkeit und Betreuungsbedarf können sich verändern, so dass eine Erweiterung der Aufgabenkreise erforderlich wird. Ist dies der Fall, muss das Betreuungsgericht eine Erweiterung durchführen, wobei die Vorschriften über die Bestellung eines Betreuers entsprechend anzuwenden sind, § 1908d Abs. 3 BGB, § 293 FamFG.

Besteht für den Betreuten aufgrund seiner Handlungen eine erhebliche Gefahr für die Person oder sein Vermögen, kann das Betreuungsgericht auch nachträglich einen Einwilligungsvorbehalt oder dessen Erweiterung zur Abwendung dieser Gefahr anordnen, § 1903 Abs. 1 BGB, § 293 FamFG.

Betreuer teilt mit

Die Notwendigkeit für eine Erweiterung der Aufgabenkreise oder der Anordnung eines Einwilligungsvorbehalts wird häufig der Betreuer erkennen und sie dem Betreuungsgericht mitteilen, § 1901 Abs. 5 BGB (vgl. oben Abschnitt 6.5).

8.1.2 Verfahrensrecht, § 293 FamFG

Einwilligungsvorbehalt

Die nachträgliche Anordnung eines Einwilligungsvorbehalts bei bestehender Betreuung erfordert dieselben Verfahrensgarantien wie die Anordnung zugleich mit der Bestellung eines Betreuers. Bei nachträglicher Änderung des Einwilligungsvorbehalts (Aufhebung, Einschränkung oder Erweiterung) gelten die gleichen Vorschriften wie bei nachträglicher Änderung oder Betreuung (§ 1908d Abs. 4 BGB).

Anhörungen, § 293 FamFG

Auch bei der Erweiterung sind grundsätzlich die persönliche Anhörung des Betroffenen und die Verschaffung des unmittelbaren Eindrucks durch das Gericht in seiner üblichen Umgebung erforderlich, § 278 Abs. 1 FamFG. Die Betreuungsbehörde muss dagegen nur angehört werden, wenn „es der Betroffene verlangt oder es zur Sachaufklärung erforderlich ist“, § 293 Abs. 1 Satz 2 FamFG. Im Übrigen gelten die §§ 278, 279 FamFG (vgl. oben unter 3.4.2).

Verfahrenserleichterungen

Einer persönlichen Anhörung nach § 278 Abs. 1 FamFG sowie der Einholung eines Gutachtens oder ärztlichen Zeugnisses (§§ 280 und 281 FamFG) bedarf es gemäß § 293 Abs. 2 FamFG nicht, wenn diese Verfahrenshandlungen nicht länger als sechs Monate zurückliegen oder die beabsichtigte Erweiterung nach § 293 Abs. 1 FamFG nicht wesentlich ist. Eine wesentliche Erweiterung des Aufgabenkreises des Betreuers liegt insbesondere vor, wenn erstmals ganz oder teilweise die Personensorge, Vermögensverwaltung oder eine der in § 1896 Abs. 4 BGB oder den §§ 1904 bis 1906 BGB genannten Aufgaben einbezogen wird.

8.1.3 Bestellung eines weiteren Betreuers

Die Bestellung eines weiteren Betreuers ist im Gesetz zum Teil vorgesehen oder ermöglicht.

Sterilisationsbetreuer

Für die Entscheidung über die Einwilligung in eine Sterilisation des Betreuten ist stets neben dem (bestehenden Betreuer) ein besonderer Betreuer zu bestellen, § 1899 Abs. 2 BGB. Soweit es sich hierbei um die Erweiterung der bestehenden Aufgabenkreise handelt, sind die oben unter Abschnitt 8.1.2 genannten Verfahrenshandlungen zu beachten, § 293 Abs. 3 i. V. m. Abs. 1 und 2 FamFG.

Ergänzungsbetreuer

Wenn der Betreuer bei einer Angelegenheit rechtlich oder tatsächlich verhindert ist, wird die Bestellung eines weiteren Betreuers nach § 1899 Abs. 4 BGB erforderlich (sog. Ergänzungs- oder Verhinderungsbetreuer). Eine rechtliche Verhinderung kann z. B. bestehen beim Abschluss eines Rechtsgeschäfts zwischen dem Betreuten und dem Betreuer (§§ 1908i Abs. 1, 1795 Abs. 2, 181 BGB) oder einem nahen Angehörigen des Betreuers (§§ 1908i Abs. 1, 1795 Abs. 1 Nr. 1 BGB); eine tatsächliche Verhinderung kann durch Krankheit oder Abwesenheit hervorgerufen werden.

Da in den Fällen des § 1899 Abs. 4 BGB eine Erweiterung der bestehenden Aufgabenkreise regelmäßig nicht erfolgen muss, sind gemäß § 293 Abs. 3 FamFG die Absätze 1 und 2 nicht anzuwenden, so dass weder die Anhörung des Betreuten noch die Einholung eines Sachverständigengutachtens erforderlich wird. Eine Anhörungspflicht des Betreuten kann sich jedoch aus § 34 Abs. 1 Nr. 1 FamFG ergeben.

8.2 Verlängerung der Betreuung

8.2.1 Überprüfungserforderlichkeit

Sieben Jahre (Höchstfrist)

Über die Verlängerung der Betreuung oder des Einwilligungsvorbehalts hat das Betreuungsgericht spätestens sieben Jahre nach der Anordnung dieser Maßnahmen zu entscheiden, § 295 Abs. 2 FamFG. Dadurch soll vermieden werden, dass eine einmal angeordnete Maßnahme auf unbestimmte Zeit ohne Überprüfung der (anhaltenden) Erforderlichkeit fortbesteht.

8.2.2 Verfahrensrecht

Für die Verlängerung der Bestellung eines Betreuers oder der Anordnung eines Einwilligungsvorbehalts gelten die Vorschriften über die erstmalige Anordnung dieser Maßnahmen entsprechend, § 295 Abs. 1 Satz 1 FamFG.

Erforderlich sind somit die persönliche Anhörung des Betroffenen und die Verschaffung des unmittelbaren Eindrucks durch das Gericht in dessen üblichen Umgebung, § 278 Abs. 1 FamFG.

Die Betreuungsbehörde ist anzuhören, „wenn es der Betroffene verlangt oder es zur Sachaufklärung erforderlich ist", § 295 Abs. 1 Satz 3 FamFG bzw. im Fall einer Beteiligung gemäß §§ 295 Abs. 1 Satz 1, 279 Abs. 1, 274 Abs. 3 FamFG. Soweit Angehörige an dem Verfahren beteiligt wurden, sind auch sie anzuhören, §§ 295 Abs. 1 Satz 1, 279 Abs. 1, 274 Abs. 4 FamFG.

Die Einholung eines Sachverständigengutachtens gemäß § 280 FamFG im Rahmen einer förmlichen Beweisaufnahme (oder eines ärztlichen Zeugnisses in den genannten Ausnahmefällen des § 281 FamFG) ist grundsätzlich erforderlich.

Gutachten kann unterbleiben

Von der erneuten Einholung eines Gutachtens kann abgesehen werden, wenn sich aus der persönlichen Anhörung des Betroffenen und einem ärztlichen Zeugnis ergibt, dass sich der Umfang der Betreuungsbedürftigkeit offensichtlich nicht verringert hat, § 295 Abs. 1 Satz 2 FamFG.

8.3 Aufhebung der Betreuung

8.3.1 Wegfall der Voraussetzungen

Die Betreuung ist aufzuheben, wenn ihre Voraussetzungen wegfallen. Fallen diese Voraussetzungen nur für einen Teil der Aufgaben des Betreuers weg, so ist dessen Aufgabenkreis einzuschränken, § 1908d Abs. 1 BGB. Dies gilt auch für den Einwilligungsvorbehalt, § 1908d Abs. 4 BGB.

Betreuung wird fortgeführt

Ist der Betreuer auf Antrag des Betreuten bestellt (§ 1896 Abs. 1 BGB), so ist die Betreuung auf dessen Antrag aufzuheben, § 1908d Abs. 2 Satz 1 BGB; dies gilt uneingeschränkt für den körperlich behinderten Betroffenen. Liegt eine psychische Krankheit, geistige oder seelische Behinderung vor, und stellt der Betreute den Aufhebungsantrag, müsste zunächst aufgehoben werden, aber bei (weiterem) Vorliegen der Voraussetzungen die Betreuung von Amts wegen erneut angeordnet werden. Für diesen Fall ist vorgesehen, dass dem Aufhebungsantrag nicht entsprochen und das Verfahren fortgeführt wird, § 1908d Abs. 2 Satz 1 BGB. Dies gilt für die Einschränkung des Aufgabenkreises entsprechend, § 1908d Abs. 2 Satz 3 BGB.

Den Aufhebungsantrag kann auch ein Geschäftsunfähiger stellen, § 1908d Abs. 2 Satz 2 BGB.

Um tatsächlich Ermittlungen durchzuführen, bedarf es greifbarer Anhaltspunkte für eine Veränderung der der Betreuerbestellung zugrunde liegenden tatsächlichen Umstände, die, wenn sie dem Gericht nicht bereits auf anderem Wege bekannt gemacht worden sind, namentlich vom Betroffenen vorzubringen sind (*BGH* BtPrax 2011, 130).

Die fehlende Bereitschaft des Betroffenen zur Zusammenarbeit mit dem Betreuer (Unbetreubarkeit) lässt die Erforderlichkeit einer Betreuung nicht entfallen, wenn der Betreuer auch ohne Kommunikation mit dem Betroffenen in dessen Interesse und zu dessen Wohl rechtlich tätig werden kann.

Aufhebung bei Unbetreubarkeit

Zwar kommt eine Aufhebung der Betreuung in Betracht, wenn sich herausgestellt hat, dass der mit der Bestellung des Betreuers erstrebte Erfolg nicht zu erreichen ist, weil der Betreuer seine Aufgaben nicht wirksam wahrnehmen und zum Wohl des Betroffenen nichts bewirken kann. Das kann ausnahmsweise der Fall sein, wenn der Betroffene jeden Kontakt mit seinem Betreuer verweigert und der Betreuer dadurch handlungsunfähig ist, das heißt eine sogenannte Unbetreubarkeit vorliegt. Bei der Annahme einer solchen Unbetreubarkeit des Betroffenen ist allerdings Zurückhaltung geboten, zumal die fehlende Bereitschaft, vertrauensvoll mit dem Betreuer zusammenzuarbeiten, Ausdruck der Erkrankung des Betroffenen sein kann.

Gerade in diesem Fall kommt die Aufhebung einer Betreuung nur dann in Betracht, wenn es gegenüber den sich für den Betroffenen aus der Krankheit oder Behinderung ergebenden Nachteilen unverhältnismäßig erscheint, die Betreuung weiter durchzuführen. Besteht objektiv ein Betreuungsbedarf, ist daher bei fehlender Kooperationsbereitschaft des Betroffenen entscheidend, ob durch die Betreuung eine Verbesserung der Situation des Betroffenen erreicht werden kann. Dabei ist zu berücksichtigen, inwieweit ein Betreuer durch rechtliche Entscheidungen einen für den Betroffenen positiven Einfluss nehmen könnte (*BGH* BtPrax 2016, 196).

8.3.2 Verfahrensrecht

Über die Aufhebung der Betreuung oder des Einwilligungsvorbehalts hat das Gericht, unabhängig von aktuellen Aufhebungsgründen, spätestens sieben Jahre nach der Anordnung dieser Maßnahmen zu entscheiden, § 294 Abs. 3 FamFG.

Keine zwingende Anhörung des Betreuten erforderlich

Im Verfahren über die Aufhebung der Betreuung oder eines Einwilligungsvorbehalts und für die Einschränkung des Aufgabenkreises oder des Kreises der einwilligungsbedürftigen Willenserklärungen sind der Betreute und der Betreuer Verfahrensbeteiligte (§ 274 Abs. 1 FamFG). Eine zwingende persönliche Anhörung des Betreuten ist nicht vorgesehen (keine Verweisung auf § 278 FamFG), damit scheidet auch eine Vorführung nach § 278 Abs. 5 FamFG aus.

Gutachten und Anhörung sind im Einzelfall unabdingbar

Im Aufhebungsverfahren sind somit weder die persönliche Anhörung des Betroffenen noch die Einholung eines Sachverständigengutachtens gesetzlich vorgeschrieben. Stellt sich der Wunsch nach Aufhebung der Betreuung als substanzlos oder gar krankheitsbedingt querulatorische Eingabe dar, dann kann sicher auf Gutachten und persönliche Anhörung verzichtet werden. Diese Verfahrenshandlungen können aber im Einzelfall nach den Grundsätzen der Amtsermittlung (§ 26 FamFG) geboten sein. Entscheidet sich das Gericht für die Einholung eines gesetzlich nicht vorgeschriebenen Gutachtens und zieht es zur Begründung seiner Entscheidung heran, dann müssen nicht nur alle Voraussetzungen des § 280 FamFG erfüllt sein, sondern es muss auch eine persönliche Anhörung des Betroffenen durchgeführt werden (*BGH* BtPrax 2016, 233; 2012, 25).

Verfahrenspfleger

Die Bestellung eines Verfahrenspflegers ist unter den Voraussetzungen der §§ 276, 271 Nr. 1 FamFG geboten. Ergeben sich keine greifbaren Anhaltspunkte dafür, dass sich seit der Betreuerbestellung die tatsächlichen Umstände geändert hätten, so dass keine tatsächlichen Ermittlungen anzustellen sind, dann kann auf die Bestellung des Verfahrenspflegers verzichtet werden (*BGH* NJW-RR 2012, 66). Allerdings darf das Gericht diese Voraussetzungen nicht unbesehen unterstellen oder sich gar auf eine vorweggenommene Beweiswürdigung einlassen.

Keine Pflicht zur Vorlage eines ärztlichen Zeugnisses

Mit dem Amtsermittlungsgrundsatz ist es nicht zu vereinbaren, wenn das Betreuungsgericht dem Betroffenen oder Betreuer auferlegt, ärztliche Zeugnisse oder Atteste vorzulegen. Zur Beschleunigung des Verfahrens kann dies aber auf freiwilliger Basis geschehen und erleichtert die Arbeit des Gerichts (vgl. zum ärztlichen Zeugnis als Ersatz für ein Gutachten Abschnitt 3.4.5).

Da § 294 Abs. 1 FamFG auf § 279 Abs. 1, 3 und 4 FamFG verweist, sind die beteiligten Angehörigen und die Betreuungsbehörde für den Fall der Beteiligung, ein bestellter Verfahrenspfleger, auf Verlangen eine nahestehende Person und die gesetzlichen Vertreter bei Minderjährigen anzuhören. Liegt keine Beteiligung vor, ist die Betreuungsbehörde nur anzuhören, „wenn es der Betroffene verlangt oder es zur Sachaufklärung erforderlich ist".

Bekanntgabe

Die Entscheidung ist gemäß § 41 Abs. 1 Satz 1 FamFG den Beteiligten (§ 274 FamFG) und – unabhängig von einer Beteiligung – den Betreuungsbehörden (§ 294 Abs. 1 i. V. m. § 288 Abs. 2 Satz 1 FamFG) bekannt zu geben.

Hat der Betreute zunächst selbst beantragt, einen Betreuer zu bestellen (§ 1896 Abs. 1 Satz 1 BGB) und begehrt er nunmehr die Aufhebung der Betreuung oder deren Einschränkung im Aufgabenkreis und soll nunmehr geprüft werden, ob die Betreuung aufgehoben oder von Amts wegen fortgeführt werden sollte, § 1908d Abs. 2 BGB, dann muss nach § 294 Abs. 2 FamFG ein Sachverständigengutachten eingeholt werden (§ 280 FamFG), wenn die ursprüngliche Bestellung nur aufgrund eines ärztlichen Zeugnisses vorgenommen worden ist, § 281 Abs. 1 Nr. 1 FamFG.

Gutachten erstmalig erforderlich

Wurde bei der Erstanordnung die Einholung eines Gutachtens sogar unter Verstoß gegen § 280 Abs. 1 FamFG unterlassen, gebietet die Amtsermittlungspflicht ebenfalls die Nachholung des Gutachtens im Rahmen des Aufhebungsverfahrens (*BGH* FamRZ 2013, 285).

Dem Betreuer steht gegen die Aufhebung der Betreuung keine Beschwerdebefugnis aus eigenem Recht zu (*BGH* FamRZ 2014, 240).

Keine Beschwerdebefugnis

9. Neubestellung eines Betreuers

9.1 Erforderlichkeit einer Neubestellung

Mit der Entlassung des Betreuers oder dessen Tod wird die Betreuung nicht beendet, vielmehr ist ein neuer Betreuer zu bestellen, § 1908c BGB.

Betreuung besteht weiter

Zu den Entlassungsgründen und dem durchzuführenden Verfahren siehe Kapitel A 5, Abschnitt 1.3.

9.2 Verfahrensrecht

Vor der Bestellung eines neuen Betreuers hat das Gericht den Betroffenen persönlich anzuhören; das gilt nicht, wenn der Betroffene sein Einverständnis mit dem Betreuerwechsel erklärt hat, § 296 Abs. 2 FamFG. Auch die beteiligten Angehörigen (§ 274 Abs. 4 FamFG) und die Betreuungsbehörde sowie ein bestellter Verfahrenspfleger sind anzuhören, § 296 Abs. 2 Satz 2 FamFG i. V. m. § 279 Abs. 1 und 2 FamFG.

10. Tod des Betreuten, Vorsorge und Pflichten des Betreuers

In einer diesseitsorientierten Gesellschaft verliert man ungern Gedanken an den Tod. Der Betreuer wird aber möglicherweise sehr schnell, insbesondere bei Schwerstkranken oder senil dementen Personen, mit dieser Problematik konfrontiert und sollte sich unbefangen mit den damit verbundenen Angelegenheiten beschaftigen. Dies gilt sowohl für die Vorsorge für den Todesfall, wie auch für das Verhalten des Betreuers nach dem Tod des Betreuten.

10.1 Bestattungsvorsorgeverträge

Der Abschluss eines Vorsorgevertrages für die Bestattung durch den Betreuer kann nur bedingt empfohlen werden. Er ist sicher hilfreich, wenn keine Angehörigen oder Bekannten vorhanden sind, die sich um die Bestattung kümmern können. Sinnvoll ist es jedoch nur, wenn der Betreute seinen Lebensunterhalt aus eigenem Einkommen oder Vermögen bestreitet. Der Abschluss eines Bestattungsvertrages muss dann vom Aufgabenkreis der Betreuung (Vermögenssorge) gedeckt sein. Eine betreuungsgerichtliche Genehmigung ist jedoch nicht erforderlich.

Nur bei eigenem Einkommen sinnvoll

Praxis TIPP

Bestattungsvertrag

Gegen den ausdrücklichen Wunsch des Betreuten sollte generell kein derartiger Vertrag abgeschlossen werden.

Wünsche respektieren Soweit es von dem Betreuten angesprochen, vielleicht sogar gewünscht wird, sollten seine Wünsche für den Todesfall respektiert und im Rahmen des Möglichen realisiert werden. Dass derartige Fragen, wenn überhaupt, nur mit dem notwendigen Fingerspitzengefühl besprochen werden dürfen, ist eine Selbstverständlichkeit. Die Erfahrung lehrt jedoch, dass viele ältere Personen mit diesem Thema gut umgehen können und eine Vorsorge für den Fall des Todes wünschen.

Nachteile für Sozialhilfeempfänger Bei Beziehern von Sozialhilfe ist die (neue) Finanzierung eines Bestattungsvorsorgevertrags aus Mitteln der Sozialhilfe nicht möglich. Die frühere Auffassung der Sozialhilfeverwaltungen, dass die an den Bestattungsunternehmer abgetretenen Guthaben bzw. Versicherungsansprüche bei der Ermittlung des geschützten Vermögens mit einzubeziehen sind, ist allerdings überholt (*VG Hannover*, Beschluss vom 18. 5. 2001, Az. 3 B 1818/01; *PfälzOLG Zweibrücken* Rpfleger 2005, 666; *OLG Schleswig* BtPrax 2007, 133).

Das dem Betreuten zur Verfügung stehende Vermögen (Schonvermögen) wird daher durch den Abschluss eines solchen Vertrages nicht gebunden und steht deshalb weiterhin für andere evtl. erforderliche Anschaffungen zur Verfügung, die von der öffentlichen Hand nicht finanziert werden.

Zugleich ist darauf hinzuweisen, dass auch ohne Bestattungsvorsorgevertrag die nach Landesrecht zuständige Behörde zur Durchführung der Bestattung verpflichtet ist.

10.2 Aufgaben des Betreuers nach dem Tod des Betreuten

10.2.1 Grundsätzliche Aufgaben

Pflicht, die Leichenschau zu veranlassen Jede Leiche muss „zur Feststellung des Todes, der Todesart (natürlicher oder nicht natürlicher Tod) und der Todesursache von einem Arzt untersucht werden (Leichenschau)“. Soweit zum Aufgabenkreis des Betreuers die Personensorge gehört hat, kann er verpflichtet sein, diese Leichenschau zu veranlassen. In Bayern regeln das Art. 2, 15 Abs. 2 Nr. 3 Bestattungsgesetz, § 1 Abs. 1 Satz 2 Nr. 3 Bestattungsverordnung.

Schlussbericht Mit dem Tod des Betreuten ist die Betreuung beendet. Je nachdem, ob Angehörige vorhanden oder erreichbar sind, unterscheiden sich die Aufgaben des Betreuers. Allen Fallkonstellationen ist jedoch gemeinsam, dass dem Betreuungsgericht ein Schlussbericht über die persönlichen Verhältnisse vorzulegen und die Bestellungsurkunde zurückzugeben ist. War der Betreuer auch mit der Vermögenssorge betraut, so hat zudem eine Schlussrechnungslegung zu erfolgen. Betreuer, die als Vereins- oder Behördenbetreuer oder als naher Angehöriger von der Rechnungslegung befreit waren, müssen eine abschließende Vermögensübersicht einreichen.

Ende der Vermögensverwaltung Mit dem Tod des Betreuten gehen auch automatisch dessen Vermögen und Schulden auf den oder die Erben über. Der Betreuer ist nicht mehr berechtigt, das Vermögen zu verwalten und kann auch nicht über dessen Konten verfügen. Die Konten werden nunmehr als Nachlasskonten geführt, wobei Daueraufträge und Lastschriften bis zum Widerruf durch die Erben ausgeführt werden.

Auskunftsanspruch des Erben Grundsätzlich steht dem Erben des Betreuten ein Auskunfts- und Rechenschaftslegungsanspruch gegen den (ehemaligen) Betreuer gemäß §§ 1908i Abs. 1 Satz 1, 1890, 1922 BGB zu. Danach hat der Betreuer nach Beendigung seines Amts das verwaltete Vermögen herauszugeben und über die Verwaltung des Vermögens Rechenschaft zu legen. Gläubiger dieses Anspruchs ist der Rechtsnachfolger des Betreuten. Dem Erben steht gegen den Betreuer ein Anspruch auf Auskunft über die im Rahmen der Betreuung des Erblassers bis zu seinem Tod getätigten Geschäfte zu. Der Anspruch aus §§ 1908i Abs. 1 Satz 1, 1890 BGB unterliegt der regelmäßigen Verjährung gemäß § 195 BGB (drei Jahre), wobei die regelmäßige Verjährungsfrist des § 199

Abs. 1 BGB mit dem Schluss des Jahres beginnt, in dem der Anspruch entstanden ist, was mit dem Ende der Betreuung aufgrund des Todes des Betreuten der Fall ist (*OLG Düsseldorf* FamRZ 2016, 497).

10.2.2 Angehörige können eingebunden werden

Sofort benachrichtigen

Sind Angehörige vorhanden und erreichbar, so sollten diese umgehend vom Tod des Betreuten benachrichtigt werden.

10.2.3 Der Erbe oder die Erbengemeinschaft können nicht eingebunden werden

Sofern die Erben nicht feststehen oder nicht innerhalb kurzer Zeit erreichbar sind, sollte dennoch versucht werden, diese möglichst rasch vom Tode des Betroffenen zu informieren.

Bedingte Handlungsbefugnis

Bis zu dem Zeitpunkt, ab dem die Erben tätig werden können, hat der Betreuer ausnahmsweise gemäß §§ 1908i Abs. 1 Satz 1, 1893, 1698b BGB die vermögensrechtlichen Geschäfte zu besorgen, die nicht ohne Gefahr aufgeschoben werden können, also zur Vermeidung eines Schadens erforderlich sind. Voraussetzung für eine Befugnis und Verpflichtung aus § 1698b BGB ist, dass der Betreuer mit dem Aufgabenkreis Vermögenssorge betraut war.

In Betracht kommen hier die Einlegung von fristgebundenen Rechtsbehelfen und die Erledigung von sonstigen Fristsachen, z. B. Zahlung von Prämien für Sachversicherungen. Auch Tätigkeiten zur Verhinderung einer Terminversäumung, z. B. Zahlung einer Geldschuld, bei der Verzugszinsen drohen, werden erfasst. Unter Umständen kann auch die Kündigung der Wohnung hierunter fallen, um die Erben nicht mit unnötigen Zahlungen zu belasten. Von der Rechtsprechung wurde ebenso die Fortführung der Verwaltung eines Hauses anerkannt, einschließlich der Einziehung der Mieten sowie Bezahlung der anfallenden Unkosten, Abgaben und Handwerkerrechnungen. Auch auszuzahlende Gelder von Lebens-, Unfall-, Kranken- und Sterbegeldversicherung sind noch in Empfang zu nehmen und zinsgünstig anzulegen. Für derartige Tätigkeiten kann der Betreuer Vergütung und Entschädigung nach den §§ 1835, 1836 BGB verlangen.

Praxis TIPP

Zuständigkeit des Betreuers

Welche Eilgeschäfte nach dem Ende der Betreuung vom Betreuer noch erledigt werden müssen, ist in der Literatur und Rechtsprechung umstritten. Der Betreuer sollte, soweit dies zeitlich möglich ist, zur Vermeidung von Schadensersatzansprüchen mit dem Betreuungsgericht Rücksprache nehmen. In jedem Fall sollte der Betreuer darauf hinwirken, dass vorrangig ein Nachlasspfleger bestellt wird.

10.2.4 Keine Angehörigen bekannt

Falls keine Angehörigen bzw. Erben vorhanden oder bekannt sind, so ist (falls kein Bestattungsvertrag vorliegt) die nach Landesrecht zuständige Behörde zur Durchführung der Bestattung zu informieren.

Meldung beim Nachlassgericht

Ferner sollte das Nachlassgericht vom Todesfall benachrichtigt werden, damit gegebenenfalls ein Erbe ermittelt werden kann. Das Nachlassgericht ist auch zur Sicherung des Nachlasses verpflichtet, wozu erforderlichenfalls ein Nachlasspfleger bestellt wird. Zum Nachlasspfleger kann auch der ehemalige Betreuer bestellt werden.

10.2.5 Betreuer ist Erbe oder hat Vollmacht

Ist der Betreuer auch gleichzeitig Erbe, so hat er nunmehr als Erbe Sorge für den Nachlass zu tragen.

Ausdrückliche Nachlassvereinbarung

Das Gleiche gilt dann, wenn der Betreuer zu Lebzeiten mit dem geschäftsfähigen Betreuten eine Vereinbarung getroffen hat und wirksam bevollmächtigt wurde. Eine derartige Regelung wird aber nur bei einem besonderen Vertrauensverhältnis zwischen Betreuer und Betreutem in Betracht kommen und sollte nur auf ausdrücklichen Wunsch des Betreuten erfolgen.

10.3 Benachrichtigung dritter Personen

Benachrichtigung wichtiger Einrichtungen

Grundsätzlich sind die Erben für die Abwicklung des Nachlasses zuständig. Nicht selten sind aber keine Erben erreichbar, bzw. wird der Betreuer als gesetzlicher Vertreter des Verstorbenen weiterhin als Ansprechpartner angesehen. Zur Vermeidung ständig eingehender Nachfragen empfiehlt es sich daher, alsbald nach dem Todesfall (evtl. mittels eines Serienbriefes) die wichtigsten Einrichtungen vom Tod des Betreuten und der Beendigung der Betreuung zu benachrichtigen.

Praxis TIPP

Kostenerstattung

Da die Erstattung des hiermit verbundenen Zeitaufwands sowie der Auslagen gesetzlich nicht zwingend vorgeschrieben ist, empfiehlt es sich, diesbezüglich zuvor Rücksprache mit dem Betreuungsgericht zu nehmen.

Als hauptsächlich beteiligte Einrichtungen kommen hierbei in Betracht: Arbeitgeber – Vermieter/Heim/betreute Wohnform – Sozialhilfeträger – Arbeitsagentur – Versorgungsamt – Gläubiger – Gerichte/Staatsanwaltschaften/Anwälte – kirchliche Stellen – Banken/Sparkassen – Ärzte – Rentenversicherungsträger – Krankenkasse – ambulante Dienste – Versicherungsunternehmen – ARD ZDF Deutschlandfunk Beitragsservice – Telekom/Postdienst – Versorgungsunternehmen (Gas, Wasser, Strom) – Finanzamt – Vereine – Kommunalbehörde.

Der Ersatz der damit verbundenen Aufwendungen sollte keine Probleme bereiten.

10.4 Einzelfragen

10.4.1 Bestattung

Bestattung

Die Durchführung der Bestattung fällt nicht mehr in den Aufgabenkreis des Betreuers. Liegen keine entsprechenden Abreden mit dem Betreuten bzw. den Totensorgeberechtigten vor, die zur Sicherheit schriftlich festgehalten werden sollten, ist von einem Tätigwerden im Zusammenhang mit der Bestattung abzuraten. Es ist ausreichend, die Angehörigen bzw. die jeweilige Kommunalverwaltungsbehörde zu informieren und die erforderlichen Unterlagen zu übergeben, um ihnen dann die weiteren Schritte zu überlassen. Dem Betreuer steht für die Durchführung der Bestattung kein Vergütungsanspruch zu, da diese Tätigkeit nicht unter die Aufgaben des Betreuers fällt.

Nur Angehörige sind verpflichtet

Die Kommunalverwaltungsbehörden kümmern sich um den Verbleib der Leiche und die Bestattung, falls keine Angehörigen bekannt oder erreichbar sind. Die Ansicht, in Bayern könne der Betreuer, der die Personensorge des Betroffenen innehatte, zur Durchführung der Bestattung verpflichtet werden, ist unzutreffend. Aus der Bayerischen Bestattungsverordnung ergibt sich eindeutig, dass derzeit nur Angehörige, nicht der Betreuer, zur Bestattung verpflichtet sind.

Der Betreuer ist zur Übernahme der Bestattungskosten nur verpflichtet, wenn er entsprechende rechtsgeschäftliche Verpflichtungen eingeht. Neben der öffentlich-rechtlich geregelten Einstandspflicht bestimmter Verwandter (z. B. gemäß Art. 14 Abs. 2 Satz 2 BayBestG) haben zivilrechtlich die Erben die Kosten der Beerdigung zu tragen, § 1968 BGB. Der Betreuer sollte deshalb nach dem Tod keine Erklärungen gegenüber einem Bestattungsunternehmen abgeben und immer auf die Erben verweisen. Ansonsten besteht die Gefahr, dass er bei einem komplexen Vertrag Erklärungen unterschreibt, die später als Kostenübernahmeerklärung ausgelegt werden können (vgl. dazu den Sachverhalt bei *VGH Baden-Württemberg*, Beschluss vom 17. 4. 2018, Az. 1 S 419/18).

10.4.2 Fürsorge für die Wohnung

Sorgfaltspflicht

Vor allem wenn keine Erben bekannt oder erreichbar sind, stellt sich die Frage, was mit der angemieteten Wohnung und den Einrichtungsgegenständen geschehen soll. Auf alle Fälle hat der Betreuer noch dafür zu sorgen, dass von der nunmehr unbewohnten Wohnung keine Gefahren ausgehen (Abstellen von Strom, Wasser, Gas; Unterbringung von Haustieren; Verhinderung von Frostschäden; Abschließen der Wohnung und Verwahrung des Schlüssels; Information des Vermieters; Schutz des Bargeldes und der Wertsachen vor dem Zugriff Dritter).

Praxis TIPP

Sorge um Eigentum

Bezüglich der weiteren Maßnahmen ist es grundsätzlich ratsam, mit dem zuständigen Rechtspfleger Rücksprache zu nehmen.

10.4.3 Vergütungsfragen

Aufwendungsersatz, Aufwandsentschädigungen und Vergütungen, die sich auf Tätigkeiten beziehen, die vor dem Tod angefallen sind, sind wie unter Kapitel A 8 erläutert abzurechnen und ggf. gegenüber den Erben oder der Staatskasse geltend zu machen.

Auch Tätigkeiten des Betreuers nach dem Tod des Betreuten können noch zu vergüten sein, zumindest dann, wenn es sich um eilbedürftige Tätigkeiten handelt.

Vergütung bei Tod des Betreuten

Bei der sog. Pauschalvergütung des Berufs- und Vereinsbetreuers nach §§ 4 und 5 VBVG sind die Abwicklungstätigkeiten nach Beendigung der Betreuung mit erfasst; der Vergütungsanspruch endet mit dem Tod. Die Berechnung des letzten Pauschalmonats erfolgt nach § 5 Abs. 4 Satz 2 VBVG. Jedoch können eilbedürftige Tätigkeiten im Sinne von § 1698b BGB stundengenau nach § 3 VBVG zusätzlich vergütet werden (*OLG München* BtPrax 2006, 233).

10.4.4 Organentnahmen

Transplantationsgesetz: keine Entscheidungsbefugnis

Bei plötzlich und überraschend eintretenden Todesfällen werden Betreuer seitens des Krankenhauses gelegentlich nach einer Einwilligung zu einer Organentnahme gefragt. Spätestens seit Inkrafttreten des Transplantationsgesetzes (TPG) zum 1. 12. 1997 ist jedoch klargestellt, dass der Betreuer bezüglich einer Organentnahme keine Entscheidungsbefugnis hat. Eine Organentnahme bei toten Organspendern ist nur dann zulässig, wenn entweder der einwilligungsfähige Verstorbene schriftlich eingewilligt oder der nächste Angehörige zugestimmt hat und kein schriftlicher Widerspruch des Verstorbenen vorliegt (vgl. §§ 3, 4 TPG). Liegen dem Betreuer Unterlagen (Organspendeausweis, schriftliche Erklärung) vor, hat er diese dem Krankenhaus zur Verfügung zu stellen.

Einwilligungsfähiger Betreuter entscheidet selbst!

Die Entnahme von Organen (u. a.) bei einer lebenden Person zum Zwecke der Übertragung auf andere ist nur zulässig, wenn der Spender volljährig und einwilligungsfähig ist (§ 8 TPG). Daran hat auch das Gesetz zur Regelung der Entscheidungslösung im Transplantationsgesetz nichts geändert.

Übersenden die Krankenkassen gemäß § 2 Abs. 1a TPG Aufklärungsunterlagen und Organspendeausweis einem offenkundig einwilligungsunfähigen Betreuten, sollte der Betreuer die Krankenkassen auf diesen Umstand hinweisen. Wenn der einwilligungsfähige Betreute sich für eine Organspende entscheiden oder ihr widersprechen will, sollte der Betreuer eine umfassende Aufklärung evtl. durch einen Arzt anregen.

10.4.5 Haftung für Handlungen nach dem Tod des Betreuten

Haftung

Häufig erledigt der Betreuer im Rahmen der Vermögensverwaltung noch anstehende Aufgaben für den verstorbenen Betreuten, da er von dessen Versterben noch keine Kenntnis erlangt hat. Verwendet der Betreuer z. B. Rentenbeträge, die zu Unrecht überwiesen wurden, für die Tilgung von Schulden des Betreuten, kann er persönlich für die Rückzahlung nicht in Anspruch genommen werden, wenn er in Unkenntnis des Todes gehandelt hat (vgl. *BSG* FamRZ 2017, 559).

11. Kontrollbetreuer, Gegenbetreuer, Ergänzungsbetreuer

Begriffsvielfalt

Bei der Bestellung mehrerer Betreuer ist eine verwirrende Begriffsvielfalt zu beobachten. Verwendet werden etwa die Begriffe Kontrollbetreuer, Vollmachtsüberwachungsbetreuer, Überwachungsbetreuer, Vorsorgeüberwachungsbetreuer, Auftragsbetreuer, Mitbetreuer, Gegenbetreuer, Ergänzungsbetreuer, Subsidiarbetreuer, Ersatzbetreuer, Verhinderungsbetreuer. Der Versuch, begriffliche Klarheit zu schaffen, ist daher legitim.

11.1 Definitionen

Kontrollbetreuer

Eine Legaldefinition für den Begriff Kontrollbetreuer gibt es nicht. Vielmehr hat sich in der Praxis dieser Begriff durchgesetzt für einen Betreuer mit dem in § 1896 Abs. 3 BGB genannten Aufgabenkreis. Kontrollbetreuer ist demnach ein Betreuer mit dem Aufgabenkreis „Geltendmachung von Rechten des Betreuten gegenüber seinem Bevollmächtigten“. Vereinzelt finden sich in der Rechtsprechung und Literatur synonym die Begriffe Vollmachtsüberwachungsbetreuer, Überwachungsbetreuer, Vorsorgeüberwachungsbetreuer, Auftragsbetreuer.

Gegenbetreuer (Gegenvormund)

Der Begriff „Gegenvormund“ ergibt sich direkt aus dem Gesetz. § 1792 BGB, der über § 1908i Abs. 1 Satz 1 BGB auch für die Betreuung anwendbar ist, spricht vom sog. Gegenvormund. Bei der gesetzlich angezeigten „sinngemäßen“ Anwendung im Betreuungsrecht muss der Begriff Vormund durch Betreuer ersetzt werden. Ein Gegenbetreuer soll gemäß § 1792 Abs. 2 BGB bestellt werden, wenn mit der Betreuung eine – nicht unerhebliche – Vermögensverwaltung verbunden ist und nicht bereits mehrere die Betreuung gemeinschaftlich führen. Der Begriff „unerheblich“ bezieht sich übrigens vom Wortlaut her nicht auf das Vermögen, sondern auf die Verwaltung.

Ist ein Gegenbetreuer bestellt, kann er in vielen Fällen erforderliche Genehmigungen nach § 1908i Abs. 1 Satz 1 i. V. m. §§ 1810 und 1812 BGB anstelle des Betreuungsgerichts erteilen. Da seine Entscheidungen nicht dem FamFG unterliegen, bedarf die von ihm erteilte Genehmigung nach § 1812 BGB zur Erlangung der Wirksamkeit nicht der Rechtskraft (§ 40 Abs. 2 FamFG), so dass seine Genehmigung sofort mit Zugang an den Betreuer verwendet werden kann, § 1908i Abs. 1 BGB i. V. m. §§ 1832, 1828 BGB.

Ergänzungsbetreuer

Eine gesetzliche Definition des Ergänzungsbetreuers findet sich weder im BGB noch im FamFG. Allerdings kann man in den Vorschriften zur Zuständigkeit der Richter und Rechtspfleger fündig werden. § 1 Betreuungsverfahrensaufhebungsverordnung (BetrVerfAufV) überträgt dem Rechtspfleger unter anderem die Bestellung eines Ergänzungsbetreuers (§ 1899 Abs. 4 BGB). Ergänzungsbetreuer sind daher alle, die tätig werden sollen, wenn der Hauptbetreuer tatsächlich oder rechtlich verhindert ist.

11.2 Zuständigkeit, Verfahren

Für die Bestellung der Kontrollbetreuers (§ 1896 Abs. 3 BGB) ist der Rechtspfleger zuständig. Mangels ausdrücklichem Richtervorbehalt gilt dies grundsätzlich auch für den Gegenbetreuer (§ 1908i Abs. 1 Satz 1 i. V. m. § 1792 BGB). Einen weiteren Betreuer gemäß § 1899 Abs. 4 BGB (sog. Ergänzungs- oder Verhinderungsbetreuer) bestellt der Richter; lediglich in Bayern und Rheinland-Pfalz ist die Bestellung dem Rechtspfleger (rück-)übertragen.

Ein Sachverständigengutachten muss nicht eingeholt werden. Beim Kontrollbetreuer genügt ein ärztliches Zeugnis gemäß § 281 Abs. 1 Nr. 2 FamFG. Werden nachträglich Gegenbetreuer oder Ergänzungsbetreuer bestellt, ist ebenfalls kein Gutachten erforderlich, da beide nur bestellt werden, soweit ein Betreuer bestellt wurde. Die Frage, ob der Betreute psychisch krank, körperlich, geistig oder seelisch behindert ist, muss daher bei der isolierten Bestellung eines Gegen- oder Ergänzungsbetreuers nicht mehr geprüft werden. Etwas anderes gilt nur, wenn zugleich eine Erweiterung des Aufgabenkreises erfolgt, siehe auch § 293 Abs. 3 und 1 FamFG.

11.3 Erforderlichkeit

Überwachungsbevollmächtigter, Unterstützungsbevollmächtigter

Die Bestellung eines Kontrollbetreuers scheidet aus, wenn der Vollmachtgeber bereits Vorsorge getroffen und eine Person mit der Aufgabe der Kontrolle des Bevollmächtigten beauftragt hat (Überwachungsbevollmächtigter, Unterstützungsbevollmächtigter).

Erforderlich wird die Kontrollbetreuung nicht schon dadurch, dass der Vollmachtgeber krankheitsbedingt den Bevollmächtigten nicht mehr selbst überwachen kann. Eine Vorsorgevollmacht regelt ja genau diesen Fall.

Es müssen daher weitere Umstände hinzutreten, damit ein konkreter Anlass für eine Kontrollbetreuung bejaht werden kann. Diese Umstände können in der Person des Bevollmächtigten begründet sein, sich aber auch aus der Art der zu erledigenden Geschäfte ergeben. So genügen Zweifel an der Redlichkeit des Bevollmächtigten oder der Verdacht, dass der Bevollmächtigte die Vollmacht für eigene Zwecke missbraucht.

Überforderung des Bevollmächtigten

Eine Kontrollbetreuung kann zum Wohl des Vollmachtgebers aber auch dann geboten sein, wenn eine ständige Kontrolle erforderlich ist, weil die zu besorgenden Geschäfte von besonderer Schwierigkeit und/oder besonderem Umfang sind und den Bevollmächtigten überfordern.

Zweifel an der Redlichkeit des Bevollmächtigten

Zweifel und Verdacht müssen aber ausreichend begründet sein. Eine konkrete, das heißt durch hinreichende tatsächliche Anhaltspunkte untermauerte Feststellung muss diese Gründe belegen. Maßstab ist dabei die Sicht eines vernünftigen Vollmachtgebers (vgl. *BGH* BtPrax 2016, 52).

Können diese Defizite durch eine Kontrolle nicht ausgeglichen werden, etwa bei einem feststehenden Missbrauch der Vollmacht oder völliger Unfähigkeit des Bevollmächtigten, muss eine Betreuung eingerichtet und an einen Widerruf der Vorsorgevollmacht gedacht werden (vgl. Abschnitt 11.4 und 3.2.3).

Bestellung des Gegenbetreuers liegt im pflichtgemäßen Ermessen des Gerichts

Der Gegenbetreuer ist nicht gesetzlicher Vertreter des Betroffenen. Dies unterscheidet ihn vom normalen Betreuer. Der Gegenbetreuer ist ein Überwachungsorgan, das dem Betreuungsgericht Kontrollaufgaben abnehmen soll. Die Bestellung liegt also im pflichtgemäßen Ermessen des Betreuungsgerichts, §§ 1908i, 1792 BGB. Allerdings ist das Ermessen eingeschränkt durch die Sollvorschrift des § 1792 Abs. 2 BGB. Deshalb muss/soll bei einer Vermögensverwaltung, die eine erhebliche Verwaltung erfordert, ein Gegenbetreuer bestellt werden. Die Erheblichkeit der Verwaltung ist nicht an den Wert des Vermögens gebunden.

Ergänzungsbetreuer überbrückt Verhinderung

Ein Ergänzungsbetreuer muss bestellt werden, wenn der Betreuer verhindert ist (vgl. Abschnitt 7.1 und 7.2). Neben der rechtlichen Verhinderung gibt es den Fall der sog. Subsidiarbetreuung. Darunter versteht man die Bestellung eines weiteren Betreuers für den Fall der tatsächlichen Verhinderung. Dies wird z. T. im Hinblick darauf gewünscht, dass der Betreuer wegen Urlaub, Krankheit oder anders begründeter längerer Abwesenheit absehbar verhindert sein wird. Dem Wortlaut des § 1899 Abs. 4 BGB kann nichts entnommen werden, was dem widersprechen würde. Eine Beschränkung auf den Fall der rechtlichen Verhinderung ist nicht begründbar.

Ergänzungsbetreuer für zu erwartende Verhinderungen

In der praktischen Anwendung ist häufig umstritten, ob ein Ergänzungsbetreuer im Rahmen von § 1899 Abs. 4 BGB immer nur für den konkreten Fall einer tatsächlichen Verhinderung (z. B. Urlaub) erneut bestellt werden kann (jeweils wiederkehrend mit einem aufwändigen Bestellungsverfahren), oder ob es sachgerecht ist, einen Ergänzungsbetreuer für alle konkret zu erwartenden Fälle einer tatsächlichen Verhinderung (z. B. kommende Urlaube) zu bestellen (Erforderlichkeit im Sinne von § 1896 Abs. 2 BGB). Das *LG Wuppertal* (NJW-RR 2012, 1355) geht in seiner Entscheidung (unter Bezugnahme auf das *BayObLG*, FamRZ 2004, 1993) davon aus, dass im Fall der Bestellung eines beruflichen Vereinsbetreuers es zwingend geboten ist, für praktisch alle Aufgabenbereiche des Betroffenen einen Ersatzbetreuer für Fälle konkret zu erwartender tatsächlicher Verhinderung wie zum Beispiel die Abwesenheit wegen Jahresurlaubs, zu bestellen. Wenn regelmäßig wiederkehrende Verhinderungen des Betreuers sicher sind, entspricht auch allein diese Handhabung dem Wohl des Betroffenen, um eine dauerhafte und sichere stete Betreuung des Betroffenen sicherzustellen. Es dürfte einer (Vorrats-)Bestellung nichts entgegenstehen, da sich aus § 1899 Abs. 4 BGB deutlich ergibt, dass der weitere Betreuer (Ergänzungsbetreuer) nur vertretungsbefugt ist, soweit beim Betreuer eine Verhinderung vorliegt. Wegen der Vorschrift des § 6 Satz 2 VBVG fallen auch keine höheren Vergütungskosten an.

11.4 Widerruf der Vorsorgevollmacht durch Kontrollbetreuer

Widerruf einer Vorsorgevollmacht erfordert ausdrücklichen Aufgabenkreis

Ist dem Kontrollbetreuer der Aufgabenkreis „Wahrnehmung der Rechte des Vollmachtgebers gegenüber dem Bevollmächtigten“ übertragen, ist er lediglich berechtigt, Mängel bei der Vollmachtsausübung festzustellen und zu versuchen, auf den Bevollmächtigten positiv einzuwirken. Darüber hinaus kann er die Vollmacht nur widerrufen, wenn ihm diese Befugnis als eigenständiger Aufgabenkreis ausdrücklich zugewiesen ist (vgl. dazu Abschnitt 3.3 „Überwachung eines Bevollmächtigten und Vollmachtswiderruf“)

Bearbeitet von: Horst Böhm (Ziffer 1 bis 9)
und Reinhold Spanl (Ziffer 10 bis 12)

Inhalt

1. Der freie Wille

Das Thema Willensfreiheit ist immer wieder Gegenstand philosophischer Debatten (siehe *Habermeyer*, BtPrax 2010, 69); die Meinungen gehen polarisierend davon aus, dass entweder gar kein freier Wille vorhanden sei, die Handlungssteuerung nur das Gehirn aus Erfahrungen und Gelerntem übernehme, oder der Mensch sehr wohl frei entscheiden könne.

Für das Betreuungsrecht ist die Tatsache von Bedeutung, dass es Menschen gibt, die in ihrer Willensbildung deutlich unfreier sind als der Durchschnitt der Bevölkerung, das sind z. B. Menschen mit einer schwerwiegenden psychischen Erkrankung, welche die Realitätswahrnehmung beeinträchtigt oder aufhebt, aber auch Menschen mit einem hirnorganischen Abbauprozess, die früher vorhandene Fähigkeiten verlieren oder weniger stark auf Veränderungen reagieren können.

Ausschluss des freien Willens

Von freier Willensbestimmung kann demnach nicht mehr gesprochen werden, wenn eine Erkrankung

- die Umsetzung persönlicher Wertvorstellungen verhindert, indem sie kognitive Voraussetzungen der Entscheidungsfindung, Planung, Reflexion und Zielgerichtetheit stört oder verhindert
- die Persönlichkeit Betroffener so weit verändert, dass der Zugang zu persönlichen Werten verstellt bzw. das Wertgefühl verformt wird.

Mögliche Ausschlussgründe der freien Willensbestimmung sind demzufolge kognitive Leistungseinbußen (z. B. Desorientiertheit, Merkfähigkeitsstörungen), affektive Veränderungen (z. B. schwere depressive Episoden oder manische Symptombilder), Ich-Erlebnis-Störungen, Halluzinationen und eine ausgesprochen starke Ambivalenz.

Erforderlichkeit des freien Willens

Der freie Wille des Betroffenen wird im Gesetz und der Rechtsprechung mehrfach gefordert, nicht immer aber mit ein und derselben Bedeutung.

- § 104 Nr. 2 BGB definiert die Geschäftsunfähigkeit damit, dass sich jemand in einem die freie Willensbestimmung ausschließenden Zustand krankhafter Störung der Geistestätigkeit befindet, sofern nicht der Zustand seiner Natur nach ein vorübergehender ist.
- § 1896 Abs. 1a BGB lässt die Bestellung eines Betreuers gegen den freien Willen des Volljährigen nicht zu (vgl. dazu Kapitel A 1, Abschnitt 3.1.5).
- Die Anordnung eines Einwilligungsvorbehalts nach § 1903 Abs. 1 BGB setzt nicht voraus, dass der Betroffene wegen einer psychischen Krankheit oder einer geistigen oder seelischen Behinderung geschäftsunfähig ist. Die Rechtsprechung fordert aber, dass der Betreute aufgrund seiner psychischen Erkrankung außerstande sein muss, in dem betreffenden Bereich seinen Willen frei zu bestimmen.
- In § 1901a Abs. 1 BGB wird für die Errichtung einer Patientenverfügung Einwilligungsfähigkeit gefordert für die antizipative Einwilligung oder Untersagung von Untersuchungen des Gesundheitszustands, Heilbehandlungen oder ärztliche Eingriffen.
- In § 1906 Abs. 1 Nr. 2 BGB für die Unterbringung zur Heilbehandlung etc. mit der Formulierung „… und der Betreute auf Grund einer psychischen Krankheit oder geistigen oder seelischen Behinderung die Notwendigkeit der Unterbringung nicht erkennen oder nicht nach dieser Einsicht handeln kann“.

- In § 1906a Abs. 1 Satz 1 Nr. 2 BGB für die ärztliche Zwangsmaßnahme mit der Formulierung „... der Betreute auf Grund einer psychischen Krankheit oder einer geistigen oder seelischen Behinderung die Notwendigkeit der ärztlichen Maßnahme nicht erkennen oder nicht nach dieser Einsicht handeln kann, ...“.

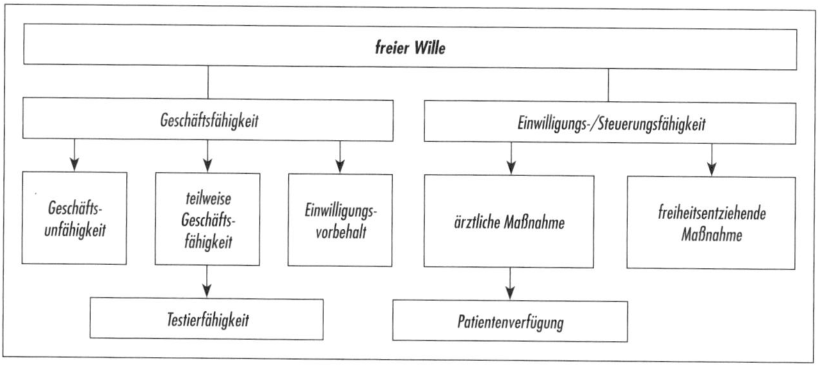

2. Geschäftsfähigkeit

Das Betreuungsrecht hat darauf verzichtet, feststellen zu lassen, ob ein Betreuter geschäftsfähig ist oder nicht. Damit hat der Gesetzgeber offen gelassen, ob der Betreute rechtlich noch selbst handeln kann oder vertreten werden muss. Häufig jedoch wünschen sich Beteiligte ein Regulativ ähnlich der früheren Feststellung der Geschäftsunfähigkeit wie bei der Vormundschaft (des alten Rechts), um Klarheit über die Geschäftsfähigkeit des Betreuten zu haben.

Keine gerichtliche Feststellung

Eine „gerichtliche Feststellung“ im Betreuungsverfahren gibt es nicht; medizinische Gutachten, die der Betreuerbestellung vorausgehen, sind hilfreich, aber grundsätzlich nur „Momentaufnahmen“. Eine Betreuerbestellung gegen den Willen des Betreuten kann Anhaltspunkte für eine Geschäftsunfähigkeit liefern, weil dann festgestellt werden musste, dass die Freiheit der Willensbildung fehlt (§ 1896 Abs. 1a BGB).

Die Voraussetzung für eine Betreuerbestellung sind:

- Vorliegen einer psychischen Krankheit oder einer körperlichen, geistigen bzw. seelischen Behinderung;
- Angelegenheiten, die vom Betroffenen nicht mehr selbst (rechtlich) wahrgenommen werden können;
- diese Angelegenheiten können aufgrund der Krankheit oder Behinderung nicht besorgt werden (Kausalität).

Die gesundheitliche Einschränkung muss aber nicht zum Eintritt der Geschäftsunfähigkeit führen.

Generelle Aussagen, dass bei bestimmten Krankheitsbildern oder Behinderungen der Betreute geschäftsfähig bzw. geschäftsunfähig ist, können nicht getroffen werden.

2.1 Grundsatz

§ 104 Nr. 2 BGB bestimmt, dass geschäftsunfähig ist, „wer sich in einem die freie Willensbestimmung ausschließenden Zustand krankhafter Störung der Geistestätigkeit befindet, sofern nicht der Zustand seiner Natur nach ein vorübergehender ist“.

Die Rechtsprechung geht davon aus, dass nach § 104 Nr. 2 BGB für die Beurteilung der Geschäftsfähigkeit nicht so sehr die Fähigkeiten des Verstands ausschlaggebend

Freie unbeeinflusste Willensbildung

sind, als die Freiheit des Willensentschlusses. Es kommt darauf an, ob eine freie Entscheidung aufgrund einer Abwägung des Für und Wider eine sachliche Prüfung der in Betracht kommenden Gesichtspunkte möglich ist oder ob umgekehrt von einer freien Willensbildung nicht mehr gesprochen werden kann, etwa weil der Betroffene fremden Willenseinflüssen unterliegt oder die Willensbildung durch unkontrollierte Triebe und Vorstellungen ähnlich einer mechanischen Verknüpfung von Ursache und Wirkung ausgelöst wird. Die freie unbeeinflusste Willensbildung ist demnach maßgebliches Kriterium auch für die Geschäftsfähigkeit.

Gesetz definiert Geschäftsunfähigkeit

Das BGB normiert nicht positiv die Erfordernisse der Geschäftsfähigkeit; § 104 ff. BGB sagen vielmehr umgekehrt, unter welchen Voraussetzungen ein Mensch nicht oder nicht voll geschäftsfähig ist. Das Gesetz geht damit von der Geschäftsfähigkeit als der einer natürlichen Person regelmäßig zukommenden Eigenschaft aus und betrachtet das Fehlen oder die Minderung dieser Eigenschaft als Ausnahme von diesem Grundsatz.

Beweislastregel

Dieses Regel-Ausnahme-Verhältnis zwischen Geschäftsfähigkeit und deren Fehlen bestimmt die Verteilung der Beweislast. Wer sich auf die fehlende Geschäftsfähigkeit einer Person beruft, muss diesen Umstand als Ausnahmetatbestand von der Regel der Geschäftsfähigkeit beweisen. Gelingt ihm dies nicht, ist vom Vorhandensein der Geschäftsfähigkeit auszugehen.

2.2 Geschäftsunfähigkeit

2.2.1 Krankhafte Störung der Geistestätigkeit

Bei der zunächst festzustellenden krankhaften Störung der Geistestätigkeit handelt es sich um diejenige Komponente der Geschäftsunfähigkeit, die einen psychiatrisch-psychologischen Befund zur Grundlage hat.

Als Gegenstand der Störung bezeichnet das Gesetz die Geistestätigkeit. Dieser Begriff ist nicht auf die intellektuelle, verstandesmäßige Seite des menschlichen Seelenlebens, also die bloße Denktätigkeit, zu beschränken, sondern er umfasst die psychischen Vorgänge und Abläufe in ihrer Gesamtheit; für die Frage der zivilrechtlichen Geschäftsfähigkeit kommt insbesondere dem Willenselement eine maßgebliche Bedeutung zu.

Störung ist krankhaft

Die Störung der Geistestätigkeit muss krankhaft sein. Dieser Begriff des Krankhaften ist das eigentlich problematische Merkmal der Geschäftsunfähigkeit nach § 104 Nr. 2 BGB. Als krankhafte Störungen der Geistestätigkeit wollte der historische Gesetzgeber sicher nur solche Störungen verstanden wissen, die als psychische Erkrankungen im medizinisch-psychiatrischen Sinne anzusehen sind, nämlich solche, denen eine angeborene oder erworbene, organische Ursache zugrunde liegt (Gehirnerkrankung) oder für die eine organische Ursache zwar noch nicht nachgewiesen, aber zu vermuten ist, also vor allem die exogenen und endogenen Psychosen. Dieser medizinische oder „biologische" Krankheitsbegriff hat sich jedoch schon bald als für die Zweckrichtung des § 104 Nr. 2 BGB zu eng erwiesen. Es hat sich gezeigt, dass auch solche Störungen, die keine (nachgewiesene oder vermutete) organische Grundlage haben und daher nicht als krankhaft im medizinischen Sinne zu bezeichnen sind, sondern etwa auf einer anomalen Persönlichkeitsstruktur (Psychopathien) oder auf abnormen Erlebnisreaktionen (Neurosen) beruhen, in schweren Fällen die freie Willensbestimmung auszuschließen geeignet sind.

2.2.2 *Ausschluss der freien Willensbestimmung*

Ursächlicher Zusammenhang

Eine krankhafte Störung der Geistestätigkeit führt nur dann zur Geschäftsunfähigkeit, wenn die Störung bei dem Gestörten im Zeitpunkt der Abgabe der betreffenden Willenserklärung die freie Willensbestimmung ausgeschlossen hat. Zwischen der krankhaften geistigen Störung und dem Ausschluss der freien Willensbestimmung muss also ein ursächlicher Zusammenhang bestehen.

Ausgeschlossen ist die freie Willensbestimmung bei einem Wegfall der Fähigkeit zum Handlungsentschluss aufgrund vernünftiger, der allgemeinem Verkehrsauffassung entsprechender Würdigung der gegebenen Verhältnisse infolge des übermächtigen, beherrschenden Einflusses der krankheitsbedingten Vorstellungen, Empfindungen oder der Einflüsse dritter Personen, denen der Betreffende widerstandslos ausgeliefert ist.

2.2.3 *Nicht nur vorübergehender Zustand*

Zustand muss andauern

Geschäftsunfähigkeit gemäß § 104 Nr. 2 BGB liegt nicht vor, wenn der dort bezeichnete Zustand seiner Natur nach nur ein vorübergehender ist. Eine nur vorübergehende Störung soll nicht die Geschäftsunfähigkeit des Betroffenen zur Folge haben, sondern nur eine von ihm in diesem Zustand abgegebene Willenserklärung gemäß § 105 Abs. 2 BGB nichtig werden lassen. Das Erfordernis der Dauer ist keineswegs mit der Unheilbarkeit und damit einem Fortbestehen des Zustands auf Lebenszeit des Betroffenen zu identifizieren; Geschäftsunfähigkeit kann deshalb auch bei Heilbarkeit der seelischen Störung vorliegen, wenn sich die Heilungsphase über einen längeren Zeitraum erstreckt. Als ihrer Natur nach nur vorübergehende krankhafte Störungen der Geistestätigkeit sind in erster Linie Intoxikationen, insbesondere schwere Alkoholisierung, ferner Entzugssymptome mit Delir sowie die als akute Prozesse ablaufenden Störungen mit Krankheitswert (z. B. epileptische Ausnahmezustände, Fieberwahn) anzusehen.

2.2.4 *Sogenannte lichte Momente*

„Lucida intervalla"

Von den nur vorübergehenden seelischen Störungen zu unterscheiden ist die Problematik, die mit dem schon im römischen Recht der Antike geprägten Ausdruck „lichte Zwischenräume" bezeichnet wird. Unter diesem Begriff werden Phasen eines zeitweiligen Abklingens einer an sich dauerhaften psychischen Erkrankung verstanden. Nach ganz h. M. in Rechtsprechung und juristischem Schrifttum ist eine unter einem die freie Willensbestimmung ausschließenden Zustand krankhafter Störung der Geistestätigkeit leidende Person während eines lichten Zwischenraums geschäftsfähig, eine von ihr in einer solchen Phase abgegebene Willenserklärung also wirksam. Die Geschäftsfähigkeit eines an sich psychisch Erkrankten ist zu bejahen, wenn die Abschwächungen den Schluss auf eine (zeitweilig) wieder eingetretene Fähigkeit zur freien Willensbestimmung zulassen.

2.2.5 *Teilweise Geschäftsunfähigkeit*

Partielle Geschäftsunfähigkeit

Die Frage nach der Möglichkeit einer nicht vollständigen Geschäftsunfähigkeit stellt sich wie in zeitlicher so auch in gegenständlicher Sicht. Die Problematik lässt sich hier dahingehend formulieren, ob einem Menschen, dessen geistige Störungen sich nur auf einzelnen abgrenzbaren Lebensgebieten manifestieren, die Geschäftsfähigkeit nur auf diesen sachlich bestimmten Bereichen abgesprochen werden kann, während sie in übrigen unberührt bleibt. Juristisch ist entscheidend, dass es sich bei der Geschäftsunfähigkeit nicht um einen erfahrungswissenschaftlich bestimmten, sondern um einen Rechtsbegriff handelt, weshalb auch die Frage der Anerkennung einer partiellen Geschäftsfähigkeit nach spezifisch rechtlichen Gesichtspunkten beantwortet werden muss. An der Zweckrichtung des § 104 Nr. 2 BGB orientierte juristische

Erwägungen sprechen aber für die Bejahung einer teilweisen Geschäftsunfähigkeit in den Fällen von nur bestimmte sachliche Bereiche betreffenden psychischen Störungen und darüber hinaus auch in den Fällen, in denen die Störung zwar das gesamte Seelenleben ergriffen hat, sie sich aber lediglich auf bestimmten Gebieten zu äußern pflegt. Der heute in der Rechtsprechung und im ganz überwiegenden Schrifttum vertretenen Ansicht, dass sich unter den genannten Voraussetzungen die Geschäftsunfähigkeit auf die Lebensbereiche beschränkt, in denen aufgrund einer krankhaften psychischen Störung die freie Willensbestimmung allein ausgeschlossen ist, ist zuzustimmen. Eine teilweise Geschäftsunfähigkeit kann vornehmlich gegeben sein bei themenbezogenen Wahnkrankheiten, von denen dem Querulantenwahn eine besondere Bedeutung zukommt, aber auch dem Verfolgungs- oder dem Eifersuchtswahn.

Wahnkrankheiten

Fallbeispiel:

Olga Xberg ist schizophren. Sie ist Eigentümerin einer Eigentumswohnung und entwickelt gegenüber Miteigentümern, Hausbewohnern und der Hausverwaltung einen Verfolgungswahn. Schließlich weigert sie sich, die Hausgeldzahlungen zu leisten. Im übrigen Rechtsverkehr ist sie unauffällig und regelt ihre Angelegenheiten eigenverantwortlich und selbstständig.

Objektiv sind ihre Verfolgungsideen nicht haltbar. Olga Xberg ist demnach im Bereich ihrer Wohnungsangelegenheiten partiell geschäftsunfähig.

2.2.6 *Relative Geschäftsunfähigkeit*

Ablehnung der relativen Geschäftsunfähigkeit

Eine Begrenzung der Geschäftsunfähigkeit ist außer in zeitlicher und gegenständlicher Hinsicht auch im Hinblick auf den Schwierigkeitsgrad der Rechtsgeschäfte denkbar. Eine solche relative Geschäftsunfähigkeit würde also im Gegensatz zur partiellen eine nicht auf Rechtsgeschäfte bestimmter Art, sondern bestimmter Schwierigkeit eingeschränkte Geschäftsunfähigkeit bedeuten. Eine relative Geschäftsunfähigkeit wird, anders als eine teilweise, in Rechtsprechung und Schrifttum nahezu einhellig abgelehnt. Die Ablehnung wird mit dem Gesichtspunkt der Rechtssicherheit begründet, da sich der Kreis der besonders schwierigen Geschäfte von den sonstigen Geschäften kaum eindeutig abgrenzen lasse und ferner bei Anerkennung einer relativen Geschäftsunfähigkeit das Hauptgewicht auf die Einsichts- statt auf die Willensfähigkeit gelegt würde.

2.3 Feststellung der Voraussetzungen der Geschäftsunfähigkeit

Geschäftsfähigkeit ist ein Rechtsbegriff

Das Vorliegen des für eine Geschäftsunfähigkeit nach § 104 Nr. 2 BGB erforderlichen, seiner Natur nach nicht nur vorübergehenden Zustandes einer krankhaften Störung der Geistestätigkeit und des dadurch bewirkten Ausschlusses der freien Willensbestimmung kann man in Zweifelsfällen wegen der medizinisch-psychiatrisch-psychologischen Grundlage dieses Zustandes meist nur mit sachverständiger Beratung feststellen, jedoch ist zu beachten, dass es sich bei der Geschäftsfähigkeit um einen reinen Rechtsbegriff handelt.

2.4 Folgen der Geschäftsunfähigkeit

Nichtig sind zunächst die Willenserklärungen der bei ihrer Abgabe geschäftsunfähigen Personen, § 105 Abs. 1 BGB.

Neuvornahme erforderlich

Als nichtig und damit absolut unwirksam kann die Willenserklärung eines Geschäftsunfähigen auch nicht durch Genehmigung seitens des gesetzlichen Vertreters wirksam werden. Erforderlich ist vielmehr die erneute Vornahme des Geschäfts durch den Vertreter mit der Folge einer bloßen ex nunc-Wirkung. Eine Neuvornahme kann gemäß

§ 141 Abs. 1 BGB auch in einer Bestätigung des Rechtsgeschäfts (durch den Betreuer) zu erblicken sein, die deshalb neben einer Kenntnis der Nichtigkeit und des Willens zur Neuvornahme durch den Bestätigenden alle Erfordernisse des betreffenden Geschäfts erfüllen, insbesondere eine hierfür vorgeschriebene Form wahren muss.

Willenserklärung an Geschäftsunfähigen

Eine gegenüber einem Geschäftsunfähigen abgegebene Willenserklärung geht gemäß § 131 Abs. 1 BGB dem gesetzlichen Vertreter nur zu, wenn sie nicht lediglich faktisch in dessen Herrschaftsbereich gelangt ist, sondern auch an ihn gerichtet oder zumindest für ihn bestimmt ist. Zwar brauchen empfangsbedürftige Willenserklärungen nicht unmittelbar an den Erklärungsgegner abgesandt zu werden. Sie können ihm auch über Dritte zugeleitet werden. Dies darf aber nicht mehr oder weniger zufällig, sondern muss zielgerichtet geschehen. Die Zuleitung muss an den von dem Erklärenden bestimmten Empfänger erfolgen (*BAG* BtPrax 2011, 122).

Folgen im Familien- und Erbrecht

Weitere Folgen der Geschäftsunfähigkeit ergeben sich insbesondere im Familien- und Erbrecht (beispielhaft):

- Die elterliche Sorge eines geschäftsunfähigen Elternteils ruht und kann nicht ausgeübt werden, §§ 1673 Abs. 1, 1675 BGB; sie wird durch den anderen Elternteil allein ausgeübt, § 1678 Abs. 1 BGB. Falls ein solcher nicht (vertretungsberechtigt) vorhanden ist, liegen die Voraussetzungen einer Vormundschaft für das Kind vor, § 1773 Abs. 1 BGB.

  Nicht zum Ruhen der Sorge nach § 1673 Abs. 2 BGB führt ein Einwilligungsvorbehalt nach § 1903 BGB; zwar wird der Betreute ähnlich einem beschränkt Geschäftsfähigen behandelt, jedoch hat er nicht diesen Status. Als Möglichkeiten bieten sich das Feststellen des Ruhens nach § 1674 Abs. 1 BGB oder der (teilweise bzw. vollständige) Entzug der Sorge nach § 1666 BGB an.
- Die Anerkennung der Vaterschaft durch einen geschäftsunfähigen Mann erfolgt durch den Betreuer, § 1596 Abs. 1 Satz 3 BGB (mit betreuungsgerichtlicher Genehmigung). Die Zustimmung der geschäftsunfähigen Mutter zur Anerkennungserklärung erfolgt ebenfalls durch den Betreuer, §§ 1595 Abs. 1, 1596 Abs. 1 Satz 4 BGB (mit betreuungsgerichtlicher Genehmigung). Soweit ein Einwilligungsvorbehalt besteht, ist § 1596 Abs. 3 BGB zu beachten.
- Ein geschäftsunfähiger Betreuter kann keine Ehe eingehen, § 1304 BGB. Das Bestehen eines Einwilligungsvorbehalts ist unerheblich, § 1903 Abs. 2 BGB.
- Nach § 125 Abs. 2 FamFG wird für einen geschäftsunfähigen Ehegatten das Verfahren auf Ehescheidung durch den gesetzlichen Vertreter geführt. Der Betreuer bedarf für den Antrag auf Scheidung oder Aufhebung der Ehe der Genehmigung des Betreuungsgerichts.
- Beim Erbverzichtsvertrag wird der geschäftsunfähige Erblasser durch den Betreuer vertreten, § 2347 Abs. 2 Satz 2 BGB (mit betreuungsgerichtlicher Genehmigung). Wird der Verzichtende vertreten, ist ebenfalls eine betreuungsgerichtliche Genehmigung erforderlich, § 2347 Abs. 1 Satz 2 BGB.

2.4.1 Alltägliche Bargeschäfte

Die in § 105a Satz 1 BGB normierte Rechtsfolge besteht darin, dass nach der beiderseitigen Leistungserbringung der zugrunde liegende schuldrechtliche Vertrag als wirksam gilt. Die Wirksamkeitsfiktion tritt zum einen erst mit der erfolgten (beiderseitigen) Leistungsbewirkung ein und wirkt lediglich ex nunc, lässt den Vertrag also nicht rückwirkend wirksam werden.

Geschäfte des täglichen Lebens Die der Vorschrift unterfallenden Rechtsgeschäfte werden mit „Geschäfte des täglichen Lebens" umschrieben. Dieses Merkmal soll dem Geschäftsunfähigen eine gewisse Betätigungsfreiheit im gewöhnlichen Alltagsverkehr eröffnen. Maßgeblich ist, ob es sich nach der Verkehrsauffassung um ein typisches Alltagsgeschäft handelt. Dagegen ist für ein Geschäft des „täglichen" Lebens nicht erforderlich, dass ein solches Geschäft jeden Tag geschlossen wird. Die Geschäfte können entgeltlicher wie unentgeltlicher Natur sein. Im eigentlichen Sinn existenznotwendig brauchen die Geschäfte nicht zu sein. Erfasst werden sowohl Erwerbsgeschäfte über Sachen des täglichen Bedarfs des Geschäftsunfähigen als auch Geschäfte über einfache Dienstleistungen. Als Beispiele für Gegenstände des täglichen Bedarfs nennen die Gesetzesmaterialien einfache, zum alsbaldigen Gebrauch bestimmte Nahrungs- und Genussmittel, die nach Menge und Wert das übliche Maß nicht übersteigen, wie Lebensmittel, kosmetische Artikel (z. B. Zahnpasta), einfache medizinische Produkte (z. B. Halsschmerztabletten), Presseerzeugnisse (z. B. Illustrierte), Versendung von Briefen, Erwerb von Textilien; als einfache Dienstleistungen werden solche des Friseurs, ferner Museumsbesuche, Fahrten im Personennahverkehr bezeichnet. Haustürgeschäfte nach § 312 Abs. 1 BGB und Fernabsatzverträge nach § 312b BGB sind wegen ihres spezifischen Gefährdungspotentials aus dem Anwendungsbereich des § 105a Satz 1 BGB auszunehmen.

Geringwertige Mittel Die dem § 105a BGB unterfallenden Geschäfte werden nicht nur nach ihrer Art (Alltagsgeschäfte), sondern auch nach ihrem Volumen begrenzt. Es werden daher nur solche Alltagsgeschäfte erfasst, deren Erfüllung mit geringwertigen Mitteln möglich ist. Die Geringwertigkeit ist nicht nach den individuellen wirtschaftlichen Verhältnissen des Geschäftsunfähigen zu bemessen, sondern maßgeblich ist das durchschnittliche Preis- und Einkommensniveau der Bevölkerung.

2.4.2 Wohn- und Betreuungsverträge (Heimverträge)

Heimverträge zeigen Wirkung Hat der geschäftsunfähige Betreute (Verbraucher, § 13 BGB) mit einem Unternehmer (§ 14 BGB) einen Vertrag abgeschlossen, für den das Wohn- und Betreuungsvertragsgesetz (WBVG) Anwendung findet (vgl. §§ 1, 2 WBVG), hängt die Wirksamkeit des Vertrags von der Genehmigung des Betreuers oder Bevollmächtigten ab, § 4 Abs. 2 Satz 1 und 2 WBVG i. V. m. § 108 Abs. 2 BGB. Der Vertrag ist also schwebend unwirksam. Der Betreuer wird prüfen müssen, ob der von dem geschäftsunfähigen Betreuten abgeschlossene Vertrag seinem Interesse entspricht und deshalb mit der von ihm zu erklärenden Genehmigung Wirksamkeit erlangen soll. Nur bezüglich der bereits erbrachten Leistungen gilt der Vertrag aus Gründen der Rechtssicherheit als wirksam abgeschlossen, § 4 Abs. 2 Satz 3 WBVG. Aus § 4 Abs. 2 Satz 4 WBVG ergibt sich, dass trotz der Geschäftsunfähigkeit bei Abschluss des Vertrags der Unternehmer das Heimverhältnis nur aus wichtigem Grund (§ 12 WBVG) für gelöst erklären kann.

2.4.3 Bestattungspflicht

Bestattungspflicht setzt Geschäftsfähigkeit voraus Ist ein Angehöriger des Verstorbenen geschäftsunfähig, ist er nicht bestattungspflichtig gemäß § 15 Satz 1 i. V. m. § 1 Abs. 1 Satz 2 Nr. 1 (bay)BestV. Damit kann die Gemeinde auch keinen Kostenersatz geltend machen, wenn sie im Wege der Ersatzvornahme eine Bestattung durchgeführt hat (*VG Ansbach*, AN 4 K 14.01108).

2.5 Überprüfung des Rechtsgeschäfts durch den Betreuer

Rückabwicklung oder Duldung Soweit ein geschäftsunfähiger Betreuter aus eigenem Willen oder durch Beeinflussung Dritter unsinnige bzw. objektiv unnötige Kaufverträge abschließt oder sonstige Verpflichtungen ohne konkreten Bedarf eingeht, wird der Betreuer sie rückabzuwickeln haben (die Verträge sind unwirksam). Sollten Leistung und Gegenleistung bewirkt sein, und sind die Geschäfte für den Betreuten nicht nachteilig, kann der Betreuer sie im Einzelfall stillschweigend dulden. Jeglicher Nachteil aus der Sicht des Betreuten muss jedoch beachtet werden.

Angesprochen sind hier z. B. Kaufverträge bei Werbefahrten oder Werbevorführungen, Bestellungen im Versandhandel, Zeitungsabonnements, Haustürgeschäfte jeglicher Art, Bestellung von Angeboten aus der TV-Werbung, Beitrittserklärungen zu Vereinen oder Buchgemeinschaften, Versicherungsverträge, Verträge mit Eheanbahnungsinstituten, Kauf von Gegenständen des täglichen Gebrauchs bis hin zum Kauf von Kraftfahrzeugen, Mieten einer Wohnung, Kaufverträge jeglicher Art mit Ratenzahlungsvereinbarungen, neuerdings auch Handyverträge, Internetauktionen (z. B. ebay), telefonische Tarifangebote von Telefongesellschaften.

Wünsche sind zu beachten

Der Betreuer befindet sich bei der Prüfung, ob er das Rechtsgeschäft seines Betreuten duldet, regelmäßig in einem Spannungsfeld zwischen „Recht“ und einer „humanen Alternative“. Er soll seinen Betreuten zur weitgehendsten Selbstständigkeit anhalten, sein Selbstwertgefühl stärken, sein Wohl, seinen Willen und seine Wünsche beachten, also ein Stück weit Raum für seine Selbstentfaltung schaffen. Demgegenüber steht das Recht, wonach Willenserklärungen des Geschäftsunfähigen nichtig sind.

Unter Beachtung von Wohl, Wille, Wunsch des Betreuten, Art und Schwere seiner Krankheit oder Behinderung, seiner finanziellen Grundlagen sowie der gesamten sonstigen Lebensverhältnisse muss der Betreuer eingreifen, wenn der Betreute offensichtlich zu seinem Nachteil handelt, oder zu befürchten ist, dass der Vertragspartner eine Rückabwicklung anstrebt. Diese Einstellung wäre Voraussetzung für ein lebenspraktisches Training des Betreuten, das seine Grenzen und Möglichkeiten aufzeigt, und ein Beitrag zur Stabilisierung seiner Selbstständigkeit. Der Betreuer darf aber nie die Tatsache aus den Augen verlieren, dass das Rechtsgeschäft unwirksam ist.

2.6 Rückabwicklung eines Rechtsgeschäfts

Kein guter Glaube an Geschäftsfähigkeit möglich

Betreuer, die das Rechtsgeschäft des Betreuten rückabwickeln wollen, werden im Rechtsalltag von den Geschäftspartnern geschäftsunfähiger Betreuter nicht selten auf ihren guten Glauben und die Unkenntnis der Geschäftsunfähigkeit verwiesen. Aussagen wie „woher soll ich das wissen“ oder „man sieht es ihm doch nicht an“ sind verständlich und nachvollziehbar, verkennen aber die Rechtslage. Der gute Glaube an die Geschäftsfähigkeit eines Vertragspartners wird vom Gesetz nicht geschützt.

Praxis TIPP

Nichtige Rechtsgeschäfte – was tun?

Kann der Betreuer ein Rechtsgeschäft oder eine sonstige Verpflichtung seines geschäftsunfähigen Betreuten nicht stillschweigend dulden, sollte er

- den Vertragspartner seines Betreuten unverzüglich von der Geschäftsunfähigkeit und somit von der Nichtigkeit des Rechtsgeschäfts unterrichten und zur Rückabwicklung auffordern,
- Rechnungen bzw. Forderungen nicht bezahlen und bereits bezahlte Beträge unter Fristsetzung herausfordern,
- bei Kaufverträgen über den Verbleib der Ware unterrichten und um Abholung bitten – es gilt nur die Sorgfaltspflicht, die man gegenüber eigenen Sachen walten lässt,
- bei bedeutenden Verpflichtungen umgehend Beratungsangebote beanspruchen und ggf. einen Rechtsanwalt mit der Wahrnehmung der Rechte des Betreuten beauftragen.

Nichtige „Altgeschäfte" – was tun?

Erhält der Betreuer von einer nichtigen Willenserklärung erst nach seiner Bestellung zum Betreuer Kenntnis und kann er diesem Rechtsgeschäft weder ausdrücklich noch stillschweigend zustimmen, so trägt er die Beweislast für die Geschäftsunfähigkeit seines Betreuten.

Vermutet der Betreuer die Nichtigkeit von wesentlichen Rechtsgeschäften vor seiner Betreuerbestellung, sollte er zunächst das anlässlich des Betreuungsverfahrens erstellte fachpsychiatrische Gutachten kritisch prüfen und mit dem Betreuungsgericht besprechen.

Soweit das Gutachten keine Auskunft zur Geschäftsfähigkeit zum fraglichen Zeitpunkt ermöglicht, kann in einem etwaigen Zivilrechtsstreit eine nachträgliche Begutachtung des Betreuten zu diesem Sachverhalt beantragt werden.

Zustellung eines Vollstreckungsbescheids an Betreuten

Es kommt vor, dass ein gerichtlicher Mahn- und anschließend der Vollstreckungsbescheid an den Betreuten zugestellt wird, ohne dass der Betreuer davon erfährt, oder die Zustellung erfolgt noch vor Beginn der Betreuung, §§ 693 Abs. 1, 699 Abs. 4 Satz 1 ZPO.

Zustellung an Betreuten

Hat bei der Zustellung an den Betreuten Geschäftsunfähigkeit vorgelegen, oder war in Vermögensangelegenheiten ein Einwilligungsvorbehalt angeordnet, lag Prozessunfähigkeit vor. Nach § 52 ZPO ist eine Person nur insoweit prozessfähig, als sie sich durch Verträge verpflichten kann. Das kann weder der Geschäftsunfähige (§ 105 Abs. 1 BGB), noch der Geschäftsfähige, bei dem ein Einwilligungsvorbehalt besteht (§ 1903 Abs. 1 Satz 1 BGB). Eine Zustellung an eine nicht prozessfähige Person ist unwirksam, § 170 Abs. 1 Satz 2 ZPO. Hier ist jedoch die Rechtsprechung des *BGH* (FamRZ 2008, 295) zu beachten. Die unter Verstoß gegen § 170 Abs. 1 ZPO erfolgte Zustellung eines Vollstreckungsbescheids an eine aus dem zuzustellenden Titel nicht erkennbar prozessunfähige Partei setzt die Einspruchsfrist in Lauf. Wird innerhalb der Frist kein Einspruch eingelegt, tritt Rechtskraft des Vollstreckungsbescheids ein, § 705 ZPO.

Nichtigkeitsklage durchbricht Rechtskraft

Wurde aber der geschäftsunfähige oder mit einem Einwilligungsvorbehalt behaftete Betreute in einem gerichtlichen Verfahren nicht vertreten, wurden ihm die Entscheidungen (z. B. der Vollstreckungsbescheid) persönlich bekannt gegeben, so kann im Wege der Nichtigkeitsklage die Wiederaufnahme des Verfahrens erreicht werden, §§ 578, 579 Abs. 1 Nr. 4 ZPO.

Frist und Erhebung der Klage

Der Betreuer muss die Klage vor Ablauf der Notfrist eines Monats erheben. Die Frist für die Erhebung der Klage läuft von dem Tag, an dem bei mangelnder Prozessfähigkeit (des Betreuten) dem gesetzlichen Vertreter das Urteil zugestellt wird, § 586 Abs. 1, Abs. 3 ZPO. Da eine solche Zustellung (in der Regel) nicht erfolgt ist, wurde die Frist auch noch nicht in Lauf gesetzt. Die Nichtigkeitsklage ist ausschließlich an das Gericht zu richten, das im Prozessverfahren zuständig war; richtet sich die Klage gegen einen Vollstreckungsbescheid, ist das Gericht zuständig, das im Streitverfahren (bei Einlegung des Einspruchs) zuständig gewesen wäre, § 584 ZPO. Das Verfahren richtet sich nach § 585 ff. ZPO.

Gewichtige drohende Selbstschädigung erforderlich

Die Anordnung eines Einwilligungsvorbehalts kommt nur in Betracht, wenn sie erforderlich ist, um eine erhebliche Gefahr für die Person oder das Vermögen des Betreuten abzuwenden. Die drohende Selbstschädigung muss gewichtig sein und sich als wesentliche Beeinträchtigung des Wohls des Betreuten in seiner konkreten Lebenssituation darstellen. Eine Gefahr für das Vermögen des Betreuten kann sich auch daraus ergeben, dass er sein umfangreiches Vermögen nicht überblicken und verwalten kann. Allerdings kann ein Einwilligungsvorbehalt auch bei einem umfangreichen

Vermögen des Betreuten nur dann angeordnet werden, wenn konkrete Anhaltspunkte für eine Vermögensgefährdung erheblicher Art vorliegen. Der Grundsatz der Erforderlichkeit bedeutet dabei auch, dass der Einwilligungsvorbehalt je nach den Umständen auf ein einzelnes Objekt oder eine bestimmte Art von Geschäften beschränkt werden kann *(BGH* MDR 2015, 1135).

Untauglich als Disziplinierungsinstrument

Untauglich ist der Einwilligungsvorbehalt hingegen als Disziplinierungsinstrument bei bloßen Meinungsverschiedenheiten zwischen Betreuer und Betreutem.

2.7 Leistung an geschäftsunfähigen Betreuten

Leistung an einen Geschäftsunfähigen schafft keine Erfüllungswirkung

Zahlungen (Leistungen) an eine geschäftsunfähige Person haben keine Erfüllungswirkung (*BGH* WM 2015, 1329). Leistet z. B. eine Bank an den geschäftsunfähigen Betreuten, ist dessen Anspruch gegen die Bank nicht erloschen, da ihm die notwendige Empfangszuständigkeit fehlt. Auf die Kenntnis bzw. fahrlässige Unkenntnis der Bank von der Geschäftsunfähigkeit kommt es nicht an; maßgeblich ist allein die objektive Sachlage. Ein guter Glaube des Geschäftspartners an die Geschäftsfähigkeit ist nicht geschützt, sondern der Schutz des Geschäftsunfähigen hat Vorrang vor den Interessen des Rechtsverkehrs. Damit trägt der Geschäftspartner das Risiko der Unwirksamkeit des Rechtsgeschäfts. Zur Entreicherung des Betreuten (§ 813 Abs. 3 BGB) siehe *OLG Schleswig*, Beschluss vom 28. 4. 2016, Az. 5 U 36/15.

Beispiel:

Der geschäftsunfähige Betreute ist Alleinerbe seiner Mutter. Er hebt vom Nachlasskonto einen Betrag von 2000 EUR ab und übergibt das Geld unmittelbar nach dem Empfang an eine dritte Person, der er diesen Betrag schuldet.

Die Bank hat nicht befreiend an den Betreuten geleistet, so dass dessen Anspruch gegen die Bank aus § 700 BGB weiterhin in Höhe von 2000 EUR besteht. Zwar steht der Bank ein Bereicherungsanspruch gegen den Betreuten zu, da dieser die Zahlung ohne rechtlichen Grund erlangt hat. Sie kann jedoch nur dasjenige herausverlangen, was der Betreute infolge der Auszahlung noch in seinem Vermögen hat. Da er die Geldscheine an eine dritte Person übergeben hat, ist er lediglich verpflichtet, den ihm zustehenden Bereicherungsanspruch gegen diese Person durch Abtretung an die Bank herauszugeben. Der Betreute ist nicht entreichert im Sinne von § 818 Abs. 3 BGB, weil ihm ein Herausgabeanspruch gegen den Dritten zusteht; wegen der Geschäftsunfähigkeit hat er nicht an diesen wirksam geleistet. Der Betreute hat somit einen ausgleichenden Wert im Sinne von § 818 Abs. 2 BGB erworben. Ein vertraglicher Schadenersatzanspruch der Bank gegen den Betreuten wegen der unterlassenen Mitteilung der Geschäftsunfähigkeit scheidet mangels Pflichtverletzung im Sinne von § 280 Abs. 1 BGB aus. Der Betreute bzw. dessen Betreuer war nicht verpflichtet, die Bank ungefragt über die Geschäftsunfähigkeit oder die bestehende Betreuung aufzuklären..

Ergebnis: Die Bank muss den Betrag von 2000 EUR wieder dem Konto gutschreiben; der Betreute, vertreten durch den Betreuer, muss den Herausgabeanspruch gegen den Dritten an die Bank abtreten (*BGH,* Urteil vom 21. 4. 2015, Az. XI ZR 234/14).

Praxis TIPP

Weder der Betreuer noch der Betreute ist verpflichtet, einer Bank oder Sparkasse ungefragt Mitteilung von der Geschäftsunfähigkeit oder einer bestehenden Betreuung zu machen; auch nicht von einem angeordneten Einwilligungsvorbehalt (*BGH* WM 2015, 1329, entgegen *LG Oldenburg* BtPrax 2013, 262 und *OLG Koblenz* FamRZ 2013, 69).

2.8 Auswirkungen bei Geschäftsfähigkeit

Rechtsgeschäfte sind wirksam

Bei Geschäftsfähigkeit des Betreuten sind alle seine Rechtsgeschäfte – ohne Mitwirkung des Betreuers – wirksam. Es ist theoretisch nicht auszuschließen, dass sowohl der Betreute als auch der Betreuer Rechtsgeschäfte mit gleichlautendem bzw. widersprechendem Inhalt abschließen.

Zur Lösung dieses Problems muss auf die allgemeinen Grundsätze des Vertretungsrechts zurückgegriffen werden.

Überschneidende Verfügungen

Treffen mehrere Verfügungen (Eigentumsübertragungen, Abtretung einer Forderung) mit gleichem Erklärungsinhalt aufeinander (z. B. der Betreuer und der Betreute treten unabhängig voneinander an verschiedene Personen eine Forderung ab), so gilt der Grundsatz des zeitlichen Vorrangs.

Im Ergebnis heißt dies auch, dass Betreuer und Betreuter dieselbe Sache zweimal verkaufen können (schuldrechtlicher Vertrag), aber nur einmal an einen Käufer übertragen können (Verfügung).

Da der Betreuer keinen Willensvorrang geltend machen kann, sind Rechtsgeschäfte, die der Betreute und der Betreuer unabhängig voneinander abgeschlossen haben, nebeneinander wirksam (z. B. Kauf eines Kühlschranks bei verschiedenen Fachhändlern, Vergabe von Renovierungsarbeiten für die Wohnung des Betreuten an verschiedene Schreinereien). Unerheblich bleibt, ob die Rechtsgeschäfte nebeneinander einen wirtschaftlichen Sinn ergeben und ob sie gleichzeitig erfüllt werden können.

Schadensersatz bei Unterlassung der Besprechung

Bei Nichterfüllung von Verträgen durch den Betreuten und den Betreuer können Schadensersatzansprüche für den Geschäftspartner entstehen. Unter Hinweis auf die Besprechungspflicht gemäß § 1901 Abs. 3 Satz 3 BGB in wichtigen Angelegenheiten sollte eine derartige Situation gar nicht erst vorkommen. Bei Schadensersatzansprüchen gegen den Betreuten kann dieser Rückgriff auf den Betreuer nach § 1908i Abs. 1 Satz 1 i. V. m. § 1833 BGB nehmen, wenn eine schuldhafte (zumindest fahrlässige) Pflichtverletzung (Verstoß gegen § 1901 Abs. 3 Satz 3 BGB) vorliegt.

3. Einwilligungsvorbehalt

Beschränkung der geschäftsfähigen Betreuten

Im Gegensatz zur früheren „Entmündigung“ schränkt die Betreuung die Geschäftsfähigkeit nicht ein. Nur zur Abwehr einer „erheblichen Gefahr für die Person oder das Vermögen des Betreuten“ kann mit einem zusätzlich anzuordnenden Einwilligungsvorbehalt ausnahmsweise die Geschäftsfähigkeit beschränkt werden.

Kein Einwilligungsvorbehalt ohne Betreuung

Liegen die Voraussetzungen für einen Einwilligungsvorbehalt vor, muss eine Betreuung für den relevanten Bereich eingerichtet werden, auch wenn eine umfassende Vorsorgevollmacht vorliegt, da die Vollmacht die Gefährdung nicht beseitigen kann (*BGH* BtPrax 2011, 208).

Der Einwilligungsvorbehalt kann angeordnet werden bei geschäftsfähigen, aber auch bei geschäftsunfähigen Personen (*BGH*, Beschluss vom 24. 1. 2018, Az. XII ZB 141/17).

Einwilligungsvorbehalt nicht gegen den freien Willen des Betroffenen!

Bei geschäftsfähigen Personen muss jedoch von einem „freien Willen“ des Betroffenen ausgegangen werden, so dass die Anordnung nicht ohne Zustimmung des Betroffenen erfolgen darf. Dies ergibt sich nicht aus § 1896 Abs. 1a BGB, der nur für die Anordnung der Betreuung gilt, sondern aus einer verfassungskonformen Auslegung des Gesetzes. Der Staat hat nicht das Recht, seine zur freien Willensbildung fähigen Bürger zu erziehen, zu bessern oder von einer Selbstschädigung abzuhalten (*BGH*, Beschluss vom 17. 5. 2017, Az. XII ZB 495/16).

3.1 Voraussetzungen eines Einwilligungsvorbehalts

Das Betreuungsgericht kann gemäß § 1903 Abs. 1 Satz 1 BGB anordnen, dass der Betreute zu einer den Aufgabenkreis des Betreuers betreffenden Willenserklärung der Einwilligung des Betreuers bedarf, soweit dies zur Abwendung einer erheblichen Gefahr für die Person oder das Vermögen des Betreuten erforderlich ist. Das Gericht darf sich mit „allgemein gehaltenen Angaben“ nicht begnügen. Die erhebliche Gefahr muss vielmehr durch „konkrete Anhaltspunkte“ belegt sein (*BGH* BtPrax 2011, 208). Die folgende Checkliste soll daher einen strukturierten und aussagekräftigen Vortrag ermöglichen. Zusätzlich ist erforderlich, dass der Betreute aufgrund seiner psychischen Erkrankung außerstande ist, in dem betreffenden Bereich seinen Willen frei zu bestimmen.

Einwilligungsvorbehalt dient nicht der Disziplinierung

Die drohende Selbstschädigung muss gewichtig sein und sich als wesentliche Beeinträchtigung des Wohls des Betreuten in seiner konkreten Lebenssituation darstellen. Untauglich ist der Einwilligungsvorbehalt als Disziplinierungsinstrument bei bloßen Meinungsverschiedenheiten zwischen Betreuer und Betreutem (*BGH* FamRZ 2015, 1793).

Ist der geschäftsfähige Betroffene mit dem Einwilligungsvorbehalt nicht einverstanden, erübrigt sich die Prüfung einer erheblichen Gefahr für das Vermögen, da von vornherein der Einwilligungsvorbehalt abgelehnt werden müsste (s. o.). Besteht bezüglich der Geschäftsfähigkeit Unsicherheit, muss dies durch gerichtliche Feststellungen geklärt werden, bevor die übrigen Voraussetzungen geprüft werden (a. A. *BGH*, Beschluss vom 24. 1. 2018, Az. XII ZB 141/17).

Fallbeispiel:

Der psychisch kranke Betreute Otmar Fberg verfügt über eine Rente, bei der ihm nach Abzug aller laufenden Fixkosten mtl. 306 EUR zur Bestreitung seines Lebensunterhalts verbleiben. Er nimmt häufig an Werbeverkaufsfahrten teil, wobei er sich verpflichtet fühlt, für den preisgünstigen Ausflug die „ach so günstigen und nützlichen" Artikel aus der Werbevorführung zu bestellen. Fberg kann zu Vertretern nicht „nein" sagen und schließt daher laufend Haustürgeschäfte jeglicher Art ab.

Da Fberg durch sein uneinsichtiges Verhalten die notwendigen Mittel für seinen laufenden Lebensunterhalt gefährdet, liegt eine erhebliche Gefahr für das Vermögen des Betreuten vor. Die Voraussetzungen zur Anordnung eines Einwilligungsvorbehalts sind gegeben, da weniger einschneidende Maßnahmen nicht greifen (Erforderlichkeitsgrundsatz).

Unsinnige Rechtsstreitigkeiten

Droht der Betroffene durch eine Vielzahl von unsinnigen Anträgen oder Rechtsstreitigkeiten zu seinen Lasten erhebliche Kosten zu verursachen, z. B. Gerichtsgebühren, die Kosten der gegnerischen Rechtsvertretung oder auch die Auferlegung von Verschuldenskosten bei missbräuchlicher Rechtsverfolgung in sozialgerichtlichen Verfahren, kann das die Annahme einer die Anordnung eines Einwilligungsvorbehalts erfordernden erheblichen Gefahr für sein Vermögen rechtfertigen (*BGH* BtPrax 2016, 117).

Checkliste

Anregung zur Anordnung eines Einwilligungsvorbehalts

Verfahren im Normalfall

Besprechung mit dem behandelnden Arzt.

Evtl. Rücksprache und Beratung mit Betreuungsstelle bzw. Betreuungsgericht, ob nicht andere Maßnahmen die Gefährdung sicher verhindern können.

Gespräch mit dem Betreuten (sofern nicht die Gefahr besteht, dass er sich aus Angst vor der Anordnung des Einwilligungsvorbehalts schädigt).

- Zusammenstellen des relevanten Sachverhalts zur Begründung der erheblichen Gefährdung des Betreuten oder seines Vermögens.
- Angaben aus dem sozialen Umfeld, Freunde, Nachbarn, Arbeitgeber und andere,
- eigene Beobachtungen,
- Angaben des Betreuten (evtl. Zustimmungserklärung beilegen),
- schriftliche Unterlagen, z. B. Rechnungen, Mahnungen etc.
- Übersendung der Anregung an das Betreuungsgericht mit allen Unterlagen.

Besteht akuter Handlungsbedarf?

Der Betreute verfügt z. B. über eine größere Bargeldsumme und schließt unsinnige und im erheblichen Maße selbstschädigende Verträge ab. Offenkundige Geschäftsunfähigkeit liegt nicht vor. Es muss dann beim Betreuungsgericht unverzüglich die Anordnung eines Einwilligungsvorbehalts durch einstweilige Anordnung angeregt werden.

Dabei bitte Folgendes beachten:

- Schriftliche Feststellung des Sachverhalts, aus dem sich die Gefährdung für das Vermögen des Betreuten ergibt (bitte eigene Wahrnehmungen und Angaben Dritter differenzieren).
- Einholung eines ärztlichen Zeugnisses (genügt für die vorläufige Anordnung).
- Übersendung oder persönliche Abgabe der Anregung auf Anordnung eines Einwilligungsvorbehalts im Wege der einstweiligen Anordnung beim Betreuungsgericht mit sämtlichen verfügbaren Unterlagen (ärztliches Zeugnis, Schilderung des Sachverhalts, Rechnungen etc.). Soweit Unterlagen nicht greifbar sind (z. B. ärztliches Zeugnis kann nicht beigebracht werden), ist dies zu begründen, um unnötige Nachfragen zu vermeiden.

3.2 Folgen des Einwilligungsvorbehalts

Minderung der Geschäftsfähigkeit

Die Stellung des Betreuten mit Einwilligungsvorbehalt ähnelt der einer in der Geschäftsfähigkeit beschränkten Person. Unterschiede ergeben sich daraus, dass der Einwilligungsvorbehalt nur den in der Anordnung bestimmten Bereich erfasst, der Betreute selbst in diesem Bereich Geschäfte über geringfügige Angelegenheiten des täglichen Lebens ohne Einwilligung vornehmen kann und ein Einwilligungsvorbehalt bezüglich der in § 1903 Abs. 2 BGB aufgeführten Willenserklärungen nicht greift. Aus diesen Gründen zählten die Betreuten bei angeordnetem Einwilligungsvorbehalt nicht zum Kreis der in der Geschäftsfähigkeit beschränkten Personen gemäß § 106 BGB, sondern bilden eine dritte Gruppe von Personen, deren Geschäftsfähigkeit gemindert ist, neben den geschäftsunfähigen und den in der Geschäftsfähigkeit beschränkten.

Rechtlich vorteilhafte Geschäfte

Trotz Einwilligungsvorbehalts ist keine Einwilligung erforderlich, wenn die Willenserklärung des (nicht geschäftsunfähigen) Betreuten diesem lediglich einen rechtlichen Vorteil bringt (§ 1903 Abs. 3 Satz 1 BGB), etwa bei einer Schenkung.

Alltägliche Bargeschäfte

Mangels anderweitiger Anordnung des Gerichts gilt Gleiches für die eine geringfügige Angelegenheit des täglichen Lebens betreffende Willenserklärung (§ 1903 Abs. 3 Satz 2 BGB; vgl. dazu auch Kapitel A 4, Abschnitt 1.4). Für die übrigen Willenserklärungen ordnet § 1903 Abs. 1 Satz 2 BGB die entsprechende Geltung folgender Vorschriften an:

- § 108 BGB – Vertragsabschluss ohne Einwilligung
- § 109 BGB – Widerrufsrecht des anderen Teils
- § 110 BGB – „Taschengeldparagraf"
- § 111 BGB – Einseitige Rechtsgeschäfte
- § 112 BGB – Selbständiger Betrieb eines Erwerbsgeschäfts
- § 113 BGB – Dienst- oder Arbeitsverhältnis
- § 131 Abs. 2 BGB – Wirksamwerden von Willenserklärungen
- § 210 BGB – Ablaufhemmung (Verjährung) bei nicht voll Geschäftsfähigen

Zustimmung des Betreuers ist erforderlich

Der Betreute benötigt zum Abschluss von Verträgen die Zustimmung seines gesetzlichen Vertreters.

Ohne die erforderliche Einwilligung sind die Verträge des Betreuten schwebend unwirksam. Mit der Verweigerung der Genehmigung wird ein Vertrag endgültig unwirksam. Mit der nachträglichen Genehmigung gilt der Vertrag als von Anfang an wirksam. In der Rechtssprache wird der Begriff „Einwilligung" bei vorheriger Zustimmung, der Begriff „Genehmigung" bei nachträglicher Zustimmung verwendet.

Verweigert der Betreuer die (nachträgliche) Genehmigung zu einem Vertrag, so muss er den Vertragspartner des Betreuten unterrichten und auf den Einwilligungsvorbehalt hinweisen. Haben beide Vertragsteile Zug um Zug ihre Leistungen bereits erbracht, muss das Rechtsgeschäft von beiden Seiten rückabgewickelt werden.

Vertragspartner kennt den Einwilligungsvorbehalt nicht

Die Zahlung an eine Person, für die ein Betreuer bestellt und ein Einwilligungsvorbehalt für den Bereich der Vermögenssorge angeordnet ist, hat keine Erfüllungswirkung (*BGH* WM 2015, 1329). Auf die Kenntnis bzw. fahrlässige Unkenntnis des Leistenden von der Betreuung und dem Einwilligungsvorbehalt kommt es nicht an; maßgeblich ist allein die objektive Sachlage. Ein guter Glaube des Geschäftspartners an die Geschäftsfähigkeit ist nicht geschützt, sondern der Schutz des Betreuten, für den ein Einwilligungsvorbehalt besteht, hat Vorrang vor den Interessen des Rechtsverkehrs. Damit trägt der Geschäftspartner das Risiko der Unwirksamkeit des Rechtsgeschäfts. Soweit das *LG Oldenburg* (BtPrax 2013, 262) davon ausgegangen ist, dass die Anordnung der Betreuung mit Einwilligungsvorbehalt für den Bereich der Vermögenssorge der Erfüllungswirkung von Auszahlungen an den Betreuten aus seinem Kontoguthaben nicht entgegensteht, und einem unter Betreuung stehenden Volljährigen die Empfangszuständigkeit für Zahlungen nur dann abzusprechen ist, wenn der Leistende die Betreuung kennt oder jedenfalls kennen musste, kann dieser Ansicht seit der Entscheidung des BGH nicht mehr gefolgt werden.

Siehe hierzu auch die Ausführungen im Kapitel 2.7.

Wirksamkeit von Willenserklärungen

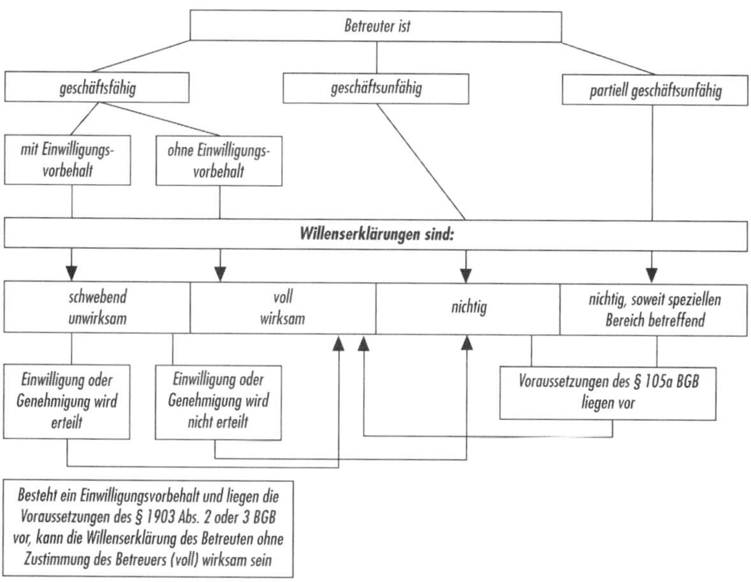

4. Testierfähigkeit

Die Testierfähigkeit ist als spezielle Ausprägung der Geschäftsfähigkeit auf dem Gebiet des Erbrechts geregelt. § 2229 BGB fasst die allgemeinen Grundsätze der §§ 104 Nr. 2, 105 Abs. 1, 2 BGB zusammen und trifft eine unabhängige Regelung. Da die Testamentserrichtung ein höchstpersönliches Rechtsgeschäft ist, kann sie nicht von der Zustimmung des gesetzlichen Vertreters abhängig sein (§ 2064 BGB).

Man versteht unter Testierfähigkeit die Fähigkeit, ein Testament zu errichten, abzuändern oder aufzuheben. Die Testierfähigkeit kann auch bei Personen bestehen, denen die Geschäftsfähigkeit für einen gegenständlich beschränkten Kreis von Angelegenheiten fehlt, sie kann aber nicht als partielle Testierfähigkeit für Testamente bestimmten Inhalts bestehen.

Zur Testierfähigkeit reicht nicht eine nur allgemeine Vorstellung von der Tatsache der Errichtung eines Testaments und von dem Inhalt. Der Erblasser muss eine konkrete Vorstellung seines letzten Willens haben und in der Lage sein, sich über die Tragweite seiner Anordnung und ihre Auswirkungen auf die persönlichen und wirtschaftlichen Verhältnisse der Betroffenen ein klares Urteil zu bilden. Schließlich setzt die Testierfähigkeit voraus, dass der Erblasser imstande ist, den Inhalt des Testaments von sich aus zu bestimmen und auszudrücken. Der Erblasser muss nach eigenem Urteil frei von Einflüssen interessierter Dritter handeln können.

Die Testierfähigkeit deckt sich insofern mit der Geschäftsfähigkeit, als jeder Geschäftsfähige auch testierfähig ist und dem vollständig Geschäftsunfähigen die Testierfähigkeit immer fehlt.

Testierunfähig ist nach § 2229 Abs. 4 BGB, wer wegen krankhafter Störung der Geistestätigkeit, wegen Geistesschwäche oder wegen Bewusstseinsstörung nicht in der Lage ist, die Bedeutung einer von ihm abgegebenen Willenserklärung einzusehen und nach dieser Einsicht zu handeln. Auch eine nur vorübergehende krankhafte Störung der Geistestätigkeit oder Geistesschwäche führt zur Testierunfähigkeit. Entscheidend ist, ob durch den Geisteszustand des Erblassers seine freie Willensbestimmung im Zeitpunkt der Testamentserrichtung (nur dieser Zeitpunkt ist maßgebend) ausgeschlossen war. Unerheblich ist die Ursache der Testierunfähigkeit.

Nach dem Wortlaut des § 2229 Abs. 4 BGB führen die aufgeführten Störungen der Geistestätigkeit nicht grundsätzlich zur Testierunfähigkeit, sondern nur dann, wenn der Erblasser „nicht in der Lage ist, die Bedeutung einer von ihm abgegebenen Willenserklärung einzusehen und nach dieser Einsicht zu handeln". Fehlende Erkenntnis rechtlicher und wirtschaftlicher Zusammenhänge des Erklärten genügt für Testierunfähigkeit nicht.

Allgemein ist festzuhalten: Testierunfähig infolge krankhafter Störung der Geistestätigkeit oder Geistesschwäche ist derjenige, „dessen Erwägungen und Willensentschlüsse nicht mehr auf einer der allgemeinen Verkehrsauffassung entsprechenden Würdigung der Außendinge und Lebensverhältnisse beruhen, sondern durch krankhaftes Empfinden, krankhafte Vorstellungen und Gedanken oder durch Einflüsse dritter Personen derart beeinflusst werden, dass sie tatsächlich nicht mehr frei sind, vielmehr sich den genannten regelwidrigen Einwirkungen schranken- und hemmungslos hingeben und von ihnen widerstandslos beherrscht werden". Eine geistige Erkrankung steht der Fähigkeit ein Testament zu errichten, dann nicht entgegen, wenn die Erkrankung mit Testamentserrichtungen nicht in Verbindung steht und die Errichtung einer Verfügung nicht beeinflusst.

Testamente Geisteskranker können wirksam sein, wenn sie in einem lichten Augenblick errichtet sind.

Ein Einwilligungsvorbehalt kann sich nie auf die Errichtung von Verfügungen von Todes wegen erstrecken, § 1903 Abs. 2 BGB.

5. Ehefähigkeit

Ehefähigkeit erfordert Geschäftsfähigkeit

Eine Betreuung hat keine Auswirkung auf die Ehefähigkeit eines Betreuten. Maßgebend für die Ehefähigkeit ist ausschließlich seine Geschäftsfähigkeit (§ 1304 BGB).

Die Prüfung der Ehefähigkeitsvoraussetzungen obliegt dem Standesbeamten. Dieser kann, soweit er an der Geschäftsfähigkeit eines Verlobten zweifelt, zweckgerichtete Ermittlungen durchführen und ggf. Akteneinsicht beim Betreuungsgericht nehmen.

Das Gesetz gesteht dem Betreuer nicht zu, auf die Eheschließung eines geschäftsfähigen Betreuten Einfluss zu nehmen. Das Recht zur Eheschließung des Betreuten ist dessen höchstpersönliches Recht. Der Betreuer muss sich von eigenen Bedürfnissen und Wertvorstellungen lösen und die Eheschließung seines geschäftsfähigen Betreuten akzeptieren. Auch ein Einwilligungsvorbehalt kann sich nie auf die Eheschließung beziehen, § 1903 Abs. 2 BGB.

Höchstpersönliches Recht

Praxis TIPP

Eheschließung – Keine Aufgabe des Betreuers

Ist sich der Betreuer über die Geschäftsfähigkeit seines Betreuten im Unklaren und ist er gegen die Eheschließung eingestellt, sollte er grundsätzlich die Beratungsangebote des Betreuungsgerichts in Anspruch nehmen. Das Betreuungsgericht ist ggf. verpflichtet, seine Entscheidungen Behörden unter Wahrung „berechtigter Interessen des Betroffenen" mitzuteilen, „um eine erhebliche Gefahr für das Wohl des Betroffenen, für Dritte oder die öffentliche Sicherheit abzuwenden" (§ 308 FamFG).

Bei bekannter und nachweisbarer Geschäftsunfähigkeit des Betreuten bleibt es dem Betreuer unbenommen, den Standesbeamten zu unterrichten, wenn er von einer bevorstehenden Eheschließung des Betreuten erfährt. Wegen des schwerwiegenden Eingriffs in die Persönlichkeitsrechte des Betreuten, aber auch um die Beziehung zum Betreuten nicht negativ zu beeinflussen, sollte auch hier der Weg über das Beratungsangebot des Betreuungsgerichts nicht unbeachtet bleiben.

6. Einwilligungs- und Einsichtsfähigkeit

Einwilligungsfähigkeit wird in der *BT-Drucks. 11/4528* auf Seite 71 wie folgt definiert:

> *Einwilligungsfähig ist, wer Art, Bedeutung und Tragweite (auch Risiken) der Maßnahme zu erfassen und seinen Willen hiernach zu bestimmen vermag.*

Selbstverantwortliche Entscheidung einer Person setzt nicht nur die Erkenntnis dessen voraus, was mit ihr geschieht, sondern auch dessen, was es bedeutet und warum es geschieht (Wesen, Bedeutung und Tragweite). Es geht z. B. nicht an, schon denjenigen für einwilligungsfähig zu erklären, der versteht, dass er mit der Unterbringung die Einrichtung nicht mehr beliebig verlassen kann, wenn nicht ein Begriff davon hinzukommt, was das für die Lebensführung bedeutet und welcher Anlass für eine derartige Beschneidung der Lebensmöglichkeiten besteht.

Natürliche Fähigkeit

Die Einwilligungsfähigkeit im Sinne einer natürlichen Einsichts- und Steuerungsfähigkeit unterscheidet sich von der Geschäftsfähigkeit zum einen dadurch, dass sie auf den subjektiv individuellen Reifegrad einer Person abstellt. Zum anderen bezieht sie sich auf ein objektiv konkretes „Geschäft" und ist damit auch in Verhältnis zu setzen zu dessen Art und Kompliziertheit. Aus der Relativität der Einwilligungsfähigkeit folgt auch, dass die Anforderungen hieran mit der Komplexität und dem Risiko der ärztlichen Behandlung wachsen. So kann etwa bei der gleichen Person die Einwilligungsfähigkeit hinsichtlich einer schwierigen und umfangreichen Operation zu verneinen sein, während sie z. B. hinsichtlich einer einfachen Wundversorgung zu bejahen sein kann.

6.1 Bereich Heilbehandlung

Betreuter entscheidet maßgeblich

Das geltende Betreuungsrecht geht von einem grundsätzlichen Willensvorrang des Betreuten (auch) im Bereich der Heilbehandlung aus. Ist der Betreute einwilligungsfähig, trifft er selbst die Entscheidung darüber, ob er in eine Behandlung einwilligt oder nicht. Auch wenn ein Betreuer mit dem Aufgabenkreis „Gesundheitssorge" bestellt wurde (z. B. weil der Betreute nicht mehr in der Lage ist, einen Behandlungsvertrag abzuschließen), ist in diesem Fall allein die Entscheidung des Betreuten maßgebend dafür, ob die Behandlung durchgeführt werden darf oder nicht.

Vertretung ist möglich

Ist der Betreute dagegen nicht einwilligungsfähig, kann der Betreuer als gesetzlicher Vertreter trotz der Höchstpersönlichkeit der Entscheidung grundsätzlich für den Betreuten in eine ärztliche Maßnahme einwilligen. Das ist erforderlich, damit einwilligungsunfähige Betreute nicht von einwilligungsbedürftigen ärztlichen Maßnahmen ausgeschlossen werden. In diesen Fällen hat der Betreuer aber den Wünschen des einwilligungsunfähigen Betreuten zu entsprechen, soweit dies dessen subjektivem Wohl nicht widerspricht und dem Betreuer zuzumuten ist.

Ein entscheidendes Anwendungsproblem ist somit die Frage, unter welchen Voraussetzungen der Betreute selbst wirksam in eine medizinische Behandlung einwilligen kann. Bei volljährigen Patienten wird auf die „natürliche Einsichts- und Steuerungsfähigkeit" (auch „natürliche Einsichts- und Urteilsfähigkeit") anstatt auf die „Geschäftsfähigkeit" abgestellt, mit der Folge, dass eine in sonstigen Bereichen geschäftsunfähige Person im konkreten Fall in eine medizinische Behandlung einwilligen kann, ebenso wie es umgekehrt denkbar ist, dass eine sonst geschäftsfähige Person im Einzelfall als „medizinisch" einwilligungsunfähig erscheint. Diesen Lehren ist im Ergebnis zuzustimmen: Für die Einwilligung in die Beeinträchtigung höchstpersönlicher Rechtsgüter kommt es auf die individuelle Fähigkeit zur selbstverantwortlichen Willensbildung und -steuerung in diesem Bereich an.

Natürliche Handlungsfähigkeit genügt nicht

Die somit entscheidende Einsichts- und Steuerungsfähigkeit des Betreuten für den Bereich der Entscheidung über medizinische Behandlungen darf freilich nicht falsch begriffen werden. Zunächst ist sie nicht zu verwechseln mit der „natürlichen Handlungsfähigkeit" als der Fähigkeit, überhaupt willentlich zu handeln; diese kann auch schon das Kleinkind entwickeln. Ferner ist es unstatthaft, allein auf die Fähigkeit zur Einsicht in die „Tragweite" der ärztlichen Behandlung abzustellen. Vielmehr bezieht sich die Einsichtsfähigkeit auch auf den Grund und die Dringlichkeit der in Aussicht genommenen Heilbehandlung, also die ärztliche Diagnose, das Begreifen der therapeutischen Möglichkeiten und das Abschätzen der jeweils damit verbundenen Heilungschancen und der Risiken. Grundvoraussetzung ist die Fähigkeit, das vom Arzt geführte Aufklärungsgespräch zu erfassen und auf seiner Grundlage die Entscheidung für oder gegen die Einwilligung selbstverantwortlich treffen zu können. Um die Dimension der „Einwilligungsfähigkeit" richtig einschätzen zu können, muss folglich die Rechtsprechung zur ärztlichen Aufklärungspflicht herangezogen werden.

Der Umstand, dass der Betreute wegen geistiger oder seelischer Defizite einen Betreuer für Gesundheitsangelegenheiten erhalten hat, begründet für sich gesehen noch nicht seine Einwilligungsunfähigkeit, die stets im Bezug auf konkrete ärztliche Maßnahmen zu beurteilen ist.

Beurteilung durch den Arzt

Ob der Betreute im konkreten Fall einsichts- und steuerungsfähig ist, hat der Arzt vor einer Maßnahme zu beurteilen. Es hängt dies auch von der Schwierigkeit der Einsicht in Grund und Folgen der in Aussicht genommenen Behandlung ab, es gibt also eine „relative" Einsichtsfähigkeit. Je schwieriger sich die ärztliche Aufklärung gestaltet, desto höhere Anforderungen stellt sie an die Einsichtsfähigkeit des Patienten. Die Einschätzung des Arztes unterliegt der Nachprüfung des Gerichts, der Arzt hat keinen Ermessensspielraum. Ergeben sich unauflösbare Zweifel an der Einwilligungsfähigkeit, hat der Arzt die Einwilligung des Betreuers einzuholen gemäß § 630d Abs. 1 Satz 2 BGB.

Kommt es je nach Einsichtsfähigkeit des Betroffenen rechtlich entweder auf dessen Einwilligung oder auf die des Betreuers an, so wirken im Idealfall der Betreute und

Besprechungspflicht

der Betreuer bei der Entscheidungsfindung zusammen. Auch wenn der Betreuer einwilligungsbefugt ist, hat er die Angelegenheit mit dem Betreuten zu besprechen (§ 1901 Abs. 3 Satz 3 BGB) und auf seine Wünsche im Rahmen des § 1901 Abs. 2, 3 BGB Rücksicht zu nehmen. Die Sorge für die Gesundheit des Betreuten wird dem Betreuer in § 1901 Abs. 4 BGB besonders auferlegt: Innerhalb seines Aufgabenkreises hat er dazu beizutragen, dass Möglichkeiten einer Heilung, Besserung, Rehabilitation etc. genutzt werden. Geht das Betreuungsrecht im Innenverhältnis somit von dem Idealbild einer Kooperation zwischen Betreuer und Betreutem aus, so bleibt es für das Außenverhältnis bei dem geschilderten Entweder/Oder der Einwilligungsbefugnis.

Ärztliche Zwangsmaßnahmen

Ein generelles Behandlungsverbot gegen den natürlichen Willen nicht einwilligungsfähiger Betreuter sieht das geltende Recht nur bei der Sterilisation vor. Widerspricht eine geplante ärztliche Maßnahme dem natürlichen Willen, spricht das Gesetz von einer ärztlichen Zwangsmaßnahme, die nur unter sehr engen Voraussetzungen gemäß § 1906a BGB möglich ist (vgl. dazu Kapitel A 12, Abschnitt 2.1.5).

6.2 Bereich Freiheitsentziehung

Einwilligung in Freiheitsentziehung

Eine zur Selbstbestimmung fähige Person kann in Maßnahmen ihrer eigenen Freiheitsentziehung einwilligen und damit einen Rechtfertigungsgrund (im strafrechtlichen wie zivilrechtlichen Sinn) schaffen. Dabei ist es völlig gleichgültig, ob man die „Einwilligungsfähigkeit" als eine besondere Fähigkeit zur Selbstverantwortung in persönlichen Angelegenheiten außerhalb des Begriffs der allgemeinen Geschäftsfähigkeit ansiedelt oder in diesen Begriff (als bereichsbezogene Geschäftsfähigkeit) einschließt. Jedenfalls bedarf es bei der Zustimmung der auf diesem Gebiete zur Selbstbestimmung fähigen Person weder eines Betreuers noch eines Gerichts. Zu beachten ist aber dabei, dass es im Rahmen des § 1906 BGB um Personen geht, die in Fragen der Selbstbestimmung über ihren Aufenthalt eines Betreuers bedürfen, insoweit also einer gerichtlich angeordneten Fremdbestimmung unterliegen. Besteht kein Bedürfnis für fremdbestimmte Unterbringung, so darf an sich dem Betreuer nach dem Erforderlichkeitsgrundsatz schon von vornherein keine Befugnis zur Aufenthaltsbestimmung oder Unterbringung eingeräumt werden. Ist aber ein Betreuer mit der Befugnis „Aufenthaltsbestimmung" oder „Unterbringung" nötig, so kann der Betreute in der Regel schwerlich zugleich als fähig angesehen werden, Grund und Tragweite der Freiheitsentziehung einzusehen und selbstverantwortlich zu handeln.

7. Verfahrensfähigkeit

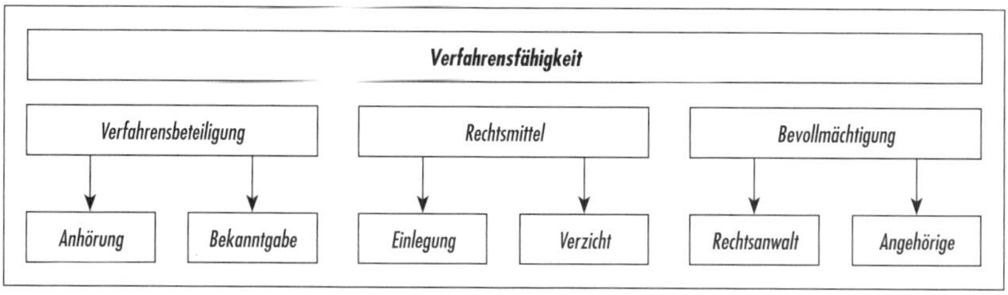

Verfahrensfähig im „eigenen Verfahren"

§ 275 FamFG für Betreuungssachen und § 316 FamFG für Unterbringungssachen erklären den Betroffenen „ohne Rücksicht auf seine Geschäftsfähigkeit" für verfahrensfähig. Eine Sonderregelung, die in § 9 Abs. 1 Nr. 4 FamFG ausdrücklich vorbehalten ist. Der Anwendungsbereich der Vorschrift bezieht sich auf sämtliche Betreuungssachen gemäß § 271 FamFG und alle Unterbringungssachen des § 312 FamFG.

7.1 Regelungsinhalt

Die Normen stellen sicher, dass der Betroffene in allen betreuungsrechtlichen und Unterbringungsverfahren ohne Rücksicht auf seine Geschäftsfähigkeit als verfahrensfähig zu behandeln ist. Die von der Geschäftsfähigkeit unabhängige Verfahrensfähigkeit stärkt die Rechtsposition des Betroffenen.

7.2 Verfahrensbefugnisse des Betroffenen

Verfahrenspfleger verdrängt nicht

Der Betroffene hat persönlich alle Befugnisse eines Verfahrensbeteiligten. Dies gilt insbesondere auch, wenn für ihn im Verfahren gemäß § 276 FamFG ein Verfahrenspfleger bestellt wird. Die Rechtsstellung des Verfahrenspflegers als selbstständiger Verfahrensbeteiligter beeinflusst nicht die verfahrensrechtliche Stellung, die dem Betroffenen aus eigenem Recht zusteht. Dies bedeutet zunächst, dass dem Betroffenen unabhängig von der Pflicht zu seiner persönlichen Anhörung (§ 278 FamFG) uneingeschränkt das rechtliche Gehör zu gewähren ist, insbesondere müssen ihm sämtliche Vorgänge, die Grundlage der gerichtlichen Entscheidung werden sollen, zur Kenntnis gebracht werden. Dies gilt vor allem für ein gemäß § 280 FamFG eingeholtes Sachverständigengutachten, das dem Betroffenen im vollen Wortlaut übermittelt werden muss; es genügt nicht, das Gutachten lediglich einem bestellten Verfahrenspfleger zur Verfügung zu stellen.

Volle Einbindung in das Verfahren

Der Betroffene ist aufgrund seiner Verfahrensfähigkeit in der Lage, uneingeschränkt durch tatsächliches Vorbringen das Verfahren und das Ergebnis der zu treffenden Entscheidung zu beeinflussen. Er ist zu sämtlichen Verfahrenshandlungen befugt. Betreuungsrechtliche Entscheidungen sind dem Betroffenen persönlich bekannt zu machen (siehe § 41 FamFG). Der Betroffene ist insbesondere auch zur selbständigen Einlegung eines Rechtsmittels befugt. Er ist uneingeschränkt berechtigt, zu seiner Vertretung im Verfahren einen Verfahrensbevollmächtigten zu bestellen, insbesondere also einen Rechtsanwalt mit seiner Vertretung zu beauftragen. Dies schließt als Annex die Teilgeschäftsfähigkeit zum Abschluss eines schuldrechtlichen Geschäftsbesorgungsvertrags mit einem Rechtsanwalt ein, weil nur auf diese Weise eine anwaltliche Vertretung gewährleistet werden kann (streitig). Ein etwa mit dem Aufgabenkreis der Vermögensangelegenheiten bestellter Betreuer muss deshalb den Vergütungsanspruch des bevollmächtigten Rechtsanwalts aus dem Einkommen oder Vermögen des Betroffenen erfüllen. Zur Wirksamkeit einer Bevollmächtigung durch den Betreuten in einem Betreuungsverfahren siehe auch *KG Berlin*, BtPrax 2010, 90. Dies bestätigt auch das *OLG Koblenz* (NJW 2014, 1251), wenn es in seiner Entscheidung feststellt, aus § 275 FamFG folge, dass der Betroffene in Betreuungssachen einen Rechtsanwalt auch dann wirksam mit der anwaltlichen Vertretung beauftragen kann (§ 675 BGB), wenn nach materiellem Recht der Anwaltsvertrag wegen Fehlens der Geschäftsfähigkeit oder Anordnung eines Einwilligungsvorbehalts nicht wirksam geschlossen werden könnte.

Bestellung eines Vertreters

Abschluss eines Anwaltsvertrags

7.3 Wirksamkeit von Verfahrenshandlungen des Betroffenen

Bekanntgabe an den Betreuten

Aus seiner Verfahrensfähigkeit folgt zunächst, dass sämtliche Verfahrenshandlungen wirksam gegenüber dem Betroffenen vorgenommen werden können. Dies gilt insbesondere für die Bekanntgabe einer Entscheidung (§ 41 FamFG), durch die die Beschwerdefrist des § 63 Abs. 1 Satz 1 FamFG für die Einlegung eines eigenständigen Rechtsmittels durch den Betroffenen in Lauf gesetzt wird. Wirksam sind aber auch eigene Verfahrenshandlungen, die dem Betroffenen zum Nachteil gereichen können, wie etwa eine Beschwerderücknahme oder ein Rechtsmittelverzicht.

Erörtert wurde, ob Erklärungen des Betreuten im Rahmen seiner Verfahrensfähigkeit von einem „natürlichen Willen“ getragen werden müssen.

Natürlicher Wille nicht erforderlich?

Grundsätzlich ergibt sich aber aus dem Wortlaut des § 275 FamFG bzw. § 316 FamFG nicht, dass als Voraussetzung der Verfahrensfähigkeit wenigstens ein „natürlicher Wille“ noch vorhanden sein müsse. Es dürfte vielmehr dem Sinn der gesetzlichen Vorschriften widersprechen, dass der Betroffene die Befugnis zu eigenen Verfahrenshandlungen durch ein Mindestmaß ihm verbliebener intellektueller Fähigkeiten rechtfertigen muss. Der Begriff „natürlicher Wille“ lässt sich zudem kaum sicher definieren, geschweige denn nachweisen (*BGH* FamRZ 2014, 110).

Wissen und Verständnis müssen vorliegen

Andererseits können Erklärungen des Betroffenen wenig Bedeutung zugemessen werden, wenn er jegliche Fähigkeit eingebüßt hat, sich verständlich zu artikulieren oder Sinn und Folge seiner Erklärungen auch nur ansatzweise zu erkennen (siehe *AG Mannheim*, BtPrax 2012, 219). Richter und Rechtspfleger des Betreuungsgerichts haben deshalb in jedem einzelnen Fall zu prüfen, ob überhaupt verfahrensrechtliche Erklärungen von dem Betreuten zum Ausdruck gebracht wurden. Insbesondere, wenn z. B. ersichtlich ist, dass Betreute nur den Namen unter ein vorbereitetes Schriftstück gesetzt haben, das sie nicht mehr verstehen oder nicht mal mehr lesen können. Hier geht es nicht mehr um Verfahrensfähigkeit. Vielmehr sind Betreute, die letztlich nur durch Täuschung und Arglist manipuliert wurden, dann zum bloßen Objekt Dritter geworden. Die Abgrenzung zwischen einem zurechenbaren Handeln des Betreuten und dem völlig von Dritten manipulierten Handeln kann aber im Einzelfall sehr schwierig sein. Dem Gesetzeswortlaut wird aber nur eine Auslegung gerecht, die im Zweifel von einem zurechenbaren Handeln und damit von Verfahrensfähigkeit ausgeht.

7.4 Verfahrenshandlungen Dritter

Bevollmächtigung Angehöriger

In der Praxis steht die Problematik im Vordergrund, wie verhindert werden kann, dass dritte Personen, die nicht dem nach § 303 Abs. 2 FamFG privilegierten Kreis beschwerdeberechtigter Angehöriger zuzurechnen sind, auf dem Weg einer Bevollmächtigung durch den fremdbestimmten Betroffenen in dessen Namen Verfahrenshandlungen vornehmen können, die nur der Verfolgung ihrer eigenen Interessen dienen. Nach § 10 Abs. 2 Satz 2 Nr. 2 FamFG kann sich der Betreute (als Beteiligter) durch volljährige Familienangehörige vertreten lassen. Hilfreich kann sein, dass die Vollmacht nicht nur zu behaupten, sondern nach § 11 FamFG schriftlich zu den Gerichtsakten einzureichen ist; das Gericht hat den Mangel der Vollmacht von Amts wegen zu berücksichtigen.

Das Gericht weist Bevollmächtigte, die nicht (im Sinne des § 10 Abs. 2 FamFG) vertretungsbefugt sind, durch unanfechtbaren Beschluss zurück. Verfahrenshandlungen, die ein nicht vertretungsbefugter Bevollmächtigter bis zu seiner Zurückweisung vorgenommen hat, und Zustellungen oder Mitteilungen an diesen Bevollmächtigten sind allerdings wirksam, § 10 Abs. 3 FamFG.

Nur verfahrensbezogene Bevollmächtigung

Wichtig ist, dass § 275 FamFG nur für eine rein verfahrensbezogene Bevollmächtigung gilt, nicht jedoch für eine inhaltlich umfassende, aus der der Bevollmächtigte auch das Recht herleitet, den Betroffenen außerhalb des Betreuungsverfahrens zu vertreten.

7.5 Anhörungen

Als Ausdruck der Verfahrensfähigkeit sind auch die (persönlichen) Anhörungen des Betreuten anzusehen, die vor gerichtlichen Entscheidungen durchzuführen sind.

Rechtliches Gehör als Grundrecht

Nach § 34 Abs. 1 FamFG hat das Gericht einen Beteiligten persönlich anzuhören, wenn dies zur Gewährleistung dessen rechtlichen Gehörs erforderlich ist oder dies im FamFG vorgeschrieben ist. Darüber hinaus darf das Gericht eine Entscheidung, die die Rechte des Betreuten beeinträchtigt, nur auf Tatsachen stützen, zu denen sich der Betreute äußern konnte, § 38 Abs. 2 FamFG.

Persönliche Anhörung

Insbesondere die §§ 278, 293, 296, 297, 298, 299, 300, 319, 331 FamFG (nicht abschließend) fordern zusätzlich eine persönliche Anhörung des Betroffenen, von der nur unter den Voraussetzungen des § 34 Abs. 3 FamFG abgesehen werden kann (vgl. dazu Kapitel A 1, Abschnitt 3.4.2).

8. Wünsche des Betreuten

8.1 Bindung an den Wunsch

Wunsch bindet

Die Bindung an einen Wunsch des Betreuten bestimmt die Reichweite der Selbstbestimmung des Betreuten innerhalb des Betreuungsverhältnisses.

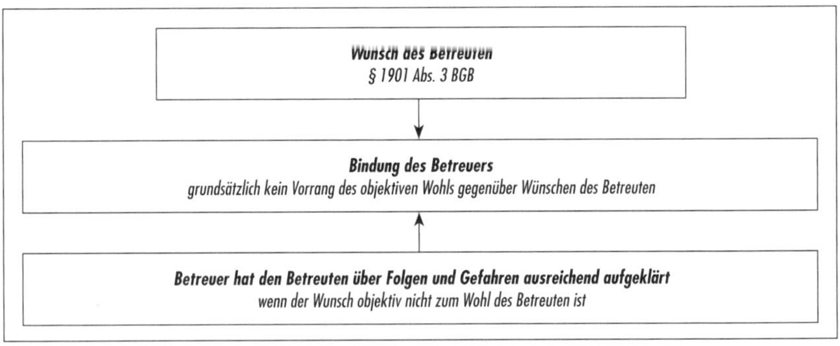

Die Frage, ob ein Wunsch zu beachten ist oder nicht, kann auch haftungsrechtliche Konsequenzen haben. Der Haftungsanspruch basiert auf §§ 1908i, 1833 BGB. Nach diesen Regelungen ist der Betreuer dem Betreuten (bzw. seinen Erben) für den aus einer Pflichtverletzung entstandenen Schaden verantwortlich, wenn ihm ein Verschulden zu Last fällt. § 1901 Abs. 3 Satz 1 BGB gibt dem Betreuer die Pflicht auf, Wünschen des Betreuten zu entsprechen. Er handelt aber unter Umständen auch pflichtwidrig, wenn er einem Wunsch entspricht, der dem Wohl des Betreuten zuwiderläuft.

Zum Vorrang der Wünsche des Betreuten unter Beachtung seines objektiven Wohls gibt es eine (nicht unumstrittene) Entscheidung des *BGH* (BtPrax 2009, 290); lesenswert sind hierzu auch die Abhandlungen von *Thar* und *Brosey* in BtPrax 2010, 12 und 16.

Der BGH führt in seiner Entscheidung aus:

> *Ein Wunsch des Betreuten läuft nicht bereits dann im Sinne des § 1901 Abs. 3 Satz 1 BGB dessen Wohl zuwider, wenn er dem objektiven Interesse des Betreuten widerspricht. Vielmehr ist ein Wunsch des Betreuten im Grundsatz beachtlich, sofern dessen Erfüllung nicht höherrangige Rechtsgüter des Betreuten gefährden oder seine gesamte Lebens- und Versorgungssituation erheblich verschlechtern würde. Allerdings gilt der Vorrang des Willens des Betreuten nur für solche Wünsche, die Ausfluss des Selbstbestimmungsrechts des Betreuten sind und sich nicht nur als bloße Zweckmäßigkeitserwägungen darstellen. Beachtlich sind weiter nur solche Wünsche, die nicht Ausdruck der Erkrankung des Betreuten sind und auf der Grundlage ausreichender Tatsachenkenntnis gefasst wurden.*

Ein Wunsch des Betreuten läuft dem Wohl nicht bereits dann zuwider, wenn er dessen objektiven Interessen widerspricht. Der eindeutige Wortlaut des § 1901 Abs. 2 Satz 2 BGB regelt, dass zum Wohl des Betreuten auch die Möglichkeit gehört, ein Leben nach seinen Wünschen und Vorstellungen zu gestalten; darin liegt ein grundsätzlicher Vorrang der Wünsche vor den objektiven Interessen (auch Vermögensinteressen). Gesetzgeberisches Ziel des Betreuungsrechts war die Stärkung des Selbstbestimmungsrechts betreuter Menschen.

Der BGH wendet sich in der o. g. Entscheidung gegen einen Vorrang des objektiven Wohls. Er tritt damit der teilweise in der Literatur vertretenen Auffassung entgegen, der Betreuer dürfe grundsätzlich keine Hilfe zur Selbstschädigung leisten, weil er die Haftung mit einem bloßen Hinweis auf den Betreutenwunsch leicht unterlaufen könne.

8.2 Unbeachtlichkeit des Wunsches

Übergehung der Wünsche

Der Vorrang eines Wunsches ist jedoch unter bestimmten Voraussetzungen unbeachtlich:

- Höherrangige Rechtsgüter des Betreuten sind gefährdet und/oder eine Verschlechterung der Lebens- und Versorgungssituation ist zu befürchten
- Wunsch ist Ausdruck der Krankheit oder Behinderung des Betreuten
- der Wunsch richtet sich allein auf Zweckmäßigkeitserwägungen

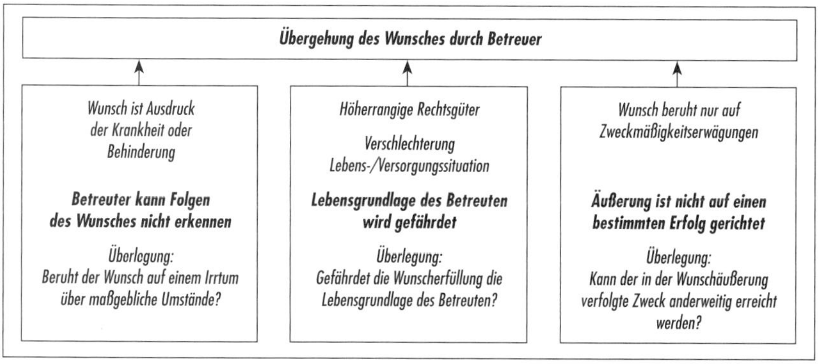

8.2.1 Höherrangige Rechtsgüter

Lebens- und Versorgungssituation

Ein Wunsch soll vom Betreuer nicht mehr beachtet und umgesetzt werden, wenn die Erfüllung der Wünsche höherrangige Rechtsgüter gefährden oder sich die gesamte Lebens- und Versorgungssituation des Betreuten erheblich verschlechtern würde. Dies kann dann vorliegen, wenn der Unterhalt des Betreuten bis zu seinem Tod infolge der gewünschten Maßnahme nicht mehr gesichert ist. Dies erfordert aber unter

Umständen eine Prognoseentscheidung, die häufig nicht getroffen werden kann. Es bedeutet aber auch, dass das Selbstbestimmungsrecht des Betreuten in der Vermögenssorge zulasten einer verschlechterten Versorgung beschränkt wird. Die Urteilsfähigkeit des Betreuten und die persönlichen Gründe seines Wunsches spielen in diesen Fällen nach Ansicht des BGH offenbar keine Rolle.

8.2.2 Wunsch ist Ausdruck der Krankheit oder Behinderung des Betreuten

Verkennung der Tatsachen

Ist danach ein Wunsch des Betreuten im Grundsatz beachtlich, sofern dessen Erfüllung nicht die gesamte Lebens- und Versorgungssituation des Betreuten erheblich verschlechtern würde, kann dies nur unter der Voraussetzung gelten, dass der Wunsch nicht Ausdruck der Erkrankung des Betreuten ist. Dies bedeutet allerdings nicht, dass jeder Wunsch unbeachtlich wäre, den der Betreute ohne Erkrankung nicht hätte oder der als irrational zu bewerten ist; vielmehr ist ein Wunsch lediglich dann unbeachtlich, wenn der Betreute infolge seiner Erkrankung entweder nicht mehr in der Lage ist, eigene Wünsche und Vorstellungen zu bilden und zur Grundlage und Orientierung seiner Lebensgestaltung zu machen, oder wenn er die der Willensbildung zugrunde liegenden Tatsachen infolge seiner Erkrankung verkennt. In diese Abwägung muss aber auch einfließen, dass die Erfüllung eines vielleicht unsinnigen Wunsches zu einer höheren Lebensqualität führen kann.

Der Schutz eines Betreuten, der in seiner Eigenverantwortlichkeit eingeschränkt ist, kann also geboten sein. Zuerst muss der Betreuer feststellen, dass ein Wunsch eine uneinsichtige Selbstschädigung und damit eine Beeinträchtigung objektiver Interessen zur Folge haben könnte. Erst dann hat er die Möglichkeit und zugleich die Pflicht, über die (Nicht-)Erfüllung des Wunsches zu entscheiden.

8.2.3 Wunsch stützt sich allein auf Zweckmäßigkeitserwägungen

Zweckmäßigkeitserwägungen sind noch keine Wünsche

Der Vorrang des Willens des Betreuten gilt im Übrigen nur für solche Wünsche, die Ausfluss seines Selbstbestimmungsrechts sind; sie dürfen sich nicht nur als bloße Zweckmäßigkeitserwägungen erklären lassen, die der Betreute angestellt hat, um über diese Vorstufe sein eigentliches (weitergehendes) Ziel zu erreichen. Die Äußerung des Betreuten muss einem bestimmten Erfolg dienen; dies liegt nicht vor, wenn er lediglich überlegt, auf welchem Weg sich sein eigentliches Ziel am zweckmäßigsten erreichen ließe. Über diese (Zweckmäßigkeits-)Vorstellungen des Betreuten kann und muss sich der Betreuer gegebenenfalls hinwegsetzen. Dieses Kriterium zur Versagung der Wünsche ist aber sehr unbestimmt und könnte als Einfallstor für eine Ablehnung missbraucht werden, die ihrerseits auf bloßen Zweckmäßigkeitserwägungen des Betreuers beruht.

8.3 Betreuer verletzt seine Aufklärungspflicht über die Risiken

Aufklärung ist erforderlich

Der Betreuer kann sich nur dann auf einen, dem objektiven Wohl des Betreuten zuwiderlaufenden Wunsch berufen, wenn dieser Wunsch auf ausreichender tatsächlicher Grundlage gefasst wurde. Der Wunsch des Betreuten entlastet den Betreuer nur, wenn er den Betreuten über die damit verbundenen Risiken belehrt und ihm andere weniger nachteilige oder nicht so riskante Wege zur Erreichung des verfolgten Ziels aufgezeigt hat. Der Grad der erforderlichen Aufklärung richtet sich zum einen nach der Wichtigkeit des Geschäfts und zum anderen danach, was in den Lebenskreisen, denen der Betreuer angehört, billigerweise erwartet werden kann. Indes kann auch ein geschäftsunerfahrener Betreuer verpflichtet sein, bei einem Geschäft großer Bedeutung fachlichen Rat einzuholen, um sich und den Betreuten umfassend informieren zu können. Hat der Betreuer den Betreuten nicht ausreichend aufgeklärt, bleibt dem Betreuer gleichwohl die Möglichkeit darzulegen und zu beweisen, dass der Betreute den – vom Betreuer später umgesetzten – Wunsch auch dann geäußert hätte, wenn der Betreuer ihn zuvor im erforderlichen Umfang aufgeklärt hätte.

9. Wahlrecht

Ausschluss vom Wahlrecht

Nach § 6a Abs. 1 Nr. 2 Europawahlgesetz (EuWG), § 13 Nr. 2 Bundeswahlgesetz und Art. 2 Nr. 2 Bayerisches Landeswahlgesetz (jeweils alte Fassungen) waren Betreute vom Stimmrecht ausgeschlossen, wenn der Betreuer mit dem Aufgabenkreis „Besorgung aller Angelegenheiten" betraut war. Das Betreuungsgericht musste dies dem Wahlamt gemäß § 309 Abs. 1 Satz 1 FamFG (a. F.) mitteilen. Das *BVerfG* (Beschluss vom 29. 1. 2019, Az. 2 BvC 62/14) sieht die Möglichkeit eines verfassungsrechtlich zulässigen Ausschlusses vom aktiven Wahlrecht nur, wenn „die Möglichkeit der Teilnahme am Kommunikationsprozess zwischen Volk und Staatsorganen nicht in hinreichendem Maße besteht". Dies kann nach Ansicht des *BVerfG* nicht aus der Anordnung einer Betreuung mit dem Aufgabenkreis „alle Angelegenheiten" hergeleitet werden.

Keine Vertretung

Das Wahlrecht selbst ist höchstpersönlich und kann daher weder durch den Betreuer noch durch einen Bevollmächtigten ausgeübt werden. Wer unbefugt die Wahl des Betreuten beeinflusst, macht sich sogar wegen Wahlfälschung strafbar gemäß § 107a StGB. Eine Hilfeleistung bei der Wahl ist dagegen zulässig, wenn sie sich auf eine technische Hilfe bei der Kundgabe der Wahlentscheidung beschränkt und sich jeglicher Einflussnahme enthält (vgl. dazu § 14 Abs. 5 Bundeswahlgesetz).

10. Vermögensauskunft des Schuldners (Betreuten)

Im Rahmen einer Zwangsvollstreckung kann gemäß § 802c ff. ZPO gegen den Betreuten als Schuldner die Auskunft über sein Vermögen verlangt werden. Dabei ergeben sich vor allem für den Fall der Geschäftsunfähigkeit des Betreuten besondere Rechte und Pflichten des Betreuers. Es stellt sich vor allem die Frage, wer zur Auskunft verpflichtet ist.

10.1 Pflicht zur Vermögensauskunft

10.1.1 Pflicht des Betreuers bei Prozessunfähigkeit des Betreuten

Vertretung durch Betreuer

Geschäftsunfähigkeit, aber auch ein Einwilligungsvorbehalt für Vermögensangelegenheiten führen dazu, dass über die §§ 51, 52 ZPO Prozessunfähigkeit eintritt. In diesem Fall vertritt der Betreuer auch im Verfahren zur Abgabe der Vermögensauskunft den Betreuten als gesetzlicher Vertreter gemäß § 1902 BGB; dies aber nur im Umfang der angeordneten Aufgabenkreise. Es muss daher z. B. der Aufgabenkreis „Abgabe der Vermögensauskunft" (die frühere Bezeichnung „eidesstattliche Versicherung" genügt ebenfalls, da im Kern der gleiche Vorgang gemeint ist), „Schuldenverwaltung", „Vermögensverwaltung" oder „alle Angelegenheiten" angeordnet sein.

Für die Frage der Prozessfähigkeit kommt es auf den Zeitpunkt der Abgabe der Vermögensauskunft an. Zunächst ist es Aufgabe des Gerichtsvollziehers, die Prozessfähigkeit des Schuldners (Betreuten) festzustellen. Bestreitet der Schuldner (Betreuter, Betreuer) die Verpflichtung zur Abgabe der Vermögensauskunft, so kann der gegen die Anordnung des Gerichtsvollziehers eine sogenannte Erinnerung gemäß § 766 ZPO beim zuständigen Vollstreckungsgericht (§ 764 ZPO) einlegen. In Eilfällen kann das Vollstreckungsgericht im Rahmen der Erinnerung eine einstweilige Anordnung erlassen und die Zwangsvollstreckung gegen oder ohne Sicherheitsleistung einstellen (§§ 766 Abs. 1 Satz 2, 732 Abs. 2 ZPO).

10.1.2 Pflicht des Betreuten bei Prozessfähigkeit

Abgabe durch den Betreuten

Die Abgabe der Vermögensauskunft einschließlich der Versicherung der Richtigkeit an Eides statt kann und muss grundsätzlich durch den Betreuten selbst abgegeben werden, wenn er geschäftsfähig und damit auch prozessfähig ist.

10.1.3 Recht des Betreuers zur Abgabe bei prozessfähigen Betreuten

Betreuer verdrängt Betreuten

Auch bei einem geschäftsfähigen Betreuten hat aber der Betreuer im Rahmen seines Aufgabenkreises das Recht (§ 1902 BGB), den Betreuten zu vertreten. Will der Betreuer dieses Recht wahrnehmen und tritt er im Vollstreckungsverfahren als gesetzlicher Vertreter des Betreuten auf, dann gilt der Betreute gemäß § 53 ZPO als nicht prozessfähige Person, so dass nur noch der Betreuer die Vermögensauskunft erteilen kann und muss (vgl. dazu *AG Haßfurt* DGVZ 2003, 46).

10.1.4 Auswahlrecht des Gerichtsvollziehers oder Vollstreckungsgerichts

Der Betreuer kann aber auch vom Gerichtsvollzieher zur Abgabe der Vermögensauskunft bestimmt werden. Die Regelung des § 1902 BGB begründet somit nicht allein eine Berechtigung, sondern zugleich auch eine Verpflichtung des Betreuers zur Vertretung des Betreuten, die vom Gerichtsvollzieher bzw. dem Vollstreckungsgericht konkretisiert werden kann.

Gerichtsvollzieher bestimmt

Wenn also z. B. für die Vermögenssorge des in seiner Geschäftsfähigkeit nicht beschränkten Schuldners ein Betreuer bestellt wurde, hat das zuständige Vollstreckungsorgan nach pflichtgemäßem Ermessen zu bestimmen, ob der Vertreter oder der Betreute (Schuldner) die Vermögensauskunft abzugeben hat. Bei dieser Ermessensentscheidung werden die Eignung, Sachkenntnis und der Grad der Behinderung des Betreuten zu prüfen sein (vgl. dazu *BGH* BtPrax 2008, 257).

Der Gerichtsvollzieher hat ein Recht auf Übermittlung von Daten aus den Betreuungsakten, soweit sein Ersuchen im Rahmen seiner Aufgaben liegt. Es liegen insoweit keine datenschutzrechtlichen Hindernisse vor (OLG *Bamberg*, Urteil vom 17. 1. 2018, Az. 6 VA 5/17).

Wohnsitz des Betreuten begründet Zuständigkeit des Gerichtsvollziehers

Die örtliche Zuständigkeit des Gerichtsvollziehers bestimmt sich gemäß § 802e Abs. 1 ZPO nach dem Wohnsitz bzw. in Ermangelung eines solchen, nach dem Aufenthaltsort des Betreuten zum Zeitpunkt der Auftragserteilung. Soweit der betreute Schuldner nach Eingang des Antrags beim Gerichtsvollzieher den Wohnort oder Aufenthaltsort wechselt, bleibt grundsätzlich die Zuständigkeit bestehen, allerdings kann der beauftragte Gerichtsvollzieher – auf Anregung des Schuldners bzw. dessen Betreuers – im Wege der Rechtshilfe den Kollegen am neuen Wohnort um Abnahme der Vermögensauskunft ersuchen (§ 156 ff. GVG). Ist der Betreute prozessunfähig und bestimmt der Gerichtsvollzieher den Betreuer zur Abgabe, bleibt die örtliche Zuständigkeit unberührt, auch wenn der Betreuer einen anderen Wohnsitz hat, grundsätzlich sogar dann, wenn dieser weiter entfernt liegt.

10.2 Anfechtung der Entscheidung des Gerichtsvollziehers

Entscheidung des Vollstreckungsgerichts

Zunächst hat der Gerichtsvollzieher zu entscheiden, wer zur Abgabe der Vermögensauskunft geladen wird. Geht der zur Abgabe geladene Betreuer davon aus, dass die Voraussetzungen für seine Ladung nicht vorliegen, oder glaubt er, dass die Grenzen einer Entscheidung nach pflichtgemäßem Ermessen überschritten wurden (z. B. sachwidrige Erwägungen), kann er seine Verpflichtung bestreiten (Erinnerung) und eine Entscheidung des Vollstreckungsgerichts verlangen (§ 766 ZPO).

10.3 Abgabe der Vermögensauskunft durch den Vorsorgebevollmächtigten

Die Stellvertretung durch einen Bevollmächtigten wird überwiegend für zulässig gehalten, wenn es sich um eine Vorsorgevollmacht handelt und der Schuldner nicht mehr prozessfähig ist. Aus § 51 Abs. 3 ZPO wird geschlossen, dass der Gerichtsvollzieher die Prozessunfähigkeit aktuell zum Zeitpunkt der Abgabe der Vermögensauskunft prüfen muss, die Wirksamkeit der Vorsorgevollmacht und die Eignung der Vollmacht, die Erforderlichkeit einer Betreuung entfallen zu lassen (vgl. *AG Landau/Pfalz* DGVZ 2014, 241).

Praxis TIPP

Die Abgabe einer Vermögensauskunft als gesetzlicher Vertreter für einen anderen ist nicht einfach. Der Betreuer muss schließlich gemäß § 802c Abs. 3 Satz 1 ZPO zu Protokoll an Eides statt versichern, dass er die Angaben nach bestem Wissen und Gewissen richtig und vollständig gemacht hat. Falsche Angaben können zu einer strafrechtlichen Verfolgung führen.

Der Betreuer sollte deshalb deutlich und zu Protokoll erklären, dass sein Wissen begrenzt ist, da es sich nicht um sein eigenes Vermögen handelt.

Da der Gerichtsvollzieher amtliche Formulare verwendet, sollte vor der Unterschrift penibel darauf geachtet werden, dass der Betreuer als „Vertreter" des Schuldners und nicht als „Schuldner" bezeichnet wird.

Bei Zweifel über die Verpflichtung des Betreuers, die Geschäftsunfähigkeit des Betreuten oder über die „Auswahl" durch den Gerichtsvollzieher, wenn Betreuter und Betreuer als Verpflichtete in Betracht kommen, sollte man die Pflicht zur Abgabe der Vermögensauskunft bestreiten und eine Entscheidung des Gerichts verlangen.

11. Meldepflicht

Meldepflicht kann Betreuer obliegen

Nach § 17 Abs. 3 Satz 3 BMG (Bundesmeldegesetz) obliegt dem Betreuer, der das Aufenthaltsbestimmungsrecht inne hat, die An- und Abmeldung des Betreuten bei der zuständigen Meldebehörde.

12. Betreute mit minderjährigen Kindern

Grundsätzlich nimmt die Bestellung eines Betreuers für einen Elternteil keinen Einfluss auf dessen elterliches Sorgerecht. Andererseits fehlt vielen Eltern, für die wegen einer psychischen Krankheit, einer geistigen oder seelischen Behinderung ein Betreuer bestellt wird, die Kompetenz, ohne Unterstützung für ihre minderjährigen Kinder zu sorgen. Zu unterscheiden ist dabei immer das Verhältnis des Betreuers zum betreuten Elternteil einerseits, und das Sorgeverhältnis zwischen dem Minderjährigen und dem Elternteil andererseits.

12.1 Verhältnis des Betreuers zum betreuten Elternteil

Betreuer nimmt nicht die elterliche Sorge wahr

Der Betreuer besorgt rechtlich die Angelegenheiten des Betreuten zu dessen Wohl (§ 1901 Abs. 1 und 2 BGB); zudem vertritt er den Betreuten im angeordneten Aufgabenkreis gerichtlich und außergerichtlich (§ 1902 BGB). Es gehört grundsätzlich nicht zu den Aufgaben des Betreuers, Rechte und Verpflichtungen des betreuten Elternteils gegenüber dessen minderjährigen Kindern wahrzunehmen.

12.2 Verhältnis des betreuten Elternteils zum Kind

Betreuung nimmt keinen Einfluss auf die elterliche Sorge

Trotz angeordneter Betreuung übt der Elternteil die elterliche Sorge (Personen- und Vermögenssorge) dem Kind gegenüber aus (§§ 1626, 1626a BGB) und kann das Kind vertreten (§ 1629 BGB).

Sorge kann entfallen oder eingeschränkt werden

Liegt beim Elternteil Geschäftsunfähigkeit vor, ruht seine Sorge kraft Gesetzes (§ 1673 Abs. 1 BGB) und kann nicht mehr ausgeübt werden (§ 1675 BGB). Das Ruhen wird vom Familiengericht nicht konstitutiv festgestellt, in der Regel ergeht nur ein deklaratorischer Hinweis. Soweit die Geschäftsunfähigkeit entfällt, lebt die elterliche Sorge kraft Gesetzes wieder auf. Problematisch dürfte in der Praxis die Feststellung der Geschäftsunfähigkeit bzw. Geschäftsfähigkeit sein, da dies für die Betreuung an sich unerheblich ist. Zumindest wird aber das Betreuungsgericht nach § 22a FamFG dem Familiengericht entsprechende Mitteilungen machen, falls sich

Anhaltspunkte aus dem Betreuungsakten ergeben. Ruht die Sorge des betreuten Elternteils, übt entweder der andere Teil sie alleine aus (§ 1678 Abs. 1 BGB) oder sie wird ihm übertragen, falls der Elternteil, bei dem sie ruht, nach § 1626a Abs. 3 BGB sie allein ausgeübt hat. Soweit kein anderer Elternteil zur Verfügung steht, ist für das Kind ein Vormund anzuordnen (§ 1773 Abs. 1 ff. BGB).

Ist eine Geschäftsunfähigkeit nicht eindeutig feststellbar, kann das Familiengericht das Ruhen der Sorge nach § 1674 Abs. 1 BGB durch konstitutiven Beschluss feststellen mit der Begründung, die Sorge könne aus tatsächlichen Gründen nicht ausgeübt werden. Die Folgen ergeben sich wie bei einem Ruhen nach § 1673 Abs. 1 BGB.

Als letzte Möglichkeit bleibt dem Familiengericht noch der teilweise oder vollständige Entzug der elterlichen Sorge nach § 1666 Abs. 3 Nr. 6 BGB. Wird nur teilweise entzogen und ist kein anderer Elternteil vorhanden (siehe § 1680 Abs. 3 BGB), wird ein Ergänzungspfleger nach § 1909 Abs. 1 BGB bestellt, der im entzogenen Teilbereich vertreten kann.

Die Angelegenheiten des minderjährigen Kindes werden somit durch den betreuten Elternteil, dem anderen Elternteil, einem Vormund oder Ergänzungspfleger wahrgenommen.

12.3 Verhältnis des Betreuers zum minderjährigen Kind des Betreuten

Unabhängig vom bestehenden Aufgabenkreis ist der Betreuer des Elternteils nicht berechtigt bzw. verpflichtet, die elterliche Sorge für das Kind auszuüben.

Soweit ein entsprechender Aufgabenkreis besteht, z. B. „Regelung kindschaftsrechtlicher Verhältnisse“, kann der Betreuer Aufgaben eines Elternteils in Beziehung zum Kind wahrnehmen. Gesetzlich geregelt ist die Anerkennung einer Vaterschaft für den geschäftsunfähigen Vater (§ 1596 Abs. 1 Satz 3 BGB) oder die Zustimmung der geschäftsunfähigen Mutter zur Anerkennung (§ 1596 Abs. 1 Satz 4 BGB). Auch die Vaterschaftsanfechtung für den geschäftsunfähigen Scheinvater oder die geschäftsunfähige Mutter kann durch einen Betreuer erfolgen (§ 1600a Abs. 2 Satz 3 BGB). Nicht vertreten kann ein Betreuer bei der Abgabe einer gemeinsamen Sorgeerklärung nach §§ 1626a Abs. 1 Nr. 1, 1626c BGB.

Betreuer unterstützt

Fraglich ist, inwieweit der Betreuer den betreuten Elternteil bei der Ausübung der elterlichen Sorge unterstützen kann bzw. muss.

Bezogen auf die Geltendmachung von Hilfen zur Erziehung können sich für den Betreuer und andere folgende Rechte und Pflichten ergeben:

- Der Betreuer ist in das Hilfeplanverfahren als das der Entscheidung über das Bewilligen einer Hilfe vorausgehende Verwaltungsverfahren einzubeziehen. Er hat das Recht zusammen mit dem personensorgeberechtigten Elternteil, an Hilfeplangesprächen im Sinne des § 36 Abs. 2 Satz 2 SGB VIII teilzunehmen. Das gilt auch für Gespräche zur Fortschreibung des Hilfeplans. Es ist aber keine Aufgabe des Betreuers, bei jedem beratenden Gespräch des fallverantwortlichen Mitarbeiters des ASD (Allgemeiner Sozialer Dienst) mit dem Elternteil, für den eine Betreuung eingerichtet wurde, anwesend zu sein.
- Der Betreuer kann ebenso wie der Betreute Wünsche hinsichtlich der Gestaltung einer Hilfe zur Erziehung äußern (§ 5 SGB VIII).
- Wird das Bewilligen einer Hilfe zur Erziehung an sich, das Fortsetzen einer Hilfe zur Erziehung oder das Bewilligen einer bestimmten Hilfe zur Erziehung abgelehnt, kann der Betreuer als Vertreter des Elternteils, für den er als Betreuer bestellt wurde, Widerspruch einlegen.

Allein mit dem Aufgabenkreis „Vertretung gegenüber Behörden" kann der Betreuer weder bei einer Umgangsregelung mit dem Vater, noch bei der Teilnahme an einer Erziehungskonferenz vertreten (*LG Rostock* BtPrax 2003, 233). Eine Unterstützung bei der Ausübung ihrer elterlichen Sorge kann nicht dem Aufgabenkreis der Gesundheitssorge zugeordnet werden, auch wenn dies dem Wohlbefinden der Betroffenen förderlich sein sollte (*LG Koblenz* FamRZ 2003, 1777).

Fazit

Der Betreuer übt die elterliche Sorge nicht anstelle des betreuten Elternteils aus, sondern unterstützt den Betreuten lediglich bei dessen Ausübung. Außerdem leistet er dem Betreuten Hilfestellung bei der Wahrnehmung dessen Rechte gegenüber Dritten sowie bei der Abwehr von Ansprüchen gegen diesen. Es gehört letztlich auch zum Wohl des Betreuten, dass dessen Beziehungen zu den minderjährigen Kindern zufriedenstellend verlaufen. Deshalb sollte der Betreuer sich nicht darauf zurückziehen, dass es nicht seine Aufgabe sei, unterstützend mitzuwirken.

Bearbeitet von: Horst Böhm (Ziffer 2)
und Reinhold Spanl (Ziffer 1, 3 bis 14)

Inhalt

1. Wesen der betreuungsgerichtlichen Genehmigung

Für herausragende Rechtsgeschäfte und Rechtshandlungen des Betreuers hat der Gesetzgeber zur Wahrung der Persönlichkeitsrechte und zum Schutz des Vermögens der Betreuten Genehmigungsvorbehalte durch das Betreuungsgericht als Wirksamkeitsvoraussetzungen geregelt.

Kontroll- und Aufsichtsfunktion

Genehmigungsvorbehalte zeigen eine gewisse Kontroll- und Aufsichtsfunktion des Betreuungsgerichts über den Betreuer an. Die Genehmigung schafft für den Betreuer und den Betreuten eine zusätzliche Sicherheit. Die Orientierung am Wohl, Willen und Wunsch des Betreuten ist ein selbstverständliches Gebot; deshalb soll er zum entscheidungsrelevanten Sachverhalt ausdrücklich in allen Verfahren angehört werden. Sollte eine Verständigung mit ihm nicht möglich sein, wird regelmäßig ein Verfahrenspfleger bestellt, der seine Interessen wahrnimmt. Wohl und Interesse des Betroffenen sind alleiniger Maßstab der Entscheidung, Drittinteressen und Interessen der Allgemeinheit sind unbeachtlich.

1.1 Rechtsgeschäfte und Tathandlungen

Beschränkung der Vertretungsmacht

Grundsätzlich handelt der Betreuer aus seinem Vertretungsrecht für den Betreuten, § 1902 BGB; jedoch schränkt das Gesetz durch das Erfordernis einer betreuungsgerichtlichen Genehmigung die vorhandene Vertretungsmacht ein. Soweit der Betreuer ohne die erforderliche Genehmigung handelt, tut er dies als Vertreter ohne (ausreichende) Vertretungsmacht. Getätigte Verträge sind schwebend unwirksam (§ 1829 Abs. 1 Satz 1 BGB); einseitige Rechtsgeschäfte regelmäßig unwirksam (§ 1831 BGB).

Wirkung der Genehmigung

Die Genehmigung macht die eingeschränkte Vertretungsmacht zu einer uneingeschränkten, sodass der Betreuer mit ihr das Rechtsgeschäft wirksam schließen oder zur Wirksamkeit bringen kann. Dieser Zustand tritt ein, wenn die Rechtskraft des Genehmigungsbeschlusses eingetreten ist (§§ 40 Abs. 2, 45 FamFG) und dieser mit dem Rechtskraftzeugnis dem Betreuer durch das Betreuungsgericht erteilt wurde (§ 1828 BGB).

Außen- und Innengenehmigung

Dies gilt allerdings nur für die sog. Außengenehmigung (z. B. §§ 1812, 1819, 1820, 1821, 1822, 1907, 1908 BGB), nicht für die sog. Innengenehmigung (z. B. §§ 1810, 1811, 1823 BGB), da diese nur das Innenverhältnis zwischen Betreuungsgericht und Betreuer betrifft. Die Innengenehmigung wird mit Zugang an den Betreuer wirksam, § 40 Abs. 1 FamFG; der Eintritt der Rechtskraft ist für die Wirksamkeit ohne Bedeutung.

Eintritt und Feststellung der Rechtskraft

Eintritt der Rechtskraft

Rechtskraft tritt gemäß § 45 Satz 1 FamFG nach Ablauf der Rechtsmittelfrist ein. Sie tritt auch ein, wenn alle beschwerdeberechtigten Beteiligten auf Einlegung der Beschwerde gegenüber dem Betreuungsgericht verzichten, § 67 Abs. 1 FamFG.

Nach § 46 FamFG ist ein Rechtskraftzeugnis von der Geschäftsstelle des Betreuungsgerichts zu erstellen. Soweit nicht alle Beteiligten auf Rechtsmittel verzichtet haben, kann die Bescheinigung der Rechtskraft erst nach Ablauf der Beschwerdefrist erfolgen.

Beispiel:

Der (nichtbefreite) Betreuer verkauft ein kleines Wiesengrundstück des Betreuten für 5000 EUR, zieht den Kaufpreis bar ein und erwirbt davon Aktien, ohne dass er das Betreuungsgericht einschaltet.

Der Verkauf des Grundstücks unterliegt dem Genehmigungstatbestand §§ 1908i Abs. 1, 1821 Abs. 1 Nr. 4 i. V. m. Nr. 1 BGB (Außengenehmigung). Ohne die Genehmigung ist der Kaufvertrag nicht wirksam.

Nimmt der Betreuer den Kaufpreis entgegen, ist die Kaufpreisforderung des Betreuten gegen den Käufer erloschen (Verfügung über eine Forderung des Betreuten). Hierzu ist eine Genehmigung nach §§ 1908i Abs. 1, 1812 Abs. 1 Satz 1, Abs. 3 BGB (Außengenehmigung) erforderlich. Ohne die erforderliche gerichtliche Genehmigung ist die Übereignung des Kaufpreises nicht wirksam.

Der Erwerb der Aktien unterliegt dem Genehmigungstatbestand §§ 1908i Abs. 1, 1811 BGB (Innengenehmigung). Die für den Erwerb erforderlichen Rechtsgeschäfte sind wirksam, auch ohne die Genehmigung. Allerdings hat der Betreuer pflichtwidrig gehandelt. Erleidet der Betreute durch diese Transaktion einen Vermögensschaden, so muss ihn der Betreuer ersetzen, §§ 1908i Abs. 1, 1833 BGB (Schaden ist entstanden, Pflichtwidrigkeit liegt vor und zumindest von Fahrlässigkeit ist auszugehen).

Genehmigung zu Tathandlungen

Besonderheiten ergeben sich bei Genehmigungen zu Tathandlungen (nicht Rechtsgeschäften).

- Die Genehmigung nach § 1904 Abs. 1 Satz 1 BGB (Einwilligung in ärztliche Maßnahme) wird wirksam mit Zugang des Beschlusses an den Betreuer (§ 40 Abs. 1 FamFG). Die Genehmigung nach § 1904 Abs. 2 BGB (Nichteinwilligung in eine ärztliche Maßnahme oder deren Widerruf) wird erst zwei Wochen nach Bekanntgabe an den Betreuer wirksam, § 287 Abs. 3 FamFG.
- Die Genehmigung der Einwilligung in eine Sterilisation (§ 1905 Abs. 2 Satz 1 BGB) wird wirksam mit Bekanntgabe an den Sterilisationsbetreuer und den Verfahrenspfleger, § 297 Abs. 7 FamFG. Die Maßnahme selbst darf erst zwei Wochen nach Eintritt der Wirksamkeit erfolgen, § 1905 Abs. 2 Satz 2 BGB.
- Die Genehmigung zu einer Unterbringung (§ 1906 Abs. 2 Satz 1 BGB) oder unterbringungsähnlichen Maßnahmen (§ 1906 Abs. 4 i. V. m. Abs. 2 Satz 1 BGB) wird mit Eintritt der Rechtskraft wirksam (§ 324 Abs. 1 FamFG). Allerdings kann die sofortige Wirksamkeit angeordnet werden (§ 324 Abs. 2 FamFG); in diesem Fall tritt in der Regel die Wirksamkeit mit Übergabe des Beschlusses an die Geschäftsstelle des Gerichts zum Zweck der Bekanntgabe ein (§ 324 Abs. 2 Satz 1 Nr. 3 FamFG). Dies gilt auch für die Genehmigung zur Einwilligung in eine ärztliche Zwangsmaßnahme nach § 1906a Abs. 2 BGB.

1.2 Inhalt der Genehmigung

Erteilung oder Verweigerung

Das Betreuungsgericht kann die begehrte Genehmigung erteilen oder verweigern. Zulässig ist die Erteilung unter einer Auflage. In diesem Fall wird die Genehmigung unbedingt erteilt, der Betreuer kann das genehmigte Rechtsgeschäft sofort wirksam machen, daran ändert auch die Tatsache nichts, dass er die Auflage nicht erfüllt. Aber das Betreuungsgericht kann die Erfüllung der Auflage mit Zwangsmittel durchsetzen (so auch *KG* JW 1935, 1440).

Negativzeugnis

Das Zeugnis, dass ein bestimmtes Rechtsgeschäft keiner Genehmigung bedarf (sog. Negativzeugnis), steht einer solchen nicht gleich (BGHZ 44, 325), da eine Prüfung des Betreuteninteresses zur Ausstellung weder erfolgt noch erforderlich ist. Das Zeugnis drückt nur aus, dass das Betreuungsgericht ein Genehmigungsbedürfnis verneint; genehmigungsbedürftige Rechtsgeschäfte bleiben aber auch nach einem Negativzeugnis genehmigungspflichtig, somit schwebend unwirksam bzw. unwirksam. Insbesondere das Grundbuchamt ist an ein Negativattest nicht gebunden.

1.3 Voraussetzungen der Genehmigungserteilung

Nur wenn Gesetz Genehmigung fordert

Ein Rechtsgeschäft bedarf der Genehmigung durch das Betreuungsgericht, wenn ein Gesetz dies erfordert. Nach der Rechtsprechung des BGH scheidet grundsätzlich eine Analogie aus, allerdings ist die Auslegung nach Sinn und Zweck möglich.

1.4 Genehmigung von Rechtsgeschäften

1.4.1 Verträge

Wird die betreuungsgerichtliche Genehmigung vor Abschluss eines Vertrags rechtskräftig erteilt (sog. Vorgenehmigung), wird dieser sofort (mit Abschluss) wirksam, denn der Betreuer hatte ja bereits uneingeschränkte Vertretungsmacht.

Schwebende Unwirksamkeit

Schließt der Betreuer einen Vertrag ohne die erforderliche Genehmigung, ist dieser schwebend unwirksam, § 1829 Abs. 1 Satz 1 BGB. Der Vertrag wird wirksam, wenn das Betreuungsgericht die rechtskräftige Genehmigung dem Betreuer erteilt, §§ 1828, 1829 Abs. 1 Satz 1 BGB, § 40 Abs. 2 FamFG (Wirksamkeit der Genehmigung), und der Betreuer diese Genehmigung dem anderen Vertragsteil mitteilt, § 1829 Abs. 1 Satz 2 BGB (Wirksamkeit des Vertrags).

Mitteilung an Vertragspartner ist wichtig

Hierbei kann der Betreuer, insbesondere bei Grundstücksgeschäften, dem beurkundenden Notar Vollmacht erteilen. Von Bedeutung ist dabei die sog. Doppelvollmacht. Der Betreuer bevollmächtigt den Notar die erforderliche Genehmigung zu beantragen, sie entgegenzunehmen und dem Vertragspartner mitzuteilen; der Vertragspartner bevollmächtigt den Notar, für ihn die Genehmigung entgegenzunehmen.

Praxis TIPP

Mitteilung der Genehmigung

Es ist überaus wichtig, dass der Betreuer die ihm durch das Gericht erteilte und rechtskräftig gewordene Genehmigung an den Vertragspartner weitergibt und nicht nur zu seinen Unterlagen nimmt. Die Wirksamkeit des Rechtsgeschäfts hängt von dieser Mitteilung ab, § 1908i Abs. 1 i. V. m. § 1829 Abs. 1 Satz 2 BGB.

Verweigerung der Genehmigung

Soweit das Betreuungsgericht die Erteilung einer Genehmigung verweigert, ist dieser rechtskräftige Beschluss dem Betreuer gegenüber zu erklären (§ 1828 BGB); der Schwebezustand des Vertrags ist auch in diesem Fall erst beendet, wenn der Betreuer dem Vertragspartner die Verweigerung mitgeteilt hat (§ 1829 Abs. 1 Satz 2 BGB).

Letzte Entscheidung liegt beim Betreuer

Teilt der Betreuer dem Vertragspartner mit, dass ihm die Genehmigung verweigert wurde oder er von der ihm erteilten Genehmigung keinen Gebrauch machen wird, tritt endgültige Unwirksamkeit ein.

Praxis TIPP

Entscheidung bleibt beim Betreuer

Eine betreuungsgerichtliche Genehmigung schafft für den Betreuer die Voraussetzung, ein Rechtsgeschäft wirksam vorzunehmen, sie verpflichtet ihn aber nicht. Der Betreuer hat somit das Recht, soweit dies das Wohl des Betreuten erfordert, von der Genehmigung keinen Gebrauch zu machen, sodass das Rechtsgeschäft nicht wirksam zustande kommt.

Provokation des Vertragspartners

Dem Vertragspartner steht die Aufforderung nach § 1829 Abs. 2 BGB zu. Wird vom Betreuer ein Vertrag ohne die erforderliche Genehmigung abgeschlossen, kann der andere Teil den Vertreter zur Mitteilung darüber auffordern, ob die Genehmigung erteilt ist, § 1829 Abs. 2 BGB. Teilt der Betreuer binnen vier Wochen nach dem Empfang dieser Aufforderung die Genehmigung nicht mit, gilt sie als verweigert (der Vertrag ist endgültig unwirksam). Soweit der Gegenbetreuer eine Genehmigung erteilt (§ 1908i Abs. 1 i. V. m. § 1812 Abs. 1 BGB), beträgt die Frist nur zwei Wochen (§ 1908i Abs. 1 i. V. m. § 1832 BGB).

Praxis TIPP

Betreuer unter Zugzwang

Hat der Betreuer einen Vertrag ohne die erforderliche Genehmigung abgeschlossen und wird er vom Vertragspartner aufgefordert, ihm die Genehmigung vorzulegen, muss er handeln. Kann er die Genehmigung nicht rechtzeitig mitteilen, ist der Vertrag unwirksam; eine spätere Genehmigung bringt ihn nicht mehr zur Wirksamkeit.

Der Betreuer sollte das Betreuungsgericht unverzüglich in Kenntnis setzen, dass die Aufforderung nach § 1829 Abs. 2 BGB ihm zugegangen ist und um rasche Bearbeitung bitten. Gleichzeitig kann er versuchen, mit dem Vertragspartner eine Fristverlängerung zu vereinbaren.

Beendigung der Betreuung

Wird die Betreuung aufgehoben, bevor der Betreuer die Genehmigung zum bereits geschlossenen Vertrag erhalten oder dem Vertragspartner mitgeteilt hat, ist die gerichtliche Genehmigung bedeutungslos. Der ehemalige Betreute genehmigt oder verweigert nun selbst, §§ 1908i Abs. 1, 1829 Abs. 3 BGB. Stirbt der Betreute, bevor Wirksamkeit des Vertrags eingetreten ist, sind die Erben berufen, eine Genehmigung zu erteilen oder zu verweigern.

1.4.2 Genehmigung von einseitigen Rechtsgeschäften

Einseitige Rechtsgeschäfte

Bei einseitigen Rechtsgeschäften (z. B. Kündigung, Aufrechnung, Aufhebung eines Grundstücksrechts) muss die gerichtliche Genehmigung vorher erteilt sein (sog. Vorgenehmigung); fehlt sie, ist das Rechtsgeschäft unwirksam, §§ 1908i Abs. 1, 1831 BGB. Dieses unwirksame einseitige Rechtsgeschäft kann nicht durch eine nachträglich eingeholte gerichtliche Genehmigung geheilt werden, vielmehr ist es neu vorzunehmen.

Beispiel:

Der Betreuer kündigt am 28. 5. das Mietverhältnis über den Wohnraum des Betreuten schriftlich gegenüber dem Vermieter zum nächstmöglichen Zeitpunkt, nachdem eine dauerhafte Pflegeheimaufnahme erfolgt ist. Am 4. 6. bittet er um Erteilung der erforderlichen betreuungsgerichtlichen Genehmigung (§ 1907 Abs. 1 BGB), die ihm am 10. 7. (mit Rechtskraftvermerk) erteilt wird.

Da es sich um ein einseitiges Rechtsgeschäft handelt, ist eine sog. Vorgenehmigung vorgeschrieben (§ 1908i Abs. 1 i. V. m. § 1831 BGB), die laut Sachverhalt nicht vorliegt. Die Kündigung zum 31. 8. (§§ 568 Abs. 1, 573c Abs. 1 Satz 1 BGB) ist nichtig. Der Betreuer muss zur wirksamen Beendigung des Mietverhältnisses mit der am 10. 7. erteilten Genehmigung nochmals kündigen, wobei nunmehr die Kündigungsfrist erst am 31. 10. abläuft.

Hätte der Betreuer am 28. 5. mit dem Vermieter einen Auflösungsvertrag über das Mietverhältnis zum 31. 8. geschlossen, wäre dieser zunächst schwebend unwirksam gewesen (§ 1908i Abs. 1 i. V. m. § 1829 Abs. 1 Satz 1 BGB), nach Erteilung der rechtskräftigen gerichtlichen Genehmigung (§ 1907 Abs. 1 Satz 2 BGB) an den Betreuer und Weitergabe durch diesen an den Vermieter, die Beendigung zum 31. 8. aber wirksam geworden.

Praxis TIPP

Auflösung eines Mietverhältnisses des Betreuten

Wird eine Kündigung des Mietverhältnisses des Betreuten erforderlich, muss der Betreuer die erforderliche gerichtliche Genehmigung vorher einholen und kann dann erst die Kündigungsfrist in Lauf setzen.

Möchte der Betreuer das Mietverhältnis alsbald beenden, sollte er mit dem Vermieter einen Auflösungsvertrag aushandeln, der durch eine nachträgliche Genehmigung des Betreuungsgerichts wirksam gemacht werden kann. Dabei kann das Ende der Kündigungsfrist vertraglich als Ende des Mietverhältnisses vereinbart werden.

Hat der Betreuer ohne gerichtliche Genehmigung eine Kündigung ausgesprochen, ist diese unwirksam. Er sollte nach Erteilung der Genehmigung die Kündigung wiederholen, da sonst das Mietverhältnis weiter besteht und der Betreute zur Zahlung der Mietzinsen verpflichtet ist.

Vorlage der Genehmigung

Legt der Betreuer beim einseitigen Rechtsgeschäft die (ihm bereits rechtskräftig erteilte) Genehmigung dem Erklärungsempfänger nicht vor und weist dieser das Rechtsgeschäft aus diesem Grund unverzüglich zurück, so ist das Rechtsgeschäft ebenfalls unwirksam, § 1908i Abs. 1 i. V. m. § 1831 Satz 2 BGB.

Ausnahmen vom Erfordernis der Vorgenehmigung

Erbausschlagung

Die Erbausschlagung ist ein einseitiges Rechtsgeschäft und unterliegt dem Genehmigungstatbestand §§ 1908i Abs. 1, 1822 Nr. 2 BGB. Der Betreuer kann die Ausschlagung ausschließlich dem Nachlassgericht gegenüber erklären (§ 1945 Abs. 1 BGB) und zwar nur innerhalb einer bestimmten Frist, § 1944 Abs. 1, 3 BGB (sechs Wochen bzw. sechs Monate). Durch diese Frist ist das Nachlassgericht als Erklärungsempfänger nicht auf unbestimmte Dauer über die Wirksamkeit der Ausschlagung im Unklaren; liegt die Genehmigung innerhalb der Ausschlagungsfrist nicht vor, ist die Ausschlagung unwirksam. Dies bedeutet, dass der Betreuer die Ausschlagung im Namen des Betreuten zunächst erklären und die erforderliche gerichtliche Genehmigung bis zum Fristablauf dem Nachlassgericht nachreichen kann.

Fristhemmung

In diesem Zusammenhang ist die Hemmung des Fristablaufs nach § 1944 Abs. 2 Satz 3 BGB i. V. m. § 206 BGB für die Zeit vom Eingang des Genehmigungsantrags des Betreuers beim Betreuungsgericht bis zur Erteilung der Genehmigung an ihn von Bedeutung.

Nachweis der Genehmigung an Nachlassgericht

Sobald dem Betreuer die rechtskräftige Genehmigungsentscheidung zugeht, muss er diese – innerhalb der Restfrist – dem Nachlassgericht nachweisen (*OLG Frankfurt* FGPrax 2018, 281). Hierfür kann es im Einzelfall ausreichen, wenn er innerhalb der Ausschlagungsfrist gegenüber dem Nachlassgericht anzeigt, das namentlich bezeichnete Amtsgericht habe ihm durch einen nach Datum und Aktenzeichen angeführten, am angegebenen Tag bekannt gemachten (mit Rechtskraftvermerk versehenen) Beschluss die Genehmigung erteilt. Der Eintritt der Rechtskraft allein schafft noch keine Wirksamkeit.

Beispiel:

Beispiel zur Fristhemmung

Der geschäftsunfähige Betreute ist Miterbe gemäß Testament geworden. Am 13. 8. 2020 wird das Testament in Anwesenheit des Betreuers eröffnet. Am 20. 9. 2020 zeichnet sich für den Betreuer eine Überschuldung des Nachlasses deutlich ab. Er schlägt am 23. 9. 2020 zur Niederschrift des Nachlassgerichts die Erbschaft für den Betreuten aus (Aufgabenkreise des Betreuers sind unter anderem Vermögensverwaltung und Erbangelegenheiten). Die erforderliche Genehmigung beantragt er noch an diesem Tag beim Betreuungsgericht; sie wird ihm am 28. 10. 2020 (mit Rechtskraftvermerk) erteilt. Wann muss die Genehmigung spätestens dem Nachlassgericht vorgelegt werden?

Die Ausschlagungsfrist (§ 1944 Abs. 1 BGB) von sechs Wochen ist am 23. 9. 2020 noch nicht abgelaufen, da die Frist frühestens mit Testamentseröffnung am 13. 8. 2020 begonnen hat, §§ 1944 Abs. 2 Satz 2, 187 Abs. 1 BGB. Die Ausschlagungserklärung ist dem Nachlassgericht am 23. 9. 2020 zugegangen, § 1945 Abs. 1 BGB.

Die erforderliche gerichtliche Genehmigung kann der Ausschlagungserklärung nachfolgen, muss aber vor Fristablauf dem Nachlassgericht vorliegen, wobei die Zeit zwischen Beantragung der Genehmigung beim Betreuungsgericht und Erteilung an den Betreuer die Frist hemmt (verlängert), § 1944 Abs. 2 Satz 3 i. V. m. § 206 BGB.

Fristbeginn (§ 187 Abs. 1 BGB)		14. 8. 2020
Fristende (§ 188 Abs. 2 BGB)		24. 9. 2020
Antrag auf Erteilung der Genehmigung (= Fristhemmung, § 206 BGB)		23. 9. 2020
Erteilung der Genehmigung (= Ende der Hemmung)		28. 10. 2020
Zeitraum der Hemmung (§ 209 BGB) 23. 9. 2020 bis 28. 10. 2020		35 Tage
	24. 9. 2020	
	+ 35 Tage	
Fristende	29. 10. 2020, 24 Uhr	

Der Betreuer muss die Genehmigung bis spätestens 29. 10. 2020, 24 Uhr dem Nachlassgericht vorlegen.

Praxis TIPP

Erbausschlagungsfrist

Erkennt der Betreuer die Notwendigkeit einer Erbausschlagung, kann er diese dem Nachlassgericht gegenüber erklären, ohne sich zunächst um die erforderliche betreuungsgerichtliche Genehmigung zu kümmern. Im Anschluss beantragt er unverzüglich die Erteilung der Genehmigung beim Betreuungsgericht; die Ausschlagungsfrist ist damit gestoppt. Sobald ihm die Genehmigung zugeht, läuft die Frist weiter; der Betreuer muss sie innerhalb der Restfrist dem Nachlassgericht vorlegen, falls er immer noch an der Erbausschlagung festhält.

Grundbuchgeschäfte

Soweit ein materielles einseitiges Rechtsgeschäft Grundlage einer Grundbucheintragung ist, z. B. die Aufhebung eines Grundstücksrechts, § 875 Abs. 1 BGB (Aufhebung einer Grundschuld, Hypothek, Dienstbarkeit, Wohnungsrecht und andere), kann die erforderliche Genehmigung noch bis zur Eintragung nachgereicht werden. Das Grundbuchamt, dem gegenüber die Erklärung faktisch abgegeben wird, kann sich durch Setzung einer Zwischenverfügungsfrist von der Ungewissheit lösen; wird innerhalb der Frist die Genehmigung nicht vorgelegt, weist das Grundbuchamt den Eintragungsantrag zurück.

1.5 Erlangung einer Genehmigung

1.5.1 Antrag im Sinne einer Anregung

Der Betreuer möchte eine Genehmigung zu einem Rechtsgeschäft erlangen, er wird sie somit „begehren".

Genehmigungsverfahren

Anregung zur Erteilung

Das Gesetz schreibt keinen Antrag des Betreuers auf Erteilung der Genehmigung vor, da es sich beim Genehmigungsverfahren um ein Amtsverfahren handelt. Da aber der Betreuer sein Amt eigenverantwortlich und selbstständig führt, muss es seiner Initiative überlassen bleiben, ob ein von ihm vorgenommenes oder vorzunehmendes Rechtsgeschäft durch Genehmigung des Betreuungsgerichts wirksam werden soll. Beim Begehren des Betreuers handelt es sich somit um eine Anregung zum Amtsverfahren.

Eine bestimmte Form hierfür ist nicht erforderlich; die Anregung (häufig als Antrag bezeichnet) kann mündlich oder schriftlich gestellt werden.

Bezeichnung des Rechtsgeschäfts

Das zu genehmigende Rechtsgeschäft muss eindeutig erkennbar und genehmigungsbedürftig sein. Es ist wichtig, das Rechtsgeschäft zu definieren. Nur so kann eine erforderliche Form ermittelt werden; außerdem ist die Unterscheidung zwischen Vertrag und einseitigem Rechtsgeschäft von Bedeutung.

Keine Genehmigung gegen den Willen des Betreuers

Gegen den Willen des Betreuten kann das Gericht keine Genehmigung erteilen. Das Betreuungsgericht kann somit nicht von sich aus dem Betreuer eine Genehmigung erteilen, auch wenn es Kenntnis von einem genehmigungsbedürftigen Sachverhalt erlangt.

Der Betreuer kann sich im Genehmigungsverfahren vertreten lassen, § 10 Abs. 2 i. V. m § 11 FamFG.

Die Zuständigkeiten für das Genehmigungsverfahren sind wie folgt geregelt:

- Sachlich: Amtsgericht – Betreuungsgericht, § 23a Abs. 2 Nr. 1 GVG i. V. m. §§ 271, 340 FamFG
- Örtlich: § 272 Abs. 1 Nr. 1, (§ 341) FamFG
- Funktionell grundsätzlich der Rechtspfleger, § 3 Nr. 2b RPflG; ein Richtervorbehalt ist bei der Genehmigung von Rechtsgeschäften nicht gegeben. Allerdings ist § 15 Abs. 1 Satz 1 Nr. 4, 8, 9 10 RPflG zu beachten; so erteilt der Richter die Genehmigungen nach §§ 1904 bis 1906 BGB (auch die nach § 125 Abs. 2 Satz 2 FamFG, § 6 KastrG und nach dem Gesetz über die Änderung der Vornamen und der Geschlechtszuständigkeit).

1.5.2 Genehmigungsbedürftigkeit

Rechtsgeschäft entspricht einer Norm

Der Tatbestand des Rechtsgeschäfts ist unter eine Genehmigungsnorm zu subsumieren. Es kann nicht ausgeschlossen werden, dass für ein Rechtsgeschäft mehrere Normen greifen. Erwirbt ein Betreuter z. B. zusammen mit einem Dritten ein Grundstück bei gesamtschuldnerischer Kaufpreiszahlung, so ist zunächst § 1821 Abs. 1 Nr. 5 BGB (Vertrag der auf den entgeltlichen Erwerb eines Grundstücks gerichtet ist) und daneben noch § 1822 Nr. 10 BGB erfüllt (Übernahme einer fremden Verbindlichkeit mit der Gefahr einer unerwarteten Inanspruchnahme des Betreuten).

Natürlich reicht ist in einem solchen Fall, das (auseichend bezeichnete) Rechtsgeschäft „genehmigen" zu lassen.

1.5.3 Genehmigungsfähigkeit

Wohl des Betreuten

Maßstab für die gerichtliche Entscheidung über eine Genehmigung ist das Interesse des Betreuten. Das Gericht hat dabei eine Gesamtabwägung aller Vor- und Nachteile sowie der Risiken des zu prüfenden Geschäfts für den Betreuten vorzunehmen. Es hat ausschließlich das Wohl und die Interessen des Betreuten zu berücksichtigen, nicht die Belange Dritter. Es hat sich auf den Standpunkt eines verständigen, die Tragweite des Geschäfts überblickenden Volljährigen zu stellen und kann deshalb auch Erwägungen der Zweckmäßigkeit und Nützlichkeit anstellen. Maßgebender Gesichtspunkt ist das Gesamtinteresse, wie es sich zur Zeit der tatrichterlichen Entscheidung darstellt (Zeitpunkt der Entscheidung und nicht der der Vornahme des Rechtsgeschäfts).

Lassen sich die Risiken eines Geschäfts (auch nach der im Rahmen der Amtsermittlung vorzunehmenden Prüfung) nicht verlässlich abschätzen, ist die Genehmigung zu versagen (siehe auch *BGH* BtPrax 2013, 68). Das Gericht trifft seine Entscheidung über die Genehmigung nach pflichtgemäßem Ermessen unter Beachtung des Wohls des Betreuten.

Wille des Betreuten muss einbezogen werden

Zur Prüfung, ob das Wohl und die Interessen des Betreuten beachtet sind, ist dieser in der Regel (persönlich) anzuhören (siehe z. B. § 299 FamFG). Das Betreuungsgericht hat den Wünschen des Betreuten zu folgen, da diese nicht nur den Betreuer binden (§ 1901 Abs. 3 BGB), sondern auch das Gericht im Genehmigungsverfahren. Dieses Problem taucht dann auf, wenn der Betreuer ein Rechtsgeschäft gegen den ausdrücklichen Wunsch des Betreuten vornimmt und zur Genehmigung vorlegt.

Der Begriff des Wohls des Betreuten nach § 1901 Abs. 2 und 3 BGB kann nicht losgelöst von seinen subjektiven Vorstellungen und Wünschen bestimmt werden. Denn gemäß § 1901 Abs. 2 Satz 2 BGB gehört zum Wohl des Betreuten auch die Möglichkeit, im Rahmen seiner Fähigkeiten sein Leben nach seinen eigenen Wünschen und Vorstellungen zu gestalten (siehe hierzu *BGH* NJW 2009, 2814).

1.5.4 Taktik zur Erlangung einer Genehmigung

Begründung des Genehmigungsantrags

Es bringt wenig, wenn der Betreuer das abgeschlossene Rechtsgeschäft dem Rechtspfleger des Betreuungsgerichts übersendet, mit dem „Antrag" auf Genehmigung. Zwar muss das Gericht nach § 26 FamFG von Amts wegen alle entscheidungserheblichen Tatsachen (selbst) ermitteln, jedoch sollte der Betreuer diese Tatsachen ansprechen und begründen (nicht unbedingt beweisen).

Praxis TIPP

Als Grundgerüst lassen sich folgende Punkte heranziehen, die bei den meisten Rechtsgeschäften (zumindest im vermögensrechtlichen Bereich) anwendbar sind:

- Begründung des Rechtsgeschäfts
- Wille und Wünsche des Betreuten
- Finanzieller Hintergrund
- Wohl des Betreuten

Beispiel:

Der Betreute befindet sich nach einer Herzoperation in einem Reha-Aufenthalt. Nach Auskunft des ihn behandelnden Arztes wird sich der Betreute nach Abschluss der Behandlungen dauerhaft nicht mehr in seiner Wohnung selbst versorgen können (ein entsprechendes Attest hat der Arzt erteilt). Der Betreuer beschließt, das Mietverhältnis über die Wohnung des Betreuten baldmöglichst zu beenden und mit dem Pflegeheim „Seniorenresidenz" in Starnberg einen Vertrag über die Aufnahme in die Einrichtung zu schließen. Er hat mehrere Heime besichtigt, die „Seniorenresidenz" hat ihm besonders gut gefallen, insbesondere kann der Betreute ein großzügiges Einzelappartement bekommen. Der Betreute ist im Hinblick auf die Heimauswahl derzeit nicht ansprechbar, allerdings hat er seinen entfernt wohnenden Brüdern gegenüber bereits vor der Betreuerbestellung geäußert, dass er seine Mietwohnung verlassen und in ein gutes Pflegeheim gehen würde, wenn es erforderlich wird, am liebsten nach Starnberg. Der Betreute hat ein gutes Renteneinkommen und verfügt über nicht unerhebliche Barmittel. Angehörige oder Bekannte, die ihn in seiner Wohnung versorgen könnten, sind nicht vorhanden. Fremden gegenüber ist der Betreute äußerst misstrauisch und hat sie in der Vergangenheit nicht in seine Wohnung gelassen.

Die Begründung der Genehmigungsanregung kann wie folgt aufgebaut werden:

- *Begründung des Rechtsgeschäfts*

  Der ledige Betreute ist Mieter der Wohnung Bauerstraße 3 in München. Durch eine schwere Erkrankung war ein ärztlicher Eingriff am Herzen des Betreuten notwendig. Nach dem voraussichtlich längeren Krankenhaus- und Rehaaufenthalt ist ein selbstständiges Leben des Betreuten in seiner Wohnung nach meiner Ansicht und der des behandelnden Arztes nicht mehr möglich. Mein Betreuter kann seinen Haushalt nicht mehr führen. Angehörige oder Bekannte, die Hilfe zum selbstständigen Wohnen erbringen könnten, sind nicht vorhanden. Eine Versorgung durch ambulante Dienste ist unzureichend und wird am Verhalten des Betreuten Fremden gegenüber scheitern. Der Umzug in ein Pflegeheim ist zwingend erforderlich und wird umgehend von mir in die Wege geleitet.

  Siehe auch das in der Anlage befindliche ärztliche Attest.

- *Wille und Wünsche des Betreuten*

  Mein Betreuter ist derzeit nicht ansprechbar, hat aber gegenüber seinen Brüdern bereits vor der Betreuerbestellung geäußert, dass er in ein Pflegeheim gehen würde, falls dies erforderlich wird. Auch hat er geäußert, seine Mietwohnung in diesem Fall verlassen zu wollen. Insoweit liegt ein mutmaßlicher Wille meines Betreuten vor. Ich habe keine Zweifel an den Äußerungen der Geschwister, auch habe ich keine Erkenntnisse, dass er den Umzug nunmehr missbilligen würde.

- *Finanzieller Hintergrund*

  Die Vermögensverhältnisse meines Betreuten würden grundsätzlich die Beibehaltung seiner Wohnung neben dem angestrebten Aufenthalt im Pflegeheim zulassen. Wegen der eindeutigen Aussage des behandelnden Arztes, dass ein selbstständiges Wohnen nicht mehr möglich erscheint, und dem mir bekannten Willen des Betreuten, werde ich dennoch das Mietverhältnis beenden.

- *Wohl des Betreuten*

  Da der Betreute sich dauerhaft nicht mehr in seiner Wohnung selbst versorgen und auch nicht versorgt werden kann, muss zwingend eine Pflegeheimaufnahme erfolgen. Ein Verbleiben in der Wohnung würde zu einer

Schädigung des Betreuten führen und ist nicht zu seinem Wohle. Zur Vermeidung von finanziellen Einbußen durch Fortzahlung der Miete ist eine Beendigung des Mietverhältnisses angezeigt. Eine mögliche Rückkehr in die Wohnung scheidet nach ärztlicher Ansicht dauerhaft aus. Erkenntnisse, dass der Betreute das Mietverhältnis unbedingt aufrechterhalten möchte, liegen nicht vor.

1.5.5 Rücksprache mit dem Gericht

Besprechung mit dem Gericht

Bevor man einen Genehmigungsantrag (zumindest in wichtigen Angelegenheiten) stellt, sollte man mit dem Rechtspfleger Rücksprache nehmen. Zum einen kann dieser seine Ansicht im Genehmigungsverfahren darlegen und Anregungen/Anweisungen geben (§ 1908i Abs. 1 i. V. m. § 1837 Abs. 2 Satz 1 BGB). Auch kann er um Rat (Ratschläge) für das durchzuführende Geschäft angegangen werden (§ 1908i Abs. 1 i. V. m. § 1837 Abs. 1 Satz 1 BGB).

Beweismittel

Soweit der Betreuer Beweismittel besitzt (z. B. ärztliche Zeugnisse oder Gutachten, Wertfeststellungen, Aussagen Dritter, öffentliche Bescheide), sollte er diese dem Gericht mit seinem Genehmigungsantrag vorlegen (§ 27 Abs. 1 FamFG). Zum einen hat er bei der Ermittlung des Sachverhalts mitzuwirken, zum anderen erleichtert er das Verfahren.

1.5.6 Aufgaben des Verfahrenspflegers im Genehmigungsverfahren

Hierzu findet man Ausführungen in der Entscheidung des *BGH* (NJW 2009, 2814). Dort wird (auszugsweise) festgestellt: Ein Betreuer ist dem Wohl des Betreuten verpflichtet, das von dessen Wünschen mitbestimmt wird. Dabei gehört es zu seinen Aufgaben zu prüfen, ob die Erfüllung etwaiger Wünsche des Betreuten höherrangige Rechtsgüter des Betreuten gefährdet oder seine gesamte Lebens- und Versorgungssituation erheblich verschlechtern würde. Demgegenüber ist es die Pflicht des Gerichts, die Interessen des Betreuten (auch gegenüber dem Betreuer) fürsorglich zu wahren. Soweit es eine effektive Interessenwahrung gebietet, kann das Gericht für den Betreuten (und zur besseren Kontrolle des Betreuers) einen Gegenbetreuer bestellen.

Verfahrenspfleger schützt Verfahrensrechte

Der Verfahrenspfleger soll nicht (neben dem Gericht und anstelle eines Gegenbetreuers) die Interessen des Betreuten gegenüber dem Betreuer schützen und über dessen Amtsführung wachen. Seine Aufgabe ist vielmehr darauf beschränkt, die verfahrensmäßigen Rechte des Betreuten zur Geltung zu bringen. Dazu gehört insbesondere der Anspruch des Betreuten auf Gewährung rechtlichen Gehörs. Vorrangig hat der Verfahrenspfleger deshalb darauf Bedacht zu nehmen, dass das Gericht nicht zu Unrecht von einer offensichtlichen Unfähigkeit des Betreuten ausgeht, seinen Willen kundzutun. Hat der Verfahrenspfleger nach persönlicher Rücksprache mit dem Betreuten den Eindruck gewonnen, dieser sei entgegen der Einschätzung des Gerichts doch in der Lage, zumindest in beschränktem Umfang seinen Willen zu äußern oder wichtige Informationen zu erteilen, hat er auf eine persönliche Anhörung durch das Gericht hinzuwirken.

Verfahrenspfleger ermittelt Willen des Betreuten

Sodann gehört es zu den Aufgaben des Verfahrenspflegers, den tatsächlichen oder mutmaßlichen Willen des Betreuten zu erforschen und in das Verfahren einzubringen. Ist der Betreute in der Lage, seine Wünsche zu äußern, hat der Verfahrenspfleger den Betreuten im Gespräch über seine Wünsche und Interessen zu befragen. Dabei hat der Verfahrenspfleger auch ihm bekannte Umstände, die für die Willensbildung des Betreuten von Bedeutung sein könnten (z. B. steuerliche Risiken eines beabsichtigten Rechtsgeschäfts), anzusprechen. Über Ablauf und Ergebnis des Gesprächs mit dem Betreuten hat der Verfahrenspfleger das Gericht (in wesentlichen Zügen) zu informieren und ggf. auch darüber zu berichten, wie der Betreute auf etwaige Hinweise zu Risiken des beabsichtigten Geschäfts reagiert hat. Kann der Betreute dagegen keinen Willen mehr bilden oder seine Wünsche nicht mehr artikulieren, hat der Verfahrenspfleger (in angemessenem Rahmen) Möglichkeiten zu nutzen, den wirklichen oder mutmaßlichen Willen des Betreuten anderweitig zu erkunden. Dabei ist etwa an eine Kontaktaufnahme mit Bezugspersonen des Betreuten zu denken, wenn deren Befragung (etwa im Hinblick auf zurückliegende Äußerungen des Betreuten) Aufschlüsse über dessen tatsächlichen oder hypothetischen Willen erwarten lässt. Auch in diesem Fall hat der Betreuer dem Gericht (hier über die Möglichkeiten sowie über Art, Umfang und Ergebnis etwaiger Erkundigungen) zu berichten. Schließlich hat der Verfahrenspfleger auf der Grundlage dieser Gespräche und Erkundigungen für den Betreuten dessen Verfahrensrechte wahrzunehmen, indem er ggf. zu einzelnen Verfahrensergebnissen Stellung nimmt oder Rechtsmittel einlegt. Hinzu kommt die Aufgabe des Verfahrenspflegers, dem Betreuten (soweit möglich) den Gegenstand des jeweiligen Verfahrens und das Verfahrensgeschehen zu erläutern.

Keine Prüfung der Wirtschaftlichkeit

Eine darüber hinausgehende Pflicht zur Aufklärung von Umständen, die für die Würdigung des Betreuerhandelns, insbesondere für die Wirtschaftlichkeit des von ihm beabsichtigten Rechtsgeschäfts, von Bedeutung sein könnten, trifft den Verfahrenspfleger hingegen nicht.

1.6 Beteiligte am Betreuungsverfahren

Begrenzte Beteiligung

Der abstrakt formulierte Begriff des Beteiligten in § 7 FamFG wird im Betreuungsverfahren in § 274 FamFG konkretisiert. Im Genehmigungsverfahren ist neben dem Betreuten und dem Betreuer (§ 274 Abs. 1 Nr. 1 und 2 FamFG) letztlich nur ein bestellter Verfahrenspfleger beteiligt (§ 274 Abs. 2 FamFG).

Nach § 274 Abs. 3 FamFG ist die zuständige Behörde auf deren Antrag als Beteiligte hinzuzuziehen; darunter fallen aber nicht Genehmigungsverfahren (zumindest in Vermögensangelegenheiten), somit ist die Behörde nicht beteiligt. Auch Angehörige nach § 274 Abs. 4 FamFG sind in einem Genehmigungsverfahren nicht beteiligt, ebenso keine Vertrauensperson.

Volljährige Familienangehörige des Betreuten können aber dadurch eine Verfahrensbeteiligung erlangen, indem sie sich durch den Betreuten bevollmächtigen lassen, ihn im Genehmigungsverfahren zu vertreten, § 10 Abs. 2 Nr. 2 Alt. 1 FamFG. Da der Betreute ohne Rücksicht auf seine Geschäftsfähigkeit für „seine Betreuungssache" verfahrensfähig ist (§ 9 Abs. 1 Nr. 4 i. V. m. § 275 FamFG), kann er wirksam eine Verfahrensvollmacht erteilen. Durch die Bezugnahme auf § 15 AO und § 11 LPartG wird der Angehörigenbegriff definiert.

Vertragspartner bleiben außen vor

Vertragspartner des Betreuten sind im Genehmigungsverfahren nie Beteiligte.

1.7 Verfahren zur Erlangung der Genehmigung

1.7.1 Anhörung des Betreuten

Rechtliches Gehör

Zur Prüfung, ob das Wohl und die Interessen des Betreuten beachtet sind, muss dieser bei den vorgegebenen Genehmigungstatbeständen (persönlich) angehört werden, § 299 FamFG (§ 34 Abs. 1 Nr. 2 FamFG); bei nicht in § 299 FamFG aufgeführten Tatbeständen (z. B. § 1812 BGB oder Innengenehmigungen) muss grundsätzlich § 34 Abs. 1 Nr. 1 FamFG beachtet werden.

Recht auf Äußerung

In jedem Fall ist aber § 37 Abs. 2 FamFG zu beachten. Vor einer Genehmigungsentscheidung muss sich ein Beteiligter äußern können, wenn in seine Rechte eingegriffen wird; das dürfte bei Betreuten immer gegeben sein. Zweckmäßig könnte sein, dass ihm der „Genehmigungsantrag" des Betreuers zur Möglichkeit einer Stellungnahme übersandt wird.

Nach § 34 Abs. 2 FamFG kann die Anhörung unterbleiben, wenn hiervon erhebliche Nachteile für die Gesundheit des Betreuten zu besorgen sind oder er offensichtlich nicht in der Lage ist, seinen Willen kund zu tun. In diesem Fall muss geprüft werden, ob dem Betreuten ein Verfahrenspfleger zu bestellen ist, § 276 Abs. 1 Satz 1 FamFG.

1.7.2 Ermittlung aller entscheidungserheblichen Tatsachen

Amtsermittlung aller Tatsachen

Das Gericht hat von Amts wegen die zur Feststellung der entscheidungserheblichen Tatsachen erforderlichen Ermittlungen durchzuführen, § 26 FamFG.

1.7.3 Beweiserhebung

Beweiserhebung durch das Gericht

Nach § 29 FamFG erhebt das Gericht die erforderlichen Beweise in geeigneter Form. Es ist hierbei an das Vorbringen der Beteiligten nicht gebunden. Das Gericht hat die Ergebnisse der Beweiserhebung aktenkundig zu machen. Gemäß § 30 FamFG entscheidet das Gericht nach pflichtgemäßem Ermessen, ob es die entscheidungserheblichen Tatsachen durch eine förmliche Beweisaufnahme entsprechend § 355 ff. ZPO feststellt.

Eine förmliche Beweisaufnahme über die Richtigkeit einer Tatsachenbehauptung soll stattfinden, wenn das Gericht seine Entscheidung maßgeblich auf die Feststellung dieser Tatsache stützen will und die Richtigkeit von einem Beteiligten ausdrücklich bestritten wird, § 30 Abs. 3 FamFG (siehe auch § 30 Abs. 4 FamFG).

Das *Brandenburgische OLG* (FamRZ 2011, 400) hat festgestellt, dass die Einholung eines ärztlichen Zeugnisses (im Rahmen einer Überprüfung der Betreuung) durch das Betreuungsgericht selbst veranlasst ist, da dieses alle Voraussetzungen für seine Entscheidung von Amts wegen zu ermitteln hat (§ 26 FamFG). Bittet das Gericht aus verfahrensökonomischen Gründen den Betreuer, ein Zeugnis zu beschaffen und vorzulegen, ändert dies nichts daran, dass die Einholung auf Veranlassung des Gerichts erfolgt. Damit hat nicht der Betreute aus seinem Vermögen die Erstellungskosten zu tragen, sondern der Arzt ist nach dem JVEG aus der Staatskasse zu entschädigen.

Man kann diese Entscheidung auch auf das Genehmigungsverfahren übertragen. Regt z. B. der Betreuer die Erteilung einer gerichtlichen Genehmigung an, muss das Betreuungsgericht von Amts wegen prüfen, ob die Erteilung dem Wohl des Betreuten entspricht. Benötigt das Gericht zur Ermittlung der entscheidungserheblichen Tatsachen ein Gutachten, trifft das Gericht die Feststellungslast; es hat den Beweis zu erheben (§ 29 FamFG). Legt der Betreuer das Gutachten vor, weil er vom Gericht zur Beschaffung und Vorlage aufgefordert wurde, würde zunächst das Gericht den Ersteller aus der Staatskasse zu vergüten haben, mit der Möglichkeit einer Auslageneinforderung (KVfG 31005 zum GNotKG).

1.7.4 Termin

(Besprechungs-) Termin

Das Gericht kann nach § 32 FamFG die Sache mit den Beteiligten in einem Termin erörtern. Das persönliche Erscheinen eines Beteiligten zu einem Termin kann das Gericht anordnen und ihn anhören, wenn dies zur Aufklärung des Sachverhalts sachdienlich erscheint, § 33 Abs. 1 FamFG. Dabei ist jeder verfahrensfähige Beteiligte selbst zu laden, auch wenn er einen Bevollmächtigten hat; dieser ist von der Ladung zu benachrichtigen.

Bleibt ein ordnungsgemäß geladener Beteiligter unentschuldigt im Termin aus, kann gegen ihn durch Beschluss Ordnungsgeld verhängt werden. Der Beteiligte wird auf die Folgen seines Ausbleibens in der Ladung hingewiesen (§ 33 Abs. 4 FamFG).

1.8 Erteilung der Genehmigung

1.8.1 Entscheidung durch Beschluss

Genehmigungsbeschluss

Das Betreuungsgericht kann die begehrte Genehmigung erteilen oder verweigern. Die Entscheidung ergeht als Beschluss, da der Verfahrensgegenstand erledigt wird (sog. Endentscheidung), § 38 Abs. 1 Satz 1 FamFG.

Dies trifft für Außen- wie für Innengenehmigungen zu. Letztere stellen keine Zwischenentscheidungen dar, sondern erledigen ebenfalls einen Verfahrensgegenstand, z. B. die Gestattung der Anlegung von Betreutengeld in einer bestimmten Form.

1.8.2 Inhalt der Entscheidung

Nach § 38 Abs. 2 FamFG hat der Beschluss die Bezeichnung der Beteiligten, ihrer gesetzlichen Vertreter und der Bevollmächtigten, die Bezeichnung des Gerichts, die Namen der Gerichtspersonen, die bei der Entscheidung mitgewirkt haben, und die Beschlussformel zu enthalten.

1.8.3 Begründung der Entscheidung

Begründung ist zwingend

Der Beschluss ist zu begründen. Das Datum der Übergabe des Beschlusses an die Geschäftsstelle oder der Bekanntgabe durch Verlesen der Beschlussformel (Erlass) ist auf dem Beschluss zu vermerken, § 38 Abs. 3 FamFG.

1.8.4 Rechtsbehelfsbelehrung

Belehrung über Rechtsmittel

Jeder Beschluss hat eine Belehrung über das statthafte Rechtsmittel, den Einspruch, den Widerspruch oder die Erinnerung sowie das Gericht, bei dem diese Rechtsbehelfe einzulegen sind, dessen Sitz und die einzuhaltende Form und Frist zu enthalten, § 39 FamFG.

Hierbei ist eine Unterscheidung bei Außen- und Innengenehmigungen zu beachten. Außengenehmigungen unterliegen einer Beschwerdefrist von zwei Wochen, da sie die Genehmigung eines Rechtsgeschäfts zum Gegenstand haben, § 63 Abs. 2 Nr. 2 FamFG, während bei Innengenehmigung die Monatsfrist des § 63 Abs. 1 FamFG zur Anwendung kommt. Genehmigt das Betreuungsgericht z. B. die Entnahme einer bestimmten Geldsumme von einem versperrten Konto, kommt die Außengenehmigung des § 1812 BGB zur Anwendung; wird gleichzeitig die Neuanlegung des entnommenen Geldbetrags genehmigt, so liegt eine Innengenehmigung nach §§ 1810 oder 1811 BGB vor. In diesem Fall muss die Rechtsmittelbelehrung die unterschiedlichen Beschwerdefristen erfassen. Auch bei Genehmigungen nach §§ 1904 bis 1906 BGB beträgt die Beschwerdefrist einen Monat (§ 63 Abs. 1 FamFG).

1.8.5 Bekanntmachung des Genehmigungsbeschlusses

Der Beschluss ist den (allen) Beteiligten bekannt zu geben, § 41 Abs. 1 Satz 1 FamFG.

Bekanntmachung auch an den Betreuten

Die Bekanntgabe hat auch (zwingend) an den Betreuten zu erfolgen, da er im gesamten Betreuungsverfahren verfahrensfähig ist, § 275 FamFG. Daran ändert auch die Bestellung eines Verfahrenspflegers nichts. Dieser ist kein gesetzlicher Vertreter des Betreuten, sondern nimmt dessen Interessen (zusätzlich) wahr. Die Tatsache, dass der Betreute sich im Genehmigungsverfahren nicht äußern kann (§ 34 Abs. 2 FamFG), ist dabei grundsätzlich ohne Belang. Nach § 41 Abs. 3 FamFG muss der Beschluss, der die Genehmigung zu einem Rechtsgeschäft beinhaltet, (zwingend) an den Betreuten schriftlich (wegen § 63 Abs. 3 FamFG) bekannt gegeben werden.

Verfahrenspfleger verdrängt den Betreuten nicht

Der Beschluss muss auch an den Verfahrenspfleger bekannt gegeben werden (er ist Beteiligter nach § 274 Abs. 2 FamFG). Die Bekanntgabe an den Verfahrenspfleger macht die Bekanntgabe an den Betreuten selbst nicht überflüssig, denn er ist kein Verdrängender, sondern nur ein zusätzlicher Garant dafür, dass die Interessen des Betreuten wahrgenommen werden. Die Beschwerdefrist wird ohne Bekanntgabe an den Betreuten nicht in Gang gesetzt.

Art der Mitteilung

Die Mitteilung kann grundsätzlich durch einfachen Brief erfolgen, § 15 Abs. 2 FamFG (Schriftstück wird zur Post gegeben). Widerspricht jedoch der Genehmigungsbeschluss dem erklärten Willen eines Beteiligten, so muss er diesem (förmlich) nach den Vorschriften des § 15 Abs. 2 FamFG i. V. m. §§ 166 bis 195 ZPO zugestellt werden, § 41 Abs. 1 Satz 2 FamFG (siehe hierzu auch *BGH* FGPrax 2017, 127).

Keine Mitteilung an Vertragspartner vor Eintritt der Rechtskraft

Die Mitteilung nach § 1829 Abs. 1 Satz 2 BGB setzt eine wirksame und damit rechtskräftige (§ 40 Abs. 2 FamFG) Genehmigungsentscheidung voraus. Eine verfrühte Mitteilung entfaltet gegenüber dem Vertragspartner auch dann keine Wirkung, wenn die Genehmigung nachträglich rechtskräftig wird. Das folgt aus dem Sinn und Zweck des § 1829 Abs. 1 Satz 2 BGB. Der gesetzliche Vertreter soll die letzte Stelle sein, die über die Wirksamkeit des Rechtsgeschäfts erst dann entscheidet, wenn dafür die sonstigen Voraussetzungen vorliegen. Zudem dient die Vorschrift auch dem Schutz des anderen Vertragsteils. Dieser muss erfahren, wann der Vertrag wirksam geworden ist, damit er sein Verhalten darauf einstellen kann. Wird ihm ein (noch) unwirksamer Genehmigungsbeschluss mitgeteilt, müsste er ggf. Erkundigungen zu einer späteren Rechtskraft einziehen (*KG Berlin* FamRZ 2016, 324). Soweit der *BGH* (BtPrax 2016, 27) ausführt, dass die formelle Rechtskraft auch noch nach Vornahme der Mitteilung eintreten kann, ist dem nicht zu folgen.

1.9 Eintritt der Wirksamkeit und Abänderung

Rechtskraft schafft Wirksamkeit

Wirksam wird die Genehmigung mit Bekanntmachung des rechtskräftigen Beschlusses an den Betreuer, §§ 1908i Abs. 1 Satz 1, 1828 BGB, § 40 Abs. 2 FamFG. Davon unabhängig ist die Frage, wann das der Genehmigung zugrunde liegende Rechtsgeschäft wirksam wird.

Erteilt das Gericht die Genehmigung bereits vor dem Abschluss des Rechtsgeschäfts, und nimmt der Betreuer das Geschäft mit der rechtskräftigen Genehmigung vor, wird dieses sofort wirksam, da er das erforderliche Vertretungsrecht bereits besitzt. Schließt der Betreuer einen Vertrag ohne die erforderliche Genehmigung, ist dieser schwebend unwirksam, § 1829 Abs. 1 Satz 1 BGB; er wird wirksam, wenn das Gericht ihm die rechtskräftige Genehmigungsentscheidung erteilt und er diese dem anderen Vertragsteil mitteilt, § 1829 Abs. 1 Satz 2 BGB.

Begrenzte Abänderung

§ 48 Abs. 3 FamFG stellt fest, dass gegen einen Beschluss, durch den die Genehmigung für ein Rechtsgeschäft erteilt oder verweigert wird, eine Abänderung nicht stattfindet, wenn die Genehmigung oder deren Verweigerung einem Dritten gegenüber wirksam geworden ist.

Das bedeutet, dass eine Abänderung der erteilten Genehmigung nicht mehr möglich ist, wenn der gesetzliche Vertreter mit rechtskräftigem Genehmigungsbeschluss ein Rechtsgeschäft vorgenommen oder einen Vertrag durch Mitteilung eines rechtskräftigen Genehmigungsbeschlusses an den Vertragspartner nachträglich zur Wirksamkeit gebracht hat.

1.10 Rechtsmittel gegen den Genehmigungsbeschluss

Beschwerde

Gegen die im ersten Rechtszug ergangene Endentscheidung, den Genehmigungsbeschluss, findet die Beschwerde statt, § 58 Abs. 1 FamFG. In Betreuungssachen ist das Landgericht Beschwerdegericht, § 72 Abs. 1 Satz 2 GVG.

Der Betreuer, der sich ungerecht behandelt fühlt, sollte nicht davor zurückschrecken, einen Rechtsbehelf einzulegen. Damit soll aber niemand aufgefordert werden, jede Entscheidung anzufechten, die als falsch empfunden wird. Im Zweifel kann man bei Gericht zur Entscheidung anfragen, wodurch nicht selten Missverständnisse ausgeräumt werden können und die Einlegung eines überflüssigen Rechtsbehelfs vermieden wird.

Berücksichtigung des Kostenrisikos

Das mit einem Rechtsmittel verbundene Kostenrisiko sollte wie im gesamten Verfahren besonders sorgfältig geprüft werden. Bleibt ein Rechtsmittel ohne Erfolg, „soll" das Gericht dem Beteiligten die Kosten auferlegen, der es eingelegt hat (§ 84 FamFG). Die Kostenauferlegung ist bei Erfolglosigkeit daher die Regel. Wenn ein Rechtsanwalt im Betreuungs- oder Unterbringungsverfahren beauftragt wird, müssen daher zusätzlich auch noch die anfallenden Anwaltskosten in der Regel selbst bezahlt werden. Dies gilt auch für andere Auslagen des Beschwerdeführers (z. B. Reisekosten, Verdienstausfall). An Gerichtskosten fällt im Beschwerdeverfahren grundsätzlich nach KVfG 11200 eine 1,0 Gebühr aus dem Streitwert nach der Tabelle A zu § 34 GNotKG an; für ein Verfahren in der Rechtsbeschwerde eine 1,5 Gebühr nach KVfG 11300. Wird ein Antrag auf Zulassung der Sprungrechtsbeschwerde abgelehnt, fällt eine 0,5 Gebühr nach KVfG 11400 an.

Wird die Beschwerde (oder Rechtsbeschwerde) vom Betreuten oder in seinem Interesse eingelegt, schuldet die Kosten nur derjenige, dem das Gericht sie auferlegt, § 25 Abs. 2 GNotKG (die bisher nach § 131 Abs. 5 KostO in diesem Fall bestehende Gebührenfreiheit ist entfallen).

Zum Beschwerdeverfahren wird auf das Kapitel A 6 verwiesen; im Folgenden werden einige Besonderheiten für das Genehmigungsverfahren erläutert.

1.10.1 Beschwerdefrist

Variierende Beschwerdefrist

Die Beschwerde ist nach § 63 Abs. 2 Nr. 2 FamFG binnen einer Frist von zwei Wochen einzulegen, wenn sie sich gegen einen Beschluss, der die Genehmigung eines Rechtsgeschäfts zum Gegenstand hat, richtet. Richtet sie sich gegen eine Innengenehmigung, greift die Monatsfrist des § 63 Abs. 1 FamFG.

Nach § 63 Abs. 3 FamFG beginnt die Frist jeweils mit der schriftlichen Bekanntgabe des Beschlusses an die Beteiligten. Kann die schriftliche Bekanntgabe an einen Beteiligten ausnahmsweise nicht bewirkt werden, beginnt die Frist spätestens mit Ablauf von fünf Monaten nach Erlass des Beschlusses.

Fristbeginn für Betreuten

Die Beschwerdefrist für den Betreuten beginnt im Verfahren über die Erteilung einer gerichtlichen Genehmigung mit der nach § 41 Abs. 3 FamFG erforderlichen Bekanntgabe des Beschlusses an ihn selbst. Die Bekanntgabe der betreuungsgerichtlichen Genehmigung an den Betreuer wirkt nicht gegen den Betroffenen, der in Betreuungssachen gemäß § 275 FamFG ohne Rücksicht auf seine Geschäftsfähigkeit verfahrensfähig ist.

Eine Vertretung durch den Betreuer findet insoweit nicht statt, was auch dann gilt, wenn dessen Aufgabenkreis die Entgegennahme, das Anhalten und das Öffnen der Post umfasst. Auch eine Bekanntgabe an eine vom Betreuer hierfür bevollmächtigte Person ist keine wirksame Bekanntgabe an den Betroffenen. Da der Betreuer den Betroffenen bei der Bekanntgabe der gerichtlichen Entscheidung nicht vertritt, kann er auch nicht in dessen Namen eine (Unter-)Empfangsvollmacht erteilen. **Keine Vertretung des Betreuten durch Betreuer**

1.10.2 Beschwerdeberechtigung

Die Beschwerde steht nach § 59 Abs. 1 FamFG demjenigen zu, der durch den Beschluss in seinen Rechten beeinträchtigt ist. **Wer kann Rechtsmittel einlegen?**

Gegen die Versagung der Genehmigung

Beschwerdeberechtigt ist der Betreute nach § 59 Abs. 1 FamFG. Durch diese Versagung der Genehmigung kann sich eine Rechtsbeeinträchtigung des Betreuten ergeben, wenn das Rechtsgeschäft in seinem Interesse liegt.

Der Betreute ist immer verfahrensfähig (§ 275 FamFG) und kann somit auch selbstständig sein Beschwerderecht wahrnehmen. Unabhängig davon kann der Betreuer im Namen und als Vertreter des Betreuten für diesen das Beschwerderecht ausüben, § 303 Abs. 4 Satz 1 FamFG. **Betreuter ist verfahrensfähig**

Ein Beschwerderecht des Verfahrenspflegers ergibt sich aus § 303 Abs. 3 FamFG, da er die Interessen des Betreuten zu wahren hat.

Auch der Betreuer hat ein eigenes Beschwerderecht aus § 59 Abs. 1 FamFG, da der Umfang seiner Sorge durch die Entscheidung unmittelbar betroffen ist (so auch Müko-Schwab § 1828 Rn. 37; *OLG München* FamRZ 2003, 392; *OLG Hamm* FamRZ 1991, 605).

Wird die gerichtliche Genehmigung eines vom Betreuer abgeschlossenen Vertrags abgelehnt, steht dem Vertragspartner kein Beschwerderecht zu (*OLG München* MDR 2009, 1001). **Keine Berechtigung für Vertragspartner**

Gegen die Erteilung der Genehmigung

Der Betreute ist beschwerdeberechtigt, § 59 Abs. 1 FamFG. Die Rechtsbeeinträchtigung liegt einmal darin, dass aufgrund des Genehmigungserfordernisses die gesetzliche Vertretungsmacht wegen des mit dem Rechtsgeschäft verbundenen wirtschaftlichen Risikos zum Schutz des Vertretenen eingeschränkt war. Die Genehmigung macht das Rechtsgeschäft aber möglich, deshalb greift sie in subjektive Rechte des Vertretenen ein. Zum anderen kann die Rechtsbeeinträchtigung auch darin liegen, dass das Rechtsgeschäft für den Vertretenen nicht interessensgerecht ist.

Die Genehmigungserteilung an den Betreuer kann nicht durch ihn nach § 59 Abs. 1 FamFG angefochten werden, da er in eigenen Rechten nicht beeinträchtigt ist. Auch § 303 Abs. 4 Satz 1 FamFG räumt ihm nicht das Recht zur Beschwerde im eigenen Namen ein. **Kein Beschwerderecht für den Betreuer im eigenen Namen**

Allerdings kann der Betreuer die Beschwerde im Namen des Betroffenen gemäß § 303 Abs. 4 Satz 1 FamFG einlegen (*BGH* BtPrax 2016, 27). Ob der Betreuer im Namen und auf Wunsch des Betreuten für diesen Beschwerde einlegen kann, was § 303 Abs. 4 Satz 1 FamFG grundsätzlich zulassen würde, muss allerdings überdacht werden. Es bestehen zumindest Bedenken, ob der Betreuer in diesem Fall nicht von der Vertretung ausgeschlossen ist, da er (durch sein Wollen) und der Betreute im Genehmigungsverfahren Gegner sind. So hat z. B. das *BVerfG* (Rpfleger 2000, 205) festgestellt, dass im Regelfall das rechtliche Gehör nicht durch denjenigen vermittelt **Im Namen des Betreuten** **Möglicher Vertretungsausschluss** werden kann, dessen Handeln im Genehmigungsverfahren überprüft werden soll. Fraglich könnte somit sein, ob eben dieser Ausschluss auch zu beachten ist, wenn es um die Vermittlung der Einlegung einer Beschwerde durch den Betreuer im Namen des Betreuten geht. Im Übrigen dürfte der Fall eher selten sein, dass einerseits der Betreuer eine Genehmigung erlangen will, dann aber nach Erlangung der positiven Entscheidung im Namen des Betreuten dagegen Rechtsmittel einlegt; problematisch könnte schon die Begründung des Rechtsmittels für ihn werden.

Ein Beschwerderecht des Verfahrenspflegers ergibt sich aus § 303 Abs. 3 FamFG.

1.10.3 Abkürzung der Fristen

Eilige Rechtsgeschäfte

In Genehmigungsverfahren besteht häufig ein besonderes Bedürfnis zur Verkürzung der Beschwerdefristen.

Um einen schnelleren Eintritt der Rechtskraft herbeizuführen, kommt zunächst ein Rechtsmittelverzicht der (beschwerten) Beteiligten in Betracht, § 67 Abs. 1 FamFG. Durch ihn kann nicht nur auf die Beschwerde des § 59 FamFG verzichtet werden, sondern darüber hinaus auch auf die Sprungrechtsbeschwerde nach § 75 FamFG. Der Verzicht auf die Sprungrechtsbeschwerde kann auch dadurch erfolgen, dass die Beteiligten ihre Einwilligung versagen (siehe § 75 Abs. 1 Satz 1 Nr. 1 FamFG); diese Erklärung kann schon vor der Entscheidung abgegeben werden.

Der Rechtsmittelverzicht kann (erst) nach Bekanntgabe des Genehmigungsbeschlusses durch Erklärung gegenüber dem Betreuungsgericht erfolgen (siehe Wortlaut des § 67 Abs. 1 FamFG und entgegen der Gesetzesbegründung *BT-Drucks. 16/6803, S. 456*); eine Erklärung vor Erlass der Entscheidung ist nicht wirksam. Bekanntgabe der Entscheidung bedeutet entweder schriftliche Bekanntgabe an den Beschwerdeberechtigten (§ 41 Abs. 1 bzw. 3 FamFG, § 15 Abs. 2 FamFG) oder Verlesen der Beschlussformel (§ 41 Abs. 2 Satz 1 FamFG); jedenfalls verlangt § 67 Abs. 1 FamFG nicht zwingend eine schriftliche Bekanntgabe (so wie z. B. § 63 Abs. 3 Satz 1 FamFG).

Bei Erteilung der Genehmigung an den Betreuer ist somit ein Verzicht durch den Betreuten selbst und den ggf. bestellten Verfahrenspfleger erforderlich.

Durch seine Verfahrensfähigkeit (§ 275 FamFG) kann der Betreute selbst auf die Einlegung eines Rechtsmittels verzichten. Hierzu hat der *BGH* am 30. 10. 2013 (Az. XII ZB 317/13) klargestellt, dass der Betroffene in Betreuungssachen (immer) als verfahrensfähig anzusehen ist, ohne dass es auf seine Fähigkeit ankommt, einen natürlichen Willen zu bilden.

Wird ein Verzicht auf Rechtsmittel gegen die Genehmigungserteilung durch den Betreuer abgegeben (z. B. in einer notariellen Urkunde), bindet dies den Betroffenen nicht, weil es dem Betreuer insoweit an der Vertretungsmacht fehlt (*BGH* BtPrax 2016, 27).

In eiligen Genehmigungsverfahren könnte das Betreuungsgericht (Rechtspfleger) auf Anregung des Betreuers einen Termin anberaumen, zu dem der Betreuer, der Betreute und ggf. der Verfahrenspfleger zu laden sind, §§ 32 Abs. 1, 33 Abs. 1 FamFG. Im Termin können der Betreute und ggf. der Verfahrenspfleger mündlich angehört werden, § 34 Abs. 1 i. V. m. § 299 FamFG. Soweit das Verfahren entscheidungsreif ist, ergeht der Genehmigungsbeschluss (§ 38 FamFG) und wird durch Verlesen der Beschlussformel bekannt gemacht, § 41 Abs. 2 Satz 1 FamFG, außerdem ergeht die Rechtsbehelfsbelehrung nach § 39 FamFG. Erklären der Betreute und ggf. der Verfahrenspfleger gegenüber dem Betreuungsgericht einen Verzicht auf (jegliche) Rechtsmittel (§ 67 Abs. 1 FamFG), tritt sofort Rechtskraft ein (§ 45 FamFG), der Beschluss zur Genehmigung eines Rechtsgeschäfts ist wirksam, § 40 Abs. 2 FamFG. Das Rechtskraftzeugnis nach § 46 FamFG kann durch den Urkundsbeamten erstellt werden.

In eiligen Genehmigungsverfahren könnte ein Termin anberaumt werden, zu dem der Betreuer, der Betreute und ggf. der Verfahrenspfleger zu laden sind, §§ 32 Abs. 1, 33 Abs. 1 FamFG. Im Termin können der Betreute und ggf. der Verfahrenspfleger mündlich angehört werden, § 34 Abs. 1 i. V. m. § 299 FamFG. Soweit das Verfahren entscheidungsreif ist, ergeht der Genehmigungsbeschluss (§ 38 FamFG) und wird durch Verlesen der Beschlussformel bekannt gemacht, § 41 Abs. 2 Satz 1 FamFG, außerdem ergeht die Rechtsbehelfsbelehrung nach § 39 FamFG. Erklären der Betreute und ggf. der Verfahrenspfleger gegenüber dem Betreuungsgericht einen Verzicht auf (jegliche) Rechtsmittel (§ 67 Abs. 1 FamFG), tritt sofort Rechtskraft ein (§ 45 FamFG), der Beschluss zur Genehmigung eines Rechtsgeschäfts ist wirksam, § 40 Abs. 2 FamFG. Das Rechtskraftzeugnis nach § 46 FamFG kann durch den Urkundsbeamten erstellt werden.

Ist der Betreute zur Abgabe einer erheblichen Verzichtserklärung nicht imstande, muss die Beschwerdefrist abgewartet werden; ein Verzicht scheidet in diesem Fall aus.

1.11 Doppelvollmacht des Notars bei Grundstücksfällen

Zur Erlangung der erforderlichen Genehmigung ist ein Antrag des Betreuers im Sinne einer Anregung zum Amtsverfahren erforderlich. Wirksam wird die Genehmigung mit Zugang des rechtskräftigen Beschlusses an den Betreuer, § 1908i Abs. 1 Satz 1 i. V. m. § 1828 BGB i. V. m. § 40 Abs. 2 Satz 1, § 46 FamFG. Das Rechtsgeschäft wird wirksam mit Bekanntgabe des rechtskräftigen Genehmigungsbeschlusses durch den Betreuer an den Vertragspartner, § 1908i Abs. 1 Satz 1 i. V. m. § 1829 Abs. 1 Satz 2 BGB.

Notar als Vertreter des Betreuers und des Vertragspartners

Durch die Doppelvollmacht bevollmächtigt der Betreuer den Notar zur Antragstellung, Entgegennahme des rechtskräftigen Genehmigungsbeschlusses für den Betreuer und Mitteilung des Beschlusses an den Vertragspartner; dieser bevollmächtigt ihn zur Entgegennahme des Genehmigungsbeschlusses. Dabei wird dem Notar Befreiung von § 181 BGB erteilt. Der Notar kann die Ausübung der Doppelvollmacht dem Grundbuchamt gegenüber dadurch erkenntlich machen, dass er einen entsprechenden Vermerk bei der Antragstellung anbringt.

Doppelvollmacht könnte Prüfungsmöglichkeit verhindern

Die Erteilung dieser Doppelvollmacht des Notars könnte im Widerspruch zu dem mit § 1908i Abs. 1 Satz 1 i. V. m. § 1828 ff. BGB verfolgten Ziel, dem Betreuer nach Erteilung der Genehmigung die Gelegenheit zu geben, im Interesse des Betreuten nochmals zu prüfen, ob er den Vertrag schließen will. Denn die erforderliche Prüfung, ob der genehmigte Vertrag weiterhin dem Interesse des Betreuten dient, obliegt nach wie vor dem Betreuer. Diese Prüfungsmöglichkeit könnte entfallen, wenn der Notar sofort nach Eingang des rechtskräftigen Genehmigungsbeschlusses bei ihm, diesen sich selbst als Vertreter des Vertragspartners mitteilt, und damit eine Abänderung unmöglich macht (§ 48 Abs. 3 FamFG).

Anweisungen erteilen

Allerdings hat es der Betreuer bis zur Vornahme der Mitteilung nach § 1908i Abs. 1 Satz 1 i. V. m. § 1829 Abs. 1 Satz 2 BGB durch den Notar in der Hand, die diesem erteilte Vollmacht zu widerrufen oder ihn (auch der Bevollmächtigung zeitlich nachfolgend) anzuweisen, die Mitteilung etwa erst dann vorzunehmen, wenn eine gesonderte Zustimmung durch ihn erfolgt oder ab Kenntnisnahme von der Genehmigung durch ihn eine bestimmte Frist ohne Zustimmungsverweigerung verstrichen ist (MünchKommBGB/Wagenitz, 6. Aufl., § 1829 Rn. 15). Indem der Vertreter von diesen Möglichkeiten keinen Gebrauch macht, kann er das Fortgelten seiner Billigung des Vertrags hinreichend zum Ausdruck bringen (*BGH* BtPrax 2016, 27).

2. Genehmigungsvorbehalte zum persönlichen Schutz des Betreuten

2.1 Untersuchung des Gesundheitszustands, Heilbehandlung und ärztlicher Eingriff (§ 1904 Abs. 1 BGB)

Natürliche Einsichtsfähigkeit

Betreute, für die der Aufgabenkreis Gesundheitsfürsorge angeordnet ist, können grundsätzlich in eine Untersuchung des Gesundheitszustandes, eine Heilbehandlung oder einen ärztlichen Eingriff selbst einwilligen, wenn sie über eine natürliche Einsichtsfähigkeit und Steuerungsfähigkeit verfügen.

Von Einwilligungsfähigkeit eines Betreuten ist auszugehen, wenn er „Art, Bedeutung und Tragweite (auch die Risiken) der Maßnahme erfassen und seinen Willen hiernach zu bestimmen vermag" (vgl. *BT-Drucks. 11/4528, S. 71*).

Die Einwilligungsfähigkeit des Betreuten kann nicht umfassend und auf Dauer festgestellt werden; vielmehr ist sie Einzelfallfrage für jede Untersuchung, Heilbehandlung und Eingriff.

Fallbeispiele:

- Der psychisch kranke Betreute Emil Burg leidet an einer schizophrenen Psychose mit der Wahnvorstellung, seine Mutter wolle ihn vergiften. Deshalb nimmt er auch keine Neuroleptika. Sein behandelnder Psychiater diskutiert im Sinne einer Alternativbehandlung die Verabreichung eines Depotpräparats im Rahmen seiner ambulanten Behandlung. Die Behandlung von Burg ist dringend erforderlich, da z. B. nicht ausgeschlossen werden kann, dass er in der Folgezeit Gewaltaktionen gegen seine Mutter richtet. Daneben ist der Sachverhalt auch unter dem Gesichtspunkt der Lebensqualität des Betreuten zu beurteilen.

  Da Burg krankheitsuneinsichtig ist und deshalb seine verordneten Neuroleptika nicht einnimmt, ist er für diese Behandlung als nicht einsichtsfähig anzusehen. Für die Verabreichung des Depotpräparats ist die Einwilligung seines Betreuers notwendig und erforderlich.

- Burg bekommt heftige Zahnschmerzen. Sein Zahnarzt lokalisiert als Ursache einen deformierten Weisheitszahn, der unter örtlicher Betäubung entfernt werden muss. Burg willigt in die Zahnoperation ein, nachdem er von seinem Zahnarzt aufgeklärt und informiert wurde. Er ist in der Lage, die Vor- und Nachteile zu erkennen und sich auch fremden Einflüssen zu entziehen.

  Für die Zahnbehandlung kann von seiner natürlichen Einsichtsfähigkeit ausgegangen werden, da er Art, Bedeutung und Tragweite des Eingriffs zu erfassen vermag. Die Einwilligung seines Betreuers ist nicht erforderlich.

Keine ersatzweise Einwilligung

Verweigert der einwilligungsfähige Betreute die Einwilligung, so kann der Betreuer nicht ersatzweise einwilligen. Ist der Grund für die Verweigerung nicht nachvollziehbar, kann dies Anlass sein, die Einwilligungsfähigkeit anzuzweifeln.

Einwilligung des Betreuers

Die Einwilligung eines Betreuers in eine Untersuchung des Gesundheitszustands, eine Heilbehandlung oder einen ärztlichen Eingriff ist demnach nur für Betreute erforderlich, die einwilligungsunfähig sind, also Art, Bedeutung und Tragweite des Eingriffs nicht erfassen und entsprechend dieser Erkenntnis entscheiden können. Als entsprechender Aufgabenkreis muss die Gesundheits(für)sorge gegeben sein.

Fallbeispiel:

- Frau Anna Berg leidet an einem erheblichen geistigen Abbau im Sinne einer senilen Demenz. Die Betreute ist zeitlich und örtlich desorientiert. Sie erzählt meist ohne Bezug zur jeweiligen Situation oder Fragestellung, um Gedächtnislücken zu überspielen. Eine Minderung der Merk- und Konzentrationsfähigkeit in erheblichem Umfang liegt vor. Bei vorliegendem Krankheitsbild kann Frau Berg in keine medizinische, diagnostische und therapeutische Maßnahme selbst einwilligen, weil sie bereits dem vorhergehenden Aufklärungsgespräch aufgrund der erheblichen Minderung der Konzentrations- und Merkfähigkeit nicht folgen und keine Nutzen-Risikoabwägung leisten könnte.

Der Betreuer von Anna Berg muss demnach nach ärztlicher Aufklärung über die Einwilligung in alle Untersuchungen des Gesundheitszustands, Heilbehandlungen oder ärztliche Eingriffe entscheiden (§§ 630d Abs. 1 Satz 2, 630e Abs. 4 BGB).

2.1.1 Einflussnahme durch Patientenverfügung

3. BtÄndG zum 1. 9. 2009

Am 1. 9. 2009 ist das Dritte Gesetz zur Änderung des Betreuungsrechts in Kraft getreten. In den §§ 1901a, 1901b und 1904 BGB wird die sog. Patientenverfügung, das Gespräch zur Feststellung des Patientenwillens und die Genehmigungspflicht bei der Einwilligung, Nichteinwilligung oder dem Widerruf der Einwilligung in bestimmte ärztliche Maßnahmen geregelt.

Patientenverfügung

In einer Patientenverfügung kann ein einwilligungsfähiger Volljähriger für den Fall seiner Einwilligungsunfähigkeit schriftlich festlegen, ob er in bestimmte, zum Zeitpunkt der Festlegung noch nicht unmittelbar bevorstehende Untersuchungen seines Gesundheitszustandes, Heilbehandlungen oder ärztliche Eingriffe einwilligt oder sie untersagt, § 1901a Abs. 1 BGB.

Durch eine Patientenverfügung kann somit im Voraus für den Fall der Einwilligungs- und Entscheidungsunfähigkeit Einfluss auf die ärztliche Behandlung genommen werden. Der Betroffene kann in einer solchen Verfügung Anweisung an Ärzte geben und bereits in (später) vom Arzt angebotene Maßnahmen einwilligen. Diese Einwilligung wirkt fort, auch wenn Einwilligungsunfähigkeit eingetreten ist.

Betreuer setzt durch

Der Betreuer hat im Ernstfall nur zu prüfen, ob die in der Patientenverfügung erfolgten Festlegungen auf die aktuelle Lebens- und Behandlungssituation zutreffen. Ist dies der Fall, hat der Betreuer dem Willen des Betreuten Ausdruck und Geltung zu verschaffen, § 1901a Abs. 1 Satz 2 BGB.

Mutmaßlicher Wille

Liegt keine wirksame Patientenverfügung vor, hat der Betreuer die Behandlungswünsche oder den mutmaßlichen Willen des Betreuten festzustellen und kann dann auf dieser Grundlage selbst über die Einwilligung entscheiden. Der mutmaßliche Wille ist aufgrund konkreter Anhaltspunkte zu ermitteln. Zu berücksichtigen sind insbesondere frühere mündliche oder schriftliche Äußerungen, ethische oder religiöse Überzeugungen und sonstige persönliche Wertvorstellungen des Betreuten, § 1901a Abs. 2 BGB.

Kein Wille feststellbar

Es gibt auch Fälle, in denen ein antizipativ geäußerter Wille des Patienten nicht vorliegt und ein mutmaßlicher Wille nicht ergründet werden kann. Dies kann z. B. dann der Fall sein, wenn der Patient von Geburt an oder durch eine frühkindliche Behinderung nie in der Lage war, einen entsprechenden Willen zu bilden. In diesen Fällen gebietet es das hohe Rechtsgut auf Leben, entsprechend dem Wohl des Betroffenen zu entscheiden und dem Schutz seines Lebens Vorrang einzuräumen (*BGH*, Beschluss vom 6. 7. 2016, Az. XII ZB 61/16).

Keine Reichweitenbegrenzung

Die Berücksichtigung des schriftlich in einer Patientenverfügung geäußerten Willens des Betroffenen, oder seines mutmaßlich festgestellten Willens, gilt unabhängig von Art und Stadium seiner Erkrankung, § 1901a Abs. 3 BGB.

Arzt bietet Maßnahme an (Indikation)

Der behandelnde Arzt (z. B. Hausarzt, Heimarzt, Notarzt, Stationsarzt im Krankenhaus) prüft, welche ärztliche Maßnahme im Hinblick auf den Gesamtzustand und die Prognose des Patienten indiziert ist. Er und der Betreuer erörtern diese Maßnahme unter Berücksichtigung des Patientenwillens als Grundlage für die zu treffende Entscheidung, § 1901b Abs. 1 BGB. Bei der Feststellung des Patientenwillens oder der Behandlungswünsche oder des mutmaßlichen Willens soll der Betreuer nahen Angehörigen und sonstigen Vertrauenspersonen des Betreuten Gelegenheit zur Äußerung geben, sofern dies ohne erhebliche Verzögerung möglich ist, § 1901b Abs. 2 BGB.

Zusammenfassung:

Der behandelnde Arzt prüft, welche ärztliche Maßnahme im Hinblick auf den Gesamtzustand und die Prognose des Patienten indiziert ist und teilt dies dem Betreuer mit.

- Der einwilligungsfähige Betreute willigt in die Maßnahme ein oder verweigert sie. Die Entscheidung des Betreuten ist allein verbindlich.
- Ist der Betreute einwilligungsunfähig, hat er aber in einem einwilligungsfähigen Zustand schriftlich der nunmehr beabsichtigten Maßnahme zugestimmt oder sie abgelehnt (Patientenverfügung), muss der Betreuer die Patientenverfügung umsetzen.
- Ist der Betreute einwilligungsunfähig und liegt keine Patientenverfügung oder kein Behandlungswunsch vor, so hat der Betreuer den mutmaßlichen Willen des Betreuten anhand konkreter Anhaltspunkte festzustellen und auf dieser Grundlage zu entscheiden, ob er in die angebotene Maßnahme einwilligt oder sie untersagt.
- Ist der Betreute einwilligungsunfähig und liegt weder eine Patientenverfügung vor, noch kann ein mutmaßlicher Willen des Betreuten festgestellt werden, ist das Wohl des Betroffenen zu beachten, das einerseits eine ärztlich für sinnvoll erachtete Behandlung gebietet, andererseits aber nicht jede medizinisch-technisch mögliche Maßnahme verlangt. Bei lebenserhaltenden Maßnahmen ist in diesen Fällen dem Schutz des Lebens Vorrang einzuräumen.

Je älter die Patientenverfügung ist, umso intensiver muss der Betreuer sich die Frage stellen, ob der geäußerte Wille sich noch mit der aktuellen Lebens- und Behandlungssituation deckt (§ 1901a Abs. 1 BGB). Neue Behandlungsmethoden, ein völlig atypischer Erkrankungsverlauf oder eine nachhaltige Änderung der Lebensumstände können dazu führen, dass der geäußerte Wille sich mit der aktuellen Situation nicht mehr deckt und deshalb unbeachtlich bleiben kann. Der Betreuer kann dann entscheiden wie beim Fehlen der Patientenverfügung.

Auslegung einer Erklärung

Problematisch kann die Feststellung sein, wie mit dem in der Patientenverfügung niedergelegten (nicht immer eindeutigen) Willen zu verfahren ist. In solchen Fällen dürfte eine Auslegung des Willens erforderlich werden. Diese könnte eventuell nach § 133 BGB erfolgen, es dürfte nicht nach dem Wortlaut zu entscheiden sein, sondern das vom Verfasser wirklich Gewollte wäre zu erforschen. Ist allerdings eine Auslegung erforderlich, dürften die Aussagen in der Patientenverfügung zu unbestimmt sein, so dass sie nicht als Patientenverfügung anerkannt werden können.

Vorsorge-(Bevollmächtigter)

Geltung für Bevollmächtigten

Soweit eine Einwilligung oder Handlung des Betreuers erforderlich ist, gilt dies entsprechend für einen Bevollmächtigten, wenn sein Aufgabenkreis die Maßnahmen umfasst, §§ 1901a Abs. 6, 1904 Abs. 5 und 1901b Abs. 3 BGB. Die Vollmacht muss schriftlich sein und die angesprochenen Maßnahmen ausdrücklich umfassen, vgl. dazu ausführlich unten bei Punkt 2.3.4.2.

Widerruf der Patientenverfügung

Eine Patientenverfügung kann jederzeit formlos widerrufen werden, § 1901a Abs. 1 Satz 3 BGB.

Formloser Widerruf

Dieser formlose Widerruf kann für den Betreuer/Bevollmächtigten ein Problem bedeuten. Er kann letztlich nie ganz sicher sein, ob die ihm schriftlich vorliegende Patientenverfügung nicht zwischenzeitlich mündlich widerrufen wurde. Es dürfte somit immer unerlässlich sein, dass sich der Betreuer/Bevollmächtigte im Behandlungsfall mit den Angehörigen und Vertrauenspersonen in Verbindung setzt, um einen möglichen Widerruf in Erfahrung zu bringen.

Verpflichtungsverbot

Verpflichtungsverbot

Niemand kann zur Errichtung einer Patientenverfügung verpflichtet werden. Die Errichtung oder Vorlage einer Patientenverfügung darf nicht zur Bedingung eines Vertragsschlusses gemacht werden, § 1901a Abs. 5 BGB.

Es wird verdeutlicht, dass es keinen wie auch immer gearteten Zwang zur Abfassung einer Patientenverfügung gibt. Außerdem wird ein allgemeines zivilrechtliches Koppelungsverbot statuiert. Die Errichtung oder Vorlage einer Patientenverfügung darf nicht zur Bedingung eines Vertragschlusses (§ 158 BGB) gemacht werden, z. B. beim Abschluss eines Heim- oder Versicherungsvertrags. Individuellem und gesellschaftlichem Druck zur Errichtung einer (bestimmten) Patientenverfügung soll entgegengewirkt werden.

Hinweispflicht und Unterstützung bei Errichtung einer Patientenverfügung

§ 1901a Abs. 4 BGB (n. F.) lässt es nunmehr zu, dass der Betreuer „den Betreuten in geeigneten Fällen auf die Möglichkeit einer Patientenverfügung“ hinweist und „ihn auf dessen Wunsch bei der Errichtung einer Patientenverfügung“ unterstützt. Diese „Sollvorschrift“ dürfte nur in seltenen Fällen greifen. Zunächst gilt sie nur für Betreuer und nicht für Vorsorgebevollmächtigte. Ferner muss sich der Betreuer sicher sein, dass der Betreute einwilligungsfähig ist. Die Patientenverfügung ist darüber hinaus eine sehr persönliche Angelegenheit, über die viele nicht sprechen wollen. Das hat der Betreuer zu respektieren. Eine Unterstützung bringt den Betreuer zudem in Gefahr, dass er unbewusst den Betreuten unter Druck setzt oder aber seine eigenen Vorstellungen in den Vordergrund stellt. Die speziellen Probleme mit der Bestimmtheit runden die Probleme noch ab, so dass man als Betreuer sehr zurückhaltend von § 1901a Abs. 4 BGB (n. F.) Gebrauch machen sollte.

2.1.2 Gerichtliche Genehmigung bei Einwilligung des Betreuers

Betreuungsgerichtliche Genehmigung

Willigt der Betreuer in eine Untersuchung des Gesundheitszustands, eine Heilbehandlung oder einen ärztlichen Eingriff mangels Patientenverfügung für seinen einwilligungsunfähigen Betreuten selbst ein, ist in § 1904 Abs. 1 Satz 1 BGB ein Genehmigungsvorbehalt des Betreuungsgerichts vorgesehen,

- wenn die begründete Gefahr besteht, dass der Betreute
- aufgrund der Maßnahme stirbt oder
- einen schweren und länger dauernden gesundheitlichen Schaden erleidet.

Eine Ausnahme von der Genehmigungspflicht gilt nur, wenn mit einem Aufschub der Maßnahme Gefahr verbunden ist, § 1904 Abs. 1 Satz 2 BGB.

Einvernehmen macht Genehmigung entbehrlich

Die Genehmigung ist außerdem nicht erforderlich, wenn eine Patientenverfügung vorliegt (*BGH*, Beschluss vom 8. 2. 2017, Az. XII ZB 604/15) oder wenn zwischen dem Betreuer und dem behandelnden Arzt Einvernehmen darüber besteht, dass die Erteilung der Einwilligung dem in einem Behandlungswunsch geäußerten oder mutmaßlich festgestellten Willen des Betreuten entspricht, § 1904 Abs. 4 BGB. Zum insoweit erforderlichen Konsens vgl. unten 2.3.6.1.

Wille des Patienten bindet Gericht

Soweit eine betreuungsgerichtliche Genehmigung nach § 1904 Abs. 1 Satz 1 BGB erforderlich wird, erteilt sie der Richter, wenn die Einwilligung dem Willen des Betreuten entspricht, § 1904 Abs. 3 BGB. Im Genehmigungsverfahren ist somit der Wille des Betreuten dahingehend zu ergründen, ob er sich mit der aktuellen Maßnahme deckt, und der Entscheidung zugrunde zu legen.

Zusammenfassung

- Verfügt der Betreute über eine natürliche Einsichts- und Steuerungsfähigkeit im Einzelfall für die Einwilligung in die Untersuchung des Gesundheitszustands, die Heilbehandlung oder den ärztlichen Eingriff, entfallen die Einwilligung des Betreuers und der Genehmigungsvorbehalt des Betreuungsgerichts.
- Fehlt dem Betreuten die natürliche Einsichts- und Steuerungsfähigkeit für die vorzunehmende Maßnahme, sind folgende Fälle zu unterscheiden:
  - Der Betreuer setzt die Patientenverfügung um oder willigt in die Maßnahme ein, soweit sie dem in einem Behandlungswunsch geäußerten Willen oder dem mutmaßlichen Willen des Betreuten entspricht; eine betreuungsgerichtliche Genehmigung ist nicht erforderlich.
  - Handelt es sich um einen lebensbedrohlichen Eingriff oder sind mit der Maßnahme schwere und länger dauernde gesundheitliche Schäden zu erwarten und liegt keine Patientenverfügung vor, so muss vor der Maßnahme die betreuungsgerichtliche Genehmigung für die Einwilligung des Betreuers eingeholt werden.

    Besteht zwischen dem Betreuer und dem behandelndem Arzt Einvernehmen darüber, dass die Erteilung der Einwilligung dem in einem Behandlungswunsch geäußerten oder mutmaßlich festgestellten Willen des Betreuten entspricht, ist eine betreuungsgerichtliche Genehmigung nicht erforderlich.

    Eine Genehmigung für gefährliche ärztliche Maßnahmen nach § 1904 Abs. 1 BGB ist außerdem nicht erforderlich, wenn mit einem Aufschub der Maßnahme Gefahr verbunden wäre.

Die Vorschrift des § 1904 Abs. 1 und 2 BGB stellt eine Außengenehmigung dar, *OLG Frankfurt* (NJW 1998, 2747); ohne sie ist die Zustimmung des Betreuers nicht wirksam und für den Arzt unbeachtlich.

Verweigert das Betreuungsgericht die Genehmigung, kann die ärztliche Maßnahme nicht durchgeführt werden, da eine wirksame Einwilligung des Betreuers nicht vorliegt.

Geltung für Bevollmächtigte

Diese Ausführungen gelten auch für einen (Vorsorge-)Bevollmächtigten. Er kann in eine Maßnahme nur einwilligen, nicht einwilligen oder die Einwilligung widerrufen, wenn die Vollmacht diese Maßnahmen ausdrücklich umfasst und schriftlich erteilt ist, § 1904 Abs. 5 BGB (vgl. dazu unten 2.3.4.2).

Es wird auch von behandelnden Ärzten häufig übersehen, dass einige Medikamente im Rahmen der Heilbehandlung schwere und länger dauernde gesundheitliche Schäden verursachen können. Der Betreuer sollte deshalb die Medikation seines Betreuten mit dem behandelnden Arzt auch unter dem Gesichtspunkt des möglichen betreuungsgerichtlichen Genehmigungsvorbehalts klären.

Praxis TIPP

Die zur Einwilligung des Betreuers/Bevollmächtigten in einen ärztlichen Eingriff erforderliche betreuungsgerichtliche Genehmigung setzt keinen (echten) Antrag des Betreuers voraus; jedoch muss der Betreuer die Genehmigung beim Gericht anregen, eine Erteilung gegen seinen Willen ist ausgeschlossen. Der Betreuer/Bevollmächtigte sollte die ärztliche Maßnahme und die zu erwartenden Folgen möglichst genau bezeichnen.

Beratungsanspruch wahrnehmen

Es wird nicht verkannt, dass eine Einwilligung des Betreuers/Bevollmächtigten in eine lebensbedrohliche oder gesundheitsschädliche Maßnahme eine psychische Belastung für ihn darstellen kann. Unter diesem Gesichtspunkt ist der Genehmigungsvorbehalt durch das Betreuungsgericht mit den entsprechenden Verfahrensgarantien wichtig. Wenn der Betreuer in seiner Entscheidung über die Notwendigkeit und Erforderlichkeit der Maßnahme, auch nach ärztlicher Rücksprache und unter Beachtung von Wohl, Wille und Wunsch des Betreuten, unsicher ist, wird er die Beratung durch das Betreuungsgericht (§§ 1908i Abs. 1, 1837 Abs. 1 BGB) oder durch die Betreuungsstelle (§ 4 BtBG) in Anspruch nehmen. Sollte Unklarheit über die Erforderlichkeit einer Genehmigung beim Betreuer/Bevollmächtigten bestehen, wird er im Zweifel die Erteilung einer betreuungsgerichtlichen Genehmigung anregen.

2.1.3 Gerichtliche Genehmigung bei Verweigerung der Einwilligung

Nichteinwilligung durch Betreuer

Die Nichteinwilligung oder der Widerruf der Einwilligung des Betreuers/Bevollmächtigten in eine Untersuchung des Gesundheitszustands, eine Heilbehandlung oder einen ärztlichen Eingriff bedarf der Genehmigung des Betreuungsgerichts, wenn die Maßnahme medizinisch angezeigt ist und die begründete Gefahr besteht, dass der Betreute aufgrund des Unterbleibens oder des Abbruchs der Maßnahme stirbt oder einen schweren und länger dauernden gesundheitlichen Schaden erleidet, § 1904 Abs. 2, Abs. 5 BGB. Das gilt aber nicht, wenn eine wirksame Patientenverfügung vorliegt. Näheres unter Abschnitt 2.3.

2.1.4 Das Genehmigungsverfahren bei ärztlichen Maßnahmen

Für den Ablauf des Genehmigungsverfahrens gelten die gleichen Bestimmungen wie bei der Entscheidung über den Abbruch lebenserhaltender Maßnahmen (§ 1904 Abs. 2 BGB), vgl. Abschnitt 2.3.4.

Die betreuungsgerichtliche Genehmigung ergeht durch Beschluss, § 38 Abs. 1 FamFG, der zu begründen ist, § 38 Abs. 3 Satz 1 FamFG.

Wirksamwerden der gerichtlichen Entscheidung

- Der Genehmigungsbeschluss wird im Falle der Einwilligung des Betreuers/Bevollmächtigten in die ärztliche Maßnahme mit Bekanntgabe an den Betreuer/Bevollmächtigten wirksam, § 40 Abs. 1 i. V. m. § 287

Abs. 1 FamFG; keine Anwendung findet § 40 Abs. 2 FamFG, da es sich nicht um die Genehmigung eines Rechtsgeschäfts handelt.

- Ergeht ein Beschluss, in dem die Erteilung der Genehmigung verweigert wird, wird dieser mit Bekanntgabe an den Betreuer/Bevollmächtigten wirksam, § 40 Abs. 1 i. V. m. § 287 Abs. 1 FamFG.

Der Beschluss ist durch den Betreuer/Bevollmächtigten mit Beschwerde in der Frist von 1 Monat anfechtbar, zumindest im Namen des Betroffenen, §§ 58 Abs. 1, 63 Abs. 1, 59 Abs. 1 i. V. m. § 303 Abs. 4 Satz 1 FamFG (die Frist nach § 63 Abs. 2 Nr. 2 FamFG findet keine Anwendung, da es sich nicht um die Genehmigung zu einem Rechtsgeschäft handelt).

2.1.5 Genehmigung ärztlicher Zwangsmaßnahmen im Rahmen einer Unterbringung (§ 1906a BGB)

Gesetzliche Regelung ärztlicher Zwangsmaßnahmen

Eine gesonderte Regelung für den Einsatz physischer Gewalt zur Vollziehung ärztlicher Maßnahmen wurde im Betreuungsrecht ursprünglich nicht für erforderlich gehalten, da man in § 1906 Abs. 1 Nr. 2 BGB eine ausreichende Ermächtigung sah. Der *BGH* hat jedoch mit Beschluss vom 20. 6. 2012 seine Ansicht, dass § 1906 Abs. 1 Nr. 2 BGB eine Zwangsbehandlung ermögliche (vgl. dazu Kapitel A 12, Abschnitt 2.1.5), revidiert.

Mit dem „Gesetz zur Regelung der betreuungsrechtlichen Einwilligung in eine ärztliche Zwangsmaßnahme“ hat der Gesetzgeber versucht, den verfassungsrechtlichen Vorgaben gerecht zu werden, unter denen eine ärztliche Zwangsmaßnahme möglich sein soll (*BT-Drucks. 17/12086*). Zu den Einzelheiten vgl. Kapitel A 12, Abschnitt 2.1.5.

2.1.6 Einsicht des Betreuers in ärztliche Unterlagen

Einsichtsrecht

Der Betreuer kann grundsätzlich die Einsicht in die Krankenpapiere des Betreuten verlangen. § 630g Abs. 1 Satz 1 BGB regelt, dass dem Patienten auf Verlangen unverzüglich Einsichtnahme in die vollständige, ihm betreffende Patientenakte zu gewähren ist, soweit nicht erhebliche therapeutische Gründe oder sonstige erhebliche Rechte Dritter entgegenstehen. Das kann insbesondere bei psychiatrischen Behandlungen der Fall sein (*BGH* NJW 89, 764). Die Einsicht findet grundsätzlich an dem Ort der Aufbewahrung der Dokumentation statt. Die Ablehnung der Einsichtnahme ist immer zu begründen (§ 630g Abs. 1 Satz 2 BGB). Wird grundlos oder ohne Begründung verweigert, muss auf Einsicht geklagt werden.

Einsichtsberechtigung

Einsichtsberechtigter ist zunächst der Patient selbst. Ist er einsichtsunfähig und wird er durch einen Betreuer vertreten, macht dieser für den Patienten das Einsichtsrecht geltend *(Palandt/Weidenkaff, BGB 76. Aufl. § 630g Rn. 2).*

Entlassungsbrief

Inhalt des Entlassungsbriefs

Der Entlassungsbrief enthält in der Regel wichtige Informationen und Empfehlungen für die weitere Behandlung nach einem Krankenhausaufenthalt. Er richtet sich vor allem an die einweisenden oder weiterbehandelnden Ärzte sowie an andere Gesundheitsdiensteanbieter (z. B. Physiotherapeuten). Er enthält zudem Angaben zum Aufnahmegrund, Untersuchungen und deren Ergebnisse, Diagnosen, Therapien, erhobene Befunde (z. B. Röntgen, Ultraschall), empfohlene Medikation.

Empfänger des Entlassungsbriefs

Ist der Patient einwilligungsfähig (hat er insbesondere in die Behandlung im Krankenhaus selbst eingewilligt), ist ihm der Entlassungsbrief auszuhändigen. Ob der Betreuer ebenfalls empfangsberechtigt ist, ist umstritten. Die *Ärztekammer Berlin (November 2008)* führt aus, dass bei Personen, für die ein Betreuer in medizinischen Angelegenheiten bestellt ist, die Schweigepflicht dem Betreuer gegenüber nicht gilt, da er informiert werden muss, um die Interessen des Betreuten bei der ärztlichen Behandlung wahrzunehmen. Ähnlich äußert sich das *Unabhängige Landeszentrum für Datenschutz Schleswig-Holstein (27. 10. 2014)*, das ausführt, der Betreuer sei in diesem Fall generell befugt, Informationen über ärztliche Behandlungen des Betreuten zu erhalten. Daraus lässt sich ableiten, dass dem Betreuer mit dem Aufgabenkreis Gesundheitssorge der Entlassungsbrief immer bekannt zu machen wäre.

Ist der Patient nicht einwilligungsfähig, muss der Behandlungsbrief an den Betreuer gerichtet werden, da dieser zunächst in die Behandlung eingewilligt hatte (den Behandlungserfolg überprüfen muss) und die weitere Behandlung zu organisieren hat. Da der Betreuer auch in die Behandlungsakte einsehen kann, steht der Aushändigung an ihn nichts entgegen.

2.2 Sterilisation (§ 1905 BGB) und Kastration

Sterilisation

Eine Sterilisation (operative Unfruchtbarmachung durch Unterbrechung der Ei- oder Samenleiter) ist als schwerer Eingriff in die körperliche Unversehrtheit eines Betreuten zu bezeichnen und hat erhebliche Auswirkungen auf die gesamte Lebensführung, Lebensperspektive und Lebensqualität sowohl für Frauen als auch für Männer.

Voraussetzungen der Einwilligung (§ 1905 BGB)

In die Sterilisation einwilligungsunfähiger Betreuter kann der Betreuer nur einwilligen, wenn

1. die Sterilisation dem Willen des Betreuten nicht widerspricht,
2. der Betreute auf Dauer einwilligungsunfähig bleiben wird,
3. anzunehmen ist, dass es ohne die Sterilisation zu einer Schwangerschaft kommen würde,
4. infolge dieser Schwangerschaft eine Gefahr für das Leben oder die Gefahr einer schwerwiegenden Beeinträchtigung des körperlichen oder seelischen Gesundheitszustands der Schwangeren zu erwarten wäre, die nicht auf zumutbare Weise abgewendet werden könnte, und
5. die Schwangerschaft nicht durch andere zumutbare Mittel abgewendet werden kann.

Diese fünf Voraussetzungen müssen nebeneinander erfüllt sein.

Als schwerwiegende Gefahr für den seelischen Gesundheitszustand der Schwangeren gilt auch die Gefahr eines schweren und nachhaltigen Leidens, das ihr drohen würde, weil familiengerichtliche Maßnahmen, die mit ihrer Trennung vom Kind verbunden wären (§§ 1666, 1666a BGB), gegen sie ergriffen werden müssten.

Einsichtsfähigkeit des/der Betreuten

Bei der Sterilisation muss aber auch, wie bei der Heilbehandlung, auf die natürliche Einsichts- und Steuerungsfähigkeit abgestellt werden. Allerdings ist hier die Frage, ob die/der Betreute die Art, Bedeutung und Tragweite – auch die Risiken – der Maßnahme zu erfassen und seinen Willen hiernach zu bestimmen vermag, unter sehr engen Grenzen und Gesichtspunkten zu beurteilen.

Schmerzen zu empfinden und die Ursachen für den Schmerz abzustellen, ist anders zu beurteilen als eine Sterilisation, die ethische, moralische, medizinische, psychologische und soziale Gesichtspunkte umfasst und von daher schon für gesunde Menschen eine schwerwiegende und problembehaftete Entscheidung bedeutet.

Praxis Tipp

Einsichts- und Steuerungsfähigkeit bei Sterilisation

Eine Sterilisation orientiert sich nicht am Interesse der Allgemeinheit, von Verwandten oder des ungezeugten Kindes (*BT-Drucks. 11/4528, S. 75, 76*), sondern ausschließlich am Wohl und Willen der/des Betreuten. Die Abwägung des Für und Wider und eine sachliche Prüfung der in Betracht kommenden Gesichtspunkte dürfte, schon wegen des schwierigen Aufklärungsgesprächs des ausführenden Arztes, den meisten Betreuten nicht möglich sein. Betreuer sollten deshalb grundsätzlich, wenn sie mit dem Thema Sterilisation konfrontiert werden, das Betreuungsgericht informieren, um eine objektive, überprüfbare Aussage zur Einsichts- und Steuerungsfähigkeit des Betreuten zu ermöglichen. Diese Vorgehensweise verhindert auch, eigene subjektive Wertvorstellungen überzugewichten.

Der besondere Betreuer

Um Interessenkollisionen des bestellten Betreuers zu vermeiden, muss für die Einwilligung in eine Sterilisation stets ein besonderer Betreuer (§ 1899 Abs. 2 BGB) vom Betreuungsgericht bestellt werden. Ein Betreuungsverein oder die Betreuungsbehörde darf nicht zum besonderen Betreuer für die Entscheidung über die Einwilligung in eine Sterilisation bestellt werden (§ 1900 Abs. 5 BGB).

Verfahren

Für die Einwilligung in eine Sterilisation benötigt der besondere Betreuer eine betreuungsgerichtliche Genehmigung, § 1905 Abs. 2 Satz 1 BGB.

Für das Genehmigungsverfahren zur Einwilligung in eine Sterilisation gelten die weitreichendsten Verfahrensvorschriften im gesamten Betreuungsrecht:

- Die Bestellung eines Pflegers für das Verfahren ist zwingend vorgeschrieben, soweit der/die Betroffene nicht von einem Rechtsanwalt oder von einem anderen geeigneten Verfahrensbevollmächtigten vertreten wird, § 297 Abs. 5 FamFG.

- Verfahrenshandlungen durch den ersuchten Richter sind ausgeschlossen, § 297 Abs. 4 FamFG.

- Verpflichtung des Betreuungsgerichts, den/die Betroffene/n persönlich anzuhören und sich einen unmittelbaren Eindruck von ihm/ihr zu verschaffen; darüberhinaus muss die/der Betroffene über den möglichen Verlauf des Verfahrens unterrichtet werden, § 297 Abs. 1 FamFG.

- Das Gericht hat die Betreuungsbehörde anzuhören, wenn es der/die Betroffene verlangt oder es der Sachaufklärung dient, § 297 Abs. 2 FamFG. Soweit im Interesse des/der Betroffenen dessen nicht dauernd getrennt lebender Ehegatte oder Lebenspartner, die Eltern, Pflegeeltern, Großeltern, Abkömmlinge oder Geschwister am Verfahren beteiligt wurden (§ 274 Abs. 4 Nr. 1 i. V. m. § 7 Abs. 3 FamFG), sind diese anzuhören, § 297 Abs. 3 Satz 1 FamFG. Auf Verlangen des/der Betreuten hat das Gericht eine ihm/ihr nahestehende Person ebenfalls anzuhören, § 297 Abs. 3 Satz 2 FamFG.

- Die Genehmigung darf erst erteilt werden, nachdem Gutachten von Sachverständigen eingeholt sind, die sich auf die medizinischen, psychologischen, sozialen, sonderpädagogischen und sexualpädagogischen Gesichtspunkte erstrecken. Die Sachverständigen haben den/die Betreute/n vor Erstattung des Gutachtens persönlich zu untersuchen oder zu befragen. Der die Sterilisation ausführende Arzt darf nicht zum Sachverständigen bestellt werden, § 297 Abs. 6 FamFG.

Die Entscheidung über die Genehmigung zur Einwilligung in eine Sterilisation ist dem Betreuungsrichter vorbehalten, § 15 Nr. 1 RPflG. Er entscheidet durch Beschluss, § 38 Abs. 1 Satz 1 FamFG.

Wirksamkeit der Genehmigung

Die Genehmigung wird wirksam mit Bekanntgabe an den für die Entscheidung über die Einwilligung in die Sterilisation bestellten Betreuer (weiterer Betreuer nach § 1899 Abs. 2 BGB) und an den Verfahrenspfleger oder den Verfahrensbevollmächtigten, wenn ein Verfahrenspfleger nicht bestellt wurde, § 297 Abs. 7 FamFG.

Bekanntmachung an Betreuten und Behörde

Die Entscheidung über die Genehmigung ist dem/der Betroffenen stets selbst bekannt zu machen; von der Bekanntgabe der Gründe kann nicht abgesehen werden. Der Betreuungsbehörde ist die Entscheidung stets bekannt zu geben, § 297 Abs. 8 FamFG.

Zweiwochenfrist

Ob die Sterilisation nach dem Vorliegen der wirksamen Genehmigung ausgeführt wird, entscheidet der besondere Betreuer und letztlich der/die Betreute. Die Sterilisation darf jedenfalls erst zwei Wochen nach Wirksamkeit der Genehmigung durchgeführt werden (§ 1905 Abs. 2 Satz 2 BGB).

Gibt der/die Betreute vor Durchführung der Sterilisation zu erkennen, dass er/sie mit dem Eingriff nicht mehr einverstanden ist, dieser somit nicht mehr seinem Willen entspricht, kann von der betreuungsgerichtlichen Genehmigung kein Gebrauch gemacht werden (siehe § 1905 Abs. 1 Nr. 1 BGB).

Refertilisierung

Der besondere Betreuer, aber auch der ausführende Arzt, hat darauf zu achten, dass bei der Sterilisation die Methode gewählt wird, die eine Refertilisierung (Rückgängigmachung) durch eine Operation zulässt (§ 1905 Abs. 2 Satz 3 BGB).

Stellung des (normalen) Betreuers

Der (normale) Betreuer muss das Betreuungsgericht nur über den beabsichtigten Eingriff (Sterilisation) unterrichten; eine Antragstellung ist nicht erforderlich. Im Gegen-Satz zum besonderen Betreuer (sog. Sterilisationsbetreuer) besteht keine Verpflichtung, den Betreuer am Verfahren zu beteiligen, da sein Aufgabenkreis dieMaßnahme nicht umfasst (§ 274 Abs. 1 Nr. 2 FamFG). In der Regel kann er allerdings zur Sachverhaltsaufklärung beitragen, so dass er im Rahmen der Amtsermittlungspflicht vom Betreuungsrichter angehört werden wird, § 26 FamFG. Die sehr engen materiell rechtlichen Voraussetzungen, aber auch die umfangreichen Verfahrensvorschriften haben dazu geführt, dass seit der Einführung des Betreuungsrechts und des § 1905 BGB bundesweit nur sehr wenige Sterilisationen beantragt und genehmigt wurden. Zuletzt waren es im Jahr 2015 39 Anträge und 26 Genehmigungen *(Quelle: Bundesamt für Justiz)*. Eine sehr erfreuliche Entwicklung!

Kastration

Von einer Kastration spricht man im medizinischen Sinne, wenn die Keimdrüsen (Hoden, Eierstöcke) operativ entfernt oder durch andere Behandlungen dauernd funktionsunfähig gemacht werden. Die Zulässigkeit der Kastration eines Mannes richtet sich nach dem „Gesetz über die freiwillige Kastration und andere Behandlungsmethoden“. Diese ärztliche Maßnahme richtet sich gegen die Auswirkungen eines abnormen Geschlechtstriebs und ist wie die Sterilisation nur unter sehr engen Voraussetzungen zulässig. Kann der Betroffene Grund und Bedeutung der Kastration nicht voll einsehen und seinen Willen hiernach bestimmen, muss ein Betreuer für diesen

Aufgabenkreis bestellt werden, der dann über die Einwilligung entscheidet (§ 3 Abs. 3 Nr. 2 Kastrationsgesetz – KastrG). Die Einwilligung muss betreuungsgerichtlich genehmigt werden (§ 6 KastrG), außerdem muss vor jeder Kastration eine Gutachterstelle eingeschaltet werden. Eine Kastration gegen den Willen des Betreuten ist nur möglich, wenn die Behandlung angezeigt ist, um eine lebensbedrohende Krankheit zu verhüten, zu heilen oder zu lindern.

Wenn der Betreuer mit dem Problem einer Kastration konfrontiert wird, sollte er auf jeden Fall beim Betreuungsgericht Beratung einholen, §§ 1908i Abs. 1, 1837 Abs. 1 BGB.

2.3 Abbruch lebenserhaltender Maßnahmen

2.3.1 Einführung und allgemeine Grundlagen

Entsprechend der Formulierung in § 1904 Abs. 2 BGB geht es um eine Entscheidung über die „Nichteinwilligung" oder den „Widerruf der Einwilligung (…) in eine Untersuchung des Gesundheitszustands, eine Heilbehandlung oder einen ärztlichen Eingriff", die vom Betreuungsgericht genehmigt werden muss, „wenn die Maßnahme medizinisch angezeigt ist und die begründete Gefahr besteht, dass der Betreute auf Grund des Unterbleibens oder des Abbruchs der Maßnahme stirbt oder einen schweren und länger dauernden gesundheitlichen Schaden erleidet."

Hinter diesen dürren Worten verbirgt sich für den Betreuer eine menschlich sehr belastende Entscheidung, die auch juristisch nicht immer einfach zu treffen ist. Es sind dabei zunächst rein medizinische Fragen zu klären, insbesondere die Indikation der ärztlichen Maßnahmen. Anschließend müssen das Vorliegen einer Patientenverfügung geprüft bzw. die Behandlungswünsche oder der mutmaßliche Wille erforscht werden.

Dialogischer Prozess

Außerdem soll gemäß § 1901b Abs. 2 BGB mit nahen Angehörigen und sonstigen Vertrauenspersonen gesprochen werden, damit auch diese Gelegenheit zur Äußerung erhalten. Nach diesem sog. dialogischen Prozess muss der Betreuer eine Entscheidung treffen, wobei es letztlich um Leben oder Tod geht. Ein Unterlassen des dialogischen Prozesses ist aber für die Beteiligten folgenlos, selbst wenn er vorsätzlich erfolgt.

Stellung des Arztes

Die Rolle des behandelnden Arztes als medizinisch versierter Berater darf nicht unterschätzt werden. Häufig führt aber seine Fachkompetenz dazu, dass er die Grenzen seiner Verantwortlichkeit überschreitet und die Entscheidung so bestimmt vorgibt, dass der Betreuer faktisch keine Wahl mehr hat. Diesem ärztlichen Paternalismus, der gelegentlich durch ein Votum sog. Ethikkommissionen untermauert wird, sollte man sich durch kritische Fragen widersetzen und nur überzeugenden medizinischen Argumenten folgen. Es ist durchaus legitim, die Auskunft weiterer Ärzte einzuholen.

Wichtig:

Weder die behandelnden Ärzte noch medizinische Ethikkommissionen in den Kliniken haben zu entscheiden, sondern der Betreuer bzw. Vorsorgebevollmächtigte!

Dass dabei zudem rechtliche Fragen zu bewältigen sind, kann im Einzelfall sogar durchaus hilfreich sein, weil das Gesetz eine Vorgehensweise regelt, die Schritt für Schritt zur Entscheidung führt.

2.3.2 *Medizinische Voraussetzungen für die Nichteinwilligung oder den Widerruf*

2.3.2.1 Gesetzlich relevante ärztliche Maßnahmen, über die zu entscheiden sind

§ 1904 Abs. 2 BGB führt die Maßnahmen abschließend auf:

- Untersuchung des Gesundheitszustands
- Heilbehandlung
- ärztlicher Eingriff

2.3.2.2 Schwerwiegende Folgen bei Unterbleiben oder Abbruch der Maßnahmen

Es muss die begründete Gefahr bestehen, dass der Betroffene „aufgrund des Unterbleibens oder des Abbruchs der Maßnahme stirbt oder einen schweren und länger dauernden gesundheitlichen Schaden erleidet." Die Maßnahme ist daher in der Regel lebenserhaltend.

2.3.2.3 Maßnahme muss ärztlich indiziert/angezeigt sein

Ärztliche Indikation

Erster Ansprechpartner ist immer der behandelnde Arzt. Dieser „prüft, welche Maßnahme im Hinblick auf den Gesamtzustand und die Prognose des Patienten indiziert ist" (§ 1901b Abs. 1 Satz 1 BGB). Das Gleiche besagt § 1904 Abs. 2 BGB, der allerdings abweichend formuliert, dass „die ärztliche Maßnahme medizinisch angezeigt" sein muss. Die Bedeutung der Begriffe „angezeigt" und „indiziert" dürfte inhaltsgleich sein.

Beistand beim Sterben ist nicht genehmigungspflichtig

Der Arzt muss zunächst anhand der erhobenen Befunde eine Diagnose erstellen und den Verlauf der Erkrankung prognostizieren. Auf dieser Basis wählt er ein adäquates Therapieziel. Ziele können sein: Heilung, Rehabilitation, Prävention, Erhaltung der Lebensqualität, aber auch Beistand beim Sterben (vgl. § 1 der Berufsordnung für die Ärzte Bayerns). Bei einem sehr fortgeschrittenen Krankheitsstadium, das irreversibel zum Tod führt und durch ärztliche Maßnahmen nur unwesentlich beeinflussbar ist, wird als Therapieziel häufig nur noch Hilfe und Beistand beim Sterben infrage kommen. Andere Maßnahmen, die außerhalb der Indikation stehen, sind dann nicht mehr zu prüfen.

Basisversorgung

Indiziert sind in einem solchen Fall nur noch Schmerzmittel, Basisversorgung (Flüssigkeit etc.) und alles, was dem Patienten im Sterbevorgang Erleichterung verschafft. Eine Einwilligung des Betreuers oder gar eine Genehmigung des Betreuungsgerichts sind in diesen Fällen nicht erforderlich, weil ärztlicherseits keine Behandlung oder Weiterbehandlung angeboten wird, sondern nur Beistand beim Sterben.

Allerdings kann ein Betreuer, der sich dem ärztlichen Urteil nicht anschließen will, einen anderen Arzt mit der Behandlung beauftragen und sich nach dessen ärztlicher Indikation richten.

2.3.2.4 Genehmigung erfolgt unabhängig von „Art und Stadium der Erkrankung“

Nach §§ 1901a Abs. 3, 1904 Abs. 3 BGB spielt es keine Rolle, ob das Grundleiden des Kranken nach ärztlicher Überzeugung unumkehrbar (irreversibel) ist und einen tödlichen Verlauf angenommen hat, das heißt ob nach menschlichem Ermessen und kompetenter ärztlicher Beurteilung keine Besserung des Gesundheitszustands mehr zu erwarten ist und der dauerhafte Ausfall körperlicher vitaler Funktionen unausweichlich bevorsteht. Daraus folgt, dass für das Verlangen des Patienten/Betreuers, eine Behandlung einzustellen, keine medizinischen Voraussetzungen vorliegen müssen; lediglich der in einer Patientenverfügung geäußerte oder der mutmaßliche Wille bzw. Behandlungswünsche zählen, § 1901a Abs. 1 und 2 BGB.

2.3.3 Nichteinwilligung oder Widerruf einer Einwilligung

Solange der kranke Mensch noch entscheidungsfähig ist, kann er selbst dem Arzt diese Zustimmung geben oder verweigern. Soweit der Betroffene nicht mehr selbst entscheiden kann, tritt an seine Stelle ein Betreuer oder ein Bevollmächtigter. Es können sich dabei zwei Konstellationen ergeben und zwar die Prüfung, ob eine Einwilligung in eine neue ärztliche Behandlung erteilt werden soll oder ob eine laufende lebenserhaltende Maßnahme, die mit einer wirksamen Einwilligung erfolgt oder für die im zunächst angenommenen mutmaßlichen Willen eine Einwilligung erteilt wurde, beendet werden soll. Im letzteren Fall muss die bestehende Einwilligung widerrufen werden. Nur zur Klarstellung ist festzuhalten, dass der Betreuer bzw. Bevollmächtigte die Entscheidung für eine lebenserhaltende Maßnahme ohne betreuungsgerichtliche Genehmigung treffen kann.

Abbruch oder Verweigerung der Einwilligung sind gleich zu behandeln!

Im Gegensatz zur früheren Rechtsprechung spielt es keine Rolle mehr, ob die lebenserhaltende Maßnahme unterlassen oder eine bereits durchgeführte lebenserhaltende Maßnahme abgebrochen wird. Letzteres wurde früher als „aktives Tun“ (Abschalten der Geräte) gewertet. Der *BGH* (FamRZ 2010, 1551) hat klargestellt, dass es sich bei beiden Varianten um lebenserhaltende Maßnahmen handelt. Werden die lebenserhaltenden „Maschinen“ abgestellt, wobei sprichwörtlich der Schalter umgelegt wird, oder nimmt man sie gar nicht in Anspruch, sind diese Vorgänge von der Wertigkeit letztlich identisch. Im Vordergrund steht die Maßnahme, die zur Lebenserhaltung notwendig erscheint.

Gründlichkeit vor tödlicher Hektik!

Diese Sichtweise hat auch den Vorteil, dass man im Notfall guten Gewissens lebenserhaltenden Maßnahmen zustimmen kann, weil es in der Regel nicht möglich ist, die gesamte Palette der geschilderten Fragen zu prüfen, wenn es um Sekunden geht. Der vom Gesetzgeber eingeräumte „Abbruch“ nach Einleitung lebenserhaltender Maßnahmen ist daher einer hektischen Entscheidung in einer akuten Krisensituation vorzuziehen, die sich aufgrund neuer Erkenntnisse schnell als falsch erweisen könnte. Nach gründlicher Prüfung und reiflicher Abwägung kann dann eine Entscheidung über den Widerruf der zunächst erteilten Einwilligung erfolgen.

2.3.4 Entscheidungsträger: Betreuer, Vorsorgebevollmächtigter

2.3.4.1 Aufgabenkreis des Betreuers

§ 1904 BGB geht davon aus, dass der Patient selbst nicht mehr entscheiden kann, so dass auf die gesetzliche Vertretung oder eine Vorsorgevollmacht zurückgegriffen werden muss. Entscheidungsträger für die Nichteinwilligung, Einwilligung oder Widerruf einer Einwilligung kann als gesetzlicher Vertreter ein Betreuer sein. Als Aufgabenkreise kommen in Betracht Gesundheitsfürsorge, Entscheidungen über lebenserhaltende Maßnahmen oder aber auch alle Angelegenheiten.

2.3.4.2 Formvorschriften für eine Vorsorgevollmacht

Vorsorgevollmachten müssen dagegen sehr viel präziser formuliert sein, die Maßnahmen ausdrücklich umfassen und schriftlich erteilt sein (§ 1904 Abs. 5 Satz 2 BGB). Für diese Formvorschrift bei lebenserhaltenden Maßnahmen gelten folgende Grundsätze:

1. Die vollständige Wiedergabe des Wortlauts des § 1904 Abs. 1 Satz 1 und Abs. 2 BGB in der Vorsorgevollmacht genügt in jedem Fall.
2. Der bloße Hinweis/Verweis auf die Vorschriften genügt dagegen nicht.
3. Im Übrigen muss der Text der Vorsorgevollmacht folgende zwei Aussagen klar formulieren:

   Die Kompetenz des Bevollmächtigten umfasst,

   a. die Entscheidung, bestimmte ärztliche Maßnahmen (Untersuchung des Gesundheitszustands, Heilbehandlung oder ein ärztlicher Eingriff) zu unterlassen oder am Betroffenen vornehmen zu lassen und zwar auch dann,

   b. wenn diese Entscheidung mit der begründeten Gefahr des Todes oder eines schweren und länger dauernden gesundheitlichen Schadens verbunden ist.

Grund für diesen gesetzlich geforderten Formalismus ist die Notwendigkeit, dem Vollmachtgeber „die Tragweite der Bevollmächtigung deutlich vor Augen zu führen", schließlich geht es ja um Leben oder Tod. Klarheit wird dadurch aber auch für den Bevollmächtigten und Dritte geschaffen, die bei einer derart hochbedeutenden und endgültigen Entscheidung keine Zweifel an der Kompetenz fürchten müssen (*BGH*, Beschluss vom 6. 7. 2016, Az. XII ZB 61/16).

2.3.5 Kontrollbetreuung bei Vorsorgevollmacht für Abbruch lebenserhaltender Maßnahmen

2.3.5.1 Erforderlichkeit der Kontrollbetreuung

Eine Kontrollbetreuung gemäß § 1896 Abs. 2 Satz 1 BGB kann erforderlich werden, wenn die Vollmacht den Betreuungsbedarf nicht abdeckt und dies mit Tatsachen ausreichend belegt werden kann. Fühlt sich der Bevollmächtigte z. B. aus ethischen oder religiösen Gründen nicht in der Lage, eine Entscheidung nach dem Willen bzw. zum Wohl des Betroffenen zu treffen (Überforderung), oder aber verfolgt er z. B. als Erbe eigensüchtige Motive (Unredlichkeit), rechtfertigt das die Kontrollbetreuung (*BGH* a. a. O., Rn. 30).

2.3.5.2 Aufgabenkreis „Widerruf der Vorsorgevollmacht"?

Die Befugnis zum Widerruf kommt nur als letztes Mittel in Betracht, wenn der Bevollmächtigte trotz entsprechender Hinweise sein Verhalten nicht ändert und deshalb bei „hinreichender Wahrscheinlichkeit" mit einer schwerwiegenden Missachtung des Wohls des Vollmachtgebers zu rechnen ist. Somit muss ein Pflichtenverstoß zu befürchten sein. Die Pflichten des Bevollmächtigten bei der Entscheidung über lebenserhaltende Maßnahmen sind aber die Umsetzung einer bindenden und wirksamen Patientenverfügung bzw. die Feststellung und Beachtung der Behandlungswünsche oder des mutmaßlichen Willens. Lassen sich diese Willensformen nicht feststellen, „gebietet es das hohe Rechtsgut auf Leben, entsprechend dem Wohl des Betroffenen zu entscheiden und dabei dem Schutz seines Lebens Vorrang einzuräumen" (*BGH* a. a. O.).

Der Aufgabenkreis „Widerruf der Vollmacht" kommt nur dann in Betracht, wenn konkrete Tatsachen die Erwartung rechtfertigen, dass nicht nur ein Pflichtenverstoß, sondern dadurch auch eine „künftige Verletzung des Wohls des Betroffenen mit hinreichender Wahrscheinlichkeit und in erheblicher Schwere" zu befürchten ist (*BGH* a. a. O., Rn. 32).

2.3.6 Genehmigungspflicht gemäß § 1904 Abs. 2 BGB

2.3.6.1 Genehmigung nur bei Dissens zwischen behandelndem Arzt und Betreuer

Eine Genehmigung ist nach dem Wortlaut des Gesetzes nur erforderlich, wenn kein Einvernehmen zwischen behandelndem Arzt und Betreuer darüber besteht, „dass die Erteilung, die Nichterteilung oder der Widerruf der Einwilligung dem nach § 1901a BGB festgestellten Willen des Betreuten entspricht" (§ 1904 Abs. 4 BGB).

Dieser staatliche Verzicht auf Kontrolle durch eine Genehmigungspflicht setzt ein großes Vertrauen auf die Redlichkeit und Integrität der beteiligten Personen voraus. Die Beteiligten stehen aber häufig unter Zeitdruck, Ärzte sind Mitarbeiter der Kliniken, die auch ökonomische Gesichtspunkte im Auge haben, Betreuer sind möglicherweise durch die jahrelange Pflege eines nahen Angehörigen mürbe geworden und selbst die Aussicht auf eine derzeit noch lukrative Erbschaft, die durch weitere Pflegejahre gefährdet sein könnte, ist als Motiv für eine Entscheidung gegen lebenserhaltende Maßnahmen zumindest in Einzelfällen nicht abwegig. Falsche, voreilige und unüberlegte Entscheidungen können bei Einvernehmen nicht mehr im Rahmen eines betreuungsgerichtlichen Genehmigungsverfahrens korrigiert werden. Als Betreuer sollte man deshalb auch bei einem Konsens mit dem behandelnden Arzt eine betreuungsgerichtliche Genehmigung beantragen, wenn noch Zweifel bestehen (vgl. unten).

Der *BGH* (Beschluss vom 6. 7. 2016, Az. XII ZB 61/16, Rn. 38) sieht dagegen eine wirksame Kontrolle darin, dass jedermann im Betreuungsverfahren jederzeit eine betreuungsgerichtliche Kontrolle der Entscheidung des Betreuers bzw. Bevollmächtigten in Gang setzen könne. Dies ist praxisfern und blauäugig, weil es bei einer Vorsorgevollmacht kein Betreuungsverfahren gibt, das möglicherweise missbräuchliche Vorgehen häufig niemandem bekannt wird, die verdächtigen Details nur den Eingeweihten zugänglich sind und im Übrigen die todbringende einvernehmliche Entscheidung in der Regel so schnell zum letalen Erfolg führt, dass eine gerichtliche Kontrolle ins Leere ginge. Eine betreuungsgerichtliche Kontrolle wird schließlich mit dem Tod unmöglich, da der Tod das Verfahren zwingend beendigt.

Wer ist behandelnder Arzt?

Im Einzelfall kann zweifelhaft sein, wer der behandelnde Arzt ist. Solange die medizinische Versorgung zu Hause ausschließlich über den Hausarzt erfolgt, gibt es sicher keine Zweifel. Häufig müssen aber Fachärzte einbezogen werden und im Krankenhaus gibt es eine Hierarchie vom Stationsarzt bis zum Chefarzt. Auch zeitlich wechseln die Ärzte, so dass etwa nachts andere Mediziner die Verantwortung tragen müssen als am Tag.

Entscheidend ist, welcher Arzt die lebenserhaltende Maßnahme, die einer Einwilligung bedarf bzw. die laufend durchgeführt und abgebrochen werden soll, zu verantworten hat, weil er sie durchführt. Das kann in der Tat nachts auf der Intensivstation ein Stationsarzt sein, der eine Vielzahl von Patienten zu betreuen hat. Außerdem kann die „Rechtsposition" des behandelnden Arztes wechseln. Wie bereits ausgeführt, kann der Betreuer jederzeit andere Ärzte mit der Behandlung betrauen. Kein Arzt hat einen Anspruch auf seinen Patienten.

2.3.6.2 Erweiterung der Genehmigungskompetenz durch den BGH (BtPrax 2014, 268; Beschluss vom 6. 7. 2016, Az. XII ZB 61/16)

Besteht ein Einvernehmen, kann entgegen dem Wortlaut des Gesetzes dennoch eine Genehmigung angeregt werden. Die „Prüfungskompetenz des Betreuungsgerichts" ist somit „auch dann eröffnet, wenn zwar ein Einvernehmen zwischen Betreuer und behandelndem Arzt besteht, aber gleichwohl ein Antrag auf betreuungsgerichtliche Genehmigung gestellt wird". Dann ergeben sich drei Entscheidungsvarianten für das Betreuungsgericht:

Entscheidungsvarianten bei Einvernehmen

1. Das Betreuungsgericht stellt das Einvernehmen zwischen behandelndem Arzt und Betreuer fest und sieht keinen Anlass für weitere Ermittlungen zur Feststellung des Willens des Betroffenen. In diesem Fall wird das Gericht den Antrag auf betreuungsgerichtliche Genehmigung ablehnen und ein sog. Negativattest erteilen, aus dem sich ergibt, dass keine gerichtliche Genehmigung erforderlich ist.
2. Glaubt das Gericht trotz Einvernehmens, dass ein Anlass bestehe, den Patientenwillen „mit den ihm zur Verfügung stehenden Ermittlungsmöglichkeiten" auszuforschen, kann über eine Beweisaufnahme (z. B. Zeugenaussagen, Stellungnahmen der früher behandelnden Ärzte, Gutachten über den Verlauf der Krankheit) der Wille abgeklärt werden. Kommt das Gericht nach der Prüfung zu dem Ergebnis, „dass die Erteilung, die Nichterteilung oder der Widerruf der Einwilligung dem nach § 1901a BGB festgestellten Willen entspricht", wird es ebenfalls den Antrag ablehnen und ein derartiges Negativattest ausstellen.
3. Sieht das Gericht kein Einvernehmen zwischen Arzt und Betreuer oder kommt es zu einem anderen Ergebnis bezüglich des Willens des Betroffenen, muss es über die Erteilung der Genehmigung entscheiden.

2.3.7 Maßstab für die Genehmigung bzw. Entscheidung des Betreuers

2.3.7.1 Wirksame Patientenverfügung

Patientenverfügung

Liegt eine wirksame Patientenverfügung vor, prüft der Betreuer nur noch, ob „diese Festlegungen auf die aktuelle Lebens- und Behandlungssituation zutreffen", § 1901a Abs. 1 Satz 1 BGB. Gerade bei lebenserhaltenden Maßnahmen muss aber eingehend geprüft werden, ob die Regelungen in einer Patientenverfügung ausreichend bestimmt sind. Allgemeine Wünsche nach einem „würdevollen Tod" oder das Verbot lebenserhaltender Maßnahmen ohne konkrete Benennung der ärztlichen Maßnahme bzw. der Behandlungssituation bleiben im unverbindlichen Bereich. Die Formulierung „... bei einem schweren Dauerschaden des Gehirns" ist ebenfalls zu unpräzise.

Stellt der Betreuer dagegen eine verbindliche Patientenverfügung fest, hat er dem „Willen des Betreuten Ausdruck und Geltung zu verschaffen". Diese Umsetzung ist genehmigungsfrei, da der Betreuer keine eigene Entscheidung trifft.

2.3.7.2 Maßgeblich ist der Wille des Betreuten, § 1904 Abs. 3 BGB

Patientenverfügung fehlt

Wille des Betreuten

Gibt es keine Patientenverfügung, kommt es in erster Linie auf Behandlungswünsche an und nur, wenn diese fehlen, auf den mutmaßlichen Willen. Der Betreuer hat diese Prüfungsreihenfolge zu durchlaufen, die entsprechenden Sachverhalte „festzustellen und auf dieser Grundlage zu entscheiden, ob er in eine ärztliche Maßnahme nach Absatz 1 einwilligt oder sie untersagt", § 1901a Abs. 2 Satz 1 BGB.

Behandlungswünsche

Behandlungswünsche können Äußerungen sein, die Festlegungen für eine konkrete Lebens- und Behandlungssituation enthalten, aber die strengen Voraussetzungen für eine Patientenverfügung nicht erfüllen. Unabhängig von der Form kann es sich um mündlich geäußerte Wünsche handeln, aber auch um Bekundungen per E-Mail, SMS, Fax oder sogar Einträge in den sozialen Netzwerken wie Facebook, Twitter etc. Das Alter spielt ebenfalls keine Rolle, so dass sich auch Minderjährige mit ihren Wünschen einbringen können. Die Wünsche sind aber nur dann als verbindlicher Wille anwendbar, wenn sie, wie die Patientenverfügung, ausreichend bestimmt sind (so auch *BGH*, Beschluss vom 6. 7. 2016, Az. XII ZB 61/16). Schließlich ist auch bei den Behandlungswünschen das Korrektiv zu beachten, das für die Patientenverfügung ausdrücklich gesetzlich geregelt wurde. Das heißt, die Wünsche müssen der aktuellen Lebens- und Behandlungssituation entsprechen.

Die Äußerung des Betroffenen muss sich auf seine jetzige Krankheit beziehen. Ausführungen des Betroffenen unter Bezugnahme auf das Schicksal einer kranken Person sind deshalb nur aussagekräftig, wenn das „Schicksal" der kranken Person mit der jetzigen Situation des Betroffenen vergleichbar ist (z. B. Alter, Möglichkeiten der Medizin, Gesamtzustand).

Mutmaßlicher Wille

Die Problematik umschreibt der *BGH* (BtPrax 2014, 268) sehr prägnant mit dem Satz: „Der Betreuer stellt letztlich eine These auf, wie sich der Betroffene selbst in der konkreten Situation entschieden hätte, wenn er noch über sich selbst bestimmen könnte." Das Gesetz fordert darüber hinaus, dass der mutmaßliche Wille „aufgrund konkreter Anhaltspunkte" zu ermitteln ist (§ 1901a Abs. 2 Satz 2 BGB). Nur vage sind die Vorschläge des Gesetzes im folgenden Satz, wonach „insbesondere frühere mündliche oder schriftliche Äußerungen, ethische oder religiöse Überzeugungen und sonstige persönliche Wertvorstellungen des Betreuten" zu berücksichtigen seien. In Zeiten von Social Media-Plattformen, die eine schnelle und umfassende Kommunikation und Information ermöglichen, fällt es schwer, alle Aussagen als wegweisend für sein eigenes Sterben zu betrachten. Unsere Gesellschaft lebt auch nach dem Grundsatz: „Was stört mich mein Geschwätz von gestern!" Ethische, religiöse oder persönliche Überzeugungen oder Wertvorstellungen wiederum leben geradezu davon, dass sie schwammig, unverbindlich und interpretationsfähig sind. Die nachträgliche Auslegung dieser „Werte" erweist sich daher oft als „Mutter aller Denkfehler und Missverständnisse", weil die Äußerungen unbewusst aufgrund der eigenen Wertvorstellungen interpretiert werden. Daher ist Vorsicht angebracht.

Fehlende Anhaltspunkte für die Bestimmung eines mutmaßlichen Willens

Hat der Betroffene in der Anonymität einer Großstadt gelebt, ohne soziales Umfeld, Angehörige, Freunde und Vertrauenspersonen, so dass keine belastbaren Angaben zur Persönlichkeit zu ermitteln sind, ist die Bestimmung des mutmaßlichen Willens nicht möglich. Die Entscheidung gegen lebenserhaltende Maßnahmen wird dann kaum begründbar sein, so dass nach dem Grundsatz „im Zweifel für das Leben" zu entscheiden ist (*BGH*, Beschluss vom 6. 7. 2016, Az. XII ZB 61/16).

Strenger Maßstab für den Nachweis des Willens

Da es letztlich um die folgenreichste Entscheidung, nämlich um Leben oder Tod geht, ist für die Feststellung des relevanten Patientenwillens „beweismäßig" ein strenger Maßstab anzuwenden. Insbesondere, wenn eine wirksame Patientenverfügung fehlt und es deshalb um einen in früherer Zeit geäußerten Patientenwillen geht. Dabei steigt natürlich die Aussagekraft, wenn er zeitnah kundgetan wurde und sich zwanglos mit der aktuellen Behandlungssituation vergleichen lässt, z. B. bei Äußerungen über das Wachkoma eines Verwandten, wenn der Betroffene später selbst ins Wachkoma fällt.

Anhaltspunkte für die Bewertung von Zeugenaussagen

Vorsicht bei Würdigung früherer Aussagen

Der Begriff Wille muss stets einen Bindungswillen beinhalten, das heißt die Aussage, dass man für die Zukunft ein bestimmtes Verhalten für sich in Anspruch nehmen oder verbieten will. Deshalb darf man eine Unterhaltung, ein unverbindliches Gespräch oder einen Gedankenaustausch nicht überbewerten. Man orientiert sich schließlich häufig am Gesprächspartner und seinen Meinungen. Eine verbindliche Festlegung wird man wohl nur selten unterstellen können. Schließlich öffnet man sich nicht jedem Gesprächspartner ehrlich und offen, wenn es um derartige Themen geht, die häufig von einem Mainstream getragen werden, aber nicht von überzeugenden Argumenten. Hinter einer nach außen getragenen harten Fassade stehen häufig unausgesprochene Ängste und Wünsche, die man in einer normalen ungezwungenen Unterhaltung nicht offenbaren will.

Aus der Palliativmedizin wird berichtet, dass viele todkranke Menschen den Wunsch zu sterben und den Wunsch zu leben nahezu gleichzeitig – zweidimensional – äußern. Angesichts dieser inneren Zerrissenheit im sicheren Bewusstsein des eigenen Todes ist ein ebenso naives wie undifferenziertes Schwarz-Weiß-Denken bei der Würdigung von Zeugenaussagen blauäugig und der Wahrheitsfindung sicher nicht dienlich.

Vielmehr nährt dies häufig den Verdacht, dass der angebliche mutmaßliche Wille des Betroffenen darauf beruht, dass unterschwellig die Werte und Vorstellungen des Betreuers oder der früheren Gesprächspartner zum Entscheidungsmaßstab werden. „Heldenhaft" klingende, aber unüberlegte Bemerkungen wie: „Ich will euch einmal nicht zur Last fallen." und „Lasst mich einmal friedlich sterben, wenn mir kein Arzt mehr helfen kann.", sollten wohl überlegt sein. Ein paar Jahre später, wenn man trotz schwerer Krankheit noch am Leben hängt, könnten diese Worte eine lebensbeendende Wirkung haben.

2.3.8 Ablauf des Genehmigungsverfahrens, § 298 FamFG

Für alle nach § 1904 BGB erforderlichen Genehmigungen, also für die Einwilligung, Nichteinwilligung oder den Widerruf einer Einwilligung des Betreuers bzw. Bevollmächtigten in bestimmte Untersuchungen des Gesundheitszustands, Heilbehandlungen oder ärztliche Eingriffe, regelt § 15 Abs. 1 Satz 1 Nr. 4 RpflG die funktionelle Zuständigkeit. Somit ist immer der Betreuungsrichter für die Erteilung einer Genehmigung zuständig.

Die zu beachtenden Sonderbestimmungen zum Verfahren ergeben sich aus § 298 FamFG.

- Der Betreute muss immer persönlich angehört werden, § 298 Abs. 1 Satz 1 FamFG.
- Auf Verlangen des Betroffenen ist eine ihm nahestehende Person anzuhören, wenn dies ohne erhebliche Verzögerung möglich ist, § 298 Abs. 1 Satz 3 FamFG.
- Die sonstigen Verfahrensbeteiligten sollen angehört werden, § 298 Abs. 1 Satz 2 FamFG.

Dies dürfte im Genehmigungsverfahren in der Regel nur der Verfahrenspfleger sein, § 274 Abs. 2 FamFG, da weder die Betreuungsbehörde noch die Angehörigen im Sinne von § 274 Abs. 3 und 4 FamFG im Genehmigungsverfahren eine Beteiligtenstellung erlangen können. Fraglich ist allerdings, ob die nahen Angehörigen und sonstigen Vertrauenspersonen durch ihre Äußerungsmöglichkeit nach § 1901b Abs. 2 BGB entgegen § 7 Abs. 6 FamFG nicht doch zu Beteiligten werden.

- Für die Nichteinwilligung oder den Widerruf der Einwilligung des Betreuers gemäß § 1904 Abs. 2 BGB ist immer ein Verfahrenspfleger zu bestellen und anzuhören, § 298 Abs. 2 FamFG.

Es muss in jedem Fall ein Verfahrenspfleger bestellt und beteiligt werden, wenn es um Verfahren nach § 1904 Abs. 2 BGB (Abbruch lebenserhaltender Maßnahmen) geht. Die Bestellung eines Verfahrenspflegers in den Verfahren nach § 1904 Abs. 1 BGB richtet sich nach § 276 FamFG. Zur Vorbereitung der Entscheidung muss ein Gutachten eingeholt werden. Der behandelnde Arzt soll nicht als Sachverständiger eingeschaltet werden. Der Gutachter kann Ausführungen machen:

- zu Art und Verlauf der Krankheit
- zur Einsichtsfähigkeit
- zur Frage, ob die aktuelle Lebens- und Behandlungssituation noch den festgestellten Behandlungswünschen entspricht
- ob die ärztlich angebotene Maßnahme alternativlos ist
- welche Beeinträchtigungen mit den Behandlungen verbunden wären

Wirksamwerden der Entscheidung

Die Entscheidung über lebenserhaltende Maßnahmen wird erst zwei Wochen nach Bekanntgabe an den Betreuer oder Bevollmächtigten sowie (kumulativ) an den Verfahrenspfleger wirksam (§ 287 Abs. 3 FamFG). Damit soll verhindert werden, dass die irreversiblen Folgen der Genehmigung eintreten, bevor ein Rechtsmittel eingelegt werden kann.

Rechtsmittel

Beschwerdebefugnis

Beschwerdebefugt sind der Betroffene, der Betreuer und der Verfahrenspfleger (§ 303 Abs. 3 und 4 FamFG). Ehegatte, Lebenspartner, Eltern, Großeltern, Pflegeeltern, Abkömmlinge und Geschwister des Betroffenen sowie Vertrauenspersonen sind dagegen nicht beschwerdebefugt, weil ihnen schon das Recht auf Beteiligung nicht zusteht. Das Gleiche gilt für die Betreuungsbehörde und die behandelnden Ärzte. Beschweren können sich daher nur der Betroffene, Betreuer/Bevollmächtigter und der Verfahrenspfleger.

2.3.9 Zusammenfassung

Auf dem Weg zur Entscheidung über Unterlassen, Begrenzen und Beenden lebenserhaltender Maßnahmen gilt es, die formalen Voraussetzungen genau zu prüfen. Bei der eigentlichen Kernentscheidung, bei der es um die Feststellung des Willens des Betroffenen geht, wird man sich seiner Persönlichkeit, der Aussagekraft seiner Äußerungen, seinen ethischen und ggf. religiösen oder weltanschaulichen Ansichten widmen.

Die nachfolgende Prüfungsreihenfolge soll dazu dienen, alle Formalien abzuhandeln, um in Ruhe die eigentliche Kernentscheidung zu treffen, ohne befürchten zu müssen, dass die Umsetzung der Entscheidung an formalen Fehlern scheitern könnte.

Checkliste

Checkliste: Prüfungsreihenfolge bei Abbruch lebenserhaltender Maßnahmen	
Es muss vorliegen:	**Falls nicht, gilt:**
Einwilligungsunfähigkeit des Betroffenen	Ein einwilligungsfähiger Betroffener entscheidet immer selbst.
Es darf **keine wirksame Patientenverfügung** vorliegen.	Liegt eine wirksame Patientenverfügung vor, hat der Betroffene selbst bindend entschieden. Der Betreuer entscheidet deshalb nicht mehr, muss aber die Entscheidung des Betroffenen umsetzen. Die Bindung des Betreuers gilt ausnahmsweise nicht bei relevant abweichender Lebens- oder Behandlungssituation. Nur dann entscheidet der Betreuer.
Untersuchung des Gesundheitszustands, **Heilbehandlung**, ärztlicher **Eingriff**	Andere Maßnahmen müssen nicht genehmigt werden.
Es besteht die begründete Gefahr, dass der Betroffene aufgrund des Unterbleibens oder des Abbruchs der Maßnahme **stirbt** oder einen **schweren und länger dauernden gesundheitlichen Schaden** erleidet.	Ansonsten normale Entscheidung des Betreuers.
Ärztlich **indizierte** (angebotene) Maßnahme	Nicht indizierte Maßnahmen werden vom Arzt zu Recht verweigert.
Eine geplante oder zu widerrufende Maßnahme **bedarf der Einwilligung**.	Die Notwendigkeit der Einwilligung ergibt sich schon aus § 630d BGB.
Feststellung des Willens des Betroffenen. In Betracht kommen **Behandlungswünsche** und der **mutmaßliche Wille**.	Falls beides nicht feststellbar ist, muss in der Regel davon ausgegangen werden, dass die ärztliche Maßnahme vorgenommen werden kann. Im Zweifel für das Leben.
Genehmigung des Betreuungsgerichts	Genehmigungspflicht entfällt, wenn behandelnder Arzt und Betreuer/Bevollmächtigter Einvernehmen darüber erzielen, dass ihr Vorgehen dem Willen des Betroffenen (s. o.) entspricht. Allerdings kann Entscheidung des Gerichts trotz des Einvernehmers erbeten werden (str.). Ohne erforderliche Genehmigung kann die Nichteinwilligung oder der Abbruch nicht erfolgen.
Maßnahmen des Gerichts: **Persönliche Anhörung** des Betroffenen **Anhörung der sonstigen Beteiligten** **Sachverständigengutachten** **Verfahrenspfleger**	

2.3.10 Erlaubte und verbotene Maßnahmen

Liegt ein entsprechender Wille des Patienten vor, sind folgende Maßnahmen grundsätzlich erlaubt:

- Abbruch lebenserhaltender Maßnahmen nach Maßgabe der obigen Ausführungen
- Indirekte Sterbehilfe, Basisversorgung

Indirekte Sterbehilfe, Basisversorgung

Darunter fallen Maßnahmen, die ungewollt den Todeseintritt beschleunigen können, aber ein menschenwürdiges Sterben ermöglichen. Eine ärztlich gebotene schmerzlindernde Medikation, die aber den Todeseintritt beschleunigt, gehört dazu ebenso, wie eine medizinische Basisversorgung. Zur sog. Basisversorgung des sterbenden Patienten „gehören u. a. menschenwürdige Unterbringung, Zuwendung, Körperpflege, Lindern von Schmerzen, Atemnot und Übelkeit sowie Stillen von Hunger und Durst" (Bundesärztekammer, Grundsätze zur ärztlichen Sterbebegleitung, Präambel, www.bundesaerztekammer.de/fileadmin/user_upload/downloads/Sterbebegleitung_17022011.pdf).

Beihilfe zum Suizid

Erlaubt und nicht strafbar ist auch die Beihilfe zum eigenverantwortlichen Suizid. Lediglich die geschäftsmäßige Förderung der Selbsttötung wurde in § 217 StGB unter Strafe gestellt. Wesentlich ist der Begriff des geschäftsmäßigen Handelns, der die „Absicht erfordert", die Hilfe zum Suizid „zu einem wiederkehrenden oder dauernden Bestandteil der Beschäftigung zu machen." Von einem derartigen Geschäftsmodell kann nicht die Rede sein, wenn Angehörige oder Ärzte im Einzelfall und aus uneigennützigen Gründen einem anderen den Suizid ermöglichen.

Aktive Sterbehilfe

Ausnahmslos strafbar ist die aktive Sterbehilfe. Die Abgrenzung erfolgt mit dem Begriff „Tatherrschaft". Beim Suizid hat es der Patient selbst in der Hand, ob er den tödlichen Schritt selbst geht. Stellt man das Gift oder die tödliche Infusion zur Verfügung und nimmt der Sterbewillige das Gift zu sich oder öffnet er mit einem Schalter die Infusion, dann handelt es sich um eine straflose Beihilfe zum Suizid. Selbst wenn ein entsprechender Wille des Patienten vorliegen sollte, ist aber die aktive Sterbehilfe (gezielte Tötung – Euthanasie im eigentlichen Sinn) nicht erlaubt und steht unter Strafe. Dies ist der Fall, wenn allein der Täter entscheidet, ob der todbringende Vorgang eingeleitet wird.

Grundsätze des *BGH* zur Strafbarkeit Dritter beim Suizid

Strafrechtliche Grundsätze

Die strafrechtliche Würdigung beim Mitwirken am selbstbestimmten Suizid ist sehr differenziert und im Umbruch begriffen (vgl. dazu *BGHSt*, Urteil vom 3. 7. 2019, Az. 5 StR 132/18. Der *BGH* will Dritte, die einem freiverantwortlich handelnden Suizidenten Hilfe leisten, nicht als „mittelbare Täter" einstufen. Freiverantwortlichkeit ist aber der zunächst anzunehmende Regelfall, so dass nur konkrete Umstände einen Ausschluss begründen können. Als Beispiele werden angeführt Minderjährigkeit, krankheits- sowie intoxikationsbedingte Defizite, sowie Zwang, Drohung oder Täuschung. Problematisch ist der vom *BGH* genannte Ausschluss der Freiverantwortlichkeit bei einer „depressiven Augenblicksstimmung", den er damit begründet, dass es dabei an der inneren Festigkeit und Zielstrebigkeit bezüglich des Suizids fehle. Liegen diese Ausnahmetatbestände vor, dann könne „sich das Verschaffen der Möglichkeit des Suizids als in mittelbarer Täterschaft begangenes Tötungsdelikt darstellen".

Auch eine Strafbarkeit nach § 323c StGB verneint der *BGH* im Regelfall. Zwar liege ein Unglücksfall im Sinne der Vorschrift auch beim selbstbestimmten Suizid vor, aber § 323c StGB stellt das Unterlassen einer Hilfeleistung nur dann unter Strafe, wenn diese zumutbar ist. Dies sei nicht der Fall, wenn es sich um einen selbstbestimmten und freiverantwortlich angestrebten Suizid handle. Zum Ganzen vgl. Kapitel A 7, Abschnitt 4.2.

3. Aufgabe von Wohnraum

Herausragende Bedeutung der Wohnung

Eine Wohnungsauflösung ist ein massiver Eingriff in die Persönlichkeitsrechte eines Betreuten. In der Literatur bzw. in vielen Untersuchungen wird die herausragende Bedeutung der Wohnung für die Erhaltung der Selbstständigkeit der älteren Menschen – diese sind in der Betreuungspraxis am häufigsten von Wohnungsauflösungen betroffen –

hervorgehoben. Ältere pflegebedürftige Betreute sind in einem besonderen Maße auf eine angemessene und ihren Bedürfnissen entsprechende Wohnung angewiesen. Unzulänglichkeiten der Wohnung sind nicht selten die Ursache einer Heimunterbringung. Möglichkeiten der Wohnungsanpassung durch kleinere bauliche Veränderungen bzw. durch eine zweckgerichtete Ausstattung sind weitgehend unbekannt, obwohl Beratungsstellen speziell für dieses Anliegen eingerichtet sind. Eine alters- und behindertengerechte Wohnraumgestaltung ist eine Grundbedingung für den effektiven Einsatz ambulanter sozialpflegerischer Dienste.

Prüfung von Wohnalternativen für die Zukunft

Die vorübergehende stationäre Behandlung eines älteren Betreuten bedingt immer die Prüfung der Wohn- und Versorgungsalternativen für die Zukunft. Wegen Unkenntnis der Möglichkeiten der Wohnungsanpassung und der vielfältigen Angebote im Bereich der „anderen Hilfen" wird in der Perspektivendiskussion sehr schnell die für den Betreuer und alle übrigen Beteiligten unkomplizierte Lösung, die Heimunterbringung zum Wohle des Betreuten, als einzige Lösung zugelassen.

Wohl, Wille und Wunsch des Betreuten, Art und Umfang der notwendigen Hilfestellungen sind nach Absprache mit dem Betreuten und nach Rücksprache mit dem behandelnden Arzt genau abzuwägen, bevor eine Wohnungsauflösung voreilig veranlasst wird. Interessen Dritter bleiben grundsätzlich unbeachtet. Dem Betreuten ein Verbleiben in der eigenen Wohnung sicherzustellen, gebietet der Erforderlichkeitsgrundsatz. Andererseits wird nicht verkannt, dass bei einer ungünstigen Prognose des Krankheitsverlaufs eine frühzeitige Unterbringung in einem Alten- und Pflegeheim für den Betreuten eine humanere Lösung sein kann.

Bei einer Entscheidung über die Genehmigung zur Beendigung eines Mietverhältnisses nach § 1907 Abs. 1 BGB ist die Anhörung des Betroffenen (§ 299 Satz 2 FamFG) zwingend vorgesehen (*OLG Köln* BtPrax 2009, 80).

Praxis TIPP

Eine Heimunterbringung ist niemals die einzige Lösung. Grundsätzlich muss der Wunsch der meisten älteren Menschen möglichst lange zu Hause wohnen zu bleiben respektiert werden. Der Betreuer sollte sich deshalb über Wohnangebote im Alter informieren. Viele wegweisende und zukunftsträchtige Projekte werden zum Thema „Wohnen zu Hause" initiiert und realisiert. „Betreutes Wohnen" in der eigenen Wohnung kann durchaus auch bei Durchführung kleinerer Wohnungsanpassungsmaßnahmen ein Verbleiben von betreuungsbedürftigen älteren Menschen ermöglichen. Die Inanspruchnahme professioneller Beratung ist hier zu empfehlen.

Aufgabenkreis beachten

Zur Auflösung eines Wohnheimplatzes oder einer Wohnung benötigt der Betreuer den Aufgabenkreis „Aufenthaltsbestimmung"; die „Vermögenssorge" genügt nicht (*AG Saarbrücken* BtPrax 2014, 92). Sicherlich ausreichend ist der Aufgabenkreis „Wohnungs- und Heimangelegenheiten".

3.1 Beendigung eines Mietverhältnisses über Wohnraum

Wohnungsangelegenheiten

Die Vertretung bei Begründung oder Wechsel des Wohnsitzes oder gewöhnlichen Aufenthalts und bei Abschluss oder Kündigung von Wohnungsmietverträgen und Heimverträgen fällt in den Aufgabenkreis Aufenthaltsbestimmung (*BayObLG* FamRZ 1999, 1300). Der Aufgabenkreis „Wohnungsfürsorge" oder „Wohnungsangelegenheiten" ist genauer zugeschnitten und ermächtigt jedenfalls zur Beendigung des Mietverhältnisses. Der Zusatz „einschließlich der Kündigung der Wohnung" besitzt keine eigenständige rechtliche Bedeutung und hat deshalb schon aus Klarstellungsgründen zu entfallen. Bereits der Aufgabenkreis „Wohnungsangelegenheiten" umfasst grundsätzlich auch die Kündigung des Mietvertrags über die Wohnung des Betroffenen (*BGH* FamRZ 2016, 1668).

Genehmigung erforderlich

Der Betreuer bedarf einer betreuungsgerichtlichen Genehmigung zur Aufgabe eines Mietverhältnisses über Wohnraum, der von oder für den Betreuten angemietet wurde,

§ 1907 Abs. 1 BGB. Ob der Mietvertrag in schriftlicher Form vorliegt, es sich um einen Haupt- oder Untermietvertrag handelt, ist grundsätzlich ohne Bedeutung.

Unter diesen Genehmigungstatbestand fällt nur „angemieteter" Wohnraum, nicht aber z. B. die Aufgabe eines im Rahmen einer Übergabe erlangten Wohnungsrechts oder der Verkauf einer durch den Betreuten selbstbewohnten Eigentumswohnung.

Aufgabe eines Heimplatzes

Soweit der Betreuer den bestehenden Vertrag über einen (Pflege-)Heimplatz kündigt, kann eine Genehmigung nach § 1907 Abs. 1 BGB erforderlich sein, zumindest dann, wenn der Betreute einen „bestimmten" Raum im Vertrag zugesprochen erhalten hat (Mietraum). Schuldet der Heimbetreiber nicht einen bestimmten, sondern einen „geeigneten" Raum, und steht die Versorgung des Heimbewohners im Vordergrund, greift dieses Genehmigungserfordernis nicht (fehlende Aufgabe des Lebensmittelpunktes), siehe hierzu *LG Münster* BtPrax 2001, 81. In diesem Fall muss allerdings der „nichtbefreite" Betreuer (Betreuer ist weder Ehegatte, Lebenspartner, Elternteil noch Abkömmling des Betreuten, auch nicht Vereins- oder Behördenbetreuer, § 1908i Abs. 2 Satz 2 BGB) den Genehmigungstatbestand des § 1812 Abs. 1 Satz 1, Abs. 3 BGB beachten. Durch die Beendigung des Heimvertrags verliert der Betreute Ansprüche aus diesem; der Betreuer verfügt somit über Betreutenforderungen.

3.1.1 Kündigung des Mietverhältnisses durch den Betreuer

Ablauf der Kündigung und Fristen

Kündigungserklärung und Fristen

Die Kündigung ist dem Vermieter gegenüber zu erklären und bedarf der schriftlichen Form, § 568 Abs. 1 BGB. Dabei ist die Kündigungsfrist zu beachten, § 573c Abs. 1 Satz 1 BGB. Eine Kündigung ist nach dieser Vorschrift spätestens am dritten Werktag eines Kalendermonats zum Ablauf des übernächsten Monats zulässig. Im Mietvertrag abweichend vereinbarte längere Kündigungsfristen (zum Nachteil des Mieters) sind unwirksam, § 573c Abs. 4 BGB.

Beispiel:

Kündigt der Betreuer am 2. 4., so läuft die Frist bis zum 30. 6.; kündigt er am 5. 4., so endet sie erst am 31. 7.

Besonderheiten bei Altmietverträgen

Bis zum 1. 9. 2001 verlängerte sich die Kündigungsfrist auch für den Mieter nach § 565 Abs. 2 Satz 2 BGB (alte Fassung) nach fünf, acht und zehn Jahren jeweils um drei Monate. Grundsätzlich gilt nunmehr für vor dem 1. 9. 2001 abgeschlossene Mietverträge die Kündigungsfrist des § 573c Abs. 1 Satz 1 BGB.

Hierzu ist aber Übergangsrecht zu beachten. Nach Art. 229 § 3 Abs. 10 Satz 1 EGBGB gilt § 573c Abs. 4 BGB nicht, wenn im Mietvertrag vor dem 1. 9. 2001 vertraglich (ausdrücklich) eine Verlängerung der Kündigungsfrist vereinbart wurde; in diesem Fall ist die verlängerte Frist zu beachten. Für Kündigungen ab dem 1. 6. 2005 gelten diese Fristverlängerungen aber nicht, wenn sie durch Allgemeine Geschäftsbedingungen vereinbart worden sind, Art. 229 § 3 Abs. 10 Satz 2 EGBGB.

Allgemeine Geschäftsbedingungen sind alle für eine Vielzahl von Verträgen vorformulierten Vertragsbedingungen, die eine Vertragspartei (in der Regel der Vermieter) der anderen Vertragspartei (dem Mieter) bei Abschluss des Mietvertrags stellt. Sie liegen nicht vor, soweit die Vertragsbedingungen zwischen den Vertragsparteien im Einzelnen besprochen und ausgehandelt sind.

Praxis TIPP

Wurden vor dem 1. 9. 2001 längere Kündigungsfristen (ausdrücklich) „vereinbart", so müssen sie bei einer aktuellen Kündigung beachtet und eingehalten werden.

Betreuungsgerichtliche Genehmigung

Zur Kündigung eines Mietverhältnisses über Wohnraum, den der Betreute gemietet hat, bedarf der Betreuer der Genehmigung des Betreuungsgerichts (Rechtspflegers) nach § 1907 Abs. 1 Satz 1 BGB.

Gerichtliche Genehmigung erforderlich

Dabei ist zu beachten, dass es sich bei der Kündigung um ein einseitiges Rechtsgeschäft handelt, das der vorherigen Genehmigung bedarf, §§ 1908i Abs. 1, 1831 BGB; ohne die Genehmigung ist die Kündigung nichtig.

Kündigung vorher genehmigen lassen

Praxis TIPP

Der Betreuer muss zwingend vor Abgabe der Kündigungserklärung die gerichtliche Genehmigung einholen, da sonst die Kündigung nichtig ist und die Kündigungsfrist nicht in Lauf setzt. Eine spätere „Nachreichung" der Genehmigung ist ohne Wirkung. Die Kündigungserklärung muss nach Erhalt der gerichtlichen Genehmigung nochmals erfolgen, um Wirkung zu zeigen.

Kündigt der Betreuer mit Genehmigung des Betreuungsgerichts das allein mit dem Betroffenen bestehende Mietverhältnis, ist ein ebenfalls in der Wohnung lebender Angehöriger des Betroffenen zur Beschwerde gegen die Genehmigung nicht befugt (*KG* FamRZ 2010, 494). Daran würde sich auch nichts ändern, wenn der Betroffene zwischenzeitlich verstorben ist und der Angehörige eine Erbenstellung erlangt hat.

Kein Beschwerderecht von Angehörigen

3.1.2 Auflösungsvertrag über das Mietverhältnis

Abschluss des Vertrags

Jedes Vertragsverhältnis kann durch eine andere vertragliche Vereinbarung wieder aufgehoben werden. Der Betreuer kann das Mietverhältnis des Betreuten durch einen sog. Auflösungsvertrag beenden, den er mit dem Vermieter schließt. Für diesen Vertrag ist weder eine bestimmte Form, noch eine Frist vorgegeben; er sollte jedoch zu Beweiszwecken schriftlich geschlossen werden.

Vertragliche Auflösung eines Mietverhältnisses

Ein solcher Vertrag sollte zumindest dann angestrebt werden, wenn noch „lange" Kündigungsfristen bestehen und eine kurzfristige Aufgabe der Mietwohnung, z. B. nach Heimunterbringung, erforderlich wird.

Betreuungsgerichtliche Genehmigung

Die vertragliche Auflösung eines Mietverhältnisses über Wohnraum, den der Betreute gemietet hat, unterliegt ebenfalls der Genehmigung des Betreuungsgerichts (Rechtspflegers) nach § 1907 Abs. 1 Satz 2 BGB.

Gerichtliche Genehmigung erforderlich

Da es sich nunmehr um einen Vertrag handelt, kann der Betreuer zunächst die Auflösungsvereinbarung mit dem Vermieter treffen, und nachträglich um Genehmigung beim Betreuungsgericht nachsuchen, §§ 1908i Abs. 1, 1829 Abs. 1 BGB. Mit Erteilung der Genehmigung an den Betreuer und Mitteilung des rechtskräftigen Beschlusses durch diesen an den Vermieter ist der Auflösungsvertrag (von Anfang an) wirksam.

Genehmigung kann dem Vertrag nachfolgen

3.1.3 Eintritt in einen Mietvertrag beim Tod des Mieters

Stirbt der (alleinige) Mieter einer Wohnung, so tritt nach § 563 Abs. 1 BGB dessen im gemeinsamen Haushalt lebender Ehegatte in das Mietverhältnis ein. Ist ein solcher nicht vorhanden oder will er nicht eintreten, treten die im gemeinsamen Haushalt lebenden Kinder (§ 563 Abs. 2 Satz 1 BGB) oder sonstige Familienmitglieder (§ 563 Abs. 2 Satz 2 BGB) ein.

Eintritt von Hausgenossen

Fortsetzung mit Erben

Treten beim Tod des Mieters keine Personen im Sinne des § 563 BGB in das Mietverhältnis ein, so wird es mit dem Erben des verstorbenen Mieters fortgesetzt, § 564 BGB.

Tritt der Betreute in das Mietverhältnis gemäß § 563 BGB ein oder ist er Erbe bzw. Miterbe des verstorbenen Mieters, muss der Betreuer abklären, ob die Aufrechterhaltung des Mietverhältnisses für den Betreuten vorteilhaft ist. Kommt eine Fortsetzung für den Betreuten nicht in Frage, muss er reagieren.

Erklärung der Nichtfortsetzung

Im Fall des Eintritts gemäß § 563 Abs. 1 und 2 BGB muss innerhalb eines Monats, nachdem vom Tod des Mieters Kenntnis erlangt wurde, dem Vermieter gegenüber erklärt werden, dass das Mietverhältnis nicht fortgesetzt werden soll, § 563 Abs. 3 BGB.

Kündigung des Erben

Tritt der Betreute als Erbe gemäß § 564 BGB in das Mietverhältnis ein, kann innerhalb eines Monats außerordentlich mit der gesetzlichen Frist von drei Monaten (§ 573d Abs. 2 Satz 1 BGB) gekündigt werden, nachdem der Betreute bzw. der Betreuer (bei Geschäftsunfähigkeit des Betreuten) vom Tod des Mieters und davon Kenntnis erlangt hat, dass ein Eintritt in das Mietverhältnis oder dessen Fortsetzung (nach §§ 563, 563a BGB) nicht erfolgt ist, § 564 Satz 2 BGB.

Betreuungsgerichtliche Genehmigung

Zur Erklärung des Nichteintritts gemäß § 563 Abs. 3 BGB ist eine betreuungsgerichtliche Genehmigung gemäß § 1908i Abs. 1 Satz 1 i. V. m. § 1812 Abs. 1 Satz 1, Abs. 3 BGB erforderlich, da über ein Recht des Betreuten (auf Fortsetzung des Mietverhältnisses) verfügt wird (§ 1908i Abs. 1 Satz 1 i. V. m. § 1831 BGB ist zu beachten).

3.2 Aufgabe von Wohnraum durch Vermietung

Der Wohnraum des Betreuten als dessen Lebensmittelpunkt kann nicht nur durch Beendigung eines bestehenden Mietverhältnisses aufgegeben werden, sondern auch durch Vermietung.

3.2.1 Vermietung von Eigentum

Abschluss eines Mietvertrags

Vermietung von Wohnraum

Ist der Betreute Eigentümer eines Wohnhauses oder einer Eigentumswohnung, und hat er bisher den Wohnraum selbst bewohnt, so wird der Betreuer häufig zu entscheiden haben, ob nach einer Heimunterbringung dieser Wohnraum fremdvermietet werden soll. Dabei kann er zwischen einer unbefristeten oder befristeten Vermietung wählen. Die Letztere wird sich dann anbieten, wenn eine Rückkehr des Betreuten in die Wohnung in absehbarer Zeit nicht ausgeschlossen werden kann, dabei sind die §§ 575 und 575a BGB zu beachten.

Der befristete Mietvertrag für längere Zeit als ein Jahr muss schriftlich geschlossen werden, § 550 BGB. Der unbefristete Mietvertrag bedarf keiner Form, sollte aber zu Beweiszwecken immer schriftlich abgefasst sein. Beim unbefristeten Vertrag sind die Kündigungsvoraussetzungen und Fristen sowie das Widerspruchsrecht des Mieters zu beachten, §§ 573 bis 574c BGB, falls eine Beendigung des Mietverhältnisses erforderlich wird.

Betreuungsgerichtliche Genehmigung

Selbstgenutzter Wohnraum

Vermietet der Betreuer vom Betreuten bisher selbst genutzten Wohnraum, so ist eine gerichtliche Genehmigung nach § 1907 Abs. 3 BGB erforderlich, unabhängig davon, ob das Mietverhältnis unbefristet oder befristet und auf welchen Zeitraum geschlossen wird.

Die Genehmigung kann dem Vertragsschluss nachfolgen, §§ 1908i Abs. 1, 1829 Abs. 1 BGB. Der Betreuer kann zunächst den Mietvertrag schließen und dann die erforderliche Genehmigung beantragen. In einem solchen Fall ist es aber sinnvoll, den Mieter darauf hinzuweisen, dass die Wirksamkeit des Vertrags von der Erteilung einer gerichtlichen Genehmigung abhängt.

Nicht selbstgenutzter Wohnraum

Vermietet der Betreuer eine im Eigentum des Betreuten stehende Wohnung, die dieser vorher nicht selbst genutzt hat (nicht Lebensmittelpunkt), so bedarf der Betreuer nach § 1907 Abs. 3 BGB an sich nur dann einer gerichtlichen Genehmigung, wenn das Mietverhältnis befristet und auf einen längeren Zeitraum als vier Jahre geschlossen wird. Nach herrschender Rechtsprechung ist aber immer eine Genehmigung erforderlich, auch bei unbefristeten Mietverträgen, die zwar regelmäßig vor Ablauf der Vierjahresfrist gekündigt werden können, bei denen aber durch die gesetzlichen Kündigungs- und Räumungsschutzbestimmungen nicht gewährleistet ist, dass das Mietverhältnis vor Ablauf der vier Jahre tatsächlich beendet werden kann.

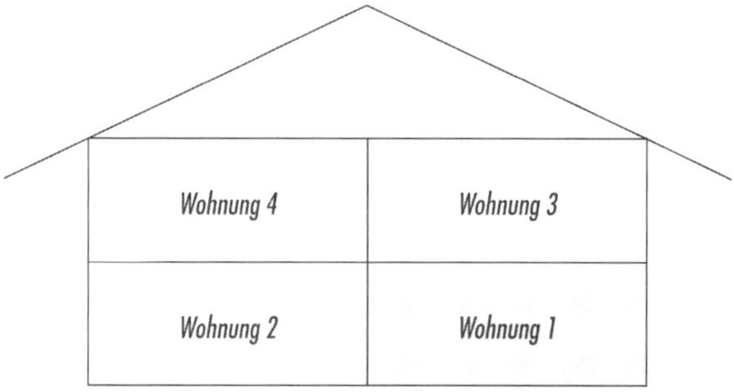

Praxis TIPP

Wird die vom Betreuten eigengenutzte Wohnung 1 vermietet, ist eine gerichtliche Genehmigung nach § 1907 Abs. 3 BGB erforderlich, unabhängig von der vereinbarten Mietdauer.

Werden die Wohnungen 2 bis 4 vermietet, ist ebenfalls eine Genehmigung nach § 1907 Abs. 3 BGB erforderlich, unabhängig davon, ob ein befristeter oder unbefristeter Mietvertrag vorliegt, da nicht gewährleistet ist, dass das Mietverhältnis vor Ablauf von vier Jahren ordentlich gelöst werden kann.

3.2.2 Untervermietung von Wohnraum

Untervermietung

Möchte der Betreuer gemieteten Wohnraum des Betreuten (befristet) untervermieten, damit bei dessen Rückkehr der Lebensmittelpunkt noch zur Verfügung steht, kann er dies nicht ohne Erlaubnis des Vermieters durchführen, §§ 549 Abs. 1, 540 BGB.

Für den Untermietvertrag ist eine gerichtliche Genehmigung nach § 1907 Abs. 3 BGB erforderlich, unabhängig von der vereinbarten Mietdauer, da Wohnraum des Betreuten vermietet wird. Die Wirksamkeit des Vertrags hängt somit von der gerichtlichen Genehmigung ab; darauf sollte der Untermieter hingewiesen werden.

3.3 Im Eigentum des Betreuten stehender Wohnraum

Nachdem der Betreute in einem Heim dauerhaft aufgenommen wurde, stellt sich für den Betreuer die Frage, ob er die Eigentumswohnung oder das Einfamilienhaus des Betreuten veräußern soll. In der Regel sind finanzielle Gründe die Ursache.

Zum Verkauf der Eigentumswohnung oder des Hausgrundstücks ist eine betreuungsgerichtliche Genehmigung nach §§ 1908i Abs. 1, 1821 Abs. 1 Nr. 4 i. V. m. Nr. 1 BGB erforderlich. Die dingliche Übertragung des Eigentums (sog. Auflassung) unterliegt dem Genehmigungstatbestand §§ 1908i Abs. 1, 1821 Abs. 1 Nr. 1 BGB. Da ein notarieller Vertrag erforderlich ist, kann der Betreuer den Urkundsnotar mit der Einholung der Genehmigung beauftragen.

Gemeinsame Nutzung einer Wohnung durch nichteheliche Lebenspartner

Nicht unproblematisch kann sich in der Praxis der Fall darstellen, wenn der Betreute mit einer anderen Person in einer nichtehelichen Lebensgemeinschaft gemeinsam eine Wohnung nutzt, die in seinem Alleineigentum steht. Im Zweifel wird die Mitbenutzung durch den anderen Partner nicht auf vertraglicher, sondern auf tatsächlicher Grundlage beruhen. Zwar wäre grundsätzlich der Abschluss eines Leihvertrags möglich, in der Regel wird aber eine unentgeltliche Gebrauchsüberlassung aus tatsächlichem Leistungsgefüge vorliegen.

Betreuer kann Wohnung herausverlangen

Wird für den Wohnungseigentümer ein Dritter zum Betreuer mit den Aufgabenkreisen Vermögenssorge und/oder Wohnungsangelegenheiten bestellt und ist der Betreute geschäftsunfähig oder wird für diese Bereiche ein Einwilligungsvorbehalt angeordnet, so kann der Betreuer, wenn der Betreute z. B. in ein Pflegeheim umzieht, von dem anderen Partner gemäß § 985 BGB die Herausgabe der im Alleineigentum des Betreuten stehenden, und bis dahin gemeinsam genutzten, Wohnung verlangen (insbesondere, wenn die Wohnung veräußert werden soll). Dies gilt dann nicht, wenn die Partner generell oder für diesen Fall eine anderweitige und auch den Betreuer bindende rechtliche Regelung (etwa durch Einräumung eines Wohnrechts) getroffen haben.

Verlangen einer Nutzungsentschädigung

Vom Zeitpunkt des Umzugs des Betreuten und dem Herausgabeverlangen seines Betreuers an, ist der in dem Haus verbliebene Partner gemäß § 987 BGB zur Zahlung einer Nutzungsentschädigung verpflichtet (*BGH* BtPrax 2011, 261).

3.4 Begründetheit der Aufgabe von Wohnraum und Tragung der doppelten Mietaufwendungen

3.4.1 Gründe auf die Aufgabe

Gründe für eine Aufgabe der Wohnung

Für die Aufgabe des Wohnraums sind neben den persönlichen Folgen des Wohnungsverlustes natürlich auch wirtschaftliche Gesichtspunkte zu beachten, insbesondere wenn eine Aufrechterhaltung der Wohnung die wirtschaftliche Leistungsfähigkeit des Betreuten übersteigt.

Das Betreuungsgericht wird vor Erteilung der erforderlichen Genehmigung prüfen, welches Interesse der Betreute an der Wohnung hat, wie lange das Mietverhältnis bereits besteht (Lebensmittelpunkt) und ob der Betreute überhaupt in die Wohnung zurückkehren kann, gegebenenfalls auch wann. Daneben sind das Einkommen und Vermögen des Betroffenen sowie die Höhe der Miete samt notwendiger Nebenkosten zu beachten.

Wohnungsbeibehaltung aus Selbstbestimmungsrecht des Betreuten

Maßgebend für die Genehmigung einer Kündigung des Mietverhältnisses über Wohnraum des Betreuten sind auch gemäß § 1901 Abs. 2 BGB das Wohl und die Wünsche des Betreuten. Insoweit ist wegen des Selbstbestimmungsrechtes und des Schutzes der Wohnung des Betreuten selbst irrationalen Wünschen wie objektiv unsinnigen Mietausgaben zu folgen, solange nicht höherrangige Rechtsgüter gefährdet sind. Allerdings ist der Betreuer nicht verpflichtet und berechtigt, Wünschen nachzukommen, deren Verwirklichung z. B. die gesamte Lebens- und Versorgungssituation des Betreuten merklich verschlechtert, weil die Gefahr droht, künftig ohne die Hilfe Dritter einen angemessenen Unterhalt nicht mehr bestreiten zu können. Eine Genehmigung kommt schließlich erst dann in Betracht, wenn endgültig feststeht, dass eine Rückkehr in die eigene Wohnung auf Dauer ausgeschlossen ist (*OLG Oldenburg* NJW-RR 2003, 587).

Positives Auswirken auf Befindlichkeit des Betreuten

Die Aufrechterhaltung einer Mietwohnung des Betroffenen ist trotz dessen Unterbringung nicht zwingend pflichtwidrig, wenn sich die Fortexistenz der Wohnung positiv auf die Befindlichkeit des Betroffenen auswirken kann und die dadurch bewirkte Vermögensbelastung im Ergebnis nicht von Gewicht ist (*BayObLG* BtPrax 2004, 69). Auch wenn nicht davon ausgegangen werden kann, dass der Betreute jemals wieder auf Dauer in die bereitgehaltene Wohnung zurückkehren wird, kann unter Umständen nicht ausgeschlossen werden, dass allein schon die bloße (Fort-)Existenz des eigenen Haushalts für den Betroffenen ein psychologisch wirksamer Faktor ist, der sich positiv auf seine Befindlichkeit auswirkt.

3.4.2 Übernahme der doppelten Mietaufwendungen

Mietkosten neben Pflegeheimkosten

Ob überhaupt, und gegebenenfalls für welchen Zeitraum der Sozialhilfeträger neben den Heimkosten auch noch die Kosten der bisherigen Mietwohnung trägt, ist umstritten. Hierzu gibt es eine Entscheidung des *VG München* vom 25. 8. 1993 (Az. M18 K 93.1301), welche den Sozialhilfeträger verpflichtet, für den Übergangszeitraum neben der Übernahme der Pflegekosten auch noch die Mietkosten der nicht mehr benötigten Unterkunft zu zahlen, wenn sich die betreuungsgerichtliche Genehmigung zur Wohnungskündigung verzögert.

Kosten gering halten

In diesem Zusammenhang gibt es noch eine Entscheidung des *Landessozialgerichts Nordrhein-Westfalen* vom 10. 2. 2010 (Az. L 9 SO 6/08), in dem festgestellt wird, dass doppelte Mietaufwendungen dann als sozialhilferechtlicher Bedarf zu übernehmen sind, wenn der Auszug aus der bisherigen Wohnung notwendig war und deswegen die Mietzeiträume wegen der Kündigungsfrist nicht nahtlos aufeinander abgestimmt werden konnten. Allerdings muss der Hilfeempfänger alles ihm Mögliche getan haben, die Aufwendungen für die frühere Wohnung so gering wie möglich zu halten, wozu auch die Suche nach einem Nachmieter gehört.

Betreuer muss Nachmieter suchen

War der Hilfebedürftige infolge fehlender privater Betreuungsalternativen gezwungen, in ein Pflegeheim zu ziehen und konnte er seine bisherige Wohnung bis zur dortigen Aufnahme nicht nahtlos kündigen, so steht einer Tragung der entstandenen doppelten Mietaufwendungen der Grundsatz „keine Sozialhilfe für die Vergangenheit" nicht entgegen, wenn trotz intensiver Bemühungen ein Nachmieter nicht rechtzeitig gefunden werden konnte.

Wohnungsbeschaffungs- und Umzugskosten

Bereits in seiner Entscheidung vom 21. 1. 2009 (Az. L 19 B 243/08 AS) hat das *Landessozialgericht Nordrhein-Westfalen* klar gemacht, dass nach § 22 Abs. 3 Satz 1 SGB II Wohnungsbeschaffungs- und Umzugskosten bei vorheriger Zusicherung durch den örtlich zuständigen kommunalen Träger übernommen werden können, zu denen auch unvermeidbare doppelte Mietaufwendungen zu zählen sind.

Verzögerung der Wohnungsaufgabe durch gerichtliche Genehmigung

Auch das *BVerwG* (FEVS 48, 241) hat festgestellt, dass Mietzinsverpflichtungen, die durch die Verzögerung der Wohnungsaufgabe durch das nach § 1907 BGB erforderliche betreuungsgerichtliche Genehmigungsverfahren entstehen, besondere Belastungen des in stationäre Pflege genommenen Hilfebedürftigen sind. Sie entstehen gleichsam aus Anlass des Hilfefalls, ohne dass der Hilfebedürftige sich ihnen entziehen könnte. Werden Einkommensteile desjenigen, dem stationäre Hilfe zur Pflege gewährt wird, freigelassen, um diese Verpflichtungen erfüllen zu können, erwächst dem Hilfeempfänger hieraus kein wirtschaftlicher Vorteil. Denn er muss die freizulassenden Geldmittel an den Vermieter abführen, um seine mietvertraglichen Verpflichtungen zu erfüllen.

Weitere Entscheidungen für eine Doppelmietzahlung: *LSG Nordrhein-Westfalen* vom 10. 2. 2010, Az. L 9 SO 6/08 und vom 23. 9. 2009, Az. L 19 B 39/09 AS; *LSG Baden-Württemberg* vom 23. 11. 2006, Az. L 7 SO 4415/05; *LSG Berlin-Brandenburg* vom 10. 1. 2007, Az. L 5 B 1221/06 AS ER.

3.5 Vorübergehendes Verlassen der Wohnung

Halten sich unvermögende (sozialhilfebedürftige) Betreute vorübergehend in einem Krankenhaus oder einer sonstigen Einrichtung auf, sind Meinungsverschiedenheiten mit dem Sozialhilfeträger denkbar, soweit keine klare Aussage zur Zukunftsperspektive des Betreuten vorliegt. Zweck des Genehmigungsvorbehalts ist die Sicherung der Wohnung und damit der Lebensqualität des Betroffenen, um voreilige Wohnungsauflösungen zu vermeiden. Aufgabe der Sozialhilfe ist, dem Betroffenen ein menschenwürdiges Leben und eine Mindestexistenzgrundlage zu ermöglichen. Nach den sozialhilferechtlichen Bestimmungen umfasst die Hilfegewährung zur Pflege in einer Einrichtung nur die Weiterzahlung der Miete, wenn eine Besserung des Krankheitsbildes oder, durch geeignete Rehabilitationsmaßnahmen, eine Rückkehr in die gewohnte Umgebung auf absehbare Zeit erwartet werden kann. Die Beurteilung obliegt in diesem Fall dem Sozialhilfeträger und kann der Auffassung des Betreuers und des Betreuungsgerichts widersprechen.

Praxis TIPP

Sozialhilfe für Wohnraum bei krankheitsbedingter Abwesenheit

Um Meinungsverschiedenheiten mit dem Sozialhilfeträger vorzubeugen, sollte der Betreuer nach einer Krankenhauseinweisung bzw. vorübergehenden Unterbringung in einer sonstigen Einrichtung bereits bei der Klärung der Kostenübernahme für vorstehenden Hilfebedarf die reale Wohn- und Versorgungssituation ansprechen. Hilfreich erscheint zusätzlich ein ärztliches Attest, das eine konkrete Aussage zur voraussichtlichen Behandlungs- oder Rehabilitationsdauer und zur Wahrscheinlichkeit trifft, dass der Betroffene in seine Wohnung zurückkehren kann.

Tritt tatsächlich eine Verschlechterung des Gesundheitszustandes ein, der eine dauernde Unterbringung in einer Einrichtung erfordert, oder ist der Gesundheitszustand schwankend, sollte der Betreuer sofort mit dem Betreuungsgericht und dem Sozialhilfeträger sein weiteres Vorgehen abstimmen.

3.6 Ansprüche des Vermieters

Der Vermieter hat Anspruch auf die Mietzahlung bis zum Ablauf der Kündigungsfrist, § 535 Abs. 2 BGB. Dies ist regelmäßig unproblematisch, wenn der Betreute über ausreichendes Einkommen und Vermögen verfügt. Probleme treten dann auf, wenn der Betreute mittellos ist und der Sozialhilfeträger bisher die Miete übernommen hat. Zieht der Betreute in ein Alten- oder Pflegeheim um, will der Sozialhilfeträger häufig nach der Bedarfstheorie nur die Kosten der Einrichtung übernehmen und die Zahlungen der Miete einstellen. Die zwischenzeitlich überwiegende Rechtsprechung geht allerdings davon aus, dass ein Anspruch auf Übernahme doppelter Mietkosten für den Grundsicherungsempfänger nach § 29 SGB XII i. V. m. §§ 41, 42 Satz 1 Nr. 2 SGB XII in Betracht kommt (*LSG Berlin-Brandenburg*, BtPrax 2011, 272). Siehe hierzu weitere Entscheidungen unter Ziffer 3.4.

Doppelte Mietzahlungen

Grundsätzlich kein Vermieterrisiko

Ist man bisher häufig davon ausgegangen, dass der Vermieter den Mietausfall bis zum Ablauf der Kündigungsfrist hinnehmen muss (sog. Vermieterrisiko), stellt das LSG Berlin-Brandenburg in seiner Entscheidung (BtPrax 2011, 272) klar, dass unter dem Gesichtspunkt der Einheit der Rechtsordnung anzuerkennen ist, dass die zum Schutz eines Betreuten vom Gesetzgeber getroffene Regelung in § 1907 BGB nicht dem

Vermieter angelastet wird. Dem Sozialhilferecht ist kein Strukturprinzip zu entnehmen, das es rechtfertigen könnte, das wirtschaftliche Risiko für die aus einer staatlichen Schutzmaßnahme resultierenden Mietbelastungen auf den Vermieter abzuwälzen.

Entrümpelung, Grundreinigung und Renovierung

Bei einer Mittellosigkeit des Betreuten kann der Vermieter eine eventuell erforderliche Wohnungsrenovierung nicht mehr durchsetzen. Selbst die Kosten, welche ihm dadurch entstehen, dass er das Inventar und den Hausrat des Betreuten entfernen muss, werden ihm unter Umständen nicht erstattet. Klagt er diese Kosten ein, erhält er einen Vollstreckungstitel, der ihm 30 Jahre lang einen Zugriff ermöglicht. Hier ist für den Betreuer Vorsicht geboten, denn in der Zwangsvollstreckung gilt die Vermögensfreigrenze (Regelsatz 2600 EUR) des § 90 SGB XII nicht. Evtl. kann man die Entscheidung des *LSG Niedersachsen-Bremen* vom 8. 3. 2012, Az. L 13 AS 22/12 B ER heranziehen, die feststellt, dass eine notwendige Grundreinigung und Renovierung einer Messie-Wohnung zwar nicht auf der Grundlage von §§ 24 Abs. 1 Satz 1, 21 Abs. 6 Satz 1 SGB II zu regeln ist, als Anspruchsgrundlage für das Aufräumen der Wohnung aber § 67 SGB XII i. V. m. § 4 VO zu § 69 SGB XII in Betracht kommen kann.

Das *LSG Baden-Württemberg* hat am 23. 11. 2006, Az. L 7 SO 4415/05 entschieden, dass für die Entscheidung über die Kosten einer Auszugsrenovierung der Träger der Sozialhilfe zuständig bleibt, in dessen Bezirk sich die bisherige Wohnung des Hilfeempfängers befindet, auch wenn dieser aus diesem Bezirk fortzieht, bevor der Hilfefall tatsächlich geregelt ist. Die Kosten für Schönheitsreparaturen in der gemieteten Wohnung sind nicht im Regelsatz enthalten. Kosten der Unterkunft gemäß SGB XII sind nicht nur laufende Kosten, sondern auch einmalige Aufwendungen, die mit Bezug, Unterhaltung und Wechsel der Unterkunft zusammenhängen. Die Kosten einer Auszugsrenovierung sind im Rahmen der Grundsicherung jedenfalls dann zu erstatten, wenn der Hilfeempfänger hierzu mietvertraglich verpflichtet ist und der Wechsel in eine andere Wohnung unter dem Gesichtspunkt der Angemessenheit der Kosten notwendig war. Dieser Anspruch steht unter dem Vorbehalt des Nachrangs der Sozialhilfe (§ 2 SGB XII), wenn und soweit der Hilfeempfänger in der Lage ist, die Renovierung selber durchzuführen. Zu den tatsächlichen Aufwendungen nach § 29 Abs. 1 Satz 1 SGB XII gehören neben den Kosten der Schönheitsreparaturen auch vertragliche Schadensersatzansprüche des Vermieters, die wegen der verspäteten Ausführung der Schönheitsreparaturen entstanden sind.

Kosten der Auszugsrenovierung im Rahmen der Grundsicherung

Das *LSG Niedersachsen-Bremen*, Az. L 13 SO 26/07, hat am 16. 7. 2007 entschieden, dass zu den Unterkunftskosten nach § 29 Abs. 1 SGB XII auch notwendige Auszugsrenovierungskosten gehören. Kosten der Unterkunft gemäß § 29 Abs. 1 SGB XII sind nicht nur laufende Kosten, sondern auch einmalige Aufwendungen, die mit Bezug, Unterhaltung und Wechsel der Unterkunft zusammenhängen. Die Kosten einer Auszugsrenovierung sind im Rahmen der Grundsicherung gemäß § 41 ff. SGB XII dann zu erstatten, wenn der Sozialhilfeempfänger hierzu mietvertraglich verpflichtet ist und der Wechsel in eine andere Wohnung unter dem Gesichtspunkt der Angemessenheit der Kosten notwendig war. Auch Kosten einer Auszugsrenovierung, die wegen der verspäteten Ausführung der Schönheitsreparaturen entstanden sind, gehören zu den Unterkunftskosten gemäß § 29 Abs. 1 Satz 1 SGB XII. Wohnungsräumungskosten sind nicht vom Regelsatz erfasst, sondern den Unterkunftskosten gemäß § 29 Abs. 1 Satz 1 SGB XII zuzuordnen. Ebenso wie die Kosten der Auszugsrenovierung stellen auch Räumungskosten einmalige Aufwendungen dar, die mit dem Wechsel der Unterkunft zusammenhängen. Zwar gilt auch insoweit der Nachranggrundsatz des § 2 SGB XII, wonach grundsätzlich der Sozialhilfeempfänger gehalten ist, die Räumung der Wohnung selbst bzw. mithilfe von Freunden und Bekannten durchzuführen. U. U. sind „Umzugskosten“ auch Kosten der Räumung und Entsorgung in der alten Wohnung vorhandener Möbel und Geräte bei Aufnahme ins Pflegeheim.

Kosten der Entsorgung vorhandener Möbel

Persönlicher Härtegrund bei fristloser Kündigung

Kündigt der Vermieter fristlos, so verlangt § 543 Abs. 1 Satz 2 BGB eine Abwägung der beiderseitigen Interessen der Mietvertragsparteien und eine Berücksichtigung aller Umstände des Einzelfalls; hierzu gehören auch etwaige Härtegründe aufseiten des Mieters. Die Besorgnis einer ernsthaften Verschlechterung des Gesundheitszustands eines 97-jährigen, bettlägerigen Mieters infolge eines erzwungenen Wechsels der bisherigen häuslichen Umgebung und Pflegesituation kann bei der Gesamtabwägung nach § 543 Abs. 1 Satz 2 BGB zur Folge haben, dass ein wichtiger Grund für eine außerordentliche Kündigung wegen besonders schwerwiegender persönlicher Härtegründe aufseiten des Mieters trotz seiner erheblichen Pflichtverletzung nicht vorliegt (*BGH* vom 9. 11. 2016, Az. VIII ZR 73/16).

Praxis TIPP

Der Betreuer sollte den Vermieter rechtzeitig auf eine Wohnungsaufgabe sowie die Mittellosigkeit des Betreuten hinweisen. Nach Rücksprache mit dem Betreuungsgericht kann eine vertragliche Aufhebung des Mietverhältnisses mit sofortiger Wirkung angestrebt werden, damit der Vermieter bereits vor Ablauf der an sich für ihn bindenden Kündigungsfrist eine Neuvermietung herbeiführen kann.

Der Betreuer ist nicht verpflichtet, Renovierungs- oder Entrümpelungsmaßnahmen selbst durchzuführen. Sollte er diese Tätigkeiten im „Verwandtenkreis“ des Betreuten organisieren können, wäre dies sicherlich von Vorteil. Ob der Sozialhilfeträger die Kosten übernimmt, ist im Einzelfall zu klären. Im Übrigen sollte der Betreuer immer zunächst prüfen, ob Schönheitsreparaturen überhaupt durchzuführen sind.

3.7 Kündigung durch Betreuten oder dessen Verwandte

3.7.1 Kündigung durch Betreuten selbst

Betreuter kündigt selbst

Kündigt der geschäftsfähige Betreute seinen Wohnraum selbst, bedarf er weder der Zustimmung des Betreuers noch einer gerichtlichen Genehmigung. Sollte eine solche Maßnahme im Raum stehen und würde sich der Betreute durch die beabsichtigte Kündigung objektiv schädigen, muss der Betreuer einen Einwilligungsvorbehalt (§ 1903 Abs. 1 BGB) anregen und eventuell seinen Aufgabenkreis erweitern lassen.

3.7.2 Kündigung durch Angehörige

Angehörige kündigen

Nach Umzug des Betroffenen in ein Pflegeheim, aber noch vor Bestellung eines Betreuers kündigen häufig nahe Angehörige das Mietverhältnis über den Wohnraum des Betreuten. Diese Kündigung ist nicht wirksam, denn die Angehörigen handeln als Vertreter ohne Vertretungsmacht. Da ein einseitiges Rechtsgeschäft vorliegt, ist eine Heilung der Kündigung durch den Betreuer grundsätzlich nicht möglich, § 180 Satz 1 BGB. Soweit allerdings der Vermieter die behauptete Vertretungsmacht nicht beanstandet oder mit ihr einverstanden ist, kann die Kündigung durch eine Genehmigung des Betreuers mit vorher eingeholter betreuungsgerichtlicher Genehmigung nachträglich zur Wirksamkeit gebracht werden, §§ 180 Satz 2, 184 Abs. 1 BGB.

3.8 Kündigung des Mietverhältnisses durch den Vermieter

Vermieter kündigt das Mietverhältnis

Kündigt der Vermieter das Mietverhältnis oder wird Räumungsklage erhoben, so hat der Betreuer mit entsprechendem Aufgabenkreis zu prüfen, ob die Kündigung oder Räumung rechtmäßig ist. Außerdem ist er verpflichtet, die Maßnahme des Vermieters unverzüglich dem Betreuungsgericht mitzuteilen, soweit sein Aufgabenkreis das Mietverhältnis oder die Aufenthaltsbestimmung umfasst, § 1907 Abs. 2 Satz 1 BGB.

Überwachungstätigkeit des Betreuungsgerichts

Das Betreuungsgericht wird auf diese Weise in die Lage versetzt, die Rechtmäßigkeit der Vermietermaßnahme zu prüfen und dem Betreuer bei Bedarf aufzugeben, entsprechende Kündigungs- und Räumungsschutzmaßnahmen zu ergreifen, §§ 1908i Abs. 1, 1837 Abs. 2 BGB. Solche Maßnahmen sind aber nur zulässig, wenn der Betreuer pflichtwidrig handelt, etwa einer unberechtigten Kündigung des Vermieters nicht nach Kräften entgegentritt. Dies wird insbesondere dann erforderlich sein, wenn dem Betreuer die Kündigung gelegen kommt, um die lange beabsichtigte Heimunterbringung herbeizuführen, die aber nicht zwingend im Interesse des Betreuten liegt.

Das Unterlassen der Mitteilung bildet eine Pflichtwidrigkeit des Betreuers, so dass eine Haftung nach §§ 1908i Abs. 1, 1833 BGB in Betracht kommen kann.

Praxis TIPP

Der Betreuer sollte die Mitteilung über die Vermieterkündigung möglichst im Rahmen eines Beratungsgesprächs dem Betreuungsgericht gegenüber machen und das weitere Vorgehen mit dem Rechtspfleger besprechen.

3.9 Faktische Aufgabe des Wohnraums

Wohnraum des Betreuten wird aufgegeben

Will der Betreuer nach Umzug des Betreuten in ein Heim dessen Wohnraum aufgeben, ohne ein Mietverhältnis zu beenden, so hat er diesen Sachverhalt unverzüglich dem Betreuungsgericht mitzuteilen, soweit sein Aufgabenkreis das Mietverhältnis oder die Aufenthaltsbestimmung umfasst, § 1907 Abs. 2 Satz 2 BGB. Dies betrifft insbesondere Fälle, in denen ein dingliches Wohnungsrecht nicht mehr genutzt werden soll, ein Mietverhältnis zwar nicht aufgegeben, aber durch Kündigung von Wasser-, Strom- und Gasbezug oder Veräußerung des Hausrats die Unbewohnbarkeit hergestellt wird. Ebenfalls unter die Meldepflicht fällt das Leerstehenlassen einer Eigentumswohnung des Betreuten oder dessen Wohnung im eigenen Haus.

Zusammenfassung	
Kündigung eines Mietverhältnisses über eigengenutzten Wohnraum des Betreuten durch den Betreuer	gerichtliche Genehmigung nach § 1907 Abs. 1 Satz 1 BGB
Auflösungsvertrag zu einem Mietverhältnis über eigengenutzten Wohnraum des Betreuten	gerichtliche Genehmigung nach § 1907 Abs. 1 Satz 2 BGB
Untervermietung von eigengenutztem gemieteten Wohnraum des Betreuten	gerichtliche Genehmigung nach § 1907 Abs. 3 BGB
Vermietung von Wohnraum, der im Eigentum des Betreuten steht	gerichtliche Genehmigung nach § 1907 Abs. 3 BGB
Veräußerung von Wohnungs- oder Grundstückseigentum des Betreuten	gerichtliche Genehmigung nach §§ 1908i Abs. 1, 1821 Abs. 1 Nr. 1 und 4 BGB
Kündigung des Mietverhältnisses oder Räumungsklage durch den Vermieter	Mitteilungspflicht nach § 1907 Abs. 2 Satz 1 BGB
Beabsichtigte faktische Aufgabe von eigengenutztem Wohnraum des Betreuten durch den Betreuer	Mitteilungspflicht nach § 1907 Abs. 2 Satz 2 BGB

3.10 Aufgabe eines auf Lebenszeit bestehenden Wohnungsrechts

Aufgabe des Wohnungsrechts

Besteht für den Betreuten ein Wohnungsrecht, das im Grundbuch eingetragen ist, § 1093 BGB, und wird die Ausübung durch einen Umzug in ein Pflegeheim beendet, ergibt sich die Frage, ob für den Betreuten eine weitergehende Nutzung erzielt werden kann.

Besteht das Wohnungsrecht als Bestandteil eines Leibgedings (Altenteils), sehen die meisten Ausführungsgesetze zum BGB (in Verbindung mit § 96 EGBGB) die Zahlung einer Geldrente durch den Verpflichteten vor, so z. B. Art. 18 Bayer. AGBGB, welches ausführt: „Muss der Berechtigte aus besonderen Gründen das Grundstück auf Dauer verlassen, so hat der Verpflichtete ihm für die Befreiung von der Pflicht zur Gewährung der Wohnung und zu Dienstleistungen eine Geldrente zu zahlen, die dem Wert der Befreiung nach billigem Ermessen entspricht."

Eintritt der Pflegebedürftigkeit führt nicht zum Erlöschen des Wohnungsrechts

Anders verhält es sich, wenn ein Wohnungsrecht außerhalb eines Leibgedings besteht. Hier führt allein der Eintritt der Pflegebedürftigkeit des Wohnungsberechtigten und der damit einhergehende Umzug in ein Pflegeheim nicht zum Erlöschen des Rechts; allerdings ist der Verpflichtete (Grundstückseigentümer) auch nicht berechtigt, das Wohnungsrecht in eigener Person auszuüben. Fraglich könnte sein, ob der Berechtigte seinerseits die Wohnung weitervermieten und die erzielbaren Beträge einziehen kann. Dies verneint jedoch § 1093 Abs. 2 BGB, der dem Berechtigten lediglich die Aufnahme seiner Familie sowie die zur standesgemäßen Bedienung und Pflege erforderlichen Personen zulässt.

Zu diesem Problem sind im Jahr 2007 zwei Entscheidungen ergangen, die einer Verwertung u. U. Raum geben.

Ausübungshindernis führt generell nicht zum Erlöschen

Der *Bundesgerichtshof* (NJW 2007, 1084; Rpfleger 2007, 308) hat zunächst festgestellt, dass ein in der Person des Berechtigten liegendes Ausübungshindernis generell nicht zum Erlöschen des Wohnungsrechts führt, selbst wenn das Hindernis auf Dauer besteht. Das Recht erlischt nur, wenn seine Ausübung aus tatsächlichen oder rechtlichen Gründen dauernd unmöglich wird. Das ist u. a. der Fall, wenn das Recht niemandem mehr einen Vorteil bietet. An diesen Voraussetzungen fehlt es, wenn das Wohnungsrecht auf Grund der Aufnahme des Berechtigten in ein Pflegeheim nicht ausgeübt werden kann. Denn ihm bleibt nach § 1092 Abs. 1 Satz 2 BGB die Möglichkeit, mit Gestattung des Grundstückseigentümers die Ausübung seines Rechts anderen zu überlassen und dadurch z. B. für sich einen Mietanspruch gegen den Besitzer der dem Recht unterliegenden Räume zu begründen.

Praxis TIPP

Problemlos kann sich der Berechtigte des Rechts (Betreuter) mit dem Verpflichteten (Grundstückseigentümer) dahingehend einigen, dass er die Wohnung vermieten und die Mietzinsen einziehen darf.

Zahlung der Mieteinnahmen an Berechtigten

Vermietet aber der Verpflichtete (Grundstückseigentümer) mit Zustimmung des Berechtigten (Betreuten) die Wohnung, enthält die Vereinbarung nicht nur die Gestattung zur Vermietung der Wohnung durch den Verpflichteten an Dritte, sondern geht darüber hinaus. Die Vermietung erfolgt hier nicht durch den Berechtigten des Wohnungsrechts, sodass ihm nicht als Vermieter die Mieten zustehen; vielmehr vermietet der Verpflichtete die Wohnung im eigenen Namen. Falls es sich bei der erfolgten Vermietung um eine Auftragsgeschäftsbesorgung (§ 662 BGB) des Verpflichteten handelt, hat er nach § 667 BGB an den Berechtigten die vereinnahmten Mieten herauszugeben.

Dieselbe Verpflichtung trifft den Verpflichteten auch, wenn man kein Auftragsverhältnis zwischen ihm und dem Berechtigten im Hinblick auf die Vermietung der

Wohnung annimmt, sondern z. B. von einem bloßen Gefälligkeitsverhältnis ausgeht. Dann ist die Vermietungsvereinbarung unvollständig, denn es fehlt die Einigung darüber, wem die Mieteinnahmen zustehen. Das macht die Ermittlung des vollständigen Inhalts der Vereinbarung unter dem Gesichtspunkt der ergänzenden Vertragsauslegung notwendig, also die Ermittlung dessen, was die Beteiligten (bei angemessener Abwägung ihrer Interessen und als redliche Vertragspartner) zur Schließung der Lücke selbst unternommen hätten. Sie führt dazu, dass der Berechtigte (Betreuter) vom Verpflichteten (Grundstückseigentümer) die vereinnahmten Mieten herausverlangen kann. Nur dieses Auslegungsergebnis berücksichtigt ausreichend Sinn und Zweck des dem Berechtigten eingeräumten Wohnungsrechts und die Interessenlage der Parteien.

Eigentümer vermietet ohne Vereinbarung mit dem Wohnungsrechtsinhaber

Besteht keine vertragliche Bindung zwischen dem Eigentümer und dem Wohnungsberechtigten, der einer außerhäuslichen Pflege bedarf, wird der Eigentümer, der die Wohnung eigenmächtig vermietet, durch die Einnahme der Mietzinsen nicht auf Kosten des Wohnungsberechtigten bereichert. Es ist nicht entscheidend, ob der Bereicherungsschuldner (Eigentümer) bei redlichem Vorgehen etwas für die erlangte Position hätte zahlen müssen. Vielmehr kommt es darauf an, dass der Bereicherungsgläubiger (Wohnungsrechtsinhaber) nur die Unterlassung der unerlaubten Nutzung des Rechtsguts verlangen kann, nicht aber darüber hinaus selbst berechtigt wäre, die Nutzungen zu ziehen. Die Mietzinsen werden nicht allein deshalb auf Kosten des Wohnungsrechtsberechtigten erlangt, weil der Eigentümer sich den Nutzungswert der Räume angeeignet hat. Auch kann die rechtliche Zuweisung der Mieten nicht durch eine fiktive Vermietungsvereinbarung geändert werden (*BGH* NJW 2012, 3572).

Zahlungsausgleich wegen Wegfalls der Geschäftsgrundlage

Offen gelassen hat der Bundesgerichtshof, ob ein Zahlungsausgleich aus dem Rechtsgrund des Wegfalls der Geschäftsgrundlage in Betracht kommt. Bedenken dagegen können sich aus der Überlegung ergeben, dass bei der Vereinbarung eines lebenslangen Wohnungsrechts jeder Vertragsteil damit rechnen muss, dass der Berechtigte sein Recht wegen Krankheit und Pflegebedürftigkeit nicht bis zu seinem Tod ausüben kann; tritt dieser Fall ein, fehlt es an der für eine gerichtliche Vertragsanpassung notwendigen Voraussetzung der unvorhergesehenen Änderung der Umstände, die Geschäftsgrundlage geworden sind. Eine Vertragsanpassung kommt im Übrigen nur in Frage, wenn das dauerhafte Unvermögen des Berechtigten zur Ausübung seines Wohnungsrechts feststeht.

Im Nachgang zu dieser Entscheidung des Bundesgerichtshofs hat das *OLG Celle* (NJW-RR 2008, 397) festgestellt, dass der Umzug des Wohnberechtigten in ein Pflegeheim ein subjektives Ausübungshindernis darstellt, das den Grundeigentümer nicht automatisch zur Zahlung einer Geldrente in Höhe des Mietwertes verpflichtet; vielmehr kommt ein solcher Anspruch allenfalls nach den Grundsätzen einer Änderung der Geschäftsgrundlage dann in Betracht, wenn der Eigentümer durch den endgültigen Wegfall wirtschaftliche Vorteile erlangt (z. B. durch Vermietung oder Eigennutzung).

Gibt der Berechtigte das Wohnrecht auf, weil er aufgrund seiner gesundheitlichen Entwicklung pflegebedürftig wird, geht die Anpassung nach den Grundsätzen der Änderung der Geschäftsgrundlage je nach den Umständen des Einzelfalls dahin, dass der Eigentümer jedenfalls die durch den Wegfall des Wohnrechts erlangten wirtschaftlichen Vorteile oder ersparte Aufwendungen zu entgelten hat; es kann auch die Vermietung der dem Wohnrecht unterliegenden Räume und Abführung des Erlöses an den Wohnberechtigten in Betracht kommen, wenn dem Eigentümer eine Vermietung zumutbar ist, was z. B. bei einer nicht abgeschlossenen Wohnung wegen der damit verbundenen Aufnahme eines „fremden" Mieters in die Wohnsphäre des Eigentümers zweifelhaft wäre. Denkbar wäre auch eine Geldrente nach Maßgabe des Mietwerts, wenn der Eigentümer nicht vermietet, sondern selbst nutzt, obwohl ihm eine Vermietung zumutbar wäre.

Das setzt aber voraus, dass der Berechtigte das Wohnrecht endgültig aufgibt und somit der Eigentümer die dem Wohnrecht unterliegenden Räume selbst wirtschaftlich verwerten kann. Die bloße Nichtausübung des Wohnrechts durch Umzug in ein Pflegeheim führt noch nicht dazu, dass dem Eigentümer die Vorteile des Wohnrechts eo ipso zufließen. Zieht der Berechtigte aus gesundheitlichen Gründen in ein Pflegeheim, wird ihm die Ausübung des Wohnrechts lediglich subjektiv unmöglich, ohne dass allein deswegen das Wohnrecht erlischt. Die endgültige Aufgabe des Wohnrechts erfordert neben einer ausdrücklichen oder schlüssigen Erklärung, endgültig auf die Ausübung des Wohnrechts zu verzichten, die vollständige Räumung und bei dinglicher Absicherung des Wohnrechts eine Löschungsbewilligung in grundbuchfähiger Form.

Der Wert eines dinglichen Wohnungsrechts kann in etwa nach folgenden Methoden berechnet werden:

- Man geht von der ortsüblichen Gebrauchsmiete aus, rechnet die Gesamtsumme der Mietzahlungen aus, die bis zum nach der aktuellen statistischen Lebenserwartung zu erwartenden Ende des Wohnrechts erspart werden und rechnet aus diesem Betrag dann wieder die Kapitalverzinsung heraus, die man bei selbstbewohntem Wohneigentum üblicherweise mit 4 % pro Jahr ansetzt.
- Der Verkehrswert der Wohnung wird aufgrund der für vergleichbare Wohnungen erzielbaren Verkaufserlöse berechnet. Der Kapitalwert des Wohnungsrechts entspricht dann den Zinsen, die aus dieser Summe (wieder mit 4 % pro Jahr) bis zum statistisch zu erwartenden Lebensende des Berechtigten zu zahlen wären, auch das am Ende wieder abgezinst, da ja die Summe sofort fließen soll und nicht in monatlichen Raten.

Praxis Tipp

Eine gütliche Einigung zwischen dem Berechtigten und dem Verpflichteten dahingehend, dass der Berechtigte verbindlich auf das Wohnrecht in vollem Umfang verzichtet, dem Verpflichteten hinsichtlich der dinglichen Absicherung eine Löschungsbewilligung erteilt und dieser im Gegenzug dafür eine Abfindung zahlt, deren Höhe sich nach dem Wert des Wohnrechts unter Berücksichtigung der gegenwärtigen Lebenserwartung des Berechtigten richtet, ist anzustreben. Einen Rechtsanspruch darauf hat der Berechtigte nicht, denn er kann vom Verpflichteten nur verlangen, dass dieser die Wohnung für ihn bereithält.

Verzicht auf ein Wohnungsrecht

Zum Verzicht des Betreuers auf ein zugunsten des Betreuten bestelltes Wohnungsrecht hat der *BGH* (FamRZ 2012, 967) Stellung genommen und ist zu einem, für die Praxis bedeutenden Ergebnis gekommen.

Ohne Vermögenswert

Besteht zugunsten des Betreuten ein (unentgeltliches) Wohnungsrecht nach § 1093 BGB, das er einem Dritten nicht zur Ausübung überlassen darf (keine Bestimmung nach § 1092 Abs. 1 Satz 2 BGB), und besteht nach Übersiedelung des Betreuten in ein Pflegeheim keine Aussicht auf eine Rückkehr und Nutzung des Rechts, so stellt das Recht keinen Vermögenswert mehr dar. Das vom Betreuten innegehaltene Wohnungsrecht stellt nur insoweit einen aktiven Wert dar, als es ihm persönlich die Wohnnutzung ermöglicht. Daher läge in dem Verzicht auf das Wohnungsrecht nur dann eine dem § 1804 BGB unterfallende Vermögenszuwendung, solange eine Wiederaufnahme der Wohnnutzung durch den Betreuten in Betracht kommt. Besteht jedoch das Interesse an der Wohnnutzung endgültig nicht mehr, verliert das Wohnungsrecht seinen Nutzwert und, da es auch durch Vermietung nicht fruchtbar gemacht werden kann, seinen Vermögenswert insgesamt.

Keine Schenkung

Der Verzicht auf ein wertlos gewordenes Wohnungsrecht erfüllt aber nicht den Begriff der Schenkung gemäß § 1804 BGB. Da damit eine Weggabe des Rechts dem Betreuten keinen Nachteil zufügt, ist das Schenkungsverbot nach §§ 1908i Abs. 2 Satz 1, 1804 Satz 1 BGB nicht anwendbar. Sollte der Betreute noch zur Leistung von Hausgeld und Nebenkosten verpflichtet sein, bestünde zudem ein finanzieller Nachteil.

Betreuungsgerichtliche Genehmigung erforderlich

Zur Aufhebung und Löschung des Wohnungsrechts (§ 875 BGB) ist jedoch eine betreuungsgerichtliche Genehmigung nach §§ 1908i Abs. 1, 1821 Abs. 1 Nr. 1 BGB erforderlich. Ob daneben, wie der BGH ausführt, auch der Genehmigungstatbestand des § 1907 Abs. 1 BGB in entsprechender Anwendung erfüllt ist, ist fraglich, da sich diese Vorschrift ausdrücklich auf ein Mietverhältnis bezieht und der Schutz des Betreuten durch § 1821 Abs. 1 Nr. 1 BGB ausreichend gewährleistet ist.

Da das Wohnungsrecht keinen Vermögenswert mehr darstellt, kann der Verzicht auf das Recht nicht von einer Abfindungszahlung durch den Grundstückseigentümer abhängig gemacht werden.

Wille des Betreuten

Aufzuklären ist der Wille des Betreuten, ob er endgültig nicht mehr in seine frühere Wohnung zurückkehren möchte. Das Betreuungsgericht muss insoweit den Betreuten vor seiner Entscheidung persönlich anhören, § 299 Satz 1 FamFG.

4. Miet- und Pachtverträge sowie andere Verträge, die zu wiederkehrenden Leistungen verpflichten

Verträge über wiederkehrende Leistungen

Zum Abschluss eines Miet- oder Pachtvertrags oder eines anderen Vertrags, der den Betreuten zu wiederkehrenden Leistungen verpflichtet, bedarf der Betreuer einer betreuungsgerichtlichen Genehmigung, § 1907 Abs. 3 BGB, unabhängig davon, auf welcher Seite des Vertrags der Betreute steht.

Unter andere Verträge, die zu wiederkehrenden Leistungen verpflichten, fallen z. B. Versicherungsverträge (Lebens-, Unfall- oder Krankenversicherungsverträge), Ratensparverträge, Bausparverträge oder Abzahlungsverträge, sofern die zeitliche Bindung gegeben ist.

4.1 Dauer über vier Jahre hinaus

Befristete Verträge mit über vier Jahren Dauer

Allerdings ist die Genehmigung nur dann erforderlich, wenn das Vertragsverhältnis länger als vier Jahre andauern soll, oder vom Betreuer Wohnraum des Betreuten vermietet wird.

4.2 Verträge mit unbestimmter Dauer

Grundsatz: keine Genehmigung erforderlich

Verträge, die auf unbestimmte Zeit geschlossen sind, und vor Ablauf von vier Jahren vom Betreuten beendet werden können, unterliegen grundsätzlich nicht dem Genehmigungstatbestand.

Genehmigungsbedürftig sind diese auf unbestimmte Zeit geschlossenen Verträge, wenn eine Lösung vom Vertrag (z. B. durch Kündigung) mit Wirkung vor Ablauf von vier Jahren entweder überhaupt nicht möglich oder mit Einbußen verbunden ist. Zum Beispiel kann ein Lebensversicherungsvertrag zwar jederzeit beendet werden, aber nur mit finanzieller Einbuße (Rückkaufswert). Ein weiterer Fall für die Genehmigungsbedürftigkeit eines Vertrags mit unbestimmter Dauer ist der Mietvertrag mit dem Betreuten auf Vermieterseite, da durch bestehende Sozialklauseln nicht sichergestellt werden kann, dass das Mietverhältnis tatsächlich vor Ablauf von vier Jahren beendet ist.

Heimverträge sind genehmigungsfrei

Nicht genehmigungsbedürftig nach § 1907 Abs. 3 BGB ist der Abschluss eines Heimvertrags. Nach § 4 Abs. 1 WBVG (Wohn- und Betreuungsvertragsgesetz) wird der Vertrag auf unbestimmte Zeit geschlossen und kann nach § 11 Abs. 1 Satz 1 WBVG durch den Betreuten (spätestens) innerhalb eines Kalendermonats gekündigt werden. Hiervon abweichende Vereinbarungen im Heimvertrag sind unwirksam, § 16 WBVG. Finanzielle Nachteile sind durch die Kündigung des Vertragsverhältnisses nicht gegeben.

Hinweis:

Seit 1. 9. 2006 war das Heimrecht Ländersache; der Bundesgesetzgeber ist nur für die bürgerlich-rechtlichen Vorschriften zuständig geblieben. Einige Bundesländer haben zwischenzeitlich eigene Heimgesetze geschaffen und in deren Bereich das HeimG außer Kraft gesetzt. Zur Ausgestaltung der bürgerlich-rechtlichen Vorschriften hat der Bundesgesetzgeber nunmehr neue Vorschriften geschaffen, das Wohn- und Betreuungsvertragsgesetz (WBVG), welches am 1. 10. 2009 in Kraft getreten ist. Es ersetzt die §§ 5 bis 9 und 14 Abs. 2 Nr. 4, Abs. 4, 7 und 8 HeimG, welche seit 30. 9. 2009 nicht mehr gelten; soweit das WBVG in Konkurrenz zu den Ländergesetzen steht, geht es diesen vor.

Praxis tipp

Auch wenn keine Genehmigungspflicht vorliegt, sollten Miet-, Pachtverträge und sonstige Verträge, die zu wiederkehrenden Leistungen verpflichten, mit dem Betreuungsrechtspfleger besprochen werden, da sie in der Regel weitreichende finanzielle Folgen haben.

5. Ausstattungsgewährung durch den Betreuer

Schenkungen

Der Betreuer kann grundsätzlich keine Schenkungen aus dem Betreutenvermögen machen, §§ 1908i Abs. 2 Satz 1, 1804 Satz 1 BGB.

Ausgenommen sind Gelegenheitsgeschenke, die dem Wunsch des Betreuten entsprechen und die nach seinen Lebensverhältnissen, insbesondere Vermögensverhältnissen üblich sind. Außerdem kann er Anstandsgeschenke und Schenkungen aus einer sittlichen Verpflichtung erbringen.

Ausstattungsbegriff

Um keine Schenkung handelt es sich, wenn Eltern ihrem Kind mit Rücksicht auf dessen Verheiratung (sog. Aussteuer) oder zur Erlangung einer selbstständigen Lebensstellung, zur Begründung oder zur Erhaltung der Wirtschaft oder der Lebensstellung, etwas zuwenden, soweit das nach den Lebensverhältnissen des Elternteils übliche Maß nicht überschritten wird, § 1624 Abs. 1 BGB. Insoweit handelt es sich um eine Ausstattung, die nicht dem Schenkungsverbot des § 1804 BGB unterliegt. Eine gesetzliche Verpflichtung zur Gewährung einer Ausstattung besteht allerdings nicht.

Gegenstand der Ausstattung kann jede Vermögensmehrung sein, die zu den oben bezeichneten Zwecken vorgenommen wird; z. B. Geldzahlungen, Übertragung von Eigentum an beweglichen Gegenständen oder Grundstücken bzw. Grundstücksrechten, Einrichtung eines Betriebs, Zuschüsse zur Ausbildung, Renten, Gewährung freier Wohnung, Einräumung einer stillen Teilhaberschaft an einer Gesellschaft.

Übergabeverträge können Ausstattungen sein

Ob Übergabeverträge im Rahmen von Ausstattungen erfolgen können, hängt vom Einzelfall ab. Zu den Kriterien der Genehmigungsfähigkeit einer Ausstattung mit Abgrenzung zur gemischten Schenkung siehe *OLG Stuttgart* (FamRZ 2005, 62). Nur dann, wenn die zugesagte Gegenleistung des Übernehmers deutlich hinter den absehbaren Bedürfnissen des Übergebers und dessen unterhaltsberechtigten Ehegatten zurückbleibt, wenn also das Maß der Angemessenheit gemäß § 1624 Abs. 1 BGB überschritten wird, kann das Verbot des § 1804 BGB zur Anwendung kommen. Es ist rechtlich verfehlt, wegen des Schenkungsverbots nach §§ 1908i Abs. 1, 1804 BGB an Ubergabeverträge so hohe Anforderungen zu stellen, dass für die Anwendung der §§ 1908, 1624 BGB kein Raum bleibt und im Ergebnis ein Betreuer von ihrem Abschluss generell ausgeschlossen ist.

Ob das nach den Lebensverhältnissen des Elternteils übliche Maß überschritten wird (sog. Übermaß), ist in jedem Einzelfall zu prüfen.

Angemessenheit der Ausstattung

Die Frage der Angemessenheit einer Ausstattung lässt sich nicht unmittelbar anhand des Übermaßverbots nach § 1624 BGB feststellen, wenn die Ausstattung eines Kindes aus dem Vermögen eines betreuten Elternteils erfolgen soll, denn die Interessenlage des Betreuten erfordert andere Maßstäbe als die Ausstattung eines Kindes durch die Eltern im Falle des § 1624 BGB. Insbesondere gilt es, langfristige Vermögensbedürfnisse sorgsam zu prüfen. Sowohl im Fall des § 1908 BGB als auch im Fall des § 1624 BGB handelt es sich jeweils um Einzelfallentscheidungen, die sich einer verallgemeinernden Beurteilung entziehen. Daher bestehen auch Bedenken, die Übermaßgrenze in unmittelbaren Zusammenhang mit dem fiktiven gesetzlichen Erbteil oder einem festen Bruchteil dieses Erbteils zu bringen. Bei einem oder wenigen Erben kann schon die Hälfte des Erbteils unverhältnismäßig hoch sein und in anderen Konstellationen mag auch der ganze fiktive Erbteil noch nicht das Übermaßverbot verletzen, (*OLG Stuttgart* BWNotZ 1997, 147).

Überlassung eines Hausanteils

Wenn der Betreuer über Grundvermögen des Betroffenen zugunsten eines erwachsenen Kindes des Betroffenen verfügen will, um der Familie des Betroffenen das Anwesen zu erhalten, liegt darin grundsätzlich keine Ausstattung des Kindes gemäß § 1624 BGB. Zum Beispiel ist ein im Übrigen vermögensloser, pflegebedürftiger Betreuter sittlich nicht verpflichtet, seiner vermögenden Tochter einen Teil des von beiden gemeinsam bewohnten Hauses in Form einer Eigentumswohnung zu überlassen, um einen Ausbau der Wohnung herbeizuführen, der die beengte Wohnungssituation der Tochter zu verbessern geeignet ist (*BayObLG* Rpfleger 2003, 649).

Übergabevertrag mit Alterssicherung

Ein Übergabevertrag, durch den das dem Betreuten gehörende landwirtschaftliche Unternehmen gegen Zusage eines Altenteils auf den Sohn übertragen werden soll, ist nicht generell genehmigungsunfähig (*OLG Stuttgart* (Rpfleger 2004, 695). Wenn z. B. der aufgrund eines erlittenen Schlaganfalls nicht mehr geschäftsfähige und schwerstpflegebedürftig Betreute, mit dem eine Verständigung nicht mehr möglich ist, von seiner Ehefrau, die als Betreuerin bestellt ist, zu Hause gepflegt und nach Kräften durch die Familienangehörigen unterstützt wird, durch einen Übergabevertrag den Hof einschließlich des zum Betrieb gehörenden Zubehörs an den auf dem Hof lebenden Sohn überträgt, und als Gegenleistung des Übernehmers ein im Grundbuch an vorderster Rangstelle einzutragendes Altenteil (Leibgeding) vereinbart wird, kann dies genehmigungsfähig sein. Schenkungen aus dem Vermögen des Betreuten, die über die in § 1908i Abs. 2 Satz 1 BGB genannten Gelegenheitsgeschenke hinausgehen, sind grundsätzlich nicht genehmigungsfähig. Der Rahmen eines „Gelegenheitsgeschenks" ist im vorliegenden Fall weit überschritten, auch einer „sittlichen Pflicht" des Betroffenen wird nicht entsprochen. Hier kann aber eine Ausstattung gemäß §§ 1908, 1624 Abs. 1 BGB vorliegen. Derartige Übergabeverträge, die seit langem sowohl in der Landwirtschaft als auch in anderen Wirtschaftsbereichen verbreitet und auch punktuell gesetzlich geregelt sind (vgl. Art. 96 EGBGB; §§ 593a, 2049, 2312 BGB), sind nach § 1624 BGB dann keine Schenkungen gemäß § 516 ff., 1804 BGB, wenn sie dem Kind von seinen Eltern zur Erlangung einer selbstständigen Lebensstellung zugewendet werden. Der Gesetzgeber hat dem durch Einfügung des § 1908 BGB in der Betreuung auch Rechnung getragen. Es ist auch anerkannt, dass die in Übergabeverträgen vom Übernehmer zugesagten „Gegenleistungen" in Gestalt von Wohnrecht sowie Versorgung und Pflege im Alter dem Vertrag im Ansatz den

Charakter der Unentgeltlichkeit nehmen (*BGH*, NJW 1995, 1349; *BayObLG*, DNotZ 1996, 647). Nur dann, wenn die zugesagte Gegenleistung des Übernehmers deutlich hinter den absehbaren Bedürfnissen des Übergebers (und seiner unterhaltsberechtigten Ehefrau) zurückbleibt, wenn also das Maß der Angemessenheit gemäß § 1624 Abs. 1 BGB überschritten wird, kann Schenkungsrecht und damit das Verbot des § 1804 BGB zur Anwendung kommen.

Genehmigung erforderlich

Will der Betreuer aus dem Vermögen des Betreuten eine Ausstattung versprechen und gewähren, bedarf er einer betreuungsgerichtlichen Genehmigung nach § 1908 BGB.

Der Rechtspfleger hat zu prüfen, ob die Ausstattung das den Umständen, insbesondere den Vermögensverhältnissen des Betreuten entsprechende Maß übersteigt, und die Genehmigung entsprechend eingeschränkt zu erteilen.

Einhalten des üblichen Maßes

Soweit das übliche Maß überschritten wird, ist die Zuwendung als Schenkung anzusehen und unterliegt dann dem Schenkungsverbot nach § 1908i Abs. 2 Satz 1 BGB i. V. m. § 1804 Satz 1 BGB. In diesem Fall liegt Nichtigkeit vor und kann auch nicht durch eine betreuungsgerichtliche Genehmigung geheilt werden.

Beispiel:

Der Betreuer möchte aus dem Vermögen des verwitweten Betreuten dessen Tochter eine Zuwendung in Höhe von 10.000 EUR zur Hochzeit machen. Das Vermögen des im Heim lebenden Betreuten beträgt 18.000 EUR; die Heimkosten sind durch Renteneinkünfte gedeckt. Der Betreute hat noch zwei Töchter, die schon verheiratet sind.

Der Rechtspfleger erteilt eine Genehmigung beschränkt auf 6.000 EUR mit der Begründung, diese Summe entspricht dem Betrag, den die Tochter im Falle der gesetzlichen Erbfolge nach dem derzeitigen Vermögensstand beanspruchen könnte. Außerdem würden im Wege der Ausgleichungspflicht nach §§ 2050 Abs. 1, 2055 BGB die beiden anderen Töchter nicht benachteiligt werden.

6. Grundstücksgeschäfte

Erwerb, Veräußerung und Belastungen von Grundstücken

Soweit der Betreuer für den Betreuten den Erwerb oder die Veräußerung eines Grundstücks oder einer Eigentumswohnung, die Bestellung, Veränderung oder Aufhebung eines Grundstücksrechts vornehmen will, sind betreuungsgerichtliche Genehmigungen erforderlich.

Auch wenn regelmäßig für diese Rechtsgeschäfte die Mitwirkung eines Notars erforderlich ist, sollte der Betreuer erforderliche Genehmigungspflichten erkennen.

Praxis TIPP

Bevor ein Grundstücksgeschäft durch den Betreuer vorgenommen wird, sollte mit dem Betreuungsrechtspfleger Rücksprache und dessen Beratung nach §§ 1908i Abs. 1, 1837 Abs. 1 Satz 1 BGB in Anspruch genommen werden. Unterlagen zur Sachverhaltsaufklärung und Wertgutachten sind, soweit vorhanden, vorzulegen.

Soweit im Folgenden von Grundstück gesprochen wird, gilt dies entsprechend auch für Wohnungs- und Teileigentum.

6.1 Erwerb von Grundstücken

6.1.1 Entgeltlicher Erwerb

Kauft der Betreuer ein Grundstück im Namen des Betreuten, so ist eine betreuungsgerichtliche Genehmigung nach §§ 1908i Abs. 1 Satz 1, 1821 Abs. 1 Nr. 5 BGB erforderlich. Entgeltlich ist auch ein Tauschvertrag, die Ausübung eines Vorkaufsrechts, Wiederkaufs- oder Optionsrechts.

Betreuer kauft ein Grundstück

6.1.2 Unentgeltlicher Erwerb

Erwirbt der Betreute ein Grundstück unentgeltlich durch Schenkung, so bedarf der Betreuer für seine Handlung als gesetzlicher Vertreter keiner betreuungsgerichtlichen Genehmigung.

Dem Betreuten wird ein Grundstück geschenkt

Gemischte Schenkungen, bei denen die Gegenleistung bewusst niedriger angesetzt wird, als sie dem Grundstückswert entspricht, sind genehmigungsbedürftig. Die Schenkung unter einer Auflage ist dann genehmigungsbedürftig, wenn diese nicht lediglich in der Bestellung eines Rechts zu Gunsten des Schenkers liegt, und das Recht nicht zu persönlichen Leistungen verpflichtet (keine Genehmigung z. B. bei Wohnrecht oder Nießbrauch; allerdings doch Genehmigung bei Reallast wegen § 1108 BGB).

Gemischte Schenkungen

Erwirbt der Betreute ein Grundstück oder einen Miteigentumsanteil an einem Grundstück unentgeltlich (z. B. im Wege der vorweggenommenen Erbfolge), und verpflichtet er sich hierbei vertraglich zur Rücküberlassung an den Schenker unter bestimmten Voraussetzungen, so begründet die Rückforderungsklausel eine aufschiebend bedingte Verpflichtung zur Verfügung über ein Grundstück, sodass eine betreuungsgerichtliche Genehmigung gemäß §§ 1908i Abs. 1 Satz 1 BGB, 1821 Abs. 1 Nr. 4 i. V. m. Nr. 1 BGB erforderlich ist, *OLG Köln* (Rpfleger 2003, 570).

Schenkung unter Rücküberlassungsverpflichtung

Zwar steht jede Schenkung unter dem nicht abdingbaren Vorbehalt der Rückforderung wegen Verarmung des Schenkers nach § 528 BGB oder wegen Widerrufs bei grobem Undank nach § 530 BGB. In beiden Fällen ist das Zugewandte indes nach bereicherungsrechtlichen Grundsätzen zurückzugeben, § 528 Abs. 1 Satz 2, § 531 Abs. 2 BGB. Der Betreute ist gemäß § 818 Abs. 3 BGB dann nur verpflichtet, soweit er noch bereichert ist. Dagegen ist eine vertragliche Erweiterung des Rückforderungsrechts dann als nachteilig einzustufen, wenn dem Betreuten über die bereicherungsrechtliche Rückabwicklung hinaus zusätzliche Pflichten auferlegt werden. Dies gilt insbesondere für die Verpflichtung des Beschenkten zur selbstständigen Rückübertragung, wenn dem Schenker ein Rückforderungsrecht eingeräumt ist. Diese Pflicht ist nachteilig, weil hier der Betreute für die Übertragung nach dem Recht der Leistungsstörungen (§ 280 ff. BGB) und daher nicht nur mit dem übertragenen Gegenstand, sondern gegebenenfalls auch mit seinem weiteren Vermögen haftet. Aus diesen genannten Gründen handelt es sich bei einer solchen Rückübertragungsklausel nicht lediglich um eine Beschränkung der unentgeltlichen Zuwendung seitens des Schenkers, sondern um eine eigenständige, wenn auch bedingte Verpflichtung des Beschenkten, sodass die Voraussetzungen des § 1821 Abs. 1 Nr. 4 BGB erfüllt sind.

Rücküberlassungsverpflichtung über gesetzliche Regelung hinaus

6.2 Veräußerung eines Grundstücks

Abstraktionsprinzip

Veräußert der Betreuer im Namen des Betreuten ein Grundstück, so ist zunächst das schuldrechtliche vom dinglichen Geschäft zu trennen.

6.2.1 Verkauf eines Grundstücks

Durch den Kaufvertrag wird der Verkäufer verpflichtet, das Grundstück auf den Käufer zu übereignen, § 433 Abs. 1 BGB, somit über das Grundstück zu verfügen.

Jede Eingehung einer Verpflichtung zu einer Verfügung über das Betreutengrundstück bedarf einer Genehmigung nach § 1821 Abs. 1 Nr. 4 i. V. m. Nr. 1 BGB. Dabei spielt es keine Rolle, ob das Rechtsgeschäft entgeltlich oder unentgeltlich vorgenommen wird.

Schenkungsverbot beachten

Allerdings kann der gesetzliche Vertreter ein Grundstück nicht verschenken, §§ 1908i Abs. 2 Satz 1, 1804 Satz 1 BGB, soweit es sich nicht um ein Gelegenheits-, Anstandsgeschenk oder Geschenk aus einer sittlichen Verpflichtung handelt, §§ 1908i Abs. 2 Satz 1, 1804 Satz 2 BGB. Diese dürften bei einem Grundstück regelmäßig ausscheiden. Denkbar wäre das Versprechen einer Ausstattung gemäß § 1908 BGB.

Verkauf eines Grundstücks

Der Verkauf oder ein Vertauschen eines Betreutengrundstücks ist genehmigungsbedürftig. Es ist unerheblich, ob das Grundstück im Alleineigentum des Betreuten steht oder ob er nur Miteigentümer ist.

6.2.2 Auflassung eines Grundstücks

Die dingliche Auflassung des Grundstücks (Übertragung des Eigentums) stellt eine Verfügung über dieses dar. Der Betreuer unterliegt dem Genehmigungstatbestand des § 1821 Abs. 1 Nr. 1 BGB.

Hat das Betreuungsgericht den Kaufvertrag genehmigt, wird vermutet, dass diese Genehmigung auch die dingliche Auflassung erfassen soll, soweit sich aus der Genehmigung nichts anderes ergibt, sowie Verfügungs- und Verpflichtungsgeschäft sich decken.

Beispiel:

Der Betreuer mit dem Aufgabenkreis der Vermögensverwaltung verkauft die Eigentumswohnung des Betreuten und lässt sie an den Erwerber auf. Die entsprechende Urkunde wird vor einem Notar errichtet, der Betreuer handelt im Namen des Betreuten.

Der Kaufvertrag und die Auflassung erfordern betreuungsgerichtliche Genehmigungen nach §§ 1908i Abs. 1 Satz 1, 1821 Abs. 1 Nr. 4 und Nr. 1 BGB.

Zahlt der Wohnungskäufer den Kaufpreis an den Betreuer, so erlischt die Kaufpreisforderung des Betreuten durch die Annahme, § 362 Abs. 1 BGB; der Betreuer verfügt über eine Forderung des Betreuten, was zu einer Genehmigung des Gegenbetreuers nach §§ 1908i Abs. 1 Satz 1, 1812 Abs. 1 Satz 1 BGB führt. Ist ein solcher nicht vorhanden, genehmigt das Betreuungsgericht, § 1812 Abs. 3 BGB. Diese Genehmigung entfällt, wenn es sich um einen befreiten Betreuer handelt (§ 1908i Abs. 2 Satz 2 BGB).

Der Genehmigungsbeschluss des Betreuungsgerichts könnte in etwa lauten: „Der Verkauf der Eigentumswohnung, eingetragen im Grundbuch von Starnberg Blatt 1000, durch den Betreuer Benno Beil an Erwin Eigen zum Kaufpreis von 300.000 EUR wird betreuungsgerichtlich genehmigt. Die Genehmigung erfasst auch die Auflassung der Wohnung und die Entgegennahme des Kaufpreises durch den Betreuer."

Zwangsweises Öffnen des Hauses

Möchte der Betreuer zu Verkaufszwecken das noch nicht geräumte Wohnhaus des im Pflegeheim lebenden Betreuten gegen dessen Willen zwangsweise öffnen lassen, um es zu betreten, gibt es hierfür keine Gesetzesgrundlage, *OLG Schleswig* (BtPrax 2008, 36).

Die Erteilung der betreuungsgerichtlichen Genehmigung zur Veräußerung eines Hausgrundstückes durch den Betreuer gegen den erklärten Willen des Betreuten ist rechtlich nicht zu beanstanden, wenn das Gebäude bereits so erhebliche Schäden aufweist, dass es nicht mehr bewohnbar ist, ein weiterer Verfall sowie Schadensersatz- und Instandsetzungsforderungen der unmittelbaren Nachbarn drohen und weder der Betreute noch ein Miteigentümer in der Lage sind, die hohen Kosten der Sanierung zu tragen (*OLG Frankfurt* OLGR Frankfurt 2004, 380).

Unbewohnbares Hausgrundstück

Ein Vertrag, mit dem ein Betreuter ein Grundstück auf einen Angehörigen überträgt, um diesen Vermögensgegenstand bei einer absehbaren späteren Inanspruchnahme staatlicher Unterstützung dem Zugriff des Sozialhilfeträgers zu entziehen, ist sittenwidrig und darf vom Betreuungsgericht nicht genehmigt werden (*OLG Frankfurt* BtPrax 2004, 200).

Sittenwidrige Übertragung von Wohneigentum

Maßstab für die Erteilung oder Versagung der betreuungsgerichtlichen Genehmigung für Grundstücksgeschäfte sind das Interesse und das Wohl des Betreuten. Daneben hat das Betreuungsgericht das Geschäft aber auch einer rechtlichen Prüfung zu unterziehen und dessen Genehmigung insbesondere dann zu versagen, wenn es wegen Gesetzes- oder Sittenwidrigkeit nach §§ 134, 135 BGB nichtig ist. Es ist allgemein anerkannt, dass Rechtsgeschäfte, die nach Inhalt, Zweck und Beweggrund darauf abzielen, trotz eigenen Vermögens oder eigener Einkunftsmöglichkeiten zu Ansprüchen auf Sozialhilfe zu gelangen, grundsätzlich als sittenwidrig einzustufen und deshalb nach § 138 Abs. 1 BGB nichtig sind. Denn nach dem gesetzlich verankerten Grundsatz des Nachrangs staatlicher Hilfeleistungen besteht Anspruch auf Sozialhilfe nur für solche Personen, die sich selbst nicht helfen können und auch keinen Anspruch auf vorrangige Hilfe von anderen Personen, insbesondere Angehörigen, haben. Deshalb muss nach dem Sozialstaatsprinzip derjenige mit seinem Wunsch nach staatlicher Hilfe zurücktreten, der sich aus eigener Kraft zu helfen in der Lage ist. Somit ist in Rechtsprechung und Literatur anerkannt, dass die rechtsgeschäftliche Gestaltungsfreiheit dort ihre Grenzen findet, wo Rechtsgeschäfte zu Lasten der Sozialhilfe abgeschlossen werden, weil diese grundsätzlich als sittenwidrig anzusehen sind, sofern nicht besondere Umstände des Einzelfalls eine andere Beurteilung rechtfertigen. Dies gilt auch, wenn der Betroffene derzeit noch keine Sozialhilfe bezieht, es jedoch absehbar ist, dass er zukünftig auf staatliche Unterstützung angewiesen sein wird, wenn er das Eigentum an dem Hausgrundstück auf einen Dritten überträgt, ohne hierfür eine Gegenleistung zu erhalten, die zur Bestreitung seines Lebensunterhaltes verwendet werden kann.

Veräußerung zu Lasten der Sozialhilfe

Der Erhalt von Grundvermögen ist nicht Selbstzweck. Ein Verkauf kann als gegenüber einem fortgesetzten Leerstand des Hausanwesens als deutlich vorteilhaft angesehen werden. Auch ein unbewohntes Grundstück verursacht beständig nicht unerhebliche Kosten, die nicht immer aus dem Barvermögen des Betroffenen zu bestreiten sind (z. B. Kosten der Heizung und der Aufrechterhaltung einer Wasserversorgung. Unter Umständen müssen auch Erschließungskosten als Straßenanlieger und Kosten der Verkehrssicherung erbracht werden. Eine Vermietung ist oft bei länger leer stehenden Häusern nur mit erheblichen Renovierungskosten zu bewerkstelligen. Aus diesen Gründen kann auch die Veräußerung eines Hausgrundstücks wirtschaftlich sein, selbst wenn genügend sonstiges Vermögen vorhanden ist (*BGH* vom 30. 11. 2016, Az. XII ZB 335/16).

Wirtschaftlichkeit eines Hausverkaufs

6.3 Belastung eines Grundstücks

Wird ein Grundstück mit einem dinglichen Recht belastet, egal ob es sich um eine Hypothek oder Grundschuld, Reallast, Dienstbarkeit oder einen Nießbrauch handelt, so liegt immer eine Verfügung über das Grundstück vor. Soweit ein Betreuer die Belastung herbeiführt, ist der Genehmigungstatbestand der §§ 1908i Abs. 1 Satz 1, 1821 Abs. 1 Nr. 1 BGB erfüllt.

Rechte an einem Grundstück

Beispiel:

Darlehen und Grundschuld

Der Betreuer mit dem Aufgabenkreis Vermögensverwaltung benötigt zur Renovierung des Betreutenhauses ein Darlehen über 30.000 EUR, welches die Kreissparkasse gewährt. Zur Sicherung der Darlehensrückzahlungsforderung vereinbaren die Bank und der Betreuer die Bestellung einer Grundschuld am Grundstück des Betreuten.

Zur Wirksamkeit des Darlehensvertrags ist eine betreuungsgerichtliche Genehmigung nach §§ 1908i Abs. 1 Satz 1, 1822 Nr. 8 BGB erforderlich. Soweit die Zins- und Tilgungsleistungen über vier Jahre hinaus andauern, wäre noch der Genehmigungstatbestand § 1907 Abs. 3 BGB erfüllt.

Die Bestellung der Grundschuld erfordert eine Genehmigung nach §§ 1908i Abs. 1 Satz 1, 1821 Abs. 1 Nr. 1 BGB.

Der Genehmigungsbeschluss wird in etwa lauten: „Der durch den Betreuer Benno Beil mit der Kreissparkasse Starnberg geschlossene Darlehensvertrag über 30.000 EUR bei 6 % Jahreszinsen und 2 % Tilgung jährlich sowie die Bestellung einer Grundschuld über 30.000 EUR am Grundstück des Betreuten, Gemarkung Starnberg Blatt 1000 Fl. Nr. 10, wird betreuungsgerichtlich genehmigt."

Belastungen im Zusammenhang mit dem Erwerb eines Grundstücks

Werden Grundstücksbelastungen im Zusammenhang mit dem Erwerb eines Grundstücks durchgeführt, so ist die Bestellung des Rechts in der Regel nicht gesondert genehmigungsbedürftig. Es soll nur das dem Betreuten bereits gehörende Grundvermögen geschützt werden, sodass Genehmigungsvorschriften auf Belastungen, die im Zusammenhang mit dem Erwerb des Grundstücks erfolgen, keine Anwendung finden. Es kann sich um Grundpfandrechte zur Finanzierung des Kaufpreises handeln, aber auch um andere im Zusammenhang mit dem Grundstückserwerb vorgenommene Belastungen, wie z. B. einem Nießbrauch. Dies gilt dann nicht, wenn der Erwerber des Grundstücks auch zu Leistungen aus seinem bereits vorhandenen Vermögen verpflichtet wird, wie z. B. bei einer Reallast.

Beispiel:

Der Betreuer kauft in einem notariellen Vertrag für den Betreuten ein Grundstück; zu dieser Urkunde wird auch die Auflassung erklärt und vereinbart, dass die Zahlung der Hälfte des Kaufpreises in Höhe von 200.000 EUR auf zwei Jahre gestundet wird. Zur Sicherung des Kaufpreises bestellt der Betreuer eine Hypothek zugunsten des Verkäufers am neu erworbenen Grundstück.

Der Kaufvertrag unterliegt der betreuungsgerichtlichen Genehmigung gemäß § 1821 Abs. 1 Nr. 5 BGB; die Auflassung des Grundstücks an den Betreuten ist genehmigungsfrei.

Die Bestellung der Hypothek stellt eine Belastung des Grundstücks dar, somit eine Verfügung, die an sich § 1821 Abs. 1 Nr. 1 BGB auslösen würde. Allerdings erfolgt die Belastung im Zusammenhang mit dem Grundstückserwerb, sodass nicht bereits vorhandenes Betreutenvermögen, sondern lediglich das erworbene belastet werden soll; ein besonderer Schutz des Betreutenvermögens ist nicht erforderlich. Das Ganze ist so zu betrachten, als ob das Grundstück bereits mit dem Recht belastet erworben worden wäre. Eine zusätzliche Genehmigung für die Bestellung des Rechts ist nicht erforderlich.

6.4 Veränderungen an Belastungen

Veränderungen von Grundstücksrechten können vielfältig sein. Es wird nur auf in der Praxis häufiger auftretende Beispiele eingegangen.

6.4.1 Rangrücktritt eines Rechts

Verschlechterung des Rangs

Ist der Betreute Inhaber eines dinglichen Rechts, und möchte der Betreuer mit diesem Recht hinter die Belastung eines Dritten zurücktreten, so unterliegt er einer betreuungsgerichtlichen Genehmigung, bei der allerdings zu unterscheiden ist, mit welchem Recht er den Rücktritt vornehmen will.

Rechte der Abt. II des Grundbuchs (nicht Grundpfandrechte)

Rechte mit Ausnahme von Grundpfandrechten

Möchte der Betreuer mit einem Erbbaurecht, einer Dienstbarkeit, Reallast, einem Nießbrauch oder Wohnungsrecht zurücktreten, so liegt eine Verfügung über das Recht an einem Grundstück vor, und er benötigt die betreuungsgerichtliche Genehmigung nach §§ 1908i Abs. 1, 1821 Abs. 1 Nr. 1 (2. Alternative) BGB. Der Rücktritt mit einer Auflassungsvormerkung fällt ebenfalls unter den Genehmigungstatbestand, wenn auch die Vormerkung kein dingliches Recht darstellt, verleiht sie dem geschützten schuldrechtlichen Anspruch doch gewisse dingliche Wirkungen.

Beispiel:

Für den Betreuten besteht am Hausgrundstück seines Bruders ein Wohnungsrecht auf Lebenszeit, welches auch wahrgenommen wird. Zur Renovierung des Hauses benötigt der Bruder ein Darlehen, das ihm von der Bank gewährt wird, wenn die zur Sicherung zu bestellende Grundschuld Rang vor dem eingetragenen Wohnungsrecht des Betreuten erhält. Der Betreuer möchte im Namen des Betreuten den Rangrücktritt vornehmen, da durch die Renovierung auch die Wohnqualität für den Betreuten verbessert werden kann.

Der Rangrücktritt erfordert eine Genehmigung des Betreuungsgerichts nach §§ 1908i Abs. 1 Satz 1, 1821 Abs. 1 Nr. 1 BGB.

Grundpfandrechte

Grundpfandrechte bieten Besonderheit

Tritt der gesetzliche Vertreter mit einer Hypothek oder Grundschuld im Rang hinter ein anderes Recht zurück, so findet § 1821 Abs. 1 Nr. 1 BGB keine Anwendung, da § 1821 Abs. 2 BGB diese Rechte ausnimmt.

Eine Hypothek sichert kraft Gesetzes eine Forderung; auch eine Grundschuld wird regelmäßig eine Forderung sichern (sogenannte Sicherungsgrundschuld), allerdings nicht kraft Gesetzes, sondern aufgrund einer schuldrechtlichen Vereinbarung, der sogenannten Zweckerklärung oder dem Sicherungsvertrag.

Besteht für den Betreuten eine Forderung, gesichert durch Hypothek oder Grundschuld, und tritt der Betreuer mit diesem Recht im Rang hinter ein anderes Recht zurück, so ist eine betreuungsgerichtliche Genehmigung nach §§ 1908i Abs. 1, 1822 Nr. 13 BGB erforderlich; er mindert die für eine Forderung bestehende Sicherheit.

Interesse des Betreuten

Beim Rangrücktritt mit einem Recht, insbesondere einem Grundpfandrecht muss immer geprüft werden, ob dies im Interesse des Betreuten liegt. Da dies regelmäßig nicht der Fall sein wird, kann dem Ansinnen des Grundstückseigentümers nur nachgekommen werden, wenn dieser zumindest andere Sicherheiten bieten kann.

6.4.2 Aufhebung eines Rechts

Rechte können aufgehoben werden

Bei der Aufhebung eines Grundstücksrechts des Betreuten gelten grundsätzlich die zum Rangrücktritt gemachten Ausführungen. Soll ein Recht gelöscht werden, handelt es sich um eine Verfügung über das Recht, und es greift §§ 1908i Abs. 1, 1821 Abs. 1 Nr. 1 BGB. Ausgenommen sind nach § 1821 Abs. 2 BGB wieder Grundpfandrechte, für die § 1822 Nr. 13 BGB gilt, wenn eine Betreutenforderung zugrunde liegt.

Beispiel:

Betreuter kommt ins Pflegeheim

Bei der Übergabe des Hausgrundstücks an den Sohn wurde dem Übergeber (Vater) im Rahmen eines Leibgedings ein Wohnungsrecht sowie eine „Wart und Pflege" eingeräumt und im Grundbuch eingetragen. Für den Übergeber besteht nun Betreuung mit den Aufgabenkreisen Aufenthaltsbestimmung, Wohnungs- und Heimangelegenheiten, Vermögensverwaltung. Der Betreuer, ein Bruder des Betreuten, musste diesen in einem Pflegeheim unterbringen, da die angeschlagene Gesundheit eine Versorgung in den vorbehaltenen Räumen nicht mehr möglich war. Der Betreuer möchte auf Bitten des Grundstückseigentümers (Sohn des Betreuten) die Löschung des Leibgedings erreichen; er legt ein ärztliches Gutachten vor, nach dem eine Rückkehr völlig ausgeschlossen erscheint, und beantragt eine erforderliche Genehmigung.

Rechte sind bedeutungslos

Für den aus dem Leibgeding berechtigten Betreuten sind das Wohnungsrecht und die in der Wohnung zu erbringenden Wart- und Pflegeleistungen ohne Bedeutung, wenn er sich dauerhaft in einem Pflegeheim aufhalten muss. Die Aufhebung und Löschung des Rechts erscheint sinnvoll.

Fraglich ist nun, ob der Betreuer eine Ausgleichszahlung verlangen kann.

Leibgedingsvertrag

Handelt es sich um einen vertragsmäßig zugewendeten Inbegriff von Rechten verschiedener Art, die durch ihre Zweckbestimmung dem Berechtigten ganz oder teilweise Versorgung gewähren und zu einer Einheit verbunden sind, kann man von einem Leibgedingsvertrag (Altenteil) ausgehen (z. B. im Sinne von Art. 7 BayAGBGB). Muss der Betreute als Berechtigter des Leibgedings das Grundstück aus besonderen Gründen auf Dauer verlassen, kann man die hierfür geltenden Vorschriften anwenden, so z. B. Art. 18 Satz 1 BayAGBGB. In diesem Fall hat der verpflichtete Grundstückseigentümer dem Betreuten für die Befreiung von der Pflicht zur Gewährung der Wohnung und zu Dienstleistungen eine Geldrente zu zahlen, die dem Wert der Befreiung nach billigem Ermessen entspricht. Die Aufhebung des Rechts sollte der Betreuer von einer

Geldrente

Sicherstellung des Geldrentenanspruchs abhängig machen, *BayObLG* (NJW-RR 1993, 984) und *OLG Hamm* (NJW-RR 1996, 1360).

Auszug aus dem bayerischen AGBGB:

Art. 7 Anzuwendende Vorschriften

Steht mit der Überlassung eines Grundstücks ein Leibgedingsvertrag (Leibzuchts-, Altenteils- oder Auszugsvertrag) in Verbindung, so gelten für das sich aus dem Vertrag ergebende Schuldverhältnis, soweit nicht besondere Vereinbarungen getroffen sind, neben den Vorschriften des Bürgerlichen Gesetzbuchs über die Leibrente die besonderen Vorschriften der Art. 8 bis 23.

Art. 18 Geldrente

Muss der Berechtigte aus besonderen Gründen das Grundstück auf Dauer verlassen, so hat der Verpflichtete ihm für die Befreiung von der Pflicht zur Gewährung der Wohnung und zu Dienstleistungen eine Geldrente zu zahlen, die dem Wert der Befreiung nach billigem Ermessen entspricht. Für andere Leistungen, die für den Berechtigten wegen seiner Abwesenheit von dem Grundstück ohne Interesse sind, hat der Verpflichtete den Wert zu vergüten, den sie für den Berechtigten auf dem Grundstück haben.

Aufgabe Wohnungsrecht

→ Siehe zur Aufgabe eines Wohnungsrechts auch oben Abschnitt 3.10.

Genehmigungstatbestände im Überblick

Genehmigungstatbestände im Zusammenhang mit Grundstücken	
Kauf eines Grundstücks	§ 1821 Abs. 1 Nr. 5 BGB
• Falls Kaufpreis in Raten zu zahlen ist, und diese über 4 Jahre hinaus andauern	§ 1907 Abs. 3 BGB
• Falls beim Kauf eines ideellen Miteigentumsanteils an einem Grundstück gesamtschuldnerische Kaufpreishaftung vereinbart wird	§ 1822 Nr. 10 BGB
Abtretung oder Verpfändung des Auflassungsanspruchs des Betreuten	§ 1821 Abs. 1 Nr. 2 BGB

Genehmigungstatbestände im Zusammenhang mit Grundstücken	
Verkauf und Auflassung eines Betreutengrundstücks	§ 1821 Abs. 1 Nr. 4 und Nr. 1 BGB
Belastung des Betreutengrundstücks mit einem Recht (z. B. Grundschuld, Hypothek, Dienstbarkeit, Reallast, Nießbrauch, auch Auflassungsvormerkung)	§ 1821 Abs. 1 Nr. 1 BGB
Verfügung über ein Grundstücksrecht (nicht Grundschuld oder Hypothek wegen Abs. 2), z. B. durch Aufhebung, Abtretung, Rangrücktritt	§ 1821 Abs. 1 Nr. 1 BGB
Verfügung über Grundschuld oder Hypothek, wenn das Recht eine bestehenbleibende Forderung des Betreuten sichert, z. B. Aufhebung, Pfandfreigabe, Rangrücktritt	§ 1822 Nr. 13 BGB
Verfügung über eine Grundschuld oder Hypothek, wenn das Recht keine Forderung des Betreuten sichert (z. B. Eigentümergrundschuld), durch Aufhebung, Pfandfreigabe, Rangrücktritt	§ 1812 Abs. 1 Satz 1 (Alternative 2) BGB

7. Erbschaftsangelegenheiten

Aufgabenkreis beachten

Wichtig ist in allen Erbschaftsangelegenheiten, dass der Betreuer für einen ausreichenden Aufgabenkreis bestellt ist.

7.1 Erbvertrag

7.1.1 Aufhebung eines Erbvertrags

Erblasser kann nur selbst aufheben

Besteht für den Erblasser eine Betreuung, kann er den Aufhebungsvertrag nur selbst schließen, was aber Geschäftsfähigkeit voraussetzt. Eine Vertretung durch den Betreuer ist ausgeschlossen, § 2290 Abs. 2 BGB. Ein bestehender Einwilligungsvorbehalt erfordert keine Zustimmung des Betreuers, § 1903 Abs. 2 BGB in Verbindung mit § 2290 Abs. 2 BGB, da Verfügungen von Todes wegen vom Einwilligungsvorbehalt nicht erfasst werden.

Vertragspartner

Steht der Vertragspartner unter Betreuung, kann der Betreuer beim Aufhebungsvertrag vertreten, § 1902 BGB, allerdings benötigt er eine betreuungsgerichtliche Genehmigung nach § 2290 Abs. 3 BGB.

7.1.2 Anfechtung des Erbvertrags

Ein Erbvertrag kann angefochten werden, und zwar aus den Gründen, die für eine Testamentsanfechtung gelten, § 2279 Abs. 1 BGB. Als Besonderheit gilt, dass der Erblasser selbst zur Anfechtung des Erbvertrags berechtigt ist, § 2281 Abs. 1 BGB. Die Anfechtung erfolgt durch notariell beurkundete Erklärung des Erblassers an den Vertragspartner, § 2282 BGB; nach dem Tod des Vertragspartners dem Nachlassgericht gegenüber, § 2281 Abs. 2 BGB. Die Anfechtung führt zur Nichtigkeit der angefochtenen vertragsmäßigen Verfügung, § 142 Abs. 1 BGB.

Betreuer ficht an

Der Erbvertrag kann durch den geschäftsfähigen Erblasser nur selbst angefochten werden; ein bestehender Einwilligungsvorbehalt erfordert keine Zustimmung des Betreuers, § 1903 Abs. 2 BGB in Verbindung mit § 2282 Abs. 1 Satz 2 BGB. Für einen geschäftsunfähigen Betreuten muss der Betreuer anfechten, § 2282 Abs. 2 BGB; hierfür ist eine betreuungsgerichtliche Genehmigung erforderlich.

7.2 Erbverzicht

Ausschluss vom Erb- und Pflichtteilsrecht

Zu Lebzeiten des Erblassers können Verwandte und Ehegatten durch einen Vertrag auf ihr Erbrecht dem Erblasser gegenüber verzichten. Zweck des Erbverzichts ist der sichere Ausschluss des Verzichtenden vom Erbrecht und dem Pflichtteilsrecht, § 2346 Abs. 1 Satz 2 BGB. Praktische Bedeutung hat der Erbverzicht im Zusammenhang mit einem Abfindungsvertrag.

7.2.1 *Abschluss des Erbverzichtsvertrags*

Verzichtender kann vertreten werden

Der Erbverzichtsvertrag muss zwischen dem Erblasser und dem Verzichtenden geschlossen werden, § 2346 Abs. 1 Satz 1 BGB. Steht der Verzichtende unter Betreuung, kann der Betreuer vertreten, § 1902 BGB, falls er einen entsprechenden Aufgabenkreis inne hat; er bedarf einer betreuungsgerichtlichen Genehmigung, § 2347 Abs. 1 Satz 2 BGB.

Auch der Erblasser kann vertreten werden

Der geschäftsfähige Erblasser kann den Vertrag nur persönlich schließen; steht er unter Einwilligungsvorbehalt, ist keine Zustimmung des Betreuers erforderlich, § 1903 Abs. 2 BGB i. V. m. § 2347 Abs. 2 Satz 1 Halbsatz 2 BGB. Der geschäftsunfähige Betreute wird durch den Betreuer vertreten, dieser bedarf einer betreuungsgerichtlichen Genehmigung, § 2347 Abs. 2 Satz 2 BGB.

Beispiel:

Der vermögende Vater des geschäftsunfähigen 25-jährigen Betreuten bietet dem Betreuer den Abschluss eines Erbverzichtsvertrags an unter gleichzeitiger Schenkung und Übertragung eines Geldbetrags von 200.000 EUR sowie Verpflichtung zur lebenslangen Übernahme der Wohn- bzw. Pflegeheimkosten. Der Betreute hat noch drei Geschwister.

7.2.2 *Aufhebung des Erbverzichts*

Der Erbverzicht kann wieder aufgehoben werden, § 2351 BGB.

Betreuer vertritt

Der geschäftsfähige, unter Betreuung stehende Erblasser handelt selbst, § 2351 i. V. m. § 2347 Abs. 2 Satz 1 Halbsatz 1 BGB; besteht ein Einwilligungsvorbehalt, bedarf er der Zustimmung des Betreuers, da nicht lediglich ein rechtlicher Vorteil gegeben ist, aber kein gerichtliches Genehmigungserfordernis. Für den geschäftsunfähigen Erblasser handelt der Betreuer; der Bedarf in diesem Fall einer betreuungsgerichtlichen Genehmigung nach § 2351 i. V. m. § 2347 Abs. 2 Satz 2 BGB.

Der geschäftsfähige, unter Betreuung stehende Verzichtende kann selbst handeln; besteht ein Einwilligungsvorbehalt, bedarf er nicht der Zustimmung des Betreuers, da lediglich ein rechtlicher Vorteil vorliegt, § 1903 Abs. 3 Satz 1 BGB. Ist der Verzichtende geschäftsunfähig und steht unter Betreuung, handelt der Betreuer; eine betreuungsgerichtliche Genehmigung ist nicht erforderlich.

7.3 Anfechtung eines Testaments

Nach dem Tod des Erblassers kann ein von ihm errichtetes Testament angefochten werden. Als Anfechtungsgründe kommen die §§ 2078, 2079 BGB in Betracht, eine besondere Bedeutung hat insbesondere § 2079 Abs. 1 BGB.

Anfechtungsmöglichkeiten

Wenn ein zur Zeit des Erbfalls vorhandener Pflichtteilsberechtigter im Testament übergangen wird, ist eine Anfechtung möglich. Hat z. B. der Erblasser ein Testament errichtet und einen Verwandten als Erben bestimmt und heiratet er nach der

Testierung, ändert aber die Verfügung vor seinem Tod nicht mehr, so könnte angefochten werden, da der Ehegatte erst nach Testamentserrichtung pflichtteilsberechtigt geworden ist. Allerdings ist § 2079 Abs. 2 BGB zu beachten, der eine Anfechtung ausschließt, wenn anzunehmen ist, dass der Erblasser auch bei Kenntnis der Sachlage die Verfügung getroffen hätte. Anfechtungsberechtigt ist der Pflichtteilsberechtigte (§ 2080 Abs. 3 BGB). Auch nach der Testierung geborene Abkömmlinge des Erblassers können anfechten, wenn sie im Testament übergangen wurden.

Jede Anfechtungserklärung hat dem Nachlassgericht gegenüber zu erfolgen, § 2081 Abs. 1 BGB.

Praxis TIPP

Die Anfechtung ist kein höchstpersönliches Geschäft, so dass der Betreuer die Erklärung im Namen des Betreuten abgeben kann; der nichtbefreite Betreuer unterliegt der betreuungsgerichtlichen Genehmigung nach §§ 1908i Abs. 1, 1812 Abs. 1, 3 BGB.

Frist beachten

Die Anfechtungsfrist beträgt ein Jahr ab dem Zeitpunkt, in welchem der Anfechtungsberechtigte vom Anfechtungsgrund Kenntnis erlangt, § 2082 BGB. Die Anfechtung ist ausgeschlossen, wenn seit dem Erbfall 30 Jahre verstrichen sind, § 2082 Abs. 3 BGB. § 210 BGB beachten.

Durch die Anfechtung wird die angefochtene Verfügung rückwirkend nichtig, § 142 Abs. 1 BGB (Anfechtungswirkung). Die Wirkung erstreckt sich aber nur auf den Teil der Verfügung, der vom Anfechtungsgrund erfasst wird. Die übrigen Bestimmungen bleiben im Zweifel wirksam (§ 2085 BGB). Die Anfechtung nach § 2079 BGB vernichtet die Verfügung (mindestens) insoweit, als sie dem Erbrecht des Pflichtteilsberechtigten entgegensteht.

Die Beweislast für die Tatsachen, die eine Anfechtung begründen, trägt der Anfechtungsberechtigte (dem der Wegfall der Verfügung zustatten kommen würde).

7.4 Annahme und Ausschlagung einer Erbschaft

7.4.1 Annahme der Erbschaft

Für den Betreuten kann der Betreuer die Annahme erklären. Eine betreuungsgerichtliche Genehmigung ist nicht erforderlich.

7.4.2 Ausschlagung der Erbschaft

Genehmigung innerhalb der Ausschlagungsfrist

Der Betreuer kann für den Betreuten die Ausschlagung erklären, er bedarf hierzu einer betreuungsgerichtlichen Genehmigung, §§ 1908i Abs. 1, 1822 Nr. 2 BGB.

Diese kann, obwohl die Ausschlagung ein einseitiges Rechtsgeschäft darstellt, auch noch der Erklärung nachfolgen; § 1831 BGB wird auf diesen Fall nicht angewandt, da der Sinn der Vorschrift es nicht erfordert. Erklärt der gesetzliche Vertreter die Ausschlagung ohne die erforderliche gerichtliche Genehmigung, so muss er diese innerhalb der Ausschlagungsfrist dem Nachlassgericht nachreichen. Der Fristablauf wird nach § 1944 Abs. 2 Satz 3 BGB i. V. m. §§ 206, 209 BGB für die Zeit vom Eingang des Genehmigungsantrags des Betreuers beim Betreuungsgericht bis zur Erteilung der rechtskräftigen Genehmigung an unterbrochen (zur Fristhemmung siehe oben Abschnitt 1.4.2 – Ausnahmen vom Erfordernis der Vorgenehmigung).

Das *OLG Hamm, BtPrax 2009, 302* hat entschieden, dass die Ausschlagung einer werthaltigen Erbschaft, die dazu führt, dass die Sozialhilfebedürftigkeit des vorläufigen Erben fortbesteht, gegen die guten Sitten verstößt, es sei denn, die Ausschlagung kann ausnahmsweise durch ein überwiegendes Interesse des Erben motiviert werden. Wenn die Ausschlagung durch den Betreuer des Sozialhilfeempfängers erfolgt, kann diesem die nach § 1822 Nr. 2 BGB notwendige betreuungsgerichtliche Genehmigung nicht erteilt werden.

Diese vom *OLG Hamm* vertretene Ansicht ist nicht unumstritten, wird aber wie folgt begründet: Die Ausschlagung einer werthaltigen Erbschaft, die dazu führt, dass ein ansonsten für eine nicht unerhebliche Zeit ausgeschlossener Sozialleistungsanspruch (§§ 2, 90 Abs. 1 SGB XII) fortbesteht, verstößt gegen die guten Sitten, wenn nicht ausnahmsweise legitime Interessen des Erben geeignet sind, die Ausschlagung nachvollziehbar zu motivieren. Derjenige, der sich in der Situation befindet, dass er auf Sozialleistungen angewiesen ist, nimmt für sich die durch das Sozialstaatsprinzip verbürgte Solidarität der staatlichen Gemeinschaft in Anspruch. Nimmt er in dieser Situation einen ihm angetragenen Vermögenserwerb nicht wahr, so verweigert er umgekehrt der Gemeinschaft eben diese Solidarität, indem er rechtlich eine Bedürftigkeit vorschützt, die wirtschaftlich nicht besteht bzw. nicht bestehen müsste. Denn auch der Nachranggrundsatz des § 2 SGB XII ist Ausdruck einer umfassend verstandenen Solidarität, die praktisch nur funktionieren kann, wenn der Leistungsfähige nicht auf Sozialleistungen zurückgreift. Ein derart widersprüchliches Verhalten ist mit den guten Sitten ersichtlich nicht zu vereinbaren, es sei denn, es kann im Einzelfall auf Gründe gestützt werden, die die Rechtsordnung auch bei voller Würdigung der Allgemeininteressen akzeptieren muss.

Zum erforderlichen Aufgabenkreis für eine Erbausschlagung vgl. Kapitel A 1, Ziffer 3.3.1.

Ausschlagung durch Sozialhilfeempfänger ist nicht sittenwidrig

Diese Ansicht wird vom *BGH* (FamRZ 2011, 472) bestätigt. Er führt unter anderem aus, dass die Entscheidung darüber, ob der Mensch mit Behinderung die Erbschaft erhalten will, zunächst durch die Privatautonomie gedeckt wird. Grundsätzlich ist jeder frei in seiner Entscheidung, ob er Erbe eines anderen werden oder auf andere Art etwas aus dessen Nachlass bekommen will. Dies sei als Gegenstück im Sinne einer „negativen Erbfreiheit“ der Erbrechtsgarantie in Art. 14 Abs. 1 GG zu entnehmen.

7.4.3 Ausschlagung eines Vermächtnisses oder Pflichtteils

Schlägt der Betreuer ein dem Betreuten angefallenes Vermächtnis (§ 2180 BGB) aus oder verzichtet er nach Eintritt des Erbfalls auf einen Pflichtteilsanspruch des Betreuten (§ 397 BGB), ist jeweils eine Genehmigung nach §§ 1908i Abs. 1, 1822 Nr. 2 BGB erforderlich.

Sozialhilfeempfang steht nicht entgegen

Die Ausschlagung eines Vermächtnisanspruchs oder der Verzicht auf einen angefallenen Pflichtteilsanspruch durch einen Menschen mit Behinderung steht dem sozialhilferechtlichen Nachrangprinzip nicht entgegen. Insoweit gilt nichts anderes, wie bei der Ausschlagung einer Erbenstellung (*BGH* FamRZ 2011, 472).

7.4.4 Anfechtung von Annahme und Ausschlagung

Beispiel:

Irrtum über Nachlasszusammensetzung

Der geschäftsunfähige Betreute ist Alleinerbe geworden und hat nicht ausgeschlagen. Auch der Betreuer hat nichts unternommen, da er nach entsprechenden Recherchen von einem schuldenfreien Nachlass ausgehen konnte. Acht Monate später werden erhebliche Nachlassforderungen gegenüber dem Betreuten geltend gemacht, von denen der Betreuer vorher nichts wusste; der Nachlass stellt sich nunmehr als völlig überschuldet dar.

Anfechtungsgründe

Das Erbrecht enthält keine speziellen Anfechtungsgründe. Bei der Anfechtung einer Annahme oder Ausschlagung gelten die Vorschriften über Anfechtungen von Willenserklärungen. Insbesondere sind Anfechtungsgründe aus § 119 BGB (Irrtum) denkbar. Die Überschuldung des Nachlasses wird überwiegend als eine verkehrswesentliche Eigenschaft nach § 119 Abs. 2 BGB angesehen, so dass eine Anfechtung möglich ist. Dabei wird die Erbschaft als eine Sache im Sinne dieser Vorschrift verstanden, wobei zu den Eigenschaften der Erbschaft auch die Nachlasszusammensetzung gehört, die Zugehörigkeit bestimmter Rechte zum Nachlass

An sich ist nur eine Willenserklärung (ausdrückliche Annahmeerklärung) anfechtbar. Hat der Erbe nur die Ausschlagungsfrist verstreichen lassen (somit keine Willenserklärung abgegeben), hilft § 1956 BGB, der die Versäumung der Ausschlagungsfrist einer Willenserklärung gleichstellt.

Nach § 142 Abs. 1 BGB vernichtet die Anfechtung die angefochtene Willenserklärung. Allerdings wird nunmehr kein neuerlicher Schwebezustand geschaffen, vielmehr schafft § 1957 Abs. 1 BGB eine gesetzliche Rechtsfolge, die unabhängig vom Willen des Anfechtenden eintritt: Anfechtung der Annahme gilt als Ausschlagung und Anfechtung der Ausschlagung gilt als Annahme.

Gerichtliche Genehmigung

Da in der Anfechtung der Annahme eine Ausschlagung liegt, §§ 142 Abs. 1, 1957 Abs. 1 BGB, bedarf die Anfechtungserklärung des Betreuers einer betreuungsgerichtlichen Genehmigung, §§ 1908i Abs. 1, 1822 Nr. 2 BGB; die Anfechtung der Ausschlagung ist genehmigungsfrei.

7.5 Erbauseinandersetzung

Erbengemeinschaft

Hinterlässt der Erblasser mehrere Erben, so wird der Nachlass gemeinschaftliches Vermögen der Erben, sie bilden eine Erbengemeinschaft, die auseinandergesetzt werden muss, damit die einzelnen Miterben Zugriff auf die Nachlassgegenstände erhalten, §§ 2042, 2047 BGB.

Vertrag

Die Miterben können eine schuldrechtliche Vereinbarung über die Zuteilung der einzelnen Nachlassgegenstände treffen, den sog. Erbauseinandersetzungs- oder Erbteilungsvertrag.

Genehmigung

Beim Abschluss dieses Erbauseinandersetzungsvertrags kann der Betreuer vertreten, allerdings benötigt er eine betreuungsgerichtliche Genehmigung nach §§ 1908i Abs. 1, 1822 Nr. 2 BGB.

Übertragung des Miterbenanteils

Sofern vertraglich die vollständige Übertragung des Miterbenanteils des Betreuten an einen anderen Miterben (oder Dritten) gegen Zahlung einer Geldsumme vereinbart wird, liegt eine sog. Erbanteilsübertragung vor. Handelt hierbei der Betreuer für den Betreuten, so greift der Genehmigungstatbestand §§ 1908i Abs. 1, 1822 Nr. 1 (letzte Alternative) BGB. Scheidet der Miterbe aus der Gemeinschaft gegen Abfindung aus, spricht man von einer Abschichtung; hierfür ist ebenfalls eine Genehmigung erforderlich.

Genehmigungstatbestände in Erbschaftsangelegenheiten

Zusammenfassung (§ 1908i Abs. 1 BGB i. V. m. ...)	
Ausschlagung einer Erbschaft	§ 1822 Nr. 2 BGB
Anfechtung der Annahme einer Erbschaft	§ 1822 Nr. 2 BGB
Ausschlagung eines Vermächtnisses	§ 1822 Nr. 2 BGB
Verzicht auf einen Pflichtteilsanspruch (Erlass des Anspruchs nach Anfall)	§ 1822 Nr. 2 BGB
Verzicht auf Erb- und Pflichtteilsrecht zu Lebzeiten des Erblassers • für Erblasser • für Verzichtenden	 § 2347 Abs. 2 BGB § 2347 Abs. 1 BGB
Erbauseinandersetzungsvertrag	§ 1822 Nr. 2 BGB
Übertragung des Anteils an einer Erbengemeinschaft	§ 1822 Nr. 1 BGB
Verpfändung des Anteils an einer Erbengemeinschaft	§ 1822 Nr. 1 BGB

8. Beteiligung an einem Erwerbsgeschäft

Betreuter betätigt sich als Unternehmer

Bei der Überlegung, ob der Betreute ein neues Erwerbsgeschäft (mit) beginnen, oder ob er in ein bestehendes Geschäft eintreten soll, müssen vor allem die wirtschaftlichen Vorteile und Risiken beachtet werden. Bei der Mitwirkung in einer Gesellschaft müssen auch die charakterliche und fachliche Eignung der Mitgesellschafter zur Führung eines Erwerbsgeschäfts und deren Vermögensverhältnisse berücksichtigt werden. Es sind alle erheblichen materiellen und ideellen Kriterien abzuwägen, so z. B. Stimmrecht, Gewinnbeteiligung, Entnahmerecht, Kapitalbeteiligung, Austrittsrecht, Abfindungsguthaben, persönliche Beziehungen zum Unternehmen und den Mitgesellschaftern.

Erwerbsgeschäft

Die Definition eines Erwerbsgeschäfts lautet wie folgt: „Jede berufsmäßig ausgeübte, auf selbstständigen Erwerb gerichtete Tätigkeit, bei der die Absicht der Gewinnerzielung besteht."

Geschäftsführung

Beim Betreiben des Erwerbsgeschäfts ist immer zu unterscheiden, ob der Betreuer als gesetzlicher Vertreter mit entsprechendem Aufgabenkreis betreibt, § 1902 BGB, oder der Betreute selbst. Letzteres setzt bei ihm Geschäftsfähigkeit voraus. Soweit der Betreuer im Namen des Betreuten handelt, unterliegt er unter Umständen betreuungsgerichtlichen Genehmigungstatbeständen.

8.1 Betreuter als Einzelunternehmer

Genehmigung erforderlich

Die Gründung eines Erwerbsgeschäfts durch den Betreuer, sei es unter Anlage eigener vorhandener Mittel des Betreuten oder auch geschenkter Mittel, bedarf der Innengenehmigung nach §§ 1908i Abs. 1, 1823 BGB.

Der entgeltliche Erwerb eines bestehenden Erwerbsgeschäfts unterliegt der Genehmigung nach §§ 1908i Abs. 1, 1822 Nr. 3 BGB. Der schenkungsweise Erwerb, der Erwerb durch Erbfolge oder Vermächtnis, ist genehmigungsfrei.

Die Veräußerung (auch Teilveräußerung) des Erwerbsgeschäfts unterliegt der Außengenehmigung der §§ 1908i Abs. 1, 1822 Nr. 3 BGB. Wird allerdings der Betrieb ohne Veräußerung eingestellt (beendet), so unterliegt der Betreuer nur der Innengenehmigung nach §§ 1908i Abs. 1, 1823 BGB.

8.2 Betreuter als Mitglied einer Personengesellschaft

8.2.1 Gründung einer Personengesellschaft

Gesellschafter einer OHG oder KG

Erforderlich ist ein Gesellschaftsvertrag, § 105 HGB, § 705 BGB. Der Betreuer bedarf einer gerichtlichen Genehmigung nach §§ 1908i Abs. 1, 1822 Nr. 3 Alternative 2 BGB. Umstritten ist, ob durch die gesamtschuldnerische Haftung des Betreuten als Gesellschafter nach § 128 HGB, § 421 ff. BGB auch noch der Genehmigungstatbestand des § 1822 Nr. 10 BGB erfüllt ist. Dies wird überwiegend bejaht.

Bei einem Gesellschaftsgründungsvertrag finden auch noch §§ 1908i Abs. 1, 1823 BGB Anwendung; diese Innengenehmigung fällt allerdings mit § 1822 Nr. 3 BGB zusammen.

Betreuter als OHG-Gesellschafter oder Komplementär einer KG

In dieser Stellung haftet der Betreute unbeschränkt persönlich. Er wird u. U. durch Handlungen jedes vertretungsberechtigten Gesellschafters verpflichtet, sodass dieser ihn überschulden kann.

Gesellschafter können Betreuten verschulden

Die erteilte gerichtliche (Start-)Genehmigung ermöglicht verfassungskonform die handelsrechtliche Haftung. Somit kann der Betreute, ohne dass weitere gerichtliche Genehmigungen zu beachten sind, sein gesamtes Vermögen verlieren (ein Mitgesellschafter unterliegt keinem Genehmigungstatbestand).

Betreuter als Kommanditist

Stellung eines Kommanditisten

Die Beteiligung des Betreuten als Kommanditist ist nach §§ 1908i Abs. 1, 1822 Nr. 3 BGB genehmigungsbedürftig. Auch die bloße kapitalistische Beteiligung fällt unter diese Norm.

8.2.2 Erwerb eines Gesellschaftsanteils

Der Anteil an einer Personengesellschaft ist übertragbar (Übertragung der Mitgliedschaft). Sie erfolgt durch Vereinbarung zwischen dem bisherigen Gesellschafter und dem Erwerber. Dazu ist die Zustimmung der übrigen Gesellschafter erforderlich, entweder zur einzelnen Abtretung oder sie ist generell im Gesellschaftsvertrag erklärt.

Erforderlich für den Eintritt des Betreuten in eine bestehende Gesellschaft (Erwerb eines Gesellschaftsanteils) ist die Genehmigung nach §§ 1908i Abs. 1, 1822 Nr. 3 BGB. Daneben ist auch der Genehmigungstatbestand des § 1822 Nr. 10 BGB erfüllt, da jeder Gesellschafter gesamtschuldnerisch für Verbindlichkeiten der Gesellschaft haftet, und dies beim Betreuer zu Fehleinschätzungen führen kann (Übernahme fremder Verbindlichkeiten).

Unentgeltlicher Erwerb eines Kommanditanteils

Auch die unentgeltliche Übertragung eines Kommanditanteils auf einen Betreuten bedarf der betreuungsgerichtlichen Genehmigung gemäß §§ 1908i Abs. 1, 1822 Nr. 3 BGB, *OLG Frankfurt* Rpfleger 2008, 646. Die Schutzbedürftigkeit des Betreuten im Falle der späteren Übertragung eines Kommanditanteils ist nicht anders zu beurteilen als dessen originäre Beteiligung bei der Gründung der Gesellschaft, so dass auch im Falle der unentgeltlichen Übertragung eines Kommanditanteils an einer Gesellschaft, die ein Erwerbsgeschäft betreibt, an der Genehmigungsbedürftigkeit gemäß § 1822 Nr. 3 BGB festzuhalten ist. Durch die Übernahme eines voll eingezahlten Kommanditanteils erwirbt der Betreute eine Gesellschafterstellung, die zu einer längerfristigen Bindung in einer Personenhandelsgesellschaft führt und mit einem Bündel von Rechten und Pflichten verbunden ist. Insoweit kommt neben den gesellschaftsrechtlichen Treuepflichten auch das Wiederaufleben der beschränkten Haftung gemäß § 172 Abs. 4 HGB in Betracht.

8.2.3 Erwerb eines Anteils an einer Personengesellschaft von Todes wegen

Gesellschaftsanteile sind vererblich

Beim Tod eines Kommanditisten wird die Gesellschaft (mangels einer abweichenden Bestimmung im Gesellschaftsvertrag) mit den Erben weitergeführt (§ 177 HGB).

Soweit nichts anderes im Gesellschaftsvertrag bestimmt ist, wird die Personengesellschaft beim Tod des persönlich haftenden Gesellschafters fortgeführt. Der Gesellschafter scheidet mit dem Tod aus, § 131 Abs. 3 Nr. 1 HGB; grundsätzlich tritt der Erbe des verstorbenen Gesellschafters nicht ein. Der Anteil des verstorbenen Gesellschafters wächst den Mitgesellschaftern an; der Erbe hat regelmäßig ein Abfindungsrecht. Der Gesellschaftsvertrag kann aber vorsehen, dass die Gesellschaft mit dem oder den (sämtlichen) Erben fortgesetzt wird (Nachfolgeklausel). Die Nachfolge im Gesellschaftsanteil bestimmt sich allein nach Erbrecht; der Anteil geht auf den oder die Erben kraft Gesetzes über.

Eine gerichtliche Genehmigung ist nicht erforderlich, wenn der Betreute als Erbe nachfolgt, da dies im Wege der Erbfolge geschieht.

Umwandlung in Kommanditistenstellung

Tritt der Betreute im Wege der Erbfolge als Gesellschafter der OHG (offene Handelsgesellschaft) oder als persönlich haftender Gesellschafter (Komplementär) in die KG (Kommanditgesellschaft) ein, kann er wählen, ob er mit voller Haftung in der Gesellschaft verbleiben oder sein Verbleiben von der Einräumung des Kommanditistenstatus durch alle Mitgesellschafter abhängig machen will, § 139 Abs. 1 HGB. Dies bringt den Vorteil, dass er nicht mit seinem gesamten Vermögen, sondern nur mit der Einlage haftet, § 172 HGB. Der Betreuer muss in Vertretung des Betreuten (Aufgabenkreis: Vermögenssorge) mit den übrigen Mitgesellschaftern eine entsprechende Vereinbarung schließen. Allerdings kann der Betreute (als Erbe) nur innerhalb einer Frist von drei Monaten sein Recht geltend machen, wobei die Frist in dem Zeitpunkt beginnt, in welchem er (oder der Betreuer) von dem Anfall der Erbschaft Kenntnis erlangt hat, § 139 Abs. 3 HGB. Nehmen die übrigen Gesellschafter den Antrag des Betreuten (Erben) nicht an, so kann dieser ohne Einhaltung einer Kündigungsfrist aus der Gesellschaft ausscheiden, § 139 Abs. 2 HGB und in der Regel ein Auseinandersetzungsguthaben geltend machen (soweit kein Ausschluss im Gesellschaftsvertrag enthalten ist). Auch das Ausscheiden muss innerhalb der Dreimonatsfrist des § 139 Abs. 3 HGB erklärt werden. Eine betreuungsgerichtliche Genehmigung ist hierfür nicht erforderlich.

Soweit der Gesellschaftsvertrag keine erbrechtliche Nachfolgeklausel enthält, kann nach Eintritt des Erbfalls zwischen den verbleibenden Gesellschaftern und dem Erben eine Eintrittsvereinbarung getroffen werden (Eintrittsklausel). Diese begründet für einen Erben ein rechtsgeschäftliches Eintrittsrecht; in der Regel tritt der Begünstigte durch einen Aufnahmevertrag (mit den vorhandenen Gesellschaftern) in die Gesellschaft ein. Handelt es sich bei dem Eintretenden um einen Betreuten, ist eine gerichtliche Genehmigung nach §§ 1908i Abs. 1, 1822 Nr. 3 Alternative 2 BGB erforderlich (Abschluss eines Gesellschaftsvertrags).

8.2.4 *Ausscheiden aus der Gesellschaft*

Betreuter verlässt Gesellschaft

Die Veräußerung eines Anteils an einer Personengesellschaft ist genehmigungspflichtig nach §§ 1908i Abs. 1, 1822 Nr. 3 Alternative 1 BGB. Sie wird behandelt wie eine (Teil-)Veräußerung des Erwerbsgeschäfts. Die Auflösung der Erwerbsgesellschaft durch Beschluss der Gesellschafter erfordert für den Betreuer die Genehmigung nach §§ 1908i Abs. 1, 1823 BGB.

8.3 Betreuter als Gesellschafter einer BGB-Gesellschaft

BGB-Gesellschafter

Wenn die BGB-Gesellschaft zum Betrieb eines Erwerbsgeschäfts eingegangen wird, was zulässig ist, unterliegt die Gründung der Genehmigungspflicht aus §§ 1908i Abs. 1, 1822 Nr. 3 Alternative 2 BGB (Gründungsvertrag) sowie der Innengenehmigung nach § 1823 BGB.

Der entgeltliche Erwerb eines Gesellschaftsanteils bedarf der betreuungsgerichtlichen Genehmigung nach §§ 1908i Abs. 1, 1822 Nr. 3 Alternative 1 BGB.

Haftungsrisiko ist groß

Durch den Mangel an organschaftlicher Struktur wird zwar der Betreute als Gesellschafter beim Betrieb des Geschäfts durch den Betreuer vertreten, und nicht die Gesellschaft, aber die erwerbsgeschäftlich betriebene BGB-Gesellschaft wird einer Personengesellschaft insoweit gleichgestellt. Der Gesellschafter haftet nach §§ 714, 164 BGB unmittelbar persönlich als Gesamtschuldner (§ 421 ff. BGB) den Gläubigern, was ein erhebliches Haftungsrisiko darstellt und eine Genehmigungsfähigkeit grundsätzlich in Frage stellt.

Auf die Frage, ob wegen der gesamtschuldnerischen Haftung auch der Genehmigungstatbestand des § 1822 Nr. 10 BGB greift, kann auf die Überlegungen bei der OHG (siehe oben Abschnitte 8.2.1 und 8.2.2) zurückgegriffen werden.

8.4 Betreuter als Gesellschafter einer GmbH

8.4.1 *Gesellschaftsgründung*

Zum Abschluss des Gesellschaftsgründungsvertrags gemäß § 2 GmbHG ist die betreuungsgerichtliche Genehmigung nach §§ 1908i Abs. 1, 1822 Nr. 3 Alternative 2 BGB erforderlich. Daneben greift auch noch die Innengenehmigung nach § 1823 BGB.

8.4.2 *Erwerb eines GmbH-Anteils*

Erwerb eines GmbH-Anteils

Zu unterscheiden ist der entgeltliche und unentgeltliche Erwerb. Der unentgeltliche Erwerb ist grundsätzlich genehmigungsfrei. Nicht jeder entgeltliche Erwerb fällt aber unter den Genehmigungstatbestand §§ 1908i Abs. 1, 1822 Nr. 3 BGB, sondern nur der Erwerb, der zur Vereinigung aller Anteile in der Person des Betreuten führt, oder zumindest eines erheblichen Geschäftsanteils, der wirtschaftlich keine Kapitalanlegung mehr darstellt. Unter Beachtung des *BGH* (DNotZ 2004, 152) dürfte dies gegeben sein, wenn mehr als 50 % der GmbH-Anteile erworben werden. Jedenfalls ist immer zum Erwerb von GmbH-Anteilen als Geldanlage eine Innengenehmigung nach §§ 1908i Abs. 1, 1811 BGB erforderlich.

Innengenehmigung erforderlich

Haftung für Verbindlichkeiten

Außerdem sind noch §§ 1908i Abs. 1, 1822 Nr. 10 BGB zu prüfen. Den Anteilserwerber trifft nach § 16 Abs. 3 GmbHG die Haftung für rückständige Leistungen des Veräußerers und nach §§ 24, 31 Abs. 3 GmbHG die Ausfallhaftung für Einlage- und Erstattungsforderungen der Gesellschaft gegen die übrigen Gesellschafter. Nach der Rechtsprechung des Bundesgerichtshofs fordert die Anwendung des § 1822 Nr. 10 BGB das Vorhandensein einer konkreten Verbindlichkeit und die rechtliche Möglichkeit des Betreuten, bei Inanspruchnahme ErSatz zu verlangen. Es müssen also zum Zeitpunkt der Anmeldung des Erwerbs bei der Gesellschaft dieser (konkret) Einlage- oder Erstattungsforderungen zustehen und Regressmöglichkeiten des Betreuten bestehen (Innenverhältnis der GmbH).

8.4.3 *Veräußerung eines GmbH-Anteils*

Der Genehmigungstatbestand des § 1822 Nr. 3 BGB greift unzweifelhaft, wenn der Betreute als alleiniger Gesellschafter durch die Veräußerung seine Stellung aufgibt; es genügt bereits die Veräußerung eines Anteils.

Betreuer als Mitgesellschafter

Ist er nur Mitgesellschafter und veräußert seinen Anteil, so ist die Genehmigung nach § 1822 Nr. 3 BGB nur anzuwenden, wenn die Veräußerung bei wirtschaftlicher Betrachtungsweise der Veräußerung des Geschäfts nahe kommt; dies ist dann der Fall, wenn die Beteiligung an einer GmbH 50 % übersteigt, *BGH* (DNotZ 2004, 152). Die Veräußerung einer untergeordneten GmbH-Beteiligung ist keine Veräußerung eines Erwerbsgeschäfts gemäß § 1822 Nr. 3 BGB. Bei der Beteiligung am Gesellschaftskapital der GmbH in Höhe von 1/8, handelt es sich bei wirtschaftlicher Betrachtung z. B. um eine bloße Kapitalbeteiligung und nicht um eine unternehmerische Beteiligung. Die Veräußerung einer Kapitalbeteiligung an einer GmbH wird aber nicht als Veräußerung eines Erwerbsgeschäfts angesehen, *OLG München* (FamRZ 2003, 392). Greift § 1822 Nr. 3 BGB nicht, so ist die Genehmigung des Gegenbetreuers nach §§ 1908i Abs. 1, 1812 Abs. 1 Satz 1 Alternative 2 BGB zu beachten, und falls ein solcher nicht bestellt ist, die Genehmigung des Betreuungsgerichts, § 1812 Abs. 3 BGB. Dieser Genehmigungstatbestand entfällt beim befreiten Betreuer.

8.5 Betreuter als Gesellschafter einer AG

8.5.1 *Gründung*

Die Gründung der Aktiengesellschaft unterliegt §§ 1908i Abs. 1, 1822 Nr. 3 BGB.

8.5.2 *Erwerb von Aktien*

Genehmigung notwendig

Der Erwerb (nahezu) aller Aktien (des Erwerbsgeschäfts) erfordert die betreuungsgerichtliche Genehmigung nach §§ 1908i Abs. 1, 1822 Nr. 3 BGB. Der Erwerb einzelner Aktien ist Kapitalanlage; der Betreuer bedarf in diesem Fall einer Innengenehmigung nach §§ 1908i Abs. 1, 1811 BGB.

8.5.3 Veräußerung von Aktien

Veräußerung § 1822 Nr. 3 BGB greift unzweifelhaft, wenn der Betreute als (nahezu) alleiniger Gesellschafter durch die Veräußerung seine Stellung aufgibt; es genügt bereits die Veräußerung einer Aktie.

Ist der Betreute nur Mitgesellschafter und veräußert seine Aktien, so ist die Genehmigung nach § 1822 Nr. 3 BGB nur anzuwenden, wenn die Veräußerung bei wirtschaftlicher Betrachtungsweise der Veräußerung des Geschäfts nahe kommt, er also mehr als 50 % des Aktienbestandes besitzt (siehe GmbH).

Hinterlegte Aktien Veräußert der Betreuer Aktien, welche er ordnungsgemäß nach §§ 1908i Abs. 1, 1814 BGB hinterlegt hat, so greift der Genehmigungstatbestand §§ 1908i Abs. 1, 1819 BGB. Wurde nicht hinterlegt, so ist die Genehmigung des Gegenbetreuers nach §§ 1908i Abs. 1, 1812 Abs. 1 Satz 1 Alternative 2 BGB zu beachten, und falls ein solcher nicht bestellt ist, die Genehmigung des Betreuungsgerichts, § 1812 Abs. 3 BGB. Diese Genehmigungstatbestände entfallen beim befreiten Betreuer.

8.6 Stille Gesellschaft und Unterbeteiligung

Geldanlage in stiller Gesellschaft Die stille Gesellschaft wirkt nur im Innenverhältnis (Innengesellschaft), an der Trägerschaft des Unternehmens ändert sie nichts (§ 230 Abs. 2 HGB). Da das Innenverhältnis beliebig gestaltet werden kann, gibt es unterschiedliche Formen der Innengesellschaft.

Bei der typischen stillen Gesellschaft nimmt der Gesellschafter am Gewinn und Verlust des Unternehmens teil, am Verlust jedoch nur bis zur Höhe seiner Einlage (§§ 231 Abs. 1, 232 Abs. 1 und 2 HGB). Bei der atypischen stillen Gesellschaft wird von den Vorschriften des HGB abgewichen, so kann z. B. vereinbart werden, dass der stille Gesellschafter nicht am Verlust teilnimmt oder über seine Einlage hinaus den Verlust zu tragen hat; auch kann er in die Betriebsführung eingebunden werden.

Ausgestaltung des Vertrags Ob ein Genehmigungstatbestand nach §§ 1908i Abs. 1, 1822 Nr. 3 BGB zur Anwendung kommt, ist von der Ausgestaltung des Vertrags abhängig. Der Tatbestand ist nicht erfüllt, wenn durch den Betreuten eine einmalige Kapitalleistung erbracht wird, er am Verlust und der Betriebsführung aber nicht beteiligt ist. In diesem Fall muss die Innengenehmigung nach §§ 1908i Abs. 1, 1811 BGB beachtet werden (Geldanlage).

Praxis Tipp Der finanzielle Gewinn bei einer stillen Gesellschaftsbeteiligung ist als sehr unsicher zu bewerten (Anteil am erzielten Gewinn des Unternehmens?). Sicherer ist die Hingabe der „Einlage"als Darlehensbetrag, wenn hierfür ausreichende Sicherung nach § 1807 Abs. 1 Nr. 1 BGB geboten wird.

8.7 Prokuraerteilung

Erteilt der Betreuer im Namen des Betreuten im Rahmen der Führung eines Erwerbsgeschäfts eine Prokura, so ist die Genehmigung nach §§ 1908i Abs. 1, 1822 Nr. 11 BGB erforderlich. Zu beachten ist hierbei § 1831 BGB; da es sich um ein einseitiges Rechtsgeschäft handelt, muss die Genehmigung vor Erteilung erlangt werden.

Vorsicht bei Prokuraerteilung Bei der Erteilung ist Vorsicht geboten, da der Prokurist bei späteren Handlungen keinen betreuungsgerichtlichen Genehmigungen unterliegt, dadurch erfolgt seine Überwachung allein durch den Betreuer.

Genehmigungstatbestände in Zusammenhang mit einem Erwerbsgeschäft

Zusammenfassung (§ 1908i Abs. 1 i. V. m. ...)	
Entgeltlicher Erwerb eines Erwerbsgeschäfts	§ 1822 Nr. 3 BGB
Eröffnung eines Erwerbsgeschäfts	§ 1823 BGB
Entgeltliche Veräußerung eines Erwerbsgeschäfts	§ 1822 Nr. 3 BGB
Auflösung eines Erwerbsgeschäfts	§ 1823 BGB
Gesellschaftsvertrag zum Betrieb eines Erwerbsgeschäfts	§ 1822 Nr. 3 BGB
Ausscheiden aus einer Gesellschaft (ist Veräußerung eines Erwerbsgeschäfts)	§ 1822 Nr. 3 BGB
Erteilung einer Prokura	§ 1822 Nr. 11 BGB

Der unentgeltliche Erwerb eines Erwerbsgeschäfts ist genehmigungsfrei; die unentgeltliche Veräußerung verstößt gegen §§ 1908i Abs. 2 Satz 1, 1804 Satz 1 BGB.

9. Arbeit und Ausbildung

Möchte der Betreuer für den Betreuten ein Dienst- bzw. Arbeitsverhältnis begründen oder einen Ausbildungsvertrag abschließen, ist unter Umständen eine gerichtliche Genehmigung erforderlich.

9.1 Dienst- oder Arbeitsverhältnis

Längerfristiges Arbeits- oder Dienstverhältnis

Eine betreuungsgerichtliche Genehmigung nach §§ 1908i Abs. 1, 1822 Nr. 7 BGB ist dann erforderlich, wenn der Betreute zu persönlichen Leistungen (Leistung von Diensten) für längere Zeit als ein Jahr verpflichtet wird. Soll der Vertrag auf unbestimmte Zeit geschlossen werden und kann er nicht vor Ablauf eines Jahres durch ordentliche Kündigung beendet werden, gilt ebenfalls dieser Genehmigungstatbestand.

Es ist insbesondere zu prüfen, ob die zu erbringende Leistung den Betreuten nicht überfordert und ob das zu erzielende Entgelt angemessen ist. Auch erscheint es nicht sinnvoll, den Betreuten langfristig zu binden.

Keiner Genehmigung bedarf die Kündigung oder vertragliche Aufhebung eines Dienst- oder Arbeitsvertrags.

9.2 Berufsausbildungsvertrag

Längerfristige Berufsausbildung

Zum Abschluss eines Berufsausbildungsvertrags ist eine betreuungsgerichtliche Genehmigung nach §§ 1908i Abs. 1, 1822 Nr. 6 BGB erforderlich, wenn der Vertrag auf bestimmte Zeit von mehr als einem Jahr oder auf unbestimmte Zeit geschlossen wird und nicht vor Ablauf eines Jahres durch ordentliche Kündigung beendet werden kann.

Bei einem solchen Vertrag ist nicht nur die vermögensrechtliche Seite zu prüfen, sondern auch, ob das geistige und leibliche Wohl gewährleistet ist und die Ausbildung den Betreuten nicht überfordert.

10. Geld-, Bank- und Kreditgeschäfte

Vorlage des Betreuerausweises im Original

Unabhängig von der Frage, ob für ein Bankgeschäft eine betreuungsgerichtliche Genehmigung erforderlich ist, treten im Verkehr zwischen dem Betreuer und Banken häufig Probleme zum Nachweis der Betreuereigenschaft und zur Angabe von Daten auf.

Betreuerausweis

Kreditinstitut fordert (immer) Vorlage des Originalbetreuerausweises

Häufig fordern Kreditinstitute, die Bestellungsurkunde (§ 290 FamFG) – den sog. Betreuerausweis – jedes Mal im Original vorzulegen, wenn der Betreuer tätig wird. Nach hier vertretener Ansicht bringt dies dem Kreditinstitut keine (weitere) Sicherheit, da der Betreuerausweis keine sog. Rechtscheinwirkung im Sinne von § 172 BGB hat.

Das *LG Oldenburg* (Az. 13 S 62/09) hat hierzu festgestellt, dass die Bank nicht berechtigt sei, die Entgegennahme und vertragsgerechte Umsetzung rechtsgeschäftlicher Erklärungen des Betreuers von der Vorlage eines Betreuerausweises abhängig zu machen, wenn der Bank dieser Ausweis einmal vorgelegt worden ist. Gegen diese Entscheidung wurde Nichtzulassungsbeschwerde zum *BGH* eingelegt; sie wurde als unzulässig abgewiesen (*BGH* BtPrax 2010, 125).

Der *BGH* hat in der Begründung seiner Entscheidung u. a. Folgendes ausgeführt:

- Die Bank kann durch die Praxis, vor jeder einzelnen Verfügung den Betreuerausweis im Original einzusehen, nicht erreichen, vor Anweisungen eines nicht mehr bevollmächtigten Betreuers im Giroverhältnis geschützt zu sein, da die Bestellungsurkunde eines Betreuers nach § 290 FamFG keine Vollmachtsurkunde nach § 172 ff. BGB ist.
- Beruht die Vertretungsvollmacht nicht auf Erteilung einer Vollmacht durch den Vertretenen, sondern auf gesetzlicher Grundlage, so scheidet eine Zurückweisung der Vollmacht nach § 174 BGB aus; die mit der Inanspruchnahme gesetzlicher Vertretung verbundene Unsicherheit, ob die Vertretungsmacht wirksam besteht, wird dem Empfänger der Erklärung zugemutet.
- Zudem könnte sich die Bank selbst im Falle einer Vorlage des Betreuerausweises nicht nach § 172 BGB auf eine mit der Bestellungsurkunde verknüpfte Rechtsscheinwirkung berufen, da diese einer rechtsgeschäftlichen Vollmachtsurkunde nicht gleichsteht.

Bestellungsbeschluss

Kreditinstitute fordern die Vorlage des Bestellungsbeschlusses (§ 38, § 286 FamFG) neben dem Betreuerausweis, häufig mit der Begründung, in dem Betreuerausweis wären nicht alle relevanten Angaben, insbesondere Beschränkungen, enthalten und darüber hinaus würden Angaben zur „Endfrist“ der Betreuung fehlen.

Vorlage des Bestellungsbeschlusses

Dem kann entgegengehalten werden, dass nach § 290 FamFG alle erforderlichen Daten im Betreuerausweis enthalten sind. Das Fehlen einer Angabe, ob ein Berufsbetreuer bestellt ist (§ 286 Abs. 1 Nr. 4 FamFG) ist unerheblich, da ein solcher weder besonders beschränkt noch befreit ist. Das Fehlen des Zeitpunkts, bis zu dem das Gericht über eine Aufhebung zu entscheiden hat (§ 286 Abs. 3 FamFG), ist für das Kreditinstitut ohne Bedeutung, da es sich um eine Überprüfungsfrist handelt und bei deren Überschreitung die Betreuung fortbesteht. Soweit bei einer vorläufigen Betreuung nach § 302 FamFG eine Beendigung kraft Gesetzes eintritt, ergibt sich dies auch aus dem Betreuerausweis (§ 290 Satz 2 Nr. 5 FamFG).

Angaben über die Geschäftsfähigkeit des Betreuten

Angaben zur Geschäftsfähigkeit des Betreuten

Wenn Kreditinstitute vom Betreuer Angaben über die Geschäftsfähigkeit bzw. das Bestehen eines Einwilligungsvorbehalts erlangen wollen (teilweise in Formularen), ergibt sich dies u. U. aus den AGBs der Banken und Sparkassen, in denen meist gefordert wird, Angaben über die Verfügungs- oder Verpflichtungsfähigkeit des Kunden und deren Änderung anzugeben. Hierzu hat der *BGH* (FamRZ 2015, 1386) angemerkt, dass der Betreuer „ungefragt" nicht verpflichtet ist, solche Erklärungen abzugeben – wohl aber „gefragt".

Angaben zum Bestehen eines Einwilligungsvorbehalts sind unproblematisch möglich. Wie aber soll ein Betreuer eindeutige Angaben über eine bestehende Geschäftsunfähigkeit gemäß § 104 Nr. 2 BGB machen; er kann nur erklären, was sich aus der Aktenlage ergibt. Sollten keine Erkenntnisse vorliegen, obliegt es dem Kreditinstitut, bei Handlungen des Betreuten dessen Geschäftsfähigkeit zu klären – im Zweifel ist ein volljähriger Mensch geschäftsfähig.

Ombudsmänner/Schlichtungsstellen

Ombudsmänner/ Schlichtungsstellen

Bei nicht lösbaren Problemen des Betreuers mit Kreditinstituten kann ein Ombudsmann (eine Ombudsfrau) oder eine Schlichtungsstelle angerufen werden.

Das Schlichtungsverfahren ist für Kunden der teilnehmenden Banken kostenlos und führt häufig schnell zum Erfolg.

Angerufen werden können u. a.:

- Schlichtungsstelle der Deutschen Bundesbank
- Kundenbeschwerdestelle beim Bundesverband der Deutschen Volksbanken und Raiffeisenbanken
- Ombudsmann der privaten Banken
- Deutscher Sparkassen- und Giroverband e.V. Schlichtungsstelle
- Verbraucherschlichtungsstelle beim Bundesverband Öffentlicher Banken Deutschlands

Die Anschriften sind im Internet abrufbar.

Praxis TIPP

Treten nicht lösbare (erhebliche) Probleme mit Kreditinstituten auf, sollte der Betreuer eine Schlichtungsstelle oder einen Ombudsmann einbeziehen.

Angabe von Daten des Betreuers

Daten des Betreuers bei einer Konteneröffnung für den Betreuten

Bei der Eröffnung eines Kontos für den Betreuten werden seitens der Bank häufig die Daten des Betreuers abgefragt, u. a. auch seine steuerliche ID-Nummer.

Nach § 154 Abs. 2 AO muss jedes Kreditinstitut bei der Eröffnung eines Kontos oder Überlassung eines Schließfachs sich zuvor Gewissheit über die Person und Anschrift *jedes Verfügungsberechtigten* verschaffen und die entsprechenden Angaben in geeigneter Form, bei Konten auf dem Konto, festhalten.

Hierbei handelt es sich um die Daten des Betreuten (Kontoinhaber), aber auch um die des Betreuers (Verfügungsberechtigter).

Ist der Verfügungsberechtigte eine natürliche Person, ist § 11 Abs. 4 Nr. 1 GwG (Geldwäschegesetz) entsprechend anzuwenden. Dabei hat der Verpflichtete bei der Identifizierung folgende Angaben zu machen:

- Vorname und Nachname
- Geburtsort und Geburtsdatum
- Staatsangehörigkeit und eine Wohnanschrift

Nach § 154 Abs. 2a AO haben Kreditinstitute für jeden Kontoinhaber und jeden anderen Verfügungsberechtigten außerdem die Identifikationsnummer nach § 139b AO zu erheben und aufzuzeichnen.

Kreditinstitut kann auf Erhebung verzichten

Das Bundesministerium für Finanzen hat am 11. 12. 2017 mit Schreiben Az. IV A 3-S 0325/17/10001 (BStBl I 2017, 1604) i. V. m. § 154 Abs. 2d AO unter Ziffer 11.1 folgende Erleichterung erlassen, aus der sich u. a. ergibt:

Bei einer rechtlichen Betreuung (§ 1896 ff. BGB) kann auf die Identifizierung und Erhebung der steuerlichen Ordnungsmerkmale hinsichtlich der Verfügungsberechtigten (Betreuer) verzichtet werden.

10.1 Girokonto

10.1.1 Abhebung von einem Girokonto

Abhebungen sind genehmigungsfrei

Zu Entnahmen vom Girokonto bedarf der Betreuer an sich einer Genehmigung des Gegenbetreuers und, wenn ein solcher nicht bestellt ist, des Betreuungsgerichts nach §§ 1908i Abs. 1, 1812 Abs. 1 Satz 1 BGB, da er über den Rückzahlungsanspruch des Betreuten gegen die Bank verfügt. Allerdings stellt § 1813 Abs. 1 Nr. 3 BGB die Annahme einer Leistung durch den Betreuer vom Genehmigungserfordernis frei, wenn es sich um Guthaben auf einem Giro- oder Kontokorrentkonto handelt. Der Betreuer kann somit Kontoabhebungen durchführen, unabhängig vom Kontostand.

Hinweis:

Termingeld ist Anlage

Legt der Betreuer das für Ausgaben benötigte Geld vorübergehend auf einem Termingeldkonto an, stellt dies eine Geldanlage gemäß § 1806 BGB dar, so dass die generelle Freistellung vom Genehmigungserfordernis nicht gilt. Es verbleibt hier bei der 3.000 EUR-Regelung des § 1813 Abs. 1 Nr. 2 BGB und der Ausnahmeregelung des § 1813 Abs. 1 Nr. 3 BGB, dass der Betreuer Geld genehmigungsfrei zurücknehmen kann, das er selbst angelegt hat.

10.1.2 Überweisung vom Girokonto des Betreuten

Zu Überweisungen vom Girokonto bedarf der Betreuer grundsätzlich einer Genehmigung nach §§ 1908i Abs. 1, 1812 Abs. 1 Satz 1 BGB, da er über den Rückzahlungsanspruch des Betreuten gegen die Bank verfügt.

Überweisungen sind genehmigungsfrei

Zwar stellt § 1813 Abs. 1 Nr. 3 BGB an sich nur die Entnahme vom Girokonto (Annahme einer geschuldeten Leistung) genehmigungsfrei, jedoch muss dies auch für eine Überweisung gelten. Es kann nicht sein, dass eine Barabhebung und Barzahlung durch den Betreuer genehmigungsfrei ist, während die Überweisung zwar zum selben Erfolg führt, jedoch einem Genehmigungstatbestand unterliegen würde. Dieses Ergebnis entspricht auch den Ausführungen in der *BT-Drucks. 16/10798, S. 24.*

10.1.3 Überweisung auf das Girokonto des Betreuten

Annahme einer Überweisung

Erst die Verfügung über den auf dem Konto gutgeschriebenen Geldbetrag durch den Betreuer (Abhebung oder Überweisung) löst einen Genehmigungstatbestand aus. Das bedeutet, dass die Annahme einer Überweisung durch den Betreuer nicht genehmigungsbedürftig ist.

In der *BT-Drucks. 16/10798, S. 24* wird hierzu ausgeführt, dass soweit auf einem Giro- oder Kontokorrentkonto Zahlungen Dritter eingehen, der Betreuer zur Annahme der den Zahlungen zugrunde liegenden, dem Betreuten geschuldeten Leistungen

(z. B. einem Kaufpreisanspruch), ebenfalls der Genehmigung gemäß § 1812 BGB bedürfe. Diese Genehmigungsbedürftigkeit entfalle nicht dadurch, dass der Betreuer die Leistung über ein Verrechnungskonto des Betreuten entgegennimmt.

Dieser Aussage in der BT-Drucks. kann nicht problemlos gefolgt werden. Mit der Gutschrift auf dem Betreutenkonto gemäß § 675t BGB ist ohne besonderes Mitwirken des Betreuers Erfüllung der Betreutenforderung eingetreten (§ 362 Abs. 1 BGB). Insbesondere ist eine Annahme der Überweisung durch den gesetzlichen Vertreter nicht erforderlich. Eine Genehmigungsbedürftigkeit nach §§ 1908i Abs. 1, 1812 Abs. 1 Satz 1 BGB (unter Beachtung von §§ 1908i Abs. 1, 1813 Abs. 1 Nr. 2 BGB) liegt aber nur dann vor, wenn der Betreuer durch seine Verfügung eine Betreutenforderung zum Erlöschen bringt.

Keine Genehmigung zur Gutschrift eines Überweisungsbetrags

Diese Verfügung könnte man in der für die Überweisung erforderlichen Gestattung erblicken. Geht man aber davon aus, dass diese Gestattung, welche auch in der widerspruchslosen Hinnahme von Überweisungen in der Vergangenheit liegen kann, nicht die Handlung darstellt, welche zur Erfüllung führt, sondern lediglich für den Schuldner die Möglichkeit der Erfüllung durch Überweisung schafft, so liegt kein rechtsgeschäftliches Handeln des Betreuers vor, das zu genehmigen wäre.

10.1.4 Auflösung des Girokontos

Auflösung eines Girokontos

Wird das Girokonto aufgelöst durch Kündigung des Zahlungsdiensterahmenvertrags (Girovertrags) nach § 675h Abs. 1 BGB, erfordert dies regelmäßig eine Genehmigung nach §§ 1908i Abs. 1, 1812 Abs. 1 Satz 1 BGB, da der Betreuer über Ansprüche des Betreuten gegen die Bank aus § 675f BGB verfügt (indem die Ansprüche erlöschen); das Genehmigungsbedürfnis entfällt für den befreiten Betreuer (§ 1908i Abs. 2 BGB). Da es sich bei der Kündigung um ein einseitiges Rechtsgeschäft handelt, muss die gerichtliche Genehmigung vorher eingeholt werden, §§ 1908i Abs. 1 Satz 1, 1831 BGB.

10.1.5 Pfändungsschutz

Pfändungsschutz

Häufig versuchen Gläubiger das Guthaben auf dem Girokonto des Betreuten zu pfänden. Um den erforderlichen Lebensunterhalt des Betreuten zu erhalten, hat der Betreuer geeignete Schutzmaßnahmen zu ergreifen; er wird insbesondere eine Umwandlung des Girokontos in ein Pfändungsschutzkonto vornehmen.

Weitere Ausführungen zum Pfändungsschutzkonto ergeben sich aus Kapitel A 4, Abschnitt 6.

10.2 Sparkonto

10.2.1 Abhebung vom Sparkonto

Rückzahlungen müssen fällig sein

Um von einem Sparkonto eine Abhebung vorzunehmen, muss zuvor geprüft werden, ob der Betrag fällig ist. Bei Sparkonten mit gesetzlicher Kündigungsfrist ist nach den „Sonderbedingungen der Banken und Sparkassen für den Sparverkehr" ein Betrag bis zu 2.000 EUR innerhalb eines Kalendermonats zur Rückzahlung fällig. Höhere Beträge müssen unter Einhaltung der vereinbarten Kündigungsfrist gekündigt (fällig gestellt) werden; die gesetzliche Kündigungsfrist beträgt drei Monate.

Abhebungen vom Sparkonto

Zur Abhebung vom Sparkonto ist eine Genehmigung des Gegenbetreuers nach §§ 1908i Abs. 1, 1812 Abs. 1 Satz 1 BGB und, soweit ein solcher nicht vorhanden ist, des Betreuungsgerichts erforderlich, § 1812 Abs. 3 BGB.

Der Freibetrag von 3.000 EUR gemäß § 1813 Abs. 1 Nr. 2 BGB beseitigt beim Sparkonto das Genehmigungserfordernis nicht, da durch die Sperrvereinbarung nach § 1809 BGB immer ein Genehmigungserfordernis vereinbart wird, § 1813 Abs. 2 Satz 1 BGB.

Zinsen können genehmigungsfrei entnommen werden

Zinsen kann der Betreuer in unbeschränkter Höhe genehmigungsfrei entnehmen, solange sie dem Guthaben noch nicht zugeschlagen wurden, was nach den „Sonderbedingungen der Banken und Sparkassen für den Sparverkehr" regelmäßig nach Ablauf von zwei Monaten nach Zinsgutschrift erfolgt, § 1813 Abs. 1 Nr. 4 BGB.

Befreite Betreuer (§ 1908i Abs. 2 BGB) können genehmigungsfrei von Sparkonten Beträge in unbegrenzter Höhe abheben.

Praxis Tipp

Um dem nichtbefreiten Betreuer die Möglichkeit zu geben, über versperrte Sparkonten zur Deckung von laufenden Ausgaben wiederkehrend verfügen zu können, kann ihm eine allgemeine Ermächtigung nach §§ 1908i Abs. 1, 1825 BGB insgesamt oder auf einen bestimmten monatlichen Betrag begrenzt erteilt werden; diese Ermächtigung ist als „allgemeine Genehmigung" beim Betreuungsgericht anzuregen. Auch kann auf Antrag des Betreuers ein bestimmtes Konto nach §§ 1908i Abs. 1, 1817 Abs. 1 Satz 1 BGB vom Genehmigungserfordernis ausgenommen werden, wenn das Vermögen des Betreuten 6.000 EUR nicht übersteigt, § 1817 Abs. 1 Satz 2 BGB.

10.2.2 Eröffnung und Auflösung eines Sparkontos

Einzahlungen auf das Sparkonto

Die Eröffnung des Sparkontos ist genehmigungsfrei; Einzahlungen unterliegen als Geldanlagen gemäß §§ 1908i Abs. 1, 1807 Abs. 1 Nr. 5 BGB der Genehmigung des Gegenbetreuers oder Betreuungsgerichts nach § 1810 BGB, soweit der Betreuer nicht befreit ist.

Die Auflösung eines Sparkontos ist genehmigungsfrei, da im Gegensatz zum Girokonto nicht über Forderungen des Betreuten auf besondere Kontenleistungen verfügt wird.

10.3 Scheckausstellung

Scheck als Auszahlungshilfe

In der Praxis kommt es häufig vor, dass der Betreuer dem (meist geschäftsunfähigen) Betreuten einen Scheck (Barscheck), bezogen auf dessen Girokonto, übergibt, damit dieser sein „Taschengeld" durch die Scheckeinlösung bei der Bank erhält. Dabei ist allerdings einiges zu beachten:

Inhaberscheck

Die meisten von einer Bank ausgegebenen Scheckvordrucke sind Inhaberschecks, denn sie beinhalten den Vermerk *„oder Überbringer"*, Art. 5 Abs. 2 ScheckG. Das Streichen dieses Vermerks gilt nach den meisten Bankbestimmungen als nicht zulässig. Streicht man diesen Vermerk dennoch, wird die Bank den Scheck nicht einlösen.

Orderscheck

Der Scheck ohne Vermerk „an den Inhaber" bzw. „oder Überbringer" ist regelmäßig ein Orderscheck, Art. 5 Abs. 1 ScheckG. Er kann jedoch durch den Vermerk „nicht an Order" zu einem Rektascheck (schlichten Namensscheck) gemacht werden.

Betreuungsgerichtliche Genehmigung

Die Ausstellung eines Orderschecks erfordert eine betreuungsgerichtliche Genehmigung, § 1908i Abs. 1 Satz 1 i. V. m. § 1822 Nr. 9 BGB, da es sich um ein Papier handelt, das durch Indossament übertragen wird. Umstritten ist, ob dieser Genehmigungstatbestand auch für einen Inhaberscheck anzuwenden ist (es spricht viel dafür).

Verneint man beim Inhaberscheck die Anwendung des § 1822 Nr. 9 BGB, greift § 1908i Abs. 1 Satz 1 i. V. m. § 1812 Abs. 1 Satz 1 BGB, denn durch die Ausstellung und Einlösung des Schecks wird über die Rückzahlungsforderung des Betreuten gegen die Bank verfügt.

Wird ein Inhaber- oder Orderscheck verwendet, könnte sich der Betreuer eine allgemeine Ermächtigung nach § 1908i Abs. 1 Satz 1 i. V. m. § 1825 BGB erteilen lassen, so dass er nicht für jeden Scheck eine Genehmigung einholen muss.

Genehmigungsfreier sicherer Scheck

Der Betreuer sollte grundsätzlich Scheckvordrucke ohne den Vermerk „oder Überbringer" verwenden (beim Kreditinstitut anfordern) und auf jeden Vordruck den Vermerk „nicht an Order" anbringen. Damit wird erreicht, dass die Schecksumme nur an die im Scheck genannte Person (Betreuten) gezahlt wird und ein Missbrauch durch Übertragung oder Diebstahl des Schecks vermieden werden kann. Außerdem entfällt die betreuungsgerichtliche Genehmigung.

10.4 Erlangung einer Kreditkarte durch Betreuer

Mit Kreditkarten kann man das Konto „überziehen"

Die Ausgabe einer Bank- oder Kreditkarte mit persönlicher Geheimnummer bedarf nach §§ 1908i Abs. 1, 1822 Nr. 8 BGB der Genehmigung durch das Betreuungsgericht. Mit einer solchen Karte können Abhebungen an Geldautomaten sowie Zahlungen an automatisierten Kassen im In- und Ausland vorgenommen werden. Da nur bei Abhebungen an institutseigenen Geldautomaten eine Online-Autorisierung möglich ist, eröffnet die Aushändigung einer Kreditkarte die Möglichkeit der Kreditaufnahme. Dies gilt für alle Karten, die als Zahlungsinstrument eingesetzt werden können. Diese Zahlungsverfahren werden als kartengestützt oder kartengesteuert bezeichnet. Hierzu zählen insbesondere Bankkarten, Chipkarten und Kreditkarten, so z. B. auch die VR-BankCard der Volks- und Raiffeisenbanken, die SparkassenCard der Sparkassenorganisation und die MaestroCard.

10.5 Eingehung einer Wechselverbindlichkeit

Wechselverbindlichkeiten können vielfältig entstehen

Geht der Betreuer eine Wechselverbindlichkeit jeglicher Art im Namen des Betreuten ein, so ist hierfür eine betreuungsgerichtliche Genehmigung erforderlich, §§ 1908i Abs. 1, 1822 Nr. 9 BGB. Ohne Genehmigung kann keinerlei wechselmäßige Haftung begründet werden, weder durch Ausstellung noch durch Wechselakzept oder Indossament. Bei der Ausstellung an eigene Order ist erst die Begebung, also die Indossierung genehmigungspflichtig, da erst zu diesem Zeitpunkt eine Verbindlichkeit entsteht.

Mitschuldnerische Haftung

Daneben greift §§ 1908i Abs. 1, 1822 Nr. 10 BGB bei Ausstellung und Indossierung, weil dadurch eine mitschuldnerische Haftung entsteht, Art. 47 WG. Dieser Tatbestand greift nicht bei der Wechselannahme, da erkennbar eine eigene wirtschaftliche Verbindlichkeit begründet wird (Hauptschuldner).

Praxis TIPP

§ 1822 Nr. 9 und § 1822 Nr. 10 BGB sind in § 1825 BGB genannt, so dass dem Betreuer auf Antrag und in Verweisung des § 1980i Abs. 1 BGB eine allgemeine Ermächtigung erteilt werden kann.

Eine praktische Bedeutung zur Eingehung einer Wechselverbindlichkeit kann entstehen, wenn der Betreuer im Namen des Betreuten ein Handelsgeschäft führt.

10.6 Darlehensaufnahme

Kreditaufnahmen in jeglicher Form

Jede Art von Kreditaufnahme, in welcher Rechtsform auch immer, fällt unter den Genehmigungstatbestand nach §§ 1908i Abs. 1, 1822 Nr. 8 BGB. Genehmigungsbedürftig ist der Verpflichtungsvertrag, nicht erst die Darlehensauszahlung. Ob es sich um einen Realkredit, Ratenkredit oder den sog. Überziehungskredit handelt, ist unerheblich. Bei Letzterem wird der Vertrag zu einer wiederkehrenden Ausnutzung eines gesetzten Kreditrahmens genehmigt; die einzelnen „Überziehungen“ innerhalb des Rahmens sind dann nicht mehr genehmigungsbedürftig.

Geringfügiger Überziehungskredit

Der Betreuer bedarf zum Abschluss eines Überziehungskredits („Dispositionskredits“) der Genehmigung des Betreuungsgerichts, § 1908i Abs. 1 Satz 1 i. V. m. § 1822 Nr. 8 BGB. Beruht der Antrag des Betreuers auf Genehmigung auf einem entsprechenden Wunsch des Betroffenen, kann die Genehmigung nur versagt werden, wenn der Wunsch dem Wohl des Betroffenen zuwiderläuft. Hiervon kann bei einem angestrebten Kreditrahmen bis zu 500 EUR und regelmäßigen, diesen Betrag deutlich übersteigenden Einnahmen des Betroffenen nicht ohne nähere Prüfung der vertraglichen Grundlagen ausgegangen werden.

Versorgung der gerichtlichen Genehmigung ist eingeschätzt

Bindung des Rechtspflegers

Der Betreuer ist grundsätzlich an Wünsche des Betroffenen gebunden, § 1901 Abs. 3 Satz 1 BGB. Diese sind auch von dem Betreuungsgericht im Rahmen des Genehmigungsverfahrens zu berücksichtigen. Bedarf der Betreuer, um einem Wunsch des Betroffenen zu entsprechen, der gerichtlichen Genehmigung, kann diese deshalb nur versagt werden, wenn der Wunsch dem Wohl des Betroffenen zuwiderläuft, § 1901 Abs. 3 Satz 1 BGB. Das ist nicht bereits dann der Fall, wenn der Wunsch dem objektiven Interesse des Betroffenen widerspricht. Vielmehr entsteht ein beachtlicher Gegensatz zwischen Wohl und Wille des Betroffenen erst dann, wenn die Erfüllung der Wünsche höherrangige Rechtsgüter des Betroffenen gefährden oder seine gesamte Lebens- und Versorgungssituation erheblich verschlechtern würde. Der Rechtspfleger des Betreuungsgerichts ist bei seiner Ermessensentscheidung insoweit gebunden, *KG Berlin* (Az. 1 W 161/08).

Praxis Tipp

Wird dem Betreuer auf Antrag eine allgemeine Ermächtigung nach §§ 1908i Abs. 1, 1825 BGB erteilt, kann dieser innerhalb einer gesetzten Obergrenze Kredite ohne weitere Genehmigungen vereinbaren. Dies könnte unter Umständen erforderlich sein, wenn der Betreuer im Namen des Betreuten eine Hausverwaltung oder ein Unternehmen betreibt.

Laufzeit des Kredits beachten

Soweit der Betreute durch den Kredit zu wiederkehrenden Zins- und Tilgungsleistungen verpflichtet wird (nicht beim sog. „Überziehungskredit“), ist außerdem der Genehmigungstatbestand des § 1907 Abs. 3 BGB erfüllt, wenn die Zahlungen über vier Jahre hinaus andauern.

10.7 Verfügungen über Wertpapiere und Buchrechte

Man spricht von einem Wertpapier, wenn eine Forderung oder ein Recht derart verbrieft wird, dass ohne das Papier die Ausübung des Rechts nicht möglich ist. Nicht das Recht selbst „hängt“ am Papier, sondern nur die Geltendmachung.

10.7.1 Verfügung über Wertpapiere

Unterschiedliche Wertpapiere

Bei der Verfügung über Wertpapiere ist zunächst zwischen Inhaber-, Order- und Rektapapieren zu unterscheiden. Im Einzelnen wird nur auf Inhaber- und Rektapapiere eingegangen, da sie in der Praxis des Betreuers eine Rolle spielen.

Inhaberpapier

Aktien, Pfandbriefe

Sie bezeichnen als Berechtigten den jeweiligen Inhaber des Papiers. Sie können in unterschiedlicher Form im Betreutenvermögen vorhanden sein, so z. B. als Pfandbriefe, Inhaberbankschuldverschreibungen, Aktien. Sie werden wie bewegliche Sachen übertragen, wobei die vorhandene Forderung in das Papier „projiziert" wird und „mit dem Papier" übergeht.

Veräußerung ist genehmigungsbedürftig

Sind die Aktien als Inhaberpapiere ordnungsgemäß hinterlegt, §§ 1908i Abs. 1, 1814 BGB, so bedarf der Betreuer zur Veräußerung einer betreuungsgerichtlichen Genehmigung nach §§ 1908i Abs. 1, 1819 BGB. Ist keine Sperrvereinbarung nach § 1814 BGB getroffen, so ist eine Genehmigung des Gegenbetreuers nach § 1812 Abs. 1 Alternative 3 BGB erforderlich, falls ein solcher nicht vorhanden ist, die Genehmigung des Betreuungsgerichts, § 1812 Abs. 3 BGB.

Rektapapier

Rektapapiere lauten auf den Namen des Berechtigten, es handelt sich insbesondere um Sparbücher und Sparbriefe, aber auch Versicherungsscheine.

Sparbriefe und Sparbücher folgen der Forderung

Bei diesem Papier erfolgt eine Verfügung durch Abtretung der Forderung, während das Eigentum am Papier (z. B. Sparbrief) auf den Forderungserwerber kraft Gesetzes übergeht.

Zur Abtretung der Forderung ist eine Genehmigung des Gegenbetreuers nach §§ 1908i Abs. 1, 1812 Abs. 1 Satz 1 Alternative 1 BGB erforderlich, falls ein solcher nicht vorhanden ist, die Genehmigung des Betreuungsgerichts, § 1812 Abs. 3 BGB.

10.7.2 Schuldbuchrechte

Schuldverschreibungen ohne Papiernachweis

Schuldbuchforderungen sind Inhaberschuldverschreibungen, für die kein Papier ausgegeben wird; die Berechtigung wird in einem Schuldbuch (z. B. Bundesschuldbuch bei der Finanzagentur des Bundes) vermerkt, bzw. die erworbenen Anteile werden auf einem Depotkonto gebucht. Sie kommen z. B. als Bundesanleihen, Bundesobligationen, Bundesschatzanweisungen auf den Markt.

Schuldbuchforderungen werden regelmäßig wie Inhaberpapiere im Eigentum übertragen, durch Einigung gemäß § 929 BGB und Umbuchung im Schuldbuch oder Abbuchung vom Depotkonto des Veräußerers auf das Konto des Erwerbers.

Veräußerung erfordert Genehmigung

Zur Veräußerung von Schuldbuchforderungen ist eine betreuungsgerichtliche Genehmigung erforderlich, wenn die erforderliche Sperrvereinbarung gemäß §§ 1908i Abs. 1, 1816 BGB zum Schuldbuch oder Depotkonto getroffen wurde (Verpflichtungsgeschäft erfordert § 1820 Abs. 2 BGB). Falls nicht, ergibt sich eine Genehmigung des Gegenbetreuers nach §§ 1908i Abs. 1, 1812 Abs. 1 BGB, oder beim Nichtvorhandensein eines solchen, die Genehmigung des Betreuungsgerichts, § 1812 Abs. 3 BGB.

Praxis TIPP

Befreite Betreuer (§ 1908i Abs. 2 Satz 1 i. V. m. §§ 1857a, 1853 BGB) können genehmigungsfrei Wertpapiere und Schuldbuchforderungen veräußern, für sie sind §§ 1814, 1816 BGB und somit auch §§ 1919 und 1820 BGB nicht anwendbar, zudem unterliegen sie nicht § 1812 BGB.

11. Übernahme fremder Verbindlichkeiten

Betreuer kann Fehleinschätzung unterliegen

Beim Genehmigungstatbestand nach §§ 1908i Abs. 1, 1822 Nr. 10 BGB, der Übernahme einer fremden Verbindlichkeit, ist nur an Fälle gedacht, in denen die Verbindlichkeit eines Dritten *nicht* als „wirtschaftliche eigene" übernommen wird. Die Übernahme muss also dazu führen, dass der Dritte weiterhin die Leistung schuldet, der übernehmende Betreute nur „neben oder hinter" ihm haftet und bei Inanspruchnahme von ihm Ersatz verlangen kann. Hauptanwendungsfälle sind (die im Gesetz genannte) Bürgschaft und die gesamtschuldnerische Haftungsübernahme. Der Betreute soll vor Verlusten geschützt werden, mit denen der Betreuer nicht rechnet, weil er z. B. an die Tilgung durch den Dritten oder einen erfolgreichen Rückgriff auf diesen glaubt.

Praxis TIPP

Möchte z. B. bei einem Grundstückskauf, an dem der Betreute mit anderen als Käufer beteiligt ist, der Verkäufer eine gesamtschuldnerische Haftung für den Kaufpreis erreichen, sollte der Betreuer zumindest dann Vorsicht walten lassen, wenn der Betreute der finanziell „Starke" ist.

Die „echte" befreiende Schuldübernahme nach §§ 414, 415 BGB, die dazu führt, dass der übernehmende Betreute alleiniger Schuldner wird, fällt nicht unter einen Genehmigungstatbestand.

12. Abschluss eines Vergleichs

Genehmigungsbedürftige Vergleiche

Schließt der Betreuer im Namen des Betreuten einen Vergleich, § 779 BGB (auch Prozessvergleich) oder einen Schiedsvertrag, § 1029 ff. ZPO, ist grundsätzlich eine betreuungsgerichtliche Genehmigung nach §§ 1908i Abs. 1, 1822 Nr. 12 BGB erforderlich.

Streitwert bis zu 3.000 EUR

Dies gilt nicht, wenn der Wert des Streits oder der Ungewissheit in Geld schätzbar ist und den Wert von 3.000 EUR nicht übersteigt. Wird dieser Betrag überschritten oder ist eine betragsmäßige Bezifferung nicht möglich, ist Genehmigung erforderlich.

Beispiel:

Der Betreuer fordert im Namen des Betreuten eine Kaufpreiszahlung über 18.000 EUR; der Schuldner ist der Ansicht, dass er nur 16.000 EUR zu zahlen habe. Einigt man sich auf einen Betrag von 17.000 EUR, ist keine Genehmigung erforderlich, denn der Wert des Streites ist bezifferbar und beträgt 2.000 EUR.

Ein Gericht war schon befasst

Soweit der Vergleich einem schriftlichen oder protokollierten gerichtlichen Vergleichsvorschlag entspricht (mit ihm übereinstimmt), ist eine Genehmigung nicht erforderlich, unabhängig vom Wert des Streites. Der Vergleich muss dabei nicht vor einem Gericht geschlossen werden.

13. Verfügung über Forderungen und Rechte des Betreuten

Zu beachten ist § 1812 BGB, der durch die Verweisung des § 1908i Abs. 1 Satz 1 BGB auch in der Betreuung Anwendung findet.

Gegenstand des § 1812 Abs. 1 Satz 1 BGB sind alle Verfügungen über

- Forderungen des Betreuten,
- andere Rechte, kraft dessen der Betreute eine Leistung fordern kann,
- Wertpapiere des Betreuten,

ohne Rücksicht darauf, ob der Betreute an dem Gegenstand allein oder gemeinschaftlich mit anderen berechtigt ist.

Begriff einer Verfügung

Verfügungen sind Rechtsgeschäfte, die unmittelbar darauf gerichtet sind, auf ein bestehendes Recht einzuwirken, es zu verändern, zu übertragen oder aufzuheben. Zu den Verfügungen gehören insbesondere: Veräußerung, Abtretung, Erlass, Belastung, Aufrechnung seitens des Betreuers, Kündigung, Annahme einer Leistung (Forderung erlischt durch Erfüllung, § 362 Abs. 1 BGB). Gestaltungsrechte wie Kündigung aber nur, wenn sie zur Verfügung über eine Forderung oder ein Recht führen.

Eingehung einer Verpflichtung

Nach § 1812 Abs. 1 Satz 2 BGB unterliegt auch die Eingehung der Verpflichtung zu einer solchen Verfügung dem Genehmigungserfordernis. Allerdings erstreckt sich das Genehmigungserfordernis nach § 1812 Abs. 1 Satz 2 BGB nicht allgemein auf die Begründung von Verpflichtungen zu Lasten des Betreuten, sondern nur auf die zu einer Verfügung im Sinne von § 1812 Abs. 1 Satz 1 BGB (siehe *BGH* Rpfleger 2010, 136). Schließt z. B. der Betreuer im Namen des Betreuten einen Vertrag mit einem Dritten (z. B. Pflegevertrag), so wird der Betreute zu einer Vergütung verpflichtet (§ 611 Abs. 1 BGB). Zwar geht der Betreute eine Verpflichtung ein, die letztlich zu einer Verfügung über seinen Kontenbestand (Forderung gegen die Bank) führen kann, jedoch wird diese Verpflichtung nicht von § 1812 Abs. 1 Satz 2 BGB erfasst. Es ist nicht Ziel des § 1812 BGB, einen umfassenden Schutz des Betreuten dergestalt zu erreichen, dass nach § 1812 Abs. 1 Satz 2 BGB alle Verpflichtungen des Betreuten einer umfassenden Genehmigungspflicht zu unterstellen sind.

Subsidiarität

§ 1812 BGB gilt subsidiär, das heißt, diese Vorschrift kommt nur dann zur Anwendung, wenn nicht bereits eine Genehmigung nach §§ 1819 bis 1822 BGB erforderlich ist.

Gegenbetreuer Betreuungsgericht

Die Genehmigung erteilt der Gegenbetreuer, § 1218 Abs. 1 Satz 1 BGB, und sofern ein solcher nicht vorhanden ist, das Betreuungsgericht, § 1812 Abs. 3 BGB, aber nur dann, wenn nicht die Betreuung von mehreren Betreuern gemeinschaftlich geführt wird (siehe § 1899 Abs. 3 BGB). Falls ein vorhandener Gegenbetreuer verhindert ist oder die Genehmigung verweigert, entscheidet ebenfalls das Betreuungsgericht, § 1812 Abs. 2 BGB. Der Betreuer kann sich auch unter Umgehung des Gegenbetreuers immer unmittelbar an das Betreuungsgericht wenden, welches dann direkt entscheiden kann.

13.1 Verfügung über eine Forderung des Betreuten

Ansprüche aus Schuldverhältnissen

Forderungen sind Ansprüche aller Art aus Schuldverhältnissen (§ 241 BGB).

Verfügungen über Forderung können mannigfaltig sein. Steht z. B. dem Betreuten eine Forderung zu (Kaufpreisforderung, Darlehensforderung), so kann der Betreuer diese Forderung nur dann wirksam an einen Dritten abtreten, wenn er die erforderliche Genehmigung nach § 1812 Abs. 1 Satz 1 BGB erhält. Auch kann er nur mit einer solchen Genehmigung mit einer Betreutenforderung gegen eine Drittforderung aufrechnen.

Erlöschen durch Erfüllung

Eine besondere Art der Verfügung über eine Forderung ergibt sich, wenn der Betreuer eine dem Betreuten geschuldete Leistung annimmt. Hat z. B. der Betreuer den PKW des Betreuten für 5.000 EUR an einen Dritten verkauft, wird der Käufer unter Umständen den Kaufpreis in bar bezahlen. Als Folge der Übereignung des Kaufpreises erlischt die Kaufpreisforderung des Betreuten durch Erfüllung (§ 362 Abs. 1 BGB) – aber erst, wenn der Betreuer die erforderliche Genehmigung nach § 1812 Abs. 1 Satz 1 BGB eingeholt hat.

§ 1813 BGB schafft Erleichterung

Allerdings ist dann, wenn die Forderung durch Annahme einer (geschuldeten) Leistung erlischt, § 1813 Abs. 1 BGB zu beachten.

- Kauft z. B. der Betreuer im Namen des Betreuten ein Fernsehgerät, so hat der Betreute eine Forderung aus § 433 Abs. 1 BGB auf Übereignung des Geräts; kommt es zur Übereignung, so erlischt die Forderung des Betreuten durch Erfüllung (§ 362 Abs. 1 BGB), jedoch wird eine Leistung angenommen, die nicht in Geld oder Wertpapieren besteht. Eine Genehmigung ist nicht erforderlich, § 1813 Abs. 1 Nr. 1 BGB.

- Hat der Betreute eine Kaufpreisforderung in Höhe von 1.000 EUR, und wird dieser Betrag an den Betreuer übereignet, erlischt die Forderung des Betreuten durch Erfüllung (§ 362 Abs. 1 BGB), jedoch wird eine Leistung angenommen, und der Anspruch des Betreuten übersteigt nicht 3.000 EUR. Eine Genehmigung ist nicht erforderlich, § 1813 Abs. 1 Nr. 2 BGB.
- Ist der Betreute Eigentümer eines Bürohauses und entrichtet der Mieter monatlich seine Mietzahlung in Höhe von 4.000 EUR, so erlischt die Forderung des Betreuten aus dem Mietvertrag durch Erfüllung (§ 362 Abs. 1 BGB). Jedoch wird eine Leistung angenommen, und der Anspruch des Betreuten gehört zu den Nutzungen seines Vermögens (§ 100 BGB). Eine Genehmigung ist nicht erforderlich, § 1813 Abs. 1 Nr. 4 BGB.

Hinweis:

Eine große Rolle spielen die §§ 1812 und 1813 BGB im Bereich von Konto- und Bankgeschäften. *Siehe hierzu Abschnitt 10.*

13.2 Verfügung über ein Recht des Betreuten

Grundpfandrechte

Es muss sich um ein Recht handeln, kraft dessen der Betreute eine Leistung verlangen kann. Hierunter fallen insbesondere Verfügungen über Grundpfandrechte, auf die § 1821 Abs. 1 Nr. 1 BGB wegen § 1821 Abs. 2 BGB nicht angewendet werden kann.

Möchte z. B. der Betreuer eine Grundschuld des Betreuten aufheben (§ 875 Abs. 1 BGB) und im Grundbuch löschen lassen, ist hierfür eine Genehmigung nach § 1812 Abs. 1 Satz 1 BGB erforderlich. Dabei muss jedoch beachtet werden, dass eine Genehmigung nach § 1822 Nr. 13 BGB anfällt, wenn das Grundpfandrecht (Hypothek oder Grundschuld) eine Forderung des Betreuten sichert, da § 1812 BGB subsidiär ist.

Weitere Anwendungsmöglichkeiten ergeben sich unter anderem beim Rangrücktritt mit einem Grundpfandrecht (soweit nicht § 1822 Nr. 13 BGB greift) und bei der Zustimmung des Betreuten als Eigentümer eines Grundstücks nach § 1183 BGB, wenn der Grundpfandrechtsgläubiger die Aufhebung und Löschung des Rechts herbeiführen möchte.

Kündigung eines Lebensversicherungsvertrags

Die Kündigung eines Lebensversicherungsvertrags durch den Betreuer des Versicherungsnehmers ist gemäß §§ 1908i Abs. 1, 1812 Abs. 1, 1831 BGB unwirksam, wenn die vereinbarte Todesfallleistung mehr als 3000 Euro beträgt. Auf die Kündigung eines Lebensversicherungsvertrags durch den Betreuer des Versicherungsnehmers findet § 1813 Abs. 1 Nr. 2 BGB über § 1908i Abs. 1 BGB analoge Anwendung. Für die Bestimmung des Anspruchswerts analog § 1813 Abs. 1 Nr. 2 BGB ist bei der gebotenen wirtschaftlichen Betrachtung auf die vereinbarte Todesfallleistung und nicht auf den Rückkaufswert abzustellen (*OLG Nürnberg* BtPrax 2016, 157).

13.3 Verfügung über Wertpapiere des Betreuten

Wertpapier und Buchforderung

Wertpapiere sind Urkunden, in denen ein verbrieftes Recht derart verkörpert ist, dass es nicht ohne das Papier geltend gemacht werden kann. Daneben gibt es noch die sog. Buchforderungen, bei denen für das Recht kein Papier ausgegeben wird, sondern eine Eintragung in ein Schuldbuch (z. B. Bundesschuldbuch) erfolgt, die aber wie Wertpapiere behandelt werden.

Sofern allerdings Inhaberpapiere ordnungsgemäß nach § 1814 BGB hinterlegt sind, greift § 1819 BGB und § 1812 BGB entfällt; ist die Buchforderung gemäß § 1816 BGB versperrt, greift § 1820 BGB. *Siehe hierzu die Ausführungen unter Abschnitt 10.7.*

13.4 Befreiung vom Genehmigungserfordernis des § 1812 BGB

Bestimmte Betreuer unterliegen nicht § 1812 BGB

Eine Befreiung von der Genehmigungsbedürftigkeit nach § 1812 BGB kann auf Anforderung des Betreuungsgerichts und kraft Gesetzes stattfinden.

Das Betreuungsgericht kann auf Antrag den Betreuer nach §§ 1908i Abs. 1 Satz 1, 1817 Abs. 1 BGB befreien.

Betreuungsbehörde und Betreuungsverein als Betreuer (§ 1900 Abs. 1 und 4 BGB) sind kraft Gesetzes befreit, §§ 1908i Abs. 1 Satz 1, 1857a, 1852 BGB.

Ehegatten, Lebenspartner (LPartG), Eltern, Abkömmlinge des Betreuten als Betreuer, Vereins- und Behördenbetreuer (§ 1897 Abs. 2 BGB) sind ebenfalls kraft Gesetzes befreit, §§ 1908i Abs. 2 Satz 2, 1857a, 1852 BGB.

Ein befreiter Betreuer unterliegt nicht dem Genehmigungstatbestand des § 1812 BGB. Er kann ohne Genehmigung Verfügungen über Forderung, Rechte und Wertpapiere vornehmen, soweit nicht andere Genehmigungstatbestände greifen.

14. Genehmigungsvorbehalte im Familienrecht

14.1 Ehevertrag und Güterstand

14.1.1 Abschluss eines Ehevertrags

Ehevertrag

Beim Abschluss eines Ehevertrags kann der Betreuer mit einem entsprechenden Aufgabenkreis den geschäftsunfähigen Betreuten vertreten. Er bedarf allerdings einer betreuungsgerichtlichen Genehmigung nach § 1411 Abs. 2 Satz 2 BGB.

Einwilligungsvorbehalt besteht

Ist der Betreute beim Abschluss des Vertrags geschäftsfähig, besteht aber für diese Angelegenheit ein Einwilligungsvorbehalt, so muss der Betreuer zustimmen. Außerdem ist eine betreuungsgerichtliche Genehmigung erforderlich, wenn der Ausgleich des Zugewinns ausgeschlossen oder eingeschränkt oder wenn Gütergemeinschaft vereinbart oder aufgehoben wird, § 1411 Abs. 1 Satz 2 und 3 BGB.

14.1.2 Ablehnung der fortgesetzten Gütergemeinschaft

Fortgesetzte Gütergemeinschaft

Haben die Ehegatten durch Ehevertrag vereinbart, dass die Gütergemeinschaft nach dem Tod eines Ehegatten zwischen dem überlebenden Ehegatten und den gemeinschaftlichen Abkömmlingen fortgesetzt wird, so kann der überlebende Ehegatte die Fortsetzung der Gütergemeinschaft ablehnen.

Steht der überlebende Ehegatte unter Betreuung und lehnt der Betreuer im Namen des betreuten Ehegatten ab, so ist die Genehmigung des Betreuungsgerichts erforderlich, § 1484 Abs. 2 Satz 2 und 3 BGB.

14.1.3 Verzicht auf Anteil am Gesamtgut

Verzicht auf Anteil am Gesamtgut

Tritt beim Tod eines Ehegatten vereinbarungsgemäß fortgesetzte Gütergemeinschaft ein, so kann ein anteilsberechtigter Abkömmling auf seinen Anteil am Gesamtgut verzichten. Besteht Betreuung und erklärt der Betreuer den Verzicht im Namen des Betreuten, so ist eine betreuungsgerichtliche Genehmigung erforderlich, § 1491 Abs. 3 BGB.

14.1.4 Aufhebung der fortgesetzten Gütergemeinschaft

Beendigung einer fortgesetzten Gütergemeinschaft

Der überlebende Ehegatte kann die fortgesetzte Gütergemeinschaft jederzeit durch Erklärung gegenüber dem Nachlassgericht oder durch Vertrag mit den Abkömmlingen aufheben. Besteht Betreuung und gibt der Betreuer im Namen des Betreuten eine entsprechende Erklärung ab, so ist eine betreuungsgerichtliche Genehmigung erforderlich, § 1492 Abs. 3 Satz 2 BGB.

14.2 Zustimmungsregelungen im ehelichen Güterrecht

Zustimmung eines Ehegatten

Im ehelichen Güterrecht gibt es mehrere Vorschriften, die das Mitwirken eines Ehegatten zu Rechtshandlungen des anderen Ehegatten erfordern. Dies ist dann problematisch, wenn beim zustimmenden Ehegatten Geschäftsunfähigkeit vorliegt. Ist ein Betreuer bestellt, muss zunächst der ausreichende Aufgabenkreis überprüft werden; dieser liegt vor, wenn alle Aufgabenkreise erfasst sind oder explizit Ehe- oder Güterstandsangelegenheiten.

14.2.1 Zugewinngemeinschaft (gesetzlicher Güterstand)

Verfügungen über einen Großteil des Vermögens

Es sind die Zustimmungsvorschriften der §§ 1365 Abs. 1, 1366 Abs. 1, 1367 BGB zu beachten. Verpflichtet sich ein Ehegatte, über sein Vermögen im Ganzen zu verfügen, bedarf er der Zustimmung des anderen Ehegatten. Nach gängiger Rechtsprechung genügt es, wenn über einzelne Vermögensgegenstände verfügt werden soll, die mehr als 85 bis 90 % des Gesamtvermögens ausmachen.

Fraglich ist, ob in diesem Fall das Familiengericht nach § 1365 Abs. 2 BGB die Zustimmung ersetzen muss oder diese ein vorhandener Betreuer in Vertretung erteilt.

Betreuer stimmt für Betreuten zu

Nach h. M. stimmt der Betreuer im Namen des Betreuten zu, wenn ein deckender Aufgabenkreis vorliegt. Ist der Betreuer zugleich der verfügende Ehegatte, wird die Bestellung eines weiteren Betreuers (§ 1899 Abs. 4 BGB) erforderlich. Eine betreuungsgerichtliche Genehmigung für das Rechtsgeschäft selbst ist nicht erforderlich.

14.2.2 Gütergemeinschaft

Aus der Gütergemeinschaft ergeben sich mehrere Zustimmungserfordernisse eines Ehegatten.

- Verwaltet ein Ehegatte das Gesamtgut allein, bedarf er zu einer Verfügung über das Gesamtgut im Ganzen oder über ein zum Gesamtgut gehörendes Grundstück die Zustimmung des anderen Ehegatten, §§ 1423, 1424 BGB. Dies gilt auch für Schenkungen aus dem Gesamtgut, § 1325 BGB.

  Zustimmung des nichtverwaltenden Ehegatten

  Ist der zustimmungspflichtige Ehegatte geschäftsunfähig, kann ein Betreuer mit ausreichendem Aufgabenkreis zustimmen, nicht jedoch zu Schenkungen, da ihm die Vertretungsmacht fehlt, § 1908i Abs. 2 Satz 1 BGB, soweit es sich nicht um erlaubte Anstands-, sittliche Pflicht- oder Gelegenheitsgeschenke handelt. Werden durch die Zustimmung Rechte des zustimmenden Ehegatten betroffen, bedarf der Betreuer betreuungsgerichtlicher Genehmigungen nach §§ 1821, 1822 BGB, so z. B. bei der Veräußerung eines im Gesamtgut stehenden Grundstücks (§ 1821 Abs. 1 Nr. 1 BGB).

  Alleinverwaltender Ehegatte

- Steht der alleinverwaltende Ehegatte unter Betreuung mit entsprechendem Aufgabenkreis, vertritt der Betreuer, § 1436 Satz 1 BGB. Dies gilt auch, wenn der andere Ehegatte zum Betreuer bestellt ist. Soweit für Rechtsgeschäfte betreuungsgerichtliche Genehmigungen nach §§ 1821, 1822 BGB erforderlich sind, muss sie der Betreuer einholen, § 1908i Abs. 1 BGB.

- Verwalten die Ehegatten das Gesamtgut gemeinsam, ist jeder von ihnen dem anderen zur Mitwirkung an ordnungsgemäßen Verwaltungsmaßnahmen verpflichtet, § 1451 BGB. Soweit ein Ehegatte geschäftsunfähig ist, nimmt seine Aufgaben der Betreuer mit ausreichendem Aufgabenkreis wahr, §§ 1458, 1436 BGB. Soweit für Rechtsgeschäfte betreuungsgerichtliche Genehmigungen nach §§ 1821, 1822 BGB erforderlich sind, muss sie der Betreuer einholen, § 1908i Abs. 1 BGB.

Zustimmung bei gemeinsamer Verwaltung

14.3 Vertretung durch den Betreuer in Eheverfahren

Für einen geschäftsunfähigen Ehegatten kann der Betreuer mit entsprechendem Aufgabenkreis Antrag auf Scheidung oder Aufhebung der Ehe stellen. Er bedarf hierzu einer betreuungsgerichtliche Genehmigung, § 125 Abs. 2 FamFG.

Scheidungsantrag durch Betreuer

14.4 Anerkennung der Vaterschaft, wenn die Eltern nicht miteinander verheiratet sind

14.4.1 Anerkennung durch den Vater

Ist der Vater geschäftsunfähig, so kann der Betreuer mit einem entsprechenden Aufgabenkreis die Vaterschaft in seinem Namen anerkennen; er benötigt eine gerichtliche Genehmigung, § 1596 Abs. 1 Satz 3 BGB.

Genehmigung bei Vaterschaftsanerkennung

Ist der Vater geschäftsfähig, besteht aber in diesem Bereich Betreuung und ist ein Einwilligungsvorbehalt angeordnet, so erkennt der Vater selbst an, bedarf jedoch der Zustimmung des Betreuers, § 1596 Abs. 3 BGB. Eine gerichtliche Genehmigung ist nicht erforderlich.

14.4.2 Zustimmung der Mutter

Zur Wirksamkeit der Anerkennung einer Vaterschaft ist die Zustimmung der Mutter erforderlich, § 1595 Abs. 1 BGB.

Ist die Mutter geschäftsunfähig, so kann der Betreuer mit einem entsprechenden Aufgabenkreis die Zustimmung in ihrem Namen erklären; er benötigt eine betreuungsgerichtliche Genehmigung, § 1596 Abs. 1 Satz 4 und Abs. 3 BGB.

Betreuer stimmt für die Mutter der Anerkennung zu

Ist die Mutter geschäftsfähig, besteht aber in diesem Bereich Betreuung und ist ein Einwilligungsvorbehalt angeordnet, so erkennt sie selbst an, bedarf jedoch der Zustimmung des Betreuers, § 1596 Abs. 3 BGB. Eine gerichtliche Genehmigung ist nicht erforderlich.

14.5 Gemeinsame Sorgeerklärung

Sind die Eltern eines Kindes nicht miteinander verheiratet, können sie durch formgerechte Erklärung (vor einem Notar oder einem Jugendamt) eine gemeinsame Sorge für das Kind erreichen, §§ 1626a Abs. 1 Nr. 1, 1626d Abs. 1 BGB.

Abgabe einer gemeinsamen Sorgeerklärung

Die Eltern können die Sorgeerklärungen nur selbst (persönlich) abgeben, § 1626c Abs. 1 BGB. Ist einer der beiden geschäftsunfähig, scheitert die gemeinsame Sorge; eine Vertretung durch einen Betreuer ist nicht möglich.

Soweit ein Elternteil zwar geschäftsfähig ist, aber in diesem Bereich ein Einwilligungsvorbehalt besteht (persönliche Angelegenheiten oder alle Angelegenheiten), muss er die Erklärung ebenfalls persönlich abgeben. Er bedarf nach h. M. nicht der Zustimmung des Betreuers; eine Verweisung auf § 1903 BGB besteht nicht.

*Bearbeitet von: Reinhold Spanl (Ziffer 1 bis 5)
und Ernst Riedel (Ziffer 6 und 7)*

Inhalt

1. Betreuer als Fremdverwalter

Rechtliche Betreuung

Der Betreuer hat in dem ihm übertragenen Aufgabenkreis die Angelegenheiten des Betreuten rechtlich zu besorgen, § 1901 Abs. 1 i. V. m. § 1896 Abs. 1 Satz 1, Abs. 2 Satz 1 BGB; er ist in diesem Bereich gesetzlicher Vertreter, § 1902 BGB.

Bei der Führung seines Amtes handelt der Betreuer eigenverantwortlich und selbstständig. Er ist nur durch gesetzliche Regelungen beschränkt; Anordnungen des Betreuungsgerichts müssen sich im gesetzlichen Rahmen bewegen. Wünschen des Betreuten hat der Betreuer grundsätzlich zu entsprechen, auch wenn sie bereits vor seiner Bestellung (z. B. in einer Betreuungsverfügung) geäußert wurden, § 1901 Abs. 3 BGB.

Betreute in ihrem Anderssein hinsichtlich ihrer Wünsche zu akzeptieren, erfordert sicher eine gewisse Toleranz beim Betreuer. Intention des Betreuungsrechts war es aber gerade, diesen Wünschen einen Vorrang einzuräumen und nicht auf Vermögenssicherung (z. B. für die Erben) abzustellen.

1.1 Individualität in der Vermögensverwaltung

Der Aufgabenkreis „Vermögensverwaltung" umfasst die geldwerten Güter, das Einkommen und ggf. die Verbindlichkeiten (Schulden) des Betreuten. Die Aufgabenstellung des Betreuers in der Vermögensverwaltung ist individuell unter Betrachtung der gesamten Lebensverhältnisse und möglicher Perspektiven des Betreuten zu erörtern.

Wohl und Wille des Betreuten

Die Vermögensverwaltung orientiert sich ausschließlich am Wohl des Betreuten unter Beachtung seines Willens und seiner Wünsche. Hauptziel kann daher nicht nur die Sicherung und Mehrung des Vermögens sein. Vorrang hat immer die Gewährleistung der individuellen Lebensqualität des Betreuten, siehe hierzu auch § 1901 Abs. 2 Satz 2 BGB.

Hilfen in Anspruch nehmen

Bei der Verwaltung bedeutender Vermögen ist es selbstverständlich, dass der Betreuer die Hilfe eines Steuerberaters sowie eines Hausverwalters (bei Immobilienvermögen) beanspruchen kann, soweit er nicht selbst über die notwendige Fachkenntnis verfügt.

Ansprüche gegen den Betreuten prüfen

Stellt der Betreuer nach Sichtung der Einkommens- und Vermögensverhältnisse seines Betreuten eine Überschuldung fest, so sollte er rechtlichen Rat einholen, um die Rechtmäßigkeit der Verbindlichkeiten (liegt ein wirksames Rechtsgeschäft zugrunde, war der Betreute beim Abschluss geschäftsfähig oder kann Verjährung eingewandt werden) zu überprüfen und um eine Strategie zur Schuldenregulierung zu entwickeln. Wichtig dabei ist, dass der Betreuer die Schuldenregulierung nicht alleine vereinbaren sollte. Vielmehr ist es notwendig, soweit möglich, den Betreuten aktiv in die Schuldenregulierung einzubeziehen. Aus pädagogischen Gründen kann z. B. der gemeinsame Besuch einer Schuldnerberatungsstelle sinnvoll sein.

Im Fall der Zahlungsunfähigkeit des Betreuten sollte auch die Möglichkeit in Betracht gezogen werden, ein Verbraucherinsolvenzverfahren mit nachfolgender Restschuldbefreiung zu beantragen.

Steuerliche Pflichten des Betreuers

Besonders zu beachten ist, dass der Betreuer die steuerlichen Pflichten des Betreuten zu erfüllen hat, § 34 AO. Dazu gehört unter anderem die Pflicht zur Abgabe einer Einkommensteuererklärung. Diese Pflicht erstreckt sich auch auf die vor seinem Eintritt in die Funktion als Betreuer liegenden Veranlagungszeiträume. Verletzt er die ihm obliegenden steuerlichen Erklärungspflichten, kann der Tatbestand einer Steuerhinterziehung vorliegen (siehe hierzu Kapitel A 7, Abschnitt 1.2.3).

1.2 Aufgaben der Vermögensverwaltung

Vermögensverwaltung

Soweit ihm Aufgaben der Vermögenssorge übertragen sind, hat der Betreuer detaillierte gesetzliche Regeln zu beachten, so z. B. § 1908i Abs. 1 Satz 1 i. V. m. §§ 1802, 1803, 1805 bis 1821, 1822 Nr. 1 bis 4, 6 bis 13, 1823 bis 1825, 1828 bis 1831 BGB, daneben noch §§ 1907, 1908 und 1908i Abs. 2 Satz 1 BGB. Das „Sorgen" bedeutet ein Verwalten vorhandenen sowie die Anschaffung weiteren Vermögens und die Verbesserung einer überschuldeten Vermögenslage. Der Betreuer soll Betreutenvermögen erhalten und vermehren, wobei die Substanzerhaltung im Vordergrund steht. Einkünfte verwendet er für den Unterhalt des Betreuten; es ist ihm aber nicht verwehrt, den Vermögensstamm anzugreifen, wenn die Erträgnisse nicht ausreichen.

Aufgabenkreise

Problematisch erweisen sich in der Praxis die ungenau oder unvollständig formulierten Aufgabenkreise. Wird beispielsweise „Durchsetzung eines Renten- oder Sozialhilfeanspruchs" angeordnet, so endet der Wirkungskreis mit dem Eingang von Zahlungen auf dem Konto des Betreuten; Auskünfte zum Vermögensstand wird die Bank nicht erteilen. Auch bremst das „Postgeheimnis" des § 1896 Abs. 4 BGB häufig einen willigen Betreuer aus, der zwar Vermögen verwalten soll, eventuell Schulden abbauen, aber Mahnungen und Kontoauszüge, die an den Betreuten selbst adressiert sind, nicht öffnen darf; eine Anordnung des Gerichts für diesen Aufgabenkreis ist regelmäßig erforderlich. Die Zuordnung dieses Aufgabenkreises ist dann entbehrlich, wenn der „verständige" Betreute dem Betreuer das Öffnen der Post gestattet.

Praxis TIPP

Der „vermögensverwaltende" Betreuer sollte sich das „Anhalten und Öffnen" der an den Betreuten gerichteten Post durch das Betreuungsgericht als Wirkungskreis gestatten lassen, um einen Einblick in dessen Vermögenswerte und Verbindlichkeiten zu erlangen. Andererseits genügt die Gestattung durch den Betreuten selbst, soweit dieser die Sachlage erfassen kann.

1.3 Gesetzliche Vertretung

Gesetzliche Vertretung

Die gesetzliche Vertretung des Betreuers ergibt sich aus § 1902 BGB (in Verbindung mit § 1896 Abs. 2 Satz 2 BGB); sie ist immer auf den zugeordneten Aufgabenkreis begrenzt. Der Betreuer ist befugt, im Namen des Betreuten zu handeln, Rechtsgeschäfte vorzunehmen, insbesondere Willenserklärungen abzugeben und in Empfang zu nehmen, §§ 164 Abs. 1, 131 BGB. Auch kann er für den Betreuten Prozesse führen, § 51 ZPO, sowie sonstige gerichtliche und verwaltungsrechtliche Verfahren betreiben.

Das Vertretungsrecht des Betreuers kann ausgeschlossen sein, auch kann es beschränkt sein, so z. B. durch das Erfordernis betreuungsgerichtlicher Genehmigungen.

Wichtig:

Im angeordneten Aufgabenkreis ist der Betreuer gesetzlicher Vertreter des Betreuten, § 1902 BGB. Dabei spielt es keine Rolle, ob dieser geschäftsfähig oder geschäftsunfähig ist. Die Pflichten des Betreuers gegenüber dem Betreuten aus § 1901 BGB betreffen nur das Innenverhältnis; sie schränken das Vertretungsrecht nicht ein.

1.4 Einwilligungsvorbehalt

Die Bestellung eines Betreuers hat keine Auswirkungen auf die Geschäftsfähigkeit des Betreuten; er soll grundsätzlich weiter am Rechtsverkehr teilnehmen können. Eine mögliche Geschäftsunfähigkeit kann sich allenfalls aus § 104 Nr. 2 BGB ergeben.

Zustimmung des Betreuers

Die Teilnahme am Rechtsverkehr kann aber im erforderlichen Umfang durch eine Entscheidung des Betreuungsgerichts, den Einwilligungsvorbehalt gemäß § 1903 BGB eingeschränkt werden. Ist ein solcher angeordnet, bedarf der Betreute im festgelegten Umfang zu einer Willenserklärung der Zustimmung des Betreuers. § 1903 Abs. 1 Satz 1 BGB lässt einen Einwilligungsvorbehalt nur zu, soweit er zur Abwendung einer erheblichen Gefahr für die Person oder das Vermögen des Betreuten erforderlich ist. Eine „Gefahr für Dritte“ reicht als Voraussetzung nicht aus, da keine Erforderlichkeit besteht, deren Rechte durch den Einwilligungsvorbehalt zu schützen. Zusätzlich muss der Betreute auf Grund einer psychischen Erkrankung, geistigen oder seelischen Behinderung seinen Willen nicht frei bestimmen können.

Voraussetzung für einen Einwilligungsvorbehalt kann die Gefährdung des Betreutenvermögens sein, soweit er es für seinen weiteren Lebensunterhalt und die Erfüllung seiner Verpflichtungen benötigt. Die Gefahr bloß geringfügiger Vermögensschäden genügt nicht; auch nicht Drittinteressen, z. B. Gefährdung des Familienvermögens. Auch muss der Einwilligungsvorbehalt zum Erfolg führen können und weniger gravierende Maßnahmen ausscheiden.

Konkrete Gefährdung erforderlich

Für die Anordnung eines Einwilligungsvorbehalts muss eine konkrete Gefährdung des Vermögens des Betroffenen durch sein aktives Tun festgestellt werden, indem er etwa vermögenserhaltende und schützende Maßnahmen des Betreuers konterkariert oder andere vermögensschädigende Maßnahmen trifft. Ist der Betreute Unternehmensinhaber, können hierunter auch solche Verhaltensweisen fallen, die das Vertrauen in die Unternehmensführung und damit die Aufrechterhaltung der Geschäftskontakte und Kreditlinien gefährden (*BGH*, Urteil vom 20. 6. 2018, Az. XII ZB 99/18).

Ist ein Einwilligungsvorbehalt angeordnet, so gelten nach § 1903 Abs. 1 Satz 2 die §§ 108 bis 113 und § 131 Abs. 2 sowie § 210 BGB entsprechend. Zwar unterscheidet sich der Einwilligungsvorbehalt erheblich von der beschränkten Geschäftsfähigkeit, Probleme lassen sich jedoch teilweise in gleicher Weise lösen:

- Ein ohne Einwilligung des Betreuers geschlossener Vertrag ist schwebend unwirksam; seine Wirksamkeit hängt von der Genehmigung des Betreuers ab, § 108 BGB. Einseitige Rechtsgeschäfte, die der Betreute ohne Einwilligung des Betreuers abgeschlossen hat, sind unwirksam, § 111 BGB.
- Willenserklärungen, die gegenüber dem Betreuten abgegeben werden, werden erst wirksam, wenn sie dem Betreuer zugegangen sind, § 131 Abs. 2 BGB.

Mittel zur freien Verfügung

- Durch den Betreuer können dem Betreuten Mittel zu einem bestimmten Zweck oder zur freien Verfügung überlassen werden, § 110 BGB. Der Betreuer kann den Betreuten mit betreuungsgerichtlicher Genehmigung zum selbständigen Betrieb eines Erwerbsgeschäfts ermächtigen, § 112 BGB, sowie in Dienst oder Arbeit zu treten, § 113 BGB.

Rechtlicher Vorteil

Nach § 1903 Abs. 3 Satz 1 BGB bedarf der Betreute bei angeordnetem Einwilligungsvorbehalt keiner Einwilligung des Betreuers, wenn die Willenserklärung ihm lediglich einen rechtlichen Vorteil bringt.

Beispiel:

Besteht Betreuung mit dem Aufgabenkreis „Vermögensverwaltung“ und wurde für diesen Bereich ein Einwilligungsvorbehalt angeordnet, so kann der geschäftsfähige Betreute bei einem Vertrag mitwirken, durch den ihm ein Gegenstand geschenkt wird, da dieser zu keiner Gegenleistung verpflichtet, somit lediglich rechtlich vorteilhaft wirkt.

Alltägliche Bargeschäfte

Ebenfalls einwilligungsfrei sind nach § 1903 Abs. 3 Satz 2 BGB Willenserklärungen, die eine geringfügige Angelegenheit des täglichen Lebens betreffen, es sei denn, das Gericht hat etwas anderes angeordnet. Unter geringfügige Angelegenheiten des täglichen Lebens fallen überwiegend alltägliche Bargeschäfte über geringwertige Gegenstände (z. B. Kauf von zum alsbaldigen Verbrauch bestimmter Lebensmittel). Eine Abgrenzung lässt sich nicht generell bestimmen. Das Gericht kann etwas anderes anordnen, wenn im Einzelfall ein Bedürfnis dafür besteht.

Die in § 104 Nr. 2, § 105 Abs. 1 BGB enthaltene Regelung, wonach die Willenserklärung eines im natürlichen Sinn Geschäftsunfähigen nichtig ist, bleibt von der Anordnung eines Einwilligungsvorbehalts unberührt. Dies bedeutet, dass die Willenserklärung eines Betreuten auch dann nichtig sein kann, wenn ein Einwilligungsvorbehalt angeordnet ist und der Betreuer in die Erklärung eingewilligt hat. Die Einwilligung des Betreuers in eine Willenserklärung des Betreuten oder seine Genehmigung wird allerdings bei vorhandener Geschäftsunfähigkeit des Betreuten in der Regel als Eigenvornahme durch den Betreuer umgedeutet werden können (§ 140 BGB).

Welcher Zustand liegt beim Betreuten vor?

Betreuter ist

geschäftsfähig		nicht geschäftsfähig
Einwilligungsvorbehalt besteht nicht	Einwilligungsvorbehalt besteht	§ 104 Nr. 2 BGB
Betreuter kann Rechtsgeschäfte uneingeschränkt selbst tätigen	Betreuter kann Rechtsgeschäfte nur mit Zustimmung des Betreuers tätigen, § 1903 Abs. 1 BGB	Rechtsgeschäfte des Betreuten sind nichtig, § 105 Abs. 1 BGB

Praxis Tipp

Wird bei einem geschäftsfähigen Betreuten ein Einwilligungsvorbehalt angeordnet, kann er im angeordneten Bereich ohne Zustimmung des Betreuers wirksam keine Rechtsgeschäfte mehr vornehmen, § 1903 Abs. 1 i. V. m. §§ 108, 109, 111 BGB; Ausnahmen ergeben sich aus § 1903 Abs. 3 BGB. Besteht der Einwilligungsvorbehalt bei einem geschäftsunfähigen Betreuten, sind seine Willenserklärungen nichtig, §§ 104 Nr. 2, 105 Abs. 1 BGB; daran ändert auch die Zustimmung des Betreuers nichts.

2. Aufsicht durch das Betreuungsgericht

Der Betreuer wird bei der Führung seines Amtes durch das Betreuungsgericht beaufsichtigt, §§ 1908i Abs. 1, 1837 Abs. 2 Satz 1 BGB. Es hat darüber zu wachen, dass die gesetzlichen Vorgaben eingehalten werden.

2.1 Vermögensverzeichnis

Zur Transparenz und Nachvollziehbarkeit der Vermögensverwaltung muss der Betreuer bei Anordnung einer Betreuung mit dem Aufgabenkreis „Vermögensverwaltung" ein Vermögensverzeichnis erstellen. Es ist nach einem vom Betreuungsgericht überlassenen Vordruck zum geforderten Stichtag vollständig und richtig auszufüllen.

Praxis Tipp

Bei der Erstellung des Vermögensverzeichnisses sollte der Betreuer auf die Mithilfe des Betreuten, einer Vertrauensperson des Betreuten oder von Angehörigen zurückgreifen. Sehen sich diese nicht in der Lage, sachdienliche Hinweise zu geben, wird bei schwierigen Sachverhalten (Vermögensverwaltungen) zur möglichen Klärung der weiteren Vorgehensweise eine Beratung durch den Rechtspfleger oder der mit der Sachverhaltsaufklärung befassten Betreuungsstelle empfohlen. Hilfreich kann auch ein Gespräch mit dem Geldberater der Hausbank und die Überprüfung der Girokontoauszüge des Betreuten sein.

Kontoabfragen

Sind dem Betreuer keine Bankverbindungen des Betreuten bekannt, kann er Anfragen tätigen bei:

- Bundesverband Deutscher Banken, Burgstraße 28, 10178 Berlin
- Deutscher Sparkassen- und Giroverband e. V., Charlottenstraße 47, 10117 Berlin
- Bundesverband der Deutschen Volksbanken und Raiffeisenbanken e. V. (BVR), Schellingstraße 4, 10785 Berlin

  → *Seit 16. 9. 2016 nicht mehr erreichbar: Bundesverband Öffentlicher Banken Deutschlands, Lennéstr. 11, 10785 Berlin*

Bei Lebensversicherungen ist die Gesellschaft, die Versicherungssumme, die Versicherungsnummer, die versicherte Person und die Fälligkeit im Vermögensverzeichnis anzugeben. Die Bewertung entspricht dem Rückkaufswert, den der Betreuer von der Lebensversicherungsgesellschaft erhält.

Der Betreuer versichert die Richtigkeit und Vollständigkeit des Verzeichnisses. Belege sind grundsätzlich nicht vorzulegen. In der Praxis werden durch die Betreuungsgerichte allerdings häufig Unterlagen gefordert, so z. B. Konto- und Depotauszüge sowie Grundbuchblattabschriften. Dies erscheint gerechtfertigt, da der Betreuer zur Angabe der Daten im Vermögensverzeichnis diese Unterlagen einholen muss.

Soweit ein Gegenbetreuer (§§ 1908i Abs. 1, 1792 BGB) vorhanden ist, muss dieser bei der Erstellung des Verzeichnisses zugezogen werden; auch er hat die Versicherung über Richtigkeit und Vollständigkeit abzugeben, §§ 1908i Abs. 1, 1802 Abs. 1 Satz 2 BGB.

Fremdverwaltetes Vermögen

Das Vermögen ist vollständig zu verzeichnen, mit Aktiva, Passiva, Forderungen und Ansprüchen des Vertretenen, jeweils unter Angabe ihrer tatsächlichen Werte. Das Verzeichnis muss eine größtmögliche Klarheit über das zu verwaltende Vermögen geben.

- Zu verzeichnen ist auch das Vermögen, das nicht dem Zugriff des Betreuers unterliegt (z. B. bei Testamentsvollstreckung). Insoweit steht ihm ein Auskunftsanspruch gegen den jeweiligen Verwalter zu (z. B. §§ 2218 Abs. 1, 666 BGB).
- Wenn ein Betreuter an einer Vermögensgemeinschaft (z. B. Erbengemeinschaft, BGB-Gesellschaft) beteiligt ist, muss das gesamte Vermögen der Gemeinschaft angegeben sein, unter Angabe seines Beteiligungsverhältnisses.

Bestehende Ansprüche

Ein Betreuer im Aufgabenkreis Vermögensverwaltung hat die Pflicht, Bereicherungsansprüche gegen Dritte auch dann geltend zu machen, wenn diese schon vor der Betreuerbestellung entstanden sind (*OLG München* BtPrax 2005, 199). Diese Ansprüche sind in das Vermögensverzeichnis aufzunehmen.

Zeitpunkt der Erstellung

Als Zeitpunkt für die Erstellung des Vermögensverzeichnisses (Stichtag) ist der Zugang des Bestellungsbeschlusses an den Betreuer zu werten, § 287 Abs. 1 FamFG; bei

Anordnung der sofortigen Wirksamkeit bereits mit Übergabe des Bestellungsbeschlusses durch den Richter an die Geschäftsstelle des Betreuungsgerichts zum Zwecke der Bekanntmachung, § 287 Abs. 2 FamFG.

Vom Erfordernis des Vermögensverzeichnisses gibt es grundsätzlich keine Befreiung. Lediglich die Betreuungsstelle als Betreuer (Fall des § 1900 Abs. 4 BGB) ist nach Ländergesetzen freigestellt (für Bayern nach Art. 1 Abs. 3 BayAGBtG – GVBl. 1991, 496).

Hat der Betreute keinerlei Vermögen, genügt eine entsprechende Versicherung des Betreuers.

Hausrat und Kleidung

Bei Hausrat und Kleidung ist der tatsächliche Wert anzugeben, das heißt der Betrag, welcher bei einer aktuellen Veräußerung erzielt werden könnte. Häufig sind diese Gegenstände „abgewohnt oder abgetragen“, so dass sie ohne Wert sind. Falsch ist es, den sog. Wiederbeschaffungswert anzugeben, welcher einer Hausratversicherung zugrunde liegt.

Hausrat, Bücher und Wäsche können zusammenfassend angegeben werden, wenn der Wert verhältnismäßig gering ist (*OLG Schleswig* BtPrax 2004, 202).

Grundstücke

Grundstücke sind mit dem tatsächlichen Wert anzugeben (sog. Verkehrswert). Dieser kann der Kaufurkunde entnommen werden, falls der Erwerb zeitnah erfolgt ist. Möglich ist auch die Berechnung nach der „Richtwert-Kartei“, welche bei den Landratsämtern und kreisfreien Städten geführt wird. Eventuell kann ein Schätzgutachten des jeweiligen Gutachterausschusses angefordert werden; ein Sachverständigengutachten ist bei der Erstellung des Vermögensverzeichnisses in der Regel nicht erforderlich.

Der Wert eines Gebäudes ist unter Berücksichtigung von Baujahr und Zustand zu ermitteln. Für die Wertberechnung kann auf die Immobilienwertermittlungsverordnung (ImmoWertV) vom 19. 5. 2010 zurückgegriffen werden. Auch im Internet findet man brauchbare Hinweise zur Berechnung.

Praxis TIPP

Gehört ein Grundstück zum Betreutenvermögen, legt der Betreuer einen (unbeglaubigten) Grundbuchauszug dem Betreuungsgericht vor, den er beim zuständigen Grundbuchamt anfordert. Außerdem beschreibt er das Gebäude und gibt das Baujahr und dessen Zustand an. Soweit sich aus den Unterlagen des Betreuten Werthinweise ergeben, übernimmt er diese.

Vermögen zugunsten Dritter auf den Todesfall

Bestehen aus dem Vermögen des Betreuten Verträge zugunsten Dritter auf den Todesfall, so sind diese in das Vermögensverzeichnis aufzunehmen, da der Betreute bis zu seinem Tod über dieses Vermögen verfügen kann, es ihm somit zuzurechnen ist. Siehe hierzu auch *LG Regensburg* vom 15. 3. 2000 (Az. 7 T 202/00).

Der Betreuer kann sich bei der Aufnahme des Verzeichnisses eines Notars oder Sachverständigen bedienen, §§ 1908i Abs. 1, 1802 Abs. 2 BGB. Die Kosten dieser Zuziehung trägt das Betreutenvermögen. Diese Maßnahme ist aber nur gerechtfertigt, wenn es in Anbetracht des Vermögens und/oder der geringen Erfahrung des Betreuers in Vermögensfragen vertretbar erscheint.

Zwang

Legt der Betreuer ein unvollständiges oder gar kein Verzeichnis vor, wird das Betreuungsgericht zunächst den Betreuer unter Fristsetzung auffordern, ein vollständiges Verzeichnis vorzulegen, §§ 1908i Abs. 1, 1837 Abs. 2 Satz 1 BGB und für den Fall der Nichtvorlage Zwangsgeld androhen, § 1837 Abs. 3 Satz 1 BGB i. V. m. § 35 Abs. 1, 2 FamFG. Reagiert der Betreuer nicht, wird das Zwangsgeld (wiederholt) festgesetzt und eingezogen (Rahmen jeweils bis 25.000 EUR, § 35 Abs. 3 Satz 1 FamFG). Schafft auch dies keine Abhilfe, kann eine Entlassung des Betreuers nach § 1908b Abs. 1 Satz 1 BGB in Betracht kommen.

So könnte ein ausgefülltes Vermögensverzeichnis aussehen:

Beispiel für ein ausgefülltes Verzeichnis über das Vermögen

Geschäftszeichen: __________ XVII 111/17

Verzeichnis über das Vermögen

d. Betreuten Hans Weiss, geb. am 23. 5. 1921

Hinweis: Zutreffendes bitte [X] ankreuzen bzw. deutlich ausfüllen. **Bei Platzmangel für weitere Angaben bitte Beiblatt verwenden.** Soweit Unterlagen beizufügen sind, genügen **Kopien.**

Stichtag: 2. 7. 2017

1.	**Vermögenswerte**	EUR
1.1	**Immobilien** (Grundbesitz) *entfällt* ☐ Ein- ☐ Zwei- oder ☐ Mehrfamilienhaus ☐ Eigentumswohnung ☐ mit Garage ☐ mit Stellplatz ☐ Erbbaurecht ☐ unbebaute(s) Grundstück(e) ☐ Betriebsgrundstück ☐ Land- oder Forstwirtschaftlicher Grundbesitz (Hofstelle) Lage (Str., HsNr., Ort): __________ Gemarkung __________ Flurstücks-Nr.: __________ eingetragen im Grundbuch Band __________ Blatt __________ Größe des Grundstückes: __________ qm Größe der Eigentumswohnung: __________ qm **bei Gebäuden:** Brandversicherungs-Su. 1914. __________ EUR Baujahr: __________ Wohnfläche d. Gebäude: __________ m^2 ggf. Wohnfläche d. eigengenutzten Whng.: __________ m^2 **bei Eigentumswohnung** (EW): Baujahr des Gebäudes: __________ EW erworben am __________ zum Preis von __________ EUR **nur bei Hofstelle:** Einheitswert: __________ EUR **Verkehrswert** (= Verkaufswert)① des oben aufgeführten Grundbesitzes – soweit bekannt –: __________ EUR Anteil d. Betreuten: __________ **Wertansatz somit:** →	/
	Besteht für das Gebäude eine Haftpflichtversicherung? ☐ ja (Bitte Kopie des Versicherungsscheines beilegen) ☐ nein **Beizufügen sind:** – unbeglaubigter Grundbuchauszug – Brandversicherungsurkunde (nur bei Gebäuden) – Einheitswertbescheid (nur bei Hofstelle) Weitere Immobilien bitte auf Beiblatt aufführen und vorstehende Unterlagen beifügen. **Bei Eigennutzung:** Bezeichnung der Immobilie, die v. d. Betreuten und/oder Ehegatten bzw. Verwandten (bitte genaues Verwandtschaftsverhältnis angeben, bei Kindern bitte Alter und Familienstand angeben) bewohnt wird: __________ __________	/

Verzeichnis über das Vermögen d. Betreuten – Seite 1

① Der Verkehrswert wird vom Betreuungsgericht auf der Basis des Verkehrsrichtwerts (Grundlage: Brandversicherungsurkunde) und des Grundstücksrichtwertes ermittelt. Die Beifügung der Brandversicherungsurkunde ist unbedingt erforderlich!

		EUR
1.2	**Erwerbsgeschäfte:** Firma: entfällt Anschrift: ______ Ist die Firma im Handelsregister eingetragen? ☐ Nein ☐ Ja: Amtsgericht ______ Gesch.zeichen HR ______ Beteiligungsverhältnis d. Betreuten: ☐ Inhaber ☐ Gesellschafter ☐ Pächter ☐ ______ Gesamtreinvermögen: ______ EUR Anteil d. Betr. ______ Durchschnittl. Gewinn in den letzten 3 Jahren: ______ EUR	–
1.3	sonstige **Beteiligungen** (z. B. an Genossenschaften) ______	
1.4	**Bargeld**	
1.5	**Bankguthaben:** – vollständige Bezeichnung des Kontos und der Bank – Nachweis über die Höhe des Guthabens zum Stichtag beifügen (z. B. Bankbestätigung, Tagesauszug, Sparbuch) – Konten mit Sollstand unter Nr. 2.2 eintragen Girokonto-Nr. 9999 bei X-Bank Aburg Sparkonto-Nr. 88888 bei X-Bank Aburg IBAN ______ bei ______	2800,– 7500,–
1.6	**Wertpapiere:** – vollständige Bezeichnung des Depots und der Bank – Depotauszug mit Kurswerten zum Stichtag beifügen – Auszug aus dem Schuldbuch (bei Bundesanleihen – Obligationen, Länderanleihen) Depot-Nr. 77777 bei X-Bank Aburg Bundesanleihen, Ausgabe 06/14, fällig 31.12.2024	40000,–
1.7	**Forderungen:** z. B. im Grundbuch eingetragene Hypotheken, Grundschulden, Wohnrecht, Reallast, Nießbrauch, Forderungen aus Kauf- und Darlehensverträgen, aus Versicherungsverträgen, rückständige Gehalts-, Lohn-, Rentenforderungen, bzw. Forderungen aus Pacht- u. Mietverträgen, Ansprüche aus Unfallgeschehen incl. Schmerzensgeldansprüchen: – vollständige Bezeichnung der Forderung und des Zahlungspflichtigen – gegebenenfalls Grundbuchstelle eintragen – bei Lebensversicherungen: Rückkaufswert zum Stichtag eintragen und Bestätigung hierüber von der Versicherung beifügen. entfällt	–
1.8	**Einrichtungsgegenstände,** Hausrat, Gegenstände des persönlichen Gebrauchs (z. B. Fernseher, Videogerät, Kamera), grobe Schätzung des Gesamtwerts genügt: ☒ ohne Verkaufswert, deshalb kein Wertansatz	
1.9	Antiquitäten, Kunstgegenstände, Schmuck, wertvolle Teppiche, Briefmarkensammlung, Münzen etc.: – ggf. auf Beiblatt auflisten und Aufbewahrungsort eintragen – grobe Schätzung genügt vorerst	–
1.10	Kraftfahrzeuge: – Typ: ______ Baujahr ______ Km-Stand: ______ – grobe Schätzung genügt	–
	Verzeichnis über das Vermögen d. Betreuten – Seite 2 Summe Nr. 1.1.–1.10	50300,–

2.	Schulden	EUR
2.1	Hypotheken, Grundschulden, Reallasten, Wohnrecht, Nießbrauch, die auf einer Immobilie des/der Betreuten eingetragen sind: – Bezeichnung des Rechts, des Gläubigers/Berechtigten und der Grundbuchstelle eintragen – bitte Bestätigung über die Höhe (Valuta) der Verbindlichkeit zum Stichtag beifügen entfällt	/
2.2	sonstige Verbindlichkeiten: – Gläubiger und Schuldgrund eintragen – bei Sollbestand auf Girokonto vollständige Bezeichnung des Kontos und der Bank eintragen – bitte Bestätigung über die Höhe (Valuta) der Verbindlichkeit zum Stichtag beifügen entfällt	/
	Summe Nr. 2.1–2.2:	/

3.	**Berechnung des Reinvermögens** (= Vermögen b. Betreuungs-Beginn)	EUR
3.1	Vermögensgegenstände – Summe 1.1–1.10	50300,–
3.2	abzüglich Schulden – Summe 2.1–2.2 ./.	–
	Reinvermögen:	50300,–

4.	**Einkommen**	EUR
	Regelmäßiges monatliches Einkommen, z. B. Renten, Pensionen, Arbeitseinkommen, Miet- und Pachteinnahmen, Leibrenten, Arbeitslosenunterstützung, Wohngeld, Pflegegeld, Blindengeld, Krankengeld – bitte letzten Bescheid über das jew. Einkommen, Miet-/Pacht-/Leibrentenvertrag in Kopie vorlegen: – bei Miet-/Pachtvertrag bitte Größe der Wohn-/Gewerbefläche in qm angeben	
	☒ Altersrente von Deutsche Rentenversicherung	720,–
	☒ Ehegattenrente von Deutsche Rentenversicherung	380,–
	☐ ____________	
	☐ Pflegegeld (Stufe ______) ____________	
	☐ ____________	
	Summe Nr. 4:	1100,–

☐ D. Betreute bezieht Sozialhilfe. Die Kosten der Heimunterbringung werden vom Kostenträger / getragen.

☐ Die Einkünfte sind bereits auf den Kostenträger übergeleitet.

Die vorstehende Aufstellung über das Vermögen d. Betreuten habe ich nach bestem Wissen erstellt. Ich versichere, dass meine Angaben richtig und vollständig sind.

Ort und Datum:
Aburg, 22. 7. 2017

Michael Mertens
Unterschrift d. Betreuer(s)in

Verzeichnis über das Vermögen d. Betreuten – Seite 3 –

2.2 Jährliche Rechnungslegung

Jahresabrechnung

Der Betreuer hat über das durch ihn verwaltete Vermögen dem Betreuungsgericht Rechnung zu legen, §§ 1908i Abs. 1, 1840 Abs. 2 BGB. Die Rechnungslegungspflicht umfasst das gesamte Vermögen; unterliegen Teile der Verwaltung eines Dritten, insbesondere eines Testamentsvollstreckers, so ist dessen Abrechnung mit vorzulegen. Der Betreuer macht den Anspruch des Vertretenen gegen den Testamentsvollstrecker gemäß §§ 2218 Abs. 2, 259 BGB geltend.

Die Rechnungslegung entfällt, wenn kein Vermögen verwaltet wird; sind keine Einnahmen und Ausgaben angefallen, genügt die Vorlage eines Vermögensverzeichnisses.

2.2.1 Befreiungen von der Rechnungslegung

Befreiung von der Rechnungslegung

Von der jährlichen Rechnungslegung sind der Ehegatte oder Lebenspartner (nach LPartG) des Betreuten, seine Eltern oder Abkömmlinge (Kinder, Enkel usw.) als Betreuer befreit; ebenfalls der Vereins- und Behördenbetreuer, §§ 1908i Abs. 2 Satz 2, 1857a, 1854 BGB. Verein und Betreuungsbehörde als solche unterliegen ebenfalls der Befreiung, §§ 1908i Abs. 1 Satz 1, 1857a, 1854 BGB.

Vermögensübersicht

Diese Betreuer haben anstelle der jährlichen Rechnungslegung lediglich alle zwei Jahre ein Vermögensverzeichnis vorzulegen; Einnahmen und Ausgaben sind nicht darzulegen. Der Zeitraum der Vorlage kann auf Antrag bis zu fünf Jahre durch das Betreuungsgericht verlängert werden, § 1854 Abs. 2 BGB.

Wichtig:

Keine Befreiung von der Schlussabrechnung

Die Befreiung aus § 1854 BGB erstreckt sich nicht auf die sog. Schlussabrechnung nach §§ 1908i Abs. 1, 1890, 1892 BGB. Am Ende seines Amtes (Entlassung aus dem Amt, Aufhebung der Betreuung oder Tod des Betreuten) hat der Betreuer über die gesamte Dauer seiner Tätigkeit Rechenschaft abzulegen. Da nun der befreite Betreuer nicht auf die jährlich dem Betreuungsgericht gelegten Rechnungen Bezug nehmen kann (§ 1890 Abs. 1 Satz 2 BGB), muss er den ganzen Zeitraum abdecken, soweit er nicht vom Betreuten (nach Aufhebung der Betreuung) oder dessen Erben (beim Tod des Betreuten) einen Verzicht erlangen kann.

Praxis TIPP

Auch der befreite Betreuer sollte intern eine Abrechnung erstellen und die Belege sammeln, da die Gefahr besteht, dass er am Ende seines Amtes für die gesamte Dauer der Betreuung Rechnung legen muss.

Das Betreuungsgericht kann über den o. g. Personenkreis hinaus keine weiteren Befreiungen erteilen, insbesondere auch nicht den Geschwistern des Betreuten. Siehe hierzu *BayObLG* (Rpfleger 2003, 188).

Selbst ein geschäftsfähiger Betreuter kann seinen Betreuer, der nicht zum Kreis der privilegierten Betreuer im Sinne von § 1908i Abs. 2 Satz 2 BGB gehört, nicht von der Rechnungslegung befreien (*OLG München* BtPrax 2006, 80).

Befreiung kann aufgehoben werden

Die Befreiungen des Ehegatten, Lebenspartners, der Eltern und Abkömmlinge sowie der Vereins- und Behördenbetreuer können durch das Betreuungsgericht aufgehoben werden, wenn sie dem Wohle des Betreuten zuwiderlaufen, § 1908i Abs. 2 Satz 2 BGB. Auch kann das Betreuungsgericht bestimmen, dass die Befreiung von Anfang an nicht wirkt. Von der Möglichkeit, die Befreiung aufzuheben, soll das Betreuungsgericht nur Gebrauch machen, wenn eine engere Kontrolle angezeigt erscheint, und durch die Aufhebung der Befreiung eine etwaige Gefährdung des Wohls des Betreuten verhindert werden kann. Dies kann insbesondere bei mangelnder Erfahrung und Sachkompetenz des Betreuers der Fall sein. Insoweit kann jedenfalls bei erstmaliger Bestellung eines solchen Betreuers die Anordnung jährlicher Rechnungslegung vorgesehen werden, um zu prüfen, ob der Betreuer sein Amt ordnungsgemäß versieht, *BayObLG München* (FamRZ 2003, 475).

Praxis TIPP

Rechnungslegung so einfach wie möglich – so genau wie nötig

Die Rechnungslegung umfasst nur die vom Betreuer verwalteten Vermögenswerte. Ein Verwendungsnachweis, z. B. für den von einer Einrichtung verwalteten Barbetrag zur persönlichen Verfügung oder ein dem Betreuten zur ausschließlichen Verfügung überlassenes Girokonto, muss dem Betreuungsgericht gegenüber nicht erbracht werden. Allerdings hat die Einrichtung die Verwendung der überlassenen Beträge zu dokumentieren und dem Betreuer nachzuweisen.

Betreuer sollten in der Regel bemüht sein, kein Bargeld des Betreuten zu verwalten, also Einnahmen und Ausgaben über ein Girokonto bargeldlos abzuwickeln. Damit wird nicht nur die größtmögliche Transparenz in der Vermögensverwaltung erreicht, sondern auch die Rechnungslegung erleichtert. Oftmals ersetzt die Ablichtung der Girokontoauszüge mit einem kurzen Verwendungshinweis bzw. mit einer Begründung versehen, unter Beifügung der Belege, die Aufstellung der Einnahmen und Ausgaben nach Formblatt. Für die ordnungsgemäße Rechnungslegung reichen dann das Abrechnungsdeckblatt und die Abgleichung aus. Dies gilt allerdings nur bei einer einfachen Abrechnung (von geringem Vermögen), die trotz der beschriebenen Vorgehensweise noch aus sich heraus verständlich ist (z. B. bei wenigen überwiegend wiederkehrenden Einnahmen und Ausgaben). Bei einer umfangreichen Vermögensverwaltung sollten mit dem Rechtspfleger die Form und der Umfang der Rechnungslegung abgestimmt werden.

2.2.2 Zeitraum und Form der Rechnungslegung

Kalenderjahr Die Rechnung ist grundsätzlich jährlich zu legen, §§ 1908i Abs. 1, 1840 Abs. 3 Satz 1 BGB; dies bedeutet jedoch nicht, dass der erste Abrechnungszeitraum nicht geringfügig kürzer oder länger sein kann. Dies ergibt sich aus dem Zusammenhang mit § 1840 Abs. 3 Satz 2 BGB, welcher ausführt, dass der Abrechnungszeitraum (das Rechnungsjahr) durch das Betreuungsgericht bestimmt wird. Hierbei wird häufig das Kalenderjahr gewählt, um dem Betreuer die Möglichkeit zu geben, Jahresabschlüsse z. B. der Konten und Erwerbsgeschäfte zu verwenden, welche er bei abweichenden Zeiträumen kostenpflichtig erstellen lassen müsste.

Vorlagezeitraum Soweit als Abrechnungszeitraum das Kalenderjahr bestimmt wird, kann die Vorlage der Abrechnungen variiert werden; z. B. wird das Betreuungsgericht umfangreiche Vermögensverwaltungen erst im Sommer oder Herbst des darauf folgenden Jahres vorlegen lassen, um die Erstellung von Jahresabschlüssen zu ermöglichen.

Ist die Vermögensverwaltung von geringem Umfang, liegt z. B. nur ein Sparkonto mit geringer Einlage und wenigen Veränderungen vor, so kann das Betreuungsgericht anordnen, dass die Rechnung für längere Abschnitte, höchstens drei Jahre zu legen ist, §§ 1908i Abs. 1, 1840 Abs. 4 BGB; allerdings erst, wenn die Abrechnung für das erste Jahr gelegt wurde. Diese Bestimmung wird in der Praxis kaum beachtet, da der persönliche Bericht gemäß §§ 1908i Abs. 1, 1840 Abs. 1 BGB immer jährlich vorzulegen ist und dabei der „Vermögensbericht" mit einbezogen wird.

Belege Die Rechnung umfasst eine geordnete Zusammenstellung aller Einnahmen und Ausgaben während des Abrechnungszeitraums, §§ 1908i Abs. 1, 1841 Abs. 1 BGB. Grundlage ist bei der ersten Abrechnung das Vermögensverzeichnis, für die späteren die jeweils vorhergehende Jahresabrechnung. Ab- und Zugänge des Vermögens müssen sich unzweifelhaft überprüfen lassen. Belege sind den einzelnen Positionen zuzuordnen und beizufügen. Zum Nachweis der Zu- und Abgänge bei Konten ist eine Bescheinigung der Bank vorzulegen; Kopien der Sparbücher und Depotscheine genügen in der Regel nicht.

Kontoauszüge

Die Frage, ob und welche Belege vom Gericht zur Vorlage verlangt werden, liegt im Ermessen des Rechtspflegers. Er kann auch Originalkontoauszüge verlangen, wenn konkrete zureichende Anhaltspunkte dafür vorliegen, dass Auszüge nicht richtig erstellt, manipuliert oder gefälscht worden sind. Liegen solche Erkenntnisse nicht vor, genügen in der Regel auch Onlineausdrucke (*LG Neuruppin*, Beschluss vom 20. 9. 2016, Az. 5 T 80/16). Zu diesem Problem hat auch das *LG Hamburg* (Beschluss vom 26. 1. 2018, Az. 301 T 28/18) entschieden, dass die Vorlage von Online-Kontoauszügen zum Beleg der jeweiligen Kontoverfügungen und Kontostände des Betroffenen im Berichtszeitraum ausreichend ist. Es führt weiter aus, dass dann, wenn Anhaltspunkte für etwaige Manipulationen oder Fälschungen nicht ersichtlich sind, allein der Umstand, dass am eigenen Computer ausgedruckte Kontoauszüge grundsätzlich als nicht fälschungssicher erachtet werden, nicht zu einer Vorlagepflicht nur der Originale führt. Vielmehr ist dem Umstand Rechnung zu tragen, dass die digitale Verwaltung von Bankgeschäften mittels Online-Bankings sowohl im Geschäfts- als auch im privaten Gebrauch mittlerweile üblich und anerkannt ist.

Vorlage der Kontoauszüge

Wenn die Abrechnung nur für einen kürzeren Zeitraum zu legen ist, die entsprechenden Vorgänge auf einem einzigen Konto verbucht wurden und hierbei im Monat wenige Buchungsvorgänge angefallen sind, teilweise von sich wiederholender Art, ist das Einreichen übersichtlich geordneter Kopien der Kontoauszüge, welche zum Verbleib am Betreuungsgericht bestimmt sind, ausreichend. Das bloße Abschreiben der einzelnen Positionen der Kontoauszüge würde in diesem Fall für das zur Abrechnungskontrolle berufene Betreuungsgericht keinen zusätzlichen Erkenntnisgewinn und auch keine wesentliche Arbeitserleichterung bedeuten. Siehe *BayObLG* (BayObLGR 2003, 382; FamRZ 2004, 220).

Sind Belege nicht vorhanden, genügt ein entsprechender Hinweis. Ob bei Ausgaben für den Lebensunterhalt des Vertretenen die Angabe von Pauschbeträgen ohne Belegnachweis genügt, sollte zwischen Betreuer und Betreuungsgericht abgeklärt werden.

Erwerbsgeschäft

Erstreckt sich die Vermögensverwaltung auf ein Erwerbsgeschäft mit kaufmännischer Buchführung, genügt die Vorlage der Jahresbilanz; das Gericht kann allerdings die Vorlegung der Bücher und sonstigen Belege fordern, §§ 1908i Abs. 1, 1841 Abs. 2 BGB.

Heimkonto

Ein Betreuer ist nicht verpflichtet, über ein bei einer Einrichtung (z. B. Pflegeheim) geführtes Taschengeldkonto des Betreuten Rechnung zu legen. Es genügt, wenn der Betreuer bei seiner Rechnungslegung die Einzahlungen auf das Taschengeldkonto aufführt (*LG Mönchengladbach*, Beschluss vom 17. 2. 2010, Az. 5 T 529/09).

2.2.3 *Gerichtliche Überprüfung der Jahresabrechnung*

Überprüfung durch Gericht

Das Betreuungsgericht überprüft die Abrechnung rechnungsmäßig und sachlich, §§ 1908i Abs. 1, 1843 Abs. 1 BGB. Soweit ein Gegenbetreuer bestellt ist, hat dieser zunächst die Rechnung zu prüfen und mit entsprechenden Bemerkungen zu versehen, §§ 1908i Abs. 1, 1842 BGB; der Betreuer leitet in diesem Fall die Abrechnung nicht direkt an das Gericht, sondern legt sie zunächst dem Gegenbetreuer vor, der sie weiterleitet.

Die rechnerische Prüfung hat sich auf Rechenfehler und die Übereinstimmung der Abrechnungsbeträge mit den Belegen zu erstrecken. Bei der sachlichen Prüfung wird ermittelt, ob gesetzliche Bestimmungen, z. B. bei Geldanlagen eingehalten wurden und ob alle Einnahmen, z. B. Zinsen aufgeführt sind. Daneben hat das Gericht festzustellen, ob alle erforderlichen Genehmigungen eingeholt und die getätigten Rechtsgeschäfte wirksam geworden sind.

Soweit bei der Prüfung Fehler festgestellt werden, lässt das Gericht die Abrechnung durch den Betreuer berichtigen oder ergänzen, §§ 1908i Abs. 1, 1843 Abs. 1 2. Halbsatz BGB. Eine Berichtigung durch das Betreuungsgericht scheidet wegen der Selbständigkeit des Betreuers aus.

Der Jahresbericht bei einem befreiten Betreuer könnte wie folgt aussehen:

Beispiel für einen Jahresbericht

Michael Mertens
Vorname/Name d. Betreuer(s)in

Auweg 3 01101-447
Straße/Nr. Telefon-Nr.

00000 Aburg
PLZ Ort

22. 1. 2018
Datum

Amtsgericht
– Betreuungsgericht –
00000 Aburg

Name und Vorname d. Betreuten
Hans Weiss
geb. am: 23. 5. 21
Geschäftsnummer:
XVII 111/17

Bericht über die Führung der Betreuung

A) Angaben über die persönlichen Verhältnisse (Nr. 1–7):

1. Ständiger Aufenthalt d. Betreuten:
   Musterweg 1 (Straße) 00000 (PLZ) Aburg (Ort)
   Heimunterbringung ☐ ja ☒ nein geschlossene Abteilung ☐ ja ☐ nein

2. Wer versorgt d. Betreute/n?
   ☒ versorgt sich selbst ☐ Personal d. Alten-/Pflegeheimes/Einrichtg.
   ☐ ich, d. Betreuer/in ☐ ambulante Pflegedienste
   ☐

3. Wie war die gesundheitliche Entwicklung seit dem letzten Bericht?
   Der Zustand d. Betreuten hat sich
   ☐ gebessert ☒ nicht verändert ☐ verschlechtert
   ☐ weil ______
   Hausarzt: Dr. Alfred Mustermann Tel.: 01101-333
   Straße Musterweg 9 PLZ 00000 Ort Aburg

4. Welche Änderungen im Umfang Ihres Aufgabenkreises halten Sie für erforderlich?
   ☒ keine ☐ ______

5. Die Betreuung ☒ ist weiter erforderlich
   ☐ kann aufgehoben werden, da d. Betreute seine/ihre Angelegenheiten wieder selbst regeln kann.

6. Wann haben Sie d. Betreute/n zuletzt persönlich gesehen? 27. 12. 2017
   In welchen zeitlichen Abständen sehen/besuchen Sie d. Betreute/n?
   ☒ wöchentlich ☐ monatlich ☐ täglich (gemeins. Hausstand)
   ☐ ______

7. **Sofern die Vermögensverwaltung nicht zu Ihrem Aufgabenkreis gehört:**
   Der Stand des Vermögens beträgt ca. ______ EUR.

– bitte wenden –

B) Angaben über die wirtschaftlichen Verhältnisse (Nr. 8–13):

8. **Einkünfte** d. Betreuten — **auszahlende Stelle:** — **Betrag:**

- [x] Rente/n mtl. Altersrente u. Witwenrente ______ 1130,– EUR
- [ ] Krankengeld mtl. Altersrente Deutsche Rentenvers. 15 2305 21 W002 11 ______ EUR
- [ ] Lohn/Gehalt mtl. EUR 720,– ______ EUR
- [ ] Mieteinnahmen mtl. Witw. Rente Deutsche Rentenvers. 55 090220 M007 21 EUR
- [ ] Sozialhilfe mtl. EUR 380,– ______ EUR
- [ ] Pflegegeld (Stufe: ______) ______ ______ EUR
- [ ] ______ ______ ______ EUR

An wen werden die Einkünfte ausgezahlt?

- [x] auf ein Konto d. Betreuten
- [ ] ______
- [ ] die Rente ist auf den Kostenträger (Bezirk ______) übergeleitet.

9. Heim-/Unterbringungskosten werden getragen durch (Träger u. Geschäftszeichen angeben):
entfällt

- [ ] Daneben erhält d. Betr. ein mtl. Taschengeld in Höhe von ______ EUR, das [ ] auf ein Kto. d. Betreuten [ ] an d. Einrichtung gezahlt wird.

Das Taschengeldkonto hatte am ______ einen Stand von ______ EUR.

Die Verwendung des Taschengeldes kontrolliere ich [ ] nicht.
- [ ] durch regelmäßige Einsicht in d. Verwendungsnachweis d. Einrichtung.
- [ ] durch Vorlage von Kopien d. Verwendungsnachweise d. Einrichtung.

Das Taschengeld wird – [ ] nicht – bestimmungsgemäß verwendet.

10. Die laufenden mtl. Einnahmen werden verwendet für (falls keine Heimunterbringung):
- [x] Bestreitung des Lebensunterhaltes
- [ ] ______

11. Im Berichtszeitraum hat d. Betreute folgende Sachen (Gegenstände, Grundstücke) und Rechte (z. B. Forderungen, Wohnungsrecht) erworben oder geerbt (bei Erbschaft bitte Kopie d. Nachlassverz. u. d. Erbscheines oder der letztwilligen Verfügung mit Eröffnungsniederschrift beilegen).
- [x] keine
- [ ] ______

12. Der Betreute besitzt folgendes **Vermögen**:
- [ ] Grundbesitz:

  Gemarkung: / Bd. ______ Bl. ______ Wert: / EUR
- [x] Girokonto Nr. 9999 bei X-Bank Aburg 5450,– EUR
- [x] Sparkonto Nr. 88888 bei X-Bank Aburg 7650,– EUR
- [ ] Kto-Nr. ______ bei ______ ______ EUR
- [ ] Kto-Nr. ______ bei ______ ______ EUR
- [x] Depot-Nr. 77777 Bundesanleihen 41600,– EUR

(bitte Kopien der Sparbücher etc. beilegen) bei X-Bank Aburg Summe 54700,– EUR

– Für größere Aufstellung bitte gesondertes Blatt verwenden –

13. Folgende Tätigkeiten/Rechtshandlungen habe ich als gesetzlicher Vertreter vorgenommen:
- [ ] Kündigung oder Aufhebung eines Mietverhältnisses über Wohnraum
- [ ] sonstige genehmigungspflichtige Rechtsgeschäfte (z. B. Darlehensaufnahme, Abschluss eines Vergleiches etc.)

Für weitere Mitteilungen bitte Beiblatt verwenden!

Ich versichere die Richtigkeit und Vollständigkeit meiner Angaben.

Verfügung:
1. Bewerten [ ] Ohne Kosten
   [ ] Sollstellung s. Bl. ______
2. [ ] ______
3. WV.m.E. sp. [ ] BB [ ]

Rechtspfleger

Michael Mertens
Unterschrift des Betreuers/der Betreuerin

Rechnungslegung über die Verwaltung des Vermögens

Betreuung für: Hans Weiss, geb. am: 23. 5. 1921

wohnhaft: Aburg

Aktenzeichen: XVII 111/17

für den Zeitraum vom 2. 7. 2017 bis 31. 12. 2017

Der Vermögensstand setzt sich wie folgt zusammen:

	Anfangsbestand	Endbestand
Grundbesitz: entfällt	EUR	EUR
Konto-Nr.: Bank:		
Girokonto Nr. 9999, X-Bank Aburg	2800,– EUR	5450,– EUR
Sparbuch Nr. 88888, X-Bank Aburg	7500,– EUR	7650,– EUR
Depotkonto Nr. 77777, X-Bank Aburg	40000,– EUR	41600,– EUR
(Bundesanleihen, Ausgabe 06/14, Rückzahlungsfälligkeit 31. 12. 2024)	EUR	EUR
	EUR	EUR
	EUR	EUR
	EUR	EUR
	EUR	EUR
Zwischensumme:	EUR	EUR
Verbindlichkeiten:	EUR	EUR
	EUR	EUR
Bestand am Anfang des Abrechnungszeitraums	50300,– EUR	EUR
Mehreinnahmen/-ausgaben im Abrechnungszeitraum	4400,– EUR	EUR
Bestand am Ende des Abrechnungszeitraums	→	54700,– EUR

Angaben über die persönlichen Verhältnisse

1. Ständiger Aufenthalt der/des Betreuten:

Musterweg 1 — 00000 — Aburg
Straße — PLZ — Ort

Heimunterbringung ( ) ja (X) nein — geschlossene Abteilung ( ) ja ( ) nein

2. Wer versorgt die/den Betreute/n?

(X) versorgt sich selbst
( ) Personal des Alten-/Pflegeheimes/Einrichtung
( ) ich, die/der Betreuer/in
( ) ambulante Pflegedienste
( ) [ ]

3. Wie war die gesundheitliche Entwicklung seit dem letzten Bericht?

Der Zustand der/des Betreuten hat sich

( ) gebessert (X) nicht verändert ( ) verschlechtert

( ) weil [ ]

Hausarzt: Dr. Alfred Mustermann Tel.: 01101-333

Straße Musterweg 9 PLZ 00000 Ort Aburg

4. Welche Änderungen im Umfang Ihres Aufgabenkreises halten Sie für erforderlich?

(X) keine
( ) folgende (z. B. Erweiterung d. Aufgabenkreises):
[ ]

5. Die Betreuung (X) ist weiter erforderlich

( ) kann aufgehoben werden, da die/der Betreute ihre/seine Angelegenheiten wieder selbst regeln kann.

6. Wann haben Sie die/den Betreute/n zuletzt persönlich gesehen? 23. 12. 2017

In welchen zeitlichen Abständen sehen/besuchen Sie die/den Betreute/n?

( ) wöchentlich (X) monatlich ( ) täglich (gemeinsamer Hausstand)

7. Folgende Tätigkeiten/Rechtshandlungen habe ich als gesetzlicher Vertreter vorgenommen:

( ) Kündigung oder Aufhebung eines Mietverhältnisses über Wohnraum
( ) sonstige genehmigungspflichtige Rechtsgeschäfte (z. B. Grundstücksgeschäfte, Erbausschlagung, Darlehensaufnahme etc.)

[keine]

8. Hat die/der Betreute im Berichtszeitraum Sachen oder Rechte erhalten, erworben oder geerbt?

(X) nein
( ) ja, folgende
[ ]

Die Angaben beruhen auf eigenen Ermittlungen. Die Richtigkeit und Vollständigkeit wird versichert.

Aburg, den 22. 1. 2018 — Michael Mertens
Ort — Datum — Unterschrift d. Betreuers

Seite: 1

Konto Nr.: 9999 Bank: X-Bank Aburg

lfd. Nr.	Datum	Bezeichnung der Einnahme/Ausgabe	Einnahmen EUR	Ausgaben EUR
		( ) Übertrag:		
1	13.07.17	Barbetrag an Betreuten		190,–
2	29.07.17	Renten	1100,–	
3	02.08.17	Miete		650,–
4	28.08.17	Renten	1100,–	
5	02.09.17	Miete		650,–
6	03.09.17	Barbetrag an Betreuten		190,–
7	15.09.17	Friseur		70,–
8	29.09.17	Renten	1100,–	
9	02.10.17	Miete		650,–
10	04.10.17	Barbetrag an Betreuten		190,–
11	16.10.17	2 Hosen und 1 Pullover		210,–
12	28.10.17	Renten	1100,–	
13	02.11.17	Miete		650,–
14	05.11.17	Barbetrag an Betreuten		190,–
15	10.11.17	Kosmetikartikel		45,–
16	29.11.17	Renten	1100,–	
17	29.11.17	Sonderzuwendung	430,–	
18	02.12.17	Miete		650,–
19	04.12.17	Barbetrag an Betreuten		250,–
20	10.12.17	Winterstiefel		130,–
21	18.12.17	Renten (Januar)	1100,–	
		Summe/~~Übertrag~~:	7365,–	4715,–

Seite: 2

Konto Nr.: 88888 Bank: X-Bank Aburg

lfd. Nr.	Datum	Bezeichnung der Einnahme/Ausgabe	**Einnahmen EUR**	**Ausgaben EUR**
		( ) Übertrag:		
1	31.12.17	Zinsen für das Kalenderjahr 2017	150,–	
		Depotkonto 77777 bei X-Bank Aburg		
1	31.12.17	Zinszahlungen für 2017	1600,–	
		Summe/Übertrag:	1750,–	

	Gesamteinnahmen im Abrechnungszeitraum:	9115,– EUR
–	Gesamtausgaben im Abrechnungszeitraum:	4715,– EUR
=	Mehreinnahmen im Abrechnungszeitraum:	+ 4400,– EUR

Bleiben Ansprüche zwischen Betreuer und Betreuten streitig, so können diese Unstimmigkeiten nach Beendigung des Betreuungsverfahrens endgültig geklärt werden. Eine Verjährung der Ansprüche des Betreuten gegen den Betreuer tritt während des laufenden Verfahrens nicht ein, § 207 Abs. 1 Satz 2 Nr. 4 BGB. Erscheint es allerdings zweckmäßig, Ansprüche des Betreuten noch während des laufenden Verfahrens im Rechtsweg geltend zu machen, lassen dies §§ 1908i Abs. 1, 1843 Abs. 2 BGB zu. Der geschäftsfähige Betreute kann die Ansprüche selbst einklagen; besteht in diesem Aufgabenkreis ein Einwilligungsvorbehalt (§ 1903 Abs. 1 BGB) oder liegt bei ihm Geschäftsunfähigkeit vor, bedarf es der Bestellung eines weiteren Betreuers gemäß § 1899 Abs. 4 BGB (Ergänzungsbetreuer), da der Betreute selbst nicht prozessfähig ist, § 52 ZPO.

Ansprüche des Betreuten gegen den Betreuer

Die Verpflichtung zur Rechnungslegung betrifft nur das Verhältnis des Betreuers zum Betreuungsgericht, nicht jedoch sein zivilrechtliches Verhältnis zum Betreuten (*OLG Karlsruhe* FamRZ 2004, 1601). Erklärt der zuständige Rechtspfleger des Betreuungsgerichts sein Einverständnis mit der Abrechnung des Betreuers, ergeben sich dadurch keine Auswirkungen auf die Ansprüche des Betreuten gegen den Betreuer. Die Aufgabe des Betreuungsgerichts besteht in einer staatlichen Aufsicht gegenüber dem Betreuer. Aus dem Gesetz ergibt sich jedoch keinerlei Vertretungsmacht des Gerichts für den Betreuten. Dementsprechend können Handlungen oder Genehmigungserklärungen des Betreuungsgerichts, die sich auf die Tätigkeit des Betreuers beziehen, auch keine Rechtswirkungen im zivilrechtlichen Verhältnis zwischen dem Betreuten und dem Betreuer entfalten.

Gesichtspunkte von Treu und Glauben (§ 242 BGB) führen nicht zu einer anderen Bewertung. Der Betreuer kann sich nicht darauf berufen, aufgrund des Einverständnisses des Betreuungsgerichts mit seiner Tätigkeit habe er darauf vertrauen dürfen, sich auch später gegenüber dem Betreuten nicht mehr wegen der nicht genauer abgerechneten und nicht näher dokumentierten Aufwendungen rechtfertigen zu müssen.

Praxis Tipp

Jahresabrechnung

Aus dem Anfangsvermögen zuzüglich aller Einnahmen und abzüglich aller Ausgaben muss sich das Endvermögen ergeben. Die Zuordnung der Belege zu den einzelnen Abrechnungsposten sollte durch Nummerierung erfolgen.

Bei Konten dürfte die Vorlage der Kontoauszüge genügen. Allerdings müssen die einzelnen Buchungsposten eindeutig identifizierbar sein und auf vorgelegte Belege verweisen.

Vernachlässigung der Rechnungslegung

Legt der Betreuer die periodische Abrechnung (§§ 1908i Abs. 1, 1840 Abs. 2 BGB) oder eine Zwischenabrechnung (§ 1839 BGB) nicht vor, begeht er eine Pflichtwidrigkeit und kann mit Zwangsgeld angehalten werden, §§ 1908i Abs. 1, 1837 Abs. 2 Satz 1, Abs. 3 Satz 1 BGB i. V. m. § 35 FamFG. Kommt der Betreuer trotz mehrmaliger Aufforderungen sowie einer Fristsetzung der Abrechnungspflicht nicht nach, kann dies ein wichtiger Grund für seine Entlassung sein, § 1908b Abs. 1 Satz 1 BGB. Das gilt jedenfalls dann, wenn das Betreuungsgericht infolge des Verhaltens des Betreuers seine Aufsichts- und Kontrollfunktion nicht mehr sachgerecht wahrnehmen kann (*OLG Schleswig* FamRZ 2006, 577).

2.2.4 Auskunftspflicht des Betreuers

Zwischenabrechnung

Unabhängig von der periodischen Abrechnung kann das Betreuungsgericht jederzeit eine Zwischenabrechnung oder einen Vermögensbericht anfordern, wenn zum Zwecke der Aufsichtsführung eine Aufklärung für erforderlich gehalten wird, §§ 1908i Abs. 1, 1839 BGB. Auf Verlangen hat der Betreuer auch Belege und Bescheinigungen beizufügen.

2.2.5 Schlussabrechnung

Am Ende der Betreuung hat der Betreuer an den Betreuten, wenn das Verfahren aufgehoben wurde, oder an den Erben, falls es mit dem Tod des Betreuten endet, das Vermögen herauszugeben, §§ 1908i Abs. 1, 1890 BGB. Sollte der Betreuer aus dem Amt entlassen werden, erfolgt die Herausgabe an seinen Nachfolger. Daneben muss er für die gesamte Dauer seiner Verwaltung Rechnung legen. Es handelt sich um einen privatrechtlichen Anspruch, der durch Klage beim Prozessgericht durchgesetzt werden kann.

Auskunftsanspruch des Erben

Grundsätzlich steht dem Erben des Betreuten ein Auskunfts- und Rechenschaftslegungsanspruch gegen den (ehemaligen) Betreuer gemäß §§ 1908i, 1890, 1922 BGB zu. Gläubiger dieses Anspruchs ist der Rechtsnachfolger des Betreuten; ihm steht gegen den Betreuer ein Anspruch auf Auskunft über die im Rahmen der Betreuung des Erblassers bis zu seinem Tod getätigten Geschäfte zu. Der Anspruch aus §§ 1908i, 1890 BGB unterliegt der regelmäßigen Verjährung gemäß § 195 BGB (drei Jahre), wobei die regelmäßige Verjährungsfrist des § 199 Abs. 1 BGB mit dem Schluss des Jahres beginnt, in dem der Anspruch entstanden ist, was mit dem Ende der Betreuung aufgrund des Todes des Betreuten der Fall ist (*OLG Düsseldorf* FamRZ 2016, 497).

Betreuer muss belegen und erläutern

Der Anspruch des Betreuten auf Auskunftserteilung und Herausgabe von Kontoauszügen beruht auf § 1908i Abs. 1 Satz 1 BGB i. V. m. § 1890 Satz 1 BGB. Danach hat ein Betreuer nach Beendigung seines Amtes dem Betreuten das verwaltete Vermögen herauszugeben und über die Verwaltung des Vermögens Rechenschaft abzulegen. Die Rechenschaftspflicht nach § 1890 BGB ist weitreichender als die Rechenschaftspflicht nach § 1892 BGB gegenüber dem Betreuungsgericht und richtet sich nach § 259 BGB. Sie verpflichtet den Betreuer dazu, seine Amtsführung vom Beginn der Betreuung an dem Betreuten gegenüber zu rechtfertigen und alle Einnahmen und Ausgaben während der Betreuungszeit einzeln aufzuzeichnen, zu belegen und zu erläutern. Dabei müssen die Angaben so detailliert und verständlich sein, dass der Betreute ohne fremde Hilfe in der Lage ist, seine Ansprüche zu überprüfen. Die Pflicht zur Rechenschaftslegung umfasst somit auch die Herausgabe der Kontoauszüge über den gesamten Betreuungszeitraum, da nur so für den Betreuten nachvollziehbar ist, welche Einnahmen er hatte und welche Ausgaben von seinem Vermögen getätigt wurden (*OLG Jena* BtPrax 2013, 123; *OLG Schleswig* FamRZ 2006, 574).

Rechenschaft

Die Durchsetzung des Anspruchs auf Rechnungslegung erfolgt über § 260 BGB. Der bisherige Betreuer hat ein Verzeichnis über den Vermögensbestand zum Zeitpunkt der Beendigung seines Amtes vorzulegen, das sich an das (Anfangs-)Vermögensverzeichnis gemäß §§ 1908i Abs. 1, 1802 BGB anschließt. Für die Dauer seines Amtes hat der ehemalige Betreuer Rechenschaft zu legen, das heißt er hat Einnahmen und Ausgaben darzustellen und gegebenenfalls zu belegen, § 259 Abs. 1 BGB. Dabei kann er auf die Jahresabrechnungen (§§ 1908i Abs. 1, 1840 BGB), welche er dem Betreuungsgericht periodisch vorgelegt hat und die sich in dessen Akten befinden, Bezug nehmen, §§ 1908i Abs. 1, 1890 Satz 2 BGB.

Die jährliche Rechnungslegung durch den Betreuer sowie deren Prüfung durch das Betreuungsgericht gemäß §§ 1840 ff., 1843 BGB i. V. m. § 1908i Abs. 1 Satz 1 BGB betreffen jedoch allein die Rechtsbeziehungen zwischen Betreuer und Betreuungsgericht, nicht jedoch das Rechtsverhältnis zwischen Betreuer und Betreutem, so dass selbst die vom Betreuungsgericht anerkannte Richtigkeit einer Abrechnung, wie sich auch aus § 1843 Abs. 2 BGB i. V. m. § 1908i Abs. 1 Satz 1 BGB ergibt, ohne Einfluss auf mögliche Ansprüche des Betreuten gegen den Betreuer ist (*OLG Karlsruhe* FamRZ 2004, 1601; *OLG Saarbrücken* FamRZ 2011, 1170).

Die Befreiung aus § 1908i Abs. 2 Satz 2, §§ 1857a, 1854 BGB erstreckt sich nicht auf die sog. Schlussabrechnung nach § 1908i Abs. 1, §§ 1890, 1892 BGB (siehe Abschnitt 2.2.1).

Soweit ein Gegenbetreuer vorhanden ist, legt der ehemalige Betreuer ihm die Schlussabrechnung vor. Dieser prüft die Abrechnung und versieht sie gegebenenfalls mit Prüfungsbemerkungen, §§ 1908i Abs. 1, 1891 Abs. 1 BGB. Er hat nach § 1891 Abs. 2 BGB außerdem über die Führung der Gegenbetreuung zu berichten und auf Verlangen über das durch den Betreuer verwaltete Vermögen Auskunft zu erteilen, soweit er dazu imstande ist. Diese Verpflichtungen bestehen zunächst gegenüber dem ehemaligen Betreuten bzw. dessen Rechtsnachfolger.

Der ehemalige Betreuer legt in der Regel die sog. Schlussabrechnung dem Betreuungsgericht vor; dieses prüft sie und gibt sie mit einem Prüfvermerk an den ehemaligen Betreuten (bei Aufhebung der Betreuung) oder an den/die Erben (nach dem Tod des Betreuten) weiter. Diese Personen können beim ehemaligen Betreuer weitere Auskünfte oder Unterlagen verlangen.

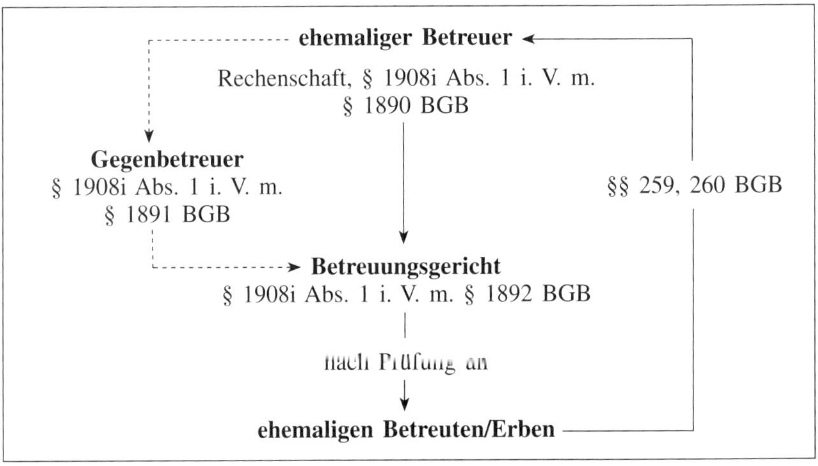

Betreuter kann Auskunft verlangen

Ob ein Betreuer seine Pflicht zur Rechenschaftslegung materiell erfüllt hat, kann allein das Prozessgericht im Rahmen eines Klageverfahrens entscheiden. Das Betreuungsgericht kann lediglich die Einreichung einer formell ordnungsgemäßen Schlussrechnung verlangen und den Betreuer hierzu mit Zwangsmitteln anhalten. Hat der Betreuer zwecks Erfüllung des Rechenschaftsanspruchs auf die Betreuungsakte Bezug genommen, so hindert dies den Betreuten nicht, ergänzend Auskunft zur sachlichen Rechtfertigung von bestimmten Vermögensdispositionen zu verlangen (*OLG Schleswig* FamRZ 2006, 574).

Versicherung an Eides statt

Soweit für den ehemaligen Betreuten oder dessen Rechtsnachfolger Grund zur Annahme besteht, dass das abschließende Vermögensverzeichnis oder die in der Rechnung enthaltenen Angaben nicht mit der erforderlichen Sorgfalt erstellt oder gemacht worden sind, hat der ehemalige Betreuer auf Verlangen an Eides statt zu versichern, dass er nach bestem Wissen den Bestand bzw. die Angaben so vollständig angegeben habe, als er dazu imstande sei, §§ 259 Abs. 2, 260 Abs. 2 BGB. Diese Versicherung ist nach § 889 ZPO vor dem Wohnsitzamtsgericht des ehemaligen Betreuers abzugeben.

Besteht nach Beendigung der Betreuung zwischen dem Betreuten und dem Betreuer Uneinigkeit über die bestimmungsgemäße Verwendung des Betreutenvermögens, z. B. zu Ausgaben, ist der (ehemalige) Betreuer ohne Rücksicht auf ein Verschulden verpflichtet, die ihm zur Verfügung gestellten Gelder an den (ehemaligen) Betreuten herauszugeben, soweit sie nicht bis zur Entlassung des Betreuers bestimmungsgemäß verwendet worden sind. Für die bestimmungsgemäße Verwendung der Gelder trägt der (ehemalige) Betreuer die Darlegungs- und Beweislast. Der Betreuer ist zwar nicht Beauftragter gemäß § 667 BGB, vielmehr leitet er seine Befugnisse aus der ihm vom

Betreuungsgericht übertragenen Amtsstellung ab, jedoch hat er einem Beauftragten vergleichbare Rechte und Pflichten (*OLG Naumburg* BtPrax 2007, 262).

Empfangsquittung eines geschäftsunfähigen Betreuten

Hat sich der Betreuer für angebliche Geldübergaben an den Betreuten Quittungen durch diesen erteilen lassen, ist hinsichtlich der inhaltlichen Richtigkeit der Quittung, also für die Frage, ob der Schuldner die Leistung tatsächlich erbracht hat, nach § 286 ZPO der Grundsatz der freien Beweiswürdigung zu beachten. Die materielle Beweiskraft einer Quittung hängt von den Umständen des Einzelfalls ab. Sie kann durch jeden Gegenbeweis entkräftet werden, wobei der Gegenbeweis bereits dann geführt ist, wenn die Überzeugung des Gerichts von der zu beweisenden Tatsache, also dem Empfang der Leistung, erschüttert wird; dass sie als unwahr erwiesen wird oder sich nur eine zwingende Schlussfolgerung gegen sie ergibt, ist nicht nötig. Zur Erschütterung der Überzeugung vom Empfang der Leistung kann es bereits genügen, wenn die Quittung von einem Geschäftsunfähigen stammt (*OLG Saarbrücken* FamRZ 2011, 1170).

Herausgabe von Geldern bei fehlendem Beweis

Ein Berufsbetreuer, der im Rahmen der ihm übertragenen Betreuung Gelder bar von Betreutenkonten abgehoben hat, ist ebenso wie ein Bevollmächtigter zur Herausgabe der Gelder verpflichtet, sofern er nicht nachweist, dass er die Gelder bestimmungsgemäß verwendet hat. Hinsichtlich der bestimmungsgemäßen Verwendung der Gelder trägt er die Darlegungs- und Beweislast. Er muss darlegen und, wenn vom ehemaligen Betreuten (bzw. dessen Rechtsnachfolgern) bestritten, beweisen, dass er die Bargeldbeträge, die er von dem Konto des Betreuten abgehoben hat, bestimmungsgemäß für dessen Zwecke verwendet hat. Soweit der ehemalige Betreuer durch Quittungen nachweist, dass er die Beträge dem Betreuten persönlich übergeben habe, erbringen diese gemäß § 416 ZPO zunächst lediglich den vollen Beweis dafür, dass der Betreute den Empfang der Leistung bestätigt hat. Hinsichtlich der inhaltlichen Richtigkeit der Quittungen, das heißt für die Frage, ob die Aushändigung tatsächlich erfolgt ist, gilt nach § 286 ZPO der Grundsatz der freien Beweiswürdigung. Zur Erschütterung der Überzeugung vom Empfang der Leistung kann bereits genügen, wenn die Quittung von einem Geschäftsunfähigen stammt (*LG Mainz* FamRZ 2012, 1325).

2.2.6 Verzicht auf Schlussabrechnung

Verzicht auf Schlussabrechnung

Der ehemalige Betreute sowie dessen Rechtsnachfolger (Erben) können durch Vertrag mit dem ehemaligen Vertreter auf die Rechnungslegung verzichten, § 397 BGB. Dieser Vertrag kann formlos geschlossen, sollte jedoch aus Gründen der Nachweisbarkeit schriftlich abgefasst werden. Will ein nachfolgender Betreuer bei Entlassung des bisherigen den Verzicht vornehmen, ist zu beachten, dass er hierzu nicht die erforderliche Vertretungsmacht hat. Durch den Verzicht würde er über eine Forderung des Betreuten unentgeltlich verfügen, was ihm gemäß §§ 1908i Abs. 2 Satz 1, 1804 Satz 1 BGB untersagt ist.

Kein Verzicht durch Betreuten bei Betreuerwechsel

Bei einem Betreuerwechsel (Betreuung besteht fort) kann der Betreute selbst dem bisherigen Betreuer gegenüber nicht auf dessen Schlussabrechnung verzichten. Solange die Betreuung besteht, obliegt es dem Betreuungsgericht, Schutz und Aufsicht zu gewährleisten. Auf diese öffentlich-rechtliche Komponente kann der Betreute nicht verzichten.

Praxis TIPP

Verzicht auf Schlussabrechnung

Soweit der ehemalige Betreute bzw. dessen Erben mit der vermögensrechtlichen Führung des Amtes durch den Betreuer einverstanden sind, können sie auf eine Schlussabrechnung durch vertragliche Vereinbarung verzichten, § 397 BGB. Dieser Verzicht bedarf keiner Form, sollte aber aus Gründen der Nachweisbarkeit schriftlich erfolgen. Er ist nicht mit einer Entlastungserklärung gleichzusetzen, kann aber mit dieser verbunden sein. Die Vereinbarung könnte lauten: „Es wird vereinbart, dass der ehemalige Betreuer keine (förmliche) Schlussabrechnung zu erbringen hat."

2.2.7 Herausgabe des Vermögens und der Unterlagen

Herauszugeben ist das gesamte Vermögen und die zur Geltendmachung von Forderungen oder hinterlegten Gegenständen erforderlichen Urkunden (z. B. Sparbücher, Wertpapiere, Versicherungsscheine, Konto- und Kreditkarten). Bestehende Sperrvermerke auf Konten hat nicht der Betreuer zu löschen, sondern der Betreute oder dessen Rechtsnachfolger. Der ehemalige Betreuer kann sich eine Quittung über die herausgegebenen Vermögenswerte erteilen lassen, § 368 BGB.

Analoge Anwendung des Auftragsrechts

Ein Betreuer ist zwar nicht Beauftragter des Betreuten. Er leitet seine Befugnisse aus der ihm vom Betreuungsgericht übertragenen Amtsstellung ab. Allerdings hat er einem Beauftragten vergleichbare Rechte und Pflichten, so dass § 667 BGB analog anwendbar ist. Der Betreuer ist wie ein Beauftragter verpflichtet, Gelder, die er bei der Ausübung der Betreuung aus dem Vermögen des Betreuten erlangt, herauszugeben, soweit er sie nicht bestimmungsgemäß verwendet hat. Der Betreuer trägt die Darlegungs- und Beweislast für die bestimmungsgemäße Verwendung der erhaltenen Gelder (*OLG Saarbrücken* BtPrax 2014, 45).

Wird die Betreuung durch den Tod des Betreuten beendet, treffen den ehemaligen Betreuer unter Umständen steuerrechtliche Verpflichtungen nach § 20 Abs. 6 ErbStG. Nach dieser Vorschrift haften Personen, in deren Gewahrsam sich Vermögen des Erblassers befindet, in Höhe des ausgezahlten Betrags für die Steuer, soweit sie das Vermögen vorsätzlich oder fahrlässig vor Entrichtung oder Sicherstellung der (Erbschafts-)Steuer in ein Gebiet außerhalb des Geltungsbereichs dieses Gesetzes bringen oder außerhalb des Geltungsbereichs dieses Gesetzes wohnhaften Berechtigten zur Verfügung stellen. Dies bedeutet, dass dann, wenn der Erbe Wohnsitz im Ausland hat (oder sich dauerhaft dort aufhält), der Betreuer verpflichtet sein dürfte, einen entsprechenden Betrag für die Steuerschuld sicherzustellen (zurückzuhalten). Praktisch ist dieses Problem damit zu lösen, dass sich der Erbe beim zuständigen Finanzamt (für Erbschaftsteuererhebung) eine sog. Unbedenklichkeitsbescheinigung einholt, und diese dem ehemaligen Betreuer vorlegt. In diesem Fall kann problemlos das gesamte verwaltete Vermögen ins Ausland herausgegeben werden.

Der Betreuer lässt sich das Erbrecht in der Regel durch einen Erbschein nachweisen. Ausnahmsweise kann auch die Abschrift eines (notariellen) Testaments mit Abschrift der nachlassgerichtlichen Eröffnungsniederschrift genügen; in diesem Fall empfiehlt sich eine Rückfrage beim Nachlassgericht, ob eventuell weitere Verfügungen von Todes wegen vorliegen. Sollte sich aus dem Erbschein ergeben, dass Testamentsvollstreckung besteht, darf das Vermögen in der Regel nur an den Testamentsvollstrecker herausgegeben werden, der sich durch ein „Testamentsvollstreckerzeugnis" ausweist. Bei bestehender Testamentsvollstreckung fehlt dem Erben das Verfügungsrecht über den Nachlass, § 2211 BGB, das Verwaltungsrecht steht nur dem Testamentsvollstrecker zu, § 2205 BGB.

Zurückbehaltungsrecht

Soweit der Betreuer noch eigene, aus der Betreuung herrührende Ansprüche hat, insbesondere Vergütungs- oder Aufwendungsersatzansprüche gemäß § 1908i Abs. 1 Satz 1, §§ 1835, 1836 BGB, kann er ein Zurückbehaltungsrecht geltend machen, §§ 273, 274 BGB. Dieses Recht darf aber nicht überdehnt werden; zurückbehalten werden kann nur ein verhältnismäßiger Teil, nicht das gesamte Vermögen.

Dem Anspruch des Erben gegen den ehemaligen Betreuer auf Herausgabe von Vermögensgegenständen kann ein Zurückbehaltungsrecht des ehemaligen Betreuers auf der Grundlage der §§ 273, 274, 670, 677, 683 BGB zustehen, wenn dieser eigene Ansprüche aus dem Betreuungsverfahren hat. Der Anspruch des Erben besteht nur Zug-um-Zug (§ 274 BGB) gegen Zahlung der dem Betreuer zustehenden Forderung (*OLG Zweibrücken* BtPrax 2010, 38).

Im Verhältnis zwischen Betreuer und Betreutem sind die Vorschriften des Auftragsrechts entsprechend anzuwenden (*OLG Karlsruhe* FamRZ 2004, 1601). Herauszugeben hat der ehemalige Betreuer somit auch alle Unterlagen, die während der

Dauer des Amts und zur Wahrnehmung der Aufgaben angefallen sind, § 667 BGB. Das sind zum Einen alle Urkunden, Ausweise und Schriftstücke, die dem Betreuten selbst zuzuordnen sind, wie Personalpapiere, Gesundheitszeugnisse, Gutachten, ärztliche Zeugnisse, Verordnungen, Röntgenaufnahmen, Versicherungsnachweise, Arbeitspapiere, Personenstandsurkunden, Erbscheine, Rentenbescheide, Urteile und Gutachten. Aber auch Schriftgut, das die Tätigkeit des Betreuers dokumentiert und das während der Betreuung angefallen ist, z. B. Schriftverkehr mit Gericht, Behörden, Heim und Krankenanstalten zählt dazu. Ob sich der ehemalige Betreuer von den wichtigsten Unterlagen Kopien auf eigene Rechnung fertigt, um später Nachweise erbringen zu können, kann sich durchaus als sinnvoll erweisen.

Quittung

Eine Quittierung über den Empfang der herausgegebenen Unterlagen ist anzustreben, § 368 BGB. Dazu sollte der ehemalige Betreuer die Unterlagen mit einem wasserunlöslichen Stift lückenlos nummerieren und sich den vollständigen Erhalt der Unterlagen von Seite 1 bis Seite xy quittieren lassen.

2.2.8 Mitwirkung des Betreuungsgerichts

Rechnungsprüfung des Gerichts

Obwohl die §§ 1908i Abs. 1, 1890, 1891 BGB nur Verpflichtungen des ehemaligen Betreuers gegenüber dem Betreuten bzw. dessen Rechtsnachfolgern regeln, hat das Betreuungsgericht noch eine Rechnungsprüfung vorzunehmen und deren Abnahme zu vermitteln, §§ 1908i Abs. 1, 1892 BGB. Es handelt sich um eine Restaufsicht des Gerichts und soll der leichteren Abwicklung des Verfahrens dienen. § 1892 BGB ist anzuwenden, wenn die Betreuung vollständig endet, aber auch, wenn Betreuer aus dem Amt entlassen wurden.

Zwang

Die Vorlage einer Schlussabrechnung kann das Betreuungsgericht nach §§ 1908i Abs. 1, 1837 Abs. 2 Satz 1, Abs. 3 BGB erzwingen, gegebenenfalls durch Zwangsgeld, § 35 FamFG. Der Betreuer ist aber nur zu einer formell ordnungsgemäßen Rechnung verpflichtet; soweit materielle Fragen unklar bleiben, stellt dies das Betreuungsgericht lediglich fest. Der ehemalige Betreute oder seine Erben können die Gerichtsakten einsehen (§ 13 FamFG), was insbesondere dann erforderlich sein könnte, wenn auf die periodischen Jahresabrechnungen Bezug genommen wurde.

Hat der Betreute bzw. sein Rechtsnachfolger auf Rechnungslegung verzichtet, § 397 BGB (siehe oben), entfällt auch die Vorlage einer Schlussabrechnung an das Betreuungsgericht.

Vermittlung durch Gericht

Nach §§ 1908i Abs. 1, 1892 Abs. 2 Satz 1 BGB soll das Betreuungsgericht die Abnahme der Rechnungslegung durch Verhandlungen mit den Beteiligten vermitteln; ein vorhandener Gegenbetreuer ist zuzuziehen. In der Praxis kann das Gericht diese Verhandlungen nur anbieten und auf Anregung eines Beteiligten durchführen; das persönliche Erscheinen kann nicht erzwungen werden. Regelmäßig übersendet das Betreuungsgericht dem ehemaligen Betreuten (oder seinen Erben) die Schlussabrechnung samt Prüfungsbericht, bietet Akteneinsicht an und weist auf die Möglichkeit der Vermittlung hin.

Das Betreuungsgericht kann die Anerkennung der Richtigkeit der Rechnung durch den ehemaligen Betreuten beurkunden, falls dieser es möchte, §§ 1908i Abs. 1, 1892 Abs. 2 Satz 2 BGB. Dies kann im Rahmen einer Vermittlungsverhandlung erfolgen.

Entlastung

Soweit der ehemalige Betreute die Richtigkeit der Abrechnung anerkennt, ob zur Urkunde des Betreuungsgerichts oder durch formloses Schreiben, spricht man allgemein von einer „Entlastung“. Der ehemalige Betreuer hat hierauf keinen Anspruch.

Im Rahmen der Abnahme der Schlussrechnung durch den Betreuten (oder dessen Erben), kann dieser dem Betreuer eine „Entlastungserklärung“ erteilen, die ein negatives

Schuldanerkenntnis im Sinne des § 397 Abs. 2 BGB darstellt. Über die Reichweite dieser Erklärung besteht Uneinigkeit. Dennoch sollte der ehemalige Betreuer versuchen, sie zu erlangen; eine Verpflichtung seitens des ehemaligen Betreuten oder dessen Erben besteht jedoch nicht.

Eingeschränkte Wirkung

Man muss wohl davon ausgehen, dass eine vom ehemaligen Betreuten oder seinem Rechtsnachfolger (Erben) erteilte Entlastungserklärung nur sehr eingeschränkt vor Haftungsansprüchen schützt, denn sie erhält lediglich einen Verzicht auf erkennbare, nicht aber auf noch unbekannte Ansprüche (*OLG Saarbrücken* BtPrax 2014, 45 u. a.).

Quittierung ist keine Entlastung

Die bloße Quittierung der Rechnungslegung gegenüber dem Betreuer ist nicht als Anerkenntnis, sondern als bloß tatsächliches Bekenntnis des Betreuten (oder dessen Erben) zu verstehen, die Schlussrechnung erhalten zu haben.

Die Entlastungserklärung könnte lauten:

> *„Der Betreuer hat mir das Vermögen und alle Unterlagen ausgehändigt. Seine Abrechnung erkenne ich als richtig und vollständig an. Für die Führung seines Amtes erteile ich Entlastung."*

3. Vertretungsausschlüsse und Beschränkungen

3.1 Schenkungsverbot

Unwirksamkeit einer Schenkung

Durch die in § 1908i Abs. 2 Satz 1 BGB dargestellte sinngemäße Anwendung des § 1804 BGB für die Betreuung unterliegt der Betreuer grundsätzlich dem Schenkungsverbot, § 1804 Satz 1 BGB mit den Ausnahmen nach § 1804 Satz 2 BGB (Anstandsschenkungen und Schenkungen aus einer sittlichen Pflicht). Der Betreuer kann darüber hinaus in Vertretung des Betreuten auch noch „Gelegenheitsgeschenke" machen, wenn diese dem Wunsch des Betreuten entsprechen und nach dessen Lebensverhältnissen üblich sind. Der Begriff „Wunsch" kann in diesem Zusammenhang nicht mit Geschäftsfähigkeit verbunden werden, sondern stellt lediglich auf eine natürliche Willensäußerung ab.

Soweit der Betreuer zu Schenkungen aus dem Vermögen des Betroffenen nicht befugt ist, wird nicht allein das Verpflichtungs-, sondern auch das dingliche Vollzugsgeschäft erfasst (*KG* BtPrax 2012, 123).

3.1.1 Vertrag zugunsten Dritter

Vertrag zugunsten Dritter

Legt der Betreuer Geld des Betreuten in der Weise an, dass der Rückzahlungsbetrag im Fall des Todes des Betreuten einem Drittbegünstigten zufließen soll (§ 331 BGB), so unterliegt diese Vereinbarung selbst nicht dem Schenkungsverbot aus §§ 1908i Abs. 2 Satz 1, 1804 BGB. Betroffen von dem Schenkungsverbot sind allenfalls Absprachen im Valutaverhältnis siehe unten zwischen dem Betreuten und dem Drittbegünstigten, *BayObLG* (Rpfleger 2002, 622).

Bei einem Vertrag zugunsten Dritter auf den Todesfall im Sinne von § 331 BGB geht es darum, dass der Begünstigte im Fall des Todes des Betreuten das Recht erwerben soll, die Leistung aus dem Vertrag, den dieser mit der Bank geschlossen hat, zu fordern (§ 328 Abs. 1 BGB). Damit stellt sich der „Zuwendungsvertrag" im Regelfall als Bestandteil des Darlehensvertrags im Deckungsverhältnis zwischen Versprechendem (Bank) und Versprechensempfänger (Betreuten) dar. Speziell im Fall des Vertrags nach § 331 BGB gehört der dem Dritten zugewandte Leistungsanspruch aus dem

Deckungsverhältnis bis zum Eintritt des Todesfalls zum Vermögen des Versprechensempfängers (Betreuten). Erst nach Eintritt des Todesfalls erwirbt der Dritte den Leistungsanspruch gegen den Versprechenden (Bank).

Eine davon zu unterscheidende Frage ist das Rechtsverhältnis zwischen dem zuwendenden Versprechensempfänger und dem Begünstigten (sog. Valutaverhältnis). Aus dieser Rechtsbeziehung ergibt sich der Rechtsgrund für die Zuwendung an den Dritten, wobei es sich z. B. auch um eine Schenkung handeln kann. Ein solches Rechtsverhältnis bedarf, wie jeder Vertrag, der Einigung der Beteiligten, also eines Angebots und einer Annahme. Ein Rechtsgrund kann im Übrigen im Falle des § 331 BGB auch noch nach dem Tode des Versprechensempfängers zustande kommen. Der Betreuer jedoch ist wegen §§ 1908i Abs. 2 Satz 1, 1804 BGB insoweit an einer Vertretung des Betroffenen gehindert. Fehlt ein Rechtsgrund oder ist eine entsprechende Vereinbarung, etwa wegen Verstoßes gegen §§ 1908i Abs. 2 Satz 1, 1804 BGB, nichtig, so kann der Begünstigte die Zuwendung grundsätzlich nicht behalten. Dies alles aber lässt das Deckungsverhältnis unberührt.

3.1.2 Erlaubte Schenkungen

Anstandsschenkung

Der Begriff „Anstandsschenkung" kann in etwa wie folgt umschrieben werden: Kleine Geschenke sind üblich und die Unterlassung hätte einen beleidigenden Charakter. Die Unterlassung des Geschenks müsste somit zu einer Einbuße an Achtung in dem Personenkreis führen, dem Schenker und Beschenkter angehören. Zu den Anstandsgeschenken gehören unter anderem Geburtstags-, Weihnachts- und Hochzeitsgeschenke.

Befreiung aus einer finanziellen Notlage als Anstandsschenkung

Das *LG Kassel* (BtPrax 2012, 259) sieht eine Anstandsschenkung unter Umständen auch dann als gegeben, wenn der Betreuer aus dem Vermögen des Betreuten dessen Abkömmling einen größeren Geldbetrag schenkt, damit dieser sich aus einer anhaltenden finanziellen Notlage befreien kann. Voraussetzung ist, dass der Betreute in gesicherten wirtschaftlichen Verhältnissen lebt und die Schenkung seinem Willen entspricht. Es würde den durchschnittlichen Moralvorstellungen entsprechen, dass in einer intakten Familie Eltern ihren Kindern finanziell beistehen, wenn diese unverschuldet in eine finanzielle Notlage geraten sind und die Eltern diese finanzielle Notlage ohne drohende Gefährdung des eigenen Lebensstandards beheben können.

Sittliche Pflicht

Bei der „Schenkung aus einer sittlichen Pflicht" sind immer die Umstände des Einzelfalls, das Vermögen und die Lebensstellung der Beteiligten sowie die persönlichen Beziehungen zu beachten. Namentlich kann die Unterstützung naher Angehöriger, die keinen rechtlichen (Unterhalts-)Anspruch gegen den Leistenden haben, als Erfüllung einer sittlichen Pflicht angesehen werden.

Beispiel:

Der Betreuer des vermögenden Betreuten finanziert dessen Bruder die Kosten eines gerichtlichen Verfahrens, nachdem dieser unverschuldet in eine erhebliche finanzielle Notlage geraten ist und im Wege eines Prozesses seine Ansprüche durchsetzen muss.

Das *BayObLG* (Rpfleger 2003, 649) hat festgestellt, dass für die Annahme einer Schenkung aus sittlicher Verpflichtung maßgeblich ist, ob das Unterlassen der Schenkung dem Betroffenen als Verletzung einer für ihn bestehenden sittlichen Pflicht zur Last zu legen ist. Es kommt darauf an, ob der Betroffene gewissermaßen moralisch verpflichtet sei, die Schenkung zu tätigen. Dies kann sich nur aus objektiven Umständen, insbesondere auch im Hinblick auf den Empfänger der Schenkung ergeben und nicht allein aus dem Interesse des Betroffenen. Eine sittliche Verpflichtung des Betreuten ergibt sich nicht unter dem Gesichtspunkt einer vorweggenommenen Erbfolge.

Schenkung durch Betreuten

Unabhängig davon kann der Betreute selbst beliebige Schenkungen machen, soweit er geschäftsfähig ist. Die Eigenschenkung des Betroffenen wird unmöglich, wenn für den betreffenden Vermögensbereich ein Einwilligungsvorbehalt angeordnet ist, und es sich nicht um „Ausnahmegeschenke“ handelt, denen der Betreuer zustimmen kann.

Möglich sind grundsätzlich auch Schenkungen des geschäftsfähigen Betreuten an den Betreuer, da dieser nur Schenkungsempfänger ist und somit keinem Ausschlusstatbestand unterliegt. Eventuell könnte aber an § 138 Abs. 1 BGB gedacht werden: Ausnutzung eines persönlichen Vertrauensverhältnisses.

Schenkung durch den Betreuer	
Regel	**Ausnahmen**
§ 1908i Abs. 2 Satz 1 BGB i. V. m. § 1804 Satz 1 BGB	§ 1908i Abs. 2 Satz 1 BGB i. V. m. § 1804 Satz 2 BGB
Schenkung ist nichtig	Schenkung ist wirksam (erlaubte Schenkung), wenn es sich handelt um: • Anstandsschenkung • Schenkung aus sittlicher Pflicht • Gelegenheitsgeschenk

Schenkung durch Betreuten selbst		
Betreuter ist geschäftsfähig		**Betreuter ist nicht geschäftsfähig**
kein Einwilligungsvorbehalt	Einwilligungsvorbehalt	§ 105 Abs. 1 BGB
Betreuter kann wirksam schenken	Schenkung ist schwebend unwirksam; Genehmigung der Schenkung durch Betreuer ist erforderlich, die aber nur erteilt werden kann, wenn es sich um eine „erlaubte“ Schenkung handelt; „verbotene“ Schenkungen sind nichtig und können nicht zur Wirksamkeit gebracht werden.	Schenkung ist nichtig

3.2 Ausstattung

Ausstattung ist keine Schenkung

Der Betreuer kann aus dem Vermögen des Betreuten eine Ausstattung versprechen und gewähren. Der Ausstattungsbegriff ist § 1624 BGB zu entnehmen, es handelt sich um eine Zuwendung durch einen Elternteil an ein Kind mit Rücksicht auf seine Verheiratung oder auf die Erlangung einer selbständigen Lebensstellung zur Begründung oder zur Erhaltung der Wirtschaft oder der Lebensstellung. Die Ausstattung ist keine Schenkung und fällt deshalb nicht unter § 1804 BGB. Wünsche des Betreuten sind wegen des familiären Bezugs in besonderem Maß zu berücksichtigen; erbrechtliche und ideelle Überlegungen sowie die Erhaltung des Familienfriedens sind einzubeziehen.

Zum Ausstattungsversprechen wie auch zur Gewährung bedarf der Betreuer einer betreuungsgerichtlichen Genehmigung, § 1908 BGB. Soweit die Ausstattung das den Umständen, insbesondere den Vermögensverhältnissen des Betreuten, entsprechende Maß übersteigt, ist sie als Schenkung anzusehen und unterliegt dann allerdings dem Schenkungsverbot nach § 1908i Abs. 2 Satz 1 BGB i. V. m. § 1804 Satz 1 BGB. In diesem Fall liegt Nichtigkeit der Schenkung vor, die auch nicht durch eine gerichtliche Genehmigung beseitigt werden kann. Zur Höhe der Ausstattung gibt es unterschiedliche Ansichten, unter anderem wird die Ansicht vertreten, dass die Höhe des Pflichtteils nicht überschritten werden darf. Hintergrund dafür ist die Anrechnung einer Ausstattung auf den Pflichtteil des Begünstigten gemäß §§ 2316, 2050 Abs. 1 BGB.

Beispiel:

Die einzige Tochter des Betreuten heiratet. Da dieser über erhebliches Vermögen verfügt, gewährt der Betreuer eine Ausstattung in Höhe von 10.000 EUR. Das Betreuungsgericht genehmigt dies, § 1908 BGB.

Auch hier gilt wieder, dass der geschäftsfähige Betreute ohne Einwilligungsvorbehalt eine Ausstattung ohne Mitwirkung des Betreuers und ohne betreuungsgerichtliche Genehmigung vornehmen kann.

3.3 (Hof-)Übergabeverträge

Übergabeverträge

Hofübergabeverträge fallen grundsätzlich nicht unter den Ausstattungsbegriff. Bei der Annahme, es handle sich um eine (gemischte) Schenkung, ist Zurückhaltung geboten, insbesondere dann, wenn der Übergabevertrag ein Leibgeding zugunsten des Übergebers enthält (BayObLGZ 1996, 20; BayObLGZ 1995, 186). Das *BayObLG* hat in diesem Zusammenhang unter anderem festgestellt, dass bei einem aus bäuerlichen Verhältnissen erwachsenen typischen Hofübergabevertrag mit der Annahme einer Schenkung Zurückhaltung geboten sei, sofern die Parteien den Charakter der Zuwendung an den Übernehmer nicht ausdrücklich festgelegt haben. In einem solchen Fall wird der Hof in aller Regel auf einen Familienangehörigen übertragen, der bis zur Übergabe auf dem Anwesen mitgearbeitet hat. Hierbei steht für die Vertragsparteien nicht die Möglichkeit der freien wirtschaftlichen Verwertung des übergebenen Anwesens im Vordergrund; vielmehr kommt es ihnen darauf an, dass der oft über Generationen im Familienbesitz befindliche Hof an die folgenden Generationen weitergegeben und als Wirtschaftseinheit fortgeführt wird, welche (wenigstens teilweise) als Existenzgrundlage dienen soll. Dieses unausgesprochene Ziel der Parteien muss sich bei der Bewertung der vertraglichen Leistungen ebenso auswirken wie bei der Frage, ob der Wille der Parteien auf eine schenkweise Zuwendung gerichtet ist.

Übergabeverträge sind bei bestehender Betreuung nicht grundsätzlich ausgeschlossen, wenn der Betreuer die vom BayObLG dargelegten Grundsätze beachtet. Erforderlich sind aber vertragliche Leistungen des Übernehmers, die vor allem in der Versorgung und Absicherung des übergebenden Betreuten bestehen müssen und ein objektives Missverhältnis von Leistung und Gegenleistung ausschließen.

Auch das *OLG Stuttgart* (FamRZ 2005, 62) hat eine Hofübergabe im Rahmen einer Ausstattung als möglich angesehen. In diesem Fall waren die Gegenleistungen des Übernehmers so weitgehend, dass eine gravierende Lücke zum Nachteil des Übergebers nicht ersichtlich war. Der Übernehmer erbrachte als Gegenleistungen ein Wohnungsrecht, Verköstigung und Pflegeleistungen bis zum Tod des Betreuten und verpflichtete sich, die Kosten einer Heimunterbringung ohne Einschränkungen zu übernehmen. Er sicherte das Leibgeding im Grundbuch und unterwarf sich hinsichtlich der Ansprüche des Übergebers der sofortigen Zwangsvollstreckung in sein gesamtes Vermögen.

Überträgt der Betreuer Grundbesitz des Betreuten unentgeltlich auf dessen künftige Erben (vorweggenommene Erbfolge), so ist dieser Vertrag grundsätzlich nichtig. Eine sittliche Pflicht, künftigen Erben zu Lebzeiten unentgeltlich Vermögen zu übertragen, besteht auch dann nicht, wenn mit dieser Übertragung für die künftigen Erben eine Steuerersparnis erreicht werden kann (*BayObLG* BtPrax 1996, 183).

Erhaltung des Familienanwesens

Überträgt der Betreuer Grundvermögen des Betreuten an dessen erwachsenes Kind, um der Familie des Betroffenen das Anwesen zu erhalten, handelt es sich grundsätzlich um keine Ausstattung (*BayObLG* Rpfleger 2003, 649).

3.4 Interessenskollision

In gesetzlich vorgeschriebenen Fällen ist der Betreuer von der Vertretung des Betreuten ausgeschlossen.

a) Insichgeschäfte §§ 1908i Abs. 1, 1795 Abs. 2 i. V. m. § 181 BGB

Sog. Insichgeschäft

Beispiel:

Der Betreuer mit dem Aufgabenkreis „Vermögensverwaltung" betreibt einen Computerhandel. Er verkauft seinem Betreuten eine komplette Anlage für 1.000 EUR bei einem Listenpreis von 1.500 EUR.

Den Kaufvertrag gemäß § 433 BGB schließt der Betreuer als Verkäufer und zugleich als Vertreter des Betreuten; sein Vertretungsrecht ergibt sich aus § 1902 BGB.

Der Betreuer ist im vorliegenden Fall jedoch von der Vertretung kraft Gesetzes ausgeschlossen, §§ 1908i Abs. 1, 1795 Abs. 2, 181 BGB. Dabei reicht dem Gesetzgeber die Möglichkeit einer Interessenskollision, gleichgültig ob eine solche tatsächlich besteht. Das durch den Betreuer geschlossene Rechtsgeschäft ist schwebend unwirksam, § 177 Abs. 1 BGB, da er als Vertreter ohne Vertretungsmacht gehandelt hat.

Ergänzungsbetreuer

Erforderlich wird die Bestellung eines weiteren Betreuers (sog. Ergänzungsbetreuers), § 1899 Abs. 4 BGB mit dem Wirkungskreis: „Vertretung des Betreuten beim Kaufvertrag zwischen Betreuer und Betreuten bezüglich einer Computeranlage der Marke ...". Genehmigt der Ergänzungsbetreuer den Kaufvertrag, § 182 Abs. 1 BGB, ist dieser von Anfang an wirksam, § 184 Abs. 1 BGB.

Betreuter kann handeln

Ist der Betreute geschäftsfähig und liegt kein Einwilligungsvorbehalt vor, kann er den Kaufvertrag selbst schließen; ein Ausschluss besteht nicht.

b) Rechtsgeschäfte mit Verwandten und dem Ehegatten des Betreuers, §§ 1908i Abs. 1, 1795 Abs. 1 Nr. 1 BGB

Rechtsgeschäfte mit Verwandten

Beispiel:

Der Betreute hat ein Auto geerbt. Da er nicht mehr fahren kann, verkauft der Betreuer (mit dem Aufgabenkreis „Vermögensverwaltung") den PKW im Namen des Betreuten an seine Ehefrau zum Listenpreis von 20.000 EUR.

Den Kaufvertrag gemäß § 433 BGB schließt der Betreuer als Vertreter des Betreuten mit seiner Ehefrau; sein Vertretungsrecht ergibt sich aus § 1902 BGB.

Der Betreuer ist im vorliegenden Fall von der Vertretung kraft Gesetzes ausgeschlossen, §§ 1908i Abs. 1, 1795 Abs. 1 Nr. 1 BGB. Das von ihm geschlossene Rechtsgeschäft ist schwebend unwirksam, § 177 Abs. 1 BGB, da er als Vertreter ohne Vertretungsmacht gehandelt hat.

Erforderlich wird die Bestellung eines Ergänzungsbetreuers, § 1899 Abs. 4 BGB mit dem Wirkungskreis: „Vertretung des Betreuten beim Kaufvertrag zwischen dem Betreuer und dessen Ehefrau bezüglich des PKW der Marke ...". Genehmigt der Ergänzungsbetreuer den Kaufvertrag, § 182 Abs. 1 BGB, ist dieser von Anfang an wirksam, § 184 Abs. 1 BGB.

Auch hier gilt, dass der geschäftsfähige Betreute selbst, soweit kein Einwilligungsvorbehalt besteht, den Vertrag schließen kann.

Der Ausschluss besteht, wenn Vertragspartner des Betreuers sind:

- Ehegatte des Betreuers
- Eltern, Voreltern des Betreuers (gradlinige Verwandte)
- Abkömmlinge des Betreuers (gradlinige Verwandte)

c) Erfüllungsgeschäfte

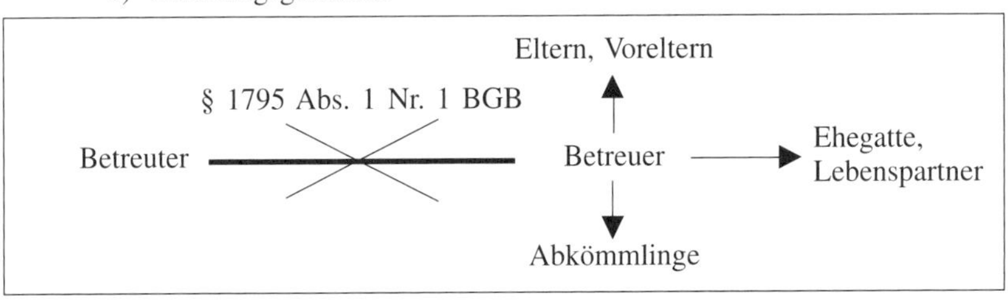

Die vorstehend genannten Ausschlüsse betreffen das Verpflichtungsgeschäft; in den o. g. Beispielen den Kaufvertrag. Wurde dieses durch den Ergänzungsbetreuer wirksam genehmigt oder neu vorgenommen, sind die Vertragspartner verpflichtet, Ware und Kaufpreis zu übereignen, § 433 Abs. 1 Satz 1 bzw. Abs. 2 BGB.

Erfüllung ist möglich

Beispiele s. o.:

Bei der Übereignung der Computeranlage und des Kaufpreises, jeweils gemäß § 929 BGB, ist der Betreuer nicht mehr ausgeschlossen, da es sich um die Erfüllung von (wirksamen) Verbindlichkeiten aus dem Kaufvertrag handelt; § 181 BGB. Dies gilt auch bei der Übereignung des PKW und der Übereignung des Kaufpreises; § 1795 Abs. 1 Nr. 1 BGB.

d) Lediglich rechtlich vorteilhafte Rechtsgeschäfte

Rechtsgeschäfte, welche dem Betreuten lediglich einen rechtlichen Vorteil bringen, fallen nicht unter den Vertretungsausschluss, da ein Interessenwiderstreit ausgeschlossen ist. Der Schutzzweck der Ausschlussnormen ist nicht erforderlich, da eine Schädigung des Betreuten nicht eintreten kann.

Lediglicher Vorteil

Es ist allein auf die rechtlichen Folgen des Geschäfts abzustellen, wirtschaftliche Betrachtungen sind unbeachtlich. Ein rechtlicher Nachteil liegt vor, wenn das Rechtsgeschäft persönliche Verpflichtungen des Betreuten begründet oder ein Recht des Betreuten aufgehoben wird. Dabei spielt es keine Rolle, wenn sich dabei wirtschaftliche Vorteile ergeben. Unerheblich sind nur mittelbar durch das Geschäft ausgelöste Nachteile, wie z. B. eine Steuerpflicht.

Beispiel a:

Der Betreuer verkauft dem Betreuten einen Computer für 200 EUR, obwohl der tatsächliche Wert bei 2.000 EUR liegt. Es liegt kein rechtlicher Vorteil vor, da durch den Kaufvertrag gemäß § 433 Abs. 2 BGB für den Betreuten eine Kaufpreisverbindlichkeit begründet wird. Der wirtschaftliche Vorteil des Geschäfts ist unerheblich. Es besteht Ausschluss nach §§ 1908i Abs. 1, 1795 Abs. 2, 181 BGB; Ergänzungsbetreuung ist erforderlich.

Beispiel b:

Der Vater des Betreuers schenkt dem Betreuten ein unbebautes Grundstück zu Urkunde eines Notars. Der Schenkungsvertrag nach § 516 Abs. 1 BGB bringt dem Betreuten lediglich einen rechtlichen Vorteil, da dieser keine Verpflichtung eingeht. Ein Vertretungsausschluss nach §§ 1908i Abs. 1, 1795 Abs. 1 Nr. 1 BGB besteht nicht; der Betreuer kann für den Betreuten handeln.

Problematisch sind die Geschäfte, welche sich für den Betreuten rechtlich vorteilhaft darstellen, bei denen aber das Erfüllungsgeschäft rechtliche Nachteile mit sich bringt.

Beispiel c:

Der Vater des Betreuers schenkt dem Betreuten ein Hausgrundstück, an dem zwei Wohneinheiten langfristig vermietet sind. Das Grundstück wird an den Betreuten im Eigentum übertragen.

Der Schenkungsvertrag nach § 516 Abs. 1 BGB bringt dem Betreuten lediglich einen rechtlichen Vorteil, da dieser aus ihm keine Verpflichtung eingeht. Ein Vertretungsausschluss nach §§ 1908i Abs. 1, 1795 Abs. 1 Nr. 1 BGB besteht nicht; der Betreuer kann für den Betreuten handeln.

Die Auflassung des Grundstücks an den Betreuten gemäß §§ 873 Abs. 1, 925 BGB erfolgt in Erfüllung einer Verbindlichkeit aus dem Schenkungsvertrag, so dass wiederum ein Ausschluss entfällt, §§ 1908i Abs. 1, 1795 Abs. 1 Nr. 1 BGB. Allerdings ist klar, dass der Eigentumserwerb des Grundstücks für den Betreuten Verbindlichkeiten aus den vorhandenen

Erfüllung von Verbindlichkeiten

Mietverträgen auslöst, §§ 566 Abs. 1, 535 Abs. 1 Satz 1 BGB, somit rechtlich nicht nur vorteilhaft ist.

In solchen Fällen geht das in Erfüllung der Verbindlichkeit bestehende Rechtsgeschäft über den reinen Erfüllungserfolg hinaus und führt zu rechtlichen Nachteilen für den Vertretenen, damit trifft die § 1795 Abs. 1 Nr. 1 letzter Halbsatz BGB zugrunde liegende Annahme, dass es bei der bloßen Erfüllung einer bestehenden Verbindlichkeit zu keiner Interessenkollision kommen kann, nicht zu. Es verbleibt bei dem grundsätzlichen Vertretungsverbot; um das Rechtsgeschäft zur Wirksamkeit zu bringen, ist die Bestellung eines weiteren Betreuers (Ergänzungsbetreuers) erforderlich, der den Vertrag genehmigt.

e) Vertretungsausschluss bei einem Rechtsstreit

Vertretung im Prozess

Soweit der Betreuer nach §§ 1908i Abs. 1, 1795 Abs. 1 Nr. 1 BGB von der Vertretung bei Rechtsgeschäften ausgeschlossen ist, kann er auch in einem Rechtsstreit den Betreuten nicht vertreten, §§ 1908i Abs. 1, 1795 Abs. 1 Nr. 3 BGB.

f) Entziehung der Vertretungsmacht

Gericht entzieht Vertretungsmacht

Es gibt Fälle, in denen ein Vertretungsausschluss nach §§ 1908i Abs. 1, 1795 oder § 181 BGB nicht greift, das Interesse des Betreuten zum Interesse des Betreuers, eines von diesem vertretenen Dritten oder einer in § 1795 Abs. 1 Nr. 1 BGB bezeichneten Person in erheblichem Gegensatz steht. In diesen Fällen kann das Betreuungsgericht dem Betreuer die Vertretungsmacht für eine einzelne Angelegenheit oder einem bestimmten Kreis von Angelegenheiten entziehen, §§ 1908i Abs. 1, 1796 BGB.

Hier tritt der Ausschluss nicht kraft Gesetzes ein, vielmehr muss das Gericht eine entsprechende Entscheidung treffen, die mit Zugang an den Betreuer wirksam wird, §§ 40 Abs. 1, 287 Abs. 1 FamFG. Dem Betreuten ist für den entzogenen Bereich, soweit erforderlich, ein Ergänzungsbetreuer zu bestellen, § 1899 Abs. 4 BGB.

Ein erheblicher Interessensgegensatz liegt vor, wenn die Gefahr besteht, dass der Betreuer bei einer bestimmten Aufgabe das Betreutenwohl nicht mit der gebotenen Zielstrebigkeit verfolgen werde. Nach anderer Auslegung besteht ein erheblicher Interessensgegensatz, wenn die Förderung des einen Interesses nur auf Kosten des anderen erfolgen kann.

Beispiel:

Der Betreute ist neben dem Betreuer Miterbe nach seinem Onkel geworden. Der Betreuer, ein Bruder des Betreuten möchte im Namen des Betreuten die Erbschaft ausschlagen. Als Folge dieser Ausschlagung ergäbe sich ein erweitertes Erbrecht des Betreuers.

Es besteht kein Ausschluss nach §§ 1908i Abs. 1, 1795 Abs. 2, 181 BGB, da die Ausschlagung gegenüber dem Nachlassgericht erfolgt, § 1945 Abs. 1 BGB. Hier liegt aber ein erheblicher Interessensgegensatz vor, da die Förderung der Interessen des Betreuers nur auf Kosten der Betreuteninteressen erfolgen kann. Dem Betreuer ist durch das Betreuungsgericht gemäß §§ 1908i Abs. 1, 1796 BGB die Vertretungsmacht für den Bereich der Erbschaftsannahme und Ausschlagung im Erbverfahren nach dem Onkel zu entziehen.

3.5 Eigenverwendungsverbot

Vermögenstrennung

Der Betreuer darf Betreutenvermögen nicht für sich verwenden. Er muss sein Amt uneigennützig führen und darf aus der Verwaltung des Betreutenvermögens weder unmittelbar noch mittelbar für sich Vorteile ziehen, §§ 1908i Abs. 1, 1805 Satz 1 BGB. Die Vorschrift fordert strikte Trennung von Betreutenvermögen vom Vermögen des Betreuers. Verwendung bedeutet jede rechtliche oder faktische Überführung von Gegenständen des Betreutenvermögens in das Vermögen des Betreuers, das heißt, Verbrauch und Gebrauch von Betreutensachen für Eigenzwecke des Betreuers. Es spielt keine Rolle, ob eine Gegenleistung vorgesehen ist oder die Verwendung dem Betreuten einen Vorteil bringt. Verboten ist z. B. die verzinsliche Inanspruchnahme von Betreutenvermögen durch den Betreuer oder die Nutzung des Hausgrundstücks des Betreuten durch den Betreuer, auch bei entsprechender Mietzahlung. Im letzteren Fall wird man aber anders zu entscheiden haben, wenn der Betreuer in das Haus des Betreuten einzieht, um diesen zu versorgen und ihm einen Pflegeheimaufenthalt zu ersparen.

Die unter Verstoß gegen §§ 1908i Abs. 1, 1805 Satz 1 BGB vorgenommenen Rechtsgeschäfte sind wirksam (soweit sich nicht bereits eine Unwirksamkeit aus einem Vertretungsausschluss ergibt). Nicht das Rechtsgeschäft als solches verstößt gegen ein gesetzliches Verbot gemäß § 134 BGB, sondern der Betreuer verletzt lediglich seine Pflicht gegenüber dem Betreuten.

Zinsanspruch

Verwendet der Betreuer Geld des Betreuten für sich, so hat er die Verwendungszeit zu verzinsen, §§ 1908i Abs. 1, 1834 BGB. Der Zinsanspruch beträgt mindestens 4 % jährlich gemäß § 246 BGB. Im Übrigen haftet der Betreuer für durch die Verwendung entstandene Schäden nach §§ 1908i Abs. 1, 1833 BGB. Das Betreuungsgericht muss nach §§ 1908i Abs. 1, 1837 Abs. 2 BGB einschreiten, wenn es von einer verbotenen Eigenverwendung erfährt.

Ausnahmen von § 1805 Satz 1 BGB sind nicht vorgesehen; auch das Betreuungsgericht kann grundsätzlich keine Befreiung erteilen.

Praxis TIPP

Der Betreuer sollte in keinem Fall Vermögen des Betreuten für sich verwenden. Dies stellt eine Pflichtwidrigkeit dar und führt zu einem Einschreiten durch das Betreuungsgericht – unter Umständen kann es zu einer Entlassung aus dem Amt kommen, § 1908b Abs. 1 Satz 1 BGB.

Keine Bereithaltung von Geldern auf Ander- oder Treuhandkonten

Der Grundsatz der Vermögenstrennung gilt auch für Geld, das zur Bestreitung von Ausgaben bereitzuhalten ist. Dieses Geld darf der Betreuer in Ausübung des ihm zustehenden pflichtgemäßen Ermessens durchaus auf ein Konto bei einem Kreditinstitut einzahlen und dort verwalten. Inhaber des Kontos muss aber der Betreute sein, es darf nicht auf den Namen des Betreuers oder eines Dritten lauten und insoweit auch nicht als Ander- oder Treuhandkonto geführt werden. Die im Schrifttum teilweise vertretene Auffassung, die Errichtung eines solchen Kontos könne im Interesse einer effektiven Vermögensverwaltung im Einzelfall hingenommen werden, ist mit dem Wohl des Betreuten nicht vereinbar (siehe hierzu *OLG Köln* FamRZ 1997, 899).

Vereinskonto für mehrere Betreute

Wenn das Konto für eine Vielzahl von Betreuten und deren Gelder z. B. auf den Namen eines Betreuungsvereins angelegt ist, ergibt sich nur aus der internen Buchführung, welcher Geldbetrag welchem Betreuten zuzuordnen ist, eine Aufsicht und Kontrolle durch das Betreuungsgericht ist zumindest stark erschwert. Darüber hinaus können Gläubiger des Vereins in das Vermögen des Betreuten vollstrecken, weil es als solches nicht hinreichend erkennbar ist. Dies gilt für den Fall, dass z. B. ein Berufsbetreuer Kontoinhaber ist.

Der Betreute ist bei Führung eines Treuhand- oder Anderkontos nicht ausreichend geschützt. Der Treuhänder wird zwar im Interesse des Betreuten tätig, ist aber im Verhältnis zu Dritten alleiniger Rechtsinhaber. Nur im Innenverhältnis ist er dem Betreuten (= Treugeber) schuldrechtlich verpflichtet, in dessen Interesse über das bereitgehaltene Geld zu verfügen. Die Zwangsvollstreckung eines Gläubigers des Betreuers oder sonstigen Kontoinhabers in das für den Betreuten oder gar für eine Vielzahl von Betreuten eingerichtete Treuhandkonto kann nur schwerlich verhindert werden. Ebenso wenig Schutz genießt der Betreute im Fall einer Insolvenz des treuhänderisch tätigen Kontoinhabers.

Treuhandkonto ist pflichtwidrig

Die Anlage von Geldern des Betreuten auf einem Treuhandkonto, dessen Inhaber der Betreuer ist, stellt eine Pflichtwidrigkeit gemäß §§ 1908i Abs. 1, 1837 BGB dar, weil sie gegen das sich aus § 1805 BGB ergebende Gebot der getrennten Vermögensverwaltung verstößt (*LG Münster* BtPrax 2012, 219).

Mehraufwand ist in Kauf zu nehmen

Hinter die Interessen des Betreuten müssen diejenigen der Betreuers an effektiver Verwaltung der Betreutengelder zurücktreten, auch wenn damit Mehraufwand verbunden ist.

3.6 Betreuungsgerichtliche Genehmigungen

Das Erfordernis einer betreuungsgerichtlichen Genehmigung schränkt das Vertretungsrecht des Betreuers auch in Vermögensangelegenheiten ein. Zu den Voraussetzungen und Wirkungen einer betreuungsgerichtlichen Genehmigung siehe Kapitel A 3.

4. Anlage von Betreutenvermögen

4.1 Anlage und Bereithaltung

Vermögen ist anzulegen

Der Gesetzgeber unterscheidet zwischen Anlage und Bereithaltung von Betreutengeld, wenn er in §§ 1908i Abs. 1, 1806 BGB ausführt: „Das zum Vermögen des Betreuten gehörende Geld hat der Betreuer verzinslich anzulegen, soweit es nicht zur Bestreitung von Ausgaben bereitzuhalten ist."

4.1.1 Verzinsliche Anlage

Für den Betreuer bilden §§ 1908i Abs. 1, 1806 BGB die Grundnormen für die Behandlung von Betreutengeld. Bares Geld, Geldforderungen aus einem Girokonto, Scheckforderungen, aber auch (unverzinsliche) fällige Forderungen gegen Dritte sind, unter Umständen nach Einlösung oder Geldmachung, verzinslich anzulegen. Dabei spielt es keine Rolle, wo das Geld herkommt; auch Arbeits- und Renteneinkünfte sowie fällige Versicherungssummen sind anzulegen. Geld, welches sich in den Händen des Betreuten befindet, unterliegt ebenfalls § 1806 BGB; dies bedeutet verzinsliche Anlage durch den Betreuer, soweit der Betreute nicht demnächst eine Verwendung plant. Wann das Geld dem Betreutenvermögen zugeflossen ist, spielt keine Rolle.

Wünsche des Betreuten

Problematisch ist die Vermögensverwaltung des Betreuers bei einem „aktiven" Betreuten. Grundsätzlich muss auch hier der Betreuer verzinslich anlegen, hat aber andererseits die Wünsche und Handlungen des Betreuten zu beachten, § 1901 Abs. 3 Satz 1 BGB; dieser kann, sofern bei ihm Geschäftsfähigkeit gegeben ist, Handlungen des Betreuers jederzeit rückgängig machen. Soweit wegen der unverzinslichen Behandlung von Geld durch den Betreuten selbst diesem ein Schaden entsteht, ist jedoch dessen Wohl gefährdet, und der Betreuer kann die Wünsche übergehen.

Beispiel:

Äußert der Betreute von sich aus den Wunsch, einen Geldbetrag von z. B. 15.000 EUR nicht anlegen zu wollen, ist es fraglich, ob der Betreuer diesem Ansinnen folgen muss. Grundsätzlich hat ein Betreuer den Wünschen des Betreuten zu entsprechen, doch gilt dies nur insoweit, als ein solcher Wunsch dessen Wohl nicht zuwiderläuft, § 1901 Abs. 3 BGB. Objektiv gesehen, ist dies wohl der Fall, schon wegen eines Zinsverlusts (*BayObLG* FamRZ 2005, 389). Andererseits kommt es darauf an, ob dieser Verlust bzw. auch ein möglicher Verlust der Geldscheine die Lebens- und Versorgungsgrundlage des Betreuten beeinträchtigt (*BGH* NJW 2009, 2814). Ist dies nicht der Fall, muss der Betreuer dem Wunsch folgen.

Einwilligungsvorbehalt

Sollte der Betreute Anlegungen des Betreuers rückgängig machen und unverhältnismäßig hohe Beträge grundlos unverzinslich halten, eventuell als Bargeld in der Wohnung, könnte an einen Einwilligungsvorbehalt nach § 1903 Abs. 1 Satz 1 BGB gedacht werden. Ist ein solcher angeordnet, kann der Betreute die Anlegungen des Betreuers nicht mehr rückgängig machen.

Die verzinsliche Anlegung hat unverzüglich zu erfolgen und zwar nach den §§ 1908i Abs. 1, 1807, 1811 BGB. Verzinslich im Sinne der Vorschrift bedeutet nicht „höchstverzinslich"; ein bestimmter Mindestzinssatz ist nicht vorgeschrieben. Die Rechtsprechung sieht jedoch beispielsweise den Zinssatz für Sparguthaben mit gesetzlicher Kündigungsfrist nicht immer als ausreichend an (*LG Bremen* Rpfleger 1993, 338). Die Bereithaltung auf einem Girokonto, auch wenn (minimale) Zinsen gezahlt werden, reicht nicht aus.

In der Literatur wird überwiegend die Meinung vertreten, dem Betreuer stehe es frei, statt einer verzinslichen Anlage auch eine andere „nutzbringende" oder „ertragreiche" Geldverwendung zu wählen. Dem kann durchaus gefolgt werden, allerdings ist das Regel-/Ausnahmesystem der §§ 1807 und 1811 BGB zu beachten. Während die „regelmäßige" Anlage nach § 1807 BGB ausnahmslos verzinsliche Formen umfasst, muss jede „andersartige" Anlage gemäß § 1811 BGB die Ausnahme bilden und betreuungsgerichtlich genehmigt werden, unabhängig davon, ob sie verzinslich ist oder nicht.

4.1.2 Befreiung

Befreiung

Das Betreuungsgericht kann auf Antrag des Betreuers von der verzinslichen Anlegungspflicht nach §§ 1908i Abs. 1, 1817 Abs. 1 BGB befreien. Eine solche Anordnung wird praktisch kaum von großer Bedeutung sein. Sie könnte den Betreuer bei Kleinvermögen lediglich von der verzinslichen „Regelanlegungsform" der §§ 1806, 1807 BGB freistellen, was aber nur Sinn macht, wenn gleichzeitig von der Genehmigung einer andersartigen Anlegung nach § 1811 BGB befreit wird.

4.1.3 Bereithaltung

Für Ausgaben bereithalten

Geld, welches der Betreuer zur Bestreitung von Ausgaben benötigt, muss er nicht verzinslich anlegen, er kann es „bereithalten", §§ 1908i Abs. 1, 1806 BGB. Bereithaltung bedeutet, als Bargeldbestand oder auf Girokonten bei einer Bank führen. Soweit es sich einrichten lässt, sollte der gesetzliche Vertreter eine „verzinsliche" Bereithaltung (vorübergehende Anlegung) wählen, z. B. in der Form eines Termingeldes oder Tagesgeldes.

Unter Ausgaben im Sinne der Vorschrift sind unstreitig Gelder für Unterhalt, Taschengeld, Verwaltungskosten, Mieten usw. zu sehen. Ein gewisser Spielraum bezüglich der Mittel ist dem Betreuer zuzubilligen, da die genauen Ausgaben nicht immer exakt abgeschätzt werden können; die Höhe der bereitgehaltenen Geldmittel bemisst sich nach den konkreten Umständen. Der Betreuer hält aber auch dann Geld für Ausgaben bereit, wenn er beabsichtigt, für den Betreuten alsbald Einrichtungs- oder Gebrauchsgegenstände zu beschaffen, unabhängig von der Höhe der Mittel. Soweit er beabsichtigt, eine „nichtverzinsliche" Anlage vorzunehmen, muss er zunächst ebenfalls Geldmittel bereithalten. Ob es sich dabei um den Erwerb eines Grundstücks, einer Eigentumswohnung, Beteiligungen an einer Gesellschaft oder Aktien handelt, spielt keine Rolle. Für diese Anlagen selbst benötigt er eine betreuungsgerichtliche Genehmigung nach §§ 1908i Abs. 1, 1811 BGB und unter Umständen zusätzlich gemäß §§ 1908i Abs. 1, 1821, 1822 BGB.

Bereitgehaltene Gelder auf einem Girokonto sind keine Anlagen im Sinne von § 1807 Abs. 1 Nr. 5 BGB und unterliegen somit auch nicht den Beschränkungen der §§ 1908i Abs. 1, 1809, 1810 BGB; weder ist eine Genehmigung für die Bereithaltung erforderlich, noch sind die Konten zu versperren.

Pfändungsschutz beachten

Girokonten unterliegen der Pfändung durch Gläubiger. Der Betreuer hat darauf zu achten, dass ein Pfändungsschutz besteht. Die Einrichtung eines Pfändungsschutzkontos (sog. P-Konto) sollte dann in Erwägung gezogen werden, wenn Pfändungen zu erwarten sind. Siehe hierzu die Ausführungen in Abschnitt 6.

Die Bereithaltung von Betreutengeld auf Treuhand-, Ander- oder Sammelkonten, lautend auf den Betreuer, ist unzulässig. Siehe hierzu die Ausführungen unter Abschnitt 3.5.

Trennung mehrerer Betreutenvermögen

Der Betreuer hat das Vermögen des Betreuten strikt getrennt vom Vermögen anderer Betreuter zu halten (*LG Darmstadt*, Beschluss vom 4. 7. 2013, Az. 5 T 235/13), dies gilt auch für Beträge, die er für Ausgaben bereithält.

Girokonto (Zahlungsdiensterahmenkonto, § 675f Abs. 2 BGB)

Gemäß § 31 Zahlungskontengesetz (ZKG) muss jede Bank (Institut, das Zahlungskonten für Verbraucher anbietet) mit einem Berechtigten einen Basiskontovertrag schließen. Berechtigter ist jeder Verbraucher mit rechtmäßigem Aufenthalt in der Europäischen Union, einschließlich Personen ohne festen Wohnsitz und Asylsuchende sowie Personen ohne Aufenthaltstitel, die aber aus rechtlichen oder tatsächlichen Gründen nicht abgeschoben werden können.

Nach § 32 ZKG darf der Abschluss und der gesetzlich vorgegebene Inhalt eines Basiskontovertrags u. a. nur vom Erwerb von Geschäftsanteilen der Bank abhängig gemacht werden, wenn diese die Anforderung an alle ihre Kunden gleichermaßen stellt. Alle weiteren Koppelungen mit der Nutzung oder der Vereinbarung zusätzlicher Dienstleistungen sind unzulässig.

Eine Ablehnung der Kontenführung kann nur nach den §§ 34 bis 37 ZKG erfolgen, insbesondere, wenn der Antragsteller bereits ein Zahlungskonto in Deutschland hat und nutzen kann, § 35 ZKG.

Die Kontoführung muss gemäß § 38 ZKG die Erbringung folgender Zahlungsdienste ohne Kreditgeschäft (Zahlungsgeschäft) ermöglichen:

1. die Dienste, mit denen Bareinzahlungen auf das Zahlungskonto oder Barauszahlungen von dem Zahlungskonto ermöglicht werden (Ein- oder Auszahlungsgeschäft), sowie alle für die Führung eines Zahlungskontos erforderlichen Vorgänge
2. die Ausführung von Zahlungsvorgängen einschließlich der Übermittlung von Geldbeträgen auf ein Zahlungskonto beim kontoführenden Institut des Kontoinhabers oder bei einem anderen Zahlungsdienstleister durch
   a) die Ausführung von Lastschriften einschließlich einmaliger Lastschriften (Lastschriftgeschäft),
   b) die Ausführung von Überweisungen einschließlich Daueraufträgen (Überweisungsgeschäft),
   c) die Ausführung von Zahlungsvorgängen mittels einer Zahlungskarte oder eines ähnlichen Zahlungsinstruments (Zahlungskartengeschäft).

Der Kontoinhaber ist gemäß § 41 ZKG verpflichtet, an das kontoführende Institut für die Erbringung von Diensten aufgrund des Basiskontovertrags das vereinbarte Entgelt zu entrichten. Das Entgelt muss angemessen sein. Für die Beurteilung der Angemessenheit sind insbesondere die marktüblichen Entgelte sowie das Nutzerverhalten zu berücksichtigen.

Praxis TIPP

Anlageformen prüfen und auswählen

Der Betreuer wird häufig den Kundenberater einer Sparkasse oder Bank des Betreuten bitten, eine spezielle „mündelsichere" Anlage anzubieten. Maßgeschneiderte Anlagen bzw. Anlageformen sind abhängig von der Gesamtvermögenssituation sowie den Wünschen des Betreuten. Größere Vermögen sollten in kurz-, mittel- und langfristige Anlagen gesplittet werden. Also keine Spareinlage mit geringfügiger Verzinsung bei einer Anlage von 150.000 EUR; dies kommt in der Praxis immer wieder vor und kann ggf. zu einer Schadensersatzpflicht führen.

Selbstverständlich sollten bei größeren Anlagen Vergleichsangebote anderer Geldinstitute eingeholt und bei der Hausbank Sonderkonditionen offen angesprochen werden.

4.2 Regelmäßige Anlageformen

Die in § 1806 BGB vorgeschriebene verzinsliche Anlegung von Betreutengeld soll nach der Vorschrift des § 1807 BGB erfolgen.

§ 1807 Abs. 1 BGB gibt in den Ziffern 1 bis 4 bestimmte Anlageformen vor, während die Ziffer 5 alle möglichen Anlegungen bei öffentlichen Sparkassen und bestimmten Kreditanstalten zulässt. An eine Reihenfolge der Anlegungsformen ist der Betreuer nicht gebunden; er handelt nach pflichtgemäßem Ermessen.

Sog. mündelsichere Anlegung

Nimmt der Betreuer eine Anlegung gemäß § 1807 Abs. 1 BGB vor, bedarf er der Genehmigung des Gegenbetreuers, §§ 1908i Abs. 1, 1810 Satz 1 BGB. Ist ein solcher nicht bestellt, unterliegt er der Genehmigung des Betreuungsgerichts, soweit die Betreuung nicht von mehreren Betreuern (§ 1899 Abs. 3 BGB) gemeinschaftlich geführt wird, § 1810 Satz 2 BGB. Da es sich hierbei um eine sog. „Innengenehmigung" handelt, ist die Anlegung auch ohne die erforderliche Genehmigung wirksam, allerdings hat der Vertreter in diesem Fall eine Pflichtwidrigkeit begangen, die unter Umständen zum Schadensersatz nach §§ 1908i Abs. 1, 1833 BGB führen kann.

Praxis TIPP

Regelmäßige Anlage von Geld

Legt der Betreuer Geld des Betreuten gemäß §§ 1908i Abs. 1, 1807 BGB an, bedarf er einer Genehmigung des Gegenbetreuers; fehlt ein solcher, ist regelmäßig die Genehmigung des Betreuungsgerichts einzuholen.

4.2.1 Anlage in durch Grundpfandrecht gesicherte Forderung

Sicher durch Grundpfandrecht

Der Betreuer kann gemäß § 1807 Abs. 1 Nr. 1 BGB Betreutengeld in einer Forderung anlegen, wenn für diese eine Hypothek oder als Sicherung eine Grundschuld oder Rentenschuld bestellt wird. Die Grundpfandrechte müssen an einem inländischen Grundstück lasten, gleich stehen Erbbaurechte, Wohnungs- und Teileigentum, Reichsheimstätten und landesrechtlich den Grundstücken gleichgestellte Rechte wie z. B. Stockwerkseigentum usw.

Die Grundpfandrechte müssen sicher sein. Die Sicherheit bestimmt sich gemäß § 1807 Abs. 2 BGB nach Landesrecht. In Bayern muss nach Art. 67 BayAGBGB das Grundpfandrecht sich vollständig innerhalb der 1. Hälfte des Grundstückswerts befinden.

Beispiel:

Der Betreuer gewährt aus dem Betreutenvermögen einem Dritten ein Darlehen zu 50.000 EUR bei 4 % Jahreszinsen und einer Laufzeit von vier Jahren. Am Grundstück des Darlehensnehmers wird an 3. Rangstelle eine Hypothek über 50.000 EUR eingetragen. Dem Recht geht eine Grundschuld mit 100.000 EUR und ein Rentenrecht mit einem kapitalisierten Wert von 20.000 EUR im Rang vor. Das in München gelegene Grundstück hat ein realen Schätzwert von 350.000 EUR.

Zur Sicherung der Darlehensrückzahlungsforderung wird eine Hypothek an einem inländischen Grundstück bestellt. Die Hypothek ist auch sicher, § 1807 Abs. 2 BGB i. V. m. Art. 67 BayAGBGB, denn sie liegt wertmäßig vollständig in der 1. Hälfte des Grundstückswerts.

- 100.000 EUR + 20.000 EUR + 50.000 EUR = 170.000 EUR
- Hälfte des Grundstückswerts: 350.000 EUR : 2 = 175.000 EUR

Würde der Grundstückswert nur 300.000 EUR betragen, wäre die Hypothek nicht mehr sicher.

Soweit ein Landesrecht keine Vorschriften zur Sicherheit kennt, kann man sich an den bestehenden orientieren, die überwiegend von der 1. Hälfte des Grundstückswerts ausgehen.

Bei Erbbaurechten sind die §§ 18 bis 20 ErbbauRG zu beachten. Es muss sich um eine Tilgungshypothek handeln, welche die Hälfte des Erbbaurechts nicht übersteigen darf. Dieses wird zunächst mit der halben Summe des Bauwerks und des kapitalisierten jährlichen Mietreinertrags berechnet.

4.2.2 Anlage in verbriefter Forderung oder Schuldbuchforderung

Es handelt sich in § 1807 Abs. 1 Nr. 2 BGB um Forderungen gegen den Bund oder ein Land.

Verbriefte Forderungen gegen Bund oder Länder

Schuldverschreibungen des Bundes und der Länder, soweit sie in einer Urkunde „verbrieft" sind.

Schuldbuchforderungen gegen Bund oder Länder

Es handelt sich um Schuldverschreibungen und Anleihen des Bundes und der Länder, die in der Regel als sog. Buchforderungen ausgegeben werden. Grundlage für eine Gleichstellung der Buchforderungen mit Wertpapieren ist das Bundeswertpapierverwaltungsgesetz (BwPVerwG).

Schuldbuchforderungen (sog. Wertrechte) werden in das Bundesschuldbuch bei der Finanzagentur GmbH in Frankfurt (bzw. in die Landesschuldbücher) eingetragen; anwendbar ist das Bundesschuldenwesengesetz (BSchuWG).

Der Vertrieb von Privatkundenprodukten über die Finanzagentur GmbH in Frankfurt wurde zum Jahresende 2012 eingestellt. Für Bestandskunden werden alle bestehenden Einzelschuldbuchkonten bis zur Fälligkeit der darin verwalteten Bundeswertpapiere fortgeführt.

Keine kostenfreie Buchung bei der Finanzagentur mehr möglich

Alle für Privatanleger ab dem 22. 8. 2012 begebenen, börsennotierten Bundeswertpapiere sowie unverzinslichen Schatzanweisungen können nicht mehr in einem Schuldbuchkonto bei der Finanzagentur verwahrt werden, sondern lassen sich nur noch über eine Hausbank erwerben und dort in einem Depot verwahren.

Die Neueröffnung von Einzelschuldbuchkonten ist seit dem Jahresende 2012 nur noch für Übertragungen von börsennotierten Bundeswertpapieren und unverzinslichen Schatzanweisungen mit Emissionsdatum vor dem 22. August 2012 sowie von Bundesschatzbriefen und Finanzierungsschätzen möglich.

Seit dem Jahresende 2012 legt der Bund keine neuen Ausgaben von Bundesschatzbriefen und Finanzierungsschätzen mehr auf.

Bundesanleihen

Die wichtigsten, für den Betreuer derzeit in Betracht kommenden Anlageformen sind Bundesanleihen und Bundesobligationen.

Umfassende Informationen sind im Internet erhältlich unter: www.deutsche-finanzagentur.de/private-anleger/bundeswertpapiere

4.2.3 Anlage in Forderungen, deren Verzinsung staatlich gewährleistet ist

Sog. Industrieanleihen

Es handelt sich um Schuldverschreibungen und Anleihen, die in einer Urkunde „verbrieft" sind, für die somit ein Papier ausgegeben wird. Voraussetzung für die nach § 1807 Abs. 1 Nr. 3 BGB ist, dass die Verzinsung der Forderung durch den Bund oder ein Land gewährleistet wird. Dies bedeutet jede Art der Haftung im Einzelfall, sei es z. B. durch Schuldbeitritt, Garantievertrag oder Bürgschaft.

Nur die Verzinsung ist zu gewährleisten, nicht die Rückzahlung der Kapitalforderung selbst. Dies ist jedoch unproblematisch, da eine Gewährleistung des Bundes oder der Länder nur für Forderungen gegen Unternehmen erfolgt, die öffentliche Aufgaben wahrnehmen oder überwiegend in Bundes- oder Länderhand sind. Als Beispiele dienen die Teilschuldverschreibungen der Rhein-Main-Donau AG oder Schuldverschreibungen der Landeskreditbank Baden-Württemberg.

Schuldverschreibungen von Post und Bahn standen bis zur Privatisierung den Verschreibungen des Bundes gleich (§ 22 PostVG, § 31 BBahnG in der früheren Fassung). Nun sind sie unter § 1807 Abs. 1 Nr. 3 BGB einzuordnen, § 17 Abs. 4 Satz 1 ENeuOG und § 2 Abs. 4 PostNeuOG.

4.2.4 Anlage in Pfandbriefen und Verschreibungen der Kommunen

Die in § 1807 Abs. 1 Nr. 4 BGB genannten Anlegungsformen erscheinen zunächst vielfältig:

- Wertpapiere (allgemein), insbesondere Pfandbriefe
- verbriefte Forderungen jeder Art gegen eine inländische kommunale Körperschaft oder die Kreditanstalt einer solchen Körperschaft

Wertpapiere (1. Alternative)

An sich jede denkbare Art von Wertpapieren, somit grundsätzlich auch Aktien oder ausländische Wertpapiere. Allerdings nur, sofern sie von der Bundesregierung mit Zustimmung des Bundesrats zur Anlage von Betreutengeld geeignet erklärt sind.

Die Bundesregierung selbst hat bisher keine Eignungserklärung zu Wertpapieren abgegeben. Somit gilt weiterhin die VO über die Mündelsicherheit der Pfandbriefe und verwandten Schuldverschreibungen vom 7. 5. 1940, BGBl. III 404-12 (MündelPfandBrV), zuletzt geändert gemäß Art. 15 des Gesetzes zur Neuordnung des Pfandbriefrechts vom 22. 5. 2005 (BGBl. I S. 1373) und Art. 35 des Gesetzes über die weitere Bereinigung von Bundesrecht vom 8. 12. 2010 (BGBl. I S. 1864). Nach dieser VO sind Pfandbriefe und Kommunalobligationen betreutensichere Anlegungen, wenn sie nach den Vorschriften des Hypothekenbankgesetzes und des Pfandbriefgesetzes ausgegeben werden, außerdem generell Schuldverschreibungen der Schiffspfandbriefbanken. Die VO über die Mündelsicherheit der Schiffspfandbriefe vom 18. 3. 1941 (BGBl. III 404-13) wurde aufgehoben durch Art. 18 Nr. 1 des Gesetzes zur Neuordnung des Pfandbriefrechts vom 22. 5. 2005 (BGBl. I S. 1373).

Pfandbrief, Kommunalobligation Es handelt sich um Pfandbriefe und Kommunalobligationen privater Hypothekenbanken (z. B. HypoVereinsbank) und öffentlich-rechtlicher Grundkreditanstalten (z. B. Bayerische Landesbank Girozentrale).

Verbriefte Forderungen jeder Art (2. Alternative)

gegen eine

- inländische kommunale Körperschaft
- Kreditanstalt einer solchen Körperschaft

Kommunen Der Begriff „kommunale Körperschaft" ist gesetzlich nicht eindeutig definiert (weite Auslegung ist erforderlich). Unter anderem fallen darunter Gemeinden, Gemeindeverbände, Verwaltungsgemeinschaften, Landkreise, kreisfreie Städte, Regierungsbezirke, Zweckverbände und Körperschaften, an denen kommunale Körperschaften mittelbar beteiligt sind, z. B. Sparkassen- und Giroverbände.

Kreditanstalten der genannten kommunalen Körperschaften sind die von ihnen errichteten bzw. getragenen Kreditinstitute, somit die öffentlichen Sparkassen (Kreis- und Stadtsparkassen). Anlagen bei diesen Sparkassen fallen aber immer unter die Vorschrift des § 1807 Abs. 1 Nr. 5 BGB.

Unter Umständen fallen aber die Landesbanken und Girozentralen unter die Kreditanstalten der kommunalen Körperschaften. In Bayern ist dies so. Träger der Bayerischen Landesbank Girozentrale ist gemäß Art. 3 Abs. 1 Gesetz über die Errichtung der Bay. Landesbank auch der Bay. Sparkassen- und Giroverband (als kommunale Einrichtung). Sparkonten bei der Bay. Landesbank Girozentrale (Sparbuch als Verbriefung der Forderung) fallen somit unter § 1807 Abs. 1 Nr. 4 BGB.

Landesbausparkassen Die Bayerische Landesbausparkasse ist ein nichtselbständiger Teil der Bayerischen Landesbank. Bei einer Bauspareinlage handelt es sich um eine verbriefte Forderung (Versicherungsschein, § 808 BGB), so dass ein Bausparkonto bei der Bayerischen Landesbausparkasse eine regelmäßige Anlegung nach § 1804 Abs. 1 Nr. 4 BGB darstellt.

Die Bekanntmachung zur Mündelsicherheit vom 7. 7. 1901, BGBl. III 404-10 (MündelGeldBek) wurde gemäß Art. 34 des Gesetzes über die weitere Bereinigung von Bundesrecht vom 8. 12. 2010 (BGBl. I S. 1864) mit Wirkung vom 15. 12. 2010 aufgehoben. Somit liegt derzeit keine anwendbare Eignungserklärung vor.

Betreutensicherheit Nach dieser Bekanntmachung ist Voraussetzung der Mündelsicherheit, dass die Forderung seitens des Gläubigers (Betreuten) kündbar ist, oder die Forderung einer regelmäßigen Tilgung unterliegt. Die heute allgemein übliche Auslosung ist ebenfalls eine regelmäßige Tilgung. Auslosung bedeutet, dass die Reihenfolge der jeweils zu tilgenden Papiere, welche der ratenweisen Rückzahlung unterliegen, durch Auslosung bestimmt werden kann.

Städteanleihen Zur Anlage nach dieser Alternative eignen sich insbesondere Städteanleihen.

4.2.5 Anlage bei öffentlichen Sparkassen und Kreditanstalten

§ 1807 Abs. 1 Nr. 5 BGB behandelt nicht die Anlageform, sondern die Anlagestelle. Dies bedeutet, dass der Betreuer Geld in jeder möglichen Form anlegen kann, sofern sie verzinslich ist, bei

- einer inländischen öffentlichen Sparkasse,
- einem anderen Kreditinstitut, das einer für die Anlage(-form) ausreichenden Sicherungseinrichtung angehört.

Inländische öffentliche Sparkasse

Der Begriff einer öffentlichen Sparkasse ergibt sich grundsätzlich aus Landesrecht, Art. 99 EGBGB, allerdings unter Beachtung von § 40 KWG. Sparkassen können auf öffentlich-rechtlicher oder privatrechtlicher Grundlage errichtet sein, soweit sie unter staatlicher Aufsicht stehen; Bausparkassen gehören nicht dazu. **Sparkassen**

Die Eignungserklärungen zur Betreutengeldanlage richten sich nach Landesrecht. Zum Beispiel sind nach Art. 2 Abs. 2 (bayerisches) SpkG alle öffentlichen Sparkassen (Kreis- und Stadtsparkassen) zur Anlegung von Mündelgeld geeignet (gilt entsprechend auch für Betreutengeld).

Andere Kreditinstitute

Die Anlage von Betreutengeld ist auch bei anderen Kreditinstituten möglich. Das Kreditinstitut muss aber einer für die Anlageform ausreichenden Sicherungseinrichtung angehören. Darunter fallen praktisch alle deutschen Geschäfts- und Genossenschaftsbanken sowie die deutschen Zweigstellen ausländischer Banken. Diese Kreditanstalten gehören einem oder mehreren Einlagensicherungsfonds an, mit wenigen Ausnahmen. **Banken**

Problematisch ist nicht die generelle Zugehörigkeit zu einem Sicherungsfonds, sondern die Frage, ob dieser die Einlagenart und Einlagenhöhe deckt. Unter Umständen deckt der Fonds nicht alle Anlageformen, so werden z. B. nach § 6 des Statuts der Geschäftsbanken vom Kreditinstitut selbst ausgegebene Inhaberpapiere nicht erfasst. Auch ist nicht sicher, ob hohe Einlagen in voller Höhe abgesichert sind. Fehlt die Sicherheit nur in Bezug auf bestimmte Anlageformen, so fallen diese nicht unter § 1807 Abs. 1 Nr. 5 BGB, sondern unter § 1811 BGB. **Einlagensicherung**

Hinweis:

Die gesetzliche Mindestgarantiesumme liegt je Kunde bei 100.000 EUR. Abgesichert sind Geldkonten jedweder Art (z. B. Sparbücher und Festgeld). Sollte eine Bank in Insolvenz gehen, muss nach der Neuregelung dem Kunden das Geld innerhalb von 30 Tagen bei einer anderen Bank zur Verfügung gestellt werden. Nicht abgesichert sind nach wie vor andere Geldanlageformen wie Aktien oder kursabhängige Wertpapiere. Für Kunden, die bei einer Bank Geldkonten mit einer Einlage von mehr als 100.000 EUR haben, gelten nach wie vor die Sicherungssysteme des jeweiligen Bankensystems. **Gesetzliche Sicherungssumme**

Auskünfte über die Angehörigkeit zu einem Sicherheitsfonds und dessen Absicherung erteilen: **Auskunft**

- Bundesverband Deutscher Banken, Burgstraße 28, 10178 Berlin
- Bundesverband der deutschen Volksbanken und Raiffeisenbanken, Hauptgeschäftsstelle, Schellingstraße 4, 10785 Berlin
- Bundesanstalt für Finanzdienstleistungsaufsicht, Graurheindorfer Straße 108, 53117 Bonn
- Bundesverband öffentlicher Banken Deutschlands, Lennéstraße 17, 10785 Berlin
- Deutscher Sparkassen- und Giroverband, Charlottenstraße 47, 10117 Berlin

Bausparkassen Fraglich ist, ob eine Bausparkasse eine Kreditanstalt im Sinne von § 1807 Abs. 1 Nr. 5 BGB ist. Sie ist keine öffentliche Sparkasse, aber nach § 1 Abs. 1 Satz 1 BausparkG ein Kreditinstitut. Sämtliche Bausparkassen sind durch die Entschädigungseinrichtung deutscher Banken GmbH gesichert. Zusätzlich sind im Bausparkassen-Einlagensicherungsfonds e. V. die meisten Bausparkassen Mitglied.

Anlegungsformen

Es können alle Anlegungsformen in Anspruch genommen werden, die häufigsten sind Spareinlagen, Sparbriefe (Namensschuldverschreibungen), Sparobligationen (Inhaber- oder Orderschuldverschreibungen), Termingeld (soweit es nicht zur Bereithaltung verwendet wird). Nicht hierher gehören Genossenschaftsanteile der Genossenschaftsbanken, z. B. Volks- und Raiffeisenbanken; diese fallen unter § 1811 BGB.

4.2.6 *Befreiung*

Befreiungen Eine Befreiung von der Anlagegenehmigung nach § 1810 BGB findet auf Anordnung des Betreuungsgerichts und kraft Gesetzes statt.

- Das Betreuungsgericht kann auf Antrag den Betreuer nach § 1817 Abs. 1 BGB befreien. Eine solche Anordnung wird praktisch kaum von großer Bedeutung sein.
- Betreuungsbehörde und Betreuungsverein als Betreuer (§ 1900 Abs. 1 und 4 BGB) sind kraft Gesetzes befreit, §§ 1908i Abs. 1 Satz 1, 1857a, 1852 BGB.
- Ehegatten, Lebenspartner, Eltern, Abkömmlinge des Betreuten als Betreuer, Vereins- und Behördenbetreuer (§ 1897 Abs. 2 BGB) sind kraft Gesetzes befreit, §§ 1908i Abs. 2 Satz 2, 1857a, 1852 BGB.

4.2.7 *Problematik der Anlageformen nach § 1807 BGB*

Bei Geldanlagen sind grundsätzlich drei Bedürfnisse zu beachten:

- Rentabilität (die Anlage soll einen hohen Ertrag abwerfen)
- Sicherheit (die Anlage soll größtmögliche Sicherheit bieten)
- Liquidität (die Anlage soll im Bedarfsfall rasch aufgelöst werden können)

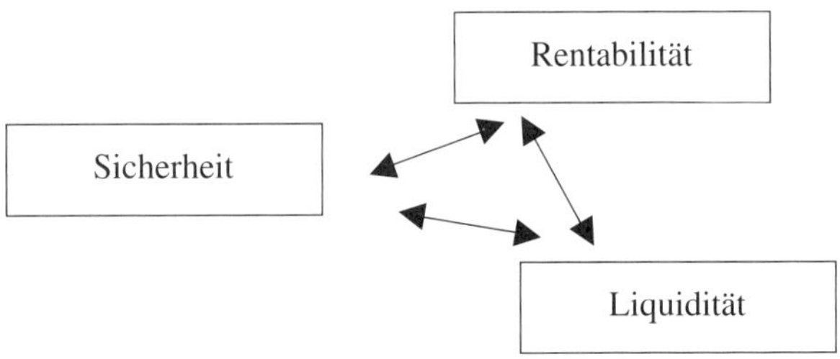

Zwischen diesen drei Komponenten besteht ein Spannungsverhältnis:

- Große Sicherheit bringt tendenziell niedrige Rendite
- Liquide Anlage schafft ebenfalls Renditenachteil

Sicherheit im Vordergrund

Alle Anlegungsformen nach § 1807 Abs. 1 BGB legen großen Wert auf Sicherheit. Die Rendite von Spareinlagen, Festgeld und kurzfristigen Inhaberpapieren ist relativ gering; allerdings besteht regelmäßig der Vorteil eines schnellen Zugriffs.

Höhere Renditen werfen oft mittel- und langfristige Anlegungsformen ab, wie Pfandbriefe, Kommunalobligationen, Städteanleihen, Bundeswertrechte (z. B. Bundesanleihen). Dabei ist allerdings zu beachten, dass sie den Betreuten langfristig, eventuell über das Ende der Betreuung hinaus binden können.

Feste Zinsen

Alle in § 1807 Abs. 1 BGB aufgeführten Anlegungsformen erbringen grundsätzlich eine feste, von vornherein vereinbarte Verzinsung während der Anlagedauer. Dies kann vorteilhaft sein, wenn das allgemeine Zinsniveau während der gesamten Laufzeit gleich bleibt oder sinkt; sie erweist sich als nachteilig, wenn das Zinsniveau ansteigt (Zinsänderungsrisiko).

Gewinn durch Zinsen

Der Gewinn einer festverzinslichen Anlegung ist der Zinsertrag, der während der Laufzeit erlangt wird, und welcher von vornherein feststeht. Zur Berechnung der tatsächlichen Rendite sind aber mehrere Faktoren einzubeziehen, und zwar der Nominalzinssatz, der Erwerbspreis und die (Rest-)Laufzeit. Diese Rendite wird im „Börsenfahrplan" der Tageszeitungen meist angegeben. Man kann sie mit einer vereinfachten Formel (ohne Berücksichtigung von Gebühren) berechnen:

$$\frac{\left(\text{Nominalzins} +/- \dfrac{(\text{Rückzahlungskurs} - \text{Anschaffungskurs})}{\text{Restlaufzeit}} \text{ x } 100\right)}{\text{Anschaffungskurs (= Kaufpreis)}}$$

Beispiel:

Erwirbt man eine Bundesanleihe im Nennwert von 100 EUR mit 6 % Nominaljahresverzinsung der Ausgabe 2008 und einer Laufzeit bis Ende 2018 am 2. 1. 2008 für 106,50 EUR, so ergibt sich nach der o. g. Faustrechenformel eine Rendite von ca. 4,60 %, während die Tageszeitung 4,50 % ausweisen wird.

In die Berechnung sind Gebühren und Steuern mit einzurechnen. So ist der Kauf von Neu-Emissionen regelmäßig spesenfrei, während für umlaufende Werte z. B. Bankprovisionen und Maklergebühren entstehen können; daneben fallen in der Regel noch Depotgebühren an. Nicht unerheblich ist, dass bei den Gebühren regelmäßig Mindestbeträge zu beachten sind.

Praxis TIPP

Anlage in festverzinslichen Werten

Die in § 1807 BGB genannten Anlageformen sind relativ sicher. Bei der Laufzeit und der Rendite ergeben sich Unterschiede; je kürzer die Laufzeit, umso geringer ist in der Regel der Ertrag. Der Betreuer sollte sich gut beraten lassen und die Laufzeit am Alter des Betreuten ausrichten.

4.3 Andersartige Anlage

Von der Regel abweichende Anlage

Jede von der „Regelmäßigkeit" nach §§ 1908i Abs. 1, 1807 BGB abweichende Anlegung erfordert eine Erlaubnis (Genehmigung) des Betreuungsgerichts nach §§ 1908i Abs. 1, 1811 BGB.

Unter die Ausnahmevorschrift des § 1811 BGB ist jede Abweichung vom Grundsatz der §§ 1806, 1807 BGB einzuordnen, somit auch eine unverzinsliche Anlegung.

Die nunmehr bestehende Fassung des § 1811 BGB beruht auf dem Gesetz über die Anlegung von Mündelgeld vom 23. 6. 1923 (RGBl. I S. 411). Der Wortlaut des § 1811 BGB in der jetzigen Fassung lässt eine andersartige Anlegung neben den Anlegungen des § 1807 BGB jederzeit zu, wenn diese „nicht schlechter ist", also den Grundsätzen einer wirtschaftlichen Vermögensverwaltung nicht zuwiderläuft. Die obergerichtliche Rechtsprechung wendet aber überwiegend das Regel-/Ausnahmeverhältnis des § 1811 BGB zu § 1807 BGB an und lässt die andersartige Anlage nur ausnahmsweise zu, wenn bei gleicher Sicherheit wirtschaftliche Vorteile bestehen (*OLG Frankfurt* Rpfleger 1984, 147).

Vermögensmehrung oder Erhaltung

Im Vordergrund muss die Betreutensicherheit stehen; nur zum Zwecke der höheren Gewinnerzielung darf diese nicht aufs Spiel gesetzt werden. Der Betreuer als vorübergehender Verwalter fremden Vermögens hat dieses zunächst zu erhalten und erst in zweiter Linie größtmöglichst zu vermehren. Dies schließt aber nicht aus, dass in konkreten Einzelfällen eine andersartige Anlageform genehmigt werden kann, sofern der Kompromiss zwischen Sicherheit und Ertragserzielung nicht eindeutig zu Lasten der ersteren geht. Die gerichtliche Gestattung darf nur erteilt werden, wenn die Anlage hinreichend sicher ist, andererseits ist es aber nicht Sinn der Vorschrift, vom Betreuten jegliches Risiko fernzuhalten. Gegebenenfalls kann zur Ermittlung des Haftungsrisikos ein Gutachten eines Sachverständigen, eines Bankenverbands oder des Bankenaufsichtsamtes eingeholt werden (*Schleswig-Holsteinisches OLG* BtPrax 2000, 87). Dies dürfte aber nur bei größeren Anlagen in Frage kommen, denn das Betreutenvermögen wird mit den Gutachterkosten belastet.

Keine generelle Ausschließung einer Anlage nach § 1811 BGB

Nach *OLG Frankfurt* (BtPrax 2002, 266; FamRZ 2003, 59) hätte eine zu enge Auslegung in Bezug auf das Erfordernis der Sicherheit und das alleinige Abstellen auf diese Umstände zur Folge, dass anderweitige Geldanlagen als diejenigen des § 1807 BGB im Ergebnis generell ausgeschlossen wären, ohne dass es auf eine Prüfung der am Einzelfall orientierten Vor- und Nachteile der vom Betreuer beabsichtigten Geldanlage nach den Grundsätzen einer wirtschaftlichen Vermögensverwaltung ankäme. Eine anderweitige Geldanlage im Sinne des § 1811 BGB erfordert eine umfassende Prüfung der Vor- und Nachteile, ausgerichtet an den jeweiligen Umständen des Einzelfalls. Dabei darf zwar dem in § 1807 BGB herausgestellten gesetzlichen Ziel der Erhaltung des Vermögens des Betreuten besonderes Gewicht in Relation zur Erzielung einer höheren Rendite eingeräumt werden, daneben sind jedoch stets auch die individuellen Umstände des Betroffenen zu berücksichtigen. Des Weiteren ist zu berücksichtigen, dass es bei größeren Vermögen den Grundsätzen einer wirtschaftlichen Vermögensverwaltung entspricht, eine Streuung auf unterschiedliche Anlagearten vorzunehmen. Eine vom Betreuer beabsichtigte Investition des ganz überwiegenden Teils des Vermögens (deutlich über 75 %) in einer einzelnen Anlageform (z. B. in einem Immobilienfonds) entspricht jedoch bereits deshalb nicht den Grundsätzen einer wirtschaftlichen Vermögensverwaltung, weil sie die gebotene Streuung auf mehrere Anlageformen vermissen lässt.

Streuung auf unterschiedliche Anlageformen

Niedrigzinsphase erfordert risikobegrenzte rentable Anlegungsformen

Aufgrund der derzeitigen historischen Niedrigzinsphase, die es kaum ermöglicht, Gelder fest verzinslich zu einem Zinssatz anzulegen, der oberhalb der Inflationsrate liegt, ist ein Betreuer im Rahmen einer wirtschaftlichen Vermögensverwaltung gehalten, eine risikobegrenzte rentablere Anlageform für einen Teil des Vermögens zu finden. Das entspricht den Grundsätzen einer wirtschaftlichen Vermögensverwaltung. Die Anlageform darf nicht rein spekulativ, sondern allenfalls mit einem mäßigen Risiko behaftet sein (*LG Augsburg*, Urteil vom 25. 5. 2018, Az. 54 T 1089/18).

Der Erwerb von Aktien sowie von Beteiligungen an Aktien- und Rentenfonds scheidet nicht von vornherein wegen des allgemeinen Risikos von Kurs- und Wertschwankungen als betreuungsgerichtlich genehmigungsfähige „andere Anlage" aus (*OLG München* Rpfleger 2009, 617).

Praxis TIPP

Keinesfalls den überwiegenden Teil des Betreutenvermögens in einer Anlage nach § 1811 BGB einbringen.

Gericht muss genehmigen

Die Gestattung des Betreuungsgerichts nach § 1811 BGB ist eine sog. Innengenehmigung. Wird sie durch den Betreuer nicht eingeholt, ist die Anlage wirksam, allerdings hat er eine Pflichtwidrigkeit begangen, welche nach §§ 1908i Abs. 1, 1833 BGB zum Schadensersatz führen kann. Dabei darf nicht verkannt werden, dass bei risikoreichen Anlageformen durchaus eine Schadensentstehung für den Betreuten denkbar ist.

4.3.1 Vorhandene Anlagen

Vorhandene Anlagen haben Bestand

§ 1908i Abs. 1 Satz 1 i. V. m. §§ 1806, 1807, 1811 BGB behandeln nur Anlegungen, die der Betreuer selbst vornimmt. Es wird nichts dazu ausgesagt, was mit bereits angelegtem Geld, welches der Betreuer bei Beginn seines Amtes vorgefunden hat, geschehen soll. Der Betreuer kann grundsätzlich unter § 1811 BGB fallende Anlagen beibehalten, ohne dass er hierzu einer Genehmigung nach dieser Vorschrift bedarf.

4.3.2 Befreiung

Befreiungen

Das Betreuungsgericht kann auf Antrag des Betreuers von der Notwendigkeit einer Genehmigung nach § 1811 BGB befreien, § 1817 Abs. 1 BGB. Eine solche Anordnung wird praktisch nicht von großer Bedeutung sein, denn sie kann nur bei geringem Vermögen (regelmäßig außer Grundbesitz nicht mehr als 6.000 EUR) erlassen werden, so dass eine Anlegung in andersartiger Form kaum in Betracht kommen wird.

Die Betreuungsbehörde als Betreuerin (§ 1900 Abs. 4 BGB) ist in Bayern nach Art. 1 Abs. 3 BayAGBtG kraft Gesetzes befreit. Weitere Länder haben Befreiungen erteilt: Baden-Württemberg § 16 AGKJHG, Berlin Art. 1 § 2 AGBtG, Bremen Art. 1 § 3 AGBtG, Hessen Art. 1 § 2 AGBtG, Sachsen-Anhalt Art. 1 § 5 AGBtG.

Die Befreiung vom Genehmigungserfordernis bedeutet nicht, dass der Betreuer willkürlich andersartig anlegen kann. Missachtet er ein gegebenes Risiko und entsteht dadurch dem Betreuten ein Schaden, so haftet er nach §§ 1908i Abs. 1, 1833 BGB, weil er die ihm obliegende ordnungsgemäße Vermögensverwaltung außer Acht gelassen hat.

4.3.3 Einzelne Anlageformen nach § 1811 BGB

Lebensversicherungsverträge

Lebensversicherungsverträge dienen der Geldanlegung, wenn es sich nicht um reinen Todesfallschutz handelt. Fraglich ist bei dieser Anlageart, ob sie gegenüber regelmäßigen Anlageformen wirtschaftliche Vorteile bietet. Dies kann durchaus bejaht werden. Zum einen werden Gewinnanteile gezahlt, die regelmäßig ein hohes Ablaufguthaben erwirtschaften, zum anderen ergeben sich zumindest derzeit steuerliche Vorteile. Eine Sicherheit, wie sie regelmäßige Anlagen bieten, dürfte zwar nicht gegeben sein, das Risiko hält sich aber in Grenzen. Die Genehmigung kann, zumindest in konkreten Fällen, erteilt werden.

Lebensversicherung erfordert Genehmigung

Unabhängig von der Innengenehmigung nach § 1811 BGB erfordert der Abschluss eines Lebensversicherungsvertrags noch eine betreuungsgerichtliche Genehmigung nach § 1907 Abs. 3 BGB.

- Durch den Vertrag wird der Betreute zu wiederkehrenden Leistungen verpflichtet.
- Wenn die Leistungen länger als vier Jahre andauern: Dabei spielt es keine Rolle, dass das Vertragsverhältnis jederzeit durch Kündigung beendet werden kann. Entscheidend ist hier nach herrschender Rechtsprechung, dass durch die vorzeitige Kündigung ein unter Umständen erheblicher Vermögensverlust erlitten wird, zumindest in den ersten Jahren der Laufzeit durch die Risikorücklagen.

Kapitallebensversicherungsverträge ohne betreuungsgerichtliche Genehmigung sind schwebend (un-)wirksam. Sie eignen sich durchaus als Geldanlage im Sinne von § 1811 BGB, müssen aber hinsichtlich ihrer langen Bindungswirkung gerichtlich geprüft werden.

Bausparverträge

Vorteile eines Bausparvertrags

Die Anlage von Betreutengeld in einem Bausparvertrag könnte immer dann genehmigungsfähig sein, wenn der Betreuer den Erwerb eines Grundstücks oder einer Eigentumswohnung (vor allem zur Eigennutzung) beabsichtigt, oder ein bereits bestehendes Objekt umbauen bzw. renovieren möchte. Wegen der günstigen Darlehensgewährung kann dem Bausparvertrag gegenüber einer regelmäßigen Anlage nach § 1807 BGB der Vorzug gegeben werden. Allerdings fällt die Bauspareinlage nur dann unter § 1811 BGB, wenn die Bausparkasse nicht unter § 1807 Abs. 1 Nr. 4 oder Nr. 5 BGB einzuordnen ist.

Eine betreuungsgerichtliche Genehmigung nach § 1907 Abs. 3 BGB fällt bei Bauspareinlagen nicht an. Zwar wird der Betreute regelmäßig zu wiederkehrenden Leistungen verpflichtet, die je nach Vertragsdauer über vier Jahre hinaus andauern können, allerdings kann der Vertrag jederzeit durch Kündigung beendet werden und erhebliche finanzielle Einbußen entstehen dadurch nicht.

Aktien, Gesellschafts- und Genossenschaftsanteile

Aktien

Der Aktieninhaber ist Miteigentümer eines Unternehmens; er ist am geschäftlichen Risiko beteiligt, haftet allerdings nur mit seiner Aktieneinlage. Der Aktionär als Mitinhaber des Unternehmens wird am Gewinn des Unternehmens beteiligt, soweit ein solcher erzielt wird. Der Gewinn wird als Ausschüttung an die Aktionäre (Dividende) oder als Rücklage der Gesellschaft verwendet. Eine gezahlte Dividende bildet für den Aktionär seinen Anteil am Geschäftsgewinn. Allerdings ergibt nicht die Höhe der Dividende allein den Ertrag einer Aktie, wichtig ist vielmehr die tatsächliche Rendite, die sich ergibt, wenn man die Dividende in Verhältnis zum Kaufpreis der Aktie setzt. Die Dividendenzahlung an sich erbringt regelmäßig eine zu geringe Rendite, um von den regelmäßigen Anlageformen abzuweichen.

Eine weitere Ertragsquelle, auf die der Aktionär spekuliert, ist ein Gewinn aus steigenden Aktienkursen. Da ein solcher aber nicht mit Sicherheit vorausgesagt werden kann, eignet sich diese Einnahmequelle nicht für eine Betreutengeldanlegung.

Der Erwerb von Aktien sowie von Beteiligungen an Aktien- und Rentenfonds scheidet nicht von vornherein wegen des allgemeinen Risikos von Kurs- und Wertschwankungen als betreuungsgerichtlich genehmigungsfähige „andere Anlage" aus. Eine von § 1807 BGB abweichende Anlegung kann das Betreuungsgericht dem Betreuer gestatten. Die Erlaubnis soll nur verweigert werden, wenn die beabsichtigte Art der Anlegung nach Lage des Falles den Grundsätzen einer wirtschaftlichen Vermögensverwaltung zuwiderlaufen würde.

Wirtschaftliche Vermögensverwaltung

Ob die anderweitige Anlageform den Grundsätzen einer wirtschaftlichen Vermögensverwaltung entspricht, ist mithilfe einer umfassenden Prüfung der Vor- und Nachteile, ausgerichtet an den Umständen des Einzelfalls, zu beurteilen. Dabei ist auf ein angemessenes Verhältnis von Anlagesicherheit zum Zweck der Vermögenserhaltung und Rentabilität im Sinne einer optimalen Renditeerzielung zu achten. Von Bedeutung sind auch Art und Umfang des Vermögens sowie die in der Vergangenheit vom Betroffenen eigenverantwortlich getroffenen Anlageentscheidungen. Daneben ist zu berücksichtigen, ob und inwieweit der Betroffene seinen laufenden Lebensunterhalt aus anderen Einkünften bestreiten kann oder hierzu auf die Erträge aus der beabsichtigten Geldanlage oder auch auf die längerfristige Verwertung von deren Substanz angewiesen ist. Bei größerem Vermögen entspricht es den Grundsätzen einer wirtschaftlichen Vermögensverwaltung, eine Streuung auf verschiedene Anlagearten vorzunehmen. Zur Beurteilung der Wertsicherheit, Rendite und der steuerlichen Auswirkungen der beabsichtigten Geldanlage wird im konkreten Einzelfall im Hinblick auf die notwendige Sachkunde und nach dem Amtsermittlungsgrundsatz die Einholung amtlicher Auskünfte oder eines Sachverständigengutachtens in Betracht kommen (*OLG München* FamRZ 2009, 1860; Rpfleger 2009, 617).

Verhältnis von Anlagensicherheit und Rentabilität

Vermögensstreuung

Gutachten einholen

Risikogeschäft

Aktien werden grundsätzlich in der Rechtsprechung nicht zur Betreutengeldanlegung als geeignet betrachtet. Dies muss auch gelten, wenn neue Aktien zu einem günstigen Ausgabekurs angeboten werden.

Belegschaftsaktie

Betriebliche Zuwendung

Belegschaftsaktien werden durch einige Aktiengesellschaften den eigenen Beschäftigten angeboten. Es handelt sich an sich um völlig „normale" Papiere, bei denen der Preis allerdings erheblich unter dem Börsenkurs liegen kann; sie können daneben unter Umständen sparzulagebegünstigt erworben werden. Ihr Erwerb kann ausnahmsweise genehmigt werden, da es sich zu einem erheblichen Teil um eine betriebliche Zuwendung handelt. Der große finanzielle Vorteil verdrängt hier in der Regel das Sicherheitsrisiko.

Neue (junge) Aktie und Zusatzaktie (Kapitalberichtigungsaktie)

Wird das Kapital einer Aktiengesellschaft durch Fremdmittel erhöht, werden neue (weitere) Aktien ausgegeben, die bedingt durch die höhere Anzahl der Gesamtaktien einen niedrigeren Kurswert haben. Die bisherigen Aktionäre haben einen rechtlichen Anspruch auf den Bezug dieser Aktien. Ihnen wird ein sog. Bezugsrecht in einem Verhältnis zur Zahl ihrer alten Aktien überlassen. Auch dieses Bezugsrecht hat einen Wert und ist veräußerbar.

Anpassung der Aktien

Wird das Grundkapital der Aktiengesellschaft aus eigenen Rücklagen erhöht, so werden Zusatzaktien ausgegeben. Jeder Aktionär bekommt in einem Verhältnis zu seinen alten Aktien zusätzliche Aktien, ohne dass er dafür etwas aufwenden muss. Allerdings vermindert sich durch die größere Anzahl der Aktien der Kurs aller Aktien. Den Aktionären wird wieder ein Bezugsrecht in einem Verhältnis zur Zahl ihrer alten Aktien überlassen. Auch dieses Bezugsrecht hat einen Wert und ist veräußerbar.

Verwaltet der Betreuer bereits einen Aktienbestand, so ist zu prüfen, ob er die Bezugsrechte auf neue Aktien oder Zusatzaktien ausüben kann.

Behandlung von Bezugsrechten

- Der Erwerb von Zusatzaktien mit ausreichenden Bezugsrechten ist unproblematisch möglich, da hier kein Betreutengeld anzulegen ist. Muss der Vertreter erst weitere Bezugsrechte hinzuerwerben, da die dem Betreuten zustehenden nicht ausreichen, ist die Genehmigung des § 1811 BGB zu beachten. Grundsätzlich handelt es sich um die Anlage in Aktien, und die Genehmigung ist mangels ausreichender Sicherheit zu versagen.
- Der Erwerb von neuen Aktien ist immer an § 1811 BGB zu messen und regelmäßig zu verneinen.
- Veräußert der Betreuer Bezugsrechte des Betreuten, verfügt er über eine Forderung des Vertretenen und bedarf der Genehmigung des Gegenbetreuers nach §§ 1908i Abs. 1, 1812 Abs. 1 Satz 1 BGB; falls ein solcher nicht vorhanden ist, der Genehmigung des Betreuungsgerichts, § 1812 Abs. 3 BGB. Die Genehmigung ist regelmäßig zu erteilen.

Gesellschaftsanteile

Neben dem Aktienerwerb als Gesellschaftsbeteiligung sind weitere Betreutengeldanlegungen in Gesellschaftsanteilen denkbar. Allerdings ist hier zu unterscheiden, ob die Beteiligung an einer Personen- oder Kapitalgesellschaft erfolgt.

GmbH

Der entgeltliche Erwerb eines GmbH-Anteils zum Zwecke der Geldanlage ist grundsätzlich einem Aktienerwerb gleichzusetzen, auch hier besteht ein hohes Risiko in Bezug auf Gewinnerzielung und Sicherheit der Anlage.

Anlage in GmbH-Beteiligung

Der Erwerb einzelner Anteile (weniger als 50 % der Gesamtanteile) fällt nicht unter den Genehmigungstatbestand des §§ 1908i Abs. 1, 1822 Nr. 3 Alt. 1 BGB, sondern stellt lediglich eine Kapitalanlage dar, mit der Genehmigung nach §§ 1908i Abs. 1, 1811 BGB. Daneben ist allerdings noch §§ 1908i Abs. 1, 1822 Nr. 10 BGB zu prüfen, da den Anteilserwerber nach § 16 Abs. 3 GmbHG die Haftung für rückständige Leistungen des Veräußerers und nach §§ 24, 31 Abs. 3 GmbHG die Ausfallhaftung für Einlage- und Erstattungsforderungen der Gesellschaft gegen die übrigen Gesellschafter trifft. Nach einer Entscheidung des *BGH* (Rpfleger 1989, 281) erfordert die Anwendung des § 1822 Nr. 10 BGB eine konkrete fremde Verbindlichkeit und die rechtliche Möglichkeit des Betreuten, bei Inanspruchnahme Ersatz zu verlangen. Es müssen also zum Zeitpunkt der Anmeldung des Erwerbs bei der Gesellschaft dieser (konkret) Einlage- oder Erstattungsforderungen zustehen, und Regressmöglichkeiten des Eintretenden bestehen (Innenverhältnis der GmbH).

OHG und KG

Anlage in Personengesellschaften

Der Anteil an einer Personengesellschaft ist übertragbar (Übertragung der Mitgliedschaft). Sie erfolgt durch Verfügungsgeschäft zwischen dem bisherigen Gesellschafter und dem Erwerber. Dazu ist die Zustimmung der übrigen Gesellschafter erforderlich, entweder zur einzelnen Abtretung oder sie ist generell im Gesellschaftsvertrag erklärt.

Soweit der Betreuer den Erwerb für den Betreuten als Geldanlage betreibt, unterliegt er der betreuungsgerichtlichen Genehmigung nach § 1811 BGB. Außerdem ist die Genehmigung nach §§ 1908i Abs. 1, 1822 Nr. 3 Fall 1 BGB erforderlich, da es sich um den Erwerb eines Gesellschaftsanteils (Erwerbsgeschäfts) handelt. Dabei spielt es keine Rolle, ob der Anteil eines OHG-Gesellschafters oder eines Komplementärs der KG erworben wird. Auch die rein kapitalistische Beteiligung als Kommanditist fällt aus Gründen der Rechtssicherheit unter § 1822 Nr. 3 BGB.

Die Beitrittsphase als Kommanditist ist mit erheblichen Haftungsrisiken verbunden. Durch Übernahme eines bestehenden oder Neubildung eines Kommanditanteils haftet der Kommanditist bis zur Eintragung ins Handelsregister unbeschränkt, § 176 Abs. 2 HGB. Dies gilt auch dann, wenn der voll bezahlte Anteil eines eingetragenen Kommanditisten übernommen wird. Die Genehmigungsfähigkeit beim Beitritt oder einer Anteilsübernahme kann nur dann gegeben sein, wenn die bezeichneten Risiken ausgeschlossen sind, so z. B. durch einen Beitritt unter der aufschiebenden Bedingung der Handelsregistereintragung.

Risiko bei Anlage

Die unbeschränkte Haftung eines OHG-Gesellschafters oder Komplementärs einer KG lässt den Erwerb einer Beteilung zum Zwecke der „Geldanlegung" für Betreute ausscheiden. Selbst die Kommanditbeteiligung sollte auf Fälle beschränkt werden, in denen z. B. ein Eintritt in ein „Familienunternehmen" erfolgen soll.

Stille Gesellschaft und Unterbeteiligung

Unternehmer im Hintergrund

Der stille Gesellschafter nach § 230 ff. HGB beteiligt sich mit einer Vermögenseinlage an einem Unternehmen. Dabei kann es sich um ein Einzelunternehmen, eine Personen- oder Kapitalgesellschaft handeln. Die stille Gesellschaft wirkt nur im Innenverhältnis (sog. Innengesellschaft), an der Trägerschaft des Unternehmens ändert sie nichts, § 230 Abs. 2 HGB. Da das Innenverhältnis beliebig gestaltet werden kann, gibt es unterschiedliche Formen der Innengesellschaft.

- Typische stille Gesellschaft: Sie richtet sich weitgehend nach den Vorschriften des HGB; bei ihr nimmt der Gesellschafter am Gewinn und Verlust des Unternehmens teil, am Verlust jedoch nur bis zur Höhe seiner Einlage, §§ 231 Abs. 1, 232 Abs. 1, Abs. 2 HGB.
- Eine atypische stille Gesellschaft liegt vor, wenn im Gesellschaftsvertrag von den Vorschriften des HGB abgewichen wird, wenn z. B. der stille Gesellschafter nicht am Verlust teilnimmt, § 231 Abs. 2 HGB, oder über seine Einlage hinaus den Verlust zu tragen hat. Daneben kann er auch an der Betriebsführung beteiligt werden.

Umstritten ist in Rechtsprechung und Literatur die Anwendung von §§ 1908i Abs. 1, 1822 Nr. 3 Fall 2 BGB bei der Gründung der stillen Gesellschaft für den Betreuten. Zweifellos wird ein Gesellschaftsvertrag geschlossen, fraglich ist aber, ob er zum Betrieb eines Erwerbsgeschäfts eingegangen wird. Hier kommt es auf die Ausgestaltung des Vertrags an. Zwar betreibt der stille Gesellschafter regelmäßig nicht das Unternehmen, aber es kommt natürlich auch auf sein unternehmerisches Risiko an. Der *BGH* (FamRZ 1957, 121) hat entschieden, dass insoweit keine Genehmigung erforderlich ist, wenn nur eine einmalige Kapitalleistung erbracht wird, und der stille Gesellschafter am Verlust und der Betriebsführung nicht beteiligt ist (gilt auch entsprechend für den Betreuten).

Die Unterbeteiligung ist ebenfalls eine Form der mittelbaren Unternehmensbeteiligung. Allerdings beschränkt sie sich auf Anteile eines Gesellschafters an einer Personen- oder Kapitalgesellschaft. Die Unterbeteiligung ist wie die stille Gesellschaft eine Innengesellschaft und kann wie diese behandelt werden.

Wirtschaftliche Vorteile

Legt der Betreuer Geld in einer stillen Gesellschaft oder Unterbeteiligung an, ist zunächst zu prüfen, ob sich zur regelmäßigen Anlegung wirtschaftliche Vorteile ergeben. Diese können aus einem, wenn auch ungewissen, Unternehmensgewinn resultieren; in jedem Fall muss der Gesellschaftsvertrag insoweit für den Betreuten positiv ausfallen.

Sicherheit Problematisch ist auch hier die Sicherheit. Zum einen ist nicht klar, ob ein Unternehmensgewinn erzielt werden kann; daneben hat der stille Beteiligte regelmäßig Verluste bis zum Betrag seiner Einlage zu tragen. Der Betreuer kann im Namen des Betreuten die Vorlage des Jahresabschlusses verlangen und die Richtigkeit überprüfen (lassen), § 233 HGB, weitere Mitwirkungsrechte am Erfolg des Unternehmens wird er in der Regel nicht haben.

Es sollte die Person des Unternehmers und das Unternehmen selbst gut geprüft werden, bevor der Betreuer die stille Gesellschaft als Geldanlage in Betracht zieht; daneben ist die betreuungsgerichtliche Genehmigung nach § 1811 BGB erforderlich.

Genossenschaftsanteile

Genossenschaftsbanken Tritt der Betreuer im Namen des Betreuten einer Genossenschaft als Mitglied bei, erwirbt der Vertretene einen Genossenschaftsanteil, § 15 GenG; gleichzeitig hat er die nach der Satzung der Genossenschaft geforderte Einzahlung zu leisten, § 15a GenG. Der Vertreter legt Geld des Vertretenen in einer Genossenschaftsmitgliedschaft an. § 19 Abs. 1 GenG bestimmt, dass der bei Feststellung des Jahresabschlusses für die Genossen sich ergebende Gewinn oder Verlust des Geschäftsjahres auf diese zu verteilen ist. Nach der Satzung wird regelmäßig eine Verwendung des Jahresüberschusses zum Teil als Ausschüttung bestimmt sein; diese ergibt den Gewinn der Anlage. Zumindest bei den Genossenschaftsbanken errechnet sich in der Regel eine gute Rendite.

Keine Sicherungseinrichtung Nicht unproblematisch ist die Sicherheitsfrage, denn die Genossenschaftsanteile werden nicht durch die Einlagensicherung der Banken erfasst. Abzuwägen ist die Bonität der einzelnen Bank und die Höhe der Anlage.

Ebenfalls zu beachten ist die sog. Nachschusspflicht gemäß § 105 GenG:

> *Soweit die Ansprüche der Massegläubiger oder die bei der Schlussverteilung (§ 196 der Insolvenzordnung) berücksichtigten Forderungen der Insolvenzgläubiger aus dem vorhandenen Vermögen der Genossenschaft nicht berichtigt werden, sind die Genossen verpflichtet, Nachschüsse zur Insolvenzmasse zu leisten, es sei denn, dass das Statut die Nachschusspflicht ausschließt. Im Falle eines rechtskräftig bestätigten Insolvenzplans besteht die Nachschusspflicht insoweit, als sie im gestaltenden Teil des Plans vorgesehen ist. Die Nachschüsse sind von den Genossen, wenn nicht das Statut ein anderes Beitragsverhältnis festsetzt, nach Köpfen zu leisten. Beiträge, zu deren Leistung einzelne Genossen unvermögend sind, werden auf die übrigen verteilt.*

Nachzahlung bei Insolvenz Ist eine Nachschusspflicht nicht ausgeschlossen, wird regelmäßig eine Haftsumme bestimmt sein, die im Falle der Insolvenz noch zu erbringen ist. Der Genosse verliert somit nicht nur seine Einlage, sondern muss noch eine weitere Leistung erbringen.

Die Genossenschaft ist ihrer gesetzlichen Struktur nach keine Erwerbsgesellschaft im Sinne von §§ 1908i Abs. 1, 1822 Nr. 3 BGB; sie ist eine vom Mitgliederbestand unabhängige Körperschaft, aber keine Kapitalgesellschaft, denn die Mitgliedschaft ist nicht durch eine Kapitaleinlage, sondern durch die persönliche Beteiligung geprägt, ähnlich einem Verein. Die mit der Genossenstellung verbundene Nachschusspflicht im Insolvenzfall ist eine eigene Verbindlichkeit der Genossen und fällt somit nicht unter § 1822 Nr. 10 BGB.

Der Erwerb von Genossenschaftsanteilen unterliegt somit der betreuungsgerichtlichen Genehmigung nach §§ 1908i Abs. 1, 1811 BGB. Die Genehmigungsfähigkeit muss am Einzelfall geprüft werden. **Anlagegenehmigung**

Investment- und Immobilienfonds

Investmentfonds

Eine Investmentgesellschaft legt die Einlagen in bestimmten Werten an. Je nach Zusammensetzung des Fondsvermögens ergeben sich:

Anteil an vielen Werten

- Aktienfonds (überwiegend Aktien verschiedener Gesellschaften)
- Rentenfonds (überwiegend festverzinsliche Wertpapiere)
- gemischten Fonds (Aktien und festverzinsliche Wertpapiere)

Als weitere Unterscheidung dient der geographische Anlagehorizont. So unterscheidet man Länderfonds (z. B. nur deutsche Werte), Regionenfonds (z. B. nur europäische Werte) und internationale Fonds (weltweite Werte).

Risikoverminderung

Dies bedeutet eine Risikoverringerung durch die Mischung der Papiere verschiedener Unternehmen und eventuell Regionen. Der Käufer eines Investmentzertifikats erwirbt einen Anteil am Vermögen des Fonds, er erhält einen Anteilsschein (Zertifikat). Die Dividendeneinnahmen und Gewinne der gesamten Werte werden teilweise auf die einzelnen Anteilsscheine ausgeschüttet (Ausschüttungsfonds). Ob eine Ausschüttung erfolgt, muss sich aus den Vertragsbedingungen ergeben.

Der Wert eines Investmentanteils wird täglich aufgrund der Börsenkurse errechnet. Zertifikate können zum Tagesrücknahmepreis an die Investmentgesellschaft zurückgegeben werden.

Zu beachten ist, dass der Ausgabe- und Rücknahmekurs differiert. Bei der Ausgabe werden regelmäßig Aufschläge zwischen 3 % und 6 % des Anteilswertes erhoben; die Rücknahme erfolgt zum Inventurwert (= Wert des gesamten Fondsbestandes geteilt durch die Anzahl der Anteile).

Beschränkte Eignung

Investmentanteile sind beschränkt zur Anlage von Betreutengeld geeignet, da regelmäßig die Risiken durch Streuung der zusammengefassten Werte nach Branchen und Gesellschaften minimiert werden. Bei der Erteilung der Genehmigung nach §§ 1908i Abs. 1, 1811 BGB entscheiden die Betreuungsgerichte uneinheitlich. Häufig wird wie folgt verfahren: reine Rentenfonds ja; reine Aktienfonds nein; gemischte Fonds ja, wenn überwiegend Rentenwerte enthalten sind. Vorsicht ist bei ausländischen Investmentgesellschaften geboten.

Bei größerem Vermögen können für längerfristige Anlagen von Geld auch Renten- und Aktienfonds in Betracht zu ziehen sein. Bei Zweifeln an der Wirtschaftlichkeit einer Anlageform ist gegebenenfalls ein Sachverständigengutachten einzuholen.

Nützliche Anschriften Im Zusammenhang mit Investmentanteilen sind folgende Anschriften hilfreich:

- Bundesverband Investment und Asset Management e. V. (BVI)
  Bockenheimer Anlage 15, 60322 Frankfurt am Main
  Tel. 069/15 40 90-0, Fax 069/5 97 14 06

  Der Verband gibt das Jahrbuch „Investment – Daten, Fakten, Entwicklungen“ heraus, in dem die Anschriften und Telefonnummern der Fondsgesellschaften verzeichnet sind; das Buch kann kostenlos bezogen werden.

- Bundesanstalt für Finanzdienstleistungsaufsicht (BaFin)
  Abteilung Wertpapieraufsicht/Asset Management
  Lurgiallee 12, 60439 Frankfurt am Main
  Tel. 0228/41 08-0,[1] Fax 0228/41 08-1 23[1]

  Aufsichtsbehörde für Investmentfonds in Deutschland; erteilt Auskunft, ob ein Fonds zum Vertrieb in Deutschland berechtigt ist.

Praxis TIPP Bei der Anlage von Betreutengeld in Investmentfonds ist besondere Vorsicht geboten. Häufig ist die geforderte Sicherheit der Anlage, insbesondere bei Aktienfonds, nicht gegeben.

Immobilienfonds

Durch eine Immobiliengesellschaft werden Grundstücke in den Fonds eingebracht und hierüber Anteilsscheine ausgegeben (Zertifikate). Man unterscheidet „offene“ und „geschlossene“ Immobilienfonds.

Offene Fonds Die offenen Fonds können fortlaufend neue Zertifikate verkaufen und so neue Objekte hinzuerwerben, wodurch sich eine Risikostreuung ergibt. Die Fonds unterliegen der Aufsicht des deutschen Investmentgesetzes (InvG).

Geschlossene Fonds Die geschlossenen Fonds unterliegen nicht dem deutschen Investmentgesetz; eine Rücknahme der Zertifikate ist meist ausgeschlossen; eine freie Veräußerung mangels Markt problematisch. Auch werden die Fondsmittel in der Regel nur in ein oder wenige Objekte angelegt, was wenig zu einer Risikostreuung beiträgt. Das Zertifikatskapital richtet sich nach der Höhe des für den Erwerb bzw. die Bebauung des Fondsobjekts benötigten Eigenkapitals. Wenn alle Zertifikate gezeichnet sind, wird der Fonds geschlossen.

Gewinne Offene Fonds erbringen in der Regel durch Barausschüttungen und Wertsteigerungen der Grundstücke ansehnliche Gewinne bei an sich geringem Risiko, wobei aber nicht außer Acht bleiben darf, dass es wegen mangelnder Vermietbarkeit der Objekte zu marktgerechten Preisen keine Ertragsgarantie geben kann. Auch kann der Anleger sein Zertifikat jederzeit an den Fonds zurückgeben, wobei allerdings zu beachten ist, dass Ausgabe- und Rücknahmekurs differieren; üblicherweise werden ca. 5 % Ausgabekosten berechnet.

Relative Sicherheit Immobilienzertifikate offener Fonds bringen wegen der regelmäßig gezahlten Barausschüttungen und des Wertzuwachses von Grundstücken wirtschaftliche Vorteile zu einer regelmäßigen Anlegung. Wegen der besonderen Überwachung durch das InvG und der jederzeitigen Rückgabemöglichkeit der Anteilsscheine besteht auch eine relative Sicherheit. Sie sind grundsätzlich zur Anlegung von Betreutengeld geeignet, allerdings sollten immer die im Fonds vorhandenen Grundstücke mit Blick auf mögliche Unvermietbarkeit betrachtet werden (Verkaufsprospekt!).

[1] (identisch mit der in Bonn verbliebenen Abteilung für Banken- und Versicherungsaufsicht)

Immobilienzertifikate geschlossener Fonds scheiden regelmäßig für die Betreutengeldanlage aus. Obwohl auch hier Gewinne erzielt werden können, scheitert die Anlegung meist an der mangelnden Sicherheit.

Risiko

Die Geldanlage in einem offenen Immobilienfonds kann nach *OLG Frankfurt* (BtPrax 2002, 266) nicht für generell ausgeschlossen erachtet werden. Die Investition des ganz überwiegenden Teils eines Vermögens (hier: deutlich über 75 %) in einem einzelnen ausgewählten Immobilienfonds entspricht jedoch nicht den Grundsätzen einer wirtschaftlichen Vermögensverwaltung, weil sie die gebotene Streuung auf mehrere Anlageformen vermissen lässt.

Anlage des Betreutenvermögens in einem einzigen Immobilienfonds

Bestattungsvorsorgevertrag

Häufig schließen Betreuer Bestattungsvorsorgeverträge im Namen ihres Betreuten ab. Unklar, ob es sich hierbei um eine Geldanlegung handelt, die nach §§ 1908i Abs. 1, 1811 BGB einer Genehmigung des Betreuungsgerichts bedarf.

Zu klären ist, ob hierbei die Elemente eines Werkvertrags (spätere Durchführung der Bestattung) mit denen eines Verwahrungs- oder Darlehensvertrags (verzinsliche oder unverzinsliche Verwahrung der Geldsumme) verbunden sind. Bejaht man die Verwahrung, so liegt eine Geldanlegung mit der Genehmigungspflicht nach § 1811 BGB vor. Dabei ist zu beachten, dass es sich hierbei um eine sog. Innengenehmigung handelt; der Vertrag auch ohne sie wirksam geschlossen werden kann, allerdings eine Pflichtwidrigkeit des Betreuers vorliegt, die zu einem Schadensersatz führen kann. Verneint man die Verwahrung, sondern geht man lediglich vom Werkvertrag mit einer (eventuell langfristigen) Vorleistungspflicht des Betreuten aus, könnte, falls allgemeine Geschäftsbedingungen zugrunde liegen, § 307 Abs. 1 BGB zur Unwirksamkeit führen, da der Betreute unangemessen benachteiligt wird.

Bestattungsvorsorge kann Geldanlegung sein

Es wird den Betreuern angeraten, Bestattungsvorsorgeverträge vor ihrem Abschluss dem Betreuungsgericht anzuzeigen und um Erteilung einer entsprechenden Gestattung (Genehmigung) nach § 1811 BGB nachzusuchen.

Sachwertanlagen

Beim Erwerb von Sachwerten ist zu unterscheiden zwischen solchen, die der reinen Geldanlegung dienen sollen, und denen, die für den Betreuten noch andere Zwecke erfüllen.

Werte ohne Zinsen

Erwirbt der Betreuer z. B. Goldbarren, Goldmünzen, Diamanten, Gemälde oder Sammlungen zur reinen Geldanlage, so handelt es sich um Spekulationsobjekte. Diese Anlegungsformen bringen weder Zinsen noch anderweitige regelmäßige Erträgnisse, man hofft auf Wertzuwachs oder zumindest Werterhaltung. Im Übrigen ist zum Erwerb großer Sachverstand erforderlich und zudem macht ein Wiederverkauf zum erhofften Preis oft Schwierigkeiten.

Spekulation auf Wertsteigerung

Sachwertanlagen eignen sich grundsätzlich nicht zur Anlegung von Betreutengeld; Ausnahmen mögen sich in Einzelfällen bei sehr großen Vermögen ergeben. Allerdings sollte die Anlage nicht ohne ausreichende Sachverständigenbegutachtung erfolgen. Eine betreuungsgerichtliche Genehmigung nach § 1811 BGB ist erforderlich.

Anders verhält es sich bei Grundstücken und Wohnungs- bzw. Sondereigentum. Ist eine Vermietung des Objekts geplant, so ist die Rendite berechenbar; die Sicherheit und die Werterhaltung ist bei Grundvermögen gegeben. Wird eine Eigennutzung durch den Betreuten angestrebt, so fällt zwar der Gewinn aus den Mieteinnahmen weg, jedoch wird hier nicht allein eine Geldanlegung betrieben, vielmehr sollen das Hausgrundstück bzw. die Eigentumswohnung dem Betreuten unmittelbar dienen. Im Übrigen werden dadurch wieder Kosten einer Mietwohnung eingespart.

Grundstücke sind sicher

Der Kauf von Grundeigentum kann als andersartige Geldanlage gemäß §§ 1908i Abs. 1, 1811 BGB genehmigt werden. Daneben ist aber noch die betreuungsgerichtliche Genehmigung nach §§ 1908i Abs. 1, 1821 Abs. 1 Nr. 5 BGB erforderlich.

5. Behandlung der angelegten Vermögenswerte

Der Betreuer verwaltet Vermögenswerte des Betreuten, somit Fremdvermögen als Vertreter. Gesetz und Betreuungsgericht übernehmen die Überwachung und sichern das Vermögen im Interesse des Vertretenen.

In der Regel reicht es aus, wenn betreuungsgerichtliche Genehmigungen eine Verfügung des Betreuers über Vermögenswerte verhindern.

Beispiel:

Hat der Betreuer Betreutenvermögen in einer Eigentumswohnung angelegt und möchte er diese Wohnung wieder veräußern, so sind Kaufvertrag und Auflassungserklärung ohne die Genehmigungen nach § 1821 Abs. 1 Nr. 4 und Nr. 1 BGB nicht wirksam; das Grundbuchamt nimmt die Eintragung des Käufers als neuen Eigentümer ohne Vorlage der Genehmigung nicht vor.

Sicherungsbedarf

Bei bestimmten Anlegungsformen reicht jedoch die Notwendigkeit einer betreuungsgerichtlichen Genehmigung nicht aus. Wurde z. B. Betreutenvermögen in Pfandbriefen angelegt oder gehören zum übernommenen Vermögensbestand Aktien, so handelt es sich in der Regel um sog. Inhaberpapiere. Werden sie dem Betreuer gestohlen, so könnte der Dieb diese an einen gutgläubigen Dritten zum Nachteil des Betreuten veräußern, §§ 932, 935 Abs. 2 BGB; auch könnte er aus dem Pfandbrief die Leistung vom Ausgeber erlangen, § 792 Abs. 1 Satz 2 BGB.

5.1 Gesetzliche Vorgaben

Beispiel:

Der Betreuer findet nach seiner Bestellung mit dem Aufgabenkreis der Vermögensverwaltung in der Wohnung des Betreuten Bargeld in Höhe von 5.000 EUR, einen Sparbrief zu 8.000 EUR der HypoVereinsbank, lautend auf den Namen des Betreuten, und 10 BMW-Aktien in effektiven Stücken vor. Bei seinem ersten Besuch bei der HypoVereinsbank bringt er in Erfahrung, dass auf einem Depotkonto des Betreuten Bundesanleihen im Wert von 10.000 EUR gebucht sind und ein Girokonto über 2.000 EUR besteht. Die vorgefundenen 5.000 EUR Bargeld zahlt er auf ein Sparkonto des Betreuten ein, welches er neu eröffnet.

5.1.1 Sparkonten, Termingeldkonten, Sparbriefe, Sparobligationen

Legt der Betreuer Geld nach §§ 1908i Abs. 1, 1807 Abs. 1 Nr. 5 BGB bei einer öffentlichen Sparkasse oder sicheren Bank an, hat er dies mit der Bestimmung zu tun, dass zur Abhebung des Geldes die Genehmigung des Gegenbetreuers oder des Betreuungsgerichts erforderlich ist, §§ 1908i Abs. 1, 1809 BGB.

Versperrung von Konten

Die Sperrung setzt eine entsprechende Vereinbarung zwischen dem Kontoinhaber (Betreuten), vertreten durch den Betreuer, und der Bank voraus. Die Sperre ist von der Bank auf dem Papier (z. B. Sparbuch, Sparbrief) zu vermerken. Wichtig für die Sperrwirkung ist aber zunächst die Vereinbarung, nicht der Vermerk, er ist z. B. wirkungslos, wenn der Vertreter oder das Betreuungsgericht ihn im Sparbuch anbringen, ohne dass eine Vereinbarung mit der Bank besteht.

Praxis TIPP

Sperrvereinbarung nach § 1809 BGB

Die Sperrvereinbarung mit der Sparkasse oder Bank sollte wie folgt lauten: „Zur Abhebung von Geld ist die Genehmigung des Gegenbetreuers oder des Betreuungsgerichts erforderlich." Für den am Sparbuch, Sparbrief usw. angebrachten Sperrvermerk genügt ein Schlagwort, wie z. B. „Betreutensperre", „Betreutenkonto" oder „Sperre gemäß 1809 BGB".

Im obigen Beispiel hat der Betreuer das vorgefundene Bargeld auf einem Sparkonto bei der HypoVereinsbank angelegt, somit nach §§ 1908i Abs. 1, 1807 Abs. 1 Nr. 5 BGB. Eine Sperrvereinbarung nach §§ 1908i Abs. 1, 1809 BGB ist bei der Anlegung mit der Bank zu treffen; ein entsprechender Sperrvermerk durch die Bank am Sparbuch anzubringen.

Girokonten bleiben unversperrt

Zu versperren sind alle Anlegungsformen bei Sparkassen und Banken, ausgenommen deren eigene Inhaberpapiere, z. B. Inhaberschuldverschreibungen in Form von Sparbriefen oder Sparobligationen. Diese unterliegen der besonderen Sperrvorschrift des § 1814 BGB. Nicht zu versperren sind Girokonten, da sie keine Anlegung von Geld darstellen, sondern der Bereithaltung dienen.

Das *im obigen Beispiel* vorgefundene Girokonto ist nicht zu versperren.

Sperre schafft Genehmigung

Die Versperrung soll zunächst verhindern, dass der Betreuer angelegtes Geld ohne Überwachung durch den Gegenbetreuer oder das Betreuungsgericht wieder abheben kann. Zwar benötigt er hierzu grundsätzlich eine Genehmigung nach §§ 1908i Abs. 1, 1812 Abs. 1 Satz 1 bzw. Abs. 3 BGB, jedoch wird er von dieser Genehmigung freigestellt, wenn an ihn Geld zurückgezahlt wird, welches er selbst angelegt hat, §§ 1908i Abs. 1, 1813 Abs. 1 Nr. 3 BGB. Ist aber die Sperrvereinbarung getroffen, so greift § 1813 Abs. 2 Satz 1 BGB, die Erleichterung ist aufgehoben und er bedarf zu jeder Entnahme der Genehmigung.

Sperre wirkt auch gegen den durch den Betreuer Bevollmächtigten

§ 1809 BGB gilt nicht nur für Verfügungen des Betreuers. Auch das Geschäft des vom Betreuer Bevollmächtigten ist genehmigungsbedürftig. Der Betreuer kann auf seinen Vertreter nicht mehr Recht übertragen, als er selbst hat. Daher bedarf der Bevollmächtigte zu Rechtsgeschäften, die er für den Betreuten vornimmt, in demselben Umfange der Genehmigung wie der Betreuer selbst (*KG Berlin* BtPrax 2015, 36).

Findet der Betreuer bei Amtsantritt bereits Anlagen gemäß § 1807 Abs. 1 Nr. 5 BGB vor, so ist nach dem Wortlaut des § 1809 BGB an sich keine Versperrung erforderlich, da er nicht selbst anlegt. Eine solche scheint zunächst auch entbehrlich zu sein, da er zu einer Abhebung der Genehmigung nach § 1812 BGB (siehe oben) bedarf und die Erleichterung des § 1813 Abs. 1 Nr. 3 BGB nicht greift; er hat das Geld nicht selbst angelegt, das er nun zurückhaben will.

Allerdings ist in diesem Fall noch § 1813 Abs. 1 Nr. 2 BGB zu beachten. Der Betreuer kann bei Konten bis zu einem Einlagengesamtbetrag von 3.000 EUR genehmigungsfrei abheben, auch wenn er nicht selbst angelegt hat. Diese Freistellung verhindert aber wieder § 1813 Abs. 2 Satz 1 BGB i. V. m. einer Sperrvereinbarung nach § 1809 BGB.

Ein weiterer Grund liegt im § 808 BGB. Ein Sparbuch oder Sparbrief auf den Namen des Berechtigten ist ein sog. qualifiziertes Legitimationspapier. Das heißt, die Bank kann gegen Vorlage des Papiers (z. B. Sparbuchs) an den jeweiligen Inhaber befreiend leisten, auch wenn dieser nicht der Berechtigte der Forderung ist. Die Sperrvereinbarung setzt nun § 808 Abs. 1 Satz 1 BGB außer Kraft. Die im Papier vermerkte Sperre lässt die Bank erkennen, dass der Inhaber zur Verfügung über die Forderung nicht ohne Genehmigung berechtigt ist; sie würde an ihn nicht mehr befreiend zum Nachteil des Betreuten leisten.

§ 1809 BGB ist analog auf Anlegungen nach § 1807 Abs. 1 Nr. 5 BGB anzuwenden, welche der Betreuer bei Amtsübernahme vorfindet.

> *Im obigen Beispiel* ist der Sparbrief, welcher auf den Namen des Betreuten lautet, zu versperren.

Bei andersartigen Anlegungen nach § 1811 BGB, welche einer solchen nach § 1807 Abs. 1 Nr. 5 BGB entsprechen, z. B. Bausparanlagen, ist ebenfalls die Versperrung nach § 1809 BGB analog herbeizuführen, egal ob der Vertreter selbst anlegt oder die Anlage vorgefunden hat. Das Betreuungsgericht könnte die Gestattung nach § 1811 BGB eventuell nur unter der Auflage erteilen, dass eine Versperrung erfolgt.

Das Betreuungsgericht muss dafür sorgen, dass der Betreuer die Sperre nach § 1809 BGB unverzüglich herbeiführt, insoweit besteht Aufsichtspflicht nach §§ 1908i Abs. 1, 1837 Abs. 2 BGB.

Sperrvereinbarung erlischt bei Beendigung der Betreuung

Die Sperrvereinbarungen erlöschen mit Beendigung der Betreuung ohne weiteres Zutun des Gerichts oder des Betreuers. Der Sparkasse oder Bank ist durch den ehemaligen Betreuten oder dessen Rechtsnachfolger lediglich die Beendigung nachzuweisen.

Eine Befreiung von der Versperrung nach § 1809 BGB findet auf Anordnung und kraft Gesetzes statt.

Befreiungen

- Das Betreuungsgericht kann auf Antrag den Betreuer nach §§ 1908i Abs. 1, 1817 Abs. 1 BGB befreien; dies dürfte aber in der Praxis kaum erfolgen.
- Betreuungsbehörde und Betreuungsverein als Betreuer (§ 1900 Abs. 1 und 4 BGB) sind kraft Gesetzes befreit, §§ 1908i Abs. 1 Satz 1, 1857a, 1852 BGB.
- Ehegatten, Lebenspartner, Eltern, Abkömmlinge des Betreuten als Betreuer, Vereins- und Behördenbetreuer (§ 1897 Abs. 2 BGB) sind kraft Gesetzes befreit, §§ 1908i Abs. 2 Satz 2, 1857a, 1852 BGB.

5.1.2 Inhaberpapiere

Verfügungen über Wertpapiere unterliegen grundsätzlich der Genehmigungspflicht des §§ 1908i Abs. 1, 1812 Abs. 1 Satz 1 Alt. 3 BGB. Wegen ihrer leichten Verwertbarkeit, insbesondere wegen der befreienden Leistung des Ausstellers bei Inhaberpapieren nach § 793 Abs. 1 Satz 2 BGB und den Gutglaubensvorschriften §§ 932, 935 Abs. 2 BGB, ist ein weitergehender Schutz geboten, die Papiere sind bei einem Kreditinstitut oder einer Hinterlegungsstelle zu hinterlegen, §§ 1908i Abs. 1, 1814 BGB.

Hinterlegung von Inhaberpapieren

§ 1814 BGB fordert die Hinterlegung von Inhaberpapieren, dies können z. B. sein:

- Inhaberschuldverschreibungen gegen Bund oder Länder sowie gegen private Unternehmen nach § 1807 Abs. 1 Nr. 2 und 3 BGB, soweit es sich nicht um Schuldbuchforderungen handelt.
- Pfandbriefe, Kommunalobligationen und Inhaberpapiere kommunaler Körperschaften und deren Kreditanstalten, § 1807 Abs. 1 Nr. 4 BGB.

- Inhaberpapiere öffentlicher Sparkassen und sicherer Kreditinstitute, § 1807 Abs. 1 Nr. 5 BGB (jedoch sind Sparbriefe meist Namenspapiere, Sparobligationen häufig Orderpapiere).

- Aktien.

Zu hinterlegen ist das Papier selbst und, soweit ausgegeben, der Erneuerungsschein (Talon), § 1814 Satz 1 BGB; nicht zu hinterlegen sind die Zins- bzw. Gewinnanteilsscheine (Kupons), § 1814 Satz 2 BGB.

Nicht hinterlegungspflichtig sind Inhaberpapiere, die nach § 92 BGB zu den verbrauchbaren Sachen gehören, insbesondere solche, die zu den Betriebsmitteln eines Erwerbsgeschäfts gehören, § 1814 Satz 2 BGB.

Die Hinterlegungspflicht umfasst nur solche Papiere, die im Alleineigentum des Betreuten stehen. Ist er nur Miteigentümer (Bruchteil, Gesamthand) bräuchte er zur Hinterlegung die Mitwirkung der übrigen Miteigentümer, auf die er keinen Anspruch hat. Sind die Papiere mit einem Nießbrauch oder Pfandrecht eines Dritten belastet, entfällt die Hinterlegung.

Hinterlegungsstellen

Der Betreuer kann hinterlegen bei:

- allen in § 1807 Abs. 1 Nr. 5 BGB genannten Sparkassen und Kreditinstituten,

- Hinterlegungsstellen der Amtsgerichts, § 1 Abs. 2 HinterlO,

- Staatsbanken der Länder, § 27 Abs. 1 HinterlO.

Hinterlegung durch Verwahrung

Die Hinterlegung der Papiere erfolgt durch Verwahrung. Verwahrung im Sinne des § 688 ff. BGB und des § 1 Abs. 1 Nr. 5 KWG setzt Raumgewährung und Obhut voraus. Bloße Raumgewährung ohne Obhut ist Raummiete. Das Bankrecht kennt als Beispiel der bloßen Raumgewährung den Safevertrag. Bei diesem stellt die Bank nur den sicheren Raum zur Verfügung, nimmt jedoch die eingelegten Gegenstände nicht in Obhut. Zur Hinterlegung nach § 1814 BGB ist ein Banksafe nicht geeignet.

Sperrvereinbarung

Die Hinterlegung hat mit der Bestimmung zu erfolgen, dass die Herausgabe der Papiere nur mit betreuungsgerichtlicher Genehmigung erfolgen darf (Sperrvereinbarung), § 1814 Satz 1 BGB.

> *Im obigen Beispiel* hat der Betreuer die vorgefundenen Aktien nach §§ 1908i Abs. 1, 1814 BGB zu hinterlegen; er wird dabei die Girosammelverwahrung bei der Hypovereinsbank wählen, bei welcher der Betreute bereits ein Depotkonto unterhält. Mit der Bank muss er die Vereinbarung treffen, dass zur Herausgabe der Papiere eine betreuungsgerichtliche Genehmigung erforderlich ist.

Eine Befreiung von der Hinterlegung nach § 1814 BGB findet auf Anordnung und kraft Gesetzes statt.

Befreiungen

- Das Betreuungsgericht kann auf Antrag den Betreuer nach §§ 1908i Abs. 1, 1817 Abs. 1 BGB befreien; praktisch von Bedeutung, wenn das Vermögen des Betreuten 6.000 EUR nicht übersteigt und nur einzelne Inhaberpapiere ohne großen Wert vorhanden sind, um die unverhältnismäßigen (Mindest-)Depotgebühren einzusparen, jedoch unter dem Vorbehalt, dass eine anderweitig sichere Aufbewahrung gewährleistet ist.

- Das Betreuungsgericht kann aus besonderen Gründen nach § 1817 Abs. 2 BGB befreien; eine solche Befreiung ist praktisch nur denkbar bei Vorliegen der Voraussetzungen wie bei Abs. 1 dargestellt; jedoch auch dann, wenn ein 6.000 EUR übersteigendes Vermögen vorhanden ist.
- Betreuungsbehörde und Betreuungsverein als Betreuer (§ 1900 Abs. 1 und 4 BGB) sind kraft Gesetzes befreit, §§ 1908i Abs. 1 Satz 1, 1857a, 1853 BGB.
- Ehegatten, Lebenspartner, Eltern, Abkömmlinge des Betreuten als Betreuer, Vereins- und Behördenbetreuer (§ 1897 Abs. 2 BGB) sind kraft Gesetzes befreit, §§ 1908i Abs. 2 Satz 2, 1857a, 1853 BGB.

Gerichtliche Genehmigungen

Zur Herausgabe des hinterlegten Papiers aus der Verwahrung ist die Genehmigung des Betreuungsgerichts erforderlich. Das Genehmigungsbedürfnis ergibt sich aus der getroffenen Vereinbarung des Betreuers mit der Hinterlegungsstelle.

Die Verfügung über ein Wertpapier bedarf der betreuungsgerichtlichen Genehmigung nach §§ 1908i Abs. 1, 1819 Satz 1 BGB, solange das Papier unter den Voraussetzungen des § 1814 BGB hinterlegt ist. Die (schuldrechtliche) Verpflichtung zu einer Verfügung (z. B. der Verkauf) bedarf der Genehmigung nach §§ 1908i Abs. 1, 1819 Satz 2 BGB.

Ist eine Hinterlegung durch den Betreuer freiwillig erfolgt, ohne dass die Voraussetzungen des § 1814 BGB vorlagen oder eine Anordnung nach § 1818 BGB ergangen ist, z. B. freiwillige Hinterlegung eines Hypothekenbriefs, bedarf weder die Entnahme aus der Verwahrung der Genehmigung aus § 1814 BGB, noch eine Verfügung (Verpflichtung) einer Genehmigung nach § 1819 BGB.

Ist das Papier bereits wieder aus der Hinterlegung entnommen, zu Recht oder Unrecht, schuldhaft oder nicht, mit oder ohne betreuungsgerichtlicher Genehmigung, entfällt die Genehmigung nach § 1819 BGB (solange … nicht zurückgenommen!).

Bei freiwilliger Hinterlegung oder nach Rücknahme aus der Verwahrung unterliegt eine Verfügung lediglich dem Genehmigungstatbestand der §§ 1908i Abs. 1, 1812 BGB, mit den Ausnahmen nach § 1813 BGB und den möglichen Befreiungen.

Praxis TIPP

Die kraft Gesetzes befreiten Betreuer (siehe oben) benötigen weder zur Herausnahme von Inhaberpapieren aus der Verwahrung noch zur Veräußerung eine betreuungsgerichtliche Genehmigung.

5.1.3 Schuldbuchforderungen

§§ 1908i Abs. 1, 1816 BGB fordert, dass Schuldbuchforderungen gegen Bund oder Länder, die bereits zum Betreutenvermögen gehören oder durch Betreuer neu erworben werden, durch eine Vereinbarung beschränkt werden, nach welcher Verfügungen über sie nur mit betreuungsgerichtlicher Genehmigung möglich sind.

Sperrvermerk im Schuldbuch

Gefordert ist aber nicht lediglich ein formaler Vermerk im Schuldbuch bei einer Einzeleintragung, oder wie in der Praxis üblich bei Sammeleintragungen der Vermerk am Depotkonto des Betreuten bei der Bank, sondern eine Vereinbarung der Verfügungssperre, zu deren Ersichtlichmachung der Vermerk lediglich dient.

Der Betreuer ist zur Versperrung verpflichtet. Eine Anordnung durch das Betreuungsgericht ist nicht erforderlich, wohl aber Überwachung und eventuell Erzwingung nach §§ 1908i Abs. 1, 1837 Abs. 2 BGB.

Gerichtliche Genehmigung

Ist die Sperrvereinbarung getroffen, kann der Betreuer ohne Genehmigung des Betreuungsgerichts nicht mehr über die Schuldbuchforderung verfügen; das Genehmigungserfordernis ergibt sich aus der getroffenen Vereinbarung selbst. Auch zu Verpflichtungsgeschäften in Bezug auf die Buchforderungen (z. B. Verkauf) bedarf er einer Genehmigung nach §§ 1908i Abs. 1, 1820 Abs. 2 BGB.

Verfügung über Zinsen ist möglich

Der Versperrung unterliegen allerdings nicht die Zinsen, da nur die Stammforderungen gesichert werden sollen, was sich aus § 1820 Abs. 1 BGB wie auch aus § 1814 Satz 2 BGB grundsätzlich ergibt. Der Betreuer kann somit ohne Genehmigung über die anfallenden Erträge verfügen; § 1812 Abs. 1 Satz 1 bzw. Abs. 3 BGB entfällt wegen § 1813 Abs. 1 Nr. 4 BGB. Dies gilt nicht mehr, wenn die Erträge der Stammforderung zugeschlagen wurden.

> *Im obigen Beispiel* sind die Bundesanleihen als Schuldbuchforderungen nach §§ 1908i Abs. 1, 1816 BGB zu versperren. Dies erfolgt durch eine Vereinbarung mit der depotführenden HypoVereinsbank, die wie folgt zu lauten hat: „Verfügungen über auf dem Depot gebuchte Schuldbuchforderungen sind nur mit betreuungsgerichtlicher Genehmigung möglich."

Praxis TIPP

Sind auf einem Depot des Betreuten Inhaberpapiere gebucht, so hat die Sperrvereinbarung zu lauten: „Eine Herausgabe von Inhaberpapieren bedarf der betreuungsgerichtlichen Genehmigung." Sind Schuldbuchforderungen gebucht, so lautet die Vereinbarung: „Verfügungen über gebuchte Schuldbuchforderungen sind nur mit betreuungsgerichtlicher Genehmigung möglich." Sind sowohl Inhaberpapiere und Schuldbuchforderung gebucht, so hat die Vereinbarung zu lauten: „Eine Herausgabe von Inhaberpapieren und Verfügungen über gebuchte Schuldbuchforderungen bedürfen der betreuungsgerichtlichen Genehmigung."

Befreiungen

Eine Befreiung von der Sperrvereinbarung gemäß § 1908i Abs. 1 Satz 1 i. V. m. § 1816 BGB findet auf Anordnung und kraft Gesetzes statt.

- Das Betreuungsgericht kann auf Antrag den Betreuer nach §§ 1908i Abs. 1, 1817 Abs. 1 BGB befreien; praktisch kaum Bedeutung.
- Das Betreuungsgericht befreit aus besonderen Gründen nach §§ 1908i Abs. 1, 1817 Abs. 2 BGB; praktisch kaum Bedeutung.
- Betreuungsbehörde und Betreuungsverein als Betreuer (§ 1900 Abs. 1 und 4 BGB) sind kraft Gesetzes befreit, §§ 1908i Abs. 1 Satz 1, 1857a, 1853 BGB.
- Ehegatten, Lebenspartner, Eltern, Abkömmlinge des Betreuten als Betreuer, Vereins- und Behördenbetreuer (§ 1897 Abs. 2 BGB) sind kraft Gesetzes befreit, §§ 1908i Abs. 2 Satz 2, 1857a, 1853 BGB.

Praxis TIPP

Die kraft Gesetzes befreiten Betreuer (siehe oben) benötigen zur Veräußerung keine betreuungsgerichtliche Genehmigung.

5.2 Eigene Sicherungsmaßnahmen des Betreuers

Der Betreuer hat die Pflicht, für das Vermögen des Betreuten zu sorgen, soweit ihm die Vermögensverwaltung übertragen ist, § 1901 Abs. 2 Satz 1 BGB. Er hat aus einer ordnungsgemäßen Verwaltung insbesondere die Pflicht, Vermögensgegenstände in Besitz zu nehmen und zu sichern. Allerdings ist er in seinen Maßnahmen grundsätzlich selbständig.

Schadensvermeidung

Soweit der Betreuer Vermögenswerte des Betreuten unsicher aufbewahrt, weder gegen Diebstahl, Brand oder Wertverlust sichert, begeht er eine Pflichtwidrigkeit und muss mit Schadensersatzforderungen nach §§ 1908i Abs. 1, 1833 BGB rechnen, falls ein Schaden entsteht. Dies ist insbesondere bei stark verwirrten Betreuten zu bedenken, die noch selbständig in ihrer Wohnung leben und denen Wertgegenstände belassen werden, obwohl erkennbar ist, dass sie diese nicht beaufsichtigen oder selbst sichern können. Problematisch kann sich allerdings auswirken, wenn die betroffenen Personen noch deutlich das Überlassen eines bestimmten Gegenstandes wünschen, § 1901 Abs. 3 Satz 1 BGB.

Schließfach

Dem Betreuer steht es bei Wertgegenständen frei, ein Schließfach für den Betreuten bei einer Bank zu mieten oder diese freiwillig zu hinterlegen. Abzulehnen ist grundsätzlich die Einbringung von Wertgegenständen des Betreuten in den Tresor des Betreuers. Dies widerspricht der sich aus §§ 1908i Abs. 1, 1805 Satz 1 BGB ergebenden strikten Trennung der Vermögen; eine Vermischung der Vermögenssphären bedeutet bereits einen Verstoß gegen diese Vorschrift.

5.3 Gerichtliche Anordnung

Anordnung einer Hinterlegung durch das Gericht

Aus besonderen Gründen kann nach §§ 1908i Abs. 1, 1818 Halbsatz 1 BGB durch das Betreuungsgericht eine gegenständlich erweiterte Hinterlegungspflicht angeordnet werden. Die Entscheidung erfolgt von Amts wegen nach pflichtgemäßem Ermessen.

Ein besonderer Grund ist nicht die Unzuverlässigkeit des Betreuers, welche zu einer Gefährdung des Betreuteninteresses führt; in diesem Fall müsste er ganz oder teilweise aus dem Amt entlassen werden, § 1908b Abs. 1 Satz 1 BGB. Ob bei zunächst bloßen Zweifeln an der Zuverlässigkeit des Betreuers Maßnahmen nach § 1818 BGB ergriffen werden können, ist in der Literatur umstritten.

Erforderlich für die Anordnung ist jedenfalls eine mangelhafte, insbesondere nicht sichere Aufbewahrung durch den Betreuer; beispielsweise wenn eine Brillantenhalskette im Kleiderschrank oder ein Hypothekenbrief im Nachtkästchen verwahrt wird.

Gegenstände der Hinterlegung

Zur Hinterlegung angeordnet werden können Wertpapiere, die nicht unter § 1814 BGB fallen, z. B. Sparbücher, Sparbriefe, Grundpfandrechtsbriefe, außerdem Kostbarkeiten, z. B. Schmuck, Kunstgegenstände, Briefmarken, Münzen, Antiquitäten; maßgebend ist die allgemeine Verkehrsanschauung.

Hinterlegungsstellen

Die Hinterlegung nach §§ 1908i Abs. 1, 1818 BGB hat nach der in § 1814 BGB bestimmten Weise zu erfolgen (Hinterlegungsstellen, Herausgabevereinbarung); die Wirkungen bestimmen sich nach §§ 1814, 1819 BGB.

Keine Befreiung

§ 1818 BGB findet grundsätzlich auch beim befreiten Betreuer Anwendung; ausgenommen ist allerdings die Betreuungsbehörde als Betreuer nach § 1900 Abs. 4 BGB gemäß Landesrecht.

6. Girokonto und Pfändung

6.1 Pfändung von Kontenansprüchen

Pfändbarkeit von Guthaben

Der Zahlungsanspruch eines Kontoinhabers gegen die kontoführende Bank oder Sparkasse, gerichtet auf das Guthaben auf einem eingerichteten Giro- oder Sparkonto, unterliegt der Pfändung. Die Pfändung erstreckt sich auf das bei Zustellung des Pfändungsbeschlusses bestehende Guthaben sowie auf die sich nach der Pfändung ergebenden Guthaben (§ 833a ZPO). Geht nach der Pfändung etwa eine Gutschrift auf dem gepfändeten Girokonto ein und ergibt sich unter Berücksichtigung verrechenbarer Sollposten ein Guthaben zugunsten des Kontoinhabers, so hat das Kreditinstitut dieses an den Pfändungsgläubiger auszuzahlen.

Banken sperren Konto

Infolge der Pfändung eines Girokontos lassen die Banken regelmäßig keine Verfügung über ein vorhandenes Guthaben oder einen eingeräumten Dispositionskredit mehr zu. Lastschriften werden nicht mehr eingelöst und Überweisungsaufträge nicht mehr ausgeführt. Häufig beenden die Banken die Geschäftsbeziehung insgesamt, so dass der Schuldner letztlich über kein Girokonto mehr verfügt. Hier sei angemerkt, dass die Einführung des nachfolgend beschriebenen Pfändungsschutzkontos (nachfolgend: P-Konto) keine Garantie für den Fortbestand einer Kontoverbindung bietet oder gar einen Anspruch auf Einrichtung eines Kontos begründet. Ein solcher Anspruch besteht jedoch seit 19. 6. 2016 für alle Verbraucher mit rechtmäßigem Aufenthalt in der Europäischen Union einschließlich Personen ohne festen Wohnsitz und Asylsuchende sowie Personen ohne Aufenthaltstitel, die aber aus rechtlichen oder tatsächlichen Gründen nicht abgeschoben werden können. Grundlage hierfür ist in Deutschland das Zahlungskontengesetz (ZKG) vom 11. 4. 2016 (BGBl. I S. 720). Der Inhaber eines solchen sog. Basiskontos kann verlangen, dass das Konto als P-Konto geführt wird (*BT-Drucks. 18/7204, S. 84*). Damit kann der Pfändungszugriff auf das Guthaben eines Basiskontos beschränkt werden.

Die Pfändbarkeit eines Kontoguthabens ist grundsätzlich unabhängig davon, aus welcher Art von eingehenden Leistungen sich das Guthaben ergibt. Das vom Arbeitgeber überwiesene Einkommen ist ebenso betroffen, wie etwa die vom Finanzamt angewiesene Steuererstattung. Hinsichtlich des Arbeitseinkommens ist dabei sogar unbeachtlich, dass es sich bei dem überwiesenen Betrag gegebenenfalls nur um den unpfändbaren Einkommensteil handelt, weil der pfändbare Teil bereits vom Arbeitgeber an einen Gläubiger abgeführt wurde, der den Anspruch des Schuldners auf Lohnzahlung gepfändet hat (Pfändung „an der Quelle"). Auch der Pfändungszugriff eines Gläubigers auf gutgeschriebene Sozialleistungen kann nur durch die Einrichtung eines P-Kontos verhindert werden.

6.2 Pfändungsschutzkonto

6.2.1 Kontoerrichtung

Girokonto als Pfändungsschutzkonto

Nach § 850k Abs. 7 ZPO kann das bestehende Girokonto einer natürlichen Person jederzeit in ein P-Konto umgewandelt werden. Dazu bedarf es einer entsprechenden Vereinbarung zwischen dem Kreditinstitut und dem Kontoinhaber. Die Vereinbarung kann durch den gesetzlichen Vertreter des Kontoinhabers getroffen werden. Eine gewillkürte Stellvertretung, auch in Form einer notariell beurkundeten Vorsorgevollmacht scheidet nach dem Wortlaut der Vorschrift aus. Der Kontoinhaber hat den normierten Anspruch darauf, dass sein Girokonto als P-Konto geführt wird. Voraussetzung hierfür ist, dass der Kunde eine natürliche Person ist und nicht bereits über ein P-Konto verfügt. Weiterhin muss es sich um ein Einzelkonto handeln. Ein Girokonto, das auf mehrere Personen, wie etwa auf Eheleute, lautet, kann nicht in ein P-Konto umgestellt werden. Soll ein mehreren Personen zustehendes Girokonto umgewandelt werden, müssen zunächst Einzelkonten gebildet werden.

Umwandlung bestehender Konten

Kontenumwandlung

Ein bestehendes Girokonto kann jederzeit in ein P-Konto umgewandelt werden. Liegt bereits eine „Kontopfändung" vor, kann die Umwandlung mit Wirkung ab dem vierten, der Erklärung folgenden Geschäftstag vereinbart werden (§ 850k Abs. 7 ZPO). Das Kreditinstitut trifft gegenüber seinen Kunden eine entsprechende Hinweispflicht. Die Umstellung eines bereits gepfändeten Girokontos auf das Pfändungsschutzkonto innerhalb von vier Wochen seit der Zustellung des Überweisungsbeschlusses an den Drittschuldner entfaltet in gleicher Weise Pfändungsschutz, wie ihn auf einem bereits vorhandenen P-Konto gepfändetes Guthaben genießt (§ 850k Abs. 1 Satz 4 ZPO). Keine Rückwirkung kann mit einer Umstellung hinsichtlich solcher Pfändungen erzielt werden, bei denen der Überweisungsbeschluss vor der Vier-Wochen-Frist dem Drittschuldner zugestellt wurde. In diesen Fällen greift der Pfändungsschutz nur hinsichtlich derjenigen Guthaben, die sich nach der Umstellung ergeben.

Debitorischer Saldo

Umstritten ist, ob ein bestehendes Girokonto auch dann in ein P-Konto umgewandelt werden kann, wenn und solange es einen debitorischen Saldo aufweist. Viele Kreditinstitute verweigern eine Umwandlung bei Sollstand des Kontos. Dieser Handlungsweise ist zu widersprechen. Das Gesetz sieht eine solche Beschränkung nicht vor. Wie sogar das BVerfG festgestellt hat, kann jederzeit die Umwandlung eines bestehenden Girokontos in ein P-Konto verlangt werden (*BVerfG*, Urteil vom 25. 8. 2014, Az. 1 BvR 2243/14) – und zwar unabhängig davon, ob das Girokonto ein Guthaben aufweist. Vergleichbar mit der Konstruktion einer „bad-bank" bieten manche Kreditinstitute dem an der Einrichtung eines P-Kontos Interessierten ein Zwei-Konten-Modell an. Der debitorische Saldo wird dabei auf ein zweites Konto „ausgelagert"; das als P-Konto zu führende Erstkonto wird auf Guthabensbasis zur Verfügung gestellt.

Gemeinschaftskonten

Gemeinschaftskonto kann nicht umgewandelt werden

Ein Gemeinschaftskonto kann nicht als P-Konto geführt werden. Bei einem Konto, das von mehreren natürlichen Personen als „Oder-Konto" oder als „Und-Konto" geführt wird, hat jeder der Kontoinhaber einen Anspruch auf ein eigenes P-Konto (*BT-Drucks. 16/7615, S. 20*). Ist das auf einem Gemeinschaftskonto befindliche Guthaben gepfändet worden, so ist die anschließende Einrichtung einzelner Pfändungsschutzkonten wohl nicht mit der in § 850k Abs. 7 Satz 3 ZPO geregelten Rückwirkung verbunden. Es fehlt die Möglichkeit, das auf einem Gesamtkonto befindliche Guthaben den einzelnen Teilhabern zuzuordnen, um es einem einzurichtenden Einzelkonto gutschreiben zu können.

Kontoführungsgebühr

Keine Sondergebühr für ein P-Konto

Der *BGH* (WM 2012, 2381) hat entschieden, dass die Kontoführungsgebühr für ein P-Konto nicht höher sein darf als das Entgelt für ein (normales) Girokonto. Das Gericht führt unter anderem aus, dass die im Preis- und Leistungsverzeichnis eines Kreditinstituts enthaltene Bestimmung über die Kontoführungsgebühr für ein Pfändungsschutzkonto im Verkehr mit Verbrauchern gemäß § 307 Abs. 1 Satz 1, Abs. 2 Nr. 1 BGB unwirksam ist, wenn hiernach der Kunde bei Umwandlung seines schon bestehenden Girokontos in ein Pfändungsschutzkonto ein über der für das Girokonto zuvor vereinbarten Kontoführungsgebühr liegendes Entgelt zu zahlen hat oder das Kreditinstitut bei der Neueinrichtung eines Pfändungsschutzkontos ein Entgelt verlangt, das über der Kontoführungsgebühr für ein Neukunden üblicherweise als Gehaltskonto angebotenes Standardkonto mit vergleichbarem Leistungsinhalt liegt.

Auszahlungssperre

Vierwochenfrist

Um dem Schuldner die Möglichkeit zu geben, auch noch nach einer bereits erfolgten Pfändung das gepfändete Konto in ein P-Konto umzuwandeln, darf das Kreditinstitut erst vier Wochen nach Zustellung des Pfändungs- und Überweisungsbeschlusses Zahlungen an den Gläubiger leisten (§ 835 Abs. 3 Satz 2 Halbsatz 1 ZPO). Die vierwöchige Sperrfrist gilt auch für jede künftige Gutschrift. Versäumt es der Kontoinhaber etwa, innerhalb von vier Wochen nach der Zustellung des Überweisungsbeschlusses die Umstellung seines Girokontos in ein P-Konto zu betreiben, kann zwar kein Pfändungsschutz mehr für das Guthaben erreicht werden, das zum Zeitpunkt der Zustellung des Beschlusses vorhanden war. Jedoch können künftige Gutschriften noch mit einer späteren Umwandlung des Girokontos vor einem Pfändungszugriff des Gläubigers geschützt werden. Mit jeder Gutschrift beginnt gleichsam eine Vierwochenfrist, innerhalb der die Umwandlung des Kontos mit der Folge vorgenommen werden kann, dass die Gutschrift geschützt wird.

Das zeitlich begrenzte Auszahlungsverbot besteht darüber hinaus auch für den Fall der Pfändung von Gutschriften, die sich auf einem P-Konto ergeben. Aus Gutschriften, die auf einem gepfändeten P-Konto eingehen, darf das Kreditinstitut grundsätzlich erst nach Ablauf des der Gutschrift folgenden Monats Zahlungen an den Gläubiger leisten (§ 835 Abs. 4 ZPO). Damit besteht zum Beispiel die Möglichkeit, dem Kreditinstitut nachzuweisen, dass eine am Ende eines Kalendermonats eingegangene Gutschrift eine Sozialleistung darstellt, die erst für den Folgemonat bestimmt ist. Auch kann der Schuldner die Frist nutzen, um etwa dem Kreditinstitut eine Veränderung der Unterhaltssituation zu belegen.

Beispiel:

Dem kontoführenden Kreditinstitut wird hinsichtlich des Kontos des Schuldners am 23. 3. ein Pfändungs- und Überweisungsbeschluss zugestellt. Zu diesem Zeitpunkt weist das Konto kein Guthaben aus. Der Schuldner wandelt daraufhin das Konto in ein P-Konto um, welches am 28. 3. wirksam wird. Am 1. 4. geht das Arbeitseinkommen des Schuldners i. H. v. 1.400 EUR auf dem Konto ein. Der sich i. H. v. 266,20 EUR (1.400 ./. 1.133,80) am 1. 4. ergebende pfändbare Betrag darf erst nach Ablauf von vier Wochen seit der Zustellung, also frühestens am 21. 4. (der Tag der Zustellung wird nicht mitgerechnet) an den Gläubiger ausbezahlt werden. Am 30. 4. geht das Arbeitseinkommen für den Monat Mai auf das gepfändete P-Konto ein. Dieses ist in Höhe des Freibetrags von 1.133,80 EUR (Stand: 1. 7. 2017) nicht von der Pfändung umfasst (vgl. *BGH*, Urteil vom 28. 7. 2011, Az. VII ZB 94/10) – ungeachtet der Tatsache, dass der Freibetrag für den Monat April bereits berücksichtigt wurde. Allerdings sollte sich der Schuldner zeitnah vergewissern, dass das Kreditinstitut den Zahlungseingang zutreffend beurteilt. Der pfändbare Teil der Gutschrift darf in der Folge erst nach Ablauf des Monats Mai an den Gläubiger ausbezahlt werden.

Rückumwandlung Die Umwandlung eines Girokontos in ein P-Konto kann rückgängig gemacht werden. Dazu ist die Zusatzvereinbarung, die zur Umwandlung des ursprünglichen Girokontos in ein P-Konto zwischen dem Kontoinhaber und dem Kreditinstitut geschlossen wurde, seitens des Kontoinhabers zu kündigen. In der Folge wird das ursprüngliche Girokonto weitergeführt. Es bedarf demnach nicht der neuerlichen Einrichtung eines Girokontos oder des Abschlusses eines neuen Kontokorrentvertrags (*BGH*, Urteil vom 10. 2. 2015, Az. XI ZR 187/13).

6.2.2 Umfang des Pfändungsschutzes

Alle Kontoguthaben sind erfasst

Umfassender Schutz Die Vorschriften über das P-Konto sind unabhängig davon anzuwenden, dass das Guthaben aus überwiesenen wiederkehrenden Einkünften, Sozialleistungen oder einmaligen Zahlungen besteht. Damit wird auch selbstständig tätigen Schuldnern der Pfändungsschutz eröffnet. Ebenso werden einmalige Eingänge, wie etwa Steuererstattungen, einbezogen.

Sockelfreibetrag

Pfändungsfreier Grundbetrag Das auf einem P-Konto bestehende Guthaben wird im Umfang des jeweils geltenden pfändungsfreien Grundbetrags nach § 850c Abs. 1 Satz 1 ZPO von einer „Kontopfändung" nicht erfasst (§ 850k Abs. 1 Satz 1 ZPO). Derzeit bedeutet dies, dass der Schuldner pro Kalendermonat über einen Betrag von 1.133,80 EUR (Stand: 1. 7. 2017) ungeachtet einer erfolgten Pfändung verfügen kann („Sockelfreibetrag"). Der Freibetrag gilt ab dem Zeitpunkt, zu dem eine Pfändung des Kontos erfolgte. Es kommt demnach nicht darauf an, ob und in welchem Umfang das Kontoguthaben durch Verfügungen über die Gutschrift bereits vor der Pfändung reduziert wurde.

Beispiel:

Am 1. 4. wird dem P-Konto des Schuldners dessen Arbeitseinkommen i. H. v. 1.800 EUR gutgeschrieben. Unter Abzug des aktuellen Sollstands von 300 EUR ergibt sich ein Guthabensaldo von 1.500 EUR. Am 2. 4. werden Lastschriften eingelöst und Daueraufträge ausgeführt, was zu einer Reduzierung des Guthabens auf 1.200 EUR führt. Am 3. 4. wird der kontoführenden Bank ein Pfändungs- und Überweisungsbeschluss zugestellt, mittels dem ein Gläubiger das Kontoguthaben des Schuldners pfändet. Von dem am 3. 4. vorhandenen Guthaben i. H. v. 1.200 EUR hat die Bank dem Gläubiger aufgrund der Pfändung 66,20 EUR (1.200 ./. 1.133,80) auszuzahlen. Hinsichtlich der in den Folgemonaten eingehenden Gutschriften gilt, dass hiervon jeweils 1.133,80 EUR monatlich unpfändbar sind und demzufolge dem Schuldner verbleiben müssen.

Nicht verbrauchtes Guthaben

Übertragbares Guthaben Das in einem vorangegangenen Kalendermonat nicht verbrauchte unpfändbare Guthaben ist auch im Folgemonat geschützt. Übertragenes Guthaben, das auch im Folgemonat nicht verbraucht wird, steht dem Gläubiger zur Verfügung (§ 850k Abs. 1 Satz 2 ZPO).

Beispiel:

Am 15. 4. wird dem Kreditinstitut der Pfändungs- und Überweisungsbeschluss zugestellt, mittels dem das Guthaben des Schuldners, das sich gegenwärtig und zukünftig auf dessen P-Konto ergibt, gepfändet und dem Gläubiger zur Einziehung überwiesen wird. Zu diesem Zeitpunkt weist das Konto ein Guthaben von 300 EUR aus, das von der Pfändung nicht umfasst wird, da der Sockelfreibetrag nicht überschritten ist. Weitere Kontobewegungen ergeben sich nicht. Am 1. 5. geht die Gutschrift des Arbeitseinkommens des Schuldners i. H. v. 1.500 EUR ein; es ergibt sich ein Habensaldo von 1.800 EUR. Hiervon sind dem Schuldner 1.133,80 EUR sowie der Übertrag i. H. v. 300 EUR, insgesamt 1.433,80 EUR zu belassen. An den Gläubiger sind 355,30 EUR abzuführen. Als am 1. 6. wiederum 1.500 EUR eingehen, befindet sich das Konto mit 400 EUR im Haben, so dass sich ein Guthaben von 1.900 EUR ergibt. Hiervon sind dem Schuldner 1.533,80 EUR (1.133,80 + 400 EUR) zu belassen. Der am 1. 6. vorhandene Guthabensbetrag von 400 EUR wird nicht etwa um 300 EUR gekürzt. Maximal kann der Schuldner auf diese Weise ein geschütztes Guthaben i. H. des doppelten Freibetrags unterhalten, was in Fällen eines nicht erhöhten Sockelbetrags 2.267,60 EUR entspricht.

Freibeträge aus Gutschriften, die im Vormonat eingehen, aber für den Folgemonat gedacht sind, können bis zum Ablauf des übernächsten Monats angespart werden. Wird etwa zum Ende des Monats April das Gehalt oder die Sozialleistung für den Monat Mai gutgeschrieben, kann der geschützte Teil des Guthabens bis zum Ablauf des Monats Juli angespart werden. Damit wird sichergestellt, dass dem Schuldner aus einer überpünktlichen Zahlung, insbesondere von Leistungen zur Sicherung des Lebensunterhalts, keine Nachteile erwachsen (vgl. *BGH*, Urteil vom 4. 12. 2014, Az. IX ZR 115/14).

Zu beachten ist, dass nur solche Guthaben übertragen werden können, die nach einer Pfändung entstanden sind. Bei der Verrechnung von Verfügungen des Schuldners über bestehende Guthaben gilt das Prinzip „First in – First out" (*BGH*, Urteil vom 19. 10. 2017, Az. IX ZR 3/17).

Beispiel:

Am 1. 4. wird auf dem P-Konto des Schuldners dessen überwiesenes Arbeitseinkommen i. H. v. 1.500 EUR gutgeschrieben. Zu diesem Zeitpunkt wies das Konto ein Guthaben von 300 EUR aus, so dass sich ein Habensaldo von 1.800 EUR ergibt. Am 2. 4. wird die Guthabensforderung gepfändet. Von dieser Pfändung ist ein Betrag von 666,20 EUR (1.800 ./. 1.133,80) umfasst. Das aus dem Vormonat stammende Guthaben i. H. v. 300 EUR wird nicht freigestellt. Wäre dagegen die Pfändung bereits am 31. 3. erfolgt, könnte dieses Guthaben pfandfrei auf den April übertragen werden. Dem Inhaber eines P-Kontos ist deshalb zu raten, eventuelle Guthaben spätestens zum Monatsende abzuheben oder anderweitig darüber zu verfügen.

Erhöhung des Sockelfreibetrags

Freibetragserhöhung

Gemäß § 850k Abs. 2 ZPO gilt die Pfändung des Guthabens im Übrigen als mit der Maßgabe ausgesprochen, dass in Erhöhung des Sockelfreibetrags nach § 850k Abs. 1 ZPO folgende Beträge nicht von der Pfändung erfasst sind:

- Die jeweiligen pfändungsfreien Grundbeträge nach § 850c Abs. 1 Satz 2 ZPO (derzeit 426,71 EUR für den ersten und jeweils 237,73 EUR für den zweiten bis fünften Unterhaltsberechtigten, Stand: 1. 7. 2017), wenn der Schuldner einer oder mehreren Personen aufgrund gesetzlicher Verpflichtung Unterhalt gewährt oder der Schuldner Geldleistungen nach dem Zweiten oder Zwölften Buch Sozialgesetzbuch für mit ihm in einer Gemeinschaft gemäß § 7 Abs. 3 SGB II oder der §§ 19, 20, 36 Satz 1 oder 43 SGB XII lebende Personen, denen er nicht aufgrund gesetzlicher Vorschriften zum Unterhalt verpflichtet ist, entgegennimmt (§ 850k Abs. 2 Satz 1 Nr. 1 ZPO).

- Einmalige Geldleistungen gemäß § 54 Abs. 2 SGB I und Geldleistungen zum Ausgleich des durch einen Körper- oder Gesundheitsschaden bedingten Mehraufwands gemäß § 54 Abs. 3 Nr. 3 SGB I (§ 850k Abs. 2 Satz 1 Nr. 2 ZPO).
- Das Kindergeld oder andere Geldleistungen für Kinder, es sei denn, dass wegen einer Unterhaltsforderung eines Kindes, für das die Leistungen gewährt oder bei dem es berücksichtigt wird, gepfändet wird (§ 850k Abs. 2 Satz 1 Nr. 3 ZPO).

Nachweispflicht des Schuldners

Nachweise erforderlich

Um die Erhöhung des Sockelfreibetrags um die genannten Beträge und Leistungen zu erreichen, muss der Schuldner dem Kreditinstitut Nachweise vorlegen, aus denen sich das Vorliegen der Voraussetzungen des § 850k Abs. 2 ZPO ergibt. Dazu dienen gemäß § 850k Abs. 5 Satz 2 ZPO entsprechende Bescheinigungen des Arbeitgebers, der Familienkasse, des Sozialleistungsträgers oder einer geeigneten Person oder Stelle gemäß § 305 Abs. 1 Nr. 1 InsO (z. B. Schuldnerberatungsstellen). Kann der Schuldner den Nachweis nicht führen oder wird der erbrachte Nachweis vom Kreditinstitut nicht akzeptiert, bestimmt auf Antrag das Vollstreckungsgericht/die Vollstreckungsbehörde den maßgebenden Erhöhungsbetrag (§ 850k Abs. 5 Satz 4 ZPO).

Beispiel:

Schuldner S ist verheiratet und einem Kind zum Unterhalt verpflichtet. Am 25. 5. wird das gegenwärtige und künftige Guthaben, das sich jeweils auf dem P-Konto des S ergibt, durch Gläubiger G gepfändet. Zu diesem Zeitpunkt weist das Konto ein Guthaben von 100 EUR aus. Am 1. 6. wird dem Konto das Arbeitseinkommen des S i. H. v. 1.500 EUR gutgeschrieben. Von der Pfändung nicht umfasst sind neben dem Sockelfreibetrag i. H. v. 1.133,80 EUR die pfandfreien Grundbeträge gemäß § 850c Abs. 1 Satz 2 ZPO für die Ehefrau i. H. v. derzeit 426,71 EUR sowie für das Kind i. H. v. derzeit 237,73 EUR, insgesamt also 1.798,24 EUR. Von dem am 1. 6. sich ergebenden Guthaben ist demnach nichts an den Gläubiger abzuführen. Allerdings muss S der kontoführenden Bank – möglichst vor Ablauf der Auszahlungssperre – mittels entsprechender Nachweise belegen, dass er verheiratet und einem Kind zum Unterhalt verpflichtet ist. Darüber hinaus kann S durch einen Antrag gemäß § 850k Abs. 4 ZPO die pfandfreien Beträge noch erhöhen *(siehe nachfolgend).*

Weitere Erhöhung der Freibeträge

Erhöhung um unpfändbaren Mehrbetrag

Das Vollstreckungsgericht/die Vollstreckungsbehörde kann auf Antrag unter anderem in Anwendung des § 850c ZPO einen abweichenden pfändungsfreien Betrag festsetzen (§ 850k Abs. 4 ZPO). Damit kann z. B. für den Fall, dass auf das P-Konto wiederkehrende Arbeitseinkünfte oder Lohnersatzleistungen eingehen, der sogenannte pfandfreie Mehrbetrag nach § 850c Abs. 2 ZPO, also letztlich der sich aus der Pfändungstabelle zu § 850c ZPO ergebende Freibetrag, Berücksichtigung finden.

Beispiel:

Schuldner S ist verheiratet und einem Kind zum Unterhalt verpflichtet. Auf das von Gläubiger G am 23. 4. gepfändete P-Konto geht am 1. 5. das Arbeitseinkommen des S i. H. v. 2.000 EUR ein. Von diesem Betrag ist zunächst der Sockelfreibetrag i. H. v. 1.133,80 EUR abzuziehen. Weist S dem Kreditinstitut nach, dass er verheiratet und einem Kind zum Unterhalt verpflichtet ist, wird ein weiterer Freibetrag von 664,44 EUR (426,71 + 237,73 EUR) berücksichtigt. Mit einem Antrag nach § 850k Abs. 4 ZPO i. V. m. § 850c Abs. 2 ZPO kann S erreichen, dass darüber hinaus nur noch der sich aus der Pfändungstabelle bei einem Nettoeinkommen von 2.000 EUR und zwei Unterhaltsverpflichtungen sich ergebende pfändbare Betrag, also 80,70 EUR (Stand: 1. 7. 2017) von der Kontopfändung umfasst ist. Die Anordnung ist an keine weiteren Voraussetzungen gebunden.

Auf Antrag des Schuldners kann auch angeordnet werden, dass Sozialleistungen, die nach § 42 Abs. 4 SGB II unpfändbar sind, nicht von der Kontopfändung umfasst werden (*BGH*, Urteil vom 24. 1. 2018, Az. VII ZB 27/17). Auch kann bestimmt werden, dass Nachzahlung auf Sozialleistungen zur Bestimmung der pfändbaren Anteile auf den Zeitraum verteilt werden, für den sie angefallen sind (*BGH*, Urteil vom 24. 1. 2018, Az. VII ZB 21/17).

Konkrete Pfändungsmaßnahme

Eine Beschlussfassung nach § 850k Abs. 4 ZPO gilt grundsätzlich nur in Bezug auf die konkrete Pfändungsmaßnahme eines bestimmten Gläubigers. Wird ein P-Konto von mehreren Gläubigern unabhängig voneinander gepfändet, so müssen Anordnungen nach § 850k Abs. 4 ZPO in jedem einzelnen Verfahren beantragt und getroffen werden.

Pfändung „an der Quelle"

Pfändung beim Arbeitgeber oder Sozialleistungsträger

Für den Fall, dass auf das P-Konto nur noch das unpfändbare Einkommen oder unpfändbare Sozialleistungen des Schuldners überwiesen werden, weil Einkünfte bereits beim Arbeitgeber/Sozialleistungsträger gepfändet wurden, sah der Regierungsentwurf vor, dass der überwiesene Betrag insgesamt pfandfrei ist (§ 850k Abs. 3 Nr. 1 ZPO-E; *BT-Drucks. 16/7615*). Um dies zu erreichen, sollte es genügen, dass der Kontoinhaber dem Kreditinstitut die Pfändung an der Quelle durch Vorlage des Pfändungs- und Überweisungsbeschlusses nachweist. Diese Regelung wurde vom Rechtsausschuss mit der Begründung gestrichen, dass dem Schuldner ohnehin der Betrag zur Verfügung steht, der den für die Pfändung von Arbeitseinkommen geltenden Pfändungsfreigrenzen entspricht (*BT-Drucks. 16/12714, S. 20*). Diese Annahme trifft jedoch nicht zu, da der Berechnung der Freibeträge gemäß § 850k Abs. 1 bis 4 ZPO grundsätzlich der Betrag zugrunde liegt, der dem P-Konto gutgeschrieben wird. Und das ist im Fall der Pfändung an der Quelle der unpfändbare Teil des Einkommens oder der Lohnersatzleistung. Nach einer entsprechenden Entscheidung des *BGH* kann das Vollstreckungsgericht/die Vollstreckungsbehörde auf Antrag des Schuldners anordnen, dass diejenigen Beträge, die von dem Arbeitgeber/Sozialleistungsträger überwiesen werden, bei dem das Einkommen des Schuldners bereits an der Quelle gepfändet ist, insgesamt von der Kontopfändung unberührt bleiben. Dies zumindest dann, wenn es sich um ständig wechselnde Beträge handelt, weil der Schuldner z. B. stets unterschiedliche Überstundenvergütungen erhält (*BGH*, Urteil vom 10. 11. 2011, Az. VII ZB 74/10).

Beispiel:

Schuldner S ist verheiratet und einem Kind zum Unterhalt verpflichtet. Das Arbeitseinkommen, das S bei Arbeitgeber A erzielt, ist von Gläubiger G 1 gepfändet. S arbeitet im Schichtbetrieb; sein Einkommen schwankt von Monat zu Monat. A überweist auf das von G 2 gepfändete P-Konto monatlich den nach der Pfändungstabelle jeweils unpfändbaren Betrag. In Anwendung des § 850k Abs. 4 ZPO kann das Vollstreckungsgericht/die Vollstreckungsbehörde auf Antrag des Schuldners anordnen, dass der gesamte Betrag des gutgeschriebenen Einkommens nicht von der Pfändung des P-Kontos umfasst ist.

Erhöhung des Freibetrags bei Mehrbedarf

Entscheidung des Vollstreckungsgerichts bei Mehrbedarf

In Anwendung des § 850f Abs. 1 Buchst. b ZPO kann das Vollstreckungsgericht/die Vollstreckungsbehörde dem Schuldner auf Antrag nach § 850k Abs. 4 ZPO über die genannten Fristbeträge hinaus weitere Guthaben pfandfrei belassen, wenn nachgewiesen wird, dass der Schuldner z. B. krankheitsbedingt zusätzliche Aufwendungen zu erbringen hat, die von einer Krankenkasse oder sonstigen Versicherung nicht erstattet werden.

Die Möglichkeit, pfandfreie Beträge in den Folgemonat zu übernehmen, gilt auch für die erhöhten Freibeträge (§ 850k Abs. 2 Satz 2 ZPO).

Reduzierung der Freibeträge auf Antrag des Gläubigers

Gläubiger beantragt Reduzierung

Auf Antrag des Gläubigers kann das Vollstreckungsgericht/die Vollstreckungsbehörde zulasten des Schuldners unter anderem in Anwendung des § 850c Abs. 4 ZPO anordnen, dass die Ehefrau oder ein unterhaltsberechtigtes Kind bei der Bestimmung des Freibetrags unberücksichtigt bleibt, weil die unterhaltsberechtigte Person über eigenes Einkommen verfügt und deshalb nicht auf die Unterstützung durch den Schuldner angewiesen ist (§ 850k Abs. 4 ZPO). Über § 850k Abs. 4 ZPO findet auch die Vorschrift des § 850f Abs. 2 ZPO Anwendung. Wird das P-Konto wegen einer Forderung aus einer vorsätzlich begangenen unerlaubten Handlung gepfändet, bestimmt das Vollstreckungsgericht auf Antrag des Gläubigers den zu berücksichtigenden Freibetrag, der nur noch den notwendigen Unterhalt des Schuldners und seiner Unterhaltsberechtigten abdecken muss.

Beispiel:

Der Schuldner S ist verheiratet und einem Kind zum Unterhalt verpflichtet. Das Arbeitseinkommen des S i. H. v. 1.800 EUR wird am 1. 4. auf dessen vom Gläubiger G gepfändetes P-Konto überwiesen. Unter Vorlage entsprechender Bescheinigungen könnte S erreichen, dass zusätzlich zum Sockelfreibetrag i. H. v. 1.133,80 EUR für die Ehefrau 426,71 EUR sowie für das Kind 237,73 EUR von der Pfändung nicht umfasst sind. Insgesamt wäre damit die gesamte Gutschrift pfandfrei. Stellt nun aber G einen Antrag nach § 850k Abs. 4 ZPO und macht glaubhaft, dass die Ehefrau des Schuldners über eigenes Einkommen von ca. 600 EUR verfügt, ordnet das Vollstreckungsgericht an, dass die Ehefrau unberücksichtigt bleibt. Damit kann neben dem Sockelfreibetrag nur noch der weitere Freibetrag für das Kind, das dann aber als erster Unterhaltsberechtigter gilt, i. H. v. 426,71 EUR berücksichtigt werden. An den G sind 238,49 EUR zu überweisen. Auf Antrag des Schuldners nach § 850k Abs. 4 ZPO hätte das Vollstreckungsgericht zusätzlich den unpfändbaren Mehrbetrag nach § 850c Abs. 2 ZPO festzusetzen, so dass unter Berücksichtigung des Kindes als ersten Unterhaltsberechtigten nur 119,75 EUR (Stand: 1. 7. 2017) pfändbar wären und an den G abgeführt werden müssten.

Bestimmung der Freibeträge bei Unterhaltspfändung

Unterhaltspfändung erfordert Bestimmung

Wird das Guthaben auf einem P-Konto wegen Unterhaltsansprüchen gepfändet, so hat das Vollstreckungsgericht den Betrag zu bestimmen, der dem Schuldner zu verbleiben hat (§ 850k Abs. 4 ZPO i. V. m. § 850d ZPO). Dieser Betrag darf die Summe nicht übersteigen, die dem Schuldner bei einer nicht vorrangigen Pfändung verbliebe. Da dem Vollstreckungsgericht regelmäßig nicht bekannt ist, ob von einer Pfändung wegen Unterhaltsansprüchen ein P-Konto betroffen ist, wird es seinen Beschluss auf einen entsprechenden Antrag des Gläubigers hin so fassen müssen, dass die Bestimmung des pfandfreien Betrags nur für den Fall gelten soll, dass es sich um ein P-Konto handelt.

Außerdem ist in dem gerichtlichen Beschluss klarzustellen, dass die in § 850k Abs. 2 Satz 1 Nr. 2 und Nr. 3 ZPO genannten pfandfreien Beträge von der Pfändung nicht umfasst werden, demnach gutgeschriebenes Kindergeld etwa dem Schuldner grundsätzlich in voller Höhe verbleibt. Wird das pfändende Kind allerdings bei der Berechnung des dem Kontoinhaber zu zahlenden Kindergelds berücksichtigt und ergibt sich hieraus gemäß § 76 EStG ein sogenannter Zählkindervorteil, so hat das Vollstreckungsgericht auf Antrag des Gläubigers gemäß § 850k Abs. 4 ZPO anzuordnen, dass von einem gutgeschriebenen Kindergeld der auf das pfändende Kind kopfteilig entfallende Zählkindervorteil entgegen § 850k Abs. 2 Satz 1 Nr. 3 ZPO von der Pfändung umfasst ist.

Beispiel:

Der Schuldner S ist verheiratet und einem minderjährigen Kind zum Unterhalt verpflichtet. Das Kind pfändet am 25. 3. wegen seiner Unterhaltsansprüche i. H. v. 2.000 EUR Rückstand und 230 EUR laufendem monatlichem Anspruch das jeweilige Guthaben auf dem P-Konto des S. In dem Pfändungs- und Überweisungsbeschluss, der auf Antrag des Kindes erlassen wird, bestimmt das Vollstreckungsgericht, dass dem S von gutgeschriebenen Arbeitseinkünften oder Lohnersatzleistungen 800 EUR zu belassen sind. Am 1. 4. wird dem Konto das überwiesene Arbeitseinkommen des S i. H. v. 1.600 EUR gutgeschrieben. Am 2. 4. werden 194 EUR Kindergeld gutgeschrieben, so dass sich ein Guthaben von 1.794 EUR ergibt. Nachdem wegen eines Unterhaltsanspruchs des Kindes gepfändet wurde, kann auch auf das Kindergeld, das für dieses Kind gewährt wird, mittels einer entsprechenden Beschlussfassung nach § 850k Abs. 4 ZPO zugegriffen werden. Dem Schuldner verbleiben deshalb nur die vom Vollstreckungsgericht festgesetzten 800 EUR. Sobald der Rückstand von 2.000 EUR getilgt ist, steht dem Kind nur der laufende monatliche Unterhalt i. H. v. 230 EUR zu.

Wurden das Arbeitseinkommen oder die Lohnersatzleistungen bereits an der Quelle, das heißt bei dem Arbeitgeber oder dem Sozialleistungsträger wegen eines Unterhaltsanspruchs gepfändet, so stellt der dabei durch das Vollstreckungsgericht bestimmte pfandfreie Betrag gleichzeitig den Freibetrag dar, der dem Schuldner im Rahmen einer Pfändung des P-Kontos zu verbleiben hat (§ 850k Abs. 3 ZPO).

Pfändungsschutz nach allgemeinen Regeln

Wird eine Sozialleistung, wie etwa die Altersrente oder SGB II-Leistungen, auf ein gepfändetes P-Konto überwiesen, ist diese nur noch im Rahmen der allgemein geltenden Freibeträge vor einer Pfändung geschützt. Geht auf dem P-Konto des Schuldners z. B. dessen Altersrente i. H. v. 1.200 EUR ein, so ist, soweit keine Unterhaltspflichten nachgewiesen werden können oder ein Antrag nach § 850k Abs. 4 ZPO gestellt werden kann, nur der Sockelfreibetrag i. H. v. 1.133,80 EUR von der Pfändung nicht umfasst. Ausnahmen gibt es nur für die in § 850k Abs. 1 Satz 1 Nr. 2 und Nr. 3 ZPO genannten Geldleistungen. Um diese Beträge wird der ansonsten geltende Freibetrag erhöht, wenn der Schuldner dem Kreditinstitut etwa nachweisen kann, dass eine eingegangene Gutschrift Kindergeld oder eine einmalige Sozialleistung darstellt.

Verrechnungssperre

Beschränkte Verrechnung durch Kreditinstitut

Gemäß § 850k Abs. 6 ZPO darf das Kreditinstitut die Forderung, die durch die Gutschrift von Geldleistungen nach dem Sozialgesetzbuch oder Kindergeld entsteht, für die Dauer von vierzehn Tagen seit der Gutschrift nur mit solchen Forderungen verrechnen und hiergegen nur mit solchen Forderungen aufrechnen, die ihm als Entgelt für die Kontoführung oder aufgrund von Kontoverfügungen des Berechtigten innerhalb dieses Zeitraums zustehen (§ 850k Abs. 6 Satz 1 ZPO). Bis zur Höhe des danach verbleibenden Betrags der Gutschrift ist das Kreditinstitut innerhalb von vierzehn Tagen seit der Gutschrift nicht berechtigt, die Ausführung von Zahlungsvorgängen wegen fehlender Deckung abzulehnen, wenn der Berechtigte nachweist, dass es sich um die Gutschrift einer Geldleistung nach dem Sozialgesetzbuch oder von Kindergeld handelt (§ 850k Abs. 6 Satz 2 ZPO).

Die Vorschrift gilt grundsätzlich unabhängig von einer Pfändung des Guthabens. Dass von dem Kreditinstitut nicht erwartet werden kann, einen Überweisungsauftrag auszuführen ohne den aufgewandten Betrag dem Schuldner in Rechnung zu stellen, ist eigentlich selbstverständlich. Dass umgekehrt das Kreditinstitut nicht berechtigt ist, mit Sollsalden aufzurechnen, die vor dem Eingang der Sozialleistung begründet wurden, soll Gewähr dafür bieten, dass die Sozialleistung ihren Zweck der Existenzsicherung des Berechtigten auch erfüllen kann. Mit der normierten Aufrechnungsmöglichkeit mit Kontoführungsgebühren wird das Kostenrisiko der Kreditinstitute vermindert und die Akzeptanz des P-Kontos wohl erhöht.

Die in § 850k Abs. 6 Satz 2 ZPO enthaltende Aussage führt nicht dazu, dass der Berechtigte eine Sozialleistung innerhalb von vierzehn Tagen seit deren Gutschrift ungeachtet einer Pfändung von seinem P-Konto abheben kann. Vielmehr kommt damit nur zum Ausdruck, dass der Schuldner über eine gutgeschriebene Sozialleistung innerhalb einer zweiwöchigen Frist und außerhalb einer erfolgten Pfändung grundsätzlich frei verfügen kann. Nach erfolgter Pfändung des Guthabens auf einem P-Konto bestimmt sich der dem Kontoinhaber zu belassende Betrag allein nach § 850k Abs. 1 bis 4 ZPO.

Beispiel:

Auf das P-Konto des Schuldners S wird am 1. 4. seine Altersrente i. H. v. 1.300 EUR überwiesen. Zu diesem Zeitpunkt weist das Konto einen Sollstand von 100 EUR aus. Diesen Sollstand darf das Kreditinstitut innerhalb der zweiwöchigen Sperrfrist nicht mit der Gutschrift aus der eingegangenen Altersrente verrechnen. Dem Verlangen des S auf Auszahlung der vollen Altersrente i. H. v. 1.300 EUR kann das Kreditinstitut innerhalb der genannten Frist auch nicht mit dem Hinweis darauf entgegentreten, dass das Konto nur i. H. v. 1.100 EUR Deckung aufweist. Wurde das Konto jedoch am 23. 3. vom Gläubiger G gepfändet, so ist dem S von der überwiesenen Altersrente nur ein Betrag von 1.133,80 EUR auszuzahlen. Der verbleibende Betrag i. H. v. 166,20 EUR ist nicht pfandfrei. Deshalb steht insoweit auch die Regelung des § 394 BGB einer Verrechnung mit dem Sollstand von 100 EUR nicht entgegen. Der Pfändungsgläubiger kann auf das nach Verrechnung des Sollbetrags verbleibende Guthaben i. H. v. 66,20 EUR zugreifen. Würde der Sollstand allerdings z. B. 400 EUR betragen, so dürfte das Kreditinstitut nur so weit aufrechnen, als dem Schuldner der Sockelfreibetrag von 1.133,80 EUR verbleibt. Der Gläubiger würde in diesem Fall keine Zahlung erhalten.

Auf Gutschriften, die nicht aus Geldleistungen nach Sozialgesetzbuch oder aus Kindergeld herrühren, ist die Verrechnungssperre nicht anzuwenden.

6.2.3 Verhinderung von Rechtsmissbrauch

Nur ein P-Konto pro natürlicher Person

Mitteilung an Auskunfteien ist zulässig

Jede Person darf nur ein Pfändungsschutzkonto unterhalten. Bei der Abrede hat der Kunde gegenüber dem Kreditinstitut zu versichern, dass er kein weiteres Pfändungsschutzkonto unterhält. Das Kreditinstitut darf Auskunfteien (z. B. der Schufa) mitteilen, dass es für den Kunden ein Pfändungsschutzkonto führt. Die Auskunfteien dürfen diese Angabe nur verwenden, um Kreditinstituten auf Anfrage zum Zwecke der Überprüfung der Richtigkeit der Versicherung nach Satz 2 Auskunft darüber zu erteilen, ob die betroffene Person ein Pfändungsschutzkonto unterhält. Die Erhebung, Verarbeitung und Nutzung zu einem anderen als dem in Satz 4 genannten Zweck ist auch mit Einwilligung der betroffenen Person unzulässig (§ 850k Abs. 8 ZPO).

Kreditinstitute sind aber nicht verpflichtet, eine solche Mitteilung an Auskunfteien zu erstellen. Zudem besteht keine Pflicht, bei der Einrichtung eines P-Kontos ein eventuell bereits bestehendes P-Konto nachzufragen.

Führt ein Schuldner entgegen § 850k Abs. 8 ZPO mehrere Girokonten als P-Konten, ordnet das Vollstreckungsgericht auf Antrag eines Gläubigers an, dass nur das von dem Gläubiger in dem Antrag bezeichnete Girokonto dem Schuldner als P-Konto verbleibt. Der Gläubiger hat die Voraussetzungen durch Vorlage entsprechender Erklärungen der Drittschuldner glaubhaft zu machen. Mit der Zustellung der Entscheidung an diejenigen Kreditinstitute, deren Girokonten nicht zum P-Konto bestimmt werden, entfallen die Wirkungen nach § 850k Abs. 1 bis 6 ZPO (§ 850k Abs. 9 ZPO). Führt der Schuldner entgegen seiner Versicherung mehrere P-Konten, kann dies auch strafrechtliche Konsequenzen nach sich ziehen und zu einer Verurteilung wegen Vereitelung der Zwangsvollstreckung (§ 288 StGB) oder wegen Betrugs (§ 263 StGB) führen (*BT-Drucks. 16/7615, S. 21*).

Reduzierung mehrerer P-Konten durch Vollstreckungsgericht

6.2.4 Aufhebung einer Kontopfändung

Auf Antrag des Schuldners kann das Vollstreckungsgericht anordnen, dass das Guthaben auf dem Pfändungsschutzkonto für die Dauer von bis zu zwölf Monaten der Pfändung nicht unterworfen ist, wenn der Schuldner nachweist, dass dem Konto in den letzten sechs Monaten vor Antragstellung ganz überwiegend nur unpfändbare Beträge gutgeschrieben worden sind, und er glaubhaft macht, dass auch innerhalb der nächsten zwölf Monate nur ganz überwiegend nicht pfändbare Beträge zu erwarten sind. Die Anordnung kann versagt werden, wenn überwiegende Belange des Gläubigers entgegenstehen. Sie ist auf Antrag eines Gläubigers aufzuheben, wenn ihre Voraussetzungen nicht mehr vorliegen oder die Anordnung den überwiegenden Belangen dieses Gläubigers entgegensteht (§ 850l ZPO).

6.2.5 Geldverwaltungskonto

Ist der Schuldner etwa aufgrund seiner Alkoholabhängigkeit nicht in der Lage, eigenverantwortlich mit dem ihm monatlich zur Verfügung stehenden Betrag umzugehen, und ist er deshalb auf die Verwahrung „seines" Geldes durch einen (hier: als Drittschuldner in Anspruch genommenen) Dritten auf einem Geldverwaltungskonto angewiesen, versagen die im Vollstreckungsrecht angelegten Wege zum Schutz des pfändungsfreien Einkommens. Der verfassungsrechtlich gebotene Schutz des für den notwendigen Unterhalt erforderlichen Betrags ist in einer solchen Ausnahmesituation daher auf Antrag nach § 765a ZPO sicherzustellen (*LG Hamburg* ZVI 2015, 13). Der Antrag ist an das Amtsgericht – Vollstreckungsgericht – bzw. die Vollstreckungsbehörde zu richten.

7. Verbraucherinsolvenz und Restschuldbefreiung

Bearbeitet von: Ernst Riedel

7.1 Allgemeines

Der mit dem Aufgabenkreis „Vermögenssorge" bestellte Betreuer ist berechtigt und ggf. auch verpflichtet, für den Betreuten einen Antrag auf Eröffnung des Insolvenzverfahrens zu stellen (Eigenantrag). Eine dahingehende Verpflichtung des Betreuers besteht wohl insbesondere dann, wenn durch ein Insolvenzverfahren die Möglichkeit eröffnet werden kann, dass der Betreute von seinen (Rest-)Verbindlichkeiten befreit wird. Dagegen ist etwa der Betreuer eines GmbH-Geschäftsführers weder berechtigt noch verpflichtet, für die GmbH einen Insolvenzantrag zu stellen. Vielmehr muss in einem solchen Fall infolge eines von einem Gläubiger gestellten Eröffnungsantrags

Pflicht des Betreuers zur Antragstellung

für den prozessunfähigen organschaftlichen Vertreter der GmbH gemäß § 4 InsO i. V. m. § 57 ZPO ein Verfahrenspfleger durch das Insolvenzgericht bestellt werden (vgl. AG Göttingen, Beschluss vom 20. 11. 2003, Az. 74 IN 377/03).

Betreuter als Gläubiger

Den Antrag auf Eröffnung des Insolvenzverfahrens über das Vermögen eines Schuldners des Betreuten (Fremdantrag) kann der Betreuer dann stellen, wenn die Einzelzwangsvollstreckung erfolglos geblieben ist. Zu beachten ist dabei allerdings, dass mit einer solchen Antragstellung u. U. erhebliche Zahlungsverpflichtungen verbunden sind. Beauftragt das Insolvenzgericht nämlich einen Sachverständigen mit der Erstellung eines Gutachtens und wird in der Folge das Verfahren mangels Masse nicht eröffnet, fallen dem Antragsteller diese Gutachterkosten zur Last.

Beschränkung der nachfolgenden Ausführungen

Die nachfolgenden Ausführungen beschränken sich deshalb auf die Stellung eines Eigenantrags auf Eröffnung eines Insolvenzverfahrens über das Vermögen eines Verbrauchers mit dem Ziel der Restschuldbefreiung. Als Verbraucher gilt in diesem Sinne jede natürliche Person, die keiner selbstständigen wirtschaftlichen Tätigkeit nachgeht (§ 13 BGB).

7.2 Übersicht

Wirtschaftlicher Neuanfang

Mit dem Verbraucher- oder Privatinsolvenzverfahren wollte der Gesetzgeber ein Verfahren schaffen, das den Bedürfnissen von Verbrauchern angepasst ist und nicht zu einer übermäßigen Belastung der Gerichte führt (*BT-Drucks. 12/7302 S. 189*). Für den genannten Personenkreis stellt dieses Verfahren, sofern eine einvernehmliche Schuldenbereinigung mit den Gläubigern scheitert, den einzigen Weg dar, um über eine Restschuldbefreiung einen wirtschaftlichen Neuanfang zu erreichen.

Gesetzliche Grundlage

Auf das Verbraucherinsolvenzverfahren sind die Vorschriften, die die Insolvenzordnung (InsO) für das sogenannte Regelinsolvenzverfahren enthält, in weiten Bereichen deckungsgleich anzuwenden. So hat auch das Verbraucherinsolvenzverfahren die gleichmäßige Befriedigung der Insolvenzgläubiger durch die Verwertung des Vermögens des Schuldners zum Ziel. Ebenso kann der Verbraucher-Schuldner wie die natürliche Person im Regelinsolvenzverfahren im Anschluss an das durchgeführte Verfahren Restschuldbefreiung erlangen, soweit er selbst die Eröffnung des Insolvenzverfahrens beantragt. Der Eigenantrag auf Eröffnung des Insolvenzverfahrens stellt die grundlegende Voraussetzung für eine Restschuldbefreiung dar.

Persönlicher Anwendungsbereich

Das Verbraucherinsolvenzverfahren ist für natürliche Personen durchzuführen, die zum Zeitpunkt der Stellung des Eröffnungsantrags keine selbstständige wirtschaftliche Tätigkeit ausüben. Soweit eine solche Tätigkeit vormals ausgeübt wurde, findet ein Verbraucherinsolvenzverfahren über das Vermögen des Schuldners dann statt, wenn zu dem Zeitpunkt, zu dem der Eröffnungsantrag gestellt wird, die Vermögensverhältnisse überschaubar sind und keine Forderungen aus Arbeitsverhältnissen gegen den Schuldner bestehen (§ 304 Abs. 1 InsO). Beide Voraussetzungen müssen kumulativ vorliegen. Überschaubare Vermögensverhältnisse sind nur dann anzunehmen, wenn der Schuldner weniger als 20 Gläubiger hat (§ 304 Abs. 2 InsO).

Ehemals selbstständige Schuldner

Liegt die Zahl der Gläubiger zwar unter 20, sind die Vermögensverhältnisse des ehemals Selbstständigen aber dennoch nicht überschaubar, weil z. B. streitige Forderungen in nicht unbeträchtlicher Höhe bestehen, kann sich das Gericht für die Anwendbarkeit des Regelinsolvenzverfahrens entscheiden. Dasselbe gilt, wenn dem Gericht keine weiteren Anhaltspunkte für die konkrete Bestimmung der Gläubigerzahl vorliegen. Die Wahl des Insolvenzgerichts hinsichtlich der in Betracht kommenden Verfahrensart hat aber auf die Frage der Restschuldbefreiung keinen Einfluss, da es dabei nur darauf ankommt, dass der Schuldner eine natürliche Person ist. Kommt die Eröffnung eines Regelinsolvenzverfahrens in Betracht, muss die vorherige außergerichtliche Schuldenbereinigung (vgl. nachfolgend) nicht versucht werden.

7.3 Verfahrensablauf Verbraucherinsolvenzverfahren

	Eröffnungsantrag mit Antrag auf Erteilung der Restschuldbefreiung	**Eröffnungsbeschluss; Entscheidung über die Zulässigkeit des Antrags auf Restschuldbefreiung**	**Aufhebungsbeschluss; Entscheidung über evtl. Anträge auf Versagung der Rechtschuldbefreiung**	**Entscheidung über die Erteilung der Restschuldbefreiung**
Außergerichtliches Schuldenbereinigungsverfahren	Eröffnungsverfahren; gerichtliches Schuldenbereinigungsverfahren (fakultativ); Sicherungsmaßnahmen können angeordnet werden	Eröffnetes Verfahren; der Insolvenzverwalter verwertet das Vermögen des Schuldners zugunsten der Gläubiger	Wohlverhaltensphase, die rechnerisch aber bereits mit der Verfahrenseröffnung beginnt; der Schuldner muss die Obliegenheiten des § 295 InsO erfüllen	Möglichkeit des Widerrufs der erteilten Restschuldbefreiung
Innerhalb von sechs Monaten vor Antragstellung	Soll eine Dauer von drei Monaten nicht überschreiten	Meist nicht unter sechs Monate	Sechs Jahre ab Eröffnungsbeschluss mit der Möglichkeit der Verkürzung auf drei oder fünf Jahre	Innerhalb eines Jahres nach Erteilung der Restschuldbefreiung

7.4 Eröffnungsantrag des Schuldners

7.4.1 Formularzwang

Die auf der Grundlage des § 305 Abs. 5 Satz 1 InsO mit der Verbraucherinsolvenzformularverordnung (VbrInsFV) eingeführten bundeseinheitlichen Formulare muss der Schuldner zwingend benutzen. Ein davon abweichender Schuldnerantrag gilt nach § 305 Abs. 3 InsO als zurückgenommen, wenn auch nach gerichtlicher Aufforderung keine Nachbesserung erfolgt. Allerdings wird der Schuldner dadurch nicht daran gehindert, einen neuerlichen Eröffnungsantrag zu stellen.

Die erforderlichen Formulare können auch im Word-Format im Internet abgerufen werden unter: https://justiz.de/formulare/zwi_bund/vinsolvenz.pdf

7.4.2 Beizufügende Nachweise und Unterlagen

Bescheinigung über die außergerichtliche Schuldenregulierung

Außergerichtlicher Schulden-bereinigungsplan

Seinem Eigenantrag auf Eröffnung des Verbraucherinsolvenzverfahrens hat der Schuldner gemäß § 305 Abs. 1 Nr. 1 InsO eine Bescheinigung beizufügen, die von einer geeigneten Person oder Stelle auf der Grundlage persönlicher Beratung und eingehender Prüfung der Einkommens- und Vermögensverhältnisse des Schuldners ausgestellt ist und aus der sich ergibt, dass eine außergerichtliche Einigung mit den Gläubigern über die Schuldenbereinigung innerhalb der letzten sechs Monate vor dem Eröffnungsantrag erfolglos versucht worden ist. Der Plan ist beizufügen und die wesentlichen Gründe für sein Scheitern sind darzulegen. Als gescheitert gilt der außergerichtliche Einigungsversuch zum einen dann, wenn nicht alle beteiligten Gläubiger dem Plan zustimmen und zum anderen, wenn einer der Gläubiger die Einzelzwangsvollstreckung gegen den Schuldner betreibt, nachdem dieser dem Gläubiger den Vorschlag über eine außergerichtliche Schuldenbereinigung übersandt hat (§ 305a InsO). Dem Erfordernis der persönlichen Beratung ist auch dadurch entsprochen, dass der Berater und der Schuldner mittels Bildtelefon miteinander kommuniziert haben (*LG Göttingen*, Urteil vom 7. 7. 2017, Az. 10 T 37/17).

Zuständige Stellen

Welche Stelle bzw. Person als geeignet im o. g. Sinne anzusehen ist, wird durch entsprechende Ausführungsgesetze der Länder bestimmt. Als geeignete Stellen sind dabei insbesondere die kommunalen bzw. karitativen Schuldnerberatungseinrichtungen genannt, die der Schuldner grundsätzlich kostenfrei einschalten kann. Die Bescheinigung kann auch durch einen Rechtsanwalt oder einen Steuerberater erteilt werden. Die dabei anfallenden Kosten sind regelmäßig vom Schuldner selbst zu tragen. Allerdings besteht die Möglichkeit, dass dem Schuldner durch das Amtsgericht Beratungshilfe gewährt wird und in diesem Rahmen die Kosten von der Staatskasse übernommen werden (*BVerfG*, Urteil vom 18. 3. 2003, Az. 1 BvR 329/03). Die Gewährung von Beratungshilfe setzt jedoch regelmäßig voraus, dass keine adäquaten alternativen Möglichkeiten gegeben sind. Ist es dem Schuldner zumutbar, eine für ihn kostenfrei arbeitende Beratungsstelle aufzusuchen, wird ihm eine beantragte Beratungshilfe verwehrt werden. Ist dagegen bei einer solchen Beratungsstelle innerhalb eines zumutbaren Zeitraums von ca. sechs bis neun Monaten kein Termin zu bekommen, so wird dem Schulder die Beratungshilfe zu gewähren sein (*BVerfG*, Urteil vom 4. 9. 2006, Az. 1 BvR 1911/06). Der hierzu notwenige Antrag ist beim Amtsgericht zu stellen.

Prüfung der Bescheinigung durch das Gericht

Die vorzulegende Bescheinigung überprüft das Gericht nur daraufhin, ob die formalen Vorgaben, wie etwa die Sechs-Monats-Frist, eingehalten sind. Das Insolvenzgericht hat weder den Inhalt des Plans zu würdigen, noch hat es nachzuforschen, ob der Schuldner alle seine Gläubiger einbezogen hat. Ebenso ist der beizufügende außergerichtliche Schuldenbereinigungsplan für das Insolvenzgericht nur insoweit von Bedeutung, als es damit in die Lage versetzt werden soll, die Erfolgsaussichten eines gerichtlichen Schuldenbereinigungsverfahrens abzuschätzen (vgl. nachfolgend). Soweit das Scheitern des außergerichtlichen Einigungsversuchs mit der Fiktion des § 305a InsO begründet wird, muss sich aus der Bescheinigung ergeben, dass die Zwangsvollstreckung eingeleitet wurde, nachdem die Verhandlungen über die außergerichtliche Schuldenbereinigung mit dem vollstreckenden Gläubiger aufgenommen wurden, das heißt nach Übermittlung des Schuldenbereinigungsplans. Demnach muss ein außergerichtlicher Schuldenbereinigungsplan z. B. auch dann ausgearbeitet und an die Gläubiger übersandt werden, wenn einer der Gläubiger mit der Zwangsvollstreckung beginnt, nachdem ihn der Schuldner gemäß § 305 Abs. 2 Satz 2 InsO aufgefordert hat, eine Forderungsaufstellung zu übersenden.

Modalitäten der außergerichtlichen Schuldenbereinigung

Dem Wortlaut des § 305 Abs. 1 Nr. 1 InsO kann nicht entnommen werden, dass der außergerichtliche Einigungsversuch, auf den sich die vorzulegende Bescheinigung bezieht, unter Mitwirkung der bescheinigenden Stelle oder Person gemacht wurde. Mithin kann der Schuldner das außergerichtliche Schuldenbereinigungsverfahren auch selbst durchführen und sich hierüber unter Vorlage der geführten Korrespondenz eine entsprechende Bescheinigung ausstellen lassen. Der Schuldner kann seinen Gläubigern eine ratenweise Tilgung seiner Verbindlichkeiten vorschlagen, er kann aber auch eine Einmalzahlung in Aussicht stellen oder nur erklären, dass er den Gläubigern einen Betrag „x" zukommen lässt, sollte er innerhalb der nächsten … Jahre zu einem entsprechenden Einkommen bzw. Vermögen gelangen. Das Gesetz gibt insoweit keine Vorgaben. Letztlich handelt es sich bei dem außergerichtlichen Schuldenbereinigungsplan um einen Vertrag des Schuldners mit seinen Gläubigern, dessen Inhalt allein durch die betroffenen Parteien bestimmt wird. Im Übrigen gewähren die Schuldnerberatungsstellen regelmäßig auch Hilfestellung bei der Durchführung des außergerichtlichen Schuldenbereinigungsversuchs, dabei ist allerdings mit längeren Wartefristen zu rechnen. Die durch die Einschaltung eines Rechtsanwalts oder Steuerberaters ggf. entstehenden Kosten sind vom Schuldner zu tragen. Zu beachten ist u. a., dass die Durchführung des außergerichtlichen Schuldenbereinigungsverfahrens den Gläubiger nicht daran hindert, Vollstreckungsmaßnahmen gegen den Schuldner zu ergreifen. Auch kann in dieser Phase des Verfahrens noch ein Vollstreckungstitel gegen den Schuldner erworben werden. Letztlich wird durch die Einleitung des Verfahrens auch der Anfall von Verzugszinsen nicht gehemmt.

Kostenlose Forderungsaufstellung

Die Gläubiger sind verpflichtet, dem Schuldner eine Aufstellung der gegen ihn gerichteten Forderungen kostenfrei zu übersenden (§ 305 Abs. 2 Satz 2 InsO). Dabei sind Hauptforderung, Zinsen und Kosten gesondert auszuweisen.

Erklärung zur Restschuldbefreiung/Abtretungserklärung

Erklärung zur Restschuldbefreiung

Der Schuldner hat seinem Eröffnungsantrag den Antrag auf Erteilung der Restschuldbefreiung bzw. die Erklärung beizufügen, dass er eine solche nicht beantragt (§ 305 Abs. 1 Nr. 2 InsO; amtliches Formular). Wird der Antrag nicht binnen eines Monats nach Zustellung einer entsprechenden gerichtlichen Aufforderung nachgereicht, gilt der Eröffnungsantrag des Schuldners als zurückgenommen (§ 305 Abs. 3 Satz 2 InsO).

Abtretung der pfändbaren Einkommensteile

Dem Antrag auf Restschuldbefreiung ist darüber hinaus die Erklärung über die Abtretung der pfändbaren Teile des Arbeitseinkommens bzw. entsprechender Lohnersatzleistungen an den vom Gericht zu bestimmenden Treuhänder beizufügen (§ 287 InsO; amtliches Formular). Wird die Abtretungserklärung nicht spätestens innerhalb der Frist des § 305 Abs. 3 InsO, also innerhalb eines Monats, nachgereicht, gilt der Eröffnungsantrag des Schuldners wiederum als zurückgenommen. Das Gericht darf die Frist nicht einseitig verkürzen (*BGH*, Urteil vom 23. 10. 2008, Az. IX ZB 112/08).

Zeitlicher Umfang der Wohlverhaltensphase

Die Abtretung bezieht sich auf eine Zeitdauer von sechs Jahren, beginnend mit der Verfahrenseröffnung (§ 287 Abs. 2 InsO). Vereinbarungen, die eine Abtretung ausschließen, sind insoweit unwirksam, als sie die Abtretungserklärung vereiteln oder beeinträchtigen würden (§ 287 Abs. 3 InsO).

Wirksamkeit von Vorausabtretungen

Während des eröffneten Insolvenzverfahrens und der sich ggf. anschließenden Wohlverhaltensphase bleiben im Vorfeld vorgenommene Lohnabtretungen ebenso wie erfolgte Lohnpfändungen unbeachtet. Sie verlieren ihre Wirksamkeit, wenn dem Schuldner die Restschuldbefreiung erteilt wird.

Dagegen leben Lohnabtretungen und Lohnpfändungen in Höhe der verbliebenen Verbindlichkeiten nach Beendigung des Insolvenzverfahrens wieder auf, wenn der Schuldner keine Restschuldbefreiung erlangt.

Verzeichnisse und Vermögensübersicht

Vermögensverzeichnis

Nach § 305 Abs. 1 Nr. 3 InsO hat der Schuldner seinem Eröffnungsantrag ein Verzeichnis des vorhandenen Vermögens und des Einkommens, eine Zusammenfassung des wesentlichen Inhalts dieses Verzeichnisses, ein Verzeichnis der Gläubiger sowie ein Verzeichnis der gegen ihn gerichteten Forderungen zusammen mit einer Erklärung beizufügen, dass die enthaltenen Angaben richtig und vollständig sind (amtlicher Vordruck).

Vermögensübersicht

In der Zusammenfassung des wesentlichen Inhalts des Vermögensverzeichnisses (Vermögensübersicht), die die Reduzierung der den Gläubigern zu übersendenden Unterlagen zum Ziel hat, sind nur die Einkommensverhältnisse und solche Vermögensgegenstände zu nennen, die von nicht unbedeutendem Wert sind. Dabei genügt es, Sachgesamtheiten, wie etwa die Wohnungseinrichtung oder ausstehende Forderungen, mit ihrem Gesamtwert unter Abzug eventueller Drittrechte anzugeben. Zumindest hinsichtlich des unbeweglichen Vermögens genügt es, dieses konkret anzugeben. Den genauen Wert muss der Schuldner nicht ermitteln (*BGH*, Urteil vom 8. 5. 2008, Az. IX ZB 54/07). Ist die Höhe der Forderung eines Gläubigers dem Schuldner nicht bekannt, so kann er diese zunächst mit „0" angeben; wichtig ist, dass der Gläubiger bzw. die Forderung überhaupt benannt wird (*BGH*, Urteil vom 12. 6. 2008, Az. IX ZB 205/07). Werden bei der Erstellung der Verzeichnisse vorsätzlich oder grob fahrlässig falsche Angaben gemacht, indem z. B. ein Gläubiger nicht angegeben wird, kann dies die Versagung der Restschuldbefreiung nach § 290 Abs. 1 Nr. 6 InsO zur Folge haben. Eine Berichtigung falscher Angaben sowie eine Ergänzung fehlender Angaben sind so lange möglich, bis ein Gläubiger einen entsprechenden Versagungsantrag stellt oder ein bisher nicht genannter Gläubiger seine Forderung zum Verfahren anmeldet.

Schuldenbereinigungsplan

Planinhalt

Dem Eigenantrag des Schuldners ist ein Schuldenbereinigungsplan beizufügen. In diesen ist nach § 305 Abs. 1 Nr. 4 InsO aufzunehmen, ob und inwieweit Bürgschaften, Pfandrechte und andere Sicherheiten der Gläubiger vom Plan berührt werden sollen (amtliches Formular). Der Inhalt des vorgelegten Schuldenbereinigungsplans ist vom Insolvenzgericht grundsätzlich nicht zu prüfen (*OLG Schleswig*, Urteil vom 1. 2. 2000, Az. 1 W 51/99). Weder muss der Plan einen vollstreckbaren Inhalt aufweisen, noch muss er eine Wiederauflebungsklausel beinhalten. Eine vorgesehene Einmalzahlung bleibt ebenso unbeanstandet (*OLG Köln*, Urteil vom 9. 2. 2001, Az. 2 W 19/01) wie ein sogenannter Nullplan (*BayObLG*, Urteil vom 2. 12. 1999, Az. 4 Z BR 8/99; *OLG Karlsruhe*, Urteil vom 20. 12. 1999, Az. 9 W 82/99). Eine eindeutige Aussage ist nur hinsichtlich des Schicksals von Bürgschaften, Pfandrechten und anderer Sicherheiten erforderlich. Soweit solche Rechte nicht bestehen, ist dies ebenfalls anzugeben. Daneben bedarf es der Angabe der zustellungsfähigen Anschriften der einbezogenen Gläubiger.

Der vorzulegende Schuldenbereinigungsplan kann dem Plan entsprechen, der im außergerichtlichen Verfahren den Gläubigern übermittelt und von diesen abgelehnt wurde.

Vertretung des Schuldners

Schuldnerberatungsstellen

Der Schuldner kann sich sowohl bei der Antragstellung als auch bei dem gerichtlichen Schuldenbereinigungsverfahren von einer geeigneten Person oder einem Angehörigen einer als geeignet anerkannten Stelle gemäß § 305 Abs. 1 Nr. 1 InsO vertreten lassen (§ 305 Abs. 4 InsO). Als anerkannte Stelle gelten insbesondere die kommunalen oder kirchlichen Schuldnerberatungsstellen, die der Schuldner grundsätzlich kostenfrei einschalten kann.

7.5 Kostenstundung

7.5.1 Allgemeines

Mittelloser Schuldner

Auch völlig mittellosen Schuldnern soll die Möglichkeit eröffnet werden, die Restschuldbefreiung zu erlangen. Andererseits darf der Schuldner keine Anstrengung unterlassen, um aus eigener Kraft dieses Ziel zu erreichen. Der Schuldner ist aber grundsätzlich nicht verpflichtet, Rücklagen für die zu erwartenden Kosten eines Insolvenzverfahrens über sein Vermögen zu bilden (*BGH*, Urteil vom 21. 9. 2006, Az. IX ZB 24/06).

Folgen der Kostenstundung

Die Kostenstundung eröffnet die Möglichkeit, ein Insolvenzverfahren mit dem Ziel der Restschuldbefreiung auch dann durchzuführen, wenn der Schuldner nicht in der Lage ist, die Kosten des Verfahrens aufzubringen, zu denen auch die Vergütung des Insolvenzverwalters/Treuhänders gehört. Dagegen sind solche Kosten, die ggf. im Rahmen eines außergerichtlichen Einigungsversuchs entstehen, von der Kostenstundung nicht umfasst. Die gestundeten Kosten sind vorweg aus den Erlösen zu begleichen, die während des eröffneten Verfahrens oder während der Wohlverhaltensphase vom Insolvenzverwalter/Treuhänder erzielt werden. Werden solche Erlöse mangels Vermögen oder laufenden Einkünften des Schuldners nicht erzielt, ist der Schuldner noch vier Jahre nach Beendigung der Wohlverhaltensphase verpflichtet, die gestundeten Kosten zu berichtigen, soweit er in dieser Zeit zu Vermögen bzw. Einkünften gelangt, dessen Höhe eine Ratenzahlung nach § 115 ZPO auslösen würde (§ 4b InsO).

7.5.2 Voraussetzungen

Einbezogener Personenkreis

Natürliche Personen

Eine Kostenstundung kommt nur für natürliche Personen in Betracht (§ 4a Abs. 1 Satz 1 InsO). Ob es sich dabei um einen Verbraucher oder eine selbstständig tätige Person handelt, ist ohne Bedeutung. Die Regelungen zur Kostenstundung sind demnach sowohl im Regel- als auch im Verbraucherinsolvenzverfahren anzuwenden. Jeder, der nach § 286 ff. InsO Restschuldbefreiung erlangen kann, kann auch eine Kostenstundung bewilligt erhalten.

Antrag

Hinweispflicht des Gerichts

Die Kostenstundung setzt einen Antrag des Schuldners voraus, für den es keinen Formblattzwang gibt. Zur Benutzung eines vom Insolvenzgericht ggf. ausgegebenen Formulars ist der Schuldner nicht verpflichtet (*BGH*, Urteil vom 24. 7. 2003, Az. IX ZB 539/02). Im Rahmen der dem Gericht gegenüber dem Schuldner obliegenden Fürsorgepflicht ist es angezeigt, den Schuldner auf die Möglichkeit der Kostenstundung hinzuweisen. Damit wird letztlich auch vermieden, dass eine Abweisung mangels Masse im Beschwerdeverfahren deshalb aufgehoben wird, weil der Schuldner im Rahmen der Beschwerde die Kostenstundung beantragt.

Getrennte Verfahrensabschnitte

Auch wenn nach § 4a Abs. 3 Satz 2 InsO die Stundung für jeden Verfahrensabschnitt besonders erfolgt, ist damit nicht verbunden, dass der Schuldner jeweils einen neuen Antrag stellen muss. Vielmehr erstreckt sich der im Rahmen des Eröffnungsantrags gestellte Antrag auch auf die Kostenstundung für jeden weiteren Verfahrensabschnitt, soweit sich ein gestellter Antrag nicht ausdrücklich auf einen Abschnitt beschränkt. Als gesonderte Verfahrensabschnitte können dabei das gerichtliche Schuldenbereinigungsverfahren, das Eröffnungsverfahren, das Regel- bzw. Verbraucherinsolvenzverfahren und das sich anschließende Restschuldbefreiungsverfahren gelten.

Erklärung durch den Betreuer

Die notwendigen Erklärungen sind grundsätzlich vom Schuldner persönlich abzugeben. Ist der Schuldner dazu krankheitsbedingt nicht mehr in der Lage, so können diese Erklärungen auch durch einen als gesetzlichen Vertreter des Schuldners bestellten Betreuer abgegeben werden (*LG Bochum*, Beschluss vom 27. 12. 2002, Az. 10 T 24/02).

Muster: Antrag auf Kostenstundung

Antragsteller
Name: …
Anschrift: …

An das Amtsgericht
Insolvenzgericht

…

Geschäftszeichen des Gerichts (soweit bekannt): …

Antrag auf Kostenstundung

Für den unter Betreuung stehenden Schuldner beantrage ich – ausgewiesen durch in Ablichtung beiliegender Bestallungsurkunde – die Stundung der Kosten des Verfahrens bis zur Erteilung der Restschuldbefreiung.

Hierzu erkläre ich namens des Schuldners, dass dieser in den letzten fünf Jahren vor dem Eröffnungsantrag oder nach diesem Antrag nicht wegen einer Straftat nach den §§ 283 bis 283c StGB rechtskräftig zu einer Geldstrafe von mehr als 90 Tagessätzen oder einer Freiheitsstrafe von mehr als drei Monaten verurteilt wurde.

Mir ist keine Person oder Einrichtung bekannt, die bereit wäre, die Kosten des Verfahrens zu übernehmen.

Mir ist bekannt,

- dass eine Kostenstundung nur bewilligt werden kann, wenn das zur Masse gehörende Vermögen des Schuldners voraussichtlich nicht ausreicht, um die Verfahrenskosten zu decken;
- dass die entstehenden Verfahrenskosten, soweit diese nicht während des Insolvenzverfahrens oder der Wohlverhaltensperiode beglichen werden können, nach Erteilung der Restschuldbefreiung bezahlt werden müssen;
- dass die Bewilligung der Kostenstundung nur in Betracht kommt, wenn der Schuldner rechtzeitig einen Antrag auf Restschuldbefreiung stellt bzw. gestellt hat.

Ich versichere die Richtigkeit und Vollständigkeit der gemachten Angaben.

....
Ort, Datum Unterschrift

Zeitpunkt der Antragstellung

Mögliche nachträgliche Antragstellung

Der Antrag auf Kostenstundung kann frühestens zusammen mit dem Antrag auf Restschuldbefreiung gestellt werden (§ 4a Abs. 1 Satz 1 InsO). Der Antrag auf Restschuldbefreiung soll seinerseits mit dem Eröffnungsantrag verbunden werden (§ 287 Abs. 1 Satz 1 InsO). Wurde der Antrag auf Restschuldbefreiung und auch der Eigenantrag rechtzeitig gestellt, kann der Stundungsantrag auch noch im eröffneten Verfahren oder im Rahmen des Restschuldbefreiungsverfahrens eingereicht werden. Stellt sich die fehlende Kostendeckung im eröffneten Verfahren oder im Restschuldbefreiungsverfahren heraus, kann der Antrag z. B. zur Vermeidung der Verfahrenseinstellung mangels Masse (§ 207 Abs. 1 Satz 2 InsO) oder zur Verhinderung der Versagung der Restschuldbefreiung mangels die Vergütung des Treuhänders deckender Einnahmen gestellt werden.

Antragsinhalt

Darstellung der Vermögensverhältnisse

Der Schuldner hat in seinem Antrag darzulegen, dass sein Vermögen nicht ausreicht, um die Kosten des Verfahrens zu decken. Soweit es sich bei dem Schuldner um einen Verbraucher handelt, ergeben sich die maßgebenden Vermögensverhältnisse bereits aus dem nach § 305 Abs. 1 Nr. 3 InsO vorzulegenden Vermögensverzeichnis.

Keine übersteigerten Auflagen

Dem Schuldner darf nicht durch übersteigerte Informationsauflagen die Verfahrenskostenstundung erschwert werden. Ein Recht – und bei einem (trotz etwaiger Lücken und Widersprüche) zulässigen Antrag auch eine Pflicht – zur Nachfrage hat das Insolvenzgericht, wenn der Antrag Lücken oder Widersprüche aufweist. Gegebenenfalls hat das Insolvenzgericht die Mängel konkret zu bezeichnen und dem Schuldner aufzugeben, binnen angemessener Frist Darlegung und Nachweise zu ergänzen (*BGH*, Urteil vom 4. 11. 2004, Az. IX ZR 70/03).

Erklärung zu Versagungsgründen

Nach § 4a Abs. 1 Satz 3 InsO hat der Schuldner seinem Antrag eine Erklärung beizufügen, aus der sich ergibt, dass kein Versagensgrund nach § 290 Abs. 1 Nr. 1 InsO vorliegt. Der Schuldner muss demnach erklären, dass er in den letzten fünf Jahren vor dem Antrag auf Eröffnung des Insolvenzverfahrens nicht wegen einer Straftat nach den §§ 283 bis 283c StGB rechtskräftig zu einer Geldstrafe von mehr als 90 Tagessätzen oder einer Freiheitsstrafe von mehr als drei Monaten verurteilt worden ist. Macht der Schuldner insoweit vorsätzlich oder grob fahrlässig unrichtige Angaben, führt dies zur Aufhebung einer bewilligten Kostenstundung (§ 4c InsO).

Kein bedingter Eröffnungsantrag

Der Eröffnungsantrag kann nicht unter der Bedingung gestellt werden, dass die Kostenstundung bewilligt wird. Anders als bei der Prozesskostenhilfe ist die Kostenstundung nicht von einer hinreichenden Erfolgsaussicht abhängig. Vielmehr setzt die Kostenstundung nur voraus, dass das Vermögen des Schuldners nicht ausreicht, um die Kosten des Verfahrens zu decken, und dass kein Versagungsgrund nach § 290 Abs. 1 Nr. 1 InsO vorliegt.

Einzusetzendes Vermögen

Künftiges Einkommen

Die Kostenstundung setzt voraus, dass das Vermögen des Schuldners voraussichtlich nicht ausreichen wird, um die Kosten des Verfahrens zu decken. Der Umfang des einzusetzenden Vermögens bestimmt sich nach den Werten, die als pfändbar in die Insolvenzmasse fallen bzw. fallen würden. Demnach sind auch während des Verfahrens voraussichtlich dem Schuldner zufließende Vermögenswerte, wie z. B. die zukünftigen pfändbaren Einkommensteile, zu berücksichtigen. Gleichwohl ist dem Schuldner eine Kostenstundung auch dann zu gewähren, wenn die Kosten für einen Verfahrensabschnitt nicht im Wege einer Einmalzahlung gedeckt werden können. Die Kostenstundung kann nicht mit der Begründung abgelehnt werden, dass die entstehenden Kosten voraussichtlich mit dem zukünftig zur Masse fließenden Einkommen des Schuldners beglichen werden können (*BGH* BGHReport 2003, 1439). Im eröffneten Verfahren ist die vorhandene bzw. die noch zu erwirtschaftende Insolvenzmasse maßgebend. Für das Restschuldbefreiungsverfahren ist auf die Beträge abzustellen, die dem Treuhänder voraussichtlich zufließen werden. Es fehlt an der Bedürftigkeit des Schuldners, wenn dieser etwa über einen Pflichtteilsanspruch in erheblicher Höhe verfügt. Es ist ihm dann zuzumuten, den realisierbaren Anspruch durchzusetzen und nicht zulasten der Staatskasse darauf zu verzichten (*LG Aschaffenburg* ZInsO 2003, 236).

Umfang der Kosten

Als Kosten des eröffneten Verfahrens gelten die in § 54 InsO genannten Gerichtskosten sowie die Vergütung des Verwalters/Treuhänders bzw. die Vergütung eines vorläufigen Verwalters/Treuhänders. Unter Berücksichtigung der Mindestvergütung des Verwalters/Treuhänders, dessen Auslagen sowie der Gebühren und Auslagen des Gerichts wird davon auszugehen sein, dass bei einem Verbraucher ca. 700 EUR und bei einer unter die Regelinsolvenz fallenden natürlichen Person ca. 1.000 EUR an Kosten in Ansatz zu bringen sind.

Kostenvorschuss

Eine Kostenstundung ist nicht bzw. nur eingeschränkt zu gewähren, wenn die Leistung eines Kostenvorschusses – auch von dritter Seite – in Betracht kommt. Offen bleibt dabei, ob das Insolvenzgericht den Schuldner ungeachtet eines gestellten Stundungsantrags zur Leistung eines Vorschusses aufzufordern hat. Dies wird letztlich zu verneinen sein, auch wenn die bisherigen Erfahrungen zeigen, dass die Schuldner trotz angegebener Vermögenslosigkeit oftmals doch in der Lage sind, Kostenvorschüsse aufzubringen. Hat der Schuldner einen Anspruch auf Leistung eines Kostenvorschusses nach § 1360a Abs. 4 BGB, so ist sein Stundungsantrag unbegründet; denn der Gesetzgeber wollte öffentlich-rechtliche Mittel zur Durchführung des Insolvenzverfahrens nur zur Verfügung stellen, sofern für den Schuldner keine Möglichkeit besteht, auf andere Weise die Verfahrenskosten aufzubringen (*Kübler/Prütting/Wenzel*, § 4a Rn. 33; *LG Düsseldorf* NZI 2002, 504, 505; *LG Bochum* ZVI 2003, 130; *AG Hamburg* ZInsO 2002, 594). Der finanziell leistungsfähige Ehegatte hat den Vorschuss für die Führung eines Rechtsstreits zur Verfügung zu stellen, welcher eine persönliche Angelegenheit des Partners betrifft, soweit dies der Billigkeit entspricht. Der Begriff des Rechtsstreits ist weit auszulegen; er umfasst gerichtliche Verfahren aller Art (*Göppinger/Wax/Vogel*, Unterhaltsrecht, 8. Aufl., Rn. 2593; MünchKomm-BGB/Wacke, 4. Aufl., § 1360a RdNr. 29; *Staudinger/Hübner/Voppel*, BGB, 13. Bearb., § 1360a Rn. 66). Ein solcher Anspruch kommt daher für ein mit dem Ziel der Restschuldbefreiung eingeleitetes Insolvenzverfahren ebenfalls in Betracht (*LG Düsseldorf* NZI 2002, 504; *LG Köln* NZI 2002, 504).

Keine Gründe für die Versagung der Restschuldbefreiung

Ausschluss der Kostenstundung

Liegen die Voraussetzungen vor, nach denen dem Schuldner gemäß § 290 Abs. 1 Nr. 1 InsO (innerhalb der letzten fünf Jahre rechtskräftige Verurteilung wegen einer Bankrottstraftat) die Restschuldbefreiung zu versagen wäre, ist eine Kostenstundung ausgeschlossen. Dabei kommt es nicht darauf an, dass mit einem Gläubigerantrag gemäß § 290 InsO zu rechnen ist. Die übrigen in § 290 Abs. 1 InsO genannten Versagungsgründe, die teilweise mit den Gründen, die nach § 4c InsO zu einer Aufhebung der Stundung führen, übereinstimmen, blieben mit der Begründung unberücksichtigt, dass ansonsten durch das Gericht eingehende Recherchen mit schwierigen Abgrenzungsfragen vorzunehmen wären (vgl. *BT-Drucks. 14/5680*). Liegt ein sonstiger in § 290 InsO genannter Versagungsgrund aber zweifelsfrei vor, ist die Kostenstundung zu versagen. Dies gilt z. B. dann, wenn der Schuldner in seinem Eröffnungsantrag Vermögenswerte verschwiegen hat (vgl. *BGH*, Urteil vom 25. 6. 2015, Az. IX ZB 60/14).

Der Versagungsgrund des § 290 Abs. 1 Nr. 5 InsO wurde mit dem Hinweis darauf nicht einbezogen, dass derartige Obliegenheitsverletzungen erst nach Verfahrenseröffnung zum Tragen kommen. Letztlich wird darauf verwiesen, dass die übrigen Versagungsgründe des § 290 Abs. 1 InsO bei einer eventuellen Aufhebung der Stundung nach § 4c Abs. 1 Nr. 5 InsO berücksichtigt werden.

7.5.3 Beiordnung eines Anwalts

Notwendigkeit einer Beiordnung

Werden dem Schuldner die Verfahrenskosten gestundet, wird ihm auf Antrag ein zur Vertretung bereiter Rechtsanwalt seiner Wahl beigeordnet, wenn die Vertretung durch einen Rechtsanwalt trotz der dem Gericht obliegenden Fürsorgepflicht erforderlich erscheint (§ 4a Abs. 2 InsO). Da die Anwaltsbeiordnung die Stundung der Verfahrenskosten voraussetzt, kommt eine Beiordnung für das Stundungsverfahren nicht in Betracht (*BGH*, Urteil vom 5. 12. 2002, Az. IX ZR 20/02). Allein die Tatsache, dass z. B. ein Gläubiger bei der Forderungsanmeldung anwaltlich vertreten ist, macht eine Anwaltsbeiordnung seitens des Schuldners noch nicht erforderlich. Ebenso ist die Beiordnung eines Rechtsanwalts nicht allein deshalb gerechtfertigt, weil dem Schuldner ein Betreuer bestellt ist. Maßgeblich ist vielmehr, ob die Beiordnung eines Rechtsanwalts trotz der bestehenden Betreuung erforderlich ist. Entwickelt sich z. B. die Frage der Restschuldbefreiung zu einem kontradiktorischen Verfahren und ist dabei ein Gläubiger, der die Versagung der Restschuldbefreiung beantragt, anwaltlich vertreten, ist die Beiordnung eines Anwalts angezeigt.

7.5.4 Rechtsmittel

Sofortige Beschwerde

Die die beantragte Kostenstundung ablehnende Entscheidung ist dem Schuldner zuzustellen. Er kann gegen die Entscheidung die sofortige Beschwerde erheben (§ 4d Abs. 1 InsO). Für das Beschwerdeverfahren kann dem Schuldner Prozesskostenhilfe gewährt werden. Insoweit finden gemäß § 4 InsO die Vorschriften der Zivilprozessordnung und damit die Bestimmungen über die Gewährung von Prozesskostenhilfe entsprechende Anwendung (*BGH* NJW 2002, 2793, 2794). Lehnt das Beschwerdegericht die Bewilligung der Prozesskostenhilfe ab, ist hiergegen die Rechtsbeschwerde nur statthaft, wenn das Beschwerdegericht sie ausdrücklich zugelassen hat (§ 574 Abs. 1 Nr. 2 ZPO). Wird die Stundung bewilligt, steht der Staatskasse die sofortige Beschwerde zu, die jedoch nur darauf gestützt werden kann, dass nach den persönlichen und wirtschaftlichen Verhältnissen des Schuldners die Stundung hätte abgelehnt werden müssen. Die bewilligende Entscheidung ist demnach dem Vertreter der Staatskasse zuzustellen (§ 4d Abs. 2 InsO).

7.6 Gerichtliches Schuldenbereinigungsverfahren

7.6.1 Verfahrensablauf

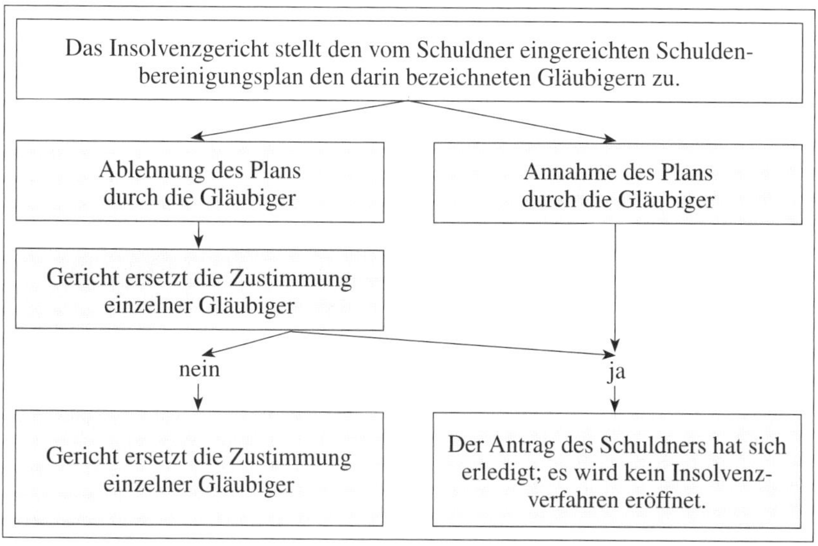

7.6.2 Voraussetzungen

Fakultatives Verfahren

Neben einem vollständigen Eigenantrag des Schuldners setzt die Einleitung des gerichtlichen Schuldenbereinigungsverfahrens voraus, dass der vom Schuldner eingereichte Plan nach der freien Überzeugung des Gerichts Aussicht darauf hat, zumindest von der Mehrheit der Gläubiger angenommen zu werden (vgl. § 306 Abs. 1 Satz 3 InsO). Hat sich etwa die Mehrheit der Gläubiger für die Annahme des außergerichtlichen Schuldenbereinigungsplans ausgesprochen, so kann das Insolvenzgericht davon ausgehen, dass mittels der möglichen Ersetzung der Zustimmung einzelner Gläubiger der gerichtliche Schuldenbereinigungsplan angenommen werden wird. Ist der außergerichtliche Schuldenbereinigungsplan dagegen von der Mehrheit der Gläubiger abgelehnt worden und liegt dieser Plan unverändert dem gerichtlichen Schuldenbereinigungsverfahren zugrunde, so ist wohl mit dem Scheitern des gerichtlichen Verfahrens zu rechnen. In der Praxis wird ein gerichtliches Schuldenbereinigungsverfahren nur sehr selten durchgeführt.

7.6.3 Zustellung des Schuldenbereinigungsplans

Aufforderung an die Gläubiger

Das Insolvenzgericht stellt den vom Schuldner genannten Gläubigern den Schuldenbereinigungsplan sowie die Vermögensübersicht zu (§ 307 Abs. 1 InsO). Die nach § 305 Abs. 1 Nr. 3 InsO vom Schuldner vorzulegenden Verzeichnisse werden nicht zugestellt. Diese sind vielmehr beim Insolvenzgericht zur Einsicht niederzulegen, worauf die Gläubiger hingewiesen werden. Im Rahmen der Zustellung des Schuldenbereinigungsplans und der Vermögensübersicht sind die Gläubiger gemäß § 307 Abs. 1 InsO aufzufordern, binnen einer Notfrist von einem Monat zu dem Schuldenbereinigungsplan und den niedergelegten Verzeichnissen Stellung zu nehmen. Über die Rechtsfolgen des § 308 Abs. 3 Satz 2 InsO sind die Gläubiger zu belehren.

Unmöglichkeit der Zustellung

Erweist sich eine Zustellung, etwa mangels aktueller Anschrift, als undurchführbar, ist es Sache des Schuldners, die Voraussetzungen für eine erfolgreiche Zustellung zu schaffen. Ggf. kann der Schuldner den vorgelegten Plan im Rahmen des § 307 Abs. 3 InsO dahingehend ändern, dass er einen zunächst einbezogenen Gläubiger aus dem Plan nimmt (a. A. wohl *OLG Frankfurt/M.*, Beschluss vom 1. 8. 2000, Az. 26 W 71/00, NZI 2000, 536, wonach notfalls die Bestellung eines Prozesspflegers erforderlich sei, um die Zustellung zu ermöglichen). Ob der Schuldenbereinigungsplan auch im Wege der öffentlichen Zustellung an einen Gläubiger mit unbekanntem Aufenthalt übermittelt werden kann, ist umstritten, aber wohl zu verneinen (bejahend: *Grote* in Frankfurter Kommentar, InsO, 2. Aufl., § 307 Rn. 7).

7.6.4 Gläubigerreaktionen

Annahme oder Ablehnung des Plans

Der gerichtliche Schuldenbereinigungsplan kann grundsätzlich nur angenommen oder abgelehnt werden. Eine Annahme unter Bedingungen ist nicht möglich; eine solche Annahme ist vielmehr als Ablehnung zu werten. Dies gilt nicht nur für einzelne Modalitäten des Plans, sondern auch für die Höhe der Forderung oder die bestehenden Sicherungsrechte. Eine Annahme des gerichtlichen Schuldenbereinigungsplans unter der Bedingung, dass die für die Forderung bestehende Bürgschaft nicht erlischt, ist als Ablehnung des Plans anzusehen, da aufgrund der Akzessorietät der Bürgschaft deren Fortbestand von dem Bestand der gesicherten Forderung abhängt.

7.6.5 Zustimmungsersetzung

Antrag des Schuldners

Die Zustimmung eines Gläubigers, der innerhalb der Monatsfrist des § 307 Abs. 1 Satz 1 InsO dem Schuldenbereinigungsplan widersprochen hat, kann durch das Insolvenzgericht ersetzt werden. Dies setzt einen entsprechenden Antrag des Schuldners oder eines (anderen) Gläubigers voraus, der seitens des Schuldners bereits im Rahmen des Eröffnungsantrags gestellt werden kann. Ansonsten wird das Insolvenzgericht den Schuldner unter Fristsetzung auf die Möglichkeit einer Antragstellung im Rahmen der Übermittlung der Gläubigerreaktionen nach § 307 Abs. 3 InsO hinweisen.

Voraussetzungen

Die Zustimmung eines Gläubigers zu dem gerichtlichen Schuldenbereinigungsplan kann durch das Insolvenzgericht ersetzt werden, wenn mehr als die Hälfte der in den Plan aufgenommenen Gläubiger dem Plan (Kopfmehrheit) zustimmt und diese Gläubiger über mehr als die Hälfte der Summe aller Forderungen der in den Plan aufgenommenen Gläubiger verfügen (Summenmehrheit). Gläubiger, die bereits im außergerichtlichen Schuldenbereinigungsverfahren auf ihre Forderungen verzichtet haben, können nicht mehr in den gerichtlichen Schuldenbereinigungsplan aufgenommen werden und sind deshalb bei der Ermittlung der erforderlichen Mehrheiten nicht einzubeziehen (*OLG Karlsruhe*, Beschluss vom 16. 3. 2000, Az. 9 W 1/00, NZI 2000, 375).

7.6.6 Planannahme

Gerichtlicher Beschluss

Das Insolvenzgericht hat die Annahme des Schuldenbereinigungsplans durch Beschluss festzustellen (§ 308 Abs. 1 Satz 1 InsO). Dabei spielt es keine Rolle, ob diese Annahme ausdrücklich, durch Fristablauf oder durch Zustimmungsersetzung erfolgte. Eine Ausfertigung des Beschlusses ist zusammen mit einer Ausfertigung des Schuldenbereinigungsplans den Gläubigern und dem Schuldner zuzustellen (§ 308 Abs. 1 Satz 3 InsO). Der Beschluss ist als solcher nicht anfechtbar; er entfaltet nur deklaratorische Wirkung.

Wirkungen des angenommenen Plans

Der Schuldenbereinigungsplan hat die Wirkung eines Vollstreckungstitels gemäß § 794 Abs. 1 Nr. 1 ZPO (§ 308 Abs. 1 Satz 2 InsO); er entspricht demnach einem gerichtlichen Vergleich. Dem Gläubiger ist auf Antrag eine vollstreckbare Ausfertigung des Plans, verbunden mit einer Ausfertigung des Feststellungsbeschlusses, zu erteilen.

7.7 Verfahrenseröffnung

7.7.1 Eröffnungsbeschluss

Wird der gerichtliche Schuldenbereinigungsplan nicht angenommen oder hat das Gericht von der Durchführung des Verfahrens abgesehen, so ist das Insolvenzverfahren zu eröffnen, wenn das Vermögen des Schuldners ausreicht, um die Kosten des Verfahrens zu decken. Ansonsten ist die Eröffnung mangels Masse abzulehnen (§ 26 InsO). Das Verfahren ist auch ohne ausreichende Masse zu eröffnen, wenn dem Schuldner gemäß § 4a InsO die Kosten des Verfahrens gestundet werden.

Zulässigkeit der Restschuldbefreiung

Mit der Eröffnung des Insolvenzverfahrens entscheidet das Insolvenzgericht gemäß § 287a ZPO auch über den vom Schuldner gestellten Antrag auf Erteilung der Restschuldbefreiung. Erweist sich dieser Antrag als zulässig, so stellt das Insolvenzgericht durch Beschluss fest, dass der Schuldner Restschuldbefreiung erlangt, wenn er den Obliegenheiten gemäß § 295 InsO nachkommt und die Voraussetzungen für eine Versagung nach den §§ 290, 297 bis 298 InsO nicht vorliegen. Ergibt sich dagegen die Unzulässigkeit des Antrags auf Restschuldbefreiung, so ist dem Schuldner Gelegenheit zu geben, den Eröffnungsantrag vor der Entscheidung über die Eröffnung zurückzunehmen.

7.7.2 *Wirkungen der Verfahrenseröffnung*

Übergang der Verwaltungs- und Verfügungsbefugnis

Unwirksamkeit der Verfügungen des Schuldners

Mit Eröffnung des Verfahrens geht die Verwaltungs- und Verfügungsbefugnis über das (pfändbare) Vermögen des Schuldners auf den Insolvenzverwalter über (§ 80 InsO). Verfügungen des Schuldners über Gegenstände, die zur Insolvenzmasse gehören, sind absolut unwirksam (§ 81 Abs. 1 Satz 1 InsO).

Insolvenzmasse

Umfang der Insolvenzmasse

Zur Insolvenzmasse gehört das (pfändbare) Vermögen, das der Schuldner zum Zeitpunkt der Verfahrenseröffnung hatte oder danach erwirbt (§ 35 InsO). Hierzu zählen neben Geldforderungen, wie etwa Sparguthaben, auch Gegenstände, wie z. B. das Auto des Schuldners, das allerdings dann nicht zur Masse gehört, wenn es der Schuldner oder dessen Ehefrau benötigt, um in vertretbarer Zeit zur Arbeitsstelle zu gelangen (*BGH*, Urteil vom 28. 1. 2010, Az. VII ZB 16/09). Im Gegensatz zu den Vorschriften des SGB gibt es insoweit kein „Schonvermögen". Das laufende Arbeitseinkommen oder entsprechende Lohnersatzleistungen des Schuldners zählen zur Insolvenzmasse, soweit die Ansprüche z. B. nach den Vorschriften der ZPO (§ 850 ff. ZPO) bzw. des SGB I (§ 54 SGB I) der Pfändung unterliegen, also insbesondere in Höhe der sich aus der sog. Pfändungstabelle ergebenden Einkommensteile. Lohnansprüche, die erst aufgrund entsprechender Anordnungen des Vollstreckungsgerichts pfändbar sind (z. B. § 850c Abs. 4 ZPO: Unterhaltsberechtigter mit eigenem Einkommen), gehören dann zur Masse, wenn das Insolvenzgericht eine entsprechende Anordnung trifft (§ 36 Abs. 4 InsO). Eine solche Anordnung kann der Insolvenzverwalter beantragen. Umgekehrt kann der Schuldner beim Insolvenzgericht den Antrag stellen, dass ihm von seinem Einkommen ein weiterer Teil verbleibt, wenn er z. B. Aufwendungen zum Erhalt der Gesundheit zu machen hat, die von einer Krankenkasse nicht übernommen werden (§ 850f ZPO; *BGH*, Urteil vom 23. 4. 2009, Az. IX ZB 35/08). Als Arbeitseinkommen gelten alle Zahlungen und sonstige Gegenleistungen, die dem Schuldner als Entgelt für die von ihm geleistete Arbeit gewährt werden. Hierzu zählen u. a. auch einmalige Leistungen, wie etwa Abfindungen oder Prämien. In Anwendung des § 850i ZPO kann dem Schuldner auf Antrag ein Teil solcher Leistungen belassen werden. Steuerrückerstattungen zählen dagegen nicht als Arbeitseinkommen, fallen aber gleichwohl als sonstige Vermögenszuwächse in die Masse, ohne dass dem Schuldner ein unpfändbarer Teilbetrag zu belassen ist. Der Rückkaufswert einer Lebensversicherung mit widerruflichem Bezugsrecht, die der Insolvenzverwalter gekündigt hat, steht der Insolvenzmasse zu. Nicht zur Insolvenzmasse gehören dagegen solche Lebensversicherungsverträge, die nach § 851c ZPO der Pfändung entzogen sind, weil sie der Alterssicherung des Versicherungsnehmers zu dienen bestimmt sind. Eine Rentennachzahlung, die 2 ½ Jahre nach dem Antrag auf Erwerbsunfähigkeitsrente erfolgt, ist keine einmalige Geldleistung nach § 850i ZPO, sondern nach ihrer Anspruchsgrundlage eine wiederkehrende Leistung, die nur in einem Betrag zur Auszahlung ansteht. Die Rentenzahlung ist somit in Höhe der Summe aller monatlichen Freibeträge unpfändbar und fällt in dieser Höhe nicht in die Insolvenzmasse (*LG Bielefeld*, Beschluss vom 21. 10. 2004, Az. 23 T 705/04). Dagegen fällt ein Anspruch des insolvent gewordenen Versicherungsnehmers gegen seine private Krankenversicherung auf Erstattung von Heilbehandlungskosten in die Masse, auch wenn er nach

§ 850b Abs. 1 Nr. 4 ZPO nur bedingt pfändbar ist. Nach Eröffnung des Insolvenzverfahrens kann die Krankenversicherung mit befreiender Wirkung nur an den Insolvenzverwalter zahlen (*LG Köln*, Beschluss vom 8. 10. 2003, Az. 23 S 48/03).

Das seit 1. 7. 2010 zu vereinbarende Pfändungsschutzkonto (§ 850k ZPO) eröffnet die Möglichkeit, die auf einem solchen Konto gutgeschriebenen Eingänge bis zu dem sog. pfändungsfreien Grundbetrag (derzeit 1.133,80 EUR monatlich; Stand: 1. 7. 2017) von der Pfändung und damit von dem Zugriff des Insolvenzverwalters freizustellen.

Rückschlagsperre

Unwirksamkeit von Vollstreckungsmaßnahmen

Die rechtskräftige Eröffnung des Insolvenzverfahrens hat zur Folge, dass die im letzten Monat vor dem Antrag auf Verfahrenseröffnung oder nach diesem Antrag durch Zwangsvollstreckung erworbenen Sicherungen an dem zur Insolvenzmasse gehörenden Vermögen des Schuldners unwirksam werden (§ 88 InsO). Im Verbraucherinsolvenzverfahren beträgt die Sperrfrist drei Monate.

Zwangssicherungshypothek

Nach dieser Vorschrift wird z. B. eine Zwangssicherungshypothek, die innerhalb der genannten Sperrfrist im Grundbuch eingetragen wurde, mit Eröffnung des Insolvenzverfahrens unwirksam.

Bereits erlangte Zahlungen

Von der Rückschlagsperre nicht betroffen werden Zahlungen, die z. B. der Arbeitgeber des Schuldners aufgrund einer Lohnpfändung innerhalb der Sperrfrist an den Pfändungsgläubiger bezahlt hat. Allerdings unterliegt eine Befriedigung, die der Gläubiger innerhalb der letzten drei Monate vor Antragstellung oder danach durch eine Zwangsvollstreckungsmaßnahme erlangt hat, regelmäßig der Anfechtung nach § 131 Abs. 1 Nr. 1 InsO als inkongruente Deckung. Letztlich sind somit Zahlungen, die ein Gläubiger innerhalb der letzten drei Monate vor der Stellung des Eröffnungsantrags oder danach aufgrund von Vollstreckungsmaßnahmen erlangt hat, an den Insolvenzverwalter auszukehren.

Berücksichtigung von Amts wegen

Von Amts wegen ist die Wirkung der Rückschlagsperre z. B. durch den Gerichtsvollzieher dadurch zu beachten, dass eine gepfändete Sache nicht mehr verwertet werden darf. Im Bereich der Immobiliarvollstreckung enthält § 28 Abs. 2 ZVG die Aussage, dass ein Versteigerungsverfahren durch das Vollstreckungsgericht aufzuheben ist, wenn diesem ein der Durchführung des Verfahrens entgegenstehendes Vollstreckungshindernis bekannt wird.

Vollstreckungsverbot nach § 89 InsO

Betroffene Insolvenzgläubiger

Die Eröffnung des Insolvenzverfahrens hat gemäß § 89 InsO ein allgemeines Vollstreckungsverbot zur Folge, das die Insolvenzgläubiger betrifft. Als Insolvenzgläubiger gelten nach § 38 InsO diejenigen Gläubiger, denen zum Zeitpunkt der Verfahrenseröffnung gegen den Schuldner eine persönliche Forderung zusteht. Diese dürfen während des eröffneten Insolvenzverfahrens weder in das zur Masse gehörige, noch in das sonstige Vermögen des Schuldners die Zwangsvollstreckung betreiben. Die Insolvenzgläubiger können während des laufenden Insolvenzverfahrens Zahlungen auf ihre Forderungen nur dadurch erlangen, dass sie ihre Ansprüche zu dem Insolvenzverfahren anmelden.

Absonderungsberechtigte Gläubiger

Absonderungsberechtigte Gläubiger (vgl. § 49 ff. InsO; z. B. die Bank, zu deren Gunsten am Grundstück des Schuldners eine Grundschuld oder Hypothek eingetragen ist) können ihre Absonderungsrechte an unbeweglichen Gegenständen u. a.

dadurch verwirklichen, dass sie die Zwangsversteigerung des belasteten Grundstücks betreiben. Das Vollstreckungsverbot des § 89 InsO steht dem nicht entgegen. Soweit sich das Absonderungsrecht z. B. in Form einer Sicherungsübereignung auf einen beweglichen Gegenstand bezieht, kann der Gläubiger diesen Gegenstand etwa durch den Gerichtsvollzieher versteigern lassen.

Aussonderungsgläubiger

Die Zwangsvollstreckung wegen eines Anspruchs auf Herausgabe von Gegenständen, die dem Schuldner nicht gehören und damit nicht zur Masse zählen, wird durch § 89 InsO ebenfalls nicht gehindert. Die sog. Aussonderungsgläubiger sind mithin vom Vollstreckungsverbot nicht betroffen. Ggf. ist aber ein gegen den Schuldner erwirkter Titel auf den Verwalter umzuschreiben (§ 726 ZPO).

Neugläubiger

Gläubiger von Ansprüchen, die erst nach Verfahrenseröffnung entstanden sind (Neugläubiger), können wegen dieser Ansprüche ungeachtet des Insolvenzverfahrens in das Vermögen des Schuldners vollstrecken, das nicht in die Masse fällt. Nachdem aber gemäß § 35 InsO auch das nach Verfahrenseröffnung vom Schuldner erworbene, pfändbare Vermögen zur Masse gehört, ist de facto kein Vermögen vorhanden, in das diese Gläubiger vollstrecken können.

Zwangsvollstreckung in künftige Forderungen

Hinsichtlich der Zwangsvollstreckung in künftige Forderungen auf Bezüge aus einem Dienstverhältnis des Schuldners oder an deren Stelle tretende laufende Lohnersatzleistungen gilt das Vollstreckungsverbot auch für solche Gläubiger, die keine Insolvenzgläubiger sind. Davon wiederum ausgenommen ist die Zwangsvollstreckung wegen eines Unterhaltsanspruchs oder einer Forderung aus einer vom Schuldner vorsätzlich begangenen unerlaubten Handlung in den Teil der Einkünfte, der für andere Gläubiger nicht pfändbar ist (§ 89 Abs. 2 InsO; §§ 850d, 850f ZPO; *OLG Zweibrücken* NZI 2001, 423).

Wegfall von Pfändungen

Eine Zwangsvollstreckung in Bezüge aus Dienstverhältnissen verliert für den Zeitraum des eröffneten Insolvenzverfahrens ihre Wirksamkeit, soweit sie sich auf Einkünfte für die Zeit nach Eröffnung des Verfahrens bezieht (§ 91 InsO).

Eine vor der Verfahrenseröffnung bewirkte Pfändung des Arbeitseinkommens oder von Lohnersatzleistungen bleibt während des eröffneten Verfahrens unbeachtet; sie lebt jedoch nach Verfahrensbeendigung wieder auf, wenn dem Schuldner keine Restschuldbefreiung erteilt wird.

Beachtung von Amts wegen

Das Vollstreckungsverbot des § 89 InsO ist von Amts wegen zu beachten. Soweit dem jeweiligen Vollstreckungsorgan die Eröffnung des Verfahrens bekannt ist, darf es keine weiteren Vollstreckungshandlungen vornehmen. Eine Vollstreckungsmaßnahme, die entgegen § 89 InsO ausgebracht wird, ist nicht unwirksam, jedoch kann der Insolvenzverwalter und wohl auch der Drittschuldner gegen sie Einwendungen erheben (§ 89 Abs. 3 InsO).

Vollstreckung vor Verfahrenseröffnung

Eine bereits vor Verfahrenseröffnung vollzogene Vollstreckungshandlung wird durch § 89 InsO nicht beeinträchtigt, auch wenn diese noch nicht abgeschlossen ist, also insbesondere noch keine Zahlung an den Gläubiger erfolgt ist. Vielmehr gewährt das erworbene Pfändungspfandrecht, soweit es nicht der Rückschlagsperre des § 88 InsO unterfällt, gegen ein angeordnetes Vollstreckungsverbot verstößt oder aufgrund Anfechtung in Wegfall kommt, dem Gläubiger ein Absonderungsrecht (§ 50 InsO), dessen Verwirklichung im Bereich der Forderungspfändung auch durch ein Verwertungsrecht des Verwalters nicht tangiert wird.

Anfechtung von Rechtshandlungen

Benachteiligung der Insolvenzgläubiger

Rechtshandlungen, die vor Verfahrenseröffnung vom Schuldner oder von Dritten vorgenommen wurden und die nach Verfahrenseröffnung die Insolvenzgläubiger benachteiligen, können vom Insolvenzverwalter mit der Folge angefochten werden, dass das

Erlangte an die Masse zurückzugewähren ist (§ 143 InsO). Hierzu gehört z. B. eine im Wege der Zwangsvollstreckung erlangte Befriedigung, soweit sie innerhalb von drei Monaten vor dem Eröffnungsantrag erfolgte (vgl. § 131 InsO). Anfechtbar kann in diesem Rahmen auch die Zahlung aus dem Vermögen des Betreuten an den Betreuer sein, auch wenn es sich dabei um die Tilgung des Vergütungsanspruchs handelte. So etwa dann, wenn die Zahlung innerhalb der letzten drei Monate vor dem Antrag auf Verfahrenseröffnung vorgenommen wurde und der Betreuer von der zum Zeitpunkt der Zahlung bestehenden Zahlungsunfähigkeit des Betreuten wusste. Zahlungsunfähigkeit bedeutet in diesem Zusammenhang nicht, dass der Schuldner keinerlei Zahlungen mehr leisten kann; vielmehr ist von einer Zahlungsunfähigkeit bereits dann auszugehen, wenn der Schuldner nicht mehr alle fälligen Verbindlichkeiten begleichen kann.

Freigabe der Mietwohnung

Um zu verhindern, dass die Mietzinsverbindlichkeiten Masseverbindlichkeiten werden und somit aus der Insolvenzmasse befriedigt werden müssten, kann der Insolvenzverwalter gegenüber dem Vermieter des Schuldners erklären, dass die nach Ablauf der Kündigungsfrist entstehenden Mietverbindlichkeiten keine Masseansprüche begründen (§ 109 Abs. 1 Satz 2 InsO; „Enthaftungserklärung"). Nach Ablauf der Kündigungsfrist fällig werdende Mietforderungen hat der Schuldner aus seinem unpfändbaren Einkommen zu bestreiten. Ist er dazu nicht in der Lage, droht ihm die Kündigung des Mietvertrags. Das Insolvenzverfahren hat hierauf keinen Einfluss. Entgegen § 112 Nr. 1 InsO kann im Fall einer Enthaftungserklärung dem Schuldner auch aufgrund von Mietrückständen aus der Zeit vor dem Antrag auf Eröffnung des Insolvenzverfahrens gekündigt werden (*BGH*, Urteil vom 17. 6. 2015, Az. VIII ZR 19/14).

Aufrechnung

Eine zum Zeitpunkt der Verfahrenseröffnung bestehende Aufrechnungsmöglichkeit bleibt dem Gläubiger erhalten (§ 94 InsO). Unzulässig ist dagegen die Aufrechnung mit einer Insolvenzforderung gegen eine erst nach Insolvenzeröffnung zur Masse zu erfüllenden Verbindlichkeit (§ 96 Abs. 1 Nr. 1 InsO). Davon unberührt bleibt wiederum die Aufrechnungsmöglichkeit gegen eine unpfändbare und damit nicht zur Insolvenzmasse gehörende Forderung. Eine unter der Pfändungsfreigrenze liegende Erwerbsminderungsrente etwa ist nicht insolvenzbefangen und kann deshalb nach §§ 52, 51 Abs. 2 SGB I mit offenen Sozialversicherungsbeiträgen verrechnet werden, ohne dass die Vorschriften der InsO zur Anwendung gelangen (*Hess. LSG*, Beschluss vom 3. 8. 2016, Az. L 5 R 123/15).

7.8 Beendigung des Insolvenzverfahrens

7.8.1 Voraussetzungen

Verwertung der Masse

Das Insolvenzverfahren ist abzuschließen, sobald die Verwertung der Insolvenzmasse beendet ist (§ 196 Abs. 1 InsO). Die Tatsache, dass der Schuldner über ein laufendes Einkommen verfügt, hindert die Aufhebung des Verfahrens nicht. In der Praxis werden Verbraucherinsolvenzverfahren regelmäßig bereits nach etwa neun Monaten aufgehoben. In Ausnahmefällen dauert ein Verbraucherinsolvenzverfahren aber auch mal mehrere Jahre.

7.8.2 *Erstellung des Schlussverzeichnisses*

Bedeutung des Schlussverzeichnisses

Das Verbraucherinsolvenzverfahren ist nach den allgemeinen Vorschriften zu beenden. Danach hat der Verwalter nach Abschluss der Verwertung der Masse dem Gericht eine Schlussrechnung zur Genehmigung vorzulegen (§ 66 InsO) sowie ein Schlussverzeichnis einzureichen (§ 188 InsO). Darin aufgelistet sind die Forderungen derjenigen Gläubiger, deren Forderung rechtzeitig angemeldet und nach Betrag und Rang geprüft wurden. Das Schlussverzeichnis ist u. a. maßgebend für die Erlösverteilung. Daneben bildet es nach § 292 Abs. 2 InsO die Grundlage für die Auszahlung von Leistungen durch den Treuhänder in der Restschuldbefreiung, also während der Wohlverhaltensperiode.

7.8.3 *Schlusstermin*

Bestimmung durch das Gericht

Bedeutung des Schlusstermins

Nach Prüfung und Genehmigung der Schlussrechnung und des Schlussverzeichnisses bestimmt das Gericht den Schlusstermin (§ 197 InsO). Der Schlusstermin dient der Erörterung der Schlussrechnung, der Erhebung von Einwendungen gegen das Schlussverzeichnis sowie ggf. der Entscheidung der Gläubiger über die nicht verwertbaren Gegenstände.

Entscheidung über den Antrag auf Restschuldbefreiung

Versagung der Restschuldbefreiung

Das Insolvenzgericht hat dem Schuldner die Restschuldbefreiung zu versagen, wenn dies bis zum Schlusstermin von einem Insolvenzgläubiger beantragt wird und wenn dazu einer der in § 290 Abs. 1 InsO genannten Versagungsgründe glaubhaft gemacht wird. Eine Überprüfung der Versagungsgründe von Amts wegen erfolgt ggf. dahingehend, dass dem Schuldner die Kostenstundung versagt bzw. diese aufgehoben wird, wenn ein Versagungsgrund nach § 290 Abs. 1 Nr. 1 InsO gegeben ist (§ 4a Abs. 1 Satz 3 InsO); dies hat aber keinen Einfluss auf die Restschuldbefreiung, da diese nur auf einen entsprechenden Gläubigerantrag versagt werden kann.

Gläubigerantrag

Antragsberechtigt sind nur die Insolvenzgläubiger, die Forderungen zur Tabelle angemeldet haben (*BGH*, Urteil vom 8. 10. 2009, Az. IX 257/08). Damit können nachrangige Insolvenzgläubiger nach § 39 InsO regelmäßig keinen Versagungsantrag stellen, da ihre nachrangigen Forderungen nur dann angemeldet werden dürfen, wenn das Gericht hierzu ausdrücklich auffordert, was wiederum nur dann erfolgt, wenn die nicht nachrangigen Forderungen allesamt gedeckt sind.

Hinweis:

In Verfahren, deren Eröffnung bis zum 30. 6. 2014 beantragt wurde, kann der Versagungsantrag nur im Schlusstermin gestellt werden.

Der Antrag auf Versagung der Restschuldbefreiung kann während des eröffneten Verfahrens bis zum Schlusstermin gestellt werden (§ 290 Abs. 2 InsO). Ein danach gestellter Antrag bleibt unberücksichtigt.

Der Antrag eines Gläubigers auf Versagung der Restschuldbefreiung ist nur zulässig, wenn ein Versagungsgrund glaubhaft gemacht wird (§ 290 Abs. 2 InsO). Eine Glaubhaftmachung ist ausnahmsweise nicht erforderlich, wenn der behauptete Versagungsgrund offensichtlich und unstreitig zu Tage tritt (*BGH*, Urteil vom 29. 9. 2005, Az. IX ZB 178/02).

Versagungsgründe

Abschließende Aufzählung

Die Gründe, auf die eine Versagung der Restschuldbefreiung gestützt werden kann, sind in § 290 Abs. 1 Nr. 1 bis Nr. 7 InsO abschließend aufgezählt. Darin nicht genannte Sachverhalte lassen eine Versagung der Restschuldbefreiung nicht zu. Insbesondere können nicht aus der in § 1 InsO genannten Redlichkeit des Schuldners weitere Versagungsgründe abgeleitet werden. Soweit das *LG Hannover* (ZVI 2002, 130) einem langjährig inhaftierten Straftäter die Restschuldbefreiung unter Hinweis auf fehlende Redlichkeit versagt, ist dies mit der Regelung des § 290 InsO nicht in Einklang zu bringen.

Im Übrigen ist dem Schuldner gemäß § 290 Abs. 1 InsO die Restschuldbefreiung zu versagen, wenn dies von einem Insolvenzgläubiger beantragt wird und wenn

Bankrottstraftaten

1. der Schuldner in den letzten fünf Jahren vor dem Antrag auf Eröffnung des Insolvenzverfahrens oder nach diesem Antrag wegen einer Straftat nach den §§ 283 bis 283c StGB rechtskräftig zu einer Geldstrafe von mehr als 90 Tagessätzen oder einer Freiheitsstrafe von mehr als drei Monaten verurteilt wurde (§ 290 Abs. 1 Nr. 1 InsO); die Vorschrift setzt nicht voraus, dass die abgeurteilte Tat mit dem aktuellen Insolvenzverfahren in einem konkreten Zusammenhang steht (*BayObLG* MDR 2002, 173; *OLG Celle* NZI 2001, 314); maßgebend ist nur eine Verurteilung wegen der in §§ 283 bis 283c StGB genannten Straftaten; anderweitige Verurteilungen können auch nicht mit dem Hinweis auf die fehlende Redlichkeit des Schuldners als Versagungsgrund herangezogen werden;

Falsche Angaben

2. der Schuldner in den letzten drei Jahren vor dem Antrag auf Eröffnung des Verfahrens oder nach diesem Antrag vorsätzlich oder grob fahrlässig schriftlich unrichtige oder unvollständige Angaben über seine wirtschaftlichen Verhältnisse gemacht hat, um einen Kredit zu erhalten, Leistungen aus öffentlichen Mitteln zu beziehen oder Leistungen an öffentliche Kassen zu vermeiden (§ 290 Abs. 1 Nr. 2 InsO); dieser Versagungsgrund greift z. B. ein, wenn der Schuldner gegenüber dem Vollstreckungsbeamten des Finanzamtes innerhalb der letzten drei Jahre im Rahmen der Abgabe der eidesstattlichen Vermögensauskunft falsche Angaben zu seiner Vermögenssituation macht, um eine Pfändung durch das Finanzamt zu verhindern (*BGH*, Urteil vom 9. 3. 2006, Az. IX ZB 19/05); eine unterlassene Steuererklärung erfüllt dagegen noch nicht den Tatbestand dieser Regelung (*OLG Köln* NZI 2001, 205); eine teilweise auf Schätzungen des Schuldners beruhende Einkommensteuererklärung ist nur dann „unrichtig" gemäß § 290 Abs. 1 Nr. 2 InsO, wenn die Unrichtigkeit von in ihr enthaltenen Angaben feststeht (*BGH*, Urteil vom 12. 1. 2006, Az. IX ZB 29/04); die (unrichtige) Erklärung muss grundsätzlich vom Schuldner oder einer vertretungsberechtigten Person stammen; wurden die (falschen) Erklärungen von einem Dritten schriftlich fixiert, müssen diese mit Billigung und Wissen des Schuldners an den Empfänger weitergeleitet worden sein (*BGH*, Urteil vom 21. 7. 2005, Az. IX ZB 80/04);

Unangemessene Verbindlichkeiten

3. der Schuldner in den drei letzten Jahren vor dem Antrag auf Eröffnung des Insolvenzverfahrens oder nach diesem Antrag vorsätzlich oder grob fahrlässig die Befriedigung der Insolvenzgläubiger dadurch beeinträchtigt hat, dass er unangemessene Verbindlichkeiten begründet oder Vermögen verschwendet oder ohne Aussicht auf eine Besserung seiner wirtschaftlichen Lage die Eröffnung des Insolvenzverfahrens verzögert hat (§ 290 Abs. 1 Nr. 4 InsO); dabei genügt es nicht, dass der Schuldner aus

seinem unpfändbaren Einkommen eine Flugreise bestreitet oder eine große Wohnung anmietet, die den vormaligen Familienverhältnissen entsprach (*AG Bonn* ZInsO 2001, 1070); eine Verschwendung liegt vor, wenn der Schuldner einen unangemessen luxuriösen Lebensstil führt (*BGH*, Urteil vom 9. 12. 2004, Az. IX ZB 132/04); ebenso verhält es sich, wenn Werte außerhalb einer sinnvollen und nachvollziehbaren Verhaltensweise verbraucht werden oder Ausgaben im Verhältnis zum Gesamtvermögen und dem Einkommen des Schuldners als grob unangemessen und wirtschaftlich nicht nachvollziehbar erscheinen (*BGH*, Urteil vom 21. 9. 2006, Az. IX ZB 24/06); die Entfernung und Vernichtung einer zur Masse gehörenden Einbauküche aus der vom Schuldner bis zur Übergabe an den Käufer genutzten Wohnung, die der Insolvenzverwalter für einen Mehrpreis von 1.500 EUR mit der Eigentumswohnung des Schuldners verkauft hatte, stellt demnach eine entsprechende Vermögensverschwendung dar (*BGH*, Urteil vom 9. 7. 2009, Az. IX ZB 199/08); keine Verschwendung liegt vor, wenn der Schuldner nach Eintritt der Zahlungsunfähigkeit einzelne Gläubiger befriedigt (*BGH*, Urteil vom 5. 3. 2009, Az. IX ZB 141/08);

Verletzung von Pflichten

4. der Schuldner Auskunfts- oder Mitwirkungspflichten nach diesem Gesetz vorsätzlich oder grob fahrlässig verletzt hat (§ 290 Abs. 1 Nr. 5 InsO); angesprochen ist die in § 97 InsO normierte Pflicht des Schuldners zur Auskunft und Mitwirkung, die über die Regelung des § 20 InsO auch im Eröffnungsverfahren gegeben ist; der Schuldner verletzt danach bereits seine Auskunfts- und Mitwirkungspflicht nach § 290 Abs. 1 Nr. 5 InsO, wenn er in den vorbereitenden Gesprächen zur Erstellung des Sachverständigengutachtens z. B. ein Treuhandkonto verschweigt (*BGH*, Urteil vom 21. 7. 2005, Az. IX ZB 179/04); die Verletzung der Mitwirkungs- oder Auskunftspflicht muss zumindest in grob fahrlässiger Art und Weise geschehen sein. Dabei ist zu beachten, dass dem juristisch nicht vorgebildeten Schuldner entsprechende Fragen so konkret gestellt werden müssen, dass damit eine bestimmte Auskunft verbunden werden kann (*BGH*, Urteil vom 19. 3. 2009, Az. IX ZB 212/08); die Verpflichtung des Schuldners, im Insolvenzverfahren über alle das Verfahren betreffende Verhältnisse Auskunft zu geben, ist jedoch nicht grundsätzlich davon abhängig, dass an den Schuldner entsprechende Fragen gerichtet werden; der Schuldner muss vielmehr die betroffenen Umstände von sich aus, ohne besondere Nachfrage, offenlegen, soweit sie offensichtlich für das Insolvenzverfahren von Bedeutung sein können und nicht klar zu Tage liegen (*BGH*, Urteil vom 11. 2. 2010, Az. IX ZB 126/08);

Falsche Angabe in vorzulegenden Verzeichnissen

5. der Schuldner in der nach § 287 Abs. 1 Satz 3 InsO vorzulegenden Erklärung und in den nach § 305 Abs. 1 Nr. 3 InsO vorzulegenden Verzeichnissen seines Vermögens und seines Einkommens, seiner Gläubiger und der gegen ihn gerichteten Forderungen vorsätzlich oder grob fahrlässig unrichtige oder unvollständige Angaben gemacht hat (§ 290 Abs. 1 Nr. 6 InsO); maßgebender Zeitpunkt für die Frage, ob der Schuldner vorsätzlich oder grob fahrlässig unzutreffende oder unvollständige Angaben gemacht hat, ist die Vorlage der Verzeichnisse nach § 305 Abs. 1 Nr. 3 InsO, jedoch kann der Schuldner ein zunächst unrichtiges Verzeichnis noch innerhalb des Eröffnungsverfahrens berichtigen und auf diese Weise die Versagung der Restschuldbefreiung verhindern (*BGH*, Urteil vom 17. 3. 2005, Az. IX ZB 260/03); ein Versagungsgrund gemäß § 290 Abs. 1 Nr. 6 InsO liegt z. B. dann vor, wenn der Schuldner die durch eine Sicherungsübereignung abgesicherte Bank nicht in das Gläubiger-

verzeichnis aufnimmt (*OLG Celle* Rpfleger 2002, 168); ebenso ist ein Versagungsgrund nach § 290 Abs. 1 Nr. 6 InsO gegeben, wenn der Schuldner es unterlassen hat, eine streitige Forderung in sein Vermögensverzeichnis aufzunehmen (*LG Krefeld* ZVI 2002, 132) oder Einkünfte nicht angibt, die unterhalb der Pfändungsfreigrenzen liegen (*OLG Celle* NZI 2002, 323); dagegen kann ein Gläubiger, der im Gläubigerverzeichnis genannt ist, keinen Versagungsantrag mit der Begründung stellen, andere Gläubiger wären nicht aufgeführt worden (*AG Mönchengladbach* ZinsO 2001, 674; *AG Bonn* ZVI 2002, 133); der Versagungsgrund gemäß § 290 Abs. 1 Nr. 6 InsO setzt nicht voraus, dass durch die Unvollständigkeit der vom Schuldner vorgelegten Verzeichnisse eine Benachteiligung der Gläubiger eintritt; mithin kann es auch ohne Bedeutung sein, wenn ein nicht angegebener Vermögenswert nur von geringem Geldwert ist;

6. der Schuldner seine Erwerbsobliegenheit nach § 287b InsO verletzt und dadurch die Befriedigung der Insolvenzgläubiger beeinträchtigt; dies gilt nicht, wenn den Schuldner kein Verschulden trifft (§ 290 Abs. 1 Nr. 7 InsO); die Befriedigung der Insolvenzgläubiger wird in diesem Sinne nur dann beeinträchtigt, wenn der Schuldner angesichts seiner geistigen und körperlichen Fähigkeiten in der Lage ist, durch eine Erwerbstätigkeit ein Einkommen zu erzielen, das die Pfändungsfreigrenzen übersteigt und damit zur Insolvenzmasse gehören würde.

Glaubhaftmachung des Versagungsgrundes

Der Gläubiger, der die Versagung der Restschuldbefreiung beantragt, hat den Versagungsgrund, auf den er seinen Antrag stützt, glaubhaft zu machen. Hierzu kann er sich aller Beweismittel und auch der eidesstattlichen Versicherung bedienen (§ 294 ZPO). Gelingt ihm dies nicht, ist der Versagungsantrag zurückzuweisen. An die erforderliche Glaubhaftmachung sind allerdings keine übertriebenen Anforderungen zu stellen. Von dem Schuldner zugestandene oder zwischen dem antragstellenden Gläubiger und dem Schuldner unstreitige Sachverhalte bedürfen nicht der Glaubhaftmachung.

7.8.4 Beschluss des Gerichts

Versagung der Restschuldbefreiung

Die Entscheidung des Gerichts besteht entweder in der Versagung der Restschuldbefreiung oder in der Zurückweisung des Versagungsantrags. Der die Restschuldbefreiung versagende Beschluss hat im Rubrum nicht nur die Schuldnerbezeichnung zu enthalten, sondern auch den Gläubiger zu beschreiben, der den Versagungsantrag gestellt hat. Womit der kontradiktorische Charakter des Verfahrens zur Versagung der Restschuldbefreiung zum Ausdruck kommt.

Beginn der Wohlverhaltensphase

Ansonsten, das heißt wenn kein zulässiger und begründeter Versagungsantrag gestellt wird, beginnt mit der Beendigung des Insolvenzverfahrens die sog. Wohlverhaltens- oder Restschuldbefreiungsphase. Zusammen mit der Entscheidung, mit der das Insolvenzgericht die Aufhebung oder die Einstellung des Insolvenzverfahrens beschließt, bestimmt das Gericht auch den Treuhänder, auf den die pfändbaren Bezüge des Schuldners nach Maßgabe der Abtretungserklärung (§ 287 Abs. 2 InsO) übergehen (§ 288 InsO).

7.8.5 Erlösverteilung und Verfahrensaufhebung

Voraussetzungen

Das (vereinfachte) Insolvenzverfahren ist aufzuheben, wenn der Verwertungserlös entsprechend des Schlussverzeichnisses verteilt ist (§ 200 Abs. 1 InsO). Dies hat der Insolvenzverwalter dem Insolvenzgericht nachzuweisen. Die Verfahrensaufhebung erfolgt durch Beschluss, der zu veröffentlichen ist (§ 200 Abs. 2 InsO).

Wirkungen

Hat der Schuldner keinen Antrag auf Restschuldbefreiung gestellt oder wurde ihm eine solche rechtskräftig versagt, so können die Gläubiger nach Aufhebung des Insolvenzverfahrens aus der Insolvenztabelle die Zwangsvollstreckung gegen den Schuldner betreiben (§ 201 InsO). Letztlich hat die Verfahrensaufhebung zur Folge, dass der Schuldner nunmehr wieder über sein Vermögen frei verfügen kann.

7.9 Wohlverhaltensphase

7.9.1 Dauer

Sechs Jahre

Das eigentliche Verfahren der Restschuldbefreiung erstreckt sich nach §§ 287 Abs. 2, 300 Abs. 1 InsO über die Dauer der Abtretungserklärung des Schuldners. Man spricht insoweit auch von der Wohlverhaltensphase oder Treuhandphase. Diese beträgt grundsätzlich sechs Jahre und beginnt rechnerisch mit der Eröffnung des Insolvenzverfahrens. Davon abweichend treten die Wirkungen, die mit der Wohlverhaltensphase verbunden sind, erst mit der Aufhebung oder Einstellung des Insolvenzverfahrens ein.

Obliegenheiten des Schuldners

Auch die in § 295 InsO normierten Obliegenheiten sind erst nach Beendigung des Insolvenzverfahrens vom Schuldner zu beachten. Je länger das Insolvenzverfahren dauert, umso kürzer ist demzufolge die Wohlverhaltensphase. Es kommt in der Praxis auch vor, dass das Insolvenzverfahren länger als sechs Jahre andauert. In diesem Fall ist dem Schuldner die Restschuldbefreiung nach Ablauf der sechs Jahre zu erteilen, auch wenn das Insolvenzverfahren noch fortdauert (vgl. § 300a Abs. 1 InsO; *BGH*, Urteil vom 3. 12. 2009, Az. IX ZB 247/08). Man spricht dabei auch von einem asymmetrischen Verfahren.

Eine vorzeitige Erteilung der Restschuldbefreiung kommt auf Antrag des Schuldners in Betracht, wenn der Schuldner die Kosten des Verfahrens berichtigt und im Verfahren kein Insolvenzgläubiger eine Forderung angemeldet hat oder wenn die Forderungen der Insolvenzgläubiger befriedigt sind und der Schuldner die sonstigen Masseverbindlichkeiten (vgl. § 55 InsO) berichtigt hat (§ 300 Abs. 1 Satz 2 Nr. 1 InsO). Insoweit schreibt das Gesetz keine Frist vor.

Eine Frist von drei Jahren seit Eröffnung des Insolvenzverfahrens sieht das Gesetz für eine vorzeitige Erteilung der Restschuldbefreiung vor, wenn dem Insolvenzverwalter oder dem Treuhänder innerhalb dieses Zeitraums ein Betrag zugeflossen ist, der eine Befriedigung der Forderungen der Insolvenzgläubiger in Höhe von mindestens 35 Prozent ermöglicht. Daneben muss der Schuldner die Kosten des Verfahrens begleichen (§ 300 Abs. 1 Satz 2 Nr. 2 InsO).

Nach fünf Jahren seit Eröffnung des Insolvenzverfahrens kann dem Schuldner die Restschuldbefreiung erteilt werden, wenn er die Kosten des Verfahrens begleichen kann (§ 300 Abs. 1 Satz 2 Nr. 3 InsO). Eine Stundung der Kosten genügt hierzu nicht (*BGH*, Urteil vom 22. 9. 2016, Az. IX ZB 29/16).

7.9.2 Rechtsstellung des Treuhänders

Einzug des abgetretenen Einkommens

Der mit der Verfahrensbeendigung durch das Insolvenzgericht zu bestellende Treuhänder (vgl. § 288 Satz 2 InsO) hat die Aufgabe, die pfändbaren Einkommensteile, die der Schuldner während der Wohlverhaltensphase erzielt, einzuziehen und an die Insolvenzgläubiger zu verteilen (§ 292 InsO).

Keine Verwaltungs- und Verfügungsbefugnis

Der Treuhänder ist nicht Inhaber der Verfügungsbefugnis hinsichtlich der Vermögenswerte des Schuldners; er ist auch nicht zur Verwertung von Vermögenswerten befugt. Nach Aufhebung des Insolvenzverfahrens gilt der Entzug der Verfügungsbefugnis nach § 80 ff. InsO nicht mehr.

7.9.3 Verteilung der dem Treuhänder zufließenden Beträge

Erlösverteilung

Der Treuhänder hat die Beträge, die er durch die Abtretung erlangt und sonstige Leistungen des Schuldners oder Dritter mindestens einmal jährlich auf der Grundlage des Schlussverzeichnisses an die Insolvenzgläubiger verhältnismäßig zu verteilen (§ 292 Abs. 1 InsO). Soweit es im Einzelfall angezeigt ist, hat der Treuhänder auch eine vorzeitige Ausschüttung vorzunehmen. Hierzu kann das Gericht den Treuhänder auffordern. Vorab sind aus den eingenommenen Beträgen evtl. nach § 4a InsO gestundete Verfahrenskosten zu berichtigen. An die Gläubiger sind demnach erst dann Auszahlungen vorzunehmen, wenn die Kosten des Verfahrens, soweit sie dem Schuldner gemäß § 4a InsO gestundet wurden, gedeckt sind.

Änderung der abgetretenen Einkommensbeträge

Die Abtretung an den Treuhänder umfasst die nach § 850 ff. ZPO pfändbaren Einkommensteile. Einkommensteile, die erst aufgrund einer entsprechenden gerichtlichen Anordnung pfändbar sind, können durch das Insolvenzgericht für pfändbar erklärt werden (§ 292 Abs. 1 Satz 3 InsO i. V. m. § 36 Abs. 1 Satz 2, Abs. 4 InsO), womit sie dem Treuhänder zufallen.

Einbezogene Gläubiger

Berücksichtigt werden bei der Ausschüttung innerhalb der Wohlverhaltensphase nur solche Gläubiger, deren Forderungen im Schlussverzeichnis festgestellt wurden. Sie erhalten eine der Höhe ihrer jeweiligen Forderung entsprechende Quote, die durch den Treuhänder zu errechnen ist. Gläubiger, denen ein Absonderungsrecht zusteht, werden in das Schlussverzeichnis nur mit dem Betrag aufgenommen, mit dem sie bei der Realisierung ihres Absonderungsrechts ausgefallen sind oder soweit sie auf das Absonderungsrecht gegenüber dem Verwalter verzichtet haben (§ 190 InsO).

7.9.4 Änderung der pfändbaren Einkommensteile

Berechnung durch den Drittschuldner

Die Höhe der abgetretenen und an die Insolvenzgläubiger abzuführenden Beträge lässt sich für die Dauer der Abtretungserklärung nicht fest vorherbestimmen. Zum einen können sich die Einkommensverhältnisse des Schuldners ändern, zum anderen können sich Veränderungen hinsichtlich seiner Unterhaltsverpflichtungen ergeben, die wiederum zu einer Änderung der pfändbaren Einkommensteile führen. Ferner können im Arbeitseinkommen einmalige Beträge enthalten sein, die nach § 850a ZPO zu einem bestimmten Teil pfändbar sind, wie z. B. das Weihnachtsgeld nach § 850a Nr. 4 ZPO. Die Berechnung der abzuführenden Beträge wird indes für den Drittschuldner keine Schwierigkeiten bereiten, seine Rechtsstellung ist keine andere wie im Falle einer gewöhnlichen Pfändung des Arbeitseinkommens.

7.9.5 Rechtsstellung des Schuldners

Verwaltungs- und Verfügungsbefugnis

Mit der Aufhebung bzw. Einstellung des Insolvenzverfahrens erhält der Schuldner die Verfügungsmacht über sein Vermögen zurück. Allerdings wird zu diesem Zeitpunkt kein wesentliches Vermögen mehr vorhanden sein, da die Beendigung des Insolvenzverfahrens die Verwertung bzw. Verteilung der Masse voraussetzt.

Neuerwerb

Die zurückgewonnene Verfügungsmacht betrifft mithin insbesondere den Neuerwerb, also solche Vermögenswerte, die der Schuldner nach Beendigung des Verfahrens erwirbt. Angesichts der Tatsache, dass dem Schuldner während der Wohlverhaltensphase nur die unpfändbaren Teile seines Einkommens verbleiben, dürfte sich der Umfang eines solchen Neuerwerbs allerdings in Grenzen halten. Über die abgetretenen Einkommensteile kann der Schuldner indes nicht verfügen, da diese aufgrund der Abtretung aus seinem Vermögen ausgeschieden sind.

Umfang der Abtretung

Die Abtretung der pfändbaren Einkommensteile bezieht sich nur auf das Arbeitseinkommen und gleichgestellte Lohnersatzleistungen. Nicht einbezogen ist z. B. ein Steuererstattungsanspruch. Ein solcher steht dem Schuldner während der Wohlverhaltensperiode demnach uneingeschränkt selbst zu.

Vollstreckungstitel gegen den Schuldner

Der Schuldner ist nach Aufhebung des Insolvenzverfahrens auch wieder prozessführungsbefugt. Somit kann z. B. ungeachtet der laufenden Wohlverhaltensperiode ein Rechtsstreit gegen den Schuldner geführt werden. Allerdings kann ein Gläubiger, der bereits zum Zeitpunkt der Eröffnung des Insolvenzverfahrens eine Forderung gegen den Schuldner hatte, mithin Insolvenzgläubiger ist, seine Forderung aber nicht angemeldet oder seine Forderung zwar angemeldet, aber diese nicht zur Feststellung gebracht hat, nicht dadurch an der Verteilung im Restschuldbefreiungsverfahren partizipieren, dass er nunmehr gegen den Schuldner einen Vollstreckungstitel erwirbt.

7.9.6 Obliegenheiten des Schuldners

Während der Wohlverhaltensphase unterliegt der Schuldner den Verpflichtungen des § 295 InsO. Ein Verstoß hiergegen kann auf Antrag eines Gläubigers vorzeitig zu einer Versagung der Restschuldbefreiung führen, soweit die Befriedigung der Insolvenzgläubiger dadurch beeinträchtigt wird (§ 296 Abs. 1 Satz 1 InsO). Der Antrag kann nur binnen eines Jahres nach dem Zeitpunkt gestellt werden, in dem die Obliegenheitsverletzung dem Gläubiger bekannt geworden ist (§ 296 Abs. 1 Satz 2 InsO). Außerdem muss die Obliegenheitsverletzung, wie im Fall des § 290 InsO, seitens des Gläubigers auch glaubhaft gemacht werden (*BGH*, Urteil vom 24. 6. 2010, Az. IX ZB 283/09). Andere als die in § 295 InsO genannten Gründe können in diesem Verfahrensstadium nicht geltend gemacht werden.

Nachträglich bekanntgewordene Obliegenheitsverletzungen

Ein möglicher Verstoß gegen die in § 290 InsO aufgelisteten Obliegenheiten, der nicht bis zum Schlusstermin geltend gemacht wurde, kann allerdings dann zu einer Versagung der Restschuldbefreiung führen, wenn ein Gläubiger erst nach dem Schlusstermin von einer entsprechenden Obliegenheitsverletzung Kenntnis erlangt und innerhalb einer Frist von sechs Monaten nach der Kenntniserlangung die Versagung der Restschuldbefreiung unter Glaubhaftmachung der Verletzung beantragt (§ 297a InsO).

Im Einzelnen treffen den Schuldner nach § 295 Abs. 1 InsO folgende Verpflichtungen:

1. Der Schuldner hat eine angemessene Erwerbstätigkeit auszuüben oder, wenn er arbeitslos ist, sich um eine solche zu bemühen; er darf eine zumutbare Tätigkeit nicht ablehnen. Die Gesetzesbegründung legt dem Schuldner unter Berücksichtigung familiärer Verpflichtungen zum Beispiel die Pflicht auf, sich selbst aktiv um einen Arbeitsplatz zu bemühen; der Schuldner dürfe auch berufsfremde oder auswärtige Arbeiten nicht ablehnen (*BT-Drucks. 12/2443, S. 192*). Im Übrigen wird man an das Bemühen des Schuldners die Maßstäbe anzulegen haben, die für den Bezug bzw. den Entzug von Arbeitslosengeld gelten (vgl. § 121 SGB III).

Arbeitsunfähigkeit

Ist der Schuldner aus gesundheitlichen Gründen nicht in der Lage, eine Erwerbstätigkeit auszuüben, kann ihm das ebenso wenig zum Nachteil gereichen wie eine familiäre Situation, die ihm die Aufnahme einer Erwerbstätigkeit unmöglich macht. Auch einem Inhaftierten kann unter Hinweis auf die Tatsache, dass er keine Erwerbstätigkeit ausüben kann, die Restschuldbefreiung nicht versagt werden. Der Umstand, dass der verheiratete Schuldner für seinen Lohnsteuerabzug während des Verfahrens zur Restschuldbefreiung nicht die zu einem höheren Nettoeinkommen führende Steuerklasse III gewählt hat, rechtfertigt keine Versagung der Restschuldbefreiung wegen Verletzung der Erwerbsobliegenheit (AG Duisburg NZI 2002, 328).

Der Schuldner, der eine nicht auskömmliche selbstständige Tätigkeit ausübt, ist gehalten, sich nachweisbar um eine angemessene Erwerbstätigkeit zu bemühen, um den Verschuldensvorwurf zu entkräften. Nichts anderes gilt für den Schuldner, der anstelle einer angemessenen Vollzeittätigkeit lediglich eine Teilzeitbeschäftigung ausübt (*BGH*, Urteil vom 14. 1. 2010, Az. IX ZB 242/06; *BGH*, Urteil vom 1. 3. 2018, Az. IX ZB 32/17).

Erbschaft

2. Vermögen, das der Schuldner von Todes wegen oder mit Rücksicht auf ein künftiges Erbrecht erwirbt, hat er zur Hälfte an den Treuhänder herauszugeben, der es nach § 292 Abs. 1 InsO an die Gläubiger verteilt. Angefallene Erbschaften, Pflichtteile oder Vermächtnisse gebühren dem Schuldner danach zur Hälfte pfandfrei. Soweit der Schuldner nur Vorerbe ist, kann er nur das Vermögen herausgeben, über das er nach § 2113 BGB verfügen kann oder das nach § 2115 BGB dem Zugriff der Gläubiger im Insolvenzverfahren unterliegt. Im Falle einer Erbschaft ist der Schuldner verpflichtet, den Treuhänder unverzüglich von der Erbschaft zu informieren. Eine Information erst einen Monat nach Stellung des Erbscheinantrages genügt nicht und führt unter Umständen zu einer Versagung der Restschuldbefreiung.

Ausschlagung der Erbschaft

Das Recht zur Annahme oder Ausschlagung einer Erbschaft oder eines Vermächtnisses wird als höchstpersönliches Recht nicht berührt, vergleiche auch § 83 InsO. Nicht herausgeben muss der Schuldner aber sonstige Schenkungen Dritter oder etwaige Lotteriegewinne.

Wohnsitzwechsel

3. Der Schuldner muss jeden Wohnsitzwechsel oder Wechsel der Arbeitsstelle unverzüglich dem Insolvenzgericht und dem Treuhänder anzeigen (*BGH*, Urteil vom 8. 6. 2010, Az. IX ZB 153/09). Er darf Arbeitseinkommen oder eine angefallene Erbschaft nicht verheimlichen und hat auf Verlangen dem Gericht und dem Treuhänder jederzeit Auskunft zu geben über seine Erwerbstätigkeit und Vermögensverhältnisse sowie über seine Bemühungen um eine Erwerbstätigkeit. Die Restschuldbefreiung ist folglich wegen Verletzung der Obliegenheiten nach § 295 Abs. 1 Nr. 3 InsO zu versagen, wenn der Schuldner z. B. erst nach 10 Monaten ein neues Beschäftigungsverhältnis angibt. Eine psychiatrische Behandlung nach der Trennung von seiner Ehefrau vermag die Verletzung der Mitteilungspflicht nicht zu entschuldigen.

Angemessene Erwerbstätigkeit

Keine Sondervorteile

4. Der Schuldner darf Zahlungen nur an den Treuhänder erbringen und darf keinem Insolvenzgläubiger einen Sondervorteil verschaffen. Somit ist die Restschuldbefreiung z. B. wegen Gewährung von Sondervorteilen nach § 295 Abs. 1 Nr. 4 InsO zu versagen, wenn der Schuldner ohne Wissen des Treuhänders pfändbares Einkommen an die Staatsanwaltschaft zur Abwendung der Vollstreckung einer Ersatzfreiheitsstrafe gezahlt hat. Neben der objektiven Obliegenheitsverletzung setzt die Versagung der Restschuldbefreiung kumulativ voraus, dass damit die Befriedigung der Insolvenzgläubiger gefährdet wird (§ 296 Abs. 1 Satz 1 InsO). Demzufolge ist die Restschuldbefreiung dann nicht zu versagen, wenn die Zahlungen aus dem Teil der Einkünfte erbracht werden, die nicht an den Treuhänder abgetreten sind, also aus dem unpfändbaren Einkommensteil oder aus sonstigem Vermögen, wie etwa dem Teil einer Erbschaft, der nicht an den Treuhänder abzugeben ist.

Selbstständige Tätigkeit

Übt der Schuldner eine selbstständige Tätigkeit als Gewerbetreibender oder Freiberufler aus, hat er die Zahlungen an den Treuhänder so zu erbringen, wie es einem angemessenen Arbeitsverhältnis entspräche (§ 295 Abs. 2 InsO; *BGH*, Urteil vom 15. 10. 2009, Az. IX 234/08). Diese Regelung ist in der Praxis insoweit problematisch, als schwer feststellbar ist, welche Einkünfte der Schuldner erzielen könnte, wenn er anstelle seiner selbstständigen Tätigkeit ein angemessenes Dienstverhältnis eingegangen wäre. Im Fall des § 295 Abs. 2 InsO genügt der Gläubiger seiner Pflicht zur Glaubhaftmachung einer Beeinträchtigung der Befriedigung der Insolvenzgläubiger bereits dann, wenn er darlegt, dass der Schuldner an den Treuhänder nicht den Betrag abgeführt hat, den er bei Ausübung einer vergleichbaren abhängigen Tätigkeit hätte abführen müssen (*BGH*, Urteil vom 4. 2. 2016, Az. IX ZB 13/15).

Begründung neuer Verbindlichkeiten

Der Schuldner ist indes nicht gehindert, während der Wohlverhaltensphase neue Verbindlichkeiten einzugehen. Allerdings dürfte insoweit oftmals der Verdacht des Betrugs gegeben sein, wenn der Schuldner gegenüber seinem Vertragspartner den Anschein erweckt, die eingegangene Verbindlichkeit ohne Weiteres erfüllen zu können.

7.9.7 Rechtsstellung der Gläubiger

Vollstreckungsverbot

Die Insolvenzgläubiger unterliegen für die Dauer der Wohlverhaltensphase einem Vollstreckungsverbot gegen den Schuldner (§ 294 Abs. 1 InsO). Sie dürfen weder in das Arbeitseinkommen noch in sonstiges Vermögen des Schuldners die Zwangsvollstreckung betreiben. Insoweit ist das Nachforderungsrecht der Insolvenzgläubiger aus § 201 InsO eingeschränkt. Dies gilt auch für Unterhalts- oder Deliktsgläubiger, soweit diese Insolvenzgläubiger sind, ihre Ansprüche also zum Zeitpunkt der Eröffnung des Insolvenzverfahrens bereits bestanden. Das Vollstreckungsverbot während der Laufzeit der Abtretungserklärung gilt auch für Insolvenzgläubiger, die am Insolvenzverfahren nicht teilgenommen haben und die der Schuldner nicht in das Vermögensverzeichnis aufgenommen hat (*BGH*, Urteil vom 13. 7. 2006, Az. IX ZB 288/03).

Neugläubiger

Gläubiger, die ihre Forderung gegen den Schuldner nach Verfahrenseröffnung erworben haben, also sogenannte Neugläubiger, sind von dem Vollstreckungsverbot nicht betroffen. Sie können uneingeschränkt vollstrecken. Allerdings dürfte in diesem Verfahrensstadium kein pfändbares Vermögen mehr vorhanden sein, da dieses innerhalb des Insolvenzverfahrens durch den Verwalter bzw. den Treuhänder verwertet werden musste. Hinsichtlich des Arbeitseinkommens steht einer Vollstreckung die Tatsache entgegen, dass der pfändbare Einkommensteil an den Treuhänder abgetreten und damit einem Zugriff der Gläubiger entzogen ist. In Betracht kommen kann lediglich die Pfändung des Arbeitseinkommens seitens eines Unterhaltsgläubigers wegen Unterhaltsansprüchen, die nach Eröffnung des Insolvenzverfahrens angefallen, nicht älter als ein Jahr sind und für welche das Arbeitseinkommen in erweitertem Umfang nach § 850d ZPO der Pfändung unterliegt, sowie für Deliktsgläubiger, denen gemäß § 850f Abs. 2 ZPO ein erweitertes Zugriffsbereich offen steht.

Massegläubiger

Eine Zwangsvollstreckung durch Massegläubiger ist zwar grundsätzlich zulässig, kann jedoch nur in die Vermögenswerte betrieben werden, die ursprünglich zur Masse gehörten und nach Beendigung des Verfahrens dem Schuldner überlassen wurden. Dies ergibt sich aus der Tatsache, dass der Verwalter nur die Masse und nicht den Schuldner verpflichten kann (*BGH* NJW 1955, NJW 339).

7.9.8 Rechtsstellung des Drittschuldners

Arbeitgeber

Der Arbeitgeber bzw. der Leistungsträger von Lohnersatzleistungen des Schuldners hat die pfändbaren Einkommensteile aufgrund der erklärten Abtretung an den Treuhänder abzuführen. Die Höhe des abzuführenden Betrags bestimmt sich nach § 850c

ZPO, soweit nicht das Insolvenzgericht anderweitige Anordnungen getroffen hat. Steuerrückerstattungsansprüche sind von der Abtretung des Arbeitseinkommens nicht umfasst (*AG Göttingen* ZVI 2004, 198).

7.10 Entscheidung nach Ablauf der Wohlverhaltensphase

7.10.1 Allgemeines

Anhörung der Insolvenzgläubiger

Nach dem Ende der Laufzeit der Abtretungserklärung, das heißt spätestens nach sechs Jahren, entscheidet das Insolvenzgericht nach Anhörung aller Beteiligten über die Erteilung der Restschuldbefreiung (§ 300 Abs. 1 Satz 1 InsO); sie ist nur dann zu verweigern, wenn ein Insolvenzgläubiger oder, im Falle des § 298 InsO, der Treuhänder dies beantragt und ein Versagungsgrund nach §§ 290 Abs. 1, 296 Abs. 1 oder Abs. 2 Satz 3, §§ 297, 297a oder 298 InsO vorliegt (§ 300 Abs. 3 InsO). Zur Anhörung der Insolvenzgläubiger kann eine Gläubigerversammlung einberufen werden; die Anhörung kann aber auch im Schriftweg erfolgen. Wird der Schriftweg gewählt, hat das Insolvenzgericht den Gläubigern eine ausreichende Frist zu setzen, innerhalb derer Anträge auf Versagung der Restschuldbefreiung gestellt werden können.

7.10.2 Versagung der Restschuldbefreiung

Versagungsantrag

Die Versagung der Restschuldbefreiung nach Ablauf der Wohlverhaltensperiode setzt den hierauf gerichteten Antrag eines Insolvenzgläubigers oder, im Falle des § 298 InsO, des Treuhänders voraus.

Versagungsgründe

Der Antrag auf Versagung der Restschuldbefreiung kann auf die schuldhafte Verletzung der dem Schuldner auferlegten Obliegenheiten und der damit verursachten Beeinträchtigung der Gläubigerbefriedigung gestützt werden. Beides muss der Gläubiger glaubhaft machen (§ 300 Abs. 3 i. V. m. § 296 Abs. 1 Satz 3 InsO). Der Versagungsantrag kann auch auf § 297 InsO gestützt werden (§ 300 Abs. 3 i. V. m. § 297 InsO). Danach ist dem Schuldner die Restschuldbefreiung auf Antrag eines Insolvenzgläubigers zu versagen, wenn der Schuldner in dem Zeitraum zwischen Schlusstermin und Aufhebung des Insolvenzverfahrens oder in dem Zeitraum zwischen Beendigung des Insolvenzverfahrens und dem Ende der Abretungsfrist wegen einer Straftat nach den §§ 283 bis 283c StGB rechtskräftig zu einer Geldstrafe von mehr als 90 Tagessätzen oder einer Freiheitsstrafe von mehr als drei Monaten verurteilt wird. Der Treuhänder kann seinen Antrag auf Versagung der Restschuldbefreiung darauf stützen, dass seine Mindestvergütung durch die erzielten Einnahmen nicht gedeckt ist (§ 300 Abs. 3 i. V. m. § 298 InsO). Diese Möglichkeit entfällt, soweit dem Schuldner gemäß § 4a InsO die Verfahrenskosten gestundet sind bzw. werden.

Anhörung des Schuldners

Das Insolvenzgericht hat den Schuldner zu einem gestellten Versagungsantrag anzuhören und ihn ggf. aufzufordern, die Richtigkeit seiner Angaben an Eides statt zu versichern. Kommt der Schuldner dieser Aufforderung nicht nach oder nimmt er einen entsprechenden Termin unentschuldigt nicht wahr, ist ihm bereits deshalb die Restschuldbefreiung zu versagen (§ 296 Abs. 2 Satz 3 InsO; *BGH*, Urteil vom 4. 2. 2016, Az. IX EB 13/15).

Antragsfrist

Der Antrag auf Versagung der Restschuldbefreiung kann nur binnen eines Jahres nach dem Zeitpunkt gestellt werden, in dem die Obliegenheitsverletzung oder die rechtskräftige Verurteilung dem Gläubiger bekannt geworden ist. Dabei ist zu beachten, dass mit dem Ende der Wohlverhaltensperiode kein neuer Fristbeginn ausgelöst wird. Im Fall des § 297a InsO beträgt die Frist sechs Monate (§ 297a Abs. 1 Satz 2 InsO).

7.10.3 Erteilung der Restschuldbefreiung

Voraussetzungen Wurde kein Antrag auf Versagung der Restschuldbefreiung gestellt oder ist ein gestellter Antrag unzulässig oder unbegründet, ist dem Schuldner die Restschuldbefreiung zu erteilen. Der Beschluss ist öffentlich bekannt zu machen und dem Schuldner sowie den Gläubigern zuzustellen, die die Versagung der Restschuldbefreiung beantragt haben.

Wirkungen Die Restschuldbefreiung wirkt gegen alle Insolvenzgläubiger nach § 38 InsO, auch wenn sie ihre Forderungen im Insolvenzverfahren verspätet oder nicht angemeldet haben (§ 301 Abs. 1 InsO). Die Forderungen der Gläubiger werden zu unvollkommenen Verbindlichkeiten (*BT-Drucks. 12/2443, S. 194*). Der Schuldner kann die Forderungen weiterhin erfüllen, der jeweilige Gläubiger kann sie aber nicht mehr fordern; gegen eine Zwangsvollstreckung steht dem Schuldner die Vollstreckungsgegenklage nach § 767 ZPO zu. Geleistete Zahlungen kann der Schuldner nicht zurückfordern.

Bürgschaft Pfandrechte und Sicherungsrechte der Gläubiger wie auch die Schuld eines Bürgen bleiben von einer erteilten Restschuldbefreiung unberührt (§ 301 Abs. 2 InsO). Der Gläubiger kann auf diese Rechte ungehindert Zugriff nehmen. Der Schuldner wird durch die Restschuldbefreiung aber gegenüber dem Bürgen oder einem anderen Rückgriffsberechtigten befreit (§ 301 Abs. 2 Satz 2 InsO). Der Bürge kann damit seinen Anspruch nach § 774 Abs. 1 Satz 1 BGB nicht mehr geltend machen. Die Rechtsfolge des § 301 Abs. 2 InsO entspricht der Regelung im Insolvenzplanverfahren nach § 254 Abs. 2 InsO.

Fortbestehende Forderungen Nach § 302 InsO werden von der Restschuldbefreiung nicht betroffen:

- Ansprüche gegen den Schuldner aus vorsätzlich begangenen unerlaubten Handlungen aus Verbindlichkeiten des Schuldners aus rückständigem gesetzlichen Unterhalt, den der Schuldner vorsätzlich pflichtwidrig nicht gewährt hat, sowie aus einem Steuerschuldverhältnis, sofern der Schuldner im Zusammenhang damit wegen einer Steuerstraftat nach den §§ 370, 373 oder 374 AO rechtskräftig verurteilt worden ist. Eine derartige Forderung wird aber nur dann nicht von der Restschuldbefreiung betroffen, wenn sie der Gläubiger als privilegierte Forderung nach § 174 Abs. 2 InsO angemeldet hat. Der Gläubiger muss demnach bei der Anmeldung der Forderung diejenigen Tatsachen angegeben haben, aus denen sich seiner Meinung nach der jeweilige Anspruch sowie dessen Privilegierung ergeben. Versäumt der Gläubiger diese Anmeldung, wird sein Anspruch von einer Restschuldbefreiung auch dann betroffen, wenn die Voraussetzungen für eine Freistellung von den Wirkungen einer Restschuldbefreiung tatsächlich vorliegen. Mit dieser Regelung soll der Schuldner frühzeitig mit der Tatsache konfrontiert werden, dass er auch nach einer erteilten Restschuldbefreiung verpflichtet bleibt, die genannten Verbindlichkeiten zu erfüllen.
- Geldstrafen, Ordnungsgelder und Geldbußen, die nach § 39 Abs. 1 Nr. 3 InsO nachrangige Verbindlichkeiten sind; hier steht der persönliche Charakter der Forderung im Vordergrund, sie soll nicht durch Restschuldbefreiung zur Naturalobligation werden, sondern in jedem Fall vom Schuldner zu erfüllen sein.
- Verbindlichkeiten aus zinslosen Darlehen, die dem Schuldner zur Begleichung der Kosten des Insolvenzverfahrens gewährt wurden. Solche Darlehen, die von Verwandten des Schuldners oder von karitativen Einrichtungen mitunter gewährt werden, sollen trotz erteilter Restschuldbefreiung durch den Schuldner getilgt werden. Angesichts der Möglichkeit der Kostenstundung dürfte die Gewährung eines Darlehens zur Bestreitung der Verfahrenskosten jedoch kaum von praktischer Relevanz sein.

Die Möglichkeit der Aufrechnung wird durch die Restschuldbefreiung dann nicht beeinträchtigt, wenn die Aufrechnungslage bereits zum Zeitpunkt der Verfahrenseröffnung bestand (§ 94 InsO). Nach Erteilung der Restschuldbefreiung kann dagegen mit einer Insolvenzforderung, die von der Restschuldbefreiung betroffen wird, nicht mehr gegen Forderungen aufgerechnet werden, die erst nach Eröffnung des Insolvenzverfahrens zugunsten des Schuldners begründet werden. *Aufrechnung*

Weiterhin bleiben auch diejenigen Ansprüche von einer Restschuldbefreiung unberührt, die nach Eröffnung des Insolvenzverfahrens entstanden sind, da es sich nicht um Insolvenzforderungen handelt. Solche sogenannten Neuforderungen muss der Schuldner ohne Einschränkung erfüllen. Eine Restschuldbefreiung gegenüber diesen Verbindlichkeiten kommt erst nach Ablauf von zehn Jahren wieder in Betracht. *Neuverbindlichkeiten*

7.11 Widerruf der Restschuldbefreiung

Die erteilte Restschuldbefreiung kann gemäß § 303 Abs. 1 InsO auf Antrag eines Insolvenzgläubigers durch das Insolvenzgericht widerrufen werden, wenn sich

1. nachträglich herausstellt, dass der Schuldner eine seiner Obliegenheiten verletzt und dadurch die Befriedigung der Insolvenzgläubiger erheblich beeinträchtigt hat,

2. nachträglich herausstellt, dass der Schuldner während der Abtretungsfrist nach Maßgabe von § 297 Abs. 1 verurteilt worden ist, oder wenn der Schuldner erst nach Erteilung der Restschuldbefreiung wegen einer bis zum Ende der Abtretungsfrist begangenen Straftat nach Maßgabe von § 297 Abs. 1 InsO verurteilt wird oder

3. der Schuldner nach Erteilung der Restschuldbefreiung Auskunfts- und Mitwirkungspflichten vorsätzlich oder grob fahrlässig verletzt hat, die ihm nach diesem Gesetz während des Insolvenzverfahrens obliegen.

Der Widerruf erfolgt nur auf Antrag eines Insolvenzgläubigers. Das Antragsrecht hängt nicht davon ab, dass der Gläubiger in dem Schlussverzeichnis genannt ist, da auch ein dort nicht aufgeführter Insolvenzgläubiger von der Restschuldbefreiung betroffen ist. Der Antrag ist nur innerhalb eines Jahres nach Rechtskraft des Beschlusses über die Restschuldbefreiung zulässig (§ 303 Abs. 2 InsO). Der Gläubiger muss alle Voraussetzungen für den Widerruf einschließlich des Vorsatzes des Schuldners und der Tatsache glaubhaft machen, dass er, der Gläubiger, von den Pflichtverletzungen bis zur Rechtskraft der Entscheidung keine Kenntnis hatte.

Bearbeitet von: Horst Böhm

Inhalt

1. Beratung, Aufsicht und Kontrolle der Betreuer

1.1 Beratung der Betreuer

Der Betreuer kann eine Beratung durch das Betreuungsgericht, die Betreuungsbehörde oder den Betreuungsverein in Anspruch nehmen. **Beratungsanspruch**

Die Beratungspflicht aller Betreuer durch das Betreuungsgericht (§ 1908i Abs. 1 Satz 1, § 1837 Abs. 1 BGB) und zusätzlich aller Bevollmächtigten durch die Betreuungsbehörde (§ 4 BtBG) ist unmittelbar gesetzlich geregelt. Der Betreuungsverein muss die Beratung und Unterstützung ehrenamtlicher Betreuer sowie Bevollmächtigter im Rahmen der Anerkennungsvoraussetzungen gemäß § 1908f Abs. 1 Nr. 2 BGB gewährleisten.

Betreuern und Bevollmächtigten bleibt es überlassen, bei welcher Institution sie um Rat und Hilfe nachsuchen. Die Beratungsangebote stehen jedenfalls nicht konkurrierend zueinander.

Das Beratungsverständnis

Betreuungsgericht, Betreuungsbehörde und Betreuungsverein werden nur auf Wunsch des Betreuers als Berater tätig. Die professionellen Berater der Institutionen sollen nicht als überlegene Sachkenner auftreten, sondern als partnerschaftliche Helfer des Betreuers. Dieses Grundverständnis resultiert aus der Tatsache, dass es sich bei einer Beratung nicht um einen einseitigen Kommunikationsprozess handelt. Die Berater sind grundsätzlich für sachgemäße Auskünfte verantwortlich, nicht aber für die Entscheidung des Betreuers, die dieser nach dem Beratungsgespräch trifft.

Die Verantwortlichkeit des Betreuers für seine Entscheidung bedingt allerdings eine Verbindlichkeit der Beratung durch die Institutionen. Erforderlich ist eine klare Sachverhaltsaufklärung hinsichtlich des Beratungsgegenstands, das Aufzeigen der Folgen eines möglichen Tuns oder Unterlassens, orientiert am Wohl, Willen und Wunsch des Betreuten.

Da Beratungsprozesse sowohl Rechts- als auch Lebensberatung (aus der Sicht des Betreuers für den Betreuten) umfassen können, muss auch eine interdisziplinäre Zusammenarbeit von Beratern in Erwägung gezogen werden. Ein sach- und zweckgerichteter Beratungsprozess ist abhängig vom Gegenstand der Beratung und nicht unbedingt schon mit einer Weitervermittlung an eine sonstige Beratungsinstitution abgeschlossen.

Die Beratung des Betreuungsgerichts, der Betreuungsbehörde oder des Betreuungsvereins richtet sich nur an den Betreuer, nicht an den Betreuten. Grundlage dafür ist das Prinzip der Selbstständigkeit des Betreuers. Ob der Betreute in einen Beratungsprozess einbezogen werden soll, liegt in der Entscheidung des Betreuers. Ausgehend von seiner Besprechungspflicht mit dem Betreuten in wichtigen Angelegenheiten § 1901 Abs. 3 Satz 3 BGB kann dies im Einzelfall durchaus sinnvoll und sachgerecht sein.

Kompetenz der Berater, Beratungsschwerpunkte

Die notwendige Kompetenz zur Beratung der Betreuer ist bei allen Institutionen vorhanden. § 9 BtBG stellt klar, dass bei der Betreuungsbehörde Personen tätig sein müssen, „die sich hierfür nach ihrer Persönlichkeit eignen und die in der Regel entweder eine ihren Aufgaben entsprechende Ausbildung erhalten haben (Fachkräfte) oder über vergleichbare Erfahrungen verfügen". Für die Betreuungsvereine verlangt § 1908f Abs. 1 Nr. 1 BGB, dass eine „ausreichende Zahl geeigneter Mitarbeiter" beschäftigt wird, die auch zu beaufsichtigen und weiterzubilden sind.

Allerdings ergeben sich nach den Aufgabenschwerpunkten des Betreuungsgerichts, der Betreuungsbehörde und des Betreuungsvereins auch Beratungsschwerpunkte, an denen sich der Betreuer bei der Auswahl seines Beraters orientieren kann.

1.1.1 Beratung durch das Betreuungsgericht

Das Betreuungsgericht ist verpflichtet, alle Betreuer zu beraten, § 1908i Abs. 1 Satz 1 i. V. m. § 1837 Abs. 1 Satz 1 BGB; funktionell zuständig ist der Rechtspfleger. Es handelt sich um ein subjektiv-öffentliches Recht des Betreuers; er hat darauf einen Anspruch. Dieser Beratungsanspruch darf aber nicht überdehnt werden; er beschränkt sich im Allgemeinen auf Grundfragen der Amtsführung und wichtige Entscheidungen im Verfahren. Er wird bei allen mit Genehmigungsvorbehalt versehenen Angelegenheiten sowie bei schwierigen privatrechtlichen Fragen in Erwägung gezogen werden.

Für Konflikte zwischen Betreuer und Betreuten sieht das Gesetz an sich keine Aufgabe des Betreuungsgerichts vor, allerdings kann auf die Bereinigung solcher Auseinandersetzungen hingewirkt werden.

Verpflichtung des Betreuers

Gemäß § 1837 Abs. 1 Satz 2 BGB wirkt das Betreuungsgericht mit, Betreuer in ihr Amt einzuführen. Hierbei spielt die mündliche Verpflichtung des Betreuers durch den Rechtspfleger nach § 289 Abs. 1 FamFG eine besondere Rolle. Allerdings entfällt die mündliche Verpflichtung bei Vereins- und Behördenbetreuern, Vereinen, Betreuungsbehörden und Personen, die die Betreuung im Rahmen ihrer Berufsausübung führen, sowie ehrenamtlichen Betreuern, die mehr als eine Betreuung führen oder in den letzten zwei Jahren geführt haben, § 289 Abs. 1 Satz 2 FamFG.

Einführungsgespräch

Eine nicht zu unterschätzende Bedeutung kann auch das Einführungsgespräch nach § 289 Abs. 2 FamFG haben. Nach den Erwartungen des Gesetzgebers *(BT-Drucks. 11/4528, S. 176)* soll durch dieses Gespräch die Basis für eine vertrauensvolle Zusammenarbeit der Beteiligten untereinander und mit dem Gericht hergestellt werden. Die nach der Betreuerbestellung veränderte rechtliche Situation wird vom Gericht mit den Beteiligten besprochen. Das Gericht führt mit dem Betreuer und dem Betroffenen das Einführungsgespräch, wenn ein geeigneter Fall vorliegt. Geeignet ist ein solches Gespräch, wenn der Betroffene in der Lage ist, dem Gespräch zu folgen. Eine Teilnahmepflicht besteht für ihn nicht, wohl aber für den Betreuer. Das Gericht bietet das Einführungsgespräch von Amts wegen an; eine Anregung durch den Betreuten oder Betreuer ist möglich.

1.1.2 Beratung durch die Betreuungsbehörde (Betreuungsstelle)

Allgemeine Beratung

Mit dem „Gesetz zur Stärkung der Funktionen der Betreuungsbehörde“ wurden die Informations- und Beratungspflichten verstärkt und erweitert. Generell muss die Behörde auch über allgemeine betreuungsrechtliche Fragen, Vorsorgevollmachten und andere Hilfen beraten und informieren, § 4 Abs. 1 BtBG.

Beratung bei Betreuungsbedarf

Zeichnet sich ein Betreuungsbedarf ab, soll der betroffenen Person ein Beratungsangebot unterbreitet werden. Über die reine Beratung hinaus sind auch konkrete andere Hilfen, bei denen kein Betreuer bestellt wird, zu vermitteln, § 4 Abs. 2 Satz 2 BtBG.

Beratung und Unterstützung der Betreuer und Bevollmächtigten

Die Betreuungsbehörde ist neben der Beratung auch zur Unterstützung der Betreuer und (Vorsorge-)Bevollmächtigten verpflichtet. Im Einzelfall berät sie den Betreuer und Bevollmächtigten nicht nur im Sinne der „Hilfe zur Selbsthilfe“, sondern sie muss auch problemlösend unterstützen, soweit der Betreuer bzw. Bevollmächtigte nach seiner Entscheidungsfindung mit der Erledigung einer Angelegenheit überfordert ist, § 4 Abs. 3 BtBG.

Die Unterstützung kann z. B. in der Abfassung von Schriftstücken, dem Ausfüllen von Anträgen, der Vermittlung von ambulanten sozialpflegerischen Diensten und in der Vermittlung eines Heimplatzes bestehen. Diesen umfassenden Auftrag werden die Betreuungsbehörden wegen der nicht selten mangelnden personellen Ausstattung nicht immer zeitgerecht erfüllen können. Eine vorherige telefonische Terminvereinbarung mit dem Berater der Betreuungsbehörde ist schon deshalb dringend zu empfehlen. In der Praxis zeichnet sich bei den Betreuungsbehörden ein Beratungsschwerpunkt bei der Vermittlung „anderer Hilfen“, zum Sozialrecht, zu allgemeinen Fragen des Betreuungsrechts und zu Fragen des Umgangs mit dem Betreuten ab. Die Betreuungsbehörde berät und unterstützt zudem die Berufs- und Vereinsbetreuer bei der Erstellung des nach § 1901 Abs. 4 Satz 2 BGB geforderten Betreuungsplans, § 4 Abs. 3 BtBG.

1.1.3 Beratung durch den Betreuungsverein

Die Betreuungsvereine sollen gemäß § 1908f Abs. 1 Nr. 2 BGB (n. F.) die ehrenamtlichen Betreuer in ihre Aufgaben einführen, fortbilden und sie wie auch die Bevollmächtigten beraten und unterstützen. Regional haben sich sehr unterschiedliche Beratungskonzepte entwickelt, die inhaltlich in Faltblättern dargelegt sind. Ehrenamtliche Betreuer sollten sich das Informationsmaterial über die örtlichen Betreuungsvereine von der Betreuungsbehörde oder dem Betreuungsgericht aushändigen lassen bzw. sich selbst an den Betreuungsverein wenden. Häufig kann auch eine Recherche im Internet die Existenz der Vereine und deren Angebote ermitteln.

In der Regel werden von einem Betreuungsverein, neben der Beratung in rechtlichen, medizinischen, psychologischen und organisatorischen Fragen, Gesprächskreise angeboten, die einen Erfahrungsaustausch der Betreuer untereinander und somit Kontakte fördern.

1.2 Aufsicht durch das Betreuungsgericht

Das Betreuungsgericht hat die Aufgabe, über die Tätigkeit des Betreuers die Aufsicht zu führen und gegen Pflichtwidrigkeiten durch geeignete Gebote und Verbote einzuschreiten.

1.2.1 Aufsichtsführung

Kontrollfunktion

Mit der Aufsichtsführung ist eine gewisse Kontrollfunktion gegenüber dem Betreuer durch das Betreuungsgericht verbunden. Zunächst erfordert die bereits angesprochene Beratungspflicht als vorrangiges Ziel eine individuelle Praxisanleitung für den Betreuer, um Fehler und somit notwendige Aufsichtsmaßnahmen zu vermeiden.

Die Aufsicht durch das Betreuungsgericht umfasst die gesamte Tätigkeit des Betreuers, § 1908i Abs. 1 Satz 1, § 1837 Abs. 2 Satz 1 BGB. Neben dieser generellen Bestimmung dient eine Anzahl von weiteren Vorschriften der Aufsichtsführung, so z. B.:

- Vorlage des Vermögensverzeichnisses, § 1908i Abs. 1 Satz 1 i. V. m. § 1802 BGB
- jährlicher Bericht und Rechnungslegung, § 1908i Abs. 1 Satz 1 i. V. m. § 1840 BGB
- Einholung von Genehmigungen durch den Betreuer
  - über Vermögensanlagen, § 1908i Abs. 1 Satz 1 i. V. m. §§ 1810, 1811 BGB
  - zu Rechtsgeschäften, §§ 1907, 1908, 1908i Abs. 1 Satz 1 i. V. m. §§ 1821, 1822 BGB
  - nach §§ 1904, 1905, 1906 und 1906a BGB

Der jährliche Bericht des Betreuers hat auch Angaben zu den persönlichen Kontakten des Betreuers zum Betreuten zu enthalten, §§ 1908i Abs. 1 Satz 1, 1840 Abs. 1 Satz 2 BGB. Aus dem Bericht hat sich die Anzahl der Kontakte, deren Dauer, Art und Weise, sowie Ort und Zeitpunkt zu ergeben (*Hoffmann*, FamRZ 2011, 1187).

Auskunftspflicht

Zur Gewährleistung einer effektiven Aufsicht besteht eine Auskunftspflicht des Betreuers gegenüber dem Betreuungsgericht, und zwar jederzeit auf dessen Verlangen. Die Auskunftspflicht erstreckt sich auf die Führung der Betreuung und die persönlichen Verhältnisse des Betreuten, dem Grunde nach also auf alle Angelegenheiten, mit denen der Betreuer in seinem Aufgabenkreis mit der Betreuung befasst wird, § 1908i Abs. 1 Satz 1 i. V. m. § 1839 BGB.

Gegenbetreuer überwacht

Ein vorhandener Gegenbetreuer (§ 1908i Abs. 1 Satz 1 i. V. m. § 1792 BGB) hat dem Betreuungsgericht Pflichtwidrigkeiten des Betreuers mitzuteilen, § 1908i Abs. 1 i. V. m. § 1799 Abs. 1 Satz 2 BGB. Die Betreuungsbehörde kann nach § 7 BtBG dem Gericht Mitteilung machen, wenn ein Betreuer Pflichtwidrigkeiten begeht und der Betreute dadurch Schaden erleiden könnte. Auch diese Mitteilungen dienen der Aufsichtsführung durch das Betreuungsgericht.

Häufig werden (vermeintliche) Pflichtwidrigkeiten dem Betreuungsgericht durch Angehörige des Betreuten angezeigt. Hier ist in jedem Fall zunächst zu prüfen, ob Anhaltspunkte für ein Fehlverhalten vorliegen, bevor Maßnahmen ergriffen werden.

1.2.2 Aufsichtsmaßnahmen des Gerichts

Pflichtwidrigkeiten

Das Betreuungsgericht schreitet gegen Pflichtwidrigkeiten des Betreuers durch geeignete Gebote und Verbote ein, §§ 1908i Abs. 1 Satz 1, 1837 Abs. 2 Satz 1 BGB. Es kann den Betreuer durch Zwangsgeld zur Befolgung seiner Anordnungen anhalten, §§ 1908i Abs. 1 Satz 1, 1837 Abs. 3 Satz 1 BGB i. V. m. § 35 Abs. 1 bis 3 FamFG.

Ein gerichtliches Gebot oder Verbot schafft für den Betreuer eine Verpflichtung; missachtet er die Anordnung, begeht er eine Pflichtwidrigkeit im Sinne von §§ 1908i Abs. 1 Satz 1, 1837 Abs. 2 Satz 1 BGB.

Voraussetzung für ein Einschreiten ist eine objektive Pflichtwidrigkeit, z. B. ein Gesetzesverstoß; keinesfalls darf eine Meinungsverschiedenheit über Zweckmäßigkeitsfragen, die in der Individualität der Betreuungsführung bzw. in der Lebensanschauung begründet ist, zu einem Einschreiten führen. Das selbstständige Handeln des Betreuers darf grundsätzlich nicht angetastet werden.

Wird der Betreuer z. B. mehrfach zur Vorlage der Jahresabrechnung aufgefordert, ohne dass er hierauf reagiert, kann Zwangsgeld gegen ihn festgesetzt werden (*LG Paderborn*, Urteil vom 8. 4. 2013, Az. 5 T 124/13).

Weisungen und Gebote

Das Betreuungsgericht ist in der Erteilung von Weisungen, die ein Gebot oder ein Verbot enthalten, auf die Fälle pflichtwidrigen Verhaltens des Betreuers beschränkt. Für den Fall einer präventiven Weisung ist eine solche nur berechtigt, wenn die auf Tatsachen begründete Besorgnis besteht, der Betreuer werde pflichtwidrig handeln (*OLG Karlsruhe* Rpfleger 2005, 535).

Das Betreuungsgericht hat insbesondere die Einhaltung der erforderlichen persönlichen Kontakte des Betreuers zum Betreuten zu beaufsichtigen (§§ 1908i Abs. 1 Satz 1, 1837 Abs. 2 Satz 2 BGB). Sollten diese Vorschriften nicht eingehalten werden, kann das Gericht durch entsprechende Gebote (Anweisungen) an den Betreuer herantreten (§§ 1908i Abs. 1 Satz 1, 1837 Abs. 2 Satz 1 BGB).

Unzulässigkeit eines Verbots der Heimverlegung

Ein betreuungsgerichtliches Verbot an Betreuer, Betroffene ohne gerichtliche Zustimmung in ein anderes Heim zu verlegen, ist regelmäßig unzulässig. Die Aufenthaltsbestimmung ist zunächst ausschließliche Aufgabe des Betreuers. Führt ein Aufenthaltswechsel zu einer Gefährdung des Wohls des Betreuten, muss ggf. an eine (teilweise) Entlassung des bisherigen Betreuers und die Bestellung eines neuen Betreuers gedacht werden. Diese Vorgehensweise kann nicht dadurch umgangen werden, dass dem Betreuer die eigenverantwortliche Ausübung des Aufenthaltsbestimmungsrechts untersagt und seine diesbezüglichen Maßnahmen der Entscheidung des Gerichts unterstellt werden (*OLG München* FamRZ 2010, 493).

1.3 Entlassung des Betreuers

1.3.1 Mangelnde Eignung und andere wichtige Gründe (§ 1908b Abs. 1 BGB)

Wichtiger Grund für die Entlassung

Das Betreuungsgericht muss als Ausfluss seiner Aufsichts- und Fürsorgepflicht den Betreuer entlassen, wenn ein wichtiger Grund für die Entlassung vorliegt. Das Gesetz benennt als wichtige Gründe:

- die Eignung des Betreuers, die Angelegenheiten des Betreuten zu besorgen, ist nicht mehr gewährleistet (§ 1908b Abs. 1 Satz 1 BGB) oder
- der Betreuer erstellt eine erforderliche Abrechnung vorsätzlich falsch (§ 1908b Abs. 1 Satz 2 BGB) oder
- der Betreuer hat den erforderlichen persönlichen Kontakt zum Betreuten nicht eingehalten (§ 1908b Abs. 1 Satz 2 BGB) oder
- ein anderer wichtiger Grund liegt vor (§ 1908b Abs. 1 Satz 1 BGB).

Ein wichtiger Grund kann auch in der Person sowie in den Verhältnissen des Betreuten liegen. Beispielhaft können die Voraussetzungen für eine Entlassung des Betreuers gegeben sein, wenn

- er eine Vermögensverwaltung infolge mangelnder Sachkenntnis nur unzulänglich und unter Gefährdung der Interessen des Betreuten bewältigen kann,
- er ein unzureichendes Engagement zeigt und dadurch die Interessen des Betreuten beeinträchtigt,
- er wiederholt und über einen längeren Zeitraum gegen seine Berichtspflichten verstößt,
- er wegen eines Ortswechsels infolge der räumlichen Entfernung nicht mehr die erforderliche persönliche Betreuung gewährleisten kann,
- zwischen dem Betreuer und dem Betreuten das notwendige Vertrauensverhältnis irreparabel gestört ist.

Die Tatsache, dass der Betreuer wegen einer Straftat rechtskräftig verurteilt wurde, muss nicht zwingend zu einer Entlassung führen. Aus der begangenen und abgeurteilten Tat muss sich die begründete Erkenntnis ergeben, dass ein schädigendes Verhalten gegenüber dem Betreuten möglich sein kann. Wurde der Betreuer wegen (mehrfacher) Unterschlagung verurteilt, muss sorgfältig geprüft werden, ob er weiterhin eine (nicht unerhebliche) Vermögensverwaltung für den Betreuer ausüben soll. Ein Betreuer darf nicht entlassen werden, wenn dem Betreuten vonseiten des Betreuers lediglich abstrakte Gefahren drohen; vielmehr müssen sich konkrete Gefahren für das Wohl des Betreuten (§ 1897 Abs. 4 Satz 1 BGB) feststellen lassen. So reicht nach *OLG Naumburg* (BtPrax 2007, 265) es nicht aus, wenn der Betreuer nach § 184 StGB wegen Verbreitung pornographischer Schriften an Jugendliche verurteilt wurde, da ein Schaden für den Betreuten nicht erwartet werden kann.

Zu wenige persönliche Kontakte

Ein wichtiger Grund für die Entlassung eines Betreuers gemäß § 1908b Abs. 1 BGB liegt in der Regel vor, wenn der Betreuer im Einzelfall die erforderlichen Kontakte zu seinem Betreuten nicht einhält. Ein erstmaliger Verstoß wird aber in der Regel nur zu einem Hinweis (§ 1837 Abs. 2 Satz 1 BGB) führen. Ergänzend stärken die §§ 1908i Abs. 1 Satz 1, 1840 Abs. 1 Satz 2 BGB die gerichtliche Kontrolle, da der Betreuer im Bericht auch Angaben zu den persönlichen Kontakten machen muss.

Die Entlassung eines Betreuers, dem die Vermögenssorge obliegt, kann aber darauf gestützt werden, dass er nicht in der Lage ist, die Differenz von mehreren tausend

Euro zwischen nachgewiesenen Fahrtkosten und tatsächlich dem Vermögen des Betreuten entnommenen Beträgen nachvollziehbar zu erläutern (*OLG München* Rpfleger 2005, 533).

Wichtiger Entlassungsgrund

Ein wichtiger Grund für die Entlassung eines Betreuers kann darin liegen, dass dieser trotz mehrerer Aufforderungen sowie einer Fristsetzung mit Entlassungsandrohung seiner Berichts- und Rechnungslegungspflicht nicht nachgekommen ist. Das gilt jedenfalls dann, wenn das Betreuungsgericht infolge des Verhaltens des Betreuers seine Aufsichts- und Kontrollfunktion nicht mehr sachgerecht wahrnehmen kann (*OLG Schleswig* BtPrax 2006, 79).

Auch der Umstand, dass der Betreuer über einen langen Zeitraum jedwede Kooperation mit dem Betreuungsgericht verweigert, kann einen wichtigen Grund für die Entlassung abgeben.

Verhältnismäßigkeit

Das Gericht hat in allen Fällen nach dem Verhältnismäßigkeitsgrundsatz zunächst die ihm zu Gebote stehenden Mittel der Aufsicht und des Weisungsrechts über die Tätigkeit des Betreuers zu nutzen (§ 1908i Abs. 1 Satz 1 i. V. m. § 1837 BGB), bevor es den Betreuer entlässt.

Allein die ablehnende Haltung des Betreuers zu lebensverlängernden Maßnahmen führt nicht notwendig zu seiner Ungeeignetheit. Es kommt vielmehr auf die näheren Umstände, insbesondere die medizinische Indikation für derartige Maßnahmen und gegebenenfalls den wirklichen, früher geäußerten oder mutmaßlichen Willen der Betroffenen an (*OLG Düsseldorf* FamRZ 2010, 669).

Eine Entlassung ist auch in den Fällen möglich, in denen der bisherige Betreuer zwar keine Eignungsmängel aufweist, ein Betreuerwechsel aber im Interesse des Betreuten liegt (wichtiger Grund). Ein solcher Fall kann dann vorliegen, wenn ein Ehegatte oder naher Verwandter, der zuvor aus irgendwelchen Gründen die Betreuung nicht übernehmen konnte, nunmehr zur Verfügung steht. Im Hinblick auf § 1897 Abs. 5 BGB und der besseren persönlichen Betreuung durch Familienangehörige wird der bereits zum Betreuer bestellte Dritte zu entlassen sein. Zu beachten ist aber jedenfalls ein mögliches Festhalten des Betreuten am bisherigen Betreuer (§ 1897 Abs. 4 Satz 1 BGB).

1.3.2 Entlassung auf eigenen Wunsch des Betreuers

Betreuer will seine Entlassung

Der Betreuer kann auch selbst beim Betreuungsgericht seine Entlassung verlangen. Es müssen allerdings nach seiner Bestellung Umstände eingetreten sein, nach denen ihm die Weiterführung der Betreuung begründet nicht mehr zuzumuten ist, § 1908b Abs. 2 BGB.

Der Betreuer kann sich auf seine eigenen familiären, beruflichen oder sonstigen Verhältnisse berufen (Verschlechterung des eigenen Gesundheitszustandes, fortgeschrittenes Alter, Pflege einer nahestehenden Person aus dem Familienkreis, Verschlechterung der Verkehrsverbindungen). Unter Umständen kann auch eine tief greifende, vom Betroffenen ausgehende Störung des Vertrauensverhältnisses zwischen ihm und dem Betreuten ein Grund sein.

Jede Unstimmigkeit oder Schwierigkeit mit dem Betreuten, seinem Umfeld oder bei der Erledigung verwaltungsmäßiger Aufgaben sollte aber zunächst in einem Beratungsgespräch relativiert, wenn nicht gar bereinigt werden. Für dieses Gespräch bietet sich ein Mitarbeiter der Betreuungsbehörde an.

Die Gründe für den Entlassungsantrag des Betreuers sollten objektiv nachvollziehbar sein und unter Umständen bereits einen neuen Betreuervorschlag enthalten.

1.3.3 Entlassung eines Berufsbetreuers

Nachrang der Berufsbetreuung

Wurde für den Betreuten ein Berufsbetreuer nach § 1897 Abs. 6 BGB bestellt, so soll dieser vom Betreuungsgericht entlassen werden, wenn seine Aufgaben von einem oder mehreren ehrenamtlichen Betreuern erfüllt werden können. § 1908b Abs. 1 Satz 3 BGB zwingt allerdings nicht dazu, einen berufsmäßigen Betreuer zu entlassen, wenn eine ehrenamtlich tätige Person zur Übernahme der Betreuung bereit ist. Auch im Rahmen dieser Vorschrift ist Maßstab für die zu treffende Entscheidung über die Entlassung des Betreuers, ob sie dem Wohl des Betroffenen entspricht (*BayObLG* FamRZ 2005, 1777).

1.3.4 Entlassung des Betreuers auf Antrag des Betreuten

Betreuter will Betreuerwechsel

Nach § 1908b Abs. 3 BGB kann das Gericht den Betreuer entlassen, wenn der Betreute eine in gleicher Weise geeignete übernahmebereite Person als Betreuer vorschlägt. Der Wunsch des Betreuten hinsichtlich der Person des Betreuers soll nicht nur bei der erstmaligen Auswahl, sondern auch bei einer etwaigen Entlassung zu berücksichtigen sein. Allerdings wird dem Betreuten die Pflicht auferlegt, selbstständig eine gleich geeignete und übernahmebereite Person zu suchen. Er hat zusammen mit dem Entlassungsantrag bezüglich des bisherigen Betreuers diese Person zu benennen.

Da es sich um eine Kannvorschrift handelt, hat das Gericht einen Ermessensspielraum. Obwohl der Wunsch des Betroffenen nach einem bestimmten Betreuer grundsätzlich zu berücksichtigen ist, wenn dieser die Eignungsvoraussetzungen erfüllt, ist die Vornahme eines Betreuerwechsels nicht zwingend. Das Gericht hat im Rahmen seines pflichtgemäßen Ermessens zu prüfen, ob ein solcher Betreuerwechsel nicht dem Wohl des Betreuten zuwiderläuft. Dies kann z. B. der Fall sein, wenn der Betreuerwechsel in Wahrheit nicht dem eigenen Wunsch des Betroffenen entspringt, sondern auf die Beeinflussung durch einen mit Erbaussichten rechnenden Verwandten zurückzuführen ist.

1.3.5 Wirksamwerden der Entlassung

Wirksamkeit der Entlassung

Die Betreuertätigkeit endet erst mit der Entlassung durch das Betreuungsgericht. Wirksam wird die Entlassung im Regelfall mit Zugang des gerichtlichen Beschlusses an den Betreuer, § 40 Abs. 1 i. V. m. § 287 Abs. 1 FamFG. In eiligen Fällen kann das Betreuungsgericht die sofortige Wirksamkeit anordnen; in diesem Fall tritt Wirksamkeit entweder mit Bekanntgabe an den Betreuten, den Verfahrenspfleger oder Übergabe des Beschlusses an die Geschäftsstelle zum Zweck der Bekanntmachung ein, § 287 Abs. 2 FamFG.

Die Entlassung kann auch durch einstweilige Anordnung erfolgen, wenn dringende Gründe für die Annahme bestehen, dass die Voraussetzungen für die Entlassung vorliegen und ein dringendes Bedürfnis für ein sofortiges Tätigwerden besteht, § 300 Abs. 2 FamFG.

1.3.6 Anhörung des Betreuten und anderer zur Entlassung des Betreuers

Das Gericht hat den Betroffenen und den Betreuer persönlich anzuhören, wenn der Betroffene einer Entlassung des Betreuers nach § 1908b BGB widerspricht, § 296 Abs. 1 FamFG.

Vor der Bestellung eines neuen Betreuers (§ 1908c BGB) hat das Gericht den Betroffenen persönlich anzuhören. Das gilt nicht, wenn der Betroffene sein Einverständnis mit dem Betreuerwechsel erklärt hat, § 296 Abs. 2 Satz 1 FamFG.

Daneben hat das Gericht gemäß §§ 296 Abs. 2 Satz 2, 279 FamFG weitere Personen und zwar die sonstigen Beteiligten, die Betreuungsbehörde, auf Verlangen des Betroffenen eine ihm nahestehende Person anzuhören (vgl. zu den Voraussetzungen des § 279 FamFG Kapitel A 1 zu 3.4.2).

1.3.7 Rechtsmittel gegen die Entlassung

Gegen Entscheidungen des Betreuungsgerichts, durch die ein Betreuer entlassen oder die beantragte Entlassung abgelehnt wurde, kann Beschwerde eingelegt werden, § 58 ff. FamFG (siehe Kapitel A 6).

Beschwerdeberechtigt sind:

Beschwerdeberechtigung

- der gegen seinen Willen (entlassene) Betreuer, § 59 Abs. 1 FamFG
- der Betreute, wenn die Entlassung gegen seinen Willen erfolgt ist, § 59 Abs. 1 FamFG
- der Betreuer/Vorsorgebevollmächtigte im Namen des Betreuten, § 303 Abs. 4 Satz 1 FamFG
- der Verfahrenspfleger, § 303 Abs. 3 FamFG
- die Betreuungsbehörde, § 303 Abs. 1 Nr. 2 FamFG
- die Angehörigen und eine Vertrauensperson, wenn sie im ersten Rechtszug beteiligt worden sind, § 303 Abs. 2 i. V. m. § 274 Abs. 4 FamFG

Das Beschwerderecht der Betreuungsbehörde ist zwar gemäß § 303 Abs. 1 Nr. 1 FamFG beschränkt auf die Bestellung eines Betreuers, wird aber über die Nr. 2 erweitert auf die Entscheidung über den Bestand der Bestellung eines Betreuers. Dazu gehört auch die Entlassung eines Betreuers. Für die Angehörigen bzw. Vertrauenspersonen gilt die gleiche Einschränkung, da ihr Beschwerderecht davon abhängt, dass sie in der ersten Instanz beteiligt wurden, *BGH* BtPrax 2014, 170. Die Beteiligung setzt gemäß § 274 Abs. 4 Nr. 1 i. V. m. Abs. 3 Nr. 2 FamFG ebenfalls nur voraus, dass es um den Bestand der Bestellung eines Betreuers geht. Deshalb steht auch ihnen das Beschwerderecht gegen die Entlassung oder die Ablehnung derselben zu, *BGH* a. a. O.

Das Recht der Beschwerde steht dem Vertreter der Staatskasse zu, soweit die Interessen der Staatskasse durch den Beschluss betroffen sind. Hat der Vertreter der Staatskasse geltend gemacht, der Betreuer habe eine Abrechnung falsch erteilt oder der Betreute könne anstelle eines Berufs-/Vereinsbetreuers durch eine oder mehrere ehrenamtliche Personen betreut werden, steht ihm gegen einen die Entlassung des Betreuers ablehnenden Beschluss die Beschwerde zu. Die Frist zur Einlegung der Beschwerde beträgt drei Monate und beginnt mit der formlosen Mitteilung (§ 15 Abs. 3 FamFG) an den Vertreter der Staatskasse, § 304 FamFG.

Ein Betreuungsverein ist berechtigt, gegen die Entlassung eines Vereinsbetreuers selbst Beschwerde einzulegen (*BayObLG* BtPrax 2005, 71).

1.4 Einstweilige Anordnungen und Maßregeln

Im Wege der Fürsorge kann das Betreuungsgericht einstweilige Anordnungen oder Maßregeln erlassen. Es handelt sich um Beschlüsse, die im Eilverfahren ergehen.

1.4.1 Einstweilige Anordnungen

Das Gericht kann durch einstweilige Anordnung eine vorläufige Maßnahme treffen, soweit dies nach den für das Rechtsverhältnis maßgebenden Vorschriften gerechtfertigt ist und ein dringendes Bedürfnis für ein sofortiges Tätigwerden besteht. Die Maßnahme kann einen bestehenden Zustand sichern oder vorläufig regeln. Einem

Beteiligten kann eine Handlung geboten oder verboten, insbesondere die Verfügung über einen Gegenstand untersagt werden. Das Gericht kann mit der einstweiligen Anordnung auch die zu ihrer Durchführung erforderlichen Anordnungen treffen, § 49 FamFG.

Sofortiges Tätigwerden

In Betreuungsverfahren ist die einstweilige Anordnung in den §§ 300 bis 302 FamFG geregelt. So kann ein vorläufiger Betreuer bestellt werden, wenn ein dringendes Bedürfnis für ein sofortiges Tätigwerden besteht, auch kann ein vorläufiger Einwilligungsvorbehalt bei Eilbedürftigkeit angeordnet oder ein Betreuer durch einstweilige Anordnung entlassen werden, § 300 FamFG. Bei Gefahr in Verzug können bestimmte Verfahrenshandlungen zunächst unterbleiben, § 301 FamFG; in diesem Fall ist das Gericht bei der Bestellung des Betreuers nicht an die Vorgabe des § 1897 Abs. 4 und 5 BGB gebunden. Diese einstweiligen Anordnungen sind immer zeitlich begrenzt, § 302 FamFG (sechs Monate, ausnahmsweise ein Jahr).

In Unterbringungssachen kann das Betreuungsgericht nach den §§ 331 bis 333 FamFG im Wege der einstweiligen Anordnung vorläufige Unterbringungsmaßnahmen anordnen oder dem (vorläufigen) Betreuer eine Unterbringung, freiheitsentziehende Maßnahme (§ 1906 Abs. 4 BGB) oder ärztliche Zwangsmaßnahme (§ 1906a Abs. 2 BGB) genehmigen. Auch hier ist eine zeitliche Begrenzung vorgesehen, § 333 FamFG und zwar auf sechs Wochen (ausnahmsweise Verlängerung auf maximal drei Monate) und bei ärztlichen Zwangsmaßnahmen eine Begrenzung auf zwei Wochen (ausnahmsweise Verlängerung auf maximal sechs Wochen).

1.4.2 Einstweilige Maßregeln

Gericht trifft eilige Maßregel

Ist noch kein Betreuer bestellt oder ist der Betreuer an der Erfüllung seiner Pflichten gehindert, so hat das Betreuungsgericht die im Interesse des Betroffenen erforderlichen Maßregeln zu treffen, § 1908i Abs. 1 Satz 1 i. V. m. § 1846 BGB.

Zunächst muss das Gericht immer versuchen, durch Bestellung eines vorläufigen Betreuers (§§ 300, 301 FamFG) oder bei Verhinderung des Betreuers durch Bestellung eines weiteren Betreuers (Ergänzungsbetreuers) nach § 1899 Abs. 4 FamFG den Mangel zu beseitigen. Würden diese Maßnahmen jedoch zu einer Verzögerung führen, die dem Wohle oder Interesse der betroffenen Person nicht entsprechen würde, muss das Betreuungsgericht die Maßnahme selbst anordnen.

Praktisch denkbar ist die dringende Anordnung einer vorläufigen Unterbringung oder freiheitsentziehenden Maßnahme, wenn ein Betreuer noch nicht bestellt oder durch Krankheit bzw. Urlaub verhindert ist, § 334 FamFG i. V. m. § 1846 BGB.

Ein weiterer Fall kann die Einwilligung des Gerichts in einen notwendigen, unaufschiebbaren ärztlichen Eingriff sein, wenn der Betroffene nicht mehr einwilligungsfähig ist und ein Betreuer noch nicht bestellt oder verhindert ist.

Bei ärztlichen Zwangsmaßnahmen beschränkt § 1906a Abs. 1 Satz 2 BGB die Anwendbarkeit des § 1846 BGB auf die Alternative, dass der Betreuer an der Erfüllung seiner Pflichten verhindert ist.

1.5 Akteneinsicht für Beteiligte, dritte Personen und Behörden

Anlass für Akteneinsicht

Die Forderung nach Akteneinsicht kann sehr unterschiedliche Gründe haben. Das soziale Umfeld des Betroffenen beobachtet die Tätigkeit des Betreuers häufig sehr kritisch, wobei es nicht immer um uneigennützige Motive, sondern auch um handfeste finanzielle Interessen gehen kann. Mit dem Ziel, Pflichtwidrigkeiten des Betreuers aufzuspüren, verlangen Angehörige, Schuldner, Gläubiger, Vermieter und andere Personen Einsicht in die Betreuungsakten. Staatsanwaltschaften, Behörden und Gerichte versprechen sich ebenfalls wichtige Erkenntnisse für ihre Verfahren und wollen sie deshalb einsehen und auswerten.

1.5.1 Akteneinsicht gemäß § 13 FamFG

Das Recht auf Einsicht in die Betreuungsakten, die Entscheidungsbefugnis und die Modalität der Durchführung regelt § 13 FamFG. Dabei ist zu unterscheiden, ob ein Verfahrensbeteiligter, ein nicht beteiligter Dritter oder eine Behörde/ein Gericht Akteneinsicht begehrt. **Akteneinsicht für Beteiligte**

1.5.2 Akteneinsicht für einen Beteiligten, § 13 Abs. 1 FamFG

Beantragt eine Person Akteneinsicht, die gemäß §§ 7, 8, 274, 315 FamFG am Verfahren beteiligt wurde, richtet sich die Entscheidung nach § 13 Abs. 1 FamFG. Als Beteiligter kann der Antragsteller „die Gerichtsakten auf der Geschäftsstelle einsehen, soweit nicht schwerwiegende Interessen eines Beteiligten oder eines Dritten entgegenstehen". Aufgrund der besonderen Stellung der Beteiligten, denen das Recht zusteht, das gerichtliche Verfahren zu beeinflussen und die deshalb auf umfassende Informationen angewiesen sind, wurde die Ablehnung der Akteneinsicht als Ausnahmetatbestand formuliert. Bei einer Ablehnung der Akteneinsicht müssen daher besondere Umstände vom Gericht vorgebracht werden, die besonders schwer wiegen. Die tangierten Interessen des Beteiligten oder Dritter müssen daher existenziell sein. **Schwerwiegende Interessen anderer als Versagungsgrund**

Es muss dann eine sorgfältige Interessenabwägung vorgenommen werden. Erforderlich ist immer eine Einzelfallentscheidung, wobei generell das Persönlichkeitsrecht, Details aus der Intimsphäre, Gefahren und Bedrohungslagen durch persönliche Anfeindungen (z. B. Stalking) und ähnliche Umstände unter dem Gesichtspunkt „schwerwiegende Interessen" abgewogen werden müssen mit dem berechtigten Interesse des Verfahrensbeteiligten, der z. B. konkreten Hinweisen auf eine missbräuchliche Ausbeutung des Betroffenen nachgehen will. Der beliebte Hinweis des Gerichts auf den „Datenschutz", ohne gesetzliche Begründung, genügt aufgrund der Einräumung eines weitgehend einschränkungslosen Akteneinsichtsrechts nicht. Deshalb sollte bereits bei der Heranziehung als Beteiligter sorgfältig geprüft werden, ob die Voraussetzungen erfüllt sind, insbesondere dann, wenn es das Gesetz ermöglicht, im Interesse des Betroffenen von einer Beteiligung abzusehen (§ 274 Abs. 4 Nr. 1, § 315 Abs. 4 Satz 1 FamFG).

1.5.3 Akteneinsicht für Nicht-Beteiligte, § 13 Abs. 2 FamFG

Personen, die nicht beteiligt wurden (Dritte), kann Akteneinsicht dagegen nur gestattet werden, soweit sie ein berechtigtes Interesse glaubhaft machen und schutzwürdige Interessen eines Beteiligten oder eines Dritten nicht entgegenstehen. Die Einsicht ist immer zu versagen, wenn ein Fall des § 1758 BGB (Gefahr der Aufdeckung einer Adoption) vorliegt. **Akteneinsicht für „Dritte"**

Berechtigtes Interesse des Antragstellers

Unter berechtigtem Interesse ist jedes „nach vernünftiger Erwägung durch die Sachlage gerechtfertigte Interesse" zu verstehen, das nicht „nur rechtlicher, sondern auch wirtschaftlicher oder wissenschaftlicher Art sein" kann. Es wird bejaht, „wenn ein künftiges Verhalten des Antragstellers durch die Kenntnis vom Akteninhalt beeinflusst sein kann" (*OLG München*, Beschluss vom 4. 8. 2005, Az. 33 Wx 81/05, Rn. 10). Darüber hinaus muss der Dritte sein berechtigtes Interesse glaubhaft machen (§ 31 FamFG).

Schutzwürdiges Interesse eines Beteiligten oder Dritten

Die Akteneinsicht kann bei Dritten trotz glaubhaft gemachtem berechtigten Interesse schon dann versagt werden, wenn schutzwürdige Interessen eines Beteiligten oder eines Dritten, die nicht schwerwiegend sein müssen, entgegenstehen. Ohne konkrete **Schutzwürdige Interessen als Versagungsgrund**

Anhaltspunkte geäußerte Verdächtigungen, dass ein Betreuer seine Stellung zur Verschiebung von Vermögenswerten des Betreuten in sein eigenes Vermögen missbrauche und dadurch Erbansprüche schmälere, kann somit ein Recht auf Einsicht in die Betreuungsakten nicht begründen. Auch enge Angehörige eines Betreuten, die nicht beteiligt wurden, haben kein Akteneinsichtsrecht, wenn sie lediglich ein Interesse an der Meinungsbildung des Betreuungsgerichts vor der Entscheidung behaupten. Das Recht, auf ein Betreuungsverfahren Einfluss zu nehmen, steht im Interesse des Betreuten den Angehörigen nur zu, wenn sie im ersten Rechtszug beteiligt worden sind, § 274 Abs. 4 Nr. 1, § 303 Abs. 2 FamFG.

Lehnt der Betreute die Akteneinsicht durch eines seiner Kinder ab, steht dem Interesse des Kindes, den Vermögensstatus des Betroffenen zu kontrollieren, seinem höher zu bewertenden Recht auf informationelle Selbstbestimmung entgegen. Dieses umfasst auch das Recht des Betreuten, die Einsichtnahme Dritter, zu denen auch leibliche Verwandte zählen, in seine Vermögensverhältnisse zu unterbinden (*BayObLG* FamRZ 2005, 1278; *OLG München* BtPrax 2008, 173). Die Ablehnung der Akteneinsicht durch den geschäftsfähigen Betroffenen führt grundsätzlich dazu, dass selbst einem nahen Angehörigen die beantragte Akteneinsicht zu verweigern ist (*LG Saarbrücken* FamRZ 2009, 1000).

Die Position als künftiger Alleinerbe, selbst wenn sich das Erbrecht aus einem Erbvertrag ergibt, begründet keinen Rechtsanspruch auf Einsichtnahme in die Abrechnungen und Vermögensaufstellungen des Betreuers in den Betreuungsakten, wenn dies dem ausdrücklichen natürlichen, wenn auch nicht mehr rechtsgeschäftlich relevanten Willen des Betreuten widerspricht (*LG Stendal*, Beschluss vom 12. 11. 2018, Az. 25 T 133/18).

Ermessensentscheidung des Gerichts

Ermessens-entscheidung

Schließlich handelt es sich aufgrund der Formulierung „kann Einsicht nur gestattet werden" um eine Ermessensentscheidung des Gerichts. Es müssen daher die Interessen der Dritten und der Betroffenen abgewogen werden. Dabei ist auch das Recht auf informationelle Selbstbestimmung des Betroffenen zu berücksichtigen.

1.5.4 Beschwerde gegen die Gewährung oder Versagung der Akteneinsicht

Zuständig ist der Richter

Die Entscheidung obliegt gemäß § 13 Abs. 7 FamFG immer dem zuständigen Richter und nicht dem Gerichtsvorstand. Dies gilt auch dann, wenn Akteneinsicht in ein bereits abgeschlossenes Betreuungsverfahren beantragt wird. Eine Beschwerde ist daher zulässig, wenn die Voraussetzungen der § 58 ff. FamFG vorliegen. Es handelt sich zumindest bei dem Akteneinsichtsgesuch Dritter nicht um eine der Beschwerde entzogene Zwischenentscheidung, da über das Akteneinsichtsgesuch gegenüber dem Dritten abschließend entschieden wird (*BayObLG*, Beschluss vom 24. 10. 2019, Az. 1 VA 107/19).

1.5.5 Akteneinsicht durch nicht am Verfahren beteiligte Behörden im Wege der Amtshilfe

Behörden und Gerichte

Akteneinsicht wird von Behörden z. B. in Rentenangelegenheiten, Verfahren auf Ausstellung von Schwerbehindertenausweisen, zur Prüfung der Fahrtauglichkeit, von Gerichtsvollziehern im Rahmen von Vollstreckungsmaßnahmen oder von Staatsanwaltschaften gefordert. Diese Behörden sind am Betreuungsverfahren nicht beteiligt, wollen aber unter Umständen im Interesse des Betreuten, evtl. auch zur Einsparung der Kosten eines eigenen Gutachtens, die Inhalte des Betreuungsakts verwerten. Nach überwiegender Ansicht kann für die Gewährung der Akteneinsicht oder Übersendung von Aktenbestandteilen an Behörden § 13 Abs. 2 FamFG nicht herangezogen werden, da es sich nicht um den Ausfluss einer rechtsprechenden Tätigkeit handelt, sondern um eine allgemeine Amtshilfe nach Art. 35 Abs. 1 GG (*OLG Bamberg*, Beschluss vom 17. 1. 2018, Az. 6 VA 5/17).

Entscheidungen im Rahmen der Amtshilfe obliegen aber dem Vorstand des Gerichts und nicht dem für das Verfahren zuständigen Richter (*OLG Köln* BtPrax 2014, 183 für einen Antrag der Staatsanwaltschaft). Als Rechtsbehelf gegen eine derartige Entscheidung gibt es den Antrag auf gerichtliche Entscheidung gemäß § 23 EGGVG, über den das zuständige Oberlandesgericht zu entscheiden hat. Eine Datenübermittlung, die in das Grundrecht des Betroffenen auf informationelle Selbstbestimmung eingreift, kann aber nicht allein auf Art. 35 Abs. 1 GG gestützt werden. Sie bedarf vielmehr einer einfachgesetzlichen Regelung (*BVerfG*, Beschluss vom 2. 12. 2014, Az. 1 BvR 3106/09). Als Rechtsgrundlage für die Übermittlung personenbezogener Daten durch Betreuungsgerichte an andere öffentliche Stellen ist Art. 5 Abs. 1 Satz 1 Nr. 1 BayDSG heranzuziehen. Sie ist daher zulässig, wenn sie zur Erfüllung der in der Zuständigkeit der empfangenden Stelle liegenden Aufgaben erforderlich ist. Die Verantwortung für die Zulässigkeit der Übermittlung trägt der Empfänger, wenn sie auf sein Ersuchen hin erfolgt, Art. 5 Abs. 4 Satz 1 BayDSG.

Besonderer Anlass zur Prüfung

Somit prüft die übermittelnde Stelle nur, ob das Übermittlungsersuchen im Rahmen der Aufgaben des Empfängers liegt, es sei denn, dass besonderer Anlass zur Prüfung der Zulässigkeit der Übermittlung besteht, Art. 5 Abs. 4 Satz 3 BayDSG. Hieraus ist abzuleiten, dass die ersuchte Stelle nur eine „Plausibilitätsprüfung“ dahingehend durchzuführen hat, ob sich das Übermittlungsersuchen im allgemeinen Rahmen der Aufgaben des Empfängers hält. Eine weitergehende Prüfung ist aber dann geboten, wenn hierfür ein besonderer Anlass gegeben ist. Dies ist ausnahmsweise dann der Fall, wenn offenkundige Zweifel an der Zulässigkeit bestehen oder der Übermittlung gewichtige Gründe entgegenstehen (*OLG Bamberg* a. a. O.).

Ein derartiger „besonderer Anlass zur Überprüfung“ im Sinne des Art. 5 Abs. 4 Satz 3 BayDSG kann sich bei Betreuungs- und Unterbringungsverfahren sehr häufig ergeben. Hier sind aufgrund der zu ermittelnden medizinischen Voraussetzungen und der Prüfung der Eignung von Betreuern viele höchstpersönliche und sensible Sachverhalte festgehalten.

Das *OLG Köln* (s. o.) hat z. B. ein überwiegendes Interesse für das von der Staatsanwaltschaft betriebene Ermittlungsverfahren nur für Atteste und Gutachten bejaht, die für eine Prüfung der Schuldfähigkeit relevant sein können.

Betreuer werden sich in die Entscheidung einbringen und die Beachtung der Interessen der Betreuten einfordern.

1.5.6 Beschränkte Akteneinsicht

Teilweise Gewährung von Akteneinsicht

Häufig wird bei der Entscheidung über eine Akteneinsicht übersehen, dass die Hinderungsgründe sich nur auf abgrenzbare Aktenbestandteile beziehen. Es kann dann durchaus sinnvoll sein, die Akteneinsicht durch Übersendung von Aktenbestandteilen (z. B. ärztliche Zeugnisse oder Gutachten) oder Übersendung von Kopien mit geschwärzten Passagen zu beschränken.

1.5.7 Rechtliches Gehör

Anhörung vor der Entscheidung

Die obigen Ausführungen zeigen auf, dass in vielen Fällen die Akteneinsicht mit schwerwiegenden Eingriffen in die Rechte der Beteiligten und Dritter verbunden ist. Deshalb muss vor jeder Entscheidung den Beteiligten rechtliches Gehör gewährt werden.

2. Aufgaben und Stellung der Betreuungsbehörde

Bereits 1992 bei der Einführung der Betreuung wurden die zuständigen Behörden völlig neu positioniert. Die neu eingeführte Betreuungsbehörde sollte weniger Betreuungen selbst führen und dafür mehr im Vorfeld, aber auch zur Unterstützung der Betreuungsgerichte und der Betreuer tätig werden. Die Stellung der Betreuungsbehörden wurde bis heute kontinuierlich gestärkt.

2.1 Gesetz zur Stärkung der Funktionen der Betreuungsbehörde

Betreuungsbehördenstärkungsgesetz

Mit dem Betreuungsbehördenstärkungsgesetz vom 28. 8. 2013 *(BT-Drucks. 17/3419)* hat der Gesetzgeber die Betreuungsbehörden gestärkt und ihnen eine neue und zentrale Rolle im Betreuungsverfahren zugewiesen. Obligatorische Anhörung bei zentralen Entscheidungen, inhaltlich konkretisiertes Anhörungsrecht korrespondierend mit einer detaillierten Berichtspflicht, Aufgabe des Gutachters und des Ausstellers eines ärztlichen Zeugnisses, den Bericht zu berücksichtigen, Beratungsangebote bei Behandlungsbedarf, Pflicht zur Vermittlung anderer Hilfen und Erfüllung der Aufgaben durch qualifizierte Fachkräfte sind hier vorrangig zu erwähnen. Die Umsetzung dieser Maßnahmen ist aber noch nicht abgeschlossen.

2.2 Gesetzliche Grundlagen, Terminologie

Aufgaben, Ziele, Zuständigkeiten und Befugnisse der Betreuungsbehörde finden sich vornehmlich in folgenden Gesetzen:

- BGB — §§ 1896 bis 1908i BGB
- FamFG — §§ 271 bis 341 FamFG
- BtBG — Gesetz über die Wahrnehmung behördlicher Aufgaben bei der Betreuung Volljähriger (Betreuungsbehördengesetz)
- BayAGBtG — Gesetz zur Ausführung des Betreuungsgesetzes
- VBVG — Vormünder- und Betreuervergütungsgesetz

FamFG und BGB sprechen dabei von der zuständigen Behörde, das VBVG von der Betreuungsbehörde. Betreuungsbehörden sind die Behörden, die auf örtlicher Ebene in Betreuungsangelegenheiten zuständig sind, § 1 Satz 1 des BtBG.

2.3 Betreuungsstelle, eigener Wirkungskreis

Welche Behörde auf örtlicher Ebene in Betreuungsangelegenheiten zuständig ist, bestimmt sich nach Landesrecht, § 1 Satz 1 BtBG. In Bayern sind nach Art. 1 BayAGBtG für die Wahrnehmung der behördlichen Aufgaben bei der Betreuung Volljähriger die Landkreise und kreisfreien Städte zuständig. Das Ausführungsgesetz legt in Art. 1 Abs. 2 ferner fest, dass die zuständige Behörde die Bezeichnung *„Betreuungsstelle"* führt. Art. 1 Abs. 1 Satz 2 AGBtG bestimmt, dass die Erfüllung der behördlichen Aufgaben bei der Betreuung Volljähriger auf örtlicher Ebene eine Angelegenheit des sog. eigenen Wirkungskreises darstellt.

2.4 Örtliche Zuständigkeit

Welche Betreuungsstelle im Einzelfall zuständig ist, richtet sich gemäß § 3 Abs. 1 BtBG nach dem gewöhnlichen Aufenthalt des Betroffenen, also dem Ort des Mittelpunkts seiner Lebensbeziehungen. Ist kein gewöhnlicher Aufenthalt feststellbar oder ist mit dem Aufschub einer Maßnahme Gefahr verbunden, so ist die Betreuungsstelle zuständig, in deren Bezirk das Bedürfnis für die Maßnahme hervortritt. § 3 Abs. 2 BtBG regelt die Zuständigkeit, wenn sich die maßgebenden Umstände im Laufe eines gerichtlichen Betreuungs- oder Unterbringungsverfahrens ändern. Es bleibt dann die „zuletzt angehörte Behörde allein zuständig". Die nunmehr zuständige Behörde kann aber dem Gericht den Wechsel schriftlich anzeigen und dadurch die bisherige Zuständigkeit beenden.

2.5 Örtliche und überörtliche Arbeitsgemeinschaft

Zur Förderung der Zusammenarbeit in Betreuungsangelegenheiten sollen nach Landesrecht bei den Landkreisen und kreisfreien Städten örtliche Arbeitsgemeinschaften und überörtliche Arbeitsgemeinschaften in Zuständigkeit der Regierung eingerichtet werden,

§ 2 BtBG, Art. 4 Abs. 3 AGBtG. Die geschäftsführende Stelle der örtlichen Arbeitsgemeinschaft ist die Betreuungsstelle, Art. 1 Abs. 1 und 2 BayBtG. Der örtlichen Arbeitsgemeinschaft zur Förderung der Zusammenarbeit in Betreuungsangelegenheiten sollte eine empfehlende Lenkungs- und Steuerungsfunktion in der Betreuungsarbeit zukommen. Faktisch obliegt zwar in Betreuungsangelegenheiten die Lenkungs- und Steuerungsfunktion dem Betreuungsgericht sowie der für die Unterstützung der Gerichte, Prävention zur Vermeidung von Betreuungen, Beratung, Unterstützung und Fortbildung verantwortlichen Betreuungsstelle. Probleme, Anregungen und Beschwerden im Zusammenhang mit der Führung einer Betreuung können, soweit es sich nicht um eine einzelfallbezogene Angelegenheit handelt, über die Betreuungsstelle an die örtliche Arbeitsgemeinschaft herangetragen werden.

Auf der nächsthöheren (überörtlichen) Verwaltungsebene (in Bayern die Regierungen) sollen überörtliche Arbeitsgemeinschaften gebildet werden.

2.6 Aufgabenfelder der Betreuungsbehörde

Aufgaben gegenüber dem Betreuungsgericht **Gerichtshilfe**

- Mitteilung über die Notwendigkeit einer Betreuerbestellung oder anderer erforderlichen Maßnahmen in Betreuungssachen, § 7 BtBG
- Allgemeine Unterstützungspflicht gegenüber dem Betreuungsgericht, § 8 Abs. 1 Satz 1 BtBG
- Erstellung eines qualifizierten Berichts, § 8 Abs. 1 Satz 2 Nr. 1 BtBG, § 279 Abs. 2 FamFG
- Sachverhaltsaufklärung, § 8 Abs. 1 Satz 2 Nr. 2 BtBG
- Gewinnung geeigneter Betreuer, § 8 Abs. 1 Satz 2 Nr. 3 BtBG
- Vorschlag einer im Einzelfall als Betreuer oder Verfahrenspfleger geeigneten Person, § 8 Abs. 2 Satz 1 BtBG

Vollzugshilfe für Gericht und Betreuer **Vollzugshilfe**

- Vorführung:
  - zur gerichtlichen Anhörung, § 278 Abs. 5, § 319 Abs. 5 FamFG
  - zur Untersuchung durch einen Sachverständigen, §§ 283, 322 FamFG
  - zur Unterbringung zum Zweck der Begutachtung, §§ 284 Abs. 3, 322, 283 FamFG
- Unterstützung der Betreuer und Bevollmächtigten bei Unterbringungs- und ärztlichen Zwangsmaßnahmen einschließlich Verbringung zu einem stationären Aufenthalt, § 326 FamFG

Beratung, Information, Förderung, Unterstützung und Fortbildung für Betreuer und Bevollmächtigte **Querschnittsaufgaben**

- Beratung und Unterstützung der Betreuer und Bevollmächtigten (z. B. Berufsbetreuer bei der Erstellung eines Betreuungsplans), § 4 Abs. 3 BtBG, § 1901 Abs. 4 Satz 2 BGB
- Anregung und Förderung der Tätigkeit von Personen und gemeinnützigen Organisationen zugunsten Betreuungsbedürftiger, § 6 Abs. 1 Satz 1 BtBG (z. B. Förderung von Betreuungsvereinen)
- Einführungs- und Fortbildungsmaßnahmen für ehrenamtliche Betreuer und Bevollmächtigte, § 5 BtBG

Beratungsangebot

Allgemeine Beratung und Dienstleistungen

- Information und Beratung über allgemeine betreuungsrechtliche Fragen, Vorsorgevollmacht und andere Hilfen, bei denen kein Betreuer bestellt wird, § 4 Abs. 1 BtBG
- Bei erkennbarem Betreuungsbedarf soll der betroffenen Person ein „Beratungsangebot" unterbreitet werden. Dabei erfolgt auch die Vermittlung anderer Hilfen in Zusammenarbeit mit den zuständigen Sozialleistungsträgern, § 4 Abs. 2 BtBG
- Förderung der Aufklärung und Beratung über Vollmachten und Betreuungsverfügungen, § 6 Abs. 1 Satz 2 BtBG
- öffentliche Beglaubigung von Unterschriften und Handzeichen auf Vorsorgevollmachten und Betreuungsverfügungen, § 6 Abs. 2 Satz 1 BtBG

Kontrolle der Berufsbetreuer

Eine wichtige Befugnis der Betreuungsbehörde ergibt sich aus § 10 VBVG. Berufsbetreuer müssen demnach der Betreuungsbehörde, in deren Bezirk sie ihren Sitz oder Wohnsitz haben, kalenderjährlich mitteilen:

- die Zahl der von ihnen im Kalenderjahr geführten Betreuungen, aufgeschlüsselt nach Betreuten in stationären Einrichtungen und diesen gleichgestellten ambulant betreuten Wohnformen einerseits und anderen Wohnformen andererseits sowie
- den für die Führung von Betreuungen im Kalenderjahr erhaltenen Geldbetrag

Dadurch können Fehlentwicklungen (anonyme Massenbetreuungen, einseitige Zusammensetzung der Betreuten etc.) aufgedeckt werden.

Behördliche Betreuungen

Die Aufgabe, selbst Betreuungen zu führen, steht für die Betreuungsstelle nicht mehr im Vordergrund. Es sollte der Eindruck vermieden werden, dass Menschen anonym „verwaltet werden". In Eilfällen lässt sich aber die

- Übernahme von Betreuungen durch die Behörde, § 1900 Abs. 4 BGB oder die
- Führung von Betreuungen durch Behördenbetreuer, § 1897 Abs. 2 BGB

rechtfertigen, aber nur zeitlich begrenzt.

Betreuungen durch die Betreuungsbehörde unmittelbar oder durch Mitarbeiter der Betreuungsbehörde sind sehr selten geworden. Im Jahr 2002 wurden bundesweit noch 2.499 Betreuungen den Betreuungsbehörden bzw. ihren Mitarbeitern übertragen, 2016 waren es nur noch 283.

2.7 Qualifizierte Anhörung und Berichtspflicht

Zentrale Bedeutung für die Zusammenarbeit mit dem Betreuungsgericht hat § 279 Abs. 2 FamFG, der zunächst eine obligatorische Anhörungspflicht anordnet. Ungewöhnlich für eine „Anhörung" sind aber die genau definierten Kriterien, auf die sich die Anhörung „insbesondere" beziehen soll. Sie lauten:

1. *persönliche, gesundheitliche und soziale Situation des Betroffenen,*
2. *Erforderlichkeit der Betreuung einschließlich geeigneter anderer Hilfen (§ 1896 Absatz 2 des BGB),*

3. *Betreuerauswahl unter Berücksichtigung des Vorrangs der Ehrenamtlichkeit (§ 1897 des BGB) und*
4. *diesbezügliche Sichtweise des Betroffenen.*

Verständlich wird das Ziel dieses – nicht abschließenden – Katalogs, wenn man die Berichtspflicht der Betreuungsbehörde gemäß § 8 Abs. 1 Satz 1 Nr. 1 BtBG heranzieht. Demnach umfasst die Unterstützung des Betreuungsgerichts die „Erstellung eines Berichts im Rahmen der gerichtlichen Anhörung (§ 279 Absatz 2 des FamFG)". Recht und Pflicht laufen daher parallel und verpflichten die Akteure zu einer zielorientierten und vertrauensvollen Zusammenarbeit im Interesse des Betroffenen. Dem Bericht kommt auch deshalb eine besondere Bedeutung zu, weil der Sachverständige gemäß § 280 Abs. 2 Satz 2 FamFG das Ergebnis einer Anhörung nach § 279 Abs. 2 Satz 2 FamFG zu berücksichtigen hat, wenn es ihm bei Erstellung seines Gutachtens vorliegt. Sogar der Aussteller eines ärztlichen Zeugnisses muss den ihm vorliegenden qualifizierten Bericht berücksichtigen, § 281 Abs. 2 FamFG.

2.8 Kontrolle der Betreuungsgerichte

Die Kontrollaufgabe gegenüber dem Betreuungsgericht ist dagegen weniger bekannt. Es ist allerdings eine wichtige Aufgabe der Betreuungsbehörde, vor allem, wenn alle Beteiligten einverstanden sind und dies evtl. dem wohlverstandenen Interesse des Betroffenen widerspricht oder auf Kosten des Staates geht. **Gerichtskontrolle**

Praxis TIPP

Die Notwendigkeit einer neutralen und zielorientierten Kontrolle kann anhand von Beispielen erläutert werden, die das ausgewogene System der gemeinsamen Aufgabenerfüllung (Betreuungsgericht, Betreuungsstelle, Betreuer, Betroffener) aushebeln.

Es gibt z. B. Einrichtungen, die versuchen, bestimmte Berufsbetreuer und „Hausärzte" für „ihre" Bewohner zu installieren, so dass ein in sich geschlossenes System entsteht, das sich aber nicht immer bestmöglich an den Interessen des Betroffenen orientiert. Es gibt aber auch Berufsbetreuer, die mit von ihnen ausgewählten Rechtsanwälten und Ärzten kooperieren und die Interessenten für eine Betreuung auf dem Weg zu einer Betreuerbestellung so nachhaltig und persönlich begleiten, dass Betreuungsgerichte und Betreuungsstellen ihrer Ermittlungs- und Prüfungspflicht nicht mehr nachkommen können. Der Betroffene – in der Regel handelt es sich um Suchtkranke – erspart sich die lästige Aufgabe der Selbstorganisation (Anträge z. B. beim Jobcenter, Abfassen der Steuererklärung, Schwerbehindertenausweis etc.). Fähigkeiten, sein Leben zu organisieren und aktiv zu gestalten, werden in der Folge häufig verkümmern. Der Berufsbetreuer erhält eine Vielzahl einfach zu führender Betreuungen, da Maßnahmen zur Suchtbekämpfung unterbleiben. Die Gerichte können mit minimalem Arbeitsaufwand, ohne Gutachten und weitere Ermittlungen, eine Betreuung anordnen und verlängern. Eine Double-win-Position für alle Beteiligten?

Ja, aber nicht für den Staat, der die Betreuung samt Verfahrenskostenhilfe finanziert, und schon gar nicht für den Betreuten, dem eine echte Unterstützung im Kampf gegen die Suchtkrankheit nicht geboten wird.

Zur Vermeidung dieser und ähnlicher Missbräuche und Fehlentwicklungen hat der Gesetzgeber die Betreuungsbehörde mit umfassenden Kompetenzen ausgestattet, die es im Interesse der Betroffenen zu nutzen gilt. Dazu gehören:

2.8.1 Umfassende Beschwerdebefugnis

Besonders deutlich wird die Kontrollmöglichkeit gegenüber dem Betreuungsgericht bei der Beschwerdebefugnis der Betreuungsbehörde. Für die wichtigsten Entscheidungen des Gerichts (Betreuerbestellung, Einwilligungsvorbehalt, jeweils einschließlich **Beschwerderecht** der Entscheidungen über deren Umfang, Inhalt und Bestand) besteht für sie ein Beschwerderecht ohne Einschränkung und zwar auch gegen den Willen des Betroffenen. Diese Beschwerdebefugnis besteht auch dann, wenn die Betreuungsbehörde keine Beteiligung am Verfahren beantragt hat, § 303 Abs. 1, § 335 Abs. 4 FamFG. Damit soll eine Möglichkeit eröffnet werden, im wohlverstandenen Interesse des Betreuten zu agieren, aber auch kostenintensive Betreuungen zu vermeiden.

Die Betreuungsbehörde sollte daher nach sorgfältiger Prüfung das Recht zur Beschwerde auch als Pflicht ansehen.

2.8.2 Umfassende Anhörungs- und Informationspflichten der Gerichte gegenüber den Betreuungsbehörden

§ 288 Abs. 2 FamFG verpflichtet die Gerichte, den Betreuungsbehörden die wichtigsten Beschlüsse (Betreuerbestellung, Einwilligungsvorbehalt, Umfang, Inhalt oder Bestand) bekannt zu geben. Bei anderen Beschlüssen ist dies der Fall, wenn sie vor deren Erlass angehört wurden. Die Pflicht zur Bekanntgabe gilt auch für Unterbringungsverfahren gemäß § 325 Abs. 2 Satz 2 FamFG. Obligatorisch ist auch die Anhörungspflicht gemäß § 279 Abs. 2 FamFG, die mit der Berichtspflicht des § 8 Abs. 1 Satz 2 BtBG korrespondiert.

Schließlich gehört die Betreuungsbehörde gemäß den § 274 Abs. 2, § 315 Abs. 3 FamFG zu den optionalen Muss-Beteiligten. Macht sie von ihrem Recht Gebrauch, erwirbt sie zusätzlich alle Rechte eines Beteiligten im Verfahren.

2.9 Zielorientierte Kooperation, Vernetzung und gegenseitige Rücksichtnahme

Gemeinsames Ziel beachten!

Die vom Gesetz eingeräumte starke Position der Betreuungsbehörden darf kein Selbstzweck sein. Im Vordergrund stehen Wohl, Wille, Wunsch der betroffenen Menschen. Ziel muss es sein, staatliche Eingriffe zu minimieren, die richtigen Betreuer zu bestellen, geeignete ehrenamtliche Betreuer zu finden und andere sinnvolle Hilfen zu prüfen. Kontrolle ist dabei gut, vertrauensvolle Zusammenarbeit bei gegenseitigem Respekt für die Arbeit des anderen, ist besser. Die „freiwillige Gerichtsbarkeit" bietet dafür im Gegensatz zur „streitigen Gerichtsbarkeit" viele Möglichkeiten, und zwar auch für Richter und Rechtspfleger.

2.10 Akteneinsicht bei der Betreuungsbehörde (Betreuungsstelle)

Das Verfahren der Behörde nach dem Betreuungsbehördengesetz (BtBG) stellt zunächst eine Unterstützung des Gerichts im laufenden gerichtlichen Verfahren dar, § 8 BtBG. Es bleibt von seiner Verfahrensart jedoch grundsätzlich ein Verwaltungsverfahren, das in eigener Zuständigkeit und nicht als „Unterbehörde" des Gerichts durchgeführt wird.

2.10.1 Akteneinsicht durch den Betreuten

Die Problematik einer uneingeschränkten Akteneinsicht im Betreuungsverfahren für den Betroffenen besteht darin, dass sich sowohl in den gerichtlichen als auch behördlichen Akten Unterlagen befinden können, deren unbeschränkte Einsichtnahme dem Wohl des Betroffenen widersprechen könnte, z. B. umfassende psychiatrische Gutachten, ungeschminkte Berichte von Vertrauenspersonen. Die Akteneinsicht ist grundsätzlich Teil des rechtlichen Gehörs des Betroffenen. Sofern eine Gefährdung des Wohls des Betroffenen erkennbar wird, ist es gerechtfertigt, in Anwendung des § 29

Abs. 2 VwVfG wegen Beeinträchtigung der ordnungsgemäßen Erfüllung der Aufgaben der Behörde ein Akteneinsichtsrecht dem Betroffenen unmittelbar zu verweigern, bzw. dahingehend zu gewähren, dass die Akteneinsicht nur an einen bevollmächtigten Rechtsanwalt erfolgt. Nachdem die Akteneinsicht in diesen Verfahren regelmäßig durch Einsichtnahme in der Behörde erfolgen dürfte (§ 29 Abs. 3 VwVfG), kann hier im Rahmen der Beratung der bevollmächtigte Rechtsanwalt auf die Problematik der unmittelbaren Kenntnis des Akteninhalts für seinen Mandanten hingewiesen werden.

2.10.2 Akteneinsicht durch Dritte

Verfahrensbeteiligte (§§ 7, 274, 315 FamFG) oder nicht am Verfahren beteiligte Dritte sind auf die Akteneinsicht beim Betreuungsgericht zu verweisen, § 13 FamFG.

2.11 Gewaltanwendung, Betreten der Wohnung gegen den Willen des Betroffenen

In Betreuungs-, Unterbringungsverfahren und bei ärztlichen Zwangsmaßnahmen weist das FamFG der Betreuungsbehörde zahlreiche Aufgaben zu (s. o.). Dabei werden der Behörde aber auch gravierende und vor allem grundrechtsrelevante Eingriffsbefugnisse ermöglicht, die zur Erfüllung der Aufgaben erforderlich sind. Mit dem Gesetz zur Einführung einer Rechtsbehelfsbelehrung im Zivilprozess und zur Änderung anderer Vorschriften, in Kraft getreten am 1. 1. 2013, wurde die Frage der Gewaltanwendung, der Hinzuziehung der polizeilichen Vollzugsorgane und schließlich die Möglichkeit, die Wohnung des Betroffenen ohne dessen Einwilligung gewaltsam zu öffnen, zu betreten und zu durchsuchen, einheitlich für verschiedene Sachverhalte geregelt. Es handelt sich um folgende Maßnahmen:

Aufgabe	Gesetzliche Zuweisung der Aufgabe durch:	Mögliche Befugnisse nach ausdrücklicher Anordnung des Gerichts	Gesetzliche Grundlage für Eingriffsmaßnahmen
Vorführung zur richterlichen Anhörung vor Betreuerbestellung u. a.	§ 278 Abs. 5 FamFG	**a) Gewaltanwendung** **b) Unterstützung durch polizeiliche Vollzugsorgane** **c) Öffnen, Betreten und Durchsuchen der Wohnung des Betroffenen** **d) Anordnung bei Gefahr im Verzug durch die Behörde**	a) § 278 Abs. 6 Satz 1 FamFG b) § 278 Abs. 6 Satz 2 FamFG c) § 278 Abs. 7 Satz 1 FamFG d) § 278 Abs. 7 Satz 2 FamFG
Vorführung zur Untersuchung zur Vorbereitung eines Gutachtens	§ 283 Abs. 1 Satz 1 FamFG	**a) dito** **b) dito** **c) dito** **d) dito**	a) § 283 Abs. 2 Satz 1 FamFG b) § 283 Abs. 2 Satz 2 FamFG c) § 283 Abs. 3 Satz 1 FamFG d) § 283 Abs. 3 Satz 3 FamFG

Aufgabe	Gesetzliche Zuweisung der Aufgabe durch:	Mögliche Befugnisse nach ausdrücklicher Anordnung des Gerichts	Gesetzliche Grundlage für Eingriffsmaßnahmen
Vorführung/Zuführung zur Unterbringung zur Begutachtung zur Vorbereitung eines Gutachtens	§§ 284 Abs. 1 und 3, 283 Abs. 2 und 3 FamFG	**a) dito** **b) dito** **c) dito** **d) dito**	a) § 284 Abs. 3 Satz 1 i. V. m. § 283 Abs. 2 Satz 1 FamFG b) § 284 Abs. 3 Satz 1 i. V. m. § 283 Abs. 2 Satz 2 FamFG c) § 284 Abs. 3 Satz 1 i. V. m. § 283 Abs. 3 Satz 1 FamFG d) § 284 Abs. 3 Satz 1 i. V. m. § 283 Abs. 3 Satz 3 FamFG
Vorführung zur richterlichen Anhörung vor Unterbringungsmaßnahme	§ 319 Abs. 5 FamFG	**a) dito** **b) dito** **c) dito** **d) dito**	a) § 319 Abs. 6 Satz 1 FamFG b) § 319 Abs. 6 Satz 2 FamFG c) § 319 Abs. 7 Satz 1 FamFG d) § 319 Abs. 7 Satz 2 FamFG
Zuführung zur Unterbringung bzw. ärztlichen Zwangsmaßnahme mit stationärem Aufenthalt	§ 326 Abs. 1 FamFG	**a) dito** **b) dito** **c) dito** **d) dito**	a) § 326 Abs. 2 Satz 1 FamFG b) § 326 Abs. 2 Satz 2 FamFG c) § 326 Abs. 3 Satz 1 FamFG d) § 326 Abs. 3 Satz 3 FamFG
Vorführung zur Vorbereitung eines Gutachtens für das Unterbringungsverfahren (Untersuchung oder Unterbringung zur Begutachtung)	§§ 322, 283 Abs. 1 Satz 1, 284 Abs. 1 Satz 1 FamFG	**dito**	§ 322 FamFG verweist auf die §§ 283, 284 FamFG (s. o.)

Kosten Die Unterstützung des Betreuers durch die Betreuungsbehörde bei der Zuführung zur genehmigten Unterbringung bzw. Verbringung zu einem stationären Aufenthalt zur Zwangsbehandlung gemäß § 326 Abs. 1 FamFG stellt eine eigene, originäre Aufgabe der Behörde dar. Ein Anspruch der Betreuungsbehörde gegen die Staatskasse auf Erstattung von Kosten für die Zuführung eines Betroffenen zur Unterbringung besteht mithin nicht (*LG Karlsruhe* FamRZ 2011, 1688).

3. Aufgaben und Stellung des Betreuungsvereins

3.1 Anerkennungsvoraussetzungen für den Betreuungsverein

Als Betreuungsverein kann gemäß § 1908f Abs. 1 BGB ein rechtsfähiger Verein anerkannt werden, wenn er gewährleistet, dass er

- eine ausreichende Zahl geeigneter Mitarbeiter beschäftigt und diese beaufsichtigen, weiterbilden und gegen Schäden, die diese anderen im Rahmen ihrer Tätigkeit zufügen können, angemessen versichern wird,

- sich planmäßig um die Gewinnung ehrenamtlicher Betreuer bemüht, diese in ihre Aufgaben einführt, sie fortbildet und sie sowie Bevollmächtigte bei der Wahrnehmung ihrer Aufgaben berät und unterstützt,
- planmäßig über Vorsorgevollmachten und Betreuungsverfügungen informiert,
- einen Erfahrungsaustausch zwischen den Mitarbeitern ermöglicht.

Diese nach Bundesrecht normierten Anforderungen sind z. B. in Bayern nach Art. 3 AGBtG um nachfolgende Voraussetzungen erweitert:

- Die Leitung der Betreuungsarbeit muss einer oder mehreren nach Ausbildung oder Berufserfahrung geeigneten Fachkräften übertragen werden, die nicht in einem Abhängigkeitsverhältnis oder einer anderen engen Beziehung zu Einrichtungen stehen, in denen Personen, für die ein Mitarbeiter des Vereins als Betreuer bestellt ist, untergebracht sind oder wohnen.
- Der Betreuungsverein muss sich verpflichten, der Anerkennungsbehörde jährlich einen Tätigkeitsbericht vorzulegen, der insbesondere Auskunft über Zahl und Art der übernommenen Betreuungen sowie die Zahl der vom Verein in ihre Aufgaben eingeführten, fortgebildeten und beratenen Einzelbetreuer gibt und Kosten sowie Finanzierung der Verwaltungs- und Betreuungsarbeit darstellt.

3.2 Anerkennung als Betreuungsverein

Wenn ein rechtsfähiger Verein die bundes- und landesrechtlichen Anforderungen erfüllt, ist er auf seinen Antrag hin als Betreuungsverein anzuerkennen.

Für die Anerkennung der Betreuungsvereine sind z. B. in Bayern die Regierungen zuständig. Die Anerkennung ist ein widerruflicher Verwaltungsakt, der unter Nebenbestimmungen erteilt werden kann. Sie wird in der Regel auf einzelne Landkreise und kreisfreie Städte räumlich beschränkt werden.

Zum Widerruf der Anerkennung als Betreuungsverein hat der *VGH München* (BtPrax 2010, 182) folgende Feststellung getroffen:

Fehlverhalten eines Vereinsmitarbeiters

Ein Fehlverhalten eines Mitarbeiters eines Betreuungsvereins führt nicht generell zu dessen Ungeeignetheit. Wenn der Mitarbeiter fortwährend von den Betreuungsgerichten als Betreuer eingesetzt wird, belegt dies, dass er keineswegs allgemein als ungeeignet angesehen wird. Daran ändert nichts, dass in einem Fall durch rechtskräftigen Gerichtsbeschluss die Ungeeignetheit des Mitarbeiters für die Betreuung in einem bestimmten Einzelfall gerichtlich festgestellt worden ist.

Von einer generellen Ungeeignetheit dieses Mitarbeiters kann unter diesen Umständen nicht ausgegangen werden.

Eine bestimmte Quantität der Bemühungen wird von § 1908f Abs. 1 Nr. 2 und 2a BGB nicht vorgeschrieben. Die entsprechenden Bemühungen hängen somit ersichtlich von der Größe des Vereins, der Anzahl seiner Mitarbeiter und den ihm zur Verfügung stehenden Fördermitteln ab.

Beaufsichtigung der Mitarbeiter

Dem § 1908f Abs. 1 BGB ist im Einzelnen nicht zu entnehmen, wie und unter welchen Umständen und mit welcher Organisationsstruktur Vereinsmitarbeiter zu beaufsichtigen sind. Auch der Landesgesetzgeber hat hierzu, obwohl ihm in § 1908f

Abs. 3 Satz 2 BGB die Kompetenz hierfür eingeräumt ist, in seinem Gesetz zur Ausführung des Betreuungsgesetzes (AGBtG) keine konkreteren Anforderungen geregelt.

3.3 Aufgaben des Betreuungsvereins

Der Betreuungsverein muss entsprechend den Anerkennungsvoraussetzungen die Erfüllung nachfolgender Aufgaben gewährleisten:

- Führung von Betreuungen durch Vereinsbetreuer
- Führung von Betreuungen durch den Verein
- Planmäßige Gewinnung ehrenamtlicher Betreuer
- Einführung der ehrenamtlichen Betreuer in ihre Aufgaben
- Fortbildungsangebote für ehrenamtliche Betreuer
- Beratung und Unterstützung ehrenamtlicher Betreuer
- Beratung und Unterstützung Bevollmächtigter
- Planmäßige Information über Vorsorgevollmacht und Betreuungsverfügung
- Mitwirkung in der örtlichen Arbeitsgemeinschaft zur Zusammenarbeit in Betreuungsangelegenheiten

Daneben können im Einzelfall Personen bei der Errichtung einer Vorsorgevollmacht beraten werden.

Als Betreuer wird in der Regel ein Mitarbeiter des Vereins, der dort ausschließlich oder teilweise tätig ist (persönlich) bestellt (Vereinsbetreuer), § 1897 Abs. 2 Satz 1 BGB.

Der Verein als solcher (als juristische Person) kann nur zum Betreuer bestellt werden, wenn der Betreute durch eine oder mehrere natürliche Personen nicht hinreichend betreut werden kann, § 1900 Abs. 1 BGB. Nach der Intention des Betreuungsrechts, die der natürlichen Person als Betreuer einen Vorrang einräumt, muss die Bestellung des Vereins zum Betreuer als absolute Ausnahme gesehen werden.

3.4 Der ehrenamtliche Betreuer beim Betreuungsverein

Aufgabe des Betreuungsvereins ist es unter anderem, planmäßig ehrenamtliche Betreuer zu gewinnen und diese in ihre Aufgaben einzuführen, fortzubilden, zu beraten und zu unterstützen.

Ehrenamtliche Betreuer, die mit der Ausübung ihrer Tätigkeit ein Stück weit Gemeinschaft erleben wollen und eine qualifizierte Anleitung und Hilfestellung wünschen, sollten sich einem Betreuungsverein anschließen. Die Mitgliedschaft beim Verein ist nicht verpflichtend und notwendig.

3.5 Wie findet man einen Betreuungsverein?

Die Adressen der örtlichen Betreuungsvereine kann man bei den Betreuungsstellen oder den Betreuungsgerichten erfahren. Eine nach Ländern geordnete Liste findet sich auch im Internet unter: www.bundesanzeiger-verlag.de/betreuung/wiki/Kategorie:Bundesl%C3%A4nder

4. Stärkung des Ehrenamts in der Betreuung

4.1 Grundsatzliche Gedanken

Ehrenamtliche Betreuer leisten nicht nur gegenüber den Betreuten, sondern auch für die Gesellschaft einen herausragenden Beitrag zur Kultur der Mitmenschlichkeit.

Die Versorgungsstruktur in der Betreuung setzt in unserem sich wandelnden Sozialstaat mehr denn je auf die Ehrenamtlichkeit. Zur Stärkung des sozialen Ehrenamts „der Betreuung" sind neben den gesellschaftlichen Kräften in erster Linie die Betreuungsgerichte, die Betreuungsbehörden und die Betreuungsvereine verpflichtet.

Das Ehrenamt ist eine tragende Säule unserer sozialen Gemeinschaft. Vor allem im Betreuungsrecht ist ehrenamtliches Engagement unverzichtbar; in Deutschland gibt es derzeit über 800.000 ehrenamtliche Betreuerinnen und Betreuer. Die Betreuung von Menschen, die dringend auf die Hilfe anderer angewiesen sind, ist eine anspruchsvolle Aufgabe. Das Anforderungsprofil für Betreuerinnen und Betreuer unterscheidet sich kaum von Stellenanzeigen hochdotierter Jobs. Gefragt sind Kommunikationsfähigkeit, Einfühlungsvermögen, Organisationstalent sowie die Bereitschaft, sich mit rechtlichen und medizinischen Fragen auseinanderzusetzen. *(Auszug aus der Rede von Justizministerin Zypries zum Tag der Betreuung am 19. März 2009)*

4.2 Verpflichtung gegenüber ehrenamtlichen Betreuern

Die Verpflichtung gegenüber den ehrenamtlichen Helfern und ihren Rechten wird beispielhaft an der Charta für ehrenamtliche Mitarbeiter in Schottland aufgezeigt:

VOLUNTEER DEVELOPMENT SCOTLAND: Charta des Ehrenamtes

Merkmale der ehrenamtlichen Tätigkeiten:

- Sie werden nicht gegen Bezahlung ausgeführt.
- Sie werden nach eigener Wahl übernommen.
- Sie kommen dem ehrenamtlichen Helfer selbst, der Organisation, der Gemeinde und dem größeren sozialen Umfeld zugute.
- Sie erfolgen durch Vermittlung eines Dritten oder einer Organisation.

Status und Anerkennung: Die ehrenamtlichen Mitarbeiter haben ein Anrecht darauf, von den Organisationen, die sie heranziehen, anerkannt zu werden und einen Status zu erhalten. Die Organisationen sollten daher ihren eigenen Verhaltenskodex gegenüber ehrenamtlichen Mitarbeitern entwickeln.

Ehrenamtliche und bezahlte Mitarbeiter: Wenn Organisationen ehrenamtliche Mitarbeiter heranziehen, ist das kein Ersatz für bezahlte Mitarbeiter. Was die ehrenamtlichen Helfer einbringen, ist ganz speziell und andersartig und hat seinen eigenen Wert. Die Organisationen, die ehrenamtliche Mitarbeiter heranziehen, sind dafür verantwortlich, eine gute Arbeitsbeziehung zwischen den ehrenamtlichen und den bezahlten Mitarbeitern sicherzustellen.

Chancengleichheit: Organisationen, die ehrenamtliche Mitarbeiter beschäftigen, sollten danach trachten, eine Politik der Chancengleichheit zu betreiben, die auch die ehrenamtlichen Mitarbeiter umfasst.

Führung von ehrenamtlichen Mitarbeitern: Ehrenamtliche Mitarbeiter sind kosteneffizient. Sie sind aber nicht völlig kostenlos. Sie brauchen eine angemessene Unterstützung entsprechend ihren individuellen Bedürfnissen, sie brauchen eine richtige Anleitung und finanzielle Ressourcen. Am besten wird dies durch eine vertragliche Vereinbarung zwischen dem ehrenamtlichen Mitarbeiter und der Organisation unterstützt.

Informationen und Verantwortung: Die ehrenamtlichen Mitarbeiter sollten über den von ihnen gewählten Arbeitsbereich gut unterrichtet werden, beispielsweise eine Arbeitsplatzbeschreibung und eine klare Vorstellung ihrer Verantwortung gegenüber der Organisation bekommen.

Beratung: Ehrenamtliche Mitarbeiter sollten in allen größeren Entscheidungen, die ihre Arbeit beeinflussen, befragt werden.

Vertraulichkeit: Ehrenamtliche Mitarbeiter sollten nur um Informationen über die geplante Arbeit gebeten werden und erfahren, wozu diese Auskunft benötigt wird. Alle schriftlich vorgelegten Informationen sind vertraulich zu behandeln.

Kontaktpersonen und Beschwerdeverfahren: Den ehrenamtlichen Mitarbeitern soll eine Kontaktperson innerhalb der Organisation zugewiesen werden, um Unterstützung, Verbindung und Koordinierung zu gewährleisten. Ein Beschwerdeverfahren für ehrenamtliche Mitarbeiter würde sowohl der Organisation als auch dem Mitarbeiter und dem Leistungsempfänger helfen.

Ausbildung: Den ehrenamtlichen Mitarbeitern sollte die Möglichkeit gegeben werden, in den für ihre Arbeit erforderlichen Fähigkeiten angemessen ausgebildet zu werden, und wenn möglich sollte diese Ausbildung auch bescheinigt werden.

Sicherheit und Gesundheit: Die ehrenamtlichen Mitarbeiter dürfen nicht unter unsicheren oder ungesunden Umständen arbeiten. Jede Organisation, die ehrenamtliche Mitarbeiter heranzieht, soll danach trachten, eine Politik der Sicherheit und Gesundheit entsprechend den gesetzlichen Anforderungen zu betreiben.

Versicherung: Die Organisationen sollen ihren ehrenamtlichen Mitarbeitern einen angemessenen Versicherungsschutz bieten.

Arbeitsunterbrechung: Ehrenamtliche Mitarbeiter sollten Pausen in ihren ehrenamtlichen Tätigkeiten erhalten.

Spesenzahlungen: Den ehrenamtlichen Mitarbeitern sind Spesen zu bezahlen, die als grundsätzlicher Teil der Finanzplanung der Organisation zu betrachten sind.

Arbeitszeugnisse: Den ehrenamtlichen Mitarbeitern ist aufgrund ihrer ehrenamtlichen Tätigkeit ein Arbeitszeugnis auszustellen.

Ausdruck der Staatsbürgerschaft: Ehrenamtliche Tätigkeiten sind ein wesentlicher Bestandteil einer freien und demokratischen Gesellschaft und ein wichtiger Ausdruck der Staatsbürgerschaft. Es ist unerlässlich, dass die Rechte der Mitbürger, an ehrenamtlichen Aktionen beteiligt zu sein, gewahrt werden.

Mit freundlicher Genehmigung aus „Blätter der Wohlfahrtspflege" – Deutsche Zeitschrift für Sozialarbeit 9/95.

Bearbeitet von: Horst Böhm

Inhalt

1. Überblick

1.1 Entscheidungshilfen

Irren ist menschlich. Dieser Grundsatz gilt selbstverständlich auch für gerichtliche Entscheidungen, so dass logischerweise auch die Rechtsbehelfe im Betreuungsverfahren vorzustellen sind. Damit soll niemand aufgefordert werden, jede Entscheidung anzufechten, die als falsch empfunden wird. Andererseits soll keiner, der sich ungerecht behandelt fühlt, davor zurückschrecken, einen Rechtsbehelf einzulegen.

Rechtsbehelfe nicht aus Rechthaberei einlegen!

Bei der Entscheidung, ob ein Rechtsbehelf in Anspruch genommen wird, muss man verantwortungsvoll, kostenbewusst und erfolgsorientiert denken und darf nicht aus brotloser Rechthaberei die Gerichte beanspruchen, deren Belastung schon hoch genug ist. Rechtsbehelfe, die häufig das Verfahren nicht unerheblich verzögern, sollten daher nur in Anspruch genommen werden zum Wohl des Betreuten bzw. bei erheblichen Beeinträchtigungen der Rechte eines Beteiligten.

Im Zweifel kann man bei der Betreuungsstelle Rat einholen oder bei der Rechtsantragsstelle der Gerichte nachfragen. Nicht selten können dadurch Missverständnisse ausgeräumt und die Einlegung eines überflüssigen Rechtsbehelfs vermieden werden. In der Praxis wenden sich Betroffene und Verwandte z. B. häufig gegen die Bestellung der Betreuungsbehörde oder eines Betreuungsvereins als vorläufigen Betreuer und übersehen, dass bei Gericht ein Betreuerwechsel beantragt werden kann, der i. d. R. auch von der Betreuungsbehörde bzw. dem Betreuungsverein unterstützt wird. Ebenso beruhen – unzulässige – Beschwerden gegen die Bestellung eines Verfahrenspflegers oftmals auf dem Irrtum, dass dieser nun die Funktion eines Betreuers übernimmt und nahe Angehörige auf Dauer verdrängt.

1.2 Kostenbewusst handeln!

Kostenrisiko schwer einschätzbar

Das mit einem Rechtsmittel verbundene Kostenrisiko sollte besonders sorgfältig geprüft werden im Hinblick auf die Unwägbarkeiten einer gerichtlichen Kostenentscheidung. Diese steht häufig im Ermessen des Gerichts und kann daher nicht sicher kalkuliert werden.

1.3 Kosten der Rechtsmittel

Das FamFG regelt in § 80 ff. FamFG die Frage, wer die Kosten des Verfahrens zu tragen hat. Für die Auslagen des Betroffenen im Betreuungsverfahren gilt zusätzlich die Sondervorschrift des § 307 FamFG und für das Unterbringungsverfahren § 337 FamFG.

Kosten, Gebühren, Auslagen und Aufwendungen

Unter Kosten versteht man gemäß § 80 Satz 1 FamFG die „Gerichtskosten (Gebühren und Auslagen)“ und die zur „Durchführung des Verfahrens notwendigen Aufwendungen der Beteiligten“.

In der Regel gehören dazu auch die Kosten des von einem Beteiligten beauftragten Rechtsanwalts.

1.3.1 Kostenverteilung bei erfolglosem Rechtsmittel

Erfolglose Rechtsmittel

Bleibt ein Rechtsmittel ohne Erfolg, „soll“ das Gericht dem Beteiligten, der es eingelegt hat, die Kosten auferlegen (§ 84 FamFG). Die Kostenauferlegung wäre bei Erfolglosigkeit daher die Regel. Eine Abweichung kommt nur bei besonderen Umständen in Betracht. In diesem Fall erfolgt die Kostenverteilung nach den üblichen Grundsätzen. In der Praxis werden aber bei Beschwerden des Betroffenen überwiegend keine Kosten gemäß § 84 Abs. 1 FamFG auferlegt. Die Entscheidung lautet dann häufig: „Das

Beschwerdeverfahren ist gemäß § 25 Abs. 2 GNotKG gerichtsgebührenfrei. Für eine Anordnung nach §§ 81, 84 FamFG bestand keine Veranlassung." oder „Gerichtsgebühren für das Beschwerdeverfahren werden nicht erhoben (§ 25 Abs. 2 Satz 1 GNotKG)."

1.3.2 Kosten bei erfolgreichem Rechtsmittel

Erfolgreiche Rechtsmittel

Die Kosten können nach billigem Ermessen den Beteiligten ganz oder zum Teil auferlegt werden. Bei grobem Verschulden, aussichtslosen Anträgen, schuldhaft unwahren Angaben etc. „sollen" die Kosten einem Beteiligten gemäß § 81 Abs. 2 FamFG auferlegt werden. Es gibt daher keine zwingenden Vorschriften, so dass die Kostenauferlegung nur schwer vorhersehbar ist.

1.3.3 Eigene Anwaltskosten

Eigene Anwaltskosten

Wird ein Rechtsanwalt im Betreuungs- oder Unterbringungsverfahren beauftragt, müssen die anfallenden Anwaltskosten in der Regel von dem Beteiligten selbst getragen werden. Gleiches gilt für andere Auslagen des Beschwerdeführers (z. B. Reisekosten, Verdienstausfall). Nur wenn die Kosten einem anderen Beteiligten nach § 81 oder § 84 FamFG auferlegt werden, können die zur Durchführung des Verfahrens notwendigen Aufwendungen der anderen Beteiligten festgesetzt werden (§§ 80, 85 FamFG). Das mit einem Rechtsmittel verbundene Kostenrisiko sollte daher besonders sorgfältig geprüft werden.

Ausnahme: Staatskasse, Unterbringungsbehörde

Belastung der Staatskasse/ Behörde

Nur in wenigen Fällen „*kann*" das Gericht die Auslagen des Betroffenen der Staatskasse auferlegen (vgl. §§ 307, 337 FamFG). Voraussetzung ist, dass eine Betreuungs- oder Unterbringungsmaßnahme abgelehnt, als ungerechtfertigt aufgehoben, eingeschränkt oder das Verfahren ohne Entscheidung über eine Maßnahme beendet wurde. Das Betreuungsgericht trifft diese Entscheidung nach pflichtgemäßem Ermessen. Das Gericht hat eine wertende Gesamtschau vorzunehmen und dabei das Verhalten des Betroffenen und mögliche Verfahrensfehler des Gerichts abzuwägen (*LG Saarbrücken* FamRZ 2011, 1094).

Bei öffentlich-rechtlichen Unterbringungen wird dem Gericht unter bestimmten Voraussetzungen kein Ermessen eingeräumt (vgl. § 337 Abs. 2 FamFG). Die Auslagen des Betroffenen sind daher der Behörde aufzuerlegen, wenn ein begründeter Anlass, den Unterbringungsantrag zu stellen, nicht vorgelegen hat.

1.4 Kosten des Gerichts im Rechtsmittelverfahren

Gerichtskosten im Rechtsmittelverfahren

Ein Rechtsmittel verursacht oft einen nicht unerheblichen Aufwand (Gutachter, Verfahrenspfleger, Reisekosten, Anhörungen etc.), so dass bei einem erfolglosen Rechtsmittel von dem Beschwerdeführer auch Gerichtskosten (Gebühren und Auslagen gemäß § 80 Satz 1 FamFG) verlangt werden können. Die Kostentragungspflicht kann sich unmittelbar aus dem Gerichts- und Notarkostengesetz (GNotKG) ergeben, sofern das Gericht keine Kostenentscheidung getroffen hat.

Hier einige Grundsätze zur Kostentragung und zur Höhe:

Unterbringungsverfahren gerichtskostenfrei

- In Unterbringungssachen werden vom Betroffenen keine Gebühren und Auslagen nach dem GNotKG erhoben mit Ausnahme der an einen Verfahrenspfleger gezahlten Beträge gemäß § 26 Abs. 3 GNotKG i. V. m. Nummer 31015 des Kostenverzeichnisses zu § 3 Abs. 2 GNotKG. Gerichtsgebührenfrei sind auch Rechtsmittelverfahren in Unterbringungssachen (*BGH* FamRZ 2014, 1285). Diese Gebührenfreiheit gilt sogar für unstatthafte Rechtsmittel.

- Die erfolgreiche Beschwerde im Betreuungsverfahren ist kostenfrei, § 25 Abs. 1 GNotKG.
- Bei einer Verwerfung oder Zurückweisung der Beschwerde (Rechtsbeschwerde) ist eine volle (bei Rechtsbeschwerde: eineinhalbfache) Gebühr zu bezahlen, Nummer 11200 (11300) des Kostenverzeichnisses zu § 3 Abs. 2 GNotKG. Deren Höhe richtet sich nach der Geschäftswert-Gebührentabelle zu § 34 Abs. 3 GNotKG.

Gemäß § 34 Abs. 2 GNotKG beträgt die volle Gebühr 35 EUR. Diese erhöht sich bei einem

Geschäftswert bis ... EUR	**für jeden angefangenen Betrag von weiteren ... EUR**	**um ... EUR**
2.000	500	18
10.000	1.000	19
25.000	3.000	26
50.000	5.000	35
200.000	15.000	120
500.000	30.000	179
über 500.000	50.000	180
5.000.000	50.000	
10.000.000	200.000	
20.000.000	250.000	
30.000.000	500.000	
über 30.000.000	1.000.000	

- Bei Rücknahme der Beschwerde (Rechtsbeschwerde) wird gemäß Nummer 11201 (11301) nur die Hälfte einer Gebühr fällig.
- Richtet sich die Beschwerde gegen eine Entscheidung des Betreuungsgerichts und ist sie von dem Betreuten oder im Interesse dieser Person eingelegt, so schuldet die Kosten nur derjenige, dem das Gericht die Kosten auferlegt hat. Gleiches gilt für das Rechtsbeschwerdeverfahren (§ 25 GNotKG).
- Der Geschäftswert ist in allen Fällen nach § 36 GNotKG zu bestimmen und beträgt deshalb in nichtvermögensrechtlichen Angelegenheiten regelmäßig 5.000 EUR, § 36 Abs. 3 GNotKG. Das gilt mangels genügender tatsächlicher Anhaltspunkte auch für vermögensrechtliche Angelegenheiten.

1.5 Rechtsbehelf gegen den Ansatz der Kosten gemäß § 81 GNotKG

Erinnerung gegen den Kostenansatz

Die Kosten des Betreuungs- bzw. Rechtsmittelverfahrens werden zunächst vom Kostenbeamten festgesetzt (§§ 18 GNotKG, 1 KostVfg). Wer sich damit nicht abfinden will, kann Erinnerung nach § 81 GNotKG einlegen mit der Folge, dass nunmehr das Gericht (Rechtspfleger) entscheidet. Gegen seine Entscheidung kann dann Beschwerde eingelegt werden. Das Gericht muss abhelfen, wenn es die Beschwerde für zulässig und begründet hält (§ 81 Abs. 3 GNotKG). Ansonsten entscheidet das Beschwerdegericht (Landgericht). Allerdings muss der Wert des Beschwerdegegenstandes 200 EUR übersteigen oder das Gericht, das die angefochtene Entscheidung erlassen hat, lässt „wegen der grundsätzlichen Bedeutung der zur Entscheidung stehenden Frage" die Beschwerde in seinem Beschluss zu. Das Beschwerdegericht wiederum kann sogar die weitere Beschwerde zum Oberlandesgericht zulassen, wenn es dem Fall grundsätzliche Bedeutung beimisst (§ 81 Abs. 4 GNotKG). Gebühren werden in diesem Verfahren nicht erhoben.

1.6 Verfahrenskostenhilfe

Verfahrenskostenhilfe prüfen!

Die Verfahrenskostenhilfe kann sowohl im Betreuungs- als auch im Rechtsmittelverfahren beantragt werden. Das zugehörige Antragsformular wurde zur Vereinfachung des Verfahrens einheitlich gestaltet und enthält in einem Hinweisblatt die wichtigsten Ausfüllhinweise. Die Unterlagen sind bei jedem Gericht und den Rechtsantragstellen der Amtsgerichte erhältlich oder im „Justizportal des Bundes und der Länder" (www.justiz.de) unter der Rubrik „Formulare" herunterzuladen. Die Verwendung des Formulars ist zwingend vorgeschrieben (§ 117 Abs. 4 ZPO). Das Gericht prüft dann zum einen die Einkommens- und Vermögensverhältnisse und zum anderen die Erfolgsaussichten. Genügt beides den gesetzlichen Voraussetzungen und wird daher die Verfahrenskostenhilfe gewährt, entfällt auch die Pflicht zur Zahlung der Gerichtskosten ganz, oder aber es wird Ratenzahlung angeordnet.

Gesonderter Antrag in jeder Instanz

Wer vor dem Betreuungsgericht bereits Verfahrenskostenhilfe erhalten hat, muss in der nächsten Instanz erneut einen Antrag stellen. Der Antrag auf Bewilligung von Prozesskostenhilfe für das Rechtsmittelverfahren ist bei dem „Prozessgericht" zu stellen, das heißt bei dem Beschwerdegericht (§ 117 Abs. 1 Satz 1 ZPO, § 76 Abs. 1 FamFG). Anträge auf Bewilligung von Verfahrenskostenhilfe für eine beabsichtigte Beschwerde sind dagegen bei dem Gericht einzulegen, dessen Beschluss angefochten werden soll (§ 64 Abs. 1 Satz 2 FamFG).

Hat ein anderer Beteiligter das Rechtsmittel eingelegt und beantragt der in der ersten Instanz erfolgreiche Beteiligte Verfahrenskostenhilfe, muss das Rechtsmittelgericht weder die Erfolgsaussichten noch Mutwilligkeit prüfen (§ 76 Abs. 1 FamFG, § 119 Abs. 1 Satz 2 ZPO).

Der *BGH* (BtPrax 2015, 24) verlangt als zusätzliche Voraussetzung für die Bewilligung der Verfahrenskostenhilfe die Verfolgung eigener Rechte. Die Verfolgung „fremdnütziger Ziele" genügt nicht.

Zu den Einzelheiten der Beratungshilfe und der Verfahrenskostenhilfe vgl. Kapitel A 10, Abschnitte 3 und 4.

1.7 Rechtsbehelfe und Rechtsmittel im Überblick

Wichtige Rechtsbehelfe

Übersicht über die wichtigsten Rechtsbehelfe
• Beschwerde • Sofortige Beschwerde • Rechtspflegererinnerung • Rechtsbeschwerde • Sprungrechtsbeschwerde • Gehörsrüge • Antrag auf gerichtliche Entscheidung • Erinnerung • Widerspruch • Einspruch

Praxis TIPP

Keine Angst vor juristischer Terminologie!

Lassen Sie sich durch die oft kompliziert anmutende juristische Terminologie der Rechtsbehelfe nicht verunsichern. Eine falsche Bezeichnung schadet nicht, wenn Sie nur deutlich zum Ausdruck bringen, dass Sie mit einer bestimmten Entscheidung des Gerichts nicht einverstanden sind und eine erneute Überprüfung wünschen.

Obligatorische Rechtsbehelfsbelehrung gemäß § 39 FamFG

Im Übrigen muss jeder Beschluss eine Belehrung über das statthafte Rechtsmittel enthalten. Ihr kann man das für die Einlegung zuständige Gericht, dessen Sitz und die einzuhaltende Form und Frist entnehmen, aber auch einen bestehenden Anwaltszwang (z. B. bei der Rechtsbeschwerde zum *BGH*). Auf die Richtigkeit der Belehrung kann man sich verlassen und im Zweifelsfall berufen. Über die komplizierten Voraussetzungen der Sprungrechtsbeschwerde muss allerdings nicht mehr belehrt werden (§ 39 Satz 2 FamFG).

Fehlt die Rechtsbehelfsbelehrung oder ist sie fehlerhaft, kann dies einen Wiedereinsetzungsantrag begründen. Weist die Belehrung fälschlich eine kürzere Frist aus, gilt selbstverständlich die gesetzlich bestimmte längere Frist (*KG* FamRZ 2014, 592).

2. Beschwerde

2.1 Ablauf des Beschwerdeverfahrens

Das FGG-Reformgesetz hat zu einer grundlegenden Änderung des Rechts der Beschwerde geführt. Am auffälligsten sind dabei die generelle Befristung aller Beschwerden und die direkte Einbindung des Bundesgerichtshofs in den Instanzenzug als Rechtsbeschwerdegericht. In weiten Bereichen des Betreuungs- und Unterbringungsrechts hat der Bundesgerichtshof nunmehr über zulassungsfreie Rechtsbeschwerden zu entscheiden. Der Gesetzgeber hat bewusst auf die über Jahrzehnte gewachsene Kompetenz der 24 Oberlandesgerichte verzichtet. Der *BGH* muss sich mit den umfassenden Zuständigkeiten, die mit den Strukturen dieses Elitegerichts nicht unbedingt kompatibel sind, zurechtfinden.

Vom Betreuungsgericht zum Bundesgerichtshof

Zur besseren Verständlichkeit soll die nachfolgende Übersicht den Weg einer Beschwerde bis zum *BGH* aufzeigen.

Übersicht zum Gang der Beschwerde	
Endentscheidung des Amtsgerichts (Betreuungsgerichts)	Endentscheidungen sind alle Beschlüsse, die den Verfahrensgegenstand ganz oder teilweise erledigen (§ 38 Abs. 1 Satz 1 FamFG).
↓ Sprungrechtsbeschwerde zum Bundesgerichtshof im Ausnahmefall	Nur, wenn alle Beteiligten einwilligen und der Bundesgerichtshof die Sprungrechtsbeschwerde zulässt (§ 75 Abs. 1 FamFG) Achtung: Antrag auf Zulassung der Sprungrechtsbeschwerde und Erklärung der Einwilligung gilt als Verzicht auf die normale Beschwerde
→ Beschwerde	Rechtsmittel gegen Endentscheidungen der Betreuungsgerichte (§ 58 Abs. 1 FamFG) Ausnahme: Sofortige Beschwerde, soweit vom Gesetz ausdrücklich vorgesehen (vgl. dazu die Übersicht unter 2.2.4 und 4)
↓ Abhilfeentscheidung durch das Betreuungsgericht	Zunächst prüft das Betreuungsgericht, ob der Beschwerde abgeholfen werden muss, weil sie begründet ist. Andernfalls legt es die Beschwerde dem zuständigen Landgericht vor (§ 68 Abs. 1 Satz 1 FamFG).

Abhilfeentscheidung durch das Betreuungsgericht

Übersicht zum Gang der Beschwerde

Prüfung der Zulässigkeit durch das Landgericht; gegebenenfalls wird die Beschwerde als unzulässig verworfen	Prüfungsgegenstand sind die Statthaftigkeit, Form und Frist (§ 68 Abs. 2 FamFG) Zuständig wäre in FamFG-Sachen grundsätzlich das Oberlandesgericht, für die Entscheidungen des Betreuungsgerichts und in Freiheitsentziehungssachen ist jedoch das Landgericht zuständig (§§ 72 Abs. 1 Satz 2, 119 Abs. 1 Nr. 1b GVG).	
Beschluss des Landgerichts	Eigene Entscheidung in der Sache (§ 69 Abs. 1 Satz 1 FamFG) oder Aufhebung und Zurückverweisung (§ 69 Abs. 1 Satz 2 FamFG), wenn • das Betreuungsgericht noch nicht entschieden hat oder • ein wesentlicher Verfahrensmangel vorliegt, eine umfangreiche oder aufwändige Beweiserhebung notwendig wäre und ein Beteiligter die Zurückverweisung beantragt.	***Entscheidung durch das Landgericht***
Rechtsbeschwerde zum Bundesgerichtshof	Zuständig ist der Bundesgerichtshof gemäß § 133 GVG. Die Rechtsbeschwerde ist ohne Zulassung und Beschränkung gemäß § 70 Abs. 3 FamFG statthaft gegen Beschlüsse des Beschwerdegerichts in • Betreuungssachen zur Bestellung eines Betreuers, zur Aufhebung einer Betreuung, zur Anordnung oder Aufhebung eines Einwilligungsvorbehalts, • Unterbringungssachen auch bei Genehmigungen und Anordnungen für Minderjährige gemäß § 151 Nr. 6 und 7 FamFG sowie in Freiheitsentziehungssachen Allerdings nur bei Entscheidungen, die eine Unterbringung oder freiheitsentziehende Maßnahme „anordnen“ (§ 70 Abs. 3 Satz 2 FamFG). Entgegen des Wortlauts sind damit auch Genehmigungsbeschlüsse erfasst. Ansonsten mit bindender Zulassung des Beschwerdegerichts, die erfolgt, wenn • die Sache grundsätzliche Bedeutung hat oder • die Fortbildung des Rechts oder die Sicherung einer einheitlichen Rechtsprechung eine Entscheidung des Rechtsbeschwerdegerichts erfordert. Gemäß § 70 Abs. 4 FamFG ist die Rechtsbeschwerde nicht statthaft gegen einstweilige Anordnung (Anordnung, Abänderung, Aufhebung).	***Rechtsbeschwerde ohne Zulassung*** ***Rechtsbeschwerde mit Zulassung***

Übersicht zum Gang der Beschwerde	
1. Prüfung der Zulässigkeit durch den Bundesgerichtshof. Gegebenenfalls wird die Rechtsbeschwerde als unzulässig verworfen	Prüfungsgegenstand sind die Statthaftigkeit, Form, Frist und das Vorliegen einer Begründung (§ 74 Abs. 1 FamFG)
2. Prüfung, ob Zurückweisungsbeschluss ergehen kann	Der Bundesgerichtshof ist einstimmig der Überzeugung, dass • Zulassungsgründe nicht vorliegen und die • Rechtsbeschwerde keine Aussicht auf Erfolg hätte § 74a FamFG gilt also nicht für die zulassungsfreie Rechtsbeschwerde.
Beschluss des Bundesgerichtshofs	§ 74 Abs. 2, 5 und 6 FamFG eröffnen dem Bundesgerichtshof folgende Entscheidungsmöglichkeiten: • Eigene Entscheidung bei Entscheidungsreife (Aufhebung, Zurückweisung) ansonsten • Aufhebung und Zurückverweisung zur anderweitigen Behandlung und Entscheidung an das – Beschwerdegericht oder – Ausgangsgericht (besondere Gründe) • Zurückweisung der Rechtsbeschwerde trotz Vorliegens einer Rechtsverletzung, wenn sich die Entscheidung aus anderen Gründen als richtig darstellt (§ 74 Abs. 2 FamFG)

Verwerfung wegen Unzulässigkeit

Zurückweisungsbeschluss (§ 74a FamFG)

2.2 Statthaftigkeit

Statthaftigkeit

2.2.1 Die Beschwerde ist nur statthaft gegen Endentscheidungen (§§ 58 Abs. 1, 38 Abs. 1 Satz 1 FamFG)

Endentscheidungen

Das Gericht entscheidet in der Regel durch Beschluss. Dieser kann mit einer Beschwerde angefochten werden, wenn er den Verfahrensgegenstand ganz oder teilweise erledigt (Endentscheidung). Dies gilt ohne Unterschied für Entscheidungen des Richters wie auch des Rechtspflegers (§ 11 Abs. 1 RPflG).

Neben den Beschwerden gegen „Endentscheidungen" gibt es noch, sofern vom Gesetz ausdrücklich zugelassen, die sofortige Beschwerde gegen sonstige Entscheidungen. Somit sind alle anderen Entscheidungen und Anordnungen des Gerichts im Grundsatz unanfechtbar.

2.2.2 *Beispiele für „unanfechtbare Entscheidungen"*

Unanfechtbare Entscheidungen

Mangels Zulassung ausgeschlossen ist daher die Anfechtung der Anordnung und der Vorführung des Betroffenen zur Untersuchung durch den Sachverständigen gemäß § 283 Abs. 1 FamFG, da es sich um eine Anordnung und nicht um eine Endentscheidung durch Beschluss handelt (vgl. Stellungnahme des Bundesrats, *BR-Drucks. 309/07 S. 64*).

Dagegen wird für die Unterbringung zum Zweck der Vorbereitung eines Gutachtens nach § 284 FamFG durch Beschluss ausdrücklich bestimmt, dass diese Entscheidung mit der sofortigen Beschwerde anfechtbar ist. Bei einer Begutachtung zur Prüfung der Voraussetzungen einer Unterbringung ergibt sich dies aus § 322 FamFG.

Wie schon in der Rechtsprechung zum FGG (a. F.) ausgesprochen, ergibt sich nunmehr zwanglos auch die Unanfechtbarkeit für die Einleitung des Verfahrens oder die Entscheidung, ein Sachverständigengutachten einzuholen.

2.2.3 *Beschwerdegericht beurteilt zum Teil auch vorausgegangene Entscheidungen*

Umfang der Beurteilung

Das Beschwerdegericht ist aber bei der Beurteilung nicht auf die angefochtene „Endentscheidung" beschränkt. Wird eine Endentscheidung mit der Beschwerde angegriffen, dann unterliegen gemäß § 58 Abs. 2 FamFG die der Endentscheidung vorausgegangenen Entscheidungen der Beurteilung durch das Beschwerdegericht. Dazu gehören nicht die selbstständig anfechtbaren Entscheidungen, also alle, die mit der sofortigen Beschwerde angefochten wurden oder hätten angefochten werden können. Ferner unterliegen der Beurteilung nicht die Entscheidungen, die uneingeschränkt für unanfechtbar erklärt werden.

Unanfechtbarkeit kraft Gesetzes

Für unanfechtbar werden z. B. folgende Entscheidungen erklärt:

§ 3 Abs. 3 Satz 1 FamFG	Verweisung bei Unzuständigkeit
§ 5 Abs. 3 FamFG	Gerichtliche Bestimmung der Zuständigkeit
§ 6 Abs. 1 Satz 1 FamFG, § 46 Abs. 2 ZPO	Ablehnungsgesuch wird für begründet erklärt
§ 10 Abs. 3 Satz 1 FamFG	Zurückweisung nicht vertretungsbefugter Bevollmächtigter
§ 10 Abs. 3 Satz 3 FamFG	Zurückweisung unfähiger Bevollmächtigter
§§ 12 Abs. 1 Satz 3, 10 Abs. 3 Satz 1 und 3 FamFG	Zurückweisung nicht vertretungsbefugter oder unfähiger Beistände
§ 13 Abs. 4 Satz 3 FamFG	Überlassung der Akten in den Amts- oder Geschäftsräumen eines Rechtsanwalts, Notars oder einer Behörde zur Akteneinsicht
§ 19 Abs. 2 FamFG	Wiedereinsetzung
§ 22 Abs. 2 Satz 3 FamFG	Erklärung der Wirkungslosigkeit einer noch nicht rechtskräftigen Endentscheidung durch Beschluss nach Antragsrücknahme
§ 32 Abs. 1 Satz 2 FamFG, 227 Abs. 4 Satz 2 ZPO	Verlegung eines Termins oder Vertagung
§ 32 Abs. 3 FamFG, § 128a Abs. 3 Satz 2 ZPO	Entscheidungen über die Verhandlung im Wege der Bild- und Tonübertragung

§ 42 Abs. 3 Satz 1 FamFG	Zurückweisung des Antrags auf Berichtigung
§ 44 Abs. 4 Satz 3 FamFG	Zurückweisung der Gehörsrüge als unzulässig oder unbegründet
§ 55 Abs. 1 Satz 2 FamFG	Aussetzung der Vollstreckung einer einstweiligen Anordnung
§ 93 Abs. 1 Satz 3 FamFG	Einstellung der Vollstreckung

„nicht selbstständig anfechtbare Entscheidungen"

Wird dagegen im Gesetz nur ausgesprochen, dass die Entscheidung nicht selbstständig anfechtbar ist und ist sie der Endentscheidung vorausgegangen, dann unterliegt sie auch der Beurteilung durch das Beschwerdegericht. So etwa die Bestellung, Aufhebung oder Ablehnung der Bestellung eines Verfahrenspflegers (§§ 276 Abs. 6, 317 Abs. 6 FamFG).

Sonderfall: sofortige Beschwerde

2.2.4 *Sofortige Beschwerde bei bestimmten Zwischen- und Nebenentscheidungen*

Bei einigen Zwischen- oder Nebenentscheidungen wird ausdrücklich die Anfechtung durch die sofortige Beschwerde zugelassen (vgl. Abschnitt 4).

Fälle der sofortigen Beschwerde

Übersicht der gesetzlich vorgesehenen Fälle der „sofortigen Beschwerde"

§ 6 Abs. 2 FamFG	Ablehnungsgesuch wurde für unbegründet erklärt
§ 7 Abs. 5 FamFG	Einem Antrag auf Hinzuziehung als Beteiligter wird nicht entsprochen
§ 10 Abs. 4 Satz 3 FamFG, § 78b Abs. 2 ZPO	Ablehnung der Bestellung eines Notanwalts
§ 10 Abs. 4 Satz 3 FamFG, § 78c Abs. 3 ZPO	Entscheidungen zur Auswahl des Notanwalts
§ 21 Abs. 2 FamFG	Aussetzung des Verfahrens
§ 33 Abs. 3 Satz 5 FamFG	Ordnungsmittel bei Ausbleiben eines Beteiligten, dessen persönliches Erscheinen angeordnet war
§ 35 Abs. 5 FamFG	Zwangsgeld, Zwangshaft
§ 42 Abs. 3 Satz 2 FamFG	Berichtigung eines Beschlusses
§ 76 Abs. 2 FamFG	Beschlüsse im Verfahrenskostenhilfeverfahren
§ 87 Abs. 4 FamFG	Beschlüsse im Vollstreckungsverfahren
§ 284 Abs. 3 Satz 2 FamFG	Beschlüsse über die Unterbringung zur Vorbereitung eines Gutachtens bzw. Verlängerung eines derartigen Beschlusses
§§ 322, 284 Abs. 3 Satz 2 FamFG	Beschlüsse über die Unterbringung zur Vorbereitung eines Gutachtens über die Notwendigkeit einer Unterbringung

Anfechtbarkeit von End- und Nebenentscheidungen

Anfechtbarkeit von End-, Zwischen- oder Nebenentscheidungen			
Endentscheidung	Zwischen- oder Nebenentscheidungen		
↓	„anfechtbar" nur zusammen mit der Hauptentscheidung (§ 58 Abs. 2 FamFG, nicht selbstständig anfechtbar)	unanfechtbar aufgrund gesetzlicher Bestimmung	isoliert mit sofortiger Beschwerde anfechtbar, sofern vom Gesetz zugelassen
Beschwerde	←		↓ sofortige Beschwerde

2.2.5 Statthaftigkeit nach Erledigung

Erledigung

Die Beschwerde dient nur dazu, bestehende Rechtsbeeinträchtigungen zu beseitigen. Nach Wegfall der Rechtsbeeinträchtigung wird deshalb auf entsprechenden Antrag hin nur noch über die Kosten entschieden. Eine derartige Erledigung der Hauptsache tritt ein, wenn während des Verfahrens „der Verfahrensgegenstand durch ein Ereignis, welches eine Veränderung der Sach- und Rechtslage herbeiführt, weggefallen ist, so dass die Weiterführung des Verfahrens keinen Sinn mehr hätte, weil eine Sachentscheidung nicht mehr ergehen kann" (*BGH*, Beschluss vom 7. 8. 2019, Az. XII ZB 29/19). Sobald also die angefochtene Entscheidung hinfällig oder durch eine andere ersetzt wird, kann eine Entscheidung in der Sache nicht mehr ergehen.

Konkrete Beispiele für Erledigungsfälle:

- Wegfall der einzigen Aufgabe des Betreuers (z. B. Verzicht auf Fahrerlaubnis, Waffenbesitzkarte oder Anwaltszulassung)
- Entlassung des Betroffenen aus einem psychiatrischen Krankenhaus bei Anfechtung der betreuungsgerichtlichen Genehmigung der Unterbringung
- Bestellung des endgültigen Betreuers nach Beschwerde gegen die Bestellung eines vorläufigen Betreuers
- Genehmigung der endgültigen Unterbringung nach einer vorläufigen Maßnahme
- Aufhebung der Betreuung nach Beschwerde gegen die Bestellung eines bestimmten Betreuers
- Tod des Betreuten

Beschwerde u. U. auch nach Erledigung

Mit der Erledigung entfällt die Beschwer des Beschwerdeführers und sein Rechtsschutzbedürfnis. § 62 Abs. 1 FamFG geht daher davon aus, dass die Beschwerde dann auch unstatthaft ist. Nur bei einem „berechtigten Interesse an der Feststellung", dass die Entscheidung des Gerichts des ersten Rechtszugs seine Rechte verletzt habe, kann man die Beschwerde mit diesem eingeschränkten Ziel weiter verfolgen.

„Berechtigtes Interesse"

Ein derartiges „berechtigtes Interesse" liegt in der Regel gemäß § 62 Abs. 2 FamFG vor, wenn ein schwerwiegender Grundrechtseingriff behauptet wird oder eine Wiederholung konkret zu erwarten ist.

Antrag muss gestellt werden

Unter diesen Voraussetzungen kann eine Beschwerde zulässig bleiben, wenn beantragt wird festzustellen, dass die angefochtene und erledigte Entscheidung den Beschwerdeführer in seinen Rechten verletzt hat. Das Beschwerdegericht wird zumindest den anwaltlich nicht vertretenen Beschwerdeführer auf die Möglichkeit der

Stellung eines Feststellungsantrags hinweisen müssen (*BGH* BtPrax 2015, 241). Im Hinblick auf die in der Regel eingeschränkten Möglichkeiten der Betroffenen genügt es, wenn sich aus dem „gesamten Vorbringen des Betroffenen konkludent das Begehren ergibt", dass die Rechtmäßigkeit der getroffenen Maßnahme trotz der Erledigung geprüft werden soll (so *BGH*, Beschluss vom 7. 8. 2019, Az. XII ZB 29/19).

„schwerwiegende Grundrechtseingriffe"

In Betracht kommen Fälle, in denen sich der belastende Hoheitsakt auf eine kurze Zeitspanne beschränkt und der Betroffene eine gerichtliche Entscheidung kaum erlangen kann.

Dies wird z. B. der Fall sein bei einer

- Wohnungsdurchsuchung (§§ 283 Abs. 3 Satz 1, 323, 326 Abs. 3 Satz 1 FamFG),
- vorläufigen Unterbringung (§§ 331, 332 FamFG),
- vorläufigen unterbringungsähnlichen Maßnahme (§§ 331, 332 FamFG),
- Bestellung eines Kontrollbetreuers mit der Ermächtigung, eine Vorsorgevollmacht zu widerrufen (vgl. *BVerfG*, Beschluss vom 10. 10. 2008, Az. 1 BvR 1415/08).

Tod des Betreuten

Besonderheiten für die Zulässigkeit des Feststellungsantrags gelten nach dem Tod des Betreuten. Der *BGH* (BtPrax 2013, 30; FamRZ 2012, 619) hat den beschwerdeberechtigten Verfahrenspflegern, aber auch Angehörigen und Vertrauenspersonen das Antragsrecht nach § 62 Abs. 1 FamFG mit der Begründung abgelehnt, dass diese nicht in „ihren" Rechten verletzt seien. Für den Verfahrenspfleger hat der Gesetzgeber mit der Neufassung des § 62 Abs. 3 FamFG diese Entscheidung des *BGH* korrigiert. Der Verfahrenspfleger kann daher den Feststellungsantrag unter den gleichen Voraussetzungen stellen wie der Betroffene.

Antragsrecht Dritter

Dies führt zu dem eigenartigen Ergebnis, dass der Gesetzgeber den Angehörigen und der Vertrauensperson ein Beschwerderecht einräumt (§ 303 Abs. 2 FamFG) mit dem z. B. die gesamte Betreuerbestellung eliminiert werden kann. Nach dem Tod des Betreuten wird dagegen mangels Befugnis aus § 62 FamFG eine möglicherweise eklatante Fehlentscheidung auf ewig perpetuiert. Das postmortale Persönlichkeitsrecht und der Schutz von Ehe und Familie bleiben dabei möglicherweise auf der Strecke. Man sollte daher nicht nur den Angehörigen, sondern allen Beschwerdeberechtigten die Befugnis einen Feststellungsantrag zu stellen, nicht generell versagen (vgl. *LG Lübeck* FamRZ 2016, 569).

Betreuungsbehörde

Der BGH versagt auch der Betreuungsbehörde die Antragsbefugnis nach § 62 Abs. 1 FamFG, weil ihre eigene Rechtssphäre nicht betroffen sei und so ein berechtigtes Feststellungsinteresse nach § 62 Abs. 2 FamFG fehle (*BGH*, Beschluss vom 20. 8. 2014, Az. XII ZB 205/14).

§ 62 FamFG ermöglicht nur die Feststellung der Rechtswidrigkeit einer erledigten Maßnahme im Beschwerdeverfahren. Man kann also diese Feststellung nicht isoliert vor einem erstinstanzlichen Gericht erreichen (*BGH* BtPrax 2013, 32).

2.3 Zuständigkeit für die Beschwerdeentscheidung

Landgerichte als Beschwerdegerichte

Die Frage, wer über eine Beschwerde zu entscheiden hat, regeln die §§ 72, 119 Abs. 1 Nr. 1b GVG. In den Angelegenheiten der freiwilligen Gerichtsbarkeit sind grundsätzlich die bundesweit 24 Oberlandesgerichte zuständig. Mit den Beschwerden gegen Entscheidungen der Betreuungsgerichte und in Freiheitsentziehungssachen sind jedoch die Landgerichte betraut. Aufgrund der weitaus größeren Zahl (116) wird damit eine effektivere und ortsnähere Erledigung erreicht.

2.4 Beschwerdeberechtigung

2.4.1 Allgemeine Regelung des § 59 FamFG

Allgemeine Regelung

Nicht jeder kann eine Entscheidung anfechten, wenn sie ihm nicht gefällt. Voraussetzung ist, dass ein konkretes Recht des Beschwerdeführers beeinträchtigt wurde. Ein bloß wirtschaftliches oder ideelles Interesse allein genügt dagegen nicht. Als beeinträchtigtes Recht des Beschwerdeführers kommt jede durch Gesetz verliehene oder durch die Rechtsordnung anerkannte, von der Staatsgewalt geschützte Rechtsposition in Betracht (vgl. *BayObLG* BtPrax 2004, 111).

2.4.2 *Erweiterung in Betreuungsverfahren gemäß § 303 FamFG*

Erweiterung für Betreuungsverfahren

Darüber hinaus erweitert die Sondervorschrift des § 303 FamFG den Kreis der Beschwerdeberechtigten für die Betreuungsverfahren.

2.4.2.1 Betreuungsbehörde, Verfahrenspfleger, Betreuer, Vorsorgebevollmächtigte

Die Beschwerdeberechtigung für die Betreuungsbehörde ergibt sich aus § 303 Abs. 1 FamFG, soweit Entscheidungen über die Bestellung eines Betreuers oder die Anordnung eines Einwilligungsvorbehalts sowie über Umfang, Inhalt oder Bestand dieser Maßnahmen ergangen sind.

Verfahrenspfleger

Für den Verfahrenspfleger, der gemäß § 276 FamFG die Interessen des Betroffenen wahrnehmen muss, ergibt sich die Beschwerdeberechtigung unmittelbar aus § 303 Abs. 3 FamFG.

Er vertritt den Betroffenen allerdings nicht und kann daher nur im eigenen Namen Beschwerde einlegen (*BGH*, Beschluss vom 11. 2. 2015, Az. XII ZB 48/14).

Betreuer

Betreuer und Vorsorgebevollmächtigte können, wenn ihre Aufgabenkreise betroffen sind, im Namen des Betreuten bzw. Vollmachtgebers gemäß § 303 Abs. 4 FamFG Beschwerde einlegen.

Vorsorgebevollmächtigter

Der Vorsorgebevollmächtigte kann aber nicht im eigenen Namen gegen die Anordnung einer Betreuung Beschwerde einlegen. Auch dem Betreuer steht etwa gegen die Aufhebung der Betreuung keine Beschwerdebefugnis im eigenen Namen zu, weil die Betreuung ausschließlich im Interesse des Betroffenen angeordnet wird und somit die Rechtssphäre des Betreuers nicht tangiert. Nach der Rechtsprechung des *BGH* ist somit die Formulierung „auch im Namen des Betroffenen" in § 303 Abs. 4 Satz 1 FamFG zu lesen als „nur im Namen des Betroffenen" (*BGH*, Beschluss vom 15. 4. 2015, Az. XII ZB 330/14; Beschluss vom 4. 12. 2013, Az. XII ZB 333/13). Eine nachvollziehbare Begründung für diese dem Wortlaut widersprechende Auslegung findet sich in der Entscheidung nicht.

Für den Vorsorgebevollmächtigten ist eine Besonderheit zu beachten, wenn ein Betreuer bestellt wurde, der die Vorsorgevollmacht widerrufen hat. Auch nach einem wirksamen Widerruf der Vorsorgevollmacht durch den Betreuer kann der Bevollmächtigte noch im Namen des Betroffenen, nicht aber im eigenen Namen Rechtsmittel gegen die Betreuerbestellung einlegen (*BGH*, Beschluss vom 12. 12. 2018, Az. XII ZB 387/18).

2.4.2.2 Ehegatte, Lebenspartner, Eltern, Großeltern, Pflegeeltern, Abkömmlinge, Geschwister, Person des Vertrauens

Eingeschränktes Beschwerderecht

Ein eingeschränktes Beschwerderecht wird den Ehegatten oder Lebenspartnern (vgl. § 1 Lebenspartnerschaftsgesetz), sofern sie nicht dauernd getrennt leben (vgl. dazu Kapitel A 1, Abschnitt 3.4.6.1), sowie Eltern, Großeltern, Pflegeeltern, Abkömmlingen und Geschwistern des Betroffenen bzw. einer Person seines Vertrauens eingeräumt (§ 303 Abs. 2 FamFG). Es besteht für sie in folgenden Fällen:

- gegen Entscheidungen, die von Amts wegen ergangen sind

Beschwerderecht bei „Antrag" des Betroffenen

Eine Entscheidung „von Amts wegen" liegt nur vor, solange der Betroffene keinen „Antrag" gemäß § 1896 Abs. 1 Satz 1 und 2 BGB gestellt hat. Mit dem Antrag entfällt das erweiterte Beschwerderecht. Dies gilt wohl auch, wenn die Verlängerung einer Betreuung auf „Wunsch" des Betreuten erfolgt ist (vgl. *OLG München* BtPrax 2008, 173).

Ist ein Antrag des Betroffenen sogar zwingend erforderlich, wie etwa bei der Betreuungsbedürftigkeit aufgrund körperlicher Beeinträchtigung gemäß § 1896 Abs. 1 Satz 3 BGB, kann gegen die Ablehnung des Antrags nur der Betroffene Beschwerde einlegen (§ 59 Abs. 2 FamFG). Diese Einschränkung gilt allerdings nicht für die

Betreuungsbehörde, deren Beschwerdeberechtigung sich nach den §§ 59 Abs. 3, 303 Abs. 1 FamFG bestimmt. Insoweit wird der Behörde die Möglichkeit eingeräumt, auch gegen den Willen des Betroffenen die Beschwerde einzulegen. Der Gesetzgeber wollte damit eine Kontrollmöglichkeit schaffen, um etwa kostenintensive, aber nicht erforderliche Betreuungen oder Fehler bei der Auswahl des Betreuers zu verhindern.

- im Interesse des Betroffenen

Beschwerderecht im Interesse des Betroffenen

Besonders nachhaltig betont das Gesetz nunmehr, dass für die privilegierten Angehörigen und die Person des Vertrauens die Beschwerde nur in Betracht kommt, wenn sie im „Interesse des Betroffenen" erfolgt. Der *BGH* (Beschluss vom 18. 10. 2017, Az. XII ZB 336/17) schränkt die an sich positive Pflicht zur Feststellung, dass die Beschwerde im Interesse des Betroffenen erfolgen müsse, ein und hält diese Einschränkung nur für gegeben, wenn der Beschwerdeführer *lediglich seine eigenen Interessen* verfolgt. Maßgeblich müssen aber die Interessen des Betroffenen bleiben. Es ist zudem kaum möglich, sicher festzustellen, ob und in welchem Umfang der Beschwerdeführer eigene Interessen verfolgt. Es ist darüber hinaus möglich, dass ein Angehöriger eigene Interessen verfolgt, diese aber deckungsgleich mit denen des Betroffenen sind.

- soweit diese Personen im ersten Rechtszug beteiligt worden sind

Nur bei Beteiligung in erster Instanz besteht Beschwerdebefugnis

Die Angehörigen bzw. Vertrauenspersonen sind aber nur dann beschwerdeberechtigt, wenn sie vom Betreuungsgericht gemäß §§ 7, 274 Abs. 4 Nr. 1 FamFG beteiligt wurden. Näheres zur Frage wer, wann, wie und wie lange als Beteiligter hinzugezogen wurde, ergibt sich aus den Ausführungen unter Kapitel A 1, Abschnitt 3.4.6. Für die Beteiligung gelten jedoch die gleichen Einschränkungen wie für die Betreuungsbehörde, da § 274 Abs. 4 Nr. 1 FamFG auf die Fälle des § 274 Abs. 3 FamFG verweist. Deshalb kommen diese an sich privilegierten Personen nur zu einer Beschwerdebefugnis in Verfahren über die Bestellung eines Betreuers oder die Anordnung eines Einwilligungsvorbehalts und in Verfahren über Umfang, Inhalt oder Bestand dieser Entscheidungen (vgl. dazu *BGH* BtPrax 2014, 170).

Eine Beteiligung bzw. Beschwerdeberechtigung wird nur im „Interesse des Betroffenen" ermöglicht. Das Betreuungsgericht muss somit die Wünsche und Belange des Betroffenen bei der Entscheidung über die Beteiligung prüfen. Das Beschwerdegericht prüft dann erneut die Wünsche und Belange des Betroffenen bezüglich der Beschwerdeberechtigung der privilegierten Angehörigen. Dabei orientiert sich das Interesse des Betroffenen nicht nur an seinen subjektiven Vorstellungen, sondern auch an seinen objektiven Interessen, die er selbst vielleicht krankheitsbedingt nicht erkennen kann. Somit kann unter Umständen auch gegen den ausdrücklich geäußerten natürlichen Willen des Betroffenen ein objektiv gegenteiliges Interesse festgestellt werden. Verfolgt der Angehörige ausschließlich eigene Interessen, wird man in der Regel kein Interesse des Betroffenen feststellen können, so *BGH* (Beschluss vom 18. 10. 2017, Az. XII ZB 336/17). Eine derart klare Abgrenzung der Interessen wird aber in den meisten Fällen nicht möglich sein.

Der BGH geht davon aus, dass die Beschwerdebefugnis versagt werden muss, unabhängig davon, „aus welchen Gründen eine Beteiligung am erstinstanzlichen Verfahren nicht erfolgte" (*BGH* BtPrax 2011, 176).

Dies erscheint im Hinblick auf den verfassungsrechtlich garantierten effektiven Rechtsschutz (vgl. *BVerfG* BtPrax 2009, 27) bedenklich, vor allem, wenn das Betreuungsgericht seiner Benachrichtigungs- und Belehrungspflicht gemäß § 7 Abs. 4 FamFG nicht nachgekommen ist und der Verwandte von dem Verfahren erster Instanz vor dem Beschluss keine Kenntnis hatte.

Praxis TIPP

Den Angehörigen aus dem privilegierten Personenkreis des § 303 Abs. 2 FamFG ist daher anzuraten, im Verfahren vor dem Betreuungsgericht unverzüglich zu beantragen, als Beteiligte zugelassen zu werden und im Fall der Ablehnung sofortige Beschwerde gemäß § 7 Abs. 5 Satz 2 FamFG einzulegen. Ansonsten verlieren sie jede Chance, eine möglicherweise falsche Entscheidung anzufechten.

Dem Lebensgefährten (nicht zu verwechseln mit dem Lebenspartner) steht dagegen kein eigenes Beschwerderecht zu, weil sich diese Beziehung wegen der bewusst gewählten rechtlichen Unverbindlichkeit nicht sicher bestimmen lässt. Der Lebensgefährte kann aber als „Person des Vertrauens“ beteiligt werden (vgl. *BayObLG* NJW 1998, 1567).

Lebensgefährte, verschwägerte Personen

Ebenso bleiben Personen unberücksichtigt, die mit dem Betroffenen nicht verwandt, sondern nur verschwägert sind.

2.4.2.3 Vertreter der Staatskasse

Beschwerde der Staatskasse

Soweit die Interessen der Staatskasse betroffen sind, eröffnet § 304 FamFG die Möglichkeit der Beschwerde. Dem Vertreter der Staatskasse wird zudem eine längere Beschwerdefrist eingeräumt, damit die Beschwerde noch als Folge der regelmäßigen Revisionen der Bezirksrevisoren eingelegt werden kann.

2.4.3 Erweiterung in Unterbringungsverfahren gemäß § 335 FamFG

Erweiterung für Unterbringungsverfahren

Ähnliche Erweiterungen der Beschwerdeberechtigung regelt § 335 FamFG für die Beschwerden gegen Unterbringungsmaßnahmen.

2.4.3.1 Ehegatte, Lebenspartner, Eltern, Kind, Pflegeeltern, Leiter der Einrichtung, in der der Betroffene lebt

Das Recht der Beschwerde steht zu

- dem Ehegatten, Lebenspartner, soweit sie nicht getrennt leben,
- Eltern oder Kind, wenn der Betroffene bei ihnen zumindest bei Einleitung des Verfahrens gelebt hat,
- den Pflegeeltern,
- einer vom Betroffenen benannten Person seines Vertrauens,

allerdings wiederum nur „im Interesse des Betroffenen“. Ferner müssen auch sie gemäß § 315 Abs. 4 FamFG vom Betreuungsgericht beteiligt worden sein.

2.4.3.2 Betreuungsbehörde, Verfahrenspfleger, Betreuer, Vorsorgebevollmächtigter

Das Beschwerderecht der Betreuungsbehörde und des Verfahrenspflegers ergibt sich aus § 335 Abs. 2 und 4 FamFG. Betreuer und Vorsorgebevollmächtigter haben die Möglichkeit, im Namen des Betroffenen Beschwerde einzulegen, wenn ihr Aufgabenkreis betroffen ist (§ 335 Abs. 3 FamFG).

2.5 Beschwerdewert

2.5.1 Vermögensrechtliche Streitigkeiten

Vermögensrechtliche Streitigkeiten führen i. d. R. nicht zu gravierenden und häufig sogar grundrechtsrelevanten Eingriffen wie Unterbringungen oder die Einrichtung einer Betreuung. Deshalb geht § 61 FamFG davon aus, dass eine Instanz genügt, wenn der Wert des Beschwerdegegenstandes 600 EUR nicht übersteigt.

2.5.2 Kosten- und Auslagenentscheidungen

Das FamFG verzichtet auf eine eigenständige Regelung der Anfechtbarkeit der Kosten- und Auslagenentscheidungen. Entscheidet das Gericht über die Kosten, hat es darüber in der Endentscheidung zu befinden (§ 82 FamFG). Dies hat zur Folge, dass auch diese Entscheidungen nur beschwerdefähig sind, wenn der Beschwerdegegenstand die 600 EUR-Grenze überschreitet.

2.5.3 Zulassung der Beschwerde bei Nichterreichen des Beschwerdewerts

Zulassungsbeschwerde

Bei grundsätzlicher Bedeutung oder wenn die Fortbildung des Rechts oder die Sicherung einer einheitlichen Rechtsprechung eine Beschwerde erfordert, kann das Gericht die Beschwerde – bindend – zulassen (§ 61 Abs. 3 FamFG).

2.6 Formvorschriften

Wann, wie und wo man die Beschwerde einlegen kann, regelt § 64 FamFG.

2.6.1 Ab wann kann man eine Beschwerde einlegen?

Die Beschwerde richtet sich gegen „ergangene Endentscheidungen", § 58 Abs. 1 FamFG. Der Beschwerdeführer muss daher zumindest den Erlass der Entscheidung abwarten, der in § 38 Abs. 3 Satz 2 FamFG geregelt ist.

2.6.2 Wo kann man die Beschwerde einreichen?

Die Beschwerde muss grundsätzlich bei dem Gericht eingelegt werden, dessen Entscheidung aufgehoben werden soll (§ 64 Abs. 1 und 2 FamFG), das heißt, dem Amtsgericht, dessen Betreuungsgericht entschieden hat.

Da ein Untergebrachter in der Wahrnehmung seiner Rechte beschränkt ist, kann er die Beschwerde in Betreuungssachen nach § 305 FamFG und in Unterbringungssachen nach § 336 FamFG auch bei dem Amtsgericht einlegen, in dessen Bezirk sich die Einrichtung befindet, in der er untergebracht ist.

2.6.3 Äußere Form der Beschwerde, Beschwerdeschrift

Das Gesetz bietet zwei Wege für die Einlegung an, nämlich die Beschwerdeschrift oder die Niederschrift bei der Geschäftsstelle des Betreuungsgerichts, § 64 Abs. 2 Satz 1 FamFG.

2.6.3.1 Beschwerdeschrift

Beschwerdeschrift

Da § 64 Abs. 2 Satz 1 FamFG eine Beschwerdeschrift verlangt, muss die Schriftform gewahrt sein. Insoweit bestimmt § 126 Abs. 1 BGB, dass die Beschwerde „eigenhändig durch Namensunterschrift oder mittels notariell beglaubigten Handzeichens unterzeichnet werden" muss. Das Erfordernis der Unterschrift ergibt sich aber auch direkt aus § 64 Abs. 2 Satz 4 FamFG, der ausdrücklich davon spricht, dass die Beschwerdeschrift von dem „Beschwerdeführer oder seinem Bevollmächtigten zu unterzeichnen ist". Im Hinblick auf die vielfältigen modernen Kommunikationsmöglichkeiten ergeben sich folgende Varianten:

- Beschwerdeschrift
  Beschwerdeschreiben sind der klassische Idealfall, egal, ob hand- oder maschinenschriftlich verfasst, aber mit eigenhändiger Unterschrift versehen.

Elektronisches Dokument

- Elektronisches Dokument
  Die elektronische Übermittlung einer Datei gemäß § 14 Abs. 2 Satz 1 FamFG i. V. m. § 130a Abs. 1 ZPO genügt, wenn das Dokument (Beschwerde) mit einer *qualifizierten Signatur* nach dem Signaturgesetz versehen ist. Bezüglich der Zugangswege siehe: www. justiz.bayern.de/service/elektronischer-rechtsverkehr/elektronische_zugangswege/

Telegramm, Fernschreiben

- Telegramm, Fernschreiben
  Ebenso wurde die heute unüblich gewordene Übersendung eines Telegramms oder Fernschreibens für ausreichend gehalten, wobei auf das bei Gericht maschinenschriftlich erstellte Dokument abgestellt wird, das technisch nicht unterschrieben sein konnte.

- Fax des Beschwerdeführers zum Faxgerät des Gerichts *Fax*
  Auch die Übermittlung eines unterschriebenen Faxes an das Gericht genügt. Maßgeblich ist der Ausdruck des Gerichts.
- Computerfax *Computerfax*
  Die Übersendung eines sog. Computerfaxes wird zumindest in Prozessen mit Anwaltszwang als formwirksam anerkannt, wobei durch elektronische Übertragung einer Textdatei mit eingescannter Unterschrift auf ein Faxgerät des Gerichts die „Beschwerdeschrift" übermittelt wird. Das wird vom *BGH* deshalb zugelassen, weil allein die bei Gericht erstellte körperliche Urkunde zählt und eine „Unterschrift" auf der Datei natürlich technisch unmöglich ist (BGHZ 144, 60).
- E-Mail *E-Mail*
  Die Beschwerde kann dagegen nicht durch den Text einer einfachen E-Mail eingelegt werden (*OLG Düsseldorf* FGPrax 2014, 92).
- E-Mail mit gescannter Beschwerdeschrift im Anhang *Dateianhang einer E-Mail*
  Wird eine im Original eigenhändig unterzeichnete Beschwerde eingescannt und im Anhang einer E-Mail (z. B. als PDF-Datei) an das E-Mail-Postfach des Betreuungsgerichts geschickt, genügt nach der Rechtsprechung des *BGH* der Ausdruck der auf diesem Weg übermittelten Datei der Schriftform. Allerdings ist die Beschwerde erst eingereicht, wenn dem Gericht ein Ausdruck des Anhangs vorliegt. Der Ausdruck verkörpert dann die Beschwerdeschrift in einem Schriftstück und schließt mit der Unterschrift ab (*BGH*, Beschluss vom 8. 5. 2019, Az. XII ZB 8/19).
- Faksimilestempel *Faksimilestempel*
  Die Einreichung eines mit einem Faksimilestempel versehenen Schriftsatzes genügt dem eigenhändigen Unterschrifterfordernis nicht (*BAG* NJW 2009, 3596 Rn. 18, Ausnahme s. o. Computerfax). Von dem grundsätzlichen Erfordernis der eigenhändigen Unterschrift sind Ausnahmen bislang stets nur dann zugelassen worden, wenn eine Unterschrift aufgrund der technischen Besonderheiten des Übermittlungswegs nicht möglich war.

2.6.3.2 Niederschrift bei der Geschäftsstelle des Betreuungsgerichts

Das Erfordernis der Unterschrift gilt auch für die Variante Niederschrift der Geschäftsstelle, die ebenfalls vom Beschwerdeführer zu unterzeichnen ist (str. so *LG Meiningen*, Beschluss vom 17. 1. 2014, Az. 4 T 2/14). Niederschriften der Geschäftsstellen können nicht gleichgesetzt werden mit den Vermerken, die gemäß § 28 Abs. 4 FamFG über Termine und persönliche Anhörungen gefertigt werden müssen. Allerdings kann sich ein Richter oder Rechtspfleger bei einer Anhörung bereit erklären, die Funktion der Geschäftsstelle zu übernehmen. Indes muss er dann unabhängig vom „Vermerk" die strengeren Formerfordernisse des § 25 Abs. 1 FamFG einhalten (Unterschrift des Beschwerdeführers, Abfassen in Anwesenheit des Beschwerdeführers, Angaben zur Person, Unabänderlichkeit etc.).

Davon will der *BGH* (Beschluss vom 4. 9. 2019, Az. XII ZB 148/19 Rn. 6) ohne nähere Begründung abweichen und geht dabei auf § 64 Abs. 2 Satz 3 FamFG nicht ein, wonach die Beschwerde zu unterzeichnen ist.

2.6.4 Notwendiger Inhalt

Die Beschwerde muss Folgendes enthalten:

- Bezeichnung des angefochtenen Beschlusses
- Erklärung, dass Beschwerde gegen diesen Beschluss eingelegt wird
- Unterschrift des Beschwerdeführers oder seines Bevollmächtigten

2.7 Frist

Generell muss man die Beschwerde binnen eines Monats einlegen. Bei einer Beschwerde gegen Endentscheidungen im Verfahren der einstweiligen Anordnung oder Entscheidungen über Anträge auf Genehmigung eines Rechtsgeschäfts beträgt die Frist zwei Wochen, § 63 Abs. 2 FamFG.

Für die Beschwerde des Vertreters der Staatskasse beträgt die Frist drei Monate (§ 304 Abs. 2 FamFG).

Wiedereinsetzung gemäß §§ 17 bis 19 FamFG

War jemand ohne Verschulden verhindert, die Frist einzuhalten, kann er binnen zwei Wochen nach Wegfall des Hindernisses die Wiedereinsetzung beantragen. Ist der Beteiligte verhindert, die Frist zur Begründung der Rechtsbeschwerde einzuhalten, beträgt die Frist einen Monat, § 18 Abs. 1 Satz 2 FamFG. Die Tatsachen zur Begründung des Antrags sind glaubhaft zu machen, §§ 18 Abs. 3 Satz 1, 31 FamFG. Fehlendes Verschulden wird unterstellt, wenn eine Rechtsbehelfsbelehrung unterblieben oder fehlerhaft ist, § 17 Abs. 2 FamFG. Nur bei einer offenkundig falschen Belehrung, die nicht einmal den Anschein der Richtigkeit zu erwecken vermag, soll dies nach der Rspr. nicht gelten, vor allem wenn sich ein Rechtsanwalt, der für seinen Mandanten die Frist hätte einhalten müssen, sich auf die falsche Belehrung beruft (*OLG Saarbrücken* FamRZ 2013, 1155).

Die Tatsachen zur Begründung des Antrags sind glaubhaft zu machen (dazu § 31 FamFG). Fehlendes Verschulden wird unterstellt, wenn eine Belehrung unterblieben oder fehlerhaft ist (§ 17 Abs. 2 FamFG). Der Antrag ist in der gleichen Form einzulegen wie die Beschwerde. Innerhalb der Frist für die Wiedereinsetzung muss auch die Beschwerde selbst eingelegt werden, § 18 FamFG.

Praxisbeispiel:

Bei der Postzustellung an den Betroffenen durch Ersatzzustellung an die Klinik als Gemeinschaftseinrichtung gemäß § 15 Abs. 2 FamFG, § 178 Abs. 1 Nr. 3 ZPO können innerhalb der Klinik nicht unerhebliche Verzögerungen auftreten, die dem Patienten nicht zugerechnet werden dürfen. Hat dieser dadurch die Frist zur Einlegung einer Beschwerde versäumt, ist ihm Wiedereinsetzung in den vorigen Stand zu gewähren (vgl. *OLG Köln* BtPrax 2008, 35).

Fristberechnung

Die Fristberechnung erfolgt nach § 16 Abs. 2 FamFG i. V. m. §§ 222, 224 Abs. 2 und 3 und 225 ZPO, § 186 ff. BGB.

Fristbeginn

Der Lauf der Frist beginnt mit der schriftlichen Bekanntgabe an die Beteiligten (§ 63 Abs. 3 FamFG). Gibt es mehrere Beschwerdeberechtigte, beginnt die Frist immer mit der schriftlichen Bekanntgabe an den jeweiligen Beschwerdeberechtigten, so dass Beginn und Ende sich für jeden individuell berechnen. Mit dem ausdrücklichen Hinweis „schriftlich" wird klargestellt, dass eine mündliche Bekanntgabe gemäß § 41 Abs. 2 Satz 1 FamFG oder aber Sonderformen des Wirksamwerdens durch Übergabe an die Geschäftsstelle zum Zweck der Bekanntgabe (§ 287 Abs. 2 Satz 2 Nr. 2 FamFG) nicht geeignet sind, die Beschwerdefrist in Gang zu setzen.

Schriftliche Bekanntgabe erforderlich!

Die Bekanntgabe kann gemäß § 15 Abs. 2 Satz 1 FamFG wahlweise durch förmliche Zustellung (§§ 166 bis 195 ZPO) oder durch Aufgabe zur Post erfolgen. Widerspricht der Beschluss dem erklärten Willen eines Beteiligten, ist bei dem, dessen erklärtem Willen er nicht entspricht, nur die förmliche Zustellung möglich (§ 41 Abs. 1 Satz 2 FamFG). Kann die Bekanntgabe an einen Beteiligten nicht erfolgen, beginnt die Frist spätestens mit Ablauf von fünf Monaten nach Erlass (§ 38 Abs. 3 Satz 3 FamFG) zu laufen.

Bekanntgabe bei Aufgabenkreis Entgegennahme und Öffnen der Post

Probleme entstehen häufig, wenn dem Betreuer der Aufgabenkreis Entgegennahme und Öffnen der Post gemäß § 1896 Abs. 4 BGB auferlegt wurde. Würde man der Verweisung des § 15 Abs. 2 Satz 1 FamFG auf die §§ 166 bis 195 ZPO folgen, wäre auch § 170 ZPO anwendbar, wonach bei nicht prozessfähigen Personen an den gesetzlichen

Vertreter zuzustellen ist. Im Betreuungs- und Unterbringungsverfahren ist der Betroffene aber gemäß §§ 275, 316 FamFG immer verfahrensfähig, so dass die Entscheidung auch ihm selbst schriftlich bekannt gegeben werden muss, damit die Beschwerdefrist zu laufen beginnt.

Heilung des Zustellungsmangels

Erhält der Betreuer im Betreuungsverfahren versehentlich eine Zustellung für den Betreuten, muss er das Schreiben dem Betreuten zur Kenntnis bringen, so dass der Zustellungsmangel in diesem Augenblick geheilt würde gemäß § 15 Abs. 2 Satz 1 FamFG, § 189 ZPO (*BGH*, Beschluss vom 26. 6. 2019, Az. XII ZB 35/19).

Fristbeginn bei fehlender Rechtsmittelbelehrung

Man kann nicht mehr davon ausgehen, dass der Lauf der Beschwerdefrist nicht beginnt, wenn das Gericht die gemäß § 39 FamFG gebotene Rechtsmittelbelehrung nicht erteilt hat. Das FamFG will diese Fälle vielmehr über die Wiedereinsetzung lösen (vgl. § 17 Abs. 2 FamFG).

Fristende

Die Monatsfrist endet mit Ablauf des Tages, der zahlenmäßig dem Tag entspricht, an dem die schriftliche Bekanntgabe erfolgte.

Beispiele:

- War die Bekanntgabe am 15. 12. 2018, dann endet die Frist mit Ablauf des 15. 1. 2019.
- Wird eine Entscheidung, die mit der Beschwerde binnen zwei Wochen anzufechten ist, an einem Dienstag schriftlich bekannt gemacht, endet die Frist mit Ablauf des Dienstags der zweiten Woche nach der Bekanntmachung.

Endet die Frist an einem Samstag, Sonntag oder einem allgemeinen Feiertag, verlängert sich die Frist gemäß § 222 Abs. 2 ZPO bis zum Ablauf des nächsten Werktages.

Praxis TIPP

Was kann man noch zuwege bringen, wenn die Entscheidung nicht mehr anfechtbar ist?

Die Befristung dient dazu, sichere Rechtsverhältnisse zu schaffen. Nach Ablauf der Frist kann aber in einem neuen Verfahren eine Aufhebung der Entscheidung beantragt werden, wenn nach der unanfechtbaren Entscheidung Umstände eingetreten sind, die ein abweichendes Ergebnis begründen können (§§ 294, 330, 48 FamFG).

2.8 Beschwerdebegründung

2.8.1 Pflicht zur Begründung der Beschwerde (§ 65 Abs. 1 und 2 FamFG)

Wer mit einer Entscheidung unzufrieden ist, darf in der Beschwerdeinstanz nicht aus taktischen Motiven mit seiner Begründung hinter dem Berg halten und das Verfahren verzögern. Deshalb soll er die Beschwerde begründen und kann dazu vom Beschwerdegericht oder dem/r Vorsitzenden der Kammer unter Fristsetzung aufgefordert werden. Kommt der Beschwerdeführer der Begründungspflicht nicht nach, führt dies nicht zu einer Zurückweisung, da es sich bei § 65 FamFG nur um eine „Sollvorschrift“ handelt.

2.8.2 Inhalt der Begründung (§ 65 Abs. 2 und 3 FamFG)

Die Beschwerde kann auf die bereits vorgetragenen, aber auch auf neue Tatsachen und Beweismittel gestützt werden. Nicht gerügt werden kann die fehlende Zuständigkeit des erstinstanzlichen Gerichts.

2.9 Wirkung der Beschwerde

Keine aufschiebende Wirkung

Eine wirksame Endentscheidung des Gerichts wird durch das Einlegen einer Beschwerde nicht hinfällig. Allerdings kann das Beschwerdegericht eine einstweilige Anordnung erlassen und die Vollziehung aussetzen (§ 64 Abs. 3 FamFG).

Häufig werden aber Entscheidungen des Betreuungsgerichts erst mit Rechtskraft wirksam, so dass mit der Beschwerde der Eintritt der Rechtskraft und damit die Wirksamkeit hinausgezögert werden, sofern nicht die sofortige Wirksamkeit angeordnet wurde (Beispiel: Unterbringungsentscheidungen gemäß § 324 FamFG).

2.10 Anschlussbeschwerde

Ein Beschwerdeberechtigter, der selbst keine Beschwerde eingelegt hat, kann sich einer Beschwerde durch Einreichen einer „Beschwerdeanschlussschrift" anschließen, auch wenn die Frist verstrichen ist oder er sogar auf die Beschwerde wirksam verzichtet hat.

Wird allerdings die Beschwerde zurückgenommen oder als unzulässig verworfen, verliert auch die Anschließung ihre Wirkung (§ 66 FamFG).

2.11 Gang des Beschwerdeverfahrens, Beschwerdeentscheidung

2.11.1 Abänderungs- und Abhilfebefugnis des Ausgangsgerichts

Zunächst kann und muss das Betreuungsgericht prüfen, ob es die Beschwerde für begründet hält. In diesem Fall hat es die Endentscheidung aufzuheben oder abzuändern (§ 68 Abs. 1 Satz 1 FamFG).

Streitig ist, ob eine Abhilfeentscheidung denkbar ist, wenn die Beschwerde unstatthaft oder unzulässig wäre. Dafür spricht, dass § 68 Abs. 1 Satz 1 FamFG die Voraussetzungen für eine Abhilfe darauf beschränkt, dass das Ausgangsgericht die Beschwerde für begründet hält. Deshalb lassen viele eine Abhilfe zu, wenn die Beschwerde nicht statthaft oder unzulässig ist.

Dies erscheint bedenklich, weil dadurch die Rechtskraft durchbrochen werden könnte. Wäre z. B. die Beschwerde verfristet, müsste das Beschwerdegericht die Beschwerde als unzulässig verwerfen, ohne dass es die Möglichkeit hätte, die Begründetheit zu prüfen. Dem Ausgangsgericht diese Befugnis bei der Abhilfe einzuräumen würde auch gegen § 48 Abs. 1 Satz 1 FamFG verstoßen, weil diese Norm die Aufhebung oder Änderung einer rechtskräftigen Endentscheidung nur zulässt, wenn nach der Rechtskraft sich die zugrunde liegende Sach- oder Rechtslage wesentlich geändert hat.

Die vorgeschriebene Abhilfeentscheidung soll dem Betreuungsgericht die Chance eröffnen, seine Entscheidung im Lichte der Beschwerde zu überprüfen und notwendige Korrekturen zeitnah vorzunehmen. Auf diese Weise wird das Verfahren beschleunigt und ein unnötiges zeitraubendes Tätigwerden des Beschwerdegerichts vermieden. Dieses Ziel des Gesetzes wird nur erreicht, wenn das Abhilfeverfahren mit einer ausreichend begründeten Entscheidung endet. Die Beteiligten haben einen Anspruch darauf zu erfahren, was das Betreuungsgericht von den Einwendungen hält und warum es an seiner ursprünglichen Entscheidung festhält. Dies gilt vor allem, wenn neue Argumente oder Sachverhalte vorgetragen werden oder sich der Beschwerdeführer erstmals äußert. Der häufig zu lesende pauschale Hinweis, der Beschwerde werde im Hinblick auf die Begründung des angefochtenen Beschlusses nicht abgeholfen, wird diesen Anforderungen nicht gerecht. Hat der Beschwerdeführer eine Begründung angekündigt, wird das Ausgangsgericht eine angemessene Zeit abwarten oder dem Beschwerdeführer eine Frist für die Begründung setzen (vgl. oben unter 2.8.1) und sich dann mit einer evtl. noch eingegangenen Begründung auseinandersetzen.

Ein weiterer Anwendungsfall ergibt sich, wenn eine Person, die bis zur Entscheidung noch nicht beteiligt war, Beschwerde einlegt und die Entscheidung über die Beteiligung im Abhilfeverfahren nachgeholt werden soll (vgl. dazu Kapitel A 1, Abschnitt 3.4.6.4).

2.11.2 Unverzügliche Vorlage an das Beschwerdegericht (§ 68 Abs. 1 Satz 1 2. Halbsatz FamFG)

Mit der Forderung nach unverzüglicher Vorlage räumt das Gesetz der Verfahrensbeschleunigung einen Vorrang ein. Trotzdem wird man dem Ausgangsgericht eine „angemessene Überprüfungsfrist" einräumen müssen.

2.11.3 Verwerfung der Beschwerde als unzulässig (§ 68 Abs. 2 FamFG)

Das Beschwerdegericht prüft zunächst Statthaftigkeit, Form und Frist der Beschwerde. Bei Verstößen muss die Beschwerde als unzulässig verworfen werden.

2.11.4 Gegenstand des Verfahrens, Verschlechterungsverbot

Gegenstand des Beschwerdeverfahrens ist der gesamte Verfahrensgegenstand, über den das Ausgangsgericht entschieden hat. Prüft das Ausgangsgericht z. B. die Bestellung eines Betreuers für alle Angelegenheiten und ordnet es die Betreuung dann nur für bestimmte Aufgabenkreise an, dann kann das Beschwerdegericht wieder alle Angelegenheiten anordnen (a. A. *BGH,* Beschluss vom 11. 12. 2013, Az. XII ZB 280/11). Ansonsten könnte eine neue Tatsache, wie etwa eine sich rapide verschlechternde Demenz, die erst während des Beschwerdeverfahrens eingetreten ist und nunmehr eine umfassende Betreuung erforderlich macht, nicht mehr zu einer umfassenden Betreuung führen. Nach Ansicht des *BGH* wären andere Aufgabenbereiche nicht mehr Gegenstand des Verfahrens und ein neues Verfahren beim Ausgangsgericht würde an § 48 Abs. 1 FamFG scheitern, da die neuen Umstände vor der Rechtskraft eingetreten sind.

Da es sich beim Betreuungsrecht um eine staatliche Fürsorge und Hilfe handelt, ist das Beschwerdegericht auch nicht an das sog. Verschlechterungsverbot gebunden (str.).

2.11.5 Beschwerdeverfahren und -entscheidung

Verfahren vor dem Beschwerdegericht (§ 68 FamFG)

Grundsätzlich gelten für das Beschwerdegericht die gleichen Vorschriften über das Verfahren wie im ersten Rechtszug. Die Wiederholung von Verfahrenshandlungen wie z. B. eine persönliche Anhörung des Betroffenen, die im ersten Rechtszug bereits durchgeführt wurde, kann unterbleiben, wenn „keine zusätzlichen Erkenntnisse zu erwarten sind", § 68 Abs. 3 FamFG. Letzteres ist z. B. der Fall, wenn die Verfahrenshandlung in erster Instanz nicht lange zurückliegt, Anhaltspunkte für neue entscheidungserhebliche Tatsachen oder rechtliche Gesichtspunkte fehlen, keine Abweichung vom Ergebnis der erstinstanzlichen Verfahrenshandlung in Betracht kommt und der persönliche Eindruck nicht entscheidend ist (*BGH* BtPrax 2013, 24). Eine völlig andere Situation liegt jedoch vor, „wenn der Betroffene an seinem in der amtsgerichtlichen Anhörung erklärten Einverständnis mit einer Betreuung im Beschwerdeverfahren nicht mehr festhält". In diesem Fall ist eine erneute Anhörung unabdingbar, *BGH* FamRZ 2012, 1207. Ein „Absehen" von der Wiederholung einer Verfahrenshandlung ist dem Beschwerdegericht auch dann verwehrt, wenn im ersten Rechtszug gegen zwingende Verfahrensvorschriften verstoßen wurde (*BGH* FamRZ 2016, 38; 2012, 619). In diesem Fall muss der betreffende Teil des Verfahrens nachgeholt werden. Neue Tatsachen führen aber dann nicht zu einer erneuten Anhörung, wenn sie offensichtlich für die Entscheidung unerheblich sind (*BGH*, Beschluss vom 18. 1. 2017, Az. XII ZB 602/15). Will aber das Beschwerdegericht eine neue Tatsache berücksichtigen oder ein ergänzendes Gutachten verwenden, dann muss auch eine erneute Anhörung erfolgen (*BGH*, Beschluss vom 6. 7. 2016, Az. XII ZB 477/15).

Im Zweifel sollte das Beschwerdegericht sich für eine erneute Vornahme der Verfahrenshandlung entscheiden, um sich ein authentisches Bild von der Sachlage zu verschaffen.

Beschwerdeentscheidung (§ 69 FamFG)

Das Beschwerdegericht soll in der Sache selbst entscheiden. Nur im Ausnahmefall lässt das Gesetz die Zurückverweisung an das Ausgangsgericht zu, weil dadurch das Verfahren bis zur neuen Entscheidung, die ja erneut der Anfechtung unterliegt, unzumutbar verzögert wird. Eine Zurückverweisung erfolgt daher nur, wenn

- das Gericht in der Sache noch nicht entschieden hat oder
- ein wesentlicher Verfahrensmangel vorliegt und eine umfangreiche oder aufwändige Beweiserhebung notwendig wäre und ein Beteiligter die Zurückverweisung beantragt.

Rechtliches Gehör

Das Beschwerdegericht muss dem Beschwerdeführer rechtliches Gehör gewähren. Dies folgt nicht nur unmittelbar aus Art. 103 GG (so *BGH* MDR 2013, 1115), sondern primär aus §§ 68 Abs. 3 Satz 1, 37 Abs. 2 FamFG. So darf eine Beschwerde nicht als verfristet verworfen werden, wenn der Beschwerdeführer sich zur Frage der fristgerechten Einreichung nicht äußern konnte (*BGH* a. a. O.).

Kammer, Einzelrichter

Die Entscheidung wird von einer Kammer getroffen, die mit einem Vorsitzenden und zwei Beisitzern besetzt sein muss, § 75 GVG. Die Kammer kann das Verfahren auf den Einzelrichter übertragen gemäß § 68 Abs. 4 FamFG. Entscheidet der Einzelrichter ohne Übertragung und liegt auch keine spezialgesetzliche originäre Einzelrichterzuständigkeit (z. B. § 81 Abs. 6 Satz 1 GNotKG) vor, stellt dies einen Verstoß gegen den gesetzlichen Richter (Art. 101 Abs. 1 Satz 1 GG) und einen absoluten Rechtsbeschwerdegrund im Sinne der § 72 Abs. 3 FamFG, § 547 Nr. 1 ZPO dar.

Kammer, beauftragter Richter

Die Verfahrenshandlungen müssen grundsätzlich von dem Gericht bestehend aus allen Mitgliedern vorgenommen werden. Macht die Kammer von § 68 Abs. 3 Satz 2 FamFG Gebrauch und sieht im Hinblick auf die in erster Instanz durchgeführte Anhörung von einer erneuten Anhörung ab, kann sie aber dennoch ein Kammermitglied beauftragen, die Anhörung alleine vorzunehmen. Allerdings darf dann auch nur der „objektive Ertrag" der Anhörung durch den beauftragten Richter berücksichtigt werden und nicht sein persönlicher Eindruck. Ergibt sich, dass es auf den persönlichen Eindruck ankommt, muss eine Anhörung durch die komplette Kammer erfolgen (*BGH*, Beschluss vom 11. 7. 2018, Az. XII ZB 72/18).

3. Rechtsbeschwerde

3.1 Zuständigkeit für die Entscheidung über die Rechtsbeschwerde

BGH als Rechtsbeschwerdegericht

Über eine Rechtsbeschwerde bzw. Sprungrechtsbeschwerde entscheidet gemäß § 133 GVG der *BGH*.

Soweit das Gesetz die sofortige Beschwerde (vgl. Abschnitt 4) unter Verweis auf die §§ 567 bis 572 ZPO zulässt, bestimmt sich die Rechtsbeschwerde nicht nach § 70 FamFG, sondern nach § 574 ff. ZPO (vgl. *BGH* MDR 2012, 361; BGHZ 184, 323).

3.2 Statthaftigkeit

Zulassungs-(freie) Rechtsbeschwerde

Die Konzentration auf ein Rechtsbeschwerdegericht zwingt dazu, dieses Rechtsmittel nur unter sehr engen Voraussetzungen zuzulassen. Deshalb muss das Beschwerdegericht über die Zulassungsgründe gemäß § 70 Abs. 2 Nrn. 1 und 2 FamFG entscheiden. Allerdings gibt es Ausnahmen vom Zulassungserfordernis für bestimmte Betreuungssachen (Bestellung eines Betreuers, Aufhebung einer Betreuung, Anordnung oder Aufhebung eines Einwilligungsvorbehalts), ferner für Unterbringungssachen sowie in Freiheitsentziehungssachen, wobei der erleichterte Zugang gemäß § 70 Abs. 3 Satz 2 FamFG nur für Entscheidungen gilt, die eine Unterbringung oder freiheitsentziehende Maßnahme „anordnen". Entgegen dem Wortlaut sind davon auch Genehmigungsbeschlüsse erfasst. Wurde in der Beschwerdeentscheidung eine Unterbringung oder freiheitsentziehende Maßnahme jedoch abgelehnt, so handelt es sich nicht um eine zulassungsfreie Rechtsbeschwerde (*BGH* BtPrax 2014, 170).

Es ergeben sich folgende Unterschiede:

<table>
<tr><th colspan="2">Allgemeine Voraussetzungen der Statthaftigkeit der Rechtsbeschwerde</th></tr>
<tr><td colspan="2">Entscheidung des Beschwerdegerichts (bzw. Sprungrechtsbeschwerde)</td></tr>
<tr><td>Vorliegen folgender Zulassungsgründe:</td><td>Keine Zulassung/Zulassungsgründe in</td></tr>
<tr><td>• grundsätzliche Bedeutung der Rechtssache
oder sie ist erforderlich für die
• Fortbildung des Rechts oder
• Sicherung einer einheitlichen Rechtsprechung</td><td>• Betreuungssachen zur Bestellung eines Betreuers, zur Aufhebung einer Betreuung, zur Anordnung oder Aufhebung eines Einwilligungsvorbehalts (§ 70 Abs. 3 Nr. 1 FamFG entspricht § 271 Nr. 1 und 2 FamFG),
• Unterbringungssachen und Verfahren nach § 151 Nr. 6 und 7 (§ 70 Abs. 3 Nr. 2 FamFG)
• Freiheitsentziehungssachen (§ 70 Abs. 3 Nr. 3 FamFG)</td></tr>
<tr><td>Zulassung durch das Beschwerdegericht</td><td>Zulassung ist nicht erforderlich</td></tr>
<tr><td>Zurückweisung der Rechtsbeschwerde durch einstimmigen Beschluss ohne mündliche Verhandlung möglich (§ 74a FamFG)</td><td>Zurückweisungsbeschluss ist nicht vorgesehen</td></tr>
<tr><td colspan="2">Keine Rechtsbeschwerde gegen Beschlüsse im Verfahren über die Anordnung, Abänderung oder Aufhebung einer einstweiligen Anordnung (§ 70 Abs. 4 FamFG).</td></tr>
</table>

Die zulassungsabhängige Rechtsbeschwerde dient nicht mehr der Einzelfallgerechtigkeit und verwehrt in wichtigen Bereichen dem Betroffenen seinen „Kampf ums Recht" mit rechtsstaatlichen Mitteln. Auch in Betreuungsverfahren werden wichtige Bereiche den *BGH* nur noch sehr eingeschränkt erreichen. Der *BGH* verschärft diese Entwicklung zusätzlich, indem er die Voraussetzungen für eine zulassungsfreie Rechtsbeschwerde eng auslegt. Unter „Betreuungssachen zur Bestellung eines Betreuers" fallen demnach nicht die Bestellung eines Ergänzungsbetreuers oder die Entlassung des bisherigen Betreuers nach § 1908b Abs. 1 BGB (*BGH* BtPrax 2011, 168 und 212).

Schon nach dem Gesetz ausgeschlossen sind genehmigungspflichtige ärztliche Maßnahmen, die Entlassung eines Betreuers, die Bestellung eines weiteren Betreuers und die Genehmigung einer Sterilisation. Die ärztliche Zwangsmaßnahme einschließlich einer dazu erforderlichen „Verbringung zu einem stationären Aufenthalt" fällt dagegen unter die zulassungsfreien Unterbringungssachen gemäß §§ 70 Abs. 3 Satz 1 Nr. 2, 312 Nr. 3 FamFG.

Ablehnung der Zulassung kann verfassungswidrig sein

Das Beschwerdegericht muss deshalb die Frage der Zulassung sorgfältig prüfen, sachlich rechtfertigen und die Begründung im Beschluss wiedergeben. Da es keine Nichtzulassungsbeschwerde gibt und der Rechtszug durch die Ablehnung abgeschnitten wird, kann das „grundrechtsgleiche Recht" auf den gesetzlichen Richter verletzt sein, Art. 101 Abs. 1 Satz 1 GG. Ferner kann der Anspruch des Beschwerdeführers auf Gewährung effektiven Rechtsschutzes verletzt sein, der aus dem „Rechtsstaatsprinzip" herzuleiten ist.

Geht es um die Klärung einer Rechtssache von grundsätzlicher Bedeutung gemäß § 70 Abs. 2 Satz 1 Nr. 1 FamFG, wäre es mit dem effektiven Rechtsschutz nicht vereinbar, wenn die Auslegung und Anwendung des Begriffs „grundsätzliche Bedeutung" sachlich nicht zu begründen und somit objektiv willkürlich wäre. Dies würde den Zugang zur nächsten Instanz unzumutbar einschränken (vgl. zum Ganzen *BVerfG*, Beschluss vom 28. 5. 2019, Az. 1 BvR 2006/16).

Beim Zulassungsgrund „Sicherung einer einheitlichen Rechtsprechung" muss das Beschwerdegericht prüfen, ob es von der Entscheidung eines höher- oder gleichrangigen Gerichts abweicht, indem es ein und dieselbe Rechtsfrage anders beantwortet (vgl. *BVerfG* NZFam 2016, 66).

Erledigung der Hauptsache

Hat sich die mit der Rechtsbeschwerde angefochtene Entscheidung erledigt, kann auf Antrag festgestellt werden, dass die Beschwerdeentscheidung den Rechtsmittelführer in seinen Rechten verletzt hat. § 62 FamFG ist im Rechtsbeschwerdeverfahren entsprechend anwendbar (*BGH* BtPrax 2011, 214; siehe oben unter 2.2.5).

Form und Frist (§ 71 FamFG)

3.3 Form und Frist

- Frist: 1 Monat
- Einzulegen beim Rechtsbeschwerdegericht
- Rechtsbeschwerdeschrift
  - Bezeichnung des angefochtenen Beschlusses
  - Erklärung, dass gegen diesen Beschluss Rechtsbeschwerde eingelegt wird
  - Unterschrift
  - Ausfertigung oder beglaubigte Abschrift des Beschlusses (Soll-Vorschrift)
- Begründung
  - Frist: 1 Monat nach schriftlicher Bekanntgabe des Beschlusses; Verlängerung möglich
  - Rechtsbeschwerdeanträge (§ 71 Abs. 3 Nr. 1)
  - Rechtsbeschwerdegründe (§ 71 Abs. 3 Nr. 2)

3.4 Vertretung durch einen beim BGH zugelassenen Rechtsanwalt

Anwaltszwang (§ 10 Abs. 4 FamFG)

Rechtsbeschwerden oder andere Rechtsbehelfe zum *BGH* können in Betreuungs- und Unterbringungssachen formgerecht nur durch einen beim *BGH* zugelassenen Rechtsanwalt eingelegt werden (§ 10 Abs. 4 FamFG). Eine Ausnahme sieht § 10 Abs. 4 Satz 1 FamFG nur vor im Verfahren „über die Ausschließung und Ablehnung von Gerichtspersonen und im Verfahren über die Verfahrenskostenhilfe". Der *BGH* beschränkt diese Ausnahme aber auf Anträge in Verfahren vor dem *BGH*, also bei einer Ablehnung von BGH-Richtern oder beim Antrag auf Verfahrenskostenhilfe vor dem *BGH*. Bei Rechtsbeschwerden gegen eine von dem *Landgericht* versagte Verfahrenskostenhilfe muss dagegen ein beim *BGH* zugelassener Rechtsanwalt beauftragt werden. Entspricht eine als Rechtsmittel bezeichnete oder als solche auszulegende Eingabe, die beim *BGH* eingereicht oder ihm von der unteren Instanz zuständigkeitshalber vorgelegt wird, dieser formellen Anforderung nicht, ist sie als unzulässig zu verwerfen (*BGH* FamRZ 2010, 544).

Notanwalt

Allerdings kann man beim *BGH* die Beiordnung eines Rechtsanwalts zur Wahrnehmung seiner Rechte beantragen, wenn man keinen zu seiner Vertretung bereiten Rechtsanwalt findet und die Rechtsverfolgung oder Rechtsverteidigung nicht mutwillig oder aussichtslos erscheint (§ 10 Abs. 4 Satz 3 FamFG, §§ 78a und 78b ZPO).

Freilich wehrt sich der *BGH* gegen die Bestellung eines Notanwalts, indem er unzumutbare Hürden aufbaut, die sich aus dem Gesetz nicht herleiten lassen. Der Beschwerdeführer muss etwa nachweisen, dass er mindestens fünf (!) zugelassene Anwälte vergeblich um eine Vertretung ersucht hat. Lehnt der Beschwerdeführer die

Zahlung eines Vorschusses an den ersuchten *BGH*-Anwalt ab oder beharrt der Anwalt auf einem Stundenhonorar oder lehnt der Rechtsanwalt die vom Beschwerdeführer gewünschte Rechtsbeschwerdebegründung ab, zählen diese Versuche nicht zu den vom *BGH* geforderten fünf Beauftragungsversuchen (*BGH* FamRZ 2012, 1865; Beschluss vom 17. 1. 2018, Az. XII ZB 500/17). Dieser steinige Weg zum *BGH* dürfte viele Beschwerdeführer abschrecken, die sich dann mit einer möglicherweise rechtswidrigen Zwangsbehandlung oder einem Einwilligungsvorbehalt abfinden müssen. Zu berücksichtigen ist, dass es sich hier um psychisch kranke Menschen handelt, die mit normalen Maßstäben nicht gemessen werden können, da ihre Krankheit häufig verhindert, dass sie sachgerecht und angemessen reagieren. Hier eine komplexe Korrespondenz mit fünf auswärtigen Rechtsanwälten zu verlangen, ist nicht zielführend.

3.5 Prüfungsmaßstab der Rechtsbeschwerde

Die Rechtsbeschwerde dient nicht mehr der Feststellung des Sachverhalts. Der *BGH* ist grundsätzlich an die Feststellungen des Beschwerdegerichts gebunden, so dass keine Beweisaufnahme erfolgt. Lediglich die Tatsachen können frei festgestellt werden, die eine allgemeine Verfahrensvoraussetzung der weiteren Beschwerde betreffen.

Geprüft wird daher nur, ob die Entscheidung des Beschwerdegerichts auf einer Rechtsverletzung beruht. Dies ist der Fall, wenn eine Rechtsnorm nicht richtig angewendet wurde (§ 72 FamFG, §§ 547, 556, 560 ZPO).

3.6 Sprungrechtsbeschwerde (§ 75 FamFG)

Die Sprungrechtsbeschwerde soll der Beschleunigung dienen und zwar bevorzugt dann, wenn es dem Beschwerdeführer nur um die Klärung von Rechtsfragen geht. Dies wird dadurch erreicht, dass man mit der Sprungrechtsbeschwerde direkt vom Amtsgericht zum *BGH* gelangen und eine Beschwerdeinstanz umgehen kann.

Voraussetzungen

Abweichend von § 71 FamFG muss die Sprungrechtsbeschwerde in der in § 63 FamFG bestimmten Frist eingelegt werden, § 75 Abs. 2 Satz 1 FamFG. Neben der Regelfrist von einem Monat kommt daher bei Genehmigung eines Rechtsgeschäfts auch eine auf zwei Wochen verkürzte Frist in Betracht. Zusätzlich zu den bereits besprochenen Voraussetzungen für das Rechtsbeschwerdeverfahren muss neben dem Antrag auf Zulassung der Sprungrechtsbeschwerde die Zustimmung aller Beteiligten vorliegen. Schon die Zustimmung aller Beteiligten (vgl. dazu §§ 7, 8, 274, 315 FamFG) wird nur schwer zu erlangen sein, zumal sich jeder darüber klar sein muss, dass nicht nur der Beschwerdeführer, sondern jeder Beteiligte mit seiner Zustimmung auf sein normales Recht auf Beschwerde verzichtet (§ 75 Abs. 1 Satz 2 FamFG).

Beschränkte Zulassung durch den BGH

Schlussendlich muss das Rechtsbeschwerdegericht *(BGH)* die Sprungrechtsbeschwerde auch noch zulassen (§ 75 Abs. 1 Satz 1 Nr. 2 FamFG). Diese Vorschrift überträgt aber dem Rechtsbeschwerdegericht nur die Zuständigkeit im Rahmen der nach § 70 Abs. 1 FamFG erforderlichen Zulassung. Da im Rechtsbeschwerdeverfahren über eine notwendige Zulassung das Beschwerdegericht entscheidet und dieses bei der Sprungrechtsbeschwerde umgangen wird, muss der *BGH* selbst entscheiden. Die Zulassung der Rechtsbeschwerde nach § 75 Abs. 1 Satz 1 Nr. 2 FamFG begründet daher kein eigenständiges Zulassungserfordernis, das über § 70 Abs. 1 und 2 FamFG hinausgehen würde.

Demnach ist die Zulassung der Sprungrechtsbeschwerde für bestimmte Betreuungssachen (Bestellung eines Betreuers, Aufhebung einer Betreuung, Anordnung oder Aufhebung eines Einwilligungsvorbehalts) und für alle Unterbringungssachen zulassungsfrei (vgl. dazu § 70 Abs. 3 FamFG und die Ausführungen unter Abschnitt 3.2).

Im Hinblick auf diese Gefahren und Risiken sollte man nur nach anwaltlicher Beratung in besonderen Einzelfällen die Sprungrechtsbeschwerde anstelle der Beschwerde einlegen.

4. Sofortige Beschwerde

Grundsätzlich gibt es die Unterscheidung einfache (nicht fristgebundene) und sofortige Beschwerde nicht mehr, da § 63 FamFG eine generelle Befristung eingeführt hat.

Eine Ausnahme ergibt sich für die Beschwerden gegen Beschlüsse, die keine Endentscheidung darstellen, aber aufgrund ausdrücklicher Bestimmung mit der sofortigen Beschwerde der ZPO anfechtbar sind (vgl. die Übersicht unter 2.2.4). Anwendbar sind dann durch besondere Verweisung die Vorschriften der ZPO zur sofortigen Beschwerde (§§ 567 bis 572 ZPO).

Kennzeichnend für die sofortige Beschwerde ist die kurze Frist von zwei Wochen (§ 569 Abs. 1 Satz 1 ZPO) und die Entscheidung durch den sog. originären Einzelrichter (§ 568 ZPO). Ziel ist es, möglichst schnell Rechtsklarheit zu schaffen, damit das Verfahren nicht behindert wird.

Gegen die Entscheidung des Beschwerdegerichts über die sofortige Beschwerde kann grundsätzlich die Rechtsbeschwerde eingelegt werden. Sie richtet sich allerdings nicht nach § 70 ff. FamFG, sondern nach § 574 ff. ZPO (vgl. oben 3.1). Deshalb ist auch generell eine Zulassung durch das Beschwerdegericht erforderlich, § 574 Abs. 1 Satz 1 Nr. 2 ZPO (*BGH* MDR 2012, 361).

5. Verzögerungsrüge, Untätigkeitsbeschwerde

5.1 Entstehungsgeschichte

Dienstaufsichtsbeschwerde, Untätigkeitsbeschwerde

Was ist zu tun, wenn ein Beteiligter glaubt, in seinen Rechten beeinträchtigt zu sein, weil Gericht oder Staatsanwaltschaft nicht schnell genug oder überhaupt nicht entscheiden? Im Betreuungsverfahren würde man mit einer Beschwerde nach § 58 FamFG schon kläglich an der Statthaftigkeit scheitern, da gerade das Fehlen einer Endentscheidung oder sogar die Vornahme verfahrensfördernder Handlungen moniert wird. Lange Zeit war es daher einhellige Meinung, dass man den Betroffenen auf die Einlegung einer Dienstaufsichtsbeschwerde bzw. Gegenvorstellung verweisen könne. Der *EuGHMR* und das *BVerfG* haben jedoch immer deutlicher das Recht auf eine angemessene Verfahrensdauer betont, so dass die Gerichte auch im Bereich der freiwilligen Gerichtsbarkeit die Untätigkeitsbeschwerde zugelassen haben, um den verfassungsrechtlichen Vorgaben gerecht zu werden (*OLG München* FamRZ 2008, 704).

Mit Gesetz vom 24. 11. 2011 (BGBl. I S. 2302) wurde der Rechtsschutz bei überlangen Gerichtsverfahren nunmehr in den §§ 198 bis 201 GVG geregelt. Dabei hat sich der Gesetzgeber für eine Entschädigungslösung entschieden, so dass der außerordentliche Rechtsbehelf der Untätigkeitsbeschwerde nicht mehr zulässig ist (*OLG Düsseldorf* NJW 2012, 1455). Der Weg zur gerichtlichen Entscheidung über die Entschädigung ist zweiaktig, er beginnt mit der Verzögerungsrüge beim Ausgangsgericht und wird fortgeführt mit der Entschädigungsklage beim *OLG* bzw. *BGH*.

5.2 Die Verzögerungsrüge (§ 198 Abs. 3 GVG)

Verzögerungsrüge

Vor einer Klage zur Durchsetzung einer Entschädigung muss die sog. Verzögerungsrüge bei dem mit der Sache befassten Gericht erhoben werden. Mit der Verzögerungsrüge soll das Gericht auf die drohende Entschädigungsklage hingewiesen werden und die Möglichkeit erhalten, den Verfahrensfortgang so zügig zu gestalten, dass Nachteile vermieden werden.

Eine Verzögerungsrüge setzt aber voraus, dass ein „Anlass zur Besorgnis besteht, dass das Verfahren nicht in einer angemessenen Zeit abgeschlossen wird". Eine Rüge auf Vorrat oder ins Blaue hinein bzw. bevor ein konkreter Anlass zur Besorgnis der Verfahrensverzögerung besteht, ist daher unzulässig und ermöglicht nicht die nachfolgende Entschädigungsklage.

Eine weitere Verzögerungsrüge ist erst nach Ablauf von sechs Monaten zulässig.

5.3 Entschädigungsklage

Voraussetzungen des Entschädigungsanspruchs gemäß § 198 GVG

Die Entschädigungsklage, die frühestens sechs Monate nach Erhebung der Verzögerungsrüge und nur vor Ablauf von sechs Monaten nach Rechtskraft (Erledigung) des Verfahrens zulässig ist, muss bei dem Oberlandesgericht erhoben werden, in dessen Bezirk das „streitgegenständliche Verfahren" durchgeführt wurde. Bei Verzögerungen vor einem Bundesgericht ist dagegen der BGH zuständig.

„Nachteil"

Begründet ist die Entschädigungsklage, wenn die unangemessene Dauer des Verfahrens zu einem Nachteil geführt hat. Kann der Betroffene keinen materiellen Vermögensnachteil nachweisen, wird ein Nachteil vermutet und es kann ein Betrag in Höhe von 1.200 EUR für jedes Jahr der Verzögerung verlangt werden.

Wiedergutmachung auf andere Weise

Im Einzelfall kann auch dieser Anspruch entfallen, wenn Wiedergutmachung auf andere Weise ausreichend ist. Dies kann dann der Fall sein, wenn das Entschädigungsgericht feststellt, dass die Verfahrensdauer unangemessen war.

5.4 Übersicht der Voraussetzungen für eine Entschädigungsklage

Verzögerungsrüge beim Ausgangsgericht (§ 198 Abs. 3 GVG)

- Laufendes Gerichtsverfahren einschließlich Prozess- oder Verfahrenskostenhilfe und einstweiligem Rechtsschutz bei der
  - Verfassungsgerichtsbarkeit (§§ 97a–97e BVerfGG),
  - ordentlichen Gerichtsbarkeit (§§ 12, 13 GVG),
  - Arbeitsgerichtsbarkeit (§ 9 Abs. 2 ArbGG),
  - Sozialgerichtsbarkeit (§ 202 Satz 2 SGG),
  - Finanzgerichtsbarkeit (§ 155 Satz 2 FGO),
  - Verwaltungsgerichtsbarkeit (§ 173 VwGO)

  ferner im

  - Ordnungswidrigkeitenverfahren (§ 46 Abs. 1 OWiG) und
  - staatsanwaltschaftlichen Verfahren zur Vorbereitung der öffentlichen Klage (§ 199 Abs. 2 GVG)
- Anlass zur Besorgnis, dass das Verfahren nicht in angemessener Zeit abgeschlossen wird.

Entschädigungsverfahren

Formelle Voraussetzungen

- Klage steht nur Verfahrensbeteiligten zu, § 198 Abs. 1, 3, 6 Nr. 2 GVG
- Klage richtet sich gegen Bundesland oder Bund, § 200 GVG
- Klageerhebung beim zuständigen Gericht, § 201 GVG
- erhobene Verzögerungsrüge, § 198 Abs. 3 GVG
- Einhaltung der Fristen, § 198 Abs. 5 GVG

Materielle Voraussetzungen

- unangemessene Dauer des Verfahrens (§ 198 Abs. 1 Satz 2 GVG)
- Nachteil

Unangemessene Dauer des Verfahrens

Schwierig ist es, die unangemessene Dauer eines Gerichtsverfahrens festzustellen. § 198 Abs. 1 Satz 2 GVG nennt als Kriterien beispielhaft die Umstände des Einzelfalls, insbesondere die Schwierigkeit und Bedeutung des Verfahrens und das Verhalten der Verfahrensbeteiligten und Dritter. Eine pauschale Bestimmung oder feste Grenzwerte für die Dauer sind nicht möglich. Der *BGH* (NJW 2014, 222) geht von einer unangemessenen Verfahrensdauer aus, „wenn eine insbesondere an den Merkmalen des § 198 Abs. 1 Satz 2 GVG ausgerichtete und den Gestaltungsspielraum der Gerichte bei der Verfahrensführung beachtende Gewichtung und Abwägung aller bedeutsamen Umstände des Einzelfalls ergibt, dass … die Verpflichtung des Staats, Gerichtsverfahren in angemessener Zeit zum Abschluss zu bringen, verletzt ist". Eine isolierte Betrachtung einzelner unangemessen verzögerter Verfahrensabschnitte verbietet sich, wenn in späteren Abschnitten die Verzögerung kompensiert wurde. Dem Gericht muss immer „eine angemessene Vorbereitungs- und Bearbeitungszeit" und ein ausreichender Gestaltungsspielraum eingeräumt werden.

Im Entschädigungsverfahren gilt der „Beibringungsgrundsatz". Das heißt, dass der Kläger alle relevanten Tatsachen vortragen und im Fall des Bestreitens beweisen muss.

6. Rechtspflegererinnerung

In Betreuungssachen entscheidet in erster Instanz in zahlreichen Fällen der Rechtspfleger. Ihm überträgt § 3 Nr. 2b RPflG sogar generell alle Verfahren, die nicht ausdrücklich dem Richter vorbehalten sind (§ 15 RPflG). Seine Entscheidungen sind, soweit es sich um Endentscheidungen handelt, gemäß § 11 Abs. 1 RPflG ebenfalls mit der Beschwerde anfechtbar.

Soweit allerdings gegen die Entscheidung des Rechtspflegers kein Rechtsmittel gegeben wäre, kann binnen einer Frist von zwei Wochen (§ 11 Abs. 2 Satz 1 RPflG) die sogenannte Rechtspflegererinnerung eingelegt werden. Dies ist z. B. der Fall, wenn der Beschwerdewert gemäß § 61 FamFG nicht erreicht und die Beschwerde nicht zugelassen wurde. Der Rechtspfleger kann dann der Erinnerung selbst sofort abhelfen oder sie dem Richter zur Entscheidung vorlegen. Dieser entscheidet dann abschließend über die Erinnerung.

7. Gehörsrüge gemäß § 44 FamFG

Das Bundesverfassungsgericht hat nachhaltig erklärt, dass es gegen rechtsstaatliche Grundsätze und den Justizgewährungsanspruch verstoße, wenn die Verfahrensgesetze keine Abhilfemöglichkeiten für den Fall gewähren, dass ein Richter den Anspruch auf rechtliches Gehör verletze. Deshalb wurde am 1. 1. 2005 durch das Anhörungsrügegesetz die Gehörsrüge eingeführt. Die Beachtung des Anspruchs auf rechtliches Gehör ist ein wichtiger verfassungsrechtlicher Grundsatz (vgl. Art. 103 Abs. 1 GG, Art. 6 Abs. 1 der Konvention zum Schutze der Menschenrechte). Die Verletzung dieses Anspruchs muss in erster Linie im Rahmen der oben beschriebenen Rechtsbehelfe gerügt werden. Steht aber eine reguläre Abänderungsmöglichkeit nicht zur Verfügung, kann mit der sog. Gehörsrüge die Fortführung des Verfahrens beantragt werden. Allerdings muss diese Rüge innerhalb von zwei Wochen nach Kenntnis von der Verletzung des rechtlichen Gehörs und spätestens innerhalb eines Jahres seit Bekanntgabe der angegriffenen Entscheidung eingelegt werden. Die Rüge ist schriftlich oder zu Protokoll der Geschäftsstelle bei dem Gericht zu erheben, dessen Entscheidung angegriffen wird.

Die Gehörsrüge ist begründet, wenn der Anspruch des Beschwerdeführers auf rechtliches Gehör verletzt wurde. Darüber hinaus muss sich der Verstoß auf die angegriffene Entscheidung ausgewirkt haben. Diese Umstände müssen in der Gehörsrüge dargelegt werden, § 44 Abs. 2 Satz 4 i. V. m. Abs. 1 Nr. 2 FamFG. Der *BGH* verlangt eine „schlüssige und substantiierte Darlegung einer entscheidungserheblichen Gehörsverletzung“, da keine generelle Überprüfung der angegriffenen Entscheidung erfolgt (*BGH*, Beschluss vom 4. 7. 2018, Az. XII ZA 58/17). Ist die Rüge begründet, hilft ihr das Gericht ab und führt das Verfahren fort. Die unbegründete Rüge wird dagegen durch unanfechtbaren Beschluss zurückgewiesen (§ 44 Abs. 4 Satz 3 FamFG).

Gehörsrüge: Voraussetzung für Verfassungsbeschwerde

Eine später wegen Verstoßes gegen das Recht auf rechtliches Gehör erhobene Verfassungsbeschwerde wäre unzulässig, wenn die Gehörsrüge nicht erhoben wurde. § 90 Abs. 2 Satz 1 BVerfGG erfordert die Erschöpfung des Rechtswegs, die Gehörsrüge gehört insoweit zum Rechtsweg.

Wird mit der Verfassungsbeschwerde keine Verletzung des rechtlichen Gehörs geltend gemacht, obwohl eine Gehörsrüge erfolgreich gewesen wäre und in dem fortzuführenden Verfahren auch die anderen Grundrechtsverstöße beseitigt worden wären, könnte die Verfassungsbeschwerde wegen eines Verstoßes gegen das Subsidiaritätsprinzip unzulässig sein. Wer auf Nummer sicher gehen will, sollte in diesem Fall die Verfassungsbeschwerde fristwahrend einlegen und die Gehörsrüge parallel betreiben (vgl. *Allgayer* NJW 2013, 3485).

Übersicht der Voraussetzungen für eine Gehörsrüge	
§ 44 Abs. 1 Satz 2 FamFG	Richtet sich nur gegen **Endentscheidungen**
§ 44 Abs. 1 Satz 1 Nr. 1 FamFG	Grundsatz der **Subsidiarität**: Rechtsmittel, Rechtsbehelfe oder andere Abänderungsmöglichkeiten bezüglich der Endentscheidung sind nicht gegeben
§ 44 Abs. 2 Satz 1 und 2 FamFG	**Frist:** Zwei Wochen nach Kenntnis der Gehörsverletzung, spätestens ein Jahr seit Bekanntgabe der Entscheidung
§ 44 Abs. 2 Satz 3 FamFG	**Form:** a. Schriftlich oder zu Protokoll der Geschäftsstelle des Gerichts, das die Entscheidung getroffen hat
§ 44 Abs. 2 Satz 1 FamFG	b. **Zeitpunkt der Kenntnis** von der Gehörsrüge muss glaubhaft gemacht werden
§ 44 Abs. 2 Satz 4 FamFG	c. **Bezeichnung der Entscheidung**, Darlegung der entscheidungserheblichen Gehörsverletzung
§ 44 Abs. 1 Satz 1 Nr. 2 FamFG	**Begründetheit:** Verletzung des rechtlichen Gehörs in entscheidungserheblicher Art und Weise

Entscheidungsmöglichkeiten des Gerichts	
§ 44 Abs. 4 Satz 1 FamFG	Verwerfung als unzulässig (Form, Frist, Glaubhaftmachung etc.)
§ 44 Abs. 4 Satz 2 FamFG	Zurückweisung als unbegründet (z. B. Gehörsverletzung war nicht entscheidungsrelevant)
§ 44 Abs. 5 FamFG	Folge: Verfahren wird fortgeführt
§ 44 Abs. 4 Satz 3 FamFG	Entscheidung ist nicht anfechtbar

8. Antrag auf gerichtliche Entscheidung

Dieser Rechtsbehelf setzt zunächst die Entscheidung einer anderen Stelle voraus, deren Rechtmäßigkeit auf Antrag gerichtlich überprüft werden kann. Es handelt sich daher eigentlich nicht um einen „Rechtsbehelf", sondern um die Entscheidung des Gerichts in erster Instanz.

Der Antrag ist z. B. zulässig gegen die Übertragung der Wahrnehmung der Betreuung auf einen Mitarbeiter der Betreuungsbehörde bzw. des Betreuungsvereins gemäß § 291 FamFG i. V. m. § 1900 Abs. 2 BGB oder gegen Maßnahmen im Vollzug der öffentlich-rechtlichen Unterbringung gemäß § 327 FamFG. Demgegenüber kann sich ein zivilrechtlich Untergebrachter gegen die gleichen Maßnahmen im psychiatrischen Krankenhaus oder einem Altenheim gerichtlich nicht zur Wehr setzen. Aus der Sicht des Betroffenen ist dieses Defizit wohl nicht zu rechtfertigen.

9. Gegenvorstellung/Dienstaufsichtsbeschwerde

Neben den ordentlichen Rechtsbehelfen gibt es noch die Möglichkeit der gesetzlich nicht geregelten Gegenvorstellung. Eine Dienstpflichtverletzung kann schließlich mit einer Aufsichtsbeschwerde beim Dienstvorgesetzten gerügt werden.

Gegenvorstellung

Die Gegenvorstellung ist anerkannt als formloser Rechtsbehelf ohne „Devolutiveffekt", das heißt nur das entscheidende Gericht prüft, ob es seine Entscheidung abändern muss. Soweit Abhilfe oder Abänderbarkeit möglich ist, kann das Gericht der Gegenvorstellung stattgeben, bei Unabänderbarkeit grundsätzlich nicht. Vor der Einführung der sog. Gehörsrüge (§ 44 FamFG) wurden im Wege der Gegenvorstellung häufig Verstöße gegen das Recht auf rechtliches Gehör gerügt und durch Fortführung des Verfahrens verbeschieden. Dabei wurde auch die Unanfechtbarkeit durchbrochen, wenn ein „grobes Verfahrensunrecht" anders nicht zu beseitigen gewesen wäre (*BayObLG*, Beschluss vom 24. 4. 2002, Az. 3Z BR 5/02).

Nach Einführung der Gehörsrüge (vgl. § 44 FamFG) stellt sich die Frage, ob es noch einen Anwendungsbereich für die Gegenvorstellung gibt. Dies ist z. B. für den Fall vorstellbar, dass nicht der „gesetzliche Richter" im Sinne des Art. 101 GG entschieden hat und diese Grundrechtsverletzung auf andere Weise nicht gerügt werden kann.

In jedem Fall sollte aus Gründen der Rechtssicherheit die zweiwöchige Rügefrist des § 44 Abs. 2 FamFG analog angewendet werden. Es geht nicht an, dass man einen gesetzlich nicht geregelten, außerordentlichen Rechtsbehelf zeitlich unbeschränkt zulässt, während alle anderen Entscheidungen nur befristet angefochten werden können (vgl. *OLG Koblenz* FamRZ 2008, 1359 und 1967).

Praxis TIPP

Was kann man mit der Dienstaufsichtsbeschwerde erreichen?

Wegen der verfassungsrechtlich garantierten Unabhängigkeit der Richter und Rechtspfleger bei der Verfahrensgestaltung und Entscheidungsfindung kann mit einer Dienstaufsichtsbeschwerde niemals eine andere gerichtliche Entscheidung erwirkt werden! Dies ist nur im Rahmen der ordentlichen Rechtsbehelfe bzw. mit einer Gehörsrüge möglich. Erreicht werden kann die Durchführung eines Disziplinarverfahrens, wenn etwa der Richter einen Beteiligten beleidigt oder Kosten verursacht, weil er schuldhaft zu spät zu einem Termin kommt.

Hinweis:

Der Betreuer sollte nach Prüfung der Sach- und Rechtslage das Rechtsmittel oder den Rechtsbehelf einlegen und auch möglichst schnell begründen. Die Begründung kann nachgereicht oder ergänzt werden, und zwar auch nach Ablauf der Frist für die Einlegung der Beschwerde. Das Beschwerdegericht wird gegebenenfalls eine Frist setzen (§ 65 Abs. 2 FamFG). Er sollte das Rechtsmittel zurücknehmen (§ 67 Abs. 4 FamFG), wenn er nach weiterer Beratung und Information die Entscheidung akzeptieren kann.

10. Berichtigung, Ergänzung, Wiederaufnahme

Berichtigung und Ergänzung können in Ausnahmefällen zu einer Korrektur falscher bzw. unvollständiger Entscheidungen führen und zwar durch eine Entscheidung des gleichen Gerichts. Beide Verfahren sind kostenfrei, unkompliziert und schnell. Die Voraussetzungen sind aber sehr eng begrenzt.

10.1 Berichtigung (§ 42 FamFG)

Mit einer Berichtigung können „Schreibfehler, Rechenfehler und ähnliche offenbare Unrichtigkeiten“ revidiert werden. Sie kann von Amts wegen oder auf Antrag erfolgen. Eine Berichtigung ist bei allen Beschlüssen jederzeit möglich, selbst nach Eintritt der Rechtskraft. Neben der Berichtigung kann auch gleichzeitig eine Beschwerde eingelegt werden. Soweit mit der Beschwerde ein Ziel verfolgt wird, das auch mit der Berichtigung erreicht werden kann, erledigt sich eine gleichzeitig eingelegte Beschwerde. Mit der Berichtigung können keine inhaltlichen Fehler revidiert werden. Vielmehr greift sie nur, wenn der „Wille“ des Gerichts von dem tatsächlich erklärten abweicht.

Schreibfehler

Ähnliche Unrichtigkeiten

Schreibfehler sind z. B. die falsche Schreibweise eines Namens, ein Zahlendreher oder unmögliche Datumsangaben (etwa 31. 2. 2014). Rechenfehler können mathematische Fehler sein, aber auch das Übersehen eines Rechnungspostens. „Ähnliche Unrichtigkeiten“ können bei klaren Widersprüchen zwischen dem Tenor der Entscheidung und der Begründung bejaht werden. So die Bezeichnung im Rubrum als „Familiensache“, obwohl es sich dem Inhalt nach um eine „Betreuungssache“ handelt (vgl. *BGH*, Beschluss vom 14. 12. 2011, Az. XII ZB 171/11). Führt das Gericht z. B. in der Begründung aus, dass bewusst ein Berufsbetreuer ausgesucht wurde, weil kein ehrenamtlicher Betreuer zur Verfügung stand, kann die fehlende „Bezeichnung als Berufsbetreuer“ in der Beschlussformel (vgl. § 284 Abs. 1 Nr. 4 FamFG) im Wege der Berichtigung nachgeholt werden (*BGH* MDR 2014, 421).

„Offenbar“ nach dieser Vorschrift ist die Unrichtigkeit nur, wenn sie sich aus dem „Zusammenhang des Beschlusses selbst oder aus den Vorgängen bei seiner Verkündung bzw. Bekanntgabe ergibt und wenn sie ohne weiteres erkennbar ist“ (*BGH* a. a. O.).

Wird ein Antrag auf Berichtigung zurückgewiesen, ist diese Entscheidung nicht anfechtbar. Mit der sofortigen Beschwerde kann dagegen ein Beschluss angefochten werden, der eine Berichtigung ausspricht, § 42 Abs. 3 Satz 2 FamFG, §§ 567 bis 572 ZPO.

10.2 Ergänzung (§ 43 FamFG)

Die Ergänzung dient der Schließung von Entscheidungslücken. Nur unbewusst unterlassene Entscheidungen können auf Antrag nachträglich ergänzt werden. Sieht das Gericht dagegen bewusst von einer Entscheidung ab, kann gegen diese Entscheidung nur ein normales Rechtsmittel (Beschwerde) eingelegt werden.

Voraussetzung ist, dass ein von einem Beteiligten gestellter „Antrag" übergangen wurde. Es muss sich aber nicht um einen formellen Antrag handeln, vielmehr genügt jedes Begehren eines Beteiligten, dem das Gericht im Wege einer Entscheidung hätte nachgehen müssen.

Unterbleiben einer Kostenentscheidung

Auch das Unterbleiben einer Kostenentscheidung kann im Wege der Ergänzung korrigiert werden. Allein das Fehlen einer Kostenentscheidung indiziert aber noch kein „Unterbleiben" im Sinne des § 43 FamFG, da § 81 FamFG im Regelfall die Entscheidung über die Kosten in das Ermessen des Gerichts stellt. Man kann daher auch davon ausgehen, dass bei fehlender Kostenentscheidung diese stillschweigend, aber bewusst unterlassen wurde.

Ein Antrag auf Ergänzung eines Beschlusses muss innerhalb der nach § 43 Abs. 2 FamFG gesetzlich vorgeschriebenen Frist von zwei Wochen, die mit der schriftlichen Bekanntgabe des Beschlusses beginnt, beantragt werden. Die Ergänzungsentscheidung kann mit den allgemeinen Rechtsmitteln angegriffen werden.

10.3 Abänderung und Wiederaufnahme (§ 48 FamFG)

Auch rechtskräftige Entscheidungen können in sehr engem Rahmen aufgehoben oder geändert werden. Eine Endentscheidung mit Dauerwirkung kann nach § 48 Abs. 1 FamFG aufgehoben oder geändert werden, wenn sich die zugrunde liegende Sach- oder Rechtslage nachträglich geändert hat. Dies ist z. B. der Fall, wenn sich bei einer angeordneten Betreuung der Gesundheitszustand entscheidungserheblich geändert hat.

Bei sehr gravierenden Fehlern kann gemäß § 48 Abs. 2 FamFG eine Wiederaufnahme des Verfahrens erfolgen in entsprechender Anwendung der §§ 578 bis 591 ZPO.

Checkliste

Checkliste: Rechtsbehelfe – was zu beachten ist

- Abklärung der Frage, ob eine Anfechtung der Entscheidung sinnvoll ist und welches Ziel erreicht werden soll.
- Soll ein Rechtsmittel im eigenen Namen eingelegt werden oder als Vertreter des Betreuten?
- Ist die professionelle Hilfe eines Rechtsanwalts erforderlich?
- Welches Rechtsmittel oder welcher Rechtsbehelf ist möglich?
- Welches Kostenrisiko besteht?
- Kann man Verfahrenskostenhilfe beantragen?
- Einreichen einer Beschwerdeschrift oder Angaben zu Protokoll der Geschäftsstelle beim Ausgangsgericht.
- Welche Form- und Fristvorschriften sind zu beachten?

Zum Inhalt des Beschwerdevorbringens:

- Aktenzeichen des Verfahrens und Personalien des Betreuten möglichst genau angeben
- genaue Bezeichnung der Entscheidung, die angefochten wird (z. B. … Beschwerde gegen die Ablehnung der Aufhebung der Betreuung durch Beschluss des AG Aburg vom 2. 12. 2016)
- ausdrücklich erklären, dass gegen diesen Beschluss Beschwerde eingelegt wird
- Darlegung, welche Entscheidung gewünscht wird
- Gründe, die dafür sprechen, dass die erste Entscheidung falsch war
- Beweismittel angeben (Zeugen, Urkunden, ärztliche Zeugnisse) oder die Erhebung von Beweisen anregen (z. B. Einholung eines Sachverständigengutachtens)
- Unterschrift

Bearbeitet von: Reinhold Spanl

Inhalt

1. Haftung des Betreuers

Der Betreuer kann einerseits dem Betreuten einen Schaden zufügen, andererseits aus seiner Tätigkeit heraus auch Dritte schädigen und diesen zum Schadensersatz verpflichtet sein.

Hinweis:

Die folgenden Ausführungen sollen auf Gefahren hinweisen, die im Rahmen einer Betreuung zu beachten sind. Sie sind keinesfalls so zu verstehen, dass der Betreuer ständig Schadensersatzansprüchen gegenüberstehen würde. Bei pflichtgemäßer Führung des Betreueramtes dürften keinerlei Probleme entstehen.

1.1 Haftung dem Betreuten gegenüber

Es sind an sich zwei Fallgruppen denkbar, nach denen der Betreuer dem Betreuten gegenüber schadensersatzpflichtig sein kann. Die wichtigste Vorschrift ist § 1833 BGB, die über § 1908i Abs. 1 Satz 1 BGB auch für die Betreuung gilt. Hierbei handelt es sich um Schäden, welche aus einer Pflichtverletzung des Betreuers heraus entstehen. Daneben ist noch § 823 BGB zu beachten, der einen Schadensersatz auslöst, wenn der Betreuer sich dem Betreuten gegenüber einer Rechtsgutverletzung schuldig macht.

1.1.1 Ansprüche aus Pflichtverletzungen

Betreuer verletzt schuldhaft seine Pflichten

Der Betreuer haftet gegenüber dem Betreuten aus einer Pflichtverletzung für Schäden aus einer schuldhaften Pflichtverletzung bei der Amtsführung, §§ 1908i Abs. 1 Satz 1, 1833 Abs. 1 BGB.

Es müssen folgende Voraussetzungen vorliegen:

- Pflichtverletzung des Betreuers
- schuldhafte Amtsführung
- Entstehung eines Schadens
- Kausalität zwischen Schadensentstehung und Betreuerhandlung

Pflichtverletzung

Eine Pflichtverletzung liegt vor, wenn der Betreuer

- die Angelegenheiten des Betreuten gemäß § 1901 Abs. 2 BGB nicht so besorgt, wie es dessen Wohl entspricht,
- **Gesetzliche Pflichten** gegen gesetzliche Vorschriften verstößt, z. B. gegen die Verpflichtung, Betreutengeld gemäß §§ 1908i Abs. 1, 1806, 1807, 1809 BGB anzulegen,
- **Anordnungen des Betreuungsgerichts** Anordnungen und Weisungen des Betreuungsgerichts nach §§ 1908i Abs. 1, 1837 Abs. 2 BGB nicht befolgt.

Dem Betreuer obliegen gegenüber dem Betreuten mannigfaltige Verpflichtungen, welche zum Teil ausdrücklich im Gesetz beschrieben sind oder sich aus der „Generalregel“ des § 1901 BGB ergeben.

Pflichtwidriges Handeln

Der Betreuer führt die Betreuung an sich selbstständig und eigenverantwortlich. Pflichtwidrig handelt der Betreuer, wenn er gegen gesetzliche Regelungen verstößt, gegen gerichtliche Anordnungen handelt, seinen Ermessensspielraum überschreitet und/oder sich zum Nachteil des Betreuten von unsachgemäßen Erwägungen leiten lässt und ungerechtfertigt Wünsche des Betreuten nicht erfüllt (*BayObLG* FamRZ 2000, 565).

Pflichten des Betreuers

Die Pflichten des Betreuers sind bereits in Kapitel A 1, Abschnitt 6 angesprochen und werden hier nur noch vertieft.

Wohl des Betreuten

Das Gesetz fordert in § 1901 Abs. 2 BGB, dass der Betreuer die Angelegenheiten des Betreuten so zu besorgen hat, wie es dessen Wohl entspricht.

Wohl des Betreuten

„Wohl des Betreuten“ umschreibt als unbestimmter Rechtsbegriff die Gesamtheit der persönlichen wie der wirtschaftlichen Interessen des Betreuten. Besonders erwähnt wird in § 1901 Abs. 4 BGB das Interesse des kranken und behinderten Menschen an der Wiederherstellung seiner Gesundheit und Beseitigung seiner Behinderung.

Wünsche des Betreuten

Die Wünsche des Betreuten sind Teil des „Betreutenwohls" und werden in § 1901 Abs. 2 Satz 2 BGB besonders hervorgehoben. Der Betreute hat das Recht, im Rahmen seiner Fähigkeiten sein Leben nach eigenen Wünschen und Vorstellungen zu gestalten. Zum Begriff „Wünsche" siehe Kapitel A 1, Abschnitt 6.2 und Kapitel A 2, Abschnitt 8.

Wohl und Wille (eigene Wünsche und Vorstellungen) bilden zunächst keine Gegensätze. Wünsche des Betreuten entsprechen jedoch dann nicht mehr seinem Wohl, wenn sie objektiv diesem zuwiderlaufen, das heißt, seine Rechtsgüter gefährden oder seine Lebenslage insgesamt erheblich verschlechtern würden, § 1901 Abs. 3 Satz 1 BGB.

Beispiele:

a) Der geschäftsunfähige Betreute hat ein Sparvermögen von 10.000 EUR bei einer jährlichen Verzinsung von 0,5 %. Er wünscht, dass der Betreuer den gesamten Sparbetrag in hochriskanten Wertpapieren anlegt. Weiteres Vermögen hat der Betreute nicht, sein Renteneinkommen deckt gerade seinen Lebensunterhalt, lässt jedoch keinerlei Sonderbeschaffungen zu.

b) Der vermögende geschäftsunfähige Betreute möchte einen Barbetrag von 30.000 EUR in seiner Wohnung belassen. Er verweigert die Herausgabe zum Zweck einer verzinslichen Anlegung.

Im Beispiel a) würde der Verlust der 10.000 EUR die Lebens- und insbesondere die Versorgungslage des Betreuten insgesamt verschlechtern. Der Betreuer wird den Wunsch nicht befolgen.

Die Belassung der 30.000 EUR als Bargeldbestand in der Wohnung des Betreuten beeinträchtigt weder seine Lebens- noch Versorgungslage. Zwar hat der Betreuer eine verzinsliche Anlageverpflichtung nach § 1908i Abs. 1 Satz 1 i. V. m. § 1806 BGB, jedoch auch eine Pflicht zur Befolgung der Wünsche des Betreuten, § 1901 Abs. 3 Satz 1 BGB. Er wird den Betreuten über mögliche Folgen und Gefahren der Bargeldbelassung aufklären (z. B. Zinsverlust, mögliches Abhandenkommen der Geldscheine) und, soweit der Betreute es immer noch wünscht, ihm den Bargeldbestand belassen.

Dem Wohl des Betreuten laufen insbesondere solche Wünsche zuwider, deren Erfüllung die gesamte Lebens- und Versorgungssituation des Betreuten erheblich verschlechtern würden (z. B. wirtschaftlich unvertretbarer Umgang mit dem Vermögen, wenn daraus die Gefahr erwächst, dass künftig der angemessene Unterhalt nicht mehr bestritten werden kann).

Vorrang der Betreutenwünsche

Die Einordnung des Vorrangs der Wünsche des Betreuten betont auch die Entscheidung des *OLG Schleswig* (BtPrax 2001, 211), das feststellt, dass das Wohl des Betreuten im Sinne von § 1901 Abs. 2 BGB subjektiv zu bestimmen ist. Auch irrationale Wünsche des Betreuten, die objektiv betrachtet nicht seinen Interessen entsprechen, sind vom Betreuer zu beachten, solange deren Verwirklichung nicht dem Betreutenwohl zuwiderlaufen. Ist z. B. der in einem Pflegeheim lebende Betreute aus irrationalen Erwägungen gegen die Vermietung seines Einfamilienhauses, ist dieser Wunsch beachtlich, solange er in der Lage ist, seine Lebenshaltungskosten und die mit dem Leerstand des Hauses verbundenen Kosten aus eigenen Einkünften zu decken.

Beachtlicher Wunsch des Betreuten verhindert Haftung

Ein Betreuer haftet z. B. nicht für vermögensrechtliche Nachteile (Steuerbelastungen) aus dem Verkauf von Grundstücken des Betreuten, wenn der Verkauf auf dessen ausdrücklichen Wunsch erfolgt und der Betreuer nach Einholung fachkundigen Rates den Betreuten umfassend über die Nachteile informiert (*BGH* FamRZ 2009, 1656). Der Wunsch wäre lediglich dann unbeachtlich, wenn der Betreute infolge seiner Erkrankung entweder nicht mehr in der Lage ist, eigene Wünsche und Vorstellungen zu bilden und zur Grundlage und Orientierung seiner Lebensgestaltung zu machen, oder wenn er die der Willensbildung zugrunde liegenden Tatsachen infolge seiner Erkrankung verkennt.

Respekt vor dem Willen und der Lebensplanung des Betreuten

Das *OLG Karlsruhe* (FamRZ 2010, 2018) stellt in seiner Entscheidung klar, dass der Betreuer den Willen und die Lebensplanung des Betreuten zu respektieren und zu fördern hat. Dies schließt bei einem vermögenden Betreuten den Wunsch nach einem vertretbaren Luxus ebenso ein, wie den Wunsch, den bisherigen Lebensstandard zu erhalten oder wieder zu erreichen, sodass auch ein angeblich unwirtschaftlicher Umgang mit Betreutenvermögen gerechtfertigt sein kann. Im entschiedenen Fall hat der Betreuer auf ausdrücklichen Wunsch des Betreuten dessen 18 Jahre alten Pkw mit einem wirtschaftlichen Totalschaden zu einem Preis von 12.000 EUR reparieren lassen. Nach Ansicht des Gerichts stellt dies jedenfalls bei einem beträchtlichen Vermögen des Betreuten (hier: ca. 6 Millionen EUR) keine Handlung dar, die den Betreuer zum Schadensersatz verpflichten würde.

Die Nichtbeachtung gerechtfertigter Wünsche stellt für den Betreuer eine Pflichtwidrigkeit dar. Entsteht aus der nicht begründeten Übergehung der Wünsche dem Betreuten ein Schaden, so haftet der Betreuer gemäß § 1833 i. V. m. § 1908i Abs. 1 Satz 1 BGB.

Besprechungspflicht

Der Betreuer ist außerdem gehalten, wichtige Angelegenheiten vor ihrer Erledigung mit dem Betreuten zu besprechen, § 1901 Abs. 3 Satz 3 BGB. Siehe hierzu Kapitel A 1, Abschnitt 6.3.

Beispiel:

Dem geschäftsfähigen Betreuten wurde die Fahrerlaubnis dauerhaft entzogen. Er ist Eigentümer eines Pkw mit einem Schätzwert von ca. 5.000 EUR. Der Betreuer mit dem Aufgabenkreis Vermögenssorge verkauft den Pkw am 5. 5. zu einem Preis von 5.100 EUR an A.; dieser soll den Wagen am 8. 5. abholen. Der Betreute selbst verkauft den Pkw am 7. 5. für 5.000 EUR an B und übereignet ihn sofort.

Beide Kaufverträge sind wirksam geschlossen worden. Der Betreute ist geschäftsfähig und der Betreuer ist gesetzlicher Vertreter, § 1902 BGB. Auch die Übereignung des Pkw durch den Betreuten an B am 7. 5. ist wirksam. Dadurch ist eine Übereignung des Pkw am 8. 5. unmöglich geworden. Ist dem A ein Schaden dadurch entstanden, dass ihm der Pkw nicht übereignet werden kann, wird er Schadensersatz verlangen, und zwar zunächst vom Betreuten, da der Betreuer als dessen Vertreter tätig geworden ist, § 278 BGB. Allerdings ist der Betreuer dem Betreuten gegenüber schadensersatzpflichtig nach § 1908i Abs. 1 Satz 1 i. V. m. § 1833 BGB, da er schuldhaft (fahrlässig) und pflichtwidrig (Verstoß gegen das Besprechungsgebot nach § 1901 Abs. 3 Satz 3 BGB) den Schaden verursacht hat.

Praxis TIPP

Bevor der Betreuer im Namen des Betreuten eine (wichtige) Angelegenheit erledigt, hat er diese unbedingt mit dem Betreuten zu besprechen, (auch) um einen möglichen Schadenseintritt zu vermeiden.

Gesetzliche Pflichten

Die Betreuung umfasst die Pflicht, in dem angeordneten Aufgabenkreis alle Obliegenheiten zu erfüllen, die erforderlich sind, um die Angelegenheiten des Betreuten rechtlich zu besorgen, § 1901 Abs. 1 BGB. Der Betreuer hat somit die Aufgabe, gesetzliche Vorgaben einzuhalten; diese Verpflichtung besteht vorrangig gegenüber dem Betreuten. Ähnlich dem Vormund bei Minderjährigen (vgl. § 1789 BGB) ist er zu treuer und gewissenhafter Führung der Betreuung verpflichtet.

Als gesetzliche Pflichten ergeben sich beispielhaft (§ 1908i Abs. 1 Satz 1 BGB):

- Erstellung eines Vermögensverzeichnisses zu Beginn der Betreuung, § 1802 BGB
- Abgabe eines jährlichen Berichts und einer Einnahmen-/Ausgabenabrechnung, § 1840 BGB
- Anlegung von Betreutengeld in bestimmter Art und Weise, §§ 1806, 1807, 1809, 1810 BGB
- Sicherung von Wertpapieren und Wertrechten, §§ 1814, 1816 BGB
- Erstellung einer Rechenschaft am Ende der Betreuung, § 1890 BGB

Gerade in Vermögensangelegenheiten können durch Missachtung von gesetzlichen Pflichten Schäden entstehen.

Beispiele für haftungsrelevante Tätigkeiten:

- Rechtzeitige Geltendmachung von Grundsicherung für Arbeitsuchende, Sozialhilfe und Rentenansprüchen (z. B. Erwerbsunfähigkeitsrente)
- Abwehr unberechtigter Forderungen Dritter
- Durchsetzung von Unterhalts-, Erb- und Pflichtteilsansprüchen
- Rechtzeitige Auflösung der Wohnung des Betreuten, wenn die Umstände dies gebieten
- Überprüfung der Wohnverhältnisse zur Vermeidung von Vermüllung
- Maßnahmen zum Erhalt des Krankenversicherungsschutzes
- Vermeidung einer schlecht verzinslichen Geldanlage (z. B. Sparbuch statt Festgeld)
- Geldanlage bei einer Bank mit nur ausreichender Sicherungseinrichtung

Erledigt der Betreuer diese Aufgaben nicht sorgfältig genug und

- übersieht er Fristen zur Geltendmachung berechtigter Ansprüche,
- stellt er Anträge zu spät, so dass auch die Leistungen erst nachträglich erbracht werden oder
- unterlässt er die Durchsetzung von Ansprüchen aus früheren im Zustand der Geschäftsunfähigkeit abgeschlossenen und erfüllten Verträge,

dann ist der Betreuer zum Schadensersatz verpflichtet.

Anordnungen und Weisungen des Betreuungsgerichts

Gericht erlässt Ge- und Verbote

Das Betreuungsgericht hat gemäß §§ 1908i Abs. 1 Satz 1, 1837 Abs. 2 Satz 1 BGB diejenigen Gebote und Verbote gegen den Betreuer zu erlassen, die geeignet sind, die Beeinträchtigung der Interessen des Betreuten abzuwehren und die zu diesem Zweck als erforderlich erscheinen (*OLG Hamm* FamRZ 1998, 570). Die Gebote und Verbote müssen das konkrete Handeln des Betreuers betreffen. Er kann z. B. im Rahmen der Genehmigung einer Grundstücksveräußerung angewiesen werden, den Kauferlös zu einem Teil wieder in Grundvermögen anzulegen (sog. Auflage in einer betreuungsgerichtlichen Genehmigung). Ein Verstoß gegen derartige gerichtliche Verbote und Gebote führt zu einer Pflichtwidrigkeit.

Schuldhafte Pflichtverletzung bei der Amtsführung

Die Haftung setzt ein Verschulden des Betreuers voraus, nur dann kann sich ein Schadensersatzanspruch aus § 1833 Abs. 1 BGB ergeben. Verschulden im Sinne von § 276 BGB liegt vor, wenn der Betreuer handelt mit

Vorsatz und Fahrlässigkeit

- Vorsatz (Wissen und Wollen des rechtswidrigen Erfolgs);
- grober Fahrlässigkeit (Außerachtlassen der verkehrserforderlichen Sorgfalt in einem besonders schweren Maße, also das Unterlassen von einfachen, ganz nahe liegenden Überlegungen und das Außerachtlassen dessen, was im gegebenen Fall jedem hätte einleuchten müssen);
- einfacher Fahrlässigkeit (Außerachtlassen der im Verkehr erforderlichen Sorgfalt, ohne dass die besonderen Merkmale grober Fahrlässigkeit gegeben sind).

Lebenskreis, Rechts- und Geschäftserfahrung sind beachtlich

Der Betreuer haftet grundsätzlich für jeden Verschuldensgrad, also auch für einfache Fahrlässigkeit. Er kann sich grundsätzlich nicht mit dem Hinweis entlasten, er habe so sorgfältig gehandelt, wie er auch in eigenen Angelegenheiten handeln würde.

Allerdings werden nach allgemeiner Ansicht bei dem Betreuer die besonderen Lebensverhältnisse seines Lebenskreises berücksichtigt. Es ist daher darauf Rücksicht zu nehmen, welche Sorgfalt in den Lebenskreisen, denen er angehört, geübt wird und billigerweise in diesen Kreisen auch erwartet werden kann (vgl. *BGH* FamRZ 1964, 199). Bei einem Berufsbetreuer wird man ausreichende rechtliche und wirtschaftliche Kenntnisse und somit professionelles Handeln erwarten können. Den gleichen Maßstab kann man jedoch bei einem ehrenamtlich tätigen Betreuer, der häufig mit „Herz und Verstand" handelt, nicht heranziehen.

Betreuungsgerichtliche Genehmigung schließt Betreuerhaftung nicht aus

Wurde zu einer Rechtshandlung die erforderliche Genehmigung durch das Betreuungsgericht erteilt, schließt dies eine Haftung des Betreuers nicht grundsätzlich aus. Da die Genehmigungspflicht dem Schutz des Betreuten dient, kann auch die Genehmigung nur im Ausnahmefall zu einer Entlastung des Betreuers führen. Auf die erteilte Genehmigung kann sich vor allem der juristisch nicht gebildete Betreuer verlassen, wenn es im Wesentlichen um Rechtsfragen geht und dem Betreuungsgericht alle relevanten Tatsachen bekannt sind. Im Übrigen kann und muss der Betreuer bis zur Vornahme des genehmigten Geschäfts selbst prüfen, ob es dem Wohl des Betreuten dient. Dies gilt vor allem, wenn sich nach der Genehmigung die Umstände ändern (vgl. *BGH* BtPrax 2004, 31).

Ein Mitverschulden des Betreuten kann schadensmindernd zu berücksichtigen sein, § 254 BGB (wer von Schaden bedroht ist, ist verpflichtet, jede ihm zumutbare Maßnahme zur Abwendung, Minderung oder Verhütung zu ergreifen). Dabei sind allerdings die eingeschränkten persönlichen Fähigkeiten der Betreuten (wegen psychischer Krankheit oder geistiger Behinderung) zu beachten.

Praxis TIPP

Um keinen Schaden entstehen zu lassen, sollte sich insbesondere der ehrenamtliche Betreuer an die zuständigen Stellen wenden, um Rat und Unterstützung einzuholen. Dabei kann er primär den Rechtspfleger des Betreuungsgerichts in Anspruch nehmen, §§ 1908i Abs. 1, 1837 Abs. 1 BGB, aber auch die Betreuungsbehörde, § 4 BtBG oder einen Betreuungsverein, § 1908f Abs. 1 Nr. 2 BGB.

Häufig wird auch der Rechtspfleger im Rahmen seiner Aufsichtsführung Fehler so rechtzeitig erkennen, dass ein Schaden vermieden wird.

Entstehung eines Schadens

Was ist ein Schaden?

Schaden stellt eine Einbuße dar, die jemand infolge eines bestimmten Ereignisses an seinen Lebensgütern, insbesondere Gesundheit oder Eigentum erleidet. Der Schadensbegriff des BGB umfasst den Vermögens- und Nichtvermögensschaden.

Nur wenn dem Betreuten ein Schaden entstanden ist, kann ein Schadensersatz geltend gemacht werden.

Beispiel:

Entgangener Zinsgewinn

Der (befreite) Betreuer belässt ein Betreutenvermögen von 300.000 EUR auf dem Girokonto des Betreuten über einen Zeitraum von fünf Jahren; in dieser Zeit wäre bei einer Anlage eine Verzinsung von zumindest 0,5 % möglich gewesen. Da eine jährliche Rechnungslegung beim befreiten Betreuer entfällt (§§ 1908i Abs. 2 Satz 2, 1857a, 1854 BGB), hat der Rechtspfleger diesen Umstand nicht erkannt.

Dem Betreuten ist ein zu ersetzender Vermögensschaden von ca. 7.500 EUR entstanden.

Beispiel:

Heilkosten und Schmerzensgeld

Der schwer psychotische Betreute vernachlässigt eine regelmäßige Nahrungsaufnahme und gerät dadurch in einen lebensbedrohlichen Unterernährungszustand. Der Betreuer, dem auch die Gesundheitssorge obliegt, verkennt die Situation und unternimmt nichts. Infolge der Mangelernährung erleidet der Betreute einen schwerwiegenden Nierenschaden.

Dem Betreuten könnte ein Anspruch auf die Heilkosten und darüber hinaus ein Schmerzensgeldanspruch wegen der Funktionseinbuße der Niere zustehen (nichtvermögensrechtlicher Schaden).

Kausalität zwischen Schadensentstehung und Betreuerhandlung

Schaden beruht auf Pflichtverletzung

Der dem Betreuten erwachsene Schaden muss auf der Pflichtverletzung des Betreuers beruhen.

Zwischen dem pflichtwidrigen Verhalten des Betreuers und dem Verletzungserfolg muss ein ursächlicher Zusammenhang bestehen. Es muss eine dem Betreuer zurechenbare (und willensgesteuerte) Handlung bzw. ein entsprechendes Unterlassen vorliegen, welche den Schaden auslöst.

Beispiel:

Der Betreuer hält grundlos einen hohen Bestand auf dem Girokonto des Betreuten. Durch das pflichtwidrige (Verstoß gegen § 1908i Abs. 1 Satz 1 i. V. m. § 1806 BGB) und schuldhafte (fahrlässige) Handeln ist der Schaden entstanden.

Praxis TIPP

Ist dem Betreuten ein Schaden durch das Handeln oder Unterlassen des Betreuers entstanden, muss für den Schadensersatz im Rahmen von § 1833 Abs. 1 BGB geprüft werden:

Pflichtverletzung	Schuldhaftigkeit	Kausalität
Hat der Betreuer eine Pflichtverletzung begangen? • Missachtung des § 1901 Abs. 2 Satz 1 BGB • Verstoß gegen gesetzliche Vorschriften • Nichtbeachtung betreuungsgerichtlicher Anordnungen	Hat der Betreuer schuldhaft gehandelt? • Vorsatz • grobe Fahrlässigkeit • einfache Fahrlässigkeit	Besteht zwischen der Pflichtverletzung und dem Schaden ein ursächlicher Zusammenhang? • Der Schadenseintritt beruht auf der Pflichtverletzung.

Eine erteilte betreuungsgerichtliche Genehmigung schließt die Haftung nicht generell aus.

Praktischer Fall

Verfügt der Betreuer ohne Zustimmung des Gegenbetreuers oder Betreuungsgerichts über ein Wertpapierdepot mit einem Kurswert von über 200.000 EUR, händigt er ferner dem Betreuten zu dessen Lebzeiten Geldbeträge von über 2.000 EUR monatlich zur freien Verfügung aus und überlässt er eine EC-Karte mit PIN-Nummer einer dritten Person, mit der Geld bei einem Automaten abgehoben wurde, handelt er pflichtwidrig und hat (ggf. gegenüber dem Erben) einzustehen (*LG Berlin* FamRZ 2010, 492).

Diese Entscheidung muss jedoch hinterfragt werden. Wichtig wäre zu wissen, welche Mittel insgesamt vorhanden waren, denn bei einem großen Vermögen ist ein monatlicher Taschengeldbetrag von 2.000 EUR durchaus vertretbar, insbesondere dann, wenn der Betreute sich damit Wünsche erfüllen wollte und konnte. Die Verfügung über das Wertpapierdepot unterlag dem Genehmigungstatbestand nach §§ 1908i Abs. 1, 1819, 1814 BGB. Ein Schadensersatz durch die Nichteinholung der Genehmigung kann aber nur entstehen, wenn durch die Verfügung auch ein Schaden entstanden ist. Problematisch kann sich die Überlassung der EC-Karte erweisen, wenn die entnommenen Beträge nicht zum Wohle des Betreuten verwendet wurden.

Beispiel:

Der Betreuer entnimmt vom Girokonto des Betreuten wiederholt größere Geldbeträge und händigt sie dem Betreuten wunschgemäß gegen Quittierung aus. Nach einem Betreuerwechsel macht der neue Betreuer gegen seinen Vorgänger im Namen des Betreuten Herausgabeansprüche geltend, in dem er die Übergabe der Gelder an den Betreuten bezweifelt.

Übergibt der Betreuer große Bargeldbeträge dem Betreuten, hat er die Verwendung zu kontrollieren

Das *LG Mainz* (FamRZ 2012, 1325) stellt zu einem ähnlichen Sachverhalt fest, dass ein Berufsbetreuer, der im Rahmen der ihm übertragenen Betreuung Gelder bar von Betreutenkonten abgehoben hat, ebenso wie ein Bevollmächtigter zur Herausgabe der Gelder verpflichtet ist, sofern er nicht nachweist, dass er die Gelder bestimmungsgemäß verwendet hat (siehe hierzu Kapitel A 4, Abschnitt 2.2.5). Darüber hinaus ist das Gericht der Ansicht, dass dem Betreuten im Übrigen auch ein Schadensersatzanspruch aus §§ 1908i Abs. 1, 1833 BGB zusteht, denn der Beklagte hat durch die Abhebung der Bargeldbeträge seine Pflicht aus dem Betreuungsverhältnis, das Vermögen des Betreuten in dessen Interesse zu verwenden, verletzt, indem er hohe Geld beträge abgehoben und (nach seinem Bekunden) ausgehändigt hat, ohne eine Kontrolle über deren Verwendung zu haben, was zumindest fahrlässig erfolgt ist. Ohne die Pflichtverletzung wäre das Geld noch im Vermögen des Betreuten vorhanden.

Beispiel:

Der Betreute ist geschäftsfähig. Seit kurzer Zeit besteht in Vermögensangelegenheiten ein Einwilligungsvorbehalt, den der Betreuer noch nicht der Bank mitgeteilt hat. Der Betreute hebt vom Girokonto 2.000 EUR ab und übergibt das abgehobene Geld einem Freund, dem er angeblich diesen Betrag schuldet.

Als der Betreuer davon erfährt, verlangt er von der Bank, dass diese den Betrag wieder dem Konto des Betreuten gutschreibt, da sie zu Unrecht geleistet habe. Die Bank verweigert die Gutschrift mit dem Hinweis, dass sie gar nicht wusste, dass ein Einwilligungsvorbehalt angeordnet war, was der Kunde bzw. dessen Betreuer nach den bestehenden allgemeinen Bankbedingungen mitzuteilen verpflichtet gewesen wäre. Außerdem sei der Betreute um den abgehobenen Betrag ungerechtfertigt bereichert. Deshalb würde sie mit ihren Ansprüchen aufrechnen.

Zunächst ist festzustellen, dass die Zahlung an eine Person, für die ein Betreuer bestellt und ein Einwilligungsvorbehalt für den Bereich der Vermögenssorge angeordnet ist, keine Erfüllungswirkung hat. Erfüllung wäre nur eingetreten, wenn der Betreuer in die Abhebung eingewilligt oder diese genehmigt hätte (*BGH* FamRZ 2015, 1386).

Der *BGH* führt weiter aus:

- Die Erfüllungswirkung einer Leistung an den Betreuten hängt, entgegen der Auffassung der Bank, nicht davon ab, ob sie Kenntnis oder fahrlässige Unkenntnis von der Betreuung und dem Einwilligungsvorbehalt hat. Maßgeblich ist allein die objektive Sachlage. Da der gute Glaube an die Geschäftsfähigkeit des Vertragspartners nicht geschützt wird, sondern der Schutz Geschäftsunfähiger und beschränkt Geschäftsfähiger Vorrang vor den Interessen des Rechtsverkehrs hat, trägt der Vertragspartner eines Betreuten im Fall der Anordnung eines Einwilligungsvorbehalts (oder der Geschäftsunfähigkeit) das Risiko der Unwirksamkeit des Rechtsgeschäfts.
- Ein vertraglicher Schadensersatzanspruch der Bank gegen den Betreuten wegen der unterlassenen Mitteilung des Einwilligungsvorbehalts (oder einer Geschäftsunfähigkeit) scheidet mangels Pflichtverletzung im Sinne von § 280 Abs. 1 BGB aus. Der Betreute bzw. dessen Betreuer war nicht verpflichtet, die Bank ungefragt über die bestehende Betreuung sowie den Einwilligungsvorbehalt (bzw. eine Geschäftsunfähigkeit) aufzuklären.
- Zwar steht der Bank ein Bereicherungsanspruch gegen den Betreuten zu, da dieser die Zahlung ohne rechtlichen Grund erlangt hat. Sie kann jedoch nur dasjenige herausverlangen, was der Betreute infolge der Auszahlung noch in seinem Vermögen hat. Da er die Geldscheine an eine dritte Person übergeben hat, ist er lediglich verpflichtet, den ihm zustehenden Bereicherungsanspruch gegen diese Person durch Abtretung an die Bank herauszugeben. Der Betreute ist nicht entreichert im Sinne von § 818 Abs. 3 BGB, weil ihm ein Herausgabeanspruch gegen den Dritten zusteht; wegen des Einwilligungsvorbehalts hat er nicht an diesen wirksam geleistet. Der Betreute hat somit einen ausgleichenden Wert im Sinne von § 818 Abs. 2 BGB erworben.

Ergebnis: Die Bank muss den Betrag von 2.000 EUR wieder dem Konto gutschreiben; der Betreute, vertreten durch den Betreuer, muss den Herausgabeanspruch gegen den Dritten an die Bank abtreten. Eine Pflichtverletzung des Betreuers aus der unterlassenen Mitteilung des Einwilligungsvorbehalts ist nicht gegeben.

Praxis TIPP

Entnimmt ein geschäftsunfähiger Betreuter oder ein Betreuter, für den in Vermögensangelegenheiten ein Einwilligungsvorbehalt angeordnet ist, ohne Zustimmung des Betreuers von einem Konto Gelder, so ist der Betreuer gehalten, die Gutschrift des entnommenen Betrags bei der Bank zu fordern. Dabei spielt es keine Rolle, ob die Bank Kenntnis vom Zustand des Betreuten hatte.

Da die Willenserklärung des Betreuten nichtig war (§ 105 Abs. 1 BGB), ist sein Anspruch gegen die Bank durch die Entnahme nicht erloschen; die Bank muss den Betrag wieder gutschreiben. Allerdings macht die Bank gegen den Betreuten einen aufrechenbaren Gegenanspruch aus §§ 280 Abs. 1, 281 Abs. 2 Satz 1 BGB geltend, da der Betreute seine Pflichten gegenüber der Bank verletzt habe. Der Betreute als Kontoinhaber hat seine Pflicht verletzt, fehlerhafte Zahlungsvorgänge zu vermeiden. Er hätte der Bank anzeigen müssen, dass er geschäftsunfähig ist. Diese Pflicht dürfte sich aus Nr. 20 Abs. 1 Buchst. a AGB-Sparkassen (ähnlich die AGB anderer Kreditinstitute) ergeben, nach der der Kontoinhaber alle für die Geschäftsbeziehung wesentlichen Tatsachen der Bank mitzuteilen hat (z. B. auch das Bestehen der Verfügungs- oder Verpflichtungsfähigkeit des Kunden).

Betreuer teilt die Geschäftsunfähigkeit des Betreuten der Bank mit

Die Pflicht trifft bei einem geschäftsunfähigen Betreuten den Betreuer. Verletzt er diese Pflicht, hat er nach §§ 1908i Abs. 1, 1833 BGB dem Betreuten den Schaden zu ersetzen, der diesem entstanden ist. (Siehe hierzu *OLG Koblenz*, Beschluss vom 30. 1. 2012, Az. 3 W 40/12.)

Beispiel:

Der Betreuer mit dem Aufgabenkreis „Gesundheitsfürsorge" versäumt die rechtzeitige Beantragung der freiwilligen Versicherung in der gesetzlichen Krankenversicherung seines Betreuten.

Krankenversicherungsschutz ist herzustellen

Der Betreuungstatbestand der Gesundheitsfürsorge fordert von dem Betreuer, dass er die Angelegenheiten des Betreuten so zu besorgen hat, wie es dessen Wohl entspricht (§ 1901 Abs. 2 BGB). Hierzu gehört auch, dass die betreute Person selbst über eine entsprechende Krankenversicherung verfügt, da anderenfalls für die in diesem Zusammenhang mit der Inanspruchnahme der ärztlichen Versorgung entstehenden Kosten der Betreute selbst einzustehen hat. Demgemäß trifft den Betreuer im Rahmen des ihm übertragenen Aufgabenkreises der Gesundheitsfürsorge eine eigene Pflicht, sich um den Krankenversicherungsschutz des Betreuten zu kümmern und diesen durch den fristgerechten Beitritt zur freiwilligen Krankenversicherung abzusichern. Dabei ist die Versäumung der gesetzlichen Dreimonatsfrist nach § 9 Abs. 2 Nr. 1 SGB V auch verschuldet, wobei leichte Fahrlässigkeit genügt (*OLG Nürnberg* BtPrax 2013, 70).

1.1.2 Ansprüche aus unerlaubten Handlungen

Eine über § 1833 BGB hinausgehende Haftung des Betreuers kann sich aus unerlaubten Handlungen (Deliktsrecht) ergeben. Insbesondere ist § 823 BGB zu beachten.

Bei der Anwendung von § 823 Abs. 1 BGB müssen folgende Tatbestandsvoraussetzungen (kumulativ) erfüllt sein:

- Rechtsgutverletzung
  (z. B. Körper/Gesundheit, Freiheit, Eigentum, sonstiges Recht)
- Ursächlichkeit
- Rechtswidrigkeit
- Verschulden
- Schaden

Rechtsgutverletzung

Körperverletzung

Beispiele für Rechtsgutverletzungen

Herkömmlich wird unter einer Körperverletzung die Verletzung der äußeren Integrität des Körpers verstanden, die allerdings auch „von Innen" angegriffen werden kann, etwa durch Verabreichung aggressiver Substanzen (Säure).

Gesundheitsverletzung

Die Gesundheitsverletzung bezieht sich auf das Funktionieren der inneren Lebensvorgänge ohne Rücksicht auf die Integrität der Organe und Körperteile. Es ist grundsätzlich an dem Krankheitsbegriff der Medizin festzuhalten. Auch somatische Beeinträchtigungen, die nicht auf einer Verletzung der körperlichen Integrität beruhen, sowie psychische Störungen aller Art fallen darunter.

Freiheit

Das Rechtsgut Freiheit wird überwiegend auf die körperliche Fortbewegungsfreiheit beschränkt. Es wird die Freiheit sowohl vor Beschränkungen als auch vor ihrem völligen Entzug, etwa durch Einsperren oder durch das sog. Fixieren eines psychisch Kranken, geschützt.

Eigentum

Das Eigentum ist ein umfassendes Herrschaftsrecht über eine Sache, kraft dessen der Rechtsinhaber nach Belieben mit ihr verfahren und andere von jeder Einwirkung ausschließen kann. Daraus ergeben sich die drei Verletzungsmodalitäten, die geeignet sind, Schadensersatzansprüche auszulösen, nämlich: Entziehung oder Belastung des Eigentumsrechts; nachteilige Einwirkung auf den jeweiligen körperlichen Gegenstand, insbesondere durch Substanzverletzung und durch Vorenthaltung des Besitzes, sowie sonstige Störungen der Nutzbarkeit der Sache.

Beispiel:

Der Betreuer nimmt dem an sich fahrtüchtigen Betreuten die Kfz-Papiere und Schlüssel weg und hindert ihn so an der Benutzung des PKW.

Ursächlichkeit

Zwischen dem Verhalten (pflichtwidriges Tun oder Unterlassen) des Betreuers und der eingetretenen Rechtsgutverletzung muss ein ursächlicher Zusammenhang bestehen.

Beispiel:

Der Betreute ist Eigentümer eines Hausgrundstücks. Der Betreuer mit dem Aufgabenkreis „Verwaltung des Hausgrundstücks" vernachlässigt im Winter die Organisation der Streupflicht des Zugangs zum Haus (Verkehrssicherungspflicht). Auf dem Glatteis stürzt der Betreute und bricht sich den Arm.

Ursache für den Sturz und die Schädigung war, dass der Betreuer es unterlassen hatte, einen Winterdienst zu beauftragen (ausgehend davon, dass der Betreute selbst nicht in der Lage war, seiner Streupflicht nachzukommen).

Rechtswidrigkeit

Notwehr oder Nothilfe

Grundsätzlich ist jedes Verhalten, das einen anderen schädigt, rechtswidrig. Allerdings könnten Rechtfertigungsgründe wie Notwehr, Notstand und Nothilfe vorliegen.

Beispiel:

Die pflegende Ehefrau als Betreuerin schließt ihren Ehemann ab und zu kurzfristig in der Wohnung ein, wenn sie einkaufen geht. Grund hierfür ist aus ihrer Sicht die Gefahr, dass der Betreute unkontrolliert das Haus verlässt und sich im Straßenverkehr verletzt.

An sich besteht eine Freiheitsverletzung mittels Entziehung der körperlichen Bewegungsfreiheit durch Zwang. Hier kann ein rechtfertigender Notstand gemäß § 34 StGB vorliegen, wenn die gegenwärtige Gefahr für Leib und Leben des Betreuten nicht anders abgewendet werden kann und die Einschließung ein angemessenes Mittel darstellt. Auch wenn es sich um einen „Akt familiärer Fürsorge" handelt, darf dies nicht als Rechtfertigung für jede unkontrollierte häusliche Gewalt herangezogen werden (a. A. BGHSt 13, 197).

Verschulden

Für das Verschulden gilt der gleiche Maßstab wie bei einem Anspruch aus §§ 1908i, 1833 BGB. Auch die Haftung nach § 823 Abs. 1 BGB setzt ein vorsätzliches oder fahrlässiges Verhalten voraus (vgl. dazu die Ausführungen im Abschnitt 1.1.1 unter *„Ansprüche aus Pflichtverletzungen“*).

Schaden

Ein Schaden (Personen- oder Sachschaden) muss entstanden sein.

Beispiel:

Hat der Betreuer u. a. mit dem Aufgabenkreis „Verwaltung des Hausgrundstücks“ im Winter die Streupflicht des Zugangs zum Haus des Betreuten vernachlässigt, stürzt der Betreute und bricht sich den Arm, so ist eine Körperverletzung als Schaden entstanden.

Ist dem Betreuten ein Schaden durch das Handeln oder Unterlassen des Betreuers entstanden, muss für den Schadensersatz im Rahmen von § 823 Abs. 1 BGB geprüft werden:

Rechtsgut-verletzung	**Ursächlichkeit**	**Rechtswidrigkeit**	**Verschulden**
Verletzung des Körpers, der Gesundheit, der Freiheit, des Eigentums	Besteht zwischen dem Verhalten des Betreuers und der Rechtsgut-verletzung ein ursächlicher Zusammenhang?	Ist das schädigende Verhalten rechtswidrig oder liegt ein Rechtfertigungsgrund vor?	Hat der Betreuer schuldhaft gehandelt, mit Vorsatz, grober oder einfacher Fahrlässigkeit?

1.2 Haftung gegenüber Dritten

1.2.1 Haftung aus Rechtsgeschäften

Grundsatz: Betreuter haftet für abgeschlossene Rechtsgeschäfte (§ 278 BGB)

Schließt der Betreuer als gesetzlicher Vertreter des Betreuten (§ 1902 BGB) innerhalb des zugewiesenen Aufgabenkreises für diesen Rechtsgeschäfte ab, so haftet grundsätzlich der Betreute für ein Verschulden des Betreuers, § 278 BGB. Der geschädigte Dritte hat sich an den Betreuten zu halten. Wichtig ist dabei, dass der Betreuer erkennbar in seiner Funktion als gesetzlicher Vertreter für den Betreuten aufgetreten ist. Bei den sog. Alltagsgeschäften (Bargeschäfte des täglichen Lebens) muss dieser Wille, für einen anderen handeln zu wollen, nicht nach außen in Erscheinung treten, da in diesen Fällen der Vertragspartner kein Interesse daran hat, ob der andere Teil im eigenen oder fremden Namen handelt. Dies wäre etwa der Fall, wenn der Betreuer Lebensmittel im Namen des Betreuten einkauft.

Beispiel:

Der Betreuer schließt erkennbar in seiner Betreuereigenschaft für den Betreuten einen Pflegevertrag ab. Rechte, Pflichten und Ansprüche aus dem Vertrag werden dann nur zwischen dem Betreuten (Vertretenen) und dem Dienstleister begründet. Dies gilt auch dann, wenn der Betreuer Rechtsanwalt ist und er es im Verhältnis zum Betreuten pflichtwidrig unterlassen hat, dessen Sozialhilfeansprüche geltend zu machen (vgl. *OLG Schleswig* SchlHA 2003, 74).

Das *LG Duisburg* (BtPrax 2012, 86) hat entschieden, dass ein Betreuer für das von dem Betreuten geschuldete Heimentgelt gegenüber dem Heimträger nur unter den Voraussetzungen des § 311 Abs. 3 BGB haftet. Die Betreuertätigkeit hat keine drittschützende Zielrichtung zugunsten eines Heimträgers. Ein Rentenversicherungsträger hat aufgrund der unterlassenen Verwendung von an den Betreuten geleisteten Rentenzahlungen zur Deckung von Heimkosten keinen Bereicherungsanspruch gegen den Betreuer.

Offenbarungspflichten bei Anmietung eines Wohnraums

Schließt der Betreuer für seinen Betreuten, von dem ihm bekannt ist, dass er u. U. die Wohnung beschädigt und verwüstet („Problemmieter"), einen Mietvertrag ab, muss er den Vermieter auf die ihm bekannte Tatsache hinweisen. Tut er dies nicht, und entsteht dem Vermieter ein Schaden, kann ein Schadensersatz aus §§ 280 Abs. 1, 241 Abs. 2 BGB entstehen, der sich zunächst gegen den Betreuten richtet (§ 278 Satz 1 BGB), der sich das Verschulden des Betreuers zurechnen lassen muss. Kann der Vermieter aber belegen, dass der Betreuer gegen die Offenbarungspflicht verstoßen hat, und damit der Betreute gegen ihn einen Schadensersatzanspruch nach § 1908i Abs. 1 Satz 1 i. V. m. § 1833 BGB (Verstoß gegen eine Betreuerpflicht) hat, könnte der Vermieter diesen Anspruch pfänden und direkt gegen den Betreuer vorgehen. Siehe hierzu auch die Entscheidung des *OLG Düsseldorf* (BtPrax 2010, 138), die am Ende der Ziffer 2 (Sachverwalterhaftung des Betreuers) zu finden ist.

Praxis TIPP

Grundsätzlich gilt, dass die rechtsgeschäftliche Tätigkeit des Betreuers in Wahrnehmung der Vermögensverwaltung nicht zu „einer allgemeinen Einstandspflicht gegenüber Dritten" führt. Auch kann sich nicht jeder ohne Weiteres auf die Pflichten berufen, die der Betreuer gegenüber dem Betreuten zu erfüllen hat („Drittwirkung").

Es haftet also nach § 278 BGB grundsätzlich der Betreute mit seinem Vermögen Dritten gegenüber für einen Schaden, den der Betreuer bei der Anbahnung oder im Rahmen eines für den Betreuten begründeten Vertragsverhältnisses verschuldet hat. Der Betreute hat aber u. U. einen Regressanspruch gegen den Betreuer, falls dieser pflichtwidrig und schuldhaft den Schaden verursacht hat.

1. Ausnahme: Betreuer als Vertreter ohne Vertretungsmacht

Der Grundsatz, dass der Betreute haftet, gilt nur, wenn die Handlung des Betreuers von seiner Vertretungsmacht gedeckt war. Dies ist etwa dann nicht der Fall, wenn

- der Aufgabenkreis des Betreuers ein bestimmtes Rechtsgeschäft nicht umfasst (z. B. der Betreuer ist lediglich für den Aufgabenkreis „ärztliche Behandlung" bestellt und kündigt den bestehenden Mietvertrag des Betreuten)
- er kraft Gesetzes gemäß §§ 1908i Abs. 1, 1795 BGB von der Vertretung ausgeschlossen ist (z. B. der Betreuer schließt mit seiner Ehefrau einen Vertrag im Namen des Betreuten)
- er unbefugt nach dem Tod des Betreuten handelt.

In diesen Fällen sind die einseitigen Rechtsgeschäfte (z. B. Kündigung) nichtig, § 180 BGB (Ausnahme § 180 Satz 2 BGB); Verträge sind dagegen schwebend unwirksam, § 177 Abs. 1 BGB.

Verträge könnten durch den geschäftsfähigen Betreuten, durch einen weiteren Betreuer (§ 1899 Abs. 4 BGB) oder die Erben genehmigt (§§ 182 Abs. 1, 184 Abs. 1 BGB) und dadurch rückwirkend wirksam werden. Wird jedoch die Zustimmung zu dem Rechtsgeschäft verweigert, so kann der Vertragspartner vom Betreuer Vertragserfüllung oder Schadensersatz verlangen, § 179 BGB. Es gilt der sog. Erfüllungsschaden, z. B. ein möglicher entgangener Gewinn des Vertragspartners ist zu ersetzen (der Vertragspartner ist so zu stellen, als ob der Vertrag zustande gekommen wäre). Diese Haftung des Betreuers entsteht allerdings nicht, wenn der andere Teil den Mangel in der Vertretungsmacht kannte oder kennen musste, § 179 Abs. 3 BGB.

Praxis TIPP

Im Lauf einer Betreuung kann es dazu kommen, dass der genaue Umfang der Aufgabenkreise etwas in Vergessenheit gerät. Man sollte sich daher bei jedem Vertragsabschluss für den Betreuten darüber vergewissern, dass der Aufgabenkreis ausreicht und keine Ausschlusstatbestände vorliegen. Der Betreuer gerät ansonsten in die Gefahr, als Vertreter ohne Vertretungsmacht nach § 179 BGB unmittelbar von einem Dritten in Anspruch genommen zu werden.

Genehmigung

Schließt der Betreuer einen Vertrag ohne die erforderliche Genehmigung des Betreuungsgerichts, so handelt er letztlich als Vertreter ohne (ausreichende) Vertretungsmacht. Sollte eine erforderliche Genehmigung nicht erteilt werden, ist das Rechtsgeschäft von Anfang an unwirksam. Eine Haftung für den Betreuer entsteht allerdings nicht, da der Vertragspartner den Mangel kennen musste (soweit der Betreuer als Vertreter aufgetreten ist), so dass immer § 179 Abs. 3 BGB greift.

Vertrauensschaden

Der Schadensersatz ist nach § 179 Abs. 2 BGB auf den sog. Vertrauensschaden begrenzt, wenn der Betreuer den Mangel seiner Vertretungsmacht (fahrlässigerweise) nicht kannte. Als Vertrauensschaden sind z. B. die Porto-, Telefon- und Fahrtkosten zu ersetzen. Der Geschädigte ist so zu stellen, als ob das Rechtsgeschäft nie zustande gekommen wäre.

2. Ausnahme: Sachwalterhaftung des Betreuers

Betreuer als wirtschaftlicher Herr des Geschäfts

Es kann für den Geschädigten ein Schadensersatzanspruch gegen den Betreuer auch dann begründet sein, wenn der Betreuer auf der Basis eines besonderen persönlichen Vertrauens mit dem Vertragspartner des Betreuten verhandelt hat. Eine solche Eigenhaftung wurde von der Rechtsprechung bejaht, wenn der Betreuer als der „wirtschaftliche Herr des Geschäftes" aufgetreten ist, ein unmittelbar eigenes wirtschaftliches Interesse gezeigt oder in besonderem Maß das Vertrauen des Geschäftspartners in Anspruch genommen hat und dadurch die Verhandlungen beeinflusst wurden, das Geschäft also nur wegen der Person des Betreuers so zustande kam (vgl. § 311 Abs. 3 BGB).

Beispiele aus der Rechtsprechung:

Der *BGH* (FamRZ 1987, 904) hat noch vor dem Betreuungsrecht zur Haftung eines „Amtsvormunds" ausgeführt: Verhandelt der Amtsvormund eines wegen Geisteskrankheit entmündigten Mündels über einen Arbeitsvertrag für sein Mündel, so können ihm ausnahmsweise Amtspflichten auch gegenüber dem Vertragspartner obliegen. Der Amtsvormund hatte bei den Vertragsverhandlungen trotz Nachfrage nach „Vorstrafen" nicht auf die krankhafte Neigung des Mündels zum Feuerlegen hingewiesen. Diese Offenbarungspflicht wollte der BGH auch auf den „privaten Vormund" angewendet wissen. Konsequenterweise ist diese Entscheidung auch auf die Betreuung und den Betreuer anzuwenden (*BGH* BtPrax 1995, 103), so dass eine Haftung wegen Verschuldens bei Vertragsverhandlungen (vgl. § 311 Abs. 2 BGB) für diese Fälle in Betracht kommt.

Besondere Vertrauensstellung des Betreuers

Der *BGH* (BtPrax 1995, 103) hat sich zur Frage der Eigenhaftung eines Betreuers wegen der Inanspruchnahme besonderen persönlichen Vertrauens gegenüber dem Vertragspartner des Betreuten geäußert und ein solches im folgenden Fall verneint.

Ein Krankenhaus verlangt von dem Betreuer Zahlung noch offener Krankenhausrechnungen in Höhe von ca. 18.000 EUR nebst Zinsen. Es ist der Auffassung, dass der Betreuer – diesem hatte das Krankenhaus schriftlich mitgeteilt, dass die Krankenkasse die Kostenübernahme eingestellt habe – für die vermögenslose Betreute noch zu deren Lebzeiten Sozialhilfeleistungen hätte beantragen müssen, um auf diese Weise die Begleichung der Krankenhausrechnungen sicherzustellen. Wegen dieses Versäumnisses sei der Betreuer, da er in besonderem Maße persönliches Vertrauen in Anspruch genommen habe, auch dem Krankenhaus gegenüber zum Schadensersatz verpflichtet. Hätte dieses gewusst, dass die Betreute vermögenslos sei und der Betreuer keinen Sozialhilfeantrag gestellt habe, hätte das Krankenhaus nicht mehr weiterversorgt.

Nach BGH kommt bei der Frage, ob der Betreuer dem Krankenhaus gegenüber als Sachwalter haftet, weder seine Funktion als Betreuer noch der beruflichen Stellung als Rechtsanwalt eine besondere Bedeutung zu. Entscheidungserheblich ist vielmehr allein, ob er durch sein Verhalten auf die Entscheidung des Krankenhauses, weiter zu pflegen, Einfluss genommen hat und zwar so, dass er ihm gegenüber über das allgemeine Vertrauen hinaus eine zusätzliche, von ihm persönlich ausgehende Gewähr für die Seriosität und Erfüllung des Geschäfts geboten hat.

Bei Anlegung dieser Maßstäbe kann vorliegend ein besonderes Vertrauen im Sinne der Rechtsprechung nicht angenommen werden. Der Betreuer hat lediglich darum gebeten, ihm die Pflegekostenrechnungen persönlich zuzusenden, und die erste Rechnung beglichen. Daraus lässt sich allenfalls schließen, dass sich der Betreuer um einen Ausgleich der Rechnungen bemühen werde. Er hat aber unter Zugrundelegung dieser Feststellungen kein besonderes Vertrauen dahin erweckt, dass die Begleichung der Rechnungen „ohne weiteres sichergestellt" sei oder dass er alle rechtlich möglichen Schritte ergreifen werde, um die Bezahlung der Rechnungen zu gewährleisten. Vielmehr hat er lediglich das getan, was als Betreuer Aufgabe seines Amtes war, und mithin auch nur das normale Verhandlungsvertrauen in Anspruch genommen, das bei der Anbahnung oder Fortsetzung von Geschäftsbeziehungen immer vorauszusetzen ist.

Einer Entscheidung des *AG Essen* (NJWE-FER 2000, 257) ist zu entnehmen, dass der Abschluss eines Altenheimvertrags zugunsten des Betreuten in der Regel keine persönliche Haftung des Betreuers für Verbindlichkeiten aus diesem Vertrag begründet. Die von der Rechtsprechung entwickelten Grundsätze für die Eigenhaftung des Vertreters aus der Inanspruchnahme persönlichen Vertrauens können nur dann eingreifen, wenn der Betreuer durch sein Verhalten gegenüber dem Heimträger über das allgemeine Vertrauen hinaus eine zusätzliche, von ihm persönlich ausgehende Gewähr für die Seriosität und Erfüllung des Vertrags geboten hat.

Verschweigen eines Sammelwahns bei Anmietung eines Wohnraums

Eine interessante Entscheidung hat das *OLG Düsseldorf* (BtPrax 2010, 138) hinsichtlich der Haftung des Betreuers im Zusammenhang mit den §§ 311 Abs. 3, 832 Abs. 1, 823 Abs. 2 BGB getroffen. Zunächst wird festgestellt, dass ein Schadensersatzanspruch grundsätzlich nur gegen den späteren Vertragspartner, das heißt den Betreuten, und nicht gegen den für diesen als Vertreter auftretenden Betreuer in Betracht kommt, soweit die Vermieterin dem Betreuer ein schuldhaftes Verhalten bei den vorvertraglichen Verhandlungen, nämlich das Verschweigen des Sammelwahns des Betreuten bzw. die unterlassene Angabe in der „Selbstauskunft Mietinteressent" zum Vorwurf macht. Soweit dem Betreuer der Vorwurf gemacht wird, dass er es unterlassen hat, den Betreuten davon abzuhalten, seiner Sammelwut weiter nachzugehen und die angemietete Wohnung in regelmäßigen Abständen zu kontrollieren und reinigen zu lassen, kommt eine Haftung wegen Aufsichtspflichtverletzung (§ 832 Abs. 1 BGB) nicht in Betracht, da eine solche aus der Betreuerstellung heraus nicht bestanden hat.

Auch hat eine vertragliche Übernahme der Aufsicht über den Betreuten gemäß § 832 Abs. 2 BGB unstreitig nicht stattgefunden. Erst recht bestehen keine Anhaltspunkte für eine Schutzgesetzverletzung gemäß § 823 Abs. 2 BGB, insbesondere nicht für eine Verletzung einer Strafnorm. Ein Betrug gemäß § 263 StGB scheidet bereits deshalb aus, weil eine Täuschung durch Unterlassen auch im Strafrecht eine Aufklärungspflicht erfordert, an der es hier fehlt. Daneben bestehen keine Anhaltspunkte für eine etwaige Absicht, sich oder einem Dritten einen rechtswidrigen Vermögensvorteil zu verschaffen.

1.2.2 Haftung aus unerlaubter Handlung und Pflichtverletzung

Haftung aus unerlaubter Handlung

Es könnte an § 823 Abs. 2 BGB zu denken sein. Eine Haftung kann entstehen, wenn der Betreuer gegen ein Schutzgesetz verstößt und kausal daraus ein Schaden entsteht.

Unterlässt z. B. der Betreuer eine Mitteilung nach dem Waffengesetz (§ 37 Abs. 1 Nr. 2 WaffG) an die zuständige Behörde darüber, dass der Betreute eine erlaubnispflichtige Waffe besitzt, und verletzt der Betreute mit dieser Waffe einen Dritten, könnte eine Schadensersatzpflicht durch den Betreuer entstehen, wenn durch eine Meldung die Schädigung vermieden worden wäre.

Vorsicht bei Waffen und Munition!

Findet der Betreuer Waffen, die der Betreute legal oder illegal in Besitz hatte, ist es seine vorrangige Aufgabe, die Sicherheit zu gewährleisten. Bei einem illegalen Waffenbesitz des Betreuten sollte die Polizei informiert werden, auch wenn dadurch ein Ermittlungsverfahren in Gang gesetzt wird. Im Übrigen muss der Betreuer für eine sichere Aufbewahrung sorgen, bis der Betreute selbst wieder diese Aufgabe wahrnehmen kann. In jedem Fall muss es der Betreuer vermeiden, dass er die Waffe unerlaubt „führt" (z. B. Transport zur Polizeidienststelle) oder die tatsächliche Sachherrschaft übernimmt. Näheres über den ordnungsgemäßen Umgang erfährt man bei der zuständigen Behörde oder Polizeidienststelle (vgl. dazu Thar, Waffenfund in der Wohnung des Betreuten BtPrax 2008, 67).

Spiegelt der Betreuer dem Vermieter einer Wohnung beim Abschluss des Mietvertrags eine bestehende Zahlungsfähigkeit des Betreuten vor, obwohl es ihm bewusst ist, dass dieser völlig überschuldet ist und die Einkünfte den Mietzins nicht decken, könnte eine Schadensersatzpflicht nach § 823 Abs. 2 BGB i. V. m. § 263 StGB (Betrug) entstehen.

Aufsichtspflichtverletzung (§ 832 BGB)

Aufsichtspflicht des Betreuers

Eine Haftung des Betreuers gegenüber Dritten, denen der Betreute einen Schaden zugefügt hat, wird auch unter dem Gesichtspunkt der Verletzung der Aufsichtspflicht diskutiert. Zu einer Schadensersatzpflicht des Betreuers kann es aber nach § 832 Abs. 1 Satz 1 BGB nur kommen, wenn der Betreuer „kraft Gesetzes zur Führung der Aufsicht über eine Person verpflichtet" wäre, die „wegen ihres geistigen oder körperlichen Zustandes der Beaufsichtigung bedarf". Die Eigenhaftung des Betreuers würde dann eingreifen, wenn er den Betreuten nicht genügend beaufsichtigt und er deshalb einem anderen widerrechtlich einen Schaden zufügt.

Strafrechtliche Konsequenzen

Dies führt auch dazu, dass der Betreuer strafrechtlich zur Verantwortung gezogen werden kann, wenn der Betreute eine Straftat begeht, die der zur Aufsicht verpflichtete Betreuer bei gehöriger Aufsicht hätte vermeiden können. Eine Aufsichtspflicht würde den Betreuer in eine „Garantenstellung" bringen, die ihn zum Handeln zwingt. Ein Unterlassen wäre dann strafrechtlich relevant (§ 13 StGB).

Bedenken gegen die Annahme einer Aufsichtspflicht des Betreuers

Bedenken gegen die aktuelle Rechtsprechung

Gerade wegen dieser ungewöhnlich weitreichenden Folgen ist die Frage, ob dem Betreuer überhaupt eine Aufsichtspflicht obliegen kann, umstritten. Während die Rechtsprechung grundsätzlich eine Aufsichtspflicht bejaht (vgl. unten), wird in der wissenschaftlichen Diskussion darauf hingewiesen, dass dem Betreuer nur solche Aufgaben übertragen werden können, die der Betreute selbst nicht mehr wahrnehmen kann. Die Aufsicht richtet sich aber gegen den Betreuten und kann daher wohl keinen übertragbaren Aufgabenkreis darstellen.

Für diese Auffassung spricht auch das Gesetz. Ansonsten hätte der Gesetzgeber die Regelungen aus dem Eltern/Kind-Verhältnis übernehmen können. Den Eltern wird ja ausdrücklich durch § 1631 Abs. 1 BGB die Pflicht auferlegt, das Kind im Rahmen der Personensorge zu beaufsichtigen. Auf diese Vorschrift verweist jedoch § 1908i Abs. 1 BGB nicht. Diese gesetzliche Entscheidung ist auch sachgerecht, da der Betreuer weitaus weniger Eingriffsmöglichkeiten hat. So kann ja der Betreuer nach h. M. nicht einmal die Wohnung des Betreuten ohne dessen Zustimmung betreten. Wie soll sich der Betreuer dann kundig machen, ob von dem Betreuten eine Gefahr für Dritte ausgeht? Ferner erweist sich die Begründung einer Aufsichtspflicht auch im Hinblick auf § 1901 Abs. 1 BGB als systemwidrig, weil er ja die „Angelegenheiten des Betreuten" besorgen soll. Die Aufsicht über den Betreuten kann aber keine Angelegenheit des Betreuten sein. Ferner erscheint es auch problematisch, die Aufsichtspflicht mit der gesetzlichen Formulierung des § 1901 Abs. 1 BGB in Einklang zu bringen, wonach der Betreuer die Angelegenheiten des Betreuten „rechtlich zu besorgen" hat. Aufsicht scheint ja primär eine tatsächliche Maßnahme zu sein (vgl. dazu *Bernau, Rau* NJW 2008, 3756).

Die vorschnelle Annahme einer Aufsichtspflicht des Betreuers durch Zivil- oder Strafgerichte beruht häufig auf einer Unkenntnis des neuen Betreuungsrechts. Im Gegensatz zum früheren Recht (§§ 1793, 1897, 1915 BGB a. F.) ist die Aufsicht über den Betreuten nicht mehr per Gesetz als Aufgabenkreis ausgewiesen. Das Betreuungsrecht hat sich auch schon längst von dem Sicherheitsrecht gelöst und dient in erster Linie dem Schutz der Betroffenen.

Grundsätze der Rechtsprechung zur Haftung wegen Aufsichtspflichtverletzung

Rechtsprechungsgrundsätze zur Aufsichtspflicht

Auch wenn die kritiklose Bejahung einer Aufsichtspflicht dem paternalistischen Denken der alten Vormundschaft bzw. Gebrechlichkeitspflegschaft nachhängt, muss sich der Betreuer mit der z. T. gegenteiligen Rechtsprechung vertraut machen.

Aufgabenkreis muss Aufsichtspflicht erfassen

Die Rechtsprechung versucht ebenfalls, die Eigenhaftung des Betreuers zu begrenzen. Sie geht von einer gesetzlichen Aufsichtspflicht nur dann aus, wenn zu seinem Aufgabenkreis die „gesamte Personensorge" zählt oder wenn die „Beaufsichtigung" des Betreuten ausdrücklich vom Gericht angeordnet wurde. Konsequenterweise wird eine Aufsichtspflicht auch dann angenommen, wenn der Aufgabenkreis ausnahmsweise „alle Angelegenheiten" erfasst.

Eine Aufsichtspflicht ergibt sich also nicht generell aus der Stellung als Betreuer, solange der vom Betreuungsgericht festgelegte Aufgabenkreis die Beaufsichtigung nicht umfasst. Die Übertragung der Vermögenssorge vermag also eine Aufsichtspflicht ebenso wenig zu begründen, wie die Wahrnehmung einzelner, konkret genannter Aufgaben der Personensorge. Eine Aufsichtspflicht ergibt sich auch nicht aus der Zuweisung des Aufenthaltsbestimmungsrechts (vgl. *LG Bielefeld* BtPrax 1999, 111).

Auch das *OLG Düsseldorf* geht in seiner Entscheidung (BtPrax 2010, 138) ausführlich auf die Haftung wegen Pflichtverletzung nach § 832 BGB ein. So führt es u. a. aus, dass dem Betreuer eine Aufsichtspflicht gemäß § 832 Abs. 1 BGB nicht kraft Gesetzes bzw. aufgrund eines Hoheitsaktes übertragen ist.

Ein erwachsener Mensch unterliegt einer gesetzlichen Aufsicht nur dann, wenn einem Betreuer entweder die gesamte Personensorge oder speziell die Beaufsichtigung des Betreuten durch Gerichtsbeschluss übertragen worden ist; allein die Stellung als Betreuer gemäß § 1986 ff. BGB begründet noch keine gesetzliche Aufsichtspflicht nach § 832 Abs. 1 BGB. Gegen eine allgemeine Aufsichtspflicht spricht bereits formal die fehlende Aufnahme der Beaufsichtigung in den Pflichtenkatalog des Betreuers in § 1896 ff. BGB. Zudem besteht auch in sachlicher Hinsicht kein Anlass dafür, von dem Betreuer eine Beaufsichtigung des Betreuten zu verlangen.

Die Rechtsposition des Betreuers unterscheidet sich signifikant von derjenigen der Eltern oder von Vormündern, für die das Gesetz als Teil der Personensorge (§§ 1631 Abs. 1, 1800 BGB) ausdrücklich eine Aufsichtspflicht anordnet und eine persönliche Obhut verlangt. Demgegenüber verweist die Regelung im Betreuungsrecht (§ 1908i Abs. 1 BGB) gerade nicht auf § 1631 BGB, so dass das Schweigen des Gesetzes den Schluss zulässt, dass der Gesetzgeber dem Betreuer gerade keine vergleichbare Aufsichtspflicht auferlegen wollte. Hinzu kommt, dass die Möglichkeiten der Durchsetzung einer Aufsichtspflicht, wenn man eine solche annehmen wollte, sehr beschränkt wären. Etwaige Handlungen des Betreuers im Rahmen einer Aufsicht sind zwangsläufig mit Eingriffen in die Freiheitsrechte des Betreuten verbunden, die deshalb der rechtlichen Legitimation bedürfen. Infolgedessen müsste dem Betreuer eine entsprechende rechtliche Handhabe zur Durchsetzung (drittschützender) Aufsichtsmaßnahmen oder Anordnungen zur Verfügung stehen. Gerade in Angelegenheiten des Aufenthalts des Betreuten und seiner Wohnung sind freiheitsbeschränkende Maßnahmen (z. B. eine Unterbringung des Betreuten gegen seinen Willen) wie auch Beschränkungen des Rechts an der Unverletzlichkeit der Wohnung (z. B. das Betreten der Wohnung gegen den Willen des Inhabers) nur im Zuge gerichtlicher Anordnungen möglich (§ 1906 BGB für eine Unterbringung und Art. 13 Abs. 2, Abs. 7 GG für das Betreten der Wohnung), wobei in der Rechtsprechung und Literatur sogar umstritten ist, ob überhaupt eine gesetzliche Grundlage dafür besteht, dem Betreuer ein Recht zum Betreten der Wohnung gegen den Willen des Betreuten zu gewähren. Demgegenüber hat der Betreuer keine eigene rechtliche Handhabe, im Wege des unmittelbaren Zwangs auf den Betreuten einzuwirken. Im Übrigen würde die Annahme einer allgemeinen Aufsichtspflicht des Betreuers zu einer Systemwidrigkeit führen.

Grundanliegen jeder Betreuungsanordnung ist nach der Systematik des Gesetzes das Anliegen, den Betreuten so lange wie möglich eine eigenständige Lebensführung in seinem vertrauten Umfeld zu ermöglichen. Liefe der Betreuer zu schnell Gefahr, für Schäden, die der Betreute anrichtet, zu haften, würde dieses dazu führen, dass er von Anfang an eine Heimunterbringung (jedenfalls auch) zum Zwecke der Haftungsreduzierung forciert. Eine solche nicht fernliegende Vorgehensweise würde jedoch in diametralem Gegensatz zu den Prinzipien und Vorgaben der § 1896 ff. BGB stehen. Letztlich ist zu berücksichtigen, dass das Betreuungsrecht allein auf den Schutz des Betreuten und nicht auf den Schutz etwaiger Dritter abstellt, so dass eine im Drittinteresse liegende umfassende Betreuerbestellung nur in extremen Ausnahmefällen zulässig ist.

Für eine Aufsichtspflicht sind als Aufgabenkreise (wenigstens) die allgemeine Personensorge bzw. spezielle Aufsicht über den Betreuten zu übertragen.

Praxis TIPP

Die Aufgabenkreise „Personensorge“ oder „Beaufsichtigung des Betreuten“ werden in dieser Form kaum angeordnet werden. Sollte es dennoch der Fall sein oder werden „alle Angelegenheiten“ bestimmt, wird der Betreuer mit dem Betreuungsgericht abzuklären haben, welche Pflichten unter dem Gesichtspunkt der „Aufsichtsführung“ damit verbunden sein können. Bei einem Betreuten, der zu Straftaten, insbesondere zu unüberlegten Gewalttaten oder Sachbeschädigungen neigt, wird sich der Betreuer auf den Standpunkt stellen können, dass er nicht bereit ist, die „Aufsichtspflicht“ zu übernehmen und eine klarstellende Formulierung bei der Bezeichnung des Aufgabenkreises in der Beschlussformel (§ 286 Abs. 1 Nr. 1 FamFG) verlangen können. Diese könnte lauten „... mit Ausnahme der Aufsichtspflicht“. Zur Not muss der Betreuer im Wege der Beschwerde eine Klärung herbeiführen.

Inhalt einer Aufsichtspflicht

Wie weit eine Aufsichtspflicht reicht, soll nach den Umständen des Einzelfalles beurteilt werden, wobei vor allem die Vorhersehbarkeit eines schädigenden Verhaltens geprüft werden muss. Eine allumfassende Aufsicht über den Betreuten muss die Ausnahme sein. Bei einer geistigen Behinderung seien erhöhte Anforderungen bei der Aufsicht gerechtfertigt. Aggressionen und greifbare Anhaltspunkte für eine Drittgefährdung sind bei Behinderten beachtenswert (*OLG Hamm* NJW-RR 94, 863).

Beispiel für eine Aufsichtspflicht:

Der Betreuer ist in allen Angelegenheiten bestellt. Der Betreute wohnt selbstständig in einer Mietwohnung; er kocht mit einem Gasherd und ist starker Raucher. Bei Besuchen stellt der Betreuer wiederholt Gasgeruch in der Wohnung fest, unternimmt aber nichts. Eines Tages kommt es zu einer Gasexplosion.

Eine Aufsichtspflicht ist dem Aufgabenkreis „alle Angelegenheiten“ zugeordnet. Auch war eine gewisse Vorhersehbarkeit durch den wiederholten Gasgeruch in der Wohnung gegeben.

Beispiel:

Einen etwas atypischen Fall hatte das *OLG Celle* (BtPrax 2008, 86) zu behandeln. Der Aufgabenkreis umfasste unter anderem die Tierhaltung und einen Einwilligungsvorbehalt hinsichtlich der Tierhaltung. Die Betreute war aufgrund einer psychischen Erkrankung nicht davon abzuhalten, eine „überbordende Kaninchenhaltung“ zu betreiben, die für die Tiere mit erheblichen Leiden verbunden war.

Aufgrund dieses Sachverhalts kam das Gericht zu der Auffassung, dass dieser zusätzlichen Aufgabenzuweisung nur der Sinn zukommen könne, die Betreute im Hinblick auf die Tierhaltung zu beaufsichtigen. Dies hat zur Folge, dass der Betreuer nicht nur zivilrechtlich für Schäden Dritter aus der Kaninchenhaltung einstehen müsste, sondern sogar strafrechtlich wegen eines Vergehens gegen das Tierschutzgesetz zur Verantwortung gezogen werden könnte. Allerdings beschränkte das OLG Celle den Umfang der Aufsichtspflicht entsprechend den tatsächlichen Möglichkeiten des Betreuers auf eine Mitteilungspflicht gegenüber der zuständigen Behörde.

Delegieren der Aufsicht

Die gesetzliche Aufsichtspflicht kann auch vertraglich delegiert werden, z. B. an Pflegepersonen, ambulante Dienste oder an das Heimpersonal, wobei der Betreuer dann nur noch für die sorgfältige Auswahl der Aufsichtspersonen haftet. Diese Übertragung kann auch stillschweigend erfolgen, insbesondere bei betreuungsrelevanten Einrichtungen (Heimen, Krankenhäusern, Pflegeeinrichtungen).

Eltern führen die Aufsicht

Befindet sich der (junge) Betreute noch im Elternhaus und wird von den Eltern betreut, könnte der Betreuer mit diesen eine Vereinbarung zur Übernahme der Aufsicht vertraglich treffen.

Akzeptiert man grundsätzlich eine Aufsichtspflicht, wird man wohl auch die vom *BGH* zur Haftung der Alten- und Pflegeheime bei Unfällen der behinderten Heimbewohner entwickelten Grundsätze heranziehen müssen.

Der *BGH* hebt dort hervor, dass die Würde sowie die Interessen und Bedürfnisse der Bewohnerinnen und Bewohner von Heimen vor Beeinträchtigungen zu schützen sind und die Selbstständigkeit, die Selbstbestimmung und die Selbstverantwortung der Bewohnerinnen und Bewohner zu wahren und zu fördern sind. Deshalb ist kein einseitiges Sicherheitsdenken angesagt, sondern eine sorgfältige Güterabwägung zwischen Menschenwürde und Freiheitsrecht einerseits und Fürsorgepflicht andererseits. Die damit verbundene Prognoseentscheidung eröffnet einen Beurteilungsspielraum und die Möglichkeit – haftungsfrei – ein gewisses Risiko einzugehen.

Bei diesen schwierigen Entscheidungen verbleibt immer ein erheblicher Beurteilungsspielraum. Solange die Entscheidung abwägend getroffen wurde, hält sie sich im Rahmen des Vertretbaren und kann nicht nachträglich, wegen eines von niemandem gewollten Unfalls, „mit dem Stempel der Pflichtwidrigkeit versehen werden“.

Damit nicht genug. Der BGH hat darüber hinaus auch den Umfang der Pflichten reduziert. Geschuldet sind nur Maßnahmen, die in Pflegeheimen üblich, mit vernünftigem finanziellen und personellen Aufwand realisierbar und schließlich für Heimbewohner und Pflegepersonal zumutbar sind (vgl. *BGH* BGHZ 163, 53 und NJW 2005, 1937).

Wenn schon die Rechtsprechung dem fachkundigen Pflegepersonal bei der Haftung so weit entgegenkommt, dann muss dies auch für den Betreuer gelten, der die Angelegenheiten des Betreuten ja nur rechtlich und eigentlich nicht tatsächlich zu besorgen hat.

1.2.3 Haftung aus gesetzlichen Vorschriften

Haftung gegenüber Sozialhilfeträger

Verpflichtung zum Kostenersatz

Nach § 103 Abs. 1 Satz 2 SGB XII ist zum Ersatz der Kosten zu Unrecht erbrachter Leistungen verpflichtet, wer sie durch vorsätzliches oder grob fahrlässiges Verhalten herbeigeführt hat. Als Verursacher im Sinne dieser Vorschrift kommen insbesondere auch Betreuer in Betracht. Dies ergibt sich aus der Klarstellung: „*Zum Kostenersatz ist auch verpflichtet, wer als leistungsberechtigte Person oder als deren Vertreter die Rechtswidrigkeit des der Leistung zu Grunde liegenden Verwaltungsaktes kannte oder infolge grober Fahrlässigkeit nicht kannte.*“

Grobe Fahrlässigkeit liegt vor, wenn die im Verkehr erforderliche Sorgfalt in ungewöhnlich hohem Maße verletzt wird, wenn also Sorgfaltsregeln verletzt werden, die eigentlich jedem ohne Weiteres einleuchten müssten. Wenn der Betreuer also ihm bekannte Mitteilungspflichten an den Bezirk (z. B. über zugeflossenes Vermögen) ignoriert, handelt er unter Umständen grob fahrlässig und kann persönlich auf Rückzahlung von deshalb zu Unrecht an den Betreuten gezahlter Sozialhilfe in Anspruch genommen werden.

Handelt der Betreuer in solchen Fällen vorsätzlich (z. B. um dem Betreuten Vorteile zu verschaffen), muss er daneben auch mit einer strafrechtlichen Verfolgung wegen Betrugs nach § 263 StGB rechnen.

Ein Betreuer, der ohne Kenntnis vom Tod des Betreuten eine zu Unrecht über dessen Tod hinaus gezahlte Rente zur Begleichung offener Rechnungen verwendet, ist nicht zur Rückzahlung der Rente verpflichtet (*BSG*, Beschluss vom 14. 12. 2016, Az. B 13 R 9/16 R).

Haftung für eine Steuerschuld

Steuerliche Verpflichtungen

Der Betreuer mit dem Aufgabenkreis der Vermögenssorge hat die steuerlichen Verpflichtungen des Betreuten zu erledigen. Der Betreuer ist gesetzlicher Vertreter im Sinne von § 34 AO (Abgabenordnung). Nach dieser Vorschrift muss der Betreuer so handeln, wie der Steuerpflichtige handeln müsste, wenn er handlungsfähig wäre. Dem Betreuer obliegen die Erstellung von Steuererklärungen und die Vertretung des Betreuten gegenüber dem Finanzamt; er hat insbesondere dafür zu sorgen, dass die Steuern aus den Mitteln entrichtet werden, die er verwaltet. Ferner hat er alle Pflichten (des Betreuten) zu erfüllen, die in der AO und den einzelnen Steuergesetzen normiert sind.

Nach § 69 AO haftet der Betreuer, soweit Ansprüche der Finanzbehörden infolge vorsätzlicher oder grob fahrlässiger Verletzung der ihm auferlegten Pflichten nicht oder nicht rechtzeitig festgesetzt oder erfüllt oder soweit infolgedessen Steuervergünstigungen oder Steuererstattungen ohne rechtlichen Grund gezahlt werden. Die Haftung umfasst auch die infolge der Pflichtverletzung zu zahlenden Säumniszuschläge.

Steuerliche Pflichten beachten

Zu den steuerlichen Pflichten eines Betreuers gehört die Pflicht zur Abgabe einer Einkommensteuererklärung für die von ihm betreute Person. Diese Pflicht erstreckt sich auch auf die vor seinem Eintritt in die Funktion als Betreuer liegende Veranlagungszeiträume. Der Betreuer hat sich daher über die Einkommens- und Vermögensverhältnisse der betreuten Person zu informieren, sich bei dem Finanzamt über den Stand der Veranlagung zu erkundigen und sich die für die Steuererklärungen erforderlichen Unterlagen zu beschaffen. Zu einer Verletzung der ihm obliegenden steuerlichen Erklärungspflichten kann der Tatbestand einer Steuerhinterziehung vorliegen, der dem Steuerpflichtigen zuzurechnen ist (*FG Rheinland-Pfalz* BtPrax 2012, 263).

1.3 Haftung für Hilfskräfte

Delegation einzelner Aufgaben

Aus dem Grundsatz der persönlichen Betreuung folgt, dass Betreuertätigkeiten vom Betreuer in eigener Person wahrgenommen werden müssen und dass die Übertragung von Aufgaben des Betreuers an Dritte grundsätzlich unzulässig ist. Die Bevollmächtigung Dritter zur Wahrnehmung von Betreuungsaufgaben kann sich nur auf einzelne Tätigkeiten beziehen (*BayObLG* FamRZ 2001, 374). Der Betreuer darf die persönliche Betreuung nicht delegieren; er kann einen Dritten nur für untergeordnete, überschaubare einzelne Verwaltungsaufgaben einsetzen (*BayObLG* FamRZ 2003, 405). Auch in Fällen vorübergehender, etwa urlaubs- und krankheitsbedingter Abwesenheit, darf der Betreuer die Tätigkeit nicht insgesamt auf einen Dritten übertragen (*BayObLG* BtPrax 2000, 214).

Verschulden des Beauftragten

Verschulden bei Auswahl und Beaufsichtigung

Delegiert der Betreuer zulässigerweise Aufgaben auf einen Dritten, und liegt ein Geschäft vor, das er auch selbst hätte vornehmen können, haftet er analog § 278 BGB für ein Verschulden des Dritten, wie wenn es sein eigenes Verschulden wäre. Handelt es sich dagegen um ein Geschäft, bei dem die Heranziehung des (qualifizierten) Dritten notwendig war (z. B. Steuerberater für Bilanz, Anwalt im Anwaltsprozess), haftet der Betreuer nur dann, wenn ihm bezüglich der Auswahl, Unterweisung oder Beaufsichtigung ein Verschulden nachgewiesen werden kann. Soweit der Dritte einen Schaden in Ausübung seiner Tätigkeit verursacht, ist er selbst schadensersatzpflichtig.

Bei unzulässiger Heranziehung Dritter haftet der Betreuer auch ohne ein Verschulden des Dritten, weil die Aufgabe von ihm selber hätte wahrgenommen werden müssen. Das Verschulden bezüglich des Schadens wird in der unzulässigen Heranziehung des Dritten gesehen.

Inanspruchnahme als „Handlungsstörer“

Entweicht der Betreute aus einer freiheitsentziehenden Unterbringung, z. B. aus einer geschlossenen Abteilung eines Pflegeheims, wird er meist von der Einrichtung als „abgängig“ bei der Polizei gemeldet. Wird er dann im Rahmen einer Personenfahndung aufgegriffen und zurückgeführt, ist oft unklar, wer die Kosten zu übernehmen hat. Anhaltspunkte geben das Bundespolizeigesetz (BPolG) und die Ordnungsbehörden- und Polizeigesetze der Länder.

§ 17 BPolG Verantwortlichkeit für das Verhalten von Personen

(1) Verursacht eine Person eine Gefahr, so sind die Maßnahmen gegen sie zu richten.

(2) Ist die Person noch nicht vierzehn Jahre alt, so können die Maßnahmen auch gegen die Person gerichtet werden, die zur Aufsicht über sie verpflichtet ist. **Ist für die Person ein Betreuer bestellt, so können die Maßnahmen auch gegen den Betreuer im Rahmen seines Aufgabenbereichs gerichtet werden.**

(3) Verursacht eine Person, die zu einer Verrichtung bestellt ist, die Gefahr in Ausführung der Verrichtung, so können Maßnahmen auch gegen die Person gerichtet werden, die andere zu der Verrichtung bestellt hat.

§ 19 BPolG Unmittelbare Ausführung einer Maßnahme

(1) Die Bundespolizei kann eine Maßnahme selbst oder durch einen Beauftragten unmittelbar ausführen, wenn der Zweck der Maßnahme durch Inanspruchnahme der nach § 17 oder § 18 Verantwortlichen nicht oder nicht rechtzeitig erreicht werden kann. Der von der Maßnahme Betroffene ist unverzüglich zu unterrichten.

(2) Entstehen der Bundespolizei durch die unmittelbare Ausführung einer Maßnahme Kosten, so sind die nach § 17 oder § 18 Verantwortlichen zum Ersatz verpflichtet. Mehrere Verantwortliche haften als Gesamtschuldner. Die Kosten können im Verwaltungsvollstreckungsverfahren beigetrieben werden.

Es ist immer der Aufgabenkreis des Betreuers zu beachten. Wichtig ist auch die Feststellung, ob vom (entwichenen) Betreuten eine Fremd- oder Eigengefährdung ausgeht. Die Beseitigung einer reinen Fremdgefährdung ist z. B. nicht Gegenstand des Aufgabenkreises der Aufenthaltsbestimmung. Insoweit ist die von der Behörde/Polizei behauptete Gefahr zu berücksichtigen und evtl. in einem Widerspruch zu begründen.

Eine Haftpflichtversicherung des Betreuers wird eine solche Inanspruchnahme nur dann absichern, wenn die sog. „öffentlich-rechtlichen Schadensersatzansprüche“ aufgenommen sind.

1.4 Geltendmachung eines Schadensersatzanspruchs

1.4.1 Anspruch des Betreuten gegen den Betreuer

Der Betreute selbst kann Ansprüche gegen seinen Betreuer geltend machen und durchsetzen. Meist wird er dazu aber nicht in der Lage sein, so dass ein weiterer Betreuer zu bestellen ist.

Geltendmachung durch Betreuten selbst

Durchsetzung der Ansprüche

Der Betreute ist aus rechtlichen Gründen nicht gehindert, gegen den Betreuer wegen der Leistung von Schadensersatz vorzugehen, soweit nicht natürliche Geschäftsunfähigkeit im Sinne von § 104 Nr. 2 BGB vorliegt. Der Betreuer kann nicht gegen sich selbst als Vertreter des Betreuten tätig werden (Grundgedanke aus § 181 BGB); er kann in einem Prozess nicht Beklagter und Vertreter des Klägers sein.

Beauftragung eines Bevollmächtigten

Die Beauftragung eines Bevollmächtigten (anwaltlich oder nichtanwaltlich) zum Zwecke der Geltendmachung eines Schadensersatzanspruches durch den Betreuten ist bei bestehender Geschäftsfähigkeit jederzeit möglich. Zur Begleitung des Betreuten im Zivilprozess vergleiche Kapitel A 10, Abschnitt 1.

Bestellung eines weiteren Betreuers

Das Betreuungsgericht kann für den Betreuten die Bestellung eines weiteren Betreuers (§ 1899 Abs. 1 oder Abs. 4 BGB) mit dem Aufgabenkreis der Prüfung von Pflichtwidrigkeiten und Geltendmachung von Schadensersatzansprüchen des Betreuten gegen den Betreuer vornehmen. Dies bietet sich insbesondere dann an, wenn die Durchsetzung der Ansprüche aktuell erfolgen soll und nicht erst zum Ende des Betreueramtes.

Gegenbetreuer

Wenig bringt die Bestellung eines Gegenbetreuers (§§ 1908i Abs. 1, 1792 BGB), da dieser reine Überwachungsfunktionen innehat und zur Vertretung des Betreuten nicht ermächtigt ist. Er kann lediglich eine Schädigung feststellen, nicht aber Schadensersatz im Namen des Betreuten geltend machen.

Geltendmachung durch nachfolgenden Betreuer

Ist ein Betreuer entlassen worden, zählt die Geltendmachung von Schadensersatzansprüchen durch einen nachfolgend bestellten Betreuer zu dessen Pflichten im Rahmen des Aufgabenkreises Vermögenssorge, ein eigener spezifischer Aufgabenkreis ist nicht erforderlich.

Geltendmachung durch die Erben des Betreuten

Erbe verfolgt Schadensersatzansprüche

Schadensersatzansprüche des verstorbenen Betreuten gehen auf den Erben über, § 1922 Abs. 1 BGB. Der Erbe kann somit als Rechtsnachfolger diese Ansprüche verfolgen. Bei mehreren Erben (in ungeteilter Erbengemeinschaft) ist § 2039 BGB zu beachten. Jeder Miterbe kann allein die Leistung an alle Erben fordern; der Verpflichtete kann aber nur an alle Miterben gemeinschaftlich leisten.

Kein Schadensersatzanspruch des Erben wird durch Handlungen oder Unterlassungen des Betreuers begründet, durch die der Betreute selbst nicht geschädigt wurde, aber die Erbenstellung sich verschlechterte. Dies kann z. B. gegeben sein, wenn der Erbe der Ansicht ist, der Betreuer habe für den Betreuten zu viel aus dessen Mitteln für überflüssige Hilfestellungen aufgewendet und den Nachlass dadurch geschmälert. Auch dann, wenn der Betreuer die Weiterzahlung einer Lebensversicherung eingestellt hat und deshalb dem Erben ein geringerer Versicherungsbeitrag gezahlt wurde, fehlt es an einem Schaden des Betreuten (*AG Hamburg-Harburg* NJW-RR 2002, 511).

1.4.2 Anspruch des Erben gegen den Betreuer

Bei der Notgeschäftsführungsbefugnis des Betreuers nach dem Tod des Betreten (§§ 1908i Abs. 1, 1893, 1698b BGB) hat der Betreuer die unaufschiebbaren Maßnahmen im Interesse des Erben getroffen. Entsteht durch eine schuldhafte Handlung des Betreuers dem Erben ein Schaden, kann er vom ehemaligen Betreuer Schadensersatz fordern.

1.4.3 Durchsetzung des Schadensersatzanspruchs

Prozessverfahren

Die Ansprüche werden nicht im FamFG-Verfahren vor dem Betreuungsgericht, sondern im Prozessverfahren vor dem Zivilgericht geltend gemacht. Der Haftungsprozess kann bereits während der laufenden Betreuung durch Klageerhebung begonnen werden; dabei benötigt der geschäftsunfähige Betreute einen Vertreter (weiteren Betreuer), soweit er Ansprüche gegen den Betreuer durchsetzen will.

Die Beweislast für Pflichtverletzung, Verschulden, Kausalität und Schadenseintritt trägt der Kläger. Dies ist der Betreute, wenn er den Betreuer in Anspruch nimmt, oder der geschädigte Dritte.

1.4.4 Verjährung von Schadensersatzansprüchen

Die regelmäßige Verjährungsfrist beträgt drei Jahre, § 195 BGB. Sie gilt für sämtliche Ansprüche, soweit nicht besondere Verjährungsvorschriften greifen. Die Verjährungsfrist beginnt gemäß § 199 Abs. 1 BGB mit dem Schluss des Jahres, in dem der Anspruch entstanden ist und der Gläubiger Kenntnis davon erlangt hat oder er zumindest ohne grobe Fahrlässigkeit Kenntnis davon hätte erlangen können. Entstanden ist ein Anspruch dann, wenn er fällig geworden ist, also klageweise geltend gemacht werden kann.

Nach § 199 Abs. 2 BGB verjähren Schadensersatzansprüche wegen der Verletzung des Lebens, des Körpers, der Gesundheit und der Freiheit erst nach 30 Jahren. Die Frist beginnt mit der Begehung der Handlung, der Pflichtverletzung oder dem sonstigen den Schaden auslösenden Ereignis. Sonstige Schadensersatzansprüche verjähren gemäß § 199 Abs. 3 BGB zehn Jahre nach ihrer Entstehung, spätestens 30 Jahre nach der den Schaden auslösenden Handlung oder Pflichtverletzung bzw. dem sonstigen auslösenden Ereignis. Der Schadensersatzanspruch entsteht nämlich erst mit Eintritt des Schadens, die (schädigende) Handlung kann aber viel früher begangen worden sein.

Einige Ansprüche verjähren nach §§ 197, 201 BGB erst nach 30 Jahren, dazu zählen unter anderem Herausgabeansprüche aus Eigentum und anderen dinglichen Rechten (§ 197 Abs. 1 Nr. 1 BGB), rechtskräftig festgestellte Ansprüche (§ 197 Abs. 1 Nr. 3 BGB), Ansprüche aus vollstreckbaren Vergleichen oder vollstreckbaren Urkunden (§ 197 Abs. 1 Nr. 4 BGB) sowie vollstreckbare Ansprüche aus Insolvenzverfahren und Ansprüche aus einer Kostenerstattung der Zwangsvollstreckung (§ 197 Abs. 1 Nr. 5 und 6 BGB).

Nach dem Gesetz zur Änderung des Erb- und Verjährungsrechts, welches am 1. 1. 2010 in Kraft trat, wurde § 197 Abs. 1 Nr. 2 BGB aufgehoben, sodass für die Ansprüche zwischen dem Betreuten und dem Betreuer grundsätzlich die regelmäßige Dreijahresfrist des § 195 BGB gilt; die Fristhemmung nach § 207 Abs. 1 Satz 2 Nr. 4 BGB bleibt bestehen. Dies gilt aber nicht für Ansprüche, soweit § 199 Abs. 2 bis 4 BGB Anwendung findet.

Verjährungsablauf kann gehemmt sein

Gemäß § 203 ff. BGB wird der Ablauf der Verjährung durch bestimmte Ereignisse gehemmt, dazu zählen z. B. die Verhandlungen über einen Anspruch oder die klageweise Geltendmachung.

Der Ablauf der Verjährung z. B. von Ansprüchen zwischen Betreuer und Betreutem ist gemäß § 207 Abs. 1 Nr. 4 BGB bis zum Ablauf dieses Betreuungsverhältnisses gehemmt.

Nach § 210 BGB tritt die Verjährung von Ansprüchen für oder gegen einen nicht voll Geschäftsfähigen nicht vor Ablauf von sechs Monaten nach Eintritt der vollen Geschäftsfähigkeit oder dem Ende des Mangels der Vertretung (also z. B. der Bestellung eines Betreuers) ein.

Altansprüche

Die Verjährungsvorschriften haben sich zum 1. 1. 2002 verändert; es gelten besondere Überleitungsvorschriften, in Art. 229 § 6 EGBGB. Grundsätzlich gilt, dass auf alle am 1. 1. 2002 bestehenden, aber noch nicht verjährten Ansprüche das neue Verjährungsrecht anzuwenden ist.

2. Person des Haftenden

2.1 Einzelbetreuer

Haftpflichtversicherung

Der Einzelbetreuer haftet für alle Schäden selbst. In den meisten Bundesländern sind die ehrenamtlichen Betreuer in eine Sammelhaftpflichtversicherung aufgenommen. Soweit sie sich darüber hinaus versichern, können sie sich die Kosten für eine angemessene Haftpflichtversicherung gemäß § 1835 Abs. 2 Satz 1 BGB vom Betreuten ersetzen lassen; bei Mittellosigkeit des Betreuten werden die Haftpflichtversicherungskosten aus der Staatskasse getragen (§ 1835 Abs. 4 BGB). Nimmt der ehrenamtliche Betreuer jedoch die Aufwandspauschale (§ 1835a BGB) in Anspruch, ist eine separate Geltendmachung von Versicherungskosten nicht möglich. Das Betreuungsgericht kann nach § 1837 Abs. 2 Satz 2 BGB den Abschluss einer Haftpflichtversicherung anordnen.

Der beruflich tätige Betreuer muss eine Haftpflichtversicherung auf eigene Kosten abschließen, um sich zu schützen. Diese Kosten bekommt er nicht erstattet, § 1835 Abs. 2 Satz 2 BGB.

2.2 Vereinsbetreuer

Verein versichert seine Mitarbeiter

§ 1908f Abs. 1 Nr. 1 BGB verlangt als Anerkennungsvoraussetzung für einen Betreuungsverein, dass dieser eine ausreichende Zahl Mitarbeiter beschäftigt, die für die Betreuungsarbeit geeignet sind. Es handelt sich hierbei um Arbeitnehmer, da sie sich aufgrund eines privatrechtlichen Vertrages zu Leistung von Arbeit im Dienste eines anderen gegen Zahlung von Arbeitsentgelt verpflichten.

Ist dieser Mitarbeiter als Vereinsbetreuer tätig (§ 1897 Abs. 2 BGB), haftet er als natürliche Person für Pflichtverletzungen gemäß §§ 1908i Abs. 1, 1833 BGB. Da er seine Arbeit auch als Arbeitnehmer (des Vereins) ausübt, hat der Verein als Arbeitgeber die Aufsicht zu führen.

Das *LG Chemnitz* (FamRZ 2000, 1311) hat festgestellt, dass es sich bei Mitarbeitern eines Betreuungsvereins, die gemäß § 1897 Abs. 2 BGB zu Betreuern bestellt werden, im Gegensatz zu der Bestellung eines Betreuungsvereins gemäß § 1900 Abs. 1 BGB um eine echte Einzelbetreuung gemäß § 1897 Abs. 1 BGB handelt. Rechte und Pflichten aus dem Betreuungsverhältnis bestehen danach nur zwischen dem jeweiligen bestellten Betreuer, dem Betreuten und dem Betreuungsgericht.

Keine Haftung des Vereins für seinen als Vereinsbetreuer tätigen Mitarbeiter

Ob im Schadensfall eine direkte Haftung des Vereins gegenüber dem Geschädigten besteht, ist in Rechtsprechung und Literatur umstritten. Da § 1908i Abs. 1 Satz 1 BGB auf § 1791a Abs. 3 Satz 2 BGB verweist, dürfte der Verein für ein Verschulden des Mitarbeiters verantwortlich sein (so *Palandt-Diederichsen*, 75. Auflage, Einf. vor § 1896 Rn. 18; so auch *LG Stade* FamRZ 2008, 2232; verneinend *OLG Koblenz* FamRZ 2010, 755). Im Übrigen besteht aus § 1908f Abs. 1 Nr. 1 BGB für den Verein die Verpflichtung, seinen Mitarbeiter gegen Schäden ausreichend zu versichern.

Nach *Fröschle* (BtPrax 2008, 192) könnte eine Haftung des Betreuungsvereins aus seiner arbeitsrechtlichen Stellung gegenüber dem Vereinsbetreuer bestehen. Bei geringer Schuld gehört ein Schaden, den ein Arbeitnehmer bei einer betrieblich veranlassten Tätigkeit verursacht, zum Betriebsrisiko des Arbeitgebers und ist von ihm allein zu tragen. Die aus der betrieblichen Arbeitsteilung herrührenden fast unvermeidbaren, durch gelegentliches leicht fahrlässiges Fehlverhalten verursachten Schäden sind daher von ihm und nicht von dem handelnden Arbeitnehmer zu tragen. Bei mittlerer oder bei grober Fahrlässigkeit hat der Arbeitnehmer jedenfalls einen Teil des von ihm verursachten Schadens zu tragen. Für grobe Fahrlässigkeit muss die Pflichtverletzung auch subjektiv schlechthin unentschuldbar sein und das gewöhnliche Maß der Fahrlässigkeit des § 276 Abs. 1 BGB erheblich übersteigen. Das wird bejaht, wenn ganz nahe liegende Überlegungen, die sich jedem aufgedrängt hätten, nicht angestellt oder beiseite geschoben worden sind.

2.3 Behördenbetreuer

Es geht um den bestellten Mitarbeiter der Betreuungsbehörde, den Behördenbetreuer gemäß § 1897 Abs. 2 BGB. Dieser Mitarbeiter wird persönlich vom Betreuungsgericht (mit Zustimmung der Betreuungsbehörde) bestellt.

Amtshaftung der Betreuungsbehörde ist umstritten

Von der Konstruktion des Betreuungsgesetzes her gesehen ist der persönlich bestellte Behördenbetreuer hinsichtlich seiner Tätigkeit Einzelbetreuer. Dadurch dürfte er persönlich als Einzelperson gegenüber dem Betreuten gemäß §§ 1908i Abs. 1, 1833 BGB unmittelbar verantwortlich sein. Ob eine Haftungsübernahme im Rahmen einer Amtshaftung gemäß § 839 BGB i. V. m. Art. 34 GG durch die Betreuungsbehörde besteht, ist sehr fraglich.

Der Abschluss einer Haftpflichtversicherung durch die Betreuungsbehörde für den Behördenbetreuer ist gesetzlich nicht vorgeschrieben. Weder der Behördenbetreuer kann die Kosten einer privat abgeschlossenen Amtshaftpflichtversicherung geltend machen, da er selbst keinen Aufwendungsersatz fordern kann, § 8 Abs. 3 i. V. m. § 7 Abs. 3 VBVG, noch die Behörde, § 8 Abs. 2 VBVG i. V. m. § 1835 Abs. 5 Satz 2 BGB.

In der Literatur wird zum Teil vertreten, dass sich der Staat nicht durch Zweckkonstruktionen seiner Haftung für das Handeln öffentlich Bediensteter entziehen darf (Münchener Kommentar-*Schwab*, § 1897 Rn. 16; *Schwab* in FamRZ 1992, 493). Nach den Begründungen in der *BT-Drucks. 11/4528, S. 158 ff.* dürfte der Gesetzgeber davon ausgegangen sein, dass Betreute vor Schäden, die auf pflichtwidrigem und schuldhaftem Verhalten von Einzelbetreuern nach § 1897 Abs. 2 BGB beruhen, ausreichend wirtschaftlich gesichert sind. Dass der Gesetzgeber es unterlassen hat, eine Haftpflichtversicherungspflicht auch für Betreuungsbehörden einzuführen, zeigt, dass er die von Behördenbetreuern Betreuten auch ohne eine derartige Regelung als wirtschaftlich ausreichend gesichert angesehen hat. Diese Sicherung liegt, zumal nach der amtlichen Begründung zum Regierungsentwurf Behördenbetreuer eine öffentliche Aufgabe wahrnehmen, in der Möglichkeit der Amtshaftung nach Art. 34 GG i. V. m. § 839 BGB. Siehe hierzu *Deinert/Lütgens/Meier*, Die Haftung des Betreuers, 2004, Seite 283 ff., *Fröschle* BtPrax 2008, 194.

Soweit die Behörde haftet, ist ein Rückgriff gegen den Mitarbeiter nach Art. 34 Satz 2 GG i. V. m. den jeweiligen Landesbeamtengesetzen bzw. mit den Angestelltentarifen auf Vorsatz und grobe Fahrlässigkeit beschränkt. Es empfiehlt sich für Behördenmitarbeiter auf jeden Fall der Abschluss einer Amts- und Vermögensschadenshaftpflichtversicherung, welche die Regressansprüche des Dienstherrn beinhaltet. Dabei ist zu beachten, dass die „normale" Amtshaftpflichtversicherung gegen Personen- und Sachschäden nicht immer Vermögensschäden abdeckt.

2.4 Betreuungsverein und Betreuungsbehörde als Betreuer

Betreuungsverein, § 1900 Abs. 1 BGB

Haftung des Vereins

Wird ein Arbeitnehmer des Vereins nicht als Vereinsbetreuer (§ 1897 Abs. 2 BGB), sondern im Rahmen einer auf ihn delegierten Vereinsbetreuung (§ 1900 Abs. 2 BGB) tätig, fungiert der Verein selbst als Betreuer und hat lediglich die konkrete Betreuungsführung übertragen. Der Verein haftet in diesem Fall stets unmittelbar aus §§ 1908i Abs. 1, 1833 BGB für das Verschulden jedes Mitgliedes oder Mitarbeiters ebenso wie für das Verschulden des Vorstandes, dessen Mitglieder und anderer verfassungsberufener Vertreter (§§ 1908i Abs. 1, 1791a Abs. 3 Satz 2 und § 31 BGB) gegenüber dem Geschädigten. Eine direkte Haftung des Mitarbeiters scheidet aus.

In § 1908f BGB ist eine Haftpflichtversicherung des Vereins selbst nicht vorgeschrieben, er hat nur seine Mitglieder zu versichern, § 1908f Abs. 1 Nr. 1 BGB. Allerdings ist es sinnvoll, dass der Verein nicht nur seine Mitarbeiter, sondern auch sich selbst haftpflichtversichert. Die Angemessenheit der versicherungsrechtlichen Absicherung ist weder bundes- noch landesrechtlich näher geregelt. Üblicherweise werden Versicherungssummen von 1.000.000 EUR für Personen- und Sachschäden und ab 25.000 EUR für Vermögensschäden angeboten; das Vermögensschadensrisiko scheint aber etwas gering zu sein.

Der Rückgriff des in Anspruch genommenen Vereins regelt sich bei Vereinsmitgliedern nach der Satzung, bei Vorstandsmitgliedern nach §§ 27 Abs. 3, 664 bis 670 BGB, bei angestellten Mitarbeitern nach dem Inhalt des Arbeitsverhältnisses. Soweit Angestelltentarife Anwendung finden, ist ein Rückgriff möglich, wenn Vorsatz oder grobe Fahrlässigkeit gegeben ist.

Betreuungsbehörde gemäß § 1900 Abs. 4 BGB

Auch die Betreuungsbehörde selbst (als Bestandteil der Trägerkörperschaft Stadt oder Landkreis, einer juristischen Person des öffentlichen Rechtes) kann zum Betreuer bestellt werden. Gemäß § 1900 Abs. 4 Satz 2 i. V. m. Abs. 2 BGB werden Bedienstete mit der Ausführung der Betreuungsaufgaben bestellt.

Amtshaftung

Die Anstellungskörperschaft des die Pflichtwidrigkeit verursachenden Beamten oder Angestellten trifft die Haftung nach §§ 1908i Abs. 1, 1833 BGB oder wahlweise nach § 839 BGB i. V. m. Art. 34 GG. Der Rückgriff der Körperschaft gegen den einzelnen Mitarbeiter ist nach Art. 34 Satz 2 GG i. V. m. den jeweiligen Landesbeamtengesetzen bzw. Angestelltentarifen auf Vorsatz und grobe Fahrlässigkeit beschränkt.

3. Haftpflichtversicherung

3.1 Schäden, welche aus der Amtsführung entstehen

Es handelt sich um Schäden, die dem Betreuten durch den Betreuer zugefügt werden können oder die dem Betreuer dadurch entstehen, dass er einem Dritten zum Ersatz eines durch die Führung der Betreuung verursachten Schaden verpflichtet ist.

Die Haftpflichtversicherung gewährt dem Betreuer Versicherungsschutz für den Fall, dass er wegen eines während der Wirksamkeit der Versicherung eingetretenen Schadensereignisses auf Schadensersatz in Anspruch genommen wird.

3.1.1 Pflicht zum Versicherungsschutz

Haftpflichtversicherung kann angeordnet werden

Nach §§ 1908i Abs. 1, 1837 Abs. 2 BGB kann das Gericht den Betreuer verpflichten, eine angemessene Haftpflichtversicherung abzuschließen. Im Rahmen der Eignungsprüfung für neue Berufsbetreuer fordern Betreuungsbehörden in der Regel das Vorhandensein einer Haftpflichtversicherung als eine Grundvoraussetzung für den Vorschlag an das Gericht. Betreuungsvereine können als solche nur anerkannt werden, wenn sie für ihre Mitarbeiter eine angemessene Haftpflichtversicherung abgeschlossen haben (§ 1908f Abs. 1 Nr. 1 BGB).

3.1.2 Sammelhaftpflichtversicherungen für ehrenamtliche Betreuer

Ehrenamtliche Betreuer sind im Rahmen der jeweils von den Bundesländern abgeschlossenen Sammelhaftpflichtversicherungen versichert.

Mit Bestellung zum Betreuer werden sie in den Versicherungsschutz der Sammelversicherung einbezogen, ohne dass es einer weiteren Erklärung bedarf. Die Versicherungssummen sind in den einzelnen Bundesländern unterschiedlich. In Bayern gilt eine Summe bei Personen- und Sachschäden von pauschal bis 5.000.000 EUR und bei Vermögensschäden bis 100.000 EUR. In den Betreuungsgerichten liegen jeweils Merkblätter zur Haftpflichtversicherung für ehrenamtliche Betreuer mit weiterführenden Nachweisen auf; die Summen sind auch im Internet abrufbar.

Höherversicherung

Soweit die Sammelversicherungssummen im Einzelfall nicht ausreichend sind, insbesondere im Bereich der Vermögensschäden, kann durch den Betreuer eine Höherversicherung vorgenommen werden. Vermögensschäden sind z. B. auch Ersatzansprüche wegen finanzieller Verluste auf Grund einer fehlerhaften Anlage des Betreutenvermögens. Diese Beträge kann der Betreuer nach § 1835 Abs. 2 Satz 1 BGB als Auslagenersatz aus dem Betreutenvermögen entnehmen; dies gilt nicht für Betreuer, die eine Vergütung erhalten (Berufs- oder Vereinsbetreuer). Wählt der ehrenamtliche Betreuer die pauschale Aufwandsentschädigung nach § 1835a BGB (jährlich 399 EUR), so bekommt er die Versicherungsleistungen nicht zusätzlich erstattet.

Praxis TIPP

Haftpflichtversicherung – Deckungssumme prüfen

Der ehrenamtliche Betreuer mit dem Aufgabenkreis „Vermögensverwaltung" sollte nach der Erstellung des Vermögensverzeichnisses, sobald er sein Handlungsfeld überblickt, grundsätzlich prüfen, ob die Deckungssummen der Sammelversicherung ausreichen. Die Deckungssummen gelten je geführte Betreuung, allerdings nicht für den sog. Berufsbetreuer, der eine Vergütung aus der Staatskasse oder aus dem Betreutenvermögen abrechnet.

Bei den Versicherungen kann jeweils ein höheres Risiko abgedeckt werden. Die Justizministerien haben darüber z. T. auch Rahmenversicherungsverträge abgeschlossen.

Die Wahl des Versicherers für den Abschluss einer Haftpflichtversicherung bleibt selbstverständlich dem Betreuer überlassen. Er sollte dann auf jeden Fall mehrere Vergleichsangebote einholen.

Den Beitrag für die einzelvertragliche Regelung kann der ehrenamtliche Betreuer als Aufwendungsersatz nach § 1835 Abs. 2 BGB aus dem Vermögen des Betreuten geltend machen, nicht jedoch der Berufsbetreuer.

Der Versicherungsschutz umfasst die Befriedigung begründeter und die Abwehr unbegründeter Schadensersatzansprüche, die dem Betreuer gegenüber aus seiner Tätigkeit als Betreuer geltend gemacht werden.

Versicherungsschutz für Angehörige des Betreuers

Der Versicherungsschutz bezieht sich auch auf Haftpflichtansprüche eines Betreuten, soweit dieser Angehöriger des Betreuers ist oder mit ihm in häuslicher Gemeinschaft lebt; dies gilt bei Haftpflichtansprüchen wegen Vermögensschäden allerdings nur, sofern der Betreuer mit dem Aufgabenkreis der Vermögenssorge betraut ist.

Kein Schutz für Schäden des Betreuers

Dieser Versicherungsschutz bezieht sich nicht auf Schäden, die der Betreuer selbst bei der Führung der Betreuung erleidet (vgl. Abschnitt 3.2). Nicht im Rahmen dieses Vertrags versichert ist ferner die Haftpflicht des Betreuers als Eigentümer, Besitzer, Halter oder Führer eines Kraftfahrzeugs wegen Schäden, die durch den Gebrauch des Kraftfahrzeugs verursacht werden, auch wenn er das Fahrzeug aus Anlass der Betreuung genutzt hat.

Sollte der Betreuer von seinem Betreuten oder von Dritten wegen der Führung der Betreuung auf Schadensersatz in Anspruch genommen werden, muss er dies, um den Versicherungsschutz nicht zu gefährden, unverzüglich der jeweiligen Versicherungsanstalt formlos melden. Beizufügen ist eine Bestätigung, dass der Betreuer zum Personenkreis der ehrenamtlichen Betreuer gehört; sie wird vom zuständigen Betreuungsgericht erteilt.

Die Anschriften der Versicherungsanstalten, über welche die Sammelversicherungen abgewickelt werden, können bei den Betreuungsgerichten erfragt werden. Dort liegen in der Regel auch Merkblätter aus, die über die Details der in den jeweiligen Ländern geltenden Bestimmungen Auskunft geben.

3.1.3 Berufsbetreuer

Versicherung für Berufsbetreuer

Freiberufliche Betreuer (Berufsbetreuer) sind nicht über das Justizministerium sammelversichert; sie sollten sich gegen Personen- und Sachschäden versichern. Auskunft über ausreichende Versicherungssummen erteilen die Berufsverbände der Betreuer.

3.2 Eigenschäden des Betreuers

Betreuter schädigt Betreuer

Erleidet der Betreuer Eigenschäden durch das Verhalten des Betreuten, so sind die allgemeinen Schadensersatzbestimmungen (§ 823 ff. BGB) anwendbar; problematisch könnte sein, dass der Betreute wegen Deliktunfähigkeit (§ 827 BGB) nicht für den Schaden aufzukommen hat.

Eine Haftpflichtversicherung, die auf den Namen des Betreuten abgeschlossen ist, deckt nach den Ausschlüssen in den Allgemeinen Versicherungsbedingungen keine Schäden, die der Versicherte seinem gesetzlichen Vertreter zufügt.

Gesetzliche Unfallversicherung

Personenschäden, die der Betreuer im Rahmen seiner ehrenamtlichen Tätigkeit erleidet, sind im Regelfall durch die gesetzliche Unfallversicherung abgesichert. Er ist kraft Gesetzes über die Eigenunfallversicherung der einzelnen Bundesländer, und zwar als selbständig Tätiger in der Wohlfahrtspflege nach § 2 Abs. 1 Nr. 9 SGB VII, pflichtversichert.

Der Versicherungsschutz des ehrenamtlichen Betreuers hat in Bayern mit der Einführung der „Bayerischen Ehrenamtsversicherung" eine wichtige Ergänzung gefunden. Die Ehrenamtsversicherung stellt eine Unfallversicherung zur Verfügung. Diese begründet Ansprüche des Betreuers für Schäden, die er bei der ehrenamtlichen Tätigkeit erlitten hat. Versicherte Leistungen:

- 175.000 EUR maximal bei 100 % Invalidität
- 10.000 EUR im Todesfall
- 2.000 EUR für Zusatz-Heilkosten
- 1.000 EUR für Bergungskosten

Beispiel:

Der Betreuer will in der Bank des Betreuten Überweisungen tätigen. Vor der Bank stürzt er und zieht sich eine Hüftfraktur zu, die zu einer dauernden Bewegungseinschränkung führt.

Die Schadensmeldung kann der Betreuer über den Rechtspfleger beim Betreuungsgericht oder, wie in der Praxis üblich, nach der Erstversorgung über die eigene Krankenkasse abwickeln.

3.3 Haftpflichtversicherungsschutz der betreuten Person

Keine generelle Pflicht zur Haftpflichtversicherung für den Betreuten

Eine generelle Pflicht des Betreuers zum Abschluss einer Haftpflichtversicherung für den Betreuten gibt es nicht. Der Abschluss einer Haftpflichtversicherung wird jedoch von der Rechtsprechung in den Fällen für erforderlich gehalten, in denen aufgrund der besonderen Umstände eine erhöhte Gefahr der haftpflichtrechtlichen Inanspruchnahme des Betreuten besteht. Pflichtwidrig ist das Unterlassen der Haftpflichtversicherung daher nur dann, wenn der Betreute aufgrund seiner krankheits- oder behinderungsbedingten persönlichen Eigenschaften und Lebensverhältnisse zu drittschädigendem Verhalten neigt und dem Betreuer dies bekannt ist.

Nach der Entscheidung des *BGH* (FamRZ 1980, 874) ist ein Betreuer (damals Vormund) nicht grundsätzlich verpflichtet, seinen Betreuten gegen gesetzliche Haftpflicht zu versichern. Jedoch können besondere Eigenschaften und Lebensverhältnisse des Betreuten den Abschluss einer Haftpflichtversicherung erfordern, wenn sie ihn in besonderem Maße der Gefahr aussetzen, sich durch Schädigung Dritter haftpflichtig zu machen.

Sozialhilfeträger zahlen keine Haftpflichtversicherungsbeiträge

Daneben müssen aus dem Vermögen oder Einkommen des Betreuten die Versicherungsbeiträge gezahlt werden können. Bei Sozialhilfeempfängern wird der Beitrag zu einer Haftpflichtversicherung regelmäßig nicht zum notwendigen Lebensunterhalt gezählt, so dass Leistungen nicht erfolgen, zumindest dann, wenn die Versicherung erst während des Sozialhilfebezugs abgeschlossen werden soll. Das *VG Düsseldorf* (NJW 1990, 531) hat dargelegt, dass ein Sozialhilfeträger nicht verpflichtet ist, im Rahmen der Hilfe zum Lebensunterhalt die Kosten für eine private Haftpflichtversicherung zu übernehmen; dies würde einem Grundprinzip der Sozialhilfe widersprechen, nämlich Mittel nur zur Überwindung einer gegenwärtigen Notlage bereitzustellen.

Risikomeldung

Eine bestehende Krankheit muss bei Vertragsabschluss gemeldet werden, da sonst ein Bestehen des Versicherungsschutzes in Frage steht. Bei laufenden Verträgen sollten Erkrankungen, die zur Folge haben, dass der Betroffene versicherungsrechtlich ein erhöhtes Risiko schafft (z. B. Alzheimer-Krankheit) nach der Diagnose gemeldet werden; zumindest dann, wenn die Versicherungsbedingungen es vorschreiben.

Es sei aber nochmals darauf hingewiesen, dass die Haftpflichtversicherung nur für fahrlässig verursachte Schäden aufkommt.

- Handelt der Betreute bei der Schadensverursachung vorsätzlich, entfällt eine Leistung.
- Ist der Betreute deliktunfähig, fehlt es bei jeder Art der Schadensverursachung am Merkmal des Verschuldens, das aber Voraussetzung des Schadensersatzanspruches ist.

Bestehende Haftpflichtversicherungsverträge

Ein einmal bestehender Haftpflichtversicherungsvertrag sollte nicht gekündigt werden. Es muss nämlich für jeden Schadensfall neu ermittelt werden, ob jeweils zum Zeitpunkt einer schädigenden Handlung Deliktunfähigkeit besteht; bei psychisch Kranken (wechselnde Bewusstseinszustände) muss das nicht immer so sein. Da auch die Deliktfähigkeit als Vorfrage für die Übernahme des Schadens durch die Versicherung Gegenstand eines gerichtlichen Verfahrens sein kann, ist der Rechtsschutz, den die Versicherung gewährt, auf jeden Fall nützlich.

Kündigung einer privaten Krankenversicherung kann Haftung auslösen

Ein Betreuer kann gegenüber dem Betreuten zur Leistung von Schadensersatz verpflichtet sein, wenn er für diesen eine bestehende private Krankenversicherung kündigt und kurze Zeit später der – die Versicherung aufgrund der Vertragskündigung nicht mehr zur Leistung verpflichtende – Versicherungsfall eintritt. Allein der Umstand, dass der Betreute nicht über die finanziellen Mittel zur laufenden Beitragszahlung verfügt, rechtfertigt eine solche Kündigung nicht, wenn der Eintritt des Versicherungsfalls absehbar war. Auch der Umstand, dass für den Betreuten ein hinreichender Kranken- und Pflegeversicherungsschutz bereits durch die gesetzliche Versicherung gewährleistet ist, rechtfertigt es nicht – ohne jegliche weitere Prüfung –, die privaten Zusatzversicherungen zu kündigen, um die damit verbundenen erheblichen monatlichen Zusatzkosten zu vermeiden. Insoweit muss der Betreuer eine Risikoabwägung vornehmen, ob der Verlust von finanziellen Leistungen aus den bestehenden Versicherungen für den Betreuten möglicherweise größere finanzielle Nachteile mit sich bringen werde als durch den Wegfall der monatlichen Beitragszahlungen erreicht werden kann (*OLG Koblenz* NJW-RR 2018, 710).

Neuabschlüsse

Einige Versicherungsunternehmen bieten Haftpflichtversicherungen für Betreute an. Die Angebote können im Internet verglichen werden, z. B. findet man bei www.gl-versicherungsmakler.de/104/ eine ausführliche Übersicht zu den Konditionen.

4. Strafrechtliche Folgen einer Betreuerhandlung

Strafrechtliche Handlung

Nach der Begehungsform kann eine Handlung des Täters in einem aktiven Tun (Begehungsdelikt) oder Unterlassen (Unterlassungsdelikt) bestehen; ein Unterlassen (Abwenden eines Erfolges) ist nur strafbar, wenn für den Täter eine besondere Verpflichtung zum Tätigwerden, eine sog. Garantenstellung besteht (§ 13 StGB). Eine Garantenstellung kann sich aus der Betreuerbestellung ergeben, soweit der Aufgabenkreis reicht. Hat der Betreuer z. B. die Gesundheitsfürsorge inne, muss er, soweit möglich, gesundheitliche Schäden vom Betreuten abwenden. Unterlässt er die Abwendung, und erleidet dadurch der Betreute einen körperlichen Schaden, könnte er sich wegen Körperverletzung (§ 223 StGB) durch Unterlassen strafbar gemacht haben. Obliegt dem Betreuer nur die Vermögenssorge und unternimmt er bei einer plötzlich auftretenden Herzattacke des Betreuten nichts, kommt u. U. unterlassene Hilfeleistung zum Zuge, § 323c StGB, da er in diesem Fall keine Garantenstellung hat.

Garantenstellung

Es gibt im Übrigen keinen allgemeinen Garantenbegriff, sondern nur einen, der auf den jeweiligen Tatbestand bezogen ist. Zum Teil wird der sog. „Beschützergarant" (er hat rechtlich dafür einzustehen, dass ein bestimmtes Rechtsgut, für das er Verantwortung trägt, nicht beschädigt wird) und der sog. „Aufpassergarant" (er hat rechtlich dafür einzustehen, dass von einer bestimmten Gefahrenquelle, für die er Verantwortung trägt, keine Schädigung ausgeht) genannt.

Schutz der Rechtsgüter des Betreuten

Der Betreuer ist „Beschützergarant" für die Rechtsgüter des Betreuten, so weit sein Aufgabenkreis reicht. Hat er nur die Vermögenssorge, kann er auch nur Vermögensdelikte durch Unterlassen begehen. Ist er für die Gesundheit des Betreuten verantwortlich, kann er dagegen wegen Unterlassung aus §§ 223, 229 StGB (Körperverletzung) oder auch §§ 211, 212, 222 StGB (Tötungsdelikte) bestraft werden, wenn er vorsätzlich oder fahrlässig eine Beschädigung der Gesundheit oder den Tod des Betreuten nicht abgewendet hat.

Schädigung eines Dritten

Als „Aufpassergarant" ist der Betreuer nur dann dafür verantwortlich, dass der Betreute keinen Dritten schädigt, wenn ihm die Aufsicht über den Betreuten übertragen ist, das heißt, wenn sein Aufgabenkreis entweder explizit auf die Aufsicht über den Betreuten oder allgemein auf die gesamte Personensorge lautet. Dann kann er eventuell auch bestraft werden, wenn der Betreute einen Dritten vorsätzlich oder fahrlässig tötet oder verletzt sowie sonstigen Schaden herbeiführt (vgl. die Ausführungen zu 1.2.2 Aufsichtspflichtverletzung).

Im Strafrecht gilt grundsätzlich das Prinzip der Eigenverantwortung, wonach es ausgeschlossen ist, für das rechtswidrige Verhalten eines Menschen einen anderen zur Verantwortung zu ziehen. Grundsätzlich besteht auch keine Überwachungspflicht hinsichtlich des Verhaltens anderer erwachsener Personen. Wird ein Betreuer z. B. für die Aufgabenkreise Aufenthaltsbestimmung, Vermögenssorge und Behördenangelegenheiten bestellt, obliegt ihm nicht die strafrechtlich relevante Verpflichtung, Sorge dafür zu tragen, dass der Betreute wegen seiner körperlichen Einschränkungen nicht mehr am Straßenverkehr teilnimmt. Werden dem Betreuer jedoch alle Aufgabenkreise übertragen, ergibt sich aus seiner Fürsorgeverpflichtung gegenüber dem

Strafbarkeit des Betreuers bei Verletzung der Aufsichtspflicht

Betreuten auch eine allgemeine Aufsichtspflicht, bei deren Verletzung der Betreuer unter Umständen im Falle eines durch den Betreuten verursachten Verkehrsunfalles mit Personenschäden wegen fahrlässiger Körperverletzung nach § 229 StGB strafrechtlich belangt werden kann.

Weitere Voraussetzung der Strafbarkeit ist jedoch, dass der Betreuer die Möglichkeit besessen hat, den durch den Betreuten verursachten Erfolgseintritt, z. B. einen Verkehrsunfall, auch faktisch abzuwenden und ob ihm dies auch zumutbar gewesen ist. Der Betreuer als Unterlassender muss nämlich die Möglichkeit zur Verhinderung der Tat gehabt haben, weil Unmögliches nicht verlangt werden kann oder nicht auszuschließen ist, dass der Unfall auch bei pflichtgemäßem Handeln eingetreten wäre. Erwartet werden können daher von einem Betreuer mit Garantenstellung sicherlich regelmäßige Kontrollen des Betreuten. Tatsächlich möglich und zumutbar ist eine Mitteilung an die Zulassungsbehörde oder die zuständige Polizeidienststelle. Zu denken wäre auch an die Sicherstellung des Autoschlüssels oder das Abmelden des Fahrzeugs. Kommt der Betreuer diesen Vorgaben nach, braucht er strafrechtliche Konsequenzen nicht zu fürchten. (Hierzu Windisch, www.projekt-geben.de/downloads/btg/btg34.pdf.)

Regelmäßige Kontrollen

Im Folgenden wird auf einige Tatbestände hingewiesen, die für den Betreuer eine Rolle spielen könnten.

Zur strafrechtlichen Verantwortung für das Unterlassen des Schutzes einwilligungs(un-)fähiger Erwachsener siehe die Ausführungen von *Hoffmann* in BtPrax 2010, 151.

4.1 Straftaten gegen die körperliche Unversehrtheit

4.1.1 Körperverletzung (§ 223 ff. StGB)

Unterlassen

Sie kann durch Unterlassen in Betracht kommen, wenn der Betreuer nichts unternimmt, um eine Besserung des Gesundheitszustandes des Betreuten zu erreichen oder zumindest eine Verschlechterung zu verhindern (§ 1901 Abs. 4 BGB).

Von dem Betreuer können aber nur solche Aktivitäten gefordert werden, die ihm auch möglich sind. Wenn der Betreute jeden Kontakt zu dem Betreuer verweigert, ihn nicht in die Wohnung lässt, keine Telefonanrufe entgegennimmt und die Einrichtung eines mobilen Hilfsdienstes abgelehnt hat, bleibt dem Betreuer letztlich nur eine geschlossene Unterbringung, zu der er eine Genehmigung des Betreuungsrichters benötigt. Liegt eine bindende Patientenverfügung vor, dann muss der Betreuer dem Willen des Betreuten Ausdruck und Geltung verschaffen, auch wenn sich dadurch der Gesundheitszustand verschlechtern sollte (§ 1901a Abs. 1 BGB).

4.1.2 Misshandlung Schutzbefohlener (§ 225 StGB)

Vernachlässigung der Pflichten

Wer eine wegen Gebrechlichkeit oder Krankheit wehrlose Person, die seiner Fürsorge oder Obhut untersteht, quält, roh misshandelt oder sie durch böswillige Vernachlässigung seiner Pflicht, für sie zu sorgen, an der Gesundheit schädigt, macht sich strafbar. Böswilligkeit liegt insbesondere vor, wenn der Täter aus verwerflichen Beweggründen, z. B. aus Hass oder Eigennutz, handelt. Der Betreute untersteht der „Fürsorge" des Betreuers, da es sich bei einem entsprechenden Aufgabenkreis um ein auf längere Dauer angelegtes Abhängigkeitsverhältnis handelt.

4.1.3 Aussetzung (§ 221 StGB)

Wer einen Menschen in eine hilflose Lage versetzt oder in einer hilflosen Lage im Stich lässt, obwohl er ihn in seiner Obhut hat oder ihm sonst beizustehen verpflichtet ist, und ihn dadurch der Gefahr des Todes oder einer schweren Gesundheitsschädigung aussetzt, macht sich strafbar.

4.2 Tötungsdelikte

4.2.1 Tötung auf Verlangen, § 216 StGB (aktive Sterbehilfe)

Mitleidstötung

Die bewusste und zielgerichtete Tötung eines anderen Menschen ist auch im Falle der sogenannten „Mitleidstötung" eines unheilbar erkrankten Patienten selbst dann strafbar, wenn sie auf den ausdrücklichen Wunsch des Betroffenen hin erfolgt und lediglich eine geringe Lebensverkürzung zur Folge hat.

4.2.2 Beihilfe zur Selbsttötung

Im Gegensatz zur Tötung auf Verlangen ist die Beihilfe zur Selbsttötung straflos, sofern es sich um eine wirklich freiverantwortliche Selbsttötung handelt. Das ergibt sich daraus, dass eine strafbare Beihilfe nur im Fall einer strafbaren Haupttat möglich ist, eine Selbsttötung ist aber nicht strafbar. Erforderlich ist, dass der Selbstmörder den lebensbeendenden Akt selbst ausführt, der Gehilfe ihm also z. B. lediglich eine tödlich wirkende Dosis eines Schlafmittels besorgt, das der Selbstmordwillige dann selbst einnimmt. Es würde sich aber bereits dann um eine strafbare Tötung auf Verlangen handeln, wenn der Helfer das Gift dem Suizidenten auf dessen ausdrücklichen Wunsch hin einflößt, weil die Tatherrschaft in diesen Fällen nicht mehr beim Selbstmörder liegt.

Untätigkeit bei nicht freiverantwortlichem Suizid

Ist die Selbsttötung nicht freiverantwortlich, kann schon im Fall reiner Untätigkeit eines Dritten eine Strafbarkeit in Betracht kommen.

- Sofern der Dritte eine Garantenstellung (z. B. als Angehöriger, Lebensgefährte oder Betreuer) innehat, wäre er aufgrund eines Tötungsdelikts durch Unterlassen strafbar.
- Da es sich bei einem nicht freiverantwortlichen (also krankheitsbedingten) Suizidversuch nach h. M. um einen Unglücksfall handelt, wäre selbst ein Dritter, der zu dem Suizidenten in keinem Garantenverhältnis steht, im Fall des Unterlassens von Rettungsmaßnahmen wegen unterlassener Hilfeleistung zu bestrafen.

Gerät der Selbstmörder in einen hilflosen Zustand, dann liegt in der Regel ein Unglücksfall vor, so dass Hilfe geleistet werden muss. Ansonsten droht eine Bestrafung wegen unterlassener Hilfeleistung gemäß § 323c StGB (vgl. unter Abschnitt 4.3). Das Beschaffen von Betäubungsmitteln oder einer Waffe durch den Betreuer zum Zweck der Selbsttötung durch den Betreuten kann nach dem Betäubungsmittelgesetz oder nach dem Waffengesetz strafbar sein; hier liegt kein Rechtfertigungsgrund vor.

4.2.3 Indirekte Sterbehilfe

Indirekte oder passive Sterbehilfe

Von indirekter Sterbehilfe spricht man, wenn eine ärztlich gebotene schmerzlindernde Medikation die unbeabsichtigte, aber unvermeidbare Nebenfolge hat, dass sie den Todeseintritt beschleunigt. Der Betreuer hat hier nur zu prüfen, ob der Einsatz des Medikaments dem erklärten oder mutmaßlichen Patientenwillen entspricht. Da in diesen Fällen dem Betreuten ein menschenwürdiges Sterben ermöglicht werden soll und es sich somit nur um „Hilfe beim Sterben" handelt, wird auch die Feststellung des mutmaßlichen Willens nicht schwerfallen. In zahlreichen Kliniken gibt es bereits sog. Palliativ-Stationen mit erfahrenen Ärzten, deren Rat und Hilfe vom Betreuer eingeholt werden sollte. Speziell in Bayern finden Sie im Internet Hinweise und Adressen beim Bayerischen Staatsministerium für Umwelt und Gesundheit (Internet: www.stmugv.bayern.de, dort unter der Rubrik „Gesundheit" → „Krankenhaus" → „Palliativmedizin").

4.2.4 Passive Sterbehilfe

Darunter versteht man die Nichteinwilligung oder den Widerruf der Einwilligung in eine lebensverlängernde ärztliche Maßnahme unter Bezugnahme auf den erklärten oder mutmaßlichen Willen des Patienten. Die damit verbundenen Fragen hat der Gesetzgeber im „Dritten Gesetz zur Änderung des Betreuungsrechts" geregelt. Nähere Ausführungen dazu unter Kapitel A 3, Abschnitt 2.3.

4.3 Unterlassene Hilfeleistung

Für alle Bürger besteht nach § 323c StGB die Verpflichtung, bei Unglücksfällen oder gemeiner Gefahr die erforderliche und zumutbare Hilfe zu leisten. Als Unglücksfall kommen z. B. Verletzungen und auch die plötzliche Verschlimmerung einer Krankheit in Betracht.

Die Hilfeleistung muss dem Betreuer ohne erhebliche eigene Gefahr möglich sein; es wird in solchen Fällen immer zumutbar sein, per Telefon einen Arzt, die Polizei oder Feuerwehr zu informieren. Für den Betreuer bedeutet dies, dass er im Fall einer schweren Erkrankung des Betreuten auch dann zur Hilfeleistung verpflichtet ist, wenn ihm nicht die Gesundheitssorge übertragen wurde.

4.4 Vermögensdelikte

4.4.1 Unterschlagung, § 246 StGB

Rechtswidrige Zueignung einer beweglichen Sache des Betreuten

Wer eine fremde bewegliche Sache sich oder einem Dritten rechtswidrig zueignet, wird bestraft. Anders als bei einem Diebstahl ist es hier nicht notwendig, dass die fremde Sache aus dem Herrschaftsbereich eines anderen entfernt wird, die Sache kann sich bereits im Herrschaftsbereich des Täters befinden, dieser eignet sich die Sache dann unberechtigt zu (Betreuer nimmt z. B. den Pfandbrief des Betreuten in seinen Safe, um ihn bei Fälligkeit für sich einzulösen).

4.4.2 Betrug, § 263 StGB

Wer in der Absicht, sich oder einem Dritten einen rechtswidrigen Vermögensvorteil zu verschaffen, das Vermögen eines anderen dadurch beschädigt, dass er durch Vorspiegelung falscher oder durch Entstellung oder Unterdrückung wahrer Tatsachen einen Irrtum erregt oder unterhält, wird bestraft.

Vermögensverfügung aufgrund einer Täuschung

Dies bedeutet, dass der Täter einen anderen täuschen muss, durch diese Täuschung muss bei dem Opfer ein Irrtum hervorgerufen werden, aufgrund dieses Irrtums nimmt das Opfer dann eine Vermögensverfügung vor. Das Opfer wird also getäuscht und schädigt sich aufgrund dieser Täuschung selbst.

Betrug kann es z. B. sein, wenn ein Betreuer unter Verletzung der Mitwirkungspflicht (§ 60 ff. SGB I) gegenüber dem Bezirk verschweigt, dass der Betreute noch über erhebliche Ersparnisse verfügt, der zuständige Sachbearbeiter deswegen unzutreffend annimmt, dass der Betreute Ansprüche auf Leistungen nach dem SGB II bzw. SGB XII hat und eine entsprechende Auszahlung vorgenommen wird.

4.4.3 Untreue, § 266 StGB

Wer die ihm durch behördlichen Auftrag obliegende Pflicht, fremde Vermögensinteressen wahrzunehmen, verletzt und dadurch dem, dessen Vermögensinteressen er zu betreuen hat, Nachteil zufügt, wird bestraft.

Ein Missbrauch der Befugnis liegt vor, wenn die Grenze des Könnens im Außenverhältnis (Vertretungsrecht des Betreuers) zwar eingehalten wird, die Grenze des rechtlichen Dürfens im Innenverhältnis (Handeln zum Wohle des Betreuten) aber überschritten wird. Wenn der Betreuer ein Grundstück des Betreuten an seinen Bruder zu einem niedrigen Preis veräußert und dabei dem Betreuungsgericht im Genehmigungsverfahren verschweigt, dass mehrere Angebote zu einem weit höheren Preis vorliegen, liegt Untreue vor.

Daneben ist noch der sogenannte Treubruchtatbestand zu beachten. Dieser könnte zum Beispiel gegeben sein, wenn ein Betreuer Bargeld des Betreuten, das er in Verwahrung hat, für eigene Zwecke verwendet und versucht, den Fehlbetrag durch falsche Angaben bei der Rechnungslegung zu verschleiern. Auch eine unordentliche Buchführung oder das Beiseiteschaffen von Belegen, wenn sich daraus die Gefahr ergibt, dass begründete und durchsetzbare Ansprüche nicht mehr geltend gemacht werden können, dürfte diesen Tatbestand auslösen.

Wird die Tat durch fehlende Kontrolle oder Aufsicht erleichtert oder sogar möglich gemacht, entlastet dies den Täter nicht.

Veranlasst ein Betreuer einen Testierunfähigen, durch eine letztwillige Verfügung sich selbst oder einen Dritten als Begünstigten einzusetzen, kann hierin – durch Benutzen des Testierenden als undoloses Werkzeug gegen sich selbst – eine Untreue bzw. eine Teilnahme hieran begründet sein, *OLG Celle* BtPrax 2013, 114.

4.5 Freiheitsberaubung und Nötigung

Freiheitsentziehende Maßnahmen sind nur mit gerichtlicher Genehmigung zulässig (Art. 104 GG, § 1906 BGB). Wird diese Genehmigung nicht eingeholt, handelt es sich um eine strafbare Freiheitsberaubung, § 239 StGB. Soweit die betroffene Person einsichtsfähig ist und in die Freiheitsentziehung einwilligt, liegt keine strafbare Handlung vor.

Als Tathandlungen kommen außer dem Einsperren des Betreuten alle Maßnahmen in Betracht, die geeignet sind, die Freiheit des Betreuten einzuschränken. Darunter fällt auch das Verabreichen von Medikamenten, wenn sie gezielt eingesetzt werden, um einen nicht untergebrachten Betreuten am Verlassen seines Aufenthaltsorts zu hindern, das Anlegen von Hand-, Fuß- oder Körperfesseln, das Anlegen von Bauchgurten, sofern für den Betroffenen keine Möglichkeit besteht, diese selbst zu lösen oder lösen zu lassen, das Aufstellen von Bettgittern, das Abschließen des Zimmers oder einer Station, Verriegeln der dem Betreuten bekannten und für ihn benutzbaren Ausgänge einer Einrichtung, die Verwendung sogenannter Trickschlösser, die Ausübung psychischen Drucks oder auch die Wegnahme von Schuhen oder Kleidung. Steht nicht die Fortbewegungsfreiheit im Raum, sondern die Nötigung zu einer Handlung, Duldung oder Unterlassung, kommt eine Bestrafung wegen Nötigung (§ 240 StGB) in Betracht.

Rechtfertigungsgrund

Sofern eine kurzfristige Maßnahme erforderlich ist, um drohende schwere gesundheitliche Schäden abzuwenden, liegt ein Rechtfertigungsgrund (§ 34 StGB) vor; keinesfalls darf die freiheitsbeschränkende Maßnahme aber regelmäßig oder über einen längeren Zeitraum ohne richterliche Genehmigung erfolgen.

4.6 Hausfriedensbruch

Nach § 123 StGB ist das widerrechtliche Eindringen in die Wohnung eines anderen strafbar. Für den Betreuer ist zu beachten, dass die Betreuung an sich, selbst der Aufgabenkreis „Wohnungsangelegenheiten“, noch nicht dazu berechtigt, gegen den Willen des Betreuten in die Wohnung einzudringen.

Ob das Betreuungsgericht dem Betreuer die Befugnis zum Eindringen in die Wohnung erteilen kann, ist umstritten. Nach überwiegender Meinung wird dies verneint. Dieser Rechtsansicht folgt wohl auch das FamFG, das eine Befugnis zum Betreten der Wohnung des Betroffenen durch die Betreuungsbehörde nur in bestimmten Fällen und nur nach ausdrücklichem richterlichen Beschluss zulässt (vgl. §§ 278 Abs. 7, 283 Abs. 3, 319 Abs. 7, 322 FamFG bei der Vorführung zum Betreuungsgericht oder zur Untersuchung zum Zwecke der Erstellung eines Gutachtens, sowie § 326 Abs. 3 FamFG bei der Zuführung zur Unterbringung). Lediglich bei Gefahr im Verzug ist in den genannten Fällen kein richterlicher Beschluss erforderlich; die Anordnung kann dann durch die Betreuungsbehörde erfolgen.

Bei einer gegenwärtig nicht anders abwendbaren Gefahr, insbesondere für Leib und Leben, rechtfertigt zudem § 34 StGB einen Hausfriedensbruch

4.7 Verletzung des Briefgeheimnisses

Falsch verstandene Hilfestellung durch Betreuer ist gefährlich

Es ist nach § 202 StGB strafbar, ein verschlossenes Schriftstück, welches an einen Dritten gerichtet ist, zu öffnen oder sich von dessen Inhalt Kenntnis zu verschaffen.

Soweit dem Betreuer der Aufgabenkreis zur Entscheidung über das Entgegennehmen, das Öffnen und das Anhalten der Post gemäß § 1896 Abs. 4 BGB übertragen ist, handelt er nicht rechtswidrig. Erkennbar private Post oder Briefe, die ausdrücklich an den Betreuten persönlich gerichtet sind, darf der Betreuer nicht öffnen. Unabhängig von der Aufgabenkreiszuteilung nach § 1896 Abs. 4 BGB kann der Betreuer behördliche oder gerichtliche Schriftstücke öffnen, die ihm direkt übersandt werden.

4.8 Vollstreckungsvereitelung

Nach § 288 Abs. 1 StGB macht sich strafbar, wer bei einer ihm drohenden Zwangsvollstreckung in der Absicht, die Befriedigung des Gläubigers zu vereiteln, Bestandteile seines Vermögens veräußert oder beiseite schafft. Gemäß § 14 StGB macht sich auch strafbar, wer als gesetzlicher Vertreter eines anderen handelt und die Merkmale zwar nicht bei ihm, aber beim Vertretenen vorliegen.

4.9 Strafvereitelung

Betreuer hat steuerliche Pflichten des Betreuten zu erfüllen

In § 258 StGB ist die Strafvereitelung unter Strafe gestellt. Gemeint sind Handlungen, die ganz oder zum Teil verhindern, dass ein anderer wegen einer rechtswidrigen Tat bestraft wird. Der Betreuer ist zwar grundsätzlich nicht zur Mitarbeit an der Strafverfolgung verpflichtet, er darf sie aber auch nicht behindern. Als Tathandlung kommen z. B. in Betracht, das Verbergen des Täters, Fluchthilfe, begünstigende Falschaussagen und auch eine wahrheitswidrige Aussage gegenüber der Polizei.

4.10 Aussagedelikte

Ein Betreuer darf nicht aus falsch verstandener Solidarität mit dem Betreuten in gerichtlichen Verfahren falsch aussagen, um den Betreuten zu schützen. Die falsche uneidliche Aussage und die falsche Aussage unter Eid sind unter Strafe gestellt. Auch unzutreffende Angaben im Rahmen der Abgabe einer Versicherung an Eides statt stehen unter Strafe. In allen Fällen ist auch fahrlässiges Verhalten strafbar.

Unterlassene Berichtigungen

Dem Betreuer steht im Rahmen einer Zeugenvernehmung auch kein Zeugnisverweigerungsrecht im Strafverfahren zu.

4.11 Steuerhinterziehung

§ 34 AO legt eigene Pflichten des Betreuers fest, Verstöße stellen deshalb eigene Straftaten des Betreuers dar.

Als Beispiel für eine Steuerhinterziehung kann das Verschweigen von verwahrten Wertpapieren oder Kapitalguthaben im Ausland gesehen werden.

Bereits dann, wenn z. B. eine Einkommensteuererklärung nicht abgegeben und deshalb die eigentlich geschuldeten Steuern nicht gezahlt werden, ist der objektive Tatbestand des § 370 Abs. 1 AO erfüllt.

> *Bestraft wird, wer den Finanzbehörden oder anderen Behörden über steuerlich erhebliche Tatsachen unrichtige oder unvollständige Angaben macht oder die Finanzbehörden pflichtwidrig über steuerlich erhebliche Tatsachen in Unkenntnis lässt und dadurch Steuern verkürzt oder für sich oder einen anderen nicht gerechtfertigte Steuervorteile erlangt.*

Ebenso kann eine unterlassene Berichtigung unzutreffender Angaben gemäß § 153 AO unter Umständen eine eigenständige Steuerhinterziehung darstellen.

> *Erkennt ein Steuerpflichtiger nachträglich vor Ablauf der Festsetzungsfrist, dass eine von ihm oder für ihn abgegebene Erklärung unrichtig oder unvollständig ist und dass es dadurch zu einer Verkürzung von Steuern kommen kann oder bereits gekommen ist, so ist er verpflichtet, dies unverzüglich anzuzeigen und die erforderliche Richtigstellung vorzunehmen.*

Daraus kann sich eine Konfliktsituation für den Betreuer ergeben, weil die Korrektur der Angaben des Betreuten zu einem gegen den Betreuten gerichteten Strafverfahren (wegen der unzutreffenden Angaben in der ursprünglichen Steuererklärung) führen kann. Andererseits setzt sich der Betreuer selbst der Gefahr einer Strafverfolgung aus, falls er die Korrektur unterlässt.

4.12 Verletzung von Privatgeheimnissen

§ 203 StGB sieht es als strafbare Handlung an, wenn man als Angehöriger einer bestimmten Berufsgruppe ein fremdes Geheimnis, namentlich ein zum persönlichen Lebensbereich gehörendes Geheimnis offenbart, das einem z. B. als Rechtsanwalt oder staatlich anerkanntem Sozialarbeiter bzw. Sozialpädagogen anvertraut worden oder sonst bekannt geworden ist.

Fraglich ist nun, ob dies auch dann gilt, wenn dieser Personenkreis als Betreuer oder Verfahrenspfleger tätig wird. In der Literatur wird teilweise unterschieden, ob der Angehörige der betroffenen Berufsgruppe nur dann unter § 203 StGB fällt, wenn er für seinen Beruf „spezifische" Tätigkeiten erbringt, oder ob es sich lediglich um „berufsübliche" Tätigkeiten handelt, die nicht nur diesem Berufsstand vorbehalten sind. Sieht man die Tätigkeit als Betreuer oder Verfahrenspfleger nur als berufsübliche, aber nicht spezifische an, findet § 203 StGB keine Anwendung, anders wäre es nur, wenn die Bestellung ausdrücklich auf den Berufsstand bezogen erfolgt (… Frau/Herr xy wird in ihrer/seiner Eigenschaft als Rechtsanwältin/Rechtsanwalt bestellt.)

Das *OLG Dresden* (FamRZ 2004, 1390) vertritt die Auffassung, dass die Schweigepflicht von Sozialarbeitern/Sozialpädagogen auch dem Schutz der Individualsphäre des Klienten gemäß § 203 Abs. 1 Nr. 5 StGB dient. Daran würde sich auch nichts ändern, wenn der Sozialpädagoge als Verfahrenspfleger nicht aufgrund eines zwischen ihm und der von ihm im Rahmen des gerichtlichen Verfahrens unterstützten Person geschlossenen Vertrags tätig wurde, sondern auf Beiordnung des Gerichts.

Bearbeitet von: Reinhold Spanl

Inhalt

1. Ansprüche des Betreuers

Gesetzliche Regelungen

Die Vorschriften über Vergütung, Auslagenersatz und Aufwandsentschädigung sind zunächst im Gesetz für den Vormund geregelt, §§ 1835 bis 1836e BGB. Durch die Verweisung in § 1908i Abs. 1 Satz 1 BGB gelten sie grundsätzlich auch für den Betreuer. Die für den Betreuer vorgesehene Verfahrensvorschrift § 292 FamFG verweist ebenfalls auf eine Vorschrift aus dem Verfahren in Kindschaftssachen, nämlich § 168 FamFG. Die unmittelbare Anwendung der materiellen Vorschriften gilt grundsätzlich nur noch für den ehrenamtlichen Betreuer, während für den berufsmäßig tätigen Betreuer, den Vereins- und Behördenbetreuer zusätzlich das Gesetz über die Vergütung von Vormündern und Betreuern (Vormünder- und Betreuervergütungsgesetz – VBVG) angewendet wird.

Begehren des Betreuers

Der Betreuer will diejenigen Aufwendungen erstattet bekommen, welche er zum Zwecke der Führung der Betreuung macht, den sog. Aufwendungsersatz. Daneben möchte er die Zeit, welche er für die Betreuung aufwendet, als Vergütung geltend machen, dies gilt insbesondere für denjenigen, der Betreuungen im Rahmen seiner Berufsausübung führt, den sog. Berufsbetreuer.

Besonderheiten für Pfleger

Wird in einer betreuungsgerichtlichen Zuweisungssache gemäß § 340 FamFG ein Pfleger bestellt, verweist § 1915 Abs. 1 Satz 1 BGB zunächst ebenfalls auf die §§ 1835 bis 1836e BGB; außerdem nimmt § 1915 Abs. 1 Satz 2 BGB für den beruflich tätigen Pfleger noch § 3 Abs. 1 bis 3 VBVG in Anspruch.

Anspruchsgegner

Ansprüche richten sich grundsätzlich gegen den Betreuten (das Betreutenvermögen) und bei Mittellosigkeit gegen die Staatskasse.

Verfahrenspfleger

Wird in einer Betreuungssache ein Verfahrenspfleger bestellt (§ 276 FamFG), ergeben sich seine Ansprüche auf Auslagenersatz und Vergütung aus § 277 FamFG; in Unterbringungssachen verweist § 318 FamFG auf § 277 FamFG. Der Aufwendungsersatz und die Vergütung werden stets aus der Staatskasse bezahlt, § 277 Abs. 5 FamFG, jedoch kann diese im Wege des Auslagenersatzes nach KVfG (zu § 3 Abs. 2 GNotKG) Nr. 31015 beim Betreuten Rückgriff nehmen, soweit dieser nicht mittellos im Sinne der §§ 1836c und 1836d BGB ist.

Die Ansprüche werden in den folgenden Skizzen kurz dargestellt.

Aufwendungsersatz:

Ersatz von Auslagen

§ 1908i Abs. 1 Satz 1 i. V. m. § 1835 BGB

§ 1835 Abs. 1 BGB	§ 1835 Abs. 2 BGB	§ 1835 Abs. 3 BGB
Ersatz der (baren) Aufwendungen des Betreuers, welche einer bestimmten Betreuung zuzuordnen sind (insbesondere Fahrt-, Porto- und Telefonkosten)	Ersatz der Kosten einer Haftpflichtversicherung gegen Schäden, welche der Betreuer dem Betreuten zufügen könnte, oder die durch die Führung des Amtes einem Dritten zugefügt werden könnten	Ersatz von Aufwendungen, welche der Betreuer erbringt, und die an sich zu seinem Gewerbe oder Beruf gehören

Vergütung:

Vergütung der aufgewendeten Zeit

Grundsatz: § 1908i Abs. 1 Satz 1 i. V. m. § 1836 Abs. 1 Satz 1 BGB (Unentgeltlichkeit)

Ausnahmen
§ 1908i Abs. 1 Satz 1 i. V. m.

§ 1836 Abs. 1 Satz 2, 3 BGB i. V. m. § 4 ff. VBVG „Berufsbetreuer“	§ 1836 Abs. 2 BGB „ehrenamtlicher Betreuer“
Vereinsbetreuer § 7 VBVG (gilt als Berufsbetreuer)	Behördenbetreuer § 8 VBVG (wie ehrenamtlicher Betreuer)

Die Vergütung für den Vereins- oder Behördenbetreuer wird an Verein oder Behörde gezahlt, nicht an den Mitarbeiter, § 7 Abs. 3 und § 8 Abs. 2 VBVG.

Betreuungsverein und Betreuungsbehörde (§ 1900 Abs. 1 bzw. 4 BGB) als Betreuer erlangen keine Vergütung, §§ 1908i Abs. 1 Satz 1 i. V. m. § 1836 Abs. 3 BGB.

Die nachfolgenden Übersichten sollen darstellen, unter welchen Voraussetzungen ein Betreuer, Pfleger oder Verfahrenspfleger Aufwendungsersatz, Aufwandsentschädigung oder eine Vergütung erlangen kann.

Aufwendungsersatz und Aufwandsentschädigung				
	Aufwendungsersatz § 1835 Abs. 1 (bare Auslagen)	**Aufwendungsersatz § 1835 Abs. 2** (Haftpflichtvers.)	**Aufwendungsersatz § 1835 Abs. 3** (berufl. Tätigkeit)	**Aufwandspauschale § 1835a**
ehrenamtlicher Betreuer, Pfleger	**ja** § 1835a Abs. 1 Satz 2 beachten!	**ja** § 1835a Abs. 1 Satz 2 beachten!	**ja** § 1835a Abs. 1 Satz 2 beachten!	**ja** § 1835a Abs. 1 Satz 2 beachten!
berufsmäßig tätiger Pfleger	**ja** § 1835 Abs. 1 Satz 1	**nein** § 1835 Abs. 1 Satz 2	**ja** § 1835 Abs. 3	**nein** § 1835a Abs. 1 Satz 1
Betreuungsbehörde als Pfleger	**ja** § 1835 Abs. 5 Satz 1 (bei Vermögen), § 1835 Abs. 5 Satz 2 beachten	**nein** § 1835 Abs. 5 Satz 2	**nein** vom Zweck der Vorschrift her nicht anwendbar	**nein** § 1835a Abs. 5
Verein als Pfleger	**ja** § 1835 Abs. 5 Satz 1 (bei Vermögen), § 1835 Abs. 5 Satz 2 beachten	**nein** § 1835 Abs. 5 Satz 2	**nein** vom Zweck der Vorschrift her nicht anwendbar	**nein** § 1835a Abs. 5
berufsmäßig tätiger Betreuer (§ 4 VBVG)	**nein** § 5 Abs. 5 Satz 1 VBVB	**nein** § 1835 Abs. 2 Satz 2	**ja** § 5 Abs. 5 Satz 2 VBVG	**nein** § 1835a Abs. 1 Satz 1
berufsmäßig tätiger Betreuer (§ 6 Satz 1 VBVG)	**ja** § 6 Satz 1 Halbsatz 2 VBVG	**nein** § 6 Satz 1 Halbsatz 2 VBVG	**ja** § 6 Satz 1 Halbsatz 2 VBVG	**nein** § 1835a Abs. 1 Satz 1
Vereinsbetreuer (§ 7 Abs. 1 VBVG)	**nein** § 5 Abs. 5 Satz 1 VBVG	**nein** § 1835 Abs. 2 Satz 2	**nein** § 7 Abs. 1 Satz 2 BVG	**nein** § 1835a Abs. 1 Satz 1
Vereinsbetreuer (§ 7 Abs. 2 VBVG)	**ja** § 7 Abs. 2 Satz 2 Halbsatz 2 VBVG, § 1835 Abs. 3 Satz 2 beachten	**nein** § 7 Abs. 2 Satz 2 Halbsatz 2 VBVG	**nein** § 7 Abs. 2 Satz 2 Halbsatz 2 VBVG	**nein** § 1835a Abs. 1 Satz 1
Behördenbetreuer	**ja** § 8 Abs. 2 VBVG (bei Vermögen), § 1835 Abs. 5 Satz 2 beachten	**nein** § 8 Abs. 2 VBVG	**nein** § 8 Abs. 2 VBVG	**nein** § 1835a Abs. 1 Satz 1
Verein als Betreuer (§ 1900 Abs. 1 BGB)	**ja** § 1835 Abs. 5 Satz 1 (bei Vermögen), § 1835 Abs. 5 Satz 2 beachten	**nein** § 1835 Abs. 5 Satz 2	**nein** vom Zweck der Vorschrift her nicht anwendbar	**nein** § 1835a Abs. 5
Behörde als Betreuer (§ 1900 Abs. 4 BGB)	**ja** § 1835 Abs. 5 Satz 1 (bei Vermögen), § 1835 Abs. 5 Satz 2 beachten	**nein** § 1835 Abs. 5 Satz 2	**nein** vom Zweck der Vorschrift her nicht anwendbar	**nein** § 1835a Abs. 5
ehrenamtlicher Verfahrenspfleger	**ja** § 277 Abs. 1 Satz 1 FamFG	**ja** § 277 Abs. 1 Satz 1 FamFG	**nein** § 277 Abs. 1 Satz 1 FamFG	**nein** § 277 Abs. 1 Satz 1 FamFG
berufsmäßig tätiger Verfahrenspfleger	**ja** § 277 Abs. 1 Satz 1 FamFG	**nein** § 277 Abs. 1 Satz 1 FamFG, § 1835 Abs. 2 Satz 2	**nein** § 277 Abs. 1 Satz 1 FamFG	**nein** § 277 Abs. 1 Satz 1 FamFG
Vereinsmitarbeiter als Verfahrenspfleger	**ja** § 277 Abs. 1 Satz 1, Abs. 4 Satz 1, Satz 2 FamFG, § 1835 Abs. 5 Satz 2 BGB beachten	**nein** § 277 Abs. 1 Satz 1 FamFG, § 1835 Abs. 2 Satz 2 BGB	**nein** § 277 Abs. 1 Satz 1 FamFG	**nein** § 277 Abs. 1 Satz 1 FamFG
Behördenmitarbeiter als Verfahrenspfleger	**nein** § 277 Abs. 4 Satz 3 FamFG	**nein** § 277 Abs. 4 Satz 3 FamFG	**nein** § 277 Abs. 4 Satz 3 FamFG	**nein** § 277 Abs. 1 Satz 1 FamFG
Verein als Verfahrenspfleger	**nein** § 277 Abs. 1 Satz 2 FamFG	**nein** § 277 Abs. 1 Satz 2 FamFG	**nein** § 277 Abs. 1 Satz 2 FamFG	**nein** § 277 Abs. 1 Satz 2 FamFG
Behörde als Verfahrenspfleger	**nein** § 277 Abs. 1 Satz 2 FamFG	**nein** § 277 Abs. 1 Satz 2 FamFG	**nein** § 277 Abs. 1 Satz 2 FamFG	**nein** § 277 Abs. 1 Satz 2 FamFG

Vergütung			
	Ermessenvergütung	**Pauschalvergütung**	**Stundenvergütung**
ehrenamtlicher Betreuer, Pfleger	**ja** § 1836 Abs. 2 BGB (bei Vermögen), § 1835a Abs. 1 Satz 1 BGB beachten!	**nein**	**nein**
berufsmäßig tätiger Pfleger	**nein**	**nein**	**ja** § 1915 Abs. 1 Satz 2 BGB i. V. m. § 3 VBVG
Betreuungsbehörde als Pfleger	**nein**	**nein**	**nein**
Verein als Pfleger	**nein**	**nein**	**nein**
berufsmäßig tätiger Betreuer (§ 4 VBVG)	**nein**	**ja** §§ 4 und 5 VBVG	**nein**
berufsmäßig tätiger Betreuer (§ 6 Satz 1 VBVG)	**nein**	**nein**	**ja** § 6 Satz 1 Halbsatz 1 i. V. m. § 3 VBVG
Vereinsbetreuer (§ 7 Abs. 1 VBVG)	**nein**	**ja** § 7 Abs. 1 Satz 1 i. V. m. §§ 4 und 5 VBVG	**nein**
Vereinsbetreuer (§ 7 Abs. 2 VBVG)	**nein**	**nein**	**ja** § 7 Abs. 2 Satz 1 Halbsatz 1 i. V. m. § 6 Satz 1 Halbsatz 1 i. V. m. § 3 VBVG
Behördenbetreuer	**ja** § 8 Abs. 1 VBVG i. V. m. § 1836 Abs. 2 BGB (bei Vermögen)	**nein**	**nein**
Verein als Betreuer (§ 1900 Abs. 1 BGB)	**nein**	**nein**	**nein**
Behörde als Betreuer (§ 1900 Abs. 4 BGB)	**nein**	**nein**	**nein**
ehrenamtlicher Verfahrens-pfleger	**nein**	**nein**	**nein**
berufsmäßig tätiger Verfahrenspfleger	**nein**	**ja** § 277 Abs. 3 FamFG i. V. m. § 3 Abs. 1 VBVG	**ja** § 277 Abs. 2 FamFG i. V. m. § 3 Abs. 1 und 2 VBVG
Vereinsmitarbeiter als Verfahrenspfleger	**nein**	**ja** § 277 Abs. 4 Satz 1, Abs. 3 FamFG i. V. m. § 3 Abs. 1 VBVG	**ja** § 277 Abs. 4 Satz 1, Abs. 2 FamFG i. V. m. § 3 Abs. 1 und 2 VBVG
Behördenmitarbeiter als Verfahrenspfleger	**nein**	**nein**	**nein**
Verein als Verfahrens-pfleger	**nein**	**nein**	**nein**
Behörde als Verfahrens-pfleger	**nein**	**nein**	**nein**

2. Ansprüche des ehrenamtlichen Betreuers

2.1 Vergütung

Grundsatz der Unentgeltlichkeit

Nach § 1836 Abs. 1 Satz 1 BGB ist eine Betreuung grundsätzlich unentgeltlich zu führen.

Ausnahmeregelung

Der ehrenamtliche Betreuer (keine Feststellung der berufsmäßigen Führung nach § 1836 Abs. 1 Satz 2 BGB) kann allerdings eine angemessene Vergütung erhalten, wenn der Betreute nicht mittellos ist und der Umfang oder die Schwierigkeit der Betreuungsgeschäfte es rechtfertigen, § 1836 Abs. 2 BGB.

2.1.1 Voraussetzungen einer (ausnahmsweisen) Vergütungsgewährung

§ 1908i Abs. 1 Satz 1 i. V. m. § 1836 Abs. 2 BGB

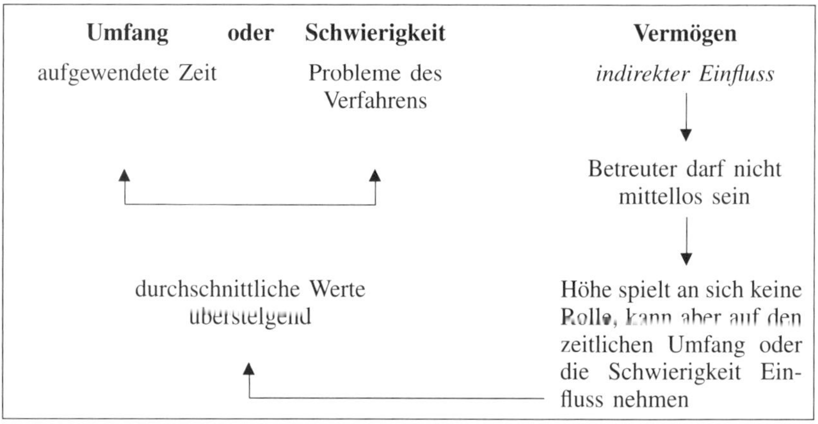

Vermögen

Vermögen ist Voraussetzung

Die Höhe des Vermögens spielt keine Rolle, allerdings darf der Betreute nicht mittellos sein, § 1836 Abs. 2 BGB. Dem Vermögen kommt nur noch negative Bedeutung zu. Es entfällt jeder Vergütungsanspruch des nicht berufsmäßig tätigen Betreuers, wenn der Betreute mittellos ist. Begründen kann das Vermögen des Betreuten den Vergütungsanspruch nur indirekt, wenn es nämlich Umfang und Schwierigkeit der Betreuungsgeschäfte beeinflusst.

Umfang und Schwierigkeit der Betreuungsgeschäfte

Überdurchschnittliche Umfang- oder Schwierigkeitsfälle

Die aufgewendete Zeit des Betreuers bestimmt den Umfang. Wann ein überdurchschnittlicher Zeitaufwand vorliegt, ist nicht definiert; zum Teil werden durchschnittlich ein bis zwei Wochenstunden je Betreuung angesetzt. Nur wenn über einen längeren Zeitpunkt und regelmäßig dieses Maß überschritten wird, rechtfertigt der Umfang eine Vergütungsgewährung. Der Zeitaufwand kann in seiner ungefähren Größenordnung festgestellt und gegebenenfalls geschätzt werden (*BayObLG* BtPrax 1998, 148).

Besonders schwierig kann die Betreuungstätigkeit durch unterschiedlichste Gründe sein. So z. B. durch die Verwaltung eines umfangreichen Vermögens, insbesondere wenn dessen Zusammensetzung besonderes Wissen erfordert. Unterbringungsmaßnahmen, besonders wiederholte, können erhöhte Schwierigkeiten hervorrufen. Auch die Person des Betreuten selbst kann die Ursache sein; aber auch dieses Kriterium führt nur zu einer Vergütung, wenn das „normale Maß" überschritten ist.

Umfang oder Schwierigkeit sind unabhängige Voraussetzungen; jeder einzelne Tatbestand für sich reicht aus. Eine besondere fachliche Qualifikation des ehrenamtlichen Betreuers spielt grundsätzlich keine Rolle.

2.1.2 Höhe der Vergütung

Berechnung

Die Höhe der Vergütung kann sich nur aus dem Umfang und der Schwierigkeit der Betreuungsgeschäfte ergeben; Stundensätze oder Prozentsätze des Vermögens sind nicht vorgesehen. Umfang und Schwierigkeit bestimmen nicht nur das „Ob" einer Vergütung, sondern sind auch für deren Bemessung maßgebend, während das Vermögen kein eigenständiges Bemessungskriterium darstellt. Einer besonderen fachlichen Qualifikation des ehrenamtlichen Betreuers wird dabei, anders als bei berufsmäßig tätigen Betreuern, keine für Vergütungsgrund und -höhe entscheidende Bedeutung beigemessen. Die Vergütung soll dem Betreuer als Entschädigung für seine in einem Ehrenamt aufgewandte Zeit dienen, darf jedoch nicht als Einkommen oder Einkommensersatz gesehen werden (*BayObLG* BtPrax 2004, 151).

Vermögen wirkt indirekt

Keine Pauschalierung

Die Vergütungshöhe ist einer (auch vergleichenden) Pauschalierung nach den Stundenansätzen eines Berufsbetreuers gemäß § 5 Abs. 1 und 2 VBVG entzogen. Die nach §§ 4 und 5 VBVG ermittelte Vergütung eines Berufsbetreuers kann somit auch nicht mehr als Maßstab für die Angemessenheit herangezogen werden. Denn während ein Berufsbetreuer eine Vielzahl von Betreuungen führt, die nach Ansicht des Gesetzgebers im Wege einer Mischkalkulation zwischen aufwändigen und weniger aufwändigen Fällen insgesamt zu einer angemessenen Vergütung führen sollen, führt der ehrenamtliche Betreuer typischerweise nur diese eine Betreuung (u. a. *OLG Karlsruhe* FamRZ 2007, 1270). Die Vergütung des ehrenamtlichen Betreuers kann in der Höhe nicht durch die pauschalierten Stundenansätze des berufsmäßigen Betreuers begrenzt werden, vielmehr sind die Regelungen über die Vergütung des Berufsvormunds nach § 3 VBVG heranzuziehen (*OLG München* BtPrax 2009, 32).

Das Betreuungsgericht hat vor der Festsetzung einer Vergütung den Zeitaufwand, den der ehrenamtliche Betreuer erbracht hat, zu ermitteln (siehe hierzu *LG Mainz* BtPrax 2013, 119).

Praxis TIPP

Bei der Beantragung einer Vergütung des ehrenamtlichen Betreuers muss dargestellt werden, welcher Zeitaufwand betrieben (in Stunden darstellen) und dass dadurch das Normalmaß überstiegen wurde. Daneben ist anzugeben, welche besondere Schwierigkeit mit den getätigten Geschäften verbunden war und welches positive Ergebnis für den Betreuten erzielt werden konnte. Zudem sollte erläutert werden, dass die Höhe des Betreutenvermögens die beantragte Vergütung rechtfertigt.

Liegen die Voraussetzungen für eine Vergütungsgewährung im Sinne des § 1836 Abs. 2 BGB vor, kann der ehrenamtliche Betreuer die Höhe nach dem Zeitaufwand (Stundenanzahl) berechnen.

Auftretende Schwierigkeiten werden regelmäßig durch einen erhöhten Zeitaufwand abzudecken sein.

2.1.3 Antrag, Anspruchsgegner, Ausschlussfrist, Verjährung

Antrag

Antrag ist erforderlich Die Festsetzung der Vergütung durch das Betreuungsgericht erfolgt regelmäßig auf Antrag des Betreuers durch das Gericht, §§ 292, 168 Abs. 1 Satz 1 Nr. 2 FamFG.

Der Anspruch richtet sich (nur) gegen den Betreuten, nach dessen Tod gegen seine Erben. Eine Vergütung aus der Staatskasse scheidet aus, § 1836 Abs. 2 Halbsatz 2 BGB.

Ausschlussfrist, Verjährung

Verjährung beachten Eine Geltendmachung innerhalb einer bestimmten Frist nach Entstehung beim Betreuungsgericht ist nicht vorgesehen; ein Erlöschen des Anspruchs durch Fristablauf tritt somit nicht ein.

Der Vergütungsanspruch verjährt allerdings drei Jahre nach dem Ende des Jahres, in dem die Betreuung beendet ist, §§ 195, 199 Abs. 1 Nr. 1, 207 Abs. 1 Satz 2 Nr. 4 BGB.

2.1.4 Vergütung bei mehreren Betreuern

Mehrere Betreuer Wird ein ehrenamtlicher Betreuer neben einem Berufsbetreuer bestellt, was § 1899 Abs. 1 Satz 3 BGB zulässt, so kann dem ehrenamtlichen Betreuer keine Vergütung gewährt werden, auch wenn die Voraussetzungen des § 1836 Abs. 2 BGB vorliegen. Diese würde dem Sinn und Zweck des § 1899 Abs. 1 Satz 3 BGB zuwiderlaufen.

Werden mehrere ehrenamtliche Betreuer nebeneinander bestellt, so kann unter der Voraussetzung des § 1836 Abs. 2 BGB an sich jedem eine Vergütung gewährt werden, wenn die Vergütung eines Berufsbetreuers nicht überschritten wird.

2.2 Aufwendungsersatz

Ein Aufwendungsersatz kommt nur bei ehrenamtlichen Betreuern oder bei beruflichen Betreuern, die nach § 6 i. V. m. § 3 VBVG abrechnen, in Betracht. Soweit der sog. Berufsbetreuer die Vergütungspauschale nach §§ 4 und 5 VBVG erhält, sind seine Auslagen bereits enthalten.

2.2.1 Aufwendungen im Sinne von § 1835 Abs. 1 BGB

Definition der Aufwendungen Soweit der Betreuer Aufwendungen zum Zwecke der Führung der Betreuung macht, hat er einen gesetzlichen Anspruch auf Ersatz, § 1835 Abs. 1 Satz 1 Halbsatz 1 BGB i. V. m. § 670 BGB. Der Betreuer soll davor bewahrt werden, durch seine Tätigkeit eine Minderung seines eigenen Vermögens zu erleiden, also ein Vermögensopfer zu erbringen. Er kann Ersatz für solche Aufwendungen geltend machen, die er zum Zwecke der Führung der Betreuung den Umständen nach für erforderlich hält oder die er auf Weisung des Betreuungsgerichts erbringt (§ 1837 BGB).

Erforderlichkeit der Auslagen Ob Aufwendungen erforderlich sind, richtet sich grundsätzlich nach der Sicht des Betreuers (Wortlaut des § 670 BGB), nicht nach dem Blickwinkel eines unbeteiligten Dritten (*BayObLG* BtPrax 1998, 146). Der Betreuer muss die Aufwendung unter Beachtung der ihm obliegenden Sorgfalt den Umständen nach für erforderlich halten, auch wenn sich dies nachträglich als Fehleinschätzung erweist (*BayObLG* FGPrax 2002, 31).

- Wichtigste Voraussetzung für den Ersatz ist immer, dass die Aufwendung zum Zweck der Führung der Betreuung erbracht wird. Mit ihr muss die Wahrnehmung der Aufgaben des Betreuers ermöglicht oder erleichtert werden.
- Nicht erstattungsfähig sind Aufwendungen, die außerhalb des Aufgabenkreises der Betreuung gemacht werden oder die nicht unmittelbar der Führung der Betreuung dienen, sondern der Privatsphäre des Betreuers oder Betreuten zuzurechnen sind (z. B. Geschenk des Betreuers an den Betreuten). Insbesondere kann der Betreuer keinen Ersatz aus der Staatskasse erhalten, wenn er dem Betreuten Beträge zur Führung des Lebensunterhalts „vorschießt". Diese Aufwendungen kann er nur vom Betreuten selbst verlangen, oder bei Sozialhilfeträgern bzw. Krankenversicherungen im Namen des Betreuten einfordern.

Aufwendungen nach dem Tod des Betreuten

Zu beachten ist auch, dass die Betreuung mit dem Tod des Betreuten endet. Tätigkeiten des Betreuers über den Tod hinaus sind nicht erstattungsfähig, soweit nicht die §§ 1908i Abs. 1, 1893 Abs. 1, 1698a und 1698b BGB Anwendung finden. Hierbei handelt es sich um Geschäfte, die der Betreuer erledigt, solange er vom Tod des Betreuten noch keine Kenntnis hat (§ 1698a BGB), oder um Geschäfte, welche nicht ohne Gefahr aufgeschoben werden können, bis der Erbe Fürsorge treffen kann (§ 1698b BGB). Die Bestattung des Betreuten ist keine Angelegenheit der Betreuung und des Betreuers; somit handelt der ehemalige Betreuer immer als Vertreter der Angehörigen bzw. des Erben und muss seine Auslagenerstattung von diesen verlangen.

Sog. Barauslagen

Bei den Aufwendungen im Sinne von § 1835 Abs. 1 Satz 1 BGB handelt sich um sog. Barauslagen des Betreuers. Im Einzelnen sind dies unter anderem:

Porto, Telefon-/Faxkosten

Telefon

Erstattungsfähig in tatsächlich angefallener Höhe im Einzelfall. Hat der Betreuer eine sog. Flatrate, sind die einzelnen Gespräche nicht mehr einer bestimmten Betreuung zuzuordnen und können deshalb nicht angesetzt werden.

Fotokopien

Fotokopien

Die Höhe der zu ersetzenden Kopierkosten ist gesetzlich nicht festgelegt, insbesondere nicht auf bestimmte Beträge beschränkt. Vielmehr sind die Kosten nach Aufwand zu ersetzen (*BGH* BtPrax 2014, 465). Soweit der Betreuer die Kopien an einem Fremdgerät fertigt, kann er die Kosten ansetzen, die er tatsächlich entrichten musste.

Unklar ist, welchen Betrag er erstattet erhält, wenn er die Kopie auf seinem eigenen Gerät erstellt. Die Rechtsprechung stellt sich hierzu nicht einheitlich dar; 0,15 EUR pro Seite dürften aber allgemein anerkannt werden.

Stellt man auf die Vorschriften Nr. 31000 KVfG (Kostenverzeichnis zum GNotKG) oder auf Nr. 7000 VVRVG (Vergütungsverzeichnis zum RVG) ab, so kann eine Pauschale von 0,50 EUR für die ersten 50 Kopien und eine solche von 0,15 EUR für jede weitere Seite angesetzt werden (*BGH* s. o.).

Können die entstandenen Kopierkosten nicht konkret dargelegt werden, kann das Gericht die Höhe der erstattungsfähigen Aufwendungen schätzen (*BGH* s. o.).

Fahrt- und Reisekosten

Fahrtkosten

Diese Kosten sind notwendig und erstattungsfähig, wenn sie durch Besuche beim Betreuten, einen gemeinsamen Arztbesuch oder durch die Wahrnehmung von Gerichts- oder Behördenterminen im Rahmen der Amtsführung entstehen. Dient die Fahrt dem Besuch mehrerer Betreuter (Heim, Bezirkskrankenhaus), sind die Kosten anteilsmäßig zu verteilen.

Die rein rechtliche Betreuung beschränkt sich auf rechtsfürsorgliche Tätigkeiten ohne persönliche Pflegeleistungen oder Hilfestellungen tatsächlicher Art. Grundsätzlich sind rein tatsächliche Hilfestellungen damit nicht vom Aufgabenkreis des rechtlichen Betreuers umfasst und insoweit auch nicht vergütungsfähig. Ist einem Betreuer auch der Aufgabenkreis der Gesundheitsfürsorge übertragen, gehört zu seinen Aufgaben die Sicherstellung und Kontrolle der ärztlichen Behandlung sowie der Befolgung der ärztlichen Anweisungen und Ratschläge. In diesem Bereich kann im Einzelfall die Teilnahme des Betreuers an für die Diagnose oder die weitergehende Behandlung wichtigen Arztbesuchen gerechtfertigt sein (*LG Osnabrück* JurBüro 2017, 429).

Für den Ersatz von Fahrtkosten sind die in § 5 JVEG für Sachverständige getroffenen Regelungen entsprechend anzuwenden.

Öffentliche Verkehrsmittel

Öffentliche Verkehrsmittel

Erstattet werden die tatsächlich angefallenen Kosten (gezahlter Fahrpreis), § 5 Abs. 1 JVEG.

Kraftfahrzeug

Kolometerpauschale und Parkgebühren

Verwendet der Betreuer einen eigenen (oder von einem Dritten unentgeltlich zur Verfügung gestellten) PKW, kann er für jeden angefangenen Kilometer des Hin- und Rückwegs 0,30 EUR verlangen (§ 1835 Abs. 1 Satz 1 Halbsatz 2 BGB i. V. m. § 5 Abs. 2 Nr. 2 JVEG). Neben der Kilometerpauschale können insbesondere Parkgebühren in tatsächlich entstandener Höhe geltend gemacht werden, § 5 Abs. 2 Satz 1 JVEG.

Höhere Fahrtkosten

Besondere Umstände

Höhere Fahrtkosten (z. B. Flugzeug, Taxi) werden ersetzt, wenn dadurch Mehrbeträge an Vergütung erspart werden können oder wenn sie wegen besonderer Umstände notwendig sind, § 5 Abs. 3 JVEG.

Verpflegungsaufwendungen

Essen und Trinken

Soweit der Betreuer eine Reise durchführt, gehören zu den Auslagen auch Verpflegungsmehraufwendungen. Eine Orientierung an § 6 JVEG und die dort in Bezug genommenen (Pauschal-)Sätze des § 4 Abs. 5 Satz 1 Nr. 5 Satz 2 i. V. m. § 9 Abs. 4a EStG ist sinnvoll. Abwesenheit mehr als acht Stunden: 12 EUR; 24 Stunden: 24 EUR. Anders sieht dies teilweise das *BayObLG* (FamRZ 2004, 565), das bei eintägigen Reisen an Werktagen keine Pauschale für Verpflegungsaufwand zubilligt, soweit diese die Kosten selbst beschaffter Verpflegung übersteigt.

Verdienstausfall

Tätigkeiten während der Arbeitszeit

Der ehrenamtliche Betreuer führt grundsätzlich sein Amt unentgeltlich. Dies kann jedoch nicht so weit gehen, dass er einen Verdienstausfall erleidet, weil er z. B. während seiner Arbeitszeit zu einem Termin beim Betreuungsgericht geladen wird oder eine unaufschiebbare Unterbringung zu erledigen hat. Der Zweck des § 1835 BGB geht dahin, den Betreuer vor Vermögenseinbußen zu bewahren, eine solche tritt aber ein, wenn der Arbeitgeber einen Lohnabzug vornimmt oder der Selbstständige eine Vertretung bezahlen muss. Die Literatur ist hier unterschiedlicher Ansicht; Erstattungsfähigkeit dürfte aber gegeben sein, wenn der Betreuer einen (nachweisbaren) Ausfall hat und die Tätigkeit aus Gründen, die nicht seiner Beeinflussung unterliegen, nicht außerhalb seiner Arbeitszeit erledigt werden kann.

Wird der Betreuer nicht als Zeuge, sondern als gesetzlicher Vertreter in einem gerichtlichen Verfahren gegen den Betreuten geladen, kann er keine Entschädigung nach den Vorschriften des JEVG geltend machen (*AG Köln*, Urteil vom 11. 9. 2013, Az. 707 Ds 16/13).

Fortbildung des Betreuers, Fachliteratur

Fortbildung, Fachliteratur

Soweit der Betreuer an Fortbildungsveranstaltungen teilnimmt, wobei es nicht darauf ankommt, wer diese anbietet, kann er weder die Seminargebühren noch Fahrtkosten im Rahmen des § 1835 BGB zur Erstattung verlangen (dies ergibt sich eindeutig aus der Gesetzgebungsgeschichte zum BtG). Auch der Erwerb von Fachliteratur kann regelmäßig nicht einer Betreuung zugeordnet und damit erstattet werden.

2.2.2 *Aufwendungen im Sinne von § 1835 Abs. 2 BGB*

Haftpflichtversicherung

Die Kosten einer angemessenen Versicherung sind erstattungsfähig, wenn die Versicherung folgende Risiken umfasst:

- Schäden, welche der Betreuer dem Betreuten zufügt;
- Schäden, die dem Betreuer dadurch entstehen, dass er bei der Führung seines Amtes einem Dritten gegenüber schadensersatzpflichtig wird.

Nicht erstattungsfähig sind Versicherungsbeiträge, die entstehen, wenn sich der Betreuer gegen Schäden versichert, die er selbst bei der Führung der Betreuung erleiden könnte. Ebenfalls nicht erstattungsfähig sind die Kosten der Kfz-Haftpflichtversicherung des Betreuers, § 1835 Abs. 2 Satz 1 Halbsatz 2 BGB.

Gesetzliche Sammelhaftpflichtversicherung

Sammelversicherung

Der überwiegende Teil der Bundesländer hat für ehrenamtliche Betreuer eine Sammelhaftpflichtversicherung abgeschlossen. In diesen Versicherungsschutz ist jeder ehrenamtliche Privatbetreuer eingeschlossen, ohne dass es eines ausdrücklichen Beitritts bedarf. Weitere Hinweise in Kapitel A 7, Abschnitt 3.1.2.

In Bayern bestehen z. B. drei gesonderte Versicherungsverträge:

Deckungssummen

Eine Sammelhaftpflichtversicherung für Personen- und Sachschäden (Deckungssumme 2.000.000 EUR), eine Sammelunfallversicherung (u. a. maximale Versicherungsleistung in Höhe von 175.000 EUR bei 100 % Invalidität sowie 10.000 EUR im Todesfall) sowie eine Sammelhaftpflichtversicherung für Vermögensschäden (Deckungssumme: 100.000 EUR).

Erforderliche Höherversicherung

Soweit die Sammelversicherungssummen im Einzelfall nicht ausreichend sind, insbesondere im Bereich der Vermögensschäden, kann der Betreuer eine Höherversicherung vornehmen. Vermögensschäden sind z. B. auch Ersatzansprüche wegen finanzieller Verluste aufgrund einer fehlerhaften Anlage des Betreutenvermögens. Allerdings sind nur die Kosten einer angemessenen Versicherung erstattungsfähig; das bedeutet, dass der Umfang des Versicherungsschutzes dem zu deckenden Risiko entsprechen muss.

Ehrenamtliche Betreuer, die ausnahmsweise eine Vergütung nach § 1908i Abs. 1 Satz 1 i. V. m. § 1836 Abs. 2 BGB erhalten, sind nach dem Wortlaut des § 1835 Abs. 2 Satz 2 BGB nicht ausgeschlossen; sie können neben der Vergütung auch Versicherungsleistungen erstattet erhalten, wenn sie sich über die Sammelhaftpflicht hinaus versichern (müssen).

2.2.3 *Aufwendungen im Sinne von § 1835 Abs. 3 BGB*

Berufsspezifische Dienste

Nach dieser Vorschrift erlangt der Betreuer für seinen Zeitaufwand eine Erstattung, wenn er seine berufseinschlägige Arbeitskraft einsetzt. Erstattungsfähig sind solche gewerbe- und berufsspezifischen Dienste des Betreuers, für die ein anderer Betreuer, der nicht diese Qualifikationen besitzt, berechtigterweise einen entsprechend qualifizierten Dritten hinzugezogen hätte. Die vom Betreuer insoweit erledigten Tätigkeiten müssen durch den ihm erteilten Aufgabenkreis gedeckt sein und zum Zwecke der Führung der Betreuung erfolgen. Die Vorschrift des § 1835 Abs. 3 BGB hat Ausnahmecharakter und ist deshalb eng auszulegen.

Es erweist sich als zweckmäßig, die vergütungsrelevante Tätigkeit vor ihrer Ausführung mit dem Rechtspfleger des Betreuungsgerichts abzusprechen.

2.2.4 *Inhalt und Erfüllung des Aufwendungsersatzanspruchs*

Praxis TIPP

Der Betreuer hat einen Anspruch auf Ersatz seiner Aufwendungen nach § 670 BGB; dieser entsteht kraft Gesetzes. Der Anspruch richtet sich grundsätzlich gegen den Betreuten und ist aus dessen Vermögen zu erfüllen. Für vorhersehbare Aufwendungen kann gegebenenfalls auch ein Vorschuss beantragt werden, § 669 BGB.

Vermögender Betreuter

Entnahme aus dem Vermögen

Soweit der Betreuer durch seinen Aufgabenkreis Zugang zum Vermögen hat (Vermögenssorge), kann er seinen Ersatz oder Vorschuss direkt dem Vermögen des Betreuten entnehmen; dabei ist er nicht ausgeschlossen oder eingeschränkt nach §§ 1908i Abs. 1, 1795 Abs. 2, 181 BGB, da es sich um die Erfüllung einer Verbindlichkeit handelt. Wenn der Betreuer auf versperrte Anlagen zurückgreifen muss (z. B. Sparkonto), bedarf er allerdings der betreuungsgerichtlichen Genehmigung nach § 1908i Abs. 1 BGB i. V. m. § 1812 Abs. 1 und 3 BGB, soweit er nicht nach § 1908i Abs. 2 Satz 2 BGB i. V. m. §§ 1857a, 1852 BGB befreiter Betreuer ist. Entnimmt er den Betrag dem Girokonto des Betreuten, ist unabhängig vom Kontostand keine Genehmigung erforderlich; § 1813 Abs. 1 Nr. 3 Alt. 1 BGB.

Betreuungsgericht prüft Erforderlichkeit

Das Betreuungsgericht kann, auch wenn es den Auslagenersatz nicht festzusetzen hat, auf Art und Höhe Einfluss nehmen. Stellt es bei der jährlichen Abrechnung des Betreuers (§ 1908i Abs. 1 Satz 1 i. V. m. §§ 1840, 1843 BGB) fest, dass Aufwendungen überflüssig oder überhöht als Ersatz entnommen oder als Vorschuss gewährt wurden, kann es den Betreuer zur Rückerstattung anhalten.

Ist dem Betreuer als Anspruchsinhaber ein Zugang zum Vermögen des Betreuten verwehrt, da ihm die Vermögenssorge nicht zusteht, muss er seinen Anspruch beim Betreuten selbst oder demjenigen Betreuer geltend machen, der die Vermögenssorge führt. Auch kann er sich seinen Anspruch durch das Betreuungsgericht auf Antrag festsetzen lassen, §§ 292, 168 Abs. 1 Satz 1 Nr. 1 FamFG. **Ausnahmsweise Festsetzung**

Mittelloser Betreuter

Ist der Betreute mittellos im Sinne von §§ 1836c und 1836d BGB, richtet sich der Ersatzanspruch gegen die Staatskasse, §§ 1980i Abs. 1, 1835 Abs. 4 BGB. Zur Mittellosigkeit siehe Ziffer 4. **Zahlung aus Staatskasse**

Die Geltendmachung gegen die Staatskasse kann auf unterschiedliche Art erfolgen. Entweder beantragt der Betreuer die Zahlung im Verwaltungsweg oder die Festsetzung durch das Betreuungsgericht nach §§ 292, 168 Abs. 1 Satz 1 Nr. 1, Satz 4 FamFG.

Praxis TIPP

Obliegt dem Betreuer die Vermögenssorge und hat der Betreute ausreichendes Vermögen (oberhalb der Schongrenze), so entnimmt der Betreuer seine Auslagen nach Anfall unmittelbar, eine Festsetzung durch das Betreuungsgericht erfolgt nicht. Die Entnahmen werden in die jährliche Abrechnung als Ausgaben aufgenommen und sind zu belegen. Muss der Betreuer die Entnahme von einem Sparkonto vornehmen, bedarf er einer betreuungsgerichtlichen Genehmigung nach §§ 1908i Abs. 1, 1812 Abs. 1, 3 BGB.

Steht dem Betreuer die Vermögens- oder Kontensorge nicht zu, muss vor der Entnahme sein Aufwendungsersatz durch das Betreuungsgericht festgesetzt werden, §§ 292, 168 Abs. 1 Satz 1 Nr. 1 FamFG. Hierzu ist ein entsprechender Antrag erforderlich. Den festgesetzten Betrag macht er gegen den Betreuten selbst oder dessen Betreuer mit dem Aufgabenkreis der Vermögenssorge geltend.

Ist der Betreute mittellos im Sinne von §§ 1836c und 1836d BGB, wird der Aufwendungsersatz aus der Staatskasse erbracht, § 1835 Abs. 4 BGB. Es erfolgt eine Festsetzung oder Zahlbarmachung durch das Betreuungsgericht auf Antrag des Betreuers, §§ 292, 168 Abs. 1 Satz 1 Nr. 1 oder Satz 4 FamFG. Der festgestellte Betrag wird auf das Konto des Betreuers überwiesen.

2.2.5 Erlöschen des Aufwendungsersatzanspruchs

Die Ansprüche des Betreuers auf Erstattung seiner Aufwendungen erlöschen, wenn sie nicht binnen 15 Monaten nach ihrer Entstehung gerichtlich geltend gemacht werden, § 1835 Abs. 1 Satz 3, Abs. 4 Satz 2 BGB. Sofern sich die Ansprüche gegen das Vermögen des Betreuten richten, genügt ebenfalls Geltendmachung gegenüber dem Betreuungsgericht (§ 1835 Abs. 1 Satz 3 Halbsatz 2 BGB), obwohl eine gerichtliche Festsetzung unter Umständen nicht in Betracht kommt. **Rechtzeitig beantragen**

Geltendmachung bedeutet, dass der Anspruch gegenüber dem Betreuungsgericht verbunden mit einer Erstattungsforderung beziffert wird; Belege können dabei nachgereicht werden. Es genügt jedoch nicht die Angabe eines „Phantombetrags" ohne jegliche Aufschlüsselung (*OLG Frankfurt* BtPrax 2001, 261). Für die Entstehung des Anspruchs ist der Zeitpunkt maßgebend, zu dem der Betreuer die zu erstattende Tätigkeit vornimmt. **Geltendmachung**

2.3 Aufwandsentschädigung des Betreuers

2.3.1 Wesen der Aufwandsentschädigung

Pauschalierter Aufwendungsersatz

Die Aufwandsentschädigung des § 1835a BGB ist dem Grunde nach ein pauschalierter Aufwendungsersatz für Betreuer. Sie umfasst derzeit einen Betrag von 399 EUR jährlich. Mit diesem Betrag werden alle Aufwendungen (gemäß § 1835 BGB) abgegolten, welche der Betreuer während eines Jahres hat; einen Nachweis über die angefallenen Aufwendungen hat der Betreuer nicht zu führen.

Der Betreuer kann wählen, ob er die Aufwandsentschädigung nach § 1835a BGB geltend macht, ohne Nachweis der tatsächlich angefallenen Auslagen, oder ob er diese Aufwendungen einzeln nachweist und sich erstatten lässt, § 1835 BGB.

2.3.2 Anspruchsberechtigte

Vergütung verhindert Pauschale

Berechtigt sind Betreuer, welche keinen Anspruch auf Vergütung haben, § 1835a Abs. 1 Satz 1 BGB, dies sind letztlich ehrenamtliche Betreuer, die zudem keine Vergütung nach § 1836 Abs. 2 BGB erhalten.

Der Anspruch gilt für jede Betreuung getrennt. Führt ein Betreuer mehrere Verfahren, kann er für jede Betreuung (für die er keine Vergütung erhält) den Pauschalbetrag geltend machen.

Mehrere Betreuer

Sind für einen Betreuten mehrere Betreuer bestellt (§ 1899 BGB), steht jedem von ihnen die volle Aufwendungspauschale zu, auch dann, wenn die übertragenen Aufgabenkreise identisch und mehrere Betreuer zur gemeinsamen Führung bestellt sind (u. a. *BayObLG* BtPrax 2002, 36).

Das *LG Koblenz* (BtPrax 2010, 191) hat in seiner Entscheidung ausgeführt, dass nach § 1835 BGB jeder einzelne für eine Person tätige Betreuer selbst einen Anspruch auf Ersatz der von ihm zu Recht im Rahmen der Führung der Betreuung erbrachten Aufwendungen hat. Es findet nach dieser Vorschrift keine Differenzierung dahingehend statt, ob ein Betreuer nun alleiniger Betreuer eines Betroffenen ist oder ob es noch weitere Betreuer gibt. Dem kann auch nicht entgegengehalten werden, dass beide Betreuer denselben Wohnsitz haben und es daher „unglaubhaft" sei, dass ihnen separate Aufwendungen entstanden sein könnten. § 1835a BGB soll es den Betreuern gerade möglich machen, eine Pauschale ohne konkrete Darlegung und Glaubhaftmachung der ihnen selbst entstandenen Aufwendungen geltend zu machen.

2.3.3 Umfang der Aufwandsentschädigung

Höhe der Pauschale

Dem Betreuer steht derzeit pro Jahr ein Betrag von 399 EUR zu (19-facher Satz des Höchstbetrags von 21 EUR, den ein Zeuge pro Stunde erlangen kann, § 22 JVEG).

Jahresbetrag

Der Betrag umfasst ein Jahr. Dies verlangt eine entsprechende Kürzung der Erstattungssumme, wenn der Betreuer weniger als ein Jahr im Amt war.

Minderung

Hat der Betreuer für seine Aufwendungen bereits Vorschuss oder Ersatz nach § 1835 BGB erlangt, verringert sich die Aufwandsentschädigung um diesen Betrag, § 1835a Abs. 1 Satz 2 BGB.

Beispiel:

Der Betreuer wird am 8. 4. 2018 bestellt. Bis zum 31. 7. 2018 sind ihm Aufwendungen zum Zwecke der Führung der Betreuung in Höhe von 150 EUR entstanden. Er entnimmt am 3. 8. 2018 dem Betreutenvermögen diesen Betrag (§ 1835 Abs. 1 Satz 1 BGB). Da im weiteren Verlauf der Betreuung keine nennenswerten Auslagen mehr angefallen sind, macht er am

15. 5. 2019 die Aufwandsentschädigung für die Zeit vom 9. 4. 2018 bis 8. 4. 2019 gemäß § 1835a Abs. 2 BGB geltend und entnimmt weitere 249 EUR dem Betreutenvermögen (unter Beachtung von § 1835a Abs. 1 Satz 2 BGB), ohne dass er die Entstehung der Auslagen insgesamt zu belegen hat.

2.3.4 *Fälligkeit der Aufwandsentschädigung*

Jährliche Fälligkeit

Die Aufwandsentschädigung ist jährlich zu zahlen, erstmals ein Jahr nach Bestellung des Betreuers, § 1835a Abs. 2 BGB. Das bedeutet, dass für den Betreuer erst nach Ablauf des ersten Jahres der Anspruch entsteht, nach Ablauf jeweils eines weiteren Jahres wird erneut ein Anspruch fällig. Damit scheidet auch ein Vorschuss aus.

Kürzung bei vorzeitiger Beendigung

Endet das Amt des Betreuers vor Ablauf eines Jahres, so wird eine entsprechend gekürzte Aufwandsentschädigung zum Zeitpunkt der Amtsbeendigung fällig.

2.3.5 *Anspruchsgegner*

Vermögender Betreuter

Entnahme aus Betreutenvermögen

Der Anspruch richtet sich gegen das Vermögen des Betreuten, denn es handelt sich um den Ersatz von Aufwendungen des Betreuers (§ 1835a Abs. 1 Satz 1 BGB), welchen der Betreute zu erbringen hat, § 1835 Abs. 1 BGB. Soweit der Betreuer durch seinen Aufgabenkreis Zugang zum Vermögen hat, kann er die Aufwandsentschädigung direkt entnehmen; dabei ist er nicht ausgeschlossen nach §§ 1908i Abs. 1, 1795 Abs. 2, 181 BGB, da es sich um die Erfüllung einer Verbindlichkeit handelt. Wenn der Betreuer auf versperrte Anlagen zurückgreifen muss, bedarf er der betreuungsgerichtlichen Genehmigung nach § 1908i Abs. 1 BGB i. V. m. § 1812 Abs. 1 und 3 BGB, soweit er nicht als befreiter Betreuer anzusehen ist.

Anspruch gegen Erben

Ist der Betreute verstorben, richtet sich der Anspruch des Betreuers gegen die Erben. Ein selbstständiges Entnahmerecht hat der Betreuer nicht mehr, da sein Amt durch den Tod des Betreuten beendet ist. Eine Festsetzung der Aufwandsentschädigung gemäß §§ 292, 168 Abs. 1 Satz 1 Nr. 1 FamFG analog gegen die Erben durch das Betreuungsgericht wird grundsätzlich für zulässig erklärt.

Mittelloser Betreuter

Staatskasse zahlt

Ist der Betreute mittellos im Sinne von §§ 1836c und 1836d BGB, richtet sich der Anspruch auf Zahlung der Aufwandsentschädigung gegen die Staatskasse, § 1835a Abs. 3 Halbsatz 1 BGB. Zur Mittellosigkeit siehe Ziffer 4.

Soweit Unterhaltsansprüche des Betreuten gegen den Betreuer bestehen, werden diese bei der Bestimmung des Einkommens nach § 1836c Nr. 1 BGB nicht berücksichtigt, § 1835a Abs. 3 Halbsatz 2 BGB. Damit erhalten auch Familienangehörige als Betreuer, die dem Betreuten konkret unterhaltspflichtig und auch leistungsfähig sind, dennoch die Aufwandsentschädigung aus der Staatskasse (*OLG Düsseldorf* FamRZ 2002, 1590).

Geltendmachung

Die Geltendmachung gegen die Staatskasse kann auf unterschiedliche Art erfolgen. Entweder beantragt der Betreuer die Zahlung im Verwaltungsweg oder die Festsetzung durch das Betreuungsgericht nach §§ 292, 168 Abs. 1 Satz 1 Nr. 1 oder Satz 4 FamFG.

2.3.6 Erlöschen des Anspruchs

Kurze Erlöschensfrist

Der Anspruch auf Aufwandsentschädigung erlischt, wenn er nicht binnen drei Monaten nach Ablauf des Jahres, in dem der Anspruch entsteht, geltend gemacht wird, § 1835a Abs. 4 BGB; gemeint ist hier das Kalenderjahr.

Beispiele:

- Bestellung des Betreuers am 19. 2. 2018; Fälligkeit des Anspruchs mit Ablauf des 19. 2. 2019 (31. 12. 2019). Somit hat er Zeit bis zum 31. 3. 2020, um den Anspruch geltend zu machen.
- Wird der Betreuer am 20. 12. 2018 bestellt, tritt die Fälligkeit des Anspruchs mit Ablauf des 20. 12. 2019 (31. 12. 2019) ein; die Frist zur Geltendmachung läuft aber ebenfalls am 31. 3. 2020 ab.

Fristwahrung

Die Geltendmachung des Anspruchs beim Betreuungsgericht gilt auch als Geltendmachung gegenüber dem Betreuten, § 1835a Abs. 4 Halbsatz 2 BGB. Es spielt somit keine Rolle, ob der Anspruch sich gegen die Staatskasse oder den Betreuten richtet, die Geltendmachung gegenüber dem Betreuungsgericht wahrt immer die Frist, auch wenn das Betreuungsgericht beim vermögenden Betreuten unter Umständen gar keine Festsetzung zu betreiben hat.

Die Ausschlussfrist nach § 1835a Abs. 1 und 4 BGB ist verschuldensunabhängig, eine Wiedereinsetzung in den vorigen Stand aus Rechtsgründen ausgeschlossen.

Praxis TIPP

Unbedingt die Ausschlussfrist für die Geltendmachung der Aufwandsentschädigung beachten. Der Anspruch entsteht 1 Jahr nach Bestellung des Betreuers, und dann jeweils wieder nach einem Jahr. Die Frist zur Geltendmachung der Aufwandsentschädigung kann unterschiedlich lang sein, denn die 3-Monatsfrist beginnt nach Ablauf des Kalenderjahres, in dem der Anspruch entstanden ist.

2.3.7 Verhältnis der Aufwandsentschädigung zu § 1835 BGB

Wahlrecht

Der Betreuer hat ein Wahlrecht, ob er zur Abdeckung seiner Aufwendungen die Pauschale nach § 1835a BGB in Anspruch nimmt ohne Nachweise erbringen zu müssen, oder ob er seine Auslagen nachweist und Erstattung nach § 1835 BGB begehrt. Hat er nach § 1835 BGB bereits Aufwendungsersatz erlangt, kann er die Pauschale noch geltend machen, allerdings unter Anrechnung des Erlangten, § 1835a Abs. 1 Satz 2 BGB.

Hat der Betreuer Aufwendungsersatz für berufsbezogene Leistungen nach § 1835 Abs. 3 BGB erlangt, schließt dieser die Pauschale nach § 1835a BGB nicht aus; allerdings kommt auch hier die Anrechnung des Erlangten zum Zug, § 1835a Abs. 1 Satz 2 BGB.

2.3.8 Verhältnis der Aufwandsentschädigung zu § 1836 Abs. 2 BGB

Problematisch stellt sich der Fall dar, wenn einem ehrenamtlichen Betreuer eine Vergütung nach § 1836 Abs. 2 BGB gewährt wird. Nach dem Wortlaut des § 1835a Abs. 1 Satz 1 BGB verbietet sich damit die Zahlung einer Aufwandsentschädigung; der Betreuer hat seine Auslagen nachzuweisen und gemäß § 1835 BGB geltend zu machen.

2.3.9 Steuerliche Behandlung

Einnahmen aus selbstständiger Tätigkeit, § 18 Abs. 1 Nr. 3 EStG

Steuerliche Einnahme

Bei der Aufwandspauschale für ehrenamtliche Betreuer nach § 1835a BGB handelt es sich nach der Entscheidung des *BFH* (BtPrax 2013, 33) um Einnahmen aus selbstständiger Tätigkeit gemäß § 18 Abs. 1 Nr. 3 EStG.

Steuerfreibetrag nach § 3 Nr. 26b EStG

Steuerfreibetrag

§ 3 Nr. 26b EStG erfasst Aufwandsentschädigungen nach § 1835a BGB (derzeit 399 EUR jährlich) und stellt sie steuerfrei, soweit sie zusammen mit den steuerfreien Einnahmen nach § 3 Nr. 26 EStG (sog. Übungsleiterpauschale) den Freibetrag von 2.400 EUR pro Jahr nicht überschreiten (§ 3 Nr. 26 Satz 1 EStG).

Steuerliche Berechnung

Berechnung

Unter Berücksichtigung des geltenden Steuerfreibetrags nach § 3 Nr. 26b Satz 1 EStG auf die Aufwandspauschalen können die Einkünfte der ehrenamtlichen Betreuer steuerlich berechnet werden.

Bis zu sechs Pauschalbeträge sind steuerfrei

Von den erzielten Einnahmen (den gezahlten Aufwandspauschalen) ist der Freibetrag von 2.400 EUR gemäß § 3 Nr. 26b EStG abzuziehen. Die so ermittelten Einkünfte bleiben steuerfrei, wenn sie unterhalb des Freibetrags von 2.400 EUR liegen. Der ehrenamtliche Betreuer (sofern keine anderen steuerfreien Einkünfte im Rahmen von § 3 Nr. 26 EStG vorliegen) kann jährlich bis zu sechsmal die Pauschale von 399 EUR steuerfrei erhalten. Die Gesamtsumme liegt dann bei 2.394 EUR; erst ab der siebten Pauschale wird der Freibetrag überschritten.

Erhält der Betreuer die Aufwandspauschale nach § 1835a BGB mehr als sechsmal innerhalb eines Kalenderjahres, ist diese im Rahmen der Einkommensteuererklärung zu deklarieren.

Steuererklärung ist erforderlich

Ist der Betreffende aufgrund anderer Umstände steuererklärungspflichtig (z. B. bei Einkünften aus Renten, selbstständiger oder gewerblicher Tätigkeit, ausländischen Kapitalerträgen, Vermietung und Verpachtung, oder weil Einnahmen aus der Steuerklasse 6 erzielt wurden – sowie dann, wenn Ehegatten die Steuerklassen 3/5 gewählt haben), müssen die Einnahmen aus den Aufwandspauschalen stets (also auch, wenn sie unter 410 EUR liegen) angegeben werden. Für die Frage, zu welchem Steuerjahr die Pauschalen gehören, kommt es darauf an, wann sie an den Betreuer zur Auszahlung kamen (nicht für welchen Tätigkeitszeitraum sie gewährt wurden). Einkünfte nach § 1835a BGB stellen dabei laut *BFH* Einkünfte aus selbstständiger Tätigkeit dar (*BFH* BtPrax 2013, 33).

Aufwendungen abziehen

Überschreiten die Einnahmen den steuerfreien Betrag von 2.400 EUR (z. B. ab der siebten Pauschale), können die mit den Tätigkeiten in unmittelbarem wirtschaftlichen Zusammenhang stehenden Ausgaben als Betriebsausgaben oder Werbungskosten abgezogen werden. Diese Ausgaben müssen sich aber auf die Tätigkeiten beziehen, für die nicht bereits der Steuerfreibetrag von 2.400 EUR in Anspruch genommen wurde, § 3 Nr. 26b Satz 2 i. V. m. § 3 Nr. 26 Satz 2 EStG.

Aufwendungsersatz nach § 1835 BGB

Erhält der (ehrenamtliche) Betreuer nur seine tatsächlich angefallenen Aufwendungen im Rahmen des § 1835 Abs. 1 BGB (also nicht die Aufwandspauschale nach § 1835a BGB) erstattet, handelt es sich in der Regel nicht um einkommensteuerrelevante Einkünfte, da kein Gewinn bzw. Überschuss erzielt wird.

Anrechnung auf Hartz IV-Leistungen

SGB II-Leistungen sind problematisch

Probleme kann es geben, wenn der ehrenamtliche Betreuer die Aufwandsentschädigung von 399 EUR (fällt unter § 3 Nr. 26b EStG) neben SGB II-Leistungen erhält. Nach § 11b Abs. 2 Satz 3 SGB II werden insoweit Einkünfte, die den Betrag von 200 EUR überschreiten, voll als Einkommen angerechnet. Der Bedarf des Betreuers mindert sich um das Einkommen aus ehrenamtlicher Tätigkeit (als Betreuer). Gemäß § 11 Abs. 2 Satz 3, Abs. 3 SGB II sind laufende Einnahmen, die in größeren als monatlichen Zeitabständen zufließen, im Monat des Zuflusses zu berücksichtigen. Von den zugeflossenen und nach § 3 Nr. 26b EStG i. V. m. § 1835a BGB steuerprivilegierten Einnahmen ist ein Betrag von 200 EUR monatlich abzusetzen; dagegen kann nicht die gesamte pauschale Aufwandsentschädigung von 399 EUR anrechnungsfrei bleiben. Die Monatsfreibeträge sind nicht zu einem Jahresfreibetrag in Höhe von 2.400 EUR zu kumulieren. Zwar schreibt § 1835a Abs. 2 BGB zwingend die jährliche Auszahlung vor, für Absetzbeträge nach § 11b SGB II gilt aber das Monatsprinzip. Nach der Systematik des SGB II sind die Bedarfe eines Monats den Bedarfsdeckungsmöglichkeiten dieses Monats gegenüberzustellen; eine Unterdeckung begründet den Leistungsanspruch für diesen Monat (*BSG* BtPrax 2018, 70).

2.4 Vergütung und Aufwendungsersatz des ehrenamtlichen Verfahrenspflegers

Vergütung und Aufwendungsersatz des Verfahrenspflegers werden in §§ 277, 318 FamFG geregelt. Mit Verweis auf §§ 1835 und 1836 BGB wird eine betreuungsähnliche Berechnung durchgeführt, wobei aber Besonderheiten zu beachten sind.

2.4.1 Vergütung

Keine Vergütung

Eine Vergütung wird dem ehrenamtlichen Verfahrenspfleger nicht gewährt. Eine Verweisung in § 277 Abs. 2 Satz 1 FamFG auf § 1836 Abs. 2 BGB liegt nicht vor; auch andere Vorschriften gewähren keine Vergütung.

2.4.2 Aufwendungsersatz

Ersatz der „baren" Aufwendungen

Der ehrenamtliche Verfahrenspfleger kann seine (baren) Aufwendungen, insbesondere Fahrt-, Telefon- und Portokosten geltend machen, § 1908i Abs. 1 Satz 1 i. V. m. § 1835 Abs. 1 Satz 1 BGB. Auch Haftpflichtversicherungsbeiträge sind ihm zu erstatten, § 1835 Abs. 2 Satz 1 BGB, soweit er nicht in eine bestehende Sammelhaftpflichtversicherung einbezogen ist (grundsätzlich gilt die sog. Ehrenamtsversicherung auch für Verfahrenspfleger).

Aufwandspauschale scheidet aus

Eine pauschalierte Aufwandsentschädigung gemäß § 1908i Abs. 1 Satz 1 i. V. m. § 1835a BGB scheidet mangels Verweisung für den ehrenamtlichen Pfleger aus; der ehrenamtliche Verfahrenspfleger hat seine Auslagen zu beziffern und nachzuweisen.

Kein Vorschuss

Vorschuss auf anstehende Aufwendungen kann nicht verlangt werden, § 277 Abs. 1 Satz 1 FamFG.

Erlöschensfrist beachten

Die Ansprüche des Verfahrenspflegers auf Erstattung seiner Aufwendungen erlöschen, wenn sie nicht binnen 15 Monaten nach ihrer Entstehung gerichtlich geltend gemacht werden, § 277 Abs. 1 Satz 1 FamFG i. V. m. § 1835 Abs. 1 Satz 3 BGB.

Staatskasse zahlt immer

Aufwendungsersatz wird immer aus der Staatskasse gezahlt, unabhängig davon, ob der Betreute vermögend oder mittellos ist, § 277 Abs. 5 Satz 1 FamFG.

Gerichtliche Auslageneinziehung

Soweit die Staatskasse Zahlungen an den Verfahrenspfleger erbringt, handelt es sich um Auslagen nach dem KV 31015 zum GNotKG, die gemäß Teil 3 Vorbemerkung 3.1

Abs. 2 zur Anlage 1 (zu § 3 Absatz 2 GNotKG) vom Betreuten wieder erhoben werden können, soweit § 1908i Abs. 1 Satz 1 i. V. m. § 1836c BGB eine Inanspruchnahme zulässt (z. B. Vermögen über 5.000 EUR). Die Wertgrenze gemäß Teil 1 Vorbemerkung 1.1 Abs. 1 zur Anlage 1 (zu § 3 Absatz 2 GNotKG), nach der das Betreutenvermögen erst in Anspruch genommen werden kann, wenn 25.000 EUR überschritten sind, ist nicht anwendbar.

Erstattungsverfahren

Nach § 277 Abs. 5 Satz 2 FamFG findet auf das Erstattungsverfahren § 168 Abs. 1 FamFG entsprechende Anwendung. Zum Verfahren siehe Ziffer 5.3.

3. Vergütung und Auslagenersatz des berufsmäßig tätigen Betreuers

3.1 Voraussetzung für einen Vergütungsanspruch

Bestellung zur berufsmäßigen Führung

Dem Berufsbetreuer wird nur dann eine Vergütung gewährt, wenn bei seiner Bestellung die berufsmäßige Führung festgestellt wurde, § 1836 Abs. 1 Satz 2 BGB, § 1 Abs. 2 Satz 1 VBVG.

3.1.1 Berufsmäßige Betreuung

Das Gericht hat diese Feststellung zu treffen, wenn dem Betreuer in einem solchen Umfang Betreuungen übertragen sind, dass er sie nur im Rahmen seiner Berufsausübung führen kann, oder wenn zu erwarten ist, dass dem Betreuer in absehbarer Zeit Betreuungen in diesem Umfang übertragen sein werden, § 1 Abs. 1 Satz 1 VBVG.

Regelfall

Mindestens elf Verfahren

Im Regelfall liegt Berufsmäßigkeit vor und gibt dem Betreuer einen Anspruch auf die Feststellung nach § 1836 Abs. 1 Satz 2 BGB, wenn er mehr als zehn Betreuungen, Vormundschaften, Pflegschaften oder Verfahrenspflegschaften führt, somit mindestens elf Verfahren, § 1 Abs. 1 Satz 2 Nr. 1 VBVG.

Es handelt sich um einen Regelfall, so dass das Betreuungsgericht auch dann die Feststellung treffen kann, wenn die Zahl nicht erreicht oder unterschritten wird.

Hinweis:

Die in § 1 Abs. 1 Satz 2 Nr. 2 VBVG genannte weitere Grenze (die Führung der übertragenen Verfahren unterschreitet voraussichtlich die erforderliche Zeit von 20 Wochenstunden nicht) findet in der Betreuung keine Anwendung, § 4 Abs. 3 Satz 2 VBVG.

Berufsanfänger

Anfänger können Berufsbetreuer sein

Es genügt für die Feststellung der Berufsmäßigkeit, wenn zu erwarten ist, dass der Betreuer in absehbarer Zeit die in den Regelbeispielen genannten Fallzahlen erreichen wird, § 1 Abs. 1 Satz 1 Alternative 2 VBVG. Damit kann ein Berufsanfänger sofort eine Vergütung erlangen, aber auch der Betreuer, der (vorübergehend) unter die Normzahlen fällt, behält für Neuverfahren seinen Vergütungsanspruch, wenn zu erwarten ist, dass er die Mindestkriterien wieder erfüllen wird. Beim Berufsanfänger ist dabei die Prognose der Betreuungsbehörde gemäß § 1897 Abs. 7 BGB von erheblicher Bedeutung.

Die in der gerichtlichen Praxis immer wieder beobachtete Vorgehensweise, dass die ersten zehn Verfahren ehrenamtlich zugeordnet werden, ab der 11. Betreuung dann die Bestellung zur berufsmäßigen Führung erfolgt, ohne Einbeziehung der ersten zehn Verfahren, entspricht nicht den gesetzlichen Vorgaben.

Verringerung der Fallzahlen

Rückgang der Fallzahlen

Ein Berufsbetreuer verliert diese den Vergütungsanspruch begründende Eigenschaft nicht dadurch, dass die Anzahl der Betreuungen und die damit verbundene Tätigkeit so weit zurückgehen, dass sie für sich betrachtet die Anerkennung als Berufsbetreuer nicht mehr rechtfertigen könnten.

Wird der Betreuer ausgewählt, weil er aufgrund seiner Ausbildung und aufgrund der praktischen Erfahrung, die er erworben hatte, über die erforderliche Qualifikation verfügte und kein ehrenamtlicher Betreuer gefunden werden konnte, führt ein (vorübergehender) Rückgang seiner Belastung nicht dazu, dass er zum ehrenamtlichen Betreuer wird. Ein Berufsbetreuer verliert diese den Vergütungsanspruch begründende Eigenschaft nicht dadurch, dass die Anzahl der Betreuungen und die damit verbundene Tätigkeit so weit zurückgehen, dass sie für sich betrachtet die Anerkennung als Berufsbetreuer nicht mehr rechtfertigen könnten (*BayObLG* FamRZ 1998, 187; *OLG Frankfurt/Main* BtPrax 2004, 244).

Vereinsbetreuer

Vereinsbetreuer immer berufsmäßig tätig

Für den Vereinsbetreuer ist die ausdrückliche Bestellung zur berufsmäßigen Führung nicht erforderlich, auch gelten die Regelzahlen des § 1 Abs. 1 Satz 2 Nr. 1 VBVG nicht, da in § 7 Abs. 1 Satz 2 VBVG ausdrücklich § 1 Abs. 1 VBVG ausgeschlossen wird. Bei ihm reicht die Bestellung „als Vereinsbetreuer" nach § 1897 Abs. 2 BGB.

3.1.2 Betreuertätigkeit neben einer anderen Beschäftigung

Betreuer im „Nebenberuf"

Nach überwiegender Meinung in der Literatur kann auch Berufsbetreuer sein, wer neben einem anderen Beruf als Betreuer tätig wird. Dabei soll es keine Rolle spielen, ob er einer vollen Beschäftigung nachgeht oder teilzeitbeschäftigt ist.

Betreuungen werden nicht nur dann im Rahmen der Berufsausübung geführt, wenn die Berufstätigkeit des Betreuers allein in der Übernahme von Betreuungen besteht, sondern bereits dann, wenn sie als Teil seiner beruflichen Tätigkeit anzusehen ist. Andererseits reicht aber nicht aus, dass der Betreuer seine beruflichen Kenntnisse für die Betreuung einsetzt, er muss vielmehr wegen des Umfangs der Betreuungen daran gehindert sein, diese wie ein ehrenamtlicher Betreuer neben seiner anderweitigen Berufsausübung zu führen.

3.1.3 Betreuung gehört allgemein zur Berufstätigkeit des Betreuers

Betreuung gehört zum „Berufsbild"

In der Begründung des Rechtsausschusses zu § 1836 BGB heißt es unter anderem, dass die Voraussetzung für eine berufsmäßige Führung immer dann vorliegt, wenn der dem Betreuer übertragene Aufgabenkreis ohnehin zu seiner – auch andere Geschäfte als Betreuungen umfassenden – Berufstätigkeit gehört; deshalb hat das Gericht die geforderte Feststellung schon dann zu treffen, wenn die rechtliche Betreuung einem Rechtsanwalt in dieser Eigenschaft übertragen oder wenn ein Steuerberater in dieser Eigenschaft zum Betreuer mit dem Aufgabenkreis der Vermögenssorge bestellt wird.

Nach teilweise in der Literatur vertretene Ansicht soll ein Rechtsanwalt, der nur eine einzige Betreuung übernommen hat, Berufsbetreuer sein, wenn er wegen seiner Qualifikation und seiner Fachkenntnisse bestellt wurde, insbesondere bei rechtlich schwierigen Problemen (z. B. *Knittel*, Betreuungsgesetz, § 1836, Anm. 8). Dagegen spricht jedoch, dass die Führung von Betreuungen weder die Regelberufsausübung eines Rechtsanwalts noch die eines Steuerberaters ist. Genau dies aber fordert die

Begründung des Rechtsausschusses. Somit müssen wohl grundsätzlich auch bei diesen Berufen die Kriterien des § 1 Abs. 1 VBVG eingehalten werden (so auch *Blenwald*, Betreuungsrecht 4. Aufl., § 1836 Rn. 18).

3.1.4 Feststellung der berufsmäßigen Führung

Feststellung der Berufsmäßigkeit

Die Feststellung der Berufsmäßigkeit ist Voraussetzung eines Vergütungsanspruchs, § 1 Abs. 2 Satz 1 VBVG. Sie wird durch das Betreuungsgericht (Richter oder Rechtspfleger, je nach funktioneller Zuständigkeit) getroffen. Sie ist grundsätzlich mit der Bestellung des Betreuers zu treffen, § 1836 Abs. 1 Satz 2 BGB. Sie wird im „Bestellungsbeschluss" aufgenommen, § 286 Abs. 1 Nr. 4 FamFG.

Feststellung der Berufsmäßigkeit für die Zukunft ist statthaft

Eine nachträgliche Feststellung der Berufsmäßigkeit mit Wirkung für die Zukunft ist grundsätzlich zulässig. Sie kann ab dem Zeitpunkt des auf sie gerichteten Antrags (und nicht erst ab dem Zeitpunkt der Feststellung) erfolgen, wenn der Betreuer ab diesem Zeitpunkt die Voraussetzungen für eine berufsmäßige Führung der Betreuung erfüllt (*BGH* BtPrax 2014, 76).

Neue Auswahlentscheidung

Der Antrag eines bislang auf ehrenamtlicher Basis tätigen Betreuers, die Berufsmäßigkeit der Betreuungsführung für die Zukunft festzustellen, gibt dem Betreuungsgericht in zweierlei Hinsicht Veranlassung, seine Entscheidung zur Person des Betreuers zu überprüfen. Zum einen hat es die Beurteilung zur Frage der Berufsmäßigkeit zu hinterfragen, zum anderen muss es für den Fall, dass es die Berufsmäßigkeit bejaht, eine neue Auswahlentscheidung zur Person des Betreuers treffen, in die dann auch die Rangfolgebestimmung des § 1908b Abs. 1 Satz 3 BGB einzufließen hat. Somit handelt es sich bei der nachträglichen Feststellung der Berufsmäßigkeit mit Wirkung für die Zukunft nicht lediglich um eine „Umwandlung" in eine berufsmäßige Betreuung, sondern vielmehr um eine neue Auswahlentscheidung, der § 1836 Abs. 1 Satz 2 BGB, § 286 Abs. 1 Nr. 4 FamFG nicht entgegenstehen.

Ablehnung ist anfechtbar

Lehnt das Betreuungsgericht es ab, nachträglich festzustellen, dass der Betreuer die Betreuung berufsmäßig führt, ist diese Entscheidung mit Beschwerde anfechtbar (*BayObLG* BtPrax 2001, 79).

Rückwirkung ausgeschlossen

Eine nachträgliche rückwirkende Feststellung, dass der Betreuer die Betreuung berufsmäßig führt, ist dagegen unzulässig (*BGH*, s. o.). Dies gilt auch, wenn bei der Bestellung des Betreuers die Feststellung versehentlich unterblieben ist (*BGH* FamRZ 2014, 653). Eine Berichtigung des Bestellungsbeschlusses wegen offensichtlicher Unrichtigkeit (Gericht hat die Feststellung der Berufsmäßigkeit vergessen) ist nur dann möglich, wenn sich zweifelsfrei feststellen lässt, dass der Ausspruch den tatsächlichen Entscheidungswillen des Gerichts unvollkommen wiedergibt. Lässt sich ein solcher Widerspruch zwischen dem Tenor und den Gründen des Beschlusses nicht feststellen, scheidet eine Beschlussberichtigung nach § 42 FamFG aus.

Praxis TIPP

Der Berufsbetreuer sollte seinen Bestellungsbeschluss immer daraufhin überprüfen, ob die Feststellung der „Berufsmäßigkeit" enthalten ist.

Beschwerderecht der Staatskasse

Kein Beschwerderecht der Staatskasse

Der Staatskasse steht gegen die mit der Betreuerbestellung verbundene Feststellung über die berufsmäßige Führung der Betreuung keine Beschwerdeberechtigung zu, (*OLG Frankfurt* FamRZ 2004, 1324; BtPrax 2004, 160). Regt jedoch der Vertreter der Staatskasse die Entlassung des Berufsbetreuers sowie die Bestellung eines ehrenamtlichen Betreuers nach § 1908b Abs. 1 Satz 3 BGB an und lehnt das Betreuungsgericht dies ab, kann er dagegen Beschwerde erheben, § 304 Abs. 1 Satz 2 FamFG.

3.1.5 Aufhebung der Berufsbetreuereigenschaft

Keine rückwirkende Aufhebung

Die vom Betreuungsgericht getroffene Feststellung, dass der Betreuer die Betreuung berufsmäßig führt, kann nicht mit rückwirkender Kraft aufgehoben werden. Die gerichtliche Anerkennung der berufsmäßigen Führung der Betreuung ist für die Vergütung des Betreuers von konstitutiver Wirkung. Sie dient der Rechtsklarheit und Kalkulierbarkeit für die Vergütungsfrage. Dieser Gesetzeszweck steht einer rückwirkenden Aberkennung der Berufsbetreuereigenschaft entgegen. Der Betreuer soll sich darauf verlassen können, dass er als Berufsbetreuer vergütet wird, solange nicht die Feststellung nach § 1836 Abs. 1 Satz 2 BGB für die Zukunft aufgehoben wurde. Ist der Betreuer nicht ausdrücklich damit einverstanden, in Zukunft als ehrenamtlicher Betreuer tätig zu sein, hat das Betreuungsgericht gemäß § 1908b BGB über seine Entlassung zu entscheiden (*BayObLG* BtPrax 2000, 34).

3.2 Vergütungsanspruch

Feststellung schafft Anspruch

Wird die Feststellung nach § 1836 Abs. 1 Satz 2 BGB getroffen, hat das Betreuungsgericht dem Betreuer eine Vergütung zu bewilligen, § 1 Abs. 2 Satz 1 VBVG. Somit erlangt ein Berufsbetreuer immer eine Vergütung, unabhängig von Umfang und Schwierigkeit seiner Aufgabe. Der Vergütungsanspruch besteht immer erst ab wirksamer Bestellung des Betreuers und Feststellung der berufsmäßigen Führung (§ 278 Abs. 1 oder 2 FamFG; *BGH* NJW-RR 2017, 1350).

Der Vergütungsanspruch richtet sich grundsätzlich gegen den Betreuten (das Betreutenvermögen); soweit dieser mittellos ist gemäß § 1836d BGB, kann die Vergütung gegen die Staatskasse geltend gemacht werden, § 1 Abs. 2 Satz 2 VBVG.

Sind mehrere Berufsbetreuer gemäß § 1899 Abs. 1 BGB (entgegen Abs. 1 Satz 3) für gesonderte Aufgabenkreise bestellt worden, steht jedem eine Vergütung nach dem vollen pauschalen Stundenansatz gemäß § 5 VBVG zu (*OLG Hamm* Rpfleger 2007, 74).

Konkrete Tätigkeiten des Betreuers sind nicht nachzuweisen

Formell-rechtliche oder materiell-rechtliche Mängel bei der Bestellung des Betreuers bleiben ebenso wie die nachträgliche Aufhebung der Bestellung ohne Einfluss auf den Vergütungsanspruch des Betreuers. Ob die rechtlichen Voraussetzungen für eine Betreuerbestellung vorgelegen haben, ist für die Wirksamkeit der Bestellung und damit für den Vergütungsanspruch des Betreuers ohne Belang und im Festsetzungsverfahren nicht zu prüfen. Im Verfahren über die Festsetzung der pauschalen Betreuervergütung nach § 4 VBVG ist auch nicht zu überprüfen, ob und in welchem Umfang der Betreuer tätig geworden ist. Die Ausübung einer konkreten Betreuungstätigkeit wird typisierend unterstellt (*BGH* BtPrax 2014, 275).

Verwirkung des Vergütungsanspruchs

Durch eine strafbare Untreue oder Unterschlagung kann der Anspruch des Betreuers auf Vergütung und Aufwendungsersatz ganz oder teilweise verwirkt sein. Die Annahme einer Verwirkung ist nicht davon abhängig, dass die strafbare Handlung in denselben Zeitraum fällt, für den Vergütung und Aufwendungsersatz in Anspruch genommen werden (*OLG Hamm* BtPrax 2007, 134).

3.3 Höhe der Vergütung

Die Berechnung der Vergütung erfolgt seit dem 27. 7. 2019 nach dem sog. Fallpauschalensystem.

Fallpauschalensystem

§ 5 Abs. 1 VBVG
Dauer der Betreuung
Gewöhnlicher Aufenthalt des Betreuten
Vermögensstatus des Betreuten

→ Laufzeit der Betreuung
(Betreuungsmonat)

mittellos/vermögend
am Ende des Vergütungsmonats ←

stationäre Einrichtung
ambulant betreute Wohnform ←
andere Wohnform

\+

§ 4 VBVG

nutzbare Kenntnisse des Betreuers

↓

Vergütungstabellen A, B, C

Beispiel:

a) *Betreuer A wird am 7. 8. 2019 wirksam zur beruflichen Führung der Betreuung im Aufgabenkreis Vermögensverwaltung bestellt. Der Betreute lebt im Pflegeheim; er ist vermögend. Der Betreuer hat eine abgeschlossene Ausbildung als Bankkaufmann. A macht erstmals seine Vergütungsansprüche am 8. 11. 2019 geltend.*

Die Bestellung ist am 7. 8. 2019 erfolgt, damit beginnt der erste Vergütungsmonat am 8. 8. 2019 (§ 5 Abs. 2 Satz 2 VBVG i. V. m. § 187 Abs. 1 BGB) und endet am 7. 9. 2019 (§ 188 Abs. 2 Alt. 1 BGB). Die Vergütung wird nach Ablauf von drei Vergütungsmonaten fällig und kann geltend gemacht werden (§ 9 Satz 1 VBVG – 8. 8. bis 7. 11. 2019).

Der Vergütungsanspruch erfasst die ersten drei Monate der Betreuung seit der Bestellung am 7. 8. 2019 (§ 5 Abs. 2 Satz 1 VBVG).

Der gewöhnliche Aufenthalt des Betreuten befindet sich in einer stationären Einrichtung (§ 5 Abs. 3 Satz 1 Alt. 1, Satz 2 Nr. 1 VBVG).

Der Vermögensstatus am Ende der jeweiligen Vergütungsmonate ist nicht mittellos im Sinne von §§ 1836d und 1836c BGB (§ 5 Abs. 4 VBVG).

Für die Fallpauschale ist § 4 Abs. 1, Abs. 3 Nr. 1 VBVG i. V. m. der Vergütungstabelle B heranzuziehen, da der Betreuer eine abgeschlossene Lehre/Ausbildung als Bankkaufmann und dadurch besondere nutzbare Kenntnisse im Aufgabenkreis Vermögenssorge erworben hat.

Ergebnis: 3 x 249,00 EUR = 747,00 EUR

b) *Der Betreuer B wird am 7. 2. 2019 wirksam zur beruflichen Führung der Betreuung im Aufgabenkreis Vermögensverwaltung bestellt. Der Betreute lebt im Pflegeheim; er ist vermögend. Der Betreuer hat eine abgeschlossene Ausbildung als Bankkaufmann. B macht seine Vergütungsansprüche für den Zeitraum vom 8. 8. bis 8. 11. 2019 geltend.*

Die Bestellung ist am 7. 2. 2019 erfolgt, damit beginnt der erste Vergütungsmonat am 8. 2. 2019 (§ 5 Abs. 2 Satz 2 VBVG i. V. m. § 187 Abs. 1 BGB) und endet am 7. 3. 2019 (§ 188 Abs. 2 Alt. 1 BGB). Das erste Vergütungsquartal geht vom 8. 2. bis 7. 5. 2019, das zweite Vergütungsquartal vom 8. 5. bis 7. 8. 2019. B beantragt eine Vergütungsfestsetzung für das dritte Vergütungsquartal (8. 8. bis 7. 11. 2019).

Der Vergütungsanspruch erfasst die Monate 7 bis 9 der Betreuung seit der Bestellung am 7. 2. 2019 (Betreuungsmonate; § 5 Abs. 2 Satz 1 VBVG).

Der gewöhnliche Aufenthalt des Betreuten befindet sich in einer stationären Einrichtung (§ 5 Abs. 3 Satz 1 Alt. 1, Satz 2 Nr. 1 VBVG).

Der Vermögensstatus am Ende der jeweiligen Vergütungsmonate ist nicht mittellos im Sinne von §§ 1836d und 1836c BGB (§ 5 Abs. 4 VBVG).

Für die Fallpauschale ist § 4 Abs. 1, Abs. 3 Nr. 1 VBVG i. V. m. der Vergütungstabelle B heranzuziehen, da der Betreuer eine abgeschlossene Lehre/Ausbildung als Bankkaufmann und dadurch besondere nutzbare Kenntnisse im Aufgabenkreis Vermögenssorge erworben hat.

Ergebnis: 3 x 174,00 EUR = 522,00 EUR

Vergütungstabellen (Anlage zu § 4 Abs. 1 VBVG)

Vergütungstabelle A

Nr.	Dauer der Betreuung	Nr.	Gewöhnlicher Aufenthaltsort	Nr.	Vermögensstatus	monatliche Pauschale in EUR
A1	In den ersten drei Monaten	A1.1	stationäre Einrichtung oder gleichgestellte ambulant betreute Wohnform	A1.1.1	mittellos	194,00
				A1.1.2	nicht mittellos	200,00
		A1.2	andere Wohnform	A1.2.1	mittellos	208,00
				A1.2.2	nicht mittellos	298,00
A2	4. bis 6. Monat	A2.1	stationäre Einrichtung oder gleichgestellte ambulant betreute Wohnform	A2.1.1	mittellos	129,00
				A2.1.2	nicht mittellos	158,00
		A2.2	andere Wohnform	A2.2.1	mittellos	170,00
				A2.2.2	nicht mittellos	208,00
A3	7. bis 12. Monat	A3.1	stationäre Einrichtung oder gleichgestellte ambulant betreute Wohnform	A3.1.1	mittellos	124,00
				A3.1.2	nicht mittellos	140,00
		A3.2	andere Wohnform	A3.2.1	mittellos	151,00
				A3.2.2	nicht mittellos	192,00
A4	13. bis 24. Monat	A4.1	stationäre Einrichtung oder gleichgestellte ambulant betreute Wohnform	A4.1.1	mittellos	87,00
				A4.1.2	nicht mittellos	91,00
		A4.2	andere Wohnform	A4.2.1	mittellos	122,00
				A4.2.2	nicht mittellos	158,00

Nr.	Dauer der Betreuung	Nr.	Gewöhnlicher Aufenthaltsort	Nr.	Vermögens-status	monatliche Pauschale in EUR
A5	Ab dem 25. Monat	A5.1	stationäre Einrichtung oder gleichgestellte ambulant betreute Wohnform	A5.1.1	mittellos	62,00
				A5.1.2	nicht mittellos	78,00
		A5.2	andere Wohnform	A5.2.1	mittellos	105,00
				A5.2.2	nicht mittellos	130,00

Vergütungstabelle B

Nr.	Dauer der Betreuung	Nr.	Gewöhnlicher Aufenthaltsort	Nr.	Vermögens-status	monatliche Pauschale in EUR
B1	In den ersten drei Monaten	B1.1	stationäre Einrichtung oder gleichgestellte ambulant betreute Wohnform	B1.1.1	mittellos	241,00
				B1.1.2	nicht mittellos	249,00
		B1.2	andere Wohnform	B1.2.1	mittellos	258,00
				B1.2.2	nicht mittellos	370,00
B2	4. bis 6. Monat	B2.1	stationäre Einrichtung oder gleichgestellte ambulant betreute Wohnform	B2.1.1	mittellos	158,00
				B2.1.2	nicht mittellos	196,00
		B2.2	andere Wohnform	B2.2.1	mittellos	211,00
				B2.2.2	nicht mittellos	258,00
B3	7. bis 12. Monat	B3.1	stationäre Einrichtung oder gleichgestellte ambulant betreute Wohnform	B3.1.1	mittellos	154,00
				B3.1.2	nicht mittellos	174,00
		B3.2	andere Wohnform	B3.2.1	mittellos	188,00
				B3.2.2	nicht mittellos	238,00
B4	13. bis 24. Monat	B4.1	stationäre Einrichtung oder gleichgestellte ambulant betreute Wohnform	B4.1.1	mittellos	107,00
				B4.1.2	nicht mittellos	113,00
		B4.2	andere Wohnform	B4.2.1	mittellos	151,00
				B4.2.2	nicht mittellos	196,00
B5	Ab dem 25. Monat	B5.1	stationäre Einrichtung oder gleichgestellte ambulant betreute Wohnform	B5.1.1	mittellos	78,00
				B5.1.2	nicht mittellos	96,00
		B5.2	andere Wohnform	B5.2.1	mittellos	130,00
				B5.2.2	nicht mittellos	161,00

Vergütungstabelle C

Nr.	Dauer der Betreuung	Nr.	Gewöhnlicher Aufenthaltsort	Nr.	Vermögensstatus	monatliche Pauschale in EUR
C1	In den ersten drei Monaten	C1.1	stationäre Einrichtung oder gleichgestellte ambulant betreute Wohnform	C1.1.1	mittellos	317,00
				C1.1.2	nicht mittellos	327,00
		C1.2	andere Wohnform	C1.2.1	mittellos	339,00
				C1.2.2	nicht mittellos	486,00
C2	4. bis 6. Monat	C2.1	stationäre Einrichtung oder gleichgestellte ambulant betreute Wohnform	C2.1.1	mittellos	208,00
				C2.1.2	nicht mittellos	257,00
		C2.2	andere Wohnform	C2.2.1	mittellos	277,00
				C2.2.2	nicht mittellos	339,00
C3	7. bis 12. Monat	C3.1	stationäre Einrichtung oder gleichgestellte ambulant betreute Wohnform	C3.1.1	mittellos	202,00
				C3.1.2	nicht mittellos	229,00
		C3.2	andere Wohnform	C3.2.1	mittellos	246,00
				C3.2.2	nicht mittellos	312,00
C4	13. bis 24. Monat	C4.1	stationäre Einrichtung oder gleichgestellte ambulant betreute Wohnform	C4.1.1	mittellos	141,00
				C4.1.2	nicht mittellos	149,00
		C4.2	andere Wohnform	C4.2.1	mittellos	198,00
				C4.2.2	nicht mittellos	257,00
C5	Ab dem 25. Monat	C5.1	stationäre Einrichtung oder gleichgestellte ambulant betreute Wohnform	C5.1.1	mittellos	102,00
				C5.1.2	nicht mittellos	127,00
		C5.2	andere Wohnform	C5.2.1	mittellos	171,00
				C5.2.2	nicht mittellos	211,00

3.4 Dauer der Betreuung

Beginn, Änderung und Ende der Betreuung

Beginn des Vergütungsmonats
Tag nach wirksamer Bestellung

Betreuerwechsel
Betreuungsmonat – Vergütungsmonat

Zeitliche Unterbrechung
Neuanfang Betreuungsmonat – Fortführung

Ende der Betreuung
Tod des Betreuten
Aufhebung der Betreuung
Zeitablauf bei vorläufiger Betreuung
Entlassung des Betreuers

Vergütungs- oder Abrechnungsmonat

Die Vergütungsmonate beginnen am Tag nach der Bestellung des Betreuers (§ 5 Abs. 2 Satz 2 VBVG i. V. m. § 187 Abs. 1 BGB). Wirksam wird die Bestellung mit Bekanntgabe (Zugang) des Bestellungsbeschlusses an den Betreuer (§ 287 Abs. 1 FamFG).

Wirksame Bestellung des Betreuers

Die Bekanntgabe ist erfolgt, wenn der (schriftliche) Beschluss in den Herrschaftsbereich des Betreuers gelangt ist. Nach § 15 Abs. 2 FamFG erfolgt die Bekanntgabe entweder durch Zustellung nach § 166 ff. ZPO oder häufig dadurch, dass das Schriftstück unter der Anschrift des Betreuers zur Post gegeben wird. Das Schriftstück gilt im zweiten Fall drei Tage nach Aufgabe zur Post als bekannt gegeben. Der *BGH* (MDR 2012, 1377) hat dazu entschieden, dass die Vermutung der Bekanntgabe nach § 15 Abs. 2 Satz 2 FamFG einen früheren (wirksamen) Zugang an den Betreuer nicht ausschließt. Die Betreuung wird mit der Bekanntgabe des Bestellungsbeschlusses an den Betreuer wirksam (§ 287 Abs. 1 FamFG). Aus der Regelung in § 15 Abs. 2 Satz 2 FamFG folgt nicht, dass die Bekanntgabe bei Aufgabe zur Post erst drei Tage nach der Aufgabe erfolgt, wenn der Empfänger selbst einen früheren Zugang einräumt und glaubhaft macht. Geht der Beschluss über die Bestellung bereits früher zu, wird die Betreuung damit wirksam und es beginnen insbesondere die Pflichten des Betreuers bereits zum Zeitpunkt des Zugangs. Dementsprechend ist auch die Vergütung zu berechnen.

Ist die sofortige Wirksamkeit angeordnet, tritt die Wirksamkeit in der Regel gemäß § 287 Abs. 2 Satz 2 Nr. 2 FamFG ein, wenn der Beschluss mit der Anordnung der sofortigen Wirksamkeit der Geschäftsstelle des Betreuungsgerichts durch den Richter zum Zweck der Bekanntmachung übergeben wird.

Möglich ist auch, dass der Richter dem *anwesenden* Betreuer den Beschluss durch *Verlesen der Beschlussformel* bekannt gibt (§ 41 Abs. 2 Satz 1 FamFG); auch dies bewirkt die Wirksamkeit der Betreuerbestellung. Eine bloße Absichtserklärung des Richters oder Rechtspflegers gegenüber einer anwesenden Person, sie als Betreuer zu bestellen, schafft noch keine wirksame Bestellung.

Telefonische Bekanntgabe genügt nicht

Die telefonische Bekanntgabe der Bestellung an den Betreuer erfüllt nicht die Voraussetzungen des § 41 Abs. 2 Satz 1 FamFG, da keine Anwesenheit gegeben ist. Somit ist die Entscheidung des *LG Nürnberg-Fürth* (FamRZ 2007, 1269; BtPrax 2007, 255), dass bei der Anordnung sofortiger Wirksamkeit der Vergütungszeitraum auch mit telefonischer Bekanntgabe der Betreuerbestellung durch den Betreuungsrichter an den Betreuer beginnt, auch wenn der Vorgang erst später der Geschäftsstelle zur Bekanntmachung übergeben wurde, nicht mehr anwendbar. Diese Entscheidung war noch unter Zugrundelegung von § 69a Abs. 3 Satz 3 FGG ergangen. Dies trifft auch für die Entscheidung des *OLG München* (FGPrax 2008, 248) zu, die eine mündliche Bestellung in einem Telefongespräch als zulässig angesehen hat.

Beispiel:

Der Richter erlässt den Bestellungsbeschluss am 19. 8. 2019 und ordnet gleichzeitig die sofortige Wirksamkeit an. Er übergibt den Bestellungsbeschluss mit der Anordnung der Geschäftsstelle zum Zweck der Bekanntgabe am 20. 8. 2019 um 10:12 Uhr. Mit dem Zeitpunkt der Übergabe ist der Betreuer wirksam bestellt (§ 287 Abs. 2 Satz 2 Nr. 2 FamFG). Damit beginnt der erste Vergütungsmonat am 21. 8. 2019 (§ 5 Abs. 2 Satz 2 VBVG i. V. m. § 187 Abs. 1 BGB) und endet gemäß § 188 Abs. 2 Alt. 1 BGB am 20. 9. 2019.

Beginn im „kurzen" Monat

Vorsicht ist geboten, wenn die Wirksamkeit der Betreuerbestellung am Ende eines „kurzen" Monats eintritt.

Beispiel:

Wirksamkeit der Betreuerbestellung tritt ein am 28. 2. 2019. Damit beginnt der erste Abrechnungsmonat am 1. 3. 2019 (§ 187 Abs. 1 BGB) und endet am 28. 3. 2019 (§ 188 Abs. 2 Alt. 1 BGB); der zweite Abrechnungsmonat beginnt am 29. 3. 2019 und endet am 28. 4. 2019.

Maßgebender Tag fehlt

Ein weiteres Problem ergibt sich, wenn der nach § 188 Abs. 2 Alt. 1 BGB maßgebende Tag im Folgemonat fehlt. Obwohl keine Verweisung auf § 188 Abs. 3 BGB i. V. m. § 5 Abs. 2 Satz 2 VBVG erfolgt, kann nur dessen Regelung entsprechend angewendet werden.

Beispiel:

Wirksamkeit der Betreuerbestellung tritt ein am 30. 1. 2019. Damit beginnt der erste Abrechnungsmonat am 31. 1. 2019 und endet am 28. 2. 2019; der zweite Abrechnungsmonat beginnt am 1. 3. 2019 und endet am 30. 3. 2019. Der 3. Zeitraum geht vom 31. 3. 2019 bis 30. 4. 2019; dann vom 1. 5. 2019 bis 30. 5. 2019 und wieder vom 31. 5. 2019 bis 30. 6. 2019.

Vergütungsquartal

Vergütungsmonate können in Quartalen abgerechnet werden, da gemäß § 9 Satz 1 VBVG immer nur nach drei Monaten Fälligkeit eintritt (vgl. Abschnitt 3.4.5 in diesem Kapitel).

Betreuungsmonat

Betreuungsmonate beginnen mit der ersten wirksamen Bestellung eines Betreuers im Verfahren. Sie sind für die (Gesamt-)Dauer in den Vergütungstabellen maßgebend.

3.4.1 Betreuerwechsel

Neuer Betreuer

Problematisch ist der Fall, wenn ein neuer Betreuer nach einem Betreuerwechsel bestellt wird. Der *BGH* (BtPrax 2012, 162) hat entschieden, dass die für die Vergütung eines Berufsbetreuers nach § 5 VBVG maßgebende Dauer der Betreuung sich auch bei einem Betreuerwechsel nach dem Beginn der ersten angeordneten Betreuung richtet. Das gilt auch für den Wechsel von einem ehrenamtlichen Betreuer zu einem Berufsbetreuer (*BGH* BtPrax 2016/78). Die Erweiterung des Aufgabenkreises des neuen Betreuers führt ebenso wenig wie die Nichtausübung der Betreuertätigkeit durch den früheren Betreuer zu einer Ausnahme von dieser Berechnung der Dauer der Betreuung.

Nach einem Betreuerwechsel beginnt der Abrechnungszeitraum des neuen Betreuers für die Betreuervergütung des § 9 Satz 1 VBVG mit der Wirksamkeit der Bestellung des neuen Betreuers (*BGH* BtPrax 2011, 218).

Vorläufige und endgültige Betreuung bilden eine Einheit. Wurde im einstweiligen Anordnungsverfahren ein vorläufiger Betreuer bestellt und geht das Verfahren in eine endgültige Betreuung über, ist die Bestellung des vorläufigen Betreuers maßgebend (bei der Entstehung von zeitlichen Lücken siehe Abschnitt 3.4.2 in diesem Kapitel).

Vergütungs- und Betreuungsmonat differieren

Bei einem Betreuerwechsel fallen der sog. Betreuungsmonat (Rhythmus ab Bestellung des ersten Betreuers) und der Vergütungsmonat des neuen Betreuers auseinander. Dies erfordert u. U. bis zum Erreichen des 25. Monats (ab der ersten Bestellung) eine taggenaue Abrechnung. Anschließend treten keine Veränderungen mehr ein (siehe die Vergütungstabellen).

- Der für die Vergütungshöhe maßgebliche Betreuungsmonat ergibt sich ab dem Tag nach der ersten Bestellung eines Betreuers.
- Der Vergütungsmonat des neuen Betreuers beginnt am Tag nach seiner wirksamen Bestellung.

Beispiel:

Erstmals wurde am 15. 9. 2018 der Berufsbetreuer A bestellt. Am 19. 8. 2019 wird A aus dem Amt entlassen und am 23. 8. 2019 wird der Berufsbetreuer B bestellt. Der Betreute lebt in seiner Wohnung und ist vermögend; Betreuer B fällt in die Vergütungstabelle C.

Der maßgebliche Betreuungsmonat beginnt am 16. 9. 2018, sodass sich bei der Bestellung des B am 23. 8. 2019 die Betreuung bereits im 12. Monat befindet. Da nun Betreuungsmonat und Vergütungsmonat differieren und ab dem 16. 9. 2019 Umstände eintreten, die sich auf die Vergütung auswirken (Übergang in den 13. Monat), ist nach § 5 Abs. 2 Satz 3 VBVG i. V. m. § 187 Abs. 1, § 188 Abs. 1 und § 191 BGB zeitanteilig nach Tagen zu rechnen.

24. 8.–15. 9.	= 23/30 aus 312,00 EUR	(C 3.2.2)	= 239,20 EUR
16. 9.–23. 9.	= 8/30 aus 257,00 EUR	(C 4.2,2)	= 68,53 EUR
24. 9.–23.10.		(C 4.2.2)	= 257,00 EUR
24. 10.–23. 11.		(C 4.2.2)	= 257,00 EUR

3.4.2 Zeitliche Unterbrechung

Lücken in der Betreuung

Fraglich ist, ob es sich vergütungsrechtlich bei zeitlichen Lücken in der Betreuung für den Betreuer um einen Neuanfang oder eine Fortführung handelt. Es gibt Fälle, in denen für einen Betroffenen eine Betreuung aufgehoben und kurze Zeit später wieder ein Betreuer bestellt wird. Hier ist im Einzelfall zu klären, ob es sich jeweils wieder um eine Erstbetreuung mit der Folge der erhöhten Anfangsvergütung handelt. Eine gesetzliche Regelung wurde hierfür nicht getroffen. Nach den Ausführungen in der *BT-Drucks. 15/2494, S. 35* könnte aber grundsätzlich von einer Erstbetreuung auszugehen sein. In der Literatur und Rechtsprechung werden dazu unterschiedliche Ansichten vertreten.

Vorläufige Betreuung endet

In der Praxis kommen häufig Fälle vor, in denen eine vorläufige Betreuung durch Zeitablauf endet (§ 302 FamFG), die Bestellung eines endgültigen Betreuers aber erst nach einiger Zeit erfolgt.

Zunächst ist zu beachten, dass für den Zeitraum, der zwischen dem Ablauf einer vorläufigen Betreuung und der Betreuerbestellung in der Hauptsache liegt, kein Vergütungsanspruch in Betracht kommt, auch wenn der Betreuer in dieser Zeit tätig geworden ist (*BGH* FamRZ 2016, 1072).

Hauptverfahren schließt sich nicht sofort an

Nach § 51 Abs. 3 Satz 1 FamFG ist eine vorläufige Betreuung nach §§ 300 oder 301 FamFG ein selbstständiges, vom Hauptverfahren unabhängiges Verfahren. Zwar ist Beginn des Vergütungszeitraums (Betreuungsmonat) die Wirksamkeit der Anordnung der vorläufigen Betreuung, auch in Bezug auf die endgültige Betreuung, jedoch nur, wenn sich das Hauptverfahren unmittelbar an die einstweilige Anordnung anschließt. Entsteht zwischen dem Ablauf der vorläufigen Betreuung (§ 302 BGB) und der endgültigen Bestellung eines Betreuers eine (zumindest nicht unerhebliche) Lücke, muss vergütungsrechtlich das endgültige Betreuungsverfahren als Neubeginn gewertet werden.

Praxis TIPP

Endet eine vorläufige Betreuung durch Fristablauf und schließt sich die endgültige Betreuung nicht sofort an, entsteht vielmehr eine zeitliche Lücke, sollte der Betreuer grundsätzlich von einem „Neubeginn" bei der endgültigen Betreuung ausgehen.

Das *OLG Zweibrücken* (Rpfleger 2006, 401) geht von einer (erneuten) Erstbestellung aus, wenn eine vorläufig angeordnete Betreuung infolge Zeitablaufs endet und erst neun Monate später eine Betreuung angeordnet wird. Nach Ansicht des Gerichts stehe dem nicht entgegen, dass der mit dem neu bestellten Betreuer nicht personengleiche vorläufige Betreuer sein Amt nach Ablauf der zeitlichen Befristung der vorläufigen Betreuung weitergeführt hat, ohne hierzu legitimiert zu sein.

Das *LG Koblenz* (FamRZ 2007, 677) geht bei einer betreuungslosen Zwischenzeit von zwei Wochen von einer Erstbetreuung für das Neuverfahren aus, bestätigt dies am 31. 1. 2018 (Az. 3 T 37/18).

Bei kurzzeitiger Unterbrechung der Betreuung (hier Zwischenzeitraum von ca. zwei Wochen zwischen Auslaufen der Eilbetreuung und Anordnung der endgültigen Betreuung) beginnt der Drei-Monats-Zeitraum des § 9 Satz 1 VBVG nach *LG Kassel* (Urteil vom 31. 1. 2018, Az. 3 T 37/18) mit der Neuanordnung der Betreuung von Neuem zu laufen. Für die Berechnung der Dauer der Betreuung im Sinne des § 5 Abs. 1, 2 VBVG (a. F.) ist die vorangegangene Betreuungszeit jedoch (taggenau) zu berücksichtigen.

Beispiel:

Der vorläufige Betreuer wird wirksam am 12. 1. 2020 bestellt; die Bestellung wird befristet bis 11. 7. 2020. Am 28. 7. 2020 wird der vorläufige Betreuer endgültig wirksam im Hauptsacheverfahren bestellt. Betreuter ist vermögend und lebt in einer anderen Wohnform; Betreuer fällt in die Vergütungstabelle C.

vorläufige Betreuung

13. 1. 2020 — 11. 7. 2020

endgültige Betreuung

29. 7. 2020 — 29. 8. 2020 — 29. 9. 2020 — 28. 10. 2020

1. Vergütungsquartal: 13. 1. bis 12. 4. 2020
2. Vergütungsquartal: 13. 4. bis 12. 7. 2020
3. Vergütungsquartal: 13. 7. bis 12. 10. 2020
4. Vergütungsquartal: 13. 10. bis 12. 1. 2020

Der Vergütungsanspruch des vorläufigen Betreuers beginnt am 13. 1. 2020 und endet am 11. 7. 2020; er kann sofort geltend gemacht werden.

13. 1.–12. 4.	= 3 × 486,00 EUR (C 1.2.2)	= 1.458,00 EUR
13. 4.–12. 6.	= 2 × 339,00 EUR (C 2.2.2)	= 678,00 EUR
13. 6.–11. 7.	= 29/30 aus 339,00 EUR (C 2.2.2)	= 327,70 EUR

Der Vergütungsanspruch des endgültigen Betreuers beginnt am 29. 7. 2020.

Da das zweite Vergütungsquartal bis zum 12. 7. geht, die vorläufige Betreuung aber am 11. 7. endet, tritt eine Hemmung der Quartalsfrist am 11. 7. ein (1 Tag Rest). Das bedeutet, dass der 29. 7. noch in das 2. Quartal fällt, während das 3. Quartal erst am 30. 7. beginnt. Der Betreuer kann am 29. 10. 2020 wie folgt berechnen:

29. 7.	= 1/30 aus 339,00 EUR (C 2.2.2)	= 11,30 EUR
30. 7. – 28. 8.	= 30/30 aus 312,00 EUR (C 3.2.2)	= 312,00 EUR
29. 8. – 28. 9.		= 312,00 EUR
29. 9. – 28. 10.		= 312,00 EUR

3.4.3 Erweiterung des Aufgabenkreises

Da das Pauschalierungssystem von den Aufgabenkreisen unabhängig ist, schafft auch eine Erweiterung der Aufgabenkreise keinen „Neubeginn". Es gilt der zum Zeitpunkt der Erweiterung erreichte Pauschalsatz fort (*BGH* BtPrax 2012, 162).

Erweiterung schafft keinen Neubeginn

3.4.4 Ende der Betreuung

Mit der Beendigung der Betreuung endet auch der Vergütungsanspruch des Berufsbetreuers. Umstritten ist der genaue Zeitpunkt der Beendigung.

Zeitpunkt der Beendigung

Die Betreuung endet entweder mit dem Tod des Betreuten oder durch gerichtliche Aufhebung, § 1908d Abs. 1 BGB. Wirksam wird die Aufhebung mit Bekanntmachung an den Betreuer, §§ 40 Abs. 1, 287 Abs. 1 FamFG. Die Bekanntgabe ist erfolgt, wenn der (schriftliche) Beschluss in den Herrschaftsbereich des Betreuers gelangt ist. Wird die sofortige Wirksamkeit des Aufhebungsbeschlusses angeordnet, tritt Wirksamkeit der Beendigung ein, wenn der Beschluss und die Anordnung seiner sofortigen Wirksamkeit dem Betreuten oder dem Verfahrenspfleger bekannt gegeben oder der Geschäftsstelle zum Zweck der Bekanntgabe übergeben werden, dieser Zeitpunkt ist auf dem Beschluss vermerkt, § 287 Abs. 2 FamFG. Wird dem anwesenden Betreuer der Aufhebungsbeschluss mündlich bekannt gegeben (§ 41 Abs. 2 Satz 1 FamFG), tritt zu diesem Zeitpunkt die Wirksamkeit ein, § 287 Abs. 1 FamFG.

Tod und Aufhebung beenden Betreuung

Erst die Aufhebung der Betreuung oder das Ende der Betreuung durch Tod oder Fristablauf stellt eine Veränderung der Umstände dar, die gemäß § 5 Abs. 2 Satz 3 VBVG (§ 5 Abs. 4 Satz 2 VBVG a. F.) dazu führt, dass der Betreuer keine Vergütung mehr erhält. Dabei ist es im Rahmen des pauschalierten Vergütungssystems hinzunehmen, dass der Betreuer die pauschale Vergütung auch für den Zeitraum erhält, in dem die Betreuungsbedürftigkeit möglicherweise nicht mehr besteht, eine gerichtliche Entscheidung darüber aber noch nicht ergangen ist (*BGH* BtPrax 2012, 62).

Vergütungsanspruch endet erst mit wirksamer Aufhebung

Hinweis

Soweit einige Gerichte davon ausgegangen sind, dass der beruflich tätige Betreuer nach Eintritt des Todes des Betreuten noch einen Anspruch auf die (Pauschal-)Vergütung nach § 5 VBVG hätte, bis er vom Tod Kenntnis erlangt hat oder die Kenntnis bei zeitnaher Einholung der erforderlichen Information hätte erlangen müssen, ist dem der *BGH* (FamRZ 2016, 1152) entgegengetreten. Er hat entschieden, dass der Betreuer, der in Unkenntnis des Todes des Betroffenen zunächst weiter tätig wurde, allenfalls in analoger Anwendung von § 6 Satz 1 VBVG und nicht pauschal nach den §§ 4, 5 VBVG zu entschädigen ist.

Kenntnis vom Tod des Betreuten

Wird ein Betreuer (nur) mit einem bestimmten Aufgabenkreis bestellt, endet die für seinen pauschalen Vergütungsanspruch maßgebliche Zeitspanne nicht bereits mit der Anzeige des Betreuers, dass der Aufgabenkreis abgeschlossen ist, sondern gemäß § 1908d BGB erst mit der Aufhebung der Betreuung durch das Gericht. Eine analoge Anwendung des § 6 VBVG, der für die dort genannten Sonderfälle eine Berechnung der Vergütung nach tatsächlich aufgewandtem und erforderlichem Zeitaufwand zulässt, kommt nicht zur Anwendung. Der Rechtspfleger ist nicht befugt, im Vergütungsfestsetzungsverfahren festzustellen, dass die Aufhebung früher hätte erfolgen können (*BGH* BtPrax 2013, 252).

Fallen die Voraussetzungen für die Betreuerbestellung weg, besteht dennoch der Vergütungsanspruch fort, bis die Betreuung durch das Gericht aufgehoben wird. Dem Betreuer kann eine unzulässige Rechtsausübung nicht unter dem Gesichtspunkt vorgeworfen werden, er sei nach § 1901 Abs. 5 BGB verpflichtet gewesen, dafür Sorge zu tragen, dass die Betreuung nicht unnötig lange aufrechterhalten bleibt. Eine solche

Pflicht kann § 1901 Abs. 5 BGB nicht entnommen werden. Nach § 1901 Abs. 5 Satz 1 BGB hat der Betreuer, dem Umstände bekannt werden, die eine Aufhebung der Betreuung ermöglichen, diese dem Betreuungsgericht mitzuteilen. Damit wird lediglich eine nach ihrem Inhalt klar umrissene Mitteilungspflicht des Betreuers gegenüber dem Betreuungsgericht normiert. Eine Mitteilung nach § 1901 Abs. 5 Satz 1 BGB durch den Betreuer ist nicht veranlasst, wenn das Betreuungsgericht bereits anderweitig (z. B. durch ein ärztliches Schreiben) hinreichend darüber informiert war, dass die Umstände, derentwegen die Betreuung angeordnet worden war, weggefallen waren (*BGH* vom 13. 1. 2016, Az. XII ZB 102/13).

Abwicklung der Betreuung fällt in Fallpauschale

Nach der Beendigung anfallende Tätigkeiten des Betreuers, z. B. Schlussabrechnung und Vermögensherausgabe, werden grundsätzlich nicht mehr gesondert vergütet, sondern sind mit der Pauschalvergütung abgegolten (*OLG Dresden* BtPrax 2006, 115; FamRZ 2006, 1483; *OLG München* BtPrax 2006, 233; FamRZ 2006, 1787; *OLG Köln* FGPrax 2006, 163).

Notgeschäftsführung nach Tod des Betreuten

Soweit der Betreuer nach dem Tod des Betroffenen (über die Abwicklung hinaus) Geschäfte besorgt, die nicht ohne Gefahr aufgeschoben werden können, bis der Erbe anderweitig Fürsorge treffen kann (§ 1908i Abs. 1 Satz 1; § 1893 Abs. 1 i. V. m. 1698b BGB), sind auch diese Tätigkeiten zu vergüten. Allerdings kann eine solche Notgeschäftsführung gemäß § 1698b BGB keine Pauschalvergütung gemäß §§ 4, 5 VBVG auslösen. In Analogie zu § 6 VBVG können solche Aktivitäten (ähnlich wie Tätigkeiten eines Betreuers wegen rechtlicher Verhinderung, der ebenfalls nur einen sehr begrenzten Aufgabenkreis hat) aufgrund eines detaillierten Nachweises der Voraussetzungen nach konkretem Aufwand vergütet werden (*OLG München* BtPrax 2006, 233; FamRZ 2006, 1787; *OLG Dresden* BtPrax 2006, 115; FamRZ 2006, 1483; *OLG Köln* FGPrax 2006, 163).

Stundenweise Abrechnung

Die Tätigkeiten nach §§ 1698a oder 1698b BGB werden stundenweise abgerechnet, § 6 Halbsatz 1 (analog) i. V. m. § 3 Abs. 1 VBVG; sie betragen entweder 23,00 EUR, 29,50 EUR oder 39,00 EUR. Daneben fallen sonstige Auslagen an, § 6 Halbsatz 2 (analog), § 3 Abs. 1 Satz 3 VBVG, § 1835 BGB.

Berechnung

Gemäß § 5 Abs. 2 Satz 3 VBVG i. V. m. § 188 Abs. 1 und § 191 BGB ist der Stundensatz zeitanteilig nach Tagen zu berechnen, wenn sich die Umstände, die sich auf die Vergütung auswirken, vor Ablauf eines vollen Monats ändern. Zu den Umständen im Sinne dieser Vorschrift zählt auch der Tod des Betreuten, der automatisch zur Beendigung der Betreuung führt (*OLG Köln* FGPrax 2006, 163).

Beispiel:

Bestellung des Betreuers am 3. 9. 2019; Tod des Betreuten am 16. 11. 2019. Betreuer lebt in Heim und war mittellos; Betreuer fällt in Vergütungstabelle B.

4. 9.–3. 10. 2019	(B 1.1.1)	= 241,00 EUR
4. 10.–3. 11. 2019		= 241,00 EUR
4. 11.–16. 11. 2019	= 13/30 aus 241,00 EUR	= 104,43 EUR

Problematisch kann der Fall sein, wenn der Betreute tot aufgefunden wird und der Pathologe z. B. angibt, der Tod sei zwischen dem 20. 8. 2019 und dem 12. 10. 2019 eingetreten. Hier kann die Vergütung grundsätzlich nur bis zum 20. 8. erlangt werden, solange nicht ein Verfahren zur Feststellung der Todeszeit nach § 39 ff. VerschG einen anderen Todeszeitpunkt festlegt.

3.4.5 *Fälligkeit der (Pauschal-)Vergütung*

Die Fallpauschalen des § 4 VBVG entstehen mit Erbringung der Leistung des Betreuers, und zwar grundsätzlich jeweils am Ende eines Vergütungsmonats.

Fälligkeit der Fallpauschalen

Fällig wird der Anspruch auf die Fallpauschalen gemäß § 9 Satz 1 VBVG nach Ablauf von drei Monaten. Früher kann er nicht geltend gemacht werden, außer es kommt vorher zur Beendigung des Betreueramtes. Für den Anspruch auf Vergütung und Aufwendungsersatz nach § 6 VBVG gilt dies nicht (§ 9 Satz 2 VBVG).

Vergütungsquartale

Die Vergütungspauschale kann somit jeweils nach drei, sechs, neun oder zwölf Monaten geltend gemacht werden, jedoch sollte das Erlöschen gemäß § 2 VBVG beachtet werden.

Praxis TIPP

Formulare zur Festsetzung der Vergütung durch das Betreuungsgericht finden sich unter den *Arbeitshilfen für Betreuer* im Fachportal *Fokus Betreuungsrecht.*

§ 9 Satz 1 VBVG
immer nach Ablauf von 3 Vergütungsmonaten

Ausnahme:
§ 9 Satz 2 VBVG
(Ansprüche nach § 6 VBVG)

Durch die vorgegebenen Abrechnungszeiträume nach § 9 Satz 1 VBVG kommen Abschlagszahlungen nicht in Betracht; eine Verweisung auf § 3 Abs. 4 VBVG ist in der Betreuung nicht vorgesehen.

3.4.6 *Erlöschen, Verjährung und Verzinsung*

Erlöschen

An Erlöschen denken

Zu beachten ist § 2 VBVG. Der Vergütungsanspruch erlischt, wenn er nicht binnen 15 Monaten nach seiner Entstehung beim Betreuungsgericht geltend gemacht wird; die Geltendmachung des Anspruchs beim Betreuungsgericht gilt dabei auch als Geltendmachung gegenüber dem Betreuten. § 1835 Abs. 1a BGB gilt entsprechend.

Der beim Betreuungsgericht gestellte Antrag auf Festsetzung einer Vergütung aus dem Vermögen des Betroffenen wahrt die Ausschlussfrist des § 2 Satz 1 VBVG auch für einen späteren Antrag auf Festsetzung gegen die Staatskasse (*OLG Hamm* FGPrax 2007, 171; *LG Mönchengladbach* FamRZ 2007, 357). Anmeldung dem Grunde nach genügt nicht. Zwar enthält § 2 VBVG keine Vorgaben dafür, in welcher Form die Vergütungsansprüche angemeldet werden müssen, um die Frist zu wahren, jedoch genügt eine pauschale Anmeldung dem Grunde nach nicht als ordnungsgemäße Geltendmachung (*BGH* BtPrax 2013, 152).

Berechnung der Ausschlussfrist

Die Ausschlussfrist des § 2 VBVG zur Geltendmachung der Betreuervergütung beginnt für den Anspruch auf pauschale Vergütung (§ 4 VBVG) zu dem Zeitpunkt, in dem der Anspruch gemäß § 9 VBVG erstmals geltend gemacht werden kann, somit am Ende des Betreuungsquartals. Siehe hierzu *BGH* BtPrax 2013, 109.

Beispiel:

Die Vergütung für den Zeitraum vom 20. 8. 2019 bis 19. 11. 2019 muss bis spätestens 19. 2. 2021 gegenüber dem Betreuungsgericht oder dem Betreuten geltend gemacht werden.

Eine Wiedereinsetzung in den vorigen Stand bei Fristversäumnis findet nicht statt; das Betreuungsgericht ist im Regelfall nicht gehalten, auf den Ablauf der Frist oder die damit verbundenen Rechtsfolgen hinzuweisen (*BayObLG* FamRZ 2004, 1137).

Friständerung ist möglich

Gemäß § 2 Satz 2 VBVG i. V. m. § 1835 Abs. 1a BGB kann das Betreuungsgericht dem Betreuer eine von 15 Monaten abweichende Frist von mindestens zwei Monaten bestimmen. In der Fristbestimmung wird der Betreuer über die Folgen der Versäumung der Frist belehrt. Möglich ist nach § 1835 Abs. 1a BGB auch eine Verlängerung der Ausschlussfrist für die Geltendmachung der Betreuervergütung; dies setzt einen konkreten Antrag des Betreuers voraus, der vor Ablauf der Frist zu stellen ist (*BayObLG* FamRZ 2003, 1414; BtPrax 2003, 220; Rpfleger 2003, 651).

Verjährung

Verjährung beachten

Ist der Anspruch rechtzeitig beim Betreuungsgericht geltend gemacht, wird aber nicht festgesetzt oder erfüllt, gilt gemäß § 195 BGB die Verjährungsfrist von drei Jahren, und zwar auch gegenüber der Staatskasse (*LG München I* BtPrax 1998, 36).

Verzinsung des Vergütungsanspruchs

Ob eine Verzinsung des Vergütungsanspruchs möglich ist, sieht die Rechtsprechung unterschiedlich.

Verzinsung frühestens ab Rechtskraft

Positiv beurteilt den Verzinsungsanspruch das *BayObLG* (FamRZ 2002, 767). Es führt aus, dass Zinsen grundsätzlich nur auf der Grundlage der Vorschriften der §§ 288, 291 BGB verlangt werden können, was einen Verzug des Vergütungsschuldners voraussetzt. Frühestens in dem mit Bekanntmachung wirksam werdenden (§ 40 Abs. 1 FamFG) Festsetzungsbeschluss des Betreuungsgerichts liegt eine hinreichend konkrete Aufforderung an den Vergütungspflichtigen zur Zahlung. Aus § 291 BGB kann eine Verzinsungspflicht frühestens ab Rechtskraft des Festsetzungsbeschlusses hergeleitet werden; ein Anspruch ab Antragstellung scheidet aus. Dies bestätigen auch das *OLG Hamm* (BtPrax 2003, 81), das *LG Karlsruhe* (FamRZ 2004, 1816) und das *OLG Rostock* (FamRZ 2007, 1690).

Gegen eine Verzinsung der Vergütung sprechen sich das *LG Braunschweig* (NdsRpfl 2002, 147) und das *OLG Celle* (FamRZ 2002, 1431) aus.

3.5 Gewöhnlicher Aufenthalt des Betreuten

Aufenthalt beeinflusst die Fallpauschale

§ 5 Abs. 3 VBVG unterscheidet den Aufenthaltsort des Betreuten nach

- stationären Einrichtungen
- gleichgestellten ambulanten Wohnformen
- anderen Wohnformen

3.5.1 Stationäre Einrichtungen

§ 5 Abs. 3 Satz 2 Nr. 1 VBVG definiert eine stationäre Einrichtung wie folgt:

Was ist eine stationäre Einrichtung?

> *Einrichtungen, die dem Zweck dienen, Volljährige aufzunehmen, ihnen Wohnraum zu überlassen sowie tatsächliche Betreuung oder Pflege zur Verfügung zu stellen oder vorzuhalten, und die in ihrem Bestand von Wechsel und Zahl der Bewohner unabhängig sind und entgeltlich betrieben werden.*

Diese Definition entspricht an sich dem bis zum 26. 7. 2019 verwendeten „Heimbegriff" und ist letztlich nur eine andere Formulierung, die insbesondere erforderlich war, da das HeimG weggefallen ist.

Nach den Ausführungen in der *BT-Drucks. 19/8694, S. 28* zum Änderungsgesetz soll eine inhaltliche Änderung damit nicht verbunden sein. § 5 Abs. 3 Satz 2 Nr. 1 VBGB greift auf die bisherigen Kriterien des § 5 Abs. 3 Satz 1 VBVG (a. F.) zur Definition des Begriffs „Heim" zurück. Diese Kriterien haben sich im Wesentlichen bewährt und sollen auch zur Definition der „stationären Einrichtung" beibehalten werden. Die von der Rechtsprechung entwickelten Grundsätze behalten so weiterhin Gültigkeit. Lediglich hinsichtlich der Zweckbestimmung sollen die Weiterentwicklungen berücksichtigt werden, so wird überwiegend nicht mehr, wie noch im Heimgesetz, auf ein Angebot von Verpflegung abgestellt, sondern allgemein auf das Angebot von Pflege- oder Betreuungsleistungen. Denn der Aufwand für die rechtliche Betreuung wird nicht maßgebend dadurch bestimmt, ob vorgefertigte Verpflegung angeboten wird oder nicht. Insbesondere berücksichtigt dies Angebote aus der Behindertenhilfe nicht, bei denen die Bewohner im Sinne einer selbstbestimmten Lebensführung an eine Selbstversorgung herangeführt werden sollen, dies aber unter umfassender Hilfestellung und Beaufsichtigung erfolgt.

Folgende Voraussetzungen sind nach § 5 Abs. 3 Satz 2 Nr. 1 VBVG zu beachten:

- Es muss eine Einrichtung vorliegen, die dem Zweck dient, Volljährige aufzunehmen. **Volljährigkeit**
- Die Einrichtung muss entgeltlich betrieben werden. Dies liegt regelmäßig vor, wenn nur gegen Entgelt Personen aufgenommen werden und diese sich vertraglich zur Leistung verpflichten (z. B. in einem Heimvertrag). Dabei soll auch genügen, dass der Bewohner kraft Gesetzes ein Entgelt schuldet, wie z. B. ein Strafgefangener der Vollzugsanstalt nach § 50 StVollzG, wie *Fröschle*, Betreuungsrecht 2005, Rn. 294 ausführt (allerdings werden Vollzugsanstalten sicherlich nicht zu dem Zweck betrieben, gegen Entgelt Strafgefangene aufzunehmen). **Entgeltlichkeit**
- Die Einrichtung muss in ihrem Bestand von der Zahl und der Person ihrer Bewohner unabhängig sein. Dies liegt vor, wenn jemand fremde Volljährige in sein Haus oder Heim aufnimmt, in der Absicht, einen Personenwechsel jederzeit zuzulassen. Werden aber z. B. mehrere Verwandte aufgenommen und geschieht dies aus persönlicher Verbundenheit, fehlt die geforderte Voraussetzung. **Unabhängigkeit von Bestand der Bewohner**
- Die Einrichtung muss Wohnraum überlassen. **Überlassung von Wohnraum**
- Die Einrichtung muss tatsächliche Betreuung und Pflege zur Verfügung stellen oder vorhalten. Sie stellt diese zur Verfügung, wenn sie die Leistungen selbst erbringt; Vorhalten ist auch dann gegeben, wenn sie dafür sorgt, dass die Leistungen von dritter Seite erbracht werden. **Tatsächliche Betreuung**

Die Tatsache, dass ein Vermieter von Wohnraum durch Verträge mit Dritten oder auf andere Weise sicherstellt, dass den Mietern Betreuung und Pflege angeboten werden, genügt allein nicht. Dies gilt auch dann, wenn die Mieter vertraglich verpflichtet sind, allgemeine Betreuungsleistungen wie Notrufdienste oder Vermittlung von Dienst- und Pflegeleistungen von bestimmten Anbietern anzunehmen und das Entgelt hierfür im Verhältnis zur Miete von untergeordneter Bedeutung ist. Es genügt, wenn die Mieter vertraglich verpflichtet sind, Pflege und weitergehende Betreuungsleistungen von bestimmten Anbietern (verbindlich) anzunehmen.

Wohnraum und Versorgung

Unter stationäre Einrichtungen fallen ab 2020 auch die Wohnformen nach § 42a Abs. 2 Satz 1 Nr. 2 SGB XII.

Wichtig ist der Zusammenhang

Alleiniger und entscheidender Streitpunkt ist die Frage eines hinreichenden Zusammenhangs zwischen Vermietung (Wohnraumüberlassung) einerseits sowie Versorgung

(Betreuung und Pflege) andererseits. Der erforderliche Zusammenhang ist insbesondere dann zu bejahen, wenn die Mieter vertraglich verpflichtet sind, Pflege und nicht nur allgemeine, sondern weitergehende Betreuung von bestimmten Anbietern anzunehmen. Es reicht demgegenüber nicht aus, dass der Vermieter rechtlich oder tatsächlich irgendwie sicherstellt, den Mietern Betreuung und Pflege anzubieten. Es wird kein einheitliches (Heim-)Vertragsverhältnis verlangt. Es können anstelle eines Heimvertrags mehrere getrennte Verträge über die Vermietung von Wohnraum und über die Gewährung von Betreuung und Pflege vorliegen. Allerdings muss beides bezweckt sein.

Es gibt zum Heimbegriff eine Anzahl von Entscheidungen, die allerdings überwiegend noch auf die „Verpflegung" abstellen. Seit 27. 7. 2019 steht nunmehr nicht mehr (allein) diese, sondern die „Pflege" als solche im Vordergrund.

Vorhandensein einer Kantine allein genügt nicht

Der Begriff des Heims setzt zwingend voraus, dass die betreffende Einrichtung auch dem Zweck dient, den aufgenommenen Personen „Verpflegung zur Verfügung zu stellen oder vorzuhalten". Dafür genügt es nicht, dass die Einrichtung über eine Kantine verfügt, in der auch dieser Personenkreis gegen Bezahlung ein Mittagessen einnehmen kann. Erforderlich ist, dass die Einrichtung den Insassen sämtliche Hauptmahlzeiten (Frühstück, Mittagessen, Abendessen) anbietet und diese im Heimpreis inbegriffen sind. Es kommt nicht darauf an, dass im Hinblick auf die teilweise sichergestellte Verpflegung ein Mehraufwand des Betreuers nicht ersichtlich ist (*OLG Schleswig* BtPrax 2006, 115).

Typische Lebenssituation des Bewohners

Für die Beurteilung, ob ein Heimaufenthalt vorliegt, kommt es nicht allein auf den Umfang der tatsächlichen Inanspruchnahme der von dem Einrichtungsträger gegenüber dem Bewohner zu erbringenden Leistungen an, sondern auf eine abstrakte Betrachtungsweise, die sich auf die typische Lebenssituation eines Bewohners der betreffenden Einrichtung bezieht (*OLG Celle* BtPrax 2009, 184).

Verneinen des Heimbegriffs

Für einen Heimcharakter ist in erster Linie das „stationäre Element" prägend, wonach der Einrichtungsträger die Gesamtverantwortung für die tägliche Lebensführung des Hilfeempfängers übernimmt (*LG Erfurt*, Beschluss vom 6. 7. 2015, Az. 3 T 142/15; *LG Heilbronn*, Beschluss vom 6. 8. 2015, Az. 1 T 18/15; *LG Arnsberg*, Beschluss vom 6. 9. 2018, Az. 5 T 144/18).

Pflegefamilie

Die Unterbringung in einer Pflegefamilie fällt grundsätzlich nicht unter den Heimbegriff des § 5 VBVG. Eine Ausnahme kann vorliegen, wenn die Unterbringung in der Pflegefamilie von einem Heimträger veranlasst und von diesem überwacht wird, weil die Pflegefamilie in die Gesamtorganisation des Heimträgers integriert ist (*BGH* BtPrax 2008, 118).

Eine Obdachloseneinrichtung kann als Heim im Sinne von § 5 Abs. 3 VBVG eingestuft werden, wenn neben der Unterkunft eine umfassende tatsächliche Betreuung vorgehalten wird (Vollverpflegung und Rundum-Versorgung; *LG Bad Kreuznach*, Beschluss vom 17. 5. 2017, Az. 1 T 23/17).

3.5.2 Ambulant betreute Wohnformen

§ 5 Abs. 3 Satz 2 Nr. 2 VBVG definiert die ambulant betreuten Wohnformen:

Was ist eine ambulant betreute Wohnform?

> *Entgeltliche Angebote, die dem Zweck dienen, Volljährigen das Leben in einem gemeinsamen Haushalt oder einer Wohnung bei gleichzeitiger Inanspruchnahme extern angebotener entgeltlicher Leistungen tatsächlicher Betreuung oder Pflege zu ermöglichen.*

Gleichstellung mit stationärer Einrichtung

§ 5 Abs. 3 Satz 3 VBVG erläutert ergänzend, wann ambulant betreute Wohnformen einer stationären Einrichtung gleichgestellt sind:

> *Ambulant betreute Wohnformen sind stationären Einrichtungen gleichgestellt, wenn die in der ambulant betreuten Wohnform extern angebotenen Leistungen tatsächlicher Betreuung oder Pflege als Rund-um-die-Uhr-Versorgung durch professionelle Betreuungs- oder Pflegekräfte zur Verfügung gestellt oder vorgehalten werden und der Anbieter der extern angebotenen Betreuungs- und Pflegeleistungen nicht frei wählbar ist.*

Folgende Voraussetzungen sind zu beachten:

- Entgeltliche Angebote an einen Volljährigen
- Ermöglichung des Lebens in einem gemeinsamen Haushalt oder einer Wohnung
- bei gleichzeitiger Inanspruchnahme extern angebotener Leistungen tatsächlicher Betreuung oder Pflege als „Rund-um-die-Uhr-Versorgung"
- Leistungen werden durch professionelle Betreuungs- oder Pflegekräfte zur Verfügung gestellt oder vorgehalten
- Anbieter der extern angebotenen Betreuungs- und Pflegeleistungen ist nicht frei wählbar

Rund-um-die-Uhr-Versorgung

Sinn und Zweck des § 4 VBVG (Gewährung bestimmter Pauschalen je nach Aufenthalt des Betreuten) dürfen nicht außer Acht gelassen werden. Der Zeitaufwand des Betreuers wird in der Regel geringer sein, wenn der Alltag des Betreuten durch Dritte mehr oder weniger organisiert wird und der Betreuer insoweit nur Kontrollaufgaben erfüllt.

Handelt sich bei den gewählten Leistungen um Hilfen, die typischerweise auch von pflegebedürftigen Personen in Anspruch genommen werden, die noch autonom in ihrer Wohnung leben, ist der Begriff „gleichgestellte ambulante Wohnform" nicht einschlägig.

Auch hier gibt es *(zum alten Recht)* Entscheidungen:

Eine Wohnform für Menschen mit Behinderungen, bei der im Interesse der Wahrung einer möglichst eigenständigen Lebensführung neben der behindertengerechten Wohnung Verpflegung und die Unterstützung und Begleitung bei der persönlichen Lebensgestaltung, Arbeitsplatzsituation, Haushaltsführung, Wirtschaftsführung, sozialen Kontakten, Freizeitgestaltung sowie Behördengängen und Arztbesuchen in Anspruch genommen werden können, ohne dass man hierzu verpflichtet ist, und im Bedarfsfall weitere Dienste vermittelt werden und der Bewohner die freie Entscheidung bei der Frage der Inanspruchnahme und Auswahl des Leistungserbringers für weitere Dienste hat, ist kein Heim (*nunmehr: keine gleichgestellte ambulante Wohnform* gemäß § 5 Abs. 3 VBVG; *VG Karlsruhe* BtPrax 2007, 44).

Lebt der Betroffene aufgrund Mietvertrags in einer Wohngemeinschaft und bezieht von einem gesonderten Anbieter ambulante Pflegeleistungen, so hält er sich damit grundsätzlich noch nicht in einem Heim gemäß § 5 Abs. 3 VBVG auf. Sind der Vermieter und der vom Gremium der Bewohner beauftragte Pflegedienst personell miteinander verbunden, können aber die Bewohner, wenn auch nur in ihrer Gesamtheit, einen anderen Anbieter wählen, so führt dies ebenfalls noch nicht zur Einstufung als Heim im Sinne von § 5 Abs. 3 VBVG (*nunmehr: gleichgestellte ambulante Wohnform; BGH*, Urteil vom 28. 11. 2018, Az. XII ZB 517/17).

Eine „betreute Wohngemeinschaft" ist dann nicht als Heim im Sinne von § 5 Abs. 3 VBVG *(nunmehr: gleichgestellte ambulante Wohnform)* anzusehen, wenn eine vertragliche Inanspruchnahme von Betreuungsleistungen nicht besteht und Pflegeleistungen vertraglich nicht angeboten werden. Bei einer solchen vertraglichen Gestaltung ist eine umfassende, von der aktuellen Situation des Betroffenen grundsätzlich unabhängigen Versorgungsgarantie nicht gewährleistet (*OLG Brandenburg* BtPrax 2009, 125).

Wohngruppe oder Wohnpark

Wenn der Betroffene, der in einem Wohnpark eine Wohnung mit Küche gemietet hat, bei der er über die laut diesem Vertrag verpflichtend abzunehmenden sog. Grundleistungen wie z. B. Anschluss an ein Notrufsystem, allgemeine Betreuung und allgemeine soziale Beratung hinaus aufgrund Vertrags mit dem Träger des Wohnparks auch umfangreiche hauswirtschaftliche und pflegerische Betreuung bei gleichzeitiger Einstufung in einen Pflegegrad der Pflegeversicherung in Anspruch nimmt, so ist dies als Heimaufenthalt gemäß § 5 Abs. 1 Satz 1, Abs. 3 VBVG anzusehen (*OLG München* BtPrax 2006, 107).

3.5.3 Gewöhnlicher Aufenthalt

Definition

Den gewöhnlichen Aufenthalt gemäß Vormünder- und Betreuungsvergütungsgesetzes (VBVG) hat jemand dort, wo er sich unter Umständen aufhält, die erkennen lassen, dass er an diesem Ort oder in diesem Gebiet nicht nur vorübergehend verweilt. Es handelt sich um den Ort, an dem eine Person sozial integriert ist und ihren auf längere Zeit angelegten tatsächlichen Lebensmittelpunkt hat. Auf den Willen, den Aufenthaltsort zum Mittelpunkt oder Schwerpunkt der Lebensverhältnisse zu machen, kommt es nicht an. Entscheidend sind vielmehr die tatsächlichen Verhältnisse. Die für einen gewöhnlichen Aufenthalt erforderliche Dauer ist unter Berücksichtigung des jeweiligen Normzwecks nach den Umständen des Einzelfalls zu bestimmen. Dabei ist der Zweck der Vorschrift, nämlich die Gewährung einer geringeren Vergütung für einen geringeren Betreuungsaufwand bei einem Aufenthalt des Betreuten in einer Einrichtung, mit zu berücksichtigen (*BGH* BtPrax 2014).

Untersuchungshaft/ längere Strafhaft

In der Untersuchungshaft begründet der Betroffene regelmäßig keinen gewöhnlichen Aufenthalt (*BGH*, Beschluss vom 26. 3. 2014, Az. XII ZB 256/13). Anders verhält es sich bei einer Strafhaft. Der Aufenthalt in einer Justizvollzugsanstalt ist dem Heimaufenthalt gleichzustellen. Die Justizvollzugsanstalt erfüllt die von § 5 Abs. 3 VBVG aufgestellten Voraussetzungen für den Heimbegriff. Der Betroffene hat dort wegen der Dauer der Inhaftierung (zumindest bei einer längeren Strafe) seinen Lebensmittelpunkt und damit auch seinen gewöhnlichen Aufenthalt. Darauf, ob dies seinem Willen entspricht, kommt es ebenso wenig an wie auf den Umstand, dass er die bereits vor seiner Inhaftierung angemietete Wohnung nicht gekündigt und dort auch seine Hafturlaube verbracht hat. Entgegen einer verbreiteten Meinung in Literatur und Rechtsprechung ist es während der Verbüßung einer längeren Strafhaft nicht möglich, dass der Betreute neben seinem Lebensmittelpunkt in der Vollzugsanstalt einen anderen tatsächlichen Lebensmittelpunkt hat. Denn der Gefangene verbringt die weit überwiegende Zeit in der Vollzugsanstalt, empfängt dort seine Besucher und unterhält dort seine sozialen Kontakte. Deshalb ist es auch unerheblich, ob der Betreute nach Verbüßung einer längeren Strafhaft über eine konkrete Rückkehrmöglichkeit, beispielsweise in eine weiterhin angemietete Wohnung, verfügt. Denn die bloße Möglichkeit der späteren Rückkehr hat keine Auswirkung auf den aktuellen tatsächlichen Aufenthalt des Betreuten in der Justizvollzugsanstalt (*BGH* BtPrax 2012, 65).

Im Einzelfall kann auch bei einer mehr als zwei Jahre dauernden Unterbringung in einer psychiatrischen Einrichtung eine Betreuervergütung nach den Stundenansätzen für Betreute, die ihren gewöhnlichen Aufenthalt nicht in einem Heim haben, zu bemessen sein. Die geschlossene Unterbringung, deren Fortdauer der Betreuer – ggf. nach ärztlicher Beratung – jederzeit hätte beenden können, geben dem Aufenthalt in einer psychiatrischen Einrichtung trotz ihrer Dauer – wie eine Inhaftierung im Fall einer Untersuchungshaft – das Gepräge eines vorübergehenden Aufenthalts ohne nachhaltige soziale Integration. Daneben ist insbesondere die Tatsache, dass die Mietwohnung für eine Rückkehr des Betroffenen fortlaufend vorgehalten wird, ein gewichtiger Anhaltspunkt dafür, dass die soziale Integration des Betroffenen sowie sein auf längere Zeit angelegter tatsächlicher Lebensmittelpunkt bislang noch nicht im Pflegeheim zu verorten ist (*LG Freiburg*, Urteil vom 18. 5. 2015, Az. 4 T 259/14).

Aufenthalt in psychiatrischer Einrichtung begründet nicht zwingend gewöhnlichen Aufenthalt

Ein Krankenhausaufenthalt zur Akutbehandlung (hier Schädel-Hirnverletzung), der mehrere Monate dauert, stellt keine heimmäßige Unterbringung im Sinne von § 5 VBVG dar. Das gilt auch dann, wenn im Anschluss an die Krankenhausbehandlung eine Aufnahme in ein Pflegeheim erfolgen musste (*LG Nürnberg-Fürth* FamRZ 2007, 855).

Praxis TIPP

Die Aufnahme in ein Pflegeheim begründet einen gewöhnlichen Aufenthalt, wenn eine Rückkehr in ein selbstständiges Wohnen unwahrscheinlich ist und spätestens dann, wenn die Auflösung des Mietverhältnisses gerichtlich genehmigt und erfolgt ist. Krankenhaus und Reha-Klinik sind regelmäßig vorübergehend, dies trifft auch bei einer Kurzzeitpflege zu. Untersuchungshaft ist vorübergehend; Strafhaft (zumindest bei einer längeren Dauer) aufenthaltsbegründend. Strafrechtliche Unterbringung in einer Entziehungsanstalt (§ 64 StGB) ist vorübergehend, während die Unterbringung in einem psychiatrischen Krankenhaus (§ 63 StGB) oder in Sicherungsverwahrung (§ 66 StGB) einen gewöhnlichen Aufenthalt begründen dürfte.

Im Zweifel sollte der Berufsbetreuer den höheren Stundenansatz zur Festsetzung beantragen. Nach dem Regel-/Ausnahmeverhältnis von § 5 Abs. 3 VBVG hat er allerdings die Aufklärungslast zu tragen.

3.6 Vermögensstatus

§ 5 Abs. 4 VBVG stellt klar, dass hinsichtlich der Bestimmung des Vermögensstatus des Betreuten entscheidend ist, ob am Ende des Abrechnungsmonats Mittellosigkeit nach § 1836d BGB vorliegt.

Vermögend oder mittellos

Die Aufnahme ins Gesetz, dass entscheidend ist, was am Ende eines Vergütungsmonats (Abrechnungsmonats) vorliegt, stellt klar, was die Rechtsprechung des *BGH* als Abweichung von § 5 Abs. 4 Satz 2 VBVG (a. F.) bereits vorgegeben hat.

Ende des Vergütungsmonats zählt

Vermögensstatus

Höhe der Vergütung	**Zahlungspflichtiger**
Vergütungstabelle	Betreuter/Staatskasse
vermögend/mittellos am Ende des Vergütungsmonats	vermögend/mittellos zum Zeitpunkt der gerichtlichen Entscheidung

Die Unterscheidung des mittellosen vom vermögenden Betreuten ist zunächst für die Bestimmung der monatlichen Pauschale nach den Vergütungstabellen (Anlage zu § 4 VBVG) erforderlich. Darüber hinaus erlangt der Vermögensstatus auch Bedeutung für die Frage, ob die Festsetzung gegen das Betreutenvermögen oder die Staatskasse/ Landeskasse zu erfolgen hat.

Zahlungspflicht entscheidet sich bei der gerichtlichen Festsetzung

Für die Feststellung des Zahlungspflichtigen ist abzustellen auf den Tag der letzten Tatsachenentscheidung im Festsetzungsverfahren (*BayObLG* BtPrax 2002, 123). Weder der Eintritt der Fälligkeit der Pauschale nach drei Monaten (§ 9 Satz 1 VBVG), noch der Zeitpunkt der Antragstellung kann maßgebend sein, da der Betreuer letztlich keinen Einfluss darauf hat, wann das Gericht die Festsetzung vornimmt.

Beispiel:

Abrechnungszeitraum geht vom 10. 6. bis zum 9. 9.

9. 7.: Betreutenvermögen 3.000 EUR
9. 8.: Betreutenvermögen 7.000 EUR
9. 9.: Betreutenvermögen 7.200 EUR

→ Antrag auf Festsetzung der Vergütung: 15. 9. (Vermögensstand: 6.900 EUR)
→ gerichtliche Festsetzungsentscheidung: 5. 10. (Vermögenstand: 4.900 EUR)

Festsetzung erfolgt gegen die Staatskasse/Landeskasse, da zum Zeitpunkt der gerichtlichen Entscheidung Mittellosigkeit vorliegt. Allerdings sind für die Monate 10. 7. bis 9. 8. und 10. 8. bis 9. 9. die Pauschalsätze für vermögend festzusetzen.

Hinweis:

Verändern sich die Vermögensverhältnisse nach Antragstellung und vor der gerichtlichen Entscheidung, sollte dies der Betreuer unverzüglich dem Gericht mitteilen.

Muss der Betreuer erkennen, dass künftig eine Festsetzung gegen den Betroffenen wegen dessen allmählichen Vermögensverfalls nicht möglich sein wird, und stellt er gleichwohl schuldhaft den Vergütungsantrag im Rahmen des ihm Möglichen und Zumutbaren nicht so zeitig, dass er die Vergütung noch aus dem Vermögen des Betroffenen erhalten kann, kann seine Vergütung nach den allgemeinen Grundsätzen von Treu und Glauben auf die Vergütung gekürzt werden, die für die Betreuung eines mittellosen Betroffenen anzusetzen wäre. Tritt die Mittellosigkeit binnen eines Monats nach dem Ende des Betreuungsquartals ein, wird man regelmäßig nicht davon ausgehen können, dass die Geltendmachung der Vergütung unmittelbar nach Quartalsende es noch ermöglicht hätte, die Vergütung aus dem Vermögen des Betroffenen zu entnehmen (*OLG München* BtPrax 2009, 191).

3.6.1 Begriff der Mittellosigkeit

Grundlagen der Mittelosigkeit

§ 1836d BGB Mittellosigkeit	§ 1836c BGB einzusetzendes Vermögen/ Einkommen
Betreuter kann nach seinen persönlichen und wirtschaftlichen Verhältnissen die Vergütung • aus seinem einzusetzenden Einkommen/Vermögen • nicht in einem Betrag – gar nicht – nur zum Teil in Raten – nur im Wege gerichtlicher Geltendmachung von Unterhaltsansprüchen aufbringen	**Vermögen** nach Maßgabe § 90 SGB XII unter Beachtung von • § 90 Abs. 2 Nr. 8 SGB XII • § 90 Abs. 2 Nr. 9 SGB XII i. V. m. § 1 DVO zu § 90 *sog. Schonbetrag von 5.000 EUR* **Einkommen** nach Maßgabe § 87 SGB XII unter Beachtung von §§ 82, 85 Abs. 1, 86 SGB XII • sog. bereinigtes Einkommen • maßgeblich Einkommensgrenze

Das Vorliegen der Mittellosigkeit wird in § 1836d BGB definiert. Der Betreute gilt als mittellos, wenn er nach seinen persönlichen und wirtschaftlichen Verhältnissen die Vergütung, einen Aufwendungsersatz oder eine Aufwandsentschädigung aus seinem einzusetzenden Einkommen oder Vermögen nicht in einem Betrag, genauer gesagt gar nicht oder nur zum Teil in Raten oder nur im Wege gerichtlicher Geltendmachung von Unterhaltsansprüchen, aufbringen kann.

Gesamter Anspruch richtet sich gegen Staatskasse

Der Betreuer kann bei Mittellosigkeit des Betreuten seinen Anspruch insgesamt – also nicht nur in dem Maße, in dem der Betreute zur Leistung nicht in der Lage ist – gegen die Staatskasse/Landeskasse geltend machen. Diese kann ihrerseits beim Betreuten, soweit dieser leistungsfähig ist, und bei dessen Erben nach § 1836e BGB Rückgriff nehmen.

3.6.2 Einzusetzende Mittel

Welche Mittel sind einzusetzen?

Das Maß des nach den persönlichen und wirtschaftlichen Verhältnissen Aufzubringenden bestimmt sich dabei grundsätzlich nach § 1836c BGB.

Der Betreute ist unter Beachtung des § 1836c BGB nicht in der Lage, aus seinem Einkommen und/oder Vermögen eine Vergütung des Betreuers in einem Betrag zu erbringen, ohne dass sein Schonvermögen unterschritten wird. Dabei ist von dem festzusetzenden Betrag auszugehen (*OLG Schleswig* BtPrax 2000, 128).

Die Feststellung der Mittellosigkeit muss immer nach den höheren Fallpauschalen eines Vermögenden beurteilt werden. Reicht dafür das Betreutenvermögen nicht aus, erfolgt Festsetzung gegen die Staatskasse, § 1 Abs. 2 Satz 2 VBVG. Allerdings kann in diesem Fall ein Regress gemäß §§ 1908i Abs. 1 Satz 1, 1836e BGB zugunsten der Staatskasse angeordnet werden.

Umstritten ist die Frage, welcher Betrag pro Vergütungsmonat aus dem Vermögen des Betreuten entnommen werden kann – nur der in diesem Monat angefallene Vergütungsbetrag, oder der Betrag, der bisher insgesamt angefallen ist.

Beispiel:

Abrechnungszeitraum vom 10. 6. bis zum 9. 9.

9. 7.: Betreutenvermögen 5.500 EUR

9. 8.: Betreutenvermögen 5.500 EUR

9. 9.: Betreutenvermögen 5.500 EUR

→ monatlicher Vergütungsbetrag des Betreuers: 257,00 EUR

- Vergütungsmonat 10. 6. bis 9. 7.: vermögend, da 257 EUR entnommen werden können
- Vergütungsmonat 10. 7. bis 9. 8.: mittellos, da 514 EUR nicht mehr entnommen werden können (unter die Schongrenze fallend)
- Vergütungsmonat 10. 8. bis 9. 9.: mittellos, da 771 EUR nicht mehr entnommen werden können (unter die Schongrenze fallend)

Festsetzung erfolgt gegen die Staatskasse, wenn zum Zeitpunkt der Entscheidung immer noch 5.500 EUR vorhanden sind.

3.6.3 Feststellung der Mittellosigkeit

Hinweis:

Umfangreiche Ausführungen zur Mittellosigkeit finden Sie unter Ziffer 4. in diesem Kapitel.

Vermögen

Nach § 1836c Nr. 2 BGB hat der Betreute sein Vermögen nach Maßgabe des § 90 SGB XII einzusetzen. Zum Vermögen nach § 90 Abs. 1 SGB XII gehört grundsätzlich das gesamte verwertbare Vermögen.

Nur Aktivvermögen ist zu berücksichtigen

Bei der Prüfung der Mittellosigkeit ist hinsichtlich des einzusetzenden Vermögens des Betroffenen nur das verfügbare Aktivvermögen zu berücksichtigen und Verbindlichkeiten bleiben selbst dann außer Betracht, wenn sie bereits tituliert sind. Dies gilt unabhängig davon, ob die Verbindlichkeit des Betroffenen durch öffentlich-rechtlichen Leistungsbescheid oder durch einen zivilrechtlichen Titel festgelegt und damit durchsetzbar ist. Solange ein dem Betroffenen zustehender Gegenstand nicht aus seinem Vermögen abgeflossen ist, muss er dem Aktivvermögen zugerechnet werden, auch wenn insoweit möglicherweise Vollstreckungsmaßnahmen Dritter drohen könnten. Das haftende Aktivvermögen wird nicht bereits durch das Bestehen und die Titulierung eines Anspruchs geschmälert, sondern erst mit dessen Durchsetzung (*OLG Stuttgart* FamRZ 2007, 1912).

Schonvermögen

Das Vermögen des Betreuten darf nicht herangezogen werden, wenn § 90 Abs. 2 SGB XII greift. Nicht einzusetzen sind unter anderem ein angemessenes Hausgrundstück (§ 90 Abs. 2 Nr. 8 SGB XII) oder kleinere Barbeträge oder sonstige Geldwerte (§ 90 Abs. 2 Nr. 9 SGB XII). Die Höhe der kleineren Barbeträge und sonstigen Geldwerte wird in der DVO zu § 90 Abs. 2 Nr. 9 SGB XII näher bestimmt. Nach § 1 Satz 1 Nr. 1 der DVO gelten für alle volljährigen Personen, deren Einkommen und Vermögen bei der Gewährung von Sozialhilfe zu berücksichtigen ist bzw. die zu einer sozialhilferechtlichen Einstandsgemeinschaft nach § 19 Abs. 3 bzw. § 27 Abs. 1 und 2, § 41 und § 43 Abs. 1 Satz 2 SGB XII gehören, einheitlich 5.000 EUR als kleinere Barbeträge oder sonstige Geldwerte. Nach § 1 Satz 1 Nr. 2 der DVO kommen weitere

500 EUR für jede Person dazu, die von einer nach Nummer 1 genannten Person überwiegend unterhalten wird.

Welches Vermögen der Betreute für die Vergütung seines Betreuers einzusetzen hat, bestimmt sich gemäß § 1836c Nr. 2 BGB allein nach § 90 SGB XII und damit auch nach der Durchführungsverordnung. In anderen gesetzlichen Vorschriften, wie etwa im Bundesversorgungsgesetz, anderweitig festgesetzte Schongrenzen sind insoweit ohne Belang (*LG Koblenz* Rpfleger 2012, 29).

Entgegen der Rechtsprechung der *Landgerichte Bielefeld, Chemnitz* und *Kassel* hat der *BGH* mit Beschluss vom 20. 3. 2019 (Az. XII ZB 290/18) entschieden, dass auch dann, wenn ein Betreuter Eingliederungshilfe in einer Werkstatt für behinderte Menschen bezieht, er sein Vermögen für die Vergütung seines Betreuers insoweit einzusetzen hat, als es den allgemeinen Schonbetrag nach § 90 Abs. 2 Nr. 9 SGB XII von derzeit 5.000 EUR übersteigt. Der erhöhte Vermögensfreibetrag nach § 60a SGB XII von bis zu 25.000 EUR findet dabei keine Anwendung.

Vermögen muss verwertbar sein

Das vorhandene Vermögen des Betreuten muss verwertbar sein. An der „Verwertbarkeit" von Vermögen des Betreuten für die Vergütung des Betreuers fehlt es, wenn ihr ein rechtliches oder tatsächliches Hindernis entgegensteht, wenn sie wirtschaftlich unvertretbar ist oder nicht in angemessener Zeit durchgeführt werden kann (*BayObLG* NJW-RR 2001, 1515).

Sind z. B. aufgrund einer angeordneten Testamentsvollstreckung und der damit verbundenen Beschränkungen konkrete Zahlungen aus dem ererbten Vermögensstamm nicht möglich, fehlt es an der Verwertbarkeit des Vermögens aufgrund eines rechtlichen Hindernisses (*OLG Köln* BtPrax 2009, 249).

Allerdings ist eine Mittellosigkeit zu verneinen, wenn dem Betreuten als Erben ein durchsetzbarer Anspruch aus § 2216 Abs. 2 Satz 1 BGB gegen den Testamentsvollstrecker auf Freigabe einer zu entrichtenden Entschädigung aus dem Nachlass zusteht (*BGH* BtPrax 2013, 106). Das könnte dann gegeben sein, wenn es die Hauptintention des Erblassers war, dass der Betroffene sein Leben wie bisher weiterführen können soll. Die Bestellung eines Betreuers hat eben gerade das Ziel, den Betroffenen in den Bereichen seines Lebens, die er nicht allein regeln kann, zu unterstützen, ihm Hilfe zu geben und ihm damit eine angemessene Lebensgrundlage zu ermöglichen (*LG Düsseldorf* FamRZ 2018, 1197).

Erbengemeinschaft schafft Probleme

Ist der Betreute Mitglied einer Erbengemeinschaft, welche zwar über erhebliches Nachlassvermögen verfügt, aber noch nicht auseinandergesetzt werden kann, und ist sonstiges Vermögen nicht vorhanden, liegt Mittellosigkeit vor (*OLG Oldenburg* FamRZ 2000, 1534).

Einkommen

Durch die Verweisung in § 1836c Nr. 1 BGB auf § 87 SGB XII wird ausgedrückt, dass das zu berücksichtigende Einkommen, soweit es die maßgebende Einkommensgrenze übersteigt, nur im angemessenen Umfang heranzuziehen ist.

Grundsätzlich bedeutet die Einschränkung auf den „angemessenen Umfang", dass nicht die gesamten über der Einkommensgrenze liegenden Einkünfte herangezogen werden, sondern nur der Teil, welcher für den Betreuten „zumutbar" ist. Nach § 87 Abs. 1 Satz 2 und 3 SGB XII sind bei der Prüfung, welcher Umfang angemessen ist, insbesondere die Art des Bedarfs, die Art oder Schwere der Behinderung oder der Pflegebedürftigkeit, die Dauer und Höhe der erforderlichen Aufwendungen sowie besondere Belastungen der nachfragenden Person und ihrer unterhaltsberechtigten Angehörigen zu berücksichtigen. Bei schwerstpflegebedürftigen und blinden

Menschen ist ein Einsatz des Einkommens über der Einkommensgrenze in Höhe von mindestens 60 % nicht zuzumuten.

Einzusetzendes Einkommen

Welche Einkünfte zum Einkommen zählen, ist in den in § 1836c Nr. 1 BGB in Bezug genommenen §§ 82, 85 Abs. 1 und § 86 SGB XII sowie in der Durchführungsverordnung zu § 82 SGB XII geregelt. Zum Einkommen zählen danach alle Einkünfte in Geld oder Geldeswert, ohne Rücksicht auf ihre Herkunft und Rechtsnatur sowie ohne Rücksicht darauf, ob sie zu den Einkunftsarten im Sinne des Einkommensteuergesetzes gehören und ob sie der Steuerpflicht unterliegen, § 82 Abs. 1 SGB XII, § 1 DVO zu § 82 SGB XII. Die häufigsten Einkommensarten sind in der DVO zu § 82 SGB XII beschrieben.

In § 82 Abs. 1 SGB XII werden bestimmte Einkünfte vom sozialhilferechtlichen Einkommensbegriff ausgenommen, und zwar Leistungen nach dem SGB XII selbst, Grundrente nach dem Bundesversorgungsgesetz (BVG) und Renten bzw. Beihilfen, die nach dem Bundesentschädigungsgesetz (BEG) für Schäden an Leben sowie an Körper oder Gesundheit gewährt werden, bis zur Höhe der vergleichbaren Grundrente nach dem BVG.

Bei der Ermittlung des bereinigten Einkommens ist zunächst die Summe der monatlichen Bruttoeinnahmen festzustellen, § 82 Abs. 1 SGB XII; davon sind die in § 82 Abs. 2 bis 6 SGB XII genannten Beträge abzusetzen.

Maßgebliche Einkommensgrenze

Als Nächstes ist die maßgebliche Einkommensgrenze nach §§ 85 Abs. 1 und 86 SGB XII abzuklären. Ausgangspunkt ist dabei § 85 Abs. 1 SGB XII, ergänzt durch § 86 SGB XII, der es den Ländern und Sozialhilfeträgern ermöglicht, höhere Grundbeträge festzulegen. Zur Berechnung der Einkommensgrenze sind der Grundbetrag nach § 85 Abs. 1 Nr. 1 SGB XII (zweifacher Eckregelsatz, § 28 SGB XII i. V. m. Regelbedarfs-Ermittlungsgesetz – RBEG), die Kosten der (angemessenen) Unterkunft, § 85 Abs. 1 Nr. 2 SGB XII und etwaige Familienzuschläge, § 85 Abs. 1 Nr. 3 SGB XII heranzuziehen.

Soweit das bereinigte Einkommen die maßgebliche Einkommensgrenze überschreitet, hat es der Betreute für die Vergütung einzusetzen, in der Praxis regelmäßig im Wege des Rückgriffs der Staatskasse/Landeskasse nach § 1836e BGB.

3.6.4 Aufklärungsrisiko

Unsicherheit über Vermögensverhältnisse

Lässt sich die Frage, ob der Betreute mittellos ist, nach Ausschöpfung der zumutbaren Aufklärungsmöglichkeiten nicht positiv beantworten, geht nach *LG Duisburg* (BtPrax 2000, 42) das Risiko der Unaufklärbarkeit der Vermögensverhältnisse zulasten der Staatskasse. Kann nicht eindeutig festgestellt werden, ob der Aktivnachlass zur Zahlung der Vergütung des ehemaligen Betreuers ausreicht, hat zunächst die Staatskasse den Vergütungsanspruch zu erfüllen, da dem Betreuer nicht zugemutet werden kann zu warten, bis geklärt ist, ob der Nachlass ausreicht (*LG Kassel*, Urteil vom 26. 11. 2014, Az. 3 T 459/14).

3.7 Einstufung in die Vergütungsgruppen

§ 4 Abs. 2 und 3 VBVG ordnen die Betreuerkenntnisse in drei Stufen ein.

Vergütungstabelle A

Der Betreuer verfügt über *keine besonderen Kenntnisse*, die für die Führung der Betreuung *nutzbar* sind (§ 4 Abs. 2 VBVG).

Vergütungstabelle B

Der Betreuer verfügt über *besondere Kenntnisse*, die für die Führung der Betreuung *nutzbar* sind, und diese Kenntnisse sind durch eine *abgeschlossene Lehre oder eine vergleichbare abgeschlossene Ausbildung* erworben worden (§ 4 Abs. 3 Nr. 1 VBVG).

Besondere Kenntnisse erhöhen die Fallpauschale

Vergütungstabelle C

Der Betreuer verfügt über *besondere Kenntnisse*, die für die Führung der Betreuung *nutzbar* sind, und diese Kenntnisse sind durch eine *abgeschlossene Ausbildung an einer Hochschule oder durch eine vergleichbare abgeschlossene Ausbildung* erworben worden (§ 4 Abs. 3 Nr. 2 VBVG).

3.7.1 Besondere Fachkenntnisse

Erläuterungen in *BT-Drucks. 13/7158, S. 14:*

Definition: Fachkenntnisse

- Fachkenntnisse sind nur solche Kenntnisse oder Fertigkeiten, die über das jedermann zu Gebote stehende Wissen hinausgehen, die regelmäßig nicht nur durch Lebenserfahrung erworben werden und die für die Führung von Betreuungen generell oder hinsichtlich bestimmter Aufgabenkreise hilfreich sind.
- Solche (durch eine abgeschlossene Ausbildung vermittelten) Fachkenntnisse wirken allerdings nur dann vergütungssteigernd, wenn sie auch für die konkrete Betreuung nutzbar sind.
- Nutzbarkeit bedeutet dabei nicht, dass die Fachkenntnisse zur sachgerechten Führung der Betreuung erforderlich sind. Vielmehr reicht aus, dass sie geeignet sind, die Geschäftsführung des Betreuers im konkreten Fall zu erleichtern.

Inhalt der Ausbildung oder des Studiums maßgebend

Eine Ausbildung rechtfertigt eine erhöhte Vergütungspauschale, wenn die Ausbildung in ihrem Kernbereich die Vermittlung betreuungsrelevanter Kenntnisse zum Inhalt hat. Bei der Entscheidung über eine erhöhte Vergütung muss das Gericht eine konkrete Betrachtung des tatsächlichen Inhalts der Ausbildung vornehmen, insbesondere den Umfang der für die Betreuung nutzbaren Ausbildungsinhalte feststellen und in die Würdigung einbeziehen, inwieweit diese Kenntnisse maßgeblicher Teil der Abschlussprüfung sind (*BGH* FamRZ 2015, 1794).

Rechtskenntnisse sind nutzbar

Es ist auch der Anteil an der Gesamtausbildungszeit festzustellen und in die Würdigung einzubeziehen. Kenntnisse, die in vergütungsrelevanter Weise „für die Betreuung nutzbar“ sind, werden im Hinblick darauf, dass es sich bei der Betreuung um eine rechtliche Betreuung handelt, regelmäßig Rechtskenntnisse sein (*BGH* FamRZ 2018, 956).

Berufserfahrung und Fortbildung genügen nicht

Nach der gefestigten Rechtsprechung des *BGH* (u. a. BtPrax 2012, 165) setzt eine Erhöhung des dem Berufsbetreuer zu vergütenden Stundensatzes nach § 4 Abs. 3 Nr. 2 VBVG voraus, dass dieser seine Qualifikation durch ein abgeschlossenes Hochschulstudium oder eine vergleichbare abgeschlossene Ausbildung erworben hat. Eine Qualifikation, die auf Berufserfahrung oder Fortbildungsmaßnahmen zurückzuführen ist, wirkt sich nicht vergütungserhöhend aus. Fortbildungen, Lebens- und Berufserfahrung sind grundsätzlich nicht als Quelle für den Erwerb von vergütungserhöhenden besonderen Kenntnissen anzuerkennen. Denn die Vorschrift knüpft ausschließlich an den typisierten Ausbildungsgang an.

Praxis Tipp

In der Rechtsprechung sind unterschiedlichste Entscheidungen über die Zuerkennung von nutzbaren Fachkenntnissen ergangen. Es empfiehlt sich mit dem Betreuungsgericht (Rechtspfleger) die Stundensatzhöhe zu klären, bevor man als Berufsbetreuer tätig wird.

Curator de Jure Anerkannt für die Stufe 3 (Vergütungstabelle C) wurde die erfolgreich abgeschlossene Fortbildung zum „Zertifizierten Betreuer Curator de Jure" an der Technischen Hochschule Deggendorf (*BGH*, Urteil vom 12. 4. 2017, Az. XII ZB 86/16).

Nutzbare Fachkenntnisse Die Frage, ob für die Führung der konkreten Betreuung die gegebenen Fachkenntnisse tatsächlich benötigt werden, muss das Gericht bei der Auswahl und Bestellung des Betreuers prüfen. Es ist ausreichend, dass die vom Betreuer eingebrachten Fachkenntnisse für die Führung der Betreuungsgeschäfte „nutzbar" sind. Dieser an die Fachkenntnisse anzulegende Maßstab ist individuell und abstrakt zugleich. Zum einen werden mit seiner Hilfe aus der Vielgestalt fachlichen Wissens sachgerecht alle Kenntnisse ausgesondert, die für die Belange der konkreten Betreuung ersichtlich ohne Bedeutung sind. Zum anderen wird (im Interesse leichter Handhabbarkeit) jede Darlegung und Prüfung entbehrlich, ob und mit welchem Nutzen die vom Betreuer eingebrachten und für die Betreuung relevanten Fachkenntnisse zum Einsatz gekommen sind (*BT-Drucks. 13/7158, S. 25/26*).

3.7.2 Gesetzliche Vermutung der Nutzbarkeit

Vermutung der Nutzbarkeit Bestellt das Betreuungsgericht einen Betreuer, der über besondere Kenntnisse verfügt, die für die Führung der Betreuung allgemein nutzbar und durch eine Ausbildung erworben sind, so wird vermutet, dass diese Kenntnisse auch für die Führung der dem Betreuer übertragenen Betreuung nutzbar sind. Dies gilt nicht, wenn das Betreuungsgericht aus besonderen Gründen bei der Bestellung des Betreuers etwas anderes bestimmt; § 4 Abs. 4 i. V. m. § 3 Abs. 2 VBVG.

3.7.3 Rechtsprechungsübersicht

Sprachkenntnisse Sprachkenntnisse sind keine besonderen Kenntnisse im Sinne des § 4 VBVG, die für die Führung der Betreuung nutzbar sind (*BGH* Rpfleger 2018, 379).

Kein Vertrauensschutz bei Neubewertung der Stundensätze Ein Berufsbetreuer hat kein dahingehendes schutzwürdiges Vertrauen, dass ihm der bisher bewilligte erhöhte Vergütungssatz auch in Zukunft wieder zuerkannt wird. Soweit Betreuer, die zunächst nach dem höchsten Stundensatz vergütet und später zurückgestuft wurden (z. B. Absolventen eines berufsbegleitenden Fortbildungsstudiums an der Sächsischen Verwaltungs- und Wirtschafts-Akademie oder Sparkassenbetriebswirte mit einer Ausbildung an der Sparkassenakademie), besteht kein Vertrauensschutz (*BGH* FamRZ 2012, 631).

Eingeschränkte Rückforderung bei überzahlter Betreuervergütung Die materielle Ausschlussfrist des § 2 Satz 1 VBVG findet keine analoge Anwendung auf die Rückforderung überzahlter Betreuervergütung durch die Staatskasse. Einer Rückforderung überzahlter Betreuervergütung kann der Vertrauensgrundsatz entgegenstehen, wenn eine Abwägung ergibt, dass dem Vertrauen des Berufsbetreuers auf die Beständigkeit der eingetretenen Vermögenslage gegenüber dem öffentlichen Interesse an der Wiederherstellung einer dem Gesetz entsprechenden Vermögenslage der Vorrang einzuräumen ist (*BGH* BtPrax 2014, 33).

3.7.4 Besondere Schwierigkeiten

Schwierigkeiten schaffen keine Erhöhung Eine Erhöhung der Stundensätze bei besonderen Schwierigkeiten der Betreuungsgeschäfte ist nicht vorgesehen. In § 4 Abs. 4 VBVG ist eine Verweisung auf § 3 Abs. 3 VBVG nicht enthalten. Allerdings ergibt sich aus § 5a Abs. 1 VBVG eine gesonderte monatliche Pauschale von 30 EUR, wenn der Betreuer bestimmte Vermögensbestandteile zu verwalten hat und der Betreute nicht mittellos ist (siehe hierzu Abschnitt 3.8.1 in diesem Kapitel).

Beauftragung Dritter

Nimmt aber eine solche Vermögensverwaltung ein Ausmaß an, dass ihre Wahrnehmung durch den Betreuer billigerweise nicht mehr erwartet werden darf, kann er Teile dieser Aufgabe gegen Vergütung auf Dritte (Rechtsanwälte, Steuerberater usw.) übertragen oder im Rahmen von § 1908i Abs. 1 Satz 1 i. V. m. § 1835 Abs. 3 BGB selbst vornehmen.

Nach § 1835 Abs. 3 BGB, dessen Geltung nach § 5 Abs. 5 VBVG unberührt bleibt, kann ein Betreuer Leistungen, die er für den Betreuten erbringt und die zu seinem Beruf, aber nicht zu seinen Aufgaben als Betreuer gehören, und die deshalb von der pauschalen Betreuervergütung nicht umfasst sind, als Aufwendungen gesondert geltend machen.

3.8 Gesonderte Pauschalen

Mit dem Vergütungsänderungsgesetz wurden im neu eingefügten § 5a VBVG gesonderte Pauschalen geschaffen – zusätzlich zur Vergütungspauschale. Sie können nur gemeinsam mit der Vergütungspauschale geltend gemacht werden, § 5a Absatz 4 VBVG.

3.8.1 Besondere Schwierigkeiten

Besondere Schwierigkeiten begründen gesonderte Pauschale

Verwaltet der Betreuer

- Geldvermögen in Höhe von mindestens 150.000 EUR,
- Wohnraum, der nicht vom Betreuten oder seinem Ehegatten genutzt wird oder
- ein Erwerbsgeschäft des Betreuten,

erhält er zusätzlich zur Fallpauschale gemäß § 5a Abs. 1 Satz 1 VBVG eine monatliche Pauschale von 30 EUR, soweit der Betreute nicht mittellos ist.

Geltendmachung

Anzeige der Umstände

Der Betreuer hat dem Betreuungsgericht lediglich die eine Pauschale begründenden Umstände anzuzeigen und auf Anforderung des Betreuungsgerichts nachzuweisen. Nicht erforderlich ist, dass der berufliche Betreuer Tätigkeiten in diesem Bereich darlegt *(BT-Drucks. 19/8694 S. 30)*.

Mehrere Gründe lassen nur eine Pauschale zu

Nach hier vertretener Ansicht kann die Pauschale nur einmal geltend gemacht werden, auch wenn mehrere der genannten Voraussetzungen vorliegen (Wortlaut: … mit *einer* zusätzlichen Pauschale). Allerdings wird in der derzeitigen Literatur teilweise auch die Ansicht vertreten, dass die Pauschale mehrfach verlangt werden kann, wenn zwei oder drei der genannten Fallkonstruktionen vorliegen (z. B. HK-BUR Newsletter 1/Juni 2019).

In der *BT-Drucks. 19/8694, S. 30* wird hierzu ausgeführt: „Die monatliche Pauschale kann aber auch dann nur einmal geltend gemacht werden, wenn mehrere der unter Ziffer 1 bis 3 genannten Voraussetzungen gleichzeitig erfüllt sind.“ Diese Aussage findet jedoch im Gesetzestext keinen eindeutigen Eingang.

Voraussetzung an mindestens einem Tag

Nach § 5a Abs. 1 Satz 2 VBVG kann die Pauschale geltend gemacht werden, wenn einer der vorgegebenen Fälle an mindestens einem Tag im Abrechnungsmonat vorliegt. Fraglich ist, ob die Voraussetzungen einen Moment lang an einem Tag vorliegen müssen, an einem vollen Tag (24 Stunden) oder einem Kalendertag, oder zumindest am Ende eines Kalendertags (unter entsprechender Heranziehung des Gedankens aus § 5 Abs. 4 VBVG). Nach hier vertretener Ansicht müsste es genügen, wenn einen Moment lang die Voraussetzungen innerhalb des Vergütungsmonats vorliegen.

Geldvermögen

Geld- und Anlagevermögen über 150.000 EUR

Zum Geldvermögen in Höhe von mindestens 150.000 EUR zählen die Bestandteile des Vermögens, die als Bargeld gehalten werden oder als Geldanlage bei Banken, Versicherungen und Bausparkassen sowie in Titeln des Geld- und Kapitalmarktes angelegt sind. Zu Letzteren zählen insbesondere alle Arten von Konten, Wertpapierdepots und Kapitallebensversicherungen. Fraglich dürfte sein, ob Titel des Kapitalmarkts, wie z. B. Aktien, tatsächlich zu berücksichtigen sind (so aber die *BT-Drucks. 19/8694, S. 30*); hier wird Rechtsprechung abzuwarten sein.

Nicht erfasst sind Sachgegenstände, wie z. B. Bilder, Münzen, Gold, Schmuck oder Immobilien.

Etwaige Schulden werden nicht abgezogen, da sich hierdurch der zusätzliche Verwaltungsaufwand nicht reduziert.

Wohnraum

Fremdgenutzter Wohnraum

Zum Wohnraum, der nicht vom Betreuten genutzt wird, zählen z. B. Mietwohnungen, Eigentumswohnungen oder Wohnhäuser. Der zusätzliche Verwaltungsaufwand ergibt sich aus der Notwendigkeit der Bewirtschaftung und Instandhaltung.

Keine zusätzliche Pauschale fällt an, wenn der bisher von dem Betreuten genutzte Wohnraum von dem Ehegatten weiter genutzt wird. In diesem Fall dürfte dem Betreuer kein wesentlicher Mehraufwand in der Verwaltung des Wohnraums entstehen.

Die zusätzliche Pauschale fällt auch an, wenn der Betreute z. B. ins Pflegeheim übersiedelt, für seine bisherige Mietwohnung aber das Vertragsverhältnis noch nicht beendet ist.

Beispiel:

Bestellung des Betreuers am 12. 8. 2019. Betreuter ist vermögend und lebt in seiner Eigentumswohnung. Betreuer fällt in Vergütungstabelle C. Am 1. 11. übersiedelt der Betreute in ein Pflegeheim.

Vergütungsmonate:

13. 8. bis 12. 9.:	486,00 EUR	(C 1.2.2)
13. 9. bis 12. 10.:	486,00 EUR	(C 1.2.2)
13. 10. bis 12. 11.:	486,00 EUR /327,00 EUR	(C 1.2.2 /C 1.1.2)

Nach § 5 Abs. 2 Satz 3 VBVG ist die „Fallpauschale" zeitanteilig nach Tagen zu berechnen.

13. 10. bis 1. 11.	= 20/30 aus 486,00 EUR	= 324,00 EUR
2. 11. bis 12. 11.	= 11/30 aus 327,00 EUR	= 119,90 EUR
		443,90 EUR

Ab dem 1. 11. steht dem Betreuer die Pauschale in Höhe von 30 EUR nach § 5a Abs. 1 Satz 1 Nr. 2 VBVG zu. Diese wird im Vergütungsmonat 13. 10. bis 12. 11. hinzugerechnet. 443,90 EUR + 30,00 EUR = 473,90 EUR. Auch für die folgenden Vergütungsmonate werden jeweils 30 EUR der jeweiligen Fallpauschale zugerechnet.

Erwerbsgeschäft

Verwaltung eines Erwerbsgeschäfts

Es muss sich um ein Erwerbsgeschäft im Sinne des § 1822 Nr. 3 BGB handeln. Durch die Notwendigkeit von dessen Fortführung oder Abwicklung seitens des Betreuers entsteht ein erheblicher zusätzlicher Verwaltungsaufwand. Das bedeutet, dass der Betreuer Tätigkeiten („Verwaltung oder Fortführung") zu erbringen hat. Damit scheiden bloße Kapitalbeteiligungen, die keine Partizipation am Betrieb oder der Betriebsführung mit sich bringen (z. B. Anteil an einer GmbH oder AG) aus.

Ein Erwerbsgeschäft ist jede *erlaubte*, *selbstständige*, berufsmäßig ausgeübte und auf *Gewinn* gerichtete Tätigkeit.

Gleichgültig ist die Art der Tätigkeit, sofern nur die *Absicht der Gewinnerzielung* besteht, ob es sich also um Gewerbe im Sinne der Gewerbeordnung, um handwerkliche, industrielle, landwirtschaftliche, wissenschaftliche, künstlerische oder sonst freiberufliche Tätigkeit handelt. In welcher Rechtsform das Erwerbsgeschäft betrieben wird, ist ohne Belang. Die Vorschrift greift auch, wenn das Erwerbsgeschäft in Gemeinschaft mit anderen geführt wird, z. B. wenn der Betreute Gesellschafter einer OHG ist *(Müko/Kroll-Ludwigs, 7. Aufl., § 1822 Rn. 11a, 12)*.

3.8.3 Wechsel vom ehrenamtlichen zum beruflichen Betreuer

Berufsbetreuer übernimmt eine ehrenamtlich geführte Betreuung

Findet ein Wechsel von einem ehrenamtlichen zu einem beruflichen Betreuer statt, ist der berufliche Betreuer mit einer einmaligen (zusätzlichen) Pauschale in Höhe von 200 EUR zu vergüten (§ 5a Abs. 2 VBVG). Diese Vorschrift wurde am 27. 7. 2019 neu eingefügt und soll den unter Umständen gegebenen höheren Aufwand abfedern.

Die Pauschale wird für eine vollständige Betreuungsübernahme – ggf. auch unter Einschränkung bzw. Erweiterung der bisherigen Aufgabenkreise – einer ehrenamtlich geführten Betreuung durch einen beruflichen Betreuer gewährt. Sie tritt neben die fortlaufende Vergütungspauschale. Fraglich könnte sein, ob entgegen der in *BT-Drucks. 19/8694, S. 30* geforderten vollständigen Übernahme nicht u. U. auch eine Teilübernahme (z. B. nur Vermögenssorge) unter Belassung des sonstigen Aufgabenkreises die Pauschale auslöst.

Diese zusätzliche Pauschale kann jedoch nur geltend gemacht werden, wenn keine Personenidentität zwischen dem bisherigen ehrenamtlichen Betreuer und dem neuen beruflichen Betreuer besteht.

Beispiel:

Der ehrenamtliche Betreuer E wurde am 14. 8. 2018 bestellt. Am 16. 8. 2019 wird er aus dem Amt entlassen; am 19. 8. 2019 wird der Berufsbetreuer B wirksam bestellt. Betreuter lebt in seiner Wohnung und ist vermögend. B kann die Vergütungstabelle B in Anspruch nehmen.

Zum Zeitpunkt der Bestellung des B befindet sich die Betreuung im 13. Betreuungsmonat (15. 8. 2019 bis 14. 9. 2019). B kann frühestens am 20. 11. 2019 Vergütungsantrag stellen (§ 9 Satz 1 VBVG), und zwar für die Zeit vom 20. 8. bis 19. 11. 2019. Zusätzlich kann er die gesonderte Pauschale nach § 5a Abs. 2 VBVG in Höhe von 200 EUR geltend machen.

20. 8. bis 19. 11.2019: 3 × 196,00 EUR	= 588,00 EUR	(B 4.2.2)
	+ 200,00 EUR	(§ 5a Abs. 2 VBVG)
	788,00 EUR	

3.8.4 Wechsel vom Berufsbetreuer zum ehrenamtlichen Betreuer

Berufsbetreuer gibt an ehrenamtlichen Betreuer ab

Findet ein Wechsel von einem beruflichen zu einem ehrenamtlichen Betreuer statt, ist gemäß § 5a Abs. 3 Satz 1 VBVG der berufliche Betreuer mit einer einmaligen Pauschale in Höhe des 1,5-Fachen der zum Zeitpunkt des Betreuerwechsels zu vergütenden

Fallpauschale zu vergüten. Die Pauschale wird für den Fall einer vollständigen Abgabe, ggf. auch unter Einschränkung bzw. Erweiterung der bisherigen Aufgabenkreise, begründet.

Beispiel:

Der Berufsbetreuer B wurde am 14. 8. 2018 bestellt. Am 16. 8. 2019 wird er wirksam aus dem Amt entlassen; am 19. 8. 2019 wird der ehrenamtliche Betreuer E bestellt. Betreuter lebt in seiner Wohnung und ist vermögend. B kann die Vergütungstabelle B in Anspruch nehmen.

Zum Zeitpunkt der Entlassung des B befindet sich die Betreuung im 13. Betreuungsmonat (15. 8. 2019 bis 14. 9. 2019). B kann sofort nach seiner Entlassung Vergütungsantrag stellen (§ 9 Satz 1 VBVG nicht anwendbar), und zwar für die Zeit vom 15. 5. bis 16. 8. 2019 (vorausgesetzt, dass er bis 14. 5. 2019 schon eine Vergütung erhalten hat). Zusätzlich kann er die gesonderte Pauschale nach § 5a Abs. 3 VBVG in Höhe der 1,5-fachen, zum Zeitpunkt des Betreuerwechsels zu vergütenden Fallpauschale geltend machen.

15. 5.–14. 8. 2019:	3 × 238,00 EUR	=	714,00 EUR	(B 3.2.2)
15. 8.–16. 8. 2019:	2/30 aus 196,00 EUR	=	13,07 EUR	(B 4.2.2)
			727,07 EUR	
+ 1,5 × 196,00 EUR		=	294,00 EUR	(§ 5a Abs. 3 Satz 1 VBVG)
			1.021,07 EUR	

Dies gilt auch, wenn zunächst neben dem beruflichen Betreuer ein ehrenamtlicher Betreuer bestellt war und dieser die Betreuung allein fortführt (§ 5a Abs. 3 Satz 2 VBVG).

Die neue Regelung tritt an die Stelle des bis zum 26. 7. 2019 geltenden § 5 Abs. 5 VBVG (a. F.), nach dem dem Berufsbetreuer der Vergütungsmonat, in den der Wechsel fällt, sowie der Folgemonat mit dem vollen Zeitaufwand zu vergüten war.

Fraglich könnte sein, ob die Vorschrift auch angewandt werden kann, wenn der Berufsbetreuer an einen Bevollmächtigten übergibt. Zunächst ist festzuhalten, dass dies nicht zu einem Wechsel führt, vielmehr wird die Betreuung aufgehoben (§ 1908d BGB). Andererseits hat der *BGH* vor Jahren entschieden, dass die Interessenlage des Betroffenen dieselbe ist, unabhängig davon, ob die rechtliche Vertretung des Betroffenen von einem (anderen) Betreuer oder einem Bevollmächtigten wahrgenommen wird. In diesem Fall ging es aber darum, wie der Ergänzungsbetreuer zu vergüten ist, wenn der Bevollmächtigte bei einem Rechtsgeschäft rechtlich verhindert ist (*BGH*, Urteil vom 8. 7. 2015, Az. XII ZB 494/14). Die hier vertretene Ansicht neigt allerdings dazu, § 5a Abs. 3 VBVG auf diesen Fall nicht anzuwenden.

Zum § 5 Abs. 5 VBVG (a. F.) wurde entschieden, dass die für den Fall des Wechsels von beruflicher zu ehrenamtlicher Betreuung vorgesehene Pauschale auch dann Anwendung findet, wenn der zunächst berufsmäßig tätige Betreuer die Betreuung selbst ehrenamtlich weiterführt (*OLG Hamm* FamRZ 2008, 92). Ob diese Entscheidung zu halten ist, dürfte fraglich sein, denn die in der *BT-Drucks.19/8694, S. 30* angeführte Voraussetzung, der besondere Aufwand für den Berufsbetreuer, dürfte nicht gegeben sein.

3.9 Aufwendungsersatz und Steuer

3.9.1 Allgemeine Aufwendungen

Fallpauschale beinhaltet Aufwendungsersatz

Die Fallpauschalen nach § 4 VBVG gelten gemäß § 5 Abs. 5 Satz 1 VBVG auch den Ersatz von Aufwendungen nach § 1908i Abs. 1 Satz 1 i. V. m. § 1835 Abs. 1 BGB mit ab. Dies gilt insbesondere auch für Fahrtkosten, Telefon- und Schreibauslagen, Fotokopien und Auslagen für Hilfskräfte. Ein gesonderter Ersatz dieser Aufwendungen scheidet für den Berufsbetreuer, soweit er dem Pauschalvergütungssystem unterliegt, aus. Lediglich für Ersatzansprüche von Berufsbetreuern in den Fällen des § 6 VBVG sieht das Gesetz ausdrücklich Ausnahmeregelungen vor (*OLG Schleswig* BtPrax 2009, 85).

Auch Haftpflichtversicherungsprämien des Betreuers werden durch die Fallpauschalen mit abgedeckt; eine gesonderte Erstattung ist nicht möglich (§ 1908i Abs. 1 Satz 1 i. V. m. § 1835 Abs. 2 Satz 2 BGB).

Dolmetscherkosten trägt der Betreuer

Anfallende Dolmetscherkosten werden mit der Pauschalierung abgegolten. Auch die Kosten für die Hinzuziehung eines Gebärdendolmetschers für die Kommunikation mit einem gehörlosen Betreuten werden von den Fallpauschalen nach § 4 VBVG erfasst. Der Berufsbetreuer kann daher die Beiordnung eines Gebärdendolmetschers zum Zwecke einer späteren Kostenerstattung nicht verlangen (*BGH* BtPrax 2014, 174).

Aufwendungen des Betreuers zum Zwecke der Führung der Betreuung sind solche, die er aus seinem Vermögen erbringt (vorschießt) und die für ihn ein Vermögensopfer darstellen. Zu überlegen ist aber, ob z. B. Briefmarken oder Kosten von Kopien (welche in einem Copy-Shop erstellt werden) aus dem Betreutenvermögen entnommen werden können, zumindest, wenn es um eine Korrespondenz mit Versicherungen oder Behörden geht. Dies scheidet sicherlich aus, wenn der Betreuer vom Betreuungsgericht in seiner Betreuereigenschaft um Berichte angegangen wird.

Aufwendungen des Betreuers und des Betreuten

Fraglich ist, ob es sich bei gebührenpflichtigen Postnachsendeanträgen um Auslagen der Betreuung oder um Auslagen des Betreuers handelt. Man kann grundsätzlich zwei verschiedene Arten der Postnachsendung unterscheiden; einmal solche für die eigene Betreuertätigkeit, und andere im Rahmen der gesetzlichen Vertretung des Betreuten. Im ersten Fall leitet der Betreuer die Post, die sich an den Betreuten selbst richtet und an dessen Anschrift adressiert ist, zu sich weiter. Diese betreuerspezifische Aufwendung wird durch die Vergütungspauschale abgedeckt. Im zweiten Fall stellt der Betreuer einen Postnachsendeantrag zugunsten des Betreuten, weil dieser seine Anschrift gewechselt hat (z. B. Umzug in ein Heim). Dies ist eine Aufwendung im Rahmen der Vertretungstätigkeit, die der Betreute zu erbringen hat; sie fällt nicht unter Auslagen des Betreuers für die Betreuungsführung im Sinne von § 1908i Abs. 1 Satz 1 i. V. m. § 1835 Abs. 1 BGB. Erbringt der Betreuer die Leistung aus seinem Vermögen, kann er vom Betreuten nach § 670 BGB Ersatz verlangen, jedoch keine Festsetzung gegen die Staatskasse erlangen. Im Verhältnis zwischen Betreuer und Betreutem sind die Vorschriften des Auftragsrechts entsprechend anzuwenden (*OLG Karlsruhe* FamRZ 2004, 1601).

Das *OLG Köln* (BtPrax 2007, 255) führt dazu aus, dass einem Berufsbetreuer, zu dessen Aufgabenkreis auch die Entgegennahme der Post des Betroffenen gehört, wegen der Kosten für einen Nachsendeantrag kein gesonderter Erstattungsanspruch zusteht. Der Argumentation, die geltend gemachten Kosten für den Nachsendeantrag seien solche, die eine Betreuung in diesem Aufgabenbereich erst ermöglichen und die deshalb nicht unter § 5 Abs. 5 Satz 1 VBVG fallen würden, könne nicht gefolgt werden. Vielmehr handelt es sich bei diesen Kosten um typische, anlässlich der Betreuung entstandene Aufwendungen.

Betreuer als Zeuge

Ein Berufsbetreuer, der nach Anordnung des persönlichen Erscheinens durch das Gericht an einem Gerichtstermin teilnimmt, wird wie ein Zeuge entschädigt (§ 19 JVEG). Er hat jedoch keinen Anspruch auf Entschädigung für Verdienstausfall gemäß § 22 JVEG oder auf Entschädigung für Zeitversäumnis nach § 20 JVEG. Die Teilnahme am Gerichtstermin erfolgt im Rahmen seiner Fallpauschalen gemäß § 4 VBVG vergüteten Tätigkeit. Vergütungsfähig sind allerdings die Fahrtkosten gemäß § 5 JEVG.

3.9.2 Aufwendungen nach § 1908i Abs. 1 Satz 1 i. V. m. § 1835 Abs. 3 BGB

Die gesonderte Geltendmachung von Aufwendungen im Sinne des § 1835 Abs. 3 BGB bleibt dem Berufsbetreuer erhalten, § 5 Abs. 5 Satz 2 VBVG.

Berufsspezifische Dienste

Nach dieser Vorschrift erlangt der Betreuer für seinen Zeitaufwand eine Erstattung, wenn er seine berufseinschlägige Arbeitskraft einsetzt. Erstattungsfähig sind solche gewerbe- und berufsspezifischen Dienste des Betreuers, für die ein anderer Betreuer, der nicht diese Qualifikationen besitzt, berechtigterweise einen entsprechend qualifizierten Dritten hinzugezogen hätte.

Beispiel:

Muss der Betreuer einen Anspruch des Betreuten gerichtlich geltend machen, wird er in der Regel einen Rechtsanwalt mandatieren. Ist der Betreuer selbst Anwalt, kann er seine berufsspezifische Qualifikation einsetzen und die Gebühren eines Rechtsanwalts gemäß RVG (Rechtsanwaltsvergütungsgesetz) gemäß § 1908i Abs. 1 Satz 1 i. V. m. § 1835 Abs. 3 BGB geltend machen (§ 5 Abs. 5 Satz 2 VBVG).

3.9.3 Steuer

Betreuung ist umsatzsteuerfrei

Berufsbetreuer unterliegen keiner Umsatzsteuerpflicht (§ 4 Nr. 16 Buchst. k UStG; i. d. F. d. AmtshilfeRLUmsG. Die Befreiung gilt auch bei einer Bestellung als weiterer Betreuer gemäß § 1899 BGB oder eines Gegenbetreuers (§ 1908i Abs. 1 Satz 1 i. V. m. § 1792 BGB).

Nicht befreit ist die Tätigkeit als Verfahrenspfleger gemäß §§ 276, 317 FamFG. Ebenfalls nicht unter die Befreiung fallen Tätigkeiten, welche der Betreuer im Rahmen seines Berufs oder aus seinem Gewerbe erbringt, § 1908i Abs. 1 Satz 1 i. V. m. § 1835 Abs. 3 BGB. Auch Pfleger (z. B. Abwesenheitspfleger nach § 1911 BGB), die im Rahmen einer betreuungsgerichtlichen Zuweisungssache (§ 340 FamFG) bestellt werden, unterliegen der Umsatzsteuerpflicht.

Berufsbetreuer erzielen keine Einkünfte aus Gewerbebetrieb, sondern Einkünfte aus sonstiger selbstständiger Arbeit (*BFH* BtPrax 2010, 232 und BtPrax 2013, 33). Damit besteht keine Gewerbesteuerpflicht.

3.10 Sonderfälle der Betreuung

3.10.1 Sterilisations- und Ergänzungsbetreuer wegen rechtlicher Verhinderung

Besondere Betreuungen

§ 6 Satz 1 VBVG

Sterilisationsbetreuer (§ 1899 Abs. 2 BGB)
Ergänzungsbetreuer bei rechtlicher Verhinderung (§ 1899 Abs. 4 BGB)

Vergütung
§ 6 Satz 1 i. V. m. § 3 VBVG
Stundensätze 23,00 EUR, 29,50 EUR, 39,00 EUR
Erhöhung bei besonderer Schwierigkeit möglich (§ 3 Abs. 3 VBVG)

+

Auslagenersatz
§ 1908i Abs. 1 Satz 1 i. V. m. § 1835 BGB

Sterilisationsbetreuer

Zusätzlicher Betreuer

Nach § 1899 Abs. 2 BGB wird für die Entscheidung über die Einwilligung in eine Sterilisation ein besonderer Betreuer bestellt. Besteht schon eine Betreuung für andere Aufgabenkreise, ist dieser zeitgleich neben dem unverändert weiter tätigen Hauptbetreuer nur für diese Entscheidung zuständig. Da der Sterilisationsbetreuer lediglich für die Vornahme eines bestimmten, punktuellen Geschäfts bestellt ist, passt für ihn die Gewährung einer Zeitpauschale nicht. Vergütung und Aufwendungsersatz sind nach § 6 Satz 1 VBVG zu berechnen.

Weiterer Betreuer wegen rechtlicher Verhinderung (Ergänzungsbetreuer)

Betreuer ist rechtlich ausgeschlossen

Wird neben dem „Hauptbetreuer" ein Ergänzungsbetreuer (Verhinderungsbetreuer) gemäß § 1899 Abs. 4 BGB bestellt und beruht die Verhinderung des Betreuers auf Rechtsgründen, z. B. bei einem Vertretungsausschluss nach § 1908i Abs. 1 Satz 1, §§ 1795, 1796, 181 BGB, und sind Haupt- und Verhinderungsbetreuer Berufsbetreuer, entsteht die Ausnahmesituation, dass zur selben Zeit für denselben Betreuten zwei Berufsbetreuer bestellt sind. Der Ergänzungsbetreuer wird in diesem Fall nur für die Vornahme eines bestimmten, punktuellen Geschäfts bestellt. Für ihn passt daher die Gewährung einer Zeitpauschale nicht. Vergütung und Aufwendungsersatz sind nach § 6 Satz 1 VBVG zu berechnen.

Vorsorgebevollmächtigter ist ausgeschlossen

Wird ein Betreuer neben einem Bevollmächtigten bestellt, weil dieser an einer Verrichtung bestimmter Tätigkeiten rechtlich verhindert ist, ist die Vergütung des Betreuers in entsprechender Anwendung des § 6 Satz 1 VBVG nach konkretem Zeitaufwand zu bemessen. Die Interessenlage des Betroffenen bzw. der Staatskasse ist dieselbe unabhängig davon, ob die rechtliche Vertretung des Betroffenen von einem (anderen) Betreuer oder einem Bevollmächtigten wahrgenommen wird (*BGH* FamRZ 2015, 1710). Die Anwendung des § 6 VBVG analog kommt nicht in Betracht, wenn die Vollmacht von vornherein sachlich beschränkt, und deshalb ein Betreuer zu bestellen ist (*BGH* BtPrax 2017, 155).

Vergütung

Nach § 6 Satz 1 VBVG erhält der Betreuer in den Fällen des § 1899 Abs. 2 BGB (Sterilisationsbetreuung) und § 1899 Abs. 4 BGB (Ergänzungsbetreuer bei rechtlicher Verhinderung des Betreuers) eine Vergütung nach § 3 VBVG, soweit er zur berufsmäßigen Führung bestellt wird (§ 1 Abs. 2 VBVG). Bei Mittellosigkeit richtet sich der Anspruch gegen die Staatskasse (§ 1 Abs. 2 Satz 2 VBVG).

Stundenvergütung je nach nutzbaren Kenntnissen

Die dem Betreuer zu bewilligende Vergütung beträgt für jede Stunde der für die Führung der Betreuung aufgewandten und erforderlichen Zeit 23 EUR. Verfügt er über besondere Kenntnisse, die für die Führung der Betreuung nutzbar sind, so erhöht sich der Stundensatz auf 29,50 EUR, wenn diese Kenntnisse durch eine abgeschlossene Lehre oder eine vergleichbare abgeschlossene Ausbildung erworben sind, und auf 39 EUR, wenn diese Kenntnisse durch eine abgeschlossene Ausbildung an einer Hochschule oder durch eine vergleichbare abgeschlossene Ausbildung erworben sind.

Die Voraussetzungen für die Erhöhung des Stundensatzes entsprechen denen, die sich aus § 4 Abs. 2 VBVG ergeben (vgl. hierzu Abschnitt 3.7.1 in diesem Kapitel).

Zeitlicher Aufwand nach Erforderlichkeit

Die aufgewandte Zeit ist plausibel und nachvollziehbar dem Betreuungsgericht darzulegen. Ob ein Berufsbetreuer für bestimmte Tätigkeiten Aufwendungsersatz und Vergütung verlangen kann, hängt davon ab, ob er diese Tätigkeiten, unter Berücksichtigung der von ihm zu erwartenden Fähigkeiten und Kenntnisse, nach Art und Umfang aus seiner Sicht zur pflichtgemäßen Erfüllung seiner Aufgaben für erforderlich halten durfte. Für pflichtwidriges Handeln kann mangels Erforderlichkeit keine Vergütung verlangt werden. Er hat effizient und kostengünstig vorzugehen (*BayObLG* BtPrax 2005, 34).

Nur erforderliche Aufwendungen sind erstattungsfähig

Es sind nur solche Aufwendungen erstattungsfähig, die der Betreuer „nach den Umständen für erforderlich halten durfte“ (§ 670 BGB). Maßgebend ist nicht die objektive Erforderlichkeit ex post betrachtet; entscheidend ist vielmehr die Lage, wie sie sich dem Betreuer, bei Beachtung der ihm obliegenden Sorgfalt, im Zeitpunkt der Vornahme der Aufwendung darstellen musste (*OLG München* FamRZ 2018, 515).

Besondere Schwierigkeiten schaffen Erhöhung

Durch die Gesamtverweisung auf § 3 VBVG ist auch dessen Abs. 3 anwendbar. Soweit die besondere Schwierigkeit der Geschäfte dies ausnahmsweise rechtfertigt, kann ein höherer Stundensatz bewilligt werden, allerdings nur, wenn der Betreute nicht mittellos ist.

Die Vergütungsregelung des § 6 Satz 1 VBVG kann über die dort genannten Sonderfälle des Verhinderungsbetreuers aus Rechtsgründen und des Sterilisationsbetreuers hinaus nicht analog auf Betreuer angewandt werden, die nur für eine (bestimmte) Angelegenheit bestellt worden sind (*BGH* BtPrax 2013, 107).

Ein Ergänzungsbetreuer, der wegen einer rechtlichen Verhinderung des Betreuers bestellt worden ist, kann auch dann keine Fallpauschale nach § 4 VBVG verlangen, wenn seine Tätigkeit auf einen längeren Zeitraum angelegt ist und sich nicht in einer konkreten, punktuellen Maßnahme erschöpft (*BGH* BtPrax 2014, 228).

Aufwendungsersatz

Aufwendungsersatz zusätzlich zur Vergütung

Zusätzlich kann der weitere Betreuer für seine Aufwendungen Vorschuss und Ersatz nach § 1908i Abs. 1 Satz 1 i. V. m. § 1835 BGB verlangen, mit Ausnahme der Aufwendungen im Sinne von § 1835 Abs. 2 BGB (Versicherungsbeiträge), § 6 Satz 1 Halbsatz 2 VBVG.

Bei den erstattungsfähigen Aufwendungen handelt es sich im Regelfall um sog. Barauslagen des Betreuers gemäß § 1908i Abs. 1 Satz 1 i. V. m. § 1835 Abs. 1 BGB. Im Einzelnen sind dies unter anderem Telefon- und Portokosten, Kosten für erforderliche Kopien und Fahrtkosten.

Nicht erstattet werden Kosten einer Versicherung gegen Schäden, die dem Betreuten durch den Betreuer zugefügt werden können, oder die der Betreuer einem Dritten zufügen könnte (Haftpflichtversicherung). Zwar lässt § 1908i Abs. 1 Satz 1 i. V. m. § 1835 Abs. 2 Satz 1 BGB grundsätzlich zu, dass der Betreuer Ersatz für diese Versicherungskosten erlangen kann, nicht jedoch, wenn er für die Betreuung eine Vergütung erlangt, § 1835 Abs. 2 Satz 2 BGB (berufliche Führung).

Der Betreuer kann Abschlagszahlungen verlangen, § 3 Abs. 4 VBVG.

Beispiel:

Der Betreuer B ist bei einem Rechtsgeschäft rechtlich ausgeschlossen (§ 1908i Abs. 1 Satz 1 i. V. m. § 1795 Abs. 1 Nr. 1 BGB); es liegt ein Rechtsgeschäft zwischen dem Betreuten und der Ehefrau des Betreuers B vor. Neben B wird der weitere Betreuer E als Ergänzungsbetreuer (§ 1899 Abs. 4 BGB) zur berufsmäßigen Führung bestellt. Dieser macht 5 Stunden Zeitaufwand mit einem Stundensatz von 50 EUR und Fahrtauslagen über 100 km geltend. Der Betreute ist nicht mittellos. Der erhöhte Stundensatz wird mit (nachgewiesenen) besonderen Schwierigkeiten begründet. E kann ein abgeschlossenes Jurastudium nachweisen.

Dem weiteren Betreuer E steht zunächst für die Vergütung ein Stundensatz von 39,00 EUR zu, § 6 Satz 1 i. V. m. § 3 Abs. 1 Satz 2 Nr. 2 VBVG. Durch die nachgewiesenen besonderen Schwierigkeiten kann ihm ein höherer Stundensatz (50,00 EUR) bewilligt werden, § 6 Satz 1 i. V. m. § 3 Abs. 3 VBVG (Betreuter ist nicht mittellos). Damit berechnet sich die Vergütung auf 5 × 50,00 EUR = 250,00 EUR.

Daneben kann E seine Fahrtkosten als Aufwendungsersatz geltend machen, § 6 Satz 1 VBVG i. V. m. § 1835 Abs. 1 BGB. Diese berechnen sich nach § 1835 Abs. 1 Satz 1 Halbsatz 2 BGB i. V. m. § 5 Abs. 2 Satz 1 Nr. 2 JEVG mit 0,30 EUR je Kilometer. Dies ergibt 100 km × 0,30 EUR = 30,00 EUR.

3.10.2 Ergänzungsbetreuer wegen tatsächlicher Verhinderung

> § 6 Satz 2 VBVG
>
> Ergänzungsbetreuer bei tatsächlicher Verhinderung (§ 1899 Abs. 4 BGB)
>
> Pauschale gemäß § 4 i. V. m. § 5 und § 5a Abs.1 VBVG wird inzwischen Haupt- und Ergänzungsbetreuer nach Tagen geteilt
>
> für die Betreuung gelten § 187 Abs. 1 und § 188 Abs. 1 BGB entsprechend

Betreuunger ist tatsächlich verhindert

Krankheit oder Urlaub

Die Verhinderung des Betreuers kann auch auf tatsächlichen Gründen beruhen, z. B. Krankheit oder Urlaub. In diesem Fall ist zur gleichen Zeit immer nur entweder der Betreuer oder der Ergänzungsbetreuer tätig. Insgesamt steigt der Betreuungsaufwand nicht. § 6 Satz 2 VBVG sieht daher vor, in diesem Fall die nach der Pauschale gemäß § 4 i. V. m. § 5 und § 5a Abs. 1 VBVG bemessene Vergütung zwischen Haupt- und Ergänzungsbetreuer nach Tagen zu teilen; für die Berechnung gelten § 187 Abs. 1 und § 188 Abs. 1 BGB entsprechend.

Teilung nach Tagen

In § 6 Satz 2 VBVG wird nicht auf § 191 BGB verwiesen, somit wäre an sich der Monat nach den tatsächlichen Tagen zu berechnen (28, 29, 30 oder 31 Tage).

Nach derzeit überwiegend vertretener Ansicht, der auch hier gefolgt wird, ergibt sich Folgendes: Der Gesetzgeber hat unreflektiert den aus dem früheren Recht überkommenen Satz stehen lassen: „§ 187 Absatz 1 und § 188 Absatz 1 BGB gelten entsprechend." Dieser wäre an sich überflüssig, weil sich das schon aus § 5 Abs. 2 Satz 3 VBVG ergibt. Dazu tritt eine ungewollte Verwirrung auf, weil insoweit nicht auf § 191 BGB verwiesen wird. Die Vorschrift ist daher so zu handhaben, dass der Verweisung auf § 187 Abs. 1 und § 188 Abs. 1 BGB keine eigenständige Bedeutung zukommt. Damit darf auch das Fehlen der Einbeziehun des § 191 BGB nicht den Schluss zulassen, dass die Monate nach der tatsächlichen Tagesanzahl zu berücksichtigen sind. Somit ist in der Anwendung des § 6 Satz 2 VBVG jeder Monat mit 30 Tagen anzusetzen.

Beispiel:

Der Berufsbetreuer B wurde am 31. 8. 2019 bestellt. In der Zeit vom 3. 1. bis 24. 1. 2020 befindet er sich im Urlaub; in dieser Zeit nimmt der berufsmäßig tätige Ergänzungsbetreuer E die Geschäfte der Betreuung wahr. Der Betreute ist nicht mittellos und wohnt zuhause; er hat ein Geldvermögen von ca. 200.000 EUR. Beide Betreuer können eine Vergütung nach der Vergütungstabelle C beanspruchen. Der erste Vergütungszeitraum gemäß § 9 Satz 1 VBVG ist bereits abgerechnet.

Da die Erstbestellung eines Betreuers am 31. 8. 2019 war, beginnt die Abrechnungszeit am 1. 9. 2019. Der erste Vergütungszeitraum nach § 9 Satz 1 VBVG umfasst den 1. 9. bis 30. 11. 2019; der zweite Vergütungszeitraum dauert vom 1. 12. 2019 bis 29. 2. 2020.

Hauptbetreuer B:

1. 12. 2019 – 31. 12. 2019	339,00 EUR + 30,00 EUR (C 2.2.2) (§ 5a Abs. 1 VBVG)	= 369,00 EUR
1. 1. 2020 – 3. 1. 2020 25. 1. 2020 – 31. 1. 2020	10/30 aus 369,00 EUR	= 123,00 EUR
1. 2. 2020 – 29. 2. 2020		= 369,00 EUR

Ergänzungsbetreuer E:

4. 1. 2020 – 24. 1. 2020	21/30 aus 369,00 EUR	= 258,30 EUR

Hinweis:

Da in § 6 Satz 2 VBVG nicht wie in § 5 Abs. 2 Satz 3 VBVG gefordert, die Fallpauschale zeitanteilig nach Tagen zu berechnen, sondern nach Tagen zu teilen ist, stellt man zunächst die Fallpauschale des Vergütungsmonats (in den die Verhinderung fällt) gemäß §§ 4, 5 VBVG fest, addiert die besondere Pauschale nach § 5a VBVG dazu, und teilt die Summe auf die Tage des Betreuers und weiteren Betreuers (Ergänzungsbetreuers) auf.

Dies stellt die hier vertretene Ansicht dar. Dazu werden derzeit auch andere Meinungen vertreten. Teilweise wird argumentiert, dass durch die fehlende Verweisung die gesonderte Pauschale nach § 5a Abs. 1 VBGB nicht geteilt, sondern als Ganzes einem Betreuer zuzurechnen ist bzw. jedem der Betreuer in voller Höhe zukommen sollte. Man wird kommende Rechtsprechung abwarten müssen.

Unterschiedliche Vergütungstabellen beachten

Soweit die beiden Betreuer unterschiedliche Fallpauschalen haben, müssten diese für jeden zunächst fiktiv berechnet werden, um sie dann nach Tagen zu teilen.

Erstreckt sich die tatsächliche Verhinderung über einen Vergütungsmonat hinaus, ist pro Monat wie folgt vorzugehen.

Beispiel:

Der Berufsbetreuer B wurde am 31. 8. 2019 bestellt. In der Zeit vom 21. 10. bis 10. 11. 2019 befindet er sich im Urlaub; in dieser Zeit nimmt der berufsmäßig tätige Ergänzungsbetreuer E die Geschäfte der Betreuung wahr. Der Betreute wohnt zuhause und hat ein Geldvermögen von ca. 200.000 EUR. Betreuer B kann eine Vergütung nach der Vergütungstabelle C beanspruchen; Betreuer E nach Vergütungstabelle B.

Betreuer B:

1. 9. 2019 – 30. 9. 2019	486,00 EUR + 30,00 EUR (C 1.2.2) (§ 5a Abs. 1 VBVG)	= 516,00 EUR
1. 10. 2019 – 21. 10. 2019	21/30 aus 516,00 EUR	= 361,20 EUR
11. 11. 2019 – 30. 11. 2019	20/30 aus 516,00 EUR	= 344,00 EUR

Ergänzungsbetreuer E:

22. 10. 2019 – 31. 10. 2019	10/30 aus 370,00 EUR + 30,00 EUR	= 133,33 EUR
1. 11. 2019 – 10. 11. 2019	10/30 aus 370,00 EUR + 30,00 EUR (B 1.2.2) (§ 5a Abs. 1 VBVG)	= 133,33 EUR

Für jeden Betreuer ist die für ihn maßgebende Fallpauschale zuzüglich der weiteren Pauschale nach § 5a Abs. 1 VBVG zugrunde zu legen.

Vergütungsanspruch entfällt

Einem längerfristig tatsächlich verhinderten Betreuer (hier Kurmaßnahme mit Gesamtdauer von zwei Monaten) steht eine pauschale Betreuervergütung während des Verhinderungszeitraums nicht zu, auch wenn für diesen Zeitraum kein Verhinderungsbetreuer (§ 1899 Abs. 4 BGB i. V. m. § 6 Satz 2 VBVG) bestellt wurde (*LG Frankfurt/Oder* BtMan 2008, 158).

3.10.3 Keine Sonderfälle

Vollmachtkontrollbetreuer

Vollmachtkontrollbetreuer erhält Pauschale

Beim Vollmachtkontrollbetreuer nach § 1896 Abs. 3 BGB handelt es sich um einen Betreuer mit einem bestimmten Aufgabenkreis. Für den Berufsbetreuer besteht keine Ausnahme vom Pauschalsystem nach § 4 VBVG.

Gegenbetreuer

Beim Gegenbetreuer nach § 1908i Abs. 1 Satz 1 i. V. m. § 1792 BGB handelt es sich im Ergebnis um einen Betreuer mit einem bestimmten Aufgabenkreis. Für den Berufsbetreuer besteht keine Ausnahme vom Pauschalsystem. **Gegenbetreuer erhält Pauschale**

Für die Bemessung der Vergütung des (beruflichen) Gegenbetreuers ist von dem Grundsatz auszugehen, dass für die Beurteilung seiner Fallpauschale die erstmalige Begründung des Betreuungsverhältnisses maßgebend ist (*OLG Köln* FamRZ 2007, 937; BtPrax 2007, 255). Dies gilt auch, wenn der Gegenbetreuer erst nachträglich bestellt wird (*OLG Schleswig* FGPrax 2006, 166).

Mehrere Betreuer

Nach § 1899 Abs. 1 Satz 3 BGB dürfen mehrere Betreuer, die eine Vergütung erhalten, nicht nebeneinander bestellt werden. Ausnahmen ergeben sich, wenn ein zusätzlicher Sterilisationsbetreuer erforderlich wird, § 1899 Abs. 2 BGB oder ein Verhinderungsbetreuer gemäß § 1899 Abs. 4 BGB. Ebenfalls möglich ist, dass ein berufsmäßig tätiger Gegenbetreuer neben einem Berufsbetreuer bestellt wird, §§ 1908i Abs. 1 Satz 1, 1792 BGB. **Mehrere Betreuer als Ausnahme**

Sind (entgegen § 1899 Abs. 1 Satz 3 BGB) dennoch mehrere Betreuer nebeneinander bestellt worden, steht jedem der Betreuer der volle pauschalierte Stundenansatz zu, unabhängig davon, ob sie mit demselben Aufgabenkreis betraut sind oder nach Aufgabenkreisen getrennt (*OLG Hamm* (FGPrax 1/2007).

3.11 Übergangsregelung zum 27. 7. 2019

Nach § 12 VBVG ist auf Vergütungsansprüche von Betreuern, Vormündern, Pflegern und Verfahrenspflegern für Leistungen, die vor dem 27. 7. 2019 erbracht wurden, altes Recht bis zum Ende des angefangenen Betreuungsmonats anzuwenden. **Vergütungsmonat beginnt vor dem 27. 7. 2019**

Damit soll nach der amtlichen Begründung in der *BT-Drucks. 19/8694, S. 31* klargestellt werden, dass es für die Anwendbarkeit der neuen Fallpauschalen bei der Pauschalvergütung für Betreuer nicht auf das Entstehen der Ansprüche im Sinne des § 9 Satz 1 VBVG ankommt, sondern allein auf den Zeitpunkt, zu welchem die Leistung erbracht wurde. Die Übergangsregelung nimmt keinen Einfluss auf die bisherigen Abrechnungszeiträume. Das Inkrafttreten der Neuregelung führt insbesondere nicht zum Beginn eines neuen Abrechnungsquartals im Sinne des § 9 VBVG. Vergütungsanträge werden nicht tageweise quotal berechnet, vielmehr wird altes Recht zum Ablauf des jeweils angefangenen Betreuungsmonats anzuwenden sein.

Soweit im Gesetz vom „Betreuungsmonat" gesprochen wird, dürfte dies ein Versehen sein; richtig ist nach hier vertretener Ansicht Vergütungsmonat (Abrechnungsmonat). Es heißt in der Gesetzesbegründung ausdrücklich, dass kein neues Abrechnungsquartal mit dem Gesetzesinkrafttreten verbunden ist *(BT-Drucks. 19/8694, S. 31)*. Das kann nur so interpretiert werden, dass es auf das vor dem Gesetzesinkrafttreten laufende Quartal ankommt. Und das ist im Falle eines Betreuerwechsels nicht das Ursprungsquartal des Erstbetreuers, sondern das Abrechnungsquartal des aktuellen Betreuers. Teilweise wird die Ansicht vertreten, dass dem Wortlaut „Betreuungsmonat" zu folgen ist, so dass bei einem Betreuerwechsel u. U. sich eine andere Berechnung ergibt. Dieses Problem sollte nicht überbewertet werden, da die Übergangsregelung nur einmal pro Fall vorkommt und ein verändertes Ergebnis nur bei besonderen Konstellationen eintreten dürfte.

Die neuen Vergütungsregeln betreffen gemäß § 12 VBVG alle Vergütungsmonate (Abrechnungsmonate), die ab dem 27. 7. 2019 beginnen. **Vergütungsmonat beginnt nach dem 27. 7. 2019**

Beispiel:

Der Betreuer B wird für den vermögenden im Pflegeheim wohnhaften Betreuten am 15. 4. 2019 im Aufgabenkreis Vermögenssorge bestellt. Er stellt am 20. 10. 2019 einen Vergütungsantrag für den zurückliegenden Zeitraum. Ein Abschluss einer Ausbildung als Bankkaufmann liegt vor. Seit dem 22. 9. 2019 verfügt der Betreute über ein Geldvermögen von 167.000 EUR.

16. 4. – 15. 5.	33,50 EUR × 5,5 Stunden	184,25 EUR
16. 5. – 15. 6.	33,50 EUR × 5,5 Stunden	184,25 EUR
16. 6. – 15. 7.	33,50 EUR × 5,5 Stunden	184,25 EUR

§ 5 Abs. 1 Satz 1 Nr. 1 i. V. m. § 4 Abs. 1 Satz 2 Nr. 1 VBVG a. F.

16. 7. – 15. 8.	33,50 EUR × 4,5 Stunden	150,75 EUR

§ 5 Abs. 1 Satz 1 Nr. 2 i. V. m. § 4 Abs. 1 Satz 2 Nr. 1 VBVG a. F.

16. 8. – 15. 9.	196,00 EUR (B 2.1.2)	196,00 EUR
16. 9. – 15. 10.	196,00 EUR + 30 EUR (B 2.1.2 + § 5a Abs. 1 Satz 1 Nr. 1 VBVG)	226,00 EUR

Tag der Tätigkeit für Stundenvergütung maßgebend

Ein weiteres Auslegungsproblem ergibt sich aus dem Wortlaut des § 12 VBVG. Die Übergangsregelung soll auch auf die Vergütung von Vormündern, Pflegern usw. anzuwenden sein. Nun gibt es für Vormünder und Pfleger aber keine Betreuungs- oder Vergütungsmonate. Vermutlich hat der Gesetzgeber hier einfach etwas eilig und nicht sorgfältig formuliert. Es liegt nahe, dass die Tätigkeit von Vormündern, Pflegern, auch Verfahrenspflegern, Sterilisations- und Ergänzungsbetreuern sowie von Betreuern aufgrund einer Notgeschäftsführung nach dem Betreuungsende tagesgenau ab dem 27. 7. 2019 mit den neuen Stundensätzen des § 3 VBVG (also je nach Ausbildung 23,00 EUR, 29,50 EUR oder 39,00 EUR) abzurechnen sind, weil es bei der Zeitvergütung keine Vergütungsmonate oder Quartale gibt.

Beispiel:

V wird am 24. 7. 2019 als Verfahrenspfleger in einer Unterbringungssache bestellt. Er stellt am 5. 8. 2019 Vergütungsantrag über vier Stunden Aufwand, von denen er zwei Stunden am 25. 7. und weitere zwei Stunden am 29. 7. 2019 erbracht hat. Er kann ein abgeschlossenes Jurastudium nachweisen.

Für die zwei Stunden Tätigkeit am 25. 7. 2019 macht er 67,00 EUR (2 × 33,50 EUR) gemäß § 12 VBVG i. V. m. §§ 318, 277 Abs. 2 FamFG i. V. m. § 3 Abs. 1 Satz 2 Nr. 2 VBVG a. F. geltend.

Für die zwei Stunden Tätigkeit am 29. 7. 2019 kann er 78,00 EUR (2 × 39 EUR) gemäß §§ 318, 277 Abs. 2 FamFG i. V. m. § 3 Abs. 1 Satz 2 Nr. 2 VBVG geltend machen.

3.12 Vereinsbetreuer

3.12.1 Vergütung und Aufwendungsersatz

Vereinsbetreuer gilt als berufsmäßiger Betreuer

Ist ein Mitarbeiter eines Betreuungsvereins gemäß § 1897 Abs. 2 Satz 1 BGB als Vereinsbetreuer bestellt, so ist dem Verein eine Vergütung und Aufwendungsersatz nach § 1 Abs. 2 VBVG i. V. m. den §§ 4 und 5 VBVG zu bewilligen (§ 7 Abs. 1 Satz 1 VBVG). Eine Feststellung der Berufsmäßigkeit bei der Bestellung nach § 1 Abs. 1 VBVG ist nicht erforderlich (§ 7 Abs. 1 Satz 2 VBVG).

Der Vereinsbetreuer wird wie ein berufsmäßig tätiger Einzelbetreuer behandelt, er erlangt die Fallpauschalen nach § 4 i. V. m. § 5 VBVG sowie die gesonderten Pauschalen nach § 5a VBVG. Mit den Fallpauschalen wird auch der Aufwendungsersatz abgegolten (§ 5 Abs. 5 Satz 1 VBVG). Ein Aufwendungsersatz nach § 1835 Abs. 3 BGB kann nicht geltend gemacht werden (§ 7 Abs. 1 Satz 2 VBVG).

Verein erhält Vergütung

Der Vereinsbetreuer selbst kann keine Vergütung und keinen Aufwendungsersatz erlangen (§ 7 Abs. 3 VBVG); die Leistungen sind an den Verein zu erbringen (§ 7 Abs. 1 Satz 1 VBVG).

3.12.2 Sonderfälle

Stundenvergütung in Sonderfällen

Soweit ein Vereinsbetreuer als „Sterilisationsbetreuer" nach § 1899 Abs. 2 BGB oder als „Ergänzungsbetreuer" bei rechtlicher Verhinderung des Hauptbetreuers gemäß § 1899 Abs. 4 BGB bestellt wird, ist § 6 VBVG zu beachten, § 7 Abs. 2 Satz 1 Halbsatz 1 VBVG. *Siehe hierzu Abschnitt 3.10 in diesem Kapitel.*

Für die Geltendmachung von Aufwendungsersatz ist § 1835 Abs. 1, 1a und 4 BGB anwendbar, § 7 Abs. 2 Satz 1 Halbsatz 2 VBVG. Allgemeine Verwaltungskosten einschließlich der Kosten nach § 1835 Abs. 2 BGB (Haftpflichtversicherungsprämien) werden nicht ersetzt, § 7 Abs. 2 Satz 2 VBVG i. V. m. § 1835 Abs. 5 Satz 2 BGB.

Wird ein Vereinsmitarbeiter als „Ergänzungsbetreuer" wegen tatsächlicher Verhinderung des Hauptbetreuers bestellt, ist nach § 7 Abs. 2 Satz 1 Halbsatz 1 i. V. m. § 6 Satz 2 VBVG vorzugehen; die Fallpauschale nach §§ 4, 5 VBVG und die gesonderte Pauschale nach § 5a VBVG sind zwischen Haupt- und Ergänzungsbetreuer nach Tagen zu teilen; für die Berechnung gelten § 5 Abs. 4 Satz 3 VBVG (Aufrundung von Bruchteilen auf volle Zehntel) sowie § 187 Abs. 1 und § 188 Abs. 1 BGB entsprechend. *Siehe hierzu Abschnitt 3.10 in diesem Kapitel.*

Mitarbeiter verlässt Verein

Wurde das Arbeitsverhältnis zwischen dem Mitarbeiter und dem Verein aufgelöst, verzögert sich aber der Antrag des Vereins auf Entlassung des als Vereinsbetreuer bestellten Mitarbeiters (§ 1908b Abs. 4 BGB) und Bestellung dieses ehemaligen Mitarbeiters als Berufsbetreuer, steht diesem für zuvor erfolgte Tätigkeiten kein eigener Vergütungsanspruch zu (*LG Koblenz* FamRZ 2006, 64).

3.12.3 Verein als Betreuer

Verein als Betreuer erhält keine Vergütung

Ist der Verein als solcher gemäß § 1900 Abs. 1 BGB zum Betreuer bestellt, kann eine Vergütung nicht gewährt werden, § 1908i Abs. 1 Satz 1 i. V. m. § 1836 Abs. 3 BGB. Dies gilt auch, wenn ein Verein als Ergänzungsbetreuer (wegen rechtlicher Verhinderung) nach § 1899 Abs. 4 BGB bestellt ist; § 7 Abs. 2 Satz 1 Halbsatz 1 i. V. m. § 6 Satz 1 Halbsatz 1 VBVG macht hiervon keine Ausnahme, denn diese Vorschrift ist nur bei Bestellung eines Vereinsmitarbeiters als Betreuer anwendbar (siehe *BT-Drucks. 15/4874, S. 75*). Als Sterilisationsbetreuer nach § 1899 Abs. 2 BGB kann ein Verein nie bestellt werden, § 1900 Abs. 5 BGB.

Der Verein kann gemäß §§ 1908i Abs. 1 Satz 1, 1835 Abs. 5 Satz 1 BGB als Betreuer oder Gegenbetreuer für Aufwendungen keinen Vorschuss und Ersatz nur insoweit verlangen, als das einzusetzende Einkommen und Vermögen des Betreuten gemäß § 1836c BGB ausreicht; eine Festsetzung gegen die Staatskasse scheidet aus. Allgemeine Verwaltungskosten einschließlich der Kosten für eine Haftpflichtversicherung werden nicht ersetzt, § 1908i Abs. 1 Satz 1 i. V. m. § 1835 Abs. 5 Satz 2 BGB.

3.13 Behördenbetreuer

3.13.1 Vergütung

Behördenbetreuer kann Ermessensvergütung erlangen

Ist ein Behördenbetreuer bestellt, so kann der zuständigen Behörde eine Vergütung nach § 1908i Abs. 1 Satz 1 i. V. m. § 1836 Abs. 2 BGB bewilligt werden, soweit der Umfang oder die Schwierigkeit der Betreuungsgeschäfte dies rechtfertigen, § 8 Abs. 1 Satz 1 VBVG.

Die Vergütungsbewilligung ist nur möglich, soweit eine Inanspruchnahme des Betreuten nach § 1908i Abs. 1 Satz 1 i. V.m. 1836c BGB zulässig ist, sein einzusetzendes Einkommen und Vermögen ausreicht, § 8 Abs. 1 Satz 2 VBVG. Eine Festsetzung gegen die Staatskasse scheidet aus.

Durch die Verweisung von § 8 Abs. 3 auf § 7 Abs. 3 VBVG wird festgestellt, dass der Behördenbetreuer selbst keine Vergütung und keinen Aufwendungsersatz erlangen kann; die Leistungen sind an die Behörde zu erbringen.

Die Beschränkung in § 2 VBVG, dass der Vergütungsanspruch erlischt, wenn er nicht binnen 15 Monaten nach seiner Entstehung beim Betreuungsgericht geltend gemacht wird, gilt nicht, § 8 Abs. 4 VBVG.

3.13.2 Aufwendungsersatz

Aufwendungsersatz an Behörde

Nach § 8 Abs. 2 VBVG kann die Betreuungsbehörde unabhängig davon, ob Umfang und Schwierigkeit der Betreuungsgeschäfte eine Vergütung ermöglichen, Aufwendungsersatz nach § 1908i Abs. 1 Satz 1 i. V. m. § 1835 Abs. 1 Satz 1 und 2 BGB verlangen, allgemeine Verwaltungskosten einschließlich der Kosten für eine Haftpflichtversicherung werden nicht ersetzt, §§ 1908i Abs. 1 Satz 1, 1835 Abs. 5 Satz 2 BGB.

Voraussetzung für den Ersatz von Aufwendungen ist, dass eine Inanspruchnahme des Betreuten nach § 1908i Abs. 1 Satz 1 i. V. m. § 1836c BGB zulässig ist, das einzusetzende Einkommen und Vermögen des Betreuten ausreicht, § 8 Abs. 2 VBVG. Eine Festsetzung gegen die Staatskasse scheidet aus.

Die Beschränkung in § 1908i Abs. 1 Satz 1 i. V. m. § 1835 Abs. 1 Satz 3 BGB, dass der Aufwendungsersatzanspruch erlischt, wenn er nicht binnen 15 Monaten nach seiner Entstehung beim Betreuungsgericht geltend gemacht wird, gilt nicht; § 8 Abs. 2 VBVG verweist nicht auf diese Vorschrift.

3.13.3 Behörde als Betreuer

Keine Vergütung

Ist die Betreuungsbehörde als solche gemäß § 1900 Abs. 4 BGB zum Betreuer bestellt, kann eine Vergütung nicht gewährt werden, § 1908i Abs. 1 Satz 1 i. V. m. § 1836 Abs. 3 BGB.

Die Behörde kann als Betreuer oder Gegenbetreuer für Aufwendungen keinen Vorschuss und Ersatz nur insoweit verlangen, als das einzusetzende Einkommen und Vermögen des Betreuten gemäß § 1908i Abs. 1 Satz 1 i. V. m. § 1836c BGB ausreicht; eine Festsetzung gegen die Staatskasse scheidet aus. Allgemeine Verwaltungskosten einschließlich der Kosten für eine Haftpflichtversicherung werden nicht ersetzt; § 1908i Abs. 1 Satz 1 i. V. m. § 1835 Abs. 5 BGB.

4. Mittellosigkeit

4.1 Vergutung aus der Staatskasse

Fehlende Mittel

Ist der Betreute mittellos im Sinne der §§ 1836c und 1836d BGB, so kann der Berufsbetreuer (bei dem eine Feststellung nach § 1836 Abs. 1 Satz 2 BGB getroffen wurde) die zu bewilligende Vergütung aus der Staatskasse verlangen, § 4 Abs. 1 i. V. m. § 1 Abs. 2 Satz 2 VBVG; dies gilt auch für den Vereinsbetreuer, § 7 Abs. 1 Satz 1 i. V. m. § 1 Abs. 2 Satz 2 VBVG. Die zu gewährenden Fallpauschalen sind reduziert, siehe hierzu die Vergütungstabellen im Anhang zu § 4 Abs. 1 VBVG.

Der ehrenamtlich tätige Betreuer kann seinen Aufwendungsersatz aus der Staatskasse geltend machen (§ 1908i Abs. 1 Satz 1 i. V. m. § 1835 Abs. 5 Satz 1 BGB); dies gilt auch für die Aufwandsentschädigung (§ 1908i Abs. 1 Satz 1 i. V. m. § 1835a Abs. 3 BGB).

4.2 Aufwendungsersatz aus der Staatskasse

Ein gesonderter Aufwendungsersatz aus der Staatskasse bei Mittellosigkeit des Betreuten kommt lediglich in den Sonderfällen der Betreuung nach § 6 Satz 1 Halbsatz 2 VBVG i. V. m. § 1835 Abs. 4 BGB in Betracht.

4.3 Begriff der Mittellosigkeit

Vermögen und Einkommen decken nicht den Anspruch

Das Vorliegen der Mittellosigkeit wird in § 1836d BGB definiert. Der Betreute gilt als mittellos, wenn er nach seinen persönlichen und wirtschaftlichen Verhältnissen die Vergütung, einen Aufwendungsersatz oder eine Aufwandsentschädigung aus seinem einzusetzenden Einkommen oder Vermögen nicht in einem Betrag, genauer gesagt gar nicht oder nur zum Teil in Raten oder nur im Wege gerichtlicher Geltendmachung von Unterhaltsansprüchen, aufbringen kann.

Der Betreuer kann bei Mittellosigkeit des Betreuten seinen Anspruch insgesamt – also nicht nur in dem Maße, in dem der Betreute zur Leistung nicht in der Lage ist – gegen die Staatskasse geltend machen. Die Staatskasse kann ihrerseits beim Betreuten, soweit dieser leistungsfähig ist, und bei dessen Erben – hier im Rahmen des vorhandenen Nachlasses – nach § 1836e BGB Rückgriff nehmen.

Das Maß des nach den persönlichen und wirtschaftlichen Verhältnissen Aufzubringenden bestimmt sich dabei grundsätzlich nach § 1836c BGB.

4.3.1 Voraussetzungen der Mittellosigkeit

Vermögen/Einkommen reicht nicht aus

Der Betreute ist unter Beachtung des § 1836c BGB nicht in der Lage, aus seinem Einkommen und/oder Vermögen eine Vergütung des Betreuers, einen Aufwendungsersatz oder eine Aufwandsentschädigung in einem Betrag zu erbringen, ohne dass sein Schonvermögen unterschritten wird. Dabei ist von dem festzusetzenden Betrag auszugehen (*OLG Schleswig* BtPrax 2000, 128).

Staatskasse trägt Aufklärungsrisiko

Lässt sich die Frage, ob der Betreute mittellos ist, nach Ausschöpfung der zumutbaren Aufklärungsmöglichkeiten nicht positiv beantworten, geht nach *LG Duisburg* (BtPrax 2000, 42) das Risiko der Unaufklärbarkeit der Vermögensverhältnisse zulasten der Staatskasse. Kann nicht eindeutig festgestellt werden, ob der Aktivnachlass zur Zahlung der Vergütung des ehemaligen Betreuers ausreicht, hat zunächst die Staatskasse den Vergütungsanspruch zu erfüllen, da dem Betreuer nicht zugemutet werden kann zu warten, bis geklärt ist, ob der Nachlass ausreicht (*LG Kassel*, Urteil vom 26. 11. 2014, Az. 3 T 459/14). Siehe hierzu auch *Bienwald* FamRZ 1993, 218.

Bei der Feststellung, ob Mittellosigkeit vorliegt, sind Vergütungsansprüche und Ansprüche auf Aufwendungsersatz/Aufwandsentschädigung getrennt zu betrachten. Es handelt sich hierbei um unterschiedliche Ansprüche.

Verwertbarkeit des Vermögens

Das vorhandene Vermögen des Betreuten muss verwertbar sein. An der „Verwertbarkeit“ von Vermögen des Betreuten für die Vergütung des Betreuers fehlt es, wenn ihr ein rechtliches oder tatsächliches Hindernis entgegensteht, wenn sie wirtschaftlich unvertretbar ist oder nicht in angemessener Zeit durchgeführt werden kann (*BayObLG* NJW-RR 2001, 1515).

Testamentsvollstreckung kann Verwertbarkeit verhindern

Sind z. B. aufgrund einer angeordneten Testamentsvollstreckung und der damit verbundenen Beschränkungen konkrete Zahlungen aus dem ererbten Vermögensstamm nicht möglich, fehlt es an der Verwertbarkeit des Vermögens aufgrund eines rechtlichen Hindernisses (*OLG Köln* BtPrax 2009, 249).

Testamentsvollstrecker hat u. U. freizugeben

Allerdings ist eine Mittellosigkeit zu verneinen, wenn dem Betreuten als Erben ein durchsetzbarer Anspruch aus § 2216 Abs. 2 Satz 1 BGB auf Freigabe einer zu entrichtenden Entschädigung aus dem Nachlass zusteht (*BGH* BtPrax 2013, 106). Das könnte dann gegeben sein, wenn es die Hauptintention des Erblassers war, dass der Betroffene sein Leben wie bisher weiterführen können soll. Die Bestellung eines Betreuers hat eben gerade das Ziel, den Betroffenen in den Bereichen seines Lebens, die er nicht allein regeln kann, zu unterstützen, ihm Hilfe zu geben und ihm damit eine angemessene Lebensgrundlage zu ermöglichen (*LG Düsseldorf* FamRZ 2018, 1197).

Nicht auseinandergesetzte Erbengemeinschaft

Ist der Betreute Mitglied einer Erbengemeinschaft, welche zwar über erhebliches Nachlassvermögen verfügt, aber noch nicht auseinandergesetzt werden kann, und ist sonstiges Vermögen nicht vorhanden, liegt Mittellosigkeit vor (*OLG Oldenburg* FamRZ 2000, 1534).

Abfindung für Unterhaltsanspruch

Ein Kapitalbetrag, den der Betreute aufgrund eines gerichtlichen Vergleichs als Abfindung für einen laufenden Unterhaltsanspruch erhalten hat und auf dessen ratenweisen Einsatz er zur Deckung seines laufenden Unterhaltsbedarfs angewiesen ist, ist aufgrund der Härteregelung in § 90 Abs. 3 SGB XII nicht als Vermögen für die Deckung von Aufwendungsersatz und Vergütung des für sie bestellten Berufsbetreuers einzusetzen (*OLG Hamm* FGPrax 2003, 223).

Nur Aktivvermögen zählt

Bei der Frage, ob der Betroffene mittellos ist, ist hinsichtlich des einzusetzenden Vermögens des Betroffenen nur das verfügbare Aktivvermögen zu berücksichtigen. Verbindlichkeiten bleiben selbst dann außer Betracht, wenn sie bereits tituliert sind (*BayObLG* FamRZ 2004, 308).

Ansammlung von Sozialhilfeleistungen

Auf die Herkunft des Vermögens kommt es für die Frage, ob dieses für die Betreuervergütung anzuwenden ist, in aller Regel nicht an. Sammelt der Betreuer Gelder der Sozialhilfe an, sind diese Mittel für die Vergütung des Betreuers einzusetzen (*LG Hamburg* BtPrax 2011, 41).

4.3.2 Maßgebender Zeitpunkt für die Feststellung der Mittellosigkeit

Es ist zwischen Vergütungsansprüchen und Aufwendungsersatz/Aufwandsentschädigung zu unterscheiden.

Vergütungsansprüche

Zeitpunkt der Entscheidung zählt

Die Frage, ob wegen Mittellosigkeit des Betroffenen die Betreuervergütung aus der Staatskasse geschuldet wird, ist nach den zum Zeitpunkt der Entscheidung der letzten Tatsacheninstanz geltenden materiell-rechtlichen Bestimmungen und den dann gegebenen Einkommens- und Vermögensverhältnissen zu beurteilen (*OLG München* BtPrax 2007, 131; *BayObLG* BtPrax 2002, 123).

Dem Betreuer kann nicht aufgegeben werden, zur Sicherung seiner Vergütungsansprüche Rücklagen zu bilden (*BayObLG* FamRZ 1998, 507; *LG Saarbrücken* FamRZ 2003, 60). Zudem ist ein Betreuer nicht verpflichtet, Entscheidungen über die Abrechnungspraxis so zu treffen, dass die Staatskasse geschont wird (*Schleswig-Holsteinisches OLG* NJWE-FER 2000, 233).

Keine Rücklagenbildung oder Schonung der Staatskasse erforderlich

Der Betreuer ist nicht verpflichtet, die Befriedigung anderer Gläubiger zurückzustellen, um den eigenen Vergütungsanspruch gegen den Betreuten zu sichern, solange das Betreuungsgericht noch nicht über die Vergütungsansprüche entschieden hat. Für die Bildung einer Rücklage zur Sicherung eines noch nicht festgesetzten Vergütungsanspruchs fehlt es an einer gesetzlichen Grundlage.

Im Übrigen muss der Betreuer nicht zur Schonung der Staatskasse die Zeiträume für die Abrechnung seiner Vergütungsansprüche so wählen, dass vorhandenes Vermögen des Betreuten noch zur Verfügung steht. Ihm steht somit auch dann für den gesamten vom Gesetz vorgesehenen Zeitraum von 15 Monaten ein Vergütungsanspruch zu, wenn eine alsbaldige Mittellosigkeit des Betreuten während dieses Zeitraums absehbar war (*OLG Köln* BtPrax 2002, 264).

Ein Zurückstellen der Befriedigung anderer Gläubiger, um den eigenen Vergütungsanspruch gegen den Betreuten zu sichern, solange das Betreuungsgericht noch nicht über die Vergütungsansprüche entschieden hat, kann seitens der Staatskasse nicht gefordert werden (*LG Saarbrücken* FamRZ 2003, 60).

Schuldhafte Verzögerung des Antrags kann Vergütung schmälern

Muss allerdings der Betreuer erkennen, dass künftig eine Festsetzung gegen den Betroffenen, wegen dessen allmählichen Vermögensverfalls nicht möglich sein wird, und stellt er gleichwohl schuldhaft den Vergütungsantrag im Rahmen des ihm Möglichen und Zumutbaren nicht so zeitig, dass er die Vergütung noch aus dem Vermögen des Betroffenen erhalten kann, so kann seine Vergütung nach den allgemeinen Grundsätzen von Treu und Glauben auf die Vergütung gekürzt werden, die für die Betreuung eines mittellosen Betroffenen anzusetzen wäre. Für eine derartige Entscheidung bedarf es konkreter Feststellungen dazu, wie sich das Vermögen des Betroffenen entwickelt hat und wann die Mittellosigkeit eingetreten ist. Tritt die Mittellosigkeit binnen eines Monats nach dem Ende des Betreuungsquartals ein, wird man regelmäßig nicht davon ausgehen können, dass die Geltendmachung der Vergütung unmittelbar nach Quartalsende es noch ermöglicht hätte, die Vergütung aus dem Vermögen des Betroffenen zu entnehmen (*OLG München* OLGR München 2009, 579).

Feststellung nach dem Tod des Betreuten

Ist der Betreute verstorben, kommt es ebenfalls auf den Zeitpunkt der gerichtlichen Entscheidung an, allerdings unter Berücksichtigung der Vermögensverhältnisse zum Todeszeitpunkt (*BayObLG* BtPrax 1998, 79). Keinesfalls heranzuziehen sind die Vermögensverhältnisse der Erben (*KG Berlin* Rpfleger 1995, 356).

Aufwendungsersatz- bzw. Aufwandsentschädigungsansprüche

Vermögenslage zum Zeitpunkt des Entstehens

Bei Aufwendungsersatz- bzw. Aufwandsentschädigungsansprüchen des Betreuers kommt es für die Feststellung der Mittellosigkeit auf den Zeitpunkt der Entstehung an. Der Betreuer kann die Ersatzbeträge unmittelbar aus den vorhandenen Mitteln (Bargeld, Girokonten) des Betreuten entnehmen, oder falls ihm die Vermögenssorge fehlt, sie gegen den Betreuten geltend machen. Ein Zuwarten bis zum Eintritt der Mittellosigkeit kann daher unter Umständen gegenüber der Staatskasse treuwidrig sein (*LG Saarbrücken* FamRZ 2003, 60).

4.4 Verfahren zur Feststellung der Mittellosigkeit

Ermittlung von Amts wegen

Grundsätzlich hat das Betreuungsgericht die Mittellosigkeit von Amts wegen zu ermitteln, § 26 FamFG.

Verhältnisse darstellen

In §§ 292 Abs. 1, 168 Abs. 2 Satz 1 FamFG sind dem Betreuer Mitwirkungspflichten auferlegt. Im Antrag sind die persönlichen und wirtschaftlichen Verhältnisse des Betreuten darzustellen; das Gericht kann in entsprechender Anwendung des § 118 Abs. 2 Satz 1 und 2 ZPO verlangen, dass der Betreuer seine tatsächlichen Angaben glaubhaft macht, auch kann es von ihm die Vorlage von Urkunden verlangen.

Aufwand zur Ermittlung ist unverhältnismäßig

Das Betreuungsgericht kann nach §§ 292 Abs. 2, 168 Abs. 2 Satz 3 FamFG ohne weitere Prüfung eine Festsetzung gegen die Staatskasse vornehmen (Mittellosigkeit annehmen), wenn nach seiner freien Überzeugung der Aufwand zur Ermittlung der persönlichen und wirtschaftlichen Verhältnisse des Betreuten außer Verhältnis zur Höhe des aus der Staatskasse zu begleichenden Anspruchs steht.

4.4.1 Einsatz des Einkommens

Während § 1836d BGB die Mittellosigkeit definiert und dabei darauf abstellt, ob der Betreute die Vergütung oder den Aufwendungsersatz bzw. die Aufwandsentschädigung aus seinem Einkommen oder Vermögen aufbringen kann, legt § 1836c BGB fest, inwieweit Einkommen und Vermögen des Betreuten einzusetzen sind.

Angemessener Umfang

Durch die Verweisung in § 1836c Nr. 1 BGB auf § 87 SGB XII wird ausgedrückt, dass das zu berücksichtigende Einkommen, soweit es die maßgebende Einkommensgrenze übersteigt, nur im angemessenen Umfang heranzuziehen ist.

Das Betreuungsgericht wird die Prüfung, in welchem Umfang eine Heranziehung des Einkommens angemessen ist, nur dann vornehmen können, wenn bereits Erkenntnisse vorliegen; eine besondere Ermittlung hierzu wird in der Regel unterbleiben.

Grundsätzlich bedeutet die Einschränkung auf den „angemessenen Umfang“, dass nicht die gesamten über der Einkommensgrenze liegenden Einkünfte herangezogen werden, sondern nur der Teil, welcher für den Betreuten „zumutbar“ ist. Nach § 87 Abs. 1 Satz 2 und 3 SGB XII sind bei der Prüfung, welcher Umfang angemessen ist, insbesondere die Art des Bedarfs, die Art oder Schwere der Behinderung oder der Pflegebedürftigkeit, die Dauer und Höhe der erforderlichen Aufwendungen sowie besondere Belastungen der nachfragenden Person und ihrer unterhaltsberechtigten Angehörigen zu berücksichtigen. Bei schwerstpflegebedürftigen und blinden Menschen ist ein Einsatz des Einkommens über der Einkommensgrenze in Höhe von mindestens 60 vom Hundert nicht zuzumuten.

Einkommensbegriff

Was zählt als Einkommen?

Welche Einkünfte zum Einkommen gehören, ist in den, in § 1836c Nr. 1 BGB in Bezug genommenen §§ 82, 85 Abs. 1 und 86 SGB XII sowie in der Durchführungsverordnung zu § 82 SGB XII geregelt. Zur ausführlichen Erläuterung des Einkommensbegriffs siehe insbesondere Kapitel B 3, Ziffer 1.

Zum Einkommen zählen danach alle Einkünfte in Geld oder Geldeswert, ohne Rücksicht auf ihre Herkunft und Rechtsnatur sowie ohne Rücksicht darauf, ob sie zu den Einkunftsarten im Sinne des Einkommensteuergesetzes gehören und ob sie der Steuerpflicht unterliegen, § 82 Abs. 1 SGB XII, § 1 DVO zu § 82 SGB XII.

Die häufigsten Einkommensarten sind in der DVO zu § 82 SGB XII beschrieben. Hierzu zählen insbesondere Einkünfte aus nichtselbstständiger Arbeit, aus Land- und Forstwirtschaft, Gewerbebetrieb und selbstständiger Arbeit, aus Kapitalvermögen, aus Vermietung und Verpachtung sowie andere Einkünfte wie z. B. Renten, Pensionen, Unterhaltszahlungen, Kindergeld, Wohngeld, Wartegelder, Ruhegelder, Witwen- und Waisengelder.

Zahlungen der Pflegeversicherung

Zahlungen der Pflegeversicherung an den Betreuten gehören nach Ansicht des *BayObLG* (BtPrax 2000, 83) zu dessen Einkommen. Dieser Feststellung ist *Jürgens* (BtPrax 2000, 71) mit guten Argumenten entgegengetreten. Insbesondere verweist er auf § 13 Abs. 5 Satz 1 SGB XI, der ausführt: „Die Leistungen der Pflegeversicherung bleiben als Einkommen bei Sozialleistungen, deren Gewährung von anderen Einkommen abhängig ist, unberücksichtigt.“ Damit dürfte das Pflegegeld als Einkommen nach § 82 SGB XII ausscheiden. Auch das *LG Koblenz* (BtPrax 2000, 222) berücksichtigt Leistungen der Pflegeversicherung nicht als Einkommen.

Sachbezüge beachten

Allerdings ist Einkommen nicht nur ein Zufluss an Geld, sondern auch Geldeswert (sog. Sachbezüge) wie z. B. Kost, Wohnung, Kleidung, Heizung, Pflege durch eine andere Person; allerdings nur dann, wenn sie einen Marktwert haben, also üblicherweise gegen Geld getauscht werden. Für die Bewertung der Sachbezüge ist § 2 DVO zu § 82 SGB XII zu beachten, der (auszugsweise) ausführt, dass für die Bewertung von Einnahmen, die nicht in Geld bestehen, die aufgrund § 17 Abs. 2 SGB IV für die Sozialversicherung zuletzt festgesetzten Werte der Sachbezüge maßgebend sind; soweit der Wert der Sachbezüge nicht festgesetzt ist, sind der Bewertung die üblichen Mittelpreise des Verbrauchsortes zugrunde zu legen.

Ausnahmen vom Einkommensbegriff

In § 82 Abs. 1 SGB XII werden bestimmte Einkünfte vom sozialhilferechtlichen Einkommensbegriff ausgenommen, und zwar Leistungen nach dem SGB XII selbst, Grundrente nach dem Bundesversorgungsgesetz (BVG) und Renten bzw. Beihilfen, die nach dem Bundesentschädigungsgesetz (BEG) für Schäden an Leben sowie an Körper oder Gesundheit gewährt werden, bis zur Höhe der vergleichbaren Grundrente nach dem BVG.

Praxis TIPP

Renten oder Beihilfen nach dem BVG oder BEG sind kein einzusetzendes Einkommen für die Berechnung der Vergütung.

Sobald Einkommen nach dem BVG oder BEG angesammelt und dadurch zu Vermögen wird, sind im Vergütungsverfahren nicht die höheren Schongrenzen dieser Gesetze zu beachten, da allein die DVO zu § 90 Abs. 2 Nr. 9 SGB XII nach § 1836c Nr. 2 BGB angewendet werden kann.

Weitere Einkommensarten werden von den meisten Sozialhilfeträgern aufgrund gesetzlicher Vorgaben, Richtlinien und Beschlüsse des Sozialhilfeausschusses im jeweiligen Bereich nicht angerechnet. Diese Einkünfte gehen zwar über den in § 1836c Nr. 1 BGB in Bezug genommenen § 82 Abs. 1 SGB XII hinaus, sollten aber zur Verfahrensvereinfachung und der Gleichbehandlung ebenfalls herangezogen werden.

Ermittlung des bereinigten Einkommens

Schritt 1:

Die Summe der monatlichen Bruttoeinnahmen aus nichtselbstständiger Arbeit ist zu ermitteln, § 82 Abs. 1 SGB XII; einmalige Jahresleistungen sind mit 1/12 hinzuzufügen.

Schritt 2:

Vom Bruttoeinkommen sind abzusetzen, § 82 Abs. 2 SGB XII:

a) Steuern, § 82 Abs. 2 Nr. 1 SGB XII (Einkommensteuer, Lohnsteuer, Kirchensteuer);

b) Pflichtversicherungsbeiträge, § 82 Abs. 2 Nr. 2 SGB XII (Sozialversicherung, Arbeitsförderung);

c) Gesetzlich vorgeschriebene oder angemessene Beiträge, § 82 Abs. 2 Nr. 3 SGB XII (Krankenversicherung, Unfallversicherung, Haftpflichtversicherung, Sterbegeldversicherung, Hausratversicherung);

d) Werbungskosten, § 82 Abs. 2 Nr. 4 SGB XII, § 3 Abs. 4 bis 7 DVO zu § 82 SGB XII: Arbeitsmittel (Pauschale 5,20 EUR oder höherer Nachweis); Fahrtkosten (bei öffentlichen Verkehrsmitteln die Kosten der tariflich günstigsten Zeitkarte, bei privaten Kraftfahrzeugen, wenn deren Benutzung erforderlich ist z. B. wegen Behinderung, schlechter Verbindung mit öffentlichen Verkehrsmitteln, pro vollen Entfernungskilometer zwischen Wohnung und Arbeitsstätte monatlich, begrenzt auf 40 km Entfernung zwischen Wohnung und Arbeitsstätte, PKW 5,20 EUR, PKW bis 500 ccm 3,70 EUR, Motorrad/Motorroller 2,30 EUR, Mofa 1,30 EUR), Beiträge zu Berufsverbänden, Mehraufwendung für doppelte Haushaltsführung;

e) Arbeitsförderungsgeld und Erhöhungsbeiträge des Arbeitsentgelts im Sinne von § 43 Satz 4 SGB IX;

f) Bei der Hilfe zum Lebensunterhalt ist nach § 82 Abs. 3 Satz 1 SGB XII ferner ein Betrag in Höhe von 30 % des Einkommens aus selbstständiger und nichtselbstständiger Tätigkeit der Leistungsberechtigten abzusetzen; höchstens jedoch 50 % der Regelbedarfsstufe 1 nach der Anlage zu § 28 SGB XII (2019: 12 EUR). Abweichend von Satz 1 ist nach Satz 2 bei einer Beschäftigung in einer Werkstatt für behinderte Menschen oder bei einem anderen Leistungsanbieter nach § 60 SGB IX von dem Entgelt ein Achtel der Regelbedarfsstufe 1 nach der Anlage zu § 28 SGB XII zuzüglich 50 % des diesen Betrag übersteigenden Entgelts abzusetzen. Im Übrigen kann in begründeten Fällen ein anderer als in Satz 1 festgelegter Betrag vom Einkommen abgesetzt werden.

g) Bei der Hilfe zum Lebensunterhalt und Grundsicherung im Alter und bei Erwerbsminderung ist gemäß § 82 Abs. 4 SGB XII ferner ein Betrag von 100 Euro monatlich aus einer zusätzlichen Altersvorsorge der Leistungsberechtigten zuzüglich 30 % des diesen Betrag übersteigenden Einkommens aus einer zusätzlichen Altersvorsorge der Leistungsberechtigten abzusetzen, höchstens jedoch 50 % der Regelbedarfsstufe 1 nach der Anlage zu § 28 SGB XII. Zur Berechnung ist § 82 Abs. 5 SGB XII zu beachten.

h) Für Personen, die Leistungen der Hilfe zur Pflege erhalten, ist nach § 82 Abs. 6 SGB XII ein Betrag in Höhe von 40 % des Einkommens aus selbstständiger und nichtselbstständiger Tätigkeit der Leistungsberechtigten abzusetzen, höchstens jedoch 65 % der Regelbedarfsstufe 1 nach der Anlage zu § 28 SGB XII. Für Personen, die Leistungen der Eingliederungshilfe für Menschen mit Behinderungen erhalten, gilt Satz 1 bis zum 31. 12. 2019 entsprechend.

Schritt 3:

Dem bisher errechneten Betrag ist das sonstige bereinigte Einkommen zuzurechnen, z. B. Einkommen aus Vermietung und Verpachtung, Einkommen aus Kapitalerträgen, usw.

Feststellung der maßgeblichen Einkommensgrenze

Maßgebliche Einkommensgrenze

Als Nächstes ist die maßgebliche Einkommensgrenze nach §§ 85 Abs. 1 und 86 SGB XII festzustellen. Ausgangspunkt ist dabei § 85 Abs. 1 SGB XII, ergänzt durch § 86 SGB XII, der es den Ländern und Sozialhilfeträgern ermöglicht, höhere Grundbeträge festzulegen.

Die Einkommensgrenze wird wie folgt ermittelt:

Grundbetrag

a) Grundbetrag, § 85 Abs. 1 Nr. 1 SGB XII: zweifacher Eckregelsatz, § 28 SGB XII i. V. m. Regelbedarfs-Ermittlungsgesetz (RBEG).

Der Eckregelsatz beträgt:

	ab 1. 1. 2020
§ 8 Abs. 1 Nr. 1 RBEG (RB-Stufe 1): Haushaltsvorstand/Alleinstehender	432 EUR
§ 8 Abs. 1 Nr. 2 RBEG (RB-Stufe 2): Ehegatte/Lebenspartner/Bedarfsgemeinschaft	389 EUR
§ 8 Abs. 1 Nr. 3 RBEG (RB-Stufe 3): • Volljährige in Einrichtungen • Nichterwerbstätige Volljährige unter 25 Jahren im Haushalt der Eltern	345 EUR
§ 8 Abs. 1 Nr. 4 RBEG (RB-Stufe 4): Jugendliche von 14 bis 17 Jahre	328 EUR
§ 8 Abs. 1 Nr. 5 RBEG (RB-Stufe 5): Kinder von 6 bis 13 Jahre	308 EUR
§ 8 Abs. 1 Nr. 6 RBEG (RB-Stufe 6): Kinder von 0 bis 5 Jahre	250 EUR

Unterkunft

b) Kosten der (angemessenen) Unterkunft, § 85 Abs. 1 Nr. 2 SGB XII, somit der tatsächliche (angemessene) Aufwand: Anzusetzen ist die Kaltmiete zuzüglich Nebenkosten ohne Heizung. Die Kosten der Unterkunft sind nur anteilsmäßig für die Personen einzusetzen, die in der Einkommensberechnung (über den Grundbetrag oder einen Familienzuschlag) einbezogen sind.

Familienzuschläge

c) Familienzuschläge, § 85 Abs. 1 Nr. 3 SGB XII: 70 % des Eckregelsatzes (auf volle EUR aufgerundet) für jede Person, die vom Betreuten oder seinem Ehegatten bzw. Lebenspartner überwiegend unterhalten wird (dies ist dann der Fall, wenn der Betreute oder sein nicht getrennt lebender Ehegatte mehr als 50 % des Unterhalts – Bedarfssatz der Hilfe zum Lebensunterhalt – dieser Person aufbringt).

Besondere Belastungen

Soweit das bereinigte Einkommen über der errechneten Einkommensgrenze liegt, können nach sozialhilferechtlichen Maßstäben noch besondere Belastungen abzuziehen sein. Derartige Aufwendungen sollten auch bei der Berechnung nach § 1836c BGB berücksichtigt werden. Es kann sich dabei um folgende Belastungen handeln: Zahlungsverpflichtungen/Abzahlungsverpflichtungen, die vor dem Eintritt des Bedarfs eingegangen wurden und sozialhilferechtlich anerkennenswert sind bzw. die unabweisbar wurden; angemessene Aufwendungen für Familienfeiern, Besuchsfahrten zu nahen Angehörigen in Einrichtungen; notwendige Aufwendungen für Krankheit, Behinderung, altersbedingte Belastungen; angemessene Aufwendungen für die Ausbildung von unterhaltsberechtigten Angehörigen, für die kein Familienzuschlag angesetzt wurde; erforderliche Aufwendungen im Zusammenhang mit der Unterkunft.

Ermittlung des vom Betreuten einzusetzenden Einkommens

Gegenüberstellung

Die Summe aus dem ermittelten bereinigten Einkommen des Betreuten und des bereinigten Einkommens seines nicht getrennt lebenden Ehegatten ist der maßgeblichen Einkommensgrenze gegenüberzustellen.

Liegt das bereinigte Einkommen des Betreuten (und seines Ehegatten) über der maßgeblichen Einkommensgrenze, ist die Aufbringung dieses Betrags im angemessenen Umfang zuzumuten, § 87 Abs. 1 Satz 1 SGB XII. Bei der Prüfung der Angemessenheit sind die besonderen Belastungen des Betreuten und seiner unterhaltsberechtigten Angehörigen zu berücksichtigen, § 87 Abs. 1 Satz 2 SGB XII.

Einsatzfreies Einkommen

Legt man bei einem alleinstehenden Betreuten den Grundbetrag von derzeit 848 EUR (ab 1. 1. 2019) zugrunde und berücksichtigt die Kosten einer angemessenen Unterkunft, wird man bei einem Einkommen von weniger als 1.200 EUR monatlich häufig davon ausgehen können, dass kein Einsatz zu erfolgen hat.

Beispiel:

Monatliche Zahlung

Nach dem *LG Koblenz* (FamRZ 2007, 1769) ist bei einem Einkommen von 1.500 EUR, Kosten der Unterkunft gemäß § 85 Abs. 1 Nr. 3 SGB XII in Höhe von 500 EUR, einem Grundfreibetrag gemäß § 85 Abs. 1 Nr. 1 SGB XII in Höhe von 764 EUR und einem damit der betreuten Person aus ihrem Einkommen verbleibenden „freien“ Betrag von 236 EUR die betreuungsgerichtliche Anordnung einer monatlichen Zahlung in Höhe von 150 EUR nicht unangemessen.

Wird im Einzelfall der Einsatz eines Teils des Einkommens zur Deckung eines bestimmten Bedarfs im Rahmen der Sozialhilfe zugemutet oder verlangt, darf dieser Teil des Einkommens bei der Prüfung, inwieweit der Einsatz des Einkommens zur Deckung der Kosten der Betreuung einzusetzen ist, nicht mehr berücksichtigt werden, § 1836c Satz 1 Nr. 1 Satz 2 BGB (was die Sozialhilfe schon herangezogen hat, wird bei der Berechnung nach § 1836c Satz 1 Nr. 1 BGB vom Einkommen abgerechnet).

Zur Ermittlung der Einkommensgrenze nach § 1836c BGB siehe *BayObLG* (BtPrax 2000, 83 mit Hinweis *Jürgens* in BtPrax 2000, 71).

Unterhaltsansprüche des Betreuten

Unterhaltszahlungen müssen freiwillig geleistet werden

Als Einkommen des Betreuten zählen gemäß § 1836c Nr. 1 Satz 2 BGB auch Unterhaltsansprüche des Betreuten sowie die wegen Entziehung einer solchen Forderung zu entrichtenden Renten. Diese Ansprüche können aber nur dann zur Zahlung von Vergütung oder Aufwendungsersatz herangezogen werden, wenn sie freiwillig geleistet werden. Müssten sie im Wege der gerichtlichen Geltendmachung durchgesetzt werden, verhindern sie die Mittellosigkeit des Betreuten nicht, § 1836d Nr. 2 BGB.

4.4.2 Einsatz des Vermögens

Nach § 1836c Nr. 2 BGB hat der Betreute sein Vermögen nach Maßgabe des § 90 SGB XII einzusetzen. Zur ausführlichen Erläuterung des Vermögensbegriffs siehe insbesondere Kapitel B 3, Ziffer 2.

Gesamtes Vermögen

Zum Vermögen nach § 90 Abs. 1 SGB XII gehört grundsätzlich das gesamte verwertbare Vermögen. Hierbei handelt es sich um Gegenstände und vermögenswerte Rechte, die einen wirtschaftlichen Wert darstellen (z. B. Immobilien, Geld, Wertpapiere, Kontenforderungen, Rechte, Kapitallebensversicherungsansprüche, Nutzungsrechte, Kostbarkeiten wie Schmuck, Gemälde, Sammlungen).

Bei der Prüfung der Mittellosigkeit ist hinsichtlich des einzusetzenden Vermögens des Betroffenen nur das verfügbare Aktivvermögen zu berücksichtigen und Verbindlichkeiten bleiben selbst dann außer Betracht, wenn sie bereits tituliert sind. Dies gilt unabhängig davon, ob die Verbindlichkeit des Betroffenen durch öffentlich-rechtlichen Leistungsbescheid oder durch einen zivilrechtlichen Titel festgelegt und damit durchsetzbar ist. **Schulden bleiben unberucksichtigt**

Solange ein dem Betroffenen zustehender Gegenstand nicht aus seinem Vermögen abgeflossen ist, muss er dem Aktivvermögen zugerechnet werden, auch wenn insoweit möglicherweise Vollstreckungsmaßnahmen Dritter drohen könnten. Das haftende Aktivvermögen wird nicht bereits durch das Bestehen und die Titulierung eines Anspruchs geschmälert, sondern erst mit dessen Durchsetzung (*OLG Stuttgart* FamRZ 2007, 1912). So hat auch das *LG Detmold* entschieden, dass bei der Frage, ob das Vermögen eines Betreuten das Schonvermögen übersteigt, solange ein ihm zustehender Gegenstand nicht aus seinem Vermögen abgeflossen ist, dieser dem Aktivvermögen zugerechnet werden muss, auch wenn insoweit möglicherweise Vollstreckungsmaßnahmen Dritter drohen könnten (BtPrax 2008, 275).

Das Vermögen des Betreuten darf nicht herangezogen werden, wenn § 90 Abs. 2 SGB XII greift.

Angemessenes Hausgrundstück (§ 90 Abs. 2 Nr. 8 SGB XII)

Ein angemessenes Hausgrundstück, das vom Betreuten oder einer anderen in § 19 Abs. 1 bis 3 SGB XII genannten Person allein oder zusammen mit Angehörigen ganz oder teilweise bewohnt wird und nach seinem Tod bewohnt werden soll. Die Angemessenheit bestimmt sich nach der Zahl der Bewohner, dem Wohnbedarf (z. B. Behinderter, Blinder oder Pflegebedürftiger), der Grundstücksgröße, der Hausgröße, dem Zuschnitt und der Ausstattung des Wohngebäudes sowie dem Wert des Grundstücks einschließlich des Wohngebäudes. Familienheime und Eigentumswohnungen nach §§ 7 und 12 des Zweiten Wohnungsbaugesetzes sind in der Regel nicht unangemessen groß, wenn ihre Wohnfläche die Grenzen des § 39 Abs. 1 Satz 1 Nr. 1 und 3 i. V. m. Absatz 2 des Zweiten Wohnungsbaugesetzes, bei der häuslichen Pflege die Grenzen des § 39 Abs. 1 Nr. 1 und 3 i. V. m. § 82 des Zweiten Wohnungsbaugesetzes nicht übersteigt. Das Zweite Wohnungsbaugesetz wurde durch das Wohnraumförderungsgesetz (WoFG) ersetzt. Die Angemessenheit richtet sich gemäß den §§ 5, 10 und 19 WoFG nach Landesrecht. Die Größe der zu fördernden Wohnung muss entsprechend ihrer Zweckbestimmung angemessen sein. Besonderheiten bei Maßnahmen im Gebäudebestand und bei selbst genutztem Wohneigentum sowie besonderen persönlichen oder beruflichen Bedürfnissen von Haushaltsangehörigen und einem nach der Lebenserfahrung in absehbarer Zeit zu erwartenden zusätzlichen Raumbedarf ist Rechnung zu tragen. **Hausgrundstück**

Ein Geldbetrag ist nur dann zur baldigen Beschaffung eines Hausgrundstücks bestimmt (§ 90 Abs. 1 Nr. 3 SGB XII), wenn der Empfänger der Sozialleistung konkret damit befasst ist, ein Eigenheim im Sinne des Gesetzes zu bauen oder zu erwerben. Für eine solche Annahme im Rahmen der Bewertung der Umstände des Einzelfalls reicht es nicht aus, wenn der Betreute nach langjähriger Heimunterbringung weiterhin in einer betreuten Wohngruppe lebt und keine konkreten Schritte im Hinblick auf den Erwerb etwa einer Eigentumswohnung unternommen hat (*OLG Hamm* FamRZ 2006, 506).

Kleinere Barbeträge oder sonstige Geldwerte
(§ 90 Abs. 2 Nr. 9 SGB XII)

Kleinere Geldwerte

Die Höhe der kleineren Barbeträge und sonstigen Geldwerte wird in der DVO zu § 90 Abs. 2 Nr. 9 SGB XII (neu gefasst seit 1. 4. 2017) näher bestimmt.

Sog. Schonbetrag seit 1. 4. 2017

Nach § 1 Satz 1 Nr. 1 der DVO gelten für alle volljährigen Personen, deren Einkommen und Vermögen bei der Gewährung von Sozialhilfe zu berücksichtigen ist bzw. die zu einer sozialhilferechtlichen Einstandsgemeinschaft nach § 19 Abs. 3 bzw. § 27 Abs. 1 und 2, § 41 und § 43 Abs. 1 Satz 2 SGB XII gehören, einheitlich 5.000 EUR als kleinere Barbeträge oder sonstige Geldwerte.

Nach § 1 Satz 1 Nr. 2 der DVO kommen weitere 500 EUR für jede Person dazu, die von einer nach Nummer 1 genannten Person überwiegend unterhalten wird.

Besondere Notlagen

Diese Beträge können bei besonderer Notlage des Betreuten im Einzelfall angemessen erhöht werden, § 2 Abs. 1 DVO zu § 90 Abs. 2 Nr. 9 SGB XII. Bei der Beurteilung, ob eine Härte vorliegt, können auch persönliche, aus dem Krankheitsbild des Betroffenen folgende Umstände berücksichtigt werden (*BayObLG* FamRZ 2004, 566). Auch eine angemessene Herabsetzung unter den Voraussetzungen der §§ 103 oder 94 SGB XII ist möglich, § 2 Abs. 2 DVO zu § 90 Abs. 2 Nr. 9 SGB XII.

Keine Berücksichtigung des BVG

Welches Vermögen der Betreute für die Vergütung seines Betreuers einzusetzen hat, bestimmt sich gemäß § 1836c Nr. 2 BGB allein nach § 90 SGB XII und damit auch nach der Durchführungsverordnung. In anderen gesetzlichen Vorschriften, wie etwa im Bundesversorgungsgesetz, anderweitig festgesetzte Schongrenzen sind insoweit ohne Belang (*BayObLG* FamRZ 2002, 701). Die nach dem Bundesversorgungsgesetz (BVG) vorgesehenen Vermögensschonbeträge können nicht berücksichtigt werden (*LG Koblenz* Rpfleger 2012, 29).

Bei einer teilstationären Unterbringung des Betreuten in einer Werkstatt für Behinderte ist seit 1. 1. 2005 kein besonderer Freibetrag mehr zu berücksichtigen. Betreuten, die Eingliederungshilfe in einer Werkstatt für behinderte Menschen beziehen, steht ein erweitertes Schonvermögen nicht mehr zu (*OLG München* BtPrax 2006, 79).

Bei der Feststellung des einzusetzenden Vermögens des Betreuten ist vorhandenes Geldvermögen oberhalb der Schongrenze (5.000 EUR) auch dann heranzuziehen, wenn es aus einer Rente nach dem BVersG in Verbindung mit dem Opferentschädigungsgesetz (Gesetz über die Entschädigung für Opfer von Gewalttaten) angespart wurde, und zwar ohne Berücksichtigung vorhandener Verbindlichkeiten (*BayObLG* FamRZ 2005, 1199).

Besondere Härte

Kein Freibetrag nach § 60a SGB XII

Entgegen der Rechtsprechung der *Landgerichte Bielefeld, Chemnitz* und *Kassel* hat der *BGH* am 20. 3. 2019 (Az. XII ZB 290/18) entschieden, dass auch dann, wenn ein Betreuter Eingliederungshilfe in einer Werkstatt für behinderte Menschen bezieht, er sein Vermögen für die Vergütung seines Betreuers insoweit einzusetzen hat, als es den allgemeinen Schonbetrag nach § 90 Abs. 2 Nr. 9 SGB XII von derzeit 5.000 EUR übersteigt. Der erhöhte Vermögensfreibetrag nach § 60a SGB XII von bis zu 25.000 EUR findet dabei keine Anwendung.

Bei der Beurteilung, ob eine Härte im Sinne von § 90 Abs. 3 SGB XII vorliegt, können auch persönliche, aus dem Krankheitsbild des Betroffenen folgende Umstände berücksichtigt werden (*BayObLG* FamRZ 2004, 566).

Härtefälle

Verfügt der Betreute über Vermögen, das über das in § 90 Abs. 2 SGB XII genannte hinausgeht, ist von Amts wegen zu prüfen, ob der Einsatz oder die Verwertung dieser Vermögensbestandteile für den Betreuten und seine unterhaltsberechtigten Angehörigen eine besondere Härte bedeuten würde, § 90 Abs. 3 SGB XII. Beim Betreuten kann eine Härte angenommen werden, soweit die Lebensführung oder die Aufrechterhaltung einer angemessenen Alterssicherung wesentlich erschwert würde, § 90 Abs. 3 Satz 2 SGB XII.

Kein zusätzlicher Freibetrag aus § 60a SGB XII

Entgegen der bisherigen Rechtsprechung der Landgerichte Bielefeld, Chemnitz und Kassel, hat der BGH mit Beschluss vom 20. 3. 2019 (Az. XII ZB 290/18) entschieden, dass auch dann, wenn ein Betreuter Eingliederungshilfe in einer Werkstatt für behinderte Menschen bezieht, er sein Vermögen für die Vergütung seines Betreuers insoweit einzusetzen hat, als es den allgemeinen Schonbetrag nach § 90 Abs. 2 Nr. 9 SGB XII von derzeit 5.000 EUR übersteigt. Der erhöhte Vermögensfreibetrag nach § 60a SGB XII von bis zu 25.000 EUR findet dabei keine Anwendung.

Der Bewohner einer stationären Einrichtung muss somit sein Vermögen zwar unter Umständen nicht für die Eingliederungsleistung einsetzen, wohl aber – in den Grenzen des § 90 SGB XII – für seinen notwendigen Lebensunterhalt. Gleiches gilt hinsichtlich des – ebenfalls nicht nach § 92 Abs. 2 Satz 2 SGB XII privilegierten – Vermögenseinsatzes für die Betreuervergütung.

Schmerzensgeld

Schmerzensgeldzahlungen unterliegen nicht dem in § 1836c Nr. 2 BGB angeordneten Vermögenseinsatz für eine Betreuervergütung, da ein solcher Einsatz eine besondere Härte für den Betroffenen im Sinne von § 90 Abs. 3 Satz 1 SGB XII darstellen würde (*OLG Thüringen* FamRZ 2005, 1199). Dies bestätigt das *OLG Frankfurt* (FamRZ 2008, 2152) und stellt zudem klar, dass gezahltes Schmerzensgeld auch einen Regress der Staatskasse nicht begründen kann.

Im Rahmen der Betreuervergütung sind bei der Prüfung der Mittellosigkeit Zinsen, die dem Betroffenen aus der Geldanlage eines ihm wegen eines Unfalles gezahlten Schmerzensgeldes zufließen, nicht zu berücksichtigen. In Fortführung und Konkretisierung der Rechtsprechung hat das Bundessozialgericht diese Grundsätze auch auf den Bereich des SGB II und des SGB XII übertragen und dahingehend präzisiert, dass die Anrechnung eines aus einer Schmerzensgeldzahlung stammenden Vermögens einschließlich der hieraus herrührenden Zinszahlungen in der Regel eine besondere Härte im Sinne von § 12 Abs. 3 Satz 1 Nr. 6 Alternative 2 SGB II und des § 90 Abs. 3 Satz 1 SGB XII bedeuten würde (*OLG Frankfurt*, Beschluss vom 2. 7. 2009, Az. 20 W 491/08).

Eine Härte im Sinne von § 90 SGB XII liegt vor, wenn aufgrund besonderer Umstände des Einzelfalles, wie z. B. die Art, Schwere und Dauer der Hilfe, das Alter, der Familienstand oder die sonstigen Belastungen des Vermögensinhabers und seiner Angehörigen eine typische Vermögenslage deshalb zu einer besonderen Situation wird, weil die soziale Stellung des Hilfesuchenden insbesondere wegen einer Behinderung, Krankheit oder Pflegebedürftigkeit nachhaltig beeinträchtigt ist. Bei der Prüfung des Einzelfalles kann ausnahmsweise auch die Herkunft des Vermögens mit berücksichtigt werden. In Einzelfällen kann die Herkunft des Vermögens dieses so prägen, dass seine Verwertung eine Härte darstellen kann. Dies gilt insbesondere für Vermögen, das aufgrund einer durch fehlerhafte Bearbeitung der Sozialbehörde verursachte Nachzahlung von Grundsicherungsleistungen nach dem SGB XII erworben wurde und dem geistig und körperlich schwer behinderten Betreuten erst die Befriedigung von sozialhilferechtlich anerkannten Grundbedürfnissen ermöglichen soll (*LG Aachen* BtPrax 2009, 142).

Angemessene Alterssicherung

Nach entsprechender Anwendung der sozialhilferechtlichen Härteregelung des § 90 Abs. 3 Satz 2 Alternative 2 SGB XII ist Vermögen des Betroffenen zur Entschädigung des Betreuers nicht heranzuziehen, wenn hierdurch die Aufrechterhaltung einer angemessenen Alterssicherung wesentlich erschwert würde. Zur Prüfung der Angemessenheit kann die aktuelle Höhe des Sozialhilfebedarfs als Ausgangspunkt gewählt werden. Ein Zuschlag von 100 EUR monatlich hierauf ist aber nicht unvertretbar, zumal wenn der finanzielle Abstand zwischen der vom Betroffenen bezogenen geringen Rente und dem Sozialhilfeniveau langfristig voraussichtlich eher abnehmen wird. Bezieht ein 58-jähriger Betroffener nur eine Rente von derzeit 733 EUR, wäre die Heranziehung eines nicht allgemein geschonten Vermögens (hier: nach Auszahlung eines Lebensversicherungskapitals) von ca. 13.288 EUR zur Erstattung von aus der Staatskasse gezahlter Betreuervergütung nach diesen Grundsätzen eine Härte (*OLG München* BtPrax 2009, 72; FamRZ 2009, 1092).

Der Rückkaufswert einer sog. Riesterrente scheidet bei der Beurteilung der Mittellosigkeit als Vermögenseinsatz gemäß § 1836c Nr. 2 BGB i. V. m. § 90 Abs. 2 Nr. 2 SGB XII von vornherein aus. Der Einsatz weiterer Vermögenswerte aus Rückkaufswerten anderer Versicherungen scheidet dann aus, wenn dieser für den Betroffenen und für seine unterhaltsberechtigten Angehörigen eine Härte bedeutet, insbesondere eine angemessene Altersversorgung wesentlich erschweren würde. Dies ist der Fall, wenn die zu erwartende Altersversorgung unterhalb des aktuellen Sozialhilfebedarfs liegt (*OLG Köln* Betreuungsmanagement 2009, 162).

Schonvermögen

Angesparte Beschädigtenrente nach dem Opferentschädigungsgesetz kann als Vermögen für einen sozialrechtlichen Bedarf nicht herangezogen werden, weil dies für den Hilfeempfänger eine Härte im Sinne von § 90 Abs. 3 SGB XII darstellen würde (*BVerwG*, Urteil vom 27. 5. 2010, Az. 5 C 7/09). Das über das Schonvermögen hinaus angesparte Geldvermögen aus einer dem Betreuten gewährten Opferentschädigungsrente ist auch für die Vergütung des Betreuers nicht heranzuziehen, siehe zutreffend *LG Mühlhausen* vom 13. 11. 2013 (Az. 1 T 121/13). Der anderslautenden Entscheidung des *BayObLG* vom 24. 2. 2005 (Az. 3 Z BR 261/04) sollte nicht (mehr) gefolgt werden, da sie sich auf frühere Entscheidungen des *BVerwG* stützt, das die damalige Ansicht zwischenzeitlich aufgegeben hat. Dies gilt auch für die Entscheidung des *LG Kleve* vom 19. 3. 2014 (Az. 4 T 218/13), das unter Bezugnahme auf das *BayObLG* eine Härte verneint.

Leistungen nach § 17 StrRehaG

Kapitalentschädigungsleistungen nach § 17 StrRehaG bleiben bei der Berechnung außer Betracht. Daneben stellt die Verwertung des Vermögens, das der Betroffene mit Zinszahlungen aus den Kapitalentschädigungsleistungen und den monatlichen Zuwendungen für Haftopfer nach § 17a StrRehaG angespart hat, für den Betroffenen eine Härte im Sinne von § 90 Abs. 3 SGB XII dar (*BGH* MDR 2015, 244). Die besondere Zweckbestimmung der sozialen Ausgleichsleistungen nach § 16 ff. StrRehaG hat zur Folge, dass der Einsatz eines aus diesen Zahlungen angesparten Vermögens für die Betreuervergütung eine Härte im Sinne von § 90 Abs. 3 SGB XII für den Betreuten darstellen würde.

Grundstücksverwertung

Wirtschaftliche Gesichtspunkte beachten

Die Frage, ob und welche Vermögensgegenstände zu berücksichtigen sind, beurteilt sich u. a. nach wirtschaftlichen Gesichtspunkten. Gegenstände, die nicht oder jedenfalls nicht in wirtschaftlich vertretbarer Weise und in angemessener Zeit verwertet werden können, bleiben außer Betracht (*OLG Naumburg* FamRZ 2014, 245; *OLG Schleswig* FamRZ 2015, 281).

Verwertung von Grundstücken

Ein Betreuter kann auch dann mittellos sein, wenn er zwar Eigentümer eines grundsätzlich zu berücksichtigenden Grundstücks ist, dieses aber in absehbarer Zeit nicht verwertet werden kann (*LG Koblenz* BtPrax 2002, 222).

Miteigentumsanteil an einem verfallenen Haus

Die Verwertbarkeit eines Miteigentumsanteils an einem Anwesen mit einem seit Jahrzehnten unbewohnten und verfallenen Haus ist höchst zweifelhaft, insbesondere auch deshalb, wenn der andere Miteigentümer sich Maßnahmen zu einer Veräußerung,

Auseinandersetzung oder dergleichen entgegenstellt, und mit einer zeitnahen Verwertung der Grundstücksanteile unter diesen Umständen nicht gerechnet werden kann (*OLG Saarbrücken* RPfleger 2014, 681).

Dingliche Belastungen übersteigen Grundstückswert

Soweit der Betreute Erbe wird, kann bei der Prüfung, ob der Nachlass mittellos im Sinne von § 1836d BGB ist, nur das verfügbare Aktivvermögen berücksichtigt werden; Nachlassverbindlichkeiten – auch in Höhe einer Überschuldung des Nachlasses – bleiben außer Betracht. Gehört zum Aktivvermögen des Nachlasses ein Grundstück, welches wegen wertübersteigender dinglicher Belastung nicht geeignet ist, hieraus Einnahmen zu erzielen, so steht es der Feststellung der Mittellosigkeit des Nachlasses nicht entgegen (*OLG Naumburg*, Urteil vom 10. 7. 2013, Az. 2 Wx 44/13).

Veräußerung oder Beleihung

Mit Häusern bebaute Grundstücke sind zur Erfüllung des Vergütungsanspruchs einzusetzen, soweit sie kein Schonvermögen darstellen. Neben der Veräußerung kommt die Beleihung in Betracht. Dabei ist nicht darauf abzustellen, ob der Partei die Rückzahlung eines Kredits zumutbar ist (*OLG Koblenz* FamRZ 2005, 468).

Mehrfamilienhäuser sind zu verwerten

Dem Betreuten ist zuzumuten, sein Grundvermögen einzusetzen, soweit es kein Schonvermögen darstellt. Mehrfamilienhäuser fallen grundsätzlich nicht unter § 90 Abs. 2 Nr. 8 SGB XII. Es stellt keine unzumutbare Härte dar, wenn der Betroffene das Grundstück zum jetzigen Zeitpunkt belasten oder verkaufen müsste. Er ist daher nicht als mittellos anzusehen (*LG Braunschweig* NdsRpfl 2009, 216).

Betreuer muss Vergütungsanspruch durch Verwertung realisieren

Ergibt sich nach den Ermittlungen die Zumutbarkeit einer Veräußerung einer Eigentumswohnung, muss der Betreuer grundsätzlich seinen Vergütungsanspruch durch zwangsweise Verwertung der Eigentumswohnung realisieren. Dies ist nicht in jedem Fall im Hinblick auf den damit verbundenen Zeit- und Arbeitsaufwand und die Höhe der Betreuervergütung unzumutbar (*OLG Schleswig* FamRZ 2004, 979).

Auch wenn vom Betreuten die Veräußerung oder Belastung seines Hausgrundstücks zum Zweck der Zahlung der Betreuervergütung verlangt werden kann und der Betreute somit nicht als mittellos angesehen werden kann, ist die Vergütung aus der Staatskasse zu zahlen, und zwar mit den Sätzen eines Vermögenden. Diese hat in Vorleistung zu treten, weil die Verwertung des Vermögens noch einige Zeit in Anspruch nehmen wird. Es entspricht allgemeiner Meinung, dass der Staat für die (zeitnahe) Vergütung des von ihm eingesetzten berufsmäßigen Betreuers zu sorgen hat. Die Staatskasse kann sich dann im Wege des Regresses schadlos halten (*LG Kassel* BtPrax 2012, 261).

Laufender Lebensunterhalt

Ein Betreuter, der über nicht unerhebliches verwertbares Vermögen verfügt, ist nicht deshalb als mittellos anzusehen, weil er auf den Einsatz des Vermögens für seinen laufenden Lebensunterhalt angewiesen ist und die Bezahlung von Aufwendungsersatz und Betreuervergütung aus seinem Vermögen zu dessen schnellerem Verbrauch und einem früher einsetzenden Bedarf im Sinne der sozialhilferechtlichen Vorschriften führt (*OLG München* FamRZ 2005, 1928).

Verbindlichkeiten gegenüber Sozialhilfeträger

Ansprüche des Sozialhilfeträgers

Besitzt der Betroffene Vermögen, das die Schongrenze übersteigt, ist er auch dann nicht mittellos, wenn diesem Vermögen Verbindlichkeiten gegenüber dem Sozialhilfeträger gegenüberstehen, die bisher nicht durch Leistungsbescheid oder Überleitungsanzeige konkretisiert worden sind und der Sozialhilfeträger seine Leistungen ohne Rücksicht auf die Vermögensverhältnisse des Betroffenen erbracht hat (*BayObLG* BtPrax 2002, 262).

Lebensversicherungsverträge

Lebensversicherungsverträge

Der sonst vermögenslosen betreuten Person ist die Auflösung einer Kapital-Lebensversicherung zumutbar, sofern sie nicht glaubhaft macht, dass dieses Vermögen zum Aufbau einer angemessenen Altersversorgung (§ 90 Abs. 2 Nr. 2 SGB XII) zwingend erforderlich ist (LG Koblenz Az. 2 T 570/09).

Der Rückkaufswert einer Lebensversicherung des Betreuten ist als einzusetzendes Vermögen zu berücksichtigen. Es handelt sich hierbei um kein geschütztes Vermögen im Sinne des § 90 Abs. 2 Nr. 2 SGB XII. Von dieser Vorschrift werden nur Kapital und Erträge erfasst, die der zusätzlichen Altersvorsorge im Sinne des § 10a oder des Abschnitts XI EStG dienen und deren Ansammlung staatlich gefördert wurde (insbesondere sog. „Riester-Rente“). Darüber hinaus kommt ein Schutz in entsprechender Anwendung des § 90 Abs. 3 Satz 1 und Satz 2, 2. Alternative SGB XII nur dann in Betracht, wenn bei der Verwertung unter Beleihung der Police die Aufrechterhaltung einer angemessenen Alterssicherung wesentlich erschwert wäre. Davon ist auszugehen, wenn die Versicherung für die angemessene Altersversorgung des Betroffenen erforderlich ist. Die Erforderlichkeit kann nur bejaht werden, wenn der Betroffene glaubhaft macht, dass die Alterssicherung dereinst unzureichend und das in die Versicherungen eingebrachte Vermögen daher zur Altersversorgung unverzichtbar sein wird (*LG Koblenz* MDR 2009, 1048).

Eine betreute Person mit Ansprüchen aus einem Lebensversicherungsvertrag mit einem Rückkaufswert von 8.491 EUR ist nicht als mittellos anzusehen (*LG Koblenz* FamRZ 2006, 292).

Der Betreute kann nicht als mittellos angesehen werden, wenn er nach Einrichtung der Betreuung hinsichtlich einer Lebensversicherung, die einen Rückkaufsswert aufweist, mit der Versicherungsgesellschaft einen Verwertungsausschluss vereinbart hat (*LG Köln* FamRZ 2009, 1092).

Lebensversicherungen für nahe Angehörige

Die Verwertung einer Lebensversicherung, die zur Altersvorsorge naher Angehöriger (z. B. für einen volljährigen Sohn mit Behinderung) dienen soll, kann allenfalls dann als Härte im Sinne von § 90 Abs. 3 SGB XII angesehen werden, wenn die vertragliche Gestaltung eine anderweitige Mittelverwendung weitestgehend ausschließt (*SG Karlsruhe*, Urteil vom 20. 4. 2018, Az. S 2 SO 3939/17).

Sterbegeldversicherung und Bestattungsvorsorge

Bestattungsvorsorge bleibt grundsätzlich unberücksichtigt

Das Recht über die eigene Bestattung zu bestimmen, ist Teil des grundgesetzlich geschützten Persönlichkeitsrechts (Art. 2 Abs. 1 GG) und umfasst die Dispositionsfreiheit, bereits zu Lebzeiten für eine angemessene Bestattung Vorsorge zu treffen. Aus mehreren zwischenzeitlich ergangenen gerichtlichen Entscheidungen ergibt sich, dass Aufwendungen für eine Sterbegeldversicherung oder einen Bestattungsvorsorgevertrag, welche vor Eintritt der Mittellosigkeit erbracht wurden, nicht dem Schonvermögen zuzurechnen sind, soweit Angemessenheit besteht. Solche Verträge sind auch nicht aufzulösen; ihre Verwertung stellt eine Härte dar, es sei denn, durch den Abschluss des Bestattungsvorsorgevertrags wurde das Vermögen in der Absicht gemindert, die Voraussetzungen für die Gewährung oder Erhöhung der Leistung herbeizuführen (*BSG* ZEV 2008, 539). Hierzu auch *OLG Frankfurt* BtPrax 2001, 115; *VG Hannover* NdsRpfl 2001, 471.

Angemessenheit

In welcher Höhe eine Bestattungsvorsorge angemessen ist, wird uneinheitlich gesehen. Beträge von 2.300 EUR (*LG Koblenz* NJW-RR 2006, 724), 3.000 EUR (*OLG Zweibrücken* FamRZ 2006, 65; *OLG Schleswig* BtPrax 2007, 132), 5.000 EUR (*LG Duisburg*, Urteil vom 27. 1. 2014, Az. 12 T 17/14) oder 7.000 EUR (*SG Gießen* ZEV 2017, 597) wurden bisher entschieden.

Zweckbindung muss verbindlich gegeben sein

Die Privilegierung als Bestattungsvorsorge ist aber nur dann gerechtfertigt, wenn sichergestellt ist, dass der angesparte Vermögenswert tatsächlich für die Bestattungskosten oder die Grabpflege verwendet wird. Nur wenn der Betreute die für die Bestattung vorgesehenen Mittel aus seinem übrigen Vermögen ausgeschieden und mit einer entsprechenden Zweckbindung verbindlich festgelegt hat, stellt der Einsatz dieser Mittel für die Betreuervergütung für ihn eine unzumutbare Härte gemäß § 90 Abs. 3 Satz 1 SGB XII dar (*OLG Frankfurt* FamRZ 2001, 868). Das ist etwa der Fall, wenn der Betreute ein angespartes Guthaben an ein Bestattungsunternehmen abgetreten hat, bei einem mit Sperrvermerk versehenen Sparkonto angelegten Guthaben (*LG Stade* BtPrax 2003, 233), einer Sterbegeldversicherung (vgl. *OLG Zweibrücken* FGPrax 2006, 21), einem sog. Bestattungsvorsorgevertrag (vgl. *BSG* ZEV 2008, 539 ff.; *OLG Frankfurt* FamRZ 2001, 868 f.; *OLG München* FamRZ 2007, 1189 f.) oder einem Grabpflegevertrag (*BVerwG* NJW 2004, 2914 f.). Die bloße Absicht des Betroffenen, ein angespartes Guthaben im Fall des Todes für die Bestattungskosten zu verwenden, ohne einen entsprechenden Teil seines Vermögens mit einer entsprechenden Zweckbindung aus dem übrigen Vermögen auszugliedern, genügt dagegen nicht. Bei einer kapitalbildenden Lebensversicherung auf den Todesfall ist diese Voraussetzung in der Regel nicht erfüllt (*BGH* BtPrax 2014, 171).

Anspruch des Vorerben gegen Testamentsvollstrecker

Wurde der Betreute in einem Testament als Vorerbe bedacht, kann das ererbte Vermögen grundsätzlich für die Berechnung der Vergütung herangezogen werden, das gilt insbesondere für die Nutzungen (z. B. Zinsen, Mieteinnahmen), die in das Eigenvermögen des Vorerben fallen. Wurde in einem sog. Behindertentestament allerdings (Dauer-)Testamentsvollstreckung angeordnet, entfällt der Zugriff des Vorerben auf das geerbte Vermögen (§ 2211 Abs. 1 BGB); die Verfügung steht dem Testamentsvollstrecker zu (§ 2205 BGB).

Keine Mittellosigkeit durch Testamentsvollstreckung

Soweit der Erblasser dem Testamentsvollstrecker aufgegeben hat, den dem Betreuten zugefallenen Nachlass so zu verwalten, dass er sein Leben wie bisher weiterführen kann und ihn für das persönliche Wohl und die persönlichen Bedürfnisse zu verwenden (§ 2216 Abs. 2 BGB), kann fraglich sein, ob darunter auch die Bezahlung der Betreuervergütung fällt. Der *BGH* (BtPrax 2013, 106) hat in seiner Entscheidung dies zumindest für den Ergänzungsbetreuer bejaht, der für das Erbauseinandersetzungsverfahren bestellt wurde. Es ist durchaus vertretbar, auch die Vergütung eines (dauerhaft) bestellten Betreuers vom Testamentsvollstrecker einzufordern, denn gerade die Betreuung ermöglicht dem Betreuten die Fortsetzung seiner bisherigen Lebensführung.

Betreuervergütung

Der Vergütungsanspruch des Betreuers stellt eine Nachlassverbindlichkeit dar, dessen Erfüllung aus dem Vorerbenvermögen u. U. dem mutmaßlichen Erblasserwillen entspricht.

4.5 Ergebnis zu § 1836c BGB

Gegen wen sind Vergütungsansprüche zu richten?

Vermögen und Einkommen reichen zur Erfüllung der Vergütungs- und Aufwendungsersatzansprüche aus (Betreuter ist vermögend).

→ Ansprüche des Betreuers sind aus dem Betreutenvermögen zu leisten.

Vermögen und Einkommen reichen zur Erfüllung der Vergütungs- und Aufwendungsersatzansprüche nicht (vollständig) aus (Betreuter ist mittellos nach § 1836d BGB).

→ Ansprüche des Betreuers sind aus der Staatskasse zu leisten, §§ 1835 Abs. 4, 1835a Abs. 3 BGB bzw. § 1 Abs. 2 Satz 2 VBVG.

→ Staatskasse hat Rückgriffsanspruch auf das verwertbare Vermögen und Einkommen des Betreuten, § 1836e Abs. 1 Satz 1 BGB.

4.6 Anspruchsübergang auf die Staatskasse

4.6.1 Anspruch der Staatskasse gegen den Betreuten

Übergang auf Staatskasse

Wurde Vergütung oder Aufwendungsersatz bzw. Aufwandsentschädigung an den Betreuer wegen Mittellosigkeit des Betreuten aus der Staatskasse erbracht, so gehen die Ansprüche des Betreuers gegen den Betreuten auf die Staatskasse über, § 1836e Abs. 1 Satz 1 BGB.

Regress durch Staatskasse

Das bedeutet, dass die Staatskasse diejenigen Beträge, welche sie gemäß § 1 Abs. 2 VBVG, § 1835 Abs. 4 BGB und § 1835a Abs. 3 BGB an den Betreuer geleistet hat, vom Betreuten im Wege des Regresses einfordern kann.

Dieser Rückgriff kann aber nur erfolgreich sein, wenn

- der Betreute einsetzbares Vermögen oder Einkommen im Sinne des § 1836c BGB hat, das zur vollständigen Befriedigung des Betreuers nicht ausreicht;
- der Betreute nachträglich zu Geld kommt;
- festgestellt wird, dass der Betreute zu Unrecht für mittellos gehalten wurde.

Ausreichende Bestimmtheit der Ansprüche

Gerichtliche Einziehungsbeschlüsse müssen die geltend gemachten Forderungen ausreichend bestimmt bezeichnen. Wird der Regress nicht auf sämtliche aus der Staatskasse geleisteten Vergütungszahlungen erstreckt (z. B. mangels ausreichenden Vermögens des Betreuten), sind die geltend gemachten, auf die Staatskasse übergegangenen Vergütungsforderungen im Einzelnen aufzuführen (*LG Kassel* BtPrax 2018, 123).

Kein Vorrag des Sozialhilfeträgers

Das Amtsgericht muss nicht mit der Festsetzung des Rückforderungsanspruchs der Staatskasse warten, bis der Sozialhilfeträger einen rechtskräftigen Bescheid erlassen hat. Ein solcher Vorrang des Sozialhilfeträgers gegenüber dem Regressanspruch der Staatskasse ist dem Gesetz nicht zu entnehmen. Die beiden Ansprüche stehen vielmehr gleichrangig nebeneinander, so dass letztlich nur die schnellere Bearbeitungszeit entscheidet (*BGH* BtPrax 2014, 173).

Zu befriedigen ist die Forderung, die als erste durchgesetzt wird. Das haftende Aktivvermögen wird nicht bereits durch das Bestehen und die Titulierung eines Anspruchs geschmälert, sondern erst mit dessen Durchsetzung (*OLG Stuttgart* FamRZ 2007, 1912; NJW-RR 2007, 1593).

Abfluss bei Pfändung und Überweisung

Hat allerdings der Sozialhilfeträger den Miterbenanteil des Betreuten (den dieser im Wege der Erbfolge erlangt hat) gepfändet und sich überweisen lassen, ist dieser Anteil aus dem Vermögen des Betreuten abgeflossen, so dass er für den Regress der Staatskasse nicht mehr zur Verfügung steht (*LG Siegen* BtPrax 2014, 186).

Vergütungsanspruch geht uneingeschränkt über

Soweit die Staatskasse den Betreuer gemäß § 1 Abs. 2 Satz 2 VBVG vergütet hat, geht der Vergütungsanspruch auch bei Mittellosigkeit des Betreuten uneingeschränkt auf sie über. Das im Sozialhilferecht geltende „Prinzip der Bedarfsdeckung aus dem Einkommen im Zuflussmonat" gilt für den auf die Staatskasse übergegangenen Vergütungsanspruch nicht. Das monatliche Einkommen des Betreuten ist nach § 1836c Nr. 1 BGB i. V. m. § 85 Abs. 1 SGB XII im Rahmen des Regresses nur in dem Umfang heranzuziehen, in dem es während der Dauer des Bedarfs die in § 85 Abs. 1 SGB XII genannte Einkommensgrenze übersteigt. Dabei ist regelmäßig für die Berechnung allein auf den jeweiligen Kalendermonat abzustellen, in dem ein zu deckender Bedarf besteht. Jedoch gilt bei der Frage des Regressanspruchs, dass der in § 1836c Nr. 1 BGB enthaltene Verweis auf die §§ 82, 85 Abs. 1 und 86 SGB XII allein der Ermittlung der Einkommensgrenze dient (*BGH* BtPrax 2013, 67).

Unterhaltsansprüche des Betreuten

Unterhaltsansprüche werden beachtet

Als Einkommen des Betreuten zählen gemäß § 1836c Nr. 1 Satz 2 BGB auch Unterhaltsansprüche des Betreuten sowie die wegen Entziehung einer solchen Forderung zu entrichtenden Renten. Müssten diese Ansprüche im Wege der gerichtlichen Geltendmachung durchgesetzt werden, verhindern sie die Mittellosigkeit des Betreuten nicht, § 1836d Nr. 2 BGB.

Leistungsfähigkeit

Leistungsfähigkeit als Voraussetzung

Ein Regress der Staatskasse setzt die Leistungsfähigkeit des Betreuten voraus. Da er nach § 1836c Nr. 1 BGB auch sein Einkommen einzusetzen hat, muss das Gericht demzufolge feststellen, über welches Einkommen der Betreute verfügt, ob dieses die maßgebende Einkommensgrenze übersteigt und gegebenenfalls inwieweit es dem Betroffenen zuzumuten ist, den die Einkommensgrenze übersteigenden Anteil seines Einkommens für die Kosten der Betreuung einzusetzen. Bei dem letzten Schritt der Prüfung sind auch besondere Belastungen des Betroffenen zu berücksichtigen (*BayObLG* BtPrax 2001, 254). Ist der Betroffene zum Zeitpunkt der letzten tatrichterlichen Entscheidung wegen fehlender Verwertbarkeit eines Vermögenswerts mittellos, so scheidet die Festsetzung einer Regresszahlung auch zum Zwecke der dinglichen Absicherung des bei später eingetretener Leistungsfähigkeit des Betreuten festsetzbaren Rückgriffsanspruchs aus (*OLG Frankfurt* BtPrax 2003, 85 und 2008, 269).

Miterbenanteil vor Auseinandersetzung

Wegen eines Miterbenanteils, dessen Höhe mangels Auseinandersetzung noch nicht ermittelt ist, kann ein Rückgriffsanspruch gegen den Betreuten noch nicht festgesetzt werden (*OLG Schleswig* NJW-RR 2003, 726).

Einmalzahlung führt u. U. zu einer Reduzierung einer Regressforderung

Zahlt eine Rentenversicherung trotz rechtzeitiger Antragstellung die rückständige Rente unberechtigterweise erst nach drei Jahren in einem Betrag aus, so kann es die Härtefallregelung des § 90 Abs. 3 SGB XII gebieten, den Rückforderungsbetrag auf die Summe derjenigen Teilbeträge zu reduzieren, auf die die Staatskasse bei rechtzeitiger Auszahlung der Rente hätte zurückgreifen können.

Kein erweitertes Schonvermögen

Betreuten, die Eingliederungshilfe in einer Werkstatt für behinderte Menschen beziehen, steht ein erweitertes Schonvermögen seit 1. 1. 2005 nicht (mehr) zu (*OLG München* BtPrax 2006, 79).

Verjährungsfrist

Verjährungsfrist von 3 Jahren

Die gemäß § 1836e Abs. 1 Satz 1 BGB auf die Staatskasse übergegangenen Vergütungs- bzw. Aufwendungsersatzansprüche des Betreuers aus § 1908i Abs. 1 Satz 1 i. V. m. §§ 1835, 1836 BGB verjähren in drei Jahren, § 195 BGB.

Beginn der Verjährungsfrist

Der Beginn der Verjährungsfrist setzt voraus, dass der Anspruch entstanden (§ 199 Abs. 1 Nr. 1 BGB) und fällig geworden ist. Der Vergütungsanspruch des Betreuers entsteht mit der Ausübung seiner jeweiligen Amtstätigkeit. Mit ihr hat der Betreuer zugleich von den (den Anspruch begründenden) Umständen und der Person des Schuldners Kenntnis erlangt. Die Fälligkeit des Anspruchs tritt regelmäßig in dem Moment ein, in dem dem Betreuer eine zusammenfassende Abrechnung innerhalb eines angemessenen Zeitraums möglich und zumutbar ist; einen Anhaltspunkt hierfür gibt § 9 VBVG, der Abrechnungszeiträume von drei Monaten vorgibt. Spätestens aber tritt die Fälligkeit mit Bewilligung der Vergütung nach § 1 Abs. 2 Satz 1 VBVG ein.

Keine Hemmung nach § 205 BGB

Die Mittellosigkeit des Betreuten im Sinne von § 1836d BGB steht dem Verjährungsbeginn nicht entgegen und führt nicht zu einer Hemmung der Verjährung nach § 205 BGB. Die Übergangsregelung des Art. 229 § 23 EGBGB findet auf den Regressanspruch aus § 1836e BGB keine Anwendung (*BGH* BtPrax 2012, 118).

Beispiel:

Der Betreuer wurde am 5. 11. 2013 für den zunächst mittellosen Betreuten bestellt und stellt seinen ersten Vergütungsantrag gegen die Staatskasse am 9. 2. 2014; am 14. 3. 2014 wird der Vergütungsanspruch festgesetzt. Nachdem der Betreute am 4. 1. 2018 vermögend geworden ist, setzt der Rechtspfleger des Betreuungsgerichts die Regressansprüche der Staatskasse gegen den Betreuten am 20. 2. 2018 fest, auch für den Zeitraum vom 6. 11. 2013 bis 5. 2. 2014. Der (erste) Anspruch des Betreuers auf Vergütung ist mit seiner ersten Amtstätigkeit entstanden und am 05. 02. 2014 fällig geworden (§ 9 VBVG); spätestens jedoch am 14. 03. 2014. Die Verjährungsfrist für den Zeitraum 06. 11. 2013 bis 05. 02. 2014 beginnt am 31. 12. 2014 und endet am 31. 12. 2017. Der Anspruch der Staatskasse für den o. g. Zeitraum ist zum Zeitpunkt der Regressfestsetzung am 20. 02. 2018 verjährt.

Betreuer muss Verjährungseinrede erheben

Bei § 1836e BGB handelt es sich um eine Verjährungs- und nicht um eine Erlöschensfrist. Verlangt die Staatskasse einen verjährten Regressbetrag, hat der Betreute ein Leistungsverweigerungsrecht, § 214 Abs. 1 BGB, das der Betreuer zu beachten hat. Keinesfalls darf er noch leisten, da eine Rückforderung ausgeschlossen ist, § 214 Abs. 2 Satz 1 BGB. Leistet er dennoch, ist er dem Betreuten schadensersatzpflichtig, §§ 1908i Abs. 1 Satz 1, 1833 BGB.

Praxis TIPP

Der Betreuer muss im Namen des Betreuten die Einrede der Verjährung erheben, da diese nicht von Amts wegen berücksichtigt wird.

Verjährungseinrede im Festsetzungsverfahren zu berücksichtigen

Die Einrede der Verjährung ist im Festsetzungsverfahren vom Rechtspfleger zu berücksichtigen. Zu der Prüfung, ob der Anspruch verjährt ist, gehört die Frage, ob sich der Schuldner überhaupt auf die Einrede der Verjährung berufen kann. Deshalb muss die Prüfungskompetenz des Rechtspflegers sowohl das „ob“ als auch das „wie“ einer möglichen Verjährung umfassen. Demgemäß muss er alle damit einhergehenden Vorfragen, z. B. die Frage, ob der Einrede § 242 BGB entgegensteht, beantworten können (*BGH* BtPrax 2015, 23).

Keine Verjährungseinrede durch Verfahrenspfleger

Ein bestellter Verfahrenspfleger kann für den Betreuten nicht die Einrede der Verjährung erheben, da er nicht gesetzlicher Vertreter ist, und es sich bei der Verjährungseinrede nicht um eine Verfahrenshandlung, sondern um eine Änderung der materiellen Rechtslage handelt (*BGH* BtPrax 2012, 252).

4.6.2 Anspruch der Staatskasse gegen den Erben des Betreuten

Anspruchsvoraussetzungen

Regress richtet sich gegen den Erben

Nach dem Tod des Betreuten gehen seine Verbindlichkeiten gegenüber der Staatskasse, soweit sie noch nicht erloschen sind, als Nachlassverbindlichkeiten auf den Erben über, § 1967 BGB. Der Erbe haftet nur mit dem Wert des Nachlasses, der zum Zeitpunkt des Erbfalls vorhanden ist, § 1836e Abs. 1 Satz 3 Halbsatz 1 BGB; haftungsbegrenzende Maßnahmen muss der Erbe nicht ergreifen.

Erbe hat Freibeträge

Zwar kann sich der Erbe nicht auf § 1836c BGB berufen, sodass insbesondere die Vermögensfreistellungen des § 90 Abs. 2 SGB XII nicht greifen, durch die Verweisung auf § 102 Abs. 3 SGB XII verbleiben ihm dennoch Freibeträge, § 1836e Abs. 1 Satz 3 Halbsatz 2 BGB.

- § 102 Abs. 3 Nr. 1 SGB XII:
  (dreifacher Grundbetrag nach § 85 Abs. 1 SGB XII) 2.592 EUR
  (ab 1. 1. 2020)
- § 102 Abs. 3 Nr. 2 SGB XII:
  15.340 EUR (wenn der Erbe der Ehegatte des Betreuten oder mit diesem verwandt ist und nicht nur vorübergehend bis zum Tode des Betreuten mit diesem in häuslicher Gemeinschaft gelebt und ihn gepflegt hat);

- *§* 102 Abs. 3 Nr. 3 SGB XII:
(unbezifferter Betrag) wenn die Inanspruchnahme des Erben nach der Besonderheit des Einzelfalls eine besondere Härte bedeuten würde (nach *VGH Baden-Württemberg* JSRG 1991, 287 könnte dies der Fall sein, wenn der Erbe den Betreuten zwar gemäß Nr. 2 gepflegt hat, aber nicht Verwandter ist)

Besondere Härte nach § 102 Abs. 3 Nr. 3 SGB XII

Eine besondere Härte im Sinne des § 102 Abs. 3 Satz 3 SGB XII ist nur bei außergewöhnlich gelagerten Sachverhalten anzunehmen, die es unter Berücksichtigung aller Umstände des Einzelfalls als unbillig erscheinen lassen, den Erben für den Kostenersatz in Anspruch zu nehmen. Sie muss besonders gewichtig sein, also objektiv besonders schwer wiegen, und sich in der Person des Erben realisieren (*BGH* BtPrax 2014, 272).

Beerdigungskosten sind nicht aus dem Freibetrag zu leisten

Bestattungskosten sind nicht aus dem Freibetrag zu decken. Dieser ist dem Erben (uneingeschränkt) zu belassen (*OLG Düsseldorf* BtPrax 2002, 263; *OLG Frankfurt* BtPrax 2004, 37; *Jürgens/Marschner* § 1836e Rn. 5; a. A. *LG Trier* BtPrax 2000, 132; das *LG Koblenz* hat seine bisherige a. A. aufgegeben, FamRZ 2004, 223). Das bedeutet, dass die Beerdigungskosten zunächst aus dem Nachlass zu erbringen sind, dann wird der Freibetrag abgezogen, und nur der verbleibende Rest steht für den Regress der Staatskasse zur Verfügung.

Beispiel:

Der Betreute ist verstorben und hinterlässt einen Nachlass von 4.900 EUR. Die Staatskasse hat einen Anspruch von 2.000 EUR aus § 1836e Abs. 1 Satz 1 BGB gegen die Erben. Die Beerdigungskosten betragen 2.100 EUR.

4.900 EUR	Nachlass
– 2.100 EUR	Beerdigungskosten
2.800 EUR	
– 2.544 EUR	Freibetrag (§ 1836e Abs. 1 Satz 2 BGBi. V. m. § 102 Abs. 3 Nr. 1 SGB XII)
356 EUR	

Den Betrag von 356 EUR kann die Staatskasse in Anspruch nehmen.

Mehrere Erben

Der jeweilige Freibetrag wird beim Vorhandensein mehrerer Erben nur einmal zugebilligt; er wird entsprechend der Erbquoten aufgeteilt. Allerdings wird der Freibetrag nach § 102 Abs. 3 Nr. 1 SGB XII neben dem nach Nr. 2 gewährt, wenn mindestens ein Erbe dessen Voraussetzungen erfüllt. In diesem Fall werden die Freibeträge anteilig unter den Erben aufgeteilt, die unter Nr. 1 und Nr. 2 fallen (*Schellhorn/Jirasek/Seipp*, BSHG, 15. Aufl., § 92c Rn. 26).

Berechnung des Nachlasswerts

Der Wert des Nachlasses nach § 1836e Abs. 1 Satz 2 Halbsatz 1 BGB ist durch Abzug der Nachlassverbindlichkeiten von dem Aktivvermögen zu ermitteln. Zu den zu berücksichtigenden Nachlassverbindlichkeiten gehören dabei vor allem diejenigen Verpflichtungen, die vom Erblasser herrühren oder die im Zeitpunkt des Erbfalls bereits dem Grunde nach angelegt waren und wegen ihrer Zwangsläufigkeit für den Erben Vorrang beanspruchen können. Demgegenüber mindern gleich- oder gar nachrangige Nachlassverbindlichkeiten den Nachlasswert nicht. Die aus einer Vermächtnisanordnung folgende Verpflichtung ist gegenüber dem staatlichen Regressanspruch nachrangig und daher ohne Einfluss auf den Nachlasswert (*BGH* BtPrax 2014, 272).

Rang zu Ansprüchen des Sozialhilfeträgers

Die Festsetzung des Rückgriffsanspruchs der Staatskasse gegen den Erben eines Betreuten scheidet nicht allein deshalb aus, weil dem Betreuten auch Sozialhilfe gewährt wurde und der Sozialhilfeträger den Erben auf Ersatz der Sozialhilfekosten in Anspruch nimmt. Der Kostenersatzanspruch des Sozialhilfeträgers nach § 102

SGB XII hat gegenüber dem Regressanspruch der Staatskasse allenfalls gleichen Rang (*BayObLG* Rpfleger 2005, 427). Wurde Sozialhilfe als Darlehen gewährt, ist der entsprechende Rückzahlungsanspruch des Sozialhilfeträges bei der Ermittlung des Nachlasswerts nach § 1836e Abs. 1 Satz 3 BGB vorrangig als Nachlassverbindlichkeit zu berücksichtigen. Führt dies zu einer Überschuldung des Nachlasses, scheidet eine Regressforderung der Staatskasse aus (*LG Saarbrücken* BtPrax 2009, 88).

Ausschlussfrist

Erlöschensfrist

Der Anspruch der Staatskasse gegen den Erben erlischt drei Jahre nach dem Tod des Betreuten, § 1836e Abs. 1 Satz 2 Halbsatz 2 BGB, § 102 Abs. 4 SGB XII.

5. Vergütung und Aufwendungsersatz des Verfahrenspflegers

Ansprüche des Verfahrenspflegers

Aufwendungsersatz und Vergütung des Verfahrenspflegers werden in § 277 FamFG geregelt. Durch Verweisung auf die §§ 1835 und 1836 BGB sowie auf das VBVG wird eine betreuungsähnliche Berechnung durchgeführt, wobei aber Besonderheiten zu beachten sind. Für den in Unterbringungssachen bestellten Verfahrenspfleger verweist § 318 FamFG auf § 277 FamFG.

5.1 Aufwendungsersatz

Ersatz von Aufwendungen

Der Verfahrenspfleger kann Ersatz seiner Aufwendungen unter Beachtung von § 1835 Abs. 1, 1a und 2 BGB geltend machen, § 277 Abs. 1 Satz 1 FamFG.

Bei § 1835 Abs. 1 Satz 1 BGB handelt es sich um solche Aufwendungen, die zum Zwecke der Führung der Pflegschaft erforderlich sind und die sich als notwendige Folge der Führung des Amtes ergeben.

Erforderlichkeit

Ob eine Aufwendung erforderlich ist, richtet sich grundsätzlich nach der Sicht des Pflegers; er muss sie unter Beachtung der ihm obliegenden Sorgfalt den Umständen nach für erforderlich halten, auch wenn sich dies nachträglich als Fehleinschätzung erweist. Mit der Aufwendung muss die Wahrnehmung seiner Aufgaben ermöglicht oder erleichtert werden. Nicht erstattungsfähig sind Aufwendungen, die außerhalb des Aufgabenkreises der Pflegschaft gemacht werden oder die nicht unmittelbar ihrer Führung dienen. Zu weiteren Einzelheiten siehe Abschnitt 2.2.1 „Aufwendungen im Sinne von § 1835 Abs. 1 BGB“.

Versicherungskosten

Auch Aufwendungen gemäß § 1835 Abs. 2 BGB sind erstattungsfähig, § 277 Abs. 1 Satz 1 FamFG. Es handelt sich um angemessene Haftpflichtversicherungskosten, soweit sie Schäden betreffen, welche der Verfahrenspfleger dem Betreuten zufügt, oder solche, die dem Pfleger dadurch entstehen, dass er bei der Führung seines Amtes einem Dritten gegenüber schadensersatzpflichtig wird.

Berufsspezifische Dienste

Nicht erfasst von § 277 Abs. 1 Satz 1 FamFG wird § 1835 Abs. 3 BGB. Somit erlangt der Verfahrenspfleger grundsätzlich keine Erstattung, soweit er seine gewerbe- und berufsspezifischen Dienste einsetzt, für die ein anderer Pfleger, der nicht diese Qualifikationen besitzt, berechtigterweise einen entsprechend qualifizierten Dritten hinzugezogen hätte.

Zeitaufwand vor wirksamer Bestellung

Ein vor (wirksamer) Bestellung zum Verfahrenspfleger geleisteter Zeitaufwand ist selbst dann nicht vergütungsfähig, wenn er auf Veranlassung des Gerichts getätigt wurde (*OLG Brandenburg* Rpfleger 2009, 313). Wirksam wird die Bestellung mit Bekanntgabe der Entscheidung an den Verfahrenspfleger, § 40 Abs. 1 FamFG.

5.1.1 Ehrenamtlicher Verfahrenspfleger

Bare Aufwendungen des ehrenamtlichen Pflegers

Der ehrenamtliche Verfahrenspfleger kann seine (baren) Aufwendungen, insbesondere Fahrt-, Telefon- und Portokosten geltend machen, § 1835 Abs. 1 Satz 1 BGB. Auch Haftpflichtversicherungsbeiträge sind ihm zu erstatten, § 1835 Abs. 2 Satz 1 BGB. Die in den einzelnen Bundesländern bestehenden Regelungen, die ehrenamtliche Betreuer in eine bestehende Sammelhaftpflichtversicherung einbeziehen, sind regelmäßig auch auf Verfahrenspfleger anzuwenden; es empfiehlt sich jedoch eine Nachfrage beim jeweiligen Betreuungsgericht.

Eine pauschalierte Aufwandsentschädigung gemäß § 1835a BGB scheidet mangels Verweisung für den ehrenamtlichen Pfleger aus; der ehrenamtliche Verfahrenspfleger hat seine Auslagen zu beziffern und nachzuweisen.

Vorschuss auf anstehende Aufwendungen kann nicht verlangt werden, § 277 Abs. 1 Satz 2 FamFG.

5.1.2 Berufsmäßig tätiger Verfahrenspfleger

Auslagenberechnung des Berufspflegers

Der berufliche Verfahrenspfleger macht gemäß § 277 Abs. 1 Satz 1 FamFG seine Aufwendungen nach § 1835 Abs. 1 Satz 1 BGB geltend; ein Vorschuss scheidet aus, § 277 Abs. 1 Satz 2 FamFG. Haftpflichtversicherungsbeiträge werden ihm nicht erstattet, § 1835 Abs. 2 Satz 2 BGB i. V. m. § 277 Abs. 1 FamFG.

Vergütung	Auslagenersatz
§ 277 Abs. 2 Satz 1 FamFG i. V. m. § 1836 Abs. 1 Satz 2 BGB	§ 277 Abs. 1 Satz 1 FamFG i. V. m. § 1835 Abs. 1 bis 2 BGB
§ 3 Abs. 1 und 2 VBVG	bare Auslagen gemäß § 1835 Abs. 1 BGB
Stundenvergütung 23,00 EUR, 29,50 EUR, 39,00 EUR (keine Erhöhung nach § 3 Abs. 3 VBVG möglich)	keine Haftpflichtversicherungsbeiträge bei berufsmäßigen Verfahrenspflegern (§ 1835 Abs. 2 Satz 2 BGB)
Umsatzsteuer fällt u. U. an	

5.1.3 Mitarbeiter eines Betreuungsvereins als Verfahrenspfleger

Mitarbeiter des Vereins

Der Verein kann nach § 277 Abs. 4 Satz 1 FamFG für seinen Mitarbeiter gemäß § 277 Abs. 1 Satz 1 FamFG durch diesen erbrachte Aufwendungen nach § 1835 Abs. 1 Satz 1 BGB geltend machen; ein Vorschuss scheidet aus, § 277 Abs. 1 Satz 2 FamFG.

Haftpflichtversicherungsbeiträge sind nicht zu erstatten, § 1835 Abs. 2 Satz 2 BGB i. V. m. § 277 Abs. 4 Satz 1, Abs. 2 FamFG; ebenfalls nicht erstattungsfähig sind allgemeine Verwaltungskosten, § 277 Abs. 4 Satz 2 FamFG i. V. m. § 1835 Abs. 5 Satz 2 BGB.

Der Vereinsmitarbeiter selbst kann keinen Aufwendungsersatz geltend machen, § 277 Abs. 4 Satz 2 FamFG i. V. m. § 7 Abs. 3 VBVG.

5.1.4 Bediensteter einer Betreuungsbehörde als Verfahrenspfleger

Behördenmitarbeiter erlangt keinen Ersatz

Aufwendungsersatz wird an die Betreuungsbehörde nicht geleistet, unabhängig davon, ob der Betreute vermögend oder mittellos ist, § 277 Abs. 4 Satz 3 FamFG.

5.1.5 Verein oder Behörde als Verfahrenspfleger

Aufwendungsersatz wird nicht geleistet, § 277 Abs. 1 Satz 3 FamFG.

5.1.6 Erlöschen des Aufwendungsersatzanspruchs

Erlöschen des Anspruchs

Die Ansprüche des Verfahrenspflegers auf Erstattung seiner Aufwendungen erlöschen, wenn sie nicht binnen 15 Monaten nach ihrer Entstehung gerichtlich geltend gemacht werden, § 277 Abs. 1 Satz 1 FamFG i. V. m. § 1835 Abs. 1 Satz 3 BGB.

Geltendmachung bedeutet, dass der Anspruch gegenüber dem Betreuungsgericht verbunden mit einer Erstattungsforderung beziffert wird; Belege können dabei nachgereicht werden. Für die Entstehung des Anspruchs ist der Zeitpunkt maßgebend, zu dem der Pfleger die zu erstattende Tätigkeit vornimmt.

Fristbestimmung

Gemäß § 277 Abs. 1 Satz 1 FamFG i. V. m. § 1835 Abs. 1a BGB kann das Betreuungsgericht dem Pfleger eine von 15 Monaten abweichende Frist von mindestens zwei Monaten bestimmen. In der Fristbestimmung wird er über die Folgen der Versäumung der Frist belehrt. Die Frist kann auf Antrag des Pflegers vom Betreuungsgericht verlängert werden. Im Übrigen erlischt der Anspruch, soweit er nicht innerhalb der Frist beziffert wird. Auf Antrag kann insbesondere eine noch laufende Frist zur Geltendmachung zugunsten des Pflegers verlängert werden.

5.2 Vergütung

5.2.1 Ehrenamtlicher Verfahrenspfleger

Keine Vergütung für ehrenamtlichen Pfleger

Eine Vergütung wird nicht gewährt. Eine Verweisung in § 277 Abs. 2 FamFG auf § 1836 Abs. 2 BGB liegt nicht vor; auch andere Vorschriften gewähren keine Vergütung.

5.2.2 Berufsmäßig tätiger Verfahrenspfleger

Berufspfleger erlangt Vergütung

Durch die Verweisung in § 277 Abs. 2 Satz 1 FamFG auf § 1836 Abs. 1 Satz 2 BGB wird klargestellt, dass eine Verfahrenspflegschaft entgeltlich geführt werden kann, wenn das Gericht bei der Bestellung des Pflegers dies feststellt. Wird diese Feststellung getroffen, erhält der Pfleger neben dem Aufwendungsersatz eine Vergütung in entsprechender Anwendung der §§ 1 bis 3 Abs. 1 und 2 VBVG.

Das Betreuungsgericht trifft die Feststellung der Berufsmäßigkeit unter den Voraussetzungen des § 1 Abs. 1 VBVG, wenn im Regelfall der Pfleger mehr als zehn Vormundschaften, Betreuungen oder Pflegschaften führt, bzw. die für die Führung dieser Verfahren erforderliche Zeit voraussichtlich 20 Wochenstunden nicht unterschreitet. Diese Regelvorgaben sind zunächst unerheblich, wenn erwartet werden kann, dass in absehbarer Zeit der erforderliche Umfang erreicht wird. Siehe hierzu *Abschnitt 3.1.1 „Berufsmäßige Betreuung“*.

Feststellung der Berufsmäßigkeit

Die Feststellung der Berufsmäßigkeit wird durch das Betreuungsgericht (Richter oder Rechtspfleger, je nach funktioneller Zuständigkeit) bei der Bestellung getroffen. Zwar ist die Bestellung an sich formlos möglich, jedoch wird in der Regel ein Beschluss erlassen, der die Feststellung der berufsmäßigen Führung enthält. Nur diese Feststellung verschafft dem Verfahrenspfleger einen Vergütungsanspruch. Vergütungsfähig sind nur Tätigkeiten, die zeitlich nach der Feststellung erbracht werden. Eine rückwirkende Nachholung der Feststellung kommt nur ausnahmsweise in Betracht, wenn sie bei der Bestellung erkennbar versehentlich unterblieben ist (*OLG Naumburg* FamRZ 2009, 370; *OLG Brandenburg* FamRZ 2009, 1005).

Praxis TIPP

Der Verfahrenspfleger sollte darauf achten, dass er durch schriftlichen Beschluss bestellt wird, in dem die Berufsmäßigkeit festgestellt ist.

Stundenvergütung nach Zeitaufwand

Aufgewendete und erforderliche Zeit

Die Vergütung berechnet sich nach der aufgewendeten und erforderlichen Zeit, § 3 Abs. 1 Satz 1 VBVG. Vergütet wird nur der für die Erfüllung der angeordneten Aufgaben notwendige Zeitaufwand; insoweit ist der geltend gemachte (Zeit-)Aufwand einer Plausibilitätsprüfung zu unterziehen. Die Vergütung dient auch der Abgeltung anteiliger allgemeiner (sachlicher und personaler) Bürokosten des Verfahrenspflegers (*Brandenburgisches OLG* FPR 2002, 280).

Der allgemeine betriebliche Aufwand, den der berufsmäßige Verfahrenspfleger zur Schaffung der organisatorischen Grundlage seiner Berufsausübung zu betreiben hat, ist nicht gesondert vergütungsfähig; dies gilt insbesondere auch für den Zeitaufwand zur Erstellung einer prüffähigen Rechnung für seine vergütungsfähigen Tätigkeiten (*Brandenburgisches OLG* Rpfleger 2003, 365).

Das Studium der Literatur ist nicht erstattungsfähig; diese Tätigkeit dient nicht der Erfüllung der konkret gestellten Aufgabe als Verfahrenspfleger, sondern dem allgemeinen Eigeninteresse des Verfahrenspflegers.

Reduzierter Stundensatz für Bürotätigkeit

Soweit der Verfahrenspfleger Büro- und Schreibarbeiten selbst erledigt hat, kann er diese nicht nach einem Stundensatz abrechnen, der ihm wegen seiner besonderen Qualifikation im Sinne von § 3 Abs. 1 Satz 2 VBVG bewilligt wurde. Vielmehr ist dieser Zeitaufwand nur nach einem (geringeren) Stundensatz für eine Bürokraft zu vergüten (*OLG Oldenburg* NdsRpfl 2003, 66).

Gemäß § 3 Abs. 1 Satz 1 und 2 VBVG ergeben sich drei Vergütungsstufen:

Stundensatz	**Kenntnisse des Verfahrenspflegers, die für die Führung der Pflegschaft nutzbar sind**
23,00 EUR	allgemeine Eignung
29,50 EUR	besondere Kenntnisse wurden durch eine abgeschlossene Lehre oder eine vergleichbare abgeschlossene Ausbildung erworben
39,00 EUR	Kenntnisse wurden durch eine abgeschlossene Ausbildung an einer Hochschule oder durch eine vergleichbare abgeschlossene Ausbildung erworben

Umsatzsteuer zusätzlich

Eine auf die Vergütung anfallende Umsatzsteuer wird, soweit sie nicht nach § 19 Abs. 1 des Umsatzsteuergesetzes unerhoben bleibt, zusätzlich ersetzt, § 3 Abs. 1 Satz 3 VBVG.

Praxis TIPP

Die Umsatzsteuerbefreiung nach § 4 Nr. 16 Buchst. k UStG (i. d. F. durch das AmtshilfeRLUmsG) gilt nicht für die Tätigkeit als Verfahrenspfleger gemäß §§ 276, 317 FamFG.

Einen höheren, als den in § 3 Abs. 1 VBVG vorgesehenen Stundensatz kann das Betreuungsgericht nicht bewilligen, auch wenn besondere Schwierigkeiten vorliegen und der Betreute vermögend ist, da in § 277 Abs. 2 Satz 2 FamFG eine Verweisung auf § 3 Abs. 3 VBVG nicht erfolgt.

Bestellt das Betreuungsgericht einen Verfahrenspfleger, der über besondere Kenntnisse verfügt, die für die Führung der Pflegschaft allgemein nutzbar und durch eine Ausbildung gemäß § 3 Abs. 1 Satz 2 VBVG erworben sind, so wird vermutet, dass diese Kenntnisse auch für die Führung der dem Pfleger übertragenen Pflegschaft nutzbar sind. Dies gilt nicht, wenn das Betreuungsgericht aus besonderen Gründen bei der Bestellung des Pflegers etwas anderes bestimmt, § 3 Abs. 2 VBVG.

Pauschalvergütung als fester Geldbetrag

Vergütungspauschale möglich

Anstelle des Aufwendungsersatzes und der Vergütung nach § 277 Abs. 1 und 2 FamFG kann das Betreuungsgericht dem Pfleger einen festen Geldbetrag zubilligen, wenn die für die Führung der Pflegschaftsgeschäfte erforderliche Zeit vorhersehbar und ihre Ausschöpfung durch den Pfleger gewährleistet ist, § 277 Abs. 3 Satz 1 FamFG.

Fester Geldbetrag (Pauschale)
§ 277 Abs. 3 FamFG

Neben den Vergütungssätzen nach § 3 Ab. 1 VBVG in Höhe von 23,00 EUR, 29,50 EUR und 39,00 EUR wird eine Aufwandspauschale von 4 EUR gewährt.

Die für die Führung der Pflegschaftsgeschäfte erforderliche Zeit ist vorhersehbar, ihre Ausschöpfung durch den Pfleger ist gewährleistet.

Einer Nachweisung der vom Verfahrenspfleger aufgewandten Zeit und der tatsächlichen Aufwendungen bedarf es nicht; weitergehende Aufwendungsersatz- und Vergütungsansprüche des Pflegers sind ausgeschlossen.

Zuschlag von 4 EUR

Bei der Bemessung des pauschalen Geldbetrags ist die voraussichtlich erforderliche Zeit mit den in § 3 Abs. 1 VBVG bestimmten Stundensätzen zuzüglich einer Aufwandspauschale von 4 EUR je veranschlagter Stunde zu vergüten, § 277 Abs. 3 Satz 2 FamFG.

Dies ergibt einen Stundensatz von

Stundensatz	**Kenntnisse des Verfahrenspflegers, die für die Führung der Pflegschaft nutzbar sind**
27,00 EUR	allgemeine Eignung
33,50 EUR	besondere Kenntnisse wurden durch eine abgeschlossene Lehre oder eine vergleichbare abgeschlossene Ausbildung erworben
43,00 EUR	Kenntnisse wurden durch eine abgeschlossene Ausbildung an einer Hochschule oder durch eine vergleichbare abgeschlossene Ausbildung erworben

Zuzüglich Umsatzsteuer

In § 277 Abs. 3 Satz 2 FamFG wird auf § 3 Abs. 1 VBVG verwiesen, und zwar auf die dort bestimmten „Stundensätze". Fraglich ist nun, ob die Umsatzsteuer hinzugerechnet werden kann. Dies ist anzunehmen, da die Verweisung auf den gesamten Absatz 1 (also auch auf Satz 3) des § 3 VBVG erfolgt. Dies bedeutet, dass sich die Stundensätze bei 19 % MwSt. auf 32,13 EUR, 39,87 EUR und 51,17 EUR erhöhen.

Fraglich ist, ob ein Antrag des Verfahrenspflegers oder dessen Zustimmung erforderlich ist. Die Festsetzung kann von Amts wegen oder auf Antrag des Pflegers erfolgen, § 277 Abs. 5 Satz 2 i. V. m. § 168 Abs. 1 FamFG. Eine Zustimmung des Pflegers bei einer Festsetzung von Amts wegen ist nicht vorgesehen. Als zweckmäßig dürfte es sich in der Praxis allerdings bewähren, wenn Betreuungsgericht und Pfleger Einigkeit über die Höhe der Pauschale erzielen. Fühlt sich der Pfleger benachteiligt, so verbleibt ihm nur die Möglichkeit der Beschwerde nach § 58 FamFG.

Kein Nachweis der Tätigkeiten

Einer Nachweisung der vom Pfleger aufgewandten Zeit und der tatsächlichen Aufwendungen bedarf es nicht; weitergehende Aufwendungsersatz- und Vergütungsansprüche des Pflegers sind allerdings ausgeschlossen (§ 277 Abs. 3 Satz 3 FamFG).

Die rückwirkende Festsetzung einer Pauschalvergütung ist unzulässig. Nach dem Gesetzeswortlaut sowie nach Sinn und Zweck der Vorschrift kann eine solche Vergütungspauschale nur für zukünftige Tätigkeiten des Pflegers festgesetzt werden. Die Verfahrensweise, den Pfleger zunächst quasi als Test für die von ihm benötigte Zeit tätig werden zu lassen und dann rückwirkend eine Vergütungspauschale festzusetzen, findet im Gesetz keine Stütze.

Vorhersehbarkeit ist erforderlich

Der erforderliche Zeitaufwand für die Geschäfte des Verfahrenspflegers muss vorhersehbar sein. Verlangt wird zur Nachprüfbarkeit der Prognoseentscheidung, dass erkennbar ist, von welcher voraussichtlich erforderlichen Zeit bei der Bemessung des Pauschalbetrags ausgegangen wurde (*Thüringer OLG* FamRZ 2002, 1431).

Die Ausschöpfung der Pauschale muss durch den Pfleger gewährleistet sein. Dies bedeutet, dass er die in der Pauschale vorgegebene Zeit auch tatsächlich für seine Tätigkeit verwendet, wobei geringfügige Abweichungen hingenommen werden können. Unklar ist allerdings, wie das Betreuungsgericht nachträglich feststellen kann, ob die Zeitvorgabe ausgeschöpft wurde, wenn der Betreuer zu einer Nachweisung nicht verpflichtet ist.

5.2.3 Mitarbeiter eines Betreuungsvereins als Verfahrenspfleger

Mitarbeiter eines Vereins erlangt Vergütung

Der Verein kann nach § 277 Abs. 4 Satz 1 FamFG für seinen als Verfahrenspfleger tätigen Mitarbeiter eine Vergütung gemäß § 277 Abs. 2 und 3 FamFG geltend machen. Dabei ist als Regelfall die Stundenvergütung nach Zeitaufwand, aber auch die Pauschalvergütung als fester Geldbetrag möglich.

Die Feststellung der berufsmäßigen Führung nach § 1836 Abs. 1 Satz 2 BGB ist bei der Bestellung eines Vereinsmitarbeiters nicht erforderlich, § 277 Abs. 4 Satz 2 FamFG i. V. m. § 7 Abs. 1 Satz 2 VBVG.

Der Vereinsmitarbeiter selbst kann keine Vergütung geltend machen, § 277 Abs. 4 Satz 2 FamFG i. V. m. § 7 Abs. 3 VBVG.

5.2.4 Bediensteter einer Behörde als Verfahrenspfleger

Keine Vergütung an Behördenpfleger

Eine Vergütung wird an die Betreuungsbehörde nicht geleistet, unabhängig davon, ob der Betreute vermögend oder mittellos ist, § 277 Abs. 4 Satz 3 FamFG.

5.2.5 Verein oder Behörde als Verfahrenspfleger

Ein Anspruch auf Vergütung besteht nicht, § 277 Abs. 2 Satz 1 FamFG i. V. m. § 1836 Abs. 3 BGB.

5.2.6 Erlöschen des Vergütungsanspruchs

Vergütungsanspruch erlischt

Der Vergütungsanspruch erlischt, wenn er nicht binnen 15 Monaten nach seiner Entstehung beim Betreuungsgericht geltend gemacht wird, § 277 Abs. 2 FamFG i. V. m. § 2 VBVG.

Gemäß § 2 Satz 2 VBVG i. V. m. § 1835 Abs. 1a BGB kann das Betreuungsgericht dem Verfahrenspfleger eine von 15 Monaten abweichende Frist von mindestens zwei Monaten bestimmen; in der Fristbestimmung wird er über die Folgen der Versäumung der Frist belehrt. Die Frist kann auf Antrag des Pflegers vom Betreuungsgericht verlängert werden. Im Übrigen erlischt der Anspruch, soweit er nicht innerhalb der Frist beziffert wird.

Möglich ist nach § 2 Abs. 2 Satz 2 VBVG i. V. m. § 1835 Abs. 1a BGB auch eine Verlängerung der Ausschlussfrist für die Geltendmachung von Pflegervergütung; dies setzt einen konkreten Antrag des Pflegers voraus, der vor Ablauf der Frist zu stellen ist.

5.3 Verfahrensregelungen

Zahlung immer aus Staatskasse

Vergütung oder Aufwendungsersatz werden immer aus der Staatskasse gezahlt, unabhängig davon, ob der Betreute vermögend oder mittellos ist, § 277 Abs. 5 Satz 1 FamFG.

Auslagenersatz beim Betreuten

Soweit die Staatskasse Zahlungen an den Verfahrenspfleger erbringt, handelt es sich um Auslagen nach KVfG Nr. 31015 (Kostenverzeichnis zum GNotKG), die vom Betreuten wieder erhoben werden können, soweit § 1836c BGB eine Inanspruchnahme zulässt (keine Mittellosigkeit).

Nach § 277 Abs. 5 Satz 2 FamFG findet auf das Erstattungsverfahren § 168 Abs. 1 FamFG entsprechende Anwendung. Auslagenersatz, Stundenvergütung oder pauschalierter Geldbetrag werden auf Antrag gegen die Staatskasse festgesetzt, § 168 Abs. 1 Satz 1 FamFG; eine Festsetzung von Amts wegen ist ebenfalls möglich.

Der Verfahrenspfleger kann auch nach § 168 Abs. 1 Satz 4 FamFG vorgehen. Die Leistungen können im Verwaltungsweg (ohne gerichtliche Festsetzung) ausgezahlt werden; hierbei sind die Vorschriften über das Verfahren bei der Entschädigung von Zeugen hinsichtlich ihrer baren Auslagen sinngemäß anzuwenden, somit das JVEG. Der Urkundsbeamte der Geschäftsstelle am Betreuungsgericht berechnet den Erstattungsbetrag und weist die Justizkasse an, die beantragten Zahlungen zu leisten.

Dieses Verfahren sollte gewählt werden, wenn der Anspruch des Pflegers unstreitig ist. Aus der Formulierung des Antrags muss sich ergeben, ob eine Zahlung im Verwaltungsweg oder die Festsetzung nach § 168 Abs. 1 Satz 1 FamFG gewollt ist.

Schlüssige Geltendmachung ist erforderlich

Zur schlüssigen Geltendmachung seines Vergütungsanspruchs hat der Verfahrenspfleger eine ordnungsgemäße, fälligkeitsbegründende Abrechnung zu erteilen, die den allgemeinen Anforderungen an die Prüffähigkeit in Rechnung gestellter Zeithonorare genügt. Hierbei hat er neben der Darlegung der konkreten Erforderlichkeit auch Ort, Datum und Dauer (Uhrzeit von Beginn und Ende) seiner abzurechnenden Tätigkeit anzugeben. Will der Verfahrenspfleger auch die Fahrtzeit zu Gesprächsterminen vergütet haben, hat er zudem anzugeben, weshalb er es für unabdingbar halten durfte, seinen Gesprächspartner aufzusuchen, statt diesen – aus Gründen der Zeit- und Kostenersparnis – zu sich zu bitten (*Brandenburgisches OLG*, Rpfleger 2002, 440; FamRZ 2002, 1353).

Die gerichtliche Festsetzung nach § 168 Abs. 1 FamFG unterliegt als Endentscheidung der Beschwerde, § 58 FamFG.

5.4 Rechtsanwalt als Verfahrenspfleger

Regelfall: Vergütung nach VBVG

Wird ein Rechtsanwalt als Verfahrenspfleger bestellt, so wird seine Vergütung grundsätzlich nach § 277 Abs. 5 Satz 1 FamFG stets aus der Staatskasse gezahlt und berechnet sich nach § 277 Abs. 2 FamFG i. V. m. § 3 Abs. 1 Satz 2 Nr. 2, Satz 3 VBVG; die Pauschalierung nach § 277 Abs. 3 FamFG ist möglich.

§ 1 Abs. 2 Satz 1 RVG verdeutlicht an sich, dass auch ein Rechtsanwalt seine Tätigkeit als Verfahrenspfleger nicht nach den Bestimmungen des RVG abrechnen kann; durch die Ausklammerung des § 1835 Abs. 3 BGB in § 277 Abs. 1 Satz 1 FamFG wird dies zusätzlich klargestellt.

Vergütung nach RVG unter bestimmten Voraussetzungen

Das *BVerfG* (FamRZ 2000, 1284) führt in seiner Entscheidung aus, dass sich der Gesetzgeber vom Grundgedanken des § 1835 Abs. 3 BGB nicht entfernen wollte, allerdings verdeutlichen § 1 Abs. 2 Satz 1 RVG sowie § 277 Abs. 1 FamFG, dass die Führung einer Verfahrenspflegschaft allein nicht als Erbringung anwaltlicher Dienst in diesem Sinn angesehen werden kann. Das BVerfG bejaht die Anwendung des § 1835 Abs. 3 BGB (Abrechnung nach RVG) auf die Tätigkeit des Verfahrenspflegers, wenn ein anderer Verfahrenspfleger für seine Aufgabenbewältigung einen Rechtsanwalt hinzugezogen hätte. Die Führung einer Verfahrenspflegschaft an sich kann aber noch nicht als Erbringung anwaltlicher Dienste angesehen werden. Das bedeutet, dass der Rechtsanwalt für eine bestimmte Verfahrenspflegschaft wegen seines Berufs, unter Angabe der konkreten Gründe, durch das Gericht bestellt werden muss.

Rechtsanwalt als Verfahrenspfleger

§§ 277, 318 FamFG

Stundenvergütung	**Aufwendungsersatz**
§ 277 Abs. 2. Satz 2 FamFG i. V. m. § 3 Abs. 1 VBVG 39,00 EUR pro erbrachter Stunde zzgl. MwSt. oder **Pauschale als Geldbetrag** § 277 Abs. 3 FamFG i. V. m. § 3 Abs. 1 VBVG 39,00 EUR pro vorhersehbarer Stunde zzgl. MwSt.	§ 277 Abs. 1. Satz 1 FamFG i. V. m. § 1835 Abs. 1 BGB (nicht § 1835 Abs. 2 BGB) tatsächlich entstandene Aufwendungen oder daneben 4 EUR als Pauschale pro vorhersehbarer Stunde zzgl. MwSt.
§ 1 Abs. 2 Satz 1 RVG Vergütung richtet sich nicht nach RVG	**§ 1 Abs. 2 Satz 2 RVG** § 1835 Abs. 3 BGB bleibt unberührt für berufsspezifische Tätigkeiten kann ein Rechtsanwalt als Verfahrenspfleger nach RVG abrechnen

Ausdrückliche Anordnung der anwaltspezifischen Tätigkeit

Die in dem Beschluss über die Bestellung eines Verfahrenspflegers getroffene Anordnung, dass die Verfahrenspflegschaft berufsmäßig ausgeübt werde, hat nur zur Folge, dass der Verfahrenspfleger, in Abweichung von dem gesetzlichen Leitbild der unentgeltlichen Führung des Amtes (vgl. § 277 Abs. 2 FamFG, § 1836 Abs. 1 und 3 BGB), überhaupt eine Vergütung beanspruchen kann. Eine Aussage darüber, nach welchen Vorschriften sich die Vergütung bemisst, nach VBVG oder nach RVG, ist mit dem Zusatz „berufsmäßig" nicht verbunden. Nur wenn im Bestellungsbeschluss die Feststellung getroffen wurde, dass eine anwaltsspezifische Tätigkeit erforderlich ist, kann der als Verfahrenspfleger bestellte Rechtsanwalt seine Vergütung nach dem RVG berechnen (*LG Saarbrücken* BtPrax 2013, 206).

Schwierige oder bedeutende Dienste

Ein zum Verfahrenspfleger bestellter Rechtsanwalt kann Vergütung nach RVG verlangen, wenn die zu erledigenden Dienste derart schwierig oder bedeutend sind, dass ein als Verfahrenspfleger tätiger Nichtjurist einen Rechtsanwalt hinzuziehen würde, (*BGH* BtPrax 2012, 205; FamRZ 2011, 203; *OLG Düsseldorf* NJW-RR 2003, 427; *KG Berlin* KGR Berlin 2002, 343; *OLG Zweibrücken* Rpfleger 2001, 593; *OLG München* BtPrax 2008, 219). Häufig werden solche Dienste in Unterbringungsverfahren erforderlich sein (*LG Aachen* Rpfleger 2003, 29). Allein die Aufgabe der Überprüfung eines Antrags auf Betreuervergütung kann im Regelfall keine Honorierung gemäß § 1835 Abs. 3 BGB auf der Grundlage des RVG bewirken, wenn nicht eine vertiefte Befassung mit Rechtsfragen entsprechend einer anwaltsspezifischen Tätigkeit erforderlich ist und damit über das Standardwissen eines Betreuers der höchsten Vergütungsstufe hinausgeht (*BayObLG* FamRZ 2003, 1046).

Feststellung der anwaltspezifischen Tätigkeit bindet

Die gerichtliche Feststellung, dass eine anwaltspezifische Tätigkeit erforderlich ist, ist für die anschließende Vergütungsfestsetzung bindend. Auf die Frage, wie bzw. ob die Erforderlichkeit im Einzelnen durch das Gericht begründet ist, kommt es nicht an (*BGH* BtPrax 2011, 85).

Gebühren eines beigeordneten Rechtsanwalts

Ein Rechtsanwalt, der „als Rechtsanwalt" zum Verfahrenspfleger des Betroffenen bestellt wird, kann zwar Vergütungsansprüche nach dem RVG gegenüber der Staatskasse geltend machen (*OLG Stuttgart* NJW-RR 2004, 424), aber im Falle der Mittellosigkeit des Betroffenen nur diejenigen eines im Verfahrenskostenhilfeverfahren beigeordneten Rechtsanwalts (*OLG Köln* OLGR Köln 2004, 53).

Vorläufige und endgültige Unterbringung sind zwei Verfahren

Wird ein Rechtsanwalt als Verfahrenspfleger sowohl im Verfahren der vorläufigen Unterbringung als auch vor der endgültigen Unterbringungsmaßnahme tätig und kann er unter besonderen Voraussetzungen Aufwendungsersatz für berufliche Dienste im Rahmen des RVG verlangen, steht ihm für beide Verfahren jeweils eine Verfahrensgebühr zu (*OLG München* FamRZ 2006, 577).

§ 1906 Abs. 1 und Abs. 4 FamFG stellen unterschiedliche Verfahren dar

Hat das Betreuungsgericht den anwaltlichen Verfahrenspfleger in einem Verfahren über die Genehmigung einer Unterbringung nach § 1906 Abs. 1 bis 3 BGB einerseits und einer freiheitsentziehenden Maßnahme nach § 1906 Abs. 4 BGB andererseits bestellt, kann er beide Tätigkeiten jeweils nach Nr. 6300 VVRVG abrechnen; es handelt sich insoweit nicht um dieselbe Angelegenheit nach § 15 Abs. 2 Satz 1 RVG (*BGH* BtPrax 2012, 249).

Ausschlussfrist beachten

Kann der anwaltliche Verfahrenspfleger gemäß § 1835 Abs. 3 BGB eine Abrechnung nach dem RVG vornehmen, so gilt auch hierfür die gesetzliche Ausschlussfrist des § 1835 Abs. 1 Satz 3 BGB (*BGH* BtPrax 2012, 205). Für den Beginn der Ausschlussfrist wird allein auf das Entstehen des Ersatzanspruchs abgestellt. Dementsprechend ist es für den Fristbeginn unerheblich, wann der Anspruch auf Vergütung bzw. Aufwendungsersatz fällig wird oder wann es dem Ersatzberechtigten erstmals möglich oder zumutbar ist, seinen Anspruch darzulegen und zu beziffern. Der Gebührenanspruch entsteht bereits mit der ersten Tätigkeit des Anwalts, das heißt in der Regel mit der Entgegennahme der entsprechenden Information, hier mit der Einsichtnahme in die Gerichtsakte zwecks Informationsbeschaffung (*LG Münster* FamRZ 2008, 1659).

6. Vergütung und Auslagenersatz des Pflegers

Betreuungsgerichtliche Zuweisungssachen nach § 340 Nr. 1 FamFG
Abwesenheitspfleger (§ 1911 BGB) Pfleger für unbekannte Beteiligte (§ 1913 BGB) Pfleger für ein Sammelvermögen (§ 1914 BGB)
(Verfahrens-)Vertreter für einen Volljährigen, § 340 Nr. 2 FamFG z. B. § 16 VwVfG § 207 BauGB § 119 FlurberG § 15 SGB X § 81 AO

Betreuungsgerichtliche Zuweisungssachen

Im Bereich der betreuungsgerichtlichen Zuweisungssachen nach § 340 Nr. 1 FamFG wird das Betreuungsgericht Personen, die als Betreuer ehrenamtlich oder berufsmäßig tätig sind, auch als Pfleger bestellen, insbesondere als Abwesenheitspfleger (§ 1911 BGB), Pfleger für unbekannte Beteiligte (§ 1913 BGB) oder Pfleger für ein Sammelvermögen (§ 1914 BGB).

Daneben bestellt das Betreuungsgericht in bestimmten Verfahren einem Volljährigen einen Vertreter, § 340 Nr. 2 FamFG. Es handelt sich z. B. um Verfahren nach § 16 VwVfG, § 207 BauGB, § 119 FlurberG, § 15 SGB X oder § 81 AO.

Pfleger unterliegen der Umsatzsteuer

Die seit 1. 7. 2013 bestehende Befreiung von der Umsatzsteuer nach § 4 Nr. 16 Buchst. k UStG gilt nicht für die im Rahmen einer betreuungsgerichtlichen Zuweisungssache (§ 340 FamFG) bestellten Pfleger; diese unterliegen weiterhin der Umsatzsteuerpflicht. Dies gilt insbesondere auch für den Abwesenheitspfleger nach § 1911 BGB.

Vergütung	Aufwendungsersatz
§ 1915 Abs. 1 Satz 1 i. V. m. § 1836 Abs. 1 Satz 2 und 3 BGB	§ 1915 Abs. 1 Satz 1 i. V. m. § 1835 BGB
§ 1915 Abs. 1 Satz 2 BGB abweichend von § 3 VBVG	sog. Barauslagen, § 1835 Abs. 1 BGB
Höhe bestimmt sich nach den für die Führung der Pflegschaftsgeschäfte nutzbaren Fachkenntnissen des Pflegers sowie nach Umfang und Schwierigkeit der Pflegschaftsgeschäfte	Dienste des Pflegers, die zu seinem Gewerbe oder seinem Beruf gehören, § 1835 Abs. 3 BGB
mindestens § 3 Abs. 1 VBVG bei Mittellosigkeit immer § 3 Abs. 1 VBVG	

6.1 Auslagenersatz

6.1.1 Pfleger

Auslagen des Pflegers

Die unter § 340 Nr. 1 FamFG fallenden Pfleger erlangen Ersatz für ihre im Rahmen der Pflegschaft angefallenen Auslagen nach § 1915 Abs. 1 Satz 1 i. V. m. § 1835 BGB. Insoweit wird auf Abschnitt 2.2 „*Aufwendungsersatz*“ verwiesen. Die ehrenamtlich tätigen Pfleger sind in der Regel in die Sammelhaftpflichtversicherung integriert.

Der Pfleger, welchem keine Vergütung zusteht, kann die pauschalierte Aufwandsentschädigung in Anspruch nehmen, §§ 1915 Abs. 1 Satz 1, 1835a BGB. Siehe hierzu Abschnitt 2.3 *„Aufwandsentschädigung des Betreuers"*.

6.1.2 Sonstige Vertreter

Sonstige Vertreter erlangen Ersatz von ersuchender Behörde

Hier sind die einzelnen Vorschriften zu beachten. So hat z. B. der Vertreter nach § 15 SGB X einen Anspruch auf Erstattung seiner baren Auslagen gegen die Behörde, die um seine Bestellung ersucht hat, § 15 Abs. 3 Satz 1 SGB X. Ähnlich verhält es sich in Verfahren nach § 81 AO; dort bestimmt Absatz 3, dass der Vertreter gegen den Rechtsträger der Finanzbehörde, die um seine Bestellung ersucht hat, Anspruch auf eine angemessene Vergütung und auf die Erstattung seiner baren Auslagen hat. § 16 Abs. 3 VwVfG und § 119 Abs. 3 FlurbG legen fest, dass der Vertreter gegen den Rechtsträger der Behörden, die um seine Bestellung ersucht haben, Anspruch auf eine angemessene Vergütung und auf die Erstattung seiner baren Auslagen hat. Die jeweiligen Behörden können von dem Vertretenen Ersatz ihrer Aufwendungen verlangen. Sie bestimmen die Vergütung und stellen die Auslagen und Aufwendungen fest.

Keine Bestimmungen zum Ersatz von Aufwendungen enthält § 207 BauGB, jedoch den Hinweis, dass für die Bestellung und für das Amt des Vertreters die Vorschriften des BGB für die Pflegschaft entsprechend gelten.

6.2 Vergütung

Berufspflegerbestellung ist möglich

Der ehrenamtliche Pfleger hat grundsätzlich keinen Anspruch auf Vergütung, § 1915 Abs. 2 Satz 1 i. V. m. § 1836 Abs. 1 Satz 1 BGB. Eine Vergütung nach § 1836 Abs. 2 BGB ist allerdings nicht ausgeschlossen, wenn Umfang und Schwierigkeit der Pflegschaftsgeschäfte dies rechtfertigen. Siehe hierzu Abschnitt 2.1 *„Vergütung"*.

Abrechnung der aufgewendeten Zeit

Wird bei der Bestellung des Pflegers die entgeltliche Führung festgestellt, §§ 1915 Abs. 1 Satz 1, 1836 Abs. 1 Satz 2 BGB, hat er einen Vergütungsanspruch nach § 1836 Abs. 1 Satz 3 BGB i. V. m. § 1 Abs. 2 VBVG. Die Höhe der Vergütung ergibt sich aus § 3 VBVG; der berufsmäßig tätige Pfleger erlangt nicht die Fallpauschalen nach § 4 VBVG. § 1915 Abs. 1 Satz 2 BGB bestimmt hierzu, dass abweichend von § 3 Abs. 1 bis 3 VBVG sich die Höhe nach den für die Führung der Pflegschaftsgeschäfte nutzbaren Fachkenntnissen des Pflegers sowie nach Umfang und Schwierigkeit der Pflegschaftsgeschäfte bestimmt. Dies bedeutet, dass die in § 3 Abs. 1 VBVG genannten Beträge Mindestsätze darstellen, die nach oben erhöht werden können (Ermessensentscheidung). Richtet sich der Anspruch bei Mittellosigkeit gegen die Staatskasse, verbleibt es allerdings bei den in § 3 Abs. 1 VBVG genannten Beträgen, § 1915 Abs. 1 Satz 2 BGB.

Vereinsmitarbeiter als Pfleger

Wird ein (anerkannter) Verein als Pfleger bestellt, kann eine Vergütung nicht gewährt werden, § 1915 Abs. 1 Satz 1 i. V. m. § 1836 Abs. 3 BGB. Fraglich ist, ob ein Mitarbeiter des Vereins als „Vereinspfleger" bestellt werden kann und der Verein dafür eine Vergütung erhalten kann. Eine dem § 1897 Abs. 2 Satz 1 BGB entsprechende Vorschrift ist im Vormundschaftsrecht, auf das § 1915 Abs. 1 Satz 1 BGB verweist, nicht vorgesehen. Dennoch hat der *BGH* (NJW-RR 2007, 937) zugelassen, dass der Mitarbeiter des Vereins in dieser Eigenschaft zum Pfleger bestellt werden kann; in diesem Fall steht dem Verein in analoger Anwendung von § 277 Abs. 4 FamFG (früher § 67a Abs. 4 FGG) eine Vergütung zu.

6.3 Verfahrenspflegschaft

Keine Verfahrenspflegschaft bei BGB-Pflegschaften

Die Pflegschaften werden nach § 340 Nr. 1 FamFG zwar dem Betreuungsgericht zugewiesen, jedoch finden die Verfahrensvorschriften des Betreuungsrechts (§§ 271 bis 311 FamFG) keine Anwendung. Damit kann auch nach hier vertretener Ansicht kein Verfahrenspfleger nach § 276 FamFG, vielmehr muss bei Erforderlichkeit ein Ergänzungspfleger gemäß § 1909 Abs. 1 Satz 1 BGB bestellt werden. Dieser erlangt Ersatz für seine Aufwendungen und Vergütung nach §§ 1915 Abs. 1, 1835 und 1836 BGB.

Die Bestellung eines Verfahrenspflegers in Zuweisungssachen wird in der Literatur unterschiedlich behandelt. Verneinend wie hier, z. B. *Praxiskommentar Betreuungs- und Unterbringungsverfahren/Fröschle*, 3. Aufl., § 340 Rn. 7a; bejahend z. B. *OLG Hamm* FamRZ 2011, 396; *Keidel, FamFG/Budde*, 18. Aufl., § 340 Rn. 5. Soweit das Betreuungsgericht einen Verfahrenspfleger bestellt, dürfte § 277 FamFG entsprechend anzuwenden sein.

6.4 Festsetzungsverfahren

Nach § 168 Abs. 5 FamFG folgt das Verfahren zur Festsetzung der Vergütung und des Aufwendungsersatzes entsprechend den Vorgaben in § 168 Abs. 1 bis 4 FamFG.

7. Verfahren zur Geltendmachung von Vergütung, Aufwendungsersatz, Aufwandsentschädigung und Regressforderungen der Staatskasse

7.1 Allgemeines

Die §§ 292, 168 FamFG regeln das Verfahren zur Entscheidung über Anträge auf Festsetzung einer Vergütung, von Aufwendungsersatz und Aufwandsentschädigung sowie von Regressansprüchen der Staatskasse gegen den Betreuten. Nicht geregelt werden in diesen Vorschriften die gegen Entscheidungen möglichen Rechtsbehelfe sowie die Vollstreckbarkeit; diese findet man im allgemeinen Teil des FamFG, in den § 58 ff. und § 86 ff. FamFG.

7.2 Festsetzung von Ansprüchen des Betreuers

7.2.1 Antrag oder Festsetzung von Amts wegen

Festsetzung erfordert grundsätzlich Antrag

Eine Festsetzung durch das Gericht erfolgt grundsätzlich nur auf Antrag, den der Betreuer oder der Betreute stellen kann; ausnahmsweise kann das Betreuungsgericht von Amts wegen eine Entscheidung treffen, wenn es sie für angemessen hält, § 168 Abs. 1 Satz 1 FamFG. Kein Antragsrecht hat der Erbe des Betreuten.

Festsetzung von Amts wegen

Eine Festsetzung von Amts wegen wird z. B. dann erfolgen, wenn der Betreuer einen Antrag nach § 168 Abs. 1 Satz 4 FamFG (sog. Zahlbarmachung) gegen die Staatskasse stellt, das Gericht aber klarstellen will, warum zweifelhafte Forderungen nicht erstattungsfähig sind. Eine Festsetzung hat auch immer dann zu erfolgen, wenn ein Rückgriff auf das Vermögen des Betreuten erfolgen soll, § 168 Abs. 1 Satz 2, 3 FamFG. Im Verfahren über die Beschwerde gegen die Bewilligung einer Betreuervergütung aus der Staatskasse kann auch über einen erstmals von dem Betreuer gestellten Hilfsantrag auf Festsetzung einer Vergütung gegen den Betroffenen entschieden werden (*OLG Hamm* FamRZ 2004, 1324).

7.2.2 Festsetzung von Aufwendungsersatz und Aufwandsentschädigung

Entnahme ohne Festsetzung

Soweit die Vermögenssorge zum Aufgabenkreis des Betreuers gehört, kann er seine Erstattungsansprüche direkt dem Vermögen des Betreuten entnehmen. Eine Festsetzung ist in diesem Fall nicht nur unnötig, sondern auch unwirksam (*BayObLG* FamRZ 1993, 849). Erfasst werden dabei alle Aufwendungen des Betreuers, auch die berufsbezogenen gemäß § 1835 Abs. 3 BGB. Soweit (der nicht befreite Betreuer) Beträge aus versperrt angelegten Konten entnehmen muss, bedarf er einer Genehmigung des Gegenbetreuers oder des Betreuungsgerichts, §§ 1908i Abs. 1 Satz 1, 1812 Abs. 1 bzw. 3 BGB. Diese sollte zusammen mit dem Antrag auf Festsetzung angeregt werden. Kann der Betreuer den Betrag dem Girokonto des Betreuten entnehmen, ist unabhängig vom Kontostand keine Genehmigung erforderlich, § 1813 Abs. 1 Nr. 3 BGB.

Genehmigung kann erforderlich sein

Praxis

Es empfiehlt sich, neben dem Antrag auf Festsetzung des Aufwendungsersatzes auch die erforderliche Genehmigung anzuregen, damit der festgesetzte Betrag vom Konto des Betreuten entnommen werden kann, soweit es sich nicht um ein Girokonto handelt.

Festsetzung von Aufwendungsersatz

Eine gerichtliche Festsetzung gemäß § 168 Abs. 1 Satz 1 Nr. 1 FamFG eines Aufwendungsersatzanspruchs oder einer Aufwandsentschädigung erfolgt, wenn sich die Erstattungsansprüche des Betreuers nach § 1835 oder § 1835a BGB

- gegen die Staatskasse richten (Mittellosigkeit des Betreuten);
- zwar gegen den Betreuten selbst richten, der Betreuer aber insoweit nicht die Vermögenssorge hat, um den Erstattungsbetrag selbst dem Betreutenvermögen zu entnehmen

Vorschuss

Unter diesen Voraussetzungen kann auch ein Vorschuss festgesetzt werden, § 1835 Abs. 1 Satz 1 BGB; auch § 6 Satz 1 Halbsatz 2 VBVG lässt dies zu.

Pauschale beinhaltet Aufwendungsersatz

Wenn der Berufs- oder Vereinsbetreuer eine Vergütung nach § 4 und § 5 VBVG geltend macht, sind mit den Pauschalsätzen die entstandenen Aufwendungen schon abgegolten; eine gesonderte Festsetzung entfällt, § 4 Abs. 2 Satz 1 VBVG.

Festsetzung nach Tod des Betreuten gegen die Erben

Gegenstand des betreuungsgerichtlichen Festsetzungsverfahrens gemäß § 168 Abs. 1 Satz 1 Nr. 1 FamFG kann der Ersatz von Aufwendungen auch dann sein, wenn der Aufgabenkreis der Betreuung zwar die Vermögenssorge umfasst hat, der Festsetzungsantrag sich jedoch nach Beendigung der Betreuung durch den Tod des Betreuten gegen seine Erben richtet. Dies gilt auch, wenn nach § 1835 Abs. 3 BGB Anwaltsgebühren Gegenstand der Festsetzung nach RVG sind (*OLG Hamm* Rpfleger 2003, 364).

Der Betreuer, dem ehemals die Vermögenssorge übertragen war, kann nach seiner Entlassung Aufwendungen entsprechend § 168 Abs. 1 Nr. 1 FamFG gegen den Betreuten festsetzen lassen (*LG Freiburg/Breisgau* Az. 4 T 26/03).

7.2.3 Festsetzung einer Vergütung

Vergütung bedarf grundsätzlich der Festsetzung

Eine gerichtliche Festsetzung der Ansprüche des Betreuers gemäß § 168 Abs. 1 Satz 1 Nr. 2 FamFG erfolgt, wenn der Betreuer folgende Leistungen erlangen will:

- Vergütung gemäß §§ 4, 5 VBVG (Fallpauschale des Berufsbetreuers)
- Vergütung gemäß § 6 i. V. m. § 3 VBVG (Sonderfälle der Berufsbetreuung)
- Vergütung gemäß § 1836 Abs. 2 BGB (ehrenamtlicher Betreuer)

- Vergütung des Verfahrenspflegers, § 277 Abs. 2, Abs. 5 Satz 2 FamFG
- Fester Geldbetrag des Verfahrenspflegers, § 277 Abs. 3, Abs. 5 Satz 2 FamFG
- Abschlagszahlung auf eine Vergütung, § 6 Satz 1 Halbsatz 1 i. V. m. § 3 Abs. 4 VBVG

Abschlagszahlungen

Abschlagszahlungen auf die Vergütung dürften ohne größere Bedeutung sein, da sie auf die Pauschalvergütung des Berufsbetreuers nicht möglich (keine Verweisung in § 4 Abs. 4 VBVG auf § 3 Abs. 4 VBVG) und für den ehrenamtlichen Betreuer nicht vorgesehen sind (§ 1836 Abs. 2 BGB). Auch der Verfahrenspfleger scheidet aus, da in § 277 Abs. 2 FamFG nicht auf § 3 Abs. 4 VBVG verwiesen wird. Damit bleiben nur die Fälle des § 6 Satz 1 Halbsatz 1 VBVG (Sterilisations- und Ergänzungsbetreuer bei rechtlicher Verhinderung). Denkbar wären Abschlagszahlungen auch bei der Vergütung des Betreuers nach dem Tod des Betreuten bei erforderlicher Notgeschäftsführung (§ 1908i Abs. 1 Satz 1 i. V. m. § 1793 Abs. 1, § 1698b BGB), da insoweit § 6 Satz 1 VBVG entsprechend angewendet wird.

Keine Entnahme der Vergütung ohne Festsetzung

Richtet sich der Vergütungsanspruch beim vermögenden Betreuten gegen dessen Vermögen, bedarf es immer einer Festsetzung. Daran ändert beim Berufsbetreuer auch die Tatsache nichts, dass sein Anspruch mit Erbringung seiner Tätigkeiten entsteht. Eine selbstständige Entnahme aus dem Betreutenvermögen durch den Betreuer scheidet aus, da erst die Entscheidung des Betreuungsgerichts die Rechtsgrundlage für eine Vergütung schafft (§ 1 Abs. 2 Satz 1 VBVG).

Entnahme von einem Betreutenkonto

Mit Zugang des Festsetzungsbeschlusses an den Betreuer (Verfahrenspfleger/Pfleger) kann der festgesetzte Betrag dem Vermögen des Betreuten (usw.) entnommen werden. Soweit die Entnahme vom Girokonto erfolgt, ist keine gerichtliche Genehmigung erforderlich. Muss ein Spar-, Tagesgeld- oder Festgeldkonto in Anspruch genommen werden, ist dies genehmigungsbedürftig (§ 1908i Abs. 1 Satz 1 i. V. m. § 1812 Abs. 1 BGB).

Praxis TIPP

Ist für den Betreuer bei der Antragstellung auf Festsetzung klar, dass eine genehmigungsbedürftige Entnahme von einem Konto erforderlich wird, sollte er zusätzlich einen Antrag auf gerichtliche Genehmigung beifügen.

7.2.4 Zahlbarmachung gegen die Staatskasse (Verwaltungsverfahren)

Zahlbarmachung gegen Staatskasse möglich

Soweit sich der Erstattungsanspruch eines Betreuers bei Mittellosigkeit des Betreuten gegen die Staatskasse richtet (§ 1835 Abs. 4, § 1835a Abs. 3 BGB, § 1 Abs. 2 Satz 2 VBVG), kann anstelle einer gerichtlichen Festsetzung nach § 168 Abs. 1 Satz 1 FamFG eine sog. Zahlbarmachung gemäß § 168 Abs. 1 Satz 4 FamFG erfolgen. Dies gilt auch für Ansprüche des Verfahrenspflegers nach § 277 Abs. 5 FamFG. Die Leistungen können im Verwaltungsweg (ohne gerichtliche Festsetzung) ausgezahlt werden; hierbei sind die Vorschriften über das Verfahren bei der Entschädigung von Zeugen hinsichtlich ihrer baren Auslagen sinngemäß anzuwenden, somit das JVEG. Der Urkundsbeamte der Geschäftsstelle am Betreuungsgericht berechnet den Erstattungsbetrag und weist die Justizkasse an, die beantragten Zahlungen zu leisten.

Praxis TIPP

Das Verwaltungsverfahren sollte gewählt werden, wenn der Anspruch des Betreuers unstreitig ist, insbesondere bietet sich die Aufwandsentschädigung (Pauschale) des § 1835a BGB hierfür an. Aber auch die Pauschalvergütung des Berufsbetreuers kommt in Frage, wenn alle Fakten geklärt sind.

Regelfall für Festsetzung

Wird die Vergütung nach Zeitaufwand berechnet, wie dies nach § 6 Satz 1 VBVG für den Sterilisations- und Verhinderungsbetreuer der Fall ist oder beim Verfahrenspfleger gemäß § 277 Abs. 2 FamFG i. V. m. § 3 Abs. 1 bis 3 VBVG, wird in der Regel eine Festsetzung nach § 168 Abs. 1 Satz 1 Nr. 2 FamFG erfolgen. Bei einfach gelagerten und unstrittigen Sachverhalten kann sich u. U. aber auch hier die sog. Zahlbarmachung im Verwaltungsweg anbieten.

Aus der Formulierung des Antrags muss sich ergeben, ob eine Zahlung im Verwaltungsweg nach § 168 Abs. 1 Satz 4 FamFG oder die Festsetzung nach § 168 Abs. 1 Satz 1 FamFG gewollt ist.

Beispielsweise könnte man wie folgt formulieren:

- Gerichtliche Festsetzung (§ 168 Abs. 1 Satz 1 Nr. 1 FamFG):

  Ich beantrage, meine Vergütung bzw. meine Aufwendungen gemäß folgender Aufstellung gegen die Staatskasse festzusetzen.

- Zahlung im Verwaltungsweg (§ 168 Abs. 1 Satz 4 FamFG i. V. m. § 4 JVEG):

  Ich beantrage, meine Vergütung bzw. den Aufwendungsersatz gemäß folgender Aufstellung aus der Staatskasse zu zahlen.

„Zahlbarmachung" erwächst nicht in Rechtskraft

Probleme können für den Berufsbetreuer entstehen, wenn zunächst die Vergütung im Verwaltungsverfahren aus der Staatskasse gezahlt wurde und sich herausstellt, dass zu viel gezahlt worden ist, weil die Voraussetzungen einer Fallpauschalenerhöhung nach § 4 Abs. 3 VBVG nicht vorgelegen haben. Während im Festsetzungsverfahren Rechtskraft eingetreten wäre, gilt dies nicht für das Verwaltungsverfahren, sodass eine Rückzahlung an die Staatskasse angeordnet werden kann.

Vereinfachte Vergütungsanweisung wird durch nachfolgende Festsetzung wirkungslos

Ist die Auszahlung der Betreuervergütung zunächst im vereinfachten Justizverwaltungsverfahren durch den Urkundsbeamten der Geschäftsstelle erfolgt, wird diese bloße Anweisung der Vergütung ohne förmlichen Beschluss wirkungslos, wenn in einem nachfolgenden förmlichen Festsetzungsverfahren nach §§ 292 Abs. 1, 168 Abs. 1 Satz 1 Nr. 2 FamFG eine Entscheidung ergeht. Dabei ist die Durchführung des gerichtlichen Festsetzungsverfahrens an keine Frist gebunden. Eine vorangegangene Auszahlungsanweisung ist insoweit ohne Bedeutung. Auch wenn der Rechtspfleger den Vergütungsantrag im vorangegangenen vereinfachten Verwaltungsverfahren überprüft und für richtig befunden hat, ist er grundsätzlich nicht daran gehindert, die Vergütung im gerichtlichen Verfahren anderweitig festzusetzen (*BGH* BtPrax 2016, 77).

Vertrauensgrundsatz kann Rückforderung entgegenstehen

Einer Rückforderung überzahlter Betreuervergütung kann jedoch der Vertrauensgrundsatz entgegenstehen, wenn eine Abwägung ergibt, dass dem Vertrauen des Berufsbetreuers auf die Beständigkeit der eingetretenen Vermögenslage gegenüber dem öffentlichen Interesse an der Wiederherstellung einer dem Gesetz entsprechenden Vermögenslage der Vorrang einzuräumen ist (*BGH* BtPrax 2014, 33). Dies gilt dann nicht, wenn die Nachforderung auf vorsätzlich oder grob fahrlässig falschen Angaben des Kostenschuldners beruht oder der ursprüngliche Ansatz unter einem bestimmten Vorbehalt erfolgt ist (*BGH* BtPrax 2016, 77).

7.2.5 Festsetzung des Regressanspruchs der Staatskasse

Betreuungsgericht kann Regress fordern

Wenn Aufwendungsersatz, Aufwandsentschädigung oder Vergütung wegen Mittellosigkeit des Betreuten aus der Staatskasse gezahlt werden, geht der Anspruch des Betreuers auf die Staatskasse über, § 1836e Abs. 1 Satz 1 BGB. Das Betreuungsgericht kann dann im Wege des Rückgriffs gegen den Betreuten vorgehen, wenn dieser teilweise leistungsfähig ist, später zu Vermögen kommt oder ursprünglich zu Unrecht für vermögenslos gehalten wurde.

Betreuungsgericht bestimmt Zahlungen

Gemäß § 168 Abs. 1 Satz 2 und 3 FamFG bestimmt das Betreuungsgericht Höhe und Zeitpunkt der Zahlungen, welche der Betreute an die Staatskasse zu leisten hat. Die geltend gemachten Forderungen müssen ausreichend bestimmt bezeichnet sein. Wird der Regress nicht auf sämtliche aus der Staatskasse geleistete Vergütungszahlungen erstreckt (z. B. mangels ausreichenden Vermögens des Betreuten), sind die auf die Staatskasse übergegangenen Vergütungsforderungen des Betreuers im Einzelnen aufzuführen. Fehlt es daran, ist der Beschluss im Beschwerdeverfahren aufzuheben, auch kann die Anordnung eines weiteren Regresses ausgeschlossen sein (*LG Kassel* BtPrax 2018, 123).

Die Anordnung der Zahlung kann zeitgleich mit Festsetzung der Vergütung, des Aufwendungsersatzes oder der Aufwandsentschädigung erfolgen oder auch gesondert. Gesonderte Festsetzung wird in der Regel dann erfolgen, wenn der Betreute nachträglich zu Vermögen oder höherem Einkommen gelangt.

Leistungsfähigkeit ist erforderlich

Die Festsetzung von Regresszahlungen, die der Betreute wegen der von der Staatskasse geleisteten Betreuungsvergütung erbringen soll, setzt die Feststellung von dessen Leistungsfähigkeit voraus (*OLG Frankfurt* BtPrax 2008, 269). Mithin ist zu ermitteln, welcher Vermögens- und Einkommensteil unter den Voraussetzungen des § 1836c BGB in Anspruch genommen werden kann. Steht nach freier Überzeugung des Gerichts der Aufwand einer solchen Ermittlung außer Verhältnis zur Höhe des aus der Staatskasse zu zahlenden Anspruchs oder zur Höhe der voraussichtlich vom Betreuten zu erbringenden Leistungen, so kann das Gericht ohne weitere Prüfung den Anspruch des Betreuers festsetzen oder von einer Festsetzung der vom Betreuten zu leistenden Zahlungen absehen, § 168 Abs. 2 Satz 3 FamFG.

Unterhaltsansprüche werden berücksichtigt

Wird der Betreute nur deshalb als mittellos behandelt, weil ihm (möglicherweise) zustehende Unterhaltsansprüche gerichtlich geltend gemacht werden müssten, hat das Betreuungsgericht zwar die Verpflichtung des Betreuten auszusprechen, an die Staatskasse im Rahmen des Rückgriffs entsprechende Zahlungen zu leisten. Gleichzeitig hat es kenntlich zu machen, dass dieser Titel nur die Grundlage für die Einziehung der Unterhaltsansprüche sein kann. Das Bestehen der Unterhaltsansprüche hat das Betreuungsgericht grundsätzlich nicht zu prüfen (*BayObLG* BtPrax 2002, 40). Stehen dem Betreuten Unterhaltsansprüche zu, die nur im Wege der gerichtlichen Geltendmachung durchgesetzt werden können, ist die Rückzahlung des zugunsten des Betreuers festgesetzten und aus der Staatskasse bezahlten Betrags durch den Betreuten anzuordnen, um es der Staatskasse auf diese Weise zu ermöglichen, diese Ansprüche selbst zu verfolgen. Vor der Anordnung der Rückforderung muss das Betreuungsgericht nicht prüfen, ob die Unterhaltsansprüche bestehen (*OLG Düsseldorf* Rpfleger 2003, 28).

Rückgriff gegen Erben

Nach dem Tod des Betreuten kann Rückgriff gegen den oder die Erben genommen werden, § 1836e Abs. 1 Satz 2 BGB. Das Betreuungsgericht setzt Höhe und Zeitpunkt der an die Staatskasse zu erbringenden Zahlungen fest, § 168 Abs. 3 Satz 1 FamFG. Zur Prüfung der Regressansprüche hat der Erbe Auskunft über den Bestand des Nachlasses zu geben, § 168 Abs. 3 Satz 2 FamFG; das Gericht kann die Vorlage eines Verzeichnisses der zur Erbschaft gehörenden Gegenstände durch den Erben und eine eidesstattliche Versicherung dahingehend fordern, dass er nach bestem Wissen und Gewissen den Nachlassbestand vollständig angegeben habe, soweit er dazu imstande ist, § 168 Abs. 3 Satz 3 FamFG.

7.3 Inhalt des Festsetzungsantrags

Elektronische Antragstellung durch Berufsbetreuer

Nach § 292 Abs. 2 FamFG werden die Landesregierungen ermächtigt, durch Rechtsverordnung für Anträge und Erklärungen auf Ersatz von Aufwendungen und Bewilligung von Vergütung Vordrucke einzuführen. Soweit Vordrucke eingeführt sind, müssen sich Personen, die die Betreuung innerhalb der Berufsausübung führen, ihrer bedienen und als elektronisches Dokument einreichen, wenn dieses für die automatische Bearbeitung durch das Gericht geeignet ist. Andernfalls liegt keine ordnungsgemäße Geltendmachung nach § 2 VBVG vor. Die Landesregierungen können die Ermächtigung durch Rechtsverordnung auf die Landesjustizverwaltungen übertragen. Derzeit sind noch keine Rechtsverordnungen zu § 292 Abs. 2 FamFG erlassen.

Arbeitshilfen

Verschiedene Formulare zur Festsetzung einer Vergütung und Freigabe verauslagter Auslagen durch das Betreuungsgericht befinden sich unter den „Arbeitshilfen für Betreuer" im Fachportal *Fokus Betreuungsrecht.*

7.3.1 Anspruchsgegner

Anspruchsgegner ist zu bezeichnen

Ob sich der Anspruch gegen den (vermögenden) Betreuten, seinen Erben oder (bei Mittellosigkeit) die Staatskasse richtet, muss sich aus dem Antrag ergeben. Soweit für den Betreuer nicht eindeutig erkennbar ist, ob Mittellosigkeit gegeben ist, sollte er vorsorglich seine Forderungen gegen die Staatskasse richten; beim Aufwendungsersatz und bei der Aufwandsentschädigung schon wegen der Fristwahrung nach § 1835 Abs. 1 Satz 3 Halbsatz 2 und § 1835a Abs. 4 Halbsatz 2 BGB.

Vergütungsantrag

Das Verfahren auf Festsetzung der Vergütung des Betreuers kann auf beide möglichen Vergütungsschuldner (Betreuter und Staatskasse) erstreckt werden, wenn die Mittellosigkeit des Betreuten zweifelhaft ist. Der rechtzeitige Antrag auf Festsetzung der Betreuervergütung gegen den Betreuten wahrt die Frist des § 2 Abs. 1 Halbsatz 1 VBVG auch gegenüber der subsidiär berufenen Staatskasse, wenn sich im Laufe des Verfahrens die Mittellosigkeit des Betreuten herausstellt. Eine solche Auslegung liegt nahe, wenn das Begehren des Betreuers dahingehend zu verstehen ist, überhaupt eine Vergütung zu erhalten. In diesem Fall kann das Gericht einen stillschweigenden Hilfsantrag annehmen oder bei Ablehnung der Vergütung gegen den einen Vergütungsschuldner sogar von Amts wegen (§§ 292 Abs. 1, 168 Abs. 1 Satz 1 FamFG) einen Vergütungsanspruch gegen den anderen Vergütungsschuldner festsetzen (*BGH* BtPrax 2015, 237).

Rechtskraft verhindert u. U. keinen neuen Antrag

Wird der Vergütungsantrag des Betreuers gegen die Staatskasse abgewiesen und später sein Anspruch gegen den Betroffenen bzw. dessen Erben festgesetzt, kann er trotz Eintritts der materiellen Rechtskraft dieses Beschlusses einen erneuten Festsetzungsantrag gegen die Staatskasse stellen, soweit feststeht, dass der Anspruch des Betreuers aus dem Vermögen des Betroffenen bzw. dem Nachlass nicht mehr befriedigt werden kann. Voraussetzung ist aber, dass die fehlende Durchsetzbarkeit des Anspruchs gegen das vorrangig haftende private Vermögen nicht auf Gründen beruht, die der Betreuer zu vertreten hat. Weitere Voraussetzung ist, dass der Betreuer keine genaue Kenntnis über das Vermögen hatte und sich herausstellt, dass er seinen Vergütungsanspruch gegen den Betreuten (bzw. dessen Erben) trotz umgehender Ausschöpfung von Zwangsvollstreckungsmöglichkeiten nicht durchsetzen kann (*BayObLG* FamRZ 2004, 305; *OLG Frankfurt* FG Prax 2009, 160).

Haftungsbeschränkung der Erben

Ist der Betreute verstorben und bestehen noch Ansprüche des Betreuers, so richten sich diese gegen die Erben, § 1967 BGB. Der Erbe haftet für ausstehende Forderungen des Betreuten gemäß entsprechender Anwendung des § 1836e Abs. 1 Satz 2 BGB nur mit dem Wert des Nachlasses und nicht mit seinem eigenen (gesamten) Vermögen (*Thüringer OLG* FGPrax 2001, 22; *OLG Düsseldorf* BtPrax 2002, 265).

Geltendmachung nach Tod des Betreuten

Nach dem Tod des Betreuten kann der ehemalige Betreuer seine ausstehenden Forderungen gegen den Erben geltend machen. Erkennt dieser die Forderungen an und bezahlt sie, ist die Sache erledigt. Bestreitet der Erbe Bestehen und/oder Höhe der Forderungen, wird der Betreuer Festsetzung beantragen. Wendet der Erbe Mittellosigkeit des Nachlasses ein oder ergibt sich diese bereits aus den Unterlagen, richtet sich der Antrag gegen die Staatskasse.

Praxis TIPP

Der Betreuer könnte den Antrag wie folgt fassen:

Ich beantrage meine Vergütung gegen das Vermögen des Betreuten festzusetzen, hilfsweise gegen die Staatskasse, wenn beim Betreuten Mittellosigkeit vorliegt oder bis zur gerichtlichen Entscheidung eintritt.

Festsetzung gegen Erben ist zulässig

Die Zulässigkeit einer Festsetzung offener Vergütungsforderungen des ehemaligen Betreuers gegen die Staatskasse oder den Erben nach dem Tod des Betreuten durch das Betreuungsgericht wird in der Rechtsprechung bejaht (*BayObLG* BtPrax 2001, 163; *Thüringer OLG* FGPrax 2001, 22; *OLG Hamm* Rpfleger 2003, 364; *OLG Zweibrücken* OLGR Zweibrücken 2002, 280).

Staatskasse tritt in Vorleistung

Ist unklar, ob der Nachlass zur Berichtigung der Vergütungsansprüche nach dem Tod des Betreuten ausreicht, hat zunächst die Staatskasse in Vorleistung zu treten, weil es allgemeiner Meinung entspricht, dass der Staat für die Vergütung des von ihm eingesetzten berufsmäßigen Betreuers zu sorgen hat. Dem Betreuer kann nicht zugemutet werden, zu warten, bis geklärt ist, ob und in welchem Umfang der Nachlass überhaupt ausreicht, die Vergütung zu bezahlen (*LG Kassel* FamRZ 2015, 1317).

7.3.2 Bezeichnung des Anspruchs

Angaben im Antrag

Macht der Berufs- oder Vereinsbetreuer die pauschalierte Vergütung (Fallpauschale gemäß §§ 4, 5 VBVG) geltend, muss er angeben, für welchen Zeitraum er Festsetzung begehrt (§ 9 Satz 1 VBVG); außerdem sind folgende Angaben erforderlich (§ 5 Abs. 1 VBVG):

Erforderliche Angaben

- Welche besonderen Kenntnisse liegen beim Betreuer vor? (§ 4 Abs. 2 und 3 VBVG)
- Dauer der Betreuung (§ 5 Abs. 1 Nr. 1 VBVG)
- Gewöhnlicher Aufenthalt des Betreuten (§ 5 Abs. 1 Nr. 2 VBVG)
- Vermögensstatus des Betreuten (§ 5 Abs. 1 Nr. 3 VBVG)

Der Betreuer ist nicht zwingend verpflichtet, die von ihm begehrte Vergütung zu beziffern. Die zutreffende Vergütungshöhe ergibt sich – sofern die für die Bemessung maßgeblichen Tatsachen von dem Betreuer mitgeteilt und gegebenenfalls vom Gericht weiter aufgeklärt worden sind – bei der Pauschalvergütung nach §§ 4 und 5 VBVG unmittelbar aus dem Gesetz (*BGH* BtPrax 2015, 237).

Genaue Beschreibung der Zeitvergütung

Bei Beantragung der Zeitvergütung (§ 6 Satz 1 VBVG, § 277 Abs. 2 FamFG) hat der Betreuer bzw. Verfahrenspfleger den der Vergütungsforderung zugrunde liegenden Zeitaufwand in Bezug auf Notwendigkeit und Umfang eindeutig nachvollziehbar und in sich schlüssig darzulegen; der Zeitraum, der durch die Vergütung abgedeckt werden soll, ist anzugeben. Aufwendungen sind einzeln zu beschreiben und die sich daraus ergebenden Kosten darzustellen. Der Betreuer muss im Rahmen des Antrags den

Nachweis seiner Tätigkeit in allgemein lesbarer Form vorlegen, damit das Gericht ihn nachvollziehen und auf Widersprüche oder offensichtliche Unrichtigkeiten nachprüfen kann. Genügen die Tätigkeitsnachweise diesen Anforderungen nicht, kann mangels ausreichender Darlegung des Betreuungsaufwands für die entsprechenden Tätigkeiten eine Vergütung versagt werden (*LG Darmstadt* FamRZ 2003, 6).

Optische Darstellung

Grundsätzlich ist auch eine handschriftliche Darstellung der Abrechnungspositionen im Vergütungsantrag ausreichend; der Betreuer ist zu einer optisch ansprechenden Darstellung seines Vergütungsantrags nicht verpflichtet (*LG Saarbrücken* FamRZ 2003, 60).

Dauervergütungsbeschlüsse sind unzulässig

Ein in die Zukunft gerichteter Dauervergütungsantrag des Betreuers ist unzulässig, auch wenn sich die grundlegenden Umstände nicht verändern (*BGH* BtPrax 2016, 237).

7.3.3 Verhältnisse des Betreuten

Wirtschaftliche Verhältnisse sind wichtig

Im Antrag sind die persönlichen und wirtschaftlichen Verhältnisse des Betreuten darzustellen, § 168 Abs. 2 Satz 1 FamFG. Nur so ist es dem Gericht möglich, z. B. eine Mittellosigkeit des Betreuten zu erkennen. Das Gericht kann verlangen, dass der Antragsteller seine Angaben hierzu glaubhaft macht, es kann Erhebungen anstellen, insbesondere die Vorlegung von Urkunden anordnen und Auskünfte einholen, § 168 Abs. 2 Satz 2 FamFG i. V. m. § 118 Abs. 2 Satz 1 und 2 ZPO. Soweit der antragstellende Betreuer die Vermögenssorge innehat, dürften diese Angaben für ihn unproblematisch sein.

Betreuer hat keine Vermögenssorge

Obliegt dem antragstellenden Betreuer nicht die Vermögenssorge und kennt er auch die Vermögensverhältnisse nicht, sollte er darlegen, warum dies so ist. Wer einen Vergütungsantrag gegen die Staatskasse stellt, muss entweder zum Vermögen und Einkommen des Betreuten vortragen oder er muss darlegen, welche Bemühungen er unternommen hat, dazu etwas in Erfahrung zu bringen und woran dies gescheitert ist. Erst dann greift der Amtsermittlungsgrundsatz, es sei denn, das Gericht macht von der in § 168 Abs. 2 Satz 3 FamFG geregelten Möglichkeit Gebrauch, die Amtsermittlung zu unterlassen, da sie den Aufwand nicht lohnt. In diesem Fall wird gegen die Staatskasse festgesetzt, ohne dass die Mittellosigkeit feststeht. Dem Rechtspfleger ist hier ein „freies Ermessen" eingeräumt. Er muss nicht begründen, warum er ohne Kenntnis der Vermögensverhältnisse aus der Staatskasse zahlt.

Wenn das Gericht zur Amtsermittlung schreitet, wird es den Betreuten dazu auffordern, die entsprechenden Angaben zu machen. Macht er sie nicht, weil er seine Vermögenslage krankheitsbedingt gar nicht überblickt, muss es den Aufgabenkreis auf die Vermögenssorge erweitern. Macht er sie nicht, obwohl er das könnte, ist die Vergütung gegen ihn festzusetzen. Fällt der Betreuer dann in der Zwangsvollstreckung aus – obwohl er sie zügig betrieben hat –, kann er erneute Festsetzung gegen die Staatskasse betreiben, denn die Unfruchtbarkeitsbescheinigung des Gerichtsvollziehers erbringt ausreichenden Beweis dafür, dass der Betreute mittellos ist. Wenn der Gerichtsvollzieher freilich nichts vollstrecken kann, weil er zum Ergebnis kommt, dass der Betreute prozessunfähig ist, wird wieder eine Aufgabenkreiserweiterung erforderlich.

7.4 Anhörungspflichten

7.4.1 Anhörung des Betreuten

Nach § 168 Abs. 4 Satz 1 FamFG muss der Betreute gehört werden, bevor eine von ihm zu leistende Zahlung festgesetzt wird. Dabei handelt es sich um:

Betreuter ist anzuhören

- Vergütungsansprüche des Betreuers
- Aufwendungsersatz und Aufwandsentschädigung, soweit dem Betreuer die Vermögenssorge nicht zusteht
- Regresszahlungen des Betreuten an die Staatskasse, § 1836e BGB

Keine Anhörung

Der Anspruch muss sich gegen das Vermögen des Betreuten richten; seine Anhörung ist grundsätzlich nicht erforderlich, wenn die Staatskasse zur Zahlung verpflichtet ist.

Zur Vergütung eines (berufsmäßigen) Verfahrenspflegers ist der Betreute an sich nicht zu hören, da sich der Anspruch (zunächst) gegen die Staatskasse richtet, § 277 Abs. 5 Satz 1 FamFG. Da jedoch die festgesetzte Vergütung gemäß Nr. 31015 KV zum GNotKG beim vermögenden Betreuten eingehoben wird, könnte sich eine Anhörung bereits im Festsetzungsverfahren anbieten.

Eine mündliche Anhörung wird im Gesetz nicht gefordert. Soweit eine schriftliche Anhörung erfolgt, ist der Zustand des Betreuten zu beachten.

Anhörung kann unterbleiben

Die Anhörung des Betreuten kann unterbleiben (§ 34 Abs. 2 FamFG), wenn eine Verständigung mit ihm offensichtlich nicht möglich ist oder bei ihm erhebliche gesundheitliche Nachteile zu besorgen sind (z. B. Verarmungsangst im Zusammenhang mit einer Depression; *vgl. Bühler in BWNotZ 1993, 108*). Die Angst des Betreuers, das Vertrauensverhältnis zwischen ihm und dem Betreuten könne leiden, wenn dieser von der Vergütungsforderung erfährt, reicht grundsätzlich nicht aus, um von der Anhörung abzusehen.

Verfahrenspflegerbestellung

Wird von der Anhörung abgesehen, ist dem Betreuten grundsätzlich ein Verfahrenspfleger zu bestellen, § 276 Abs. 1 Satz 1 FamFG (u. a. *OLG Frankfurt* BtPrax 1997, 201). Es bleibt offen, ob hiervon abgesehen werden kann, wenn ein Interesse des Betroffenen hieran offensichtlich nicht besteht (*BayObLG* FamRZ 2004, 1231; Rpfleger 2004, 625). Die Entscheidung über das Absehen von der Anhörung bedarf der Begründung (*OLG Karlsruhe* FamRZ 2003, 405).

Der Verfahrenspfleger hat die Aufgabe, die Interessen des Betreuten im Vergütungs- bzw. Regressverfahren wahrzunehmen, insbesondere dic geltend gemachten Ansprüche zu prüfen und Stellung zu nehmen.

Unzulässige Zubilligung

Billigt der Verfahrenspfleger in seiner Stellungnahme gegenüber dem Betreuungsgericht einen Antrag des Betreuers auf Gewährung eines über den Höchstsatz hinausgehenden Stundensatzes, ist darin kein wirksames Anerkenntnis oder Zugeständnis zulasten des vermögenden Betroffenen zu sehen (*BayObLG* BayObLGR 2004, 433).

Hinweis:

Fehlendes Interesse an Verfahrenspflegerbestellung

Wird durch den Berufs- oder Vereinsbetreuer die Fallpauschale zur Festsetzung beantragt, kann unter Heranziehung der Entscheidung des *BayObLG* (FamRZ 2004, 1231) durch das Betreuungsgericht (Rechtspfleger) festgestellt werden, dass ein Interesse des Betroffenen an der Anhörung grundsätzlich nicht besteht, da dessen Aussagen zum Umfang der Tätigkeiten des Betreuers ohne Bedeutung für die Höhe der Vergütung sind. Dies gilt nicht, wenn unklar sein könnte, welche Vermögensverhältnisse beim Betreuten vorherrschen oder sich zwischenzeitlich der Aufenthalt des Betreuten geändert hat.

7.4.2 Anhörung des Erben

Anhörung der Erben

Will die Staatskasse nach dem Tod des Betreuten dessen Erben gemäß § 1836e Abs. 1 Satz 3 BGB, § 168 Abs. 3 Satz 1 FamFG in Anspruch nehmen, sind diese zu hören, § 168 Abs. 4 Satz 2 FamFG.

Aber auch bei der Festsetzung der Vergütung, des Aufwendungsersatzes oder einer Aufwandsentschädigung gegen den Erben nach dem Tod des Betreuten muss man § 168 Abs. 4 FamFG entsprechend anwenden (*Thüringer OLG* FGPrax 2001, 22).

Nachlasspflegschaft

Sollten die Erben nicht bekannt sein, die Erbschaft noch nicht angenommen haben oder ist ungewiss, ob die Erben angenommen haben, kann auf Antrag des ehemaligen Betreuers durch das Nachlassgericht zum Zwecke der gerichtlichen Geltendmachung (Festsetzung) seines Anspruchs gegen den Nachlass ein Nachlasspfleger gemäß § 1961 i. V. m. § 1960 Abs. 1 BGB bestellt werden. Diesem kann das Betreuungsgericht nunmehr rechtliches Gehör gewähren und anschließend die Vergütung festsetzen. Für den Nachlasspfleger besteht darüber hinaus die Möglichkeit, dem ehemaligen Betreuer den festgesetzten Betrag aus dem Nachlass zu zahlen; eine Pflicht hierzu besteht für den Nachlasspfleger nicht.

Auch die Staatskasse kann die ihr gemäß §§ 1908i Abs. 1 Satz 1, 1836e Abs. 1 Satz 3 BGB aus dem Nachlass zu erstattenden Betreuungskosten gegen die unbekannten Erben des Betreuten im Verfahren nach §§ 292 Abs. 1, 168 Abs. 3 FamFG festsetzen lassen, wenn ein Nachlasspfleger nach §§ 1961, 1960 Abs. 1 BGB bestellt wurde (*Thüringer OLG* FamRZ 2006, 645; Rpfleger 2006, 323; *OLG Stuttgart* FamRZ 2007, 1912).

7.4.3 Anhörung des Vertreters der Staatskasse

Anhörung des Bezirksrevisors

Richten sich die Ansprüche des Betreuers gegen die Staatskasse, ist deren Vertreter, der zuständige Bezirksrevisor, als Beteiligter zu hören, § 274 Abs. 4 Nr. 2 i. V. m. § 34 Abs. 1 Nr. 1 FamFG, schon im Hinblick auf dessen Beschwerdeberechtigung nach § 304 FamFG.

7.4.4 Gegenansprüche des Betreuten

Keine Beachtung einer schlechten Amtsführung im Vergütungsverfahren

Im Vergütungsfestsetzungsverfahren nach §§ 292, 168 FamFG können Gegenansprüche, die darauf gestützt werden, der Betreuer habe sein Amt mangelhaft geführt, nicht berücksichtigt werden. Gegenansprüche wegen mangelhafter Amtsführung haben nicht im Vergütungsrecht ihren Grund, so dass sie im Festsetzungsverfahren nicht beachtet werden können. Solche Einwendungen können nur mit der Vollstreckungsgegenklage nach § 95 Abs. 1 Nr. 1 FamFG i. V. m. § 767 ZPO oder in einem Verfahren vor dem Prozessgericht geltend gemacht werden. Einer Vollstreckungsgegenklage steht § 767 Abs. 2 ZPO nicht entgegen, obwohl die Gründe, auf denen die Einwendungen beruhen, bereits vor Erlass des Festsetzungsbeschlusses vorlagen, denn die Einwendungen konnten im Vergütungsfestsetzungsverfahren nicht geltend gemacht werden (*BGH* BtPrax 2012, 163).

7.5 Entscheidung

7.5.1 Festsetzungsbeschluss

Festsetzung durch Beschluss

Die Entscheidung ergeht als Beschluss, da der Verfahrensgegenstand erledigt wird (sog. Endentscheidung), § 38 Abs. 1 Satz 1 FamFG. Dem Antrag des Betreuers kann vollumfänglich stattgegeben oder ganz oder teilweise zurückgewiesen werden. Der Inhalt des Beschlusses ergibt sich aus § 38 Abs. 2 FamFG.

Der Beschluss ist (immer) zu begründen. Er ist zu unterschreiben. Das Datum der Übergabe des Beschlusses an die Geschäftsstelle oder der Bekanntgabe durch Verlesen der Beschlussformel (Erlass) ist auf dem Beschluss zu vermerken, § 38 Abs. 3 FamFG. ***Begründungspflicht***

Jeder Beschluss hat eine Belehrung über das statthafte Rechtsmittel, den Einspruch, den Widerspruch oder die Erinnerung sowie das Gericht, bei dem diese Rechtsbehelfe einzulegen sind, dessen Sitz und die einzuhaltende Form und Frist zu enthalten, § 39 FamFG. ***Rechtsmittelbelehrung***

7.5.2 Bekanntmachung

Festsetzung richtet sich gegen den Betreuten

Die Bekanntmachung erfolgt an den Betreuten, den Verfahrenspfleger (soweit bestellt) und an den Betreuer, § 41 Abs. 1 Satz 1 FamFG. ***Bekanntmachungsadressaten***

Der Betreute ist im gesamten Betreuungsverfahren verfahrensfähig ist, § 275 FamFG. Der Beschluss wird auch an den Verfahrenspfleger bekannt gegeben (er ist Beteiligter nach § 274 Abs. 2 FamFG). Die Bekanntgabe an den Verfahrenspfleger macht die Bekanntgabe an den Betreuten selbst nicht überflüssig, denn er ist kein Verdrängender, sondern nur ein zusätzlicher Garant dafür, dass die Interessen des Betreuten wahrgenommen werden. Betreuter und Betreuer sind Beteiligte am Festsetzungsverfahren, § 274 Abs. 1 FamFG.

§ 63 Abs. 3 FamFG fordert die schriftliche Bekanntmachung des Beschlusses an die Beteiligten (§ 41 Abs. 1 FamFG), um die Beschwerdefrist in Lauf zu setzen. ***Schriftliche Bekanntmachung***

Nach § 15 Abs. 2 FamFG kann die Bekanntgabe durch Zustellung nach den §§ 166 bis 195 ZPO oder dadurch bewirkt werden, dass das Schriftstück unter der Anschrift des Adressaten zur Post gegeben wird. Soll die Bekanntgabe im Inland bewirkt werden, gilt das Schriftstück drei Tage nach Aufgabe zur Post als bekannt gegeben, wenn nicht der Beteiligte glaubhaft macht, dass ihm das Schriftstück nicht oder erst zu einem späteren Zeitpunkt zugegangen ist.

Festsetzung richtet sich gegen die Staatskasse

Die Bekanntmachung erfolgt an den Vertreter der Staatskasse (Bezirksrevisor) und an den Betreuer, § 41 Abs. 1 Satz 1 FamFG. Der Vertreter der Staatskasse ist (unabhängig von einer Beteiligtenstellung) beschwerdeberechtigt, § 304 Abs. 1 Satz 1 FamFG. Die Bekanntmachung an ihn erfolgt durch formlose Mitteilung, § 304 Abs. 2 i. V. m. § 15 Abs. 3 FamFG. ***Bekanntmachung an Bezirksrevisor***

7.5.3 Wirksamkeit

Wirksamkeit der Entscheidung tritt nach § 40 Abs. 1 FamFG mit Zugang an den Betreuer ein. Zwar unterliegt der Beschluss der formellen Rechtskraft, § 45 FamFG, jedoch ist diese keine Wirksamkeitsvoraussetzung und muss grundsätzlich nicht bescheinigt werden, § 46 FamFG. ***Zugang an Betreuer schafft Wirksamkeit***

7.6 Beschwerde

Beschwerde gegen Endentscheidungen

Zum Beschwerdeverfahren wird auf Kapitel A 6 verwiesen. Besonderheiten ergeben sich wie folgt:

Die nach § 168 FamFG erfolgten gerichtlichen Entscheidungen nach § 38 FamFG unterliegen der Beschwerde, § 58 ff. FamFG.

- Festsetzung von Erstattungsansprüchen des Betreuers nach § 1835 BGB oder § 1835a BGB, welche sich gegen die Staatskasse richten (Mittellosigkeit des Betreuten) oder gegen den Betreuten, soweit der Betreuer nicht die Vermögenssorge hat, sowie gegen die Erben des verstorbenen Betreuten;
- Vergütungsfestsetzung gemäß § 1 Abs. 2 VBVG (Berufsbetreuer, Vereinsbetreuer) gegen den Betreuten oder die Staatskasse (Mittellosigkeit des Betreuten) und § 1836 Abs. 2 BGB (ehrenamtlicher Betreuer, Behördenbetreuer) gegen den Betreuten sowie Vergütungsfestsetzungen gegen die Erben des verstorbenen Betreuten;
- Abschlagszahlung auf eine Vergütung, § 6 Satz 1 Halbsatz 1 i. V. m. § 3 Abs. 4 VBVG;
- Regressfestsetzungen gegen den Betreuten, § 168 Abs. 1 Satz 2 und 3 FamFG;
- Regressfestsetzungen gegen den Erben, § 168 Abs. 3 Satz 1 FamFG.

Zwischenentscheidungen

Anforderungen nach § 168 Abs. 3 Satz 2 und 3 FamFG des Rechtspflegers sind verfahrensleitende Zwischenentscheidungen und nicht anfechtbar.

Zahlbarmachung nicht anfechtbar

Hat der Urkundsbeamte im Verwaltungsverfahren nach § 168 Abs. 1 Satz 4 FamFG die Auszahlung der beantragten Vergütung angeordnet (Zahlbarmachung), so ist zu beachten, dass nur das Verfahren nach JEVG im vereinfachten Verfahren erfolgt, jedoch nicht die Beschwerde nach diesem Gesetz statthaft ist (*BayObLG* FamRZ 1999, 1590).

Anschließender Antrag auf Festsetzung möglich

Da im Rahmen der Zahlbarmachung über den Anspruch noch nicht rechtskräftig entschieden wurde, bleibt dem Betreuer aber immer die Möglichkeit der Antragstellung auf Festsetzung nach § 168 Abs. 1 Satz 1 FamFG; gegen den dann ergangenen Beschluss des Rechtspflegers kann er Beschwerde einlegen (§ 58 ff. FamFG).

Praxis TIPP

Soweit im Rahmen des Verwaltungsverfahrens (Zahlbarmachung) der Betreuer Einwendungen gegen den erstatteten Betrag hat, sollte er die (nachträgliche) Festsetzung des Anspruchs beantragen.

Beschwerdewert beachten

Die Beschwerde ist nur zulässig, wenn der Wert des Beschwerdegegenstands 600 EUR übersteigt, § 61 Abs. 1 FamFG; falls dieser Wert nicht überschritten wird und das Betreuungsgericht sie zulässt, § 61 Abs. 2 FamFG.

Rechtspflegererinnerung

Die Zulassung erfolgt durch den Rechtspfleger; lässt dieser die Beschwerde nicht zu, kann dagegen mit Erinnerung binnen einer Frist von zwei Wochen vorgegangen werden, § 11 Abs. 2 Satz 1 RPflG. Der Rechtspfleger kann der Erinnerung abhelfen und die Beschwerde zulassen; hilft er nicht ab, entscheidet der Richter des Betreuungsgerichts in der Sache; er kann auch die Beschwerde zulassen (*BGH*, Rpfleger 2017, 541).

Die Beschwerde ist binnen einer Frist von einem Monat einzulegen, § 63 Abs. 1 FamFG. Nach § 63 Abs. 3 Satz 1 FamFG beginnt die Frist jeweils mit der schriftlichen Bekanntgabe des Beschlusses an die Beteiligten. Richtet sich die Festsetzung gegen die Staatskasse, beträgt die Beschwerdefrist des Bezirksrevisors abweichend von § 63 Abs. 1 FamFG drei Monate, § 304 Abs. 2 FamFG. *Beschwerdefrist*

Die Beschwerde steht nach § 59 Abs. 1 FamFG demjenigen zu, der durch den Beschluss in seinen Rechten beeinträchtigt ist. Folgende Möglichkeiten ergeben sich: *Beschwerdeberechtigung*

- Betreuter, wenn eine Festsetzung gegen sein Vermögen erfolgt
- Erbe des Betreuten, wenn eine Festsetzung von Ansprüchen des Betreuers oder Regressansprüchen der Staatskasse gegen ihn erfolgt
- Betreuer, wenn seinem Antrag nicht (vollständig) entsprochen wird

Darüber hinaus sind beschwerdeberechtigt:

- Verfahrenspfleger, wenn die Festsetzung gegen das Betreutenvermögen erfolgt (§ 303 Abs. 3 FamFG) *Weitere Beschwerdeberechtigte*
- Vertreter der Staatskasse (Bezirksrevisor), wenn die Festsetzung gegen die Staatskasse erfolgt (§ 304 Abs. 1 Satz 1 FamFG)

Weder der Betreute noch sein Verfahrenspfleger sind im Verfahren auf Festsetzung einer Betreuervergütung gegen die Staatskasse beschwerdeberechtigt (*BayObLG* FamRZ 2004, 138).

Nach § 68 Abs. 1 Satz 1 FamFG kann das Betreuungsgericht (Rechtspfleger), dessen Beschluss angefochten wird, grundsätzlich der Beschwerde abhelfen, wenn es sie für begründet hält. Ist dies nicht der Fall, legt die Beschwerde unverzüglich dem Beschwerdegericht vor. Zuständig für das Beschwerdeverfahren ist das Landgericht, § 72 Abs. 1 Satz 2 GVG. *Verfahren beim Betreuungsgericht*

7.7 Festsetzungsbeschluss als Vollstreckungstitel

Nach § 86 Abs. 1 Nr. 1 FamFG kann aus einem gegen den Betreuten ergangenen Festsetzungsbeschluss nach § 168 Abs. 1 FamFG gemäß den Vorschriften der ZPO vollstreckt werden, § 95 Abs. 1 Nr. 1 FamFG; an die Stelle des Urteils tritt der Beschluss, § 95 Abs. 2 FamFG. *Vollstreckung aus Festsetzungsbeschluss*

Der Festsetzungsbeschluss wird mit Bekanntmachung an den Betreuer wirksam, § 41 Abs. 1 Satz 1 FamFG und ist ab diesem Zeitpunkt vollstreckbar, § 86 Abs. 2 FamFG. Er bedarf nicht eines Rechtskraftvermerks, § 46 FamFG.

Der Festsetzungsbeschluss ist Vollstreckungstitel, § 86 Abs. 1 Nr. 1 FamFG. Um die Zwangsvollstreckung betreiben zu können, bedarf der Betreuer einer vollstreckbaren Ausfertigung des Festsetzungsbeschlusses, die mit einer Vollstreckungsklausel versehen ist und die Zustellung an den Betreuten (oder Erben) ausweist, § 86 Abs. 3 FamFG, da die Vollstreckung nicht durch das Betreuungsgericht erfolgt (sondern durch das Vollstreckungsgericht oder den Gerichtsvollzieher). Die erforderliche Klausel erteilt der Urkundsbeamte der Geschäftsstelle des Betreuungsgerichts. *Vollstreckbare Ausfertigung beantragen*

Der Festsetzungsbeschluss gegen den Erben des verstorbenen Betreuten fällt ebenfalls unter § 86 Abs. 1 Nr. 1 FamFG und stellt einen Vollstreckungstitel dar.

Der Beschluss, durch den die Vergütung gegen den Erben festgesetzt ist, ist allerdings ein Vollstreckungstitel nur gegen den Nachlass, nicht gegen das Vermögen, das der Erbe außer dem Nachlass hat. Eine Festsetzung, die eine Vollstreckung in das sonstige Vermögen des Erben ermöglicht, ist nicht zulässig. Aus § 1908i Abs. 1 Satz 1 *Vollstreckungstitel richtet sich nur gegen den Nachlass*

BGB i. V. m. § 1836e Abs. 1 Satz 2 Halbsatz 1 BGB, wonach der „Erbe nur mit dem Wert des im Zeitpunkt des Erbfalls vorhandenen Nachlasses" der Staatskasse haftet, folgt, dass der Erbe für die Vergütung nicht mit seinem sonstigen Vermögen haftet, also ein Titel gegen den Erben persönlich nicht möglich ist. Die Staatskasse, die vorrangig haftet, falls der Nachlass nicht ausreicht, kann beim Erben keinen Rückgriff nehmen, der aus dem sonstigen Vermögen des Erben zu zahlen wäre (*OLG Celle*, Beschluss vom 30. 6. 2016, Az. 6 W 81/16).

Praxis Tipp

Wenn die Vollstreckung aus einem Festsetzungsbeschluss durch den Betreuer zu betreiben ist (z. B. gegen Erben oder gegen den Betreuten, wenn der Betreuer nicht die Vermögensverwaltung inne hat), sollte der Betreuer sofort mit dem Festsetzungsantrag die Erteilung einer vollstreckbaren Ausfertigung erbitten.

7.8 Zurückbehaltungsrecht des Betreuers

Zurückbehaltungsrecht als Absicherung

Endet das Betreueramt, kommt es nicht selten vor, dass der ehemalige Betreuer noch Ansprüche aus Vergütung oder Aufwendungsersatz gegen den Betreuten oder dessen Erben geltend machen kann. Um zu vermeiden, dass insbesondere der Erbe nach Aushändigung aller Vermögensbestandteile diese anderweitig verwendet und dem Betreuer Vermögenslosigkeit entgegenhält, kann dieser einen Teil des Betreutenvermögens zurückhalten, damit seine Ansprüche durchgesetzt werden können. Allerdings darf er keinesfalls dieses zurückbehaltene Vermögen ohne gerichtliche Festsetzung für seine Ansprüche verwenden. Das Zurückbehaltungsrecht ergibt sich aus § 273 BGB.

In der Literatur findet man zum Zurückbehaltungsrecht unterschiedliche Ausführungen; überwiegend wird das Recht als solches bejaht.

Entnahmerecht nach dem Ende des Betreueramts

Nach Beendigung des Amts des Betreuers hat dieser nicht mehr ein Entnahmerecht am Vermögen des Betroffenen, sondern allenfalls ein Zurückbehaltungsrecht. Allerdings darf der Wert der zurückbehaltenen Vermögensteile nicht außer Verhältnis zur Höhe der Forderung des Betreuers stehen (*Palandt-Götz,* BGB, 78. Aufl., § 1890 Rn. 1; *Erman/Schulte-Bunert,* BGB, 15. Aufl., § 1890 Rn. 3b).

Ein Zurückbehaltungsrecht wird durch das *OLG Zweibrücken vom 12. 11. 2009 (Az. 4 U 135/08)* bejaht, ohne näher auf die Problematik des § 273 BGB einzugehen.

Praxis Tipp

Der berufsmäßig tätige Betreuer (auch Vereinsbetreuer) kann sich davor schützen, nach Beendigung seines Amts seine Vergütungsansprüche gegen den ehemaligen Betreuten oder dessen Erben nicht durchsetzen zu können, wenn er während seines Amts eine verzinsliche Geldanlage (Konto), wertmäßig in der Größenordnung eines Abrechnungszeitraums, anlegt. Nach Beendigung seines Amts gibt er die Vermögensgegenstände heraus, behält aber diese Anlegung zurück, bis die betreuungsgerichtlich festgesetzte Vergütung gezahlt wird. Keinesfalls darf er aber seine Vergütung selbstständig aus dieser Anlage entnehmen.

Bearbeitet von: Reinhold Spanl

Inhalt

Gebühren und Auslagen

Nach § 80 FamFG sind Kosten des Verfahrens die Gerichtskosten (Gebühren und Auslagen) und die zur Durchführung des Verfahrens notwendigen Aufwendungen der Beteiligten.

GNotKG

Kosten (Gebühren und Auslagen) in Betreuungs-, Pflegschafts- und Unterbringungssachen werden seit 1. 8. 2013 nach dem „Gesetz über Kosten der freiwilligen Gerichtsbarkeit für Gerichte und Notare" (GNotKG) erhoben. Dies gilt auch für Verfahren über eine Beschwerde. Die bisher geltende Kostenordnung (KostO) ist außer Kraft getreten.

Das GNotKG ist eingeteilt in einen Vorschriftenteil (§§ 1 bis 136), in dem u. a. Bestimmungen zum Wert und zur Fälligkeit enthalten sind. Außerdem gibt es 2 Anlagen.

Kostenverzeichnis

In der Anlage 1 (zu § 3 Abs. 2 GNotKG), dem sog. Kostenverzeichnis (KV) wird beschrieben, welche Gerichtsgebühren und Auslagen für welche gerichtlichen Tätigkeiten anfallen. Für Betreuungen und Pflegschaften ist Teil I Hauptabschnitt 1 mit den Nr. 11100 bis 11400 anzuwenden, soweit es um Gebühren geht; Teil III Hauptabschnitt 1 befasst sich in den Nr. 31000 bis 31015 mit den Auslagen.

Gebührentabellen

In der Anlage 2 (zu § 34 Abs. 3 GNotKG) sind die Gebührentabellen A und B enthalten. Welche Tabelle anzuwenden ist, ergibt sich aus dem Kostenverzeichnis.

1. Unterscheidung zwischen Gebühren und Auslagen

Kosten der Betreuung

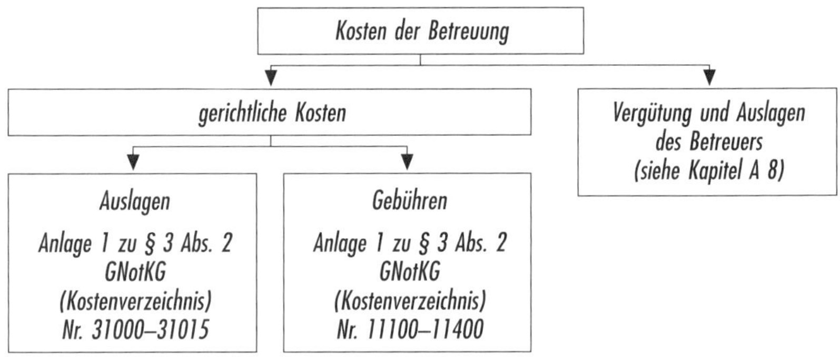

Betreuungsverfahren verursachen einen nicht unerheblichen finanziellen Aufwand. Für die Inanspruchnahme des Gerichts werden Gebühren verlangt, zudem fallen Auslagen z. B. für Sachverständigengutachten, ärztliche Atteste, Verfahrenspfleger, Reisekosten und Auslagen für Zeugen an.

Grundsatz Da das GNotKG unmittelbar die Erhebung der Gebühren und Auslagen regelt, ist eine Kostenentscheidung des Betreuungsgerichts grundsätzlich nicht erforderlich. Es ergibt sich direkt aus dem GNotKG, wer die Gerichtskosten zu tragen hat und wann diese fällig werden.

Kostentragungsentscheidung Das Betreuungsgericht kann allerdings die Kosten des Verfahrens nach billigem Ermessen einem oder mehreren Beteiligten ganz oder zum Teil auferlegen; es kann auch anordnen, dass von der Erhebung der Kosten abzusehen ist, § 81 Abs. 1 FamFG.

Einem Dritten können Kosten des Verfahrens nur auferlegt werden, soweit die Tätigkeit des Gerichts durch ihn veranlasst wurde und ihn ein grobes Verschulden trifft, § 81 Abs. 4 FamFG.

In Betreuungssachen kann das Gericht die Auslagen des Betroffenen, soweit sie zur zweckentsprechenden Rechtsverfolgung notwendig waren, ganz oder teilweise der Staatskasse auferlegen, wenn eine Betreuungsmaßnahme nach den §§ 1896 bis 1908i BGB abgelehnt, als ungerechtfertigt aufgehoben, eingeschränkt oder das Verfahren ohne Entscheidung über eine solche Maßnahme beendet wird, § 307 FamFG.

In Unterbringungssachen kann das Gericht die Auslagen des Betroffenen, soweit sie zur zweckentsprechenden Rechtsverfolgung notwendig waren, ganz oder teilweise der Staatskasse auferlegen, wenn eine Unterbringungsmaßnahme nach § 312 Nr. 1 und 2 FamFG abgelehnt, als ungerechtfertigt aufgehoben, eingeschränkt oder das Verfahren ohne Entscheidung über eine Maßnahme beendet wird, § 337 Abs. 1 FamFG.

Wird ein Antrag auf eine Unterbringungsmaßnahme nach den Landesgesetzen über die Unterbringung psychisch Kranker nach § 312 Nr. 3 FamFG abgelehnt oder zurückgenommen und hat das Verfahren ergeben, dass für die zuständige Verwaltungsbehörde ein begründeter Anlass, den Unterbringungsantrag zu stellen, nicht vorgelegen hat, hat das Gericht die Auslagen des Betroffenen der Körperschaft aufzuerlegen, der die Verwaltungsbehörde angehört, § 337 Abs. 2 FamFG.

2. Kostenschuldner und Fälligkeit

Der Betreute ist Kostenschuldner In Betreuungssachen ist grundsätzlich der Betreute in den in KV 11101 bis 11105 des Kostenverzeichnisses genannten Verfahren Kostenschuldner, § 23 Nr. 1 GNotKG.

Dies gilt jedoch nicht für Kosten, die das Gericht einem anderen auferlegt hat, § 27 Nr. 1 GNotKG.

Anträge Dritter oder des Betreuers sind in der Regel nur Anregungen zum Amtsverfahren, so dass § 22 Abs. 1 GNotKG keine Anwendung findet.

Kostentragung im Beschwerdeverfahren

Kosten werden auch im Beschwerdeverfahren erhoben, § 1 Abs. 4 GNotKG. Richtet sich eine Beschwerde gegen eine Entscheidung des Betreuungsgerichts und ist sie von dem Betreuten oder dem Pflegling oder im Interesse dieser Personen eingelegt, so schuldet gemäß § 25 Abs. 2 GNotKG die Kosten nur derjenige, dem sie das Gericht auferlegt hat. Entsprechendes gilt für ein sich anschließendes Rechtsbeschwerdeverfahren und für das Verfahren über die Rüge wegen Verletzung des Anspruchs auf rechtliches Gehör. § 23 GNotKG gilt nicht im Rechtsmittelverfahren (Kostenschuldner ist somit nicht automatisch der Betreute).

Fälligkeit der Jahresgebühr

Gemäß § 8 GNotKG werden in Betreuungssachen und betreuungsgerichtlichen Zuweisungssachen die Jahresgebühren KV 11101, 11102 und 11104 des Kostenverzeichnisses erstmals bei Anordnung und später jeweils zu Beginn eines Kalenderjahres fällig. Die Auslagen werden sofort nach ihrer Entstehung fällig.

Fälligkeit anderer Gebühren

Alle anderen gerichtlichen Gebühren und Auslagen (die nicht Jahresgebühren sind) werden gemäß § 9 GNotKG fällig, wenn

- eine unbedingte Entscheidung über die Kosten ergangen ist,
- das Verfahren oder der Rechtszug durch Vergleich oder Zurücknahme beendet ist,
- das Verfahren sechs Monate ruht oder sechs Monate nicht betrieben worden ist,
- das Verfahren sechs Monate unterbrochen oder sechs Monate ausgesetzt war oder
- das Verfahren durch anderweitige Erledigung beendet ist.

Die Dokumentenpauschale sowie die Auslagen für die Versendung von Akten werden sofort nach ihrer Entstehung fällig.

3. Gebühren

GNotKG bestimmt die Gebühren

Gebühren werden nur erhoben, soweit dies im GNotKG und dessen Kostenverzeichnis (KV) bestimmt wird; dort nicht genannte Tätigkeiten sind gebührenfrei.

3.1 Gebühr für eine (Dauer-)Betreuung

Jahresgebühr bei Dauerbetreuung

Für eine Betreuung, die nicht auf einzelne Rechtshandlungen beschränkt ist, wird die sog. Jahresgebühr erhoben, KV 11101 zum GNotKG. Erfasst werden von dieser Gebühr regelmäßig alle Betreuungen, die nicht nur für eine bestimmte Rechtshandlung (z. B. Durchführung eines bestimmten Rechtsgeschäfts) angeordnet sind.

Freigrenze von 25.000 EUR

Nach KV 11101 Abs. 1 Satz 1 Halbs. 1 wird für die Berechnung der Gebühr das Vermögen des von der Maßnahme Betroffenen nur berücksichtigt, soweit es nach Abzug der Verbindlichkeiten (sog. Reinvermögen) mehr als 25.000 EUR beträgt.

Angemessenes Hausgrundstück

In KV 11101 Abs. 1 Satz 1 Halbs. 2 wird bestimmt, dass der in § 90 Abs. 2 Nr. 8 SGB XII genannte Vermögenswert (Hausgrundstück oder Eigentumswohnung, soweit angemessen) nicht mitgerechnet wird.

Auf eine Verfügbarkeit des Vermögens kommt es nicht an

Die Bestimmungen des GNotKG stellen allein darauf ab, dass der Betreute Inhaber des Vermögens ist. Auf die Verfügbarkeit des Vermögens bzw. eine insoweit bestehende Einschränkung durch eine nicht befreite Vorerbschaft und/oder eine vom Erblasser bezüglich des ererbten Vermögens angeordnete Testamentsvollstreckung kommt es nach dem eindeutigen Wortlaut der Bestimmungen gerade nicht an. Ist der Betreute nur Vorerbe eines ererbten Vermögens, ist bei der kostenrechtlichen Ermittlung des Reinvermögens des Betreuten der Wert des Anwartschaftsrechts des Nacherben abzuziehen, weil auf das Vermögen nach Abzug der Verbindlichkeiten abzustellen ist. Soll in einem solchen Fall der Vermögensstamm umfassend für den Nacherben erhalten bleiben, ist das Anwartschaftsrecht mit einem hoch anzusetzenden Bruchteil zu bewerten (*LG Augsburg* BtPrax 2017, 249). Zur Bewertung des Anwartschaftsrechts siehe unter anderem *Bestelmeyer*, Rpfleger 2018, 173. Dass der Gesetzgeber den von ihm im GNotKG verwendeten Begriff des Vermögens auch nicht sozialhilferechtlich aufweichen wollte, wird dadurch verdeutlicht, dass als einzige Ausnahme bei der Bestimmung des Vermögens die Berücksichtigung eines Hausgrundstücks im Sinne des SGB XII angeführt ist und ein allgemeiner Verweis auf die sozialhilferechtlichen Vorschriften gerade unterbleibt (*OLG Hamm*, Beschluss vom 28. 8. 2015, Az. 15 Wx 203/15).

Ist Gegenstand der Betreuung ein Teil des Vermögens, ist höchstens dieser Teil des Vermögens zu berücksichtigen, KV 11101 Abs. 1 Satz 2. Wurde bei dem Aufgabenkreis der Vermögenssorge die Verwaltung von Bankkonten ausgenommen, für die eine wirksam erteilte Vollmacht vorhanden ist, ist die Jahresgebühr ohne Berücksichtigung der Bankguthaben zu berechnen (*OLG Hamm* RPfleger 2015, 172).

Berechnung der Jahresgebühr

Für jedes angefangene Kalenderjahr wird eine Gebühr von 10 EUR pro angefangene 5.000 EUR erhoben, um die das reine Vermögen 25.000 EUR übersteigt; die Gebühr beträgt mindestens 200 EUR (KV 11101).

Beispiele:

Betreuung umfasst den Aufgabenkreis Vermögenssorge. Das Vermögen des Betreuten beträgt nach Abzug aller Verbindlichkeiten:

a. 20.000 EUR

   Zieht man gemäß Vorbemerkung 1.1 Abs. 1 zur Anlage 1 zu § 3 Abs. 2 GNotKG die dort genannten 25.000 EUR ab, so entsteht keine Jahresgebühr.

b. 35.000 EUR

   Zieht man die 25.000 EUR ab, so sind für die Jahresgebühr 10.000 EUR zu berücksichtigen. Da je 5.000 EUR ein Betrag von 10 EUR anzusetzen ist, würde sich nach KV 11101 Abs. 1 Satz 1 Halbs. 1 zum GNotKG eine Gebühr von 20 EUR ergeben. Allerdings ist eine Mindestgebühr pro Jahr von 200 EUR anzusetzen.

c. 2.000.000 EUR; enthalten ist ein vom Betreuten und Angehörigen bewohntes Hausgrundstück im Wert von 400.000 EUR im Sinne von § 90 Abs. 2 Nr. 8 SGB XII.

   Zunächst wird vom Gesamtwert der Wert des angemessenen Hausgrundstücks abgezogen (KV 11101 Abs. 1 Satz 1 Halbs. 2 zum GNotKG), so dass 1.600.000 EUR verbleiben. Davon ist der Freibetrag von 25.000 EUR abzuziehen, so dass noch 1.575.000 EUR für die Jahresgebühr herangezogen werden können. Je 5.000 EUR sind 10 EUR zu berechnen, das ergibt eine Gebühr von 3.150 EUR.

Betreuung erfasst nicht das Vermögen

Ist vom Aufgabenkreis nicht unmittelbar das Vermögen erfasst (z. B. nur Gesundheitsfürsorge und/oder Aufenthaltsbestimmung), wird die Gebühr ebenfalls aus dem sich nach Abzug der Verbindlichkeiten, des Schonvermögens (§ 90 Abs. 2 Nr. 8 SGB XII) und des Freibetrags von 25.000 EUR ergebenden Reinvermögens berechnet, KV 11102 Abs. 1, allerdings höchstens 300 EUR pro angefangenem Kalenderjahr.

Beispiel:

Es bestehen die Aufgabenkreise Aufenthaltsbestimmung und Gesundheitssorge.

- Das reine Vermögen des Betreuten beträgt 52.000 EUR. Für die Jahresgebühr ist ein Wert von 27.000 EUR (52.000–25.000 EUR) zugrunde zu legen. Dies ergibt eine Gebühr in Höhe von 60 EUR.

- Beträgt das Vermögen 500.000 EUR, ergäbe sich grundsätzlich eine Jahresgebühr aus einem Wert von 475.000 EUR (500.000–25.000 EUR) in Höhe von 950 EUR; jetzt allerdings begrenzt auf 300 EUR.

Die ersten beiden Jahre begründen nur eine Gebühr

Gemäß KV 11101 Abs. 2 wird für das bei der ersten Bestellung eines Betreuers laufende und das folgende Kalenderjahr nur eine Jahresgebühr erhoben. Dies gilt auch bei KV 11102 Abs. 2.

Reinvermögen ist maßgebend

Der Gegenstandswert bestimmt sich nach dem Vermögen zum Zeitpunkt der Fälligkeit der Gebühr. Im Lauf des Jahres eintretende Vermögensveränderungen nach oben und unten bleiben dabei unberücksichtigt; sie sind erst für die nächste Jahresgebühr von Bedeutung. Dies gilt sowohl, wenn im Lauf des Jahres die Kostentragungspflicht wegen Unterschreitung der Freigrenze wegfällt, als auch umgekehrt, wenn in einem bisher kostenbefreiten Verfahren z. B. aufgrund einer Erbschaft die Freigrenze überschritten wird und deshalb künftig Kosten zu erheben sind. Anders verhält es sich, wenn der Betreuer z. B. erst nach Jahren von einem bisher unbekannten Vermögen Kenntnis erlangt. Wegen eines unrichtigen Ansatzes dürfen Gerichtskosten nur nachgefordert werden, wenn der berichtigte Ansatz dem Zahlungspflichtigen nach Absendung der Jahresrechnung mitgeteilt worden ist, § 20 Abs. 1 Satz 1 GNotKG.

Verjährung der Gebühren

Ansprüche auf Zahlung von Gerichtskosten verjähren in vier Jahren. Bei Dauerbetreuungen oder Dauerpflegschaften beginnt die Verjährung hinsichtlich der Jahresgebühren am Tag vor deren Fälligkeit, hinsichtlich der Auslagen mit deren Fälligkeit, § 6 Abs. 1 GNotKG. Auf die Verjährung sind die Vorschriften des BGB anzuwenden; die Verjährung wird nicht von Amts wegen berücksichtigt, § 6 Abs. 3 GNotKG.

Beispiel:

Der Betreuer wird erstmals am 6. 9. 2013 mit dem Aufgabenkreis Gesundheits- und Vermögenssorge bestellt. Der Betreute wohnt in seiner angemessenen Eigentumswohnung, welche einen Verkehrswert von 200.000 EUR ausweist. Die Wohnung ist mit einer Grundschuld zugunsten einer Bank in Höhe von 100.000 EUR belastet; diese sichert eine Restdarlehenssumme von 20.000 EUR, welche erst in sechs Monaten zur Zahlung fällig ist. Außerdem bestehen Konten mit einer Einlage von insgesamt 92.000 EUR.

Der Wert der Eigentumswohnung bleibt außer Ansatz, KV 11101 Abs. 1 Satz 1 Halbs. 2 zum GNotKG i. V. m. § 90 Abs. 2 Nr. 8 SGB XII. Das gesamte sonstige Aktivvermögen beträgt 92.000 EUR, davon kann die Darlehensschuld in Höhe von 20.000 EUR abgerechnet werden.

Für die erste Jahresgebühr wird von einem Vermögen von 72.000 EUR ausgegangen; die Gebühr beträgt:

72.000 EUR – 25.000 EUR = 47.000 EUR.
47.000 EUR : 5.000 EUR = 9,4 = 10 x 10 EUR = 100 EUR.
Allerdings ist eine Mindestgebühr pro Jahr von 200 EUR anzusetzen.

Die erste Jahresgebühr in Höhe von 200 EUR ist am 6. 9. 2013 fällig und deckt den Zeitraum bis 31. 12. 2014 ab, § 8 GNotKG. Die nächste Jahresgebühr wird am 1. 1. 2015 fällig und berechnet sich aus dem dann vorhandenen Reinvermögen des Betreuten.

3.2 Gebühr für eine (Dauer-)Pflegschaft

Aufenthaltspflegschaft

Im Rahmen einer betreuungsgerichtlichen Zuweisungssache (§ 340 FamFG) kann ein Angehöriger oder Berufsbetreuer durch das Betreuungsgericht als Pfleger bestellt werden. Hierbei wird es sich insbesondere um Abwesenheitspflegschaften für Volljährige handeln, deren Aufenthalt unbekannt ist, oder die an der Rückkehr und Besorgung ihrer Angelegenheiten gehindert werden, § 1911 BGB. Für diese sog. Dauerpflegschaft fällt ebenfalls eine Jahresgebühr an, KV 11104. Ist Gegenstand der Pflegschaft ein Teil des Vermögens, ist höchstens dieser Teil des Vermögens zu berücksichtigen. Für das bei der ersten Bestellung eines Pflegers laufende und das folgende Kalenderjahr wird nur eine Jahresgebühr erhoben. Erstreckt sich die Pflegschaft auf mehrere Betroffene, wird die Gebühr für jeden Betroffenen gesondert erhoben.

Die Jahresgebühr beträgt 10,00 EUR je angefangene 5.000,00 EUR des reinen Vermögens, mindestens 200,00 EUR.

3.3 Gebühr für auf einzelne Rechtshandlungen beschränkte Betreuung

Betreuer erledigt Einzelgeschäft

Es handelt sich um den Fall, dass ein Betreuer nur für die Durchführung eines bestimmten Rechtsgeschäfts bestellt wird.

Beispiel:

Der Volljährige hat rechtzeitig eine wirksame schriftliche Vorsorgevollmacht errichtet; die Unterschrift wurde jedoch nicht öffentlich beglaubigt, weder durch einen Notar noch vor einer Urkundsperson der Betreuungsbehörde. Zum Vermögen des Volljährigen gehört ein Grundstück, das veräußert werden soll, allerdings erweist sich die Vollmacht insoweit als unbrauchbar, da sie zwar umfassend erteilt ist, die erforderliche Form des § 29 GBO zur Herbeiführung der Grundbucheintragung aber fehlt.

In diesem Fall kann ein Betreuer mit dem Aufgabenkreis der Veräußerung des Grundstücks bestellt werden. Weitere Aufgaben sind nicht erforderlich.

Halbe Gebühr fällt an

Bei einer Betreuung für einzelne Rechtshandlungen wird eine 0,5 Gebühr nach dem Wert des Gegenstands erhoben, auf den sich die Rechtshandlung bezieht, KV 11103. Diese Gebühr deckt die gesamte Tätigkeit des Betreuungsgerichts ab, somit auch eine eventuell erforderliche Genehmigung des Rechtsgeschäfts. Die Gebühr wird in der Regel durch eine Kostenentscheidung oder mit Aufhebung der Betreuung fällig, § 9 Abs. 1 Nr. 1 oder 5 GNotKG.

Vergleich mit Jahresgebühr

Begrenzt wird die Gebühr durch die Verweisung auf KV 11101. Eine Gebühr wird nur erhoben, wenn das Reinvermögen des Betreuten 25.000 EUR übersteigt. Wäre die errechnete Jahresgebühr niedriger als die 0,5 Gebühr nach KV 11103, wird sie herangezogen.

Dauerbetreuung beseitigt Einzelgebühr

Die Gebühr nach KV 11103 wird nie neben einer Gebühr nach KV 11101 oder 11102 erhoben. Soweit für den Fürsorgebedürftigen eine Dauerbetreuung bereits bei der Anordnung der entsprechenden Einzelfallmaßnahmen besteht oder gleichzeitig notwendig ist, fällt keine gesonderte Gebühr zusätzlich an.

Zum o. g. Beispiel:

Hat das Grundstück einen Verkehrswert von 400.000 EUR, ergibt sich eine 0,5 Gebühr nach § 34 GNotKG i. V. m. Anlage 2 Tabelle A in Höhe von 1.499,50 EUR. Die Berechnung nach KV 11101 ergibt dagegen nur einen Betrag von 750 EUR (400.000 EUR – 25.000 EUR = 375.000 EUR : 5.000 EUR = 75 x 10 EUR). Somit ist lediglich eine Gebühr von 750 EUR angefallen.

3.4 Einstweilige Anordnungen

Das einstweilige Anordnungsverfahren stellt ein selbstständiges (von einem Hauptverfahren unabhängiges) Verfahren dar, § 51 Abs. 3 Satz 1 FamFG. Für die Kosten des Verfahrens gelten die allgemeinen Vorschriften, § 51 Abs. 4 FamFG, somit auch das GNotKG.

Einstweilige Anordnung löst Gebühr aus

Für das Verfahren der einstweiligen Anordnung wird eine 0,3 Gebühr erhoben, KV 16110. Gemäß Vorbemerkung 1.6 zum KV werden im Verfahren über den Erlass einer einstweiligen Anordnung und über deren Aufhebung oder Änderung die Gebühren nur einmal erhoben.

Keine Gebühr, wenn endgültige Betreuung folgt

Im Verfahren über den Erlass einer einstweiligen Anordnung und über deren Aufhebung oder Änderung werden allerdings keine Gebühren erhoben, soweit das Verfahren in den Rahmen einer bestehenden Betreuung oder Pflegschaft fällt. Eine Gebühr entsteht ferner nicht für die Bestellung eines vorläufigen Betreuers, wenn in der Hauptsache ein Betreuer bestellt wird (Anlage 1 zu § 3 Absatz 2 GNotKG, Vorbemerkung 1.6 und KV 16110).

Beispiel:

Bestellt das Betreuungsgericht gemäß §§ 300, 301 FamFG durch einstweilige Anordnung einen vorläufigen Betreuer mit dem Aufgabenkreis Vermögenssorge und geht dieses Verfahren in eine endgültige Betreuung über, so fällt nur eine Jahresgebühr nach KV 11101 an; fällig wird sie bereits mit Bestellung des vorläufigen Betreuers.

Vorläufige Betreuung endet

Endet eine vorläufige Betreuerbestellung, ohne dass ein Betreuer in der Hauptsache (endgültiger Betreuer) bestellt wird, so fallen Gebühren wie in einem Hauptsacheverfahren an. Dies ist im GNotKG etwas verwirrend gelöst. Nach der Vorbemerkung 1 Abs. 1 vor dem Hauptabschnitt 1 bestimmen sich im Verfahren der einstweiligen Anordnung die Gebühren nach dem Hauptabschnitt 6 (Verfahren über den Erlass einer einstweiligen Anordnung). Dort wird aber in der Vorbemerkung 1.6.1 festgelegt, dass in Betreuungssachen von dem Betroffenen Gebühren nur unter den in der Vorbemerkung 1.1 Abs. 1 genannten Voraussetzungen erhoben werden. In KVfG 16110 Abs. 2 findet man dann die Anordnung, dass die Gebühr ferner nicht entsteht, wenn das Verfahren mit der Bestellung eines vorläufigen Betreuers endet. In diesem Fall entsteht eine Gebühr nach Hauptabschnitt 1 Abschnitt 1 wie bei der Bestellung eines endgültigen Betreuers, was auch mit der Vorbemerkung 1.1.1 übereinstimmt.

Beispiel:

Das Betreuungsgericht bestellt gemäß §§ 300, 301 FamFG durch einstweilige Anordnung einen vorläufigen Betreuer mit dem Aufgabenkreis Aufenthaltsbestimmung und Gesundheitssorge; die Bestellung endet gemäß § 302 Satz 1 FamFG nach sechs Monaten, ohne dass ein endgültiger Betreuer bestellt wird. Es fällt eine Jahresgebühr nach KV 11102 an, die mit der Bestellung des vorläufigen Betreuers fällig geworden ist.

3.5 Unterbringungssachen

Unterbringungssachen sind grundsätzlich kostenfrei

Ausnahme: Verfahrenspflegerkosten

Die gerichtliche Genehmigung der Unterbringung eines Betroffenen durch den Betreuer oder Bevollmächtigten (§ 1906 Abs. 2, 5 BGB), die Genehmigung einer freiheitsentziehenden Maßnahme (§ 1906 Abs. 4, 5 BGB) sowie die Anordnung einer freiheitsentziehenden Unterbringung nach Landesrecht (öffentlich-rechtliche Unterbringung) sind grundsätzlich kostenfrei. Der Betroffene schuldet allerdings Auslagen nach Nummer 31015 des Kostenverzeichnisses (Verfahrenspflegerkosten), aber nur, wenn sie nicht einem anderen auferlegt worden sind, § 26 Abs. 3 GNotKG.

3.6 Verfahrenspflegschaft

In einem Verfahren, für das sich die Kosten nach dem GNotKG bestimmen, sind die Bestellung eines Verfahrenspflegers und deren Aufhebung Teil des Verfahrens, für das der Pfleger bestellt worden ist.

Keine Gebühren, aber u. U. Auslagenerstattung

Bestellung und Aufhebung sind gebührenfrei (Anlage 1 zu § 3 Absatz 2 GNotKG, Vorbemerkung 1 Abs. 3). Die Befreiung gilt aber nur für die Gerichtsgebühren und nicht für Auslagen, die für den Verfahrenspfleger angefallen sind (KV 31015). Diese werden beim Betreuten erhoben, wenn er ausreichendes Einkommen oder Vermögen im Sinne von § 1908i Abs. 1 i. V. m. § 1836c BGB hat (nicht mittellos ist).

3.7 Sonstige Entscheidungen des Betreuungsgerichts

Eine 0,5-Gebühr wird erhoben für (End-)Entscheidungen des Betreuungsgerichts, die sich nicht auf Betreute oder Pfleglinge beziehen, KV 11100. In Ermangelung genügender tatsächlicher Anhaltspunkte für eine Schätzung ist der Wert regelmäßig auf 5.000 EUR anzunehmen; er kann nach Lage des Falls niedriger oder höher, jedoch nicht über 1.000.000 EUR angenommen werden, § 36 GNotKG.

Die Gebühr entsteht gemäß KV 11100 nicht für Verfahren, die in den Rahmen einer bestehenden Betreuung oder Pflegschaft fallen, für die die Gebühr nach KV 11103 oder 11105 entsteht oder die mit der Bestellung eines Betreuers oder der Anordnung einer Pflegschaft enden.

Tätigkeiten eines Bevollmächtigten

Es handelt sich hierbei insbesondere um die Genehmigung der Einwilligung eines Bevollmächtigten in eine Untersuchung des Gesundheitszustands, in eine Heilbehandlung oder einen ärztlichen Eingriff (§ 1904 Abs. 1, 5 BGB), der Nichteinwilligung in eine ärztliche Maßnahme (§ 1904 Abs. 2, 5 BGB) oder in eine Zwangsbehandlung (§ 1906a Abs. 2 i. V. m. Abs. 4 und 5 BGB).

4. Auslagen

Auslagen sind Teil der gerichtlichen Kosten. Die in einem Betreuungsverfahren anfallenden Auslagen ergeben sich aus KV 31000 bis 31015. Die häufigsten Auslagen sind die Kosten einer Zustellung, Gutachterkosten, Fahrt- und Reisekosten des Gerichts und die an den Verfahrenspfleger gezahlten Beträge (§§ 277, 318 FamFG).

4.1 Vermögensgrenze

Die Freigrenze von 25.000 EUR beachten

Gemäß der Vorbemerkung 3.1 Abs. 2 werden in Betreuungssachen von dem Betroffenen Auslagen nur unter den in Vorbemerkung 1.1 Abs. 1 genannten Voraussetzungen erhoben.

Hier nur 5.000 EUR

An Verfahrenspfleger gezahlte Beträge (Auslagen KV 31015) werden erhoben, wenn die Einkommens- und Vermögensgrenzen im Sinne von § 1908i Abs. 1 Satz 1 i. V. m. § 1836c BGB überschritten sind (keine Mittellosigkeit vorliegt). Hier ist der Freibetrag von regelmäßig 5.000 EUR (VO zu § 90 Abs. 2 Nr. 9 SGB XII) zu beachten, nicht die Freigrenze von 25.000 EUR.

4.2 Nichterhebung von Auslagen

Gemäß Vorbemerkung 3.1 werden Auslagen, die durch eine für begründet befundene Beschwerde entstanden sind, nicht erhoben, soweit das Beschwerdeverfahren gebührenfrei ist; dies gilt jedoch nicht, soweit das Beschwerdegericht die Kosten dem Gegner des Beschwerdeführers auferlegt hat.

4.3 Verfahrenspflegschaft

§ 1836c BGB beachten

Nach § 277 Abs. 5 und § 318 FamFG werden Aufwendungsersatz und Vergütung des Verfahrenspflegers stets aus der Staatskasse gezahlt. Dies gilt unabhängig davon, ob der Betreute mittellos oder vermögend ist. Die Staatskasse erhebt diese Auslagen nach KV 31015 beim Betreuten (durch Kostenrechnung), soweit die Einkommens- und Vermögensgrenzen im Sinne von § 1836c BGB überschritten sind.

4.4 Unterbringungssachen

Nur Verfahrenspflegerkosten

Gemäß § 26 Abs. 3 GNotKG schuldet der Betroffene in Unterbringungssachen nur Auslagen nach KV 31015 (Verfahrenspflegerkosten) und nur, wenn die Gerichtskosten nicht einem anderen auferlegt worden sind und soweit die Einkommens- und Vermögensgrenzen im Sinne von § 1836c BGB überschritten sind.

4.5 Kosten eines Sachverständigen

Gutachterkosten sind Auslagen

Die Kosten eines vom Gericht im Betreuungsverfahren beauftragten Sachverständigen zur Erstattung eines ärztlichen Gutachtens sind Auslagen im Sinne von KV 31005 und werden dem Betreuten in Rechnung gestellt, soweit die Voraussetzungen nach Vorbemerkung 1.1 zum KV vorliegen (Reinvermögen über 25.000 EUR).

Die Vergütung des Sachverständigen für die Erstellung eines Gutachtens richtet sich in der Regel nach § 9 Abs. 1 Satz 1 Honorargruppe M2 JVEG und beträgt pro Stunde 75 EUR. Ein Sachverständiger, der auftragsgemäß ein ärztliches Zeugnis nach § 281 FamFG (siehe auch § 300 Abs. 1 Satz 1 Nr. 2 FamFG) erstellt, hat in der Regel ebenfalls einen Vergütungsanspruch nach §§ 9, 8 JVEG (*LG Darmstadt*, Az. 5 T 634/15).

4.6 Vorführungskosten

Vorführungskosten trägt Betreuungsbehörde

Führt die Betreuungsbehörde den Betroffenen in einem Betreuungsverfahren mit gerichtlicher Anordnung gemäß § 278 Abs. 5 FamFG zum Gericht, bzw. nach § 283 Abs. 1 FamFG zum Sachverständigen vor, handelt es sich um eine originär eigene Aufgabe im Sinne von § 8 Abs. 1 Satz 1 BtBG, so dass sie die hierdurch verursachten Kosten selbst zu tragen hat. Angesichts der spezialgesetzlich geregelten Aufgabenzuweisung in § 283 FamFG kann insbesondere nicht von einem Tätigwerden der Betreuungsbehörde im Wege der Amtshilfe ausgegangen werden (*BGH* BtPrax 2016, 76).

Die bisher ergangene Rechtsprechung (*OLG Köln* FamRZ 2005, 1199 und *OLG Zweibrücken*, Urteil vom 3. 9. 2009, Az. 3 W 152/09), die angenommen hat, dass die Kosten zunächst der Betreuungsbehörde aus der Staatskasse zu erstatten sind und nach KV GNotKG Nr. 31013 bei einem Reinvermögen von über 25.000 EUR vom Betreuten eingehoben werden können, dürfte damit überholt sein.

4.7 Kosten der Wohnungsöffnung

Wohnungsöffnung im Rahmen einer Unterbringung oder Vorführung

Muss im Rahmen einer Unterstützung des Betreuers bei einer Unterbringung nach § 326 FamFG oder bei einer Zuführung zum Betreuungsgericht oder einem Sachverständigen nach §§ 278 Abs. 5, 283 Abs. 1 FamFG die Wohnung durch die Betreuungsbehörde geöffnet werden, ist fraglich, wer die Kosten (meist Kosten eines Schlüsseldienstes) zu tragen hat.

Zuständigkeit der Betreuungsbehörde

Die Betreuungsbehörde ist laut Gesetz zur Wohnungsöffnung ermächtigt und berufen. Da es sich um eine originäre Aufgabe der Behörde handelt, hat sie auch die Kosten zu tragen. Im Fall der Zuführung zum Gericht oder Sachverständigen ist nicht das Gericht zur Kostentragung verpflichtet (*BGH* BtPrax 2016, 76), sondern die Betreuungsbehörde. Dies ist auch im Fall des § 326 FamFG nach hier vertretener Ansicht so zu betrachten.

Keine Kostentragung durch das Gericht oder den Betreuten

Damit scheidet eine Kostenerstattung des Gerichts in den Fällen der §§ 278 Abs. 7 und 283 Abs. 3 FamFG aus. Im Fall des § 326 Abs. 3 FamFG ist eine Erstattung der Kosten aus dem Vermögen des Betreuten nicht gegeben, dafür fehlt eine gesetzliche Grundlage (keine Gebührentatbestände in den Ausführungsgesetzen der Länder enthalten).

Praxis TIPP

Der Betreuer ordnet zwar die Unterbringung an, ist aber nicht zur Wohnungsöffnung berechtigt. Er sollte somit auch nicht einen Schlüsseldienst beauftragen, da er sonst aus Vertragsrecht dessen Kosten zu tragen hätte. Falls die Betreuungsbehörde eine Kostenerstattung aus dem Vermögen des Betreuten anstrebt, ist dem entgegenzutreten.

5. Rechtsmittelkosten

Im Beschwerde- und Rechtsbeschwerdeverfahren fallen grundsätzlich Gebühren nach KV 11200 bis 11400 an.

Kostenentscheidung

Das Gericht soll die Kosten eines ohne Erfolg eingelegten Rechtsmittels dem Beteiligten auferlegen, der es eingelegt hat, § 84 FamFG. Dies gilt nicht, wenn ein Verfahrenspfleger das Rechtsmittel eingelegt hat, § 276 Abs. 7 und § 317 Abs. 7 FamFG.

Die nach § 22 Abs. 1 GNotKG begründete Haftung für die Kosten eines Rechtsmittelverfahrens erlischt, wenn das Rechtsmittel ganz oder teilweise mit Erfolg eingelegt worden ist und das Gericht nicht über die Kosten entschieden hat oder die Kosten nicht von einem anderen Beteiligten übernommen worden sind, § 25 Abs. 1 GNotKG.

Richtet sich eine Beschwerde gegen eine Entscheidung des Betreuungsgerichts und ist sie von dem Betreuten oder dem Pflegling oder im Interesse dieser Personen eingelegt, so schuldet die Kosten nur derjenige, dem das Gericht die Kosten auferlegt hat. Entsprechendes gilt für ein sich anschließendes Rechtsbeschwerdeverfahren und für das Verfahren über die Rüge wegen Verletzung des Anspruchs auf rechtliches Gehör, § 25 Abs. 2 GNotKG. § 23 Nr. 1 GNotKG gilt nicht im Rechtsmittelverfahren, § 25 Abs. 3 GNotKG.

Im Interesse des Betreuten

Eine Beschwerde ist allerdings nur dann „im Interesse" des Betreuten oder Pfleglings eingelegt, wenn sie dem wahren, objektiven Interesse unter einer Berücksichtigung der gesamten Einzelumstände entspricht (*BayObLG* Rpfleger 1983, 181).

Praxis TIPP

Will der Betreuer gegen eine gerichtliche Entscheidung Rechtsmittel einlegen, sollte er stets überlegen, ob er dies im eigenen Namen oder im Interesse des Betreuten tut (§ 303 Abs. 4, § 335 Abs. 3 FamFG).

6. Kostenerhebung

Kostenansatz

Die Kosten des Betreuungsverfahrens werden bei dem Betreuungsgericht angesetzt, bei dem das Verfahren anhängig ist, § 18 Abs. 1 GNotKG. Die Justizkasse zieht die Kosten mittels Kostenrechnung ein.

Nachforderung von Kosten

Wegen eines unrichtigen Ansatzes dürfen Gerichtskosten nur nachgefordert werden, wenn der berichtigte Ansatz dem Zahlungspflichtigen vor Ablauf des nächsten Kalenderjahres nach Absendung der den Rechtszug abschließenden Kostenrechnung (Schlusskostenrechnung), bei Verfahren, in denen Jahresgebühren erhoben werden, nach Absendung der Jahresrechnung, mitgeteilt worden ist. Dies gilt nicht, wenn die Nachforderung auf vorsätzlich oder grob fahrlässig falschen Angaben des Kostenschuldners beruht oder wenn der ursprüngliche Kostenansatz unter einem bestimmten Vorbehalt erfolgt ist, § 20 Abs. 1 GNotKG.

Verjährung

Ansprüche auf Zahlung von Gerichtskosten verjähren in vier Jahren. Bei Dauerbetreuungen oder Dauerpflegschaften beginnt die Verjährung hinsichtlich der Jahresgebühren am Tag vor deren Fälligkeit, hinsichtlich der Auslagen mit deren Fälligkeit, § 6 Abs. 1 GNotKG. Auf die Verjährung sind die Vorschriften des BGB anzuwenden; die Verjährung wird nicht von Amts wegen berücksichtigt, § 6 Abs. 3 GNotKG; sie ist im Wege der Einrede durch den Kostenpflichtigen geltend zu machen, § 214 Abs. 1 BGB.

Bearbeitet von: Horst Böhm

Inhalt

1. Zivil-, Arbeitsgerichts-, Sozialgerichts-, Verwaltungsprozess, Verwaltungsverfahren

Der Betreuer ist gesetzlicher Vertreter des Betreuten und muss diesen im Rahmen der Aufgabenkreise auch gerichtlich vertreten. Der Gesetzgeber hat diesen Aspekt der gesetzlichen Vertretung in § 1902 BGB ausdrücklich hervorgehoben, obwohl in der Praxis eine Vertretung vor Gericht relativ selten vorkommt. *§ 1902 BGB*

Die Frage, inwieweit ein Betreuer für den Betreuten in einem Gerichtsverfahren auftreten kann oder muss, ist in den Verfahrensgesetzen unterschiedlich geregelt. Die Möglichkeiten und Pflichten des Betreuers in den Gerichtsverfahren können im Hinblick auf die Vielzahl denkbarer Lebenssachverhalte nur kursorisch dargestellt werden. Zur Vermeidung von Rechtsnachteilen sollten deshalb die Beratungsmöglichkeiten der Betreuungsgerichte und Betreuungsstellen und evtl. die professionelle Hilfe von Rechtsanwälten in Anspruch genommen werden.

1.1 Zivilprozess und Familiensachen

Stehen zivilrechtliche Ansprüche im Raum, die dem Betreuten zustehen oder gegen ihn geltend gemacht werden, stellt sich zunächst die Frage, welche Rolle dem Betreuer bzw. dem Betreuten in einem Zivilprozess zugeordnet ist. Zu unterscheiden ist zwischen Parteifähigkeit, Prozessfähigkeit und Vertretungsbefugnis.

1.1.1 Parteifähigkeit

Parteifähigkeit (§ 50 ZPO)

Darunter versteht man die Fähigkeit, Kläger oder Beklagter (Partei) im Rechtsstreit zu sein. Parteifähig ist nach § 50 ZPO jeder, der rechtsfähig ist. Die Rechtsfähigkeit natürlicher Personen beginnt grundsätzlich mit der Vollendung der Geburt (§ 1 BGB) und endet mit dem Tod. Eine körperliche oder geistige Beeinträchtigung, egal welchen Ausmaßes, spielt bei der Rechts- und damit der Parteifähigkeit keine Rolle. Wer in einem Verfahren Partei sein soll, bestimmt derjenige, der ein gerichtliches Verfahren (z. B. Klage, Antrag auf Erlass eines Mahnbescheids, Auftrag zur Zwangsvollstreckung) in Gang setzt. Auch ein völlig handlungsunfähiger Komapatient kann demnach als Partei klagen oder verklagt werden.

1.1.2 Prozessfähigkeit

Prozessfähigkeit (§§ 51, 52 ZPO)

Nicht jede Partei kann selbst wirksam Prozesshandlungen vornehmen oder einen Vertreter für deren Vornahme bestimmen. Die ZPO verknüpft die Fähigkeit, sich durch Verträge zu verpflichten, mit der Prozessfähigkeit, so dass jede geschäftsfähige Person auch selbst Anträge und verbindliche Erklärungen gegenüber dem Gericht abgeben oder entgegennehmen kann.

Zum Verständnis: Im betreuungsgerichtlichen Verfahren spricht man nicht von Prozessfähigkeit, sondern von Verfahrensfähigkeit, die dem Betroffenen ohne Rücksicht auf seine Geschäftsfähigkeit oder natürliche Handlungsfähigkeit gemäß §§ 275 und 316 FamFG eingeräumt wird (vgl. dazu Kapitel A 2, Abschnitt 7).

Prozessfähigkeit bei Betreuung (§ 53 ZPO)

Bei angeordneter Betreuung gilt für die Prozessfähigkeit Folgendes:

- Der nicht geschäftsfähige Betreute ist prozessunfähig und auf den Betreuer als gesetzlichen Vertreter angewiesen. Zwar wird er als Kläger oder Beklagter geführt, allerdings mit dem Zusatz, gesetzlich vertreten durch den Betreuer.
- Im Rahmen eines angeordneten Einwilligungsvorbehalts gilt das Gleiche, da die Geschäftsfähigkeit des Betreuten aufgrund der Betreuungsanordnung, verbunden mit dem Einwilligungsvorbehalt, eingeschränkt ist und somit auch seine Prozessfähigkeit.
- Tritt der Betreuer als gesetzlicher Vertreter in einem Zivilprozess für einen geschäftsfähigen Betreuten auf, führt dies zu seiner Prozessunfähigkeit für dieses konkrete Verfahren gemäß § 53 ZPO. Der Betreuer kann also in geeigneten Fällen die Prozessführung dem geschäftsfähigen Betreuten überlassen oder aber selbst als gesetzlicher Vertreter agieren. § 53 ZPO führt dann dazu, dass nur die Prozesshandlungen des Betreuers wirksam sind.

Verfahrensfähigkeit in Ehesachen (§ 125 FamFG)

- Bei einem Verfahren in Ehesachen (§ 121 FamFG, z. B. Scheidung) gilt die Sondervorschrift des § 125 FamFG. Für einen geschäftsunfähigen Ehegatten führt demnach der Betreuer das Verfahren. Klage auf Herstellung des ehelichen Lebens kann er jedoch nicht erheben. Die Zuständigkeit des Betreuers muss sich aber aus einem entsprechenden Aufgabenkreis ergeben. „Alle Angelegenheiten" genügt ebenso wie „Vertretung im Ehescheidungsverfahren". Der Aufgabenkreis „Rechtsangelegenheiten" wird als ausreichend angesehen, wenn im Zeitpunkt der Betreuerbestellung bereits von Geschäftsunfähigkeit ausgegangen wurde, weil nur geschäftsunfähige Personen im Scheidungsverfahren vertreten werden müssen (§ 125 Abs. 2 FamFG; *OLG Celle* NJW 2013, 2912).

Genehmigungspflicht für Scheidungsantrag

Für den Antrag auf Scheidung oder Aufhebung der Ehe muss der Betreuer die Genehmigung des Familien- oder Betreuungsgerichts gemäß § 125 Abs. 2 Satz 2 FamFG einholen. Die Genehmigung erteilt der Richter. Zur Vorbereitung der Entscheidung sollte der Betreuer vortragen, ob der Betreute sich zu seiner Ehe geäußert hat und ob sich aus seiner Lebensgeschichte Anhaltspunkte ergeben, die einen Rückschluss darauf zulassen, wie er sich bei erhaltener Geschäftsfähigkeit entschieden hätte. Das gemäß § 1565 BGB festzustellende Scheitern der Ehe kann bei einer fortgeschrittenen Demenzerkrankung vorliegen, wenn er „nicht mehr in der Lage" ist, „das Wesen einer Ehe und Ehescheidung erfassen zu können". Dies ist ein Zustand äußerster „Eheferne", bei dem die Ehe der mehr als ein Jahr getrennt lebenden Ehegatten scheidbar ist (*OLG Hamm* NJW 2014, 158). Hat der Ehegatte des Betreuten einen Scheidungsantrag gestellt, kann der Betreuer – ohne Genehmigung – der beantragten Scheidung zustimmen. Dies führt zur Vermutung für das Scheitern der Ehe gemäß § 1566 Abs. 1 BGB. Außerdem verliert ab diesem Zeitpunkt der überlebende Ehegatte sein gesetzliches Erbrecht gemäß § 1933 BGB (vgl. dazu *OLG Celle* NJW 2013, 2912).

- Liegt eine wirksame Vorsorgevollmacht vor, kann der Vorsorgebevollmächtigte wie ein Betreuer für die nicht prozessfähige Partei handeln (§ 51 Abs. 3 ZPO). Der Bevollmächtigte hat dann die gleiche Stellung wie ein Betreuer.

- Bei Gefahr in Verzug kommt die Bestellung eines Prozesspflegers gemäß § 57 Abs. 1 ZPO in Betracht. Dies allerdings nur, wenn kein gesetzlicher Vertreter vorhanden ist. Eine Betreuung, aber auch eine ausreichende Vorsorgevollmacht verhindern daher die Bestellung eines Prozesspflegers (*OLG Koblenz* BtPrax 2016, 202).

- Im Übrigen kann der geschäftsfähige Betreute den Prozess selbst führen.

Prüfungspunkte vor einem Zivilprozess

Praxis TIPP

Steht ein Zivilprozess im Raum, der von dem Betreuer als gesetzlichem Vertreter geführt werden muss, ist zunächst zu prüfen, ob der Streitgegenstand von einem der angeordneten Aufgabenkreise abgedeckt ist. Falls nicht, muss eine Erweiterung beim Betreuungsgericht unter Hinweis auf den anstehenden Zivilprozess angeregt werden (§ 1908d Abs. 3 BGB). Sodann muss der Betreuer im Rahmen seiner persönlichen Kompetenz das Prozessrisiko abwägen. Häufig wird der Betreuer nicht in der Lage sein, die Sach- und Rechtslage richtig einzuschätzen und daher die professionelle Hilfe eines Rechtsanwalts in Anspruch nehmen müssen. Dabei wird auch die Frage der Beratungshilfe oder Prozess-/Verfahrenskostenhilfe zu erörtern sein (vgl. dazu Abschnitt 3 und 4).

Schlichtungsverfahren

In Bayern muss in bestimmten Fällen vor Klageerhebung zum Amtsgericht ein obligatorisches Schlichtungsverfahren durchgeführt werden. Nach § 15a EGZPO i. V. m. Art. 1 des Bayerischen Schlichtungsgesetzes gilt dies für bestimmte nachbarrechtliche Streitigkeiten, Ansprüche wegen Verletzung der persönlichen Ehre, die nicht in Presse oder Rundfunk begangen wurden und Streitigkeiten über Ansprüche nach Abschnitt 3 des Allgemeinen Gleichbehandlungsgesetzes (AGG). Unter bestimmten Voraussetzungen ermöglichen es die §§ 19, 21 AGG dem Betreuten z. B. bei einer Benachteiligung „aus Gründen einer Behinderung" oder „des Alters" Beseitigung oder Schadensersatz zu verlangen. Bisher wurde das 2006 in Kraft getretene Gesetz allerdings kaum in Anspruch genommen (vgl. z. B. auch Schlichtungsgesetze der Länder Baden-Württemberg, Brandenburg, Hessen).

Das obligatorische Schlichtungsverfahren gilt nicht, wenn ein Mahnverfahren durchgeführt wurde oder wenn die Parteien nicht im gleichen Landgerichtsbezirk ihren Wohnsitz/Niederlassung haben. Alternativ können die Parteien einvernehmlich eine Schlichtungsstelle in Anspruch nehmen (Kammern, Innungen, Berufsverbände etc.). Nähere Informationen erhält man bei den Rechtsantragsstellen der Amtsgerichte, beim Bayerischen Notarverein (www.notare.bayern.de unter der Rubrik Schlichtung) und beim Bayerischen Staatsministerium der Justiz und für Verbraucherschutz (www.justiz.bayern.de unter der Rubrik Service, Broschüren).

Neben der obligatorischen Streitschlichtung besteht die Möglichkeit, ein Schlichtungsverfahren auch dann durchzuführen, wenn es gesetzlich nicht vorgeschrieben ist. Zivilprozesse kosten Zeit, Geld und Nerven. Der Versuch einer Schlichtung lohnt sich daher in vielen Fällen!

1.1.3 Anwaltszwang, Postulationsfähigkeit

Anwaltszwang

Auch der prozessfähige Betreuer oder Betreute muss sich in bestimmten Verfahren durch einen Rechtsanwalt vertreten lassen. Dies bestimmt § 78 Abs. 1 ZPO für Zivilverfahren vor den Landgerichten und Oberlandesgerichten und für die Ehesachen und Folgesachen vor dem Familiengericht und dem Oberlandesgericht, § 114 Abs. 1 FamFG. Vor dem Bundesgerichtshof müssen sich die Parteien durch einen bei dem BGH zugelassenen Anwalt vertreten lassen (§ 78 Abs. 1 Satz 3 ZPO, § 114 Abs. 2 FamFG).

1.1.4 Abschluss eines Vergleichs

Vergleich (§ 1822 Nr. 12 BGB)

Im Laufe eines Zivilprozesses oder im Rahmen einer sog. Güteverhandlung wird das Gericht rechtliche und tatsächliche Hinweise geben und eine vergleichsweise Erledigung vorschlagen (§ 278 ZPO). Dabei wird es Aufgabe des Betreuers sein, den Vorschlag zu überprüfen und über den Abschluss des Vergleichs zu entscheiden. Da ein Zivilprozess über mehrere Instanzen sehr kostspielig und eine Beweisaufnahme häufig von Unsicherheiten geprägt ist, stellt der Vergleich in der Regel eine kostengünstige Alternative zur streitigen Entscheidung dar. Eine betreuungsgerichtliche Genehmigung des Vergleichs ist im Hinblick auf § 1822 Nr. 12 BGB nicht erforderlich, wenn der Gegenstand des Streits 3.000 EUR nicht übersteigt bzw. der Vergleich einem schriftlichen oder protokollierten Vergleichsvorschlag des Gerichts entspricht (vgl. Kapitel A 3, Abschnitt 12). Der Betreuer sollte daher darauf bestehen, dass ein Vergleichsvorschlag des Gerichts schriftlich erfolgt oder protokolliert wird. Vergleiche können auch widerruflich abgeschlossen werden, wenn sich der Betreuer noch nicht schlüssig ist und in Ruhe beraten lassen will.

1.1.5 Verweisung vor den Güterichter

Obwohl unsere Gesellschaft in weiten Bereichen an der Durchsetzung der eigenen Interessen orientiert ist und der Gang zum Gericht den Rechtsfrieden durch Klärung der rechtlichen Ansprüche herbeiführen soll, steht häufig die „einvernehmliche Streitbeilegung" auch vor Gericht im Vordergrund. Die obligatorische Schlichtung und die Güteverhandlung gemäß § 278 Abs. 2 und 3 ZPO dienen diesem Zweck ebenso wie der Appell des § 278 Abs. 1 ZPO, wonach das Gericht in jeder Lage des Verfahrens auf eine gütliche Beilegung des Rechtsstreits oder einzelner Streitpunkte bedacht sein soll.

Güterichter

Der vorläufig letzte Versuch des Gesetzgebers, die einvernehmliche Konfliktlösung zu fördern, ist der sog. Güterichter (§ 278 Abs. 5 ZPO). An diesen kann der zuständige Richter die Parteien für weitere Güteverhandlungen und Güteversuche verweisen. Der Güterichter ist nicht entscheidungsbefugt und kann alle Methoden der Konfliktbeilegung einschließlich der Mediation einsetzen. Die Hoffnung der Mediationsanhänger besteht darin, dass die Beteiligten selbst sachgerechte Lösungen erarbeiten.

Als Betreuer sollte man sich nur auf sachgerechte Lösungen einlassen und nicht davor zurückschrecken, unmissverständlich auf einer gerichtlichen Entscheidung zu bestehen, wenn ein gerechtes Ergebnis anders nicht zu erreichen ist. Weitere Einzelheiten findet man unter: www.justiz.bayern.de/service/gueterichter

1.1.6 Verfahren für geringfügige Forderungen nach der Verordnung (EG) Nr. 861/2007

Hat eine Partei ihren Wohnsitz oder gewöhnlichen Aufenthalt in einem anderen EU-Land, liegen bestimmte Ausnahmen wie z. B. Familienrecht, Arbeitsrecht nicht vor und ist der Streitwert von 5.000 EUR nicht überschritten, kann ein vereinfachtes Verfahren durchgeführt werden. Nähere Informationen finden sich auf der Homepage des Bayerischen Justizministeriums unter: www.justiz.bayern.de/service, Stichwort „EU Verfahren – geringfügige Forderungen", die einschlägigen Formblätter unter: www.e-justice.europa.eu/content_small_claims_forms-498-de.do

1.1.7 Weitere betreuungsrelevante Vorschriften im Zivilprozess

- § 56 ZPO

  Die Frage der Prozessfähigkeit und die Legitimation des gesetzlichen Vertreters (z. B. Identität des Streitgegenstands und des Aufgabenkreises) prüft das Gericht von Amts wegen.

- § 170 Abs. 1 ZPO **Zustellung**

  Zustellung an eine nicht prozessfähige Partei ist unwirksam. Die Zustellung muss deshalb an den gesetzlichen Vertreter (Betreuer) erfolgen.

  Die unter Verstoß gegen § 170 Abs. 1 ZPO erfolgte Zustellung eines Vollstreckungsbescheids an eine aus dem zuzustellenden Titel nicht erkennbar prozessunfähige Partei setzt allerdings die Einspruchsfrist in Gang (*BGH* BtPrax 2014, 141 und FamRZ 2008, 295). Wird innerhalb der Frist kein Einspruch eingelegt, tritt Rechtskraft des Vollstreckungsbescheids ein (§ 705 ZPO).

  Wurde aber der geschäftsunfähige oder mit einem Einwilligungsvorbehalt behaftete Betreute in einem gerichtlichen Verfahren nicht vertreten, wurden ihm die Entscheidungen (z. B. der Vollstreckungsbescheid) persönlich bekannt gegeben, kann im Wege der Nichtigkeitsklage die Wiederaufnahme des Verfahrens erreicht werden (§§ 578, 579 Abs. 1 Nr. 4 ZPO). Der Betreuer muss die Klage vor Ablauf der Notfrist eines Monats erheben. Die Frist für die Erhebung der Klage läuft von dem Tage, an dem bei mangelnder Prozessfähigkeit (des Betreuten) dem gesetzlichen Vertreter das Urteil zugestellt wird (§ 586 Abs. 1 und 3 ZPO). Da eine solche Zustellung (in der Regel) nicht erfolgt ist, wurde die Frist auch noch nicht in Lauf gesetzt. Die Nichtigkeitsklage ist ausschließlich an das Gericht zu richten, das im Prozessverfahren zuständig war; richtet sich die Klage gegen einen Vollstreckungsbescheid, ist das Gericht zuständig, das im Streitverfahren (bei Einlegung des Einspruchs) zuständig gewesen wäre (§ 584 ZPO). Das Verfahren richtet sich nach § 585 ff. ZPO.

- § 241 ZPO

  Solange eine prozessunfähige Partei keinen gesetzlichen Vertreter hat (z. B. bis zur Betreuerbestellung oder Erweiterung des Aufgabenkreises), wird das Verfahren unterbrochen.

- § 373 ff., § 455 Abs. 2 Satz 2 ZPO **Zeuge, Parteivernehmung**

  Führt der Betreuer als gesetzlicher Vertreter das Verfahren, kann er nicht als Zeuge vernommen werden, wohl aber die prozessunfähige Partei. Vertritt der Betreuer eine prozessfähige Person (vgl. § 53 ZPO), kann das Gericht den Betreuten als Partei vernehmen. Der Betreuer kann dann als Zeuge vernommen werden.

Abgabe der Vermögensauskunft

- § 802c ZPO

  Die Abgabe der Vermögensauskunft hat der Betreuer vorzunehmen, wenn der betroffene Betreute prozessunfähig ist oder der Betreuer für den prozessfähigen Betreuten auftritt (§ 53 ZPO); Einzelheiten in Kapitel A 2, Abschnitt 9.

1.2 Begleitung im Verfahren vor den Arbeitsgerichten

Verfahren vor dem Arbeitsgericht

Die Vorschriften über Partei- und Prozessfähigkeit gelten im Verfahren vor dem Arbeitsgericht entsprechend gemäß § 46 Abs. 2 ArbGG. Die Besonderheiten des arbeitsgerichtlichen Verfahrens sollen hier nicht dargestellt werden. Erlaubt sei jedoch der Hinweis auf § 12a ArbGG, wonach auch der obsiegenden Partei im Urteilsverfahren des ersten Rechtszuges kein Anspruch auf Ersatz der Kosten für die Zuziehung eines Prozessbevollmächtigten zusteht.

1.3 Begleitung im Verwaltungsverfahren und vor den Sozial- bzw. Verwaltungsgerichten

Zu den Aufgaben eines Betreuers kann im Rahmen seiner Aufgabenkreise auch die Geltendmachung oder Verteidigung der Rechte des Betreuten vor den Gerichten der Verwaltungs- und Sozialgerichtsbarkeit gehören. Dies erfordert vom Betreuer Kenntnisse unter anderem über das Abfassen von Klageschriften und Klageerwiderungen, über das Formulieren und Stellen von Anträgen und die Vertretung in der mündlichen Verhandlung. Daneben muss er sachgerecht auftreten und auf Hinweise des Gerichts oder der Behörden angemessen reagieren können.

Rolle im Verfahren

1.3.1 Mögliche „Rollen" in einem gerichtlichen Verfahren

Kläger

Diese prozessuale Position kommt am häufigsten vor. Grund hierfür ist, dass Behörden gegenüber dem Bürger hauptsächlich durch Verwaltungsakte verbindlich ein Rechtsverhältnis feststellen oder gestalten.

Beklagter

Diese Rolle fällt einer Privatperson in Verfahren vor den Sozial- bzw. Verwaltungsgerichten nur in seltenen Fällen zu. Hauptgrund hierfür ist, dass einem Sozialleistungsträger regelmäßig das Rechtsschutzbedürfnis für eine Klage fehlt, da er den angestrebten Erfolg (z. B. Rückforderung von Leistungen) auf einfacherem Weg mittels Leistungsbescheid erreichen kann, ohne dass es hierzu einer Klage bedarf.

Beigeladener

Die Beiladung hat den Zweck, Dritte – also weder Kläger noch Beklagten – zu Verfahrensbeteiligten zu machen (§ 63 Nr. 3 VwGO, § 69 Nr. 3 SGG). Grund hierfür ist, dass die Entscheidung ihnen gegenüber zweckmäßig erscheint (sog. einfache Beiladung) oder eine einheitlich bindende Wirkung haben soll (sog. notwendige Beiladung, § 65 Abs. 2 VwGO, § 75 Abs. 2 SGG). Mit dem Beiladungsbeschluss erhalten sie als Verfahrensbeteiligte die Möglichkeit, sich zur Sach- und Rechtslage zu äußern. Nach § 66 VwGO bzw. § 75 Abs. 4 SGG kann ein Beigeladener innerhalb der Anträge eines Beteiligten selbstständig Angriffs- und Verteidigungsmittel geltend machen und alle Verfahrenshandlungen wirksam vornehmen. Abweichende Sachanträge kann er aber nur im Falle der notwendigen Beiladung stellen. Ergeht ein Sachurteil, ist der Beigeladene daran nach § 121 VwGO bzw. § 141 SGG gebunden.

Zeuge/Auskunftsperson

Erfolgt keine Beiladung, kann ein Betreuter oder sein Betreuer im gerichtlichen Verfahren auch noch als Zeuge vernommen oder zur Verhandlung geladen werden, um zur Aufklärung des Sachverhalts beizutragen (§ 180 VwGO, § 111 Abs. 2

SGG). Daneben sind Behörden zur Erteilung von Auskünften und/oder Vorlage von Akten und Urkunden verpflichtet (§ 99 VwGO, § 119 SGG). Das Gericht kann Behördenmitarbeiter, die mit der Angelegenheit befasst waren, zur mündlichen Verhandlung laden, damit sie der Auskunftspflicht nachkommen (§ 95 Abs. 3, § 99 Abs. 1 VwGO, § 111 Abs. 1 SGG).

1.3.2 Vertretung des Betreuten im Verfahren

Vertretung durch Betreuer hat Vorrang!

Die Regelung des § 53 ZPO gilt gemäß § 11 Abs. 3 SGB X auch im Sozialverwaltungsverfahren und über § 12 Abs. 3 VwVfG/BayVwVfG auch für das Verwaltungsverfahren. § 71 Abs. 6 SGG und § 62 Abs. 4 VwGO erklären § 53 ZPO im Sozialgerichtsverfahren und im Verwaltungsgerichtsverfahren ebenfalls für anwendbar. Tritt demnach der Betreuer innerhalb seines Aufgabenkreises als gesetzlicher Vertreter in diesen Verfahren für einen geschäftsfähigen Betreuten auf, bewirkt dies die Prozessunfähigkeit des Betreuten bzw. seine Unfähigkeit, Verfahrenshandlungen vorzunehmen. Dies gilt aber nur für diese konkreten Verfahren.

1.3.3 Grenzen erkennen, professionelle Hilfe organisieren!

Grenzen für den Betreuer

Die gesetzliche Vertretung in den sozial- und verwaltungsgerichtlichen Verfahren wie auch im Verwaltungsverfahren kann den Betreuer im Einzelfall überfordern, so dass er auf professionelle Hilfe zurückgreifen muss. Dabei ist aber das Kostenrisiko zu beachten. Beratungs- oder Prozesskostenhilfe (vgl. Abschnitte 3 und 4) kann dabei weiterhelfen, wenn die finanziellen Mittel nicht ausreichen. Wird die Beauftragung eines Rechtsanwalts erforderlich, sollte man wissen, dass es Fachanwälte für Sozialrecht mit spezieller zusätzlicher Ausbildung gibt.

2. Begleitung in Ermittlungs- und Strafverfahren

2.1 Straf- und Ermittlungsverfahren gegen den Betreuten

2.1.1 Erstmaßnahmen des Betreuers

Ermittlungs- und Strafverfahren

Erfährt ein Betreuer, dass ein Ermittlungsverfahren gegen den Betreuten durchgeführt wird, sollte er der Polizei und nach Abgabe des Verfahrens der Staatsanwaltschaft sofort mitteilen, dass eine Betreuung angeordnet wurde, welche Aufgabenkreise festgelegt wurden und bei welchem Betreuungsgericht unter welchem Aktenzeichen das Betreuungsverfahren geführt wird.

Außerdem wird der Betreuer sich mit dem Betreuten besprechen und in geeigneten Fällen die Bestellung eines Verteidigers veranlassen.

2.1.2 Betreuungsrechtlich relevante Besonderheiten des Strafverfahrens

Schuldfähigkeit

Die geistigen Beeinträchtigungen, die zur Anordnung einer Betreuung geführt haben, sind regelmäßig auch für die Frage der Schuldfähigkeit von Bedeutung. Schuldunfähig ist gemäß § 20 StGB, wer bei Begehung der Tat wegen einer krankhaften seelischen Störung, einer tiefgreifenden Bewusstseinsstörung oder wegen Schwachsinns oder einer schweren anderen seelischen Abartigkeit unfähig ist, das Unrecht der Tat einzusehen oder nach dieser Einsicht zu handeln. In der Regel werden die Ermittlungsbehörden auf die Betreuungsakten und die darin enthaltenen Gutachten zurückgreifen wollen, um ein möglichst umfassendes Bild des Beschuldigten zu bekommen. Zur Frage, in welchem Umfang Akteneinsicht gewährt werden kann, vgl. Kapitel A 5, Abschnitt 1.5 „Akteneinsicht durch nicht am Verfahren beteiligte Behörden“.

Folgen der Schuldunfähigkeit

Unterbringung

Steht fest, dass eine Straftat im Zustand der Schuldunfähigkeit (§ 20 StGB) oder der verminderten Schuldfähigkeit (§ 21 StGB) begangen wurde, ordnet das Gericht die Unterbringung in einem psychiatrischen Krankenhaus an, wenn von dem Täter infolge seines Zustandes erhebliche rechtswidrige Taten zu erwarten sind und er deshalb für die Allgemeinheit gefährlich ist. Bei Suchtkranken kommt darüber hinaus eine Unterbringung in einer Entziehungsanstalt in Betracht gemäß § 64 StGB. In schwerwiegenden Fällen kann auch vor der rechtskräftigen Verurteilung eine einstweilige Unterbringung angeordnet werden (§ 126a StPO). Der anordnende Beschluss muss nach § 126a Abs. 4 StPO auch dem Betreuer oder einem mit einer Vorsorgevollmacht (§ 1906 Abs. 5 BGB ausgestatteten Vertreter) bekannt gegeben werden.

Verfahrensablauf

Die Voraussetzungen einer Unterbringung nach den §§ 63, 64 StGB liegen insbesondere im Bereich der einfachen und mittleren Kriminalität häufig nicht vor, da das Gesetz die Erwartung erheblicher rechtswidriger Taten verlangt. Das Verfahren wird dann bei Schuldunfähigkeit gemäß § 170 Abs. 2 StPO eingestellt.

Einstellung gemäß §§ 153, 153a StPO

Ist die Schuldfähigkeit nur vermindert gemäß § 21 StGB oder nicht eingeschränkt, kann bei geringer Schuld von einer Erhebung der öffentlichen Klage gemäß § 153 StPO abgesehen oder gegen Zahlung einer Geldauflage, Erbringung gemeinnütziger Leistungen oder nach einem Täter-Opfer-Ausgleich das Verfahren gemäß § 153a StPO eingestellt werden.

Anklage, Strafbefehl

Scheiden diese Möglichkeiten aus, wird der Staatsanwalt einen Strafbefehl beantragen oder Anklage erheben. Wird der Strafbefehl vom Amtsgericht erlassen, kann der Betreute binnen zwei Wochen ab Zustellung Einspruch einlegen mit der Folge, dass eine Hauptverhandlung durchgeführt wird. Nach Ablauf der Einspruchsfrist wird die im Strafbefehl ausgesprochene Verurteilung rechtskräftig.

Eine vom Staatsanwalt erhobene Anklage wird nach Prüfung vom Gericht zugelassen und die Hauptverhandlung durchgeführt.

2.1.3 Beteiligung des Betreuers im Ermittlungs- und Strafverfahren

Der Betreuer als gesetzlicher Vertreter

Rechte des gesetzlichen Vertreters im Strafprozess

Im Strafprozess werden dem gesetzlichen Vertreter umfangreiche Möglichkeiten eingeräumt. Der Betreuer kann bei entsprechendem Aufgabenkreis als gesetzlicher Vertreter im Straf- bzw. Ermittlungsverfahren gemäß …

- § 137 Abs. 2 StPO
  selbstständig einen bis maximal drei Verteidiger für den Betreuten wählen und zwar unabhängig von dessen Willen
- § 149 Abs. 2 StPO
  als Beistand zugelassen werden
- § 149 Abs. 2 StPO
  verlangen, dass er angehört wird
- § 149 Abs. 2 StPO
  Zeit und Ort der Hauptverhandlung rechtzeitig erfahren
- §§ 298, 330 StPO
  selbstständig Rechtsmittel einlegen
- §§ 410 Abs. 1 Satz 2, 298 StPO
  Einspruch gegen einen Strafbefehl einlegen unabhängig davon, ob er ihm gemäß § 409 Abs. 2 StPO mitgeteilt wurde

Tätigwerden im Strafverfahren?

Eine gesetzliche Vertretung durch den Betreuer im Strafverfahren wird aber in der Regel schon am fehlenden Aufgabenkreis scheitern (vgl. *Kay Lütgens*, BdB Verbandszeitung 36/2001, 28; *OLG Dresden*, Beschluss vom 5. 2. 2015, Az. 2 OLG 21 Ss 734/14). Es müsste entweder der Betreuer zur Erledigung aller Angelegenheiten bestellt worden oder aber speziell der Aufgabenkreis Vertretung in Straf- und Ermittlungsverfahren bestimmt sein. Letzteres dürfte aber sehr selten vorkommen. Es wird daher nicht genügen, wenn der „Tatvorwurf oder die zu erwartende Sanktion einen Bezug zum Aufgabenkreis des Betreuers hat" (vgl. *Münchner Kommentar* BGB § 1896 Rn. 101; a. A. also spezielle Bestellung für das Strafverfahren, *OLG Hamm* FamRZ 2007, 1841).

Pflichtverteidigung

Dabei ist zu berücksichtigen, dass gerade im Strafprozess andere Hilfen greifen. Es kann nämlich bzw. muss sogar ein Wahl- oder Pflichtverteidiger für den Betreuten tätig werden. In dem umfangreichen Katalog der Fälle notwendiger Verteidigung (§ 140 StPO) steht in Abs. 2 Satz 1, dass ein Pflichtverteidiger erforderlich ist, wenn ersichtlich ist, dass sich der Beschuldigte nicht selbst verteidigen kann. Kann er sich aber selbst verteidigen, dann steht auch fest, dass er insoweit seine Angelegenheiten selbst besorgen kann und somit dieser Aufgabenkreis wegen § 1896 Abs. 2 BGB nicht angeordnet werden dürfte. Eine ausreichende Wahrnehmung der Rechte des Betreuten ergibt sich also entweder aus seiner eigenen Kompetenz oder aber aus der Verpflichtung des Gerichts, ihm einen Pflichtverteidiger zu bestellen (vgl. dazu *BGH* BtPrax 2013, 78 LS).

In der Regel keine Vertretung in Straf- und Ermittlungsverfahren

Bei einem umfassenden Aufgabenkreis kann sich der Betreuer auf § 1901 Abs. 1 BGB berufen, da die Vertretung im Straf- und Ermittlungsverfahren im Hinblick auf die Pflichtverteidigung nicht erforderlich ist und bei fehlendem Aufgabenkreis kann sich der Betreuer gegen eine geplante Erweiterung wenden unter Hinweis auf § 1896 Abs. 2 BGB.

Soweit die StPO dem Betreuer als gesetzlichen Vertreter Verfahrensrechte nicht ausdrücklich zuweist, stehen ihm keine Möglichkeiten zu, auf das Strafverfahren Einfluss zu nehmen. Der BGH weist zu Recht darauf hin, dass sich das „Strafverfahrensrecht" von der im sachlichen Geltungsbereich der Zivilprozessordnung gemäß §§ 51 Abs. 1, 53 i. V. m. §§ 1902, 1903 BGB geltenden Rechtslage, wonach der Betreuer in seinem gerichtlich festgelegten Aufgabenkreis der gesetzliche Vertreter des Betreuten auch vor Gericht ist, unterscheide. Die Wahrnehmung der Interessen des Angeklagten im Strafverfahren liege somit allein in den Händen des – notwendigen (§ 140 StPO) – Verteidigers.

Wenn dagegen der 4. Strafsenat des *BGH* (NStZ 2008, 524) eine Anwendung z. B. des § 149 Abs. 2 StPO generell ablehnen will, weil eine Betreuung nicht zu einer Geschäftsunfähigkeit des Betreuten führe und der Betreuer daher auch kein gesetzlicher Vertreter sei, wird die Regelung des § 1902 BGB verkannt. Schließlich vertritt der Betreuer in seinem Aufgabenkreis den Betreuten gerichtlich und außergerichtlich und zwar unabhängig davon, ob der Betreute geschäftsfähig ist. Diese gesetzliche Vertretung ist zwingend und gilt auch gegenüber Gerichten aller Art (*Schwab,* Münchner Kommentar § 1902 BGB Rn. 2).

Sinnvoll erscheint auch die Regelung des § 298 Abs. 1 StPO, die dem Betreuer – bei entsprechendem Aufgabenkreis – die eigenständige Befugnis einräumt, ein Rechtsmittel einzulegen. Das bietet sich an, wenn der Betreuer „besser im Stande ist, eine den wahren Interessen des unter Vertretungsmacht stehenden Beschuldigten gerecht werdende Entscheidung zu treffen". Dieses Rechtsmittel des Betreuers lässt die Befugnis des Betreuten, als Angeklagter von einem Rechtsmittel Gebrauch zu machen, unberührt. Der Betreuer kann daher den Verteidiger nicht ermächtigen (vgl. § 302 Abs. 2 StPO) ein für den Beschuldigten eingelegtes Rechtsmittel zurückzunehmen (*BGH*, Beschluss vom 6. 7. 2016, Az. 4 StR 149/16).

Praxis TIPP

Der Betreuer sollte sich darauf beschränken, Polizei, Staatsanwaltschaft und Gericht umfassend über die krankheitsbedingten Defizite des Betreuten zu informieren. Im Einzelfall (z. B. schwierige Beweislage, Gefährlichkeit des Betreuten oder bei einem besonders schweren Tatvorwurf) sollte der Betreuer die Dienste eines Rechtsanwalts in Anspruch nehmen, der die aus seiner Sicht notwendigen Informationen im Interesse des Betreuten aufbereiten und dem Gericht bzw. den Ermittlungsbehörden übermitteln kann.

2.1.4 Der Betreuer als Zeuge

Zeugnisverweigerungsrecht des Betreuers

Allein aufgrund der Bestellung als Betreuer ergeben sich keine Möglichkeiten, die Aussage zu verweigern und es besteht auch kein legitimes Bedürfnis, das Vertrauensverhältnis zu schützen, wenn es um die Verfolgung von Straftaten geht. Zur Verweigerung des Zeugnisses sind aber gemäß § 52 StPO diejenigen Betreuer berechtigt, die in einem bestimmten Verhältnis zum Betreuten stehen und zwar:

- der Verlobte oder die Person, mit der der Betreute ein Versprechen eingegangen ist, eine Lebenspartnerschaft zu begründen;
- der Ehegatte, auch wenn die Ehe nicht mehr besteht;
- der Lebenspartner, auch wenn die Lebenspartnerschaft nicht mehr besteht;
- wer mit dem Betreuten in gerader Linie verwandt oder verschwägert, in der Seitenlinie bis zum dritten Grad verwandt oder bis zum zweiten Grad verschwägert ist oder war.

2.1.5 Zulassung als Verteidiger gemäß § 138 Abs. 2 StPO

Zulassung als Verteidiger?

Grundsätzlich könnte der Betreuer mit Genehmigung des Gerichts als Verteidiger zugelassen werden, wobei dies im Fall notwendiger Verteidigung nur zusammen mit einem Rechtsanwalt erfolgen kann. Davon ist jedoch abzuraten. Der Betreuer hat in der Regel nicht die fachliche Kompetenz, um den Betreuten richtig zu beraten etwa im Hinblick auf sein Aussageverhalten oder die Stellung von Beweisanträgen. Ist der Betreute mit dem Ergebnis der Verteidigung nicht zufrieden, wird es häufig zu Vorwürfen kommen und die für eine erfolgreiche Betreuung erforderliche Vertrauensbasis kann dabei sehr schnell verloren gehen.

2.1.6 Zulassung als Beistand gemäß § 149 StPO

Die Zulassung als Beistand führt zu wichtigen Rechten im Strafverfahren (vgl. oben Abschnitt 2.1.3). Ist der Betreuer zugleich Ehegatte oder Lebenspartner des angeklagten Betreuten, muss er ohne Wenn und Aber als Beistand zugelassen werden. Ansonsten schlüpft der Betreuer in dieselbe Rolle nur, wenn er aufgrund seines Aufgabenkreises für dieses Verfahren „gesetzlicher Vertreter" ist (s. o. und *Elzer* BtPrax 2000, 139). Sieht sich der Angeklagte im Strafverfahren einem „Adhäsionsverfahren" (s. Abschnitt 2.2.4) ausgesetzt, dann dürfte der Aufgabenkreis „Vermögensverwaltung" genügen, da es um eine Forderung gegen den Betreuten geht. Den Betreuten auf seinen „Verteidiger" zu verweisen dürfte hier wohl nicht zielführend sein, da dieser in der Regel nicht den erforderlichen Überblick über die Vermögensverhältnisse des Angeklagten haben kann (a. A. *BGH*, BtPrax 2013, 78 LS).

2.2 Straf- und Ermittlungsverfahren gegen Dritte

2.2.1 Der Betreute als Zeuge

Der Betreute kann mit dem Problem konfrontiert werden, dass er Opfer einer Straftat wird und/oder als Zeuge auftreten muss.

Kann der Betreute aufgrund seiner Behinderung zeugnisunfähig sein?

Zeugenpflicht des Betreuten

Jeder, der über seine Wahrnehmungen vor Gericht berichten kann, unterliegt der Pflicht, vor Gericht als Zeuge zu erscheinen und auszusagen. Eine generelle Zeugnisunfähigkeit gibt es daher nicht. Ergeben sich Anhaltspunkte für eine Einschränkung der Wahrnehmungs-, Erinnerungs- und Wiedergabefähigkeit, kann das Gericht einen Sachverständigen beiziehen, der die Glaubwürdigkeit des Zeugen begutachten kann.

Kann sich der Betreute auf Zeugnisverweigerungsrechte berufen?

Entscheidung über eine Zeugnisverweigerung

Die unter Abschnitt 2.1.3 für den Betreuer dargestellten Zeugnisverweigerungsrechte gelten auch für den Betreuten. Hat der Betreute wegen einer psychischen Krankheit oder einer geistigen oder seelischen Behinderung von der Bedeutung des Zeugnisverweigerungsrechts keine genügende Vorstellung, so darf er nur vernommen werden, wenn er zur Aussage bereit ist und auch der Betreuer als gesetzlicher Vertreter der Vernehmung zustimmt (§ 52 Abs. 2 Satz 1 StPO). In der Regel muss aber zunächst der Aufgabenkreis erweitert werden, damit der Betreuer entscheiden kann.

Besteht ein Zeugnisverweigerungsrecht, dürfen auch Untersuchungen und Entnahmen von Blutproben verweigert werden. Auch hier entscheidet der gesetzliche Vertreter, wenn der Betreute von der Bedeutung des Zeugnisverweigerungsrechts keine genügende Vorstellung hat (vgl. § 81c Abs. 3 StPO).

Im Vordergrund steht bei diesen Entscheidungen selbstverständlich das Wohl des Betreuten. Das Interesse an der Wahrheitsfindung kann aber gerade dann eine wichtige Rolle spielen, wenn der Betreute Opfer einer Straftat war.

2.2.2 *Strafanträge für den Betreuten*

Strafanträge

In zahlreichen Fällen findet eine Strafverfolgung nur statt, wenn der Geschädigte Strafantrag stellt. Bei einigen dieser Tatbestände kann aber der Staatsanwalt das besondere öffentliche Interesse an der Strafverfolgung bejahen, so dass kein Strafantrag gestellt werden muss. Antragsdelikte sind z. B. die vorsätzliche und fahrlässige Körperverletzung, Diebstahl, Betrug und Unterschlagung geringwertiger Sachen, der Hausfriedensbruch und die Beleidigungstatbestände.

Der sog. Haus- und Familiendiebstahl

§ 247 StGB lässt eine Strafverfolgung nur auf Antrag zu, wenn durch einen Diebstahl oder eine Unterschlagung ein Angehöriger, der Vormund oder der Betreuer verletzt wurde oder der Verletzte mit dem Täter in häuslicher Gemeinschaft lebt. Durch Verweisung in den §§ 259 Abs. 2, 263 Abs. 4, 263a Abs. 2, 266 Abs. 2 StGB gilt dies auch für Hehlerei, Betrug, Computerbetrug und Untreue. Angehörige sind gemäß § 11 Abs. 1 Nr. 1 a und b StGB:

- Verwandte und Verschwägerte in gerader Linie
- der Ehegatte, der Lebenspartner, der Verlobte, auch im Sinne des Lebenspartnerschaftsgesetzes
- Geschwister, Ehegatten oder Lebenspartner der Geschwister
- Geschwister der Ehegatten oder Lebenspartner, auch wenn die Ehe oder die Lebenspartnerschaft, welche die Beziehung begründet hat, nicht mehr besteht oder wenn die Verwandtschaft oder Schwägerschaft erloschen ist
- Pflegeeltern und Pflegekinder

Pflegeeltern und Pflegekinder

Die Begriffe Pflegeeltern und Pflegekinder sind nicht eindeutig geregelt. Die sozialrechtlichen Begriffe der Familienpflege, Vollzeitpflege und Pflegeperson sind für den Bereich des Strafrechts zu eng. Darüber hinaus sind die Fälle relevant, in denen bei der Pflege von Kindern losgelöst vom Sozialrecht eine „familienähnliche Beziehung" besteht. Das *BVerfG* hat hierzu den Begriff „sozial-familiäre Beziehung" bzw. „Verantwortungsgemeinschaft" geprägt, um den Schutzbereich des Art. 6 Abs. 1 GG zu eröffnen bzw. der EuGHMR die „de-facto-Familie", bei der es maßgeblich auf die Familienbande ankomme, damit der Schutzbereich des „Familienlebens" gemäß Art. 8 Abs. 1 EMRK zur Anwendung kommt.

Antragsfrist

Die Antragsfrist beträgt drei Monate. Für den geschäftsunfähigen bzw. in der Geschäftsfähigkeit beschränkten Verletzten kann der Betreuer als gesetzlicher Vertreter (§ 1902 BGB) den Strafantrag stellen (§§ 77 Abs. 3, 77b StGB).

Aufgabenkreis Dabei ist zu prüfen, ob der Aufgabenkreis diesen Bereich umfasst. Sicher ist dies natürlich der Fall bei dem umfassenden Aufgabenkreis „alle Angelegenheiten". Ebenso befindet man sich auf der sicheren Seite, wenn die Stellung eines möglichen Strafantrags als konkrete Aufgabe ausdrücklich benannt wird oder die „Sorge für die Person" bzw. die „Erledigung persönlicher Angelegenheiten". Streitig ist die Kompetenz, wenn nur „Vermögenssorge" oder „Vertretung gegenüber Behörden" angeordnet wurde. Nach der überwiegenden Meinung in der Rechtsprechung genügen diese Aufgabenbereiche nicht (vgl. *BGH* FamRZ 2014, 1697; *OLG Celle* BtPrax 2012, 121; a. A. *LG Ravensburg* FamRZ 2001, 937 und *Böhm* FamRZ 2014, 1827 m. w. N.).

Ausschluss des Betreuers Ist der Betreuer selbst Beschuldigter, ist er ausgeschlossen und es muss ein neuer Betreuer bestellt werden (*OLG* Celle a. a. O.).

Die Frist beginnt mit Ablauf des Tages, an dem der Berechtigte von der Tat und der Person des Täters Kenntnis erlangt. Für den Antrag des Betreuers als gesetzlicher Vertreter kommt es auf den Zeitpunkt der Kenntnis des Betreuers an (§ 77b Abs. 2 Satz 3 StGB).

Die Entscheidung, ob für den Betreuten Strafantrag gestellt wird, ist gerade bei nahen Angehörigen sehr schwierig zu treffen. Bei der notwendigen Abwägung muss berücksichtigt werden, dass der künftige Kontakt zu den Angehörigen und die Integration in die Familie wichtige Faktoren sind, die sich auf die Lebensqualität des Betreuten auswirken können. Auf der anderen Seite darf der Betreute insbesondere im Hinblick auf seine Behinderung nicht zum Freiwild und zum Objekt der Ausbeutung werden. Der Betreuer muss daher zum einen dem Betreuten den nötigen Respekt verschaffen, sollte aber auch nicht alle Brücken abbrechen.

Täter-Opfer-Ausgleich Im Bereich der einfachen Kriminalität kann das Institut des Täter-Opfer-Ausgleichs (vgl. § 46a StGB, § 155a StPO) wertvolle Dienste leisten. Diese Möglichkeit sollte mit dem Staatsanwalt oder vor Gericht besprochen werden.

2.2.3 Nebenklage des Betreuten

Nebenklage War der Betreute Opfer einer Straftat, die in dem Katalog des § 395 Abs. 1 StPO aufgeführt ist, insbesondere einer Sexualstraftat oder eines Körperverletzungsdelikts, kann er sich der Anklage als Nebenkläger anschließen. Für den nicht prozessfähigen Betreuten muss der Betreuer die Zulassung der Nebenklage beantragen und zwar schriftlich bei Gericht.

Bestellung eines Beistands gemäß § 397a StPO Liegt eine der in § 397a Abs. 1 StPO aufgeführten Katalogtaten wie z. B. Sexualstraftaten und versuchte vorsätzliche Tötungsdelikte vor, wird dem Nebenkläger auf Antrag ein Rechtsanwalt als Beistand bestellt. Kann er seine Interessen ersichtlich nicht selbst ausreichend wahrnehmen, gilt dies auch für Straftaten aus dem Katalog des § 397a Abs. 1 Nr. 5 StPO. Die Auswahl des Rechtsanwalts regelt § 142 StPO.

Prozesskostenhilfe für Rechtsanwalt gemäß § 397a Abs. 2 StPO Auch wenn diese Voraussetzungen nicht vorliegen, die Sach- oder Rechtslage schwierig ist oder der Betreute seine Interessen selbst nicht ausreichend wahrnehmen kann oder dies ihm nicht zuzumuten ist, kann ihm für die Zuziehung eines Rechtsanwalts Prozesskostenhilfe gewährt werden.

2.2.4 Rechte des Verletzten außerhalb der Nebenklage

Im Übrigen kann ein nicht zur Nebenklage berechtigter Verletzter auf eigene Kosten einen Rechtsanwalt beauftragen, der seine Rechte wahrnehmen kann (§ 406f StPO). Als Verletzter kann der Betreute gegen den Beschuldigten „einen aus der Straftat erwachsenen vermögensrechtlichen Anspruch" im Strafverfahren geltend machen. Auf diese Weise kann z. B. ein Schmerzensgeldanspruch wie in einem Zivilprozess durchgesetzt werden. Die Einzelheiten ergeben sich aus den §§ 403–406c StPO. Der Betreuer sollte sich je nach Fallgestaltung vom bestellten Verteidiger oder einem Rechtsanwalt beraten lassen, wenn er sich nicht selbst als Beistand einbringen will.

Diese Erläuterungen stellen nur die Grundzüge einer sehr komplexen Regelung dar, so dass sich der Betreuer bei der Rechtsantragsstelle beraten lassen sollte.

2.2.5 *Hinweispflichten der Ermittlungsbehörden nutzen!*

Umfassende Hinweispflichten der Ermittlungsbehörden

Verletzte sind gemäß § 406i StPO „möglichst frühzeitig, regelmäßig schriftlich und soweit möglich in einer für sie verständlichen Sprache auf ihre aus den §§ 406d–406g folgenden Befugnisse" und insbesondere auf folgende Möglichkeiten hinzuweisen:

- Nebenklageanschluss
- Antrag nach § 397a StPO (Bestellung eines anwaltlichen Beistands oder Prozesskostenhilfe für dessen Hinzuziehung)
- Geltendmachung eines aus der Straftat erwachsenen vermögensrechtlichen Anspruchs im Strafverfahren (sog. Adhäsionsverfahren)
- Geltendmachung eines Versorgungsanspruchs nach Maßgabe des Opferentschädigungsgesetzes
- Antrag auf Erlass von Anordnungen gegen den Beschuldigten nach Maßgabe des Gewaltschutzgesetzes
- Unterstützung und Hilfe durch Opferhilfeeinrichtungen etwa in Form einer Beratung oder einer psychosozialen Prozessbegleitung

In der Regel wird den Geschädigten bei der Vernehmung durch die Polizei ein entsprechendes Formblatt ausgehändigt. Der Betreuer sollte anhand dieses Formblatts zusammen mit dem geschädigten Betreuten alle Möglichkeiten erörtern, um seine Rechte im Strafprozess optimal zu gestalten. Nähere Einzelheiten über die Rechte und Pflichten als Zeugen bzw. Geschädigte einer Straftat finden Sie in der Broschüre „Als Zeuge vor Gericht", abrufbar unter: www.justiz.bayern.de/service/zeugenbetreuung

2.3 Straf- und Ermittlungsverfahren gegen den Betreuer

Querulatorische, krankheitsbedingte Anzeigen

Auch ein Betreuer, der rechtschaffen und redlich seine Tätigkeit für den Betreuten ausübt, gerät in die Gefahr, von dem Betreuten angezeigt zu werden. Krankheitsbedingte Wahnvorstellungen führen manchmal zu abenteuerlichen Vorwürfen, die von den Ermittlungsbehörden bearbeitet werden müssen. Häufig sind diese Anzeigen so sehr vom Krankheitsbild geprägt, dass das Verfahren ohne weitere Ermittlungen von der Staatsanwaltschaft eingestellt werden kann. Werden aufgrund derartiger Anzeigen Ermittlungen geführt, sollte der Betreuer auf keinen Fall emotional reagieren und die Vorwürfe empört und pauschal zurückweisen. Vielmehr sollte er ruhig und sachlich die Fakten darstellen und auf das Krankheitsbild hinweisen.

Auch von dritter Seite werden oft Vorwürfe erhoben. Verwandte, die bei der Betreuerbestellung übergangen werden mussten und nunmehr um ihr künftiges Erbe fürchten, greifen häufig zu dem Mittel einer Strafanzeige.

Praxis TIPP

Ein Betreuer sollte sich nicht in die passive Rolle des Angegriffenen drängen lassen. Auch hier gilt es, ruhig und sachlich die Vorwürfe zu entkräften. Fehler oder Säumnisse sollten ohne Bagatellisierung eingeräumt werden. Wer die Fakten vollständig und ehrlich auf den Tisch legt, wird bei redlichem Verhalten nichts zu befürchten haben.

In besonders gravierenden Fällen sollte auch an einen Betreuerwechsel gedacht werden. Ein ehrenamtlicher Betreuer, der sich den ständigen Vorwürfen des Betreuten nicht mehr gewachsen fühlt, sollte sich bei der Betreuungsbehörde oder beim Betreuungsgericht beraten lassen. Häufig bleibt dann nur noch die Möglichkeit, einen erfahrenen Berufsbetreuer zu bestellen.

3. Beratungshilfe

Beratungshilfe

Das Gesetz über Rechtsberatung und Vertretung für Bürger mit geringem Einkommen (Beratungshilfegesetz – BerHG) sieht vor, dass sich Bürger, die finanziell weniger gut gestellt sind, kostenlos in außergerichtlichen Angelegenheiten und im obligatorischen Güteverfahren (§ 15a EGZPO) beraten und – soweit erforderlich – vertreten lassen können. In Strafsachen und bei Ordnungswidrigkeiten findet nur Beratung statt (§ 2 Abs. 2 Satz 2 BerHG).

3.1 Voraussetzungen für die Gewährung von Beratungshilfe

Beratungshilfe erhält,

Voraussetzungen gemäß § 1 BerHG

- wer die für eine Beratung oder Vertretung erforderlichen Mittel nach seinen persönlichen und wirtschaftlichen Verhältnissen nicht aufbringen kann.

  Die mangelnde Leistungsfähigkeit bemisst sich nach den Vorschriften über die Prozess-/Verfahrenskostenhilfe. Sie ist erfüllt, wenn der Ratsuchende danach keine monatliche Rate zu leisten hätte (vgl. Abschnitt 4)

- wem nicht andere Möglichkeiten für eine solche Hilfe zur Verfügung stehen, deren Inanspruchnahme zumutbar ist.

  Hierunter fällt z. B. die Inanspruchnahme von Leistungen einer Rechtsschutzversicherung oder eine kostenlose Beratung durch einen Verband oder eine Organisation, bei der der Ratsuchende Mitglied ist (Mieterverein, Gewerkschaft, VdK etc.). Gleiches gilt, wenn der Arbeitgeber sich zur Übernahme der Kosten bereit erklärt hat.

- wessen beabsichtigte Wahrnehmung seiner Rechte nicht mutwillig ist.

  Mutwilligkeit liegt gemäß § 1 Abs. 3 Satz 1 BerHG vor, „wenn Beratungshilfe in Anspruch genommen wird, obwohl ein Rechtsuchender, der keine Beratungshilfe beansprucht, bei verständiger Würdigung aller Umstände der Rechtsangelegenheit davon absehen würde, sich auf eigene Kosten rechtlich beraten oder vertreten zu lassen. Bei der Beurteilung der Mutwilligkeit sind die Kenntnisse und Fähigkeiten des Antragstellers sowie seine besondere wirtschaftliche Lage zu berücksichtigen."

3.2 Anwendungsbereich und Beratungspersonen

Anwendungsbereich

Seit 1. 4. 2014 wird Beratungshilfe in allen rechtlichen Angelegenheiten gewährt, § 2 Abs. 2 Satz 1 BerHG, sofern nicht ausländisches Recht bei einem Sachverhalt, der keinen Bezug zum Inland ausweist, zur Anwendung kommt.

Berater gemäß § 3 BerHG

Die Beratung und Vertretung nehmen im Regelfall Rechtsanwälte und durch Rechtsbeistände, die Mitglied einer Rechtsanwaltskammer sind, wahr, die hierzu grundsätzlich verpflichtet sind.

Das Amtsgericht selbst kann die Beratungshilfe gewähren, soweit dem Anliegen durch eine sofortige Auskunft, einen Hinweis auf andere Möglichkeiten für Hilfe oder durch Aufnahme eines Antrags oder einer Erklärung entsprochen werden kann. Das erfolgt regelmäßig durch die Rechtsantragstellen bei den Amtsgerichten.

Im Rahmen der ihnen eingeräumten Befugnis zur Rechtsberatung kann sie zusätzlich erfolgen durch:

- Steuerberater und Steuerbevollmächtigte
- Wirtschaftsprüfer und vereidigte Buchprüfer
- Rentenberater

3.3 Ablauf des Verfahrens

Antrag gemäß § 4 BerHG

Der Antrag kann mündlich oder schriftlich beim Amtsgericht gestellt werden. Die Bearbeitung erfolgt durch den funktionell zuständigen Rechtspfleger, § 24a RpflG. Anlaufstellen sind dabei die bei den Amtsgerichten eingerichteten „Rechtsantragstellen". Örtlich zuständig ist das Amtsgericht, in dessen Bezirk der Rechtsuchende seinen Gerichtsstand (Wohnort bei Privatpersonen) hat oder bei Rechtsuchenden ohne allgemeinen Gerichtsstand das Amtsgericht, in dessen Bezirk das Bedürfnis für Beratungshilfe auftritt. Es ist auch möglich, sich unmittelbar an einen Rechtsanwalt seiner Wahl zu wenden; dieser muss den Antrag an das zuständige Amtsgericht binnen eines Monats nach Beginn der Beratungstätigkeit weiterleiten, § 6 Abs. 2 BerHG.

Dem Antrag sind Belege zur Überprüfung der persönlichen und wirtschaftlichen Verhältnisse beizufügen. Ferner muss der Antragsteller erklären, dass ihm in derselben Angelegenheit Beratungshilfe bisher weder gewährt noch durch das Gericht versagt worden ist und dass in derselben Angelegenheit kein gerichtliches Verfahren anhängig ist oder war. Für den Antrag auf Bewilligung von Beratungshilfe gibt es ein bundesweit einheitliches Formular (Anlage 1 zur Beratungshilfeformularverordnung – BerHFV). Die Unterlagen sind bei jedem Amtsgericht erhältlich oder im Justizportal des Bundes und der Länder (www.justiz.de/formulare/index.php) herunterzuladen. Nach § 11 BerHG i. V. m. der BerHFV ist die Verwendung zwingend vorgeschrieben, sofern der Antragsteller den Antrag nicht mündlich stellt.

Gemäß § 4 Abs. 4 BerHG kann das Gericht „verlangen, dass der Rechtsuchende seine tatsächlichen Angaben glaubhaft macht und auch die Abgabe einer Versicherung an Eides statt fordern. Es kann Erhebungen anstellen, insbesondere die Vorlegung von Urkunden anordnen und Auskünfte einholen. Zeugen und Sachverständige werden nicht vernommen." Kommt der Antragsteller innerhalb einer ihm vom Gericht gesetzten Frist den Forderungen nicht nach, lehnt das Gericht die Bewilligung von Beratungshilfe ab.

3.4 Entscheidung des Gerichts, Erinnerung

Berechtigungsschein

Liegen die Voraussetzungen für die Gewährung von Beratungshilfe vor, stellt das Amtsgericht – sofern es nicht selbst die Beratung vornimmt – dem Rechtsuchenden für die genau bezeichnete Angelegenheit einen sogenannten Berechtigungsschein für Beratungshilfe (Anlage 2 zur BerHFV) durch einen Rechtsanwalt oder eine sonstige Beratungsperson seiner Wahl aus.

Wird der Antrag zurückgewiesen oder wird die Bewilligung von Amts wegen oder auf Antrag der Beratungsperson aufgehoben, kann dagegen nur die Erinnerung erhoben werden (§ 7 BerHG, §§ 11 Abs. 2 bis 4, 24a RPflG).

3.5 Aufhebung der Bewilligung

Die Bewilligung kann gemäß § 6a BerHG unter folgenden Voraussetzungen aufgehoben werden:

- Von Amts wegen, wenn die Voraussetzungen für die Beratungshilfe zum Zeitpunkt der Bewilligung nicht vorgelegen haben und seit der Bewilligung nicht mehr als ein Jahr vergangen ist.
- Auf Antrag der Beratungsperson, wenn der Rechtsuchende aufgrund der Beratung oder Vertretung, für die ihm Beratungshilfe bewilligt wurde, etwas erlangt hat. Der Antrag kann nur gestellt werden, wenn die Beratungsperson
  - noch keine Beratungshilfevergütung nach § 44 Satz 1 RVG beantragt hat und
  - den Rechtsuchenden bei der Mandatsübernahme auf die Möglichkeit der Antragstellung und der Aufhebung der Bewilligung sowie auf die sich für die Vergütung nach § 8a Abs. 2 RVG ergebenden Folgen in Textform hingewiesen hat oder
  - wenn der Rechtsuchende aufgrund des Erlangten die Voraussetzungen hinsichtlich der persönlichen und wirtschaftlichen Verhältnisse für die Bewilligung von Beratungshilfe nicht mehr erfüllt.

3.6 Kosten für den Antragsteller

15 EUR Gebühr

Wird die Beratungshilfe durch eine Beratungsperson gewährt, so kann die Beratungsperson gemäß Nr. 2500 des Vergütungsverzeichnisses zum Rechtsanwaltsvergütungsgesetz eine Gebühr in Höhe von 15 EUR verlangen. Allerdings muss diese „Praxisgebühr" nicht verlangt werden. Weitere Kosten der Beratungshilfe fallen für den Antragsteller nicht an und werden in aller Regel von der Staatskasse getragen.

4. Prozesskostenhilfe, Verfahrenskostenhilfe

4.1 Allgemeines zur Prozess- und Verfahrenskostenhilfe

Prozesskostenhilfe

Die mitunter geäußerte Ansicht „das Recht stehe auf der Seite der Reichen" sollte in einem freiheitlichen Rechtsstaat fehl am Platz sein. Jeder Rechtsstreit vor einem Gericht kostet Geld und birgt das Risiko des Unterliegens in sich. Dies gilt sowohl hinsichtlich der Gerichtskosten als auch der eigenen und der gegnerischen Anwaltskosten. Wenn auch z. B. in Sozialrechtsverfahren grundsätzlich keine Verwaltungs- und Gerichtskosten (Gebühren und Auslagen) anfallen, ist im Klageverfahren oft eine Vertretung durch einen Rechtsanwalt oder sonstigen Bevollmächtigten sinnvoll oder (z. B. in Berufungsverfahren) gesetzlich vorgeschrieben.

Anspruch auf „Rechtsschutzgleichheit"

In einem sozialen Rechtsstaat muss es auch dem Bedürftigen möglich sein, seine Rechte im gerichtlichen Verfahren zu erstreiten, auch wenn er die Kosten dafür nicht aufbringen kann. Das *BVerfG* bezeichnet das als Anspruch auf Rechtsschutzgleichheit und leitet ihn aus Art. 20 Abs. 3 GG her (*BVerfG* BtPrax 2016, 201). Im Fall einer gerichtlichen Auseinandersetzung kann daher Prozess-/Verfahrenskostenhilfe (PKH/VKH) in Anspruch genommen werden (§§ 114 bis 127 ZPO, §§ 76 bis 78 FamFG).

Grenzüberschreitende Prozesskostenhilfe

Für die grenzüberschreitende Prozesskostenhilfe innerhalb der Europäischen Union nach der Richtlinie 2003/8/EG gelten gemäß § 114 Abs. 1 Satz 2 ZPO ergänzend die

§§ 1076 bis 1078 ZPO. Somit wird auch die Geltendmachung von Ansprüchen im europäischen Ausland erheblich erleichtert, was in Zeiten der Globalisierung und des Geschäftsverkehrs über das Internet immer häufiger erforderlich wird.

4.2 Voraussetzungen der Bewilligung

Voraussetzungen

Prozesskostenhilfe nach § 114 ZPO erhält,

- wem andere Möglichkeiten für eine solche Hilfe nicht zur Verfügung stehen, deren Inanspruchnahme zumutbar ist,

  Zumutbare andere Hilfen

  Hierunter fallen z. B. die Leistungen einer Rechtsschutzversicherung (Ausnahme: Ablehnung der Deckungszusage bzw. negative Schiedsgutachterentscheidung nach § 3a ARB). Gleiches gilt für die Leistungen eines Verbands oder Organisation (Mieterverein, Gewerkschaft, VdK etc.), wenn der Ratsuchende als Mitglied Anspruch auf Rechtsschutz hat, oder wenn der Arbeitgeber sich zur Übernahme der Kosten bereit erklärt hat. Prozesskostenhilfe entfällt aber auch, wenn der Ehegatte oder, bei einem unverheirateten Kind, die Eltern oder ein Elternteil aufgrund gesetzlicher Unterhaltspflicht für die Kosten aufkommen müssen.

- wessen beabsichtigte Rechtsverfolgung oder -verteidigung hinreichende Aussicht auf Erfolg bietet,

  Erfolgsaussicht

  Nach Einschätzung des Gerichts dürfen nicht nur geringe Aussichten bestehen, den Prozess zu gewinnen.

  Anhaltspunkte für diese summarische Prüfung sind im tatsächlichen Bereich vor allem die vorgebrachten Belege und Beweismittel, Auskünfte, eventuelle Zeugen und Sachverständige sowie die Stellungnahme des Prozessgegners.

  Die Voraussetzungen dürfen unter dem grundrechtlichen Gesichtspunkt der Rechtsschutzgleichheit für Bemittelte und Unbemittelte aber nicht überspannt werden (vgl. *BVerfG* BtPrax 2016, 201; NJW 1992, 889; 1997, 2102 und 2745). Der Standpunkt des Antragstellers muss in rechtlicher Hinsicht zumindest vertretbar sein; Prozess-/Verfahrenskostenhilfe darf nicht aus Rechtsgründen versagt werden, wenn die entscheidungserhebliche Rechtsfrage schwierig und in der Rechtsprechung noch nicht eindeutig geklärt ist. Zweifelhafte Rechtsfragen dürfen nicht in das Prozesskosten-/Verfahrenskostenhilfeverfahren verschoben werden (*BGH* FamRZ 2013, 369).

  Keine Beweisantizipation!

  Eine vorweggenommene Beweiswürdigung ist nur in Ausnahmefällen zulässig. Kommt eine Beweisaufnahme „ernsthaft in Betracht", ist sie dem Hauptverfahren vorzubehalten, es sei denn, dass „konkrete und nachvollziehbare" Fakten dafür sprechen, dass sie mit großer Wahrscheinlichkeit nicht zum Erfolg führen wird. Der bedürftige Antragsteller darf generell nicht mit einem summarischen Verfahren abgespeist und so vom Hauptsacheverfahren abgehalten werden (*BVerfG* BtPrax 2016, 201).

- wessen beabsichtigte Rechtsverfolgung oder -verteidigung nicht mutwillig erscheint,

  Ablehnung wegen Mutwilligkeit nur ausnahmsweise

  Eine Definition der Mutwilligkeit enthält § 114 Abs. 2 ZPO. Mutwillig ist demnach „die Rechtsverfolgung oder Rechtsverteidigung, wenn eine Partei, die keine Prozesskostenhilfe beansprucht, bei verständiger Würdigung aller Umstände von der Rechtsverfolgung oder Rechtsverteidigung absehen würde, obwohl eine hinreichende Aussicht auf Erfolg besteht." Es kommt also darauf an, ob eine Partei das Verfahren vernünftigerweise auch betreiben würde, wenn sie das Kostenrisiko tragen müsste.

Mutwillig handelt z. B., wer wider besseren Wissens auf seiner abweichenden Rechtsposition beharrt, obwohl die Rechtslage ausreichend geklärt ist („Querulanz"). Gleiches gilt, wenn ein Kläger Zwecke verfolgt, die vernünftige Beteiligte missbilligen würden. Das wäre zu bejahen bei einer Inanspruchnahme der Gerichte, die ohne Nutzen für den Kläger ist und nur zum Zwecke der Schädigung des Gegners betrieben wird. Von Mutwilligkeit kann man auch ausgehen, wenn keine Veranlassung zur Klage besteht, weil das Ziel auf einfacherem Weg zu erreichen ist (evtl. Mahnverfahren statt Klage bei unbestrittener Forderung). Allerdings ist bei Bejahung der Mutwilligkeit immer äußerste Zurückhaltung geboten.

Fehlende Leistungsfähigkeit

- wer die für eine Prozessführung erforderlichen Mittel nach seinen persönlichen und wirtschaftlichen Verhältnissen nicht, nur zum Teil oder nur in Raten aufbringen kann.

Wie hoch Einkommen und Vermögen sein dürfen, damit Prozesskostenhilfe uneingeschränkt oder mit Ratenzahlung bewilligt wird, bestimmt sich nach § 115 ZPO. Das Gesetz verweist dabei häufig auf das SGB XII. Die Einzelheiten der Berechnung können hier nicht im Detail dargestellt werden. Einen guten Einstieg bietet hierzu das zu verwendende Formular der Prozesskostenhilfeformularverordnung – PKHFV mit dem zugehörigen Hinweisblatt (www.justiz.de/formulare/zwi_bund/zp1a.pdf).

Einkommen

Die Leistungsfähigkeit nach § 115 ZPO bemisst sich nach der Höhe des einzusetzenden Einkommens und Vermögens. Zum Einkommen zählen nach § 115 Abs. 1 Satz 2 ZPO alle Einkünfte in Geld oder Geldeswert. Im auszufüllenden Formular werden die einzelnen Positionen abgefragt.

Abzugsfähige Beträge

Von dem zu berücksichtigenden „Einkommen" werden nach § 115 Abs. 1 Satz 3 ZPO abgesetzt,

- die in § 82 Abs. 2 SGB XII bezeichneten Beträge (Steuern auf Einkommen, Pflichtbeiträge zur Sozialversicherung, Altersvorsorgebeiträge, Versicherungsbeiträge, soweit sie gesetzlich vorgeschrieben oder nach Grund und Höhe angemessen sind, Werbungskosten etc.),
- bei Parteien, die ein Einkommen aus Erwerbstätigkeit erzielen, ein Betrag in Höhe von 223 EUR,
- für die Partei und ihren Ehegatten oder ihren Lebenspartner jeweils ein Betrag in Höhe von 491 EUR,
- bei weiteren Unterhaltsleistungen aufgrund gesetzlicher Unterhaltspflicht
  - für jede unterhaltsberechtigte Person jeweils ein Betrag in Höhe von 392 EUR (Erwachsene),
  - 372 EUR (Jugendliche, Beginn 15. bis Vollendung 18. Lebensjahr),
  - 345 EUR (Kinder, Beginn 7. bis Vollendung 14. Lebensjahr) und
  - 282 EUR (Kinder bis Vollendung 6. Lebensjahr).

  All diese Beträge werden angepasst und in einer Bekanntmachung zu § 115 ZPO veröffentlicht, zuletzt durch die Prozesskostenhilfebekanntmachung 2019 vom 19. 12. 2018 (vgl. Internet BMJV: www.gesetze-im-internet.de/pkhb_2019/pkhb_2019.pdf)

Unterkunft, Heizung

- die angemessenen Kosten der Unterkunft, einschließlich der Heizkosten,

- weitere Beträge, soweit dies mit Rücksicht auf besondere Belastungen angemessen ist. **Besondere Belastungen**

  Unter § 115 Abs. 1 Satz 3 Nr. 5 ZPO fallen insbesondere Zahlungsverpflichtungen, die vor dem Eintritt des Bedarfs eingegangen wurden und anerkennenswert sind bzw. die unabweisbar wurden (z. B. auch betriebliche Kredite). Außen vor bleiben unangemessene Aufwendungen für Luxusanschaffungen und Ausgaben, die in krassem Missverhältnis zu den Einkommens- und Vermögensverhältnissen stehen. Weitere Abzugspositionen im Rahmen dieser Vorschrift können verschiedenster Natur sein und bedürfen der Prüfung im Einzelfall (z. B. frühere Anwaltskosten und Kostenerstattungsverpflichtungen, Prozesskostenhilferaten aus anderen Bewilligungsverfahren, angemessene Aufwendungen für Familienereignisse wie Geburt, Heirat und Tod). Da § 1610a BGB entsprechend gilt, werden Zuschüsse, die infolge eines Körper- oder Gesundheitsschadens bezahlt werden, nicht berücksichtigt. Hier wird vermutet, dass die Kosten der Aufwendungen nicht geringer sind als die Höhe der Sozialleistungen.

Prozesskostenhilfe mit Ratenzahlung

Ratenhöhe

Prozesskostenhilfe kann auch mit Ratenzahlung gewährt werden. Die Höhe der zu zahlenden Raten bestimmt sich nach § 115 Abs. 2 ZPO. Nach Abzug aller zulässigen Beträge verbleibt es beim sog. einzusetzenden monatlichen Einkommen. Die Hälfte dieses Einkommens ist als Rate festzusetzen, sofern sie nicht weniger als 10 EUR beträgt. Liegt das einzusetzende Einkommen über 600 EUR, beträgt die Monatsrate 300 EUR zuzüglich des Teils des einzusetzenden Einkommens, der 600 EUR übersteigt.

Maximale und geringste Ratenzahl

Unabhängig von der Zahl der Rechtszüge muss die antragstellende Partei höchstens 48 Monatsraten aufbringen. Prozesskostenhilfe wird abgelehnt, wenn die Kosten der Prozessführung der Partei vier Monatsraten und die aus dem Vermögen aufzubringenden Teilbeträge voraussichtlich nicht übersteigen (§ 115 Abs. 4 ZPO).

Vermögen

Neben dem Einkommen ist auch eventuell vorhandenes Vermögen einzusetzen (§ 115 Abs. 3 ZPO). Vermögensbegriff und -einsatz bemessen sich dabei im Wesentlichen nach den Vorschriften des § 90 SGB XII.

Zumutbarer Einsatz

Da § 115 Abs. 3 ZPO von der „Zumutbarkeit" des Vermögenseinsatzes ausgeht, können sich im Vergleich zu den sozialhilferechtlichen Bestimmungen mitunter abweichende Betrachtungsweisen zum Vermögenseinsatz im Rahmen der Prozesskostenhilfe ergeben, die sich aber meistens zugunsten des Antragstellers auswirken. So braucht der Antragsteller „wirtschaftlich zweckgebundenes Vermögen" nicht anzugreifen.

Beispiele:

Sparguthaben, das durch Prämiensparvertrag festgelegt und vor Fristablauf nicht gekündigt oder gepfändet werden kann.

Der Antragsteller darf regelmäßig nicht darauf verwiesen werden, Lebensversicherungsverträge zu kündigen und den Rückkaufswert für die Prozesskosten zu verwenden.

Die Erzielung eines Verkaufserlöses aus dem Austausch von Vermögensgegenständen (Wechsel von einem teuren PKW zu einem kleineren, preisgünstigeren Wagen) kann allerdings zumutbar sein.

Die Rechtsprechung zu den Grenzen der Zumutbarkeit ist unübersichtlich und kann daher nicht umfassend dargestellt werden (vgl. Praxis-Tipp am Ende).

4.3 Einzelheiten des Verfahrens

4.3.1 Antrag

Antrag Um Prozesskostenhilfe/Verfahrenskostenhilfe zu erhalten, ist ein Antrag bei Gericht erforderlich (§ 117 ZPO). In diesem Antrag ist das Streitverhältnis ausführlich und vollständig darzustellen. Im Idealfall wird die beabsichtigte Klage bzw. die geplante Erwiderung auf eine Klage bereits mit dem Prozesskostenhilfeantrag vorgelegt. Das wird aber im Regelfall nur mit anwaltlicher Unterstützung möglich sein. Für das Gericht muss sich aus dem Antrag die oben beschriebene Aussicht auf Erfolg der Streitsache ergeben. Auch sind dem Antrag Belege zur Überprüfung der persönlichen und wirtschaftlichen Verhältnisse beizufügen und Beweismittel zu bezeichnen. Prozesskostenhilfe/Verfahrenskostenhilfe muss rechtzeitig beantragt werden, da eine rückwirkende Bewilligung nur ausnahmsweise unter engen Voraussetzungen in Betracht kommt.

4.3.2 Formular für die Erklärung über die persönlichen und wirtschaftlichen Verhältnisse

Formularzwang Das Antragsformular wurde zur Vereinfachung des Verfahrens bundesweit einheitlich gestaltet und enthält in einem Hinweisblatt die wichtigsten Ausfüllhinweise. Sie sind bei jedem Gericht, insbesondere bei den Rechtsantragstellen der Amtsgerichte erhältlich oder im Justizportal des Bundes und der Länder (www.justiz.de unter der Rubrik „Formulare“) herunterzuladen. Die Verwendung des Formulars ist zwingend vorgeschrieben (§ 117 Abs. 4 ZPO).

4.3.3 Zum weiteren Verfahren

Bewilligungsverfahren Das weitere Verfahren regelt § 118 ZPO. Gemäß § 118 Abs. 2 ZPO kann das Gericht verlangen, dass der Antragsteller seine tatsächlichen Angaben glaubhaft macht. Es kann Erhebungen anstellen, insbesondere die Vorlage von Urkunden anordnen und Auskünfte einholen. Zeugen und Sachverständige werden grundsätzlich nicht vernommen, es sei denn, dass auf andere Weise nicht geklärt werden kann, ob die Rechtsverfolgung oder Rechtsverteidigung hinreichende Aussicht auf Erfolg bietet und nicht mutwillig erscheint.

Hat der Antragsteller innerhalb einer vom Gericht gesetzten Frist seine Angaben über seine persönlichen und wirtschaftlichen Verhältnisse nicht glaubhaft gemacht oder bestimmte Fragen nicht oder ungenügend beantwortet, lehnt das Gericht die Bewilligung von Prozesskostenhilfe insoweit ab (§ 118 Abs. 2 Satz 4 ZPO).

Stellungnahme Zu dem Antrag muss dem Gegner Gelegenheit zur Stellungnahme gegeben werden, die sich auf die Erfolgsaussichten, aber auch auf die persönlichen und wirtschaftlichen Verhältnisse beziehen kann. Im FamFG-Verfahren kann das Gericht gemäß § 77 Abs. 1 FamFG den Beteiligten Gelegenheit zur Stellungnahme geben.

Mündliche Erörterung Erkennt das Gericht eine Möglichkeit zur Einigung, kann es die Parteien zur mündlichen Erörterung laden. Wird eine Einigung erzielt, kann das Gericht den Vergleich zu Protokoll nehmen (§ 118 Abs. 1 Satz 3 ZPO).

4.3.4 *Bewilligung und ihre Folgen*

Das zuständige Gericht entscheidet über den Antrag ohne mündliche Verhandlung durch Beschluss (§ 127 Abs. 1 ZPO). Die Bewilligung erfolgt für jeden Rechtszug gesondert (§ 119 ZPO). Mit der Bewilligung setzt das Gericht die Höhe der sich eventuell ergebenden Monatsraten und die aus dem Vermögen zu zahlenden Beträge fest (§ 120 Abs. 1 ZPO). **Beschluss**

Die Bewilligung der Prozess-/Verfahrenskostenhilfe bewirkt nach § 122 Abs. 1 ZPO, dass

- die Bundes- oder Landeskasse die rückständigen und die entstehenden Gerichts- und Gerichtsvollzieherkosten, die auf sie übergegangenen Ansprüche der beigeordneten Rechtsanwälte gegen die Partei nur nach den Bestimmungen, die das Gericht trifft, gegen die Partei geltend machen kann,
- die Partei von der Verpflichtung zur Sicherheitsleistung für die Prozesskosten befreit ist,
- die beigeordneten Rechtsanwälte Ansprüche auf Vergütung gegen die Partei nicht geltend machen können.

Das Gericht soll nach § 120 Abs. 3 ZPO die vorläufige Einstellung der Zahlungen bestimmen, wenn **Vorläufige Einstellung der Zahlung**

- abzusehen ist, dass die Zahlungen der Partei die Kosten decken,
- die Partei, ein ihr beigeordneter Rechtsanwalt oder die Bundes- oder Landeskasse die Kosten gegen einen anderen am Verfahren Beteiligten geltend machen kann.

4.3.5 *Änderung der Bewilligung (§ 120a ZPO)*

Das Gericht soll die Entscheidung über die zu leistenden Zahlungen ändern, wenn sich die für die Prozesskostenhilfe maßgebenden persönlichen oder wirtschaftlichen Verhältnisse wesentlich geändert haben; eine Änderung der nach § 115 Abs. 1 Satz 3 Nr. 1b, 2 ZPO maßgebenden Beträge ist nur auf Antrag und nur dann zu berücksichtigen, wenn sie dazu führt, dass keine Monatsrate zu zahlen ist. **Änderung der Bewilligung**

Auf Verlangen des Gerichts hat sich die Partei darüber zu erklären, ob eine Änderung der Verhältnisse eingetreten ist. Für diese Erklärung über die Änderung der persönlichen oder wirtschaftlichen Verhältnisse muss das gemäß § 117 Abs. 3 ZPO vorgeschriebene Formular verwendet werden. Eine Änderung zum Nachteil der Partei ist ausgeschlossen, wenn seit der rechtskräftigen Entscheidung oder sonstigen Beendigung des Verfahrens vier Jahre vergangen sind. **Erklärungspflicht**

Ändern sich die wirtschaftlichen Verhältnisse wesentlich oder ändert sich die Anschrift, muss dies dem Gericht unverzüglich mitgeteilt werden. Wesentlich ist eine Einkommensverbesserung, wenn sich das laufende Bruttoeinkommen nicht nur einmalig um 100 EUR erhöht. Gleiches gilt entsprechend für abzugsfähige Belastungen. **Mitteilungspflicht**

Zu den wesentlichen Verbesserungen der wirtschaftlichen Verhältnisse gehören auch Vorteile, die im Laufe des Verfahrens erzielt werden (z. B. Gegner wird zur Zahlung verurteilt und gleicht die Forderung aus). Die Mitteilungspflichten bestehen während des Verfahrens und innerhalb eines Zeitraums von vier Jahren nach dem Abschluss des Verfahrens.

Bei einem Verstoß kann die Bewilligung gemäß § 124 ZPO nachträglich aufgehoben werden. Auf diese Pflichten wird auch auf dem offiziellen „Hinweisblatt zum Formular für die Erklärung über die persönlichen und wirtschaftlichen Verhältnisse" hingewiesen.

4.3.6 Aufhebung der Bewilligung (§ 124 ZPO)

Aufhebung der Bewilligung

Das Gericht soll nach § 124 Abs. 1 ZPO die Bewilligung der Prozesskostenhilfe aufheben, wenn

- die Partei durch unrichtige Darstellung des Streitverhältnisses die für die Bewilligung der Prozesskostenhilfe maßgebenden Voraussetzungen vorgetäuscht hat,
- die Partei absichtlich oder aus grober Nachlässigkeit unrichtige Angaben über die persönlichen oder wirtschaftlichen Verhältnisse gemacht oder eine Erklärung nach § 120a Abs. 1 Satz 3 ZPO nicht oder ungenügend abgegeben hat,
- die persönlichen oder wirtschaftlichen Voraussetzungen für die Prozesskostenhilfe nicht vorgelegen haben; in diesem Fall ist die Aufhebung ausgeschlossen, wenn seit der rechtskräftigen Entscheidung oder sonstigen Beendigung des Verfahrens vier Jahre vergangen sind,
- die Partei entgegen § 120a Abs. 2 Satz 1 bis 3 ZPO dem Gericht wesentliche Verbesserungen ihrer Einkommens- und Vermögensverhältnisse oder Änderungen ihrer Anschrift absichtlich oder aus grober Nachlässigkeit unrichtig oder nicht unverzüglich mitgeteilt hat,
- die Partei länger als drei Monate mit der Zahlung einer Monatsrate oder mit der Zahlung eines sonstigen Betrags im Rückstand ist.

Die Vorschrift des § 124 ZPO hat Sanktionscharakter. Ihre Anwendung steht aber nicht mehr im Ermessen des Gerichts, das heißt die Aufhebungsentscheidung „soll" die zwingende Rechtsfolge der beschriebenen Fälle sein. Als „Kann"- und damit Ermessensvorschrift ist dagegen § 124 Abs. 2 ZPO gestaltet. Das Gericht kann demnach die Bewilligung der Prozesskostenhilfe aufheben, soweit die von der Partei beantragte Beweiserhebung aufgrund von Umständen, die im Zeitpunkt der Bewilligung der Prozesskostenhilfe noch nicht berücksichtigt werden konnten, keine hinreichende Aussicht auf Erfolg bietet oder der Beweisantritt mutwillig erscheint.

4.4 Anwaltskosten, Beiordnung eines Rechtsanwalts

Auf die Rechtsanwaltskosten erstreckt sich die Prozesskostenhilfe nur, wenn das Gericht der antragstellenden Partei einen Rechtsanwalt beiordnet (§ 121 ZPO, § 78 FamFG). Ist eine Vertretung durch Anwälte nicht vorgeschrieben (sog. Parteiprozess), muss die Beiordnung zusätzlich beantragt werden. Die Beiordnung eines zur Vertretung bereiten Rechtsanwalts nach Wahl der antragstellenden Partei erfolgt, wenn die Vertretung durch einen Rechtsanwalt dem Gericht erforderlich erscheint oder der Prozessgegner durch einen Rechtsanwalt vertreten wird. Im Betreuungs- und Unterbringungsverfahren erfolgt die Beiordnung gemäß § 78 Abs. 2 FamFG, „wenn wegen der Schwierigkeit der Sach- und Rechtslage die Vertretung durch einen Rechtsanwalt erforderlich erscheint".

Bei Vertretungszwang vor Gericht (sog. Anwaltsprozess) erfolgt die Beiordnung eines vertretungsbereiten Rechtsanwalts freier Wahl von „Amts wegen". Ein nicht in dem Bezirk des Prozessgerichts niedergelassener Rechtsanwalt kann nur beigeordnet werden, wenn dadurch weitere Kosten nicht entstehen. Findet die Partei keinen zur Vertretung bereiten Anwalt, ordnet der Vorsitzende des Gerichts ihr auf Antrag einen Rechtsanwalt als sog. Notanwalt bei (§ 121 Abs. 5 ZPO, § 78 Abs. 5 FamFG).

Allerdings muss die Partei „zumutbare Anstrengungen" unternommen haben, einen Rechtsanwalt zu finden, der die Partei vertreten will. Diese Bemühungen müssen „substantiiert dargelegt" und evtl. nachgewiesen werden (*BGH*, Beschluss vom 17. 1. 2018, Az. XII ZB 500/17, vgl. oben).

4.5 Rechtsbehelfe

Versagung der Prozesskostenhilfe/Verfahrenskostenhilfe

Sofortige Beschwerde gegen die Versagung

Gegen Entscheidungen, die eine Versagung von Prozesskostenhilfe/Verfahrenskostenhilfe ausgesprochen haben, kann das Rechtsmittel der „sofortigen Beschwerde" durch den Antragsteller eingelegt werden (§ 127 Abs. 2 Satz 2 Halbsatz 1 ZPO). Das gilt nicht, wenn der Streitwert der Hauptsache 600 EUR nicht übersteigt, es sei denn, das Gericht hat ausschließlich die persönlichen oder wirtschaftlichen Voraussetzungen für die Prozesskostenhilfe/Verfahrenskostenhilfe verneint (§ 127 Abs. 2 Satz 2 Halbsatz 2 ZPO).

§ 127 Abs. 2 Satz 3 ZPO sieht abweichend von § 569 Abs. 1 Satz 1 ZPO vor, dass die Einlegungsfrist (sog. Notfrist) für die sofortige Beschwerde nicht zwei Wochen, sondern einen Monat beträgt. Die damit vollzogene Angleichung an die Rechtsmittelfristen im Hauptsacheverfahren rechtfertigt sich aus dem Gedanken, dass die Ablehnung der Prozesskostenhilfe/Verfahrenskostenhilfe für den bedürftigen Antragsteller annähernd vergleichbare Auswirkungen hat wie ein beschwerendes Urteil für die Partei. Um den Bedürftigen nicht schlechter zu stellen als die vermögende Partei, soll beiden dieselbe Überlegungsfrist eingeräumt werden. Die Notfrist beginnt, soweit nichts anderes bestimmt ist, mit der Zustellung der Entscheidung, spätestens mit dem Ablauf von fünf Monaten nach der Verkündung des Beschlusses (§ 569 Abs. 1 Satz 2 ZPO).

Bewilligung der Prozesskostenhilfe/Verfahrenskostenhilfe

Gegen die Bewilligung findet nach § 127 Abs. 3 ZPO nur die sofortige Beschwerde der Staatskasse statt, wenn weder Monatsraten noch aus dem Vermögen zu zahlende Beträge festgesetzt worden sind. Die Beschwerde kann nur darauf gestützt werden, dass die Partei nach ihren persönlichen und wirtschaftlichen Verhältnissen Zahlungen zu leisten hat. Die Notfrist des § 569 Abs. 1 Satz 1 ZPO beträgt ebenfalls einen Monat und beginnt mit der Bekanntgabe des Beschlusses. Nach Ablauf von drei Monaten seit der Verkündung der Entscheidung ist die Beschwerde unstatthaft.

Wird die Entscheidung nicht verkündet, tritt an die Stelle der Verkündung der Zeitpunkt, in dem die unterschriebene Entscheidung der Geschäftsstelle übermittelt wird. Die Entscheidung wird der Staatskasse nicht von Amts wegen mitgeteilt. Die Notfrist beginnt damit in dem Zeitpunkt, in dem der Bezirksrevisor als Vertreter der Staatskasse entsprechend der bisherigen Praxis aufgrund stichprobenartiger Anforderung ausgewählter Prozessakten von dem Beschluss Kenntnis erhält. Die Kosten des Beschwerdeverfahrens werden nach § 127 Abs. 4 ZPO nicht erstattet.

4.6 Besonderheiten zur Verfahrenskostenhilfe im Betreuungs- und Unterbringungsverfahren

Die §§ 76 bis 78 FamFG enthalten keine wesentlich abweichenden Bestimmungen zur Bewilligung der Verfahrenskostenhilfe. Vielmehr verweist § 76 Abs. 1 FamFG auf die Vorschriften der ZPO, die entsprechend anzuwenden sind.

Verfahrenskostenhilfe nur bei Verfolgung eigener Interessen!

Über die gesetzliche Regelung hinaus hat der *BGH* (BtPrax 2015, 24) zusätzlich die Verfolgung eigener Rechte als Voraussetzung für die Gewährung von Verfahrenskostenhilfe generiert. Die Verfolgung „fremdnütziger Ziele“ genügt nicht, so dass alle Personen, die gemäß § 274 Abs. 4 FamFG am Verfahren beteiligt werden können (Verwandte, Pflegeeltern, Personen des Vertrauens etc.) und denen häufig ein eigenes Beschwerderecht über § 303 Abs. 2 FamFG zuerkannt wird, bei Mittellosigkeit auf Verfahrenskostenhilfe verzichten müssen. Dies bedeutet, dass der sozial schwache Ehegatte sich an dem Betreuungsverfahren gegen seinen Ehegatten nur auf eigene Kosten beteiligen kann und daher in der Regel auf anwaltlichen Beistand verzichten muss. Diese Bevorzugung begüterter Personen aus dem sozialen Umfeld erscheint nur schwer begründbar.

Nach § 118 ZPO *muss* dem Gegner Gelegenheit zur Stellungnahme gegeben werden, „ob er die Voraussetzungen für die Bewilligung für gegeben hält.“ Im Gegensatz dazu bestimmt § 77 FamFG, dass den übrigen Beteiligten Gelegenheit zur Stellungnahme gegeben werden *soll*.

Zur Verfahrenskostenhilfe im Rechtsmittelverfahren vgl. Kapitel 6, Abschnitt 1.6.

Praxis TIPP

Bei der Antragstellung sollte man sich nicht allzu viele Gedanken darüber machen, wie Einkommen, Vermögen und abzugsfähige Beträge berechnet werden. Wichtiger ist es, die vorgesehenen Formulare vollständig und sorgfältig auszufüllen und alle erforderlichen Belege vorzulegen. Häufig werden nur Belege für das Einkommen eingereicht. Dies führt dann zu Nachfragen und unnötigen Verzögerungen. Werden Ausgaben trotz Aufforderung durch das Gericht nicht belegt, bleiben sie zum Nachteil des Antragstellers natürlich außer Ansatz. Werden bestimmte Fragen des Gerichts nicht oder nur ungenügend beantwortet oder werden die Angaben auf gerichtliches Verlangen hin nicht glaubhaft gemacht, dann wird der Antrag abgelehnt (vgl. § 118 Abs. 2 Satz 4 ZPO).

Deshalb sollten die Belege bereits bei Antragstellung vollständig beigefügt bzw. bei Aufforderung unverzüglich nachgereicht werden. Zudem sollte man ohne Rücksicht auf die zwar differenzierte, aber leider unübersichtliche und z. T. widersprüchliche Rechtsprechung alle Belastungen (Versicherungsbeiträge, Werbungskosten etc.) geltend machen.

Bearbeitet von: Reinhold Spanl

Inhalt

1. Wohn- und Betreuungsverträge (Heimverträge)

1.1 Zivilrechtliche Grundlagen

Geltungsbereich des Heimgesetzes

Die zivilrechtlichen Grundlagen des Heimvertrags ergeben sich aus dem Wohn- und Betreuungsvertragsgesetz (WBVG). Daneben haben die einzelnen Bundesländer ergänzende Heimgesetze erlassen.

Bundesland	Gesetze und Verordnungen
Baden-Württemberg	• Wohn-, Teilhabe- und Pflegegesetz (WTPG) • Landesheimmitwirkungsverordnung (LHeimMitVO) • Landesheimgesetz – BauVerordnung (LHeimBauVO) • Landespersonalverordnung (LPersVO)
Bayern	• Pflege- und Wohnqualitätsgesetz (PfleWoqG) • Pflege- und Wohnqualitätsgesetz – Ausführungsverordnung
Berlin	• Wohnteilhabegesetz (WTG) • WTG – Personalverordnung • WTG – Bauverordnung • WTG – Mitwirkungsverordnung
Brandenburg	• Brandenburgisches Pflege- und Betreuungswohngesetz (BbgPBWoG) • Brandenburgisches Pflege- und Betreuungswohngesetz – Mitwirkungsverordnung • Brandenburgisches Pflege- und Betreuungswohngesetz – Strukturqualitätsverordnung

Bundesland	Gesetze und Verordnungen
Bremen	• Bremisches Wohn- und Betreuungsgesetz (BremWoBeG) • Personalverordnung zum Bremischen Wohn- und Betreuungsgesetz
Hamburg	• Hamburgisches Wohn- und Betreuungsqualitätsgesetz (HmbWBG) • Hamburgisches Wohn- und Betreuungsqualitätsgesetz – Bauverordnung • Hamburgisches Wohn- und Betreuungsqualitätsgesetz – Mitwirkungsverordnung • Hamburgisches Wohn- und Betreuungsqualitätsgesetz – Personalverordnung
Hessen	• Hessisches Betreuungs- und Pflegegesetz (HBPG)
Mecklenburg-Vorpommern	• Einrichtungenqualitätsgesetz (EQG M-V) • Einrichtungenqualitätsgesetz – Mitwirkungsverordnung • Einrichtungenqualitätsgesetz – Personalverordnung • Einrichtungenqualitätsgesetz – Mindestbauverordnung
Niedersachsen	• Niedersächsisches Gesetz über unterstützende Wohnformen (NuWG)
Nordrhein-Westfalen	• Alten- und Pflegegesetz (APG) • Alten- und Pflegegesetz – Durchführungsverordnung (DVO) • Wohn- und Teilhabegesetz (WTG) • Wohn- und Teilhabegesetz – Durchführungsverordnung (DVO)
Rheinland-Pfalz	• Landesgesetz über Wohnformen und Teilhabe (LWTG) • Landesgesetz über Wohnformen und Teilhabe – Durchführungsverordnung
Saarland	• Landesheimgesetz Saarland (LHeimGS) • Landesheimgesetz – Mitwirkungsverordnung
Sachsen	• Sächsisches Betreuungs- und Wohnqualitätsgesetz (SächsBeWoG) • Landesheimgesetz – Durchführungsverordnung (SächsBeWoGDVO)
Sachsen-Anhalt	• Wohn- und Teilhabegesetz (WTG LSA)
Schleswig-Holstein	• Selbstbestimmungsstärkungsgesetz (SbStG) • Selbstbestimmungsstärkungsgesetz – Durchführungsverordnung
Thüringen	• Thüringer Wohn- und Teilhabegesetz (ThürWTG)

1.2 Das Wohn- und Betreuungsvertragsgesetz (WBVG)

Verhältnis zu den Heimgesetzen der Länder

Das Gesetz zur Regelung von Verträgen über Wohnraum mit Pflege- oder Betreuungsleistungen (Wohn- und Betreuungsvertragsgesetz – WBVG) ist am 1. 10. 2009 in Kraft getreten.

Da es sich insoweit um Vorschriften des bürgerlichen Rechts (Art. 74 Abs. 1 Nr. 1 GG) handelt, werden dadurch abweichende landesrechtliche Regelungen verdrängt.

Übergangsvorschriften für Altverträge

Das WBVG gilt zum einen für alle nach dem 30. 9. 2009 abgeschlossenen Verträge. Entsprechend der Überleitungsvorschrift in § 17 WBVG gilt das neue Recht ab dem 1. 5. 2010 auch für alle früher abgeschlossenen Heimverträge.

Anwendungsbereich

§ 1 Abs. 1 Satz 1 WBVG definiert den Vertrag als Vereinbarung der „Überlassung von Wohnraum und zur Erbringung von Pflege- oder Betreuungsleistungen …, die der Bewältigung eines durch Alter, Pflegebedürftigkeit oder Behinderung bedingten Hilfebedarfs dienen“. Zum Anwendungsbereich enthält das WBVG in den §§ 1, 2 weitere Erläuterungen, Einschränkungen und Ausnahmen.

Im Sinne eines modernen Verbraucherschutzrechts werden die Begriffe Verbraucher (§ 13 BGB) und Unternehmer (§ 14 BGB) als Bezeichnung der Vertragsparteien verwendet. Damit finden sich die gewohnten Begriffe wie Träger, Heimträger und Bewohner nur noch in den Landesgesetzen.

Verbraucher, Unternehmer

Das WBVG ist somit auch terminologisch als „Verbraucherschutzgesetz" ausgewiesen. Es soll den speziellen Anliegen beim Abschluss der klassischen „Heimverträge" gerecht werden. Dabei geht es um die Bedürfnisse von Menschen im Alter, bei Pflegebedarf und bei Behinderung. Entsprechend einem neuen Qualitätsverständnis in der Pflege soll die „Selbstständigkeit und Selbstverantwortung" der Verbraucher durch „Hilfe zur Selbsthilfe" stärker als bisher unterstützt werden.

Ziele des WBVG

Dazu dienen zahlreiche Transparenz-, Aufklärungs- und Schutzvorschriften, die naturgemäß sehr viel Auslegungsbedarf, Unklarheit und Unsicherheit in sich bergen. Eine tiefergehende Darstellung ist daher derzeit noch nicht möglich, so dass die neuen Vorschriften nur in Grundzügen dargelegt werden.

1.3 Rechte und Pflichten beim Wohn- und Betreuungsvertrag (Heimvertrag)

Aufgabenkreis überprüfen

Zunächst muss der Betreuer im Hinblick auf den Vertrag seinen Aufgabenkreis überprüfen. Zum Abschluss eines Vertrags und zur Wahrnehmung der daraus resultierenden Rechte und Pflichten berechtigen Aufgabenkreise wie „Abschluss und Kontrolle eines Heimvertrages" oder „Heimangelegenheiten". „Aufenthaltsbestimmung" allein oder zusammen mit „Vermögenssorge" genügen zum Abschluss des Heimvertrags; „Vermögenssorge" allein ist nicht ausreichend. Auch der Aufgabenkreis „Wohnungsangelegenheiten" dürfte genügen, da es nach § 1 WBVG auch um die „Überlassung von Wohnraum" geht.

Dauer, Kündigung und Befristung

Gemäß § 4 WBVG wird ein Heimvertrag grundsätzlich auf unbestimmte Zeit und schriftlich abgeschlossen. Eine Befristung kann nur vereinbart werden, wenn sie den Interessen des Verbrauchers nicht widerspricht. Im Einzelfall kann also eine befristete Aufnahme vereinbart werden, wenn es sich z. B. um eine Kurzzeitpflege handelt. Der Heimbewohner kann den Heimvertrag spätestens am dritten Werktag eines Kalendermonats zum Ablauf desselben (schriftlich) kündigen, § 11 WBVG.

Keine Genehmigungspflicht

Zwar verpflichtet ein Heimvertrag den Betreuten zu wiederkehrenden Leistungen, § 7 Abs. 2 WBVG, eine betreuungsgerichtliche Genehmigung zum Abschluss des Heimvertrags gemäß § 1907 Abs. 3 BGB scheidet aber durch die Regelungen des WBVG aus, da die Vertragsdauer auf unbestimmte Zeit läuft und jederzeit vor Ablauf von 4 Jahren beendet werden kann.

Die entgegenstehende Ansicht von *Harm* (Rpfleger 2012, 54), welche die Anwendung des § 1907 Abs. 3 BGB mit der Begründung bejaht, dass ein handlungs- und entscheidungsunfähiger Betreuter der Vertragsdauer auf unbestimmte Zeit unterworfen und dem Wohl und Wehe des Betreuers ausgeliefert wäre, ist durchaus beachtenswert. Dennoch ist ihr nicht zu folgen, da das Vertragsverhältnis nicht ausdrücklich über vier Jahre hinaus andauern soll und vom (geschäftsfähigen) Betreuten selbst bzw. bei dessen Handlungsunfähigkeit durch den Betreuer mit kurzer Frist aufgelöst werden kann. Damit ist der Schutz des Betreuten vor langer Bindung gegeben.

Schließt der geschäftsfähige, nicht mit einem Einwilligungsvorbehalt versehene Betreute selbst einen Heimvertrag, ist eine Mitwirkung des Betreuers nicht erforderlich. War aber der Betreute geschäftsunfähig oder wurde ein Einwilligungsvorbehalt angeordnet, so hängt die Wirksamkeit des Vertrages von der Genehmigung des Vorsorgebevollmächtigten oder Betreuers ab (§ 4 Abs. 2 Satz 1 und 2 WBVG, § 108 Abs. 2 BGB). Der Vertrag ist schwebend unwirksam, wobei die Wirksamkeit nur von der

Entscheidung des Betreuers abhängt. Dem Unternehmer steht nur ein Auflösungsrecht aus wichtigem Grund zu (vgl. dazu § 4 Abs. 2 WBVG). In Abweichung zu § 105 BGB gilt der Vertrag allerdings als wirksam für bereits „bewirkte Leistungen".

Schutzvorschriften

Zum Schutz des Verbrauchers enthält das WBVG u. a. noch folgende Regelungen:

- Anspruch auf vorvertragliche Informationen in leicht verständlicher Sprache über Leistungen, Entgelte und das Ergebnis von Qualitätsprüfungen (§ 3 WBVG)
- Entgelt muss angemessen sein (§ 7 Abs. 2 Satz 1 WBVG)
- Entgelterhöhung nur unter bestimmten Voraussetzungen und mit Begründung (§ 9 WBVG)
- Bei Änderungen des Pflege- oder Betreuungsbedarfs muss der Unternehmer eine entsprechende Anpassung anbieten (§ 8 WBVG).
- Besondere Kündigungsgründe für den Verbraucher (§ 11 WBVG).
- Kündigung für den Unternehmer nur aus wichtigem Grund möglich (§ 12 WBVG)
- Von den Vorschriften des WBVG zum Nachteil des Verbrauchers abweichende Vereinbarungen sind unwirksam (§ 16 WBVG).
- Erbringt der Unternehmer die vertraglichen Leistungen ganz oder teilweise nicht oder weisen sie nicht unerhebliche Mängel auf, kann der Verbraucher unbeschadet weitergehender zivilrechtlicher Ansprüche bis zu sechs Monate rückwirkend eine angemessene Kürzung des vereinbarten Entgelts verlangen (§ 10 WBVG).

1.4 Beendigung eines Wohn- und Betreuungsvertrags (Heimvertrag)

1.4.1 Tod des Heimbewohners

Der Heimvertrag endet durch den Tod des Heimbewohners, § 4 Abs. 3 Satz 1 WBVG.

Keine Investitionskosten nach dem Tod des Heimbewohners

Eine Fortgeltung des Vertrags kann für die Überlassung des Wohnraums gegen Fortzahlung der darauf entfallenden Entgeltbestandteile vereinbart werden, soweit ein Zeitraum von zwei Wochen nach dem Sterbetag des Verbrauchers nicht überschritten wird. In diesen Fällen ermäßigt sich das geschuldete Entgelt um den Wert der ersparten Aufwendungen des Unternehmers, § 4 Abs. 3 Satz 3 und 4 WBVG. Soweit im Wohn- und Betreuungsvertrag eine Klausel enthalten ist, nach der nach dem Versterben des Heimbewohners noch die Entgeltbestandteile für Investitionskosten zu zahlen sind, ist diese gemäß § 307 Abs. 1, Abs. 2 Nr. 1 BGB i. V. m. § 16 WBVG unwirksam. Es können nur Entgeltansprüche gefordert werden, welche für die Überlassung des Wohnraums geschuldet sind, nicht jedoch solche für Investitionen gemäß § 3 Abs. 3 Satz 1 Nr. 3 WBVG.

1.4.2 Kündigung oder Auflösungsvertrag

Kündigung und Auflösungsvertrag

Der Wohn- und Betreuungsvertrag kann durch Kündigung seitens des Heimbewohners (Betreuten) gemäß § 11 WBVG oder des Heimbetreibers nach § 12 WBVG beendet werden. Jederzeit kann das Vertragsverhältnis durch einen Auflösungsvertrag beendet werden.

Betreuungsgerichtliche Genehmigung

Fraglich könnte sein, ob die Kündigung oder einvernehmliche Auflösung eines Heimvertrags unter § 1907 Abs. 1 BGB fällt. Bei einem Heimvertrag besteht neben anderen Leistungen auch die Verpflichtung des Heimträgers, dem Betreuten ein Wohnrecht einzuräumen. Da nach § 7 WBVG ein (bestimmter) Wohnraum zu überlassen ist, findet § 1907 Abs. 1 BGB Anwendung (siehe u. a. auch *MünchKomm/Schwab*

6. Aufl. § 1907 Rn. 8). Der Ansicht von *Harm* (Rpfleger 2012, 53), dass § 1907 Abs. 1 BGB nicht angewendet werden kann, weil der Heimvertrag kein „Mietvertrag" im engeren Sinne ist, kann nicht gefolgt werden.

Würde man die Anwendung des § 1907 Abs. 1 BGB verneinen, so greift subsidiär der Genehmigungstatbestand nach §§ 1908i Abs. 1, 1812 Abs. 1 Satz 1 BGB. Beendet der Betreuer im Namen des Betreuten das Heimvertragsverhältnis, verfügt er damit über Forderungen des Betreuten, welche dieser aus dem Vertragsverhältnis hat (hier ist die entgegenstehende Ansicht von *Harm*, Rpfleger 2012, 55 unzutreffend). Der befreite Betreuer (§ 1908i Abs. 2 Satz 2 BGB) unterliegt dem Genehmigungstatbestand des § 1812 BGB allerdings nicht, § 1908i Abs. 2 Satz 2 i. V. m. §§ 1857a, 1852 Abs. 2 BGB.

1.4.3 Rückgabe des Wohnraums

Nicht explizit geregelt ist die Rückgabe des Wohnraums nach Vertragsbeendigung. Insoweit ist auf die mietrechtlichen Bestimmungen, hier § 546 BGB zurückzugreifen. Danach ist der Wohnraum geräumt an den Leistungserbringer zurückzugeben. Notfalls muss der Heimbetreiber auf Räumung klagen.

Selbsträumung ist verbotene Eigenmacht

Eine Befugnis zur eigenmächtigen Inbesitznahme der Räumlichkeiten nebst Inventar sieht das Gesetz nicht vor. Eine Räumung ohne gerichtlichen Titel oder Erlaubnis des Gewahrsamsinhabers stellt verbotene Eigenmacht im Sinne von § 858 BGB dar.

Selbsträumungsklausel ist unwirksam

Sofern der Vertrag eine Klausel enthält, die fordert, dass der Bewohner bzw. seine Erben bis zum Ende des Vertragsverhältnisses die eingebrachten Sachen zu entfernen hat, anderenfalls der Heimbetreiber die Sachen auf Kosten des Bewohners oder dessen Erben entfernen oder anderweitig einlagern kann, ist diese Klausel (Befugnis zur Selbsträumung durch den Leistungserbringer) nach § 307 Abs. 1, Abs. 2 Nr. 1 BGB unwirksam (*LG Berlin* vom 13. 11. 2012, Az. 15 O 181/12; *LG Mainz* vom 31. 5. 2013, Az. 4 O 113/12; *KG Berlin* vom 17. 5. 2013, Az. 23 U 276/12).

1.5 Barbetrag zur persönlichen Verfügung

Anteil des Regelsatzes zur freien Verfügung

Beim Barbetrag zur persönlichen Verfügung handelt es sich um die Gewährung des notwendigen Lebensunterhalts in Einrichtungen gemäß § 27b Abs. 2 Satz 1 SGB XII, der in Höhe von mindestens 27 % der Regelbedarfsstufe 1 nach der Anlage zu § 28 SGB XII ausbezahlt wird. Seit dem 1. 1. 2020 beträgt der Barbetrag monatlich 116,64 EUR. Als Teil der Lebensunterhaltungskosten erfasst er alle durch die Einrichtung bzw. den Träger der Sozialhilfe nicht gedeckten Aufwendungen zur Deckung der persönlichen Bedürfnisse. Er ist (jedenfalls auch) zur Deckung solchen Bedarfs gedacht, der bei der Hilfegewährung außerhalb von Einrichtungen zum Regelbedarf gehört und durch die Regelsatzleistungen gedeckt wird (Deutscher Verein Gutachten vom 14. 1. 2011 – G 02/07). Der Barbetrag ist somit ein Anteil des Regelsatzes zur freien Verfügung. § 27b Abs. 1 Satz 2 SGB XII muss als Vorschrift zur Berechnung des Anteils zum Lebensunterhalt am Gesamtbedarf der Sozialhilfe in einer Einrichtung gesehen werden; die Leistungen unterteilen sich in einen Anteil, der durch den Grundbetrag abgedeckt wird, und einen weiteren Teil, der in Form des Barbetrags ausgekehrt wird.

1.5.1 Ansammeln des Barbetrags

Nicht verbrauchter Barbetrag wird zum Vermögen

Es kommt vor, dass Barbetragsleistungen im Sinne von § 27b Abs. 2 Satz 1 SGB XII im Monat der Zahlung nicht verbraucht werden und so durch Ansammlung der Schonbetrag nach VO zu § 90 Abs. 2 Nr. 9 SGB XII überschritten wird. Für den Betreuer ist zu beachten, dass mit Beginn des Kalendermonats, der auf den Monat der Zahlung folgt, der angesparte Barbetrag zum Vermögen des Betreuten zählt.

Mitteilungspflicht an Leistungsträger

Nach § 60 SGB I muss der Leistungsberechtigte (oder gegebenenfalls sein Betreuer) die Änderung dieser Verhältnisse dem Leistungsträger mitteilen. Dies würde letztlich bedeuten, dass der übersteigende Betrag für den (laufenden) Lebensunterhalt einzusetzen ist und zukünftig die Leistung verringert wird, § 27b Abs. 2 Satz 4 SGB XII. Denkbar könnte eine Vereinbarung mit dem Leistungsträger sein, dass eine Ansparung für eine demnächst erforderliche und zweckentsprechende größere Anschaffung verwendet werden darf.

Verwendung des Barbetrags

Nach dem Wortlaut des § 27b SGB XII kommt es nicht darauf an, was der Leistungsberechtigte tatsächlich mit dem Barbetrag anfängt. Ob er diesen Betrag anspart, verschenkt oder einer anderen Verwendung zuführt, steht grundsätzlich in seiner Entscheidung. Von daher beschränkt sich der Anwendungsbereich der Minderungsmöglichkeit auf die Fälle, in denen der Leistungsberechtigte wegen Krankheit oder Behinderung gehindert ist, persönliche Bedürfnisse zu äußern oder zu befriedigen. Kann kein Verbrauch für den Lebensunterhalt erfolgen, bezieht der Betreute zu Unrecht die Leistung und ist unter Umständen nach § 103 SGB XII zur Rückzahlung verpflichtet; diese Pflicht kann auch den Betreuer treffen.

Rückzahlungsverpflichtung

1.5.2 Schuldentilgung aus dem Barbetrag

Der Barbetrag dient grundsätzlich nicht der Vermögensansammlung oder Schuldentilgung. Im Übrigen ist die Zahlung als Teil der Sozialhilfe nicht pfändbar, § 17 Abs. 1 Satz 2 SGB XII.

Wird der Barbetrag aber nicht verbraucht, bildet er Vermögen und unterliegt der Pfändung durch Gläubiger.

Da der Barbetrag dem Betreuten zur freien Verfügung steht, kann der Betreuer bei Bedarf damit auch Schulden tilgen.

1.5.3 Barbetragsverwaltung in vollstationärer Einrichtung

Rahmenverträge der Bundesländer

Inwieweit die Verwaltung des Barbetrags der Heimbewohner zu den Regelleistungen der Heime im Rahmen der sozialen Betreuung gehört, ist in den Rahmenverträgen zu § 75 ff. SGB XII in den einzelnen Bundesländern unterschiedlich ausgestaltet. Deshalb sind Entscheidungen zu diesem Problem nur eingeschränkt zu betrachten, da sie in der Regel länderspezifisch ergangen sind.

Regelungen im Heimvertrag anstreben

Der Betreuer sollte versuchen, eine Regelung mit dem Heimbetreiber über die Verwaltung des Barbetrags beim Abschluss eines Heimvertrags zu erzielen. Dabei ist auch zu klären, ob das Heim hierfür eine monatliche Aufwandsentschädigung verlangt.

Beispiel:

Die Einrichtung übernimmt im Einzelfall die Verwaltung des Barbetrags, soweit sie nicht durch den Bewohner selbst oder Dritte geleistet werden kann.

Verwaltung des Barbetrags als Leistung der Eingliederungshilfe

Interessant sind die Entscheidungen des *BGH* (FamRZ 2011, 293; BtPrax 2011,78) und des *Sächsischen Oberverwaltungsgerichts* (FamRZ 2006, 1878; PflR 2006, 337). Der *BGH* (s. o.) führt unter anderem aus, dass nach Bestimmungen des (zugrunde liegenden) Rahmenvertrags (im entschiedenen Fall der von Sachsen-Anhalt) die Verwaltung der Barbeträge eine mögliche Leistung der Eingliederungshilfe ist, auch wenn sie nicht in dem exemplarischen Leistungskatalog des § 54 SGB XII aufgenommen ist. Der zu gewährende Barbetrag dient der Befriedigung persönlicher Bedürfnisse und dabei insbesondere der Erhaltung der Beziehungen zur Umwelt, der Teilnahme am kulturellen und gesellschaftlichen Leben und der Befriedigung allgemeiner Informationsbedürfnisse. Seine Verwaltung ist für Personen, die wegen ihrer geistigen Behinderung hiervon nicht selbstverantwortlich Gebrauch machen können, eine Maßnahme, die gemäß § 53 Abs. 3 SGB XII die Folgen der Behinderung mildern sowie die Teilnahme am Leben in der Gemeinschaft ermöglichen oder erleichtern kann. Der Grundsatz der Subsidiarität der Sozialhilfe steht der Gewährung von Leistungen der Eingliederungshilfe in Form der Verwaltung des Barbetrags nicht entgegen. Sozialhilfe wird nach § 2 Abs. 1 SGB XII zwar nur nachrangig gegenüber den Leistungen Dritter gewährt. Dies wirkt sich hier jedoch nicht aus, weil die für den Heimbewohner auch für den Aufgabenbereich der Vermögenssorge eingerichtete Betreuung den Betreuer nicht zur tatsächlichen Verwaltung der Barbeträge verpflichtet und daher entsprechende Leistungen der Sozialhilfe nicht erübrigt. Auch ist die Verwaltung des Barbetrags durch Dritte, insbesondere durch Mitarbeiter des Heims, grundsätzlich zulässig.

Die Eckpunkte der Entscheidung des *Sächsischen Oberverwaltungsgerichts* (s. o.) stellen sich wie folgt dar:

Verwaltung als Unterstützungsleistung

Die Verwaltung des Barbetrags durch ein Pflegeheim für einen Heimbewohner, der wegen seiner Krankheit oder Behinderung seinen Barbetrag nicht selber verwalten kann, ist eine der sozialen Betreuung gemäß § 28 Abs. 1 Nr. 8 SGB XI zuzuordnende Unterstützungsleistung.

Kostenerhebung ist unzulässig

Pflegeheime dürfen keine gesonderten Kosten für die Verwaltung von Taschengeld für Pflegebedürftige erheben. Ein Pflegeheim ist durch die Regelungen des SGB XII und der sozialen Pflegeversicherung verpflichtet, die Heimbewohner sozial zu betreuen. Diese Leistung ist deshalb bereits Bestandteil der allgemeinen und vergüteten Pflegeleistungen. Im Rahmen dieser sozialen Betreuungsleistung muss das Pflegeheim diejenigen Leistungen erbringen, die typischerweise ansonsten von der Familie oder nahe stehenden Personen geleistet würden, wenn der Pflegebedürftige außerhalb eines Heimes bei ihnen wohnen würde.

Kosten nicht aus Barbetrag leisten

Erhebt das Pflegeheim Kosten, hat der Pflegeheimbewohner diese nicht durch Einsatz seines Barbetrags zu bestreiten. Das Pflegeheim ist wegen § 84 Abs. 4 SGB XI, wonach mit den Pflegesätzen alle für die Versorgung des Pflegebedürftigen erforderlichen Pflegeleistungen abgegolten sind, nicht berechtigt, einen – aus seiner Sicht – nicht gedeckten Aufwand „privat" in Rechnung zu stellen. Eine zusätzliche Vergütung des Pflegeheims kann auch nicht im Wege einer Vereinbarung mit dem Pflegebedürftigen über eine Zusatzleistung gemäß § 88 SGB XI erfolgen.

Kostenersatz durch Sozialhilfeträger

Sollte das Pflegeheim beim Heimbewohner Kosten bereits eingefordert haben, kann dieser vom (Sozialhilfe-)Leistungsträger Ersatz im Rahmen der Hilfe zur Pflege (§ 61 SGB XII) beanspruchen. Dagegen spricht nicht, dass der Leistungsträger durch die Kostenübernahme letztlich eine Leistung des Pflegeheims vergütet, obgleich diese nach § 84 Abs. 4 SGB XI durch den Pflegesatz bereits abgegolten ist und das Pflegeheim nicht berechtigt war, einen aus seiner Sicht durch den Pflegesatz nicht gedeckten Aufwand dem Pflegebedürftigen in Rechnung zu stellen. Streitigkeiten über diese Kosten müssen zwischen dem Sozialhilfeträger und dem Heimträger und nicht auf dem Rücken des Heimbewohners ausgetragen werden.

Betreuer muss nicht verwalten, sondern organisieren

Der Betreuer ist nicht zur Verwaltung des Barbetrags verpflichtet, weil die Betreuung selbst gegenüber anderen Hilfen nachrangig ist (§ 1896 Abs. 2 BGB). Diese Subsidiarität der Betreuung bezieht sich auch auf behördliche Hilfen in Sozialhilfeangelegenheiten, wie etwa bei der Verwaltung des Barbetrages.

1.6 Verbot von Zuwendungen

Geringwertige Geschenke

Gemäß den weitgehend gleichlautenden Ländervorschriften (z. B. Art. 8 Abs. 1 PfleWoqG in Bayern und § 14 Abs. 1 LHeimG in Baden-Württemberg) ist es der Leitung, den Beschäftigten oder sonstigen Mitarbeiterinnen oder Mitarbeitern des Heims untersagt, sich von oder zugunsten von Bewohnerinnen und Bewohnern neben der vom Träger erbrachten Vergütung Geld- oder geldwerte Leistungen für die Erfüllung der Pflichten aus dem Heimvertrag versprechen oder gewähren zu lassen. Dies gilt nicht, soweit es sich um geringwertige Aufmerksamkeiten handelt.

Die Vorschrift verfolgt im Wesentlichen drei Zwecke:

- Erstens soll verhindert werden, dass die Hilf- oder Arglosigkeit alter und pflegebedürftiger Menschen in finanzieller Hinsicht ausgenutzt wird. Sie sollen vor der nochmaligen oder überhöhten Abgeltung von Pflegeleistungen bewahrt werden.
- Zweitens soll der Heimfriede geschützt werden. Es soll verhindert werden, dass durch die Gewährung von finanziellen Zusatzleistungen oder Zusatzversprechen eine unterschiedliche (privilegierende oder benachteiligende) Behandlung der Bewohner eines Altenheims eintritt.
- Drittens dient die Vorschrift auch dazu, die Testierfreiheit der Heimbewohner zu sichern. Die Vorschrift soll alte Menschen davor bewahren, dass ihr Recht auf freie Verfügung von Todes wegen durch offenen oder versteckten Druck faktisch gefährdet wird.

Dieses Verbot gilt nicht nur für das Versprechen oder Gewähren vonseiten des Bewohners, sondern auch von dritter Seite, z. B. von den Angehörigen des Bewohners, wie der Wortlaut „zugunsten von Bewohnerinnen und Bewohnern" klar zu erkennen gibt. In diesem Fall ist jedenfalls der zuvor genannte zweite Schutzzweck des Gesetzes berührt; denn es liegt auf der Hand, dass die Gewährung oder Verweigerung von finanziellen Vorteilen durch Dritte, die dem Heimbewohner nahe stehen, die Art seiner Behandlung durch den Heimträger bzw. dessen Personal beeinflussen können, was im Einzelfall den Heimfrieden im vorgenannten Sinne gefährden kann.

Erbeinsetzung ohne Wissen des Begünstigten

Zwar ist die Vorschrift nicht anwendbar, wenn ein Heimträger ohne sein Wissen von einem Heimbewohner zum Erben eingesetzt wird und die ihm zugefallene Erbschaft nicht ausschlägt (*BayObLG* FamRZ 1991, 1354). In einem solchen Fall ist der Schutzzweck der Vorschrift nicht berührt, da der Träger in seinem Verhalten gegenüber dem Bewohner nicht beeinflusst wird. Anders liegt dies jedoch, wenn ein Angehöriger eines Heimbewohners den Träger zum Erben bzw. Vermächtnisnehmer einsetzt und der Heimbewohner weiterhin in der Einrichtung dieses Trägers lebt und deren Dienste in Anspruch nimmt.

Definition der Leistungen

Eine Geld- oder geldwerte Leistung ist jede Zuwendung an Geld oder sonstigen Sachen, Rechten oder Diensten, deren Wert in Geld ausgedrückt werden kann, also auch die Hingabe von Immobilien.

Siehe hierzu auch *OLG München* (BtPrax 2006, 186).

1.7 Heimentgelt

1.7.1 Leistungen des Unternehmers (Trägers) und Entgelte

Im Wohn- und Betreuungsvertrag sind die Rechte und Pflichten des Unternehmers und der Verbraucher, insbesondere die Leistungen des Unternehmers und das von der Bewohnerin oder dem Bewohner insgesamt zu entrichtende Entgelt zu regeln.

Der Vertrag muss die Leistungen des Unternehmers nach „Art, Inhalt und Umfang einzeln beschreiben". Es müssen die für „diese Leistungen zu zahlenden Entgelte, getrennt nach Überlassung des Wohnraums, Pflege- oder Betreuungsleistungen, gegebenenfalls Verpflegung sowie weiteren Leistungen angegeben werden, § 6 Abs. 3 Nr. 1 und 2 WBVG.

Der Unternehmer hat den Verbraucher vor Vertragsabschluss in Textform und in leicht verständlicher Sprache über sein allgemeines Leistungsangebot und über den wesentlichen Inhalt seiner für den Verbraucher in Betracht kommenden Leistungen zu informieren, § 3 WBVG. Dazu zählen z. B.:

- Ausstattung und Lage des Gebäudes
- Einrichtungen, zu denen der Verbraucher Zugang hat
- Ergebnisse der Qualitätsprüfungen
- Leistungen nach Art, Inhalt und Umfang
- Darstellung des Wohnraums, der Pflege- oder Betreuungsleistungen
- das den Pflege- oder Betreuungsleistungen zugrunde liegende Leistungskonzept
- Voraussetzungen für mögliche Leistungs- und Entgeltveränderungen

Die Informationen nach § 3 müssen als Vertragsgrundlage benannt und mögliche Abweichungen von den vorvertraglichen Informationen gesondert kenntlich gemacht werden (§ 6 Abs. 3 Nr. 3 WBVG).

In Verträgen mit Personen, die Leistungen nach der sozialen Pflegeversicherung in Anspruch nehmen, müssen Art, Inhalt und Umfang der Leistungen sowie die jeweiligen Entgelte den Regelungen der Pflegeversicherung entsprechen sowie die gesondert berechenbaren Investitionskosten ausgewiesen werden. In Verträgen mit Personen, denen Hilfe in Einrichtungen nach dem SGB XII gewährt wird, müssen Art, Inhalt und Umfang der Leistungen sowie die jeweiligen Entgelte den aufgrund des 10. Kapitels des SGB XII getroffenen Vereinbarungen entsprechen.

Das Entgelt sowie die Entgeltbestandteile müssen im Verhältnis zu den Leistungen angemessen sein (§ 7 Abs. 2 WBVG). Sie sind für alle Bewohnerinnen und Bewohner einer Einrichtung nach einheitlichen Grundsätzen zu bemessen. Eine Differenzierung ist zulässig, soweit eine öffentliche Förderung von betriebsnotwendigen Investitionsaufwendungen nur für einen Teil eines Heims erfolgt ist. Dagegen ist eine Differenzierung nach Kostenträgern grundsätzlich unzulässig nach § 7 Abs. 3 Satz 1 WBVG.

Zusatzbetrag ist unzulässig

Zum Beispiel ist die Wäschekennzeichnung in Pflegeheimen als Teil der Regelleistung „Wäscheversorgung" mit den Pflegesätzen abgegolten und nicht als Zusatzleistung gesondert zu vergüten (*VGH Kassel*, Beschluss vom 8. 8. 2013, Az. 10 A 902/13). Die Erhebung eines Zusatzbetrags für die Wäschekennzeichnung verstößt gegen § 84 Abs. 4 SGB XI.

Beitrittserklärungen Dritter

Erklärungen Dritter im Zusammenhang mit dem Abschluss eines Heimvertrags zur Kurzzeit- oder Verhinderungspflege, wonach sich der Erklärende gegenüber dem Heimbetreiber verpflichtet, neben dem zu Pflegenden (Pflegegast) für Verpflichtungen aus dem Heimvertrag aufzukommen (Beitrittserklärung), sind unwirksam, da sie gegen §§ 14 und 16 WBVG i. V. m. § 307 Abs. 1, Abs. 2 Nr. 1 BGB verstoßen (*LG Mainz*, Beschluss vom 31. 5. 2013, Az. 4 O 113/12).

1.7.2 Erstattung ersparter Aufwendungen

Soweit der Verbraucher länger als drei Tage abwesend ist, muss sich der Unternehmer den Wert der dadurch ersparten Aufwendungen kraft Gesetzes (§ 7 Abs. 5 WBVG) auf seinen Entgeltanspruch anrechnen lassen. Im Vertrag kann eine Pauschalierung des Anrechnungsbetrags vereinbart werden. In Verträgen mit Verbrauchern, die Leistungen nach der sozialen Pflegeversicherung in Anspruch nehmen, ergibt sich die Höhe des Anrechnungsbetrags aus den in § 87a Abs. 1 Satz 7 SGB XI genannten Vereinbarungen.

1.7.3 Kürzung des Heimentgelts

Erbringt der Unternehmer die vertraglichen Leistungen ganz oder teilweise nicht oder weisen sie nicht unerhebliche Mängel auf, kann die Bewohnerin oder der Bewohner (Verbraucher) unbeschadet weitergehender zivilrechtlicher Ansprüche grundsätzlich bis zu sechs Monate rückwirkend eine angemessene Kürzung des vereinbarten Heimentgelts verlangen, § 10 WBVG.

1.7.4 Anpassungspflicht, § 8 WBVG

Ändert sich der Pflege- oder Betreuungsbedarf des Verbrauchers, muss der Unternehmer eine entsprechende Anpassung der Leistungen anbieten. Der Verbraucher kann das Angebot ganz oder auch teilweise annehmen. Die Leistungspflicht des Unternehmers und das vom Verbraucher zu zahlende angemessene Entgelt erhöhen oder verringern sich in dem Umfang, in dem der Verbraucher das Angebot angenommen hat. Besonderheiten gelten auch hier für Verbraucher, die Leistungen nach der sozialen Pflegeversicherung in Anspruch nehmen oder bei Gewährung von Hilfe in Einrichtungen nach SGB XII. Eine Pflicht zur Anpassung durch den Unternehmer kann nur durch gesonderte Vereinbarung mit dem Verbraucher ausgeschlossen werden, wobei ein berechtigtes Interesse in der Vereinbarung begründet wird.

1.7.5 Erhöhung des Entgelts, § 9 WBVG

Der Unternehmer kann gemäß § 9 WBVG eine Erhöhung des Entgelts verlangen, wenn sich die bisherige Berechnungsgrundlage verändert und sowohl die Erhöhung als auch das erhöhte Entgelt angemessen sind. Entgelterhöhungen aufgrund von Investitionsaufwendungen des Heims sind nur zulässig, soweit sie nach der Art des Betriebs notwendig sind und nicht durch öffentliche Förderung gedeckt werden.

Das erhöhte Entgelt wird frühestens vier Wochen, nachdem der Unternehmer dem Verbraucher die Erhöhung schriftlich mit ausreichender Begründung mitgeteilt hat, geschuldet.

Anforderungen an die Mitteilung gemäß § 9 Abs. 2 WBVG:

- Aus der Mitteilung muss der Zeitpunkt hervorgehen, zu dem der Unternehmer die Erhöhung des Entgelts verlangt.
- In der Begründung muss er unter Angabe des Umlagemaßstabs die Positionen benennen, für die sich durch die veränderte Berechnungsgrundlage Kostensteigerungen ergeben.
- Er muss die bisherigen Entgeltbestandteile den vorgesehenen neuen Entgeltbestandteilen gegenüberstellen.
- Der Verbraucher muss rechtzeitig Gelegenheit erhalten, die Angaben des Unternehmers durch Einsichtnahme in die Kalkulationsunterlagen zu überprüfen.

Einseitiger Preisvorbehalt im Vertrag ist unwirksam

Entgelterhöhungen wegen veränderter Kosten in einem Seniorenheim, bei dem es sich um eine gemäß § 72 ff. SGB XI zugelassene Pflegeeinrichtung handelt, bedürfen der Zustimmung der (teil-)selbstzahlenden Bewohner. Ein einseitiger Preisvorbehalt in einem Wohn- und Betreuungsvertrag ist nach § 16 WBVG unwirksam. Lediglich Beziehern von Sozialleistungen nach SGB XI und SGB XII gegenüber bedarf es nur der Mitteilung der Erhöhung, da die Entgelterhöhung und ihre Angemessenheit bereits aufgrund Vereinbarung mit dem Träger der Pflegeversicherung oder Sozialhilfe festgestellt sind, *LG Berlin* vom 13. 11. 2012, Az. 15 O 181/12; *LG Mainz* vom 31. 5. 2013, Az. 4 O 113/12; *KG Berlin* vom 17. 5. 2013, Az. 23 U 276/12.

1.7.6 Abtretung des Heimentgelts an Dritte

Klausel über Abtretung des Heimentgelts ist unwirksam

Eine Klausel im Wohn- und Betreuungsvertrag, nach der die Abtretung der Entgeltansprüche des Heimbetreibers an eine Abrechnungsstelle oder ein Inkassounternehmen zulässig ist, verstößt gegen § 134 BGB i. V. m. § 203 Abs. 1 Nr. 1 StGB und ist nichtig. Zu den Personen, die Heilberufe nach § 203 Abs. 1 Nr. 1 StGB ausüben, zählen auch Alten- und Krankenpfleger. Da eine Einwilligung in die Erhebung personenbezogener Daten durch Allgemeine Geschäftsbedingungen grundsätzlich nicht möglich ist, kann auch die Unterschrift des Heimbewohners daran nichts ändern (*LG Mainz* vom 31. 5. 2013, Az. 4 O 113/12; *KG Berlin* vom 17. 5. 2013, Az. 23 U 276/12).

1.7.7 Fortzahlung des Heimentgelts über den Sterbetag hinaus

In Heimverträgen mit Leistungsempfängern der sozialen Pflegeversicherung ist eine Klausel, die eine Fortgeltung des Heimvertrages und eine Pflicht zur Fortzahlung von Bestandteilen des Heimentgeltes über den Sterbetag des Bewohners hinaus vorsieht, unzulässig und unwirksam (*BVerwG* BtPrax 2011, 30).

Damit werden beispielsweise Heimverträge mit sog. Selbstzahlern nicht erfasst. Zum anderen regelt § 87a Abs. 1 Satz 2 SGB XI nicht die Fortgeltung des Heimvertrags schlechthin, sondern nur das Fortbestehen der heimvertraglichen Zahlungspflicht des Bewohners.

1.7.8 Einsicht in Pflegedokumentationen

Liegt eine Einwilligung des Heimbewohners oder seines gesetzlichen Betreuers vor, kann dem Krankenversicherer aus übergegangenem Recht gemäß § 116 Abs. 1 SGB X i. V. m. §§ 401 Abs. 1 analog, 412 BGB ein Anspruch auf Herausgabe von Kopien der Pflegedokumentation gegen Kostenerstattung zustehen (*BGH* BtPrax 2010, 174; FamRZ 2010, 696).

Problematisch dürfte in diesem Zusammenhang sein, in welchem Umfang die Entbindung der Ärzte von der Schweigepflicht erfolgen kann. Auch muss bei der Einwilligung des Betreuers unbedingt der Aufgabenkreis beachtet werden.

1.8 Obhutspflicht des Heims

Das *OLG Düsseldorf* hat sich in seinem Urteil vom 14. 10. 2008 (Az. 24 U 45/07) mit der Obhutspflicht eines Pflegeheims befasst und kommt zu folgendem Ergebnis:

Pflegeheim ist zur Obhut verpflichtet

1. Pflegeheimen obliegt eine Obhutspflicht aus dem Heimvertrag, Heimbewohner in ihrer körperlichen Unversehrtheit zu schützen. Eine schuldhafte Verletzung dieser Pflichten kann geeignet sein, einen Schadensersatzanspruch zu begründen.

Vernünftiger Aufwand begrenzt die Pflichten

2. Die Pflichten des Heimes sind begrenzt auf Maßnahmen, die mit einem vernünftigen finanziellen und personellen Aufwand realisierbar sind. Maßstab sind das Erforderliche sowie das für die Heimbewohner und das Pflegepersonal Zumutbare.

Würde der Bewohner ist zu beachten

3. In besonderer Weise ist die menschliche Würde der Bewohner zu beachten, wozu das Interesse und Bedürfnis nach einem möglichst selbstbestimmten und selbstverantwortlichen Leben gehört.

Gefahrensituation steigert die Obhutspflicht

4. In einer Gefahrensituation ist die Obhutspflicht gesteigert mit der Folge, dass dem Pflichtigen im Schadensfall der Entlastungsbeweis obliegt.

Der Heimbewohner war starker Raucher und nach Pflegestufe II pflegebedürftig. Da er zwar noch durchaus selbstständig und relativ sicher zu rauchen vermochte, jedoch nicht mehr in der Lage war, für umfassende Sicherheit während des Rauchens zu sorgen, wurde ihm der Tabakkonsum im eigenen Zimmer untersagt. Das Rauchen war ihm nur noch in der ausgewiesenen Raucherecke gestattet, seine Tabakwaren wurden vom Pflegedienst verwahrt. Während eines kurzen Moments des unbeaufsichtigten Zigarettengenusses in der Raucherecke hatte sich das Hemd des Versicherten entzündet. Er erlitt schwerste Brandverletzungen und verstarb an deren Spätfolgen.

Aufsichtspflicht bei rauchenden Bewohnern

Das *OLG Düsseldorf* entschied hierzu, der Heimbetreiber habe nicht für diesen Unfall zu haften. Er sei seinen Obhuts- und Aufsichtspflichten in ausreichendem Maße nachgekommen. Nach Feststellung des Gerichts hätte der Unfall nur dann verhindert werden können, wenn der Heimbewohner entweder ununterbrochen beaufsichtigt worden wäre oder ihm der Tabakkonsum vollständig verboten worden wäre. Weder die eine noch die andere Maßnahme wäre jedoch verhältnismäßig gewesen. Nicht jeder abstrakten Gefahr könne vorgebeugt werden. Es sind solche Sicherheitsvorkehrungen zu treffen, die ein umsichtiger und gewissenhafter Angehöriger der jeweiligen Berufsgruppe für ausreichend halten darf, um andere Personen vor Schaden zu bewahren und die ihm den Umständen nach zumutbar sind.

Vorbeugende Maßnahmen sind wichtig

Das Heim kann mit Brandmeldern in Zimmern und Brandschutzkonzepten viel dazu beitragen, dass die Brandfolgen begrenzt bleiben. Gleichwohl, das hat das OLG Düsseldorf in seinem Urteil dargelegt, obliegen dem Heim Obhutspflichten in der Begleitung und Betreuung seiner Bewohner. Wie es das OLG betont, stellt sich die Übergehung von Brandgefahren in der individuellen Betreuungs- und Hilfeplanung als eine Schlechtleistung in fachlicher Hinsicht dar und kann zu Schadensersatzansprüchen führen. Allerdings kommt im vorliegenden Fall das OLG Düsseldorf zu dem Ergebnis, dass dann, wenn der Bewohner ein „Unglück“ erlitten hat, dem Schädiger kein „Unrecht“ vorgehalten werden kann.

Selbstbestimmte Lebensführung muss erhalten bleiben

Selbstverständlich geht es darum, einen Weg zu finden, der Risiken minimiert, aber auch eine individuelle und selbstbestimmte Lebensführung ermöglicht. Rauchen in den Zimmern generell zu verbieten, beißt sich mit dem Recht auf eine unbeeinträchtigte Lebensführung, ohne ständige Kontrolle. Das betont auch das OLG Düsseldorf, doch darf man gleichwohl mit Brandgefahren nicht leichtfertig umgehen. Im vorliegenden Fall hatte sich jedoch das Pflegepersonal viele Gedanken gemacht, um die Bewohner zu einem risikobewussten Umgang mit Zigaretten zu motivieren und das Rauchen zu reduzieren.

1.9 Begleitung von Heimbewohnern zu notwendigen Arztbesuchen

Hat das *VG Stuttgart* (PflR 2011, 155) noch festgestellt, dass dann, wenn ein Arztbesuch zwingend außerhalb der Einrichtung notwendig und eine Begleitung durch Dritte nicht möglich ist, der Heimbetreiber die Begleitung für den Bewohner sicherzustellen hat, und dies als Hilfe bei der Mobilität zu den allgemeinen Pflegeleistungen gehören würde, ist der *VGH Baden-Württemberg* in der Berufungsentscheidung (PflR 2012, 666) davon abgerückt. Er hat klar gemacht, dass der Rahmenvertrag für die vollstationäre Pflege für das Land Baden-Württemberg die vom Heimbetreiber zu gewährleistende Begleitung eines Heimbewohners zum Arzt nicht zu den allgemeinen Pflegeleistungen zählt. Nach dem Rahmenvertrag für Baden-Württemberg muss die Einrichtung nicht mehr begleiten, sondern nur bei der Organisation der Termine behilflich sein.

Begleitung ist allgemeine Pflegeleistung der Einrichtung

Der *HessVGH* hat am 24. 3. 2015, Az. 10 A 272/14 in seiner Entscheidung in den allgemeinen Pflegeleistungen eine ausdrückliche Pflicht zur Begleitung gesehen, wenn diese für notwendige Verrichtungen außerhalb der Pflegeeinrichtung, die das persönliche Erscheinen des pflegebedürftigen Menschen erfordern, notwendig ist.

Das Gericht führt in der Begründung unter anderem aus:

- Die notwendige Begleitung zum Besuch externer Ärzte oder Therapeuten ist von den allgemeinen Pflegeleistungen umfasst.
- Das Planen von Arzt- oder Therapeutenbesuchen erfasst nicht notwendig auch die Begleitung zum Arzt oder Therapeuten. Anders liegen die Dinge jedoch hinsichtlich des Organisierens derartiger Besuche.
- Aus der Zusammenschau der Begriffe Planen und Organisieren folgt bereits, dass Organisieren ein Mehr an Tätigkeiten erfasst als das Planen. Organisieren ist konkreter und praxisbezogener als Planen und kann Maßnahmen der Umsetzung eines Arzt- oder Therapeutenbesuchs beinhalten.
- Das bedeutet, dass die erforderliche Unterstützung oder Übernahme der Durchführung eines Arzt- oder Therapeutenbesuchs mit dem Pflegesatz abgegolten ist.

Hinweis:

Rahmenvertrag prüfen

In den Rahmenverträgen der anderen Bundesländer sind größtenteils ähnliche Formulierungen gegeben. In Bayern hat der Rahmenvertrag für den Bereich vollstationäre Pflege in § 1 Abs. 3 Buchst. c folgenden Inhalt:

„Die Mobilität umfasst (u. a.) das Verlassen und Wiederaufsuchen der Pflegeeinrichtung; dabei sind solche Verrichtungen außerhalb der Pflegeeinrichtung zu unterstützen, die für die Aufrechterhaltung der Lebensführung notwendig sind und das persönliche Erscheinen des Pflegebedürftigen erfordern (z. B. **Organisieren und Planen** des Zahnarztbesuches)."

Vergleicht man die Entscheidung des HessVGH mit der bayerischen Regelung, findet man auch in ihr das „**Organisieren**", welches in der HessVGH-Entscheidung als „**Durchführung**" ausgelegt wurde.

Übernahme der Kosten durch Krankenkasse

Inwieweit Krankenfahrten von der Krankenkasse bezahlt werden, ergibt sich aus den Richtlinien des Gemeinsamen Bundesausschusses über die Verordnung von Krankenfahrten, Krankentransportleistungen und Rettungsfahrten nach § 92 Abs. 1 Satz 2 Nr. 12 SGB V (Krankentransport-Richtlinien).

Gebühr frei | Krankenkasse bzw. Kostenträger
Gebühr pflicht. | Name, Vorname des Versicherten | geb. am
Kassen-Nr. | Versicherten-Nr. | Status
Vertragsarzt-Nr. | VK gültig bis | Datum

Verordnung einer Krankenbeförderung 4

Mitteilung von Krankheiten und drittverursachten Gesundheitsschäden gemäß § 294a SGB V
☐ Unfall, Unfallfolgen ☐ Arbeitsunfall, Berufskrankheit ☐ Versorgungsleiden (BVG u.a.) ☐ sonstiger Schaden

1. Hauptleistung
A) im Krankenhaus
☐ Krankenhausbehandlung voll- oder teilstationär
☐ Krankenhaus-behandlung vor- oder nachstationär — Behandlungsdaten
B) ambulante Operation
☐ ambulante Operation gem. § 115b SGB V — Datum
☐ Vor- oder Nach-behandlung bei ambulanter Operation — Behandlungsdaten

C) ambulante Behandlung (von der Krankenkasse zu genehmigen) ☐ beim Vertragsarzt ☐ im Krankenhaus ☐ sonstige
Begründung des Ausnahmefalls gemäß § 60 Abs. 1 SGB V:
Hochfrequente Behandlung
☐ gemäß Anlage 2 der Krankentransport-Richtlinien (Dialyse, onkologische Chemo- oder Strahlentherapie)
☐ vergleichbarer Ausnahmefall wegen
voraussichtliche Behandlungsfrequenz: ☐ X pro Woche über ☐☐ Monate
ggf. Zeitraum der Serienverordnung
Dauerhafte Mobilitätseinschränkung
☐ Merkzeichen „aG“, „Bl“, „H“ oder Pflegestufe 2 bzw. 3 vorgelegt
☐ vergleichbarer Grund wegen (ggf. Angabe ICD-10)
voraussichtliche Behandlungsdauer:

2. Beförderungsmittel ☐ Taxi, Mietwagen ☐ Kranken-transportwagen ☐ Rettungs-wagen ☐ Notarzt-wagen ☐ andere
Begründung des Beförderungsmittels (ggf. Angabe ICD-10)

Medizinisch-technische Ausstattung erforderlich: ☐ nein ☐ Tragestuhl ☐ Nicht umsetzbar aus Rollstuhl ☐ liegend ☐ andere
Von Nach
☐☐ Wohnung ☐☐ Arztpraxis ☐☐ Krankenhaus ☐☐ andere Beförderungswege
☐ Hinfahrt ☐ Rückfahrt
☐ Wartezeit (Dauer):
☐ Gemeinschaftsfahrt (Anzahl Mitfahrer):
Medizinisch-fachliche Betreuung notwendig: ☐ nein ☐ ja, folgende:

Unterschrift und Stempel des Vertragsarztes
Muster 4 (7.2004)

1.10 Anforderung an die Wohnqualität

Schutz der Intimsphäre schwerst Dementer

Schwerst demente Bewohner von Betreuungseinrichtungen sind ohne Einschränkung in ihrer Würde und vor Verletzungen ihrer Intimsphäre zu schützen und ihre diesbezüglichen Interessen gegenüber denen anderer Heimbewohner dürfen in keiner Weise zurückstehen. Aufgrund ihrer Hilflosigkeit bedürfen Schwerstdemente besonderem Schutz, da sie sich gegen Verletzungen ihrer Intimsphäre nicht mehr zur Wehr setzen können. Eine Beeinträchtigung ihrer Menschenwürde, die bei ihnen quasi Ausdruck des übriggebliebenen Restes oder Kerns ihrer ehemaligen Persönlichkeit ist, wiegt schwerer als bei anderen Bewohnern, die außer dem Wunsch nach Respektierung ihrer Würde noch andere Interessen und Wünsche aktiv artikulieren können. Eine Unterbringung, bei der die Würde und Intimsphäre weniger geschützt ist als bei anderen Bewohnern, kommt für Schwerstdemente damit nicht in Betracht. Die Unterbringung von schwerst dementen Bewohnern in Vierbettzimmern erfüllt nicht die Anforderungen an die Wohnqualität in Betreuungseinrichtungen (*VG Köln* BtPrax 2012, 216).

Das *VG Würzburg* (BtPrax 2014, 288) hat in seiner Entscheidung klargestellt, dass die Heimaufsichtsbehörde gemäß Art. 13 Abs. 1 Satz 1 PfleWoqG einem Heimträger gegenüber anordnen kann, zur Vermeidung einer freiheitsentziehenden Maßnahme anstelle eines Betts mit Bettgitter ein Niederflurbett anzuschaffen.

Heimaufsicht kontrolliert

Bundesrecht hindert nicht, dass der Landesgesetzgeber die Heimaufsichtsbehörde dazu ermächtigt, die Einhaltung von Regelungen der Pflegeversicherung – unter Einschluss von Festlegungen in Rahmenverträgen nach §§ 75, 88 SGB XI – durch die Heimträger zu überwachen und gegen Verstöße einzuschreiten (*BVerwG* vom 28. 5. 2014, Az. 8 B 71/13).

1.11 Meldepflicht, Ausweis

1.11.1 Meldepflicht

Betreuer meldet an

Nach § 17 Abs. 3 Satz 3 BMG (Bundesmeldegesetz) obliegt dem Betreuer mit dem Aufgabenkreis „Aufenthaltsbestimmung“ die An- und Abmeldung des Betreuten beim Ein- und Auszug in eine Wohnung oder in ein Pflegeheim. Die Anmeldung hat innerhalb von zwei Wochen zu erfolgen, § 17 Abs. 1 BMG. Ein Unterlassen der An- und Abmeldung kann mit einer Geldbuße bis zu 1.000 EUR geahndet werden, § 54 Abs. 3 BMG.

Heim wirkt mit

Der Wohnungsgeber (Heimbetreiber) ist verpflichtet, bei der Anmeldung mitzuwirken. Hierzu hat er der meldepflichtigen Person (bzw. deren Betreuer) den Einzug schriftlich oder gegenüber der Meldebehörde innerhalb der Zweiwochenfrist zu bestätigen, § 19 Abs. 1 BMG.

1.11.2 Personalausweis

Personalausweispflicht

Deutsche sind verpflichtet, einen gültigen Ausweis zu besitzen, sobald sie 16 Jahre alt sind und der allgemeinen Meldepflicht unterliegen, § 1 Abs. 1 PAuswG.

Betreuer stellt Antrag

Für volljährige Personen, die geschäftsunfähig sind, kann (soweit kein Bevollmächtigter im Sinne von § 9 Abs. 1 Satz 5 PAuswG vorhanden ist) nur der Betreuer mit dem Aufgabenkreis Aufenthaltsbestimmung den Antrag auf Erteilung stellen, § 9 Abs. 2 PAuswG.

Die Verletzung dieser Pflicht ist bußgeldbewehrt (§ 32 PAuswG). Bei der Antragspflicht des Betreuers handelt es sich um eine ausschließliche Antragszuständigkeit, sie tritt nicht neben ein weiter bestehendes Antragsrecht des Betreuten. Freilich ist der geschäftsfähige Betreute (auch wenn ein Einwilligungsvorbehalt besteht) weiterhin antragsberechtigt und -verpflichtet. Allerdings dürfte nach dem Wortlaut des § 9 Abs. 1 PAuswG auch in diesem Fall eine Antragstellung durch den Betreuer zulässig sein.

Befreiung von der Ausweispflicht

Nach § 1 Abs. 3 PAuswG kann die zuständige Personalausweisbehörde Personen von der Ausweispflicht befreien, wenn

1. für sie ein Betreuer nicht nur durch einstweilige Anordnung bestellt ist oder die handlungs- oder einwilligungsunfähig sind und von einem mit öffentlich beglaubigter Vollmacht Bevollmächtigten vertreten werden,
2. sie voraussichtlich dauerhaft in einem Krankenhaus, einem Pflegeheim oder einer ähnlichen Einrichtung untergebracht sind,
3. sie sich wegen einer dauerhaften Behinderung nicht allein in der Öffentlichkeit bewegen können.

An sich genügt die Bestellung eines Betreuers (Ziffer 1), da nur eine der drei Voraussetzungen vorliegen muss. Da es sich aber um eine Ermessensentscheidung der Personalausweisbehörde handelt („kann“), wird in der Praxis die Befreiung häufig nur erteilt werden, wenn zusätzlich eine Voraussetzung der Ziffern 2 oder 3 vorliegt.

1.11.3 Ausländische Betreute

In Deutschland lebende Ausländer müssen ein Ausweispapier haben, § 48 AufenthG. Außerdem benötigen sie einen Aufenthaltstitel, § 4 AufenthG.

Die Vertretung bei der Antragstellung zu einem erforderlichen Identitätspapier durch den Betreuer mit dem Aufgabenkreis Aufenthaltsbestimmung dürfte sich aus § 80 AufenthG ergeben.

Betreuer vertritt bei der Antragstellung

Nach § 80 Abs. 1 AufenthG ist zur Vornahme von Verfahrenshandlungen ein Ausländer fähig, der volljährig ist, sofern er nicht nach Maßgabe des BGB geschäftsunfähig oder in dieser Angelegenheit zu betreuen und einem Einwilligungsvorbehalt zu unterstellen wäre. Gemäß § 80 Abs. 2 AufenthG ist der gesetzliche Vertreter (Betreuer) verpflichtet, für den Ausländer die erforderlichen Anträge auf Erteilung und Verlängerung des Aufenthaltstitels und auf Erteilung und Verlängerung des Passes, des Passersatzes und des Ausweisersatzes zu stellen.

2. Gerichtliche Entscheidungen zum Heimvertrag

LG Hannover BtPrax 2019, 256

Keine Gewaltanwendung bei der Zuführung in ein offenes Pflegeheim

Für eine „Zuführung" durch den Betreuer in ein offenes Pflegeheim kann keine Unterstützung der Betreuungsbehörde nach § 326 Abs. 1 FamFG angefordert werden. Auch eine Anwendung von Gewalt seitens der Behörde oder der Polizei gemäß § 326 Abs. 2 FamFG ist nicht möglich. Eine betreuungsgerichtliche Genehmigung zu diesem Zweck scheidet ebenfalls aus.

BGH (NJW 2004, 1104)

Die nachfolgend angeführten Entscheidungen basieren auf dem Heimgesetz. Soweit das WBVG inhaltlich keine abweichenden Regelungen enthält und hinsichtlich der von der Rechtsprechung entwickelten allgemeinen Grundsätze sind sie auch in Zukunft noch beachtlich.

In Zukunft können die Unternehmer von Verbraucherschutzverbänden oder anderen anspruchsberechtigten Stellen bei einer Zuwiderhandlung gegen Vorschriften des WBVG, die dem Schutz der Verbraucher dienen, auf Unterlassung in Anspruch genommen werden (§ 2 Abs. 2 Nr. 10 des Unterlassungsklagengesetzes). Auch dies wird dazu beitragen, dass die Ziele des WBVG nachhaltiger erreicht werden.

Nichtinanspruchnahme von Verpflegung (Sondennahrung)

Zum Anspruch des Heimträgers auf Entgelt für Verpflegung, wenn der Heimbewohner die angebotene Kostform nicht entgegennimmt, weil er auf Sondennahrung angewiesen ist, die von der gesetzlichen Krankenversicherung finanziert wird.

Der Betreute befand sich aufgrund Vertrags in einem Pflegeheim. Er nahm dort als Versicherter der sozialen Pflegeversicherung Leistungen der vollstationären Pflege nach § 43 SGB XI in Anspruch.

Vom Beginn seines Aufenthalts nahm der Betreute die normale Verpflegung, von gelegentlichen Teegetränken abgesehen, nicht in Anspruch; er war vielmehr in der Folge eines erlittenen Unfalls und der damit einhergehenden Behinderung auf Sondennahrung angewiesen, die von der Krankenkasse bezahlt wurde. Die Verabreichung dieser Nahrung bei liegender Sonde wurde als Leistung der medizinischen Behandlungspflege durch das Pflegepersonal erbracht und durch das Entgelt für die allgemeinen Pflegeleistungen abgegolten. Der Erbe des Betreuten macht wegen ersparter Verpflegung gegen den Betreiber des Pflegeheims einen Bereicherungsanspruch von 3,50 EUR pro Tag nebst Zinsen geltend. Der *BGH* hat den Anspruch bestätigt.

OLG München (BtPrax 2005, 199)

Personalsituation des Heims

Bei der Prüfung der Verhältnismäßigkeit einer Unterbringung wegen Selbstgefährdung (hier: Weglaufen eines dementen Heimbewohners) hat das Gericht die Personalsituation der Einrichtung grundsätzlich hinzunehmen. Das Gericht kann der Einrichtung weder die permanente Besetzung der Pforte zur Auflage machen noch die – im wohlverstandenen Interesse des Betroffenen liegende – Genehmigung versagen, weil es hieran fehle. Dasselbe gilt grundsätzlich auch für Auflagen zu baulichen Gegebenheiten.

Mildere Form der Unterbringung

Der Betreuer – und im Rahmen der Überprüfung der Unterbringung auch das Gericht – haben aber zu prüfen, ob eine für den Betroffenen mildere Form der Freiheitsentziehung in einer anderen Einrichtung in Betracht kommt, z. B. ein Heim, das dem Betroffenen mehr Freiraum zur – auch ziellosen – Fortbewegung bieten würde. Hierbei sind im Rahmen einer Gesamtabwägung sämtliche Umstände des Einzelfalls zu berücksichtigen. Ein erheblicher Gesichtspunkt ist, wie sich die Unterbringung konkret für den Betroffenen auswirkt, in welchem Ausmaß sie von ihm als Einschränkung der ihm verbliebenen Lebensqualität empfunden wird (vgl. dazu Kapitel A 12).

OLG München (FamRZ 2010, 493)

Unzulässigkeit eines Verbots der Heimverlegung

Ein betreuungsgerichtliches Verbot an Betreuer, Betroffene ohne gerichtliche Zustimmung in ein anderes Heim zu verlegen, ist regelmäßig unzulässig. Die bei tatsächlicher Gefährdung des Betreutenwohls im Fall eines Aufenthaltswechsels gegebenenfalls gebotene (teilweise) Entlassung des bisherigen Betreuers und die Bestellung eines neuen Betreuers kann nicht dadurch umgangen werden, dass dem Betreuer die eigenverantwortliche Ausübung des Aufenthaltsbestimmungsrechts untersagt und seine diesbezüglichen Maßnahmen der Entscheidung des Gerichts unterstellt werden.

Das Gericht führt in der Begründung weiterhin aus, dass zwar auch bezüglich der Aufenthaltsbestimmungen einzelne Gebote und Verbote möglich sind, etwa den Aufenthalt in einem für ungeeignet erachteten Heim zu beenden oder auch das Verbot, den Aufenthalt in einem des Betroffenen für eine bestimmte eng begrenzte Zeit etwa bis zur Entscheidung über die Bestellung eines neuen Betreuers mit dem Aufgabenkreis Aufenthaltsbestimmung zu verändern. Diese Maßnahmen dürfen jedoch dem Betreuer das ihm als Aufgabe übertragene Aufenthaltsbestimmungsrecht nicht vollständig entziehen.

Dem steht auch die Entscheidung des *BGH* (NJW 1996, 1825) nicht entgegen. Dort hat der Bundesgerichtshof in einer nicht tragenden Nebenbemerkung die Möglichkeit bejaht, einem Betreuer, dessen Aufgabenkreis die gesamte Vermögenssorge und die Zuführung zur stationären medizinischen Behandlung sowie die Sicherstellung der häuslichen Versorgung umfasste, die Weisung zu erteilen, eine Heimpflege des Betreuten durch eine häusliche Pflege zu ersetzen. Dies stellt eine konkrete Einzelweisung dar und beseitigt ein eventuelles Aufenthaltsbestimmungsrecht des Betreuers nicht generell. Insbesondere stellt es nicht alle künftigen Aufenthaltsentscheidungen des Betreuers unter den Vorbehalt der gerichtlichen Zustimmung. Falls man der Auffassung ist, dass ein Aufenthaltswechsel dem Betroffenen schweren Schaden zufügt, kann das Betreuungsgericht einen Aufenthaltswechsel durch den Betreuer nur verhindern, indem es ihn zumindest für den Bereich der Aufenthaltsbestimmung gemäß § 1908b Abs. 1 Satz 1 BGB entlässt, sofern die Voraussetzungen dafür vorliegen. Dann ist zwingend für diesen Bereich, wenn der Betreuungsbedarf fortbesteht, gemäß § 1908c BGB ein neuer Betreuer zu bestellen. Die (teilweise) Entlassung des bisherigen Betreuers und die Bestellung eines neuen Betreuers kann nicht dadurch umgangen werden, dass dem Betreuer die eigenverantwortliche Ausübung des Aufenthaltsbestimmungsrechts untersagt und seine diesbezüglichen Maßnahmen der Entscheidung des Gerichts unterstellt werden.

BGH (FamRZ 2005, 2058)

Zusatzleistungen und schriftliche Vereinbarung

In Heimverträgen mit Leistungsempfängern der Pflegeversicherung bedarf die Gewährung und Berechnung von Zusatzleistungen (hier: Einzelzimmer in Pflegeheim) der vorherigen schriftlichen Vereinbarung. Fehlt es hieran, hat der Heimträger wegen der Nutzung einer solchen Zusatzleistung auch keinen Bereicherungsanspruch.

OLG Celle, Beschluss vom 23. 11. 2000, Az. 13 U 73/00

Unwirksame AGB-Klauseln

AGB-Klauseln in einem sogenannten Betreuungsvertrag eines Heims für behinderte Personen, wonach das volle Betreuungsentgelt bei Abwesenheit bis 3 Tagen geschuldet wird (insoweit bestätigt durch *BGH* BtPrax 2001, 249 ff.), das persönliche Eigentum nach Vertragsbeendigung längstens 3 Monate aufbewahrt wird, der Heimträger im Falle der Unerreichbarkeit von Angehörigen 24 Stunden nach dem Tod eines Heimbewohners zur Beisetzungsanordnung berechtigt ist und die generelle Einwilligung in die Speicherung persönlicher Daten und die Weitergabe ärztlicher Befunde erklärt wird, sind ebenso wie eine qualifizierte Schriftformklausel wegen Verstoßes gegen § 9 AGBG (nunmehr § 307 BGB) unwirksam.

BGH (BtPrax 2008, 32)

Im Fall einer Leistungsanpassung nach § 6 Abs. 1 HeimG ist die Bestimmung des § 7 Abs. 3 HeimG nicht anwendbar.

Zeitpunkt der Vergütungspflicht bei erhöhtem Betreuungsbedarf

Erbringt der Heimträger im Hinblick auf den erhöhten Betreuungsbedarf des Bewohners nach § 6 Abs. 1 HeimG weitergehende Pflegeleistungen, als sie bislang vertraglich vereinbart waren, setzt die Vergütungspflicht ab dem Zeitpunkt der bewirkten Leistungsanpassung voraus, dass der Heimträger die Änderung des Vertrags spätestens gleichzeitig mit der Leistungsanpassung anbietet oder zum Ausdruck bringt, dass er von seinem im Heimvertrag vorgesehenen Recht Gebrauch machen wird, das Entgelt – bei Versicherten der sozialen Pflegeversicherung für den Fall der Bewilligung einer höheren Pflegestufe durch die Pflegekasse – einseitig zu erhöhen. Dabei muss das Angebot zur Vertragsänderung oder das einseitige Erhöhungsverlangen den Anforderungen des § 6 Abs. 2 HeimG entsprechen.

Träger muss Änderungen der Leistung und Vergütung darstellen

§ 6 Abs. 2 HeimG sieht – sowohl für das einseitige Erhöhungsverlangen als auch für das Angebot zu einer Vertragsänderung – vor, dass der Träger die Änderungen der Art, des Inhalts und des Umfangs der Leistungen sowie gegebenenfalls der Vergütung darzustellen hat. Damit mutet das Gesetz dem Heimträger nichts Unerfüllbares zu, sondern trägt nur dem Umstand Rechnung, dass sich Träger und Bewohner in vertraglichen Beziehungen befinden und es daher ihre Sache ist, die notwendigen Änderungen des Vertragsinhalts rechtzeitig zu besprechen und alsdann vorzunehmen. Da sich der Bewohner im Allgemeinen in einer Lage befindet, in der er des Schutzes bedarf, ist es nur konsequent, dass der Gesetzgeber in § 6 Abs. 2 Satz 2 HeimG die entsprechende Anwendung der Bestimmungen in § 5 Abs. 3 Satz 3 und 4 HeimG angeordnet hat, um auch in diesem Stadium die Vertragsbeziehung möglichst transparent zu gestalten.

Entgelterhöhung erfordert Zustimmung

Eine Entgelterhöhung des Heimträgers bei Änderung der Berechnungsgrundlage nach § 9 WBVG bedarf zu ihrer Wirksamkeit der Zustimmung des Heimbewohners. Das gilt auch gegenüber Bewohnern, die Leistungen nach dem SGB XI oder SGB XII in Anspruch nehmen. Eine davon abweichende Vereinbarung, die ein einseitiges Entgelterhöhungsrecht des Heimträgers vorsieht, ist gemäß § 16 WBVG unwirksam.

BGH (BtPrax 2017/201)

Wird ein Betroffener, der sich allein mit seinem Rollstuhl fortbewegen kann, in einer Wohneinrichtung untergebracht, deren Außentür verschlossen wird, damit der Betroffene den geschützten Bereich nicht eigenmächtig verlassen kann, ist diese Unterbringung mit einer Freiheitsentziehung verbunden. Zwar fehlt es an einer solchen, wenn der Betroffene faktisch nicht in der Lage ist, sich räumlich zu entfernen. Dies liegt jedoch nicht vor, wenn der Betroffene sich eigenständig mit seinem Rollstuhl fortbewegen und – angesichts einer offenen Tür – den natürlichen Willen entwickeln und umsetzen kann, die Wohneinrichtung durch die offene Tür zu verlassen. Dass er bisher nicht versucht hat, die Einrichtung zu verlassen, kann nicht die Annahme rechtfertigen, er habe überhaupt nicht den natürlichen Willen dazu.

OLG Dresden, Beschluss vom 24. 10. 2017, Az. 4 U 1173/17

Eine lückenlose Überwachung durch das Pflegepersonal im geschlossenen Wohnbereich einer Einrichtung ist auch dann nicht geschuldet, wenn der Patient aufgrund einer schizoiden Störung untergebracht ist. Das Pflegepersonal hat nur in den Grenzen des Erforderlichen und Zumutbaren die Pflicht, von einem Patienten Gefahren abzuwenden, die diesem aufgrund seiner Krankheit drohen.

3. Unterschiedliche Wohnformen für ältere Menschen

3.1 Informationsmöglichkeiten

Um den individuellen Bedürfnissen älterer Menschen gerecht zu werden, haben sich im Laufe der Zeit unterschiedliche Wohnformen herausgebildet. Viele neu entwickelte Modelle haben das Ziel, möglichst lange ein selbständiges Wohnen zu ermöglichen und basieren auf Eigeninitiativen, sozialen Netzen und gegenseitiger Hilfe. Wer sich als Betreuer über die Wohnmöglichkeiten für einen konkret Betroffenen informieren will bzw. muss, sieht sich allerdings einer verwirrenden Begriffsvielfalt gegenüber. Seniorenwohnen, Servicewohnen, betreutes Wohnen, barrierefreies und integriertes Wohnen, Mehr-Generationenhaus, Senioren-WG, Quartierskonzepte, Wohnen mit Service, ambulante Hausgemeinschaften oder generationenübergreifende Wohnformen sind nur eine beispielhafte Aufzählung. Seriöse Angebote von profitorientierten Lockangeboten zu unterscheiden ist dabei genauso schwierig wie die passende individuelle Wohnform zu finden.

Informationen gibt es bei den Betreuungsbehörden und örtlichen Beratungsstellen. So können etwa in Bayern hilfebedürftige Menschen und ihre Betreuer bei den Fachstellen für Pflege- und Behinderteneinrichtungen – Qualitätsentwicklung und Aufsicht (FQA) rasch und unbürokratisch kompetente Ansprechpartner finden und ihre Sorgen vortragen. Kontaktadressen findet man z. B. in Bayern unter der Internetadresse www.stmas.bayern.de, Rubrik „Pflege“. Der Einstieg zu weiteren Informationsmöglichkeiten findet sich etwa bei der Koordinationsstelle Wohnen zu Hause (www.wohnen-zu-hause.de/) und der Fachstelle für ambulant betreute Wohngemeinschaften in Bayern (www.ambulant-betreute-wohngemeinschaften.de).

3.2 Rechtliche Relevanz der Wohnformen

Schwierig ist auch die rechtliche Einordnung und Abgrenzung. Folgende Fragestellungen sind möglich:

- Handelt es sich um ein „Heim“ gemäß § 5 des Vormünder- und Betreuervergütungsgesetzes?
- Liegt eine „stationäre Einrichtung“ gemäß Art. 2 Abs. 1 PfleWoqG vor? Handelt es sich um „Betreutes Wohnen“ gemäß Art. 2 Abs. 2 PfleWoqG, um „ambulante Wohngemeinschaften“ gemäß Art. 2 Abs. 3 PfleWoqG oder um „ambulant betreute Wohngruppen“ gemäß Art. 2 Abs. 4 PfleWoqG (vgl. ähnliche Formulierungen in den neuen Heimgesetzen der Länder)?
- Handelt es sich um einen „Vertrag ... zur Überlassung von Wohnraum und zur Erbringung von Pflege- oder Betreuungsleistungen ..., die der Bewältigung eines durch Alter, Pflegebedürftigkeit oder Behinderung bedingten Hilfebedarfs dienen“, so dass das Wohn- und Betreuungsvertragsgesetz (WBVG) zur Anwendung kommen kann?
- Ist von einer „Anstalt, einem Heim oder einer sonstigen Einrichtung“ entsprechend § 1906 Abs. 4 BGB und § 1897 Abs. 3 BGB auszugehen?
- Kommt § 55 Abs. 2 Nr. 6 SGB IX zur Anwendung, so dass Hilfen zu selbstbestimmtem Leben in betreuten Wohnmöglichkeiten beansprucht werden können?

Diese Fragen müssen anhand der konkreten Vertragsleistungen entschieden werden. Die verwendeten Begriffe sind dabei nur ein Indiz, da es auf die konkreten Leistungen ankommt.

3.3 Beispiele unterschiedlicher Wohnformen aus der Praxis

Seniorenwohnungen

Seniorenwohnungen stehen älteren Menschen zur Verfügung, die eine seniorengerecht ausgestattete und barrierefrei geplante Wohnung suchen. Hauswirtschaftliche Hilfen und pflegerische Betreuung werden von den Trägern (Vermietern) nicht angeboten.

Betreutes Wohnen

Betreutes Wohnen/Service-Wohnen ist eine Alternative zum Seniorenheim. Die Selbstständigkeit der Bewohner bleibt weitgehend erhalten und benötigte Hilfen können bedarfsgerecht angefordert werden.

Im Idealfall bietet Betreutes Wohnen:

- den Komfort einer eigenen, für die Bedürfnisse älterer Menschen geplanten und ausgestatteten Wohnung
- ein Paket von Grundleistungen wie Beratung, Vermittlung von Hilfen und Diensten, Freizeitangeboten und Hausmeisterdiensten, für die monatlich eine sogenannte Betreuungspauschale entrichtet werden muss
- zusätzliche Wahlleistungen wie Mahlzeiten-Dienste, Hausnotruf, Wohnungsreinigung, Wäschedienst, Fahrdienst und ambulante Pflege, die bei Bedarf in Anspruch genommen und bezahlt werden können

Die verschiedenen Formen des Betreuten Wohnens unterscheiden sich durchaus. Es lohnt sich über das individuell passende Angebot nachzudenken und auch für die Zukunft Folgendes im Auge zu behalten:

Betreutes Wohnen mit technischer Betreuung durch den Hausmeister:

Weitere Betreuungsleistungen und Pflegedienste werden nicht angeboten und müssen von den Bewohnern selber organisiert werden. Bei erhöhter Pflegebedürftigkeit ist in der Regel ein Heimumzug nötig.

Betreutes Wohnen mit Ansprechpartner, aber ohne eigene soziale Dienste:

Die Beratung beinhaltet das Spektrum sozialer Fragen, z. B. Einkaufsdienste, pflegerische Hilfe. Alle Hilfen werden jedoch extern erbracht. Bei schwerer Pflegebedürftigkeit ist ein Umzug ins Pflegeheim nicht zu vermeiden.

Betreutes Wohnen mit Ansprechpartner und eigenem Pflegedienst im Haus:

Wenn die Rund-um-die-Uhr-Versorgung im Haus durch einen hausinternen Pflegedienst gewährleistet werden kann, bleibt dem Bewohner sehr lange ein Umzug ins Pflegeheim erspart.

Betreutes Wohnen mit gesonderter Pflegeabteilung:

Der Verbleib in diesen Einrichtungen ist auch bei Schwerstpflegebedürftigkeit garantiert. Es muss bei höherem Pflegebedarf nur ein Umzug von der betreuten Wohnung in die Pflegeabteilung in Kauf genommen werden.

Betreutes Wohnen in einer an ein Pflegeheim angekoppelten Wohnanlage:

In der Regel können alle Leistungen, die auch den Pflegeheimbewohnern angeboten werden, in Anspruch genommen werden. Auch hier ist die Pflege jedoch nur begrenzt möglich; bei dauerhaft schwerer Pflege ist ein Umzug ins Pflegeheim notwendig.

Betreutes Wohnen im Rahmen einer Senioren- bzw. Altenwohnung:

In einigen Altenheimen existieren „heimverbundene“ Altenwohnungen. Die Bewohner führen hier einen eigenständigen Haushalt. Art und Umfang zusätzlicher Leistungen sind von Heim zu Heim unterschiedlich. Pflegeleistungen durch den Träger können häufig nur kurzfristig übernommen werden. Ist Dauerpflege notwendig, können ambulante Pflegedienste ins Haus geholt werden.

Gemeinschaftliche Wohnprojekte für selbstständig lebende ältere Menschen

Bei dieser Wohnform leben entweder nur ältere oder ältere und junge Menschen gemeinsam in einer Wohnung oder in einem Haus. Jeder lebt selbstständig im eigenen Wohnbereich; daneben gibt es Räume, die gemeinschaftlich genutzt werden. Häufig werden diese Wohnprojekte von privaten Personen gegründet und geführt. Die Bewohner organisieren das Gemeinschaftsleben selbst oder sind zumindest an der Organisation beteiligt. Solche Wohnprojekte können spezielle selbstorganisierte Wohn- oder Hausgemeinschaften umfassen.

Ambulant betreute Wohngemeinschaften für Pflegebedürftige

Hier lebt eine kleine Gruppe pflege- bzw. hilfebedürftiger älterer Menschen in einer Wohnung oder in einem Haus zusammen. Jeder Bewohner hat einen eigenen Wohn-/ Schlafbereich. Das Alltagsleben findet weitgehend in einem oder mehreren Gemeinschaftsräumen und einer dazugehörigen Küche statt. Die Betreuung wird stundenweise oder rund um die Uhr durch Betreuungspersonal dergestalt sichergestellt, dass die Haushaltsführung und die Organisation des Gruppenlebens je nach Bedarf unterstützt oder übernommen werden. Weitere individuelle Hilfe- und Pflegeleistungen werden durch ambulante Dienste erbracht. Diese wohngruppenorientierte Betreuungsform wird in der Regel im Rahmen der ambulanten Versorgung praktiziert und dürfte dem Heimrecht nicht unterliegen. Für diese Wohnform werden auch Bezeichnungen wie Pflegewohngruppen, Pflegewohnungen oder begleitete Wohngruppen verwendet.

Stationär betreute Hausgemeinschaften für Pflegebedürftige

Dabei handelt es sich um eine wohngruppenorientierte Betreuungsform. Sie wird mehrheitlich im Rahmen der stationären Versorgung praktiziert. In diesem Fall unterliegt sie dem Heimrecht. Häufig werden in einer Einrichtung mehrere solcher kleiner Hausgemeinschaften betrieben. Jede dieser Hausgemeinschaften ist aber eine weitgehend autonom wirtschaftende Einheit. Wie bei den betreuten Wohngemeinschaften steht der Wohnalltag in einem Gemeinschaftsraum mit Küche im Mittelpunkt, unterstützt von einer hauswirtschaftlichen Präsenzkraft. Pflegekräfte werden nach Bedarf zusätzlich eingesetzt.

Alten- und Pflegeheime

Ältere Menschen, die ihren Haushalt nicht mehr führen können und für die häusliche Pflege nicht ausreicht, können hier umfassend versorgt und betreut werden.

Die Versorgung erfolgt je nach Einrichtung in Wohnplätzen (ein oder mehrere Räume zum Wohnen und Schlafen mit Sanitärraum), Wohnschlafräumen (ohne eigenen Sanitärraum) oder in Räumen einer Pflegeabteilung.

Die Haushaltsführung und die Essensversorgung werden vom Heim übernommen.

Inwieweit die Pflegekasse für die pflegebedingten Aufwendungen sowie für diejenigen der medizinischen Behandlungspflege und der sozialen Betreuung im Pflegeheim Leistungen erbringt, ergibt sich aus Kapitel B 5, Abschnitt 8.

Beschützende Pflege

Im Bereich der „Beschützenden Pflege“ finden verwirrte Menschen Schutz und Betreuung. Geeignet sind diese Pflegeabteilungen in Pflegeheimen ausschließlich für Menschen, die unter selbstgefährdender Desorientierung leiden.

Achtung:

Für die Unterbringung in dem beschützenden Pflegebereich ist eine betreuungsgerichtliche Genehmigung erforderlich.

Bearbeitet von: Horst Böhm

Inhalt

1. Allgemeine Grundlagen zu Unterbringung und freiheitsbeschränkenden Maßnahmen

1.1 Entwicklung der gesetzlichen Grundlagen

a. Die Begründung des Betreuungsgesetzes *(BT-Drucks. 11/4528 S. 79 ff.)* enthält unter Zielsetzung bzw. Lösungen zu den Unterbringungen nur den Satz, dass die Personensorge durch Regelungen über „… Unterbringung und unterbringungsähnliche Maßnahmen gestärkt werden soll“, sowie den Hinweis auf die Schaffung eines einheitlichen Verfahrens für zivilrechtliche und öffentlich-rechtliche Unterbringungen.

b. Mit dem Gesetz vom 25. 6. 1998 (BGBl. I S. 1580) wurde u. a. durch den neu eingefügten § 1906 Abs. 5 BGB die Unterbringung durch einen Bevollmächtigten geregelt.

c. Das Gesetz zur Regelung der betreuungsrechtlichen Einwilligung in eine ärztliche Zwangsmaßnahme verfolgte das Ziel, den verfassungsrechtlichen Vorgaben gerecht zu werden, unter denen eine ärztliche Zwangsmaßnahme wieder möglich sein soll. Die dazu erforderliche Genehmigung kann nur unter „strengen materiellen und verfahrensrechtlichen Anforderungen“ erteilt werden unter Achtung der „Selbstbestimmung der Betreuten“ *(BT-Drucks. 17/12086).*

d. Der Bundestag hat am 22. 6. 2017 das Gesetz zur Änderung der materiellen Zulässigkeitsvoraussetzungen von ärztlichen Zwangsmaßnahmen und zur Stärkung des Selbstbestimmungsrechts von Betreuten“ verabschiedet *(BT-Drucks. 18/12842).* Anlass war die Entscheidung des *BVerfG* vom 26. 7. 2016 (Az. 1 BvL 8/15), wonach es gegen die Schutzpflicht des Staats aus Art. 2 Abs. 2 Satz 1 GG verstoße, wenn Menschen gegen ihren natürlichen Willen nur deshalb nicht ärztlich behandelt werden dürfen, weil sie nicht geschlossen untergebracht werden können, da sie sich aus eigener Kraft nicht fortbewegen können oder freiwillig in der geschlossenen Abteilung verbleiben und die Behandlung ablehnen. Die ärztliche Zwangsmaßnahme wurde deshalb mit dem neuen § 1906a BGB von der Unterbringung „entkoppelt“. Die Zwangsbehandlung muss ferner dem nach § 1901a BGB zu beachtenden und positiv festzustellenden Willen entsprechen gemäß § 1906a Abs. 1 Nr. 3 BGB, die Verbringung zur Zwangsbehandlung in ein Krankenhaus mit Zwang wurde ebenfalls geregelt. Ferner ist jetzt der Betreuer gesetzlich verpflichtet, „den Betreuten in geeigneten Fällen auf die Möglichkeit einer Patientenverfügung“ hinzuweisen und ihn „auf dessen Wunsch bei der Errichtung einer Patientenverfügung zu unterstützen“, § 1901a Abs. 4 BGB.

1.2 Die Unterbringung in der Praxis

§ 1906 Abs. 2 BGB begründet eine Genehmigungspflicht für jede Unterbringung, die mit Freiheitsentziehung verbunden ist. Wann eine „Freiheitsentziehung" vorliegt, kann durchaus streitig sein. Augenscheinlich ist das der Fall, wenn jemand in einem beschränkten Raum festgehalten wird, sein Aufenthalt ständig überwacht und die Kontaktaufnahme mit Personen außerhalb dieses Raumes durch Sicherungsmaßnahmen verhindert oder erschwert wird. Dieser klassische Fall der Unterbringung liegt vor bei einer

- geschlossenen Einrichtung (z. B. Heim oder Anstalt),
- geschlossenen Abteilung (z. B. eines Heims oder einer Anstalt).

Praktische Beispiele

In der Praxis können das sein die geschlossenen Abteilungen oder Stationen

- einer Fachklinik für Psychiatrie,
- eines Alten- oder Pflegeheims,
- eines Wohnheims bzw. Einrichtung für geistig behinderte oder psychisch kranke Menschen,
- einer Werkstatt für geistig behinderte Menschen.

Bagatellisierung der Rechtseingriffe ist gefährlich

Die häufig etwas bagatellisierenden und euphemistischen Bezeichnungen wie „behütende" oder „beschützende" Station dürfen nicht darüber hinwegtäuschen, dass es Lebensbereiche sind, in denen Menschen gefesselt bzw. ein- oder weggesperrt werden. Trotz der massiv eingeschränkten Grundrechte neigen auch die Betreuungsgerichte dazu, den Anwendungsbereich der Genehmigungspflicht restriktiv auszulegen. Dahinter steckt auch die leider begründete Angst, bei einem konsequenteren Vorgehen eine Lawine loszutreten, die von den Richtern nicht mehr bewältigt werden kann. Auf der anderen Seite darf keine Grauzone entstehen, in der unkontrolliert oder sogar willkürlich das Freiheitsrecht und die Menschenwürde missachtet werden können.

1.3 Begriffliche Begrenzungen der Freiheitsentziehung

1.3.1 Betroffener willigt in die Maßnahme ein

Einwilligung des Betroffenen

Entziehen kann man Freiheit nur gegen den Willen eines Menschen, sodass bei einer Einwilligung keine Freiheitsentziehung vorliegen kann. Entsprechend dem Rechtsgrundsatz „volenti non fit iniuria" kann bei Vorliegen einer wirksamen Einwilligung keine rechtlich relevante Beeinträchtigung vorliegen.

Einwilligungsfähigkeit

Die erste Frage muss somit lauten: Kann der Betroffene wirksam einwilligen?

Die Entscheidung, ob Erklärungen eines von der üblichen Norm des gesunden Erwachsenen abweichenden Menschen rechtsverbindlich sind, ist juristisches Alltagsgeschäft. Die Einwilligungsfähigkeit ist strukturell in ähnlicher Weise und doch mit beachtlichen Unterschieden im Detail zu definieren wie Geschäfts-, Testier-, Delikts- oder Schuldfähigkeit.

Es geht generell um die Fähigkeit des Menschen, eigenverantwortlich über seine höchstpersönlichen Rechtsgüter entscheiden zu können, also um die Gestattung der Vornahme tatsächlicher Handlungen, die in den Rechtskreis des Gestattenden eingreifen. Nach der Rechtsprechung ist ein Mensch einwilligungsfähig, solange er in der Lage ist, Art, Bedeutung, Tragweite und Folgen einer Maßnahme zu verstehen und fähig ist, seinen Willen frei zu bestimmen.

Die Prüfung muss sich daher zunächst auf die Erkenntnisfähigkeit beziehen und falls diese bejaht werden kann, auf die Fähigkeit, seinen Willen noch selbst zu bilden.

Bei den freiheitsentziehenden Maßnahmen geht es zum Beispiel darum, ob

- die drohenden Sturzgefahren,
- die gesundheitlichen Folgen eines Sturzes,
- das Ausmaß der vorhandenen Orientierungslosigkeit,
- die Verkehrstüchtigkeit,
- generell die eigene Leistungsfähigkeit

noch richtig erfasst werden und mit

- den Folgen der Einschränkung der Bewegungsfreiheit,
- den Möglichkeiten alternativer Schutzmaßnahmen,
- dem Verlust an Lebensqualität,
- der eingeschränkten Teilnahme am gesellschaftlichen Leben

abgewogen werden können. Bei alten Menschen ist dabei der Übergang oft fließend und zum Teil stündlich schwankend. Zu akzeptieren sind bei Einwilligungsfähigkeit auch unsinnige Entscheidungen, die den Betroffenen massiv gefährden.

Einwilligung ist stets formlos widerruflich

Dabei ist immer zu berücksichtigen: Die Einwilligung ist stets widerruflich und zwar formfrei auch durch schlüssiges Handeln. Ein schlichtes Nein oder eine Abwehrhaltung beenden die Einwilligung und die Rechtmäßigkeit der freiheitsbeschränkenden Maßnahme. Für diesen Widerruf kommt es nur auf den natürlichen Willen an und nicht mehr auf die Einwilligungsfähigkeit.

Praxis Tipp

Relevanz der Freiwilligkeitserklärung bei Freiheitsentziehungen

Wird ein Betroffener auf eigenen Wunsch geschlossen untergebracht oder stimmt er einer unterbringungsähnlichen Maßnahme (z. B. Bettgitter) zu, ist zu erwägen, ob er eine Freiwilligkeitserklärung abgeben kann. Ist der Betroffene tatsächlich in der Lage, Art, Bedeutung und Tragweite der Erklärung zu erfassen und kann er seinen Willen danach ausrichten, wäre er einwilligungsfähig. Der Betreuer sollte aber grundsätzlich mit dem behandelnden Arzt das Vorliegen der natürlichen Einsichts- und Steuerungsfähigkeit des Betreuten besprechen und dem Betreuungsgericht das Ergebnis dieser Unterredung sowie die „freiwillige" geschlossene Unterbringung nachrichtlich anzeigen.

Folgende Probleme sind mit dem Arzt zu klären:

a. Da der Betroffene die Freiwilligkeitserklärung jederzeit widerrufen kann, sollten mit dem behandelnden Arzt klare Absprachen getroffen werden, was bei einem Widerruf zu tun ist. Insbesondere, ob bei einem Widerruf unverzüglich eine betreuungsgerichtliche Genehmigung zur Unterbringung vom Betreuer eingeholt werden kann oder der Betreute entlassen werden soll. Dabei klingt es immer etwas unredlich, wenn dem Betroffenen gesagt wird, dass er selbst entscheiden kann, aber im Ernstfall seine Entscheidung für die Freiheit nicht respektiert wird.

b. Ferner ist zu beachten, dass sich bei festgestellter Einwilligungsfähigkeit auch Zweifel an der Notwendigkeit einer Betreuung zumindest für diesen Aufgabenkreis aufdrängen. Wer selbst entscheiden kann, braucht auch keinen gesetzlichen Vertreter. Diese Konsequenz sollte den Ärzten, die aus nachvollziehbaren und verständlichen Gründen lieber auf Compliance und Freiwilligkeit setzen, deutlich vor Augen geführt werden.

Solange die Einwilligungsfähigkeit positiv festgestellt werden kann, fehlt es an einer weiteren Voraussetzung für die Genehmigung der freiheitsentziehenden Maßnahme. Die Rechtsprechung setzt voraus, dass die Freiheit der Willensbildung krankheitsbedingt eingeschränkt sein muss. Kann der Betroffene aber alle Vor- und Nachteile selbst erkennen und abwägen, fehlt diese Voraussetzung.

Zu einer wirksamen Einwilligungserklärung kann es auch während der Unterbringung kommen, die dann zu einer Beendigung der Unterbringung führt (vgl. dazu Abschnitt 2.1.9).

s. a. Checkliste zur Freiwilligkeitserklärung

1.3.2 Unfähigkeit zur Fortbewegung oder zur Vornahme gewillkürter Handlungen

Eine Freiheitsentziehung kann nicht nur aufgrund einer vom Selbstbestimmungsrecht getragenen Einwilligung entfallen, sondern auch, wenn der Betroffene jede Möglichkeit zum selbstbestimmten Agieren verloren hat, weil er zu einer willensgesteuerten (gewillkürten) Aufenthaltsveränderung oder Bewegung nicht mehr in der Lage ist, *BGH* FamRZ 2012, 1372. Die früher verwendete Formulierung, eine freiheitsentziehende Maßnahme liege nicht vor, wenn der Betroffene „geh- und stehunfähig“ sei, ist dagegen wenig aussagekräftig, um nicht zu sagen falsch. Konsequenterweise müssen auch diejenigen schutzwürdig sein, die sich nur im Bett – ohne Gurt – frei bewegen oder ihr Bett bzw. den Rollstuhl verlassen und auf allen Vieren davonkriechen können und wollen.

Betroffener ist zur willensgesteuerten (gewillkürten) Bewegung nicht mehr in der Lage

Es wird daher zu prüfen sein, ob jemand noch gewillkürte Bewegungen durchführen kann, die wiederum durch die geplanten Maßnahmen unterbunden werden sollen. Dabei muss auf den natürlichen Willen abgestellt werden, sodass jede Abwehr- oder Fluchthandlung erfasst wird.

Eine freiheitsentziehende Maßnahme liegt etwa dann nicht vor, wenn der Gurt am Stuhl nur dazu dient, ein schwerkraftbedingtes Abrutschen zu verhindern oder wenn der Bewohner völlig bewegungsunfähig ist.

Praxisbeispiel:

Der Betroffene liegt bewegungsunfähig im Bett. Auf die Frage, warum man ein Bettgitter anbringen wolle, wird mitgeteilt, dass der Betroffene gelegentlich heftige Hustenanfälle habe und sich dabei auch drehe. Hier kann von gewillkürten Bewegungen nicht mehr die Rede sein.

Praxis TIPP

Jeder noch so schwache Versuch aufzustehen, der durch einen Gurt verhindert wird, ist dagegen eine Freiheitsentziehung. Für den Betreuer oder Richter kann es dabei sehr aufschlussreich sein, den Betroffenen aufzufordern, die Hand oder einen Fuß zu bewegen. Befolgt er die Aufforderung, so ist dies ein dringendes Indiz für die Notwendigkeit einer betreuungsgerichtlichen Genehmigung.

Viele Einrichtungen haben zu dieser Frage bereits Formblätter entwickelt, die in der Regel einen kurzen Sachverhalt, eine ärztliche Bescheinigung, sowie eine Einverständniserklärung des Betreuers enthalten. Leider ist das Ganze häufig wenig professionell gemacht und verleitet auch zum Missbrauch. Formulierungen wie etwa „… eine Genehmigung ist nicht erforderlich, weil der Bewohner keinen Freiheitswillen entfalten kann“, werden der Fragestellung nicht gerecht. Völlig abwegig ist es, wenn Ärzte Unfähigkeit zu gewillkürter Bewegung attestieren, trotzdem einen Bauchgurt als adäquates Mittel ansehen und dies auch noch im Formblatt zum schnellen Ankreuzen angeboten wird.

1.4 Abgrenzung Unterbringung, unterbringungsähnliche Maßnahmen; Freiheitsentziehung, Freiheitsbeschränkung

Der Gesetzgeber des BtG ging davon aus, dass eine Unterbringung, die mit Freiheitsentziehung verbunden ist, der schwerste Eingriff in das Freiheitsrecht des Betroffenen sei. Er hat deshalb die formellen Voraussetzungen sehr hoch angesiedelt. Bei einer Unterbringung muss jeweils ein Sachverständigengutachten eingeholt werden, während bei unterbringungsähnlichen Maßnahmen, wie etwa einem Bauchgurt, ein ärztliches Zeugnis genügt. Deshalb ist es notwendig, eindeutige Abgrenzungsmerkmale zu bestimmen. Dazu bedarf es einer klaren Definition der Begriffe „Unterbringung" mit „Freiheitsentziehung".

1.4.1 Definition des Begriffs Freiheitsentziehung

Definition Freiheitsentziehung

Wenig aussagekräftig ist die gesetzliche Definition für den Bereich der sog. Freiheitsentziehungssachen: „Freiheitsentziehung liegt vor, wenn einer Person gegen ihren Willen oder im Zustand der Willenlosigkeit insbesondere in einer abgeschlossenen Einrichtung, wie einem Gewahrsamsraum oder einem abgeschlossenen Teil eines Krankenhauses die Freiheit entzogen wird" (§ 415 Abs. 2 FamFG). Diese Definition ist insoweit nicht zielführend, als sie sich entsprechend dem öffentlich-rechtlichen Sicherungsbedürfnis nur an bestimmten vorgegebenen Anstalten orientiert, die bei der humaneren zivilrechtlichen Unterbringung anders organisiert sein können. Im Zivilrecht geht es schließlich um das Wohl des Betreuten.

Im Lichte des Art. 104 GG besehen, darf es keinen Unterschied machen, ob jemand in einem „abgeschlossenen" Gebäude oder einem Gebäudeteil festgehalten wird, in dem generell alle oder nur bestimmte Bewohner eingeschlossen sind. Auch die Intensität der Beschränkung (Mauer, Stacheldraht, abgeschlossene Türen, Zahlencode oder nur „sanftes körperliches Zurückhalten") kann nicht ausschlaggebend sein, da die geringere Intensität häufig nur der relativ geringen Widerstandskraft der Senioren angepasst ist.

Der *EuGHMR* (Europäischer Gerichtshof für Menschenrechte) hat in der berühmten „Vera Stein-Entscheidung" die Freiheitsentziehung sehr weit definiert und zwar als Unterbringung einer Person an einem räumlich begrenzten Ort für eine nicht unerhebliche Dauer. Ähnlich der *BGH*, der aber betont, dass § 1906 Abs. 1 BGB von einem engen Unterbringungsbegriff ausgehe. Entscheidend „sei die nicht nur kurzfristige Beschränkung der persönlichen Bewegungsfreiheit auf einen bestimmten Lebensraum". Ferner wird verlangt, dass „der Betroffene gegen seinen Willen oder in einem Zustand der Willenlosigkeit in einem räumlich begrenzten Bereich eines geschlossenen Krankenhauses, einer anderen geschlossenen Einrichtung oder dem abgeschlossenen Teil einer solchen Einrichtung festgehalten, sein Aufenthalt ständig überwacht und die Kontaktaufnahme mit anderen Personen außerhalb des Bereichs eingeschränkt werde (*BGH* NJW 2015, 865).

Diese Aussage des *BGH* steht nicht im Widerspruch zu den obigen Ausführungen, wenn die Frage, wann eine Unterbringung „geschlossen" ist, subjektiv verstanden und darauf abgestellt wird, ob die Fortbewegungsmöglichkeit des Betroffenen „eingeschränkt oder behindert wird" (vgl. dazu *LG Lübeck* FamRZ 2013, 577).

1.4.2 Verfassungsrechtlich orientierte Definition

Verfassungsrechtliche Auslegung

Im Hinblick auf die überragende Bedeutung des Grundrechts, wonach die Freiheit des Menschen unverletzlich ist, kann der Begriff „geschlossen" nur so definiert werden, dass es auch genügt, wenn der Raum nur für einen Teil der Bewohner abgeschlossen ist. Es wäre unverständlich, wenn man mit technischen Einrichtungen einigen Heimbewohnern das freie Verlassen verwehrt und ihnen weniger Rechtsschutz einräumt, weil sie dieses Schicksal nicht mit allen Bewohnern teilen.

Das *BVerfG* hat deshalb ausgeführt, dass eine Freiheitsentziehung nach Art. 104 Abs. 2 GG erst dann vorliege, „wenn die tatsächlich und rechtlich gegebene körperliche Bewegungsfreiheit nach allen Seiten aufgehoben wird“ (*BVerfG* NStZ 2011, 529). Demnach handelt es sich um eine Freiheitsentziehung, wenn jemand – egal wie – an einem bestimmten Ort festgehalten wird.

Einer weiteren Einschränkung durch Einziehen einer zeitlichen Schranke erteilt das *BVerfG* (a. a. O.) eine Absage mit der Feststellung, dass bei einer Gesamtdauer von drei Stunden von einer relevanten Freiheitsentziehung ausgegangen werden muss.

Eine bloße Freiheitsbeschränkung (Art. 104 Abs. 1 GG) liegt demgegenüber vor, wenn etwa nur verhindert wird, dass ein bestimmter Ort betreten wird.

1.4.3 Unterbringung und unterbringungsähnliche Maßnahme

Definition Freiheitsentziehung

Bei der Abgrenzung dieser beiden Formen der Freiheitsentziehung entscheidet der Zweck der Maßnahme. Soll jemand am Verlassen eines Orts gehindert werden, handelt es sich um eine freiheitsentziehende Unterbringung, soll jedoch die körperliche Bewegungsfreiheit nur eingeschränkt werden, um etwa Stürze zu verhindern, so liegen unterbringungsähnliche Maßnahmen vor. Objektiv überschneiden sich natürlich beide Maßnahmen, weil etwa bei angelegtem Bauchgurt der Betroffene in der intensivsten Form nicht nur am Verlassen des Heims, sondern sogar am Verlassen des Betts gehindert wird.

1.4.4 Beispiel: „Ortungsanlagen“

Ortungsanlagen

Deutlich werden die Abgrenzungsschwierigkeiten bei den verschiedenen Ortungsanlagen mit Alarmfunktion (versteckte Chips im Schuh, elektronische Armbänder, Lichtschranken, Radiofrequenz-Identifikation RFID-Technik, sog. Funksocken etc.).

Die Rechtsprechung tendiert bei diesen elektronischen Hilfsmitteln dazu, generell eine Genehmigungspflicht zu verneinen. Zur Begründung wird angeführt, dass es sich um keine freiheitsentziehende Maßnahme handele, weil die körperliche Bewegungs- und Entschließungsfreiheit nicht beeinträchtigt werde (vgl. dazu *Kreicker*, RFID-Technik in der Dementenversorgung, NJW 2009, 890). Dem ist in der Tat so; aber dies ist nur die halbe Wahrheit. Die Probleme beginnen ja erst, wenn der „Chipträger“ den Alarm auslöst. Dies mag im Einzelfall nicht sehr häufig vorkommen, aber auch in den geschlossenen Abteilungen kommt es eher selten vor, dass jemand an der Tür rüttelt. Die Einschränkung der Freiheit besteht also darin, dass der Betroffene nach dem Alarm am Verlassen des Heims – nach allen Seiten hin – gehindert wird. Dieser Vorgang muss im Hinblick auf die Genehmigungspflicht geprüft werden. Die Ortungsanlage wird ja nicht installiert, um sich freundlich von dem Bewohner zu verabschieden und tatenlos zuzusehen, wie der verwirrte Betroffene das Heim verlässt und tapfer versucht, die vielbefahrene Straße zu überqueren. Es gibt nun Gerichte, die diesen Sachverhalt nur als unterbringungsähnliche Maßnahme definieren und dem Personal erlauben, den ausschwärmenden Betroffenen „sanft zurückzuhalten“. Dies mag im Hinblick auf die Intensität des Eingriffs als verhältnismäßige staatliche Reaktion empfunden werden, entspricht aber wohl nicht dem Gesetz und dem Zweck der Maßnahme (vgl. Abschnitt 1.4.3).

Beim – sanften – Zurückhalten auf dem Gelände des Heims handelt es sich deshalb um eine sehr humane Form der Unterbringung, aber um eine Unterbringung mit Freiheitsentziehung. Nur zur Klarstellung: Die Ortungssysteme ermöglichen eine sehr humane Form der Unterbringung, weil sie schwerere Eingriffe vermeiden und der Bewegungsraum optimal ausgedehnt werden kann.

Die auch vertretene Meinung, dass der Betroffene durch die Ortungsanlage stigmatisiert werde und deshalb ein Verstoß gegen die Menschenwürde vorliege, der eine Genehmigung unmöglich mache, erweist sich als abwegig und letztlich inhuman. Dies hätte nämlich häufig zur Folge, dass der Betroffene räumlich „weggesperrt" werden müsste und dadurch ein elementares Stück Freiheit und Menschenwürde verlieren würde.

Daraus ergibt sich zwanglos, dass derartige humanere Maßnahmen den Vorrang gegenüber einer Unterbringung haben. Solange die Überwachung durch eine Ortungsanlage genügt, um etwaige Gefährdungen zu verhindern, ist eine Unterbringung nicht verhältnismäßig und daher auch nicht genehmigungsfähig.

1.4.5 Zahlencode, schwergehende Türen, sensorgesteuerte Weglaufsperre u. Ä.

Zahlencode Maßnahmen zur individuellen Verhinderung des Verlassens eines räumlich umgrenzten Bereichs durch sensorgesteuertes Abschließen der Eingangstür, Türschließer mit zu großem Widerstand für die Bewohner, Zahlencodes oder ähnlichen Vorkehrungen sind als Unterbringung zu werten. Auch hier gilt der Grundsatz, dass jedes Unterbinden des bewussten Verlassens eines räumlich beschränkten Bereichs eine freiheitsentziehende Unterbringung darstellt (*LG Fulda* BtPrax 2016, 202; *Mazur* BtPrax 2016, 227). Der Ansatz des *LG Ulm* (BtPrax 2010, 245), wonach von § 1906 Abs. 4 BGB nur die individuellen, auf die Bedürfnisse des Betroffenen abgestimmten Einzelmaßnahmen, also unterbringungsähnliche oder freiheitsentziehende Maßnahmen, erfasst werden, während Maßnahmen, welche die Freiheit aller Bewohner eines Heims oder einer Station gleichermaßen treffen und somit anstaltsbezogen sind, eine mit einer Freiheitsentziehung verbundene Unterbringung nach § 1906 Abs. 1 BGB darstellen, weist in die falsche Richtung. Das Freiheitsrecht muss immer als ein individuelles Recht verstanden werden, sodass es unerheblich ist, ob das Mittel der Freiheitsentziehung anstaltsbezogen oder individuell ausgestaltet wurde. Dem überzeu-genden und klaren Definitionsansatz des *BVerfG* – Einschränkung der Bewegungsfreiheit nach allen Seiten – gebührt daher der Vorrang.

1.5 Übersicht über die Rechtsgrundlagen für Freiheitsentziehungen

Art. 14 VN-BRK Sehr weitgehende Bestimmungen enthält Art. 14 VN-BRK. Demnach sollen Behinderte gleichberechtigt „mit anderen das Recht auf persönliche Freiheit und Sicherheit genießen" und es darf ihnen „die Freiheit nicht rechtswidrig oder willkürlich entzogen" werden. Weder Art. 14 noch Art. 12 VN-BRK verbieten grundsätzlich Maßnahmen, die gegen den natürlichen Willen gerichtet sind, auch wenn sie „an eine krankheitsbedingt eingeschränkte Selbstbestimmungsfähigkeit anknüpfen" (vgl. *BVerfG* BtPrax 2011, 112). Zur Bedeutung der VN-BRK siehe Kapitel A 1, Abschnitt 2.3.

Art. 104 GG Nach Art. 104 GG kann die Freiheit der Person nur aufgrund eines förmlichen Gesetzes beschränkt werden. Festgehaltene Personen dürfen weder seelisch noch körperlich misshandelt werden. Über die Zulässigkeit und Fortdauer einer Freiheitsentziehung hat nur der Richter zu entscheiden. Das Nähere ist gesetzlich zu regeln. Deshalb muss jede rechtmäßige freiheitsentziehende Maßnahme auf einer gesetzlichen Grundlage beruhen. Einige Bestimmungen erschließen sich aus folgender Übersicht:

Übersicht der Rechtsgrundlagen

Rechtsgrundlagen für Freiheitsentziehungen		
Zivilrechtliche Unterbringung 1. Minderjährige gemäß §§ 1631b, 1800, 1915 BGB 2. Erwachsene gemäß § 1906 BGB	Öffentlich-rechtliche Unterbringung 1. Landesrecht Gesetze über die Unterbringung psychisch Kranker und deren Betreuung Art. 17 Polizeiaufgabengesetz (PAG – Bayern) 2. Bundesrecht z. B. Gesetz zur Verhütung und Bekämpfung von Infektionskrankheiten beim Menschen (Infektionsschutzgesetz – IfSG) Abschiebungshaft, Inhaftnahme (Aufenthaltsgesetz; Asylverfahrensgesetz)	Strafrechtliche Unterbringung z. B. Unterbringung in einem psychiatrischen Krankenhaus gemäß § 63 StGB oder Unterbringung in einer Entziehungsanstalt gemäß § 64 StGB

Im Folgenden werden nur die zivilrechtliche Unterbringung Erwachsener nach § 1906 BGB sowie die öffentlich-rechtliche Unterbringung nach den Psychisch-Kranken-Gesetzen behandelt.

1.6 Beeinträchtigungen der Freiheit nur im Ausnahmefall nicht genehmigungsbedürftig

Schutz der Behinderten hat Vorrang vor Interessen der Einrichtungen!

Sehr bedenklich ist die häufig anzutreffende Erklärung, dass eine kurzfristige Einschränkung der Bewegungsfreiheit nicht genehmigungsbedürftig sei. So ist das Abschließen einer Wohngruppe für Behinderte zwischen 20:00 Uhr bis 6:00 Uhr mit der Möglichkeit, über einen Notruf eine „Aufsichtsperson" zu holen, die nach maximal 30 Minuten kommt und die Tür öffnet, in der Tat nicht nur grob fahrlässig im Hinblick auf Notfälle, sondern auch eine massive Einschränkung der Freiheit. Unabhängig davon, ob man diese Maßnahme als Unterbringung oder als unterbringungsähnliche Maßnahme definiert, muss sie genehmigungsbedürftig bleiben. Zu Recht stellt der *BGH* darauf ab, dass die Einschränkung der Fortbewegungsfreiheit nur dann genehmigungsfrei und rechtlich nicht zu beanstanden sei, wenn sie sich nur als „unerhebliche Verzögerung" darstellt (*BGH* NJW 2015, 865). Zusätzlich hat der BGH (a. a. O.) klargestellt, dass der Zeitraum von 30 Minuten „deutlich oberhalb einer unerheblichen Verzögerung" liegt. Dabei darf es aber keine behindertenspezifischen Freiräume geben, da „Menschen mit Behinderungen in allen Lebensbereichen gleichberechtigt mit anderen Rechts- und Handlungsfähigkeit genießen" (Art. 12 VN-BRK).

Art. 12 und 14 VN-BRK beachten!

Schließlich gebietet Art. 14 VN-BRK, „dass Menschen mit Behinderungen gleichberechtigt mit anderen das Recht auf persönliche Freiheit und Sicherheit genießen" ferner, „dass das Vorliegen einer Behinderung in keinem Fall eine Freiheitsentziehung rechtfertigt". Man muss sich daher immer ernsthaft die Frage stellen, ob eine zeitliche Verzögerung bei Freiheitsbeschränkungen auch bei einem nicht behinderten Menschen, etwa beim Verlassen eines normalen Krankenhauses, rechtlich zulässig wäre. Aufgabe der Rechtsprechung und Gesetzgebung ist es daher auch, den Schutzbereich gegen rechtswidrige Freiheitsentziehungen so genau zu definieren, dass Missbrauch aus Kostengründen, wie er der obigen Sachverhaltsdarstellung zugrunde liegt, nicht möglich ist.

Keine Beweispflicht für Betroffene

Eine unzulässige Umkehr der Beweislast ist die Rechtsansicht, dass für eine betreuungsgerichtliche Genehmigung kein Bedürfnis bestehe, wenn man mit hinreichender Sicherheit ausschließen könne, dass der Betroffene von seiner Bewegungsfreiheit

Gebrauch machen will und die einschränkende Maßnahme (Absperren) für ihn deshalb eine Beschränkung darstellt. In diesem Fall besteht eher kein Bedürfnis dafür, diese Person einzusperren (a. A. *BGH* NJW 2015, 865).

1.7 Folgen bei rechtswidrigen Unterbringungen, unterbringungsähnlichen Maßnahmen und Zwangsbehandlungen

Strafverfolgung und Schadensersatz

Die Konsequenzen rechtswidriger Eingriffsmaßnahmen werden von Ärzten, Pflegekräften, Amtsärzten, aber auch Richtern und Staatsanwälten häufig unterschätzt. Schadensersatzansprüche (vgl. *LG Berlin*, Urteil vom 28. 1. 2015, Az. 86 O 88/14, 5000 EUR bei Fixierung nach PsychKG über 16 Stunden; *OLG Karlsruhe*, Beschluss vom 12. 11. 2015, Az. 9 U 78/11, 25.000 EUR für Unterbringung über zwei Monate nach PsychKG) und strafrechtliche Verfolgung sind durchaus naheliegend, wenn trotz fehlender gesetzlicher Voraussetzungen fixiert, eingesperrt oder medikamentös behandelt wird. Aufgrund der Entscheidung des *BVerfG* (Beschluss vom 15. 1. 2020, Az. 2 BvR 1763/16) kann auch nicht mehr davon ausgegangen werden, dass rechtswidrige Maßnahmen strafrechtlich toleriert oder als Bagatelle abgetan werden, weil die Täter „Gutes" tun wollten. Die penible Einhaltung aller formellen und materiellen Voraussetzungen für Eingriffsmaßnahmen ist daher dringend anzuraten, damit alle Maßnahmen auf einer ausreichenden Rechtsgrundlage beruhen. Dies gilt für zivilrechtliche und öffentlich-rechtliche Maßnahmen in gleicher Weise.

2. Zivilrechtliche Unterbringung und ärztliche Zwangsmaßnahme

Betreuer oder Bevollmächtigter bringt unter

Die Entscheidung, ob eine zivilrechtliche Unterbringung nach § 1906 BGB erfolgt, liegt zunächst allein beim Betreuer oder Bevollmächtigten. Weder ein Mediziner mit der berühmten „Einweisung durch einen Arzt", noch das Pflegepersonal im Heim können sich darüber hinwegsetzen.

Daneben muss das Betreuungsgericht diese Freiheitsentziehung genehmigen; ohne diese gerichtliche Gestattung ist sie rechtswidrig. Nur, wenn mit einem Aufschub Gefahr für den Betroffenen verbunden wäre, genügt die unverzügliche nachträgliche Genehmigung.

2.1 Voraussetzungen

Die Voraussetzungen der zivilrechtlichen Unterbringung ergeben sich aus § 1906 Abs. 1 und 5 BGB:

Eine Unterbringung des Betroffenen durch den Betreuer bzw. Bevollmächtigten, die mit Freiheitsentziehung verbunden ist, ist nur zulässig, solange sie

- zu seinem Wohl erforderlich ist, weil
  - aufgrund einer psychischen Krankheit oder geistigen oder seelischen Behinderung des Betroffenen
  - die Gefahr besteht, dass er sich selbst tötet oder erheblichen gesundheitlichen Schaden zufügt oder
  - zur Abwendung eines drohenden erheblichen gesundheitlichen Schadens eine Untersuchung des Gesundheitszustands, eine Heilbehandlung oder ein ärztlicher Eingriff notwendig ist, ohne die Unterbringung des Betreuten nicht durchgeführt werden kann und der Betreute auf Grund einer psychischen Krankheit oder geistigen oder seelischen Behinderung die Notwendigkeit der Unterbringung nicht erkennen oder nicht nach dieser Einsicht handeln kann.

- Der Betroffene kann aufgrund der Krankheit seinen Willen nicht frei bestimmen. Dies ergibt sich nicht aus dem Gesetz, aber aus einer verfassungskonformen Auslegung. Die Verfassung verbietet dem Staat seine zur freien Willensbestimmung fähigen Bürger zu erziehen, zu bessern oder zu hindern, sich selbst gesundheitlich zu schädigen (*OLG München* BtPrax 2007, 218 m. w. N.).

Zur Voraussetzung der krankheitsbedingten Unfähigkeit, einen freien Willen zu bilden vgl. Kapitel A 12, 18.8.

2.1.1 Wohl des Betroffenen, Erforderlichkeit

Wohl des Betroffenen

Das Verhindern des orientierungslosen Umherirrens in gefahrengeneigter Umgebung, das Gewährleisten einer wichtigen ärztlichen Behandlung oder die Vermeidung gefährlicher Stürze sind Paradebeispiele für eine zivilrechtliche Unterbringung. Der BGH zählt dazu auch die Vermeidung der Gefahr einer „völligen Verwahrlosung" oder eine Gefährdung durch „körperliche Verelendung und Unterversorgung" (*BGH* FamRZ 2010, 365).

Zum Wohl oder Schutz anderer dürfen dagegen keine freiheitsentziehenden Maßnahmen erfolgen. Allein die Verunsicherung oder die Gefährdung anderer Heimbewohner genügt nicht. Auf keinen Fall darf sie dazu dienen, den Betroffenen pflegeleicht zu machen, die Heimordnung zu sichern oder den Personalbedarf zu reduzieren. Dies zu erkennen und zu verhindern, ist Aufgabe der Betreuungsgerichte, Betreuer, Betreuungsbehörden, Verfahrenspfleger und der Heimaufsicht.

Erforderlichkeit

Die Unterbringung kann stets nur die ultima ratio darstellen. Es sind daher alle gangbaren und sinnvollen Alternativen zu prüfen. Mildere Maßnahmen, wie eine betreute, aber offene Wohneinrichtung, können die Erforderlichkeit in Frage stellen (*BGH* BtPrax 2012, 63).

2.1.2 Selbstschädigungsgefahr

Selbstschädigung

Es muss die konkrete und ernstliche Gefahr bestehen, dass der Betreute sich selbst tötet oder erheblichen gesundheitlichen Schaden zufügt. Drohende Vermögensschädigung genügt nicht. Selbstgefährdung setzt kein zielgerichtetes Tun des Betroffenen voraus; es genügt etwa die Gefahr, die durch planloses Herumirren auf verkehrsreichen Straßen entsteht oder durch eine völlige Verwahrlosung, wenn deshalb eine körperliche „Verelendung" und Unterversorgung droht (vgl. *BGH* BtPrax 2010, 78; FamRZ 2010, 365). Die Selbstgefährdung kann auch im Unterlassen bestimmter Handlungen bestehen, z. B. Verweigerung der Nahrungsaufnahme oder der Sorge für die Hygiene in der Wohnung (Vermüllungsgefahr).

Keine akute Gefahr erforderlich

Die konkrete und ernstliche Gefahr muss aber nicht akut sein oder unmittelbar bevorstehen. So auch der *BGH* (a. a. O.), der sich damit einer Tendenz in der Rechtsprechung anschließt, die Anforderungen an die Dringlichkeit und qualitative Intensität der Gefahr zu relativieren. Deshalb ist es nur konsequent, den Grad der Gefahr in Relation zum möglichen Schaden ohne Vornahme der freiheitsentziehenden Maßnahme zu bemessen. Es müssen allerdings immer objektivierbare und konkrete Anhaltspunkte für den Eintritt eines erheblichen Gesundheitsschadens vorliegen.

In der Praxis werden von den behandelnden oder begutachtenden Ärzten häufig nur negative Folgen geschildert, die erfahrungsgemäß bei einer bestimmten Erkrankung eintreten können, wie z. B. sozialer Rückzug, Antriebsverminderung oder Chronifizierung. Dabei handelt es sich aber nur um abstrakte Gefahren, wobei hinterfragt werden muss, ob die bloße Unterbringung diese gesundheitlichen Schädigungen verhindern oder minimieren kann. Auch die Betreuungsgerichte zitieren häufig nur die angeführte obergerichtliche Rechtsprechung und führen keine realen, festgestellten Sachverhalte an, die z. B. eine konkrete Gefahr der Selbstgefährdung begründen könnten. Spekulationen über einen krankheitsbedingten Verlust der Wohnung, folgender Obdachlosigkeit verbunden mit Unterversorgung und völliger Verwahrlosung blenden Vermeidungsstrategien und alternative Möglichkeiten völlig aus. Es ist ja primäre Aufgabe des Betreuers, die Aufgaben zu erledigen, deren Erledigung dem Betreuten schwerfallen. Somit muss der Betreuer Schritt für Schritt zum Wohl des Betreuten tätig werden und Schaden wie den Wohnungsverlust abwenden. Außerdem müssen alle Möglichkeiten der öffentlichen Daseinsvorsorge genutzt werden (andere Hilfen, Krisenintervention etc.; vgl. *BGH*, Beschluss vom 9. 1. 2019, Az. XII ZB 280/18).

Bei einer Gefährdung anderer Personen (Fremdgefährdung) stehen nur öffentlich-rechtliche Unterbringungsmaßnahmen zur Verfügung. Ausnahmsweise können aber Dritt- und Selbstgefährdung so eng miteinander verknüpft sein, dass man weiterhin auf die zivilrechtliche Unterbringung abstellen kann. Dies wurde von der Rechtsprechung anerkannt, wenn der Betroffene fortwährend Schlägereien heraufbeschwört, dabei vielfach den Kürzeren zieht und Verletzungen erleidet (*OLG Karlsruhe* BtPrax 2009, 38).

Allerdings darf der Wortlaut des § 1906 Abs. 1 Nr. 1 BGB nicht zu weit ausgelegt werden. Der Betroffene muss mit der Provokation der tätlichen Auseinandersetzung gewissermaßen „sich selbst erheblichen gesundheitlichen Schaden" zufügen. Dies ist nur der Fall, wenn sich die Aggressionen regelmäßig gegen Personen richten, die sich massiv wehren können und wollen und dem Betroffenen gravierende Verletzungen zufügen. Der Ablauf wäre dann für einen Beobachter so zu bewerten, dass sich der Betroffene die Verletzungen selbst zufügt.

Gefährdung Dritter

Eine „Selbstschädigungsgefahr" kann grundsätzlich auch dann bejaht werden, wenn der Betroffene zusätzlich Dritte gefährdet. Folgende Fälle sind zu unterscheiden:

- Die ausschließliche Gefährdung „Dritter" genügt in keinem Fall. Dieser Fall wäre gegeben, wenn z. B. der körperlich überlegene Betroffene Mitbewohner, die sich nicht wehren können, schlägt, ärgert und drangsaliert. Hier müssen andere Lösungsmöglichkeiten gesucht werden (z. B. Wechsel des Heims, der Station, therapeutische Maßnahmen, intensive Betreuung und Beobachtung).
- Führt die Unterbringung auch dazu, dass Dritte vor den Angriffen des Betroffenen geschützt werden, weil der Betroffene „selbst- und fremdaggressiv" ist, dann handelt es sich bei den Drittinteressen nur um eine Folge der Unterbringung und nicht um ein Ziel, das mit freiheitsentziehenden Maßnahmen erreicht werden soll.
- Führen rein fremdaggressive Handlungen des Betroffenen zu Reaktionen der angegriffenen Mitbewohner oder Pflegekräfte, die mit erheblichen gesundheitlichen Schäden verbunden sind, kann eine zivilrechtliche Unterbringung in Betracht kommen. Maßgeblich ist, dass ein enger und zeitlicher Zusammenhang besteht zwischen dem krankheitsbedingten Verhalten des Betroffenen und der dadurch verursachten bzw. provozierten Reaktion. Das Gesamtbild des Verhaltens und der Reaktion muss sich so darstellen, dass der Betroffene mittelbar über die provozierte Reaktion „sich selbst erheblichen Schaden zufügt" (vgl. dazu *OLG Karlsruhe* FamRZ 2009, 640).

Eigengefährdung bei drohender Weglaufgefahr

Steht fest, dass z. B. eine an Demenz leidende, aber noch verhältnismäßig mobile Bewohnerin sich bei einem unbeaufsichtigten Verlassen des Heimes erheblich an Leben oder Gesundheit gefährden würde und belegen wiederholt dokumentierte

Vorfälle in der nahen Vergangenheit ihren Antrieb, die Abteilung bei sich bietender Gelegenheit zu verlassen, kann dies grundsätzlich die geschlossene Unterbringung durch den Betreuer rechtfertigen. Nicht erforderlich ist der Nachweis, dass die Betroffene aus der Einrichtung bereits weggelaufen ist oder gegebenenfalls weglaufen würde (*OLG München* BtPrax 2006, 105).

Zur Vermeidung einer lebensbedrohenden Selbstgefährdung kann die geschlossene Unterbringung auch dann genehmigt werden, wenn eine gezielte Therapiemöglichkeit nicht besteht (*BGH*, Beschluss vom 17. 8. 2011, Az. XII ZR 241/11).

Verhältnismäßigkeit

Bei der gerichtlichen Entscheidung über die Genehmigung der Unterbringung wegen Selbstgefährdung (z. B. Weglaufen eines dementen Heimbewohners) muss der Grundsatz der Verhältnismäßigkeit geprüft werden. Allerdings soll dabei nach der Rechtsprechung die Personalsituation der Einrichtung grundsätzlich hinzunehmen sein (*OLG München* BtPrax 2005, 199).

Das Gericht könne demnach weder die permanente Besetzung der Pforte zur Auflage machen noch die Genehmigung versagen, weil es hieran fehle. Dasselbe gelte grundsätzlich auch für bauliche Gegebenheiten. Der Betreuer – und im Rahmen der Überprüfung der Unterbringung auch das Gericht – haben aber zu prüfen, ob eine für den Betroffenen mildere Form der Freiheitsentziehung in einer anderen Einrichtung in Betracht kommt, z. B. ein Heim, das dem Betroffenen mehr Freiraum zur – auch ziellosen – Fortbewegung bieten würde. Hierbei sind im Rahmen einer Gesamtabwägung sämtliche Umstände des Einzelfalls zu berücksichtigen. Ein erheblicher Gesichtspunkt ist, wie sich die Unterbringung konkret für den Betroffenen auswirkt, in welchem Ausmaß sie von ihm als Einschränkung der ihm verbliebenen Lebensqualität empfunden wird.

Gewinnmaximierung kontra Freiheitsrecht?

Es ist zweifelhaft, ob diese Rechtsprechung, die im Ergebnis der Gewinnmaximierung der Heime dient, der überragenden Bedeutung der Freiheitsgarantie und der Menschenwürde gerecht wird. Die Freiheit der Person ist ein so hohes Rechtsgut, dass sie nur aus besonders gewichtigem Grund angetastet werden darf. Die Einschränkung dieser Freiheit ist nach der ständigen Rechtsprechung des Bundesverfassungsgerichts daher stets der strengen Prüfung am Grundsatz der Verhältnismäßigkeit zu unterziehen. Dann aber muss es auch möglich sein, vermeidbaren Unterbringungen die Genehmigung zu versagen und vernünftige Alternativen einzufordern.

Ein nicht zu lösender Widerspruch besteht wohl auch zur „Vera Stein-Entscheidung" des Europäischen Gerichtshofs für Menschenrechte. Der Staat kann sich nach dieser Entscheidung nicht gänzlich seiner Verantwortung entledigen, indem er seine Verpflichtungen in diesem Bereich auf private Stellen oder Private überträgt, denn ihm obliegt die Pflicht, private psychiatrische Kliniken zu überwachen und zu kontrollieren. Diese Pflicht zur staatlichen Kontrolle kann sich selbstverständlich nicht auf psychiatrische Kliniken beschränken.

Praxis TIPP

Gerade für einen ehrenamtlichen Betreuer ist es schwierig, sinnvolle Alternativen oder weniger einschneidende freiheitsentziehende Maßnahmen gegenüber dem Heim durchzusetzen. Dem Pflegepersonal muss auch eine höhere fachliche Kompetenz bei der Beantwortung dieser Fragen eingeräumt werden. Trotzdem sollte sich niemand scheuen, humanere Alternativen nachzufragen. Hat der Betreuer den Eindruck, dass vernünftige Vorschläge nicht aufgegriffen werden oder die Zahl der Pflegepersonen auf den Stationen zur Reduzierung der Personalkosten unverantwortlich beschränkt wird, dann sollte er die zuständige Heimaufsicht, die Betreuungsbehörde oder das Betreuungsgericht informieren.

2.1.3 Krankheit oder Behinderung

Abwehr eines erheblichen gesundheitlichen Schadens

Die Gefahr der Selbstschädigung muss auf Grund einer psychischen Krankheit oder geistigen oder seelischen Behinderung gegeben sein. Mit diesem Erfordernis schließt das Gesetz Maßnahmen gegen Personen aus, die lediglich aus Freude an den Genüssen des Lebens oder aus Leichtsinn sich gesundheitlich schädigen (starkes Rauchen, übermäßiges Essen). Der Betroffene muss auf Grund seiner Krankheit außerstande sein, seinen Willen frei zu bestimmen. Daher rechtfertigt auch der in freier Selbstbestimmung unternommene Versuch der Selbsttötung keine Unterbringung.

Abhängigkeitssyndrom

Schwierig ist die Grenzziehung in den Fällen eines Abhängigkeitssyndroms, verursacht durch Alkohol, Medikamente und andere Suchtstoffe (vgl. dazu unten Abschnitt 2.1.6).

2.1.4 Untersuchung, Heilbehandlung, ärztlicher Eingriff

Notwendigkeit der (ärztlichen) Maßnahmen

Gesundheitliche Gefahr ohne Freiheitsentziehung nicht abwendbar

Neben der Selbstschädigungsgefahr kann auch eine notwendige ärztliche Maßnahme unter den Voraussetzungen des § 1906 Abs. 1 Nr. 2 BGB eine Unterbringung rechtfertigen. Zu den notwendigen ärztlichen Maßnahmen zählt das Gesetz die Untersuchung des Gesundheitszustands, eine Heilbehandlung oder einen ärztlichen Eingriff. Diese Maßnahmen müssen erforderlich sein, um erhebliche Gesundheitsschäden abwenden zu können, die dem Betreuten ohne die geplante medizinische Maßnahme bevorstehen. Der Gesetzgeber hat mit dem Gesetz zur Regelung der betreuungsrechtlichen Einwilligung in eine ärztliche Zwangsmaßnahme klargestellt, dass es um die Abwendung eines drohenden, erheblichen gesundheitlichen Schadens gehen muss. Der drohende Gesundheitsschaden muss also so schwer wiegen, dass der mit der beabsichtigten Maßnahme verbundene Freiheitseingriff gerechtfertigt erscheint.

Eine ärztliche Maßnahme ist aber nicht notwendig, wenn sich die gesundheitliche Gefahr auf weniger einschneidende Weise abwenden lässt. Sie entfällt aber auch, wenn die vorgesehene Behandlung keinen hinreichenden Erfolg verspricht (z. B. Alkoholentziehungskuren gegen den Willen des Betroffenen, anders bei der „Entgiftungsphase“) oder nicht durchgeführt werden kann.

Weigert sich der Betroffene, die ärztliche Maßnahme durchführen zu lassen, ist die Unterbringung nur zulässig, wenn eine ärztliche Zwangsmaßnahme gemäß § 1906a BGB genehmigt wird oder die Annahme gerechtfertigt ist, dass der Betroffene in der Unterbringung der ärztlichen Maßnahme nicht mehr widerspricht (vgl. dazu *BGH*, Beschluss vom 31. 5. 2017, Az. XII ZB 342/16).

Beispiele aus der Rechtsprechung:

Nach dem Schleswig-Holsteinischen OLG (BtPrax 2003, 223) reicht es für die Rechtfertigung der geschlossenen Unterbringung eines psychisch kranken Betreuten nicht aus, dass dieser die Einnahme der zur Behandlung erforderlichen Medikamente ablehnt und dadurch einen gesundheitlichen Rückfall heraufbeschwört, sofern ein solcher Rückfall nicht die Gefahr der Chronifizierung mit der Notwendigkeit dauerhafter stationärer Behandlung herbeiführt. Erforderlich ist vielmehr, dass konkrete krankheitsbedingte Ereignisse feststehen, aus denen sich mit der erforderlichen Wahrscheinlichkeit auf Selbsttötung oder eine erhebliche Gesundheitsgefährdung des Betroffenen oder Schädigung anderer schließen lässt. Hat die paranoide Schizophrenie des Betroffenen bereits einen chronischen Verlauf genommen, kann eine Unterbringung gerechtfertigt sein, wenn die Gefahr besteht, dass sich die Krankheit durch weitere psychotische Ausbrüche erheblich verschlimmert. Die Prognose einer derartigen Verschlimmerung darf aber nicht rein spekulativ sein, sondern muss konkret begründet werden.

Voraussetzungen müssen durchgehend vorliegen

Eine Unterbringung kann nicht genehmigt werden bzw. bleiben, wenn die angestrebte Heilbehandlung, aus welchen Gründen auch immer, nicht oder nicht mehr durchgeführt wird. Deshalb darf eine bereits erteilte Genehmigung nicht länger aufrechterhalten werden, wenn der Betreute bereits untergebracht ist, sich aber sodann herausstellt, dass die in der Unterbringungseinrichtung tätigen Ärzte, in Abweichung von dem der Genehmigung zugrunde liegenden ärztlichen Gutachten, eine Heilbehandlung für medizinisch nicht oder nicht mehr geboten erachten und eine solche Behandlung deshalb nicht durchführen (*BGH* FamRZ 2010, 202).

Praxis TIPP

Die Rechtsprechung zur Frage der Erfolgsaussicht und zum Gewicht des drohenden Gesundheitsschadens ist für die Praxis schwer umzusetzen. Im Zeitpunkt der Entscheidung des Betreuers muss naturgemäß eine unsichere Prognoseentscheidung getroffen werden. Darüber hinaus sind gerade psychische Krankheiten in der Regel weder vorhersehbar noch planbar wie etwa eine neue Hüfte. Unterschätzt wird von der Rechtsprechung wohl auch die hohe Belastung des psychisch Kranken in einer akuten Krankheitsphase (Getriebenheit, ständige Unruhe, Angst, Vereinsamung und Verzweiflung). Das viel beschworene „Recht zur Krankheit" kann so schnell zum Alptraum werden. Deshalb muss der Betreuer die Anregungen der behandelnden Ärzte und anderer kritisch hinterfragen. Wenn er aber die Unterbringung für verhältnismäßig, erforderlich und zulässig hält, darf er sich nicht davon abhalten lassen, zum Wohl des Betroffenen die Unterbringung genehmigen zu lassen. Der Betreuer sollte aber zur Begründung den zugrunde liegenden Sachverhalt dem Gericht möglichst umfassend vortragen.

2.1.5 *Ärztliche Zwangsmaßnahme (Zwangsbehandlung)*

2.1.5.1 Neuregelung in § 1906a BGB

Eine ärztliche Maßnahme, die gegen den natürlichen Willen durchgeführt werden muss, stellt einen massiven Eingriff in die Rechte des Betreuten dar. Mit dem Gesetz zur Regelung der betreuungsrechtlichen Einwilligung in eine ärztliche Zwangsmaßnahme vom 18. 2. 2013 (BGBl. I S. 266), in Kraft getreten am 26. 2. 2013, wurde versucht, für den Bereich der zivilrechtlichen Unterbringung die notwendige Rechtssicherheit für alle Beteiligten zu erreichen. Der Gesetzgeber hat aber nicht alle Unzulänglichkeiten und Zweifelsfragen der „Zwangsbehandlung" einer vernünftigen Regelung zugeführt. Dabei wurde auch in diesem Handbuch auf folgende problematischen Punkte hingewiesen:

- Zulässigkeit der ambulanten Zwangsbehandlung
- Zulässigkeit auch bei freiwilligem Aufenthalt im psychiatrischen Krankenhaus
- Zulässigkeit der Zwangsbehandlung somatischer Beschwerden in nicht geschlossenen Krankenhäusern
- Zwangsbehandlung im häuslichen Bereich
- zivilrechtliche Zwangsbehandlung im Rahmen des Maßregelvollzugs

Mit dem Gesetz zur Änderung der materiellen Zulässigkeitsvoraussetzungen von ärztlichen Zwangsmaßnahmen und zur Stärkung des Selbstbestimmungsrechts von Betreuten vom 22. 6. 2017 wurden wesentliche Punkte des Problemkatalogs gelöst. Die Zwangsbehandlung kann nunmehr „im Rahmen eines stationären Aufenthalts in einem Krankenhaus, in dem die gebotene medizinische Versorgung des Betreuten einschließlich einer erforderlichen Nachbehandlung sichergestellt ist, durchgeführt" werden. Stationär heißt nicht mehr geschlossen, so dass bei freiwilligem Aufenthalt, soweit erforderlich auch in einem Krankenhaus, das nur somatische Beschwerden behandelt, gegen den Willen des Betroffenen ärztliche Maßnahmen durchgeführt werden können. Ebenso sind zivilrechtliche Zwangsbehandlungen im Maßregelvollzug möglich, da der bisherige Einwand einer fehlenden zivilrechtlichen Unterbringung durch die Entkoppelung gegenstandslos geworden ist.

2.1.5.2 Die materiell-rechtlichen Voraussetzungen der ärztlichen Zwangsmaßnahme

a. Ärztliche Maßnahme

Ärztliche Maßnahme

§ 1906a Abs. 1 Satz 1 BGB führt als ärztliche Maßnahmen, die gegen den natürlichen Willen durchgeführt werden können, eine Untersuchung des Gesundheitszustands, eine Heilbehandlung oder einen ärztlichen Eingriff auf.

b. Es muss sich um eine Zwangsmaßnahme handeln

Maßnahme gegen den „natürlichen Willen"

§ 1906a Abs. 1 Satz 1 BGB enthält eine Legaldefinition der ärztlichen Zwangsmaßnahme. Sie liegt vor, wenn die ärztliche Maßnahme dem „natürlichen Willen" des Betreuten widerspricht. Dazu führt das *BVerfG* (BtPrax 2011, 112, Rz. 41) Folgendes aus:

Physischer Widerstand kann fehlen

„Die Eingriffsqualität entfällt auch nicht bereits dann, wenn der Betroffene der abgelehnten Behandlung keinen physischen Widerstand entgegensetzt. Das bloße Aufgeben einer bestimmten Form des Protests kann nicht ohne Weiteres als Zustimmung gedeutet werden."

Täuschung oder Drohung sind Zwangsbehandlungen

Nur, wenn die Erklärung „von der frei, auf der Grundlage der gebotenen ärztlichen Aufklärung, erteilten Einwilligung des Untergebrachten gedeckt ist" und kein unzulässiger Druck ausgeübt wurde, kann auch von einer rechtlich wirksamen Zustimmung bzw. einem entsprechenden natürlichen Willen ausgegangen werden. Nachteile können nur angekündigt werden, wenn sie sich „als notwendige Konsequenzen aus dem Zustand ergeben, in dem der Betroffene unbehandelt voraussichtlich verbleiben oder in den er aufgrund seiner Weigerung voraussichtlich geraten wird."

Eine durch Täuschung bewirkte Duldung der ärztlichen Maßnahme beseitigt den Zwangscharakter der Maßnahme nicht. Widerspricht der Betreute der Einnahme von Medikamenten, dann stellt es eine genehmigungspflichtige „Zwangsmaßnahme" dar, wenn die Medikamente unbemerkt dem Essen beigemischt werden (*LG Lübeck* BtPrax 2014, 182).

c. Die übrigen Voraussetzungen gemäß § 1906a Abs. 1 Nr. 1 bis 7 BGB

Materielle Voraussetzungen

Gemäß § 1906a Abs. 1 Satz 1 Nr. 1 bis 7 BGB muss festgestellt werden können, dass

- die ärztliche Zwangsmaßnahme zum Wohl des Betreuten notwendig ist, um einen drohenden erheblichen gesundheitlichen Schaden abzuwenden,
- der Betreute aufgrund einer psychischen Krankheit oder einer geistigen oder seelischen Behinderung die Notwendigkeit der ärztlichen Maßnahme nicht erkennen oder nicht nach dieser Einsicht handeln kann (Einwilligungsunfähigkeit),
- die ärztliche Zwangsmaßnahme dem nach § 1901a Abs. 1 und 2 BGB zu beachtenden Willen des Betreuten entspricht,
- zuvor ernsthaft, mit dem nötigen Zeitaufwand und ohne Ausübung unzulässigen Drucks versucht wurde, den Betreuten von der Notwendigkeit der ärztlichen Maßnahme zu überzeugen (Überzeugungsversuch),
- der drohende erhebliche gesundheitliche Schaden durch keine andere den Betreuten weniger belastende Maßnahme abgewendet werden kann,
- der zu erwartende Nutzen der ärztlichen Zwangsmaßnahme die zu erwartenden Beeinträchtigungen deutlich überwiegt und
- die ärztliche Zwangsmaßnahme im Rahmen eines stationären Aufenthalts in einem Krankenhaus, in dem die gebotene medizinische Versorgung des Betreuten einschließlich einer erforderlichen Nachbehandlung sichergestellt ist, durchgeführt wird.

Einwilligungsunfähigkeit

Die Einwilligungsfähigkeit setzt die Möglichkeit voraus, Sachverhalte realitätsgerecht zu erkennen. Psychische Krankheiten sind oft mit einer Verkennung der Realität verbunden, so dass der Betroffene aufgrund von Wahnvorstellungen Sachverhalte falsch erkennt oder deutet. Der zweite Aspekt ist die Fähigkeit, seinen Willen frei bestimmen zu können (Steuerungsfähigkeit). Beide Aspekte müssen positiv festgestellt werden, vgl. dazu oben unter 1.3.1; Kapitel A 2, Abschnitt 6; Kapitel A 3, Abschnitt 2.

Überzeugungsversuch

Überzeugungsversuch

Die „Aufklärungs- und Überzeugungspflicht" gemäß § 1906a Abs. 1 Satz 1 Nr. 4 BGB war auch eine nachhaltige Forderung des BVerfG.

Sinn und Zweck des Überzeugungsversuchs

Einwilligung, Aufklärung

Der Betreute darf über die geplante Maßnahme nicht im Unklaren gelassen werden. Ziel kann dabei nicht sein, eine rechtfertigende Einwilligung zu erreichen. Dies scheitert schon daran, dass die Einwilligungsfähigkeit Voraussetzung einer Zwangsbehandlung ist. Es geht vielmehr darum, Verständnis für die Maßnahme zu wecken. Ändert sich dadurch die Einstellung des Betreuten so weit, dass der natürliche Wille nicht mehr im Widerspruch zur ärztlichen Maßnahme steht, dann liegt kein Fall des § 1906a Abs. 1 BGB mehr vor. Unzulässiger Druck, Drohungen, in Aussicht stellen von krankheitsunabhängigen Nachteilen, Versprechungen oder gar Täuschung dürfen die Bildung des natürlichen Willens nicht beeinflussen.

Dieser Überzeugungsversuch darf nicht verwechselt werden mit der Einholung einer rechtfertigenden Einwilligung. Diese wird vom Betreuer gemäß § 630d Abs. 1 Satz 2 BGB erteilt, der auch über die wesentlichen Umstände und vor allem Risiken aufgeklärt werden muss, §§ 630e Abs. 4, 630d Abs. 2 BGB.

Ernsthaftigkeit des Überzeugungsversuchs

Überzeugungsversuch

Der Versuch, den Betroffenen zu überzeugen, muss mit der entsprechenden Ernsthaftigkeit betrieben werden. In der Neufassung wurde die frühere Formulierung dahingehend erweitert, dass der Versuch mit dem nötigen Zeitaufwand und ohne unzulässigen Druck durchgeführt werden muss. Dies wird häufig einen längeren Zeitaufwand erfordern. Teilweise wird verlangt, dass sich die Überzeugungsbemühungen über einen Zeitraum von 10 bis 14 Tagen erstrecken sollten, um dem Betroffenen eine angemessene Zeit einzuräumen. Von Pauschalierungen sollte Abstand genommen werden und individuell unter Berücksichtigung der Gesamtsituation des Betroffenen der Zeitaufwand festgelegt werden. Relativ knapp bemessen werden kann der Überzeugungsversuch, wenn der Betroffene z. B. aufgrund eines schweren frühkindlichen Hirnschadens oder wegen einer fortgeschrittenen Demenz zu einer sinnvollen Kommunikation nicht in der Lage ist. Dies gilt auch dann, wenn er bei jedem Versuch eines Gesprächs in gefährliche Erregungszustände gerät. In diesen Fällen sollten diese Umstände ausreichend dokumentiert und durch ein ärztliches Attest und/oder eine Bestätigung der Pflegedienstleitung belegt werden. Das Betreuungsgericht kann dann im Rahmen der persönlichen Anhörung des Betroffenen diese Angaben überprüfen.

Zusätzliche ärztliche Aufklärung

Der Versuch muss vor und unabhängig von der ärztlichen Aufklärung erfolgen, die für die Maßnahme erforderlich ist.

Gesetzgeberischer Grund

Stärkung des Selbstbestimmungsrechts

Grund für den geforderten Überzeugungsversuch ist zum einen der Verhältnismäßigkeitsgrundsatz. Der Gesetzgeber wollte erreichen, dass ausreichend Zeit investiert wird, um den Betroffenen von der Notwendigkeit der Maßnahme zu überzeugen und eine Änderung seines Willens herbeizuführen. Der Versuch, den Betreuten zu überzeugen, ist sicher im Hinblick auf die Schwere des Grundrechtseingriffs einer Zwangsbehandlung eine unabdingbare Voraussetzung. Darüber hinaus kann dadurch das Selbstbestimmungsrecht gestärkt werden.

Folgen bei unzureichendem Überzeugungsversuch

Es handelt sich deshalb auch um eine materiell-rechtliche Voraussetzung für die Wirksamkeit der Einwilligung durch den Betreuer. Unterbleibt der Überzeugungsversuch, ist die Einwilligung unwirksam und die Zwangsmaßnahme rechtswidrig (*BGH* BtPrax 2014, 1358).

Wer übernimmt den Überzeugungsversuch?

Durchführung des Überzeugungsversuchs

Das Gesetz schweigt zur Frage, wer den Versuch unternehmen soll. Die Rechtsprechung verlangt eine „überzeugungsfähige und bereite Person". In erster Linie ist der Betreuer selbst dazu berufen, der sich jedoch von einem Arzt beraten lassen sollte. In Betracht kommen aber auch der behandelnde Arzt oder ein Angehöriger, Freund oder sonstiger Vertrauter. Der Betreuer muss sich aber in jedem Fall Kenntnis verschaffen, ob der Überzeugungsversuch ordnungsgemäß durchgeführt wurde. Deshalb wird er in der Regel an dem Überzeugungsversuch teilnehmen müssen (vgl. *BGH* FamRZ 2014, 1358). In jedem Fall sollte der Betreuer oder der behandelnde Arzt den Überzeugungsversuch schriftlich dokumentieren. Der pauschale Hinweis in der Dokumentation, dass bei den Visiten erfolglos versucht wurde, den Patienten von der Notwendigkeit zu überzeugen, dürfte nicht ausreichen.

Ausführungen zum Überzeugungsversuch im Beschluss

Feststellungen im Beschluss

Das Betreuungsgericht muss die Durchführung des Überzeugungsversuchs in jedem Einzelfall in der Begründung des Beschlusses feststellen und „in nachprüfbarer

Weise" darlegen. Die aus dem Beschluss nachvollziehbare und nachprüfbare Darlegung muss sich logischerweise auf alle vom Gesetz angegebenen Merkmale beziehen wie etwa „Ernsthaftigkeit", „Zeitaufwand" und „ohne Ausübung unzulässigen Drucks". Pauschale Ausführungen, die lediglich den Gesetzestext wiederholen und nur die Einhaltung der Kriterien behaupten, entbehren jeder Nachprüfbarkeit.

Beispiel aus der Praxis

Überzeugungsversuch bei ärztlicher Visite

Als ausreichend hat es der *BGH* angesehen, wenn über zwei Monate im Krankenhaus zweimal wöchentlich während der Visite der Stationsarzt und die Oberärztin versuchen, dem Betroffenen „Sinnhaftigkeit, Notwendigkeit und Gründe der Behandlung zu vermitteln" (*BGH* BtPrax 2015, 238).

In einem Ausnahmefall hat der *BGH* die Ausführungen des Amtsgerichts genügen lassen, dass die Betroffene die notwendige Behandlung „trotz hinreichender Versuche einer freiwilligen Medikation ablehne". Diese pauschalen Ausführungen lassen natürlich jede Nachprüfbarkeit vermissen und zumindest das Landgericht hätte sich nicht darauf beschränken dürfen, auf diesen dürren Begründungssatz Bezug zu nehmen. Allerdings hat das Amtsgericht mit dem Beschluss ein Schreiben der Klinik übersandt, in dem die vergeblichen Versuche eingehender dargestellt wurden (*BGH*, Beschluss vom 12. 9. 2018, Az. XII ZB 87/18). Der *BGH* stellt sich damit zu seiner ständigen Rechtsprechung in Widerspruch, dass das Gericht „in seiner Entscheidung" das Vorliegen der Voraussetzungen des § 1906a Abs. 1 Satz 1 Nr. 4 BGB darlegen muss. Der Betroffene sollte sich die Begründung nicht aus übersandten Mitteilungen Dritter oder z. B. Protokollniederschriften, Berichten anderer Beteiligter zusammensuchen müssen, sondern sich auf den Beschluss konzentrieren können.

Ärztliche Zwangsmaßnahmen sind nur zulässig im Rahmen eines stationären Aufenthalts in einem Krankenhaus, in dem die gebotene medizinische Versorgung des Betreuten einschließlich einer erforderlichen Nachbehandlung sichergestellt ist

- Zwangsmaßnahme ambulant, in der Klinik, zu Hause oder beim Hausarzt?

Eine ambulante Zwangsbehandlung hat der Gesetzgeber bisher abgelehnt. Deshalb genügt es nicht, wenn der Betreute gegen seinen natürlichen Willen zu Hause, in der Arztpraxis oder ambulant in einem Krankenhaus oder in einer Pflegeeinrichtung behandelt werden könnte. Die Begründung: „Mit einer Zulassung von ambulant durchgeführten Zwangsbehandlungen namentlich im psychiatrischen Bereich wäre aber die Gefahr verbunden, dass solche möglicherweise traumatisierende Zwangsbehandlungen in der Praxis regelmäßig, ohne ausreichende Prüfung von weniger eingriffsintensiven Alternativen und damit auch in vermeidbaren Fällen durchgeführt werden" *(BT-Drucks. 18/11240 S. 15)*, überzeugt nicht. Die engen Voraussetzungen des § 1906a Abs. 1 BGB würden auch bei ambulanter Behandlung greifen und Zwangsbehandlungen in „vermeidbaren" Fällen verhindern. Die Aussage der Gesetzesbegründung ist insoweit spekulativ. Man muss aus der Sicht der Betroffenen argumentieren und dabei berücksichtigen, dass die „Traumatisierung" eher mit dem gewaltsamen Eindringen in die Wohnung und der anschließenden Verbringung in die Klinik einhergehen wird, während man in seiner gewohnten Umgebung die Behandlung sehr viel humaner gestalten könnte. Das Wohl der Betroffenen sollte nicht nur Maßstab für Betreuer und Betreuungsgerichte sein, sondern auch für den Gesetzgeber.

- Patientenorientierte Behandlungskonzepte sind derzeit nicht nutzbar

Die Ablehnung ärztlicher Zwangsmaßnahmen in Einrichtungen (s. u.) oder ambulanter Zwangsmaßnahmen zu Hause muss überdacht werden. Seit 2018 besteht die Möglichkeit der Versorgung durch eine sog. „stationsäquivalente psychiatrische Behandlung".

Dieses „Home-Treatment" durch Klinikteams hat sich bewährt und könnte auch weiterentwickelt werden in Richtung ärztliche Zwangsmaßnahmen in Pflegeeinrichtungen oder zu Hause. Der Erhalt der gewohnten Umgebung ist für die Akzeptanz und die Verarbeitung der Eingriffe mehr als wertvoll, da ein häufig patientenfeindliches Umfeld beim Klinikaufenthalt (aggressive Mitpatienten, Mehrbettzimmer, Unruhe, sterile Umgebung, Toiletten am Gang u. a.) Grundlage traumatischer Erlebnisse sein kann. Zum Home-Treatment vgl. *Bühring*, Dt. Ärzteblatt, Jg. 114, Heft 46, A 2134.

- Keine Zwangsmaßnahme in Alten- oder Pflegeeinrichtung

Besonders drastisch wirkt sich die Traumatisierung durch Verbringung in eine Klinik bei senil dementen Menschen aus. Für sie ist in der Regel jeder Ortswechsel mit Ängsten verbunden. Man möge bedenken, dass es diesen Patienten nicht vermittelt werden kann, wie schnell sie nach einer Behandlung wieder in ihre gewohnte Umgebung zurückkehren können. Deshalb sind hier massive Verlust- und Existenzängste anzutreffen. Bei der Rückkehr kommt es dann erneut zu Problemen, weil der Patient seine gewohnte Umgebung nicht mehr erkennt. Der Hinweis der Gesetzesbegründung *(BT-Drucks. 18/11240, S. 15)* auf die Hilfe durch multiprofessionelle Teams in der Klinik oder gar auf eine mögliche Beteiligung einer klinischen Ethikberatung verkennt die personellen und sachlichen Möglichkeiten der gerontopsychiatrischen Stationen.

- Zwangsmaßnahme bei Unterbringung wegen „Selbstschädigungsgefahr"?

Der *BGH* (FamRZ 2015, 1484) neigte früher der Auffassung zu, dass eine Unterbringung nach § 1906 Abs. 1 Nr. 1 BGB für eine ärztliche Zwangsmaßnahme nicht genüge. Aus dem Wortlaut des neuen § 1906a Abs. 1 Nr. 7 BGB kann dies wohl nicht hergeleitet werden. Besteht aktuell eine genehmigte Unterbringung, die nur auf § 1906 Abs. 1 Nr. 1 BGB gestützt ist, genügt dies (vgl. dazu *BGH*, Beschluss vom 12. 9. 2018, Az. XII ZB 87/18).

- Zwangsmaßnahme bei freiwilligem Aufenthalt oder „Bewegungsunfähigkeit"

Eine ärztliche Zwangsmaßnahme ist jetzt auch zulässig und kann genehmigt werden, wenn der Betroffene freiwillig in der geschlossenen Abteilung verbleibt und keine Anstalten macht, den geschlossenen Bereich räumlich zu verlassen. Dasselbe gilt, wenn die betroffene Person sich aufgrund körperlicher Einschränkungen nicht mehr bewegen kann und keine Versuche unternimmt, sich wegbringen zu lassen. Es genügt der stationäre Aufenthalt in einem geeigneten Krankenhaus.

- Verhältnis zur Zwangsbehandlung im Maßregelvollzug

Zwangsbehandlungen werden auch in den Maßregelvollzugsgesetzen der Länder geregelt. Allerdings gibt es sehr unterschiedliche Voraussetzungen, so dass die Zwangsbehandlungen z. B. bei somatischen Erkrankungen nicht ausreichend geregelt sind, weil bei den Vollzugsgesetzen die Sicherheit und das Vollzugsziel im Vordergrund stehen. Eine Anwendung des § 1906a BGB neben den Vollzugsgesetzen kann nicht mehr mit dem Argument abgelehnt werden, dass neben dem Maßregelvollzug keine zivilrechtliche Unterbringung möglich sei. Nach der Entkoppelung der Zwangsbehandlung von der Unterbringung kann der Betreuer eine entsprechende Genehmigung beantragen, weil der Ausschluss notwendiger Zwangsbehandlungen zu unnötigen Leiden führt und realistische Heilungschancen nicht an der Unzulänglichkeit der Vollzugsgesetze scheitern dürfen (vgl. dazu unten 5.3.2). Da es sich bei den Maßregelvollzugsgesetzen um Landesgesetze handelt, können diese auch nicht das *BGB*, also ein Bundesgesetz aufheben und notwendige ärztliche Maßnahmen verhindern.

Keine Alternative zur ärztlichen Zwangsmaßnahme

Alternativen § 1906a Abs. 1 Satz 1 Nr. 5 BGB bestimmt als weitere Voraussetzung, dass der dem Betreuten drohende erhebliche gesundheitliche Schaden durch keine andere weniger belastende Maßnahme abgewendet werden kann. Diese Forderung hat erhebliche

Brisanz und fordert kreatives Denken aufseiten der behandelnden Ärzte, Pflegekräfte und Gutachter. Es ist nachzuweisen, dass der erhebliche gesundheitliche Schaden durch keine andere, den Betreuten weniger belastende und damit zumutbare Maßnahme abgewendet werden kann. Die ärztliche Zwangsmaßnahme muss also „ultima ratio" sein und nicht nur eine Möglichkeit neben anderen Behandlungsmaßnahmen.

Vorrangig können alternative therapeutische Maßnahmen sein, wie sie *Jürgens* (Betreuungsrecht, 5. Aufl. § 1906 BGB Rn. 35) beschreibt. Das sog. Home-Treatment (Behandlungsteam kommt in der akuten Phase zum Patienten) und andere alternative Behandlungsformen, aber auch psychotherapeutische Verfahren dürfen nicht unter den Tisch fallen.

Abwägung zwischen Nutzen und Beeinträchtigungen durch die Behandlungen

Nebenwirkungen

Ebenfalls dem Grundsatz der Verhältnismäßigkeit geschuldet ist die gesetzliche Forderung, dass „der zu erwartende Nutzen der ärztlichen Zwangsmaßnahme die zu erwartenden Beeinträchtigungen deutlich überwiegt" (§ 1906a Abs. 1 Satz 1 Nr. 6 BGB). Alle Nachteile der Behandlung müssen demnach offen und eingehend diskutiert werden.

Spätdyskinesien, Hirnatrophie

So müssen etwa die Nebenwirkungen der Antipsychotika bedacht werden. Die berüchtigten Spätdyskinesien, also zeitlich verzögert auftretende motorische Störungen mit „unwillkürlichen Zuckungen, Tics (nervösem Zucken) und Bewegungsanomalien an der Zunge, im Gesicht sowie im Bereich von Hals- und Rumpfmuskeln" sind allgemein bekannt. Diese zum Teil sehr starken und intensiven Beeinträchtigungen sind therapeutisch kaum zu beeinflussen.

Beunruhigend ist vor allem die Diskussion, inwieweit durch Antipsychotika eine Hirnatrophie (Gehirnschwund) verursacht oder verstärkt werden kann. Sehr wichtig ist es deshalb auch, Dosis und Dauer der Medikamentierung individuell zu bestimmen und gutachterlich zu begründen.

Anhand dieser wenigen Risiken ist ersichtlich, dass man eine nachhaltige ärztliche Aufklärung einfordern muss, die sich auch mit den Nebenfolgen auseinandersetzt. Betreuer und Bevollmächtigte sollten sich daher nicht scheuen, lästig zu werden und pauschale Begründungen wie „zur Vermeidung einer Chronifizierung" nicht akzeptieren. Die Frage, ob ein „Weniger" nicht mehr wäre, darf auch gestellt werden, da das Schrauben an der Dosis bei unbefriedigendem Erfolg die schädlichen Folgen erheblich verstärken kann.

Neuroleptika

Das *BVerfG* (FamRZ 2011, 1128) hat die zwangsweise Gabe von Neuroleptika als besonders schweren Grundrechtseingriff bezeichnet und zwar im Hinblick auf die Wirkungen dieser Medikamente. Häufig werden die Nebenwirkungen von Neuroleptika auch von Ärzten und Gutachtern nicht nachhaltig genug gewürdigt, um die Betroffenen und ihre gesetzlichen Vertreter nicht zu verunsichern.

„Wohl des Betroffenen" und „Abwendung eines drohenden erheblichen gesundheitlichen Schadens"

Die Voraussetzung „Wohl des Betroffenen" und „zur Abwendung eines drohenden erheblichen gesundheitlichen Schadens" hat der Gesetzgeber in § 1906a Abs. 1 Satz 1 Nr. 1 BGB besonders betont, um diese Ausformung des Verhältnismäßigkeitsgrundsatzes eindringlich hervorzuheben.

Chronifizierung

Deshalb müssen die behandelnden Ärzte genau und konkret darlegen, welche Schäden drohen, wenn die Zwangsmaßnahme unterbleiben würde. Die häufig durch nichts belegte Behauptung, es drohe eine „Chronifizierung" der Krankheit, muss hinterfragt werden. Ob und wann der Übergang von einer „vorübergehenden zur dauerhaften Präsenz einer Krankheit" (Chronifizierung) droht, kann in der Regel nicht vorhergesagt werden. Vor allem ist es kaum möglich zu prognostizieren, ob die geplante Behandlung geeignet ist, einer Chronifizierung Einhalt zu gebieten oder – was die Regel sein wird – ohne Bedeutung für den späteren Verlauf der Krankheit oder einen möglichen „Rückfall" ist. Insbesondere bei wiederholten Behandlungen sind ernstliche Zweifel an der Vermeidung einer Chronifizierung angebracht, da sie dann ja bereits eingetreten ist.

Angriffe gegen Dritte können nur Indiz sein

Die Vermeidung aggressiver Zustände und Schutz des sozialen Umfelds sind für sich genommen keine drohenden erheblichen gesundheitlichen Schäden, sondern nur als Indiz für das Vorliegen oder Drohen erheblicher Gesundheitsschäden zu werten. Sachdienlich ist es immer, die Ergebnisse und Verlaufsformen früherer Behandlungen zu ermitteln und zu berücksichtigen. Wurden bereits früher gravierende und erhebliche Beschwerden (Leiden) verursachende Krankheitssymptome durch eine medikamentöse Behandlung wirksam beseitigt, spricht das dafür, dass bei einer aktuellen Erkrankung derartige erhebliche gesundheitliche Schäden mit der Behandlung vermieden werden können.

Die ärztliche Zwangsmaßnahme muss dem nach § 1901a BGB zu beachtenden Willen des Betreuten entsprechen

Patientenverfügung

Vor der Neuregelung war bereits anerkannt, dass eine wirksame Patientenverfügung eine Zwangsbehandlung verhindern kann *(BT-Drucks. 17/11513, S. 7)*. Nunmehr verlangt § 1906a Abs. 1 Satz 1 Nr. 3 BGB die positive Feststellung, dass die ärztliche Zwangsmaßnahme dem nach § 1901a BGB festzustellenden Willen entspricht. Das heißt, dass nicht nur die aufgrund strenger formeller Voraussetzungen (schriftlich, bestimmt, kongruent zur aktuellen Lebens- und Behandlungssituation) eine leicht feststellbare Patientenverfügung gemäß § 1901a Abs. 1 BGB zu beachten ist, sondern gemäß § 1901a Abs. 2 BGB auch einschlägige Behandlungswünsche und der mutmaßliche Wille. Der Gesetzgeber ging wohl davon aus, dass die Betroffenen im Zustand der Einwilligungsfähigkeit ihren Willen dahingehend äußern, dass sie mit der medikamentösen Behandlung einverstanden sind, wenn sie erneut akut krank werden sollten. Es stellt sich aber die Frage, welche Medikamente zur Anwendung kommen sollen, welche Verabreichungsform und welche Dosis. Dies alles lässt sich in einer Patientenverfügung nicht mit der erforderlichen Bestimmtheit niederlegen. Erst der konkrete Krankheitsfall verbunden mit einer aktuellen eingehenden Untersuchung und Diagnose macht die Bestimmung der medikamentösen Behandlung nach den allgemein anerkannten fachlichen Standards für Ärzte möglich. Die antizipativen Einwilligungen in einer Patientenverfügung gehen daher ins Leere. Ferner müsste ja auch noch ein Aufklärungsgespräch gemäß § 630e BGB stattfinden, bevor der Betroffene in der Patientenverfügung wirksam seine Einwilligung erklären kann. Selbst wenn man zu einer wirksamen Einwilligung käme, wäre damit der Weg zu einer Zwangsbehandlung nicht frei. Eine antizipative Einwilligung in Zwangsmaßnahmen ist nicht möglich, wenn der aktuelle natürliche Wille entgegensteht. Der Betreuer wird deshalb kaum geeignete Fälle finden, den Betreuten „auf die Möglichkeit einer Patientenverfügung" hinzuweisen „und ihn auf dessen Wunsch bei der Errichtung einer Patientenverfügung" zu unterstützen, wie es der neue § 1901a Abs. 4 BGB vorsieht.

Behandlungswünsche

Behandlungswünsche mit der erforderlichen Sicherheit festzustellen, dürfte gerade für einen Berufsbetreuer sehr schwer sein. Nach ständiger Rechtsprechung (*BGH*, Beschluss vom 6. 7. 2016, Az. XII ZB 61/16; *BT-Drucks. 16/8442, S. 14/15*) ist auch noch zu prüfen, „ob das aktuelle Verhalten des nicht mehr entscheidungsfähigen Betroffenen konkrete Anhaltspunkte dafür liefert, dass er unter den gegebenen Umständen den zuvor schriftlich geäußerten Willen nicht mehr gelten lassen will".

Mutmaßlicher Wille

Der mutmaßliche Wille ist schließlich anhand konkreter Anhaltspunkte zu prüfen und der Betreuer muss sich fragen, „wie sich der Betroffene selbst in der konkreten Situation entschieden hätte, wenn er noch über sich selbst bestimmen könnte" (*BGH*, Beschluss vom 8. 2. 2017, Az. XII ZB 604/14). Dabei verbietet sich jede Spekulation. Letztlich kann man derartige Feststellungen, wie sich jemand entschieden hätte, nur erahnen, aber nicht feststellen. Das Verhalten eines Menschen ist eben nicht berechenbar oder vorhersehbar.

Realistischer erscheint dagegen das Szenario, dass der Betreute in einer Patientenverfügung jede Behandlung mit Neuroleptika oder anderen Mitteln ablehnt. Die Ablehnung ärztlicher Maßnahmen ist ohne ärztliche Aufklärung möglich und auch der Bestimmtheitsgrundsatz setzt keine so engen Grenzen wie bei der Einwilligung. Lehnt der Betreute im Ernstfall eine Behandlung aufgrund seiner Wahnvorstellung ab, dann kann er also auf seine frühere, bindende Patientenverfügung verweisen. Sollten die Voraussetzungen der Patientenverfügung nicht erfüllt sein, müsste man diese Ausführungen als bindenden Behandlungswunsch ansehen mit der Konsequenz, dass jede Behandlung blockiert wäre. Soweit der Gesetzgeber *(BT-Drucks. 18/11240, S. 18)* an die in der Psychiatrie häufig angestrebten „Behandlungsvereinbarungen" gedacht hat, wird übersehen, dass diese zwar einen sehr guten therapeutischen Ansatz darstellen, der aber entwertet wird, wenn man seine Verrechtlichung über § 1901a BGB betreibt.

2.1.5.3 Verfahrensrechtliche Vorschriften

Die Einwilligung des Betreuers allein genügt nicht. Ein derart massiver Eingriff in die Rechte des Betroffenen bedarf immer der Genehmigung des Betreuungsgerichts (§ 1906a Abs. 2 BGB). Nur wenn der Betreuer „an der Erfüllung seiner Pflichten" verhindert ist, kann das Betreuungsgericht selbst die ärztliche Zwangsmaßnahme im Eilverfahren anordnen (§§ 1906a Abs. 1 Satz 2, 1846 BGB). Fehlt ein Betreuer oder Bevollmächtigter, muss zumindest ein vorläufiger Betreuer bestellt werden.

Zur Sicherheit müssen für dieses Genehmigungsverfahren sehr strenge verfahrensrechtliche Vorschriften beachtet werden:

a. Einwilligung durch Vorsorgebevollmächtigten

Vorsorgebevollmächtigter

Erfolgt die Einwilligung in ärztliche Zwangsmaßnahmen durch einen Bevollmächtigten, setzt dies voraus, dass die Vollmacht schriftlich erteilt ist und ärztliche Zwangsmaßnahmen ausdrücklich umfasst, § 1906a Abs. 5 BGB.

b. Verfahrenspfleger, § 317 Abs. 1 Satz 3 FamFG

Verfahrenspfleger

Aufgrund der Schwere des Rechtseingriffs schreibt das Gesetz die Bestellung eines Verfahrenspflegers verbindlich vor, wenn es um die Einwilligung in eine ärztliche Zwangsmaßnahme geht. § 317 Abs. 1 Satz 3 FamFG bezieht sich aber nur auf die zivilrechtlich begründete Zwangsbehandlung.

Ein Verfahrenspfleger hat die Aufgabe, die Interessen des Betroffenen im gerichtlichen Verfahren wahrzunehmen, vergleichbar der Position eines bevollmächtigten Rechtsanwalts. Allerdings handelt der Verfahrenspfleger weisungsunabhängig und zwar sowohl im Verhältnis zum Betroffenen als auch im Verhältnis zum Gericht. Die Bestellung besonders fachkundiger und geschulter Verfahrenspfleger wie beim „Werdenfelser Weg" (vgl. dazu http://werdenfelser-weg-original.de/) wäre überlegenswert.

c. Sachverständigengutachten, §§ 312 Nr. 3, 321 Abs. 1 FamFG

Besondere Anforderungen an die Gutachtenerstellung

Gutachten

Vor einer ärztlichen Zwangsmaßnahme muss ein Gutachten über die Notwendigkeit der Maßnahme eingeholt werden. Der Sachverständige hat den Betroffenen vor der Erstellung des Gutachtens persönlich zu untersuchen oder zu befragen. Das Gutachten soll sich mit Art und Ausmaß der Erkrankung auseinandersetzen, die Vorgeschichte skizzieren, die voraussichtliche Dauer angeben, die durchgeführten Untersuchungen darstellen und auch die sonstigen Erkenntnisse „darstellen und wissenschaftlich" begründen. Eine schriftliche Darstellung erscheint angesichts dieser Vorgaben unabdingbar (vgl. *BGH* FamRZ 2014, 29). Der Gutachter muss zur Einwilligungsunfähigkeit, zum aktuellen gesundheitlichen Zustand und zur Notwendigkeit der ärztlichen Zwangsmaßnahmen (Alternativen, Beeinträchtigung ohne Behandlung, mögliche Nachteile der ärztlichen Zwangsmaßnahme) Stellung nehmen. Selbstverständlich müssen eine bestimmte Diagnose getroffen und Angaben zur voraussichtlichen Dauer der Maßnahme gemacht werden. Eine „Verdachtsdiagnose“ genügt weder für ein Gutachten noch für ein ärztliches Zeugnis. Besondere Vorsicht ist geboten, wenn eine bestimmte Diagnose durch sog. differenzialdiagnostische Erwägungen infrage gestellt wird. Nur wenn alle denkbaren Diagnosen die rechtlichen Kriterien einer psychischen Krankheit und alle Voraussetzungen für die zu genehmigende ärztliche Zwangsmaßnahme erfüllen, kann die Genehmigung trotz verschiedener Diagnosen erteilt werden.

Besondere Anforderungen an den Gutachter

Wie bei der Unterbringung soll der Sachverständige Arzt für Psychiatrie sein bzw. muss Erfahrung auf dem Gebiet der Psychiatrie vorweisen können (§ 321 Abs. 1 Satz 4 FamFG). Zusätzlich soll es sich nicht um den zwangsbehandelnden Arzt handeln (§ 321 Abs. 1 Satz 5 FamFG). Dem schwerwiegenden Grundrechtseingriff soll ein neutrales Gutachten zugrunde liegen. Der *BGH* (FamRZ 2014, 29) spricht davon, dass die Einführung eines Vier-Augen-Prinzips (behandelnder und begutachtender Arzt) dem Umstand geschuldet ist, dass „die Genehmigung einer ärztlichen Zwangsmaßnahme oder deren Anordnung bei dem Betroffenen zu einem zusätzlichen schweren Grundrechtseingriff führt, der über die mit der Unterbringung verbundenen Beschränkungen des Betroffenen hinausgeht“.

Es wäre in der Tat wenig überzeugend, wenn der zwangsbehandelnde Arzt, der eine Zwangsmaßnahme befürwortet „unparteiisch und nach bestem Wissen und Gewissen“ seinen eigenen Vorschlag kritisch begutachten soll. Eine Abweichung von dieser Soll-Vorschrift darf deshalb nur in „eng begrenzten Ausnahmefällen“ erfolgen, wobei das Gericht diese Abweichung nachvollziehbar begründen muss. In der Regel wird eine Abweichung nur bei besonderer Eilbedürftigkeit in Betracht kommen. Auch der behandelnde Arzt (z. B. Hausarzt, Stations- oder Oberarzt, der mit der Zwangsbehandlung nicht befasst ist), soll nach Ansicht des *BGH* als Gutachter für die Zwangsbehandlung in der Regel nicht in Betracht kommen. Für die Unterbringung kann der behandelnde Arzt dagegen herangezogen werden.

Bei der Genehmigung einer Einwilligung in eine ärztliche Zwangsmaßnahme oder deren Anordnung mit einer Gesamtdauer von mehr als zwölf Wochen soll das Gericht keinen Sachverständigen bestellen, der den Betroffenen bisher behandelt oder begutachtet hat oder in der Einrichtung tätig ist, in der der Betroffene untergebracht ist (§ 329 Abs. 3 FamFG). Die engen Grenzen für ein Abweichen von der Soll-Vorschrift (siehe oben) gelten auch für § 329 Abs. 3 FamFG.

d. „Ärztliches Zeugnis“ bei einstweiliger Anordnung

Voraussetzungen für ein ausreichendes Zeugnis

Im Rahmen einer einstweiligen Anordnung (vgl. unten 2.2.8) genügt ein ärztliches Zeugnis, das im Wesentlichen zu den gleichen Fragen wie das Gutachten Stellung nehmen muss. Es genügt allerdings eine geringere Begründungstiefe. Hier gelten somit die gleichen Anforderungen wie im Betreuungsverfahren (vgl. Kapitel A 1, Abschnitt 3.4.5 „Verwendung ärztlicher Zeugnisse als Ersatz für Gutachten“). Allerdings muss der ausstellende Arzt „Erfahrung auf dem Gebiet der Psychiatrie haben und soll Arzt für Psychiatrie sein“ (§ 331 Satz 1 Nr. 2 FamFG). Diese Qualifikation ist für unterbringungsähnliche Maßnahmen gemäß § 1906 Abs. 4 BGB bzw. nach den Landesgesetzen (z. B. BayPsychKHG) nicht vorgesehen.

e. Beschlussformel, § 323 FamFG

Ärztliche Zwangsmaßnahme und ihr Ende

Beschlussformel

Gemäß §§ 312 Nr. 3, 323 Abs. 1 Nr. 1 und 2 FamFG muss eine nähere Bezeichnung der „ärztlichen Zwangsmaßnahme" und ihr Ende (vgl. unten f.) angegeben werden. Die beabsichtigte Behandlung muss so konkret beschrieben sein, dass eine gerichtliche Überprüfung auch im Hinblick auf ihre Beendigung möglich wird. Dem Bedürfnis nach einer fachgerechten ärztlichen Reaktionsmöglichkeit innerhalb einer gewissen Bandbreite kann daher nur in engen Grenzen Rechnung getragen werden. Medikament, Wirkstoff, Verabreichungsmenge und -form müssen deshalb zumindest innerhalb einer Bandbreite konkret bestimmt sein. Abweichungen müssen neu genehmigt werden.

Angaben zur Durchführung und Dokumentation, § 323 Abs. 2 FamFG

Durchführung und Dokumentation

Die Beschlussformel muss bei der Genehmigung einer Einwilligung in eine ärztliche Zwangsmaßnahme oder bei deren Anordnung auch Angaben zur Durchführung und Dokumentation dieser Maßnahme in der Verantwortung eines Arztes enthalten.

„Durchführung und Dokumentation"

Der Gesetzeswortlaut ist wie so häufig zurückhaltend formuliert und wird der Auslegung durch die Gerichte bedürfen. Die Gesetzesbegründung (*BT-Drucks. 17/12086, S. 11*) enthält für die Auslegung Hinweise. Demnach „sollen die Durchführung und Dokumentation der Maßnahme in der Verantwortung eines Arztes gewährleistet werden. Dazu wird in der Regel fachärztliche Erfahrung notwendig sein, um insbesondere Veränderungen des Krankheitsbildes und etwa auftretender Nebenwirkungen festzustellen und dokumentieren zu können."

„Dokumentation"

Das *BVerfG* (Beschluss vom 23. 3. 2011, Az. 2 BvR 882/09 Rn. 67) versteht die Dokumentationspflicht als „Vorwirkung der grundrechtlichen Garantie gerichtlichen Rechtsschutzes." Es leitet daraus die Notwendigkeit her, dass die „gegen den Willen des Untergebrachten ergriffenen Behandlungsmaßnahmen, einschließlich ihres Zwangscharakters, der Durchsetzungsweise, der maßgeblichen Gründe und der Wirkungsüberwachung, zu dokumentieren" sind. Auch diese Verpflichtung muss im Beschluss hinreichend konkret dargestellt werden.

„Sinn und Zweck der Dokumentation" gehen allerdings noch weiter:

- Garantie effektiven Rechtsschutzes
- Sicherung eines fachgerechten und verhältnismäßigen Handelns für alle Akteure: Pflegekräfte, Ärzte, die arbeitsteilig behandeln (Fachärzte, Anästhesist, Stationsarzt, Chirurg, Kardiologe), sollen die relevanten Daten abfragen können.
- Das Festhalten der Auswirkungen aller ärztlichen Maßnahmen im Zeitverlauf soll die Wiederholung von Fehlbehandlungen vermeiden.
- Dokumentation ist Grundlage für die Fortschreibung ärztlicher Maßnahmen.

Eine umfassende Dokumentation dient demnach der Qualitätssicherung ärztlichen Handelns und sollte nicht undifferenziert als sinnloser Bürokratismus abgetan werden. Die Verpflichtung des behandelnden Arztes, aber auch Inhalt, Umfang und Verfahren bei der ärztlichen Dokumentation sind geregelt in § 630f BGB.

„Verantwortung eines Arztes"

Das Gesetz kann hier entsprechend den Ausführungen des Bundesverfassungsgerichts nur so ausgelegt werden, dass die Anordnung und Überwachung einer medikamentösen Zwangsbehandlung durch einen Arzt „zur Wahrung der Verhältnismäßigkeit unabdingbar ist." Dies muss deshalb auch in der Beschlussformel zum Ausdruck kommen.

Verstoß gegen § 323 Abs. 2 FamFG

Nach dem eindeutigen Wortlaut muss die Beschlussformel ausführen, dass die Zwangsmaßnahme unter der Verantwortung eines Arztes durchzuführen und zu dokumentieren ist. Der *BGH* hat klargestellt, dass „es sich nicht lediglich um einen klarstellenden Ausspruch" handelt. „Vielmehr wird durch den Beschlusstenor die Rechtmäßigkeit der ärztlichen Zwangsmaßnahme unabhängig von aus dem zivilrechtlichen Behandlungsvertrag folgenden Pflichten daran geknüpft, dass diese Vorgaben erfüllt sind" (*BGH* FamRZ 2015, 2050).

f. Dauer der Genehmigung/Anordnung, § 329 Abs. 1 Satz 2 FamFG

Gemäß § 329 Abs. 1 Satz 2 FamFG darf die Genehmigung einer Einwilligung in eine ärztliche Zwangsmaßnahme oder deren Anordnung die Dauer von sechs Wochen nicht überschreiten, wenn sie nicht vorher verlängert wird.

Dauer der einstweiligen Anordnung

Bei einer einstweiligen Anordnung darf die Dauer von zwei Wochen nicht überschritten werden. Bei mehrfacher Verlängerung darf die Gesamtdauer sechs Wochen nicht überschreiten, § 333 Abs. 2 FamFG.

Da § 312 Nr. 3 FamFG ärztliche Zwangsmaßnahmen als „Unterbringungssachen" definiert, gelten für sie auch alle Verfahrensvorschriften, die das FamFG für die Unterbringungsverfahren vorsieht.

2.1.5.4 Verbringung zum stationären Aufenthalt in einem Krankenhaus

Voraussetzungen für einen Verbringungsbeschluss

Während bei einer genehmigten geschlossenen Unterbringung die gewaltsame Verbringung dorthin vom Unterbringungsbeschluss umfasst ist, musste die Verbringung zum stationären Aufenthalt in einem Krankenhaus gegen den natürlichen Willen gesetzlich geregelt werden. Gemäß § 1906a Abs. 4 BGB gilt „für die Verbringung des Betreuten gegen seinen natürlichen Willen zu einem stationären Aufenthalt in ein Krankenhaus § 1906 Abs. 1 Nr. 2, Abs. 2 und 3 Satz 1 entsprechend". Das heißt, die Verbringung ist nur mit Genehmigung des Betreuungsgerichts zulässig, wenn die Voraussetzungen für eine Unterbringung wegen Behandlungsbedürftigkeit vorliegen, wenn „also zur Abwendung eines drohenden erheblichen gesundheitlichen Schadens eine Untersuchung des Gesundheitszustands, eine Heilbehandlung oder ein ärztlicher Eingriff notwendig ist, die Maßnahme, ohne die Unterbringung des Betreuten nicht durchgeführt werden kann und der Betreute auf Grund einer psychischen Krankheit oder geistigen oder seelischen Behinderung die Notwendigkeit der Unterbringung nicht erkennen oder nicht nach dieser Einsicht handeln kann". Ohne die nach § 1906 Abs. 2 Satz 1 BGB erforderliche Genehmigung ist die Verbringung nur zulässig, wenn mit dem Aufschub Gefahr verbunden ist; die Genehmigung ist dann unverzüglich nachzuholen.

Genehmigung der ärztlichen Zwangsmaßnahme erst nach Vollzug des Verbringungsbeschlusses

Erst aus der Begründung *(BT-Drucks. 18/12842, S. 8)* ergibt sich, dass „erreicht werden" sollte, „dass grundsätzlich zunächst nur über die (zwangsweise) Verbringung in ein Krankenhaus entschieden wird, bevor später in einem zweiten Schritt darüber zu entscheiden ist, ob die Genehmigung der Einwilligung in eine ärztliche Zwangsmaßnahme erteilt werden darf". Nur ansatzweise kommt diese Absicht des Gesetzgebers in der Formulierung zum Ausdruck: „Kommt eine ärztliche Zwangsmaßnahme in Betracht, …" Das Verfahren wird dadurch sehr komplex und unübersichtlich. Erster Schritt: Anregung einer Genehmigung zur Verbringung in ein Krankenhaus unter Einhaltung aller Verfahrensvorschriften. Nach Erteilung der Genehmigung kann der Transport durchgeführt werden. Im Krankenhaus angekommen, muss im zweiten Schritt geprüft werden, ob der Betroffene jetzt vielleicht doch einwilligt. Falls nicht, muss das Betreuungsgericht ein weiteres Genehmigungsverfahren durchführen und prüfen, ob die ärztliche Zwangsmaßnahme zulässig ist und genehmigt werden kann. Im Krankenhaus darf der Betroffene aber nicht festgehalten werden, bis die Genehmigung erteilt ist, so dass er zurückgebracht werden muss. Allerdings wird man als Betreuer die doppelte Genehmigung anregen können, da die unklare Andeutung eines zweischrittigen Verfahrens nicht als Verbot einer Einheitsentscheidung verstanden werden muss.

Checkliste

Checkliste für eine ärztliche Zwangsmaßnahme

Die Einwilligung in eine ärztliche Zwangsmaßnahme stellt einen schwerwiegenden Eingriff in das Grundrecht auf körperliche Unversehrtheit und das Selbstbestimmungsrecht dar. Sie ist „ultima ratio" und bedarf eingehender Begründung.

- Genügt der Aufgabenkreis (z. B. Gesundheitsfürsorge)?
- Widerspricht eine erforderliche ärztliche Maßnahme nach § 1906a Abs. 1 Satz 1 Nr. 1 BGB dem natürlichen Willen des Betroffenen?
- Hat der Arzt die erforderliche Maßnahme möglichst konkret und präzise umschrieben (z. B. Medikament, Verabreichungsform, Dauer, Konzentration)?
- Ist der Betroffene einwilligungsunfähig? Kann dies durch ärztliche Aussagen belegt werden?
- Hat ein qualifizierter Überzeugungsversuch stattgefunden?
  - Wann und wo wurde der Überzeugungsversuch durchgeführt?
  - Welche „überzeugungsfähige und -bereite Person" hat den Versuch unternommen?
  - Welche Personen waren dabei anwesend?
  - Vorlage einer Dokumentation möglich?
  - Wie hat der Betroffene reagiert?
- Welche gesundheitlichen Schäden (z. B. Selbstgefährdung, Chronifizierung der bestehenden Krankheit) drohen und wie gewichtig sind diese? Können diese Schäden durch ein ärztliches Gutachten/Zeugnis belegt werden?
- Hat der behandelnde Arzt alternative Maßnahmen geprüft, die den drohenden Schaden abwenden könnten?
- Welche Beeinträchtigungen sind durch die ärztlichen Zwangsmaßnahmen zu erwarten (z. B. Nebenwirkungen, Langzeitfolgen, Gefahr von Komplikationen, psychische Belastung durch die Anwendung von Zwang)?
- Überwiegt der Nutzen der ärztlichen Zwangsmaßnahme die zu erwartenden Beeinträchtigungen erheblich?
- Wie lange wird die ärztliche Zwangsmaßnahme erforderlich sein?
- Liegt eine wirksame Patientenverfügung vor, die einer Zwangsbehandlung entgegenstehen würde? Besonders zu prüfen ist die Frage der Einwilligungsfähigkeit im Zeitpunkt der Erstellung der Patientenverfügung. Gibt es formlose Behandlungswünsche? Gibt es konkrete Anhaltspunkte für einen mutmaßlichen Willen?

2.1.6 *Unterbringung/Betreuung bei Alkohol-, Rauschgift-, Medikamentenabhängigkeit (Suchtkrankheit)*

Betreuungen für Suchtkranke zählen zu den schwierigen Fällen, die häufig nur durch erfahrene Berufsbetreuer erfolgreich geführt werden können. Die Probleme beginnen bereits bei der Feststellung der Betreuungsbedürftigkeit, der Organisation der sog. Entgiftung, ambulanter oder stationärer Behandlungen bzw. Therapien. Alkoholprobleme können in mannigfacher Form auftreten, ohne dass die Erledigung der eigenen Angelegenheiten erforderlich wird. Vielfach wird nämlich von den Betroffenen eine staatlich finanzierte Betreuung als bequeme Unterstützung bei der Bewältigung der üblichen Anforderungen zur Lebenserhaltung angesehen. Der lästige Umgang mit Behörden, das Ausfüllen von Formularen, ja sogar die Unterstützung beim Umgang mit alkoholbedingten Strafverfahren werden dann gerne dem Betreuer übertragen. In letzter Konsequenz werden die Betreuten dadurch immer lebensunfähiger und widmen sich verstärkt dem Alkohol oder anderen Drogen. Auch freiheitsentziehende Maßnahmen zur Behandlung oder zur Verhinderung einer Selbstgefährdung oder zur Ermöglichung einer Heilbehandlung gehören zum notwendigen Repertoire des Betreuers. Unzuverlässigkeit, Lethargie, Rückfälle, fehlende Krankheitseinsicht und z. T. aggressives Verhalten erschweren den Umgang mit den suchtkranken Betroffenen.

a. Psychische Krankheit gemäß §§ 1896 Abs. 1 Satz 1, 1906 Abs. 1 Nrn. 1 und 2 BGB bei Suchtkrankheiten

Psychische Krankheit (ICD-10, F10 bis F19)

Sowohl bei der Frage, ob eine Betreuung angeordnet werden kann, wie auch bei der Prüfung der Voraussetzungen einer Unterbringung muss zunächst geprüft werden, ob der Zustand des Betroffenen die Voraussetzungen einer psychischen Krankheit erfüllt. Psychische und Verhaltensstörungen durch psychotrope, das heißt die Psyche beeinflussende Substanzen, können grundsätzlich als psychische Krankheiten definiert werden (vgl. ICD-10, F10 bis F19). Als relevante Störung kommt neben den temporär auftretenden Zuständen wie die akute Intoxikation oder ein Entzugssyndrom vor allem das Abhängigkeitssyndrom in Betracht. Nach ICD-10, F10.2.2 definiert sich dieses als:

Abhängigkeitssyndrom

„Eine Gruppe von Verhaltens-, kognitiven und körperlichen Phänomenen, die sich nach wiederholtem Substanzgebrauch entwickeln. Typischerweise besteht ein starker Wunsch, die Substanz einzunehmen, Schwierigkeiten, den Konsum zu kontrollieren und anhaltender Substanzgebrauch trotz schädlicher Folgen. Dem Substanzgebrauch wird Vorrang vor anderen Aktivitäten und Verpflichtungen gegeben. Es entwickelt sich eine Toleranzerhöhung und manchmal ein körperliches Entzugssyndrom.Das Abhängigkeitssyndrom kann sich auf einen einzelnen Stoff beziehen (z. B. Tabak, Alkohol oder Diazepam), auf eine Substanzgruppe (z. B. opiatähnliche Substanzen) oder auch auf ein weites Spektrum pharmakologisch unterschiedlicher Substanzen."

Diese Definition gilt grundsätzlich auch bei einer Abhängigkeit von anderen Stoffen (Opioide, Cannabinoide, Sedativa, Hypnotika, Kokain, Stimulanzien, Halluzinogene, flüchtige Lösungsmittel gemäß F11 bis F18). Eine Suchterkrankung sollte daher als Abhängigkeitssyndrom definiert und so dem Sachverständigen zur Feststellung vorgelegt werden, damit sinnvoll eine psychische Krankheit diagnostiziert oder ausgeschlossen werden kann.

Mit diesem aus der Definition des Abhängigkeitssyndroms gewonnenen Maßstab verbieten sich bereits Maßnahmen gegen Personen, die lediglich aus Freude an den Genüssen des Lebens oder aus Leichtsinn sich gesundheitlich schädigen (gewöhnlicher Genuss von alkoholischen Getränken, starkes Rauchen, übermäßiges Essen etc.).

Trunksucht, Alkoholismus u. a.

Andere Umschreibungen der Suchtkrankheiten insbesondere aus der Alltagssprache, wie etwa „Trunksucht", „Alkoholkrankheit" oder „Alkoholismus" sind medizinisch und juristisch unergiebig und sollten daher nicht verwendet werden. Insoweit ist die Aussage, dass „Alkoholismus für sich gesehen keine psychische Krankheit" sei, bereits vom Ansatz her wenig zielführend.

Geistiges Gebrechen ist ein falscher Maßstab!

Die von Gerichten gelegentlich formulierte Forderung, es müsse ein ursächlicher „Zusammenhang zwischen Alkoholismus und einem geistigen Gebrechen" bestehen oder es müsse aufgrund eines Alkoholmissbrauchs ein Zustand eingetreten sein, der das Ausmaß eines „geistigen Gebrechens" erreicht, knüpft an Begriffe, die amorph und ohne Aussagekraft sind (so *BGH* BtPrax 2011, 259, wortgleich zu finden bei *OLG Hamm* BtPrax 2001, 40, *BayObLG* FamRZ 1999, 238).

Die Verwendung des Begriffs „geistiges Gebrechen" beinhaltet bei genauerem Hinsehen einen Zirkelschluss, weil diesen altertümlichen Begriff der Gesetzgeber durch die Formulierung psychische Krankheit oder geistige oder seelische Behinderung ersetzt hat, um das Recht der Vormundschaft und Gebrechlichkeitspflegschaft auch terminologisch zu beseitigen (vgl. §§ 1910, 1748 Abs. 3 BGB a. F. geändert durch das BtG vom 12. 9. 1990, BGBl. I S. 2002). Die überholten Begriffe Trunksucht, Alkoholismus und geistiges Gebrechen verhindern außerdem die notwendige Verzahnung zwischen der psychiatrischen und juristischen Terminologie (vgl. dazu *Böhm* FamRZ 2017, 15 m. w. N.).

Korsakow-Syndrom, Wernicke-Syndrom, amnestisches Syndrom

Neben der unmittelbaren alkoholbedingten Wirkung können massive Gedächtnisstörungen auftreten, die als sog. „amnestisches Syndrom" bezeichnet werden bzw. als Korsakowpsychose, Korsakow-Syndrom oder Wernicke-Syndrom (vgl. F 10.2.6.). Ferner sind als Folgeerscheinung psychotische Störungen zu beobachten. Vergleiche dazu die Definition bei ICD-10 Restzustand und verzögert auftretende psychotische Störung (Alkoholdemenz, chronisches hirnorganisches Syndrom, residuale affektive Störung) unter F 10.2.7.

Die genaue Diagnose ist jeweils schwierig und bleibt natürlich den Ärzten überlassen. Vgl. dazu *Wetterling, Veltrup, Neubauer, Neubauer*, Betreuung von Süchtigen (Abhängigkeitskranken), BtPrax 1995, 86–90.

Hirnorganisches Psychosyndrom

Die Schwierigkeiten bei der Diagnose sollten nicht dadurch umgangen werden, dass man Sammelbegriffe wie hirnorganisches Psychosyndrom verwendet, die, wie der Begriff Syndrom schon sehr nahelegt, keine exakte Diagnose darstellen (so aber *BGH*, Beschluss vom 14. 3. 2018, Az. XII ZB 629/17 Rn. 10). Die ICD 10 erweist sich hier als Fundgrube für exakte Diagnosen, die jedem qualifizierten Gutachter geläufig sind.

b. Krankheitsbedingte Unfähigkeit, einen freien Willen zu bilden

Freiheit der Willensbildung

Die Bejahung einer suchtbedingten Krankheit kann nur der erste Prüfungsschritt sein, da es sich zwar um eine gängige Formulierung handelt, die aber sehr weit gefasst und ohne große Aussagekraft ist. Sowohl die Unterbringung wie auch die Betreuung gegen den Willen des Betroffenen setzen deshalb zusätzlich noch voraus, dass der Betroffene aufgrund einer Krankheit seinen Willen nicht frei bilden kann. Diese Voraussetzung erschließt sich zumindest mittelbar aus dem Gesetz nur bei der ärztlichen Zwangsmaßnahme in § 1906a Abs. 1 Satz 1 Nr. 2 BGB und der Unterbringung gemäß § 1906 Abs. 1 Nr. 2 BGB. Generell ergibt sich dieses Erfordernis aber aus einer verfassungskonformen Auslegung, denn der Staat hat von Verfassungs wegen nicht das generelle Recht, seine erwachsenen und zur freien Willensbestimmung fähigen Bürger zu erziehen, zu bessern oder zu hindern, sich selbst gesundheitlich zu schädigen (BVerfGE NJW 1967, 1795; *OLG München* BtPrax 2007, 218). Das *OLG Rostock* (BtPrax 2010, 134) hat hierzu ausgeführt, dass es nicht Aufgabe des Staates ist, seine Bürger zu hindern, sich gesundheitlich – etwa durch exzessiven Alkoholgenuss – zu schädigen. Diese vom Staat zu akzeptierende Entscheidung des Betroffenen zur Selbstaufgabe setzt aber dessen freie Willensbildung voraus.

Auch beim Abhängigkeitssyndrom gilt ferner der Satz, dass jeder Mensch in gewissen Grenzen auch ein Recht auf seine Krankheit hat. Ferner bleibt dem psychisch Kranken in weniger gewichtigen Fällen die „Freiheit zur Krankheit“ (BVerfGE 58, 208, 224 ff., NJW 1998, 1774). In diesen Grenzen darf der Kranke gerade bei behandlungsbedürftigen psychischen Erkrankungen selbst entscheiden, ob er das Durchleben seiner Krankheit einer aus seiner Sicht unzumutbaren Behandlung in einer psychiatrischen Klinik vorziehen will (*BGH* BtPrax 2006, 145–149).

„Freiheit zur Krankheit“

Anhand der zur freien Willensbildung entwickelten Grundsätze können Betreuungen und Unterbringungen sinnvoll auf einen Personenkreis beschränkt werden, der tatsächlich nicht mehr in der Lage ist, seine Angelegenheiten selbst zu erledigen. Zu einer freien Willensbildung ist v. a. nicht fähig, wer außerstande ist, seine Entscheidungen von vernünftigen Erwägungen abhängig zu machen. Dies ist z. B. der Fall, wenn dem Betroffenen die Fähigkeit abhandengekommen ist, seinen Alkoholkonsum selbstbestimmt zu kontrollieren und er deshalb trotz einer sich abzeichnenden massiven oder sogar lebensbedrohlichen gesundheitlichen Gefährdung weiter trinkt. Ein Indiz für mangelnde Steuerungsfähigkeit ist auch das Leugnen der Alkoholabhängigkeit oder der bereits durchgemachten Rückfälle (*OLG Stuttgart* FamRZ 2004, 834). Die Rückfallgefahr darf aber nicht isoliert gesehen werden, da sie allein nicht genügt, um eine psychische Krankheit oder eine daraus resultierende Einschränkung des freien Willens zu begründen (*BGH*, Beschluss vom 14. 3. 2018, Az. XII ZB 629/17 Rn. 10).

Allerdings muss man berücksichtigen, dass die fehlende Steuerung des Genusses von Suchtmitteln allein keine psychische Krankheit begründen kann, da die schwindende Konsumkontrolle eine regelmäßige Folge des Suchtmittelkonsums darstellt. Die freie Willensbildung kann nur dann verneint werden, wenn der Kontrollverlust das Denken und Handeln massiv beeinträchtigt, so dass andere Faktoren wie etwa soziale Kontakte, berufliche Interessen und somit wesentliche Lebensbereiche hinter dem Suchtdruck zurückstehen (*BVerfG* BtPrax 2015, 61).

Krankheitseinsicht und freier Wille

Häufig wird als Voraussetzung für die freie Willensbestimmung eine Krankheitseinsicht gefordert (*BGH*, Beschluss vom 13. 4. 2016, Az. XII ZB 236/15). Darunter darf man aber nicht die Akzeptanz der Therapie- und Medikamentierungsvorschläge verstehen, sondern nur die Fähigkeit des Betroffenen, die Diagnose, das heißt in erster Linie die Symptome, die Art der Beschwerden und ihre Folgen zu erkennen und über die Behandlung aufgrund selbstbestimmter Erwägungen zu entscheiden (vgl. dazu auch Kapitel A 1, 1.9).

Praxis Tipp

Der Betreuer sollte versuchen, möglichst viele aussagekräftige und belastbare Fakten zu sammeln, um einen Unterbringungsantrag ausreichend begründen zu können. Wichtig sind folgende Fragen:

- Besteht Krankheitseinsicht oder bagatellisiert der Betroffene sein Problem?
- Wie häufig nimmt er Alkohol zu sich?
- Trinkt er regelmäßig jeden Tag oder nur zu bestimmten Anlässen (Wochenende, Feiern etc.)?
- Beginnt der Alkoholkonsum zu ungewöhnlichen Zeiten wie etwa morgens?
- Welche Getränke nimmt er zu sich (Bier, Wein, Schnaps)?
- Gab es bereits erfolglose Abstinenzversuche?

- Gab es bereits ambulante oder stationäre Therapieversuche?
- Hat der Alkoholkonsum bereits zu sozialen, familiären oder beruflichen Problemen geführt?
- Ist bereits ein erheblicher Verlust der körperlichen oder geistigen Leistungsfähigkeit eingetreten?
- Gab es bereits Krankheitsaufenthalte wegen Alkoholintoxikation?
- Hat der Alkoholkonsum bereits zu körperlichen Schäden geführt?
- Werden zusätzlich noch andere Drogen oder Medikamente unkontrolliert eingenommen?

c. Die Unterbringungsgründe gemäß § 1906 Abs. 1 Nr. 1 und 2 BGB

aa. Selbstschädigungsgefahr gemäß § 1906 Abs. 1 Nr. 1 BGB bei Suchtkrankheit

Selbstschädigungsgefahr

Eine nach den oben dargestellten Grundsätzen festgestellte psychische Krankheit muss ursächlich sein für die konkrete und ernstliche Gefahr, dass der Betreute sich selbst tötet oder erheblichen gesundheitlichen Schaden zufügt. Hinreichender Unterbringungsgrund kann es aber nicht sein, durch eine Freiheitsentziehung die Alkoholabstinenz des Betroffenen zu erzwingen, um ihn allgemein vor einem weiteren Verfall seiner Persönlichkeit zu bewahren. Droht dagegen konkret die Gefahr eines Rückfalles mit lebensbedrohlichen Zuständen, kann die Unterbringung genehmigt werden (*BayObLG* BtPrax 2004, 193). Einen Schwerpunkt bilden dabei vor allem Suchtkranke, die bereits seit Jahren an ihrer Abhängigkeit leiden, durch den übermäßigen Alkoholkonsum auch erhebliche somatische Schäden (Leber) verursacht haben und generell körperlich geschwächt, gesundheitlich angeschlagen und anfällig sind. Muss der Sachverständige dann feststellen, dass bei einem fortgesetzten unkontrollierten Alkoholkonsum bzw. einem Rückfall akute, das Leben gefährdende Zustände drohen, ist die Unterbringung geboten. Wird die Genehmigung auf die Selbstschädigungsgefahr gestützt, bleibt eine Therapiefähigkeit des Suchtkranken unberücksichtigt (*BGH* NJW 2011, 3518). In diesen Fällen können sich lange Unterbringungszeiten ergeben, da in der Regel die Gefährdung unverändert bestehen bleibt, wenn der Betroffene therapie- und behandlungsresistent ist.

bb. Unterbringung zur Heilbehandlung, evtl. mit „ärztlichen Zwangsmaßnahmen" (§ 1906 Abs. 1 Nr. 2 und § 1906a Abs. 1 BGB)

Heilbehandlung

Die Unterbringung muss zunächst zur Abwendung eines drohenden *erheblichen gesundheitlichen Schadens* erforderlich sein.

Notwendig sind deshalb nicht nur konkrete Feststellungen zur notwendigen Heilbehandlung und deren Erfolgsaussichten. Darzulegen sind ferner ein Therapiekonzept, sowie der Inhalt der Behandlung und geplanten Therapien. Schließlich müssen dann noch der zu erwartende Behandlungserfolg und der therapeutische Nutzen abgewogen werden mit den Gesundheitsschäden, die beim Unterlassen der Behandlung eintreten würden (vgl. *OLG Hamm* FGPrax 2009, 135–137).

Eine Zwangsbehandlung ist nur unter den Voraussetzungen des § 1906a Abs. 1 BGB möglich (vgl. dazu die Ausführungen unter Abschnitt 2.1.5).

Intoxikation, Entzugssyndrom

Unproblematisch sind dabei die Fälle eines akuten, pathologischen Rausches (Intoxikation). Eine Umschreibung findet sich bei den ICD-10 Definitionen F10–F19 unter der vierten Stelle .0:

> „Ein Zustandsbild nach Aufnahme einer psychotropen Substanz mit Störungen von Bewusstseinslage, kognitiven Fähigkeiten, Wahrnehmung, Affekt und Verhalten oder anderer psychophysiologischer Funktionen und Reaktionen. Die Störungen stehen in einem direkten Zusammenhang mit den akuten pharmakologischen Wirkungen der Substanz und nehmen bis zur vollständigen Wiederherstellung mit der Zeit ab, ausgenommen in den Fällen, bei denen Gewebeschäden oder andere Komplikationen aufgetreten sind. Komplikationen können ein Trauma, Aspiration von Erbrochenem, Delir, Koma, Krampfanfälle und andere medizinische Folgen sein. Die Art dieser Komplikationen hängt von den pharmakologischen Eigenschaften der Substanz und der Aufnahmeart ab."

Ähnlich gravierende Zustände können einhergehen mit dem Entzugssyndrom evtl. mit Delir (.3, .4) und alkoholbedingten psychotischen Störungen (.5, .7).

Liegt ein derartiger Zustand vor, der regelmäßig mit einer offenkundigen Aufhebung der freien Willensbildung verbunden ist, kann zur erforderlichen, häufig sogar akut notwendigen Heilbehandlung eine Unterbringung genehmigt werden. Diese akuten Zustände klingen aber sehr schnell ab, sodass auch die Voraussetzungen der Unterbringung entfallen. In einigen Fällen können aber auch noch während der Entgiftungsphase die Voraussetzungen vorliegen.

Eine im Anschluss daran erforderliche Behandlung im Rahmen einer stationären Therapie wird aber häufig nur auf freiwilliger Basis möglich sein. Darüber hinaus sind die Betroffenen dann in der Regel schon wieder zur freien Willensbildung fähig. Im Extremfall kann auch ein Zustand erreicht sein, der jede Therapie unmöglich macht. Therapiefähigkeit ist aber im Rahmen des § 1906 Abs. 1 Nr. 2 BGB unabdingbare Voraussetzung, sodass in diesen Fällen nur § 1906 Abs. 1 Nr. 1 BGB in Betracht kommt. Spätestens nach der „Entgiftung" wird daher eine Unterbringung zur Heilbehandlung nur sehr schwer zu begründen sein.

2.1.7 Erforderliche Aufgabenkreise

Erforderliche Aufgabenkreise des Betreuers

Bringt ein Betreuer den Betroffenen unter, benötigt er zunächst einen entsprechenden Aufgabenkreis. Dieser kann lauten

bei § 1906 Abs. 1 Nr. 1 BGB (Selbstgefährdung):

- Aufenthaltsbestimmung
- Unterbringung des Betroffenen
- Personensorge
- alle Angelegenheiten

bei § 1906 Abs. 1 Nr. 2 BGB (Untersuchung, ärztliche Behandlung und Eingriffe):

- zunächst die oben genannten Aufgabenkreise
- zusätzlich Gesundheitsfürsorge

Aufenthaltsbestimmung und Gesundheitsfürsorge genügen

Ein Betreuer mit den Aufgabenkreisen „Aufenthaltsbestimmung und Gesundheitsfürsorge" kann ein Verfahren auf Genehmigung der Unterbringung betreiben; eine Erweiterung seines Aufgabenkreises auf „freiheitsentziehende Maßnahmen" ist nicht erforderlich.

Für eine „ärztliche Zwangsmaßnahme" genügt der Aufgabenkreis „Wahrnehmung der Rechte bei der psychiatrischen Heilbehandlung" ohne gleichzeitige Übertragung des

Aufenthaltsbestimmungsrechts nicht, wenn die Zwangsbehandlung allein im Rahmen einer geschlossenen Unterbringung der Betroffenen nach § 1906 Abs. 1 Nr. 2 und Abs. 3 BGB möglich ist. Allein die Gesundheitssorge ohne das Aufenthaltsbestimmungsrecht genügt in diesen Fällen ebenfalls nicht (*KG Berlin* BtPrax 2010, 92).

Handelt ein Bevollmächtigter, muss die Vollmacht schriftlich erteilt sein und die angestrebte Unterbringungsmaßnahme ausdrücklich umfassen (§ 1906 Abs. 5 BGB). Zum Schutz vor unüberlegtem Handeln soll der Vollmachtgeber durch das „ausdrückliche" Erwähnen der Maßnahme gewarnt werden. Eine Auslegung unklarer, mehrdeutiger oder unbestimmter Begriffe in der Vollmacht ist daher unzulässig (a. A. ohne Begründung *BGH* FamRZ 2012, 969 m. Anm. Böhm). **Ausdrückliche Vollmacht erforderlich!**

Dies gilt umso mehr als das in § 1906 Abs. 5 BGB normierte Schriftlichkeits- und Ausdrücklichkeitsgebot seit dem 26. 2. 2013 auch dann zu beachten ist, wenn die Vollmacht ärztliche Zwangsmaßnahmen umfassen soll (§ 1906a Abs. 5 BGB).

2.1.8 Betreuungsgerichtliche Genehmigung

Genehmigung der Unterbringung bzw. unterbringungsähnlicher Maßnahmen

Die Unterbringung durch einen Betreuer oder Bevollmächtigten ist nur mit Genehmigung des Betreuungsgerichts (Richters) zulässig, § 1906 Abs. 2 Satz 1 BGB.

Dies bedeutet jedoch nicht, dass das Gericht unterbringt, es genehmigt nur die Handlung des Betreuers bzw. Bevollmächtigten; dieser bleibt „Herr des Verfahrens".

Praxis TIPP

Bei einer Unterbringung oder freiheitsentziehenden Maßnahme (z. B. Bettgitter) ist stets zu beachten:

- der Betreuer ordnet die Maßnahme an,
- der Richter genehmigt die Maßnahme,
- die Einrichtung führt die Maßnahme aus.

Allein der Betreuer trägt für die Anordnung und Beendigung die Verantwortung; der Richter gestattet ihm nur die Freiheitsentziehung ohne sie anzuordnen.

Hat das Betreuungsgericht die freiheitsentziehende Maßnahme genehmigt, bleibt es immer noch dem Betreuer bzw. Bevollmächtigten überlassen, die Maßnahme zu vollziehen oder von ihr abzusehen.

In der Genehmigung müssen der Betroffene, die nähere Bezeichnung der Unterbringungsmaßnahme und der Zeitpunkt, zu dem die Unterbringung endet, enthalten sein (§ 323 FamFG). Die zulässige Dauer der Unterbringung ergibt sich aus § 329 FamFG. **Inhalt des Beschlusses**

Dauer der Unterbringung

Sie darf einen Zeitraum von 1 Jahr (bei offensichtlich langer Unterbringungsbedürftigkeit 2 Jahre) nicht überschreiten, § 329 Abs. 1 FamFG. Wird entgegen der regelmäßigen Höchstfrist von einem Jahr eine Unterbringung von zwei Jahren genehmigt, so ist näher zu begründen, weshalb eine geringere Unterbringungsfrist nicht ausreicht (*BGH*, Beschluss vom 14. 3. 2018, Az. XII ZB 629/17 Rn. 34). Als Beispiele können angeführt werden eine Therapie, die über ein Jahr dauern muss, oder fehlende „Heilungs- und Besserungsaussichten". Das Gesetz fordert, dass diese Ausnahmetatbestände offensichtlich vorliegen müssen, also „deutlich und erkennbar" hervortreten müssen (*BGH* a. a. O.). Eine nachhaltige Sachaufklärung durch das Gericht ist daher unabdingbar. **Dauer der Unterbringung**

Anforderungen bei längeren Unterbringungen

Langfristige Unterbringungen

Unterbringungen sind immer nur ultima ratio, wenn der Staat seiner Schutzpflicht gegenüber Personen nachkommen muss, die sich krankheitsbedingt selbst schädigen. Der Grundsatz, dass die staatliche Gemeinschaft den hilflosen Menschen nicht sich selbst überlassen darf, bedarf aber ständiger Kontrolle und Rechtfertigung. Je länger dic Unterbringung dauert, umso schwerwiegender wird der andauernde Grundrechtseingriff. Die früher festgestellten Sachverhalte verlieren im Hinblick auf die Dauer an Gewicht und die Begründung der weiteren Unterbringung darf sich nicht mit allgemeinen Formulierungen und spekulativen Erwägungen begnügen. Die ernstliche und konkrete Gefahr einer Selbstschädigung bedarf vielmehr einer mit der Unterbringungsdauer steigenden Begründungstiefe und Kontrolldichte. Die Wiederholung alter Begründungen genügt daher nicht (*BGH*, Beschluss vom 14. 3. 2018, Az. XII ZB 629/17).

Genehmigung einer ärztlichen Zwangsmaßnahme

Besonderheiten gelten für die Genehmigung, wenn sie eine ärztliche Zwangsmaßnahme umfassen soll (vergleiche dazu die Ausführungen unter Abschnitt 2.1.5 „Zwangsbehandlung"). Es wird Aufgabe der Rechtsprechung sein, den genauen Umfang und die Art der Konkretisierung der ärztlichen Zwangsmaßnahme in der Beschlussformel festzulegen.

Behandlungsmaßnahme im Rahmen von § 1906 Abs. 1 Nr. 2 BGB muss genau bezeichnet sein

Der *BGH* hat bereits zur früheren Rechtslage entsprechende Ausführungen gemacht, die als Anhaltspunkt dienen können. So hat er (BtPrax 2006, 145) darauf hingewiesen, dass in der Genehmigung einer Unterbringung nach § 1906 Abs. 1 Nr. 2 BGB die von dem Betreuten zu duldende Behandlung so präzise wie möglich anzugeben ist, weil sich nur aus diesen Angaben der Unterbringungszweck sowie Inhalt, Gegenstand und Ausmaß der von dem Betreuten zu duldenden Behandlung hinreichend konkret und bestimmbar ergeben; dazu gehören bei einer Behandlung durch Einnahme von Medikamenten in der Regel auch die möglichst genaue Angabe des Arzneimittels oder des Wirkstoffes und deren (Höchst-)Dosierung sowie Verabreichungshäufigkeit; insoweit kann es sich empfehlen, vorsorglich auch alternative Medikationen für den Fall vorzusehen, dass das in erster Linie vorgesehene Medikament nicht die erhoffte Wirkung hat oder vom Betreuten nicht vertragen wird.

Der Betreuer wird darauf achten müssen, dass bei dem „Antrag" auf Genehmigung einer Zwangsmaßnahme diese Ausführungen bereits enthalten sind. Man sollte daher beim behandelnden Arzt darauf dringen, dass er in seinem ärztlichen Attest dazu Stellung nimmt.

Praxis Tipp

Der Betreuer ist für die Einholung der notwendigen betreuungsgerichtlichen Genehmigung allein verantwortlich, vorausgesetzt, er verfügt über den erforderlichen Aufgabenkreis. In der Praxis ist eine Antragstellung üblich. In seiner Begründung zum Antrag auf Genehmigung sollte er nicht nur die tatsächlichen Voraussetzungen der freiheitsentziehenden Maßnahme darlegen und ein ärztliches Zeugnis beifügen, sondern auch darstellen, ob bei einer Zuführung zur Unterbringung Schwierigkeiten zu erwarten sind. Gegebenenfalls kann der Betreuer, aber auch der Vorsorgebevollmächtigte anregen, dass die Betreuungsstelle beim Vollzug behilflich sein und dieser – unter Zuziehung polizeilicher Vollzugsorgane – die Anwendung unmittelbaren Zwangs (Gewaltanwendung) sowie die Öffnung und das Betreten der Wohnung gestattet werden soll (§ 326 FamFG). Dies gilt auch für die Verbringung zu einem Krankenhaus, in dem während eines stationären Aufenthalts eine ärztliche Zwangsmaßnahme durchgeführt werden soll, § 1906a Abs. 4 BGB, § 326 Abs. 1 und 2 FamFG.

„Gefahr in Verzug"

Ist mit dem Aufschub der Unterbringung Gefahr für den Betroffenen verbunden, kann ihn der Betreuer bzw. Bevollmächtigte zunächst auch ohne gerichtliche Genehmigung unterbringen; diese ist allerdings unverzüglich nachzuholen, § 1906 Abs. 2 Satz 2 BGB.

Für eine ärztliche Zwangsmaßnahme sieht das Gesetz in § 1906a Abs. 2 BGB keine derartige Befugnis außer für die Verbringung zum stationären Aufenthalt in einem Krankenhaus vor. In extrem dringenden Fällen wird man zur Abwendung einer „gegenwärtigen, nicht anders abwendbaren Gefahr" für das Leben oder bei einer ebenso dringenden Gefahr einer erheblichen gesundheitlichen Schädigung (vgl. § 34 StGB) auch vor einer Genehmigung handeln dürfen.

Ärztlicher Eingriff

Die betreuungsgerichtliche Genehmigung zur Unterbringung in einer geschlossenen Abteilung eines psychiatrischen Krankenhauses schließt die Genehmigung der Einwilligung des Betreuers in eine Untersuchung des Gesundheitszustandes, eine Heilbehandlung oder einen ärztlichen Eingriff nach § 1904 BGB grundsätzlich nicht ein. Auch die „ärztliche Zwangsmaßnahme" muss vom Betreuungsgericht zusätzlich genehmigt werden, § 1906a Abs. 2 BGB. Der nachfolgende Beschluss umfasst nur die Unterbringung gemäß § 1906 Abs. 1 Nr. 2 BGB.

Beispiel für den Beschluss über die Genehmigung einer vorläufigen Unterbringung

Amtsgericht
Aburg
– Betreuungsgericht –
Amtsweg 20, 00000 Aburg
Telefon: 000000; Fax: 00000

BETREUUNGEN

Geschäftsnummer: XVII 1111/17 Aburg, 30. 9. 2019
UL23/11

Im Unterbringungsverfahren für

Helga Muster, geboren am 23. 5. 1921,
Musterweg 1, 00000 Aburg – Betroffene –

Peter Muster, Auweg 3, 00000 Aburg – Betreuer –

Rechtsanwalt Herbert Mustermann,
Kranichweg 1, 00000 Aburg – Verfahrenspfleger –

ergeht folgender

Beschluss

1. Die vorläufige Unterbringung der Betroffenen in der geschlossenen Abteilung eines psychiatrischen Krankenhauses wird bis längstens 10. 11.2019 genehmigt.
2. Wirkt die zuständige Behörde bei der Zuführung zur Unterbringung mit, darf sie – soweit nötig mit Hilfe der polizeilichen Vollzugsorgane – Gewalt anwenden und erforderlichenfalls auch gegen den Willen der Betroffenen deren Wohnung betreten.
3. Soweit die Freiheitsentziehung nicht mehr erforderlich ist, hat der Betreuer sie zu beenden. Ansonsten wird die Genehmigung mit Fristablauf wirkungslos.
4. Die sofortige Wirksamkeit wird angeordnet.

Gründe

Die Betroffene leidet an einer der in § 1896 Abs. 1 Satz 1 BGB aufgeführten Krankheit nämlich einer senilen Demenz vom Alzheimer Typ.

Dies folgt aus dem Ergebnis der gerichtlichen Ermittlungen, insbesondere aus dem aktuellen ärztlichen Zeugnis und dem Bericht der Betreuungsbehörde.

Die Betroffene hat zurzeit keine ausreichende Krankheitseinsicht, ist zu einer freien Willensbildung zumindest hinsichtlich der Entscheidungen im Zusammenhang mit der Erkrankung nicht in der Lage und vermag auch die Notwendigkeit ihrer Unterbringung nicht zu erkennen. Es besteht deshalb die Gefahr, dass sie sich erheblichen gesundheitlichen Schaden zufügt.

Die Betroffene bedarf zudem ärztlicher Behandlung, die derzeit ohne geschlossene Unterbringung nicht geschehen kann.

Erforderlich, geplant und ohne Unterbringung nicht durchführbar sind die Bestimmung einer angemessenen Dosierung der Medikamente XXX bzw. ähnlich wirkender Arzneimittel und die Durchführung einer Computertomographie.

Die Betroffene muss geschlossen untergebracht werden, weil sie weglaufgefährdet ist und aufgrund mangelnder Orientierung bzw. Verkehrssicherheit erheblich gefährdet wäre. Zum Wohl der Betroffenen ist es notwendig, sie ständig zu beaufsichtigen und ärztlich zu betreuen.

Eine endgültige Entscheidung zur Unterbringung war noch nicht möglich wegen der noch nicht abgeschlossenen Untersuchung und Begutachtung der Betroffenen.

Aufgrund des fortgeschrittenen Krankheitsbildes würde ein Zuwarten mit hoher Wahrscheinlichkeit die Heilungs- und Behandlungschancen beträchtlich vermindern und/oder zu erheblichen Gesundheitsschäden führen. Es ist daher eine Entscheidung im Weg der einstweiligen Anordnung nach § 1906 BGB, §§ 331, 332 FamFG erforderlich.

Die Entscheidung über die Gewaltanwendung beruht auf §§ 326, 51 Abs. 2 FamFG.

Die Entscheidung über die sofortige Wirksamkeit beruht auf §§ 324 Abs. 2, 51 Abs. 2 FamFG.

Die Genehmigung der vorläufigen Unterbringung erlischt mit Ablauf der vorgenannten Frist, es sei denn, dass das Gericht über die Fortdauer nach Anhörung der Betroffenen und eines Sachverständigen erneut entschieden hat (§ 333 Sätze 2 und 3 FamFG).

Rechtsmittelbelehrung

Gegen diese Entscheidung kann Beschwerde eingelegt werden.

Einlegung der Beschwerde:

Sie ist beim Amtsgericht Aburg in Aburg einzulegen. Die Einlegung erfolgt durch Einreichen einer Beschwerdeschrift oder zur Niederschrift der Geschäftsstelle. Eine untergebrachte Person kann die Beschwerde auch bei dem Amtsgericht einlegen, in dessen Bezirk sie untergebracht ist.

Notwendiger Inhalt und Form der Beschwerde:

Die Beschwerde muss die Bezeichnung des angefochtenen Beschlusses sowie die Erklärung enthalten, dass Beschwerde gegen diesen Beschluss eingelegt wird. Sie ist von dem Beschwerdeführer oder seinem Bevollmächtigten zu unterzeichnen.

Frist für die Einlegung der Beschwerde:

Die Beschwerde ist binnen einer Frist von zwei Wochen einzulegen. Die Frist beginnt jeweils mit der schriftlichen Bekanntgabe des Beschlusses an die Beteiligten. Kann die schriftliche Bekanntgabe an einen Beteiligten nicht bewirkt werden, beginnt die Frist spätestens mit Ablauf von fünf Monaten nach Erlass des Beschlusses.

Weitere Hinweise:

Die Beschwerde soll begründet werden. Wird die Beschwerde zu Protokoll der Geschäftsstelle eines anderen Amtsgerichts erklärt, wird die Niederschrift unverzüglich an das zuständige Amtsgericht weitergeleitet. Die Beschwerde muss aber innerhalb der Monatsfrist bei dem Amtsgericht eingehen, dessen Entscheidung angefochten wird.

Dr. Kerscher
Richterin am Amtsgericht

Der Beschluss ist seit dem ...... wirksam (§ 324 Abs. 2 Satz 3 FamFG).

2.1.9 Beendigung der Unterbringung

Betreuer beendet die Unterbringung

Nach § 1906 Abs. 3 Satz 1 BGB beendet der Betreuer bzw. Bevollmächtigte die Unterbringung, wenn die Voraussetzungen weggefallen sind oder er sie nicht mehr für erforderlich hält. Hier ist zu beachten, dass sich mit der Beendigung der Unterbringung die gerichtliche Genehmigung erledigt hat und gegenstandslos geworden ist. Der Betreuer bzw. Bevollmächtigte teilt die Beendigung dem Gericht mit, § 1906 Abs. 3 Satz 2 BGB. Eine gerichtliche Aufhebung der Genehmigung wäre zwar nicht erforderlich. Eine deklaratorische Aufhebung des Beschlusses nach Beendigung ist aber angezeigt, um den Rechtsschein einer Genehmigung zu beseitigen. § 1906a Abs. 3 BGB regelt die Folgen der Beendigung bei der Genehmigung einer Zwangsbehandlung in gleicher Weise.

Gericht kann Anordnungen treffen

Das Gericht kann dem Betreuer gebieten, die Unterbringung aufrechtzuerhalten, wenn es der Meinung ist, dass die Voraussetzungen noch vorliegen, §§ 1908i Abs. 1, 1837 Abs. 2 Satz 1 BGB; es könnte ihn auch aus dem Amt entlassen, wenn durch die Beendigung eine Gefahr für den Betreuten entstehen würde und dadurch die Eignung des Betreuers, die Angelegenheiten des Betreuten zu besorgen, nicht mehr gewährleistet ist, § 1908b Abs. 1 Satz 1 BGB.

Das Betreuungsgericht hat von sich aus die Unterbringungsgenehmigung aufzuheben, wenn ihre Voraussetzungen weggefallen sind, § 330 FamFG. In diesem Fall muss der Betreuer bzw. Bevollmächtigte sofort die Unterbringung beenden, da er für diese Maßnahme keine ausreichende Rechtsbefugnis mehr hat; dies gilt auch dann, wenn er anderer Ansicht ist.

Gericht kann Genehmigung aufheben

Eine Entlassung durch die Einrichtung ohne Rücksprache mit dem Betreuer bzw. Bevollmächtigten ist grundsätzlich nicht zulässig.

Praxis TIPP

Freiwilligkeitserklärung während des Vollzugs der Unterbringung

Zeigt sich der Betroffene während der Unterbringung kooperativ, um die restriktiven Folgen einer geschlossenen Unterbringung zu vermeiden, kann bei einem behutsamen Vorgehen des behandelnden Arztes und des Betreuers bzw. Bevollmächtigten eine Freiwilligkeitserklärung des Betroffenen erreicht und damit ein größerer therapeutischer Handlungsspielraum ermöglicht werden. Der nunmehr freiwillige Aufenthalt ist dem Betreuungsgericht mitzuteilen, damit die betreuungsgerichtliche Genehmigung aufgehoben werden kann.

Die Genehmigung der geschlossenen Unterbringung ist aufzuheben, wenn der Betroffene sich ernstlich und verlässlich bereit erklärt, freiwillig in der Einrichtung zu verbleiben und sich der erforderlichen Therapie zu unterziehen. Diese Anforderungen erfüllt nicht die Erklärung, in erster Linie nach Hause zurückkehren zu wollen und nur „unter Umständen" für einen von vornherein begrenzten Zeitraum freiwillig in der Einrichtung zu bleiben (*OLG München* FamRZ 2005, 1590).

Nicht jede Erklärung des Untergebrachten führt zur Aufhebung

Jede Entlassung führt zum „Verbrauch" der gerichtlichen Genehmigung; vor einer erneuten Unterbringung muss eine neue eingeholt werden. Flucht oder eigenmächtiges Verlassen des Untergebrachten lässt die Genehmigung weiter bestehen. Eine Unterbringungsgenehmigung verliert aber ihre Gültigkeit, wenn der Betroffene eine nicht unerhebliche Zeit, hier mehr als zwei Monate, nicht (mehr) untergebracht ist (*BayObLG* FamRZ 2004, 1323).

Verbrauch der Genehmigung

Eine probeweise Entlassung oder eine Beurlaubung ist bei der zivilrechtlichen Unterbringung gesetzlich nicht geregelt, sie werden aber in Anlehnung an die öffentlich-rechtlichenVorschriften grundsätzlich für zulässig erachtet. Ob diese Unterbrechungen die gerichtliche Genehmigung „verbrauchen", kann nicht generell beantwortet werden. Zumindest nach einer Verweildauer von sechs Wochen auf einer offenen Station hat das *OLG Hamm* sie für verbraucht angesehen. Das *KG* (FamRZ 2006, 1481) hat entschieden, dass die probeweise Verlegung des Untergebrachten aus der geschlossenen auf eine offene Station dann nicht zur Wirkungslosigkeit der betreuungsgerichtlichen Genehmigung führt, wenn die ihr zugrunde liegenden Voraussetzungen weiter bestehen und die Verlegung in engem zeitlichen Zusammenhang mit dem Ende des genehmigten Unterbringungszeitraums steht. Das kann bei einer probeweisen Verlegung zehn Tage vor Entlassung des Untergebrachten der Fall sein.

Probeweise Entlassung

Keine Regelung findet sich zu der Frage, wer die Verlegung in eine andere geschlossene Einrichtung bewirken kann. Dies wird relevant, wenn z. B. die Behandlung in einer Spezialklinik fortgesetzt werden muss. In erster Linie ist dies Sache des Betreuers, der für die Gesundheitsangelegenheiten zuständig ist. Die Umsetzung und Verbringung müssen von der Einrichtung mit entsprechend ausgebildetem Personal erledigt werden. § 326 Abs. 1 FamFG deckt diesen Fall nicht ab (a. A. *LG Wiesbaden*, Beschluss vom 22. 7. 2019, Az. 4 T 217/19).

Verlegung in eine andere geschlossene Einrichtung

Einwilligung in freiheitsentziehende Maßnahmen

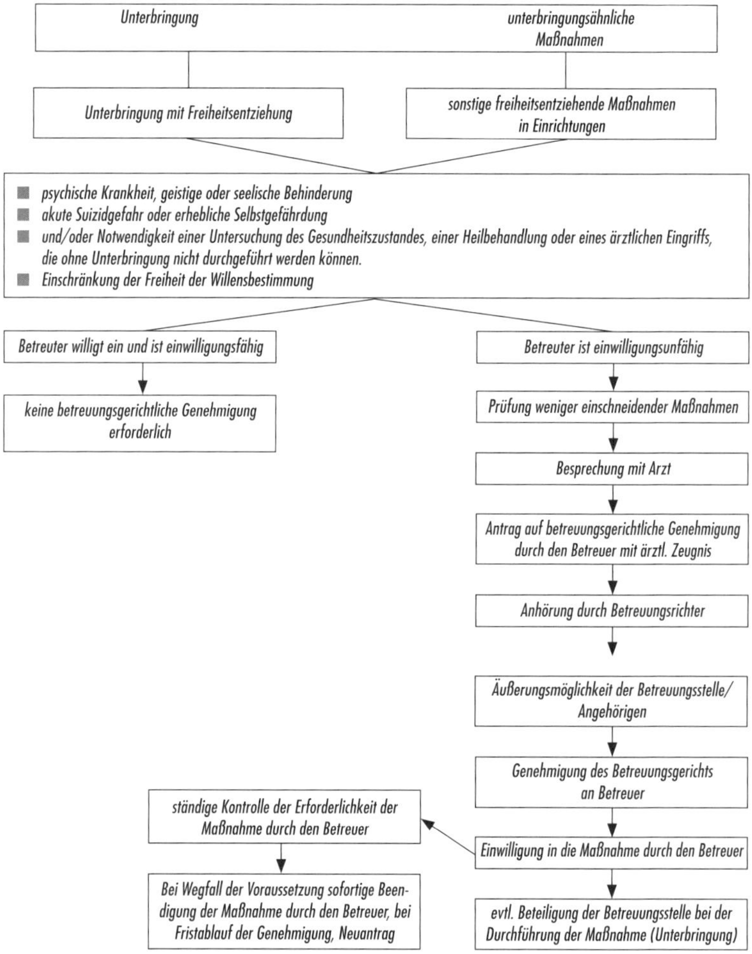

2.1.10 Widerruf der Einwilligung in ärztliche Zwangsmaßnahmen

Ähnliches gilt für die Einwilligung in eine ärztliche Zwangsmaßnahme. Die Wirksamkeit der Einwilligung bleibt bestehen bis zum „Widerruf" der Einwilligung, die gegenüber dem behandelnden Arzt erklärt werden muss. Der Widerruf hat keine Rückwirkung, so dass bereits durchgeführte ärztliche Zwangsmaßnahmen wirksam bleiben. Der Betreuer bzw. Bevollmächtigte muss die Einwilligung in die ärztliche Zwangsmaßnahme widerrufen, wenn ihre Voraussetzungen – § 1906a Abs. 3 BGB – wegfallen. Er hat den Widerruf dem Betreuungsgericht anzuzeigen, § 1906a Abs. 3 Satz 2 BGB.

2.2 Verfahren

Das vom Betreuungsgericht einzuhaltende Verfahren vor Erlass eines Genehmigungsbeschlusses dient der effektiven Sachaufklärung. Dabei müssen im Hinblick auf den mit der Unterbringung verbundenen schwerwiegenden Grundrechtseingriff strenge Maßstäbe auch im Verfahren zur Anwendung kommen. Der *BGH* bezeichnet eine zureichende richterliche Sachaufklärung daher zu Recht als „unverzichtbare Voraussetzung eines rechtsstaatlichen Verfahrens" (*BGH*, Beschluss vom 14. 3. 2018, Az. XII ZB 629/17 Rn. 18).

2.2.1 Reichweite der Verfahrensvorschriften, kein Verzicht durch Vollmacht

Genehmigungspflicht auch bei Vollmacht

Soweit im Folgenden vom Betreuer gesprochen wird, gilt dies auch für den Bevollmächtigten (§ 1896 Abs. 2 Satz 2 BGB). Da es sich bei einer ärztlichen Zwangsmaßnahme gemäß § 312 Satz 1 Nr. 1 FamFG um eine Unterbringungssache handelt, gelten für sie grundsätzlich dieselben Verfahrensvorschriften, sofern nicht Sondervorschriften greifen. Der Gesetzgeber hat auch zum Schutz des Vollmachtgebers die Genehmigungspflicht für freiheitsentziehende Maßnahmen angeordnet. Ein Verzicht auf die Genehmigung ist daher nicht möglich, da ansonsten der Betroffene der Willkür des Bevollmächtigten ausgeliefert wäre (*BVerfG*, Az. 2 BvR 1967/12; *BGH* FamRZ 2012, 1372).

2.2.2 Zuständigkeiten

Ist der Betreuer der Ansicht, dass die Voraussetzungen des § 1906 bzw. § 1906a BGB vorliegen, regt er die Genehmigung beim Betreuungsgericht an.

Für die Genehmigung ist grundsätzlich das Betreuungsgericht bei dem Amtsgericht zuständig, bei dem bereits die Betreuung mit den entsprechenden Aufgabenkreisen oder ein Betreuungsverfahren anhängig ist. Ansonsten ist das Gericht zuständig, in dessen Bezirk der Betroffene seinen gewöhnlichen Aufenthalt hat; fehlt es auch daran, ist das Gericht zuständig, in dessen Bezirk das Bedürfnis für die Unterbringungsmaßnahme hervortritt. Dieses Gericht ist auch für Eilmaßnahmen berufen, § 313 Abs. 1 und 2 FamFG.

Die Anordnung bzw. die Ablehnung einer Unterbringung, unterbringungsähnlichen Maßnahme oder ärztlichen Zwangsmaßnahme ist dem Betreuungsrichter zur Entscheidung vorbehalten.

2.2.3 Anhörung des Betroffenen, Bestellung eines Verfahrenspflegers, §§ 319, 317, 312 Nr. 1 bis 3 FamFG

Persönliche Anhörung des Betroffenen

Die persönliche Anhörung ist der elementarste Teil des Verfahrens. Er dient dem Richter zur Kontrolle, zur Gewährung des rechtlichen Gehörs und zur Ermittlung des Sachverhalts (Amtsermittlung). Die Bedeutung der persönliche Anhörung ergibt sich aus dem Grundrecht des Art. 104 Abs. 1 GG, der die Einhaltung der Verfahrensvorschrift mit grundrechtlichem Schutz versieht. Der *BGH* bewertet das Unterbleiben der persönlichen Anhörung als so schwerwiegenden Mangel, „dass der genehmigten Unterbringungsmaßnahme insgesamt der Makel einer rechtswidrigen Freiheitsentziehung anhaftet" (*BGH*, Beschluss vom 29. 1. 2014, Az. XII ZB 330/13).

Persönliche Anhörung

Das Betreuungsgericht hört den Betroffenen persönlich an (§ 319 Abs. 1 Satz 1 FamFG) und zwar regelmäßig in seiner üblichen Umgebung (Wohnung). Ist eine sinnvolle Verständigung mit ihm nicht möglich, unterbleibt die persönliche Anhörung. Es wird dann im Regelfall ein Verfahrenspfleger bestellt, § 317 Abs. 1 Satz 2 FamFG, soweit der Betroffene nicht durch einen Rechtsanwalt oder geeigneten Verfahrensbevollmächtigten vertreten wird. Dem Verfahrenspfleger muss die Anwesenheit bei der Anhörung ermöglicht werden. In jedem Fall muss sich aber das Gericht einen „persönlichen Eindruck von dem Betroffenen verschaffen". Dieser persönliche Eindruck soll das Gericht in die Lage versetzen, das eingeholte Gutachten zu würdigen. Das Gutachten muss daher bereits vor der Anhörung vorliegen (*BGH* BtPrax 2012, 116).

Persönlicher Eindruck

Zwangsweise Vorführung Verweigert der Betreute die persönliche Anhörung durch das Gericht (z. B. lässt er den Richter nicht in die Wohnung), kann dieser eine zwangsweise Vorführung durch die Betreuungsstelle anordnen, § 319 Abs. 5 FamFG.

Anhörung im Wege der Rechtshilfe

Rechtshilfe Die große Bedeutung der persönlichen Anhörung unterstreicht auch § 319 Abs. 4 FamFG, der ausspricht, dass die Anhörung nicht im Wege der Rechtshilfe durchgeführt werden soll. Bei einer Soll-Vorschrift besteht aber immer die Möglichkeit in begründeten Ausnahmefällen abzuweichen. Allerdings ist dies im Hinblick auf die zentrale Bedeutung der persönlichen Anhörung nur in „begrenzten Ausnahmefällen möglich“ (*BGH*, Beschluss vom 20. 6. 2018, Az. XII ZB 489/17 Rn. 9). Das Gericht muss dann auch im Beschluss den Ausnahmefall ausreichend und nachprüfbar begründen. Bei einer einstweiligen Anordnung ist die Rechtshilfe dagegen erlaubt (§ 331 Abs. 2 FamFG).

Verfahrenspfleger

Bestellung eines Verfahrenspflegers Gemäß § 317 Abs. 1 Satz 1 FamFG hat das Gericht in Unterbringungsverfahren dem Betroffenen einen Verfahrenspfleger zu bestellen, wenn dies zur Wahrnehmung der Interessen des Betroffenen erforderlich ist. Dies hat so frühzeitig zu erfolgen, dass der Verfahrenspfleger noch Einfluss auf die Entscheidung nehmen kann (*BGH* BtPrax 2011, 125).

Soweit zur Wahrnehmung der Interessen erforderlich Die Bestellung eines Verfahrenspflegers in einer Unterbringungssache gewährleistet die Wahrung der Belange und Interessen des Betroffenen im Verfahren. Der Betroffene soll bei Eingriffen in ein Grundrecht, die besonders schwer wiegen, wenn es um die Freiheit der Person geht, nicht allein stehen, sondern fachkundig beraten und unterstützt werden. Der Verfahrenspfleger ist daher vom Gericht im selben Umfang wie der Betroffene an den Verfahrenshandlungen zu beteiligen (s. o.). Dies gebietet auch, den Verfahrenspfleger in Unterbringungssachen regelmäßig bereits vor der Anhörung des Betroffenen zu bestellen. Das Betreuungsgericht muss die rechtzeitige Bestellung eines Verfahrenspflegers und dessen Benachrichtigung vom Anhörungstermin sicherstellen, damit er an der Anhörung des Betroffenen teilnehmen kann. Außerdem steht dem Verfahrenspfleger ein eigenes Anhörungsrecht zu (§§ 320 Satz 1, 315 Abs. 2 FamFG).

Hat der Verfahrenspfleger, z. B. wegen verspäteter Mitteilung des Termins, keine Möglichkeit an der persönlichen Anhörung des Betroffenen teilzunehmen, stellt dies einen schwerwiegenden Verfahrensmangel dar. Der trotz dieses Mangels genehmigten Unterbringungsmaßnahme haftet der „Makel einer rechtswidrigen Freiheitsentziehung“ an (*BGH*, Beschluss vom 21. 9. 2016, Az. XII ZB 57/16). Der Makel der Rechtswidrigkeit ist durch Nachholung der Anhörung nicht mehr zu tilgen (*BGH*, a. a. O. und FamRZ 2016, 649).

Bei ärztlichen Zwangsmaßnahmen immer! Bei der Genehmigung einer Einwilligung in eine ärztliche Zwangsmaßnahme ist die Bestellung eines Verfahrenspflegers dagegen stets erforderlich, § 317 Abs. 1 Satz 3 FamFG. Die Bestellung durch das Betreuungsgericht darf daher nicht unterbleiben.

2.2.4 Weitere Anhörungen

Nach § 320 Satz 2 FamFG soll die Betreuungsbehörde angehört werden. Ferner müssen nach Satz 1 die sonstigen Beteiligten (§ 315 FamFG) angehört werden. Das sind zunächst uneingeschränkt der Betreuer, Bevollmächtigte und der Verfahrenspfleger.

Anhörung Sonstiger Das Gericht gibt noch anderen Personen Gelegenheit zur Äußerung, so nach §§ 320 Satz 1, 315 Abs. 4 FamFG, dem Ehegatten oder Lebenspartner, soweit nicht dauernd getrennt lebend, Eltern und Kindern, bei denen der Betroffene lebt oder bei Einleitung des Verfahrens gelebt hat, einer vom Betroffenen benannten Person seines Vertrauens und dem Leiter der Einrichtung, in der der Betroffene lebt. Die Beteiligung dieser Personen steht aber im Ermessen des Gerichts und erfolgt nur, wenn dies dem Interesse des Betroffenen entspricht.

2.2.5 Sachverständigengutachten

Keine Unterbringung ohne Gutachten!

Die §§ 321, 322 FamFG befassen sich mit der Einholung eines Sachverständigengutachtens. Gemäß § 321 Abs. 1 Satz 1 FamFG hat aber „eine förmliche Beweisaufnahme durch Einholung eines Gutachtens über die Notwendigkeit der Maßnahme" nur „vor einer Unterbringungsmaßnahme" stattzufinden. Die Ablehnung kann somit auch ohne Gutachten erfolgen. Das Betreuungsgericht muss demnach vor der Beauftragung des Gutachters prüfen, ob hinreichende Anhaltspunkte für die Notwendigkeit einer Unterbringung festgestellt werden können. Das gebietet auch der Verhältnismäßigkeitsgrundsatz, weil schon die Begutachtung für den Betroffenen sehr belastend sein kann (*BGH* BtPrax 2015, 105).

Der Gutachter hat den Betroffenen persönlich zu untersuchen oder zu befragen. Er soll in der Regel Arzt für Psychiatrie, in jedem Fall muss er Arzt mit Erfahrung auf dem Gebiet der Psychiatrie sein (vgl. dazu A 1 unter 3.4.5 Überschrift „Qualifikation des Gutachters").

Vorführung

Verweigert der Betreute die Mitwirkung bei der Erstellung des Gutachtens, kann das Gericht eine zwangsweise Vorführung zum Sachverständigen durch die Betreuungsstelle anordnen, §§ 322, 283 und 284 FamFG. Zu den Folgen bei Verweigerung des Betroffenen siehe Kapitel A 1, Abschnitt 3.4.5 „Untersuchung und Befragung des Betroffenen", § 280 FamFG.

Verlängerung über vier Jahre hinaus

Will das Betreuungsgericht die Unterbringung eines Betreuten über eine Dauer von vier Jahren hinaus verlängern, dürfen in der Regel bestimmte Sachverständige nicht (mehr) herangezogen werden. Es darf entgegen § 329 Abs. 2 Satz 2 FamFG eine so lange Unterbringung nur dann auf das Gutachten eines bereits früher im Unterbringungsverfahren herangezogenen oder in der Unterbringungseinrichtung tätigen Sachverständigen stützen, wenn hierfür besondere Gründe vorliegen. Der Vollzug von vier Jahren ist schon dann überschritten, wenn während des Zeitraums der geplanten Verlängerung der Unterbringung die vier Jahre überschritten werden (*BGH* FamRZ 2017, 227).

Zu den besonderen Anforderungen bei der Einwilligung in eine ärztliche Zwangsmaßnahme vgl. die Ausführungen oben unter Abschnitt 2.1.5.4 „d. Besondere Anforderungen an Gutachter".

Mitteilungen an Betroffenen

Die Erholung eines Gutachtens und die Bestellung eines Sachverständigen dürfen nicht über den Kopf des Betroffenen hinweg erfolgen. In geeigneten Fällen wird das Gericht daher den Betroffenen bereits vor der beabsichtigten Bestellung eines Gutachters anhören (vgl. dazu die Ausführungen in Kapitel A 1, Abschnitt 3.4.5). Das Betreuungsgericht muss aber dem Betroffenen zumindest mitteilen, dass ein Sachverständiger beauftragt worden ist. Ansonsten könnte der Betroffene Einwände gegen die Person des Gutachters oder gar eine Ablehnung wegen Besorgnis der Befangenheit nicht rechtzeitig vorbringen. Die Mitteilung kann auch formlos erfolgen. Ein Verstoß gegen die Mitteilungspflicht kann geheilt werden, wenn der Betroffene anderweitig von dem Gutachtensauftrag rechtzeitig vor der Begutachtung Kenntnis erhält. Das Gutachten selbst muss dem Betroffenen rechtzeitig vor der Anhörung zur Verfügung gestellt werden (vgl. zum Ganzen *BGH*, Beschluss vom 17. 1. 2018. Az. XII ZB 398/17; BtPrax 2015, 238).

2.2.6 Genehmigungsbeschluss

Erlass des Genehmigungsbeschlusses

Das Gericht erlässt gemäß § 38 Abs. 3 Satz 3 FamFG einen Genehmigungsbeschluss, wenn es nach Durchführung aller vorgeschriebenen Verfahrensschritte (sog. Entscheidungsreife) die freiheitsentziehende Unterbringung für rechtlich geboten hält.

Bekanntgabe des Genehmigungsbeschlusses

Der Beschluss wird den Beteiligten, also dem Betroffenen, dem Verfahrenspfleger, dem Betreuer bzw. Vorsorgebevollmächtigten und den Personen, die im Verfahren zu beteiligen waren, bekannt gegeben (§ 41 Abs. 1 Satz 1, § 15 Abs. 2 FamFG). Ferner erfolgt nach § 325 Abs. 2 FamFG die Bekanntgabe an den Leiter der Einrichtung, in der die Unterbringung durchgeführt werden soll, ferner an die Betreuungsbehörde, und zwar auch dann, wenn sie nicht beteiligt wurde. Förmlich zugestellt werden muss der Unterbringungsbeschluss nur demjenigen, dessen erklärtem Willen der Beschluss nicht entspricht (§ 41 Abs. 1 Satz 2, § 15 Abs. 2 FamFG).

Begründung erforderlich

Der Beschluss ist zu begründen, § 38 Abs. 3 Satz 1 FamFG. Zur Feststellung, für den Betreuten bestehe aufgrund seiner Krankheit die Gefahr, dass er sich selbst tötet oder erheblichen gesundheitlichen Schaden zufügt, genügt nicht die bloße Behauptung einer bestehenden Eigen- bzw. Selbstgefährdung. Gutachten und gerichtliche Entscheidungen müssen konkrete Tatsachen benennen, aus denen sich Art und Umfang sowie die Wahrscheinlichkeit der gesundheitlichen Selbstschädigung ergeben. Auch im Falle eines wiederholt untergebrachten Betroffenen darf sich die Begründung nicht auf formelhafte Wendungen beschränken, sondern muss die Tatbestandsvoraussetzungen im jeweiligen Einzelfall durch die Angabe von Tatsachen konkret nachvollziehbar machen (*OLG München* BtPrax 2006, 36).

Wirksamkeit des Genehmigungsbeschlusses

Die Genehmigungsentscheidung wird grundsätzlich erst mit Rechtskraft wirksam (§ 324 Abs. 1 FamFG), das heißt mit Ablauf der Beschwerdefrist (§§ 45, 63 Abs. 1 FamFG).

Beschwerdeberechtigung

Beschwerde einlegen können neben dem Betreuten oder seinem Verfahrenspfleger die in § 335 FamFG genannten Personen und Stellen. Dazu gehören gemäß § 335 Abs. 1 Nr. 1 bis 3 FamFG der Ehegatte oder Lebenspartner, soweit nicht dauernd getrennt lebend (§ 1567 BGB), Eltern oder Kinder, bei denen der Betroffene lebt oder bei Einleitung des Verfahrens gelebt hat, Pflegeeltern, eine vom Betroffenen benannte Person seines Vertrauens und der Leiter der Einrichtung, in der der Betroffene lebt. Allerdings hängt deren Beschwerderecht davon ab, dass sie im ersten Rechtszug beteiligt worden sind. Der Betreuungsbehörde steht ein Beschwerderecht zu, und zwar unabhängig von einer Beteiligung im ersten Rechtszug.

Ferner können der Betreuer oder Vorsorgebevollmächtigte, wenn die Entscheidung ihren Aufgabenkreis betrifft, auch im Namen des Betreuten Beschwerde einlegen (§ 335 Abs. 3 FamFG).

Wirksamwerden bei Anordnung der sofortigen Wirksamkeit

Die Genehmigungsentscheidung wird allerdings bereits mit der Bekanntgabe an den Betroffenen, seinen Verfahrenspfleger, den Betreuer oder Vorsorgebevollmächtigten wirksam, wenn das Gericht die sofortige Wirksamkeit anordnet (§ 324 Abs. 2 FamFG). Neben der Bekanntgabe kann das Gericht die Wirksamkeit auch dadurch herbeiführen, dass es die „Entscheidung einem Dritten zum Zwecke des Vollzugs mitteilt" oder der Gerichtsgeschäftsstelle des Gerichts der Beschluss zur Bekanntgabe übergeben wird. Der Zeitpunkt der sofortigen Wirksamkeit wird auf dem Beschluss vermerkt.

Zu den besonderen Anforderungen bei der Einwilligung in eine ärztliche Zwangsmaßnahme vgl. die Ausführungen oben unter Abschnitt 2.1.5.4 *„e. Beschlussformel, § 323 FamFG"*.

2.2.7 Durchführung der Unterbringung

Betreuer führt Unterbringung durch

Betreuungsbehörde unterstützt

Betreuungsbehörde zieht Polizei zu

Hat der Betreuer eine wirksame Genehmigungsentscheidung erhalten, kann er die freiheitsentziehende Unterbringung durchführen, allerdings darf er keine Gewalt anwenden. Sollte diese erforderlich sein, wendet er sich an die Betreuungsstelle, die ihn dabei zu unterstützen hat, § 326 Abs. 1 FamFG. Gewalt darf diese aber auch nur anwenden, wenn ein richterlicher „Gewaltanwendungsbeschluss" vorliegt, § 326 Abs. 2 FamFG; diesen sollte der Betreuer bereits mit seiner Anregung auf Genehmigung der Unterbringung anfordern, zumindest wenn zu erwarten ist, dass der Betreute nicht freiwillig in die Unterbringungseinrichtung mitgeht. Liegt dieser Gewaltanwendungsbeschluss vor, kann die Betreuungsstelle die Unterstützung der Polizei in Anspruch nehmen, §§ 326 Abs. 2 Satz 2 FamFG. Zu den Besonderheiten bei der Genehmigung zur Verbringung zum stationären Aufenthalt in einem Krankenhaus siehe oben, Abschnitt 2.1.5.4.

Ist zu erwarten, dass der Betreute die Wohnungstür nicht öffnet, sollte mit dem Antrag auf Genehmigung der Unterbringung bzw. Verbringung zum Krankenhaus eine Entscheidung des Gerichts über die Zulässigkeit des Betretens der Wohnung angeregt werden (§ 326 Abs. 3 Satz 1 FamFG).

Auslagen trägt die Behörde

Probleme entstehen immer wieder bei der Frage, wer die Auslagen der Betreuungsbehörde für die Unterstützung des Betreuers nach § 326 FamFG (z. B. Türöffnung, Polizei, Transport) zu tragen hat. Nach der überwiegenden Ansicht in Rechtsprechung und Literatur handelt es sich um eine eigene Verpflichtung der Behörde, sodass ihr kein Erstattungsanspruch gegen die Staatskasse zusteht (hierzu *Keidel/Budde*, FamFG 19. Aufl. § 326 Rn. 2, m. w. N.). Die Auslagen können durch die Behörde vom Betreuten eingefordert werden, wenn dieser zu einer Erstattung vermögensrechtlich in der Lage ist.

Weitgehend ungeklärt ist die Frage, welche Rechtsgrundlagen für Maßnahmen der Klinik während des Vollzugs herangezogen werden können. Aus der vertraglichen Verpflichtung, die Unterbringung zu vollziehen, sind nur Maßnahmen, die unmittelbar den Freiheitsentzug regeln und sichern zu rechtfertigen. Lockerungen wie Ausgang mit oder ohne Begleitung, kurzfristige Wochenendurlaube etc. gehören in diese Kategorie. Einschränkende Regelungen für Tabakkonsum, Telefonieren, Fernsehen, Benutzung von Laptops, Tablets, Smartphones, Postverkehr oder das Vorschreiben einer einzuhaltenden Bettruhe können nur teilweise aus dem Vertrag geschlossen werden, der vom Betreuer mit der Klinik abgeschlossen wird. Der Betreuer kann dabei nur im Rahmen der ihm übertragenen Aufgabenkreise Maßnahmen erlauben. Eine Ermächtigung zu weitergehenden Rechtseingriffen in Form von Maßnahmen zur Disziplinierung oder gar zur Aufrechterhaltung der Ordnung erscheint zweifelhaft. Der Gesetzgeber hat sich einer Regelung der Vollzugsangelegenheiten bzw. der Möglichkeiten einer gerichtlichen Kontrolle enthalten (vgl. dazu *Bienwald*, BtPrax 2015, 14). § 327 FamFG regelt den Rechtsschutz in Vollzugsangelegenheiten nur für den Bereich der öffentlich-rechtlichen Unterbringung.

2.2.8 Vorläufige Unterbringung

Eilige Unterbringung

Ist eine freiheitsentziehende Unterbringung „schnellstmöglich" durchzuführen, gibt es die Möglichkeit einer einstweiligen Anordnung durch das Gericht, § 331 FamFG, die sog. vorläufige Unterbringung.

2.2.8.1 Dringende Gründe

Gemäß § 331 Satz 1 Nr. 1 FamFG müssen dringende Gründe für die Annahme bestehen, dass eine endgültige zivilrechtliche Unterbringungsmaßnahme getroffen wird. Es ist somit erforderlich, die Voraussetzungen einer Unterbringung nach § 1906 BGB zu prüfen und sie als wahrscheinlich zu bejahen.

Gefahr für Betroffenen bei Aufschub

Ferner verlangt § 331 Satz 1 Nr. 1 FamFG ein „dringendes Bedürfnis für ein sofortiges Tätigwerden". Dies ist zu bejahen, wenn mit einem Aufschub der Maßnahme für den Betroffenen eine Gefahr für wichtige Rechtsgüter verbunden wäre. Eine erschöpfende Aufklärung ist nicht geboten; Glaubhaftmachung (§ 31 FamFG) reicht in der Regel aus.

2.2.8.2 Ärztliches Zeugnis bei einstweiliger Anordnung

Im Rahmen einer einstweiligen Anordnung lässt es § 331 Abs. 1 Nr. 2 FamFG genügen, wenn ein ärztliches Zeugnis vorliegt, das allerdings im Wesentlichen zu den gleichen Fragen wie das Gutachten Stellung nehmen muss. Grundsätzliches zum ärztlichen Zeugnis findet sich auch bei Kapitel A 1, Abschnitt 3.4.5 *„Verwendung ärztlicher Zeugnisse als Ersatz für Gutachten"*.

Voraussetzungen für ein ausreichendes Zeugnis

Der Aussteller des ärztlichen Zeugnisses für die Unterbringung bzw. ärztliche Zwangsmaßnahme muss ein Arzt sein, der Erfahrung auf dem Gebiet der Psychiatrie hat und Arzt für Psychiatrie sein soll. Der normale Hausarzt wird diesen Anforderungen in der Regel nicht gerecht. Allerdings kann er die Qualifikation erreichen, wenn er das Fachwissen anderer Ärzte einbezieht (vgl. dazu *BT-Drucks. 17/12086, S. 12*). Zu dieser Verwertung fremden Fachwissens müssen aber ausreichende Ausführungen im ärztlichen Zeugnis gemacht werden (z. B. Qualifikation des anderen Arztes, Vermittlung des fremden Fachwissens). In der Praxis erscheint dieser Weg der Wissensvermittlung nicht zielführend. Bei den unterbringungsähnlichen Maßnahmen ist die besondere Qualifikation des Arztes nicht erforderlich.

Der Arzt muss den Betroffenen zeitnah zu der Erstellung persönlich untersuchen und befragen. Ein Telefongespräch mit dem Betroffenen genügt nicht. Die Erstellung nach Aktenlage ist bei der Schwere des Eingriffs nicht ausreichend. Insoweit kann man § 321 Abs. 1 Satz 2 FamFG entsprechend heranziehen, auch wenn eine gesetzliche Verweisung fehlt. Das Zeugnis muss den Zustand des Betroffenen beschreiben und die Notwendigkeit der freiheitsentziehenden, freiheitsbeschränkenden Maßnahme bzw. ärztliche Zwangsmaßnahme begründen. Im Übrigen darf sich das ärztliche Zeugnis in der Begründungstiefe auf die wesentlichen Aussagen beschränken.

Beispiel:

Ein mehr als drei Monate zurückliegendes ärztliches Zeugnis zum Zwecke der Begründung einer befristeten geschlossenen Unterbringung zur Heilbehandlung im Wege einer einstweiligen Anordnung, das weder die mit der befürworteten Behandlung für den Betreuten zu erwartenden Vorteile noch die ohne die Behandlung entstehenden Nachteile aufzeigt, reicht für eine richterliche Unterbringungsgenehmigung nicht aus (*OLG Köln* FamRZ 2006, 1875).

Unzureichende ärztliche Zeugnisse sind gängige Praxis!

In der Praxis werden ärztliche Zeugnisse diesen Maßstäben sehr häufig nicht gerecht. Formulierungen wie „die Behandlung mit Neuroleptika auch gegen den Willen des Betroffenen ist ärztlicherseits dringend zu befürworten“, sind ebenso häufig wie ungenügend. Vielfach wird allein aufgrund einer bestimmten Diagnose auf eine Gefährdung oder Behandlungsbedürftigkeit geschlossen. Allein die Feststellung einer „Psychose mit Verfolgungswahn“ kann keine Gefährdungsprognose begründen (*OLG Karlsruhe*, Beschluss vom 12. 11. 2015, Az. 9 U 78/11). Das Zeugnis sollte aktuell sein und nicht erst nach einem Monat Berücksichtigung finden und formelhafte Formulierungen vermeiden (*BVerfG* BtPrax 2015, 192). Viele Betreuungsgerichte lassen aber derartige nichtssagende „ärztliche Zeugnisse“ zu.

Folgen bei einem unzureichenden ärztlichen Zeugnis

Ein ärztliches Zeugnis, das den obigen Ausführungen in wesentlichen Punkten nicht genügt (z. B. fehlende Untersuchung durch den ausstellenden Arzt, unzureichende Diagnose der Krankheit, unzureichende Feststellung einer Gefährdung), kann einer gerichtlichen Entscheidung, die in Grundrechte des Betroffenen eingreift, nicht zugrunde gelegt werden. Beschlüsse, die den Entzug der persönlichen Freiheit betreffen, müssen auf zureichender richterlicher Sachaufklärung beruhen und eine in tatsächlicher Hinsicht genügende Grundlage haben, die der Bedeutung der Freiheitsgarantie entspricht. Bei mangelnder Sachaufklärung liegt ein Verstoß gegen Art. 2 Abs. 2 Satz 2 GG vor. In diesen Fällen muss die gerichtliche Genehmigung oder eine angeregte richterliche Anordnung unterbleiben. Beschlüsse, die trotz dieser Mängel

Unterbringungen genehmigen oder anordnen, sind aufzuheben bzw. es muss bei bereits erfolgter Entlassung die Rechtswidrigkeit festgestellt werden. Ärzte, die in einem psychiatrischen Krankenhaus arbeiten und nach Einlieferung eines Betroffenen bei Gericht eine richterliche Genehmigung anregen, äußern sich dabei häufig auch in Form eines ärztlichen Zeugnisses. Dabei müssen auch sie den genannten Standards gerecht werden. Vermeidbare Fehler bei der Krankheits- und/oder der Gefährdungsdiagnose, insbesondere das Fehlen von zureichenden Anknüpfungstatsachen, kann zu erheblichen Schmerzensgeldansprüchen führen (vgl. *OLG Karlsruhe*, Beschluss vom 12. 11. 2015, Az. 9 U 78/11, Amtshaftung bei öffentlich-rechtlicher Unterbringung für falsche Atteste).

2.2.8.3 Anhörungen

Betroffener ist persönlich zu hören

Der Betroffene ist vor Anordnung der Maßnahme persönlich anzuhören, § 331 Nr. 4 FamFG. Nach § 34 Abs. 2 FamFG kann die persönliche Anhörung des Betroffenen unterbleiben, wenn hiervon erhebliche Nachteile für die Gesundheit des Betroffenen zu besorgen sind oder der Betroffene offensichtlich nicht in der Lage ist, seinen Willen kundzutun. Die Anhörung kann auch im Wege der Rechtshilfe durchgeführt werden, § 331 Satz 2 FamFG.

Ärztliches Zeugnis bei Absehen von der persönlichen Anhörung

Fraglich ist, ob § 319 Abs. 3 FamFG anzuwenden ist, so dass ein Unterbleiben der Anhörung nach § 34 Abs. 2 FamFG nur möglich wäre, wenn die „erheblichen Nachteile für die Gesundheit" durch ein ärztliches Gutachten nachgewiesen werden. Die Anwendung der Vorschriften für das Hauptverfahren schreibt § 51 Abs. 2 Satz 1 FamFG vor, allerdings nur soweit sich nicht aus den Besonderheiten des einstweiligen Rechtsschutzes etwas anderes ergibt. Eine derartige Besonderheit kann darin gesehen werden, dass im Verfahren der vorläufigen Unterbringungsmaßnahmen ein ärztliches Zeugnis anstelle eines Gutachtens genügt, § 331 Satz 1 Nr. 2 FamFG. Daher erscheint es ausreichend, wenn sich die Voraussetzungen des § 34 Abs. 2 FamFG aus einem ärztlichen Zeugnis ergeben. Ansonsten müsste das häufig zeitraubende Gutachten abgewartet werden. Abzuwarten, bis das Gutachten vorliegt oder die Voraussetzung gesteigerter Dringlichkeit gemäß § 332 FamFG, also Gefahr im Verzug, könnte für einen gesundheitlich angeschlagenen Betroffenen ein unverantwortbares Risiko darstellen.

Verfahrenspflegerbestellung kann erforderlich sein

Soweit dies zur Wahrnehmung der Interessen des Betroffenen erforderlich ist, muss vor Erlass der Anordnung ein Verfahrenspfleger bestellt werden, §§ 331 Nr. 3, 317 FamFG. Dies wird in der Regel erforderlich sein, wenn eine Anhörung des Betroffenen unterbleibt, § 317 Abs. 1 Satz 1 FamFG. Eine persönliche Anhörung des Verfahrenspflegers ist nicht erforderlich; sie kann auch schriftlich oder telefonisch erfolgen.

Nach *OLG München* vom 27. 6. 2006 (Az. 33 Wx 89/06) muss auch bei der Anordnung einer vorläufigen Unterbringung – außer bei Gefahr im Verzug – dem Betroffenen bereits vor Erlass des Unterbringungsbeschlusses ein Verfahrenspfleger bestellt werden, wenn das vorliegende Gutachten bzw. ärztliche Zeugnis nicht an ihn ausgehändigt werden soll und zudem nach ärztlichen Feststellungen zu erwarten ist, dass eine sachbezogene Anhörung nicht möglich sein wird.

Anhörung weiterer Personen und Stellen

Eine Anhörung weiterer Personen (vgl. Abschnitt 2.2.4) ist gemäß §§ 320, 315 Abs. 4, 51 Abs. 2 Satz 1 FamFG nur erforderlich, wenn deren Beteiligung dem Interesse des Betroffenen entspricht. Im Hinblick auf die Dringlichkeit wird ein derartiges Interesse in der Regel zu verneinen sein. Die Betreuungsbehörde soll angehört werden gemäß § 320 Satz 2 FamFG.

2.2.8.4 Gesteigerte Dringlichkeit (Gefahr im Verzug)

Entscheidung ohne Anhörung

Ist Gefahr im Verzug anzunehmen (sog. Eilfall), können gemäß § 332 FamFG zunächst bestimmte Verfahrenshandlungen unterbleiben.

Von der persönlichen Anhörung des Betroffenen kann vor Erlass der Anordnung abgesehen werden; allerdings ist sie unverzüglich nachzuholen.

Keine zwingende Bestellung eines Verfahrenspflegers

Auch von der Bestellung und Anhörung eines Verfahrenspflegers kann vor Erlass der Anordnung abgesehen werden; allerdings sind diese Verfahrenshandlungen ebenfalls unverzüglich nachzuholen.

Begriff der „unverzüglichen" Nachholung

Im Gesetz ist der Begriff der „Unverzüglichkeit" für das Nachholen der Verfahrenshandlungen nicht definiert. Die Nachholung muss wohl nach der herrschenden Rechtsprechung im Grundsatz spätestens mit Ablauf des nächsten Tages erfolgen (*KG* FGPrax 2008, 40; *LG Kleve* vom 31. 7. 2002, Az. 3 Z BR 145/02, FamRZ 2010, 326).

2.2.8.5 Befristung der vorläufigen Unterbringungsmaßnahme

Befristung

Die zeitliche Höchstfrist für eine vorläufige Unterbringungsmaßnahme beträgt nach § 333 FamFG sechs Wochen. Die Frist beginnt mit Wirksamkeit der Entscheidung zu laufen.

Ausnahmsweise Verlängerung

Reicht dieser Zeitraum nicht aus, um über eine endgültige Unterbringungsmaßnahme zu befinden, kann die Frist bis zu einer Gesamtdauer von drei Monaten verlängert werden. Vor dieser Entscheidung muss ein Sachverständiger angehört werden. Da diese Verlängerung wieder im Wege einer einstweiligen Anordnung erfolgt, müssen die Verfahrenshandlungen beachtet werden. Insbesondere ist der Betroffene erneut persönlich anzuhören (§ 333 Satz 2 und 3 FamFG).

Frist bei vorhergehender öffentlich-rechtlicher Unterbringung

Vorsichtig ist geboten, wenn aufgrund desselben Sachverhalts zunächst eine vorläufige öffentlich-rechtliche Unterbringung (BayUnterbrG, PsychKG der Länder) angeordnet wird und sich dann nahtlos die Genehmigung einer zivilrechtlichen Unterbringung anschließt. In diesen Fällen wird die Meinung vertreten, dass bei der Höchstdauer der zivilrechtlichen Unterbringung die vorherige Unterbringung anzurechnen ist (*BVerfG* BtPrax 2015, 192).

Frist bei nachfolgender Unterbringung unterschiedlich

Problematisch ist die Frage, ob für unterschiedliche Unterbringungen eine einheitliche Frist gilt. Diese Frage stellt sich, wenn sich an eine öffentlich-rechtliche vorläufige Unterbringung, die sechs Wochen angedauert hat, nahtlos eine zivilrechtliche Unterbringung anschließt, die nach Verlängerung drei Monate dauern würde.

Eine Frist für dieselbe Angelegenheit!

Zu prüfen ist dabei, ob sich die verschiedenen Unterbringungen auf dieselbe Angelegenheit beziehen. Das ist der Fall, wenn das Krankheitsbild im Wesentlichen unverändert geblieben ist (*LG Lübeck* FamRZ 2016, 660; *OLG München* BtPrax 2008, 75). Ist das der Fall, muss die gesamte Zeit der Unterbringungen zusammengerechnet werden.

Noch enger sind die zeitlichen Grenzen bei einer ärztlichen Zwangsmaßnahme gemäß § 333 Abs. 2 FamFG. Die einstweilige Anordnung darf bei der Genehmigung einer Einwilligung in eine ärztliche Zwangsmaßnahme oder deren Anordnung die Dauer von zwei Wochen nicht überschreiten. Bei mehrfacher Verlängerung darf die Gesamtdauer sechs Wochen nicht überschreiten.

2.2.8.6 Wirksamkeit der einstweiligen Anordnung

Für die Bekanntmachung und die Wirksamkeit gelten die gleichen Vorschriften wie für das Hauptverfahren (vgl. Abschnitt 2.2.6). Die Beschwerdefrist beträgt zwei Wochen, eine Rechtsbeschwerde findet nicht statt (§§ 63 Abs. 2 Nr. 1, 70 Abs. 4 FamFG).

2.2.8.7 Durchführung der Unterbringung

Die Unterbringung selbst erfolgt auch in diesen Fällen nach § 326 FamFG unter Zuhilfenahme der Betreuungsstelle, wobei diese wiederum die Polizei zuziehen kann.

Betreuer, Betreuungsbehörde und evtl. Polizei führen durch

2.2.9 *Einstweilige Anordnung nach § 1846 BGB, § 334 FamFG*

Nach §§ 1908i Abs. 1 Satz 1, 1846 BGB kann das Betreuungsgericht selbst einstweilige Anordnungen treffen („erforderliche Maßregeln"), wenn ein Betreuer noch nicht bestellt oder an der Erfüllung seiner Pflichten verhindert ist; dies gilt auch, wenn zwar ein Betreuer schon vorhanden ist, ihm aber für die aktuelle Tätigkeit der entsprechende Aufgabenkreis fehlt.

Einstweilige Maßregeln

Die zu erledigende Maßnahme muss so dringlich sein, dass ein bestellter vorläufiger (weiterer) Betreuer mit dem erforderlichen Aufgabenkreis nicht mehr rechtzeitig die aktuell anstehende Vertretungshandlung erbringen kann.

Dringender Fall

Bei der Einwilligung in eine ärztliche Zwangsmaßnahme ist dagegen § 1846 BGB „nur anwendbar, wenn der Betreuer an der Erfüllung seiner Pflichten verhindert ist", § 1906a Abs. 1 Satz 2 BGB. Ist noch kein Betreuer bestellt, muss dies durch eilige Bestellung eines vorläufigen Betreuers ausgeglichen werden. In der Gesetzesbegründung *(BT-Drucks. 17/11513, S. 7)* wird für Akutfälle auf die Psychisch-Kranken- (PsychKG) bzw. Unterbringungsgesetze der Länder verwiesen, die jedoch flächendeckend noch keine entsprechende Möglichkeiten bieten.

2.2.9.1 Verhinderung des Betreuers

Verhinderung bedeutet, dass der Betreuer tatsächlich nicht eingreifen kann, so z. B. bei Urlaubsabwesenheit oder Krankheit. Will der Betreuer nicht tätig werden, scheidet ein gerichtliches Eingreifen aus.

Betreuer ist verhindert

Nach *OLG Düsseldorf* (FamRZ 1995, 637) steht einer tatsächlichen oder rechtlichen Verhinderung des Betreuers seine Weigerung, in bestimmtem Sinne tätig zu werden, nicht gleich. Das Betreuungsgericht darf die Befugnis zur Nothilfe für Betreuer und Betreuten nach § 1846 BGB nicht dazu benutzen, Angelegenheiten, in denen der Betreuer eine gegenteilige Auffassung vertritt, gegen den Willen des Betreuers selbst anderweitig zu regeln.

Weigerung des Betreuers

Bei der Beurteilung der Frage, ob ein Fall der Verhinderung vorliegt, ist dem Betreuungsgericht kein Ermessen eingeräumt; es handelt sich vielmehr um eine Rechtsfrage.

2.2.9.2 Betreuer ist noch nicht bestellt

Wird eine Maßnahme im Interesse des Betroffenen erforderlich und ist weder Bevollmächtigter, noch ein Betreuer mit ausreichendem Aufgabenkreis bestellt, so kann das Betreuungsgericht ebenfalls eine einstweilige Anordnung nach §§ 1908i Abs. 1, 1846 BGB treffen, wenn ein Aufschub ausscheidet. Bei ärztlichen Zwangsmaßnahmen greift § 1896 BGB dagegen nur, wenn der Betreuer verhindert ist, § 1906a Abs. 1 Satz 2 BGB.

Handlungsmöglichkeiten des Betreuungsgerichts

2.2.9.3 Verfahren bei einstweiligen Maßregeln

Bei Unterbringungen, unterbringungsähnlichen Maßnahmen und ärztlichen Zwangsmaßnahmen, die das Betreuungsgericht selbst als einstweilige Maßregeln anordnet, ist § 334 FamFG zu beachten, der die §§ 331 und 332 FamFG für entsprechend anwendbar erklärt.

Es müssen zusätzlich zu den Voraussetzungen der §§ 331, 332 FamFG dringende Gründe dafür vorliegen, dass künftig ein Betreuer bestellt wird, der eine Unterbringung für erforderlich hält.

Der Betreuungsrichter muss, da er die Aufgaben des Betreuers wahrnimmt, zusätzlich auch noch die konkrete Einrichtung bezeichnen, in der die Unterbringung zu vollziehen ist.

2.2.9.4 Zwang zur gleichzeitigen Bestellung eines (vorläufigen) Betreuers

Grundsätzlich muss das Betreuungsgericht zugleich mit der einstweiligen Maßregel einen vorläufigen Betreuer bestellen, der möglichst schnell selbst die Verantwortung übernehmen soll. Da in „Eilfällen" häufig kein geeigneter Betreuer sofort zur Verfügung steht, hält es der *BGH* (BtPrax 2002, 162) für zulässig, dass eine Unterbringungsmaßnahme angeordnet wird, ohne dass zugleich ein Betreuer bestellt wird.

Allerdings muss der Richter „gleichzeitig mit der Anordnung dafür Sorge tragen (...), daß unverzüglich ein Betreuer bestellt wird, der die Interessen des Betreuten wahrnehmen und die Entscheidung über die Fortdauer der Unterbringung in eigener Verantwortung treffen kann, so wie es § 1906 BGB vorschreibt." Ergeht die Maßregel im Bereitschaftsdienst (Samstag, Sonntag, Feiertag), muss die Einleitung des Verfahrens zur Bestellung eines Betreuers unverzüglich, spätestens am nächsten Werktag nachgeholt werden

Ist der Betreuer bestellt, kann er die Maßnahme beenden oder aber alles in die Wege leiten, damit die Genehmigung des Betreuungsgerichts „zur Fortdauer der Unterbringung im vorgesehenen Verfahren eingeholt wird." Nur so werden die mit der zivilrechtlichen Unterbringung für den Betroffenen verbundenen Vorteile gewahrt. Die richterlichen Maßregeln sind immer nur ein Notbehelf und dürfen nicht als eine eigene Form staatlicher Unterbringung missbraucht werden.

Trifft das Betreuungsgericht nicht gleichzeitig mit der Anordnung der Unterbringung die zur unverzüglichen Bestellung eines Betreuers erforderlichen Maßnahmen, ist die Anordnung der Unterbringung von vornherein unzulässig. Davon zu unterscheiden ist die Frage, ob die Unterbringung – ex nunc – unzulässig wird, wenn das Verfahren zur Bestellung eines Betreuers zwar ordnungsgemäß eingeleitet, aber nicht mit der notwendigen Beschleunigung betrieben wird.

2.2.9.5 Zeitliche Begrenzung der angeordneten Maßnahmen

Einstweilige Maßregel des Gerichts ist zeitlich begrenzt

Zu klären wäre noch, für welchen Zeitraum die einstweiligen Maßregeln nach §§ 1908i Abs. 1, 1846 BGB angeordnet werden können. Zwar verweist § 334 FamFG auf § 333 FamFG (sechs Wochen), allerdings wird in der Literatur und Rechtsprechung regelmäßig ein kürzerer Zeitraum für angemessen gehalten. Da mit der Anordnung zumindest ein Verfahren nach § 300 FamFG auf Bestellung eines vorläufigen Betreuers eingeleitet werden muss, sollte nach Ablauf von zwei (*LG Hamburg* BtPrax 1992, 111) bis maximal drei Wochen dieser bestellt und in der Lage sein, über die Maßnahme zu bestimmen.

2.3 Freiheitsbeschränkende Maßnahmen

Für freiheitsentziehende und freiheitsbeschränkende Maßnahmen gilt gemäß § 1906 Abs. 4 BGB grundsätzlich das zur Unterbringung Dargelegte „entsprechend". § 1631b Abs. 2 BGB erlaubt mit dem gleichen Wortlaut wie § 1906 Abs. 4 BGB unterbringungsähnliche Maßnahmen, die bei Kindern und Jugendlichen in einer Einrichtung *in nicht altersgerechter Weise* zur Anwendung kommen. Diese Maßnahmen sind nur zulässig, wenn ein Richter (Familien-, Betreuungsgericht) sie genehmigt.

In der Praxis haben sich jedoch beachtliche Ausnahmen und Besonderheiten ergeben.

2.3.1 Aufzählung der Maßnahmen

Begriff

Es handelt sich um Maßnahmen, die eine Freiheitsentziehung oder Freiheitsbeschränkung durch mechanische Vorrichtungen, Medikamente oder auf andere Weise herbeiführen. Eine abschließende Aufzählung gibt es nicht, da der technische Fortschritt und die individuellen Gestaltungsmöglichkeiten ein sehr breites Anwendungsgebiet eröffnen. Als freiheitsbeschränkende Handlungen gemäß § 1906 Abs. 4 BGB sind aber folgende Maßnahmen zu verstehen:

- Festbinden mit einem Leib- oder Bauchgurt im Bett oder auf dem Stuhl
- Fixierung der Extremitäten durch Hand- oder Fußfesseln
- Bettgitter, die das Verlassen des Bettes verhindern
- Tisch/Brett am Stuhl, die das Aufstehen unmöglich machen
- Sitzhose am Stuhl, die das Aufstehen oder Herausrutschen verhindert
- Wegnahme einer zur Fortbewegung notwendigen Beinprothese, eines Gehstocks, Rollators oder Rollstuhls
- Anlegen nicht abziehbarer Handschuhe (Schutz vor Herausziehen einer Infusionsnadel)
- Der Betroffene wird gezielt durch Schlafmittel oder andere Medikamente gehindert aufzustehen und sich fortzubewegen.
- Anbringen sog. Schutzdecken
- Anlegen eines besonderen „Schlafsacks", der auch fixiert werden kann

Einige Stimmen in der Literatur und Rechtsprechung wenden die Vorschriften für unterbringungsähnliche Maßnahmen auch an, wenn

- das Verlassen der Einrichtung nur bei Betätigung ungewöhnlich komplizierter Schließmechanismen möglich ist,
- die Eingangstür zeitweilig – insbesondere nachts – verschlossen wird, ohne dass der Betreute einen Schlüssel erhält oder ein Portier das jederzeitige Verlassen der Einrichtung ermöglicht,
- der Pförtner oder anderes Personal den Betreuten zurückhält, wenn er die Einrichtung verlassen will.

Abgrenzung zur Unterbringung

Legt man die auch vom *BGH* verwendete Definition zugrunde, dann muss man bei allen Maßnahmen von einer Unterbringung ausgehen, wenn sie die persönliche Bewegungsfreiheit des Betroffenen nicht nur kurzfristig auf einen bestimmten räumlichen Lebensbereich begrenzen" (vgl. Abschnitt 1.3). Anhand dieser Definition lässt sich auch die Frage leicht entscheiden, ob niedrigschwellige Rückhaltemaßnahmen wie Trickschlösser, schwergehende Türen und Zahlenkombinationen eine freiheitsentziehende Unterbringung darstellen. Selbstverständlich ja, wenn der Betroffene aufgrund dieser Maßnahmen auf bestimmte Örtlichkeiten beschränkt wird. Dies gilt dann auch für den fürsorglichen Pförtner, Überwachung und Zurückhaltung nach Kontrolle über Videoanlagen, Lichtschranken etc.

Der Gesetzgeber sollte die wenig aussagekräftige Unterscheidung zwischen Unterbringung und unterbringungsähnlichen Maßnahmen aufgeben und das Ausmaß der Prüfung der Intensität des Eingriffs anpassen. Die mit einem teuren Gutachten genehmigte Unterbringung in einer großzügig angelegten „beschützenden Abteilung" mit Innenhof, Nachtcafe einem sog. Snoezelenraum dürfte für einen Bewohner, der mit Bauchgurt und Fixierung der Extremitäten jede Nacht an sein Bett gefesselt wird, einen geradezu paradiesischen Zustand darstellen. Letztere Maßnahme kann aber immer noch mit einem dünnen ärztlichen Zeugnis begründet werden.

Praxis TIPP

Ein Betreuer sollte sich auf diesen juristischen Streit nicht einlassen. Er kann und muss ohne Rücksicht auf die Ansicht des für den Betroffenen zuständigen Gerichts die seiner Ansicht nach notwendige Maßnahme beantragen. Bei den vorläufigen Maßnahmen spielt die Unterscheidung zudem keine Rolle, da sowohl bei der Unterbringung wie auch bei den unterbringungsähnlichen Maßnahmen ein ärztliches Zeugnis genügt.

2.3.2 Voraussetzungen für den Einsatz der Maßnahmen

- Der Betroffene muss sich in einem Krankenhaus, einem Heim oder einer sonstigen Einrichtung befinden.
- Die Maßnahmen werden über einen längeren Zeitraum oder regelmäßig angewandt.

BVerfG: ab 30 Minuten Freiheitsentziehung

Die Frage, wann ein *„längerer Zeitraum"* vorliegt, wurde bisher sehr unterschiedlich beurteilt. Mit den Grundrechten unvereinbar und letztlich willkürlich war die Ansicht, der Klinik einen Zeitraum von mindestens drei Tagen (!) einzuräumen, in dem nach paternalistischer Art Pflegekräfte des Krankenhauses einen Menschen an das Bett fesseln dürfen und das auch noch ohne ärztliche Weisung (so aber *OLG Bamberg* BtPrax 2012, 175 LS). Es wurden auch andere Grenzen vertreten, wie etwa 24 Stunden oder bis zum Ablauf des nächsten Tages analog § 128 StPO (vgl. dazu *Jacobs* BtPrax 2013, 16). Eine sachliche Begründung gibt es aber für keine bestimmte Dauer, so dass jede zeitliche Begrenzung letztlich willkürlich erscheint.

Das *BVerfG* hat in seinem Urteil vom 24. 7. 2018 (Az. 2 BvR 502/16) für Fixierungen nach den Unterbringungsgesetzen bzw. den PsychKG bestimmt, dass nur kurzfristige Fixierungen von bis zu 30 Minuten keine Freiheitsentziehung darstellen und somit nicht dem Richtervorbehalt des Art. 104 Abs. 2 GG unterliegen. Diese Rechtsprechung muss auch auf die zivilrechtlich begründete Fixierung angewendet werden, weil der Staat aufgrund seiner Schutzpflicht einerseits notwendige Fixierungen zulassen muss, aber dann auch die staatliche Kontrolle über die richterliche Genehmigungspflicht ausüben muss. Dabei kann es keinen Unterschied machen, ob § 1906 BGB, das UnterbrG, ein Strafvollzugsgesetz, das neue BayPsychKHG oder das BayMRVG als Ermächtigungsgrundlage herangezogen wird, da in allen Fällen die Eingriffsintensität sehr hoch ist und der Rechtsschutz die gleichen Maßstäbe anlegen muss. Zudem betont das *BVerfG*, dass Art. 104 Abs. 2 GG unmittelbar geltendes Recht darstellt. Deshalb hat über jede Freiheitsentziehung nur der Richter zu entscheiden und nur im Ausnahmefall ist nach einer bereits durchgeführten Freiheitsentziehung die unverzügliche richterliche Entscheidung herbeizuführen.

Die zweite gesetzliche Alternative ist das *regelmäßige Entziehen der Freiheit*. Diese durchaus gängige Form der Fixierung hat das *BVerfG* in seiner grundlegenden Entscheidung nicht angesprochen. Regelmäßig erfolgt die Freiheitsentziehung, wenn sie sich in bestimmten Abständen wiederholt, das heißt in zeitlich festgelegten Intervallen oder bei wiederkehrenden Anlässen erfolgt. Das Festbinden einer Person zur gefahrlosen Verabreichung einer einmaligen Injektion (z. B. Impfung) ist daher nicht regelmäßig. Muss die Injektion wöchentlich erfolgen oder bei immer wieder auftretenden Unruhezuständen oder epileptischen Anfällen und wird der Patient dabei festgebunden, ist es eine freiheitsentziehende Maßnahme. Auf die Dauer kommt es bei der Alternative „regelmäßig" nicht an (*BGH* NJW 2015, 865).

Keine Vorratsbeschlüsse

Diese Fälle müssen aber deutlich von sog. „Vorratsbeschlüssen" abgegrenzt werden. Diese gehen nur von einem möglichen künftigen Bedarf aus und basieren nicht auf begründet zu erwartende Wiederholungen von Fixierungssituationen. Diese Grenzziehung wird möglicherweise auch das *BVerfG* akzeptieren.

- Es besteht aufgrund einer psychischen Krankheit oder geistigen bzw. seelischen Behinderung die Gefahr, dass sich der Betroffene selbst tötet bzw. erheblichen gesundheitlichen Schaden zufügt, oder es sind eine Untersuchung des Gesundheitszustandes, eine Heilbehandlung oder ein ärztlicher Eingriff notwendig, die ohne die Maßnahme nicht durchgeführt werden können.
- Der Betroffene kann aufgrund einer psychischen Krankheit oder geistigen oder seelischen Behinderung die Notwendigkeit der Maßnahme nicht erkennen oder nicht nach dieser Einsicht handeln.

Bei der Anwendung des § 1906 Abs. 4 BGB müssen wohl die etwas strengeren Voraussetzungen und Durchführungsbestimmungen beachtet werden, die das *BVerfG* in seiner Entscheidung vom 24. 7. 2018 für die öffentlich-rechtliche Unterbringung festgelegt hat.

Weitere Voraussetzungen nach BVerfG

Zusätzliche (ungeschriebene) Voraussetzungen:

- Fixierung muss unerlässlich (ultima ratio) sein, das heißt keine milderen Alternativen sind gangbar und erfolgversprechend (evtl. Isolierung, therapeutische Gespräche, Spaziergänge, Angebot beruhigender Medikamente, Festhalten etc.).
- Es muss um die Abwendung einer gegenwärtigen erheblichen Selbstgefährdung gehen oder um eine erhebliche Gefährdung bedeutender Rechtsgüter anderer.
- Anordnung und Überwachung durch einen Arzt
- Eins-zu-Eins-Betreuung während der Fixierung
- Dokumentation (Anordnung, Gründe, Durchsetzung, Dauer, Überwachung)
- Bei Scheitern des Richtervorbehalts Belehrung über die Möglichkeit, die Rechtmäßigkeit überprüfen zu lassen.

Diese zusätzlichen Voraussetzungen können wohl im Wege der verfassungskonformen Auslegung berücksichtigt werden.

2.3.3 Betreuungsgerichtliche Genehmigung

Die Maßnahmen des Betreuers bzw. Bevollmächtigten bedürfen einer betreuungsgerichtlichen Genehmigung, § 1906 Abs. 4 i. V. m. Abs. 2 BGB. Das Verfahren läuft wie bei einer Unterbringung ab, allerdings genügt ein ärztliches Zeugnis an Stelle eines Sachverständigengutachtens, §§ 321 Abs. 2, 312 Nr. 2 FamFG.

Ärztliches Zeugnis genügt in der Regel. Gutachten bringt mehr Sicherheit bei schweren Eingriffen

Das Gericht muss und darf sich nicht immer und unbesehen mit einem ärztlichen Zeugnis zufrieden geben. Gerade bei schwerwiegenden Maßnahmen, die nachhaltig die Grundrechte des Betroffenen beeinträchtigen (Bauchgurt im Bett, Fixieren der Extremitäten etc.), kann die Amtsermittlungspflicht gemäß § 26 FamFG dazu führen, dass der Richter ein Sachverständigengutachten einholen muss.

Auch andere Formen der Sachverhaltsermittlung können geboten sein. Häufig ist es für den Richter unabdingbar, die Pflegedokumentation (vgl. § 13 Abs. 1 Nr. 9 HeimG bzw. Art. 7 des bayerischen Pflege- und Wohnqualitätsgesetzes) einzusehen, um zu überprüfen, ob früher bereits Stürze vorgefallen sind und wie sich diese abgespielt haben. Nur so kann festgestellt werden, ob ein Sturz den Schluss zulässt, dass zur Sturzprophylaxe nachts ein Bauchgurt angelegt werden muss. Ist der Betroffene am hellichten Tag im Gemeinschaftsraum ausgerutscht, dann kann dies keinen Bauchgurt während der Bettruhe begründen.

2.3.4 Beispiels- und Problemfälle

Überreden ohne Zwang

Überreden ohne Zwang

Keine Freiheitsentziehung liegt vor, solange der Betreute ausschließlich durch bloße Überredung dazu gebracht werden soll, in der Einrichtung zu bleiben (z. B. wenn ein Pförtner den Betreuten davon überzeugt, dass es besser wäre, nicht ohne Begleitung auszugehen). Der Fortbewegung dürfen aber keine Hindernisse in den Weg gelegt werden. Wird die Überzeugungsarbeit mit Hilfe der Androhung von Nachteilen verstärkt, wird psychischer Druck ausgeübt oder wird dem Betroffenen keine Entscheidungsfreiheit eingeräumt, so ist die Schwelle zur Freiheitsentziehung überschritten. Das Ganze ist schon deshalb problematisch, weil man beim „Überreden" von einem einsichtigen, einwilligungsfähigen Bewohner ausgeht, der noch selbst über seine Fortbewegung entscheiden kann. Einwilligungsfähigkeit dürfte aber bei den meisten Bewohnern nicht mehr vorliegen, vor allem wenn sie besonders überwacht werden (Ortungsanlagen etc.).

Einsatz von Medikamenten

Genehmigungspflichtig sind nur solche Maßnahmen, durch welche die Freiheit „entzogen werden soll", die also zumindest auch darauf abzielen, den Betreuten an der Fortbewegung zu hindern. Dies trifft nicht zu, wenn ein anderer, z. B. therapeutischer Zweck, verfolgt wird und die Freiheitsentziehung eine nur in Kauf genommene Folge darstellt.

Medikamenteneinsatz

Vor allem bei Medikamenten ist dieser Gesichtspunkt wichtig. Schlafmittel, die gegeben werden, um Schlaflosigkeit zu beheben oder um wenigstens in der Nacht die Schmerzen des Betroffenen erträglich zu machen, fallen nicht unter § 1906 Abs. 4 BGB, auch nicht der therapeutisch begründete Einsatz von Beruhigungsmitteln bei akuten Anfällen. Hingegen greift § 1906 Abs. 4 BGB ein, wenn Sedativa verabreicht werden, um die Pflege zu erleichtern, die Hausruhe zu fördern oder die Bewohner einer Einrichtung allgemein ruhig zu stellen. Die Differenzierung wird oft schwierig sein, zumal therapeutische Zwecke auch vorgetäuscht werden können. Besonders auffällig wird dies, wenn für den Fall nächtlicher Unruhe eine sog. Bedarfsmedikamentation vom Arzt verschrieben und vom Pflegepersonal verabreicht wird. Hier liegt der Verdacht nahe, dass bei nächtlicher Unruhe, bei einer sog. Tag-Nacht-Umkehr oder altersbedingter Schlaflosigkeit eine pflegerische Versorgung nicht möglich ist und der Personalmangel mit dem Medikamenteneinsatz ausgeglichen wird. Jeder Arzt wird zudem bestätigen, dass mit steigendem Alter das Schlafbedürfnis rapide abnimmt, sodass man mit den Arzneimitteln häufig nur eine natürliche Alterserscheinung „bekämpft".

Für den medizinischen Laien ist es schwierig festzustellen, ob ein bestimmtes Medikament für den Betreuten indiziert ist und welche Ziele Arzt oder Pflegepersonal mit der Verabreichung verfolgen. Der Betreuer sollte aber regelmäßig die Medikamente, die verabreicht werden, eruieren und zumindest die Gebrauchsinformationen (Beipackzettel) durchlesen und bei Bedenken mit dem Arzt Rücksprache nehmen. Im Zweifel ist eine Maßnahme, die objektiv freiheitsentziehend ist, genehmigungspflichtig.

Praxis TIPP

Fehlmedikation im Alter vermeiden!

Medikamentierung im Alter

Bis heute wird auch von den Ärzten und Pflegekräften unterschätzt oder gar nicht erkannt, dass mit zunehmendem Alter Medikamente anders wirken. Zur Vermeidung einer gefährlichen Fehlmedikation aufgrund der im Alter neu strukturierten Reaktion auf Psychopharmaka und andere Medikamente sollte die Auswahl der Arzneimittel von einem gerontopsychiatrischen Arzt vorgenommen oder kontrolliert werden. Seit 2010 gibt es die sog. PRISCUS-Liste mit einer systematischen Zusammenstellung „potentiell inadäquater Medikation (PIM) für ältere Patienten". Diese für Deutschland vom Forschungsverband „priscus" erstellte Liste findet man im Internet unter „priscus.net". Die sog. „Beers-Kriterien" beruhen auf einer US-amerikanischen Studie und beinhalten ebenfalls eine derartige PIM-Liste mit Arzneimitteln, deren Verabreichung bei Menschen über 65 Jahren problematisch sein kann. Es sollte zusätzlich eine sorgfältige Dokumentation aller einschlägigen Medikationen, ihrer Zwecke und ihrer Anlässe verlangt, eingesehen und überprüft werden. Eine umfangreiche Informationsbroschüre zu den erwähnten Listen, verbunden mit einer Darstellung der Wirkstoffe und ihrer wesentlichen Folgen, findet sich in der Broschüre „Medikamente im Alter: Welche Wirkstoffe sind ungeeignet?" des Bundesministeriums für Bildung und Forschung (www.bmbf.de/pub/Medikamente_im_Alter.pdf, gelesen am 14. 7. 2017, Stand: Februar 2017).

PRISCUS-Liste
BEERS-Kriterien

Initiative München, ein erfolgversprechender neuer Ansatz

Initiative München

Interessante Ansätze zur Vermeidung unterbringungsähnlicher Maßnahmen durch Einsatz von Medikamenten hat die Betreuungsabteilung des Amtsgerichts München im Rahmen der sog. „Initiative München" erarbeitet. Dabei wendet das *AG München* ähnliche Strategien an, die sich auch schon beim Werdenfelser Weg als sehr zielführend erwiesen haben. Das Gericht hat in bestimmten Fällen die jährliche Berichtspflicht auch auf dieses Thema fokussiert und stellt gezielt Fragen nach der Medikamentierung. Dabei kann der Betreuer auf den persönlichen Medikamentenplan (vgl. dazu § 31a SGB V) verweisen oder eine Kopie des Medikamentenblatts der Pflegeeinrichtung vorlegen. Das Gericht überprüft diese Übersicht und hakt bei Auffälligkeiten nach. Nach einer fachlichen Diskussions- und Kommunikationsphase wird dann unter Umständen ein Genehmigungsverfahren angestoßen. Hier kommen dann pflegefachlich geschulte Verfahrenspfleger zum Einsatz und bei Bedarf Gutachter. Es können aber auch ergänzend Stellungnahmen der Betreuungsbehörden eingeholt werden. Ziel ist es, eine möglichst geringe Eingriffsintensität zu erreichen, Alternativen aufzuzeigen und so eine optimale Vorgehensweise möglichst im Konsens zu ermöglichen. Weiterführende Informationen findet man auf der Homepage des Amtsgerichts München (www.justiz.bayern.de/gerichte-und-behoerden/amtsgerichte/muenchen/spezial_1.php) unter dem Ordner „Projekte" und *Promies,* Die Initiative München, BtPrax 2019, 141.

Absperren der Zimmertür (Time-out, nächtlicher Einschluss)

a. Zusätzlich zur genehmigten Unterbringung

Absperren der Zimmertür

Im Grunde genommen handelt es sich um eine Ausgestaltung der Unterbringung ähnlich dem nächtlichen Zelleneinschluss in einer Justizvollzugsanstalt. Die Zimmertür ist genauso eine mechanische Vorrichtung wie die Ausgangstür der geschlossenen Station. Andererseits darf man es nicht der willkürlichen Entscheidung des Heims überlassen, die Freiheit gravierend weiter und vor allem intensiver einzuschränken. Deshalb sollte im Unterbringungsbeschluss die Möglichkeit des zeitlich begrenzten Absperrens der Zimmertür zusätzlich aufgeführt werden. Das Gericht muss aber dann auch die Notwendigkeit dieser Maßnahme anhand der Voraussetzungen für eine Unterbringung prüfen.

Das Betreuungsgericht muss schließlich wissen, was es genehmigt. Ansonsten könnte man dem Richter eine paradiesisch angelegte „beschützende Abteilung" vorführen und dann die Leute im Zimmer einsperren. Wird ein sog Time-out im Rahmen einer geschlossenen Unterbringung regelmäßig nötig (vgl. b. aa.), muss zusätzlich eine betreuungsgerichtliche Genehmigung vorliegen (§ 1906 Abs. 4 und 2 BGB).

b. Ohne genehmigte Unterbringung

Der sog. „Time-out"

aa. Der sog. „Time-out"

Beim sog. Time-out soll in erster Linie die Bewegungsfreiheit und das unkontrollierte Ausagieren auto- oder fremdagressiver Verhaltensweisen eingeschränkt werden. Sobald sich der Betroffene beruhigt hat, kann und soll er sich wieder frei bewegen. Die Einschränkung der Bewegungsfreiheit wird also nicht körpernah (Zwangsjacke, Fixierung, Bauchgurt etc.) ausgeübt, sondern aus Gründen der Verhältnismäßigkeit in einem sicheren Raum. Außerdem wird durch eine derartige Maßnahme nicht die Lebensführung des Betroffenen erfasst (vgl. zuvor Abschnitt 1.3). Es handelt sich demnach um eine unterbringungsähnliche Maßnahme, die allerdings mangels Nachhaltigkeit nur dann genehmigungspflichtig ist, wenn zu erwarten ist, dass dieses „Time-out" sich regelmäßig wiederholen wird (vgl. dazu *OLG Karlsruhe* FamRZ 2009, 640).

bb. Regelmäßiges Abschließen
(z. B. Nachtzeit, abgeschlossene Werkstatt für Behinderte)

Dagegen handelt es sich beim regelmäßigen Einschluss im Zimmer zur Nachtzeit oder während der Arbeitszeiten in den Werkstatträumen aufgrund der beachtlichen Zeit um eine Beschränkung auf eine bestimmte Örtlichkeit und somit um eine genehmigungspflichtige Unterbringung.

„Aussperren" ist i. d. R. kein Einsperren

c. „Aussperren" innerhalb der geschlossenen Abteilung

Zur Vermeidung von Diebstählen, unkontrolliertem Betreten der Zimmer durch Mitbewohner oder einfach zur besseren Überwachbarkeit wird in manchen Heimen der Bewohner zu bestimmten Zeiten aus seinem Zimmer ausgesperrt. Auf jeden

Fall ist hier die Zustimmung des Betreuers erforderlich. Dabei handelt es sich aber nur um eine Ausgestaltung der genehmigten geschlossenen Unterbringung. Eine gravierende Einschränkung der Bewegungsfreiheit ist darin wohl nicht zu sehen, sodass man keine spezielle Genehmigung benötigt. Das Gleiche gilt für das Absperren der Gemeinschaftsräume, eines Innenhofes oder anderer Räumlichkeiten.

Trotz der Einbuße an Lebensqualität, die man vermeiden sollte, ist das Aussperren wohl kein Einsperren.

Anlegen nicht abziehbarer Handschuhe

Verwendungsziele sog. Schutzhandschuhe

Mit dieser Maßnahme sollen das Herausziehen von Kanülen, unkontrolliertes Kotschmieren oder gesundheitsschädliches Kratzen der Haut verhindert werden. Als Ziel kann aber auch festgestellt werden, dass das Öffnen der Bettgitter oder die Lösung der Wegfahrsperre am Rollstuhl unmöglich gemacht werden soll.

Die Anwendung des § 1906 Abs. 4 BGB wird bei den erstgenannten Zielen abgelehnt, weil diese Norm nur die Einschränkung der Fortbewegungsfreiheit erfasse (vgl. *LG Aachen*, Urteil vom 3. 12. 2018, Az. 3 T415/18). Diese Auffassung kann sich auch auf die Gesetzesbegründung stützen (*BT-Drucks.* 11/4528, S. 149, 82, 54). Bei Vorliegen der zweitgenannten Ziele muss aber § 1906 Abs. 4 BGB angewendet werden.

Rechtliche Einordnung entsprechend den Zielen

Die rechtliche Einordnung basiert daher auf einer Einschätzung der verfolgten Ziele. Geht es um die geschlossenen Bettgitter, die aufgrund der Handschuhe nicht geöffnet werden können, oder um die Wegfahrsperre, liegt eine freiheitsentziehende Maßnahme im Sinne von § 1906 Abs. 4 BGB vor.

Grundvoraussetzungen für alle Anwendungsfälle

Aber auch die anderen Ziele führen zu Einschränkungen der körperlichen Bewegungsfreiheit der Finger und stellen eine massive Beeinträchtigung des Rechts auf freie Entfaltung der Persönlichkeit dar. Im Normalfall wäre das Anbringen der Handschuhe strafrechtlich als Nötigung zu werten, die nur wegen der fehlenden Verwerflichkeit rechtmäßig wäre. Es gilt also nicht § 1906 Abs. 4 BGB, aber auch in diesen Fällen müssen Grundvoraussetzungen beachtet werden. Deshalb sind in jedem Fall hohe Anforderungen zu erfüllen:

- Die Maßnahmen müssen dem Wohl des Betroffenen dienen.
- Das Vorgehen muss alternativlos sein.
- Entsprechende Handschuhe dürfen nur angelegt werden, wenn die Sicherheit gewährleistet ist.
- Es darf nur professionelles, bewährtes Material angewendet werden und zwar so, dass die allgemein anerkannten fachlichen Standards erfüllt sind.

Obwohl es professionelles Equipment (z. B. gepolsterte Patientenschutzhandschuhe/ Fäustlinge) gibt, erfolgt die Umsetzung häufig auf eine amateurhafte und gefährliche Art und Weise, z. B. durch „Umwickeln der Hand mit einem Waschlappen“. Verhindert wird in der Regel auch die Möglichkeit, einen Alarmknopf zu bedienen. Die fehlende Möglichkeit, den Alarmknopf zu betätigen, muss durch andere Maßnahmen kompensiert werden (Sitzwache oder engmaschige Überprüfung). Als Aufgabenkreis dürfte Gesundheitsfürsorge ausreichen.

Das Ziel der Entlastung des Pflegepersonals, insbesondere zur Nachtzeit, wäre sicher keine Rechtfertigung dieser Einschränkung und würde u. U. den Vorwurf der Verwerflichkeit gemäß § 240 Abs. 2 StGB erfüllen. Selbstverständlich muss immer der Betreuer die Maßnahme bestimmen und nicht die Einrichtung.

Fixieren auf dem Toilettenstuhl

Dazu ein Beispiel aus der Rechtsprechung (*AG Nidda* BtPrax 2007, 140): Eine 72-jährige Betroffene wehrt sich nicht gegen Bauchgurt bzw. Schranke auf dem Toilettenstuhl.

Fixieren auf dem Toilettenstuhl

Nach Ansicht des Gerichts bestehe keine Genehmigungspflicht, da die Fixierung nur kurze Zeit erfolge und kein Widerstand geleistet werde. Allerdings sei eine Zustimmung des Betreuers erforderlich. Es handle sich nur um eine „Beaufsichtigungsmaßnahme". Vom Ergebnis her mag man dem zustimmen. Die Begründung ist aber nicht haltbar. Einen Widerstand zu verlangen, erscheint abwegig, weil ansonsten derjenige, der sich einschüchtern lässt, auch noch den Rechtsschutz verliert. Der Begriff „Beaufsichtigungsmaßnahme" steht ebenfalls nicht im Gegensatz zu einer Freiheitsentziehung. Die Kürze der Zeit ist gleichfalls kein Kriterium, weil es das Gesetz genügen lässt, wenn die Beschränkung regelmäßig erfolgt. Man wird sich aber fragen müssen, ob man bei diesem Sachverhalt nicht davon ausgehen muss, dass die Betroffene keine gewillkürten Bewegungen mehr ausführen kann und deshalb die Zustimmung des Betreuers genügt.

2.3.5 Mindeststandards in Bezug auf eine Fixierung

Der Europäische Ausschuss zur Verhütung von Folter und unmenschlicher oder erniedrigender Behandlung (CPT) hat am 28. 7. 2006 Grundsätze und Mindeststandards für die zwangsweise angeordnete Fixierung von Patienten bzw. untergebrachten Personen in psychiatrischen Krankenhäusern und vergleichbaren Einrichtungen erstellt. Ausführlich dazu aktuell „CPT Standards" S. 57 Rn. 43 bis 54 herunterzuladen unter: www.institut-fuer-menschenrechte.de/fileadmin/user_upload/PDF-Dateien/Europarat_Dokumente/CPT_Standards_de.pdf

Fixierung als letztes Mittel

- In Bezug auf die angemessene Nutzung sollte die Fixierung nur als letztes Mittel eingesetzt werden, um das Schadensrisiko für den Einzelnen oder andere abzuwenden, und nur wenn alle anderen vernünftigen Alternativen diese Risiken nicht zufriedenstellend eindämmen können; sie sollte nie als Bestrafung oder zum Ausgleich von Personalmangel im Fachkräftebereich eingesetzt werden.
- Jede Fixierung sollte entweder ausdrücklich von einem Arzt angeordnet oder einem Arzt unmittelbar gemeldet werden.

Personal muss im Umgang mit der Ausrüstung geschult sein

- Die eingesetzte Ausrüstung sollte mit dem Ziel entwickelt worden sein, schädliche Auswirkungen, Beschwerden und Schmerzen während der Beschränkung der Freiheit zu begrenzen. Das Personal muss im Umgang mit der Ausrüstung geschult werden.

Fixierung so kurz wie möglich

- Die Dauer der Fixierung sollte so kurz wie möglich sein (üblicherweise Minuten oder ein paar Stunden). Bei einer ausnahmsweise erfolgten Verlängerung der Beschränkung der Bewegungsfreiheit sollte eine weitere Überprüfung durch einen Arzt gewährleistet sein. Tagelang dauernde Beschränkungen der Bewegungsfreiheit können keinesfalls gerechtfertigt werden und stellen Misshandlungen dar.
- Die Fixierung sollte normalerweise außerhalb des Blickfeldes von Personen, die nicht zum Personal gehören, erfolgen, es sei denn, es ergeben sich klare Vorteile für die betreffende Person.

- Jede Fixierung einer Person muss in einem speziellen Register festgehalten werden, das zu diesem Zweck erstellt wird. Im Eintrag sollten enthalten sein, Zeitangaben zu Beginn und Ende der Maßnahme, die Umstände des Falles, die Gründe für den Rückgriff auf die Maßnahme, der Name des Arztes, der die Maßnahme anordnete oder bewilligte und eine Darstellung eventueller Verletzung, die die Person oder das Personal erlitt. ***Registrierung der Maßnahmen***
- Fixierte Personen sollten vollständig über die Gründe der Maßnahme informiert werden. ***Aufklärung der fixierten Person***
- Die Leitung jeder Einrichtung, in der die Fixierung angewendet werden könnte, sollte allen Pflegekräften formelle schriftliche Leitlinien zur Verfügung stellen, die die obigen Kriterien berücksichtigen. ***Schriftliche Leitlinien***

In Bezug auf die Überwachung von fixierten Personen sollten in Anbetracht der potentiellen Risiken, die mit dem Rückgriff auf diese Maßnahme verbunden sind, folgende zusätzliche Sicherheitsmaßnahmen getroffen werden:

- Im Zusammenhang mit einer medizinischen Behandlung sollten der Geisteszustand und der körperliche Zustand einer fixierten Person jederzeit ununterbrochen und unmittelbar durch einen bestimmten, zum medizinischen Personal gehörenden Mitarbeiter überwacht werden, der der betroffenen Person unmittelbaren menschlichen Kontakt ermöglichen kann, ihre Ängste mindern kann, mit ihr sprechen und schnell auf sie eingehen kann, auch auf ihre persönlichen Bedürfnisse in Bezug auf die Nahrungsaufnahme, die Hygiene sowie das Urinieren und die Darmentleerung. Diese individuelle Überwachung durch das Personal sollte innerhalb des betreffenden Raums selbst stattfinden (Sitzwache) oder, wenn der Patient dies wünscht, in unmittelbarer Nähe der Tür (in Hörweite und so, dass sofort persönlicher Kontakt hergestellt werden kann). Der überwachende Mitarbeiter sollte verpflichtet sein, einen schriftlichen Verlaufsbericht zu führen. Des Weiteren sollte die betroffene Person die Möglichkeit haben, während und auf jeden Fall baldmöglichst nach der Beschränkung in ihrer Bewegungsfreiheit über ihre Erfahrung zu sprechen. Diese Besprechung sollte immer vom medizinischen Personal oder von einem anderen, angemessen geschulten Mitarbeiter durchgeführt werden. ***Während der Fixierung ist persönliche Überwachung erforderlich***
- Im Zusammenhang mit der Pflege sollten fixierte Personen grundsätzlich von entsprechenden Sicherheitsmaßnahmen profitieren, wobei eine Überwachung, die lediglich über Video und/oder Mikrofone erfolgt, nicht ausreicht. Auch hier sollte die betroffene Person ununterbrochen und unmittelbar überwacht werden, entweder durch einen bestimmten, zum medizinischen Personal gehörenden Mitarbeiter, oder durch einen anderen, entsprechend geschulten Mitarbeiter, der nicht an den Ereignissen beteiligt war, die zur Anwendung der Fixierung führten. ***Videoüberwachung reicht nicht aus***

Man kann davon ausgehen, dass diese Standards zurzeit in der Altenpflege nicht eingehalten werden (können?). Die Umsetzung einiger Kernforderungen (Sitzwache, Fixierung nur für Minuten oder ein paar Stunden) wird mit dem Hinweis auf einen erheblichen Personalaufwand abgelehnt. Andere Punkte, wie etwa die Berücksichtigung vernünftiger Alternativen, Schulung des Personals, Verwendung moderner und sicherer Fixierungsmittel, schriftliche Leitlinien und das Erstellen einer vernünftigen Dokumentation können und müssen aber bereits jetzt beachtet werden.

Eins-zu-eins-Betreuung

Die grundlegende Entscheidung des *BVerfG* (Beschluss vom 24. 7. 2018, Az. 2 BvR 502/16) setzt auch hier neue Maßstäbe und zwar vor allem für die sog. 5-Punkt- oder 7-Punkt-Fixierung und funktionsäquivalente Maßnahmen. Verlangt wird grundsätzlich eine Eins-zu-eins-Betreuung durch „therapeutisches oder pflegerisches Personal" (*BVerfG* a. a. O. Rn. 83).

2.3.6 *Zwang zur Reduzierung von Zwangsmaßnahmen (Alternativen)*

Gesetzliche Grundlagen zur Regulierung und Reduzierung

Freiheitsrechte genießen einen hohen verfassungsrechtlichen Schutz

Das Bestreben, freiheitsbeschränkende Maßnahmen zu verhindern oder durch mildere Maßnahmen humaner zu gestalten, hat einen hohen verfassungsrechtlichen Rang. Dem Satz „die Freiheit der Person ist unverletzlich" (Art. 2 Abs. 2 Satz 2 GG) folgt die Verfahrensgarantie, wonach in diese Freiheit nur aufgrund eines förmlichen Gesetzes eingegriffen werden darf. Das besondere Gewicht der Freiheitsgarantie des Art. 2 Abs. 2 GG hat das *BVerfG* mehrfach hervorgehoben, vor allem auch mit der Forderung, dass die Freiheit des Einzelnen nur in einem mit wesentlichen formellen Garantien ausgestatteten Verfahren entzogen werden darf. Die Freiheit der Person ist ferner ein so hohes Rechtsgut, dass sie nur aus besonders gewichtigem Grund angetastet werden darf. Wie bereits in der Entscheidung des *BVerfG* zur Zwangsmedikation (BtPrax 2011, 253) muss man auch bei den freiheitsentziehenden und beschränkenden Maßnahmen von einem Verstoß gegen das Selbstbestimmungsrecht ausgehen.

Auch bei den freiheitsbeschränkenden Maßnahmen gemäß § 1906 Abs. 4 BGB muss die VN-BRK berücksichtigt werden. Es ist daher sicherzustellen, dass „Menschen mit Behinderungen gleichberechtigt mit anderen die Freiheit nicht rechtswidrig oder willkürlich entzogen wird, dass jede Freiheitsentziehung im Einklang mit dem Gesetz erfolgt und dass das Vorliegen einer Behinderung in keinem Fall eine Freiheitsentziehung rechtfertigt" (Art. 14 VN-BRK). Ebenso wird der Staat gemäß Art. 16 Abs. 3 VN-BRK verpflichtet, zur „Verhinderung jeder Form von Ausbeutung, Gewalt und Missbrauch" zu gewährleisten, dass „alle Einrichtungen und Programme, die für Menschen mit Behinderungen bestimmt sind, wirksam von unabhängigen Behörden überwacht werden". An diesem Maßstab muss sich die Heimaufsicht orientieren. Ähnliche Kontrollinstanzen müssen aber auch für andere „Unterbringungen" eingerichtet werden, wie etwa die geschlossenen gerontopsychiatrischen Abteilungen in den psychiatrischen Krankenhäusern.

In zahlreichen einfachgesetzlichen Regelungen werden die verfassungsrechtlichen Vorgaben, aber auch die der VN-BRK konkretisiert und damit letztendlich auch zum Maßstab für die rechtlichen Beziehungen und zwar nicht nur durch die betreuungsrechtlichen Regelungen im BGB und FamFG, sondern z. B. auch zwischen Heim, Pflegekassen und Bewohnern durch die §§ 11, 12 SGB XI bzw. §§ 2, 11 HeimG (bzw. Art. 1 und 3 PfleWoqG).

Eingriffe müssen verhältnismäßig sein

Die Einschränkung dieser Freiheit ist daher stets der strengen Prüfung am Grundsatz der Verhältnismäßigkeit zu unterziehen. Daraus rechtfertigt sich auch die intensive Suche nach Alternativen. Was im Strafvollzug zugunsten verurteilter Straftäter längst anerkanntes Allgemeingut ist, muss im Bereich der zivilrechtlichen Unterbringung in das Bewusstsein der Verantwortlichen gerückt werden. Sicherheitsdenken, Routine, Lethargie und das falsche Bewusstsein, dass man nichts ändern kann, dürfen neue Wege nicht versperren.

Todes- und Unglücksfälle

Todesfälle und Unfälle bei angewandter freiheitsentziehender Maßnahme

Neben den gesetzlichen Vorgaben gebieten die mit freiheitsbeschränkenden Maßnahmen verbundenen gesundheitlichen Gefahren, bis hin zu zahlreichen Todesfällen, eine intensive Prüfung der Erforderlich- und Verhältnismäßigkeit. Unfälle bei Fixierungen, aber auch Bettgittern werden v. a. verursacht durch die unsachgemäße Anwendung von Fesselungs- und Rückhalteinstrumenten. Für den Zeitraum 1997 bis 2010 hat eine Untersuchung der Rechtsmedizin für den Bereich Südbayern 22 Todesfälle festgestellt, bei denen der Todeseintritt allein auf die jeweilige Fixierung zurückzuführen war (Dt. Ärzteblatt 2012, 27). Die Rechtsmedizin in Hamburg hat 17 derartige Fälle begutachtet. Das Bundesinstitut für Arzneimittel und Medizinprodukte (BfArM) berichtet schließlich von 16 tödlichen Unfällen, verursacht durch Einklemmungen bei Kranken- und Pflegebetten (vgl. www.bfarm.de, Rubrik Medizinprodukte, wissenschaftliche Aufarbeitung). Darüber hinaus gibt es wohl eine nicht unerhebliche Dunkelziffer und eine Vielzahl von nicht tödlich verlaufenden Unfällen. Der Wunsch nach mehr Sicherheit durch Fixierungen verkehrt sich damit häufig in sein Gegenteil.

Gerade bei der Verwendung von Bauchgurt-Fixierungssystemen müssen alle Verantwortlichen das hohe Risiko bei fehlerhafter oder nicht fachgerechter Anwendung im Auge behalten. Pflegekraft, Pflegedienstleitung und Heimleitung stehen in der Pflicht, in ihrem Verantwortungsbereich alles zu tun, um die Sicherheit bei Fixierungen zu garantieren. Zu beachten sind dabei z. B. die Empfehlungen und Warnungen des Bundesinstituts für Arzneimittel und Medizinprodukte (BfArM). So kommt die BfArM unter der Vorgangsnummer 1816/12 zu folgender Einschätzung: „Bauchgurte zur Patientenfixierung im Bett haben konstruktiv sicherzustellen, dass sie sich nicht von der Taille aus weiter kopfwärts verlagern können. Zudem hat die Gurtkonstruktion auch eine Verlagerung des Patienten über die Bettkante hinaus zu verhindern. Fixiergurte, welche diese Eigenschaften nicht aufweisen, sind nicht mehr anzuwenden oder sind entsprechend nachzurüsten (www.bfarm.de/SharedDocs/Risikoinformationen/Medizinprodukte/DE/fixierungssysteme.html). Wer diese Vorgaben nicht beachtet, handelt schuldhaft und haftet straf- und zivilrechtlich.

Warnungen des BfArM beachten

Strafrechtliche Folgen bei freiheitsentziehenden Maßnahmen

Strafrechtliche Folgen

Es stellt sich natürlich die Frage nach den strafrechtlichen Konsequenzen. Diese Folgen werden von den Akteuren (Pflegepersonal, Heimleitung) häufig unterschätzt. Kommt es zu Unfällen im Zusammenhang mit unterbringungsähnlichen Maßnahmen, können neben den menschlichen auch die strafrechtlichen Folgen sehr gravierend sein. In Betracht kommen fahrlässige Körperverletzung gemäß § 229 StGB, strafbar mit Freiheitsstrafe bis zu drei Jahren oder fahrlässige Tötung gemäß § 222 StGB, Freiheitsberaubung gemäß § 239 StGB oder Aussetzung gemäß § 221 StGB mit einer Höchststrafe von fünf Jahren. Da es sich um Höchststrafen handelt, mag es einem wohlgesonnenen Staatsanwalt oder Strafrichter noch möglich sein, eine milde Geldstrafe zu verhängen oder gar einer Einstellung zuzustimmen. Es gibt allerdings einige Qualifikationen, die zu einem bedrohlicheren Strafrahmen führen. Kommt es etwa während einer nicht genehmigten Freiheitsentziehung oder Aussetzung („in hilflose Lage versetzt") zum Tod des hilflosen Heimbewohners bzw. des der Freiheit Beraubten, sehen die §§ 239 Abs. 4 und 221 Abs. 3 StGB eine Mindestfreiheitsstrafe von drei Jahren vor, die nicht mehr zur Bewährung ausgesetzt werden kann. Nur in minder schweren Fällen, die angesichts des oft qualvollen Todes kaum zu begründen sein werden, kann man diesen Strafrahmen unterschreiten und zu einer Mindeststrafe von immerhin noch einem Jahr gelangen.

Praxis TIPP

Man sollte nur bei Missständen, unverantwortlicher Sorglosigkeit und offensichtlichem Unwillen der Heimverwaltung mit drohendem Unterton auch diese strafrechtlichen Folgen offen ansprechen, damit den Verantwortlichen die möglichen Konsequenzen klar werden. Häufig hat man den Eindruck, dass fehlende Genehmigungen nicht dramatisiert werden, weil in der Regel niemand ein Interesse an der Strafverfolgung hat und daher in der Tat nichts passiert.

Auf der anderen Seite wird im Hinblick auf spezielle Projekte (Stichwort: „Freimut", „ReduFix-Projekt") behauptet, man könne zahlreiche freiheitsentziehende Maßnahmen bei dementiell Erkrankten mit der richtigen Einstellung vermeiden. Dieses Potential muss erkannt und ausgeschöpft werden.

Man muss allerdings zunächst realistisch die Vor- und Nachteile abwägen. Dazu soll folgende Übersicht Anhaltspunkte und Denkanstöße geben:

Vor- und Nachteile abwägen

Nachteile	Vorteile
Gesundheitsschäden: Muskelabbau Minderung der Ausdauer Gelenkversteifung Kontrakturen Dekubitus Thrombose Embolie Pneumonie Gleichgewichtsstörungen Immobilität fördert Bettlägerigkeit Unfälle mit tödlichem Ausgang oder schweren Körperverletzungen	Selbst- und Fremdgefährdungen werden vermieden: Stürze Weglaufen und hilfloses Herumirren Aufsuchen fremder Zimmer Aggressionen gegenüber Pflegepersonal und Mitbewohnern
Strafrechtliche Folgen bei Unfällen mit oder ohne fehlender Genehmigung Zivilrechtliche Haftungsgefahr bei Unfällen	Strafrechtliche Folgen z. B. wegen fahrlässiger Körperverletzung, weil Sicherungsmaßnahmen pflichtwidrig unterlassen wurden Vermeidung der zivilrechtlichen Haftungsgefahr bei Unfällen
Steigerung der Angst, Erregung und Unruhe Aggressivität oder Depressionen erhöhen sich und machen intensivere freiheitsentziehende Maßnahmen und höheren Medikamenteneinsatz erforderlich (Teufelskreis)	Sturzfolgeschäden (ca. 100.000 Oberschenkelhalsbrüche jährlich bei älteren Menschen): • schmerzhafte Einschränkungen • erhöhter Pflegebedarf • soziale und seelische Nachteile (Angst vor weiteren Stürzen, Rückzug, Unsicherheit und Isolation)
Arbeits- und Kostensteigerung • Dokumentation • Antrag auf Genehmigung • Aus- und Fortbildung d. Personals • Anschaffungspreis • Höherer Kontrollaufwand • Heimleitung muss Einhaltung der Standards überprüfen	Kostenminderung • Personal- und Kosteneinsparung (i. d. R. nur zu erzielen, wenn die korrekte Überwachung und Kontrolle fixierter Bewohner unterlassen wird) • Professionelle Sturzprophylaxe kostet Geld und personelle Ressourcen
Schnelle Evakuierung bei Gefahr (Brand) nicht möglich	
Schuldgefühle beim Personal Grund: Freiheitsentzug ist menschenunwürdige Körperkontrolle, Demütigung, Unterdrückung	

Eine sinnvolle Kontrolle und eigenverantwortliche Entscheidung ist aber dem Betreuer nur möglich, wenn er die verschiedenen Alternativen kennt. Es gibt eine Fülle von Maßnahmen, deren Sinnhaftigkeit im konkreten Einzelfall geprüft werden muss. Dazu eine unsystematische Übersicht, die keinen Anspruch auf Vollständigkeit für sich beanspruchen kann:

Alternativen

Maßnahmen zur Vermeidung oder Reduzierung von Fixierung, Fesselung und anderer Zwangsmaßnahmen				
Räumliche Gestaltung	**Dokumentation**	**Personal**	**Hilfsmittel**	**Aktivitäten b. Betroffenen**
Farbe, Lichtverhältnisse, Markierungen, Hinweisschilder, Wegweiser	Biographiearbeit, Angehörige und Betreuer einbinden und beraten	Personaleinsatz optimieren	Hüftprotektoren, Sturzhelme, Rollatoren Gehfrei	Zuwendung, Aufmerksamkeit, Steigerung des Selbstwertgefühls
Automatische Beleuchtung, Bewegungsmelder, sicherer Weg zur Toilette in der Nacht	Sturzdokumentation und regelmäßige Analyse zur Vermeidung neuer Unfälle	Personalmotivation und Weiterbildung	Sensormatten	Nachtcafé, Abendbetreuung, (evtl. stationsübergreifend bei großen Heimen), späteres Zubettgehen, Genussmittel am Abend
„Snoezelraum" Wohlfühlbereich, Kuschelecke mit Sphärenmusik	Krankheitsverlauf (z. B. epileptische Anfälle, Kreislaufprobleme)	Wadlbeißer als Ombudsmann für Betroffene, interdisziplinäres Team bilden, regelmäßige Prüfungen, Arbeitsgruppe „Entfesselung"	Alarmsystem bei Verlassen des geschützten, sicheren Bereichs, Funkglocken, Notrufanlagen, Sturzalarmierung Funkfinger	Spaziergängergruppe, Fitnessraum, Musik
Garten mit Gestaltungsmöglichkeit, Anbau, gefahrloser Ausgang	Ernährungskontrolle (insbes. ausreichende Flüssigkeitszufuhr)	Externen Sachverstand nutzen: z. B. Psychiater, Ergotherapeuten	Videoüberwachung	Kochen, Backen, Hauswirtschaft, Gartenarbeit
Handläufe, Sitzgelegenheiten auf dem Gang (Ermüdung)	Dauer und Art der u. ä. Maßnahme. Reaktionen des Betroffenen	Regelmäßige Fallbesprechungen	Antirutschsocken, stabiles orthopädisches Schuhwerk	körperliches Training: Gymnastik, Kraft-, Balance-, Gleichgewichtstraining
Stolperfallen beseitigen	Medikamentenkontrolle (Vermeidung von Medikamenten mit Nebenwirkung Unruhe)	Supervision	Sehkraftkontrolle beim Augenarzt, Brillen anpassen	
Sitz- und Ruhegelegenheiten auf den Gängen		Expertenstandard „Sturzprophylaxe in der Pflege" implementieren	Dreigeteilte Bettgitter an den Pflegebetten	
Rutschsichere Bodenbeläge			Absenkbare Pflegebetten (Niederflurbetten)	
			Erhöhung des Bettgitters (dafür kein Bauchgurt)	
			Pflege-, Bettnest (Matratze am Boden, seitliche Stütze durch Polster)	
			„Schlafsack" anstatt Bauchgurt	

Sturzprophylaxe ohne Fixierung sollte immer mit einer Medikamentenkontrolle beginnen, da zahlreiche Arzneimittel im Alter andere Wirkungen verursachen, wozu auch ein höheres Sturzrisiko gehören kann (vgl. dazu die sog. PRISCUS-Liste, Abschnitt 2.3.4 „Einsatz von Medikamenten").

„Bettnest" vermeidet Bauchgurt

Auch in der Rechtsprechung finden sich bereits einige Ansätze, die eine strikte Beachtung des Verhältnismäßigkeitsgrundsatzes anmahnen. So betont etwa das *OLG München* (FamRZ 2006, 441), dass nach den Umständen des konkreten Einzelfalls freiheitsentziehende Maßnahmen, die zur Vermeidung von Sturzgefahren für den Betroffenen während der Nacht vorgesehen sind (z. B. Bettgitter, Bauchgurt), unverhältnismäßig und damit nicht genehmigungsfähig sein können, wenn der Betroffene auch in einem sog. Bettnest (Matratze am Boden, umgeben von zusätzlichen Polstern) schlafen kann.

Es gibt aber keinen Königsweg, kein alles revolutionierendes Projekt, sondern nur einen Umdenkungsprozess. Die lapidare Begründung „Sturzgefahr“, „motorische Unruhe“ oder „zum Selbstschutz“ sollte man aber nicht mehr ungeprüft akzeptieren. Wichtig ist in diesem Zusammenhang, dass der Betreuer nachhakt, die Pflegedokumentation, die häufig sehr interessant ist, durchsieht und Alternativen diskutiert oder anmahnt.

Information durch den „Werdenfelser Weg“

Wer sich aktuell über die Möglichkeiten der Vermeidung von Fixierungen, freiheitsentziehende Verabreichung von Medikamenten und andere freiheitsbeschränkende Maßnahmen informieren will, sollte die Homepage des Werdenfelser Wegs (www.werdenfelser-weg-original.de/) besuchen und sich dort auch in den E-Mail-Verteiler aufnehmen lassen. Es handelt sich dabei um ein weit über die Grenzen Bayerns hinaus bekanntes Projekt des Betreuungsgerichts und des Landratsamts Garmisch-Partenkirchen. In entsprechenden Unterbringungsverfahren werden besonders fachkundige Verfahrenspfleger vom Gericht herangezogen, um eine möglichst professionelle Suche nach Ursachen und Alternativen zu erreichen. Darüber hinaus werden Pflegeeinrichtungen informiert und bei Bedarf geschult. Hier finden sich aber auch interessante aktuelle Gerichtsentscheidungen und neue technische Entwicklungen.

S3-Leitlinie „Verhinderung von Zwang: Prävention und Therapie aggressiven Verhaltens bei Erwachsenen“

Umfassende Informationen aus dem Bereich der wissenschaftlichen Medizin zum Thema „Umgang mit aggressivem Verhalten und Zwang in der Psychiatrie“ können in der S3-Leitlinie „Verhinderung von Zwang: Prävention und Therapie aggressiven Verhaltens bei Erwachsenen“ (Langversion – Fassung vom 1. 7. 2018 kostenlos herunterzuladen unter: https://www.awmf.org/leitlinien/detail/ll/038-022.html) nachgelesen werden.

Dort finden sich etwa die Ergebnisse zahlreicher auch internationaler Untersuchungen zu der Frage, welche Zwangsmaßnahmen die Patienten am wenigsten belastend empfinden. Erstaunlich ist, dass zu fast jeder Zwangsmaßnahme unterschiedliche Ergebnisse präsentiert werden. Das Spektrum reichte dabei von „time-out“, Eins-zu-eins-Betreuung, Isolierung, Angebot oder Verabreichen von Medikamenten über therapeutische Gespräche, Spaziergängen und Festhalten durch das Pflegepersonal. Im Ergebnis muss daher präferiert werden, dass möglichst viele Reaktionsmöglichkeiten angeboten werden müssen, damit die individuell beste Lösung gefunden werden kann. Auch zu anderen Fragen aus dem Bereich freiheitsbeschränkender Maßnahmen finden sich in der aktuellen S3-Leitlinie Antworten auf höchsten wissenschaftlichem Niveau.

2.3.7 Maßnahmen außerhalb der Einrichtung

Keine Genehmigungspflicht im häuslichen Bereich

Freiheitsentziehende Maßnahmen im häuslichen Bereich fallen nicht unter die Genehmigungspflicht des § 1906 Abs. 4 BGB. Dort müssen wir weiterhin eine rechtliche Grauzone akzeptieren, weil es mangels Genehmigungsverfahrens keine sicher festgestellte, rechtliche Befugnis gibt. Eigentlich ist diese Wertung des Gesetzgebers, der nur bei einem Aufenthalt in einer Anstalt, Heim oder sonstigen Einrichtung ein förmliches Genehmigungsverfahren anbietet, unverständlich. Die Gefahrenlage ist gerade im Heim geringer. Viel Personal, Besucher, Heimaufsicht schaffen schon eine hohe Transparenz, die im häuslichen Bereich immer fehlt. Der Pflicht des Staates, effektive Kontrollen zu schaffen, wird hier in eklatanter Weise nicht nachgekommen.

Ausnahme: Heimsituation

Einen Ausnahmefall hat das *LG München* allerdings dann bejaht, wenn der häusliche Bereich durch ambulante Dienste, bei fehlender privater Pflege, so umgestaltet wird, dass faktisch eine Heimsituation gegeben ist. Allen weiteren Versuchen, den häuslichen Bereich unter den Begriff „sonstige Einrichtung“ zu subsumieren, hat das *BayObLG* (BtPrax 2003, 37) zu Recht einen Riegel vorgeschoben.

Rechtsgrundlage

Die Aussage, dass zu Hause alles erlaubt sei, ist aber trotzdem falsch. Auch hier muss eine Rechtsgrundlage vorliegen, wobei regelmäßig auf den rechtfertigenden Notstand gemäß § 34 StGB zurückgegriffen wird. Es bedürfe nur nicht der richterlichen Genehmigung (*AG Garmisch-Partenkirchen*, Beschluss vom 28. 5. 2019, Az. A XVII 9/18).

§ 34 StGB ist eine umstrittene Notlösung

Die Anwendung des § 34 StGB für eine auf Dauer erforderliche Maßnahme im häuslichen Bereich würde diese strafrechtliche Rechtfertigungsnorm unzulässiger Weise in eine allgemeine Eingriffsbefugnis umfunktionieren. Darüber hinaus kann nicht von einer „anders nicht abwendbaren Gefahr" im Sinne des § 34 StGB gesprochen werden. Eine ständige Beaufsichtigung, Niederflurbetten und andere „Sturzvermeidungsstrategien" haben absoluten Vorrang und entziehen dem § 34 StGB die Anwendbarkeit.

Indirekt hat auch das *BVerfG* in seiner Fixierungsentscheidung (*BVerfG*, Urteil vom 24. 7. 2018, Az. 2 BvR 309/15) den § 34 StGB als Rechtfertigungsgrundlage abgelehnt. Die zugrunde liegende vom *BVerfG* aufgehobene Entscheidung des *OLG München* wurde nämlich in erster Instanz auf § 34 StGB gestützt. In Kenntnis dieses Umstands hat das *BVerfG* jedoch die Entscheidung aufgehoben, weil es keine rechtliche Grundlage für die Fixierung gegeben habe.

Es stellt sich dann im Rahmen des § 34 StGB auch die Frage, wo die Grenzen sind (Unterbringung, Fixierung, Ruhigstellung mit Medikamenten, Zwangsbehandlung etc.). Die antiquierte Begründung – keine staatliche Einmischung im häuslichen Bereich – erinnert fatal an die längst aufgegebene Theorie vom „besonderen Gewaltverhältnis". Nach den Soldaten, Strafgefangenen und Schülern sollten auch hilfsbedürftige Familienangehörige in den Genuss der Abschaffung des besonderen Gewaltverhältnisses kommen.

Ein gesetzlich geregelter Genehmigungsvorbehalt wäre daher keine Einschränkung der Möglichkeiten im häuslichen Bereich, sondern eine Erweiterung.

Möglicherweise wird das *BVerfG* auch für den häuslichen Bereich die von ihm immer betonte staatliche Fürsorge einbringen, die es zur Pflicht machen kann, Fixierungen zu erlauben und staatlich zu kontrollieren. Das *BVerfG* hat in seiner Entscheidung vom 24. 7. 2018 (Az. 2 BvR 502/16 Rn. 82) Folgendes ausgeführt: „Betroffener muss vor allem davor geschützt werden, dass seine Grundrechte etwa aufgrund von Eigeninteressen der Einrichtung oder ihrer Mitarbeiter – insbesondere bei Überforderungen, die im Umgang mit oft schwierigen Patienten auftreten können –, bei nicht aufgabengerechter Personalausstattung oder aufgrund von Betriebsroutinen unzureichend gewürdigt werden." Diese Missbrauchsgefahr kann auch bei pflegenden Angehörigen bestehen, die durch die immensen Anforderungen, die eine Pflege der Verwandten mit sich bringen kann, überfordert sind.

Beispiel für den Beschluss über die Genehmigung einer freiheitsbeschränkenden Maßnahme

Amtsgericht
Aburg
– Betreuungsgericht –
Amtsweg 20, 00000 Aburg
Telefon: 000000; Fax: 00000

BETREUUNGEN

Geschäftsnummer: XVII 1111/17
UL23/11

Aburg, 30. 9. 2019

Im Verfahren über freiheitsentziehende Maßnahmen für

Helga Muster, geboren am 23. 5. 1921,
Musterweg 1, 00000 Aburg – Betroffene –

Peter Muster, Auweg 3, 00000 Aburg – Betreuer –

Rechtsanwalt Herbert Mustermann,
Kranichweg 1, 00000 Aburg – Verfahrenspfleger –

ergeht folgender

Beschluss

1. Die zeitweise oder regelmäßige Freizeitsentziehung der Betroffenen durch

   Anbringen eines Bettgitters
   wird bis zum 29. 9. 2019 genehmigt,

   wobei sich der Durchführende vor und während der Maßnahme jeweils von der Unbedenklichkeit überzeugen muss, sich die Beschränkung immer nur auf das unbedingt erforderliche Maß erstrecken darf, eine schriftliche Aufzeichnung über Art und Dauer zu erstellen ist und das Personal für die Betroffene stets erreichbar sein muss.
2. Die sofortige Wirksamkeit wird angeordnet.

Gründe

Es ist erforderlich, zum Wohl der Betroffenen die genannte freiheitsentziehende Maßnahme gemäß § 1906 Abs. 1 Nr. 1, Abs. 4 BGB zu genehmigen.

Die Betroffene leidet an einer der in § 1896 Abs. 1 Satz 1 BGB aufgeführten Krankheiten, nämlich einer senilen Demenz vom Alzheimer Typ.

Die Betroffene hat zurzeit keine ausreichende Krankheitseinsicht, ist zu einer freien Willensbildung zumindest hinsichtlich der Entscheidungen im Zusammenhang mit der Erkrankung nicht in der Lage und vermag auch die Notwendigkeit der freiheitsentziehenden Maßnahmen nicht zu erkennen. Sie ist bereits mehrfach bei dem Versuch, nachts aufzustehen, gestürzt.

Es besteht deshalb die Gefahr, dass sie sich erheblichen gesundheitlichen Schaden zufügt.

Die Betroffene benötigt zurzeit die oben im Einzelnen aufgeführten mechanischen Beschränkungen, um Verletzungen durch Sturz, aggressive Verhaltensweisen oder unkontrollierte Bewegungen zu verhindern.

Die Betroffene kann aufgrund des geschilderten Zustandes die Notwendigkeit der Maßnahme nicht erkennen bzw. nicht einsichtgemäß handeln.

Dies folgt aus dem Ergebnis der gerichtlichen Ermittlungen, insbesondere aus dem aktuellen ärztlichen Zeugnis, der Stellungnahme des Verfahrenspflegers und dem unmittelbaren Eindruck des Gerichts, den sich dieses anlässlich der Anhörung der Betroffenen verschafft hat.

Bei der Festsetzung der Frist für die Entscheidung über eine Aufhebung oder Verlängerung der freiheitsentziehenden Maßnahmen hat das Gericht die Ausführungen der Sachverständigen berücksichtigt.

Die Entscheidung über die sofortige Wirksamkeit beruht auf § 324 FamFG.

Rechtsmittelbelehrung

Gegen diese Entscheidung kann Beschwerde oder Sprungrechtsbeschwerde eingelegt werden.

Belehrungen zum Rechtsmittel der Beschwerde

Einlegung der Beschwerde:

Sie ist beim Amtsgericht Aburg in Aburg einzulegen. Die Einlegung erfolgt durch Einreichen einer Beschwerdeschrift oder zur Niederschrift der Geschäftsstelle. Eine untergebrachte Person kann die Beschwerde auch bei dem Amtsgericht einlegen, in dessen Bezirk sie untergebracht ist.

Notwendiger Inhalt und Form der Beschwerde:

Die Beschwerde muss die Bezeichnung des angefochtenen Beschlusses sowie die Erklärung enthalten, dass Beschwerde gegen diesen Beschluss eingelegt wird. Sie ist von dem Beschwerdeführer oder seinem Bevollmächtigten zu unterzeichnen.

Frist für die Einlegung der Beschwerde:

Die Beschwerde ist binnen einer Frist von einem Monat einzulegen. Die Frist beginnt jeweils mit der schriftlichen Bekanntgabe des Beschlusses an die Beteiligten. Kann die schriftliche Bekanntgabe an einen Beteiligten nicht bewirkt werden, beginnt die Frist spätestens mit Ablauf von fünf Monaten nach Erlass des Beschlusses.

Weitere Hinweise:

Die Beschwerde soll begründet werden. Wird die Beschwerde zu Protokoll der Geschäftsstelle eines anderen Amtsgerichts erklärt, wird die Niederschrift unverzüglich an das zuständige Amtsgericht weitergeleitet. Die Beschwerde muss aber innerhalb der Monatsfrist bei dem Amtsgericht eingehen, dessen Entscheidung angefochten wird.

Dr. Kerscher
Richterin am Amtsgericht

Der Beschluss ist seit dem … wirksam (§ 324 Abs. 2 Satz 3 FamFG).

Eine Rechtsbehelfsbelehrung über die Sprungrechtsbeschwerde ist gemäß § 39 Satz 2 FamFG (i. d. F. des Gesetzes zur Einführung einer Rechtsbehelfsbelehrung im Zivilprozess und zur Änderung anderer Vorschriften) seit dem 1. 1. 2013 nicht mehr erforderlich, aber möglich.

Checkliste

Checkliste zu freiheitsentziehenden Maßnahmen

- Wirksamkeit und Umfang der Vorsorgevollmacht bzw. der Aufgabenkreise prüfen
- Welche konkreten freiheitsbeschränkenden Maßnahmen sind derzeit erforderlich?
- Wie lange werden die Maßnahmen voraussichtlich erforderlich sein?
- Angaben bzw. Forderungen des Pflegepersonals oder der Heimleitung
- Selbstbeobachtete Verhaltensauffälligkeiten (Schwindelanfälle, Kreislaufschwäche, Sturzgefahr bei nächtlichem Aufstehen, Bewegungsdrang trotz Unfähigkeit, kontrolliert zu gehen oder aufzustehen)
- Wann, wo und warum ist der Betroffene bisher gestürzt oder weggelaufen (Dokumentation einsehen)?
- Ist der Betroffene zu einer freien Willensbildung nicht mehr in der Lage?
- Ist der Betroffene einverstanden, kann er die Art, Bedeutung und Tragweite der Maßnahme selbst noch erkennen?
- Gibt es sinnvolle Alternativen zu den freiheitsentziehenden Maßnahmen?
- Gespräch mit dem behandelnden Arzt, der auch ein ärztliches Zeugnis ausstellen sollte.
- Kann die Einrichtung eine 1:1-Betreuung während der Fixierung gewährleisten?

2.4 Rechtsmittel

Unterbringungsmaßnahmen (auch vorläufige) sind mit der Beschwerde anfechtbar. Die eingelegte Beschwerde bewirkt, dass der Unterbringungsbeschluss noch nicht wirksam wird (§§ 324 Abs. 1, 45 FamFG), da sie den Eintritt der Rechtskraft hemmt (§ 45 FamFG); dies gilt nicht, wenn die sofortige Wirksamkeit über § 324 Abs. 2 FamFG angeordnet wurde.

Beschwerdeberechtigung

Zum Kreis der beschwerdeberechtigten Personen vgl. Kapitel A 6, Abschnitt 2.4.3.

Legt der Verfahrenspfleger gegen die Genehmigung der geschlossenen Unterbringung des Betroffenen Beschwerde ein, kann er nur das ihm in dieser Funktion, nicht aber das dem Betroffenen persönlich zustehende Beschwerderecht ausüben. Der Betreuer bzw. der Vorsorgebevollmächtigte kann dagegen gemäß § 335 Abs. 3 FamFG auch im Namen des Betroffenen Beschwerde einlegen, wenn sein Aufgabenkreis betroffen ist.

Ablehnung der Unterbringung

Dem Betroffenen steht gegen die Entscheidung des Betreuungsgerichts, mit dem ein Antrag des Betreuers auf Genehmigung der geschlossenen Unterbringung abgelehnt worden ist, kein Beschwerderecht zu (*BayObLG* BtPrax 2005, 70).

2.5 Nachträgliche gerichtliche Prüfung der Rechtmäßigkeit von Fixierungen

Isoliertes Feststellungsverfahren erforderlich

Das *BVerfG* hat mit seiner Entscheidung zu öffentlich-rechtlich begründeten Fixierungen neue Maßstäbe gesetzt (*BVerfG*, Beschluss vom 24. 7. 2018, Az. 2 BvR 502/16). Diese Grundsätze sind wohl im Kernbereich auf alle Fixierungen (BGB, BayMRVG, BayPsychKHG, StVollzG) anzuwenden. Im Leitsatz 4c betont das Gericht: „Nach Beendigung einer jeden Fixierung ist der Betroffene auf die Möglichkeit einer nachträglichen gerichtlichen Überprüfung hinzuweisen.“ Ähnliches findet sich unter Rn. 104, 59 und vor allem 85. Dort heißt es: „Zusätzlich folgt aus dem Freiheitsgrundrecht (Art. 2 Abs. 2 Sätze 2 und 3 i. V. m. Art. 104 Abs. 1 Satz 1 GG) die Verpflichtung, den Betroffenen nach Beendigung der Maßnahme auf die Möglichkeit hinzuweisen, die Zulässigkeit der durchgeführten Fixierung gerichtlich überprüfen zu lassen. Nur so kann gewährleistet werden, dass sich der Betroffene bewusst ist, dass er auch noch nach Erledigung der Maßnahme ihre gerichtliche Überprüfung herbeiführen kann.“ Im Bereich der zivilrechtlich begründeten Fixierung gibt es aber keine gesetzlich vorgesehene nachträgliche Entscheidung zur Rechtswidrigkeit einer bereits erledigten Fixierung. Die fehlende Rechtsgrundlage könnte durch eine entsprechende Anwendung des § 327 FamFG erreicht werden oder durch eine analoge Anwendung des § 62 FamFG.

Der *BGH* hat bisher ein derartiges isoliertes Feststellungsverfahren abgelehnt (*BGH*, Beschluss vom 10. 10. 2012, Az. XII ZB 660/11). Angesichts der präzisen Vorgaben des *BVerfG* wird man aber für eine Übergangszeit beschränkt auf Zwangsbehandlungen und Fixierungen ein isoliertes Feststellungsverfahren akzeptieren müssen. Dieser nachträgliche Rechtsschutz ist ein notwendiger Ausgleich dafür, dass der Richtervorbehalt nur in wenigen Fällen greift und völlig ins Leere laufen würde. Darauf muss der Betroffene auch hingewiesen werden.

3. Öffentlich-rechtliche Unterbringung

3.1 Gesetzliche Grundlagen

3.1.1 Anwendbarkeit der § 312 ff. FamFG

FamFG anwendbar

§ 312 Nr. 4 FamFG definiert die nach den Landesgesetzen geregelten freiheitsentziehenden Unterbringungen und ärztlichen Zwangsmaßnahmen bei volljährigen psychisch Kranken als Unterbringungssachen. Für die gerichtlichen Entscheidungen über die Genehmigung oder Anordnung derartiger Maßnahmen sind daher § 312 ff. FamFG anwendbar.

Spezielle Regelungen im FamFG

Spezielle Regelungen finden sich z. B. in § 313 Abs. 3 FamFG zur ausschließlichen Zuständigkeit der Gerichte, in deren Bezirk das Bedürfnis für die Unterbringungsmaßnahme hervortritt oder in dessen Bezirk sich die Einrichtung befindet, in der sich der Betroffene bereits aufhält.

§ 327 FamFG eröffnet einen eigenen Rechtsbehelf gegen Maßnahmen zur Regelung einzelner Angelegenheiten im Vollzug der Unterbringung. Der Betroffene kann – im Gegensatz zu den zivilrechtlich untergebrachten Personen – eine Entscheidung des Gerichts beantragen. Sonderregeln finden sich ferner in § 328 FamFG (Aussetzung des Vollzugs), § 330 Satz 2 FamFG (Anhörung der zuständigen Behörde vor Aufhebung einer Unterbringungsmaßnahme) und § 337 Abs. 2 FamFG zur Auferlegung der Auslagen des Betroffenen, wenn die Maßnahme vom Gericht abgelehnt oder der Antrag der Behörde zurückgenommen wurde.

3.1.2 Unterbringungsgesetze, Psychisch-Kranken-Gesetze der Länder

Der lange Weg zur Reform des Bayerischen Unterbringungsgesetzes

Die öffentlich-rechtliche Unterbringung ist in sehr unterschiedlichen Ländergesetzen geregelt, in Bayern galt das „Gesetz über die Unterbringung psychisch Kranker und deren Betreuung" (UnterbrG) trotz erheblicher verfassungsrechtlicher Bedenken bis zum 1. 1. 2019. Das Unterbringungsgesetz hätte schon seit langer Zeit von Grund auf neu konzipiert werden und als Psychisch-Kranken-Gesetz (PsychKG) den veränderten gesellschaftlichen Entwicklungen angepasst werden müssen.

Die Diskussion darüber wurde schon seit Jahren geführt. Die Tagungsmaterialien zum 2. Bayerischen Betreuungsgerichtstag aus dem Jahr 2011 sind dafür beredtes Beispiel (https://www.bgt-ev.de/fileadmin/Mediendatenbank/Tagungen/Bayerischer_BGT/02/Pressemitteilung_BayBGT_20111006.pdf). Bereits damals wurde die flächendeckende Einführung von rund um die Uhr zur Verfügung stehenden Krisendiensten gefordert. Soweit die Brisanz des Reformbedarfs mit einer zu hohen Quote von Unterbringungen in Bayern begründet wurde, hat man die Bedeutung des BayUnterbrG überschätzt, da es kaum mehr öffentlich-rechtliche Unterbringungen gibt. Das Unterbringungsgesetz diente zuletzt in der Regel nur dazu, in einer akuten Situation die Verbringung in das psychiatrische Krankenhaus durch Polizei oder Kreisverwaltungsbehörde bzw. das Festhalten durch die Leiter der Einrichtungen zu ermöglichen. Bevor dann eine richterliche Entscheidung über eine öffentlich-rechtliche Unterbringung ergehen musste, wurde in der Regel eine zivilrechtliche Unterbringung eingeleitet, die weitere Entscheidungen nach dem Unterbringungsgesetz obsolet gemacht hat.

3.2 Das neue Bayerische Psychisch-Kranken-Hilfe-Gesetz

Neues BayPsychKHG im Jahr 2018 beschlossen

Bayern hat sich dazu durchgerungen, das in die Jahre gekommene Unterbringungsgesetz abzuschaffen und den Weg zu einem neuen Bayerischen Psychisch-Kranken-Hilfe-Gesetz (BayPsychKHG) zu ebnen. Das BayPsychKHG vom 24. 7. 2018 (GVBl. S. 583) hat sich mit seiner Präambel die Messlatte sehr hoch gehängt. Es soll „die psychiatrische, psychotherapeutische, psychosomatische und psychosoziale Versorgung für Menschen mit psychischem Hilfebedarf" stärken, psychisch Kranke entstigmatisieren und frühzeitig wirksam helfen. Unterbringung und Zwangsmaßnahmen sollen „ultima ratio"-Fälle bleiben. „Bei allen Hilfen und Maßnahmen auf Grund dieses Gesetzes ist auf die individuelle Situation des betroffenen Menschen besondere Rücksicht zu nehmen. Seine Würde, seine Rechte und sein Wille sind stets zu achten. Die Behandlung und Hilfe stehen immer im Zentrum des Handelns."

Der Betreuer im BayPsychKHG

Der Betreuer kann und soll sich bei einer Unterbringung nach dem BayPsychKHG in das Verfahren einbringen und den Betroffenen nach Maßgabe seiner Aufgabenkreise unterstützen. Die Rechte des Betreuers im BayPsychKHG ergeben sich aus nachfolgender Tabelle:

Übersicht der Rechte und Pflichten des Betreuers nach dem BayPsychKHG	
Art. 5 Abs. 2 Satz 1	Heranziehung, um Unterbringung zu vermeiden.
Art. 7 Abs. 3 Satz 2	Der Betreuer wird „über wesentliche Entscheidungen und Anordnungen informiert".
Art. 18 Abs. 1 Satz 3	Der Betreuer muss Gelegenheit haben, an der Unterrichtung des Betroffenen anlässlich der Aufnahme teilzunehmen.
Art. 14 Abs. 2 Satz 3	Der Betreuer wird über die sofortige vorläufige Unterbringung durch die KVB oder Polizei benachrichtigt.

Übersicht der Rechte und Pflichten des Betreuers nach dem BayPsychKHG	
Art. 14 Abs. 4 Satz 4, Art. 16 Abs. 2	Rechtzeitige Benachrichtigung über Entlassung aus sofortiger vorläufiger Unterbringung.
Art. 19 Abs. 2 Satz 2	Betreuer erhält Kenntnis von der Erörterung des Behandlungsplans.
Art. 20 Abs. 2 Satz 2 BayPsychKHG, § 630d BGB	Einwilligung in ärztliche Maßnahmen bei einem einwilligungsunfähigen Untergebrachten, der mit natürlichem Willen zustimmt.

Krisendienste

Im Vordergrund soll die Stärkung der psychiatrischen Versorgung stehen. Die sog. Krisendienste (vgl. dazu Art. 1 BayPsychKHG) spielen dabei eine große Rolle. Dieser Teil ist bereits mit Wirkung vom 1. 8. 2018 in Kraft getreten. Der Aufbau der Krisendienste wird aber aufgrund der zurückhaltenden gesetzlichen Vorgaben leider noch einige Jahre in Anspruch nehmen. Im Endausbau sollen über eine zentrale Telefonnummer die Krisendienste für die Betroffenen, aber auch für deren Angehörige erreichbar sein. Bis 2021 „sollen" die Bezirke Krisendienste einrichten und ab 1. 7. 2021 haben sie dieses neue Beratungs- und Hilfeangebot zu „errichten und zu betreiben" (Art. 38a, 39 Abs. 1 Satz 1 Nr. 3 BayPsychKHG).

Die weiteren Regeln betreffend die Rechtsstellung der psychisch kranken Personen und weitere Bestimmungen sind dann zum 1. 1. 2019 in Kraft getreten (vgl. *BayLT-Drucks. 17/23281*).

3.3 Reformbedarf durch Fixierungsentscheidung des BVerfG

Die Reform und Reform der Reform

Zusätzliche Brisanz hat die Fixierungsentscheidung des *BVerfG* vom 24. 7. 2018 (Az. 2 BvR 502/16) verursacht. Mit klaren Worten hat das *BVerfG* klargestellt, dass Art. 12, 19 UnterbrG keine gesetzliche Grundlage für Fixierungen enthalten, da sie dem Bestimmtheitsgebot nicht genügen und den Richtervorbehalt nicht regeln. Der bayerische Gesetzgeber musste daher auch das dem BayUnterbrG nachgefolgte BayPsychKHG bis zum 30. 6. 2019 reformieren, um endgültig einen verfassungsgemäßen Zustand herbeizuführen. Das heißt, die Möglichkeit einer Fixierung oder einer ärztlichen Zwangsmaßnahme, die im UnterbrG nicht ausreichend bestimmt geregelt waren, bestand zwar ab 1. 1. 2019 im neuen BayPsychKHG. Bayern musste aber dann zusätzlich weitere Vorgaben des *BVerfG* erfüllen. Dies war u. a. Gegenstand des Gesetzes vom 26. 6. 2019 (GVBl. S. 330), das am 30. 6. 2019 in Kraft getreten ist.

3.4 Ziel und Struktur der Unterbringung nach dem BayPsychKHG

Voraussetzungen der Unterbringung

Ziel des BayPsychKHG ist nicht nur die Stärkung der psychiatrischen, psychotherapeutischen, psychosomatischen und psychosozialen Versorgung für Menschen mit psychischem Hilfebedarf entsprechend der Präambel zum BayPsychKHG (vgl. Ziffer 3.2), sondern es geht auch weiterhin darum, die „Voraussetzungen und die Gestaltung der öffentlich-rechtlichen Unterbringung psychisch kranker Menschen sowie die Anwendung von Zwangsmaßnahmen" zu regeln. Voraussetzung der Unterbringung ist gemäß Art. 5 Abs. 1 BayPsychKHG, dass „auf Grund einer psychischen Störung, insbesondere Erkrankung, die erhebliche Gefahr besteht, dass sich der Betroffene selbst, Rechtsgüter anderer oder das Allgemeinwohl erheblich gefährdet".

Ziel der Unterbringung

Ziel der Unterbringung ist es gemäß Art. 6 BayPsychKHG, den Betroffenen wegen seiner psychischen Erkrankung oder Störung so weit stabilisierend zu behandeln

(„heilen"), dass von ihm keine Gefährdungen der in Art. 5 Abs. 1 Satz 1 BayPsychKHG genannten Art ausgehen.

Grundsatz der Verhältnismäßigkeit

Die Unterbringung nach dem UnterbrG ist nur die „ultima ratio" und darf daher nur angeordnet werden, wenn die Gefährdung nicht durch weniger einschneidende Mittel behoben werden kann. Vorhandene vorsorgende, begleitende und nachsorgende Hilfen sind deshalb auszuschöpfen (z. B. Krisendienste bzw. Hinzuziehung eines Vertreters etc.).

Weitere Ausprägungen des Verhältnismäßigkeitsgrundsatzes, auch für Maßnahmen während der Unterbringung, finden sich in Art. 5 Abs. 2 Satz 2 bis 5 BayPsychKHG, wonach die Unterbringung nicht zu einem Nachteil führen darf, der zu dem angestrebten Erfolg erkennbar außer Verhältnis steht, immer nur so lange zulässig ist, bis das Ziel erreicht ist oder nicht mehr erreicht werden kann und schließlich immer Alternativen vorrangig sind, die den Betroffenen am wenigsten beeinträchtigen.

Verhältnis zu anderen Unterbringungsarten

Die Unterbringung ist nach vorstehenden Voraussetzungen auch zulässig, wenn jemand sein Leben oder seine Gesundheit gefährdet. Nach bisher herrschender Meinung war bei Selbstgefährdung die zivilrechtliche Unterbringung gegenüber der öffentlich-rechtlichen Unterbringung vorrangig, da diese als der mildere Eingriff in die Lebenssphäre der Betroffenen zu betrachten sei.

Verhältnis zu § 1906 BGB

Das Verhältnis zur Unterbringung nach § 1906 BGB sieht die Gesetzesbegründung (*BayLT-Drucks. 17/21573, S. 32*) nunmehr sehr differenziert:

- Grundsatz der Gleichrangigkeit

  Öffentlich-rechtliche und zivilrechtliche Unterbringung sind grundsätzlich gleichrangig.

- Vorrang des PsychKHG bei **ausschließlicher oder überwiegender Fremdgefährdung**

  a) Eine Unterbringung nach dem BayPsychKHG kommt ausschließlich zur Anwendung, wenn nur ein Fall der Fremdgefährdung vorliegt und zwar auch dann, wenn als Reflexwirkung zur Fremdgefahr dem Betroffenen selbst geholfen wird.

  b) Liegen gleichzeitig Fremd- und Selbstgefährdung vor, soll die BayPsychKHG-Unterbringung vorrangig sein, wenn die Fremdgefährdung überwiegt.

- Ausschließliche oder überwiegende **Selbstgefährdung**

  a) In den Fällen der ausschließlichen oder überwiegenden Selbstgefährdung muss das Gericht im jeweiligen Einzelfall abwägen, welche Art der Unterbringung für die betroffene Person die geeignetste und mildeste ist.

  b) Das BayPsychKHG soll bei einer voraussichtlichen Unterbringungszeit von maximal sechs Wochen vorrangig sein, Art. 5 Abs. 1 Satz 2 BayPsychKHG.

Diese „gesetzliche Vermutung" geht davon aus, dass in Fällen kurzfristiger Unterbringungsbedürftigkeit, in denen kein Vertreter oder Betreuer handelt, eine öffentlich-rechtliche Unterbringung unter Berücksichtigung der Umstände des Einzelfalls vorzugswürdig sein kann/soll.

Kritik: Art. 5 Abs. 1 Satz 2 BayPsychKHG kann die bundesrechtliche Norm des § 1906 BGB nicht verdrängen bzw. dessen Anwendungsbereich beschneiden, Art. 31 GG. Das nicht zu verleugnende Motiv, kostspielige Betreuungsverfahren zu vermeiden, um die Betreuungsgerichte zu entlasten, ist zwar fiskalisch verständlich, aber im

Hinblick auf den Grundsatz Bundesrecht bricht Landesrecht nicht vertretbar. Ein Anwendungsbereich bleibt wohl nur, wenn ein Vertreter nicht handeln kann oder will. In diesem Fall entfällt die zivilrechtliche Variante, so dass Art. 5 BayPsychKHG anwendbar bleibt. Etwas eigenartig und für ein Gesetz untypisch ist auch die Formulierung „Für eine Unterbringung nach diesem Gesetz anstelle einer Unterbringung nach den Vorschriften des Bürgerlichen Gesetzbuches (BGB) kann in Fällen der Selbstgefährdung insbesondere sprechen, dass (…)". Der Gesetzgeber regelt nichts, sondern liefert halbherzig nur eine Interpretationshilfe.

Verhältnis zu weiteren Unterbringungsformen

Für Kinder und Jugendliche ist § 1631b BGB vorrangig. Ein Vollzugshindernis stellen strafrechtliche Maßnahmen gemäß §§ 81, 126a, 63, 64 und 67a StGB dar (vgl. Art. 5 Abs. 3 BayPsychKHG).

Da sowohl für die zivilrechtliche als auch für die öffentlich-rechtliche Unterbringung die gleichen Verfahrensvorschriften gelten und für beide Unterbringungsarten das Betreuungsgericht zuständig ist, müsste bzw. kann ggf. der Betreuungsrichter im Rahmen seiner Amtsermittlungspflicht korrigierend eingreifen. Steht die Selbstgefährdung im Vordergrund, lässt sich eine öffentlich-rechtliche Unterbringung nur schwer begründen.

Antrag erforderlich

Die öffentlich-rechtliche Unterbringung wird aber nur auf Antrag der Kreisverwaltungsbehörde angeordnet und ist ihr zuzurechnen.

3.5 Vorgehensweise in akuten Krisensituationen

Die öffentlich-rechtliche Unterbringung ist das – effektivste – Mittel der Wahl in einem unaufschiebbaren Fall („Eilfall"), wenn akute Gefahren drohen. Hier kann die Kreisverwaltungsbehörde und in besonders eiligen Fällen die Polizei den Betroffenen in ein psychiatrisches oder bei hoch akuter somatischer Erkrankung in ein somatisches Krankenhaus verbringen. Gefährdet ein Betreuter sein Leben oder in einem erheblichen Maß seine Gesundheit und ist der Betreuungsrichter nicht erreichbar, sollte sich der Betreuer daher unmittelbar an die Kreisverwaltungsbehörde oder an die Polizei wenden.

3.6 Voraussetzungen der Unterbringung im Einzelnen

3.6.1 Psychische Störung, insbesondere Erkrankung

Die Voraussetzungen der öffentlich-rechtlichen Unterbringung ergeben sich aus Art. 5 BayPsychKHG. Zunächst muss das Vorliegen einer „psychischen Störung, insbesondere Erkrankung" festgestellt werden. Die Begriffe orientieren sich an der allgemein anerkannten ICD-Terminologie ICD-10-GM Version 2019, Kapitel V (F00-F99). Erfasst werden demenzielle Erkrankungen, Schizophrenie, affektive Störungen, Abhängigkeitserkrankungen (Sucht), Persönlichkeits- und Verhaltensstörungen usw. Zwischen der psychischen Störung/Erkrankung und der Gefährdung muss ein Kausalzusammenhang bestehen („auf Grund"). Schließlich muss die Einsichts- und Steuerungsfähigkeit erheblich beeinträchtigt sein.

3.6.2 Gefährdung

Fremdgefährdung

Gefahrbegriff

Art. 5 BayPsychKHG spricht nur von einer erheblichen Gefährdung. Aus der Gesetzesbegründung ergibt sich, dass eine konkrete, ernstliche und erhebliche Gefahr bestehen muss, dass der Betroffene Rechtsgüter anderer oder das Allgemeinwohl erheblich gefährdet. Konkrete Gefahr bedeutet: eine Situation, „die bei ungehindertem

Ablauf des objektiv zu erwartenden Geschehens im Einzelfall mit hinreichender Wahrscheinlichkeit zu einer Verletzung der in Art. 5 Abs. 1 Satz 1 BayPsychKHG genannten Schutzgüter führt" *(BayLT-Drucks. 17/21573, S. 31)*. Andere Ländergesetze, wie z. B. § 13 BWPsychKHG, verlangen eine „gegenwärtige" Gefahr. Der *BGH* stuft eine Gefahr als „gegenwärtig" ein, „wenn ein schadenstiftendes Ereignis unmittelbar bevorsteht oder sein Eintritt zwar unvorhersehbar, wegen besonderer Umstände jedoch jederzeit zu erwarten ist" (*BGH*, Beschluss vom 19. 12. 2018, Az. XII ZB 505/18).

Allgemeinwohl, Rechtsgüter anderer

Der früher tragende Begriff „Störung der öffentlichen Sicherheit und Ordnung" wurde fast bedeutungsgleich ersetzt durch „Rechtsgüter anderer und Allgemeinwohl". Die Gesetzesbegründung (S. 30) knüpft an die in Art. 11 Abs. 3 Satz 2 BayPAG genannten bedeutenden Rechtsgüter (Bestand oder Sicherheit des Staates, Leben, Gesundheit oder Freiheit, sexuelle Selbstbestimmung, erhebliche Eigentumspositionen, Sachen, deren Erhalt im besonderen öffentlichen Interesse liegt) an.

Es gilt der Grundsatz der Verhältnismäßigkeit. Die bisherige Rechtsprechung zur Gefährdung der öffentlichen Sicherheit oder Ordnung kann zum Großteil auch bezüglich der neuen Begrifflichkeiten herangezogen werden.

Die Schutzwürdigkeit der gefährdeten Rechtsgüter muss mit der Schwere des Eingriffs in die persönliche Freiheit abgewogen werden (BayObLG NJW 2002, 146; *BayLT-Drucks.* a. a. O.). Die Freiheit der Person ist ein so hohes Rechtsgut, dass sie nur aus besonders gewichtigem Grund angetastet werden darf, das heißt, wenn überwiegende Belange des Gemeinwohls dies zwingend gebieten (*BGH* FamRZ 2012, 442).

Vermüllung

Eine Unterbringung nach dem BayPsychKHG kann z. B. gerechtfertigt sein, wenn der Betroffene durch das Ansammeln von Abfall eine Vermüllung des von ihm bewohnten Grundstücks herbeiführt und daraus erhebliche Gefahren, insbesondere für Bewohner und Nachbarn, drohen (*BayObLG* FamRZ 2001, 365).

Hinweis auf psychische Krankheit genügt nicht

Häufig wird von Ärzten nur auf eine Diagnose hingewiesen und betont, dass bei dieser Krankheit mit Selbstverletzungen, unvorhersehbaren Reaktionen im Straßenverkehr oder Suizid zu rechnen sei. Die Unberechenbarkeit des Verhaltens eines psychisch Kranken reicht aber allein für eine öffentlich-rechtliche Unterbringung nicht aus. Hinzukommen müssen weitere Umstände, die den Eintritt der Gefahr mit sehr hoher Wahrscheinlichkeit und in allernächster Zeit erwarten lassen (*LG München I* BtPrax 1998, 152; *Schleswig-Holsteinisches OLG* RuP 2006, 145).

Aufklärung und Sachverhaltsermittlung sind erforderlich

Zu beachten ist dabei, dass Art. 2 GG hohe Maßstäbe an die Aufklärung des Sachverhalts setzt. So genügen etwa Briefe der Nachbarn, die von verbalen Aggressionen gegenüber Kindern berichten, nicht. Der Wahrheitsgehalt ist zu überprüfen, vor allem wenn der Betroffene die Vorwürfe abstreitet. Belästigungen, Beleidigungen, Beschimpfungen oder leichte körperliche Beeinträchtigungen Dritter genügen nicht (*BGH* a. a. O.).

Die Rechtsordnung kann zwar die staatliche Eingriffsschwelle bei derartigen Verhaltensweisen von psychisch Kranken hoch ansetzen, aber nicht die Duldungspflicht Dritter. Diese können gegenwärtige rechtswidrige Angriffe auch mit Gewalt abwehren. Setzt sich der Betroffene derartigen unter Umständen gefährlichen Abwehrhandlungen aus, kann dies u. U. auch eine Eigengefährdung begründen.

Stalking

Der *BGH* (a. a. O.) will z. B. bei krankheitsbedingtem Stalking eine Unterbringung nur ausnahmsweise zulassen, wenn die Gesundheit der attackierten Person erheblich gefährdet wird. Die Anforderungen an die Feststellung einer derartigen Gefahr dürfen aber nicht so hoch angesiedelt werden, dass die massiven Verletzungen bereits eingetreten sein müssen. Eine Gefahr liegt schließlich bereits vor, wenn der massive Schadenseintritt drohend bevorsteht und diese Prognose etwa durch ein Sachverständigengutachten auch belegt werden kann. Die Gefährdungssituation muss durch den psychischen Defektzustand des Betroffenen verursacht worden sein. Die Vorschriften dienen der Unterbringung von kranken Personen, nicht hingegen der allgemeinen Vermeidung von Gefahrenlagen. Bei einer ernsthaften, einer konkreten Person geltenden Todesdrohung des Betroffenen darf regelmäßig nicht abgewartet werden, bis sich die Gefahr für das betroffene Rechtsgut verdichtet hat und dann unter Umständen nicht mehr kontrollierbar ist.

Eigengefährdung

Wenn jemand sein Leben oder in erheblichem Maß seine Gesundheit gefährdet, kann eine öffentlich-rechtliche Unterbringung angeordnet werden. Die Selbstgefährdung setzt kein zielgerichtetes Tun des Betreuten voraus, es genügt etwa die Gefahr, die durch planloses Herumirren auf verkehrsreichen Straßen entsteht. Die Selbstgefährdung kann auch im Unterlassen bestimmter Handlungen bestehen, z. B. der Unterlassung von Nahrungsaufnahme oder der Sorge für die Hygiene in der Wohnung (Vermüllungsgefahr, Schimmel etc.).

3.6.3 Erhebliche Beeinträchtigung der Einsichts- und Steuerungsfähigkeit

Die öffentlich-rechtliche Unterbringung setzt beim Betroffenen voraus, dass er eine psychische Störung, insbesondere Erkrankung hat (s. o.). Für das UnterbrG galt, dass der Betroffene nicht mehr in der Lage sein durfte, seinen Willen in Bezug auf das gefährdende Verhalten frei zu bestimmen (vgl. dazu *BayObLG* FamRZ 2002, 765). Solange ein Betroffener zu einer freien Willensbestimmung noch in der Lage war, konnte er trotz Vorliegens einer psychischen Anomalie (Sexualstraftäter) und der Gefahr krimineller Handlungen nicht nach Art. 1 Abs. 1 Satz 1 UnterbrG untergebracht werden (*BayObLG* FamRZ 2002, 277). Dies bestimmt nunmehr Art. 5 Abs. 1 Satz 2 BayPsychKHG mit der Formulierung „es sei denn, seine Einsichts- und Steuerungsfähigkeit ist nicht erheblich beeinträchtigt“. Dieses Tatbestandsmerkmal dürfte identisch sein mit dem Begriff der Einwilligungsfähigkeit. Es genügt aber schon eine erhebliche Beeinträchtigung, so dass eine Aufhebung der Einsichts- und Steuerungsfähigkeit nicht erforderlich ist.

3.7 Verfahren

3.7.1 Einleitung und Anordnung

Antragsverfahren

Die Anordnung der Unterbringung erfolgt durch das Betreuungsgericht. Dieses ist gemäß § 312 Nr. 4 FamFG an die Verfahrensvorschriften der § 313 ff. FamFG gebunden. Die Kreisverwaltungsbehörde beantragt das Verfahren. Örtlich zuständig ist die Kreisverwaltungsbehörde, in deren Bezirk das Bedürfnis der Unterbringung hervortritt, Art. 34 BayPsychKHG. Das vorbereitende Verfahren ergibt sich aus Art. 15 BayPsychKHG.

Übersicht der wichtigsten Grundsätze	
Vorbereitendes Verfahren gemäß Art. 15 BayPsychKHG	
Erster Prüfungsschritt	Liegen gewichtige Anhaltspunkte für eine Unterbringung gemäß Art. 5 vor?
Falls gewichtige Anhaltspunkte vorliegen: Ärztliches Zeugnis für das Gericht Entscheidung des Gerichts muss spätestens bis Ende des Tages nach der Einlieferung erfolgen.	Es wird ein ärztliches Zeugnis erstellt, das gemäß Art. 14 Abs. 5 Satz 5 und 6 auf folgende Punkte eingehen muss: *„1. das Vorliegen der Voraussetzungen für die Unterbringung nach* **Art. 5 Abs. 1 und 2**, *2. Ausführungen, ob die betroffene Person offensichtlich nicht in der Lage ist, ihren* **Willen frei zu bilden und kundzutun**, *und* *3. Ausführungen, ob von der* **persönlichen Anhörung** *der betroffenen Person durch das Gericht erhebliche Nachteile für ihre Gesundheit oder eine Gefährdung für den Anhörenden oder andere Personen zu besorgen sind.* *Das ärztliche Zeugnis muss auf den gegenwärtigen* **Gesundheitszustand** *der betroffenen Person abstellen. Die betroffene Person ist unverzüglich,* **spätestens am Tag** *nach der Einlieferung oder dem Beginn des Festhaltens, der Richterin oder dem Richter vorzustellen."*
Ermittlungen	Die Kreisverwaltungsbehörde führt die Ermittlungen von Amts wegen durch.
Vorladung, Vorführung zum Arzt	Vorladung, Vorführung zum Arzt durch die Polizei ist möglich gemäß Art. 15 Abs. 1 Satz 3 BayPsychKHG. Ist damit eine Freiheitsentziehung verbunden, ist unverzüglich eine **gerichtliche Entscheidung** (§§ 322, 283, 284 FamFG) herbeizuführen. Der Arzt kann einfache diagnostische Eingriffe auch gegen den natürlichen Willen durchführen (ärztliche Zwangsmaßnahme).
Antragsverfahren	Werden die Voraussetzungen festgestellt, beantragt die Behörde bei Gericht die Anordnung der Unterbringung oder eine vorläufige Unterbringung mit einstweiliger Anordnung. Die persönliche Untersuchung darf nur 14 Tage zurückliegen, Art. 15 Abs. 3 BayPsychKHG.
Begründung	Der Antrag ist zu begründen. Die Ermittlungsergebnisse sind beizufügen. Der Antrag muss das Prüfergebnis und einen Vorschlag enthalten, in welcher Einrichtung oder Einrichtungsart die Person untergebracht werden soll. Das ärztliche Zeugnis ist beizufügen, Art. 14 Abs. 3 BayPsychKHG.
Antrag auf gerichtliche Entscheidung	Gegen eine Maßnahme zur Regelung einzelner Angelegenheiten im Rahmen der Vorbereitung der Unterbringung kann der Betroffene auch schon vor der gerichtlichen Anordnung der Unterbringung Antrag auf gerichtliche Entscheidung stellen.
Art. 15 Abs. 3 Satz 2, 16 BayPsychKHG	Es handelt sich um ein sog. Antragsverfahren.
Art. 17 BayPsychKHG	Für den Vollzug ist die Kreisverwaltungsbehörde zuständig.

3.7.2 Vollzug der Unterbringung

Heilung oder Stabilisierung

Im Vollzug der Unterbringung soll die Selbstgefährdung bzw. die Gefährdung der Rechtsgüter anderer oder des Allgemeinwohls beseitigt werden. Zugleich ist der Untergebrachte wegen seiner psychischen Erkrankung bzw. Störung zu behandeln, mit dem Ziel der Heilung oder zumindest Stabilisierung, um ihm ein Leben in der Gemeinschaft ohne Eigen- oder Fremdgefährdung zu ermöglichen. Die Rechte und Pflichten des Betroffenen (z. B. Gesundheitsfürsorge, Besuch, persönlicher Besitz, Schriftverkehr, Telekommunikation, Therapie) ergeben sich aus den Art. 18 ff. BayPsychKHG.

3.7.3 Eilmaßnahmen, Art. 11 bis 14, 16 BayPsychKHG

Von Bedeutung ist die Unterbringung vor allem für Eilmaßnahmen.

Vorläufige Unterbringung durch gerichtliche Anordnung, §§ 331, 332 FamFG, Art. 16 BayPsychKHG

Betreuungsgericht entscheidet auf Antrag der KVB

Das Betreuungsgericht kann im Wege einer einstweiligen Anordnung eine vorläufige Unterbringung beschließen, wenn die Voraussetzungen nach § 331 FamFG bzw. bei Gefahr im Verzug nach § 332 FamFG vorliegen und eine vorläufige öffentlich-rechtliche Unterbringungsmaßnahme rechtfertigen. Dem Gesundheitsamt, in dessen Bezirk der Betroffene seinen gewöhnlichen Aufenthalt hat, ist Gelegenheit zur Äußerung zu geben, sofern nicht Gefahr im Verzug ist; in diesem Fall ist dem Gesundheitsamt alsbald nach Anordnung der vorläufigen Unterbringungsmaßnahme Gelegenheit zur Äußerung einzuräumen. Voraussetzung ist ein Antrag der Kreisverwaltungsbehörde. „Der Antrag muss das Prüfergebnis" nach Art. 15 Abs. 1 BayPsychKHG „sowie einen Vorschlag enthalten, in welcher Einrichtung oder Einrichtungsart die Person untergebracht werden soll. Ihm ist das ärztliche Zeugnis beizufügen. Die persönliche Untersuchung der betroffenen Person darf zum Zeitpunkt der Antragstellung höchstens 14 Tage zurückliegen" (Art. 15 Abs. 3 BayPsychKHG).

Entlassung nach Fristablauf

Nach Ablauf der vom Gericht bestimmten Dauer der vorläufigen Unterbringung ist der Betroffene gemäß Art. 16 Abs. 2 BayPsychKHG vom Leiter der Einrichtung zu entlassen, sofern das Gericht nicht inzwischen die vorläufige Unterbringung durch eine weitere einstweilige Anordnung verlängert (§ 333 Abs. 1 Satz 2 FamFG) oder eine endgültige Unterbringung angeordnet hat.

Entlassung durch Leiter der Einrichtung

Ist die weitere Unterbringung des Betroffenen, dessen vorläufige Unterbringung angeordnet wurde, nach Auffassung des Leiters der Einrichtung aus medizinischen Gründen nicht mehr erforderlich, so kann er den Betroffenen entlassen. Hiervon sind das Gericht, die Kreisverwaltungsbehörde, ggf. die Bewährungshilfe und die Polizeidienststelle sowie bei Minderjährigen und Personen, für die ein Betreuer bestellt ist, derjenige, dem die Sorge für die Person (siehe unten) obliegt, unverzüglich zu benachrichtigen (Art. 16 Abs. 2, 14 Abs. 4 Satz 2 bis 5 BayPsychKHG).

Sofortige vorläufige Unterbringung durch Kreisverwaltungsbehörde, Art. 11 BayPsychKHG

KVB ordnet die Unterbringung an

Kann eine gerichtliche Entscheidung nach den §§ 331, 332 FamFG nicht mehr rechtzeitig ergehen, um eine erhebliche Eigengefährdung oder die erhebliche Gefährdung der Rechtsgüter anderer oder des Allgemeinwohls zu verhindern, kann die Kreisverwaltungsbehörde eine sofortige vorläufige Unterbringung anordnen und nach Art. 11

BayPsychKHG vollziehen. Es müssen nur dringende Gründe für die Annahme vorhanden sein, dass die Voraussetzungen des Art. 5 BayPsychKHG vorliegen. Das Betreuungsgericht ist bis spätestens 12 Uhr des Tages nach der Ergreifung zu verständigen (Art. 14 Abs. 1 BayPsychKHG).

Einlieferung in somatisches Krankenhaus

Regelmäßig erfolgt die Einlieferung in ein psychiatrisches Krankenhaus. Ist die Behandlung „hoch akuter somatischer Erkrankungen" erforderlich, kann der Betroffene in ein somatisches Krankenhaus eingeliefert werden. Dieses gilt dann als mit hoheitlichen Befugnissen beliehen im Sinne von Art. 8 Abs. 4 BayPsychKHG, so dass alle Zwangsmaßnahmen nach dem PsychKHG dort vorgenommen werden können.

Sofortige vorläufige Unterbringung durch die Polizei, Art. 12 BayPsychKHG

Polizei ordnet die Unterbringung an

Kann in unaufschiebbaren Fällen keine behördliche Entscheidung gemäß Art. 11 BayPsychKHG ergehen, kann die Polizei nach Art. 12 BayPsychKHG den Betroffenen ohne Anordnung der Kreisverwaltungsbehörde in eine Einrichtung im Sinne des Art. 8, bzw. 11 Satz 2 BayPsychKHG einliefern. Die Polizei hat nach Art. 14 BayPsychKHG das zuständige Gericht und die zuständige Kreisverwaltungsbehörde unverzüglich, spätestens bis 12 Uhr des auf das Ergreifen folgenden Tages, von der Einlieferung zu verständigen. Bei „Personen, für die ein Betreuer oder ein Vorsorgebevollmächtigter bestellt ist, benachrichtigt die Polizei unverzüglich diejenige Person, der die Sorge für die Person obliegt" (Art. 14 Abs. 2 Satz 3 BayPsychKHG).

Diese Befugnisse der Polizei gelten auch in den Fällen, in denen sich ein Betroffener entgegen der Entscheidung des Gerichts, der KVB oder der ärztlichen Leitung der Einrichtung der Obhut der Einrichtung entzieht.

Festhalten eines Patienten im psychiatrischen Krankenhaus durch die fachliche Leitung der Einrichtung, Art. 13 BayPsychKHG

Befindet sich der Betroffene ohne gerichtliche oder behördliche Entscheidung (z. B. freiwillig) in einem psychiatrischen Krankenhaus im Sinne des Art. 8 Abs. 1 BayPsychKHG, kann die fachliche Leitung der Einrichtung (Ärztlicher Direktor, abteilungsleitender Chefarzt) die sofortige Unterbringung anordnen und den Betroffenen festhalten, wenn die Kreisverwaltungsbehörde nicht mehr rechtzeitig entscheiden kann. Das Gericht und die KVB müssen aber ebenfalls bis 12 Uhr des nächsten Tages verständigt werden. Bei „Personen, für die ein Betreuer oder ein Vorsorgebevollmächtigter bestellt ist, benachrichtigt der Anordnende unverzüglich diejenige Person, der die Sorge für die Person obliegt" (Art. 14 Abs. 2 Satz 3 BayPsychKHG).

Beteiligung, Benachrichtigung des Betreuers

Achtung: Der Betreuer muss in allen Fällen einer sofortigen vorläufigen Unterbringung (KVB, Polizei, fachliche Leitung s. o.) oder einer vorläufigen gerichtlichen Unterbringung benachrichtigt werden. Im gerichtlichen Verfahren ist der Betreuer Beteiligter und muss sogar angehört werden.

Gerichtliche Entscheidung nach Unterbringung durch Behörde, Polizei, Leiter der Einrichtung, Art. 14 Abs. 5 BayPsychKHG

Untersuchung des Betroffenen

Die fachliche Leitung der Einrichtung muss die sofortige Untersuchung des Betroffenen veranlassen (Art. 14 Abs. 3 Satz 1 BayPsychKHG). Können die Voraussetzungen für eine Unterbringung nicht festgestellt werden, muss der Betroffene entlassen werden, sofern er nicht freiwillig bleibt. Gericht, Behörde und Betreuer sind unverzüglich davon zu verständigen.

Mitteilung an das Gericht bis 12 Uhr des folgenden Tages

Liegen „begründete Anhaltspunkte für das Vorliegen der Voraussetzungen" einer Unterbringung vor, muss das der Leiter der Einrichtung dem Gericht und der KVB bis spätestens 12 Uhr des der Maßnahme folgenden Tages mitteilen. Der Mitteilung muss ein ärztliches Zeugnis eines Arztes mit Erfahrung auf dem Gebiet der Psychiatrie beigelegt werden. Der Aussteller soll Arzt für Psychiatrie sein. Zum Inhalt vgl. oben „Übersicht der wichtigsten Grundsätze".

Ergeht an diesem Tag keine Entscheidung des Gerichts, muss der Betroffene ebenfalls entlassen werden.

3.7.4 Rechtsmittel, Rechtsbehelfe während der Unterbringung

Da § 312 Nr. 4 FamFG die freiheitsentziehende Unterbringung nach einem Landesgesetz (BayPsychKHG) als Unterbringungssache definiert, bestehen z. B. gegen die Anordnung der Unterbringung die gleichen Rechtsmittel wie bei einer zivilrechtlichen Unterbringung. Es kann daher auf die Ausführungen unter Abschnitt 2.4 Bezug genommen werden.

Antrag auf gerichtliche Entscheidung

Zusätzlich kann der Betroffene gegen eine Maßnahme zur Regelung einzelner Angelegenheiten im Vollzug eine Entscheidung des Gerichts beantragen. Es kann dabei auch die Verpflichtung zum Erlass einer abgelehnten oder unterlassenen Maßnahme begehrt werden, § 327 FamFG. Dies gilt gemäß Art. 14 Abs. 7 BayPsychKHG auch schon bei einer sofortigen vorläufigen Unterbringung. Dieser Rechtsbehelf, der im Übrigen den zivilrechtlich untergebrachten Betreuten nicht zusteht, ist nur zulässig, wenn die Verletzung eines Rechts geltend gemacht wird. Die Entscheidung des Gerichts ist unanfechtbar. Der Antrag auf gerichtliche Entscheidung kann sich gegen vielfältige Sachverhalte in der Unterbringung richten (z. B. Sicherungsmaßnahmen, Behandlungsmaßnahmen, Einkauf, Telefonkontakte, Besuchsregelungen, Postverkehr, Fixierung).

Als Betreuer sollte man zunächst auf Abhilfe bei der Leitung des psychiatrischen Krankenhauses dringen, wenn das Anliegen berechtigt erscheint. Erweist sich dies als nicht erfolgreich und erscheint es auch dem Betreuer wichtig, dass die Interessen des Betreuten durchgesetzt werden, sollte man auch nicht davor zurückschrecken, den Betreuten bei einem Antrag auf gerichtliche Entscheidung zu unterstützen. Bei einem entsprechenden Aufgabenkreis kann der Betreuer auch für den Betroffenen handeln.

3.8 Zwangsbehandlung, Art. 20 Abs. 3 BayPsychKHG

Das *BVerfG* hat sich in mehreren Entscheidungen mit dem Problem der Zwangsbehandlung im Maßregelvollzug beschäftigt und eine Vielzahl von gesetzlichen Regelungen für verfassungswidrig erklärt (vgl. dazu unten 4.4). Diese Grundsätze gelten selbstverständlich auch für die Zwangsbehandlung während einer öffentlich-rechtlichen Unterbringung (*BVerfG*, Beschluss vom 19. 7. 2017, Az. 2 BvR 2003/14). Ein Kernstück des neuen BayPsychKHG ist daher die Regelung der Zwangsbehandlung in Art. 20 Abs. 3 bis 6 BayPsychKHG.

3.8.1 Definition der Zwangsmaßnahme

Die ärztlichen Zwangsmaßnahmen werden nunmehr klar als Behandlungsmaßnahmen im Sinne des Art. 20 Abs. 1 BayPsychKHG definiert, die dem natürlichen Willen der untergebrachten Person widersprechen. Damit wird die Terminologie dem § 1906a Abs. 1 Satz 1 BGB angeglichen und ist identisch mit der Definition in Art. 6

Abs. 3 BayMRVG. Ärztliche Zwangsmaßnahmen nach Art. 20 BayPsychKHG sind fast wortgleich in derselben Art und Weise geregelt für den Maßregelvollzug in Art. 6 BayMRVG.

3.8.2 *Anwendungsbereiche, Art. 20 Abs. 3 BayPsychKHG*

Vollzugsziel, Selbstgefährdung, Fremdgefährdung

Es gibt drei Anwendungsbereiche, nämlich das Erreichen der Entlassungsfähigkeit (Vollzugsziel), Selbstgefährdung (konkrete Gefahr für das Leben oder eine konkrete schwerwiegende Gefahr für die Gesundheit des Untergebrachten) und Fremdgefahr (konkrete Gefahr für das Leben oder die Gesundheit anderer). Es muss sich jeweils um eine konkrete Gefahr handeln, so dass die bloße Möglichkeit oder Wahrscheinlichkeit nicht ausreicht.

3.8.3 *Zulässigkeitsvoraussetzungen*

Auch im BayPsychKHG werden im Hinblick auf den massiven Grundrechtseingriff hohe Anforderungen für die Zulässigkeit bestimmt.

Behandlungsmaßnahmen dürfen nach Art. 20 Abs. 4 BayPsychKHG zwangsweise nur durchgeführt werden, wenn

1. ärztlich über Art, Dauer, Erfolgsaussichten und Risiken der beabsichtigten Maßnahmen aufgeklärt wurde,
2. zuvor frühzeitig, ernsthaft und ohne Druck auszuüben versucht wurde, die Zustimmung der untergebrachten Person zu erhalten,
3. die Maßnahmen geeignet sind, das Behandlungsziel zu erreichen,
4. mildere Mittel keinen Erfolg versprechen,
5. der zu erwartende Nutzen die zu erwartenden Beeinträchtigungen deutlich überwiegt,
6. Art und Dauer auf das zwingend erforderliche Maß beschränkt werden und
7. in den Fällen der Vollzugszielerreichung und Selbstgefährdung muss zusätzlich:

   Einwilligungsunfähigkeit

   a) die untergebrachte Person krankheitsbedingt zur Einsicht in die Schwere und die Behandlungsbedürftigkeit ihrer Krankheit oder zum Handeln gemäß dieser Einsicht nicht fähig sein und

   Keine entgegenstehende Patientenverfügung oder Behandlungswunsch

   b) es darf der nach § 1901a BGB zu beachtende Wille der untergebrachten Person den Maßnahmen nicht entgegenstehen.
8. Die Maßnahmen müssen dokumentiert werden.
9. Die Anordnung und Durchführung müssen durch einen Arzt erfolgen. Die Maßnahmen sind ferner durch eine Ärztin oder einen Arzt zu überwachen und in regelmäßigen Abständen auf ihre Eignung, Notwendigkeit und Angemessenheit zu überprüfen.

Verfahren

Verfahren Eine Zwangsbehandlung ist nur mit vorheriger Genehmigung des zuständigen Gerichts zulässig. Der Einwilligung der untergebrachten Person bedarf es nicht. Bei Gefahr in Verzug darf in den Fällen der Selbst- und Fremdgefährdung von einer vorherigen ärztlichen Aufklärung und einem Überzeugungsversuch und dem Richtervorbehalt abgesehen werden. Die Aufklärung ist nachzuholen, die richterliche Genehmigung muss unverzüglich nachgeholt werden.

Für das Verfahren gelten im Übrigen die Vorschriften der § 313 ff. FamFG, da gemäß § 312 Nr. 4 FamFG die ärztlichen Zwangsmaßnahmen nach den Landesgesetzen Unterbringungssachen sind.

3.9 Fixierungen gemäß Art. 29 Abs. 2 Nr. 2 BayPsychKHG

Die Regelung der Fixierung in Art. 29 Abs. 2 Nr. 2, Abs. 3 und 6 BayPsychKHG ist zum 1. 1. 2019 in Kraft getreten. Darüber hinaus musste ergänzend das Urteil des *BVerfG* (Urteil vom 24. 7. 2018, Az. 2 BvR 309/15) umgesetzt werden. Den Vorgaben der Fixierungsentscheidung des *BVerfG* wollte der Gesetzgeber durch Beschluss vom 26. 6. 2019 (GVBl. S. 330) mit Wirkung zum 30. 6. 2019 gerecht werden.

3.9.1 Voraussetzungen einer Fixierung

Voraussetzungen Art. 29 BayPsychKHG regelt nicht nur die Fixierung, sondern eine Vielzahl von weiteren besonderen Sicherungsmaßnahmen: ständige Beobachtung, auch per Video, Entzug oder Vorenthaltung von Gegenständen, nächtliche Nachschau, Trennung von anderen untergebrachten Personen, Entzug oder Beschränkung des gemeinschaftlichen Aufenthalts im Freien, Unterbringung in einem besonders gesicherten Raum, Einschränkung der Bewegungsfreiheit durch unmittelbaren Zwang. Allgemeine Voraussetzungen für besondere Sicherungsmaßnahmen sind:

Es muss in erhöhtem Maße die Gefahr bestehen, dass der Betroffene

- sich selbst tötet oder verletzt oder
- gegen Personen oder Sachen gewalttätig wird oder
- entweicht.

Art. 29 Abs. 1, Abs. 2 Nr. 2, Abs. 3 BayPsychKHG ermöglicht als besondere Sicherungsmaßnahme Fixierungen auch im Vollzug einer Unterbringung nach dem BayPsychKHG. Die Voraussetzungen für diesen besonders schwerwiegenden Eingriff sind noch enger und daher nur zulässig,

- „wenn und solange sie zur Abwendung einer gegenwärtigen erheblichen Gefahr von Gewalttätigkeiten gegen Personen oder der Selbsttötung oder der Selbstverletzung unerlässlich sind".

Gewalt gegen Sachen oder Fluchtgefahr genügen daher nicht.

Richtervorbehalt Es gilt der sog. Richtervorbehalt.

Die Regeln zum Richtervorbehalt gelten gemäß Art. 29 Abs. 1 Nr. 2, 3, 8 und 9, Abs. 8 und 9 BayPsychKHG nicht nur für die Fixierung, sondern auch für eine sonstige Einschränkung der Bewegungsfreiheit durch eine mechanische Vorrichtung, die Unterbringung in einem besonders gesicherten Raum und die Einschränkung der Bewegungsfreiheit durch unmittelbaren Zwang. Bei der Fixierung greift der Richtervorbehalt allerdings nur, wenn es sich nicht um eine *kurzfristige Maßnahme* handelt und in den übrigen Fällen, wenn durch die Maßnahmen über *einen längeren Zeitraum oder regelmäßig* die Freiheit entzogen werden soll. In beiden Fällen wird die 30-Minuten-Regel des *BVerfG* ein wichtiger Richtwert sein.

Zuständig ist das Amtsgericht (Betreuungsgericht) zur Entscheidung. Ohne richterliche Entscheidung kann nur fixiert werden, wenn ein Aufschub mit Gefahr verbunden wäre. Die Entscheidung ist unverzüglich nachzuholen. Ergeht keine Entscheidung des Gerichts vor Erledigung, kann der Betroffene die Feststellung der Rechtswidrigkeit nachträglich beantragen. Im Übrigen gilt gemäß Art. 29 Abs. 8 Satz 3 BayPsychKHG i. V. m. § 312 Nr. 2 FamFG, so dass § 313 ff. FamFG heranzuziehen sind.

Weitere Verfahrensvorschriften

Katalog der Verfahrensvorschriften

Die strengen Voraussetzungen und Durchführungsbestimmungen, die das *BVerfG* in seiner Fixierungsentscheidung festgelegt hat, wurden weitgehend umgesetzt. Folgende Voraussetzungen sind nunmehr für das Verfahren gesetzlich vorgeschrieben:

- Die Maßnahmen müssen zur Abwendung einer gegenwärtigen erheblichen Gefahr von Gewalttätigkeiten gegen Personen oder der Selbsttötung oder der Selbstverletzung unerlässlich sein.
- Die Fixierung ist anzukündigen.
- Die untergebrachte Person ist im Fall der Fixierung durch geeignete Beschäftigte ständig und unmittelbar zu beobachten.
- Bei der Fixierung dürfen nur Beschäftigte zur Beobachtung eingesetzt werden, die ärztlich in solche Aufgaben eingewiesen wurden.
- Nach Beendigung einer Fixierung ist die untergebrachte Person auf die Möglichkeit hinzuweisen, die Zulässigkeit der Fixierung nachträglich gerichtlich überprüfen zu lassen.
- Die Anordnung erfolgt durch einen Arzt, der eine angemessene ärztliche Überwachung sicherstellen muss.
- Dokumentation: Anordnung, Fortdauerentscheidungen, Durchführung und Überwachung, Gründe der Anordnung, Hinweis auf die Möglichkeit, die Zulässigkeit der Fixierung nachträglich gerichtlich überprüfen zu lassen.

Im Lichte der Fixierungsentscheidung des *BVerfG* dürften folgende Hinweise zu beachten sein:

- Die Fixierung muss unerlässlich sein, das heißt, keine milderen Alternativen sind gangbar und erfolgversprechend (evtl. Isolierung, therapeutische Gespräche, Spaziergänge, freiwillige Einnahme von Medikamenten etc.).
- Ein längerer Zeitraum liegt vor bei 30 Minuten.
- Eins-zu-eins-Betreuung während der Fixierung muss durch „therapeutisches oder pflegerisches Personal" erfolgen. Gefordert ist Betreuung und nicht Beobachtung.

Unglücklich ist die Definition der „Fixierung" in Art. 29 Abs. 2 Nr. 2 BayPsychKHG. Die Umschreibung mit „Aufhebung (!) der Bewegungsfreiheit an allen Gliedmaßen" ist zu eng. Eine gänzliche Aufhebung wäre nur zu bejahen bei einer völligen Bewegungsunfähigkeit, die in der klinischen Praxis eigentlich nicht vorkommt. Wichtig ist das Festhalten an einer bestimmten Stelle, wobei es völlig irrelevant ist, ob noch ein

Bein frei bewegt werden kann oder ob das Ergebnis mit einer Drei-, Vier-, Fünf- oder Neun-Punkt-Fixierung erreicht wird. Deshalb wird man auf die Umschreibung in Art. 29 Abs. 2 Nr. 3 BayPsychKHG („sonstige Einschränkung der Bewegungsfreiheit“) abstellen müssen.

4. Maßregelvollzugsgesetze für strafrechtliche Unterbringungen gemäß §§ 63, 64 StGB

4.1 Grund für die Neuregelung

Einige Vorschriften des Unterbringungsgesetzes galten in Bayern auch für den Vollzug einer strafrechtlichen Unterbringung in einem psychiatrischen Krankenhaus oder in einer Entziehungsanstalt (§§ 63, 64 StGB). Für die Vollstreckung dieser sog. „Maßregeln der Besserung und Sicherung“ gilt in Bayern seit 1. 8. 2015 das Bayerische Maßregelvollzugsgesetz (BayMRVG). Ähnliche Gesetze wurden in fast allen Bundesländern neu erlassen. Das *BVerfG* hat die Notwendigkeit der Schaffung einer ausreichenden gesetzlichen Grundlage (*BVerfG*, Urteil vom 10. 1. 2008, Az. 2 BvR 1229/07) für Einschränkungen im Vollzug der Maßregeln und die Schaffung verfassungsrechtlich belastbarer Regelungen ärztlicher Zwangsmaßnahmen im Maßregelvollzug betont (*BVerfG*, Beschluss vom 23. 3. 2011, Az. 2 BvR 882/09; Beschluss vom 12. 10. 2011, Az. 2 BvR 633/11; Beschluss vom 20. 2. 2013, Az. 2 BvR 67/11).

4.1.1 Korrektur der ersten Neuregelung

Wesentliche Änderungen 2018

Am 11. 7. 2018 hat der Bayerische Landtag wesentliche Änderungen beschlossen, die in Art. 38b BayPsychKHG zu finden sind. Dabei treten Art. 38b Abs. 1 Nr. 1 a bis e, h bis j, Nr. 2 bis 19, 21, 23 a, c und d, Nr. 24 und 25, 26 a, Nr. 27 bis 29, Abs. 2 und Abs. 3 am **1. 1. 2019** und Art. 38b Abs. 1 Nr. 1 f und g, Nr. 20, 22, 23b und Nr. 26b am **1. 1. 2021** (Art. 39 BayPsychKHG) in Kraft. Zum 30. 6. 2019 wurden durch das Grundsatzurteil vom 26. 6. 2019 (GVBl. S. 330) insbesondere die Maßgaben der Fixierungsentscheidung des *BVerfG* eingearbeitet.

4.1.2 BVerfG legt Voraussetzungen für Fixierungen fest

BVerfG 2018: Änderungsbedarf im Hinblick auf Fixierungen

Das *BVerfG* hat in seiner Fixierungsentscheidung (Urteil vom 24. 7. 2018, Az. 2 BvR 502/16 Rn. 116) nicht nur festgestellt, dass eine Fixierung nach dem bayerischen UnterbrG mangels gesetzlicher Grundlage nicht möglich war. Das *BVerfG* hat ferner betont, dass Fixierungen dem Zweck dienen müssen, in Ausnahmesituationen gegenwärtigen erheblichen Gefahren für das Leben und die körperliche Unversehrtheit des Betroffenen und Dritter zu begegnen. Zu diesem Zweck kann sie zulässig sein, um eine Schutzlücke zu schließen, wenn der Betroffene sich selbst oder andere in einer Weise gefährdet, die nicht anders beherrschbar ist (*BVerfG* a. a. O. Rn. 128). Allerdings hat das *BVerfG* (Rn. 129) Grundsätze für die Korrektur aktueller Regelungsdefizite bestimmt. Alle Regelungen, die eine Fixierung ermöglichen, mussten daher bis spätestens 30. 6. 2019 entsprechend den Ausführungen des *BVerfG* ergänzt werden (vgl. dazu unter Ziffer 4.2.6).

4.2 Übersicht der wichtigsten Regelungen

Betreuer ist auch im Maßregelvollzug gefordert

Die im Maßregelvollzug untergebrachten Personen leiden regelmäßig unter einer psychischen Krankheit, die zu ihrer strafrechtlichen Unterbringung geführt hat. Es liegt daher nahe, dass es sich um Menschen handelt, die ihre Angelegenheiten nicht mehr selbst besorgen können und daher betreuungsbedürftig sind. Die nachfolgende Übersicht enthält die gesetzlichen Regelungen für die Einbeziehung der Betreuer:

BayMRVG	Inhalt
Art. 3 Abs. 4 Satz 2	Hat der Untergebrachte einen Betreuer, „so erhält dieser eine Ablichtung von schriftlich gegenüber der untergebrachten Person erlassenen Entscheidungen und Anordnungen".
Art. 4 Abs. 1 Satz 3	Unterrichtung bei Aufnahme über die Rechte und Pflichten. Betreuer hat ein Anwesenheitsrecht.
Art. 5 Abs. 3 Satz 4	Die Erörterung des Behandlungs- und Vollzugsplans findet auch mit dem Betreuer statt. Gilt auch bei wesentlichen Änderungen oder Anpassungen (spätestens alle sechs Monate).
Art. 6 (Regelungslücke)	Einwilligung als Vertreter in ärztliche Maßnahmen, denen der Untergebrachte mit natürlichem Willen zustimmt.

Nachfolgend sollen daher einige Vorschriften des BayMRVG dargestellt werden, die speziell für die Arbeit des Betreuers von Bedeutung sein können.

4.2.1 Aufnahmeverfahren, Art. 4 BayMRVG

Betreuer kann an dem Aufnahmeverfahren teilnehmen

Der Betroffene wird in der Einrichtung unverzüglich über seine Rechte und Pflichten unterrichtet. Eine schriftliche Unterrichtung wird „sobald als möglich nachgeholt". Den Erhalt hat die untergebrachte Person schriftlich zu bestätigen.

Dem Betreuer als gesetzlichen Vertreter hat die Einrichtung Gelegenheit zu geben, an der Unterrichtung teilzunehmen. Dem Vertreter muss der Termin wohl auch mitgeteilt werden, damit er von seinem Recht Gebrauch machen kann. Zweifelhaft ist, ob der Betreuer bei der mündlichen oder bei der schriftlichen Unterrichtung oder bei beiden teilnehmen kann. Diese Möglichkeiten sollte der Betreuer wahrnehmen, um die Einrichtung über alle wichtigen Umstände in Kenntnis zu setzen. Sollte er an der Teilnahme verhindert sein, ist ihm zu raten, dass er darauf drängt, eine Abschrift der schriftlichen Unterrichtung zu erhalten. Der Betreuer sollte darauf hinwirken, dass der Betroffene entsprechend Art. 4 Abs. 2 BayMRVG unverzüglich ärztlich untersucht wird. Ferner sollte er darum bitten, so umfassend wie möglich informiert zu werden. Dem Betroffenen kann so das Gefühl vermittelt werden, dass er weiterhin einen Betreuer an seiner Seite hat. Auf der anderen Seite sollte der Betroffene zu einer vertrauensvollen Zusammenarbeit mit den Ärzten der Einrichtung motiviert werden.

4.2.2 Stellung der untergebrachten Person, Art. 3 BayMRVG

Grundsätzlich soll der Betroffene an der Gestaltung seiner Behandlung mitwirken. Beschränkungen, die ihm auferlegt werden, müssen unerlässlich sein zur Aufrechterhaltung der Sicherheit oder zur Abwendung einer schwerwiegenden Störung des geordneten Zusammenlebens.

Schriftliche Entscheidungen und Anordnungen sind dem Betreuer zu überlassen

Es gilt ferner das Verhältnismäßigkeitsgebot, so dass immer nur die Maßnahme zulässig ist, die den Betroffenen am wenigsten beeinträchtigt. Wichtig ist für den Betreuer Art. 3 Abs. 4 Satz 2 BayMRVG, wonach der Betreuer „eine Ablichtung von schriftlich gegenüber der untergebrachten Person erlassenen Entscheidungen und Anordnungen" erhält. Der Betreuer sollte auf die Einhaltung dieser Informationspflicht großen Wert legen.

4.2.3 Behandlungs- und Vollzugsplan, Art. 5 BayMRVG

Erörterung des Behandlungs- und Vollzugsplans auch mit dem Betreuer

Für jeden Untergebrachten ist ein sog. Behandlungs- und Vollzugsplan zu erstellen. Dieser Plan muss alle sechs Monate angepasst werden. Gegenstand des Plans sind u. a. „Möglichkeiten für Lockerungen des Vollzugs, für Beurlaubungen, für eine Aussetzung der Vollstreckung der Unterbringung zur Bewährung und für eine Entlassung. Ferner sollen „spätestens wenn abzusehen ist, dass die Vollstreckung zur Bewährung ausgesetzt wird oder dass die untergebrachte Person entlassen wird“, (…) „in den Behandlungs- und Vollzugsplan auch Angaben über die notwendigen vorbereitenden Maßnahmen aufgenommen werden.

Die Einrichtung soll den Behandlungs- und Vollzugsplan und wesentliche Änderungen mit dem Untergebrachten erörtern. Mit dem Betreuer ist gemäß Art. 5 Abs. 3 Satz 4 ebenfalls eine „Erörterung“ durchzuführen. Sinnvoll erscheint es, wenn die Erörterungen nicht getrennt durchgeführt werden, sondern gemeinsam mit dem Betroffenen sowie Vertretern und Mitarbeitern der Einrichtung.

4.2.4 Zimmerbelegung, Art. 8 BayMRVG

Humanes Leben in der Einrichtung

Art. 8 BayMRVG kann leicht missverstanden werden. Soweit formuliert wird, dass „der untergebrachten Person“ ein Einzel- oder Zweibettzimmer zugewiesen werden soll“, klingt dies sehr positiv. Der optionale Rahmen der Zimmerbelegung wird aber mit der Formulierung „eine Zimmerbelegung mit mehr als vier Personen ist nicht zulässig“, deutlich erweitert. Ein Betreuer sollte nachhaltig darauf hinwirken, dass dem Untergebrachten ein Einzelzimmer zugewiesen wird. Für die Untergebrachten ist das Zimmer der Lebensmittelpunkt über Monate und Jahre. Räume mit maximal drei psychisch kranken Zimmergenossen, einer gemeinsamen Toilette und von unbestimmter Größe sind nicht nur grenzwertig, sondern unmöglich. Keine Intimsphäre, keine Möglichkeit zur individuellen Gestaltung des Raums, keine Rückzugsmöglichkeit, kein effektiver Schutz gegen Übergriffe, dafür Förderung ungesunder bzw. gefährlicher Machtstrukturen, kein individuelles Lüften und Einhalten der Nachtruhe, Schnarchen, geräuschvolles Aufstoßen von Luft aus dem oberen Verdauungstrakt (Rülpsen), Körperausdünstungen, keine individuelle Auswahl des Fernsehprogramms, religiöse Eigenheiten etc.; alles Punkte, die bei vier Zimmergenossen zur existentiellen Frage führen: Kann ich so leben, will ich so leben, kann ich so gesund werden? Hier sind Konflikte vorprogrammiert. Der Betreuer kann hier sehr viel für das Wohl des Untergebrachten tun, wenn er für humane Lebensbedingungen eintritt und im Konfliktfall auch eine gerichtliche Entscheidung in Erwägung zieht.

4.2.5 Persönlicher Besitz und Ausstattung des Unterbringungsraums, Art. 9 BayMRVG

Neufassung ab 1. 1. 2019

Die Neufassung des Art. 9 BayMRVG regelt nicht mehr speziell das Tragen eigener Kleidung und Wäsche, sondern generell den Erwerb, die Benutzung und die Aufbewahrung persönlicher Gegenstände sowie das Tragen persönlicher Kleidung. Generell kann der Untergebrachte alles individuell gestalten, soweit nicht „die Ziele der Unterbringung, die Sicherheit, das geordnete Zusammenleben in der Maßregelvollzugseinrichtung oder die Übersichtlichkeit des Unterbringungsraums“ gefährdet werden. Der Betreuer sollte versuchen, dem Untergebrachten die Verwendung eigener Textilien und individueller Gegenstände zu ermöglichen. Das Tragen „einheitlicher Anstaltskleidung“ oder die einheitliche Einrichtung des Zimmers als Alternative, dürfte dem Ziel des BayMRVG (Art. 2 BayMRVG), das Leben in der Einrichtung „den allgemeinen Lebensverhältnissen so weit wie möglich“ anzugleichen „und die untergebrachte Person auf ein straffreies Leben“ vorzubereiten, widersprechen.

4.2.6 Besuch, Art. 12 BayMRVG

Die Einrichtung kann die Besuchszeiten individuell regeln. Das Gesetz räumt dem Untergebrachten ein Recht auf regelmäßigen Besuch ein und zwar mindestens eine Stunde pro Woche. Der Betreuer sollte sich über die Möglichkeiten informieren und bei besonderen Anlässen sein Kommen der Einrichtung ankündigen.

4.2.7 Arbeit, Beschäftigung, Bildung, Deutsch- und Integrationsunterricht, Art. 10 BayMRVG

Eine Zusammenarbeit zwischen Betreuer und Maßregelvollzugseinrichtung bietet sich besonders bei den für ein geordnetes Leben in Freiheit wichtigen Bereichen Arbeit, Beschäftigung, Bildung, Berufsausbildung, berufliche Weiterbildung an. Bei Personen mit Migrationshintergrund sind die Deutsch- und Integrationskurse von besonderer Bedeutung. Der Betreuer kann sich dabei einbringen durch Unterstützung des Untergebrachten, Formulierung seiner Wünsche und Vorstellungen gegenüber der Einrichtung und Nachfragen bei Vollzugsdefiziten.

4.2.8 Bayerisches Sicherungsverwahrungsvollzugsgesetz (BayStVollzG), Art. 13 BayMRVG i. V. m. Art. 25 bis 31

Außenkontakte

Schriftverkehr, Pakete, Telefongespräche können von der Einrichtung überwacht werden, um eine Gefährdung der Ziele der Unterbringung, der Sicherheit oder des geordneten Zusammenlebens in der Einrichtung zu verhindern.

4.3 Beschwerdemöglichkeiten, Rechtsbehelfe gegen Maßnahmen der Einrichtung

4.3.1 Antrag auf gerichtliche Entscheidung, § 109 StVollzG

Antrag auf gerichtliche Entscheidung

Der für den Strafvollzug übliche Rechtsbehelf des § 109 StVollzG gilt gemäß § 1 StVollzG, Art. 208 BayStVollzG, Art. 125a GG weiterhin für den Maßregelvollzug in Bayern. Somit kann der Betroffene gegen eine „Maßnahme zur Regelung einzelner Angelegenheiten auf dem Gebiete (…) des Vollzuges freiheitsentziehender Maßregeln der Besserung und Sicherung (…) gerichtliche Entscheidung beantragen“. Beantragt werden kann auch die „Verpflichtung zum Erlass einer abgelehnten oder unterlassenen Maßnahme“.

Verletzung eigener Rechte muss gerügt werden

Er muss allerdings geltend machen können, dass er in seinen Rechten verletzt wird. Soweit der Betreuer selbst von einer Vollzugsmaßnahme betroffen ist, kann er ebenfalls eine gerichtliche Entscheidung beantragen. Dies gilt z. B., wenn ihm ein Besuch verweigert wird oder wenn seine Briefe an den Betreuten zurückgehalten werden.

Zuständig für die Entscheidung ist grundsätzlich die „Strafvollstreckungskammer, in deren Bezirk die beteiligte Vollzugsbehörde ihren Sitz hat“.

Amtsgerichte sind zuständig bei Richtervorbehalt!

Eine Ausnahme wurde für alle Fälle des sog. Richtervorbehalts (z. B. Fixierungen, ärztliche Zwangsmaßnahmen) geschaffen. Die §§ 121a und 121b StVollzG bestimmen für den Fall, dass nach den Vollzugsgesetzen eine Maßnahme der vorherigen gerichtlichen Anordnung oder der gerichtlichen Genehmigung bedarf, dass das Amtsgericht zuständig ist, in dessen Bezirk die Maßnahme durchgeführt wird. Das gerichtliche Verfahren richtet sich nach dem FamFG. Über die Beschwerde entscheidet dann das Landgericht und über die Rechtsbeschwerde der *BGH*.

4.3.2 Maßregelvollzugsbeiräte, Art. 52 BayMRVG, Art. 185 Abs. 2, 186 bis 188 BayStVollzG, Patientenfürsprecher

Einschalten der Maßregelvollzugsbeiräte

In der Regel bestehen die Beiräte aus fünf Mitgliedern und zwar dem Vorsitzenden und seinem Vertreter, die „aus der Mitte des Bayerischen Landtags gewählt" werden. Die übrigen Mitglieder werden vom Justizministerium ernannt. Der Beirat hat gegenüber der Einrichtung beratende Funktion. Die Mitglieder können „Wünsche, Anregungen und Beanstandungen entgegennehmen" und sich über „Unterbringung, Beschäftigung, berufliche Bildung, Verpflegung, ärztliche Versorgung und Behandlung unterrichten sowie die Anstalt und ihre Einrichtungen besichtigen." Der Untergebrachte oder sein Betreuer können sich an den Beirat mit Beschwerden oder Verbesserungswünschen wenden (Art. 187 Abs. 1 Satz 1 BayStVollzG). Dieser trägt sie dann dem Leiter der Einrichtung vor. Da zwei Mitglieder dem Parlament angehören, kann man davon ausgehen, dass derartige Mitteilungen ernst genommen werden.

Patientenfürsprecher

In den Einrichtungen sollen Patientenfürsprecherinnen und Patientenfürsprecher berufen werden. Sie sollen „unabhängige Vermittler zwischen der Klinik und den Patienten" sein „und sind eine wichtige Ergänzung zum Beschwerdemanagement der Klinik" (vgl. dazu www.zbfs.bayern.de/massregelvollzug/ansprechpartner/). Näheres kann bei der Maßregelvollzugseinrichtung erfragt werden.

4.3.3 Leiter der Einrichtung, Fachaufsicht, Maßregelvollzugsamt, Art. 49, 50 BayMRVG

Beschwerden können zunächst an den Leiter der Einrichtung herangetragen werden. Als Fachaufsichtsbehörde bestimmt Art. 50 BayMRVG das Zentrum Bayern Familie und Soziales (ZBFS). Das zuständige Amt für Maßregelvollzug wurde in Nördlingen eingerichtet. Näheres zu Zuständigkeit, Erreichbarkeit und Aufgaben des Amts findet man unter: www.zbfs.bayern.de/massregelvollzug/amt. Zum Aufgabenbereich gehört auch die Entgegennahme und Prüfung von Beschwerden.

4.4 Zwangsbehandlung nach dem BayMRVG

4.4.1 Verfassungsrechtliche Vorgaben für die Zulässigkeit der Zwangsbehandlung

Das *BVerfG* hat seit 2011 drei Landesgesetze für verfassungswidrig erklärt und zwar § 6 Abs. 1 Satz 2 des Maßregelvollzugsgesetzes für Rheinland-Pfalz (BtPrax 2011, 112), § 8 Abs. 2 Satz 2 des baden-württembergischen Gesetzes über die Unterbringung psychisch Kranker (NJW 2011, 3571) und § 22 Abs. 1 Satz 1 des sächsischen Gesetzes über die Hilfen und die Unterbringung bei psychischen Krankheiten (BtPrax 2013, 61). Die aktuelle Entscheidung des *BVerfG* (s. o.) zur Fixierung war nur die konsequente Fortschreibung der Entscheidungen zur Zwangsbehandlung.

Einwilligung des Betreuers allein kann Zwangsbehandlung nicht zulässig machen

Die Besonderheit des sächsischen Gesetzes bestand darin, dass auf die Einwilligung des Betreuers abgestellt wurde. Auch die Einwilligung eines Betreuers nimmt aber – so das *BVerfG* – der Maßnahme nicht den Eingriffscharakter. Sie lässt den Eingriff unberührt, der darin liegt, dass die Maßnahme gegen den natürlichen Willen des Betroffenen erfolgt. Eine rein zivilrechtliche Lösung mit nunmehr ausreichender gesetzlicher Grundlage in § 1906a BGB würde dadurch aber nicht tangiert.

Im Gegensatz zum Bundesgesetzgeber, der die wesentlichen Grundsätze in § 1906a BGB sowie den entsprechenden Verfahrensvorschriften im FamFG geregelt hat, entschließen sich die Ländergesetzgeber nur sehr zögerlich zu neuen Gesetzen, die den Grundsätzen des *BVerfG* gerecht werden können. Das *BVerfG* hat zuletzt seine

Vorgaben nochmals betont und zusammengefasst im Beschluss vom 19. 7. 2017, Az. 2 BvR 2003/14. Alle Neuregelungen müssen sich an folgenden Vorgaben des *BVerfG* messen lassen:

Grundsätze zur Zwangsbehandlung nach dem BVerfG

- Die medizinische Behandlung gegen den natürlichen Willen (Zwangsbehandlung) greift in schwerwiegender Weise in die Grundrechte (körperliche Unversehrtheit, Selbstbestimmungsrecht) ein.
- Zwangsbehandlung mit dem Ziel, das Vollzugsziel zu erreichen, kann zulässig sein.
- Es müssen strenge Anforderungen erfüllt werden.
- Verweigert der einwilligungsfähige Betroffene die Behandlung, scheidet die Zwangsmaßnahme aus. Andererseits genügt die Einwilligung des einwilligungsfähigen Betroffenen. Es darf aber kein unzulässiger Druck (Versprechen von Vorteilen) ausgeübt werden.
- Die Eingriffsqualität entfällt nicht allein deshalb, weil der Betroffene sich physisch nicht wehrt.
- Auch bei Zulässigkeit der Zwangsbehandlung gibt es keine Vernunfthoheit staatlicher Organe über den Grundrechtsträger. Deshalb ist die Einrichtung verpflichtet, die Betroffenen/Betreuer zu informieren, Vertrauen zu wecken, Ängste abzubauen und eine Zustimmung anzustreben.
- Es muss eine deutliche Verbesserung der Heilungs- und Erfolgsaussichten erzielbar sein.
- Der Nutzen der Behandlung muss die Nachteile deutlich überwiegen.

Zum Verfahren:

- Rechtzeitige und umfassende Information und Aufklärung der Betroffenen müssen sichergestellt sein.
- Bestimmte und konkrete Maßnahmen und deren Dauer sind darzulegen.
- Anordnung und Überwachung durch einen Arzt müssen gewährleistet sein.
- Effektiver Rechtsschutz:
  - Keine ärztliche Entscheidungsprärogative, das heißt jede ärztliche Begründung kann und muss überprüft werden.
  - Bestellung eines Verfahrenspflegers.
- Umfassende Dokumentationspflicht, um eine effektive Überprüfung und Kontinuität der Behandlung (z. B. bei Arztwechsel) sicherzustellen.

Neuroleptika

Besonders kritisch sieht das *BVerfG* die zwangsweise Verabreichung von Neuroleptika, weil sie in besonderem Maße den „Kern der Persönlichkeit“ betreffen.

4.4.2 Arten der Zwangsbehandlung nach dem Maßregelvollzugsgesetz

Die Bundesländer haben unterschiedliche Gesetze erlassen, die aber strukturell vergleichbar sind. Die Darstellung erfolgt anhand der Regelungen des bayerischen Gesetzes (BayMRVG).

Wann und wo sind Zwangsbehandlungen nach dem BayMRVG vorgesehen?

Neben der generellen Regelung in Art. 6 Abs. 3 BayMRVG finden sich im BayMRVG an verschiedenen Stellen, speziell für bestimmte Vorgänge, Zwangsbehandlungen.

Zwangsweise ärztliche Eingangsuntersuchung

a. Eingangsuntersuchung gemäß Art. 4 Abs. 2 BayMRVG

Das Gesetz spricht nur von einer durchzuführenden ärztlichen Untersuchung. Versteckt in der Begründung des Gesetzes *(BayLtgDrucks. 17/4944, S. 30)* wird aber ausgeführt: „Die Eingangsuntersuchung ist unverzichtbar für jede stationäre Behandlung. Sie muss alsbald, das heißt unverzüglich nach der Aufnahme erfolgen und eine körperliche Untersuchung umfassen, welche notfalls auch zwangsweise (Art. 27) durchgeführt werden kann." Es handelt sich somit um eine ärztliche Maßnahme, weil sie unverzichtbarer Bestandteil jeder stationären Behandlung sein soll. Die Regelungen in Art. 4 Abs. 2 und Art. 27 BayMRVG dürften den Anforderungen des Bundesverfassungsgerichts nicht genügen. Dazu das *BVerfG* in seiner Fixierungsentscheidung vom 24. 7. 2018 Rn. 77: „Schon nach dem allgemeinen, im Rechtsstaatsprinzip (Art. 20 Abs. 3 GG) gründenden Gebot hinreichender Bestimmtheit der Gesetze ist der Gesetzgeber gehalten, Vorschriften so bestimmt zu fassen, wie dies nach der Eigenart der zu ordnenden Lebenssachverhalte mit Rücksicht auf den Normzweck möglich ist (…). Die Betroffenen müssen die Rechtslage erkennen und ihr Verhalten danach ausrichten können (…). Die Anforderungen an die Bestimmtheit und Klarheit der Norm dienen ferner dazu, die Verwaltung zu binden und ihr Verhalten nach Inhalt, Zweck und Ausmaß zu begrenzen." Die Möglichkeit der zwangsweisen Durchsetzung einer ärztlichen Maßnahme in der Gesetzesbegründung zu verstecken und mit einem nur dort enthaltenen Hinweis auf Art. 27 BayMRVG zu rechtfertigen, genügt diesen Anforderungen nicht.

Medikamente als besondere Sicherungsmaßnahme

b. Besondere Sicherungsmaßnahmen gemäß Art. 25 Abs. 2 Nr. 2 BayMRVG

Bisherige Regelung: Bei Fluchtgefahr, Gefahr von Gewalttätigkeiten gegen Personen oder Sachen oder Gefahr einer Selbsttötung oder -verletzung konnte als besondere Sicherungsmaßnahme u. a. „die Verabreichung notwendiger Medikamente" angeordnet werden. Als Beispiel nannten Art. 25 Abs. 2 Nr. 2 BayMRVG und die Begründung *(BayLtgDrucks. 17/4944, S. 49)* die Verabreichung der Medikamente zur Ruhigstellung, wenn dies als milderes Mittel gegenüber Fixierung oder Unterbringung in einem besonders gesicherten Raum „vorzugswürdig" sei. Ein verschreibungspflichtiges Medikament konnte aber wohl nicht verwendet werden, weil es kein Medikament gibt, das für den in Art. 25 genannten Zweck verschrieben werden darf.

Keine Medikamente mehr als Sicherungsmaßnahmen

Mit Wirkung zum 1. 1. 2019 wurde diese Form der besonderen Sicherungsmaßnahme zu Recht gestrichen. Möglich ist nur noch die ärztliche Zwangsbehandlung unter den Voraussetzungen des Art. 6 BayMRVG.

c. Zwangsbehandlung dient der Kontrolle, Überwachung von Behandlungsmaßnahmen, dem Gesundheitsschutz und der Hygiene gemäß Art. 6 Abs. 9 BayMRVG

Gesundheitsschutz, Hygiene, Kontrolle, Überwachung

Der seit 1. 1. 2019 neu gefasste Art. 6 Abs. 9 BayMRVG beschränkt sich auf die Entnahme von Haarproben sowie die Gewinnung einer Urinprobe. Insoweit handelt es sich aber um ganz normale Teilhandlungen ärztlicher Maßnahmen, die wesentlicher Bestandteil der Behandlung sind. Es erscheint zumindest bedenklich, wenn man glaubt, für Teilaspekte einer ärztlichen Behandlung die Forderungen des *BVerfG* nicht erfüllen zu müssen. Gesundheitsschutz und Hygiene sind wohl zu wenig konkret gefasst, so dass ebenfalls verfassungsrechtliche Probleme bestehen.

d. Zwangsmaßnahmen zur Behandlung psychischer Erkrankungen zur Erreichung des Behandlungsziels, Art. 6 BayMRVG

e. Zwangsmaßnahmen zur Behandlung nicht psychischer Erkrankungen, Art. 7 Abs. 3 BayMRVG

Art. 7 wurde zum 1. 1. 2019 gestrichen, so dass die gesamte Zwangsbehandlungsregelung in Art. 6 BayMRVG zu finden ist.

4.4.3 Die Zwangsbehandlung nach Art. 6 BayMRVG

Regelungsbereich

Art. 6 Abs. 3 BayMRVG (a. F.) sollte nach dem Willen der Gesetzesbegründung *(BayLt-Drucks. 17/4944)* „die Durchführung von Behandlungsmaßnahmen ohne die Einwilligung der untergebrachten Person auch gegen den ausgedrückten natürlichen Willen der untergebrachten Person (Zwangsbehandlung)" regeln. Art. 6 BayMRVG (a. F.) regelte aber ausdrücklich nur die Behandlung psychischer Erkrankungen „ohne Einwilligung" des Untergebrachten. Nach dem klaren Wortlaut des Art. 6 BayMRVG (a. F.) wäre die Zwangsbehandlung gar nicht erfasst gewesen.

Die Rechtsprechung der Strafvollstreckungskammern hat der Not gehorchend dieses gesetzgeberische Defizit ignoriert und den defizitären Wortlaut durch die Begründung des Gesetzes ergänzt.

Dieses Defizit wurde durch die Neuregelung zum 1. 1. 2019 beseitigt. Darüber hinaus wurde durch die Reform die unglückliche Unterscheidung zwischen der Behandlung psychischer Erkrankungen und der Behandlung anderer Erkrankungen in Art. 6 und 7 aufgehoben. Beide Behandlungen regelt nunmehr Art. 6 BayMRVG (n. F.).

Übersicht der Regelungen des Art. 6 BayMRVG

Anspruch auf medizinische Versorgung

Art. 6 Abs. 1 Satz 1 BayMRVG begründet einen Anspruch der Untergebrachten auf „die nach den anerkannten Regeln der ärztlichen Kunst gebotene Behandlung ihrer Erkrankung, um die Ziele der Unterbringung zu erreichen". Bei der Formulierung wurde wohl übersehen, dass der Begriff der „anerkannten Regeln der ärztlichen Kunst" in der modernen Gesetzesterminologie durch den Begriff der „allgemein anerkannten fachlichen Standards" ersetzt wurde, § 630a BGB.

Satz 2 regelt dann die ärztliche Versorgung „anderer als psychischer Erkrankungen" durch Verweis auf Art. 59 bis 61, 63 und 64 BayStVollzG. Nicht geregelt ist die Behandlung psychischer Erkrankungen, die nichts mit dem Erreichen des Vollzugsziels zu tun haben, z. B. eine Depression, die sich erst in der Einrichtung entwickelt hat.

Art. 6 Abs. 2 BayMRVG regelt die Behandlung bei einwilligungsfähigen Patienten. Verlangt wird die „möglichst" schriftliche Einwilligung auf der Grundlage ärztlicher Aufklärung und es muss ein „freier Wille" vorhanden sein. Nicht geregelt ist die Behandlung eines einwilligungsunfähigen Untergebrachten, der mit natürlichem Willen der Behandlung „zustimmt". Ein Verweis auf § 630d BGB, wie ihn Art. 20 Abs. 2 Satz 2 BayPsychKHG enthält, fehlt (s. u.).

Materiell-rechtliche Voraussetzungen der Zwangsbehandlung nach Art. 6 BayMRVG

Die Voraussetzungen ergeben sich aus der nachfolgenden Tabelle Teil I, wobei zum besseren Verständnis die entsprechenden Voraussetzungen der zivilrechtlichen Zwangsbehandlung in der rechten Spalte gegenübergestellt werden. In Teil II werden die Vorschriften zum Verfahren vorgestellt.

Gegenüberstellung Art. 6 Abs. 3 BayMRVG und § 1906a (...) BGB	
I. Materiell-rechtliche Voraussetzungen	
Regelung der Zwangsbehandlung im Maßregelvollzug, Art. 6 Abs. 3 BayMRVG	**Regelung bei zivilrechtlicher Zwangsbehandlung, § 1906a (...) BGB**
Definition/Anwendungsbereich	
Abs. 3 Behandlungsmaßnahmen, „die dem natürlichen Willen der untergebrachten Person widersprechen" (...).	**Abs. 1 Satz 1** „(...) eine Untersuchung des Gesundheitszustands, eine Heilbehandlung oder ein ärztlicher Eingriff", die „dem natürlichen Willen des Betreuten" widerspricht.
Einwilligungsunfähigkeit	
Abs. 4 Nr. 7a (...) in den Fällen des Abs. 3 Nr. 1 und 2 (Behandlungsziel, Selbstgefährdung) zusätzlich: a) die untergebrachte Person krankheitsbedingt zur Einsicht in die Schwere und die Behandlungsbedürftigkeit ihrer Krankheit oder zum Handeln gemäß dieser Einsicht nicht fähig ist (...)	**Abs. 1 Satz 1 Nr. 2** In allen Fällen erforderlich. der Betreute auf Grund einer **psychischen Krankheit oder einer geistigen oder seelischen Behinderung** die Notwendigkeit der ärztlichen Maßnahme nicht erkennen oder nicht nach dieser **Einsicht** handeln kann, (...)
Patientenverfügung, Behandlungswunsch, mutmaßlicher Wille	
Abs. 4 Nr. 7b der nach § 1901a des Bürgerlichen Gesetzbuchs (BGB) zu beachtende Wille der untergebrachten Person den Maßnahmen **nicht entgegensteht**.	**Abs. 1 Satz 1 Nr. 3** die ärztliche Zwangsmaßnahme dem nach § 1901a zu beachtenden Willen des Betreuten **entspricht**.
	Unterschied: Kongruenz zwischen § 1901a und Maßnahme muss hier **positiv** festgestellt werden.
Ziel der Zwangsbehandlung	
Abs. 3 **Nr. 1** um die Entlassungsfähigkeit zu erreichen,	kein Äquivalent
Nr. 2 um eine konkrete Gefahr für das Leben oder eine konkrete schwerwiegende Gefahr für die Gesundheit **der untergebrachten Person** abzuwenden oder	**Abs. 1 Satz 1 Nr. 1** die ärztliche Zwangsmaßnahme zum Wohl des Betreuten notwendig ist, um einen drohenden erheblichen gesundheitlichen Schaden abzuwenden, (...)"
Nr. 3 um eine konkrete Gefahr für das Leben oder die Gesundheit einer **anderen Person** in der Einrichtung abzuwenden."	kein Äquivalent

Gegenüberstellung Art. 6 Abs. 3 BayMRVG und § 1906a (...) BGB	
Voraussetzungen	
Abs. 4 Satz 1 Nr. (...) dürfen nur angewendet werden, wenn (...)	**Abs. 1 Nr. (...)**
1. ärztlich über Art, Dauer, Erfolgsaussichten und Risiken der beabsichtigten Maßnahmen **aufgeklärt** wurde,	**§ 630e Abs. 1 Satz 1 und Abs. 4, 5 BGB:** (1) Der Behandelnde ist verpflichtet, den Patienten über sämtliche für die Einwilligung wesentlichen Umstände **aufzuklären**. (...) (4) Ist nach § 630d Absatz 1 Satz 2 die Einwilligung eines hierzu Berechtigten einzuholen, ist dieser nach Maßgabe der Absätze 1 bis 3 aufzuklären. (...) (5) Im Fall des § 630d Absatz 1 Satz 2 sind die wesentlichen Umstände nach Absatz 1 auch dem Patienten entsprechend seinem Verständnis zu erläutern, soweit dieser aufgrund seines Entwicklungsstandes und seiner Verständnismöglichkeiten in der Lage ist, die Erläuterung aufzunehmen, und soweit dies seinem Wohl nicht zuwiderläuft. (...)
2. zuvor frühzeitig, ernsthaft und ohne Druck auszuüben versucht wurde, die Zustimmung der untergebrachten Person zu erhalten,	**§ 1906a Abs. 1 Satz 1 Nr. 4** zuvor ernsthaft, mit dem nötigen Zeitaufwand und ohne Ausübung unzulässigen Drucks versucht wurde, den Betreuten von der Notwendigkeit der ärztlichen Maßnahme zu überzeugen, (...)
3. die Maßnahmen geeignet sind, das Behandlungsziel zu erreichen,	Kein Äquivalent. Maßnahme muss aber ärztlich indiziert und „notwendig" sein, „um einen drohenden erheblichen gesundheitlichen Schaden abzuwenden".
4. mildere Mittel keinen Erfolg versprechen,	**Abs. 1 Satz 1 Nr. 5** der drohende erhebliche gesundheitliche Schaden durch keine andere den Betreuten weniger belastende Maßnahme abgewendet werden kann,
5. der zu erwartende Nutzen die zu erwartenden Beeinträchtigungen deutlich überwiegt,	**Abs. 1 Satz 1 Nr. 6** der zu erwartende Nutzen der ärztlichen Zwangsmaßnahme die zu erwartenden Beeinträchtigungen deutlich überwiegt und (...)
6. Art und Dauer auf das zwingend erforderliche Maß beschränkt werden (...)	
Abs. 8 Zwangsbehandlungen finden in einem psychiatrischen Krankenhaus statt, da das BayMRVG nur anwendbar ist, wenn der Betroffene untergebracht ist. Ausnahme: Art. 6 Abs. 8 BayMRVG. Verbringung in ein geeignetes Krankenhaus.	**Abs. 1 Satz 1 Nr. 7** die ärztliche Zwangsmaßnahme im Rahmen eines stationären Aufenthalts in einem Krankenhaus, in dem die gebotene medizinische Versorgung des Betreuten einschließlich einer erforderlichen Nachbehandlung sichergestellt ist, durchgeführt wird.

Gegenüberstellung Art. 6 Abs. 3 BayMRVG und § 1906a (…) BGB	
II. Verfahren/Frist	
Abs. 4 (…)	
Satz 2 Die Behandlungsmaßnahmen sind durch einen Arzt oder eine Ärztin **anzuordnen**.	
Satz 3 (s. u.) und zusätzlich Art. 32 Abs. 1 BayMRVG: Zu jeder untergebrachten Person ist eine Patientenakte entsprechend § 630f BGB zu führen.	**§ 323 Abs. 2 FamFG** Die Beschlussformel enthält bei der Genehmigung einer Einwilligung in eine ärztliche Zwangsmaßnahme oder bei deren Anordnung auch Angaben zur Durchführung und **Dokumentation** dieser Maßnahme in der Verantwortung eines Arztes.
Satz 3 Die Maßnahmen sind zu **dokumentieren** und durch einen Arzt oder eine Ärztin **durchzuführen, zu überwachen** und in regelmäßigen Abständen auf ihre Eignung, Notwendigkeit und Angemessenheit **zu überprüfen**.	**§ 1906a Abs. 3 Satz 1** Der Betreuer hat die Einwilligung in die ärztliche Zwangsmaßnahme zu widerrufen, wenn ihre Voraussetzungen weggefallen sind. (…)
Satz 4 Die Anordnung der Maßnahme gilt höchstens **für zwölf Wochen** und kann wiederholt getroffen werden.	**§ 329 Abs. 1 Satz 2 FamFG** Die Genehmigung einer Einwilligung in eine ärztliche Zwangsmaßnahme oder deren Anordnung darf die **Dauer von sechs Wochen** nicht überschreiten, wenn sie nicht vorher verlängert wird.
Persönliche Anhörung: § 115 Abs. 1a StVollzG schweigt dazu. OLG Nürnberg (Urteil vom 18. 12. 2017, Az. SR StVK 904/17) verlangt persönliche Anhörung, weil sonst kein faires Verfahren gegeben ist, andere Verfahrensvorschriften dies so regeln und das Recht auf rechtliches Gehör verfassungsrechtlich unabdingbar ist.	Persönliche Anhörung: **§ 319 Abs. 1 FamFG**
Gutachten: Keine Vorschrift	Gutachten: § 321 FamFG
Bei **Gefahr in Verzug**, keine Genehmigung des Gerichts, kein anwaltlicher Vertreter, keine vorherigen Überzeugungsversuche, keine ärztliche Aufklärung, Art. 6 Abs. 7 BayMRVG.	Eilmaßnahmen: §§ 331, 332 FamFG
Anwaltlicher Vertreter: Art. 6 Abs. 6 Nr. 2 BayMRVG: „Einer untergebrachten Person, die keinen anwaltlichen Vertreter hat, wird von Amts wegen ein anwaltlicher Vertreter beigeordnet."	**Verfahrenspfleger:** § 317 FamFG
Richtervorbehalt/Genehmigung	
Abs. 5 und 6 Eine Behandlung nach Abs. 3 ist nur mit vorheriger Genehmigung des Gerichts zulässig. Für das Verfahren zur gerichtlichen Genehmigung der Behandlung nach Abs. 5 Satz 1 gelten die §§ 121a, 121b StVollzG. Zuständig ist das Amtsgericht.	**Abs. 2** Die Einwilligung in die ärztliche Zwangsmaßnahme bedarf der Genehmigung des Betreuungsgerichts. **§ 312 Nr. 2 FamFG**

Der nach § 1901a BGB zu beachtende Wille, Art. 6 Abs. 4 Satz 1 Nr. 7b BayMRVG

Zu dem nach § 1901a BGB zu beachtenden Willen gehört wohl nicht nur die Patientenverfügung, sondern auch ein Behandlungswunsch nach § 1901a Abs. 2 BGB. Hier könnte sich eine gefährliche Möglichkeit ergeben Zwangsbehandlungen zu vermeiden, etwa durch vordatierte Patientenverfügungen. Das *OLG Nürnberg* (Beschluss vom 23. 2. 2018, Az. 2 Ws 60/18) will den Anwendungsbereich einengen und verlangt, dass die notwendige Bestimmtheit der Patientenverfügung nur bejaht werden könnte, wenn die Patientenverfügung eine Regelung zur Zwangsbehandlung im Maßregelvollzug enthält. Das Bestimmtheitsgebot des § 1901a Abs. 1 BGB lautet jedoch, dass es sich um „bestimmte, zum Zeitpunkt der Festlegung noch nicht unmittelbar bevorstehende Untersuchungen seines Gesundheitszustands, Heilbehandlungen oder ärztliche Eingriffe" handeln muss. Die Bestimmtheit bezieht sich daher nur auf die ärztlichen Maßnahmen und nicht auf die begleitende Unterbringungssituation.

Der mutmaßliche Wille scheidet wohl aus, da es sich nicht um einen Willen des Betroffenen handelt. Es wird beim mutmaßlichen Willen mehr oder weniger spekulativ anhand konkreter Anhaltspunkte bestimmt, was der Betroffene gewollt hätte, wenn er selbst in der konkreten Situation entschieden hätte und er dabei noch über sich selbst hätte bestimmen können, so der *BGH* (Beschluss vom 8. 2. 2017, Az. XII ZB 604/15).

Eilmaßnahmen, Art. 6 Abs. 7 BayMRVG

a. Maßnahmen bei einer konkreten „Gefahr in Verzug" für das Leben oder bei einer konkreten schwerwiegenden Gefahr für die Gesundheit der untergebrachten Person

Richtervorbehalt bei Gefahr im Verzug

Bei „Gefahr in Verzug" kann nur in den Fällen des Art. 6 Abs. 3 Nr. 2 (Selbstgefährdung) und Nr. 3 (Fremdgefährdung) von den Vorgaben des Abs. 4 Satz 1 Nr. 1 und 2 und Abs. 5 Satz 1 und 3 abgesehen werden.

Also:

- keine ärztliche Aufklärungspflicht
- keine Überzeugungsversuche
- keine vorherige Genehmigung des Gerichts

Aber Pflicht:

- Aufklärung nachzuholen, wenn es der Gesundheitszustand zulässt
- Vorlage an das Gericht unverzüglich nachzuholen

b. Maßnahme bei einer konkreten Gefahr in Verzug für das Leben oder die Gesundheit einer anderen Person in der Einrichtung

Auch in diesen Fällen kann wie bei der Selbstgefährdung und „Gefahr in Verzug" von wesentlichen Verfahrensvorschriften abgesehen werden.

Gefahr im Verzug

Es muss mit erheblichen Nachteilen für den Betroffenen oder andere Personen gerechnet werden, wenn man alle Voraussetzungen erfüllen würde. Ein derartiges Gefahrenmoment muss anhand von Tatsachen festgestellt werden und darf nicht auf Vermutungen, übliche Krankheitsverläufe oder Spekulationen gegründet werden.

c. Maßnahme dient dem Erreichen der Entlassungsfähigkeit

Eilmaßnahmen sind für diese Variante im Gesetz nicht vorgesehen.

Keine Eilmaßnahme zur Erreichung des Vollzugsziels

Umsetzung des Richtervorbehalts

Der Richtervorbehalt besagt, dass eine Maßnahme nur mit zustimmender Entscheidung eines Richters möglich ist.

Die Gesetzesbegründung (*BayLt-Drucks. 17/4944, S. 32*) zur ursprünglichen Fassung ging davon aus, dass Art. 6 BayMRVG einen Richtervorbehalt beinhaltet. Das Gesetz enthielt jedoch ursprünglich nur die Formulierung „hat die Maßregelvollzugseinrichtung den Vorgang der (…) zuständigen Strafvollstreckungskammer vorzulegen". Ein Richtervorbehalt ließ sich dieser Formulierung nur schwer entnehmen, da nicht zum Ausdruck gebracht wurde, dass die Maßnahme vor einer gerichtlichen Entscheidung grundsätzlich nicht vollzogen werden darf. Dieser – hier bereits von Beginn an vertretenen Auffassung – wird die Neufassung nunmehr mit Art. 6 Abs. 5 Satz 1 BayMRVG gerecht, wonach eine Behandlung nach Abs. 3 nur noch mit vorheriger Genehmigung des Gerichts zulässig ist.

Rechtsmittel und Verfahren, §§ 121a und 121b StVollzG

Zuständig sind die Amtsgerichte

Für das Verfahren zur gerichtlichen Genehmigung der Behandlung nach Art. 6 Abs. 6 Satz 1 BayMRVG galten ursprünglich die §§ 109 bis 121 StVollzG entsprechend. Diese Verweisung war etwas verunglückt, weil wesentliche Regelungen, auf die verwiesen wurde, ausdrücklich unanwendbar bzw. völlig unpassend waren.

Mit Wirkung vom 28. 6. 2019 (BGBl. I S. 840) wurden die Rechtsmittel und das Verfahren bei Maßnahmen mit Richtervorbehalt neu geregelt. § 121a Abs. 1 StVollzG bestimmt, dass, soweit „nach den Vollzugsgesetzen eine Maßnahme der vorherigen gerichtlichen Anordnung oder der gerichtlichen Genehmigung bedarf", das „Amtsgericht zuständig" ist, „in dessen Bezirk die Maßnahme durchgeführt wird". Das Verfahren in diesen Fällen regelt § 121b StVollzG dahingehend, dass alle Vorschriften, die für Unterbringungen und ärztliche Zwangsmaßnahmen nach den Landesgesetzen über die Unterbringung psychisch Kranker (§ 312 Nr. 4 FamFG) gelten, auch für die Maßregelvollzugsgesetze anzuwenden sind. Für die Beschwerden sind die Landgerichte zuständig und für die Rechtsbeschwerden der *BGH*. Damit steht ein komplett geregeltes Verfahren, das allen rechtsstaatlichen Erfordernissen genügt, zur Verfügung.

4.5 Fixierungen gemäß Art. 25 Abs. 2 Nr. 2 und 3 BayMRVG

Die ursprüngliche Regelung der Fixierung in Art. 26 BayMRVG wurde aufgehoben. Seit 1. 1. 2019 bestimmt Art. 25 BayMRVG die Voraussetzungen für besondere Sicherungsmaßnahmen, zu denen auch die Fixierung zählt. Darüber hinaus ergab sich Handlungsbedarf durch die Fixierungsentscheidung des Bundesverfassungsgerichts. Die Umsetzung wurde versucht mit dem Gesetz vom 26. 6. 2019 (GVBl. S. 330), das am 30. 6. 2019 in Kraft getreten ist. Nunmehr ist die Fixierung speziell in Art. 2 Abs. 2 Nr. 2, Abs. 3, 6, 7 Satz 1 Nr. 4, 8 und 9 BayMRVG geregelt. Darüber hinaus gelten für die Fixierung auch die allgemeinen Vorschriften für besondere Sicherungsmaßnahmen in Art. 25 BayMRVG.

4.5.1 Voraussetzungen einer Fixierung

Voraussetzungen

Art. 25 BayMRVG regelt nicht nur die Fixierung, sondern eine Vielzahl weiterer besonderer Sicherungsmaßnahmen: ständige Überwachung, auch per Video, Entzug und Vorenthaltung von Gegenständen, nächtliche Nachschau, Trennung von anderen untergebrachten Personen, Entzug oder Beschränkung des gemeinschaftlichen Aufenthalts im Freien, Unterbringung in einem besonders gesicherten Raum, Einschränkung der Bewegungsfreiheit durch unmittelbaren Zwang. Voraussetzung dafür ist:

Es muss in erhöhtem Maße die Gefahr bestehen, dass der Betroffene

- sich selbst tötet oder verletzt,
- gegen Personen oder Sachen gewalttätig wird oder
- entweicht.

Art. 25 Abs. 1, Abs. 2 Nr. 2, Abs. 3 BayMRVG ermöglicht als besondere Sicherungsmaßnahme Fixierungen auch im Maßregelvollzug. Die Voraussetzungen für diesen schwerwiegenden Eingriff sind noch enger und nur zulässig,

- „wenn und solange sie zur Abwendung einer gegenwärtigen erheblichen Gefahr von Gewalttätigkeiten gegen Personen oder der Selbsttötung oder der Selbstverletzung unerlässlich sind".

Gewalt gegen Sachen oder Fluchtgefahr genügen daher nicht. Wie bereits zu der wortgleichen Definition des Begriffs „Fixierung" im BayPsychKHG ausgeführt, ist diese etwas verunglückt und bedarf entsprechender Auslegung (vgl. Abschnitt 3.9).

4.5.2 Zum Verfahren (Übersicht der aktuellen gesetzlichen Vorgaben)

Katalog der Voraussetzungen

- Die Anordnung hat durch eine/n Arzt/Ärztin zu erfolgen, der/die eine angemessene ärztliche Überwachung sicherstellen muss.
- Es gilt der Richtervorbehalt, wobei wie bei der Zwangsbehandlung (s. o.) das Amtsgericht zuständig ist.
- Ohne richterliche Entscheidung kann nur fixiert werden, wenn ein Aufschub mit Gefahr verbunden wäre. Die Entscheidung ist unverzüglich nachzuholen.
- Der Betroffene ist bei der Fixierung durch geeignete Beschäftigte ständig und unmittelbar zu beobachten. Die Beschäftigten müssen ärztlich in solche Maßnahmen eingewiesen werden.
- Es muss eine Befristung ausgesprochen werden (max. 24 Stunden).
- Die Fixierung muss angekündigt werden.
- Ergeht keine Entscheidung des Gerichts vor Erledigung, kann der Betroffene die Feststellung der Rechtswidrigkeit nachträglich beantragen.
- Dokumentiert werden müssen: Anordnung, Fortdauerentscheidung, Durchführung, Überwachung einschließlich der ärztlichen Tätigkeit, Gründe der Anordnung, Hinweis auf mögliche richterliche Entscheidung.

Der Gesetzgeber hat die strengen Voraussetzungen und Durchführungsbestimmungen, die das *BVerfG* in seiner Fixierungsentscheidung vom 24. 7. 2018 (Az. 2 BvR 502/16) festgelegt hat, weitgehend umgesetzt.

Zusätzlich zu den erfolgten Anpassungen sind wohl noch folgende (ungeschriebene) Voraussetzungen bzw. Hinweise zu beachten:

- Die Fixierung muss unerlässlich sein. Das heißt, keine milderen Alternativen sind gangbar und erfolgversprechend (evtl. Isolierung, therapeutische Gespräche, Spaziergänge, freiwillige Einnahme von Medikamenten etc.).
- Anordnung und Überwachung durch einen Arzt (keine Delegation oder nur Sicherstellung der ärztlichen Überwachung).

- Eins-zu-eins-Betreuung während der Fixierung durch therapeutisches oder pflegerisches Personal. Gefordert ist Betreuung und nicht nur Beobachtung.

Diese zusätzlichen Voraussetzungen können wohl im Wege der verfassungskonformen Auslegung berücksichtigt werden.

4.5.2 Vorschriften zum gerichtlichen Verfahren, Rechtsbehelfe u. a.

Art. 25 Abs. 8 BayMRVG verweist auf Art. 6 Abs. 5 Satz 1 und 2 und auf Abs. 6 BayMRVG, wenn durch besondere Sicherungsmaßnahmen die Freiheit über einen längeren Zeitraum oder regelmäßig entzogen werden soll. Es kann daher auf die Ausführungen zur Zwangsbehandlung (vgl. Abschnitt 4.4.3) Bezug genommen werden. Der Verweis gilt für alle besonderen Sicherungsmaßnahmen, die über einen längeren Zeitraum (30 Minuten) oder regelmäßig durchgeführt werden.

Gemäß Art. 25 Abs. 9 BayMRVG bedarf speziell die Fixierung stets der vorherigen Genehmigung des zuständigen Gerichts, es sei denn es handelt sich um eine kurzfristige Maßnahme (bis 30 Minuten). Im Übrigen gilt Abs. 8 entsprechend.

Ohne Genehmigung sind Fixierungen nur zulässig, wenn mit dem Aufschub Gefahr verbunden ist. Die Genehmigung ist unverzüglich nachzuholen, es sei denn, es ist absehbar, dass die besondere Sicherungsmaßnahme vor der Erlangung einer richterlichen Entscheidung beendet sein und eine zeitnahe Wiederholung nicht erforderlich werden wird. Ist eine richterliche Entscheidung beantragt und die Maßnahme vor deren Erlangung beendet worden, ist dies dem Gericht unverzüglich mitzuteilen.

5. Betreuung während einer öffentlich- oder strafrechtlichen Unterbringung

5.1 Maßregelvollzug oder öffentlich-rechtliche Unterbringungen machen Betreuung nicht generell überflüssig

Sowohl die öffentlich-rechtliche als auch die strafrechtliche Unterbringung nach den §§ 63, 64 StGB (vgl. oben Abschnitt 4) zeichnen sich dadurch aus, dass der Staat die Verantwortung für die Freiheitsentziehung in einem – psychiatrischen – Krankenhaus übernimmt. Er verfolgt damit gesetzlich vorgegebene Ziele, die sich nicht nur am Wohl des Betroffenen, sondern auch oder sogar in erster Linie am öffentlichen Interesse orientieren. Dazu gehört vor allem die Beseitigung der Gefährlichkeit des Betroffenen, damit er möglichst schnell entlassen werden kann.

Da der Betreuer entsprechend seinem Aufgabenkreis und nach Maßgabe des § 1901 Abs. 2 BGB (Wohl, Wille, Wunsch) für den Betreuten handelt, kann es zu Unklarheiten über die Aufgaben und Kompetenzen der Ärzte, Betreuer, Betroffenen und Gerichte kommen. Missverständnisse beruhen häufig darauf, dass gerade bei langfristigen Unterbringungen soziale Dienste, Sozialpädagogen und die Verwaltung der Einrichtung dem Betroffenen wichtige Aufgaben abnehmen. Diese durchaus sinnvolle Assistenz hat aber ihre Grenzen, wenn eine Vertretung erforderlich wird. Jede Verfügung über das eigene Einkommen oder Vermögen, jeder Antrag auf finanzielle Unterstützung, jede Einwilligung in ärztliche Maßnahmen bedarf gesetzlicher Vertretung, wenn der Betroffene geschäftsunfähig oder einwilligungsunfähig ist (vgl. *BGH* BtPrax 2015, 206).

Daraus ergeben sich folgende Grundsätze:

5.2 Die Aufgaben des Betreuers bleiben grundsätzlich unberührt

Anordnung und Durchführung der „staatlichen" Unterbringung haben grundsätzlich keinen Einfluss auf die Rechte, Pflichten und Aufgaben des Betreuers. Der Betreuer muss und kann deshalb im Rahmen der Aufgabenkreise für den Betreuten tätig werden. Er wird etwa im Bereich der Vermögensverwaltung den Betreuten weiter rechtlich vertreten. Im Interesse des Betreuten sollte sich der Betreuer aber mit den behandelnden Ärzten, der Klinikleitung und dem dort tätigen Sozialdienst absprechen, um unnötige Konflikte zu vermeiden. Einen problematischen Schwerpunkt wird in dieser Zeit die Gesundheitsfürsorge bilden, wobei während der Unterbringung einige Besonderheiten zu beachten sind, die anhand der bayerischen Regelungen im Unterbringungsgesetz und im BayMRVG dargestellt und kommentiert werden.

5.3 Besonderheiten bei der Gesundheitsfürsorge

5.3.1 Anspruch auf ärztliche Behandlung im Vollzug

Art. 20 Abs. 1 BayPsychKHG und Art. 6 Abs. 1 BayMRVG (Letzteres i. V. m. Art. 59 bis 61, 63 und 64 BayStVollzG) begründen einen Anspruch des Untergebrachten auf notwendige Heilbehandlung nach den „anerkannten Regeln der ärztlichen Kunst". Soweit der untergebrachte Betreute selbst krankheitsbedingt nicht über die Behandlung entscheiden kann, muss der Betreuer als gesetzlicher Vertreter dies tun.

Einwilligung im Rahmen des BayPsychKHG

Bei einer Unterbringung nach dem BayPsychKHG sind die behandelnden Ärzte auf die Einwilligung des Betreuers und seine Entscheidungen angewiesen (vgl. *BGH* BtPrax 2015, 206). Dies ergibt sich nunmehr aus Art. 20 Abs. 2 BayPsychKHG, der auf § 630d BGB verweist. § 630d Abs. 1 Satz 2 bestimmt, dass bei Einwilligungsunfähigkeit „die Einwilligung eines hierzu Berechtigten einzuholen" ist, „soweit nicht eine Patientenverfügung nach § 1901a Absatz 1 Satz 1 die Maßnahme gestattet oder untersagt". Adressat einer Patientenverfügung ist aber der Betreuer mit einem entsprechenden Aufgabenkreis und der Vorsorgebevollmächtigte. Dies gilt für die Behandlung rein somatischer Beschwerden genauso wie für die Behandlung einer psychischen Krankheit. Bei Letzterer kann es aber Entscheidungskonflikte mit der Klinik geben, wenn es um unaufschiebbare Behandlungsmaßnahmen oder um Zwangsbehandlungen zur Erreichung des Vollzugsziels geht (s. o.). In dem Bereich der Zwangsbehandlungen wird häufig die ausschließliche Zuständigkeit der Einrichtung behauptet und die Vertretungsbefugnis des Betreuers verneint. Sicher ist die Priorität zu bejahen, wenn es sich um eine Zwangsbehandlung nach Art. 20 Abs. 3 BayPsychKHG handelt. Für eine vom Gesetz gewollte ausschließliche Kompetenz spricht der Wortlaut des Art. 20 Abs. 3 Satz 2 BayPsychKHG, der von einer „Anordnung" eines Arztes der Einrichtung ausgeht und Abs. 5 Satz 2, wonach es der Einwilligung der untergebrachten Person bei Zwangsbehandlungen nicht bedarf.

Einwilligung nach Art. 6 BayMRVG

Art. 6 Abs. 2 bestimmt, dass „Behandlungsmaßnahmen, die in die körperliche Unversehrtheit eingreifen (…), der möglichst schriftlichen Einwilligung der untergebrachten Person" bedürfen. Einen Verweis auf §§ 630d und 630e BGB gibt es nicht. Dennoch dürfte eine Einwilligung des berechtigten Vertreters (Betreuer, Vorsorgebevollmächtigter) genügen, wenn es sich nicht um Zwangsbehandlungen handelt. Die Zwangsbehandlungen nach Art. 6 Abs. 3 BayMRVG liegen dagegen allein in der Verantwortung und Befugnis der Einrichtung.

5.3.2 Ärztliche Zwangsbehandlung nach Zivilrecht trotz Unterbringung nach dem BayMRVG?

Im Rahmen einer Unterbringung nach dem Bayerischen Unterbringungsgesetz hat keine Norm den Vorgaben des Bundesverfassungsgerichts zur Zwangsbehandlung genügt. Auch das BayMRVG enthält Lücken, die zu einer Unterversorgung des Patienten führen können. So kann nach Art. 6 Abs. 3 Nr. 2 BayMRVG nur

> **bei einer konkreten** *„Gefahr für das Leben oder einer konkreten schwerwiegenden Gefahr für die Gesundheit der untergebrachten Person"*

eine Zwangsbehandlung erfolgen, während es nach § 1906a Abs. 1 Satz 1 Nr. 1 BGB genügt, wenn

> *„die ärztliche Zwangsmaßnahme zum Wohl des Betreuten notwendig ist, um einen drohenden erheblichen gesundheitlichen Schaden abzuwenden".*

Es kann daher festgestellt werden, dass die zwangsweisen Behandlungsmöglichkeiten des BayMRVG teilweise hinter denen des Zivilrechts zurückbleiben.

Liegen zwar die Voraussetzungen für die Genehmigung einer ärztlichen Zwangsmaßnahme gemäß § 1906a BGB vor, während die Voraussetzungen nach Art. 6 BayMRVG (noch) nicht greifen, muss diese Lücke auch während der – staatlich angeordneten – Unterbringung durch eine zivilrechtliche Zwangsbehandlung geschlossen werden. Es wäre völlig unverständlich, wenn eine dringend erforderliche ärztliche Maßnahme unterbleiben müsste, nur weil sich der betroffene, psychisch kranke Mensch in staatlichem Gewahrsam befindet. Dies wäre mit dem staatlichen Schutz- und Fürsorgegedanken unvereinbar. Das BGB gilt somit auch unter diesen Rahmenbedingungen. Der Betreute kann und darf nicht recht- und schutzlos gestellt werden, weil er sich in einem besonderen Gewaltverhältnis befindet und gerade deshalb nachhaltig auf die staatliche Fürsorge angewiesen ist. Zudem können ärztliche Zwangsmaßnahmen gemäß § 1906a BGB nicht im Widerspruch stehen zu den Vorschriften einer staatlich angeordneten Unterbringung. Deren Vollzugsziel, Vermeidung einer Gefährdung der Rechtsgüter anderer bzw. die Verhinderung von Straftaten wird sich sogar häufig nur durch ärztliche Zwangsmaßnahmen erreichen lassen, die ja dem Wohl des Betroffenen dienen und zur Abwehr eines erheblichen gesundheitlichen Schadens notwendig sein müssen.

Der Betreuer oder Bevollmächtigte sollte sich daher nicht scheuen, auch für den – staatlich – Untergebrachten Anträge nach § 1906a BGB beim Betreuungsgericht zu stellen.

Dies umso mehr, als mit dem „Gesetz zur Änderung der materiellen Zulässigkeitsvoraussetzungen von ärztlichen Zwangsmaßnahmen und zur Stärkung des Selbstbestimmungsrechts von Betreuten" das einzige Argument der Befürworter des ausschließlichen Vorrangs des BayMRVG/BayPsychKHG weggefallen ist. War bisher die ärztliche Zwangsmaßnahme nur im Rahmen der Unterbringung nach § 1906 Abs. 1 BGB möglich, die bei gleichzeitiger Unterbringung im Maßregelvollzug angeblich ausgeschlossen war, hat das Gesetz die zivilrechtliche ärztliche Zwangsmaßnahme von der Unterbringung „entkoppelt".

Nunmehr genügt ein stationärer Aufenthalt in einem Krankenhaus, der im Maßregelvollzug uneingeschränkt vorliegt, da er gemäß § 63 StGB in einem psychiatrischen Krankenhaus zu vollstrecken ist.

5.3.3 Ärztliche Zwangsbehandlung nach Zivilrecht trotz Unterbringung nach dem BayPsychKHG?

§ 1906a BGB und Art. 20 BayPsychKHG unterscheiden sich bei den Voraussetzungen nur im Hinblick auf die Gefahr für die Selbstgefährdung (Unterschied wie bei BayMRVG). Ansonsten spricht auch beim BayPsychKHG alles dafür, dass zivilrechtliche Zwangsbehandlungen neben Art. 20 BayPsychKHG angewendet werden können.

5.4 Zivilrechtliche Fixierung und Fixierung nach BayPsychKHG oder BayMRVG

Die Anwendungsbereiche unterscheiden sich erheblich. Das BGB regelt in § 1906 Abs. 4 alle Formen der Freiheitsentziehung, also neben der Fixierung durch mechanische Vorrichtungen auch die Sedierung mittels Medikamenten, die Wegnahme von Rollstuhl bzw. Rollator oder die Freiheitsentziehung auf jede andere Weise. Die Fixierung ist daher nur ein Teilbereich. Zur besseren Übersicht können die unterschiedlichen Voraussetzungen der folgenden Tabelle entnommen werden.

Vergleich der Voraussetzungen für Fixierungen Zivilrecht, Psychisch-Kranken-Hilfegesetz, Maßregelvollzugsgesetz		
Norm	Art der Maßnahme	Voraussetzungen
§ 1906 Abs. 4 BGB	(...) wenn (...) durch mechanische Vorrichtungen, Medikamente oder auf andere Weise über einen längeren Zeitraum oder regelmäßig die Freiheit entzogen werden soll.	weil 1. auf Grund einer psychischen Krankheit oder geistigen oder seelischen Behinderung des Betreuten die **Gefahr** besteht, dass er sich selbst **tötet** oder **erheblichen gesundheitlichen Schaden** zufügt, oder 2. zur Abwendung eines drohenden erheblichen gesundheitlichen Schadens eine **Untersuchung des Gesundheitszustands, eine Heilbehandlung oder ein ärztlicher Eingriff** notwendig ist, die Maßnahme ohne die Unterbringung des Betreuten nicht durchgeführt werden kann und der Betreute auf Grund einer psychischen Krankheit oder geistigen oder seelischen Behinderung die Notwendigkeit der Unterbringung nicht erkennen oder nicht nach dieser Einsicht handeln kann.
Art. 29 Abs. 3 Satz 1 BayPsychKHG	(...) 2. die Einschränkung der Bewegungsfreiheit durch eine mechanische Vorrichtung, insbesondere durch Fixierung,	(...) nur zulässig, wenn und solange sie zur Abwendung einer gegenwärtigen erheblichen Gefahr von Gewalttätigkeiten gegen Personen oder der Selbsttötung oder der Selbstverletzung unerlässlich sind. Die untergebrachte Person ist (...) ständig durch geeignete Beschäftigte zu betreuen und zu überwachen. Die Fixierung ist der untergebrachten Person durch die Maßregelvollzugseinrichtung anzukündigen.

Vergleich der Voraussetzungen für Fixierungen Zivilrecht, Psychisch-Kranken-Hilfegesetz, Maßregelvollzugsgesetz		
Art. 25 Abs. 2 Nr. 2 BayMRVG	(…) 2. die Einschränkung der Bewegungsfreiheit durch mechanische Vorrichtung, insbesondere durch Fixierung, (…)	(…) nur zulässig, wenn und solange sie zur Abwendung einer gegenwärtigen erheblichen Gefahr von Gewalttätigkeiten gegen Personen oder der Selbsttötung oder der Selbstverletzung unerlässlich sind. Die untergebrachte Person ist (…) durch geeignete Beschäftigte ständig und unmittelbar zu beobachten. Die Fixierung ist der untergebrachten Person durch die Einrichtung anzukündigen. Eine Fixierung darf nur befristet angeordnet werden, längstens **für 24 Stunden**.

Fixierung zur Ermöglichung ärztlicher Maßnahmen

Exklusiver Bereich des BGB

Exklusiv gegenüber BayMRVG und BayPsychKHG ist die Fixierungsmöglichkeit zur Ermöglichung ärztlicher Maßnahmen ausdrücklich in § 1906 Abs. 4, Abs. 1 Nr. 2 BGB geregelt.

Beim BayPsychKHG und dem BayMRVG muss wohl zunächst eine Zwangsbehandlung entsprechend Art. 20 Abs. 3 BayPsychKHG bzw. Art. 6 Abs. 3 BayMRVG möglich sein, die dann im Wege des unmittelbaren Zwangs (Fixierung) nach Art. 30 BayPsychKHG bzw. Art. 27 BayMRVG durchgeführt werden muss. Inwieweit dies dem Bestimmtheitsgebot des Art. 104 Abs. 1 GG entspricht oder dem Art. 104 Abs. 2 GG, wenn die Fixierung zur Behandlung über 30 Minuten dauert, bedarf einer Klärung durch das BVerfG. Eine Regelung entsprechend dem § 1906 Abs. 4 i. V. m. Abs. 1 Nr. 2 BGB hätte diese Unsicherheit sicher vermieden.

Exklusiver Bereich der Fixierung nach BayPsychKHG/BayMRVG

Fixierungen, die nur nach BayPsychKHG oder BayMRVG möglich sind

Es gibt auch Bereiche, die im BGB nicht geregelt sind. Insbesondere bei einer Fremdgefährdung scheidet das BGB aus. Begeht der Betreute Gewalttätigkeiten gegen andere Personen oder Sachen, fügt er sich selbst sicher keinen erheblichen gesundheitlichen Schaden zu, so dass § 1906 Abs. 1 Nr. 1 BGB nicht angewendet werden kann. Die Tatsache, dass er möglicherweise mit negativen Folgen wie etwa freiheitsentziehenden Maßnahmen, Schadensersatzansprüchen oder Angriffen Dritter rechnen muss, ist unbeachtlich, da § 1906 Abs. 4 i. V. m. Abs. 1 Nr. 1 BGB nur dann greift, wenn der Betreute sich selbst einen erheblichen gesundheitlichen Schaden zufügt. Der Satz, Fremdgefahr sei immer auch eine Selbstgefährdung, ist daher falsch.

Anwendung der verschiedenen Fixierungsmöglichkeiten

Aus den obigen Ausführungen ergeben sich sehr unterschiedliche Anwendungsbereiche. Da Ländergesetze den Anwendungsbereich des BGB nicht schmälern können, muss bei Vorliegen der Voraussetzungen des § 1906 Abs. 4 BGB eine Fixierung möglich sein, auch wenn der Betroffene sich im Maßregelvollzug oder einer öffentlichrechtlichen Unterbringung befindet. Herr des Verfahrens ist aber dann der Vertreter (Betreuer/Vorsorgebevollmächtigter) und nicht die Einrichtung.

Bearbeitet von: Horst Böhm

Inhalt

1. Migration, Massentourismus und Globalisierung verpflichten zu staatlicher Fürsorge auch bei Auslandsbezug

Problemlage

Grenzüberschreitende Mobilität ist ein Charakteristikum unserer Zeit. Die Zahl der Betreuungsfälle mit Auslandsbezug wächst daher ständig. Dabei entstehen vielfältige und schwierige rechtliche Fragen. Welches Gericht ist international zuständig, welches Recht kommt zur Anwendung, wer bestimmt bei Eilmaßnahmen, werden die Entscheidungen deutscher Gerichte im Ausland bzw. umgekehrt anerkannt? Kann der Betreuer im Rahmen seines Aufgabenkreises auch im Ausland handeln? Gelten Vorsorgemaßnahmen und Patientenverfügungen auch im Ausland?

Erschöpfende und klare Antworten sind derzeit nicht möglich, da es mit den verschiedenen Staaten unterschiedliche vertragliche Vereinbarungen gibt und umfassende Regelungen, wie z. B. das Haager Erwachsenenschutzabkommen (s. u.) im Verhältnis zu noch sehr wenigen Ländern gelten.

2. Anwendbares Recht im Überblick

Erschöpfende und klare Antworten sind in diesem Rahmen nicht möglich, da es sich um eine rechtlich sehr komplexe Materie handelt. Bei Zweifelsfragen mit Auslandsbezug sollte daher auf die Beratung durch die Betreuungsbehörden und Betreuungsgerichte zurückgegriffen werden. Zum raschen Überblick folgende Hinweise:

2.1 Materielles Recht

Art. 24 EGBGB

Grundsätzlich kommt Art. 24 EGBGB zur Anwendung. Die Entstehung, die Änderung und das Ende der Betreuung unterliegen dem Recht des Staats, dem der Betroffene angehört. Für den Angehörigen „eines fremden Staates, der seinen gewöhnlichen

Aufenthalt oder, mangels eines solchen, seinen Aufenthalt im Inland" hat, kann nach deutschem Recht (§ 1896 ff. BGB) eine Betreuung angeordnet werden. Vorläufige Maßregeln sowie der Inhalt der Betreuung und der angeordneten Vormundschaft und Pflegschaft unterliegen dem Recht des anordnenden Staats (Art. 24 Abs. 3 EGBGB).

Allerdings gilt der Vorrang völkerrechtlicher Vereinbarungen. Das Haager Erwachsenenschutzabkommen (s. u.) sieht z. B. vor, dass die zuständigen Gerichte ihr eigenes Recht anwenden. Die Zuständigkeit knüpft aber nicht wie Art. 24 EGBGB an die Staatsangehörigkeit an, sondern an den gewöhnlichen Aufenthalt des Betroffenen (Art. 5, 13 ESÜ).

2.2 Verfahrensrecht

§§ 97 bis 110 FamFG

Für das Verfahren (Zuständigkeit, Anerkennung im Ausland etc.) gelten grundsätzlich die §§ 97 bis 110 FamFG.

Vorrang völkerrechtlicher Vereinbarungen

Allerdings gehen auch beim Verfahrensrecht völkerrechtliche Vereinbarungen, soweit sie unmittelbar anwendbares deutsches Recht geworden sind, dem FamFG gemäß § 97 FamFG vor. Allen voran ist auch hier das Haager Erwachsenenschutzabkommen (s. u.) zu erwähnen, das z. B. im Verhältnis zu unseren Nachbarstaaten Frankreich, Österreich, Tschechien und der Schweiz gilt.

Informationsmöglichkeiten

Zum internationalen Betreuungsrecht und den Strukturen ausländischer Regelungen finden sich tiefergehende und länderspezifische Informationen unter: www.internationales-betreuungsrecht.de/ und auf der Homepage des Bundesamtes für Justiz unter: www.bundesjustizamt.de/DE/Themen/Buergerdienste/ErwSUE/ErwSUE_node.html

3. Betreuer mit ausländischer Staatsangehörigkeit

Der ausländische Betreuer

Zum Betreuer bestellt das Betreuungsgericht gemäß § 1897 Abs. 1 BGB eine natürliche Person, die geeignet ist, die Angelegenheiten des Betreuten rechtlich zu besorgen. Die Staatsangehörigkeit spielt dabei keine Rolle. Im Einzelfall kann es sogar sehr sinnvoll sein, für eine ausländische Person einen Betreuer zu bestellen, der die gleiche Staatsangehörigkeit hat und die Mentalität des Betreuten besser verstehen kann. Ebenso spielt die Staatsangehörigkeit keine Rolle beim Vereins- oder Behördenbetreuer. Auch hier entscheidet nur die persönliche Kompetenz.

4. Betreuter mit ausländischer Staatsangehörigkeit

Soweit nicht das ESÜ greift, gelten folgende Ausführungen:

4.1 Anwendbares Recht

Maßgeblich ist das Heimatrecht

Die Entstehung, die Änderung und das Ende der Betreuung unterliegen grundsätzlich dem Recht des Staats, dem der Betreute angehört (Art. 24 Abs. 1 Satz 1 EGBGB). Demnach gilt für Ausländer das jeweilige Heimatrecht. Gemeint sind dabei alle Regelungen eines Staats, die sich mit der rechtlichen Fürsorge für Erwachsene befassen. Die Frage, ob jemand als Minderjähriger oder Erwachsener zu behandeln ist, bestimmt sich ebenfalls nach dem Heimatrecht.

Die Anwendung des ausländischen Rechts kann zur Folge haben, dass die in Deutschland abgeschaffte Vormundschaft und Entmündigung über das ausländische Recht (z. B. Polen) Anwendung finden kann.

Das Recht des anordnenden Staats gilt aber nach Art. 24 Abs. 3 EGBGB für den Inhalt der Betreuung (Durchführung) und für vorläufige Maßregeln (z. B. Bestellung eines vorläufigen Betreuers).

Recht des anordnenden Staats

Bei doppelter Staatsangehörigkeit gilt das Recht des Staats, mit dem die Person am engsten verbunden ist und bei einem Deutschen mit zusätzlicher Staatsangehörigkeit das deutsche Recht. Staatenlose wiederum unterliegen dem Recht des Staats ihres gewöhnlichen Aufenthalts (Art. 5 EGBGB).

Doppelte Staatsangehörigkeit, Staatenlose

Das häufig nur schwer eruier- und anwendbare, ausländische Heimatrecht kann aber bei Ausländern, die ihren gewöhnlichen Aufenthalt im Inland haben, vermieden werden. Für diesen Personenkreis bestimmt Art. 24 Abs. 1 Satz 2 EGBGB, dass ein Betreuer nach deutschem Recht bestellt werden kann. Davon machen die deutschen Gerichte auch nahezu umfassend Gebrauch. Für die so angeordneten Betreuungen gilt dann das deutsche Recht. Dies ändert sich nur, wenn der gewöhnliche Aufenthalt in das Ausland verlegt wird. Dann kann das Verfahren an den Heimatstaat abgegeben werden oder an ein nunmehr zuständiges Gericht in einem dritten Staat (vgl. § 104 Abs. 2 FamFG i. V. m. § 99 Abs. 3 FamFG). Mit der Abgabe endet das Betreuungsverfahren in Deutschland. Kann das Verfahren nicht abgegeben werden, muss die Betreuung gemäß § 1908d Abs. 1 Satz 1 BGB aufgehoben werden.

Gewöhnlicher Aufenthalt in Deutschland ermöglicht deutsches Betreuungsrecht

4.2 Unterbringungen

Zivilrechtliche Unterbringungen gemäß § 1906 BGB unterliegen dem deutschen Recht, wenn es sich um eine vorläufige Maßregel handelt oder ein deutsches Gericht die Betreuung angeordnet hat (Art. 24 Abs. 3 EGBGB).

Unterbringungen

4.3 Internationale Zuständigkeit der deutschen Gerichte

Für diese Frage enthält § 104 Abs. 1 FamFG eine klare Regelung. Die deutschen Gerichte sind zuständig, wenn der Betroffene Deutscher ist oder seinen gewöhnlichen Aufenthalt im Inland hat. Fehlt es an einem gewöhnlichen Aufenthalt (Durchreise oder kurzfristiger Besuch), dann sind die deutschen Gerichte zuständig, soweit der Betroffene „der Fürsorge durch ein deutsches Gericht bedarf“ (§ 104 Abs. 1 Satz 2 FamFG).

4.4 Behandlung der im Ausland für einen Deutschen angeordneten Betreuungen

Zum einen ergibt sich innerhalb der Grenzen der §§ 108, 109 FamFG die Möglichkeit der Anerkennung. Ausgeschlossen ist dies unter anderem, wenn das ausländische Gericht nach deutschem Recht unzuständig war, oder wenn die Anerkennung der Entscheidung zu einem Ergebnis führen würde, das mit wesentlichen Grundsätzen des deutschen Rechts offensichtlich unvereinbar wäre, insbesondere wenn die Anerkennung mit den Grundrechten unvereinbar wäre. Ein abstraktes „Anerkennungsverfahren“ gibt es nicht. Die Frage der Anerkennung stellt sich daher nur als Vorfrage und kann von dem deutschen Gericht inzidenter entschieden werden. Neben den §§ 108, 109 FamFG kommen auch noch völkerrechtliche Vereinbarungen über die gegenseitige Anerkennung betreuungsrechtlicher Entscheidungen in Betracht.

Anerkennung der im Ausland angeordneten Betreuungen

Liegt es im Interesse des betroffenen deutschen Staatsangehörigen, kann die Anordnung der Betreuung in Deutschland unterbleiben (§ 104 Abs. 2 FamFG i. V. m. § 99 Abs. 2 FamFG), wenn eine betreuungsähnliche Maßnahme im Ausland angeordnet wurde.

Benachrichtigung des Heimatstaates

4.5 Mitteilungen an den Heimatstaat

Benachrichtigung und Belehrung bei Unterbringungen

Bei einem ausländischen Betreuten ist Art. 37 des Wiener Übereinkommens über konsularische Beziehungen vom 24. 4. 1963 zu beachten, sofern Deutschland zum Heimatstaat diplomatische Beziehungen unterhält. Einleitung des Betreuungsverfahrens, Anordnung der Betreuung und eine Unterbringung müssen daher der konsularischen Vertretung mitgeteilt werden. Einige Staaten haben aufgrund völkerrechtlicher Verträge das Recht, einen Betreuer vorzuschlagen (z. B. Russland, Georgien, Ukraine, Weißrussland, Türkei, Schweden).

Gemäß Art. 36 gilt bei Unterbringungen Folgendes: Den Konsularbeamten steht es frei, mit Angehörigen des Entsendestaats zu verkehren und sie aufzusuchen. Angehörigen des Entsendestaats steht es in gleicher Weise frei, mit den Konsularbeamten ihres Staats zu verkehren und sie aufzusuchen. Die zuständigen Behörden des Empfangsstaats haben die konsularische Vertretung des Entsendestaats auf Verlangen des Betroffenen unverzüglich zu unterrichten, wenn in deren Konsularbezirk ein Angehöriger dieses Staats festgenommen, in Straf- oder Untersuchungshaft genommen oder ihm anderweitig die Freiheit entzogen ist. Jede von dem Betroffenen an die konsularische Vertretung gerichtete Mitteilung haben die genannten Behörden ebenfalls unverzüglich weiterzuleiten. Diese Behörden haben den Betroffenen unverzüglich über seine Rechte aufgrund dieser Bestimmung zu unterrichten; Konsularbeamte sind berechtigt, einen Angehörigen des Entsendestaats aufzusuchen, der sich in Straf- oder Untersuchungshaft befindet oder dem anderweitig die Freiheit entzogen ist, mit ihm zu sprechen und zu korrespondieren, sowie für seine Vertretung in rechtlicher Hinsicht zu sorgen. Sie sind ferner berechtigt, einen Angehörigen des Entsendestaats aufzusuchen, der sich in ihrem Konsularbezirk aufgrund eines Urteils in Strafhaft befindet oder dem aufgrund einer gerichtlichen Entscheidung anderweitig die Freiheit entzogen ist. Jedoch dürfen Konsularbeamte nicht für einen Staatsangehörigen tätig werden, der in Straf- oder Untersuchungshaft genommen oder dem anderweitig die Freiheit entzogen ist, wenn er ausdrücklich Einspruch dagegen erhebt.

Die Folgen eines Verstoßes sind insbesondere bei der Unterbringung gravierend. Das *BVerfG* hat dem Art. 36 WÜK besondere Bedeutung zuerkannt und sieht in der Einhaltung der Belehrungspflicht nach Art. 36 Abs. 1b des WÜK einen unerlässlichen Bestandteil für ein faires Verfahren. Unterbleibt die Belehrung über die Rechte aus Art. 36 WÜK, muss wegen eines Verstoßes gegen ein rechtsstaatliches Verfahren die Unterbringung aufgehoben werden, da ein nicht heilbarer Mangel vorliegt (vgl. *BVerfG* NJW 2007, 499; *BVerwG* NVwZ 2013, 277; *BGH* FGPrax 2011, 99; *LG Nürnberg-Fürth,* Beschluss vom 21. 11. 2013, Az. 13 T 8854/13). Dies gilt auch, wenn der Betroffene zwar eine ausländische Staatsangehörigkeit hat, aber sein Lebensmittelpunkt seit Jahren in Deutschland liegt. Gleiches gilt, wenn sich die Belehrungspflicht nicht aus dem WÜK, sondern aus einem völkerrechtlichen Konsularvertrag mit einem Nicht-Mitgliedstaat ergibt.

4.6 Tätigkeit des Betreuers im Ausland

Vertretung des Betreuten im Ausland

Für die im Ausland vorzunehmenden Rechtsgeschäfte gelten grundsätzlich die ausländischen Vorschriften. Genehmigungsbedürftigkeit und das dabei zu beachtende Procedere richten sich aber nach dem deutschen Betreuungsrecht. Ebenso findet dasdeutsche Recht Anwendung für die Frage, ob für den Betreuten aufgrund der mit der Betreuung verbundenen gesetzlichen Vertretung wirksam rechtsgeschäftliche Erklärungen abgegeben werden können. Allerdings kann es im Einzelfall durchaus erforderlich sein, dass im Ausland besondere Nachweise verlangt werden.

5. Haager Übereinkommen über den internationalen Schutz von Erwachsenen

Das „ESÜ"

Der gegenwärtige Rechtszustand ist unbefriedigend. Nahezu jeder Staat hat sein eigenständiges Betreuungsrecht. Selbst in Europa finden sich alle Formen der Fürsorge für Erwachsene, von der althergebrachten Entmündigung und Vormundschaft bis hin zu modernen Formen mit flexiblen staatlichen Reaktionsmöglichkeiten. Ebenso unübersichtlich sind die internationalen Zuständigkeiten geregelt. Dies soll mit dem Haager Übereinkommen über den internationalen Schutz von Erwachsenen (ESÜ) ein Ende finden. Zuständigkeit, materielles Recht, Anerkennung und Vollstreckung sowie die internationale Zusammenarbeit werden in diesem Abkommen neu und übersichtlich geregelt.

Vorsorgevollmacht im internationalen Recht

Auch das Institut der Vorsorgevollmacht findet sich im ESÜ (Art. 15 ff. ESÜ). Bisher gibt es dafür keine ausdrücklichen Kollisionsnormen, so dass die Frage der Wirksamkeit im Ausland nach den allgemeinen Kollisionsnormen zu behandeln wäre. Schnelle und sichere Rechtsauskünfte dürften dabei auch ausgewiesenen Experten nicht möglich sein. Die Regelung im ESÜ könnte deshalb der Vorsorgevollmacht auch im internationalen Bereich Anerkennung verschaffen.

Europäisches Vorsorgeportal

Das Rechtsinstitut der Vorsorgevollmacht ist jedoch zumindest im europäischen Bereich nicht sehr verbreitet. Im sog. Europäischen Vorsorgeportal findet man eine interessante Übersicht zur Rechtslage in 22 europäischen Ländern (vgl. http://the-vulnerable.eu/Home.aspx).

Inkrafttreten des ESÜ

Der Bundestag hat das Gesetz zur Umsetzung des Abkommens und das Zustimmungsgesetz am 17. 3. 2007 verabschiedet (BGBl. II S. 323 ff.). Zum 1. 1. 2009 ist es in Kraft getreten.

Vertragsstaaten

Beigetreten sind bisher über 30 Staaten. Mittelfristig wird das ESÜ erheblich an Bedeutung gewinnen, da es nach Art. 3 Nr. 2 EGBGB Vorrang vor dem Kollisionsrecht, insbesondere Art. 24 EGBGB hat. Das ESÜ gilt zunächst unabhängig davon, ob ein Ausländer aus einem Vertragsstaat beteiligt ist. Einige Vorschriften beziehen sich aber explizit darauf, dass ein Vertragsstaat involviert ist (vgl. Art. 8 ESÜ). Eine Liste der beigetretenen Länder findet sich auf der Homepage des Bundesamts für Justiz unter: www.bundesjustizamt.de/DE/Themen/Buergerdienste/HKUE/Staatenliste/Staatenliste.html

Ausführungsgesetz

Das Erwachsenenschutzübereinkommens-Ausführungsgesetz (ErwSÜAG) vom 17. 3. 2007 (BGBl. I S. 314) bestimmt das Bundesamt für Justiz als „Zentrale Behörde" im Sinne von Art. 28 ESÜ. Gemäß § 6 ErwSÜAG wird das Betreuungsgericht, in dessen Bezirk ein OLG seinen Sitz hat, zuständig für Maßnahmen nach den Artikeln 23, 25, 33 ESÜ. Dazu gehören die Feststellung der Anerkennung oder Nichtanerkennung einer in einem anderen Vertragsstaat getroffenen Maßnahme, die Vollstreckbarerklärung einer in einem anderen Vertragsstaat getroffenen Maßnahme nach Art. 23 ESÜ und das Konsultationsverfahren nach Art. 33 ESÜ.

Nachfolgend eine Übersicht der wichtigsten Regelungen:

Übersicht

Art. 1 ESÜ Anwendungsbereich

- Anwendbar auf Erwachsene (Personen, die das 18. Lebensjahr vollendet haben, Art. 2 Abs. 1 ESÜ). Die Staatsangehörigkeit, wie etwa die Zugehörigkeit zu einem Vertragsstaat, spielt dabei keine Rolle.
- Es muss ein internationaler Sachverhalt (z. B. ausländische Staatsangehörigkeit) vorliegen.
- Anwendbar auf Erwachsene, die aufgrund einer Beeinträchtigung oder der Unzulänglichkeit ihrer persönlichen Fähigkeiten nicht in der Lage sind, ihre Interessen zu schützen.

Art. 5 ESÜ Zuständigkeit

- Dort, wo der Erwachsene seinen gewöhnlichen Aufenthalt hat.
- Wechselt der gewöhnliche Aufenthalt, dann sind die Gerichte im neuen Staat zuständig.

Gewöhnlicher Aufenthalt

Art. 5 ESÜ kann im Einzelfall zu großen Problemen führen. Wird z. B. der Betreute, der sich in einer deutschen Pflegeeinrichtung befindet, in eine billigere Einrichtung in der Tschechischen Republik verbracht, können die strengen Kontroll- und Genehmigungsvorschriften des deutschen Rechts leicht umgangen werden. Sobald man einen Wechsel des gewöhnlichen Aufenthalts annehmen muss, führt dies zur Zuständigkeit der tschechischen Gerichte und zur Anwendung des dortigen Rechts. Gleichzeitig erlischt die Zuständigkeit des deutschen Betreuungsgerichts. Allerdings bestimmt sich der Begriff des gewöhnlichen Aufenthaltes nach anderen Kriterien als bei § 272 Abs. 1 Nr. 2 FamFG. Im Sinne von Art. 5 ESÜ ist unter gewöhnlichem Aufenthalt der Ort zu verstehen, der Ausdruck einer gewissen sozialen und familiären Integration ist.

Maßgeblich können demnach sein die Dauer, die Regelmäßigkeit und die Umstände des Aufenthalts in dem Mitgliedstaat sowie die Gründe für den Aufenthaltswechsel und den Umzug in einen fremden Staat, die Staatsangehörigkeit, Ort und Umstände der Unterbringung, die Sprachkenntnisse sowie die familiären und sozialen Bindungen in dem neuen Staat. Stichworte: Daseinsmittelpunkt, Aufenthalt und weitere Umstände, wie Vorhandensein von Beziehungen, familiäres Umfeld, soziale Integration, Vermögen in Deutschland, Rentenbezug in Deutschland, kurze Zeit des Aufenthalts, potenzielle Besuche aus dem familiären und sozialen Umfeld. Maßgeblich muss eine Gesamtschau aller Umstände sein (vgl. dazu *LG Cottbus*, Beschluss vom 9. 5. 2018, Az. 7 T 28/17 und LG Augsburg, Beschluss vom 30. 1. 2018, Az. 054 T 161/18).

Wichtig ist es, sehr schnell zu handeln. Je kürzer der Aufenthalt ist, umso eher sind noch Umstände aus dem früheren Aufenthalt relevant.

Art. 13 ESÜ Anzuwendendes Recht

Grundsätzlich wenden die nach Art. 5 ESÜ zuständigen Gerichte ihr eigenes Recht an.

Art. 15 ESÜ Anzuwendendes Recht bei Vorsorgevollmacht

Grundsätzlich kommt das Recht des Staats zur Anwendung, in dem der Erwachsene im Zeitpunkt der Vereinbarung oder des Rechtsgeschäfts seinen gewöhnlichen Aufenthalt hatte. Es kann aber auch schriftlich das Recht eines anderen Staats vereinbart werden. Wählbar ist das Recht des Staats, dem der Erwachsene angehört, wo er früher seinen gewöhnlichen Aufenthalt hatte oder wo sich Vermögen des Erwachsenen befindet.

Praxis TIPP

Die Schwierigkeiten bei einer Betreuung mit Auslandsbezug (internationale Sachverhalte) werden in der Regel die meisten Betreuer bzw. Vorsorgebevollmächtigten überfordern. Auch die Gerichte werden sich mit der Lösung der damit zusammenhängenden Probleme erst eingehend befassen müssen. Es empfiehlt sich daher, auf jeden Fall rechtzeitig die Beratungsmöglichkeiten beim Betreuungsgericht in Anspruch zu nehmen.

Sozialrecht

B Sozialrecht

B 1 Grundzüge des Sozialrechts

B 2 Hilfe zum Lebensunterhalt

Sozialrecht

B

Bearbeitet von: Horst Marburger

Inhalt

1. Die soziale Sicherung in Deutschland

Die soziale Sicherung in Deutschland hat eine lange Tradition. Von einer umfassend organisierten Sicherung kann man aber erst gegen Ende des 19. Jahrhunderts sprechen, als die sogenannte Kaiserliche Botschaft in dieser Hinsicht ein neues Zeitalter einläutete.

Ein weiteres „neues Zeitalter" ist angebrochen, als das SGB geschaffen wurde, und zwar beginnend mit dem allgemeinen Teil (SGB I), der zum 1. 1. 1976 in Kraft getreten ist.

Grundsätze des Sozialrechts

Das SGB I wird allgemein als Grundgesetz des Sozialrechts bezeichnet. Es enthält wichtige Grundsätze, die für alle Sozialgesetzbücher maßgebend sind und alle Sozialleistungsbereiche berühren.

Ein wesentlicher Teil des Sozialrechts ist von der Sozialversicherung geprägt. Diese enthält Ansprüche und Pflichten der fünf Grundpfeiler der Sozialversicherung. Diese sind die

- Gesetzliche Krankenversicherung,
- Soziale Pflegeversicherung,
- Gesetzliche Rentenversicherung,
- Arbeitslosenversicherung und
- Gesetzliche Unfallversicherung.

Diese Grundbereiche stellen im Wesentlichen die soziale Grundversorgung der Bürger dar. Allerdings werden sie insbesondere durch die Sozialhilfe, aber auch durch andere Bereiche ergänzt.

Das SGB umfasst inzwischen zwölf Bücher. Viele sehen es jetzt als vollständig an, allerdings sind nicht alle Sozialbereiche hier erfasst.

Ganz grob kann die soziale Sicherung eingeteilt werden in

- Sozialversicherung,
- Sozialhilfe und
- Versorgung.

Während Sozialversicherung und Sozialhilfe im SGB umfassend geregelt sind, ist dies mit der Versorgung anders. Zur Versorgung zählen:

- das Recht der Kriegsopfer, zurzeit geregelt im Bundesversorgungsgesetz (BVG)
- das Recht der Opferentschädigung, zurzeit geregelt im Opferentschädigungsgesetz (OEG) und im BVG
- das Infektionsschutzgesetz (IfSG).

Das SGB wird erst dann vollständig sein, wenn diese und noch andere Bereiche aufgenommen sind. Hierzu zählen auch die Vorschriften über die sogenannte berufsständische Sozialversicherung. Während das Recht der Bergleute bereits im SGB VI verankert ist, ist das für die Sozialversicherung selbstständiger Landwirte noch nicht geschehen. Auch die Künstlersozialversicherung wird außerhalb des SGB geregelt.

Sozialleistungen außerhalb des SGB

Aus § 68 des SGB I ergibt sich, welche Sozialleistungsbereiche noch außerhalb des SGB geregelt sind. Hier wird nämlich bestimmt, dass bis zu ihrer Einordnung in das SGB die nachfolgenden Gesetze mit den zu ihrer Ergänzung und Änderung erlassenen Gesetze als dessen besondere Teile gelten:

- das Bundesausbildungsförderungsgesetz (BAföG)
- die Reichsversicherungsordnung (RVO)
- das Gesetz über die Alterssicherung der Landwirte (ALG)
- das Zweite Gesetz über die Krankenversicherung der Landwirte (KVLG 1989)

- das Bundesversorgungsgesetz, auch soweit andere Gesetze, insbesondere
  - § 80 des Soldatenversorgungsgesetzes (SVG)
  - § 59 Abs. 1 des Bundesgrenzschutzgesetzes*
  - § 47 des Zivildienstgesetzes (ZDG)*
  - § 60 des Infektionsschutzgesetzes (IfSG)
  - §§ 4 und 5 des Häftlingshilfegesetzes (HHG)
  - § 1 des OEG
  - §§ 21 und 22 des Strafrechtlichen Rehabilitationsgesetzes
  - §§ 3 und 4 des Verwaltungsrechtlichen Rehabilitationsgesetzes,

  die entsprechende Anwendung der Leistungsvorschriften des BVG vorsehen
- das Gesetz über das Verwaltungsverfahren der Kriegsopferversorgung
- das Bundeskindergeldgesetz (BKGG)
- das Wohngeldgesetz (WoGG)
- das Adoptionsvermittlungsgesetz
- das Unterhaltsvorschussgesetz
- der Erste Abschnitt des Bundeselterngeld- und Elternzeitgesetzes (BEEG)
- das Altersteilzeitgesetz
- der Fünfte Abschnitt des Schwangerschaftskonfliktgesetzes.

Die bisher verabschiedeten zwölf Bücher des SGB umfassen folgende Bereiche:

- SGB I – Allgemeiner Teil
- SGB II – Grundsicherung für Arbeitsuchende
- SGB III – Arbeitsförderung
- SGB IV – Gemeinsame Vorschriften für die Sozialversicherung
- SGB V – Gesetzliche Krankenversicherung
- SGB VI – Gesetzliche Rentenversicherung
- SGB VII – Gesetzliche Unfallversicherung
- SGB VIII – Kinder- und Jugendhilfe
- SGB IX – Rehabilitation und Teilhabe behinderter Menschen
- SGB X – Sozialverwaltungsverfahren und Sozialdatenschutz
- SGB XI – Soziale Pflegeversicherung
- SGB XII – Sozialhilfe

Ab 1. 1. 2024 wird das neu eingeführte SGB XIV das soziale Entschädigungsrecht regeln.

* Wehrpflicht und Zivildienst sind seit 1. 7. 2011 ausgesetzt.

2. Aufgaben des Sozialgesetzbuches und soziale Rechte (§§ 1, 2 SGB I)

§ 1 SGB I regelt die Aufgaben des SGB im Ganzen. Danach soll das Recht des SGB zur Verwirklichung sozialer Gerechtigkeit und sozialer Sicherheit Sozialleistungen einschließlich sozialer und erzieherischer Hilfe gestalten.

Das SGB soll dazu beitragen

Aufgaben des SGB

- ein menschenwürdiges Dasein zu sichern,
- gleiche Voraussetzungen für die freie Entfaltung der Persönlichkeit, insbesondere auch für junge Menschen, zu schaffen,
- die Familie zu schützen und zu fördern,
- den Erwerb des Lebensunterhalts durch eine frei gewählte Tätigkeit zu ermöglichen und
- besondere Belastungen des Lebens, auch durch Hilfe zur Selbsthilfe, abzuwenden oder auszugleichen.

Hilfe zur Selbsthilfe wird insbesondere im SGB II, im SGB IX und – vor allem – im SGB XII angeboten.

Diese Grundsätze müssten eigentlich in allen Büchern des SGB Berücksichtigung finden. Damit wäre auch eine allgemein gleiche Ausrichtung des Sozialrechts gesichert. So müsste das Prinzip, ein menschenwürdiges Dasein zu sichern, beispielsweise in der Kranken-, Pflege- und Rentenversicherung gleichermaßen manifestiert sein.

Nach § 1 Abs. 2 SGB I soll das Recht des SGB auch dazu beitragen, dass die zur Erfüllung der genannten Aufgaben erforderlichen sozialen Dienste und Einrichtungen rechtzeitig und ausreichend zur Verfügung stehen. Dies ist Angelegenheit der einzelnen Sozialgesetzbücher und wird auch dort jeweils geregelt.

In § 2 SGB I werden die sozialen Rechte beschrieben. Diese dienen den oben genannten Aufgaben. Allerdings können aus den im SGB I geregelten sozialen Rechten Ansprüche nur insoweit geltend gemacht oder hergeleitet werden, als deren Voraussetzungen und Inhalt durch die Vorschriften der besonderen Teile des SGB im Einzelnen bestimmt sind.

Hier wird der Anschein erweckt, dass die Vorschrift des § 2 Abs. 1 SGB I lediglich deklaratorische Bedeutung hat. Dass dies nicht so ist, ergibt sich bereits aus dem Absatz 2 des § 2 SGB I. Danach sind die (nachfolgenden) sozialen Rechte bei der Auslegung der Vorschriften des SGB und bei der Ausübung von Ermessen zu beachten. Dabei ist sicherzustellen, dass die sozialen Rechte möglichst weitgehend verwirklicht werden.

3. Ermessen und Rechtsanspruch (§ 39 SGB I)

Wie unter 2. erwähnt, bezieht sich § 2 Abs. 2 SGB I ausdrücklich auf das Ermessen. Hier besteht kein Rechtsanspruch auf die Leistungen. Das Gesetz sagt also nicht: „Es ist zu gewähren“, sondern: „Es kann gewährt werden.“

Ermessensleistungen

§ 39 SGB I beschäftigt sich mit Ermessensleistungen. Sind danach die Leistungsträger ermächtigt, bei der Entscheidung über Sozialleistungen nach ihrem Ermessen zu handeln, haben sie

- ihr Ermessen entsprechend dem Zweck der Ermächtigung auszuüben und
- die gesetzlichen Grenzen des Ermessens einzuhalten.

Wichtig:

Auf pflichtgemäße Ausübung des Ermessens besteht ein einklagbarer Anspruch.

Im Übrigen gelten auch für Ermessensleistungen die Vorschriften über Sozialleistungen, soweit sich aus dem SGB nichts Abweichendes ergibt.

Rechtsanspruch

Mit dem Rechtsanspruch auf Sozialleistungen beschäftigt sich § 38 SGB I. Danach besteht auf Sozialleistungen ein Anspruch, soweit nicht nach den besonderen Teilen des SGB die Leistungsträger ermächtigt sind, bei der Entscheidung über die Leistung nach ihrem Ermessen zu handeln.

Das Vorliegen eines Rechtsanspruches bedeutet aber nicht, dass die Leistungen ohne weitere Prüfung durch die Sozialleistungsträger gewährt werden. Vielmehr fordern die einzelnen gesetzlichen Vorschriften zahlreiche Voraussetzungen für die jeweiligen Leistungen.

So wird einem Krankenversicherten Krankengeld nur unter bestimmten Bedingungen gewährt. Er muss zum einen natürlich einen Leistungsanspruch dem Grunde nach besitzen, was in erster Linie eine Versicherung des Betreffenden bei einem Krankenversicherungsträger erfordert.

Außerdem muss Arbeitsunfähigkeit vorliegen. Dabei ist zu beachten, dass es sich bei der Beurteilung der Frage, ob Arbeitsunfähigkeit vorliegt, um eine komplexe Angelegenheit handelt. Zu diesem Thema existieren zahlreiche Gerichtsentscheidungen, insbesondere Urteile des Bundessozialgerichts (BSG). Die Krankenkasse hat die Pflicht, die Arbeitsunfähigkeit in bestimmten Fällen durch den Medizinischen Dienst der Krankenversicherung überprüfen zu lassen.

Besteht dem Grunde nach ein Anspruch auf Krankengeld, muss aber geprüft werden, ob es nicht etwa wegen der Gewährung von Arbeitsentgelt ruht.

4. Leistungsarten (§ 11 SGB I)

Nach § 11 SGB I sind Gegenstand der sozialen Rechte die im SGB vorgesehenen

- Dienstleistungen
- Sachleistungen
- Geldleistungen

die das SGB zusammenfassend als Sozialleistungen bezeichnet. Die persönliche und erzieherische Hilfe gehört zu den Dienstleistungen.

Regelleistungen

Im Übrigen teilt man die Sozialleistungen in Regel- und Mehrleistungen ein.

Bei den Regelleistungen handelt es sich um solche, die durch das Gesetz selbst erschöpfend vorgeschrieben sind (Pflichtleistungen). Es besteht hier weder die Möglichkeit des Ermessens noch die, durch die Satzung des Sozialversicherungsträgers Einzelheiten zu regeln.

Für den Bereich der gesetzlichen Krankenversicherung ist § 194 Abs. 1 SGB V zu beachten, wonach die Satzung u. a. über Art und Umfang der Leistungen zu bestimmen hat. Soweit das Gesetz aber Regelleistungen vorsieht, kann die Satzung in ihren Bestimmungen hiervon nicht abweichen. Sie darf nämlich keine Vorschriften enthalten, die den Aufgaben der gesetzlichen Krankenversicherung widersprechen (§ 194 Abs. 2 SGB V). Sinngemäß gilt dies auch für die anderen Sozialversicherungsträger. Im Übrigen darf die Satzung nur Leistungen vorsehen, soweit diese gesetzlich zugelassen sind.

5. Aufklärung – Auskunft – Beratung (§§ 13 bis 15 SGB I)

Als allgemeine Leistungen bezeichnet man die allgemein für alle Versicherungsträger (soweit nicht eingeschränkt) vorgesehenen Leistungen

- Aufklärung,
- Auskunft und
- Beratung.

Sie werden den Dienstleistungen zugerechnet. Man wird die hier vorgesehenen Leistungen aber auch als Ausfluss des Versicherungsverhältnisses überhaupt ansehen müssen.

Aufklärung

§ 13 SGB I bestimmt, dass die Leistungsträger, ihre Verbände und die sonstigen im SGB genannten öffentlich-rechtlichen Vereinigungen (wie etwa die Kassenärztlichen Vereinigungen; vgl. dazu § 77 SGB V) verpflichtet sind, im Rahmen ihrer Zuständigkeit die Bevölkerung über die Rechte und Pflichten nach dem SGB aufzuklären. So haben beispielsweise die Pflegekassen die Versicherten und ihre Angehörigen in den mit der Pflegebedürftigkeit zusammenhängenden Fragen, insbesondere über die Leistungen der Pflegekassen sowie über die Leistungen und Hilfen anderer Träger, zu unterrichten und zu beraten.

Unterrichtung der Bevölkerung

Unter der Aufklärung ist die generelle, allgemeine Unterrichtung der Bevölkerung über soziale Rechte und Pflichten zu verstehen. Sie richtet sich nicht an den Einzelnen. Dieser kann aus § 13 SGB I keinen direkten Anspruch ableiten. Wenn auch der Einzelne keinen Anspruch auf die Aufklärung hat, so ist doch die Verpflichtung des Versicherungsträgers, allgemein gesehen, gegeben.

Die Aufklärung kann auf verschiedene Weise geschehen. Zu denken ist hier an: Spezielle Zeitschriften, Merkblätter, Hinweise in Tageszeitungen und allgemeinen Zeitschriften, Hinweise im Radio und Fernsehen, die Durchführung von Vortragsveranstaltungen, Gesundheitswochen und dergleichen.

Gerade bei den gesetzlichen Krankenkassen ist zu beobachten, dass sich in den letzten Jahren die Aufklärung stark mit der Werbung vermischt hat.

§ 305 SGB V

In Zusammenhang mit den Krankenkassen ist hier auch § 305 SGB V zu sehen. Danach unterrichten die Krankenkassen die Versicherten auf deren Antrag über die in einem Zeitraum von mindestens 18 Monaten in Anspruch genommenen Leistungen und deren Kosten.

Die Unterrichtung über die in Anspruch genommenen ärztlichen Leistungen erfolgt getrennt von der Unterrichtung über die ärztlich verordneten und veranlassten Leistungen. Die für die Unterrichtung erforderlichen Daten dürfen ausschließlich für diesen Zweck verarbeitet und genutzt werden. Eine Gesamtaufstellung der von den Versicherten in Anspruch genommenen Leistungen darf von den Krankenkassen nicht erstellt werden. Eine Mitteilung an die Leistungserbringer über die Unterrichtung des Versicherten ist nicht zulässig. Die Krankenkassen können in ihrer Satzung das Nähere über das Verfahren der Unterrichtung regeln.

In diesem Zusammenhang ist auch zu erwähnen, dass nach § 305 Abs. 2 SGB V die an der vertragsärztlichen Versorgung teilnehmenden Ärzte, ärztlich geleiteten Einrichtungen und medizinischen Versorgungszentren die Versicherten auf Verlangen schriftlich in verständlicher Form über die zu Lasten der Krankenkassen erbrachten Leistungen und deren vorläufige Kosten zu unterrichten haben.

Patientenquittung

Das Gesetz spricht hier von der Patientenquittung. Die Unterrichtung hat direkt im Anschluss an die Behandlung oder mindestens quartalsweise spätestens vier Wochen nach Ablauf des Quartals, in dem die Leistungen in Anspruch genommen worden sind, zu erfolgen. Die Patientenquittung gibt es im Übrigen auch für die vertragszahnärztliche Versorgung. Der Versicherte erstattet für eine quartalsweise schriftliche Unterrichtung eine Aufwandspauschale in Höhe von 1 EUR zuzüglich Versandkosten. Näheres regelt die Kassenärztliche Bundesvereinigung.

Die Krankenhäuser sind verpflichtet, die Versicherten auf Verlangen schriftlich in verständlicher Form innerhalb von vier Wochen nach Abschluss der Krankenhausbehandlung über die erbrachten Leistungen und die dafür von den Krankenkassen zu zahlenden Entgelte zu informieren. Zur Patientenquittung ist aufgrund gesetzlicher Ermächtigung zwischen dem Spitzenverband Bund der Krankenkassen und der Deutschen Krankenhausgesellschaft ein Vertrag abgeschlossen worden. Dort wird ausführlich der Inhalt der Patientenquittung bestimmt und es wird geregelt, dass für alle Nachfragen zur Patientenquittung das Krankenhaus sowie die jeweilige Krankenkasse des Versicherten zuständig sind.

Nach § 305 Abs. 3 SGB V informieren die Krankenkassen ihre Versicherten auf Verlangen umfassend über die in der gesetzlichen Krankenversicherung zugelassenen Leistungserbringer einschließlich medizinische Versorgungszentren und Leistungserbringer in der integrierten Versorgung sowie über die verordnungsfähigen Leistungen und Bezugsquellen. Vor der Entscheidung der Versicherten über die Teilnahme an besonderen Versorgungsformen in Wahltarifen haben die Krankenkassen sie umfassend über dann zu erbringende Leistungen und die beteiligten Leistungserbringer zu informieren.

Auskunft

Auskünfte über alle sozialen Angelegenheiten

Nach § 15 SGB I haben die nach Landesrecht zuständigen Stellen und die Träger der gesetzlichen Krankenversicherung sowie der sozialen Pflegeversicherung über alle sozialen Angelegenheiten nach dem SGB Auskünfte zu erteilen.

Auskunft im Sinne des § 15 SGB I ist die individuelle, gezielte Beantwortung von solchen Fragen, die in erster Linie darauf ausgerichtet sind, den für die Leistung zuständigen Leistungserbringer zu erfahren. Sie hat also eine Wegweiserfunktion. Allerdings betrifft sie auch andere Sach- und Rechtsfragen des SGB.

Es handelt sich hier um Sach- und Rechtsfragen, die für die Auskunftsuchenden von Bedeutung sein können und zu deren Beantwortung die Auskunftsstelle imstande ist.

Die Auskunftsstellen sind verpflichtet, untereinander und mit den anderen Leistungsträgern mit dem Ziel zusammenzuarbeiten, eine möglichst umfassende Auskunftserteilung durch eine Stelle sicherzustellen.

Nach Absatz 4 des § 15 SGB I können die Träger der gesetzlichen Rentenversicherung über Möglichkeiten zum Aufbau einer staatlich geförderten zusätzlichen Altersvorsorge Auskünfte erteilen, soweit sie dazu imstande sind.

Nach Ansicht des *BSG* in seiner Entscheidung vom 25. 10. 1978 (Az. 1 RA 1/78) handelt es sich bei der Auskunft um eine Verwaltungsäußerung ohne unmittelbare Rechtswirkung, in der die Verwaltung den Antragsteller über Sach- und Rechtsfragen aufklärt. War die Auskunft falsch, so entsteht nicht die Verpflichtung des Leistungsträgers, sich künftig entsprechend der Falschinformation und damit gesetzwidrig zu verhalten.

Das ändert aber nichts an dem Schadensersatzanspruch des Versicherten. Die Möglichkeit eines solchen Ersatzanspruches wird auch im Urteil des *BSG* vom 28. 11. 1979 (Az. 3 RK 64/77) hervorgehoben.

Es ging in dem dieser Entscheidung zugrunde liegenden Fall darum, dass die Krankenkasse evtl. den Versicherten nicht auf die Möglichkeit aufmerksam gemacht hatte, die nach dem Gesetz als Kassenleistung in Betracht kommende Psychotherapie im Rahmen ärztlicher Behandlung in Anspruch zu nehmen.

Sozialversicherungsträger müssen richtige und sachdienliche Auskünfte erteilen

Im Urteil vom 18. 12. 1981, Az. 3 RK 34/79 stellte das *BSG* fest, dass die Sozialversicherungsträger die Pflicht haben, nicht nur richtige, sondern auch klare und sachdienliche Auskünfte zu erteilen, damit der Versicherte entsprechend disponieren kann. Verletzt ein Leistungsträger diese sich aus einem konkreten – z. B. durch einen Sozialleistungsantrag begründeten – Sozialrechtsverhältnis ergebende Verpflichtung, so hat er den Versicherten versicherungsrechtlich so zu stellen, wie dieser bei pflichtmäßigem Verwaltungshandeln gestanden hätte (vgl. dazu unter 6.).

Die Pflicht des Leistungsträgers zur Beratung und Belehrung des Versicherten ist allerdings nicht verletzt, wenn kein konkreter Anlass besteht, den Versicherten auf Gestaltungsmöglichkeiten hinzuweisen, die klar zutage liegen und deren Wahrnehmung offensichtlich so zweckmäßig ist, dass jeder verständige Versicherte sie mutmaßlich nutzen wird (*BSG,* Urteil vom 19. 10. 1983, Az. 3 RK 29/82). Ein konkreter Anlass könnte allenfalls dann bestehen, wenn er dem Versicherungsträger bekannt ist.

Seit 1. 1. 2009 bestimmt § 7a SGB XI über die Pflegeberatung. Personen, die Leistungen nach dem SGB XI (d. h. aus der Pflegeversicherung) erhalten, haben Anspruch auf individuelle Beratung und Hilfestellung durch einen Pflegeberater. Der Anspruch besteht bei der Auswahl und Inanspruchnahme von bundes- oder landesrechtlich vorgesehenen Sozialleistungen sowie sonstigen Hilfsangeboten, die auf die Unterstützung von Menschen mit Pflege-, Versorgungs- und Betreuungsbedarf ausgerichtet sind.

Nach § 7b SGB XI hat die Pflegekasse dem Antragsteller unmittelbar nach Eingang eines erstmaligen Antrags auf Leistungen nach dem SGB XI entweder einen konkreten Beratungstermin anzubieten oder einen Beratungsgutschein auszustellen. In diesem Beratungsgutschein sind Beratungsstellen benannt, bei denen der Antragsteller zulasten der Pflegekasse innerhalb von zwei Wochen nach Antragstellung den Gutschein einlösen kann.

Abschließend zum Thema „Auskunft" ist das Urteil des *BSG* vom 13. 11. 2012 (Az. B 1 KR 13/12 R) zu erwähnen. Danach hat ein Versicherter Anspruch gegen seine gesetzliche Krankenkasse, Auskunft darüber zu erhalten, welche Sozialdaten des Versicherten sie herausgegeben hat und an wen die Herausgabe erfolgt.

Beratung

§ 14 SGB I beschäftigt sich mit der Beratung. Danach hat jeder Anspruch auf Beratung über seine Rechte und Pflichten nach dem SGB. Zuständig für die Beratung sind die Leistungsträger, denen gegenüber die Rechte geltend zu machen oder die Pflichten zu erfüllen sind.

Beratung

Unter Beratung ist das individuelle Gespräch mit dem Einzelnen zur gezielten und umfassenden Unterrichtung über die ihm nach dem SGB zustehenden Rechte und Pflichten zu verstehen. Im Einzelfalle kann sich die Beratung mit der Auskunft überschneiden. Insbesondere kommt dies dann in Frage, wenn sich im Laufe des Beratungsgesprächs ergibt, dass ein anderer Leistungsträger dem Ratsuchenden zur Leistung verpflichtet ist.

Dann ist nämlich eine unmittelbare Hinleitung des Ratsuchenden zu dem tatsächlich zuständigen Sozialleistungsträger zur weiteren Beratung erforderlich. Insoweit kommt dem bislang beratenden Träger eine Auskunftspflicht zu.

§ 305a SGB V sieht eine Beratung der Vertragsärzte (Kassenärzte) durch die Kassenärztlichen Vereinigungen und die Krankenkassen vor.

6. Sozialrechtlicher Herstellungsanspruch

Das *BSG* hat am *30. 10. 1985, Az: 5b RJ 86/84*, festgestellt, dass aus dem zwischen Versicherten und Versicherungsträger bestehenden Sozialrechtsverhältnis den Versicherungsträger als Nebenpflicht eine Betreuungspflicht gegenüber dem Versicherten trifft.

Verständnisvolle Förderung

Der Versicherungsträger hat den Versicherten mit dem Ziel, dessen soziale Rechte möglichst weitgehend zu verwirklichen, verständnisvoll zu fördern. Dieser Verpflichtung des Versicherungsträgers entspricht im Falle der Verletzung der Betreuungspflicht der Anspruch des Versicherten, sozialversicherungsrechtlich so gestellt zu werden, wie er bei ordnungsgemäßer Betreuung stehen würde. Die Rechtsprechung geht hier vom sozialrechtlichen Herstellungsanspruch aus.

Allerdings kann ein sozialrechtlicher Herstellungsanspruch nicht Grundlage für ein Begehren auf Herstellung eines Zustandes sein, der im Gesetz nicht vorgesehen ist.

Während die Pflicht zur Aufklärung in der Regel nicht gerichtlich verfolgt werden kann, ist dies bei der Beratung und bei der Auskunft anders. Der Versicherungsträger macht sich schadensersatzpflichtig (Amtspflichtverletzung – vgl. § 839 BGB i. V. mit Art. 34 GG – Vorsatz oder Fahrlässigkeit des betreffenden Bediensteten ist erforderlich), wenn eine falsche Auskunft oder Beratung erfolgt und dadurch ein Schaden entsteht. Diese Haftung des zuständigen Versicherungsträgers besteht gewissermaßen neben dem sozialrechtlichen Herstellungsanspruch.

7. Antrag auf Sozialleistungen (§ 16 SGB I, § 19 SGB IV)

Die Gewährung von Leistungen, also das Tätigwerden des Versicherungsträgers, ist davon abhängig, dass dieser vom Vorhandensein von Tatbeständen erfährt, die zu einer Leistungsgewährung führen können.

Hier ist § 19 Sozialgesetzbuch – Viertes Buch (SGB IV) zu beachten. Danach sind Leistungen in der gesetzlichen

- Krankenversicherung,
- Rentenversicherung,
- nach dem Recht der Arbeitsförderung (Arbeitslosenversicherung) sowie
- in der sozialen Pflegeversicherung

aufgrund eines Antrages zu gewähren.

Dagegen werden Leistungen in der gesetzlichen Unfallversicherung von Amts wegen erbracht, soweit sich aus den Vorschriften für die gesetzliche Unfallversicherung nichts Abweichendes ergibt.

Antrag

Unter Antrag ist nach der Definition im Schrifttum jede Erklärung zu verstehen, durch die jemand Sozialleistungen ganz allgemein oder eine bestimmte Sozialleistung begehrt.

Für die mit dem Antrag angesprochene Stelle muss bei verständiger Würdigung erkennbar sein, dass und aus welchem Sozialleistungsbereich der Antragsteller Leistungen begehrt.

Ein Leistungsantrag ist auch dann erforderlich, wenn die Anspruchsvoraussetzungen ununterbrochen vorliegen, aber eine erneute Leistungsgewährung nach einer leistungsfreien Zeit eintreten soll.

Im Bereich des SGB ist nicht vorgeschrieben, in welcher Weise bzw. in welcher Form der Antrag zu stellen ist. Es ist deshalb davon auszugehen, dass der Antrag mündlich (also anlässlich einer Vorsprache – auch bei einer Neben- oder Verwaltungsstelle des Versicherungsträgers) sowie fernmündlich und schriftlich gestellt werden kann. Bei schriftlicher Antragstellung können oftmals Schwierigkeiten auftreten, weil sich viele Antragsteller hier nur unzureichend ausdrücken können. In solchen Fällen muss vonseiten des Versicherungsträgers gewissenhaft – evtl. auch durch Rücksprache beim Versicherten – geprüft werden, welche Leistung denn nun begehrt wird.

Formulare und Vordrucke

Hilfreich können hier natürlich Formulare (Vordrucke) sein. Sie sind allerdings lediglich dann hilfreich, wenn sie

- sachlogisch und
- leicht verständlich

aufgebaut sind.

§ 60 Abs. 2 SGB I schreibt im Rahmen der Mitwirkungspflicht vor (vgl. dazu die Ausführungen unter Abschnitt 12), dass dann, wenn Vordrucke vorgesehen sind, diese auch benutzt werden sollen.

Hier ist auch § 17 SGB I zu beachten (vgl. die Ausführungen unter Abschnitt 8).

Nach § 16 Abs. 1 SGB I sind Anträge auf Sozialleistungen beim zuständigen Leistungsträger zu stellen. Sie werden aber auch von allen anderen Leistungsträgern, von den Gemeinden und bei Personen, die sich im Ausland aufhalten, auch von den amtlichen Vertretungen Deutschlands im Ausland entgegengenommen.

Anträge, die bei

- einem unzuständigen Leistungsträger,
- einer für die Sozialleistung nicht zuständigen Gemeinde oder
- einer amtlichen Vertretung Deutschlands im Ausland

gestellt werden, sind unverzüglich an den zuständigen Leistungsträger weiterzuleiten.

„Unverzüglich" bedeutet ohne schuldhaftes Zögern.

Die Leistungsträger sind nach § 16 Abs. 3 SGB I verpflichtet, darauf hinzuwirken, dass unverzüglich klare und sachdienliche Anträge gestellt und unvollständige Angaben ergänzt werden.

Der Leistungsträger kann hier von sich aus viel tun, vor allem wenn er – wie oben bereits erwähnt – sachgerechte Vordrucke bereithält. Heute finden sich aber für viele Leistungsträger im Internet zahlreiche Hinweise zum Ausfüllen der jeweiligen Vordrucke. Meist finden sich dort auch die Vordrucke, die herunterzuladen und auszufüllen sind.

Oben wurde bereits erwähnt, dass es viele Menschen gibt, die sich beim Ausfüllen von Vordrucken recht schwer tun. Dazu gehören natürlich in besonderem Maße ausländische Personen. Teilweise werden deshalb – insbesondere im EU-Bereich – mehrsprachige Vordrucke verwendet.

Amtssprache ist Deutsch

In diesem Zusammenhang bestimmt § 19 Abs. 1 SGB X, dass die Amtssprache Deutsch ist. Das gilt nicht im Anwendungsbereich der EU-Vorschriften sowie bei Geltung zwischenstaatlicher Sozialversicherungsabkommen.

8. Ausführung der Sozialleistungen (§ 17 SGB I)

Einzelheiten über die Ausführung der Leistungen beinhaltet § 17 SGB I. Dort wird (in Abs. 1) bestimmt, dass die Leistungsträger verpflichtet sind, darauf hinzuwirken, dass

- jeder Berechtigte die ihm zustehenden Sozialleistungen in zeitgemäßer Weise umfassend und schnell erhält,
- die zur Ausführung von Sozialleistungen erforderlichen sozialen Dienste und Einrichtungen rechtzeitig und ausreichend zur Verfügung stehen,
- der Zugang zu den Sozialleistungen möglichst einfach gestaltet wird, insbesondere durch Verwendung allgemein verständlicher Antragsvordrucke (vgl. dazu die diesbezüglichen Ausführungen unter Abschnitt 7) und
- ihre Verwaltungs- und Dienstgebäude frei von Zugangsbarrieren sind und Sozialleistungen in barrierefreien Räumen und Anlagen ausgeführt werden.

Gebärdensprache kann verwendet werden

Nach § 17 Abs. 2 SGB I haben hörbehinderte Menschen das Recht, bei der Ausführung von Sozialleistungen, insbesondere auch bei ärztlichen Untersuchungen und Behandlungen, Gebärdensprache zu verwenden. Die Kosten werden von dem für die Sozialleistung zuständigen Leistungsträger getragen.

In der Zusammenarbeit mit gemeinnützigen und freien Einrichtungen und Organisationen wirken die Leistungsträger darauf hin, dass sich ihre Tätigkeit und die der genannten Einrichtungen und Organisationen zum Wohl der Leistungsempfänger wirksam ergänzen.

Dabei haben sie deren Selbstständigkeit in Zielsetzung und Durchführung ihrer Aufgaben zu achten.

Die Nachprüfung zweckentsprechender Verwendung bei der Inanspruchnahme öffentlicher Mittel bleibt unberührt.

Die Verpflichtung der Leistungsträger zur Zusammenarbeit sieht im Übrigen auch § 86 SGB X vor.

9. Handlungsfähigkeit (§ 36 SGB I)

Ist ein Versicherter nicht geschäftsfähig, so hat für ihn der gesetzliche Vertreter einen Antrag zu stellen bzw. eine Vollmacht zu erteilen. Das gilt auch bei beschränkter Geschäftsfähigkeit im Sinne des BGB.

§ 36 SGB I

Hier ist allerdings § 36 SGB I zu beachten. Wer danach das 15. Lebensjahr vollendet hat, kann Anträge auf Sozialleistungen stellen und verfolgen sowie Sozialleistungen entgegennehmen. Der Leistungsträger soll den gesetzlichen Vertreter über die Antragstellung und die erbrachten Sozialleistungen unterrichten. Diese Unterrichtung ist nach allgemeiner Ansicht schriftlich vorzunehmen. Allgemein wird auch angenommen, dass die Sollvorschrift die Verwaltung für den Regelfall bindet, jedoch auch Ausnahmen zulässt.

Die in § 36 Abs. 1 SGB I vorgeschriebene Handlungsfähigkeit kann vom gesetzlichen Vertreter gemäß § 36 Abs. 2 SGB I durch schriftliche Erklärung gegenüber dem Leistungsträger eingeschränkt werden.

Eine mündliche Erklärung hat nach dem klaren Text des § 36 Abs. 2 SGB I keine Bedeutung. Gesetzlicher Vertreter kann ein Elternteil, kann aber auch ein Vormund sein. Es ist gleichgültig, welcher gesetzliche Vertreter (wenn also beide Elternteile am Leben sind) die entsprechende Einschränkung vornimmt.

Der letzte Satz des § 36 Abs. 2 SGB I schränkt die Handlungsfähigkeit des Minderjährigen, der das 15. Lebensjahr vollendet hat, noch etwas ein, auch ohne dass die obige Erklärung vom gesetzlichen Vertreter (einem gesetzlichen Vertreter) abgegeben wurde. Es wird hier nämlich bestimmt, dass die Rücknahme von Anträgen, der Verzicht auf Sozialleistungen und die Entgegennahme von Darlehen der Zustimmung des gesetzlichen Vertreters bedürfen.

Schwebende Unwirksamkeit

Solange diese Zustimmung nicht erteilt ist, muss die entsprechende Handlung des Minderjährigen als schwebend unwirksam angesehen werden. Die Zustimmung kann sowohl vor der jeweiligen Handlung als auch nach derselben gegeben werden.

Die Zustimmung kann schriftlich, aber auch mündlich (selbst fernmündlich) erfolgen. Im Falle der mündlichen Erklärung empfiehlt sich aber eine schriftliche Festlegung durch den Versicherungsträger (Protokoll, Aktennotiz), und zwar mit Unterschrift des Betreffenden.

Die Rücknahme von Anträgen setzt voraus, dass rechtswirksame Anträge gestellt worden sind (vgl. dazu unter 7.).

10. Die einzelnen sozialen Rechte (§§ 3 bis 10 SGB I)

Unter 2. sind die sozialen Rechte angesprochen worden, die in § 2 SGB I behandelt werden. Allerdings verweist § 2 SGB I auf die §§ 3 bis 10 SGB I. Dort werden die einzelnen sozialen Rechte behandelt.

Bildungs- und Arbeitsförderung

In § 3 SGB I geht es zunächst um die Bildungs- und Arbeitsförderung. Wer an einer Ausbildung teilnimmt, die seiner

- Neigung,
- Eignung und
- Leistung

entspricht, hat ein Recht auf individuelle Förderung seiner Ausbildung, wenn ihm die hierfür erforderlichen Mittel nicht anderweitig zur Verfügung stehen.

Um die Arbeitsförderung geht es in § 3 Abs. 2 SGB I. Wer danach am Arbeitsleben teilnimmt oder teilnehmen will, hat ein Recht auf

- Beratung bei der Wahl des Bildungswegs und des Berufs,
- individuelle Förderung seiner beruflichen Weiterbildung,
- Hilfe zur Erlangung und Erhaltung eines angemessenen Arbeitsplatzes und
- wirtschaftliche Sicherung bei Arbeitslosigkeit und bei Zahlungsunfähigkeit des Arbeitgebers.

Zugang zur Sozialversicherung

§ 4 SGB I beschäftigt sich mit der Sozialversicherung. Jeder hat danach im Rahmen des SGB ein Recht auf Zugang zur Sozialversicherung. Wer in der Sozialversicherung versichert ist, hat im Rahmen der gesetzlichen Kranken-, Pflege-, Unfall- und Rentenversicherung einschließlich der Alterssicherung der Landwirte ein Recht auf

- die notwendigen Maßnahmen zum Schutz, zur Erhaltung, zur Besserung und zur Wiederherstellung der Gesundheit und der Leistungsfähigkeit und auf
- wirtschaftliche Sicherung bei Krankheit, Mutterschaft, Minderung der Erwerbsfähigkeit und Alter.

Ein Recht auf wirtschaftliche Sicherung haben auch die Hinterbliebenen eines Versicherten.

Im weiteren Sinne zählt auch die oben behandelte Arbeitsförderung zur Sozialversicherung. Die Ansprüche und Pflichten in den einzelnen Sozialleistungsbereichen ergeben sich aus SGB III (Arbeitsförderung), SGB V–VII (Kranken- und Rentenversicherung, Unfallversicherung) und SGB XI (Soziale Pflegeversicherung).

Soziale Entschädigung bei Gesundheitsschäden

In § 5 SGB I geht es um die Soziale Entschädigung bei Gesundheitsschäden. Wer einen Gesundheitsschaden erleidet, für dessen Folgen die staatliche Gemeinschaft in Abgeltung eines besonderen Opfers oder aus anderen Gründen nach versorgungsrechtlichen Grundsätzen einsteht, hat ein Recht auf

- die notwendigen Maßnahmen zur Erhaltung, zur Besserung und zur Wiederherstellung der Gesundheit und der Leistungsfähigkeit und auf
- angemessene wirtschaftliche Versorgung.

Auch die Hinterbliebenen eines Beschädigten haben ein Recht auf eine angemessene wirtschaftliche Versorgung. Maßgebende Rechtsgrundlagen sind hier das Bundesversorgungsgesetz (BVG) –, aber auch das Opferentschädigungsgesetz (OEG), ferner z. B. auch das Häftlingshilfegesetz (HHG).

Mit der Minderung des Familienaufwands beschäftigt sich § 6 SGB I. Wer danach Kindern Unterhalt zu leisten hat oder leistet, hat ein Recht auf Minderung der dadurch entstehenden wirtschaftlichen Belastungen. Das in diesem Zusammenhang zu erwähnende Bundeskindergeldgesetz (BKGG) ist besonderer Teil des SGB I (§ 68 SGB I).

Das gilt auch für das Wohngeldgesetz. Hier bestimmt § 7 SGB I, dass derjenige, der für eine angemessene Wohnung Aufwendungen erbringen muss, die ihm nicht zugemutet werden können, ein Recht auf Zuschuss zu Miete oder zu vergleichbaren Aufwendungen hat.

Öffentliche Jugendhilfe

Nach § 8 SGB I haben junge Menschen und Personensorgeberechtigte das Recht, Leistungen der öffentlichen Jugendhilfe in Anspruch zu nehmen. Diese Leistungen sollen die Entwicklung junger Menschen fördern und die Erziehung in der Familie unterstützen und ergänzen. Einzelheiten finden sich im Achten Buch des Sozialgesetzbuches (SGB VIII).

Sozialhilfe

§ 9 SGB I hat die Sozialhilfe zum Gegenstand. Wer danach nicht in der Lage ist, aus eigenen Kräften seinen Lebensunterhalt zu bestreiten oder in besonderen Lebenslagen sich selbst zu helfen, hat ein Recht auf Hilfe. Voraussetzung ist, dass er auch von anderer Seite keine ausreichende Hilfe erhält.

Er hat ein Recht auf persönliche und wirtschaftliche Hilfe, die seinem besonderen Bedarf entspricht, ihn zur Selbsthilfe befähigt und die Teilnahme am Leben in der Gemeinschaft ermöglicht. Außerdem muss die Führung eines menschenwürdigen Lebens gesichert sein. Dabei müssen Leistungsberechtigte nach ihren Kräften mitwirken.

Die Sozialhilfe wird im Sozialgesetzbuch – Zwölftes Buch (SGB XII) behandelt. Zu erwähnen ist aber auch das Sozialgesetzbuch – Zweites Buch (SGB II), das sich mit der Grundsicherung für Arbeitsuchende beschäftigt.

In § 10 SGB I geht es um die Teilhabe behinderter Menschen. Angesprochen sind hier Menschen, die körperlich oder seelisch behindert sind oder denen eine solche Behinderung droht. Sie haben unabhängig von der Ursache der Behinderung zur Förderung ihrer Selbstbestimmung und zur gleichberechtigten Teilhabe ein Recht auf Hilfe. Zu beachten ist hier das Sozialgesetzbuch – Neuntes Buch (SGB IX), in dem es um die Rehabilitation und Teilhabe behinderter Menschen geht. Das SGB IX wurde zum 1. 1. 2018 durch das Bundesteilhabegesetz vom 23. 12. 2016 (BGBl. I S. 3234) in wesentlichen Bereichen geändert.

11. Leistungsgewährung an Dritte (§§ 48 bis 59 SGB I)

11.1 Grundsätze

Grundsätzlich ist der Versicherte bzw. Leistungsberechtigte Träger des Anspruchs. Es gibt aber auch Fälle, in denen die Leistungen an andere Personen oder Institutionen zu erbringen sind. Diese Fälle werden in den §§ 48–59 SGB I geregelt.

Die Vorschriften befinden sich alle in dem Titel „Grundsätze des Leistungsrechts".

11.2 Unterhaltspflicht (§ 48 SGB I)

Verletzung der Unterhaltspflicht

§ 48 SGB I behandelt die Auszahlung der laufenden Geldleistungen bei Verletzung der Unterhaltspflicht des Versicherten. Hiernach (§ 48 Abs. 1 SGB I) können laufende Geldleistungen, die der Sicherung des Lebensunterhalts zu dienen bestimmt sind, in angemessener Höhe an

- den Ehegatten bzw. den Lebenspartner oder
- die Kinder des Leistungsberechtigten

ausgezahlt werden. Voraussetzung ist, dass er ihnen gegenüber seiner gesetzlichen Unterhaltspflicht nicht nachkommt.

Auszahlung laufender Geldleistungen

Die Auszahlung der laufenden Geldleistungen kann auch an die Person oder Stelle erfolgen, die dem Ehegatten oder den Kindern Unterhalt gewährt.

Kindergeld, Kinderzuschläge und vergleichbare Rentenbestandteile (Geldleistungen für Kinder) können an Kinder, die bei der Festsetzung der Geldleistungen berücksichtigt werden, ausgezahlt werden. Das kann bis zur Höhe des Betrags erfolgen, der sich bei entsprechender Anwendung des § 54 Abs. 5 Satz 2 SGB I ergibt.

Für das Kindergeld gilt dies auch dann, wenn der Kindergeldberechtigte mangels Leistungsfähigkeit nicht unterhaltspflichtig ist oder nur Unterhalt in Höhe eines Betrags zu leisten braucht, der geringer ist als das für die Auszahlung in Betracht kommende Kindergeld.

Mit Urteil vom 17. 9. 1981 (Az. 4 RJ 105/80) stellte das *BSG* fest, dass § 48 Abs. 1 SGB I für alle laufenden Geldleistungen gilt, die der Sicherung des Lebensunterhalts zu dienen bestimmt sind. Das gilt auch, wenn sie ohne Rücksicht auf den Familienstand des Berechtigten gewährt werden. Das *BSG* führte in seiner Entscheidung vom 17. 9. 1981 weiter aus, dass dann, wenn ein Unterhaltstitel in Form eines rechtskräftigen Urteils vorliegt, die gesetzliche Unterhaltspflicht gemäß § 48 SGB I damit bestimmt und gleichzeitig begrenzt ist. Für weitergehende Auszahlungsansprüche bleibt sodann nach dieser Vorschrift kein Raum mehr.

Vorstehendes gilt entsprechend, wenn für Kinder, denen gegenüber der Leistungsberechtigte nicht kraft Gesetzes unterhaltspflichtig ist, Geldleistungen erbracht werden und der Leistungsberechtigte dieser Geldleistungen Kinder nicht unterhält. Hier (§ 48 Abs. 2 SGB I) ist allerdings erforderlich, dass die jeweilige Leistung wegen des betreffenden Kindes gewährt wird (vgl. dazu *BSG*, Urteil vom 8. 7. 2009, Az. B11 AL 30/08R).

Nach allgemeiner Auffassung ist es nicht in das Ermessen (vgl. dazu die Ausführungen unter 3.) des Sozialleistungsträgers gestellt, in welcher Höhe die Auszahlung an andere im Rahmen des § 48 SGB I erfolgt.

Lediglich als Obergrenze der Auszahlung ist der geschuldete Unterhaltsanspruch anzusehen. In diesem Rahmen sind dann die Verhältnisse des Einzelfalles zu berücksichtigen.

Nach der Entscheidung des *BSG* vom 20. 6. 1984 (Az. 7 RAr 18/83) richtet sich die für eine Auszahlung (Abzweigung) nach § 48 Abs. 1 SGB I vorzunehmende

Beurteilung, ob der Leistungsberechtigte gegenüber seinem Ehegatten oder seinen Kindern unterhaltsverpflichtet ist, nach den Vorschriften des bürgerlichen Rechts.

Fehlt es an einer bereits anderweitig erfolgten und bindenden Festlegung (Unterhaltstitel), hat der Leistungsträger selbst festzustellen, ob eine Unterhaltspflichtverletzung des Leistungsberechtigten vorliegt.

Ermittlung des unterhaltsrechtlichen Sachverhalts

Für die Ermittlung des unterhaltsrechtlichen Selbstbehalts des Leistungsberechtigten darf der Leistungsträger grundsätzlich von pauschalen Werten ausgehen, wenn diese den Grundsätzen des materiellen Unterhaltsrechts entsprechen.

Für die Pfändungsfreibeträge nach der Tabelle zu § 850c Zivilprozessordnung (vgl. dazu die Ausführungen unter 11.6) trifft dies nicht zu.

Die Werte der sogenannten Düsseldorfer Tabelle sind hingegen ein geeigneter Maßstab. Zu erwähnen ist auch die Berliner Tabelle als Vortabelle zur Düsseldorfer Tabelle.

Wie bereits erwähnt, sind hinsichtlich des Vorliegens von Unterhaltsberechtigung die bürgerlich-rechtlichen Vorschriften maßgebend (*BSG*, Urteil vom 26. 5. 1959, Az. 3 RK 52/57). Nach dem erwähnten Urteil ist im Verhältnis von Ehegatten, die beide Einkommen haben, derjenige als unterhaltspflichtig anzusehen,der das höhere Einkommen bezieht und deshalb im Allgemeinen mehr zum „angemessenen Unterhalt der Familie“ beizutragen hat.

Ein Ehegatte, der keinen Beitrag zum Familienunterhalt leisten kann, ist nicht unterhaltspflichtig (*BSG*, Urteil vom 18. 8. 1982, Az. 3 RK 38/81). In dem zitierten Urteil wird auch ausgeführt, dass der Anspruch auf eine – später rückwirkend gewährte – Rente vorher noch nicht die Leistungsfähigkeit des Ehegatten zur Gewährung von Unterhalt in dem Sinn begründet, dass seine Ehefrau unterhaltsberechtigt gewesen wäre.

Am 18. 8. 1982 führte das *BSG* auch aus, dass die unter Berücksichtigung der besonderen Verhältnisse in der Familie des Hilfesuchenden und der Einkommens- und Vermögensverhältnisse der an Ehegatten zu gewährende Sozialhilfe (§§ 16, 19 SGB XII) keine Unterhaltsberechtigung des einen gegen den anderen Ehegatten begründen kann.

Keine Unterhaltsberechtigung bei Sozialhilfe

Die Teilnehmer an der Besprechung der Spitzenverbände der Krankenkassen vom 13. 12. 1984 hoben ebenfalls unter anderen hervor, dass dann keine Unterhaltsberechtigung vorliegt, wenn beide Ehegatten nur von der Sozialhilfe leben. Bezieht dagegen der versicherte Ehegatte neben den Sozialhilfeleistungen noch andere – wenn auch nur geringfügige – Einkünfte, so ist eine Unterhaltsfähigkeit im Sinne des BGB anzunehmen.

Liegt im Übrigen – so heißt es in der Entscheidung vom 18. 8. 1982 weiter – bei keinem der beiden Ehegatten eine Fähigkeit zur Unterhaltsleistung vor (hat also keiner mehr zu leisten als der andere), ist keiner der Ehegatten unterhaltsberechtigt.

Allerdings sind aufseiten der Frau nicht nur die Barleistungen, sondern auch deren Haushaltsführung und ihre sonstigen Verrichtungen angemessen zu berücksichtigen. Nach der Rechtsprechung (vgl. dazu die Entscheidung des *BSG* vom 16. 11. 1962, Az. 11 RA 154/71) ist die Arbeit der Frau im Haushalt mit ihrem tatsächlichen wirtschaftlichen Wert als Unterhaltsleistung zu berücksichtigen. Dabei bieten für die Bewertung diejenigen Kosten einen Anhaltspunkt, die für eine vergleichbare Ersatzkraft aufzuwenden wären. Bei dem Wertvergleich sind neben Gehalt oder Lohn auch Sach- und andere Bezüge für eine Ersatzkraft, nicht aber der auf das Entgelt entfallende Arbeitgeberanteil an Beiträge zur Sozialversicherung anzusetzen.

Kann ein (ausländischer) Ehegatte wegen des Fehlens einer Arbeitserlaubnis sich nicht selbst unterhalten, so ist der andere Ehegatte unterhaltspflichtig.

Der Leistungsträger muss im Rahmen des § 48 SGB I nur auf Antrag sowie dann tätig werden, wenn ihm Tatsachen bekannt werden, die ihm ein eigenes Tätigwerden aufdrängen (*BSG*, Urteil vom 12. 5. 1982, Az. 7 RA 20/81). Die Entscheidung über die Auszahlung selbst (nicht über die Höhe) ist nach der Ansicht des BSG im Urteil vom 12. 5. 1982 in das Ermessen des Leistungsträgers gestellt.

In Zusammenhang mit einer „Abzweigung" nach § 48 SGB I ist es nicht ermessensfehlerhaft sachwidrig, wenn ein Leistungsträger sich dazu entschließt, dem Leistungsberechtigten während der angemessenen Dauer eines Verfahrens über dessen gesetzlich vorgeschriebene Anhörung die bisher bewilligte Leistung noch in vollem Umfang zu belassen (vgl. *BSG*, Urteil vom 29. 10. 1987, Az. 11b RAr 61/86). Hier wird auch zum Ausdruck gebracht, dass der Leistungsträger nach pflichtgemäßem Ermessen zu entscheiden hat, ob er die beantragte Abzweigung tatsächlich vornehmen will.

Dem Leistungsträger steht grundsätzlich die Wahl zwischen mehreren rechtlich möglichen Verhaltensweisen zu, das heißt auch das Recht, von der an sich möglichen Abzweigung ganz abzusehen. Erforderlich ist lediglich, dass der Leistungsträger sich für sein Verhalten auf sachgerechte Gründe berufen kann und beruft.

Eine Auszahlung laufender Geldleistungen an andere sieht auch § 49 SGB I vor. In Absatz 1 dieser Vorschrift wird der Fall angesprochen, dass ein Leistungsberechtigter aufgrund richterlicher Anordnung länger als einen Kalendermonat in einer Anstalt oder Einrichtung untergebracht ist.

Vollständiger Kalendermonat

Der Kalendermonat muss vollständig sein. In einem solchen Fall sind laufende Geldleistungen, die der Sicherheit des Lebensunterhalts zu dienen bestimmt sind, wie z. B. Krankengeld, Arbeitslosengeld, Rente, an die Unterhaltsberechtigten auszuzahlen.

Dies gilt aber nur, soweit der Leistungsberechtigte kraft Gesetzes unterhaltspflichtig ist und er oder die Unterhaltsberechtigten es beantragen.

Beantragen die Unterhaltsberechtigten die Auszahlung, so ist ein evtl. entgegenstehender Wille des Leistungsberechtigten bedeutungslos.

§ 49 Abs. 1 SGB I sieht vor, dass die laufenden Geldleistungen an die Unterhaltsberechtigten auszuzahlen sind. Dies bedeutet, dass ein Ermessen darüber, ob eine Auszahlung an die Unterhaltsberechtigten zu erfolgen hat, nicht besteht.

Der Versicherungsträger muss hier aber nicht von sich aus tätig werden, da Voraussetzung für die Auszahlung der Antrag des Leistungs- oder des bzw. der Unterhaltsberechtigten ist.

Im Fall des § 49 Abs. 1 SGB I ist nicht durch den Leistungsträger festzustellen, in welcher Höhe eine Auszahlung an den Unterhaltsberechtigten erfolgt. Vielmehr ist die gesamte laufende Geldleistung zu zahlen.

§ 49 Abs. 3 SGB I lässt die Vorschrift des § 48 Abs. 1 Satz 4 SGB I unberührt. Das bedeutet, dass auch im Falle des § 49 SGB I die Auszahlung der (hier: gesamten) Geldleistung an die Person oder Stelle erfolgen kann, die dem Ehegatten oder den Kindern Unterhalt gewährt.

§ 49 Abs. 2 SGB I entspricht der Vorschrift des § 48 Abs. 2 SGB I. Dies bedeutet, dass § 49 Abs. 1 SGB I dann entsprechend gilt, wenn für Kinder, denen gegenüber der Leistungsberechtigte nicht kraft Gesetzes unterhaltspflichtig ist, Geldleistungen erbracht werden.

11.3 Überleitung der Leistungen bei Unterbringung des Berechtigten (§§ 49, 50 SGB I)

§ 49 Abs. 1 SGB I

Liegen die Voraussetzungen des § 49 Abs. 1 SGB I vor (Unterbringung des Leistungsberechtigten aufgrund richterlicher Anordnung für eine Zeit, die länger als einen Kalendermonat ist, in eine Anstalt oder Einrichtung), so ist es unter Umständen auch möglich, dass die laufenden Geldleistungen an die Stelle zu zahlen sind, der die Kosten der Unterbringung zur Last fallen. Dies schreibt § 50 Abs. 1 SGB I vor.

Die Ansprüche auf laufende Geldleistungen, die der Sicherung des Lebensunterhaltes zu dienen bestimmt sind, können durch schriftliche Anzeige des zuständigen Leistungsträgers auf ihn übergeleitet werden. Allerdings bewirkt eine solche Anzeige nach ausdrücklicher Vorschrift des § 50 Abs. 2 SGB I den Anspruchsübergang nur insoweit, als die Leistung nicht an Unterhaltsberechtigte oder die in § 49 Abs. 2 SGB I genannten Kinder zu zahlen ist. Es handelt sich hier um Kinder, denen gegenüber der Leistungsberechtigte nicht kraft Gesetzes unterhaltspflichtig ist und an die der Leistungsberechtigte Geldleistungen zahlt.

Voraussetzung für den Anspruchsübergang ist ferner, dass der Leistungsberechtigte die Kosten der Unterbringung zu erstatten hat und die Leistung auf den für die Erstattung maßgebenden Zeitraum entfällt.

§ 50 Abs. 3 SGB I beschäftigt sich mit Fällen, in denen ein Kind aufgrund richterlicher Anordnung länger als einen Kalendermonat in einer Anstalt oder Einrichtung untergebracht ist.

11.4 Aufrechnung und Verrechnung (§§ 51, 52 SGB I)

§ 51 SGB I beschäftigt sich mit der Aufrechnung. Darunter ist die Tilgung einer Forderung mit einer anderen zu verstehen.

Aufrechnung durch Leistungsträger

Nach § 51 Abs. 1 SGB I kann der zuständige Leistungsträger mit Ansprüchen gegen den Berechtigten aufrechnen. Voraussetzung ist natürlich, dass er – der zuständige Leistungsträger – einen vollwirksamen und fälligen Anspruch (Gegenanspruch) gegen den Leistungsberechtigten hat.

Da im SGB I keine nähere Definition zur Aufrechnung gegeben ist, sind die hier im Privatrecht maßgeblichen §§ 387 bis 396 BGB entsprechend anzuwenden.

Nach § 387 BGB kann jeder Teil seine Forderung gegen die Forderung des anderen Teils aufrechnen, wenn zwei Personen (auch juristische Personen sind hier gemeint) einander Leistungen schulden, die ihrem Gegenstande nach gleichartig sind. Voraussetzung für die Aufrechnung ist, dass

- der Aufrechnende die ihm gebührende Leistung fordern und
- die ihm obliegende Leistung bewirken kann.

Die Bedingung, dass die Leistungen ihrem Gegenstande nach gleichartig sein müssen, bedeutet, dass es sich auch bei dem Anspruch des Leistungsträgers um eine Geldleistung handeln muss.

Es ist im Übrigen sowohl bezüglich des Anspruchs des Leistungsberechtigten als auch hinsichtlich des Anspruchs des Leistungsträgers nicht erforderlich, dass *laufende* Geldleistungen geschuldet werden.

§ 51 Abs. 1 SGB I ist vielmehr sowohl bei

- laufenden als auch
- bei einmaligen

Geldleistungen anwendbar.

Voraussetzung für die Aufrechnung nach § 51 SGB I ist, dass die Ansprüche auf Geldleistungen nach § 54 Abs. 2 und 3 SGB I pfändbar sind (vgl. dazu die Ausführungen unter Abschnitt 11.6).

Es ist nicht erforderlich, dass die zu Unrecht erbrachte Leistung und die zum Zeitpunkt der Aufrechnung bestehende Leistung der Art nach miteinander identisch sind. So hat es das *BSG* am 27. 2. 1984 (Az. 3 RK 17/83) für zulässig angesehen, dass eine Krankenkasse zu Unrecht erbrachtes Mutterschaftsgeld mit einem bestehenden Krankengeldanspruch aufrechnete.

Verrechnung

In diesem Zusammenhang ist auch § 52 SGB I zu beachten. Danach kann der für eine Geldleistung zuständige Leistungsträger mit Ermächtigung eines anderen Leistungsträgers dessen Ansprüche gegen den Berechtigten mit der ihm obliegenden Geldleistung verrechnen. Voraussetzung ist lediglich, dass nach § 51 SGB I die Aufrechnung zulässig ist.

Die erwähnte Ermächtigung braucht nach Auffassung in der Rechtsprechung und in der Praxis nicht ausdrücklich ausgesprochen zu werden. Vielmehr ist diese Ermächtigung bereits in dem Verrechnungsersuchen selbst zu sehen.

11.5 Übertragung und Verpfändung (§ 53 SGB I)

Verpfändung

In § 53 Abs. 1 SGB I wird ausdrücklich hervorgehoben, dass Ansprüche auf Dienst- und Sachleistungen weder übertragen noch verpfändet werden können. Dagegen ist es möglich, dass Ansprüche auf Geldleistungen übertragen und verpfändet werden (§ 53 Abs. 2, 3 SGB I). Das gilt aber nur, wenn der Betreffende durch die Abtretung nicht sozialhilfebedürftig wird (*BSG*, Urteil vom 23. 5. 1995, Az. 13 RJ 43/93).

§ 53 Abs. 2 SGB I schreibt vor, dass Ansprüche auf Geldleistungen (gleichgültig, ob es sich um laufende oder einmalige Geldleistungen handelt) zur Erfüllung oder zur Sicherung von Ansprüchen auf Rückzahlung von Darlehen und auf Erstattung von Anwendungen übertragen und verpfändet werden können.

Das Gleiche gilt, wenn der zuständige Leistungsträger feststellt, dass die Übertragung oder Verpfändung im wohlverstandenen Interesse des Berechtigten liegt.

Nach der Entscheidung des *BSG* vom 14. 8. 1984 (Az. 10 RKg 7/83) ist das wohlverstandene Interesse des Berechtigten zu bejahen, wenn durch die Abtretung notwendige Lebensbedürfnisse der Familie gesichert werden. Zu diesen notwendigen Lebensbedürfnissen zählt beispielsweise auch die Erhaltung der Familienwohnung.

Nach Auffassung des *BSG* im Urteil vom 7. 9. 1988 (Az. 10 RKg 18/87) kann die Abtretung einer Sozialleistung im wohlverstandenen Interesse des Anspruchsberechtigten liegen, wenn der Abtretungsempfänger es übernommen hat, durch Zahlung der Energiekosten die Benutzung der Familienwohnung zu sichern.

Es liegt aber in solchen Fällen nicht im wohlverstandenen Interesse des Berechtigten, wenn dieser seine gesamten Einnahmen in unbegrenzter Höhe abtritt und sich damit hilfebedürftig macht.

§ 53 Abs. 3 SGB I beschäftigt sich (im Gegensatz zur Vorschrift des § 53 Abs. 2 SGB I) nur mit Ansprüchen auf laufende Geldleistungen, die überdies der Sicherung des Lebensunterhaltes dienen müssen (Krankengeld, Arbeitslosengeld, Rente).

Diese Leistungen können in anderen (als den in § 53 Abs. 2 SGB I genannten) Fällen übertragen und verpfändet werden, soweit sie den für Arbeitseinkommen geltenden unpfändbaren Betrag übersteigen (vgl. dazu die Ausführungen unter Abschnitt 11.6).

11.6 Pfändung (§ 54 SGB I)

Grundlagen

§ 54 SGB I beschäftigt sich mit der Pfändung. In Absatz 1 wird, genau wie in § 53 Abs. 1 SGB I (vgl. dazu unter Abschnitt 11.5), vorgeschrieben, dass Ansprüche auf Dienst- und Sachleistungen nicht erfasst werden. Sie können also nicht gepfändet werden.

Die Absätze 2 und 3 des § 54 SGB I unterscheiden zwischen

- einmaligen und
- laufenden

Geldleistungen.

So können gemäß § 54 Abs. 2 SGB I Ansprüche auf einmalige Geldleistungen nur gepfändet werden, soweit nach den Umständen des Falles, insbesondere nach den

- Einkommens- und Vermögensverhältnissen des Leistungsberechtigten,
- der Art des beizutreibenden Anspruchs sowie
- der Höhe und der Zweckbestimmung der Geldleistung,

die Pfändung der Billigkeit entspricht.

§ 54 Abs. 4 SGB I beschäftigt sich mit Ansprüchen auf laufende Geldleistungen. Hier wird bestimmt, dass eine Pfändung wie Arbeitseinkommen möglich ist.

Unpfändbar sind Ansprüche auf:

- Elterngeld und vergleichbare Leistungen der Länder
- Mutterschaftsgeld nach § 19 des Mutterschutzgesetzes (MuSchG), soweit es nicht aus einer Teilzeitbeschäftigung herrührt, bis zur Höhe des Elterngelds
- Wohngeld unter bestimmten Voraussetzungen
- Geldleistungen, die dazu bestimmt sind, den durch einen Körper- und Gesundheitsschaden bedingten Mehraufwand auszugleichen

§ 54 Abs. 3 SGB I

Rechtsgrundlage ist hier § 54 Abs. 3 SGB I.

In Zusammenhang mit § 54 SGB I – aber auch im Rahmen des § 53 Abs. 3 SGB I (vgl. dazu unter Abschnitt 11.5) – ist, wie bereits erwähnt wurde, der für Arbeitseinkommen geltende unpfändbare Betrag von erheblicher Bedeutung. Maßgebend ist hier § 850c ZPO. Die unpfändbaren Beträge wurden zuletzt durch die Bekanntmachung vom 4. 4. 2019 (BGBl. I S. 443) mit Wirkung seit 1. 7. 2019 neu festgelegt.

Pfändungsgrenzen Arbeitseinkommen

Danach ist Arbeitseinkommen unpfändbar, wenn es, je nach dem Zeitraum, für den es gezahlt wurde, nicht mehr beträgt als

- 1.178,59 EUR monatlich oder
- 271,24 EUR wöchentlich oder
- 54,25 EUR täglich.

Eine Erhöhung dieser Beträge tritt dann ein, wenn der Schuldner (Leistungsberechtigte) aufgrund einer gesetzlichen Verpflichtung Unterhalt gewährt an:

- seinen Ehegatten
- einen früheren Ehegatten
- einen Lebenspartner
- einen früheren Lebenspartner
- einen Verwandten
- einen Elternteil

In diesen Fällen erhöht sich der Betrag, bis zu dessen Höhe Arbeitseinkommen unpfändbar ist, auf bis zu

- 2.610,63 EUR monatlich,
- 600,80 EUR wöchentlich oder
- 120,16 EUR täglich.

Die Erhöhung tritt für die erste Person, der Unterhalt gewährt wird, um

- 443,57 EUR monatlich,
- 102,08 EUR wöchentlich oder
- 20,42 EUR täglich

ein. Für die zweite bis fünfte Person beträgt die Erhöhung

- 247,12 EUR monatlich,
- 56,87 EUR wöchentlich oder
- 11,37 EUR täglich.

Vgl. dazu auch § 850c Abs. 2 ZPO.

Hat eine Person, welcher der Schuldner aufgrund gesetzlicher Verpflichtung Unterhalt gewährt, eigene Einkünfte, so kann das Vollstreckungsgericht bestimmen, dass diese Person bei der Berechnung des unpfändbaren Teils des Arbeitseinkommens (der laufenden Geldleistung) ganz oder teilweise unberücksichtigt bleibt.

Antrag des Gläubigers

Hier ist ein Antrag des Gläubigers erforderlich. Die Entscheidung des Gerichts hat nach billigem Ermessen zu erfolgen.

§ 850c ZPO enthält weitere Einzelheiten (insbesondere hinsichtlich der Rundungsbestimmungen).

Nach § 850d ZPO gelten die in § 850c ZPO vorgesehenen Beschränkungen bei Pfändung von Unterhaltsansprüchen nicht.

Vielmehr ist dem Schuldner lediglich so viel zu belassen, als er für seinen notwendigen Unterhalt und zur Erfüllung seiner laufenden gesetzlichen Unterhaltspflichten gegenüber den dem Gläubiger vorgehenden Berechtigten oder zur gleichmäßigen Befriedigung der dem Gläubiger gleichstehenden Berechtigten bedarf.

Entgegen der sonst maßgebenden Regelung, wonach die zuerst vorgenommene Pfändung späteren Pfändungen vorgeht, bestimmt § 850d Abs. 2 ZPO eine bestimmte Reihenfolge. Dabei haben mehrere gleich nahe Berechtigte (z. B. mehrere Kinder) gleichen Rang.

11.7 Sonderrechtsnachfolge (§§ 56, 57 SGB I)

§ 56 SGB I beschäftigt sich mit Ansprüchen, die beim Tod des Berechtigten bereits fällig sind, von ihm aber nicht mehr erhoben werden können, weil er inzwischen verstorben ist.

§ 56 SGB I sieht hier eine Sonderrechtsnachfolge vor. Danach stehen fällige Ansprüche auf laufende Geldleistungen beim Tod des Berechtigten nacheinander bestimmten Personen zu.

Voraussetzungen

Voraussetzung ist, dass diese Personen mit dem Berechtigten zur Zeit seines Todes in einem gemeinsamen Haushalt gelebt haben oder von ihm wesentlich unterhalten worden sind.

Mehrere Personen einer Gruppe (z. B. den Kindern) stehen die Ansprüche zu gleichen Teilen zu.

Es wird nicht vorgeschrieben, wie lange der Sonderrechtsnachfolger mit dem Berechtigten in einem gemeinsamen Haushalt gelebt haben muss. Vielmehr ist davon auszugehen, dass das Leben in einem gemeinsamen Haushalt mit der häuslichen Gemeinschaft gleichzustellen ist. Der Begriff des wesentlichen Unterhalts fordert die Unterhaltsgewährung nicht in gleicher Höhe wie der des überwiegenden Unterhalts, der beispielsweise für bestimmte Personen als Voraussetzung für den Anspruch aus der Familienversicherung der gesetzlichen Krankenversicherung in § 10 Abs. 4 SGB V gefordert wird, falls sie nicht in den Haushalt des Mitglieds aufgenommen sind.

Mögliche Personengruppen

Die Personen, die als Sonderrechtsnachfolger infrage kommen, sind in dieser Reihenfolge:

- der Ehegatte bzw. der Lebenspartner
- die Kinder
- die Eltern
- der Haushaltsführer

Als Kinder gelten auch:

- Stiefkinder und Enkel, die in den Haushalt des Berechtigten aufgenommen sind
- Pflegekinder (Personen, die mit dem Berechtigten durch ein auf längere Dauer angelegtes Pflegeverhältnis mit häuslicher Gemeinschaft wie Kinder mit Eltern verbunden sind)
- Geschwister des Berechtigten, die in seinen Haushalt aufgenommen worden sind

Zu den Geschwistern im vorstehenden Sinne zählen auch Halbgeschwister.

Als „Eltern" werden zunächst die leiblichen Eltern angesprochen. Nach ausdrücklicher Vorschrift des § 56 Abs. 3 SGB I gelten als Eltern auch:

- sonstige Verwandte der geraden aufsteigenden Linie (Großeltern, Urgroßeltern)
- Stiefeltern
- Pflegeeltern (Personen, die den Berechtigten als Pflegekind aufgenommen haben)

Haushaltsführer

Haushaltsführer ist nach § 56 Abs. 4 SGB I derjenige

- Verwandte oder
- Verschwägerte,

der anstelle des verstorbenen oder geschiedenen oder an der Führung des Haushaltes aus gesundheitlichen Gründen dauernd gehinderten Ehegatten oder (gleichgeschlechtlichen) Lebenspartners den Haushalt des Berechtigten geführt hat. Dies muss mindestens ein Jahr lang vor dem Tod des Berechtigten erfolgt sein. Im Übrigen muss der Haushaltsführer vom Verstorbenen überwiegend unterhalten worden sein (vgl. dazu auch unter Abschnitt 11.6).

Gemäß § 57 SGB I kann der nach § 56 SGB I Berechtigte auf die Sonderrechtsnachfolge innerhalb von 6 Wochen nach ihrer Kenntnis durch schriftliche Erklärung gegenüber dem Leistungsträger verzichten. Verzichtet er innerhalb dieser Frist, gelten die Ansprüche als auf ihn nicht übergegangen. Sie stehen den Personen zu, die ohne den Verzichtenden nach § 56 SGB I berechtigt wären.

Soweit Ansprüche auf den Sonderrechtsnachfolger übergegangen sind, haftet er für die nach dem SGB bestehenden Verbindlichkeiten des Verstorbenen gegenüber dem für die Ansprüche zuständigen Leistungsträger. Insoweit entfällt eine Haftung der Erben (vgl. dazu die Ausführungen unter Abschnitt 11.8). Eine Aufrechnung und Verrechnung (vgl. dazu unter Abschnitt 11.4) nach §§ 51 und 52 SGB I ist ohne die dort genannten Beschränkungen der Höhe nach zulässig.

11.8 Vererbung (§§ 58, 59 SGB I)

Nach § 59 SGB I erlöschen Ansprüche auf Dienst- und Sachleistungen mit dem Tod des Berechtigten. Ansprüche auf Geldleistungen (wie z. B. Rente) erlöschen aber nur, wenn sie im Zeitpunkt des Todes des Berechtigten weder festgestellt sind noch ein Verwaltungsverfahren über sie anhängig ist.

Nach Urteil des *BSG* vom 11. 8. 1966 (Az. 3 RK 88/63) geht der auf eine Geldleistung gerichtete Erstattungsanspruch des Versicherten nach seinem Tod auf die Erben über, wenn eine Krankenkasse zu Unrecht die Gewährung von Krankenhausbehandlung abgelehnt hat. Diese Entscheidung steht übrigens nicht im Widerspruch zu dem im Krankenversicherungsrecht geltenden Sachleistungsprinzip. Deutlich wird das im Urteil des *BSG* vom 10. 10. 1978 (Az. 3 RK 11/78). Dort wird ausgeführt, dass sich nach dem Tod des Versicherten der als Sachleistungsanspruch bestehende Anspruch auf Krankenhausbehandlung in einen Anspruch auf Erstattung der Krankenhausbehandlungskosten (Geldleistung) wandelt, der auf die Erben übergeht.

§ 58 SGB I

Bezüglich der Vererbung ist § 58 SGB I zu beachten. Soweit danach fällige Ansprüche auf Geldleistungen nicht einem Sonderrechtsnachfolger (vgl. dazu unter Abschnitt 11.7) zustehen, werden sie nach den Vorschriften des BGB vererbt. Der Fiskus als gesetzlicher Erbe kann die Ansprüche nicht geltend machen. § 58 SGB I spricht deshalb nur solche Geldleistungen an, die keine laufenden Geldleistungen sind. Letztere können nur dann Gegenstand einer Erbschaft sein, wenn eine Sonderrechtsnachfolge im Einzelfall wegen des Fehlens der Voraussetzungen des § 56 SGB I nicht infrage kommt.

Nachlassverbindlichkeiten

Für Nachlassverbindlichkeiten (zu denen auch Forderungen der Sozialleistungsträger zählen) haftet der Erbe (vgl. § 1967 BGB).

Bezüglich des Erbrechts im Einzelnen kann auf die bereits erwähnten § 1922 ff. BGB verwiesen werden. Die Erbberechtigung wird durch einen Erbschein nachgewiesen, den in der Regel das Nachlassgericht ausstellt. Eine Leistungsgewährung an Erben wird der Versicherungsträger von der Vorlage eines Erbscheins abhängig machen.

12. Mitwirkung (§§ 60 bis 67 SGB I)

12.1 Grundsätze

Im Rahmen des Sozialrechts hat der Einzelne nicht nur Rechte, sondern auch Pflichten. Es wird hier von der Mitwirkung des Leistungsberechtigten gesprochen. Zu dieser Mitwirkung ist er verpflichtet. Befolgt er diese Pflicht nicht, hat er bestimmte sozialrechtliche Nachteile zu befürchten.

Rechtsgrundlage

Rechtsgrundlage für die Mitwirkungspflichten sind die §§ 60 bis 67 SGB I. Die Mitwirkungspflichten können in folgende Gruppen unterschieden werden:

- Angabe von Tatsachen
- Persönliches Erscheinen

- Untersuchungen
- Heilbehandlung bzw.
- Leistungen zur Teilhabe am Arbeitsleben

12.2 Angabe von Tatsachen (§ 60 SGB I)

Wer Sozialleistungen beantragt oder erhält, hat

- alle Tatsachen anzugeben, die für die Leistung erheblich sind, und auf Verlangen des zuständigen Leistungsträgers der Erteilung der erforderlichen Auskünfte durch Dritte zuzustimmen,
- Änderungen in den Verhältnissen, die für die Leistung erheblich sind oder über die im Zusammenhang mit der Leistung Erklärungen abgegeben worden sind, unverzüglich (d. h. ohne schuldhaftes Zögern) mitzuteilen,
- Beweismittel zu bezeichnen und auf Verlangen des zuständigen Leistungsträgers Beweisurkunden vorzulegen oder ihrer Vorlage zuzustimmen.

Vorstehendes gilt auch für denjenigen, der Leistungen zu erstatten hat.

Soweit für die vorstehend genannten Angaben Vordrucke vorgesehen sind, sollen diese benutzt werden (§ 60 Abs. 2 SGB I) – vgl. dazu auch die Ausführungen unter Abschnitt 7.

Nur entscheidungserhebliche Tatsachen

Nach Auffassung des *Verwaltungsgerichtshofes (VGH) Baden-Württemberg in seinem Urteil vom 12. 3. 1997 (Az. 7 S 1084/95)* bezieht sich die Mitwirkungspflicht des Antragstellers nur auf entscheidungserhebliche Tatsachen und Beweismittel. Daran fehlt es, wenn der Leistungsträger aufgrund der sonstigen Umstände in der Sache entscheiden kann.

Die Mitwirkungspflichten bestehen nach der *Entscheidung des BSG vom 10. 11. 1977 (Az. 3 RK 44/75)* auch in Zusammenhang mit Auskünften, die im Rahmen des § 116 SGB X zu machen sind. Es geht hier um den Übergang zivilrechtlicher Schadensersatzansprüche des Leistungsberechtigten auf den Sozialversicherungsträger bzw. den Träger der Sozialhilfe. Der Forderungs- oder Rechtsübergang erfolgt in dem Umfang, in dem der Leistungsträger aufgrund des Schadensereignisses Leistungen erbringt.

Verletzung der Mitwirkungspflicht

In der Praxis geht es hier meist darum, dass ein Leistungsberechtigter sich weigert, einen Unfallfragebogen auszufüllen bzw. die dortigen Fragen zum Unfallhergang, zu den Unfallbeteiligten usw. zu machen.

Wird die Mitwirkungspflicht hier verletzt, ist vom Mitwirkungspflichtigen der Vermögensnachteil zu ersetzen, der der Krankenkasse durch die Verletzung der Pflichten entstand. Dabei muss der Leistungsträger so gestellt werden, als ob er vom Schädiger in vollem Umfange Ersatz erlangt hätte.

In Zusammenhang mit der Leistungsgewährung an einen Versicherten sind auch andere Personen bzw. Stellen dem Sozialversicherungsträger gegenüber zur Auskunftserteilung verpflichtet. Hier ist zunächst die Auskunftspflicht des Arbeitgebers aus § 98 SGB X und der Angehörigen, Unterhaltspflichtigen oder sonstigen Personen aus § 99 SGB X zu erwähnen. In § 100 SGB X ist die Auskunftspflicht des Arztes oder Angehörigen eines anderen Heilberufs gegenüber dem Leistungsträger vorgesehen.

12.3 Persönliches Erscheinen (§ 61 SGB I)

Über das persönliche Erscheinen bestimmt § 61 SGB I. Wer danach Sozialleistungen beantragt oder erhält, soll auf Verlangen des zuständigen Leistungsträgers zur mündlichen Erörterung des Antrags oder zur Vornahme anderer für die Entscheidung über die Leistung notwendigen Maßnahmen persönlich erscheinen.

Nach der *Entscheidung des BSG vom 20. 3. 1980 (Az. 7 RAr 21/97)* setzt die Mitwirkungspflicht nach § 61 SGB I voraus, dass der Sozialleistungsträger sowohl nach seinem Willen als auch nach dem geäußerten Inhalt des Verlangens zum persönlichen Erscheinen eine Mitwirkung begehrt. Er muss schriftlich auf die möglichen Folgen einer unterlassenen Mitwirkung hinweisen.

12.4 Untersuchungen und Heilbehandlung (§§ 62, 63 SGB I)

Wer Sozialleistungen beantragt oder erhält, soll sich nach § 62 SGB I auf Verlangen des zuständigen Leistungsträgers ärztlichen und psychologischen Untersuchungsmaßnahmen unterziehen. Das gilt, soweit diese für die Entscheidung über die Leistung erforderlich sind.

In diesem Zusammenhang sei für die Gesetzliche Krankenversicherung die Vorschrift des § 275 SGB V erwähnt. Dort werden Untersuchungen (Begutachtung und Beratung) durch den Medizinischen Dienst der Krankenversicherung (MDK) vorgeschrieben.

MDK

Der MDK ist eine Arbeitsgemeinschaft der gesetzlichen Kranken- und Pflegeversicherung eines Bundeslandes (§ 278 Abs. 1 SGB V). Die Arbeitsgemeinschaft hat die Rechtsform einer rechtsfähigen Körperschaft des öffentlichen Rechts. Mitglieder der Arbeitsgemeinschaft sind gemäß § 278 Abs. 2 SGB V die Landesverbände der Orts-, Betriebs- und Innungskrankenkassen, die landwirtschaftlichen Krankenkassen und die Ersatzkassen. Bestehen in einem Land mehrere Landesverbände einer Kassenart, kann durch Beschluss der Mitglieder der Arbeitsgemeinschaft in einem Land ein weiterer MDK errichtet werden (§ 278 Abs. 3 SGB V). Für mehrere Länder kann durch Beschluss der Mitglieder der betroffenen Arbeitsgemeinschaften ein gemeinsamer MDK errichtet werden. Die Beschlüsse bedürfen der Zustimmung der für die Sozialversicherung zuständigen obersten Verwaltungsbehörden der betroffenen Länder.

Gutachtliche Stellungnahme

Nach § 275 Abs. 1 SGB V sind die Krankenkassen verpflichtet, in bestimmten Fällen eine gutachtliche Stellungnahme des MDK einzuholen.

Das gilt bei Erbringung von Leistungen, insbesondere zur Prüfung von Voraussetzungen, Art und Umfang der Leistungen. Das gilt aber auch bei Arbeitsunfähigkeit, insbesondere bei Zweifeln am Bestehen von Arbeitsunfähigkeit.

Solche Untersuchungen werden von § 62 SGB I erfasst.

§ 63 SGB I

Nach § 63 SGB I soll sich derjenige, der wegen Krankheit oder Behinderung Sozialleistungen beantragt oder erhält, auf Verlangen des zuständigen Leistungsträgers einer Heilbehandlung unterziehen. Voraussetzung hierfür ist, dass eine Besserung seines Gesundheitszustands oder die Verhinderung einer Verschlechterung desselben dadurch zu erwarten ist.

Nach der *Entscheidung des BSG vom 20. 3. 1981 (Az. 8/8a RU 46/80)* muss die Besserung des Gesundheitszustands nach § 63 SGB I nicht ausschließlich nach objektiven Maßstäben gemessen werden. Muss zwischen dem erstrebten Heilerfolg und einem damit verbundenen irreparablen Körperschaden abgewogen werden, darf der Leistungsträger nicht unbeachtet lassen, wie der Versicherte selbst den Heilerfolg und den Körperschaden bewertet. Ist die Vorstellung des Versicherten über seine körperliche Unversehrtheit in sich verständlich und erscheint es nach objektiven Gesichtspunkten nicht zweifelsfrei, dass der Heilerfolg den Körperschaden bei Weitem überwiegt, darf der Leistungsträger die Leistung nicht nach § 66 Abs. 2 SGB I wegen unterlassener Mitwirkung entziehen (vgl. dazu die Ausführungen in Abschnitt 12.8).

12.5 Leistungen zur Teilhabe am Arbeitsleben (§ 64 SGB I)

Wer nach § 64 SGB I wegen Minderung der Erwerbsfähigkeit, anerkannten Schädigungsfolgen oder wegen Arbeitslosigkeit Sozialleistungen beantragt oder erhält, soll auf Verlangen des zuständigen Leistungsträgers an Leistungen zur Teilhabe am Arbeitsleben teilnehmen. Voraussetzung ist, dass bei angemessener Berücksichtigung seiner beruflichen Neigung und Leistungsfähigkeit zu erwarten ist, dass sie seine Erwerbs- oder Vermittlungsfähigkeit auf Dauer fördern oder erhalten werden.

Urteil zu Rehabilitationsleistungen

Allgemein zu Rehabilitationsleistungen ist das *Urteil des BSG vom 22. 9. 1981 (Az. 1 RJ 112/80)* ergangen. Danach gehört die subjektive Bereitschaft Versicherter, an einer Rehabilitationsmaßnahme mitzuwirken, ebenso wie die objektive Fähigkeit hierzu zu den tatbestandlichen Voraussetzungen der Bewilligung der Maßnahme. Stellt sich nach Bewilligung der Rehabilitationsmaßnahme heraus, dass bei dem Versicherten die Bereitschaft zur Mitwirkung entfallen ist, so kann der Rehabilitationsträger den Bewilligungsbescheid widerrufen. Das gilt auch dann, wenn dem Versicherten diese Bereitschaft schon bei Erlass des Bewilligungsbescheides gefehlt haben sollte, sie jedoch erst später erkennbar zutage tritt.

12.6 Grenzen der Mitwirkung (§ 65 SGB I)

Die Grenzen der Mitwirkung werden in § 65 SGB I behandelt. Nach Absatz 1 bestehen die Mitwirkungspflichten nach §§ 60 bis 64 SGB I nicht, soweit

- ihre Erfüllung nicht in einem angemessenen Verhältnis zu der in Anspruch genommenen Sozialleistung steht oder
- ihre Erfüllung dem Betroffenen aus einem wichtigen Grund nicht zugemutet werden kann oder
- der Leistungsträger sich durch einen geringeren Aufwand als der Antragsteller oder Leistungsberechtigte die erforderlichen Kenntnisse selbst beschaffen kann.

Wichtiger Grund

Was im Zusammenhang mit dem zweiten Aufzählungspunkt als „Wichtiger Grund“ anzusehen ist, kann nach allgemeiner Auffassung nur individuell unter sorgfältiger Interessenabwägung beurteilt werden. Dabei sind auch zu berücksichtigen:

- der persönliche Bereich
- Umstände seelischer, familiärer und sonstiger Art

In der Person des Leistungsberechtigten liegende wichtige Gründe können z. B. sein: seine Gehunfähigkeit, Erkrankung oder Bettlägerigkeit, Notwendigkeit überhöhter körperlicher Anstrengung, besonders schwierige Familienverhältnisse, die die Anwesenheit des Berechtigten erforderlich machen.

§ 65 Abs. 2 SGB I

Mit der Möglichkeit, Behandlungen und Untersuchungen abzulehnen, beschäftigt sich § 65 Abs. 2 SGB I. Das ist bezüglich von Behandlungen und Untersuchungen möglich,

- bei denen im Einzelfall ein Schaden für Leben oder Gesundheit nicht mit hoher Wahrscheinlichkeit ausgeschlossen werden kann,
- die mit erheblichen Schmerzen verbunden sind oder
- die einen erheblichen Eingriff in die körperliche Unversehrtheit bedeuten.

Das *BSG* hat in seinem *Urteil vom 19. 5. 1983 (Az. 2 RU 17/82)* festgestellt, dass bei der Abwägung zwischen dem durch eine Operation erstrebten Heilerfolg und dem mit dem operativen Eingriff mit Sicherheit verbundenen irreparablen Körperschaden auch die im persönlichen Bereich des Betroffenen vorhandenen objektivierten Vorstellungen zu berücksichtigen sind.

Eine Maßnahme der Heilbehandlung dient nicht zur Besserung des Gesundheitszustandes, wenn beispielsweise gerade die durch die Heilbehandlung ganz oder teilweise beseitigte Funktion eines Fingers für den Leistungsempfänger von – subjektiver – besonderer Bedeutung ist.

Verhältnismäßigkeit

Das BSG verweist in seiner Entscheidung vom 19. 5. 1983 in diesem Zusammenhang auch auf den in § 65 Abs. 1 Nr. 1 SGB I angesprochenen Grundsatz der Verhältnismäßigkeit. Mit diesem Grundsatz wäre es z. B. nicht zu vereinbaren, wenn der Leistungsträger vom Leistungsempfänger eine Operation verlangt, die – gemessen an der Versicherungsleistung – einen großen Eingriff bedeutet.

Nach § 65 Abs. 3 SGB I können Angaben, die

- den Antragsteller,
- den Leistungsberechtigten oder
- ihnen nahestehende Personen (§ 383 Abs. 1 Nr. 1 bis 3 ZPO)

der Gefahr strafgerichtlicher Verfolgung oder eines Verfahrens nach dem Gesetz über Ordnungswidrigkeiten (OWiG) aussetzen, verweigert werden.

Zeugnisverweigerungsrecht

§ 383 ZPO beschäftigt sich mit der Zeugnisverweigerung aus persönlichen Gründen. Die in § 65 Abs. 3 SGB I genannten Nummern 1 bis 3 des § 383 Abs. 1 enthalten die nachfolgenden Personen:

- den Verlobten
- den Ehegatten oder (gleichgeschlechtlichen) Lebenspartner, auch wenn die Ehe oder die Lebenspartnerschaft nicht mehr besteht
- denjenigen, der mit dem Mitwirkungspflichtigen in gerader Linie verwandt oder verschwägert, in der Seitenlinie bis zum dritten Grad verwandt oder bis zum zweiten Grad verschwägert ist oder war.

12.7 Ersatz von Aufwendungen (§ 65a SGB I)

Wer einem Verlangen des zuständigen Leistungsträgers zum

- persönlichen Erscheinen oder
- zur Vornahme einer Untersuchung

nachkommt, kann auf Antrag

- Ersatz seiner notwendigen Auslagen und
- seines Verdienstausfalles

in angemessenem Umfang erhalten (§ 65a Abs. 1 SGB I).

Bei einem Verlangen des zuständigen Leistungsträgers nach § 61 SGB V (persönliches Erscheinen) sollen Aufwendungen nur in Härtefällen ersetzt werden.

Vorstehendes gilt auch, wenn der zuständige Leistungsträger ein persönliches Erscheinen oder eine Untersuchung nachträglich als notwendig anerkennt (§ 65a Abs. 2 SGB I).

§ 65a Abs. 1 SGB I spricht beispielsweise Untersuchungen durch den MDK an.

12.8 Fehlende Mitwirkung (§§ 66, 67 SGB I)

Folgen fehlender Mitwirkung

Mit den Folgen fehlerhafter Mitwirkung beschäftigt sich § 66 SGB I. Absatz 1 hat die Fälle zum Gegenstand, in denen gegen die Mitwirkungspflichten nach den §§ 60 bis 62, 65 SGB I (also gegen die Verpflichtung, Tatsachen anzugeben sowie persönlich zu erscheinen – und dies alles innerhalb der durch § 65 SGB I bestimmten Grenzen) verstoßen wird.

Wenn diesen Pflichten nicht nachgekommen und hierdurch die Aufklärung des Sachverhaltes erheblich erschwert wird, kann der Leistungsträger ohne weitere Ermittlungen die Leistung bis zur Nachholung der Mitwirkung ganz oder teilweise versagen oder entziehen. Das gilt aber nur, soweit die Voraussetzungen der Leistungen nicht nachgewiesen sind.

Das gilt entsprechend, wenn der Antragsteller oder Leistungsberechtigte in anderer Weise absichtlich (vorsätzlich: Vorsatz ist das Wissen um den schädigenden Erfolg einer Handlung oder Unterlassens) die Aufklärung des Sachverhalts erheblich erschwert.

Das *BSG* hat im *Urteil vom 10. 7. 1986 (Az. 11a RLw 3/85)* ausdrücklich darauf hingewiesen, dass eine mangelnde Mitwirkung dann nicht zur Leistungsversagung führt, wenn hierdurch die Aufklärung des Sachverhalts nicht erheblich erschwert wird. Kommt derjenige, der eine Sozialleistung wegen Arbeitsunfähigkeit, wegen Gefährdung oder Minderung der Erwerbsfähigkeit, wegen anerkannten Schädigungsfolgen oder wegen Arbeitslosigkeit beantragt oder erhält, seinen Mitwirkungspflichten nach den §§ 62 bis 65 SGB I nicht nach, so liegt ein Verstoß gegen diese Mitwirkungspflichten im Sinne des § 66 Abs. 2 SGB I zwar vor. Allerdings ist Voraussetzung für die Annahme eines Verstoßes, das unter Würdigung aller Umstände mit Wahrscheinlichkeit anzunehmen ist, dass wegen dieses Verstoßes die Arbeits-, Erwerbs- oder Vermittlungsfähigkeit beeinträchtigt oder nicht verbessert wird.

§ 66 Abs. 2 SGB I spricht auch die Fälle an, in denen eine Aufforderung zur Untersuchung beim MDK (vgl. dazu die Ausführungen unter Abschnitt 12.4) nicht befolgt wird.

Sanktionen

Bei einem Verstoß im Rahmen des § 66 Abs. 2 SGB I kann der Leistungsträger die Leistung bis zur Nachholung der Mitwirkung ganz oder teilweise versagen oder entziehen.

Bei der Versagung oder dem Entzug von Sozialleistungen ist unbedingt § 66 Abs. 3 SGB I zu beachten. Danach dürfen Sozialleistungen wegen fehlender Mitwirkung nur versagt oder entzogen werden, nachdem der Leistungsberechtigte auf diese Folge schriftlich hingewiesen worden ist. Außerdem muss er seiner Mitwirkungspflicht innerhalb einer ihm gesetzten angemessenen Frist nicht nachgekommen sein.

Es genügt hier nicht, wenn der Sozialleistungsträger lediglich unter Wiedergabe des Gesetzestextes darauf hingewiesen hat, dass die Leistungen ganz oder teilweise versagt werden können, wenn die Versicherten ihrer Mitwirkungspflicht nicht nachkommen. Ein solcher Hinweis erfüllt nach Auffassung des *BSG* im *Urteil vom 25. 10. 1988 (Az. 7 RAr 70/87)* die Anforderungen des § 66 Abs. 3 SGB I nicht. Er bezeichnet nämlich nicht unmissverständlich und konkret die Entscheidung, die im Einzelfall beabsichtigt ist.

Ein rückwirkender Leistungsentzug wegen Verletzung der Mitwirkungspflichten ist nicht möglich (*Urteil des BSG vom 28. 2. 1990, Az. 10 RKg 17/89*).

Nachholung der Mitwirkung

Wird die Mitwirkung durch den Mitwirkungspflichtigen nachgeholt und liegen die Leistungsvoraussetzungen vor, kann der Leistungsträger nach § 67 SGB I Sozialleistungen, die er nach § 66 SGB I versagt oder entzogen hat, nachträglich ganz oder teilweise erbringen. Er hat hier sein pflichtgemäßes Ermessen zu beachten (vgl. dazu die Ausführungen unter Abschnitt 3).

In diesem Zusammenhang ist ausdrücklich darauf hinzuweisen, dass die Vorschrift des § 52 SGB V (Leistungsbeschränkung bei Selbstverschulden) nichts mit der Versagung bzw. dem Entzug einer Leistung wegen Verletzung der Mitwirkungspflichten zu tun hat.

13. Verjährung (§ 45 SGB I)

Sowohl im Zivil- als auch im öffentlichen Recht gilt der Grundsatz, dass das Recht, von jemandem ein Tun oder ein Unterlassen zu verlangen (also ein Anspruch), der Verjährung unterliegt. Die Verjährungsvorschriften des BGB befinden sich in den §§ 194 bis 218 dieses Gesetzbuches. Im Sozialrecht gilt eine einheitliche Regelung (für alle Sozialleistungsbereiche), die § 45 SGB I vorsieht.

Vier Jahre nach Entstehung des Anspruchs

Nach § 45 Abs. 1 SGB I verjähren Ansprüche auf Sozialleistungen in vier Jahren nach Ablauf des Kalenderjahres, in dem sie entstanden sind. Die Leistungsansprüche entstehen nach § 40 Abs. 1 SGB I, sobald ihre im Gesetz oder aufgrund eines Gesetzes bestimmten Voraussetzungen vorliegen.

Bei Ermessensleistungen (vgl. dazu die Ausführungen unter Abschnitt 3) ist der Zeitpunkt maßgebend, in dem die Entscheidung über die Leistung bekannt gegeben wird. Das gilt nur dann nicht, wenn in der Entscheidung ein anderer Zeitpunkt bestimmt ist (§ 40 Abs. 2 SGB I).

Hemmung

Nach § 45 Abs. 2 SGB I gelten für die Hemmung, die Unterbrechung und die Wirkung der Verjährung die Vorschriften des BGB sinngemäß. Die wesentlichsten, hier maßgebenden Vorschriften sollen nachfolgend kurz behandelt werden:

Der Zeitraum, während dem die Verjährung gehemmt ist, wird in die Verjährungsfrist nicht eingerechnet (§ 209 BGB). Gehemmt ist die Verjährung z. B. so lange, als die Leistung gestundet oder der Verpflichtete (Leistungsträger) aus einem anderen Grunde vorübergehend zur Verweigerung der Leistung berechtigt ist (§ 205 BGB). Ferner ist die Verjährung nach § 206 BGB gehemmt, solange der Gläubiger innerhalb der letzten 6 Monate der Verjährungsfrist durch höhere Gewalt an der Rechtsverfolgung verhindert ist.

Nach § 45 Abs. 3 SGB I wird die Verjährung allerdings auch durch schriftlichen Antrag auf die Sozialleistungen oder durch Erhebung eines Widerspruchs gehemmt. Die Hemmung dauert bis zur Bekanntgabe der Entscheidung über den Antrag oder den Widerspruch.

Auch auf die Vergütungsansprüche eines Krankenhauses gegen eine Krankenkasse ist die vierjährige Verjährungsfrist des § 45 Abs. 1 SGB I anzuwenden *(BSG,* Urteil vom 12. 5. 2005, Az. B 3 KR 32/04 R*)*.

Die Wirkung der Verjährung behandelt § 214 Abs. 1 BGB. Hiernach ist nach der Vollendung der Verjährung der Verpflichtete (Leistungsträger) berechtigt, die Leistung zu verweigern. Voraussetzung für das Eintreten der Verjährung ist die entsprechende Einrede. In diesem Zusammenhang bestimmt § 214 Abs. 2 BGB, dass das zur Befriedigung eines verjährten Anspruchs Geleistete nicht zurückgefordert werden kann, auch wenn die Leistung in Unkenntnis der Verjährung bewirkt worden ist.

Rechtskräftig festgestellte Ansprüche

Ein rechtskräftig festgestellter Anspruch verjährt nach § 197 Abs. 1 Nr. 3 BGB in 30 Jahren, auch wenn er an sich einer kürzeren Verjährung unterliegt. Angesprochen sind hier insbesondere Ansprüche, die im Rahmen eines Sozialgerichtsverfahrens rechtskräftig festgestellt sind.

Aus der Verweisung in § 45 Abs. 2 SGB I auf die Vorschriften des BGB über die Verjährung ist zu schließen, dass der Versicherungsträger jederzeit berechtigt ist, die Einrede zu erheben. Unter Umständen kann dieses Erheben aber rechtsmissbräuchlich sein. Es wird – insbesondere unter Berücksichtigung des besonderen Betreuungsverhältnisses, in dem der Versicherungsträger zum Versicherten steht – ältere Rechtsprechung, die vor Inkrafttreten des § 45 SGB I erging, weiterhin anzuwenden sein.

So hat das *BSG* (Urteil vom 13. 2. 1969, Az. 12 RJ 268/66) entschieden, dass neben der Prüfung, ob die Ausübung der Verjährungseinrede mit Treu und Glauben (vgl. zum Begriff § 242 BGB) vereinbar ist, der Versicherungsträger noch eine weitere Prüfung anzustellen hat. Er hat nämlich zu prüfen, ob es der Zweckmäßigkeit und Billigkeit entspricht, in dem gegebenen Einzelfall von der Verjährungseinrede Gebrauch zu machen.

Er hat also auch hier sein pflichtmäßiges Ermessen auszuüben (vgl. dazu die Ausführungen unter Abschnitt 3). Dieses pflichtmäßige Ermessen unterliegt der gerichtlichen Nachprüfung.

Hat der Leistungsträger jedoch durch sein Verhalten die verspätete Geltendmachung des Anspruchs verursacht, so kann er unter dem Gesichtspunkt des Folgenbeseitigungsanspruches oder des Grundsatzes von Treu und Glauben gezwungen sein, von der Erhebung der Verjährungseinrede abzusehen *(BSG,* Urteil vom 26. 1. 1973, Az. 5 RJ 161/71).

14. Sozialgeheimnis (§ 35 SGB I)

§ 35 SGB I

§ 35 SGB I bestimmt ausdrücklich, dass jeder Anspruch darauf hat, dass die ihn betreffenden Sozialdaten von den Leistungsträgern nicht unbefugt

- erhoben,
- verarbeitet oder
- genutzt

werden. Das Gesetz spricht hier vom Sozialgeheimnis.

Der Sozialdatenschutz ist zum Teil im SGB I, zum Teil aber auch im SGB X geregelt. Die Vorschriften gelten für alle Sozialleistungsbereiche, insbesondere für die Kranken-, Pflege-, Renten- und Arbeitslosenversicherung, darüber hinaus auch für die

Sozialhilfe (SGB XII) und die Grundsicherung für Arbeitsuchende (SGB II). Sowohl die Regelungen im SGB I (§ 35 SGB I) als auch die Bestimmungen im SGB X wurden aktuell durch die Artikel 19 bzw. 24 des Gesetzes zur Änderung des Bundesversorgungsgesetzes und anderer Gesetze vom 17. 7. 2017 (BGBl. I S. 2541) geändert und teilweise neu gefasst. Die Änderungen dienen insbesondere der Anpassung an das Recht der EU. Maßgebend ist hier die Datenschutzgrundverordnung (DSGVO), die am 25. 5. 2017 in Kraft getreten ist. Ergänzend dazu ist das Zweite Datenschutz-Anpassungs- und Umsetzungsgesetz EU (2. DSAnpUG-EU) vom 20. 11. 2019 (BGBl. I S. 1626) ergangen, das zum 26. 11. 2019 in Kraft getreten ist.

Was Sozialdaten sind, bestimmt § 67 Abs. 1 SGB X. Danach sind Sozialdaten Einzelangaben über

- persönliche oder
- sachliche Verhältnisse

einer bestimmten oder bestimmbaren natürlichen Person.

Voraussetzung ist, dass diese Daten von einer in § 35 SGB I genannten Stelle im Hinblick auf ihre Aufgaben nach dem SGB erhoben, verarbeitet oder genutzt werden.

Keine Weitergabe an Unbefugte

Wichtig:

Die Wahrung des Sozialgeheimnisses umfasst die Verpflichtung, auch innerhalb des Leistungsträgers sicherzustellen, dass die Sozialdaten nur Befugten

- zugänglich sind oder
- nur an diese weitergegeben werden.

Der Anspruch richtet sich unter anderem auch gegen die Verbände der Leistungsträger, ihre Arbeitsgemeinschaften usw.

Die Beschäftigten haben auch nach Beendigung ihrer Tätigkeit bei den Leistungsträgern usw. das Sozialgeheimnis zu wahren.

Eine Erhebung, Verarbeitung und Nutzung von Sozialdaten ist nur unter den Voraussetzungen des Zweiten Kapitels des SGB X zulässig.

Soweit eine Übermittlung von Daten nicht zulässig ist, besteht keine Auskunftspflicht, keine Zeugnispflicht und keine Pflicht zur Vorlegung oder Auslieferung von Schriftstücken. Das Gleiche gilt auch für nicht automatisierte Dateien und automatisiert erhobene, verarbeitete oder genutzte Sozialdaten.

Betriebs- und Geschäftsgeheimnisse stehen Sozialdaten gleich.

Sozialgeheimnis (Datenschutz)

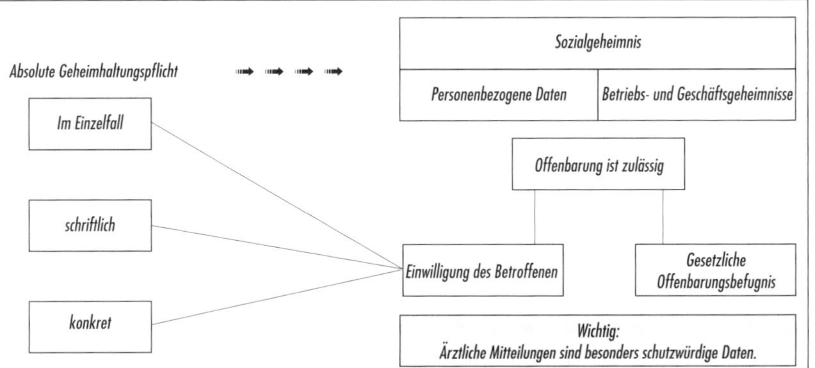

15. Verzinsung (§ 44 SGB I)

Nach § 44 SGB I sind Ansprüche auf Geldleistungen nach Ablauf eines Kalendermonats nach dem Eintritt der Fälligkeit bis zum Ablauf des Kalendermonats vor der Zahlung mit 4 Prozent zu verzinsen.

Beginn

Die Verzinsung beginnt frühestens nach Ablauf von sechs Kalendermonaten nach Eingang des vollständigen Leistungsantrags beim zuständigen Leistungsträger. Beim Fehlen eines Antrags beginnt die Verzinsung nach Ablauf eines Kalendermonats nach der Bekanntgabe der Entscheidung über die Leistung. Verzinst werden aufgrund der Vorschrift des § 44 Abs. 3 SGB I volle Euro-Beträge. Dabei ist der Kalendermonat mit 30 Tagen zugrunde zu legen.

Die Zinsen sind von der Körperschaft zu tragen, welche die Kosten für die jeweiligen Sozialleistungen aufzubringen hat.

Der Verzinsung unterliegen alle Ansprüche auf Geldleistungen im Sinne des SGB. Zinseszinsen sind nicht zu erstatten. Geldleistungen im Sinne des SGB sind alle Sozialleistungen, die ihrer Form nach in Geld erbracht werden. Dies gilt nach Auffassung des Bundesarbeitsministeriums in einem Schreiben vom 11. 10. 1977 auch

- für Vorschüsse und
- für vorläufige Leistungen.

Für Ermessensleistungen gilt § 44 SGB I ebenfalls (vgl. zu Ermessensleistungen die Ausführungen unter Abschnitt 3).

16. Vorschüsse und vorläufige Leistungen (§§ 42, 43 SGB I)

Ermessen

Die Gewährung von Vorschüssen sieht § 42 SGB I vor. Besteht danach ein Anspruch auf Geldleistungen dem Grunde nach und ist zur Feststellung seiner Höhe voraussichtlich längere Zeit erforderlich, kann der zuständige Leistungsträger Vorschüsse zahlen. Die Höhe dieser Vorschüsse bestimmt er nach Ermessen. Während es sich hier noch um eine Ermessensleistung (vgl. dazu die Ausführungen unter Abschnitt 3) handelt, muss der Leistungsträger Vorschüsse zahlen, wenn der Berechtigte es beantragt. Die Vorschusszahlung beginnt in einem solchen Fall spätestens nach Ablauf eines Kalendermonats nach Eingang des Antrages.

Vorschüsse sind anzurechnen

Vorschüsse sind auf die zustehende Leistung anzurechnen. Es ist hier keine Höchstgrenze vorgesehen. Dies bedeutet, dass keine Einschränkung bezüglich des Abzuges eines Vorschusses besteht.

Soweit die Vorschüsse die zustehende Leistung übersteigen, sind sie vom Empfänger zu erstatten. Mit diesem Erstattungsanspruch beschäftigt sich § 42 Abs. 3 SGB I. Danach ist der Anspruch gegen angemessene Verzinsung und in der Regel gegen Sicherheitsleistung zu stunden, wenn die sofortige Einziehung mit erheblichen Härten für den Leistungsempfänger verbunden wäre und der Anspruch durch die Stundung nicht gefährdet wird. Des Weiteren wird hier vorgeschrieben, dass der Erstattungsanspruch niederzuschlagen ist, wenn feststeht, dass

- die Einziehung keinen Erfolg haben wird oder
- die Kosten der Einziehung außer Verhältnis zur Höhe des Anspruchs stehen.

Ferner ist der Erstattungsanspruch zu erlassen, wenn die Einziehung nach Lage des einzelnen Falles für den Leistungsempfänger eine besondere Härte bedeuten würde.

§ 43 SGB I Mit der Gewährung vorläufiger Leistungen beschäftigt sich § 43 SGB I. Besteht danach ein Anspruch auf Sozialleistungen und ist zwischen mehreren Leistungsträgern streitig, wer zur Leistung verpflichtet ist, kann der unter ihnen zuerst angegangene Leistungsträger vorläufig Leistungen erbringen. Den Umfang dieser Leistungen bestimmt er nach pflichtgemäßem Ermessen.

Er muss aber solche Leistungen erbringen, wenn der Berechtigte es beantragt. Die vorläufigen Leistungen beginnen spätestens nach Ablauf eines Kalendermonats nach Eingang des Antrags.

Die vorläufigen Leistungen sind auf die zustehende Leistung anzurechnen. Soweit sie diese übersteigen, sind sie vom Empfänger zu erstatten. Ein Erstattungsanspruch gegen den Empfänger steht nur dem zur Leistung verpflichteten Leistungsträger zu.

Bearbeitet von: Horst Marburger

Inhalt

1. Grundsätze

Bedürftigkeit

Die Bundesrepublik Deutschland kennt zwei große Sozialsysteme, in denen die Leistungsansprüche Bedürftigkeit voraussetzen.

Zum einen handelt es sich um die Grundsicherung für Arbeitsuchende, die im SGB II geregelt ist, zum anderen um die Sozialhilfe nach dem SGB XII.

Grundsicherung

Aufgabe und Ziel der Grundsicherung für Arbeitsuchende ist in § 1 SGB II dargestellt. Danach soll die Grundsicherung für Arbeitsuchende Leistungsberechtigten ermöglichen, ein Leben zu führen, das der Würde des Menschen entspricht. Außerdem soll die Grundsicherung für Arbeitsuchende die Eigenverantwortung von erwerbsfähigen Leistungsberechtigten und Personen, die mit ihnen in einer Bedarfsgemeinschaft leben, stärken. Ferner soll sie dazu beitragen, dass sie ihren Lebensunterhalt unabhängig von der Grundsicherung aus eigenen Mitteln und Kräften bestreiten können. Sie soll erwerbsfähige Leistungsberechtigte bei der Aufnahme oder Beibehaltung einer Erwerbstätigkeit unterstützen und den Lebensunterhalt sichern, soweit sie ihn nicht auf andere Weise bestreiten können.

Leistungsarten

Die Leistungen der Grundsicherung sind insbesondere darauf auszurichten, dass

- durch eine Erwerbstätigkeit Hilfebedürftigkeit vermieden oder beseitigt, die Dauer der Hilfebedürftigkeit verkürzt oder der Umfang der Hilfebedürftigkeit verringert wird,
- die Erwerbsfähigkeit des Leistungsberechtigten erhalten, verbessert oder wiederhergestellt wird,
- geschlechtsspezifischen Nachteilen von erwerbsfähigen Leistungsberechtigten entgegengewirkt wird,

- die familienspezifischen Lebensverhältnisse von erwerbsfähigen Leistungsberechtigten, die Kinder erziehen oder pflegebedürftige Angehörige betreuen, berücksichtigt werden,
- behindertenspezifische Nachteile überwunden werden.

Die Grundsicherung für Arbeitsuchende umfasst Leistungen

Eingliederung in Arbeit

- zur Beendigung oder Verringerung der Hilfebedürftigkeit insbesondere durch Eingliederung in Arbeit und
- zur Sicherung des Lebensunterhalts.

Sicherung des Lebensunterhalts

Die Leistungen zur Sicherung des Lebensunterhalts nehmen einen breiten Rahmen im SGB II ein. Maßgebend sind die §§ 19 bis 35 SGB II. Die Hauptleistung ist dabei zweifellos das Arbeitslosengeld II. Nach § 19 SGB II erhalten erwerbsfähige Leistungsberechtigte Arbeitslosengeld II.

Sozialgeld

Nicht erwerbsfähige Angehörige, die mit erwerbsfähigen Leistungsberechtigten in Bedarfsgemeinschaft leben, erhalten Sozialgeld. Dies gilt aber nur, soweit sie keinen Anspruch auf Leistungen der Grundsicherung im Alter und bei Erwerbsminderung haben.

Umfang der Leistungen

Die Leistungen umfassen den Regelbedarf, Mehrbedarfe und den Bedarf für Unterkunft und Heizung.

Bildung und Teilhabe

Unter den Voraussetzungen des § 28 SGB II haben Leistungsberechtigte Anspruch auf Leistungen für Bildung und Teilhabe. Voraussetzung ist, dass sie keinen Anspruch auf Leistungen nach dem Vierten Kapitel des SGB XII haben. Soweit für Kinder Leistungen zur Deckung von Bedarfen für Bildung und Teilhabe nach § 6b BKGG gewährt werden, haben sie keinen Anspruch auf entsprechende Leistungen zur Deckung von Bedarfen nach § 28 SGB II. Sie entsprechen diesen Leistungen (§ 6b Abs. 2 Satz 1 BKGG).

Grundsicherung im Alter und bei Erwerbsminderung

Die Grundsicherung im Alter und bei Erwerbsminderung ist in den §§ 41 bis 46 SGB XII geregelt. Diese Grundsicherung ist also Bestandteil der Sozialhilfeleistungen. Nach § 1 SGB XII ist es Aufgabe der Sozialhilfe, den Leistungsberechtigten die Führung eines Lebens zu ermöglichen, das der Würde des Menschen entspricht. Die Leistung soll sie so weit wie möglich befähigen, unabhängig von ihr zu leben. Darauf haben auch die Leistungsberechtigten nach ihren Kräften hinzuarbeiten. Zur Erreichung dieser Ziele haben die Leistungsberechtigten und die Träger der Sozialhilfe im Rahmen ihrer Rechte und Pflichten zusammenzuwirken.

Nach § 8 SGB XII umfasst die Sozialhilfe:

Leistungsarten Sozialhilfe

- Hilfe zum Lebensunterhalt (§§ 27 bis 40 SGB XII)
- Grundsicherung im Alter und bei Erwerbsminderung (§§ 41 bis 46a SGB XII)
- Hilfen zur Gesundheit (§§ 47 bis 52 SGB XII)
- Eingliederungshilfe für Menschen mit Behinderungen (§§ 53 bis 60 SGB XII),
- Hilfe zur Pflege (§§ 61 bis 66 SGB XII)
- Hilfe zur Überwindung besonderer sozialer Schwierigkeiten (§§ 67 bis 69 SGB XII)
- Hilfe in anderen Lebenslagen (§§ 70 bis 74 SGB XII)

Zur Sozialhilfe zählen auch die jeweils gebotene

- Beratung und
- Unterstützung.

Rechtsgrundlage

Wie bereits erwähnt ist die Hilfe zum Lebensunterhalt in den §§ 27 bis 40 SGB XII geregelt.

Überblick

Grundsicherung für Arbeitsuchende – Sozialhilfe

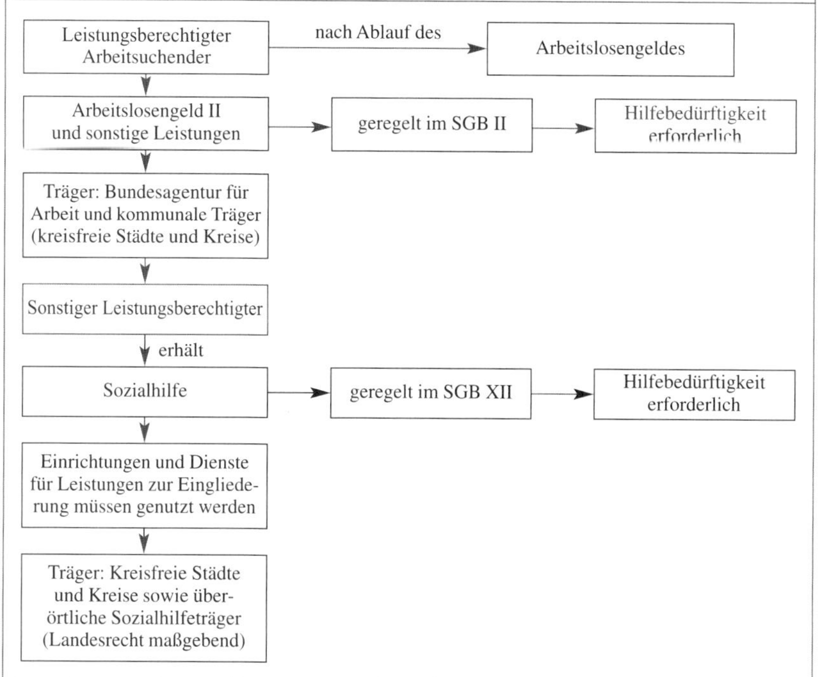

Abgrenzung

Leistungsabgrenzung Grundsicherung für Arbeitsuchende

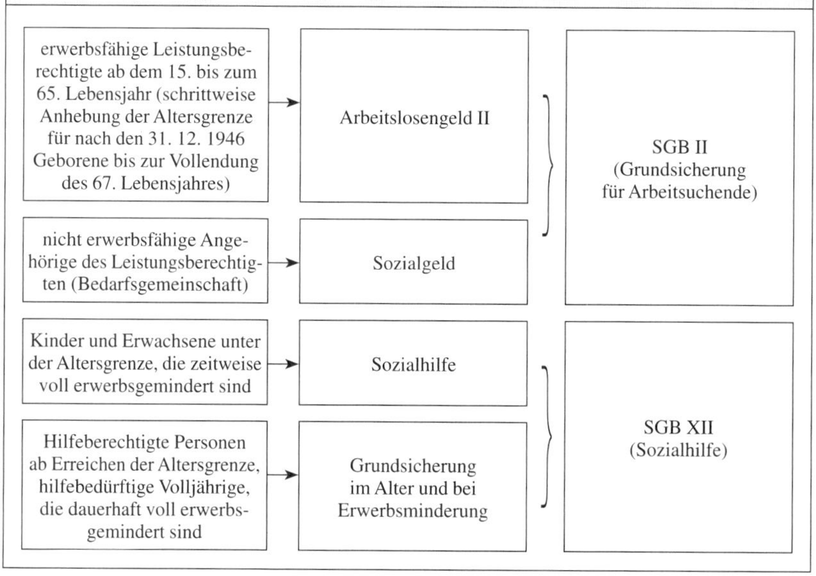

2. Leistungsumfang nach dem SGB II

2.1 Anspruchsberechtigter Personenkreis

Personenkreis Leistungen nach dem SGB II erhalten Personen, die

- das 15. Lebensjahr vollendet und ein bestimmtes Lebensalter (vgl. nachfolgende Ausführungen zur Altersgrenze) noch nicht erreicht haben,
- erwerbsfähig sind,
- leistungsberechtigt sind und
- ihren gewöhnlichen Aufenthalt in der Bundesrepublik Deutschland haben

(erwerbsfähige Leistungsberechtigte).

Ausgenommen sind

- Ausländer, die weder in der Bundesrepublik Deutschland Arbeitnehmer oder Selbstständige noch aufgrund des § 2 Abs. 3 des Freizügigkeitsgesetzes/EU freizügigkeitsberechtigt sind, sowie deren Familienangehörige für die ersten drei Monate ihres Aufenthaltes,
- Ausländer, deren Aufenthaltsrecht sich allein aus dem Zweck der Arbeitsuche ergibt und ihre Familienangehörigen,
- Leistungsberechtigte nach § 1 des Asylbewerberleistungsgesetzes.

Bedarfsgemeinschaft Leistungen erhalten auch Personen, die mit erwerbsfähigen Leistungsberechtigten in einer Bedarfsgemeinschaft leben. Dienstleistungen und Sachleistungen werden ihnen nur erbracht, wenn dadurch

- die Hilfebedürftigkeit der Angehörigen der Bedarfsgemeinschaft beendet oder verringert,
- Hemmnisse bei der Eingliederung der erwerbsfähigen Leistungsberechtigten beseitigt oder vermindert werden.

Zur Bedarfsgemeinschaft zählen

- die erwerbsfähigen Leistungsberechtigten,
- die im Haushalt lebenden Eltern oder der im Haushalt lebende Elternteil eines unverheirateten erwerbsfähigen Kindes, welches das 25. Lebensjahr noch nicht vollendet hat, und der im Haushalt lebende Partner dieses Elternteiles,
- als Partner der erwerbsfähigen Leistungsberechtigten
  - der nicht dauernd getrennt lebende Ehegatte,
  - der nicht dauernd getrennt lebende Lebenspartner,
- eine Person, die mit dem erwerbsfähigen Leistungsberechtigten in einem gemeinsamen Haushalt so zusammenlebt, dass nach verständiger Würdigung der wechselseitige Wille anzunehmen ist, Verantwortung füreinander zu tragen und füreinander einzustehen,
  - die dem Haushalt angehörenden unverheirateten Kinder der vorstehend genannten Personen, wenn sie das 25. Lebensjahr noch nicht vollendet haben, soweit sie die Leistungen zur Sicherung ihres Lebensunterhalts nicht aus eigenem Einkommen oder Vermögen beschaffen können.

Dabei wird ein wechselseitiger Wille, Verantwortung füreinander zu tragen und füreinander einzustehen, vermutet, wenn Partner

Wechselseitiger Wille

- länger als ein Jahr zusammenleben,
- mit einem gemeinsamen Kind zusammenleben,
- Kinder oder Angehörige im Haushalt versorgen oder
- befugt sind, über Einkommen oder Vermögen des anderen zu verfügen.

Lebensalter

Es wurde darauf hingewiesen, dass Leistungen nach dem SGB II bis zur Vollendung des 65. Lebensjahres gewährt werden. Nach § 7a SGB II gilt dies allerdings nur für Personen, die vor dem 1. 1. 1947 geboren sind. Für Personen, die nach dem 31. 12. 1946 geboren sind, wird die Altersgrenze angehoben:

für den Geburtsjahrgang	erfolgt eine Anhebung um Monate	auf Vollendung eines Lebensalters von
1947	1	65 Jahren und 1 Monat
1948	2	65 Jahren und 2 Monaten
1949	3	65 Jahren und 3 Monaten
1950	4	65 Jahren und 4 Monaten
1951	5	65 Jahren und 5 Monaten
1952	6	65 Jahren und 6 Monaten
1953	7	65 Jahren und 7 Monaten
1954	8	65 Jahren und 8 Monaten
1955	9	65 Jahren und 9 Monaten
1956	10	65 Jahren und 10 Monaten
1957	11	65 Jahren und 11 Monaten
1958	12	66 Jahren
1959	14	66 Jahren und 2 Monaten
1960	16	66 Jahren und 4 Monaten
1961	18	66 Jahren und 6 Monaten
1962	20	66 Jahren und 8 Monaten
1963	22	66 Jahren und 10 Monaten
ab 1964	24	67 Jahren

Erwerbsfähigkeit

Erwerbsfähig ist, wer nicht wegen Krankheit oder Behinderung auf absehbare Zeit außerstande ist, unter den üblichen Bedingungen des allgemeinen Arbeitsmarktes mindestens drei Stunden täglich erwerbstätig zu sein. Im vorstehenden Sinne können Ausländer nur erwerbstätig sein, wenn ihnen die Aufnahme einer Beschäftigung erlaubt ist oder erlaubt werden könnte.

Hilfebedürftigkeit

Mit dem Begriff der Hilfebedürftigkeit beschäftigt sich § 9 SGB II. Danach ist hilfebedürftig, wer seinen Lebensunterhalt

- nicht oder
- nicht ausreichend

Subsidiarität

aus dem zu berücksichtigenden Einkommen und/oder Vermögen sichern kann. Außerdem muss er die erforderliche Hilfe nicht von anderen, insbesondere von Angehörigen oder von Trägern anderer Sozialleistungen erhalten.

Bedarfsgemeinschaft

Bei Personen, die in einer Bedarfsgemeinschaft leben, sind auch das Einkommen und Vermögen des Partners zu berücksichtigen. Bei unverheirateten Kindern, die mit ihren Eltern oder einem Elternteil in einer Bedarfsgemeinschaft leben, sind auch das Einkommen und Vermögen der Eltern oder des Elternteils und dessen in Bedarfsgemeinschaft lebenden Partners zu berücksichtigen. Ist in einer Bedarfsgemeinschaft nicht der gesamte Bedarf aus eigenen Kräften und Mitteln gedeckt, gilt jede Person der Bedarfsgemeinschaft im Verhältnis des eigenen Bedarfs zum Gesamtbedarf als hilfebedürftig.

Das gilt nicht für ein Kind, das schwanger ist oder sein Kind bis zur Vollendung des sechsten Lebensjahres betreut.

Hilfebedürftig ist auch derjenige, dem der sofortige Verbrauch oder die sofortige Verwendung von zu berücksichtigendem Vermögen nicht möglich ist oder für den dies eine besondere Härte bedeuten würde.

Haushaltsgemeinschaft

Leben Leistungsberechtigte in Haushaltsgemeinschaft mit

- Verwandten oder
- Verschwägerten,

so wird vermutet, dass sie von ihnen Leistungen erhalten, soweit dies nach deren Einkommen und Vermögen erwartet werden kann.

Bildung und Teilhabe

Seit 1. 1. 2011 bleiben die Bedarfe nach § 28 SGB II außer Betracht (§ 9 Abs. 2 SGB II). Es geht hier um Bedarfe für Bildung und Teilhabe am sozialen und kulturellen Leben in der Gemeinschaft bei Kindern, Jugendlichen und jungen Erwachsenen.

Vorhandensein von Einkommen und Vermögen

Berücksichtigung von Einkommen und Vermögen

Sowohl Arbeitslosengeld II als auch Sozialgeld werden nur gezahlt, wenn Hilfebedürftigkeit gegeben ist. Bei der Berechnung wird deshalb das Einkommen aller Mitglieder der Bedarfsgemeinschaft – des Leistungsberechtigten selbst, des Partners und der zur Bedarfsgemeinschaft gehörenden Kinder – herangezogen.

2.2 Leistungen der Grundsicherung für Arbeitsuchende

2.2.1 Leistungsumfang

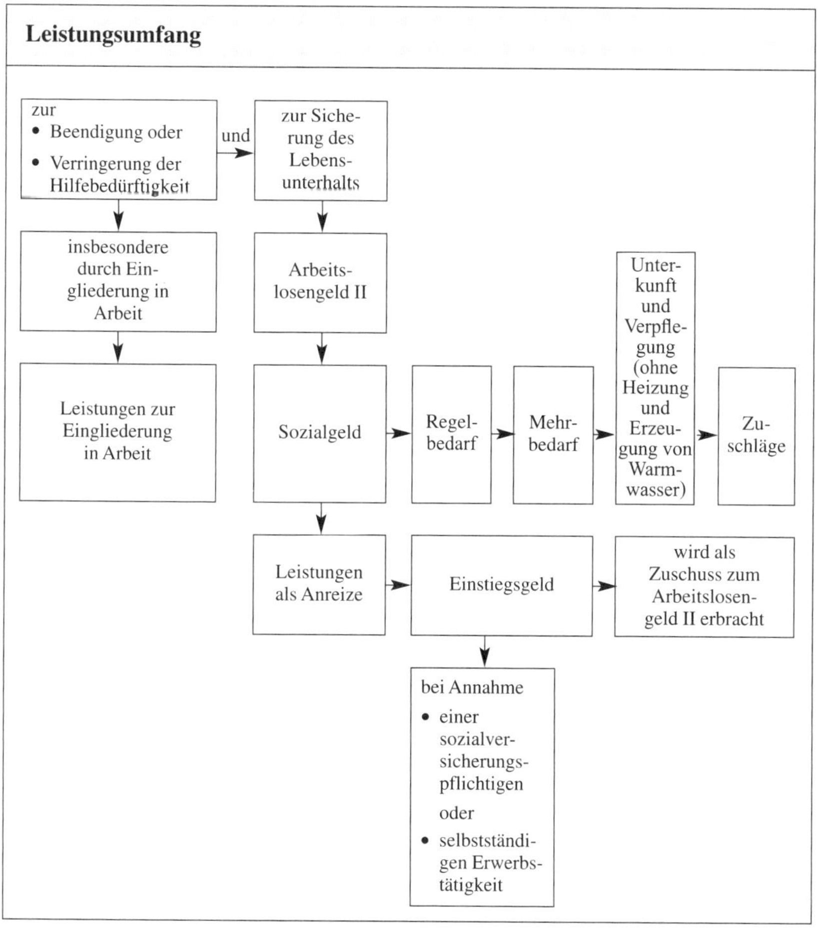

Voraussetzungen

Voraussetzungen für den Anspruch auf Arbeitslosengeld II sind:

- Erwerbslosigkeit
- Leistungsberechtigung
- Erwerbsfähigkeit

Regelbedarfe

Die Regelbedarfe (Arbeitslosengeld II bzw. Sozialgeld) zur Sicherung des Lebensunterhalts (§ 20 SGB II) umfasst insbesondere Ernährung, Kleidung, Körperpflege, Hausrat, Haushaltsenergie ohne die auf die Heizung entfallenden Anteile, Bedarfe des täglichen Lebens sowie in vertretbarem Umfang auch Beziehungen zur Umwelt und eine Teilnahme am kulturellen Leben.

Höhe

Der monatliche Regelbedarf seit 1. 1. 2020 beträgt im gesamten Bundesgebiet für Berechtigte, die alleinstehend oder alleinerziehend sind oder deren Partner minderjährig ist, 432 EUR. Der Regelbedarf für sonstige erwerbsfähige Angehörige der Bedarfsgemeinschaft beträgt 389 EUR im Monat, bei Unterschreitung des 18. Lebensjahres 328 EUR.

Jugendliche Der gleiche Betrag gilt auch für Personen, die das 25. Lebensjahr noch nicht vollendet haben (Jugendliche) und ohne Zustimmung des zuständigen kommunalen Trägers umziehen.

§ 22 Abs. 5 SGB II sieht für diese Sachverhalte vor, dass dem Betreffenden Leistungen für Unterkunft und Heizung für die Zeit nach einem Umzug bis zur Vollendung des 25. Lebensjahres nur erbracht werden, wenn der kommunale Träger dies vor Abschluss des Vertrags über die Unterkunft zugesichert hat.

Pflichtleistung In bestimmten Fällen ist der kommunale Träger zur Zusicherung verpflichtet. Beispielsweise gilt dies, wenn der Bezug der (neuen) Unterkunft zur Eingliederung in den Arbeitsmarkt erforderlich ist.

Regelbedarfe für zwei Partner Haben zwei Partner der Bedarfsgemeinschaft das 18. Lebensjahr vollendet, ist als Regelbedarf für jede dieser Personen ein Betrag in Höhe von monatlich 389 EUR (ab 1. 1. 2020) anzuerkennen (§ 20 Abs. 4 SGB II).

Anpassung Die Regelbedarfe werden jeweils zum 1. 1. eines Jahres angepasst (§ 20 Abs. 5 SGB II).

Sozialgeld Bezüglich des Sozialgelds enthält § 23 SGB II Besonderheiten. Danach beträgt in diesen Fällen der Regelbedarf seit 1. 1. 2020:

- bis zur Vollendung des 6. Lebensjahres 250 EUR,
- bis zur Vollendung des 14. Lebensjahres 308 EUR und
- ab Vollendung des 14. Lebensjahres bis unter 18 Jahre 328 EUR.

Neuregelungen Seit 1. 1. 2011 sind an die Stelle der Regelleistung (auch: Regelsatz) Regelbedarfe getreten. Überhaupt sind zum 1. 1. 2011 die Leistungen durch das Gesetz zur Ermittlung von Regelbedarfen und zur Änderung des Zweiten und Zwölften Buches Sozialgesetzbuch vom 24. 3. 2011 (BGBl. I S. 453) neu geregelt worden. Dies geschah aufgrund des Urteils des *BVerfG* vom 9. 2. 2010 (BGBl. I S. 193).

Berechnung Dieses Urteil hat die Berechnung der Regelleistungen beanstandet und die Bundesregierung aufgefordert, für eine Neuberechnung zu sorgen.

Zusätzliche Leistungen Außerdem wurde es für notwendig angesehen, in besonderen Bedarfsfällen zusätzliche Leistungen zu gewähren (vgl. dazu die noch folgenden Ausführungen).

Mehr Transparenz Artikel 1 des angesprochenen Gesetzes enthält das Regelbedarfs-Ermittlungsgesetz (RBEG). Das Bundesverfassungsgericht hatte beanstandet, dass die Berechnung (Ermittlung) der Leistungssätze nicht transparent genug sei.

Mehrbedarf Bestimmte Personengruppen erhalten über den Regelbedarf hinaus höhere Leistungen:

Mehrbedarfe	
Werdende Mütter	17 % des maßgebenden Regelbedarfs
Alleinerziehende	36 % bzw. 12 % des maßgebenden Regelbedarfs je Kind (maximal 60 Prozent)
Menschen mit Behinderungen mit Leistungen nach § 33 SGB IX	35 % des maßgebenden Regelbedarfs
Bei kostenaufwändiger Ernährung aus medizinischen Gründen	in angemessener Höhe

Besondere Mehrbedarfe gelten in Zusammenhang mit dem Bezug von Sozialgeld für Menschen mit Behinderungen sowie für nicht erwerbsfähige Personen, die voll erwerbsgemindert im Sinne der gesetzlichen Rentenversicherung sind (§ 23 Nrn. 2–4 SGB II). ***Besondere Mehrbedarfe***

§ 24 SGB II regelt die abweichende Erbringung von Leistungen. Kann danach im Einzelfall ein vom Regelbedarf zur Sicherung des Lebensunterhalts umfasster und nach den Umständen unabweisbarer Bedarf nicht gedeckt werden, wird ein entsprechendes Darlehen gewährt. Bei Sachleistungen wird das Darlehen in Höhe des für die Agentur für Arbeit entstandenen Anschaffungswerts gewährt. Weitergehende Leistungen sind ausgeschlossen. ***Darlehen***

§ 24 Abs. 2 SGB II beschäftigt sich mit den Fällen, in denen Leistungsberechtigte, insbesondere bei Drogen- oder Alkoholabhängigkeit sowie im Falle unwirtschaftlichen Verhaltens, sich als ungeeignet erweisen, mit den Leistungen für den Regelbedarf ihren Bedarf zu decken. Hier kann das Arbeitslosengeld II bis zur Höhe des Regelbedarfs für den Lebensunterhalt in voller Höhe oder anteilig in Form von Sachleistungen erbracht werden. ***Sachleistungen***

Nicht vom Regelbedarf nach § 20 SGB II umfasst sind gemäß § 24 Abs. 3 SGB II Bedarfe für ***Sonderbedarfe***

- Erstausstattungen für die Wohnung einschl. Haushaltsgeräten,
- Erstausstattungen für Bekleidung und Erstausstattungen bei Schwangerschaft und Geburt sowie
- Anschaffung und Reparaturen von orthopädischen Schuhen, Reparaturen von therapeutischen Geräten und Ausrüstungen sowie die Miete von therapeutischen Geräten.

Leistungen für diese Bedarfe werden gesondert erbracht. Das gilt auch, wenn Leistungsberechtigte keine Leistungen zur Sicherung des Lebensunterhalts einschließlich der angemessenen Kosten für Unterkunft und Heizung benötigen. Voraussetzung ist aber, dass sie den oben angesprochenen Bedarf aus eigenen Kräften und Mitteln nicht voll decken können. In diesem Fall kann das Einkommen berücksichtigt werden, das Leistungsberechtigte innerhalb eines Zeitraumes von bis zu sechs Monaten nach Ablauf des Monats erwerben, in dem über die Leistung entschieden wird. ***Einkommen***

Die Leistungen für Bedarfe an Erstausstattungen können als Sachleistung oder Geldleistung, auch in Form von Pauschalbeträgen erbracht werden. ***Pauschalen***

§ 25 SGB II beschäftigt sich mit Leistungen medizinischer Rehabilitation der Rentenversicherung und mit dem Anspruch auf Verletztengeld aus der Unfallversicherung. ***Rehabilitation***

In beiden Fällen erbringen die Träger der Leistungen nach dem SGB II die bisherigen Leistungen als Vorschuss auf die Leistungen der zuständigen Sozialversicherungsträger weiter. ***Vorschuss***

§ 26 SGB II sieht die Möglichkeit vor, Zuschüsse zu den Beiträgen für privat Krankenversicherte und für freiwillig in der gesetzlichen Krankenversicherung Versicherte zu gewähren. ***Keine Pflichtversicherung***

§ 27 SGB II sieht die Gewährung von Leistungen für Auszubildende unter bestimmten Voraussetzungen vor. ***Auszubildende***

Dagegen geht es in den §§ 28 bis 29 SGB II um die Erbringung von Leistungen für Bildung und Teilhabe am sozialen und kulturellen Leben in der Gemeinschaft bei Kindern, Jugendlichen und jungen Erwachsenen. Solche Bedarfe werden neben dem ***Bildung und Teilhabe***

Regelbedarf besonders berücksichtigt. Dabei werden Bedarfe für Bildung nur bei Personen berücksichtigt, die das 25. Lebensjahr noch nicht vollendet haben. Außerdem müssen sie eine allgemein- oder berufsbildende Schule besuchen und dürfen keine Ausbildungsvergütung erhalten (Schüler).

Schüler Bei Schülern werden die tatsächlichen Aufwendungen anerkannt für

- Schulausflüge und
- mehrtägige Klassenfahrten im Rahmen der schulrechtlichen Bestimmungen.

Für Kinder, die eine Kindertageseinrichtung besuchen, gilt Vorstehendes entsprechend.

Für die Ausstattung mit persönlichem Schulbedarf werden bei Schülern 70 EUR zum 1. 8. und 30 EUR zum 1. 2. eines jeden Jahres berücksichtigt.

Lernförderung Im Übrigen wird eine schulische Angebote ergänzende angemessene Lernförderung berücksichtigt. Voraussetzung ist, dass diese geeignet und zusätzlich erforderlich ist, um die nach den schulrechtlichen Bestimmungen festgelegten wesentlichen Lernziele zu erreichen.

Mittagsverpflegung Bei Schülern, die an einer in schulischer Verantwortung angebotenen gemeinschaftlichen Mittagsverpflegung teilnehmen, werden die entstehenden Mehraufwendungen berücksichtigt. Für die Ermittlung des monatlichen Bedarfs ist die Anzahl der Schultage in dem Bundesland zugrunde zu legen, in dem der Schulbesuch stattfindet. Für Kinder in einer Kindertagesstätte gilt Vorstehendes entsprechend.

Teilhabe am sozialen und kulturellen Leben Bei Leistungsberechtigten bis zur Vollendung des 18. Lebensjahres wird ein Bedarf zur Teilhabe am sozialen und kulturellen Leben in der Gemeinschaft in Höhe von insgesamt 10 EUR monatlich berücksichtigt für

- Mitgliedsbeiträge in den Bereichen Sport, Spiel, Kultur, Geselligkeit,
- Unterricht in künstlerischen Fächern (z. B. Musikunterricht) und vergleichbare angeleitete Aktivitäten der kulturellen Bildung,
- die Teilnahme an Freizeiten.

Erbringung der Leistungen Die Leistungen im Zusammenhang mit den Bedarfen für Bildung und Teilhabe werden – mit Ausnahme der Aufwendungen für mehrtägige Klassenfahrten – durch personalisierte Gutscheine oder durch Kostenübernahmeerklärungen erbracht (§ 29 SGB II).

Leistungen zur Eingliederung in Arbeit

Eingliederung Für Erwerbsfähige stehen Eingliederungsleistungen nach Maßgabe des SGB III zur Verfügung. Diese werden in § 16 SGB II abschließend aufgezählt.

Es steht im Ermessen des Leistungserbringers, ob er eine dieser Leistungen gewährt. Das gilt auch dann, wenn es sich nach dem SGB III um eine Pflichtleistung handelt.

Darüber hinaus können weitere, die Arbeitssuche flankierende Leistungen erbracht werden. Es handelt sich hier um Leistungen, für deren Erbringung grundsätzlich die kommunalen Träger zuständig sind.

2.2.2 *Zumutbarkeit*

Zumutbarkeit

In Zusammenhang mit der Anspruchsberechtigung nach dem SGB II kommt der in § 10 SGB II geforderten Zumutbarkeit eine besondere Bedeutung zu. Nach § 10 Abs. 1 SGB II ist dem erwerbsfähigen Leistungsberechtigten jede Arbeit zumutbar. Davon gibt es allerdings erhebliche Ausnahmen.

Ausnahmen

Eine dieser Ausnahmen besteht, soweit der Betreffende zu der bestimmten Arbeit körperlich, geistig oder seelisch nicht in der Lage ist. Unzumutbarkeit besteht auch, wenn ihm durch die Aufnahme einer bestimmten Arbeit die künftige Ausübung der bisher ausgeübten Arbeit erschwert würde.

Nicht zumutbar ist die Aufnahme einer Arbeit außerdem, wenn dadurch die Erziehung eines Kindes (auch eines Kindes des Partners) gefährdet würde. Die zuständigen kommunalen Träger sollen darauf hinwirken, dass Erziehenden vorrangig ein Platz zur Tagesbetreuung des Kindes angeboten wird.

Pflege

Darüber hinaus liegt Unzumutbarkeit vor, wenn die Ausübung der Arbeit mit der Pflege eines Angehörigen nicht vereinbar wäre und die Pflege nicht auf andere Weise sichergestellt werden kann. Außerdem liegt Unzumutbarkeit vor, wenn der Ausübung der Arbeit ein sonstiger wichtiger Grund entgegensteht.

Sachverhalte

Kein Bestandsschutz

Besonders bedeutungsvoll sind fünf in § 10 Abs. 2 SGB II aufgezählte Sachverhalte, bei deren Vorhandensein eine Arbeit nicht von vornherein unzumutbar ist. Vor allem kann sich der Betreffende hier nicht auf Bestandsschutz berufen. So kann er die Ablehnung einer bestimmten Arbeit nicht damit begründen, dass sie nicht einer früheren beruflichen Tätigkeit entspricht, für die er ausgebildet wurde oder die er ausgeübt hat. Das Gleiche gilt, wenn die Arbeit im Hinblick auf die Ausbildung des erwerbsfähigen Leistungsberechtigten als geringerwertig anzusehen ist.

Kein Recht zur Ablehnung

Im Übrigen kann die Ablehnung einer Arbeit nicht damit begründet werden, dass der Beschäftigungsort vom Wohnort weiter entfernt ist als ein früherer Beschäftigungs- oder Ausbildungsort. Es wird somit ein großes Maß an Flexibilität gefordert. Die Forderungen des Gesetzes gehen sogar noch weiter. So kann eine Arbeit nicht deshalb abgelehnt werden, weil die Arbeitsbedingungen ungünstiger sind als bei den bisherigen Beschäftigungen des erwerbsfähigen Leistungsberechtigten.

Eine Arbeit ist auch dann zumutbar, wenn sie mit der Beendigung einer Erwerbstätigkeit verbunden ist. Das gilt nur dann nicht, wenn begründete Anhaltspunkte dafür vorliegen, dass durch die bisherige Tätigkeit künftig die Leistungsberechtigung beendet werden kann.

Eingliederung in Arbeit

Die Regelungen des § 10 SGB II gelten für die Teilnahme an Maßnahmen zur Eingliederung in Arbeit entsprechend.

Moderatere Forderungen im SGB III

Für den Anspruch auf „normales" Arbeitslosengeld stellt das SGB III in § 140 wesentlich moderatere Forderungen auf. So werden dort tägliche Pendelzeiten festgelegt, deren Überschreiten die Arbeit unzumutbar macht. Auch wird bestimmt, um wie viel niedriger ein Arbeitsentgelt aus der angebotenen Beschäftigung im Vergleich zum Entgelt aus bisheriger Beschäftigung sein darf.

Fazit: Die Forderungen für das Arbeitslosengeld II sind wesentlich schärfer als für das Arbeitslosengeld I.

2.2.3 Ein-Euro-Job

Ein-Euro-Jobs Diese „Zusätzlichen Arbeitsgelegenheiten mit Mehraufwandsentschädigung (MAE)" sind keine Erfindung der Hartz-Reform, sondern Fortentwicklung eines seit Jahren eingeführten Instruments in der Sozialhilfe.

In den Medien hat sich die Bezeichnung als „Ein-Euro-Job" aufgrund der Gestaltung der Förderung des Beschäftigten durchgesetzt. Diese Formulierung führt aber von den wahren Verhältnissen des Leistungsaustauschs weg, weil sie lediglich die Zusatzleistung bewertet und außer Betracht lässt, dass der Arbeitsuchende neben der Mehraufwandsentschädigung Regelbedarf und Unterkunftsleistungen weiter erhält.

Gemeinnützigkeit Arbeitsgelegenheiten werden in der Regel von gemeinnützigen Körperschaften aus dem Bereich der Gebietskörperschaften und der Mitglieder der Verbände der Wohlfahrtspflege geschaffen. Aber auch Privatunternehmen können Projekte auflegen, die in ihrem Hause koordiniert werden, wenn sie der Allgemeinheit dienen.

Voraussetzungen und Rechtsfolgen der Zuweisung von erwerbsfähigen Leistungsberechtigten in Arbeitsgelegenheiten sind in § 16d SGB II abschließend zusammengeführt.

Arbeitsgelegenheiten dienen der Erhaltung oder Wiedererlangung der Beschäftigungsfähigkeit. Sie sind jedoch nachrangig einzusetzen, das bedeutet, dass Leistungen zur Eingliederung in Arbeit, mit denen die Aufnahme einer Erwerbstätigkeit auf dem allgemeinen Arbeitsmarkt unmittelbar unterstützt werden kann, Vorrang haben gegenüber der Zuweisung in Arbeitsgelegenheiten (§ 16d Abs. 5 SGB II).

Voraussetzungen Zudem müssen Arbeitsgelegenheiten bestimmte – in § 16d SGB II gesetzlich niedergelegte – Voraussetzungen erfüllen:

- Zusätzlichkeit (§ 16d Abs. 2 SGB II): Arbeiten sind zusätzlich, wenn sie ohne die Förderung nicht, nicht in diesem Umfang oder erst zu einem späteren Zeitpunkt durchgeführt würden.

- Öffentliches Interesse (§ 16d Abs. 3 SGB II): Arbeiten liegen im öffentlichen Interesse, wenn das Arbeitsergebnis der Allgemeinheit dient. Die Arbeitsgelegenheiten dürfen nicht auf Gewinnerzielung gerichtet sein oder nur den Interessen eines begrenzten Personenkreises dienen.

- Wettbewerbsneutralität (§ 16d Abs. 4 SGB II): Arbeiten sind wettbewerbsneutral, wenn durch sie eine Beeinträchtigung der Wirtschaft infolge der Förderung nicht zu befürchten ist und Erwerbstätigkeit auf dem allgemeinen Arbeitsmarkt weder verdrängt noch in ihrer Entscheidung verhindert wird.

Überprüfung Zur Überprüfung dieser Voraussetzungen müssen die Arbeitsgelegenheiten hinreichend bestimmt sein: Der Träger der Arbeitsgelegenheit muss dazu eine Maßnahmebeschreibung liefern, in der Art, Umfang, Struktur, Inhalte, Ort, Betreuung, Qualifizierung und Zahl der Teilnehmer konkretisiert werden.

Begrenzung Einem erwerbsfähigen Leistungsberechtigten darf eine Arbeitsgelegenheit innerhalb eines Zeitraums von fünf Jahren nicht länger als insgesamt 24 Monate zugewiesen werden.

§ 16d Abs. 7 SGB II stellt klar, dass es sich bei der Arbeitsgelegenheit nicht um ein Arbeitsverhältnis mit den sich daraus ergebenden Rechten und Pflichten handelt. Kündigungsschutz, Entgeltfortzahlung im Krankheitsfall oder auch Tarifverträge sind nicht anwendbar. Zu beachten sind aber arbeitsschutzrechtliche Vorschriften sowie das Bundesurlaubsgesetz. Auch die Regeln über die Zumutbarkeit in § 10 SGB II sind einzuhalten.

Zudem besteht eine Pflichtversicherung in der gesetzlichen Krankenversicherung (§ 5 Abs. 1 Nr. 2a SGB V). Der Maßnahmeträger muss zudem für die Unfallversicherung sorgen. Seit 1. 1. 2011 unterliegen Leistungsbezieher nach dem SGB II nicht mehr der Versicherungspflicht in der gesetzlichen Rentenversicherung. Leistungsbezugszeiten werden nur noch als Anrechnungszeiten (§ 58 SGB VI) berücksichtigt.

Weigerung

Weigert sich ein Leistungsempfänger, eine Arbeitsgelegenheit aufzunehmen, muss er mit Leistungsbeschränkungen rechnen.

3. Grundsicherung im Alter und bei voller Erwerbsminderung

Grundsicherung

Das Vierte Kapitel des SGB XII enthält die Vorschriften über die Grundsicherung im Alter und bei Erwerbsminderung.

Zur Sicherung des Lebensunterhalts im Alter und bei dauerhafter Erwerbsminderung können bestimmte Personen auf Antrag Leistungen der angesprochenen Art erhalten. Die folgenden Bedingungen müssen erfüllt sein:

Bedingungen

- Die Person hat ihren gewöhnlichen Aufenthalt im Inland.
- Die Person hat die Altersgrenze erreicht (vgl. zur Altersgrenze die noch folgenden Ausführungen).
- Die Person hat das 18. Lebensjahr vollendet, ist unabhängig von der jeweiligen Arbeitsmarktlage voll erwerbsgemindert gemäß der gesetzlichen Rentenversicherung. Es ist ferner unwahrscheinlich, dass die volle Erwerbsminderung behoben werden kann.

Übersicht

Voraussetzungen für den Anspruch auf Grundsicherung

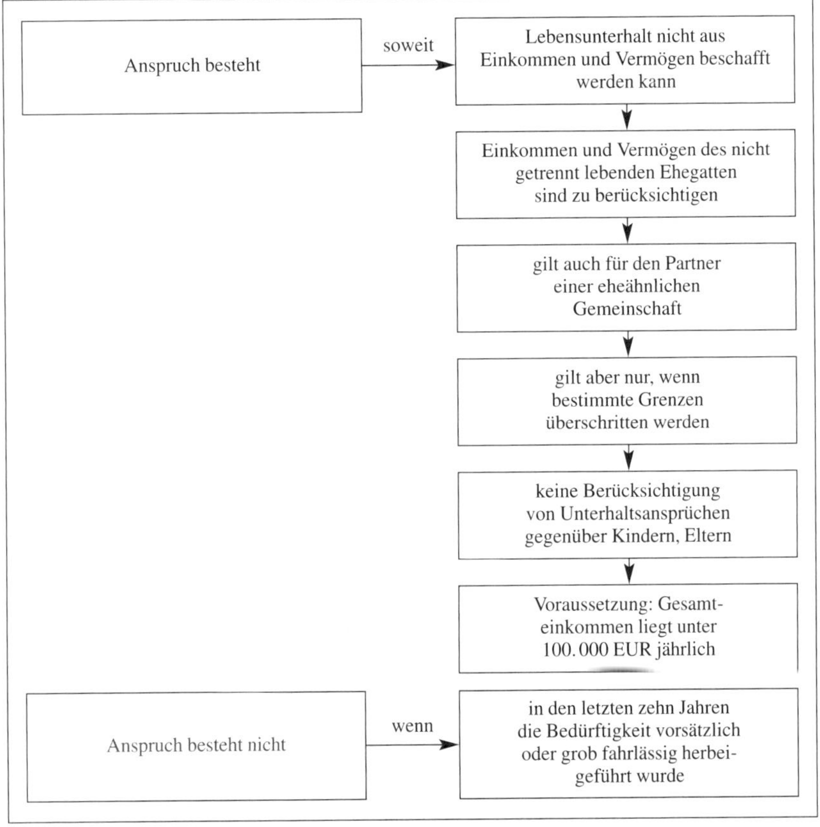

Alter Oben wurde das Erreichen der „Altersgrenze“ angesprochen. Personen, die vor dem 1. 1. 1947 geboren sind, erreichen die Altersgrenze mit Vollendung des 65. Lebensjahres. Für Personen, die nach dem 31. 12. 1946 geboren sind, wird die Altersgrenze angehoben. Auf die diesbezügliche Übersicht in Abschnitt 2.1 wird verwiesen.

Nachrangigkeit Der Anspruch besteht allerdings lediglich, soweit die Berechtigten ihren Lebensunterhalt nicht aus ihrem Einkommen und Vermögen bestreiten können.

Vorsatz – grobe Fahrlässigkeit Keinen Anspruch auf Leistungen zur Grundsicherung haben Personen, die in den letzten 10 Jahren ihre Bedürftigkeit vorsätzlich oder grob fahrlässig herbeigeführt haben.

Leistungsumfang Die Leistungen der Grundsicherung im Alter und bei Erwerbsminderung umfassen:

- den für den Leistungsberechtigten maßgebenden Regelbedarf,
- die angemessenen tatsächlichen Aufwendungen für Unterkunft und Heizung,
- die Mehrbedarfe sowie die einmaligen Bedarfe,
- die Übernahme von Kranken- und Pflegeversicherungsbeiträgen,
- Hilfe zum Lebensunterhalt in Sonderfällen nach § 34 Abs. 7 SGB XII.

Reichen die Leistungen nach Vorstehendem nicht aus, um den Bedarf des Leistungsberechtigten zu decken, können weitere Leistungen als ergänzende Darlehen erbracht werden.

Die Leistung wird in der Regel für zwölf Kalendermonate bewilligt. Bei der Erstbewilligung oder bei einer Änderung der Leistung beginnt der Bewilligungszeitraum am Ersten des Monats, in dem der Antrag gestellt wurde oder die Voraussetzungen für die Änderung eingetreten sind und mitgeteilt wurden. Führt eine Änderung nicht zu einer Begünstigung des Berechtigten (sondern etwa zu einer Leistungsminderung), beginnt der neue Bewilligungszeitraum am Ersten des Folgemonats. **Bewilligung**

In Zusammenhang mit der Feststellung der dauerhaften vollen Erwerbsminderung sieht § 45 SGB XII eine Mitwirkung des zuständigen Rentenversicherungsträgers vor. **Mitwirkung des Rentenversicherungsträgers**

Der zuständige Sozialhilfeträger ersucht den zuständigen Rentenversicherungsträger, bestimmte medizinische Voraussetzungen zu prüfen. Dies hat dann zu erfolgen, wenn es aufgrund der Angaben und Nachweise des Leistungsberechtigten als wahrscheinlich erscheint, dass diese erfüllt sind. Außerdem ist Bedingung, dass das zu berücksichtigende Einkommen und Vermögen nicht ausreicht, um den Lebensunterhalt vollständig zu decken. **Wahrscheinlichkeit**

Wichtig:

Der Sozialhilfeträger ist an die Entscheidung des Rentenversicherungsträgers gebunden. Denn würde man es dem Sozialhilfeträger überlassen, über das Vorliegen einer dauerhaft vollen Erwerbsminderung eigenständig zu entscheiden oder es ihm zumindest überlassen, ob er sich an die hierüber getroffene Entscheidung des Rentenversicherungsträgers hält, würde dies für die betroffenen potenziellen Antragsberechtigten sowohl zu einer erheblichen Rechtsunsicherheit als auch zu einer nicht einheitlichen Rechtsanwendung führen. Deshalb liegt das alleinige Feststellungsrecht über das Vorliegen einer medizinisch bedingt dauerhaft vollen Erwerbsminderung – wie bei der Frage der Gewährung einer entsprechenden Rente auch – ausschließlich bei den zuständigen Rentenversicherungsträgern.

Andererseits eröffnet der Wortlaut des § 45 Satz 3 SGB XII zumindest die Möglichkeit, dass der Sozialhilfeträger sich nicht immer an den Rentenversicherungsträger wenden muss, sondern die Prüfung auch selbst vornehmen kann. Eine zwingende Anrufung der Rentenversicherungsträger mit der Folge, dass deren Entscheidung automatisch anzuerkennen ist, lässt sich dem Wortlaut („Ersuchen“) nicht entnehmen. Eine dem § 62 SGB XII vergleichbare Regelung (Bindungswirkung der Entscheidung der Pflegekassen) wurde gerade nicht aufgenommen.

Die einmal festgestellte medizinisch bedingte dauerhafte volle Erwerbsminderung ist jedoch im Hinblick auf den in § 44 Abs. 1 Satz 1 SGB XII vorgesehenen Bewilligungszeitraum von einem Jahr nicht jährlich zu überprüfen, da die Feststellung ja gerade daran knüpft, dass die Erwerbsminderung auf Dauer nicht mehr behoben werden kann.

Der Rentenversicherungsträger ist von der Prüfung befreit, wenn einer der folgenden Fälle vorliegt: **Keine Aufforderung**

- Der Rentenversicherungsträger hat bereits die Voraussetzungen für das Vorliegen einer vollen Erwerbsminderung im Rahmen eines Antrags auf eine entsprechende Rente festgestellt.
- Der Fachausschuss einer Werkstatt für behinderte Menschen hat eine Stellungnahme über die Aufnahme in eine Werkstatt oder Einrichtung abgegeben und der Leistungsberechtigte gilt kraft Gesetzes als voll erwerbsgemindert. **Behinderte Menschen**
- Ein Rentenversicherungsträger hat bereits eine gutachterliche Stellungnahme abgegeben.

Vereinbarungen Die kommunalen Spitzenverbände und die Deutsche Rentenversicherung Bund können Vereinbarungen über das Verfahren schließen.

Beratung – Information Eine den vorstehenden Regelungen des SGB XII entsprechende Vorschrift sieht § 109a SGB VI für die gesetzliche Rentenversicherung vor. Die Rentenversicherungsträger haben danach die Personen, für welche die Leistung „Grundsicherung" infrage kommt, zu beraten und zu informieren. Soweit die genannten Personen berechtigt sind, ist über die Leistungsvoraussetzungen nach dem SGB XII zu beraten.

Wichtig:

Die Beratung und Information erfolgt nur auf Anfrage.

Antrag Liegt eine Rente unter dem 27fachen des aktuellen Rentenwerts, ist der Information zusätzlich ein Antragsformular beizufügen. Dieses Formular dient dem Antrag auf Grundsicherung im Alter und bei Erwerbsminderung, richtet sich somit gegen den Sozialhilfeträger.

Aktueller Rentenwert Der aktuelle Rentenwert ist nach § 68 SGB VI der Betrag, der einer monatlichen Rente wegen Alters der allgemeinen Rentenversicherung entspricht. Voraussetzung ist, dass für ein Kalenderjahr Beiträge aufgrund des Durchschnittsentgelts gezahlt wurden:

Der aktuelle Rentenwert beträgt seit 1. 7. 2019 bis 30. 6. 2020:

- in den alten Bundesländern 33,05 EUR
- in den neuen Ländern 31,89 EUR

Er ändert sich im Zusammenhang mit Rentenanpassungen, in der Regel zum 1. 7. eines Jahres, zuletzt also zum 1. 7. 2019 (VO vom 13. 6. 2019, BGBl. I S. 791).

Hinweis Bei Übersendung des Antrags auf Grundsicherung hat der Rentenversicherungsträger darauf hinzuweisen, dass der Antrag auch bei ihm gestellt werden kann. Er hat **Weiterleitung** den gestellten Antrag an den Sozialhilfeträger weiterzuleiten. Dabei hat er dem eingegangenen Antrag eine Mitteilung über die Höhe der monatlichen Rente und über das Vorliegen der Leistungsberechtigten beizufügen.

Keine Verpflichtung Eine Verpflichtung des Rentenversicherungsträgers nach Vorstehendem ist nicht vorhanden, wenn eine Inanspruchnahme von Leistungen der Grundsicherung wegen der Höhe der gezahlten Rente sowie der im Rentenverfahren zu ermittelnden weiteren Einkommen nicht in Betracht kommt.

Einkommen und Vergütung § 43 SGB XII behandelt die Besonderheiten bei Vermögenseinsatz und Unterhaltsansprüchen. Zunächst wird hier bestimmt, dass Einkommen und Vermögen des

- nicht getrennt lebenden Ehegatten bzw. Lebenspartners oder
- des Partners einer eheähnlichen Gemeinschaft

zu berücksichtigen sind. Dies gilt allerdings nur, soweit Einkommen und Vermögen den notwendigen Unterhalt des vorstehend Angesprochenen übersteigen.

Wichtig:

Unterhalt

Unterhaltsansprüche der Leistungsberechtigten gegenüber ihren Kindern und Eltern bleiben unberücksichtigt, sofern deren jährliches Gesamteinkommen unter einem Betrag von 100.000 EUR liegt.

Vermutung

Dabei wird vermutet, dass das Einkommen der Unterhaltspflichtigen diese Grenze nicht überschreitet.

Aber: Zur Widerlegung der Vermutung kann der zuständige Sozialhilfeträger von den Leistungsberechtigten Angaben verlangen, die Rückschlüsse auf die Einkommensverhältnisse der Unterhaltspflichtigen zulassen.

Überschreiten

Liegen im Einzelfall hinreichende Anhaltspunkte für ein Überschreiten der genannten Einkommensgrenze vor, sind die Kinder und Eltern der Leistungsberechtigten gegenüber dem Träger der Sozialhilfe verpflichtet, über ihre Einkommensverhältnisse Auskunft zu geben. Dies gilt aber nur, soweit es die Prüfung des Anspruches auf Grundsicherung erfordert.

Dabei gehört zur Auskunftsverpflichtung auch die Verpflichtung, auf Verlangen des Sozialhilfeträgers Beweisurkunden vorzulegen oder ihrer Vorlage zuzustimmen.

Besondere Informations- und Beratungspflichten

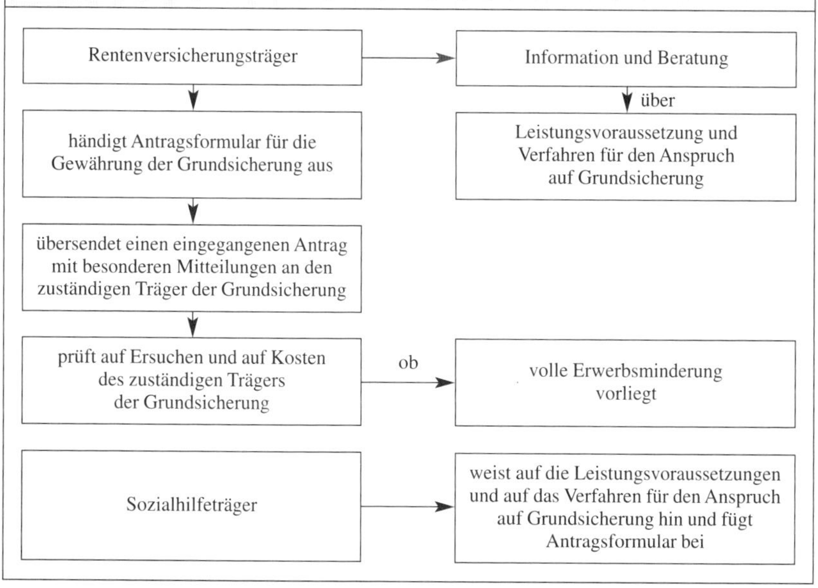

4. Hilfe zum Lebensunterhalt aus der Sozialhilfe (SGB XII)

4.1 Grundsätze

Was als notwendiger Lebensunterhalt anzusehen ist, wird in § 27a SGB XII geregelt. Danach umfasst der notwendige Lebensunterhalt insbesondere:

- Ernährung
- Unterkunft
- Kleidung
- Körperpflege
- Hausrat
- Haushaltsenergie
- Heizung
- Persönliche Bedürfnisse des täglichen Lebens

Bedürfnisse Zu den persönlichen Bedürfnissen des täglichen Lebens zählen in vertretbarem Umfang auch Beziehungen zur Umwelt und eine Teilhabe am kulturellen Leben.

Bei Kindern und Jugendlichen gilt dies in besonderem Maße. Außerdem umfasst hier der notwendige Lebensunterhalt auch den besonderen, insbesondere den durch ihre Entwicklung und ihr Heranwachsen bedingten Bedarf.

Schüler Für Schüler umfasst der notwendige Lebensunterhalt auch die erforderlichen Hilfen für den Schulbesuch.

Monatlicher Regelbedarf Der gesamte notwendige Lebensunterhalt nach Vorstehendem mit Ausnahme von zusätzlichen Bedarfen ergibt den monatlichen Regelbedarf. Dieser ist in Regelbedarfsstufen unterteilt, die bei

- Kindern und Jugendlichen altersbedingte Unterschiede und
- bei erwachsenen Personen deren Anzahl im Haushalt

berücksichtigen.

Regelbedarfsstufen Zur Deckung der Regelbedarfe, die sich aus den Regelbedarfsstufen der Anlage zu § 28 SGB XII ergeben, sind monatliche Bedarfssätze zu gewähren.

Bedarfssatz Der Bedarfssatz stellt einen monatlichen Pauschalbetrag zur Bestreitung des Regelbedarfs dar, über dessen Verwendung die Leistungsberechtigten eigenverantwortlich entscheiden. Dabei haben sie das Eintreten unregelmäßig anfallender Bedarfe zu berücksichtigen.

Individueller Bedarf Im Einzelfall wird der individuelle Bedarf abweichend vom Bedarfssatz festgelegt, wenn ein Bedarf ganz oder teilweise anderweitig gedeckt ist oder unabweisbar seiner Höhe nach erheblich von einem durchschnittlichen Bedarf abweicht.

Anteilige Bemessung Besteht die Leistungsberechtigung für weniger als einen Monat, ist der Regelsatz anteilig zu zahlen. Sind Leistungsberechtigte in einer anderen Familie, insbesondere in einer Pflegefamilie, oder bei anderen Personen als bei ihren Eltern oder einem Elternteil untergebracht, so wird in der Regel der individuelle Bedarf abweichend von den Regelbedarfssätzen in Höhe der tatsächlichen Kosten der Unterbringung bemessen, sofern die Kosten einen angemessenen Umfang nicht übersteigen.

Einrichtungen Mit dem notwendigen Lebensunterhalt in Einrichtungen beschäftigt sich § 27b SGB XII. Dieser umfasst den darin erbrachten sowie in stationären Einrichtungen zusätzlich den weiteren notwendigen Lebensunterhalt. Der weitere notwendige Lebensunterhalt in Einrichtungen umfasst insbesondere Kleidung und einen angemessenen Barbetrag zur persönlichen Verfügung. Leistungsberechtigte, die das 18. Lebensjahr vollendet haben, erhalten einen Barbetrag in Höhe von mindestens 27 % der Regelbedarfsstufe 1 nach der Anlage zu § 28 SGB XII.

Barbetrag

Für Leistungsberechtigte, die das 18. Lebensjahr noch nicht vollendet haben, setzen die zuständigen Landesbehörden oder die von ihnen bestimmten Stellen für die in ihrem Bereich bestehenden Einrichtungen die Höhe des Barbetrages fest. Dieser wird gemindert, soweit dessen bestimmungsgemäße Verwendung durch oder für die Leistungsberechtigung nicht möglich ist.

Sonderauswertungen

Die Ermittlung der Regelbedarfe behandelt § 28 SGB XII. Mit der Ermittlung der bereits angesprochenen Regelbedarfsstufen beauftragt das Bundesministerium für Arbeit und Soziales das Statistische Bundesamt mit Sonderauswertungen. Die Fortschreibung der Regelbedarfsstufen bestimmt § 28a SGB XII.

Neufestsetzung

Werden die Regelbedarfsstufen neu ermittelt, gelten diese als neu festgesetzte Regelbedarfe (Neufestsetzung), solange die Länder keine abweichende Neufestsetzung vornehmen.

Anlage zu § 28 SGB XII

Über die Geltung der Regelbedarfsstufen und über die aktuellen Regelbedarfsstufen in Euro bestimmt die Anlage zu § 28 SGB XII:

gültig ab	Regelbedarfsstufe 1	Regelbedarfsstufe 2	Regelbedarfsstufe 3	Regelbedarfsstufe 4	Regelbedarfsstufe 5	Regelbedarfsstufe 6
1. 1. 2011	364 EUR	328 EUR	291 EUR	287 EUR	251 EUR	215 EUR
1. 1. 2012	374 EUR	337 EUR	299 EUR	287 EUR	251 EUR	219 EUR
1. 1. 2013	382 EUR	345 EUR	306 EUR	289 EUR	255 EUR	224 EUR
1. 1. 2014	391 EUR	352 EUR	313 EUR	296 EUR	261 EUR	229 EUR
1. 1. 2015	399 EUR	360 EUR	320 EUR	302 EUR	267 EUR	234 EUR
1. 1. 2016	404 EUR	364 EUR	324 EUR	306 EUR	270 EUR	237 EUR
1. 1. 2017	409 EUR	368 EUR	327 EUR	311 EUR	291 EUR	237 EUR
1. 1. 2018	416 EUR	374 EUR	332 EUR	316 EUR	296 EUR	240 EUR
1. 1. 2019	424 EUR	382 EUR	339 EUR	322 EUR	302 EUR	245 EUR
1. 1. 2020	432 EUR	389 EUR	345 EUR	328 EUR	308 EUR	250 EUR

Regelbedarfsstufe 1:
Alleinstehende oder alleinerziehende Leistungsberechtigte

Regelbedarfsstufe 2:
Personen, die mit einem Ehegatten und Lebenspartner oder in eheähnlicher oder lebenspartnerschaftsähnlicher Gemeinschaft mit einem Partner zusammenleben

Regelbedarfsstufe 3:
Erwachsene Leistungsberechtigte, die keinen eigenen Haushalt führen, weil sie in einer Einrichtung leben

Regelbedarfsstufe 4:
Jugendliche vom Beginn des 15. bis zur Vollendung des 18. Lebensjahres

Regelbedarfsstufe 5:
Kinder vom Beginn des 7. bis zur Vollendung des 14. Lebensjahres

Regelbedarfsstufe 6:
Kinder bis zur Vollendung des 6. Lebensjahres

4.2 Beitragsübernahme durch den Sozialhilfeträger

Die Übernahme von Beiträgen für die Kranken- und Pflegeversicherung wird in § 32 SGB XII beschrieben.

Zunächst werden die Fälle vorgesehen, in denen die Beiträge zu übernehmen sind. Es handelt sich hier um:

Personenkreis

- Weiterversicherte im Sinne des § 9 Abs. 1 Nr. 1 SGB V
- Weiterversicherte im Sinne des § 6 Abs. 1 Nr. 1 des Zweiten Gesetzes über die Krankenversicherung der Landwirte (KVLG 1989)
- Rentenantragsteller, die nach § 189 SGB V als Mitglied einer Krankenkasse gelten
- Mitglieder eines privaten Versicherungsunternehmens

Die Berechtigten müssen allerdings die Voraussetzungen für den Anspruch auf Hilfe zum Lebensunterhalt erfüllen.

Voraussetzungen

In sonstigen Fällen können Beiträge für eine freiwillige Krankenversicherung übernommen werden, soweit sie angemessen sind. Zur Aufrechterhaltung einer freiwilligen Krankenversicherung werden Beiträge übernommen, wenn Hilfe zum Lebensunterhalt voraussichtlich nur für kurze Dauer zu leisten ist. Soweit nach Vorstehendem Krankenversicherungsbeiträge übernommen werden, werden auch die damit zusammenhängenden Beiträge zur Pflegeversicherung übernommen.

Berechnung

Die Beiträge zur gesetzlichen Krankenversicherung, die von den Sozialhilfeträgern zu übernehmen sind, errechnen sich

- aus dem bundeseinheitlichen Beitragssatz,
- der Beitragszeit sowie
- der Beitragsbemessungsgrundlage.

Der für alle Krankenkassen geltende allgemeine Beitragssatz beläuft sich seit 1. 1. 2015 auf 14,6 % und der ermäßigte Beitragssatz auf 14,0 %. Hiervon sind jeweils 7,3 % vom Versicherten bzw. 7,0 % vom Arbeitgeber zu tragen. Die gesetzliche Krankenkasse kann aber einkommensabhängige Zusatzbeiträge erheben (§ 242 SGB V), die seit 1. 1. 2019 ebenfalls von Arbeitgeber und Arbeitnehmer je zur Hälfte getragen werden.

Die Beitragssätze sind Prozentsätze derjenigen Einnahmen des Versicherten, die zur Beitragsberechnung herangezogen werden.

Entgeltfortzahlung

Dabei gilt der allgemeine Beitragssatz für Mitglieder, die bei Arbeitsunfähigkeit für mindestens sechs Wochen Anspruch auf Fortzahlung ihres Arbeitsentgelts haben.

Besteht kein Anspruch auf Krankengeld oder beschränkt die Krankenkasse aufgrund gesetzlicher Vorschriften den Leistungsumfang, so gilt der ermäßigte Beitragssatz.

Die Ermäßigung des Beitragssatzes orientiert sich am allgemeinen Beitragssatz.

Orientierung am allgemeinen Beitragssatz bedeutet, dass beim ermäßigten Beitragssatz durch die Minderbelastung an Leistungen kein Anspruch auf Krankengeld ausgeglichen wird.

Praxis TIPP

Auskünfte

Die Krankenkassen sind verpflichtet, Auskünfte über die Beitragssätze zu geben. In der Praxis geben die Krankenkassen hier besondere Merkblätter oder Broschüren heraus, aus denen sich die maßgebenden Beitragssätze ergeben.

Wichtig:

Keine Differenzierung

Die gesetzlichen Krankenkassen sind nicht berechtigt, die Höhe der Beiträge nach dem Familienstand oder der Zahl der Angehörigen, für die ein Anspruch aus der Familienversicherung besteht, festzusetzen.

Bei der Beitragszeit geht es um die Zeit, in der der Leistungsberechtigte Mitglied der gesetzlichen Krankenkasse ist. Bei früheren Arbeitnehmern wird diese Zeit unmittelbar nach dem Ende des Beschäftigungsverhältnisses beginnen.

Ende der Versicherung

Die freiwillige Versicherung in der gesetzlichen Krankenversicherung kann auf verschiedene Weise enden:

Ende der freiwilligen Mitgliedschaft

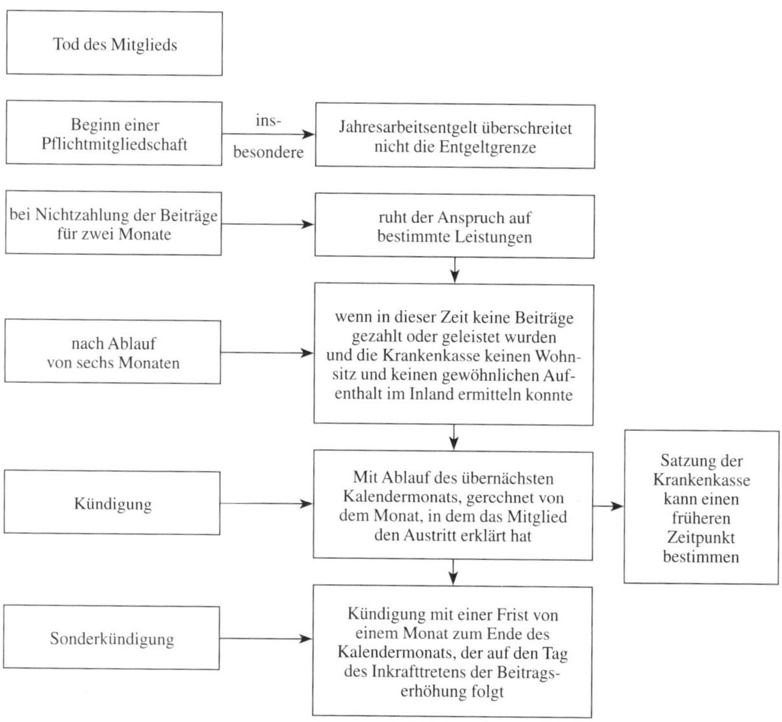

Beitragsbemessungsgrundlage

Die Beitragsbemessungsgrundlage für die Beiträge zur freiwilligen Versicherung wird in § 240 SGB V geregelt. Dort wird als Grundsatz festgelegt, dass für freiwillige Mitglieder die Beitragsbemessung durch den Spitzenverband Bund der Krankenkassen bestimmt wird. Dabei ist sicherzustellen, dass die Beitragsbelastung die gesamte wirtschaftliche Leistungsfähigkeit des freiwilligen Mitglieds berücksichtigt.

Dabei muss der Spitzenverband Bund der Krankenkassen mindestens die Einnahmen des freiwilligen Mitglieds berücksichtigen, die bei einem vergleichbaren versicherungspflichtigen Beschäftigten der Beitragsbemessung zugrunde zu legen sind.

Auslandsaufenthalt

Für die freiwilligen Mitglieder und ihre mitversicherten Familienangehörigen, deren Anspruch auf Leistungen während eines Auslandsaufenthalts ruht, ist der Beitragssatz auf 10 % der Bezugsgröße zu ermäßigen (§ 240 Abs. 4b SGB V). 2020 sind dies 318,50 EUR im Monat. Der Auslandsaufenthalt muss allerdings durch die Berufstätigkeit des Mitglieds, seines Ehegatten oder seines Lebenspartners oder eines seiner Elternteile bedingt sein.

Bisher nicht Versicherte § 240 SGB V gilt auch für Personen, die seit 1. 4. 2007 versicherungspflichtig sind, weil sie sonst keinen Versicherungsschutz haben (Versicherte aufgrund des § 5 Abs. 1 Nr. 13 SGB V). Rechtsgrundlage ist hier § 227 SGB V.

Aufgrund der oben erwähnten Ermächtigung sind die Beitragsverfahrensgrundsätze Selbstzahler geschaffen worden. Sie datieren vom 27. 10. 2008, sind aber zwischenzeitlich mehrfach geändert worden, zuletzt am 28. 11. 2018. Nach § 1 der Grundsätze regeln sie das Nähere zur Beitragsbemessung für freiwillige Mitglieder der gesetzlichen Krankenversicherung nach Maßgabe des § 240 SGB V und für andere Mitglieder, für die § 240 SGB V entsprechend anwendbar erklärt wird. Für Schwangere, deren Mitgliedschaft nach § 192 Abs. 2 SGB V erhalten bleibt, gelten die Grundsätze zur Beitragsbemessung ebenfalls.

Die Grundsätze gelten zudem für die Beiträge zur Pflegeversicherung, soweit das Beitragsrecht der Pflegeversicherung hinsichtlich der Beitragsbemessung auf § 240 SGB V verweist. Das gilt auch in den Fällen, in denen nicht die Krankenkasse, sondern die Pflegekasse den Beitrag festsetzt.

Das *BSG* hat mit seinem Urteil vom 19. 12. 2012 (Az. B 12 KR 20/11 R) ausdrücklich bestätigt, dass die Gemeinsamen Grundsätze dem geltenden Recht entsprechen.

4.2.1 Renten

Renten Renten sind mit ihrem Zahlbetrag der Beitragsberechnung zugrunde zu legen. Das gilt auch für freiwillige Mitglieder, die neben dem Arbeitsentgelt eine Rente der gesetzlichen Rentenversicherung beziehen. Selbstverständlich ist auch das Entgelt aus der Beschäftigung zu berücksichtigen.

Beitragszuschuss Soweit dies übrigens insgesamt zu einer über der Beitragsbemessungsgrenze liegenden Beitragsbelastung führen würde, ist statt des entsprechenden Beitrags aus der Rente nur der Beitragszuschuss des Rentenversicherungsträgers einzuzahlen.

2020 beläuft sich die monatliche Beitragsbemessungsgrenze auf 4.687,50 EUR.

Als Renten der gesetzlichen Rentenversicherung gelten (ohne die darin enthaltenen Kinderzuschüsse):

- Renten der allgemeinen Rentenversicherung
- Renten der knappschaftlichen Rentenversicherung

Nachzahlung Bei der Beitragsbemessung sind auch Nachzahlungen einer Rente aus der gesetzlichen Rentenversicherung zu berücksichtigen, soweit sie auf einen Zeitraum entfallen, in dem der Rentner Anspruch auf Leistungen der gesetzlichen Krankenversicherung hatte. Die Beiträge aus der Nachzahlung gelten als Beiträge für die Monate, für die die Rente nachgezahlt wird.

Lebensversicherungsrenten (private Rentenbezüge) sind – wie Renten aus der gesetzlichen Rentenversicherung – nicht nur mit dem Ertragsanteil, sondern mit dem

Zahlbetrag zur Beitragsberechnung für freiwillig Versicherte heranzuziehen. Das gilt übrigens auch für Einnahmen aus der betrieblichen Altersversorgung.

Unfallrente

Eine Unfallrente aus der privaten Unfallversicherung ist mit ihrem Zahlbetrag heranzuziehen. Hingegen zählt bei einer Verletztenrente der gesetzlichen Unfallversicherung nur der den Einkommensverlust ausgleichende Anteil zu den beitragspflichtigen Einnahmen freiwillig Versicherter.

Pensionskasse

Mit ihrem Zahlbetrag sind auch Altersrenten aus einer Pensionskasse zu berücksichtigen.

Zusatzrenten

Private Zusatzrenten müssen ebenfalls bei der Beitragsberechnung berücksichtigt werden. Zwar bleiben Unterhaltsleistungen bei der Beitragsberechnung außer Betracht. Das gilt allerdings nicht, wenn sie für dauernd getrennt lebende oder geschiedene Ehegatten erbracht werden.

4.2.2 *Ausnahmen von der Beitragspflicht*

Keine Einnahmen

Nicht zu den Brutto-Einnahmen werden solche Bezüge aus öffentlichen Mitteln gezählt, die wegen eines krankheitsbedingten, behinderungsbedingten oder aus anderen Gründen unabweisbaren Mehrbedarfs gewährt werden. Hierzu zählen insbesondere:

- Blindenhilfe
- Pflegegelder
- Pflegezulagen
- Zulagen für Mehraufwendungen wegen Kleider- und Wäscheverschleiß
- Leistungen nach dem Gesetz über die Errichtung einer Stiftung „Hilfswerk für behinderte Kinder“
- Wohngeld
- Kindergeld
- Beschädigtengrundrente aus der Kriegsopferversorgung; Abschreibungen (z. B. von Eigentumswohnungen oder Häusern) sind nicht der Beitragsberechnung zu unterwerfen.

4.2.3 *Leistungen aus der Sozialhilfe*

Keine Einnahmen

Hilfen nach dem SGB XII in besonderen Lebenslagen (vgl. dazu Kapitel B 3) stellen an und für sich keine Einnahmen zum Lebensunterhalt dar. Die Rechtsprechung hat allerdings festgestellt, dass die als Hilfe in besonderen Lebenslagen vom Sozialhilfeträger zu übernehmenden Mehraufwendungen bei der Beitragsbemessung für freiwillig Versicherte zu berücksichtigen sind. Dabei muss hingenommen werden, dass es wegen der nach der Wohnlage unterschiedlichen Kosten der Unterkunft zu unterschiedlichen Beträgen kommen kann.

Außerdem ist davon auszugehen, dass Hilfen zum Lebensunterhalt der Beitragsbemessung zu unterwerfen sind.

Das bedeutet, dass insbesondere die nachfolgenden Sozialleistungen in Betracht zu ziehen sind:

- der aufgrund des Familienstands gewährte Sozialhilfebedarfssatz
- Einmalleistungen (z. B. Beihilfen für Kleidung und Hausrat)
- die Mietkosten
- die vom Sozialhilfeträger übernommenen Krankenversicherungsbeiträge

Heiminsasse Bei Heimbewohnern sind neben sonstigen Einnahmen folgende Einnahmen bzw. vermögenswerte Vorteile zu berücksichtigen:

- der Pflegesatz in der Pflegesatz-Gruppe 1 des jeweiligen Heims
- der Barbetrag zur persönlichen Verfügung (Taschengeld)
- die vom Sozialhilfeträger übernommenen Krankenversicherungsbeiträge

In § 7 Abs. 10 der Beitragsverfahrensgrundsätze wird die Beitragsbemessung von Empfängern von Leistungen nach dem SGB XII geregelt, die stationär untergebracht sind. Danach gilt als beitragspflichtige Einnahmen für den Kalendertag 1/30 des 3,2fachen der Regelbedarfsstufe 3 (2020: 36,80 EUR bzw. 1.104 EUR im Monat).

Feststellungen Werden vom Versicherten gegenüber der Krankenkasse keine oder nur unzureichende Angaben über die Höhe der Einnahmen von Sozialhilfeempfängern gemacht, sind die entsprechenden Feststellungen über die gewährten Leistungen nach dem SGB XII im Rahmen der Amtshilfe beim zuständigen Leistungsträger zu treffen.

Kinder Die Sozialhilfeleistungen für die Kinder einer freiwillig Versicherten dürfen bei der Beitragsbemessung zur gesetzlichen Kankenversicherung nicht berücksichtigt werden.

Bei der Berücksichtigung der beitragspflichtigen Einnahmen wird im Übrigen nach den Beitragsverfahrensgrundsätzen für jedes im Haushalt lebende Kind des Mitglieds oder des Partners ein Freibetrag in Höhe von einem Fünftel der monatlichen Bezugsgröße (2020: 637 EUR) für den Kalendermonat abgesetzt. Voraussetzung ist, dass für das Kind ein Anspruch aus der Familienversicherung besteht.

Beitragsschuldner Übernimmt ein Sozialhilfeträger die Beitragszahlung für einen freiwillig versicherten Sozialhilfeempfänger, bleibt dieser gleichwohl Beitragsschuldner der Krankenkasse. Wurden Beiträge zu Unrecht gezahlt, ist ebenfalls allein der Versicherte erstattungsberechtigt und nicht der Sozialhilfeträger.

4.2.4 Elterngeld

Elterngeld Bei freiwilligen Mitgliedern, die Elterngeld beziehen, ist dieses zwar beitragsfrei, im Übrigen auf die Beitragsbemessung aber ohne Einfluss.

Das bedeutet, dass zu zahlende Mindestbeiträge trotz des Elterngelds weiterhin zu zahlen sind.

4.2.5 *Sonstige Einnahmen*

Vermietung Erzielt der Hilfeberechtigte Einnahmen aus der Vermietung einer Wohnung, sind diese Einnahmen bei der Beitragsberechnung freiwillig Versicherter zu berücksichtigen. Solche Einnahmen sind nach Auffassung des *BSG* aber nur nach Abzug von Schuldzinsen heranzuziehen.

Gewinne Veräußerungsgewinne aus dem Verkauf oder Teilverkauf eines land- oder forstwirtschaftlichen Betriebes gehören steuerrechtlich zu den Einkünften aus Land- und Forstwirtschaft. Deshalb sind sie im Hinblick auf die Beitragsberechnung für freiwillig Versicherte den Einkünften aus selbstständiger Arbeit zuzuordnen.

Kapitalvermögen Zu den zu berücksichtigenden Einkünften zählen auch die Einkünfte aus Kapitalvermögen (z. B. Zinsen, Gewinnanteile, Dividenden). Sie sind üblicherweise dem letzten Einkommensteuerbescheid zu entnehmen und um die darin ausgewiesenen Werbungskosten zu vermindern. Das gilt allerdings nicht für den Werbungskostenpauschbetrag.

Sparerfreibetrag Der Sparerfreibetrag wirkt sich nach Ansicht der gesetzlichen Krankenkassen ebenfalls nicht einkommensmindernd aus. Da Kapitalerträge bis zur Höhe des Sparerfreibetrags nicht zu deklarieren sind, müssen sie gesondert ermittelt werden. Ebenso ist der Werbungskostenpauschbetrag herauszurechnen.

4.2.6 *Höherstufung*

Verwaltungsakt Wird ein freiwillig Versicherter wegen der Höhe seiner Einnahmen höhergestuft, stellt der Höherstufungsbescheid der Krankenkasse einen Verwaltungsakt dar.
Anhörung Dieser macht die vorherige Anhörung des Versicherten (Leistungsberechtigten) erforderlich.

Unterbleibt die Anhörung, kann sie im Widerspruchsverfahren noch nachgeholt werden. Die Anhörung ist immer dann erforderlich, wenn – für ihn nachteilig – in die Rechte eines Versicherten eingegriffen wird.

Rücknahme Ein einmal ergangener Beitragsbescheid muss im Übrigen zurückgenommen werden, wenn die Krankenkasse vor Erlass ihrer sich aus dem Gesetz ergebenden Amtsermittlungspflicht nicht nachgekommen ist, indem sie den Versicherten nicht nach seinen Einnahmen zum Lebensunterhalt und den dazu vorliegenden neuesten Unterlagen gefragt hat. Dem Versicherten kann nach Ansicht der Rechtsprechung nicht vorgeworfen werden, dass er geschwiegen habe, wenn er überhaupt nicht gefragt wurde.

4.2.7 *Mindestbeitragsbemessungsgrundlage*

Mindestbeiträge Als beitragspflichtige Einnahmen gilt für den Kalendertag mindestens der 90. Teil der monatlichen Bezugsgröße. 2020 sind hier 35,39 EUR zu berücksichtigen. Das entspricht einem Monatsbetrag von 1.061,70 EUR.

Familienmitglieder Nach der in der Rechtsprechung vertretenen Auffassung gibt es keinen Grundsatz, wonach die Beiträge freiwillig versicherter Familienmitglieder zusammen einen bestimmten Höchstbetrag nicht übersteigen dürfen. Den Krankenkassen ist es nicht gestattet, in Einzelfällen von einer niedrigeren Beitragsbemessungsgrundlage auszugehen. Soziale Härten sind nach Ansicht der Rechtsprechung in solchen Fällen nicht von der Krankenversicherung auszugleichen.

Rentner Nach ausdrücklicher gesetzlicher Regelung gilt die Mindestbemessungsgrundlage nicht für freiwillige Mitglieder, die die Voraussetzungen für den Anspruch auf eine Rente aus der gesetzlichen Rentenversicherung erfüllen und diese Rente beantragt haben.

Weitere Voraussetzung ist allerdings, dass die betreffenden Personen seit der erstmaligen Aufnahme einer Erwerbstätigkeit bis zur Stellung des Rentenantrags mindestens neun Zehntel der zweiten Hälfte dieses Zeitraums Mitglieder oder familienversichert waren. Die notwendige Vorversicherungszeit entspricht der, die für die Versicherungspflicht von Rentnern gefordert wird.

4.2.8 Einkommen des Ehegatten bzw. Lebenspartners

Ehegatten Ist der Versicherte ohne eigenes Einkommen, hat aber sein Ehegatte oder Lebenspartner nach dem Lebenspartnerschaftsgesetz (LPartG) Einkommen, ist es nach der Rechtsprechung des *BSG* gerechtfertigt, vom Erwerbseinkommen des Ehegatten auszugehen. Als Bemessungsgrundlage darf allerdings nach Auffassung des *BSG* nicht die Hälfte dieses Bruttoeinkommens zugrunde gelegt werden, wenn das Familieneinkommen noch mit dem Aufwand für gemeinsame, unterhaltsberechtigte Kinder belastet ist.

Der dem versicherten Ehegatten zuzurechnende Anteil an dem Einkommen des Ehegatten, der Einkommen hat, ist umso geringer, je mehr unterhaltsberechtigte Kinder vorhanden sind.

Leistungsfähigkeit Für die Festlegung der wirtschaftlichen Leistungsfähigkeit des freiwillig versicherten Ehegatten, die unter Berücksichtigung von Familienlasten aus dem Erwerbseinkommen des Alleinverdieners folgt, darf die Krankenkasse zwar nach typisierenden und pauschalierenden Maßstäben vorgehen. Sie hat hierbei aber verfassungsrechtliche Grundsätze ebenso zu beachten, wie die auch für freiwillig Versicherte geltenden allgemeinen Prinzipien der gesetzlichen Krankenversicherung.

Im Übrigen hat das *BSG* festgestellt, dass dem Gesetz nicht zu entnehmen ist, dass eine Anrechnung von Ehegatten-Einkommen bei den Mitgliedern ohne bzw. mit geringen eigenen Einnahmen stets und uneingeschränkt geboten ist. Zur Begründung wurde ausgeführt, dass die Berücksichtigung der gesamten wirtschaftlichen Leistungsfähigkeit durch andere, insbesondere systematische oder Gleichbehandlungserwägungen zurückgedrängt werden kann.

Über die Beitragsbemessung bei Mitgliedern, deren Ehegatte nicht einer gesetzlichen Krankenkasse angehört, bestimmt § 2 Abs. 4 der Beitragsverfahrensgrundsätze Selbstzahler. Hier setzen sich die beitragspflichtigen Einnahmen aus den eigenen Einnahmen und den Einnahmen des Ehegatten oder Lebenspartners zusammen. Von den Einnahmen des Ehegatten oder Lebenspartners ist für jedes gemeinsame unterhaltsberechtigte Kind, für das keine Familienversicherung wegen der Höhe des Einkommens des Ehegatten des Mitglieds besteht (§ 10 Abs. 3 SGB V), ein Betrag in Höhe von einem Drittel der monatlichen Bezugsgröße abzusetzen. 2020 handelt es sich hier um einen Betrag von 1.061,67 EUR im Monat.

Für die Beitragsbemessung werden nacheinander die eigenen Einnahmen des Mitglieds und die Einnahmen des Ehegatten oder Lebenspartners bis zur Hälfte der sich nach Vorstehendem ergebenden Summe der Einnahmen, höchstens bis zu einem Betrag in Höhe der halben Beitragsbemessungsgrenze, berücksichtigt. 2019 beläuft sich die halbe monatliche Beitragsbemessungsgrenze also auf 2.268,75 EUR.

Die vorstehenden Ausführungen gelten beispielsweise nicht, wenn die Ehegatten oder Lebenspartner dauernd getrennt leben. Das Gleiche gilt, wenn die Einnahmen des Mitglieds die halbe Beitragsbemessungsgrenze oder die Einnahmen des Ehegatten oder Lebenspartners übersteigen.

4.2.9 Pflegeversicherung

Pflichtversicherung

Wer freiwillig krankenversichert ist, ist in der Pflegeversicherung pflichtversichert. Die vorstehend geschilderten Grundsätze zur Beitragsberechnung gelten entsprechend.

Zu beachten ist, dass die Sozialhilfeträger verpflichtet sind, in Fällen, in denen sie die Krankenversicherungsbeiträge übernehmen, auch die Pflegeversicherungsbeiträge zu erfragen (§ 32 Abs. 3 SGB XII).

4.2.10 Rentenantragsteller

§ 32 SGB XII bestimmt auch, dass Beiträge für Rentenantragsteller, die nach § 189 SGB V als Mitglieder einer Krankenkasse gelten, vom Sozialhilfeträger zu übernehmen sind. Auch hier müssen die Berechtigten natürlich die Voraussetzungen für den Anspruch auf Hilfe zum Lebensunterhalt erfüllen (§ 32 Abs. 1 Satz 1 SGB XII).

Nach der genannten Vorschrift des § 189 SGB V gelten Personen als Mitglieder der gesetzlichen Krankenversicherung, die eine Rente der gesetzlichen Rentenversicherung beantragt haben. Sie haben die Voraussetzungen für die Versicherungspflicht als Rentner erfüllt, jedoch nicht die Voraussetzungen für den Rentenbezug. Der Antrag auf Rente wird also abgelehnt oder zurückgenommen.

Nachrangigkeit

Als Rentenantragsteller besteht keine Mitgliedschaft, wenn nach anderen Vorschriften eine solche gegeben ist (z. B. als Arbeitnehmer).

Ende der Mitgliedschaft

Die Mitgliedschaft beginnt mit dem Tag der Stellung des Rentenantrags. Sie endet mit dem Tod oder mit dem Tag, an dem der Antrag zurückgenommen oder die Ablehnung des Antrags unanfechtbar wird.

Das Gesetz (§ 239 SGB V) schreibt hier ausdrücklich vor, dass bei Rentenantragstellern die Beitragsbemessung für die Zeit der Rentenantragstellung bis zum Rentenbeginn durch den Spitzenverband Bund der Krankenkassen geregelt wird. Maßgebend sind die Beitragsverfahrensgrundsätze Selbstzahler.

Von Rentenantragstellern sind die Beiträge allerdings dann allein zu tragen, wenn seitens des Sozialhilfeträgers keine Verpflichtung zur Übernahme besteht.

Pflegeversicherung

Was vorstehend über die Krankenversicherung der Rentenantragsteller ausgeführt wurde, gilt auch für den Bereich der Pflegeversicherung.

5. Die Sonderbedarfe

Bedarfsgruppen Der Begriff „Sonderbedarfe" fasst mehrere Bedarfsgruppen zusammen:

Sonderbedarfe

Mehrbedarfe

- **17 %** der maßgebenden Regelbedarfsstufe: – 65. Lebensjahr vollendet* oder voll erwerbsgemindert und einen entsprechenden Bescheid der zuständigen Behörde oder Schwerbehindertenausweis mit Merkzeichen „G"
- – werdende Mütter nach der 12. Schwangerschaftswoche, im Einzelfall abweichender Bedarf
- – Pflege und Erziehung minderjähriger Kinder
- **36 %** der Regelbedarfsstufe 1: für 1 Kind unter 7 Jahren oder für 2–3 Kinder unter 16 Jahren weitere Besonderheiten bestehen
- **35 %** der maßgebenden Regelbedarfsstufe: Menschen mit Behinderungen, die das 15. Lebensjahr vollendet haben, im Einzelfall abweichender Bedarf
- **Mehrbedarf in angemessener Höhe:** Kranke, Genesende, behinderte oder von Krankheit oder Behinderung bedrohte Menschen, die einer kostenaufwändigen Ernährung bedürfen
- Mehrbedarf bei dezentraler Warmwassererzeugung

Einmalige Bedarfe

- Erstausstattung für die Wohnung einschl. Haushaltsgeräten
- Erstausstattung für Bekleidung und bei Schwangerschaft und Geburt
- Anschaffung und Reparaturen, etwa von orthopädischen Schuhen
- Leistungen werden auch erbracht, wenn die anfragende Person keine Regelbedarfsleistungen benötigt, den Bedarf jedoch aus eigenen Kräften und Mitteln nicht vollständig decken kann
- Leistungen an Erstausstattungen können als Pauschalbeträge erstattet werden

Sozialversicherungsbeiträge

- Freiwillig Versicherte und Rentenantragsteller sowie Versicherte nach § 5 Abs. 1 Nr. 13 SGB V (bisher nicht Versicherte) in der gesetzlichen Krankenversicherung
- Beträge zur Kranken- und Pflegeversicherung werden übernommen (gilt auch für die Zusatzbeiträge in der gesetzlichen Krankenversicherung)
- Voraussetzung: Anspruch auf Leistungen zum Lebensunterhalt
- bei privater Krankenversicherung: Aufwendungen werden übernommen, soweit sie angemessen sind
- um angemessene Alterssicherung oder angemessenes Sterbegeld zu erreichen

Hilfe zum Lebensunterhalt in Sonderfällen

- Übernahme von Schulden (Kannleistung)
- bei drohender Wohnungslosigkeit: Schulden sollen übernommen werden
- Geldleistungen können als Beihilfe oder Darlehen erbracht werden

* bei Geburten ab 1. 1. 1947 schrittweise Anhebung der Altersgrenze

5.1 Mehrbedarfe

Mehrbedarfe

Die Mehrbedarfe für den Bereich der Sozialhilfe werden in § 30 SGB XII geregelt. Die Summe des insgesamt anzuerkennenden Mehrbedarfs darf die Höhe des maßgebenden Regelbedarfes nicht übersteigen.

In § 30 Abs. 1 SGB XII geht es insbesondere um diejenigen Personen, die die Grenze für die Regelaltersrente erreicht haben. Hier ist allerdings durch den Gesetzgeber eine Anhebung erfolgt. Beachten Sie dazu bitte die Ausführungen unter Abschnitt 2.1.

Volle Erwerbsminderung

Einen Mehrbedarf erhält auch derjenige, der die Altersgrenze zwar noch nicht erreicht, aber voll erwerbsgemindert nach dem SGB VI ist. Das Rentenrecht unterscheidet bezüglich der Erwerbsminderung die Rente wegen

- voller Erwerbsminderung und
- teilweiser Erwerbsminderung.

Der Vollständigkeit halber werden nachfolgend die Voraussetzungen für beide Rentenarten wiedergegeben:

Anspruchsvoraussetzungen für Renten wegen verminderter Erwerbsfähigkeit		
Rentenart	Rente wegen teilweiser Erwerbsminderung	Rente wegen voller Erwerbsminderung
Leistungseinschränkung	teilweise Erwerbsminderung	volle Erwerbsminderung
Wartezeit	fünf Jahre	fünf oder 20 Jahre
Sonstige versicherungsrechtliche Voraussetzungen	drei Jahre Pflichtbeitragszeiten in den letzten fünf Jahren vor Eintritt der teilweisen Erwerbsminderung oder Wartezeit am 1. Januar 1984 von 60 Kalendermonaten erfüllt und lückenlos freiwillige bzw. Pflichtbeiträge bis zum Ende des Kalenderjahres vor der Berufsunfähigkeit geleistet	drei Jahre Pflichtbeitragszeiten in den letzten fünf Jahren vor Eintritt der vollen Erwerbsminderung oder Wartezeit am 1. Januar 1984 von 60 Kalendermonaten erfüllt und lückenlos freiwillige bzw. Pflichtbeiträge bis zum Ende des Kalenderjahres vor der Erwerbsunfähigkeit geleistet

Voll erwerbsgemindert sind Versicherte, die wegen Krankheit oder Behinderung auf nicht absehbare Zeit außerstande sind, unter den üblichen Bedingungen des allgemeinen Arbeitsmarkts mindestens drei Stunden täglich erwerbstätig zu sein.

Voll erwerbsgemindert sind auch:

- Personen, die als Menschen mit Behinderungen versichert sind und wegen Art oder Schwere der Behinderung nicht auf dem allgemeinen Arbeitsmarkt tätig sein können,
- Versicherte, die bereits vor Erfüllung der allgemeinen Wartezeit (60 Monate) voll erwerbsgemindert waren, in der Zeit einer nicht erfolgreichen Eingliederung in den allgemeinen Arbeitsmarkt.

Wichtig:

Erwerbsgemindert ist nicht, wer unter den üblichen Bedingungen des allgemeinen Arbeitsmarktes mindestens sechs Stunden täglich erwerbstätig sein kann. Dabei bleibt die jeweilige Arbeitsmarktlage unberücksichtigt.

Die in dem obigen Schaubild erwähnte Pflichtbeitragszeit von drei Jahren für eine versicherte Beschäftigung oder Tätigkeit ist in bestimmten Fällen nicht erforderlich. Das ist der Fall, wenn die Erwerbsminderung aufgrund eines Tatbestandes eingetreten ist, durch den die allgemeine Wartezeit vorzeitig erfüllt wird, z. B. wegen eines Arbeitsunfalles oder einer Berufskrankheit.

Wichtig:

Befristung Renten wegen verminderter Erwerbsfähigkeit werden auf Zeit geleistet und dürfen nur auf das Ende eines Kalendermonats befristet werden.

Die Befristung erfolgt für längstens drei Jahre nach dem Rentenbeginn. Sie kann wiederholt werden.

Arbeitsmarktlage Renten, auf die ein Anspruch unabhängig von der jeweiligen Arbeitsmarktlage besteht, werden unbefristet gewährt. Voraussetzung ist allerdings, dass unwahrscheinlich ist, dass die Minderung der Erwerbsfähigkeit behoben werden kann. Hiervon ist nach einer Gesamtdauer der Befristung von neun Jahren auszugehen.

Voraussetzungen Voraussetzung für einen Mehrbedarf ist allerdings nach § 30 Abs. 1 SGB XII, dass zusätzlich

- zum Erreichen der Altersgrenze oder
- dem Vorliegen einer vollen Erwerbsminderung

die Feststellung des Merkzeichens „G" nachgewiesen wird. Dies muss durch einen Bescheid der nach § 69 Abs. 4 SGB IX zuständigen Behörde oder einen Ausweis nach § 69 Abs. 5 SGB IX geschehen.

Liegen die obigen Voraussetzungen vor, wird ein Mehrbedarf von 17 % der maßgebenden Regelbedarfsstufe anerkannt, soweit nicht im Einzelfall ein abweichender Bedarf besteht.

Werdende Mütter Ebenfalls ein Mehrbedarf von 17 % wird für werdende Mütter nach der 12. Schwangerschaftswoche anerkannt, soweit nicht im Einzelfall ein abweichender Bedarf besteht.

Kinder § 30 Abs. 3 SGB XII beschäftigt sich mit einem Mehrbedarf für Personen, die mit einem oder mehreren minderjährigen Kindern zusammenleben. Sie müssen allein für die Pflege und Erziehung dieser Kinder sorgen. Soweit kein abweichender Bedarf im Einzelfall besteht, ist hier ein Mehrbedarf anzuerkennen:

- in Höhe von 36 % der Regelbedarfsstufe 1 für ein Kind unter sieben Jahren oder für zwei oder drei Kinder unter sechzehn Jahren, oder
- in Höhe von 12 % der Regelbedarfsstufe 1 für jedes Kind, wenn die Voraussetzungen nach dem vorherigen Unterpunkt nicht vorliegen, höchstens jedoch in Höhe von 60 % der Regelbedarfsstufe 1.

Menschen mit Behinderungen Für Menschen mit Behinderungen, die das 15. Lebensjahr vollendet haben und Eingliederungshilfe nach § 54 Abs. 1 Satz 1 Nr. 1 bis 3 SGB XII geleistet wird, ist ein Mehrbedarf von 35 % anerkannt, soweit nicht im Einzelfall ein abweichender Bedarf besteht.

Vorstehendes kann auch nach Beendigung der Eingliederungshilfe während eines angemessenen Überganges, insbesondere einer Einarbeitungszeit, angewendet werden. Die Regelungen über den Mehrbedarf bei Vorliegen von voller Erwerbsminderung (vgl. die obigen Ausführungen) sind daneben nicht anzuwenden.

Für

- Kranke,
- Genesende,
- Menschen mit Behinderungen oder
- von einer Krankheit oder Behinderung bedrohte Menschen, die einer kostenaufwändigen Ernährung bedürfen,

wird ein Mehrbedarf in angemessener Höhe anerkannt.

Wichtig:

Die Summe der insgesamt anzuerkennenden Mehrbedarfe darf die Höhe der maßgebenden Regelbedarfsstufe nicht übersteigen (§ 30 Abs. 6 SGB XII).

Bezüglich der Mehrbedarfe im SGB II vgl. die Ausführungen unter Abschnitt 2.2.1.

5.2 Einmalige Bedarfe

Die einmaligen Bedarfe regelt § 31 SGB XII. Dies sind Leistungen für *Einmalige Bedarfe*

- Erstausstattungen für die Wohnung einschließlich Haushaltsgeräten und
- Erstausstattungen für die Bekleidung und bei Schwangerschaft und Geburt.

Leistungen nach Vorstehendem werden auch erbracht, wenn die Leistungsberechtigten keine Regelbedarfsleistungen benötigen, den Bedarf jedoch aus eigenen Kräften und Mitteln nicht voll decken können. In diesem Falle kann das Einkommen berücksichtigt werden, das sie innerhalb eines Zeitraums von bis zu sechs Monaten nach Ablauf des Monats erwerben, in dem über die Leistung entschieden worden ist.

Die Leistungen der einmaligen Bedarfe können als Pauschalbeträge erbracht werden. Bei der Bemessung der Pauschalbeträge sind geeignete Angaben über die erforderlichen Aufwendungen und nachvollziehbare Erfahrungswerte zu berücksichtigen. *Pauschalbeträge*

5.3 Übernahme von Beiträgen

Der dritte große Bereich der Sonderbedarfe ist die Übernahme von Beiträgen. Er betrifft ausschließlich die Beiträge zur Kranken- und Pflegeversicherung, die in § 32 SGB XII geregelt sind. Nach § 33 SGB XII können auch Beiträge für die Altersvorsorge übernommen werden. Um die Voraussetzungen eines Anspruchs auf eine angemessene Alterssicherung oder auf ein angemessenes Sterbegeld zu erfüllen, können nämlich nach dieser Vorschrift die erforderlichen Kosten übernommen werden. *Beitragsübernahme*

Die Übernahme von Kosten/Beiträgen, die erforderlich sind, um die Voraussetzungen eines Anspruchs auf eine angemessene Alterssicherung oder auf ein angemessenes Sterbegeld zu erfüllen, liegt im Ermessen des jeweiligen Sozialhilfeträgers (§ 33 SGB XII).

Die Übernahme von Beiträgen zur gesetzlichen Rentenversicherung wird in der Regel dann zweckmäßig sein, wenn zur Erfüllung der Wartezeit (vgl. § 50 SGB VI) nur noch wenige Beiträge fehlen und zu erwarten ist, dass der Hilfeempfänger die noch erforderlichen Pflichtbeiträge aufgrund seines Alters, seiner verminderten Arbeitsfähigkeit oder aus sonstigen Gründen nur noch im Wege der freiwilligen Weiterversicherung (vgl. § 7 SGB VI) entrichten kann. *Beiträge zur Rentenversicherung*

Beiträge zur Sterbegeldversicherung Mit Auslaufen der Sterbegeldleistungen durch die gesetzliche Krankenversicherung gewinnt die Übernahme der Kosten für eine freiwillige Sterbegeldversicherung gerade für Neuversicherte wieder an Bedeutung.

Die Zahlung von Beiträgen zu einer Sterbegeldkasse kommt vor allem in Betracht, wenn

- die Versicherung schon längere Zeit besteht oder
- voraussichtlich nur auf diese Weise die Deckung der erforderlichen Bestattungskosten sichergestellt wird, das heißt Beiträge und Sterbegeld müssen angemessen sein.

Sterbegeld

Ansprüche aus einer Sterbegeldversicherung gehören grundsätzlich zum Vermögen des Hilfesuchenden, das er zu den Kosten der Sozialhilfe einzusetzen hat. Eine Inanspruchnahme ist möglich, wenn der Anspruch aus der Sterbegeldversicherung bei Kündigung zusammen mit dem sonstigen verwertbaren Vermögen die jeweilige Vermögensfreigrenze übersteigt. Unter den Begriff „verwertbares Vermögen" fällt damit der zum Zeitpunkt der Geltendmachung in Ansatz zu bringende Rückkaufswert der Sterbegeldversicherung bzw. des vorsorglichen Bestattungsauftrags.

Der Betreuer wird bei Sterbegeldversicherungen verstärkt darauf zu achten haben, dass es sich nicht um Verträge zugunsten Dritter handelt, damit im Bedarfsfall die Versicherungssumme einschließlich etwaiger Gewinnanteile auch tatsächlich zur Deckung der Bestattungskosten und der mit dem Begräbnis zusammenhängenden sonstigen Kosten verwendet werden kann. Auch dürfen bei Sterbegeldversicherungen, deren Beiträge aus Sozialhilfemitteln gezahlt werden sollen, unter Berücksichtigung der allgemeinen Kostenentwicklung keine Überschussbeträge einkalkuliert werden, die später Dritten zugute kommen sollen.

Bedarfe für Bildung und Teilhabe

Bildung und Teilhabe §§ 34 und 34a SGB XII behandeln die Bedarfe für Bildung und Teilhabe für Schüler, die eine allgemein- oder berufsbildende Schule besuchen. Das gilt auch für Bedarfe von Kindern und Jugendlichen für Teilhabe am sozialen und kulturellen Leben in der Gemeinschaft. Diese Bedarfe werden neben den maßgebenden Regelbedarfsstufen gesondert berücksichtigt. Leistungen hierfür werden gesondert erbracht.

Die §§ 34 und 34a SGB XII befinden sich seit 1. 8. 2019 in der Fassung des Starke-Familien-Gesetzes vom 29. 4. 2019 (BGBl. I S. 530).

Schüler Bei Schülern werden Bedarfe in Höhe der tatsächlichen Aufwendungen anerkannt für

- Schulausflüge und
- mehrtägige Klassenfahrten im Rahmen der schulrechtlichen Bestimmungen.

Für Kinder, die eine Kindertageseinrichtung besuchen, gilt Vorstehendes entsprechend.

Bedarfe für die Ausstattung mit persönlichem Schulbedarf werden bei Schülern für den Monat, in dem der erste Schultag liegt, in Höhe von 100 EUR und für den Monat, in dem das zweite Schulhalbjahr beginnt, in Höhe von 50 EUR anerkannt.

§ 34 Abs. 5 SGB XII sieht vor, dass bei Schülern eine angemessene Lernförderung berücksichtigt wird, die schulische Angebote ergänzt. Voraussetzung ist, dass die Lernförderung geeignet und zusätzlich erforderlich ist, um die nach den schulrechtlichen

Bestimmungen festgelegten wesentlichen Lernziele zu erreichen. Auf eine bestehende Gesetzesgefährdung kommt es dabei nicht an.

Wie im Bereich der Grundsicherung für Arbeitsuchende (vgl. dazu unter Abschnitt 2.2.1) wird für Schüler, die an einer in schulischer Verantwortung angebotenen gemeinschaftlichen Mittagsverpflegung teilnehmen, ein Bedarf in Höhe der entstehenden Mehraufwendungen anerkannt. Entsprechendes gilt für Kinder, die eine Kindertageseinrichtung besuchen.

Teilhabe am sozialen und kulturellen Leben

Für Leistungsberechtigte bis zur Vollendung des 18. Lebensjahres wird ein Bedarf zur Teilhabe am sozialen und kulturellen Leben in der Gemeinschaft in Höhe von insgesamt 15 EUR monatlich berücksichtigt. Dies geschieht für:

- Aktivitäten in den Bereichen Sport, Spiel, Kultur und Geselligkeit
- Unterricht in künstlerischen Fächern (z. B. Musikunterricht) und vergleichbare angeleitete Aktivitäten der kulturellen Bildung
- die Teilnahme an Freizeiten

Antrag

Leistungen zur Deckung der Bedarfe für Bildung und Teilhabe werden auf Antrag erbracht, gesonderte Anträge sind nur für Leistungen bei einer ergänzenden, angemessenen Lernförderung erforderlich (§ 34a SGB XII). Leistungen werden auch dann gewährt, wenn der betreffenden Person keine Regelbedarfe zu gewähren sind. Voraussetzung ist, dass sie die Bedarfe nicht aus eigenen Kräften und Mitteln vollständig decken kann.

Leistungsarten

Die Bedarfsdeckung wird erbracht durch:

- personalisierte Gutscheine oder
- Kostenübernahmeerklärungen

Gültigkeitsdauer

Die Gültigkeitsdauer von Gutscheinen ist angemessen zu befristen. Mit Ausgabe des Gutscheins oder mit Erklärung der Kostenübernahme gelten die Leistungen gegenüber dem Leistungsberechtigten als erbracht.

Leistungen für Bildung und Teilhabe

Bedarfe für Bildung und Teilhabe von Schülern, die eine allgemein- oder berufsbildende Schule besuchen

Höhe der tatsächlichen Aufwendungen

für ↓

Schulausflüge

mehrtägige Klassenfahrten im Rahmen der schulrechtlichen Bestimmungen

Aktivitäten, z. B. in den Bereichen
- Sport
- Spiel
- Kultur
- Geselligkeit

Unterricht in künstlerischen Fächern

Teilnahme an Freizeiten

Leistungen werden durch personalisierte Gutscheine oder durch Kostenübernahmeerklärungen erbracht

Verlust Im Fall des Verlustes soll der Gutschein erneut in dem Umfang ausgestellt werden, in dem er nicht bereits in Anspruch genommen wurde.

Details Gutscheine für Schulausflüge werden für das laufende Schulhalbjahr ausgegeben. Für die Ermittlung der Höhe des Mehrbedarfs bei Teilnahme an der Mittagsverpflegung wird die Anzahl der Schultage in dem Land berücksichtigt, in dem der Schulbesuch jeweils stattfindet. Leistungen für Schulausflüge können unter bestimmten Voraussetzungen gesammelt für Schüler an eine Schule ausgezahlt werden.

Nachweis Der Bedarf für die Ausstattung mit persönlichem Schulbedarf wird durch Geldleistungen gedeckt. Der zuständige Sozialhilfeträger kann bei diesen Leistungen im begründeten Einzelfall den Nachweis einer zweckentsprechenden Verwendung der Leistung verlangen.

Unterkunft und Heizung

Unterkunft Leistungen für die Unterkunft werden in Höhe der tatsächlichen Aufwendungen erbracht. Auf Antrag der leistungsberechtigten Person erfolgt die Zahlung an den Vermieter oder einen anderen Empfangsberechtigten. Die Zahlung soll an den Vermieter oder anderen Empfangsberechtigten erfolgen, wenn die zweckentsprechende Verwendung durch die leistungsberechtigte Person nicht sichergestellt ist. Insbesondere ist dies beispielsweise der Fall, wenn Mietrückstände bestehen, die zu einer außerordentlichen Kündigung des Mietverhältnisses berechtigen. Das Gleiche gilt, wenn Energiekostenrückstände bestehen, die zu einer Unterbrechung der Energieversorgung berechtigen.

Wichtig:

Werden die Leistungen für die Unterkunft und Heizung an den Vermieter oder andere Empfangsberechtigte gezahlt, hat der Sozialhilfeträger die leistungsberechtigte Person darüber schriftlich zu unterrichten.

Heizung Die Leistungen für die Heizung werden in tatsächlicher Höhe erbracht, soweit sie angemessen sind (§ 35 Abs. 4 SGB XII). Sie können durch eine monatliche Pauschale abgegolten werden. Bei der Bemessung der Pauschale sind die persönlichen und familiären Verhältnisse, die Größe und Beschaffenheit der Wohnung, die vorhandenen Heizmöglichkeiten und die örtlichen Gegebenheiten zu berücksichtigen.

Sonstige Hilfen § 36 SGB XII beschäftigt sich mit den sonstigen Hilfen zur Sicherung der Unterkunft. So können Schulden nur übernommen werden, wenn dies zur Sicherung der Unterkunft oder zur Behebung einer vergleichbaren Notlage gerechtfertigt ist. Sie sollen übernommen werden, wenn dies gerechtfertigt und notwendig ist und sonst Wohnungslosigkeit einzutreten droht. Dabei können Geldleistungen als Beihilfe oder als Darlehen erbracht werden.

Räumungsklage In § 36 Abs. 2 SGB XII geht es um Verpflichtungen des Gerichts, bei dem eine Räumungsklage eingeht.

Ergänzende Darlehen und Darlehen bei vorübergehender Notlage

Ergänzende Darlehen § 37 SGB XII beschäftigt sich mit ergänzenden Darlehen. Kann danach im Einzelfall ein von den Regelbedarfen umfassender und nach den Umständen unabweisbar gebotener Bedarf in keiner anderen Weise gedeckt werden, sollen auf Antrag hierfür notwendige Leistungen als Darlehen erbracht werden.

Rückzahlung des Darlehens

Bei Empfängern von Hilfe zum Lebensunterhalt kann die Rückzahlung des Darlehens in monatlichen Teilbeträgen in Höhe von bis zu 5 % der Regelbedarfsstufe 1 einbehalten werden, das heißt 2019 bis zu 21,20 EUR. Die Rückzahlung von Darlehen wegen der Übernahme von Zuzahlungen erfolgt in gleichen Teilbeträgen über das ganze Kalenderjahr.

Sind bestimmte Leistungen voraussichtlich nur für kurze Dauer zu erbringen, können Geldleistungen als Darlehen gewährt werden.

Darlehen an Mitglieder von Haushaltsgemeinschaften können an einzelne Mitglieder oder an mehrere Mitglieder gemeinsam vergeben werden.

Nur teilweise Rückforderung

Die Vorschrift des § 105 Abs. 2 SGB XII ist entsprechend anzuwenden. Hiernach unterliegen von den Kosten der Unterkunft mit Ausnahme der Kosten für Heizungs- und Warmwasserversorgung 56 % nicht der Rückforderung. Von diesem Grundsatz gibt es jedoch Ausnahmen.

6. Besondere Personengruppen

6.1 Auszubildende

Auszubildende werden hinsichtlich ihres Anspruches auf Hilfe zum Lebensunterhalt sowohl nach dem SGB II als auch nach dem SGB XII gleichbehandelt: Ein Anspruch ist für sie danach grundsätzlich ausgeschlossen.

Auszubildende, deren Ausbildung im Rahmen des BAföG oder von §§ 51, 57 und 58 SGB III dem Grunde nach förderungsfähig ist, haben nach § 7 Abs. 5 Satz 1 SGB II, § 22 Abs. 1 Satz 1 SGB XII keinen Anspruch auf Arbeitslosengeld II, Sozialgeld und Leistungen für Bildung und Teilhabe.

Ausbildungsförderung

Ausbildungsförderung (einschließlich eventueller Praktika) wird nach § 2 BAföG grundsätzlich geleistet für den Besuch von Berufsfachschulklassen und Fachschulklassen, deren Besuch eine abgeschlossene Berufsausbildung nicht voraussetzt, sofern sie in einem zumindest zweijährigen Bildungsgang einen berufsqualifizierenden Abschluss vermitteln, Fach- und Fachoberschulklassen, deren Besuch eine abgeschlossene Berufsausbildung voraussetzt, Abendhauptschulen, Berufsaufbauschulen, Abendrealschulen, Abendgymnasien und Kollegs, Höheren Fachschulen und Akademien sowie Hochschulen. Ausbildungsförderung wird nur geleistet, sofern der Ausbildungsabschnitt mindestens ein Schul- oder Studienhalbjahr dauert und die Ausbildung die Arbeitskraft des Auszubildenden im Allgemeinen voll in Anspruch nimmt.

Ausbildungsförderung wird nicht geleistet, wenn der Auszubildende Unterhaltsgeld nach dem SGB III oder Leistungen nach den Regelungen der Länder über die Förderung des wissenschaftlichen und künstlerischen Nachwuchses oder von den Begabtenförderungswerken erhält, als Beschäftigter im öffentlichen Dienst Anwärterbezüge oder ähnliche Leistungen aus öffentlichen Mitteln bekommt oder als Gefangener Anspruch auf Ausbildungsbeihilfe nach den §§ 44, 176 Abs. 4 StVollzG hat.

Eine berufliche Ausbildung ist nach § 57 SGB III förderungsfähig, wenn sie in einem nach dem Berufsbildungsgesetz, der Handwerksordnung oder dem Seemannsgesetz staatlich anerkannten Ausbildungsberuf betrieblich oder außerbetrieblich durchgeführt wird und der dafür vorgeschriebene Berufsausbildungsvertrag abgeschlossen worden ist. Förderfähig ist dabei grundsätzlich nur die erstmalige Ausbildung.

Ausnahmen § 7 Abs. 5 SGB II, § 22 Abs. 1 SGB XII finden keine Anwendung auf Auszubildende,

- die aufgrund von § 2 Abs. 1a BAföG keinen Anspruch auf Ausbildungsförderung oder aufgrund von § 60 SGB III keinen Anspruch auf Berufsausbildungsbeihilfe haben.

  § 2 Abs. 1a BAföG: Für den Besuch von weiterführenden allgemein bildenden Schulen und Berufsfachschulen, einschließlich der Klassen aller Formen der beruflichen Grundbildung, ab Klasse 10 sowie von Fach- und Fachoberschulklassen, deren Besuch eine abgeschlossene Berufsausbildung nicht voraussetzt, wird Ausbildungsförderung nur geleistet, wenn der Auszubildende nicht bei seinen Eltern wohnt und entweder von der Wohnung der Eltern aus eine entsprechende zumutbare Ausbildungsstätte nicht erreichbar ist, oder er einen eigenen Haushalt führt und verheiratet ist oder war, oder er einen eigenen Haushalt führt und mit mindestens einem Kind zusammenlebt.

  § 60 Abs. 1 SGB III: Der Auszubildende wird bei einer beruflichen Ausbildung nur gefördert, wenn er außerhalb des Haushalts der Eltern oder eines Elternteils wohnt und die Ausbildungsstätte von der Wohnung der Eltern oder eines Elternteils aus nicht in angemessener Zeit erreichen kann. Die zweite Voraussetzung gilt jedoch nicht, wenn der Auszubildende das 18. Lebensjahr vollendet hat, verheiratet oder in einer Lebenspartnerschaft verbunden ist oder war, mit mindestens einem Kind zusammenlebt oder aus schwerwiegenden sozialen Gründen nicht auf die Wohnung der Eltern oder eines Elternteils verwiesen werden kann.

- deren Bedarf sich nach § 12 Abs. 1 Nr. 1 BAföG oder nach § 62 Abs. 1 Satz 1 SGB III bemisst.

  Als monatlicher Bedarf gelten für Schüler von Berufsfachschulen und Fachschulklassen, deren Besuch eine abgeschlossene Berufsausbildung nicht voraussetzt, 231 EUR (§ 12 Abs. 1 Nr. 1 BAföG). Bei Unterbringung im Haushalt der Eltern oder eines Elternteils wird bei einer berufsvorbereitenden Bildungsmaßnahme der jeweils geltende Bedarf nach § 12 Abs. 1 Nr. 1 BAföG zugrunde gelegt.

- die eine Abendhauptschule, eine Abendrealschule oder ein Abendgymnasium besuchen, sofern nach § 10 Abs. 3 BAföG kein Anspruch auf Ausbildungsförderung besteht.

Förderfähigkeit dem Grunde nach Sowohl SGB II als auch SGB XII knüpfen den Ausschluss der Hilfe zum Lebensunterhalt an die „Förderfähigkeit dem Grunde nach“. Somit kommt es nicht darauf an, ob jemand tatsächlich eine solche Förderung erhält, sondern nur darauf, ob die Ausbildung als solche gefördert werden kann. Das bedeutet dem Grunde nach, dass Leistungen nicht nur dann ausgeschlossen sind, wenn tatsächlich die entsprechenden BAföG-Leistungen gezahlt worden sind. Der Ausschluss besteht vielmehr bereits dann, wenn eine Förderung von der Art der Ausbildung her möglich wäre.

Persönliche Gründe Persönliche Gründe, die zur Ablehnung oder zur Einstellung dieser vorrangigen Leistung führen, ändern daran nichts. Als persönliche Gründe in diesem Sinne kommen beispielsweise in Betracht:

- Überschreitung der Förderungsdauer
- zu hohes Einkommen der Eltern
- Zweitstudium

Nach der allgemein vertretenen Auffassung soll die Hilfe zum Lebensunterhalt nach dem SGB II oder dem SGB XII keine „Ausbildungsförderung auf zweiter Ebene“ darstellen.

Die Ausbildung soll lediglich mit den dafür vorgesehenen Mitteln ermöglicht werden. Dem würde es widersprechen, aufgrund eines anderen Gesetzes gleichwohl die Ausbildung zu finanzieren.

Keine Begünstigung

Mit dieser Regelung wird auch verhindert, dass Studenten nicht zurückzuzahlende Leistungen nach SGB II oder SGB XII erhalten und damit denen gegenüber begünstigt wären, die darlehensweise gewährte BAföG-Leistungen zurückzahlen müssen. Etwas derartiges ist von vornherein nicht Aufgabe des SGB II bzw. des SGB XII.

Bei einer weiteren Ausbildung kommt Förderungsfähigkeit dem Grunde nach auch dann in Betracht, wenn der Auszubildende die Voraussetzungen des § 7 Abs. 2 BAföG nicht erfüllt.

Wichtig:

Kinder von Auszubildenden

Kinder von Auszubildenden haben einen eigenständigen Anspruch auf Leistungen zum Lebensunterhalt. Dabei sind die BAföG-Leistungen der Eltern allerdings nicht als Einkommen anzurechnen, da diese zweckbestimmt für die Ausbildung sind.

Der Anspruchsausschluss aufgrund § 7 Abs. 5 Satz 1 SGB II bzw. § 22 Abs. 1 Satz 1 SGB XII betrifft jedoch lediglich einen „ausbildungsgeprägten“ Bedarf. Das bedeutet, dass es sich um einen Bedarf für die Lebensführung handelt, der in aller Regel einem Auszubildenden während der Ausbildung entsteht und der nicht durch besondere Umstände bedingt ist, die mit der Ausbildung nichts zu tun haben.

Bedarf

Der Bedarf für den Lebensunterhalt, der durch Leistungen nach dem SGB II und dem SGB XII gedeckt werden soll, entsteht einem Auszubildenden während der Ausbildung. Soweit allerdings bei einem Auszubildenden aufgrund der konkreten Lebenssituation besondere, nicht ausbildungsgeprägte Bedarfe gegeben sind, hat die Leistung nach dem SGB II bzw. dem SGB XII bei Bedürftigkeit zusätzlich einzutreten.

Mehrbedarfszuschlag

So ist die Gewährung eines Mehrbedarfszuschlages (bspw. wegen Schwangerschaft, für Alleinerziehende oder wegen kostenaufwändiger Ernährung) oder einmalige Leistungen durch die vorstehend behandelte Regelung nicht ausgeschlossen.

Wichtig:

Soweit es zumutbar ist, hat der Einsatz der eigenen Arbeitskraft den Vorrang. Vor allem bei Personen, die noch keine abgeschlossene Berufsausbildung haben, wird der Verzicht auf eine Ausbildung aber in der Regel nicht zumutbar sein.

Umschulung – Fortbildung

Bei einer von der Agentur für Arbeit geförderten Umschulung oder Fortbildung stellt die Teilnahme in der Regel einen sinnvollen Einsatz der Arbeitskraft dar. Deshalb sollen diese Personen nicht auf den Abbruch der Maßnahme und den Einsatz ihrer Arbeitskraft verwiesen werden. Dies gilt aber nicht für den Personenkreis, der bereits über eine abgeschlossene Berufsausbildung verfügt. In solchen Fällen wird die Entscheidung regelmäßig von den bestehenden Vermittlungschancen mit oder ohne Fortbildung/Umschulung auf dem Arbeitsmarkt abhängig gemacht.

Härtefälle

Wenn alle nach dem BAföG oder anderen vorrangigen Gesetzen möglichen Härtefallregelungen ausgeschöpft sind, kann in besonderen Härtefällen nach § 22 Abs. 1 Satz 2 SGB XII Hilfe zum Lebensunterhalt als

- Beihilfe oder
- Darlehen

gewährt werden.

In diesem Sinne liegt ein besonderer Härtefall dann vor, wenn die Folgen des Anspruchsausschlusses nach § 7 Abs. 5 SGB II bzw. § 22 Abs. 1 SGB XII über das Maß hinausgehen, das regelmäßig mit der Versagung von Hilfe zum Lebensunterhalt für eine Ausbildung verbunden ist. Das ist auch mit Rücksicht auf den Gesetzeszweck zu sehen, die Sozialhilfe bzw. Grundsicherung nach dem SGB II von den finanziellen Lasten einer Ausbildungsförderung freizuhalten.

Eine „allgemeine Härte", also z. B. Abbruch der Ausbildung wegen fehlender finanzieller Lebensgrundlage, reicht daher nicht aus, um Leistungen zu erhalten.

Vielmehr müssen

- außergewöhnliche,
- schwerwiegende,
- untypische und
- möglichst nicht selbst verschuldete Umstände

vorliegen, die einen zügigen Ausbildungsbedarf verhindern oder die sonstige Notlage hervorgerufen haben.

Besonderer Härtefall

Bspw. liegt ein besonderer Härtefall vor, wenn ein mittelloser Studierender sich in der akuten Phase des Abschlussexamens befindet und ihm deshalb ein Abbruch der Leistung nicht zugemutet werden kann.

Eine Annahme eines besonderen Härtefalles kann auch in Betracht kommen, wenn die Ausbildung für die Hilfebedürftigkeit nicht ursächlich ist. Dies ist dann der Fall, wenn einem Auszubildenden auch bei Abbruch seiner Ausbildung Hilfe zum Lebensunterhalt zu gewähren wäre, weil er aus gesundheitlichen Gründen nicht in der Lage ist, einer Erwerbstätigkeit nachzugehen.

Allerdings:

Die obergerichtliche Rechtsprechung ist zur Annahme einer besonderen Härte relativ uneinheitlich.

Bei Annahme eines besonderen Härtefalles verbleibt beim Sozialhilfeträger in aller Regel kein Ermessensspielraum dahingehend, ob er Hilfe zum Lebensunterhalt leistet. Es steht aber im pflichtgemäßen Ermessen des Sozialhilfeträgers, ob Hilfe zum Lebensunterhalt in einem solchen Fall als Darlehen oder als Zuschuss zu gewähren ist.

Natürlich ist hier von Bedeutung, ob Leistungen nur für einen voraussichtlich kurzen Zeitraum zu gewähren sind und mit einer alsbaldigen Überwindung der Sozialhilfebedürftigkeit zu rechnen ist. Unter Umständen ist deshalb eine Umwandlung der darlehensweise gewährten Leistungen in einen Zuschuss vorzunehmen.

Auszubildende sind auch vom Bezug des Wohngeldes grundsätzlich ausgeschlossen. Allerdings ist ein Wohngeldbezug möglich, wenn BAföG-Leistungen oder Berufsausbildungsbeihilfe tatsächlich nicht gezahlt wird. Das Gleiche gilt, wenn die Auszubildenden mit anderen Personen, die nicht in Ausbildung stehen (z. B. Kinder) in einem gemeinsamen Haushalt leben.

6.2 Sozialhilfe für Ausländer

Aufenthalt im Inland

§ 23 SGB XII beschäftigt sich mit der Sozialhilfe für Ausländer. Danach ist Ausländern, die sich im Inland tatsächlich aufhalten,

- Hilfe zum Lebensunterhalt,
- Hilfe bei Krankheit,
- Hilfe bei Schwangerschaft und Mutterschaft sowie
- Hilfe zur Pflege

nach dem SGB XII zu leisten.

Bei den Leistungen mit Ausnahme der Hilfe zum Lebensunterhalt handelt es sich um Leistungsansprüche in besonderen Lebenslagen, die nicht Gegenstand von Kapitel B 2, vielmehr von Kapitel B 3 sind.

Grundsicherung

Die Vorschriften über die Grundsicherung im Alter und bei Erwerbsminderung bleiben unberührt (vgl. dazu die Ausführungen unter Abschnitt 3).

Im Übrigen kann Sozialhilfe geleistet werden, soweit dies im Einzelfall gerechtfertigt ist.

Ausnahmen

Die obigen Einschränkungen auf bestimmte Leistungsarten gelten für Ausländer nicht, die im Besitz

- einer Niederlassungserlaubnis oder
- eines befristeten Aufenthaltstitels sind und
- sich voraussichtlich dauerhaft im Bundesgebiet aufhalten.

Rechtsvorschriften, nach denen außer den oben genannten Leistungen auch sonstige Sozialhilfe zu leisten ist oder geleistet werden soll, bleiben unberührt.

Ausländer, die eingereist sind, um Sozialhilfe zu erlangen oder deren Aufenthaltsrecht sich allein aus dem Zweck der Arbeitssuche ergibt, sowie ihre Familienangehörigen haben keinen Anspruch auf Sozialhilfe.

Behandlung

Sind sie zum Zweck einer Behandlung oder Linderung einer Krankheit eingereist, soll Hilfe bei Krankheit insoweit nur zur Behebung eines akut lebensbedrohlichen Zustandes oder für eine unaufschiebbare und unabweisbar gebotene Behandlung einer schweren oder ansteckenden Erkrankung geleistet werden.

Ausländer, denen Sozialhilfe geleistet wird, sind auf für sie zutreffende Rückführungs- und Weiterwanderungsprogramme, in geeigneten Fällen auf die Inanspruchnahme solcher Programme hinzuweisen.

6.3 Sozialhilfe für Deutsche im Ausland

Gewöhnlicher Aufenthalt

§ 24 Abs. 1 SGB XII enthält den Grundsatz, dass Deutsche, die ihren gewöhnlichen Aufenthalt im Ausland haben, keine Leistungen erhalten. Hiervon kann aber im Einzelfall abgewichen werden. Das ist jedoch nur möglich, soweit dies wegen einer außergewöhnlichen Notlage unabweisbar ist. Gleichzeitig muss nachgewiesen werden, dass eine Rückkehr in das Inland aus folgenden Gründen nicht möglich ist:

- Pflege und Erziehung eines Kindes, das aus rechtlichen Gründen im Ausland bleiben muss,
- längerfristige stationäre Betreuung in einer Einrichtung oder
- Schwere der Pflegebedürftigkeit oder
- hoheitliche Gewalt.

Leistungen werden im Übrigen nicht erbracht, soweit sie von dem hierzu verpflichteten Aufenthaltsland oder von anderen erbracht wird oder zu erwarten sind.

Wichtig:

Art und Maß der Leistungserbringung sowie der Einsatz des Einkommens und des Vermögens richten sich nach den besonderen Verhältnissen im Aufenthaltsland.

Antrag

Die Leistungen sind zu beantragen. Für die Gewährung der Leistungen ist der überörtliche Träger der Sozialhilfe zuständig, in dessen Bereich die antragstellende Person geboren ist. Liegt der Geburtsort im Ausland oder ist er nicht zu ermitteln, wird der örtlich zuständige Träger der Sozialhilfe von einer Schiedsstelle bestimmt.

Verwandte, Verschwägerte

Leben Ehegatten oder gleichgeschlechtliche Lebenspartner, Verwandte und Verschwägerte bei Einsetzen der Sozialhilfe zusammen, richtet sich die örtliche Zuständigkeit nach der ältesten Person von ihnen, die im Inland geboren ist. Ist keine dieser Personen im Inland geboren, kommt es auf den Geburtsort des Antragstellers, gegebenenfalls wird – wie bereits geschildert – der zuständige Sozialhilfeträger durch eine Schiedsstelle bestimmt.

Die Zuständigkeit bleibt bestehen, solange eine der Personen der Sozialhilfe bedarf.

Zusammenarbeit Die Sozialhilfeträger arbeiten mit den deutschen Dienststellen im Ausland zusammen.

Bearbeitet von: Horst Marburger

Inhalt

Vorbemerkung

Selbst wenn mit der Einordnung des Sozialhilferechts in das SGB als SGB XII die bislang vorherrschende Aufteilung der Leistungen in Hilfe zum Lebensunterhalt und Hilfe in besonderen Lebenslagen aufgegeben worden ist, hat dies lediglich zur Folge, dass die grundlegenden Leistungsvoraussetzungen und die besonderen Regelungen für bestimmte Personengruppen überschaubar in einem vorangestellten Kapitel zusammengefasst werden und die schwierige Vermischung von Maßnahmekosten und Kosten für den Lebensunterhalt bei Heimunterbringung entfallen konnte. Inhaltlich hat sich dadurch im Wesentlichen nichts verändert. Das SGB XII unterscheidet in jeweils „gleichberechtigten" Kapiteln – nach wie vor – zwischen

- der allgemeinen Notlage, was bedeutet, dass dem Leistungsberechtigten nicht die notwendigen Mittel zur Bestreitung seines Lebensunterhalts zur Verfügung stehen, weswegen er – je nach Personenkreis – auf Leistungen der Hilfe zum Lebensunterhalt nach dem Dritten Kapitel SGB XII oder Leistungen der Grundsicherung im Alter und bei Erwerbsminderung nach dem Vierten Kapitel SGB XII angewiesen ist, und
- den im Fünften bis Neunten Kapitel des SGB XII genau bezeichneten besonderen Notlagen, die jeweils von besonderen persönlichen Voraussetzungen – z. B. Krankheit, Behinderung, Pflegebedürftigkeit, Alter – abhängig sind.

Inhalt/Allgemeines

Es handelt sich bei den Fällen, in denen Hilfen nach dem Fünften bis Neunten Kapitel des SGB XII in Betracht kommen, um qualifizierte Notlagen, die über die Sicherung des normalen Lebensunterhalts hinausgehen. Das SGB XII will erreichen, dass in diesen Fällen die Leistung besonders frühzeitig und effektiv einsetzt, um eine Ausweitung der Notlage und einen sozialen Abstieg eines Hilfesuchenden zu vermeiden. Das Individualisierungsprinzip wird insbesondere durch die verschiedenen Maßnahmen dieser Hilfen weitgehend berücksichtigt.

Die im Fünften bis Neunten Kapitel des SGB XII insgesamt genannten 13 Bedarfslagen decken rechtlich den im Laufe des Lebens notwendigen Unterstützungsbedarf von öffentlicher Seite auf der „Sozialhilfeschiene" ab. Eine Leistung ist – wie allgemein im Sozialhilferecht – natürlich auch hier nur eröffnet, sofern keine vorrangigen Leistungen zur Verfügung stehen. Auch greifen bei Selbstverschulden die Regeln des Kostenersatzes durch.

Verhältnis der Leistungen zueinander

Hilfe zum Lebensunterhalt nach dem Dritten Kapitel SGB XII, Grundsicherung nach dem Vierten Kapitel des SGB XII und nach dem SGB II und die Hilfen in qualifizierten

Notlagen schließen sich grundsätzlich nicht gegenseitig aus. Besteht gleichzeitig ein verschiedenartiger Bedarf, sind die jeweiligen Hilfen nebeneinander zu gewähren. Die Anspruchsvoraussetzungen sind dabei unabhängig voneinander zu prüfen.

1. Vorbeugende Gesundheitshilfe (§ 47 SGB XII)

Inhalt

Diese Hilfe wird Personen gewährt, bei denen nach ärztlichem Urteil eine Erkrankung oder ein sonstiger Gesundheitsschaden einzutreten droht. Ferner kommen Vorsorgeuntersuchungen zur Früherkennung von Krankheiten in Betracht. Soweit Versicherte der gesetzlichen Krankenversicherung nach den dort geltenden Vorschriften Anspruch auf Leistungen zur Förderung der Gesundheit sowie zur Verhütung und Früherkennung von Krankheiten haben, sind diese Kosten bei nicht krankenversicherten Personen im Rahmen der Sozialhilfe zu übernehmen. Bei anderen Vorsorgeuntersuchungen hängt es von Zweckmäßigkeitserwägungen des Sozialhilfeträgers ab, ob sie gewährt werden. In der gesetzlichen Krankenversicherung werden diese Leistungen als medizinische Vorsorgemaßnahmen bezeichnet (§§ 23, 24 SGB V).

Umfang

Gegenstand der vorbeugenden Gesundheitshilfe sind vor allem die im Einzelfall erforderlichen Erholungskuren besonders für Kinder, Jugendliche und alte Menschen sowie für Mütter in geeigneten Müttergenesungsheimen. Neben diesen Erholungsmaßnahmen kommen auch Stärkungsmittel (nicht Arzneimittel!) und Badekuren (zur Vorbeugung, nicht Krankheitsbehandlung!) in Betracht. Ferner umfasst diese Hilfemaßnahme Vorsorgeuntersuchungen zur Früherkennung von Krankheiten. Die Leistungen der vorbeugenden Hilfe entsprechen den Leistungen der gesetzlichen Krankenversicherung, das heißt Nichtversicherte erhalten von den Sozialhilfeträgern dieselben Leistungen wie Versicherte in der gesetzlichen Krankenversicherung. Sofern bei gesetzlich versicherten Hilfeempfängern der anzuerkennende Bedarf nicht in vollem Umfang von der Krankenversicherung getragen wird, richtet sich die Deckung des Restbedarfs ausschließlich nach den sozialhilferechtlichen Grundsätzen (vgl. auch Abschnitt 3).

Nicht unter die „vorbeugende Hilfe“ fallen:

- reine Erholungsmaßnahmen ohne ärztliche Betreuung
- Erholungsmaßnahmen nach einer Erkrankung (Genesungskuren); diese gehören zur Krankenhilfe (siehe Abschnitt 2)
- Maßnahmen, die eine drohende Behinderung verhüten sollen; hierfür kommt Eingliederungshilfe für Behinderte (siehe Kapitel B 4) infrage
- Maßnahmen, die altersbedingte Schwierigkeiten ausgleichen sollen; diese gehören zur Altenhilfe (siehe Abschnitt 9)

Abgrenzung

Diese Hilfemaßnahme hat vorbeugenden Charakter und kommt infrage, wenn eine Erkrankung oder ein sonstiger Gesundheitsschaden mit hoher Wahrscheinlichkeit zu erwarten ist. Es ist aber nicht erforderlich, dass die Erkrankung unmittelbar bevorsteht. Der Begriff des sonstigen Gesundheitsschadens ist umfassend; hierzu gehört beispielsweise auch ein vorzeitiges Nachlassen der Kräfte. Ist eine Erkrankung bereits eingetreten, kommt die Gewährung von Krankenhilfe (siehe Abschnitt 2) in Betracht.

Voraussetzungen

Voraussetzung für die Gewährung der Leistung ist ein ärztliches Gutachten, das bescheinigt, dass die Maßnahme erforderlich ist. Der Sozialhilfeträger wird daher in der Regel die Staatliche Gesundheitsverwaltung bzw. einen Vertrauensarzt einschalten. Oft reicht aber auch ein ärztliches Attest des behandelnden Hausarztes aus. Wenn es im Einzelfall um die Abdeckung der nicht durch Zuschüsse der Krankenversicherung gedeckten Kosten geht, ist die vertrauensärztliche Begutachtung durch die Krankenkasse grundsätzlich auch für die Entscheidung des Sozialhilfeträgers maßgebend. In schwierigen Fällen wird dennoch die Begutachtung durch Fachärzte notwendig sein.

Vorrangige Ansprüche

Der vorbeugenden Gesundheitshilfe sind vorrangig:

- ambulante Vorsorgeleistungen, ambulante Vorsorgekuren und stationäre Vorsorgemaßnahmen der gesetzlichen Krankenversicherung (§§ 20 bis 23 SGB V)

  Diese Maßnahmen reichen von der Aufklärung über Gesundheitsgefährdungen und Verhütung von Krankheiten (z. B. durch Schutzimpfungen) sowie Beratung über ihre Vermeidung bzw. Verhütung, der Gruppen- und Individualprophylaxe zur Verhütung von Zahnerkrankungen (z. B. Ernährungsberatung, Mundhygiene für Versicherte bis zum 12. Lebensjahr, halbjährliche zahnärztliche Untersuchungen für Versicherte von sechs bis einschließlich 18 Jahren), individual-prophylaktische Leistungen für Versicherte über 18 Jahre bis hin zu notwendigen ambulanten Vorsorgeleistungen (ärztliche Behandlung, Arznei-, Verband-, Heil- und Hilfsmittel), ambulanten Vorsorgekuren (Anwendung ortsgebundener Mittel, z. B. Heilwässer sowie Zuschuss zu den übrigen Kosten der Kur) und stationären Vorsorgemaßnahmen (Behandlung, Unterkunft und Verpflegung in einer vertraglichen Vorsorgeeinrichtung).

  Ambulante Vorsorgekuren in anerkannten Kurorten (§ 23 Abs. 2 SGB V) kommen erst in Betracht, wenn die ambulanten Vorsorgeleistungen aus medizinischen Gründen nicht ausreichen bzw. nicht geeignet sind, um die im Rahmen der Krankheitsverhütung angestrebten Ziele zu erreichen. Eine Wiederholung der Kur ist grundsätzlich nach drei Jahren möglich. Die Begrenzung der Übernahme der medizinischen Maßnahmen in der Regel für drei Wochen ist entfallen. Der mögliche Zuschuss für ambulante Vorsorgekuren darf 16 EUR (bei versicherten chronisch kranken Kleinkindern 25 EUR) täglich nicht überschreiten.

  Die stationären Vorsorgemaßnahmen als letzte Stufe (wenn Leistungen nach § 23 Abs. 1 oder 2 SGB V nicht ausreichen) werden in Vorsorgeeinrichtungen erbracht, mit denen ein Versorgungsvertrag (§ 111 SGB V) besteht. Sie sollen für die Dauer von drei Wochen voll übernommen werden; eine Wiederholung ist hier grundsätzlich erst nach vier Jahren möglich. Jedoch besteht für volljährige Versicherte eine Zuzahlungspflicht in Höhe von 10 EUR täglich (§ 40 Abs. 6 SGB V).

- Vorsorgekuren für Mütter und Väter in Einrichtungen des Müttergenesungswerks oder in gleichartigen Einrichtungen (§ 24 SGB V)

  Diese Vorsorgekuren werden unter den gleichen Voraussetzungen wie die stationären Vorsorgemaßnahmen gewährt. Mit der Einrichtung muss ein Versorgungsvertrag nach § 111a SGB V bestehen.

  Die Zuzahlung beträgt hier täglich 10 EUR (§ 24 Abs. 3 Satz 1 SGB V).

- Leistungen zur Früherkennung von Krankheiten (§ 25 SGB V)

  Versicherte, die das 35. Lebensjahr vollendet haben, können grundsätzlich jedes zweite Jahr eine Untersuchung zur Früherkennung von Krankheiten, insbesondere von Herz-, Kreislauf-, Nierenerkrankungen und Zuckerkrankheit in Anspruch nehmen (§ 25 Abs. 1 SGB V).

  Versicherte haben vom Beginn des 18. Lebensjahres an Anspruch auf Untersuchungen zur Früherkennung von Krebserkrankungen (§ 25 Abs. 2 SGB V).

  Voraussetzung für die Untersuchungen ist, dass es sich um Krankheiten handelt, die wirksam behandelt werden können, das Vor- oder Frühstadium dieser Krankheiten durch diagnostische Maßnahmen erfassbar ist, die Krankheitszeichen medizinisch-technisch genügend eindeutig zu erfassen sind und genügend Ärzte und Einrichtungen vorhanden sind, um die aufgefundenen Verdachtsfälle eingehend zu diagnostizieren und zu behandeln (§ 25 Abs. 3 SGB V).

Die Untersuchungen sollen, soweit berufsrechtlich zulässig, zusammen angeboten werden. Der Gemeinsame Bundesausschuss bestimmt in den Richtlinien nach § 92 SGB V das Nähere über Art und Umfang der Untersuchungen sowie die Erfüllung der Voraussetzungen nach § 25 Abs. 3 SGB V. Er kann für geeignete Gruppen von Versicherten eine von § 25 Abs. 1 und 2 SGB V abweichende Altersgrenze und Häufigkeit der Untersuchungen bestimmen (§ 25 Abs. 4 SGB V).

- Kinderuntersuchung (§ 26 SGB V)

  Versicherte Kinder und Jugendliche haben bis zur Vollendung des 18. Lebensjahres Anspruch auf Untersuchungen zur Früherkennung von Krankheiten, die ihre körperliche, geistige oder psycho-soziale Entwicklung in nicht geringfügigem Maße gefährden. Die Untersuchungen beinhalten auch eine Erfassung und Bewertung gesundheitlicher Risiken einschließlich einer Überprüfung der Vollständigkeit des Impfstatus sowie eine darauf abgestimmte präventionsorientierte Beratung einschließlich Informationen zu regionalen Unterstützungsangeboten für Eltern und Kind. Die Untersuchungen umfassen, sofern medizinisch angezeigt, eine Präventionsempfehlung für Leistungen zur verhaltensbezogenen Prävention, die sich altersentsprechend an das Kind, den Jugendlichen oder die Eltern oder andere Sorgeberechtigte richten kann. Die Präventionsempfehlung wird in Form einer ärztlichen Bescheinigung erteilt. Zu den Früherkennungsuntersuchungen auf Zahn-, Mund- und Kieferkrankheiten gehören insbesondere die Inspektion der Mundhöhle, die Einschätzung oder Bestimmung des Kariesrisikos, der Ernährungs- und Mundhygieneberatung sowie Maßnahmen zur Schmelzhärtung der Zähne und zur Keimzahlsenkung. Diese Leistungen werden bis zur Vollendung des 6. Lebensjahres von Ärzten oder Zahnärzten erbracht. § 25 Abs. 3 SGB V gilt hier entsprechend.

  Der Gemeinsame Bundesausschuss bestimmt in Richtlinien das Nähere über Inhalt, Art und Umfang der Untersuchungen sowie der Erfüllung der Voraussetzungen. Ferner bestimmt er die Altersgrenzen und die Häufigkeit dieser Untersuchungen. Der Gemeinsame Bundesausschuss hat im Übrigen in Richtlinien das Nähere zur Ausgestaltung der Präventionsempfehlung, insbesondere zur Ausgestaltung der zahnärztlichen Früherkennungsuntersuchungen zur Vermeidung frühkindlicher Karies, geregelt.

  Weitere Einzelheiten soll die Krankenkasse in ihrer Satzung bestimmen (§ 65a SGB V).

- Leistungen nach § 276a Lastenausgleichsgesetz (LAG) für Empfänger von Unterhaltshilfe
- Leistungen für Kinder und Jugendliche nach dem Kinder- und Jugendhilfegesetz (§ 11 Abs. 3 Nr. 5, § 40 SGB VIII)

2. Hilfe bei Krankheit (§ 48 SGB XII)

2.1 Leistungsinhalte

Inhalt

Um eine Krankheit zu erkennen, zu heilen, ihre Verschlimmerung zu verhüten oder Krankheitsbeschwerden zu lindern, werden Leistungen zur Krankenbehandlung entsprechend der §§ 27 bis 43c SGB V erbracht (§ 48 Satz 1 SGB XII).

Unter Krankheit versteht man jeden regelwidrigen Zustand des Körpers oder des Geistes. Dieser Begriff ist identisch mit dem Krankheitsbegriff der gesetzlichen Krankenversicherung.

Kranke Personen haben dementsprechend einen Rechtsanspruch auf diese Leistung gegen den Sozialhilfeträger. Für die Gewährung der Krankenhilfe kennt das SGB XII immanent nur eine Voraussetzung: das Vorliegen einer Krankheit. Unter Krankheit ist dabei jeder regelwidrige Zustand des Körpers oder des Geistes zu verstehen, der einer Behandlung bedarf oder zugänglich ist; das heißt, die vorgesehenen Maßnahmen müssen eine Genesung (Heilung) oder eine Besserung versprechen oder zur Linderung der Krankheitsfolgen geeignet sein. Es reicht auch aus, wenn die Behandlung notwendig ist, um eine weitere Verschlimmerung der Krankheit zu verhüten.

Abgrenzung zu anderen Leistungen

Liegt eine Erkrankung jedoch noch nicht vor, droht sie somit lediglich einzutreten, werden Leistungen der vorbeugenden Gesundheitshilfe (vgl. Abschnitt 1) erbracht.

Umfang

Wie die Leistungen der gesetzlichen Krankenversicherung umfasst die Hilfe bei Krankheit ärztliche Behandlung einschließlich Psychotherapie als ärztliche und psychotherapeutische Behandlung, zahnärztliche Behandlung, Versorgung mit Zahnersatz einschließlich Zahnkronen und Suprakonstruktionen, Versorgung mit Arznei-, Verband-, Heil- und Hilfsmitteln, häusliche Krankenpflege und Haushaltshilfe, Krankenhausbehandlung, Leistungen zur medizinischen Rehabilitation und ergänzende Leistungen, die zur Genesung, zur Besserung oder zur Linderung der Krankheitsfolgen erforderlich sind. Bei der Krankenbehandlung ist den besonderen Bedürfnissen psychisch Kranker Rechnung zu tragen, insbesondere bei der Versorgung mit Heilmitteln und bei der medizinischen Rehabilitation. Zur Krankenbehandlung zählen auch Leistungen zur Herstellung der Zeugungs- oder Empfängnisfähigkeit, wenn diese Fähigkeit nicht vorhanden war oder durch Krankheit oder wegen einer durch Krankheit erforderlichen Sterilisation verloren gegangen war. Im Wesentlichen sind damit alle notwendigen Behandlungsmaßnahmen zu leisten, die nach dem jeweiligen Stand der medizinischen Wissenschaft anerkannt sind.

Im Rahmen der Hilfe bei Krankheit sind damit die meisten nicht versicherten Leistungsberechtigten den Versicherten in der gesetzlichen Krankenversicherung mit allen Vor- und Nachteilen gleichgestellt (vgl. Abschnitte 2.2 und 3). Dass es im Einzelfall für den nicht versicherten Personenkreis oder im Rahmen des § 52 Abs. 1 Satz 2 SGB XII zu weitergehenden Leistungen durch den Sozialhilfeträger kommen kann, ist zwar nicht gänzlich auszuschließen, im Rahmen der hier dargestellten Grundzüge jedoch zu vernachlässigen.

Vorrangige Ansprüche

Der Krankenhilfe nach § 48 Satz 1 SGB XII gehen aufgrund des Prinzips der Nachrangigkeit in § 2 SGB XII vor

- die Leistungen der Krankenversicherung bei versicherten Leistungsberechtigten,
- Gesundheitsfürsorgeleistungen für Strafgefangene während der Haftzeit (§§ 56 bis 66 des Strafvollzugsgesetzes – StVollzG),
- Leistungen nach § 276 Abs. 1 des Lastenausgleichsgesetzes (LAG) für Empfänger von Unterhaltshilfe,

- Krankenhilfe nach § 40 SGB VIII bei Hilfe zur Erziehung (§§ 33 bis 35 sowie § 35a Abs. 2 Nr. 3 oder 4 SGB VIII) für Kinder und Jugendliche oder Hilfe für junge Volljährige (§ 41 SGB VIII) einschließlich der Gewährung des Unterhalts nach § 39 SGB VIII. Auskünfte hierüber erteilen die Jugendämter,
- die Regelungen zur Krankenbehandlung nach § 264 SGB V den Leistungen der Hilfe bei Krankheit (§ 48 Satz 2 SGB XII; vgl. Abschnitt 2.2).

2.2 Übernahme der Krankenbehandlung für nicht Versicherungspflichtige (§ 264 SGB V)

Auftragsleistung

§ 264 Abs. 2 SGB V sieht eine Auftragsleistung für die Krankenkassen vor. Danach wird die Krankenbehandlung von Empfängern von Leistungen nach dem Dritten bis Neunten Kapitel des SGB XII und von Empfängern laufender Leistungen nach § 2 AsylbLG, die nicht versichert sind, von der Krankenkasse übernommen (§ 264 Abs. 2 Satz 1 SGB V).

Wichtig:

Dies gilt nicht für Empfänger, die voraussichtlich nicht mindestens einen Monat ununterbrochen Hilfe zum Lebensunterhalt beziehen, für Personen, die ausschließlich Leistungen nach § 11 Abs. 5 Satz 3 SGB XII (Unterstützungsangebote im Rahmen von Dienstleistungen, zumutbaren Tätigkeiten) und § 33 SGB XII (Beiträge für die angemessene Vorsorge) beziehen sowie für die in § 24 SGB XII genannten Personen (Sozialhilfe für Deutsche im Ausland). Bei diesem Personenkreis verbleibt es bei der Leistung der Hilfe bei Krankheit unmittelbar durch den Sozialhilfeträger nach § 48 SGB XII.

Praxis TIPP

§ 264 Abs. 2 SGB V und privat Versicherte

Die Regelung kann auch Leistungsberechtigte betreffen, die bislang eine private Krankenversicherung abgeschlossen haben. § 264 Abs. 2 Satz 1 SGB V spricht insoweit nur von Personen, die „nicht versichert“ sind. Vom Wortlaut her sind auch privat Versicherte „versichert“, so dass die Ausdehnung der Neuregelung nicht angebracht ist. Jedoch sind die Versicherungsprämien für privat Versicherte, insbesondere im Alter, derart hoch, dass es Sinn machen kann, diesen Personenkreis in die günstigere gesetzliche Krankenversicherung einzubeziehen. Bei einem länger andauernden Sozialhilfebezug wird der Sozialhilfeträger prüfen, ob weiterhin die Beiträge für eine freiwillige private Krankenversicherung übernommen werden (§ 32 Abs. 2 SGB XII) oder ob es nicht kostengünstiger ist, diesem Personenkreis Hilfe bei Krankheit nach dem SGB XII zu gewähren und den Betroffenen bei einer gesetzlichen Krankenversicherung nach § 264 SGB V anzumelden.

Wichtig:

Wahl der Krankenkasse

Die in § 264 Abs. 2 Satz 1 SGB V genannten Berechtigten haben unverzüglich eine Krankenkasse im Bereich des für die Hilfe zuständigen Trägers der Sozialhilfe zu wählen, die ihre Krankenbehandlung übernimmt. Leben mehrere Empfänger in häuslicher Gemeinschaft, wird das Wahlrecht vom Haushaltsvorstand für sich und die Familienangehörigen ausgeübt, die bei Versicherungspflicht des Haushaltsvorstands nach § 10 SGB V versichert wären. Wird das Wahlrecht nicht ausgeübt, gelten § 28i SGB IV und § 175 Abs. 3 Satz 2 SGB V entsprechend (§ 264 Abs. 3 SGB V): Wird die Mitgliedsbescheinigung nicht spätestens zwei Wochen nach Eintritt der Versicherungspflicht vorgelegt, hat die zur Meldung verpflichtete Stelle den Versicherungspflichtigen ab Eintritt der Versicherungspflicht bei der Krankenkasse anzumelden, bei der zuletzt eine Versicherung bestand; bestand vor Eintritt der Versicherungspflicht keine Versicherung, hat die zur Meldung verpflichtete Stelle den Versicherungspflichtigen ab

Eintritt der Versicherungspflicht bei einer nach § 173 SGB V wählbaren Krankenkasse anzumelden und den Versicherungspflichtigen unverzüglich über die gewählte Krankenkasse zu unterrichten. Für Beschäftigte, die bei keiner Krankenkasse versichert sind, werden Beiträge zur Rentenversicherung und zur Arbeitsförderung an die Einzugsstelle gezahlt, die der Arbeitnehmer oder – wenn dies nicht geschehen ist – der Arbeitgeber in entsprechender Anwendung des § 175 Abs. 3 Satz 2 SGB V gewählt hat.

Praxis Tipp

Auswahl der Krankenkasse

Auch wenn für die Leistungen der Krankenkassen die Träger der Sozialhilfe finanziell aufkommen müssen, sollte man sich für eine Kasse entscheiden, die z. B. eine Bonusregelung anbietet, von der auch Leistungsberechtigte profitieren können. Der Leistungskatalog der gesetzlichen Krankenversicherung wird laufend durch den Gemeinsamen Bundesausschuss konkretisiert. Die dort festgelegten erforderlichen medizinischen und pflegerischen Leistungen bieten alle gesetzlichen Krankenkassen an. Darüber hinaus können sich Leistungsumfang und -qualität leicht unterscheiden. Jede Krankenkasse muss selbst bewerten, mit welchen finanziellen Anreizen sie ihre Versicherten zu gesundheits- und kostenbewussten Verhalten motiviert. Die Bandbreite reicht dabei von Ermäßigungen bei Zuzahlungen bis hin zu niedrigeren Beiträgen oder Modellen mit Beitragsrückerstattung. So bieten manche Kassen zum Beispiel „Sonderleistungen“ bei der häuslichen Krankenpflege oder bei der Haushaltshilfe. Je nach persönlichen gesundheitlichen Bedürfnissen können sich daraus Vorteile ergeben. Die Krankenkasse kann Bonusprogramme für gesundheits- und kostenbewusstes Verhalten anbieten. Dazu gehört die regelmäßige Teilnahme an Vorsorge- und Früherkennungsuntersuchungen oder an qualitätsgesicherten Präventionsprogrammen. Auch wer sich in ein Hausarztsystem, in ein zugelassenes strukturiertes Behandlungsprogramm für chronisch Kranke (Disease-Management-Programm) oder in eine Integrierte Versorgung einschreibt, kann mit finanziellen Boni rechnen. Die Bonussysteme kann jede Krankenkasse individuell gestalten. Eine Nachfrage bei der in Aussicht genommenen Krankenkasse kann sich auch hier in eingeschränktem Rahmen erfolgreich auswirken. Bei dem sogenannten Kostenerstattungsprinzip (das heißt, der Versicherte finanziert die Ausgaben wie in der privaten Krankenversicherung vor und erhält die Leistung im Nachhinein erstattet) oder bei Selbstbehalten ist in diesem Zusammenhang jedoch Vorsicht geboten.

Für viele Berechtigte ist auch die Frage der Erreichbarkeit einer Krankenkasse bzw. einer ihrer Geschäftsstellen von besonderer Bedeutung. Das gilt auch für den sonstigen Service.

Anzuwendende Vorschriften

Für die in § 264 Abs. 2 Satz 1 SGB V genannten Empfänger gelten § 11 Abs. 1 sowie die §§ 61 und 62 SGB V entsprechend. Sie erhalten eine Krankenversichertenkarte nach § 291 SGB V. Als Versichertenstatus nach § 291 Abs. 2 Nr. 7 SGB V gilt für Empfänger bis zur Vollendung des 65. Lebensjahres die Statusbezeichnung „Mitglied“, für Empfänger nach Vollendung des 65. Lebensjahres die Statusbezeichnung „Rentner“. Empfänger, die das 65. Lebensjahr noch nicht vollendet haben, in häuslicher Gemeinschaft leben und nicht Haushaltsvorstand sind, erhalten die Statusbezeichnung „Familienversicherte“ (§ 264 Abs. 4 SGB V). Die Leistungen für Sozialhilfebezieher ohne Versicherungsschutz, aber mit Chipkarte, entsprechen denen der gesetzlichen Krankenversicherung.

Abmeldung

Wenn Empfänger nicht mehr bedürftig im Sinne des SGB XII sind, meldet der Träger der Sozialhilfe diese bei der jeweiligen Krankenkasse ab. Bei der Abmeldung hat der Träger der Sozialhilfe die Krankenversichertenkarte vom Empfänger einzuziehen und an die Krankenkasse zu übermitteln. Aufwendungen, die der Krankenkasse nach

Abmeldung durch eine missbräuchliche Verwendung der Karte entstehen, hat der Träger der Sozialhilfe zu erstatten. Dies gilt nicht in den Fällen, in denen die Krankenkasse aufgrund gesetzlicher Vorschriften oder vertraglicher Vereinbarungen verpflichtet ist, ihre Leistungspflicht vor der Inanspruchnahme der Leistung zu prüfen (§ 264 Abs. 5 SGB V).

Erstattung

Die Aufwendungen, die den Krankenkassen durch die Übernahme der Krankenbehandlung entstehen, werden ihnen von den für die Hilfe zuständigen Trägern der Sozialhilfe vierteljährlich erstattet. Als angemessene Verwaltungskosten einschließlich Personalaufwand für den Personenkreis nach § 264 Abs. 2 SGB V werden bis zu 5 % der abgerechneten Leistungsaufwendungen festgelegt. Wenn Anhaltspunkte für eine unwirtschaftliche Leistungserbringung oder -gewährung vorliegen, kann der zuständige Träger der Sozialhilfe von der jeweiligen Krankenkasse verlangen, die Angemessenheit der Aufwendungen zu prüfen und nachzuweisen (§ 264 Abs. 7 SGB V).

Auftragsleistung

Seit Bestehen des SGB V sieht § 264 Abs. 1 SGB V die Möglichkeit für die gesetzlichen Krankenkassen vor, die Krankenbehandlung für nicht Versicherungspflichtige gegen Kostenerstattung zu übernehmen. Angesprochen sind hier insbesondere Sozialhilfeempfänger, denen nach dem Gesetz (SGB XII) ein Anspruch auf Gesundheitsleistungen zusteht.

Mit Wirkung seit 1. 1. 2004 hat der Gesetzgeber bindend vorgeschrieben, dass Sozialhilfeempfänger und Personen, die von § 2 AsylbLG erfasst werden, Leistungen der Krankenkassen erhalten.

Flüchtlinge

Angesichts der Flüchtlingsströme, die erstmals 2015 in diesem Umfang Deutschland erreichen (abgesehen von den Heimatvertriebenen in der Zeit nach dem Zweiten Weltkrieg), sah sich der Gesetzgeber verpflichtet, auch für diese Personenkreise die Möglichkeit der Leistungserbringung durch die gesetzlichen Krankenkassen zu schaffen, indem Änderungen in § 264 Abs. 1 SGB V eingefügt wurden.

2.2.1 Grundsätze der Ansprüche nach § 264 Abs. 2 SGB V

Zuständigkeit der Krankenkasse

Seit 1. 1. 2004 wird die Krankenbehandlung von Empfängern laufender Leistungen zum Lebensunterhalt, von Empfängern von Hilfe in besonderen Lebenslagen, von Empfängern laufender Leistungen nach § 2 AsylbLG und von Empfängern von Krankenhilfeleistungen nach dem SGB VIII, die nicht krankenversichert sind, von der Krankenkasse übernommen (§ 264 Abs. 2 SGB V). Vorstehendes gilt nicht für Empfänger, die voraussichtlich nicht mindestens einen Monat ununterbrochene Hilfe zum Lebensunterhalt beziehen, sowie für Personen, die ausschließlich Leistungen nach den § 11 Abs. 5 Satz 3 und § 33 SGB XII erhalten, sowie für die in § 24 SGB XII genannten Personen. § 11 Abs. 5 Satz 3 und § 33 SGB XII behandeln die Ansprüche auf Kostenübernahme für die Alterssicherung, für Bestattungskosten sowie für Hilfe zum Lebensunterhalt in Sonderfällen, auf Darlehen bei vorübergehender Notlage und auf Beratung und Unterstützung. Dagegen geht es in § 24 SGB XII um Deutsche im Ausland.

Wahl der Krankenkasse

Die vorstehend genannten Empfänger haben unverzüglich eine Krankenkasse im Bereich des für die Hilfe zuständigen Sozialhilfe- oder Jugendhilfeträgers zu wählen, die ihre Krankenbehandlung übernimmt (§ 264 Abs. 3 SGB V). Leben mehrere Empfänger in häuslicher Gemeinschaft, wird das Wahlrecht vom Haushaltsvorstand für sich und die Familienangehörigen ausgeübt, die bei Versicherungspflicht des Haushaltsvorstands familienversichert wären. Wird das Wahlrecht nicht ausgeübt, wählt der Sozialhilfeträger die Krankenkasse unter den wählbaren Kassen.

Zuzahlungen Nach ausdrücklicher Vorschrift in § 264 Abs. 4 SGB V gelten die §§ 61 (Zuzahlung) und 62 (Belastungsgrenze) SGB V entsprechend.

Vergütung der Leistungserbringer – Erstattung § 264 Abs. 6 SGB V beschäftigt sich mit der Bemessung der Vergütung im Vertragsarztrecht. Nach § 264 Abs. 7 SGB V werden die Aufwendungen, die in den Krankenkassen durch die Übernahme der Krankenbehandlung entstehen, ihnen von den für die Hilfe zuständigen Sozialhilfeträgern vierteljährlich erstattet. Als angemessene Verwaltungskosten einschließlich Personalaufwand werden bis zu 5 % der abgerechneten Leistungsaufwendungen festgelegt. Wenn Anhaltspunkte für eine unwirtschaftliche Leistungserbringung oder -gewährung vorliegen, kann der zuständige Sozialhilfeträger von der jeweiligen Krankenkasse verlangen, die Angemessenheit der Aufwendungen zu prüfen und nachzuweisen. Nach Auffassung des *BSG* in seinem Urteil vom 17. 6. 2008 (Az. B 1 KR 30/07 R) haben die Krankenkassen in solchen Fällen Anspruch auf angemessene Vorschüsse gegen die Sozialhilfeträger. Außerdem haben sie Anspruch auf Ersatz ihrer gesamten Verwaltungskosten. Die Spitzenverbände der Krankenkassen haben eine Gemeinsame Empfehlung zur Umsetzung der Leistungserbringung nach § 264 Abs. 2 bis 7 SGB V herausgegeben, die vom 13. 11. 2003 datiert. Hierzu sind Gemeinsame Erläuterungen der Spitzenverbände der Krankenkassen vom 16. 12. 2003 ergangen.

Zur Finanzierung von Beratungs- und Begutachtungsleistungen des MDK in solchen Fällen ist die Gemeinsame Verlautbarung der Spitzenverbände der Krankenkassen und deren Medizinischen Dienstes vom 30. 3. 2004 erlassen worden.

Schadensersatz Erstattungsansprüche einer Krankenkasse nach § 264 SGB V können durch den Sozialhilfeträger nicht mit (möglichen) Schadensersatzansprüchen nach § 116 SGB X aufgerechnet werden.

Asylbewerber Der in § 264 Abs. 2 SGB V bereits vor dem Inkrafttreten des § 264 Abs. 1 SGB V enthaltene § 2 AsylbLG bestimmt, dass das SGB XII auf diejenigen Leistungsberechtigten entsprechend anzuwenden ist, die sich seit 15 Monaten ohne wesentliche Unterbrechung im Bundesgebiet aufhalten und die Dauer des Aufenthalts nicht rechtsmissbräuchlich selbst beeinflusst haben.

2.2.2 Neue Anspruchsgrundlage

Gesundheitspflege § 3 AsylbLG bestimmt die Grundleistungen, die dem Asylbewerber zustehen. Dazu gehört auch der notwendige Bedarf an Gesundheitspflege. Dagegen werden in § 4 AsylbLG Leistungen bei Krankheit, Schwangerschaft und Geburt vorgesehen. In Absatz 1 dieser Vorschrift heißt es, dass zur Behandlung akuter Erkrankungen und Schmerzzustände die erforderliche ärztliche und zahnärztliche Behandlung einschließlich der Versorgung mit Arznei- und Verbandmitteln sowie sonstiger zur Genesung, zur Besserung oder zur Linderung von Krankheiten oder Krankheitsfolgen erforderlichen Leistungen zu gewähren sind.

Leistungsumfang § 4 AsylbLG ist mit Wirkung ab 23. 10. 2015 durch das Asylverfahrensbeschleunigungsgesetz geändert worden. Nunmehr wird hier auch bestimmt, dass zur Verhütung und Früherkennung von Krankheiten Schutzimpfungen entsprechend den § 47 und § 52 Abs. 1 Satz 1 SGB XII und die medizinisch gebotenen Versorgungsuntersuchungen erbracht werden. § 47 SGB XII bestimmt über die vorbeugende Gesundheitshilfe. Danach werden zur Verhütung und Früherkennung von Krankheiten medizinische Vorsorgeleistungen und Untersuchungen erbracht. Andere Leistungen werden nur erbracht, wenn ohne diese nach ärztlichem Urteil eine Erkrankung oder ein sonstiger Gesundheitsschaden einzutreten droht.

Besondere Leistungen

Eine Versorgung mit Zahnersatz erfolgt nur, wenn dies im Einzelfall aus medizinischen Gründen unaufschiebbar ist.

Nach § 4 Abs. 2 AsylbLG sind werdenden Müttern und Wöchnerinnen ärztliche und pflegerische Hilfe und Betreuung, Hebammenhilfe, Arznei-, Verband- und Heilmittel zu gewähren.

§ 4 Abs. 3 AsylbLG wurde ebenfalls durch das Asylverfahrensbeschleunigungsgesetz mit Wirkung seit 24. 10. 2015 neu gefasst. Hier wird nunmehr bestimmt, dass die für die Leistungsgewährung zuständige Behörde die Versorgung mit den Leistungen nach § 4 Abs. 1 und 2 AsylbLG sicherstellt. Sie stellt auch sicher, dass den Leistungsberechtigten frühzeitig eine Vervollständigung ihres Impfschutzes angeboten wird. Soweit die Leistungen durch niedergelassene Ärzte oder Zahnärzte erfolgen, richtet sich die Vergütung nach den am Ort der Niederlassung des Arztes oder Zahnarztes geltenden Verträgen nach § 72 Abs. 2 und § 132e Abs. 1 SGB V. Die zuständige Behörde legt fest, welcher Vertrag Anwendung findet.

§ 6 AsylbLG bestimmt über sonstige Leistungen an Asylbewerber. Dazu gehören auch Leistungen, die im Einzelfall zur Sicherung des Lebensunterhalts oder der Gesundheit unerlässlich, zur Deckung besonderer Bedürfnisse von Kindern geboten oder zur Erfüllung einer verwaltungsrechtlichen Mitwirkungspflicht erforderlich sind. Die Leistungen sind als Sachleistungen, bei Vorliegen besonderer Umstände als Geldleistung zu gewähren.

2.2.3 Beauftragung der Krankenkassen

Besonderes Verfahren

Wie in den Fällen des oben bereits behandelten § 264 Abs. 2 SGB V werden die in § 4 AsylbLG aufgeführten Leistungen durch die Krankenkassen gewährt. Allerdings benutzt der Gesetzgeber hier nicht das bereits erwähnte Verfahren nach § 264 Abs. 2 SGB V. Die entsprechende Leistungsübernahme wird vielmehr durch § 264 Abs. 1 SGB V vorgeschrieben.

Entlastung der Kommunen

In der Übertragung der Abrechnung der ärztlichen Behandlung für Asylbewerber auf die gesetzlichen Krankenversicherungsträger als Dienstleister besteht eine Möglichkeit, die gesundheitliche Versorgung von Asylbewerbern zu erleichtern und die Kommunen hinsichtlich des Verwaltungsaufwandes zu entlasten. Der Umfang der Leistungen nach dem AsylbLG wird hierdurch nicht berührt.

Abschlussverpflichtung

§ 264 Abs. 1 Satz 2 SGB V regelt, dass eine Abschlussverpflichtung für die Krankenkassen gilt, wenn sie durch die Landesregierung oder eine von der Landesregierung beauftragte oberste Landesbehörde zur Übernahme der Krankenbehandlung für Empfänger von Gesundheitsleistungen nach den §§ 4 und 6 AsylbLG aufgefordert werden. Bisher ist nicht sichergestellt, dass nach dem AsylbLG zuständige Behörden eine entsprechende Vereinbarung mit Krankenkassen ohne diese Verpflichtung immer erreichen können. Unter Berücksichtigung der Kostenerstattung ist eine Abschlussverpflichtung für eine Krankenkasse zumutbar. Im Hinblick auf die kommunale Selbstverwaltung bleibt der Abschluss einer Vereinbarung für die Kommunen hingegen freiwillig. Unterhalb der Ebene der Landkreise und der kreisfreien Städte bleiben diese Vereinbarungen im Hinblick auf einen erhöhten Verwaltungsaufwand allerdings auch für die Krankenkassen freiwillig.

Inhalt der Vereinbarung

§ 264 Abs. 1 Satz 3 SGB V regelt, dass eine Vereinbarung über die Übernahme der Krankenbehandlung nach Satz 1 für Empfänger von Gesundheitsleistungen nach den §§ 4 und 6 AsylbLG insbesondere Regelungen zur Erbringung der Leistungen sowie zum Ersatz der Aufwendungen und Verwaltungskosten nach Satz 1 zu enthalten hat. Außerdem wird geregelt, dass die Ausgabe einer elektronischen Gesundheitskarte vereinbart werden kann. In diesem Zusammenhang wird in § 291 Abs. 2 SGB V bestimmt, dass die elektronischen Gesundheitskarten in diesen Fällen Angaben zum Kreis der Empfänger von Gesundheitsleistungen nach den §§ 4 und 6 AsylbLG zu enthalten haben, damit gewährleistet wird, dass der besondere Status dieses Personenkreises auf der elektronischen Gesundheitskarte hinterlegt ist.

Verpflichtung zum Abschluss

§ 264 Abs. 1 Satz 4 SGB V bestimmt, dass die Landesverbände der Krankenkassen und die Ersatzkassen gemeinsam zum Abschluss einer Vereinbarung verpflichtet sind, wenn von einem Land eine Rahmenvereinbarung auf Landesebene zur Übernahme der Krankenbehandlung von Empfängern von Gesundheitsleistungen nach den §§ 4 und 6 AsylbLG gefordert wird. Damit wird – so die Gesetzesbegründung – der Abschluss einer Rahmenvereinbarung auf Landesebene sichergestellt.

Rahmenempfehlungen

Zudem wird mit § 264 Abs. 1 Satz 5 SGB V flankierend vorgesehen, dass der Spitzenverband Bund der Krankenkassen mit den auf Bundesebene bestehenden Spitzenorganisationen der nach dem Asylbewerberleistungsgesetz zuständigen Behörden Rahmenempfehlungen zur Übernahme der Krankenbehandlung von Empfängern von Gesundheitsleistungen nach den §§ 4 und 6 AsylbLG vereinbart. Diese Rahmenempfehlungen werden nach der in der Gesetzesbegründung vertretenen Auffassung zusätzlich dazu beitragen, den Verwaltungsaufwand für die zuständigen Behörden und Krankenkassen möglichst gering zu halten und ihnen zur Unterstützung möglichst konkrete Orientierungen im Hinblick auf den Abschluss der Vereinbarungen zu geben.

Das wird durch § 264 Abs. 1 Satz 6 SGB V konkretisiert. Danach regeln die Rahmenempfehlungen auf Bundesebene, die von den zuständigen Behörden nach dem AsylbLG und den Krankenkassen nach den Sätzen 1 bis 3 sowie von den Vertragspartnern auf Landesebene nach Satz 4 übernommen werden sollen, insbesondere die Umsetzung der leistungsrechtlichen Regelungen nach den §§ 4 und 6 AsylbLG, die Abrechnung und die Abrechnungsprüfung der Leistungen sowie den Ersatz der Aufwendungen und der Verwaltungskosten der Krankenkassen.

Im Ergebnis haben die Vereinbarungen auf Landesebene, flankiert von Rahmenempfehlungen auf Bundesebene, die von den zuständigen Behörden nach dem Asylbewerberleistungsgesetz übernommen werden sollen, wesentliche Inhalte zu regeln. Sie sollen damit einerseits der einheitlichen Erbringung von Gesundheitsleistungen dienen und andererseits den Aufwand gering halten, der von den Kommunen und Krankenkassen beim Schließen von Vereinbarungen aufzubringen ist.

2.2.4 Einsatz der elektronischen Gesundheitskarte

Der Einsatz der elektronischen Gesundheitskarte ist insbesondere im Bereich der gesetzlichen Krankenversicherung längst Wirklichkeit geworden. Auch im Rahmen des Verfahrens nach § 264 Abs. 2 SGB V wird die Gesundheitskarte verwendet. Sie wird nach dem Willen des Gesetzgebers auch im Verfahren nach § 264 Abs. 1 SGB V Anwendung finden. Das wurde bislang aber noch nicht durchgehend verwirklicht.

Neues Verfahren

Nach den Ausführungen in der Gesetzesbegründung hat die elektronische Gesundheitskarte die Angabe zu enthalten, dass es sich um einen Empfänger von Gesundheitsleistungen nach den §§ 4 und 6 AsylbLG handelt. Insoweit wird gewährleistet, dass der besondere Status der Empfänger von Gesundheitsleistungen nach den §§ 4 und 6 AsylbLG auf der elektronischen Gesundheitskarte hinterlegt wird.

Die Einzelheiten zur Fortschreibung des Datensatzes und zur Umsetzung der Differenzierung des Leistungsanspruchs werden von der Gesellschaft für Telematik bzw. den Vertragspartnern erarbeitet und beschlossen. Die Regelung für die Aufnahme des neuen Statusmerkmals tritt erst im Jahr nach der Verkündung in Kraft, um den Beteiligten vorher die erforderliche Umsetzung zu ermöglichen. Unter anderem müssen alle Krankenkassen mit ihren EDV-Systemen das neue Kennzeichen verarbeiten können. Die EDV-Systeme sind z. B. im Bereich der Mitgliederbestandsführung, der Personalisierung der elektronischen Gesundheitskarte und der Abrechnung anzupassen. Darüber hinaus müssen alle Praxisverwaltungssysteme bei den Leistungserbringern angepasst werden, da diese das neue Kennzeichen noch nicht kennen.

Die elektronische Gesundheitskarte kann aber schon nach geltendem Recht im Rahmen von Vereinbarungen nach § 264 Abs. 1 SGB V ausgegeben werden, wie dies z. B. bereits in Bremen und Hamburg praktiziert wird. Insoweit haben es die Vertragsparteien, das heißt die Krankenkassen und die nach dem AsylbLG zuständigen Behörden, in der Hand, geeignete Vereinbarungen zu treffen, die eine Identifikation des betroffenen Personenkreises bei Nutzung der Elektronischen Gesundheitskarte ermöglichen.

Die Statuskennzeichnung wird in gleicher Weise vorgenommen werden, wie in den Fällen des § 264 Abs. 2 SGB V.

2.2.5 Rechtsnatur der Leistungsgewährung durch die Krankenkassen

Auftragsleistung

§ 264 Abs. 1 und 2 SGB V bestimmen, dass die Krankenbehandlung von Empfängern laufender Leistungen zum Lebensunterhalt und von Hilfen in besonderen Lebenslagen sowie von Asylbewerbern von den Krankenkassen übernommen wird. Gerade über diese Formulierung ist in Zusammenhang mit § 264 Abs. 2 SGB V heftiger Streit entbrannt. Die Krankenkassen sind der Auffassung, dass es sich hier um eine Auftragsleistung handelt und deshalb die zu betreuenden Menschen nicht zu Versicherten der Krankenkasse geworden sind. Die Sozialhilfeträger sehen das anders. Sie sind der Ansicht, dass hier eigenständige Ansprüche der betreuten Personen entstanden seien. Es läge ein Versicherungsverhältnis eigener Art vor.

Die Betreuten wie Versicherte zu behandeln, würde erhebliche Rechtsprobleme aufwerfen. Liegt nämlich ein Versicherungsverhältnis vor, müssten die betreffenden Betreuungszeiten als Vorversicherungszeiten berücksichtigt werden, wenn es z. B. um die freiwillige Versicherung oder die Pflichtversicherung als Rentner geht. Gegen die Theorie, dass es sich hier um ein Versicherungsverhältnis besonderer Art handelt, spricht der Text des § 264 Abs. 7 SGB V (Erstattung der Aufwendungen).

Die Formulierung „Übernahme der Krankenbehandlung“ weist nun wirklich nicht darauf hin, dass hier ein besonderes Versicherungsverhältnis der betreuten Personen entstanden ist. Vielmehr bedeutet „Übernahme“, dass die Krankenkassen ein ihnen eigentlich fremdes Geschäft für andere durchführen. Das ergibt sich natürlich auch aus der Verpflichtung der Träger der Sozialhilfe, die aufgewendeten Beträge zu erstatten.

Verwaltungskosten

Dass es sich hier um ein für die Krankenkassen fremdes Geschäft handelt, wird besonders deutlich, wenn die Verpflichtung zur Zahlung von Verwaltungskosten berücksichtigt wird. Würde es sich um ein eigenes Geschäft mit den Krankenkassen handeln, käme zumindest die Erstattung von Verwaltungskosten nicht infrage. Hier sind auch die Vorschriften des § 30 Abs. 1 und 2 SGB IV zu beachten. § 30 Abs. 1 SGB IV bestimmt, dass die Sozialhilfeträger – auch die gesetzlichen Krankenkassen – nur Geschäfte zur Erfüllung ihrer gesetzlich vorgeschriebenen oder zugelassenen Aufgaben sowie der Verwaltungskosten verwenden dürfen. Gewissermaßen ist § 30 Abs. 1 SGB IV die Rechtsgrundlage für die mit Mitteleinsatz verbundene Tätigkeit der Versicherungsträger. Da durch die in § 264 SGB V vorgesehene Kostenerstattung Mittel der Versicherungsträger letztlich überhaupt nicht zum Einsatz gelangen, trifft § 30 Abs. 1 SGB IV hier nicht zu.

Anders ist dies mit § 30 Abs. 2 SGB IV. Danach dürfen den Versicherungsträgern Aufgaben anderer Versicherungsträger und Träger öffentlicher Verwaltung nur aufgrund eines Gesetzes übertragen werden. Die Träger der Sozialhilfe sind selbstverständlich keine Versicherungsträger, jedoch Träger öffentlicher Verwaltung. Durch Gesetz wurden den Krankenkassen hier Aufgaben übertragen, nämlich durch die gesetzlichen Vorschriften des § 264 SGB V. Weiter heißt es in § 30 Abs. 2 SGB IV, dass durch die Aufgabenübertragung entstehende Kosten den Versicherungsträgern zu erstatten sind. Das ist eindeutig in § 264 Abs. 7 SGB V vorgeschrieben. Das bedeutet, dass die rechtliche Konstruktion des vorgesehenen Sachverhaltes in § 264 SGB V genau der des § 30 Abs. 2 SGB IV entspricht. Demnach muss davon ausgegangen werden, dass es sich hier um ein Auftragsgeschäft der Krankenkassen handelt.

Wahl der Krankenkasse

Eigene Ansprüche der Betreuten entstehen nur, soweit § 264 Abs. 2 SGB V es vorsieht. Sie haben das Recht, eine bestimmte Krankenkasse zu wählen und beim Vorliegen der gesetzlichen Voraussetzungen bestimmte Leistungen zu erhalten. Weitergehende Rechte, insbesondere die der Berücksichtigung von Betreuungszeiten als Versicherungs- bzw. Mitgliedszeiten, lassen sich hieraus nicht herleiten.

Das ergibt sich aus der Gesetzesbegründung zum GKV-Modernisierungsgesetz. So heißt es hier unter anderem, dass aufgrund des Kostenerstattungsverfahrens zwischen Krankenkassen und Trägern der Sozialhilfe die Betroffenen zwar leistungsrechtlich, nicht aber mitgliedschaftsrechtlich den Versicherten der gesetzlichen Krankenversicherung gleichgestellt sind. Das bedeutet, dass ein besonderes Betreuungsverhältnis (nicht aber ein Versicherungs- oder Mitgliedschaftsverhältnis) vorliegt.

Auftragsgeschäft

Hier besteht sicherlich ein Widerspruch in Zusammenhang mit § 264 Abs. 2 SGB V. Zum einen ist klargestellt, dass es sich um ein Auftragsgeschäft der Krankenkassen handelt, das ihnen letzten Endes keine besonderen Kosten verursacht. Zum anderen wird aber ein besonderes Rechtsverhältnis begründet, das auch in Zusammenhang mit durchzuführenden Gerichtsverfahren Bedeutung haben kann. Klagt ein Hilfeempfänger wegen einer Leistungsangelegenheit gegen die Krankenkasse oder gegen den Träger der Sozialhilfe? Im ersteren Fall wäre die Sozialgerichtsbarkeit zuständig, im zweiten Fall die Verwaltungsgerichtsbarkeit.

Wie aus der Gesetzesbegründung hervorgeht, sind die Betreuten leistungsrechtlich den Versicherten gesetzlicher Krankenkassen „gleichgestellt". Wenn auch – wie erwähnt – ausdrücklich betont wird, dass damit keine mitgliedschaftsrechtliche Gleichstellung geschaffen werden soll. Bedeutet aber leistungsrechtliche Gleichstellung nicht, dass sich der Betreute genau wie ein Versicherter gegen bestimmte Entscheidungen wenden, also Widerspruch einlegen und Klage vor den Gerichten der Sozialgerichtsbarkeit erheben kann? Wie wäre „leistungsrechtliche Gleichstellung" sonst zu verstehen?

Das hier behandelte Auftragsgeschäft ist ja nicht die einzige Auftragsleistung der gesetzlichen Krankenkassen. So zahlen sie beispielsweise das Verletztengeld für die Unfallversicherungsträger aus. Einzelheiten regeln Verwaltungsvereinbarungen zwischen den Kranken- und den Unfallversicherungsträgern. Dort heißt es z. B., dass Verwaltungsakte, die die Krankenkasse zur Ausführung des Auftrags erlässt, im Namen des zuständigen Unfallversicherungsträgers ergehen. Hierauf weist die Krankenkasse den Verletzten hin. Sie entscheidet aber zunächst über den Widerspruch des Versicherten. Hilft sie einem gegen ihre Entscheidung gerichteten Widerspruch nicht ab, leitet sie den Widerspruch dem zuständigen Unfallversicherungsträger zu. Für die Entscheidung notwendige Unterlagen fügt sie bei. Im Streitverfahren ist der Unfallversicherungsträger legitimiert. Rechtsgrundlage für die Beauftragung der Krankenkassen durch die Unfallversicherungsträger ist § 189 SGB VII. Danach können Unfallversicherungsträger Krankenkassen beauftragen, die ihnen obliegenden Geldleistungen zu erbringen. Die Einzelheiten werden – so heißt es hier – durch Vereinbarung geregelt.

§ 264 Abs. 1 SGB V sieht im Gegensatz zu § 264 Abs. 2 SGB V ausdrücklich vor, dass Vereinbarungen zu treffen sind. Ihre Notwendigkeit auch für die Sachverhalte des § 264 Abs. 2 SGB V ergibt sich aber aus § 264 Abs. 7 SGB V. Dort wird nämlich der vorgeschriebene Verwaltungskostenersatz nicht im Detail geregelt. Das setzt eine Vereinbarung zwischen den Krankenkassen und den Trägern der Sozialhilfe voraus. Eine solche Notwendigkeit ergibt sich aber auch aus sonstigen Sachverhalten (z. B. Vorschüssen).

Routineabwicklung

Im Rahmen des § 264 Abs. 2 SGB V sind zahlreiche Vereinbarungen abgeschlossen worden, die inzwischen zu einer routinemäßigen Abwicklung der einschlägigen Fälle geführt werden. Bezüglich § 264 Abs. 1 SGB V in der Fassung des Asylverfahrensbeschleunigungsgesetzes kann sich an diesen Vereinbarungen zumindest teilweise orientiert werden. Das gilt insbesondere für die Regelung der Erstattungszahlungen und die Erstattung der Verwaltungskosten.

Wenn im Rahmen dieser Arbeit die Auffassung vertreten wird, dass es sich sowohl in den Fällen des § 264 Abs. 1 SGB V als auch in denen des § 264 Abs. 2 SGB V um Auftragsgeschäfte für die Krankenkassen handelt, so darf doch nicht übersehen werden, dass das *BSG* beispielsweise in seinem Urteil vom 27. 9. 2014 (Az. B 8 SO 26/12 R) in Zusammenhang mit § 264 Abs. 2 SGB V von einer Quasi-Versicherung spricht. Es vertritt in dieser Entscheidung die Auffassung, dass man hier zwar von einem Auftragsverhältnis sprechen könne, um ein Auftragsverhältnis im eigentlichen Sinne, bei dem der Beauftragte für den Auftraggeber Leistungen erbringt, handele es sich aber nicht.

Es ist abzuwarten, welche Auffassung das *BSG* in einem Fall des § 264 Abs. 1 SGB V in der Fassung des Asylverfahrensbeschleunigungsgesetzes vertreten wird.

2.3 Leistungsgrenzen der gesetzlichen Krankenversicherung

2.3.1 Sachleistungen

Nachfolgend sollen die häufigsten Regelungen beschrieben werden, bei denen keine Übernahme durch die gesetzliche Krankenkasse erfolgt. Diese gelten unabhängig von den Zuzahlungsregelungen (vgl. Abschnitt 3), das heißt, sie werden nicht bei der Belastungsgrenze berücksichtigt und belasten deshalb das zur Verfügung stehende Einkommen und/oder Vermögen eines Versicherten oder insbesondere einer leistungsberechtigten Person nach dem SGB II und SGB XII.

Arznei- und Verbandmittel

Versicherte haben Anspruch auf Versorgung mit apothekenpflichtigen Arzneimitteln, soweit die Arzneimittel nicht nach § 34 SGB V oder durch Richtlinien nach § 92 Abs. 1 Satz 2 Nr. 6 SGB V ausgeschlossen sind, und auf Versorgung mit Verbandmitteln, Harn- und Blutteststreifen (vgl. § 31 Abs. 1 Satz 1 SGB V). Aminosäuremischungen, Eiweißhydrolysate, Elementardiäten und Sondennahrung können nach Maßgabe der Richtlinien nach § 92 Abs. 1 Satz 2 Nr. 6 SGB V in medizinisch notwendigen Fällen ausnahmsweise in die Versorgung mit Arzneimitteln einbezogen werden (vgl. § 31 Abs. 1 Satz 2 SGB V). Ein Fertigarzneimittel, dessen Packungsgröße die größte Packungsgröße (sog. N 3) übersteigt, ist nicht Gegenstand der Versorgung und darf nicht zulasten der gesetzlichen Krankenversicherung abgegeben werden (§ 31 Abs. 4 Satz 2 SGB V).

Wichtig:

Der Vertragsarzt kann Arzneimittel, die aufgrund der Richtlinien nach § 92 Abs. 1 Satz 2 Nr. 6 SGB V von der Versorgung ausgeschlossen sind, ausnahmsweise in medizinisch begründeten Einzelfällen mit Begründung verordnen (vgl. § 31 Abs. 1

Satz 4 SGB V; z. B. bei schwerwiegenden Erkrankungen: Schwerwiegend ist eine Krankheit, wenn sie lebensbedrohlich ist oder die Lebensqualität auf Dauer nachhaltig beeinträchtigt).

Wichtig:

Nicht verschreibungspflichtige Arzneimittel sind nach § 34 Abs. 1 SGB V von der Versorgung ausgeschlossen. Auch die Kosten der ärztlichen Verordnung (= Rezept) werden hier nicht übernommen. Das gilt nicht für:

- versicherte Kinder bis zum vollendeten 12. Lebensjahr
- versicherte Jugendliche bis zum vollendeten 18. Lebensjahr mit Entwicklungsstörungen

Für Versicherte, die das 18. Lebensjahr vollendet haben, sind von der Versorgung folgende verschreibungspflichtige Arzneimittel bei Verordnung in den genannten Anwendungsgebieten ausgeschlossen:

- Arzneimittel zur Anwendung bei Erkältungskrankheiten und grippalen Infekten einschließlich der bei diesen Krankheiten anzuwendenden Schnupfenmittel, Schmerzmittel, hustendämpfenden und hustenlösenden Mittel
- Mund- und Rachentherapeutika, ausgenommen bei Pilzinfektionen
- Abführmittel (Ausnahme: Behandlung einer erheblichen Grunderkrankung, z. B. Querschnittlähmung, Multiple Sklerose, Krebserkrankung des Darmtrakts)
- Arzneimittel gegen Reisekrankheit
- Arzneimittel, bei deren Anwendung eine Erhöhung der Lebensqualität im Vordergrund steht. Ausgeschlossen sind insbesondere Arzneimittel, die überwiegend zur Behandlung der erektilen Dysfunktion (z. B. Viagra®), der Anreizung sowie Steigerung der sexuellen Potenz, zur Raucherentwöhnung, zur Abmagerung oder zur Zügelung des Appetits, zur Regulierung des Körpergewichts oder zur Verbesserung des Haarwuchses dienen (sog. Lifestyle-Produkte)

Daneben konnten nach dem früheren § 34 Abs. 2 und 3 SGB V durch Rechtsverordnung weitere Arzneimittel ausgeschlossen werden, die üblicherweise bei geringfügigen Gesundheitsstörungen verordnet werden bzw. in ihrer Anwendungsweise oder ihrem therapeutischen Nutzen unwirtschaftlich sind. Die hier erfolgten Ausschlüsse gelten – obwohl § 34 Abs. 2 SGB V zwischenzeitlich aufgehoben wurde – weiter. Sie gelten als Verordnungsausschlüsse des Gemeinsamen Bundesausschusses (§ 34 Abs. 3 SGB V).

Wichtig:

Für ein Arznei- oder Verbandmittel, für das ein Festbetrag nach § 35 SGB V festgesetzt ist, trägt die Krankenkasse die Kosten bis zur Höhe dieses Betrags (vgl. § 31 Abs. 2 SGB V). Wird ein Medikament aus einer Festbetragsgruppe verordnet, dessen Preis den Festbetrag übersteigt, hat der Versicherte (zusätzlich zur Zuzahlung nach § 61 SGB V) die Differenz zwischen Arzneimittelpreis und Festbetrag in der Apotheke selbst zu bezahlen. Dies gilt auch für Versicherte unter 18 Jahren. In solchen Fällen hat der behandelnde Arzt ein eingehendes Gespräch mit dem Patienten zu führen und ihn auf seine Zuzahlungspflicht hinzuweisen (vgl. § 73 Abs. 5 Satz 3 SGB V).

Heilmittel

Versicherte haben Anspruch auf Versorgung mit Heilmitteln (z. B. Massagen, Bäder und Krankengymnastik), soweit sie nicht nach § 34 SGB V ausgeschlossen sind (§ 32 Abs. 1 SGB V).

Langfristiger Behandlungsbedarf

Nach § 32 Abs. 1a SGB V regelt der Gemeinsame Bundesausschuss in seinen Richtlinien das Nähere zur Heilmittelversorgung von Versicherten mit langfristigem Behandlungsbedarf. Er hat insbesondere bestimmt, wann ein langfristiger Heilmittelbedarf vorliegt, und festzulegen, ob und inwieweit ein Genehmigungsverfahren durchzuführen ist. Ist in der Richtlinie ein Genehmigungsverfahren vorgesehen, ist über die Anträge innerhalb von vier Wochen zu entscheiden. Ansonsten gilt die Genehmigung nach Ablauf der Frist als erteilt. Soweit zur Entscheidung ergänzende Informationen des Antragstellers erforderlich sind, ist der Ablauf der Frist bis zum Eingang dieser Informationen unterbrochen.

Hilfsmittel

Versicherte haben Anspruch auf Versorgung mit Hörhilfen, Körperersatzstücken, orthopädischen und anderen Hilfsmitteln, die im Einzelfall erforderlich sind, um den Erfolg der Krankenbehandlung zu sichern, einer drohenden Behinderung vorzubeugen oder eine Behinderung auszugleichen, soweit die Hilfsmittel nicht als allgemeine Gebrauchsgegenstände des täglichen Lebens anzusehen (z. B. Eigenanteile für orthopädische Schuhe etc.) oder nach § 34 Abs. 4 SGB V ausgeschlossen sind (§ 33 Abs. 1 Satz 1 SGB V; vgl. auch Hilfsmittelverzeichnis nach § 128 SGB V). Der Anspruch umfasst auch die notwendige Änderung, Instandsetzung und Ersatzbeschaffung von Hilfsmitteln sowie die Ausbildung in ihrem Gebrauch.

Wichtig:

Versicherte haben bis zur Vollendung des 18. Lebensjahres Anspruch auf Versorgung mit Sehhilfen. Für Versicherte, die das 18. Lebensjahr vollendet haben, besteht der Anspruch auf Sehhilfen, wenn sie aufgrund ihrer Sehschwäche oder Blindheit, entsprechend der von der Weltgesundheitsorganisation empfohlenen Klassifikation des Schweregrades der Sehbeeinträchtigung, auf beiden Augen eine schwere Sehbeeinträchtigung mindestens der Stufe 1 aufweisen; Anspruch auf therapeutische Sehhilfen besteht, wenn diese der Behandlung von Augenverletzungen oder Augenerkrankungen dienen. Der Anspruch auf Versorgung mit Sehhilfen umfasst nicht die Kosten des Brillengestells (vgl. § 33 Abs. 1 Satz 4 bis 7 SGB V). Ein erneuter Anspruch auf Versorgung mit Sehhilfen besteht für Versicherte, die das 14. Lebensjahr vollendet haben, grundsätzlich nur bei einer Änderung der Sehfähigkeit um mindestens 0,5 Dioptrien (vgl. § 33 Abs. 4 SGB V). Anspruch auf Versorgung mit Kontaktlinsen besteht für anspruchsberechtigte Versicherte nur in medizinisch zwingend erforderlichen Ausnahmefällen. Wählen Versicherte statt einer erforderlichen Brille Kontaktlinsen und liegen diese Voraussetzungen nicht vor, zahlt die Krankenkasse als Zuschuss zu den Kosten von Kontaktlinsen höchstens den Betrag, den sie für eine erforderliche Brille aufzuwenden hätte. Die Kosten für Pflegemittel werden nicht übernommen (vgl. § 33 Abs. 3 SGB V).

Ist für ein erforderliches Hilfsmittel ein Festbetrag nach § 36 SGB V festgesetzt oder nach § 127 Abs. 2 Satz 1 SGB V vertraglich vereinbart, gelten hinsichtlich des etwaigen Differenzbetrags die Ausführungen zu Arzneimitteln entsprechend.

Die Krankenkasse kann den Versicherten die erforderlichen Hilfsmittel auch leihweise überlassen. Sie kann die Bewilligung von Hilfsmitteln davon abhängig machen, dass die Versicherten sich das Hilfsmittel anpassen oder sich in seinem Gebrauch ausbilden lassen (§ 33 Abs. 5 SGB V).

Erhöhtes Infektionsrisiko

Das Terminservice- und Versorgungsgesetz hat mit Wirkung ab 11. 5. 2019 zu § 33 SGB V eine Ergänzung vorgenommen, deren Notwendigkeit sich aus der Praxis ergeben hat. Nach der Neuregelung besteht ein Anspruch auch auf solche Hilfsmittel, die eine dritte Person durch einen Sicherheitsmechanismus vor Nadelstichverletzungen schützen, wenn der Versicherte selbst nicht zur Anwendung des Hilfsmittels in der Lage ist und es hierfür einer Tätigkeit der dritten Person bedarf, bei der durch mögliche Stichverletzungen eine Infektionsgefahr besteht oder angenommen werden kann. Zu diesen Tätigkeiten gehören insbesondere Blutentnahmen und Injektionen. Der Gemeinsame Bundesausschuss bestimmt in seinen Richtlinien bis zum 31. 1. 2020 die Tätigkeiten, bei denen eine erhöhte Infektionsgefährdung angenommen werden kann.

In der Gesetzesbegründung (*BT-Drucks.* 19/8351) wird darauf hingewiesen, dass die vorstehend geschilderte Leistung insbesondere bei Diabetikern relevant ist, bei denen Pflegekräfte oder Angehörige die Funktion und Messung des Blutzuckerwerts sowie die Injektion des Insulins übernehmen. In der Gesetzesbegründung wird auch ausgeführt, dass die zur Versorgung erforderlichen Hilfsmittel, wie z. B. Lanzetten, Kanülen und Portnadeln, dem Versicherten vom behandelnden Arzt verordnet werden.

2.3.2 Krankenhausbehandlung

Die Krankenhausbehandlung wird vollstationär, teilstationär, vor- und nachstationär (§ 115a SGB V) sowie ambulant (§ 115b SGB V) erbracht. Versicherte haben Anspruch auf vollstationäre Behandlung in einem zugelassenen Krankenhaus (§ 108 SGB V), wenn die Aufnahme nach Prüfung durch das Krankenhaus erforderlich ist, weil das Behandlungsziel nicht durch teilstationäre, vor- und nachstationäre oder ambulante Behandlung einschließlich häuslicher Krankenpflege erreicht werden kann. Die Krankenhausbehandlung umfasst im Rahmen des Versorgungsauftrags des Krankenhauses alle Leistungen, die im Einzelfall nach Art und Schwere der Krankheit für die medizinische Versorgung der Versicherten im Krankenhaus notwendig sind, insbesondere ärztliche Behandlung (§ 28 Abs. 1 SGB V), Krankenpflege, Versorgung mit Arznei-, Heil- und Hilfsmitteln, Unterkunft und Verpflegung; die akutstationäre Behandlung umfasst auch die im Einzelfall erforderlichen und zum frühestmöglichen Zeitpunkt einsetzenden Leistungen zur Frührehabilitation (§ 39 Abs. 1 SGB V).

Die Krankenhausbehandlung umfasst ein Entlassmanagement zur Unterstützung einer sektorenübergreifenden Versorgung der Patienten beim Übergang in die Versorgung nach Krankenhausbehandlung.

Wichtig:

In das Entlassmanagement sind die Pflegeeinrichtungen einzubeziehen. Dabei ist eine enge Zusammenarbeit mit Pflegeberaterinnen und Pflegeberatern zu gewährleisten.

Insbesondere wird hier dem Fall Rechnung getragen, dass ein Krankenhauspatient nach seiner Entlassung in stationäre Pflege aufgenommen werden muss. Das Krankenhaus kann mit zugelassenen Ärzten bzw. zugelassenen medizinischen Versorgungszentren sowie ermächtigten Ärzten und Einrichtungen vereinbaren, dass diese Aufgaben des Entlassmanagements wahrnehmen.

Wichtig:

Der Patient hat gegenüber seiner Krankenkasse einen Anspruch auf Unterstützung des Entlassmanagements. Soweit Hilfen durch die Pflegeversicherung in Betracht kommen, kooperieren Kranken- und Pflegekassen miteinander.

Soweit dies für die Versorgung des Patienten nach der Entlassung aus dem Krankenhaus erforderlich ist, kann das Krankenhaus bestimmte Leistungen selbst verordnen und die Arbeitsunfähigkeit feststellen. Bei den angesprochenen Leistungen geht es um:

- Arznei-, Verband-, Heil- und Hilfsmittel
- Krankenhausbehandlung
- häusliche Krankenpflege
- Soziotherapie

Die Leistungsversorgung und die Feststellung der Arbeitsunfähigkeit kann für sieben Tage erfolgen.

Die weitere Ausgestaltung des Versorgungsrechts wird durch den Gemeinsamen Bundesausschuss geregelt. Außerdem wurde ein entsprechender Rahmenvertrag abgeschlossen und zwar durch den Spitzenverband Bund der Krankenkassen, die Kassenärztliche Bundesvereinigung und die Deutsche Krankenhausgesellschaft.

Das Entlassmanagement und eine dazu erforderliche Erhebung, Verarbeitung und Nutzung personenbezogener Daten dürfen nur mit Einwilligung und nach vorheriger Information des Patienten erfolgen. Die Einwilligung kann jederzeit widerrufen werden. Information, Einwilligung und Widerruf bedürfen der Schriftform.

Zusammenfassend gehören zum Entlassmanagement alle Leistungen, die für die Versorgung nach einer Krankenhausbehandlung erforderlich sind (§ 39 Abs. 1a SGB V in der seit 11. 5. 2019 geltenden Fassung des TSVG).

Werden durch die Krankenkasse Leistungen zur medizinischen Rehabilitation (§§ 40, 41 SGB V) gewährt, gelten die Vorschriften über das Entlassmanagement entsprechend.

Wichtig:

Wählen Versicherte ohne zwingenden Grund ein anderes als ein in der ärztlichen Einweisung genanntes Krankenhaus, können ihnen die Mehrkosten ganz oder teilweise auferlegt werden (§ 39 Abs. 2 SGB V).

2.3.3 Fahrkosten

Die Krankenkasse übernimmt grundsätzlich nach § 60 Abs. 2 SGB V nur die Fahrkosten bei: **Fahrkosten**

- Leistungen, die stationär erbracht werden; dies gilt bei einer Verlegung in ein anderes Krankenhaus nur, wenn die Verlegung aus zwingenden medizinischen Gründen erforderlich ist, oder bei einer mit Einwilligung der Krankenkasse erfolgten Verlegung in ein wohnortnahes Krankenhaus
- Rettungsfahrten zum Krankenhaus auch dann, wenn eine stationäre Behandlung nicht erforderlich ist

- anderen Fahrten von Versicherten, die während der Fahrt einer fachlichen Betreuung oder der besonderen Einrichtungen eines Krankenkraftwagens bedürfen oder bei denen dies aufgrund ihres Zustandes zu erwarten ist (Krankentransport)
- Fahrten von Versicherten zu einer ambulanten Krankenbehandlung sowie zu einer Behandlung nach § 115a oder § 115b SGB V, wenn dadurch eine an sich gebotene vollstationäre oder teilstationäre Krankenhausbehandlung (§ 39 SGB V) vermieden oder verkürzt wird oder diese nicht ausführbar ist, wie bei einer stationären Krankenhausbehandlung

Die Übernahme von Fahrkosten für Fahrten zur ambulanten Behandlung erfolgt nur nach vorheriger Genehmigung durch die Krankenkasse. Diese gilt als erteilt, wenn eine der folgenden Voraussetzungen vorliegt:

- ein Schwerbehindertenausweis mit dem Merkzeichen „aG", „Bl" oder „H"
- eine Einstufung in der Pflegeversicherung in den Pflegegrad 3, 4 oder 5 – bei Einstufung in den Pflegegrad 3 muss zusätzlich eine dauerhafte Beeinträchtigung der Mobilität vorliegen

Als Fahrkosten werden nach § 60 Abs. 3 SGB V anerkannt bei:

- Benutzung eines öffentlichen Verkehrsmittels der Fahrpreis unter Ausschöpfen von Fahrpreisermäßigungen
- Benutzung eines Taxis oder Mietwagens, wenn ein öffentliches Verkehrsmittel nicht benutzt werden kann, der nach § 133 SGB V für Krankentransporte berechnungsfähige Betrag
- Benutzung eines Krankenkraftwagens oder Rettungsfahrzeugs, wenn ein öffentliches Verkehrsmittel, ein Taxi oder ein Mietwagen nicht benutzt werden kann, der nach § 133 SGB V berechnungsfähige Betrag
- Benutzung eines privaten Kraftfahrzeugs für jeden gefahrenen Kilometer der jeweils aufgrund des Bundesreisekostengesetzes festgesetzte Höchstbetrag für Wegstreckenentschädigung, höchstens jedoch die Kosten, die bei Inanspruchnahme des nach den vorhergehenden Aufzählungszeichen erforderlichen Transportmittels entstanden wären

Wichtig:

Wird ein aufwändigeres oder teureres Transportmittel benutzt als verordnet, werden diese Kosten nicht von der Krankenkasse übernommen.

Als Zuzahlung haben die Versicherten 10 % des Preises, mindestens 5 EUR und höchstens 10 EUR zu leisten (§ 60 Abs. 2 i. V. m. § 61 Abs. 1 SGB V).

2.3.4 Zahnbehandlung und Zahnersatz

Zahnärztliche Behandlung

Die zahnärztliche Behandlung umfasst gemäß § 28 Abs. 2 SGB V die Tätigkeit des Zahnarztes, die zur Verhütung, Früherkennung und Behandlung von Zahn-, Mund- und Kieferkrankheiten nach den Regeln der zahnärztlichen Kunst ausreichend und zweckmäßig ist; sie umfasst auch konservierend-chirurgische Leistungen und Röntgenleistungen, die im Zusammenhang mit Zahnersatz einschließlich Zahnkronen und Suprakonstruktionen erbracht werden.

Wichtig:

Wählen Versicherte bei Zahnfüllungen eine darüber hinausgehende Versorgung, haben sie die Mehrkosten selbst zu tragen. Hier wird von den Kassen die vergleichbare preisgünstigste plastische Füllung als Sachleistung abgerechnet. In diesen Fällen ist vor Beginn der Behandlung eine schriftliche Vereinbarung zwischen dem Zahnarzt und dem Versicherten zu treffen (vgl. § 28 Abs. 1 Satz 4 SGB V). Die Mehrkostenregelung gilt jedoch nicht für Fälle, in denen intakte plastische Füllungen ausgetauscht werden.

Praxis Tipp

Vereinbarungen nach § 28 Abs. 2 Satz 4 SGB V

Die Vereinbarung ergibt sich z. B. auch aus der Erklärung des Versicherten bzw. dem Teil 2 des Heil- und Kostenplans, mit dem er eine Aufstellung über die Kosten erhält und die er jeweils durch seine Unterschrift bestätigt: „Ich wünsche eine Versorgung entsprechend des Heil- und Kostenplans nebst dieser Anlage." Wenn der Versicherte mit seinem behandelnden Zahnarzt eine derartige Vereinbarung nach § 28 Abs. 2 Satz 4 SGB V getroffen hat, so ist er diesem gegenüber eine Verbindlichkeit eingegangen, die er selbst zu tragen hat. Mehrkosten für eine über das Maß des Notwendigen hinausgehende aufwändigere Zahnfüllung braucht auch der Sozialhilfeträger nicht zu übernehmen. Ist hingegen eine solche Mehrkostenvereinbarung nicht getroffen worden, so hat der behandelnde Zahnarzt gegenüber dem Versicherten schon keinen Anspruch auf Erstattung der Kosten für die aufwändigeren Zahnfüllungen, so dass der Sozialhilfeträger nicht zur Übernahme dieser Kosten verpflichtet sein kann (vgl. *VGH Baden-Württemberg,* Urteil vom 21. 6. 1999, FEVS 51, 307 m. w. N.).

Ausgeschlossen von der zahnärztlichen Behandlung ist die kieferorthopädische Behandlung von Versicherten, die zu Beginn der Behandlung das 18. Lebensjahr vollendet haben. Dies gilt nicht für Versicherte mit schweren Kieferanomalien, die ein Ausmaß haben, das kombinierte kieferchirurgische und kieferorthopädische Behandlungsmaßnahmen erfordert. Ebenso gehören funktionsanalytische und funktionstherapeutische Maßnahmen nicht zur zahnärztlichen Behandlung; sie dürfen von den Krankenkassen auch nicht bezuschusst werden. Das Gleiche gilt für implantologische Leistungen, es sei denn, es liegen seltene Ausnahmeindikationen für besonders schwere Fälle vor, in denen die Krankenkasse diese Leistung einschließlich der Suprakonstruktion als Sachleistung im Rahmen einer medizinischen Gesamtbehandlung erbringt.

Umfang

Versicherte haben Anspruch auf befundbezogene Festzuschüsse bei einer medizinisch notwendigen Versorgung mit Zahnersatz einschließlich Zahnkronen und Suprakonstruktionen (zahnärztliche und zahntechnische Leistungen) in den Fällen, in denen eine zahnprothetische Versorgung notwendig ist und die geplante Versorgung einer Methode entspricht, die gemäß § 135 Abs. 1 SGB V anerkannt ist (§ 55 Abs. 1 Satz 1 SGB V). Als Zahnersatz gelten damit Kronen, Brücken, Prothesen, kombinierte Versorgungsformen und implantatgetragene Kronen, Brücken oder Prothesen. Nicht dazu gehören Zahnfüllungen, Gold- oder Keramik-Inlays, Wurzelkanalfüllungen oder Röntgenleistungen.

Wichtig:

Bei großen Brücken ist die Regelversorgung auf den Ersatz von bis zu vier fehlenden Zähnen je Kiefer und bis zu drei fehlenden Zähnen je Seitenzahngebiet begrenzt. Bei Kombinationsversorgungen ist die Regelversorgung auf zwei Verbindungselemente je Kiefer, bei Versicherten mit einem Restzahnbestand von höchstens drei Zähnen je

Kiefer auf drei Verbindungselemente je Kiefer begrenzt. Regelversorgungen umfassen im Oberkiefer Verblendungen bis einschließlich Zahn fünf, im Unterkiefer bis einschließlich Zahn vier (vgl. § 56 Abs. 2 SGB V).

Die Festzuschüsse umfassen 50 % (ab 1. 10. 2020: 60 %) der nach § 57 Abs. 1 Satz 6 und Abs. 2 Satz 6 und 7 SGB V festgesetzten Beträge für die jeweilige Regelversorgung gemäß § 56 Abs. 2 SGB V (§ 55 Abs. 1 Satz 2 SGB V; konservierend-chirurgische und Röntgenleistungen sind darin nicht enthalten).

- Für eigene Bemühungen zur Gesunderhaltung der Zähne erhöhen sich die Festzuschüsse nach § 55 Abs. 1 Satz 2 SGB V um 20 % (ab 1. 10. 2020 erhöhen sich gemäß § 55 Abs. 1 Satz 3 SBG V die Festzuschüsse auf 70 %).

  Diese Erhöhung wird gewährt, wenn der Gebisszustand des Versicherten regelmäßige Zahnpflege erkennen lässt und der Versicherte während der letzten fünf Jahre vor Beginn der Behandlung die Untersuchung nach § 22 Abs. 1 SGB V in jedem Kalenderjahr einmal in Anspruch genommen hat. Für Kinder und Jugendliche bis zur Vollendung des 18. Lebensjahres gilt die Regelung als erfüllt, wenn sie sich wenigstens einmal in jedem Kalenderhalbjahr haben untersuchen lassen.

- Die Festzuschüsse nach § 55 Abs. 1 Satz 2 SGB V erhöhen sich um weitere 10 %, wenn der Versicherte seine Zähne regelmäßig gepflegt und in den letzten zehn Kalenderjahren vor Beginn der Behandlung, frühestens seit dem 1. 1. 1989, die vorgenannten Untersuchungen ohne Unterbrechung in Anspruch genommen hat (ab 1. 10. 2020 tritt eine Erhöhung auf 75 % ein).

Wichtig:

Das Bonusheft hat auch nach neuem Recht zum Nachweis der Eigenbemühungen immer noch dieselbe Bedeutung – auch wenn mitunter von manchen Zahnärzten verneint. Es empfiehlt sich daher, es weiterhin zu führen und aufzubewahren.

Liegt ein Härtefall nach § 55 Abs. 2 SGB V vor, leistet die Krankenkasse maximal den doppelten Festzuschuss. Das insoweit am 1. 10. 2020 in Kraft tretende Terminservice- und Versorgungsgesetz (TSVG) legt fest, dass Versicherte in solchen Fällen Anspruch auf einen Betrag in Höhe von 40 % der nach § 57 SGB V für die zahnärztlichen und zahntechnischen Leistungen der jeweiligen Regelversorgung festgesetzten Beträge haben.

Besondere Härtefallregelung – weitere Kostenübernahme (sog. Überforderungsklausel):

Die Krankenkasse hat bei der Versorgung mit Zahnersatz den von den Versicherten zu tragenden Kostenanteil zu übernehmen, soweit der Anteil das Dreifache der Differenz zwischen den monatlichen Bruttoeinnahmen zum Lebensunterhalt und der zur Gewährung eines zweifachen Festzuschusses maßgebenden Einnahmegrenze übersteigt (§ 55 Abs. 3 SGB V). Höchstens wird ein Betrag in Höhe der zweifachen Festzuschüsse, begrenzt auf die tatsächlichen Kosten, gewährt. Mit Inkrafttreten der Neuregelung zum 1. 10. 2020 tritt jeweils an die Stelle des zweifachen Festzuschusses der vorstehend erwähnte Betrag von 40 % der nach § 57 SGB V festgesetzten Beträge.

Gemeinsames Rundschreiben

Zum Begriff der Einnahmen zum Lebensunterhalt ist das Gemeinsame Rundschreiben der Spitzenverbände der Krankenkassen vom 19. 3. 2015 ergangen, das sich in der Fassung vom 17. 11. 2015 befindet. Das Rundschreiben gilt auch für den Bereich der Belastungsgrenze nach § 62 SGB V (vgl. dazu die Ausführungen unter 6.2). In Abschnitt 1.1 des Rundschreibens heißt es, dass zu den Einnahmen zum Lebensunterhalt alle Einnahmen gehören, die zur Bestreitung des Lebensunterhalts bestimmt sind, und zwar grundsätzlich ohne Rücksicht auf ihre steuerliche Behandlung, soweit sie gegenwärtig zur Verfügung stehen.

Einmalige und wiederkehrende Bezüge

Dazu zählen grundsätzlich alle einmaligen oder wiederkehrenden Bezüge sowie geldwerte Zuwendungen, wie z. B. Abfindungen, Arbeitsentgelt, Arbeitseinkommen sowie Einkünfte, die ein Unternehmer aus seinem Geschäftsbetrieb zur Bestreitung des Lebensunterhalts für sich und seine Familie erzielt oder entnimmt. Ferner gehören Einnahmen aus Kapitalvermögen, der Bruttobetrag der Renten und Versorgungsbezüge sowie Hilfen zum Lebensunterhalt nach dem SGB XII dazu. Zu den Einnahmen zum Lebensunterhalt zählen auch die Leistungen der Träger der Grundsicherung für Arbeitsuchende.

Ausnahmen

Als Einnahmen zum Lebensunterhalt bleiben die durch Gesetz, Rechtsprechung oder entsprechende Rechtsauslegung benannten zweckgebundenen Zuwendungen, z. B. zur Abdeckung eines Heilbedarfs, wie Pflegegeld, Blindenzulage oder Kindergeld, unberücksichtigt.

Zuordnung

Nach Abschnitt 1.2 des Gemeinsamen Rundschreibens sind Einnahmen als laufend zu bewerten, sofern sie regelmäßig z. B. wöchentlich/monatlich wiederkehren (z. B. Arbeitsentgelt, Arbeitseinkommen, Bruttobetrag der Renten- und Versorgungsbezüge). Laufende Einnahmen zum Lebensunterhalt werden dem Kalenderjahr zugeordnet, für das sie gezahlt werden.

Zu den Einnahmen zum Lebensunterhalt zur Berechnung des Zahnersatzzuschusses zählen aber auch einmalige Einnahmen. Dabei sind Einnahmen als einmalig zu bewerten, sofern sie einmalig oder in größeren Zeitabständen als monatlich gezahlt werden (z. B. einzelne Entgeltbestandteile, Jubiläumszuwendungen, Urlaubsgelder, Weihnachtsgratifikationen, Abfindungen aus Arbeitsverhältnissen, Renten, Versorgungsbezüge).

Nachzahlungen von laufenden Einnahmen gelten als einmalige Einnahmen zum Lebensunterhalt (z. B. rückwirkende Erhöhung des Arbeitsentgelts und rückwirkende Rentenzubilligung).

Einmalige Einnahmen zum Lebensunterhalt sind dem Kalenderjahr zuzuordnen, in dem sie ausgezahlt werden bzw. zufließen.

Beispiel:

Rentenantrag am 20. 6. 2019. Rentenzuerkennung am 16. 3. 2020 mit Rentenbeginn am 1. 6. 2019, Rentennachzahlung für den Zeitraum 1. 6. 2019 bis 31. 3. 2020 in Höhe von 12.000 EUR am 16. 3. 2020.

Ergebnis:

Die Rentennachzahlung in Höhe von 12.000 EUR ist in voller Höhe als Einnahme für das Jahr 2020 anzusetzen.

In einer Anlage zum Gemeinsamen Rundschreiben vom 19. 3. 2015 werden die einzelnen Einnahmearten alphabetisch dargestellt. Auf den Abdruck dieser Tabelle wird verzichtet.

Heil- und Kostenplan

Der Vertragszahnarzt hat vor Beginn der Behandlung einen kostenfreien Heil- und Kostenplan (vgl. § 85 Abs. 2 SGB V) zu erstellen, der den Befund, die Regelversorgung und die tatsächlich geplante Versorgung auch in den Fällen des § 55 Abs. 4 und 5 SGB V nach Art, Umfang und Kosten beinhaltet. Im Heil- und Kostenplan sind Angaben zum Herstellungsort des Zahnersatzes zu machen. Der Heil- und

Kostenplan ist von der Krankenkasse vor Beginn der Behandlung insgesamt zu prüfen. Die Krankenkasse kann den Befund, die Versorgungsnotwendigkeit und die geplante Versorgung begutachten lassen. Bei bestehender Versorgungsnotwendigkeit bewilligt die Krankenkasse die Festzuschüsse gemäß § 55 Abs. 1 oder 2 SGB V entsprechend dem im Heil- und Kostenplan ausgewiesenen Befund (vgl. § 87 Abs. 1a SGB V).

Abrechnung/Zahlung

Nach Abschluss der Behandlung rechnet der Vertragszahnarzt die von der Krankenkasse bewilligten Festzuschüsse mit der Kassenzahnärztlichen Vereinigung ab, soweit die tatsächlich durchgeführte Versorgung der Regelversorgung entspricht (vgl. § 87 Abs. 1a SGB V). Die Festzuschüsse werden gezahlt, wenn der Zahnersatz in der bewilligten Form innerhalb von sechs Monaten eingegliedert wird. Der Versicherte muss nur noch den Versichertenanteil selbst direkt an den Zahnarzt leisten (für die Abrechnung gilt hier der Einheitliche Bewertungsmaßstab für zahnärztliche Leistungen – BEMA).

Wählen Versicherte einen über die Regelversorgung gemäß § 56 Abs. 2 SGB V hinausgehenden gleichartigen Zahnersatz, haben sie die Mehrkosten gegenüber den in § 56 Abs. 2 Satz 10 SGB V aufgelisteten Leistungen selbst zu tragen (§ 55 Abs. 4 SGB V). Gleichartig ist Zahnersatz, wenn er die Regelversorgung umfasst, jedoch zusätzliche Leistungen aufweist (z. B. Verblendungen im hinteren Seitenzahngebiet, zusätzliche Verbindungselemente an kombiniertem Zahnersatz, Gold- statt Palladiumlegierungen/NEM-Legierungen).

Praxis TIPP

Aufbewahrung und Finanzierung der Rechnungen

Dass die Begrenzung auf Festzuschüsse zulasten der qualitativen Versorgung geht, kann nicht ohne weiteres unterstellt werden. Generell empfiehlt es sich aber, die Rechnungen im Hinblick auf mögliche Gewährleistungsansprüche (Behandlungsmängel/Beschwerden bei Füllungen und Zahnersatz) für mindestens zwei Jahre aufzubewahren.

Ein anderes Problem stellt sich bei Leistungsberechtigten und Personen mit vergleichsweise niedrigem Einkommen, die ggf. gleich- oder andersartige Versorgung gewählt haben. Bei Rechnungserhalt sind diese voraussichtlich nicht oder nur begrenzt in der Lage, den Rechnungsbetrag in einer Summe (ggf. auch durch Kontoüberziehung) zu begleichen. Es sollten daher die Möglichkeiten einer Ratenzahlung mit dem Zahnarzt oder die Vereinbarung eines Zahlungszieles (bis die Krankenkasse den Festzuschuss dem Konto gutgeschrieben hat) ausgelotet werden. Ob der Sozialhilfeträger seinerseits in entsprechender Anwendung des § 73 SGB XII (vgl. Abschnitt 11) zusätzliche Leistungen in Form der darlehensweisen Übernahme erbringt, mag bezweifelt werden. Im Hinblick auf § 18 Abs. 1 SGB XII muss er hierüber jedoch durch Vorlage des Heil- und Kostenplanes rechtzeitig informiert werden (vgl. *VGH Baden-Württemberg vom* 21. 6. 1999, FEVS 51, 307).

2.3.5 Kieferorthopädische Behandlung

Kieferorthopädische Behandlung

Versicherte (bis zur Vollendung des 18. Lebensjahres) haben Anspruch auf kieferorthopädische Versorgung in medizinisch begründeten Indikationsgruppen, bei denen eine Kiefer- oder Zahnfehlstellung vorliegt, die das Kauen, Beißen, Sprechen oder Atmen erheblich beeinträchtigt oder zu beeinträchtigen droht (§ 29 Abs. 1 SGB V).

Wichtig:

Versicherte leisten zu der kieferorthopädischen Behandlung einen Anteil in Höhe von 20 % der Kosten an den Vertragszahnarzt. Dies gilt nicht für im Zusammenhang mit kieferorthopädischer Behandlung erbrachte konservierend-chirurgische und Röntgenleistungen. Befinden sich mindestens zwei versicherte Kinder, die bei Beginn der Behandlung das 18. Lebensjahr noch nicht vollendet haben und mit ihren Erziehungsberechtigten in einem gemeinsamen Haushalt leben, in kieferorthopädischer Behandlung, beträgt der Anteil für das zweite und jedes weitere Kind 10 % (vgl. § 29 Abs. 2 SGB V). Wenn die Behandlung in dem durch den Behandlungsplan bestimmten medizinisch erforderlichen Umfang abgeschlossen worden ist, zahlt die Kasse den von den Versicherten geleisteten Anteil nach Absatz 2 Satz 1 und 3 an die Versicherten zurück (§ 29 Abs. 3 Satz 2 SGB V).

Neuregelung durch das TSVG

Das TSVG hat mit Wirkung ab 11. 5. 2019 dem § 29 SGB V einen neuen Absatz 5 angefügt. Wählen danach Versicherte im Fall von kieferorthopädischen Behandlungen Leistungen, die denjenigen im einheitlichen Bewertungsmaßstab für zahnärztliche Leistungen vergleichbar sind und sich lediglich in der Durchführungsart oder durch die eingesetzten Behandlungsmittel unterscheiden (Mehrleistungen), haben die Versicherten die durch diese Mehrleistungen entstehenden Mehrkosten selbst zu tragen. In diesen Fällen ist von den gesetzlichen Krankenkassen die vergleichbare im einheitlichen Bewertungsmaßstab für zahnärztliche Leistungen abgebildete kieferorthopädische Leistung als Sachleistung abzurechnen. Die Kassenärztliche Bundesvereinigung und der Spitzenverband Bund der Krankenkassen vereinbaren einen Katalog dieser Leistungen bis spätestens 31. 12. 2022. Dort können auch weitere Leistungen (Zusatzleistungen) bezeichnet werden. Werden neben einer „normalen“ kieferorthopädischen Leistung im Einzelfall Mehrleistungen oder Zusatzleistungen durch den Zahnarzt erbracht, ist zwischen ihm und dem Versicherten vor Behandlungsbeginn eine schriftliche Vereinbarung zu treffen.

3. Leistungserbringung, Vergütung (§ 52 SGB XII)

Leistungsumfang

Die Hilfen nach den §§ 47 bis 51 SGB XII entsprechen den Leistungen der gesetzlichen Krankenversicherung. Soweit Krankenkassen in ihrer Satzung Umfang und Inhalt der Leistungen bestimmen können, entscheidet der Träger der Sozialhilfe über Umfang und Inhalt der Hilfen nach pflichtgemäßem Ermessen (§ 52 Abs. 1 SGB XII).

Arztwahl

Leistungsberechtigte haben die freie Wahl unter den Ärzten und Zahnärzten sowie den Krankenhäusern entsprechend den Bestimmungen der gesetzlichen Krankenversicherung. Hilfen werden nur in dem durch Anwendung des § 65a SGB V (Bonus für gesundheitsbewusstes Verhalten) erzielbaren geringsten Umfang geleistet (§ 52 Abs. 2 SGB XII).

Vergütung

Bei Erbringung von Leistungen nach den §§ 47 bis 51 SGB XII sind die für die gesetzlichen Krankenkassen nach dem Vierten Kapitel SGB V geltenden Regelungen mit Ausnahme der §§ 82 bis 87a SGB V (Verträge auf Bundes- oder Landesebene) anzuwenden. Ärzte, Psychotherapeuten im Sinne des § 28 Abs. 3 Satz 1 SGB V und Zahnärzte haben für ihre Leistungen Anspruch auf die Vergütung, welche die Ortskrankenkasse, in deren Bereich der Arzt, Psychotherapeut oder der Zahnarzt niedergelassen ist, für ihre Mitglieder zahlt. Die sich aus den §§ 294, 295, 300 bis 302 SGB V für die Leistungserbringer ergebenden Verpflichtungen gelten auch für die Abrechnung von Leistungen nach diesem Kapitel mit dem Träger der Sozialhilfe. Die Vereinbarungen nach § 303 Abs. 1 sowie § 304 SGB V gelten für den Träger der Sozialhilfe entsprechend (§ 52 Abs. 3 SGB XII).

Hospize Leistungsberechtigten, die nicht in der gesetzlichen Krankenversicherung versichert sind, wird unter den Voraussetzungen von § 39a Satz 1 SGB V zu stationärer und teilstationärer Versorgung in Hospizen der von den gesetzlichen Krankenkassen entsprechend § 39a Satz 3 SGB V zu zahlende Zuschuss geleistet (§ 52 Abs. 4 SGB XII). Er darf kalendertäglich 6 % der monatlichen Bezugsgröße nach § 18 Abs. 1 SGB IV nicht unterschreiten und unter Anrechnung der Leistungen anderer Sozialleistungsträger die tatsächlichen kalendertäglichen Kosten zu stationärer oder teilstationärer Versorgung in Hospizen, in denen palliativ-medizinische Behandlung erbracht wird, nicht überschreiten. 6 % der monatlichen Bezugsgröße belaufen sich 2019 auf 186,90 EUR.

Für Leistungen zur medizinischen Rehabilitation nach § 54 Abs. 1 Satz 1 SGB XII (vgl. Kapitel B 4) gilt § 59 Abs. 2 und 3 SGB XII entsprechend (§ 52 Abs. 5 SGB XII).

3.1 Zuzahlungen

Versicherte der gesetzlichen Krankenversicherung haben in zahlreichen Fällen Zuzahlungen zu erbringen:

Zuzahlungsregelungen auf einen Blick

Kassenleistung	Zuzahlungen	Ausnahmen
Arznei- und Verbandmittel	10 % des Preises, jedoch mindestens 5 EUR und maximal 10 EUR pro Arzneimittel. In jedem Fall sind nicht mehr als die Kosten des Mittels zu zahlen	Kinder und Jugendliche bis zur Vollendung des 18. Lebensjahres
Häusliche Krankenpflege	10 % der Kosten des Mittels zuzüglich 10 EUR je Verordnung	Kinder und Jugendliche bis zur Vollendung des 18. Lebensjahres
Heilmittel	10 % der Kosten des Mittels zuzüglich 10 EUR je Verordnung	Kinder und Jugendliche bis zur Vollendung des 18. Lebensjahres
Hilfsmittel	10 % für jedes Hilfsmittel (z. B. Hörgerät), jedoch mindestens 5 EUR und maximal 10 EUR. In jedem Fall sind nicht mehr als die Kosten des Mittels zu zahlen.	– Hilfsmittel, die zum Verbrauch bestimmt sind (z. B. Windeln bei Inkontinenz): Zuzahlung von 10 % je Verbrauchseinheit, aber maximal 10 EUR pro Monat – 18. Lebensjahr noch nicht vollendet
Haushaltshilfe	10 % der kalendertäglichen Kosten, jedoch höchstens 10 EUR und mindestens 5 EUR	– Kinder und Jugendliche bis zur Vollendung des 18. Lebensjahres
Soziotherapie	10 % der kalendertäglichen Kosten, jedoch höchstens 10 EUR und mindestens 5 EUR	– Kinder und Jugendliche bis zur Vollendung des 18. Lebensjahres

Kassenleistung	Zuzahlungen	Ausnahmen
Stationäre Vorsorge und Rehabilitation	10 EUR pro Tag	– bei Anschlussheilbehandlungen: Begrenzung auf 28 Tage im Kalenderjahr – 18. Lebensjahr noch nicht vollendet
Mütter- bzw. Väterkuren	10 EUR pro Tag	– 18. Lebensjahr noch nicht vollendet
Krankenhaus-behandlung	10 EUR pro Tag	– begrenzt auf 28 Tage im Kalenderjahr – 18. Lebensjahr noch nicht vollendet
Fahrkosten (ambulante Fahrten werden nur in besonderen Ausnahmefällen übernommen, vorherige Genehmigung der Krankenkasse erforderlich)	10 % des Fahrpreises, mindestens 5 EUR und höchstens 10 EUR	keine (auch nicht für Kinder und Jugendliche)

Praxis TIPP

Belege sammeln!

Da Befreiungstatbestände, die automatisch eintreten, nicht mehr vorgesehen sind, ist es erforderlich, dass alle Zuzahlungen quittiert und die Belege gesammelt und aufbewahrt werden. Verschiedene Krankenkassen bieten zum Nachweis auch Quittungshefte für Zuzahlungen an, die das Sammeln von Belegen überflüssig machen. Informationen sind bei den Geschäftsstellen zu erhalten.

3.2 Belastungsgrenzen der gesetzlichen Krankenversicherung

Grundsatz

Um die Belastung der gesetzlich Versicherten und sonstigen Mitglieder der gesetzlichen Krankenkassen zu begrenzen, bestehen Höchstsätze, bis zu denen sie sich pro Jahr an den Leistungen selbst beteiligen müssen. Diese Belastungsgrenze ist in § 62 SGB V geregelt. Versicherte haben während jedes Kalenderjahres nur Zuzahlungen bis zur Belastungsgrenze zu leisten; wird die Belastungsgrenze bereits innerhalb eines Kalenderjahres erreicht, hat die Krankenkasse eine Bescheinigung darüber zu erteilen, dass für den Rest des Kalenderjahres keine Zuzahlungen mehr zu leisten sind (vgl. § 62 Abs. 1 Satz 1 SGB V).

Höhe der Belastungsgrenze

Die Belastungsgrenze beträgt 2 % der jährlichen Bruttoeinnahmen zum Lebensunterhalt; für chronisch Kranke, die wegen derselben schwerwiegenden Krankheit in Dauerbehandlung sind, beträgt sie 1 % der jährlichen Bruttoeinnahmen zum Lebensunterhalt (§ 62 Abs. 1 Satz 2 SGB V).

Chronisch Kranke

Als schwerwiegend chronisch krank gilt nach § 62 Abs. 1 Satz 4 i. V. m. § 92 SGB V, wer mindestens ein Jahr lang einen Arztbesuch pro Quartal wegen derselben Krankheit nachweisen kann und zusätzlich eines der folgenden drei Kriterien erfüllt:

- Es liegt eine Pflegebedürftigkeit der Pflegegrade 2 oder 3 vor.
- Es liegt ein Grad der Behinderung oder eine Erwerbsminderung von mindestens 60 vor (vgl. § 30 BVG bzw. § 56 Abs. 2 SGB VII).

- Es ist eine kontinuierliche medizinische Versorgung (ärztliche oder psychotherapeutische Behandlung, Arzneimitteltherapie oder die Versorgung mit Heil- und Hilfsmitteln) notwendig, ohne die nach ärztlicher Einschätzung eine lebensbedrohliche Verschlimmerung der Erkrankung, eine Verminderung der Lebenserwartung oder eine dauerhafte Beeinträchtigung der Lebensqualität durch die von der Krankheit verursachte Gesundheitsstörung zu erwarten ist. Darüber wird eine ärztliche Bescheinigung ausgestellt.

Wichtig:

Die Belastungsgrenze von 1 % gilt für den gesamten Familienhaushalt. Das trifft auch dann zu, wenn der chronisch kranke Ehepartner privat oder bei einer anderen gesetzlichen Krankenkasse versichert sein sollte. Die weitere Dauer der Dauerbehandlung ist der Krankenkasse jeweils spätestens nach Ablauf eines Kalenderjahres nachzuweisen und vom Medizinischen Dienst der Krankenversicherung, soweit erforderlich, zu prüfen (§ 62 Abs. 1 Satz 3 SGB V).

Ermittlung des Einkommens

Bei der Ermittlung der Belastungsgrenzen werden nach § 62 Abs. 2 SGB V die Bruttoeinnahmen zum Lebensunterhalt (also neben Arbeitseinkommen z. B. auch Mieteinnahmen, Abfindungen und Betriebsrenten) der mit dem Versicherten im gemeinsamen Haushalt lebenden Angehörigen des Versicherten und des Lebenspartners zusammengerechnet. Hierbei sind die jährlichen Bruttoeinnahmen für den ersten in dem gemeinsamen Haushalt lebenden Angehörigen des Versicherten um 15 % und für jeden weiteren in dem gemeinsamen Haushalt lebenden Angehörigen des Versicherten und des Lebenspartners um 10 % der jährlichen Bezugsgröße nach § 18 SGB IV zu vermindern (§ 62 Abs. 2 Satz 1 SGB V). Für jedes Kind des Versicherten und des Lebenspartners sind die jährlichen Bruttoeinnahmen um den sich nach § 32 Abs. 6 Satz 1 und 2 EStG ergebenden Betrag zu vermindern; die nach § 62 Abs. 2 Satz 1 SGB V bei der Ermittlung der Belastungsgrenze vorgesehene Berücksichtigung entfällt (§ 62 Abs. 2 Satz 3 SGB V).

Die Bezugsgröße nach § 18 SGB IV beträgt für das Jahr 2020 jährlich 38.220 EUR, die Beträge nach § 32 Abs. 6 EStG bei gemeinsamen Kindern zusammen 7.524 EUR.

Die jährliche Belastungsgrenze errechnet sich bei Alleinstehenden folgendermaßen: Jahreseinkommen (brutto): 39.600 EUR, daraus 2 % = 792 EUR jährliche Belastungsgrenze.

Sind Haushaltsangehörige vorhanden: Familienjahreseinkommen (brutto) vermindert sich um 5.793 EUR (für den Ehegatten/Lebenspartner) und jeweils 3.822 EUR (für jeden weiteren Haushaltsangehörigen), daraus 2 %.

Bei Vorhandensein von Kindern gilt jeweils der obige Wert.

Bei chronisch Kranken vermindern sich die aus der Tabelle ersichtlichen Zuzahlungsbeträge um die Hälfte.

Wichtig:

Grundrenten, die Beschädigte nach dem BVG oder nach anderen Gesetzen in entsprechender Anwendung des BVG erhalten, sowie Renten oder Beihilfen, die nach dem BEG für Schäden an Körper und Gesundheit gezahlt werden, zählen nicht zu den Einnahmen zum Lebensunterhalt bis zur Höhe der vergleichbaren Grundrente nach dem BVG (§ 62 Abs. 2 Satz 4 SGB V).

Abweichend hiervon ist

Maßgebendes Einkommen bei Leistungsempfängern nach SGB XII

- bei Versicherten, die Hilfe zum Lebensunterhalt oder Grundsicherung im Alter und bei Erwerbsminderung nach dem SGB XII oder
- bei Versicherten, die ergänzende Hilfe zum Lebensunterhalt nach dem BVG oder nach einem Gesetz, das dieses für anwendbar erklärt, erhalten,
- bei Versicherten, bei denen die Kosten der Unterbringung in einem Heim oder einer ähnlichen Einrichtung von einem Träger der Sozialhilfe oder der Kriegsopferfürsorge getragen werden, sowie
- für den in § 264 SGB V genannten Personenkreis (vgl. unter Abschnitt 2.2)

als Bruttoeinnahmen zum Lebensunterhalt für die gesamte Bedarfsgemeinschaft nur der Regelsatz des Haushaltsvorstands nach der Verordnung zur Durchführung des § 28 SGB XII (RegelsatzVO) maßgeblich (§ 62 Abs. 2 Satz 5 SGB V). Dabei werden alle Personen erfasst, die in der Bedarfsgemeinschaft leben, das heißt, es spielt für die Höchstgrenze keine Rolle, ob noch weitere hilfsbedürftige Familienangehörige im Haushalt leben; die oben angegebenen Freibeträge können daher nicht zusätzlich geltend gemacht werden.

Wichtig:

Sozialhilfebezieher, die in einem Heim untergebracht sind, müssen nach § 35 Abs. 3 SGB XII Zuzahlungen nicht direkt entrichten. Vielmehr leistet der Träger der Sozialhilfe ein Darlehen in Höhe des maximalen Zuzahlungsbetrags für ein Jahr und zahlt dieses an die Krankenkasse. Das Darlehen wird in Raten von der monatlichen Sozialhilfe einbehalten (§ 37 Abs. 2 Satz 2 SGB XII).

Maßgebendes Einkommen bei Leistungsberechtigten nach SGB II

Bei Versicherten, die Leistungen zur Sicherung des Lebensunterhalts nach dem SGB II erhalten, ist abweichend von § 62 Abs. 2 Sätze 1 bis 3 SGB V als Bruttoeinnahmen zum Lebensunterhalt für die gesamte Bedarfsgemeinschaft nur die Regelleistung nach § 20 Abs. 2 SGB II maßgeblich (§ 62 Abs. 2 Satz 6 SGB V).

Wichtig:

Befreiungsantrag

Da die Krankenkasse nicht automatisch benachrichtigt, sobald die Belastungsgrenze erreicht ist, muss jeder selbst seine Zuzahlungen im Auge behalten (vgl. Abschnitt 3.1). Sobald die Belastungsgrenze innerhalb eines Kalenderjahres erreicht ist, muss bei der Krankenkasse eine Befreiung beantragt werden.

Befreiungsausweis

Die Krankenkasse stellt dem Versicherten eine Bescheinigung über die Befreiung aus. Der Befreiungsausweis enthält den Namen der ausstellenden Krankenkasse, Vorname und Name des Versicherten, Geburtsdatum und/oder KV-Nummer, Datum der Ausstellung und die Gültigkeitsdauer, jedoch keine Angaben über das Einkommen des Versicherten oder anderer zu berücksichtigender Personen (vgl. § 62 Abs. 3 SGB V). Erst mit dem Befreiungsausweis entfallen für den Rest des Kalenderjahres die Zuzahlungen.

Zahnersatz

Bei der Versorgung mit Zahnersatz (vgl. Abschnitt 2.3.4) gelten andere Härtevorschriften. Diese sind in § 55 Abs. 2 und 3 SGB V geregelt und stellen eine Mischform aus vollständiger Befreiung und der Überforderungsklausel nach altem Recht dar.

Aber auch hier spielen wie in Zusammenhang mit der Belastungsgrenze des § 62 Abs. 2 SGB V die Einnahmen zum Lebensunterhalt eine besondere Rolle. Deshalb haben die Spitzenorganisationen der Krankenversicherungsträger ein Gemeinsames Rundschreiben vom 19. 3. 2015 erlassen, das sowohl in Bezug auf die Belastungsgrenze als auch im Hinblick auf die Höhe des Krankenkassenzuschusses zum Zahnersatz anzuwenden ist. Auf die diesbezüglichen Ausführungen unter 2.3.2 wird verwiesen.

4. Eingliederungshilfe für Menschen mit Behinderungen

Die §§ 53 bis 60 SGB XII wurden durch das Bundesteilhabegesetz (BTHG) zum 1. 1. 2020 aufgehoben. Seit diesem Zeitpunkt wird die Eingliederungshilfe für Menschen mit Behinderungen im zweiten Teil des SGB IX (§§ 90 bis 150) geregelt. Hierzu wird auf die Ausführungen in Kapitel B 4 ab Ziffer 3 verwiesen. Die Neufassung des SGB IX befindet sich im Übrigen im Art. I des BTHG. Das neue SGB IX trat im Wesentlichen am 1. 1. 2018 in Kraft.

5. Hilfe zur Pflege (§§ 61 bis 66a SGB XII)

5.1 Grundsätze

Hilfe zur Pflege

Die Hilfe zur Pflege in der Sozialhilfe regelt das Siebte Kapitel des SGB XII, das überschrieben ist mit „Hilfe zur Pflege“. Es handelt sich um die §§ 61 bis 66a SGB XII, die durch das Pflegestärkungsgesetz III (PSG III) mit Wirkung ab 1. 1. 2017 wesentlich geändert wurden. Im Vergleich zum früheren Recht handelt es sich um eine starke Ausweitung der Vorschriften. Während bisher sechs Paragrafen Verwendung fanden, sind es nunmehr 22 Paragrafen. Nach der Begründung zur Beschlussempfehlung des 14. Ausschusses des Bundestages (Gesundheitsausschuss) geht es hier um Klarstellungen im Bereich der Hilfe zur Pflege bezüglich des Leistungsumfangs, die sich aus der Einführung des neuen Pflegebedürftigkeitsbegriffs ergeben.

5.2 Begriff der Pflegebedürftigkeit

Nach § 61 SGB XII haben Personen, die pflegebedürftig im Sinne des § 61a SGB XII sind, Anspruch auf Hilfe zur Pflege. Dieser Anspruch besteht, soweit ihnen und ihren nicht getrennt lebenden Ehegatten oder Lebenspartnern nicht zuzumuten ist, dass sie die für die Hilfe zur Pflege benötigten Mittel aus ihrem Einkommen und Vermögen aufbringen. Die Regelung entspricht der für die sonstige Sozialhilfe. Sind die Personen allerdings minderjährig und unverheiratet, so sind auch das Einkommen und das Vermögen ihrer Eltern oder eines Elternteils zu berücksichtigen.

Pflegebedürftigkeit

Wie bereits erwähnt, regelt § 61a SGB XII den Begriff der Pflegebedürftigkeit. Danach sind Personen pflegebedürftig, die gesundheitlich bedingte Beeinträchtigungen der Selbstständigkeit oder der Fähigkeiten aufweisen und deshalb der Hilfe durch andere bedürfen. Pflegebedürftige Personen im vorstehenden Sinne können körperliche, kognitive oder psychische Beeinträchtigungen oder gesundheitlich bedingte Belastungen oder Anforderungen nicht selbstständig kompensieren oder bewältigen.

Die Regelung des § 61a SGB XII entspricht vollständig dem des § 14 SGB XI.

Dauer

§ 61a SGB XII enthält keine Regelungen über die notwendige Dauer der Pflegebedürftigkeit. Anders geschieht dies in § 14 Abs. 1 SGB XI. Nach § 61 Abs. 2 SGB XII sind sechs Bereiche mit bestimmten Kriterien maßgeblich für die Beurteilung der Beeinträchtigung der Selbstständigkeit oder Fähigkeiten. Dies entspricht § 14 Abs. 2 SGB XI. Bei den sechs Bereichen handelt es sich in beiden Gesetzen um die nachfolgend aufgeführten:

1. Mobilität
2. kognitive und kommunikative Fähigkeiten
3. Verhaltensweisen und psychische Problemlagen mit bestimmten Kriterien
4. Selbstversorgung
5. Bewältigung von und selbstständiger Umgang mit krankheits- oder therapiebedingten Anforderungen und Belastungen
6. Gestaltung des Alltagslebens und sozialer Kontakte

5.3 Pflegegrade

Einordnung

Die in der Pflegeversicherung für die Leistungsgewährung verwandten Pflegegrade gibt es auch im Bereich der Sozialhilfe (§ 15 SGB XI, § 61b SGB XII). Die Einordnung der pflegebedürftigen Personen entspricht der in der Pflegeversicherung.

Kinder

Bei pflegebedürftigen Kindern, die 18 Monate oder älter sind, ist für die Einordnung in einen Pflegegrad nach § 61b SGB XII der gesundheitlich bedingte Grad der Beeinträchtigungen ihrer Selbstständigkeit und ihrer Fähigkeiten im Verhältnis zu altersentsprechend entwickelten Kindern maßgebend.

Pflegebedürftige Kinder im Alter bis zu 18 Monaten sind dem Pflegegrad 2 bis 5 zuzuordnen. Auch hier entspricht die Regelung der in der Pflegeversicherung (vgl. § 61c SGB XII).

Das gilt auch für die Ermittlung des Grades der Pflegebedürftigkeit (§ 62 SGB XII). Die aufgrund des § 18 SGB XI erlassene Verordnung sowie die aufgrund des § 17 SGB XI erlassenen Richtlinien der Pflegekassen finden entsprechende Anwendung. Dadurch wird identisches Recht hergestellt.

Wichtig:

Bindende Entscheidung

Die Entscheidung der Pflegekasse über den Pflegegrad ist für den Sozialhilfeträger bindend, soweit sie auf Tatsachen beruht, die bei beiden Entscheidungen zu berücksichtigen sind. Bei seiner Entscheidung kann sich der Sozialhilfeträger der Hilfe sachverständiger Dritter bedienen. Auf Anforderung unterstützt der Medizinische Dienst der Krankenversicherung den Träger der Sozialhilfe bei seiner Entscheidung und erhält hierfür Kostenersatz, der zu vereinbaren ist.

5.4 Leistungen für Pflegebedürftige

Aufzählung

In § 63 Abs. 1 SGB XII werden die Leistungen für Pflegebedürftige aufgezählt. Absatz 1 dieser Vorschrift zählt die Leistungen der Hilfe zur Pflege für die Pflegegrade 2, 3, 4 oder 5 auf.

Die Leistungen entsprechen im Wesentlichen denen der sozialen Pflegeversicherung. Allerdings gibt es auch bestimmte Ausnahmen, auf die nachfolgend eingegangen wird.

Einteilung

Unterteilt werden die Leistungen für Pflegebedürftige der Pflegegrade 2, 3, 4 oder 5 zunächst in fünf Blöcke, nämlich in häusliche Pflege (§§ 64a bis 64f SGB XII), teilstationäre Pflege (§ 64g SGB XII), Kurzzeitpflege (§ 64h SGB XII), einen Entlastungsbetrag (§ 64i SGB XII) und in stationäre Pflege (§ 65 SGB XII).

Häusliche Pflege

Die häusliche Pflege wird in Form von Pflegegeld (§ 64a SGB XII), häuslicher Pflegehilfe (§ 64b SGB XII), Verhinderungspflege (§ 64c SGB XII), Pflegehilfsmitteln (§ 64d SGB XII), in Maßnahmen zur Verbesserung des Wohnumfeldes (§ 64e SGB XII) und in andere Leistungen (§ 64f SGB XII) unterteilt.

Pflegegeld

Pflegebedürftige der Pflegegrade 2, 3, 4 oder 5 haben bei häuslicher Pflege Anspruch auf Pflegegeld in Höhe des Pflegegeldes nach § 37 Abs. 1 SGB XI. Der Anspruch auf Pflegegeld setzt wie in der Pflegeversicherung voraus, dass die Pflegebedürftigen und die Sorgeberechtigten bei pflegebedürftigen Kindern die erforderliche Pflege mit dem Pflegegeld in geeigneter Weise selbst sicherstellen. Das Pflegegeld beträgt sowohl in der Sozialhilfe als auch in der Pflegeversicherung je Kalendermonat:

Pflegegrad	**EUR/monatlich**
2	316
3	545
4	728
5	901

Besteht der Anspruch nicht für den vollen Kalendermonat, ist das Pflegegeld entsprechend zu kürzen (§ 64a SGB XII). Bei der Kürzung ist der Kalendermonat mit 30 Tagen anzusetzen. Das Pflegegeld wird bis zum Ende des Kalendermonats geleistet, in dem die pflegebedürftige Person gestorben ist.

Im Bereich der Sozialhilfe gilt auch die Vorschrift des § 37 Abs. 3 SGB XII. Danach haben Pflegebedürftige, die Pflegegeld nach Vorstehendem beziehen, eine Beratung in der eigenen Häuslichkeit durch eine zugelassene Pflegeeinrichtung bzw. durch eine von den Landesverbänden der Pflegekasse anerkannte Beratungsstelle mit nachgewiesener pflegefachlicher Kompetenz oder durch eine von der Pflegekasse beauftragte Pflegekraft abzurufen. Rufen Pflegebedürftige die vorstehende Beratung nicht ab, hat nach § 37 Abs. 6 SGB XI die Pflegekasse oder das private Pflegeversicherungsunternehmen das Pflegegeld angemessen zu kürzen und im Wiederholungsfall zu entziehen. Aus dieser Regelung bezieht sich die Vorschrift des § 64a Abs. 3 SGB XII. Stellt demnach die Pflegekasse ihre Leistungen nach § 37 Abs. 6 SGB XI ganz oder teilweise ein, entfällt insoweit die Leistungspflicht des Sozialhilfeträgers.

Im Gegensatz zur Pflegeversicherung ist im SGB XII das Pflegegeld paragrafentechnisch vor die Pflegesachleistung gestellt worden (§ 36 SGB XI). Aus der Begründung des Bundestagsausschusses für Gesundheit (BT-Drucks. 18/510) ist zu entnehmen, dass die Sozialhilfeträger – wie bisher – in Konkretisierung des allgemeinen sozialhilferechtlichen Grundsatzes darauf hinwirken sollen, dass die häusliche Pflege – soweit diese ausreichend ist – unter Verwendung des Pflegegeldes nach § 64a SGB XII von Personen, die dem Pflegebedürftigen nahe stehen, oder als Nachbarschaftshilfe übernommen werden.

Pflegesachleistungen

Die häusliche Pflegehilfe als Pflegesachleistung ist in § 64b SGB XII geregelt. Sie wird – wie in der Pflegeversicherung – für Pflegebedürftige der Pflegegrade 2 bis 5 erbracht. In § 64b Abs. 1 SGB XII wird festgelegt, dass diese Personen Anspruch auf körperbezogene Pflegemaßnahmen und pflegerische Betreuungsmaßnahmen sowie auf Hilfen bei der Haushaltsführung als Pflegesachleistung (häusliche Pflegehilfe) haben. Das gilt, soweit die häusliche Pflege nicht nach § 64 SGB XI durch die Zahlung von Pflegegeld sichergestellt werden kann.

Wichtig:

Der Anspruch auf häusliche Pflegehilfe umfasst auch die pflegefachliche Anleitung von Pflegebedürftigen und Pflegepersonen.

Mehrere Pflegebedürftige

Mehrere Pflegebedürftige der Pflegegrade 2 bis 5 können die häusliche Pflege gemeinsam in Anspruch nehmen. Häusliche Pflegehilfe kann auch Betreuungs- und Entlastungsleistungen durch Unterstützungsangebote im Sinne des § 45a SGB XI umfassen. Diese Vorschrift enthält Angebote zur Unterstützung im Alltag und die Umwandlung des ambulanten Sachleistungsbetrages. § 64b Abs. 1 letzter Satz SGB XII lässt ausdrücklich § 64i SGB XII unberührt. Dabei geht es um den Entlastungsbetrag von bis zu 125 EUR monatlich.

Entlastungsbetrag

Dieser Entlastungsbetrag ist zweckgebunden einzusetzen, und zwar zur

1. Entlastung pflegender Angehöriger oder nahestehender Pflegepersonen
2. Förderung der Selbstständigkeit und Selbstbestimmung der Pflegebedürftigen bei der Gestaltung ihres Alltags oder
3. Inanspruchnahme von Unterstützungsangeboten im Sinne des § 45a SGB XI (vgl. die vorstehenden Ausführungen).

Unterstützungsleistungen

Wie in § 36 Abs. 2 SGB XI für die soziale Pflegeversicherung vorgesehen, umfassen auch in der Sozialhilfe pflegerische Betreuungsmaßnahmen Unterstützungsleistungen zur Bewältigung und Gestaltung des alltäglichen Lebens im häuslichen Umfeld (§ 64b Abs. 2 SGB XII). Insbesondere werden hier Maßnahmen bei der Bewältigung psychosozialer Problemlagen oder von Gefährdungen angesprochen. Dazu gehören auch Unterstützungsleistungen bei der Orientierung, bei der Tagesstrukturierung, bei der Kommunikation, bei der Aufrechterhaltung sozialer Kontakte und bei bedürfnisgerechten Beschäftigungen im Alltag sowie durch Maßnahmen zur kognitiven Aktivierung.

5.5 Weitere Leistungen im ambulanten Bereich

Verhinderungspflege

Die in § 39 SGB XI für die soziale Pflegeversicherung vorgesehene Verhinderungspflege findet sich auch im Bereich der Sozialhilfe. Sie hat ihre Rechtsgrundlage in § 64c SGB XII. Ist danach eine Pflegeperson wegen Erholungsurlaub, Krankheit oder aus sonstigen Gründen an der häuslichen Pflege gehindert, sind die angemessenen Kosten einer notwendigen Ersatzpflege zu übernehmen. Eine zeitliche Beschränkung (auf längstens sechs Wochen) wie in § 39 SGB XI vorgesehen, gibt es hier nicht. Das gilt auch nicht bezüglich des in § 39 Abs. 1 SGB XI vorgesehenen Höchstbetrages von 1.612 EUR im Kalenderjahr. Die Voraussetzung, dass die Pflegeperson den Pflegebedürftigen mindestens eine bestimmte Zeit gepflegt hat, gilt hier ebenfalls nicht.

Pflegehilfsmittel

Den Anspruch auf Pflegehilfsmittel sieht für die Sozialhilfe § 64d SGB XII vor. Wie in der Pflegeversicherung besteht Anspruch auf Versorgung mit Pflegehilfsmitteln, die

- zur Erleichterung der Pflege der Pflegebedürftigen beitragen,
- zur Linderung der Beschwerden der Pflegebedürftigen beitragen oder
- den Pflegebedürftigen eine selbstständigere Lebensführung ermöglichen.

Der Anspruch umfasst die notwendige Änderung, Instandsetzung und Ersatzbeschaffung von Pflegehilfsmitteln sowie die Ausbildung in ihrem Gebrauch.

Technische Hilfsmittel

Wie auch in § 40 Abs. 3 SGB XI vorgesehen, sollen nach § 64d Abs. 2 SGB XII technische Hilfsmittel den Pflegebedürftigen in geeigneten Fällen leihweise zur Verfügung gestellt werden. Nach der Begründung der Bundesregierung (*BT-Drucks. 18/9518*) ist dies im Hinblick auf die Pflicht der Kostenträger zum sparsamen Umgang der zur Verfügung stehenden Finanzmittel vorgeschrieben worden.

Neben den Pflegehilfsmitteln können die Sozialhilfeträger nach § 64e SGB XII als Ermessensleistung ganz oder teilweise Maßnahmen zur Verbesserung des individuellen Wohnumfeldes der pflegebedürftigen Person finanzieren. Voraussetzung ist, dass die Maßnahme angemessen ist und durch die Maßnahme die häusliche Pflege überhaupt ermöglicht oder zumindest erleichtert wird oder ein Verbleiben der pflegebedürftigen Person in ihrer häuslichen Umgebung sichergestellt werden kann.

Haushalt

In der Regierungsbegründung wird ausgeführt, dass technische Hilfen im Haushalt, aber auch Umbaumaßnahmen wie z. B. die Verbreiterung von Türen, in Betracht kommen. Außerdem werden als Beispiel der Einbau einer ebenerdigen Dusche oder eines Treppenlifts sowie die Beseitigung von Türschwellen genannt. Modernisierungsmaßnahmen, die in keinem direkten Zusammenhang mit der Pflegebedürftigkeit stehen, sondern nur den Wohnwert verbessern, sind von der Finanzierung ausgenommen. Dem Inhalt nach korrespondiert die Vorschrift des § 64e SGB XII mit dem Anspruch auf wohnumfeldverbessernde Maßnahmen nach § 40 SGB XI.

Andere Leistungen

§ 64f SGB XII sieht „andere Leistungen" vor. Die Vorschrift entspricht im Wesentlichen dem bisherigen § 65 SGB XII. Nach § 64f Abs. 1 SGB XII sind zusätzlich zum Pflegegeld nach § 64a Abs. 1 SGB XII (vgl. dazu die Ausführungen unter Abschnitt 5.4) die Aufwendungen für die Beiträge einer Pflegeperson oder einer besonderen Pflegekraft für eine angemessene Alterssicherung zu erstatten, soweit dies nicht anderweitig sichergestellt ist.

Beratung

Ist neben der häuslichen Pflege nach § 64 SGB XII eine Beratung der Pflegeperson geboten, sind die angemessenen Kosten zu übernehmen (§ 64f Abs. 2 SGB XII). Die Vorschrift übernimmt inhaltsgleich den bisherigen § 65 Abs. 1 Satz 2 SGB XII, soweit es sich um die Übernahme von angemessenen Kosten im Rahmen des sog. Arbeitgebermodells handelt, bei dem die Pflegebedürftigen ihre Pflege durch von ihnen selbst beschäftigte besondere Pflegekräfte sicherstellen. Soweit darüber hinaus die Heranziehung einer besonderen Pflegekraft nicht im Rahmen des Arbeitgebermodells erfolgt, ergeben sich die Voraussetzungen einer Übernahme der angemessenen Kosten im Umkehrschluss aus § 64 SGB XII: Ist die Heranziehung einer besonderen

Pflegekraft z. B. durch einen ambulanten Pflegedienst erforderlich, ist eine häusliche Pflege durch nahestehende Personen im Sinne des § 64 Satz 2 SGB XII nicht ausreichend. Dementsprechend sind die Kosten der häuslichen Pflege nach § 64b SGB XII oder der Verhinderungspflege nach § 64c SGB XII durch den Träger der Sozialhilfe zu übernehmen.

5.6 Stationäre Leistungen

Teilstationäre Pflege

§ 64g SGB XII beschäftigt sich mit der teilstationären Pflege. Ein solcher Anspruch besteht für Pflegebedürftige der Pflegegrade 2 bis 5 in Einrichtungen der Tages- oder Nachtpflege. Dies gilt, soweit die häusliche Pflege nicht in ausreichendem Umfang sichergestellt werden kann oder die teilstationäre Pflege zur Ergänzung oder Stärkung der häuslichen Pflege erforderlich ist. Der Anspruch umfasst auch die notwendige Beförderung der Pflegebedürftigen von der Wohnung zur Einrichtung der Tages- und Nachtpflege und zurück. Der Anspruch auf teilstationäre Pflege entspricht dem Inhalt nach dem Anspruch auf teilstationäre Pflege nach § 41 Abs. 1 SGB XI.

Kurzzeitpflege

Das gilt auch für den Anspruch auf Kurzzeitpflege nach § 64h SGB XII. Nach dieser Vorschrift haben Pflegebedürftige der Pflegegrade 2 bis 5 Anspruch auf Kurzzeitpflege in einer stationären Pflegeeinrichtung. Das gilt, soweit die häusliche Pflege zeitweise nicht, noch nicht oder nicht im erforderlichen Umfang erbracht werden kann und die teilstationäre Pflege nach § 64g SGB XII nicht ausreicht. Ist die Pflege in einer zur Kurzzeitpflege zugelassenen Pflegeeinrichtung nach den §§ 71 und 72 SGB XI nicht möglich oder erscheint diese nicht zumutbar, kann die Kurzzeitpflege auch durch geeignete Erbringer von Leistungen nach dem Sechsten Kapitel des SGB XII (Eingliederungshilfe für Menschen mit Behinderungen) erbracht werden. Alternativ ist die Leistungserbringung in geeigneten Einrichtungen möglich, die nicht als Einrichtung zur Kurzzeitpflege zugelassen sind.

Soweit während einer Maßnahme der medizinischen Vorsorge oder Rehabilitation für eine Pflegeperson eine gleichzeitige Unterbringung und Pflege der Pflegebedürftigen erforderlich ist, kann Kurzzeitpflege auch in Vorsorge- oder Rehabilitationseinrichtungen der gesetzlichen Krankenversicherung erbracht werden. Diese Regelung des § 64h Abs. 3 SGB XII überträgt inhaltsgleich die Vorschrift des § 42 Abs. 4 SGB XI auf die Kurzzeitpflege nach dem Recht der Hilfe zur Pflege. Auch ansonsten ist der Anspruch auf Kurzzeitpflege mit dem Anspruch auf Kurzzeitpflege der Pflegeversicherung vergleichbar.

Vollstationäre Pflege

Den Anspruch auf stationäre (vollstationäre) Pflege in der Sozialhilfe regelt § 65 SGB XII. Soweit häusliche oder teilstationäre Pflege nicht möglich ist oder wegen der Besonderheit des Einzelfalls nicht in Betracht kommt, sind im Rahmen der Hilfe zur Pflege – gegenüber dem bisher geltenden Recht insoweit unverändert – Leistungen zur stationären Pflege zu gewähren. Der Anspruch behandelt in Übereinstimmung mit der entsprechenden Vorschrift für die soziale Pflegeversicherung (§ 43 Abs. 2 SGB XI) auch Maßnahmen der medizinischen Behandlungspflege.

5.7 Weitere Besonderheiten

Sterbebegleitung

Nach ausdrücklicher Vorschrift in § 63 Abs. 1 SGB XII schließt die Hilfe zur Pflege Sterbebegleitung mit ein.

Pflegegrad 1

Die Leistungen des § 63 SGB XII werden für Pflegebedürftige der Pflegegrade 2 bis 5 gewährt (vgl. dazu die Ausführungen unter 5.4). Pflegebedürftige des Pflegegrades 1 sind hier also ausgenommen. Den Pflegegrad 1 erhalten Personen mit geringen

Beeinträchtigungen der Selbstständigkeit oder der Fähigkeiten. Ihre Ansprüche ergeben sich zunächst aus § 63 Abs. 2 SGB XII. Danach werden dieser Personengruppe Pflegehilfsmittel (§ 64d SGB XII), Maßnahmen zur Verbesserung des Wohnumfeldes (§ 64e SGB XII) und ein Entlastungsbetrag (§ 66 SGB XII) gewährt. Dieser Entlastungsbetrag wird in Höhe von bis zu 125 EUR monatlich gewährt. Er ist zweckgebunden einzusetzen zur

Entlastungsbetrag

- Entlastung pflegender Angehöriger oder nahestehender Pflegepersonen,
- Förderung der Selbstständigkeit und Selbstbestimmung der Pflegebedürftigen bei der Gestaltung ihres Alltags,
- Inanspruchnahme von Leistungen der häuslichen Pflegehilfe, Maßnahmen zur Verbesserung des Wohnumfeldes, andere Leistungen, Leistungen zur teilstationären Pflege,
- Inanspruchnahme von Unterstützungsangeboten im Sinne des § 45a SGB XI (vgl. dazu die Ausführungen unter 5.4).

Feststellung

Allgemein zur Leistungsgewährung bestimmt § 63a SGB XII, dass die Sozialhilfeträger den notwendigen pflegerischen Bedarf zu ermitteln und festzustellen haben.

Persönliches Budget

Im Übrigen sind die Leistungen der Hilfe zur Pflege auf Antrag auch als Teil eines Persönlichen Budgets zu erbringen. Die Vorschrift übernimmt inhaltsgleich den bisherigen § 61 Abs. 2 Satz 3 und 4 SGB XII, mit dem Pflegebedürftigen die Teilnahme an der Leistungsform des Persönlichen Budgets eröffnet wurde. Wesentliches Ziel des Persönlichen Budgets ist es, den Leistungsberechtigten zu unterstützen, ein möglichst selbstständiges und selbstbestimmtes Leben zu führen. Nach der Regierungsbegründung zum PSG III können Leistungsberechtigte durch das Persönliche Budget selbst entscheiden, welche Hilfen sie in Anspruch nehmen, wann sie diese Hilfe in Anspruch nehmen sowie wie und durch wen. Im Interesse der Pflegebedürftigen wird die bisherige Ausgestaltung als Ermessensvorschrift („Kann“) dahingehend verschärft, als die Leistungen nunmehr auf Antrag als Teil eines Persönlichen Budgets zu erbringen sind, ohne dass dem Leistungsträger diesbezüglich ein Ermessen zukommt.

Leistungskonkurrenz

Mit der Leistungskonkurrenz beschäftigt sich § 63b SGB XII. So werden Leistungen der Hilfe zur Pflege nicht erbracht, soweit Pflegebedürftige gleichartige Leistungen nach anderen Rechtsvorschriften erhalten. Abweichend hiervon sind Leistungen der Blindenhilfe (§ 72 SGB XII) oder gleichartige Leistungen nach anderen Rechtsvorschriften mit 70 % auf das Pflegegeld nach § 64a SGB XII (vgl. dazu die Ausführungen unter 5.3) anzurechnen.

Vorrang

Leistungen nach § 45b SGB XI (Entlastungsbetrag von bis zu 125 EUR monatlich) gehen den Leistungen nach den §§ 64i und 66 SGB XII (Entlastungsbeträge für Pflegegrade 2 bis 5 bzw. Pflegegrad 1, jeweils in Höhe von 125 EUR monatlich) vor. Auf die übrigen Leistungen der Hilfe zur Pflege werden sie nicht angerechnet.

Abgrenzungen

Die Absätze 3 bis 7 des § 63b SGB XII enthalten weitere Abgrenzungsregelungen, die im Wesentlichen dem bisherigen Recht entsprechen. So haben Pflegebedürftige während ihres Aufenthalts in einer teilstationären oder vollstationären Einrichtung dort keinen Anspruch auf häusliche Pflege. Abweichend hiervon kann das Pflegegeld nach § 64a SGB XII während einer teilstationären Pflege nach § 64g SGB XII oder einer vergleichbaren, nicht nach dem SGB XII durchgeführten Maßnahme, angemessen gekürzt werden. Das Pflegegeld kann um bis zu zwei Drittel gekürzt werden, soweit die

Heranziehung einer besonderen Pflegekraft erforderlich ist oder Pflegebedürftige Leistungen der Verhinderungspflege oder gleichartige Leistungen nach anderen Rechtsvorschriften erhalten.

Abwesenheit

Leistungen der stationären Pflege nach § 65 SGB XII werden auch bei einer vorübergehenden Abwesenheit von Pflegebedürftigen aus der stationären Einrichtung erbracht. Das Recht entspricht dem in der Pflegeversicherung.

5.8 Pflegeeinrichtungen

Nach § 71 bzw. § 77 SGB XI dürfen Pflegekassen ambulante und stationäre Pflege nur durch zugelassene Pflegeeinrichtungen gewähren bzw. können sie einen Vertrag mit einzelnen geeigneten „Fremd"-Pflegekräften schließen. Bei Mängeln kann der Versorgungsvertrag gekündigt bzw. die Leistungen gekürzt werden (§ 74 Abs. 2, § 115 Abs. 2, 3 SGB XI). Um Mängel in der Pflege oder die Überforderung von Pflegepersonen mit der Pflege frühzeitig erkennen zu können, sieht das SGB XI bei der Pflege im häuslichen Bereich schon immer eine Qualitätssicherung durch den Abruf von Beratungseinsätzen vor (vgl. § 37 Abs. 3 SGB XI).

Dagegen besteht für Sozialhilfeträger lediglich die Möglichkeit und die Verpflichtung, über Vereinbarungen nach § 75 ff. SGB XII mit Einrichtungen und Diensten Qualitätssicherung zu betreiben. Für eine Qualitätssicherung bei der Hilfe zur Pflege im häuslichen Bereich, um eventuell auftretende Mängel abwenden zu können, besteht im SGB XII keine dem § 37 Abs. 3 SGB XI vergleichbare Regelung. Hilfsweise wird mitunter die Analogie bemüht. Aus dem Fehlen einer vergleichbaren Regelung wird gefolgert, dass damit eine gesetzliche Lücke für den Personenkreis nach dem SGB XII bestünde. Dieser Auffassung kann aber nicht gefolgt werden. Bei der (vermeintlichen) „Ungleichbehandlung" der Pflegebedürftigen nach dem SGB XI und SGB XII kann man zwar auf eine Regelungslücke schließen. Unterstellt man das Vorhandensein einer Regelungslücke, wäre aber weitere Voraussetzung der Analogie die Planwidrigkeit der Regelungslücke, das heißt, es muss eine Regelungsbedürftigkeit bestehen. Eine Regelungslücke darf nicht durch Analogie geschlossen werden, wenn sich feststellen lässt, dass sie dem Gesetzgeber bewusst war oder gar, dass sie bewusst geschaffen worden ist. Letzteres ist der Fall, wenn sich aus den vorhandenen Vorschriften ergibt, dass diese das betreffende Rechtsgebiet abschließend regeln sollen. Lässt sich umgekehrt annehmen, dass dem Gesetzgeber die Lücke nicht bewusst war, liegt im Zweifel Planwidrigkeit vor. Die Angleichung der §§ 61 ff. SGB XII an die Vorschriften des SGB XI lässt durchaus den Schluss zu, dass der Gesetzgeber den Bereich der Qualitätssicherung für die häusliche Pflege nicht in das SGB XII übertragen wollte. Daher kommt es für die Bildung einer Analogie nicht mehr auf deren dritte Voraussetzung an, dass sich der Normzweck der entsprechend anzuwendenden Vorschrift auf den ungeregelten Fall übertragen lässt. Dem entspricht auch die Entwicklung des BSHG bzw. SGB XII, nach der eine Qualitätssicherung bei der Leistungsgewährung nie Gegenstand war, sondern vielmehr lediglich die Sicherstellung des Bedarfs.

Eine Verpflichtung des Sozialhilfeträgers, Qualitätssicherung zu betreiben, besteht daher mangels einer entsprechenden Rechtsgrundlage und des beschriebenen Analogieverbots nicht. Hierbei ist auch zu berücksichtigen, dass § 37 Abs. 3 SGB XI nicht die Pflegekassen als Erbringer der Leistungen hierzu verpflichtet, sondern den Pflegebedürftigen selbst. Auch ist der Pflegebedürftige nur verpflichtet, die entsprechende Zahl der Beratungen abzurufen. Sanktionen sind nur in diesem Fall vonseiten der Pflegekasse möglich (vgl. § 37 Abs. 6 SGB XI). In allen anderen Fällen (so bei Weigerung, das Einverständnis zur Weitergabe der Erkenntnisse zu erteilen sowie auch bei nicht ordnungsgemäß erbrachter Pflege) bestehen keine rechtlichen Konsequenzen und damit auch keine Möglichkeit für die Pflegekasse korrigierend einzugreifen.

Solange ein Pflegebedürftiger einsichts- und steuerungsfähig (geschäftsfähig) ist, bleibt es ihm überlassen, wie er sein Leben regeln will (vgl. § 2 Abs. 1 Satz 1 SGB XI, § 104 BGB). Solange er nicht von sich aus entsprechende Schritte (z. B. bei nicht ordnungsgemäß erbrachter Pflege) unternimmt, tritt das Informationsbedürfnis/Handeln eines Sozialhilfeträgers zum Wohle des Betroffenen hinter dessen Persönlichkeitsrecht zurück. In diesem Zusammenhang ist ferner zu berücksichtigen, dass es im Bereich der häuslichen bzw. privat erbrachten Pflege kein Anforderungsprofil für eine „geeignete“ Pflegeperson gibt. Dies wäre auch nicht durchführbar. Die öffentliche Leistung beschränkt sich daher nur auf Angebote auf freiwilliger Basis (vgl. § 45 SGB XI). Ergeben sich für den Sozialhilfeträger zufallsweise entsprechende Erkenntnisse, kann er diese im Rahmen der Anregung einer Betreuung an das Vormundschaftsgericht unter Beachtung des Sozialdatenschutzes z. B. zur Bestellung eines Betreuers mit dem möglichen Aufgabenkreis „Aufenthaltsbestimmung“ weitergeben. Andernfalls könnte er nur über seine Beratungspflicht bei den pflegenden Angehörigen steuernd einzugreifen versuchen.

Der Sozialhilfeträger muss sich daher primär der zweckentsprechenden Verwendung der gewährten Sozialhilfeleistung versichern. Eine Überprüfung der Qualität von erbrachter Pflege durch einen Sachbearbeiter bzw. den ASD ist daher von Amts wegen nicht möglich und – sollte der Pflegebedürftige hierzu freiwillig einwilligen – schon unter dem Aspekt haftungsrechtlicher Fragen grundsätzlich nicht geboten. Auch kann der Sozialhilfeträger sich hierzu im Regelfall nicht einer berufsmäßigen Pflegeperson oder einer zugelassenen Pflegeeinrichtung bedienen. Entsprechende Maßnahmen nach § 62 SGB I sind zwar denkbar, wenn sie von einem Arzt durchgeführt werden, aber nach dem Wortlaut dieser Vorschrift nur gedeckt, wenn es sich um die Überprüfung einer Leidensverschlimmerung bzw. -verbesserung handelt, das heißt nur die Überprüfung der Leistungsverpflichtung als solcher.

5.9 Vorrangige Leistungen

Leistungen der Krankenkassen

Begrenzte Leistungen

Die Leistungen der Krankenkassen sehen für pflegebedürftige Menschen nur begrenzte Leistungen vor. Das sind im Einzelnen:

- § 33 SGB V

  Hiernach besteht eine Leistungspflicht der gesetzlichen Krankenkassen für Hilfsmittel, soweit dadurch krankheits- oder behinderungsbedingt bestehende oder drohende Funktionsausfälle ersetzt werden können.

- § 37 SGB V

  Die häusliche Krankenpflege wird immer nur gewährt

  – anstelle einer erforderlichen Krankenhausbehandlung

    (wenn diese geboten, aber nicht ausführbar ist oder durch häusliche Krankenpflege vermieden oder verkürzt werden kann)

  – zur Sicherung der ärztlichen Behandlung.

  Sie kann im Einzelfall die notwendige

  – Grundpflege,

  – Behandlungspflege und

  – hauswirtschaftliche Versorgung

  umfassen.

Diese Leistung wird aber bei Pflegebedürftigen nur erbracht, wenn es sich neben dem Pflegefall um einen Behandlungsfall (= medizinisch notwendige Behandlung, um die Verschlimmerung einer sonstigen Krankheit zu verhindern, deren Beschwerden zu lindern oder das Leben zu verlängern) handelt. Dient die Maßnahme jedoch lediglich zur Begegnung des hilflosen Zustandes – ohne Heilung –, scheidet § 37 SGB V aus. Es gelten dann vorrangig die Bestimmungen der Pflegeversicherung.

- § 37b SGB V

Krankenversicherte mit einer nicht heilbaren, fortschreitenden und weit fortgeschrittenen Erkrankung haben Anspruch auf spezialisierte ambulante Palliativversorgung. Voraussetzung ist, dass die Betreffenden eine begrenzte Lebenserwartung haben und eine besonders aufwändige Versorgung benötigen.

Die Leistung ist von einem Vertragsarzt oder Krankenhausarzt zu verordnen.

Die spezialisierte ambulante Palliativversorgung umfasst ärztliche und pflegerische Leistungen einschließlich ihrer Koordination insbesondere zur Schmerztherapie und Symptomkontrolle. Sie zielt darauf ab, die Betreuung der Versicherten in der vertrauten häuslichen Umgebung zu ermöglichen. Dabei sind die besonderen Belange von Kindern zu berücksichtigen.

Versicherte in stationären Pflegeeinrichtungen gemäß SGB XI haben in entsprechender Anwendung der vorstehenden Ausführungen einen Anspruch auf spezialisierte Palliativversorgung. Näheres regeln Verträge (§ 132d Abs. 1 SGB V).

- § 39a SGB V

Versicherte, die keiner Krankenhausbehandlung bedürfen, haben im Rahmen von Versorgungsverträgen Anspruch auf einen Zuschuss zu stationärer oder teilstationärer Versorgung in Hospizen, in denen palliativmedizinische Behandlung erbracht wird, wenn eine ambulante Versorgung im Haushalt oder der Familie des Versicherten nicht erbracht werden kann. Der satzungsmäßige Zuschuss darf kalendertäglich 9 % der monatlichen Bezugsgröße nach § 18 Abs. 1 SGB IV (2019: 280,35 EUR, entspricht einem Monatsbetrag von 8.410,50 EUR) nicht unterschreiten und ist begrenzt auf die nach Anrechnung der Leistungen anderer Sozialleistungsträger verbleibenden Kosten. Ferner hat die Krankenkasse ambulante Hospizdienste zu fördern, die für Versicherte, die keiner Krankenhausbehandlung und keiner stationären oder teilstationären Versorgung in einem Hospiz bedürfen, qualifizierte ehrenamtliche Sterbebegleitung in deren Haushalt oder Familie erbringen. Der ambulante Hospizdienst erbringt palliativ-pflegerische Beratung durch entsprechend ausgebildete Fachkräfte und stellt die Gewinnung, Schulung, Koordination und Unterstützung der ehrenamtlich tätigen Personen, die für die Sterbebegleitung zur Verfügung stehen, sicher.

Blindengeld/Bedarfsminderung

Die Gewährung von Blindengeld schließt die Hilfe zur Pflege nach §§ 61 bis 66 SGB XII dann nicht aus, wenn die Pflegebedürftigkeit nicht allein auf der Blindheit beruht. Es mindert aber insoweit den Bedarf (vgl. auch Abschnitt 10).

Pflegezulagen

nach § 35 BVG, § 44 SGB VII, § 269 Abs. 2 i. V. m. § 267 Abs. 1 LAG und der Erhöhungsbetrag der Unterhaltshilfe nach § 267 Abs. 2 Nr. 2c LAG (Freibetrag).

Zivilrechtliche Ansprüche

Eine gesetzliche (z. B. §§ 1610, 1610a BGB) oder vertragliche (z. B. aus Übergabe-/Leibgedingsverträgen, Art. 18 BayAGBGB) Verpflichtung zur Wart und Pflege schließt die Gewährung von Pflegegeld nicht aus, weil das Pflegegeld auch der Aufrechterhaltung der Pflegebereitschaft dient. Der Wert der vertraglich übernommenen Pflegeverpflichtung ist aber auf das Pflegegeld anzurechnen (§ 88 Satz 1 Nr. 1 SGB XII; vgl. Abschnitt 13.4). Bei der Bemessung des Wertes kann grundsätzlich von der Hälfte des Pflegegeldes wegen Schwerpflegebedürftigkeit ausgegangen werden, wobei der Schweregrad der Pflegebedürftigkeit und der Wert des übergebenen Gutes angemessen zu berücksichtigen sind. Pflegebeihilfen (bei leichter Pflegebedürftigkeit) werden daher in der Regel bei solchen vertraglich gesicherten Ansprüchen nicht gewährt.

6. Hilfe zur Überwindung besonderer sozialer Schwierigkeiten (§§ 67 bis 69 SGB XII)

Zweck der Hilfemaßnahmen ist, Personen, bei denen besondere soziale Schwierigkeiten der Teilnahme am Leben in der Gemeinschaft entgegenstehen, Hilfen zu gewähren, die zur Beseitigung und Minderung dieser sozialen Probleme notwendig sind. Daraus ergibt sich, dass die Hilfemaßnahme die gesellschaftliche Integration von Personen, die am Rande der Gesellschaft leben, zum Ziel hat.

Zu dem Personenkreis des § 67 Satz 1 SGB XII gehören Hilfesuchende, deren besondere Lebensverhältnisse derart mit sozialen Schwierigkeiten verbunden sind, dass die Überwindung der besonderen Lebensverhältnisse auch die Überwindung der sozialen Schwierigkeiten erfordert, und die diese Schwierigkeiten aus eigenen Kräften und Mitteln nicht überwinden können. Besondere Lebensverhältnisse können ihre Ursache in nachteiligen äußeren Umständen oder in der Person des Hilfesuchenden haben (§ 1 VO zu §§ 67, 68 SGB XII). Nachgehende Hilfe (§ 15 Abs. 2 SGB XII) ist Personen zu gewähren, soweit bei ihnen der drohende Wiedereintritt besonderer sozialer Schwierigkeiten abgewendet werden kann.

Besondere Lebensverhältnisse können vor allem bestehen bei

- fehlender oder nicht ausreichender Wohnung

  Hierunter fallen Personen, die in Obdachlosen- oder sonstigen Behelfsunterkünften oder in vergleichbaren Unterkünften leben. Ebenfalls kann bei Großfamilien (acht Personen und mehr) erwartet werden, dass die Suche nach einer neuen Unterkunft mit großen Schwierigkeiten verbunden ist, so dass es gerechtfertigt erscheint, diese zum Personenkreis des § 67 SGB XII zu zählen (vgl. *Hess. VGH,* Urteil vom 23. 3. 1990, FEVS 41, 138).

- ungesicherter wirtschaftlicher Lebensgrundlage

  Darunter fallen Personen, die ohne gesicherte wirtschaftliche Lebensgrundlage umherziehen oder die sich zur Vorbereitung auf eine Teilnahme am Leben in der Gemeinschaft oder zur dauernden persönlichen Betreuung in einer Einrichtung für Nichtsesshafte aufhalten.

- gewaltgeprägten Lebensumständen

  Darunter fallen beispielsweise Minderjährige und junge Volljährige mit erheblichen Verhaltensstörungen, denen nach dem SGB VIII Hilfe zur Erziehung oder Hilfe für junge Volljährige nicht oder nicht mehr gewährt werden kann.

- Entlassung aus einer geschlossenen Einrichtung

  Dies betrifft vorwiegend Personen, die aus einer richterlich angeordneten Freiheitsentziehung in ungesicherte Lebensverhältnisse entlassen werden oder entlassen worden sind.

- vergleichbaren nachteiligen Umständen

  Dies betrifft beispielsweise Personen, die im Sippen- oder Familienverband oder in sonstigen Gruppen nach besonderen, vor allem ethnisch bedingten, gemeinsamen Wertvorstellungen leben und mit einer beweglichen Unterkunft zumindest zeitweise umherziehen. Der Personenkreis umfasst aber auch Personen, die als frühere Landfahrer oder als deren Angehörige auf Wohnplätzen oder in für sie bestimmten Siedlungen wohnen.

Soziale Schwierigkeiten liegen vor, wenn ein Leben in der Gemeinschaft durch ausgrenzendes Verhalten des Hilfesuchenden oder eines Dritten wesentlich eingeschränkt ist, insbesondere im Zusammenhang mit der Erhaltung oder Beschaffung einer Wohnung, mit der Erlangung oder Sicherung eines Arbeitsplatzes, mit familiären oder anderen sozialen Beziehungen oder mit Straffälligkeit.

Als weitere Voraussetzung kommt hinzu, dass der Hilfesuchende aus diesem Personenkreis seine sozialen Schwierigkeiten nicht aus eigenen Kräften und Mitteln überwinden bzw. eine Verschlimmerung seiner Lage nicht verhüten kann. Gründe hierfür sind insbesondere

- das Fehlen der erforderlichen Verstandeskräfte zum Erkennen der ungünstigen Lage,
- das Fehlen der erforderlichen Willenskräfte, sich aus der ungünstigen Lage zu befreien,
- das Fehlen der entsprechenden Durchhaltekraft, eingeleitete Maßnahmen zum Erfolg zu führen.

Umfang

Die Hilfe umfasst alle Maßnahmen, die notwendig sind, um die Schwierigkeiten abzuwenden, zu beseitigen, zu mildern oder ihre Verschlimmerung zu verhüten (§ 68 Abs. 1 SGB XII; § 2 VO zu § 68 SGB XII). Dazu gehören im Einzelnen:

Beratung, persönliche Betreuung (§ 3 VO zu § 67 SGB XII)

Zur Beratung gehört es vor allem, den Hilfeempfänger über die zur Überwindung seiner sozialen Schwierigkeiten in Betracht kommenden Maßnahmen zu unterrichten.

Die persönliche Betreuung umfasst insbesondere Maßnahmen, die darauf gerichtet sind,

- die Ursachen der Schwierigkeiten des Hilfeempfängers festzustellen, sie ihm bewusst zu machen und auf die Inanspruchnahme der für ihn in Betracht kommenden Sozialleistungen hinzuwirken sowie
- die Bereitschaft und Fähigkeit des Hilfeempfängers zu entwickeln und zu festigen, bei der Überwindung seiner Schwierigkeiten nach seinen Kräften mitzuwirken und so weit wie möglich unabhängig von der Hilfe am Leben in der Gemeinschaft teilzunehmen.
- Im Einzelfall erstreckt sich die persönliche Betreuung auch darauf, in der Umgebung des Hilfeempfängers Verständnis für seine Schwierigkeiten zu wecken oder Vorurteilen entgegenzuwirken und Einflüssen zu begegnen, die seine Bereitschaft oder Fähigkeit zum Leben in der Gemeinschaft beeinträchtigen.

Die Beratung und persönliche Betreuung umfasst sowohl die Einzelberatung als auch die Gruppenbetreuung, wenn diese Art besonders geeignet ist, den Erfolg der Maßnahmen herbeizuführen.

Die Beratung und persönliche Betreuung stellt „Dienstleistung" im Sinn des § 10 SGB XII dar und wird ohne Rücksicht auf Einkommen und Vermögen des Hilfesuchenden gewährt.

Beschaffung und Erhaltung einer Wohnung (§ 4 VO zu § 67 SGB XII)

Hierzu gehören neben der erforderlichen Beratung und persönlichen Unterstützung auch die Übernahme der Kosten für den Umzug in eine ausreichende Wohnung. Die Leistungen zur Erhaltung und Beschaffung einer Wohnung richten sich nach den Bestimmungen der Hilfe zum Lebensunterhalt, insbesondere nach § 34 SGB XII. Maßnahmen der Obdachlosenbehörde lassen diesen Anspruch unberührt.

Bei Strafgefangenen kann ein wesentlicher Aspekt der Hilfe zur Überwindung besonderer sozialer Schwierigkeiten die Übernahme der Kosten zur Erhaltung der Wohnung während der Dauer der Strafhaft sein. Das kommt allerdings nur dann in Frage, wenn es wirtschaftlich sinnvoll und vertretbar ist, die Wohnung während eines Gefängnisaufenthaltes beizubehalten. Diese Hilfe scheidet damit aus, wenn zu erwarten ist, dass der Sozialhilfeträger voraussichtlich mit erheblich geringerem Mittelaufwand für die Unterkunftskosten nach Entlassung des Hilfesuchenden aus der Strafhaft aufkommen kann, falls dieser sich dann als mittellos erweist.

Ausbildung, Erlangung und Sicherung eines Arbeitsplatzes (§ 5 VO zu § 67 SGB XII)

Darunter fallen alle Maßnahmen, die darauf gerichtet sind,

- die Bereitschaft des Hilfeempfängers zu entwickeln und zu festigen, einer geregelten Arbeit nachzugehen und den Lebensbedarf für sich und seine Angehörigen aus regelmäßigem Erwerbseinkommen zu bestreiten,
- einen geeigneten Arbeits- oder Ausbildungsplatz zu erlangen und zu sichern,
- dem drohenden Verlust eines Arbeits- oder Ausbildungsplatzes entgegenzuwirken. Hierbei sollen die schulische und berufliche Bildung des Hilfeempfängers, seine besonderen Fähigkeiten und Neigungen sowie Besonderheiten, die ihm als Angehöriger einer bestimmten Personengruppe eigen sind, berücksichtigt werden,

- es dem Hilfeempfänger zu erleichtern, den Ausbildungsabschluss allgemein bildender Schulen nachzuholen,
- den Hilfeempfänger zu einer Ausbildung für einen angemessenen Beruf oder für eine sonstige angemessene Tätigkeit anzuregen oder seine Teilnahme daran zu sichern.

Hilfe zum Aufbau und zur Aufrechterhaltung sozialer Beziehungen und zur Gestaltung des Alltags (§ 6 VO zu § 67 SGB XII)

Hierunter fallen Maßnahmen der persönlichen Hilfe, die

- die Begegnung und den Umgang des Hilfeempfängers mit anderen Personen anregen oder ermöglichen,
- eine aktive Gestaltung, Strukturierung und Bewältigung des Alltags fördern,
- eine wirtschaftliche und gesundheitsbewusste Lebensweise fördern oder ermöglichen,
- dem Hilfesuchenden den Besuch von Einrichtungen oder Veranstaltungen der Gemeinschaft ermöglichen, die der Geselligkeit, der Unterhaltung oder kulturellen Zwecken dienen,
- den Hilfeempfänger zur geselligen, sportlichen oder kulturellen Betätigung anregen.

Wie bereits oben ausgeführt, wird auch in diesem Fall ein Einkommens- oder Vermögenseinsatz vom Hilfeempfänger nicht verlangt.

Die Schwierigkeit bei der Durchführung dieser Hilfemaßnahme besteht darin, mit dem Hilfebedürftigen in Kontakt zu treten. Um die Kontaktaufnahme zu verbessern bzw. zu erleichtern, bestimmt § 68 Abs. 3 SGB XII, dass die Sozialhilfeträger mit den Vereinigungen, die sich die gleichen Aufgaben zum Ziel gesetzt haben, und mit den sonstigen beteiligten Stellen zusammenarbeiten und darauf hinwirken sollen, dass sich die Sozialhilfe und die Tätigkeit dieser Vereinigungen und Stellen wirksam ergänzen. In geeigneten Fällen ist ein Gesamtplan zur Durchführung der erforderlichen Maßnahmen aufzustellen.

Der Einkommens- und Vermögenseinsatz (siehe Abschnitt 13) wird bei der Hilfe nach § 67 ff. SGB XII insoweit eingeschränkt, als Einkommen und Vermögen nicht zu berücksichtigen sind. Auch von der Inanspruchnahme Unterhaltspflichtiger nach bürgerlichem Recht ist abzusehen, soweit deren Heranziehung den Erfolg der Hilfe gefährden würde (§ 68 Abs. 2 SGB XII). Der Sozialhilfeträger hat insoweit eine Prognoseentscheidung zu treffen. Die Heranziehung des Hilfeempfängers selbst ist aber möglich, um seine Eigenverantwortlichkeit zu fördern.

Abgrenzung

Zur Abgrenzung der Hilfe nach § 67 ff. SGB XII von anderen Hilfemaßnahmen im Rahmen der Hilfe in qualifizierten Notlagen ist zu beachten, dass bei Drogen-, Alkohol- und Medikamentensüchtigen grundsätzlich Eingliederungshilfe für Behinderte nach den Vorschriften des SGB IX (vgl. Kapitel B 4) vorrangig in Betracht kommt. Die Hilfe nach § 67 ff. SGB XII, insbesondere die Dienstleistung, wird allenfalls zusätzlich hierzu gewährt.

Vorrangige Ansprüche

Der Hilfe nach § 67 ff. SGB XII gehen vor:

- alle anderen einschlägigen Hilfen nach dem SGB XII
- Nachbetreuung für junge Volljährige (§ 41 SGB VIII)

  Diese umfasst die notwendige Hilfe für die Persönlichkeitsentwicklung und zu einer eigenverantwortlichen Lebensführung sowie die notwendige Beratung und Unterstützung. Die Hilfe wird grundsätzlich nur bis zur Vollendung des 21. Lebensjahres gewährt, kann aber in begründeten Einzelfällen für einen begrenzten Zeitraum darüber hinaus fortgesetzt werden, längstens bis zur Vollendung des 27. Lebensjahres (§ 7 Abs. 1 Nr. 3 SGB VIII).

7. Hilfe zur Weiterführung des Haushalts (§ 70 SGB XII)

Inhalt/Umfang

Diese Hilfemaßnahme wird vor allem dann geleistet, wenn Krankheit, Schwangerschaft, Krankenhausaufenthalt, Erholungsaufenthalt oder Kuren die Führung des Haushalts beeinträchtigen. Ihre Bedeutung liegt insbesondere darin, den Zusammenhalt einer Familie auch in Notsituationen zu erhalten und zu festigen (vgl. § 16 SGB XII). Die Hilfemaßnahme ist als „Soll-Leistung" ausgestaltet.

Voraussetzungen für die Gewährung dieser Hilfe sind:

- Das Vorhandensein eines eigenen Haushalts

  Der Haushalt muss bereits bestehen; die Hilfe dient nicht der Gründung eines Hausstandes. Hilfeempfänger ist der jeweilige Haushaltsvorstand.

- Kein anderes Familienmitglied kann den Haushalt alleine weiterführen.

  Hierzu gehört vor allem, dass die den Haushalt bisher führende Person

  - zu einer Planung und Lenkung nicht mehr in der Lage ist oder
  - die Mehrzahl der hauswirtschaftlichen Verrichtungen nicht mehr selbst ausführen kann sowie
  - wenn sie anderweitig untergebracht ist, der Haushalt aber zugunsten von Haushaltsangehörigen weiterzuführen ist.

  In den meisten Fällen wird die Hilfe dadurch notwendig, dass die den Haushalt führende Person vorübergehend an der Haushaltsführung gehindert ist und der Ehepartner wegen Erwerbstätigkeit die Haushaltsführung nicht übernehmen kann.

- Die Weiterführung des Haushalts muss notwendig und sinnvoll sein.

  Die Hilfe zur Weiterführung des Haushalts wird in der Regel nur vorübergehend gewährt, das heißt, wenn im Zeitpunkt der Entscheidung absehbar ist, dass wieder ein Haushaltsangehöriger die Haushaltsführung übernehmen kann. Eine zeitlich unbegrenzte Gewährung der Hilfemaßnahme ist in folgenden Fällen möglich:

  - bei Müttern, die infolge Krankheit oder Behinderung zur Führung ihres Haushalts nicht mehr in der Lage sind, durch ihre Anwesenheit im Haushalt aber zum Zusammenhalt der Familie beitragen, obgleich ihre Präsenz zusätzliche haushälterische Arbeit mit sich bringt;
  - bei älteren (auch allein stehenden) Menschen, wenn ihnen durch die Hilfe ein Verbleib in der gewohnten Umgebung ermöglicht wird und eine Altenheimunterbringung vermieden werden kann.

Die Hilfe zur Weiterführung des Haushalts umfasst vor allem Dienstleistungen in Form der Betreuung von Haushaltsangehörigen (z. B. Zubereitung der Mahlzeiten, Körperpflege, Beaufsichtigung bei Schularbeiten, Einkauf, Reinigung der Wohnung). Außerdem kommt die Gewährung von Geldleistungen in Betracht (z. B. Ersatz der Lohnkosten für eine Haushaltshilfe, Aufwendungsersatz). Ferner besteht nach § 70 Abs. 4 SGB XII die Möglichkeit, die Hilfe durch Übernahme der angemessenen Kosten für eine vorübergehende anderweitige Unterbringung von Haushaltsangehörigen zu erbringen, wenn dies neben oder statt der Weiterführung des Haushalts geboten ist.

Abgrenzung

Die Hilfe zur Weiterführung des Haushalts ist abzugrenzen von der Hilfe zum Lebensunterhalt nach § 27 Abs. 3 SGB XII, wonach der Hilfesuchende nur einzelne Tätigkeiten nicht mehr wahrnehmen kann, sowie von der Hilfe zur Pflege nach §§ 61 bis 66 SGB XII, bei der die Hilfe infolge der Hilflosigkeit des Hilfesuchenden notwendig wird, der Hauptzweck der Hilfe also in der Pflege des Hilfesuchenden besteht. Die Hilfe zur Weiterführung des Haushalts wird häufig neben den Hilfen nach dem Fünften und Siebten Kapitel des SGB XII in Betracht kommen.

Vorrangige Ansprüche

Dieser Hilfemaßnahme sind vorrangig:

- Leistungen der Krankenkassen (§§ 37, 38 SGB V)

  Für die Gewährung von Haushaltshilfe nach § 38 SGB V durch die gesetzlichen Krankenkassen gelten im Wesentlichen dieselben Voraussetzungen wie für eine Leistung nach dem SGB XII.

- Leistungen der Rehabilitationsträger (§ 74 SGB IX)

  Danach wird im Rahmen der ergänzenden Leistungen eine Haushaltshilfe erbracht, wenn der Behinderte wegen der Teilnahme an einer Reha-Maßnahme oder einer Leistung zur Teilhabe am Arbeitsleben außerhalb des eigenen Haushalts untergebracht ist und ihm aus diesem Grund die Weiterführung des Haushalts nicht möglich ist. Voraussetzung ist ferner, dass eine andere im Haushalt lebende Person den Haushalt nicht weiterführen kann und im Haushalt ein Kind lebt, das das zwölfte Lebensjahr noch nicht vollendet hat oder das behindert und auf Hilfe angewiesen ist. Die Betreuungskosten können monatlich bis zu einem Betrag von (ursprünglich) 160 EUR übernommen werden (§ 74 Abs. 3 SGB IX). Dieser Betrag erhöhte und erhöht sich entsprechend der Veränderung der Bezugsgröße.

- Leistungen der Jugendämter (§ 20 SGB VIII)

  Von den Jugendämtern werden zur Betreuung und Versorgung von Kindern in Notsituationen Leistungen erbracht, wenn ein Elternteil, der die überwiegende Betreuung des Kindes übernommen hat, aus gesundheitlichen oder anderen zwingenden Gründen ausfällt. Die Leistung besteht in der Unterstützung des anderen Elternteils bei der Betreuung und Versorgung des im Haushalt lebenden Kindes, wenn

  - dieser wegen berufsbedingter Abwesenheit außerstande ist, diese Aufgabe wahrzunehmen,
  - die Hilfe erforderlich ist, um das Kindeswohl zu gewährleisten,
  - Angebote von Tageseinrichtungen/Tagespflege nicht ausreichen.

  Fallen ein Alleinerziehender oder beide Elternteile aus, soll die Leistung – solange es dem Kindeswohl förderlich ist – zu Hause erbracht werden, sofern nicht Tageseinrichtungen/Tagespflege zur Verfügung steht.

8. Altenhilfe (§ 71 SGB XII)

Inhalt Altenhilfe soll dazu beitragen, Schwierigkeiten, die durch das Alter entstehen, zu verhüten, zu überwinden oder zu mildern und alten Menschen die Möglichkeit zu erhalten, am Leben in der Gemeinschaft teilzunehmen (§ 71 Abs. 1 Satz 2 SGB XII).

Die Altenhilfe soll – außer den übrigen Hilfemaßnahmen des SGB XII – alten Menschen gewährt werden (§ 71 Abs. 1 Satz 1 SGB XII).

Die Hilfe steht damit im eingeschränkten Ermessen des Sozialhilfeträgers. Weitere Voraussetzungen für die Gewährung von Altenhilfe kennt das SGB XII nicht.

Wer zu den „alten Menschen" zählt, ist im SGB XII nicht eindeutig abgegrenzt. Üblicherweise wird als Voraussetzung die Vollendung des 67. Lebensjahres zugrunde gelegt. Es können aber auch jüngere Personen unter diesen Begriff fallen, wenn altersbedingte Beschwerden oder Anpassungsschwierigkeiten vorliegen.

Umfang Wie oben bereits ausgeführt, umfasst die Altenhilfe alle Maßnahmen, die geeignet sind, altersbedingte Schwierigkeiten zu verhüten, zu überwinden oder zu mildern und alten Menschen die Teilnahme am Leben in der Gemeinschaft zu ermöglichen. Hierzu gehören nach § 71 Abs. 2, 3 SGB XII vor allem:

- Leistungen zu einer Betätigung und zum gesellschaftlichen Engagement, wenn sie vom alten Menschen gewünscht werden

  Diese Maßnahme kann in reiner Freizeitgestaltung bestehen, aber auch an die früheren Berufe der Hilfesuchenden anknüpfen. Sie besteht vor allem darin, dass der Sozialhilfeträger Räume, Geräte und Materialien zur Verfügung stellt („Seniorenwerkstatt").

- Leistungen bei der Beschaffung und zur Erhaltung einer Wohnung, die den Bedürfnissen des alten Menschen entspricht

  In Betracht kommen hier – evtl. durch den Sozialhilfeträger bezuschusste oder geförderte – besondere Altenwohnungen (z. B. ebenerdige Wohnungen; notwendige Hilfe ist in der Nähe erreichbar; Lage in guter Infra- und Versorgungsstruktur, es bestehen Kontaktmöglichkeiten, insbesondere zur Freizeitgestaltung). Darüber hinaus umfasst die Leistung auch die Vermittlung von Wohnungen im Einzelfall (einschließlich evtl. Makler-, Umzugs- und Einrichtungskosten).

  Zur Erhaltung von Wohnraum werden Leistungen zweckmäßig sein, die dem Hilfesuchenden eine seinen Bedürfnissen entsprechende Umgestaltung der bisherigen Wohnung ermöglichen und damit den Verbleib in der bisherigen – gewohnten – Umgebung sichern.

- Beratung und Unterstützung im Vor- und Umfeld von Pflege, insbesondere in allen Fragen des Angebots an Wohnformen bei Unterstützungs-, Betreuungs- oder Pflegebedarf sowie an Diensten, die Betreuung oder Pflege leisten

  Bei diesem Punkt gewinnt die Sozialplanung durch den Sozialhilfeträger an Bedeutung, z. B. durch Einrichtung einer Stelle zur Erfassung der benötigten und Vermittlung von vorhandenen Heimplätzen.

- Beratung und Unterstützung in allen Fragen der Inanspruchnahme altersgerechter Dienste

  z. B. durch Einrichtung einer von Fachkräften durchgeführten Altersberatung; Seniorenbüro mit regelmäßigen Sprechstunden.

- Leistungen zum Besuch von Veranstaltungen oder Einrichtungen, die der Geselligkeit, der Unterhaltung, der Bildung oder den kulturellen Bedürfnissen alter Menschen dienen

  z. B. durch Veranstaltung von „bunten Nachmittagen", Liederabenden, Ausflugsfahrten durch den Sozialhilfeträger/Senioreneinrichtungen, Einrichtung von Altentagesstätten, Einsatz von Seniorenbussen.

- Leistungen, die alten Menschen die Verbindung mit nahe stehenden Personen ermöglicht

  Hierunter fällt vor allem die Übernahme der Reisekosten, damit der Hilfesuchende Verwandte oder Verschwägerte, aber auch sonstige Bekannte besuchen kann. Möglich ist auch die Einrichtung eines Telefonanschlusses (Übernahme der Anschlusskosten und der laufenden Gebühren), da ein Telefon alten Menschen, die nicht in einem Altenheim oder einer Altenwohnung untergebracht sind, die Möglichkeit bietet, den Kontakt zu ihrer Umwelt aufrechtzuerhalten und die Einsamkeit zu überwinden.

- Leistungen zur Vorbereitung auf das Alter

  Darunter fallen alle o. g. Maßnahmen, wenn sie dazu dienen, der psychischen Belastung, die der Eintritt in den Ruhestand mit sich bringt, entgegenzuwirken bzw. vorzubeugen.

Die Aufzählung in § 71 Abs. 2 und 3 SGB XII ist aber nicht abschließend; denkbar sind ferner die

- Einrichtung von ambulanten Hilfsdiensten (z. B. Essen auf Rädern) in Zusammenarbeit mit den Trägern der Freien Wohlfahrtspflege
- Teilnahme am Mittagstisch in nahe gelegenen Einrichtungen.

Einsatz Einkommen/ Vermögen

Der Einkommens- und Vermögenseinsatz (siehe Abschnitt 13) wird bei der Altenhilfe insoweit eingeschränkt, als Beratung und Betreuung ohne Rücksicht auf vorhandenes Einkommen und Vermögen gewährt werden.

Verzahnung

Nach § 71 Abs. 5 SGB XII sind die Leistungen der Altenhilfe mit den übrigen Leistungen des SGB XII, den Leistungen der örtlichen Altenhilfe und der kommunalen Infrastruktur zur Vermeidung sowie Verringerung der Pflegebedürftigkeit und zur Inanspruchnahme der Leistungen der Eingliederungshilfe zu verzahnen. Die Ergebnisse der Gesamtplanung sowie die Grundsätze der Koordination, Kooperation und Konvergenz der Leistungen nach den Vorschriften des SGB IX sind zu berücksichtigen. Im Übrigen wird auf die Ausführungen in Kapitel B 4 verwiesen.

Abgrenzung

Die Altenhilfe ist abzugrenzen von der Hilfe zum Lebensunterhalt in einem Altenheim (§ 35 SGB XII) und von der Hilfe zur Pflege (§§ 61 bis 66a SGB XII). Im Rahmen der Altenhilfe wird die Hilfe nur gewährt, wenn die Aufnahme in ein Altenheim notwendig wird, um altersbedingte Schwierigkeiten (z. B. psychische Belastung durch Einsamkeit, Nachlassen der körperlichen und geistigen Kräfte) zu überwinden.

9. Blindenhilfe (§ 72 SGB XII)

Inhalt/Höhe Blinde haben einen Rechtsanspruch auf die Gewährung von Blindenhilfe zum Ausgleich der durch die Blindheit bedingten Mehraufwendungen (§ 72 Abs. 1 Satz 1 SGB XII). Dasselbe gilt gemäß § 72 Abs. 5 SGB XII für Personen, deren beidäugige Gesamtsehschärfe nicht mehr als ein Fünfzigstel beträgt oder bei denen dem Schweregrad dieser Sehschärfe gleichzuachtende, nicht nur vorübergehende Störungen des Sehvermögens vorliegen. Hierunter fallen beispielsweise Personen mit Herabsetzung der Sehkraft mit erheblicher Einschränkung des Gesichtsfelds (Sehnervenschwund, Netzhautablösung, Halbseitenblindheit etc.), Augenzittern mit Scheinbewegungen der Augenlinse (sog. Nystagmus), Nachtblindheit als Folge von krankhaften Veränderungen im Augeninneren oder hohem Alter.

Die Höhe der Blindenhilfe verändert sich jeweils zu dem Zeitpunkt (1. 7. des Jahres) und in dem Umfang, wie sich der aktuelle Rentenwert in der gesetzlichen Rentenversicherung verändert (vgl. dazu die Ausführungen unter B 2, Abschnitt 2.2.1).

Die Blindenhilfe verringert sich bei Aufenthalt in einer stationären Einrichtung, wenn die hier anfallenden Kosten aus öffentlichen Mitteln bestritten werden.

Wichtig:

Für jeden vollen Tag vorübergehender Abwesenheit von der Einrichtung wird die Blindenhilfe in Höhe von je einem Dreißigstel des Betrages nach § 72 Abs. 2 SGB XII gewährt, wenn die vorübergehende Abwesenheit länger als sechs volle zusammenhängende Tage dauert; der Betrag nach § 72 Abs. 3 Satz 1 SGB XII wird im gleichen Verhältnis gekürzt (vgl. § 72 Abs. 3 Satz 3 SGB XII).

Ausschluss Der Rechtsanspruch auf Blindenhilfe entfällt, wenn ein Blinder sich weigert, eine ihm zumutbare Tätigkeit zu leisten oder an einer erforderlichen Vorbereitung hierfür teilzunehmen. Die Blindenhilfe kann in diesen Fällen in entsprechender Anwendung des § 39 SGB XII gekürzt werden (vgl. § 72 Abs. 1 Satz 4 SGB XII).

Vorrangige Ansprüche Zudem wird sie nach § 72 SGB XII nur gewährt, soweit dem Betroffenen keine gleichartigen Leistungen nach anderen Rechtsvorschriften zustehen (vgl. § 72 Abs. 1 Satz 1 SGB XII).

Dies können sein:

- Pflegezulage nach dem Bundesversorgungsgesetz
- Pflegegeld im Rahmen der gesetzlichen Unfallversicherung (§ 44 SGB VII)
- Leistungen nach den Blindengeldgesetzen der Länder

Diese Leistungen werden in etwa in gleicher Höhe wie das Blindenpflegegeld nach § 72 SGB XII gewährt. Allerdings lässt sich vereinzelt auch die Tendenz zu Einsparungen erkennen: So wird die Leistung nach dem bayerischen Blindengeldgesetz nur mehr in Höhe von 85 % der Leistung nach § 72 Abs. 2 SGB XII gewährt (vgl. die obigen Ausführungen). Sollte die Tendenz der Länder anhalten, wird die Blindenhilfe zukünftig wieder an größerer Bedeutung gewinnen.

Leistungskonkurrenz Auf die Blindenhilfe sind Leistungen bei häuslicher Pflege nach dem SGB XI, auch soweit es sich um Sachleistungen handelt, bei Pflegebedürftigen des Pflegegrads 2 mit 50 % des Pflegegelds des Pflegegrads 2 und bei Pflegebedürftigen der Pflegegrade 3, 4 oder 5 mit 40 % des Pflegegelds des Pflegegrads 3, höchstens jedoch mit

50 % des Betrags nach § 72 Abs. 2 SGB XII, anzurechnen. Dies gilt sinngemäß für Leistungen nach dem SGB XI aus einer privaten Pflegeversicherung und nach beamtenrechtlichen Vorschriften (§ 72 Abs. 1 Sätze 2, 3 SGB XII; vgl. Abschnitt 5.4).

Neben der Blindenhilfe wird Hilfe zur Pflege wegen Blindheit (§§ 61 und 63 SGB XII; vgl. Abschnitt 5) außerhalb von stationären Einrichtungen sowie ein Barbetrag (§ 35 Abs. 2 SGB XII; vgl. Kapitel B 2 „Hilfe zum Lebensunterhalt") nicht gewährt. Neben § 72 Abs. 1 SGB XII ist § 30 Abs. 1 Nr. 2 SGB XII (Mehrbedarf für Personen unter 65 Jahren und voller Erwerbsminderung) nur anzuwenden, wenn der blinde Mensch nicht allein wegen Blindheit voll erwerbsgemindert ist. Beides gilt entsprechend für blinde Menschen, die nicht Blindenhilfe, sondern gleichartige Leistungen nach anderen Rechtsvorschriften erhalten (§ 72 Abs. 4 SGB XII).

Wichtig:

Einkommenseinsatz

Bei blinden Menschen nach § 72 SGB XII ist – genau wie bei Pflegebedürftigen der Pflegegrade 4 und 5 – ein Einsatz des Einkommens über der Einkommensgrenze in Höhe von mindestens 60 % nicht zuzumuten (§ 87 Abs. 1 Satz 3 SGB XII; vgl. Abschnitt 13.3).

10. Hilfe in sonstigen Lebenslagen (§ 73 SGB XII)

Leistungen können auch in sonstigen Lebenslagen erbracht werden, wenn sie den Einsatz öffentlicher Mittel rechtfertigen. § 73 SGB XII stellt damit eine weitere Hilfemöglichkeit bei qualifizierten Notlagen dar. „Sonstige Notlage" bedeutet, dass es für die in Rede stehende Lebenslage keine spezialgesetzliche Regelung für eine Leistung außerhalb oder innerhalb des SGB XII (im Dritten bis Fünften Kapitel) gibt. Sinn dieser Vorschrift ist es, auch in „ungewöhnlichen" Einzelfällen (z. B. Leistungen für misshandelte Frauen in Frauenhäusern, ggf. auch Lebenssituationen, die grundsätzlich über die Hilfe zum Lebensunterhalt von Bedeutung sind) oder bislang noch nicht bekannten Notlagen die erforderliche Leistung erbringen zu können. Ferner eröffnet sie den Sozialhilfeträgern die Möglichkeit, angemessen auf sozialpolitische Veränderungen zu reagieren.

Die generelle Auffangnorm des § 73 SGB XII ist jedoch nicht beliebig ausweitbar. So werden Schulden als Bedarf in der Sozialhilfe grundsätzlich nicht übernommen, da die Sozialhilfe nicht den Ausfallbürgen für die Gläubiger darstellt. Dieser Grundsatz gilt auch im Rahmen des § 73 SGB XII. Eine besondere Fallkonstellation seitens des Hilfesuchenden, die eine Leistung nach § 73 SGB XII erforderlich machen würde, ist seit der Möglichkeit der Verbraucherinsolvenz ohnehin kaum denkbar.

Mit der Rechtfertigung des Einsatzes öffentlicher Mittel als Sonderfall des Verhältnismäßigkeitsgrundsatzes werden fiskalische Interessen zur Anspruchsvoraussetzung gemacht. Hierbei kommt zum einen den Selbsthilfemöglichkeiten eines Leistungsberechtigten Bedeutung zu (so ist z. B. bei geringen Mitteln eine Leistung eher möglich), zum anderen fließen allgemeine, gesellschaftliche Bewertungen mit ein. Letztlich kann auch eine Vergleichsberechnung angestellt werden zwischen den für diese Leistung entstehenden und den ansonsten voraussichtlich anfallenden Kosten. Liegen die Voraussetzungen für die Hilfe nach § 73 SGB XII vor, kann der Sozialhilfeträger die Leistung erbringen. Die Leistung liegt daher in seinem pflichtgemäßen Ermessen.

Auch die Leistungsform liegt im Ermessen des Sozialhilfeträgers; darüber hinaus sieht § 73 Satz 2 SGB XII vor, dass Geldleistungen als Beihilfe oder als Darlehen erbracht werden können.

11. Bestattungskosten (§ 74 SGB XII)

Der Sozialhilfeträger hat die erforderlichen Kosten einer Bestattung zu übernehmen, soweit den hierzu Verpflichteten nicht zugemutet werden kann, diese Kosten zu tragen.

Es handelt sich dabei um einen sozialhilferechtlichen Anspruch eigener Art. Anspruchsberechtigt ist derjenige, der rechtlich verpflichtet ist, die Kosten der Bestattung zu tragen (vgl. *BVerwG*, Urteil vom 5. 6. 1997, BVerwGE 105, 51 = FEVS 48, 1). Die Pflicht, die Bestattungskosten zu tragen, und die Pflicht für die Bestattung zu sorgen (sog. Totenfürsorge), sind nicht identisch. Im ersten Fall handelt es sich um eine zivilrechtliche Pflicht; der zweite Fall betrifft eine öffentlich-rechtliche Verpflichtung nach den jeweiligen Bestattungsgesetzen der Länder. Dementsprechend ergibt sich für die „Verpflichteten" im Sinne des § 74 SGB XII folgende Rangfolge:

Zur endgültigen Tragung der Bestattungskosten sind nacheinander verpflichtet

Vorrangig Verpflichtete

- der vertraglich Verpflichtete (z. B. aus Leibgeding, Art. 15 BayAGBGB),
- der Erbe (§ 1968 BGB; ggf. Vermächtnisnehmer nach § 2147 BGB),

  Bei den Bestattungskosten handelt es sich um eine Nachlassverbindlichkeit (§ 1967 Abs. 2 BGB). Die Pflicht zur Tragung der Kosten besteht zivilrechtlich ohne Rücksicht auf die Höhe des Nachlasses, weswegen es dem Erben grundsätzlich zugemutet werden kann, den Nachlass hierfür einzusetzen. Wird dagegen der Fiskus gesetzlicher Erbe, haftet er nur mit dem Nachlass (§ 2011 BGB, § 780 Abs. 2 ZPO).

- beim Tode der Mutter eines Kindes, dessen Eltern nicht verheiratet sind, infolge der Schwangerschaft oder der Entbindung der Vater (§ 1615m BGB),

  sowie

- der Unterhaltspflichtige (§ 1615 Abs. 2, § 1360a Abs. 3, § 1361 Abs. 4 Satz 4 BGB).

  Hierzu gehören die Verwandten in gerader Linie sowie der (auch getrennt lebende) Ehegatte. Die Unterhaltspflicht nach § 1615 Abs. 2 BGB zur Übernahme der Bestattungskosten besteht auch dann, wenn der Fiskus Erbe und kein Nachlassvermögen vorhanden ist. Die Verpflichtung zur Tragung der Bestattungskosten kann unter den Voraussetzungen des § 1611 Abs. 1 BGB beschränkt sein oder wegfallen.

Eingetragene Lebenspartnerschaften

Nach § 10 LPartG ist ein eingetragener (gleichgeschlechtlicher) Lebenspartner gesetzlich erbberechtigt. Die Verpflichtung zum Unterhalt ergibt sich aus § 5 LPartG, die Verpflichtung zum Unterhalt bei Getrenntleben aus § 12 LPartG. Damit ist eine Gleichstellung erfolgt, die eingetragene Lebenspartner zu Verpflichteten in o. g. Sinne macht.

Nachrangig Verpflichtete

Verpflichtete im Sinne des § 74 SGB XII können auch Angehörige sein, die zur Besorgung der Bestattung nach den Bestattungsgesetzen berufen sind, soweit sie nicht bereits unter den Kreis der vorrangig Verpflichteten fallen (Rangfolge: Ehegatte, Kinder und Adoptivkinder, Eltern, Großeltern, Enkelkinder, Geschwister, Kinder der Geschwister des Verstorbenen, Verschwägerte ersten Grades). Verpflichtet im Sinne des § 74 SGB XII kann ferner derjenige sein, den der Verstorbene zu Lebzeiten mit der Wahrnehmung der Totenfürsorge für den Fall beauftragt hat, dass Angehörige nicht vorhanden oder nicht rechtzeitig erreicht werden können. Es kann sich dabei auch um einen Dritten (z. B. Nachbar, Bekannter, Lebensgefährte, Heim- und Krankenhausträger) handeln. Die Verpflichtung im Sinne des § 74 SGB XII tritt jedoch nur ein, wenn dieser Personenkreis den Bestattungsauftrag erteilt hat, hieraus nach §§ 631 ff. BGB dem Bestattungsunternehmer das vereinbarte Entgelt schuldet und seinerseits von keinem der (zivilrechtlich) vorrangig Verpflichteten Ersatz oder Freistellung verlangen kann (vgl. *BVerwG*, Urteil vom 22. 2. 2001, FEVS 52, 441; *VGH Baden-Württemberg*, Urteil vom 27. 3. 1992, FEVS 42, 380; *OVG Schleswig*, Urteil vom 18. 3. 1999, FEVS 51, 231; a. A. *OVG Münster*, Urteil vom 30. 10. 1997, FEVS 48, 446).

Praxis TIPP

Beauftragung zur Totenfürsorge

Sofern es sich bei der Person, die die Totenfürsorge wahrnimmt, um einen Dritten handelt, empfiehlt es sich, die Beauftragung hierzu schriftlich festzuhalten. Dasselbe gilt auch für Einrichtungen oder einen Lebensgefährten (vgl. *OVG Schleswig*, a. a. O.) und auch für den Betreuer (vgl. Kapitel A 1, Abschnitt „8. Tod des Betreuten, Vorsorge und Pflichten des Betreuers“). Liegt nämlich keine Beauftragung vor bzw. lässt sie sich nicht schlüssig nachweisen, liegt ein freiwilliges Handeln ohne rechtliche Verpflichtung vor, mit der Folge, dass § 74 SGB XII nicht zur Anwendung kommt. Das heißt, es entwickelt sich kein Anspruch gegen den Sozialhilfeträger auf Übernahme der Bestattungskosten (vgl. auch *OVG Lüneburg*, Beschluss vom 8. 5. 1998, FEVS 49, 293).

Sicherheitsbehörde

Nach den meisten landesrechtlichen Bestimmungen ist eine Leiche grundsätzlich in einem Zeitraum von 48 bis 96 Stunden nach der Feststellung des Todes zu bestatten. Ist innerhalb dieses Zeitraums eine Bestattung gefährdet, weil die Angehörigen dafür nicht sorgen, keine Angehörigen erreichbar oder vorhanden sind und weil auch kein Dritter vom Verstorbenen beauftragt worden ist, haben die nach Landesrecht bestimmten örtlichen Sicherheitsbehörden (i. d. R. die Gemeinden) oder die Polizei für die Bestattung zu sorgen. Hieraus entwickelt sich ein öffentlich-rechtlicher Ausgleichsanspruch gegen den Verpflichteten (vgl. §§ 677, 683 BGB analog). Strittig ist die Frage, ob die Gemeinde, die im Wege der Ersatzvornahme die Bestattung besorgt (vgl. z. B. Art. 14 Abs. 2 BayBestG), selbst Verpflichteter im Sinne des § 74 SGB XII ist. Dies wird überwiegend verneint, mit der Folge, dass sich für die Gemeinde kein Anspruch gegen den Sozialhilfeträger auf Übernahme der Bestattungskosten entwickelt. Ohnehin ist davon auszugehen, dass einer Gemeinde der Aufwand hierfür zugemutet werden kann. Ist ein Verpflichteter nicht vorhanden, sollen die Bestattungskosten jedoch vom Sozialhilfeträger übernommen werden, sofern der Verstorbene bis zu seinem Tod laufende Sozialhilfeleistungen erhalten hat.

Inhalt/Umfang

Der Begriff „erforderliche Kosten“ bezieht sich sowohl auf deren Art als auch auf ihre Höhe. Damit weicht das SGB XII vom Kostenbegriff des § 1968 i. V. m. § 1610 Abs. 1 BGB ab, wonach die Höhe der Bestattungskosten nach der Lebensstellung des Erblassers zu bemessen sind. Als Kosten der Bestattung ist der Aufwand für eine würdige, den örtlichen Verhältnissen entsprechende, einfache Bestattung einschließlich aller öffentlich-rechtlichen Gebühren zu übernehmen (z. B. Leichenschau, Leichenbeförderung, Sarg, Waschen und Kleiden sowie Einsargen der Leiche, Leichenhaus- und Grabgebühren, Sargauflage, die Kosten für ein einfaches Grabmal und für die Erstbepflanzung; vgl. *VGH Baden-Württemberg*, Urteil vom 27. 3. 1992, FEVS 42, 380; *OVG Lüneburg*, Urteil vom 10. 3. 1999, FEVS 51, 382). Bei der Frage, was den örtlichen Verhältnissen entspricht, ist die jeweilige Friedhofssatzung zwingend zu beachten, da sich der Verpflichtete den satzungsmäßigen Anforderungen nicht entziehen kann. Was die Friedhofssatzung als Mindestmaß würdiger Ausstattung ausreichen lässt, kann grundsätzlich auch als erforderlich und angemessen nach § 74 SGB XII bezeichnet werden (vgl. *VGH Baden-Württemberg,* Urteil vom 19. 12. 1990, DÖV 1991, 699 = FEVS 41, 279; *BayVGH,* Beschluss vom 12. 11. 1997, FSt 1998, Rz. 249). Ebenfalls werden die sog. „Stolgebühren" übernommen. Todesanzeigen und Danksagungen können ebenfalls erforderlich sein (a. A. *VG Hannover,* ZfF 1983, 207).

Hat sich der Verstorbene selbst, seine Angehörigen oder der Betreuer für eine Feuerbestattung ausgesprochen (zur notwendigen Form vgl. z. B. § 17 BayBestV), ist dieser Wunsch nach § 9 Abs. 2 SGB XII bei der Hilfe nach § 74 SGB XII beachtlich. Neben den o. g. Kosten einer Erdbestattung sind die Kosten einer Urnenbeisetzung (einschließlich Überführung zum und vom Krematorium) erforderlich.

Die Höhe der erforderlichen Kosten bemisst sich nach Vergleichswerten von verschiedenen Bestattungsunternehmen am Ort oder Erfahrungswerten des Sozialhilfeträgers. Bei verschiedenen Verwaltungen gibt es auch kommunale Bestattungseinrichtungen (Ämter für Bestattungswesen), die vom Sozialhilfeträger zum Umfang und zur Höhe der erforderlichen Kosten gutachtlich beteiligt werden können. In diesem Zusammenhang sei darauf hingewiesen, dass der Sozialhilfeträger nicht berechtigt ist, die erforderlichen Kosten bei Erdbestattungen generell auf die Höhe der im Regelfall niedrigeren Kosten für Feuerbestattungen zu kürzen (vgl. Klingshirn, Bestattungsrecht, Erläuterung VI, m. w. N.).

Die Kosten für die laufende Grabpflege gehören wesensgemäß zur laufenden Hilfe zum Lebensunterhalt und sind bei Leistungsberechtigten mit dem Regelsatz abgegolten (vgl. Auflistung in Kapitel B 2 „Hilfe zum Lebensunterhalt"). Bei Nichthilfeempfängern sind diese daher im Rahmen der normalen Lebenshaltungskosten zu bestreiten. Da die erforderlichen Kosten der Bestattung nach § 74 SGB XII nur die Kosten betreffen, die im unmittelbaren Zusammenhang mit der Bestattung selbst stehen, fallen Aufwendungen von Angehörigen aus Anlass eines Todesfalles (z. B. Trauerbekleidung, Leichenschmaus, Reisekosten) nicht darunter. Sofern die Angehörigen selbst hilfebedürftig sind, kann ggf. hierfür eine Leistung nach § 37 SGB XII in Betracht kommen.

Eine grundsätzliche Verpflichtung der Sozialhilfeträger, auch Überführungskosten zu übernehmen, besteht nicht; hier entscheidet der Sozialhilfeträger im Ermessen. Zur Übernahme der durch den Abtransport oder die Bergung von Leichen bei Unglücksfällen entstehenden besonderen Kosten ist der Sozialhilfeträger nicht verpflichtet.

Vorrangige Ansprüche

Sterbegeld aus der gesetzlichen Unfallversicherung in Höhe eines Siebtels der zum Todeszeitpunkt geltenden Bezugsgröße (vgl. § 64 SGB VII) ist dem § 74 SGB XII vorrangig. Zu den vorrangigen Ansprüchen gehören auch Leistungen aus Sterbegeldversicherungen. Eventuelle Schadenersatzansprüche gegen Dritte, die den Tod rechtswidrig und schuldhaft herbeigeführt haben, sind ebenfalls vorrangig geltend zu machen (vgl. § 844 BGB; *OVG Münster,* Urteil vom 30. 10. 1997, NJW 1998, 2154).

Zumutbarkeit

Ein Anspruch nach § 74 SGB XII besteht nur, wenn dem Verpflichteten die Tragung der Bestattungskosten nicht zugemutet werden kann. Kriterien für die Auslegung der Zumutbarkeit sind die allgemeinen Grundsätze des Sozialhilferechts, insbesondere der Grundsatz des Nachrangs in der Sozialhilfe. Regelmäßig wird davon ausgegangen, dass es einem Verpflichteten zuzumuten ist, alle Mittel einzusetzen, die ihm durch den Eintritt des Todesfalles zugeflossen sind. Dazu gehört bei einem

Erben in erster Linie der Nachlass, soweit dem Einsatz keine Härte entgegensteht (vgl. § 102 Abs. 3 Nr. 3 SGB XII), aber auch ein Ausgleichsanspruch gegenüber einem Miterben nach § 426 BGB (vgl. *OVG Münster,* Urteil vom 30. 10. 1997, NJW 1998, 248 = FEVS 48, 446). Die gesetzlichen Regelungen über das Schonvermögen in Bezug auf Vermögensgegenstände oder -rechte in der Person des Erblassers kommen dem nach § 74 SGB XII Anspruchsberechtigten nicht zugute (vgl. *BVerwG,* Urteil vom 4. 2. 1999, FEVS 51, 5). Zu den zugeflossenen Mitteln können ferner Bezugsrechte aus Lebensversicherungsverträgen des Verstorbenen gehören, also Verträge zugunsten Dritter (vgl. §§ 328 ff. BGB), deren Leistungsbeträge damit dem Nachlass entzogen sind (vgl. §§ 330, 331 BGB). Diese Beträge stellen Einkommen im Monat des Zuflusses dar.

Sind die (erforderlichen) Bestattungskosten nicht durch die o. g. vorrangigen Ansprüche sowie (bei Erben) den Nachlass gedeckt, bemisst sich die Leistungsfähigkeit der Verpflichteten aus eigenem Einkommen. Bei der Bemessung des Eigenanteils ist die soziale Nähe, die zwischen dem Verstorbenen und dem Verpflichteten bestand, zu berücksichtigen. Je näher das (Verwandtschafts-)Verhältnis war, desto höher ist der Einkommenseinsatz, der zugemutet werden kann. Dasselbe gilt hinsichtlich des Einsatzes des Vermögens.

Bekanntwerden/ Antrag

Trotz des engen Wortlauts des § 18 Abs. 1 SGB XII ist es aus der Natur der Sache heraus geboten, dem Verpflichteten im Sinne des § 74 SGB XII eine längere Frist für die Geltendmachung eines etwaigen Anspruchs einzuräumen (vgl. *BVerwG,* Urteil vom5. 6. 1997, BVerwGE 105, 51 = FEVS 48, 1). Im Allgemeinen wird für das rechtzeitige Bekanntwerden ein Zeitraum von bis zu zwei Monaten nach dem Tod als ausreichend erachtet. Es kann aber beispielsweise bei Streitigkeiten der Erben eine durchaus längere Frist eingeräumt werden.

Praxis Tipp

Ende der Betreuung – Bestattungsverträge

Die Betreuung endet mit dem Tod des Betreuten. Es ist in Literatur und Rechtsprechung umstritten, inwieweit der Betreuer zur Durchführung der Bestattung berechtigt ist. Im Hinblick auf bestehende oder nicht bestehende Vergütungsansprüche und Auslagenersatz sollte sich der Betreuer daher vom Vormundschaftsgericht beraten lassen. Ein Anspruch gegen den Sozialhilfeträger im Rahmen des § 74 SGB XII besteht nicht. Auch kann der Abschluss von Bestattungsverträgen nicht generell empfohlen werden, da diese im Regelfall sog. „Verträge zugunsten Dritter" darstellen, die von den Sozialhilfeträgern grundsätzlich bei der Prüfung von vorrangig einzusetzendem Vermögen berücksichtigt werden. Wurden vorhandene Bestattungsverträge bereits längere Zeit vor der Beantragung von Sozialhilfe abgeschlossen, wird der Sozialhilfeträger prüfen, ob dadurch das Vermögen in der Absicht vermindert werden sollte, die Voraussetzungen für die Gewährung von Sozialhilfe herbeizuführen. Dann wird der Sozialhilfeträger eine beantragte Hilfe zumindest teilweise ablehnen. Dies kann vorallem dann der Fall sein, wenn der Bestattungsvertrag nahezu zeitgleich mit der Antragstellung beim Sozialamt erfolgte. Auch falls ein Bestattungsvertrag bereits längere Zeit vor der Inanspruchnahme von Sozialhilfe abgeschlossen worden sein sollte, kann der Sozialhilfeträger im Rahmen seiner Vermögensprüfung etwaige Rückerstattungsansprüche daraus auf sich überleiten. Dies kommt insbesondere inBetracht, wenn für das Rechtsgeschäft Sittenwidrigkeit angenommen werden muss oder eine Rückforderung, z. B. wegen Verarmung des Schenkers (§ 528 BGB), in Frage kommt. Insbesondere kann dies zutreffen, wenn z. B.

- eine große Wertdiskrepanz zwischen den vereinbarten Leistungen besteht,
- die Höhe der im Bestattungsvertrag vereinbarten Ausgaben für Beerdigung, Grabstein und Grabpflege in keinem Verhältnis zum gesamten Vermögen steht: Wurde über das Vermögen insgesamt oder nur über einen kleinen Bruchteil davon verfügt?
- im Bestattungsvertrag von vornherein erhebliche Überschüsse eingeplant wurden, die nicht zur Deckung der Bestattungs- oder Grabpflegekosten, sondern zum Verbleib beim Bestattungsunternehmen bzw. Dritten bestimmt sind.

Dasselbe gilt, wenn Bestattungsvorsorgeverträge treuhänderisch verwaltet werden. Diese sehen auf Grund einer damit verbundenen Abtretung eine direkte Auszahlung des Betrags durch die Treuhand ausschließlich an das Bestattungsunternehmen vor, das eine ihm nach dem Bestattungsvertrag oder nach § 649 Satz 2 BGB zustehende Vergütung für den Zeit- und Kostenaufwand, der beim Abschluss und bei der Betreuung von Vorsorgeverträgen anfällt (in der Größenordnung von 1 % p. a. der jeweiligen Kapitalsummen) vorrangig befriedigt. Daneben erspart sich das Bestattungsunternehmen Mehrwert- und Kapitalsteuer. Die Kontrolle der Treuhandeinrichtung wird häufig durch einen gleichzeitig mit dem Vertrag gestellten Aufnahmeantrag in einen eingetragenen Verein sichergestellt. Die Mitgliedsbeiträge werden von der Treuhandeinrichtung beglichen, die ihrerseits lediglich die erzielten *Netto*beträge dem jeweiligen Konto gutschreibt. Wird kein Freistellungsauftrag hinsichtlich dieser Zinseinkünfte erteilt, kann nur über eine Steuererklärung (Anlage KAP) die Kapitalertragssteuer rückerstattet werden.

Liegen weder Versagungsgründe für die (teilweise) Sozialhilfeleistung noch für die Geltendmachung von Rückerstattungsansprüchen aus einem bereits seit längerem bestehenden Bestattungsvertrag vor, kann der Sozialhilfeträger im Einzelfall im Rahmen der Härteregelung des § 90 Abs. 3 SGB XII ganz oder teilweise vom Einsatz des gebundenen Vermögens absehen. Wurden im Rahmen des Bestattungsvorsorgevertrags Sterbegeldversicherungen abgetreten, wird teilweise der Betrag von 3.579 EUR berücksichtigt, der nach § 850b Abs. 1 Nr. 4 ZPO unpfändbar wäre. Mehrere Versicherungssummen werden zusammengerechnet (vgl. Kapitel B 1, Abschnitt „11.6 Pfändung“).

Wird ein Bestattungsvorsorgevertrag gleichzeitig mit der Beantragung von Sozialhilfe oder nach deren Bewilligung unter Verwendung bisher nicht mitgeteilter Mittel geschlossen, löst dies in der Regel eine Rückforderung der vom Sozialamt erbrachten Leistungen aus.

12. Anspruchsberechtigter Personenkreis (§ 19 Abs. 3 SGB XII)

Neben dem Bekanntwerden (§ 18 SGB XII) der Notlage kennt die Hilfe zum Lebensunterhalt nur eine weitere Anspruchsvoraussetzung, nämlich die Hilfebedürftigkeit (§ 19 Abs. 1 SGB XII). Dagegen müssen bei den Hilfen in qualifizierten Notlagen noch zwei weitere Voraussetzungen erfüllt sein:

Sachliche Voraussetzungen

- die sachlichen (persönlichen) Voraussetzungen,

  die sich aus den (in den Abschnitten 1 bis 12) beschriebenen gesetzlichen Vorschriften ergeben

  und

- die wirtschaftlichen Voraussetzungen:

  Wirtschaftliche Voraussetzungen

  „Hilfen nach dem 5. bis 9. Kapitel SGB XII werden erbracht, soweit dem Leistungsberechtigten, seinem nicht getrennt lebenden Ehegatten/Lebenspartner und, wenn er minderjährig und unverheiratet ist, auch seinen Eltern die Aufbringung der Mittel aus dem Einkommen und Vermögen nach den Bestimmungen der §§ 82 bis 91 SGB XII nicht zuzumuten ist. Das Einkommen und Vermögen der Eltern oder des Elternteils, bei dem eine Hilfesuchende lebt, sind nicht zu berücksichtigen, wenn die Hilfesuchende schwanger ist oder ihr leibliches Kind bis zur Vollendung seines sechsten Lebensjahres betreut." (vgl. § 19 Abs. 3, 4 SGB XII).

Zumutbarkeit

Gegenüber der Hilfe zum Lebensunterhalt hat der Hilfesuchende bei den Hilfen in qualifizierten Notlagen einen großzügigeren finanziellen Spielraum. Hier müssen Mittel nur in „zumutbarem Umfang" eingesetzt werden. Den Begriff der Zumutbarkeit konkretisiert das SGB XII durch die Einkommensgrenze (§§ 85, 86 SGB XII) und die Anerkennung besonderer Belastungen (§ 87 SGB XII).

Wichtig:

Zugemutet wird dem Leistungsberechtigten die Aufbringung der Mittel grundsätzlich nur, wenn das Einkommen die maßgebende Einkommensgrenze übersteigt, und nur in dem Umfang, in dem die Eigenleistung angemessen ist.

Diese Regelung hat den Zweck, dem Leistungsberechtigten die notwendigen Mittel zur Bestreitung seines Lebensunterhalts zu belassen und ihn im Hinblick auf seine zu behebende qualifizierte Notlage „besser zu stellen".

Ausnahmsweise gehört zum „anspruchsberechtigten Personenkreis" auch der Einrichtungsträger, der die Leistung erbracht bzw. derjenige, der die Pflege geleistet hat (§ 19 Abs. 6 SGB XII). Der Anspruch geht beim Tod des Leistungsberechtigten im Wege der Sonderrechtsnachfolge auf diese über.

12.1 Zu berücksichtigendes Einkommen

Evtl. bezogene (und vom minderjährigen Kind nicht zur Bedarfsdeckung benötigte) Kindergelder werden ebenfalls als Einkommen des Berechtigten angesetzt.

Ähnlich wie bei der Hilfe zum Lebensunterhalt sehen auch diese Hilfen eine Bedarfsgemeinschaft vor, das heißt, bei der Berechnung ist das Einkommen des Hilfesuchenden, seines nicht getrennt lebenden Ehegatten/Lebenspartners und gegebenenfalls seiner Eltern zu berücksichtigen. Das Einkommen anderer Personen (z. B. Kinder, Geschwister, Großeltern) ist auch dann nicht zu berücksichtigen, wenn sie im selben Haushalt wie der Hilfesuchende wohnen und für sie ein Familienzuschlag angesetzt ist.

12.2 Einkommensgrenze

Einkommensgrenze

Bei der Hilfe in qualifizierten Notlagen ist nach § 85 Abs. 1 SGB XII dem Hilfesuchenden und seinem nicht getrennt lebenden Ehegatten/Lebenspartner die Aufbringung der Mittel nicht zuzumuten, wenn während der Dauer des Bedarfs ihr monatliches Einkommen zusammen eine Einkommensgrenze nicht übersteigt, die sich ergibt aus

- einem Grundbetrag,
- den angemessenen Kosten der Unterkunft und
- einem Familienzuschlag.

Grundbetrag

Der Grundbetrag dient der o. g. „Besserstellung“ des Hilfesuchenden, da er höher ist als der Regelbedarf (= Regelsatz, Mehrbedarfszuschläge, Sonderbedarf) bei der Hilfe zum Lebensunterhalt. Mit der Einführung des SGB XII wurden die Regelungen zu den Einkommensgrenzen vereinfacht. Anstelle der bisherigen drei betragsmäßig unterschiedlichen Grundbeträge ist nunmehr ein einheitlicher Grundbetrag getreten. Dieser wird mit dem Zweifachen des jeweiligen Eckregelsatzes angesetzt.

Damit ist der Grundbetrag dynamisiert und kann sich – entsprechend der Erhöhung der Regelsätze – zum 1. Juli eines jeden Jahres um den Prozentsatz, um den sich der aktuelle Rentenwert in der gesetzlichen Rentenversicherung verändert, anpassen. Dasselbe gilt bei einer Fortschreibung der Höhe der Regelsätze nach § 28 Abs. 3 SGB XII.

Der im Einzelfall maßgebende Eckregelsatz bestimmt sich gemäß § 85 Abs. 3 SGB XII nach dem Ort, an dem der Leistungsberechtigte die Leistung erhält. Bei der Leistung in einer Einrichtung sowie bei Unterbringung in einer anderen Familie oder bei den in § 107 SGB XII genannten anderen Personen bestimmt er sich nach dem gewöhnlichen Aufenthalt des Leistungsberechtigten oder, wenn im Falle bei einer minderjährigen nachfragenden Person auch das Einkommen ihrer Eltern oder eines Elternteils maßgebend ist, nach deren gewöhnlichem Aufenthalt. Ist ein gewöhnlicher Aufenthalt im Inland nicht vorhanden oder nicht zu ermitteln, bestimmt sich der Eckregelsatz nach dem Ort, an dem der Leistungsberechtigte die Leistung erhält.

Wichtig:

Die Länder und, soweit landesrechtliche Vorschriften nicht entgegenstehen, auch die Träger der Sozialhilfe können nach § 86 SGB XII für bestimmte Arten der Hilfe nach dem Fünften bis Neunten Kapitel des SGB XII der Einkommensgrenze einen höheren Grundbetrag zugrunde legen.

Kosten der Unterkunft

Die Kosten der Unterkunft sind in der tatsächlichen Höhe anzusetzen. Hier gelten die gleichen Maßstäbe wie bei der Hilfe zum Lebensunterhalt. Das Wohngeld ist bei der Berechnung von Hilfen außerhalb von Einrichtungen vom Unterkunftsbedarf abzusetzen.

Wesentlicher Unterschied bei der Berechnung der Unterkunftskosten im Vergleich zur Hilfe zum Lebensunterhalt ist, dass die Kosten für Zentralheizung bei der Hilfe in qualifizierten Notlagen nicht zum Bedarf gehören.

Familienzuschlag

Ein Familienzuschlag wird gewährt

- für den nicht getrennt lebenden Ehegatten/Lebenspartner der nachfragenden Person,
- bei minderjährigen unverheirateten Hilfesuchenden einem Elternteil sowie dem Hilfesuchenden selbst,
- jeder Person, die vom Hilfesuchenden, seinem nicht getrennt lebenden Ehegatten/Lebenspartner bzw. seinen (zusammenlebenden) Eltern überwiegend unterhalten wird, oder der sie nach der Entscheidung über die Sozialhilfeleistung unterhaltspflichtig werden.

Überwiegend unterhalten ist eine Person dann, wenn der Hilfesuchende oder sein nicht getrennt lebender Ehegatte/Lebenspartner mehr als 50 % des Unterhalts aufbringt. Der Unterhalt wird bei Zusammenlebenden in der Regel als Sachleistung gewährt. Hat ein Unterhaltsberechtigter keine Einkünfte, geht der Sozialhilfeträger davon aus, dass der Hilfesuchende oder sein Ehegatte/Lebenspartner den vollen Unterhalt leistet. Erst wenn der Unterhaltene eigene Einkünfte hat, wird der Sozialhilfeträger durch eine Gegenüberstellung des gesamten Lebensbedarfs (einschließlich eines Sonderbedarfs, z. B. wegen Krankheit, Ausbildung) mit den wertmäßigen Unterhaltsleistungen prüfen, ob der Unterhaltspflichtige den Unterhaltenen überhaupt überwiegend unterhalten kann, das heißt, ob ein Familienzuschlag anzusetzen ist. Aus Gründen der Vereinfachung wird häufig davon ausgegangen, dass der Hilfesuchende oder sein nicht getrennt lebender Ehegatte/Lebenspartner den überwiegenden Unterhalt auch dann gewährt, wenn der Unterhaltene zwar über Einkommen verfügt, dieses aber im Monat den Betrag des Familienzuschlags nicht übersteigt. Die Zuerkennung bzw. das Entfallen des Familienzuschlags richtet sich nach den Grundsätzen der Erhöhung bzw. Verringerung der Sozialhilfe.

Der Familienzuschlag beträgt 70 % der maßgebenden Regelbedarfsstufe; dieser Betrag ist auf volle EUR aufzurunden. Der für den Familienzuschlag maßgebliche Regelsatz bestimmt sich dabei nach dem Ort, an dem der Hilfeempfänger die Hilfe erhält, bzw. bei der Hilfegewährung in einer Einrichtung nach dem gewöhnlichen Aufenthalt des Hilfeempfängers vor der Aufnahme in die Einrichtung.

12.3 Bemessung des Eigenanteils (§ 87 SGB XII)

Eigenanteil

Soweit das zu berücksichtigende Einkommen die maßgebende Einkommensgrenze übersteigt, ist die Aufbringung der Mittel in angemessenem Umfang zuzumuten. Bei der Prüfung, welcher Umfang angemessen ist, sind vor allem

- die Art des Bedarfs,

  Unterschiedlicher Bedarf kann eine verschieden hohe Belastung mit sich bringen, die die Lebensverhältnisse des Hilfesuchenden und seiner Angehörigen beeinträchtigen kann, z. B.bei einem auf Dauer Schwerpflegebedürftigen oder jemandem, der Zahnersatz benötigt. Dementsprechend ist im ersten Beispielsfall ein niedrigerer Eigenanteil angemessen als im zweiten.

- die Dauer,

  Dem o. g. entsprechend ist bei einmaligem oder kurzfristigem Bedarf ein höherer Eigenanteil angemessen als z. B. bei einem Dauerpflegefall.

- die Höhe der erforderlichen Aufwendungen,
- die besonderen Belastungen

  Besondere Belastungen führen zu einer Verminderung des Eigenanteils. Als solche zählen bzw. können vom Sozialhilfeträger anerkannt werden:

  – Zahlungsverpflichtungen/Abzahlungsverpflichtungen, die vor dem Eintritt des Bedarfs eingegangen wurden und sozialhilferechtlich anerkennenswert sind bzw. die unabweisbar wurden (z. B. Mietverpflichtungen eines unter Betreuung stehenden, in stationäre Pflege aufgenommenen Hilfebedürftigen wegen des vormundschaftlichen Genehmigungsverfahrens zur Wohnungsauflösung; vgl. *BVerwG*, Beschluss vom 30. 12. 1997, FEVS 48, 241)

- angemessene Aufwendungen für Familienfeiern, Besuchsfahrten zu nahen Angehörigen in Einrichtungen
- notwendige Aufwendungen für Krankheit, Behinderung, altersbedingte Belastungen
- angemessene Aufwendungen für die Ausbildung von unterhaltsberechtigten Angehörigen, für die kein Familienzuschlag angesetzt wurde
- erforderliche Aufwendungen im Zusammenhang mit der Unterkunft

des Hilfesuchenden und seiner unterhaltsberechtigten Angehörigen zu berücksichtigen (§ 87 Abs. 1 SGB XII).

Bei der Berechnung ist grundsätzlich vom monatlichen Einkommen (Grundsatz der Gleichzeitigkeit von Bedarf und Einkommen) auszugehen. Aus dem die Einkommensgrenze übersteigenden Einkommen wird – nach Abzug der besonderen Belastungen – unter Zugrundelegung eines Prozentsatzes der Eigenanteil für jeden Monat berechnet.

Wichtig:

Bei Pflegebedürftigen der Pflegegrade 4 und 5 sowie blinden Menschen nach § 72 SGB XII werden höchstens 60 % des Einkommens über der Einkommensgrenze angerechnet (vgl. § 87 Abs. 1 Satz 3 SGB XII).

Eine Ausnahme von diesem Grundsatz ist § 87 Abs. 2 SGB XII. Danach kann der Sozialhilfeträger auch die Aufbringung der Mittel aus dem Einkommen verlangen, das der Hilfesuchende innerhalb eines angemessenen Zeitraums (in der Regel drei Monate) nach Wegfall des Bedarfs erwirbt, wenn

- der Hilfesuchende durch den Eintritt eines Bedarfsfalles sein Einkommen ganz oder teilweise verliert und
- sein Bedarf nur von kurzer Dauer (in der Regel ein Monat) ist.

Der Einsatz des in diesem Zeitraum erworbenen Einkommens darf jedoch nur in dem Umfang verlangt werden, als es die Einkommensgrenze übersteigt und dem Hilfesuchenden – ohne den Einkommensverlust – die Aufbringung der Mittel zuzumuten gewesen wäre. Der Sozialhilfeträger muss daher eine Vergleichsberechnung anstellen.

Beispiel:

Ein Selbstständiger hat keine Krankenversicherung abgeschlossen und bedarf der stationären Krankenhausbehandlung. Während des dreiwöchigen Krankenhausaufenthaltes erzielt er kein Einkommen. Nach Entlassung aus dem Krankenhaus ist er wieder voll erwerbstätig.

In diesem Fall kommt § 87 Abs. 2 SGB XII zur Anwendung, da Krankenhausaufenthalt und Einkommensverlust kausal zusammenhängen.

Eine weitere Ausnahme enthält § 87 Abs. 3 SGB XII. Danach kann der Sozialhilfeträger die Aufbringung der Mittel auch aus dem Einkommen verlangen, das der Hilfesuchende bzw. sein Ehegatte/Lebenspartner oder seine Eltern (§ 19 Abs. 3 SGB XII; vgl. Abschnitt 13.1) innerhalb eines Zeitraums von bis zu drei Monaten nach Ablauf des Monats, in dem über die Hilfe entschieden wurde, erwerben, wenn es sich

- um einmalige Leistungen
- zur Beschaffung von Bedarfsgegenständen, z. B. Krankenfahrzeuge, orthopädische und andere Hilfsmittel, Zahnersatz,
- deren Gebrauchsdauer mindestens ein Jahr beträgt,

handelt. Das bedeutet, der Eigenanteil wird für insgesamt vier Monate verlangt.

12.4 Einsatz des Einkommens unter der Einkommensgrenze (§ 88 SGB XII)

Nach § 88 Abs. 1 SGB XII kann der Sozialhilfeträger den Einsatz des Einkommens unter der Einkommensgrenze in folgenden Fällen verlangen:

- Soweit von einem anderen Leistungen für einen besonderen Zweck gewährt werden, für den auch Sozialhilfe zu gewähren wäre.

  Unerheblich ist hierbei, ob es sich um öffentlich-rechtliche oder zivilrechtliche Leistungen handelt.

  Beispiele:

  Zuschüsse von Krankenkassen; Unterhaltsbeiträge zur Deckung des gleichen (sozialhilferechtlichen) Bedarfs; Waisenrenten und Waisengelder; Beihilfen nach den Beihilfevorschriften, BAföG

- Wenn zur Deckung des Bedarfs nur geringfügige Mittel erforderlich sind.

  Wann es sich um „geringfügige Mittel" handelt, ist nach der Art des Bedarfs (in der Regel einmalig) und den wirtschaftlichen Verhältnissen des Hilfesuchenden im Einzelfall zu beurteilen. Zweck der Vorschrift ist die Vermeidung von Bagatellfällen für den Sozialhilfeträger.

- Soweit bei der stationären oder teilstationären Hilfe in einer Einrichtung Aufwendungen für den häuslichen Lebensunterhalt erspart werden (häusliche Ersparnisse).

  Zweck der Vorschrift ist, dem Hilfeempfänger oder seinen Angehörigen keine wirtschaftlichen Vorteile zu verschaffen, wenn dieser z. B. in einer Einrichtung voll verpflegt wird – er sich diese Aufwendungen zu Hause damit erspart.

  Die Höhe der anzusetzenden „häuslichen Ersparnisse" richtet sich nach der Höhe des den Bedarf der Hilfe zum Lebensunterhalt übersteigenden Einkommens (nach Abzug des Eigenanteils gemäß § 87 SGB XII). Übersteigt das Einkommen den Bedarf um nicht mehr als 25 %, werden in der Regel keine häuslichen Ersparnisse angesetzt, ansonsten von 50 % bis 150 % der jeweiligen Regelbedarfsstufe. Es existieren aber auch andere Berechnungsmodelle; nähere Auskünfte erteilen die Sozialhilfeträger.

Praxis TIPP

Teilstationäre Hilfe – häusliche Ersparnisse

Bei teilstationärer Unterbringung von volljährigen Hilfeempfängern in einer Werkstatt für Behinderte werden für die Verpflegung in der WfB grundsätzlich keine „häuslichen Ersparnisse" mehr gefordert. Möglich sind häusliche Ersparnisse, wenn das Einkommen des behinderten Menschen insgesamt einen Betrag in Höhe des zweifachen Regelsatzes übersteigt. Der Betreuer sollte in Fällen, in denen häusliche Ersparnisse gefordert werden, prüfen, ob diese zu Recht verlangt werden.

- Wenn Personen voraussichtlich längere Zeit (in der Regel sechs Monate) der Pflege in einer Einrichtung bedürfen, solange sie nicht einen anderen überwiegend unterhalten.

  Pflege ist hier nicht gleichzusetzen mit Hilfe zur Pflege. Vielmehr ist die Betreuung in einer Einrichtung gemeint (z. B. bei der Eingliederungshilfe für Behinderte, Altenhilfe). Ein körperliches oder geistiges Gebrechen braucht aber nicht vorzuliegen.

  Die größte Bedeutung gewinnt diese Vorschrift bei sog. „Dauerpflegefällen“ in Einrichtungen, denen die Auflösung ihres Haushalts zugemutet werden kann. Diesen entstehen hierfür keine unterkunftsbedingten Kosten (z. B. Miete, Heizung, Licht) mehr, weswegen der Einkommenseinsatz in weitgehendem Umfang zuzumuten ist. Dem Hilfeempfänger müssen aber Mittel in Höhe des Barbetrags und für den sonstigen Bedarf (z. B. Bekleidung) verbleiben.

§ 88 Abs. 2 Satz 1 SGB XII sieht eine weitere Verbesserung für Menschen mit Behinderungen vor. Er nimmt einen Teil des Werkstatteinkommens des Behinderten nach folgender Berechnungsformel vom Einsatz aus: 1/8 Regelbedarfsstufe + 25 % [des Einkommens, das 1/8 der Regelbedarfsstufe übersteigt]. In Bayern wurde dieser Freibetrag in den sog. WfB-Tabellen von den Sozialhilfeträgern ohnehin immer schon berücksichtigt.

Erhält ein Hilfeempfänger ein Arbeitsförderungsgeld nach § 43 SGB IX, wird von ihm die Aufbringung der Mittel in Höhe des Arbeitsförderungsgelds nicht verlangt. Die Aufbringung der Mittel wird auch nicht verlangt für Erhöhungsbeträge des Arbeitsentgelts im Arbeitsbereich einer anerkannten Werkstatt für behinderte Menschen nach § 41 Abs. 3 SGB IX, die auf die Zahlung des Arbeitsförderungsgelds angerechnet werden.

12.5 Einkommenseinsatz bei mehrfachem Bedarf (§ 89 SGB XII)

Mehrfacher Bedarf

Dasselbe Einkommen kann immer nur einmal verwendet werden. Daher bestimmt § 89 Abs. 1 SGB XII, dass der Teil des Einkommens, der bereits zur Deckung eines anderen Bedarfs eingesetzt werden muss (= Eigenanteil), bei der Berechnung für einen weiteren, gleichzeitig bestehenden Bedarf außer Betracht bleibt.

Einen weiteren Fall sieht § 89 Abs. 2 SGB XII vor. Sind für die Bedarfsfälle gleiche Einkommensgrenzen maßgebend, jedoch für die Gewährung der Hilfe verschiedene Sozialhilfeträger zuständig, so hat die Entscheidung über die Hilfe für den zuerst eingetretenen Bedarf den Vorrang; treten die Bedarfsfälle gleichzeitig ein, so ist das über der Einkommensgrenze liegende Einkommen zu gleichen Teilen bei den Bedarfsfällen zu berücksichtigen.

Bearbeitet von: Horst Marburger

Inhalt

1. Gleichstellung von Menschen mit Behinderung

1.1 Grundsätze

Ziel des Gesetzes

Eines der wesentlichsten Gesetze für Menschen mit Behinderung ist sicherlich das Behindertengleichstellungsgesetz (BGG). Nach seinem § 1 ist es Ziel des Gesetzes, die Benachteiligung von Menschen mit Behinderung zu beseitigen und zu verhindern. Außerdem ist es Ziel, die gleichberechtigte Teilhabe von Menschen mit Behinderung am Leben in der Gesellschaft zu gewährleisten und ihnen eine selbstbestimmte Lebensführung zu ermöglichen. Dabei wird besonderen Bedürfnissen Rechnung getragen.

Begriff der Behinderung

Den Begriff der Behinderung in diesem Sinne enthält § 3 BGG. Danach sind Menschen behindert, wenn ihre

- körperliche Funktion,
- geistige Fähigkeit oder
- seelische Gesundheit

mit hoher Wahrscheinlichkeit länger als sechs Monate von dem für das Lebensalter typischen Zustand abweicht und daher ihre Teilhabe am Leben in der Gesellschaft beeinträchtigt ist.

Diese Definition der Behinderung entspricht der in § 2 Abs. 1 SGB IX (vgl. dazu Abschnitt 4.1).

Frauen mit Behinderung

§ 2 BGG beschäftigt sich mit Behinderung von Frauen. Zur Durchsetzung der Gleichberechtigung von Frauen und Männern sind danach die besonderen Belange behinderter Frauen zu berücksichtigen und bestehende Benachteiligungen zu beseitigen. Dabei sind besondere Maßnahmen zur Förderung der tatsächlichen Durchsetzung der Gleichberechtigung von Frauen mit Behinderung und zur Beseitigung bestehender Benachteiligungen zulässig.

Barrierefreiheit

In § 4 BGG geht es um Barrierefreiheit. Danach sind bauliche und sonstige Anlagen barrierefrei, wenn sie für Menschen mit Behinderung in der allgemein üblichen Weise, ohne besondere Erschwernis und grundsätzlich ohne fremde Hilfe zugänglich und nutzbar sind.

Das gilt im Übrigen auch für:

- Verkehrsmittel
- technische Gebrauchsgegenstände
- Systeme der Informationsverarbeitung
- akustische und visuelle Informationsquellen und Kommunikationseinrichtungen
- anders gestaltete Lebensbereiche

Zielvereinbarungen

§ 5 BGG bestimmt, dass zur Herstellung der Barrierefreiheit Zielvereinbarungen zwischen Verbänden, die nach § 13 Abs. 3 BGG anerkannt sind, und Unternehmen oder Unternehmensverbänden der verschiedenen Wirtschaftsbranchen getroffen werden. Die Vereinbarungen sollen für den jeweiligen sachlichen und räumlichen Organisations- oder Tätigkeitsbereich dieser Organisationen getroffen werden.

Verhandlungen können verlangt werden

Die anerkannten Verbände können dic Aufnahme von Verhandlungen über Zielvereinbarungen verlangen.

In dem erwähnten § 13 Abs. 3 BGG geht es darum, dass Verbände die Anerkennung erhalten, die Voraussetzung für ein eigenständiges Klagerecht ist (vgl. dazu Abschnitt 1.5).

Inhalt

§ 5 Abs. 2 BGG schreibt vor, was in Zielvereinbarungen zur Herstellung von Barrierefreiheit insbesondere enthalten sein muss:

- die Bestimmung der Vereinbarungspartner und sonstige Regelungen zum Geltungsbereich und zur Geltungsdauer
- die Festlegung von Mindestbedingungen darüber, wie gestaltete Lebensbereiche künftig zu verändern sind, um dem Anspruch von Menschen mit Behinderung auf Zugang und Nutzung zu genügen
- den Zeitpunkt oder einen Zeitplan zur Erfüllung der festgelegten Mindestbedingungen

Vertragsstrafe Außerdem können Vertragsstrafen für den Fall der Nichterfüllung oder des Verzugs vorgesehen werden.

Register In diesem Zusammenhang ist zu erwähnen, dass nach § 5 Abs. 5 BGG das Bundesministerium für Arbeit und Soziale Sicherung ein Zielvereinbarungsregister führt. In dieses Register ist

- der Abschluss,
- die Änderung und
- die Aufhebung

von Zielvereinbarungen einzutragen.

Mitteilungspflicht Der die Zielvereinbarung abschließende Verband von Menschen mit Behinderung ist verpflichtet, innerhalb eines Monats nach Abschluss einer Zielvereinbarung dem erwähnten Ministerium diese als beglaubigte Abschrift und in informationstechnisch erfassbarer Form zu übersenden. Außerdem ist eine Änderung oder Aufhebung der Vereinbarung innerhalb eines Monats mitzuteilen.

Verlangt ein Verband die Aufnahme von Verhandlungen über den Abschluss einer Zielvereinbarung, hat er dies gegenüber dem Zielvereinbarungsregister anzuzeigen. Dabei sind die Verhandlungsparteien und der Verhandlungsgegenstand anzuzeigen.

Wichtig:

Internet Das Bundesministerium für Arbeit und Soziale Sicherung gibt diese Anzeige auf seiner Internetseite bekannt. Innerhalb von vier Wochen nach der Bekanntgabe haben andere Verbände im obigen Sinne das Recht, den Verhandlungen durch Erklärung gegenüber den bisherigen Verhandlungsparteien beizutreten.

Aufnahme der Verhandlungen Nachdem die beteiligten Verbände von Menschen mit Behinderung eine gemeinsame Verhandlungskommission gebildet haben oder feststeht, dass nur ein Verband verhandelt, sind die Verhandlungen aufzunehmen. Dies hat innerhalb von vier Wochen zu geschehen.

Neubauten § 8 BGG enthält die Pflicht, Neubauten von vornherein barrierefrei zu gestalten. Dabei geht es um zivile Neubauten sowie um große zivile Um- und Erweiterungsbauten des Bundes einschließlich der bundesunmittelbaren Körperschaften, Anstalten und Stiftungen des öffentlichen Rechts.

Sonstige bauliche oder andere Anlagen, öffentliche Wege, Plätze und Straßen sind nach Maßgabe der einschlägigen Rechtsvorschriften des Bundes barrierefrei zu gestalten. Das gilt auch für öffentlich zugängliche Verkehrsanlagen und Beförderungsmittel im öffentlichen Personenverkehr.

Weitergehende landesrechtliche Vorschriften bleiben im Übrigen unberührt (vgl. dazu Abschnitt 1.6).

Die obigen Verpflichtungen treffen natürlich in besonderem Maße die Sozialleistungsträger.

1.2 Gebärdensprache und andere Kommunikationshilfen

Rechtsverordnung In § 9 BGG geht es um das Recht hör- und sprachbehinderter Menschen, Gebärdensprache und andere Kommunikationshilfen zu verwenden. Dabei wird auf die Rechtsverordnung verwiesen, die nach § 9 Abs. 2 BGG durch das Bundesinnenministerium im Einvernehmen mit dem Bundesministerium für Arbeit und Soziales zu erlassen ist.

§ 9 Abs. 1 BGG sichert das obige Recht in Bezug auf Träger öffentlicher Gewalt zu. Die Kommunikation kann erfolgen:

- in deutscher Gebärdensprache
- mit lautsprachbegleitenden Gebärden
- über andere geeignete Kommunikationshilfen

Dies geschieht, soweit es zur Wahrnehmung eigener Rechte im Verwaltungsverfahren erforderlich ist. ***Verwaltungsverfahren***

Auf Wunsch der Berechtigten haben die Träger öffentlicher Gewalt dafür im notwendigen Umfang die Übersetzung durch Gebärdendolmetscher oder die Verständigung mit anderen geeigneten Kommunikationshilfen sicherzustellen und die notwendigen Aufwendungen zu tragen.

Aufgrund der in § 9 Abs. 2 BGG enthaltenen Ermächtigung ist die Kommunikationshilfenverordnung (KHV) ergangen. ***Verordnung***

Nach § 1 der Verordnung gilt sie für alle natürlichen Personen, die als Beteiligte einer Verwaltungsverfahrens wegen einer Hör- oder Sprachbehinderung zur Wahrnehmung eigener Rechte für die mündliche Kommunikation im Verwaltungsverfahren einen Anspruch auf einen Gebärdendolmetscher haben. Es muss sich um einen Dolmetscher für die deutsche Gebärdensprache, für lautsprachbegleitende Gebärden oder andere geeignete Kommunikationshilfen handeln. ***Geltungsbereich***

Die Berechtigten können ihren Anspruch nach § 9 Abs. 1 BGG gegenüber jeder Behörde der Bundesverwaltung geltend machen.

Ein Anspruch auf Bereitstellung eines Gebärdendolmetschers besteht, soweit eine solche Kommunikationshilfe zur Wahrnehmung eigener Rechte in einem Verwaltungsverfahren erforderlich ist, in dem dafür notwendigen Umfang. ***Voraussetzung***

Der notwendige Umfang bestimmt sich insbesondere nach dem individuellen Bedarf der Berechtigten. ***Umfang***

Hinsichtlich der zu benutzenden Kommunikationshilfe besteht für die Berechtigten ein Wahlrecht. Dazu gehört auch das Recht, einen Gebärdensprachdolmetscher oder eine andere geeignete Kommunikationshilfe selbst bereitzustellen. ***Wahlrecht***

Die Berechtigten haben der Behörde rechtzeitig mitzuteilen, inwieweit sie von ihren vorstehenden Wahlrechten Gebrauch machen.

Allerdings kann die Behörde den ausgewählten Gebärdensprachdolmetscher oder die ausgewählte andere Kommunikationshilfe zurückweisen, wenn sie ungeeignet sind oder in sonstiger Weise den vorstehenden Voraussetzungen nicht entsprechen. ***Zurückweisung***

Die Hör- oder Sprachbehinderung sowie die Wahlentscheidung sind aktenkundig zu machen und im weiteren Verwaltungsverfahren von Amts wegen zu berücksichtigen.

§ 2 Abs. 2 der Verordnung enthält eine weitere Pflicht der Behörde. Erhält sie nämlich Kenntnis von der Hör- oder Sprachbehinderung Berechtigter im Verwaltungsverfahren, hat sie diese auf ihr Recht auf barrierefreie Kommunikation und auf ihr Wahlrecht hinzuweisen. ***Hinweispflicht***

Nach § 3 der Verordnung kommen als andere Kommunikationshilfen neben Gebärdensprachdolmetschern Kommunikationshelfer und Kommunikationsmittel in Betracht. ***Andere Mittel***

Kommunikationshelfer sind insbesondere:

- Schriftdolmetscher
- Simultanschriftdolmetscher
- Oraldolmetscher
- Kommunikationsassistenten

Dagegen sind Kommunikationsmethoden insbesondere:

- Lormen und taktil wahrnehmbare Gebärden
- gestützte Kommunikation für Menschen mit autistischer Störung

Kommunikationsmittel sind insbesondere:

- akustisch-technische Hilfen
- grafische Symbol-Systeme

Verpflichtung Die Bundesbehörden sind verpflichtet, die Gebärdendolmetscher und andere geeignete Kommunikationshilfen bereitzustellen (§ 4 BGG). Sie werden dabei (auf Bundesebene) vom Bundesverwaltungsamt beraten und unterstützt.

Entschädigung Nach § 5 BGG entschädigt die Behörde Gebärdensprachdolmetscher und Kommunikationshelfer in entsprechender Anwendung des Gesetzes über die Entschädigung von Zeugen und Sachverständigen. Für den Einsatz sonstiger Kommunikationshilfen trägt sie die entstandenen Aufwendungen.

Dabei vergütet die Behörde die Leistungen unmittelbar denjenigen, die sie erbracht haben.

1.3 Gestaltung von Bescheiden und Vordrucken

Träger öffentlicher Gewalt haben bei der Gestaltung von schriftlichen Bescheiden, Allgemeinverfügungen, öffentlich-rechtlichen Verträgen und Vordrucken eine Behinderung von Menschen zu berücksichtigen. Blinde und sehbehinderte Menschen können nach Maßgabe der Rechtsverordnung nach § 10 Abs. 2 BGG insbesondere verlangen, dass ihnen Bescheide usw. ohne zusätzliche Kosten auch in einer für sie wahrnehmbaren Form zugänglich gemacht werden. Dies hat zu geschehen, soweit dies zur Wahrnehmung eigener Rechte im Verwaltungsverfahren erforderlich ist.

Verordnung Bei der bereits angesprochenen Verordnung handelt es sich um die Verordnung über barrierefreie Dokumente in der Bundesverwaltung (VBD).

Nach § 3 dieser Verordnung können die Dokumente den Berechtigten schriftlich, elektronisch, akustisch, mündlich oder in sonstiger Weise zugänglich gemacht werden.

Individuelle Wahrnehmungsfähigkeit Werden Dokumente in schriftlicher Form zugänglich gemacht, erfolgt dies in Blindenschrift oder in Großdruck. Bei Großdruck sind ein Schriftbild, eine Kontrastierung und eine Papierqualität zu wählen, die die individuelle Wahrnehmungsfähigkeit der Berechtigten ausreichend berücksichtigen.

Weitere Verordnung Werden Dokumente auf elektronischem Weg zugänglich gemacht, sind die Standards der Barrierefreien Informationstechnik-Verordnung (vgl. dazu Abschnitt 1.4) maßgebend.

Die Dokumente sollen den Berechtigten, soweit möglich, gleichzeitig mit der Bekanntgabe auch in der für sie wahrnehmbaren Form zugänglich gemacht werden.

Wahlrecht Die Berechtigten haben ein Wahlrecht zwischen den oben aufgeführten Formen, in denen Dokumente zugänglich gemacht werden können. Dazu haben die Berechtigten der Behörde rechtzeitig mitzuteilen, in welcher Form und mit welchen Maßgaben die Dokumente zugänglich gemacht werden sollen.

Die Behörde kann allerdings die ausgewählte Form, in der Dokumente zugänglich gemacht werden sollen, zurückweisen, wenn sie ungeeignet ist oder in sonstiger Weise den angesprochenen Voraussetzungen nicht entspricht.

Die Blindheit und die Sehbehinderung sowie die Wahlentscheidung sind aktenkundig zu machen und in weiteren Verwaltungsverfahren von Amts wegen zu berücksichtigen.

Auch hier hat die Behörde die Pflicht, die Berechtigten auf ihre Rechte aufmerksam zu machen.

1.4 Barrierefreie Informationstechnik

Internet

Träger öffentlicher Gewalt haben ihre Internetauftritte und -angebote schrittweise technisch so zu gestalten, dass sie von Menschen mit Behinderung grundsätzlich uneingeschränkt genutzt werden können. Durch eine Rechtsverordnung ist Näheres zu bestimmen. Hier ist die bereits erwähnte Barrierefreie Informationstechnik-Verordnung (BITV) zu beachten.

Anwendungsbereich der Verordnung

Die Verordnung gilt für

- Internetauftritte und -angebote,
- Internetauftritte und -angebote, die öffentlich zugänglich sind, und
- mittels Informationstechnik realisierte grafische Programmoberflächen, die öffentlich zugänglich sind,

der Behörden der Bundesverwaltung.

Gewerbsmäßige Anbieter

Nach § 11 Abs. 2 BBG wirkt die Bundesregierung darauf hin, dass auch gewerbsmäßige Anbieter von Internetseiten sowie von grafischen Programmoberflächen, die mit Mitteln der Informationstechnik dargestellt werden, durch Zielvereinbarungen (vgl. dazu in Abschnitt 1.1) ihre Produkte entsprechend den technischen Standards (vgl. § 11 Abs. 1 BGG) gestalten.

1.5 Vertretungsbefugnisse und Verbandsklagerecht

Rechtsschutz

Wenn Menschen mit Behinderung in ihren Rechten verletzt werden, können an ihrer Stelle und mit ihrem Einverständnis Verbände, die nicht selbst am Verfahren beteiligt sind, Rechtsschutz beantragen.

Gleiches gilt bei Verstößen gegen Vorschriften des Bundesrechts, die einen Anspruch auf Herstellung von Barrierefreiheit oder Verwendung von Gebärden- oder anderen Kommunikationshilfen vorsehen. In diesen Fällen müssen alle Verfahrensvoraussetzungen, wie bei einem Rechtsschutzersuchen, den Menschen mit Behinderung selbst vorliegen.

Klage

Ein anerkannter Verband (vgl. dazu Abschnitt 1.1) kann eine Verbandsklage erheben, wenn er beispielsweise die Feststellung eines Verstoßes gegen das Benachteiligungsverbot verfolgt. Das Gleiche gilt bezüglich der Vorschriften des Bundesrechts zur Herstellung der Barrierefreiheit in bestimmten Rechtsvorschriften, wie etwa in Wahlverordnungen.

Allgemeine Bedeutung

Eine Klage ist allerdings nur zulässig, wenn der Verband durch die Maßnahme in seinem satzungsgemäßen Aufgabenbereich berührt wird. Kann der Mensch mit Behinderung seine Rechte durch eine Gestaltungs- oder Leistungsklage selbst weiterverfolgen, ist eine Verbandsklage nur möglich, wenn es sich bei der Maßnahme um einen Fall von allgemeiner Bedeutung handelt.

Übernahme der Vertretung

Im Übrigen können die angesprochenen Verbände mit Einverständnis des Menschen mit Behinderung ihre Vertretung in verwaltungs- oder sozialrechtlichen Verfahren übernehmen (§ 12 BGG). Gleiches gilt bei Verstößen gegen die Vorschriften über die Barrierefreiheit oder auf Verwendung von Gebärden- oder anderen Kommunikationshilfen. In diesen Fällen müssen alle Verfahrensvoraussetzungen wie bei einem Rechtsschutzersuchen durch den Menschen mit Behinderung selbst vorliegen.

1.6 Landesrecht

Was bisher über Bundesrecht in Zusammenhang mit der Behindertengleichstellung gesagt wurde, gilt im Wesentlichen auch im Bereich des Landesrechts. Insoweit bestimmen Vorschriften auf Landesebene das Nähere.

2. Rehabilitation und Teilhabe von Menschen mit Behinderung

2.1 Allgemeine Leistungsgrundsätze

Nach dem Schlusssatz des § 1 SGB IX wird den besonderen Bedürfnissen behinderter und von Behinderung bedrohter Frauen und Kinder sowie Menschen mit seelischer Behinderung oder von einer solchen Behinderung bedrohter Menschen Rechnung getragen.

§ 3 SGB IX stellt den Vorrang der Prävention vor der Rehabilitation fest. So haben die Rehabilitationsträger darauf hinzuwirken, dass der Eintritt einer Behinderung einschließlich einer chronischen Krankheit verhindert wird. Maßgebend sind natürlich auch hier die einzelnen Leistungsgesetze. Beispielhaft sei die Vorschrift des § 20 SGB V erwähnt, die sich mit Prävention und Selbsthilfe im Bereich der gesetzlichen Krankenversicherung beschäftigt. Danach sollen die Krankenkassen in ihrer Satzung Leistungen zur primären Prävention vorsehen, die allerdings bestimmten Anforderungen entsprechen müssen.

So sollen Leistungen zur Primärprävention den allgemeinen Gesundheitszustand verbessern und insbesondere zur Verminderung sozial bedingter Ungleichheit von Gesundheitschancen beitragen. Der Spitzenverband Bund der Krankenkassen beschließt Handlungsfelder und Kriterien für diese Leistungen. Dies gilt insbesondere hinsichtlich des Bedarfs, der Zielgruppen und der Inhalte.

Wie bereits erwähnt, geht es im ersten Teil des SGB IX um Leistungen zur Teilhabe. Diese umfassen die notwendigen Sozialleistungen, um unabhängig von der Ursache der Behinderung bestimmte Ziele zu erreichen.

So soll beispielsweise die Behinderung abgewendet, beseitigt, gemindert bzw. ihre Verschlimmerung verhütet oder ihre Folgen gemindert werden (vgl. dazu im Einzelnen § 4 SGB IX).

Nicht alle Leistungsträger sind für die gleichen Leistungen zuständig. § 5 SGB IX zählt die Leistungsgruppen auf, während § 6 SGB IX sie bestimmten Leistungsträgern zuordnet.

§ 7 SGB IX enthält den Vorbehalt abweichender Regelungen. So heißt es hier, dass die Vorschriften des SGB IX für die Leistungen zur Teilhabe gelten, soweit sich aus den für den jeweiligen Rehabilitationsträger geltenden Leistungsgesetzen nichts Abweichendes ergibt. Die Zuständigkeit und die Voraussetzungen für die Leistungen zur Teilhabe richten sich nach den für den jeweiligen Rehabilitationsträger geltenden Leistungsgesetzen. Dabei wird das Recht der Eingliederungshilfe im Teil 2 des SGB IX als Leistungsgesetz im vorstehenden Sinne angesehen (vgl. die Ausführungen unter Abschnitt 3.5.2).

Die Spitzenverbände der Krankenkassen (jetzt: Spitzenverband Bund) weisen in ihrem Gemeinsamen Rundschreiben zum SGB IX vom 18. 6. 2001 darauf hin, dass diese Vorschrift verdeutliche, dass das SGB IX unmittelbar anzuwenden ist, soweit in den für die jeweiligen Rehabilitationsträger geltenden Leistungsgesetzen nichts Abweichendes geregelt ist.

Leistungsgruppen und zuständige Rehabilitationsträger

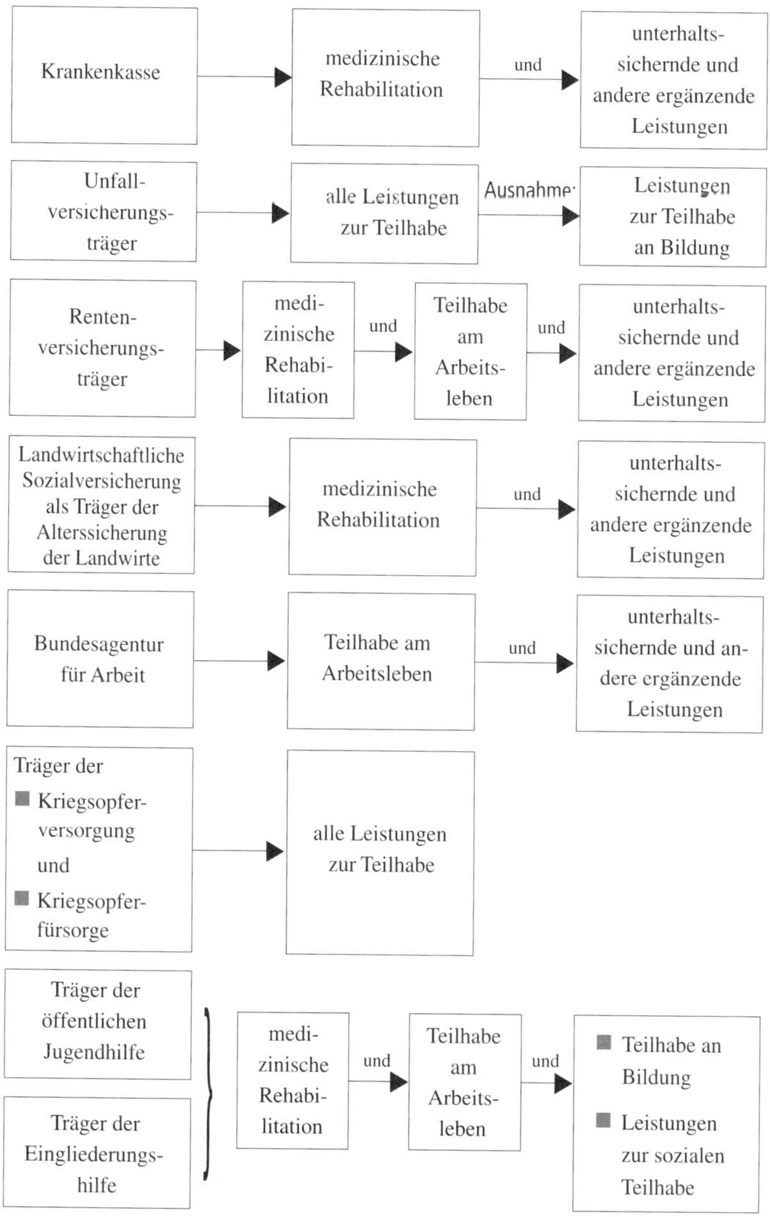

Leistungen zur medizinischen Rehabilitation	
Behandlung durch Ärzte, Zahnärzte und Angehörige anderer Heilberufe	→ Behandlung durch Angehörige anderer Heilberufe: Leistungen müssen unter ärztlicher Aufsicht oder auf ärztliche Anordnung ausgeführt werden
Anleitung zur Entwicklung eigener Heilkräfte	
Früherkennung und Frühförderung behinderter und von Behinderung bedrohter Kinder Arznei- und Verbandmittel	
Heilmittel	→ einschließlich physikalischer, Sprach- und Beschäftigungstherapie
Psychotherapie	→ als ärztliche und psychotherapeutische Behandlung
Hilfsmittel	
Belastungserprobung und Arbeitstherapie	
Bestandteile der Leistungen sind auch medizinische, psychologische und pädagogische Hilfen	→ soweit diese Leistungen im Einzelfall erforderlich sind, um die Ziele der medizinischen Rehabilitation zu erreichen

Die Leistungen zur Teilhabe am Arbeitsleben (§ 42 Abs. 33 SGB IX) sind früher als berufsfördernde Maßnahmen oder auch als Umschulungsmaßnahmen bezeichnet worden. Heute sind diese Leistungen unter anderem darauf ausgerichtet, Arbeitsplätze zu erhalten oder zu erlangen.

Hier ist der Leistungskatalog ebenfalls sehr umfangreich.

Leistungskatalog (Teilhabe am Arbeitsleben)

Leistungen zur Teilhabe am Arbeitsleben (Leistungsumfang)	
Hilfen zur Erhaltung oder Erlangung eines Arbeitsplatzes	→ einschließlich vermittlungsunterstützender Leistungen
Berufsvorbereitung	→ einschließlich einer wegen der Behinderung erforderlichen Grundausbildung
individuelle betriebliche Qualifizierung	→ im Rahmen unterstützter Beschäftigung
berufliche Anpassung und Weiterbildung	→ auch soweit die Leistungen einen zur Teilhabe erforderlichen schulischen Abschluss einschließen
berufliche Ausbildung	→ auch soweit die Leistungen in einem zeitlich nicht überwiegenden Abschnitt schulisch durchgeführt werden
Förderung der Aufnahme einer selbstständigen Tätigkeit	→ z. B. Gründungszuschuss nach § 93 SGB III
sonstige Hilfen zur Förderung der Teilhabe am Arbeitsleben	→ um behinderten Menschen eine angemessene und geeignete Beschäftigung oder eine selbstständige Tätigkeit zu ermöglichen und zu erhalten
Die Leistungen umfassen auch medizinische, psychologische und pädagogische Hilfen	→ Voraussetzungen: Die Leistungen müssen im Einzelfall erforderlich sein, um die Ziele der Leistungen zur Teilhabe am Arbeitsleben zu erreichen oder zu sichern und Krankheitsfolgen zu vermeiden, zu überwinden, zu mindern oder ihre Verschlimmerung zu verhüten

Leistungsgruppen

Leistungsgruppen der Leistungen zur Teilhabe und zuständige Rehabilitationsträger

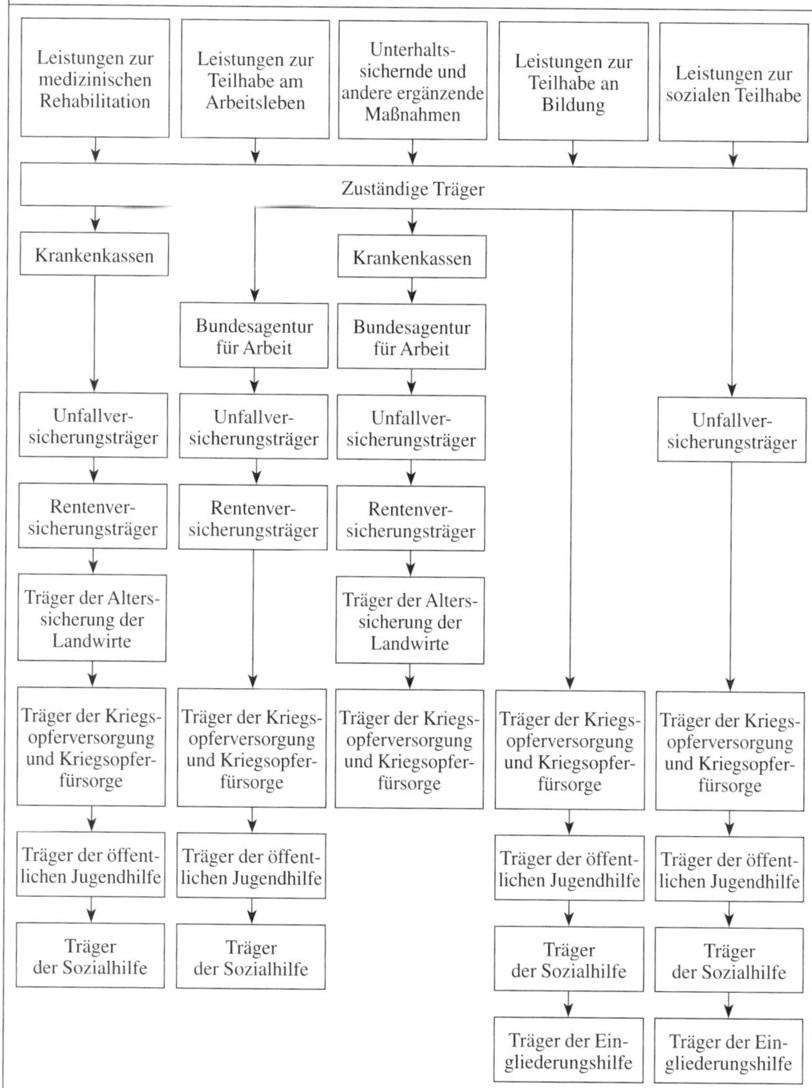

Zustimmung

Die Leistungen zur Teilhabe bedürfen der Zustimmung des Leistungsberechtigten.

Wünsche – Wahlrecht Im Übrigen haben die Leistungsberechtigten die Möglichkeit, durch Wünsche und der Ausübung von Wahlrechten die Leistungsgewährung wesentlich zu beeinflussen:

Wunsch und Wahlrecht des Leistungsberechtigten (Rechtsgrundlagen: § 9 SGB IX, § 33 SGB I)

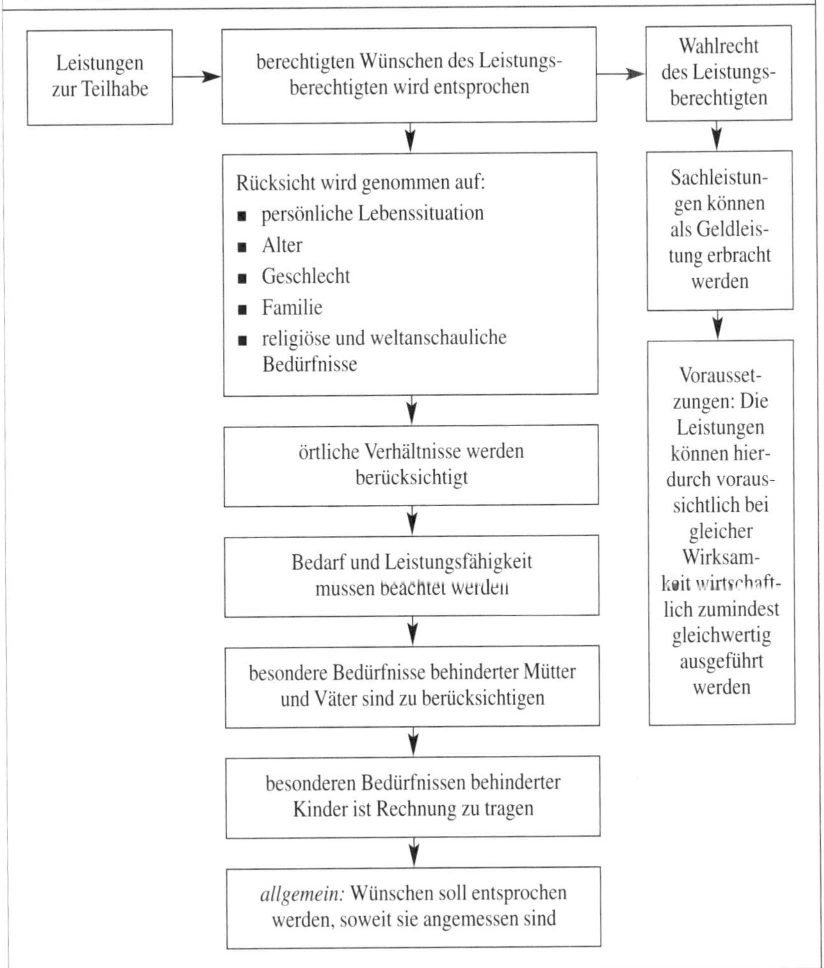

Werkstätte für Menschen mit Behinderung

Das SGB IX enthält in diesem Zusammenhang auch Bestimmungen über Werkstätten für behinderte Menschen (vgl. § 219 SGB IX). Über Einzelheiten informiert das nachfolgende Schaubild:

Werkstätten für Menschen mit Behinderung

Einrichtung zur Teilhabe behinderter Menschen am Arbeitsleben →	Einrichtung hat denjenigen Menschen mit Behinderung, die wegen Art und Schwere der Behinderung noch nicht oder noch nicht wieder auf dem allgemeinen Arbeitsmarkt beschäftigt werden können, ■ eine angemessene berufliche Bildung und eine Beschäftigung zu einem ihrer Leistung angemessenen Arbeitsentgelt aus dem Arbeitsergebnis anzubieten und ■ zu ermöglichen, dass die Leistungs- oder Erwerbsfähigkeit erhalten, entwickelt, erhöht oder wiedergewonnen wird. Dabei ist die Persönlichkeit dieser Menschen weiterzuentwickeln.
Steht allen Menschen mit Behinderung unabhängig von Art und Schwere der Behinderung offen →	Voraussetzung: Es muss erwartet werden können, dass die Menschen mit Behinderung, spätestens nach Teilnahme an Maßnahmen im Berufsbildungsbereich wenigstens ein Mindestmaß wirtschaftlich verwertbarer Arbeitsleistung erbringen werden.
Menschen mit Behinderung, die die Voraussetzungen für eine Beschäftigung in einer Werkstatt *nicht* erfüllen →	sollen in Einrichtungen oder Gruppen betreut und gefördert werden, die der Werkstatt angegliedert sind

Auch für die Krankenversicherung gilt das SGB IX, wenn das SGB V keine anders lautende Aussage erhält. Hinsichtlich der Leistungen und der Voraussetzungen für die Leistungen der Krankenversicherung gilt jedoch stets das SGB V. So kann beispielsweise Leistungen der gesetzlichen Krankenversicherung grundsätzlich nur erwarten, wer dort versichert ist.

Diese Grundsätze gelten für die anderen Leistungsträger ebenfalls, wie etwa die gesetzliche Unfall- oder Rentenversicherung, die Sozialhilfe usw.

Dem Gemeinsamen Rundschreiben der Spitzenverbände der Krankenkassen (jetzt Spitzenverband Bund) wird in diesem Zusammenhang das nachfolgende Beispiel entnommen:

Beispiel:

Zur Klärung der Anspruchsvoraussetzungen für Leistungen zur medizinischen Rehabilitation gilt in vollem Umfang das SGB V. Das Verfahren zur Zuständigkeitsklärung und die dabei einzuhaltenden Fristen richten sich (mit Ausnahme der Beauftragung von Sachverständigen) nach den Regelungen des § 14 SGB IX, da das SGB V hierzu keine anders lautenden Aussagen enthält. Die Beauftragung von Sachverständigen ist in § 275 SGB V geregelt. Die Krankenkasse hat zum Zweck der Begutachtung den Medizinischen Dienst in Anspruch zu nehmen.

Der im Beispiel erwähnte § 14 SGB IX enthält Einzelheiten über die Zuständigkeitsklärung. Dort wird bestimmt, dass dann, wenn Leistungen zur Teilhabe beantragt werden, der Rehabilitationsträger innerhalb von zwei Wochen nach Eingang des Antrags feststellt, ob er nach dem für ihn geltenden Leistungsgesetz für die Leistungen zuständig ist. Bei den Krankenkassen umfasst die Prüfung auch die Leistungspflicht nach § 40 Abs. 4 SGB V. § 40 SGB V beschreibt die Leistungen der medizinischen Rehabilitation in der gesetzlichen Krankenversicherung. Nach Abs. 4 werden die vorgesehenen Leistungen nur erbracht, wenn nach den für andere Sozialversicherungsträger geltenden Vorschriften mit Ausnahme des § 31 SGB VI (sonstige Leistungen zur Teilhabe) solche Leistungen nicht erbracht werden können.

Stellt der Leistungsträger, bei dem die Leistungen beantragt worden sind, bei seiner Prüfung fest, dass er für die Leistung nicht zuständig ist, leitet er den Antrag unverzüglich (das heißt ohne schuldhaftes Zögern) dem nach seiner Auffassung zuständigen Rehabilitationsträger zu. Muss für eine solche Feststellung die Ursache der Behinderung geklärt werden und ist diese Klärung innerhalb der Frist von zwei Wochen nicht möglich, wird der Antrag unverzüglich dem Rehabilitationsträger übersandt, der die Leistung ohne Rücksicht auf die Ursache erbringt. Bei Erwerbstätigen ist dies bei Leistungen der medizinischen Rehabilitation in der Regel der Rentenversicherungsträger, ansonsten die Krankenkasse des Antragstellers.

Nach § 14 Abs. 2 SGB IX hat der zuständige Rehabilitationsträger den Rehabilitationsbedarf unverzüglich festzustellen. Ist dazu keine gutachterliche Stellungnahme erforderlich, entscheidet der Rehabilitationsträger innerhalb von drei Wochen nach Eingang des Antrags bei ihm. Ist jedoch eine gutachterliche Stellungnahme einzuholen und kann dadurch die Drei-Wochen-Frist für eine Sachentscheidung nicht eingehalten werden, ist die Entscheidung innerhalb von zwei Wochen nach Vorliegen der gutachterlichen Stellungnahme zu treffen. Kann über den Antrag nicht innerhalb dieser Fristen entschieden werden, teilt der Rehabilitationsträger dies dem Betroffenen unter Darlegung der Gründe rechtzeitig mit (vgl. § 18 Abs. 1 Satz 1 SGB IX). Das Gesetz spricht hier von der begründeten Mitteilung.

Werden Leistungen zur Teilhabe nicht auf Antrag, sondern von Amts wegen gewährt, weil die Leistungen zur Teilhabe vom Rehabilitationsträger von sich aus eingeleitet werden, gelten die vorstehend aufgeführten Fristen entsprechend. Dabei tritt an die Stelle des Tages der Antragstellung der Tag der Kenntnis des voraussichtlichen Rehabilitationsbedarfs.

Wichtig:

In der Krankenversicherung werden die Leistungen beispielsweise immer auf Antrag gewährt, in der gesetzlichen Unfallversicherung dagegen von Amts wegen.

Hat ein Rehabilitationsträger aufgrund eines ihm von einem anderen Rehabilitationsträger zugeleiteten Antrags die Leistungen übernommen und wird nachträglich seine Unzuständigkeit festgestellt, erstattet ihm der zuständige Rehabilitationsträger die Kosten. Die Höhe der Kostenerstattung bestimmt sich nach den für den unzuständigen Rehabilitationsträger geltenden Rechtsvorschriften.

Werden von einem Rehabilitationsträger Leistungen erbracht, die nicht zu den Leistungen des SGB IX gehören, muss der Träger trotzdem immer prüfen, ob Leistungen zur Teilhabe zu erbringen sind (§ 7 SGB IX).

Wichtig:

Nach ausdrücklicher Vorschrift des § 7 Abs. 2 SGB IX haben Leistungen zur Teilhabe Vorrang vor Rentenleistungen, die bei erfolgreichen Leistungen zur Teilhabe nicht oder voraussichtlich erst zu einem späteren Zeitpunkt zu erbringen wären. Dies gilt während des Bezugs einer Rente entsprechend.

§ 8 SGB IX beschäftigt sich mit dem Wunsch- und Wahlrecht der Leistungsberechtigten. Danach ist bei der Entscheidung über die und bei Durchführung der Leistungen den berechtigten Wünschen der Leistungsberechtigten zu entsprechen. Dabei wird auch auf die persönliche Lebenssituation, das Alter, das Geschlecht, die Familie sowie die religiösen und weltanschaulichen Bedürfnisse der Leistungsberechtigten

Rücksicht genommen. Außerdem ist den besonderen Bedürfnissen von Müttern und Vätern mit Behinderungen bei der Erfüllung ihres Erziehungsauftrages sowie den besonderen Bedürfnissen behinderter Kinder Rechnung zu tragen.

Nach ausdrücklicher Vorschrift des § 8 Abs. 3 SGB IX lassen Leistungen, Dienste und Einrichtungen den Leistungsberechtigten möglichst viel Raum zur eigenverantwortlichen Gestaltung ihrer Lebensumstände und fördern ihre Selbstbestimmung. Bedeutungsvoll ist auch, dass die Leistungen zur Teilhabe immer der Zustimmung der Leistungsberechtigten bedürfen (§ 8 Abs. 4 SGB IX).

Mit der Koordinierung der Leistungen beschäftigt sich § 19 SGB IX. Soweit nämlich Leistungen verschiedener Leistungsgruppen oder mehrerer Rehabilitationsträger erforderlich sind, sind die nach § 15 SGB IX beteiligten Rehabilitationsträger verpflichtet, gemeinsam mit den Leistungsberechtigten die individuell erforderlichen Leistungen festzulegen. Der leistende Rehabilitationsträger erstellt einen Teilhabeplan innerhalb der für die Entscheidung über den Antrag maßgeblichen Frist (vgl. die obigen Ausführungen). Der Teilhabeplan dokumentiert insbesondere elf Einzelpunkte. Beispielsweise geht es um die besonderen Belange pflegender Angehöriger bei der Erbringung von Leistungen der medizinischen Rehabilitation.

Der Teilhabeplan wird entsprechend dem Verlauf der Rehabilitation angepasst (§ 19 Abs. 3 SGB IX). Er ist darauf auszurichten, den Leistungsberechtigten unter Berücksichtigung der Besonderheiten des Einzelfalls eine umfassende Teilhabe am Leben in der Gesellschaft zügig, wirksam, wirtschaftlich und auf Dauer zu ermöglichen. Der leistende Rehabilitationsträger sichert dabei durchgehend das Verfahren.

Wichtig:

Die Leistungsberechtigten können von dem leistenden Rehabilitationsträger Einsicht in den Teilhabeplan oder die Erteilung von Kopien (gegen Kostenerstattung) verlangen.

Der leistende Rehabilitationsträger hat zu prüfen, ob durch geeignete Leistungen zur Teilhabe am Arbeitsleben die Erwerbsfähigkeit erhalten, gebessert oder wiederhergestellt werden kann. Dabei beteiligt er die Bundesagentur für Arbeit.

Wird während einer medizinischen Rehabilitationsleistung erkennbar, dass der bisherige Arbeitsplatz gefährdet ist, wird mit den Betroffenen sowie dem zuständigen Rehabilitationsträger unverzüglich geklärt, ob Leistungen zur Teilhabe am Arbeitsleben erforderlich sind.

Zur Klärung eines Hilfebedarfs im Rahmen des Schwerbehindertenrechts wird das Integrationsamt beteiligt.

In diesem Zusammenhang ist die Verordnung zur Früherkennung und Frühförderung behinderter und von Behinderung bedrohter Kinder (Frühförderungsverordnung – FrühV) ergangen.

Dabei ist auch § 18 Abs. 6 SGB XI zu beachten. Dort wird bestimmt, dass bei Untersuchungen des Medizinischen Dienstes der Krankenversicherung (MDK) oder eines sonstigen beauftragten Gutachters bezüglich der Pflegebedürftigkeit auch auf das Erfordernis von medizinischer Rehabilitation zu achten ist. Diese Feststellungen sind in einer gesonderten Rehabilitationsempfehlung zu dokumentieren. Der durch das Pflege-Neuausrichtungs-Gesetz (PNG) geschaffene § 18a SGB XI beschäftigt sich mit der Weiterleitung der Rehabilitationsempfehlung sowie mit Berichtspflichten. Spätestens mit der Entscheidung über die Pflegebedürftigkeit führt die Pflegekasse dem Antragsteller die gesonderte Rehabilitationsempfehlung zu. Sie nimmt umfassend dazu Stellung und begründet, inwieweit eine Maßnahme zur medizinischen Rehabilitation angezeigt ist. Die Pflegekassen berichten für die Geschäftsjahre 2013 bis 2018 jährlich über die Erfahrungen mit der Umsetzung der Empfehlungen des MDK oder der beauftragten Gutachter zur medizinischen Rehabilitation.

§ 25 SGB IX verpflichtet die Rehabilitationsträger zur Zusammenarbeit. Näheres wird auf Ebene der Bundesarbeitsgemeinschaft für Rehabilitation (BAR) in gemeinsamen Empfehlungen nach § 25 Abs. 1 SGB IX festgelegt.

Um dem gemeinsamen Handeln der am Rehabilitationsgeschehen Beteiligten einen stabilen Rahmen zu geben, sollen die Rehabilitationsträger und ihre Verbände nach § 25 Abs. 2 SGB IX insbesondere regionale Arbeitsgemeinschaften bilden. Mit Zustimmung der Leistungsberechtigten kann der für die Durchführung des Teilhabeplanverfahrens nach § 19 SGB IX verantwortliche Rehabilitationsträger zur gemeinsamen Beratung der Feststellung zum Rehabilitationsbedarf eine Teilhabeplankonferenz durchführen (§ 20 Abs. 1 SGB IX). Die Durchführung einer solchen Konferenz können

- die Leistungsberechtigten,
- die beteiligten Rehabilitationsträger und
- die Jobcenter

dem verantwortlichen Rehabilitationsträger vorschlagen. Von diesem Vorschlag kann z. B. abgewichen werden, wenn keine Einwilligung von der verantwortlichen Stelle für den Sozialdatenschutz (§ 23 SGB IX) vorliegt.

2.2 Ausführung von Leistungen zur Teilhabe

§ 28 Abs. 1 SGB IX enthält eine Aufzählung der Formen, in denen der zuständige Rehabilitationsträger die Leistungen ausführen kann, nämlich:

1. allein oder gemeinsam mit anderen Leistungsträgern
2. durch andere Leistungsträger
3. unter Inanspruchnahme von geeigneten Rehabilitationsdiensten und -einrichtungen (§ 36 SGB IX)

Wichtig:

Der zuständige Rehabilitationsträger bleibt für die Ausführung der Leistungen verantwortlich.

Mit der vorstehenden Aufzählung ist kein Rangverhältnis verbunden. Der Rehabilitationsträger entscheidet eigenverantwortlich, welche Form der Leistungsausführung am geeignetsten ist, damit die Leistung wirksam und wirtschaftlich erbracht wird.

Eine weitere Form der Leistungserbringung sieht § 29 SGB IX vor, nämlich das sogenannte Persönliche Budget. Auf Antrag der Leistungsberechtigten werden Leistungen zur Teilhabe durch die Leistungsform eines Persönlichen Budgets ausgeführt, um den Leistungsberechtigten in eigener Verantwortung ein möglichst selbstbestimmtes Leben zu ermöglichen. Die Leistungsvoraussetzungen müssen allerdings auch bei Inanspruchnahme eines Persönlichen Budgets erfüllt sein.

Beteiligte Leistungsträger sind die:

- Rehabilitationsträger
- Pflegekassen
- Integrationsämter

Sind an einem Persönlichen Budget mehrere Leistungsträger beteiligt, wird es als trägerübergreifende Komplexleistung „wie aus einer Hand" erbracht. Für die den Antrag stellende Person bedeutet dies, dass ein zeitraubendes Zusammensuchen der Leistungen bei verschiedenen Trägern entfällt.

Budgetfähig sind außer den Leistungen zur Teilhabe die erforderlichen Leistungen der Kranken- und Pflegekassen. Das gilt auch für die Leistungen der Unfallversicherungsträger bei Pflegebedürftigkeit sowie hinsichtlich der Hilfe zur Pflege der Sozialhilfe für alltägliche und regelmäßig wiederkehrende Bedarfe.

Die Leistungen können als Geldleistung, in bestimmten Fällen aber auch in Form von Gutscheinen erbracht werden.

Der zuständige Leistungsträger unterrichtet unverzüglich die an der Komplexleistung beteiligten Leistungsträger. Er holt von diesen Stellungnahmen ein, insbesondere zu dem Bedarf, der durch budgetfähige Leistungen gedeckt werden kann, oder zur Höhe des Persönlichen Budgets als Geldleistung oder durch Gutschein.

Die zwischen dem Antragsteller und dem zuständigen Leistungsträger zu schließende Vereinbarung enthält unter anderem die Erforderlichkeit eines Nachweises für die Deckung des festgestellten individuellen Bedarfs sowie die Qualitätssicherung.

Nach § 18 SGB IX können Sach- und Dienstleistungen auch im Ausland erbracht werden. Voraussetzung ist allerdings, dass sie dort bei zumindest gleicher Qualität und Wirksamkeit wirtschaftlicher ausgeführt werden können. Leistungen zur Teilhabe am Arbeitsleben können im grenznahen Ausland ausgeführt werden, wenn sie für die Aufnahme oder Ausübung einer Beschäftigung oder selbstständigen Tätigkeit erforderlich sind.

Hier sind allerdings die für den jeweiligen Rehabilitationsträger maßgebenden Spezialvorschriften zu beachten, in der Krankenversicherung also beispielsweise die §§ 16 bis 18 SGB V. Im Bereich der gesetzlichen Rentenversicherung ist mit Einführung des SGB IX die Möglichkeit geschaffen worden, unter den genannten Voraussetzungen Sachleistungen zur Teilhabe im Ausland zu erbringen.

§ 36 SGB IX beschäftigt sich mit Rehabilitationsdiensten und -einrichtungen. § 36 Abs. 4 SGB IX gibt Vorgaben für die Auswahl der Rehabilitationsdienste und -einrichtungen. Die Rehabilitationsträger haben ihre Auswahl danach zu treffen, dass die Leistungen in der für den Betroffenen am besten geeigneten Form erbracht werden und die Dienste und Einrichtungen freier und gemeinnütziger Träger berücksichtigt werden. Die Vielfalt der Träger solcher Dienste und Einrichtungen soll gewahrt sowie deren Selbstständigkeit, Selbstverständnis und Unabhängigkeit beachtet werden. § 37 SGB IX beschreibt die Qualitätssicherung, insbesondere ein vorgesehenes Zertifizierungsverfahren.

2.3 Leistungen zur medizinischen Rehabilitation

Kapitel 9 des ersten Teils des SGB IX beschäftigt sich in den §§ 42 bis 48 mit den Leistungen zur medizinischen Rehabilitation. Die Aufzählung in § 42 Abs. 2 SGB IX entspricht z. B. im Wesentlichen dem Leistungskatalog der gesetzlichen Krankenversicherung. Besonderheiten regelt in diesem Zusammenhang Absatz 3.

Wie in der gesetzlichen Krankenversicherung (vgl. dort § 74 SGB V), so sieht im SGB IX § 44 die stufenweise Wiedereingliederung vor. Es geht darum, arbeitsunfähige Leistungsberechtigte schrittweise wieder in die Arbeitswelt einzugliedern. Die Möglichkeit, Selbsthilfegruppen, -organisationen und -kontaktstellen zu fördern, enthält § 45 SGB IX.

2.4 Leistungen zur Teilhabe am Arbeitsleben

Die Leistungen zur Teilhabe am Arbeitsleben wurden früher als berufsfördernde Maßnahmen bezeichnet. Sie werden in Kapitel 10 in den §§ 49 bis 63 SGB IX geregelt. Durch diese Leistungen soll die Teilhabe am Arbeitsleben für die Betroffenen möglichst auf Dauer gesichert werden (§ 49 Abs. 1 SGB IX).

Nach § 49 Abs. 2 SGB IX werden Frauen mit Behinderung gleiche Chancen am Arbeitsmarkt zugesichert. Dies geschieht insbesondere durch in der beruflichen Zielsetzung geeignete, wohnortnahe und auch in Teilzeit nutzbare Angebote.

§ 50 SGB IX sieht die Gewährung von Leistungen an Arbeitgeber vor. Dazu zählen neben Ausbildungszuschüssen zur betrieblichen Ausführung von Bildungsleistungen auch Eingliederungszuschüsse und Zuschüsse für Arbeitshilfen im Betrieb. Außerdem ist die teilweise oder volle Kostenerstattung für eine befristete Probebeschäftigung vorgesehen.

Die Einrichtungen der beruflichen Rehabilitation werden in § 51 SGB IX aufgeführt. Danach werden die Leistungen durch Berufsbildungswerke, Berufsförderungswerke und vergleichbare Einrichtungen der beruflichen Rehabilitation ausgeführt. Dies geschieht, soweit Art oder Schwere der Behinderung oder die Sicherung des Erfolgs die besonderen Hilfen dieser Einrichtungen erforderlich machen. Über die Einrichtungen vereinbaren die zuständigen Rehabilitationsträger gemeinsame Empfehlungen.

Bei Gewährung von Leistungen der beruflichen Rehabilitation sind die Leistungsberechtigten nicht in den Betrieb der Einrichtungen eingegliedert (§ 52 SGB IX). Sie sind keine Arbeitnehmer im Sinne des Betriebsverfassungsgesetzes, sondern wählen zu ihrer Mitwirkung besondere Vertreter.

Bedeutsam ist auch die Vorschrift des § 53 Abs. 2 SGB IX. Danach sollen Leistungen zur beruflichen Weiterbildung in der Regel bei ganztägigem Unterricht nicht länger als zwei Jahre dauern. Das gilt allerdings nicht, wenn das Teilhabeziel nur über eine länger dauernde Leistung erreicht werden kann oder die Eingliederungsaussichten nur durch eine länger dauernde Leistung wesentlich verbessert werden.

Das Gesetz zur Einführung Unterstützter Beschäftigung vom 22. 12. 2008 hat die unterstützte Beschäftigung als neue Leistung eingeführt, die seit 1. 1. 2018 in § 55 SGB IX geregelt wird. Diese soll behinderten Menschen mit besonderem Unterstützungsbedarf eine angemessene geeignete und sozialversicherungspflichtige Beschäftigung – außerhalb von Werkstätten für behinderte Menschen – ermöglichen.

Gewährt werden Leistungen zur individuellen betrieblichen Qualifizierung, so auch Leistungen zur Vermittlung von berufsübergreifenden Lerninhalten und Schlüsselqualifikationen. Außerdem werden bei Bedarf Leistungen der Berufsbegleitung erbracht.

Mit Besonderheiten beschäftigen sich die §§ 56 bis 63 SGB IX. Es geht hier um Leistungen in Werkstätten für behinderte Menschen (§ 56 SGB IX, vgl. dazu auch § 63 SGB IX). In § 57 SGB IX werden Leistungen im Eingangsverfahren und im Berufsbildungsbereich von anerkannten Werkstätten für behinderte Menschen behandelt. So werden Zeiten der individuellen betrieblichen Qualifizierung im Rahmen einer Unterstützten Beschäftigung zur Hälfte auf die Dauer des Berufsbildungsbereichs angerechnet. Einzelheiten zu Leistungen im Arbeitsbereich einer anerkannten Werkstatt für behinderte Menschen regelt § 58 SGB IX. Welche Leistungsträger für Leistungen in Werkstätten für behinderte Menschen zuständig sind, bestimmt § 63 SGB IX.

Nach § 58 Abs. 3 SGB IX erhalten die Werkstätten für ihre Leistungen vom zuständigen Rehabilitationsträger angemessene Vergütungen. Diese Vergütungen müssen den Grundsätzen der Wirtschaftlichkeit, Sparsamkeit und Leistungsfähigkeit entsprechen. Zur Auszahlung an die in den Werkstätten beschäftigten behinderten Menschen erhalten die Werkstätten zusätzlich ein Arbeitsförderungsgeld (§ 59 SGB IX). Dieses beträgt monatlich 52 EUR für jeden im Arbeitsbereich beschäftigten behinderten Menschen. Voraussetzung ist, dass sein Arbeitsentgelt zusammen mit dem Arbeitsförderungsgeld im Monat 351 EUR nicht übersteigt. Ist das Arbeitsentgelt höher als 299 EUR, beträgt das Arbeitsförderungsgeld monatlich den Unterschiedsbetrag zwischen dem Arbeitsentgelt und 351 EUR.

Wichtig:

Das Arbeitsförderungsgeld bleibt bei Sozialleistungen, deren Zahlung von anderen Einkommen abhängig ist, als Einkommen unberücksichtigt (§ 59 Abs. 2 SGB IX).

Menschen mit Behinderungen, die Anspruch auf Leistungen im Eingangsverfahren und im Berufsbildungsbereich sowie auf Leistungen im Arbeitsbereich (§§ 57, 58 SGB IX) haben, können diese nach § 60 Abs. 1 SGB IX auch bei einem anderen Leistungsanbieter in Anspruch nehmen. Dabei regelt § 60 Abs. 2 SGB IX, mit welchen Maßnahmen die Vorschriften für Werkstätten für behinderte Menschen für andere Leistungsanbieter gelten.

Eine Verpflichtung des zuständigen Leistungsträgers, Leistungen durch andere Leistungsanbieter zu ermöglichen, besteht nicht (§ 60 Abs. 3 SGB IX).

Seit 1. 1. 2018 bestimmt § 61 SGB IX über ein Budget für Arbeit. Es geht dabei um Ansprüche für Menschen mit Behinderungen, die Leistungen im Arbeitsbereich (§ 58 SGB IX) erhalten. Außerdem muss ihnen von einem privaten oder öffentlichen Arbeitgeber ein sozialversicherungspflichtiges Arbeitsverhältnis mit einer tarifvertraglichen oder ortsüblichen Entlohnung angeboten werden. Mit Abschluss dieses Arbeitsvertrags erhalten sie als Leistungen zur Teilhabe am Arbeitsleben ein Budget für Arbeit. Dieses umfasst einen Lohnkostenzuschuss an den Arbeitgeber zum Ausgleich der Leistungsminderung des Beschäftigten und die Aufwendungen für die wegen der Behinderung erforderlichen Anleitung und Begleitung am Arbeitsplatz. Der Lohnkostenzuschuss beträgt bis zu 75 % des vom Arbeitgeber regelmäßig gezahlten Arbeitsentgelts, höchstens jedoch 40 % der monatlichen Bezugsgröße (West). 2019 handelt es sich hier um 1.246 EUR.

Dauer und Umfang der Leistungen bestimmen sich nach den Umständen des Einzelfalls. Durch Landesrecht kann vom Prozentsatz der Bezugsgröße nach oben abgewichen werden.

Nach § 61 Abs. 3 SGB IX ist ein Lohnkostenzuschuss ausgeschlossen, wenn zu vermuten ist, dass der Arbeitgeber die Beendigung eines anderen Beschäftigungsverhältnisses veranlasst hat, um durch die ersatzweise Einstellung eines Menschen mit Behinderungen den Lohnkostenzuschuss zu erhalten.

Im Übrigen können mehrere Leistungsberechtigte gemeinsam die am Arbeitsplatz wegen der Behinderung erforderliche Anleitung und Begleitung in Anspruch nehmen (§ 61 Abs. 4 SGB IX).

Nach § 61 Abs. 5 SGB IX besteht keine Verpflichtung des Leistungsträgers, Leistungen zur Beschäftigung bei privaten oder öffentlichen Arbeitgebern zu ermöglichen.

In diesem Zusammenhang beschäftigt sich § 225 SGB IX mit dem Anerkennungsverfahren für Werkstätten für behinderte Menschen. Die Entscheidung über die Anerkennung trifft auf Antrag die Bundesagentur für Arbeit im Einvernehmen mit dem überörtlichen Sozialhilfeträger.

Auf Wunsch des Menschen mit Behinderungen werden die Leistungen im Eingangsverfahren und im Berufsbildungsbereich sowie die Leistungen im Arbeitsbereich

- von einer nach § 225 SGB IX anerkannten Werkstatt für behinderte Menschen,
- von dieser zusammen mit einem oder mehreren anderen Leistungsanbietern oder
- von einem oder mehreren anderen Leistungsanbietern

erbracht (§ 62 SGB IX).

Das Gesetz spricht hier vom Wahlrecht des Menschen mit Behinderung.

Es ist die Zustimmung des unmittelbar verantwortlichen Leistungsanbieters erforderlich, wenn Teile einer Leistung im Verantwortungsbereich einer Werkstatt für behinderte Menschen oder eines anderen Leistungsanbieters erbracht werden.

2.5 Unterhaltssichernde und andere ergänzende Leistungen

Das Kapitel 11 des SGB IX sieht unterhaltssichernde und andere ergänzende Leistungen vor. Es handelt sich hier um eine Ergänzung der Leistungen zur medizinischen Rehabilitation und zur Teilhabe am Arbeitsleben (siehe nachfolgendes Schaubild).

Ergänzende Leistungen

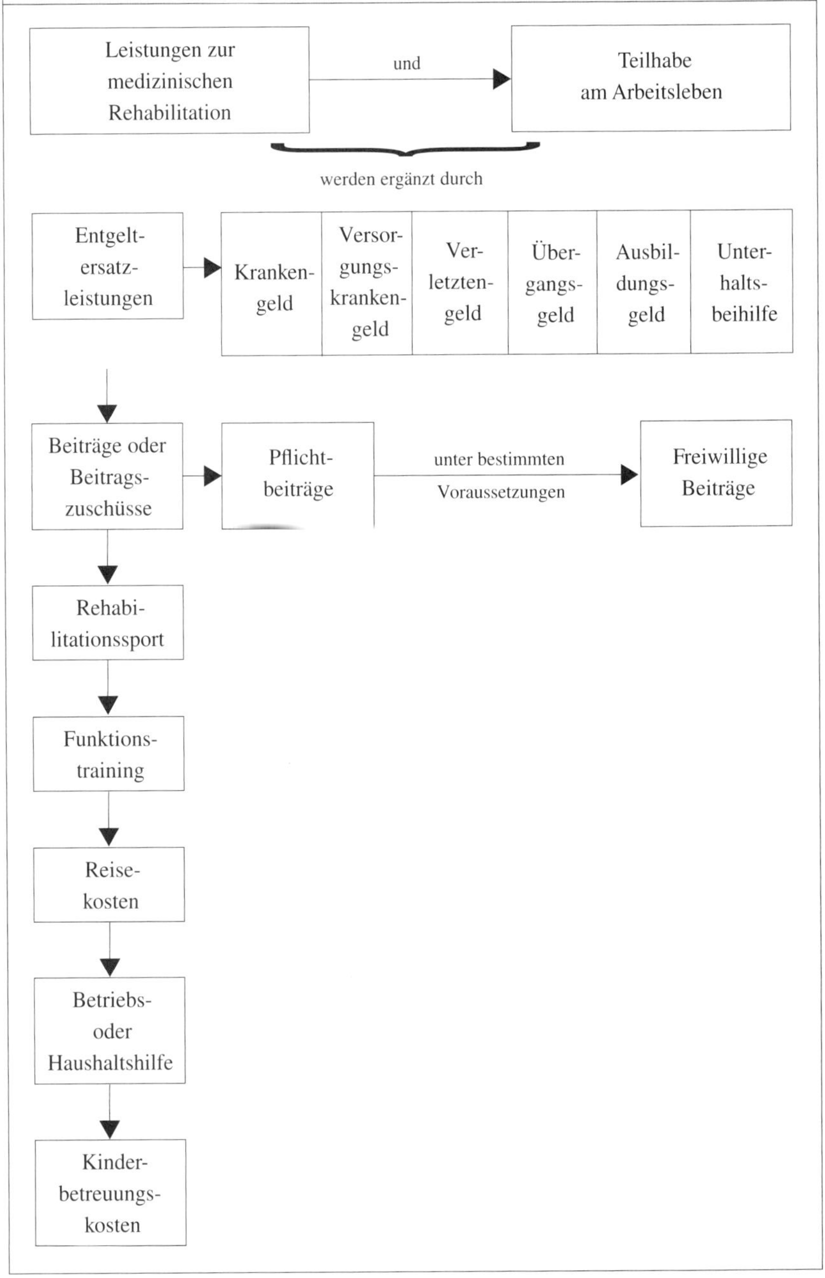

Die Aufzählung der ergänzenden Leistungen findet sich in § 64 SGB IX. Dagegen regelt § 65 SGB IX, welcher Rehabilitationsträger die einzelnen Leistungen zum Lebensunterhalt erbringt. Dabei ist zu unterscheiden, ob Leistungen zur medizinischen Rehabilitation oder zur Teilhabe am Arbeitsleben erbracht werden. In Zusammenhang mit Leistungen zur medizinischen Rehabilitation gewähren

- die gesetzlichen Krankenkassen Krankengeld,
- die Träger der Unfallversicherung Verletztengeld,
- die Träger der Rentenversicherung Übergangsgeld und
- die Träger der Kriegsopferversorgung Versorgungskrankengeld.

Weitere Leistungen werden von den Trägern der öffentlichen Jugendhilfe und der Bundesagentur für Arbeit sowie den Trägern der Kriegsopferfürsorge und den Trägern der Eingliederungshilfe erbracht.

Werden Leistungen zur Teilhabe am Arbeitsleben gewährt, gibt es nur die Geldleistung „Übergangsgeld". Diese wird von den Unfallversicherungsträgern, den Trägern der Rentenversicherung, der Bundesagentur für Arbeit und den Trägern der Kriegsopferfürsorge gezahlt.

Die Bundesagentur für Arbeit ist auch Rehabilitationsträger für die Leistungen zur Teilhabe am Arbeitsleben für behinderte erwerbsfähige Leistungsberechtigte im Sinne des SGB II – § 6 Abs. 3 SGB IX. Das gilt aber nur, sofern nicht ein anderer Rehabilitationsträger zuständig ist.

Die Bundesagentur für Arbeit zahlt Ausbildungsgeld in folgenden Fällen:

- berufliche Ausbildung von Menschen mit Behinderungen
- berufsvorbereitende Bildungsmaßnahmen einschließlich einer Grundausbildung
- Leistungen zur individuellen betrieblichen Qualifizierung im Rahmen Unterstützter Beschäftigung
- Leistungen im Eingangsverfahren und im Berufsbildungsbereich von Werkstätten für behinderte Menschen

Voraussetzung ist jeweils, dass kein Übergangsgeld gezahlt wurde.

Ist der Träger der Kriegsopferfürsorge zuständig, wird Unterhaltsbeihilfe gezahlt.

Nach ausdrücklicher Vorschrift in § 65 Abs. 7 SGB IX werden das Krankengeld, das Versorgungskrankengeld, das Verletztengeld und das Übergangsgeld für Kalendertage gezahlt. Wird die Leistung für einen ganzen Kalendermonat gewährt, so wird dieser mit 30 Tagen angesetzt. Die vorstehend aufgeführten Leistungen werden aus dem sogenannten Regelentgelt berechnet (vgl. insbesondere § 67 SGB IX). Berücksichtigt wird hierfür das während des letzten vor Beginn der Leistung liegenden Entgeltabrechnungszeitraumes gezahlte Bruttoarbeitsentgelt (siehe nachfolgende Formel Regelentgelt).

Formel Regelentgelt

Entgelt des letzten Abrechnungszeitraumes
./. einmalig gezahltes Entgelt

Ergebnis:

$$\frac{\text{zu berücksichtigendes Entgelt}}{\text{Zahl der Stunden}} = \text{Stundenlohn}$$

Stundenlohn x wöchentliche Arbeitsstunden : 7 = Regelentgelt

Wird das Arbeitsentgelt nach Monaten berechnet oder ist eine Berechnung des Regelentgelts nach den vorstehenden Grundsätzen nicht möglich, gilt der 30. Teil des im letzten vor Beginn der Arbeitsunfähigkeit abgerechneten Kalendermonats erzielten und um einmalig gezahltes Arbeitsentgelt verminderten Arbeitsentgelts als Regelentgelt (siehe nachfolgende Formel Regelentgelt/Alternativberechnung).

Formel Regelentgelt/Alternativberechnung

Arbeitsentgelt des letzten Bemessungszeitraumes
./. einmalig gezahltes Arbeitsentgelt

Ergebnis:

$$\frac{\text{zu berücksichtigendes Arbeitsentgelt}}{30} = \text{Regelentgelt}$$

Das Bruttoarbeitsentgelt wird bis zur jeweiligen Leistungsbemessungsgrenze des zuständigen Rehabilitationsträgers berücksichtigt, vom Rentenversicherungsträger bis zur Beitragsbemessungsgrenze der gesetzlichen Rentenversicherung.

Mit der Berechnungsgrundlage für Übergangsgeld in Sonderfällen beschäftigt sich § 78 SGB IX. Die Entgeltersatzleistungen werden gegebenenfalls zum 1. 7. eines Jahres angepasst (§ 60 SGB IX). Zum 1. 7. 2017 ist letztmals eine Anpassung vorgenommen worden.

Mit der Anrechnung von Einkommen beschäftigt sich § 72 SGB IX, während § 73 SGB IX die Übernahme von Reisekosten behandelt.

2.6 Leistungen zur Teilhabe an Bildung

Nach § 75 SGB IX werden Leistungen zur Teilhabe an Bildung erbracht. Dabei handelt es sich um unterstützende Leistungen, die erforderlich sind, damit Menschen mit Behinderungen Bildungsangebote gleichberechtigt wahrnehmen können.

Die Leistungen umfassen insbesondere:

- Hilfen zur Schulbildung, so im Rahmen der Schulpflicht einschließlich der Vorbereitung hierzu
- Hilfen zur schulischen Berufsausbildung
- Hilfen zur Hochschulbildung
- Hilfen zur schulischen und hochschulischen beruflichen Weiterbildung

2.7 Sicherung und Koordinierung der Teilhabe

Das Kapitel 4 des SGB IX – Erster Teil (§§ 14 bis 24) behandelt die Sicherung und Koordinierung der Teilhabe. In § 33 SGB IX werden die Pflichten Personensorgeberechtigter dargestellt. Angesprochen sind hier Eltern, Vormünder, Pfleger und Betreuer. Sie sollen im Rahmen ihres Erziehungs- oder Betreuungsauftrags die Menschen mit Behinderung einer Beratungsstelle nach § 32 SGB IX oder einer sonstigen Beratungsstelle für Rehabilitation zur Beratung über die geeigneten Leistungen zur Teilhabe vorstellen.

Die Beratungspflichten der Ärzte, denen eine behinderte Person vorgestellt wird, erstrecken sich auf die geeigneten Leistungen zur Teilhabe (§ 34 SGB IX). Sie weisen dabei auf die Möglichkeit der Beratung durch die Beratungsstellen der Rehabilitationsträger hin und informieren über wohnortnahe Angebote.

Leistungen zur sozialen Teilhabe am Leben in der Gemeinschaft

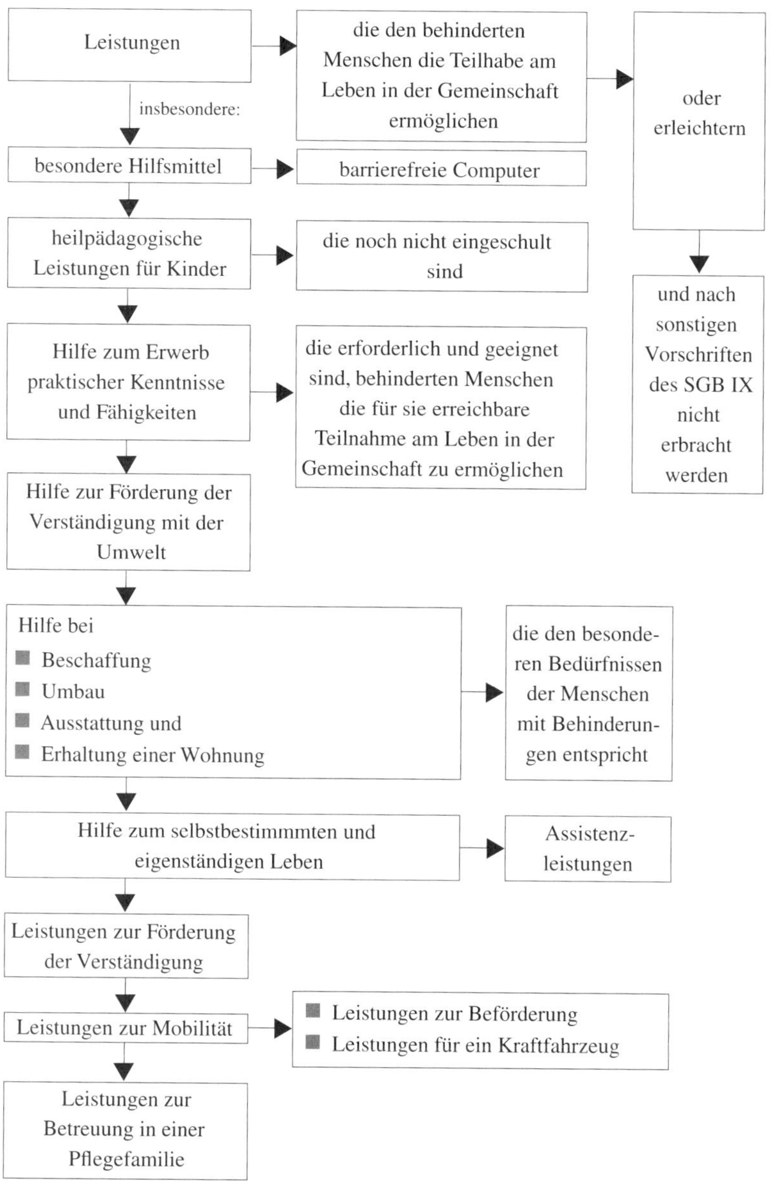

In den Ländern können Landesärzte bestellt werden, die über besondere Erfahrungen in der Hilfe für behinderte und von Behinderung bedrohte Menschen verfügen (§ 35 SGB IX).

Mit dem für Menschen mit Behinderungen sehr wichtigen Klagerecht der Verbände beschäftigt sich § 85 SGB IX. Werden danach Menschen mit Behinderungen in ihren Rechten nach dem SGB IX verletzt, können an ihrer Stelle und mit ihrem

Einverständnis Verbände klagen. Es muss sich dabei um Verbände handeln, die nach ihrer Satzung Menschen mit Behinderungen auf Bundes- oder Landesebene vertreten und nicht selbst am Prozess beteiligt sind. In einem solchen Fall müssen alle Verfahrensvoraussetzungen wie bei einem Rechtsschutzersuchen durch den Menschen mit Behinderungen selbst vorliegen.

§ 86 SGB IX sieht die Bildung des Beirats für Menschen mit Behinderungen beim Bundesministerium für Arbeit und Soziales vor.

3. Eingliederungshilferecht

3.1 Grundsätze

Teil 2 des SGB IX (§§ 90 bis 150) beschäftigt sich mit den besonderen Leistungen zur selbstbestimmten Lebensführung der Menschen mit Behinderungen (Eingliederungshilferecht). Diese Regelungen sind aus dem SGB XII (Sozialhilfe) entnommen und in das SGB IX übernommen worden. Die bisher maßgebenden §§ 53 bis 60 SGB XII sind zum 1. 1. 2020 weggefallen.

Die Vorschriften über die Eingliederungshilfe im SGB IX traten – mit Ausnahme der meisten Vorschriften des Vertragsrechts – am 1. 1. 2020 in Kraft.

Die Vorschriften über das Eingliederungshilferecht untergliedern sich im Wesentlichen wie folgt:

- Allgemeine Vorschriften
- Grundsätze der Leistungen
- Medizinische Rehabilitation
- Teilhabe an Bildung
- Soziale Teilhabe
- Gesamtplanung
- Vertragsrecht (bereits seit 1. 1. 2018 in Kraft)
- Einkommen und Vermögen
- Statistik, Übergangs- und Schlussbestimmungen

3.2 Aufgabe und Nachrang der Eingliederungshilfe

Aufgabe und Nachrang der Eingliederungshilfe werden im Rahmen der Allgemeinen Vorschriften über die Eingliederungshilfe geregelt.

Wichtig:

Aufgabe der Eingliederungshilfe ist es, Leistungsberechtigten eine individuelle Lebensführung zu ermöglichen, die der Würde des Menschen entspricht. Außerdem ist die volle, wirksame und gleichberechtigte Teilhabe am Leben in der Gesellschaft zu fördern. Die Leistung soll sie befähigen, ihre Lebensplanung und -führung möglichst selbstbestimmt und eigenverantwortlich wahrnehmen zu können.

Als besondere Aufgabe der Sozialen Teilhabe bezeichnet es das Gesetz, die gleichberechtigte Teilhabe am Leben in der Gesellschaft zu ermöglichen oder zu erleichtern.

§ 90 SGB IX sieht in seinen Absätzen 2 bis 4 weitere besondere Aufgaben vor. So wird es als besondere Aufgabe der medizinischen Rehabilitation bezeichnet, eine Beeinträchtigung nach § 99 Abs. 1 SGB IX abzuwenden, zu beseitigen, zu mindern, auszugleichen, eine Verschlimmerung zu verhüten oder die Leistungsberechtigten soweit wie möglich unabhängig von Pflege zu machen. § 99 SGB IX bezieht sich unter anderem auf § 53 Abs. 1 und 2 SGB XII. Es werden hier Personen angesprochen, die durch eine Behinderung im Sinne des SGB IX wesentlich in ihrer Fähigkeit, an der Gesellschaft teilzuhaben, eingeschränkt oder von einer solchen wesentlichen Behinderung bedroht sind. Sie erhalten Leistungen der Eingliederungshilfe, wenn und solange nach der Besonderheit des Einzelfalls, insbesondere nach Art und Schwere der Behinderung, Aussicht besteht, dass die Aufgabe der Eingliederungshilfe erfüllt werden kann. Personen mit einer anderen körperlichen, geistigen oder seelischen Behinderung können Leistungen der Eingliederungshilfe erhalten.

Dabei sind Personen von einer Behinderung bedroht, bei denen der Eintritt der Behinderung nach fachlicher Erkenntnis mit hoher Wahrscheinlichkeit zu erwarten ist. Dies gilt für Personen, für die vorbeugende Gesundheitshilfe und Hilfe bei Krankheit erforderlich ist, nur, wenn auch bei Durchführung dieser Leistungen eine Behinderung einzutreten droht.

§ 99 SGB IX verweist auch auf die §§ 1 bis 3 der Eingliederungshilfe-Verordnung in der am 31. 12. 2019 geltenden Fassung, die ab 1. 1. 2020 außer Kraft treten wird (vgl. Art. 26 BTHG vom 23. 12. 2016). Durch Art. 25a des gleichen Gesetzes wird § 99 SGB IX neu gefasst (vgl. dazu auch Art. 26 Abs. 5 BTHG).

Zum Nachrang der Eingliederungshilfe bestimmt § 91 SGB IX, dass derjenige Eingliederungshilfe erhält, wer die erforderliche Leistung nicht von anderen oder von Trägern anderer Sozialleistungen erhält. Dabei bleiben Verpflichtungen anderer, insbesondere der Träger anderer Sozialleistungen, unberührt.

Wichtig:

Leistungen anderer dürfen nicht deshalb versagt werden, weil Teil 2 des SGB IX entsprechende Leistungen vorsieht. Dies gilt insbesondere bei einer gesetzlichen Verpflichtung der Träger anderer Sozialleistungen oder anderer Stellen, in ihrem Verantwortungsbereich die Verwirklichung der Rechte für Menschen mit Behinderungen zu gewährleisten oder zu fördern.

Mit dem Verhältnis zu anderen Rechtsbereichen beschäftigt sich § 93 SGB IX. Danach bleiben die Vorschriften über die Leistungen zur Sicherung des Lebensunterhalts nach dem SGB II sowie über die Hilfe zum Lebensunterhalt und die Grundsicherung im Alter und bei Erwerbsminderung nach dem SGB XII unberührt.

Das gilt auch für die Vorschriften über die Hilfe zur Überwindung besonderer sozialer Schwierigkeiten nach dem SGB XII, über die Altenhilfe und über die Blindenhilfe nach dem SGB XII.

Die Hilfen zur Gesundheit nach dem SGB XII im Rahmen der Sozialhilfe gehen den Leistungen der Eingliederungshilfe vor. Voraussetzung ist, dass sie zur Beseitigung einer Beeinträchtigung mit drohender erheblicher Teilhabeeinschränkung geeignet sind.

Die Bundesländer bestimmen die für die Durchführung des zweiten Teils des SGB IX zuständigen Träger der Eingliederungshilfe. Dabei ist sicherzustellen, dass die Träger der Eingliederungshilfe nach ihrer Leistungsfähigkeit zur Erfüllung dieser Aufgaben geeignet sind.

SGB IX sieht weitere Einzelheiten vor. So bildet jedes Land zur Förderung und Weiterentwicklung der Strukturen der Eingliederungshilfe eine Arbeitsgemeinschaft.

Die Träger der Eingliederungshilfe schließen Vereinbarungen mit den Leistungsanbietern nach den Vorschriften der §§ 123 bis 134 ab (§ 95 SGB IX).

Die Träger der Eingliederungshilfe arbeiten mit den Leistungsanbietern und anderen Stellen, deren Aufgabe die Lebenssituation von Menschen mit Behinderungen betrifft, zusammen (§ 96 Abs. 1 SGB IX).

Die Stellung der Kirchen und Religionsgesellschaften des öffentlichen Rechts sowie der Verbände der Freien Wohlfahrtspflege als Träger eigener sozialer Aufgaben und ihrer Tätigkeit zur Erfüllung dieser Aufgaben werden durch Teil 2 des SGB IX nicht berührt (§ 96 Abs. 2 SGB IX).

Ist die Beratung und Sicherung der gleichmäßigen, gemeinsamen oder ergänzenden Erbringung von Leistungen geboten, sollen zu diesem Zweck Arbeitsgemeinschaften gebildet werden (§ 96 Abs. 3 SGB IX).

§ 96 Abs. 4 SGB IX beschäftigt sich mit der Erhebung, Verarbeitung oder Nutzung von Sozialdaten im Rahmen der Zusammenarbeit. Dies ist nur möglich, soweit sie zur Erfüllung von Aufgaben nach Teil 2 des SGB IX erforderlich ist oder durch Rechtsvorschriften des SGB (vgl. insbesondere SGB X) angeordnet oder erlaubt ist.

Wichtig:

Die leistungsberechtigten Menschen mit Behinderungen sind über die Erhebung, Verarbeitung und Nutzung ihrer Daten zu informieren. Sie sind auf ihr Recht hinzuweisen, der Erhebung, Verarbeitung oder Nutzung ihrer Daten widersprechen zu können.

Die Träger der Eingliederungshilfe beschäftigen zur Durchführung der Aufgaben der Eingliederungshilfe eine dem Bedarf entsprechende Anzahl an Fachkräften aus unterschiedlichen Fachdisziplinen. Diese sollen eine ihren Aufgaben entsprechende Ausbildung erhalten haben. Insbesondere sollen sie über umfassende Kenntnisse des Sozial- und Verwaltungsrechts, über den leistungsberechtigten Personenkreis oder von Teilhabebedarfen und Teilhabebarrieren verfügen.

Des Weiteren sollen sie umfassende Kenntnisse über den regionalen Sozialraum und seine Möglichkeiten zur Durchführung von Leistungen der Eingliederungshilfe sowie die Fähigkeit zur Kommunikation mit allen Beteiligten haben.

Soweit Mitarbeiter der Leistungsträger nicht oder nur zum Teil die vorstehenden Voraussetzungen erfüllen, ist ihnen Gelegenheit zur Fortbildung und zum Austausch mit Menschen mit Behinderungen zu geben. Die fachliche Fortbildung zur Erfüllung der Aufgaben nach den §§ 106 und 117 SGB IX ist zu gewährleisten.

In § 106 SGB IX geht es um die Beratung und Unterstützung (vgl. dazu auch die Ausführungen unter 3.3). In § 117 SGB IX geht es dagegen um Gesamtplanverfahren (vgl. dazu die Ausführungen unter 3.5).

Mit der örtlichen Zuständigkeit für die Leistungsgewährung beschäftigt sich § 98 SGB IX. Danach ist für die Eingliederungshilfe örtlich zuständig der Träger der Eingliederungshilfe, in dessen Bereich die leistungsberechtigte Person ihren gewöhnlichen Aufenthalt zum Zeitpunkt der ersten Antragstellung oder in den zwei Monaten vor den Leistungen einer Betreuung über Tag und Nacht zuletzt gehabt hatte (§ 98 Abs. 1 SGB IX).

Nach § 30 Abs. 3 SGB I hat eine Person den gewöhnlichen Aufenthalt dort, wo sie sich unter Umständen aufhält, die erkennen lassen, dass sie an diesem Ort oder in diesem Gebiet nicht nur vorübergehend verweilt.

Bedarf es zur Leistungsgewährung keines Antrags, ist der Beginn des Verfahrens maßgeblich.

Die Zuständigkeit bleibt bis zur Beendigung des Leistungsbezuges bestehen. Sie ist aber neu festzustellen, wenn für einen zusammenhängenden Zeitraum von mindestens sechs Monaten keine Leistungen bezogen wurden. Eine Unterbrechung des Leistungsbezuges wegen stationärer Krankenhausbehandlung oder medizinischer Rehabilitation gilt nicht als Beendigung des Leistungsbezuges.

Steht innerhalb von vier Wochen nicht fest, ob und wo der gewöhnliche Aufenthalt begründet worden ist, ist ein gewöhnlicher Aufenthalt nicht vorhanden oder nicht zu ermitteln, hat der für den tatsächlichen Aufenthalt zuständige Träger der Eingliederungshilfe über die Leistungen unverzüglich (das heißt ohne schuldhaftes Zögern) zu entscheiden und sie vorläufig zu erbringen.

Steht in diesen Fällen der gewöhnliche Aufenthalt fest, wird der Träger der Eingliederungshilfe des gewöhnlichen Aufenthaltes (§ 98 Abs. 1 SGB IX) örtlich zuständig. Er hat dann dem leistenden Träger die Kosten zu erstatten.

Ist ein gewöhnlicher Aufenthalt im Bundesgebiet nicht vorhanden oder nicht zu ermitteln, ist der Träger der Eingliederungshilfe örtlich zuständig, in dessen Bereich sich die leistungsberechtigte Person tatsächlich aufhält.

§ 98 Abs. 3 und 4 SGB IX regeln zwei Sonderfälle:

Werden nämlich für ein Kind vom Zeitpunkt der Geburt an Leistungen nach dem Teil 2 des SGB IX über Tag und Nacht beantragt, tritt an die Stelle seines gewöhnlichen Aufenthalts der gewöhnliche Aufenthalt der Mutter.

Außerdem wird vorgeschrieben, dass als gewöhnlicher Aufenthalt im Sinne der Eingliederungshilfe nicht der stationäre Aufenthalt oder der auf richterlich angeordneter Freiheitsentziehung beruhende Aufenthalt in einer Vollzugsanstalt gilt. In diesen Fällen ist der Träger der Eingliederungshilfe örtlich zuständig, in dessen Bereich die leistungsberechtigte Person ihren gewöhnlichen Aufenthalt in den letzten zwei Monaten vor der Aufnahme zuletzt hatte.

3.3 Grundsätze der Leistungen

Unter 3.2 wurde bereits der Personenkreis geschildert, der Anspruch auf Leistungen der Eingliederungshilfe hat. Sonderregelungen sehen hier §§ 100 und 101 SGB IX vor. So regelt § 100 SGB IX die Eingliederungshilfe für Ausländer. Hiernach können Ausländer, die sich im Inland tatsächlich aufhalten, Leistungen nach dem Teil 2 des SGB IX erhalten, soweit dies im Einzelfall gerechtfertigt ist. Hier liegt die Leistungsgewährung also im Ermessen des Leistungsträgers. Hier ist unbedingt § 39 SGB I zu beachten. Sind nach dieser Vorschrift die Leistungsträger ermächtigt, bei der Entscheidung über Sozialleistungen nach ihrem Ermessen zu handeln, haben sie ihr Ermessen entsprechend dem Zweck der Ermächtigung auszuüben und die gesetzlichen Grenzen des Ermessens einzuhalten. Auf pflichtgemäße Ausübung des Ermessens besteht ein Anspruch.

Für Ermessensleistungen gelten die Vorschriften über Sozialleistungen, auf die ein Anspruch besteht, entsprechend, soweit sich aus den Vorschriften des SGB nichts Abweichendes ergibt.

Nach näherer Vorschrift des § 100 Abs. 1 SGB IX gilt die Einschränkung auf Ermessensleistungen nicht für Ausländer, die im Besitz einer Niederlassungserlaubnis oder eines befristeten Aufenthaltstitels sind und sich voraussichtlich dauerhaft im Bundesgebiet aufhalten. Andere Rechtsvorschriften, nach denen Leistungen der Eingliederungshilfe zu erbringen sind, bleiben unberührt.

Leistungsberechtigte nach § 1 des Asylbewerberleistungsgesetzes erhalten keine Leistungen der Eingliederungshilfe. Das Gleiche gilt für Ausländer, die eingereist sind, um Leistungen nach dem Teil 2 des SGB IX zu erlangen. Sie haben ebenfalls keinen Anspruch auf Leistungen der Eingliederungshilfe.

§ 101 SGB IX beschäftigt sich mit der Eingliederungshilfe für Deutsche im Ausland. Danach erhalten Deutsche, die ihren gewöhnlichen Aufenthalt im Ausland haben, keine Leistungen der Eingliederungshilfe. Im Einzelfall kann hiervon allerdings abgewichen werden. Voraussetzung ist, dass dies wegen einer außergewöhnlichen Notlage unabweisbar ist und zugleich nachgewiesen wird, dass eine Rückkehr in das Inland aus folgenden Gründen nicht möglich ist:

- Pflege und Erziehung eines Kindes, das aus rechtlichen Gründen im Ausland bleiben muss,
- längerfristige stationäre Betreuung in einer Einrichtung oder Schwere der Pflegebedürftigkeit oder
- hoheitliche Gewalt.

Wichtig:

Leistungen der Eingliederungshilfe werden nicht erbracht, soweit sie von dem dazu verpflichteten Aufenthaltsland oder von anderen erbracht werden oder zu erwarten sind.

Im Rahmen des § 101 SGB IX richten sich Art und Maß der Leistungserbringung sowie der Einsatz des Einkommens und Vermögens (vgl. dazu die Ausführungen unter 3.6) nach den besonderen Verhältnissen im Aufenthaltsland.

Für die Gewährung der Leistung ist der Träger der Eingliederungshilfe zuständig, in dessen Bereich die antragstellende Person geboren ist. Liegt der Geburtsort im Ausland oder ist er nicht zu ermitteln, wird der örtlich zuständige Träger von einer Schiedsstelle bestimmt.

Nach ausdrücklicher Vorschrift in § 101 Abs. 5 SGB IX arbeiten die Träger der Eingliederungshilfe mit den deutschen Dienststellen im Ausland zusammen.

Nach § 102 SGB IX umfassen die Leistungen der Eingliederungshilfe:

- Leistungen zur medizinischen Rehabilitation (vgl. dazu die Ausführungen unter 2.3)
- Leistungen zur Teilhabe am Arbeitsleben (vgl. dazu die Ausführungen unter 2.4)
- Leistungen zur Teilhabe an Bildung (vgl. dazu die Ausführungen unter 2.6)
- Leistungen zur sozialen Teilhabe

Leistungen nach Nr. 3 gehen den Leistungen nach Nr. 4 vor.

Werden Leistungen der Eingliederungshilfe in einer vollstationären Einrichtung der Hilfe für Menschen mit Behinderung (§ 43a SGB XI) erbracht, umfasst die Leistung auch die Pflegeleistungen in diesen Einrichtungen oder Räumlichkeiten (§ 103 SGB IX). Es handelt sich hier um Menschen mit Behinderungen und Pflegebedarf.

Im Übrigen sieht § 104 SGB IX vor, dass sich die Leistungen der Eingliederungshilfe nach der Besonderheit des Einzelfalls bestimmen.

Dies geschieht insbesondere

- nach der Art des Bedarfs,
- den persönlichen Verhältnissen,
- dem Sozialraum und
- den eigenen Kräften und Mitteln,
- dabei ist auch die Wohnform zu würdigen.

Sie werden so lange geleistet, wie die Teilhabeziele nach Maßgabe des Gesamtplanes (vgl. dazu die Ausführungen unter 3.5) erreichbar sind.

Wünschen der Leistungsberechtigten, die sich auf die Gestaltung der Leistung richten, ist zu entsprechen, soweit sie angemessen sind. Allerdings gelten sie nicht als angemessen,

- wenn und soweit die Höhe der Kosten der gewünschten Leistung, die Höhe der Kosten für eine vergleichbare Leistung von Leistungserbringern, mit denen eine entsprechende Vereinbarung besteht, unverhältnismäßig übersteigt und
- wenn der Bedarf nach der Besonderheit des Einzelfalls durch die vergleichbare Leistung gedeckt werden kann.

Wird von den Wünschen des Leistungsberechtigten abgewichen, ist vom Leistungsträger zu prüfen, ob dies zulässig ist. Dabei sind die persönlichen, familiären und örtlichen Umstände einschließlich der gewünschten Wohnform angemessen zu berücksichtigen.

Auf Wunsch des Leistungsberechtigten sollen die Leistungen der Eingliederungshilfe von einem Leistungsanbieter erbracht werden, der die Betreuung durch Geistliche seines Bekenntnisses ermöglicht.

Nach § 105 SGB IX werden die Leistungen der Eingliederungshilfe als Sach-, Geld- oder Dienstleistung erbracht, eine Regelung, die der für die sonstigen Teilhabeleistungen des SGB IX entspricht (vgl. dazu die Ausführungen unter 2.).

Allerdings können nach § 105 Abs. 3 SGB IX die Leistungen zur Sozialen Teilhabe mit Zustimmung der Leistungsberechtigten auch in Form einer pauschalen Geldleistung erbracht werden, soweit es der Teil 2 des SGB IX vorsieht. Das Nähere zur Höhe und Ausgestaltung der Pauschalen regeln die Träger der Eingliederungshilfe.

Zur Erfüllung der Aufgaben der Eingliederungshilfe werden die Leistungsberechtigten, auf ihren Wunsch auch im Beisein einer Person ihres Vertrauens, vom Träger der Eingliederungshilfe beraten und, soweit erforderlich, unterstützt. Die Beratung erfolgt in einer für den Leistungsberechtigten wahrnehmbaren Form. Das ist z. B. für Gehörlose von besonderer Bedeutung.

§ 105 SGB IX zählt zahlreiche Unterstützungs- und Beratungsleistungen auf. Zu Letzteren gehört z. B. die Beratung über Leistungen anderer Leistungsträger, aber auch über die Verwaltungsabläufe. Soweit geboten, wird eine Budgetberatung durchgeführt.

Die Unterstützung umfasst insbesondere Hilfe bei der Antragstellung. Die Unterstützung erfasst auch die Hilfe bei der Erfüllung von Mitwirkungspflichten.

Die Leistungen der Eingliederungshilfe werden auf Antrag erbracht (§ 108 SGB IX).

3.4 Einzelne Leistungen

Die Leistungen zur medizinischen Rehabilitation entsprechen den Rehabilitationsleistungen der gesetzlichen Krankenversicherung (§ 108 SGB IX). Im Übrigen besteht entsprechend den Bestimmungen der gesetzlichen Krankenversicherung die freie Wahl unter den Ärzten und Zahnärzten sowie unter den Krankenhäusern und den Vorsorge- und Rehabilitationseinrichtungen.

Nach § 111 SGB IX umfassen die Leistungen zur Beschäftigung unter anderem Leistungen im Arbeitsbereich anerkannter Werkstätten für Menschen mit Behinderung.

Die §§ 112 bis 116 SGB IX beschäftigen sich mit der Teilhabe an Bildung. Leistungen zur Teilhabe an Bildung umfassen

- Hilfen zu einer Schulbildung, insbesondere im Rahmen der allgemeinen Schulpflicht und zum Besuch weiterführender Schulen einschließlich der Vorbereitung hierzu; die Bestimmungen über die Ermöglichung der Schulbildung im Rahmen der allgemeinen Schulpflicht bleiben unberührt, und
- Hilfen zur schulischen oder hochschulischen Ausbildung oder Weiterbildung für einen Beruf.

Hilfen nach dem zweiten Spiegelstrich werden für eine schulische oder hochschulische berufliche Weiterbildung erbracht, die

- in einem zeitlichen Zusammenhang an eine duale, schulische oder hochschulische Berufsausbildung anschließt,
- in dieselbe fachliche Richtung weiterführt und
- es dem Leistungsberechtigten ermöglicht, das von ihm angestrebte Berufsziel zu erreichen.

Sonderregelungen bestehen für die Hilfen für ein Masterstudium.

Angesprochen werden auch:

- Hilfen zur Teilnahme am Fernunterricht
- Hilfen zur Ableistung eines Praktikums, das für den Schul- oder Hochschulbesuch oder für die Berufszulassung erforderlich ist
- Hilfen zur Teilnahme an Maßnahmen zur Vorbereitung auf die schulische oder hochschulische Ausbildung oder Weiterbildung für einen Beruf

§ 113 SGB IX beschäftigt sich mit den Leistungen zur Sozialen Teilhabe. Diese Leistungen werden erbracht, um eine gleichberechtigte Teilhabe am Leben in der Gemeinschaft zu ermöglichen oder zu erleichtern, soweit sie nicht nach anderen Vorschriften der Eingliederungshilfe im SGB IX erbracht werden.

Leistungen zur Sozialen Teilhabe sind insbesondere:

- Leistungen für Wohnraum
- Assistenzleistungen
- heilpädagogische Leistungen
- Leistungen zur Betreuung in einer Pflegefamilie

- Leistungen zum Erwerb und Erhalt praktischer Kenntnisse und Fähigkeiten
- Leistungen zur Förderung der Verständigung
- Leistungen zur Mobilität
- Hilfsmittel
- Besuchsbeihilfen

Verschiedene dieser Leistungen können an mehrere Leistungsberechtigte gemeinsam erbracht werden (§ 116 Abs. 2 SGB IX).

3.5 Gesamtplanung

Der Träger der Eingliederungshilfe stellt unverzüglich nach der Feststellung der Leistungen einen Gesamtplan insbesondere zur Durchführung der einzelnen Leistungen oder einer Einzelleistung auf (§ 121 Abs. 1 SGB IX). Der Gesamtplan dient nach § 121 Abs. 2 SGB IX der Steuerung, Wirkungskontrolle und Dokumentation des Teilhabeprojektes. Er bedarf der Schriftform und soll regelmäßig, spätestens nach zwei Jahren, überprüft und fortgeschrieben werden.

Bei der Aufstellung des Gesamtplans wirkt der Träger der Eingliederungshilfe zusammen mit

- dem Leistungsberechtigten,
- einer Person seines Vertrauens und
- den im Einzelfall Beteiligten, insbesondere mit dem behandelnden Arzt, dem Gesundheitsamt, dem Landesarzt, dem Jugendamt und den Dienststellen der Bundesagentur für Arbeit. Der Gesamtplan enthält die Inhalte des Teilhabeplans (§ 19 SGB IX), außerdem z. B. die Erkenntnisse aus vorliegenden sozialmedizinischen Gutachten.

Der Träger der Eingliederungshilfe stellt der leistungsberechtigten Person den Gesamtplan zur Verfügung (§ 121 Abs. 5 SGB IX).

Nach § 122 SGB IX kann der Träger der Eingliederungshilfe mit dem Leistungsberechtigten eine Teilhabezielvereinbarung zur Umsetzung der Mindestinhalte des Gesamtplans oder von Teilen dieser Mindestinhalte abschließen.

3.6 Berücksichtigung von Einkommen und Vermögen

Bei den Leistungen nach Teil 2 des SGB IX hat der Leistungsberechtigte einen Beitrag zu den Aufwendungen aufzubringen, wenn das Einkommen der antragstellenden Person sowie bei minderjährigen Personen das Einkommen der Eltern oder des Elternteils bestimmte Beträge übersteigt (§ 136 Abs. 1 SGB IX). Wird das Einkommen überwiegend aus einer sozialversicherungspflichtigen Beschäftigung oder selbstständigen Tätigkeit erzielt, ist ein Beitrag zu den Aufwendungen zu leisten. Voraussetzung ist allerdings, dass es 85 % der jährlichen Bezugsgröße übersteigt. 2020 sind hier 32.487 EUR maßgebend. Dieser Betrag gilt sowohl im Westen als auch im Osten Deutschlands. Ein Beitrag durch den Leistungsberechtigten ist auch dann zu leisten, wenn das Einkommen überwiegend aus einer nicht sozialversicherungspflichtigen Beschäftigung erzielt wird und 75 % der jährlichen Bezugsgröße übersteigt. 2020 gelten hier 28.665 EUR. Das Gleiche gilt, wenn das Einkommen überwiegend aus Renteneinkünften erzielt wird und 60 % der jährlichen Bezugsgröße übersteigt (2020: 22.932 EUR).

Die vorstehenden Beträge erhöhen sich für den nicht getrennt lebenden Ehegatten oder Lebenspartner, den Partner einer eheähnlichen oder lebenspartnerschaftsähnlichen Gemeinschaft um 15 % sowie für jedes unterhaltsberechtigte Kind im Haushalt um 10 % der jährlichen Bezugsgröße. 2020 gelten 5.733 EUR bzw. 3.822 EUR (§ 136 Abs. 3 SGB IX).

Ist der Leistungsberechtigte minderjährig, erhöht sich der Grenzwert um 75 % der jährlichen Bezugsgröße.

Übersteigt das Einkommen den maßgebenden Grenzwert nach § 136 Abs. 2 SGB IX, ist ein monatlicher Beitrag in Höhe von 2 % des den Grenzwert übersteigenden Betrages aufzubringen. Der aufzubringende Betrag ist auf volle 10 EUR abzurunden. Der Beitrag ist von der zu erbringenden Leistung abzuziehen (§ 137 Abs. 3 SGB IX).

Bei bestimmten Leistungen ist ein Beitrag allerdings nicht aufzubringen (§ 138 Abs. 1 SGB IX). Es handelt sich hier um

- heilpädagogische Leistungen,
- Leistungen zur medizinischen Rehabilitation,
- Leistungen zur Teilhabe am Arbeitsleben,
- Leistungen zur Teilhabe an Bildung,
- Leistungen zur schulischen Ausbildung, soweit diese Leistungen in besonderen Ausbildungsstätten über Tag und Nacht für Menschen mit Behinderungen erbracht werden,
- Leistungen zum Erwerb und Erhalt praktischer Kenntnisse und Fähigkeiten, soweit diese der Vorbereitung auf die Teilhabe am Arbeitsleben dienen,
- Leistungen, die noch nicht eingeschulten, leistungsberechtigten Personen die für sie erreichbare Teilnahme am Leben in der Gemeinschaft ermöglichen sollen,
- gleichzeitige Gewährung von Leistungen zum Lebensunterhalt nach dem SGB II oder SGB XII oder nach § 27a BVG.

Bei einmaligen Leistungen zur Beschaffung von Bedarfsgegenständen, deren Gebrauch für mindestens ein Jahr bestimmt ist, ist höchstens das Vierfache des monatlichen Betrages einmalig aufzubringen.

Die antragstellende Person sowie bei minderjährigen Personen die im Haushalt lebenden Eltern oder ein Elternteil haben vor der Inanspruchnahme von Leistungen nach Teil 2 des SGB IX die erforderlichen Mittel aus ihrem Vermögen aufzubringen (§ 140 Abs. 1 SGB IX). Bei den in § 138 Abs. 1 SGB IX genannten Leistungen (vgl. die obige Aufzählung) ist das Vermögen nicht einzusetzen.

Zum Vermögen im vorstehenden Sinne gehört das gesamte verwertbare Vermögen (§ 139 SGB IX). Es gibt hier zahlreiche Sonderregelungen (vgl. §§ 139, 140, 141 und 142 SGB IX).

4. Ansprüche für schwerbehinderte Menschen nach dem SGB IX

4.1 Grundsätze

Rechtsgrundlage

Das Sozialgesetzbuch – Neuntes Buch (SGB IX) trägt seit 1. 1. 2018 den Titel „Rehabilitation und Teilhabe von Menschen mit Behinderung". Es enthält in seinem Teil 3 „Besondere Regelungen zur Teilhabe schwerbehinderter Menschen (Schwerbehindertenrecht)".

Nach wie vor anwendbar ist die Schwerbehinderten-Ausgleichsabgabeverordnung (SchwbAV).

Behinderung

Der Begriff der Behinderung ist im ersten Teil des SGB IX (§ 2) geregelt. Danach gelten Menschen als behindert, wenn

- ihre körperlichen Funktionen,
- geistigen Fähigkeiten,
- ihre seelische Gesundheit oder
- ihre Sinne

mit hoher Wahrscheinlichkeit länger als sechs Monate von dem für das Lebensalter typischen Zustand abweichen. Außerdem muss ihre Teilhabe am Leben in der Gesellschaft beeinträchtigt sein.

Sie sind von Behinderung bedroht, wenn die Beeinträchtigung zu erwarten ist.

Schwerbehinderte Menschen

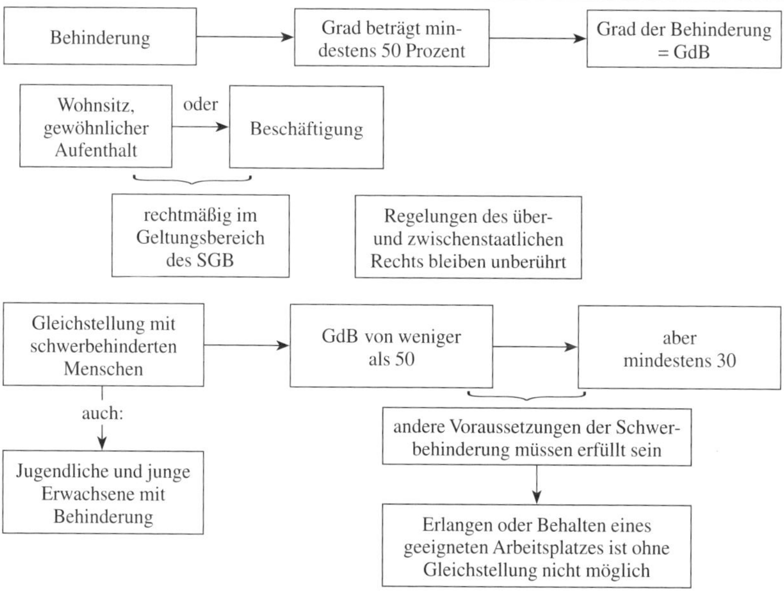

Der im SGB IX verwendete Begriff des schwerbehinderten Menschen entspricht dem des Schwerbehinderten, der im früher maßgebenden Schwerbehindertengesetz (SchwbG) verwendet wurde. Deshalb sind die Feststellungsbescheide der zuständigen

Behörden aus der Zeit vor der Geltung des SGB IX (das ist die Zeit vor dem 1. 7. 2001) weiterhin gültig.

Schwerbehindertenausweis, Wohnsitz

Die Schwerbehinderung (GdB von wenigstens 50) reicht allein nicht aus, um einen Schwerbehindertenausweis zu erhalten. Vielmehr muss – wie im obigen Schaubild bereits erwähnt – der schwerbehinderte Mensch

- seinen Wohnsitz,
- seinen gewöhnlichen Aufenthalt oder
- seine Beschäftigung auf einem Arbeitsplatz

rechtmäßig im Inland haben.

Seinen Wohnsitz hat jemand dort, wo er seine Wohnung unter solchen Umständen innehat, die darauf schließen lassen, dass er die Wohnung beibehalten und benutzen wird.

Dagegen hat den gewöhnlichen Aufenthalt jemand dort, wo er sich unter solchen Umständen aufhält, die erkennen lassen, dass er an diesem Ort oder in diesem Gebiet nicht nur vorübergehend verweilt.

4.2 Verfahren und Schwerbehindertenausweis

4.2.1 Feststellung der Schwerbehinderung

Feststellung der Schwerbehinderung

§ 152 SGB IX beschäftigt sich mit der Feststellung der Schwerbehinderung. Danach stellen auf Antrag des Menschen mit Behinderung bestimmte Behörden

- das Vorliegen einer Behinderung und
- den Grad der Behinderung

Versorgungsämter

fest. Zuständig sind die Behörden, die für die Durchführung des BVG zuständig sind. Es handelt sich um die gleichen Stellen, die auch für die Versorgung der Opfer von Gewalttaten zuständig sind.

Die Versorgungsämter und ihre Aufgaben

Versorgungsamt

=

die für die Durchführung des BVG zuständige Behörde

↓

also zuständig für Kriegsopfer

↓

aber z. B. auch für Gewaltopfer (Opferentschädigungsgesetz – OEG)

↓

sowie für Geschädigte bei Schutzimpfungen (Infektionsschutzgesetz – IfSG)

↓

und Feststellung und Anerkennung der Schwerbehinderung

Die Durchführung des Schwerbehindertenrechts ist eine der Hauptaufgaben der Versorgungsämter. Sie prüfen die Anträge

- auf Anerkennung der Schwerbehinderteneigenschaft und
- auf Nachteilsausgleiche.

Durch Erlass eines Feststellungsbescheids bestimmen sie den Grad der Behinderung (GdB) und die sogenannten gesundheitlichen Merkzeichen (MZ).

Eine Feststellung über die Behinderteneigenschaft ist im Übrigen nur zu treffen, wenn ein Grad der Behinderung von wenigstens 20 vorliegt.

Die Zuständigkeit in Zusammenhang mit schwerbehinderten Menschen kann durch Landesrecht auch anders geregelt werden.

Keine Feststellungen

Feststellungen sind dann nicht zu treffen, wenn eine Feststellung über das Vorliegen einer Behinderung und den Grad einer auf ihr beruhenden Erwerbsminderung schon auf andere Weise festgestellt worden ist.

Angesprochen sind hier:

- Rentenbescheide
- entsprechende Verwaltungs- oder Gerichtsentscheidungen
- eine vorläufige Bescheinigung der für diese Entscheidungen zuständigen Dienststellen

Eine Feststellung hat aber zu erfolgen, wenn der Mensch mit Behinderung ein Interesse an anderweitiger Feststellung glaubhaft macht.

Fachbegriffe

In Zusammenhang mit den Feststellungen einer Behinderung bzw. Schwerbehinderung gibt es verschiedene Fachbegriffe:

- Arbeitsunfähigkeit, Dienstunfähigkeit

Arbeitsunfähig ist ein Kranker, der seine Erwerbstätigkeit wegen seiner Erkrankung nicht oder nur auf Kosten der Restgesundheit verrichten kann. Die bezeichnete Krankheitsfolge gewährt einem gesetzlich Versicherten das Recht auf Heilbehandlung und gegebenenfalls auf Krankengeld.

Dienstunfähig sind dagegen Beamte, Soldaten oder freiwillig Wehrdienstleistende, wenn sie wegen Krankheit nicht in der Lage sind, ihren Dienst zu versehen.

- Leistungsminderung

Wenn jemand wegen Erkrankung bzw. Gesundheitsschäden seine allgemeine körperliche Leistungsfähigkeit einbüßt, kann er seine berufliche Tätigkeit folgerichtig wegen Leistungsminderung nicht oder nur teilweise verrichten.

- Minderung der Erwerbsfähigkeit (MdE)

Der Begriff „MdE" drückt das Ausmaß von Schädigungsfolgen als Dauerzustand in der gesetzlichen Unfallversicherung, in der Kriegsopferversorgung, im sonstigen Entschädigungsrecht und im Übrigen auch bei der Versorgungsrente (z. B. für Opfer von Gewalttaten) aus.

Wichtig:

Als Schädigungsfolge wird im sozialen Entschädigungsrecht jede Gesundheitsstörung bezeichnet, die mit einer nach dem entsprechenden Gesetz zu berücksichtigenden Schädigung in ursächlichem Zusammenhang steht.

Zu den Schädigungsfolgen gehören auch funktionell bedeutungslose Gesundheitsstörungen, die für sich allein keine MdE bedingen.

- Schwerbehinderung, Schwerbeschädigung

Nach den Vorschriften des SGB IX gilt derjenige als körperlich, geistig oder seelisch behindert, der infolge der Behinderung in seiner Leistungsfähigkeit in allen Lebensbereichen durch Funktionsbeeinträchtigungen auf Dauer um wenigstens 50 % gemindert ist. Durch die Behinderung ist der Betreffende, unabhängig vom Alter oder der Teilnahme am Arbeitsleben, schutzbedürftig. Wie in Abschnitt 4.1 bereits erwähnt, muss die Funktionsstörung mindestens sechs Monate andauern. Sie muss auch einen GdB von wenigstens 10 bedingen. Regelwidrig ist dabei der Zustand, der von dem für das Lebensalter typischen Zustand abweicht.

Der Grad der Behinderung bezieht sich auf alle Gesundheitsstörungen, unabhängig von deren Ursache.

- Grad der Behinderung (GdB)

Das Ausmaß der Behinderung wird mit dem Grad der Behinderung (GdB) bemessen. Er ist eine Wertung für körperliche, seelische, geistige und soziale Auswirkungen von bleibendem Schaden nach Gesundheitsstörungen.

- Teilweise Erwerbsminderung – volle Erwerbsminderung

Hier handelt es sich um Begriffe aus der gesetzlichen Rentenversicherung, die aber auch in Zusammenhang mit dem Schwerbehindertenrecht häufig erwähnt werden.

Renten wegen verminderter Erwerbsfähigkeit

Anspruchsvoraussetzungen für Renten wegen verminderter Erwerbsfähigkeit			
Rentenart	Rente wegen teilweiser Erwerbsminderung	Rente wegen voller Erwerbsminderung	Rente für Bergleute
Leistungseinschränkung	teilweise Erwerbsminderung	volle Erwerbsminderung	verminderte bergmännische Berufsfähigkeit
Wartezeit	fünf Jahre	fünf oder 20 Jahre	fünf Jahre vor Eintritt der verminderten Berufsunfähigkeit
	Versicherter ist wegen Krankheit oder Behinderung auf nicht absehbare Zeit außer Stande, unter den üblichen Bedingungen des allgemeinen Arbeitsmarkts mindestens sechs Stunden täglich erwerbstätig zu sein	Versicherter ist wegen Krankheit oder Behinderung auf nicht absehbare Zeit außer Stande, unter den üblichen Bedingungen des allgemeinen Arbeitsmarkts mindestens drei Stunden täglich erwerbstätig zu sein	vermindert berufsfähig sind Versicherte, die wegen Krankheit oder Behinderung nicht im Stande sind, die von ihnen ausgeübte knappschaftliche Beschäftigung und eine andere wirtschaftlich im Wesentlichen gleichwertige knappschaftliche Beschäftigung auszuüben

Die Renten wegen teilweiser Erwerbsminderung werden lediglich als Teilrente erbracht. Dies kommt durch den sogenannten Rentenartfaktor zum Ausdruck. Dieser beträgt z. B. bei einer Altersrente 1,0, beläuft sich aber bei einer Rente wegen teilweiser Erwerbsminderung lediglich auf 0,5. Bei einer Rente wegen voller Erwerbsminderung beträgt der Rentenartfaktor wie bei den Altersrenten 1,0.

Zu erwähnen sind hier auch die Begriffe „Berufsunfähigkeit (BU)" und „Erwerbsunfähigkeit (EU)". Sie beziehen sich auf das Recht vor dem 1. 1. 2001, als die gesetzliche Rentenversicherung die Berufsunfähigkeits- und die Erwerbsunfähigkeitsrente kannte. In Übergangsfällen existieren solche Renten noch. Im Übrigen sind sie durch die Erwerbsminderungsrenten abgelöst worden.

Wichtig:

Aus dem GdB/MdE-Grad ist nicht auf das Ausmaß der Leistungsfähigkeit im Erwerbsleben zu schließen. GdB und MdE sind grundsätzlich unabhängig vom ausgeübten oder angestrebten Beruf zu beurteilen. Das gilt dann nicht, wenn bei Begutachtungen im sozialen Entschädigungsrecht ein besonderes berufliches Betroffensein berücksichtigt werden muss.

4.2.2 Mehrere Beeinträchtigungen (§ 152 Abs. 3 SGB IX)

Mehrere Beeinträchtigungen

Liegen mehrere Beeinträchtigungen der Teilhabe am Leben in der Gesellschaft vor, so wird der Grad der Behinderung nach den Auswirkungen der Beeinträchtigungen in ihrer Gesamtheit unter Berücksichtigung ihrer wechselseitigen Beziehungen festgestellt.

Sind neben dem Vorliegen der Behinderung weitere gesundheitliche Merkmale Voraussetzung für die Inanspruchnahme von Nachteilsausgleichen, so treffen die zuständigen Behörden die erforderlichen Feststellungen im Verfahren.

4.2.3 Antrag auf Anerkennung der Schwerbehinderteneigenschaft

Anträge

Wie oben bereits erwähnt, wird das Vorliegen einer Behinderung (Schwerbehinderung) auf Antrag des Betroffenen ausgestellt. Eine Feststellung von Amts wegen ist allerdings nicht vorgesehen.

Hier ist aber § 17 SGB I zu beachten. Danach sind die Leistungsträger – also auch die Träger der Versorgungsverwaltung – verpflichtet, darauf hinzuwirken, dass

- jeder Berechtigte die ihm zustehenden Sozialleistungen in zeitgemäßer Weise, umfassend und zügig erhält,
- die zur Ausführung von Sozialleistungen erforderlichen sozialen Dienste und Einrichtungen rechtzeitig und ausreichend zur Verfügung stehen,
- der Zugang zu den Sozialleistungen möglichst einfach gestaltet wird, insbesondere durch Verwendung allgemein verständlicher Antragsvordrucke und
- ihre Verwaltungs- und Dienstgebäude frei von Zugangs- und Kommunikationsbarrieren sind und Sozialleistungen in barrierefreien Räumen und Anlagen ausgeführt werden.

Hörbehinderung

Hörbehinderte Menschen haben das Recht, bei der Ausführung von Sozialleistungen, insbesondere auch bei ärztlichen Untersuchungen und Behandlungen, Gebärdensprache zu verwenden. Die für die Sozialleistungen zuständigen Leistungsträger sind verpflichtet, die durch die Verwendung der Gebärdensprache und anderer Kommunikationshilfen entstehenden Kosten zu tragen.

Im Übrigen sind die Leistungsträger nach § 13 SGB I auch verpflichtet, im Rahmen ihrer Zuständigkeit die Bevölkerung über ihre Rechte und Pflichten nach dem SGB aufzuklären. Die Versorgungsämter tun dies mit Broschüren, Faltblättern usw. Auch die Rehabilitationsträger informieren über ihre Leistungen.

Beratung

Bedeutungsvoll ist hier auch § 14 SGB I. Demnach hat jeder Anspruch auf Beratung hinsichtlich seiner Rechte und Pflichten nach dem SGB. Dabei sind für die Beratung die Leistungsträger zuständig, denen gegenüber die Rechte geltend zu machen sind.

Auskunft

Durch § 15 SGB I werden die Träger der gesetzlichen Krankenversicherung (Krankenkassen) und die sozialen Pflegekassen verpflichtet, über alle sozialen Angelegenheiten nach dem SGB Auskunft zu erteilen. Die Auskunftspflicht erstreckt sich auf die Benennung der für die Sozialleistungen zuständigen Träger sowie die Sach- und Rechtsfragen, die für die Auskunftsuchenden von Bedeutung sein können und zu deren Beantwortung die Behörde im Stande ist.

Einzelheiten zur Antragstellung

Wichtig ist in diesem Zusammenhang auch § 16 SGB I. Dieser beschäftigt sich direkt mit der Antragstellung durch den Leistungsberechtigten. Anträge sind hiernach beim zuständigen Leistungsträger zu stellen.

Sie werden auch von allen

- anderen Leistungsträgern,
- Gemeinden und
- bei Personen, die sich im Ausland aufhalten, auch von den amtlichen Vertretungen der Bundesrepublik Deutschland im Ausland

entgegengenommen.

Anträge, die bei einem unzuständigen Leistungsträger, bei einer für die Sozialleistung nicht zuständigen Gemeinde oder bei einer amtlichen Vertretung der Bundesrepublik im Ausland gestellt werden, sind unverzüglich an den zuständigen Leistungsträger weiterzuleiten.

Nach § 16 Abs. 3 SGB I sind die Leistungsträger, das heißt also auch die Versorgungsbehörden, verpflichtet, darauf hinzuwirken, dass unverzüglich klare und sachdienliche Anträge gestellt und unvollständige Angaben ergänzt werden (vgl. zu den Vorschriften des SGB I die Ausführungen unter Leitziffer B 1).

Verpflichtungen

In diesem Zusammenhang ist § 33 SGB IX zu beachten. Diese Vorschrift enthält bestimmte Verpflichtungen für Personenberechtigte, wie:

- Eltern
- Vormünder
- Pfleger
- Betreuer

Beratung und Unterstützung

Nehmen sie bei den ihnen anvertrauten Menschen Behinderungen wahr, sollen sie im Rahmen ihres Erziehungs- und Betreuungsauftrags die Menschen mit Behinderung einer Beratungsstelle für Teilhabe zur Beratung über die geeigneten Leistungen zur Teilhabe vorstellen.

Die Beratung und Unterstützung umfasst z. B. die Informationen über Leistungsvoraussetzungen, Leistungen der Rehabilitationsträger, besondere Hilfen im Arbeitsleben sowie über die Verwaltungsabläufe.

Integrationsämter

Unter Beteiligung der Integrationsämter umfasst die Beratung auch die Klärung eines Hilfebedarfs nach Teil 3 des SGB IX, also des Hilfebedarfs für schwerbehinderte Menschen.

Die Integrationsämter werden in § 184 SGB IX behandelt. Es handelt sich hier um in den Bundesländern errichtete Ämter für die Sicherung der Integration schwerbehinderter Menschen im Arbeitsleben.

Aufgaben des Integrationsamts

- Erhebung und Verwendung der Ausgleichsabgabe
- Kündigungsschutz
- begleitende Hilfe im Arbeitsleben → auch: Geldleistungen durch Integrationsamt möglich
  - an schwerbehinderte Menschen, insbesondere:
    - für technische Arbeitshilfen
    - zum Erreichen des Arbeitsplatzes
    - zur Gründung und Erhaltung einer selbstständigen beruflichen Existenz
    - zur Beschaffung, Ausstattung und Erhaltung einer behinderungsgerechten Wohnung
    - zur Teilnahme an Maßnahmen zur Erhaltung und Erweiterung beruflicher Kenntnisse und Fertigkeiten
    - in besonderen Lebenslagen
  - an Arbeitgeber:
    - zur behinderungsgerechten Einrichtung von Arbeitsplätzen für schwerbehinderte Menschen
    - für Zuschüsse, Prämien und Gebühren (z. B. Prüfungsgebühren)
    - für Prämien zur Einführung eines betrieblichen Eingliederungsmanagements
    - für außergewöhnliche Belastungen, mit der die Beschäftigung bestimmter schwerbehinderter Menschen verbunden sind
  - an Träger von Integrationsfachdiensten einschließlich psychosozialer Dienste freier gemeinnütziger Einrichtungen und Organisationen sowie an Träger von Inklusionsbetrieben
  - zur Durchführung von Aufklärungs-, Schulungs- und Bildungsmaßnahmen
  - nachrangig zur beruflichen Orientierung
  - zur Deckung eines Teils der Aufwendungen für ein Budget zur Arbeit
- zeitweilige Entziehung der besonderen Hilfen für schwerbehinderte Menschen

Verbände

Verbände der Menschen mit Behinderung einschließlich der Verbände der Freien Wohlfahrtspflege, der Selbsthilfegruppen und der Interessenvertretungen behinderter Frauen werden mit Einverständnis des Menschen mit Behinderung an der Beratung beteiligt.

4.2.4 Mitwirkungspflichten des Antragstellers

Mitwirkung Die Mitwirkungspflichten für Antragsteller im sozialen Bereich werden in den §§ 60 bis 67 SGB I geregelt (vgl. dazu Kapitel B 1, Abschnitt 12).

So hat der Antragsteller auf Feststellung der Schwerbehinderung alle Tatsachen anzugeben, die für die Feststellung erheblich sind und auf Verlangen des zuständigen Leistungsträgers (Versorgungsamt) der Erteilung der erforderlichen Auskünfte durch Dritte zuzustimmen.

Im Einzelnen:

Die Mitwirkungspflichten des Antragstellers

Angabe von Tatsachen	dazu gehören auch die Vorlage von Beweismitteln und sonstiger Unterlagen
Mitteilung der Änderungen von Verhältnissen	soweit sie für die Leistung erheblich sind oder über die im Zusammenhang mit der Leistung Erklärungen abgegeben worden sind
Persönliches Erscheinen	auf Aufforderung des Leistungsträgers (Fahrtkostenersatz)
Untersuchungen Durchführung bestimmter Heilbehandlungen	nicht für Behandlungen und Untersuchungen, ■ bei denen im Einzelfall ein Schaden für Leben und Gesundheit nicht mit hoher Wahrscheinlichkeit ausgeschlossen werden kann, ■ die mit erheblichen Schmerzen verbunden sind oder ■ die einen erheblichen Eingriff in die körperliche Unversehrtheit bedeuten
Leistung zur Teilhabe am Arbeitsmarkt	Voraussetzung: bei angemessener Berücksichtigung der beruflichen Neigungen des behinderten Menschen und seiner Leistungsfähigkeit ist zu erwarten, dass die Leistungen seine Erwerbs- oder Vermittlungsfähigkeit auf Dauer fördern oder erhalten werden

Vordrucke Nach § 60 Abs. 2 SGB I sollen Vordrucke genutzt werden, soweit diese vorgesehen sind. Hier ist insbesondere der Antragsvordruck für die Feststellung der Schwerbehinderteneigenschaft zu beachten, der von den Versorgungsämtern verwendet wird.

Wichtig:

Die Versorgungsämter fordern in ihren Hinweisen dazu auf, auf dem Antragsvordruck alle behandelnden Ärzte sowie Krankenhäuser mit genauem Aufenthaltsdatum sowie Kuranstalten anzugeben. Außerdem werden die Antragsteller bzw. ihre Betreuer aufgefordert, ärztliche Berichte, die ihnen vorliegen (ggf. in Kopie) beizufügen.

Durch die Benutzung eines solchen Angebots wird eventuell das Verfahren ganz erheblich verkürzt. Auch müssen dann durch den Antragsteller keine besonderen ärztlichen Atteste vorgelegt werden, die unter Umständen ganz erhebliche Kosten verursachen können.

Persönliches Erscheinen

Wie aus dem obigen Schaubild hervorgeht, muss derjenige, der Sozialleistungen beantragt oder erhält, auf Verlangen des zuständigen Leistungsträgers zur mündlichen Erörterung des Antrags persönlich erscheinen. Das persönliche Erscheinen kann auch für die Entscheidung anderer für die Feststellung der Schwerbehinderteneigenschaften notwendigen Maßnahmen und zur Erbringung sonstiger Leistungen erforderlich sein.

Wichtig:

In einem solchen Fall hat der Antragsteller unter Umständen Anspruch auf Ersatz seiner Auslagen (Fahrtkosten). Auch der Verdienstausfall wird in angemessenem Umfang erstattet. Allerdings erfolgt die Erstattung nur in einem Härtefall. Dies bedeutet, dass der Antragsteller z. B. im Einzelfall beweisen muss, dass er – gegebenenfalls wegen seiner Behinderung – nicht öffentliche Verkehrsmittel, sondern ein Taxi benutzen musste.

Untersuchungen

§ 62 SGB I (vgl. dazu unter Kapitel B 1, Abschnitt 12) sieht vor, dass derjenige, der Sozialleistungen beantragt oder erhält, sich – wenn notwendig – auf Verlangen des zuständigen Leistungsträgers ärztlichen und psychologischen Untersuchungsmaßnahmen unterziehen muss.

Auch in einem solchen Fall hat der Antragsteller Anspruch auf Erstattung seiner Aufwendungen. Das Vorliegen eines Härtefalls muss hier nicht nachgewiesen werden.

In Zusammenhang mit den Mitwirkungspflichten ist die Vorschrift des § 65 SGB I von besonderer Bedeutung. Hier geht es um die Grenzen der Mitwirkung.

Grenzen der Mitwirkung

Die Mitwirkungspflichten bestehen nämlich nicht, soweit

- ihre Erfüllung nicht in einem angemessenen Verhältnis zu der in Anspruch genommenen Sozialleistung steht oder
- ihre Erfüllung dem Betroffenen aus einem wichtigen Grund nicht zugemutet werden kann oder
- der Leistungsträger sich durch einen geringeren Aufwand als der Antragsteller oder Leistungsberechtigte die erforderlichen Kenntnisse selbst beschaffen kann.

Gesundheitszustand

Ein „wichtiger Grund" kann in diesem Sinne der Gesundheitszustand des Betroffenen sein. Dieser Zustand kann ihn davon abhalten, einer Einladung zu einer ärztlichen Untersuchung (anberaumt durch das Versorgungsamt) zu folgen.

Sind z. B. Untersuchungen aufgrund eines Antrags auf Rente wegen Erwerbsminderung durchgeführt worden, sollte durch den Antragsteller hierauf unbedingt hingewiesen werden. Das Versorgungsamt kann sodann diese Untersuchungsergebnisse einholen und dadurch auf Einleitung einer besonderen Untersuchung unter Umständen verzichten.

Berechtigte Ablehnung

Der Antragsteller kann bestimmte Behandlungen und Untersuchungen ablehnen. Dabei geht es um Behandlungen und Untersuchungen,

- bei denen im Einzelfall ein Schaden für Leben oder Gesundheit nicht mit hoher Wahrscheinlichkeit ausgeschlossen werden kann, oder
- die mit erheblichen Schmerzen verbunden sind oder
- die einen erheblichen Eingriff in die körperliche Unversehrtheit bedeuten.

Übrigens: Angaben, die dem Antragsteller oder ihm nahestehende Personen der Gefahr zuziehen würden, wegen einer Straftat oder einer Ordnungswidrigkeit verfolgt zu werden, können verweigert werden.

Fehlende Mitwirkung Mit den Folgen fehlender Mitwirkung beschäftigt sich § 66 SGB I. Es geht hier darum, dass jemand seiner Mitwirkungspflicht nicht nachkommt und dass durch den Verstoß gegen die Mitwirkungspflicht die Aufklärung des Sachverhalts erheblich erschwert wird. In einem solchen Fall kann der Leistungsträger ohne weitere Ermittlungen die Leistung bis zur Nachholung der Mitwirkung ganz oder teilweise versagen oder entziehen. Dazu ist aber erforderlich, dass die Voraussetzungen der Leistung nicht nachgewiesen sind.

Vorstehendes gilt entsprechend, wenn der Antragsteller oder Leistungsberechtigte in anderer Weise absichtlich die Aufklärung des Sachverhalts erheblich erschwert.

In Zusammenhang mit dem Antrag auf Feststellung der Schwerbehinderung wird eine fehlende Mitwirkung dazu führen, dass das Verfahren wesentlich länger dauert oder gar vom Versorgungsamt eingestellt wird, ohne dass es zur Ausstellung eines Schwerbehindertenausweises kommt.

Nachholung § 67 SGB I bestimmt im Übrigen, dass der Leistungsträger Sozialleistungen, die er versagt oder entzogen hat, nachträglich ganz oder teilweise erbringen kann, sobald die Mitwirkung nachgeholt wird und die Leistungsvoraussetzungen vorliegen.

4.2.5 Bedeutung des Schwerbehindertenausweises

Ausweis Nach § 152 Abs. 5 SGB IX stellt auf Antrag des Menschen mit Behinderung die zuständige Behörde (Versorgungsamt) aufgrund einer Feststellung der Behinderung einen Ausweis über die Eigenschaft als schwerbehinderter Mensch aus.

Der Ausweis beinhaltet also

- die Feststellung, dass der Betreffende schwerbehindert ist,
- den Grad der Behinderung sowie
- weitere gesundheitliche Merkmale im Rahmen des § 152 Abs. 4 SGB IX (vgl. dazu die obigen Ausführungen).

Der Ausweis dient dem Nachweis für die Inanspruchnahme von Leistungen und sonstigen Hilfen, die schwerbehinderten Menschen nach Teil 3 des SGB IX oder nach anderen Vorschriften zustehen.

Gültigkeit Die Gültigkeitsdauer des Ausweises soll befristet werden. Er wird eingezogen, sobald der gesetzliche Schutz schwerbehinderter Menschen erloschen ist. Der Ausweis wird berichtigt, sobald eine Neufeststellung unanfechtbar geworden ist.

Für eine Verlängerung der Gültigkeitsdauer des Schwerbehindertenausweises muss der schwerbehinderte Mensch im Allgemeinen keinen Neufeststellungsantrag stellen. In der Praxis erhält er rechtzeitig vor Ablauf ein Schreiben des Versorgungsamts, mit dem er die Gültigkeit des Ausweises verlängern lassen kann.

4.2.6 Gründe für die Antragstellung

Einen Antrag auf Anerkennung von Schwerbehinderung kann der Betreuer ohne Kostenbelastung stellen, wenn er meint, dass der Betreute durch Funktionseinschränkungen infolge Krankheit oder Unfall in allen Lebensbereichen – nicht nur bei seiner Erwerbstätigkeit – Nachteile hinnehmen muss. Dem Antrag ist die beglaubigte Kopie des Betreuerausweises beizufügen.

Eine Feststellung über die Behinderteneigenschaft ist nicht zu treffen, wenn eine entsprechende Entscheidung schon in einem Rentenbescheid oder dergleichen festgestellt wurde. Beispielsweise ist hier der Bescheid einer Berufsgenossenschaft zu nennen. Bescheide der Rentenversicherungsträger über Berufs- oder Erwerbsunfähigkeitsrenten bzw. über Erwerbsminderungsrenten sind hier aber nicht angesprochen.

Ist die Schwerbehinderung (einschließlich Grad der Behinderung) durch eine andere Stelle festgestellt worden, so stellt trotzdem das Versorgungsamt einen Schwerbehindertenausweis für den Betreuten aus.

Antragstellung beim zuständigen Versorgungsamt

Der Antrag auf Anerkennung einer Schwerbehinderung muss beim zuständigen Versorgungsamt gestellt werden. Ohne Antrag ist eine Anerkennung von Behinderungen oder ein Nachteilsausgleich nicht möglich. Die Vorlage eines vom Antragsteller angeforderten ärztlichen Attests ist nicht Bedingung. Es kann auch abgewartet werden, bis das Versorgungsamt von sich aus bei den behandelnden Ärzten anfragt. Dies hat den Vorteil, dass die Aufwendungen solcher Anfragen für den Antragsteller kostenfrei sind.

Maßgebend ist die Tatsache des Vorliegens einer Behinderung und nicht deren Herkunft oder Ursache. Einkommen oder (soziale) Herkunft des Antragstellers sind ebenso unerheblich.

Der Antrag sollte auch dann, wenn die Diagnose zu den Erkrankungen des Betreuten nicht genannt wird, zumindest die Auswirkungen (Kopfschmerz, Schwindel etc.) und Begleiterscheinungen (z. B. psychische Belastung bei Krebserkrankung) seiner Gesundheitsstörungen beinhalten.

Der Arbeitgeber wird am Antragsverfahren nicht beteiligt. Wegen des Kündigungsschutzes, Sonderurlaub etc. soll er jedoch benachrichtigt werden. Man legt dem Arbeitgeber eine vom Versorgungsamt angeforderte Eingangsbestätigung des Antrages zur Wahrung von Rechten vor. Kündigungsschutz nach dem Schwerbehindertenrecht entsteht allerdings nur dann, wenn der Antrag vor einer Kündigung beim Versorgungsamt eingegangen ist, und wenn er auch tatsächlich zur Feststellung der Schwerbehinderteneigenschaft führt.

Das Versorgungsamt prüft jeden Antrag gemäß den gesetzlichen Vorgaben dahingehend, ob die zur Begründung des Antrages aufgeführten bzw. geltend gemachten Funktionseinschränkungen nachweislich vorliegen und in welchem Maße diese eine Behinderung oder Schwerbehinderung darstellen.

Anforderung an Untersuchungsbefunde

Die zum Nachweis dienenden Untersuchungsbefunde müssen

- zu jeder geltend gemachten Funktionsbehinderung vorhanden sein,
- zutreffend sein und
- jüngeren Datums sein (dies gilt auch, wenn Sie ältere Befunde einreichen, um den Krankheitsverlauf darzustellen).

Aus den Untersuchungsbefunden erfährt der Gutachter häufig von Funktionsbehinderungen oder Schädigungsfolgen, die im Antrag nicht als Gesundheitsstörungen geltend gemacht wurden. Diese werden im Interesse des Antragstellers mitberücksichtigt.

Datum des Antrags zählt

Eine Schwerbehinderung wird, im Falle berechtigter Ansprüche, ab dem Datum des Antrags anerkannt, wenn nicht ausdrücklich die Anerkennung zu einem früheren

Datum beantragt wird. Der Nachweis der konkreten Entstehung der Behinderung oder des Funktionsausfalls (Lähmungen durch Hirninsult) muss erbracht werden.

Praxis TIPP

Kopieren Sie den Antrag nach Fertigstellung für Ihre Unterlagen. Wenn ein Beratungsgespräch mit den behandelnden Ärzten des Betreuten über den Antrag auf Anerkennung einer Schwerbehinderung nicht schon vorher stattgefunden hat, wird der Arzt Sie diesbezüglich spätestens dann ansprechen, wenn er durch das Versorgungsamt zur Stellungnahme aufgefordert wird. Die Kopie des Antrags wird für ihn wichtig sein. Es ist allerdings ein Nachteil, dieses hausärztliche Gespräch erst im Nachhinein zu führen.

Das Versorgungsamt bestätigt Ihnen den Eingang des Antrags nur auf ausdrücklichen Wunsch. Die Eingangsbestätigung sollte dem Arbeitgeber vorgelegt werden.

4.2.7 Richtiges Ausfüllen des Antragsformulars

Das für den Wohnort zuständige Versorgungsamt hat nach § 69 SGB IX auf Antrag den Grad der Behinderung und ggf. weitere gesundheitliche Merkmale festzustellen.

In der Regel wird der entsprechende Vordruck auch auf den Rathäusern ausgegeben. Der Vordruck kann aber auch von der Website des Versorgungsamtes heruntergeladen werden. Im Übrigen übersenden die Versorgungsämter den Vordruck nach telefonischer oder schriftlicher Anforderung.

Praxis TIPP

Der Antrag auf Anerkennung der Schwerbehinderteneigenschaft kann auch formlos gestellt werden. Das Versorgungsamt sendet Ihnen daraufhin die Antragsformulare zu.

Grundsätze

Antrag kann auch zur Niederschrift eingereicht werden

Der Antrag kann auch zur Niederschrift eingereicht werden. Das bedeutet: Der Betreuer muss während der Sprechzeiten des Versorgungsamts dort vorsprechen. Die Angaben werden dann von einem Mitarbeiter des Versorgungsamts schriftlich aufgenommen.

Der ausgefüllte Antrag kann per Post oder per Fax an das zuständige Versorgungsamt geschickt werden. Natürlich kann er auch persönlich beim Versorgungsamt abgegeben werden. Eine Antragstellung per E-Mail ist zurzeit in der Regel noch nicht möglich.

Praxis TIPP

Geht der Antrag dem falschen Sozialleistungsträger zu, ist § 16 SGB I zu beachten. Das gilt auch, wenn der Antrag beim falschen Versorgungsamt eingereicht wird.

Einreichung beim zuständigen Leistungsträger

In § 16 SGB I wird zunächst bestimmt, dass Anträge auf Sozialleistungen – dazu gehören auch Anträge auf Anerkennung der Schwerbehinderteneigenschaft – beim zuständigen Leistungsträger, also beim Versorgungsamt, einzureichen sind.

Die Anträge werden – so heißt es in § 16 SGB I weiter – auch von

- allen anderen Leistungsträgern,
- allen Gemeinden und
- bei Personen, die sich im Ausland aufhalten, auch von den amtlichen Vertretungen der Bundesrepublik Deutschland im Ausland

entgegengenommen.

Anträge, die bei einem nicht zuständigen Leistungsträger, bei einer für die Sozialleistung nicht zuständigen Gemeinde oder bei einer amtlichen Vertretung der Bundesrepublik Deutschland im Ausland gestellt werden, sind unverzüglich an den zuständigen Leistungsträger weiterzuleiten.

Ist die Sozialleistung von einem Antrag abhängig, gilt der Antrag als zu dem Zeitpunkt gestellt, in dem er bei einer der genannten Stellen eingegangen ist.

Die Leistungsträger sind im Übrigen verpflichtet, darauf hinzuwirken, dass unverzüglich klare und sachdienliche Anträge gestellt und unvollständige Angaben ergänzt werden.

Die erste Seite des Antrags

Hier sind Angaben zur Person zu machen. Außerdem geht es um Angaben zur Staatsangehörigkeit:

- Staatsangehörigkeit
- Ausländer außerhalb der EU
- Ausländer innerhalb der EU
- Grenzgänger (18 Stunden)
- Staatenlose
- Deutsche, die im Ausland leben
- Deutsche, die im Ausland arbeiten
- Wohnsitz oder Arbeitgeber von Ausländern im Bundesgebiet

Angaben über die Gesundheitsstörungen/Erklärungen

Punkt II/1 des Antrags lautet: „Soll Ihr Antrag nach dem SGB IX alle bei Ihnen bestehenden Gesundheitsstörungen umfassen?"

Es wird dem Antragsteller im Sinne des Schwerbehindertengesetzes freigestellt, nur bestimmte oder alle Gesundheitsstörungen des Betreuten bei der Anerkennung einer Schwerbehinderung geltend zu machen.

Auswahl einzelner Gesundheitsstörungen möglich

Dabei wird eine Entscheidung des *BSG* beachtet, wonach es dem Behinderten überlassen ist, welche Leiden er bei der Anerkennung nach dem (früheren) Schwerbehindertengesetz berücksichtigt haben will. Anlass dazu gab eine Klage zum Schutz der Privatsphäre (z. B. Geisteskrankheit, Geschlechtskrankheit) bei der amtlich geführten Sachaufklärung.

Wenn sich der Antrag auf alle Gesundheitsstörungen des Betreuten bezieht, werden bei allen behandelnden Ärzten, Krankenanstalten und Ämtern Befundrecherchen von Amts wegen durchgeführt. Dies geschieht in den meisten Fällen. Die Antragsteller sollten allerdings nicht der Ansicht sein, dass sie sich dadurch die Mühe einer sorgfältigen Vorbereitung ihres Antrags sparen können, weil ja das Amt diese Aufgabe übernimmt. Es ist für eine schnelle Bearbeitung des Antrags von Vorteil, wenn die Frage des Antragsformulars unter Punkt II/2 sorgfältig und gut überlegt beantwortet wird.

Punkt II/2: „Welche der bei Ihnen vorliegenden körperlichen, geistigen oder seelischen Gesundheitsstörungen sollen nach dem SGB IX berücksichtigt werden?"

Formulierungen sind von entscheidender Bedeutung

Die Angaben, Ausführungen und selbst die Formulierung des geltend zu machenden Leiden zu dieser Frage sind von entscheidender Bedeutung.

Das Wort Gesundheitsstörung stellt einen Sammelbegriff dar.

Im Schwerbehindertenantrag sind die Funktionsstörungen wie Bewegungseinschränkung von Gelenken, Herzminderleistung, Sehschwäche, Schwindel etc. von entscheidender Bedeutung. Die alleinige Bezeichnung der Krankheiten oder Diagnosen (z. B. Krebserkrankung, Hypertonie – Bluthochdruck, Hüftgelenkarthrose), ohne dabei auch die damit verbundenen Funktionsstörungen zu beschreiben, erlaubt im Rahmen der Aktenbegutachtung nur eine Pauschaleinschätzung der tatsächlichen Behinderung.

Vorab ausführliche Besprechung mit behandelndem Arzt

Die Angaben zu den Gesundheitsstörungen können leicht gemacht werden, wenn vorher darüber eine ausführliche Besprechung mit dem behandelnden Arzt erfolgt ist.

Der Gutachteralltag zeigt, dass die Antragsteller die Bedeutung und Folgen von Versäumnissen bei den Angaben zu Punkt II/2 nicht richtig einschätzen. Häufig bleiben diese Fragen unbeantwortet bzw. ist deren Beantwortung unvollständig oder die verwendeten Begriffe für Gesundheitsstörungen zeigen, dass ein Gespräch mit dem behandelnden Arzt nicht stattgefunden hat. Viele Antragsteller verweisen dagegen oft auf die ärztlichen Befunde, die vorgelegt oder vom Amt angefordert werden.

Möglichst in Übereinstimmung mit dem behandelnden Arzt geben Sie unter Punkt II/2 nacheinander an, an welchen Krankheiten der Betreute leidet. Er wird Ihnen auf Grund seines medizinischen Sachverstands die Krankheiten und Folgebehinderungen mit der richtigen Bezeichnung nennen, Symptome und Beschwerden von den Krankheitsbezeichnungen trennen sowie Organsysteme voneinander unterscheiden.

Eine Verständigung mit dem behandelnden Arzt ist nicht zuletzt deshalb so wichtig, weil er die Untersuchungsbefunde, die die geltend gemachten Gesundheitsstörungen bestätigen, dem Gutachter des Versorgungsamts zur Verfügung stellen muss.

Falsch ist es, wenn der Antragsteller Beschwerden wie Kopfschmerzen, Erschöpfung, Husten, häufiges Bauchweh, Zittern etc. als Gesundheitsstörung angibt. Welche Krankheiten sind hinter diesen Krankheitssymptomen verborgen?

Eine fachärztlich diagnostische Abklärung kann z. B. bei Kopfschmerz Migräne, Bluthochdruck oder grünen Star, Halswirbelsäulenveränderungen, Gehirntumor etc. feststellen. Jede dieser Krankheiten wird nach dem SGB IX unterschiedlich bewertet.

Exakte Diagnosen verwenden

Unrichtig ist z. B. die Bezeichnung „Beschwerden nach Knochenbruch". Wenn der Knochenbruch nicht richtig ausgeheilt ist, muss die zurückbleibende Funktionsstörung durch Deformität oder statische Instabilität benannt werden. Oder findet der behandelnde Orthopäde eventuell nur Muskelverspannungen vor?

Der behandelnde Arzt wird darauf achten, dass eine Krankheit mit dem Hinweis auf eventuelle Komplikationen angegeben wird, Beispiel: Zuckerkrankheit mit Spätschäden. Hier sind die bekannten Nerven-, Gefäß-, Augen-, Leber- oder Nierenschäden der Diabetiker gemeint. Manche Komplikationen können, wenn sie mit schwer wiegenden Funktionsstörungen einhergehen (Polyneuropathie – Nervenleiden mit Brennen und Schmerzen, arterielle Verschlusskrankheit, Sehminderung etc.) extra bewertet werden.

Richtig ist z. B. die Angabe „Gehirnschlag mit Halbseitenlähmung links“, da sofort auf die Funktionseinschränkung hingewiesen wird. In ähnlicher Weise sollte man z. B. über eine Lungenfunktionseinschränkung bei Lungenemphysem (Lungenblähung mit Beeinträchtigung der Atemfunktion) oder Herzminderleistung bei koronarer Herzkrankheit etc. sprechen.

Praxis TIPP

Die einzelnen Gesundheitsstörungen sollten nummeriert oder der im Antrag unter II/2 vorgedruckten Gliederung gefolgt werden. Dadurch gewinnt der Antragsteller selbst Übersicht und kann auf Vollständigkeit achten. Dieser Vorteil gilt auch bei der Bearbeitung im Amt.

Angaben zur Ursache der Gesundheitsstörungen wie angeborene Erkrankungen, Arbeits-, Verkehrs-, häuslicher Unfall, Berufskrankheit, Kriegs-, Zivildienstbeschädigung, Impfschaden und sonstige Ursachen haben für das Versorgungsamt statistische Bedeutung.

Das Amt weist ausdrücklich in dem Antragsformular darauf hin: „Sie können selbst zur Verfahrensbeschleunigung beitragen, wenn Sie vorhandene aktuelle Arztberichte und Untersuchungsunterlagen wie Facharztbriefe und Krankenhausberichte beifügen.“

Punkt II/3: Von welchen Ärzten wurden Sie in den letzten zwei Jahren behandelt?

Unter Punkt II/3 im Antragsformular wird der Antragsteller aufgefordert, Namen und Adressen der behandelnden Ärzte bzw. Fachärzte zu nennen, Krankenhäuser, sonstige Kranken-, Kur- und Heilanstalten anzugeben, in denen der Betreute in den vergangenen zwei Jahren untersucht oder therapiert wurde. Diese Frage bezieht sich selbstverständlich auf die geltend gemachten Gesundheitsstörungen. Nach dem Hausarzt wird gesondert gefragt.

Versorgungsamt zieht die betreffenden ärztlichen Unterlagen heran

Der Antragsteller wird gleichzeitig darüber in Kenntnis gesetzt und erklärt sich damit ausdrücklich einverstanden, dass das Versorgungsamt im Rahmen des Verwaltungsverfahrens und in einem eventuell sich anschließenden Vorverfahren die betreffenden ärztlichen Unterlagen (Untersuchungsbefunde, Krankengeschichte, ärztliche Aufzeichnungen, Befundberichte, auch soweit sie von anderen Ärzten oder Stellen erstellt wurden) herbeizieht.

Wenn der Antragsteller bei seinem Antrag die Geltendmachung bestimmter Erkrankungen als ausgeschlossen wissen will, gibt er nur den Hausarzt des Betreuten an, der auf seinen Wunsch hin eine entsprechende Auswahl der Unterlagen vornimmt.

Ein Einverständnis zur Entbindung der beteiligten behandelnden Ärzte und Amtsärzte von der Schweigepflicht ist aus datenschutzrechtlichen Gründen erforderlich.

Punkt II/4: „Wurde vom Versorgungsamt oder einer anderen Verwaltungsbehörde, einer Berufsgenossenschaft oder einem Gericht bereits eine Feststellung über den Grad der MdE bzw. der Behinderung getroffen oder besitzen Sie eine vorläufige Bescheinigung von einer dieser Stellen oder läuft ein entsprechendes Verfahren?“

Wenn diese Frage mit Ja beantwortet wird, sollte Folgendes beachtet werden: Es wird nach den betreffenden Gesundheitsstörungen und nach den Behörden befragt, bei denen diese gemeldet und bearbeitet wurden. Wenn z. B. ein Verfahren wegen Betriebsunfall bei der Berufsgenossenschaft im Gange ist, müssen der Unfalltag und das Aktenzeichen angegeben werden. Kopien von einem bereits vorliegenden Feststellungsbescheid oder sonstigen Verfahrensunterlagen sollten dem Antrag als Anlage immer beigeheftet werden.

Punkt II/5: „Erhalten Sie Berufs- oder Erwerbsunfähigkeitsrente bzw. Rente wegen Erwerbsminderung aus der gesetzlichen Rentenversicherung oder haben Sie dort einen Antrag gestellt?“

Wenn diese Frage mit Ja beantwortet wird, sollte Folgendes beachtet werden:

Sozialversicherungsdaten angeben

Zum Zweck des Bezugs von „Aktenvorgängen einschließlich Untersuchungsunterlagen … auch soweit sie von anderen Ärzten oder Stellen erstellt sind“ durch das Versorgungsamt sollte die Anschrift des Sozialversicherungsträgers, die Versicherungsnummer, die begutachtende Stelle und den Tag der Begutachtung angezeigt werden. In diesem Zusammenhang wird erneut auf die Gesichtspunkte zum Datenschutz und zum Schutz der Privatsphäre wie unter Punkt II/3 hingewiesen.

Punkt II/6: „Erhalten Sie Pflegegeld oder haben Sie einen entsprechenden Antrag gestellt?“

Wenn diese Frage mit Ja beantwortet wird, sollte Folgendes beachtet werden:

Das Versorgungsamt wird die betreffenden Unterlagen wie unter Punkt II/3 – II/5, diesmal aber vom Sozialversicherungsträger (Pflegekasse/Krankenkasse), beiziehen.

Punkt II/7: Soll der Schwerbehindertenausweis die Behinderungen ab Datum der Antragstellung oder ab einem früheren Datum nachweisen?

Der Antwort auf diese Frage ist für den Betreuten sehr wichtig. Wenn er einen Hirninsult (Gehirnschlag) mit bleibenden Lähmungen erlitten hat, gilt die Anerkennung der Behinderung vom Tag des Insultes und nicht vom Tag an, an dem der Antrag gestellt wurde. Dies trifft auch für Verlust des Augenlichts oder der Amputation eines Beins etc. zu.

Der Zeitpunkt des Ereignisses der Behinderung muss nachweisbar sein. Dies ist z. B. nicht möglich bei chronischen Erkrankungen wie Arthrose von Gelenken, Bronchialasthma, Leberzirrhose etc. Ausnahme: Es kann z. B. mittels Lungenfunktionswerten nachgewiesen werden, dass bereits früher Asthma (Datum angeben) mit den gleichen Einschränkungen der Atemfunktion wie heute bestand.

Datum des Eintritts der Behinderung

Das Versorgungsamt ist am Datum des Eintritts der Behinderung interessiert, um dadurch die Intensität der Behinderung abzuschätzen. Der Antragsteller ist aber nicht verpflichtet, diese Angabe zu machen und es kann auch wahrheitsgemäß angegeben werden, dass dies nicht mehr gwusst wird.

Hat sich das vom Versorgungsamt anerkannte Leiden verschlimmert bzw. ist ein neues Leiden hinzugekommen, besteht die Möglicheit, beim Versorgungsamt einen Neufeststellungsantrag zu stellen. Hier ist der entsprechende Vordruck des Versorgungsamts zu benutzen.

Wenn Sie keinen Schwerbehindertenausweis für den Betreuten benötigen, kreuzen Sie die entsprechende Rubrik an. Dies wird aber nur in seltenen Ausnahmefällen vorkommen.

Unterschrift verpflichtet zur Mitwirkung gemäß § 60 SGB I

Mit der Unterschrift des Antrages auf Anerkennung der Eigenschaft als Schwerbehinderter durch den Antragsteller, dessen Bevollmächtigten oder Vertreter haben Sie sich zur Mitwirkung nach § 60 SGB I verpflichtet. Die Unterschrift bedeutet gleichzeitig das ausdrückliche Einverständnis mit Entbindung der mitwirkenden Ärzte, Krankenhäuser, Kur- und Heilanstalten und Behörden von der Schweigepflicht.

4.2.8 Antrag auf Neubewertung

Nicht nur das Versorgungsamt kann voraussichtliche Änderungen eines Krankheitszustands durch Nachprüfung erfassen und folglich die Bewertung der Behinderteneigenschaften anpassen, sondern auch der Betreuer für den Menschen mit Behinderung selbst.

Der Betreuer kann nicht nur eine Neubewertung beantragen, er muss dies nach den Vorschriften über die Mitwirkungspflichten sogar tun, wenn die Behinderung nicht mehr besteht bzw. nur noch in geringem Umfang vorhanden ist.

Er ist also verpflichtet, Änderungen im Krankheits- und Behinderungszustand des Betreuten dem Versorgungsamt zu melden und eine Neubewertung zu beantragen. In diesem Sinne wird ständig eine große Zahl von Änderungsanträgen in den Versorgungsämtern bearbeitet.

Versorgungsamt prüft Veränderung auch von Amts wegen

Aber auch von Amts wegen prüft das Versorgungsamt, ob in den medizinischen oder sozialrechtlichen Voraussetzungen, die zu der ursprünglichen Entschädigung über Schädigungsfolgen oder Nachteilsausgleiche führten, eine wesentliche Änderung eingetreten ist. Die Anhaltspunkte für die ärztliche Gutachtertätigkeit fordern hier eine Neubewertung, wenn „der veränderte Gesundheitszustand mehr als sechs Monate angehalten hat oder voraussichtlich anhalten wird und die Änderung des GdB wenigstens 10 beträgt".

Beispiele für wesentliche Verändungen

Wesentliche Änderungen als Grund für einen Neufeststellungsantrag müssen Sie benennen, z. B.:

- Verschlimmerung eines bereits geltend gemachten Leidens (eine arterielle Verschlusskrankheit von Stadium II auf Stadium IV verschlechtert)
- es sind Komplikationen einer Krankheit aufgetreten (z. B. periphere Polyneuropathie bei Zuckerkrankheit)
- eine neue Erkrankung bzw. neue Behinderung ist hinzugekommen (z. B. Herzminderleistung, Gehirnschlag, Tumorkrankheit, bisher war nur ein Wirbelsäulenschaden anerkannt)
- Antrag auf Vergabe von Merkzeichen (z. B. Gehbehinderung)

Die zur Begründung des Antrages aufgeführten gesundheitlichen Änderungen müssen gegenüber der Vorbewertung eine wesentliche Verschlimmerung darstellen. Die wesentliche Verschlimmerung bedeutet eine nachweisbare Zunahme der bestehenden Funktionsbehinderungen gegenüber der Vorbewertung. Der Nachweis muss durch aktuelle Untersuchungsbefunde erbracht werden.

Das Ergebnis der Neubewertung der Schwerbehinderteneigenschaft kann daraus bestehen, dass ein Einzel- und ggf. der Gesamt-GdB heraufgesetzt wird und/oder Merkzeichen anerkannt werden.

Bescheid ist Verwaltungsakt mit Dauerwirkung

Der Bescheid über die Anerkennung der Schwerbehinderteneigenschaft ist als Verwaltungsakt mit Dauerwirkung im Sinne des § 48 SGB X anzusehen. Hier wird auch bestimmt, dass ein solcher Verwaltungsakt für die Zukunft aufzuheben ist, wenn in den tatsächlichen oder rechtlichen Verhältnissen, die beim Erlass eines Verwaltungsakts mit Dauerwirkung vorgelegen haben, eine wesentliche Änderung eintritt.

Der Verwaltungsakt soll mit Wirkung für die Zukunft vom Zeitpunkt der Änderung der Verhältnisse an aufgehoben werden, soweit

- die Änderung zugunsten des Betroffenen erfolgt (z. B. Heraufsetzung des GdB),

- der Betroffene seiner Pflicht zur Mitteilung wesentlicher für ihn nachteiliger Änderungen der Verhältnisse vorsätzlich oder grob fahrlässig nicht nachgekommen ist,
- der Betroffene wusste oder nicht wusste – weil er die erforderliche Sorgfalt in besonders schwerem Maße verletzt hat –, dass der sich aus dem Verwaltungsakt ergebende Anspruch kraft Gesetzes zum Ruhen gekommen oder ganz oder teilweise zum Ruhen gekommen ist.

Im Zusammenhang mit der Anerkennung der Schwerbehinderteneigenschaft spielt der letzte Punkt keine besondere Rolle. Das gilt natürlich auch für den weiteren in § 48 SGB X angegebenen Anhebungsgrund: Nach Antragstellung oder Erlass des Verwaltungsakts wird Einkommen oder Vermögen erzielt, das zum Wegfall oder zur Minderung des Anspruchs geführt haben würde.

Feststellung der Schwerbehinderteneigenschaft ist einkommensunabhängig

Die Feststellung der Schwerbehinderteneigenschaft ist von Einkommen oder Vermögen unabhängig.

Wurde vom Betreuer ein Änderungsantrag gestellt, führt das Versorgungsamt das Verfahren von Amts wegen. Der Antragsteller erhält einen Brief des Versorgungsamts mit dem Erhebungsbogen „Neufeststellung nach dem Sozialgesetzbuch Neuntes Buch (SGB IX)". Darin steht wörtlich:

„Sehr geehrte(r) Antragsteller(in), Sie beantragen

- ❒ die Erhöhung des Grades der Behinderung (GdB) wegen Verschlimmerung der bisher berücksichtigten Gesundheitsstörungen – neu aufgetretene Gesundheitsstörungen
- ❒ die Feststellung weiterer gesundheitlicher Merkmale für die Inanspruchnahme von Nachteilsausgleichen
- ❒ die Verlängerung des bisherigen – die Ausstellung eines neuen – Ausweises."

- Ihre behandelnden Ärzte werden um die Zusendung von aktuellen Untersuchungsunterlagen sowie eines Befundscheins gebeten.
- Es erfolgt eine Begutachtung der aktuellen Krankheitssituation und des GdB im Vergleich zur Vorbewertung.
- Das Ergebnis der Nachprüfung wird in einem Feststellungsbescheid abgefasst.
- Im Bescheid des Versorgungsamts wird der Betroffene über eventuelle Änderungen der Schwerbehinderteneigenschaften und der Merkzeichen informiert. Diese möglichen Änderungen sind:
  - Heraufsetzung oder Beibehaltung der Gesamt-GdB
  - Anerkennung von zusätzlichen Merkzeichen
- Eine Rechtsmittelbelehrung schließt den Bescheid ab.
- Der Ausweis wird gemäß dem neuen Feststellungsbescheid geändert.

Zeitpunkt der Nachprüfung wird durch ärztlichen Gutachter festgelegt

Zu beachten ist in diesem Zusammenhang auch, dass das Versorgungsamt die Feststellung der Schwerbehinderteneigenschaft nachprüft. Wann diese Nachprüfung erfolgt, wird in der Regel bereits durch den ärztlichen Gutachter festgelegt.

4.3 Bearbeitung des Antrags

Der Antrag auf Anerkennung der Schwerbehinderteneigenschaft wird nach § 69 SGB IX bei dem für den Wohnort des Betreuten zuständigen Versorgungsamt eingereicht. Er beinhaltet die geltend gemachten Gesundheitsschäden und die dazugehörigen Angaben der behandelnden Ärzte bzw. Fundorte von Untersuchungsbefunden.

Das Anerkennungsverfahren besteht aus:

- verwaltungsseitigen Ermittlungen
- ärztlicher Begutachtung
- Feststellung des Grads der Behinderung
- Erlassen eines behördlichen Bescheides über die Feststellung des Grads der Behinderung und der Merkmale für die Inanspruchnahme von Nachteilsausgleichen
- Ausstellung eines Ausweises

Ermittlungen von Amts wegen gemäß § 20 SGB X

Die verwaltungsseitigen Ermittlungen erfolgen von Amts wegen nach § 20 SGB X. Hierzu gehören die Bereitstellung von:

- eventuell vorliegenden Vorgängen im Versorgungsamt (BVG-Akte)
- Berichten von Ärzten
- Gutachten im Bereich der Sozialversicherung, der Arbeitsverwaltung oder solche, die für Gerichte erstellt wurden
- Unterlagen von Krankenhäusern, Kurkliniken, Rehabilitationseinrichtungen, Schulen oder Werkstätten für Behinderte etc.
- Unterlagen über Vorgänge bei Gesundheitsämtern, Fürsorgestellen, beim medizinischen Dienst der Krankenversicherungsträger oder personal- bzw. betriebsärztlichen Dienststellen etc.
- Krankenkassenauszügen

Die Verwaltung prüft, ob die Anträge sorgfältig ausgefüllt wurden. Falls notwendig, werden bereits im Vorfeld Nachfragen gestellt. Insbesondere wird registriert, ob der Antragsteller schon für ein bestimmtes früheres Datum um Anerkennung seiner Gesundheitsschäden ersucht und dies glaubhaft mit Befunden begründet hat. Hierzu ist zu vermerken: „Die Schwerbehinderteneigenschaft wird kraft Gesetz, das heißt bereits mit dem Eintritt der Behinderung und nicht erst mit deren Feststellung durch das Versorgungsamt erworben." Weiterhin prüft die Verwaltung, ob im Antrag ein bestimmter Nachteilsausgleich gewünscht wird.

Entbindung von der Schweigepflicht

In Abschnitt 3 des Antrags steht: „Sofern und soweit die beigefügten Unterlagen nicht ausreichend sind, erkläre ich mich hiermit einverstanden, dass das Versorgungsamt in diesem Verwaltungsverfahren und einem eventuell sich anschließenden Vorverfahren von folgenden Ärzten, Krankenhäusern und Kuranstalten/Heilstätten

- Befundberichte,
- Krankenpapiere,
- Aufzeichnungen,
- Krankengeschichten,
- Untersuchungsbefunde und
- Röntgenbilder

bezieht, auch soweit sie von anderen Ärzten oder Stellen erstellt sind. Ich entbinde die beteiligten Ärzte insoweit ausdrücklich von der Schweigepflicht."

Die behandelnden Ärzte werden im Rahmen der amtlichen Aufklärung der Sachlage aufgefordert, für das Versorgungsamt einen Befundschein über die Gesundheitsstörungen auszustellen.

In der Anforderung an die Ärzte wird darauf hingewiesen, dass die Angaben der Diagnosen alleine nicht ausreichen, sondern zusätzlich eine eingehende Beschreibung der aktuell vorliegenden Funktionsbehinderungen ihres Patienten zur Begutachtung der Schwerbehinderteneigenschaft erforderlich ist.

Mitwirkungspflicht für behandelnden Arzt und für Antragsteller

Für die behandelnden Ärzte ebenso wie für Antragsteller besteht Mitwirkungspflicht. Im Rahmen der Sachaufklärung der Verwaltung werden alle geltend gemachten (selbst geringfügige) und auch nicht geltend gemachten Gesundheitsstörungen geprüft. Von den zur Einsicht eingesandten Unterlagen werden Kopien angefertigt und in der Akte abgelegt. Die Verwaltung achtet sorgfältig auf die Einhaltung der ärztlichen Schweigepflicht und die datenschutzrechtlichen Vorschriften. In dringenden Fällen (z. B. Anträge von Schwerkranken oder Kündigungsschutzfälle) wird eine bevorzugte Begutachtung angestrebt.

Der Akteninhalt kann bereits im Vorfeld die Notwendigkeit eines Fachgutachtens ergeben. Durch die beschriebenen Vorbereitungsarbeiten der Verwaltung wird gesichert, dass die Unterlagen für die ärztliche Aktenbegutachtung in überzeugender Weise ein ausreichendes Bild von Art und Ausmaß aller geltend gemachten Gesundheitsstörungen vermitteln.

Der Antragsteller kann der Zuleitung des Antrags an einen Außengutachter widersprechen.

Das Gleiche gilt auch für ein Aktengutachten. Hier kann eine gutachterliche (körperliche) Untersuchung verlangt werden. Allerdings entscheidet in einem solchen Fall das Versorgungsamt, welche Art von Gutachten tatsächlich durchgeführt wird. Im Bescheid, mit dem die körperliche Untersuchung abgelehnt wird, ist dies natürlich zu begründen. Die Gründe können insbesondere darin bestehen, dass andere ärztliche Gutachten vorliegen, die anlässlich körperlicher Untersuchung gemacht wurden und deren Anfertigung noch nicht lange zurückliegt. Diese Gutachten müssen die Fragen behandeln, die für die Feststellung der Schwerbehinderteneigenschaft wichtig sind.

Nach der Aufbereitung der Unterlagen durch das Versorgungsamt wird die Akte dem ärztlichen Gutachter vorgelegt.

4.4 Bewertungsempfehlung

Inhalt der Bewertungsempfehlungen

Die vom ärztlichen Gutachter vorgelegte Bewertungsempfehlung beinhaltet:

- den festgestellten Einzel-GdB einer jeden geltend gemachten oder ermittelten Gesundheitsstörung
- einen Vermerk über ärztliche Unterlagen, auf welche sich die Feststellung des Einzel-GdB stützt
- den berechneten Gesamt-GdB
- geltend gemachte Gesundheitsstörungen, die weniger als einen Einzel-GdB von 10 betragen und somit in die Berechnung des Gesamt-GdB nicht eingegangen sind
- Feststellungen für Nachteilsausgleiche mit Beginn der Gültigkeit
- Angaben zu dauernden Einbußen der körperlichen Beweglichkeit
- den Zeitpunkt, ab dem der festgestellte GdB als nachgewiesen angesehen werden kann

- die Feststellung, ob und wann eine Nachprüfung erforderlich ist
- Begründungen, wenn geltend gemachten Gesundheitsstörungen nicht entsprochen werden konnte (z. B. wegen fehlender ärztlicher Befunde)
- eine Begründung bei Nichtzustimmung einer früheren Bewertung
- die Ablehnung von Akten- und/oder Teilakteneinsicht

Zur Sicherung des Anrechts eines jeden Antragstellers auf einheitliche Anwendung der maßgeblichen gesetzlichen Vorschriften findet immer eine Überprüfung des erstellten Gutachtens durch den leitenden Arzt des Versorgungsamts statt. Vor allem achtet der Prüfarzt darauf, ob alle geltend gemachten Gesundheitsstörungen im Gutachten erfasst wurden.

Das ärztliche Sachverständigengutachten dient nun der Versorgungsverwaltung als wesentliche, jedoch nicht einzige Grundlage zur Entscheidung über Anerkennung der Schwerbeschädigteneigenschaft des Antragstellers.

Die Entscheidung wird für den Antragsteller in einem Feststellungsbescheid abgefasst.

4.5 Dauer des Verfahrens

Gute Arbeit braucht Zeit. Dies gilt auch für die ärztliche Begutachtung, zumal der begutachtende Arzt ohne persönlichen Kontakt bzw. Eindruck über die Behinderungen entscheiden muss.

Aktuelle Befunde dienen der Beschleunigung

Selbstverständlich bemüht sich das Versorgungsamt, darauf zu achten, dass dringende Fälle rasch bearbeitet werden. Davon muss es allerdings erst verständigt werden. Eine schnelle Bearbeitung des Antrags hängt auch davon ab, ob der Antragsteller bzw. die behandelnden Ärzte zu den geltend gemachten Gesundheitsstörungen des Betreuten alle einschlägigen Befunde zur Verfügung stellen, ob die vorgelegten Befunde neueren Datums sind und ob diese Befunde die beim Betreuten vorliegenden Funktionsstörungen eindeutig beinhalten.

Die Beachtung dieser Bedingungen kann die Bearbeitung des Antrags erheblich beschleunigen. Darauf weist das Versorgungsamt im Antragsformular ausdrücklich hin.

4.6 Nachprüfung von Amts wegen

Eine Nachprüfung von Amts wegen ist deshalb gerechtfertigt, weil die Feststellung der Schwerbehinderung zu sozialen Nachteilsausgleichsansprüchen führt. Die Voraussetzungen für diese Ansprüche werden zwar vom Versorgungsamt festgestellt, jedoch wird das Geld hierfür solidarisch von allen Lohn- und Einkommensteuerzahlern erwirtschaftet bzw. erarbeitet.

Inhalt der Nachprüfung

Die Nachprüfung eines gewährten Nachteilsausgleichs ist somit als eine im Alltag praktizierte soziale Gerechtigkeit zu erachten. Sie betrifft die Höhe der Bemessung des Grads der vom Versorgungsamt bereits anerkannten Behinderung.

Das Ergebnis der Nachprüfung wirkt sich auch auf die Gesamtbewertung der Schwerbehinderteneigenschaft sowie die Vergabe von Merkzeichen aus. Es kann bei einer wesentlichen Besserung des Leidens der GdB nach unten, bei einer Verschlimmerung nach oben korrigiert werden.

Es gehört mit zur Aufgabe des Gutachters, bei jeder geltend gemachten Gesundheitsstörung abzuschätzen, ob, und wenn ja, nach wie vielen Jahren eine Nachprüfung stattfinden soll.

Bei dem überwiegend größten Teil der geltend gemachten Gesundheitsstörungen handelt es sich um chronisch fortschreitende Erkrankungen, das heißt mit einer Änderung oder Besserung ist nicht zu rechnen. In solchen Fällen ist von einer Nachprüfung abzusehen.

Die Heilungsbewährung (z. B. bei bösartigen Tumorkrankheiten, Gehirninsult, Erkrankungen bei Kindern) zieht immer eine Nachprüfung nach sich.

Ablauf der Nachprüfung

- Das Versorgungsamt ermittelt von Amts wegen. Sie erhalten darüber einen Bescheid des Versorgungsamtes sowie den Erhebungsbogen „Neufeststellung nach dem Sozialgesetzbuch Neuntes Buch (SGB IX)":

  „Sehr geehrte(r) Antragsteller(in), es ist nachzuprüfen, ob in den Verhältnissen, die für die letzte Feststellung nach dem SGB IX maßgebend gewesen sind, eine wesentliche Änderung eingetreten ist."
- Ihre behandelnden Ärzte werden um die Zusendung von aktuellen Untersuchungsunterlagen sowie eines Befundscheins gebeten.
- Es erfolgt eine Begutachtung der aktuellen Krankheitssituation und des GdB im Vergleich zur Vorbewertung. Beispiel: Hat sich Ihre Krankheitssituation und Ihre Behinderung fünf Jahre nach der Tumoroperation und Nachbestrahlung gebessert oder sind Rezidivtumore (Tumorneubildung nach Abheilung der Tumorkrankheit durch Operation oder Bestrahlung) bzw. Metastasen aufgetreten? Haben sich die Lähmungserscheinungen nach dem Gehirninsult vor zwei Jahren zurückgebildet?
- Das Ergebnis der Nachprüfung wird in einem Feststellungsbescheid abgefasst.
- Im Bescheid des Versorgungsamtes wird der Betroffene über eventuelle Änderungen der Schwerbehinderteneigenschaften und der Merkzeichen informiert. Diese Änderungen sind:
  - Heraufsetzung, Beibehaltung oder Herabsetzung der Gesamt-GdB
  - An- oder Aberkennung von Merkzeichen
- Eine Rechtsmittelbelehrung schließt den Bescheid ab.
- Der Ausweis wird gemäß dem neuen Feststellungsbescheid geändert.

4.7 Prozente für die einzelnen Funktionsstörungen

Das örtliche Versorgungsamt wird die Auswirkung der Funktionsbeeinträchtigung der geltend gemachten bzw. von Amts wegen ermittelten Gesundheitsstörungen als Grad der Behinderung (GdB) – nach Zehnergraden abgestuft – von 10 bis 100 feststellen. Unterhalb von GdB 10 gilt eine Gesundheitsstörung nicht als Behinderung.

Vergabekriterien

Der ärztliche Gutachter vergibt die prozentuelle Bewertung (GdB) nicht willkürlich oder eigenwillig. Obwohl er als Sachverständiger frei ist, muss er in das Gutachten sozialrechtliche Gesichtspunkte, gesetzliche Vorschriften, Erlasse, Richtlinien etc aufnehmen.

Der Gesetzgeber gibt Maßstäbe vor, die bei der Begutachtung der Schwerbehinderteneigenschaft, aber auch bei anderen versorgungsärztlichen Begutachtungen, im sozialen Entschädigungsrecht zu beachten sind.

Diese verbindlichen Maßstäbe sind in den „Anhaltspunkten für die ärztliche Gutachtertätigkeit im sozialen Entschädigungsrecht und nach dem Schwerbehindertengesetz“ abgefasst.

„Anhaltspunkte für die ärztliche Gutachtertätigkeit“

In den Anhaltspunkten werden für den Gutachter sowohl die jeweils allgemein gültige klinisch-wissenschaftliche Lehrmeinung zum Krankheitsgeschehen als auch die Änderung der Rechtsgrundlagen in der Rechtsprechung berücksichtigt.

Die maßgeblichen Richtwerte des Gesetzgebers, die dem ärztlichen Gutachter verbindlich als Orientierung dienen, sind aus langer Erfahrung gewonnene, vom Alter und allgemeinen Gesundheitszustand unabhängige Mittelwerte. Der ärztliche Gutachter hat die Aufgabe, in jedem Einzellfall – basierend auf seinen medizinischwissenschaftlichen Kenntnissen und klinischen Erfahrungen sowie allen ihm vorliegenden Informationen über Gesundheitsstörungen des Antragstellers – zu entscheiden, ob er die Richtwerte anwendet oder wegen besonderer Gegebenheiten davon abweicht.

Die Richtwerte in den Anhaltspunkten lassen dem Gutachter genügend Möglichkeiten, individuelle Behinderungssituationen und Leidensdruck zu berücksichtigen. So werden außergewöhnliche Schmerzzustände und übermäßige seelische Begleiterscheinungen bei Gesundheitsstörungen gesondert gewürdigt.

Die zu bewertenden Gesundheitsstörungen sind von den pathologischen Veränderungen und von den individuellen Gegebenheiten her sehr unterschiedlich. Die Würdigung der einzelnen Funktionsstörungen muss trotzdem in realistischer Relation zu dem Ausmaß der Behinderung stehen. Wenn für eine Unterschenkelamputation ein Einzel-GdB 50 angesetzt wird, kann eine Nierenkolik oder ein Bandscheibenvorfall trotz Schmerzzuständen nicht gleich hoch bewertet werden.

Anhaltspunkte sind nicht unbestritten

Die Anhaltspunkte sind allerdings nicht unbestritten. So hat es das *BSG* beanstandet, dass die Regelungen über die Bildung des GdB nicht in einem förmlichen Gesetz erfolgt sind (*BSG*, Urteil vom 11. 10. 1994, Az. 9 RVs 1/93). Genau wie das *BSG* hält auch das *BVerfG* die Anhaltspunkte für verfassungswidrig (*BVerfG*, Beschluss vom 6. 3. 1995, Az. 1 BvR 60/95). Es hielt aber ein Eingreifen bis zur Schaffung der erforderlichen Rechtsgrundlage nicht für angezeigt.

Von besonderer Bedeutung ist hier auch ein Urteil des *SG Düsseldorf* vom 13. 2. 2002 (Az. S 31 SB 282/01).

Die Leitsätze dieses Urteils, das noch zu den Vorschriften des Schwerbehindertengesetzes erging, aber zweifellos auch im Geltungsbereich des SGB IX anwendbar ist, lauten:

1. Ein von der Versorgungsverwaltung nach dem Schwerbehindertengesetz gewährter Grad der Behinderung (GdB) kann nicht – unter Berufung auf das Institut der „Heilungsbewährung“, welches in den vom Bundesministerium für Arbeit, Gesundheit und Soziales herausgegebenen „Anhaltspunkten für die ärztliche Gutachtertätigkeit“ geregelt ist – entzogen werden.
2. Die vom Bundesministerium für Arbeit, Gesundheit und Soziales herausgegebenen „Anhaltspunkte für die ärztliche Gutachtertätigkeit“, auf die sich die Versorgungsbehörden bei der Festsetzung von Behinderungsgraden stützen, sind kein Gesetz. Ihre Anwendung durch die Behörden ist mit elementaren Grundsätzen der Verfassung nicht vereinbar.
3. Die im Internet veröffentlichte „Behindertentabelle“ (www.behindertentabelle.de) ist den „Anhaltspunkten für die ärztliche Gutachtertätigkeit“ vorzuziehen. Behinderte sollten darauf achten, dass ihr Behinderungsgrad unter Zugrundelegung der „Behindertentabelle“ und nicht der „Anhaltspunkte für die ärztliche Gutachtertätigkeit“ gebildet wird.

„Behindertentabelle“ im Internet

Bei der sogenannten Behindertentabelle handelt es sich um eine von Privatpersonen erarbeitete Tabelle.

Diese Rechtslage kann in Zusammenhang mit Ablehnungen oder Entziehungen des Versorgungsamtes für den Betroffenen von besonderer Bedeutung sein. Es empfiehlt sich, in Widersprüchen, Klagen etc. darauf hinzuweisen. Allerdings hat das *BSG* in zwei neueren Urteilen (vom 18. 9. 2003, Az. B9SB 3/02R und 6/02R) die Rechtmäßigkeit der Anhaltspunkte bestätigt.

4.8 Der Gesamt-GdB

Bei der Berechnung des Gesamt-GdB werden die Einzel-GdB-Werte nicht einfach addiert; es werden auch keine anderen mathematischen Methoden angewendet.

In den „Anhaltspunkten" wird die Veranschlagung des Gesamt-GdB nach folgender Regel vorgenommen: „Maßgebend sind die Auswirkungen der einzelnen Funktionsbeeinträchtigungen in ihrer Gesamtheit unter Berücksichtigung ihrer wechselseitigen Beziehung zueinander."

Im Gutachteralltag legt man jenes Hauptleiden des Antragstellers zugrunde, das die höchste Einzel-GdB „erzielt". Als zweiter Schritt wird geprüft, ob und inwieweit die übrigen niedriger bewerteten Funktionseinschränkungen Ausmaß und Leidensdruck der Hauptbehinderung zusätzlich weiter verschlimmern.

Die Beziehungen der einzelnen Funktionsbehinderungen untereinander können sehr unterschiedlich sein. Es gibt eine ganze Reihe von Varianten zwischen völliger Unabhängigkeit voneinander bis hin zu einer gegenseitigen Nachteilpotenzierung weit über die Einzelbewertungen hinaus.

Aus der sozialmedizinischen Erfahrung mit Vergleichen von Gesundheitsschäden werden die häufig zitierten Beispiele in den „Anhaltspunkten" abgeleitet:

Beispiele in den „Anhaltspunkten"

„Ein Gesamt-GdB/MdE-Grad von 50 kann z. B. nur angenommen werden, wenn die Gesamtauswirkungen der verschiedenen Funktionsbeeinträchtigungen erheblich sind, wie etwa beim Verlust einer Hand oder eines Beines im Unterschenkel, bei einer vollständigen Versteifung großer Abschnitte der Wirbelsäule, bei Herz-, Kreislaufschäden oder Einschränkung der Lungenfunktion mit nachgewiesener Leistungsbeeinträchtigung bereits bei leichter Belastung, bei Hirnschäden mit mittelschwerer Leistungsbeeinträchtigung etc."

Funktionsbehinderungen geringfügigen Ausmaßes mit Einzel-GdB-Grad von 10 (einfache Hochdruckkrankheit, chronische Bronchitis, Verlust eines Fingers) werden bis auf seltene Ausnahmen bei der Gesamtbeurteilung der Behinderung nicht berücksichtigt.

Ab dem Gesamt-GdB-Grad 50 wird die Schwerbehinderteneigenschaft anerkannt. Bei weniger Prozenten kann unter Umständen ein Gleichstellungsantrag gestellt werden.

4.9 Nachteilsausgleiche

4.9.1 Allgemeines

Nachteilsausgleiche

Das SGB IX enthält zahlreiche Rechte des schwerbehinderten Menschen, die allgemein als Nachteilsausgleiche bezeichnet werden. Hier sollen Nachteile ausgeglichen werden, die durch die anerkannte Schwerbehinderung entstehen.

Die weiteren gesundheitlichen Merkmale als Voraussetzung für die Inanspruchnahme von Nachteilsausgleichen sind als sogenannte Merkzeichen im Schwerbehindertenausweis enthalten. Ihre Bedeutung ist der nachfolgenden Übersicht zu entnehmen.

Merkzeichen

Merkzeichen (MZ)

- G – Der Mensch mit Behinderung ist in seiner Bewegungsfähigkeit im Straßenverkehr erheblich beeinträchtigt bzw. erheblich gehbehindert.
- aG – Der Mensch mit Behinderung ist außergewöhnlich gehbehindert und kann sich nur mit fremder Hilfe oder großer Anstrengung bewegen.
- Gl – Der Mensch mit Behinderung ist gehörlos. Dabei handelt es sich um Menschen mit Behinderung, bei denen beiderseitige Taubheit vorliegt. Auch Hörbehinderte erhalten dieses Merkzeichen, wenn eine Schwerhörigkeit beiderseits vorliegt, die an Taubheit grenzt und daneben schwere Sprachstörungen vorliegen.
- B – Ständige Begleitung des Menschen mit Behinderung bei Benutzung öffentlicher Verkehrsmittel ist notwendig.
- H – Der Mensch mit Behinderung ist hilflos. Er bedarf infolge seiner Behinderung dauernd fremder Hilfe.
- RF – Der Mensch mit Behinderung erfüllt die gesundheitlichen Voraussetzungen für die Befreiung von der Rundfunkgebührenpflicht und für Nachteilsausgleiche bei den Telefongebühren.
- Bl – Der Mensch mit Behinderung ist blind. Ihm fehlt entweder das Augenlicht vollständig oder die Sehkraft beträgt nicht mehr als 1/50.

Merkblatt

Die Versorgungsämter händigen dem Antragsteller ein orangefarbenes „Merkblatt bzw. Erläuterungen zum Bescheid“ aus. Darin werden unter anderem die Merkzeichen ausführlich erörtert.

4.9.2 Merkzeichen „G“ – Gehbehinderung

Gehbehinderung

Dieser Nachteilsausgleich setzt eine „erhebliche Beeinträchtigung in der Bewegungsfähigkeit im Straßenverkehr“ voraus.

Sie kann verursacht werden durch:

- Einschränkung des Gehvermögens (z. B. Gelenkdeformität, arterielle Verschlusskrankheit),
- Erkrankung innerer Organe (z. B. Herz- oder Atmungsinsuffizienz),
- Anfälle (z. B. Epilepsie, Schockzustände) oder
- Störung der Orientierungsfähigkeit (z. B. bei alleiniger Sehbehinderung ab GdB 70, bei gleichzeitiger Störung der Ausgleichsfunktionen wie hochgradige Schwerhörigkeit beiderseits oder geistige Behinderung ab GdB 50)

Auf diese Weise sind Menschen durch ihre Behinderung nicht in der Lage, Wegstrecken im Ortsverkehr ohne Gefahr für sich oder andere zurückzulegen. Es muss sich dabei um Wegstrecken handeln, die üblicherweise altersunabhängig und ohne Rücksicht auf die örtlichen Verhältnisse noch zu Fuß zurückgelegt werden können.

Dabei gilt nach der Rechtsprechung als ortsübliche Wegstrecke in diesem Sinne eine Strecke von etwa zwei Kilometern, die in etwa einer halben Stunde zurückgelegt wird.

Die Einschränkung des Gehvermögens kann von den unteren Gliedmaßen und der Wirbelsäule ausgehen und muss als Einzel-GdB-Grad 50 – bei bestimmten Ausnahmen mindestens 40 – betragen.

Das Merkzeichen „G“ berechtigt wahlweise zur unentgeltlichen Beförderung im öffentlichen Personennahverkehr oder zur Kraftfahrzeugsteuerermäßigung von 50 %.

Gegen das Finanzamt besteht ein Anspruch auf Anerkennung erhöhter Aufwendungen für die Fahrt mit dem Pkw zur Arbeitsstelle.

4.9.3 Merkzeichen „aG“ – Außergewöhnliche Gehbehinderung

Außergewöhnliche Gehbehinderung

Eine außergewöhnliche Gehbehinderung liegt vor, wenn sich ein schwerbehinderter Mensch durch die Schwere seiner Behinderung fortwährend „nur mit fremder Hilfe oder nur mit großer Anstrengung außerhalb seines Kraftfahrzeuges bewegen kann“.

Bei diesen schwerbehinderten Menschen ist die Fortbewegung im Alltag auf das Schwerste eingeschränkt.

Dazu zählen folgende schwerbehinderte Menschen:

- Querschnittsgelähmte
- Doppeloberschenkelamputierte
- Hüftgelenkexartikulierte, die kein Kunstbein tragen können
- einseitig Oberschenkelamputierte, die ebenfalls außerstande sind, ein Kunstbein zu tragen oder nur eine Beckenprothese tragen können und zugleich unterschenkel- oder armamputiert sind

Hier werden noch andere schwerbehinderte Personen angesprochen, die nach versorgungsärztlicher Feststellung dem vorstehend aufgeführten Personenkreis gleichzustellen sind.

Eine solche Gleichstellung ist allerdings nur dann möglich, wenn das Gehvermögen auf das Schwerste eingeschränkt ist. Wird ein Rollstuhl benutzt, kommt es darauf an, ob der Betroffene auf ihn ständig angewiesen ist.

Als Erkrankungen der inneren Organe, die eine Gleichstellung rechtfertigen, sind z. B. Herzschäden und Krankheiten der Atmungsorgane anzusehen. Voraussetzung ist, dass die Einschränkung der Herzleistung oder der Lungenfunktion für sich allein einen GdB von 80 bedingt.

Seit 1. 1. 2018 werden aber auch Menschen angesprochen mit „Funktionsverlust beider Beine (nicht mehr nur Amputierte“). Für die Erteilung des Merkzeichens „aG“ reichen nunmehr z. B. auch schwerste Einschränkungen der Herzleistung und schwerste Gefäßerkrankungen aus. Das gilt auch für metastasierende Tumorerkrankungen mit schwersten Beeinträchtigungen. Das Merkzeichen erhalten auch Menschen mit neurologischen oder inneren Erkrankungen (Herz-Kreislauf, Atmungssystem).

Für das Merkzeichen „aG“ ist aber auch hier die Grundvoraussetzung ein Grad der Behinderung von 80.

Aufgrund des Merkzeichens „aG“ können Parkerleichterungen im Straßenverkehr sowie eine Kraftfahrzeugsteuerbefreiung in Anspruch genommen werden.

Parkplätze für Rollstuhlfahrer sind meistens besonders gekennzeichnet. Sie können von schwerbehinderten Menschen benutzt werden, denen von der zuständigen Gemeindebehörde ein besonderer Parkausweis erteilt wurde. Der Ausweis ist mit dem Rollstuhlfahrer-Symbol versehen.

Außerdem sind weitere Steuererleichterungen vorgesehen.

4.9.4 Merkzeichen „Gl" – Der Ausweisinhaber ist gehörlos

Gehörlosigkeit

Zu diesem Personenkreis gehören Menschen, die auf beiden Ohren taub sind. Als gehörlos gelten auch solche Hörbehinderte, bei denen eine an Taubheit grenzende Schwerhörigkeit beiderseits besteht, wenn zusätzlich eine schwere Sprachstörung vorliegt. Um eine schwere Sprachstörung handelt es sich bei schwer verständlicher Lautsprache, geringem Wortschatz, der entweder angeboren oder durch Krankheit im Kindesalter verursacht wurde.

Eine Behinderung im Straßenverkehr wird bei Taubheit oder einer an Taubheit grenzenden Schwerhörigkeit im Kindesalter anerkannt. Bei Erwachsenen wird die Beeinträchtigung der Bewegungsfähigkeit von Gehörlosen nur in Kombination mit der Einschränkung der Ausgleichsfunktionen (Sehbehinderung, geistige Behinderung) gebilligt.

Das Merkzeichen „Gl" berechtigt wahlweise zur

- unentgeltlichen Beförderung im Personennahverkehr oder
- zur Kraftfahrzeugsteuerermäßigung.

Das Gleiche gilt für die Hundesteuer.

4.9.5 Merkzeichen „B" – Notwendigkeit ständiger Begleitung

Begleitung erforderlich

Auf ständige Begleitung bei Benützung von öffentlichen Verkehrsmitteln sind schwerbehinderte Menschen angewiesen, bei denen „eine erhebliche oder außergewöhnliche Gehbehinderung" festgestellt worden ist.

Wichtig:

Die ständige Begleitung muss folgenden Zweck erfüllen:

- Vorbeugen von Gefahren für sich oder für andere bei der Benützung öffentlicher Verkehrsmittel bei demjenigen, der auf fremde Hilfe angewiesen ist,
- Gewährleistung von Hilfestellung zum Ausgleich von Orientierungsstörungen.

Eine Begleitperson ist im öffentlichen Personenverkehr z. B. für Querschnittsgelähmte, Ohnhänder, Blinde, erheblich Sehbehinderte, hochgradig Hörbehinderte, geistig behinderte Menschen und für diejenigen unentbehrlich, die an einer Anfallskrankheit leiden oder in ähnlicher Weise behindert sind.

Das Merkzeichen „B" berechtigt schwerbehinderte Menschen, im öffentlichen Personenverkehr ohne Kilometerbegrenzung eine Begleitperson kostenlos mitzunehmen. Das gilt in den Fällen, in denen der schwerbehinderte Mensch

- Anspruch auf unentgeltliche Beförderung hat, aber auch,
- wenn er selbst für seine Fahrt voll bezahlen muss. Außerdem besteht ein Anspruch auf unentgeltliche Beförderung für Begleitpersonen auf innerdeutschen Flügen. Zuständig für diese Vergünstigung sind: Lufthansa, Regionalfluggesellschaften, Reisebüros. Als erforderliche Unterlage genügt der Schwerbehindertenausweis.

4.9.6 Merkzeichen „H" – Hilflosigkeit

Hilflosigkeit

Hilflos ist ein schwerbehinderter Mensch, wenn er infolge seiner Behinderung nicht nur vorübergehend im Ablauf eines jeden Tages fremder Hilfe dauernd bedarf.

„Nicht nur vorübergehend" bedeutet einen über sechs Monate hinausgehenden Zeitraum. Die Hilfe muss für eine Reihe von häufig und regelmäßig wiederkehrenden Verrichtungen zur Sicherung seiner persönlichen Existenz (wie Baden, Kämmen, An- und Auskleiden, Verrichten der Notdurft) erforderlich sein.

Zu beachten ist dabei auch die Notwendigkeit körperlicher Bewegung, geistiger Anregung und Kommunikation.

Verrichtungen, die mit der Pflege des schwerbehinderten Menschen nicht in Zusammenhang stehen, sondern sich auf die hauswirtschaftliche Versorgung beziehen, fallen nicht unter den Nachteilsausgleich für Hilflose.

Die Voraussetzungen für das Merkzeichen „H" sind auch dann gegeben, wenn die Hilfe in Form einer Überwachung oder einer Anleitung zu diesen Verrichtungen erforderlich ist. Das Gleiche gilt, wenn die Hilfe zwar nicht dauernd geleistet werden muss, jedoch eine ständige Bereitschaft zur Hilfe notwendig ist.

Hier geht es z. B. um psychisch Erkrankte oder geistig behinderte Menschen wegen Antriebsschwäche. Die Notwendigkeit der ständigen Bereitschaft ist auch dann anzunehmen, wenn unerwartet und häufig lebensgefährliche Zustände auftreten, wie z. B. Herzanfälle.

Hilflosigkeit kann bei bestimmten schwerbehinderten Menschen ohne nähere Prüfung alleine anhand der Diagnosen vorliegen.

Das trifft z. B. zu bei:

- Blindheit und hochgradiger Sehbehinderung
- Querschnittslähmung
- Gehbehinderung, die auf Dauer, auch innerhalb des Wohnraums, die Benutzung eines Rollstuhls erfordert
- Hirnschäden, Anfallsleiden

Der Schwerbehindertenausweis mit dem Merkzeichen „H" ermöglicht:

- Befreiung von der Kraftfahrzeugsteuer
- Ermäßigung der Einkommens- bzw. Lohnsteuer
- Befreiung von der Hundesteuer (Gemeinderecht maßgebend)
- unentgeltliche Beförderung im öffentlichen Personenverkehr
- höhere Einkommensfreibeträge für Wohngeld und gestaffelte höhere Freibeträge für Wohnungsbauförderung

4.9.7 Merkzeichen „RF" – Befreiung von der Rundfunkgebührenpflicht

Rundfunkgebührenpflicht

Entsprechend dem Recht in den einzelnen Bundesländern können schwerbehinderte Menschen mit bestimmten Gesundheitsschäden von der Rundfunkgebührenpflicht befreit werden.

Der Antrag auf Rundfunkgebührenbefreiung ist an die zuständige Ortsbehörde (Gemeindeamt usw.) zu richten. In der Regel beginnt die Gebührenbefreiung mit dem Antragsmonat.

4.9.8 Merkzeichen „Bl" – Der Ausweisinhaber ist blind

Blindheit

Blind ist ein Mensch, der das Augenlicht vollständig verloren hat. Als blind ist auch ein Mensch anzusehen, dessen Sehschärfe auf dem besseren Auge nicht mehr als 1/50 beträgt oder bei dem eine dem Schweregrad dieser Sehschärfe gleichzuachtende, nicht nur vorübergehende Störung des Sehvermögens vorliegt.

Einer Blindheit ist z. B. der vollständige Ausfall der Sehrinde gleichzustellen.

Schwerbehinderte Menschen mit dem Merkzeichen „Bl" haben zahlreiche Vergünstigungen. Dazu gehört z. B. eine Einkommens- bzw. Lohnsteuerermäßigung, der Erlass der Hundesteuer, Befreiung von der Kfz-Steuer, Parkerleichterungen usw. Außerdem ist die Gewährung von Blindengeld möglich. Maßgebend ist hier das Landesrecht.

Parkplätze für Rollstuhlfahrer sind meistens besonders gekennzeichnet. Sie können von schwerbehinderten Menschen benutzt werden, denen von der zuständigen Gemeindebehörde ein besonderer Parkausweis erteilt wurde. Der Ausweis ist mit dem Rollstuhlfahrer-Symbol versehen.

4.9.9 Kündigungsschutz

Kündigungsschutz

Der Kündigungsschutz für schwerbehinderte Menschen wird in den §§ 168 bis 175 SGB IX geregelt. Das entsprechende Kapitel des SGB IX trägt die Überschrift „Kündigungsschutz". Oftmals wird hier auch vom Bestandsschutz oder vom Beendigungsschutz gesprochen.

§ 168 SGB IX bestimmt als Grundsatz, dass die Kündigung des Arbeitsverhältnisses eines schwerbehinderten Menschen durch den Arbeitgeber der vorherigen Zustimmung des Integrationsamts bedarf. Allgemein wird hier von einem besonderen Kündigungsschutz gesprochen.

Die allgemeinen Vorschriften über Kündigung und Kündigungsschutz sind in § 620 ff. BGB enthalten. Außerdem ist das Kündigungsschutzgesetz (KSchG) zu beachten.

Wichtig:

Der Kündigungsschutz des SGB IX gilt sowohl für schwerbehinderte Menschen als auch für ihnen gleichgestellte Arbeitnehmer.

Unabhängig von Art und Umfang ist er für alle schwerbehinderten und ihnen gleichgestellten Arbeitnehmer anzuwenden, also insbesondere für:

- Vollzeitkräfte
- Teilzeitkräfte
- geringfügig entlohnte Beschäftigte
- kurzzeitig Beschäftigte
- Heimarbeiter

- Leiharbeitnehmer
- leitende Mitarbeiter, wie Abteilungsleiter, Geschäftsführer usw.
- Auszubildende

Wie sich aus der Aufstellung ergibt, gilt der Sonderkündigungsschutz des SGB IX auch für Heimarbeiter, obwohl diese keine Arbeitnehmer sind. Auf sonstige arbeitnehmerähnliche Personen, z. B. Mitglieder von Vertretungsorganen, ist der besondere Kündigungsschutz nicht anzuwenden.

Allerdings ist er dann anzuwenden, wenn zwischen juristischer Person und Vertretungsorgan ein Arbeitsverhältnis vereinbart worden ist. Bei einem Geschäftsführerdienstvertrag handelt es sich allerdings nicht um einen Arbeitsvertrag.

Gleichstellung

Bei Zugang der Kündigung muss die Schwerbehinderteneigenschaft bzw. die Gleichstellung vorliegen. Nach allgemeiner Auffassung reicht es aus, wenn zum Zeitpunkt des Zugangs der Kündigung die Eigenschaft der Schwerbehinderung nachgewiesen worden ist.

Es wird aber davon ausgegangen, dass der Arbeitnehmer seinen Arbeitgeber spätestens einen Monat nach Kündigungszugang über seine Schwerbehinderung oder Gleichstellung unterrichtet oder einen entsprechenden Antrag stellt.

Mitteilung

Die Mitteilung muss gegenüber dem Arbeitgeber erfolgen. Es reicht allerdings auch aus, wenn Mitarbeiter des Arbeitgebers, die zur selbstständigen Entlassung von Arbeitnehmern berechtigt sind, informiert werden.

Der Arbeitnehmer mit Behinderung kann formlos seine Mitteilung einreichen.

Der Kündigungsschutz des SGB IX ist unabdingbar. Es ist daher nicht möglich, dass der schwerbehinderte Mensch darauf verzichtet. Das Arbeitsverhältnis kann aber auch aus „sonstigen Gründen" enden, ohne dass das Sonderkündigungsrecht zur Anwendung gelangt (Beispiel: befristeter Arbeitsvertrag).

Eigenkündigung

Kündigt der schwerbehinderte Mensch selbst (Eigenkündigung), gibt es natürlich keinen Kündigungsschutz. Das gilt auch, wenn ein Aufhebungsvertrag zwischen Arbeitnehmer und Arbeitgeber abgeschlossen wird.

Wichtig:

Der schwerbehinderte Arbeitnehmer riskiert in einem solchen Fall, dass ihm vorübergehend die besonderen Hilfen für schwerbehinderte Menschen entzogen werden.

Zustimmung

Das Integrationsamt muss auch dann nicht zustimmen, wenn der Arbeitsvertrag wegen

- Irrtums,
- arglistiger Täuschung oder
- widerrechtlicher Drohung

angefochten wird.

In diesem Zusammenhang ist auch von Bedeutung, ob der schwerbehinderte Arbeitnehmer verpflichtet ist, seinen Arbeitgeber bei der Einstellung über die Schwerbehinderteneigenschaft zu unterrichten. Die Frage ist allerdings umstritten.

Unbestritten dagegen ist, dass der Arbeitnehmer nur auf zulässige Fragen antworten muss. Ob eine Frage zulässig ist, richtet sich danach, ob der Arbeitgeber an ihrer Beantwortung ein berechtigtes, billigenswertes und schutzwürdiges Interesse im Hinblick auf das Arbeitsverhältnis hat.

Ist die Behinderung so stark, dass die angestrebte Tätigkeit offensichtlich nicht ausgeführt werden kann, hat der Arbeitgeber ein solches berechtigtes Interesse. Auch dann, wenn der Arbeitnehmer nur einen Teil der betreffenden Arbeit erledigen könnte, wird ein berechtigtes Interesse im Allgemeinen unterstellt.

Gewerkschaftlich organisierte Arbeitnehmer sollten in solchen Fällen von der entscheidenden Besprechung mit dem (zukünftigen) Arbeitgeber mit ihrer Vertretung sprechen. Besteht keine Gewerkschaftszugehörigkeit, können solche Fragen auch mit Behindertenorganisationen besprochen werden.

Fehlt es an einem berechtigten Interesse des Arbeitgebers, muss der schwerbehinderte Mensch auf die Frage nach der Schwerbehinderteneigenschaft nicht wahrheitsgemäß antworten.

Einstellung

Das gilt nicht nur bei der Einstellung, sondern z. B. auch während der ersten sechs Monate des Beschäftigungsverhältnisses, in denen eine Kündigung ohne Zustimmung des Integrationsamts durch den Arbeitgeber erfolgen kann.

Wichtig:

Die Kündigungsfrist beträgt mindestens vier Wochen. Dabei ist es gleichgültig, ob die Kündigung in den ersten sechs Monaten des Arbeitsverhältnisses oder danach – hier mit Zustimmung des Integrationsamts – ergeht.

Ausdrücklich vorgeschrieben ist, dass der Arbeitgeber die Zustimmung zur Kündigung bei dem für den Sitz seines Betriebs oder seiner Dienststelle zuständigen Integrationsamt beantragen muss. Der Antrag muss schriftlich erfolgen.

Das Integrationsamt ist verpflichtet, eine Stellungnahme der zuständigen Agentur für Arbeit, des Betriebsrats oder Personalrats (öffentlicher Dienst) und der Schwerbehindertenvertretung einzuholen. Außerdem muss das Integrationsamt den schwerbehinderten Menschen anhören.

Die Entscheidung des Amts wird sowohl dem Arbeitgeber als auch dem schwerbehinderten Menschen zugestellt. Die Agentur für Arbeit erhält eine Abschrift der Entscheidung.

Erteilt das Integrationsamt die Zustimmung zur Kündigung, kann nach § 171 Abs. 3 SGB IX der Arbeitgeber die Kündigung nur innerhalb eines Monats nach Zustellung erklären.

Wichtig:

Widerspruch – Anfechtungsklage

Widerspruch oder Anfechtungsklage gegen die Zustimmung des Integrationsamts zur Kündigung haben keine aufschiebende Wirkung.

Das Integrationsamt entscheidet nach seinem pflichtgemäßen Ermessen, ob die Kündigung zugelassen wird. Allerdings schränkt § 172 SGB IX das Ermessen in bestimmten Fällen ein.

So erteilt das Amt die Zustimmung bei Kündigungen in Betrieben oder Dienststellen, die nicht nur vorübergehend eingestellt oder aufgelöst werden. Voraussetzung ist, dass zwischen dem Tag der Kündigung und dem Tag, bis zu dem Gehalt oder Lohn gezahlt wird, mindestens drei Monate liegen.

Unter der gleichen Voraussetzung soll es die Zustimmung auch bei Kündigungen in Betrieben und Dienststellen erteilen, die nicht nur vorübergehend wesentlich eingeschränkt werden. Im Gegensatz zum zuerst geschilderten Sachverhalt wird der Betrieb hier nicht eingestellt, sondern seine Tätigkeit nur eingeschränkt.

Voraussetzung für die Erteilung der Zustimmung im Fall der wesentlichen Einschränkung ist aber, dass die Gesamtzahl der weiterhin beschäftigten schwerbehinderten Menschen zur Erfüllung der Beschäftigungspflicht ausreicht. (vgl. dazu Abschnitt 4.9.10).

Wichtig:

Klage zum Arbeitsgericht

Neben diesen Rechtsmitteln im Rahmen des besonderen Kündigungsschutzes nach dem SGB IX hat der schwerbehinderte Mensch wie jeder nichtbehinderte Arbeitnehmer die Möglichkeit, nach den oben beschriebenen Regeln des allgemeinen Kündigungsschutzes vor dem Arbeitsgericht zu klagen. Dies gilt für die Fälle, in denen der Arbeitgeber

- ohne vorherige Zustimmung des Integrationsamts oder
- mit vorheriger Zustimmung des Integrationsamts

gekündigt hat. Im letzteren Fall sollte die Klage vor dem Arbeitsgericht parallel (Drei-Wochen-Frist beachten!) mit der Erhebung des Widerspruchs und mit der Begründung eingelegt werden, dass die Kündigung im Sinne des KSchG sozial ungerechtfertigt ist. Als Folge des zwischen Verwaltungsgericht und Arbeitsgericht aufgespaltenen Rechtsweges kann das Arbeitsgericht die Kündigungsschutzklage nach § 148 ZPO bis zum Abschluss der verwaltungsgerichtlichen Verfahrens aussetzen, sofern es auf die Wirksamkeit der Zustimmung des Integrationsamtes ankommt; das Arbeitsgericht entscheidet erst dann, wenn eine rechtskräftige Entscheidung über die Wirksamkeit der Zustimmung vorliegt. Sieht das Arbeitsgericht von einer Aussetzung ab, besteht ein Anspruch auf Wiederaufnahme des arbeitsgerichtlichen Verfahrens gemäß § 580 Nr. 6 ZPO, wenn der Arbeitnehmer im verwaltungsgerichtlichen Verfahren Erfolg haben sollte.

Weiterbeschäftigung

Die Erteilung der Zustimmung nach den vorstehenden Grundsätzen entfällt allerdings, wenn eine Weiterbeschäftigung auf einem anderen Arbeitsplatz desselben Betriebes oder derselben Dienststelle möglich ist. Das gilt auch, wenn eine Beschäftigung auf einem freien Arbeitsplatz in einem anderen Betrieb oder einer anderen Dienststelle desselben Arbeitgebers möglich ist.

Die Beschäftigung auf einem solchen Arbeitsplatz kann aber nur mit Einverständnis des schwerbehinderten Menschen erfolgen. Außerdem muss dies für den Arbeitgeber zumutbar sein.

Das Integrationsamt soll im Übrigen die Zustimmung zur Kündigung erteilen, wenn dem schwerbehinderten Arbeitnehmer ein anderer angemessener und zumutbarer Arbeitsplatz gesichert ist.

Insolvenz

Ist das Insolvenzverfahren über das Vermögen des Arbeitgebers eröffnet, soll das Integrationsamt die Zustimmung erteilen, wenn bestimmte Voraussetzungen erfüllt sind.

Diese Voraussetzungen sind:

- Der schwerbehinderte Mensch muss in einem Interessenausgleich nach der Insolvenzordnung namentlich als einer der zu entlassenden Arbeitnehmer bezeichnet werden.
- Die Schwerbehindertenvertretung muss beim Zustandekommen des Interessenausgleichs beteiligt worden sein.
- Der Anteil der nach dem Interessenausgleich zu entlassenden schwerbehinderten Menschen an der Zahl der beschäftigten schwerbehinderten Menschen darf nicht größer sein als der Anteil der zu entlassenden übrigen Arbeitnehmer an der Zahl der beschäftigten übrigen Arbeitnehmer.
- Die Gesamtzahl der schwerbehinderten Menschen, die nach dem Interessenausgleich bei dem Arbeitgeber verbleiben sollen, muss zur Erfüllung seiner Beschäftigungspflicht ausreichen.

Ausnahmen

Ausnahmen vom Kündigungsschutz

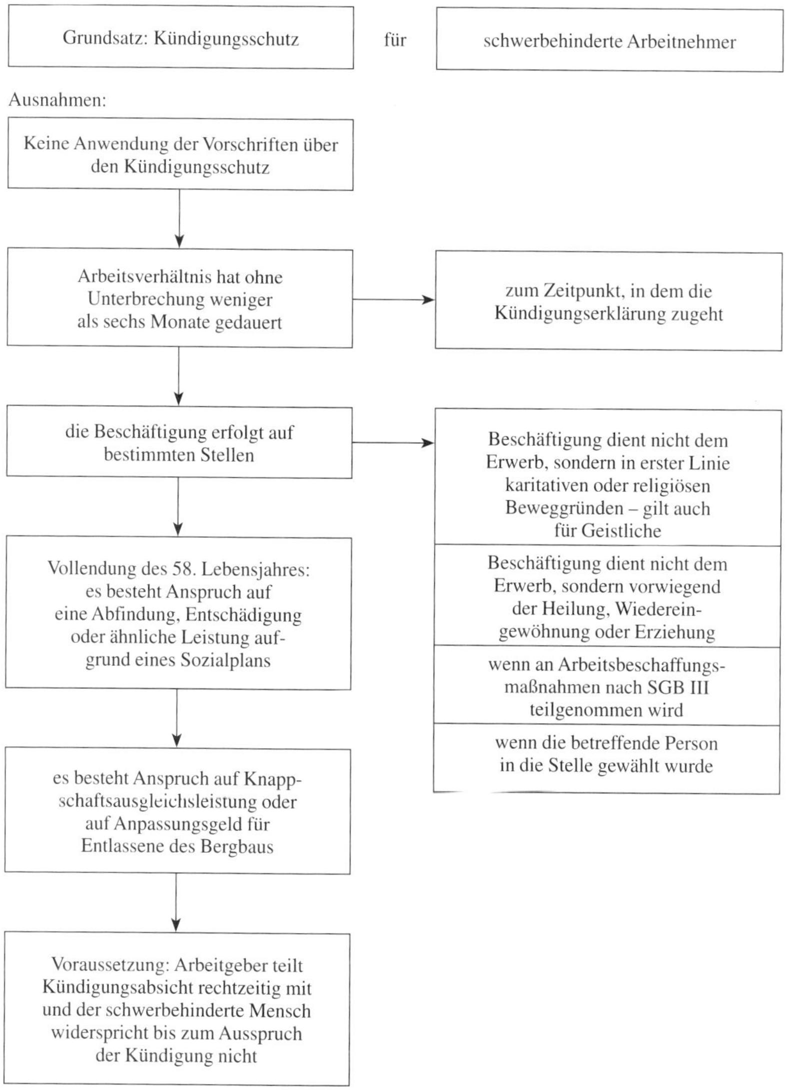

Die Regelungen zum Schutz vor einer ordentlichen Kündigung gelten auch bei einer außerordentlichen Kündigung, soweit sich nicht aus den nachfolgenden Ausführungen etwas anderes ergibt. Maßgebend sind hier die Vorschriften des § 174 SGB IX.

In einem solchen Fall kann die Zustimmung zur Kündigung nur innerhalb von zwei Wochen beantragt werden. Dabei ist der Eingang des Antrags beim Integrationsamt maßgebend. Die Frist beginnt mit dem Zeitpunkt, in dem der Arbeitgeber von den für die Kündigung maßgebenden Tatsachen Kenntnis erlangt.

Entscheidung

Das Integrationsamt trifft die Entscheidung innerhalb von einem Monat, gerechnet vom Tage des Antragseingangs an.

Wichtig:

Wird innerhalb dieser Frist keine Entscheidung getroffen, gilt die Zustimmung als erteilt.

Das Integrationsamt soll die Zustimmung erteilen, wenn die Kündigung aus einem Grund erfolgt, der nicht im Zusammenhang mit der Behinderung steht.

Nach Erteilung der Zustimmung durch das Integrationsamt muss die Kündigung unverzüglich erfolgen.

Erweiterter Beendigungsschutz

§ 175 SGB IX sieht einen erweiterten Beendigungsschutz vor. Danach bedarf die Beendigung des Arbeitsverhältnisses eines schwerbehinderten Beschäftigten auch dann der vorherigen Zustimmung des Integrationsamtes, wenn sie im Fall

- des Eintritts einer teilweisen Erwerbsminderung,
- der Erwerbsminderung auf Zeit,
- der Berufsunfähigkeit oder
- Erwerbsunfähigkeit auf Zeit

ohne Kündigung erfolgt. Die bisherigen Erläuterungen über die Zustimmung zur ordentlichen Kündigung gelten entsprechend.

4.9.10 *Beschäftigungspflicht des Arbeitgebers*

Beschäftigungspflicht

Unter bestimmten Voraussetzungen sind private und öffentliche Arbeitgeber verpflichtet, schwerbehinderte Menschen zu beschäftigen. Die Arbeitgeber müssen über mindestens 20 Arbeitsplätze verfügen. Auf wenigstens 5 % der Arbeitsplätze müssen sie schwerbehinderte Menschen beschäftigen (sog. Beschäftigungspflichtquote).

Wichtig:

Bei der Erfüllung der Beschäftigungspflicht sind schwerbehinderte Frauen besonders zu berücksichtigen.

5. Absicherung des Risikos der Pflegebedürftigkeit

5.1 Grundsätze

Pflegeversicherung SGB XI

Die Einführung der Pflegeversicherung war notwendig, da Pflegebedürftigkeit ein unabhängig vom Lebensalter bestehendes allgemeines Lebensrisiko ist. Nicht nur durch eine angeborene Behinderung, sondern auch durch Unfall oder Krankheit kann jederzeit ein Pflegefall eintreten. Mit der Pflegeversicherung wurde die Versorgung Betroffener umfassend verbessert und auf eine neue Grundlage gestellt. Wer sein Leben lang gearbeitet und eine durchschnittliche Rente erworben hat, sollte nicht länger mit den wirtschaftlichen Folgen allein gelassen und wegen der pflegebedingten Kosten auf das Sozialamt angewiesen sein.

- Trägerschaft

  Zur Absicherung des Pflegerisikos wurde eine soziale Pflegeversicherung als eigenständige Säule der sozialen Sicherheit unter dem Dach der gesetzlichen Krankenkassen errichtet. Dadurch wurde der Aufbau einer neuen Verwaltung vermieden. Gleichzeitig können die Erfahrungen der Krankenkassen in der Prävention, Akutbehandlung, Rehabilitation und häuslichen Pflege genutzt werden.

- Mitgliedschaft

  Der versicherte Personenkreis der sozialen Pflegeversicherung umfasst die Versicherten in der gesetzlichen Krankenversicherung (vgl. § 5 SGB V). Wer gegen Krankheit bei einem privaten Krankenversicherungsunternehmen versichert ist, erhält bei diesem Unternehmen Versicherungsschutz gegen Pflegebedürftigkeit.

  Die Mitgliedschaft beginnt mit dem Tag, an dem die Versicherungspflicht entsteht. Sie endet regelmäßig mit Ablauf der Versicherungspflicht oder dem Tod des Mitglieds (§ 49 SGB XI). Die Mitgliedschaft freiwillig Versicherter endet ferner mit Ablauf des übernächsten Kalendermonats, der auf den Kündigungsmonat folgt. Darüber hinaus endet deren Mitgliedschaft mit Ablauf des nächsten Zahltages, wenn für zwei Monate die fälligen Beiträge trotz Rechtsfolgehinweis nicht entrichtet wurden.

Die Vorschriften über beitragspflichtige Einnahmen, Beitragsberechnung, -freiheit und -zahlung entsprechen weitgehend den Regelungen der gesetzlichen Krankenversicherung (vgl. Leitziffer B 4). Freiwillig in der Pflegeversicherung versicherte Personen haben Anspruch auf einen Beitragszuschuss durch den Arbeitgeber nach § 61 SGB XI.

Hohe Akzeptanz

Nach allgemeiner Ansicht hat die zum 1. 1. 1995 eingeführte Pflegeversicherung bei Versicherten und Pflegebedürftigen ein hohes Maß an Akzeptanz erreicht. Ihre Leistungen tragen dazu bei, dass viele Pflegebedürftige entsprechend ihrem persönlichen Wunsch zu Hause versorgt werden. Außerdem helfen sie den Pflegebedürftigen und ihren Familien, die finanziellen Aufwendungen, die mit der Pflegebedürftigkeit zusammenhängen, zu tragen.

Weiterentwicklung

Die Bundesregierung sah und sieht trotzdem einen Weiterentwicklungsbedarf in der Pflegeversicherung. Aus diesem Grund wurde das Gesetz zur strukturellen Weiterentwicklung der Pflegeversicherung (Pflege-Weiterentwicklungsgesetz) geschaffen, das im Wesentlichen am 1. 7. 2008 in Kraft trat. Es sah beispielsweise die – meist stufenweise – Anhebung der in Geld gewährten Leistungen vor.

Leistungsverbesserung

Später wurden auch insbesondere die Leistungen für Demenzkranke erweitert. Dies geschah auch durch das Pflege-Neuausrichtungs-Gesetz (PNG). Weitere Änderungen sind durch das Pflegestärkungsgesetz I (PSG I) zum 1. 1. 2015 eingetreten.

Neuerungen

Die wesentlichsten Änderungen ergeben sich aber aus dem Pflegestärkungsgesetz II (PSG II), das teilweise am 1. 1. 2016, zum wesentlichen Teil aber erst zum 1. 1. 2017 in Kraft getreten ist. Seit dem letzteren Zeitpunkt gilt ein neuer Pflegebedürftigkeitsbegriff, außerdem wurden die bisher verwendeten Pflegestufen von Pflegegraden abgelöst.

Mit Einführung von Pflegestützpunkten durch das Pflege-Weiterentwicklungsgesetz soll es den Pflegebedürftigen und den pflegenden Angehörigen erleichtert werden, Auskünfte und Beratung zu erhalten, um so leichter die zustehenden Leistungen in Anspruch nehmen zu können.

Die Pflegekasse muss dem Antragsteller unmittelbar nach Eingang eines erstmaligen Leistungsantrags Anträge auf andere notwendige Leistungen aushändigen, einen Beratungstermin anbieten oder einen Beratungsgutschein ausstellen. In dem Gutschein sind Beratungsstellen benannt, bei denen der Antragsteller zu Lasten der Pflegekasse innerhalb von zwei Wochen nach Antragseingang den Gutschein einlösen kann.

Antrag – Wartezeit § 33 SGB XI bestimmt, dass die Leistungen der Pflegeversicherung auf Antrag gewährt werden. Außerdem wird vorgeschrieben, dass eine Wartezeit zurückzulegen ist. Deshalb wird bestimmt, dass ein Leistungsanspruch nur besteht, wenn der Versicherte in den letzten zehn Jahren vor der Antragstellung mindestens zwei Jahre als *Familienversicherung* Mitglied versichert oder familienversichert war. Für versicherte Kinder gilt die Vorversicherungszeit als erfüllt, wenn ein Elternteil sie erfüllt. Im Übrigen können

- die Zuordnung zu einem Pflegegrad und
- die Bewilligung von Leistungen

befristet werden und enden mit Ablauf der Frist.

Frist Die Befristung erfolgt, wenn und soweit eine Verringerung des Hilfebedarfs nach der Einschätzung des Medizinischen Dienstes der Krankenversicherung (MDK) zu erwarten ist. Die Befristung kann wiederholt werden. Um eine nahtlose Leistungsgewährung sicherzustellen, hat die Pflegekasse vor Ablauf der Befristung rechtzeitig zu prüfen. Sie hat dem Pflegebedürftigen sowie der ihn betreuenden Pflegeeinrichtung mitzuteilen, ob Pflegeleistungen weiterhin bewilligt werden und welchem Pflegegrad der Pflegebedürftige zuzuordnen ist.

5.2 Pflegezeitgesetze

5.2.1 Allgemeines und Pflegezeitgesetz

Pflege durch Angehörige In der Begründung zum Pflege-Weiterentwicklungsgesetz führt die Bundesregierung aus, dass mit der Reform der Pflegeversicherung die ambulante Pflege, insbesondere auch die häusliche Pflege durch Angehörige, gestärkt werden soll. Damit entspräche der Gesetzgeber dem Wunsch vieler pflegebedürftiger Menschen, durch vertraute Angehörige in gewohnter Umgebung gepflegt zu werden. Um dieses Ziel leichter zu erreichen, wurden die Rahmenbedingungen für die Vereinbarkeit von Beruf und familiärer Pflege verbessert. Hierzu dienen die Pflegezeitgesetze. Diese wurden – so die Gesetzesbegründung – im Interesse pflegebedürftiger Angehöriger unter besonderer Berücksichtigung der verschiedenen Pflegesituationen und des unterschiedlichen Pflegebedarfs entwickelt.

Neues Recht Gewissermaßen ergänzt wurde das Pflegezeitgesetz (PflegeZG) durch das Familienpflegezeitgesetz (FPflZG). Beide Gesetze sind entscheidend durch das Gesetz zur besseren Vereinbarkeit von Familie, Pflege und Beruf geändert worden. Die Änderungen sind am 1. 1. 2015 in Kraft getreten.

Inhalt und Ziel Das Pflegezeitgesetz (PflegeZG) enthält acht Paragrafen. Ziel des Gesetzes ist es, Beschäftigten die Möglichkeit zu eröffnen, pflegebedürftige nahe Angehörige in häuslicher Umgebung zu pflegen und damit die Vereinbarkeit von Beruf und familiärer Pflege zu verbessern.

Geltungsbereich Das PflegeZG gilt somit nur für Arbeitnehmer, wobei es gleichgültig ist, ob es sich hierbei um Beschäftigte des öffentlichen Dienstes oder des privaten handelt. Es gilt demnach z. B. nicht für Rentner, die keinen Beruf ausüben. Es gilt auch nicht für arbeits- *Beschäftigte* lose Menschen, hat aber Auswirkungen auf die Arbeitslosenversicherung. Beschäftigte im Sinne des PflegeZG sind:

- Arbeitnehmerinnen und Arbeitnehmer
- die zu ihrer Berufsbildung Beschäftigten (Auszubildende)

- Personen, die wegen ihrer wirtschaftlichen Unselbstständigkeit als arbeitnehmerähnliche Personen anzusehen sind; zu diesen gehören auch die in Heimarbeit Beschäftigten und ihnen gleichgestellte Beschäftigte

Keine Abweichung

Von den Vorschriften des PflegeZG kann nicht zuungunsten der Beschäftigten abgewichen werden (§ 3 PflegeZG). Dies gilt für Tarifverträge, Betriebsvereinbarungen, aber auch für einzelvertragliche Vereinbarungen.

5.2.2 Kurzzeitige Arbeitsverhinderung

Nahe Angehörige

Beschäftigte haben das Recht, bis zu zehn Arbeitstage der Arbeit fernzubleiben (§ 2 PflegeZG). Voraussetzung ist, dass dies erforderlich ist, um für einen pflegebedürftigen nahen Angehörigen eine bedarfsgerechte Pflege zu organisieren oder eine pflegerische Versorgung zu dieser Zeit sicherzustellen. Es muss sich um eine akut aufgetretene Pflegesituation handeln.

Plötzliches Auftreten

Nach Ansicht des Gesetzgebers müssen berufstätige Familienmitglieder zeitnah und zügig reagieren können, wenn nach Akutereignissen ein Pflegebedarf plötzlich auftritt.

Notwendigkeit

Das Recht, der Arbeit fernzubleiben, kann nur in Anspruch genommen werden, wenn im konkreten Fall die Notwendigkeit einer pflegerischen Versorgung besteht. Dies wird – so die Gesetzesbegründung – regelmäßig nur einmal je pflegebedürftigen Angehörigen der Fall sein. Dieses Recht wird regelmäßig auch nur einmal pro Pflegefall ausgeübt werden.

Pflegeheimaufenthalt

Meist geht es in solchen Fällen darum, beispielsweise für einen Elternteil nach einer Krankenhausbehandlung einen Pflegeplatz zu suchen und die Umsiedlung in das entsprechende Pflegeheim zu veranlassen bzw. zu organisieren.

Anzeigepflicht

Die Beschäftigten sind allerdings verpflichtet, dem Arbeitgeber ihre Verhinderung an der Arbeitsleistung und deren voraussichtliche Dauer unverzüglich mitzuteilen.

Ärztliche Bescheinigung

Da die kurzzeitige Arbeitsverhinderung durch Akutereignisse verursacht wird und nicht in jedem Fall bereits eine Begutachtung durch den MDK bzw. den beauftragten Gutachter vorliegt, hat der Beschäftigte dem Arbeitgeber auf Verlangen eine ärztliche Bescheinigung vorzulegen.

Aus dieser Bescheinigung müssen sich ergeben:

- die Pflegebedürftigkeit des nahen Angehörigen
- die Erforderlichkeit der oben aufgeführten pflegerischen Maßnahmen

Wichtig:

Entgeltfortzahlung

Zur Fortzahlung der Vergütung ist der Arbeitgeber nur verpflichtet, soweit sich eine solche Verpflichtung aus anderen gesetzlichen Vorschriften oder aufgrund Vereinbarung ergibt.

Hier ist beispielsweise § 616 BGB zu nennen. Danach ist das Arbeitsentgelt vom Arbeitgeber weiterzuzahlen, wenn der Arbeitnehmer für eine verhältnismäßig nicht erhebliche Zeit aus in seiner Person liegenden Gründen die Arbeitsleistung nicht erbringen kann.

Ausschluss

Allerdings besteht die Möglichkeit, die Anwendung dieser Regelung durch einen Arbeitsvertrag, einen Tarifvertrag oder eine Betriebsvereinbarung auszuschließen.

Pflegeunterstützungsgeld

Besteht kein Anspruch auf Entgeltfortzahlung, ist seit 1. 1. 2015 die Zahlung eines Pflegeunterstützungsgelds vorgesehen.

Ausgleich für Arbeitsentgelt Wegen eines Anspruchs auf Zahlung von Pflegeunterstützungsgeld verweist § 2 Abs. 3 PflegeZG auf § 44a Abs. 3 SGB XI. Hier wird bestimmt, dass Beschäftigte bei einer kurzzeitigen Arbeitsverhinderung nach § 2 PflegeZG Anspruch auf einen Ausgleich für entgangenes Arbeitsentgelt haben. Dieser Anspruch wird als Pflegeunterstützungsgeld bezeichnet. Er besteht für bis zu zehn Arbeitstage. Das Pflegeunterstützungsgeld wird auf Antrag, der unverzüglich zu stellen ist, unter Vorlage der bereits behandelten ärztlichen Bescheinigung durch die Pflegekasse oder das private Versicherungsunternehmen des pflegebedürftigen nahen Angehörigen gewährt.

Höhe Bezüglich der Höhe des Pflegeunterstützungsgelds wird auf § 45 Abs. 2 Satz 3 bis 5 SGB V verwiesen.

Kinderkrankengeld § 45 SGB V beschäftigt sich zudem mit dem Krankengeld bei Erkrankung eines Kindes. Danach beträgt das Kinder-Krankengeld sowie das Pflegeunterstützungsgeld 90 % des ausgefallenen Nettoarbeitsentgelts aus dem beitragspflichtigen Arbeitsentgelt des Versicherten. Das Krankengeld beträgt bei Bezug von beitragspflichtigem einmalig gezahlten Arbeitsentgelt in den der Freistellung vorangegangenen zwölf Kalendermonaten 100 % des ausgefallenen Nettoarbeitsentgelts. Das Krankengeld und damit auch das Pflegeunterstützungsgeld darf 70 % der Beitragsbemessungsgrenze der Krankenversicherung nicht überschreiten. 2019 gelten 3.176,25 EUR, 2020 3.281,25 EUR.

Zuschüsse Beschäftigte, die Pflegeunterstützungsgeld beziehen, erhalten für die Dauer des Leistungsbezugs von der Pflegekasse bzw. dem privaten Versicherungsunternehmen Zuschüsse zur Krankenversicherung (§ 44a Abs. 4 SGB XI). Die Zuschüsse belaufen sich auf die Hälfte der zu zahlenden Beiträge. Die andere Hälfte trägt die Pflegekasse bzw. das private Versicherungsunternehmen (§ 249c SGB V).

Bescheinigung Gezahlt werden die Beiträge auch von diesen Stellen. Diese bescheinigen im Übrigen dem Leistungsbezieher den Zeitraum des Bezugs sowie die Höhe des gewährten Pflegeunterstützungsgelds. Der Leistungsbezieher hat die Bescheinigung unverzüglich seinem Arbeitgeber vorzulegen (§ 44 Abs. 5 SGB XI).

Selbstständige Erfolgt die Berechnung aus dem Arbeitseinkommen selbstständiger Personen, beträgt es 70 % des erzielten regelmäßigen Arbeitseinkommens, soweit es der Beitragsberechnung unterliegt. Der oben angegebene Höchstbetrag gilt demnach auch hier.

5.2.3 *Pflegezeit*

Freistellung von der Arbeitsleistung Nach § 3 Abs. 1 PflegeZG sind Beschäftigte von der Arbeitsleistung

- vollständig oder
- teilweise

freizustellen, wenn sie einen pflegebedürftigen nahen Angehörigen in häuslicher Umgebung pflegen (Pflegezeit).

Aber:

Betriebsgröße Der Anspruch besteht nicht gegenüber Arbeitgebern, die in der Regel nicht mehr als 15 Beschäftigte haben.

Vereinbarkeit von Beruf und häuslicher Pflege Durch die Regelung des § 3 PflegeZG wird am ehesten die Vorschrift des § 1 PflegeZG verwirklicht, die die Ziele des PflegeZG beschreibt. Danach ist es Ziel des Gesetzes, Beschäftigten die Möglichkeit zu eröffnen, pflegebedürftige nahe Angehörige in häuslicher Umgebung zu pflegen und damit die Vereinbarkeit von Beruf und häuslicher Pflege zu verbessern.

Auch bei der Pflegezeit gibt es eine Nachweispflicht des Beschäftigten. Er hat nämlich die Pflegebedürftigkeit des nahen Angehörigen durch Vorlage einer Bescheinigung der Pflegekasse oder des MDK nachzuweisen. **Nachweispflicht**

Bei in der privaten Pflege-Pflichtversicherung versicherten Pflegebedürftigen ist ein entsprechender Nachweis zu erbringen. **Privatversicherung**

Wurde die Inanspruchnahme von Pflegezeit nach dem PflegeZG gegenüber dem Arbeitgeber angekündigt, ist durch die Pflegekasse eine Begutachtung durch den MDK spätestens innerhalb von zwei Wochen nach Eingang des Antrags durchzuführen. Der MDK hat den Antragsteller unverzüglich schriftlich darüber zu informieren, welche Empfehlung er an die Pflegekasse weiterleitet. **MDK**

Der Gesetzgeber geht davon aus, dass diese Verfahrensweise auch bei Versicherten der privaten Pflege-Pflichtversicherung praktiziert wird. **Private Versicherung**

Die Begutachtung durch den MDK ist spätestens innerhalb von zwei Wochen nach Eingang des Antrags bei der zuständigen Pflegekasse durchzuführen. **Begutachtung**

Die Entscheidung der Pflegekasse über das Vorliegen von Pflegebedürftigkeit ist dem Antragsteller unverzüglich nach Eingang der Empfehlung des MDK bei der Pflegekasse schriftlich mitzuteilen. **Mitteilung**

In diesem Zusammenhang ist unbedingt zu beachten, dass derjenige, der Pflegezeit beanspruchen will, dies dem Arbeitgeber spätestens zehn Arbeitstage vor Beginn schriftlich ankündigen muss. Gleichzeitig muss er erklären, für welchen Zeitraum und in welchem Umfang die Freistellung von der Arbeitsleistung in Anspruch genommen werden soll. Wenn nur teilweise Freistellung in Anspruch genommen wird, ist auch die gewünschte Verteilung der Arbeitszeit anzugeben. **Frist**

Enthält die Ankündigung keine eindeutige Festlegung, ob der Beschäftigte Pflegezeit oder Familienpflegezeit in Anspruch nehmen will, und liegen die Voraussetzungen beider Freistellungsansprüche vor, gilt die Erklärung als Ankündigung von Pflegezeit (§ 3 Abs. 3 PflegeZG). **Keine eindeutige Festlegung**

Beansprucht der Beschäftigte nach der Pflegezeit Familienpflegezeit oder eine Freistellung nach § 2 Abs. 5 FPflZG zur Pflege oder Betreuung desselben pflegebedürftigen Angehörigen, muss sich die Familienpflegezeit bzw. die erwähnte Freistellung unmittelbar an die Pflegezeit anschließen. In einem solchen Fall soll der Beschäftigte möglichst frühzeitig erklären, ob er Familienpflegezeit oder eine Freistellung nach § 2 Abs. 5 FPflZG in Anspruch nehmen will. **Zusammentreffen von Pflege- und Familienpflegezeit**

Wichtig:

Die Ankündigung muss dann allerdings spätestens drei Monate vor Beginn der Familienpflegezeit erfolgen. Wird Pflegezeit nach einer Familienpflegezeit oder einer Freistellung in Anspruch genommen, ist die Pflegezeit in unmittelbarem Anschluss an die Familienpflegezeit oder die Freistellung zu beanspruchen und dem Arbeitgeber spätestens acht Wochen vor Beginn der Pflegezeit schriftlich anzukündigen. **Ankündigung unmittelbarer Anschluss**

§ 3 Abs. 5 und 6 PflegeZG sieht seit 1. 1. 2015 zwei weitere Möglichkeiten von der Freistellung vor. So sind Beschäftigte von der Arbeitsleistung vollständig oder teilweise freizustellen, wenn sie einen minderjährigen pflegebedürftigen nahen Angehörigen betreuen. Beschäftigte können diesen Anspruch wahlweise statt des Anspruchs auf Pflegezeit geltend machen. **Weitere Freistellungsansprüche**

Außerdem sind Arbeitnehmer zur Begleitung eines nahen Angehörigen von der Arbeitsleistung vollständig oder teilweise freizustellen, wenn dieser an einer Erkrankung leidet, die fortschreitend verläuft. Sie muss bereits ein weit fortgeschrittenes Stadium erreicht haben, bei der eine Heilung ausgeschlossen und eine palliativmedizinische Behandlung notwendig ist. Die Krankheit muss lediglich eine begrenzte Lebenserwartung von Wochen oder wenigen Monaten haben. Beschäftigte haben diese gegenüber dem Arbeitgeber durch ein ärztliches Zeugnis nachzuweisen.

Teilweise Freistellung Eine Sonderregelung gilt für den Fall, dass nur teilweise Freistellung beantragt wird. Der Arbeitnehmer bleibt also nicht während der gesamten Pflegezeit der Arbeit fern, sondern beispielsweise nur einige Stunden am Tag oder nur einige Tage in der Woche.

Abwechslung Es handelt sich hier in der Regel um Fälle, in denen sich der Arbeitnehmer und andere Angehörige in der Pflege des Pflegebedürftigen abwechseln.

Vereinbarung In diesen Fällen haben Arbeitgeber und Beschäftigte über die Verringerung und die Verteilung der Arbeitszeit eine schriftliche Vereinbarung zu treffen.

Wichtig:

Der Arbeitgeber hat hier den Wünschen des Beschäftigten zu entsprechen. Das gilt nicht, wenn dringende betriebliche Belange entgegenstehen. Die Regelung ist insoweit dem Bundeselterngeld- und Elternzeitgesetz (BEEG) nachgebildet. Durch die vorstehende Regelung soll einerseits der Arbeitgeber vor Überforderung geschützt werden. Andererseits soll aber nicht jeder Ablehnungsgrund ausreichen. Es muss sich um gewichtige Gründe handeln, die Vorrang vor den Interessen des Beschäftigten der häuslichen Pflege verdienen.

Dauer der Pflegezeit Die Pflegezeit beträgt für jeden pflegebedürftigen nahen Angehörigen längstens sechs Monate. Dabei handelt es sich also um eine Höchstdauer. Wird die Pflegezeit für eine kürzere Zeit in Anspruch genommen, z. B. für drei Monate, so kann diese bis zur Höchstdauer verlängert werden. Voraussetzung ist aber, dass der Arbeitgeber zustimmt.

Wechsel Eine solche Verlängerung der Pflegezeit kann verlangt werden, wenn ein vorgesehener Wechsel in der Pflege nicht erfolgen kann.

Beispiel:

Die Person, die die Pflege des pflegebedürftigen Angehörigen übernehmen sollte, ist selbst schwer erkrankt.

Verlängerung Das Gesetz schreibt ausdrücklich vor, dass eine Verlängerung möglich ist, wenn ein vorgesehener Wechsel in der Person des Pflegenden aus einem wichtigen Grund nicht erfolgen kann.

Die Pflegezeit wird im Übrigen auf Berufsbildungszeiten nicht angerechnet.

Keine einseitige Beendigung Grundsätzlich können Beschäftigte die Pflegezeit nicht einseitig beenden. Ist sie also einmal mit dem Arbeitgeber vereinbart, muss sie so auch durchgeführt werden. Allerdings sieht hier § 4 Abs. 2 PflegeZG Ausnahmen vor.

Ende Ist nämlich der nahe Angehörige nicht mehr pflegebedürftig oder die häusliche Pflege des nahen Angehörigen unmöglich oder unzumutbar, endet die Pflegezeit vier Wochen nach Eintritt der veränderten Umstände.

Ende der Pflege Dem Beschäftigten ist die Pflege beispielsweise unmöglich, wenn der nahe Angehörige vor Ablauf der Pflegezeit verstirbt oder in eine stationäre Pflegeeinrichtung aufgenommen werden muss.

Unzumutbarkeit Eine Unzumutbarkeit kann beispielsweise angenommen werden, wenn aufgrund unvorhergesehener persönlicher Umstände die Finanzierung der Pflegezeit nicht mehr gesichert und der Beschäftigte auf die regelmäßige Arbeitsvergütung angewiesen ist.

Der Arbeitgeber ist durch den Beschäftigten über die veränderten Umstände unverzüglich zu unterrichten. Der Arbeitgeber hat – so die Gesetzesbegründung – ein berechtigtes Interesse daran, es frühzeitig zu erfahren, wenn der Beschäftigte vor Ablauf der angekündigten Pflegezeit an seinen Arbeitsplatz zurückkehrt. **Unterrichtung**

Im Übrigen kann die Pflegezeit nur dann vorzeitig beendet werden, wenn der Arbeitgeber zustimmt. Hier ist natürlich zu beachten, dass der Arbeitgeber seine organisatorischen Dispositionen entsprechend der Ankündigung des Beschäftigten trifft und über eine ausreichende Planungssicherheit verfügen muss. **Vorzeitige Beendigung**

5.2.4 Familienpflegezeit

Das Gesetz zur Vereinbarkeit von Pflege und Beruf vom 6. 12. 2011 ist im Bundesgesetzblatt vom 13. 12. 2011 veröffentlicht worden. Es ist am 1. 1. 2012 in Kraft getreten. § 1 regelt, dass durch die Einführung der Familienpflegezeit die Möglichkeiten zur Vereinbarkeit von Beruf und familiärer Pflege verbessert werden. **Rechtsgrundlage**

Seit 1. 1. 2015 sieht das FPflZG einen Rechtsanspruch des Arbeitnehmers auf Familienpflegezeit vor. Nach wie vor wird in § 1 FPflZG als Ziel des Gesetzes vorgesehen, dass durch die Einführung der Familienpflegezeit die Möglichkeiten zur Vereinbarkeit von Beruf und familiärer Pflege verbessert werden.

§ 2 Abs. 1 FPflZG bestimmt, dass Beschäftigte von der Arbeitsleistung für längstens 24 Monate (Höchstdauer) teilweise freizustellen sind (Reduzierung der Arbeitszeit auf bis zu 15 Wochenstunden), wenn sie einen pflegebedürftigen nahen Angehörigen in häuslicher Umgebung pflegen. Das Gesetz spricht hier von der Familienpflegezeit. In der Gesetzesbegründung der Bundesregierung zu den Änderungen zum 1. 1. 2015 wird betont, dass mit der Einführung des Rechtsanspruchs auch ein Ergebnis der Evaluation der Familienpflegezeit berücksichtigt wird, wonach von der Einführung eines Rechtsanspruchs eine positive Signalwirkung für die Vereinbarkeit von Pflege und Beruf ausgehen kann. **Dauer**

Der Rechtsanspruch auf die Familienpflegezeit gilt jedoch nur für Arbeitnehmer in Betrieben mit mehr als 25 Beschäftigten. Pflegezeit (vgl. unter 5.2.3) und Familienpflegezeit dürfen gemeinsam 24 Monate je pflegebedürftigem nahen Angehörigen nicht überschreiten (Gesamtdauer). **Gesamtdauer**

Der Anspruch auf Familienpflegezeit ist unabdingbar (§ 2 Abs. 3 FPflZG). **Unabdingbarkeit**

Die Familienpflegezeit wird nicht auf Berufsbildungszeiten angerechnet (§ 2 Abs. 4 FPflZG). **Berufsbildung**

§ 2 Abs. 5 FPflZG ermöglicht (wie auch das PflegeZG) eine Freistellung für die Betreuung pflegebedürftiger Kinder. Die Betreuung kann bis zum vollendeten 18. Lebensjahr auch außerhalb der häuslichen Umgebung erfolgen. Der Anspruch kann wahlweise zur Familienpflegezeit geltend gemacht werden. **Weitere Freistellungen**

Beispiele:

Hierunter fallen etwa Konstellationen wie die Begleitung eines Kindes während eines sehr langen Krankenhausaufenthalts oder in einer außerhäuslichen Einrichtung. Das Kind muss jedoch bereits pflegebedürftig im Sinne des SGB XI sein. Eltern wird es so ermöglicht, ihre minderjährigen Kinder insbesondere in zeitaufwändigen und Nähe bedürfenden Lebens- oder Behandlungsphasen eng zu betreuen.

5.2.5 Inanspruchnahme der Familienpflegezeit

Wer Familienpflegezeit beanspruchen will, muss diese dem Arbeitgeber spätestens acht Wochen vor dem gewünschten Beginn schriftlich ankündigen. Gleichzeitig muss er erklären, für welchen Zeitraum und in welchem Umfang der Gesamtdauer von 24 Monaten die Freistellung von der Arbeitsleistung in Anspruch genommen werden soll. Dabei ist auch die gewünschte Verteilung der Arbeitszeit anzugeben.

Teilweise Freistellung

In Fällen, in denen für weniger als sechs Monate eine pflegebedingte teilweise Freistellung von der Arbeitsleistung mit einer verbleibenden Arbeitszeit von 15 oder mehr Wochenstunden beansprucht und in denen der Anspruch mindestens acht Wochen vorher angekündigt wird, kann das Freistellungsverlangen sowohl auf das PflegeZG als auch auf das FPflZG gesetzt werden, da die Anspruchsvoraussetzungen beider Gesetze erfüllt sind.

Keine eindeutige Freistellung

Enthält die Ankündigung keine eindeutige Feststellung, ob eine Pflege- oder eine Familienpflegezeit in Anspruch genommen werden soll und sind die Voraussetzungen für beide Ansprüche gegeben, gilt die Erklärung als Ankündigung von Pflegezeit.

Wird zunächst Pflegezeit in Anspruch genommen, verbleibt den Beschäftigten die Möglichkeit, hieran den Anspruch auf Familienpflegezeit anzuschließen, die zusammen mit der bereits genommenen Pflegezeit eine Gesamtdauer von insgesamt 24 Monaten nicht überschreiten darf. Beschäftigte hingegen, die ihren Anspruch auf Familienpflegezeit bereits mit einer kurzen Freistellungsphase ausschöpfen, haben im Anschluss daran nur noch den auf sechs Monate begrenzten Anspruch auf Pflegezeit. Nach der in der Begründung zum Gesetzentwurf vertretenen Auffassung wird hier auch den betrieblichen Interessen der Arbeitgeber Rechnung getragen.

Anschluss

Beschäftigte, die zuerst Pflegezeit oder eine Freistellung gemäß § 3 Abs. 5 PflegeZG in Anspruch nehmen, können eine Freistellung im Rahmen einer Familienpflegezeit nur in unmittelbaren Anschluss an die Pflegezeit in Anspruch nehmen. Eine zeitliche Unterbrechung zwischen Pflege- und Familienpflegezeit ist nicht zulässig.

Unmittelbarer Anschluss

Nehmen Beschäftigte zuerst Pflegezeit oder Freistellung nach § 3 Abs. 5 FPflZG in Anspruch und beanspruchen anschließend eine weitere Freistellung im Rahmen einer Familienpflegezeit oder eine Feststellung nach § 2 Abs. 5 FPflZG, ist diese dem Arbeitgeber innerhalb von drei Monaten anzukündigen.

Wird eine Freistellung nach dem FPflZG in Anspruch genommen, ist sie in unmittelbarem Anschluss an die Pflegezeit zu beanspruchen. Dem Arbeitgeber ist sie spätestens acht Wochen vor Freistellung nach § 3 Abs. 1 oder Abs. 5 PflegeZG schriftlich anzukündigen.

Schriftliche Vereinbarung

Wie im PflegeZG wird auch im FPflZG (§ 2a Abs. 2) vorgeschrieben, dass Arbeitgeber und Beschäftigte über die Verringerung und die Verteilung der Arbeitszeit eine schriftliche Vereinbarung zu treffen haben. Hierbei hat der Arbeitgeber den Wünschen der Beschäftigten zu entsprechen. Lediglich dringende betriebliche Gründe können dem entgegenstehen.

Zustimmung des Arbeitgebers

Wie bisher ist eine Verlängerung der Familienpflegezeit möglich (§ 2a Abs. 3 FPflZG), wobei weiterhin eine Zustimmung des Arbeitgebers erforderlich ist. Der Arbeitnehmer kann eine Verlängerung bis zur Gesamtdauer verlangen, wenn ein vorgesehener Wechsel in der Person der oder des Pflegenden aus einem wichtigen Grund nicht erfolgen kann.

Bescheinigung

Die Beschäftigten haben die Pflegebedürftigkeit des nahen Angehörigen durch Vorlage einer Bescheinigung der Pflegekasse oder des MDK nachzuweisen (§ 2a Abs. 4 FPflZG). Bei in der privaten Pflege-Pflichtversicherung versicherten Pflegebedürftigen ist ein entsprechender Nachweis zu erbringen.

Ende der Familienpflegezeit

Ist der nahe Angehörige nicht mehr pflegebedürftig oder die häusliche Pflege des nahen Angehörigen unmöglich oder unzumutbar, endet die Familienpflegezeit vier

Wochen nach Eintritt der veränderten Umstände. Hierüber ist der Arbeitgeber unverzüglich zu unterrichten. Im Übrigen kann die Familienpflegezeit nur dann vorzeitig beendet werden, wenn der Arbeitgeber zustimmt.

5.2.6 Förderung der pflegebedingten Freistellung

Zinsloses Darlehen

§ 3 FPflZG sieht die Gewährung eines zinslosen Darlehens an den Beschäftigten bei Durchführung einer Familienpflegezeit durch das Bundesamt für Familie und zivilgesellschaftliche Aufgaben vor. Das Darlehen wird in monatlichen Raten gezahlt. Die Freistellungen nach dem PflegeZG (Pflegezeit nach § 3 Abs. 1, Betreuung eines minderjährigen pflegebedürftigen nahen Angehörigen nach § 3 Abs. 5 und Begleitung nach § 3 Abs. 6) werden ebenfalls in die Förderung einbezogen. Dies dient – so die Regierungsbegründung zum Gesetzentwurf – der besseren Absicherung des Lebensunterhalts während der Freistellungsphase, in der die Beschäftigten kein oder ein geringeres Arbeitsentgelt erhalten.

Allerdings können Beschäftigte und Arbeitgeber – wie bisher – auch in Zukunft eine Aufstockung des Arbeitsentgelts über Wertguthaben vereinbaren.

Ende der Förderfähigkeit

Die Förderfähigkeit endet mit dem Ende der Freistellung (§ 5 FPflZG), aber auch, wenn der Beschäftigte während der Freistellung den Mindestumfang der wöchentlichen Arbeitszeit aufgrund gesetzlicher oder kollektiv-vertraglicher (Tarifverträge) Bestimmungen unterschreitet. Die Unterschreitung der Mindestarbeitszeit aufgrund von Kurzarbeit oder eines Beschäftigungsverbots (z. B. nach dem Mutterschutzgesetz) lässt die Förderfähigkeit unberührt.

5.2.7 Höhe des Darlehens

Monatliche Raten

Die monatlichen Darlehensraten werden in Höhe der Hälfte der Differenz zwischen den pauschalierten monatlichen Nettoentgelten vor und während der Freistellung gewährt (§ 3 Abs. 2 FPflZG).

Berechnung

Bis zum 31. 12. 2014 war eine Aufstockung des Bruttoarbeitsentgelts vorgesehen. Nach den Ausführungen in der Gesetzesbegründung sind durch die Umstellung der Aufstockung auf nettolohnbezogene Bundesdarlehen an die Beschäftigten wegen der progressiven Wirkung des Steuertarifs drei Berechnungsschritte notwendig:

- Im ersten Schritt wird das pauschalierte Nettoentgelt im Durchschnitt der letzten zwölf Monate vor Freistellungsbeginn ermittelt. Hierzu wird aus Vereinfachungsgründen das dem durchschnittlichen regelmäßigen Bruttomonatsarbeitsentgelt der letzten zwölf Monate entsprechende pauschalierte Nettoentgelt ermittelt, dem die Tabellenwerte der für das jeweilige Kalenderjahr geltenden Verordnung über die pauschalierten Nettoentgelte für das Kurzarbeitergeld zugrunde gelegt wird. Da die Tabelle das Bruttoarbeitsentgelt in Schritten von jeweils 20 EUR abbildet, werden die Bruttoarbeitsentgelte entsprechend der Rundungsregelung in § 106 Abs. 1 Satz 3 SGB III auf den nächsten durch 20 teilbaren Euro-Betrag aufgerundet.
- Im zweiten Schritt wird das zu erwartende pauschalierte monatliche Nettoentgelt während der Freistellung berechnet. Hierzu wird die für diese Zeit vereinbarte Zahl an durchschnittlichen monatlichen Arbeitsstunden mit dem durchschnittlichen Bruttoarbeitsentgelt pro Stunde der letzten zwölf Monate multipliziert. Ist eine Wochenstundenzahl vereinbart, wird diese zur Ermittlung der vereinbarten monatlichen Arbeitsstunden mit 51/12 = 13/3 multipliziert. Dem so ermittelten Bruttomonatsarbeitsentgelt während der Freistellungsphase wird das zutreffende pauschalierte Nettoentgelt gemäß der Tabelle zur Verordnung über die pauschalierten Nettoarbeitsentgelte für das Kurzarbeitergeld zugeordnet.

- Im dritten Schritt schließlich wird zur Ermittlung der monatlichen Darlehensrate die Differenz zwischen den beiden pauschalierten Nettoentgelten gebildet und durch zwei geteilt.

Tabelle In der Gesetzesbegründung wird darauf hingewiesen, dass die Tabelle zur Verordnung über die pauschalierten Nettoentgelte für das Kurzarbeitergeld Bruttoarbeitsentgelte nur bis zur Beitragsbemessungsgrenze erfasst. Oberhalb dieser Grenze steigt das pauschalierte Nettoentgelt nicht mehr. Das hat zur Folge, dass oberhalb der Beitragsbemessungsgrenze mit steigendem Bruttoarbeitsentgelt die Differenz zwischen den pauschalierten Nettoentgelten vor und während der Freistellung sinkt. Damit markiert die Beitragsbemessungsgrenze gleichzeitig eine Obergrenze für die monatlichen Darlehensraten.

Freistellung nach § 3 FPflZG In den Fällen der Freistellung nach § 3 FPflZG ist die monatliche Darlehensrate auf den Betrag begrenzt, der bei einer durchschnittlichen Arbeitszeit während der Familienpflegezeit von 15 Wochenstunden zu gewähren ist (§ 3 Abs. 4 FPflZG). Nach der in der Gesetzesbegründung vertretenen Auffassung dient dies auch dem Schutz der Beschäftigten vor einer zu hohen finanziellen Belastung in der Rückzahlungsphase.

Flexibilisierung § 3 Abs. 5 FPflZG flexibilisiert den monatlichen Darlehensbetrag. Es können auch niedrigere Darlehensraten gewährt werden, die Mindestdarlehensrate beträgt 50 EUR.

Vorrang Das Darlehen ist vorrangig vor dem Bezug von bedürftigkeitsabhängigen Sozialleistungen (Sozialhilfe, Leistungen nach dem SGB II) in Anspruch zu nehmen und von den Beschäftigten zu beantragen. Bei der Berechnung von Sozialleistungen sind die Zuflüsse aus dem Darlehen als Einkommen zu berücksichtigen.

5.2.8 *Rückzahlung des Darlehens*

48 Monate § 6 FPflZG verpflichtet den Arbeitnehmer (Darlehensnehmer), im Anschluss an die Freistellung das Darlehen innerhalb von 48 Monaten nach Beginn der Freistellung zurückzuzahlen. Hierbei soll die Rückzahlung in möglichst gleichbleibenden monatlichen Raten erfolgen. Für die Rückzahlung gelten alle an den Darlehensnehmer geleisteten Darlehensbeträge als ein Darlehen.

Beginn Die Rückzahlung beginnt in dem Monat, der auf das Ende der Förderung der Freistellung folgt. Das Bundesamt für Familie und zivilgesellschaftliche Aufgaben kann auf Antrag des Darlehensnehmers den Beginn der Rückzahlung auf einen späteren Zeitpunkt, spätestens jedoch auf den 25. Monat nach Beginn der Förderung festsetzen, wenn die übrigen Voraussetzungen für den Anspruch weiterhin vorliegen.

Aussetzung der Raten Befindet sich der Darlehensnehmer während des Rückzahlungszeitraums in einer Freistellung nach § 3 Abs. 1 FPflZG, setzt das Bundesamt für Familie und zivilgesellschaftliche Aufgaben auf Antrag des Beschäftigten die monatlichen Rückzahlungsraten bis zur Beendigung der Freistellung von der Arbeitsleistung aus.

Verlängerung Der Rückzahlungszeitraum verlängert sich um den Zeitraum der Aussetzung.

Härtefall § 7 FPflZG beschäftigt sich mit einer Härtefallregelung. Danach stundet das Bundesamt für Familie und zivilgesellschaftliche Aufgaben zur Vermeidung einer besonderen Härte auf Antrag die Rückzahlung des Darlehens, ohne dass dafür Zinsen anfallen.

Beispiele:

Als besondere Härte gelten insbesondere:

- der Bezug von Entgeltersatzleistungen nach dem SGB III (Arbeitslosenversicherung) und dem SGB V (Krankenversicherung)
- Leistungen zur Sicherung des Lebensunterhalts nach dem SGB II (Grundsicherung für Arbeitsuchende)
- Leistungen nach dem Dritten und Vierten Kapitel des SGB XII (Sozialhilfe)
- eine mehr als 180 Tage ununterbrochene Arbeitsunfähigkeit

Finanzielle Belastungen

Eine besondere Härte liegt auch vor, wenn sich der Darlehensnehmer wegen unverschuldeter finanzieller Belastungen vorübergehend in ernsthaften Zahlungsschwierigkeiten befindet oder zu erwarten ist, dass er durch die Rückzahlung des Darlehens in der vorgesehenen Form in solche Schwierigkeiten gerät.

Weiterer Härtefall

§ 7 Abs. 2 FPflZG sieht eine weitere Härtefallregelung vor. In der Gesetzesbegründung wird darauf hingewiesen, dass Ängste und Unsicherheiten der pflegenden Angehörigen mit dieser Härtefallregelung aufgegriffen werden. Besteht nämlich der Pflegebedarf des nahen Angehörigen über die Dauer der Freistellung hinaus und führt der Darlehensnehmer die Freistellung von der Arbeitsleistung fort, um die Pflege in häuslicher Umgebung weiterhin durchzuführen, sind auf Antrag die fälligen Rückzahlungsraten zu einem Viertel zu erlassen. Voraussetzung ist, dass die vorstehend geschilderten Bedingungen der Härtefallregelung vorliegen. Die übrige Darlehensschuld wird zinsfrei gestundet.

Erlöschen der Schuld

Die Darlehensschuld erlischt, soweit sie noch nicht fällig ist, wenn der Darlehensnehmer Leistungen nach dem Dritten und Vierten Kapitel des SGB XII oder Leistungen zur Sicherung des Lebensunterhalts nach dem SGB II ununterbrochen seit mindestens zwei Jahren nach dem Ende der Freistellung bezieht oder verstirbt (§ 7 Abs. 3 FPflZG).

5.2.9 Antragstellung und Durchführung des Verfahrens

Bundesamt für Familie und zivilgesellschaftliche Aufgaben
Postanschrift: 50964 Köln
Besucheranschrift: Sibille-Hartmann-Straße 2–8
50969 Köln
Telefon: 0221 3673-0
Telefax: 0221 3673-4661
Internet: www.bafza.de
E-Mail: poststelle@bafza.bund.de

Ein Vordruck für die Beantragung eines zinslosen Darlehens findet sich auf der Homepage des Bundesamts. Dem Antrag sind beizufügen:

- Entgeltbescheinigung des Mitarbeiters
- Vereinbarung über die Familienpflegezeit
- Bescheinigung über die Pflegebedürftigkeit des nahen Angehörigen des Arbeitnehmers

Entgeltbescheinigung

In der Entgeltbescheinigung ist insbesondere die arbeitsvertraglich vereinbarte Wochenstundenzahl der letzten zwölf Monate vor Beginn der Familienpflegezeit anzugeben.

Das Bundesamt setzt die Höhe der Darlehensraten zu Beginn der Leistungsgewährung in monatlichen Festbeträgen für die gesamte Förderdauer fest.

Wirkung Der Antrag wirkt vom Zeitpunkt des Vorliegens der Anspruchsvoraussetzungen, wenn er innerhalb von drei Monaten nach deren Vorliegen gestellt wird, anderenfalls wirkt er vom Beginn des Monats der Antragstellung.

Entscheidung des Bundesamts Das Bundesamt für Familie und zivilgesellschaftliche Aufgaben entscheidet auf schriftlichen Antrag über das Darlehen und dessen Rückzahlung.

Bescheid In dem Darlehensbescheid gibt das Bundesamt an:

- Höhe des Darlehens
- Höhe der monatlichen Darlehensraten sowie Dauer der Leistung
- Höhe und Dauer der Rückzahlungsraten
- Fälligkeit der ersten Rückzahlungsrate

Zusammenführung Wurde dem Antragsteller für eine vor dem Antrag liegende Freistellung ein Darlehen gewährt, sind für die Ermittlung der Rückzahlungsraten und die Fälligkeit der ersten Rückzahlungsrate das zurückliegende und das aktuell gewährte Darlehen wie ein Darlehen zu behandeln. Der das erste Darlehen betreffende Bescheid wird hinsichtlich Höhe, Dauer und Fälligkeit der Rückzahlungsraten geändert.

Auszahlung Die Darlehensraten werden zu Beginn jeweils für den Kalendermonat ausgezahlt, in dem die Anspruchsvoraussetzungen vorliegen. Monatliche Förderungsbeträge, die nicht volle Euro ergeben, sind bei Restbeträgen bis zu 0,49 EUR abzurunden und von 0,50 EUR an aufzurunden.

5.3 Meldepflicht

Anmeldung Die Anmeldung zur Pflegeversicherung ist für gesetzlich Krankenversicherte in § 50 SGB XI, für Privatversicherte eine elektronische Meldepflicht in § 51 SGB XI geregelt. Ein Verstoß gegen diese Meldepflichten stellt eine Ordnungswidrigkeit dar, die mit einer Geldbuße bis zu 2.500 EUR geahndet werden kann (§ 121 SGB XI). Zuständig ist jeweils die Pflegekasse der Krankenkasse, bei der die Krankenversicherung besteht. Bei Familienversicherten ist dies die Pflegekasse des Mitglieds (§ 48 Abs. 1 SGB XI); für Personen, die weder gesetzlich noch privat krankenversichert sind, grundsätzlich die Pflegekasse, deren Krankenversicherung mit der Leistungserbringung im Krankheitsfall beauftragt ist. Bei Übernahme der Betreuung sollte sich der Betreuer rückversichern, ob die Meldung ordnungsgemäß erfolgt ist.

Versicherungspflicht Die Versicherungspflicht folgt der für die gesetzliche Krankenversicherung (§ 20 Abs. 1 SGB XI). Auch freiwillige Mitglieder der gesetzlichen Krankenversicherung (vgl. § 9 SGB V) sind versicherungspflichtig in der Pflegeversicherung (§ 20 Abs. 3 SGB XI).

Versicherungsfreiheit Wer versicherungsfrei nach §§ 20, 21 SGB XI wird oder wessen Familienversicherungsanspruch (§ 25 SGB XI) endet, kann sich unter den Voraussetzungen des § 26 SGB XI auf Antrag in der gesetzlichen Pflegeversicherung weiterversichern lassen. Für die Ehegatten/Lebenspartner und Kinder der Versicherten besteht eine kostenfreie Familienversicherung analog der gesetzlichen Krankenversicherung (vgl. § 10 SGB V, § 25 SGB XI).

Familienversicherung Beamte Verliert eine Beamtin, deren Ehegatte gesetzlich krankenversichert ist, mit Antritt der Elternzeit ihren Beihilfeanspruch, hat sie Anspruch auf kostenfreie Familienversicherung mit ihrem Ehegatten. Dies ist der Pflegeversicherung möglichst umgehend mitzuteilen.

5.4 Beitrittsrecht

Beitrittsrecht

§ 26a Abs. 3 SGB XI regelt das Beitrittsrecht für künftige Nichtversicherte, das als Dauerrecht ausgestaltet ist. Dieses Beitrittsrecht ist enger ausgestaltet. Es betrifft nur noch Personen, die nachweislich nicht von dem Beitrittsrecht nach § 26a Abs. 1 und 2 SGB XI Gebrauch machen konnten. Daher wird das Beitrittsrecht auf Personen beschränkt, die seit dem 1. 7. 2002 als Zuwanderer oder Auslandsrückkehrer ihren Wohnsitz im Inland aufnehmen und das 65. Lebensjahr noch nicht vollendet haben, sowie auf Personen, die als Empfänger von Hilfe zum Lebensunterhalt von einem früheren Beitrittsrecht ausgeschlossen waren, jedoch sich nach Ausscheiden aus dem Sozialhilfebezug selbst versichern möchten und in der Lage sind, einen Beitrag zu zahlen (§ 26a Abs. 1 Satz 2 SGB XI). Der Beitritt ist gegenüber der nach § 48 Abs. 2 SGB XI gewählten Pflegekasse oder dem gewählten privaten Versicherungsunternehmen schriftlich innerhalb von drei Monaten nach Wohnsitznahme im Inland oder nach Wegfall der Ausschlussgründe nach § 26a Abs. 1 Satz 2 SGB XI mit Wirkung vom 1. des Monats zu erklären, der auf die Beitrittserklärung folgt. Auf den privaten Versicherungsvertrag findet § 110 Abs. 3 SGB XI Anwendung. Das Beitrittsrecht nach § 26a Abs. 3 Satz 1 SGB XI ist nicht gegeben in Fällen, in denen ohne zwingenden Grund von den in § 26a Abs. 1 und 2 SGB XI geregelten Beitrittsrechten kein Gebrauch gemacht worden ist oder in denen die in § 26a Abs. 2 Satz 2 SGB XI aufgeführten Ausschlussgründe vorliegen.

5.5 Privat krankenversichert: Kündigungsmöglichkeiten

Privatversicherung

Ferner besteht nach § 27 SGB XI eine Kündigungsmöglichkeit des Vertrags bei einem privaten Krankenversicherungsunternehmen, wenn die gesetzliche Versicherungspflicht eintritt. Das Kündigungsrecht gilt auch für Familienangehörige, wenn für sie die Voraussetzungen einer Familienversicherung nach § 25 SGB XI eintreten. Für die Dauer der Familienversicherung fallen dann keine Beiträge an (§ 56 SGB XI).

5.6 Pflegebedürftigkeit

Begriff

Der durch das PSG II neu begründete Pflegebedürftigkeitsbegriff ist in § 14 SGB XI enthalten.

Nach der in der Gesetzesbegründung vertretenen Ansicht ist er auf dem aktuellen Stand, berücksichtigt alle relevanten Aspekte von Pflegebedürftigkeit umfassend und ist an den (verbleibenden) Ressourcen und Fähigkeiten des Pflegebedürftigen, und nicht vorrangig an dessen Defiziten orientiert. Damit wird – so die Gesetzesbegründung – der neue Pflegebedürftigkeitsbegriff Grundlage und Impuls für moderne und pflegefachlich noch besser fundierte Leistungen und eine entsprechende Leistungserbringung in der Pflegeversicherung.

Als pflegebedürftig werden seit 1. 1. 2017 Personen definiert, die aufgrund gesundheitlich bedingter Beeinträchtigungen ihrer Selbstständigkeit oder ihrer Fähigkeiten nach Maßgabe der im Gesetz abschließend festgelegten Kriterien in den festgelegten Bereichen der Hilfe durch andere bedürfen. Der Hilfebedarf muss auf den in den Kriterien beschriebenen, gesundheitlich bedingten Beeinträchtigungen der Selbstständigkeit oder der Fähigkeiten beruhen. Andere Ursachen für einen Hilfebedarf bleiben außer Betracht.

Umfeld

Die Beeinträchtigungen der Selbstständigkeit oder der Fähigkeiten werden personenbezogen und unabhängig vom jeweiligen (Wohn-)Umfeld ermittelt.

Erweiterung

Der Pflegebedürftigkeitsbegriff und damit auch seine Legaldefinition werden deutlich erweitert. Er bezieht nunmehr unter anderem solche Personen mit ein, deren erheblich eingeschränkte Alltagskompetenz nach § 45a SGB XI in der Fassung bis zum 31. 12. 2016 in einem gesonderten Verfahren festgestellt wurde. Pflegebedürftig sind alle Menschen, die aufgrund der Begutachtung einen Pflegegrad erhalten – unabhängig davon, ob der Schwerpunkt ihrer gesundheitlich bedingten Beeinträchtigungen im körperlichen, kognitiven oder psychischen Bereich liegt.

Zusammenfassend ist festzustellen, dass nur solche Personen pflegebedürftig sind, die körperliche, kognitive oder psychische Beeinträchtigungen sowie gesundheitlich bedingte Belastungen oder Anforderungen nicht selbstständig kompensieren oder bewältigen können.

Längerfristige Untergrenze

Pflegebedürftigkeit soll weiter immer dann solidarisch abgesichert werden, wenn sie längerfristig und nicht nur gelegentlich besteht.

Eine zeitliche Untergrenze bilden Beeinträchtigungen der Selbstständigkeit oder der Fähigkeiten mit daraus resultierendem Bedarf an Hilfe durch andere, die voraussichtlich für mindestens sechs Monate vorliegen. Die Entscheidung über das Bestehen einer voraussichtlichen längerfristigen Pflegebedürftigkeit kann bereits vor dem Ablauf von sechs Monaten getroffen werden. Voraussetzung ist, dass die Dauerhaftigkeit vorhersehbar ist. Dauerhaftigkeit ist auch dann gegeben, wenn die verbleibende Lebensspanne möglicherweise weniger als sechs Monate beträgt.

Sechs Bereiche

Die in § 14 Abs. 4 SGB XI aufgelisteten sechs Bereiche, in denen der Schweregrad der individuellen Beeinträchtigung der Selbstständigkeit oder Fähigkeiten ermittelt wird, umfassen jeweils eine Gruppe artverwandter Kriterien oder einen Lebensbereich. Sie stellen einen abschließenden Katalog der zu berücksichtigenden Kriterien dar, anhand derer Beeinträchtigungen der Selbstständigkeit oder der Fähigkeiten festgestellt werden sollen.

Es handelt sich dabei um die nachfolgenden Kriterien:

- Mobilität
- Kognitive und kommunikative Fähigkeiten
- Verhaltensweisen und psychische Problemlagen
- Selbstversorgung
- Bewältigung und selbstständiger Umgang mit krankheits- oder therapiebedingten Anforderungen und Belastungen
- Gestaltung des Alltagslebens und sozialer Kontakte

Kriterien

§ 14 Abs. 2 SGB XI beschäftigt sich näher mit den sechs Bereichen. Danach gelten für das Vorliegen von gesundheitlich bedingten Beeinträchtigungen der Selbstständigkeit oder der Fähigkeiten die in den folgenden sechs Bereichen genannten pflegefachlich begründeten Kriterien:

1. *Mobilität:* Positionswechsel im Bett, Halten einer stabilen Sitzposition, Umsetzen, Fortbewegen innerhalb des Wohnbereichs, Treppensteigen
2. *Kognitive und kommunikative Fähigkeiten:* Erkennen von Personen aus dem näheren Umfeld, örtliche Orientierung, zeitliche Orientierung, Erinnern an wesentliche Ereignisse oder Beobachtungen, Steuern von mehrschrittigen Alltagshandlungen, Treffen von Entscheidungen im Alltagshandeln, Treffen von Entscheidungen im Alltagsleben, Verstehen von Sachverhalten und Informationen, Erkennen von Risiken und Gefahren, Mitteilen von elementaren Bedürfnissen, Verstehen von Aufforderungen, Beteiligen an einem Gespräch

3. *Verhaltensweisen und psychische Problemlagen:* motorisch geprägte Verhaltensauffälligkeiten, nächtliche Unruhe, selbstschädigendes und autoaggressives Verhalten, Beschädigen von Gegenständen, physisch aggressives Verhalten gegenüber anderen Personen, verbale Aggressionen, andere pflegerelevante vokale Auffälligkeiten, Abwehr pflegerischer und anderer unterstützender Maßnahmen, Wahnvorstellungen, Ängste, Antriebslosigkeit bei depressiver Stimmungslage, sozial inadäquate Verhaltensweisen, sonstige pflegerelevante inadäquate Handlungen

4. *Selbstversorgung:* Waschen des vorderen Oberkörpers, Körperpflege im Bereich des Kopfes, Waschen des Intimbereichs, Duschen und Baden einschließlich Waschen der Haare, An- und Auskleiden des Oberkörpers, An- und Auskleiden des Unterkörpers, mundgerechtes Zubereiten der Nahrung und Eingießen von Getränken, Essen, Trinken, Benutzen einer Toilette oder eines Toilettenstuhls, Bewältigen der Folgen einer Harninkontinenz und Umgang mit Dauerkatheter und Urostoma, Bewältigen der Folgen einer Stuhlinkontinenz und Umgang mit Stoma, Ernährung parenteral oder über Sonde, Bestehen gravierender Probleme bei der Nahrungsaufnahme bei Kindern bis zu 18 Monaten, die einen außergewöhnlich pflegeintensiven Hilfebedarf auslösen

5. *Bewältigung von und selbstständiger Umgang mit krankheits- oder therapiebedingten Anforderungen und Belastungen* in Bezug auf:

   - Medikation, Injektionen, Versorgung intravenöser Zugänge, Absaugen und Sauerstoffgabe, Einreibungen sowie Kälte- und Wärmeanwendungen, Messung und Deutung von Körperzuständen, körpernahe Hilfsmittel

   - Verbandswechsel und Wundversorgung, Versorgung mit Stoma, regelmäßige Einmalkatheterisierung und Nutzung von Abführmethoden, Therapiemaßnahmen in häuslicher Umgebung

   - zeit- und technikintensive Maßnahmen in häuslicher Umgebung, Arztbesuche, Besuche anderer medizinischer oder therapeutischer Einrichtungen, zeitlich ausgedehnte Besuche medizinischer oder therapeutischer Einrichtungen, Besuch von Einrichtungen zur Frühförderung bei Kindern

   - das Einhalten einer Diät oder anderer krankheits- oder therapiebedingter Verhaltensvorschriften

6. *Gestaltung des Alltagslebens und sozialer Kontakte:* Gestaltung des Tagesablaufs und Anpassung an Veränderungen, Ruhen und Schlafen, sich Beschäftigen, Vornehmen von in die Zukunft gerichteten Planungen, Interaktion mit Personen im direkten Kontakt, Kontaktpflege zu Personen außerhalb des direkten Umfelds.

Haushaltsführung

Beeinträchtigungen der Selbstständigkeit oder der Fähigkeiten, die dazu führen, dass die Haushaltsführung nicht mehr ohne Hilfe bewältigt werden kann, werden bei den Kriterien der vorstehend genannten Art berücksichtigt.

5.7 Pflegegrade

Pflegegrad

Pflegebedürftige erhalten nach der Schwere der Beeinträchtigungen der Selbstständigkeit oder der Fähigkeiten einen Grad der Pflegebedürftigkeit (§ 15 Abs. 1 SGB XI). Es wird hier vom Pflegegrad gesprochen.

Begutachtungsinstrument

Der Pflegegrad wird mithilfe eines pflegefachlich begründeten Begutachtungsinstruments ermittelt. Das Begutachtungsinstrument ist in sechs Module gegliedert, die den oben aufgezählten sechs Bereichen des § 14 Abs. 2 SGB XI entsprechen. In jedem Modul sind für die in den Bereichen genannten Kriterien die in Anlage 1 zum SGB XI dargestellten Kategorien vorgesehen. Diese Kategorien stellen die in ihnen zum Ausdruck kommenden verschiedenen Schweregrade der Beeinträchtigungen der Selbstständigkeit oder der Fähigkeiten dar.

Innerhalb der sechs Module werden Einzelpunkte vergeben.

Ermittlung der Einzelpunkte

In der Anlage 1 zu § 15 SGB XI geht es um die Ermittlung der Einzelpunkte:

Einzelpunkte der Module 1 bis 6; Bildung der Summe der Einzelpunkte in jedem Modul

Modul 1: Einzelpunkte im Bereich der Mobilität

Das Modul umfasst fünf Kriterien, deren Ausprägungen in den folgenden Kategorien mit den nachstehenden Einzelpunkten gewertet werden:

Ziffer	Kriterien	selbstständig	überwiegend selbstständig	überwiegend unselbstständig	unselbstständig
1.1	Positionswechsel im Bett	0	1	2	3
1.2	Halten einer stabilen Sitzposition	0	1	2	3
1.3	Umsetzen	0	1	2	3
1.4	Fortbewegen innerhalb des Wohnbereichs	0	1	2	3
1.5	Treppensteigen	0	1	2	3

Modul 2: Einzelpunkte im Bereich der kognitiven und kommunikativen Fähigkeiten

Das Modul umfasst elf Kriterien, deren Ausprägungen in den folgenden Kategorien mit den nachstehenden Einzelpunkten gewertet werden:

Ziffer	Kriterien	Fähigkeit vorhanden/ unbeeinträchtigt	Fähigkeit größtenteils vorhanden	Fähigkeit in geringem Maße vorhanden	Fähigkeit nicht vorhanden
2.1	Erkennen von Personen aus dem näheren Umfeld	0	1	2	3
2.2	Örtliche Orientierung	0	1	2	3
2.3	Zeitliche Orientierung	0	1	2	3
2.4	Erinnern an wesentliche Ereignisse oder Beobachtungen	0	1	2	3
2.5	Steuern von mehrschrittigen Alltagshandlungen	0	1	2	3
2.6	Treffen von Entscheidungen im Alltag	0	1	2	3
2.7	Verstehen von Sachverhalten und Informationen	0	1	2	3
2.8	Erkennen von Risiken und Gefahren	0	1	2	3
2.9	Mitteilen von elementaren Bedürfnissen	0	1	2	3
2.10	Verstehen von Aufforderungen	0	1	2	3
2.11	Beteiligen an einem Gespräch	0	1	2	3

Modul 3: Einzelpunkte im Bereich der Verhaltensweisen und psychischen Probleme

Das Modul umfasst 13 Kriterien, deren Häufigkeit des Auftretens in den folgenden Kategorien mit den nachstehenden Einzelpunkten gewertet wird:

Ziffer	Kriterien	nie oder sehr selten	selten (ein- bis dreimal innerhalb von zwei Wochen)	häufig (zweimal bis mehrmals wöchentlich, aber nicht täglich)	täglich
3.1	Motorisch geprägte Verhaltensauffälligkeiten	0	1	3	5
3.2	Nächtliche Unruhe	0	1	3	5
3.3	Selbstschädigendes und autoaggressives Verhalten	0	1	3	5
3.4	Beschädigen von Gegenständen	0	1	3	5
3.5	Physisch aggressives Verhalten gegenüber anderen Personen	0	1	3	5
3.6	Verbale Aggression	0	1	3	5
3.7	Andere pflegerelevante vokale Auffälligkeiten	0	1	3	5
3.8	Abwehr pflegerischer und anderer unterstützender Maßnahmen	0	1	3	5
3.9	Wahnvorstellungen	0	1	3	5
3.10	Ängste	0	1	3	5
3.11	Antriebslosigkeit bei depressiver Stimmungslage	0	1	3	5
3.12	Sozial inadäquate Verhaltensweisen	0	1	3	5
3.13	Sonstige pflegerelevante inadäquate Handlungen	0	1	3	5

Modul 4: Einzelpunkte im Bereich der Selbstversorgung

Das Modul umfasst 13 Kriterien.

Einzelpunkte für die Kriterien der Ziffern 4.1 bis 4.12

Die Ausprägungen der Kriterien 4.1 bis 4.12 werden in den folgenden Kategorien mit den nachstehenden Einzelpunkten gewertet:

Ziffer	Kriterien	selbstständig	überwiegend selbstständig	überwiegend unselbstständig	unselbstständig
4.1	Waschen des vorderen Oberkörpers	0	1	2	3
4.2	Körperpflege im Bereich des Kopfes (Kämmen, Zahnpflege/Prothesenreinigung, Rasieren)	0	1	2	3
4.3	Waschen des Intimbereichs	0	1	2	3
4.4	Duschen und Baden einschließlich Waschen der Haare	0	1	2	3
4.5	An- und Auskleiden des Oberkörpers	0	1	2	3
4.6	An- und Auskleiden des Unterkörpers	0	1	2	3
4.7	Mundgerechtes Zubereiten der Nahrung und Eingießen von Getränken	0	1	2	3
4.8	Essen	0	3	6	9
4.9	Trinken	0	2	4	6
4.10	Benutzen einer Toilette oder eines Toilettenstuhls	0	2	4	6
4.11	Bewältigen der Folgen einer Harninkontinenz und Umgang mit Dauerkatheter und Urostoma	0	1	2	3
4.12	Bewältigen der Folgen einer Stuhlinkontinenz und Umgang mit Stoma	0	1	2	3

Einzelpunkte für das Kriterium der Ziffer 4.13

Die Ausprägungen des Kriteriums der Ziffer 4.13 werden in den folgenden Kategorien mit den nachstehenden Einzelpunkten gewertet:

Ziffer	Kriterium	entfällt	teilweise	vollständig
4.13	Ernährung parenteral oder über Sonde	0	6	3

Einzelpunkte für das Kriterium der Ziffer 4.K

Bei Kindern im Alter bis 18 Monate werden die Kriterien der Ziffern 4.1 bis 4.13 durch das Kriterium 4.K ersetzt und wie folgt gewertet:

Ziffer	Kriterium	Einzelpunkte
4.K	Bestehen gravierender Probleme bei der Nahrungsaufnahme bei Kindern bis zu 18 Monaten, die einen außergewöhnlich pflegeintensiven Hilfebedarf auslösen	20

Modul 5: Einzelpunkte im Bereich der Bewältigung von und des selbstständigen Umgangs mit krankheits- oder therapiebedingten Anforderungen und Belastungen

Das Modul umfasst 16 Kriterien.

Einzelpunkte für die Kriterien der Ziffern 5.1 bis 5.7

Die durchschnittliche Häufigkeit der Maßnahmen pro Tag bei den Kriterien der Ziffern 5.1 bis 5.7 wird in den folgenden Kategorien mit den nachstehenden Einzelpunkten gewertet:

Ziffer	Kriterien in Bezug auf	entfällt oder selbstständig	Anzahl der Maßnahmen		
			pro Tag	pro Woche	pro Monat
5.1		0			
5.2		0			
5.3		0			
5.4		0			
5.5		0			
5.6		0			
5.7		0			
Summe der Maßnahmen aus 5.1 bis 5.7		0			
Umrechnung in Maßnahmen pro Tag		0			

Einzelpunkte für die Kriterien der Ziffern 5.1 bis 5.7

Maßnahme pro Tag	keine oder seltener als einmal täglich	mindestens einmal bis maximal dreimal täglich	mehr als dreimal bis maximal achtmal täglich	mehr als achtmal täglich
Einzelpunkte	0	1	2	3

Einzelpunkte für die Kriterien der Ziffern 5.8 bis 5.11

Die durchschnittliche Häufigkeit der Maßnahmen pro Tag bei den Kriterien der Ziffern 5.8 bis 5.11 wird in den folgenden Kategorien mit den nachstehenden Einzelpunkten gewertet:

Ziffer	Kriterien in Bezug auf	entfällt oder selbstständig	Anzahl der Maßnahmen		
			pro Tag	pro Woche	pro Monat
5.8	Verbandswechsel und Wundversorgung	0			
5.9	Versorgung mit Stoma	0			
5.10	Regelmäßige Einmalkatheterisierung und Nutzung von Abführmethoden	0			
5.11	Therapiemaßnahmen in häuslicher Umgebung	0			
Summe der Maßnahmen aus 5.8 bis 5.11		0			
Umrechnung in Maßnahmen pro Tag		0			

Einzelpunkte für die Kriterien der Ziffern 5.8 bis 5.11

Maßnahme pro Tag	keine oder seltener als einmal wöchentlich	ein- bis mehrmals wöchentlich	ein- bis zweimal täglich	mindestens dreimal täglich
Einzelpunkte	0	1	2	3

Einzelpunkte für die Kriterien der Ziffern 5.12 bis 5.K

Die durchschnittliche wöchentliche oder monatliche Häufigkeit von zeit- und technikintensiven Maßnahmen in häuslicher Umgebung, die auf Dauer, voraussichtlich für mindestens sechs Monate, vorkommen, wird in den folgenden Kategorien mit den nachstehenden Einzelpunkten gewertet:

Ziffer	Kriterium in Bezug auf	entfällt oder selbstständig	täglich	wöchentliche Häufigkeit multipliziert mit	monatliche Häufigkeit multipliziert mit
5.12	Zeit- und technikintensive Maßnahmen in häuslicher Umgebung	0	60	8,6	2

Die durchschnittliche wöchentliche oder monatliche Häufigkeit der Kriterien der Ziffern 5.13 bis 5.K wird wie folgt erhoben und mit den nachstehenden Punkten gewertet:

Ziffer	Kriterien	entfällt oder selbstständig	wöchentliche Häufigkeit multipliziert mit	monatliche Häufigkeit multipliziert mit
5.13	Arztbesuche	0	4,3	1
5.14	Besuch anderer medizinischer oder therapeutischer Einrichtungen (bis zu drei Stunden)	0	4,3	1
5.15	Zeitlich ausgedehnte Besuche anderer medizinischer oder therapeutischer Einrichtungen (länger als drei Stunden)	0	4,3	2
5.K	Besuche von Einrichtungen zur Frühförderung bei Kindern	0	4,3	1

Summe	Einzelpunkte
0 bis unter 4,3	0
4,3 bis unter 8,6	1
8,6 bis unter 12,9	2
12,9 bis unter 60	3
60 und mehr	6

Einzelpunkte für das Kriterium der Ziffer 5.16

Die Ausprägungen des Kriteriums der Ziffer 5.16 werden in den folgenden Kategorien mit den nachstehenden Einzelpunkten gewertet:

Ziffer	Kriterien	entfällt oder selbstständig	überwiegend selbstständig	überwiegend unselbstständig	unselbstständig
5.16	Einhaltung einer Diät und anderer krankheits- oder therapiebedingter Verhaltensvorschriften	0	1	2	3

Modul 6: Einzelpunkte im Bereich der Gestaltung des Alltagslebens und sozialer Kontakte

Das Modul umfasst sechs Kriterien, deren Ausprägungen in den folgenden Kategorien mit den nachstehenden Punkten gewertet werden:

Ziffer	Kriterien	selbstständig	überwiegend selbstständig	überwiegend unselbstständig	unselbstständig
6.1	Gestaltung des Tagesablaufs und Anpassung an Veränderungen	0	1	2	3
6.2	Ruhen und Schlafen	0	1	2	3
6.3	Sich beschäftigen	0	1	2	3
6.4	Vornehmen von in die Zukunft gerichteten Planungen	0	1	2	3
6.5	Interaktion mit Personen im direkten Kontakt	0	1	2	3
6.6	Kontaktpflege zu Personen außerhalb des direkten Umfelds	0	1	2	3

Bewertungssystematik

Auf die zusätzlichen Erläuterungen in der Anlage 1 zu § 15 SGB XI wird verwiesen. Nachfolgend wird die Anlage 2 zu § 15 SGB XI wiedergegeben, die sich mit der Bewertungssystematik (Summe der Punkte und gewichtete Punkte) beschäftigt:

Bewertungssystematik (Summe der Punkte und gewichtete Punkte)

Schweregrad der Beeinträchtigungen der Selbstständigkeit oder der Fähigkeiten im Modul

Module	Gewichtung	0 keine	1 geringe	2 erhebliche	3 schwere	4 schwerste	
1 Mobilität	**10 %**	0–1	2–3	4–5	6–9	10–15	Summe der Einzelpunkte im Modul 1
		0	**2,5**	**5**	**7,5**	**10**	**Gewichtete Punkte im Modul 1**
2 Kognitive und kommunikative Fähigkeiten	**15 %**	0–1	2–5	6–10	11–16	17–33	Summe der Einzelpunkte im Modul 2
3 Verhaltensweisen und psychische Problemlagen		0	1–2	3–4	5–6	7–65	Summe der Einzelpunkte im Modul 3
Höchster Wert aus Modul 2 oder Modul 3		**0**	**3,75**	**7,5**	**11,25**	**15**	**Gewichtete Punkte für die Module 2 und 3**
4 Selbstversorgung	**40 %**	0–2	3–7	8–18	19–36	37–54	Summe der Einzelpunkte im Modul 4
		0	**10**	**20**	**30**	**40**	**Gewichtete Punkte im Modul 4**
5 Bewältigung von und selbstständiger Umgang mit krankheits- oder therapiebedingten Anforderungen und Belastungen	**20 %**	0	1	2–3	4,5	6,15	Summe der Einzelpunkte im Modul 5
		0	**5**	**10**	**15**	**20**	**Gewichtete Punkte im Modul 5**
6 Gestaltung des Alltagslebens und sozialer Kontakte	**15 %**	0	1–3	4–6	7–11	12–18	Summe der Einzelpunkte im Modul 6
		0	**3,75**	**7,5**	**11,25**	**15**	**Gewichtete Punkte im Modul 6**
7 Außerhäusliche Aktivitäten		Die Berechnung einer Modulbewertung ist entbehrlich, da die Darstellung der qualitativen Ausprägungen bei den einzelnen Kriterien ausreichend ist, um Anhaltspunkte für eine Versorgungs- und Pflegeplanung ableiten zu können.					
8 Haushaltsführung							

Summe der Punkte Die Summen der Punkte werden nach den in ihnen zum Ausdruck kommenden Schweregraden der Beeinträchtigungen der Selbstständigkeit oder der Fähigkeiten wie folgt bezeichnet:

- Punktbereich 0: keine Beeinträchtigungen der Selbstständigkeit oder der Fähigkeiten
- Punktbereich 1: geringe Beeinträchtigungen der Selbstständigkeit oder der Fähigkeiten
- Punktbereich 2: erhebliche Beeinträchtigungen der Selbstständigkeit oder der Fähigkeiten
- Punktbereich 3: schwere Beeinträchtigungen der Selbstständigkeit oder der Fähigkeiten
- Punktbereich 4: schwerste Beeinträchtigungen der Selbstständigkeit oder der Fähigkeiten

Zuordnung Jedem Punktbereich in einem Modul werden die in Anlage 2 zum SGB XI gewichteten Punkte zugeordnet. Dabei werden die Module des Begutachtungsinstruments wie folgt gewichtet:

- Mobilität mit 10 %
- kognitive und kommunikative Fähigkeiten sowie Verhaltensweisen und psychische Problemlagen zusammen mit 15 %
- Selbstversorgung mit 40 %
- Bewältigung von und selbstständiger Umgang mit krankheits- oder therapiebedingten Anforderungen und Belastungen mit 20 %
- Gestaltung des Alltagslebens und sozialer Kontakte mit 15 %

Addition Zur Ermittlung des Pflegegrads sind die bei der Begutachtung festgestellten Einzelpunkte in jedem Modul zu addieren und dem in Anlage 1 zum SGB XI festgelegten Punktbereich sowie den sich daraus ergebenden gewichteten Punkten zuzuordnen. Aus den gewichteten Punkten aller Module sind durch Addition die Gesamtpunkte zu bilden.

Einordnung in einen Pflegegrad Auf der Basis der erreichten Gesamtpunkte sind pflegebedürftige Personen in einen der nachfolgenden Pflegegrade einzuordnen:

- Pflegegrad 1: geringe Beeinträchtigungen der Selbstständigkeit oder der Fähigkeiten – ab 12,5 bis unter 27 Gesamtpunkten
- Pflegegrad 2: erhebliche Beeinträchtigungen – ab 27 bis unter 47,5 Gesamtpunkten
- Pflegegrad 3: schwere Beeinträchtigungen – ab 47,5 bis unter 70 Gesamtpunkten
- Pflegegrad 4: schwerste Beeinträchtigungen – ab 70 bis unter 90 Gesamtpunkten
- Pflegegrad 5: schwerste Beeinträchtigungen mit besonderen Anforderungen an die pflegerische Versorgung – ab 90 bis 100 Gesamtpunkten

Ein Vergleich zwischen den bisherigen Pflegestufen und den neuen Pflegegraden ergibt folgendes Bild:

Vergleich

Pflegestufe	Pflegegrad
Pflegestufe „0" mit erheblich eingeschränkter Alltagskompetenz	2
Pflegestufe I	2
Pflegestufe I mit erheblich eingeschränkter Alltagskompetenz	3
Pflegestufe II	3
Pflegestufe II mit erheblich eingeschränkter Alltagskompetenz	4
Pflegestufe III	4
Pflegestufe III mit erheblich eingeschränkter Alltagskompetenz	5
Pflegestufe III + Härtefall	5
Pflegestufe III + Härtefall mit erheblich eingeschränkter Alltagskompetenz	5

Der neue Pflegegrad 1 entspricht nicht der Pflegestufe 0. Hier werden seit 1. 1. 2017 Personen zugeordnet, für die die Verbesserungen der Wohnsituation sowie Angebote allgemeiner Betreuung und gutes Eingebundensein in das Umfeld die wichtigste Hilfe in ihrem Alltag sind.

5.8 Sonderfall: Kinder

Hilfebedarf bei Kindern

Zur Feststellung des Hilfebedarfs sind pflegebedürftige Kinder mit einem gesunden Kind gleichen Alters zu vergleichen. Maßgebend für die Beurteilung des Hilfebedarfs bei einem Säugling oder Kleinkind ist nicht der natürliche, altersbedingte Pflegeaufwand, sondern nur der darüber hinausgehende Hilfebedarf.

Bei kranken oder behinderten Kindern ist der zusätzliche Hilfebedarf zu berücksichtigen, der sich z. B. als Folge

- einer angeborenen Erkrankung,
- einer intensivmedizinischen Behandlung oder
- einer Operation

ergibt.

Im ersten Lebensjahr liegt Pflegebedürftigkeit nur ausnahmsweise vor. Die Feststellung bedarf einer besonderen Begründung.

Zur Unterstützung durch die Pflegeperson zählen bei kranken oder behinderten Kindern auch sonstige pflegerische Maßnahmen durch die Pflegeperson, wie z. B. das Abklopfen bei Mukoviszidose-Kindern. Man spricht hier von pflegeunterstützenden Maßnahmen.

Wichtig:

Kein Hilfebedarf

Sowohl für Erwachsene als auch für Kinder gilt, dass folgende Maßnahmen nicht zum berücksichtigungsfähigen Hilfebedarf gehören:

- Maßnahmen zur Durchführung der beruflichen und sozialen (gesellschaftlichen) Eingliederung
- Maßnahmen der medizinischen Rehabilitation
- Maßnahmen zur Förderung der Kommunikation

5.9 Feststellung der Pflegebedürftigkeit

Feststellung

Die Leistungen bei Pflegebedürftigkeit sind bei der Pflegekasse zu beantragen.

Ärztliche Bescheinigung

In Zusammenhang mit dem Leistungsantrag ist die Vorlage einer ärztlichen Bescheinigung über die Pflegebedürftigkeit oder die Notwendigkeit bestimmter Leistungen nicht erforderlich. Häufig wird aus den Unterlagen der Krankenkasse ersichtlich sein, dass eine Pflegebedürftigkeit oder die Notwendigkeit zur Erbringung bestimmter diesbezüglicher Leistungen besteht.

In vielen Fällen wird die Pflegekasse auf Initiative der Krankenkasse tätig. Ausreichend ist auch die mit Einwilligung des Versicherten erfolgte Unterrichtung der Pflegekasse durch Dritte, z. B. Familienangehörige oder Nachbarn.

Die Pflegekasse trifft die Entscheidung über den Antrag. Dabei berücksichtigt sie das Gutachten des MDK oder eines beauftragten Gutachters.

Begutachtung durch den MDK oder den beauftragten Gutachter

Die Pflegekassen haben nämlich aufgrund ausdrücklicher gesetzlicher Regelung durch den MDK oder den beauftragten Gutachter prüfen zu lassen, ob

- die Voraussetzungen der Pflegebedürftigkeit erfüllt sind und
- welche Stufe der Pflegebedürftigkeit vorliegt.

Medizinischer Dienst, andere Gutachter

Der MDK oder ein anderer unabhängiger Gutachter muss prüfen, ob die Voraussetzungen der Pflegebedürftigkeit erfüllt sind und welcher Grad der Pflegebedürftigkeit vorliegt.

Unabhängige Gutachter

Soweit unabhängige Gutachter mit der Prüfung beauftragt werden, sind dem Antragsteller seit 1. 6. 2013 von der Pflegekasse in der Regel drei Gutachter zur Auswahl zu benennen. Auf die Qualifikation und Unabhängigkeit des Gutachters ist der Versicherte hinzuweisen. Hat sich der Antragsteller für einen der benannten Gutachter entschieden, wird diesem Wunsch Rechnung getragen. Der Antragsteller hat der Pflegekasse seine Entscheidung innerhalb einer Woche ab Kenntnis der Namen der Gutachter mitzuteilen. Geschieht dies nicht, bestimmt die Pflegekasse einen Gutachter aus der übersandten Liste. Die Gutachter sind bei der Wahrnehmung ihrer Aufgaben nur ihrem Gewissen unterworfen.

In Zusammenhang mit unabhängigen Gutachtern hat der GKV-Spitzenverband am 6. 5. 2013 Richtlinien zur Zusammenarbeit der Pflegekassen mit diesen Gutachtern erlassen (Unabhängige Gutachter-Richtlinien – UGU-RiLi), die zuletzt am 23. 11. 2016 geändert wurden.

5.10 Mitwirkungspflichten des Pflegebedürftigen

Mitwirkung

Die Mitwirkungspflichten des Sozialgesetzbuches gelten auch in der Pflegeversicherung. Wer nämlich Sozialleistungen beantragt oder erhält, soll sich auf Verlangen des zuständigen Leistungsträgers insbesondere ärztlichen Untersuchungsmaßnahmen unterziehen, soweit diese für die Entscheidung über die Leistung erforderlich sind.

Achtung:

Versagung/ Entziehung

Kommt der Pflegebedürftige seinen Mitwirkungspflichten nicht nach und wird hierdurch die Aufklärung des Sachverhalts erheblich erschwert, kann der Leistungsträger (hier: Pflegekasse) ohne weitere Ermittlungen die Leistung bis zur Nachholung der Mitwirkung ganz oder teilweise versagen oder entziehen, soweit die Voraussetzungen der Leistung nicht nachgewiesen sind. Dies gilt entsprechend, wenn der Antragsteller oder Leistungsberechtigte in anderer Weise absichtlich die Aufklärung des Sachverhalts erheblich erschwert.

Kommt derjenige, der eine Sozialleistung z. B. wegen Pflegebedürftigkeit bezieht, seinen Mitwirkungspflichten nicht nach und ist unter Würdigung aller Umstände mit Wahrscheinlichkeit anzunehmen, dass deshalb die Fähigkeit zur selbstständigen Lebensführung beeinträchtigt oder nicht verbessert wird, kann der Leistungsträger (also die Pflegekasse) die Leistung bis zur Nachholung der Mitwirkung ganz oder teilweise versagen oder entziehen.

Wichtig:

Hinweis

Sozialleistungen dürfen wegen fehlender Mitwirkung nur versagt oder entzogen werden, nachdem der Leistungsberechtigte auf diese Folge schriftlich hingewiesen worden ist und seiner Mitwirkungspflicht nicht innerhalb einer ihm gesetzten angemessenen Frist nachgekommen ist.

Nachträgliche Leistungsvoraussetzung

Wird die Mitwirkung nachgeholt und liegen die Leistungsvoraussetzungen vor, kann der Leistungsträger Sozialleistungen, die er versagt oder entzogen hat, nachträglich ganz oder teilweise erbringen.

Nach den von den früheren Spitzenverbänden der Pflegekassen aufgestellten Pflegebedürftigkeits-Richtlinien hat die Pflegekasse den Antragsteller auf Leistungen der Pflegeversicherung über die Mitwirkungspflichten sowie die Folgen fehlender Mitwirkung aufzuklären.

Einwilligung

Gleichzeitig fordert sie den Antragsteller auf, dem MDK bzw. dem sonst beauftragten Gutachter eine Einwilligung zur Einholung von Auskünften bei seinen behandelnden Ärzten, den ihn betreuenden Pflegepersonen und den Pflegeeinrichtungen zu erteilen.

Eine solche Einwilligung gehört auch zu den oben besprochenen Mitwirkungspflichten.

Einzelne Pflichten

Wer Sozialleistungen beantragt oder erhält, hat nämlich

- alle Tatsachen anzugeben, die für die Leistung erheblich sind, und auf Verlangen des zuständigen Leistungsträgers der Erteilung der erforderlichen Auskünfte durch Dritte zuzustimmen,
- Änderungen in den Verhältnissen, die für die Leistung erheblich sind oder über die im Zusammenhang mit der Leistung Erklärungen abgegeben worden sind, unverzüglich mitzuteilen,
- Beweismittel zu bezeichnen und auf Verlangen des zuständigen Leistungsträgers Beweisurkunden vorzulegen oder ihrer Vorlage zuzustimmen.

Soweit für die vorstehend genannten Angaben Vordrucke vorgesehen sind, sollen diese benutzt werden.

Richtlinien

Aus den Richtlinien der Spitzenverbände der Pflegekassen zur Begutachtung von Pflegebedürftigkeit (Begutachtungs-Richtlinien) ergibt sich, dass dann, wenn eine Untersuchung verweigert wird, der MDK oder der sonst beauftragte Gutachter die Unterlagen mit einem entsprechenden Vermerk an die Pflegekasse zurückreicht. Die Verweigerung kann durch den Antragsteller, seinen Bevollmächtigten oder seinen Betreuer erfolgen.

Die Pflegekasse entscheidet dann, welche Maßnahmen zu treffen sind.

5.11 Aufgaben des Gutachters

MDK Unter Abschnitt 5.9 wurde bereits erwähnt, dass der MDK oder ein sonst beauftragter Gutachter zu prüfen hat, ob die Voraussetzungen der Pflegebedürftigkeit erfüllt sind und welche Stufe der Pflegebedürftigkeit vorliegt.

Weiterleitung In der Praxis leitet die Pflegekasse die Anträge zur Feststellung von Pflegebedürftigkeit unverzüglich an den MDK bzw. den sonst beauftragten Gutachter weiter. Dem Antragsteller ist spätestens 25 Arbeitstage nach Eingang des Antrags bei der zuständigen Pflegekasse die Entscheidung der Pflegekasse schriftlich mitzuteilen. Befindet *Beschleunigung* sich der Antragsteller in einer stationären Rehabilitationseinrichtung, ist die Begutachtung dort unverzüglich, spätestens innerhalb einer Woche nach dem Eingang des Antrags bei der zuständigen Pflegekasse durchzuführen. Die Frist kann durch regionale Vereinbarungen verkürzt werden.

Voraussetzung ist allerdings das Vorliegen von Hinweisen, wonach zur Sicherstellung der ambulanten oder stationären Weiterversorgung und Betreuung eine Begutachtung in der Einrichtung erforderlich ist. Die Voraussetzung für die Anwendung der verkürzten Begutachtungsfrist ist auch dann erfüllt, wenn die Inanspruchnahme von Pflegezeit oder von Familienpflegezeit nach dem Pflegezeitgesetz gegenüber dem Arbeitgeber der pflegenden Person angekündigt wurde.

Beachten Sie zur Pflegezeit bitte die Ausführungen unter Abschnitt 5.2.2.

Verkürzte Frist Die verkürzte Begutachtungsfrist gibt es auch, wenn der Antragsteller sich in einem Hospiz befindet oder ambulant palliativ versorgt wird.

Fristwahrung Erteilt die Pflegekasse den schriftlichen Bescheid über den Antrag nicht innerhalb von fünf Wochen nach Eingang des Antrags oder wird eine verkürzte Begutachtungsfrist nicht eingehalten, hat die Pflegekasse dem Antragsteller unverzüglich 70 EUR *Ausnahmen* für jede begonnene Woche der Fristüberschreitung zu zahlen. Das gilt nicht, wenn die Pflegekasse die Verzögerung nicht zu vertreten hat oder wenn sich der Antragsteller in stationärer Pflege befindet. Im letzteren Fall müssen bei ihm mindestens erhebliche Beeinträchtigungen der Selbstständigkeit oder der Fähigkeiten (mindestens *Privatversicherung* Pflegegrad 2) anerkannt sein. Entsprechendes gilt im Übrigen auch für die privaten Versicherungsunternehmen, die die private Pflege-Pflichtversicherung durchführen.

Aufgaben des MDK Der MDK oder der sonst beauftragte Gutachter hat der Pflegekasse das Ergebnis seiner Prüfung zur Feststellung der Pflegebedürftigkeit unverzüglich zu übermitteln. In seiner Stellungnahme hat der MDK bzw. der sonst beauftragte Gutachter auch das Ergebnis der Prüfung, ob und gegebenenfalls welche Maßnahmen der Prävention und der medizinischen Rehabilitation geeignet, notwendig und zumutbar sind, mitzuteilen. Er hat Art und Umfang von Pflegeleistungen sowie einen individuellen Pflegeplan zu empfehlen.

Anspruch auf Pflegegeld Beantragt der Pflegebedürftige Pflegegeld (beachten Sie dazu die Ausführungen unter Abschnitt 5.14), hat sich die Stellungnahme auch darauf zu erstrecken, ob die häusliche Pflege in geeigneter Weise sichergestellt ist.

Rehabilitation Im Rahmen seiner Prüfungen hat der MDK oder der sonst beauftragte Gutachter auch Feststellungen darüber zu treffen, ob und in welchem Umfang Maßnahmen zur Beseitigung, Minderung oder Verhütung einer Verschlimmerung der Pflegebedürftigkeit einschließlich der medizinischen Rehabilitation geeignet, notwendig und zumutbar sind.

Wichtig:

Insoweit haben Versicherte einen Anspruch gegen den zuständigen Träger auf Leistungen zur ambulanten medizinischen Rehabilitation mit Ausnahme von Kuren. **Kuren**

Der MDK soll oder die beauftragten Gutachter sollen, soweit der Versicherte einwilligt, die behandelnden Ärzte des Versicherten, insbesondere die Hausärzte, in die Begutachtung einbeziehen. Er soll ärztliche Auskünfte und Unterlagen über die für die Begutachtung der Pflegebedürftigkeit wichtigen Vorerkrankungen, sowie Art, Umfang und Dauer der Hilfebedürftigkeit einholen. **Hausärzte**

Die Pflege- und Krankenkassen sowie die Leistungserbringer (z. B. die Ärzte oder Lieferanten von Hilfsmitteln) sind verpflichtet, dem MDK oder dem beauftragten Gutachter die für die Begutachtung erforderlichen Unterlagen vorzulegen und Auskünfte zu erteilen. **Leistungserbringer**

Die Erst- und Wiederholungsbegutachtung hat der MDK oder der beauftragte Gutachter in der Regel im Wohnbereich des Antragstellers vorzunehmen. Dies gilt für Anträge auf häusliche und vollstationäre Pflege gleichermaßen. **Wiederholung**

Erteilt der Versicherte zur Untersuchung in seinem Wohnbereich nicht sein Einverständnis, kann die Pflegekasse die beantragten Leistungen verweigern. **Wohnbereich**

Wichtig:

Die Untersuchung im Wohnbereich des Pflegebedürftigen kann ausnahmsweise unterbleiben, wenn aufgrund einer eindeutigen Aktenlage das Ergebnis der medizinischen Untersuchung bereits feststeht.

Die Untersuchung ist in angemessenen Zeitabständen zu wiederholen (Wiederholungsbegutachtung).

Der Besuch wird rechtzeitig angekündigt oder vereinbart. Mit dieser Ankündigung wird der Antragsteller gleichzeitig gebeten, eventuell vorhandene Berichte von betreuenden Diensten, Pflegetagebücher, ärztliche Unterlagen, derzeitige Medikamente sowie Gutachten und Bescheide anderer Sozialleistungsträger – soweit sie für die Begutachtung erforderlich sind – bereitzulegen. Die Pflegeperson sollte beim Hausbesuch zugegen sein. **Berichte**

Praxis TIPP

Wird der Besuch eines Mitarbeiters des MDK oder eines sonst beauftragten Gutachters angekündigt, scheuen Sie sich nicht, um eine Verlegung des Termins zu bitten, wenn Sie als Betreuer beispielsweise zu dem betreffenden Zeitpunkt nicht anwesend sein können.

In stationären Einrichtungen (z. B. Pflegeheim) sollte die Pflegefachkraft, die am besten mit der Pflegesituation des Antragstellers vertraut ist, beim Besuch zugegen sein, um die im Zusammenhang mit der Begutachtung erforderlichen Auskünfte zu erteilen. **Pflegefachkraft**

Bei der Begutachtung sind auch die Beeinträchtigungen der Selbstständigkeit oder der Fähigkeiten in den Bereichen außerhäusliche Aktivitäten und Haushaltsführung festzustellen. Mit diesen Informationen sollen eine umfassende Beratung und das Erstellen eines individuellen Versorgungsplans, das Versorgungsmanagement und eine individuelle Pflegeplanung sowie eine sachgerechte Erbringung von Hilfen bei **Außerhäusliche Aktivitäten** der Haushaltsführung ermöglicht worden. Hier ist im Einzelnen auf die nachfolgenden Kriterien abzustellen:

Kriterien

1. *Außerhäusliche Aktivitäten:* Verlassen des Bereichs der Wohnung oder der Einrichtung, Fortbewegen außerhalb der Wohnung oder der Einrichtung, Nutzung öffentlicher Verkehrsmittel im Nahverkehr, Mitfahren in einem Kraftfahrzeug, Teilnahme an kulturellen, religiösen oder sportlichen Veranstaltungen, Besuch von Schule, Kindergarten, Arbeitsplatz, einer Werkstatt für behinderte Menschen oder Besuch einer Einrichtung der Tages- oder Nachtpflege oder eines Tagesbetreuungsangebots, Teilnahme an sonstigen Aktivitäten mit anderen Menschen

2. *Haushaltsführung:* Einkaufen für den täglichen Bedarf, Zubereitung einfacher Mahlzeiten, einfache Aufräum- und Reinigungsarbeiten, aufwändige Aufräum- und Reinigungsarbeiten einschließlich Wäschepflege, Nutzung von Dienstleistungen, Umgang mit finanziellen Angelegenheiten, Umgang mit Behördenangelegenheiten

Richtlinien

Einzelheiten werden in Richtlinien des Spitzenverbandes Bund der Pflegekassen geregelt.

Hilfsmittel und Pflegehilfsmittel

In dem Gutachten zur Feststellung der Pflegebedürftigkeit sind konkrete Empfehlungen zur Hilfsmittel- und Pflegehilfsmittelversorgung abzugeben. Die Empfehlungen gelten hinsichtlich Hilfsmitteln und Pflegehilfsmitteln, die den Zielen von § 40 SGB XI (vgl. dazu 5.19) dienen, jeweils als Antrag auf Leistungsgewährung. Voraussetzung ist, dass der Versicherte zustimmt. Die Zustimmung erfolgt gegenüber dem Gutachter im Rahmen der Begutachtung und wird im Begutachtungsformular schriftlich dokumentiert. Bis zum 31. 12. 2020 wird die Erforderlichkeit von Hilfsmitteln, deren Kosten die Krankenkasse (also nicht die Pflegekasse) zu tragen hat, vermutet. Dazu bedarf es keiner ärztlichen Verordnung. Welche Hilfsmittel und Pflegehilfsmittel hier infrage kommen, wird in den Begutachtungs-Richtlinien definiert.

5.12 Das Pflegegutachten

Der Gutachter bedient sich zur Erstellung seines Gutachtens eines amtlichen Formulares. Um dieses ausfüllen zu können, richtet er natürlich auch Fragen an den Pflegebedürftigen und an seinen Pfleger. Beide sind verpflichtet, diese Fragen wahrheitsgemäß zu beantworten.

Vordruck

Die Begutachtung kann von einem Arzt, aber auch von einer Pflegefachkraft oder von beiden durchgeführt werden. Dabei werden nicht immer Mitarbeiter des MDK oder des beauftragten Gutachters eingesetzt. Die betreffenden Personen werden aber im Auftrag des MDK oder des sonst beauftragten Gutachters tätig.

Wichtig:

Ergibt sich bei der Begutachtung durch eine Pflegefachkraft eine nicht abschließend abklärbare, rein ärztliche Fragestellung (z. B. therapeutische Defizite), ist ein zusätzlicher Besuch eines Arztes erforderlich. Dies gilt analog, wenn sich in der aktuellen Begutachtungssituation durch einen Arzt eine nicht abschließend abklärbare, rein pflegerische Fragestellung ergibt (zum Beispiel nicht sichergestellte Pflege).

Stellt sich bei der Ankündigung des Besuchs heraus, dass eine Krankenhausbehandlung oder stationäre Rehabilitationsmaßnahme kurzfristig terminiert ist, so sollte eine Begutachtung im Einvernehmen mit dem Antragsteller und der Pflegekasse bis zum Abschluss dieser Maßnahme zurückgestellt werden.

Begutachtung

Achtung:

Wird beim Besuch eine defizitäre, also nicht ausreichende Pflege- und Versorgungssituation des Antragstellers festgestellt, ist die Situation – soweit möglich – sowohl mit ihm als auch mit der Pflegeperson, gegebenenfalls auch dem Betreuer, der leitenden Pflegefachkraft und dem Heimleiter der vollstationären Pflegeeinrichtung bzw. Einrichtung der Behindertenhilfe – unter der Voraussetzung, dass der Pflegebedürftige in einer solchen Einrichtung untergebracht ist – eingehend zu erörtern. Die Situation ist exakt zu dokumentieren.

Vorschläge

Der Pflegekasse sind konkrete Vorschläge zur Verbesserung der Pflege und Versorgung des Antragstellers zu unterbreiten. Bei nicht sichergestellter Pflege ist der Gutachter gehalten, der Pflegekasse die Einleitung von Sofortmaßnahmen zu empfehlen.

Rehabilitation

Dokumentation

In seiner Stellungnahme hat der MDK oder der sonst beauftragte Gutachter auch anzugeben, ob und gegebenenfalls welche Maßnahmen der Prävention und der medizinischen Rehabilitation geeignet, notwendig und zumutbar sind. Art und Umfang von Pflegeleistungen sowie ein individueller Pflegeplan sind zu empfehlen. Die Feststellungen zur medizinischen Rehabilitation sind durch den MDK oder die von der Pflegekasse beauftragten Gutachter in einer gesonderten Rehabilitationsempfehlung zu dokumentieren.

Reaktion

Spätestens mit der Mitteilung der Entscheidung über die Pflegebedürftigkeit leitet die Pflegekasse dem Antragsteller die gesonderte Rehabilitationsempfehlung zu. Die Pflegekasse nimmt umfassend und begründet Stellung, inwieweit auf der Grundlage der Empfehlung die Durchführung einer Maßnahme zur medizinischen Rehabilitation angezeigt ist. Die Pflegekasse hat den Antragsteller hierüber zu informieren. Ob Maßnahmen durchgeführt werden, hängt von seiner Einwilligung ab.

Um das Begutachtungsverfahren zu stärken erlässt der Spitzenverband Bund Richtlinien, die für alle Medizinischen Dienste verbindlich sind.

Auswertung

Die an der Begutachtung beteiligten Ärzte und Pflegefachkräfte werten gemeinsam die beim Besuch erhobenen Befunde und die sonstigen Informationen aus.

Weitere Aufklärung

Sollte ausnahmsweise im Rahmen dieser Auswertung eine abschließende Beurteilung nicht möglich sein, muss der Sachverhalt weiter aufgeklärt werden. Dazu ist zu entscheiden, ob ein zusätzlicher Besuch oder das Hinzuziehen von weiteren sachdienlichen Informationen erforderlich ist. Auch dieser Besuch muss schriftlich oder mündlich angekündigt oder vereinbart werden – unter Hinweis darauf, dass es sinnvoll sein kann, die an der Versorgung Beteiligten hinzuzuziehen.

Auch bei der Auswertung des Besuchs, insbesondere bei der Beurteilung von Behinderten oder psychisch Kranken und deren Hilfebedarf, können andere Fachkräfte, zum Beispiel aus dem Bereich der Behindertenhilfe oder der Psychiatrie hinzugezogen werden.

Ergebnis der Untersuchung

Beim Gutachtenabschluss, also bei der Ermittlung des Ergebnisses der Untersuchung, müssen Arzt und Pflegefachkraft des MDK bzw. des sonst beauftragten Gutachters eng zusammenarbeiten. Dabei ist es Aufgabe des Arztes, alle für die Beurteilung erforderlichen medizinischen Feststellungen zu treffen, insbesondere

- den ursächlichen Zusammenhang des individuellen Hilfebedarfs mit Krankheit oder Behinderung zu prüfen sowie
- geeignete therapeutische beziehungsweise rehabilitative Maßnahmen aufzuzeigen.

Aufgabe der Pflegefachkraft ist es, alle für die Beurteilung der Pflege erforderlichen Feststellungen zu treffen. Insbesondere

- ermittelt sie den individuellen Hilfebedarf auf der Grundlage der Verrichtungen des täglichen Lebens (beachten Sie hierzu die obigen Ausführungen),
- beurteilt sie die individuelle Pflegesituation und entwirft den individuellen Pflegeplan.

Das Ergebnis seiner Prüfung teilt der Gutachter der Pflegekasse mittels des Formulargutachtens mit.

Aus den vorstehenden Ausführungen ist sicher deutlich geworden, wie wichtig das Gutachten zur Feststellung der Pflegebedürftigkeit ist. Es wird im Übrigen auch verwendet, wenn es darum geht, dem Pflegebedürftigen einen höheren Pflegegrad zuzuordnen.

5.13 Pflegesachleistung

Häusliche Pflegehilfe

Nach § 36 Abs. 1 SGB XI haben Pflegebedürftige der Pflegegrade 2 bis 5 bei häuslicher Pflege Anspruch auf körperbezogene Pflegemaßnahmen und pflegerische Betreuungsmaßnahmen sowie auf Hilfen bei der Haushaltsführung. Das Gesetz spricht hier von häuslicher Pflegehilfe.

Umfang der Maßnahmen

Der Anspruch umfasst pflegerische Maßnahmen in den Bereichen Mobilität, kognitive und kommunikative Fähigkeiten, Verhaltensweisen und psychische Problemlagen, Selbstversorgung, Bewältigung von und selbstständiger Umgang mit krankheits- oder therapiebedingten Anforderungen und Belastungen sowie Gestaltung des Alltagslebens und sozialer Kontakte.

Bestandteile der häuslichen Pflege

Nach § 36 Abs. 2 SGB XI wird häusliche Pflegehilfe erbracht, um Beeinträchtigungen der Selbstständigkeit oder der Fähigkeiten des Pflegebedürftigen so weit wie möglich durch pflegerische Maßnahmen zu beseitigen oder zu mindern und eine Verschlimmerung der Pflegebedürftigkeit zu verhindern. Bestandteil der häuslichen Pflegehilfe ist auch die pflegefachliche Anleitung von Pflegebedürftigen und Pflegepersonen. Pflegerische Betreuungsmaßnahmen umfassen Unterstützungsleistungen zur Bewältigung und Gestaltung des alltäglichen Lebens im häuslichen Umfeld, insbesondere

- bei der Bewältigung psychosozialer Problemlagen oder von Gefährdungen,
- bei der Orientierung, bei der Tagesstrukturierung, bei der Kommunikation, bei der Aufrechterhaltung sozialer Kontakte und bei bedürfnisgerechten Beschäftigungen im Alltag sowie
- durch Maßnahmen zur kognitiven Aktivierung.

Der Anspruch auf häusliche Pflegehilfe umfasst je Kalendermonat für Pflegebedürftige: *Anspruchshöhe*

- des Pflegegrads 2 Leistungen bis zu einem Gesamtwert von 689 EUR
- des Pflegegrads 3 Leistungen bis zu einem Gesamtwert von 1.298 EUR
- des Pflegegrads 4 Leistungen bis zu einem Gesamtwert von 1.612 EUR
- des Pflegegrads 5 Leistungen bis zu einem Gesamtwert von 1.995 EUR

Häusliche Pflegehilfe ist auch zulässig, wenn Pflegebedürftige nicht in ihrem eigenen Haushalt gepflegt werden. Sie ist aber nicht zulässig, wenn Pflegebedürftige in einer stationären Pflegeeinrichtung gepflegt werden.

Häusliche Pflegehilfe wird durch geeignete Pflegekräfte erbracht, die entweder von der Pflegekasse oder bei ambulanten Pflegeeinrichtungen, mit denen die Pflegekasse einen Versorgungsvertrag abgeschlossen hat, angestellt werden. Auch durch Einzelpersonen, mit denen die Pflegekasse einen Vertrag nach § 77 Abs. 1 SGB XI abgeschlossen hat, kann häusliche Pflegehilfe als Sachleistung erbracht werden.

Mehrere Pflegebedürftige können häusliche Pflegehilfe gemeinsam in Anspruch nehmen.

5.14 Pflegegeld für selbst beschaffte Pflegehilfen

Anstelle der oben behandelten häuslichen Pflegehilfe können Pflegebedürftige ein Pflegegeld beantragen (§ 37 SGB XI). *Alternative*

Wichtig:

Voraussetzung für den Anspruch auf Pflegegeld ist, dass der Pflegebedürftige mit dem Pflegegeld entsprechend dessen Umfang die erforderlichen körperbezogenen Pflegemaßnahmen und pflegerische Betreuungsmaßnahmen sowie Hilfen bei der Haushaltsführung durch eine Pflegeperson in geeigneter Weise selbst sicherstellt. *Eigene Sicherstellung*

Nach einer Entscheidung des Europäischen Gerichtshofs (EuGH) haben Personen, die in Deutschland der Pflegeversicherung angeschlossen sind, auch dann Anspruch auf Zahlung von Pflegegeld, wenn sie in einem anderen Mitgliedstaat der Europäischen Union wohnen. *Ausland*

Die Höhe des Pflegegelds ist abhängig vom Grad der Pflegebedürftigkeit und beträgt seit 1. 1. 2017 je Kalendermonat: *Höhe*

- Pflegegrad 2: 316 EUR
- Pflegegrad 3: 545 EUR
- Pflegegrad 4: 728 EUR
- Pflegegrad 5: 901 EUR

Anteilige Kürzung:

Besteht der Anspruch auf das Pflegegeld bei Beginn nicht für einen vollen Kalendermonat (z. B. bei Eintritt von Pflegebedürftigkeit im Laufe des Kalendermonats), wird das Pflegegeld anteilig gekürzt.

Bei Durchführung einer vollstationären Krankenhausbehandlung oder einer Rehabilitationsmaßnahme erfolgt für die ersten vier Wochen keine Kürzung der Leistung. Die 4-Wochen-Frist beginnt mit dem Aufnahmetag. Bei einer Kürzung setzt die Leistung mit dem Entlassungstag wieder ein.

Beispiel:

Pflegegeld in Pflegegrad 3

Vollstationäre Krankenhausbehandlung vom	1. 3. bis 7. 3.
Stationäre medizinische Rehabilitationsmaßnahme vom	7. 3. bis 4. 4.

Ergebnis:

Krankenhaus Der Tatbestand der vollstationären Krankenhausbehandlung ist nicht für sich allein, sondern nur im Zusammenhang mit der stationären medizinischen Rehabilitationsmaßnahme zu sehen.

Eine Kürzung des Pflegegelds erfolgt daher ab dem 29. Tag der einheitlich zu wertenden Unterbrechungstatbestände (also im Beispiel der 29. 3.).

Ab dem 4. 4. – letzter Tag der stationären medizinischen Rehabilitationsmaßnahme – ist die Pflegegeldzahlung wieder aufzunehmen.

Beispiel:

Pflegegeld in Pflegegrad 3

Vollstationäre Krankenhausbehandlung vom	17. 7. bis 27. 8. (42 Tage)
Anschlussheilbehandlung vom	9. 9. bis 4. 10. (26 Tage)

Ergebnis:

Der Tatbestand der vollstationären Krankenhausbehandlung ist für sich alleine zu sehen, da die Anschlussheilbehandlung sich nicht direkt anschließt.

Kürzung Eine Kürzung des Pflegegelds erfolgt ab dem 14. 8. (29. Tag). Ab dem 27. 8. – letzter Tag der vollstationären Krankenhausbehandlung – ist die Pflegegeldzahlung wieder aufzunehmen. Für die Zeit der Anschlussheilbehandlung ist keine Kürzung des Pflegegelds vorzunehmen.

Beispiel:

Fortsetzung

Die Anschlussheilbehandlung wird bis zum 19. 10. (länger als 28 Tage) durchgeführt.

Eine Kürzung des Pflegegelds erfolgt ab dem 7. 10. Ab dem 18. 10. – letzter Tag der Anschlussheilbehandlung – ist die Pflegegeldzahlung wieder aufzunehmen.

In Fällen der Kurzzeitpflege (vgl. unter Abschnitt 5.20.2) wird das Pflegegeld für die gesamte Dauer dieser Leistung gekürzt, das heißt, nicht gezahlt.

Eine Kürzung unterbleibt jedoch für den Aufnahme- und Entlassungstag.

In Fällen der Ersatzpflege (häusliche Pflege bei Verhinderung der Pflegeperson – vgl. dazu unter Abschnitt 5.17) kommt eine Kürzung des Pflegegelds nur im Rahmen der gesetzlich vorgesehenen Höchstdauer von 28 Tagen in Frage. Allerdings bleibt auch hier dem Pflegebedürftigen das Pflegegeld für den ersten und letzten Tag der Ersatzpflege erhalten.

Wichtig:

Wird die Ersatzpflege von 28 Tagen nicht im Zusammenhang in Anspruch genommen, sondern auf das Kalenderjahr verteilt, ist nur insgesamt für den ersten und letzten Tag der Ersatzpflege das Pflegegeld zu zahlen.

Teilmonate

Die früher zuständigen Spitzenverbände der Pflegekassen waren der Auffassung, dass bei Zahlung des Pflegegelds für Teilmonate der 31. eines Monats zu berücksichtigen ist.

Entsprechend ist zu verfahren, wenn der Anspruch auf Pflegegeld während des Monats unterbrochen wird oder ruht.

Beispiel:

Pflegegeld vom 1. 7. – 15. 7. =	15 Tage
Geldleistung vom 25. 7. – 31. 7. =	7 Tage
Pflegegeld insgesamt für	22 Tage

Die häusliche Pflege und damit der Anspruch auf Pflegegeld wird nicht dadurch ausgeschlossen, dass der Pflegebedürftige in einem Altenheim oder in einer Altenwohnung lebt.

Hierbei ist es unerheblich, ob der Pflegebedürftige die Haushaltsführung eigenverantwortlich regeln kann oder nicht.

Internat

Der Anspruch auf das Pflegegeld wird durch eine internatsmäßige Unterbringung von pflegebedürftigen Schülern von Montag bis Freitag nicht beeinflusst. Für diese Zeit kann unterstellt werden, dass der Schwerpunkt der häuslichen Pflege erhalten bleibt.

Demgegenüber ist bei einer dauerhaften Internatsunterbringung der Lebensmittelpunkt innerhalb des Internats anzunehmen.

Ferien

Dies gilt auch, wenn der pflegebedürftige Schüler während der Ferienzeiten im häuslichen Bereich gepflegt wird. Eine Zahlung des Pflegegelds kommt hier nicht in Betracht. In den Fällen, in denen der Pflegebedürftige bei einer internatsmäßigen Unterbringung nicht regelmäßig jedes Wochenende in den Haushalt der Familie zurückkehrt, ist ein anteiliges Pflegegeld für die Zeiträume zu zahlen, in denen sich der Pflegebedürftige im Haushalt der Familie aufhält.

Die Hälfte des bisher bezogenen Pflegegelds wird während einer Kurzzeitpflege (vgl. dazu unter 5.20.2) und einer Verhinderungspflege (vgl. dazu unter 5.17) jeweils für bis zu vier Wochen je Kalenderjahr in Höhe der Hälfte der vor Beginn der Kurzzeit- oder Verhinderungspflege geleisteten Höhe fortgewährt.

Wichtig:

Pflegeperson

Das Pflegegeld wird in der Regel dazu verwandt, den Einsatz der Pflegeperson zu „entlohnen“. Dies bedeutet, dass der Pflegebedürftige das Pflegegeld meist ganz oder teilweise an den Pfleger weitergibt.

Achtung:

Das Pflegegeld der Pflegekasse steht dem Pflegebedürftigen, nicht dem Pfleger zu. Die Pflegekasse zahlt das Pflegegeld an den Pflegebedürftigen.

Es ist allein Sache des Pflegebedürftigen zu bestimmen, was mit dem Pflegegeld zu geschehen hat. In der Regel liegt eine Absprache zwischen Pflegebedürftigem und Pflegeperson darüber vor.

Achtung:

Stellt der MDK fest, dass die erforderliche Grundpflege und hauswirtschaftliche Versorgung durch das Pflegegeld nicht sichergestellt wird, kann das Pflegegeld nicht gezahlt werden. Gegebenenfalls obliegt der Pflegekasse die Verpflichtung, darauf hinzuwirken, dass der Pflegebedürftige eine wirksame und wirtschaftliche Pflegeleistung erhält.

Die Leistung „Pflegegeld“ wird im Übrigen monatlich im Voraus bezahlt.

Wichtig:

Nachuntersuchung Für den Leistungsbeginn mit Höherstufung, die aufgrund einer von Amts wegen veranlassten Nachuntersuchung festgestellt wird, ist zu beachten, dass die Höherstufung mit Wirkung vom Zeitpunkt der Änderung der Verhältnisse an erfolgt.

Das Pflegegeld ist bis zum Ende des Kalendermonats zu zahlen, in dem der Pflegebedürftige gestorben ist.

5.15 Professioneller Pflegeeinsatz

Pflegeeinsatz Pflegebedürftige, die Pflegegeld beziehen, sind verpflichtet,

- bei Pflegegrad 2 und 3 mindestens einmal halbjährlich,
- bei Pflegegrad 4 und 5 mindestens einmal vierteljährlich

einen Pflegeeinsatz durch eine Pflegeeinrichtung abzurufen. Es muss sich dabei um eine Pflegeeinrichtung handeln, mit der die Pflegekasse einen Versorgungsvertrag abgeschlossen hat.

Dies kann auch durch eine von den Landesverbänden der Pflegekassen anerkannte Beratungsstelle mit nachgewiesener pflegefachlicher Kompetenz geschehen. Sofern dies durch eine der vorstehend genannten Stellen nicht gewährleistet werden kann, kann auch eine von der Pflegekasse beauftragte, jedoch von ihr nicht beschäftigte Pflegefachkraft herangezogen werden.

Wichtig:

Qualität Die Pflegeeinsätze dienen der Sicherung der Qualität der häuslichen Pflege und der regelmäßigen Hilfestellung und Beratung der häuslich Pflegenden.

Vergütung Die Vergütung des Pflegeeinsatzes ist von der zuständigen Pflegekasse, bei privat Pflegeversicherten von dem zuständigen Versicherungsunternehmen zu tragen.

Die Vergütung beträgt:

- in den Pflegegraden 2 und 3 bis zu 23 EUR
- in den Pflegegraden 4 und 5 bis zu 33 EUR

Rufen Pflegebedürftige die Beratung nicht ab, hat die Pflegekasse oder das private Versicherungsunternehmen das Pflegegeld angemessen zu kürzen und im Wiederholungsfall zu entziehen.

Die Pflegedienste und die anerkannten Beratungsstellen haben mit Einverständnis des Pflegebedürftigen der zuständigen Pflegekasse die bei dem Pflegeeinsatz gewonnenen Erkenntnisse zur Qualität der Pflegesituation und zur Notwendigkeit einer Verbesserung mitzuteilen. Der Spitzenverband Bund der Pflegekassen und die privaten Versicherungsunternehmen stellen ihnen für diese Mitteilung ein einheitliches Formular zur Verfügung. **Mitteilung**

Die bereits erwähnten neutralen und unabhängigen Beratungsstellen sind von den Landesverbänden der Pflegekassen anzuerkennen. Hier ist ein Hinweis über die erforderliche pflegefachliche Kompetenz der Beratungsstelle und ein Konzept zur Qualitätssicherung des Beratungsangebots erforderlich. Die oben geschilderte Ausnahme (Personen mit erheblichem Bedarf an allgemeiner Beaufsichtigung und Betreuung) ist zu beachten. **Beratungsstellen**

Der Pflegeberater (§ 7a SGB XI) kann die vorgeschriebenen Beratungseinsätze ebenfalls durchführen und bescheinigen.

Wichtig:

Der beauftragte Pflegedienst bzw. die anerkannte Beratungsstelle haben dafür Sorge zu tragen, dass für einen Beratungsbesuch im häuslichen Bereich besonders qualifizierte Pflegekräfte eingesetzt werden. **Qualifikation**

Diese müssen nämlich spezifisches Wissen zu dem Krankheits- und Behinderungsbild sowie dem sich daraus ergebenden Hilfebedarf des Pflegebedürftigen mitbringen und über besondere Beratungskompetenz verfügen. **Beratungskompetenz**

Außerdem soll bei der Planung für die Beratungsbesuche weitgehendst sichergestellt werden, dass der Beratungsbesuch bei einem Pflegebedürftigen möglichst auf Dauer von derselben Pflegekraft durchgeführt wird.

In Zusammenhang mit diesen Pflegeeinsätzen wird allgemein vom „professionellen Pflegeeinsatz“ gesprochen.

5.16 Kombinationsleistung

Nimmt der Pflegebedürftige die ihm zustehende Pflegesachleistung (beachten Sie dazu bitte die obigen Ausführungen) nicht in Anspruch, erhält er daneben ein anteiliges Pflegegeld. **Anteiliges Pflegegeld**

Das Pflegegeld wird um den Prozentsatz vermindert, in dem der Pflegebedürftige Sachleistungen in Anspruch genommen hat.

Wichtig:

An die Entscheidung, in welchem Verhältnis er Geld- und Sachleistung in Anspruch nehmen will, ist der Pflegebedürftige für die Dauer von sechs Monaten gebunden. **Bindungsfrist**

Die 6-Monats-Frist ist allerdings dann nicht zu beachten, wenn

- der Pflegebedürftige nur noch die Pflegesachleistung oder nur noch das Pflegegeld in Anspruch nehmen will,
- Pflegegeld und Pflegesachleistung neben der teilstationären Pflege bezogen werden.

Anteiliges Pflegegeld wird während einer Kurzzeitpflege (vgl. dazu unter 5.20.2) und einer Verhinderungspflege (vgl. dazu 5.17) jeweils für bis zu acht Wochen je Kalenderjahr in Höhe der Hälfte der vor Beginn der Kurzzeit- oder Verhinderungspflege geleisteten Höhe fortgewährt.

5.17 Häusliche Pflege bei Verhinderung der Pflegeperson

Häusliche Pflege

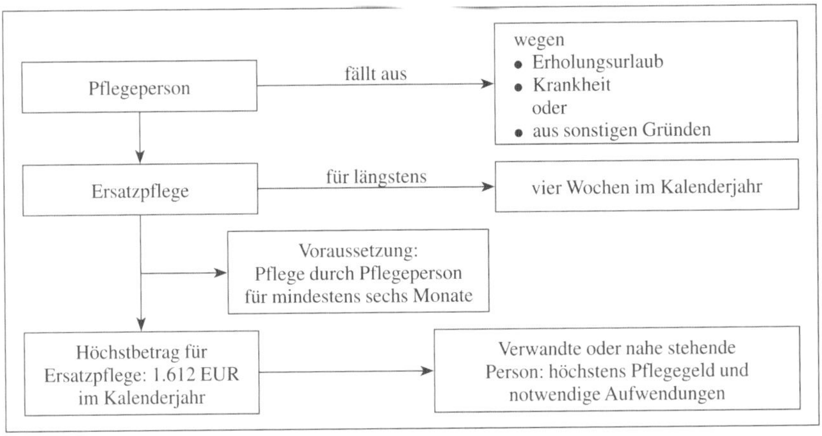

Nachweis der Aufwendungen

Es geht hier nicht um Pauschalbeträge. Das bedeutet, dass die entstandenen Aufwendungen nachzuweisen sind.

Bei Pflegebedürftigen in vollstationären Pflegeeinrichtungen kommt für die Zeit der Pflege im häuslichen Bereich (z. B. an Wochenenden) die Gewährung der Pflegesachleistung und/oder die Zahlung des Pflegegelds für die tatsächlichen Pflegetage in der Familie infrage.

Wichtig:

Ersatzpflege

Bei einer Ersatzpflege durch Pflegepersonen, die mit dem Pflegebedürftigen bis zum zweiten Grad verwandt oder verschwägert sind oder mit ihm in häuslicher Gemeinschaft leben, wird vermutet, dass die Ersatzpflege nicht erwerbsmäßig ausgeübt wird. In diesen Fällen dürfen die Aufwendungen der Pflegekassen – wie im obigen Schaubild auch erwähnt – den Betrag des Pflegegelds des festgestellten Pflegegrads nicht überschreiten.

Der Anspruch auf eine Ersatzpflegekraft entsteht mit jedem Kalenderjahr neu.

Pflegeort

Dies bedeutet, dass ein am 31. 12. eines Jahres bestehender oder an diesem Tag – wegen Ablaufs der 4-Wochen-Frist – endender oder vor dem 31. 12. eines Jahres abgelaufener Leistungsanspruch ab 1. 1. des Folgejahres für vier Wochen weitergeht oder wieder auflebt.

Die Verhinderungspflege kann auch durchgeführt werden in:

- einem Wohnheim für Behinderte
- einem Internat oder beispielsweise
- einer Krankenwohnung

Bei der Kostenübernahme für diese oder vergleichbare Einrichtungen achten die Pflegekassen jedoch darauf, dass nur die pflegebedingten Aufwendungen berücksichtigt werden können. So können insbesondere Investitionskosten, Kosten für Unterkunft und Verpflegung nicht übernommen werden.

Mittel der Kurzzeitpflege

Bei einer Ersatzpflege kann der Leistungsbetrag um bis zu 806 EUR aus noch nicht in Anspruch genommenen Mitteln der Kurzzeitpflege (vgl. Abschnitt 5.20.2) auf insgesamt bis zu 2.418 EUR im Kalenderjahr erhöht werden. Der für die Verhinderungspflege in Anspruch genommene Erhöhungsbetrag wird auf den Leistungsbetrag für eine Kurzzeitpflege angerechnet.

5.18 Modellvorhaben

Die §§ 122 bis 124 SGB XI enthielten bis zum 31. 12. 2016 Übergangsregelungen, die wegen des „alten“ Pflegebedürftigkeitsbegriffs erforderlich waren. Mit Einführung des neuen Pflegebedürftigkeitsbegriffs zum 1. 1. 2017 sind diese Vorschriften weggefallen. Die §§ 123 und 124 SGB IX enthalten nun Vorschriften über die Durchführung von Modellvorhaben zur kommunalen Beratung.

5.19 Pflegehilfsmittel und wohnumfeldverbessernde Maßnahmen

Pflegehilfsmittel

Die Pflegekasse gewährt Hilfsmittel nur, soweit diese nicht wegen Krankheit oder Behinderung von

- der Krankenversicherung oder
- einem anderen zuständigen Leistungsträger

zu leisten sind.

Pflegehilfsmittel

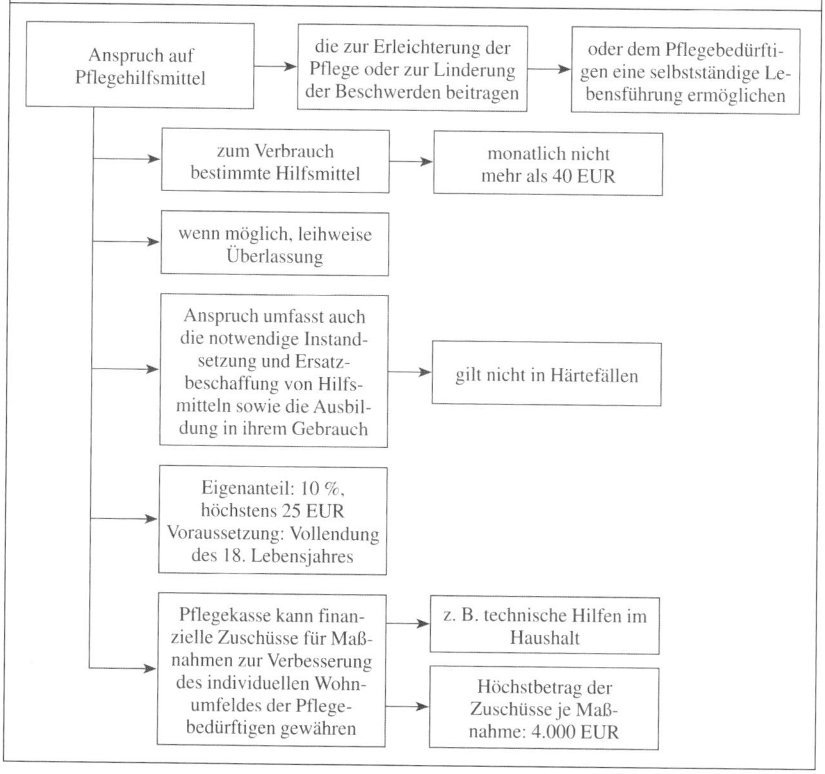

Die Pflegekasse überprüft die Notwendigkeit der Versorgung mit den beantragten Pflegehilfsmitteln unter Beteiligung einer Pflegefachkraft oder des Medizinischen Dienstes.

Verbrauch Wie aus dem Schaubild hervorgeht, dürfen die Aufwendungen der Pflegekasse für zum Verbrauch bestimmte Hilfsmittel monatlich den Betrag von 40 EUR nicht übersteigen. Zum Verbrauch bestimmte Pflegehilfsmittel sind Produkte, die wegen

- der Beschaffenheit ihres Materials oder
- aus hygienischen Gründen

nur einmal benutzt werden können und

- in der Regel für den Wiedereinsatz nicht geeignet sind.

Dabei ist die Dauer der Benutzung des einzelnen Artikels unerheblich.

Zum Verbrauch bestimmte, am Pflegebedürftigen anzuwendende Pflegehilfsmittel sind zum Beispiel:

- Desinfektionsmittel
- Einmalhandschuhe
- Körperpflegeartikel
- Krankenunterlagen
- gleichartige, nicht wieder verwendbare Produkte

Auszahlung Sofern aus Gutachten oder anderen Unterlagen hervorgeht, dass die anfallenden Aufwendungen generell 40 EUR im Monat nicht übersteigen, kann durch die Pflegekasse aus Vereinfachungsgründen ohne weiteren Nachweis dieser Betrag ausgezahlt werden.

Aufwendungen über 40 EUR im Monat fallen in den Eigenverantwortungsbereich des Pflegebedürftigen. Bei größeren Mengen ist die voraussichtliche Verbrauchsdauer der Pflegehilfsmittel anzugeben. Für diese Pflegehilfsmittel erhält der Pflegebedürftige monatlich 40 EUR.

Wichtig:

Härtefallregelungen gibt es hier nicht.

Sofern dem Pflegebedürftigen ohne weitere Nachweise monatlich 40 EUR ausgezahlt werden, da die anfallenden Aufwendungen generell diesen Betrag im Monat übersteigen, ist der Betrag während einer vollstationären Krankenhausbehandlung oder einer stationären medizinischen Rehabilitationsmaßnahme weiterzuzahlen. Die Pflegekassen orientieren sich hier an der Regelung bei Krankenhausbehandlung oder stationärer Rehabilitationsmaßnahme, wonach das Pflegegeld für die ersten vier Wochen einer solchen Maßnahme weiterzuzahlen ist.

Endet der Zeitraum von vier Wochen im Rahmen einer vollstationären Krankenhausbehandlung bzw. stationären medizinischen Rehabilitationsmaßnahme im Verlauf eines Kalendermonats, so ist anteilig für diesen Monat der Pauschalbetrag von 40 EUR auszuzahlen. Gleiches gilt auch dann, wenn erst im Verlauf eines Monats der Leistungsanspruch festgestellt wird.

Beispiel:

Pflegebedürftigkeit wird erst mit Wirkung ab dem 15. eines Monats festgestellt.

Wichtig:

Teilmonat Weist der Pflegebedürftige für einen Teilmonat Aufwendungen für zum Verbrauch bestimmte Hilfsmittel in Höhe von mindestens 40 EUR nach, ist eine anteilige Kürzung des Betrags nicht vorzunehmen.

Einsparmöglichkeiten

Pflegekassen, Leistungserbringer und Pflegebedürftige sind verpflichtet, alle infragekommenden Einsparmöglichkeiten zu nutzen.

Beispiele:

- Direktbezug vom Hersteller
- Aushandeln von Rabatten

Technische Hilfsmittel

Bei Pflegehilfsmitteln, die nicht zum Verbrauch bestimmt sind, handelt es sich in der Regel um technische Hilfsmittel. Dazu zählen Pflegehilfsmittel zur:

- Erleichterung der Pflege
- Körperpflege/Hygiene
- selbstständigen Lebensführung/Mobilität
- Linderung von Beschwerden

Die Pflegekassen sollen technische Hilfsmittel in allen geeigneten Fällen vorrangig leihweise überlassen. Sie können die Bewilligung davon abhängig machen, dass die Pflegebedürftigen sich das Pflegehilfsmittel anpassen oder sich selbst oder die Pflegeperson in seinem Gebrauch ausbilden lassen.

Der Anspruch umfasst auch die notwendige

- Änderung,
- Instandsetzung,
- Ersatzbeschaffung von Hilfsmitteln sowie
- Ausbildung in ihrem Gebrauch.

Zuzahlungen

Versicherte, die das 18. Lebensjahr vollendet haben, müssen zu den Kosten der Hilfsmittel eine Zuzahlung erbringen. Das gilt allerdings nicht für zum Verbrauch bestimmte Hilfsmittel (vgl. dazu die obigen Ausführungen).

Die Zuzahlung beträgt 10 %, höchstens jedoch 25 EUR je Hilfsmittel. Die Zuzahlung ist an die abgebende Stelle zu entrichten.

Befreiung

Zu Vermeidung von Härten kann die Pflegekasse den Versicherten in entsprechender Anwendung bestimmter Vorschriften der gesetzlichen Krankenversicherung von der Zuzahlung befreien.

Der Hinweis auf die Krankenversicherung bedeutet, dass Zuzahlungen nur bis zur sogenannten Belastungsgrenze zu entrichten sind. Wird die Belastungsgrenze bereits innerhalb eines Kalenderjahres erreicht, hat die Krankenkasse eine Bescheinigung darüber zu erteilen, dass für den Rest des Kalenderjahres keine Zuzahlungen mehr zu leisten sind.

Hier bestimmt § 40 Abs. 3 SGB XI ausdrücklich, dass die Zuzahlungen der gesetzlichen Krankenversicherung und der Pflegeversicherung zusammenzurechnen sind. Wurde die Belastungsgrenze der Krankenversicherung dort nämlich bereits erreicht, dann ist der Betreffende in der Pflegeversicherung von der Zuzahlung befreit. Das gilt auch, wenn die Belastungsgrenze unter Berücksichtigung der Zuzahlungen zur Pflegeversicherung überschritten wird.

Vgl. bezüglich der Zuzahlungen in der Krankenversicherung die Ausführungen unter Kapitel B 3, Abschnitt 3.1 und der Belastungsgrenzen die Ausführungen unter Kapitel B 3, Abschnitt 3.2.

Ausnahmen von der Leistungspflicht

Täglicher Lebensbedarf

Mittel, die zum täglichen Lebensbedarf zählen, sind keine Pflegehilfsmittel. Dazu gehören Alltagshilfen, wie z. B. Küchenhilfen, Elektromesser, Dosenmesser usw.

Der Leistungsausschluss gilt auch, wenn sie die Pflege des Pflegebedürftigen erleichtern. Dazu zählen Mittel, die allgemein Verwendung finden und üblicherweise von mehreren Personen benutzt werden bzw. üblicherweise in einem Haushalt vorhanden sind.

Achtung:

Einzelfälle

Stellt der MDK fest, dass die erforderliche Grundpflege und hauswirtschaftliche Versorgung durch das Pflegegeld nicht sichergestellt werden, kann das Pflegegeld nicht gezahlt werden. Gegebenenfalls obliegt der Pflegekasse die Verpflichtung, darauf hinzuwirken, dass der Pflegebedürftige eine wirksame und wirtschaftliche Pflegeleistung erhält.

Die Leistung „Pflegegeld“ wird im Übrigen monatlich im Voraus bezahlt.

Die Umrüstung eines Rollladens und einer Markise auf Elektroantrieb ist weder ein Hilfsmittel der Pflegeversicherung noch eine zuschussfähige Umbaumaßnahme. Sie dient nämlich nicht der Erleichterung der Pflege und auch nicht zur Aufrechterhaltung einer möglichst selbstständigen Lebensführung.

Alten- und Pflegeheime

Auch die Bewohner von Alten- und Pflegeheimen haben einen individuellen Anspruch auf die Versorgung mit Hilfsmitteln. Dieser bleibt grundsätzlich unberührt von ggf. privaten Vereinbarungen des Bewohners mit der jeweiligen Einrichtung.

Wichtig:

Voraussetzung für die Kostenübernahme eines Hilfsmittels für einen Versicherten in einem Alten- oder Pflegeheim ist, dass das Hilfsmittel konkret für einen einzelnen Versicherten bestimmt ist. Das Hilfsmittel muss dem Versicherten eine „aktive Teilnahme am gesellschaftlichen Leben“ ermöglichen und ihn durch eine Erhöhung der Selbstständigkeit mindestens teilweise vom Pflegepersonal unabhängig machen.

Aus diesem Grund können z. B. Selbstfahrerrollstühle und Elektrorollstühle in die Leistungspflicht fallen.

Pflegeheim zuständig

Dagegen lösen Pflegebetten, Lifter, Bettgalgen, Toiletten- und Badehilfen oder zur Prophylaxe eingesetzte Anti-Dekubitusmatratzen (Wechseldruck-, Wasser- oder Würfelmatratzen) grundsätzlich keinen Leistungsanspruch gegen die Pflegekasse, sondern nur einen solchen gegen die Pflegeeinrichtung aus.

In der Regel ist ein Druckgeschwür (Dekubitus) als Pflegedefizit aufgrund mangelnder Pflege anzusehen. Hilfsmittel gegen Dekubitus erleichtern in stationären Einrichtungen die Pflege und reduzieren den individuellen Pflegeaufwand, so dass das Pflegepersonal für andere Aufgaben zur Verfügung steht.

Wichtig:

Die Pflegeeinrichtung hat sicherzustellen, dass keine Pflegedefizite aufgrund mangelnder Pflege auftreten. Insofern gehören die Hilfsmittel gegen Dekubitus zur notwendigen Ausstattung eines Pflegeheims, insbesondere Liegehilfen zur Vorbeugung, Würfelmatratzen und Wechseldruckmatratzen. Sie sind damit nicht verordnungsfähig zulasten der gesetzlichen Krankenversicherung.

Bettschutzeinlagen dienen dem Schutz der Bettwäsche und von Einrichtungsgegenständen. Eine Verordnung zulasten der gesetzlichen Versicherung kommt daher nicht in Betracht. Das gilt auch für saugende Bettschutzeinlagen. In diesen Fällen ist alleine die Pflegeeinrichtung für die Sicherstellung einer ordnungsgemäßen Pflege zuständig.

5.20 Leistungen bei stationärer Pflege

Leistungsarten

Stationäre Pflege

Die Leistungsarten der stationären Pflege differenzieren sich wie folgt:

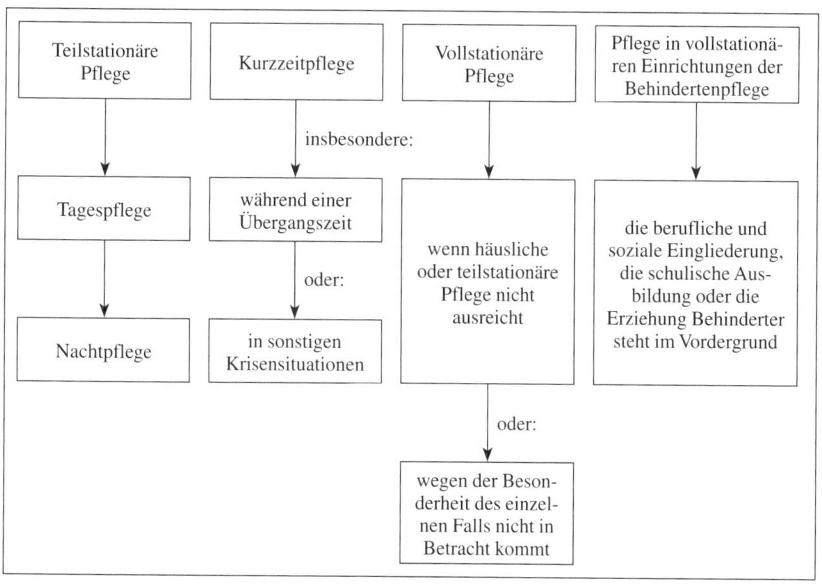

5.20.1 Teilstationäre Pflege

Teilstationäre Pflege

Höhe

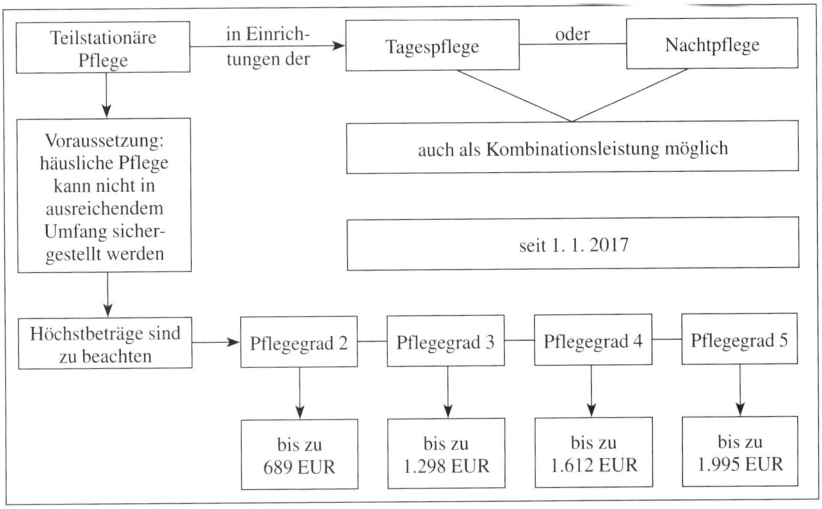

Anspruchsvoraussetzungen Pflegebedürftige haben Anspruch auf teilstationäre Pflege in Einrichtungen der Tages- oder Nachtpflege, insbesondere in Fällen

- einer kurzfristigen Verschlimmerung der Pflegebedürftigkeit,
- der Ermöglichung einer (Teil-)Erwerbstätigkeit für die Pflegeperson,
- einer nur für einige Stunden am Tag notwendigen ständigen Beaufsichtigung des Pflegebedürftigen.

Wie aus dem obigen Schaubild hervorgeht, ist die Leistungshöhe nach dem Grad der Pflegebedürftigkeit gestaffelt.

Wichtig:

Neben der Tages- und Nachtpflege können die Pflegesachleistung, das Pflegegeld und eine Kombination von Pflegesachleistung und Pflegegeld in Anspruch genommen werden, ohne dass eine Anrechnung auf diese Ansprüche erfolgt.

Das PNG hat § 87b SGB XI dahingehend geändert, dass seit 1. 1. 2013 auch teilstationäre (vormals nur vollstationäre) Pflegeeinrichtungen zusätzliche Betreuungskräfte für die zusätzliche Betreuung von Pflegebedürftigen mit erheblichem Bedarf an allgemeiner Beaufsichtigung und Betreuung beschäftigen können und die Aufwendungen hierfür durch Vergütungszuschläge refinanziert bekommen.

Auf dieser Grundlage hat der GKV-Spitzenverband die Richtlinien nach § 87b Abs. 3 SGB XI zur Qualifikation und zu den Aufgaben von zusätzlichen Betreuungskräften in Pflegeheimen (Betreuungskräfte-Rl) vom 19. 8. 2008 überarbeitet. Die Richtlinien befinden sich jetzt in der Fassung vom 23. 11. 2016.

5.20.2 Kurzzeitpflege

Kurzzeitpflege

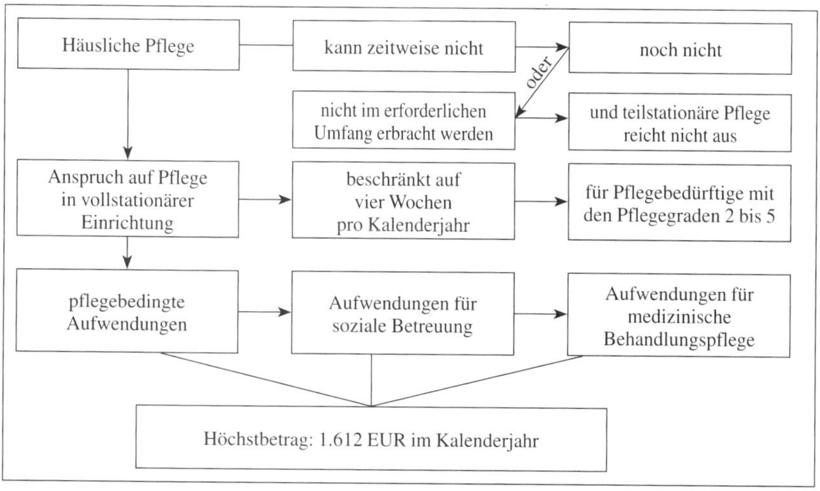

Voraussetzungen

Kurzzeitpflege wird insbesondere gewährt:

- für eine Übergangszeit im Anschluss an eine stationäre Behandlung des Pflegebedürftigen oder
- in sonstigen Krisensituationen, in denen vorübergehend häusliche oder teilstationäre Pflege nicht möglich oder nicht ausreichend ist

Im ersten Fall muss ein vertretbarer Zeitraum – wie etwa eine Anschlussheilbehandlung – zwischen Entlassung aus der stationären Behandlung und der Aufnahme in die Kurzzeitpflegeeinrichtung liegen.

Im zweiten Fall besteht ein Anspruch auf Kurzzeitpflege auch dann, wenn bei der Aufnahme in die Kurzzeitpflegeeinrichtung feststeht, dass im Anschluss an die Kurzzeitpflege eine vollstationäre Pflege in einer Pflegeeinrichtung erfolgen soll.

Wichtig:

Acht Wochen

Der Anspruch auf Kurzzeitpflege ist auf acht Wochen pro Kalenderjahr beschränkt. Er ist nicht davon abhängig, dass der Pflegebedürftige eine bestimmte Zeit gepflegt werden muss.

Auf die Dauer dieses Leistungsanspruchs wird die Zeit der Gewährung häuslicher Pflege bei Verhinderung der Pflegeperson nicht angerechnet.

Ein am 31. 12. eines Jahres bestehender oder an diesem Tag – wegen Ablaufs der 8-Wochen-Frist – endender oder vor dem 31. 12. eines Jahres abgelaufener Leistungsanspruch besteht ab 1. 1. des Folgejahres für acht Wochen weiter bzw. lebt wieder auf.

Wichtig:

Unterbrechung

Wird eine Sachleistung durch Kurzzeitpflege unterbrochen, können im Monat der Aufnahme und der Entlassung jeweils Sachleistungen bis zur jeweiligen Wertgrenze der Pflegesachleistung (vgl. dazu Abschnitt 5.13) in Anspruch genommen werden.

Bei Empfängern von Pflegegeld (vgl. dazu Abschnitt 5.14) tritt an die Stelle des Pflegegelds die Kurzzeitpflege. Für den Aufnahme- und Entlassungstag wird Pflegegeld gezahlt.

Achtung:

Wurde der Leistungsumfang für die Kurzzeitpflege ausgeschöpft, kommt eine darüber hinausgehende Zahlung von Pflegegeld für selbst beschaffte Pflegehilfen nicht in Betracht.

Wird der jeweilige Leistungsrahmen vor Ablauf der Höchstbezugsdauer ausgeschöpft, stehen dem Pflegebedürftigen ab diesem Zeitpunkt für die weitere Pflege in einer Kurzzeitpflegeeinrichtung die Leistungen der Verhinderungspflege (vgl. dazu unter Abschnitt 5.17) bis zu dem jeweiligen Betrag – ohne Behandlungspflege und soziale Betreuung – zur Verfügung.

Zusätzliche Inanspruchnahme

§ 41 Abs. 3 SGB XI bestimmt ausdrücklich, dass Pflegebedürftige der Pflegegrade 2 und 5 bei teilstationärer Tages- und Nachtpflege zusätzlich zu ambulanten Pflegeleistungen Pflegegeld oder eine Kombinationsleistung nach § 38 SGB XI in Anspruch nehmen können, ohne dass eine Anrechnung auf diese Ansprüche erfolgt (vgl. dazu die obigen Ausführungen zur Tages- und Nachtpflege).

5.20.3 Vollstationäre Pflege

Vollstationäre Pflege

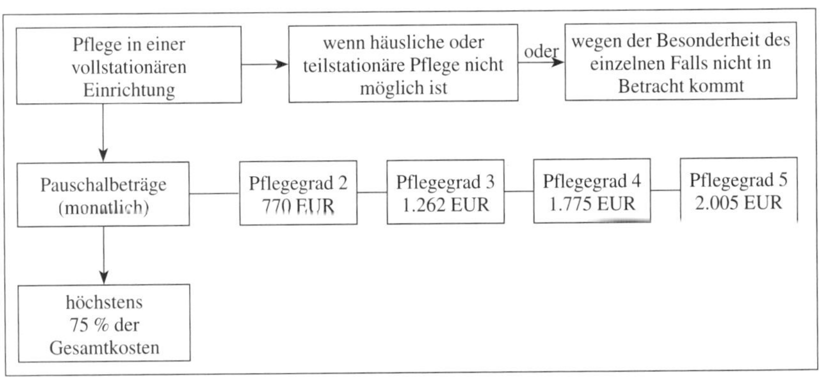

Die Pflegekasse übernimmt die pflegebedingten Aufwendungen, die Aufwendungen der medizinischen Behandlungspflege und der sozialen Aufwendungen. Die Übernahme erfolgt pauschal, wie im obigen Schaubild dargestellt.

Antragsformular

Die Pflegekassen verwenden für den Antrag auf Leistungen der vollstationären Pflege besondere Antragsformulare. Das Formular wird auch bei Anträgen auf Höherstufung verwendet.

Zusätzliche Betreuung und Aktivierung

Pflegebedürftige in stationären Pflegeeinrichtungen haben Anspruch auf zusätzliche Betreuung und Aktivierung, die über die nach Art und Schwere der Pflegebedürftigkeit notwendige Versorgung hinausgeht (§ 43b SGB XI). Die Pflegeeinrichtungen erhalten dafür Vergütungszuschläge von den Pflegekassen (§§ 84 Abs. 8, 85 Abs. 8 SGB XI).

Prävention

§ 5 SGB XI schreibt vor, dass die Pflegekassen Leistungen zur Prävention in stationären Pflegeeinrichtungen erbringen. Dies soll geschehen, indem sie unter Beteiligung der versicherten Pflegebedürftigen und der Pflegeeinrichtung Vorschläge zur Verbesserung der gesundheitlichen Situation und zur Stärkung der gesundheitlichen Ressourcen und Fähigkeiten entwickeln, sowie deren Umsetzung unterstützen. Der Spitzenverband Bund der Pflegekassen legt unter Einbeziehung unabhängiger Sachverständiger die Kriterien für diese Leistungen fest. Das gilt insbesondere hinsichtlich Inhalt, Methodik, Qualität, wissenschaftlicher Evaluation und der Messung der Erreichung der mit den Leistungen verfolgten Ziele.

Zuschuss

Wählen Pflegebedürftige des Pflegegrads 1 vollstationäre Pflege, erhalten sie für die vorstehend genannten Aufwendungen einen Zuschuss in Höhe von 125 EUR monatlich (§ 43 Abs. 3 SGB XI).

Vorübergehende Abwesenheit

Bei vorübergehender Abwesenheit von Pflegebedürftigen aus dem Pflegeheim werden die Leistungen für vollstationäre Pflege erbracht, solange die Voraussetzungen des § 87a Abs. 1 Satz 5 und 6 SGB XI vorliegen. Danach ist der Pflegeplatz im Falle vorübergehender Abwesenheit vom Pflegeheim für einen Abwesenheitszeitraum von bis zu 42 Tagen im Kalenderjahr vom Pflegeheim freizuhalten. Abweichend hiervon verlängert sich der Abwesenheitszeitraum bei Krankenhausaufenthalten und bei Aufenthalten in Rehabilitationseinrichtungen für die Dauer dieser Aufenthalte. In den maßgebenden Rahmenverträgen sind für die vorstehend aufgeführten Abwesenheitszeiträume, soweit drei Kalendertage überschritten werden, Abschläge von mindestens 25 % der Pflegevergütung, der Entgelte für Unterkunft und Verpflegung und der Zuschläge für die integrierte Versorgung (§ 92b SGB XI) vorzusehen.

§ 87a Abs. 2 SGB XI bestimmt in diesem Zusammenhang, dass dann, wenn Anhaltspunkte dafür bestehen, dass der pflegebedürftige Heimbewohner aufgrund der Entwicklung seines Zustands einem höheren Pflegegrad zuzuordnen ist, er auf schriftliche Aufforderung des Heimträgers hin verpflichtet ist, bei seiner Pflegekasse die Zuordnung zu einem höheren Pflegegrad zu beantragen. Die Aufforderung ist zu begründen und auch der Pflegekasse sowie bei Sozialhilfeempfängern dem zuständigen Sozialhilfeträger zuzuleiten.

Weigert sich der Heimbewohner, den Antrag zu stellen, kann der Heimträger ihm oder seinem Kostenträger ab dem ersten Tag des zweiten Monats nach der Aufforderung vorläufig den Pflegesatz nach dem höheren Pflegegrad berechnen. Werden die Voraussetzungen für einen höheren Pflegegrad vom MDK nicht bestätigt und lehnt die Pflegekasse eine Höherstufung deswegen ab, hat das Pflegeheim dem Pflegebedürftigen den überzahlten Betrag unverzüglich zurückzuzahlen. Der Rückzahlungsbetrag ist rückwirkend ab dem ersten Tag des zweiten Monats nach der Aufforderung zur Stellung des Antrags mit wenigstens 5 % zu verzinsen.

Die dem pflegebedürftigen Heimbewohner zustehenden Leistungsbeträge sind nach § 43 Abs. 3 SGB XI von seiner Pflegekasse mit befreiender Wirkung unmittelbar an das Pflegeheim zu zahlen. Maßgebend für die Höhe des zu zahlenden Leistungsbetrags ist der Leistungsbescheid der Pflegekasse, unabhängig davon, ob der Bescheid rechtskräftig ist oder nicht. Die von der Pflegekasse zu zahlenden Leistungsbeträge werden bei vollstationärer Pflege am 15. eines jeden Monats fällig.

Pflegeeinrichtungen, die Leistungen bei vollstationärer Pflege erbringen, erhalten von der Pflegekasse zusätzlich den Betrag von 2.952 EUR, wenn der Pflegebedürftige nach der Durchführung aktivierender oder rehabilitativer Maßnahmen in einen niedrigeren Pflegegrad zurückgestuft wurde oder festgestellt worden ist, dass er nicht mehr pflegebedürftig ist (§ 87a Abs. 4 SGB XI). Der Betrag wird entsprechend § 30 SGB XI dynamisiert. Der von der Pflegekasse gezahlte Betrag ist von der Pflegeeinrichtung zurückzuzahlen, wenn der Pflegebedürftige innerhalb von sechs Monaten in einen höheren Pflegegrad oder wieder als pflegebedürftig eingestuft wird.

Neben den Leistungen der Pflegekassen darf das Pflegeheim mit dem Pflegebedürftigen über die im Versorgungsvertrag vereinbarten notwendigen Leistungen hinaus gesondert ausgewiesene Zuschläge für

- besondere Komfortleistungen bei Unterkunft und Verpflegung sowie
- zusätzlich-betreuende Leistungen

vereinbaren (Zusatzleistungen – § 88 SGB XI).

Der Inhalt der notwendigen Leistungen und deren Abgrenzung von den Zusatzleistungen werden in den Rahmenverträgen festgelegt.

Die Gewährung und Berechnung von Zusatzleistungen ist nur zulässig, wenn

- dadurch die notwendigen stationären oder teilstationären Leistungen des Pflegeheims nicht beeinträchtigt werden,
- die angebotenen Zusatzleistungen nach Art, Umfang, Dauer und Zeitabfolge sowie die Höhe der Zuschläge und die Zahlungsbedingungen vorher schriftlich zwischen dem Pflegeheim und dem Pflegebedürftigen vereinbart worden sind,
- das Leistungsangebot und die Leistungsbedingungen den Landesverbänden der Pflegekassen und den überörtlichen Trägern der Sozialhilfe im Land vor Leistungsbeginn schriftlich mitgeteilt worden sind.

Bei einem Wechsel zwischen häuslicher und vollstationärer Pflege im Laufe des Monats besteht für die Zeit der häuslichen Pflege Anspruch auf volle Sachleistung.

Wichtig:

Die Leistungen der häuslichen Pflege werden bis zu den festgelegten Höchstgrenzen – des einzelnen Pflegegrads – ausgeschöpft.

Bei Zahlung von Pflegegeld ist anteiliges Pflegegeld für die tatsächlichen Tage der häuslichen Pflege (einschließlich Aufnahme- und Entlassungstag) zu zahlen.

Hat ein Betreuer zu prüfen, welches Pflegeheim für einen Betreuten in Betracht kommt, sollte er vor der Entscheidung in allen Pflegeheimen nachfragen, die örtlich in Frage kommen. Vor allem ist festzustellen:

Prüfung der Pflegeheime

- Höhe der Pflegesätze insgesamt
- Höhe der nicht von der Pflegekasse zu übernehmenden Kosten
- Räumlichkeiten des Pflegeheimes
- Zugänge (Treppen usw.)
- Möglichkeiten, rechtzeitig einen Arzt hinzuzuziehen
- Zeitpunkt, ab wann eine Aufnahme erfolgen kann
- Möglichkeiten des Pflegebedürftigen, seinen Neigungen und Hobbys nachzugehen und Besuch zu empfangen
- Einzelheiten der praktischen Pflege in dem Pflegeheim und des Umgangs des Personals mit den Pflegebedürftigen (eventuell durch Befragung anderer Heimbewohner)
- Möglichkeiten der Pflegebedürftigen, Spaziergänge oder -fahrten (mit dem Rollstuhl) in Garten- oder Parkanlagen zu unternehmen
- Möglichkeiten des Pflegebedürftigen, das Heim für kurze Zeit, zum Beispiel für Kinobesuche, zu verlassen
- gereichte Verpflegung
- sonstige Möglichkeiten der Freizeitgestaltung

Die Pflegekasse zahlt den dem pflegebedürftigen Heimbewohner zustehenden Leistungsbetrag mit befreiender Wirkung unmittelbar an das Pflegeheim. Maßgebend für die Höhe des zu zahlenden Leistungsbetrags ist der Leistungsbescheid der Pflegekasse.

Die von den Pflegekassen zu zahlenden Leistungsbeträge werden zum 15. des laufenden Monats fällig.

Heimentgelt

Bei Einzug, Auszug oder Tod des Pflegebedürftigen besteht im laufenden Monat grundsätzlich ein Anspruch auf die Leistungsbeträge bei vollstationärer Pflege. Maximal besteht jedoch ein Anspruch auf 75 % des Heimentgelts für den Teilmonat. Sofern Pflegeeinrichtungen aufgrund vertraglicher Regelungen über den Tod hinaus ein sogenanntes „Platzgeld" in voller oder verminderter Höhe in Rechnung stellen, kann die vollstationäre Pflegeeinrichtung über den Todestag hinaus keinen Vergütungsanspruch geltend machen.

Das tägliche Heimentgelt wird mit den tatsächlichen Tagen des Anspruchszeitraums multipliziert und auf 75 % begrenzt. Sofern ein tägliches Heimentgelt nicht bekannt ist, ist das monatliche Heimentgelt durch 30 zu dividieren und mit den tatsächlichen Tagen des Anspruchszeitraums zu multiplizieren und auf 75 % zu begrenzen. Liegt dieses Heimentgelt unter dem Pauschbetrag der jeweiligen Pflegestufe, ist eine Begrenzung auf das anteilige Heimentgelt vorzunehmen. Im umgekehrten Fall ist der Pauschbetrag zu zahlen.

Verträge

Die zurzeit geltenden Heimverträge enthalten zum Teil erheblich voneinander abweichende Regelungen, insbesondere hinsichtlich des Berechnungsverfahrens bei Abwesenheit des Pflegebedürftigen. Die Abwesenheit kann unter anderem durch vollstationäre Krankenhausbehandlung oder vorübergehende Rückkehr in den häuslichen Bereich bedingt sein.

Abwesenheitszeiten

In gleicher Weise gilt dies auch, wenn sich Pflegebedürftige z. B. an den Wochenenden in den häuslichen Bereich begeben. Für diese Abwesenheitszeiten stellen die Pflegeheime überwiegend ein gegenüber dem Heimentgelt vermindertes „Platzgeld" (vgl. oben) in Rechnung. Der Zeitraum, für den das Platzgeld berechnet wird, ist üblicherweise begrenzt (auf drei Wochen).

Diese vertraglichen Regelungen finden bei der Ermittlung des Heimentgelts Berücksichtigung.

Vollstationäre Einrichtungen der Behindertenhilfe

Für Pflegebedürftige der Pflegegrade 2 bis 5 in einer vollstationären Einrichtung der Behindertenhilfe, in der die berufliche und soziale Eingliederung, die schulische Ausbildung oder die Erziehung Behinderter im Vordergrund des Einrichtungszwecks steht, übernimmt die Pflegekasse einen Teil der Kosten (§ 43a SGB XI). Übernommen wird ein Teil der pflegebedingten Aufwendungen, der Aufwendungen für die soziale Betreuung sowie der Aufwendungen für Leistungen der medizinischen Behandlungspflege.

Achtung:

Die Pflegekasse übernimmt 10 % des vereinbarten Heimentgelts. Die Aufwendungen der Pflegekasse dürfen im Einzelfall je Kalendermonat 266 EUR nicht überschreiten.

Erfolgt die Betreuung durch Kooperation einzelner Träger (z. B. Wohnheim und Werkstatt für Behinderte), so ist von einem Gesamtheimentgelt auszugehen.

Zum Teil sind auch in Einrichtungen der Behindertenhilfe tagesgleiche Pflegesätze vereinbart. Auf dieser Basis werden die monatlichen Zahlbeträge anhand der tatsächlichen Kalendertage des jeweiligen Monats ermittelt. Für die Berechnung der 10 %-Regelung würde dies bedeuten, dass eine entsprechende Berechnung für jeden Monat zu erfolgen hat. Aus verwaltungsökonomischen Gründen wird meist ein vereinfachtes Verfahren auf regionaler Ebene vereinbart. Dadurch wird eine kontinuierliche Zahlung in jeweils gleicher Höhe sichergestellt.

Dabei wird nicht von der tatsächlichen Zahl der Kalendertage im Monat ausgegangen, sondern die jahresdurchschnittliche Zahl der Kalendertage je Monat (365 : 12 = 30,42) zugrunde gelegt.

Durchschnittswert

Mit diesem Durchschnittswert ist das tägliche Heimentgelt zu multiplizieren, um die für die Berechnung der 10 % maßgebliche Größe – bei vollen Kalendermonaten – zu erhalten.

Anspruchsvoraussetzung für die Zahlung des Pauschalbetrags ist die Feststellung des MDK, dass die Bedingungen der Pflegegrade 2 bis 5 erfüllt sind. Eine genaue Festlegung des einzelnen Pflegegrads ist daher nicht erforderlich.

5.21 Angebote zur Unterstützung im Alltag

Zusätzliche Leistungen

Angebote zur Unterstützung im Alltag

Die §§ 45a bis 45d SGB XI behandelten bis 31. 12. 2016 Leistungen für Versicherte mit erheblichem allgemeinen Betreuungsbedarf sowie zusätzliche Betreuungs- und Entlastungsleistungen und die Weiterentwicklung der Versorgungsstrukturen. Durch die Einbindung der hier betroffenen Versicherten in die „allgemeine“ Pflegeversicherung, das heißt durch die Weiterentwicklung des Pflegebedürftigkeitsbegriffs, sind diese Leistungen für die Zeit seit 1. 1. 2017 nicht mehr notwendig. Seit dem genannten Zeitpunkt behandeln die angesprochenen Vorschriften Angebote zur Unterstützung im Alltag, einen Entlastungsbetrag, die Förderung der Weiterentwicklung der Versorgungsstrukturen und des Ehrenamts sowie der Selbsthilfe.

Grundsätze

Angebote zur Unterstützung im Alltag sollen dazu beitragen, Pflegepersonen zu entlasten. Sie helfen Pflegebedürftigen, möglichst lange in ihrer häuslichen Umgebung zu bleiben, soziale Kontakte aufrechtzuerhalten und ihren Alltag weiterhin möglichst selbstständig bewältigen zu können.

Art der Angebote

Angebote zur Unterstützung im Alltag sind:

- Angebote, in denen insbesondere ehrenamtliche Helfer unter pflegefachlicher Anleitung die Betreuung von Pflegebedürftigen mit allgemeinen oder mit besonderem Betreuungsbedarf in Gruppen oder im häuslichen Bereich übernehmen (Betreuungsangebote)
- Angebote, die der gezielten Entlastung und beratenden Unterstützung von pflegenden Angehörigen und vergleichbar nahestehenden Pflegepersonen in ihrer Eigenschaft als Pflegende dienen (Angebote zur Entlastung von Pflegenden)
- Angebote, die dazu dienen, die Pflegebedürftigen bei der Bewältigung von allgemeinen oder pflegebedingten Anforderungen des Alltags oder im Haushalt, insbesondere bei der Haushaltsführung oder bei der eigenverantwortlichen Organisation individuell benötigter Hilfeleistungen zu unterstützen (Angebote zur Entlastung im Haushalt)

Die Angebote benötigen eine Anerkennung durch die zuständige Behörde nach Maßgabe des Landesrechts. Durch ein Angebot zur Unterstützung im Alltag können auch mehrere der vorstehend genannten Bereiche abgedeckt werden.

Angebote zur Unterstützung im Alltag kommen insbesondere in Betracht:

- Betreuungsgruppen für an Demenz erkrankte Menschen
- Helfer zur stundenweisen Entlastung pflegender Angehöriger im häuslichen Bereich
- Tagesbetreuung in Kleingruppen
- Einzelbetreuung durch anerkannte Helfer
- Agenturen zur Vermittlung von Betreuungs- und Entlastungsleistungen für Pflegebedürftige und pflegende Angehörige sowie vergleichbar nahestehende Pflegepersonen
- Familienentlastende Dienste
- Alltagsbegleiter
- Pflegebegleiter
- Serviceangebote für haushaltsnahe Dienstleistungen

Betreuung und allgemeine Beaufsichtigung

Angebote zur Unterstützung im Alltag beinhalten die Übernahme von Betreuung und allgemeiner Beaufsichtigung. Dazu gehören auch eine die vorhandenen Ressourcen und Fähigkeiten stärkende oder stabilisierende Alltagsbegleitung, ferner Unterstützungsleistungen für Angehörige und vergleichbar Nahestehende in ihrer Eigenschaft als Pflegende zur besseren Bewältigung des Pflegealltags. Außerdem werden die Erbringung von Dienstleistungen, organisatorische Hilfeleistungen oder andere geeignete Maßnahmen angesprochen.

Konzept

Die Angebote verfügen über ein Konzept, das Angaben zur Qualitätssicherung des Angebots, eine Übersicht über die Leistungen, die angeboten werden sollen, sowie die Höhe der den Pflegebedürftigen hierfür in Rechnung gestellten Kosten enthält.

Qualifikation

Das Konzept umfasst ferner Angaben zur zielgruppen- und tätigkeitsgerechten Qualifikation der Helfenden und zu dem Vorhandensein von Grund- und Notfallwissen im Umgang mit Pflegebedürftigen sowie dazu, wie eine angemessene Schulung und Fortbildung der Helfenden sowie eine kontinuierliche fachliche Begleitung und Unterstützung insbesondere von ehrenamtlich Helfenden in ihrer Arbeit gesichert werden.

Fortschreibung

Bei wesentlichen Änderungen hinsichtlich der angebotenen Leistungen ist das Konzept entsprechend fortzuschreiben. Bei Änderung der hierfür in Rechnung gestellten Kosten sind die entsprechenden Angaben zu aktualisieren.

Landesregelungen

Nach § 45a Abs. 3 SGB XI sind die Landesregierungen ermächtigt, durch Rechtsverordnung das Nähere über die Anerkennung der Angebote zur Unterstützung im Alltag zu bestimmen. Das gilt auch hinsichtlich der Vorgaben zur regelmäßigen Qualitätssicherung der Angebote, zur regelmäßigen Übermittlung einer Übersicht über die aktuell angebotenen Leistungen und die Höhe der hierfür erhobenen Kosten.

Kostenerstattung

Pflegebedürftige in häuslicher Pflege mit mindestens Pflegegrad 2 können eine Kostenerstattung zum Ersatz von Aufwendungen für Leistungen der nach Landesrecht anerkannten Angebote zur Unterstützung im Alltag unter Anrechnung auf ihren Anspruch auf ambulante Pflegeleistungen nach § 36 SGB XI (vgl. dazu 5.13) erhalten.

Das gilt allerdings nur, soweit für den entsprechenden Leistungsbetrag nach § 36 SGB XI in dem jeweiligen Kalendermonat keine ambulanten Pflegeleistungen bezogen werden.

Höhe Der hierfür verwendete Betrag darf je Kalendermonat 40 % des nach § 36 SGB XI für den jeweiligen Pflegegrad vorgesehenen Höchstleistungsbetrags nicht überschreiten.

Maßgebend sind hier bei:

- Pflegegrad 2 bis zu 275,60 EUR
- Pflegegrad 3 bis zu 519,20 EUR
- Pflegegrad 4 bis zu 644,80 EUR
- Pflegegrad 5 bis zu 798 EUR

Zuständige Stelle Die Anspruchsberechtigten erhalten die Kostenerstattung auf Antrag von der zuständigen Pflegekasse oder dem zuständigen privaten Versicherungsunternehmen sowie im Fall der Beihilfeberechtigung anteilig von der Beihilfefestsetzungsstelle. Die Erstattung erfolgt gegen Vorlage entsprechender Belege über Eigenbelastungen, die ihnen im Zusammenhang mit der Inanspruchnahme der Erstattungsleistungen entstanden sind.

Vorrang Dabei sind die Vergütungen für ambulante Pflegesachleistungen vorrangig abzurechnen.

Kombinationsleistung Im Rahmen der Kombinationsleistung nach § 38 SGB XI (vgl. dazu unter 5.16) gilt die Erstattung der Aufwendungen nach Vorstehendem als Inanspruchnahme der dem Anspruchsberechtigten zustehenden häuslichen Pflegehilfe.

Entlastungsbetrag § 45d SGB XI sieht einen Entlastungsbetrag für Pflegebedürftige in häuslicher Pflege (vgl. dazu unter 5.13) vor. Dieser beläuft sich auf bis zu 125 EUR monatlich. Der Betrag ist zweckgebunden einzusetzen für qualitätsgesicherte Leistungen zur Entlastung pflegender Angehöriger und vergleichbar Nahestehender in ihrer Eigenschaft als Pflegende sowie zur Förderung der Selbstständigkeit und Selbstbestimmtheit der Pflegebedürftigen bei der Gestaltung ihres Alltags. Er dient der Erstattung von Aufwendungen, die Versicherten entstehen in Zusammenhang mit der Inanspruchnahme von Leistungen:

- der Tages- und Nachtpflege (vgl. Abschnitt 5.20)
- der Kurzzeitpflege (vgl. Abschnitt 5.20)
- der ambulanten Pflegedienste im Sinne des § 36 SGB XI (vgl. Abschnitt 5.13), in den Pflegegraden 2 bis 5 jedoch nicht von Leistungen im Bereich der Selbstversorgung
- der nach Landesrecht anerkannten Angebote zur Unterstützung im Alltag im Sinne des § 45a SGB XI (vgl. dazu die obigen Ausführungen)

Mittel der Verhinderungspflege Die Erstattung der Aufwendungen erfolgt auch, wenn für die Finanzierung der vorstehend genannten Leistungen Mittel der Verhinderungspflege nach § 39 SGB XI (vgl. Abschnitt 5.17) eingesetzt werden.

Vorlage von Belegen Die Pflegebedürftigen erhalten nach § 45b Abs. 2 SGB XI die Kostenerstattung in Höhe des Entlastungsbetrags auf Antrag von der zuständigen Pflegekasse, dem zuständigen privaten Versicherungsunternehmen sowie im Falle der Beihilfeberechtigung anteilig von der Beihilfefestsetzungsstelle. Entsprechende Belege sind vorzulegen.

Inanspruchnahme Der Entlastungsbetrag in Höhe von bis zu 125 EUR monatlich kann innerhalb des jeweiligen Kalenderjahres in Anspruch genommen werden. Wird die Leistung in einem Kalenderjahr nicht ausgeschöpft, kann der nicht verbrauchte Betrag in das folgende Kalenderhalbjahr übertragen werden.

§ 45c SGB XI beschäftigt sich mit der Förderung der Weiterentwicklung der Versorgungsstrukturen und des Ehrenamts. *Weiterentwicklung*

Der Spitzenverband Bund der Pflegekassen fördert hier im Wege der Anteilsfinanzierung nach § 45c Abs. 1 Satz 1 SGB XI aus Mitteln der Ausgleichsfonds mit 25 Millionen EUR je Kalenderjahr *Förderung durch Spitzenverband*

- den Auf- und Ausbau von Angeboten zur Unterstützung im Alltag im Sinne des § 45a SGB XI (vgl. die obigen Ausführungen)
- den Auf- und Ausbau und die Unterstützung von Gruppen ehrenamtlich Tätiger sowie sonstige zum bürgerschaftlichen Engagement bereiter Personen und entsprechender ehrenamtlicher Strukturen sowie
- Modellvorhaben zur Erprobung neuer Versorgungskonzepte und Versorgungsstrukturen insbesondere für an Demenz erkrankte Pflegebedürftige sowie andere Gruppen von Pflegebedürftigen, deren Versorgung in besonderem Maße der strukturellen Weiterentwicklung bedarf.

Darüber hinaus fördert der Spitzenverband Bund der Pflegekassen aus Mitteln des Ausgleichsfonds mit 10 Millionen EUR je Kalenderjahr die strukturierte Zusammenarbeit in regionalen Netzwerken. Solche Fördermittel, die in dem jeweiligen Kalenderjahr nicht in Anspruch genommen worden sind, erhöhen im Folgejahr das Fördervolumen nach § 45c Abs. 1 Satz 1 SGB XI. Dadurch erhöht sich auch das Gesamtfördervolumen entsprechend (§ 45c Abs. 2 Satz 2 SGB XI). *Zusammenarbeit*

Die privaten Versicherungsunternehmen, die die private Pflege-Pflichtversicherung durchführen, beteiligen sich an dieser Förderung mit insgesamt 10 % der oben angeführten 25 Millionen EUR je Kalenderjahr (also mit 2,5 Millionen EUR). *Privatversicherung*

§ 45c Abs. 2 SGB XI sieht die Zahlung eines Zuschusses vor. Dieser Zuschuss aus Mitteln der sozialen und privaten Pflegeversicherung ergänzt eine Förderung der vorstehend aufgeführten Zwecke durch das jeweilige Land oder die jeweilige kommunale Körperschaft. Der Zuschuss wird jeweils in gleicher Höhe gewährt wie der Zuschuss, der vom Land oder von der kommunalen Gebietskörperschaft für die einzelne Fördermaßnahme geleistet wird, so dass insgesamt ein Fördervolumen von 50 Millionen EUR im Kalenderjahr erreicht wird. Soweit Mittel der Arbeitsförderung bei einem Projekt eingesetzt werden, sind diese einem vom Land oder von der Kommune geleisteten Zuschuss gleichgestellt. *Zuschuss*

Im Einvernehmen mit allen Fördergebern können Zuschüsse der kommunalen Gebietskörperschaften auch als Personal- oder Sachmittel eingebracht werden, sofern diese Mittel nachweislich ausschließlich und unmittelbar dazu dienen, den jeweiligen Förderzweck zu erreichen. *Personal- oder Sachmittel*

Die Förderung des Auf- und Ausbaus von Angeboten zur Unterstützung im Alltag (vgl. die obigen Ausführungen) erfolgt nach § 45c Abs. 3 SGB XI als Projektförderung und dient insbesondere dazu, Aufwandsentschädigungen für die ehrenamtlich tätigen Helfenden zu finanzieren, sowie für notwendige Personal- und Sachkosten. Die notwendigen Personal- und Sachkosten müssen mit der Koordination und Organisation der Hilfen und der fachlichen Anleitung und Schulung der Helfenden durch Fachkräfte verbunden sein. *Auf- und Ausbau*

Dem Antrag auf Förderung ist ein Konzept zur Qualitätssicherung des Angebots beizufügen. Aus dem Konzept muss sich ergeben, dass eine angemessene Schulung und Fortbildung der Helfenden sowie eine kontinuierliche fachliche Begleitung und Unterstützung der ehrenamtlich Helfenden in ihrer Arbeit gesichert sind. *Qualitätssicherung*

Die Förderung des Auf- und Ausbaus und der Unterstützung von Gruppen ehrenamtlich Tätiger sowie sonstiger zum körperschaftlichen Engagement bereiter Personen und entsprechender ehrenamtlicher Strukturen erfolgt zur Förderung von Initiativen, die sich die Unterstützung, allgemeine Betreuung und Entlastung von Pflegebedürftigen und deren Angehörigen sowie vergleichbar nahestehender Pflegepersonen zum Ziel gesetzt haben (§ 45c Abs. 4 SGB XI).

Regionale Netzwerke Die Mittel können auch für die Beteiligung von Pflegekassen an regionalen Netzwerken verwendet werden (§ 45c Abs. 9 SGB XI). Es muss sich um solche Netzwerke handeln, die der strukturierten Zusammenarbeit von Akteuren dienen, die an der Versorgung Pflegebedürftiger beteiligt sind und die sich im Rahmen einer freiwilligen Vereinigung vernetzen.

Anteilsfinanzierung Die Förderung der strukturierten regionalen Zusammenarbeit erfolgt, indem sich die Pflegekassen einzeln oder gemeinsam im Wege einer Anteilsfinanzierung an den netzwerkbedingten Kosten beteiligen. Je Kreis oder kreisfreier Stadt darf der Förderbetrag dabei 20.000 EUR je Kalenderjahr nicht überschreiten.

Selbsthilfe Mit der Förderung der Selbsthilfe beschäftigt sich § 45d SGB XI. Danach werden je Versicherten 0,10 EUR im Kalenderjahr verwendet. Dies erfolgt zur Förderung und zum Auf- und Ausbau von Selbsthilfegruppen, -organisationen und -kontaktstellen, die sich die Unterstützung von Pflegebedürftigen sowie von deren Angehörigen und vergleichbar Nahestehenden zum Ziel gesetzt haben. Dabei werden die bereits beschriebenen Vorgaben des § 45c SGB XI und das dortige Verfahren entsprechend angewendet.

Selbsthilfegruppen § 45d SGB XI bezeichnet Selbsthilfegruppen als freiwillige, neutrale, unabhängige und nicht gewinnorientierte Zusammenschlüsse von Personen, die entweder aufgrund eigener Betroffenheit oder Angehöriger das Ziel verfolgen, die Lebenssituation von Pflegebedürftigen sowie ihrer Angehörigen und vergleichbar Nahestehenden zu verbessern. Dies muss durch persönliche, wechselseitige Unterstützung, auch unter Zuhilfenahme von Angeboten ehrenamtlicher und sonstiger zum bürgerschaftlichen Engagement bereiter Personen erfolgen.

Selbsthilfeorganisationen Selbsthilfeorganisationen sind die Zusammenschlüsse von Selbsthilfegruppen in Verbänden.

Selbsthilfekontaktstellen Selbsthilfekontaktstellen sind örtlich oder regional arbeitende professionelle Beratungseinrichtungen mit hauptamtlichem Personal. Sie verfolgen das gleiche Ziel wie die Selbsthilfegruppen.

5.22 Pflegestützpunkte

Errichtung § 7c SGB XI sieht die Errichtung von Pflegestützpunkten vor. Sie werden zur wohnortnahen Beratung, Versorgung und Betreuung der Versicherten durch die Pflegekassen und Krankenkassen eingerichtet, sofern die zuständige oberste Landesbehörde dies bestimmt. Die Einrichtung muss innerhalb von sechs Monaten nach der Bestimmung durch die oberste Landesbehörde erfolgen.

Aufgaben Aufgaben der Pflegestützpunkte sind:

- umfassende sowie unabhängige Auskunft und Beratung zu den Rechten und Pflichten nach dem SGB und zur Auswahl und Inanspruchnahme der bundes- und landesrechtlich vorgesehenen Sozialleistungen und sonstigen Hilfsangebote

- Koordinierung aller für die wohnortnahe Versorgung und Betreuung in Betracht kommenden gesundheitsfördernden, präventiven, kurativen, rehabilitativen und sonstigen medizinischen sowie pflegerischen und sozialen Hilfs- und Unterstützungsangebote einschließlich der Hilfestellung bei der Inanspruchnahme der Leistungen
- Vernetzung aufeinander abgestimmter pflegerischer und sozialer Versorgungs- und Betreuungsangebote

Auf vorhandene vernetzte Beratungsstrukturen ist zurückzugreifen.

Zur Arbeit und zur Finanzierung der Pflegestützpunkte werden Rahmenverträge abgeschlossen (§ 7c Abs. 4 SGB XI). Die Landesregierungen sind ermächtigt, Schiedsstellen einzurichten (§ 7c Abs. 6 SGB XI).

5.23 Ambulant betreute Wohngruppen

Das Pflege-Neuausrichtungs-Gesetz (PNG) sowie das Pflegestärkungsgesetz I haben die Ansprüche für Personen mit erheblichem allgemeinen Pflegebedarf wesentlich erweitert. So sieht § 45e SGB XI die Anschubfinanzierung zur Gründung von ambulant betreuten Wohngruppen vor. Dieser Anspruch besteht für Personen, die Ansprüche nach § 38a SGB XI haben (zusätzliche Leistungen für Pflegebedürftige in ambulanten betreuten Wohngruppen). Es besteht auch für die Zeit nach Inkrafttreten des Pflegestärkungsgesetzes II.

Höhe des gewährten Betrags

Für Personen, die an der gemeinsamen Gründung der Wohngruppe beteiligt sind, wird einmalig ein Betrag von bis zu 2.500 EUR gewährt. Der Gesamtbetrag ist je Wohngruppe auf 10.000 EUR begrenzt und wird bei mehr als vier Anspruchsberechtigten anteilig auf die Versicherungsträger der Anspruchsberechtigten aufgeteilt. Der Antrag ist innerhalb eines Jahres nach Vorliegen der Anspruchsvoraussetzungen zu stellen. Dabei kann die Umgestaltungsmaßnahme auch vor der Gründung und dem Einzug erfolgen. Vorstehendes gilt für die Versicherten der privaten Pflegeversicherung entsprechend.

Auszahlung

Die Pflegekassen zahlen den Förderbetrag aus, wenn die Gründung einer ambulant betreuten Wohngruppe nachgewiesen wird.

Ende des Anspruchs

Der Anspruch endet mit Ablauf des Monats, in dem das Bundesversicherungsamt den Pflegekassen und dem Verband der privaten Krankenversicherung e. V. mitteilt, dass der nachfolgend erwähnte Betrag von 30 Millionen EUR erreicht worden ist.

Nach der Begründung zum Gesetzentwurf der Bundesregierung wird für die Durchführung des § 45e SGB XI hier ein Gesamtbudget von 30 Millionen EUR bereitgestellt. Dies entspricht – so die Gesetzesbegründung – der Höhe der Fördermittel, die für den Aufbau von Pflegestützpunkten (vgl. dazu unter 5.22) bis zum 30. 6. 2011 nicht abgerufen wurden. Eine förderungsfähige Umgestaltungsmaßnahme kann auch vor der Gründung und dem Umzug erfolgen.

Der Gesetzgeber betrachtet die Neugründung ambulanter Wohngemeinschaften von Pflegebedürftigen als sinnvolle Zwischenform zwischen der Pflege in der häuslichen Umgebung und der vollstationären Pflege. Um die Neugründungen von Wohngemeinschaften in den nächsten Jahren durch zusätzliche Förderanreize anzuregen, wird, wie erwähnt, ein Budget von 30 Millionen EUR bereitgestellt. Unterstellt man je Wohngemeinschaft durchschnittlich vier Pflegebedürftige, so könnten mit den Mitteln etwa 12.000 Anspruchsberechtigte oder 3.000 neu entstehende Wohngemeinschaften in den ersten Jahren nach der Neuregelung gefördert werden.

Zur wissenschaftlich gestützten Weiterentwicklung und Förderung neuer Wohnformen werden zusätzlich 10 Millionen EUR zur Verfügung gestellt (§ 45f SGB XI).

5.24 Persönliches Budget

Wie im Rahmen der Leistungen zur Eingliederung behinderter Menschen, sieht auch das SGB XII und das SGB XI die Möglichkeit vor, an dem trägerübergreifenden Persönlichen Budget teilzunehmen.

Die Hilfe zur Pflege kann nach § 61 Abs. 2 Satz 3 SGB XII auf Antrag auch als Teil eines trägerübergreifenden Persönlichen Budgets erbracht werden. § 29 Abs. 2 bis 4 SGB IX ist insoweit anzuwenden.

SGB XI

Pflegebedürftige können nach § 35a SGB XI auf Antrag die Leistungen nach den §§ 36, 37 Abs. 1, §§ 38, 40 Abs. 2 und § 41 SGB XI auch als Teil eines trägerübergreifenden Budgets nach § 29 Abs. 2 bis 4 SGB IX erhalten. Bei der Kombinationsleistung nach § 38 SGB XI ist nur das anteilige und im Voraus bestimmte Pflegegeld als Geldleistung budgetfähig. Die Sachleistungen nach den §§ 36, 38 und 41 SGB XI dürfen nur in Form von Gutscheinen zur Verfügung gestellt werden, die zur Inanspruchnahme von zugelassenen Pflegeeinrichtungen nach dem SGB XI berechtigen. Andere als die in § 35a Satz 1 SGB XI genannten Leistungsansprüche bleiben ebenso wie die sonstigen Vorschriften des SGB XI unberührt.

5.25 Übergangsregelungen

Von Pflegestufe zum Pflegegrad

Die Übergangsregelungen des PSG II sind in § 140 ff. SGB XI geregelt. Insbesondere geht es dabei um die Überleitung von den Pflegestufen in die Pflegegrade. Versicherte der sozialen Pflegeversicherung und der privaten Pflege-Pflichtversicherung, denen eine Pflegestufe zugeordnet ist, wurden mit Wirkung seit 1. 1. 2017 ohne erneute Antragstellung und ohne erneute Begutachtung einem Pflegegrad zugeordnet. Die Zuordnung war dem Versicherten schriftlich mitzuteilen. Sie wurden von Pflegestufe I dem Pflegegrad 2, von Pflegestufe II dem Pflegegrad 3, von Pflegestufe III dem Pflegegrad 4 oder von Pflegestufe III dem Pflegegrad 5 zugewiesen, soweit ein besonderer Ausnahmefall im Sinne der § 36 Abs. 4 oder § 43 Abs. 3 SGB XI vorlag.

Erheblich eingeschränkte Alltagskompetenz

Versicherte, bei denen eine erheblich eingeschränkte Alltagskompetenz vorlag, wurden in den Pflegegrad 2 übernommen, wenn keine Pflegestufe vorlag, ansonsten in Pflegegrad 3 (Pflegestufe I), Pflegegrad 4 (Pflegestufe II) oder in Pflegegrad 5, wenn bisher Pflegestufe III vorlag.

Zum 1. 1. 2019 wurde der bis 31. 12. 2018 geltende Beitragssatz zur Pflegeversicherung von 2,55 % auf 3,05 % erhöht.

Praxishilfen und Formblätter

Alle Musterschreiben, Formulare und Checklisten sowie zahlreiche weitere Vorlagen stehen Ihnen im Fachportal *FOKUS Betreuungsrecht* kostenlos zum Download zur Verfügung. Beachten Sie dazu die Informationen auf der nächsten Seite.

Unser Service für Sie: Kostenloser Zugriff auf das Fachportal *FOKUS Betreuungsrecht* – inklusive Download aller Musterschreiben, Formulare und Checklisten aus Kapitel C:

Registrieren, anmelden, sofort nutzen:

- Um Zugriff auf das Fachportal zu erhalten, müssen Sie sich in Ihrem Kundenkonto anmelden. Sollten Sie noch kein Kundenkonto auf **www.WALHALLA.de** besitzen, können Sie sich einmalig registrieren.
- Melden Sie sich mit Ihrer E-Mail-Adresse und Ihrem Passwort auf **www.WALHALLA.de** an.

  Ihr Aktivierungscode lautet:

  OMR-IIV-MNU

- Klicken Sie in der Navigationsleiste auf **Aktivierungscodes**. Anschließend können Sie den Code eingeben.
- Nach erfolgreicher Eingabe des Codes steht Ihnen das Produkt nun in Ihrer **Online-Bibliothek** zur Verfügung.
- Eine Anmeldung zur Nutzung des Fachportals ist nun jederzeit mit Ihrer E-Mail-Adresse und Ihrem Passwort möglich.

Das bietet das Fachportal:

- Die Gliederung ermöglicht einen schnellen Gesamtüberblick.
- Die Recherchefunktion findet gesuchte Begriffe blitzschnell.
- Änderungen von Vorschriften – zurückliegende und zukünftige – sind farblich dargestellt und können leicht nachvollzogen werden.
- Mit der monatlichen Aktualisierung sind Sie stets auf dem Laufenden.
- Die **Musterschreiben, Formulare und Checklisten** sowie zahlreiche **weitere Vorlagen** stehen im **Premiummodul Arbeitshilfen** zum Download bereit.

WALHALLA